中华国学文库

尚书校释译论 一

顾颉刚　刘起釪 著

中华书局

图书在版编目（CIP）数据

尚书校释译论/顾颉刚,刘起釪著. —北京:中华书局,
2018.8（2025.8重印）
（中华国学文库）
ISBN 978-7-101-13227-4

Ⅰ.尚…　Ⅱ.①顾…②刘…　Ⅲ.①中国历史-商周时代
②《尚书》-注释③《尚书》-译文④《尚书》-研究　Ⅳ.K221.04

中国版本图书馆 CIP 数据核字（2018）第 098026 号

书　　名	尚书校释译论（全四册）
著　　者	顾颉刚　刘起釪
丛 书 名	中华国学文库
责任编辑	许　桁
责任印制	韩馨雨
出版发行	中华书局
	（北京市丰台区太平桥西里 38 号　100073）
	http://www.zhbc.com.cn
	E-mail:zhbc@zhbc.com.cn
印　　刷	河北新华第一印刷有限责任公司
版　　次	2018 年 8 月第 1 版
	2025 年 8 月第 2 次印刷
规　　格	开本/880×1230 毫米　1/32
	印张 74¼　插页 8　字数 1420 千字
印　　数	5001-5600 册
国际书号	ISBN 978-7-101-13227-4
定　　价	298.00 元

中华国学文库出版缘起

《中华国学文库》的出版缘起，要从九十年前说起。

1920 年，中华书局在创办人陆费伯鸿先生的主持下，开始编纂《四部备要》。这套汇集三百三十六种典籍的大型丛书，精选经史子集的"最要之书"，校订成"通行善本"，以精雅的仿宋体铅字排印。一经推出，《四部备要》即以其选目实用、文字准确、品相精美、价格低廉的鲜明特点，最大限度地满足了国人研治学问、阅读典籍的需要，广受欢迎。丛书中的许多品种，至今仍为常用之书。

中华人民共和国成立之后，党和国家倡导系统整理中国传统文献典籍。六十馀年来，在新的学术理念和新的整理方法的指导下，数千种古籍得到了系统整理，并涌现出许多精校精注整理本，已成为超越前代的新善本，为学界所必备。

同时，随着中华民族以前所未有的自信快速发展，全社会对中国固有的学术文化——国学，也表现出前所未有的关注和重视。让中华文化的优秀成果得到继承和创新，并在世界范围内进行传播和弘扬，普惠全人类，已经成为中华民族的历史使命。当此之时，推出符合当代国民阅读需要的权威的国学经典读本，实为当务之急。于是，《中华国学文库》应运而生。

《中华国学文库》是我们追慕前贤、服务当代的产物，因此，它自当具备以下三个基本特点：

一、《文库》所选均为中国学术文化的"最要之书"。举凡哲学、历史、文学、宗教、科学、艺术等各类基本典籍，只要是公认的国学经典，皆在此列。

二、《文库》所选均为代表当代学术水平的"最善之本"，即经过精校精注的整理本。其中既有传统旧注本的点校整理本，如朱熹《四书章句集注》，也有获得学界定评的新校新注本，如余嘉锡《世说新语笺疏》。总之，不以新旧为别，惟以善本是求。

三、《文库》所选均以新式标点、简体横排刊印。中国古籍向以繁体竖排为标准样式。时至当代，繁体竖排的标准古籍整理方式仍通行于学术界，但绝大多数国人早已习惯于现代通行的简体横排的图书样式。《文库》作为服务当代公众的国学读本，标准简体字横排本自当是恰当的选择。

中华书局自 1912 年成立，至今已近百岁。我们将《中华国学文库》当作向中华书局百年诞辰敬献的一份贺礼，更是向致力于中华民族和平崛起、实现复兴大业的全国人民敬献的一份厚礼。我们自当努力，让《中华国学文库》当得起这份重任，这份荣誉。

中华书局编辑部

2010 年 12 月

《尚书》为先秦儒家两部主要经典之一,起釪弱冠承王先谦先生入室弟子先祖吟古公授读,及长承恩师顾颉刚先生教导。谨积其所学,历时三十余年(1963—1999),备经交困以撰成此书。为纪念师恩,特以与先师合著名义发表,以就正于方家。

目 录

第一册

序言 ……………………………………………………… 1

凡例 ……………………………………………………… 1

〔虞夏书〕

尧典 ……………………………………………………… 1

皋陶谟 ………………………………………………… 413

第二册

禹贡 …………………………………………………… 551

甘誓 …………………………………………………… 901

〔商书〕

汤誓 …………………………………………………… 927

盘庚 …………………………………………………… 951

高宗肜日 …………………………………………… 1047

西伯戡黎 …………………………………………… 1107

微子 ………………………………………………… 1133

第三册

〔周书〕

牧誓 …………………………………………………… 1155

洪范 …………………………………………………… 1211

金縢 …………………………………………………… 1295

大诰 …………………………………………………… 1337

康诰 …………………………………………………… 1369

酒诰 …………………………………………………… 1463

梓材 …………………………………………………… 1507

召诰 …………………………………………………… 1519

洛诰 …………………………………………………… 1547

多士 …………………………………………………… 1605

无逸 …………………………………………………… 1625

君奭 …………………………………………………… 1649

第四册

多方 …………………………………………………… 1709

立政 …………………………………………………… 1765

顾命 …………………………………………………… 1819

吕刑 …………………………………………………… 2007

文侯之命 ……………………………………………… 2233

费誓 …………………………………………………… 2259

秦誓 …………………………………………………… 2291

主要引用参据书目 …………………………………… 2317

序　言

我在 1989 年 6 月出版的拙著《尚书学史》书前的"小引"中说：

"我国最早的一部历史文献就是《尚书》。它是我国进入文字记载的历史时期以后最早的三个王朝夏、商、周的最高统治者在政治活动中所形成的一些诰语、誓词、谈话纪录等，由史臣载笔写下，经历了多灾多难复杂曲折的流传过程，才从当时众多文献中侥幸获得保存下来的少数几篇。虽然在流传中除西周极少几篇诰词外各书篇大都程度不等地受过后来文字的影响，但总之是唯一保存下来的夏、商、周政治活动中最早的历史见证，是研究这三代的第一手文献资料，同时书中更保存了我国古代丰富的人文科学的和自然科学的各种重要资料。"——这是该"小引"的第一段，说明了《尚书》本身原来的实质情况。它只是夏、商、周史事的第一手文献资料，并保存了珍贵的古代科学资料。不过被孔子汇编作为儒家两部重要课本之一的历史课本，教授门徒。

"到了汉代，它却被尊奉为儒家'五经'中最重要的一经，其

1

间出现了今文、古文不同本子，由此它和《左传》、《周礼》一起（后来还加上其它一些经）引起了学术史上长期的今古文之争。到东晋又出现了伪古文，纠葛更多。然不论发生些什么变故，它总是随着二千多年封建王朝的历史发展，始终雄踞在意识形态领域的最高宝座上，成了历代帝王和封建士大夫必读必遵的政治与道德教科书，给了汉以后全部封建时代的政治和思想以巨大影响。"——这是该"小引"的第二段，说明原来的一部历史文献，汉代起被奉为儒家教义的神圣经典，作为政治道德教科书的权威，指导着纷乱的封建时代，从而构建了整个封建时代的统治思想，还由它孕育了完整的封建史学体系。

"现在所见到的《尚书》，它的形成过程很复杂，它的篇章内容很晦涩，它的经历情况也很繁乱，在作为中国学术史中心的经学史上的地位很特殊。因此这么一部书的本身情况及它在漫长的历史中所有的遭遇和其发展演变大要，就成了学术史上的一个重要课题。"——这是该"小引"的第三段，说明了今所见《尚书》这本书，经历了复杂繁乱的情况。由上二项合此共三项，构成了中国学术史上一个重要课题，有待加以钻研解决。

由上面三段"小引"文中看到了有关《尚书》的全面情况。知道它原只是一部单纯的史籍，可是后来既被作为中国学术史中心的经学史上的一个重镇，更是备受困厄处于葛藤丛棘的中国最古一部史籍，甚需要恢复其真实面目。在该"小引"的结语中说："现在把这么一部曾作为经典的重要史籍，根据它的历史演进情况，寻其变迁递嬗之迹……用以作一综览前后的阐述，作为一部粗糙的《尚书学史稿》提出。"复在《尚书学史》后面的"简短的跋语"中说:"现在,……这部粗具规模的《尚书学史》,作为《尚书校释译论》一书的姊妹篇先行向学术界提出。"

原来现在出版的这部篇幅较大共达一百五十多万字的《尚书校释译论》,却是那部篇幅较小的四十余万字的《尚书学史》的姊妹篇。二者相辅相成,作为《尚书》之学的两翼,希望能以之稍尽绵力,共同把《尚书》之学推向前进。《尚书学史》以《尚书》一书所经多灾多难迷离扑朔的经历及围绕它在历代所发生的政治的、思想的、学术的各种纠葛为其研究对象,从而以求了解有关《尚书》的各种来龙去脉及其成为这么一部书的递嬗经过之迹的真相。《尚书校释译论》则以保存在《古文尚书》中的汉代今文二十八篇的内容为其研究对象。凡两千多年来有关《尚书》的文字纠葛、内容纷歧、经说争执,以及以今日眼光所能探知其资料来源、神话原貌与其人为的历史化,从而出现的错误认识,对历史的错误理解,对资料的错误使用,举凡可以探得其真谛者力求探得之。把这部有名的佶屈聱牙难于读通的书,尽量求取粗通其意。真正难通之处,也展明其资料原貌,供学者继续研究。以这种谨慎态度对待,使这作为姊妹篇的两部《尚书》著作,各在其本身领域内力求较踏实地写成。

这两部书的写成,完全是源于吾师顾颉刚先生,他一生研究《尚书》,并提出"《尚书》十种"的出版计划,故1962年冬由中宣部把我从中国科学院南京史料处调来北京,协助顾先生完成他这一科学地整理《尚书》的宏愿。就是在他的指导下,我秉其整理《尚书》的意图与规划,来承乏整理《尚书》全书之责,日夜竭尽绵薄,备经困厄,先后写成的。

在"文革"后期曾听国家出版局徐光霄局长在一次报告中说，毛主席曾指示："要把《尚书》整理翻译出来，否则读不懂，不好利用。"这句话顾先生在当时是不知道的，不像前此请顾先生负《资治通鉴》"总校"之责，是明白奉毛主席之命；后来负点校二十四史"总其成"之责，是明白奉周总理之命。此时则只是顾先生1962年在广东从化休养地，遇周扬同志也在，相与谈到《尚书》工作，顾先生以自己体力已衰，推荐在大学时曾从他治《尚书》的我来协助他，周扬同志把我的名字带回中宣部，在一次会议上决定调我来京了。当时把我安排在中华书局任《尚书》研究专职，据顾先生告诉我，当时他和历史所领导的关系搞不好，而中华书局领导金灿然同志热情支持此工作，故做此安排。我幼承原为王先谦先生及门弟子的祖父用心教读传统典籍（其中《左传》曾命我每年点读一遍），至十六岁先祖父弃世时已粗谙古典学术门径，粗具传统文学根底。大学毕业后，阴错阳差搞了十几年现代史料工作，到这时我已四十五岁，正精力旺盛，以为好不容易回到我素所嗜好的古典学术途径上来，获得展布其所学的机会，这是多年梦寐以求的事，又得中华书局给以良好的环境与条件，因此惬心适意地全力投入工作。

按，顾师一生在古史研究上的卓越成就，主要是从《尚书》研究得来的。1922年因对《尚书》和《诗经》《论语》的比较研究，得出了"层累地造成的古史"这一有名学说。其后在南北各地大学都相继开了《尚书》研究课。发现《尚书》内容涉及到全部古史，特别是儒家构建古帝先王体系，设计理想的政治制度，树立道统中心，及《尚书》成为儒家五经中最尊的一经，成为牢笼百代的统治思想，都是运用《尚书》来造成的。因此以为要有效地从这四方面来清算古史，就必须用力攻破《尚书》这一堡垒。于是他此后孜孜汲汲地从事《尚书》研究，就按此构想进行。1928 年提出对《尚书》中可信的今文二十八篇的看法和考辨计划。1936 年编成《尚书通检》。在其序文中提出研究《尚书》的总的打算，一是把《尚书》经文各种字体的本子集为一编，见其变迁沿误；二是辑出唐以前各书引用过的逸《书》；三是搜集历代学者讨论《尚书》之文，寻出若干结论；四是研究《尚书》用字造句的文法，并与甲骨文、金文比较。以为要把这四项做好，"最后才下手去作《尚书》全书的考定"。这些是顾师较早期对《尚书》研究的几次通盘打算，其总的脉络、总的归趣及总的前后步伐，在以后的《尚书》研究中，基本按此做。只是补充了些具体项目，或作了较详的规划。也就由于长期忙于《尚书》的各项具体研究，因而就如《尚书通检·序》所说的，一直未去做"最后才下手去作"的《尚书》全书的考定。

　　解放后，顾师 1954 年在上海写的《法华读书记》（一）中提出整理《尚书》拟作"《尚书》十种"。数月后在《法华读书记》（二）中再度提此十书计划，两次计划有九种相同（惟先后顺序略异），而各有一不同。现在合录其九种相同的如下：（1）《尚书文字合编》，（2）《尚书通检》，（3）《尚书校文》，（4）《尚书集释》，（5）《尚书今译》，（6）《尚书学史》，（7）《尚书学书目》，（8）《伪古文尚书集证》，（9）《尚书学论文选》。其二者各不同的一种，今亦依次列为：（10）《尚书简注》，（11）《金文选》。其后还多次提出过类似计划，大抵同此，只有详略多少的微异，或者侧重点稍不同。这也可说是顾先生梦寐以求完成的《尚书》研究的十大项目了。

1954 年,顾先生奉周总理之命调北京入历史研究所,首先是任毛主席交办的点校《资治通鉴》的总校。接着辅导苏联访华学者越特金研究《史记》。而后自己点校《史记》三家注本,至 1958 年完成。这段时期无力顾及《尚书》。1959 年始奉命整理《尚书》,见其《读尚书笔记》(一)、(五)、(六)三者的"前记"中都记明"奉整理《尚书》之命"。不过其(一)的所记又记明"顾予老矣,百骸都亏,欲予如少年人之力作,势已有所不可……因书其力不从心之苦于此"。当时科学院有每年夏送研究人员至青岛休假的美政。这一年夏顾先生至青岛休假,适逢我也自南京来此休假,师生愉快相见,谈到奉命整理《尚书》,即以上述《笔记》所言之意,要我赴京相助,我自然表示乐意。如上所述,至 1962 年顾先生请于周扬同志,经中宣部批准,乃调我成功。

顾师自己于 1959 年起恢复整理《尚书》,考虑应该做《尚书通检·序》中所说的"最后才下手去作《尚书》全部的考定"的工作,就决定整理今文二十八篇。并决定先整理最难读的又是周代历史最重要的《大诰》篇。1962 年写出初稿,以篇幅过大,就择要写成《尚书大诰今译(摘要)》发表于《历史研究》1962 年第 4 期。全文分校勘、解释、章句、今译、考证五个部分。这是对《尚书》按篇进行校释整理的试作,也作为研究整理《尚书》的样板,学术界极予重视。《历史研究》1962 年第 5 期李平心文,盛誉此文优点有五,最后以为全面、系统地弄清《尚书》各篇的历史背景与脉络,可以说是对《尚书》进行总结性的整理,提出了别具一格的著作体例。

我来整理《尚书》即依此篇体例进行。但我先要对《尚书》作历史的了解，掌握这部书所有有关资料，自然要涉及整个经学有关文献的资料，先花了半年时间每天觅资料于北京市内所有图书馆、旧书店（当时北京市内旧书店还很多），搜集群经所能见到的各种版本情况，用卡片把它记下来，归而取自宋明以迄现在各种书目及文献著录相对勘（自然还要稽之于汉、隋两艺文经籍之志），撰成《尚书及群经版本录》；又取中华书局图书馆所藏有关历代石经图书、图录、拓片等资料及北京图书馆、科学院图书馆等处有关石经图书等各项资料，撰成《历代石经》；最后据顾先生所藏和中华书局图书馆、北京图书馆、科学院图书馆所藏及所能复制隶古定写本原照片、影印本、缩微胶卷本与有关著录、记载，撰写《尚书隶古定古写本》。这三种都是从来没有过的全面地系统地力求做到巨细无遗的总书目（这三种后来又经我于1989年访日四个月及1992年再访日两个多月详加搜寻补充了不少彼土资料，使之更臻完善）。有了这三种，就可全面详细占有有关《尚书》与群经的资料情况了。

然后就依据顾师《尚书大诰今译（摘要）》体例，开始撰写各篇，先择夏商几篇中最短的撰写，记得写了《高宗肜日》《西伯戡黎》《微子》等篇，将其中《高宗肜日》篇油印，邀请当时参加二十四史点校专家二十余人座谈，请提意见。他们提出将顾先生文章五部分中的"章句"部分并入"解释"部分。我采纳他们的意见，定我撰写之文为"校勘、解释、今译、考证"四部分，征得了顾师同意。

"文革"一起，我所撰写各篇全毁，唯幸《高宗肜日》有油印本,其版本、石经、隶古定诸篇有原始卡片或原始稿,"文革"后得据以恢复。

"文革"既过,尘埃落定,顾先生于1975年托白寿彝先生请于胡绳同志,调我归历史所,我于1976年到所。好容易以六十之年获得坐下来读书研究的机会,得以复我《尚书》故业,以为是平生大幸,力求较好完成任务,用以仰副中宣部及胡绳同志委用之重,亦以不负老师付托之殷,兼以克尽自己所膺学术史上之重责。所幸我体力尚佳,精力尚盛,用能孜孜汲汲,日夜不懈,全力以赴,自1976年至1999年凡二十余年,写出四百五十余万字,百余篇论文,八九部拙著。其中关于《尚书》者五部,而主要的是于今年完成的这部顾师找我来京叫我撰写的主体著作《尚书校释译论》(即顾师《尚书通检·序》中所说最后才下手作的"《尚书》全部的考定"一书)。

关于此书的撰写,于1976年恢复《尚书》工作后即重新开始。原准备按《尚书》各篇依次写下去,而且开始写了第一篇《尧典》的前面一部分。顾师见了,以为《尧典》《禹贡》为巨篇,会占时间多,不如先写后面诸篇。因此我就压下《尧典》,但在其整理过程中,几经研析,以为应该将原改定的"校勘、解释、今译、考证"四部分,再省并为"校释、今译、讨论"三部分,并定书名为《尚书校释译论》,各单篇发表亦称"校释译论"。取得顾师同意后,即先将顾师《大诰》篇按此三部分改写,然后就写《禹贡》之后的《甘誓》篇,由此以下各篇即按原篇顺序依次写下去。至1980年顾师不幸弃世之日,在其关注下已写成了《甘誓》《汤誓》《盘庚》《高宗肜日》《西伯戡黎》《微子》《牧誓》《洪范》《金滕》《大诰》《康诰》《酒诰》诸篇,其中经顾师审阅并以顾师与起钎合名发表者,有《甘誓》(《中国史研究》第 1 期,1979 年 3 月)、《汤誓》(《郑州大学学报》,1980 年 1 月)、《盘庚》(《历史学》创刊号,1979 年 3 月;第 2 期,1979 年 6 月)、《西伯勘黎》(《中国历史文献研究集刊》第一辑,1980 年 6 月)、《微子》(《社会科学战线》,1981 年 2 月)等五篇。

顾师于 1980 年 12 月病逝,我们陷入哀悼中,1981 年起即无暇及于《尚书》,首先是助白寿彝师在报上写哀悼之文,而后应各方刊物之请写顾先生小传或某方面学术成就之文。计迄 1982 年止,为《中国历史学年鉴(1982 年)》《光明日报》社编《中国史学家评传》、"中国历史文献研究室"编《中国史学家传》,各就不同要求不同侧重或长稿或小篇写成,而《社会科学战线》则约写《顾颉刚先生与〈尚书〉研究》(《新华文摘》1984 年 12 月转载)。而当我经历了这些后于 1983 年恢复《尚书》工作后,复历年都有约写顾师传记者,如《国际著名史学家大辞典》,中国社会科学院编《当代中国社会科学名家》、《历代地理学家评传》的《作为地理学家的顾颉刚先生》、《文史哲·纪念顾先生专号》的《顾先生卓越的尚书研究》等,在各方纷纷需要了解顾师学术的情况下,因而我勉力应时写了《顾颉刚先生学述》一书,由中华书局于 1986 年出版,全面系统地介绍了顾先生学术,以专门一章谈《对古史要籍〈尚书〉的研究》,其中专门一节论析顾师"把《尚书》学的研究推进到一个新水平新阶段"。由于此书是我费了主要力量写成的,所以在许多学者包括美国、德国、香港地区、台湾地区及大陆之学者撰写的七八部论析顾先生学术的相关的专著中备受称许（见 1993 年台北陈志明《顾颉刚的疑古史学》一书的序言所称引）。其中当然专章谈了顾师的《尚书》研究。而有一段时期，有人起而贬抑顾先生学术，意在相扇成风，我以此书力扬师学，用以拥护胡绳同志在"顾颉刚先生诞辰一百周年学术讨论会"上说的："不重视继承顾颉刚先生以及其他类似的遗产的人，就不是真正的马克思主义者。"因而 1989 年很多地方要我谈顾先生之学，如在东京大学中国学会及大东文化大学都讲《顾颉刚先生的疑古学》，在早稻田大学讲《顾颉刚先生之人物与学问》，在二松学舍大学讲《顾颉刚先生与古史辨》，在台北联合报大厦国学文献馆讲《中国现代史学奠基者顾颉刚先生》（此文发表于台湾《国文天地》），等等。由于客观需要分出力量写了关于顾师学术的许多论文与专著，自然影响了我写《尚书》专著的时间，《尚书》篇章只写到《酒诰》上半篇，其下半篇未及写，只好搁下。

当忙了两年写悼忆、纪念顾先生之文以及接着还加上些外力约写的东西以后，我总想到要全力恢复写《尚书》了，但如上所述分出主要力量写别的东西，要写《尚书》本身所余时间就很少了。然而我当时还是想用很多力量来写，而且想就写大篇《禹贡》。这样，我就在 1983 年开始写《禹贡》。但一着手写，确实问题太多，当时是承顾师《尚书大诰今译（摘要）》体例并作两次删并后的格式写，那么在《尚书校释译论》一书中对《禹贡》的各州确实是无法容纳那么多资料的，因此就促使我想到另写一部《禹贡地理丛考》，把它的结论写到《尚书校释译论》一书的《禹贡》篇的各州中。例如写了第一篇《冀州地理丛考》，共三万七千二百字，把它的结论摘写入《尚书校释译论》中时不过二三千字。
我就这样写下去，"冀州"篇写好后发表在《文史》第二十五辑，
日本《尚书》学大师池田末利先生见了写信给南京大学留日归
来的凌大波教授盛加称誉，以为《尚书》研究至是足称精绝了。
其后"兖州"篇发表在《文史》第三十辑，"青州"篇发表在《文
史》第三十七辑，"徐州"篇发表在《文史》第四十四辑、第四十五
辑，因为这一篇近六万余字，所以分在两辑。而且当时不仅是按
州写较详的"丛考"，有些专题争论多、资料繁，如果并在各州中
撰写，仍嫌过于臃肿，就以专题另行撰写。如1993年写"冀州"
时，遇到碣石问题太繁，就另写《碣石考》，达一万七千字。1994
年写"兖州"时亦然，就另写《九河考》，达一万九千字（二文后来
皆收入《古史续辨》）。当时则是把这两专题的内容摘要写入该
两州的"丛考"中，准备最后再浓缩写入全书"校释"中。但如此
详尽的研究，自然需要时间，正如上文所述的分出主要力量写别
的东西了，《禹贡》研究的进度自然就拖慢了，直至1995还只完
成冀、兖、青、徐四州。

即使在力求专力写《禹贡》的同时，受外力影响写了和讲了
有关顾先生学术，还另外受到外力约写了有关"《尚书》学"的不
少文字，所幸这些都直属专业的研究范围内，其中有短文，也有
专著，短文是1981年《中国大百科全书》约写了《尚书》辞条。
专著有四：（一）其最短者《尚书评述》，于1982年由中国社会科
学院哲学所人员编《中国古代佚名哲学名著评述》所约写，至
1985年由齐鲁书社以该《评述》第一种出版。（二）《尚书源流
及传本考》，1985年辽宁大学出版社约请我据1979年至该校讲

《尚书》讲稿撰写成书，至1987年出版。1997年该社列入《国学研究丛刊》再版(惟错字多)。(三)《尚书学史》，即上文所说本书之姊妹篇。系于1979年应辽宁大学之邀前往该校历史系讲《尚书源流大要》，我就多年所积的资料，开始按历史先后整理排比出其源流体系，即摘取其大要去该校讲述。归来后，我开始把这些按历史先后排比出的资料，着手按各朝代把其情况简要叙述下来，到1985年已写成了雏形的《尚书学史》底稿。所以此书底稿早于《尚书源流及传本考》。当1986年据我讲稿并参考此底稿写成《尚书源流及传本考》交辽宁大学出版社后，我即趁热打铁将雏形的底稿，正式撰成完整的《尚书学史》，于1989年由中华书局出版。先后获三个大奖：1."1988—1991年全国古籍优秀图书一等奖"，2.中国社科院历史所"1977—1991年科研成果奖"，3."中国社会科学院1977—1991年优秀科研成果奖"的最高项目"专著奖"。故1996年中华书局重印出版订补版。(四)《日本的尚书学与其文献》。1989年应日本学术振兴会及东京大学之邀访问四个月，在四五所大学讲《尚书》和顾先生之学，相继应京都大学之邀访问两周，讲《周礼》。在两处都以国家访问学者的身份得到优待。好多日本有名文库和大学图书馆都特许入其珍本所藏密库观其真本，常有陪同的日本学者惊叹这些珍本他们过去一直不可能看到，因为陪我而有幸看到了。我就感到这种殊荣太难得，而有这样看到珍本的机会更不可轻易放过，因此在滞留日本期间，我争取一切机会到日本各个有名的国立或私家的文库，以及能访问到的大学和学术机构的图书馆，访寻有关《尚书》的各种文献，举凡中国古代《尚书》各种刻本及日本的和刻本,还有日本珍贵的古写本等等,如入宝山应接不暇,我一一做了笔记。1990 年回国后,为了不虚此行,为了不辜负日本各公私文库和图书馆使观看到原不开放的珍藏秘籍(其中有中土失传之本)的学术盛情,为了不辜负日本友人不辞辛劳为我搜集不少书目并帮助购买到珍贵之本的热情帮助,我即运用在日本所获各种资料,包括我征文访献时所详记的笔记,和在日本以日本学术振兴会所资助经费搜购到的《尚书》图书,及由日本友人帮助搜集到的我无法去访问的外地的图书馆的书目以及一些主要书店的书目,据以整理出日本所藏各种《尚书》文献目录,进而据所获文献的内容与笔记内容,于 1991 年开始撰写《日本尚书学》,至 1992 年完成《日本的尚书学与其文献》一书。这一年底我再度访日,据原稿有目的地补充搜寻访觅了不少资料,归来加以补写增订定稿,于 1997 年由商务印书馆出版。这些自 1981 年至 1992 年最初出于外力所引,而结果仍由主动努力写的好几种《尚书》学著作,费了不少时间精力,不自觉地也很自然地把《尚书校释译论》的工作挤到后面去了。可以自加宽解的是,这些都是《尚书》研究的本业以内的事,从宽来说,系统地掌握了《尚书》学知识,反而会有所裨益于"校释译论"工作。

可是有时为外力所引,走得稍远一点,就不能不耽误《尚书校释译论》工作较大。这样的外力,有些是友情所托,碍于情面,不便推却;有些则是国家任务,有不容不接受之势。粗举有下列几项:(一)1981 年历史所有同志编《中国古代史史料学》,邀我担任其第二章"西周、春秋、战国史料",这是友情所托,不便推脱之例,然耗了我不短的时间写成。(二)同是 1981 年,《中国大百科全书》约写辞条,写的是重要古籍的辞条;1985 年又约写了重要古史辞条。二者合共十余条,其简约者千余字,长者达两万字,这是国家任务不能不接受之例,其耗我时间之多可知。(三)1983 年老友杨伯峻君以体衰托我去接替他在北京大学历史系研究生班开的《左传》课,我以这样正式开课,必然影响我的主业《尚书》工作,因而婉谢之。他说:"每周只有半天课,以你对《左传》之熟,不需要备课,学校又有专车迎送,耽搁的就是这半天,而且已同系主任邓广铭先生讲明,请接替他来开《左传》课的,只有刘某才适宜,因此务请你勉力相助。"接着邓先生也来函诚意邀请,并派他的一位研究生来代他面邀,而且即以这位学生在我全部讲课期间照顾相助。在这种情况下我无法再推辞,只是向邓先生提出,希望将我在大学时所记顾颉刚师《左传》课的笔记作为讲义印发,供学生参考,邓先生也接受了。但由于顾先生讲课内容受清末今文学派影响太大,主旨谓《左传》是刘歆改编成的。为了"补偏救弊",因而我就着手较全面系统地搜集自先秦以迄近世与《左传》有关的各种资料,集成《春秋左传研究辑证》一稿,与顾师之书相辅相成,作为讲义一道印发。至课程开始前的春节前一天,来了另一位研究生,入门即说:"你要到北大讲课,系里派我来联系具体的乘车时间诸问题。"我一听,明明是杨先生力邀我去,邓先生亦热情相邀,我才在影响《尚书》本业情况下勉强答应去的,现在在他们心目中是我要去的,是我钻营要到这所名牌大学去的。而开课日子就在春节后的初七那天。这时天气寒冻,我正受寒转成肺感染,在服药养息,因此就对这位研究生说:"我正病不能前去讲课了,请代向邓先生致歉。"承邓先生答覆说:"可以稍缓几周,等天气转暖身子好了再去。"我以为这样会更耽误青年学子时间,影响学业,仍歉告不能前往,所以终于未去。其深层原因,显然是我怕多耽误《尚书》时间。可是就是这搜集《左传》的"辑证"资料,已经花去了我两个多月时间,我想真到上课时,还不知道要多花多少时间。到1985年巴蜀书社出版我用文言写的顾师《左传》课的笔记,我又花了一点时间,据"辑证"资料简要写了一篇《春秋左传之演变递嬗》附于书后。

"走得稍远一点"的下面两项,则与《尚书》研究有着牵连,即:(四)1983年秋中华书局《史记译注》工作小组约我写《夏本纪译注》,因《夏本纪》全据《尚书》的《禹贡》《皋陶谟》《甘誓》三文写成,我运用《尚书》知识于1984年译注了《夏本纪》。日本有一雄厚的《史记》研究队伍,其现代《史记》学权威水泽利忠教授也以同样原故邀我共同研究《史记》,于1990年邀我合撰《史记疏证初校记》,我并撰《史记疏证抄本情况及其作者考略》,赞扬了水泽考定《疏证》作者之功力,皆发表于《文教大学纪要》(5)、(6)两期上,并由水泽邀同赴横滨参加了《史记正义之研究》的定稿会议。(五)《中国大百科全书》邀请撰写的辞条,我大都先较广泛搜集该辞条有关资料,初步写成较繁的短文,然后浓缩成辞条交去。因为时常有刊物索稿,我往往就这些原写短文,再根据所集资料以及补充资料,扩充写成较长的专文以应,因而形成了一批万余字以上或数万字的论文。有时还因应一些刊物需要,就《尚书》研究中所遇到的问题写成专文(如甘的地点问题、"高宗肜日"问题、周公称王问题等），这样，在这十余年内写成的专题论文颇不少，因此我就在1987年开始择其中有可取者三十余篇选编为《古史续辨》，以其内容为考辨古史、考辨古地理、考辨经籍三方面，与顾先生《古史辨》考辨的主要种类相同，故用此书名，于1993年由中国社会科学出版社出版，至1997年选为精品图书，编入《社科学术文库》，为其第一辑八种之一。而在《古史续辨》之后，在日本，在香港、台湾地区，以及回到内地，都不断有有关方面及友人约写各种有关古史或《尚书》问题的专文，文长者达三四万字，少者亦万余字，就一直忙到1995年，始终没有回到《尚书》篇章的校释工作上来。其间亦有遇合侘傺、情怀郁悒的因素在内。

　　白寿彝师了解到这一情况后对我说："这不只关系于国家之委用，老师之付托，而且是你自己的事业，现在谁不知道有刘某的《尚书》，你不把自己的事业抓紧完成，也辜负了自己。"中华书局的拙著《尚书学史》责任编辑张烈先生和古代史室主任张忱石先生也相偕到我家督促我快点写《尚书》，当时他们看到我案头正是一篇外力约写的颇不短的稿子。他们说："应该完全摒弃一切外力邀请写的东西，从今天起消除干扰，杜绝一切外骛，全心全力写《尚书》。外面请你写的东西，没有一篇比《尚书》重要，没有一篇比《尚书》有价值，因此你应有决心断绝一切外来影响。"再忆起故友杨伯峻君生前给我最后一信勖勉我完成《尚书》工作说："要注意，千万不可使千秋万代有所责望！"这些爱之甚切的尊敬的师友的谆谆劝勉，使我感到惭惧，自知必须束心归到《尚书》本身篇章的工作上来。

1992 年 5 月，国务院古籍整理出版规划小组在北京香山召开第三次古籍会议，会上要制定重点图书规划，入选者有一笔经费资助。所以有人把自己的书争取列入规划。会上中华书局副总编辑赵守俨君对我说："你的《尚书》可列入重点规划，怎不见你提？你提出吧。"我因《尚书》未写的部分还多，怕列入规划要限期出书，就说："列入规划我也在写，不列入规划我也在写，当然列入自好，但不列入可任我自由选择时间写，还是不列入吧。"就没有列入规划。而 1993 年我又应邀去香港、台湾讲学，又把《尚书》工作搁下了。归来后又摆脱不了应台湾友人所约写的文章。

到 1995 年 3 月，中华书局古代史室主任张忱石君通知我，《尚书校释译论》列入《中国古籍整理出版"九五"重点规划》，定在 2000 年出书，要在 1998 年底交稿。列入规划的书，简称"'九五'国家重点图书"。这一下使我慌急了。《尚书》全书二十八篇，已整理好的只有《甘誓》至《酒诰》十二篇（《酒诰》尚有后小半篇未成）及《禹贡》的前四州，合计才逾四十万字，未整理者达十六篇，而且其中有《尧典》《禹贡》《皋陶谟》等大篇，和次大的《顾命》《吕刑》等篇，其工作量显然倍于已完成者，而 1998 年交稿，则所有工作时间只有三年半了。粗粗看来，要在这么短的时间内完成这么大的工作量，几乎是不可能的，至少是困难重重的，但细细估算，虽说定 1998 年底交稿，但定 2000 年出书，则拖一个尾巴到 1999 年上半年交，不会影响出书时间，这样就有四年时间来完成这十六篇，平均一年完成四篇，那就是一季度完成一篇，这就成为可能的了。而且其中有好些短篇，可以争取在一个月左右完成，那么腾出来的时间，就够几个大篇回翔的了。这也就使我暗自有了信心，决定鼓起劲头，以全副精力来干，还得"杜门却扫"，真正断绝一切外间来往。而可幸的是我体力甚健，精神尚旺，虽然 1995 年我已七十九岁了，自忖体力与精神的美好状态，完全足以胜任愉快。因此在获得通知后，用一两个月时间收束旧有的未了的事项，花一点时间清理和安排了繁多的资料，于 1995 年 7 月起重新开始这一艰巨的工作。

我于 1995 年 7 月 5 日开始整理《尧典》，经一年多完成，近三十万字。接着是《禹贡》，继冀、兖、青、徐诸州以下成其全篇，近二十三万字，又接着《皋陶谟》，九万四千字。先吃掉此三巨篇，而后逐篇撰写相对来说较短之各篇。真成了摒弃一切外骛，"两耳不闻窗外事，一心专弄圣贤书"，没日没夜地赶，除了睡眠、吃饭时间外，其余全是写稿时间，也没有了一定的作息时间，写困了倒头就睡，睡醒来立即就写。如是者整整五年，断绝一切亲朋来往，经常压着几十封信不回覆，国外朋友的信也常积压，往往收到他们数次来信后才回一信，说明我的窘况，托他转告其他国外朋友谅解，惟在收到他们寄赠著作及新年贺柬始必奉覆。对国内亲朋更然，也只有寄赠著作及新年贺柬才奉覆，有时连寄赠著作也暂不作答。我知道这样要得罪很多朋友，也顾不得了。不这样，这点紧迫的时间，怎能完成这么重的任务呢。（讨厌的是 1996 年 4 月患肺炎，每天到协和医院急诊门诊挂瓶治疗，才治好，1997 年 3 月至 11 月患腿痛，寸步不能行，每天到医院理疗，只收到一些减轻的效果，到 12 月我女儿从南京给我买了一种血液循环仪使用两三月就痊愈了。这样长时期共达十个月之

尚书校释译论

久每天耽搁半天时间,心里真急,为了争取减少一点浪费时间,我每天坐出租车来回,每天车费三十多元,幸亏我得了《尚书学史》奖金一万元,刚好应付了此开支。)如果没有这两次病耽搁我这么多时间,肯定我的工作进度要快些。然而就这样艰难困顿地推进,也终于在1998年底完成《尚书》二十八篇中的二十六篇,可以自己解嘲地说:总算是略打折扣地完成了应于1998年底交稿的任务,余下两篇(不过是问题较多的《顾命》《吕刑》两篇)拖到时间较宽裕的1999年上半年完成。总可以说,顾颉刚师困心衡虑以希冀的"最后才下手去作"的"《尚书》全书的考定",至是敬谨地完成了。不论完成得好坏,总之是完成了。

回忆顾师平生做了不少次整理《尚书》的规划,其最梦寐以求完成的是"《尚书》十种"(实际十一种,已见上)。就今天来看,其(8)《伪古文尚书集证》、(9)《尚书学论文选》,非《尚书》学急务;其(11)《金文选》,不必由《尚书》学者来做,即使说由《尚书》学者来做有其有益的一面,然在研究任务繁重情况下,亦难抽出时间人力来做。另有(10)《尚书简注》,我早就打算此主体著作完成后即摘要为之,今中华书局历史室主任张君已主动提出要我俟本书出版后即据以择其要点写成简明的《尚书译注》,是此一"译注"简本之必写,是无问题的。除上述自(8)至(11)之四项外,其余七项中,其(1)《尚书文字合编》早由顾师与顾廷龙先生合编成,于1936年由北平文楷斋木版摹刻完工,抗战事起未及印出。今已由廷龙先生继承其业,于1996年1月由上海古籍出版社影印出版,自佳于木板摹刻。其(2)《尚书通检》,早由顾师自己编成,于1936年出版,近年又已重印。其(3)

《尚书校文》、(4)《尚书集释》、(5)《尚书今译》三种，已由我合之为一种，撰写与顾师合名的这本《尚书校释译论》加以完成，还增益了"问题讨论"的内容。其(6)《尚书学史》、(7)《尚书学书目》两种，则在我尚不知道顾师"《尚书》十种"规划之前，已就多年所积资料将此两种合在一起撰成《尚书学史》一书，如上所述已获三大奖，并于1991年4月在台湾有影印本盗版。顾师曾致蔡尚思先生函言，如果整理《尚书》之作不能完成，将死不瞑目，其言沉重至此！今勉可告慰顾师之灵，可含笑瞑目了。

所惶恐的是，此书不知是否完全、正确地体现了顾师整理《尚书》的意图，是否表达了顾师对《尚书》卓越的见解，只有静候同门与学术界方家的批评指疵。至于书中有些地方对顾先生具体意见，以浅学薄知就该项具体事物提出了与顾师商榷的异议，这也是受到顾师主张师生之间在学术上应该平等讨论之鼓励，才敢提出不同意见。记得有一次我对某问题提出不同看法，顾师即取在燕大所编《尚书讲义》相赠，因其中载有谭其骧先生对顾师汉十三州说提出异议，顾师覆信接受并进而讨论有关文件，顾师对我表示他一向是主张师生自由讨论的，所以我就有信心提出异说。即使我说有误，也符合顾师所倡自由讨论的精神，如果学生只知墨守师说，将会使学术停滞的。

这里有一情节要说明一下，即1998年偶然看到《文史》第三十三辑上有顾师《酒诰校释译论》一文，甚以为异，因顾师除示我以他所撰《尚书大诰今译(摘要)》外，从来没有吐露过他曾撰写过《尚书》其他各篇文字。显然是要我一心依他的《大诰》篇做去就是。这篇是王煦华君在顾师残乱遗稿中找出来的。王君在"后记"中说，这是顾师1951年在上海时撰写的，当初他写了周诰八篇，但现存《酒诰》《梓材》《召诰》《多士》《无逸》五篇，另有《洛诰》篇残存后部一些零乱资料。我承王君及《文史》责任编辑汪圣铎君之助，得到这几篇复印件，以为这是顾师亲手所撰深刻研究《尚书》之文。吉光片羽尚且可珍，何况这是完整的五篇，亟应使之收入本书中。但它的体例是，注释在全文之后，其编号一贯下去，而且太简了。而本书各篇皆分节，注释按节自为起迄，而且大都较详。除《酒诰》篇只取其尾部续在我已写之《酒诰》篇之后外，其余四篇将其全文依本书体例分节改写，作必要的增订，如《召诰》篇改易订正较多，其余大都改易其文字原貌而保持了原精神。这样就使整个工作进程加快了进度，大获裨益，所以能在年底完成二十六篇。

此书的写成，从1962年调我进京开始，可说花了三十八年功夫。这三十八年中，我的思想里就只有《尚书》两个字，无论在工作中，或者生活中，念兹在兹，关心的总是《尚书》资料，即使十年动荡中，只要有机会接触到文献，我所萦心的仍是《尚书》。而从60年代前期撰写的三篇虽已损失，其中《高宗肜日》篇以油印本传下来了，所以本书中撰写最早的有60年代撰写者，其次则为1976年恢复《尚书》工作后撰写的十余篇。这些基本都是依照顾师《尚书大诰今译（摘要）》为范本所撰写，每节校释字数都有一些控制，而且还想全书完成后，各篇之间还要作适当的平衡，不要使繁者太繁，简者太简。《禹贡》篇之所以先写《禹贡地理丛考》，一方面要使《禹贡》地理彻底考释清楚一下，一方面又要保持本书中《禹贡》校释不过繁。可是一到1995年通知本书定为"'九五'国家重点图书",限在 1998 年底交稿,时间太紧促,就顾不得以前那许多规矩,也不及预写《禹贡地理丛考》,一切资料能说明问题者,都写进"校释"中。当然,一般的问题还不同《禹贡地理丛考》那样详细写,能择要说明问题即止,而其中有一特殊的"黑水",问题既多,资料又太繁,就不顾一切,一古脑都写进"校释"中了,"黑水"一题遂成了一篇巨文夹在"校释"中,与其他条校释繁简相去太远,也就顾不得了。这样的繁简不匀,是本书的最大毛病之一,将被讥为"为例不纯",甚至是完全没有体例。这是这次五年时间突击赶写与过去二三十年中按部就班撰写的不同状态造成的。

而本书总的倾向是偏重繁,"校释"中万字、数万字的长文不少,其所以敢于如此,与历史所中一些中青年同志的鼓励有关。当 60 年代初开始从事此业时,遇到一些问题,资料繁,割弃之可惜,而又当 50 年代批判乾嘉学派繁琐之后,颇存戒心,在办公室中谈起,一些中青年同志因看过我发表的篇章引的资料颇多,为他(她)们原所不知,便说这非常有用,因此对我说,希望我写的校释中引的资料越多越好,对他们有用处,有裨益,千万不要管什么繁琐,何况现在(指 60 年代初期)也不批繁琐了。到 70 年代恢复工作以后,写《尚书》篇章时,仍有中青年同志对我说:盼望您写的材料丰富,对我们后学取用方便,不要嫌繁多。因此我也就以为为了中青年研究读者的裨益,就背繁琐的骂名也不足恤,我才敢放手引用该引用的资料。其实所谓繁琐,不在引用资料的繁多,而在所研究的问题有无意义。像汉儒的繁琐,"说《尧典》篇目两字之谊至十余万言"(见《汉书·儒林传》)。

"但说'曰若稽古'三万言"(桓谭《新论》)。一个篇题的两个字怎么能说上十余万字呢?又如西方中世纪经院哲学讨论"亚当被创造的时候身长若干?""一个针尖上能站几个天使?"等等问题,都是几万字的长文。对这些无聊的问题用这么长的文字,这才是真正的繁琐。像马克思写《资本论》厚厚几本的资料,可谓繁多极了,但它们是研究资本问题所需要的丰富的资料,文字再多,也不算繁琐。所以只要是解决学术问题的需要,尽可放手引用资料,文字无论怎样多也不算繁琐。所以本书引用古今资料较多,自以为可以。当然,仍盼方家指教。

还有本书引用资料书名,没有体例,不合规格,当今有的著作在全书之后详细开列所引书名及作者名,还列明简称,全书中就一律称引该书简称,还看到更科学更现代化的(主要是西方人著作如此,汉文著作也渐有采用此法者),即将全书所引作者给编了号,然后该号作者的著作则编上子号,有几部著作则编上几个子号。在书中引用时,一律用该人该书号码,而不见人名书名,秩序井然,也省去人名书名不少字数。本书在书后既没有详列所用书名和其作者名,更没有简称(只有《盘庚》篇一文在刊物上发表时在文后开列了所引书名及作者名,并列明其简称,在本文中即一律用简称,收入本书全书中时,因与其它各篇不一致,将篇后所开列表目取消了),当然更谈不到用现代化的数字代称。而只是在全书中随文引用,而引用又无一定规格,或作者全名与书的全名并举,或作者简称某氏,下接全书名,或下接书名的最后二字;单用书名时,有时用书的全名,有时只用书的最后二字;又或将作者名与书名皆省称合为书名,如孔颖达《尚书注疏》简称《孔疏》，有些地方又随资料称"孔氏《正义》"。伪《孔传》省称为伪孔，以免去称《孔传》时要加书名号。总之引用书名，乱七八糟，毫无规格。实由于成书仓促，只注意把文字写通，来不及注意这些细节，严格的说，作为一部谨严的著作，这称引书名的规格化是应该做到的。但我没做到，等于这只是底稿，还没有作全书的统一规格化，请读者宽恕，把它看做一部粗乱的底稿吧。

　　本书还有一隶古定文字问题。由于本书校勘以《唐石经》为底本，而《唐石经》是据卫包将隶古定文字改为楷书后所刻石，卫包不懂文字学，改错了不少字，据隶古定则可发现《唐石经》中卫包所改错之字。但隶古定是东晋伪古文根据一些字部加以拼凑创造的一种伪古董文字，探明它只能探明伪古文的文字，与汉魏时所传先秦古文、隶书文字无关。但我整理之初，以其可以订正《唐石经》中沿卫包所改错的字，以为有用，所以在校释时，每篇都详为搜列了该篇隶古定写本文字，以为比勘之用。当时得到一部日本学者小林信明氏之《古文尚书之研究》，其中利用了隶古定文字，我曾参考之。及故友杨伯峻君见我整理《尚书》时忙于弄隶古定，即对我说："《尚书》古文字之关键在先秦、汉、魏三时期，应研究者为此三时期《尚书》的异文异字，隶古定是东晋伪古文本始有的文字，您整理《尚书》，所要忙的东西太多，不可浪费时间在这伪东西上面。"我说："我因它能纠正《唐石经》的误字，所以才弄它。"杨说："您以后可以专文研究伪古文中隶古定与卫包的关系，不要在整理《尚书》本身忙不过来的情况下，浪费时间于隶古定上。"我很感谢他的忠言相告，但在整理过程中遇到隶古定足以帮助说明问题时,仍免不了使用它,只是我逐渐对它的兴趣减低了。到1996年廷龙先生完成顾师遗愿的《尚书文字合编》出版后,一编在手,各篇各句的不同隶古定文字罗列眼前,查阅非常方便,我才在继续整理《尚书》各篇时,放弃了隶古定的运用。心里想当如杨伯峻君所说,到《尚书》研究完成后,再作伪古文的隶古定研究。(现在,华东师范大学臧克和教授大著《尚书文字校诂》问世了,是专研究隶古定文字兼及《尚书》各篇正文用字,是一部佳作,在学术上是非常值得庆幸的事。)

最后要谈到此书的出版在我交稿方面的困难,使我焦急万分,终于得到我女儿晓瑜出力,才获顺利出版。当1995年得到通知此书列为国家重点图书,限在1998年底交稿时,其书稿情况是:在刊物上发表的五篇都已改为简体字,又没有保存誊正交刊物的底稿;而中华书局出版此部最古的史籍是要用繁体字的,靠什么力量来把这五篇简体稿改为繁体稿呢?又我已写出的七篇稿子,当时为求速度快,是用非常潦草的字写成的,因在顾先生时,我写的稿子由一专门担任抄写的尹如瀇君誊正成繁体楷字,他能识潦草字,所以没问题。现在怎样把这七篇变成正楷繁体字呢?如果由我自己来誊正,耗时间会很多,我就无法赶写新篇了。我已决定新写的稿子要写得排字工人认得清的较正楷体的字,那就可用我原稿付排,用不着誊正,现在问题是要解决原十二篇的誊正问题。我去找所领导商量,意思是想找尹如瀇君誊正。所领导同意资助,但尹如瀇远居河北饶阳原籍,又已年老不能前来,经商量寄稿请他誊写,最后因许多困难没办成。当我访台时看到老同学、台湾"中研院"的院士黄彰健兄,他赠我以他的著作扉页印"本书承某某会补助特此致谢"。我想,他们有这个办法倒好,回到北京,正好看到"国家社会科学基金申报工作的通告"。我就按规定申请了,因为这时我已知道电脑可以打繁体字,目的是想得资助用电脑打繁体的资金,没有获得批准。到正式得到定为国家重点图书后,想到只有靠社会科学院资助了,经先后给院领导写了两封信,报告所撰之书已被定为国家重点图书,请予资助,都未得到答覆,日子日益迫近,使我急得像热锅上的蚂蚁。到1996年暑假,在南京理工大学工作的女儿晓瑜来京探亲,看到我的窘况,她说她已在学习电脑打字,回去抓紧学习好打字技能,一定帮我把全部稿子打好。她回去首先使用她办公室的电脑,后来索性自己买了一台电脑,不久又买了打印机,于是在1996年至1998年及1999年上半年的业余时间把全稿二十八篇一百五十余万字打印得完完整整地交给了中华书局,中华书局历史室主任张忱石先生表示很欣赏和很高兴,因为电脑打字的稿子,能帮助他们省去将原稿文字输入电脑的时间,能加快出版速度,很有裨益。女儿这样替我解决一个大问题,到底还是自己的女儿得力。

26

此书承国务院古籍整理出版规划小组定为"'九五'国家重点图书",又承新闻出版署同意批定,并承中华书局总经理宋一夫同志、副总经理兼副总编辑李岩同志热情支持出版,中华书局古代史室主任张忱石同志亲为责任编辑,不辞劳苦,亲为把关加工,使本书将获顺利出版,谨表我深挚的谢意。顾颉刚先生之灵亦当同致感慰与谢意。

刘起釪

1999 年 10 月于北京劲松寓楼

补记：

本书责任编辑张忱石先生于 2000 年 5 月光荣退休,兹后又由汪圣铎先生、王景桐先生相继担任本书责任编辑。他们备极辛勤,继续抓紧出版各个环节,使我倍加感佩,特于此专致谢意。

起釪

2003 年冬谨记

凡　例

一、《尚书》自元初赵孟𫍯始将伪古文本中的今文、古文分编，迄元学者吴澄、清学者段玉裁等专释今文二十八篇，确然有据，本书即承吴、段诸家成规专释今文二十八篇。（不过段氏以为二十八篇即马、郑古文，故循其旧分出《康王之诰》。而清江声、王鸣盛、孙星衍诸家以汉学立场，于二十八篇外复辑汉伪《太誓》以符马、郑所承杜林本二十九篇之数，实误，故不从。）

二、自马、郑古文从《顾命》中分出《康王之诰》，又《盘庚》《太誓》各分为三，遂将杜林本二十九篇析成三十四篇。伪古文则自《尧典》中分出《舜典》，《皋陶谟》中分出《益稷》，仍从《顾命》中分出《康王之诰》，外加《盘庚》三篇，故将今文二十八篇析成三十三篇。本书一律不从，将所分出各篇一律归入原篇，仍成二十八篇之数。

三、本书原拟对各篇按校勘、解释、章句、今译、考证五部分进行整理（见顾师《尚书大诰今译（摘要）》，《历史研究》1962 年第 4 期），经征求学者们意见，将"章句"并入"解释"中。后在撰写过程中，发现很多校文常因释义不同而用字不同，"校"与"释"不能严格分开，遂将二者并成"校释"。不过将主要谈校者置于前，主要谈释者置于后。于是本书各篇遂分校释、今译、讨论三部分。

四、今文二十八篇原所在的汉代今文、古文各传习本皆失传，唯有伪古文本中析成三十三篇之二十八篇随伪古文本传下。伪古文本最初为隶古定写本，中多奇字，唐天宝间改写为楷书本，开成间刻成《唐石经》，而后各种刊本皆自石经出。故《唐石经》实为一切版刻本之祖，本书校勘遂以之为底本，一切异文异字皆依《唐石经》比勘校订。

五、校勘文字，首寻先秦文献及出土文物所引《尚书》文字，次则汉代文献及汉代石刻与出土文物所引今文遗字，再次则东流文献及石刻中所引古文遗字，再次则《魏石经》中三体异文主要寻其古文，以及魏、西晋人所引古文文字。东晋以下则先寻隶古定写本以及一般唐写本文字，五代以后一依《唐石经》为准。其中隶古定文字，在本书较先撰写各篇取校较详，自1996年1月《尚书文字合编》出版，隶古定文字一览无余，取阅方便，故自1996年9月以后所撰各篇于隶古定文字取校较简。所有校勘工作皆充分利用清代学者成果，主要仰赖段玉裁、陈乔枞、皮锡瑞之书，其他各家著作则有关者采用之。

六、《尚书》文字过于晦涩，成为典型的"佶屈聱牙"（韩愈语），有很难索解者，有须仰赖今日甲金文古文字之学成熟之成果以寻释者，而过去注疏家、经师们大都就己见进行解释，望文生义之处在所难免，故释义之纷歧成为古代典籍之最。今欲寻析某字之义，也就只能首先作历史的了解，不论各家所释之正或误。先循其先后寻之，可见出关于每一字义解释的历史演变之迹。特别是汉学、宋学为经学中两大不同体系，其解释动多抵牾，在《尚书》学中，汉学之代表作为"二孔"（伪《孔传》《孔疏》），宋学之代表作为《蔡传》，故此二家之义大都必采及之，然后再揽各家要说。大抵自先秦而两汉魏晋至唐寻其古义，主要为汉学的；宋以后寻其宋学者；至清寻吴、皖、扬州各派，略及今文派之说；晚清至近世寻其由新文字成果所作之科学性新说。先予罗列，而后加以综合、分析，作出评断去取。有不能断者则并存之，以俟进一步论断。此为本书"释"的部分的大要。

最近找出顾师 50 年代初存稿中《酒诰》《梓材》《召诰》《多士》《无逸》五篇校释稿，除本书此次所写稿中《酒诰》已大部分完成只采用其尾部小部分外，其余四篇虽经按本书体例加以改写并作必要增订外，为尊重顾师亲笔，故尽量采其成果于篇中，则不循历史作诸说之考察，而依顾师径取以为可作定论之某一说以为释（其中多为近代人之说），故唯此四篇与全书稍异。

七、本书译文，系按句用今语意译，不作直译。因古语与今语相去太远，不易按字对译。总之以力图表达原句本义为最要。每句的译文，皆根据"校释"中的释义来定，必反覆推敲"校释"中各说，择其合于本处文义并与前后文义能相协者始斟酌定之。总之不依脑子里的认识来定，做到无一字无"校释"的来历以为定。有时"校释"中杂义并陈，很难决定哪一说最确，就在"校释"中说明后面译文姑取某一说为今译，极个别的在译文中用夹注说明难以定论姑取某说为译。

八、本书的"讨论",旨在弄明白各篇存在的问题。首先是该篇本身的问题,其次为篇中内容所存在的问题,特别是争论多的问题。本身的问题,指该篇写成年代、该篇作者及讲话对象与对该篇长期存在的纷歧看法等等,还有些关于该篇的特殊问题。内容的问题,往往在"校释"中揭出,集中到"讨论"中较详地加以讨论。本书较早撰写各篇,大都把问题集中到"讨论"中处理,但稍后撰写各篇,因内容问题多,集中到"讨论"部分篇幅会过大,所以大都在"校释"中较详地解决。

九、本书引用各种文献资料,大都在各篇中第一次出现引该书全称,其后则用该书简称。由于本书所引用资料数量大,而撰书的时间虽长,相对来说每篇撰写较为匆促,因此没有来得及对引用书的方式作统一规定。像西方有些著作对所引的书定了细密规则,给书的作者编了号,每一作者不同著作又在作者号下编了分号,因而全著作中只见一组之作者号和书名号编在一起的号码,而全著作中见不到所引资料的作者名和书名。科学系统化是做到了,但在本著作中叙述学术活动时就感到不方便,因而本书办不到这点,就比较无一定之规地引用文献资料,可能还是手工业方式,一时还无时间去达到现代化。现列出全书"主要引用参据书目"附于书后。在各篇的一些专章里以及一些突出的专题里,考据纷繁,引用资料往往很多,动辄数以百计,甚或更多,例如《尧典》的"羲和章"、"璿玑玉衡章"及专题"光被"、"六宗"、"九臣"等,《禹贡》"三江"、"九江"、"黑水"等,皆引据至伙,很多书目未能录入"主要引用参据书目"内。全书引用书当以千计,实无暇详加清理,录入"主要引用参据书目"中。

十、本书标点有一需说明者，即《春秋》和《左传》的年份，和《易》的卦名、《周礼》的官名一样，都和《诗》的诗篇名、《书》的书篇名相同，是各书的内容，各书的组成部分，而不是指历史上的年份、历史上的官名，而可视同该书的一个章节。所以应括在书名号内，标为《春秋·隐公元年》《左传·桓公二年》等形式，使和《诗·十月》《书·大诰》《周礼·司徒》一样，使读者知道是指该书内容。

十一、朱熹强调《尚书》不可通之处不要勉强去说通，这意见很重要，本书有些地方恐怕不能免于此讥。但本书要作"校释"，要遍寻历代主要各家之释，各家或有在不可通之处勉使之通者；本书要作"今译"，又不可缺了某句不译。只好利用各家深入的探研成果及现代甲金文研究对古文字的深入了解，来作为帮助读通的条件，以勉图读通。现在据以完成此书，"知我罪我"，端在全国大方之家、学术通人与广大爱好古典文史的好学青年的批评指教。

尧　典

　　《尧典》原为秦博士伏生(伏胜)传授博士弟子之《尚书》本中的第一篇,至汉代继续传授为《今文尚书》二十八篇中的第一篇。伏生弟子欧阳、大小夏侯三家传授之本因增汉代后出《太誓》而成二十九篇,此仍为其第一篇。先秦另有逸篇《舜典》未传下,东晋出现伪《古文尚书》,将《尧典》后半自"慎徽五典"句以下割出冒充《舜典》篇。现特将其恢复,归入《尧典》篇中。

　　《尧典》既为先秦已存在的《书》篇。先秦文献中据初步搜列共称引《尧典》之文达十四次,是仅次于《康诰》(三十一次)、《太誓》(二十二次)、《洪范》(十九次)、《吕刑》(十六次)四篇引用次数较多之习用篇章。为西汉伏生《今文尚书》二十八篇之第一篇,亦为增入《太誓》后之伏生系今文三家二十九篇本之第一篇。今文三家的《尚书大传》传释其文义之文称《唐传》,则似以《尧典》为《唐书》。另有《虞夏传》,释先秦《舜典》逸文。西汉所传《书序》百篇中,列《尧典》为《虞夏书》第一篇,又另有《舜典》为第二篇。东汉马融、郑玄本《古文尚书》亦列为《虞夏书》

1

第一篇,仍有《舜典》为第二篇。东晋伪《古文尚书》初出,缺《舜典》篇,乃取王肃注《尧典》从"慎徽五典"以下,分为《舜典》篇以续之。又在"慎徽五典"句之前,仿《尧典》篇首之文,先后伪增二十八字以为《舜典》篇首。南齐姚方兴伪造《舜典·孔氏传》,隋代以之取代王肃注,今本《舜典》遂为姚氏伪传本,与《尧典》依次为伪古文《虞书》第一篇、第二篇。今恢复汉今文、古文相同之《尚书》篇次,将伪古文分出之《舜典》仍并归《尧典》原篇中。其情况详后面"讨论"。《史记·五帝本纪》之《尧纪》录载《尧典》"克明俊德"至"三载四海遏密八音"止,又其《舜纪》则引录有关舜的其他资料后,又录载《尧典》"舜格于文祖"至"分北三苗"止,不过大都改成汉代通行文字,即所谓以训诂字改写,成了我们今天研究《尧典》最有用的比较资料。

校　释

曰若①稽②古③帝尧④,曰放勋⑤,钦、明、文、思⑥安安⑦,允恭⑧克让⑨,光⑩被四表⑪,格于上下⑫。

克明俊德⑬,以亲九族⑭;九族既睦⑮,平章⑯百姓⑰,百姓昭明⑱,协⑲和万邦⑳;黎民㉑於㉒变㉓时雍㉔。

①曰若——"曰",古文作"粤"(即金文"雩"),或作"越"。伪古文亦作"粤",唐时改同今文"曰"。"若",有古文异体。"曰若",为无义的语首助词。

"曰"，郑玄所注《古文尚书》本作"粤"。《文选》之《东都赋》《鲁灵光殿赋》李善注及《后汉书·李固传》李贤注亦皆引作"粤"。两李皆唐人，其所见伪古文隶古定写本如此。但《唐石经》已用唐玄宗命卫包改写今体"曰"字。敦煌唐写本《经典释文·尧典》及宋刊唐孔颖达《尚书正义》也都作"曰"。

至宋代，一般刊本承《唐石经》作"曰"，日本古写本内野本承唐本亦作"曰"，惟出于宋次道、王仲至家后为晁公武刻石及薛季宣据以撰《书古文训》之《古文尚书》本作"粤"。（段玉裁《撰异》云："宋人多误认此为壁中真本。"）故《蔡传》云："古文作粤。"臧琳《经义杂记》云："李贤引经后即引郑注，则郑所注《古文尚书》作粤矣。宋薛季宣《书古文训》尚作粤，是《孔传》本此字犹与郑同，今本盖后人所改。"意谓《古文尚书》（包括薛氏所传伪《古文尚书》）原作"粤"，流行本伪古文作"曰"，是后人改用今文。证以纬书《考河命》《契握》《摘洛戎》等亦均作"曰"，纬书文字原依今文，可知今文实系作"曰"。（陈乔枞《经说考》谓"粤曰古今文之异"，是对的。皮锡瑞《今文尚书考证》据《鲁灵光殿赋》作粤，其作者王延寿为今文家之后，因谓今文三家本不尽同，亦有作粤者。按此说可商，王延寿生当魏晋古文已成官学时，宜亦从用古文。）按，所谓后人当系唐玄宗时的卫包。

粤字在金文中作"雩"，见小盂鼎、毛公鼎、麦尊等铭。王国维《毛公鼎铭考释》云："雩，古粤字。"杨树达《积微居小学述林》之《彝铭与文字》云："盖古文有雩无粤，金文雩字之用与经传之粤同，知粤乃雩之变。"又其《毛公鼎跋》云："雩字误作粤，经传作越。"

宋人已指出"曰"亦作"越"。林之奇《尚书全解》云："李校书推本《古文尚书》，以‘曰’字为胡越之‘越’。与《召诰》‘越若来二月’同。此说甚善。”按《汉书·扬雄传》师古注云：“越，曰也。”《尔雅·释诂》：“粤，曰也。”是“越”、“粤”同于“曰”，其字自相通，《汉书·地理志》中吴越之“越”皆作“粤”，可证。故《蔡传》云：“曰、越、粤，通。”王国维《观堂学书记》云：“雩、粤、越、曰，古通用。”

　　“若”，《魏三体石经》古文作▢（薛摹作▢）。唐写本《释文》作“▢”。在甲骨文中作▢（《通纂》第 14 片）、▢（《后编·上》第 16 页）。金文中作▢（《大盂鼎》）、▢（《师虎簋》）、▢（《录伯戎簋》）。吴大澂《说文古籀补》谓“录伯戎簋之若字，古通作▢”。其字象人举手跽足并以口承诺之状，实为古“诺”字。《魏三体石经》似本于古字而稍讹异其形。刘逢禄《尚书今古文集解》云：“若，古文作▢，即（《说文》）榑桑▢木之若，怳忽之词也。马、郑训为顺，《说文》引申之谓择，又借为杜若香草，俱非本训。”章炳麟《新出三体石经考》之吴承仕《附记》云：“《说文》叒字形应作▢，如戴侗说。此作▢者，即▢形之变。上从叒，下从襄省声。”于省吾《王若曰释义》在简述了甲骨文、金文中的若字至《说文》中讹作叒又与从艸从右训为择菜之若相混淆后，释云：“《说文》训叒为叒木，与若字本义了不相涉。丁佛言说：‘若义为顺，象人席坐两手理发之形，取其顺也。’（《说文古籀补补》卷一）按丁氏解释若字的形义甚是。”其实《说文》的叒、若二字，徐铉并音“而灼切”，可知二者原即一字，即上述甲骨文、金文中所见若字或附“口”或不附“口”之二体。许慎误以为二字而分别著录之，又录叒之籀文作▢，亦即若字之传写形讹。《魏三体石经》古文出于汉时所传古籀，故孙星衍《魏三体石经遗字考》谓石经此字当作▢。

　　“若”又可与“越”通用。王先谦《尚书孔传参证》：“《召诰》'若翌日',又云'越翌日';《汉书·律历志》引《武成》'若翌日',伪《武成》作'越翌日'。越与若义同也。连言之则为'曰若'。"

"曰若",为语首助词,《薛训》及《蔡传》均已指出:"曰若,发语辞。"刘淇《助字辨略》云:"曰,辞也;若,亦辞也。曰若,重言之也。"王引之《经传释词》云:"若字皆是语词之'惟'。"章炳麟《王伯申新定助词辨》谓"以惟训若,臆造无据"。按章氏所谓"据",系指汉代字书及经师传注中所有者。其实王氏就大量材料归纳而得之结论,不得谓之无据。颜师古《匡谬正俗》云:"惟,辞也,盖语之发端。"以惟训"若",正合。

曰若,或粤若、越若、雩若,作为无意义的语首助词,尚见于《皋陶谟》与《逸周书·武穆解》均云"曰若稽古",《召诰》云"越若来三月",《逸周书·世俘解》云"越若来二月",《汉书·律历志》引逸《武成》(实即《世俘》)云"粤若来二月"。(但王氏《释词》对此句均释作"及也"。孙经世《经传释词再补》则统释作发语词。孙说为是。)又《小盂鼎铭》云"雩若翌乙亥",《麦尊铭》云:"雩若二月","雩若翌日",其用法都相同。

②稽——伪古文作"乩"。"稽"是查考之意。

敦煌唐写本《经典释文》写此字作"乩",内野本、薛氏本亦作"乩",皆伪古文。流行伪本改回作"稽"。

马融训"稽"为"考",郑玄训为"同"。伪《孔传》《孔疏》《蔡传》并训为"稽,考也"。按考字通常为查考之意,现代语言中的"查"字当与古代语言中的"稽"字相当。近世公文于叙事之先,往往以"查"字开头领起,正与古时用"稽"字相同。汉时策文中多用

"惟稽古"字样,即是《尚书》中的"曰若稽古"。

③曰若稽古——是史官追述古事的开头用语。和下面的"帝尧"二字连读。

此四字经学家聚讼纷纭,极繁琐之能事。东汉初桓谭《新论》记今文家小夏侯学派的秦恭,解说"尧典"两字至十余万言,解说"曰若稽古"四字至三万言,其说未传下。东汉末古文家郑玄释云:"稽,同;古,天也。言尧能顺天而行之,与之同功。"意在颂尧功德同天而不顾其谬误不通。马融训"稽"为"考"是对的,但他释此句为"尧顺考古道",伪《孔传》从之,王引之《经传释词》指出训"若"为"顺","于文义未协"。这些汉学的一贯说法,因为要把《尧典》说成是"上所为,下所书"为"尚(上)书"(《论衡》之《须颂篇》《正说篇》),即是说要表明这是尧时的史臣记载主上尧的言行之书。至宋学兴,始有合理的说法。陈大猷《书集传或问》引程颐说:"史氏记前世之事,曰稽古之帝尧其事云云。"林之奇《全解》云:"程氏云:若稽古者,史官之体,发论之辞也。史官记载前世之事,若考古某人之事言之。"《蔡传》云:"史臣将叙尧事,故先言考古之帝尧者,其德如下文所云也。"清人大都依宋人此说,如焦循《尚书补疏》说是"自今述古之称"。刘逢禄《集解》、魏源《书古微》都说是"周史臣之词",王先谦《尚书孔传参正》亦从此说。

但焦、刘和段玉裁、王引之等都以为应即以"曰若稽古"四字为句。刘《集解》云:"以此四字属下读者,由《白虎通》不得其说,马、郑从而误之也。"皮锡瑞《今文尚书考证》亦谓:"据桓君山所引,则小夏侯《尚书》以'曰若稽古'四字绝句。"陈乔枞《今文尚书经说考》云:"此不尽然也。据《白虎通》引《皋陶谟》以'曰若稽古皋陶'

六字连文,则知今文家读《尧典》亦'曰若稽古帝尧'六字为句。"王国维《学书记》亦主张"当以'曰若稽古帝尧'六字为句"。按纬书《考河命》有"曰若稽古帝舜",《契握》有"曰若稽古王汤",《摘洛戎》有"曰若稽古周公旦"。纬书文字原同今文,是此四字自以从汉代今文家读、以及古文家马郑读,连下面"帝尧"二字读为六字句为是。

④尧——古文本作"𡵂"。"尧"在此作为帝名。

薛氏《书古文训》作"𡵂",当承自汉古文。于省吾《尚书新证》云:"《说文》垚部:'𡵂,古文尧。'《汗简》𡵂字本此。《十钟山房印举》之一,古玺二,有𡵂字,即尧,与《说文》合。《殷虚书契后编》卷下三二,有𡵂字,应写作垚。𡵂作垚,画有繁简,犹《郑文公碑》竸之作竟也。"

《经典释文》释云:"尧,唐帝名。"《蔡传》承用之。按此字经学家有很多说法,古文家以为谥,今文家以为生名死谥,古史家(如谯周)以为号。文繁俱不引(可参看《孔疏》、孙星衍《注疏》、刘毓崧《尚书旧疏考证》)。其实古代"帝"字指上帝。"帝某"总是指某一天神。殷虚卜辞中的"帝"即指上帝(有时为祭上帝的禘祭名。晚殷才有两个王称帝乙、帝辛,是趋于没落时借用帝称以壮声势)。《尚书·吕刑》中的"皇帝清问下民"之"帝"亦指上帝。神话全书《山海经》中许多"帝某",都是指各种天神或各种氏族神。因古代每一氏族都以为自己的族起源于一个神,所以"帝某"往往就是某氏族的宗祖神。氏族部落多,这样的帝某也就多。所以《山海经》中记载了那么多。"帝尧"已见于《山海经》中,帝舜和禹也见于此书中,但在该书的几个显赫的群神古帝世系中,没有帝尧,可见他

7

地位并不高。但到儒墨两家文籍中，把群神古帝中常见者由神话净化为历史人物，开始把尧、舜、禹推崇为古代德业最高的圣王。此篇《尧典》（还有下篇《皋陶谟》）即儒家搜集许多远古素材加工编撰的宣扬尧、舜、禹盛德大业的宝典。但篇中并未列出尧舜的朝代名。《墨子》书中屡屡称"三代圣王尧、舜、禹、汤、文、武"。把尧舜和禹一样列在夏、商、周三代中。其书中虽然出现了虞字，但未列为一个朝代，故《明鬼下》仍然说"虞夏、商、周三代之圣王"。把虞夏列为一代，由于实际上虞、夏是通姻之族，同时活动之故。到史籍《国语》中，则夏代前有了虞代。其《晋语》中，在虞以前并有陶唐氏，但与尧无关。由《吕氏春秋·古乐篇》所排列古帝先后，陶唐氏排在黄帝前，尧则排在黄帝后第三位，亦可知陶唐与尧无关。但到战国末备载氏族资料的《世本》中，始说"帝尧为陶唐氏"。《史说·五帝本纪》承用其说，于是史籍中唐尧与虞舜、夏禹、商汤、周文王名号一致，成了战国后期流传的唐、虞、夏、商、周这一"二帝三王"历史系统中的唐帝（其后"二帝"扩展成"五帝"，首见于战国末《五帝德》中提出的第一种五帝说，在尧、舜前加了黄帝、颛顼、帝喾等三帝。而先后共出现八种不同人物组合的五帝说，尧在其中六种五帝说中始终为五帝之一）。尧的"唐帝"名位坐稳了，所以才有《经典释文》这一注释，也才有经学家许多纷纭缘饰的说法。而三代都称王，为什么在其前较原始的朝代反而称帝呢，经学家要给它寻出解释，汉董仲舒《三代改制质文篇》说是商汤追尊唐尧，始称之为帝。这是向壁虚造的说法，他们不知道战国学者根据神话资料改写成历史人物时，沿用了资料中的帝尧、帝舜等原来天神称号照写的，根本不是由于后王对他的尊称，也根本没有什么或名或谥或号等等纷纭区别的(参看下文"皋陶"校释所作的补充)。

⑤放勋——"勋",古文作"勖"。"放勋",相传为尧名。

薛季宣伪古"勋"作"勖",实承自汉古文。见《说文》:"勖,古文勋。"段玉裁《撰异》云:"壁中故书作勖,孔安国、庸生乃易为勋,许君存壁中之旧。"皮锡瑞《考证》引《大戴记·五帝德》《孟子》赵岐注及武梁祠画像皆作"勋",谓"勋本今文"。又引《史记·三代世表》及诸书引《中候》皆作"勖",谓今文亦有作"勖"者。

"放勋",陈乔枞《经说考》据《中候》中"天子臣放勖"云:"则放勖乃尧之名,此《今文尚书》说也。"马融、郑玄、皇甫谧亦谓是尧之名,同今文说。《释文》谓"一云尧之字",江声《音疏》谓是尧之氏,沈彤《尚书小疏》及刘逢禄《集解》谓是尧之帝号。章炳麟《拾遗定本》亦说是"当时所称号"。这些都是经生们的妄生纷扰。伪《孔传》《孔疏》《蔡传》释"放勋"为赞美尧功勋之辞,而不作尧名。其理由为:"允迪"不可为皋陶之名号,故"放勋"、"重华"、"文命"亦不可为尧、舜、禹之名号。此说是对的。但历史上往往有以讹传讹而成真的事。林之奇《全解》寻其故云:"正如子贡之称夫子曰:'固天纵之将圣又多能也。'盖称夫子之德如此,后世遂称夫子为'将圣',与此正同。"所以先秦文献中确已以此为尧名。如《孟子·滕文公上》云:"放勋曰:劳之,来之。"又《万章上》云:"放勋乃殂落。"而《离骚》中则以重华为舜名。本来由传说而成的历史人物,他的名号可随文献使用,不用认真计较。

⑥钦明文思——"思",今文作"塞"或"寨"。"钦明文思",是对尧德业的赞美词。

《后汉书》之《邓后纪》《第五伦传》《陈宠传》《郅寿传》李贤注

都引《考灵曜》"思"作"塞"。《隶释》之《魏受禅表》《卫尉卿衡方碑》仿用此字也都作"塞"。段玉裁《撰异》云："思与塞同部双声，故古'思'今'塞'。凡《古文尚书》与《今文尚书》乖异，不尽关乎音韵，此则关乎音韵者。凡纬书皆出于汉，《书纬》则皆袭《今文尚书》。"又《说文·心部》："𢙏，实也。从心，塞省声。《虞书》曰：'刚而𢙏。'"此引《皋陶谟》之文，但今本《皋陶谟》仍作"塞"。陈乔枞《经说考》云："塞、𢙏古相通用，𢙏即从塞省声也。思、塞同部双声，故古文作思，今文作塞或𢙏。"江声《音疏》、王鸣盛《后案》皆引作"𢙏"。段玉裁《撰异》云："按塞字从土，近或改从心，作𢙏。傅会《说文解字》。……许书字各有本义，则尽改假借之字勒归本字，如用𢙏改塞，其意改假借字归本字也，不思塞实非故训乎，六书假借可废乎。"其意今文只是用假借字"塞"，不用本义之𢙏。杨树达《积微居小学金石论丛》卷三云："思，古读如𩅧。……又读如塞。"

"钦、明、文、思"，各家都从字面缘饰来作为赞美尧德行之词。马融注："威仪表备谓之钦，照临四方谓之明，经天纬地谓之文，道德纯备谓之思。"（马说全同于《逸周书·谥法解》，但彼"表备"作"悉备"，"纯备"作"纯一"。）郑玄注："敬事节用谓之钦，照临四方谓之明，经天纬地谓之文，虑深通敏谓之思。"段氏《撰异》云："《后汉书·郅寿传》注引郑《考灵曜》注云：'道德纯备谓之塞。'道德纯备，充实之意也，故以训'塞'，此《今文尚书》说也。郑注《古文尚书》云：'虑深通敏谓之思。'此《古文尚书》说也。各如其字释也。马季长注《古文尚书》曰：'道德纯备谓之思。'此用《今文尚书》之说释《古文尚书》，读'思'为'塞'，易其字也。"至伪《孔传》乃依《尔雅·释诂》直训为："钦，敬也。"《蔡传》云："钦，恭敬也；明，通明也;敬体而明用也。文,文章也;思,意思也;文若见而思深远也。"就文寻义,已比汉经师较简明。《东莱书说》云:"散而在外则为文,聪明之发见也;蕴而在内则为思,聪明之潜蓄也。文、思,表、里之谓。"是就这些字面来赞美尧的内在的和见于外的德行。

⑦安安——今文作"晏晏"。仍是对尧的风度的赞美词。

《后汉书》之《邓后纪》《冯衍传》《第五伦传》《陈宠传》《郅寿传》李贤注引《考灵曜》都作"晏晏"。《论衡·恢国篇》崔瑗《司隶校尉箴》、蔡邕《司空袁逢碑》《成都令唐扶颂》《后汉书·何敞传》所录何敞文,仿用此字也都作"晏"。惠栋《九经古义》云:"春秋齐景公安孺子,《古今人表》作晏孺子,是安与晏通。"段氏《撰异》云:"钦明文思安安,《古文尚书》也;钦明文塞晏晏,《今文尚书》也。"

郑玄注:"宽容覆载谓之晏。"按《说文》:"晏,天清也。"《尔雅》:"晏晏、温温,柔也。"《疏》:"宽缓和柔也。"《释名·释言语》:"安,晏也,晏晏然和喜无动惧也。"这些含义足以赞美尧的风度宽容温和、包容大度。

⑧允恭——"恭",古文作"龚"。"允恭",确实恭勤。

《魏三体石经》的"恭"字作"龚",薛季宣本也作"龚"。《江疏》云:"龚,恭,古今字也。"又云:"依《说文》当作龏。"章炳麟《新出三体石经考》云:"《说文》龚、龏异字。龚训给,与供同义;龏训悫,与恭同义。"

《郑注》:"不懈于位曰恭。"《孙疏》:"《诗·韩奕》云:'夙夜匪懈,虔共尔位。'恭同共,郑用其义。"《尚书后案》专宗郑学,故云"恭,古作共"。段氏《撰异》云:"此误也。《尚书》凡恭肃字皆从'心',供奉供给字则作'共',分用画然。""又按,《诗》恭敬字皆作恭,惟《诗·韩奕》'虔共尔位',郑云:'古之恭字或作共。'与毛说异。然云'或作',则知偶一有之,非其常也。"又《撰异·甘誓篇》有云:"郑君所谓古之恭字或作共者,据《左氏》言,他经不尔也。卫包误认共、恭为古今字。供、龚音训俱同,而古经假共为龚。龚训奉,非恭敬之谓也。宋次道家《古文尚书》(薛本所祖)凡恭敬字皆作龚,此不通小学者所为,适与卫包意见合。"按金文共字作𢉩(《共簋》)、𢉩(《且乙父己卣》)、𢉩(《叔夷钟》),象两手奉器供奉之状(见容庚《金文编》。郭沫若释为拱,见《金文余释之余》),足为段说佐证。然《诗·小明》亦云"靖共尔位",《礼·表记》引作"恭",可知"恭"古有假作"共",通"龚"。虽龚字原系供奉、供给之义,亦可通龏,作恭敬义。《金文编》有"龏"(颂鼎),即云通"龚"。

"允恭",《孔传》《蔡传》并释为"信恭"。《孔疏》释为:"在于己身则有此四德(指钦、明、文、思),其于外接物,又能信实恭勤。"是说尧确能恭勤不懈于所职。

⑨克让——"克"有古文异体。"让",今文用古体"攘"字。"克让",是善能推让之意。

《魏三体石经》"克"字古文皆作𠧢,薛本作"卢"。江声《音疏》云:"卢,可得反。今作克,讹也。"按克字在甲骨文、金文中作𠧢等形,《说文》中篆文、古文摹之而有讹变。然汉代广汉郡书刀三己作克(见容庚《金文续编》),可知《魏石经》系摹古奇字(或谓系据六国文字)。《说文》有另一古文克作𠧢,略近于魏石经。

"让",《汉书·艺文志·道家》引作"攘"。师古曰:"攘,古让字也。"皮氏《考证》云:"是今文亦用古字作攘也。"王先谦《参正》云:"允恭克让,古文也,今文作允恭克攘。"按薛氏本亦作"攘",是薛本自居为古文本,但只知搜寻古字,至昧于今古文两学派用字之异。

《说文》:"攘,推也。""让,相责让也。"'而郑玄注此字云:"推贤尚善曰让。"江声《音疏》云:"攘,如向反,相推也。今作让,让训责,非其谊矣。"孙星衍《疏》:"让,假借字。"

"克让",伪《孔传》《蔡传》并释"能让"。《孔疏》补充为"善能推让"。并云:"持身能恭,与人能让,自己及物,故先恭后让。"是说尧首先能恭恪于自己立身行事,其后又能以谦虚推让待人。

⑩光——今文作"横"(同"扩"),亦作"广",并通"桄"。是充满之意。

《汉书》之《王莽传》《王褒传》《后汉书》之《冯异传》《崔骃传》、班固《西都赋》、张衡《东京赋》并引今文作"横",《礼纬·含文嘉》《汉书·礼乐志》《隶释》之《灵台碑》《复华下民租田口算碑》《成阳令唐扶颂》《绵竹石堰碑》《艺文类聚·乐部》引《五经通义》等都引今文作"广"。以上皆据王引之《述闻》、皮锡瑞《考证》所举。此二书又引《汉书》之《宣帝纪》《萧望之传》并载黄霸等议引作"光",班固《典引》亦作"光",皮以为亦今文。按黄霸习大夏侯氏学,班固习小夏侯氏学,是确为今文亦有作"光"者。王、皮二书又引黄琼《言宦者纵恣疏》、胡广《边都尉箴》亦作"光"。二人当汉安帝世,王朝尚行今文,则此可能亦今文。王、皮二书又引荀爽《易比卦》注、《北堂书钞》引《乐纬》注、蔡邕《释论》、高诱《淮南子》注、史晨《祀孔庙碑》《魏公卿上尊号奏碑》《吴封禅国山碑》、王粲《无射钟铭》、曹植《求通亲表》、徐幹《中论·法象篇》等皆引作"光",王氏但说是《尧典》文,皮氏则明确谓此数者皆今文作"光"之证。但这些人都当《古文尚书》已大行之后,例如蔡邕且为书写古文石经者,则不能即说诸人所引即是今文。不过有了黄霸、班固所引,已知今文本确亦曾有用"光"者(是否受已盛行的古文影响,则不可知)。薛季宣本则作"茪",系用《说文》的古文光字。

　　按《汉书·天文志》:"黄道,一曰光道。"《风俗通·皇霸篇》云:"黄者,光也。"《说文》云:"黄,从田,从茮,茮亦声。茮,古文光。""龚,古文黄。"这是说"黄"从"光"成字得声。故王先谦注《天文志》云:"黄、光,古字通。"《魏三体石经·左传》齐世子光之光字,残存下半截作"界",孙星衍《魏三体石经遗字考》以为系"橐"坏字。其《叙》又云:"黄为橐。"可知即以光、黄同字,其古体同为"橐"。又《山海经·海内经》:"吉光是始以木为车。"吉光本为马名,故《抱朴子·博喻篇》云:"吉光饥渴于冰霜之野。"而《逸周书·王会篇》则云:"犬戎文马,赤鬣缟身,目若黄金,名吉黄之乘。"是吉光又作吉黄,是光、黄古字同之证。但甲骨文和金文中,有人以为截然为二字。光字从甲骨之界,至金文之界、界、界,都如《说文》所云:"从火在人上,光明意也。"而黄字则为㿟、蕈等形。据郭沫若《金文丛考·释黄》云:"黄字实古玉佩之象形。"朱芳圃《殷周文字释丛》则谓"象兽皮平张……于架上之形"。总之以为是象形字,非《说文》所云从田从光之形声字。但《说文》篆文作"黄",明与金文相同,故商承祚《说文中的古文考》谓黄字"金文皆同篆文"。周谷城《古史零证》专文中说:"火与田字结合便成黄字,金文里的黄字几乎都是这个形。用火把东西燃烧起来,一方面获得照耀曰光……另一方面被烧的东西烧完了也曰光。……《春秋左氏传》陈侯之弟'黄',《公羊》《穀梁》作'光'。《书》'光被'《汉书》作'横被'。光与黄通,故光与横亦通。岂独通而已……简直就是一个字。"这从文字构义上说明"黄"之为"光",并由"光"与"黄"通进而与"横"通,且进而为同字。唐兰《古文字学导论》云:"古玺的𡘾字,旧时也不识,《汗简·止部》有𡘾字,释做光,这无疑是六国时的别体。"看到《公羊》《穀梁》以"光"为"黄"是六国通例。《尚书》今古文各本皆承自先秦而写成于汉人之手,故由"光"而"黄"而"横"之通用就见于《尚书》文字中。

《汉书·成帝纪》:"走入横城门。"如淳曰:"横,音光。"又《武五子传》:"焚苏文于横桥上。"孟康曰:"横,音光。"武亿《群经义证》云:"《春秋》昭公二十一年《传》:'乐大心御华向于横。'注:'梁国睢阳县西南有横亭,今在睢南县西南,世谓之光城。'盖光横声相近,习传之非也。《水经》传引《淮南子》'玉横维其西北之隅'注:'横,犹光也。'"是汉代习以"横"字通"光",故《今文尚书》写此字作"横"。

又《诗·敬之·毛传》云:"光,广也。"又《释名》:"光,亦言广也。"王引之《经义述闻·国语上》云:"光之言,广也。……《荀子·礼论篇》:'积厚者流泽广。'《大戴礼·礼三本篇》'广'作'光'。《大戴礼·曾子疾病篇》:'君子行其所闻则广大矣。'《汉书·董仲舒传》'广'作'光'。是'光'与'广'同声而字亦相通。"故今文此字亦有写为"广"的。

总之,光、黄、横、广,由于同声而通用。据《经典释文》,"横,古旷切"。实即后来"扩"字。

戴震曾提出一说云:"《尧典》古本必有作'横被四表'者。……横转写为桄,脱误为光,追原古初当读古旷反,庶合充廓广远之义。"(见戴氏《文集》内《与王内翰凤喈书》)王引之《经义述闻》反对之云："光、桄、横古同声而通用，非转写讹脱而为光也。三字皆充广之义，不必古旷反而后为充也。"又云："光被之光作横，又作广，字异而声义同，无烦是此而非彼也。"段氏《撰异》亦云："伏生作横，壁中作光，皆即桄字。《尔雅》《说文》：'桄，充也。'桄、横通用，与《今文尚书》合。孙叔然《尔雅》作'光，充也'，与《古文尚书》合。《古文尚书》光字即桄字之假借。"又云："《孟子》曰：'扩而充之。'扩即横之异体。'"扩乃横之俗字，《孟子》原书当是'横而充之'。"又云："桄是本字，横是假借字。横之古音读如黄，亦读如杭，用为桄之假借则读如光。而恢廓之义则汉后横、桄皆读古旷。"皮氏《考证》："光、广古通用，光、横古同声亦通用。汉人引用或作横，或作广，或作光，皆欧阳、夏侯三家异字。然字异而义同，皆是充塞之义。"

《郑注》训"光"为"光耀"（见《诗·噫嘻正义》），伪《孔传》训"光"为"充"。《撰异》云："郑君释以光耀，此就本义释之。伪孔云：'光，充也。'此就假借释之，用今文注古文也。古今文字异而音同，伪孔训为长。"皮氏《考证》以《汉书·陈宠传》"圣德充塞，假于上下"一语，证明释为"充塞"是原来的正解。

⑪光被四表——"被"，读曰披（《汉书·扬雄传》注）。伪孔释为"溢"。《孔疏》："《传》以'溢'解'被'，言其饶多盈溢故被及之也。"《蔡传》释为"及"。当如《楚辞·招魂》注："被，覆也。"即披覆及之之意。敦煌唐写本《释文》："表，古表字。《说文》古文作㴆。"按《说文》作襮，此误从方。薛本作"褰"。

伪《孔传》释此句云："故其名闻充溢四外。"《孔疏》："表里，内外相对之言，故以表为外。"（戴震《尚书义考》引孔颖达《疏》云：

"界外之畔为表。"《尧典》疏未见此言。)俞樾《群经平议》云:"光被四外,甚为不辞。……今按僖二十八年《左传》:'表里山河。'表里皆以衣为喻。……《说文·衣部》:'表,上衣也。'又曰:'裔,衣裾也。'是表与裔本义皆属衣。以其在极外而言,则曰四表,犹衣之有表也。"意在释"四表"为四方之外极远之地。

《书纬》另有"四表"之说。见《考灵曜》云:"二十八宿之外,各有万五千里,是谓四游之极,谓之四表。"郑玄注云:"天旁行四表之中,冬南夏北春西秋东,皆薄四表而止。"这是对天象的妄说,不过郑玄注纬书用今文说,由此亦可稍明"四表"之义。它是指四游之极。

⑫格于上下——"格",今古文皆通用"假"。古文作"徦"、"假",伪古文作"徦"、"徦"。皆甲骨文、金文"各"的后起字,在此训为"至"。"格于上下",称颂尧之德充溢至于天地上下。

《说文》:"假,非真也。从人,段声。一曰至也,《虞书》曰:'假于上下。'"段氏《撰异》:"许(慎)所称《尚书》,乃孔安国壁中本(按,实为杜林古文本,依据一卷壁中本写成,遂称全书为壁中本)。许所见壁中是'假'字,而今本《尧典》'格'字五见。考《毛诗》《楚茨》《抑》作'格',毛云:'来也,至也。'《云汉》作'假',毛云:'至也。'是古时'格''假'通用。《尚书》作'格',其来已久。王逸注《招魂》曰:'假,至也。《书》曰假于上下。'叔师多用《今文尚书》,此《今文尚书》与《古文尚书》同也。《后汉书·孝顺帝纪》:'丕显之德,假于上下。'《史记》:'假人元龟','假于皇天','假于上帝'。《汉书》:'惟先假王正厥事。'《尚书大传》:'祖考来假。'此《今文尚书》有'假'无'格'之证。"皮氏《考证》补充云:"《后汉书》《明帝纪·诏》《陈宠传》疏皆引'假于上下'。《冯异传·安帝诏》云:'昭假上下。'《白虎通·礼乐篇》引《尚书》曰:'前歌后舞,假于上下。'所引是《太誓》之文,然作'假'当无异。此皆汉人用今文作'假'。"总之古时格、假通用。如《管子·地员篇》:"其木乃格。"俞樾《诸子平议》:"格读为《尔雅·释木》檕梅之棵。"亦可旁证。

"格"、"假"古文写作"佫"、"徦"。《魏三体石经》凡"格"字皆作"佫"。章炳麟《新出三体石经考》云:"《说文》作'徦',汉《费凤碑》'有耻且佫',已作'佫'字。盖古文《论语》如此。休宁戴氏(震)说《尧典》'格于上下',引《说文》'木长'为训,以与'横被'相对。实不然也。然据莫高窟所传《经典释文》字亦作'格',是伪孔已不知用'佫'字。而陆乃云古作'㣊',《汗简》因之,不知何所本也。"按敦煌写本《释文》作:"格,加百□。古作㣊。"薛季宣本亦作"㣊"。夏竦《古文四声韵》录存《古尚书》格字则是伪古文隶古定本的隶古奇字。

按大徐《说文》:"格,从木,各声,古百切。"又:"各,古洛切。"又:"徦,从彳,叚声,古额切。""假,古额切。"可知由于"古"、"假"同为见纽鱼部字,"格"、"假"遂相通。而此两字又皆属古音第五部,由于平入对转,故由"佫"而"假"。《方言》:"假、佫,至也。"两字遂亦同训。

杨筠如《尚书核诂》:"吉金文通作'各',惟《师虎敦》作'佫',《庚罴卣》作'𨓬'。《方言》:'佫,至也。'格者佫之假,佫又各之繁文。《说文》'各'从口、夂。当是神祇来绥之意。引申之,凡来皆曰'各'。"陈梦家《殷虚卜辞综述》(第81页)云:"卜辞常说王往、来、步入、至等字,西周金文只有'王各于(某处)'。《方言》一说邠、唐、冀、兖之间以‘佫’为来。所以‘各’是西土语。"杨树达《积微居金文余说自序》云:"各字甲文作ᇦ、作ᇦ,象足抵区域之形,此经传格字训来训至之初字也。卜辞云:‘有各云自东面母。’(《菁华》四)各云者,来云也。他辞云:‘其自东来雨。’(《通纂》375)……金文……‘王各’者,王至也。此皆用‘各’字本义者也。……此字第一步发展为《方言》卷一训至之‘佫’,此于初文‘各’字之旁加形旁‘彳’为义也。第二步发展为《说文》训至之‘徦’,则取‘格’字之加旁‘彳’字为形,别取与‘各’音近之‘叚’字为其声,而变为形声字。"据此显然可知,"各"为训来与至之初文,"佫"、"徦"为来、至义之后起字。其后"来"与"至"之义为此二后起字所专,而初文"各"字失其初义,但为各自之各。(《说文》:"各,异辞也。")后来又把自有自己本义之"格"(木长貌)、"徦"(非真也)二字,作为"佫"、"徦"之假借字,使被借具有"来"、"至"之义。故伪《孔传》《孔疏》《蔡传》并训"格"为"至",并释"格于上下"为至于天地。都是用"格"的假借义,而"上""下"皆释为天、地。这是儒家欲极致颂扬帝尧德充天地的用意所在。

杨筠如《核诂》则云:"《诗·烈祖》‘以假以享’,‘来假来飨’。《楚茨》‘神保是飨’,‘神保是格’。格、飨同谊。犹《信南山》言‘是烝是享’,《潜》‘以享以祀’,《载见》‘以孝以享’,烝、祀、孝同谓享也。《论语》言‘祷尔于上下神祇’,合观之可以知‘格于上下’之意也。"是将格(各、假)释为与烝、祀、孝、享(飨)同义,此是甲骨文、金文及不少《诗》《书》文献中"各"、"格"、"假"诸字确有之义。但此处如作此释,则是说尧享祀天地上下神祇,与上文一气说下来颂扬尧德广大充溢天地之意不相协了。《尧典》本来是儒家编造颂扬尧德之文，所以宁取以上经师相沿之说为释，不取享祀义。

⑬克明俊德——"俊"，今文或作"峻"（骏）。《史记》引作"驯"（训）。唐写本古文作"畯"，或作"儁"。"德"，古文作"悳"。"俊德"，大德。也有释为倍于千百人的才德为俊德。"克明俊德"，是说尧能昭明发扬他的大德。

《礼记·大学》引"俊"作"峻"（陈大猷《书集传》："《礼记·大学》俊德作骏。"是宋时本有作"骏"者）。《三国志·陈思王植传》亦引作"峻"。段氏《撰异》："此与《古文尚书》合，特山旁人旁为异耳。"皮锡瑞《考证》以为大小戴与夏侯同师，既《礼记》作"峻"，则夏侯《尚书》当亦作"峻"。又据《汉书·平当传》引作"峻"，而平当习欧阳《尚书》。则今文三家皆作"峻"，然又据《论衡·程材篇》引作"俊"，而王充习欧阳《尚书》，则欧阳别本有作"俊"者。是知今文或作"峻"，或亦作"俊"，峻、俊通用。

《史记·五帝本纪》此字作"驯"，徐广云："驯，古训字。"《索隐》："《史记》驯字，徐广皆读曰训。训，顺也。"段氏《撰异》："驯、训、顺，三字通用。《尧典》在欧阳、夏侯当作'克明训德'，与'五品不训'用字正同。徐中散（广）在晋末，虽《今文尚书》已佚，而'祖饥'、'谧哉'之类尚存一二，又采集旧闻，知驯即训字，故云'古训字'也。"又谓《史记》录《尚书》，"有所用《今文尚书》与古文本不同者，如'俊德'作'训德'、'万邦'作'万国'是也"。依段氏言，则今文原作"训"。

古文自作"俊"，然敦煌唐写本《释文》作"畯"，并释云："本又作'儁'，皆古俊字。"敦煌唐写本《说命下》"旁招畯乂"亦作"畯"。薛季宣本亦作"畯"。是知伪古文隶古定本作"畯"。而陆德明所据别本为马、郑、王本,则马、郑、王所据杜林漆书古文本作"儁"。

郑玄于《礼记·大学》训"俊"为"大",《蔡传》亦训"大"。王鸣盛《后案》:"考'峻'古无大训,《尔雅》骏为大,郑盖假借释之。"《核诂》:"《说文》:'俊,才千人也。'引申为大义。"

"德",《魏三体石经》古文作"𢛳",敦煌唐写本《释文》作"悳",并释云:"古德字。"薛氏本、内野本亦作"悳"。皆隶定古文德字,《说文》德字正作悳。

"俊德,郑玄注:贤才兼人者"(见《正义》)。江声《音疏》:"《逸礼·辨名记》云:'十人曰选,倍选曰俊。'《淮南子·泰族训》云:'千人者谓之俊。'《说文·人部》:'俊,才千人也。'所谓俊义虽有不同,然总是兼人之号,故云'俊德,贤才兼人者'。"孙星衍《注疏》云:"《春秋繁露·爵国篇》云:'万人曰英,千人曰俊,百人曰杰,十人曰豪。'《说文》曰:'俊,才千人也。'故以俊为才兼人也。"总诸人之意,倍于千百人的才德为俊德。

"克明俊德",今文家释为尧自明其德。自汉代今文说(包括《礼记·大学》及《史记》所引),至宋儒如司马光、朱熹、真德秀、陈栎、蔡沈等,下及清今文学家魏源,与清季俞樾、皮锡瑞等,皆主此说。如《大学》云:"《帝典》曰'克明俊德',皆自明也。"《蔡传》:"明,明之也。俊,大也。尧之大德,上文所称是也。"《群经平议》:"是谓尧自明其德,非谓明俊德之士也。"皮氏《考证》:"明德为自明其德,郑君以俊德为贤才兼人者,非今文义也。"最后王国维谓《尚书》"俊德,当指一己之俊德也"。古文家释为尧明俊德之士而用之。如:郑玄已言贤才兼人之士,伪《孔传》云:"能明俊德之士任用之,以睦高祖玄孙之亲。"《孔疏》之说更陋,至谓:"能明俊德之士者,谓命为大官,赐之厚禄,用其才智,使之高显也。"宋儒如程颐、吕祖谦、陈大猷等亦主此说,下及清人江声、王鸣盛等皆主之。显然,古文说不及今文说合理,亦与上下文历叙尧本身之德不协。

⑭九族——以今天理解的意义说,是指当时许多氏族。

经学家对"九族"的解释极为纷歧繁杂,古文家说自高祖下至玄孙为九族;今文家说为父族四、母族三、妻族二(俱见《孔疏》)。或谓父、母、妻族各三(见《白虎通·宗族篇》引又一说)。均系根据《礼经》繁文如《丧服》等说聚讼纷纭。清汪琬、俞樾、张海珊、黄家辰等踵事增华,都撰有《九族考》专论之。其实应如宋吴棫、清汪中之说,以"九"为古人约举多数之词。吴棫说见陈大猷《书集传或问》所引云:"吴氏曰:九族者,数之极。凡王者于袒免之亲,同姓之国,皆所当亲也。"汪中说见其《释三九》云:"三者,数之成也;……九者,数之终也。……生人之措辞,凡一二之所不能尽者,则约之三以见其多;三之所不能尽者,则约之九以见其极多。此言语之虚数也。实数,可稽也;虚数,不可执也。"其言甚是。证以《礼记·丧服小记》云:"亲亲以三为五,以五为九。"可见礼家之以三、五约数比类推求。《仪礼·士昏礼》云:"惟是三族之不虞。"《周礼·小宗伯》云:"掌三族之别,以辨亲疏。"原来只言三族。历史上秦汉有夷三族之酷刑。礼家既有以三为五、以五为九之推求,于是其后有诛九族之刑更酷。古文家所提九族之说,殆在防止杀戮过多。其实九族如真为《尧典》作者心目中所指尧时情况,应系指当时许多氏族。卜辞中所见有"王族"、"多子族"、"三族"、"五族"等,正与九族提法相类。即下文的"百姓"、"万邦"等提法,亦完全和此相同。可知九族是泛指各氏族,不应拘泥在"九"字的字面上纠缠不清,正像不能拘泥"百"字"万"字一样。而"族"字也不要认为是家族。

⑮九族既睦——"既",古文作"旡"。"睦",古文作"睉"(睉)。"九族既睦",各氏族都已亲睦团结好。

敦煌写本《释文》"既"作"旡",并释云:"古既字。"又云:"睦,古文作睉。"此二字薛氏本作"旡睉。"伪《孔传》:"既,已也。"王充耘《读书管见》:"既字当训作尽。"《蔡传》:"睦,亲而和也。"综合诸义,是说对各氏族尽已亲睦团结好了。

⑯平章——"平",今文作"便",通作"辨"、"辩"。古文异体作"釆"或"采"。"平章"是辨别彰明之意。

《史记·五帝本纪》"平"作"便"。《索隐》:"《古文尚书》作'平'。……平既训便,因作'便章'。其今文作'辩章'。……便则训辩,遂为'辩章'。"《诗·采菽》孔疏引古本《尚书大传》作"辨"(元王天与《尚书纂传》引元时《大传》作"辩")。班固《典引》与《答宾戏》亦并作"辨"。《后汉书·刘恺传》则引作"辩"。李贤注并引郑玄注同(卢文弨据此所辑《大传》遂作"辩章")。又《召诰》之"伻"字,《汉石经》皆作"辩"字。(《诗·采菽》之"平平左右",《左传》引作"便蕃"。毛氏、服虔并训:"平平,辩治也。")凡此皆今文用字。郑玄用了今文。

《白虎通·姓名篇》作"采"(刻本或作"平")。《魏三体石经》"天寿平格"之平作"采"。章炳麟《新考》云:"与《说文》合。"因《说文·亏部》:"采,古文'平'如此。"敦煌写本《释文》仍作"平",当为陈鄂所改。内野本亦作"平"。此为古文用字。

惠栋《九经古义》云:"下文'平秩'字,伏生作'便',郑玄作'辩'。《说文》云:'采,辨别也,读若辨。'古文作'采',与平相似。

《亏部》云：古文平作'釆'。孔氏袭古文，误以釆为平，训为平和，失之。辨与便同音，故《史记》又作'便'。《汗简》云：'《古文尚书》平章字作釆。'《玉篇》同。"江声、王鸣盛继其说，以为辨别之釆，古文作釆；平舒之平，古文作釆。二字不同，后世因其形声易混而误为一，世遂无识釆章字者，遂误为平字。

但段、王反对此说。《撰异》云："平、辨虽一在古音十一部，一在古音十二部，而同入最近。是以《周易》清、真通用，《洪范》偏、平合韵。《尚书》平、便皆训使，此平章即便章之理也。不必如惠所说。"王引之《述闻》中有一篇详论惠氏说之非，谓平、便、辨、辩音义皆同，非误字明甚，系借"平"为"辨"，不应误以为古文"釆"字。皮锡瑞亦同持此论。

司马贞《史记索隐》已指明"《古文尚书》作平"。"今文作辩章"。《述闻》则谓："作'辩章'者郑氏本，作'平章'者，马融本。"《撰异》云："郑注《尚书》读平为辨，从《今文尚书》也。"陈乔枞《经说考》云："《史记》作'便章'，盖本之欧阳《尚书》；他所引'釆章'、'辩章'者，殆大小夏侯之异文。"又云："《今文尚书》一作'辨章'，辨、辩古书通用。其作便者，音同假借字耳。"皮锡瑞《考证》云："《白虎通》引今文亦作'平'者，平、便一声之转。三家异文或同古文作'平'（引崔骃《章帝谥议》、曹植《求通亲表》、蔡邕《封事》等所引均作"平章"为证）。"综诸家所说，可知古文原作"平"，有从今文作"辨"、"辩"者（如《郑注》）。今文原作"便"，或通假为"辨"、"辩"，亦有同古文作"平"者（如《白虎通》）。

"平章"（辨章），郑玄注："辨，别；章，明也。"伪《孔传》："平，和；章，明。"《蔡传》："平，均；章，明也。"陈大猷《书集传》："王氏

(安石)曰:'治而夷之之谓平,成而著之之谓章。'"总之是辨别、彰明百官之意。

⑰百姓——即百官。依金文当作"百生"。以今天理解的意义说,指各氏族首领人员,包括其在部落联盟机构中任职者。

伪《孔传》:"百姓,百官。"《孔疏》:"百姓即百官也。百官谓之百姓者,隐八年《左传》云:'天子建德,因生以赐姓。'谓建立有德以为公卿,因其所生之地而赐之以为其姓,令其收敛亲族,自为宗主。"陈大猷《或问》:"平章百姓,是正已用之官,即在朝者言天也。"王国维《学书记》云:"此句极可疑,因古书中无'姓'字,而姓氏之制成于周室,且皆女人所称。惟金文中'百生'字常见,此处亦当作'百生',与下文'黎民于变时雍'为类。"杨筠如《核诂》云:"'百姓',吉金文止作'百生'。《伯吉父盘》:'其惟诸侯百生。'《史颂敦》:'里君百生。'王师(国维)谓'百生'即百官。考《逸周书·商誓解》:'昔及百官里居。'又曰:'百姓里居。'居为君字之讹。是百姓即百官之明证。"杨树达《善鼎跋》亦证百生即百姓,百姓即百官。所言均甚确。是"百姓"原当写作"百生"。宋学诸家(如《蔡传》等)多谓百姓指王畿之民,系据"百姓"二字之后世意义理解,由于不知有"百生"古字古义之故。

按《诗·麟之趾》"振振公姓"《传》云:"公姓,公生也。"《白虎通·姓名篇》云:"姓者,生也。"是汉人知"姓"即"生"字。许慎《说文》则释"姓"为"人所生也。"犹存"姓"与"生"的关系。《书序·汨作》"别生分类"之《孔传》云:"生,姓也。别其族姓,分其类使相从。"是东晋伪《孔传》作者尚知"生"为"姓"字,且知按其族定姓。须知金文中所有"百生"都是按周代制度指得姓之百官。《国语·

楚语》下云："民之彻百官，王公之子弟之质能言能听彻其官者，而特赐之姓以监其官，是为百姓。"故韦昭云："百姓，百官也。"《尧典》原稿成于周世，其"百生"一词原来的概念，当即系周时制度的概念。然其指说尧时，如曾根据原始传说素材(由下文"羲和章"确知根据不少原始素材)，则当氏族部落之世，各自有其图腾，后因图腾得姓(按很早得的姓如姒、姜、姬等都从女，可能在母系氏族公社时期就开始得姓)。而这种得姓，当时就叫"名官"。例如少昊氏部落原以鸟为图腾，后来就以各种鸟名做其部落中各氏族的姓——也就是各氏族首领的官名。昭十七年《左传》记载了这事，就说"以鸟名官"。计有凤鸟氏、玄鸟氏、伯赵(劳)氏、祝鸠氏、爽鸠氏等十二姓，每姓都指出了其所司之官。因此原来氏族时期的"百姓"(百生)，就是指各氏族首领等得姓的"百官"。所以"平章百姓"的意思，就是团结好了各氏族之后，就要把各氏族以至部落的首领、长老或军事领袖等辨别、表扬、处理得很好。

⑱昭明——"昭"即明。"昭明"，明上加明、很清明之意。

伪《孔传》："昭，亦明也。"陈大猷《书集传》："昭明，明之著也。"

⑲协——古文作"叶"，和合之意。

《论衡·齐世篇》引作"叶"。《说文》："叶，古文协。"薛氏伪古文本亦作"叶"，"和"则作"咊"。内野本亦作"叶咊"。陈乔枞《经说考》据《论衡》所引谓"此亦《今文尚书》之存有古字者"。皮锡瑞《考证》："《大传》：'不叶于极。'《白虎通》：'叶时月。'皆引作'叶'。是伏生今文亦有古文之证。"

按《史记·五帝本纪》引此文作"合"。司马迁常依训义译《尚书》原文,此乃以"合"训"协"译用之。《说文》:"协,众之同和也。"
伪《孔传》仍依《史记》训"协"为"合"。《孔疏》云:"《释诂》以'协'
为'和'。和、合义同,故训'协'为'合'也。"

⑳协和万邦——"邦",今文作"国"。此句以今天理解的意义
来说,就是联络团结好当时各部落。

《史记》《汉书》并引"邦"作"国"。或疑系避刘邦讳。洪适《隶
释·论语残碑跋》辨之云:"汉人作文不避国讳,威宗讳'志',顺帝
讳'保',《石经》皆临文不易。《樊毅碑》'命守斯邦'、《刘熊碑》
'来臻我邦'之类,未尝为高帝讳也。"段氏《撰异》亦云:"国字非为
本朝讳,自是《今文尚书》本作'国'。汉人《诗》《书》不讳,不改经
字。……司马迁作《史记》曰:'先王之制,邦内畿服,邦外侯服。'又
曰:'盈而不持则倾。'于'邦'字'盈'字亦不改易。"所言皆有据。
陈垣《史讳举例》言汉代之讳,"大约上书言事不得触犯庙讳,当为
通例。至若临文不讳,《诗》《书》不讳,礼有明训。汉时近古,宜尚
自由"。在此情况下,可知《今文尚书》作"协和万国"(皮锡瑞、王
先谦皆持此说)。陈乔枞《经说考》据《后汉书·明帝纪》所载中元
二年诏曰"协和万邦"。明帝从桓荣习欧阳《尚书》,因而谓今文亦
作"邦"。

薛氏伪古文本隶古定字"邦"作"㫄"。

王氏《后案》:"邦,从邑,丰声。邦、雍亦协韵也。"段氏《撰
异》:"或云邦雝韵语,国则不韵。予曰:此不必韵。《老子》:'修之
国,其德乃丰。'未尝非古合韵也。"

"万国",《论衡·艺增篇》云:"《尚书》'协和万国',是美尧德
致太平之化,化诸夏并及夷狄也。言协和方外可也;合万国,增之

也。……夫千与万,数之大名也,故《尚书》言'万国'。"江声《音疏》从其说,以为"充(王充)以万为盈数,万国言其多,不必备一万国"。皮氏《考证》:"仲壬(王充字)以万国为增而非实,盖欧阳说。与班孟坚夏侯说不同。"按班氏《汉书·地理志》云:"方制万里,画野分州,得百里之国万区。"班氏习小夏侯《尚书》。是实定为万国。与九族说之必落实为九者,同为拘泥之陋说。

㉑黎民——当是指其时氏族成员。不过在原作者笔下,当系用周代"黎民"二字的概念。

《尔雅》:"黎,众也。"故伪《孔传》亦释"黎"为"众"。《孔疏》云:"谓天下众人。"王引之《述闻》肯定此说。

《蔡传》:"黎,黑也。民首皆黑,故曰黎民。"《诗·天保》:"群黎百姓,遍为尔德。"郑玄注云:"黎,众也。"同《孔传》用《尔雅》义。然朱熹注云:"群,众也。黎,黑也。犹秦言'黔首'也。"王引之《述闻》反对此说云:"众民谓之黎民,犹众贤谓之黎献。《皋陶谟》'万邦黎献',传训为众贤,是其例也。不闻'黎'训为黑而谓之黑贤也。"

于省吾《尚书新证》复提出新说,谓"黎民"即《盘庚》"视民利用迁"之"民利"。以"黎"、"利"同字。并据《利鼎》《师遽尊》《宗周钟》等之"利"字及甲骨文"骤"作"𫸩"、《西伯戡黎》之"黎"《说文》作"𦮼"等,谓"从秝、从黎,一也"。又云:"《汉书·匈奴传》'秢庶亡干戈之役'。宋本'秢'作'莉'(秢即利)。颜注:'莉,古黎字。'按,莉即黎。《城坝碑》黎首作莉首,《韩敕后碑》黎民作莉民。凡此可为黎、利同字之证。"其结论云:"盖黎民、民黎,皆古人语例。"此从文字结构以寻"黎民"、"民黎"为古人常语,未闻其原训义训"众"或训"黑"。

按《墨子·备梯篇》云："禽滑釐子事墨子三年,手足胼胝,面目黧黑,给身役使,不敢问欲。"毕沅校云："黎字俗写作从黑。"由于黎训黑,始有此俗写作形声字之"黧"。足见原系指手足胼胝操作于烈日下面目黧黑的劳动者,故称黎民,此义似亦有据。

无论训"众"或训"黑",总之"黎民"是古代称庶民的常语。由《尔雅》"黎、庶,众也"可知古代称黎民就是庶民之意。(庶民一词见《礼·大传》："庶民安则财用足。")据《秦誓》云："以保我子孙黎民。"又云："以不能保我子孙黎民。"可知"黎民"一词,在周代至少是关中常用成语。《尧典》原篇在战国前已存在,故数用此词。其下文云："黎民阻饥。"同时之《皋陶谟》亦有"黎民怀之"及"万邦黎献"之语。都可知周代惯用此语。

至战国改称黔首。《礼记·祭义》有"以为黔首则"语。秦并六国后,"黔首"一词成为全国之通用语。《说文·黑部》："黔,黎也,从黑,今声。秦谓民为黔首,谓黑色也。周谓之黎民。"由是"黔首"遂成秦时通用语,周时通行之黎民一词遂不通行。然仍为文人笔下之常言。据《隶释·益州太守城坝碑》,则汉时文人有牵合二词写作"黎首"者。到伪《古文尚书》屡用"黎民"。《大禹谟》云："黎民敏德"、"黎民怀之"。《五子之歌》云："黎民咸贰。"伪古文作者搜旧籍中这些词汇,作为虞夏时代用词,不知它只是周代用语。

黎民、黔首又和"苍生"同义。《皋陶谟》："至于海隅苍生。"孙星衍《注疏》云：《文选》史岑《出师颂》'苍生更始'李善注云：'苍生,黔首也。《说文》云……秦谓民为黔首,周谓之黎民。'是苍生犹言黎民。"可知黎民、黔首、苍生,都是周秦时对庶民的称呼。其词汇的构成是有共同点的,都以苍黑之色标明其特点。

近人有谓黎民为黎族之民者。始见于夏曾佑《中国古代史》。继者杨筠如《尚书核诂》云:"按此黎民当即九黎之民。《楚语》:'其后三苗复九黎之德,尧复育重黎之后,始复典之。'即黎民于变之事。"方孝岳《尚书今语》既承认黎民是周代泛称人民的用语,又谓《尧典》"黎民"是指蚩尤"九黎"之后。并云:"黎民云者,由专名而变成通名,初指九黎,其后通指一切蛮夷奴虏之隶民,最后泛称一切民庶。"是也肯定黎民是周代称呼庶民的用语。

㉒於——有古文异体二,或作"鯲"。是无义语助词。

《魏三体石经》"於"古文作"𢁇"。章炳麟《新考》云:"与《说文》合。"高本汉写定《尚书》引某本作"鯲"(见斯德哥尔摩《远东古物馆馆刊》第20期,1948年,英文)。

《孔传》释此句为"言天下众民皆变化从上,是以风俗大和"。是训"于"为"皆"。《汉书·成帝纪》颜注引应劭云:"言众民于是变化,用是大和也。"是训"于"为"于是"。《孔疏》:"于变,犹言爰变也。《释诂》云:'爰,于也。'"是训"于"为"爰"。《蔡传》:"於,叹美辞。"陈经《尚书详解》训"于"为"美"。邹季友《音释》:"於,音乌。"江声《音疏》从之云:"於,古文乌。"段氏《撰异》反对其说云:"于,陆(德明)无音,《正义》释以'于是',或疑本作'于',卫包改之。玉裁按:盖相传旧本如是,如《毛诗》'俟我于城隅','于我乎夏屋',皆作'于'也。两'夔曰于予',陆氏亦不音乌。"王引之《释词》云:"於,语助也。'于变'与'时雍'对文。'于'字释文无音,蔡氏以为叹美辞,非是。"杨树达《词诠》云:"於,语首助词,无义。"当以《孔疏》、王引之、杨树达之解为是。

㉓变——今文本作"蕃",或假借为"卞"、"卞"(汉碑作"兂")。古文本有"变"之古文异体。卞、卞(蕃、变),喜乐之意。

《汉书·成帝纪》引此字作"蕃"。《隶释·孔宙碑》作兂。《魏三体石经》此字古文作"𤰞",敦煌唐写本《释文》作"彭",并释云:"古变字。"郭忠恕《汗简·彡部》有"𢒰"、"彭"二形,释为"变"字,云出《尚书》。薛氏本遂作"𢒰",内野本作"彭",足利本作"攽"。

《汉书·成帝纪》师古注既引应劭说为变化之义,又引韦昭曰:"蕃,多也。"师古继注云:"此《虞书·尧典》之辞也。今《尚书》作'变',两说并通。'蕃',音扶元反。"段氏《撰异》云:"盖应(劭)用《古文尚书》读'蕃'为'变',韦(昭)注'蕃'为'多',则如今文说不改字。"陈乔枞《经说考》云:"《易·文言》曰:'天地变化,草木蕃;天地闭,贤人隐。'故应劭以变化说蕃字之义也。《古文尚书》作'于变',《今文尚书》作'于蕃'。"

孙星衍《注疏》:"《潜夫论·考绩篇》云:'此尧舜所以养黎民而致时雍也。'以养释蕃。"

段氏《撰异》又云:"汉《孔宙碑》'于兂时雍','兂'即今之卞字,卞之变体。'卞'盖'蕃'之假借,古音卞读如盘。"章炳麟《古文尚书拾遗定本》云:"案《诗·小雅》'弁彼鸒斯'《传》:'弁,乐也。'(按《尔雅·释诂》:"卞,乐也。")《说文》正作'昇'。云:'喜乐貌。'此义实较蕃变为长。盖上言亲九族,则下言九族睦;上言平章百姓,则下言百姓昭明;上言协和万邦,则下言黎民于乐时和;义皆相应。若言'变'言'蕃',非协和之效矣。《五帝德》说尧事云:'四海之内,舟舆所至,莫不悦夷。'悦夷,即乐之谓。"吴闿生《尚书大义》承之云:"于卞,于乐也。"当以训喜乐之义为是。"卞"字具喜乐之义不显,后来加心旁变成形声字欢忻之"忻",喜乐之义就很显明了。

㉔时雍——"时",古文异体作"旹"。(《说文》:"旹,古文时,从之、日。")"雍",亦有异体作"雝"(今文)、"邕"(古文)。"时",是也(《诗·十月之交》传)。按金文中皆作"是",知"时"为"是"的同音假借。"时雍","是和"之意。亦"是以风俗大和"之意(有释"时"为时代,或释为"而",只可备一说)。"黎民于变时雍"句《史记》省去不载。

《魏三体石经》古文"时"作"旹",薛氏本、内野本亦皆作"旹",江声《音疏》从之。汉《孔宙碑》"雍"作"雝"。薛氏本、内野本作"邕"。

《汉书·成帝纪》应劭注及伪《孔传》《蔡传》并释云:"时,是也。雍,和也。""黎民于变时雍",伪《孔传》释作"言天下众民变化从上,是以风俗大和",与应劭释为"言众民于是变化用是大和也"义略同。

孙星衍《注疏》:"《潜夫论》云致时雍,疑又以时为时代之时。"皮锡瑞《考证》:"案《后汉书·鲁恭传》曰:'夫王者之作,因时为法,深惟古人之道,助三正之微,定律著令,冀承天心,顺物性命,以致时雍。'则今文说有以'时'为时代之时者。"

吴闿生《尚书大义》:"时雍,调和也。"

裴学海《古书虚字集释》:"时,犹'而'也。'时'训'而',犹'之'训'而'也。时与之古字通。"又云:"四例,《读书杂志》皆读'时'为'而'。兹训'时'为'而',即袭其意。""'黎民于变时雍',于,则也。言黎民则变化而和也。"裴氏此释较牵强。

按《顾命》云:"率循大卞,燮和天下。""大卞"即同此篇之"于变","燮和"即同此篇之"时雍"。

以上这一节,对尧作总的颂扬赞美。实际是儒家塑造尧盛德大业的总的形象,以符合《论语·泰伯篇》孔子赞美尧的话。孔子指不出实际内容(民无能名焉),只好空洞说尧巍巍乎同天一样伟大,这一节实定了这一伟大。同时略按儒家明德、修身、齐家、治国、平天下的"大学之道"中心纲领,编造这些较具体内容,以充实孔子之说。宣扬一个以君主为中心,借宗法为维系,经由王朝一直到四境诸侯,连条共贯,从而使黎民拥护,天下雍和,共同向往的政治理想境界。

乃命①羲和②,钦若昊天历象③——日月星辰④,敬授民时⑤。

分命羲仲⑥宅⑦嵎夷⑧曰旸谷⑨,寅宾出日⑩,平秩东作⑪。日中⑫、星⑬鸟⑭,以殷仲春⑮。厥民析,鸟兽孳尾⑯。

申命⑰羲叔宅南交⑱,平秩南为⑲,敬致⑳。日永㉑星火㉒,以正仲夏。厥民因,鸟兽希革㉓。

分命和仲宅西㉔曰昧谷㉕,寅饯纳日㉖,平秩西成㉗。宵中㉘、星虚㉙,以殷仲秋。厥民夷,鸟兽毛毨㉚。

申命和叔宅朔方㉛曰幽都㉜,平在朔易㉝。日短^㉞、星昴^㉟，以正仲冬。厥民隩，鸟兽氄毛^㊱。

帝曰："咨汝羲暨和^㊲，期三百有六旬有六日^㊳，以闰月定四时成岁^㊴。"

①乃命——"乃"，《汉书·律历志》引作"迺"，今文原字，与西周金文合。金文"迺"、"乃"二字有别。"迺"，副词，"于是"也。"乃"，第二人称代词领格，即"你的"。此处应作迺。但《汉石经》今文、《魏石经》古文都假用"乃"，遂沿用下来。用于语句发端，即作"于是"解。薛季宣本用原字稍变作"㔊"，"命"则作"霝"，都成隶古奇字。"命"，在此即"任命"。

②羲和——"羲"，《论衡·是应篇》引作"曦"，薛季宣本伪古文作"戯咊"。"羲和"在本篇里作为主管天文历象的官员，是由古神话中的太阳女神演化来的。在隋唐以上的注疏家都据下文把它释为羲氏、和氏二家，并以为是重黎的后代，分别担任司天、司地的官（有一说不司地）。其中今文家以为是四人（说羲和就是下文的羲仲、羲叔、和仲、和叔四位），为专掌天文星历的官。古文家以为是六人（以四位为羲氏、和氏二人之子共六人），为组成政府的六卿之官（附会《周礼》天地春夏秋冬六官），并兼任下文的"四岳"（四方的长官）。伪古文认为人数是四人，只兼任了四岳。其实"羲和"与"重黎"毫无关系，是郑玄据《国语·楚语》附会到一起的。原来的"重黎"是楚民族古代先祖神话中的火神，文献中也说他"世叙天地"。实际是能"绝地通天"的"光照四海"的神。而"羲和"是东夷族古代先祖神话中上帝帝俊（即文献中殷祖帝舜）的妻子，是生太阳的女神（见《山海经·大荒南经》）。演化为太阳本身（见《文选》之《游仙》《秋怀》等诗），又演化为太阳的驾车者（即"日御"，见《离

骚》《天问》《广雅·释天》《淮南子·天文训》原本)。又由语音之变,分化成羲和与娥皇、常仪三个神名(王国维说,见郭沫若所引王氏《释戋》一文,《观堂集林》此文未见到此语)。娥皇也作上帝的妻子(《山海经·海内经》),到《尸子》和《列女传》中成为舜妻,也就是本篇下文"厘降二女于妫汭"中的老大(《列女传》:二女,长曰娥皇,次曰女英。《尸子》中又一说,二女一名娥,一名女皇)。常仪一作常羲(常仪见《帝系》,常羲见《山海经》。《檀弓正义》引作常宜),是上帝的另一妻子,并且是生月亮的女神(见《大荒西经》)。神话传说继续演化,羲和和常仪两位女神下降到人间的历史中,就由生日、月的母亲,分别变成黄帝手下的司日、司月的两位男性官员(见《吕氏春秋·勿躬篇》"羲和作占日,常仪作占月"及《史记·历书索隐》《玉海》引《世本》等)。而且仍然很奇异,"羲和"在黄帝时是占日官员一人,到帝尧时变为天文历象官员四人或六人(见本篇),到夏代仲康时,又变回来合为一人(见《书序·胤征》)。以后文籍中就实定为管天文历象的官员了。生月亮的女神"常羲"后来又变成嫦娥——"常羲""娥皇"二字合成,成为夏代一个英雄"后羿"(原也是《山海经》中之神)的妻子,不过她始终没有从神话中跳出来,仍然跑回她的老家月宫里去了。

③钦若昊天历象——"钦",敬。"若",顺。"昊",《说文·大部》作"界"。与浩、皓、皞、颢等字同音通用,是"广大"之意。"昊天",广大的天空(今文家欧阳氏说"春曰昊天,夏曰苍天,秋曰旻天,冬曰上天"。许慎《五经异义》驳之,以为此处"总敕四时,知昊天不独春"。郑玄又驳许说。这些经师的纷纭之说不足据)。"曆",《史记·历歷》引作"歷"。歷字本义为经历、经过,用于天象时,原指

日月星辰在天球面上的经历运转,所以也叫"步"。"象"即现象。"历象",日月星辰在天上运转的现象。后来的曆法是根据这些曆象测定的,所以才称"曆法"。汉以后曆字改写作曆,以从"日"来表示"曆法"意义。本篇此字原作"曆",卫包改写作"曆"。"曆法"二字通行后,又可转过来理解曆象二字是作为曆法根据的日月星辰的现象。《史记·五帝本纪》作"数法",是字面译意,作动词用。

"钦若昊天历象",是很虔敬地顺着(即按照)天空中日月星辰的本来现象来看,意即按照天上历象本身的面目去认识它。旧注疏家都以"钦若昊天"四字断句。"历象"二字连下,或作为名词,或作为动词,至有谓历为历书、象为仪器者。都是不确的。

此处有一问题,"天"字在殷虚甲骨文中与大同义,有时加在地名人名前,有时径作地名人名,而不用以指上天。在周人语言中,"天"就是上帝,原也不指天空。到《周易》爻辞中,除作"上帝"者外,也有作为天空的"天"。《诗》之《云汉》《瞻卬》等篇始有"昊天"与"天"同用。时间在西周晚期。其"天"字既指天空,也指上帝。"昊天"能瞻仰,显指天空,但又称"昊天上帝"。至于比他们早的《诗·昊天有成命》的"昊天",则分明是上帝。此篇用了"昊天"专指天空,可知这是西周晚期以后始有的用法,似亦可证明本篇的写成不能早于西周晚期。

④星辰——敦煌唐写本《释文》作:"辰,古文辰。"吴氏《释文校语》云:"今本缺此条,注疏本改作辰。案《说文》辰,古文作辰,隶变为辰。小篆作辰,隶变为辰。"古代关于辰字的用法很多。昭公七年《左传》载晋平公云:"多语寡人辰,而莫同。"即是他要臣下把"辰"的许多不同解释讲给他听。昭公十七年《公羊传》云:"大火

（心宿）为大辰，伐（参宿）为大辰，北辰亦为大辰。"到宋代所知辰的用法还多。《梦溪笔谈》有"天事以辰名者为多"条，略举："十二支谓之十二辰，一时谓之一辰，一日谓之一辰，日月星谓之三辰，北极谓之北辰，大火谓之大辰，五星中有辰星，五行之时谓之五辰。"等等。又引《左传》"日月之会是谓辰"（见昭七年），谓"一岁日月十二会，则十二辰也"。以释十二支称"辰"之故。李约瑟《中国科学技术史》第四卷《天学》第180页解释中国的辰字，以为"辰的古义可能是天上的标记点"。其实本篇这"辰"字指的只是"星"，和昭十七年《公羊传》以心星、参星、北极星等为"辰"都是辰的较早用法。王引之《述闻》也指出："辰者，星也。桓二年《左传》'三辰旃旗'，杜注曰：'三辰，日、月、星也。'是星亦得谓之辰。"随着人类对天文历象观测利用的发展顺序，首先认识到月亮的圆缺，能根据它来定时间的一月。但无法用来认识季节的变化。而人类生产实践在逐步前进，对于农事的安排和生活上的需要，都必须掌握一年季节的变化。只有天空中几颗在一定时间出现的最显眼的星辰，才可作为分辨季节的标准。于是就把这些据以分辨季节的标准星象称做"辰"，这就是辰的本来意义。是正式历法产生前的所谓"观象授时"时代的办法。古人就是这样据辰以观象，凭象以定季节的。本节下文对四中星的观测，正是这一时代的活动，是和这辰字的用法一致的。随着天文观测的进步，"辰"的使用也逐渐在增加，就出现了上述古代的许多"辰"。所谓"日月之会谓之辰"，已进了一步，知道观察日月在空中的运行，把它们的视运动在天球面上的会合之处叫做"辰"了。但这就必须把天球的赤道（我国古代用）或黄道（西方古代用）按固定星象作一定的划分，例如十二辰、二十八宿之类,才能定日月交会之点。与十二辰区划相当而顺序相反的十二次,则是供观察岁星即木星用的。这必须天文观测达到一定水平才行,如十二辰(其名称即子丑寅卯等十二支)大概要到殷代才有,二十八宿大概要到西周才有,而十二次大概要到春秋之世才有。(十二次的名称是:星纪、玄枵、娵訾、降娄、大梁、实沈、鹑首、鹑火、鹑尾、寿星、大火、析木。)儒家编写本篇时,当然"辰"已有上述几种用法(注疏家遂大都以日月交会释此辰字)。但在这里是指下文四中星,其所根据的显然是早期材料。因此所说的"星辰"就是"星"。(汉代以一日的十二时也称为十二辰以后,"辰"遂具有"时"的意义,"时辰"也就是"时"。由此也可知,"星辰"也就是"星"。)

⑤敬授民时——"民",通行本作"人",是唐代避李世民的讳所改。《史记》《汉书》所引原文及《尚书大传》和郑玄所注释的本子都作"民",今依江声《尚书集注音疏》改回为"民"。这句是说,把对日月星辰所作观察活动得到的天象节令知识传授给人民(即告诉人民),即把按"辰"观"象"之所得授时与民,以便于民间从事农事的安排,所以叫"敬授民时"。在殷代甲骨文中可看出,供王室祭祀用的纪时法,和供民间农事用的纪时法,是有区别的。后者就可称为"民时"。(本篇"民时"加藤常贤《真古文尚书集释》即释为"农耕历")。

⑥分命羲仲——分别任命羲仲。是相对于上面总的"乃命羲和"来说的。薛季宣本"羲仲"写作"戯ḅ"。

⑦宅——郑玄注《周礼·缝人》引本篇"宅"字作"度",与《汉石经》用字同。《方言》:"度,居也。东齐海岱之间或曰度。"江声《音疏》:"今文'宅'皆为'度'。宅、度字同读,当从'度'。"段氏《考异》:"凡《古文尚书》皆作宅,凡《今文尚书》皆作度。"《史记·

五帝本纪》则径用训诂字作"居"。宋儒释度为测量,说是测量日出入之影(如朱熹持此说。但《蔡传》仍释为"居")。这是套用稍后的天文观测活动,原意当不如此。

⑧嵎夷——《史记·五帝本纪》作"郁夷",《释文》引《尚书考灵曜》作"禹銕",唐写《释文》但存"嵎,音隅"三字,余字残缺。《虞书·正义》引夏侯等书及小徐《说文·崵》都作"嵎鐡",大徐《说文》略异作"嵎鐡"。以上皆是汉代今文。《说文·土部》作"堣夷"。此是许慎据古文本(参据段氏《考异》)。《广韵》误作"嵎崂",宋刊本《尚书》有从之而误者,《考异》亦谓不可信。薛季宣本则作"堣㠯",内野本作"嵎㠯",是用夷的古文稍讹同仁字古文。按《禹贡》青州有"嵎夷"与此同,金文《小臣谜簋》有"五𪊨"。都是在今山东境内。于省吾《尚书新证》云:"五𪊨即嵎夷,当系东夷之一种。亦犹《楚语》之称三苗九黎也。……以其背山故作嵎,以其面海为潟卤之地故作𪊨。《说文》作堣,则与金文𤔔字同。金文凡从土之字多作𡉈。"但本篇作者原意是指东方海隅最远的迎日出的地方,是不是指山东境,似稍嫌近。《说文·土部》说堣夷在冀州旸谷。冀州东境达辽河以西,故《说文·山部》说嵎銕在辽西。二说相近。《禹贡》青州跨海而东的辖境辽东半岛是嵎夷族的居地。《后汉书·东夷传》:"夷有九种,曰:畎夷、于夷、……风夷、阳夷,故孔子欲居九夷也。昔尧命羲仲宅嵎夷,曰旸谷,盖日之所出也。""赞曰:宅是嵎夷,曰乃旸谷,巢山潜海,厥区九族。"把居于辽海以东的九种"东夷"均称为嵎夷。胡渭《锥指》云:"范史以东夷九种为嵎夷,必有根据。"可知嵎夷是九种东夷的总称,原是氏族名。然后把其族所居之地叫嵎夷,成了地名,就成为本篇"嵎夷"之地。地

在渤海东岸，正是儒家编此篇时意中所指的遥远的东方。

⑨旸谷——《说文·山部》作"崵谷"，而《日部》作"旸谷"。钱大昕、段玉裁皆说前者是今文，后者是古文。唐写《释文》作："旸，古阳字。"今本《释文》旸改阳，删"古阳字"三字。据《说文·土部》作"阳谷"，陈乔枞亦说是古文。但先秦及汉代其他文籍如《楚辞·天问》《山海经》《淮南子·天文训》《史记》旧本及《说文·灥部》都作"汤谷"。《山海经》之《海外东经》《大荒东经》都说汤谷上有扶桑木，是太阳出入和居住的地方。可知汤谷原是神话中的地名。《淮南子》和《说文·灥部》的汤谷及《日部》的旸谷都承此说，不过把它说成只是日出的地方。

⑩寅宾出日——"寅宾"，薛氏本隶古字较繁，系摹《说文》古文隶变而成。"寅"，是夤的假借字，其义为"敬"。"宾日"，在殷代甲骨文中，是一种由殷王亲自祭"日"的典礼。在西周金文中，"宾"为侯伯郊劳天子使者或国宾奉敬礼物之词，含有恭谨的敬意。"宾日"之宾早于它而原亦有敬意，才为西周所承用。其后《礼记·礼运》"傧鬼神"。《孔疏》："以接宾以礼曰傧。以郊天祀地及一切神明是傧鬼神也。"都是指具有礼敬之意的祭祀。而在甲骨文中，另外有对"出日"、"入日"的专用祭名叫"又"（侑）。此处是对"出日"之宾礼之祭（参看胡厚宣《殷代之天神崇拜》，载《甲骨学商史论丛》）。由此可知儒家编写此篇时，是根据了一些古代原始材料的。不过这里把宗教活动改成了历法活动。所以"宾"字不得不改释为"引导"（《史记》译此句为"敬导日出"伪孔传承用导字义）。"迎接"（《尚书大传》说）、"礼接"（宋儒说）等意，基本失去原来的祭礼意义了。但这一宗教活动还保存在周代当迎日之地的齐国的"八神"中。其中第

七神就叫"日",《史记·封禅书》说它"最居齐东北隅,以迎日出"。

⑪平秩东作——"平",汉代今文作"辩"(《大传》)或"辨"(《风俗通·祀典》)或"便"(《史记》)。古文作"苹"(马融注)或"辨"(郑玄注,或云郑此处用今文)。"平"、"便"都有"使"的意义,"辨""辩"和"便"通用(参看"平章"校释)。唐写《释文》云:"平,如字,均也。马作苹,普□(庚)反,□(云)使也。下亦(皆)放□(此)。"〔所加()内字皆据今本《释文》〕"秩",汉代古文作"䄷"(见《说文·豊部》),薛季宣本遂承用作䄷,下文诸秩字同。《史记》作"程",是译用的训诂字。唐写《释文》云:"秩,如字,序也。《说文》(下缺)。""平秩",就是使之有程序(下文两"平秩"同)。"作",薛氏本隶古字作"迮",作就是"作为",指生产活动,这里主要指农事活动。此"东作"与下文"南为",是交互使用文字来说春夏的农活。"平秩东作"赵岐注《孟子·万章篇》说就是"治农事",这里是指春天的农事,故称"东作"。苏轼《书传》:"东作,春作也。"本文以东、南、西、北分别配春、夏、秋、冬。《尚书大传》从而加以阐明云:"东方者何也?动方也。物之动也。何以谓之春?春,出也。故谓东方春也。"下文同样对南方、西方、北方作了配合夏秋冬的牵强的阐述。比《吕氏春秋·十二纪》《礼记·月令》《淮南子·时则训》等以东、南、中、西、北五方硬将四时拉成五时以相配用以纳入五行说者,为时要早。可知此处所据资料,在五行说出现以前,不过其说后来成为五行说所利用的基础。

日本学者加藤常贤《真古文尚书集释》提出一说,以为羲仲是东方方位神,东作是东方支配神(下文西、北的神也一样)。此说很有道理,惜未提出资料依据。不过《尧典》原是根据古代大量神话资料加以历史化的。则这些原为神名,显然是具有必然性的。但既然把原来神话采入本文中已净化为人事了,则仍只能作出如上面这样的解释。

⑫日中——指白昼的长度适中,也就是说白天和夜晚一样长,即指春分和秋分时节。这里指的是春分时节。

⑬星——薛氏本作"曐",与甲骨文、金文皆合,《说文》亦合,确为古字。此处星字从汉代起都解释为"中星"。因为本文所举鸟、火、虚、昴四星,分别为古时春分、夏至、秋分、冬至的标准星。根据其后《月令》昏、旦中星的说法,这四星自亦释为"中星",而且被称为"四仲中星",即仲春、仲夏、仲秋、仲冬的中星。所谓"中星",是傍晚在南方天空正中的星。也就是后代球面天文学所说的在子午线上的星,并指该星的"上中天"。古人凭这种按一定时日于黄昏时出现在南方的中星来辨别和确定季节。这种星就成了前注④所说的"辰"。(我国古代观测作为辰的星偏重昏星,即所谓"偕日没"的星。和古埃及专重晨星即所谓"偕日出"的星不同。)

⑭鸟——古代对一恒星的名称。"鸟"和下文的"火"这两星在殷王武丁时的卜辞中已有记载,同时还有"大星"和"蠤"星。李约瑟《中国科学技术史》第四卷《天学》之五(2)指出殷代"大概四仲中星都完全了"。竺可桢则以为鸟星作为仲春中星,是不能早于商代以前的现象(《论以岁差定〈尚书·尧典〉四仲中星之年代》)。儒家编写本篇时的周代,早已在这几个星的基础上发展成完整的二十八宿了(二十八宿的设定,竺可桢说在周初,新城新藏说周初或其前,李约瑟说从殷代中期逐渐发展起来的)。但这里显然仍只是采用了殷代鸟星材料,还未与他星组合。到周代定二十八宿,遂

为"南宫朱鸟"井、鬼、柳、星(七星)、张、翼、轸七宿中间之"星"宿。进而指全朱鸟(伪《孔传》:"鸟,南方朱鸟七宿")。朱鸟七宿相当于十二次中的鹑首、鹑火、鹑尾三次,合称鹑鸟,故"鸟"亦指鹑鸟。终当以"七星"(星宿)为其本体。其当春分中星,伏生今文以为张宿(《大传》),马郑古文以为星宿(《《孔疏》),唐一行为之说云:"鹑火,柳、星、张三宿也,自惊蛰至清明逐次为中星,当春分之夕则星宿。"(《开元大衍历》)清《传说汇纂》"四中星圈"亦以春分鹑鸟正七宿之中星鸟。惟伪传、《孔疏》《蔡传》皆以为是全朱鸟,朱熹遂亦以为"以象言"(朱鸟一象)。此失昏中之意,故竺可桢以为"决非指朱鸟七宿"(《以岁差定中星年代》文)。其"推算表"列柳、星、张三宿为参考,惟确认"星"初度。朱鸟七宿相当西名双子宫(Gemini)至乌鸦座(Corvus)六个星座,柳、星、张当其中长蛇座(Hydra),七星距星为长蛇座α(据陈遵妫《恒星图表》。下文火、虚、昴三中星同)。桥本增吉、新城新藏、饭岛忠夫、墨特霍斯特(Medhurst)皆以春分中星即长蛇座α(刘朝阳《尧典年代考》引)。能田忠亮《东洋天文学论丛》以为长蛇座 v^1(张宿三),能田引哥俾尔以为长蛇座α及 v^1。哥俾尔即清初传教士宋君荣(A.Gaubil)。当以长蛇α为是。

现将柳、星、张三宿绘图如下:

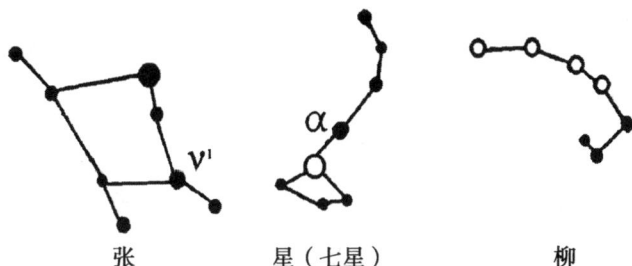

张　　　　星(七星)　　　　柳

(据陈遵妫《恒星图表》,下同)

今阳历四月黄昏在南方天空中可见到。

竺可桢论四中星文以为星鸟作为春分中星，不能早于商代以前。

⑮以殷仲春——"殷"，和下文"以正仲夏"的"正"相同，是据以端正、使之正之意。"仲春"，《史记》"仲"作"中"。薛氏本、内野本亦皆作"中"。仲春为春分所在之月。"以殷仲春"，意即定春分节令。按，以孟仲季称春季的三个月，孟春为正月，仲春为二月，季春为三月（夏、秋、冬同此）。

⑯厥民析鸟兽孳尾——"厥民析"，《史记》作"其民析"。《尔雅·释言》："厥，其也。"知《史记》用训诂字。伪《孔传》亦云："其民老壮分析。"薛氏本作"𠂤民𣂪"，内野本作"𢁉析"。薛氏显系据郭忠恕所刊隶古定《尚书》，内野本稍讹变之。另隶古字，据《说文》"弋，㡿也"，再在弋下加𠂤字下半而成。按，郭忠恕先将传抄的隶古定《尚书》和陆德明《释文》订定后刻版印行（见《玉海》三十七），然后将《尚书》中的隶古定古文收入所编著字书《汗简》中。惜所刊两书失传，唯《汗简》传至今。《汗简·氏部》云："𠂤，厥。出《尚书》。"按《说文·厂部》："厥，发石也。"不作"其"解。又《氏部》："氒，木本……大于末，读若厥。"始将"氒"读若《尚书》之"厥"，但犹未标明"其"义。而"𠂤"字是金文中入（《太保簋》）、𡸦（《克鼎》）、𡴎（《郑公𨨠钟》）等此字的隶定，在金文中确实具有"其"义。如"弘厌厥德"（《毛公鼎》）、"畯正厥民"（《大盂鼎》）……等等，都是第三人称代词领格，意为"他的"，亦即"其"义。可知伪古文所用隶古奇字中亦自有真正的先秦古字根据者。而字书读"氒"若"厥"，遂使"厥"取得"氒"的"其"字义行于文籍中，其"发石"之义反而不见

了。"斦"字则是"析"的隶古奇字，以片代木，其被斧斤所剖析义同。

"厥民析鸟兽孳尾"，是《尧典》作者见到一组至迟自商代传来的古代四方神名和四方风名的一套完整的神话资料，完全不理解其原有神话意义，只因其为远古资料，就生吞活剥地把它作为尧时的民事和物候的历史资料，写成这不可理解的文句。下文南、西、北三方的"厥民""鸟兽"的句子，就是从同一组原资料中用同样改头换面的方式写成的。原来殷代武丁时甲骨文中，有几片完整地记载着四方的方名和四方的风名。方名亦即该方之神名。而风名在神话中恐亦即风神之名，不过后世文献中净化为风名。甲骨文中关于东方的神名和风名原文为"东方曰析，凤曰劦"（《合集》14294）。另一版风名作"凤曰劦"（《合集》14295）。"凤"即风字。这和《山海经·大荒东经》所记："东方曰折，来风曰俊，处东极以出入风。"基本相同。惟"折"字与析字形近传写致异，《尧典》作"析"不异。"俊"则《夏小正》"正月"亦云："时有俊风。"但在《山海经》另一处作"飔"，见《北山经》云："鸡号之山，其风如飔。"《说文》"劦"字引云："《山海经》曰：'惟号之山，其风若劦。'"则知固作"劦"。史籍如《国语·周语》记耕耤"瞽告有协风至"。《郑语》亦云："虞幕能听协风。"可知俊风亦作飔风、劦风、协风，亦即卜辞中的劦风、劦风。这一重要的古代史料的原始面貌由胡厚宣《甲骨文四方风名考证》最先发现，并进而以《释殷代求年于四方和四方风的祭祀》畅其说。他认为《尧典》确沿用了远古资料，但较《山海经》沿用保持了神话原貌者时间要晚，致有蜕变。因指出："甲骨文言'东方曰析'，《尧典》言'宅嵎夷厥民析'。甲骨文言'凤曰劦'，

《尧典》则由凤皇引申而为鸟兽。不知甲骨文凤之义乃假为风也。"
接着杨树达《甲骨文中的四方风名与神名》指出方名即神名,并补
充了四方神名风名的意义。陈邦怀《殷代社会史料征存》对方名风
名作了不同解释。于省吾《释四方和释四方风名的两个问题》,订
正了西方北方两个解释。由这些就可以对《尧典》所据的原资料有
更多的了解。由于《尧典》作者显然不懂得这些原是神话资料,却
硬把它作历史资料使用,于是东方之神名"析",就变成了无法理解
的东方之民"析"。不懂古"凤"字原作为"风"字用,就硬把凤说成
鸟兽。把有和合意义的"劦"(韦昭释协风为和风),胡乱说成是
"孳尾"。注疏家只得硬替他们寻找种种解释,结果都盲人说象,一
无是处。如伪《孔传》释"民析"为人民老壮分析开来,释"孳尾"为
"乳化曰孳,交接曰尾"(按:"孳",孳乳,指哺乳动物的生殖。
"尾",交尾,指虫鸟之类的生殖)。《蔡传》所释同。《史记》"孳乳"
二字作"字微",是用同音通假字,实际成为毫无意义的两个字拢在
一起。而杨树达、于省吾二先生文中指出,此材料在甲骨文中和
《山海经》中都没有和四时发生关系,到《尧典》中才把四方和四时
相配,这也是《尧典》作者生吞活剥了这些材料,着意进行编排的一
种表现,前注⑪已提到了四方配四时这一点(最近台湾学者蔡哲茂
赠阅他的近作《甲骨文四方风名再探》,以为"厥民析"等四句的
"民"字为"凤"(风)字之讹,并举蒋善国《尚书综述》"并把风改作
民"一语为佐证。如其言,则当作"厥民劦",不当作"厥民析"了。
虽该文曲折取证,用力甚勤,尚不足以折服人。至蒋氏之语,尤空
言无据)。按,《尧典》此处文义虽妄,然已成为《尧典》内容,后面
的"今译"仍得依其妄语以为译。下文同。

⑰申命——"申,重也。"(《尔雅·释诂》)即重复、又、再等义。"申命",又任命。

⑱南交——本篇作者心目中南方最远的地名。自汉武帝置交阯九郡,并以此九郡为交州以后,我国地理书中才有交阯、交州之地。可是战国时《墨子·节用》说:"古者尧治天下,南抚交阯,北际幽都。"《韩非子·十过》也说尧"其地南至交阯,北至幽都"。稍晚的《大戴礼·少间》也说舜嗣尧"朔方幽都来服,南抚交阯"。又《五帝德》言颛顼"南至于交阯",帝舜"南抚交阯"。其他《吕氏春秋·求人》《楚辞·大招》,亦提到交阯。《天问》则作玄阯。"幽都"是神话中虚拟的北方地名,南方的交阯同样原非确切之地。而且这些话多来自游士骋说之辞。当是从远涉海外的经商、远游者的传说中,得知南方有这么一个称为交的地方,就像东方有日出入之地的旸谷作为东方极远之地一样,就把"交"的地名作为南方极远之地。正好《大戴礼·少间》在紧接"南抚交阯"所说"出入日月,莫不率俾",就表现了和旸谷一样的意味。《尧典》大抵出西周而历春秋之世,其稿传入战国后,就和墨、韩诸子之书一样受到传说影响,约略知道南方极远地方有叫"交"或"交阯"之地(诸子听到的是"交阯",《尧典》作者听到的是"交"),就把它写入篇中。由于要和春天、冬天所宅的嵎夷、朔方一样都是两个字,所以就写成了"南交"。

注疏家可能发现这里有问题,便另寻解释。如伪《孔传》说:"南交,言夏与春交。"真是不知所云,羲叔怎样去住这夏与春交之点呢?江声《音疏》改成"火与土交,故曰南交",更悠谬可笑。《史记·索隐》已驳正了伪孔说之误。王引之《述闻》据《尚书大传》

"中祀大交"。与"秋祀柳谷"、"冬祀幽都"对文。郑玄注:"南称大交。"因而他以为应以"宅南"为一句,"南"字下应有"曰大"二字,成为"宅南,曰大交"。以和下文"宅西,曰昧谷"相对应。近人杨筠如《核诂》则谓"交"假为"徼"。"南徼"即南方边塞。这些都是立意要把它解通而提出的,并不符合这里文字情况,所以不足深论。

其实这里应从郑玄的注中体会出文字有残缺。郑云:"夏不言'曰明都',三字摩灭也。"因其他三季在"宅某地"之后,紧接说明其地名,如春"曰旸谷",秋"曰昧谷",冬"曰幽都"。郑以为夏季也应有这样三字,但摩灭失去了。他以南与北对,又明与幽对,北方既有一个出于神话中虚拟的"幽都"地名,因之他也用了一个与之相对应的"明都"地名。这些都是经学家挖空心思想把说不通的经文字句说通,可以不去管它。但由此使我们知道这里文字有残缺脱失。如本句之下,"平秩"句之上,不像春季秋季都有关于出日、纳日的一句,此处没有,显然是脱失了。冬季也无此句,同样是脱失。而此"平秩"句下却多了"敬致"二字,很大可能是本句下关于对日敬致礼的残文错列到平秩下去了。所以这些都看出是文字残缺错乱的结果。王肃驳郑之说,而以为夏无明都,是为了避"敬致"二字。不知"敬致"原是错乱字。王说近臆语(下文"宅西"也是文字错乱脱失)。

48

⑲南为——通行伪古文本作"南讹",今据司马贞本《史记》所用今文改回。"南为"和"东作"一样都是指农事活动。故司马贞《索隐》云:"为,依字读(纠正《集解》引"孔安国曰'为,化也'")。春言东作,夏言南为,皆是耕作营为劝农之事。孔安国强读为'讹',字虽则训'化',解释亦甚纡回也。"而张守节本《史记》作"南

誳"。盖同于郑玄据古文本用以注《周礼·冯相氏》作"南譌"。《汉书·王莽传》则作"南偽",宋抄本《周礼·冯相氏》之《释文》与之同。段玉裁《撰异》云:"莽所用多《今文尚书》。此《今文尚书》与《古文尚书》同作'偽'之证。"按,"偽"即为字(见《荀子·性恶》)。"譌"则"偽"的误写。而"为"和"化"古音相通(见段氏《撰异》及刘师培《化即古为字说》),伪古文遂由"譌"变为"讹"。其实皆当作"为"。在甲骨文金文中,"为"字是以手牵象使供劳作之形。这是"为"的本义。

⑳敬致——这两字在句中位置有错乱,文字亦有脱落,见上注⑱。注疏家所作的种种牵强解释是不足据的。(如伪孔释云:"敬行其教以致其功。"《蔡传》释云:"敬致,《周礼》所谓冬夏致日。")并因唯夏季有此二字错在"平秩"句下,其他三季皆无之,伪孔不知其错乱之故,遂强为解释云:"四时同之,亦举一隅。"谓举此夏季一隅,以反映春秋冬皆有此二字,过于牵强。原文此处错简不动,译文移于"南为"前,以与春季东作之文一致。

㉑日永——"永",长也(《释诂》)。日永,白昼最长的日子,指夏至。

㉒火——古代对一恒星的名称(不是后代所知九大行星中的火星)。在卜辞中,"火""鸟"二星同为商代所祭祀的著名的星。"鸟"是代表商族祖先图腾的星,"火"是代表商代的星,是商代的"辰星",所以也就专称"辰星"或"商星"(卜辞中的"虰"星可能是此二星的合称)。古籍中又说它叫大火,《夏小正》云"五月,初昏大火中"即此。并云"大火,心也",即金履祥《尚书注》:"心宿有三星,中一星名曰大火。"称心宿二。古代设"火正"官专司观测大火

49

的昏见和主其祭祀（见《左传》襄九、昭元、《公羊》昭十七、《晋语》《郑语》等）。到春秋世制定十二次后，"大火"就成为该星所在之次之名。该次略当二十八宿"东方青龙"角、亢、氐、房、心、尾、箕七宿中的房、心两宿及尾宿一部分。故伪传云："火，苍龙之中。"苍龙（青龙）七宿当十二次的寿星、大火、析木三次。其当夏至中星，伏生今文以为"火"（《大传》），马、郑、服虔古文以为心星（《孔疏》、王应麟《天文编》），实则火即心星；伪传、《孔疏》则仍误指以火为中心之七宿；朱熹以为尾、陈祥道以为房，陈懋龄以为氐、房之间（竺引《天文编》及陈本人书），刘朝阳文则以为朱熹"夏至取星火所在之次"，则同于《蔡传》以为大火，则尾包括在内；《汇纂》"中星图"则谓"大火正七宿之中"，指"星火"。竺氏《推算表》列心宿二及房、尾二宿初度，终以为"指青龙七宿中最明亮之心宿二无疑"。"青龙七宿约当西名室女宫（Virgo）至人马宫（Sagittarius）共四宫略不足，房、心、尾三宿相当天蝎宫（Scorpio）。刘朝阳文引桥本增吉、新城新藏、饭岛忠夫、歇来格尔（G.Schlegel）皆以此中星为天蝎座 π（房一），能田忠亮以为天蝎座 σ（心一），宋君荣（P.Gaubil）则以为其 π、σ（房一、心一），然当以竺氏所主天蝎座 α（心宿二）特亮较可信。

现将房、心、尾三宿绘图如下：

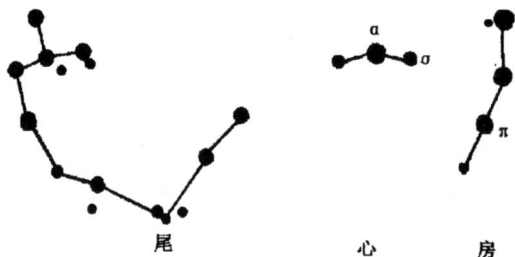

尾　　　心　　房

今阳历七月黄昏在南方天空中可见到。

竺可桢论四仲中星之文，以为大火作为仲夏中星，不能早于商代以前。

㉓厥民因鸟兽希革——甲骨文中关于南方的神名和风名原文为"南方曰夹，风曰岂"（《合集》14294）。另一版甲骨文则作"南方曰岂，风彡"（《合集》14295）。《山海经·大荒南经》则作"南方曰因，乎夸风曰乎民，处南极以出入风"。胡厚宣氏文中谓"夹"有夹辅之义，而《释文》以"襄""因"相训，亦夹辅之义，故"因""夹"相通（杨树达则谓二字同从大，传写之异）。又"岂"即"微"，和希字
相近。《尧典》作者在这里又因不懂南方之神名为"因"，就生吞活剥地写成南方"厥民因"，显然他自己也是不知道是在说什么。伪《孔传》则释为老弱因丁壮在田而往助农。《蔡传》更释为："因，析而又析，以气愈热而民愈散处也。"更是不知所云。《尧典》作者又不懂"岂"是南方风名，"凤"是风字，就望文生义地、牵强地写成不通的"鸟兽希革"。注疏家们从而替它寻的种种解释，都是妄说（如说夏天鸟兽毛羽稀少革易之类）。按，此风名胡厚宣隶定作"岂"，释岂即微，岂风是微风。杨树达以为岂即岂，岂风是凯风。据《尔雅》飙风为南风。余永梁、商承祚隶定作"长"，徐中舒从之，谓是南方风名，其义为生长。是各家各自为说，在此只要知其为南风之名就行，不用寻其义。

㉔宅西——按，东、南、北三方所言"宅"下皆二字，此独一"西"字，显然文字有脱缺，故《史记》以意于"西"字下补一"土"字，宜是。但也有一种可能，由于我国古代只知东和南都极于海隅，北方限于朔漠，而西方遥远之地一直不能确知。直到汉武时于西域称

呼还不一定,有西北、西国、西海、西极等称。《尧典》作者远远早于汉武之世,对西方本来捉摸不定,就只好用一"西"字来表示他心目中西方最远之地。

㉕昧谷——《尚书大传》作"柳穀",徐广所注《史记》所引今文"昧"亦作"柳",是汉今文作"柳穀"。然徐广引"一作柳谷",又《尚书正义》卷二云:"夏侯等书'昧谷'为'柳谷'。"是汉今文亦作"柳谷"。三国时虞翻所见汉漆书本古篆文作"𣃁",谓即"柳"字,讥郑玄不当读为"昧"。然《说文》"𣃁"为古"酉"字,是伏生今文误认为"柳"(据庄述祖《尚书今古文集解》说云:"伏生《书》借'柳'作'𣃁',如字读之,今文之误")。郑玄本"𣃁"作"卯",以同音通假为"昧"(据段玉裁《撰异》说云:"卯、𣃁二字易溷。壁中必是'卯'字,郑于双声求之,读当为'昧'。……若壁中是'𣃁'字,则郑岂不能比合今文'柳穀'为说")。由是遂由郑玄定为"昧谷"(惠栋《九经古义》则谓"郑康成依贾逵所奏,定为'昧谷'")。伪孔本袭用。伪《孔传》释云:"昧,冥也。日入于谷而天下冥,故曰昧谷。"古籍中亦作"蒙谷"(《淮南子·天文训》),或"蒙汜"(《楚辞·天问》《列子》与魏晋诗赋),或"大蒙"(《尔雅·释地》),为神话中太阳落下和止息的地方。

㉖寅饯纳日——"寅饯",唐写《释文》作:"寅浅,注作饯,同。"吴校语:"今本改作饯……开宝依唐石经改作饯。"宋代《集韵》《群经音辨》等书引《尚书》"饯"字作"浅",并谓马融读"浅"作"饯"。宋薛氏本亦作"浅"。段氏《撰异》据《释文》作饯,云:"饯,贱衍反,马云'灭也'。"又据《集韵》二十八狝云:"浅,在衍切,灭也,《书》'寅浅纳日'。"因谓:"《尚书》本作'寅浅'。""马季长意则不读贱,

直就浅字训为薄迫之义,故云灭也。""伪孔云'𧗟,送也',是读浅为
𧗟。""《释文》至开宝中更定,乃有旧本新本之不同。""《集韵》所据
乃德明旧本,直云通作𧗟者,正谓《释文》作浅。卫包所改《尚书》作
𧗟。"然则薛氏本此字犹保存《尚书》之旧。

由于本篇上文曲解古代"宾日"祭礼的原意,又不知对"出日"
"入日"有专祭叫"侑",而误以"宾"为迎接"出日"(见注⑩),这里
就杜撰了一个具有送行意义之字来送"入日",则伪孔释为"送也"
的"𧗟"字是适合于此地的,即使原文是"浅"字,也不必如段玉裁所
说,而可认为"𧗟"的假借字。

"纳日",《大传》作"入日"。亦即甲骨文中的"入日"。在金文中
"内""入"同用,到文籍中"纳""入"同用。《古文尚书》作"纳日",
《今文尚书》作"入日"(此据皮锡瑞《考证》所引)。又段玉裁《撰异》
引古文之"出内朕命"、"内于百揆"、"内于大麓"、"出纳五言"、"九江
内锡大龟"等句的"内(纳)",今文都作"入"。可知《古文尚书》之
"内"或"纳",《今文尚书》都作"入"。

此句《史记》作"敬道日入"。入字同此句今文,但𧗟字仍用
"出日"句宾字的导引之义,没有用送行之义,疑原始材料此两处都
是"宾"字(段玉裁谓春之"敬道"与"导"同,秋之"敬道"与"蹈"
同。在故意寻找不同解释,不足据)。

㉗西成——和"东作"、"南为"一样,都是指农事活动。当因秋
天农作物收成,故用成字。《蔡传》云:"秋月物成之时,所当成就之
事也。"就事物言成,尚不远失。伪《孔传》云:"秋,西方,万物成,平
序其政,助成物也。"就有点故作高深言之玄远了。

㉘宵中——《尔雅》:"宵,夜也。""宵中",夜间的长度适中,即

夜间和白天一样长。这里指秋分时节。

㉙虚——恒星名,在二十八宿中居"北方玄武"斗、牛、女、虚、危、室、壁七宿中间。玄武当十二次的星纪、玄枵、娵訾三次而略宽。其为秋分中星,除伪传、《孔疏》误指玄武七宿,其前伏氏、马、郑,其后朱熹、《蔡传》《汇纂》皆以为即虚宿。竺可桢确认为虚初度。玄武七宿当西名人马宫(Sagittarius)一部分,经摩羯宫(Capricornus)至宝瓶宫(Aquarius)、附小马座(Equuleus)、飞马座(Pegasus)、仙女座 α(α Andcomeda)等。虚宿一为宝瓶宫 β,虚宿二为小马座 α。刘朝阳文中引新城、桥本、饭岛皆以秋分中星为宝瓶宫 β(虚一),能田忠亮说同。虚宿之为秋分中星基本论定,惟宋君荣(P.Gaubil)以为是宝瓶宫 β(虚一)及 α(危一),说略异。

现将女、虚、危三宿绘图如下:

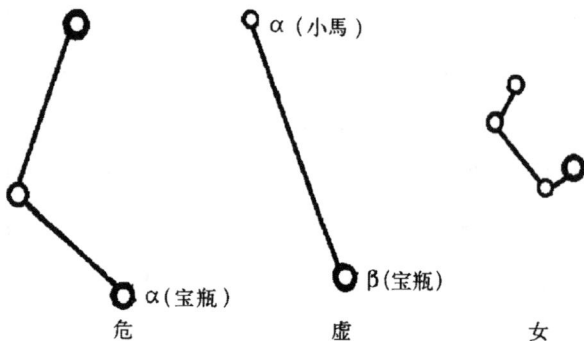

危　　　　　　　虚　　　　　　　女

今阳历九、十月之交黄昏在南方天空中可见到。

竺可桢论四仲中星之文中,以为虚星作为仲秋中星,是不能早于商代以前的现象。

㉚厥民夷鸟兽毛毨——殷虚甲骨文中关于西方神名和风名原文为"西方曰𡴪,凤曰𡘊"(《合集》14294)。另一版甲骨文作"西方

曰夒,凤曰𣏟"(《合集》14295)(𣏟字原版作𣏟,另一版作𥄂,从杨树达隶定)。《山海经·大荒西经》则作"有人名曰石夷(从袁珂校此处脱"西方曰夷"四字),来风曰韦。处西北隅以司日月之长短"。这里《尧典》作者又以字形相近或字音相近,把西方神名𣏟,改成不通的西方"厥民夷"(《史记》作"其民夷易"),把西方风名夒改成不通的"鸟兽毛毨"。胡厚宣释"韦"字与卜辞中"𣏟"形近,从木有茂盛之意。而《说文》释"毨"亦谓鸟兽毛盛。杨树达谓𣏟为草木垂实之状。有此诸释,可寻《尧典》曲折改用字义之迹。伪传释为:"夷,平也。老壮在田,与夏平也。毨,理也,毛更生整理。"唐写《释文》云:"毨,古洗字,先典反,理也。《说文》仲秋鸟兽毛盛,可选取以为器用也。读若选。"《蔡传》释为:"夷,平也,暑退而人气平也。毛毨,鸟兽毛落更生,润泽鲜好也。"伪传的不知所云,《蔡传》的力求讲得近理,都是望文生训。

㉛朔方——《史记》作"北方"。是用《尔雅·释训》朔为北方训诂义。从上文嵎夷、南交、西(土)诸例来看,可知朔方是《尧典》作者心目中北方最远的地名。唐写《释文》云:"朔,翔字。《尔疋》云:北方。"龚氏《考证》云:"翔为六朝通行俗字,故陆氏以朔为古字,非古文也。薛本作𦠪,《汗简》引《尚书》同,即朔字易其左右耳。"吴氏《校语》云:"《说文》朔从月,屰声。隶变为翔。汉《孔龢碑》'丙子屰',即作屰。"刘朝阳《尧典之编成年代》文中云:"以朔为月之第一日,此种纪法之成立,必在周初以后。""朔字之用作北字讲法,又在以朔为月首之后。《尧典》朔字皆作北字讲法,故因此字之出现,可以推测其编成年代最早不过周初,或在《诗·小雅·十月》之篇后。"唐写《释文》又云:"𠃨,古方字。"则陆德明所见宋、齐

旧本隶古定方字如此，薛氏本隶古字则作匚，凡《尚书》方字薛氏本皆如此。按甲骨文中无朔字，而有许多方国（如土方、舌方等），都是殷族以外不同种姓异族，地点多在今山西境南部。到西周后期的《诗·出车》中有"方"和"朔方"，地点也多在晋西南一带，可能因"方"在周都之北，故加上"朔"字。可知到周代称为"朔方"之地，实际还不是太远的地方。自赵武灵王、秦始皇先后开发河套以北之地，直到汉武帝再加经营，才名为朔方郡，然后"朔方"一词才落实在一邻于朔漠的具体地点。在此以前，人们心目中的朔方当指北方最远之地。

㉜幽都——《山海经·海内经》："北海之内，有山名曰幽都之山。"可知原是神话传说中北方的一座山名。此处成为地名，而且又与"幽州"混而为一。本篇下文"流共工于幽洲"，《庄子·在宥》作"流共工于幽都"。《释文》："李颐云：即幽州也。《尚书》作幽州，北裔也。尧六十四年流共工于幽州。"其他文籍亦多作幽都。上文注⑱"南交"已引《墨子·节用》《韩非子·十过》《大戴礼·少间》等都说尧地北至幽都，显然都是据《尧典》为说。尚有《尸子》卷下云："尧南抚交阯，北怀幽都。"《淮南子·地形训》云："北方之美者，有幽都之筋骨焉。"又《修务训》云："尧……北抚幽都，南道交阯。"又书虽晚出而保存古代资料之《路史·国名纪》亦有幽都之记载。可知春秋战国秦汉之世，幽都已成为人们心目中极北之地北裔的地名。（《五帝本纪·颛顼纪》则又作"北至于幽陵"。《帝尧纪》亦作"幽陵"。）

㉝平在朔易——《史记》及《尚书大传》的今文都作"便在伏物"。《大传》又作"辩在朔易"。"平在"，上文春夏秋三季皆作"平

秩"，疑此"在"字因与"秩"音近讹写。旧注疏家皆据《尔雅》释"在"为"察"，并说了所以易秩为在的理由（如《孔疏》谓三时皆力役田野，当秩序之；冬则物皆藏入，须省察之。故异其文），实近牵强。"朔易"，伪《孔传》释为"岁改易于北方"。《蔡传》则谓"岁事已毕……所当改易之事"。皆望文生义曲为解释。"伏物"，杨筠如《核诂》说"伏"与"朔"同义，"物"为"易"形讹。并举邹汉勋说"易"当作"昒"，冥也，近盖藏义。杨则谓"易"与"埸"通用，指修筑其疆埸。并举甲骨吉金文易字颇象治土之器。今考"易"字有下列诸意义："治田"（《诗·甫田》"禾易长亩"传、《国语·晋语》"虽获沃田而不易之"注、《孟子·尽心上》"易其田畴"注、《吕氏春秋·辨土》"农夫知其田之易也"注），"修田垅"（《文选·射雉赋》"农不易垅"注），"耕垦平易"（《荀子·富国》"民富则田肥以易"注），以及"平治道路"（《左传·襄三十一年》"司空以时平易道路"注）等。可知与"作""为"本义同（吴闿生《尚书大义定本》亦持此说）。所以"朔易"即"北易"，和"东作"、"南为"、"西成"一样，都是指农事活动，不过此处是指冬天的农事。

㉞日短——白昼最短的时候。指冬至时节。

㉟昴——是一簇恒星的名称，亦称旄头，汉代俗呼为留星，后代俗呼为七姐妹星。即冬天夜间看到天空有一簇不太显明的密集的星团，肉眼能看到六颗或七颗。竺可桢《论以岁差定尧典四仲中星之年代》文中说，昴星能作为仲冬中星，确是传说中的唐尧时代即公元前2300年以前的现象。这是他运用岁差数据，根据所观测星的现在赤经度数及该星距星的活动数据进行运算所得。西方天文学者湛约翰（R.J.Chalmers）、俾奥（J.Biot）也发觉唯昴是尧时冬

至所见星,但将鸟、火、虚弥缝使之适合尧时。昴居二十八宿"西方白虎"奎、娄、胃、昴、毕、觜、参七宿的中间。此七宿相当十二次的降娄、大梁、实沈三次而略窄。其为仲冬中星,伪传、《孔疏》误谓白虎七宿。汉今古文、宋朱熹及《蔡传》、清《汇纂》皆以为昴星团。白虎七宿约当西名仙女座(Andromeda)至猎户座(Orion)四个星座,昴宿为其中金牛座(Taurws)η 等七颗星。刘朝阳文引俾奥、饭岛以冬至中星为金牛座 η(昴六),宋君荣以为金牛 η 及 ε(昴六、毕一),桥本、新城、墨特霍斯特、约翰威廉及能田以为昴星团,竺氏以为昴一,赵元任《中西星名图考》同之。显以昴星团为定论。

现将昴、毕、觜、参四宿绘图如下:

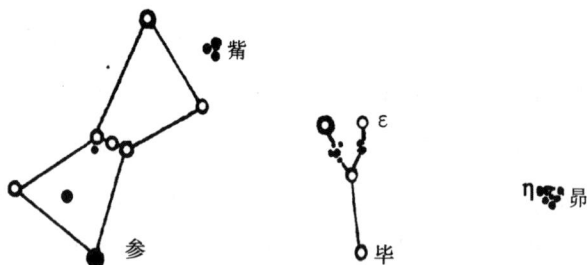

今阳历一月黄昏在南方天空中可见到(因参宿易认,见参宿即可找到昴宿)。

上文已引竺可桢说,昴作为仲冬中星,是传说中尧时以前的现象。

此处看到春夏秋冬与四方相配的矛盾现象。《尧典》原将春夏秋冬配东南西北,可是此处配四象七宿,却是春为南方朱鸟,夏为东方青龙,秋为北方玄武,冬为西方白虎。从地平面四方来看,春从东方始,按顺时针方向,夏、秋、冬很自然地配上南、西、北。而四象则成为:春自南方朱鸟始,以逆时针方向,夏、秋、冬依次为东青龙、北玄武、西白虎。原来这是两个不同系统,各不相干。《尧典》所据四仲中星资料,是观象授时时代的客观现实,本与朱鸟、青龙等四象无关,而且星在天球面上周流运转,原无法分东西南北。当它为初昏中星时,则又无论春夏秋冬,都必须在南中天。即是说,它其时是南方之星。《左传·昭公四年》谈到北陆、西陆,杜注北陆"日在虚危",则即北方玄武,西陆"日在昴、毕",则即西方白虎。是四仲中星已分别属东南西北四象了。湖北随县出土约公元前430年左右即春秋战国之际所绘围绕北斗的二十八宿星图及左边有青龙右边有白虎之图,则四仲中星分属四象至春秋末季已定。陈遵妫《恒星图表》转载高鲁《星象统笺》所绘四象图,形象明晰,四中星分属与原四季之方不同的四方。郑文光《中国天文学源流》说:"四象同为二十八宿的组成部分,都是络绎经过南中天的恒星群。为什么有东宫、北宫、西宫、南宫之别? 这是因为是以春天的观测为基准的。初春的黄昏,朱鸟七宿正在南中天,它的东面是苍龙七宿,西面是白虎七宿,北面是玄武七宿(北方地平线下)。"并引《书》传云:"四方皆有七宿,可成一形。东方成龙形,西方成虎形,皆南首而北尾;南方成鸟形,北方成龟形,皆西首而东尾。"谓这个布局仍然是春天初昏的星象布局。又以十二次和十二辰的关系其关键在午位鹑火。午位南方,仍然是以鹑首、鹑火、鹑尾三次横亘南中天而布列的。因而谓我国古代恒星的布局确是以春天初昏的天象观测为基准点的。现在我们知道,其所以春天初昏的星象成为基准点,就是由于《尧典》仲春中星所决定的。《尧典》仲春中星由古代所传客观实际资料定于南方朱鸟了,其余三仲中星当其为中星时本应也是南方之星者,至是被南方朱鸟所限定,只好分别被称为东方青龙,北方玄武、西方白虎了。于是就不适合春夏秋冬原所配的四方了。这是至迟春秋末季以迄战国之际四象之说形成后所出现的干扰。在此以前的四仲中星,当不会产生这一矛盾的。

㊱厥民隩鸟兽氄毛——"厥民隩",《史记》作"其民燠",段玉裁《撰异》说恐系浅人用马说加火旁。按马融注云"奥,燠也"(《释文》引)。郑玄注云"奥,内也"(《文选·赭白马赋》李注引)。段氏断定此字原当作"奥",故伪孔云"室也",与《尔雅》"室西南隅为奥"义合。《尔雅·释宫·音义》:"奥,本或作隩。"亦知原本作"奥",只是有别本作"隩"。段氏亦以为系卫包所改。唐写《释文》作:"炕,古燠字,于六反,室内也。马云燠也。"薛季宣本亦作"炕",仍为隶古字。"氄毛",《汉书·晁错传》引用作"毳毛",为伏生今文。《说文·毳部》引作"褭毛",《说文·毛部》引作"𣮲髦"。段玉裁谓"褭",汉代今文。"𣮲",汉代壁中古文。"氄"为别体。《史记集解》引徐广曰:"氄,音茸。"唐写《释文》作隶古奇字𣮲。薛季宣本则用《说文·毛部》所引略变作𣰆。

殷虚甲骨文中关于北方的神名和风名的原文为"北方曰宛,凤曰㱅"(《合集》14294)。按宛字原残损,据胡厚宣补定(陈梦家以宛当为夗。又据另一片《合》261作元)。另一版甲文作"北方曰𠃌,凤曰㱅(字稍繁)"(《合集》14295)。《山海经·大荒东经》则作"北方曰鹓,来之风曰狻,是处东极隅以止日月,使无相间出没,司其短长"。这里《尧典》作者又因字音相近,把北方神名"㱅"误改成不通的北方"厥民奥",把北方风名"㱅"误改成毫不相干的北方的鸟兽生了细软的毛。据胡氏考释:《说文》:"奥,宛也。"《尔雅·释言》:"懊,忦也。"是甲骨文之宛(或元)即《大荒东经》之鹓,《尧典》

之奥。又"叚"即"役"。《说文》"役"为"役"古文。"役,戍边也。"而狁有北方边地兽之说,则役、狁、氄毛均与北边寒地有关。杨树达则据《吕氏·有始览》《淮南子·地形训》言"东北曰炎风",疑与"狁"有关。伪传释此云:"隩,室也。民改岁入此室处以避风寒。鸟兽皆生㲋毳细毛以自温焉。"《蔡传》基本同。

㊲帝曰咨汝羲暨和——《史记》省去此七字不载。"咨",伪《孔传》释为"嗟",当是据本篇下文"咨四岳"《史记》作"嗟四岳"而来。其实当如《说文》所释"谋事曰咨"于此更适合。又《国语·周语》"咨之前训"注则释咨为议。谋议即商量之意。上级向下级商量做某事,实际就是告知做某事。故此咨字相当于"告"。下文"咨十有二牧",《史记》作"命十二牧"。释"咨"为命令,意更明晰。"汝",原作"女"。薛氏等两隶古定本即据古本作"女"。段氏《撰异》云:"女者,对己之词。假借之字,本如字读。后人分别读同汝水,非也。因改为汝字,则更非。""经籍中绝不用汝字,自天宝、开宝两朝荒陋(指唐天宝间卫包妄改《尚书》、宋开宝间陈鄂妄改《释文》),《尚书》全用汝字,与群经乖异。"并指出"女、乃、尔,双声。尔,古音近祢,今俗用你字,见《玉篇》,即古之尔字也"。按,实系尔之简体"尔"字,再加人傍成"你"字。但今"汝"字已通用,且与男女之女易区别,故不拘古改回为"女"字。"暨",段氏《撰异》据下文"暨皋陶"《说文》引作"臮皋陶",以为壁中故书当作"臮"。汉人以今文读为暨。《尔雅·释诂》"暨,与也"。唐写《释文》作:"臮,其器反,与也。"今见隶古定本皆作"臮",近于金文"眔"。为并列连词,与"及"同。"暨"与之同声,久已通用。今亦不改回作臮或眔。

61

㊳期三百有六旬有六日——《史记·五帝本纪》作"岁三百六十六日",系译用简明语。《汉书·律历志》则作"岁三百有六旬有六日",只易期为岁。唐写《释文》作:"朞,本又作暮,皆古暮字,居其反。《说文》作稘,云复其时期也。"吴校语:"按稘为稘之省文,今《说文》作'稘,复其时也'。'时'下无'期'字,疑元朗所见本有之。暮,《齐侯中罍》文:'天子曰暮则尔暮。'正作暮字。"薛氏本作"晉"。为《说文》古文期字。内野本"暮"作"暮",二"有"字作"才"。唐写《释文》:"才,古有字。"甲骨文、金文中"才"皆可作有字用。

"期",《说文·禾部》引作"稘",释云:"复其时也。"故伪孔云"匝四时曰期"(匝,周也)。段氏《撰异》以为作稘者为汉代壁中古文;《史记》作岁,为汉代今文。但这里期是指一周岁,当是司马迁据后起年岁之岁的意义译用稘的训诂义(参看下文注㊴)。原材料不当作"岁"而当作"稘",可以假作"期"。《说文》释"稘"为时间的一个周期,所以和"期"字通。因而薛季宣隶古定本用了"期"的古文"晉"。丌,《说文》云:"下基也。"故内野本易作"暮"。"稘"字从禾,保存了较原始意义,和甲骨文"年"字从禾相同,都是指谷物的收成。由于古代的生产水平,谷物的一届收成就是一年,于是"年"字引申为后来年岁的"年"。而稘(期)字也就表示一年时间。

"三百有六旬有六日",是古代较早期所知的一年的日数。此句的语法和卜辞中数词加连词的用法同,可知是一条较早的资料(但若如《佚》123,则当作"三百日有六旬有六日"。显见采用时曾略作修饰,省去了前一"日"字)。而且以一年三百六十六日,是"四分历"出现以前的认识。新城新藏以为四分历是春秋中叶用圭表测日至知道了一年为三百六十五又四分之一日之后才建立的(见其《东汉以前中国天文学史大纲》),也可证这一资料相当早。这是纯粹根据太阳的回归年这一运动(即寒暑变化)来认识的,李约瑟《中国科学技术史》第四卷《天学》第26页阐明"回归年是太阳接连两次通过春分点所需要的时间"(与地球公转一周的恒星年相区别)。因此是一种阳历年。故竺可桢《我国古代天文学上的伟大贡献》即指出:"三百又六旬又六日,就是阳历年。"

刘朝阳《从天文历法推测尧典之编成年代》文中以为"期三百有六旬有六日"本极分明,可是却有三派不同之解释。现略录其意如下:第一派确信尧时已求得一岁之真确日数,此处乃举其大数。如《孔疏》引王肃云:"四分日之一,又入六日之内,举全数以言之,故云三百六十六日也。"陈鹏远之《尧典历法考》(齐鲁大学《国学丛刊》第一集,1929年)云:"三百有六旬有六日,本举大数言……我国古代以无小数计算故,不得已改零数为整数。"第二派以彼时已明知一岁非三百六十六日,为便于置闰,故意作三百六十六日计算。如湛约翰《中国古代天文考》云:"《尧典》所云之期三百有六旬有六日,盖为使司天象者便于置闰而言。"第三派直认此时只知一岁之长为三百六十六日。如钱宝琮《东汉以前时月日纪法之研究》云:"春秋僖五年、昭二十年两次日南至之测定,虽不十分精确,然以一百卅三年平均之,则每年所差无几,较《尧典》所载'期三百有六旬有六日',已精确多矣。"刘氏以为其意盖谓《尧典》以一岁为三百六十六日,其历法甚为疏阔。刘氏同意第三派意见为最自然而更近事实。新城新藏以春秋中顷始知一年之长为三百六十五日四分之一,《尧典》以一岁为三百六十六日,故其年代当在春秋中叶以前。此说亦与竺可桢之说以三百六十六日为阳历年者相近。刘氏又引《管子·轻重己》云："以冬日至始,数四十六日,冬尽而春始。""以冬日至始,数九十二日,谓之春至。"又引陈鹏远文中语："即谓四十五日有余及九十一日有余也。……不是已以零数作整数,假使湛君闻之,岂不骇然而讥中国尚有三百六十八日之岁周乎?"刘朝阳谓确系三百六十八天,故以《尧典》之三百六十六天在《管子·轻重己》之后。按前二说以后代历法知识为言,自以第三派之说较近早期的实际。是否有三百六十八天之说姑不论它。总之三百六十六天之说当为早期的阳历。

㊴以闰月定四时成岁——"闰"字在甲骨文中未发现,殷人称闰月为"十三月",则周代始有闰字。"定",《史记》作"正",是用训诂字,薛氏本遂从而稍变作"正"。唐写《释文》云:"定,如字,古文作㞢,《说文》以㞢为古文正字也。"戴震《义考》引宋晁以道说,以为"古文定作正,开元方误作定"。意谓卫包始改作"定"。"四时",据甲骨文学者之说,对殷代四时尚未论定。如于省吾《岁时起源新考》和《释屯》等文,以为卜辞中只有春、秋二字,虽有冬字但作为始终之终。陈梦家《殷虚卜辞综述》说亦同,以为商代只春季、秋季,且分别代表禾季、麦季。是殷代季节究竟如何,尚待探研。应考虑到殷代生活地区在黄河中下游,是四季分明之地,前注⑭引李约瑟之说,殷代大概四仲中星都完全了。且既置闰月,也是为了调整季节。既有这些客观存在的环境因素,不容不反映到殷人生活中来。于省吾先生说了一句:"后来才发展为四季。"就要看它是发展至何时了。"成",唐写《释文》作:"戚,古成字。"薛氏本作"戚"。"岁"字已出现于甲骨文中,除可能作祭名外,大都不是年岁或岁星诸意

义,而只是有关于收成方面,并且一年分为两岁。因此它近于早期
"季"字的用法(据《殷虚卜辞综述》第七章)。作为年岁的岁是周
代的事,而且年和岁的用法也有区别。据顾炎武《日知录》之《集
释》卷三十二云:"自今年冬至至明年冬至,岁也(三百六十五日,实
际即阳历年)。自今年正月朔至明年正月朔,年也(三百五十四日
多,实即阴历年)。"到战国时,年和岁的意义基本不分了,因为阳历
年和阴历年已经混合了。由这几点,就知道这一资料比上一资料
时代要晚。故竺可桢《我国古代天文学上的伟大贡献》文中说:"以
闰月定四时成岁,乃阴阳历并用。"自然就是在用纯阳历之后。由
于月亮绕地球和地球绕太阳两个周期各自不同,阴历十二个月比
阳历一年要少十一天多,必须几年设一闰月才能使二者相合。这
种阴阳历合用在殷代已经实行了。但他们置闰法详情尚不十分清
楚,主要是置在年终,所以称十三月。《殷虚卜辞综述》说后来也曾
实行年中置闰。总之不像后来四分历置闰是在无中气的月份。东
周时代制定的四分历,知道三年置一闰就多了几天,若十九个阴历
年设七个闰月,就能和十九个阳历年相等(阳历年即岁),而且每年
的四季也基本固定在相应的月份。所以才叫"以闰月定四时成
岁"。刘朝阳《尧典之编成年代》文中引王韬"校勘春秋朔至日月与
湛约翰书"谓"文公七年以前,不当闰而闰";"文公七年以后当闰而
不闰"。指出鲁文公时期为设闰有关系的时期。新城新藏《东汉以
前中国天文学史大纲》亦云至文公时代始能大概合于十九年七闰
的原则。但这样的阴阳历,它的平年十二月为三百五十三或三百
五十四日,闰年十三月为三百八十三至三百八十五日,根本和"期
三百有六旬有六日"的纯阳历日数是相矛盾的,是不能同时在一个

历法中使用的。由此可知这两句原不是同一时代的材料，是《尧典》作者凑到一起的。

以上这一节说尧任命天文官员，制定历法，指导民事等等活动。实际是根据下列七种不同来源不同时代的古代神话和传说等纷歧材料组织在一起的。七种不同材料是：（1）远古关于太阳女神的神话和它经过转化后的传说；（2）远古关于太阳出入和居住地点的神话和它转化为地名后的传说；（3）古代对太阳的宗教祭祀有关材料；（4）古代对四方方位神和四方风神的宗教祭祀有关材料；（5）古代对星辰的宗教祭祀及有关观象授时时代的材料；（6）往古不同时代的历法材料（如纯阳历时期与阴阳历合用时期的不同，稘字和年字岁字时期的不同等等）；（7）往古不同时代的地名材料及它蒙受时代影响而迁变的材料。本篇作者把这些材料，其中主要先把各种神话和宗教活动的各不同原始资料，生吞活剥地净化为历史资料，按四方和四季整齐地配置起来，经营成一组体制粲然大备的记载古代敬天理民的最早由观象授时、指导农作以至制订历法的形式严整的文献。既已摆脱神话的面貌，又尽量保存材料的古色古香，意在将真正的远古史料展现出来，使人们相信这篇《尧典》确是可靠的古代典籍。就在这种经过折射的材料里，使我们看到一些极为珍贵的远古传说素材，特别是值得珍视的天文材料。因此这段文字毫无疑问是值得珍惜和重视的。

允厘百工①，庶绩咸熙②。帝曰："畴③咨④若时登庸⑤？"放齐⑥曰："胤子朱⑦启明⑧。"帝曰："吁⑨！嚚讼可乎⑩？"帝曰："畴咨若予采⑪？"欢兜⑫曰：

"都⑬！共工⑭方鸠僝功⑮。"帝曰："吁！静言庸违⑯，象恭滔天⑰。"

①允厘百工——"允"，《尔雅·释诂》："信也。"又："诚也。"有确实、真实之义。裴学海《虚字集释》以为："诚，犹云如果也。"为假设之词。谓《经传释词》释允为用，失之。其说可参考。"厘"，理也（《诗·臣工》笺）。伪《孔传》释为"治"，义相近，即治理整饬之意。唐写《释文》："允釐，亦作釐，力之反，理也。"吴校语："魏《孔羡碑》作釐，此又省作釐。""百工"，百官（《诗·臣工》笺及伪孔释同此）。故《史记》译此句为"信饬百官"。就是确实整顿百官。

②庶绩咸熙——"庶"，众（《说文》）。唐写《释文》"庻，古庶字，众也。""绩"，功（《尔雅·释诂》，伪孔从之）。"咸"，皆（亦《释诂》，伪孔亦同）。"熙"有兴盛、光美等义（据《释诂》）。故《史记》译此句作"众功皆兴"。《汉书·律历志》引此句作"众功皆美"。扬雄《剧秦美新》引用此句作"庶绩咸熹"。唐写《释文》："熹，古文熙字。许其反，广也。马云兴也。"段玉裁《撰异》谓传本《美新》作"喜"，是熹字之误。熹与熙古通用（见李登《声类》）。以为《今文尚书》别本作熹。薛本故作隶古"庶績咸熹"。独伪《孔传》释此句为"众功皆广"。

③畴——《说文·白部》："畴，词也。……与畴同。《虞书》：'帝曰畴咨。'"段玉裁以为是汉代壁中古文。又《说文·口部》："畴，谁也。……畴，古文畴。"唐写《释文》："畴，古畴字，谁也。"段氏以为："（此诸）字皆不行，汉人多假畴训谁。"可知"畴"之义为"谁"，因书写不便而不通用。由于其字原从畴之古文，遂假借畴字行之。畴字遂被借具有"谁"之义。故《尔雅·释诂》云："畴，谁也。"皮氏

《考证》引汉《刘宽碑》《魏元丕碑》《吴谷朗碑》及《后汉书·崔骃传》载崔篆《慰志赋》皆作"训",以为汉代今文别本作"训咨"。是"训"又当为畴之同音假借。段氏《撰异》并云:"寻此经之语,当云'帝曰咨畴若时登庸'、'帝曰咨畴若予采',乃与'畴若予工'、'畴若予上下草木鸟兽'一例。"杨筠如《核诂》谓"段说是也"。王鸣盛《后案》引《汗简》卷上之一作"𤲮𢇛",云是《古文尚书》字。则似又可作畴字在下之证。

④咨——伪孔无释,《蔡传》释云:"访问也。"当系据襄公四年《左传》"访问于善为咨"之义。然伪孔虽于咨字无释,其于释此句时顺口以"畴咨"为"畴能",《史记》亦作"谁可",则循此可寻咨字在此处所起之作用。如依上文所举段玉裁说,咨字在上,则当为无义语首助词。或为叹词。

⑤若时登庸——"若",旧注疏家皆释为"顺",杨氏《核诂》依《尔雅·释诂》释作"善"。然在此句中当采《考工记·梓人》注"如也"、《管子·小问》注"似也"及《荀子·王霸》注"如此也"诸训义较妥。意为能如上文所说"众功皆美"者。"时",内野本作"旹"。按《尚书》"时字"如本篇下文"惟时懋哉"、《皋陶谟》"咸若时",《史记》皆译用训诂字作"是",知"时"即"是"、"此"之义,为指示代词,此处即指代"庶绩咸熙"(众功皆美)。"登庸",唐写《释文》"登庸",龚考证:"《说文》训用之庸正字作𤰈,写本及薛本皆有讹,《汗简》引古《尚书》作𤰈,不误。"伪《孔传》《蔡传》均释登庸为"登用之"。按《尔雅·释诂》:"登,升也。"《礼记·玉藻》《周礼·羊人》郑注并云:"升也。"又《礼记·月令》郑注云:"进也。"是可用为对人员提升之义。"庸",不仅本篇孔蔡两传皆释为用,《诗》之《兔

爱》《南山》等篇传,《左传》之《僖公二十四年》《文公十八年》等注
亦皆释为用。杨氏《核诂》以为庸有功勋义,是对的。然《国语·晋
语》云:"无功庸者不敢居高位。"是必须其人有功庸始登用之,正亦
本篇所倡之义。"畴咨若时登庸",《史记》译作"谁可顺此事"。伪
《孔传》释为:"谁能咸熙庶绩,顺是事者,将登用之。"皆误训"若"
为"顺",致文义不畅,其实是说:谁能像众功皆美(庶绩咸熙)这样
做得好的,就提拔任用他。

⑥放齐——唐写《释文》:"放,方往反。注同。乴,古齐字。
齐,臣名也。"龚考证:"薛本缺。足利本、《汗简》引《尚书》同。"内
野本作"乴",从《说文》原体,而下二增作三。"放齐",人名,在此
作为尧臣。

⑦胤子朱——"胤",嗣(《尔雅·释诂》胤、嗣同训"继也")。
"胤子朱",《史记》译作尧的"嗣子丹朱"。以后各注经家及历史记
载就无不这样说。只有唐写《释文》云:"剈,古文胤字,引信反。国
名。马云'嗣也'。㝯,古文子。"伪《孔传》亦释为:"胤",国名。
"子",爵名。"朱",人名。意为胤国之君而非尧子。实际这也是神
话中资料,《尧典》作者又把它作为历史资料说成是尧的嗣子。伪
孔则更是附会。

字又作"絑",《说文·糸部》:"絑,纯赤也。《虞书》丹朱如
此。"故江声《尚书集注音疏》径改作"絑"。段氏《撰异》以为壁中
故书作"絑",孔氏以今文读之乃易为"朱"字。是谓原今文原作
"朱"。并谓既云《虞书》如此,则知他经丹朱不作絑。

"朱",在神话中原是一种神鸟,也叫"离朱"(见《山海经》之
《海外南经》《海外北经》《海外西经》)。《南经》郭璞注:"今图作

赤鸟。"袁珂注:"即日中踆乌。"《大荒南经》作"离俞",郭璞注:"即离朱。"《庄子·天地篇》以离朱为人名,这是把神话人化之一例,但把离朱与象罔并称,仍是神性人物。又叫"讙朱"(见《海外南经》,则为有翼、有鸟喙、有人面、吃鱼之神。一作"讙头")。又叫"鴸"(见《南山经》云:"有鸟焉,其状如鸱……其名曰鴸")。这也就是转化为《史记·天官书》中的南宫朱鸟。亦伪《孔传》所云"南方朱鸟七宿"。《说文·口部》有"咮"字,云:"鸟口也,从口,朱声。"保存了朱鸟传说之遗迹,故从朱之口,就是鸟之口。但失记了原音。钱大昕《养新录》卷五云:"古读咮如斗。"并引《释文》转录徐仙民音"都豆反"以为证。由《海外南经》"讙朱"亦作"讙头",知"朱"音同"头",确读如"咮"之都豆反。知"讙朱"、"讙头"音同。郝懿行《笺疏》引"讙朱"亦作"鵾鴸"。证以敦煌唐写本《释文》之《尧典》篇作"鵾呧",该《释文》所作《音义》云:"鵾,古欢字,呼端反。""呧,古兜字,丁侯反。"而汉隶从舟、丹、月往往混同,如彤亦作彫、亦作肜,故鵾亦作鶰、亦作鵑。是以鵾鴸可作鶰鴸、鵾呧。邹汉勋《读书偶记》云:"欢兜(《舜典》《孟子》)、驱头、欢朱(《山海经》)、鵾呧(《尚书大传》)、丹朱(《弃稷》),五者一也,古字通用。"其说甚是(惟所谓《舜典》即《尧典》下半。《尚书大传》今本未见此鵾呧二字,唯郑玄注有之,亦未直接传下,今唯见于唐写《释文》。《弃稷》则即《皋陶谟》下半)。这些纷歧都是由《山海经》神话资料欢朱、欢头以及离朱演变分化而成。按《海外南经》之离朱,曾演化为《西山经》之"鵁鸟",亦云"其状如鸱",与《南山经》之"鴸"略同。《淮南子·精神训》篇则说"日中有踆乌"。注云"三足乌",为日中神鸟。而郝懿行笺释《海内西经》"服常树"条,引《庄子》称老子曰:

"南方有鸟……以璆琳琅玕为实，天又为生离珠，一人三头。"袁珂以为离珠即离朱。谓"此一人三头之离珠，又为日中三足神禽离朱演变而成者"。是知谨朱、离朱有种种演变分化。

《尧典》作者遇到这样一些纷歧演化的神话传说资料，和上文四方神名和风名一样，也和下文尧舜朝廷中许多大臣人名一样，都已不知其神话性，而作为历史资料使用。而这些明确是神话中的事物和神话中的人物，包括各部族的宗神名，或部族名，或部族首领神化之名。清人之说中，已有接触到这点者。如马国翰《目耕帖》云："丹朱作絉……《吕氏春秋·召类篇》'尧战于丹水之浦，以服南蛮'。丹水，郦道元《水经注》亦引之，意者丹絉及䯄皆尧时南蛮酋长。"《诂经精舍经学文钞》毛宗澄之文亦云："《皋陶谟》之丹朱必本作丹絉。……丹絉与䯄并，《论语》䯄与羿对文，则疑当时诸侯之有权力者。"并谓驩兜国古作欢朱国，是兜、朱二字通用。或者丹絉即驱兜，为南蛮之君。（皆据《古史辨》第七册上编第303页杨宽文引。）其实《山海经·大荒北经》早已说："驩头生苗氏。"是他为苗蛮族的宗祖神。可知神话中或者人名，或者物名，皆当有传说可据之素地。像上面这些神鸟，由于我国古代东方各族大都有鸟为图腾的各种神话传说，因而有这些不同的神鸟名。现在《尧典》作者不把它看为鸟名，而作为历史资料成为人名，就把"鴸"写为"朱"。《皋陶谟》作者则把"鹃鸡"写为"丹朱"，其音读也由 huan-dou 转变为 dan-zhu。而且两篇都把他作为尧的儿子，于是很多古籍就都这样沿用下来了。

后来更有粉饰加工的，说尧子本名朱，后封于丹水，才称丹朱。见《汉书·律历志》谓"尧使子朱处于丹渊为诸侯"。皮锡瑞《考证》以为"朱之封丹,必在舜征庸之后"。而《帝系篇》原也编造说:"帝尧娶于散宜氏之子,谓之女皇氏。"《世本》云:"女皇氏生丹朱。"这些都是不确说法,不足据。

⑧启明——《史记》译作"开明"。意为性格开朗明达,用以称赞丹朱。段氏《撰异》云:"或《今文尚书》本作'启',而训为开。或《今文尚书》本作'开',与《古文尚书》作'启'异。皆未可定。非必为汉讳(指汉景帝名启)也。"但段又举《礼》古文作"启"今文作"开"之证。皮锡瑞《考证》定从古文"启"今文"开"之说。郑玄注云:"帝尧胤嗣之子名曰丹朱开明也。"(《史记正义》引)则"丹朱开明"四字皆作为尧之子,岂非丹朱、开明二人?郑玄喜采纬书说。汉纬《尚书·中候》说"尧之长子监明"。把"启"字音转为"监",是提出"监明"为尧之子。这些都不对。其实原来也是神话中的资料,叫做日神"朱明"。见《文选·招魂》:"朱明承夜兮。"李善注:"日也。"显然承古代日神说。由于光耀炎熠,故与火有关。《淮南子·天文训》云:"南方火也,其帝炎帝,其佐朱明。"炎帝(赤帝)为五上帝之一(见《史记·封禅书》),朱明自为日神。《尧典》作者和上一资料附会一起,写成了"朱启明"。

⑨吁——惊叹词。伪孔释为"疑怪之辞",不如《蔡传》释为"叹其不然之辞"较切。

⑩嚚讼可乎——"嚚",僖公二十四年《左传》云:"心不则德义之经为顽,口不道忠信之言为嚚。"意为不想正经事,不讲正派话为顽嚚。皮氏《考证》云:"顽、嚚各有本义。对文则别,散文则通(意谓用成对举之句时二字义有别,而分散用时二字义相通)。下文'父顽母嚚',史公文亦相同。"

"讼"马融本作"庸"(《释文》引)。《说文》:"讼,争也。"王逸注《楚辞·怨世》:"谨哗为讼。"段氏《撰异》云:"马本作庸,盖假借字。古'讼'通作'颂','颂'通作'庸'。《周礼》注'颂或作庸',《仪礼》注'古文颂为庸',是也。"是庸为讼假借字。皮氏《考证》云:"江声以庸字属下读,为'庸可乎?'非是。"

"可乎"皮氏《考证》云:"'可乎'二字,疑后人增入,古人语质,但言其人不善,则不可之意自见。……'可乎'二字,非上世浑灏之文,所有《尚书》一经,无用'乎'字为句末助词者。"其见甚卓。《尚书》全书中确无句末用乎字者。惟《皋陶谟》"何忧乎欢兜"三叠句用了三个句中助词乎字(又伪古文《五子之歌》用了两个句中乎字)。这是不符合时代的用词。何定生《尚书的文法及其年代》指出:"《尚书》之所以不同于春秋间作品,从体验上,从整个的感觉上,大都由于助词。"并举"嚚讼可乎"的"乎字不得不加上,而《尧典》之时代意识不知不觉间漏出来了"。这说明用"乎"字是到春秋之世才有的事。就知此句文字写定于春秋时。《皋陶谟》三句亦同于此。管燮初《西周金文语法研究》也说:"西周金文中句末语助词只有一个'弋(才)',用于感叹句。"可知成于春秋以前的《尚书》篇章,就不会有"乎"字(但据管燮初及陈梦家《殷虚卜辞综述》说,殷代卜辞偶有在句末安置语气词"乎",作为表示疑问句。可知殷人语言有此,但春秋以前周人语言中无之)。

"嚚讼可乎",伪孔释云:"言不忠信为嚚,又好争讼,可乎? 言不可。"《史记》译此句之意为"顽凶不用"。"顽",显系用《左传》与嚚连用之"顽"。"凶",孙星衍《注疏》释之云:"《释言》云:'訩,讼也。'《说文》'訩',或作'詾',或作'讻'。皆同字。……'凶'即

'讻'省文。"是凶即讼。臧琳《杂记》谓:"《今文尚书》作'顽讼',史公训'讼'为'凶'。"段氏《撰异》谓:"《尔雅》《说文》皆曰:'讻,讼也。'疑本作'讻',误为'凶'。"皮氏《考证》云:"二说皆无确证,当仍从《史记》作'顽凶'。"并引《潜夫论·论荣篇》"丹凶傲"、樊毅《修西岳庙碑》"彗扫顽凶"以证《今文尚书》作"顽凶"。又云:"史公云'顽凶不用',乃增'不用'二字以足经意,非以'不用'释'可乎'也。下云'似恭漫天,不可','负命毁族,不可',文义正同一律。此云'不用',犹彼云'不可'也。"皮说是。

⑪帝曰畴咨若予采——"畴咨",见前注③、注④,依段说当作"咨!畴"。"若",旧释"顺",当释"如",见注⑤。"予",我的。"采",《尔雅·释诂》:"事也。"马融云:"官也。"(《释文》引)此句意为尧问谁能如我职事的要求。《史记》承上文简作:"尧又曰:谁可者。"即谁可任我的职事官位。伪古文薛氏本"畴咨若"作隶古奇字屬资肇。

⑫欢兜——来自神话中的人物,其有关情况已见前注⑦。此处已将神话资料净化为历史资料,作为尧的一个臣子的名字。而且本篇下文把他和共工、三苗、鲧作为四个极坏的人(被称为"四凶")而加以流放。按《山海经》中南方有神人叫欢头、讙头,又叫讙朱,是"苗民"的宗祖神,长着鸟翼、鸟嘴,喜吃海中鱼。由上文注⑦知道它与神鸟鹕鸺的神话有关,可能东方民族的神鸟,到南方民族中成了鸟形的异物,也可能本来是两方民族的不同传说,因有"鸟"为其共通处,在民族融合中便混同起来了。"欢兜"二字,《大传》郑注及汉《郑季宣碑》引作"鹪哝",《汉书》作"讙兜",《神异经》引作"鹪兜",《说文》"哝"字徐锴注引作"欢哝",《广韵·桓部》引作

"腸兜",通作"鹒兜",《集韵·桓部》引作"腸咲",通作"膓咲",薛季宣本同此。(鹒、膓、腸与欢、谨同)。除谨兜为今文,鹒咲为汉古文外,余皆伪古文。

⑬都——伪孔云:"都,於。叹美之辞。"即"都"作为叹词,相当"於"(音乌)字。

⑭共工——此处也作尧的臣名。同样是从神话及远古传说中来的。原是古代西方姜姓部族(古代"西戎"羌族的一支)的宗祖神(《国语·周语》韦昭注说他是炎帝之后,而炎帝是姜姓更早宗神。而《周语下》又载明四岳是共工曾孙,是为姜姓族的比共工晚的宗神。见下一节注②"四岳"),他和颛顼争着做上帝,一怒用头触不周山,使天柱断了,地就向东南倾斜(《淮南子·天文训》《论衡》之《顺鼓篇》《谈天篇》)。他胜利称雄,因此称霸九州("伯九有")(说见《国语·鲁语》《礼记·祭法》)。而故事还有种种不同分化传说,有的把他的名字说成是"康回",也是怒而使地东南倾(《楚辞·天问》)。有的把和他相争的对手,说成是高辛(《淮南子·原道训》及《国语·鲁语》韦昭注),或说成是祝融(《史记·补三皇本纪》),或说成是神农(袁珂引《雕玉集·壮力篇》引《淮南子》),或说成是女娲(《路史·太昊纪》)等。有的说他的儿子勾龙为后土(社神,见《海内经》、昭公二十九年《左传》《鲁语》)。还有更多的与水的传说有关的资料。说他"以水纪",说他把他的属官"为水师而水名"(《左传·昭公十七年》)。后来郑玄注《尧典》此文时,就说"共工,水官名"。伪《孔传》遂亦云:"共工,官称。"唐写《释文》亦云:"共工,官名。"又有说他曾治水失败(《国语·周语下》),这很可能与本篇下文鲧治水失败为同一故事的分化。按近世学者已论

定共工即鲧,顾刚师《鲧禹的传说》中指出:"'共工'二字是'鲧'字的缓声,'鲧'字是'共工'二字的急音。共工氏'伯九有',鲧'始均定九州'(《海内经》);共工氏有子后土勾龙'能平九土(州)',为社神,鲧也有子禹能'平水土'(《吕刑》),'定九州'(《海内经》),为社神。"(《古史辨》第七册下)该文下面接着举了共工即鲧的证据十余事。而所谓缓声、急音,实际是"共工"为"鲧"的反切音(《古史辨》第七册上还有杨宽《鲧共工与玄冥冯夷》一篇详述了鲧即共工)。还有说共工"振滔洪水","以薄空桑"(《淮南子·本经训》),成了被指责攻击的大罪。以致说他被禹所逐(《荀子·成相》:"禹有功,抑下鸿,辟除民害逐共工")。《大荒西经》并说"禹攻共工国山"。《海外北经》说禹杀共工臣相柳氏。《荀子·叙兵篇》《国策·秦策》都说禹伐共工。结果"共工用灭"(《周语下》)。《淮南子·原道训》也说"共工与高辛争为帝,遂潜于渊,宗族用灭"。而《韩非子·外储说右上篇》说"尧诛共工于幽州之都"。《淮南子·兵略训》说"共工为水害,故颛顼诛之"。都是他为水害而被灭的不同传说。他的"振滔洪水",显然《尧典》下文"滔天"二字与此传说有关。总之,他的本族对他的传说都是赞美的,誉为功烈甚大的。他的敌对各族则对他的传说都是恶意的,有意贬损他的。《尧典》作者把他拉做了尧的臣子,但却只采用了东方各族对他怀有恶意的资料。

⑮方鸠僝功——《史记》译其义作"旁聚布功,可用"。《说文·人部》"僝"字引作"旁救僝功",又《辵部》"逑"字引作"旁逑孱功"。郑玄注《士丧礼》云:"今文旁为方。"陈乔枞从其说,以为古文作旁,今文作方。段氏《撰异》则以为:"《仪礼》则今文为方,

古文为旁;《尚书》则今文为旁,古文为方。"并举《史记》作"旁"、又
《白虎通》"方施象形"作"旁",《论衡》"方告无辜"作"旁",为今文
作"旁"之证。皮锡瑞据此数证肯定段说,而否定陈说。段并云:
"《广雅·释诂》曰:'方,大也。'此古文家说也。又曰:'旁,大也。'
此今文家说也。"则今、古文皆释方(旁)之义为大。"鸠",《史记》
用其训义"聚",《说文》亦云:"逑,敛聚也。"救则为其同音假借。
段氏《撰异》云:"鸠,壁中故书作救,《集韵·十八尤》曰:'勼,聚
也。古作救,通作鸠。'此语必有所受之。《周官经·大司徒职》以
救为求,《尚书》以救为勼,皆六书之假借也。孔安国以今文读之,
易为鸠字。""僝",《释文》"仕简反",又徐仙民音"撰"。又引马融
云:"具也。"即备具之意,与《说文》"僝,具也"之义合。《史记》作
"布",义与之相近,盖具备始能敷布。《汉书·杨赐传》引作"孱",
此汉今文。伪孔释"僝"为"见",与《史记》所释义不合。然《蔡传》
承用之。朱熹云:"方鸠僝功,语未可晓,亦未灼然知僝功为见功。
且依古注说。"(《传说汇纂》引)古注说的大意是:共工能广聚众力
布备事功,因而可用。

伪古文薛季宣本的隶古奇字,于"欢兜曰都共工方鸠僝功",作
"鵬吺曰粗共粗工逑孱珎"。内野本"功"亦作"珎"。

  ⑯静言庸违——《汉书·王尊传》作"靖言庸违"。《论衡·恢
国篇》作"靖言庸回"皆三家今文。《左传·文公十八年》有"靖譖
庸回"之文,为同一资料传写之异。《汉书·翟义传》《吴志·陆抗
传》《楚辞》王逸注,皆作"静",不作"靖"。所引皆今文。是"静"与
"靖"原通用。伪古文之唐写《释文》作:"彭,古静字,谋也。"薛季
宣本隶古奇字作"彭晉喜莫"。内野本静亦作"彭"。按"静""靖"意

尧
典

77

为巧善。段玉裁《说文》"靖"字注云:"谓小人巧言。""言"与"瀞"字亦通用。"庸",《说文》:"用也。""回"与"违"通,《诗·大明》传:"回,违也。"又《小旻》传:"回,邪也。"意为邪僻。故《史记》译"静言庸违"之意云:"善言,其用僻。"即善为巧言,而行为作用很邪僻。

但这里实际又是《尧典》作者采用了有关共工的神话传说资料,生吞活剥地写成的。《楚辞·天问》有云:"康回凭怒,坠(地)何故以东南倾?"王逸注:"康回,共工也。"可知神话中,共工的名字又叫康回。这两句即是说共工发怒,头触不周山,使天柱折,而地东南倾的故事。但是在先秦已有人把他误为非人名,秦《诅楚文》云:"楚王熊相,康回无道。"董逌释"康"为"庸"。与《尧典》作者读康为庸正同。故惠栋《九经古义》说:"《楚辞》所谓'康回'者,即《书》所云'静言庸回'也。""庸回"转化为斥责别人行为恶劣的用语。董逌据以解释康回,都根本不懂得它原是人名了。《尧典》作者处于与《诅楚文》作者相去不远的时代,也不知道它是人名,但原资料必与共工其他资料在一起,就以此作为描述共工为人的词语了。

⑰象恭滔天——《汉书·王尊传》引"恭"作"龚",实当作龔(见第一节注⑧)。《史记》译此句作"似恭漫天"。以"似"释"象",以"漫"释"滔"。意为貌似恭敬,而恶行漫天。伪孔则释为"心傲很若漫天"。唐写《释文》云:"滔,吐刀反,漫也。"自是注疏家大抵沿此解释,如孙星衍《注疏》释为"貌似恭敬而漫其天性"。惟皮氏《考证》云:"《史记》作'漫天',与下文'洪水滔天'作'滔'字不同,疑经所云'象龚滔天'、'鸿水滔天'两滔字本非一字,水旁

与心旁易乱。此'慆'字当作'慢'。《史记》'漫天'字当作'慢'。盖史公训'慆'为'慢'，以故训字代经也。"亦成一说。宋人始怀疑此处"滔天"二字不好解，以为是涉下文的"滔天"二字而成衍文，林之奇、朱熹、蔡沈、齐唐等皆持此说。孙诒让《尚书骈枝》谓："史迁所见已有此二字，则必非衍文。今考滔当为謟。……謟、慆、滔声同字通，'象恭滔天'亦可谓貌为恭敬而不信天命。……毛诗云，滔，慢也。慢天义尤切。"其实这也是共工资料中原已有的字，即上文注⑭中的"振滔洪水"等传说。上面已提到共工治水和鲧治水可能是一个故事的分化，那么这一"滔天"与下文"滔天"当然也是同源的，原是有关共工治水方面资料的残文，《尧典》作者在这里也是不管文字通不通硬抄在一起的。也看出《尧典》作者对所得到资料的重视和珍惜，不肯轻易删削。

以上这一节，根据一些远古不同氏族的神话传说中流传来的人物资料，写尧怎样整顿政治，选用人材。表示他怎样大公无私，不用亲信，不用坏人。仍然是不顾或不懂原材料的本来情况，生吞活剥地拼凑成的。

《蔡传》则谓："此下至鲧'绩用弗成'，皆为禅舜张本也。"朱熹以为："自'畴咨若时登庸'至篇末（指分出《舜典》后的《尧典》篇末），只是一事。皆是为禅位设也。"把《尧典》看成专为尧禅让舜而写，故把这些都看成是禅位给舜的准备。其实《尧典》作者原意尽量想铺张尧一些政绩，从羲和四子到此处，以及下文，都是把尽力搜集到的一些古代传说资料，组织成敷陈尧舜的盛德大业的文字，以成包括禅让内容的颂扬尧、舜各方面德业的一篇宝典。

帝曰："咨①！四岳②。汤汤③洪水④方割⑤，荡荡⑥怀山⑦襄陵⑧，浩浩滔天⑨，下民其咨⑩，有能俾乂⑪？"佥⑫曰："於⑬！鲧⑭哉。"帝曰："吁！咈⑮哉，方命⑯圮族⑰。"岳曰："异⑱哉！试可乃已⑲。"帝曰："往，钦⑳哉！"九载㉑，绩用弗成㉒。

①咨——《史记》作"嗟"，叹词。《白虎通·号篇》引作"谘"。与"咨汝羲暨和"之"咨"训"告"之义同，与下文"咨十有二牧曰"亦合，但在此处忧水灾，故依《史记》义。

②四岳——《尚书大传》及《史记》作"四嶽"（下文各岳字皆同作嶽）。《说文》"嶽"的古文作"𡶳"，《觐礼·贾疏》引"《尧典》云：帝曰咨亖𡴳"。唐写《释文》作"亖峀，古岳字"。段氏《撰异》云："按《尚书》自有此一种，与今本绝异者。"薛季宣本遂从而作"帝曰资亖𡴳"。"四"之为"亖"，甲骨文、金文均如此。甲骨文岳字较《说文》古文稍繁，《贾疏》所引"𡴳"似《说文》古文之隶定，薛本稍讹变，实即楷体"岳"字。

"四岳"，各注疏家都以为是官名。今文以为即"四方诸侯"（《汉书·百官表》），或主管四方诸侯的"方伯"（《国语》韦注），古文以为是"四时之官，主四岳之事"（《史记集解》引郑注），伪古文则说"即上羲和之四子，分掌四岳诸侯"（伪《孔传》），宋学《蔡传》则说是"一人而总四岳诸侯之事"。这些都是据本篇文字得出的解释。其实四岳原来也是和共工及下文鲧、禹、伯夷相关的神话中的人物，由《尧典》作者囫囵吞枣地用为官名（或者大臣名）的。

四岳最早为古代西方羌戎中的姜姓部族的宗祖神，是由于他们居地的山岳之神衍成部族祖先神的。这一戎族辗转居住在嵩山以西达于甘陇一带古时叫"九州之戎"所居的地区内。他们最早留居地即今陕西陇县境的丛山"四岳"是他们境内的首要险地（《左传·昭公四年》），为全族所尊奉，他们就自称为这一山岳之神"四岳"的后代（《左传·襄公十四年》）。而他们的这位宗神四岳协助禹治水有功，由皇天赐姓姜，同时还赐称吕氏（《国语·周语下》，古时同姓中再分为氏）。其中申、吕、齐、许在西周时已东进成为华夏族诸侯（《国语·周语》），九州地区内的"姜氏戎"，则到东周时还保持少数民族地位（《左传·襄公十四年》）。（以上参看顾刚师《九州之戎与戎禹》。）但"四岳"二字在一些古籍中写作"太岳"，而且太岳是配天的（《左传·隐公十一年》《庄公二十二年》）。显见"太岳"可能是原称。因"大"字和卉字篆文形近而讹为"四"（《墨子间诂·非攻下》）。也有写作"西岳"的，"西岳"的后代也是氏羌（《海内经》），可知"西"字又由"四"字讹写而成。有的则只简称"岳"，说"岳"生了姜姓诸国（《诗·嵩高》）。大抵"岳"当即《周礼·职方》雍州的"岳山"，也即《禹贡》的"岍山"，《史记·封禅书》则以"岳山"与"吴岳"二名并列，实际同属峰峦绵亘的丛山，就是陕西西部陇县境的"岳山"（《禹贡锥指》卷十一上）。也就是古代称为"四岳"之山，戎族就是奉这一山的山岳神作为他们的宗祖神的。

　　既然"四岳"是姜姓部族的宗祖神，必然与姜姓另一宗神共工发生关系（《国语·周语下》韦昭注引贾侍中说共工姜姓），《周语下》接着说四岳是共工的从孙，则他们的亲系脉络就清楚了。当共工与鲧都治水失败后，四岳佐禹治水有功，因而得国得姓。古代神话往往是由多源汇合演化的。共工和四岳显然来自不同的源。此外还有另一不同源的传说,说姜姓部族的祖先是"伯夷"(《国语·郑语》),而《吕刑》里伯夷是上帝派下来的三位天神的第一位,《山海经·海内经》则说"伯夷生西岳(四岳)",而西岳之子生氐羌,证实西岳即四岳,为羌戎之祖,而伯夷为其父(参看下文伯夷注)。至《国语·晋语》说炎帝居姜水而姓姜,与居姬水而姓姬的黄帝族世通婚姻。这样,姜姓族最大的宗神又是炎帝了。

《尧典》作者把这些来源不同混糅交错在一起的不同时期不同行辈神话人物资料,除炎帝外,都扯到一起,成了并列于尧舜朝廷的历史人物。不过此处在神话中的"四岳",或"太岳"、"西岳",原来只是一个人物。到本文采用时,所据材料写的是"四岳",注疏家就依字面把它分成了四个主管四方的官员。这本来是不确的。故苏轼《书传》云:"孔安国以四岳为羲和四子,而太史公以……四岳为齐太公之祖,则四岳非羲和也。当以史为正。"又云:"四岳,尧欲使'巽朕位',则非四人明矣。"朱熹《语类》(七十八)承轼此语亦云:"不成让与四人?"故《蔡传》明确说四岳一人。明张燧《千百年眼》有《四岳为一人》之文亦云:"孔平仲(宋人,撰有《良史事证》等书)以四岳为一人。……《汉书》'三公一人为三老,次卿一人为五更'……安知四岳非知四方者乎!《书》内有'百揆、四岳'。以四岳为四人,则百揆亦须百人矣。……盖信孔平仲之言矣。"言亦甚明确。(惜未及见孔平仲原语。)但代表汉学的今文、古文、伪古文诸旧注疏家全凭"四岳"字面释为四人,这样就对下文虞庭二十二人的总数造成许多混乱(参看下文"二十有二人"校释)。仍当如神话原意及文籍所载以四岳为一人。

③汤汤——唐写《释文》:"汤汤,音伤,流皃(貌)。"张守节《正

义》谓唐时已读如字,音汤。《蔡传》:"汤汤,水盛貌。"实即波涛汹涌之意。

④洪水——大水。《史记·夏本纪》引作"鸿水",洪、鸿古通用。《孟子·滕文公下》云:"水逆行泛滥于中国。……《书》曰'洚水警余'(按,逸《书》)……洚水者,洪水也。"《汉石经》残字《鸿范》篇"洪水"亦作"鸿水"。薛本录古奇字作"𣲰水"。

⑤方割——"方",戴震、江声、孙星衍、王念孙皆以为当读"旁",与上文"方鸠僝功"之"方"同。"旁"的音义同"溥",为普遍之意。《说文》:"溥,大也。""割",同"害"。《诗·唐谱·正义》即引作"害"。唐写《释文》:"剑,古割字,害也。"《大诰》的降害作"降割"同此。"方割",意为普遍的很大的祸害。

⑥荡荡——《说文》作:"潒,水潒瀁也。从水,象声,读若荡(徒朗切)。"形容水动荡之状。《史记》作"浩浩"。亦译用其意。伪孔云:"荡荡,言水奔突有所涤除。"

⑦怀山——"怀",《汉书·地理志》作"襄",唐写《释文》:"襄,古怀字,包也。"薛本同作"襄"。伪《孔传》:"怀,包。""怀山",大水把山包围。

⑧襄陵——伪孔云:"襄字,上也。"《释文》:"大阜曰陵。"《蔡传》:"襄,驾出其上也。大阜曰陵。"即大水将高阜之地淹没了。

⑨浩浩滔天——伪孔释云:"浩浩,盛大若漫天。"《蔡传》:"浩浩,大貌。滔,漫也。极言其大,势若漫天也。"从"汤汤洪水"至"浩浩滔天"十六字,《史记·五帝本纪》作"汤汤洪水滔天浩浩怀山襄陵"。《夏本纪》同,惟无"汤汤"字。是此处有文字倒乱重复之嫌。(唐写《释文》云浩"古作颢"。薛本"浩浩"作"灏灏")。

⑩咨——《史记》作"忧"。系据咨嗟忧愁之义（伪孔）译用。"下民其咨"，薛本作"丁民亓资"。内野本作"丁乤亓咨"。

⑪有能俾乂——《史记》以训诂字译作"有能使治者"。敦煌唐写本《释文》"有能"作"大耐"。薛本此四字作"大耐卑劈"。龚道耕《考证》："薛本作耐，下'女能庸命'及他篇皆作'耐'，则从'刂'者误。郑注《礼记》《礼运》《乐记》并云：'耐，古能字。'"

"有"，据王引之《释词》、刘淇《助字辨略》、裴学海《古书虚字集释》，"有"同"或"，皆释"谁"。杨筠如《核诂》遂云："有，谁也。"亦谓"有""或"古通用，举《孟子》"行或使之"、《诗·鸱鸮》"或敢侮予"之"或"皆训"谁也"为证。下文"有能奋庸"、"有能典朕三礼"之"有"皆训"谁"。"俾"，《尔雅·释诂》："使也。"《核诂》："俾，治也。'俾'与'比'通。《诗·皇矣》'克顺克比'，《乐记》比作俾；《渐渐之石》'俾滂沱矣'，《论衡·明雩》俾作比；即其证。'比'又与庀通。《鲁语》'夜庀其家事'韦注：'治也。'《左传》'子木使庀赋'杜注：'治也。'""乂"，《说文·辟部》引作"劈"（鱼废切），释云："治也。"皮氏《考证》云："乂，今文当作'艾'。《大传》从作'艾'。石经'艾用三德'，可证。"王国维《释辪》指出，彝器中多"辪"字，或作"辥"，为经典中"乂""艾"之本字。意为"治"，引申为"相"、"养"二义。如《毛公鼎》"辪我邦我家"，《克鼎》"辪王家"，"保辪周邦"，《宗妇钟》"保辪鄀国"，《晋邦盦》"保辪王国"，即《康诰》之"用保乂民"，《多士》《君奭》之"保乂有殷"，《康王之诰》之"保乂王家"，《诗·小雅》之"保艾尔后"。而《说文》"劈"，为壁中古文，乃"辪"字讹。初以形近讹为"辟"，后人因辟读与辪读不同，故又加乂以为声。经典作"乂"作"艾"，亦"辪"之假借云

(《观堂集林》卷六)。似此"保辥"为西周成语。杨筠如《核诂》谓"俾乂即保乂"亦即金文之"保辥"。

⑫佥——《说文》:"皆也。"大徐音"七廉切"。《释文》:"又七剑反。""佥曰",《史记》译作"皆曰"。上面注文已知四岳是一人,则此何以作"皆曰"?《蔡传》释之云:"四岳与……诸侯……同辞而对也。"对下文"岳曰",则释云:"四岳之独言也。"

⑬於——《释文》:"音乌。"叹词。

⑭鲧——《释文》"故本反",《国语·吴语》作"鮌",薛本作"骹"(音同)。《广韵》作"鯀",释云:"禹父名,亦作'鮌',《尚书》本作'鯀'。"旧注疏家如马融注云:"鲧,臣名,禹父。"(《史记集解》引)伪《孔传》云:"鲧,崇伯之名。"《孔疏》:"《周语》云:'有崇伯鲧。'即鲧是崇君,伯爵,故云'鲧,崇伯之名'。"其实原来也是神话人物。《墨子·尚贤中》:"昔者伯鲧,帝之元子,废帝之德庸,既乃刑之于羽之郊。"说他是上帝大儿子,因废了上帝德庸而被诛,还没有说到他治水及与禹的关系。《山海经·大荒南经》说鲧子炎融生欢头,是一"人面鸟喙,有翼,食海中鱼,杖翼而行"的神人,鲧就是这一怪神人欢头亦即丹朱(见上节注⑦)的祖父。《海内经》则说"黄帝生骆明,骆明生白马,是为鲧"。是鲧为另一天神黄帝之孙,可是却身是白马。这两则神话故事也还没说到治水与禹的关系。神话史诗《天问》在谈了天地开辟之后,最早的神就是鲧和禹,有了鲧治水失败,永遏在羽山,三年后在他腹内剖出了禹及禹治水成功的故事。于是《山海经·海内经》也说了句"禹鲧是始布工,均定九州"。此鲧却在禹之后。说了他们布土定九州的传说。《海内经》下文始说:"洪水滔天,鲧窃帝之息壤以堙洪水,不待帝命。帝令祝

融杀鲧于羽郊。鲧复（腹）生禹，帝乃命禹卒布土以定九州。"这里就把鲧禹为父子，先后治水，失败、成功的故事说得较完整了。而鲧被杀的罪名，则是他偷了上帝的生长不息的神土"息壤"去治水，没有得到上帝批准才被杀。还有鲧之生禹，是由鲧死三年不腐，用吴刀从他腹内剖出了禹的神异故事（郭璞注《山海经》及《初学记》引《归藏》）。还有很多资料说他被杀在羽山后，变成黄熊（或作黄龙、黄能、玄鱼及下面有三点的"能"字——三足鳖）跳进了羽渊（《左传·昭公七年》《晋语》《天问》《论衡·死伪篇》《说苑·辨物篇》《归藏·启筮》《夏本纪·正义》《拾遗记》《述异记》等及袁珂《海内经》注）。还有《吕氏春秋·行论篇》说尧以天下让舜，鲧怒于尧曰："得天之道者为帝，得地之道者为三公。今我得地之道，而不以我为三公。"于是"怒甚猛兽，欲以为乱，比兽之角，能以为城，举其尾，能以为旌。召之不来，仿佯于野以患帝，舜于是殛之于羽山"。这些完全是神话故事的情节。到《国语·周语》才作为事件加以叙述，说先是共工用堙防的方法治水失败，接着鲧用同样方法治水又失败，到禹和四岳顺着地势疏导才治水成功。有人指出共工与鲧治水失败是同一故事传说的分化，不号二人名字是由一名的读音缓急不同而成两名，而且故事相同点达十余处（见《古史辨》第七册关于鲧禹诸文、第五册关于五行之文、陈梦家《鲧与共工》文，参见上节注⑭）。《尧典》作者所根据的，显然是已分化后的材料，所以上节叙了共工，这节又叙鲧。但下文并没有叙禹治水，只在任命禹做司空时说了句"汝平水土"。到《皋陶谟》中才叙禹治水的经过。可知是随着所遇材料情况来成文的。至于鲧既是共工的分化，而共工是西戎姜姓族宗神（见上节注⑭）。同时鲧又既与禹

尚书校释译论

成为父子,而禹也出于戎,称"戎禹"(《潜夫论·五德志》)。鲧被称为"崇伯"(《周语》及《路史》注引《连山易》),禹亦称为"崇禹"(《逸周书·世俘篇》)。崇,旧误释为崇高山(崇山),或丰镐之崇(《周本纪正义》),或秦晋间之崇(皇甫谧注"赵穿侵崇")。其实崇山就是夏文化兴起的襄汾、翼城间的崇山,其地当太岳,在殷周间亦戎之区域(《古史辨》第七册第128页),也属九州戎地区。那么鲧显然也是西戎姜姓族神话中人物,因而与共工相关连。在传说中也保存有不少对鲧赞誉的话(《国语》《山海经》《楚辞》《淮南子》中都有)。如《离骚》:"鲧婞直以亡身兮,终然夭乎羽之野。"《惜诵》:"行婞直而不豫兮,鲧功用而不就。"显然对鲧充满同情。《尧典》作者把鲧由神话人物变为历史人物写入本篇时,只保存有东方各族对他怀有恶意攻击贬斥的话了。

薛季宣本"鲧哉"作"骹才"。

⑮咈——《说文》:"违也。"《释文》:"扶弗反。怂戾也。"伪《孔传》:"咈,戾。"即乖戾、违戾、怂恶之意。薛本作"呸"。

⑯方命——《史记》译意作"负命"。《正义》:"负,音佩。"钱大昕《养新录》谓古音"负"如"背","负命"即"背命"。戴震《尚书义考》谓"方、负一声之转"。但《汉书》傅喜、朱博等传都引作"放命"。唐写《释文》:"马云:'方,放也。'徐(仙民)云:'郑、王音放。'"是马融、郑玄、王肃皆与汉人同读"方"为"放",谓"方命"是"放弃教命"。其实意思都是不遵上令、违背命令、违逆命令。故《孟子·梁惠王下》"方命虐民"赵岐注云:"方,犹逆也。"杨筠如《核诂》以金文材料证当如"废"。其言云:"放犹废也。《诗·韩奕》'无废朕命',《孟鼎》'无法朕命'。金文假法为废,与此假方为

废者同。"似杨释较妥。

⑰圮族——"圮",《释文》:"皮美反。"《尔雅·释诂》:"圮,毁也。"《史记》即译作"毁族"。

⑱异——《说文·廾部》引《虞书》此字云:"异,举也。从廾,㠯(已)声。"大徐音"羊吏切"。唐写《释文》:"徐郑音异,孔王音怡,已也。"伪孔释云:"异,已。已,退也。"《蔡传》云:"异义未详,疑是已废而复强举之意。"各据《说文》一义为说,而皆不合此处文意。杨筠如《核诂》以为当用"㠯,《说文》用也"之义,较可通。然吴汝纶《尚书故》云:"通'已',叹词。"此说与"异哉"连用语气相合,释为叹词较切。

⑲试可乃已——《史记》译其意作"试不可用而已"。钱大昕《史记考异》云:"古人语急,以不可为可。"戴震《尚书义考》云:"试用或可而不可,乃退。古人语多省略。"孙星衍《今古文注疏》:"史公'可'为'不可'者,声之缓急。俗字增为叵,即可字也。"俞樾《群经平议》:"已、以通用。'以',用也。'试可乃以'者,言试之而可,乃用之也。《史记》不知'已'当作'以',而疑'试可乃已'文义难通,遂致'可'为'不可'。"

⑳钦——《尔雅·释诂》:"敬也。"薛氏本隶古字"往钦哉"作"遣钦才"。

㉑载——《尔雅·释天》:"载,岁也。夏曰岁,商曰祀,周曰年,唐虞曰载。岁名。"除"商曰祀,周曰年"根据正确历史资料,符合历史实际外,由第二节注㊴"以闰月定四时成岁",即知至商代"岁"犹不作纪时的年岁解,亦不作岁星解,而只是关乎年成的,大抵一年分为两岁(据《殷虚卜辞综述》),怎么早至夏代已称一年为一岁呢?

作为年岁的岁是周代的事。而早在传说时代的唐虞，其纪年方法完全出于后代的假托。《释天》所说的"唐虞曰载"，就完全是根据这篇所谓《唐书》《虞书》的《尧典》《舜典》中这几个"载"字写成的。由本篇下文"百姓如丧考妣三载"，《孟子·万章上》作"百姓如丧考妣三年"。知春秋战国之世，"载"确已作"年"用，而且二者通用。故《禹贡》"作十有三载"，《史记·夏本纪》及《汉书·地理志》皆作"作十有三年"。而此时"年""岁"已混同通用（亦见第二节注㊴），故此处"九载"，《史记》译作"九岁"。

薛氏本隶古奇字"九载"作"九𢍆"。下文凡"载"字同。

㉒绩用弗成——《尔雅·释诂》："绩，功也。""绩用弗成"，《史记》之《五帝本纪》《夏本纪》皆译作"功用不成"。薛氏本隶古字作"𪝩用𢽦成"。

以上这一节，是根据一些神话中的洪水和治水的传说材料，来写成尧命鲧治水的历史故事。世界各地民族的古代差不多都有洪水传说，这里显然是我国古代确实发生过洪水泛滥情况的反映。《尧典》作者获得了这材料。其材料大概可信是从较原始时代传下来的，只是本篇把一些神话内容净化成了历史事迹。

帝曰："咨！四岳。朕①在位七十载，汝能庸命②巽朕位③。"岳曰："否④德，忝⑤帝位。"曰："明明⑥扬侧陋⑦。"师锡帝曰⑧："有鳏⑨在下，曰虞舜⑩。"帝曰：'俞⑪！予闻⑫，如何⑬？"岳曰："瞽子⑭，父顽，母嚚⑮，象傲⑯；克谐以孝，烝烝乂。不格奸⑰。"帝曰⑱:"我其试哉⑲!"

女于时⑳,观厥刑于二女㉑,釐降二女于妫汭,嫔于虞㉒。

①朕——唐写《释文》:"朕,直锦反。马(融)云:'我也。'"《玉篇》朕同朕。古人自称都可叫"朕"。秦始皇始规定只有皇帝自称朕。(殷虚甲骨文中,"朕"只做单数第一人称领格用,意即"我的"。到周代金文中,除仍用作"我的"外,也做单数第一人称"我"字用。)

②汝能庸命——"汝能",唐写本《释文》作"女耏"。参见上节注⑪"有能俾乂"句。"庸",《说文》:"用也。""庸命"即用命,意为遵用上命,听从命令,很好地贯彻执行命令。郑玄释为"顺事用天命"(《史记集解》),不确。

③巽朕位——《史记》作"践朕位"。唐写《释文》:"巽,音逊,顺也。马云:让也。"郑玄释"巽朕位"为"入处我位"。伪孔云:"巽,顺也,言四岳能用帝命,故欲使顺行帝位之事。"俞樾《平议》云:"诸说于文义均未安。《史记·五帝本纪》作'践',当从之。《尚书》作'巽'者,假字也。'践'从戋声,古音与巽近。……说者不知'巽'为践之假字,望文生训,失之。"俞说是。是知"巽"为"践"的假借。"践"就是履行。

④否——唐写《释文》:"否,音鄙。又方久反,不也。"(今音同痞)"否德",薛氏本遂作"不惪"。皮氏《考证》引臧琳说:"《今文尚书》作'鄙',《论语》'予所否者',《论衡·问孔篇》作'予所鄙者'。两汉人所引《鲁论》为今文,《论语》作'予所鄙者'与《书》古今文正同。"《匡谬正俗》:"鄙,本字作否。"《文选·长笛赋》注:"鄙,陋也。"《广雅·释诂二》:"鄙,小也。"

⑤忝——《尔雅·释诂》:"辱也。"

⑥明明——前一明字为动词,在此为尊显、显扬之意。《国语·周语》"尊贵明贤"注:"明,显也。"《礼记·礼运》"故君者所明也"注:"明,犹尊也。"即此义。后一"明"字为名词,亦称"高明",指有地位声望被称为贤明的人。《史记》译"明明"为"悉举贵戚",一语探得了其实质,符合奴隶社会封建社会政权高层情况。但《尧典》所指的"尧"为实行"禅让"的君事民主制的部落联盟时代的军事首长,《尧典》作者和司马迁都是运用自己所处时代之体会来写这一句的。

⑦扬侧陋——扬,《广雅·释诂》:"举也。"唐写《释文》:"歑,古扬字,举也。"薛季宣本承作"歑"。《宋书·恩幸传论》、司马贞《五帝本纪》赞也皆引作"歑"。与金文合,与《说文》古文亦合。"侧陋",汉至晋人文中多引作"仄陋",内野本同。唐写《释文》:"仄,字又作庂,古侧字。"薛氏本作"仄陋"。仄由侧同声取义,见《说文》:"仄,侧倾也。"《史记》译"侧陋"为"疏远隐匿者"。"扬仄陋",就是举用埋没在民间的没有名气的人才。

⑧师锡帝曰——《史记》作"众皆言于尧曰"。皮氏《考证》云:"是训'师'为'众'。"故《尔雅·释诂》:"师,众也。"唐写《释文》:"师,或作师,众也。古文作𠂤。"龚考证云:"与《三体石经》师古文合。""锡",甲骨文、金作"易"。章炳麟《古文尚书拾遗定本》云:"经传以'锡'为'赐',而彝器字只作'易'。是西周尚无赐字,况虞夏时乎。……彼此相予,古只作'易'。其后乃有'赐'字,为上予下之专称。'赐'可通言易,'易'不可变言赐。'师易帝'者,谓众予帝也。"杨筠如《核诂》则谓:"古下对上似亦称'锡'。《禹贡》'九江

内锡大龟’，又曰‘禹锡玄龟’，‘锡’并谓献也。”是“易”（锡）为给予之意，古时上对下、下对上都可称“易”（锡），“师锡帝曰”，意为“大家对帝说”。故《史记》译文如此。

⑨鳏——唐写《释文》："鳏，故顽反，无妻曰鳏。"《孟子·梁惠王下》："老而无妻曰鳏。"《天问》作"矜"，足利本同。《史记》作"矜"。按《诗·小雅·鸿雁》序"至于矜寡"《释文》："矜、鳏同。古顽反。"章炳麟《新方言》以为汉代"矜"读如鳏而其义为杖，因而变为今天的"棍"字。今称无妻者为"光棍"，犹同于"矜"、"鳏"古义。

⑩虞舜——唐写《释文》作"烾舜"，薛氏本作"烾舜"，内野本稍变，作"烾舜"。是墨家最先鼓吹的由尧禅让给帝位的一位"圣王"，儒家接受了这一说，和所搜集到的古史资料一起，加以编造成美丽的冠于三代之上的"尧舜禹三圣传授"体统的道德美备政教辉煌的黄金时代。此篇《尧典》和下篇《皋陶谟》就是儒家所编歌颂尧、舜、禹盛德大业的篇章。本篇在此以上述尧事，以下述舜事。旧注疏家对"舜"字，或说是名（今文家如《白虎通》、蔡邕《琅玡王传蔡公碑》，古文家如郑玄及伪古文与唐写《释文》皆言"虞，氏。舜，名"），或说是谥（《白虎通》及《释文》载马融说），或说是号（郑注《中候》）。对"虞"字，或说是氏（郑玄、伪孔），或说是地名（王肃、皇甫谧等）。都不足据。

其实"舜"原是由东夷殷商族的神话中关于宗祖神上帝夋（夒）的传说分化而成。汇集古代神话的专书《山海经》中有一位天神帝俊，日、月都是由他的妃子生出的。郭璞注："俊亦舜字，假借音也。"王国维考定"帝俊"（夋）即其他文献中的"帝喾"（俈）（《帝王世纪》载"帝喾自言其名曰"夋"）。俊、喾都是由殷卜辞中的"高祖夒"衍出。即由"夒"音变而为"喾"、"偌",形误而为"夋"、"俊"
(见《殷虚卜辞中所见先公先王考》)。是"舜"与"喾"都是帝俊之
化身,亦即夒之演变。其后吴其昌、郭沫若、袁珂等都考定"夒"、
"喾"、"俊"之即"舜"(见吴《卜辞所见殷先公先王三续考》、郭《中
国古代社会研究》《青铜时代》、袁《山海经校注》第345页)。证以
《国语·鲁语》说"殷人禘舜而祖契,郊冥而宗汤"。可知舜确是殷
商族的"高祖"——最早的宗祖神,因为他是殷人四位宗祖的最早
的一位宗祖神。所以《天问》把舜的故事叙在夏桀之后,明确他为
商代所宗的始祖,使人看到文献中的舜,合于卜辞中的高祖夒。
《楚语》说"舜有商均"。注:"均,舜子,封于商。"即《帝系》所载"帝
喾生商契"说的传异。总之,无论神话传说和文献记载都优足认定
舜为殷商宗祖神。

　　和这个东夷殷商族的上帝"帝俊"(喾、舜)并立在《山海经》中
的,还有西方姬姓族奉为宗祖神的另一上帝"黄帝"。两者原来各
不相涉。后来由于民族融合,才使这两位上帝发生了联系。而且
由于姬姓的胜利,把黄帝做了东方的舜(俊)以及尧等人的祖先。
见于《世本》者,尧为黄帝四代孙,舜为八代孙。由于民族融合的过
程和情况都复杂,纷歧说法很多,又出现了倒过来把姬周的始祖
"弃"同殷祖"契"及"尧"、"挚"等一样,都说成是"喾"(舜)的儿子
(见《世本》《大戴礼·帝系》)。这显然是东方人的说法。而《尧
典》作者所根据的材料,显然和上面两种又有所不同,尧和舜是两
个没有血统关系的"贤圣"的帝王。

　　"虞",王肃但说是地名,皇甫谧说是河东大阳山西虞地,黄度
说是解州安邑县(皆《汇纂》引)。薛氏本则说是河东虞乡,为舜始

封。这都是指春秋时晋假道于虞以伐虢之虞。皆指今山西境。其更早的虞是《诗·绵》"虞芮质厥成"的虞,当周文王时,其地为古吴岳之地。"吴"即"虞"(省虍),亦即四岳之地。在今陕西境。然这都是周代时所称之地。《尧典》所称舜之"虞",远在周之前。《孔疏》称"舜居虞地,以虞为氏",所以才称"虞舜"。《孟子·离娄下》说舜"东夷之人也",则他所居地不会跑到山西、陕西去。所以当是至今尚有遗称的河南省东部虞城县附近,其地邻近山东。一些有关历史传说中舜的活动地点如诸冯(菏泽南)、负夏(濮阳、滋阳间)、鸣条(开封附近)、历山(在雷泽)、雷泽(在菏泽境)、河滨(定陶西南)、服泽(即负夏)、常阳(或谓恒山以南)、寿丘(曲阜境)、顿丘(河南清丰南)、姚墟(济阴城阳)等地(见《孟子·离娄下》《墨子·尚贤》《史记·五帝本纪》《尚书大传》《风俗通·山泽篇》等,其今地所在见《古史续辨》第 417 页附注),大都在今山东省西部,少数在今豫东,都和虞城相去不远。即可证这"东夷之人"的舜所居的虞地在今豫东,因而其活动所及之地至于鲁西。一些古籍中把舜的氏族称"有虞氏",称舜为"虞帝"(包括本篇所称),及舜受"唐尧"禅位后建立的王朝称"虞代",排在夏代前。其实《墨子》书中已屡称"三代圣王尧、舜、禹、汤、文武"。没有把尧舜另立为不同朝代,而都包括在三代(夏、商、周)中。实因我国在夏代开始才进入奴隶制而有国家组织,尧舜时还处在父系家长制的部落联盟盛期到濒临解体的时期。舜和尧一样,都只是部落联盟的军事首长,而不是帝王,因而还没有建立唐、虞两个王朝。有关唐、虞两王朝的历史传说,是不能作为信史看待的。

大抵舜最先是东方鸟夷族中殷商族的宗祖神,因而有氏族杰出首领袭用其名,成为黄河下游东夷各部落一个有名的军事首长。而他原作为商的远祖,与禹约略同时,他和尧作为东方夷族的代表,当东方夷族和西方夏族经过黄帝以来长期激荡交往的过程后,这时在黄河中游地区结成部落联盟。尧、舜、禹先后交替担任了部落联盟军事首长。这就是历史上艳称的尧舜禹"三圣传授"的时代。实际通过他们使父系家长制的部落联盟完成了解体的过程。

⑪俞——语词。《史记》作"然"。《尔雅·释言》:"俞,然也。"唐写《释文》:"俞,羊朱反,然也。"作为应对副词,"俞"与"然"同,犹现代语中的"好吧",亦与表示认可的语气词"噢"相近。

⑫予闻——《史记》译作"朕闻之"。"予",同现代语言的"我"。但甲骨文、金文中第一人称单数皆作"余"(多数为"我",领格为"朕")。是文献中之"予"当为"余"之同音假借。"闻",唐写《释文》作:"予睿,古闻字,《说文》古作䎽,无此睿字。"足利本同。薛氏本作"䎽",袭用《说文》"闻"的古文"睿"。内野本作"睿",薛氏本其他各篇亦同此形。与《魏石经》中《君奭》篇"闻"字古文"睿",二者皆汉代古文。实为甲骨文、金文中从耳之"闻"字其另一边旁各有讹变而成。"予闻",我听说过。董作宾《集释》:"有所闻,同时亦有所知之义。《卜辞一》'余闻',《孟鼎》'我闻',皆此义。"

⑬如何——《史记》作"其何如"。在这里是问舜的为人到底怎么样,究竟怎么样之意。

⑭瞽子——唐写《释文》:"瞽,音古,无目曰瞽。"《一切经音义》二十三引《三仓》:"无目谓之瞽。""瞽子",《史记》作"盲者子",明译其义。

⑮父顽母嚚——"顽"、"嚚",见第三节"嚚讼可乎"注。意为

愚顽、凶狠,不顾德义,不守忠信。"父",指传说中舜的父亲"瞽瞍"。由《史记》"盲者子"知瞽原指盲人,"瞽子"即今语"瞎子的儿子"。但传说中由"瞽子"而称其父为"瞽叟",原意还只是"瞎老头",却附会成这老头的名字,再转而成"瞽瞍",于是就确定为舜父名了。《帝系》云:"瞽叟产重华,是为帝舜。"《左传·昭公八年》记舜的上辈为"自幕至于瞽瞍"。于是各种文籍相传下来。"母",《史记》下文记《舜本纪》说:"舜父瞽叟盲,而舜母死,瞽叟更娶妻而生象。"知此"母"指舜继母,因而对舜凶狠。

⑯象傲——《史记》作"弟傲"。以"象"为舜的异母弟。皮锡瑞《考证》云:"臧琳说今文经作'弟傲'。按,臧说是也。舜之弟名象,尧未必知之。且象独称名,则与上云'父''母'不一例。当从《史记》作'弟'。"袁珂《山海经校注》云:"舜亦古神话中的神性英雄……其一生功业,厥为驯服野象。然舜驯服野象神话之最古面目已湮昧难晓矣。可考者惟舜与其弟斗争之神话。《楚辞·天问》云:'舜服厥弟,终然为害,何肆犬豕而厥身不危败?'是此一神话之大概也。"可知关于舜与弟象之种种故事传说,皆由神话中转变而来。"傲",唐写《释文》作:"暴,古敖字,五报反。"吴校语:"今本改'傲'。……按《尔雅·释言》:'敖,傲也。'经典多以敖为本字,段懋堂氏谓傲恐为天宝所改。《说文》:'暴,慢也,读若傲。'引《虞书》'若丹朱傲'。《管子·宙合篇》:'若敖之在尧也。'注:'慢而不恭曰敖。'是敖与暴同义可通假。《汗简》'百部'引《尚书》正作'暴'。"薛本亦作"暴"。

⑰克谐以孝烝烝乂不格奸——"谐",《尔雅·释诂》:"和也。""烝烝",《广雅·释诂》:"美也。"《诗·泮水》传:"烝烝,厚也。"是

为美厚、美好之意。"乂"（见上节注⑪），《史记》译作"治"，为乂的本义。《石门颂》引作"艾"，意为养，也有美好之意。"格"，《史记》译作"至"（参看第一节"格于上下"注）。按，王引之《经义述闻》提出此处当断句为："克谐。以孝烝烝，乂不格奸。"皆据汉魏人文章以"烝烝"形容孝。但《史记》译此语作："能和以孝，烝烝治，不至奸。"以"烝烝"形容治，非形容孝，又《酷吏列传》亦有"吏治烝烝，不至于奸"语，似近于原意，以从《史记》句读为是。

⑱帝曰——《孔疏》谓马融、郑玄、王肃本皆无此二字，是皆东汉古文本。但《史记》译此二字为"尧曰"，《论衡·正说篇》亦引云："尧曰，我其试哉。"知汉代今文本有"帝曰"二字。

⑲我其试哉——"其"，《词诠》："时间副词，将也。"《论衡·正说篇》云："说《尚书》曰：'试者，用也。我其用之为天子也。'……尧闻舜贤，四岳举之，心知其奇，未必知其能，故言'我其试哉'，试之于职。……夫文言观试，观试其才也。"王充指出西汉今文家"试用为天子"说之非，以为是试之于职，以观其才。王说较妥。故郑玄亦云"试以为臣之事"（《孔疏》引）。伪孔及《蔡传》意亦相近。

⑳女于时——"女"，伪孔释为妻（《释文》"千计反"，去声，动词，即以女嫁给之意），释此句为"尧于是以二女妻舜"。显然袭用《史记》译作"于是尧妻之二女"。皆释"于时"为"于是"。将连词"于是"倒置于名词"女"字之后，与通常语法异。段氏《撰异》云："时，是也，谓舜也。"以"时"为指示代词，指舜。意为以女嫁给舜。则语法顺而文意更明，以用此释较妥。

又"女"字"妻"字用法，《撰异》并有阐析云："古文每字必有法，古凡言'妻'（子计切）者，必为其正妻。如'以其子妻之'、'以其兄之子妻之'是也。凡言'女'（尼据切）者，不必为其正妻，如《左氏传》'宋雍氏女于郑庄公'、'骊戎男女晋以骊姬'、《孟子》'齐景公涕泣而女于吴'是也。……书法分别如是。然则《尚书》郑注（见《孔疏》引云"郑曰：'不言妻者，不告其父，不序其正。'"）其所见精矣。"可知先秦时此二字用法有明显区别。但司马迁往往将一些有区别之字同用。如"姓"与"氏"原义显别，司马迁则二字无别，往往称"姓某氏"。此处亦将"女""妻"二字用法混同了。《尧典》写成于先秦，必依原用法。但今天读它时，可像司马迁那样不加区分。因为原是传说故事，二女嫁与舜是否为正妻不用去深究了。

杨氏《核诂》谓此女字"因下两女字而衍"。意谓原无此"女"字，则"于时"自作"于是"解。可备一说。

㉑观厥刑于二女——"刑"，即"型"字，金文作"井"。为仪型、规范、法度、效法等意。唐写《释文》作"𠛬"。吴校语："按汉时无以'𠛬'为'刑'者，当是六朝后起字。"本文伪《孔传》及《诗·思齐》"刑于寡妻"传、《礼记·缁衣》"仪刑文王"注都释云："法也。"惟《思齐》之《正义》释明："以礼法接待其妻。"正合上述之意。《史记》译此句为"观其德于二女"。"其德"，指舜之德。牟庭《同文尚书》云："训'厥刑'为'其德'也。"

"二女"，源于神话中二女的资料（参看前面"羲和"注）。《尧典》作者获得此资料，把它加以历史人物化，就写成上面的句子。注疏家就得想出各种办法来把它说通。二女的名字，《尧典》和《史记》里都没有。注疏家根据神话遗存下来的材料注明是娥皇、女英（《孔疏》始据《列女传》注明，《蔡传》继之。马、郑及伪孔犹未及注）。神话书《山海经》中，上帝"帝俊"的妻子有娥皇、羲和、常羲

（常仪）。王国维说娥皇、羲和皆由常仪衍出（《先公先王考》）。吴其昌、郭沫若分别考定都是由甲骨文"娥"或"羲"传衍成（见吴氏《卜辞所见殷先公先王三续考》、郭氏《中国古代社会研究》）。"帝俊"既到历史传说中分化为"喾""舜"二人，二女也跟着分化。喾的二妃成为姜嫄、简狄（《帝系》后面又增二人）。舜的二妃成为娥皇、女英（最先在《尸子》中，舜的二妃只叫"媓"、"娥"，《五帝德》只称"倪皇"，《帝系》称"女匽"，《世本》及《古今人表》称女罃，到《列女传》才确称"娥皇"、"女英"）。

"观厥刑于二女"，王充《正说篇》引汉今文家释为："观者，观尔（段《撰异》校正作"示"）虞舜于天下，不谓尧自观之也。"王充反对此说，以为尧"试之于职，妻以二女，观其夫妇之法。职治修而不废，夫道正而不僻"。是尧自观舜之行为。汉古文马、郑之说未传下。伪孔释云："以二女妻舜，观其施法度于二女，将使治国，故先使治家。"（此《汇纂》稍修订语句使文意畅明后之《孔传》）《蔡传》释云："此尧言其将试舜之意也。《庄子》所谓'二女事之以观其内'是也。盖夫妇之间、隐微之际，正始之道，所系尤重。故观人者于此为尤切也。"这是自汉至宋经学家对此句的解释。说尧欲让天下于舜，要试试他才能，先试以职事，又试以夫妻之道，因为"治天下有则"，就在治家（此宋儒之说，实亦基于《大学》之道）。这使我们看来非常迂回曲折、勉强牵合的解释，但经学家就是这么解释的。这句文意很晦涩，或有误字。现在寻不到确解，只好暂依旧说。

㉒釐降二女于妫汭嫔于虞——"妫"，唐写《释文》作"嬀，字又作嬴，居危反，水名"。薛氏本作"釐夅式女亏嬴内嬝亏众"。然其

训解云:"洮水出解州解县,至河中河东县入河。汭,小水入大水也。"明见其本原是"洮汭"二字。其作"嬴内"是偷袭旧资料与此不相干者故意立异。按《国语·周语》伶州鸠谓武王"反及嬴内"。韦昭注:"嬴内,地名。"董增龄《疏》引宋公序《补音》:"嬴音妫,内音汭。"段氏《撰异》云:"本不与《尚书》相涉,而伪作《古文尚书》者(指薛季宣所据宋次道家所出之本)遂比附窜改。正陆氏(德明)所谓'穿凿之徒务欲立异'者也。"然唐写《释文》系陆氏据宋齐旧本撰,知宋齐旧本所传东晋初隶古定本已作"嬴"、"蟫"。

《史记》译此处作:"舜饬下二女于妫汭,如妇礼。"以"饬下"释"厘降"。训"厘"为整饬(参见前"允厘百工"注)。训"降"为下(见《尔雅·释诂》)。伪《孔传》亦云:"舜为匹夫,能以义理下帝女之心于所居妫水之汭,使行妇道于虞氏。"实承《史记》之说以"厘降"为舜所行事,惟稍易"厘"之训为义理。但《尧典》此处原文上承"帝曰我其试哉",则明为尧行事,故此处当依《蔡传》所释:"史言尧治装下嫁二女于妫水之北,使为舜妇于虞氏之家也。"(按此据王肃所释"厘降"为"下嫁"。)

"妫",《释文》:"居危反。常读作规。水名。旧误释在山西境(如《孔疏》说在虞乡县,西流至蒲坂县,上引薛氏说在河东县等),然上文注⑩已知虞在今河南东部,作为舜的后代妫满所封陈国(见《史记·陈杞世家》)也在虞城西南,知妫水必指河南东部虞城西南附近的一条水。

"汭",唐写《释文》:"内,音汭,如锐反。水之内也。杜预注《左传》云:'水之隈曲曰汭。'"上引薛氏云"小水入大水",是知一水注入另一较大之水其相交隈曲之地即叫"汭"。"妫汭"即妫水注

尚书校释译论

入另一水之隈曲地带。(《水经注》载"历山有舜井,妫水出焉,南为妫水,北曰汭水"。《五帝本纪正义》引《地记》:"河东郡青山东山中有二泉,南流者妫水,北流者汭水。"以妫、汭为二水。《汇纂》以为"后人见妫水北有一小水入妫,遂蒙《尧典》文而加名耳"。甚是。)

"嫔",唐写《释文》:"嫔,本又作妢,皆古嫔字,毗真反,妇也。"吴校语:"《说文》:'嫔,从贝,宾声。'故嫔可省贝作妢。……男女私合曰妢,此汉以前古训,尚无假妢为嫔者。《汗简》'女部'引《尚书》正作妢。"按薛本亦作"妢"。伪孔云:"嫔,妇也。"实为动词:做媳妇。"嫔于虞",到虞家做媳妇。《史记》译作"如妇礼",即尽其做媳妇之礼。

按《史记·五帝本纪》之《尧纪》译此句之文已见上引,其《正义》足其意云:"舜能整齐二女,以义理下二女之心于妫汭,使行妇道于虞氏也。"《五帝本纪》之《舜纪》叙此事又较详:"于是尧乃以二女妻舜以观其内,使九男与处以观其外。舜居妫汭,内行弥谨,尧二女不敢以贵骄事舜亲戚,甚有妇道。尧九男皆益笃。"此与《孟子·万章上》之说相近。《万章上》云:"帝使其子九男二女、百官、牛羊、仓廪备,以事舜于畎亩之中。"但其下文接叙舜父母使他完廪、浚井设法害死他诸情,及弟象欲分割牛羊仓廪与父母而自己得到舜宫和二嫂诸情。故事越传越丰富了。《尧典》没有这些情节,只在上文说了"父顽母嚚弟傲"。

在《史记》译此处作"舜饬下二女于妫汭如妇礼"之后,紧接一句:"尧善之。"意为嘉许舜能厘降二女使行妇道于虞氏。但上文已辨明非如《史记》所释之舜厘降二女,而是尧下嫁二女给舜,则此当为尧遣嫁二女时训诫她们要敬勉的话。寻之《尧典》原文,下面紧接"帝曰钦哉"一语,似《史记》译用此语,然义不尽合。按"帝曰钦哉"实为尧对舜之语,以领起下面一节文字,则"尧善之"似为司马迁根据他上文所叙为完足语意所加之语。不过在文中所居地位,确又当"帝曰钦哉"之句。

以上这一节,写尧准备让位,同四岳等大臣商议,先顿挫一笔说让位给四岳。经辞谢后,由大臣们共同推举舜。尧有意接受,但须试其德行,先以政治婚姻方式嫁二女给舜以亲近之(经学家旧说这也是试的方式之一,以二女观舜的内行)。此节描述了这一全过程。但这里所说舜的情况,与《孟子》书中所说情况不全同。这里说舜在大臣推举前已行孝道把家庭感召好"不至奸"了,《孟子·万章上》所记则二女嫁舜后,舜的父、母及弟还用尽方法来谋害舜。可知此处所据材料与《孟子》所据材料来源有所不同。

帝曰:"钦哉[1]!"慎徽五典[2],五典克从[3]。纳于百揆[4],百揆时叙[5]。宾于四门[6],四门穆穆[7]。纳于大麓,烈风雷雨弗迷[8]。

帝曰:"格[9]汝舜,询事考言,乃言厎可绩,三载[10]。汝陟帝位[11]。"

[1]帝曰钦哉——"钦",敬(已见前引《释诂》)。此语是尧诫勉舜的话,意为敬于所事,好好干吧!

[2]慎徽五典——"慎",陆氏《释文·叙录》及陆氏所见隶古定本及内野本皆作"昚",为《说文》慎之古文,薛本则又稍变。段氏

《撰异》谓"慎"字为卫包所改用。《史记》承"尧善之"句后紧接云："乃使舜慎和五典。"训"徽"为"和"。唐本《释文》："徽，许违反。王（肃）云：'美也。'马（融）云：'善也。'"伪孔则云："徽，美也。"杨氏《核诂》引高晋生谓"'徽'疑假为'敳'，《说文》'敳，有所治也'。徽敳并从敳声。"总之，或释为和，或释为善，或释为美，或释为治，皆有把下面的"五典"搞好之意。"五典"，伪姚方兴传释为"五常之教"（按伪古文本《舜典》原缺伪孔传，由姚方兴伪撰抵充），举《左传·文公十八年》使布五教于四方之"父义、母慈、兄友、弟共（恭）、子孝"为其义。《蔡传》释："五常也。父子有亲，君臣有义，夫妇有别，长幼有序，朋友有信是也。"（据《孟子·滕文公》）总之皆释为五种伦常礼教。《史记集解》引郑（玄）云："五典，五教也。"亦五常之教。由于儒家经师重五伦德教之故。杨氏《核诂》则以为《曲礼》言天子之五官曰司徒、司马、司空、司士、司寇，"五典"，疑即五官之典。这是从尧诫勉舜好好从政出发，似近理。虽五官为周代始有，与所说尧时无关，然《尧典》系撼拾先秦时所存历史资料写成，时代概念不强，则其采入此"五典"之义亦有可能。

此语薛氏本隶古字作"睿徽区箕"。皮锡瑞《考证》云："今文'典'一作'黄'。《尉氏令郑季宣碑》引作'黄'，《衡方碑》'典谟'作'黄谟'，盖今文异字。《刘熊碑》引'慎徽五典'仍作'典'。"可知今文异字有从草头作"黄"者，伪古文沿用异字又改从竹头作"箕"。都在花样翻新以立异字。

③五典克从——《史记》译作"五典能从"。唐写《释文》"五"作"✕"，"从"作"刕"。薛氏本作四隶古奇字。"从"，有随、顺、合诸义，此处以训释为"顺"较切，意为"五典"都已顺妥了。《左传·

文公十八年》称述此语云：“故《虞书》数舜之功曰‘慎徽五典，五典克从’。无违教也。”意谓五典之教都已顺行无违者。

④纳于百揆——《史记》作“乃遍入百官”。知为此句本义。由上文第二节(羲和章)的“寅饯纳日”注，知“纳”、“内”、“入”字同。金文中“内”“入”同用，文籍中则“纳”“入”同用。其区别在今文作“入”，古文作“内”或“纳”。此处《史记》作“入”，用今文。薛本作“内”，袭用古文。通行伪古文本作“纳”，亦沿用古文。“遍”同“遍”，“遍入百官”，即深入百官中。“揆”，度也(《尔雅·释言》《广雅·释诂》)，动词。伪孔以”度百事、总百官”为“百揆”。继云“纳舜于此官”，已谬。其后谯周《古史考》谓“百揆尧初别置，于周更名冢宰”。以“百揆”当“冢宰”，更谬。依《史记》，知“百揆”泛指百官。《史记》下文《舜纪》亦云：“尧乃试舜五典、百官，皆治。”益证百揆即百官。“揆”与“官”双声，因而通用。皮氏《考证》引不少汉碑及汉文皆见汉人固以百揆为百官。

⑤百揆时叙——《史记》作“百官时序”。意为使百官都厘然有序。“时”，即“是”。作为特别介词，间于宾词提置动词前的句子中，使“百揆”作为动词“序”的宾词。皮氏《考证》云：“‘叙’作‘序’，亦《今文尚书》。”并引《史记》、蔡邕《太尉杨公碑》《太傅祠前铭》、祢衡《颜子碑》皆“叙”作“序”，为今文作“序”之证。《史记·舜纪》亦云：“舜举八恺，使主后土，以揆百官，莫不时序。”《左传·文公十八年》称述此二句则云：“纳于百揆，百揆时序，无废事也。”亦皆作“序”，而称赞舜整齐百官使之就序，就使百事皆兴而不废弛了。

⑥宾于四门——《史记》同此原句，惟薛本作“阗亏三门”。江

声《音疏》遂亦从用"亖"字,此虽甲骨文、金文及《说文》籀文原字,然先秦以来文籍早已习用"四"字,只见其炫用古字之可笑。"宾",《孔疏》云:"郑玄以'宾'为'摈',谓舜为上摈以迎诸侯。"江声引此作"侯",释云:"谓舜侯导诸侯于四门。"此侯字义已简述于第二节"寅宾出日"注中,谓"接宾以礼曰侯"。"四门",马融简注曰"四方之门"。以后各注疏家大都沿用之,很少异说。且沿用马氏继此句后所阐述"诸侯群臣朝者,舜宾迎之皆有美德也"之义。惟《群书治要》本《舜典》所存王肃注释作:"四门,宫四门也。"至江声《音疏》始云:"四门,明堂四门。"并引《逸周书·明堂解》及《礼记·明堂位》之所载,按照明堂的四门,分别在某方的门接见某方来的夷狄要宾。孙星衍《注疏》、王先谦《参正》皆从之。其实明堂之说是周代才有的,而且其有关制度有各种纷歧的说法,《尧典》作为叙述三代以前尧舜政事之典,自不当有明堂。然"四方之门"之说,其来却颇久远,见神话史诗《天问》云:"四方之门,其谁从焉。"是问天上的四门,或昆仑县圃神境的四门。《尧典》作者搜集了不少来自神话的资料。显见其所据此句资料中原有这类从神话中来的不完全可解的句子,如上文的四方神名风名资料一样,又照样囫囵吞枣地抄入《尧典》中,使人不易理解。下文还有"辟四门,明四目"等语,同样是不易确切理解的。

　　⑦四门穆穆——"穆穆",《尔雅·释训》:敬也。又《释诂》:美也。《史记》载此云:"宾于四门,四门穆穆,诸侯远方宾客皆敬。"穆字用敬义。而上引马融曰"舜宾迎之皆有美德",伪姚传遂亦云:"穆穆,美也。"则用美义。王先谦《孔传参正》谓前者为今文说,后者为古文说。《左传·文公十八年》先叙"舜臣尧,举八恺,使主后

土，以揆百事"及"舜臣尧，宾于四门，流四凶族岜之后，接叙"《虞书》数舜之功"，于称举"慎徽五典"、"纳于百揆"二事已毕，接着说："宾于四门，四门穆穆，无凶人也。"《史记》下文《舜纪》全录《左传》此文稍易其句云："舜宾于四门，乃流四凶族，迁于四裔，以御魑魅，于是四门辟，言毋凶人也。"则把"四门穆穆"说为无凶人。是《左传》把所说舜之美政"举八元八恺"比附于"纳于百揆"，"流四凶"比附于"宾于四门"，而有此释。《舜纪》从之。于是此语于上举"敬"、"美"二释外，出现此又一释。此外还有好些异释，或说和上文寅宾、寅饯出入日有关，或说舜兼四岳理诸侯，或说舜代丹朱摄太子之职宾四方迎远方诸侯，或说舜为尧之谒者尊官、宾于四门诸侯穆穆，等等。皆经生妄生纷扰，不足论。

⑧纳于大麓烈风雷雨弗迷——"大麓"，《群书治要》本《舜典》作"大㥄"。唐写《释文》原据此本，遂云："大㥄，古文麓字。"《史记·尧纪》此句作"尧使舜入山林川泽，暴风雷雨，舜行不迷，尧以为圣"。又《舜纪》作"舜入于大麓，烈风雷雨不迷，尧乃知舜之足授天下"。《尚书大传》，《淮南子》之《泰族训》《修务训》，《论衡》之《正说》《吉验》《感类》《乱龙》，《盐铁论》，王逸《楚辞注》等大抵同此解释。陈乔枞《经说考》以此为汉代今文欧阳家之说。《释文》引马融、郑玄皆云："麓，山足也。"而郑玄注《书序》，于《舜典序》亦云："入麓伐木。"仍为山麓义。陈以为是汉古文家援用今文欧阳说。实际已成为古文家所持之说。于是由此说发展附会出实有其地，为尧禅舜之处（《风俗通·山泽》），其地或以为即《禹贡》之"大陆"（《水经注》引应劭说，林之奇《全解》引或说），亦即钜鹿（《水经注》引"古书云：尧将禅舜，纳之大麓之野……故钜鹿县取名焉"）。

又《十三州志》云："钜鹿，唐虞时大麓也。"或以为即泰山之麓（王氏《尚书新经义》，吕氏《东莱书说》，又《全解》引或说亦谓泰山之足若梁父之类），或以为柏人城北矖务山（《颜氏家训》引阚骃《十三州志》）。

桓谭《新论》云："昔尧试舜于大麓者，领录尚书事。"读"大麓"为"大录"。陈乔枞考定此据西汉今文夏侯氏说。《汉书·于定国传》载汉元帝报定国书曰："万方霯事，大录于君。"时于任丞相。陈氏据《汉书·儒林传》周堪、孔霸俱受大夏侯学，皆于元帝为太子时授读，是元帝习大夏侯学。又《王莽传》云："予前在大麓，至于摄假。"莽亦承夏侯氏学。而桓谭习知秦延君之夏侯学，陈氏考定桓从张山拊受小夏侯氏学。故以大麓为大陆，为居摄、三公、丞相之位之说，出今文大小夏侯氏。又《论衡·正说篇》举当时说《书》者有"言大麓，为三公之位也"一说，以为是当纠正蘷误说。陈氏指出这是当时今文博士所传之说。以今天看，把山麓之地说成是居摄三公之位，是非常荒谬的。然而当时为政治野心家的需要，却成了非常盛行的一说，汉魏晋以来遂多据此义做文章。即古文家郑玄注《尚书大传》亦在"山足曰麓"句后紧接云："麓者，录也。……命舜陟位居摄，致天下之事，使大录之。"（郑玄注经籍，往往随所在而异说，在此用甲说，至彼用乙说。）《魏公卿上尊号奏》《魏受禅表》亦侈陈大麓为大录之义。唐写《释文》所释《舜典》即王肃注《尧典》之下半，其释"大禁"引王肃说云："王云：'录也。'"按王为司马氏张目，故释为"大录"。其说见《群书治要》本《舜典》。其注云："纳舜于尊显之官，使大录万机之政。"沈约注《宋志》遂全引王此语。今本《舜典》篇之伪传，系姚方兴采用马融、王肃注编造的（见

《释文·叙录》），亦云："麓，录也。纳舜使大录万机之政。阴阳和，风雨时。"苏轼《书传》录此段伪传文后说："自汉以来有是说……而晋以后强臣将篡者为之，其源出于此。考其所由，盖古文'麓'作'禁'，故学者误以为'录'耳。"指出了其致误之由。朱熹亦屡称当依司马迁说（其语见引于不少宋元人著作中，原出《语类》）。

不少宋儒又另寻解释，王安石《新经义》云："大麓，泰山之麓也。后世封禅之说傅会于此。"（陈栎《书传纂疏》引）时宋儒不解大麓之祭是何祭，王安石云："古者易姓告代"之祭（林之奇《全解》引）。林之奇《尚书全解》又谓，五典从、百揆叙、宾四门诸事，即《孟子·万章上》所说之"使之主事而事治"。纳于大麓，是所谓荐之于天，即《孟子》所说之"使之主祭而百神享之"。吕祖谦《东莱书说》亦谓"纳于大麓"是"尧使舜摄行祭事于泰山之麓，《孟子》云'使之主祭而百神享之'，言主祭而风雨不迷阴阳调和也"（陈大猷《或问》、陈经《详解》皆从主祭之说。元王天与、陈栎、董鼎之书亦录此说）。

《史记》所用欧阳氏"山麓"之说较早和较合理；夏侯氏"大录"之说完全是因同音而牵强附会之说；宋人之说后出，但指出是宗教祭祀活动，很可能合于原材料的原意。因为这些材料显然仍是由神话传说中来的。古人以山泽为群神所居之地，如《山海经》中许多名山都是百神之所居，其中昆仑且为"帝之下都"，是到上帝那里去必经的地方，以及种种神异。所以祭神要在山、泽、丛林（《礼记·祭法》："山林川谷丘陵能出云为风雨、见怪物，皆曰神，有天下者祭百神"）。封泰山禅梁父的祭礼，就逐步由此酿成的。《尧典》作者掌握了这类有关材料，抄入书中，司马迁把它作为历史资料，作出理性的解释。然而林之奇仍窥见《史记》所蕴神话性。其《全解》有云:"烈风雷雨弗迷有二说:孔氏谓阴阳和、风雨时,各以其节无有迷错愆伏。王氏(安石)因之。……太史公以谓山林川泽烈风雷雨,舜行不迷。而苏氏(轼)因之。……此二说不同,太史公之言,涉于神怪。"是知《史记》所载,透露了原资料是由神话资料中来的。

而清初王夫之、清季魏源皆提出异议。王氏《书经稗疏》肯定大录说,反对山麓主祭说。云:"《孔传》所谓'大录万机之政'者是也。其以为主祭者,不知所主何祭?"以为小祭为有司之事,大祭天子所事,不容摄。且大祭必在高丘高山,不容在山麓。这是王氏为不满宋儒之说而发。魏氏《书古微》云:"以麓为山足,风雨不迷为实事,不知其义甚狭浅,非典谟之体也。"竟以经典不能讲事实,只能讲玄虚之论。盖以麓训录,风雨为喻,是今文家之说;麓为山足,风雨为实,魏以为是马郑古文家说。魏为今文家,必反古文家。两氏均有所针对而发,皆非谛论,其说不足据。又魏源云:"至魏代受禅,其公卿《上尊号表》引'大麓'为禅坛,是则王莽《周官》假托经义,更无足道。"此外牟庭《同文尚书》说"大麓"即"大禄",是尧给舜大福。全据同音附会,更不足论。

薛氏本隶古字作"内亏大蔉剹风雷雨弜絑"。内野本前四字亦作"内亏大蔉",后六字同通行伪孔本。

⑨格——参看第一节"格于上下"注。知"格""假"通用,为训"至"的"徦"、"假"的假借字。今文唯用"假",古文"格"、"假"二字都用,伪古文隶古字作"徦"等体,故此处薛氏本作"徦女舜"。唯第一节训"至",此处伪传、《蔡传》皆训"来",亦"至"义。其实此处

当训"告"。牟庭《同文尚书》云:"格当读为'嘏'。《士冠礼》'孝友时格',注曰:'今文格为嘏。'(可知"嘏"亦"假"之转)《少牢馈食礼》'以嘏于主人',注曰:'古文嘏为格。'据此知'格''嘏'古今字也。《家语·问礼篇》'嘏以慈告',注曰:'嘏,传先祖语于孝子。'然则传相告语谓之'嘏'。古文皆作'格',故下经'格于艺祖','格于文祖'。《盘庚》'格于众',《汤誓》'格尔众庶',《高宗肜日》'惟先格王','格'皆告语之义,可相证也。"按,格、告为双声,同属见纽,自可通用,可知此"格"即"告"。

《史记》于"尧以为圣"句后紧接云"召舜曰",即相当于此"格汝舜"三字,意即召舜相告。

⑩询事考言乃言底可绩三载——《史记》译此为:"女谋事至而言可绩三年矣。"训"询事"为"谋事",意为筹划事功。孙星衍《注疏》云:"言字疑衍文。古文'丂'似'乃',故重出'乃言'二字。《史记》文无之。宋本《北堂书钞·叹美部》引'询事考言乃底可绩',则古本无乃言二字。"此说有可取。但《皋陶谟》有"乃言底可绩"句,或者此句受《皋陶谟》句影响。杨筠如《核诂》云:"按'底可绩'为'可底绩'之倒。《禹贡》'覃怀底绩'、'和夷底绩'、'原隰底绩',并以'底绩'连文。又如'震泽底定','东原底平',《孟子》'瞽瞍底豫',文法亦同。《皋陶谟》'朕言惠可底行',尤其明证。"可知"底绩"为当时成语。"底",当时习用之词。《尔雅·释言》:"底,致也。"按唐写《释文》作厎,"之履反"。并录王肃云:"致也。"马融云:"定也。本或作'庝'字,非也。"《尔雅·释诂》:"绩,功也。"《史记·夏本纪》译"覃怀底绩"为"覃怀致功",即当用"底绩"原义。"考言乃言底可绩"当为"考言可底绩",即稽考汝言可致功,

《史记》撮举大意作"言可绩"。

⑪汝陟帝位——《史记》译作"女登帝位"。训"陟"为"登"。唐写《释文》作"女陟，古文作俕"。吴校语："《说文》陟，古文作儣，俕又从得省。"陟，《尔雅·释诂》"升也"，故伪传、《蔡传》皆释作"升"，义与"登"同。

在"汝陟帝位"句后，有"舜让于德弗嗣"一句，历来经学家都以为是尧欲舜陟帝位后舜的辞让句，自应为此节之末句。各经学家的解释皆按此义展开，则该句的"校释"自应置于此。

但在舜辞让后，即紧接"正月上日受终于文祖"，文气不接。所以过去有经学家指出此罅漏而提出补苴之说。如时澜《增修书说》云："下文若不相接，意必舜有再逊之辞，史官阙焉。当有如《大禹谟》所载舜命禹之辞曰'惟汝谐'者，即《大禹谟》可以互见史官省文之体。"金履祥《书经注》云："王文宪谓《论语》引'尧曰:咨尔舜，天之历数在尔躬，允执其中，四海困穷，天禄永终。'当在此。"曹学佺《书传会衷》云："案此下疑有缺文，金氏取《论语》补之，以接'受终'之事，且使《大禹谟》十六字心传有所本。"是这些经师以为此处有缺文，或取《大禹谟》之句补之，或取《论语·尧曰章》补之，意在使文义连属。不知《尧典》相传本原如此，即使原有缺文，率意补以其他文句，都是不谨严的。现在于省吾先生《尚书新证》释此句不为舜辞让之辞，而是表示黾勉襄政之辞，就使文义连属了。

但在初读于氏文时，觉得于氏此意甚新。然扭于旧解，认为此处文意明明是舜表示辞让而发，仍当如旧解较妥。经反复推求，以为于先生此解基于文字学根柢，言之有据，尤其能解决此处上下文不相接的问题，能深合原文之意，显非故立新说，因此当以采用于氏说为是，特将此句移为下节之首句，不过仍将旧有的历代经学家关于此句之校释文字，仍附列于此节之末，以存《尚书》学中旧经说有着这样一些说法，是作为本节之结句而提出的。

"舜让于德弗嗣"。"让于"，唐写《释文》作"攘于"。并注："音让。"吴校语："《汉书·艺文志》'合于尧之克攘'。……《史记·太史公自序》'小子何敢攘焉'皆假攘为让。"《史记》译作"舜让于德不怿"。《集解》："徐广曰：（怿）音亦。《今文尚书》作不怡。怡，怿也。"（按《尔雅·释诂》："怡、怿、悦，乐也。"史公即用训诂字。）又《索隐》："古文作'不嗣'，今文作'不怡'。怡即怿也。谓辞让于德不堪，所以心意不悦怿也。"然《太史公自序》云："唐尧逊位，虞舜不台。"《索隐》："台音怡，悦也。"又云："惠之早霣，诸吕不台。"《集解》："怡、怿也。不为百姓所悦。"《后汉书·班固传》载其《典引》云："于德不台，渊穆之让。"章怀注："前书曰：'舜让于德不台。'《音义》曰：'台读曰嗣。'"段玉裁按曰："云'前书曰'……者，《王莽传》文也。'《音义》曰台读曰嗣'者，韦昭说也。"（韦昭撰《汉书音义》）段氏《撰异》因此云："证以《自序》两言'不台'，及《汉书·王莽传》、班孟坚《典引》皆作'不台'，则《今文尚书》作'不台'，'台'者，怡也。"可知汉代今文本原作"不台"，徐广于晋时所知今文本作"不怡"，唐司马贞承旧所传知今文亦作"不怡"。陈乔枞《经说考》云："其作'台'作'怡'者，皆三家之今文也。"

《文选·典引》李善注："《汉书音义》韦昭曰：'古文台为嗣。'"上文引《索隐》亦云："古文作不嗣。"此为三国时所见古文，为东汉古文。故《魏公卿上尊号奏》引用云："光被四表，让德不嗣。"裴松之注引魏王上书云："犹执谦让，于德不嗣。"确知东汉古文本作"不嗣",唐司马贞作《索隐》尚沿用。伪古文本承用"嗣"字,惟将今、古文同用之"不"字改为"弗"。

惠栋《九经古义》云:"古'怡''诒'字皆省作'台',古'嗣'字皆省作'司'。《高宗肜日》'王司敬民',《史记》作'王嗣敬民'。……是'司'为古文'嗣'。或古'司''台'字相似因乱之也。"王引之《经义述闻》云:"'司'与'台'篆隶皆不相似,写者无由乱之。'不嗣'之为'不怡',为'不台'……皆以声相近而通。……'司'与'台'声相近,故从'司'从'台'之字可互通。"

段氏《撰异》云:"台声司声古音同在第一'之咍部'。是以《公羊》'治兵'作'祠兵',《韩诗》'嗣音'作'诒音',今文《秦誓》'俾君子易辞'(籀文作嗣)作'俾君子怠(即怡)',与此'嗣'作'台'正同。"这用古韵之学来说明由于音韵相通而今文用"台"古文用"嗣"之故。

王先谦《参正》云:"说'不台'有两义:以薄德不为百姓所悦为逊让之词,六字作一句读,是一义(按,此指《史记》所释,惟"不为百姓所悦"则用"诸吕不台"义);请更择有德,不以有天下为乐,'舜让于德'一句,'不台'一句,又一义(按,上句当指王安石《新经义》"让于德者,逊于德之人也",《蔡传》从此义。下句当指《索隐》所云"所以心意不悦怿也")。

作为"不嗣"则伪传云:"辞让于德不堪,不能嗣成帝位。"王安石《新经义》云:"弗嗣者,弗肯陟帝位以嗣尧也。"(林之奇《全解》引)《蔡传》亦录存或说云:"谦逊自以其德不足以嗣也。"都以"嗣"为嗣位。

苏轼《东坡书传》则云:"以德不能继为让。"看来苏氏之释简明中肯,应为旧说中较确切的一说,特别是释"于"为"以",可称创获。《蔡传》即从其释。清梁恩霖《五砚斋困知左传说》提出"于"当训"以"之说,论者誉为"殊为有见"。而苏氏早已作此说。梁氏于《左传·宣公十二年》"于胜之不可保"句,以为"应照下句'训之以若敖蚡冒','于'字作'以'字解"。并举《仪礼·士冠礼》"宜之于假",注:"于犹为也。"又"宜之见为大矣"。《玉篇》曰:"以,为也。"因而说:"据此'于'可训'为','以'又训'为',则'于'即可训'以'也。"推而及于《尧典》"让于德弗嗣",《盘庚》"历告尔百姓于朕志",《康诰》"惟予兹不于我政人得罪","于"皆训为"以"。苏氏、梁氏此说实甚确,王引之《经传释词》犹未及此,近人杨树达《词诠》始据《尚书》诸"于"字句释"于"为"以",此字之释当可成定论。而后有助于读通此句。

　　上面将旧经说中有关此句的校释文字录要于此。于先生新说则随该句经文录列于下节校释文字之首。

　　以上这一节,承尧所说"我其试哉"一语,写尧如何在政事上考验舜,及舜如何成功地通过考验而取得尧的信任,而后尧正式宣布禅让帝位给舜。完成了从大臣推荐,经过尧的察试,最后决定传位给舜这一过程。

　　舜让于德弗嗣①,正月上日②,受终于文祖③。在璇玑玉衡④以齐七政⑤。肆⑥类⑦于上帝⑧,禋⑨于六宗⑩,望于山川⑪,遍于群神⑫,辑五瑞⑬。既月乃日⑭,觐⑮四岳群牧⑯,班瑞⑰于群后⑱。

①舜让于德弗嗣——此句的旧有校释之文已见于上节注⑪"汝陟帝位"之后。知"嗣"为古文，三家今文则作"不台"、"不怡"，《史记》译用训诂字作"不怿"。于省吾《尚书新证》云："按'怿'与'致'通。《梓材》'和怿'之'怿'，《释文》'又作致'可证。'致'，金文作'罴'、'罪'。《毛公鼎》'肆皇天亡罪'，《静簋》'静学无罪'，《诗》亦假作'射'。《秦誓》'易辞'之'辞'，《公羊》《史记》均作'怠'，即'怡'。'辞'本应作'辝'，《齐镈》《邾公牼钟》并有'辝'字。'辝'、'怡'俱从'台'声。《史记·周本纪》'怡悦妇人'，徐广曰'怡'一作'辞'。《伯康簋》'用夙夜无訋'，即'用夙夜无致'。盖古从'台'与从'罴'之字同声相假也。要之，'弗嗣'亦即不台、不怡、无辞、无辝、无訋、不怿、不泽、亡罴、无致。《诗》传：'致，厌也。''舜让于德弗嗣'者，'让'应读赞襄之'襄'，（"让"，古作"攘"，不从言。《汉书·艺文志》"合于尧之克攘"。《曲礼》"左右攘辟"注："攘，古让字。"《诗·出车》"狝狁于襄"《释文》："襄，本或作攘。"《史记·龟策列传》"西攘大宛"，徐广曰："攘，一作襄。"）'于'犹'以'也。言舜以德赞襄而不厌也。"舜既以德赞襄而不是推辞，所以就紧接着正月上日受位了。

如果以为要改读"让"为"攘"，以释为"襄"，稍嫌曲折，那么"让"不改读，亦可得此句非辞让义。于氏已考明"嗣"即"辞"（实因"嗣"同嗣、嗣，故通辞），而语言中常有省文。上文"帝曰咨四岳"节注⑲"试可乃已"，《史记》作"试不可用而已"，常语中亦以"敢"为"不敢"义，可知"弗嗣"即"弗辞"亦即弗获辞。故此句亦可释为舜以德谦让而不获推辞掉尧的禅位。但于氏说于文字学有据，仍宜从于说。

尧
典

②正月上日——"正"，《释文》："音政，又音征。"段氏《撰异》："伪《大禹谟》'正月'，徐仙民音'征'，此古音也。汉以上'正'、'政'字读平声，浅人臆为始皇名政，因改正月为平声之说，得仙民此语可以祛其惑矣。"《尚书大传》释此句作"上月元日"。"上月"当是涉"上日"而讹，"元日"则是对"上日"之释。本篇下文"月正元日"，姚方兴伪传云："元日，上日也。"知以"元日"、"上日"互为训。而《五帝本纪集解》引马融云："上日，朔日也。"此处伪传所释承之。《孔疏》云："每月皆有朔日，此是正月之朔，故云'上日'，言一岁日之上也。下云'元日'亦然。"下文"月正元日"《孔疏》云："上日，日之最上，元日，日之最长。元日还是上日。王肃云：'月正元日，犹言正月上日，变文耳。'"《蔡传》云："上日，朔日也。叶氏（当指叶梦得）曰：'上旬之日。'曾氏（当指曾旼）曰：'如上戊、上辛、上丁之类。'未知孰是。"王引之《经义述闻》对上述诸说除叶曾二氏说外皆予否定。以为上日是"上旬吉日"而非朔日。

按王安石已释"上日"为"上旬之日"（林氏《全解》引），惟未说吉日。王氏《述闻》之说云："上日、元日皆非谓朔日也。'上日'，谓上旬吉日。当以叶氏曾氏之说为是。'元日'，善日也，吉日也。《王制》：'元日，习射上功，习乡上齿。'《正义》以'元日'为善日。《月令》：'孟春，天子乃以元日祈谷于上帝。'卢植、蔡邕并曰：'元，善也。'郑注曰：'谓以上辛郊祭天。'上辛谓上旬之辛，不必在朔也。'仲春，择元日命民社。'注曰：'祀社日用甲申日。'亦不必在朔也。古人格庙亦不必在朔也。"王氏于此列举师秦宫鼎、师毛父敦、龙敦、邢敦、师嫠敦、牧敦诸器铭文所载格庙之日，以证古人格庙不必在朔日。自张衡《东京赋》始以元日为朔日，伪《大禹谟》乃谬云

尚书校释译论

"正月朔旦受命于神宗"。汉以前无此义云。

③受终于文祖——《史记》承上句作"正月上日,舜受终于文祖",增一舜字以明之。唐写《释文》:受𣂏,本又作𡴆。皆古终字。𣓀𥛐,古文祖字。古示边多作爪,后仿此。薛季宣本作"受𡴆亏𣓀祖"。用《说文》"终"字古文𡴆,与甲骨文𠣤字、金文𠓥字相近。内野本作"受𣂏亏𣓀𥛐",用《说文》"冬"字古文𡙝篆文𡘜相并而有讹变。《魏三体石经》终字古文则作𣂏,与《说文》古文相近。

"受终",《群书治要》本《舜典》王肃注:"尧天禄永终,舜受之。"通行本姚方兴伪传及《蔡传》都释为"尧终帝位之事"。林之奇《全解》云:"舜受尧之禅,终于文祖之庙。"薛氏《书古文训》径谓:"受终,受禅也。"黄式三《尚书启幪》简释为:"终,成事。"是"受终"谓尧已最终完成了他的帝位之事,由舜承受。杨筠如《核诂》读"终"为"中",系贮册之器,"受终"为受传国宝册。

"文祖",《史记》在"舜受终于文祖"句后,接着释之云:"文祖者,尧太祖也。于是帝尧老,命舜摄行天子之政,以观天命。"《集解》:"郑玄云:'文祖者,五府之大名,犹周之明堂。'"《索隐》:"《尚书帝命验》曰:'五府,五帝之庙。苍曰灵府,赤曰文祖,黄曰神斗,白曰显纪,黑曰玄矩。'"《正义》:"舜受尧终帝之事于文祖也。……唐虞谓之五府,夏谓之世室,殷谓之重屋,周谓之明堂。皆祀五帝之所也。"唐写《释文》:"王(肃)云:'文祖,庙名也。'马(融)云:'文者,天也。天为文,万物之祖,故曰文祖。'"王鸣盛《后案》为之解,谓五帝之庙各祀感生之帝,郑持感生说,"马以文祖为天,是感生之义,与郑合也"。段氏《撰异》云:"文祖者,尧太祖也。太史公特用训诂之法为此语。尧太祖盖谓黄帝,《集解》引郑注释之，相去万里。”王肃专反郑说者，其言云：“文祖是五庙之大名也。”（见《治要》本，《释文》所引王云：“文祖，庙名。”义同而略）指出非如郑说天神五帝之五府，而是天子之五庙。见《王制》疏引《礼稽命征》云：“唐虞五庙，亲庙四，始祖庙一。”（谓与周制天子七庙异）本篇伪传释为“尧文德之祖庙”，《蔡传》释为“尧始祖之庙”。薛氏本则释为“受禅于太庙，退而即位于明堂”。其实尧原是从神话中来的人物，他哪来的如《史记》所说的太祖呢。所以上面这些说法都是不足信的。

显然“文祖”一词，完全是套用《洛诰》中的“承保乃文祖受命民”及“乃单文祖德”的“文祖”来的。它原指的是周文王。因《洛诰》是对文王之孙成王说的。到《康诰》中对文王的儿子康叔讲话，称文王就称“文考”了。“文”是周人尊美之词，故称先辈为“前文人”（见《文侯之命》。《大诰》亦有之而字稍误），称祖父为“文祖”，父亲为“文考”。这是周代礼俗、礼制中规定的称法。《尧典》作者不懂此词的明确含义，也不顾历史时代的不同，就盲目地套用了。因为不符实际，就尽可由经师们做出种种不同的解释，除上面纷纭之说外，还有汉儒说这是尧舜禅位改正朔，宋儒说尧受终，则舜之正始；在祖庙神宗受尧之付托，系因受天下于人必告于其人之所从受者，文祖即尧所从受天下者；神宗既为尧（伪《大禹谟》说），则文祖可指颛顼；等等。其实都是捕风捉影之谈。

但是也要知道，古代有“左祖右社”之制。见《考工记·匠人》。《周礼·小宗伯》亦云：“建国之神位，右社稷，左宗庙。”（《说文》：“祖，始庙也。”）《尚书》中最早的一篇《甘誓》有“用命赏于祖，不用命戮于社”之文，可知“祖”、“社”为行重要典礼之地。《墨子·明鬼》说:"虞夏商周三代之圣王,其始建国营都时,必择国之正坛,置以为宗庙;必择林木之修茂者,立以为丛社。"其所说虞夏者,当是据周代之制推论之。但商代见于甲骨文中,确已有宗、祖(且)、社(土)等字,知其有此数者存在。至周代,则祖、社之制已大抵确如《墨子》及其他史籍和礼书所载,为确切存在无疑了。故《尧典》作者据周代之制而说成舜承尧位用礼于祖,是合于古代礼俗的,只是所说"文祖",则是套用《洛诰》来的。

④在璿玑玉衡——"在",《尔雅·释诂》:"察也。"观察之意。段氏《撰异》云:"在之言,司也。'司'、'伺'古今字。'在'与'司'古音同在第一之咍部,'在'读如士,故假'在'为'伺'也。"意亦为伺察。"璿玑",《尚书大传》作"旋机",是西汉今文。《史记》之《律书》赞、《天官书》及《索隐》引《春秋纬》、京房《易略例》、孟郁《修尧庙碑》《易乾凿度》等皆同今文作旋机。段氏《撰异》云:"机,《唐石经》以下皆作玑,此因上文璿从玉旁所误也。……陆德明本作机,人所共识。"

《史记·天官书》及《索隐》引《春秋运斗枢》与《汉书·天文志》,都以旋机玉衡为北斗七星(《说郭》引《运斗枢》亦同)。《尚书大传》及《天官书》填星下引《文耀钩》皆以旋机玉衡为北极。《续汉书·天文志》引《星经》《说苑·辨物篇》及《汉书·律历志》等,则以旋机为北极,玉衡为北斗。总之都是指北天的中部古代叫紫微垣内的两个主要星象,即西名大熊星(Ursa Mijor)(北斗)小熊星(Ursa Minor)(α为北极)两星座。但就《尧典》文意以观(见下文),当以北斗七星即大熊星座为是。《天官书·索隐》引《运斗枢》云:"斗,第一、天枢(大熊星座 α),第二、旋(β),第三、机(γ),

第四、权（δ），第五、衡（ε），第六、开阳（ζ），第七、瑶光（大熊座 η）。第一至第四为魁，第五至第七为杓（即《夏小正》所称斗柄），合而为斗。"二、三、四、五这四星亦称天旋、天机、天权、玉衡。通常以"旋机"代表魁，以"玉衡"代表斗柄（如"玉衡指孟冬"即斗柄指孟冬），以"旋机玉衡"代表北斗七星。（亦即《春秋纬文耀钩》所说："玉衡属杓，魁为璇玑。"又《晋书·天文志》所说："魁四星为璇玑，杓三星为玉衡。"）

到汉末古文家马融、郑玄始以璇玑为浑天仪，且是玉制的。马融说见《天官书·索隐》所引，马云："璿，美玉也。玑，浑天仪，可转旋，故曰旋玑。衡，其中横箭（箫），所以视星宿也（此句《孔疏》所引）。以璿为玑，以玉为衡，盖贵天象也。"郑玄说见《五帝本纪集解》所引郑云："璿玑玉衡，浑天仪也。"又《天官书·索隐》引郑注《大传》云："浑仪，其中箭为璿玑，外规为玉衡者是也。"又《宋书·天文志》引郑云："动运为机，持正以衡，皆以玉为之。"于是"旋机"二字也就加玉旁成了"璇玑"。（皮氏《考证》云："古书旋或作琁，或作璿，或作璿。"）伪古文本就承用了"璿玑"。唐写《释文》存璿字古体云："璿，古璿字，音旋。美玉也。马本作琼。"薛氏本、内野本于此四字竞相作隶古奇字。

其实浑仪等天文仪器直至汉代的落下闳时才开始创制。虽《宋书·天文志》引三国时王蕃说："浑仪，羲和氏之旧器。"那完全是承马郑等对《尧典》的妄说。又李约瑟《中国科学技术史·天学》（即第四卷）中说浑仪"大概就是石申和甘德（公元前 4 世纪）所用过的仪器，而且直到落下闳和鲜于妄人的时代似乎依然如故。"（公元前 4 世纪为战国中期，石申、甘德的星象著作后编成《甘石星经》。)但也只是推想可能。较确切地谈此事的,首有扬雄《法言·重黎》云:"或问浑天,曰:落下闳营之,鲜于妄人度之,耿中丞象之,几乎几乎,莫之能违也。"而后有孔颖达《舜典》疏云:"闳与妄人,武帝时人。宣帝时司农中丞耿寿昌始铸铜为之象。"王应麟《六经天文编》所载同。戴震《尚书义考》云:"浑天之器创于此三人,遂以其转旋名之曰璇玑,以其中之窥管名之曰玉衡,袭取古名,非唐虞时所谓机衡也。"是汉始有之物,自不能用于尧时。而且本篇上文所说尧时星历水平,只认识二分二至和成岁,就靠观测四仲中星。如有简单仪器,还只能是圭表,自然不能用浑仪来解说旋机。李约瑟《中国科学技术史》也说:"就璇玑两字的造字而论,无法证实它是浑仪。"(该书第四卷第 380 页)同页并引马伯乐(Masparo)说,认为璇玑是星座而不是仪器。这是正确的。

但李约瑟不同意马伯乐说,却承吴大澂和米歇尔(Michel)之说。以为二人所谓"象天地"之器"璧"和"礼天地"之器"琮",即吴大澂《古玉图考》所载商周玉器中,有一种璧,外缘分三部分,都有一缺刻的突起(即牙),往往有几个齿,吴以为即《舜典》中的璇玑。又有一种琮,为筒状长方体,有四棱,两端有短的圆筒状。以为是一种窥管,即玉衡。美国人牢佛(Laufer)袭此说宣扬之。至比利时人米歇尔首先肯定是天文仪器。称之为"拱极星座样板"(夏鼐译为"环极星的观测板"),把它套在琮上,以璧的一个刻缺处对准大熊座 α 和 δ,则小熊座 α 即在第二刻缺处。以此定位,则在琮管的中心窥见到真北极。还引用《周髀算经》一段为此说之证(见《中国科学技术史》第四卷第 384—399 页)。但夏鼐《所谓玉璇玑不会是天文仪器》一文(载《考古学报》1984 年第 4 期)。此前已有两文及两次国际学术会议上的报告），否定了此说。引英国卡楞（C.Cullen）核证了米歇尔故意移动许多星的位置以符己说，北极星也离圆孔中心甚远，根本不能起观测的作用。夏氏称此种璧为"三牙玉璧"，简称"牙璧"，以为新石器时代大汶口、龙山、良渚、半山诸文化都有发现，下限不晚于西周。出土时多在死者的胸部，且常和璜、玦在一起，显然都作为装饰物，可能带有宗教、辟邪的作用。而从来没有和玉制窥管在一起，也没有发现过玉制窥管。因而他的结论是："不管是简单的三牙璧或多齿三牙璧，都是装饰品，可能同时带有礼仪上或宗教上的意义，但并不是天文仪器，更不能叫做'璿玑'。"然后他又引伦敦大学亚非学院学报载卡楞和法勒（Farrer）合写一文，也认证这种玉器决不是璿玑，和天文仪器完全无关。此说是正确的。近见台湾有名古玉专家邓淑蘋氏《古玉的论识和赏析》一文（《故宫文物》第 141 期），据文献和考古资料全面系统地简析古玉问题，论及璧和琮只作为礼器使用，稍晚蜕变为璧与圭作为祭器使用，如《金縢》中周公"植璧秉圭"即是。在所有玉璧中根本未看到作为璿玑使用的迹象。就可知从吴大澂到李约瑟认定这种玉璧为璿玑之说是不确的。更何况这些新石器时代的礼器深埋地下，《尧典》作者所处的先秦时代还不会发现，自无由据以误认为天文仪器璿玑而写入篇中的。

　　皮锡瑞《今文尚书考证》指出："古无测天仪器，故《大传》《史记》不以机衡为浑仪；古无测五星法，故《大传》《史记》不以七政为七纬（见下注⑤）。考两汉人所引经义皆以机衡为星。"其下文补充了不少两汉在《大传》《史记》及《星经》《说苑》诸《春秋纬》以外皆以机衡为星的资料，计为《春秋感精符》、扬雄《太玄摊》《甘泉赋》

《长杨赋》、刘歆《遂初赋》以及《后汉书·郎𫖮传》、傅毅《明帝诔》、崔骃《车左铭》《袜铭》《汉山阳太守祝睦碑》、蔡邕《巴郡太守谢表》《胡公碑》《司空文烈侯杨公碑》、王逸《九辨序》《九思》等，皆以旋机为星名，都在马郑异说尚未出之前。王先谦《尚书孔传参正》又补充了马郑异说出现以后仍持旋机为星之说者数家，计为《魏志》载魏王上书、《蜀志·先主传》载议郎阳泉侯上言、又《管宁传》王基荐宁表等，皆承《大传》《史记》所释机衡为星象之说。这是由于意识到古无浑仪等仪器，因而只能释为天象，合于事物发展的先后，显然是正确的。马、郑注经，往往昧于事物顺序，错乱历史先后，因而是错误的。

因此，旋机玉衡只能解释为北斗七星。

⑤七政——经师们对此至少有四种不同之说：（一）《尚书大传》云："七政者，谓春、秋、冬、夏、天文、地理、人道，所以为政也。人道正而万事顺成，故天道，政之大也。"（《天官书·索隐》引）此伏生系今文家说。（二）《史记·天官书》云："北斗七星，所谓旋玑玉衡，以齐七政。"此亦西汉今文说。皮锡瑞《大传疏证》云："《易通卦验》曰：'遂皇始出握机矩。'是法北斗七星而立七政。《乾凿度》曰：'合七八以视旋机，审矣。'"纬书皆今文说，同《史记》所用义。新城新藏《二十八宿起源说》亦以为应指北斗，因中国古代曾以北斗为观测之目标。（三）《史记·律书》赞云："在旋机玉衡以齐七政，即天、地、二十八宿、十母、十二子。"亦司马迁用今文说。（四）马融《尚书》注云："七政者，北斗七星各有所主。第一曰主日法天，第二曰主月法地，第三曰命火，谓荧惑也，第四曰煞土，谓填星也，第五曰伐水，谓辰星也，第六曰危木，谓岁星也，第七曰罚

（《后案》引作剽）金，谓太白也。日月五星各异，故名曰七政也。"
（《史记·天官书》引）此援引北斗而强说为日月五星。郑玄乃明确
说："七正，日月五星也。"（《史记·五帝本纪·集解》引）（戴震、江
声误谓郑玄亦主《大传》说，孙星衍辑《马郑注》不采二人说，皮锡瑞
《考证》辨明郑只主日月五星说）。自古文家马、郑倡日月五星说，
而后伪传、《蔡传》及宋元诸儒著作大都从之，很少异说。（戴震《义
考》始谓五星"何以与日月并列称七政"，魏源《书古微》谓"北斗七
星无主日月五星之理"。）

　　"在旋机玉衡以齐七政"之作用，亦有数说。上引《大传》说已
云七政者所以为政，道正而事成，重天道乃为政之大者。《史记·
天官书》云："斗为帝车，运于中央，临制四乡，分阴阳，建四时，均五
行，移节度，定诸纪，皆系于斗。"京房《易略例》云："故处旋机，以观
大运。"《说苑·辨物篇》云："古者圣王既临天下，必变四时之律，考
天文，揆时变……旋机谓北辰、勾陈、枢星也。玉衡谓斗六星也（据
孙星衍、魏源说补），以其魁杓之所指二十八宿为吉凶祸福、天文列
舍盈缩之占，各以类为验。"以上皆西汉今文说。马融云："日月星
皆以璿玑玉衡度知其盈缩进退失政所在，圣人谦让犹不自安，视璿
玑玉衡以验齐日月五星行度，知其政是与否，重审己之事也。"（《孔
疏》引）郑玄云："动运为机，持正为衡，皆以玉为之，视其行度观受
禅是非也。"（《宋书·天文志》引）此东汉古文说。大抵今文说是，
就星斗以观天道，来察人间政事。古文说则着重就星象吉凶，审思
自己政事之是否，乃至说是否应受禅。

　　伪古文的本篇伪传全承古文说云："七政，日月五星各异政，舜
察天文，齐七政，以审己当天心与否。"以后经生多从之者。但宋林

之奇《全解》云："此说不然。"以为经烈风雷之试,舜德已合于天心。如果不当天心就不当授位。既已授之不当再察。朱熹《语类》亦谓伪传说"未必然,只是从新整理起"。故承其学的《蔡传》云："舜初摄位整齐庶务,首察机衡以齐七政,盖历象授时所当先也。"而吕祖谦《书说》仍从伪传说,以为"昔者乃尧之试舜,今也舜亦欲自试以验其身之如何也"。其他宋儒纷纭之说还多。

清儒戴震《义考》云："政之为言,实人有政非天有政甚明。人之有政,论其一为岁之政,分至启闭如祭祀、典礼、登台书云物之属是也。其一为月之政,如听朔、朝庙之属是也。……遂顺时序而举夫木火土金水五者之政,如法制、禁令、协天时而布其事是也。"江声《音疏》云："斗柄所建可以审时,王者顺天时以出政必督视之,故曰在旋机玉衡以齐七政。"魏源《书古微》云："此与中星定月,皆唐虞羲和数十载讲求测量,立此简易之法,使民皆仰观而得之,凭天象不凭仪器,天文以此正,地理以此分,人事以此齐,四时以此定,故曰以齐七政。"则一承日月五星说,一承北斗说,惟以人间政事解说之。但后一说以与中星定月之法相并立,则具有新意。

其实察旋机玉衡以齐七政,就是观察斗柄所指方向来认识四季不同星象和物候特点,来安排民生首要的农事活动及有关生活处理和行政设施。这和《夏小正》按月观察斗柄方向有关星象及各种物候、气象、农事条件、人事活动,以及《天官书》所载"分阴阳、建四时、均五行、移节度、定诸纪",都是大体相符合的,也就是《大传》说的"春、秋、冬、夏、天文、地理、人道"之政为七政。按,《夏小正》所记载的是春秋战国时代的星象、物候,而《尧典》正撰成于此时,所以正好接受了这一知识。这是古人在按四仲中星确定四季的

"观象授时"以外的另一阶段的观象活动。

刘朝阳《从天文历法推测〈尧典〉之编成时代》文中，以为这一句所指与上下文所指不一致，句子结构与前后各句也不同。如果删去此语，此段文气始顺畅，因此以为此语是后来误入的。这话有道理，显见此句与此段确无关连。但《尧典》本来就是杂取很多不同材料拼凑成文的，篇中有不少句给人以这种感觉，很可能此句原来也就是这样乱凑在一起的，因此只能承认它的存在。

⑥肆——伪传："遂也。"下文"肆觐东后"同。《史记》于此两肆字皆作"遂"。敦煌唐写本《释文》云："肆，音四字。王云：'次也。'马云：'故也。'"《说文·隶部》有𨽶字，解云："《虞书》曰：'𨽶类于上帝。'"段氏《撰异》云："此壁中故书字也。作'肆'者，盖孔安国以今文读之者也。'肆，遂也。'见《夏小正》传，故训也。"并引《史记》之《五帝本纪》《封禅书》及《汉书·王莽传》皆作"遂类于上帝"，以为未知今文是否作"遂"抑为故训字。而《论衡·祭意篇》引作"肆"，以为今文作"肆"可知。皮氏《考证》以为据《史记》《汉书》所引，则今文原亦作"遂"，非故训字。

⑦类——《说文·示部》作"禷"。敦煌唐写《释文》作"膟"，释云："字又作'膟'，古'类'字。"按《说文》："膟，血祭也。从肉，帅声。"古文作"膟"。吴士鉴《校语》云："《郊特牲》'取膟膋燔燎升首'，或因膟为祭天之物而假借为类。"龚道耕《考证》云："《类篇》：'膟，力遂切，音类。'盖古文假膟为类。"《释文》所用《古文尚书》原为伪隶古定本。《玉海》载郭忠恕"定《古文尚书》并《释文》"刊行之，薛季宣又取较郭氏所刊更多奇字之本成《书古文训》。今见此薛本及足利本作"膟"，内野本作"膟"，而郭忠恕《汗简·肉部》作

"𦥯",注云"类"。《古文四声韵·至部》"类"字引《古尚书》作"𦥯",引崔希裕《纂古》作"臂"。知皆由郭氏摹刊伪隶古定本而来。

"类"为古代对天的一种祭礼,分今、古文两说。见《五经异义》云:"《今尚书》夏侯、欧阳说:'类,祭天名也,以事类祭之。奈何?天位在南方,就南郊祭之是也。'《古尚书》说:'非时祭天谓之类。言以事类告也。''肆类于上帝,时舜告摄,非常祭。'许慎谨案:《周礼》郊天无言'类'者,如'类'非常祭,从《古尚书》说。"按《说文》"禷"字解云:"以事类祭天神。"用今文说。陈寿祺《异义疏证》据郑玄注《周礼·小宗伯》同许慎用古文义,而注《肆师》用今文义,以为"二说固不相牾"。皮锡瑞《考证》云:"三代异物,唐虞之礼,不得以周礼绳之。《诗·文王》:'是类是祃。'《毛传》曰:'于内曰类,于外曰祃。'《尔雅·释天》云:'是类、是祃,师祭也。'《王制》曰:'天子将出,类乎上帝。'非必告摄乃有类祭。"总之,"类"是古代祭天的一种祭名。

⑧于上帝——《释文》引马融注云:"上帝,太一神,在紫微宫,天之最尊者。"这是纯以汉代的上帝来释此。《汉书·郊祀志》载方士缪忌说"天神贵者太一",汉武帝听信了,就把太一定为最高的上帝,一直受到尊奉,怎能把它附会到所谓尧时? 而且"类"是祀天之礼,就可知所祀的"上帝"与"天"是同义词,而非祀太一(本来殷人语言中的帝即周人语言中的天)。所以"类于上帝"即以类礼祭天。

⑨禋——《释文》:"音因。"《史记》之《五帝本纪》《封禅书》《汉书》之《郊祀志》《王莽传》《叙传》《后汉书·光武纪》《说苑·辨物》《论衡·祭意》《周礼·大宗伯》等皆作"禋",《大传》《隶释》之《魏公卿受禅碑》《史晨孔子庙碑》《樊毅修西岳庙碑》《西京赋》

尧典

127

《路史·余论五》引《大传》及其阐释皆作"煙"。郑玄注《大宗伯》"以禋祀祀昊天上帝"云："禋之言,煙。"盖以"煙"为此祭名之本字。段氏《撰异》引《续汉书·祭祀志》刘昭注谓虞喜之本作"垔",《虞书》改土正合祭义。段谓是刘昭所处萧梁时《尚书》此字作"垔",或从俗作"堙",不作"禋"。段所见《尚书大传·唐传》曰："《书》湮于六宗。"以为当本作"垔",俗人妄加水旁。并谓"垔"为伏生所存古字,由《尧纪》《莽传》皆作"禋",知伏生以后今文家早已易为禋字。

《国语·周语》："精意以享,禋也。"《说文》："禋,洁祀也。一曰精意以享为禋。"敦煌写本《释文》引马融注全承"精意以享"之释,伪传、《蔡传》皆从之。《释文》又引王肃云："絜祀也。"《周语》"不禋于神"韦昭解亦云："洁祀四种。"这都是说"禋"是古代一种非常精意洁敬的祭礼。《尚书后案》引郑玄云："禋,煙也。取其气远升报于阳也。"又郑玄注《周礼·大宗伯》云："禋之言煙,周人尚臭,煙气之臭闻者也。"那就是一种燎柴使煙上升的祭礼。不过他明言是周人所尚之礼。《孔疏》驳云："《洛诰》曰'明禋',又曰'禋于文王武王',经传此类多矣,非燔柴祭之也,知是精诚洁敬之名耳。"是"禋"终以精意之祭释之较合古人原意。

⑩六宗——伪传云："宗,尊也。"指六个尊重的神。哪六个尊神为"六宗",则古来经师、注疏家争论歧说太多了,后魏时高闾谓异说凡十一,今所知至少有二十种以上。略陈如下:(1)天、地、四时(伏生《大传》、马融、高诱、崔灵恩等),(2)天地四方之中神助阴阳者。谓上不及天、下不及地、旁不及四方、居中央有益于人者(今文三家欧阳、夏侯说,王充、何休、李郃、孟康等从之),承此说又作

二种稍异说法,(3)六宗居六合之间(王充、何休),(4)天地间游神(孟康),(5)六宗:乾坤六子,亦称《易》六子:水、火、雷、风、山、泽;六宗之属:星、辰、水、火、河渎(孔光、刘歆、王莽、颜师古等),(6)天宗:日、月、星辰(《祭法正义》作北辰);地宗:岱、河、海(贾逵,郑玄注《大传》引马融说同此),(7)天地四方之宗。天宗:日月、星辰、寒暑;地宗:社、稷、五祀;四方宗:四时、五帝之属(《大宗伯》疏引《古尚书》说,司马彪等),(8)六神(《楚辞·惜诵》"戒六神与向服",王逸注:"六神,谓六宗之神也。"刘向《远逝》"讯九魁与六神",下文举太一与五帝为六神。北魏孝文帝用向说,祭天皇大帝及五帝为六宗,杜佑从之),(9)星、辰、司中、司命、风师、雨师(郑玄说,范甯、张融、吴商从之),(10)《周礼》祭禜,《月令》祭来年于天宗六之神(卢植、挚虞),(11)四时、寒暑、日、月、星、水旱(《礼记·祭法》、王肃《孔丛子》《舜典》姚传、苏轼、苏辙、朱熹、《蔡传》),(12)日,阳宗,月,阴宗,北辰,星宗(蔡邕,《月令·正义》引《古尚书》说),(13)太极冲和之气、六气之宗(刘劭),(14)六为地数,六宗为祭地。谓"类于上帝"是祭天,"禋于六宗"是祭地(虞喜、刘昭),(15)社稷五祀(《魏书·礼志》载高闾引或说),(16)天、地、河、岱、幽、雩(罗泌说,按《祭法》幽禜祭星、雩祭水旱),(17)明堂六帝(惠栋据今文三家说推定,江声从之),(18)东、南、西、北、上、下的"方明"之祀(姚鼐、金榜、汪中),(19)五行及社稷之祀,即《禹贡》"六府"(陈世镕)等。以上是指天地间的各种神,还有指人的祖神的,如(20)"幽州秀才"张髦说,六宗是三昭三穆(王安石、程颐从之。陈大猷《或问》云"诸学者多取张髦说",(21)又有一说六宗是六代帝王(张迪),或(22)黄帝、少昊、颛顼、帝喾,加开创之帝伏羲、神农（王庭植），等等。这样言人人殊，正说明这是一可由经生们各逞己说随意解释的原无定论的问题，而且在今天看来实在毫无意义。但要记住《左传·成公十三年》说："国之大事，在祀与戎。"古代把祭祀看成头等大事，只有战事同样重要，但还列在它的后面。所以无怪乎历代统治者都极端重视而经师们都要绞尽脑汁为寻解释了。而且对六宗的解释，古代往往成为政争的工具（如曹魏时），或者为经师们争学术地位的资本，就是由于它与古代政治密切相关之故（此处资料据《周礼·大宗伯·正义》《续汉书·祭祀志》刘昭注、本篇《孔疏》、陈寿祺《五经异义疏证》《尚书欧阳夏侯遗说考》、俞正燮《虞六宗义》、柯劭忞等《续修四库全书提要》，参看皮锡瑞《今文尚书考证》、王先谦《尚书孔传参正》、简朝亮《尚书集注述疏》等）。

据《通典·礼四》载，周以禋祀祀昊天上帝。汉兴，于甘泉汾阴立坛祀六宗，成帝时用匡衡议祀六宗（此句据《东观汉记》，《通典》未载），平帝时用孔光、王莽议祀《易》六子。东汉光武时废六宗祀，安帝时重立六宗用李郃议祀天地四方。魏明帝初立六宗承用《易》六子，景初二年用刘劭议改祀太极冲和之气。晋初荀颉定四祀，以六宗异说多，废之，挚虞请复立六宗，祀天宗之神。北魏明元帝泰常三年与群神之祀并立六宗，至孝文帝祀天皇大帝及五帝之神于郊天坛，不别立六宗坛。自后不再专祀六宗。故《孔疏》云："近代以来皆不立六宗之祠也。"唐以后原六宗涉及之各神皆分别在各项有关祀礼中祭之，不专设六宗之祠来综合祭祀。

按，殷虚甲骨文中有三示、六示、十示……等称谓。治甲骨文者多指出，示与宗、主为一字（唐兰等）。示即指祖先神主，几示就是几代祖先的神主。例如"六示"就是殷始祖上甲微以下至示癸六代,或开国之君成汤以下六代,也指殷人神话中的祖先"河"以下六代。"三示"是指成汤大乙、太宗太甲、中宗祖乙三代(据陈梦家《殷虚卜辞综述》第 461—463 页)。卜辞中另有"宗"字是置神主之处,亦即是宗庙。既示、宗、主为一字,则至周代就可能三示、六示和三宗、六宗无别,可直把"六示"读成"六宗"。《尧典》作者在所获得的古代流传资料中可能遇到"六宗"这一资料,也就囫囵地作为祭礼资料抄入本文中。原来就没明确认清楚它的意义,因此后来经生或注疏家的纷纷之猜想都是不足据的。

⑪望于山川——《公羊传·僖公三十一年》:"望,祭也。"《穀梁传·僖公三十一年》范甯注引郑玄云:"望者,祭山川之名也。"《五帝本纪正义》:"望者,遥望而祭山川也。"《汉书》之《郊祀志》《王莽传》《叙传》《续汉书·祭祀志》载光武封泰山刻石、《说苑·辨物》、郑玄注《大传》皆作"望秩于山川"(或省"于"字)。《东观汉记·赵熹请封禅上言》、张昶《西岳华山堂阙碑》《魏公卿上尊号奏》都引"望秩",和下文"东巡狩"时所用同。

⑫遍于群神——"遍",《史记》作"辩",《正义》:"辩,音遍。谓遍祭群神也。"《集解》:"徐广曰:'辩,音班。'"樊毅《修西岳庙记》亦引作"辩",而扬雄《太常箴》,汉光武《泰山刻石》皆引作"班",其他汉魏文多作"遍"。《仪礼·乡饮酒礼》郑注:"今文辩皆为遍。"又《士虞礼》郑注:"古文班或为辩。"段氏《撰异》云:"今古文盖本皆作辩,或读为班,或读为遍,《仪礼》多以辩为遍,古文家所由易为遍也。"这说明了古文原用辩、辨而易为遍的由来。总之诸字同音通用,而遍即遍,此句承上文说各种祭祀遍及于群神。"神",唐写

《释文》作:"㲻,古神字,又作'褆'。"

⑬辑五瑞——"辑",《史记·尧纪》《汉书·郊祀志》、魏《封孔羡碑》皆作"揖",《汉书·兒宽传》颜注引作"楫",并谓辑、楫与集三字并同。《尔雅·释言》云:"合也。"《史记集解》引马融云:"辑,敛也。"亦集之义。唐写《释文》云:"楫,徐音集,王云合也,马云敛也。""五瑞",五种美好的玉器。《说文》:"以瑞为信也。"相传为古代诸侯觐见天子时按级别分别拿着五种玉器:珪、璧、琮、璜、璋,由天子收集起来,用一种"瑁"套在五瑞上面来检验是否符合(见《白虎通·瑞贽》,参见《周礼·玉人》及《尚书大传》,《说文》瑁字亦作此释)。朝觐完毕后又退还给诸侯(即下文的"班瑞"),说这是"正君臣,定法度"之道(《白虎通·朝聘》)。如果确有此礼,大概是周代制度,但说法仍不一,有说"五瑞"是桓圭、信圭、躬圭、榖璧、蒲璧,由公侯伯子男分别执以贽见(见《周礼·春官·典瑞》,亦见《冬官·玉人》),宋儒著作多从之。然五等爵之说并非周代原有定制,《春秋》《孟子》始确确言之,则有关"五瑞"说之难以征信可知,更不要说所谓的尧时了。

⑭既月乃日——《史记》据文意译作"择吉月日",又《封禅书》及《汉书·郊祀志》亦同,此当得原意。伪传与《蔡传》及宋人著作皆于"既月"读断,"乃日"属下句。并训"既"为"尽",谓"辑五瑞"以上各事皆尽于正月中为之,然后二月一日起乃天天见诸侯群牧。此说显然牵强不合,不及《史记》所释。戴震《义考》驳之云:"按'日'者,择其日之谓。朝觐礼大,待诸侯齐至然后择觐日,《史记》所谓'择吉月日'是也。言'辑五瑞',则知诸侯咸至;言'班瑞于群后',则知同时觐而颁之。"王先谦《孔传参正》亦释此句云:"言既

择月,乃卜筮吉日也。"所释亦是。孙诒让《尚书骈枝》则另为释云:
"此既月疑当为望后,犹云既望也。月之光以望日为最圆满,故既
望亦云既月。"此可备一说。

⑮觐——《史记》译作"见",《尔雅·释诂》同此训。封建礼制
中指下见上、诸侯见天子称"觐",而古代动词往往不分主动、被动,
这里是被动,作为"受觐"解。

⑯群牧——封建王朝派出的地方高级长官。汉武帝时,各州
置刺史,汉成帝时改称州牧,是地方高级长官称"牧"之始。在秦行
郡县汉行州郡以前,各地只有"诸侯",是没有"群牧"的(秦时郡的
长官称"守")。在《尚书·立政》中有"牧",亦称"牧夫"、"牧人",
是西周初年王室的三大重要官员之一。可能由于此"牧"列在《诗》
《书》中,遂发生了不小影响。《鲁语下》云:"师尹惟旅牧。"此尚指
王室官员。至《礼记·曲礼》:"九州之长入天子之国曰牧。"春秋战
国时有了九州之说,遂有九州之长。但仍然说他要到王室才称牧。
《左传·宣公三年》:"昔夏之方有德也……贡金九牧。"《左传》成
于战国时,记春秋之事,就承当时九州之说,托实夏时有"九牧"了,
《荀子·解蔽》也说:"此其所以丧九牧之地。"仍只是泛言之。而究
其所以称牧,是把治民看作是畜牧牛羊一样来的。《管子·牧民》:
"凡有地牧民者,务在四时。"《逸周书·命训解》:"古之明王奉此
六者以牧万民。"唐写《释文》:"群牧,牧养之牧。"都把治民称为牧
民,治民之官就称为牧了。《周礼·大宰》:"而建其牧。"郑玄注云:
"以侯伯有功德,故加命作州长曰牧。"因为是说周制,必须说地方
之长为侯伯,但又牵合汉代之制来注释。而《周礼·大宰》又云:
"牧以地得民。"又《大宗伯》云:"八命作牧。"《大司马》云:"建牧立

监。"郑玄注就用汉代之制径释为"州长"或"州牧"了,杨倞注《荀子·解蔽》也就说"九牧"是"九州之牧"了,《尧典》最后编定于春秋战国时,遇到这么一些"牧"的资料,就写成"群牧"载入篇中了。

⑰班瑞——"班",《周礼·宫伯》"颁其衣裳"郑注:"颁,读为班。班,布也。"知班同颁,为颁布、颁给之意。《说文》:"班,分瑞玉。"显然就《尧典》本句得义。伪传释班为"还",亦只是就颁还瑞玉为言。"班瑞",就是把所"辑"诸侯的"五瑞"颁还给诸侯。《尚书大传》云:"天子执冒以朝诸侯,见则覆之(谓以瑁覆在诸侯瑞圭上),故冒、圭者,天子所与诸侯为瑞也。……无过行者,得复其圭以归其国。有过行者,留其圭。能改过者,复其圭。"这是经生对这一段周代礼制的说法。无论可信程度多少,倒很可帮助理解《尧典》这几句。

⑱于群后——《史记》之《五帝本纪》《封禅书》及《汉书·郊祀志》引此文皆无此三字,可能司马迁也察觉到"群后"与"群牧"相矛盾,故予删去。按,"后"即"王",见《尔雅·释诂》。古代神话中称至上神为帝,称帝所派出的群神为后(见《左传》《墨子》《楚辞》及本书《吕刑》等)。甲骨文中则当时的王称王,死去的王称后。王国维释其字形为"毓",象妇女生育之形,多后即多位死去的王(《殷虚卜辞中所见先公先王考·多后》)。郭沫若谓称"王"为"后",乃母权制的遗迹,以母的最高属德生育以称之(《释祖妣》)。《盘庚》中的"前后"、"古后"、"先后"等和《商颂》中的"先后"都是指殷先王。周时活着的王也可称后,所以有上引《尔雅》"后"就是"君"之训。因而《左传》《墨子》《楚辞》等书中往往后、帝并举。但在秦以前,只有"群后",而没有"群牧"。汉代郡国并置,有了"群牧"与

"群后"并立的可能。但汉代的君王已不能称"后",而汉成帝以前州的长官也不能称"牧"。这里显然是把不同时代的称谓杂凑到一起的。

以上这一节,叙述舜在称为祖的殿堂接受尧的传位后,以摄君位身份,进行君主始政必须进行的种种宗教礼仪活动,并按礼制受诸侯、地方长官的觐见。

岁二月①,东巡守②,至于岱宗③,柴④。望秩于山川⑤,肆觐东后⑥,协时月、正日⑦,同律度量衡⑧。修五礼⑨、五玉⑩、三帛、二生、一死贽⑪。如五器⑫,卒乃复⑬。

五月,南巡守,至于南岳,如岱礼⑭。

八月,西巡守,至于西岳,如初⑮。

十有一月,朔巡守,至于北岳,如西礼⑯。

归格于艺祖,用特⑰。

五载一巡守⑱,群后四朝⑲。敷奏以言,明试以功,车服以庸⑳。

肇十有二州,封十有二山㉑,浚川㉒。

①岁二月——《御览》引《礼记外传》曰:"夏殷五载一巡狩,周制十二年一巡狩,皆在仲月。"二月为仲春,下文五月、八月、十一月为仲夏、仲秋、仲冬,故云。《史记集解》引郑玄曰:"建卯之月也。"陈乔枞《经说考》驳之,以为据上文"正月上日"为尧建丑,则建卯当

为三月。按，此皆汉三正论之妄说。"岁二月"，《史记集解》引马融曰："舜受终后五年之二月。"罗泌《路史》云："岁二月者，乃次一年二月也。"这是无意义的争论。尧舜事本出于编排，原文并未排定在哪一年。而且所谓夏殷周几年一巡狩，更是无根据妄说。

②巡守——《史记》作"巡狩"。《左传·庄公二十一年》："王巡虢守。"又《庄公二十三年》："王有巡守。"又《庄公二十七年》："天子非展义不巡守。"《孟子·梁惠王下》："天子适诸侯曰巡狩。巡狩者，巡所守也。"又《告子下》："天子适诸侯，曰巡狩；诸侯朝于天子，曰述职。"《白虎通·巡狩》云："王者所以巡狩者何？巡者，循也（故薛本作"徇"，为循、徇字之讹变）。狩者，牧也。为天下巡行守牧民也。"是承《孟子》《史记》狩字义。《尚书大传》云："巡，犹循也。狩，犹守也。循行守视之辞。"郑玄云："巡守者，行视所守也"（据孙星衍辑本）伪传云："诸侯为天子守土，故称守。巡行之。"朱骏声《古注便读》亦云："守，诸侯所守之职也。"皆承用《左传》《尧典》守字义。段氏《撰异》云："依《孟子》《白虎通》训故，作'狩'为长。"《礼记·王制》载巡守事，文多同本篇。盖《史记·封禅书》载汉文帝"使博士诸生刺六经中作《王制》"。其巡守之文即据《尧典》此处增益而成。又《周礼》地官之土训、诵训，夏官之职方、土方，秋官之大行人、掌客，皆有王巡守则为之执役之文。《周礼》职文或据先秦原有，或为汉代增益，亦同于《尧典》用守字。

③岱宗——《史记·封禅书》："岱宗，泰山也。"《风俗通·山泽篇》："泰山，山之尊者，一曰岱宗。岱，始也。宗，长也。"《释文》："岱，音代。"岱、泰原是一声之转（泰，透纽。岱，定纽。皆舌头送声。泰岱以清浊相转）。《尔雅·释山》："泰山为东岳。"《大

传》："循行守视之辞,亦不可国至人见为烦扰,故至四岳,知四方之政而已。"这是解释天子巡狩四方,为避免过多烦扰,所以只到四岳。先到东方的岱宗。《后汉书·张纯传》《白虎通·封禅篇》《续汉书·祭祀志》注引"因名山升中于天"卢植注,皆以为巡狩至于岱宗,即是封禅。顾师《尚书研究讲义》丙种之一引《史记·封禅书》云:"自古受命帝王曷尝不封禅?……《尚书》曰:'舜在璇玑玉衡以齐七政,遂类于上帝,禋于六宗,望山川,遍群神,辑五瑞,择吉月日,见四岳群牧,还瑞。岁二月,东巡狩,至于岱宗(岱宗,泰山也)柴望秩于山川,遂觐东后。'"然后说:"是封禅之根据在《尧典》明矣。"

这里原文只称岱宗,没有标明是东岳。下文依次称南岳、西岳、北岳,没有标出其山名。但显然四岳已具备了,岱宗显然当东岳。而《封禅书》照抄了此段后,标明:"南岳,衡山也。""西岳,华山也。""北岳,恒山也。"然后增添一句:"中岳,嵩高也。"则五岳俱备。但这是汉代才有的事。

由上文"咨四岳"一节的注②知道,古代有一座叫"四岳"的丛山(亦称岳山或吴岳,即《禹贡》岍山),在今陕西陇县境。居住该地之族奉四岳神为宗祖神。而这位宗祖神佐大禹治水成功,遂由上帝赐该族为姜姓。姜姓族与姬姓族通婚合作,东进建立齐、吕、申、许诸姜姓国。还有姜氏戎被迫迁晋之南境。都把岳名带到新居地。于是晋境即冀州境有太岳(见《禹贡》),姜氏戎的阴戎境有中岳(顾刚师《四岳与五岳》考定),齐境亦有地名岳(见《左传·襄公二十八年》《孟子·滕文公》)。这是先秦所曾实有过的称为岳的山名或地名,仅此而已,而且都是通常的山名、地名,并不像《左传·

137

庄公二十二年》所说的"山岳则配天"那样的特具神意的山。神话书《山海经》中倒见到西岳(《海内经》。由它生了羌〔姜〕族，可知是四岳之误写)、南岳(《大荒西经》)、北岳(《北山经》)，另一部神话史诗《天问》中也有南岳。皆虚无缥缈的山而非实际地名，是无法找到这几处山的。《尧典》作者大量搜集神话资料并把它历史化据以撰写成书，所以他完全袭用这三个名称。而当时神话资料中没有东岳，他也就没有写，只写了东方实际的大山岱宗，因为它是《管子·封禅篇》所说"古者封泰山禅梁父者七十二家"的名山，正适合于此处做天子巡守之地，相对于后面三岳来说，虽没有标明，也自然地成为东岳了。

顾师《四岳与五岳》(见《史林杂识》)文中说："岳之名起于汧之岳……其后部族移徙，岳之名遂广被于他山。……《尧典》作者袭其分化之义，遂取《国语》四岳之专名变而为四岳之通名，以分配之于四方。……四方之名固由中央来，故五岳之说起。""五岳之说在大一统制度下，固有其兴起之必然性。但其出甚迟。"因而举了汉武帝先后定嵩高为中岳，灊之天柱山为南岳，常山(恒山)为北岳。惟未定西岳，因华山在都城长安之东未便定。到《汉书·郊祀志》载汉宣帝诏定祀五岳之礼时，还是定了华山为西岳。而其中灊山(一作潜山，即皖山，其西部称霍山)在今安徽境，汉时已处国之中部。因此司马迁撰《封禅书》、班固撰《郊祀志》径据《禹贡》中最南之山改写为"南岳，衡山也"。伪传及《蔡传》皆承用之。五岳就从此定下来直传至今。但在先秦时，各国据地纷争，根本不可能产生此按全境划分的"四岳"或"五岳"。《尧典》作者只是根据神话中尚未形成四岳、五岳时的零散的称为岳的几个山名拼凑成文的，但它却影响后来五岳的形成。

过去经师们不可能具有历史的观点，大率只就汉代已定五岳之制来谈五岳。因而文献中出现的五岳说大都围绕在汉代所定之五岳。先看汉代的文献，如《尔雅》《尚书大传》《白虎通》《说文》《风俗通》等及纬书都说东岳泰山、南岳霍山、西岳华山、北岳恒山、中岳嵩山。其中《风俗通》说"南方衡山一名霍山"，以调和当时已出现的南岳衡山说(郭璞注《尔雅》亦以衡、霍为一山)这是汉代五岳说的一派，是根据汉宣帝所定功令来的。另《论衡·书虚篇》以岱霍华恒为四岳，同于《尧典》。《史记·封禅书》《汉书·郊祀志》《周礼·大宗伯》郑玄注，除其四岳同于上一派外，独主南岳为衡山，是根据《禹贡》南方衡阳之衡山来的，非指安徽之霍山。这一派流传下来直至现代成为定说。汉代出现的一异说是，《白虎通·疏证》转引《郑志·杂问》云："周都丰镐，故以吴岳为西岳。"显然是推想之说，却影响了清儒。其后《通典》引南朝梁崔灵恩《三礼义宗》云："唐虞以衡山为南岳，周氏以霍山为南岳。"此说尤影响了清儒。

接着看清儒之说，谈五岳者颇不乏人，其名篇有十余家，这里谈其中三家，一为邵晋涵《尔雅正义·释山》云："唐虞以霍太山为岳，是为中岳，在冀州帝都之内。周营成周，华山在王畿之内，故为中岳，故吴岳为西岳。"又云："汉初儒者增益五岳之名于《释山篇》末，与《封禅书》同。""冀州之霍山与泰、衡、华、恒，唐虞之五岳也。华、岳、泰、恒、衡，周之五岳也。泰、衡、华、恒、嵩高，汉初相传之五岳也。泰、华、霍、恒、嵩高，武帝所定之五岳也。"一为金鹗《求古录礼说·五岳》云："近邵二云(晋涵字)谓周之五岳有岳山而无嵩高，其说自当。然以岳山为西岳，华山为中岳则非。"亦谓古代有五岳，他的唐虞夏的五岳及周的五岳都同于邵说，却增加了"岳、衡、华、恒、嵩高，殷之五岳也"。在叙周之五岳后说："东迁后复用殷制，秦汉因之，至于今不易也。"一为陈立《白虎通义疏证》在引《郑志》之说后云："是周家定以岳山为西岳，故以华山为中岳。……周人不以嵩高为中岳也。"又同意邵晋涵唐虞之五岳、周之五岳、汉初之五岳、武帝所定之五岳诸说。清代学者本有实证精神，言必有据，可是这几位只因古文献中偶有称为"岳"之山，即驰骋空想。随意附会唐、虞、夏、商、周各代五岳之名，不知所说的这几代根本没有五岳，这几位等于在痴人说梦，只是使人知道，在清代经学中，关于"五岳"，有这么几句痴话而已。

④柴——《说文·示部》："祡，烧柴焚燎以祭天神。从示，此声。《虞书》曰：'至于岱宗祡。'"是许慎所见古文本作"祡"。《说文》祡字末云："禷，古文祡。"段氏《撰异》云："禷字，此壁中《尚书》也。所称'至于岱宗祡'。此孔安国所以今文读之之《尚书》也。"所说壁中《尚书》，可能是。所说孔以今文读之之本则非。因许慎所习《尚书》实为杜林古文本，非孔氏本。唐写《释文》："《尔雅》云：'祭天曰燔柴。'马（融）云：'祭山曰柴，柴加牲其上而燔之也。'今经典并只作柴薪字。"

⑤望秩于山川——《续汉书·祭祀志》载光武《封泰山刻石》文引此作"望秩于山川班于群神"。多"班于群神"四字。《诗·时迈》郑笺引此则作"望秩于山川遍于群神"，亦多四字，唯"班"作"遍"。按此已见上一节注⑪、⑫。段氏《撰异》云："盖上文不言'秩'，故言'遍群神'；此言'秩'，故包摄'遍于群神'在内。"皮氏

《考证》以为今文本此处有此四字,古文本无之。《公羊传·隐公八年》疏引郑玄注此处云:"望秩于山川者,遍以尊卑祭之。五岳视三公,四渎视诸侯,其余小者或视卿、大夫,或视伯、子、男矣。秩,次也。"段氏《撰异》引云:"郑注此云:'遍以尊卑次秩祭之。'是也。"是说祭山川之礼,根据山川大小,比照祭三公、诸侯、卿大夫等祭礼的尊卑秩序祭祀之。此古文经师根据此秩字所作解释,似有点望文生义。杨筠如《核诂》云:"'秩',疑假为'祀'。《说文》'祀'或作'禩',古读如'忒'。'秩'读如'迭'。《周礼·大司乐》'以祀天神',《郊祀志》'祀'作'竢',《列子·说符》释文'失,一作矣'。是祀、秩可通之证。"王引之谓《尚书》字多假借,按假借义多可通,按本义往往不通,此或其一。然郑此注为历代典礼所遵用。

⑥肆觐东后——《史记·五帝本纪》作"遂见东方君长",译用训诂义。《封禅书》则作:"遂觐东后。东后者,诸侯也。"郑注继上注⑤所引之后云:"东后,东方之诸侯也。""后"义已见上节注⑱。

⑦协时月正日——《史记》之《五帝本纪》《封禅书》皆作"合时月正日",用"协"的训诂义。《白虎通·巡狩》《续汉书·律历志》元和二年诏及《月令章句》引"协"皆作"叶"。段氏《撰异》云:"叶、旪,皆古文协字也。《尚书大传》'不协于极'作'不叶',《五行志》'协用五纪'作'旪用'。于此见《今文尚书》之字未尝无古文也。"段氏《周礼汉读考》又引《秋官·大行人》"协辞命"注云:"故书'协辞命'作'汁词命'。郑司农云:'汁当为叶。'"章炳麟《尚书拾遗定本》举周时故书《三朝记》"虞汁月"之句,为"叶"作"汁"之证。"协时月正日",《五帝本纪·集解》引郑玄云:"协正四时之月数及日名,备有失误。"又《通典·巡狩》引郑玄云:"其节气晦朔,恐诸侯

有不同，故因巡狩而合正之。"而本篇伪传云："合四时之气节，月之大小，日之甲乙，使齐一也。"

⑧同律度量衡——"同"，敦煌唐写本《释文》引王肃云："同，齐同也。"所释似可通。然实有问题，将于下文叙明"同"即"吕"，"同律"即"吕律"。

"律"，唐写《释文》引马融云："律，法也。"伪传云："律，法则。"据《尔雅·释诂》，律自可释为法。但此处以法释之则皆误。因"法"为抽象名词，"律"与度、量、衡（乃至"同"）都为具体器物的综合名词，自不能以抽象名词释之。唐写《释文》引王肃云："律，六律也。"为此处正解。

古人对律有一种特殊的信念。《史记》有《律书》，《汉书》等有《律历志》，以盛称其美。《律书》云："王者制事立法，物度轨则，壹禀于六律。六律为万事根本焉。"《汉书·叙传》云："元元本本，数始于一，产气黄钟，造计秒忽，八音、七始，五声、六律，度量权衡，历算逌（攸）出。"由其连及度量权衡，是此"律"必当是"六律"之律。故《汉书·律历志》首句即引云："《虞书》曰：'乃同律度量衡。'"（按，比本句多"乃"字）唐写《释文》引郑玄云："同，阴吕也。律，阳律。"今本《释文》作"郑云：阴吕阳律也"。按，古来谈律吕之书颇多，其较详备之作有：宋蔡元定《律吕新书》，明朱载堉《律吕全书》，清康熙《律吕正义》，清著尤详备。

大抵古代截十二个不同长度的管子（原用竹管，后改铜管），作为定乐音高低的标准音，是为十二律。按律管之长短，依次名为黄钟、大吕、太蔟（或簇）、夹钟、姑洗、中吕（或仲吕）、蕤宾、林钟、夷则、南吕、无射、应钟（各管长短确数见《月令》郑玄注）。居奇数位的为阳律，偶数位的为阴律。即《周礼·大师》所云："阳声：黄钟、大蔟、姑洗、蕤宾、夷则、无射。阴声：大吕、应钟、南吕、函钟（即林钟）、小吕、夹钟。"阳声为阳律，称"六律"；阴声为阴律，亦作阴吕，称"六吕"。亦即《律历志》所云："律十有二，阳六为律，阴六为吕。"但林之奇《全解》则谓："六律，黄钟、大蔟、姑洗为阳，蕤宾、夷则、无射为阴。六吕，大吕、夹钟、中吕为阳，林钟、南吕、应钟为阴。"系据蔡元定《律吕新声》之说。可知诸律之为阴为阳并无定说。当阴阳二者并称时，称"律、吕"，但总称诸律时，仍可称"六律"，故郑玄注"六律"为"阴吕阳律"。是六律实包十二律。

我国古乐发展得很早，又较完备。但文献中商以前较简，唯周代始较详，然文献时间已较晚。《中国大百科全书·考古学》中殷玮璋氏撰《商周乐器》词条中，始备述考古发现商周早期音乐资料，先叙述了"八音"（见下文"二十有八载"节注⑤）的资料，接着叙述"五声"宫商角徵羽（见下文"月正元日舜格于文祖"节注㊹的资料，然后为十二律资料。略云："发现的商周编钟已超过四十套。……殷虚妇好墓出土的五件钟约当 G、A、C、F（？）、G，可构成四声音阶序列。"〔今按：王力《古代汉语》第811页列出十二律与现代西乐对照，大致相当于 C、♯C、D、♯D……♯G、A、♯A、B 等十二个固定的音。即黄钟（C）、大吕（♯C）、太蔟（D）、夹钟（♯D）、姑洗（E）、中吕（F）、蕤宾（♯F）、林钟（G）、夷则（♯G）、南吕（A）、无射（♯A）、应钟（B）。殷氏此处所提，G 相当林钟，A 相当南吕，C 相当黄钟，F 相当中吕。〕战国早期的曾侯乙……有三套音列结构相似的编钟，而且十二个半音俱全，即传统的音乐术语所称的"十二律"。且从其各部位铭文中看出，战国初期各诸侯国所用十二律的名称和制度并不统一。如曾国的姑洗相当楚的吕钟、太族相当楚的穆钟、宗周的剌音等。不过其基本原理仍和宗周一致,曾国的六律至少有五律与宗周同”(殷氏文参据了吴剑、刘东昇《中国音乐史略》)。这些就使我们获得了从文献中无法获知的商周十二律情况。(参看下文“月正元日”一节之注(54)“声依永律和声”之较详资料。)

文献中所述时间较早者,有《律书》所载“武王伐纣,吹律听声”。因不少典籍载武王伐纣时运用歌舞,即宣誓式的战争舞蹈(参阅本书《牧誓》校释),是用吹律管指挥士卒,这是直接以六律用于大的军事行动中者。到春秋时的《国语》记载六律资料较详。因周景王要铸“律中无射”的钟,单穆公谏之,以为钟,“律度量衡于是乎生”。景王问伶州鸠关于律的知识(铸钟是要合十二律的,上文考古资料妇好钟和曾侯乙钟就是。这称为“钟律”,与十二管的“管律”并行,其音律原理全同),伶州鸠指出:“律所以立均出度也。”(韦昭解:“均者,均钟木,长七尺,有弦系之。以均钟者,度钟大小清浊也。”董增龄疏引《思玄赋》李善注:“均长八尺,施弦。”又引京房始作律准,梁武帝谓之通,其制十三弦。《乐律表微》谓律准即均,均木有弦。这叫“弦律”,与管律、钟律并行,其音律原理亦同。《续汉书·律历志》详载京房弦律数据。)然后伶州鸠备举黄钟至无射六律的要义,举大吕至应钟六项,可是称为“六间”。接着说:“律吕不易,无奸物。”仍然是律吕,可知“六间”即六吕。

至《周礼》则又改称“六同”(疑与“六间”以形近互误)。其《大司乐》云:“以六律、六同、五声、八音……”《大师》云:“掌六律六同以合阴阳之声。”《典同》云:“掌六律六同之和……以为乐器……以上十二律为之数度。”是“六同”即六吕。郑玄注《春官叙官·典同》云："同，阴律也。"并引《尚书》此语及《大师》职文"大师执同律以听军声"，以明"同"与阳律对举，是为阴律（《史记集解》引郑玄"同，音律"。孙星衍指出"音"为"阴"之误，甚确）。贾公彦疏据郑引《尚书》语释之云："谓正定日之甲乙，阴同、阳律之长短，度之丈尺，量之斗斛，衡之斤两，六者皆定正之。"阴同、阳律，并举甚明。故较晚学者朱骏声《古注便读》、黄式三《尚书启蒙》皆释"同"为六同，池田末利《全释汉文大系：尚书》亦用此释，皆确。皮锡瑞《考证》云："同，古书皆不以为阴吕。"《周礼》《郑注》《贾疏》皆古书，皮氏何以视而不见。

律之为物，始见于《世本》云："黄帝使伶伦造律吕。"先秦把许多创造都归之黄帝，实际是说较早古代已创这种乐器了。《吕氏春秋·古乐篇》云："昔者黄帝令伶伦作为律……取竹于嶰谿之谷……断两节间……吹之以为黄钟之宫。……黄帝又命伶伦与荣将铸十二钟以和五音。"《汉书·律历志》云："黄帝使泠纶自大夏之西，昆仑之阴取竹之解谷，窍厚钧者，断两节间而吹之，以为黄钟之宫。"《御览》引蔡邕《月令章句》（《北堂书钞》《初学记》亦引）云："律，率也。截竹为管谓之律。律者，清浊之律之法也。"《后汉书·明帝纪》李贤注亦云："圣人截十二管察八音之清浊，谓之律吕。"《大戴记·曾子天圆篇》也说："截十二管以宗八音之上下清浊之律也。"都说明律是截取竹管造成的。

但后来改成以铜铸。《礼记·月令》"律中大蔟"郑玄注："律，候气之管，以铜为之。"很可能是汉代的事。但《周礼·典同》"掌六律六同之和"郑注引郑司农（众）云："阳律以竹为管，阴律以铜为管。"这不大可能，二者音色不同，不宜配在一套律管中的，当是就

145

当时有竹管有铜管牵合为说。故郑玄自己注云："皆以铜为。"然《左传·昭公二十年》疏云："《后汉书》:章帝时,零陵文学奚景于阴冷道舜祠下得白玉管,是古人或以玉为管也。"

这些律的长短有定制。《吕氏春秋·古乐》始提出:"取竹……断两节间,其长三寸九分,而吹之以为黄钟之宫。"而其后典籍皆载黄钟律管长九寸,毕沅校语引李光地核算,以为三寸九分是黄钟比应钟长出的寸数。蔡邕《月令章句》云:"黄钟之管长九寸(王力注明此晚周尺度,一尺约二十三厘米),孔径三分,圆九分。其余皆稍短。唯大小无增。"《汉书·律历志》亦云:"五音之本,生于黄钟之律,九寸为宫。"然后连叙三个整数的律管长度:黄钟九寸,林钟六寸,太簇八寸。并附后来为天地人三统。后面详叙某一律三分益一或三分损一生出另一律(如黄钟九寸,三分损其一即为林钟的六寸)。郑玄《月令》注详记其各律生出另一律情况及其长度之数,除上举三整数外,余皆于寸下有分数。如南吕所生姑洗七寸九分寸之一,太簇所生南吕五寸三分寸之一。更细密者如无射所生中吕六寸万九千六百八十三分寸之万二千九百七十四。可知十二律之长度有非常严格的精密的一定的比例,亦即十二个定乐音高低的标准音管有一定的比例,是基于自然的乐理测定的,因而是完全合于科学的。

146

但是,从《吕氏春秋·十二纪》到《月令》,却将十二律配了十二月:孟春、大簇,仲春、夹钟,季春、姑洗。孟夏至季冬各月依次为:中吕、蕤宾、林钟、夷则、南吕、无射、应钟、黄钟、大吕。《初学记》引《乐纬》载黄钟等六律当十一月至九月等单月,大吕等六吕当十二月至十月等双月。又《法言·吾子篇》"或问交五声十二律也"李轨注云:"十二律者,十二月之律吕也。"把十二律按阴阳附会为十二月律,完全是阴阳五行说的妄说。把十二律分成六阴律六阳律,也全是阴阳五行妄说,都完全是反科学的。

所有这些,就是对本篇"同律"应有的理解。而由"律吕"即律,同即吕,知"同律"也就是律。

"度",薛季宣本、内野本皆作"庹"。《汉书·律历志》云:"度者,分、寸、尺、丈、引也,所以度长短也。本起黄钟之长,以子谷秬黍中者(师古云"不大不小也"),一黍之广度之。九十分黄钟之长,一为一分。十分为寸,十寸为尺,十尺为丈,十丈为引,而五度审矣。"《史记集解》引郑玄简注云:"度,丈尺。"《孔疏》全录《律历志》文,却将"九十分黄钟之长一为一分"句,易为"千二百黍为一分",则大谬。林之奇《全解》亦要录《律历志》文,竟亦误从《孔疏》此句。黄钟管长九寸,一寸十分九十分之一自为一分。千二百黍之广相积,必然远远超过一分。徒因下文"量""衡"皆言千二百黍,遂亦比附"度"亦千二百黍,不自知其不合。

"量",薛本作量。《律历志》云:"量者,龠、合、升、斗、斛也,所以量多少也。本起于黄钟之龠,用度数审其容,以子谷秬黍中者千有二百实其龠。……合(当作十)龠为合,十合为升,十升为斗,十斗为斛,而五量嘉矣。"《史记集解》引郑玄简注云:"量,斗斛。"《孔疏》照录《律历志》原文,惟更正"合龠"为"十龠"。

"衡",唐写《释文》:"奥,称也,音衡。"薛本作奥,内野本作奥。《律历志》云:"衡权者,衡、平也,权、重也。衡所以任权而均物平轻重也。……本起于黄钟之重,一龠容千二百黍,重十二铢。两之为两——二十四铢为两,十六两为斤,三十斤为钧,四钧为石。……

147

五权之制，以义立之。"《集解》引郑玄简注云："衡，斤两也。"《孔疏》将《律历志》此段文字仿度、量之文写成云："权者，铢、两、斤、钧、石，所以称物知轻重也。本起于黄钟之龠。一龠容千二百黍重十二铢，两铢之为两，十六两为斤，三十斤为钧，四钧为石，而五权谨矣。权、衡一物。衡，平也。权，重也。称上谓之衡（按此句见《文选·六代论》注引郑玄注），称锤谓之权，所从言异耳。"比《律历志》叙次明白，并将"衡"与"权"作了解释。

《孔疏》总引《律历志》云："度、量、衡，出于黄钟之律也。"林氏《全解》云："度起于黄钟之长，量起于黄钟之龠，衡起于黄钟之重。"朱氏《古注便读》遂云："度量衡法制本起于黄钟之管，故次于'同律'也。"《全解》并云："同律度量衡者，所以齐民信也。"

《五礼——唐写《释文》作"乂爪"，薛本、内野本皆作"㐱礼"。《史记集解》引马融云："五礼，吉、凶、军、宾、嘉也。"伪传、《蔡传》皆从之。《公羊传·隐公八年》疏引郑玄云："五礼，公、侯、伯、子、男朝聘之礼矣。"戴震《义考》云："五礼以周之吉凶军宾嘉言者，非也。不惟唐虞时未必分设此名，此五者乃人事之经，钜细必核，委曲繁重，岂觐于方岳下之顷所能举而修之？……当从郑说为公侯伯子男朝聘之礼。"说非吉凶军宾嘉五礼，甚确。说为公侯伯子男之礼，甚误。由上一节注⑬知五等爵非周代原有之制，更不要说所谓尧舜时代了。邵懿辰《礼经通论·论五礼》云："历考荀卿、贾谊、韩婴、董仲舒及大、小《戴记》言及于礼，必错举冠、婚、丧、祭，或朝觐、饮、射，旁及明堂、养老、军旅、搜狩，无合吉凶宾军嘉而言之者。……要之五礼上承五典（指本篇上文"慎徽五典"），似即指父子、兄弟、夫妇、君臣、朋友五品之人所行之节文仪则而言。……

《舜典》'修五礼',亦即修此五典之傑然有文者,谓之'五礼'。……故吉凶宾军嘉五者,特作《周官》者创此目以括王朝之礼,而非所语于天下之达礼也,不可以释《皋陶谟》《舜典》。"邵氏此释较近是,由于《尧典》所托历史时代早于《周礼》所指时代,自不能以《周礼》之说释《尧典》。总之是泛指几种礼,不必以后来"五礼"去套。

⑩五玉——《汉书·郊祀志》作"修五礼五乐"。"玉"作"乐"。师古云:"'五乐',《尚书》作'五玉',今《志》亦有作'五玉'者。'五玉'即'五瑞'。"段氏《撰异》谓《史记》作"玉",《汉书》作"乐",同一《今文尚书》而读之者各异。陈乔枞《经说考》引《礼记·王制》云"礼乐制度衣服正之",则其所据《尧典》亦有"修五礼五乐"之文。《汉书》与《礼记》同师承夏侯《尚书》,故相吻合。伪传释五玉为"五等诸侯执其玉",《蔡传》则谓五等诸侯所执者即五瑞,与颜师古说同。皆实据《史记集解》所引郑玄注:"即五瑞也。执之曰瑞,陈列曰玉。"王樵《尚书日记》据《周礼·小行人》注"诸侯相享之玉,各降其瑞一等",因而云:"瑞自是瑞,玉自是玉,传疏相承以五玉即五瑞,误也。"另孙星衍《注疏》谓《大传》"五玉"亦作"五乐",见《虞夏传》"乐正"文。然该文叙乐达七种,非五乐,当是另叙乐正资料,非必指《尧典》文。

⑪三帛二生一死贽——"生",《史记·封禅书》《汉书·郊祀志》《续汉书·祭祀志》《风俗通》皆作"牲",段氏《撰异》云:"然则《五帝本纪》《白虎通》作'生',恐后人改耳。"(举汲古阁本正文改"牲"为"生",而注作"牲"漏未改)陈乔枞《经说考》云:"作'牲'者,盖欧阳《尚书》本也。……《校勘记》云:'宋单疏本作牲。'是经

文古本如此。"是陈之意以"生"为夏侯本,"牲""生"并今文。马、郑古文及伪古文并承用"生"字。

"贽",《史记》作"为挚"。《释文》亦云"本又作挚"。《史记正义》:"挚,音至。挚,执也。"《白虎通·瑞贽》:"臣见君有贽,何?贽者质也,质己之诚。"《孟子·滕文公下》"出疆必执质"赵岐注:"质,臣所贽以见君者也。"《正义》又引郑玄云:"贽之言至,所以自致也。"郑注《仪礼·士相见礼》又云:"贽所执以至者,君子见于尊敬必执贽以将其厚意也。"是"贽"为臣见君、晚辈见尊辈所献礼物。

《史记集解》引马融云:"三帛,三孤所执也。挚:二生,羔、雁,卿大夫所执;一死,雉,士所执。"又《正义》引马融云:"按雉不可以生为贽,故死雉。"而《周礼·大宗伯》职云:"以禽作六挚。……孤执皮帛,卿执羔,大夫执雁,士执雉,庶人执鹜,工商执鸡。"与此处的"二生一死"又有增益。郑玄注:"皮帛者,束帛而表以皮为之。……羔,小羊。取其群而不失其类。雁,取其候时而行。雉,取其守介而死不失其节。鹜,取其不飞。鸡,取其守时而动。"(加藤常贤《真古文尚书集释》谓雁即鹅)按郑注系据《白虎通·瑞贽》说,惟彼文较繁。彼《瑞贽》又云:"卿大夫贽,古以麂鹿,今以羔雁,何?以为古者质,取其内……今文,取其外。《礼·士相见经》曰:'上大夫相见以羔,左头如麂执之。'明古以麂鹿,今以羔也。"《史记正义》引韦昭注《周语》全用《大宗伯》文,惟改"执鹜"为"执鹿"。

《孔疏》引王肃云:"'三帛',纁、玄、黄也。附庸与诸侯之适子、公之孤执皮帛,其执之色未详闻。或曰:'孤执玄,诸侯之适子执纁,附庸执黄。'"唐写《释文》大致同此,惟文字小有出入。末多一句:"马云:三公所执也。"伪传及《蔡传》全用王肃此说,惟叙诸侯嫡子在前。

《公羊传·隐公八年》疏引郑玄云："'三帛'，所以荐玉也。受瑞玉者以帛荐之。帛必三者，高阳氏之后用赤缯，高辛氏之后用黑缯，其余诸侯皆用白缯。《周礼》改之为缫也。'二生一死贽'者，羔、雁，生也，卿、大夫所执。雉，死，士所执也。"此纯以三统说为释。《史记正义》引《三统纪》谓天统尚赤，地统尚黑，人统尚白。而战国末编成的《帝系》将华夏大地上各族统归为黄帝血裔，说全由黄帝二大支派高辛、高阳二系繁衍出，尧、挚、商、周皆出自高辛一系，舜、禹（夏）、黎、楚、秦皆出自高阳一系。郑玄把高阳比附成了天统尚赤，把高辛比附成了地统尚黑，其他者为人统尚白。明明《三统纪》原以伏羲为天统，神农为地统，黄帝为人统。则黄帝后裔皆当尚白，怎么高阳、高辛又变了？可知经师们对即使已遵信的方士化儒生搞的"三统说"，也不严格遵用，随己意肆行比附之。由郑玄与马融、王肃以及《礼》书的互异，可知经师们是随己意乱说的。他们所说的这些大都不可信的。《尧典》作者原所抄集的这些资料，可能反映了一些古代呈赠礼物的情况，但已不能详知其原始作法了。

⑫如五器——"如"，郑玄云："如者，以物相授与之言。"（《公羊传》疏引）刘敞云："如，同也。"（《蔡传》引）王引之云："如者，与也，及也。"（《经义述闻》）郑释"授与"，动词。刘释"同"，介词。王释"与"，等立连词。各随其下文意义为释。唐写《释文》云："如义器，并依字。费飊云：'郑读如音乃佐反。'"段玉裁《撰异》引《尚书集注》云："依《集韵》知郑读'如'为'笯'，鸟笼也。"朱骏声《便读》据以云："笯也、笼也，谓授挚之器。"则又以为名词。

"五器"，约略计之有五说：(一)五玉说。《史记集解》引马融云："五器，上五玉。"苏轼《书传》："五器，五玉也。"王炎《尚书小传》亦从之，陈大猷《或问》云："新安王氏则以五玉为贽，而与五器共为一物。"陈氏亦从同此说。但杨筠如《核诂》云："马以五器为五玉，未确。"(二)授贽之器说。《公羊》疏引郑玄云："授贽之器有五：卿、大夫、上士、中士、下士也。"杨筠如《核诂》云："似从郑义为长。"(三)五瑞说，亦称圭璧说(恒圭、信圭、躬圭、穀璧、蒲璧为五瑞)。伪传："器，谓圭璧。"程颐《书说》："五器即五瑞。"《书说》已佚，见陈大猷《或问》引："孔(以姚氏伪传为伪孔)程诸家皆谓即五等诸侯所执之瑞。"戴震《义考》径引程氏"五器即五瑞"之语。陈大猷驳之云："《周礼·大宗伯》及《小行人》言五瑞则元圭、信圭、躬圭、谷璧、蒲璧，而《大宗伯》言玉作六器苍璧、黄琮、青圭、赤璋、白琥、玄璜，与《大行人》所言币同。五器非五瑞甚明。"(四)五礼之器说。《蔡传》引刘敞曰："五器，即五礼之器。"蔡沈从其说。明王樵《尚书日记》为补充了吉、凶、军、宾、嘉各礼之器物名。戴震《义考》引刘敞之说云："五器者，吉凶礼乐及戎器。同之，一制度也。"(五)五瑞五玉五器三者为一说，此即五瑞说之发展。戴氏《义考》引程颐云："五器即五瑞。以其物言则玉，以其宝言则瑞，以成形言则器。"陈经《书详解》及黄镇成《书通考》引夏僎说，皆有"以宝言曰瑞，以物言曰玉，以形言曰器"之语。林之奇《尚书全解》则云："有曰五瑞，有曰五玉，有曰五器，其实一也，盖史官之变文也。"这么一个小问题，引起千百年间经师们纷纭争论，连篇累牍，造成各种纷歧，太无谓了。其实只要知道《尧典》作者记载过这么一些有关礼器之文就行了。

王引之《经义述闻》中"如五器"一篇从文字方面阐析了此处文义,有助读通此处。该文在引述马融、郑玄之说后云:"吉凶军宾嘉出于《周礼》,不必唐虞亦与之同。'修五礼'之下则云'五玉三帛二生一死贽',玉帛生死皆朝聘相见时所执,则所谓'五礼'者正谓……朝聘之礼也。郑说洵长于马矣。然以'如'为授与,'五器'为授贽之器,则经传无征,殆不可从。马以'五器'为'上五玉',亦非也。玉固可以称器,然上既云五玉,则下云'五玉卒乃复'可矣,何又枝蔓其文更改其字而言'如五器'乎?今按'五玉、三帛、二生、一死贽如五器',皆蒙'修'字为义。'如'者,与也,及也。言五玉、三帛、二生、一死之贽与所用之五器,皆因五礼而并修之耳。"

俞樾又提出一说,其《群经平议》云:"'如'犹'同'也。……律度量衡言'同',五器言'如',其义一也。'五器'者,五兵也。《国语·周语》'……利其器用',韦注曰:'器,兵甲也。用,耒耜之属也。'是古谓兵器为器。……《司马法》曰:'弓矢围殳矛守戈戟助,凡五兵。'……是古者兵器有五,故谓之五器。天子巡守所至,必均同之,故曰'如五器'也。"虽创说而取义颇曲折,只可备一说。

⑬卒乃复——有二说。《史记集解》引马融云:"五玉,礼终则还之,三帛以下不还也。"伪传承其说云:"卒,终。复,还也。……如五器,礼终则还之,三帛生死则否。"此即上一节注⑰"班瑞"所谓天子受诸侯朝,无过行者将其五瑞班还给诸侯之义。另一说为《公羊传·隐公八年》疏引郑玄云:"卒,已也。复,归也。巡守礼毕乃返归矣。"则谓非返还五玉,而是礼毕返归。朱熹承此说。《书经传说汇纂》引朱熹云:"'卒乃复'是事毕而归,非是以贽为复也。"《蔡传》遂承师说云:"'卒乃复'者,举祀礼,觐诸侯,一正朔,同制度,修

153

五礼,如五器,数事皆毕,则不复东行,而遂西向,且转而南行也(意以下接南岳之故),故曰'卒乃复'。"二说并传,没有必要去辨其是非,知道经师们有此二说即行。

俞樾《平议》云:"《周官·宰夫》职曰:'诸臣之复。'郑注曰:'复之言,报也,反也。反报于王,谓于朝廷奏事。'又《太仆》职曰:'掌诸侯之复逆。'注曰:'复,谓奏事也。''卒乃复',当从此义。谓一方礼毕,舜辄使人反报于尧也。下文'归格于艺祖',方是舜自归。"提出较可通的第三说。

至杨筠如《核诂》又提出新说云:"此'复'字不当释为归,'复'疑假为服,《礼记·表记》注:'复,或为服。'《尔雅·释文》:'服,本作腹。'即其证。《说文》:'服,用也。'谓修治毕乃用也。"并前三说为四说矣。

⑭至于南岳如岱礼——"南岳",已见前注③。孙星衍《注疏》谓汉今文说以霍山为南岳,如《大传》《白虎通·巡狩》《论衡·书虚篇》及所有纬书皆是,后来《水经·禹贡山水泽地篇》亦承今文说。《尔雅·释山》既说五大名山"江南,衡",孙氏以为此用古文南岳说。《尔雅》又说"霍山为南岳",以为用今文说。郭璞注云:"汉武帝以衡山辽旷,因谶纬皆以霍山为南岳,故移其神于此。"此晋人妄说,因汉武时尚无纬书;孙亦妄说,衡山为南岳载于司马迁、班固书中,二人皆习今文,非古文说。孙所举诸书皆汉代之作,自承用汉武帝所规定之说。司马迁、班固据《禹贡》,此汉代诸作据当时功令,遂有此异。郭璞当东晋之初,见伪古文传以衡山为南岳,遂误以为此先秦古说,而汉武定霍山为南岳,遂妄说嫌衡山远而改定于此,不知汉武时根本无衡山为南岳之说。至于孙氏批评崔灵恩《三

礼义宗》唐虞以衡山为南岳、周代以霍山为南岳之说，而以为唐虞南岳为霍山，周代南岳为衡山。正见两人囿于所处时代都无历史观念的妄说。继孙氏之后，皮锡瑞《考证》补充了《说苑·辨物篇》《说文·山部》《广雅·释山》等亦用南岳为霍山的今文说。同样持"霍山为南岳，其说甚古"的冬烘之见。皮氏甚至牵强说《史记》衡山即霍山。其实关于五岳的实际情况当参阅上文注③。

"如岱礼"，是说巡狩南岳之礼和巡狩岱宗之礼一样。

⑮至于西岳如初——注③已叙明汉武只定了四岳，华山在都城之东定不下来。至汉宣始定华山为西岳。所以《尧典》中的西岳只是悬空的西方的名山。南岳、北岳也一样。《尔雅·释山》叙五大名山："河西，岳。"郑玄、郭璞注都释为吴岳，即《禹贡》之岍山，《周礼·职方》之雍州山镇岳山。《诗·崧高》疏引《郑志》说："周都丰镐，故以吴岳为西岳。"其实上面注③已叙明这是姜姓族奉为宗祖神所托的四岳山，只是山名岳，从来没有列入过"五岳"。郑玄只是因它山名"岳"，而汉代所知五岳没有它，《禹贡》又以为是《夏书》，唯《周礼》为周代书，遂臆想周代定之为西岳。不知周代根本没有定过五岳。所以自汉宣帝定华山为西岳前，是没有任何一山法定称为西岳的。

"如初"，和最初举行的巡狩岱宗之礼一样。

⑯朔巡守至于北岳如西礼——司马迁于此三岳总叙云："五月南巡狩，八月西巡狩，十一月北巡狩，皆如初。"则"朔巡守"作"北巡守"，而"如西礼"同上文作"如初"。

敦煌唐写残本《释文》云："至于北岳如初。马本同，方兴本作'如西礼'。"陆德明撰《经典释文》所据《舜典》本，是伪孔本初缺

《舜典》，取王肃本《尧典》下半充《舜典》，故其传文非伪孔而是王肃传。南齐时姚方兴伪造《舜典》孔传，南朝未接收入伪孔本中而有单行本为陆氏所见。至北方刘炫取之入伪孔本中取代了王肃本流传下来，宋陈鄂删改《释文》时所据《舜典》已是伪姚本，故今所见《释文》之经文已为姚本"如西礼"，释文已改为："方兴本同，马本作'如初'。"总之，它和敦煌本未改《释文》都说明马本、王本为"如初"，伪姚本乃为"如西礼"。《公羊疏》引郑玄云："五月不言'初'者，以其文相近。八月、十一月言'初'者，文相远故也。"是郑玄本亦作"如初"。

由《史记》，知汉今文本作"如初"。由马、郑、王本，知汉古文亦作"如初"。由原《释文》知伪古文初用王肃本仍作"如初"。至姚方兴伪造《孔传》本始作"如西礼"，是仿照"如岱礼"写成的，意谓和巡狩西岳之礼一样。

由汉武帝所定的北岳恒山，据《禹贡山水泽地篇》，载明在中山上曲阳县西北，为恒水所出。即今河北省保定地区曲阳县西北，《禹贡》中有此山，《夏本纪》作"常山"，为避汉文帝讳所改，汉于其地置常山郡，地当太行山东北之河北省境内，其最高岭名大茂山。宋时为辽所占，金时以其在京城之南，遂改以晋北浑源境之玄岳山为北岳恒山，清代承之，祀礼亦移其地。北岳恒山遂永为太行山北之山西省东北境，直至现代。实际在《尧典》中，这几个"岳"原没有指实什么山，正像从神话中得到四方神名四方风名和星象资料中得到四仲中星等等，便编排得春夏秋冬四季妥妥帖帖一样。这里也是从神话中得到这几个岳（嶽）名，便把它编排得东南西北四方巡狩也妥妥帖帖了。不过也根据古代对名山有各种祭祀之礼来的。

⑰归格于艺祖用特——《史记》作"归至于祖祢庙,用特牛礼"。《大传·虞夏传》作"归假于祢祖,用特"。《白虎通·三军篇》:"《尚书》曰:'归格于祢祖。'"(今本"祢"作"艺",段玉裁谓浅人据今本《尚书》改)又引"《尚书》言'归格于祖祢'"。又《巡狩篇》:"《尚书》曰:'归格于祖祢。'"《公羊传·隐公八年》何休注亦引《尚书》"归假于祢祖"。《说苑·修文篇》《后汉书》之《肃宗纪》《安帝纪》亦皆作"祖祢"。此皆今文。其"格"、"假"相通,义训为"至",已见第一节注⑫"格于上下"校释。但此处应如上文"格汝舜"之格,训为"告"始合文义。皮氏《考证》谓"或作祢祖、或作祖祢,盖传本偶异,而今文义不异"。并举《王制》"天子将出造乎祢",与《大传》同为今文。敦煌本《释文》:"蓺,鱼石反。又马、王云:'祢也。'"又云:"祢,本又作'祢'乃礼反。考庙。"《诗·我将》疏引郑玄云:"艺祖,文祖。犹周之明堂。"知汉古文本作"艺祖",伪古文承用至今。

由郑玄释"艺祖"为文祖,注疏家大率从之,如伪传云:"巡守四岳,然后归告至文祖之庙。艺,文也。言祖,则考著。"《蔡传》云:"艺祖,疑即文祖。或曰:'文祖,艺祖之所自出。'"王充耘《读书管见》至云:"文即艺,艺即文,故艺祖即文祖,非二人也。""文祖"意义见上一节"受终于文祖"注,经师们大都承用文祖即太祖之义。故孙志祖《读书脞录》云:"宋人多以太祖为艺祖,《日知录》引之甚详……伪传以艺为文,沿用之尔。"

157

《读书脞录》又云:"今案《书》之蓺祖,即《礼记·王制》《尚书大传》《白虎通》之祖祢也。蓺祢声相近。……岂有归格于祖而不及祢者乎，当以马、王说为长。"孙星衍《注疏》亦云"艺与祢声相近，故史公与班氏同义也（指《史记》与《白虎通》都作祖祢）"。马融、王肃"艺，祢也"之说遂为自清以来不少学者所承用。俞樾《平议》则云："艺祖，祢祖，古、今文不同。……马、王云'艺，祢也'，是以今文说古文。……艺当读为贽，贽从埶声。古艺字止作埶。《国语·楚语》'居寝有贽御之箴'韦注曰：'贽，近也。'贽之义为近，祢之义亦为近。襄十三年《左传·正义》曰：'祢，近也。于诸庙，父最为近也。'……字亦通作昵，《高宗肜日篇》'典祀无丰于昵'，《释文》引马曰：'昵，考也，谓祢庙也。'然则以贽为祢，犹以昵为祢。……今破艺为贽，以申明马说，明今古文文异而义同。"

由艺、贽训近，当代学者遂由金文中觅获"埶"字亦训近，可为艺之原字。于省吾《双剑誃吉金文选》录有《克鼎》《番生簋》都有"扰远能埶"语，《晋姜鼎》有"用康扰绥怀远埶"，于氏释云："扰读柔，埶读迩。""扰远能埶"即《尧典》中的"柔远能迩"。并引孙诒让说，读埶为贽，《国语·楚语》韦注"贽，近也"。犹《诗》言"柔远能迩"。又引王引之说，埶与埶通。由"格于艺祖"之作"假于祖祢"，知艺祢同用。王国维亦有此释，杨筠如《核诂》承师说亦谓埶祢古通。以证"艺祖"即"祢庙"。（参阅下文"柔远能迩"校释及《高宗肜日》"尼"字校释。）祢庙即最近亲之庙，即父庙。

按字义及礼制，自宜作如上解释。但这里又出问题，是尧的父庙呢还是舜的父庙？按故事传说舜父瞽叟此时尚在世，自然非其庙。尧父谁呢？传说中出现的尧，他能有周代制度中的祖宗七庙吗？其实经师们按周代甚至汉代礼制作的这些解释都是多余的。《尧典》作者按想象中的古代礼制写的这些，他所凭借的史实倒影，顶多只能像上一节"受终于文祖"注所说的,他只能以古代"左祖右社"之制作背景资料,来归告于称为"祖"的殿堂的。

"用特",用一条牛的祭礼。见《礼记·王制》郑注:"特,特牛也。祖下及祢皆一牛。"伪传:"特,一牛。"《蔡传》:"特,特牲,谓一牛也。"《说文》释"特"字云:"朴特,牛父也。"则特牲所用者为公牛。

⑱五载一巡守——《史记》"载"作"岁",《西岳华山碑》则"一"作"壹"。皆今文。这是空想的制度,历史上从来没有过五年一巡狩的事。《白虎通》《风俗通》宣扬要五年一巡狩的理由,皆不足信。上文引《礼记外传》说"夏殷五载一巡狩,周制十二年一巡狩",也是无根据的虚言。《古本竹书纪年》载周昭王"南巡不返",《左传》说是"南征"。又载周穆王北征、西征、南征、东征,详《穆天子传》,是和乾隆游江南一样的旅游。春秋二百四十二年中,载周王巡狩者,唯庄公二十一年一次,且地在虢,而非某岳。另在庄公二十三年、二十七年谈到天王有巡狩的规定。又在僖公二十八年载有"天王狩于河阳"的一次。杜注说得明明白白:"晋实召王","经以王狩为辞"。这是周王被霸主召来见诸侯,《春秋》经文以"狩"字维持王的面子,实只是一次假的巡狩。惟《秦始皇本纪》载始皇常出巡,且曾封禅。二十七年巡陇西、北地。二十八年东巡,上泰山封祠祀,禅梁甫,南登琅邪,西南之衡山,至湘山祠。二十九年东游阳武,登之罘刻石称"时在仲春"(似与"岁二月"合)。三十二年之碣石,巡北地。三十五年道九原。三十七年至云梦,望祀九疑山,至钱唐,上会稽,北至琅邪,西至平原津而病。十二名山封祀其四,但其他名山更多,并不是《大传》所说的天子巡狩只至四岳。

且连年巡游，不限五载。可知秦始皇不是巡狩，只是巡行。后来唯汉武、北魏文成、隋炀等有类似的行动，实际历史上绝没有五年一巡狩的事。这只是儒生给帝王虚构的一个巡狩封禅蓝图。

⑲群后四朝——"群后"，已见上节"班瑞于群后"注。"四朝"，敦煌唐写《释文》作"三轑"，薛本同。内野本作"三朝"。《释文》释云："马、王皆云四面朝于方岳之下也。郑云：四朝，四年一朝京师也。"今本《释文》被陈鄂改为"郑云四季朝京师也"。伪传云："各会朝于方岳之下，凡四处，故曰四朝。"是承用马、王说。《史记集解》引郑玄云："巡守之年，诸侯见于方岳之下。其间四年，四方诸侯来朝于京师也。"《王制正义》全引此语，末多"岁遍是也"一句。是说巡狩的那一年，诸侯分别朝于四岳之下，巡狩相隔的四年中，四方诸侯来朝于京师，都叫"群后四朝"。《蔡传》说："五载之内，天子巡守者一，诸侯来朝者四。"基本承郑说。但补充了东、南、西、北四方诸侯分别于第一、第二、第三、第四各年来朝。这些都是经师们为"群后四朝"编排的解释，是没有历史事实根据的。从《春秋左传》看出，周代诸侯有朝会之礼，但二百四十二年中，鲁朝王者二次，皆不在京师，而如京师者止成公十三年一次。那么这些经师的话可信吗？是全不可信的。

⑳敷奏以言明试以功车服以庸——"敷"，唐写《释文》作："勇，古敷字，音孚，陈也。""敷奏"，《史记》作"遍告"，用今文训诂义。《汉书·宣帝纪》引作"傅奏其言"。师古注："傅读曰敷。"《后汉书·梁统传》引作"傅奏如左"。则今文本"敷"又作"傅"。《皋陶谟》亦有此三句，惟"奏"作"纳"，"试"作"庶"。《左传·僖公二十七年》引《夏书》此三句，则"敷奏"作"赋纳"。

至于《史记》作"遍告"之为"敷奏"训诂义,有可寻者。《诗·赉》"敷时绎思"郑笺:"敷,犹遍也。"《公羊传·桓公元年》疏:"诸侯来朝时遍奏之言语也。"戴氏《义考》:"敷如敷求之敷,遍也。故《史记》作'遍告以言'。"孙星衍《注疏》:"《书大传》注云:'奏,犹白。'白之义与告相近。言使诸侯遍以治术奏告也。"

《尚书大传·唐传》以"见诸侯问百年,陈诗以观民风俗……观民好恶……改衣服制度为畔(叛),畔者君讨,有功者赏之"来引证"明试以功,车服以庸"。又云:"以贤制爵,以庸制禄。"皮氏《疏证》引郑玄注:"庸,功也。"又《虞夏传·皋陶谟篇》云:"有功者,天子赐以车服。"《汉书·宣帝纪》:"傅奏其言,考试功能。"即意译此二句。应劭注:"敷,陈也。各自奏陈其言,然后试之以官,考其功德也。"《白虎通·考黜》:"《礼说》九锡:车马、衣服……能安民者赐车马,能富民者赐衣服。"《公羊传·桓公四年》疏:"'敷奏以言'者,谓诸侯来朝之时,遍奏以言语也。言'明试以功'者,国功曰功,谓明试以国事之功也。言'车服以庸'者,民功曰庸,若欲赐车服之时,以其治民之功高下也。"段氏《撰异》以为《白虎通》此文当是引郑玄注。伪传承旧说综言之云:"敷,陈。奏,进也。诸侯四朝,各使陈进治理之言,明试其言以要其功。功成则赐车服以表显其能用。"《蔡传》基本同,惟引"程子(颐)曰:'敷奏以言'者,使各陈其为治之说,言之善则从而明考其功,有功则赐车服以旌异之"。这些是自汉至宋儒生对这几句所作的解释。

其中对"庸"字解释有歧异,郑玄释庸为功,伪传释庸为用。林之奇《全解》引王安石《新经义》以为放勳之"勳"即《周礼·司勳》的"王功曰勳",此"庸"为《司勳》的"民功曰庸",以民功为主(王樵以为如教养万民等事）。林氏驳之，以为"庸与'格则承之庸之'庸同，盖言通用之也"。戴震《义考》则云："庸如功庸之庸，《国语》曰：'无功庸者不敢居位。'"杨筠如《核诂》亦云："庸，勋也。"（此据《后汉书》朱祐等传注）庸自以释功释勋为是，始符《大传》"有功者赏之"、"有功者天子赐以车服"之义。

㉑肇十有二州封十有二山——《史记》无"封十有二山"一句，《大传》则作"封十有二山、兆十有二州"。山在州前，经师们解释山为十二州之镇山，似宜先叙州，然后再叙州之山。"肇"唐石经作"肇"。《释文》同。段氏《撰异》据以云："俗本作肇，非也。《玉篇》及《五经文字》皆云'肇，俗肇字'。"《大传》则"肇"作"兆"，故唐写《释文》云："肇，音兆。始也。"二字义原异。《尔雅》："肇，始也。"伪传承此训义释此句云："始置十二州。"《史记集解》引郑玄注亦云："更为之定界。"但郑注《大传》云："兆，域也。为营域以祭十二州之分星也。"此域字作为动词，为划分疆界义，与"为之定界"本合。然改释祭分星。皮锡瑞《大传疏证》云："十二州本非当时创置，故《大传》作'兆'不作'肇'。《史记》作'肇'是通假字，其义亦当为兆。《诗·后稷》'肇祀'，《礼记》引作'兆祀'。'肇域彼四海'笺云'肇当作兆'。是'肇''兆'古通之证。郑注《大传》不误。"黄式三《启幪》谓郑注《大传》将肇作兆，读为"垗"。《说文》："垗，畔也。为四时界，祭其中。《周礼》曰：'垗五帝于四郊。'"皮氏《考证》云："然则垗为古文，兆乃今文省借字，肇乃今文通假字。史公作肇，义当与《大传》作兆不殊。"朱骏声《古注便读》云："肇，垗也，畔也。定十二州之界也。水中可居曰州，尧遭洚水，民居水中高土，故因以为州国之名。"

"十二州"，《史记集解》引马融曰："禹平水土，置九州。舜以冀州之北广大，分置并州；燕齐辽远，分燕置幽州，分齐为营州，于是为十二州也。"《尔雅·释文》引郑玄注云："舜以青州越海，而分齐为营州，冀州南北太远，分卫为并州，燕以北为幽州。新置三州，并旧为十二州也。"那就是在《禹贡》冀、兖、青、徐、扬、荆、豫、梁、雍九州之外，增加了并、幽、营三州。

其实《尧典》中但泛言十二州，并无具体州名。大约是如《左传·哀公七年》所说："制礼上物，不过十二，以为天之大数也。"杜注：'天有十二次，故制礼象之。"当时十二名数者多，天之大数为十二，有十二宫，地亦有十二支，年有十二月，日有十二时、十二辰，乐有十二律，等等。这些都是春秋战国之世所习知的事，人们对十二有特异的信念。《尧典》作者援以入《尧典》，泛指十二州、十二山来表示舜抚有天下之广，礼祀全境名山之勤。按，言州名数目者，以《禹贡》为最早，它是春秋战国之世日益流传的九州之说成熟后的产物。但对九州之名，战国以来还不尽一致。这是战国纷争之世对事物每有纷歧说法的常例。故《吕氏春秋·有始览》九州同于《禹贡》者八，但无梁州而有幽州。《周礼·职方氏》同于《禹贡》者七，无徐州、梁州而有幽、并二州。《尔雅·释地》同者亦七，无青州、梁州而有营、幽二州。于是较《禹贡》九州之名多出幽、并、营三州。汉代经师要为《尧典》指实州名，就正好把九州加此三州，遂有马融、郑玄之注，牵强附会地说成这三州是舜从禹九州中的冀、兖两州分出来，而后就成为十二州了。

崔述《唐虞考信录》云："十二州之名，经、传皆无之。幽、并、营之为州虽见于《周官》《尔雅》，然彼自记九州之名，与舜之十二州初无涉也。……古书既缺,十二州名无可考证,适见《周官》《尔雅》有幽、并、营三州名为《禹贡》所无,遂附会之以补舜十二州之数……而不知其误且诬也。"

郭沫若《金文丛考·金文所无考·四、九州》云:"《尚书·禹贡》称夏禹敷治洪水,分天下为九州。……《尔雅·释地》《逸周书·职方篇》《吕氏春秋·有始览》……诸书所错见之州名恰为十二,故又以为乃《虞书》'十有二州'之旧,按此皆莫须有之说也。"又以为十二州之说可能系据十二宫以配十二国土之说。

顾师《尚书研究讲义》第一册则云:"自来言分州者惟以九数,无以十二数者。"因举金文《齐侯镈》(《叔夷镈》)及文献《左传》之《襄公四年》《宣公三年》皆言禹迹九州、九薮以为证。《禹贡》本文亦云:"九牧攸同……九山刊旅,九川涤源,九泽既陂。"又《周语》亦云:"封崇九山,决汩九川,陂障九泽,丰殖九薮,汩越九原,宅居九隩。"顾师总之云:"此可知当春秋战国之时确信地制当以九数,举凡州、牧、山、川、泽、薮、原、隩以及道路莫不受范焉。以此之故,《吕氏春秋·有始览》曰:'天有九野,地有九州,土有九山,山有九塞,泽有九薮。'不但地以九分而天亦以九分矣。此……在当时确有强烈之信仰在。故其后地域虽扩大,幽、并二州不能不立,则《职方》宁删去徐梁以迁就之,诚以地方可增广而九数则不能改变也。直至汉武帝穷兵黩武,开拓三边,境域过广,当其分州之际,《禹贡》之州不足,则以《职方》之州补之;又不足,则更立朔方、交趾两部:而后向之九州观念因事实上之需要而被打破,《尧典》中遂亦应时而有'肇十有二州'、'咨十有二牧'之言,许九数扩张为十二矣。"然后论定《尧典》中"觐四岳群牧"原文当为"觐四岳九牧","肇十有二州、封十有二山"原文当为"肇九州、封九山","咨十有二牧"原文当为"咨九牧",以为今所见《尧典》之"十有二州"等文皆受汉武时影响所改写。

《尚书研究讲义》第三册载谭其骧致顾师函,指出西汉唯十一州,合朔方、交趾为十三部,司隶在十三部外。东汉朔方合入并州,交趾为交州,始为十二州,合司隶为十三部。因此说:"十二州既为东汉之制而非西汉之制,故先生所谓'《尧典》之十二州系袭诸汉武之制'一义应有所改正也。然此点之打倒,殊无伤于全文之大旨;不但无伤也,且盖可证实之。此何以言? 曰:西汉抚有朔方、交趾之地而不以为州,《尧典》中之尧亦抚有朔方、南交之地而亦不以为州,是之谓全然相合也。至西汉实际只有十一州,而《尧典》有十二州者,《尧典》作者之有意凑成天之大数也。"则仍以《尧典》十二州非袭汉武之制,而是按"天之大数"十二所写。

劳干《与顾颉刚讨论〈尧典〉著作时代书》中有云:"秦以水德王,数以六为纪,分部则如创三十六,终则四十八(从王国维说),铸金人则十二,徙豪杰则十二万户,则当时悬想之画野分州,九伯不若十二之适。若为汉制,则舍司隶则十三,合司隶则十四,十二之数,两无可适。则从十二数字观之,当为秦人所作可知。"则又提出了依据秦制说。

陈梦家亦主秦制,提出"《尧典》为秦官本"说。在其《尚书通论》中论及十二州诸语时,亦从顾师原为九州、九山、九牧之说。并以为原是天官家名词,至秦时而后改为十二。其言略以为,《禹贡》九州加三州,为汉室天官家十二州域之所本。九州本非实际的政治区域,举《左传》中一些州名(包括九州之戎),似戎人称邑为州。

又举《左传》中一些分星(即一国所主之星如辰为商星之类),而分星所在之域曰虚(如太皡之虚之类)。虚乃天野,相当于稍后之"分野"与"次"。《周语下》以岁之所在为周之分野,始立分野之名。《吕氏春秋·有始览》始备言此制。谓"天有九野,地有九土,土有九山"。即《周礼·保章》所谓"以星土辨九州之地,所封封域皆有分星以观妖祥"。在汉武设十三部以前,九州或十二州仍为天官家之名词。指天上之星土相对于地下之区域,非地面上之九个分域,九州之名起于九天之名。以为郑玄注《大传》"兆,域也。为营域以祭九州之分星"是对的。今本《尧典》非先秦之旧,其改九为十二,当在秦并天下以后。秦以六为纪,各种器物皆六或六之倍数。除列举各种以六纪之名物外,还说秦皇刻石皆四字三句十二字,三处刻石为三十六句,一处刻石为七十二句。无一非六之倍数,《封禅书》说"度以六为名"。在此风气下,《尧典》九州九山改为十二州十二山,明据秦制。

顾、陈二先生皆谓"十二州"、"十二山"等,原文皆当作"九州"、"九山"等,其说只可作为研究所得之说,不能据以改原文,动辄改原文是研治古籍之大忌。必须有确切的版本依据及历史事实根据才可改字,上文"敬授人时"改正为"敬授民时"才是必须改的。更何况如上文所说,《尧典》作者当时援天之大数十二写成,就更不当改字。

"封十有二山",戴震《义考》指出肇州封山浚川"此与巡守类叙"。由上注②知经师们以巡守岱宗即是封禅,既归类叙之于此,则此"封"字自当作封禅之义解。《史记·封禅书·正义》:"泰山上筑土为坛以祭天,报天之功,故曰'封'。泰山下小山上除地,报地之功，故曰'禅'。"《大戴记·保傅》卢辩注："封，谓负土石于泰山之阴，为坛而祭天也。禅，谓除地于梁甫之阴，为墠以祭地也。变'墠'为'禅'，神之也。"《白虎通·封禅篇》："所以必于泰山何？万物之始，交代之处也。……故增泰山之高以报天，附梁甫之基以报地。"郑玄《大传》注："祭者必封，封亦坛也。"又《周礼·肆师》注："封，谓坛也。"《王制》注："聚土为坛也。谓为坛以祭。"其后《续汉书·祭祀志》云："封者，谓封土为坛，柴告天代兴成功也。"《后汉书·光武帝纪下》注亦云："封，谓聚土为坛。"由此可知，在大山上筑土为坛以祭天叫做"封"，在大山下小山上除地为墠以祭地叫做"禅"。

封禅是有其作为和目的的。其封泰山，是向天告受命；又以自己为天命所归以昭告天下。如《管子·封禅篇》："古者封泰山禅梁父者七十二家，皆受命然后得封禅。"《史记·封禅书》："古者受命帝王曷尝不封禅。"《白虎通·封禅篇》："王者易姓而起，必升封泰山，何？报告之义也。始受命之日，改制应天。……功成封禅，以告太平也。"至于封其他大山，经师们说是为了给各州定镇山。如郑玄《大传》注："祭者必封……十有二山，十有二州之镇也。"伪姚传："封，大也（此据《周语》"封崇九山"注）。每州之名山殊大者以为其州之镇。"《蔡传》："封，表也。封十二山者，每州封表一山以为一州之镇，如《职方氏》言'扬州其山镇曰会稽'之类。"

但原来只有九州，所以文献中先提到者只有九山。如《国语》称"封崇九山"而未提山名。《吕氏春秋·有始览》始提出："地有九州，土有九山。……何谓九山？会稽、泰山、王屋、首山、太华、岐山、太行、羊肠、孟门。"《淮南子·地形训》亦同此九山。但除会稽、泰山外，余皆在黄河中游，自无法分配给九州。《周礼·职方氏》（原载《逸周书》）始明列各州镇山："扬州，其山镇曰会稽。""荆州，其山镇曰衡山。""豫州，其山镇曰华山。""青州，其山镇曰沂山。""兖州，其山镇曰岱山。""雍州，其山镇曰岳山。""幽州，其山镇曰医无闾。""冀州，其山镇曰霍山。""并州，其山镇曰恒山。"此为《职方》九州之镇，非郑玄、《蔡传》所要求的十二州之镇。

文献中提到封祀十二名山者，则为《史记·封禅书》所载秦并天下后所祀之山。其文云："及秦并天下，令祠官所常奉天下名山大川鬼神可得而序也。于是自殽以东名山五，大川祠二。曰：大室（大室嵩高也）、恒山、泰山、会稽、湘山；水，曰济、曰淮。……自华以西名山七，名川四。曰华山、薄山（襄山也）、岳山、岐山、吴岳、鸿冢、渎山（汶山也）；水曰河……沔……湫渊……江水……"合计名山十二，可是在华西者七，而华以西只有梁、雍二州，其余十州皆在殽以东（惟并州勉可说在殽之北）。则十二山根本无法分配给十二州。郑玄、伪传、《蔡传》只是空口说十二山为十二州之镇。他们能指出十二州州名，却无法指出十二山山名。故王先谦《孔传参正》云："十有二州则山镇当十有二，无文可知。"（朱骏声曾为徐、梁、营三州试补镇山。）

其实《尧典》作者只是搜列了当时所信奉天之大数十二的一些资料，在叙述巡狩封祀四方之岳后，接着又增加封祀十有二山等等的资料，并没有说十二山为十二州的镇，只是经师们平添这些纷扰而已。

在此"封"字释为封禅之义的正确解释之外，又出现了两种不同解释。一释为"封域疆理"。其根据是《国语·齐语》"正其封疆"韦昭注:"积土为封。"董增龄《正义》引《周礼·封人》郑注为解。按《封人》序官郑注:"聚土曰封,谓壝、堳、埒及小封疆也。"又《封人》职文:"掌诏王之社壝,为畿封而树之。"郑注:"畿上有树,若今时界矣。"贾疏:"汉时界上有封树。"又《大司马》职"制畿封国"郑注:"封,谓立封于疆为界。"《说文》:"坐,古文封。"唐写《释文》则作:"坒,古封字,古文作坒。"比《说文》多了一画。而《汗简》土部引《尚书》仍作"坒"。是象封土上植有树之形。与甲骨文、金文中此字相近。是在封土上植树以为疆界,即"封"之义。故陈大猷《或问》云:"肇州、封山、浚川,皆疆理地势之事。"姚鼐《经说》则指出"封域"之目的云:"封者为之封域,既以康山林之神,又以养蕃草木鸟兽。"

又一释为"封殖"。苏轼《书传》云:"封,封殖也。十二州之名山皆禁采伐也。"王安石《新经义》亦云:"封山则林木不可胜用,浚川则谷米不可胜食。"(陈大猷《或问》为反对王说录存此二语)陈经《书详解》亦云:"封,殖也,禁樵采。"此三家皆言封殖为禁采伐。林之奇《全解》云:"据《左氏传》曰:'将善是封殖。'《易》曰:'不树不殖。'则'封'之为言,封殖之谓也。盖洪水既平之后,封殖其山而加树艺焉。谓之封殖者,非必于每州封一山之最大者,凡十有二州之山皆封殖之。"则强调其树艺。

169

此二释皆宋儒提出,为摆脱注疏旧说善能独立思考之所得。此二释确曾为"封"字原具有之义,但与封字尚有"封爵"、"封国建君"之义一样,都不能用来解释此处类叙于巡狩封禅之义的"肇(垗)十有二州、封十有二山"两句。

㉒浚川——唐写《释文》作"濬川,苟俊反,深也"。《史记》作

"决川"，用训诂字。《说文·谷部》："睿，深通川也。……《虞书》曰：'睿畎浍距川。'（按，为《皋陶谟》"濬畎浍距川"句）……濬，古文睿。"《史记集解》引郑玄注云："濬水害也。"伪传："有流川则深之使通利。"《孔疏》："山川无大无小皆当深之，故云濬川。"《蔡传》："濬导十二州之川也。"上引王安石说"濬川则谷米不可胜食"，意谓疏浚河流后使农业发展。林之奇《全解》则云："洪水既平，不可以不时而疏导之也。"总之是说疏浚河流除水害而兴水利。

陈梦家《尚书通论》中，则就《封禅书》所载秦祠官所掌封祀十二名山六名川事指出："秦之祠十二山及名川与《尧典》'封十二山濬川'之事相合。《周书下》曰'封崇九山，决汩九川'，《史记·五帝本纪》引《尧典》亦作'决川'。封者，《封禅书正义》谓'泰山上筑土为坛以祭天报功曰封'是也。'濬'若'决'者，是祭川之名。谓祭名川时深其川道，亦犹封山为益土于山巅也。"陈氏以"濬"为祭川之名，与此处文义甚合。这样，垇、封、濬就一致了，自当"类叙"于巡狩封禅一节里了。

以上这一节，叙述舜摄位后，举行巡狩方岳、封祀山川的活动。吕祖谦《东莱书说》以为自"岁二月"以下，至下文"遏密八音"以前，皆为杂载舜摄位二十八年中之事。则这一节所载，是他二十八年中率先举行的活动，而且是不在朝中而在四境的事。

象以典刑①，流宥五刑②，鞭作官刑③，扑作教刑④，金作赎刑⑤，眚灾肆赦，怙终贼刑⑥，钦哉！钦哉！惟刑之恤哉⑦！

流共工于幽洲⑧，放欢兜于崇山⑨，窜三苗于三危⑩,殛鲧于羽山⑪,四罪而天下咸服⑫。

①象以典刑——旧释有二说,一为象刑说,一为常刑说。象刑
说,就其作用言,自为象征性之刑;就其方式言,则资料中常称为
"画象"之刑。此说见于文献者颇早,《墨子》佚文:"画衣冠,异章
服,而民不犯。"(见《墨子间诂》,系据《文选·永明策秀才文》注
引)是为画象义。《荀子·正论篇》则云:"世俗之为说者曰:治古无
肉刑而有象刑。墨黥,慅婴;共,艾毕;菲,对屦;杀,赭衣而不纯。"
是为象征义。《集解》引刘台拱释之云:"共,当读作宫。菲,当作
剕。杀,当如字读。言犯墨黥之罪者以草缨代之,宫罪以艾毕代
之,剕罪以绌屦代之,杀罪以赭衣不纯代之。"杨倞注:"象刑,异章
服,耻辱其形象,故谓之象刑。"杨注又引《慎子》云:"有虞氏之诛,
以画跪当黥,以草缨当劓,以履绌当剕,以艾毕当宫。"(系据《北堂
书钞》引)而《御览》六四五引《慎子》则云:"有虞之诛,以幪巾当
墨,以草缨当劓,以菲履当剕,以艾靴当宫,布衣无领当大辟,此有
虞之诛也。斩人肢体,凿其肌肤,谓之刑。画衣冠,异章服,谓之戮
(辱)。上世用戮而民不犯也,当世用刑而民不从。"〔按,墨(黥)、
劓、剕(刖、膑)、宫、大辟(杀),为《吕刑》所定"五刑"〕合杨倞注与
《慎子》观之,知这是一种耻辱之刑。当战国纷争、肉刑惨酷之世,
而此说为学者和世俗所共倡,显然是对当世肉刑的一种反感和对
尚未有肉刑之世的一种憧憬,羡慕"上世用辱而民不犯",也可说是
社会意识中对往古的一种朦胧的记忆,亦即远古之世口耳相传的
遗闻往往会有传下。很可能这即是尚无肉刑的远古之世的一种耻
辱刑资料,被《尧典》作者搜集到了。《尧典》编定于墨子、荀子稍早
的时代,自会遇到这类资料。上文已看到他获得了不少往古资料,

如星象历法资料，礼敬祭祀资料，各族宗神与各种神话传说资料，他都把它历史化载入篇中，则这里显然是他搜集到的古代在进入文明时代建立国家盛行刑法以前先民之间所曾施行的一种耻辱刑资料。恩格斯在《家庭、私有制和国家的起源》中指出："这种十分单纯质朴的氏族制度……没有军队、宪兵和警察，没有贵族、国王、总督、地方官和法官，没有监狱，没有诉讼，而一切都是有条有理的。一切争端和纠纷，都由……氏族或部落来解决。……凡与未被腐化的印第安人接触过的白种人，都称赞这种野蛮人的自尊心、公正、刚强和勇敢。"在没有刑法的社会里，他们的自尊心又如此强烈，万一有过失而给予耻辱刑，是极大的惩罚。证以好些民族学资料，世界上不少较原始部族施行耻辱刑是常有的事，则《尧典》作者得到的"象以典刑"这一资料之来自远古，应无问题。

到了《尧典》作者所处的已盛行肉刑的周代，还有着"象刑"的遗风存在。1975 年陕西岐山出土的夷厉时期的𠑇匜，是西周中后期之物，还在铭文中记载着墨刑与肉刑并用。唐兰释其中"黜𪒠"为受墨刑并免职之刑，𪑱𪒠是受墨刑并以黑巾蒙面之刑。原铭载较重处罚是鞭刑后再给𪑱𪒠刑，较轻是鞭刑后再给黜𪒠刑（见《文物》1976 年第 5 期的三篇专文）。可知西周正在用肉刑的同时还施用象刑。到春秋战国之世见于礼书所载者，《周礼·司圜》职云："掌收教罢民（由郑玄《玉藻》注，知罢民即惰游之士），凡害人者弗使冠饰，而加明刑焉。"郑玄注："弗使冠饰者，著墨幪若古之象刑。……郑司农（众）云：'罢民，谓恶人不从化为百姓所患苦而不入五刑者。'"贾公彦疏："以版牍书其罪状与姓名著于背，表示于人，是明刑也。"又《礼记·玉藻》："垂緌五寸，惰游之士也；玄冠缟

武,不齿之服也。"郑玄注:"惰游,罢民也。"上文说罢民是要"著墨
䙓若古之象刑"的。这里委䜻五寸,是同样的象刑之意,所以和其
同类都着不齿之服。可知这些都是象刑仍以其遗意被实行着。则
《尧典》作者既握有历史资料,又有当时尚见遗存的事实背景,所以
很自然地把这象刑的原有资料写入篇中。

到了汉代,由于汉文帝的倡导,经《尚书大传》的宣扬,象刑说
遂成今文经说的典型定论,奄有一代。《史记·孝文本纪》载他未
即位前在代地十七年,对民间苦于苛刑当有感受,故即位之年即废
掉连坐收拿亲族之法,受刑只及犯者本人。后又有感于缇萦救父
所陈受刑之苦,遂决心废除肉刑。下诏云:"盖闻有虞帝之时,画衣
冠、异章服以为僇(辱),而民不犯。何则?至治也。今法有肉刑三
而奸不止,其咎安在?非乃朕德薄而教不明欤。⋯⋯今人有过,教
未施而刑加焉,或欲改行为善而道无由也。朕甚怜之。夫刑至断
支体,刻肌肤,终身不息,何其楚痛而不德也⋯⋯其除肉刑。"史载
汉文反复强调肉刑之惨痛,务欲推行不伤肌体的象刑,自然就要运
用经典来缘饰其说。汉立五经博士由文帝开始,历景帝、武帝而完
备。而《尚书》则由于当时无治之者,由文帝派晁错到九十多岁的
伏生那里传受,由伏生再传授给欧阳生等今文三家。《尚书大传》
是伏生门徒欧阳生、张生承传师学撰写的。自然一遵汉帝之意强
调象刑了。

《尚书大传·唐传》云:"唐虞象刑而民不敢犯,苗民用刑而民
兴相渐(指《吕刑》制定五刑)。唐虞之象刑:上刑赭衣不纯,中刑杂
屦,下刑墨䜻,以居州里而民耻之。郑玄注云:"纯,缘也。时人尚
德义,犯刑者但易之衣服,自为大耻。《周礼》罢民亦然。"《大传》

又云："唐虞象刑，犯墨者蒙皂巾，犯劓者赭其衣，犯膑者以墨逯其膑处而画之，犯大辟者布衣无领。"这就看出象征性意义很明显，衣去掉领子象征斩首，在膝盖上蒙一块黑布象征削去膝盖。以这种象征方式代替惨酷的肉刑。这纯是站在已厉行肉刑后的立场来看待象刑，以象刑为肉刑的替代，已不是原来无肉刑之世只行羞耻刑的那种象刑的本意，但仍保持原象刑的效果，使受刑者"居州里而民耻之"。自是所有汉儒大都宗奉此说，直至东汉之末。较早者仍沿称"象刑"，稍后者乃径称"画象"。称"象刑"者如:《汉书·元帝纪》："盖闻唐虞象刑，而民不犯。"刘向《新序·节士篇》："《书》曰象刑惟明，而禹不能。"扬雄《法言》："唐虞象刑惟明，夏后肉刑三千。"又《连尉箴》："唐虞象刑，天民自全。"王充《论衡·四讳》亦称象刑，且举出汉代所行象刑云："古者用刑，刑毁不全，乃不可耳。方今象刑，象刑重者，髡钳之法也，若完城旦以下，施刑，彩衣系躬，冠带与俗人殊，何为不可。"使人们看到了汉代遵从帝意依据《尚书》经义所施行象刑的大要。其称"画象"者如:《汉书·武帝纪》："朕闻昔在唐虞，画象而民不犯。"此称画象之较早者。《司圜》疏引《孝经纬》云："三皇无文，五帝画象，三王肉刑。画象者，上罪墨幪、赭衣、杂屦，中罪赭衣、杂屦，下罪杂屦而已。画象刑者，则《尚书》象刑。"（由《保氏》疏引，知为《孝经纬援神契》，彼处只引"三皇无文"一句）此明确"画象"即"象刑"。其后《白虎通·五刑篇》云："传曰:三皇无文，五帝画象，三王明刑，应世以五。"此以明刑当肉刑，与《司圜》职明刑同象刑者异。疑此"明"字为肉字之讹。《司圜》则当同《皋陶谟》"象刑惟明"之意。《五刑篇》又云："五帝画象者，其衣服象五刑也。犯墨者蒙巾，犯劓者以赭著其衣，犯膑者以墨蒙其臏处而画之,犯宫者理杂扉,犯大辟者布衣无领。"《风俗通》佚文(《御览》七七引):"三皇结绳,五帝画象,三王肉刑,霸世黜(黜)巧。"《公羊传·僖公二十九年》何休解云:"三皇设言民不违,五帝画象世顺机。"徐彦疏云:"五帝之时,黎庶已薄,故设象刑以示其耻辱。……画犹设也。其象刑者,即《唐传》云(见上引)。"晚至《三国志》载魏明帝诏仍云:"有虞氏画象而民勿犯。"魏时帝室方面行郑玄学(司马氏行王肃学),而郑玄注经往往随所注者而异其说,其本人为古文学,但在"象刑"上仍用今文学,故注《周礼》《礼记》《大传》仍依象刑说。

　　象刑说源自上古,被学者和世俗鼓吹于战国,大盛于汉代。但其现实背景,则战国与汉代皆盛行肉刑者,因此站在现实立场者皆反对象刑说。率先反对者为荀子,其《正论篇》在引"世俗之说"后即云:"治古如是?是不然!以为治耶,则人固莫触罪,非独不用肉刑,亦不用象刑矣。以为人或触罪矣,而直轻其刑,然则是杀人者不死,伤人者不刑也。……乱莫大焉。……故象刑殆非生于治古,并起于乱今也。"他以为象刑不起于古代,而起于纷乱不遵守法纪的当世。他以儒家而重礼,由礼引申出重法思想,于是他两个弟子韩非、李斯成为大法家,厉行刑法亦即肉刑之治。到"攗摭秦法"(《汉书·刑法志》语)的汉代自厉行肉刑。该《刑法志》绪论即全承荀子礼刑之说,以为:"制礼以崇敬,作刑以明威。""圣人……制礼作教、立法、设刑,动缘民情而则天象地。"因而一依荀说不述及古有象刑。到其下文述汉文帝引《墨子》画象说,令设象刑完城旦、鬼薪等等时,强调当时实际情况是:"外有轻刑之名,内实杀人。"总之是不同意象刑或画象之刑。宋儒欲将"象"字另作解释,自更反对象刑画象说。林之奇《全解》云："说者多以象刑为画象刑，其说皆出于《大传》与汉帝之诏。此说虽近似，然以象刑为画象而解'象以典刑'之句，其辞为不顺。而象亦有难治者，《荀子》曰：'世俗之说曰……乱莫大焉。'薛氏又论'世俗以为画衣冠异章服为象刑，岂非读《舜典》而误欤'（此薛氏不详何人，薛季宣书未见此语）。此说有理。"吕氏《东莱书说》亦云："象非画象之象，乃象示之象。"清王鸣盛《后案》专宗郑玄者，于此竟至说："以象刑为画象之象，其言出于战国奸民游士之口，故荀卿非之。"不顾郑亦有阐释象刑之语，唯宣扬下文所举古文学派反象刑之另一说。然孙星衍及今文学派陈乔枞、皮锡瑞等仍相信象刑说。王先谦虽主古文常刑说，但仍相信"以象刑为画像，其义甚古"。

另一说为常刑说。此说释"象"为"法"，释"以"为"用"，释"典"为"常"（象刑说释"象"为"画象"，释"以"为"为"，释"典"为"主"）。《史记集解》引古文家马融云："咎繇（皋陶）制五常之刑，无犯之者，但有其象，无其人也。"郑玄则称"常刑"为"正刑"。《周礼·秋官》疏引郑玄云："正刑五，加之流宥、鞭扑、赎刑，此之谓'九刑'。"伪传云："象，法也。法用常刑，用不越法。"此常刑说之主要解释，切合于用五刑（肉刑）之世。故《蔡传》在宋人多异说时仍持此说云："典者，常也。示人以常刑，所谓墨、劓、剕、宫、大辟，五刑之正也。所以待……罪之不可宥者。"苏轼《书传》亦云："典刑，常刑也。杀人者死，伤人者刑，象其所犯。"程颐《书说》也以为："象以典刑，象罪之轻重立以为常典。"近人屈万里《尚书集释》云："象，《周礼·太卜》郑注：'谓有所造立也。'典，《尔雅·释诂》：'常也。'言设立常刑也。"此另觅"象"的释义仍以为常刑说。

宋人大都不信有象刑而提出几种新说。王安石《新经义》云："象者，垂以示人之谓，若《周官》垂法象魏是也。"林之奇《全解》引此并云："此说比先儒为长。盖王者之法如江河，必使易避而难犯，故必垂以示之，使知所避。……《周官·司寇》正月之吉，始和布刑于邦国都鄙，乃悬象刑之法于象魏，使万民观象挟日而敛之，此则唐虞之'象以典型'之意也。"《蔡传》在述常刑之义时，也在其前面加一句云："象，如天之垂象以示人。"吕氏《东莱书说》在说"象非画之象乃象示之象"后接着说："盖布象其法以示民，使晓然可见也。"清戴震《义考》云："象刑之义，林氏所论，当矣。"按，垂象之义，《孔疏》在疏释伪传时已提出。其言云："《易·系辞》又曰：'天垂象，圣人则之。'是象为仿法，故为法。"惟用以助释伪传。

《朱子语录》："问：'吴才老（棫）说是五典之刑，如所谓不孝不弟之刑。'曰：'此是乱说。人有罪，合用五刑，如何不用。'"朱氏又云："象其人所犯之罪，而加以所犯之刑。"这是承用苏轼、程颐之说。但朱又承用他说云："此言正法象，如象魏之象。或谓画为五刑之状，亦可。"元王充耘《读书管见》云："象非如天之垂象以示人，盖罪有小大，故刑有轻重，刑所以仿象其罪而加之耳。"清沈彤《尚书小疏》亦云："朱子谓象者像其人所犯之罪而加之以所犯之刑，此说最确，详见《语类》，孔、蔡解皆谬。"

清沈彤始谓"象"为一种刑之名。其《尚书小疏》云："'象以典刑'二句，'象'与'流'皆刑名也。'典'，主也。言'象'所以主众刑，而'流'则所以宽其象刑也。"并举惠栋谓"象"为书名以证己见。惠氏据《易》"在天成象"，故治天之书皆称《象》。韩宣子"聘鲁见易象"，谓《易》与《象》皆书名。近人杨筠如《核诂》承之云：

"象，刑名，《皋陶谟》'方施象刑'可证。……'以'，《玉篇》'为也'。'典'，主也……常也，经也，法也。高晋生疑'典'假为㥈，《说文》：'青齐谓惭曰㥈，谓㥈辱之刑，亦胜。'"

近人曾运乾《尚书正读》不详其所据而为刻画说云："象，刻画也。盖刻画墨、劓、剕、宫、大辟之刑于器物，使民知所惩戒，如九鼎象物之比。俗说乃以画衣冠异章服为象刑，盖传之失其真也。"他否定了象刑说的最早一条资料，而未举出其论据之所自，近于凿空，无法深论它（唯朱熹引或说"画为五刑之状"，亦不详其所指）。

②流宥五刑——"流"，唐写《释文》："㳅，古流字，放也。"薛氏本、内野本、足利本、影天正本及《汗简》引《尚书》皆作"㳅"。吴校语："《公羊传》桓八年注：'㳅血尤深。'《荀子·荣辱篇》：'其㳅长矣。'……史晨后碑：'西㳅里外。'均作'㳅'。"《史记集解》引马融注云："流、放；宥、宽也。一曰幼少，二曰老耄，三曰蠢愚。五刑：墨、劓、剕、宫、大辟。"唐写《释文》："马云：宥，三宥也。"是马融此三项被称"三宥"。《史记·正义》引郑玄的三宥云："三宥，一曰弗识，二曰过失，三曰遗忘也。"《孔疏》引郑玄注云："其轻者或流放之，四罪是也。"伪传云："宥，宽也。以流放之法宽五刑。"《大传·甫刑篇》（即《吕刑篇》）述五刑内容云："决关梁逾城郭而略盗者，其刑髌；男女不以义交者，其刑宫；触易君命、革舆服制度、奸轨盗攘伤人者，其刑劓；非事而事之，令所不当为也，出入不以道义而诵不详之辞者，其刑墨；降叛寇贼劫略夺攘矫虔者，其刑死。"王樵《尚书日记》补述其方式云："常刑有五：墨，黥也，先刻其面，以墨窒之。劓，截其鼻也。宫，男割其势，女幽闭。刖，断足也。周改膑作刖。大辟，死刑也。"按，《困学纪闻》录北宋范镇《正书》释五刑云："舜

尚
书
校
释
译
论

之五刑：流也，宫也，教也，赎也，贼也。'流宥五刑'者，舜制五流以宥三苗之劓、刵、剕、宫、大辟（指《吕刑》五刑）也。"《纪闻》并云："胡氏（宏）《皇王大纪》本之，而以墨、劓、刵、宫、大辟为'贼刑'之科目，可谓精确之论。"这是宋儒对此处五刑与《吕刑》五刑有歧异所得出的理解。

③鞭作官刑——"鞭"，唐写《释文》作："𩚏，古文鞭字，必绵反。"薛本作"𩚏"。按《说文》，"鞭"古文"𩚏"。此二处稍异。《史记集解》引马融云："为辨治官事者为刑。"伪传云："以鞭为治官事之刑。"如上注解本已通，然苏轼《书传》云："官刑，以治庶人在官慢于事而未入于刑者。"何以必须庶人在官者始鞭之，岂因刑不上大夫，非庶人为官者不得鞭？然《左传·襄公十四年》载卫献公鞭师曹。师曹非庶人，又明代廷杖率皆大臣，则苏氏说不必是。俞樾《平议》以"官刑"义不明，创"官"当为"馆"之说，谓馆舍专为庶人在官者而设。则更无据。

④扑作教刑——"扑"，唐写《释文》作"𢽴"，又作"𣪠"。薛本则作"𣪠"。《史记集解》引郑玄注云："扑，榎楚也。扑为教官为刑者。"伪传亦云："扑，榎楚也。不勤道业则挞之。"《释文》："扑，普卜反。榎，皆雅反。"苏轼《书传》："扑，榎楚也。教学者所用也。"《蔡传》："扑作教刑者，夏楚二物，学校之刑也。"《汇纂》引《礼记·学记》"夏楚二物，收其威也"郑注："夏，榎也。楚，荆也。《尔雅》注云：榎，今之山楸。"是榎亦作榎，又作夏，是一种山楸。楚则是荆条木。二者用于学校作惩戒"不勤道业"者之用。

⑤金作赎刑——《史记集解》引马融曰："金，黄金也。意善功恶，使出金赎罪，坐不戒慎者。"伪传："金，黄金。误而入刑，出金以

赎罪。"《孔疏》："古之金银铜铁,总号为金,别之四名耳。此传黄金,《吕刑》黄铁,皆是今之铜也。古之赎罪者皆用铜。"按《吕刑》云："五刑不简,正于五罚。"伪传云："不简核谓不应五刑,当正五罚。出金赎罪。"《吕刑》下文说墨刑罚百锾(伪传云:"六两曰锾,黄铁也")。劓刑罚倍,剕刑倍差(伪传云:"谓倍之又半"),宫刑罚六百锾,大辟罚千锾。这是出金赎罪之数,其意义即此处的金作赎刑。梁启超《中国历史研究法》中有一句名言:"《尧典》有'金作赎刑'一语,吾侪以为三代以前未有金属货币,此语恐出春秋以后人手笔。"梁意作为三代以前唐尧之世的《尧典》自不能有此语。然《尧典》确出于春秋战国之世儒家手笔,搜集了不少远古资料,也搜集了某些春秋战国资料足以摹古者,汇列以成篇。《吕刑》即周初资料,自然《尧典》有不少非三代以前资料列在篇中。

⑥眚灾肆赦怙终贼刑——《史记》"灾"作"栽","肆"作"过"。《集解》引徐广曰："终,一作众。"敦煌唐写《释文》云："眚,所景反,过也。注同。灾,本又作灾,皆古灾字。害也。《说文》:'灾,籀文栽字也。'灾或栽字古文作灾。""怙终",唐写《释文》作"怙愗,(怙)音户,愗也"。

《史记集解》引郑玄注："眚灾,为人作患害者也。过失虽有害则赦之。怙其奸邪,终身以为残贼,则用刑之。"《群书治要》录王肃注云："眚,过也。灾,害也。肆,失也。言罪过误失所为,当赦之也。"姚氏伪传云："眚,过。灾,害。肆,缓。贼,杀也。过而有害,当缓赦之。怙奸自终,当刑杀之。"《蔡传》："眚谓过误,灾谓不幸,若人有如此而入于刑,则又不待流宥金赎而直赦之也。""怙谓有恃,终谓再犯,若人有如此而入于刑,则虽当赎当赎,亦不许其宥,不听其赎，而必刑之也。"

按《春秋·庄公二十二年》"肆大眚"。《公羊传》："肆者何？跌也。大省者何？灾省也。"《穀梁传》："肆，失也（惠栋谓即佚、逸）。眚，灾也。"《左传》杜注："赦有罪也。《易》称'赦过宥罪'，《书》称'眚灾肆赦'，《传》称'肆眚围郑'（按见《左传·襄公九年》），皆放赦罪人，荡涤众故，以新其心。有时而用之，非制所常，故书。"故苏轼《书传》释本句云："《易》曰'无妄行有眚'。眚亦灾也。眚灾者犹曰不幸，非其罪也。肆，纵也。《春秋》'肆大眚'是也。"

尧典

明清之释如王樵《日记》云："眚，过也，如所谓过失遗忘之类。灾，谓不幸，如因水火亡失官物之类。肆，犹'肆大眚'之肆，谓不待流宥金赎而直赦之也。"清戴震《义考》云："眚本自眚惜，其义为一时迷谬得过之名。灾本天灾，绝无因而入于罪戾，斯名为灾。故眚则肆之，灾则赦之。有恃而犯为怙，长恶不悛为终；《春秋·传》叔向之言曰'杀人不忌为贼'（按见《昭公十四年》）。此三者皆必刑。"是戴以眚、灾为并立的二项，怙、终、贼为并立的三项，分别按情况处理。

近人就字义提出新释。于省吾先生《尚书新证》云："'眚灾'，当读作'省哉'。《康诰》'乃惟眚灾'，王符作'乃惟省哉'，可证。'肆类于上帝'传：'肆，遂也。''怙'即'故'，详《康诰》'惟是怙'条。'故'通'固'，详《经传释词》。《仪礼·士相见礼》注：'固如故也。''贼'从则声，'贼'、'则'古通。《盘庚》：'汝有戕则在乃心。''戕则'即'戕贼'。'眚灾肆赦，怙终贼刑'，应读作'省哉肆赦，固终则刑'。言罪之轻者，能省察遂赦之；如故自终者，则刑之。'省察'与'固终'为对文。若训'眚灾'为过失灾害，则上下之义不相属矣。"杨筠如《核诂》云："眚，《说文》：'目病生翳也。'《易·讼》郑注：'过也。''灾'，《史记》作'烖'。'灾'，疑假为'哉'。《释诂》：'哉，始也。''肆'，《释诂》：'故也。''怙'，借为'辜'，恶也。'贼'，疑假为'则'。《盘庚》：'女有戕则在乃心。'《散氏盘》：'余有散氏心贼，则爰（铧）千罚千。''戕则在心'，即《散氏盘》之心贼也。古'贼'字从则作贼，故'则''贼'可通。"此二家皆重在循字义以寻文义，皆各有所得。

　　其实此两句原是概括《康诰》有关文意而来，其取义即据《康诰》原有文意（见《康诰篇》校释）。朱骏声《便读》已知引证《康诰》"自作不典，不可不杀"之句。日本学者加藤常贤《真古文尚书集释》及池田末利《全释汉文大系：尚书》皆简明引证《康诰》文句以释此二句。其完整阐述此二句文义取自《康诰》者，则为顾师《尚书研究讲义·丙种》所说："按《康诰》云：'人有小罪，非眚，乃惟终，自作不典，式尔，有厥罪小，乃不可不杀。'写以近代之言，则为：'人有小罪，非其遭际之不幸，而由其故犯，且怙恶不悛，以此不法之事为当然，是则其罪虽小而不可不杀者。'此甚长之口语，《尧典》乃括以精整之四字曰'怙终贼刑'。又云：'乃有大罪，非终，乃惟眚灾，适尔，既道极厥辜，时乃不可杀。'是谓：'人有大罪，非由其怙恶而由其遭际之不幸，适然罹祸，既已服其罪矣，是则不可杀者。'此亦一甚长之口语，而《尧典》复括以精整之四字曰'眚灾肆赦'。此岂非《尧典》作者锻炼《康诰》而成之文乎？"《康诰》为西周初年封康叔于卫的诰辞，全文完整地传至春秋战国，并一直传至现代，据统计，先秦文献中称引《康诰》的次数远比他诰为多（见拙著《尚书学史》),是为当时广为传诵的一篇,《尧典》作者自然熟习它,在编排舜的刑法措施时,就把这篇由周公诰诫康叔主要谈法制原则的宝典中关键内容概括写入了篇中。

⑦钦哉钦哉惟刑之恤哉——《史记》"恤"作"静"。《集解》:"徐广曰:今文云'惟刑之谧哉'。《尔雅》曰:'谧,静也。'"《索隐》:"案古文'卹哉'。且今文是伏生口诵,'卹''谧'声近,遂作'谧'也。"段氏《撰异》据《匡谬正俗》指出"惟"字《古文尚书》作'惟',《今文尚书》作'维'。又"恤"字,《尚书》本皆作'卹',卫包皆改为'恤',妄谓卹、恤古今字也。"又谓徐广云今文作"谧",是"欧阳夏侯书之散见仅存者也。《史记》作'静'者,以故训易其字,使读者易通。谧训静,故易为静也。若古文作卹,亦是静慎之意。"陈乔枞《经说考》云:"作'谧'作'恤',皆三家今文之异字。马、郑《古文尚书》与三家今文之作'恤'者同。"

伪传释其义云:"舜陈典刑之义,敕天下使敬之,忧欲得中。"唐写《释文》:"卹才,峻律反,忧也。"薛本作卹,今本《释文》改作恤,仍训"忧也"。故伪传释为"忧欲得中"。是说舜敕令天下敬重他所制定的刑法,而舜自己则忧其刑实行得是否适中。至宋儒则以为非舜之辞而是史臣之辞。如林之奇《全解》:"孙氏(可能是孙觉)云:史官既言舜用刑之目(指上文象、流、鞭、扑、赎、眚、怙诸目),于是又言其明德、慎罚、恤刑之意。曰:'舜之用刑也,钦哉!钦哉!是刑之为忧恤哉!言其哀矜忧恤之至。而或以为舜话,非也。'此说为是。"《东莱书说》亦云:"史官叙舜制刑之法,叹曰:'钦哉!钦哉!'深美舜用心之钦,而曰'惟'者,见恤刑之至,无以加也。"其实无论舜言或史臣之言,都是《尧典》作者设想模拟制定美好刑制之语。

日本江户前期(当 17 世纪)传朱子之学的一代宗师、开创崎门学派、门弟子数千人、各藩儒臣大都出其门的山崎闇斋氏,将此处"象以典型"至"惟刑之恤哉"一段录出,备引朱熹之说以为释,编纂成"朱熹《刑经》"一书,至江户后期新发田藩儒者崎门学派之水野重明写跋重刊,并辑《刑经附录》于后。其书至今尚存新发田文库。托日本学者高桥智氏代为查阅函告,该书首以"舜典曰"三字引录此段文字,次低一格录蔡沈《书集传》此段全文,再低一格为山崎氏之注,全引据朱熹之说以为释。水野氏《附录》,则抄辑有关刑制的《朱子文集》中文十三篇与《朱子语类》中语录二十则。当时山崎氏之文章注释,对崎门派学者来说,成为相当"经"的一种神圣可尊的东西。经过这样的专书阐释,就使《尧典》此段文字,在日本奉为《刑经》,当对其时日本刑制思想产生不小影响。

⑧流共工于幽洲——"共工",见上文第三节即"允厘百工章"注⑭,并可参看同节注⑯。"幽洲",见上文第二节即"羲和章"注㉜"幽都"。并参看上节注㉑"肇十有二州"。此处二字《史记》作"幽陵"。《孟子·万章篇》及《大戴礼·五帝德》述流共工之地,《射义》疏引此句及《左传·文公十八年》疏引此句,《汉书·王莽传》仿用此句,皆作"幽州",段氏《撰异》云:"今《尚书》作'洲'者,卫包以俗字改也。"《史记·正义》引《括地志》云:"故龚城在檀州燕乐县界,故老传云,舜流共工幽州居此城。"《尚书地理今释》注云:"今(清)直隶顺天府密云县东北塞外地。"其实幽都、幽州本为神话缥缈之区,即后演化称十二州之幽州,亦出虚拟,非实有之地。至汉代设十三部十一州后为十二州,始实定幽州地境,(约当今冀北辽

宁境),在先秦根本无幽州之地可寻。《括地志》所云故老相传流共工所居之城,为民间喜扳附传说古地名于本地之通常习俗,不足据。《史记集解》引马融注但泛称"北裔也"。合于当时传说之原意。因为幽都或幽州,在故事传说中只是指北方极远的边裔之地。

⑨放欢兜于崇山——"欢兜",见三节"允厘百工章"注⑦、注⑫,由神话中神鸟转而为神人、而为南方苗民宗神、而为南方蛮民酋长,而后净化为历史人物成为尧的大臣。"崇山",《史记集解》引马融注亦云:"崇山,南裔也。"也是泛指南方极边裔之地某一山区之山,合于故事传说原意。唐写《释文》作:"崈山,古崇字。"《汉书·郊祀志》颜注亦云:"崈,古崇字。"薛本及《汗简》引《尚书》亦皆作"崈"。后来经师要给它实定某山,必然失之凿。如《通典·州郡·古荆州》载:"澧阳,汉零陵县地,有澧水有崇山,即放欢兜之所。"又《御览》四九引盛宏之《荆州记》曰:"《书》云'放欢兜于崇山',崇山在澧阳县南七十五里。"澧阳即今澧县,在洞庭湖西北岸。朱熹《语类》说:"崇山,或云在今澧州慈利县。"则在洞庭湖之西,邻近湘西。吴澄《书纂言》则又说成慈宁县之崇山。则不知所在。《尚书地理今释》:"崇山在今(清)湖广永定卫西大庸所东。"即今大庸县,深入湘西了。《禹贡》中最南地境已达衡山以南,《墨子》《韩非子》《大戴记》等书中更说有"南交"。这里却把南方极远边裔之地说在洞庭湖西,其为妄说可知。《孔疏》云:"《禹贡》无崇山,不知其处,盖在衡岭之南。"说较近是。

⑩窜三苗于三危——"窜",《史记》作"迁"。《说文》小徐本引作"窾"。见"宀部"云:"窾,塞也。从宀,敄声。读若《虞书》曰'窾三苗'之窾。"段氏《撰异》云:"用本字为音,《说文》全书内无此例。

窜字今音七乱切,古音七外切。见《周易·颂·象传》……等。古音沫与窜同也。……《孟子·万章篇》'窜'作'杀'……即窜之假借字也。古无去声,读窜如铩。《左氏·昭元年传》……'蔡蔡叔'。陆氏德明曰:'蔡',《说文》作'粲'。按《说文》七篇:'粿、粲,散之也……'经典窜、蔡、杀、粲四字同音通用,皆谓放流之也。"陈乔枞《经说考》云:"段说未审。作窜者,《今文尚书》也。……窜字古文作竄,许所引《虞书》,据古文也。后人转写,不能分别竄、竄二字,故二竄字误为竄。与上文竄本字同耳。《集韵》云:"窜,古作竄。……《大戴礼》竄,竄字当亦竄字之讹。"

"三苗",古代民族名。《释文》引马融注为"国名"。三苗与九黎有族系渊源。《国语·楚语》:"其后三苗复九黎之德。"韦昭云:"三苗,九黎之后也。"由《吕刑》所载知三苗的先王为蚩尤。该篇伪《孔传》则明确言:"九黎之君,号曰蚩尤。"自蚩尤在涿鹿被黄帝打败后,其族逐步向南方迁移。由《楚语》说"少昊之衰败,九黎乱德",知是由于九黎的反抗,使少昊衰败。可能就使蚩尤占住了少昊之地,故《逸周书·尝麦篇》说:"蚩尤宇于少昊。"经过《楚语》所载颛顼加以整顿,才使九黎驯服下来。其后三苗又起而恢复九黎所进行的斗争(即上引"复九黎之德")。到尧又予以镇压,见《吕氏春秋·召类》所载:"尧战于丹水之浦,以服南蛮。"接着说:"舜却苗民,更易其俗。"可见尧、舜都相继与三苗作了斗争,《尧典》所记正是这一斗争的反映。据《战国策·魏策》吴起说:"三苗之居,左彭蠡之波,右有洞庭之水,文山在其南,而衡山(雉衡山,在今豫境)在其北。恃此险也,为政不善,而禹放逐之。"三苗这一居地,显然是在黄河下游被逐后,苗族最初南迁住留之地。和尧舜的抗争当亦在这一地区进行。其地在今豫省南境以迄长江一线,有险可守,因此能立足于此。《地理今释》说是"今(清)湖广,武昌、岳州二府,江西九江府地"。只主要指其长江一线。但终经多次斗争失利,最后又败于禹手。《墨子·非攻下》亦记载了此次战争说:"禹亲把天之瑞令以征有苗。"可见这族历世和黄帝、少昊、颛顼、尧、舜、禹都不断斗争着。就是说,它和黄河下游的东夷以及黄河上游的戎、夏都是敌人。最后因失败而南迁,据《山海经·大荒北经》叙西北海外有苗民,为欢头所生,而在本篇《尧典》里,欢兜是和三苗同被舜放逐的。实际是同一族的不同部落同被放逐,只是资料来源有异,被《尧典》作者同时采用写入篇中。此处写"窜三苗于三危",下文写"分北三苗",是把苗族分出一部分放逐到西北的三危。到《禹贡》里又记了"三危既宅,三苗丕叙"。是说被舜迫逐至三危的三苗,可能生活不安定,禹又重新给他们安排了居住地,使他们生活顺遂。这一部分苗民后来可能融合到氐羌中去了,所以《后汉书·西羌传》有"西羌之本,出自三苗"之说,是夸大地说了。其南迁未再迁的苗民,至今尚在南方。

"三危",原为神话中神山。《山海经·西山经》云:"(符惕之山)又西二百二十里曰三危之山,三青鸟居之。"《海内北经》载三青鸟是为西王母取食之神鸟。然《天问》问云:"黑水玄趾,三危安在?"可知原是不知所在的虚无缥缈之地,由见载于"西经""北经",可约略知其在神话中西北之域。至《史记集解》引马融注此云:"三危,西裔也。"姚氏伪孔传承之,称为"西裔之山"。《孔疏》指明:"其山必是西裔,未知山之所在。"这都符合原意,为不知确址的西方极远边裔之地。

《蔡传》云:"三危,西裔之地,即雍之所谓'三危既宅'者。"既承传统注疏之说,又同《禹贡》雍州之地挂钩。即上引《禹贡》之文,将此三苗被窜放之地三危实定在雍州境内。雍州大抵包括秦岭以北的陕、甘、宁全境及青海北境,则三危应在这一地域的最西部。所以一般以为是敦煌境,因其地在最西,其境有三危山。地理书有较明确记载,见《括地志》云:"三危山有三峰,故曰三危。俗亦名卑羽山,在沙州敦煌县东南三十里。"又《元和郡县志》亦在敦煌县下载明:"三危山在县南三十里,有三峰故曰三危,《尚书》'窜三苗于三危',即此山也。"《太平寰宇记》敦煌县下亦云:"《禹贡》雍州之域,亦西戎所居,古流沙之地,黑水所经,《书》所谓舜'窜三苗于三危','三苗既宅',即此地。"又《敦煌县志》云:"三危山,《隋志》在敦煌县,《括地志》在沙州东南三十里,山有三峰,故名。《明都司志》三危为沙州望山,俗名升雨山,在今城东南三十里,三峰耸峙,如危欲堕,故名。"史籍中提及此者,有《左传·昭公九年》"允姓居瓜州"杜注:"允姓,阴戎之祖,与三苗俱放三危者,瓜州,今敦煌也。"传说资料中则有《水经·禹贡山水泽地》云:"三危山在敦煌县南。"《注》:"《山海经》曰:三危之山,三青鸟居之,是山也。"郭璞注三青鸟居之三危山亦云:"今在敦煌郡,《尚书》云'窜三苗于三危'是也。"又《江水注》:"《山海经》:三危在敦煌县南,与岷山相接,山南带黑水。"《孔疏》亦引云:"按郦元《水经》:黑水出张掖鸡山,南流至敦煌,过三危山南。"至《后汉书·西羌传》章怀注:"三危山在今(唐)沙州敦煌县东南,山有三峰,故曰三危也。"金履祥《尚书注》亦云:"沙州敦煌县东南四十里有卑雨山,一名化雨山,有三峰甚高,人以为三危。"

由山有三峰，就叫三危，加上喜攀附古地名的习俗，于是称为三危之地就多。金履祥《注》因之云："戎人凡山有三峰者，便指以为三危。"因而西北羌戎区域有不少称三危之地。

一为鸟鼠之西说。见纬书《河图括地象》云："三危在鸟鼠西，南与汶山相接，黑水出其南。"《夏本纪索隐》："郑玄引《河图》及《地说》云：'三危山在鸟鼠西，南与岐山相接。'"《禹贡》疏："郑玄引《地记》书云：'三危之山在鸟鼠之西，南当岷山，则在积石之西南。"《汉书·司马相如传》"直径驰乎三危"注："张揖曰，三危山在鸟鼠山之西，与岷山相近，黑水出其南陂。《书》曰'导黑水至于三危'是也。"《续汉书·郡国志》："陇西郡：首阳，有鸟鼠同穴山，渭水出。"刘昭注："《地道记》曰：'有三危，三苗所处。'"首阳，今甘肃渭源县，南邻今陇西县。此说指甘肃省东部的西南境。

其次河关说。见《后汉书·西羌传》："及舜流四凶，徙之三危，河关之西南羌地是也。"章怀注："河关县，属金城郡。"按即今青海同仁县。指其西南境，则其南有西倾山，其西有积石山，未确指何山。总之是在邻甘肃西南之青海东部。

再次天水说。见陆德明《庄子音义》："三危，今属天水郡。"毕沅《山海经注》："三危，山当在今秦州西，俗失其名。"秦州，即陇东天水。则在甘肃东南境。

再次过宕昌说。见傅寅《禹贡说断》引程大昌说，谓黑水即叶榆泽，以之为黑水之下流，"则雍州无黑水矣，故又求《唐史》东女弱水为黑水之上源。东女之地，正东以及东南皆与今（宋）蜀茂雅二州接境，则正在汉益州之北……即雍州邻境也。……又三危山无所证着，以三苗遗种在宕昌〔即今（宋）化外宕州〕，疑其当在东女弱水旁"。《蔡传》亦证成云："宕昌,即三苗种裔与三苗之叙于三危者。"按宕州之地在今甘肃岷县南,则又为甘肃东部西南境,惟岷县之南在渭源鸟鼠西之东。

再次叠州说。见金履祥《尚书注》:"岩昌羌,即三苗之种。其地有叠州,山多重叠,三危山有三重,或在其地。"此犹出推定,至蒋廷锡《地理今释》径云:"三危山在大河南,今(清)陕西岷州卫塞外古叠州西,西番界。"按叠州北周始置,唐写《释文》李勣曾任叠州都督驻此。其地当今青海东南境,处甘肃临潭之西南。

上述诸地皆相去不远,且或有重叠。大体上河关说指青海东部之偏北,叠州说指青海东部之偏南,鸟鼠西说指紧邻青海东部之甘肃南部,宕昌说又紧邻其东,天水说则又东指甘肃东南部。诸说皆不出甘青境。要而言之,实皆在甘肃东南境以迄青海境古羌族地区内觅山之有三峰者当之。

此外又有四川说。见《水经》:"江水又东过江阳县南,洛水从三危山东过广魏洛县南,东南注之。"《注》:"《山海经》曰:'三危在敦煌南……'经曰出三危山,所未详。"按江阳即四川泸县,故毕沅《山海经注》谓此山当在四川省。

又有云南说,复分涉三地。首为滇池。《夏本纪集解》:"郑玄曰:《地理志》益州滇池有黑水祠,而不记此山水所在。"《通典·州郡》亦引郑玄云:"南当岷山,又在积石之西,南当黑水祠,黑水出其南。"《禹贡》疏云:"《地理志》益州郡……故滇王国也。……郡内有滇池县,县有黑水祠,止言有其祠,不知水之所在。郑云今中国无也。"以为有黑水祠,当有黑水,自当有三危,但不知其所在。《蔡传》且云:"武帝初开滇巂时,其地古有黑水旧祠,夷人不知载籍,必不能附会。"意谓并不是附会古籍中所载,而是此地本有黑水而后建此祠。欲以证实黑水、三危本在此地。次为丽江,见易被《禹贡疆理记》云:"樊绰《蛮书》载蛮水之入南海者四:西珥河……丽水……新丰川……盘江四也(《蔡传》所录樊氏四水与此稍异)。其所谓丽水者,绰正指为黑水。此黑水一名禄裨江。而罗些城北有山,即三危山。其水从罗些城三危山西南行,上流出乎西羌吐蕃,下流南至苍望城,又南至双王道勿川,有弥诺江西南来会之,南经骠国之东而入海。罗些,乃南诏、吐蕃南北相距之地。其西接吐蕃,其东接剑南东川之西境。"(《尚书纂传》《书纂言》等引)此地在滇北清代丽江府区域内。《禹贡锥指》云:"丽水,诸家以为即金沙江,出今丽江府界者。"可知以丽水为金沙江附会黑水,则三危所在罗些即在丽江府了。又云龙州,见《锥指》云:"元人以澜沧江为黑水,因指云龙州东江上一山为《禹贡》之三危(自注:"州属蒙化府。"按,据图,属大理府)。"蒋氏《地理今释》云:"今(清)云南大理府云龙州西有三崇山,一名三危。澜沧江经其麓,有黑水祠。或以为即古三危也。按黑水即今之澜沧江,若以三危在丽江府北,似乎太远。云龙州之说,颇亦近理。"显然可见,如以金沙江为黑水,则三危自安排在丽江府。如以澜沧江为黑水,则三危自移到大理府云龙州了。戴震则又移之怒江,其《义考》云:"三危宜近怒江,今怒江实古黑水也。"

最后有藏卫说。以前藏、后藏、喀木为三危。盛经祖《卫藏识略》、黄沛翘《西藏图考》载此说,首持此见者为康熙。朱锦屏《海藏纪行》引康熙之说云:"三危者,犹中国之三省也。"以康藏卫之地当之,并谓"雅鲁藏布江为贯穿其境之唯一大水,故非此莫属"云云。

到刘逢禄《尚书今古文集解》在简述自汉至清主要数说后,即附说《西藏总传》云:"卫在打箭炉西南,俗称前藏;藏在卫西南,俗称后藏;喀木在卫东南。三处统名三危,即《禹贡》'导黑水至于三危'也。"则三危非山而是三个较大区域,与上述诸说有异。然亦不过是许多纷歧之说中的一说而已。

三危原既从神话中来,自不需落实其地。然《尧典》已把它作为西裔窜逐之处,《禹贡》又列于最西之雍州,而九州之境当时认为是可知的天下,则在当时人心目中,可流放罪人的西方边裔之地,就会认为只有雍州最西的敦煌之地的三危了。

⑪殛鲧于羽山——"殛",《说文·歺部》:"殛,殊也。"《尔雅·释言》:"殛,诛也。"其字义训诂原如此,显然由于《洪范》说"鲧则殛死",故《史记集解》引马融注云:"殛,诛也。"伪传承之,可能觉四罪不当独重鲧,遂云"殛、窜、放、流,皆诛也。"惟孙星衍《疏》云:"'殊'为字误,'诛'谓责谴之,非杀也。"段氏《撰异》云:"《天问》:'永遏在羽山,夫何三年不施?'王注:'言尧长放鲧于羽山,绝在不毛之地,三年不舍其罪也。'《吕览·行论》曰:'帝舜于是殛之于羽山,副之以吴刀。'高诱注云:'《书》云鲧乃殛死,先殛后死也。'玉裁谓《夏本纪》'舜行视鲧之治水无状,乃殛鲧于羽山以死'此语最为分明。因殛而死,非训殛为杀也。……先殛后死,高注明析。"段又引《郑志·答赵商》云:"鲧非诛死。鲧放诸东裔,至死不得反于朝。"林之奇《全解》亦云:"《洪范》所谓'殛死'者,正如后世史传言'贬死'也。"段氏并云:"《洪范》'殛死'本作'极死'。《左氏·昭七年·释文》:'殛亦作极。'《多方》'罚殛'本又作'极'……然则《尧典》'殛鲧',亦是'极'字之假借。……'极',穷也。《孟子》言

'极之于所往'是也。"陈乔枞《经说考》于《洪范》篇谓今文作"极"，古文始用假借字"殛"。

"鲧"，见上文"帝曰咨四岳汤汤洪水"一节的注⑭"鲧"，参看其前"允厘百工"一节的注⑭"共工"。是西方姜姓族的宗神，而被东方尧、舜之族目为敌人。

"羽山"，是神话中流放鲧并死在那里的地方，当然也无确址可寻的。故《史记集解》引马融注仍云："羽山，东裔也。"伪传承其说亦云："羽山，东裔，在海中。"是泛指东方很边远地，至海中。其记载殛鲧羽山这一神话的，有神话书《山海经》《天问》，也有历史典籍《左传·昭公七年》《国语》之《周语下》及《晋语八》，诸子辞赋如《墨子·尚贤中》《孟子·万章上》及《离骚》等，总之是广泛流传的神话。文献中记载羽山所在地的有两处。一为《禹贡》把它列在徐州，但未指实它的地点。至《汉书·地理志》东海郡祝其县下云："《禹贡》羽山在南，鲧所殛。"自后不少文献皆载在此地。至《清一统志》载明："在今江苏海州赣榆县南。"又一为《太平寰宇记》所载山东蓬莱。该书蓬莱县下说羽山"在县东十五里，即殛鲧处"。《泊宅编》谓登州海中有岛五所，即羽山。按，由神话地点变为历史地点，自不能认真拘泥，只要取得人们心理餍切就行。《禹贡》羽山叙在徐州境内，只好取赣榆西南。殛鲧的羽山，地点应向东远一点，又应在海中，那么就只好取《寰宇记》蓬莱东海中的地方了（蓬莱属清登州）。

关于这问题要参看《禹贡》《洪范》两篇中有关鲧与羽山的校释。

⑫四罪而天下咸服——"罪"，《史记》作"辠"。关于古代这一

由神话进入历史中的所谓"四罪"或"四凶"的故事传说，至少有两个不同的来源。一为《左传·文公十八年》所说，在叙述高阳氏有才子八人称为八恺，高辛氏有才子八人称为八元，这十六族尧不能举、舜举用之后，接着说："昔帝鸿氏有不才子，掩义隐贼，好行凶德，丑类恶物，顽嚚不友，是与比周，天下之民谓之浑敦。少皞氏有不才子，毁信废忠，崇饰恶言，靖谮庸回，服谗搜慝，以诬盛德，天下之民谓之穷奇。颛顼有不才子，不可教训，不知话言，告之则顽，舍之则嚚，傲很明德，以乱天常，天下之民谓之梼杌。此三族也，世济其凶，增其恶名，以至于尧，舜不能去。缙云氏有不才子，贪于饮食，冒于货贿，侵欲崇侈，不可盈厌，聚敛积实，不知纪极，不分孤寡，不恤穷匮，天下之民以比三凶，谓之饕餮，舜臣尧，宾于四门，流四凶族：浑敦、穷奇、梼杌、饕餮，投诸四裔，以御魑魅。"这四凶与《尧典》中的四罪是不同的。可见完全是不同来源的传说资料。

《孟子·万章上》："舜流共工于幽州，放欢兜于崇山，杀（窜）三苗于三危，殛鲧于羽山，四罪而天下咸服。"此则与《尧典》之说完全一致。《尧典》成书时代在春秋之世，显然早于《孟子》成书时，则此语为《孟子》袭自《尧典》。且《孟子》书中下文明引"《尧典》曰，二十有八载，放勋乃徂落……遏密八音"四句，更足为证。但前面"厘降二女于妫汭"校释，已知《孟子》所谈同一事的内容与《尧典》有很大的不同，又《滕文公上》引"放勋曰劳之来之"五句，为《尧典》应有之文而不见于今《尧典》，又舜命益、稷、契之文内容略同而文字与《尧典》有异，可知二者所获得同一问题材料，往往来源不同而文字有异。

至《史记·五帝本纪》中的《尧纪》记此事云："欢兜进言共工，

尧曰'不可'而试之工师,共工果淫辟。四岳举鲧治鸿水,尧以为不可,岳强请试之,试之而无功,故百姓不便。三苗在江淮荆州,数为乱。于是舜归而言于帝,请流共工于幽陵,以变北狄;放欢兜于崇山,以变南蛮;迁三苗于三危,以变西戎;殛鲧于羽山,以变东夷;四罪而天下咸服。"这基本是采用《尧典》资料,撮举其上文谈到诸人的过失,归结为所以作如此之处理,而增益了有关三苗的资料,以及"用夏变夷"的资料等。

《五帝本纪》中的《舜纪》,则全文抄录了《左传·文公十八年》所载,自"昔高阳氏有才子八人"直至"迁于四裔以御魑魅"。中间只稍稍精简了一些指责四凶恶行的四字排句,而全部资料照录无损。这是与《尧典》所载完全来源不同的另一传说系统。

《尧纪》与《舜纪》是紧紧相接的两篇,司马迁把这两个不同资料分别载入此两篇中,绝不牵混。司马迁治史的一个最大特点就是忠实于原材料,除了以汉代语言改易不好懂的古语言(所谓写以训诂字)外,绝不窜改半点原资料。他把此二资料判然相异地载入此二篇中,就在表明此二者各不相同,是不能混而为一的。

可是到经师家手里,就要把它牵混起来。《孔疏》引郑玄说云:"郑玄具引《左传》之文,乃云命欢兜举共工,则欢兜为浑敦也,共工为穷奇也,鲧为梼杌也,而三苗为饕餮亦可知。"然后《释文》在四人名下按此注明之,《孔疏》则为之找出四罪、四凶各自罪恶相同所以为一之证。《蔡传》则在此后段传文之末录列了此说,不过他较谨慎,说了一句"不知其果然否也"。其实这是古代不同传说中自然存在的纷歧现象,根本没有必要去把它牵混起来。

以上这一节,叙述舜摄位二十八年中从外地巡狩回来后的政

195

治活动中,所进行的刑制的建立,首先建立刑制项目,并提出恤刑原则,然后为他所实行的重大刑案。林之奇《尚书全解》指出:"史官因言舜之明慎用刑,遂援其诛四凶之事以为证。"见出《尧典》作者所用心塑造的舜的慎刑的形象。

二十有八载①,帝乃殂落②,百姓如丧考妣③。三载④,四海遏密八音⑤。

①二十有八载——指舜受尧禅摄帝位已二十八年。"二十",《唐石经》作"廿"。段氏《撰异》引《说文》:"廿,二十并也。""卅,三十并也。""廿读如入,卅读如飒。"据《广韵》:"廿,今直以为二十。""卅,今直以为三十。"以为唐以来"廿,仍读二十,不读入","卅,仍读三十,不读飒"。下文"三十征庸"、"三十在位"之"三十"即如此。"载",参看前文"九载绩用弗成"之"载"字注。经师们据此推定尧的立位年、让位年以及终年百一十六岁、百一十七岁等等之说,皆妄说。《史记》采汉代经师说,亦不足据。

②帝乃殂落——"帝",指尧。《孟子·万章上》云:"《尧典》曰:'二十有八载,放勋乃殂落。'"此先秦所见本《尧典》,"帝"作"放勋","殂"作"徂"。《春秋繁露·煖燠孰多篇》云:"《尚书》曰:'二十有八载,放勋乃殂落。'"《白虎通·崩薨篇》:"《书》言殂落,死者各自见义。"《尔雅·释诂》亦云:"徂落,死也。"此汉代今文,"勋"作"勳",然同属今文的纬书《考灵耀》《中候》仍作"勋"。唐写《释文》则作"放敓,方往反"。是王肃本《尧典》亦作"放勋"(《释文》误作敓)。段氏《撰异》云:"《孟子》《春秋繁露》《帝王世纪》皆作放勋字,董子用《今文尚书》者,许叔重皇甫谧并用《今文尚书》者,

疑古文作'放勋'今文作'放勳',皆不作'帝'也。""徂""殂"两字皆用。而汉碑《凉州刺史魏元丕碑》《祝长严訢碑》以及刘歆《遂初赋》则皆作"徂落"。知汉今文较通用"徂"字。《说文·歺部》:"殂,往死也。……《虞书》曰:'勋乃殂。'𣨴,古文殂。"(大徐本依《孟子》作"放勋乃徂落")薛本作"帝乃殂𣨴"。《论衡·气寿篇》谓尧"至徂落九十八岁"(今排印本作"殂落")。唐写《释文》释云:"本又作'殂',古文作'𣨴',皆古殂字,才楷反。死也。马、郑本同。方兴本作'帝乃殂落'。"《汉书·王莽传》"书曰遏密之义"师古注据王肃本亦云:"《虞书》'放勳乃徂'。"此汉代古文,"勋"字或作"勋"、或作"勳",而皆作"放勋(勳)乃徂",无"落"字(按唐初陆德明、魏徵及稍后颜师古皆用王肃本析出之《舜典》,非用姚方兴本)。惟王充虽亦接受古文,然仍习立于学官之今文。以上为先秦本、西汉今文本、东汉古文本之同异。相同者都用尧名放勋或放勳;相异者,今文承先秦本作"徂落"(亦用"殂落"),古文本则单作"殂"(亦用"徂"字),无"落"字。据《释文》,唯姚方兴本独用"帝"字。段氏《撰异》云:"《尧典》之纪尧也,始言曰放勋,终言放勋乃殂……古史文法精严如是。自伪《孔传》不谓放勳为尧名……则放勳乃殂,不可通矣。于是姚方兴傅会之,易为帝字。"

③百姓如丧考妣——《史记》译此语作:"百姓悲哀,如丧父母。""百姓",据上文"平章百姓"注,指百官。故伪传释此仍为"言百官感德思慕"。宋黄度《尚书说》释《史记》"百姓悲哀如丧父母三年"句,亦云"臣为君服三年始于此"。清早期如王夫之,中期三位《尚书》巨著作者江声、王鸣盛、孙星衍皆释为百官或

群臣。晚至近人曾运乾《尚书正读》尚云："百姓，百官也。盖有爵土者，为天子服斩衰三年，礼也。《孟子》亦云'舜既为天子矣，又率天下诸侯以为尧三年丧'。是百姓即百官之证。"这是拘泥于旧义为释。

《春秋繁露·暖燠孰多篇》已云："尧视民如子，民视尧如父。《尚书》曰：'二十有八载，放勳乃殂落，百姓如丧考妣，四海之内阙密八音三年。'"则显然以"百姓"为民。至林之奇《全解》明析之云："孔氏云：'言百官感德思慕。'非也。夫'百姓'有指百官而言之者，若《尧典》'平当百姓'是也。有指民而言之者，若《论语》'修己以安百姓'是也。此'百姓'盖指民而言之。言尧之德及于民也深且久，其崩也百姓若失父母，无小大无远近皆然，非独百官而已。'三载四海遏密八音'，指其地而言之则曰'四海'，指其人而言之则曰'百姓'，其实不异也。"故《蔡传》承之云："言尧圣德广大，恩泽隆厚，故四海之民思慕之深至于如此也。"此说显然合《尧典》作者原意。而不少经师连篇累牍牵合于儒家三年丧制为说，王炎《尚书小传》云："此言天下哀慕之情，非言丧服之礼也。"（陈栎《书传纂疏》、董鼎《书传辑录纂注》引）甚是。

"考妣"，《尔雅·释亲》："父为考，母为妣。"郭璞注："《礼记》曰：'生曰父、母、妻，死曰考、妣、嫔。'"按此见《曲礼下》云："生曰父、曰母、曰妻，死曰考、曰妣、曰嫔。"然郭璞注下文引《公羊传》云："惠公者何，隐之考也；仲子者何，桓之母也（按隐桓为异母兄弟）。"是所引为考、母并称，而非考、妣。郭沫若《释祖妣》云："古今常语妣与祖为配，考与母为配。《易·小过》之六二：‘过其祖，遇其妣。’《诗·小雅·斯干》：‘似续妣祖。’又《周颂》《丰年》及《载芟》‘烝畀祖妣’。此皆祖、妣对文之证。《雝》之‘既右烈考，亦右文母’，则考、母对文也。”然后举金文中之证。如《齐侯镈钟》《子仲姜镈》《陈逆盨》皆言皇祖皇妣、皇考皇母。《諶鼎》《颂鼎》《史伯硕父鼎》《仲叡父鼎》《召伯虎簋》《师趛鼎》等单言皇考皇母或文考文母。其结论云：“准此可知考妣连文为后起之事，《尔雅·释亲》‘父为考、母为妣’，当系战国时人语。……《尚书·帝典》‘放勳乃殂落，百姓如丧考妣三载’，不独‘百姓’字无有（古金文作百生），三年之丧古无有，即此考妣二字连文，亦可知《帝典》诸篇为孔门所伪托。”其说是。

④三载——《孟子·万章上》承上句读作：“放勋乃殂落，百姓如丧考妣三年。”以证成他在下文接着说的“舜……帅天下诸侯以为尧三年丧”。儒家的三年之丧说是孟子所肆意鼓吹的，其实不合于此处文意。此处是说尧死后，百姓像死了父母一样悲哀。并不是说为尧服三年丧。“三年”二字不连上句而连下句，如《史记》所说的“三年，四方莫举乐”。故《尧典》此处亦当先在“如丧考妣”读断句，而后“三载”启下句，读成“三载，四海遏密八音”。王樵《日记》以伪传“三载属下为句，则是。盖遏密不连三载为句，则不见其哀思之久也”。

⑤四海遏密八音——《史记》译意作“四方莫举乐。以思尧”。《春秋繁露·暖燠孰多篇》则作：“四海之内阒密八音三年。”《尔雅·释诂》：“遏，止也。”“密，静也。”《集韵》：“阒，阿葛切。”实音遏。《广韵》：“阒，止也。”赵岐注《孟子·万章上》云：“遏，止也。密，无声也。八音不作，哀思甚也。”江声《音疏》：“密与谧古字通

199

也。"《白虎通·礼乐篇》:"八音者,何谓也?《乐记》曰:土曰埙,竹曰管,皮曰鼓,匏曰笙,丝曰弦,石曰磬,金曰钟,木曰柷敔。"(按今本《乐记》无此八音记载,止有"金石丝竹乐器也"一语)《周礼·春官·大师》:"播之以八音:金、石、土、革、丝、木、匏、竹。"郑注:"金,钟、镈也。石,磬也。土,埙也。革,鼓、鼗也。丝,琴、瑟也。木,柷敔也。匏(按,施簧者),笙也。竹,管、箫也。"即由八种不同材料制成的乐器,伪传称金、石、丝、竹、匏、土、革、木,自后大率通用此顺序。此处当然不是直指此八种乐器之音,《史记》最得其意,以为"遏密八音"即莫举一切音乐以尽对尧的哀思。

《中国大百科全书·考古学》所载殷玮璋氏"商周乐器"词条,大意谓考古出土已知有玉、石制、陶土制、青铜铸、木制配丝弦、木制配皮面、竹制等乐器。除埙出自遗址土中,其余大都出自墓葬中。埙在新石器时代早期河姆渡文化中已出现,至商代基本定型。鼓出现亦早,原有陶土烧制的土鼓,出土有商代铜鼓,当是仿木鼓制成(木质皮革鼓往往只存朽痕)。磬出现在商以前的夏县东下冯遗址中,商代周代续磬多者达数十枚。钟则商时大都三枚或五枚一套,西周八枚一套,东周九枚或十三枚一套。簧、笙、排箫、琴、瑟等则多出于东周墓中。可知八音在古代文化中有重要地位。《尧典》作者将八音写入篇中,自有其历史资料为依据的。

200　　　这一节简要叙述舜受尧禅,摄位二十八年之后尧死,渲染百姓对尧死的悲痛哀念之情。此节以下则专叙舜事。

月正元日①,舜格于文祖②,询于四岳,辟四门,明四目,达四聪③。咨十有二牧④曰:"食哉惟时⑤,

柔远能迩⑥，惇德允元，而难任人，蛮夷率服⑦。

舜曰："咨四岳⑧，有能奋庸，熙帝之载，使宅百揆⑨，亮采惠畴⑩?"佥曰⑪："伯禹⑫作司空⑬。"帝曰："俞!"咨禹⑭："汝平水土，惟时懋哉!"禹拜稽首⑮，让于稷⑯契⑰暨皋陶⑱。帝曰："俞! 汝往哉⑲!"

帝曰："弃⑳，黎民阻饥㉑，汝后稷㉒，播时百谷㉓。"

帝曰："契，百姓不亲，五品不逊㉔，汝作司徒㉕，敬敷五教在宽㉖。"

帝曰："皋陶，蛮夷猾夏㉗，寇贼奸宄㉘，汝作士㉙。五刑有服，五服三就㉚；五流有宅，五宅三居㉛。惟明克允㉜。"

帝曰："畴若予工㉝?"佥曰："垂哉㉞!"帝曰："俞!"咨垂："汝共工㉟。"垂拜稽首，让于殳斨暨伯与㊱。帝曰："俞! 往哉，汝谐㊲。"

帝曰："畴若予上下草木鸟兽㊳?"佥曰："益哉㊴!"帝曰："俞!"咨益："汝作朕虞㊵。"益拜稽首，让于朱、虎、熊、罴㊶。帝曰："俞! 往哉! 汝谐㊷。"

帝曰："咨四岳㊸，有能典朕三礼㊹?"佥曰："伯夷㊺。"帝曰："俞!"咨伯："汝作秩宗㊻，夙夜惟寅，直哉惟清㊼。"伯拜稽首，让于夔、龙㊽。帝曰："俞! 往，钦哉㊾!"

帝曰："夔，命汝典乐(50)，教胄子(51)。直而温，宽而栗，刚而无虐，简而无傲(52)，诗言志，歌永言(53)，声依永，律和声(54)，八音克谐，无相夺伦，神人以和(55)。"夔曰："於！予击石拊石，百兽率舞(56)。"

帝曰："龙(57)，朕堲谗说殄行，震惊朕师(58)，命汝作纳言，夙夜出纳朕命，惟允(59)。"

帝曰："咨汝二十有二人(60)，钦哉！惟时亮天功(61)。"

三载考绩，三考，黜陟幽明，庶绩咸熙(62)。

分北三苗(63)。

①月正元日——见"舜让于德弗嗣"一节注②"正月上日"校释。知"元日""上日"互为训。元日即上日。《孔疏》："王肃云：'月正元日，犹言正月上日，变文耳。'《礼》云'令月吉日'，又变文言'吉月令辰'，此之类也。"王引之《述闻》引叶梦得、曾旼之说，以上日为上旬吉日；又引卢植、蔡邕之说，元日为善日。总之"月正元日"为正月上旬吉祥美善的日子。

②舜格于文祖——"格"，见上文"帝曰钦哉慎徽五典"一节注⑨"格汝舜"之"格"字校释，其义为"告"。不过根据古代礼制，告于祖庙必然是祭告。并可参看第一节注⑫"格于上下"校释，知"格、假"原义。"文祖"，见上文"舜让于德弗嗣"一节注③"受终于文祖"校释，并参看"岁二月东巡狩"一节注⑰"归格于艺祖"校释。

③询于四岳辟四门明四目达四聪——"四岳"，见上文"帝曰咨

四岳"一节注②"四岳"校释。"四门",见上文"帝曰钦哉慎徽五典"一节注⑥"四门"校释。"四聪",《群书治要》录王肃本作"四听"。可能是写讹。姚氏伪传释此两句为:"询,谋也。谋政治于四岳,开辟四方之门未开者,广致众贤。"此据《尚书大传》"辟四门,来仁贤"之义。于"明四目,达四聪"两句,则伪传释为:"广视听于四方,使天下无壅塞。"《蔡传》基本承伪传说综释此四句为:"开四方之门以来天下之贤俊,广四方之视听以决天下之壅蔽。"然前于《蔡传》之苏轼《书传》以伪传之一语综释此四句云:"广视听于四方。"可谓简明地表述了此四句文意。《史记·舜纪》连上句至此四句述其意云:"于是舜乃至于文祖,谋于四岳,辟四门,明通四方耳目。""广视听于四方",即承"明通四方耳目"之义(惟马迁仍训"格"为至)。

尧典

其文字情况,见段氏《撰异》据《说文》"闢"字引《虞书》曰"闢四门,从门从🌿"。以为🌿,引也,普班切。所引《虞书》则壁中故书然也。……孔安国以今文读之改为潜"。又据《左传·文公十八年》杜注:"辟四门,达四窻。"《风俗通·十反》亦作"辟门开窻"。以为"《古文尚书》本作'囱',窗者囱之或字,窻又窗之俗体,聪又囱之同音字。作囱而或如字,或读为聪"。陈乔枞《经说考》引《汉书》之《王莽传》《后汉书》之《郅寿传》《班昭传》皆只言"辟四门、达四聪"(后二传"达"皆作开),而不及"四目"。《梅福传》《申屠刚传》皆只言"辟四门,明四目",而不及四聪。《潜夫论》始全引此三句。陈并引段氏说后,以为是欧阳、大小夏侯三家异文。杨筠如《核诂》引《后汉书》郅寿、鲁丕、班固诸传只言"辟四门、开四聪",疑有一本无"明四目"三字,故直读聪为窗。

④咨十有二牧——《史记》作"命十二牧"。"咨",见上文"乃命羲和"一节注㊲"咨汝羲暨和"校释,其义为"告",《史记》用"命"字,义更明晰,与上文"咨!四岳"之咨为叹词者异。"牧",见上文"舜让于德弗嗣"一节注⑯"群牧"校释。汉置州长称州牧,是承用先秦文献中"牧民"、"九牧"等词来的。"九牧"为九州之牧,"十有二牧"则是十二州之牧。上文"岁二月东巡守"一节注㉑"肇十有二州"校释,指出《尧典》作者或据"天之大数"或据秦制,以对"十二"的一种特殊信念改"九州"为"十二州",因而有"十有二牧"一词,实际是虚拟的。

⑤食哉惟时——唐写《释文》作"𠊊才,古食字"。薛本作"𠊊",内野本作"食"。《史记》在"命十二牧"句下未录此句,只以简略数语表述了其下面的几句文意。亦未见马郑古文注传下。伪传释此句云:"所重在于民食,惟当敬授民时。"就此句字面解释通了,以后治经者大率从之。宋学代表作《蔡传》亦云:"王政以食为首,农事以时为先(王天与《书纂传》谓此二句为朱熹语)。舜言足食之道,惟在于不违农时也。"当时宋儒元儒大都持此说。但有释"时"为"是"者。早在蔡氏前之北宋苏轼《书传》云:"十二州之牧,所重民食,惟是而已。"至南宋早期林之奇《全解》云:"食哉惟时者,民之粒食当使之各得其时也。李校书曰:'称惟时亮天功,惟时有苗弗率,皆以时训是。此食哉惟时亦应训是。而先儒乃谓当如敬授民时之时者,句自此绝,则训字当异。此盖与直哉惟清同句体也。'此说甚善。"指出训"时"为"是"在他句适合,在此处仍应释为"民时"之"时"。并引"直哉惟清"句例,证成此处确当为"食哉惟时"一句。

至清孙星衍《今古文注疏》始读断为:"食哉"一句,"惟时柔远能迩"一句。并释前句云:"食者,《方言》云'劝也',《广雅·释诂》同。《尔雅·释诂》云:'食,伪也。'案'伪'即'为'也。言劝使有为。"邹汉勋《读书偶识》云:"孙伯渊星衍曰'食哉'绝句,是已。训'食'为'劝',犹未尽也。汉勋闻之于邹子,'食'读'饬',敕也。'时',是也。是目十二牧之职守。"陈乔枞《经说考》云:"案隶古定本《尚书》作'食哉惟时'……许宗彦(嘉庆时人),有《鉴止水斋集》曰:'食哉惟时'四字不辞,考此经下文云:'帝曰咨汝二十有二人,钦哉,惟时亮天工。'文法正与此同。'食哉'当为'钦哉'之讹。篆文钦字偏旁与食字形近,文蚀其半,故讹作食耳。许说以经证经,极为精确。"因而陈氏径将经文改为"钦哉"。朱骏声《便读》袭用其说。冯登府《十三经诂答问》、俞樾《太史茶香室经说》、于鬯《香草校书》并用此说。皮氏《考证》亦云"'食哉'疑是'钦哉'……然无左证,未敢据定。陈乔枞径改经字作'钦',殊嫌专辄。"近人杨筠如《核诂》亦袭上说,杂引之云:"按'食'当为'饬'之假字,《说文》:'饬,从人从力,食声。'《匡谬正俗》:'饬者,谨也,敬也。'伪《孔传》以'惟时'上属为句。据下文'惟时懋哉'、'惟时亮天工','惟时'自应下属。'时'者,是也,此也。"

唯王先谦《孔传参正》仍坚持"食哉惟时"句,不过改从"食"为劝勉说。其言云:"案'惟时'不下属为合。'食哉',劝勉之意。'时',是也。'勉哉惟是',犹言'惟是勉哉',与下文'惟时懋哉'同义。文系倒装。上文'女于时',《史记》释为'于是妻之',句法正同。本文可通,不劳改字。"其说可取。

大抵读古籍,切忌凭理解改字。如无确切版本依据,绝不可轻易改动。何况上引林之奇之言,已据"直哉惟时"句例证"食哉惟时”之句。且此处相连数句皆四字句,亦不宜改易原来格局为二字句、六字句。

⑥柔远能迩——参见上文"岁二月东巡守"节注⑰"归格于艺祖"校释及《高宗肜日》篇"典祀无丰于尼"校释。按,本书《顾命》《文侯之命》及《诗·民劳》《左传·昭公二十年》皆有"柔远能迩"句。是周代有此一成语,《尧典》作者采用了它。《诗·民劳》《毛传》:"'柔',安也。"《郑笺》:"'能',犹伽也。'迩',近也。安远方之国,顺伽近者。"《释文》:"'揉',音柔,本亦作柔。'能',徐云:毛如字,郑奴代反。伽,检字书未见所出。《广雅》云:'如,若也,均也。'义音相似而字则异。……郑注《尚书》云:'能,恣也。'与此不同。"《孔疏》:"此云伽者,与恣同,谓顺适其意也。……即《论语》所谓'悦近来远'是也。……能迩谓中国,柔远即绥四方也。"《左传·昭公二十年》杜注:'柔,安也。迩,近也。远者怀附,近者各以能进,则王室定。"《孔疏》:"能,谓才能也。王者当以宽政安慰远人使之怀附,则各以才能自进者是近人也。"《舜典》《孔疏》引王肃云:"能安远者,先能安近。"姚方兴伪传云:"柔,安。迩,近。言当安远,乃能安近。"《孔疏》:"安近不能安远,远人或来扰乱。……但戒使之柔远,故能安近。"以上汉至唐之释,都据《尔雅·释诂》:"柔,安。迩,近。""能"则有伽、恣、才能三释。其纷歧在王肃说先安近乃能安远,姚氏伪传说先安远乃能安近。其"能"字或作"耐"。见本篇唐写《释文》:"耐迩,古文迩,音尔,近。"

宋儒始提出新释。苏轼《书传》云:"能,读如'不相能'之'能',柔怀远者,使与近者相能。"按,语见《左传·襄公二十一年》:"范鞅……与栾盈为公族大夫,而不相能。"又《左传·昭公元年》叙阏伯、实沈"居于旷林，不相能也，日寻干戈"。则"相能"谓亲善友好相处。王安石《新经义》云："远者，柔之而已；近者，吾所治也，故当能之。"（夏僎《书详解》引）又同意王肃说，以治远自近始，谓"未有不始乎近而后及乎远也"（黄伦《书精义》引）。林之奇《全解》亦同王肃说，反对伪传说云："《中庸》曰'君子之道譬如行远必自迩'，皋陶曰'迩可远在兹'，是先迩而后远也。"然后释"能"字云："李校书曰：'能者，耐也。古者能、耐同字。能迩者，居上以宽之谓也。'……恐亦不然。耐、能二字字通而义分。"吕祖谦《书说》："远者柔之，迩者能之，尊德信善，皆于根本求之耳。"朱熹《语类》："柔远却说得轻，能迩是奈何得他使之帖服之意。"《蔡传》："柔者，宽而抚之也；能者，扰而习之也。"元吴澄《书纂言》云："柔谓抚绥之，能谓和协之。"明王樵《书日记》云："远者宜柔而抚之，使向慕于德化；近者宜扰而习之，使服安于政教。"《传说汇纂》引明末顾锡畴云："柔、能，以教化言，所以维此养道也。柔是顺其自然而导之，不强之以所难也。能者，有教其所不能、责其所可能意。"此宋至明之释，有从汉唐外加寻新义者。

清江声《音疏》云："安远方之国，恣顺其近者。"王鸣盛《后案》云："安远方之国，顺伽其近者。……此云'伽'者，与'恣'同谓顺适其意也。"二家皆据郑玄说为释。至戴震《义考》始寻新义，其言云："今以声义考之。能、而、如、若，一声之转。后汉《督邮班碑》：'柔远而迩，《易》利建侯而不宁。'《释文》云：'郑读而曰能。能，犹安也。'《礼运》：'圣人耐以天下为一家。'注云：'耐，古能字。'《疏》云：'亦有误不安"寸"，直作"而"字。刘向《说苑》能字皆为而也。'《尔雅》：'若，善也、顺也。'盖'柔'有使之驯服意，'能'有与之调善意,下'敦德、允元'对文,则'柔远、能迩'之为对文明矣。"王引之《述闻》云:"古者谓相善为相能。《康诰》曰:'亦惟君惟长,不能厥家人。'"并举《左传》之僖九年"入而能民"、文十六年"不能其大夫"、昭十一年"而不能其民"、三十一年"言不能外内也"、又《公羊》僖二十四年"不能乎母也"、《穀梁》宣十一年"辅人之不能民"诸例,以为各"能"字"并与'柔远能迩'之'能'同义"。孙星衍《注疏》云:"《说苑·君道篇》云:'……是以近者亲之,远者安之。'……'能',读当为'而'。'而',如也。言安远国如其近者。汉《督邮班碑》作'渻远而迩','而''如'通字。《说苑》以'亲'训'能',赵岐注《孟子》:'亲,爱也。'《汉书》注(按系《百官公卿表叙》)师古曰:'能,善也。'义相近。"清儒始比汉至明儒寻析字义较绵密。其释"能"为"善"之义于此处文义较适合。

近世学者因金文研究以及甲骨文研究,而得新的认识,获知此四字原为当时习用语。见《大克鼎》和《番生簋》,都有"扰远能㪤"句,知"迩"作"㪤"。《晋姜鼎》亦有"绥怀远㪤君子"之语。孙诒让《克鼎释文》释"㪤"为"䎽",谓"俗作'艺',《书·立政》'艺人表臣',蓺人亦谓迩臣,与表臣为远正相对"(见《籀膏述林》)。王国维《克鼎铭考释》则谓"㪤与䎽通,《尧典》'归格于艺祖',今文作'假于祖祢',知蓺祢同用"(见《观堂吉金文考释》)。《商书·高宗肜日》"典祀无丰于昵",昵,唐以前皆作尼,注疏家亦多释为祢庙。王鸣盛、孙星衍指汉代才有祢字,汉以前只能作尼。据孙星衍、王国维之说,则原作䎽。此字既见于《高宗肜日》,则商代已用之。今果见于甲骨文,《粹编》第 991 片"王其由奥"。郭沫若以为奥即金文㪤字。并同意孙星衍、王国维之释,但进一步探索。他说:"二家言犾为埶，犾假为迩，埶亦通作迩若祢，均为得之。然未言犾之本义。犾字从犬，不从丮，与埶非一字也。由卜辞与金文互证，知犾实奥之省。奥当从犬𦦖声。𦦖者埶之异，从臼与从丮同意。是则奥若犾当是狝之古文矣。卜辞每假省为狝，言‘田省’。此言‘田奥’，文例相同，亦一互证也。”由此可知《尧典》及《顾命》《文侯之命》中训近之“迩”或“祢”以及《高宗肜日》中之假借字“尼”或“昵”，其本字原为“犾”及“奥”，“柔远能迩”原为周时习用成语，其字可溯及商代。

⑦惇德允元而难任人蛮夷率服——《史记》连上第一句至此三句译述其大意云：“命十二牧，论帝德，行厚德，远佞人，则蛮夷率服。”以“行厚德”译“惇德允元”，以“远佞人”译“而难任人”。依文句顺序，似以“论帝德”译“柔远能迩”句或“食哉惟时，柔远能迩”二句，然于文义皆不合，只能目为司马迁于此二句割弃未译，而以“论帝德”三字总领此处文意。

“惇”，唐写《释文》：“惇，本又作愇，皆古敦字，厚也。”今本《释文》云：“音敦。”《尔雅 · 释诂》：“惇，厚也。”“允，信也。”《王制》“元士”郑玄注：“元，善也。”故上文“月正元日”为善日。“惇德允元”即“厚德真善”。《群书治要》录王肃注云：“所厚而尊者意也，所信而行者善也。”姚方兴伪传释云：“元，善之长。”释此句云：“厚行德，信使足长善。”苏轼《书传》释为：“惇厚其德，信用善人。”林之奇《全解》云：“德者，有德也；元者，善人也。”《蔡传》从而释云：“德，有德之人也；元，仁厚之人也。”皮锡瑞《考证》云：“汉《衡方碑》云：‘敦庬允元。’《孔彪碑》云：‘惇懿允元。’疑《今文尚书》‘惇德’字有作‘敦庬’与‘惇懿’者。而《汉官仪》灵帝册书曰：‘司徒胡广,惇德允元。'则《今文尚书》亦作'德'。衡方、孔彪二碑或以意改经字。"

　　"难",《释诂》:"阻也。"伪传:"拒也。""任人",《群书治要》本王肃注云:"任,佞也。辩给之言易悦耳目,以理难之也。"姚方兴伪传径训为佞人。《皋陶谟》有"巧言令色孔壬"句,《史记·夏本纪》译作"巧言善色佞人"。《释诂》:"任、壬,佞也。"故《史记·舜纪》释"难任人"为"远佞人"。唐写《释文》:"壬人,佞人。"段氏《撰异》据皇侃《论语义疏》:"色厉而内荏,章江熙曰:'古圣难于荏人。'江所据《尚书》作'荏'字也。"按,佞原从仁,女声。由仁得其语义,其义自不恶,故原义为美才。《左传》之《成公十三年》《成公十六年》《昭公二十七年》等皆有"不佞"语。自称"不佞",即自谦不才,其佞为美才之义甚明著。进而谓为口才,《论语·雍也》"祝鲍之佞"、又《先进》"恶乎佞者"注疏皆释为"口才",《曲礼》至有"近佞媚也"句,《释文》仍释为口才,这就成了《论语》之《学而》《阳货》的"巧言令色鲜矣仁",《说文》乃释为"巧谄高才,从女,信省"。《晋语》注至谓"伪善为佞",《韩诗外传》谓"佞,谄也"。《盐铁论·刺议》:"以邪导人谓之佞。"《蔡传》谓:"任,古文作壬,包藏凶恶之人也。"于是佞人就成了以其邪佞之才专谄媚以做凶恶事的坏人。所以依上文诸释,"难任人"就是要远佞人,要拒绝佞人,故王安石《新经义》云:"难者,拒之使不得进也。"(程元敏辑《嫩真子》引)林之奇《全解》则云:"难者,遏绝之,使不得进也。"

　　"率",亦作"帅"。《汉书·景武昭宣元成功臣表叙》云:"昔《书》称'蛮夷帅服',许其慕诸夏也。"陈乔枞《经说考》云:"案帅、率古者通用,此亦三家今文之异字也。《诗·周颂》'率时农夫',

《韩诗》作'帅时农夫',是其古通之证。"皮锡瑞《考证》亦云:"案《仪礼·聘礼》'使者朝服帅众介夕'郑注:'古文帅皆作率。''帅大夫以入'郑注:'古文帅为率。'古文作'率'则今文多作帅可知。""率",《释诂》:"循也。"《左传·宣公十二年》"今郑不率"注:"率,遵也。"《周书·大匡》"三州诸侯咸率"注:"率,谓奉顺也。"义皆相近,是"率服"意谓循服、顺服。《诗·思文》"帝命率育"传:"率,用也。"而"用,以也"(见《一切经音义七》引《苍颉》)。谓蛮夷以服。伪传及《蔡传》则皆释作"相率"。伪传云:"佞人斥远之,则忠信昭于四夷,皆相率而来服。"《蔡传》云:"言当厚有德,信仁人而拒奸恶也。凡此五者(包括"食哉""柔远"二者)处之各得其宜,则不特中国顺治,虽蛮夷大国亦相率而服从矣。"其义总之是说使蛮夷归服了。如《东坡书传》所说的:"惇厚其德,信用善人而拒佞人,则蛮夷服。""蛮夷"见下文注㉗。

⑧舜曰咨四岳——《史记》作"舜谓四岳曰"。是此"咨"字与前面"咨汝羲暨和"句之"咨"字同义,亦与本节上文"咨十有二牧"下文"咨禹"等及"咨汝二十有二人"之"咨"同义,皆"告"、"命"、"谓"之意。与"汤汤洪水方割"节"咨四岳"之咨作为叹词者异。伪传云:"称'舜曰'以别尧。"林之奇《全解》云:"称'舜曰'者,所以别尧也。盖自此而上称'帝曰'者皆尧也,自此而下称帝曰者,皆舜也。"

⑨有能奋庸熙帝之载使宅百揆——《史记·舜纪》作"有能奋庸美尧之事者,使居官相事"。又《夏本纪》作"有能成美尧之事者,使居官"。皆译文意,并以"帝"指尧。皮锡瑞《考证》云:"今文宅为度,史公盖以居训度也。史公释'度百揆'为居官,盖不以百揆为

官名。"参看上文"纳于百揆"校释。

"有"，王引之《释词》云："有，犹或也。""或之者，疑之也。"刘淇《助字辨略》云："《诗·豳风》：'今此下民，或敢侮予？'此或字犹云谁也。"裴学海《虚字集释》亦云："或，犹谁也，字或作有。"杨筠如《核诂》遂径释云："有，谁也。"参看前文"有能俾乂"校释，知"有"确释"谁"。"能"，隶古定本作"耐"。

"奋庸"，《史记集解》引马融云："奋，明。庸，功也。"伪传："奋，起。庸，功。"苏轼《书传》："奋，立也。庸，功也。……有能立功光尧之事者，当使宅百揆。"林之奇《全解》则谓"有能奋起其功以广尧之事"。吕祖谦《书说》又云："有能奋起事功以熙我之事者。"始以"帝"字非指尧而是指舜自己。至《蔡传》云："奋，起。熙，广。……舜言有能奋起事功以广帝尧之事者，使居百揆之位。"此除马融释"奋"为明苏轼释之为立外，大都释"奋"为起，释"庸"为功，并释"载"为事。又错误地释"百揆"为官名。另有释"奋"为发，释"庸"为劳者，见《史记·乐书·集解》引孙炎曰："奋，发也。"《文选·答宾戏》注亦释为"发"。《孔疏》："《释诂》云：'庸，劳也。'劳，亦功也。"是为奋发勤劳于事功。又有释"奋"为进，释"庸"为用者。孙星衍《注疏》云："奋庸者，《广雅·释诂》云：'奋，进也。'言进用。"池田末利《全释汉文大系：尚书》指出："奋庸"与下文"畴若"相对为文（裴氏《虚字集释》又以"有能"与"畴若"同义）。大抵释为"奋起事功"较切。

"熙"，上引《史记》释为"美"，是为最早得其确义者。然尚有下列诸释曾用于此者。《尔雅·释诂》："熙，光也。"《国语·周语》注及《后汉书·班彪传》注同此。故苏轼释此句为"光尧之事"。

《国语·周语》注、《后汉书·和熹邓后纪》注等皆释"熙，广也"。故伪传释此句为"访群臣有能起发其功，广尧之事者"。《尔雅·释诂》："熙，兴也。"《汉书·礼乐志·集注》同此。上文"庶绩咸熙"《史记》即译作"众功皆兴"。加藤常贤《真古文集释》遂谓此句应与"庶绩咸熙"句同训"兴"。以上诸说，自以从《史记》最早之释较妥。何况光、广、兴等义皆赞美之词，与"美"字义相近。

"帝"，《史记》及大多经师皆以此"帝"字指尧，《东莱书说》以为指舜，其实是泛指君主，与《击壤歌》"凿井而饮，耕田而食，帝力于我何有哉"之"帝"同义。

"载"，《史记》释为"事"。按，《逸周书·谥法解》："载，事也。"《诗·文王》传、《汉书·礼乐志》集解、《孟子》"见瞽瞍"赵注以及《小尔雅·广诂》等皆同。《文选·皇太子释奠诗》注引王肃注此云："载，事也。"伪传、《蔡传》及大多经师亦皆释为事。又有释为"行"者，《小尔雅·广言》《周语》"登年以载"注、《管子》之《形势》《侈靡》等篇注、《荀子·荣辱》等篇注，皆以为"载，行也"。《孔疏》引郑玄注此处云："载，行也。"又有释为"成"者。《小尔雅·广诂》《国语·周语》"奕世载德"等句、《晋语》"求置晋君而载之"等注皆云："载，成也。"《孔疏》引王肃注亦云："载，成也。"自仍以《史记》最早之释为较妥。

"百揆"，上文"纳于百揆"校释已阐明百揆即百官而非相当于冢宰之官名。而伪传、《蔡传》及大多经师则释为官名。惟元王充耘《读书管见》乃明确驳之。现录其主要一段如下："舜欲得人以宅百揆，而众推禹为司空。则司空以下，百揆也。不然，则自后稷以下皆有所命之职业，而百揆独无职守，何耶？《传》谓禹以司空兼百揆，经无兼官明文，其所命不过曰'汝平水土'，其与'汝后稷播时百谷'、'汝作司徒五教'、'汝作士'、'汝作工'何以异哉？……是此九官所职者不一，所以名之为百揆也。岂于九官之外，他有百揆者乎？"这是经师们中个别有见地之说。

⑩亮采惠畴——《史记·舜纪》将此四字写成"相事"二字。盖训"亮"为相，"采"为事，实止译用前二字。按过去经师们用释于此句者，"亮"有相（《尔雅·释诂》）、信（亦《释诂》）、明（《文选·嵇叔夜诗》注）、导（《释诂》）诸训（段氏《撰异》："古'辅相'与'相视'无二义，相视即《说文》'明也'之训也。"是相有辅、视、明诸义）。"采"有事（《释诂》，又上文"畴咨若予采"校释）、功（伪传）、庶事（《蔡传》）、治（《核诂》）诸训。"惠"有顺（《诗·燕燕》传，又《释言》）、惟（《核诂·雒诰》）、浍（《核诂》引高晋生说）诸训。"畴"有类（《史记》之《礼书》《乐书》索隐、《洪范》"九畴"传）、谁（《释诂》）诸训。经师释此句者，马、郑之注未传下，姚氏伪传释此句云："信立其功、顺其事者，谁乎？"苏轼《书传》释云："其能信事而顺者谁乎？"王安石《新义》则云："亮采者，明其事也。惠畴者，惠其畴也。"（林之奇《全解》引。夏僎《详解》所引多"百工者，百揆之畴也。百揆得人，则百工皆畴离祉矣"数句）林之奇《全解》承王说云："此说虽胜，然以畴为惠其畴，而引《周易》'畴离祉'为证，以为百工者百揆之畴也，百揆得人则百工皆畴离祉矣。以畴离祉证畴之义，又以离祉为说，迂回甚矣。予窃谓'亮采'者辅相之义，与'寅亮天工'、'弼亮四世'之亮同。《尔雅》曰：'亮，左右也。'以是知亮有辅之义。'亮采'者，辅相朝廷之事。'畴'如'九畴'之畴，谓见下之事各以其类，无不顺也。"林意谓"亮采惠畴"是辅相朝廷使各类

政事无不顺。《东莱书说》云："亮采惠畴,宰相之道也。亮采者,谓明天下之事;……惠畴者,谓顺天下人才而任之。"陈经《书详解》则释此句为"弼事顺类"。《蔡传》云："以明亮庶事而顺成庶类也。"清江声《音疏》则依《史记》足其意云："相事而顺其畴类。"近人杨筠如《核诂》提出新说："亮,相、导也。居官治事曰采,采之言,治也。《皋陶谟》'亮采有邦',与此同谊。惠,高晋生疑借为浍。《山海经·中山经》'……五采惠之',即假惠为绘,故得假为浍。《周礼·雍氏》……郑注:'浍,田间通水者也。'……《论语》禹卑宫室而尽力乎沟洫,是其义也。"这是牵合禹治水为说。此时原语只是泛指舜征求重政人才,尚未及治水事,故杨说不确。当以宋儒承《史记》之说所作解释较近是。

⑪佥曰——《史记》作"皆曰"。见上文"帝曰咨四岳汤汤洪水方割"一节注⑫"佥"校释,《说文》:"佥,皆也。"此处指四岳与群臣共同对答。不是说四岳为四人共同回答。

⑫伯禹——唐写《释文》:"柏,古以此为伯仲字。禼古禹字,《说文》古文作禼。"薛本遂作"柏禼",内野本、足利本、影天正本皆作"伯禼"。参见上文"汤汤洪水方割"一节注⑭"鲧"校释。自神话中相传禹从鲧腹中剖出,鲧、禹为父子,而鲧称崇伯。此处注疏家依此为释,伪传云:"禹代鲧为崇伯。"《孔疏》云:"以其伯爵,故称伯禹。"《蔡传》云:"禹,姒姓,崇伯鲧之子也。"各种典籍大都持此说。

关于禹的实际情况,大要见于起钎为《中国大百科全书·中国历史》卷所撰"禹"的词条。但发表时有缩减,现据原稿要录于此:

禹在西周文献《诗》《书》中,是一位古代天神,大地是由他敷布降下的，商、周两族都自承居住在禹所敷布的土地上（见《商颂·长发》《大雅·文王有声》《小雅·信南山》《鲁颂·閟宫》《吕刑》《康诰》等）。至春秋时齐灵公器《齐侯镈》犹云"奄有九州，处禹之堵"。《秦公簋》亦云"鼏宅禹責（迹）"。到长篇神话史诗《天问》中，在天地开辟后最早的两位天神就是鲧和禹。始见鲧治水失败被刑后从其腹中剖出禹之说。禹治水成功，娶涂山氏女，生子启。启后来建立夏王朝，禹遂为夏宗神。《国语·周语下》说禹治水成功，上帝嘉奖他，使有天下，赐他姓姒，称有夏氏。《鲁语上》称其族为夏后氏。从而《郑语》称他为"夏禹"。而禹之为夏族宗神，实际是先为羌族西戎中的九州之戎的宗神而后转为夏宗神，故曾称为"戎禹"（见《书纬帝命验》《潜夫论·五德志》）。因禹这一族作为羌族的九州之戎中的一支，步着其先辈黄帝族的前进路线，东进至晋南创造了夏文化，形成为后来建立夏王朝的夏族。禹就由羌戎宗神成为夏的宗神（参看顾师《九州之戎与戎禹》）。夏族把宗神禹与古代洪水传说相结合，禹就成为治理洪水，敷布土地，奠定山川的天神。而《天问》中与鲧、禹相继提到的第三个神是共工（见"允厘百工"节注⑭"共工"），而共工与炎帝、鲧、四岳都是源于羌族的姜姓族先后的宗神，夏族既然也是羌族西戎之所出，姜之四岳族又与夏后族通婚姻，族系渊源甚深，因此姜之宗神亦为夏所尊奉，但因民族方言的关系，把"共工"读成"鲧"，知二者原为一神，在姜族为共工，在夏族为鲧。当把各宗神安排在一个祭坛上时，宗神鲧的时间在禹以前，产生了鲧为禹父的神话传说，附丽出了从鲧腹剖出禹的神奇的故事。到春秋战国文献中，禹在敷土、治水之外，增加了划分九州之传说（见《左传·襄公四年》），在神职方面被崇奉为社神(见《封禅书》引先秦资料、《五帝德》《氾论训》)。而禹也有了许多美称,《逸周书·世俘》称"崇禹"(由《周语》称"崇伯鲧"来),《周语》《天问》称"伯禹",《庄子·齐物论》称"神禹",《战国策》称"大禹",《夏本纪》所录战国资料称"帝禹"。到儒、墨两家著述中,禹与尧、舜这些神,都被人化为历史人物,被推崇为古代最圣明最伟大的实行禅让的三个圣王,为道德最美备的三个典范。儒家编本篇《尧典》及下篇《皋陶谟》颂扬他们,并因禹平水土,特袭用《国语》《天问》对他的称呼为"伯禹"。又将有所承传至春秋之世已出现的一篇地理名作加工成《禹贡》,作为记载他治水、分州盛业的宝典。《墨子·兼爱中》亦渲染宣扬了他的治水盛业(《荀子·成相》亦盛誉之)。《孟子·滕文公》及《尸子》还塑造了他辛苦治水多年(或云八年或云十三年)三过家门而不入的盛德(亦见《夏本纪》引先秦资料)。遂成了从茫茫洪水中拯救人民的人间圣王,无与伦比的大禹。而后《墨子·尚贤》《孟子·万章》都宣扬他受舜禅位做了天子。而在一些文献中,还记载了禹的一些具体事迹。其中较有名的,如《左传·哀公七年》:"禹合诸侯于涂山,执玉帛者万国。"《墨子·兼爱下》载禹征有苗时发布的《禹誓》,又《非攻下》载:"禹亲把天之瑞令,以征有苗。"《史记·夏本纪》载:"十年,帝禹东巡狩,至于会稽而崩。"太史公赞辞则引另一说云:"或言,禹会诸侯江南,计功而崩,因而葬焉,命曰会稽。会稽者,会计也。"既由神而人化,做了人间帝王,自然可以有这些活动了。《大戴记·五帝德》及《世本》则以史笔记载了禹的事迹。

作为历史人物的禹,可理解为夏族部落一杰出的首领,或被神化为宗神,或以其威望作为本族原有宗神的化身出现,承用了宗神的名字。他和东方鸟夷族部落中杰出的首领尧、舜，由于民族长期激荡交往终于融合相亲结成部落联盟之后，在军事民主制中依次担任部族联盟的军事首长。但他们处的时代正是由部落联盟的极盛走向解体的时代，到夏族中有势力的首领相传为禹的儿子启时，军事民主制被破坏，启不再由选举产生而自身世袭为国王，从此我国脱离传说时代走向历史时代。

⑬司空——为周代官职名。始见于周武王伐纣的《牧誓》中云："王曰:嗟! 我友邦冢君、御事、司徒、司马、司空、亚、旅、师氏、千夫长、百夫长。"又周初周公告成王谈建立官制的《立政》篇，在列举所立中央王朝居王左右的机要大臣、宫中之官、府中之官后，接着举"司徒、司马、司空、亚、旅"。顾刚师论析此为《立政》中继前面三组的第四组处理侯国事务之官(见《周公制礼的传说与〈周官〉一书的出现》)。这与《牧誓》叙在友邦冢君之后相合。《立政》所叙当是周文王、武王以迄周公时所实行并嘱成王继续实行的官制。又周公封康叔于卫时告诫康叔的《梓材》篇中有云："越曰:我有师师、司徒、司马、司空、尹、旅。"这也是侯国之官。《诗·大雅·绵》颂文王之功有云："乃召司空、乃召司徒……缩版以载，作庙翼翼。"这也是文王尚处侯国地位时。这些都是西周早期文献所载。

到西周中期渐有改变。见于金文周懿王时铜器免卣(觯)铭文所载，免被任命"乍嗣工"，即"作司工"，亦即任司空之职。知"司空"在金文中原作"嗣工"即"司工"。似已是王室之官。然另有厉王时器《矢人盘》载："淮嗣工虎孝"，"戭人嗣工騃君"，则仍为地方官。郭沫若《周官质疑》(见《金文丛考》)，举此诸资料，尚有《司空簋》云："嗣工乍宝彝。"《叔山父簋》云："莫伯大嗣工召叔山父乍旅臣。"则有"大司工"之名。至彝器中载司空之职掌者,见于郭氏《两周金文辞大系图录考释》所录亦厉王时器《扬簋》所云:"王若曰:扬,乍工,官嗣彙田甸、众嗣空(居)、众嗣邦(誓)、众嗣寇、众嗣工司(事)。"则这又是王室之官,他职掌不少:司田甸、司居、司誓、司寇、司工事。

到春秋时《国语·周语上》载耤田之礼前,周王先举行祓礼,使各官员所掌的是:"司空除坛于籍。"《周语中》记陈国国政废弛百事衰败时说:"司空不视涂。"下文记周之《秩官》有云:"司空视涂。"韦昭注"除坛"云:"司空,掌地也。"注"视涂"云:"司空,卿官,掌道路也。"这是针对《国语》文义注明其有关职掌是主管土地和道路(其后承此解者,《白虎通·封公侯篇》云:"司空主地。"又云:"司空主土。"《淮南子·时则训》高诱注:"司空主土。"《周礼·遂人》郑注:"径、畛、涂、道路皆所以通车途于国都也。……举涂以包径、畛、道路也"。

到战国时《荀子·王制·序官》云:"修堤梁,通沟浍,行水潦,安水臧,以时决塞,岁虽凶败水旱,使民有所耘艾,司空之事也。"则说成主要是管水利了。《月令·季春》:"命司空曰:'时雨将降,下水上腾,循行国邑,周视原野;修利堤防,道达沟渎;开通道路,毋有障塞;田猎置罘、罗网毕翳,喂兽之药,毋出九门。'"则国邑、原野、水利、沟渎、道路、田猎都管了。《周礼》"冬官司空"的职掌则云:"掌邦事。凡营城起邑,复沟洫,修坟防之事,则议其利,建其功。四方水土功课,岁终则奏其殿最而行赏罚。"(见《通典》卷二十引载)为今《周礼》失载之文,只城邑、水利二项,连《周礼·考工记》诸项皆未涉及。《诗·绵》郑笺:"司空司徒卿官也。司空掌修国

尧典

219

邑。"则又专提其修国邑之职。《考工记》"国有六职，百工与居一焉"郑玄注："司空掌营城郭、建都邑，立社稷宗庙、造宫室、车服、器械、监百工者。"则所掌者多。《礼记》中由汉代博士据"先王班爵授禄"之制撰写的《王制》中所记司空职掌较详，首段谓"司空执度度地，居民，山川沮泽，时四时，量地远近，兴事任力"。次段述应根据四方地理不同生活风习不同区别对待各地之民。末段云："凡居民，则量地以制邑，度地以居民，地邑民居，必属相得也。无旷土，无游民，食节事时，民咸安其居。"则其主要任务在量地以制邑居民。皮氏《今文尚书考证》引《尚书大传》云："沟渎壅遏，水为民害。田广不垦，则责之司空。"则又主要掌水利。《大戴礼记·盛德》云："司空之官以成礼。"当系据《周语》"司空除坛"之职。然北周卢辩注云："凡宗社之设，城郭之度，宫室之量，典服之制，皆冬官所职也。"则除坛社之设，凡城郭、宫室之建立，典服之制定皆其所掌。而《通典》又载南朝宋制说司空"掌治水土，祠祀掌扫除乐器，大丧掌将校复土。历代皆有之"。则自先秦至南朝宋、北朝周历代司空职掌作了大要综述。

大抵金文所述职掌是可靠的，其司田甸、司居、司工事诸职掌亦为后代所见的司空之职。其司誓、司寇似为当时兼职。其后文献中则多出：清社坛、掌土地、道路、水利、沟洫、田猎、行视国邑原野、营建宗祀、城邑、宫室、度地居民、典服之制，等等。至《考工记》则全载掌百工制作之事，上举营建城邑、宫室、沟洫以及典服等皆在其中。亦即金文中的"司工事"。这些都是司空一职在金文和文献中所曾见过的职掌。

《周语中》记周之秩官，与司空并举的三官是："司徒具徒，司空视涂,司寇诘奸。"又《尚书·洪范》的"八政":"四曰司空,五曰司徒,六曰司寇。"与武王、周公所布誓诰中的司徒、司马、司空三者有了变异,次序也有倒易。显然违失武王、周公时的原制。到《周礼》的六官,则编排成:冢宰、司徒、宗伯、司马、司寇、司空。由于春秋之世事多变乱,《周语》《洪范》是这种变乱的反映,《周礼》则主要依据以司徒、司马、司空等职为六卿的鲁国官制(卫、郑相近),再收集春秋之世变乱了的资料,"整齐故事"地做了系列安排,所以都和西周早期《牧誓》《立政》《梓材》原始资料有异。《礼记·曲礼》则保持了一种西周中期以来官制原貌的遗影。其言云:"天子建天官,先六大,曰:大宰、大宗、太史、大祝、大士、大卜,典司六典。天子之五官,曰:司徒、司马、司空、司士、司寇,典司五众。天子之六府……天子之六工,曰:土工、金工、石工、木工、兽工、草工,典制六材。"这里司徒、司马、司空保持了原貌,只是加了司士、司寇与之并为五官。而见于上引金文《扬簋》资料,司寇是低于司空的。又这里的六工,到《周礼》"冬官"全成了司空的职掌。至东晋出现的伪《古文尚书·周官》篇说"司空掌邦土,居四民,时地利",则只截取了《王制》中的度地、居民、时四时量地诸项。

郭沫若《周官质疑》一文,在"卿事寮"一节中,引述罗振玉《殷虚书契考释》以"卿事"即文献中的《诗》的"卿士",以为至当。罗又以《周官》六官之长为卿释之则不确。以为:"卿士当求之于《曲礼》之六大,不当求之于《周官》之六官。""六大乃古之六卿,所谓'六事之人'。五官古只三官,曰司徒、司马、司空,其职为大夫。《小雅·雨无正》称'三事大夫',《书·立政》序司徒司马司空于'大史尹伯、庶常吉士'之下,《牧誓》序之于'友邦冢君御事'之下,均其证。司士、司寇殆亚、旅之属,《周官》司士隶于司马,彝铭中有以司工而兼摄司寇者,足见二官实不足与三事并列也。"并以为这"六大"即金文中的"三左三右"。大宰大宗大士为三右,大史大祝大卜为三左,都是助王处理宗教祭祀国家大政列为卿事寮的国家第一级文官。"三事大夫"司徒司马司空则为低于卿事寮处理实际政务的职官。这是从西周中期以来彝器中所反映的实际实行的比周初已有变异的官制情况。然而历史不断演进,官制随之继续有变异。从《洪范·八政》中所反映春秋变乱资料看出,"祀"降为第三位,而政务职官司徒司马司空成为第一级的国卿,至《周礼》中更明显,此三者成为六卿首要,即六官,而大卜、大祝、大史及其系列僚官皆隶在春官宗伯之下,皆抑为下大夫。这一历史性变化,郭沫若《两周金文辞大系图录考释·小盂鼎》云:"世道开明,卜祝等失其魔力,遂沦为下吏矣。"由此可知历史上的司空一官,与司徒、司马并立而三,初为侯国职官,西周中期中央王朝亦有此官,但为居卿士寮之下的第二级大夫之职,至春秋而上升为六卿之列,实际由鲁国六卿之职,由周鲁郑卫四个同一姬周系统之国同所采用,因而编排成体系完整的《周礼》一书,但在实际实行中彼此尚有纷歧。

《尧典》作者所处春秋时代是有司空一官的,且已为王朝之官,因而写入篇中。它的职掌当涉及上文所举的诸种,但战国时《荀子》书中所举司空则纯为水利之官。显然见过已编成的《尧典》,即就《尧典》文意把司空说成纯为水利之官。

本篇原文明明说舜叫推荐"奋庸熙帝之载使宅百揆"之人,可是臣下答以"作司空"之人,而舜下文也说"咨禹,汝平水土,惟时懋哉"。同意只任水利之官,则与自己前问不相协,然亦与本节任命二十二人皆担任专职而非总百官之文相合。很可能这原是一组任命二十二人的资料，前面叫"宅百揆"之文为另一资料，《尧典》作者又把它们硬凑在一起。也可能如上文荐舜于尧那一段一样，这里有荐禹于舜的一段，只是残缺了，就形成了这里前后不相衔接之文，注疏家就只好牵合成释。《周礼·疏序》引郑玄注云："初，尧冬官为共工，舜举禹治水，尧知其有圣德，必成功，故改命司空，以官名宠异之，非常官也。至禹登百揆之任，舍司空之职为共工与虞是也。"姚方兴伪传云："禹代鲧为崇伯，入为天子司空，治洪水有成功，言可用之。"林之奇《全解》云："盖禹于是时以司空居平水土之任，已有成绩矣，故四岳举之，将使舜自司空擢升百揆之任也。"朱熹《语类》云："禹以司空行宰相事。'汝平水土'，则是司空之职；'惟时懋哉'，则又勉以行百揆之事。"《蔡传》："平水土者，司空之职。时，是。懋，勉也。指百揆之事以勉之也。盖四岳及诸侯言伯禹见（现）作司空，可宅百揆。帝然其举，而咨禹使仍作司空，而兼行百揆之事。录其旧绩，而勉其新功也。"这就是下文"汝平水土，惟时懋哉"之意。《史记》译作"汝平水土，维是勉哉"。这都看出经师们调停牵合的用心，不论汉学者和宋学者，都只是在就文为解，力图弥缝过去。

　　《史记》在"皆曰伯禹为司空"句后，多"可美帝功"四字。皮氏《考证》云："史公不以百揆为官名，故云'伯禹为司空可美帝功'。"非谓由司空迁百揆始可美帝功也。《尚书刑德放》《说苑》《盐铁论》《潜夫论》《论衡》《吴越春秋》皆曰禹为司空，不曰禹为百揆，是今文家说，无以百揆为官名者。

　　⑭帝曰俞咨禹——《史记》作"舜曰：嗟！然。禹"，"俞"，已见

前文“朕在位七十载”一节注⑪“俞”校释。同于应对副词“然”，亦即今口语“好吧”、“好呵”之意（下文“俞”同，不再出注）。“咨”，同上注④“咨十有二牧”之咨，义为“告”。但《史记》作叹词，且移在“俞”前。按本节共八个咨字，虽此处与下文“咨四岳”、“咨伯禹”、“咨汝二十有二人”共四个咨字《史记》皆译作叹词“嗟”，但第一个“咨十有二牧”的咨字《史记》译作“命”，即“告”之意，甚合文义。则全节诸咨字常同义，不必分为二种用法。且《史记》译“嗟”诸咨字，作为“命”“告”之义仍合，故以皆释为“命”“告”之义较妥。

⑮拜稽首——唐写《释文》：“𢷎，古拜字，《说文》以为今字。云古文作𢱭，又作𢪊。”盖所据隶古本奇字。今本止作拜字。䭫，古稽字，𦣻，古首字。”“稽首，首至地，为臣事君之礼。”段氏《撰异》以为“稽者，䭫之假借”。薛本、内野本、足利本、影天正本此三字皆依《释文》作，而各有讹变。《说文》：“𢷎，首至地也。”龚氏《释文考证》云：“此所引《说文》𢱭字，盖即从比从两古文手之字，而笔画讹异。……今经典唯《周官》用𢷎字。”见《周礼·春官·太祝》：“辨九𢷎，一曰稽首，二曰顿首，三曰空首。”郑注：“稽首拜，头至地也。顿首拜，头扣地也。空首拜，头至手，所谓拜手也。”贾疏略云：“空首者先以两手拱至地乃头至手，以其头不至地，故名空首。顿首者为空手之时引头至地，首顿地即举，故名顿首。稽首，稽是稽留之义，头至地多时则为稽首，拜中最重，臣拜君之拜。”

⑯稷——唐写《释文》“稯，古稷字，官名。”《说文》“稯”，古文稷。原为姬周族之宗祖神，姬周族奉之为始祖。《诗·大雅·生民》：“厥初生民，时维姜嫄。……履帝武敏歆……载生载育，时维后稷。”《鲁颂·閟宫》：“赫赫姜嫄……上帝是依。……是生后

稷。……缵禹之绪。"《周语下》："我太祖后稷。"是周人、鲁人都说其始祖是上帝和姜嫄生下的,以神化始祖是上帝的直接血胤(实反映知母不知父的母系时代所生)。而且是继天神禹之绪住在禹敷布的下地上。那就是说,后稷远在禹之后。其名是"后稷",但也单名稷。见《吕刑》"稷降播种"及《国语·鲁语上》"周人禘喾而郊稷"。也可能原只称稷,而后以训为君主之义的"后"字为美称,而称之为后稷。下文"汝后稷"《孔疏》云:"单名为稷,尊而君之,称为'后稷'。故《诗》《传》《孝经》皆以后稷为言。"已说明此义。

《周语下》及《左传·昭公九年》以后稷为官名,见下注㉒"汝后稷"。《鲁语上》及《左传·昭公二十九年》则以稷为神名。又稷有另一名叫"弃",见下注⑳"弃"。

在周人鲁人自己歌颂始祖的诗篇中,明明说自己的始祖远远在禹之后,是不应在舜任命禹以官职的同时,又任命稷以官职。而《周语下》说:"自后稷之始基靖民,十五王而文始平之。"又云:"后稷勤周,十有五世而兴。"《世本·帝系》载后稷至文王正是十五世。通常以三十年为一世,则十五世仅四百五十年。《左传·宣公三年》云:"鼎迁于商,载祀六百。"则自文王上推四百多年,后稷生当商代中期偏早,比汤至少晚一百多年,更不要说隔了一个夏代,比禹不知要晚多少个世纪,怎么能同时任命为官呢? 这当然是不合理的! 但进入神话中,不同时的人是可以同时的。《吕刑》中已说,上帝派伯夷、禹、稷"三后"到人间来"恤功于民"。伯夷是四岳族宗祖神,禹是夏族宗祖神,稷是周族宗祖神,各自时代不同,但同被上帝派下来了(吕是四岳姜姓族,故把自己宗神排在第一)。遂为《尧典》作者所本,把不同时期地区的各族宗神的材料搜集来,同时任命他们在虞舜的朝廷里做官，使本节所叙"虞廷九官"，真成了顾刚师所说的"倒乱千秋式的拉拢"了。

⑰契——殷商族的宗祖神，被奉为殷商族的始祖。《诗·商颂·玄鸟》云："天命玄鸟，降而生商。"《商颂·长发》："洪水茫茫，禹敷下土方……有娀方将，帝立子生商，玄王桓拨。"《国语·周语下》："玄王勤商，十四世而兴。"《荀子·成相》云："契玄王，生昭明，居于砥石迁于商，十有四世乃有天乙是成汤。"说明玄王即是契，由上帝命玄鸟和有娀之女生出，居于禹所敷下的土方上，传十四世而至于汤。故《国语·鲁语上》云："商人禘舜而祖契。"是商人把舜禘祀为先祖之所自出，把契祖祀为本族的始祖。而《礼记·祭法》则谓："殷人禘喾而郊冥，祖契而宗汤。"《礼记》文多后出，不及《国语》原始。《史记·殷本纪》承上述资料及有关传说综述之云"殷契，母曰简狄，有娀氏之女，为帝喾次妃。三人行浴，见玄鸟坠其卵，简狄取吞之，因孕生契"（故事见《商颂》诸篇及《天问》《离骚》等）。

"契"，又作"偰"、"禼"。见唐写《释文》："禼，古文作萬，皆古偰字，息列反，臣名也。"薛本作禼，内野本、足利本、影天正本皆作禼。《说文·人部》："偰，高辛氏（即喾）之子，尧司徒，殷之先。"段氏《撰异》云："此正字也，别无他义。盖为玄王之名，故叔重之说解如此。盖壁中《尚书》正作'偰'也。《厹部》'禼'下曰：'读与偰同。'可知汉人通用'偰'，人所共晓。不知何时遗去人旁，借用书契。许云'高辛氏之子'者，《左氏传》舜举高辛氏之子八元使布五教于四方，然则偰即……八元中之一也。班氏《古今人表》不得其主名，故既举八元，复举禼。'禼'者，'偰'之假借字。……《说文》

离字下云'读与偰同'者,此谓其音同,非谓其字同也。"除《说文》《古今人表》著"离"字外,《殷本纪正义》并引《括地志》"商州商洛县"云:"商州东八十里商洛县,本商邑,古之商国,帝喾之子离所封也。"其后薛季宣本、内野本及足利本并作"离"。见敦煌唐写《释文》云:"离,古文作㠱,皆古偰字,息利反。臣名也。"龚道耕《考证》:"《说文》'离',古文作'㠱'。今经典通用契,惟《汉书》有作'离'者。"

　　契(离)作为殷的始祖,而甲骨文中未见。王国维《殷虚卜辞中所见先公先王考》及《续考》,考定最早者"高祖夒",字或作"夋",即《山海经》中之"帝俊"。谓"以声类求之,盖即帝喾","其或作夋者,则又夒字之讹"(按《山海经》神话中的"俊"至文献中分化为"喾"和"舜"。简述在拙著《古史续辨》第22页)。但徐中舒、容庚、唐兰、杨树达都有异议,以为"夒"是"离"字。陈梦家《殷虚卜辞综述》引录了上述诸说后,据王国维指出王亥为殷先公,称"高祖亥"、"高祖王亥"最可注意,对他的祭祀隆重,因而说:"使我们倾向于王亥为殷之主要的始祖,即契。"(《综述》第339页)又说:"卜辞中的王亥,只能相当于契。"(第340页)但罗琨《殷虚卜辞中的高祖与商人指的传说时代》以为卜辞中还有季和王恒,是王亥的父与弟,"这就决定了王亥不是商人记忆中的第一位男性祖先契"。其说有据。不过王亥在卜辞中地位是较特殊的,如依据《鲁语下》殷人禘舜(或喾)而祖契来看,则高祖夒显然相当于舜(或喾),王亥"是商人系中真实存在过的商王自出之祖"(罗琨文中语)。又独在亥字上冠以鸟形,则实亦"玄鸟生商"这一图腾传说的反映,所以可称为玄王。则继夒之后,似乎只有王亥足以相当于契。但如果以为不能像王国维考定先公先王那样确切有据，则不勉强地去作这一比附亦无不可。不过契在文献中记载明确是殷商的始祖，按理是应该存在于甲骨文中的，则以王亥当之应该是较妥当的。

⑱暨皋陶——《史记》作"与皋陶"。《说文·丞部》："㬅，众词与也。《虞书》曰：'㬅咎繇。'"（又《言部》"謨"字下亦引《虞书》"咎繇謨"）薛季宣本、内野本亦皆作"㬅咎繇"（惟薛氏本字形略异），敦煌唐写本《释文》云："䚞，音羔。繇，音遥。䚞繇，臣名。"龚道耕《考释》云："此作䚞，笔画小异。繇，写讹。咎繇、皋陶，古书互见，而《尚书》则必作咎繇。《说文》'謨'下'㬅'下引《书》俱作咎繇，《汉书》亦作咎繇，颜注引《尚书》同，《唐六典》引《书》'帝曰咎繇'，皆可证。今作皋陶，卫包所改也。"按，段氏《撰异》就上引《说文》释之云："萧该《汉书音义》云：'㬅，《尚书》音巨荙反。'可证六朝时《尚书》作'㬅'。今本作'暨'，盖卫包本。《音义》（指陆德明《释文》）无'㬅'，恐开宝时删之也（然上引敦煌唐写本亦无㬅字，是在开宝删改前）。《释文》于'孔序'曰：'皋，本又作咎。陶，本又作繇。'考自来《古文尚书》有作'皋陶'者，有作'咎繇'者。是以颜注《汉书》引《尚书》皆作'咎繇'，李注《文选》则皆作'皋陶'。要之，衡以古音，则皋陶二字古在尤幽，《说文》引《虞书》作'咎繇'，则壁中原本也。"（按，实为许慎承贾逵所传杜林本而摹自壁中之本）是古本《尚书》皋陶、咎繇二体同用。

皋陶在较晚文献即春秋中后期《左传》及战国典籍中，反映他为群舒地区偃姓族的宗祖神。见《左传·文公五年》："臧文仲闻六与蓼灭，曰：'皋陶、庭坚，不祀，忽诸！'"崔述《夏考信录》据《夏本纪》言"皋陶之后封于英、六"，而不言蓼，以为六乃皋陶之后，蓼乃庭坚之后（因崔反对杜预注《左传·文公十八年》所载庭坚“即皋陶字”之说，以为古者不用字而皆称名，则庭坚非皋陶）。而文公五年杜注云：“六国，今（晋）庐江六县。蓼国，今安丰蓼县。”地在今安徽西部六安、霍丘两县境。《春秋大事表》六云：“卢州府及六安州为群舒地。”《诗·閟宫》“荆舒是惩”，即指此地区之族。《通志·氏族略》引《世本》：“舒蓼，偃姓，皋陶之后。楚东境小国也。”《左传·文公十二年》“群舒叛楚”，杜注：“群舒，偃姓。”《正义》引《世本》：“偃姓：舒庸、舒蓼、舒纠、舒龙、舒鲍、舒龚。”而《秘笈新书》引《姓纂》云：“帝颛顼高阳之裔，颛顼生大业，大业生女莘，女莘生咎繇，为尧理官，因姓李氏。”然《唐书·宗室世系表》云：“李氏出自嬴姓，帝颛顼高阳氏生大业，大业生女华，女华生皋陶。”则传闻异辞了（倒合于刘师培所倡偃姓即嬴姓说）。至《夏本纪·正义》引《帝王纪》云：“皋陶生于曲阜。曲阜，偃地。故帝因之而以赐姓曰偃。”则把皋陶定在曲阜了。那么皋陶活动之地在山东，即其得姓之地名偃亦在山东。

　　由于皋陶也是神话中来的人物，所以才有这些纷歧说法。《尧典》作者尽量搜集了来自神话的人物把他历史化。这一做法当时似已得到共识，如《论语·泰伯》篇云：“舜有臣五人而天下治。”又《颜渊》篇：“子夏曰：……舜有天下，选于众，举皋陶。”则这一原为群舒的宗祖神，现在成为舜的臣下。他的职能，如《鲁颂·泮水》云：“明明鲁侯……淮夷攸服。矫矫虎臣，在泮献馘；淑问如皋陶，在泮献囚。”是说皋陶善于讯囚。古文籍中常谓皋陶为理官，“理”，即审判之官。本篇下文命皋陶“汝作士”，即根据皋陶在泮献囚来的。故伪传云：“士，理官也。”

这些都是历史化后关于皋陶的事迹。他的本源仍应寻之于神话中。实际上他和尧的神话不可分。"陶"与"尧"原是同音同义之字。因尧、陶、繇、窑诸字同属古韵宵部,而尧的今音读牙声疑母,繇、窑读喉声喻母,是由古声类通转中的喉牙相转造成。其实二字发音部位都在舌根,两者声纽原应完全相同,都应属喻母四等字。根据古音通例"喻四归定",此二字古音读为定母,与陶字读音全同。可知尧、陶、繇、窑诸字同音 táo。后代语音中陶字本音仍保持定母未变,但作为人名皋陶之"陶",则与尧、繇、皋都演化为喻母四等,都读 yáo 了。《诗·绵》里周人所住的"陶复陶穴",今西北一带仍叫作窑洞,是陶即窑,亦即尧。尧字在甲骨文中作 ,象人顶着陶器的土坯送去烧,而陶及窑是已成缶器的陶坯在窑穴里。它们构形不同而取义相同,可能成字有先后之异,总之此诸字原是一字。

远古氏族由蒙昧时代进入野蛮时代,是由制陶术开始,随着野蛮时代由低级、中级进至高级而技术日益精进。可能当时有制陶技术特优之族,既以窑神做了他们的民族神,又如恩格斯所说的用这一想象的祖先做了他们氏族的名号。《禹贡》载古地名有陶丘,今山东省内还保存了这一地名叫定陶,可能就是这一氏族原来活动地区。"舜耕于历山(在雷泽),陶于河滨"(《墨子》语)的传说,其地点也和此相适应。在山东地区的龙山文化,有烧制技术很高的黑陶(如黑而薄的蛋壳陶)和各种陶器,大概就和他们有渊源。而一氏族之神传说下去时后来发生分化。于是这一氏族之神分化成"尧"与"皋陶"两个名字。在语源上,上文已说明"尧"与"陶"是一。而"皋"通"皞",在语词中作为发声词。《仪礼·士丧礼》记古人对死者招魂时,长呼"皋某复"。郑玄注:"皋,长声也。某,死者之名也。""复者,复魂也。"足证古人以皋为发声词,是"皋陶"等于现代语的"阿尧"。由于称呼既久,用字不同,一个神名分化成两个神名,到典籍中作历史记载,就成了两个人名。也由于用字的分化,他们的氏族宗神用了尧字,而氏族名称用了陶字,故该族居地称为陶丘。当由于陶氏族以擅制陶而成了有名氏族,它的承用宗神名字的杰出首领担任了部落或部落联盟的首领,一如恩格斯所说的:"而部落首长的氏族则起源于一个更显赫的神。"于是围绕他就流传着一些美好的传说。到儒家"按往旧造说"时,就把这一神性的首领完全净化为历史上德圣最高的圣王,给他编写了颂扬其盛德大业的本篇《尧典》,又把分化出来的唤做"阿尧"(皋陶)的神,也净化为人,给他编写了一篇宣扬其盛德实际是宣扬儒家政治伦理思想的《皋陶谟》,于是尧和皋陶在历史上的圣君贤相的形象就树立起来了。

⑲帝曰俞汝往哉——《史记》作"舜曰然往矣"。

⑳帝曰弃——《史记》作"舜曰弃"。"弃",稷的另一名。是由一故事传说来的。原来《诗·生民》在"载生载育,时维后稷"后继云:"诞弥厥月……无菑无害,以赫厥灵。……诞置之隘巷,牛羊腓字之。诞置之平林,会伐平林。诞置之寒冰,鸟覆翼之。鸟乃去矣,后稷呱矣。"这只是根据关于始祖的一些传说,联缀起来歌颂其灵异,还说明他无灾无害,更无其他不祥之意。但由于有这些灵异,就逐渐流传成了一则故事,最后载入《史记·周本纪》中云:"周后稷名弃,其母有邰氏女曰姜原。……姜原出野见巨人迹,心忻然……践之而身动如孕者,居期而生子,以为不祥,弃之隘巷,马牛过者皆辟不践;徙置之林中,适会山林多人;迁之而弃渠水上,飞鸟

以其翼覆荐之。姜原以为神，遂收养长之。初欲弃之，因名曰弃。"
本来母系社会生子只知有母不知有父，《生民》原诗歌颂始祖由母
亲履上帝步武这种灵异诞生，生后又有许多灵异，都只是美化自己
先祖。可是周人进入父系社会既久，在回忆自己先祖时，就带着父
系社会眼光来看，就以无父生子为不祥，以至丢弃他，这完全是后
起之说，远非《生民》时的原观点了。本来只名为稷或后稷，又平空
添出一个"弃"的名字了。这似由另一故事启发而沿用其名。《左
传·襄公二十六年》："宋芮司徒生女子，赤而毛，弃之堤下。共姬
之妾取以入，名之曰弃。"文献中载弃为稷之名者，在稷被称为社神
后。见《鲁语上》云："昔烈山氏之有天下也，其子曰柱，能殖百谷百
蔬。夏之兴也，周弃继之。故祀以为稷。"又《左传·昭公二十九
年》云："稷，田正也。有烈山氏之子曰柱，为稷，自夏以上祀之；周
弃亦为稷，自商以来祀之。"稷既为神名，则为之别立一名以当之，
于是周祖成了"弃"了。此名出现于春秋时，故《尧典》作者得采用
之。段氏《撰异》："棄字《唐石经》皆作弃，此因其字中有世字，故
避讳从古文作弃。"

    ㉑黎民阻饥——《史记》作"黎民始饥"。《集解》："徐广曰：
《今文尚书》作'祖饥'。祖，始也。"《索隐》："古文作'阻饥'。孔
氏（指伪传）以为'阻，难也'。祖阻声相近，未知谁得。"《汉书·食
货志》则云："舜命后稷，以黎民祖饥。"师古注："孟康曰：祖，始
也。"《集解》释同此（孟康，三国人。《集解》作者裴骃，南朝宋人）。
江声《音疏》、王鸣盛《后案》皆以为古"祖"字"阻"字皆与"且"通。
并举几件铜器铭文祖作且为证。言阻厄于饥。段氏《撰异》云：
"《周颂·思文》郑笺云'昔尧遭洪水黎民阻饥'……《正义》引《舜

典》'黎民阻饥……'注曰:'阻,读曰俎。阻,厄也。'……盖壁中故
《书》作'俎',故郑云:'俎读曰阻。阻,厄也。'学者既改经文作
'阻',则注文不可通,乃又倒之云:'阻读曰俎。'……古'且'与
'俎'音同义同。且,荐也。俎所以荐肉也。孔壁与伏壁当是皆本
作'且'。伏读'且'为'祖',训'始'。孔安国本则或通以今本作
'俎',而说之者仍多依今文读为'祖',训'始'。如马季长注是也。
(按唐本《释文》引马融注云:"祖,始也。")至郑乃读为'阻',郑意
以九载绩堕,黎民久饥,不得云始饥,故易字作'阻',云'厄也'。王
子雕从之云'难也'(按见唐写《释文》)。姚方兴采王注亦云'难
也'。……而方兴径用郑说易《尚书》经文本字作阻,不作俎。若
《今文尚书》作'祖饥',则其证有五(略)。"按唐写《释文》正作
"俎,本又作阻。……马本作祖"。薛本作"俎"。陈乔枞《经说考》
云:"马郑皆治《古文尚书》,郑从古文家,故读'祖'为'阻'。马参
用今文家,故典《史记》训合。"俞樾《平议》则云:"阻、祖皆且之假
字。……《说文》'且部':'且,荐也。'然则'黎民且饥',犹言'黎民
荐饥'。《诗·云汉篇》'饥馑荐臻'毛传曰:'荐,重也。'……其假
字因其作祖而训为始,因其所阻而训为厄,俱未免望文生训。"然
《史记》作"始",实最早保持原义者,不宜轻予否定。于省吾《新
证》云:"按金文'且'即'祖';'俎'作'圗',与'祖'通,《大丰簋》
'王乡大圗'可证。《仪礼·大射仪》'且左还'注:'古文且为阻。'
是'阻饥'即'且饥'。《吕览·音律》'阳气且泄'注:'且,将也。'
'黎民阻饥'者,黎民将饥也。"这是就"且"字的另一释义以为释。
然郑玄以黎民久饥,不得释为始饥;此则释为尚未饥而将饥,则去
原来文意似远。

"黎民",见上第一节注㉑"黎民"校释,主旨指庶民、众民。

㉒汝后稷——上文"让于稷契"句之"稷"为人名,此句之"稷"为官名。亦有以"后稷"二字为官名者。然例以下文"汝作司徒"、"汝作士"、"汝典乐"等句,官名上一字为动词,则此句官名上"后"字亦当为动词。《经籍纂诂》辑录文籍中对"后"的各种释义,绝大多数释为"君",主要为名词,亦可为动词。此句《孔疏》本之以释经文云:"往者洪水之时,众民之难,难在于饥,汝君为此稷之官。"又释传文时顺口说了句"主此稷事",本妥,可是接着说:"后训君也,舜言汝君此稷言。"其后吴澄《书纂言》亦云:"后,君也。"朱骏声《便读》同此释。然俞樾《平议》非之云:"稷曰后稷,犹夔曰后夔,羿曰后羿,所谓尊而君之者是也。帝命其臣,何得亦从尊称而曰'汝后稷'乎?若谓汝君此稷官,不辞甚矣。"可知此处后字释君是不妥的。

又有释为"主"者。《纂诂》又引《汉书·百官公卿表上》颜注引应劭曰:"后,主也。为此稷官之主也。"释为主是对的,不过以为是名词,其实应为动词。《孔疏》云:"稷是五谷之长,立官主此稷事。"得此后字之义。曾运乾《正读》从之云:"后,主也。"屈万里《集解》阐释为:"汝后稷,言汝主管农事,即为农官也。"此释为允。

另有释为"居"者。始见《列女传》"弃母姜嫄篇"云:"及弃长,而教之种树桑麻。……尧使弃居稷官。……及尧崩,舜即位,乃命之曰:'弃,黎民阻饥,汝后稷。播时百谷。'其后世世居稷。"其引原文,仍作"后稷",而几次述其义,都说居稷官。《论衡·初禀篇》云:"弃事尧为司马,居稷官。"《诗·閟宫》郑笺云:"弃长大,尧登用之,使居稷官。"又《思文》疏引郑注云:"汝居稷官。"皆释为居。宋林之奇《全解》亦云:"时居稷官。"清黄式三《启蒙》亦简承此释。至俞樾《平议》云:"疑郑玄所据本作'汝居稷'。今作'后'者,后与居形似,又经传多言'后稷',因而致误也。《国语·周语》'昔我先王世后稷以服事虞夏',后字亦当作居,'世居稷'者,世居稷官也。"皮氏《考证》云:"《今文尚书》作'居稷',于义为长。"又引《周本纪》帝舜曰"汝后稷",下文云"号曰后稷",因而云:"据《史记》'号曰后稷'之文,则上文'汝后稷'之'后'亦当本是'居'字。"

新有释为"司"者。吴闿生《吉金文录·齐侯镈钟》"翦伐顠司"注:"顠,古文夏字。见《汗简》。……司与后反正同字。'顠司'即夏后也。《尧典》'汝后稷',《国语》'昔我先王世后稷',后皆当训司,读'后'则不可通。"于省吾《吉金文选·叔弓镈铭》"删伐顠司"注:"吴北江先生曰:'司、后反正同训。'《尧典》'汝后稷',即汝司稷也。"则依金文寻得"后"为"司"的反体,为同训之字,故谓"后"训"司"。

又有训为"继"者。按《说文·后部》:"后,继体君也。"《易·象下》传虞注:"后,继体之君。"故加藤常贤《真古文尚书集释》阐"后"字意义云:后字本来有继意,以故"后稷"即继任稷官(原文为日文,此摘述其意。按神话中弃继烈山氏之子柱为稷)。

以上诸释,除释为君之义不适于此句外,其余诸释虽取义各有所重,但总之是说叫弃担任稷官,即农政之官。(《周语》"稷为大官"韦注:"民之大事在农,故稷之职为大官。"董疏:"百谷稷为之长,遂以稷名为农官之长。")

其以"后稷"二字为官名者,见《国语·周语上》云:"昔我先王世后稷以服事虞夏。"又云:"农师一之,农正再之,后稷三之,司空四之。"《左传·昭公九年》载周王曰:"我自夏以后稷。……后稷封殖天下。"这些皆确以为官名。《尧典》作者按资料分别采用,一篇内既用作人名,又用作官名。和下文"汝共工"一样,也把上文用作人名的忽又用作官名。

按,《诗·生民》《周语》《周本纪》以至《列女传》等都着意渲染弃幼时起就乐于农事,勤劳农事一生,《鲁语》至说"稷勤百谷而山死"。《孟子·滕文公上》也说:"后稷教民稼穑,树艺五谷,五谷熟而民人育。"由《周语上》说:"昔我先王世后稷以服事虞夏,及夏之衰也,我先王不窋(弃稷之子)用失其官,而自窜于戎翟之间。"此数语反映夏亡后夏族中之一支又回到西北原始民(即氏羌)之间,脱离农业生活。据《周本纪》记载,自不窋三世至其孙公刘时,复从事农业,并以宗农后稷的名义倡导这一生产活动,再一次从以畜牧为业的氏羌戎狄族中分离出来,是为形成农业部落周族的开始(所谓"周道之兴自此始")。再经历八世至古公亶父时,《史记》说他"修复后稷、公刘之业","贬戎狄之俗"。就是说周族的农业从公刘开始,经过缓慢的进展,至古公时完全脱离畜牧生活,成为特重农业之族,因而把宗神后稷特推重为农业神,以光耀本族。《尧典》作者根据流传的资料,就记载他担任虞廷的农官。

㉓播时百谷——《诗·思文》疏引郑注云:"'时'读曰'莳'。始者,洪水时众民厄于饥,汝居稷官,种莳百谷以救活之。"《说文·艸部》:"莳,更别种。"此处《疏》文继云:"是黎民阻饥后,稷播殖百谷也。《益稷》云:'禹曰,予暨稷播奏艰食鲜食,烝民乃粒。'"段氏《撰异》云:"播殖百谷,殖、植古通用。亦即易'时'作'莳'之意也。《吕刑》曰:'稷降播种,农殖嘉谷。'《祭法》曰:'其子曰农,能殖百

谷，周弃继之。'《郑语》曰：'周稷能播殖百谷蔬以衣食人民者也。'韦注：'殖，长也。'"皆释"时"为"莳"、为"种殖"之义。

伪传则释云："汝后稷布种是百谷以济之。"则释"时"为"是"。释字只要能讲通文义就行。此处终以释为种植较妥。

"播"，敦煌唐写《释文》作"𢻹"。此句薛氏本、内野本皆作"𢻹旹百穀"（内野本仍作谷）。足利本同。《说文·釆部》："𢻹，古文番。"此处系假"番"为"播"。《说文·釆部》："𢻹，古文播。"诸隶古定本系据原古文写成。

㉔帝曰契百姓不亲五品不逊——"帝"，《史记》作"舜"。"百姓"，见上文"百姓如丧考妣"校释，既可指百官，亦可指人民。此处指人民。

"五品"，《史记集解》引王肃注云："五品，五常也。"引郑玄注云："五品，父母兄弟子也。"则系据《左传·文公十八年》"使布五教于四方，父义、母慈、兄友、弟共、子孝"而来。故此处下文言"汝作司徒，敬敷五教"。即全用《左传》义。姚氏伪传则亦用王说径云："五品谓五常。"按《说文·品部》："品，众庶也。"《广雅·释诂》："品，式也。"《一切经音义》二十四引《广雅·释器》："品，法也。"《国语·郑语》"以品处庶类"注："品，高下品也。"于此数者，可领略品字之义。赤塚忠《书经》之《尧典篇》注六二，以为"五品"与上文"慎徽五典"之"五典"同一内容，亦即《皋陶谟》"敕我五典五惇"之"五典"，为"五大法则"。父母兄弟子为家族关系，义慈友共孝为家族道德。至如《孟子·滕文公上》所倡"父子有亲，君臣有义，夫妇有别，长幼有叙，朋友有信"五项，则兼家族关系与君臣关系言，其所倡者为五伦，所述者五常之教（原文为日文，此撮述其大意)。

"逊"——《史记·五帝本纪》作"五品不驯"。《正义》"驯,音训"。上文《索隐》:"《史记》驯字,徐广皆读曰训。训,顺也。"又《殷本纪》则径作"五品不训"。《说文·心部》:"愻,顺也。从心、孙声。《唐书》曰'五品不愻'。"段氏《撰异》云:"愻训顺,逊训遁。今本古文作'逊',未审卫包所改,抑卫包以前已然。……汉魏人书内间有愻字,而不多见。……《古文尚书》'五品不愻',《今文尚书》作'不训'。'训'通作'驯',皆训顺也。"接着引汉代多种文籍皆作"训",然后云:"按此皆用《今文尚书》作'训'。训,顺也,非教训之谓。"陈乔枞《经说考》亦云:"许所引《书》,据古文也,今文皆作'训'字。《五帝纪》作驯者,以训诂代经文也。《汉书·孝文本纪》云:'列侯亦无由教驯其民。''教驯'即'教训',古书通用,此其验已。"皮氏《考证》引《大传》《援神契》《汉书》《后汉书》各传及汉文、汉碑等多种,以证今文皆作"训"。

㉕司徒——参看上文注⑬"司空"校释。为周代官名,常与司马、司空同时存在。在金文中作"嗣土",见《散盘》《幽尊》《嗣簋》《戬簋》《免簋》等,《舀壶》并作"冢嗣土"。较晚彝器则作"嗣徒",见《无重鼎》《伯吴簋》《伯郜父鼎》等,《弘卣》《仲白嗣》则称"大嗣徒"。亦由郭沫若《周官质疑》载有关资料,并据《戬簋》《免簋》《免簋》《同簋》之所载,考定司徒在金文中所司的职掌是耤田、林衡、虞师、牧人诸职事。

在文献中,除最早的周初《牧誓》《立政》《梓材》诸篇列举司徒、司马、司空之官外,其述及司徒职掌者,亦见于《国语·周语上》。确主要担任耤田工作,当周王祗被后,"王乃使司徒咸戒公卿百吏庶民"。韦注："庶民，甸师氏所掌之民，主耕耨王之籍田者。"
是司徒主管参加耤田礼的公卿、百官、庶民。下面接叙"司空除坛
于籍"。是司徒、司空共同办理耤田之礼。至"庶人终于千亩"即耕
完耤田后，"其后稷省功，大史监之；司徒省民，大师监之"。又仲山
父谏宣王不可料民于太原时说："夫古者不料民而知其少多。司民
协孤终，司徒协旅。"韦注："司徒掌合师旅之众。"《周语中》记周之
秩官则云："司徒具徒，司空视涂。"韦注："具徒役修道路之要绩。"
所以后来郑玄注说"司徒掌徒御之事"（《诗·绵》笺），是对的。证
实了金文中的耤田之职，不过它在耤田礼中主要是掌徒御旅众。
金文中的林、虞、牧诸职掌文献中别有专人，但既载在金文中应无
可疑。当是后来分化出专职了。

　　至《孟子·滕文公上》云："使契为司徒，教以人伦，父子有亲，
君臣有义，夫妇有别，长幼有叙，朋友有信。"则司徒专掌教化，与金
文及上所举文献中司徒所职完全不同了。显然《孟子》完全是根据
《尧典》此文为说的。但稍后于《孟子》的《荀子·王制篇》的"序
官"说："司徒知百宗城郭立器之数。"杨倞注云："百宗，百族也。城
郭，谓其小大也。立器，所立之器用也。《周礼·大司徒》之职，掌
建邦土地之图与其人民之数。"按，杨倞所引此句为《周礼·大司
徒》职文的第一句，其下为一千三百多字的长文谈大司徒的职掌。
除管土地之图与人民之数（这点与《周语》所说同）外，还管九州地
域，邦国疆封，辨山林、川泽、丘陵、坟衍、原隰之物产，施祀礼、阳
礼、阴礼、乐礼及仪、俗、刑、誓之教，辨十有二土、十有二壤之物，以
及以土圭之法测地深，并于正月之吉和布教于邦国都鄙，以乡三物
教万民，等等。是除了管土地、人民、物产外，却以很多力量管教化

了。在汉代由博士据"先王之制"撰写的《王制》篇，专述司徒职掌之文四百多字，几乎全是谈教化、选士、兴学、任能之文。至东晋初出现的伪古文《周官》篇，就简要地说："司徒掌邦教，敷五典，扰兆民。"司徒只一个单纯的职掌——掌邦教了。要知这是与上述金文及较初期文献所说司徒职掌是不合的。此管教化之说春秋战国之世始出现，遂为《尧典》作者所采用。

㉖敬敷五教在宽——《史记·殷本纪》继"汝为司徒"句后云："而敬敷五教，五教在宽。"重复"五教"二字（《五帝本纪·舜纪》则不重）。段氏《撰异》举司马彪《礼仪志》引夏勤策文，《后汉书·邓禹传》大司徒策文，袁宏《后汉纪》三十引《书》，皆作"敬敷五教，五教在宽"，以为"此皆引《今文尚书》也"。又云："唐石经五教之下叠五教二字，字形隐隐可辨，后乃摩去重刻，然则唐时本有作'敬敷五教、五教在宽'者，与《殷本纪》合。"皮氏《考证》补充《后汉书·质帝纪》、郑玄《商颂谱》引书并重复"五教"二字。又《明帝纪》《和帝纪》《王畅传》《寇荣传》亦皆云"五教在宽"，盖以唐石经之字，因而谓"是今文与古文并有之也。《史记·五帝纪》不重'五教'二字，后人删之"。

句首"而"字，蔡邕《司空杨公碑》有之，足利本、内野本亦有之。王先谦《参正》谓"是《今文尚书》多一而字也"。

"敬敷"，王氏《参正》引《汉孔宙碑》作"祗傅"。杨筠如《核诂》增引《王莽传》"傅"作"辅"，《左传》"敷"作"布"（见《文公十八年》"使布五教"），因而谓"训布者是也"。按，《禹贡》"禹敷土"，《夏本纪》作"傅土"；《洪范》"用敷锡厥庶民"，《宋世家》作"用傅锡其庶民"等，知敷、傅通用。又《仪礼·特牲馈食礼》"为神敷席也"注引《释文》："本又作铺。"辅为铺之通转。知敷、铺、辅通用。《诗·长发》"敷政优优"，《左传》之《成公二年》《昭公二十年》皆作"布政优优"。故《禹贡》"禹敷土"郑注："敷，布也。"

"五教"，《左传·文公十八年》明白称："舜……举八元使布五教于四方，父义，母慈，兄友，弟共，子孝。"（上文注⑰"契"引段氏说以为契即八元之一）此当为此处"五教"之原义无问题。因《尧典》作者可能即采此资料写入篇中。而《孟子·滕文公上》引释此文则称："后稷教民稼穑，树艺五谷，五谷熟而民人育。人之有道也，饱食暖衣，逸居而无教，则近于禽兽，圣人有忧之，使契为司徒，教以人伦，父子有亲，君臣有义，夫妇有别，长幼有叙，朋友有信。……圣人之忧民如此。"则又明以此五者释《尧典》五教之义。大抵《左氏》文当为资料之原义，《孟子》之文则为儒家解释之义。由纯家族道德增益了君臣道德（参用赤塚忠说）。由儒家特重君臣、父子等五伦，故增其义作此释。明王樵《尚书日记》云："掌教之官曰司徒者，夫家徒役，井牧什伍，颁事任职，戒纠考比，凡治众之事皆教也。而其所以为教者，不出于五，孟子尝言之。"

"在宽"，姚氏伪传云："布五常之教务在宽，所以得人心。"林之奇《全解》云："在宽者，孟子所谓'劳之、来之、匡之、直之、辅之、翼之，使自得之，又从而振德之'（《滕文公上》）者也。"王天与《书纂传》引朱熹云："圣贤之事无不敬，此又事之大者，故特以敬言之。宽者，宽裕以待之也。"《蔡传》承之云："敬以敷教，而又宽裕以待之。"陈栎《集传纂疏》云："施教之道，敬宽不可缺一。敬有严谨意，宽有优柔意。"按，此实本《中庸》"宽柔以教"之义。王樵《尚书日记》云："敬敷五教而或取之太过，攻治太深，则非所以使自得之也，故在宽焉。……则夫防范虽密，禁董虽严，而其意何尝不宽哉。敬宽一事也……非敬而又宽也。”

㉗帝曰皋陶蛮夷猾夏——“帝曰”，《史记》作“舜曰”。皮氏《考证》引《史记·五帝本纪》《汉书》之《刑法志》《食货志》《王莽传》《匈奴传》《后汉书·冯绲传》皆作“猾”，以为《今文尚书》作“蛮夷猾夏”。又引《大传》《潜夫论·志氏姓》《法言·孝至篇》皆作“滑”，以为今文一作“蛮夷滑夏”。唐写《释文》作“滑，于八反，乱（也）”。薛氏本亦作“滑”，内野本仍作“猾”。按于八反，龚道耕《考证》以为当作乎八反，与今本《释文》作户八反相合，当为通行读音，但本人家乡安化保存古音滑、猾仍读于八反，则唐写《释文》作“于八反”未见得错，不过不与今音同耳。顷读《左传·僖公二十一年》注所附《释文》正作：“猾，于八反。”则唐写《释文》原不误，龚说自误。

《释文》释“滑”为“乱”，本于伪传所释：“猾，乱也。”当源于《史记集解》引郑玄所注云：“猾夏，侵乱中国也。”这是自来的确解。

此语始见于《左传·僖公二十一年》：“任、宿、须句、颛臾，风姓也，实司太皞与有济之祀，以服事诸夏。邾人灭须句，须句子来奔，因成风也。成风为之言于公曰：‘崇明祀，保小寡，周礼也。蛮夷猾夏，周祸也。’”杜注：“此邾灭须句而曰蛮夷，昭二十三年叔孙豹（当作婼）曰：‘邾，又夷也。’”《诗·閟宫》疏云：“当僖公之世，东方淮夷小国见于盟会，唯邾、莒、滕、杞而已。”是邾为淮夷，而须句为风姓太皞之后，属华夏。邾灭须句，故曰“蛮夷猾夏”。

按邾原为居鲁东潍水一带的淮夷中较强的徐戎之族（《左传·昭公元年》注“徐即淮夷”），《费誓》称“徂兹淮夷徐戎并兴”即是。

周公东征的诰词《大诰》序云："武王崩,三监及淮夷叛。"《逸周书·作雒》则云："三监及殷、东(郰)、徐、奄及熊、盈以畔(叛)。"是与三监、殷、郰一起反周的徐、奄、熊、盈诸族都是当时的淮夷。结果被周公征服,大量被南迁,少数西迁(详顾颉刚师《周公东征史事考证》及起鈇《禹贡徐州地理丛考》),留下来未迁者则徐戎的一部分作为封给伯禽于鲁的"殷民六族"之一,另有淮夷中之邾、莒、滕、杞仍在原地立国。到春秋时邾有灭须句之举,被斥为"蛮夷猾夏",原义甚明确。

牟庭《同文尚书》云:"《东京赋》薛注曰:'猾,狡也。'《一切经音义》引《三苍》曰:'猾,黠恶也。'《诗·皇矣》笺曰:'夏,诸夏也。'成十五年《公羊传》注曰:'诸夏,外土诸侯也。'庭按,'猾夏'者,谓中夏人之狡滑者。伪《孔传》云:'猾,乱也。'郑注云:'猾夏,侵乱中国也。'皆非矣。僖二十一年《左传》曰:'蛮夷猾夏,周祸也。'谓或蛮陌外夷,或中夏狡猾之人,皆为周祸,非谓蛮夷侵中夏独足为祸也。"此语原为针对邾灭须句而发,牟氏视而不见;又不理会邾和须句的历史事实,故为奇论。故其言不足据。

俞樾《俞楼杂纂》(卷二十五)云:"《孔宙碑》云:'是时东岳黔首,猾夏不宁。'东岳、黔首亦华夏之人也,而云'猾夏',殊不可通。窃疑《虞书》'猾夏'尚有别解。《说文》:'夏,中国之人也。从夊,从页,从臼。臼,两手;夊,两足也。'此说盖不可通。岂中国之人有首有手有足,而外国之人无之欤。又岂中国所以为中国者,止以有首有手,有足欤。《说文》又有夓字,曰:'贪兽也。'又曰:'母猴,似人。从页、巳,止又其手足。然则夏夓二字其意正同。而一以为中国人,一以为贪兽,何欤? 愚谓夏夓二字音相远而意正同,夓从手则是攘乱字，疑夏字亦有扰乱之义，故汉碑攘字往往作擾，《李益碑》：'时益部擾攘。'《樊敏碑》：'京师擾攘。'《周公礼殿记》：'会值擾攘。'皆省夒为夏，盖由义本相通，不得竟谓汉隶之苟且也。古字以'猾夏'二字连文同义。猾，乱也。夏亦乱也。"皮氏《考证》谓"俞说甚有理"。杨筠如《核诂》全袭用之，并举《广雅》"猾，扰也"以证。按，俞说实误。首先读错《孔宙碑》。古人行文中往往举成语中一二字以代表该语全句原义。最习见的是用"而立"二字代表"三十而立"全句。其实这是用得不通的，但人们就是这么习用它。又如《史记》《汉书》有关邹衍传记，载他著有《终始五德之运》《终始大圣》，而《艺文志》则载为"邹子《终始》"，《秦楚之际月表》则云："此乃《传》所谓'大圣'。""终始"即代表《终始五德之运》；"大圣"即代表《终始大圣》。又张苍曾撰《终始五德传》，《十二诸侯年表》则云："张苍历谱'五德'。"此"五德"即代表《终始五德传》。此类成例在文籍中至多，不胜枚举，即现代言语中，仍不少这类用法。可知《孔宙碑》"猾夏不宁"一语，其义为由于"蛮夷猾夏"而致不安宁。"东岳黔首"，正指鲁东最低层的穷苦老百姓，他们是备受侵凌压迫的庶民，既没有资格也没有能力去"猾夏"，此时（是时）受到蛮夷猾夏之苦，正像日寇侵华时承受其害最深的是各地老百姓一样。所以俞樾完全把此句理解错了。又所举几个"擾攘"假借用"擾攘"，假"夏"为"夒"。文字中通例，被假借之字不再具有原义而只有假借义，故此处夏被假借为夒时即夒字，并不涉及它原字之本义，即其本义仍自存在而与假借义无关。夏字之义向来都在美好方面，从不有恶义如"乱"之类。如《方言》："夏，大也。自关而西秦晋之间，凡物之壮大者而爱伟之，谓之夏。"与起自秦晋之间的夏族遂给自己起了这美好的名字。夏族发展成中国大地上的华夏族,故《说文》说"夏,'中国之人'。"文籍中处处释"夏"为"大"。如《诗》之"夏屋"、"时夏",《礼》之"肆夏",《穀梁》之"舞夏"等等,皆训"大也"。《国语》"时夏"注:"乐章大者曰夏。"《春秋繁露·楚庄》《白虎通·号篇》《说苑·修文》《论衡·正说》等皆云"夏者大也"。《楚辞·哀郢》"夏"为大殿,《招魂》"夏"为大屋,《淮南子·本经训》"夏屋",大屋也。"夏台",大台也。不一而足。"夏"又与"华"本为同声同义之字(详刘起釪撰《由夏族原居地纵论夏文化始于晋南》)。二字同具华彩、采章之义。更有荣、盛、光华诸义。总之"夏"字释义无一不在美好方面,俞氏释为"乱",与夏之原义毫不相协,纯是无据之言(读梁启超文,始悟俞之用意,似在避免舜时有夏代之夏字,乃为此曲说)。

梁启超《中国历史研究法》第五章有云:"《尚书·尧典》:'帝曰:皋陶,蛮夷猾夏。'此语盖甚可诧。夏为大禹有天下之号,因禹威德之盛,而中国民族始得'诸夏'之名,帝舜时安得有此语?假令孔子垂教,而称中国人为汉人,司马迁著书,而称中国人为唐人,有是理耶?此虽出圣人手定之经,吾侪终不能不致疑也。"梁氏尚以《尧典》为尧舜时之篇章,所以提出此疑,是提得对的。但现在我们知道《尧典》是成于春秋之世儒家之手,则他采用了《左传》中所保存的春秋之世流传的此句成语,是很自然的事,不足为奇了。《尧典》作者本不具历史时间的概念,篇中把不少周代的东西写进了所谓尧舜的篇章中,此不过是其一例罢了。

"蛮夷",治经者引《白虎通》《风俗通》之释义以为释(如皮锡瑞、王先谦等)。所引《白虎通·礼乐篇》云:"夷者夷无礼义,蛮者执心违邪。"其下文继云："戎者，强恶也。狄者，易也，辟易无别也。"又胡三省引《风俗通》逸文云："东方曰夷。夷者，觝也。""南方曰蛮，君臣同川而浴，极为简慢。蛮者，慢也。""戎者，凶也。""狄者，辟也，其行邪辟。"二者皆据《礼·王制》东夷西戎南蛮北狄之说，而据民族偏见加了对诸字之侮蔑性的解说。其实《礼乐篇》中说"东夷之乐"，"南夷之乐"，"西夷之乐"，"北夷之乐"，已不遵守东夷西戎南蛮北狄之说。而此处蛮夷明指鲁境之徐戎，是蛮、夷与戎无别，指华夏族以外之族，初未分东南西北。此分配四方之说，实至汉文帝时之《王制篇》始提出，《白虎通》《风俗通》等从之，并非先秦的历史实际。兹参考《春秋大事表·四裔表》以观《春秋》一书中戎族之地，西境但在临潼、凤翔、瓜州，中在豫境、晋境，而不在全境之西。而山戎更在今东北之辽西境。更有蛮氏戎，在汝水之地，名为蛮而不在南。狄则赤狄在上党一带，白狄在真定、藁城，其中鲜虞一支至战国且建中山国，皆不在北。夷则其中之淮夷在南；《禹贡》中之和夷在梁州，则在西。是除鸟夷、岛夷确在东外，很多称夷者不在东。更不要说与夏对举之夷或四夷之泛称少数民族，兼指四境之夷了。又先秦较集中叙述四方少数民族者，有《逸周书·王会篇》，其正东为符娄、仇州、九夷、十蛮……等，正南为瓯、邓、百濮、九菌……等，正西为昆仑、狗国、贯胸、雕题……等，正北为空同、大夏、代、翟……等，并无东夷西戎南蛮北狄之别。又《禹贡》按全境逐次相距五百里之甸、侯、绥、要、荒五服，夷在要服，蛮在荒服。又《周礼·大司马》之"国畿"外亦为递差五百里之七畿，侯、甸、男、采、卫，此五畿之外为蛮畿、夷畿。又《职方氏》之"王畿"外各五百里为九服，侯、甸、男、采、卫五服之外，为蛮服、夷服、镇服、藩服。蛮、夷皆分处四境，并不按东西南北分。即按方为言，《王制》云"北方曰狄"，《周礼·职方》郑众注则云"北方曰貉"。又同一族往往兼用各名。如《费誓》中之徐戎，《费誓》序则称徐夷，而且它又属淮夷。蛮氏称蛮，却仍是戎。又《竹书纪年》武乙三十五年伐西洛鬼戎，俘翟（狄）王，是戎即狄。《易·既济》《诗·荡》及甲骨文、金文都见鬼方，是鬼方、鬼戎、犬戎、狄实一。《五帝本纪》载古史资料黄帝"北逐荤粥"，王国维《鬼方昆夷獯狁考》论定其族自称隗姓，写成鬼戎，演变为犬戎、畎戎、昆夷、混夷、獯鬻、荤粥等。周综称为戎，为狄，战国秦汉称胡、称匈奴，等等。所以中国古代少数民族并没有长期固定一个称呼，更没有按方位固定其一个称呼。所谓"东夷西戎南蛮北狄"这一固定说法，是汉文帝时的儒生按"整齐故事"的故技编造的，是不合历史事实的。此处"蛮夷"即泛指华夏族以外之各族。

㉘寇贼奸宄——《史记》作"寇贼奸轨"，《大传》作"寇贼奸宄"。《释名·释言语》云："姦，奸也。"而《汉书》之《刑法志》《食货志》《李固传》皆作"奸轨"，《汉书·王莽传》《潜夫论》、高诱《吕览》注则皆作"奸宄"。《说文》："宄，从宀，九声，读若轨。叏，古文宄。㝢，亦古文宄。"薛氏本遂作"思叏"。王先谦《参正》云："轨，宄借字。"

"寇"，害也（《周礼目录》）。劫取也（《费誓》"无敢寇攘"郑注）。强取为寇（《周礼·司刑》疏引郑注）。加藤常贤《真古文尚书集释》引此作"强聚为寇"，似更合本义。与下列诸释亦相合：群行攻劫曰寇（姚氏伪传）。谓群行攻剽者也（《一切经音义》引范宁注）。以群行攻劫攻剽合于常用寇字义。

"贼",害也(《汉书·赵幽王友传·集注》又《吕览·不屈》《淮南子·说林训》《楚辞·招魂》注,《论语·先进》皇疏),伤害也(《左传·僖公九年》注),贼害也(《论语·宪问》集释),贼害人也(《荀子·宥坐》注),害人也(《左传·昭公元年》注),"害良曰贼"(《荀子·修身》)。以上主旨皆训"贼"为害人。《国语·鲁语》及《左传·文公十八年》皆云"毁则为贼"。杜注:"毁则,坏法也。"《说文》:"贼,败也。"而《孟子》释为害仁、伤民。其《梁惠王下》云:"贼仁者谓之贼。"《告子下》"古之所谓民贼也"注云:"伤民故谓之贼也。"文籍中更多者释为杀人。《左传·昭公十四年》:"杀人不忌为贼。"《荀子·礼论》:"杀生而送死谓之贼。"又《正论》注:"劫杀谓之贼。"《周礼·司刑》疏引郑玄注、姚氏伪传皆云:"杀人曰贼。"(《吕刑》"罔不寇贼"疏沿此)。《晋语》"使鉏麑贼之"韦注径云"杀也"。本篇上文"怙终贼刑"伪传亦云"杀也"。《汉书·刑法志》"寇贼奸宄"颜注:"贼,谓杀人。"《泰誓》"贼虐谏辅"孔疏:"杀人谓之贼。"是"贼"之古义实为害人、杀人、害良、毁法。

"奸",盗也(《广雅·释诂》)。盗器为奸(《左传·文公十八年》,显为《广雅》之所据)。窃宝者为轨,用轨之财者为奸(《鲁语》)。伪也(《广雅·释言》),逐伪曰奸(《逸周书·常训》当为《广雅》之所据)。邪也(《西征赋》"奸宄"薛注),以正从邪也(《庄子·徐无鬼》"夫奸,病也"《释文》引王注),奸,谓邪谋也(《汉书·五行志上》注引臣瓒说)。恶也(《楚辞·招魂》"多贼奸些"注)。乱也(《淮南子·主术》"各守其职不得相奸"注)。奸也,言奸正法也(《释名·释言语》)。总之具盗窃奸邪恶乱之义。

"宄",盗也(《广雅·释诂》)。奸也(《说文》)。窃宝曰宄

（《西京赋》"奸宄是防"薛注。当是据《鲁语》"窃宝者为轨"）。是"宄"义主要为奸盗、窃盗。

"奸宄"，《广雅·释诂》："窃盗也。"二者有在内在外之辨，《左传·成公十七年》："乱在外为奸，在内为宄。"《晋语六》："乱在内为宄，在外为奸。"《说文》："外为盗，内为宄。"韦昭《鲁语》"窃宝者为轨"注："乱在内为轨。"姚氏伪传承之云："在外曰奸，在内曰宄。"于是《汉书》之《成帝纪》《刑法志》《魏相传》集注，《后汉书》之《杜林传》《李固传》注皆承此说，《蔡传》遂亦承之。以《左传》之经籍权威，内宄外奸说为注家所共遵信。然《史记集解》引郑玄注云："由内为奸，起外为轨。"与上说适相反。王先谦《参正》云："郑注互误，引之者舛也。"意谓郑注原不如此，由引用者弄错。然《一切经音义一》引《三苍》云："在内曰奸，在外曰宄。"《纂诂》引《楚辞·惜贤》"荡渨湋之奸咎兮"注："乱在内为奸。"是内奸外宄之说亦有从之者。其实奸、宄具窃盗奸邪恶乱之义，古人要去区分其孰内孰外，实没有必要。尧典

本书《盘庚》有"乃败祸奸宄"、"暂遇奸宄"，《微子》有"好草窃奸宄"，《牧誓》有"以奸宄于商邑"，《康诰》有"寇攘奸宄"，《梓材》有"奸宄杀人历人宥"，《吕刑》有"奸宄夺攘"，皆凶恶奸邪之义。知"奸宄"为商周特别是周代习用的成语。《尧典》作者采用了它。

㉙汝作士——《吕氏春秋·君守》高诱注："《虞书》曰：皋陶，蛮夷猾夏，寇贼奸宄，女作士师。"王先谦《参正》引《文选》应劭注亦引《书》"汝作士师"，以为今文别本多一"师"字者。按《周礼·秋官》小司寇之下第一位大员即为"士师"，其职为："掌国之五禁之法，以左右刑罚。"下文详细记其职掌，是管理全国刑狱各项要政之

249

官。《论语·微子》云："柳下惠为士师。"则春秋时实有士师之官。何晏《集解》："孔曰：士师，典狱之官。"《孟子·公孙丑下》："而请士师。"赵注亦云："士师，治狱官也。"所谓"治狱"，实为今语的"办案子"、"审理案件"。语所云："屡兴大狱"、"文字狱"等，"狱"都是指刑狱案件，不简单地指监狱。惟《孟子·梁惠王下》"士师不能治士"注云"士师，狱官吏也"，似指监狱官吏。但其释"不能治士"为"不能治狱"，则仍以"治狱"为"办理案件"。凡此皆与《周礼》士师职掌合。

又"士师"与春秋时之"大士"同，见《左传·僖公二十八年》云："卫侯与元咺讼，士荣为大士。"杜预注："大士，治狱者也。"士荣原为士而任大士，上文言士师所治者士，则知大士与士师同为士之长。按大士见于《礼记·曲礼》："天子建天官，先六大，曰：大宰、大宗、大史、大祝、大士、大卜。"郭沫若《周官质疑》谓"六大乃古之六卿，所谓'六事之人'"，又谓金文中之"卿事寮"当指此天官六大。则大士为第一级高官，以皋陶任之当亦适宜。但《尧典》中只称士而不称大士，其或称士师始与大士同。

按单称之"士"，大率亦称为刑狱之官，在文献中确已见于春秋之世。如《左传·成公十八年》："齐侯使士华免以戈杀国佐于内宫之朝。"疏："士者，为士官也。官掌刑政。"又《襄公二十六年》："卫侯如晋，晋人执而囚之于士弱氏。"杜注："士弱，晋主狱大夫。"曰刑政，曰主狱，与上文释士师、士之职掌同。又金文中鲁国亦有士，见鲁士商叔簋。郭沫若《图录考释》释为"此鲁之士师名商叔者所作器。"然原文只称"士"。金文其他的士常受命出使或典礼中作傧佐。如臣辰盉之士上，克钟之士舀等。而杜预所注士为主狱大夫，当据马、郑注。《史记集解》引马融释"士"为"狱官之长"。《舜典》疏引郑玄注云："士，察也。主察狱讼之事。"则士之职确为掌刑狱。《鲁颂·泮水》："淑问如皋陶，在泮献囚。"则历史传说中，皋陶在征服淮夷后确掌管刑狱，故《尧典》作者采以记皋陶为士。加藤常贤《真古文尚书集释》以为释"士"的"狱"之本字当为《说文》"獄"字。《说文》："獄，司空也。……复说狱司空。"加藤常贤以为"狱司空"为汉代称呼，甲文作𭩂，金文作𭩂，是非常古的官名。

经师以士为司空之下属。《周礼·大司徒》："其附于刑者，归于士。"郑注："士，司寇士师之属。……士，谓主断刑之官。"又《周礼·媒氏》："其附于刑者归于士。"郑注："不在赦宥者，直归士而刑之，不复以听。士，司寇之属。"两言司寇之属，当指《周礼》大司寇之属，继在士师之职以下，尚有遂士、县士、方士，分级掌管全国各级地方刑狱之"士"。既为刑者归于士，故《晋语七》有云："陷于大戮，以归刑、史。"韦注："刑，刑官，司寇也。"是直称刑官了，但其文指司寇所属之"士"职。

"士"又同于"理"，姚方兴伪传云："士，理官也。"《汉书·东方朔传》："皋陶为大理。"注："师古曰：以其作士，士亦理官。"按《汉书·百官公卿表》："廷尉，秦官，掌刑辟。……景帝中六年更名大理。"《史记》"汝作士"《正义》释"士"为"若大理卿也。"《说苑·修文篇》亦云"皋陶为大理"。较早文献中载"理"的材料亦见于春秋时，《左传·昭公十四年》："士景伯如楚，叔鱼摄理。"杜注："士景伯，晋理官。"《国语·晋语九》则载："士景伯如楚，叔鱼为赞理。"韦注亦云："景伯，晋理官。"又云："赞，佐也。景伯如楚，故叔鱼摄其官也。"董增龄《疏》引《礼·月令》郑玄注云："理，治狱官也。"是

251

郑释"理"与释"士"全同。又《晋语八》："子舆为理。"韦注："子舆，士荐之字。理，士官也。"董《疏》云："《循吏传》：'李离者，晋文公之理也。'故知晋国士官名之曰理也。"以上凡称"理"之资料皆出自晋国，可知"士"之又称"理"，确由晋国官制而来。而后楚亦有刑官称理之资料，见《韩非子·外储说右上》云："荆庄王有《茅门之法》曰：'……马蹶践溜者，廷理斩其辀，戮其御。'于太子入朝，马蹶践溜，廷理斩其辀，戮其御。太子……曰，为我诛戮廷理。"而由《循吏传》"李离"知"理"又作"李"。《汉书·胡建传》："《黄帝李法》曰。"颜注："苏林曰：'狱官名也。《天文志》左角李，右角将。'孟康曰：'兵书之法也。'师古曰：'李者，法官之号也；总主征伐刑戮之事也。故称其书曰《李法》。'"是"士"又称"理"，且又称"李"，且有《李法》之书。

由颜师古谓法官总主征伐、刑戮之事，反映古者征伐与刑戮合。故顾师有《古代兵刑无别》一文（载《史林杂识》初编），以考论《尧典》此处任皋陶为士之事。其文首段云："《书·尧典》载舜敕命皋陶之辞曰：'蛮夷猾夏，寇贼奸宄，汝作士，五刑有服，五服三就。'《史记集解》于《五帝本纪》引马融注'士'云：'狱官之长。'又云：'五刑：墨、劓、剕、宫、大辟。三就：谓大罪陈诸原野，次罪于市、朝，同族适甸师氏。既服五刑，当就三处。'按马注士限于狱官，非也。墨、劓等五刑固皆为市、朝之刑，狱官所司，但何为而又有'陈诸原野'之大罪？且此五种刑以治'奸宄'则可，又何当于'蛮夷猾夏'？盖《尧典》此文实由古代兵、刑不别而来，马融生于兵刑已分之后，遂错解之耳。"接着举《吕刑》《皋陶谟》《左传》之《僖公二十五年》《宣公十二年》《国语》之《晋语六》《鲁语上》《汉书·百官公卿表》七种资料以证古代兵刑不分。其中《鲁语上》云："刑五而已，大刑用甲、兵，其次用斧、钺；中刑用刀、锯，其次用钻、笮；薄刑用鞭扑，以威民也。故大者陈之原野，小者致之市、朝，五刑三次。"据此以为："夫甲兵斧钺，战所用也，故曰'陈之原野'。……刀锯钻笮，墨劓剕宫大辟所用也。……惟大辟致之于市，墨劓剕宫及鞭扑则在朝之刑。'三次'者，原野为一，市为一，朝为一。……马融合市、朝为一，又依《周礼》增甸师氏，误甚。"因而论定："《尧典》之出已迟，所谓'五刑有服，五服三就'疑即本于《鲁语》之'五刑三次'，犹得古代兵、刑不别之实，故命皋陶为士而畀以征诛与听讼之两大权也。"并引《鲁颂·泮水》平淮夷之诗，亦征伐而后讯囚，仍兵、刑合一，知皋陶并不仅作狱官。又论之云："或曰：'两周列国有司马之官主军旅，又有司寇之官主刑罚，何也？'曰：万事大抵由渐而变。兵、刑不分，古代之事也；兵、刑分而为二，秦、汉以下之事也。周介其间，必有同乎古代而未全变者，亦必有开始蜕化而已略同于秦、汉者，言固不可以一端泥。况司寇主刑罚而厥名曰'寇'，仍未脱兵戎之面目。……马融而后兵、刑必分之观念，实承《周礼》'夏官司马'与'秋官司寇'而来。……夫兵、刑分工，原足征政治制度之益趋细密，然而亦当知古代之本无是事也。"按，《论衡·儒增篇》云："夫刑人用刀，伐人用兵；罪人用法，诛人用武。武、法不殊，兵、刀不异。巧论之人，不能别也。"足为顾师此论佐证，是汉时王充尚知古代兵、刑不分。池田末利《全释汉文大系：尚书》同意顾先生兵刑不分之说，确认"士"不能限于狱官。

　　按，宋王安石提出了同于顾先生之说，其《新经尚书义》有云："在周大司马之职，当舜之时，以士官兼之。"（林之奇《全解》引）明确说舜时（实指古时）士官兼掌军职。苏轼反对王说，其《书传》云："尧舜以德礼治天下……兵既不用，度其军政必寓于农民。当时训农治民之官如十二牧、司徒、司空之流当兼领其事，是以不复立司马也。而或者谓尧时士与司马为一官，误矣。夫以将帅之任而兼之于理官，无时而可也。"林之奇亦反对王说，在其《全解》同样无根据地说："以士官为将帅，古无是理。"不知古时正是士官兼将帅。故其后宋儒有好几家都持兵刑不分说，如林之门人吕祖谦《书说》云："古者合兵刑为一官，兵即刑之大者。"陈经《书详解》云："明刑，而制猾夏者在其中，古兵，刑之大也。"《蔡传》于"汝作士"下无此释，但于"二十有二人"下释云："此以士一官兼兵刑之事，而《周礼》分为夏秋两官。"《传说汇纂》引陈大猷曰："兵乃刑之大者……隆古之时，兵既不常用，但领之于士官，兵刑合为一官。……疑者以士官不可为将帅，夫为将者非必尽是掌兵之官。如今（宋）之兵部枢密皆掌兵，而未尝为将，意者唐虞平时兵政，只以士官兼领。"陈栎《书传纂疏》亦引陈大猷曰："帝世详于化而略于政，王者详于政而略于化。虞，兵刑之官合为一，而礼乐分为二；周，礼乐之官合为一，而兵刑分为二。"薛季宣《书古文训》亦云："《礼》，大刑用甲兵，则蛮夷盗贼之事亦领于士师也。"有了顾先生的科学论断，而后知这些宋儒之说为卓识，否则不易辨其然否。由此亦可见宋儒处在汉以来经师定论之后能独立思考之可贵（其后王夫之《稗疏》反对兵刑合一之说，以为"唐虞之世未有荒远之夷窥犯边陲之事……特以皋陶为兼主兵者失之。舜所命主兵之官不见于史，其后命禹徂征，则六师或统于百揆。……要非合兵刑而一之也。"其说迂甚，不合古代事理）。

以上搜列"汝作士"的"士"字各种资料及有关解释，足以明自春秋历汉至唐宋对此"士"字的认识(武士、文士之士及大夫、士之士与此无关，不在此考论之内)，而终以顾师之说为确论。且获知不同历史时代此士字之涵义。古代士之职兵刑不分，周代逐渐演变，至秦汉而兵、刑判然分离，而后此士之职掌始限于刑狱方面。《尧典》作者所采资料尚在未判然区分前，因此命皋陶"汝作士"之士，包括兵刑两方面。

㉚五刑有服五服三就——"五刑"，见前文"流宥五刑"校释，指《吕刑》所定之墨、劓、剕、宫、大辟。《史记集解》引马融释此处"五刑"即此五项。但《国语·鲁语上》"五刑三次是无隐也"韦注云："五刑，甲兵、斧钺、刀锯、钻笮、鞭扑也。"《孔疏》云："《国语》云：五刑者，谓甲兵也，斧钺也，刀锯也，钻笮也，鞭扑也，与《吕刑》之五刑异。"江声《集注·音疏》云："此五刑实不同前文五刑。马于前文既为是解，于此处又云然，则口费而烦且非也。……五刑自当有甲兵、斧钺矣。至于刀锯、钻笮，据韦昭注。"陈乔枞《经说考》云："案江声云，此五刑实不同前文五刑，当以贾(逵)韦(昭)说甲兵、斧钺、刀锯、钻笮、鞭扑为当。……乔枞谓江说甚允。"然则此五刑非指五种刑法，而是指五种刑具。此与上面兵刑不分之说亦合。

"有"，加藤常贤《集释》云："有字，语助。"屈万里《集释》云："有，犹以也。《皋陶谟》'车服以庸'，《春秋繁露·度制篇》作'舆服有庸'；《诗·皇矣》'临下有赫'，《潜夫论·班禄篇》'有'作'以'；可证有、以互通。"按《经词衍释》云："《唐韵正》'有'古读若'以'，故以与有多同义。"并举文献中九例，其中如《楚策》："今楚虽小，绝长续短，犹以数千里。"《史记·信陵君传》："以负于魏，无功于赵。"以、有二义全同,足为屈氏说佐证。然此处即作有无之有,义亦通。

"服",此字解说很多,最早的且正确的一说是先秦的"服刑说",其次为汉以来经师们的"服罪说",然后是杂说数种。(一)"服刑说"。始见于《书·吕刑》云:"上刑适轻,下服;下刑适重,上服。""适,宜也。"(《吕览·适威》注)《蔡传》释此二句云:"事在上刑而情适轻,则服下刑";"事在下刑而情适重,则服上刑"。《孟子》亦有云:"善战者服上刑。"《礼记·明堂位》亦云:"百官废职,服大刑。"意即犯者被判刑后承受执行即为服刑。是服刑即受刑,承受刑之执行。《左传·昭公八年》杜注:"服,行也。"知刑之执行所以称服刑。此语至今通用,如某人被判刑在监,即某人正在服刑。判几年刑,即说服几年刑。又有说法稍异,仍应列为此说者,如宋黄度《尚书说》云:"服,言罪各有状,使服其刑。"元吴澄《书纂言》云:"服,犹衣服之服,谓刑加其身也。"惠士奇《礼说》"上服下服"条亦同吴氏此说。俞樾《群经平议六》"何度非及"条云:"《周官·小司寇》曰:'以施上服、下服之刑。'刑以服言,盖古语也。"也论定服刑之语始自先秦,其实即出自《吕刑》。(二)"服罪说"。《说文·幸部》"报"字云:"从幸从㕁。㕁,服罪也。"《孔疏》引王肃注云:"惟明其罪,能使之信服。"姚氏伪传继云:"服,从也。"既从五刑,谓服罪也。"《孔疏》释之云:"人心服罪,是顺从之义,故为从也。""经言'五服',谓皋陶所断五刑皆服其罪。传既谓'服'为'从',故云'既从五刑谓服罪也'。"《蔡传》亦云:"服,服其罪也。"又云:"能使刑当其罪,而人无不信服也。"林之奇《全解》云:"有服者,服其罪也。""刑而当其罪,则刑者服其罪。"薛季宣《书古文训》

亦云："以三就用五刑,而五刑之人服其罪。"元王天与《书纂传》引应镛(南宋人)云："刑与事称之谓服。"按,此据《荀子·正论》"刑称罪则治,不称罪则乱"之语而来。"称",指相称。即林之奇"刑而当其罪"语意,故使刑者服其罪。戴震《义考》亦云："服,谓服罪之实状也。"此诸说语句或有出入,大旨都是说断刑符合罪状,就使受刑者服罪。其余诸杂说有如下一些:江声《音疏》"五刑有服"〔注〕:"戻,治。"〔疏〕:"《五帝本纪·注》引马融注……马据周制以说《唐书》,恐未当也,故不用'戻治说'。"朱骏声《便读》云:"郑氏谓主察狱讼,则以司马训服,戻也。治,理也。"则马、郑有"服治说"。今所见马、郑遗说未直接见此说资料,不详江、朱之所据。惠士奇《礼说》"上服下服之刑"条有云:"五刑故有五服。传曰:'罪多而刑五,丧多而服五,上附下附列也。'然则'服'读为'附'。"按《王制》有"附从轻,赦从重"之语。郑注云:"附,施刑也。"《周礼·小司寇》亦云:"以五刑听万民之狱讼,附于刑。"加藤常贤引惠说释为"五刑有附",谓其施刑目的格为蛮夷与寇贼。此为以服为附之说。孙星衍《注疏》云:"五刑有服者,服谓画衣寇。……《大传》云:唐虞象刑而民不敢犯。"则以"服"为画衣寇之象刑说。前于孙氏之江声《音疏》已指出:"夫蛮夷猾夏、寇贼瘤宄,岂象刑足以威之乎?"是以象刑说释服难于成立。邹汉勋《读书偶识》云:"服,古通伏,即伏斧钺之谊。五刑有服者,大辟服斧戈,宫刑服刀,剕服锯,劓服钻,墨服笮也。"曾运乾《正读》云:"服,用也。五刑、五服,即《皋陶谟》'五刑五用'也。"杨筠如《核诂》云:"五刑五服之'五',疑当读为'吾',《周策》注'吾当为五',即其证。"以上言人人殊,可以各就自己理解提出新说。典籍之广,则必尚有异说未及见到。

亦不用为众说所眩乱，终当以"服刑说"为正解。

"五服三就"，已见上注㉘"汝作士"校释所引顾师《古代兵刑无别》文中所作解释，以为即本之《鲁语》之"五刑三次"，并评马融三次说有误。按，《鲁语上》原文云："故大者陈之原野，小者致之市、朝，五刑三次，是无隐也。"《史记集解》引马融注云："三就，谓大罪陈诸原野，次罪于市朝，同族适甸师氏。既服五刑，当就三处。"顾师指出《鲁语》三次为原野、市、朝，马融合市朝为一，又依《周礼》增甸师氏，误甚。其实在马以前同是古文家的贾逵与其后三国吴时的韦昭所释不误。见《孔疏》所引"《国语》贾逵注云：'用兵甲者，诸侯逆命征讨之刑也；大夫已上于朝，士已下于市。'"韦昭注云："次，处也。三次，野、市、朝。"伪传承之云："行刑当就三处，大罪于原野，大夫于朝，士于市。"《孔疏》引《鲁语》文后，以为"所言'三次'，即此'三就'是也"，因而指出伪传义与贾同，并指责马、郑、王都误。其说云："传虽不言'已上'、'已下'，为义亦当然也。""马、郑、王三家皆以'三就'为原野也、市朝也、甸师氏也。案刑于甸师氏者，王之同族刑于隐者，不与国人虑兄弟耳，非所刑之正处，此言正刑不当数甸师也，又市、朝异所，不得合以为一，且背《国语》之文，其义不可通也。"清人江声、陈乔枞皆辨马说之误，指出甸师氏出《周礼》，马不应据周制说唐虞之事。

进而有谓"三处"或"三次"只能用于大辟，不能用于全部五刑者。《孔疏》始云："行刑当就三处，惟谓大辟罪耳。……惟死罪当分就处所，其墨、劓、剕、宫无常处可就也。"林之奇《全解》继言之，在引伪传说后云："则是皆于大辟之一刑矣。墨、劓、剕、宫必不然也。"董鼎《辑录纂注》引朱熹云："若大辟则就市，宫刑则如汉时就蚕室,其墨劓剕三刑,度亦必有一所在刑之。"《蔡传》全承朱说为注（但董鼎、陈栎之书引朱熹另一说云："三就只当从古注。"与此处之说异）。

宋儒有另寻解释者,王安石《新经义》云："行刑者或就重,或就轻,或就轻重之中,此之谓'三就'。"（林之奇《全解》引）林氏在反对马融"三就"及"三居"之说后,特引王氏此说,并推重之云："此说为善。"自后宋元儒者不少从王氏此说者。如吕祖谦《书说》云："三就,轻、重与轻重之间。"陈经《书详解》云："三就,就轻、就重、就轻重之中。"皆全承王说。王天与《纂传》引应镛《尚书约义》另一说云："就者,狱辞之成者。一就之不足而至于再,再就之不足而至于三,谓'三就'也。《易》曰'革言三就',岂非参错审订省其已成之说乎?《周礼》有三刺、三赦、三宥之法,《王制》:'三公（原文司寇）以狱之成告于王,王三宥然后制刑。'盖虽后世断刑,尚有三覆奏、五覆奏者,况隆古之盛乎?"

清邹汉勋《读书偶识》虽仍就朝市言,稍异其说云："服斧钺者就市,服刀者就宫,服锯与钻笮者就朝也。"其说去"野"而易之以"宫",亦为不同意马融之说而另寻之解。

以上众说纷纭,大率以《尧典》真为唐虞盛世之文立言,必欲维护"隆古之盛"与后世不同,斤斤计较五刑、五服、三就之义。须知《尧典》不过采辑春秋之世当时的或所流传古代的资料组织成文,虚拟为记尧舜当时史事的篇章,其实不用去拘泥寻其是非。只要知道在此处"五刑"有二说;"五服"有多说,但当以服刑说最早出而又通行至今;"三就"可以理解为行刑之三个不同场合或三个不同方式,亦以《国语》说早出于春秋之世,可能近于《尧典》作者采用时原义。此外不必深求了。

㉛五流有宅五宅三居——《史记》作"五流有度五度三居"。前文"宅嵎夷"校释已阐明《尚书》的古文作"宅"，今文作"度"。宅、度字同读，当从"度"。《方言》："度，居也。"孙星衍《注疏》："史公'宅'俱为'度'者，《王制》云：'度地以居民。'"《孔疏》云："此'五流有宅'，即'流宥五刑'也。"

《史记集解》引马融注云："谓在八议，君不忍刑，宥之以远，五等之差亦有三等之居，大罪投四裔，次九州之外，次中国之外。"《孔疏》引王肃注云："谓在八议之辟，君不忍杀，宥之以远。"《孔疏》释云："八议者，《周礼·小司寇》所云议亲、议故、议贤、议能、议贵、议宾、议勤（漏议功）是也。以君恩不忍杀，罪重不可全赦，故流之也。"是说这"亲"、"故"等八种人犯了罪可以不按刑判罪，以所谓"流"来宽宥之。《王制·正义》引郑玄注云："宅读曰咤，惩刈之器，谓五刑之流皆有器惩刈。五咤者，是五种之器，谓桎一、梏二、拲三。"段氏《撰异》云："咤，《说文》作吒。《集韵》云：'二形一字。'"《孔疏》又引郑玄云："三处者，自九州之外至于四海，三分其地，远近若周之夷、镇、蕃也。"（按，指《周礼·大司马》"九畿"之最边远的夷畿、镇畿、蕃畿）姚氏伪传承马融说略改其末句云："谓不忍加刑则流放之，若四凶者。五刑之流，各有所居。五居之差，有三等之居；大罪四裔，次九州之外，次千里之外。"以上所录古文及伪古文经师释"五刑"宥为"五流刑"后之流放地，必拘泥地释为三个不同的边远地区。

唐张守节《五帝本纪·正义》释"五度三居"云："按，谓度其远近为三等之居也。"始大略以远近言。不拘泥于四裔、九州外、中国外（或千里外）的蹈空之论。《蔡传》承此"三等"之说云："五宅三居者，流虽有五，而宅之但为三等之居。"

宋儒大都持远近之说。王安石《新经义》云："流者，或居远，或居近，或居远近之中，此之谓三居。"（林之奇《全解》引）林氏既引王说并评为"此说为善"，复在评伪传三就说之后复评其三居说云："此说尤为无据。夫四凶流于四裔，盖在九州之内。今谓'大罪四裔，次九州之外'，无是理也。"陈经《书详解》云："三居，居远、居近、居远近之中。"吕祖谦《书说》云："三居，远、近与远近之间也。"此外应镛《书约义》更作阐释云："罪不轻，流而必羁縻全获，随所在而有以宅之。流而各奠其所奠，则既得其所安矣，而亦不限之一处，且斟酌区处，别而为三，自非穷凶极恶不可移徙者，未有不以渐而使之自新也。如《王制》：'不帅教之人，自左乡移之右，自右卿移之左；不变，移之郊；不变，移之遂；又不变，屏之远方。'未尝不以其渐行之也。"（王天与《纂传》引）朱熹于此处只传"宅只训居"一语（董鼎《辑录纂注》、陈栎《书传纂疏》引）。孙星衍《注疏》据上引《王制》文，以为"三居者，郊、遂、远方也"。

加藤常贤《集释》以为"居"是"置居"之义。五种之刑之流刑为之置居；五流刑之流居有三个处所。并谓"有"亦语词。

㉜惟明克允——《史记》作"惟明能信"系译用训诂义。"克"，能。"允"，信。皮氏《考证》："汉《衡方碑》云：'维明维允。'《衡方碑》用《今文尚书》……则《今文尚书》有作'维明维允'者。"杨筠如《核诂》云："当从之。"

《史记集解》引马融注云："当明其罪，能使信服之。"贾公彦《周礼疏序》引郑玄注云："此三官是尧时事，舜因禹让，述其成功。"

王氏《后案》："郑云'三官'者，稷、契、皋陶也。"姚氏伪传承之云：
"言皋陶能明信五刑，施之远近，蛮夷猾夏，使咸信服，无敢犯者。
因禹让三臣，故历述之。"

宋人提出之释，如林之奇《全解》云："理官惟明，故能允诺也。
允，信于人也。盖欲刑者之服其罪，流者之安其居，非信于人不
可。"吕祖谦《书说》云："惟明克允，允，当也。明则当其情矣。……
惟明克允者，则于三就三居之间恐有差舛，则非允之谓也。"陈经
《详解》云："惟明，明则得其情。克，乃能。允，当。"董鼎《纂注》、
陈栎《纂疏》复引陈经另一说云："《易》卦言用刑者如《噬嗑》、如
《贲》、如《旅》，其象皆有取于《离》，用刑在惟明可知矣。居刑官不
明，不足以尽人心，不足以当人罪，故戒以'惟明克允'。"王天与《纂
传》引孙氏（未详何人，可能是孙觉）云："惟明则情伪必知，克允则
轻重适当。"而后宋学之代表者《蔡传》云："戒以必当致其明察，乃
能使刑当其罪，而人无不信服也。"

㉝帝曰畴若予工——《史记》作"舜曰谁能驯予工"。译用训诂
义。"畴"，谁。见前文第三节"畴咨若时登庸"的"畴"字校释。
"若"有顺、如、似诸义，亦见"畴咨若时登庸"句"若"字校释。又
《释诂》："若，善也。"曾运乾《正读》从之。《说文》："若，择菜也。"
牟庭《同文尚书》从之，以为"若之本训为择"。然《史记》用"驯"字
训"若"，王先谦《参正》云："驯，亦顺也。"《史记集解》引马融注"若
予工"："谓主百工之官也。"姚氏伪孔传乃云："问谁能顺我百工事
者？"古大都以顺释若，其实此处宜用《尔雅·释诂》善字义较妥，谓
"谁能善我百工事"，即谁能治理好百工之事。《蔡传》云："若，顺
其理而治之也。"说出了治之义，但仍释若为顺，则治字成了"增字

释经"，自不如用善字之为治理好较妥。

㉞佥曰垂哉——《史记》译其意作"皆曰垂可"。"佥"，皆，见上注⑪"佥曰"。伪传释此句云："朝臣举垂。垂，臣名。"林之奇《全解》云："垂有创物之巧，精于百工之技艺……其所制器，历代传之以为宝，故传所谓'垂之竹矢'（按，此语见《顾命》，非传）也。"《蔡传》云："垂，臣名，有巧思。《庄子》曰'攦工垂之指'，即此也。"段氏《撰异》云："工垂字他书皆作倕，《山海经》：'南方不距之山，巧倕葬其西。'郭传云：'倕，尧巧工也。音瑞。'《顾命》当同此篇。"以上皆经师学者之解说。

古代文献中关于垂之资料颇不少。顾师《虞廷九官问题》（载《尚书研究讲义》）文中曾予搜集，今再略加补充，依时序录列如下：最早者为西周早期的《尚书·顾命》载成王崩康王即位典礼中所陈宝器："越玉五重……在西序；大玉……在东序；胤之舞衣……在西房；兑之戈，和之弓，垂之竹矢，在东房。"其余资料大都在春秋后，如《荀子·解蔽篇》："倕作弓，浮游作矢，而羿精于射。"《礼记·明堂位》："夏后氏之鼓足，殷楹鼓，周县鼓，垂之和钟。"《世本》："倕作规矩准绳。垂作耒耨。倕，神农之臣也。垂作耜。垂作钟。垂作铫（宋衷注：刈也）。"（据秦嘉谟辑本采自不同文献所载《世本》佚文）《山海经·海内经》："北海之内……有不距之山，巧倕葬其西。"又："帝俊生三身，三身生义均。义均是始为巧倕，是始作下民百巧。"《庄子·胠箧篇》："毁绝钩绳而弃规矩，攦工倕之指，而天下始人有其巧矣。"《吕氏春秋·古乐篇》："帝喾命咸黑作为声歌……有倕作为鼙、鼓、钟（鐘）、磬、吹苓、管、埙、篪、鞀、椎、钟（鍾）。"又《重己篇》："倕，至巧也。人不爱倕之指而爱己之指，有之利故也。"

又《离谓篇》:"周鼎著倕而龁其指,先王有以见大巧之不可为也。"《淮南子·本经训》亦云:"能愈多而德愈薄矣,故周鼎著倕,使衔其指,以明大巧之不可为也。"又《道应训》有同样之文,惟"衔其指"改同《吕氏春秋》作"龁其指"。又《齐俗训》云:"昔者冯夷得道以潜大川……造父以御马,羿以之射,倕以之斫,所为者各异而所道者一也。"又《说山训》亦用《重己篇》句云:"人不爱倕之手而爱己之指。"高诱注:"倕,尧之巧工也。虽倕巧,人不能以倕巧故爱其手也。谓倕手无益于己,故自爱其指也。"以上诸资料载垂之名又作倕,又名义均。其所处时代有神农时、帝喾时、羿以前、帝俊之孙时、尧时诸说。诸文献以成康之际的《顾命》时代最可靠,则可肯定垂的时代早在周前,也可肯定周以前确相传有垂这个人。他作的矢传至周初成了极被珍视的宝物,因而周鼎也铸上倕的形象。而其为人最大的特点是至巧、大巧、擅工艺之巧,遂被称为巧倕、工倕。他既善于作武器(弓、矢),又善于作乐器(鼓、钟〔鐘〕、磬、管、埙、韬、钟〔鐘〕),还善于作农器(耒耜、耒耜),更善作一切工艺依据的规矩准绳。他"始作下民百巧"。但被畏为太巧,以致在战国末年的"绝圣弃知"的思想反映下出现了要"龁其指"的说法。这样一位被称为天下之"大巧"的擅长工艺技能的人,在战国至秦汉间被称誉最多,远在公输鲁班之上,所以要被称为巧倕。《尧典》作者遇到这样称道他的资料自然会不少,所以就把他写进《尧典》中派定他做了舜的工官。

㉟帝曰俞咨垂汝共工——《史记》纯以叙事表述此句直至"往哉汝谐"句为"于是以垂为共工"一句。"俞",见前文"有鳏在下曰虞舜帝曰俞"之"俞"字校释,《史记》译作"然",为同意认可之意,

近于今语的"好吧"。也与表示认可的语气词"噢"相近。"咨",见本节上文注⑧,为"告"、"命"之意。《释文》:"共,音恭。"段氏《撰异》:"共,读为供。他处皆经卫包改,惟此幸存其旧。"

"共工",大别之有两说,一为官名;一则"共"为动词,"工"为百工之事。王先谦《参证》以前者为今文说,后者为古文说。

官名说者,即《史记》所载。又《汉书·百官公卿表》:"垂作共工,利器用。"注引应劭曰:"垂,臣名也。为共工,理百工之事也。"《考工记》"国有六职,百工与居一焉"郑玄注:"百工,司空事官之属。司空掌营城郭……监百工者,唐虞以上曰共工。"是都以共工为监理百工之官。郑玄显然是据《尧典》此文,把共工说成即是唐虞时的司空之官。与王安石说唐虞时无司马,即以士为司马一样。不过郑解释了唐虞时另一度设立了司空,见《周礼·疏序》引郑玄云:"初,尧冬官为共工。舜举禹治水,尧知其有圣德,必成功,故改名司空,以官名宠异之,非常官也。至禹登百揆之任,舍司空之职为共工与虞("为共工",《考工记》疏引作"更名共工"),故曰'垂作共工'、'益作朕虞'是也。"这也都是根据《尧典》之文加以编造成此说的。唐写《释文》云:"女共工,音恭。马云:'共工,司空官名也。本或作'女作共工'。"是说马融明以共工为官名。伪传及唐儒都不主此说,至宋林之奇《全解》云:"'汝共工',犹言'汝后稷播时百谷',谓使居是官也。"陈经《详解》亦简释云:"共工,官名。"清王鸣盛《后案》云:"据郑以司空之官专为禹设。禹既升天官,此官还为共工,不名司空,垂为之。马以垂即为司空,非也。"孙星衍《注疏》亦以为"禹既升宅百揆,此官又当求贤也"。近杨筠如《核诂》云:"共工,官名,犹上文之后稷。《说文》:'共,同也。'犹言统也。"

265

"共"为动词说者,见《史记集解》引马融注云:"为司空,共理百工之事。"意谓舜任命垂担任的是原来禹所任的司空之官,负责"共理百工之事"。姚氏伪传云:"共,谓供其职事。"王先谦《参正》谓伪传本马融说。《孔疏》云:"上云'畴若予工',单举工名。今命此人云'汝作共工',明是帝谓此人堪供此职,非是呼此官名为共工也。"(按《孔疏》于上文《尧典》"共工方鸠僝功"之伪孔传"共工,官称"下明确释云:"《舜典》命垂作共工,知共工是官称。"与此处之释绝相反,只是恪遵"疏不破注"原则,传文怎么说,就顺着怎么解释而已。)林之奇《全解》驳之云:"孔氏见文无'作'字,遂云'共谓供其职事。'审如此说,则与《尧典》所称者乃为异文,无是理也。"元吴澄《纂言》仍释为"共,谓供其职"。不过下文接着说:"共工,盖众工之长也。"近人屈万里《集释》亦云:"共,与供通,犹掌管也。"

就文字通例来看,以"共工"为官名是不通的。但不必为此两说别其是非。就《史记》最早译用意义来看,是《尧典》原意确实以"共工"为官名。但就"汝作司徒"、"汝作士"、"汝典乐"等句例来看,官名上一字为动词。上句"畴若予工"已明言"工"为官名,则其上之"共"字亦当为动词,正如"汝后稷"之"后"字亦为动词一样。故段氏《撰异》云:"工乃官名,共工,犹作士也。师古注'共读曰龚'是也。"是此两说都有根据。其根本原因是《尧典》作者囫囵地记"共工"或"工"为官名,正如记"后稷"或"稷"为官名一样,都是有问题的,《尧典》作者只是把所搜集到的资料率意地用上而已。共工和后稷原都是神话人物,历史化后都成为历史人物,怎么他们的名字又都变成官名呢? 郑玄曾试图解通其故,说先为官名而后为人名。"共工方鸠僝功"下《孔疏》引郑玄说云:"其人名氏未闻,先祖居此官,故以官氏也。"薛季宣《书古文训》亦云:"舜前共工不名,盖世官也。其先共工盖能平治水土,共工放后(指舜流共工于幽州),工官始分,而垂为之也。"他们颠倒了历史先后,事实是先有共工作为神名转化为人名,其为官名是到《尧典》中才有的。这些纷纭情况参见"允厘百工"一节的注⑭"共工",及本节上文注⑯"稷"和注㉑"汝后稷"。

㊱殳斨暨伯与——《汉书·古今人表》"殳"作"朱","伯与"作"柏誉"。段氏《撰异》:"此《今文尚书》也。古'伯'多借柏。"《世本》作"伯余"。唐写《释文》作"柏与"。"暨",见前"帝曰咨汝羲暨和"校释,与"与"、"及"同义,全书皆如此。《释文》:"殳,音殊。斨,七良反。与,音余。"

"殳斨",人名。有一人、二人两说。以为一人者,《汉书·古今人表》即是。马融之说未传下。下文"咨汝二十有二人"《孔疏》云:"郑以为'二十有二人'数殳斨、伯与、朱虎、熊罴,不数四岳。"陈乔枞《经说考》云:"是郑亦以殳斨、伯与为二臣也。"姚氏伪孔传亦云:"殳斨、伯与,二臣名。"江声《音疏》云:"《汉书·古今人表》以朱斨、伯与为二人,列于垂与伯益之间,《注》据之以为说。"是《汉书》所从今文、郑玄古文及伪古文皆持一人说。宋儒苏轼《书传》、陈经《详解》亦从一人说。清人及近人多有从之者。

《山海经·海内经》:"妇孕三年,是生鼓、延、殳,始为侯。"郭璞注:"三子名也。殳音殊。"王夫之《书经稗疏》云:"为侯之殳,或即此殳。既以殳为一人,则斨自是别人矣。"王氏之释实从宋人说。林之奇《全解》云:"孔氏以殳斨、伯与为二臣,非也。禹让稷、契、皋陶,三人也,则曰'让于稷、契暨皋陶'。伯夷让于夔、龙,二人也,则曰'让于夔、龙'。此之所让，与禹正同然，中加'暨'字，则为三人也无疑矣。殳一也，斨二也，伯与三也。"王天与《纂传》引朱熹说云："殳以积竹为兵，建兵车者。斨，方銎斧也。古者多以其所能为名。殳斨岂能为二器者欤？"意谓殳、斨必须为二人，各专长制一器。《蔡传》全承其说。元吴澄仍承朱说。清初王夫之《稗疏》在引《山海经》证殳、斨为二人后，又全用朱熹殳以积竹为兵，古多以其所能为名之说，以为殳也、斨也、伯与也，实为三臣。戴震《义考》云："殳斨暨伯与，当从林氏说为三人。"直至近人曾运乾《正读》仍用此说。

《尧典》作者根据所搜获资料写入篇中，未必详细区分"殳斨"为一人或二人。盖远古传说资料，确亦不易捉摸。经师们寻析而为此二说，可以让其并存。今译时从一说，可以注明另一说。

"伯与"，人名。《世本》有云："伯余作衣裳。"（据《世本八种》诸家所辑）宋衷注或作许慎注："黄帝臣也。"《淮南子·氾论训》："伯余之初作衣也。"高诱注："伯余，黄帝臣也。《世本》曰：'伯余制衣裳。'"（雷学淇辑本引作"制衣裳"）《路史·后纪》卷五亦引《世本》此语。可能有人以为《世本》伯余为黄帝时人，非此尧舜时之伯与。其实此亦来自神话传说之古代资料，由汉世学者注其为黄帝时人，而《尧典》作者采用时，初不别其为黄帝时，径作为舜时人使用之。王夫之《稗疏》则释之云："《世本》：'伯余始作衣。'此伯与疑即伯余。'余''与'音同。然衣裳之制始于黄帝，则《世本》所言伯余当亦轩辕时人。乃古者以字为氏，如厉王时有家父，桓王时又有家父，明此伯与或始作衣者之苗裔，以孙而蒙祖号。又古善射者唐有后羿，夏亦有后羿，习其技者可同其名。缝纫之工俱得名为伯余耶？殳斨主兵器，伯与主服，工以器服为重，唐虞之所尚也。"这仍是泥于伯余为黄帝时人、伯与尧舜时人所寻的解释。不知是《尧典》作者遇到远古材料不区别其时代径写入篇中的。

㉛俞往哉汝谐——"谐"，薛本及江声《音疏》皆作"龤"，下文"八音克谐"，《说文·龠部》引作"八音克龤"。知谐字古有此体。伪传释此句云："汝能谐和此官。"《蔡传》云："往哉汝偕者，往哉！汝和其职也。"林之奇《全解》语之较详云："帝曰俞者，然其让也。虽然其所让，然殳、斨、伯与又未若垂之善于其职，故使往谐其官也。"但王天与《纂传》引朱熹说"不听其让也"。吴澄《纂言》解释最明白云："往哉者，以垂为工官；汝谐者，以所让三臣为佐；汝与之谐和共治工事也。"戴震《义考》亦云："汝谐者，与其佐协和治官也。"孙星衍《注疏》云："或说谐者偕也。然，则然其让矣，仍使谐往治事。"杨筠如《覈诂》谓"孙读为偕，是也"。曾氏《正读》亦从孙说。屈氏《集释》："谐，《尔雅·释诂》：'和也。'此言协和、适当也。"以上自伪传历宋清至近人相沿以为是命垂往就工官任，但须与殳斨等佐官谐和治事。明王樵《日记》则以为是工、虞合和众职。其言云："工与虞各有治所……统有众职。……故二官独曰'往哉汝谐'，饬以莅其治所而合和众职也。"此诸人说皆从"谐"具偕和义为说，显见牵强，因此处原文中并无命殳斨等为垂佐官之意。

提出正确解释者为宋元二位学者。苏轼《书传》云："谐，宜也。"王充耘《书管见》云："禹让稷、契、皋陶而用稷、契、皋陶，伯夷让夔、龙而用夔、龙，故皆不言'汝谐'，是听其让也。益让朱、虎、熊、罴而未尝用朱、虎、熊、罴，垂让殳斨、伯与而未尝用殳斨、伯与，故各言'汝偕'，言惟汝可以宜此职耳。"此释符合原来文意，舜没有接受垂的推让，对垂说："噢！往就官位吧，你行。"

㊳帝曰畴若予上下草木鸟兽——《史记》作"舜曰谁能驯予上下草木鸟兽"。《集解》："马融曰:'上曰原,下曰隰。'"按《尔雅·释地》："下泾曰隰。""广平曰原。"《公羊传·昭公元年》："上平曰原,下平曰隰。"《诗·皇皇者华》毛传："高平曰原,下湿曰隰。"郑玄《大司徒》注:"高平曰原者,对下湿曰隰而言。"知马融注取此义。姚氏伪孔传:"上,谓山。下,谓泽。顺,谓施其政教,取之有时,用之有节。"加藤常贤《集释》谓伪传"上谓山、下谓泽"之语,系从马融"虞,掌山泽之官名"一语而来。《蔡传》遂从而谓"上、下,山林、泽薮也"。《孔疏》释伪传云:"上之与下,各有草木鸟兽,即《周礼》山虞、泽虞之官,各掌其教,知'上谓山,下谓泽'也。顺其草木鸟兽之宜,明是'施其政教,取之有时,用之有节'也。"林之奇《全解》云:"此又求掌山泽之官。自上下,以其地言之;自草木鸟兽,以其物言之。《孟子》(梁惠王上):'不违农时,谷不可胜食也。数罟不入洿池,鱼鳖不可胜食也。斧斤以时入山林,材木不可胜用也。……是使民养生送死无憾,王道之始也。'舜既命稷以播百谷,又求掌山泽之官,盖此二者诚足,国用之本也。"

㊴金曰益哉——《史记》译意作"皆曰益可"。《说文》："金,皆也。"《尔雅·释诂》及《方言》同。由《史记》译用皆字,知汉代今文作"金曰"。然《孔疏》云:"马、郑、王本皆为'禹曰益哉',是字相近而彼误耳。"是东汉古文作"禹曰"。其所云"字相近"者,刘书年《贵阳经说》释之云:"按《诗·秦谱正义》引《书》'畴若予上下草木鸟兽禽(汲古阁本如此,他本皆误)曰益哉','禽'当为'禼'之误。《说文》:'禼,古文禹字。'……禼与金形似,故云'相近而误'。……《汉书·艺文志》'杂家者流'《大禼》三十七篇。……禼即禼字。"按,

隶古定本如薛氏本作"龡",内野本作"龠"等,都足为刘贵阳佐证。是今文本"龡"字以形近而误为古文本"禹"字。伪古文本此处偶承用今文所遗"龡"字,故《孔疏》指出马、郑、王本"禹"字之误,其说甚确。自汉儒历唐至宋元儒者,皆肯定此"龡"字无异议。

清儒乃多谓"龡"为伪古文之伪字,以马、郑、王本作"禹"为是。始提此说者为阎若璩《古文疏证》云:"盖禹同治水者二人,曰益,曰稷。稷既命之仍旧职矣,益是时烈山泽之功又毕,虞适缺官,禹盖深知其才习于草木鸟兽,故特荐之。原伪作者心,必欲窜为'龡曰',不过以上文荐禹及垂,下文荐伯夷,皆属龡曰,此不宜别一例。不知唐虞朝大公,众知其贤,则交口誉之而不为朋党。若独知其贤,则越众以对而亦不以为异。愚于是叹晚出《书》之纷纷多事也。"江声《音疏》继之云:"案扬雄《羽猎赋》云:'昔者禹任益虞,而上下和,草木茂。'实本此经,则古本皆作'禹曰'。……伪孔氏改作'龡曰',非也。"段氏《撰异》云:"此非枚颐之罪,乃姚方兴之罪也。今按《毛诗·秦谱正义》:'《虞书》称'舜曰畴若予上下草木鸟兽?禹曰益哉……'此用马、郑、王本,不用方兴本。《文选·羽猎赋》……善曰(亦引《尚书》此句作"禹曰")。李氏亦用马、郑、王本。"朱骏声《便读》云:"龡,当作禹。益……与禹同奏庶鲜食者,故禹举之。"这些人完全不顾《史记》译作"皆曰"为《尚书》原文作"龡曰"之铁证,妄生纷义。惟陈乔枞《经说考》云:"马、郑、王本皆古文,故作'禹曰',扬雄亦好古文,故以为禹任益虞。《今文尚书》则但作'龡曰益哉',与上下文'龡曰伯禹'、'龡曰垂哉'、'龡曰伯夷'为一例。据《史记·五帝纪》云'皆曰益可',是《今文尚书》作'龡曰'之确证据。"段氏《撰异》虽历举各种资料证伪孔本作"龡"之非,当从马、郑、王本作"禹",但在其书中仍客观地记述云:"《五帝本纪》作'皆曰益哉','皆'者'佥'之训诂字也,此《今文尚书》也。"不意皮氏《考证》竟云:"今文作'禹曰益哉'。"并释之云:"扬子云著述存于今者,皆与《今文尚书》相合,则子云亦习《今文尚书》,不得因子云好古文字,遂傅会以为《古文尚书》也。《羽猎赋》云:'禹任益虞。'则《今文尚书》亦作'禹曰',与马、郑、王本同。盖今、古文皆作'禹曰',惟方兴本作'佥曰'耳。《史记》亦当作'禹曰',今作'皆曰',乃后人据方兴本改之。陈乔枞谓《今文尚书》作'佥曰',非是。'这种不顾事实的强词夺理的说法,是清末今文学派凡古籍中不合他们意见的文字都说是刘歆窜改的故技。

"益",《汉书·百官公卿表》云:"蒜作朕嗌。"应劭曰:"蒜,伯益也。"师古曰:"蒜,古益字也。"段氏《撰异》云:"按即《说文》所载籀文嗌字也,同音假借为益字。……《汉书》伯益字亦惟此一处作蒜,余不尔。"(按《说文·口部》:"蒜,籀文嗌")敦煌唐写本《释文》作"莽",又作"茲"。故薛氏本稍讹作"莽",内野本作"莽"。足利本、影天正本皆作"茲"。江声《音疏》遂作"蒜"。

姚氏伪传同应劭之说,径释"佥曰益哉"云:"言伯益能之。"以益即伯益,犹鲧称伯鲧,禹称伯禹。按《墨子·尚贤上》"禹举益于阴方之中",《孟子·滕文公上》"舜使益掌火",又《万章上》"益之相禹也",《荀子·成相》"得益、皋陶……",皆以此人单名"益"。《尧典》作者据当时流传资料采入篇中,下一篇《皋陶谟》亦同样采用为"益",故《史记》译载《尚书》亦承用"益"字。至《世本》乃云"嬴姓,伯益后"(据秦嘉谟辑本。其他辑本亦称其名伯益),又《吕氏春秋·勿躬篇》云"伯益作井",《淮南子·本经训》有同样之句,

《列子》言"伯益知而名之"，《西京赋》则云"伯益不能名"，《列女传》"陶子生五岁而佐禹"曹大家注："陶子者，皋陶之子伯益也。"是皆作"伯益"，其他汉人著作中尚见如此作。应劭生当汉末，故注明益即伯益。顾师《虞廷九官问题》亦云："伯翳既可为伯益（见下文），则《孟子》所称之益，当即由伯益来。"观其焚山泽，驱禽兽，与《秦本纪》记之职务正相类，可见其为一人。

"伯益"，亦作"伯翳"、"柏翳"、"柏益"、"伯繄"。为嬴秦之祖先，又名大费。《国语·郑语》："嬴，伯翳之后也。"《史记·秦本纪》："秦之先……玄鸟陨卵，女脩吞之，生大业。……生大费，与禹平水土……佐舜调驯鸟兽……是为柏翳，舜赐姓嬴氏。"《索隐》："此即秦赵之祖嬴姓之先，一名伯翳，《尚书》……《世本》《汉书》谓之伯益，是也。寻检《史记》上下诸文，伯翳与伯益是一人不疑。"《汉书·古今人表》"仁人"栏内有"柏益"，在伯誉后，龙、夔前。《史记·郑世家》云："秦，嬴姓伯翳之后也，伯翳佐舜，怀柔百物。"《诗·秦谱》疏："《郑语》云：'嬴，伯翳之后。'《地理志》云：'嬴，伯益之后。'则伯翳、伯益声转字异，犹一人也。《地理志》又云：'秦之先曰伯益，助禹治水，为舜虞官养草木鸟兽，赐姓嬴氏。'《秦本纪》云：'秦之先……大费，与禹平水土，又佐舜调驯鸟兽……是为柏翳，舜赐姓嬴氏。'是治水赐姓之事也。如《本纪》之言，则益又名大费。"

或疑益与伯翳非一人，因《史记·陈杞世家》历叙舜、禹、契、稷、皋陶、伯夷、伯翳之后裔皆有封国，接着说"垂、益、夔、龙其后不知所封"。故《索隐》云："秦祖伯翳，解者以翳、益则为一人，今言十一人，叙伯翳而又别言垂、益，则是二人也。且按《舜本纪》叙十人，

273

无翳而有彭祖。彭祖亦坟典不载，未知太史公意如何，恐多是误。然据《秦本纪》叙翳之功云'佐舜驯调鸟兽'，与《舜典》命益作虞'若予上下草木鸟兽'文同，则为一人必矣。"又《秦本纪》"生大费"下《索隐》亦云："而《陈杞系（世）家》即叙伯翳与伯益为二，未知太史公疑而未决耶，抑亦谬误尔。"按此处上文已断言"伯翳与伯益是一人不疑"。徒因《陈杞世家》之文而疑其二人，但终以为当是史公误文。按司马迁运用史料总是忠实地录原材料入之。《陈杞世家》既据秦资料写入伯翳，在叙及垂的资料时，顺手将《尚书》中"垂益夔龙"一并写入，然"益"之后裔有封国，写入"其后不知所封"句中是错的。显然是当时未及注意将它删去，所以应如《索隐》所说是误文，不能据此以为伯益与伯翳非一人。

"伯益"又作"后益"。稷可称后稷，则益自亦可称后益。《吕氏春秋·勿躬篇》云："大挠作甲子……羲和作占日，尚仪作占月，后益作占岁。"但其下文又有"伯益作井"。顾师《虞廷九官问题》云："《吕氏春秋》既有'伯益作井'，又有'后益作占岁'，此二人之名甚相似，不知其为一人之讹变否。"案，其为一人之变甚显然。古人著作往往汇集不同来源的资料于一处，上引《陈杞世家》之例即是。杨宽据顾师以后益即嗌鸣而嗌由益即燕之嗌声来，因而论定后益即伯翳，其说（见下文）是可信的。

"伯益"又讹作"化益"。《吕氏春秋·求人篇》："得陶、化益、真窥、横革、之交五人佐禹。"毕沅校引王厚斋、应镛云："化益，即伯益也。"卢文弨说亦同。

"伯益"又讹作"百仪"。《汉书·叙传》载《幽通赋》云："嬴取威于百仪兮。"注引刘奉石曰："百仪则柏翳也，语讹耳。"注又引应劭曰:"嬴,秦姓也,伯益之后也。伯益为虞,有仪鸟兽百物之功,秦所由取威于六国也。"这是据仪字所作望文生训的解释,不足信。百仪只是柏翳亦即伯益之讹文,百仪就是伯益。而《文选》载《幽通赋》,却将此句中的"百仪"误为"伯夷",纯由同音误写。注云:"夷一作仪。"知此句中此字原作"仪",不当作"夷"。伯夷为姜姓宗祖,伯益为嬴姓宗祖,决不可能混淆。自不能视"伯夷"为"伯益"之或体,与"百仪"之即"伯益"截然不同。

"伯益"又被误传为皋陶之子。上文引曹大家即持此说。又郑玄《诗·秦谱》云:"尧时有伯翳者,实皋陶之子,佐禹治水。水土既平,舜命作虞官,掌上下草木鸟兽,赐姓曰嬴。"《释文》亦云:"益,皋陶之子也。"(唐写《释文》作"咎繇子名")"益拜稽首"下《孔疏》云:"益是皋陶之子,皋陶即是庭坚也。益在八凯之内。"然林之奇《全解》已驳正此说,其言云:"或以益为皋陶之子,是未必然。据伯益即伯翳也,其后为秦,在春秋之时浸以强盛。使伯益果皋陶子,则秦乃皋陶之后也。而臧文仲闻六与蓼灭,曰:'皋陶、庭坚不祀,忽诸! 德之不建,民之无援,哀哉。'(见《左传·文公五年》)使皋陶犹有后于秦,则文仲之言不若是之甚也。案《史记》云:'帝禹立,而举皋陶荐之,且授政焉。……卒,封皋陶之后于英、六,或在许。而后举益任之政。'以是观之,则益与皋陶不得为一族也明矣。"不止《史记》以陶与益并举,先秦之《荀子·成相》已云:"禹……得益、皋陶、横革、直成为辅。"《吕氏春秋·求人篇》亦云:"得陶、化益、真窥、横革、之交五人佐禹。"是在旧文献中益与皋陶为并立之两人甚明。齐召南《尚书注疏考证》云:"按皋陶即庭坚,《左传》可据。若益则《史记》彼此不符。但益即与皋陶并列为八凯(系据《孔疏》谓"益在八凯之内"。但《左传·文公十八年》所列八凯有庭坚而无益），其非父子显然。"本来益与皋陶原为神话中人物，在传说中自可分可合。不过历史化后，进入史籍中，则有相对的稳定性，各属于自己的领域。益为西北嬴姓民族之祖，皋陶为江淮偃姓民族之祖，即林之奇所说的"不得为一族"，自不宜将以牵合的。（刘师培有《偃姓即嬴姓说》之文。在这意义上，谓嬴姓由偃姓出，则当为另一讨论题矣。）

　　神话中有"噎鸣"，实即"后益"，亦即"伯益"。《山海经·海内经》云："共工生后土，后土生噎鸣，噎鸣生岁十有二。"又《大荒西经》云："羲和者，帝俊之妻，生十日。""帝俊妻常羲，生月十有二。"而《吕氏春秋·勿躬篇》载："羲和作占日，尚仪作占月，后益作占岁。"顾师《虞廷九官问题》云："以羲和之生十日而作卜日，常仪之生十二月而作占月之例推之，则后益即噎鸣。"由上文知后益即伯益，则伯益亦即噎鸣。杨宽《上古史道论》赞顾师"以后益即噎鸣，则实为卓见"。以为后益即柏翳，非如顾师下文所说"不与柏翳为一人"之说。并寻后益为噎鸣之故云："后益何以得称'噎鸣'耶？曰：噎、嗌乃声之转，扬雄《方言》云：'瘖，嗌，噎也。楚曰瘖，秦、晋或曰嗌，又曰噎。''噎鸣'即取义于燕之'鸣若嗌嗌'也。"

　　于是进而有"益"即"燕"之说。杨氏《导论》紧接上文云："然则'益'之与'燕'，二而一，一而二，'益'之传说盖出于'燕'之神话耳。益之传说出于燕之神话，故其祖先为玄鸟（见《秦本纪》），其后裔为鸟俗氏而鸟声人言（亦见《秦本纪》）。"其下文引《墨子·耕柱篇》："昔者夏后开（启）使蜚廉折金于山川，而陶铸于昆吾，是使翁难乙卜于白若之龟。"因而说："此本亦东方神话，蜚廉为中卫之玄

孙,亦见于《秦本纪》。乙,当亦即益。乙能卜,而《吕氏春秋》亦云
'后益作占岁'可证也。"又说:"玄鸟,古人或释为燕,或代以凤。"
"凤鸟古亦称鹥鸟,《离骚》云:'驷玉虬而乘鹥(《山海经》郭注引作
翳)。'王注:'凤皇别名。'凤为五彩之鸟,鹥即凤,故亦为五彩之鸟。
《山海经·海内经》云:'北海之内,有蛇山者,蛇水出焉,东入于海,
有五采之鸟,飞蔽一乡,名曰鹥鸟。'燕即乙,亦即凤,又即鹥,而伯
益又称伯鹥或乙,则'益'之即'燕',可无疑矣。"文末附注引马昂
《货布文字考》、王苍虬《燕化初后钱之研究》释"𤔌化钱"之"𤔌"
字为"燕"之古籀文。而诸可宝《古泉说》、孙诒让《周大泉宝货考》
则释为"益"。孙氏之言云:"谛审其文,实当为嗌字。《说文·口
部》:'嗌,咽也。'籀文作'𪚏'……经典或假为'益'字。"杨氏云:
"今按'嗌'、'燕'实本一字,咽字有声如'燕',故假用'燕'字。
'嗌'则后出之形声字耳。"今见甲骨文"燕"字作𤓰(前五·二八·
六),而《古籀汇编》著录《益鼎》之"益"作𤕟,足为此说佐证。

至于益之行事,典籍记载亦颇纷陈。其较早者多与草木鸟兽
无关。如《国语·郑语》:"伯鹥,能议百物以佐舜者也。"《皋陶
谟》:"暨益奏庶鲜食。"(另有"暨稷播,奏庶艰食鲜食"句)《史记·
夏本纪》记此事,首先言"禹乃遂与益、后稷奉帝命,命诸侯百姓兴
人徒以傅土,行山表木,定高山大川"。然后意译此两句云:"命益
予众庶稻,可种卑湿。命后稷予众庶难得之食。"上文引《吕氏春
秋·勿躬篇》及《淮南子·本经训》皆言"伯益作井"。《世本》亦言
"化益作井"。《勿躬》及《世本》皆言"后益作占岁"。这些皆未采
入《尧典》篇中。

《尧典》作者所采用者为益最擅名的与草木鸟兽有关的活动,

此项资料颇多，今能见到较早者是《孟子·滕文公上》所云："舜使益掌火，益烈山泽而焚之，禽兽逃匿。"《秦本纪》云："佐舜调驯鸟兽，鸟兽多驯服，是为柏翳。……孝王曰：'昔柏翳为舜主畜，畜多息。'"《汉书·地理志》："伯益知禽兽。"《后汉书·蔡邕传》："伯翳综声于鸟语。"等等。此外《鹦鹉赋》言"命虞人于陇坻，诏伯益于流沙"，是说叫虞官伯益到西北荒远之地去捕鹦鹉，以其掌管鸟兽之故。而这类关于鸟兽的活动又前后矛盾。前者说烈山泽鸟兽逃匿，后者则说调驯鸟兽而鸟兽驯服。于是有经师为之解释，林之奇《全解》云："当禹治水之初，舜使益掌火，益烈山泽而焚之，禽兽逃匿，然后禹得而施其工。……是时禹居平水土之职，益但为之佐耳。至是方正其为虞之职也。"《东莱书说》云："舜当使益掌火烈山泽……地平天成之后，复使掌山泽之事，盖因其昔所经历而用之。"陈栎《纂疏》引朱熹《语录》云："孟子说益烈山泽，是使之除障翳、驱禽兽耳，至舜命之作虞，然后使养育草木鸟兽也。"至阎若璩亦有类似之说，已见上释"禹曰"之文所引。这些经师不知古代出自神话的历史传说，在流传中自可发生各种纷歧。上所引述有关益的行事多种多样，只是故事流传中自然出现的现象，经师们必欲按后代命官任职的常例去说通它，过于拘泥了。

赤塚忠《中国古典文学大系：书经》引加藤常贤《少皋、皋陶赢姓考》文中有云："伯夷、伯翳、伯益、少皋等为同一之水神。"未见其原文，不详其说之究竟。赤塚并引杨宽说，以为益、柏翳、伯益自为一系，与西羌一系之少皋、皋陶、伯夷之为岳神者有别，自为东方鸟神神话之展开。此可备一说。

㊽帝曰俞咨益汝作朕虞——《史记》综述其意为一句云："于是

以益为朕虞。"

《史记集解》引马融曰："虞，掌山泽之官名。"《孔疏》引郑玄曰："言朕虞，重鸟兽草木。"伪传承马说云："虞，掌山泽之官。"《蔡传》："虞，掌山泽之官，《周礼》分为虞、衡，属于夏官。"按，此误。系属《周礼·春官·大宰》："以九职任万民……三曰虞衡，作山泽之材；四曰薮牧，养蕃鸟兽。"是虞衡为一官，而将《尧典》"虞"的职掌分为虞衡、薮牧二官。但《地官·大司徒》下则有山虞、泽虞、林衡、川衡四官，分别掌山林、国泽之政令及林麓、川泽之禁令。按周时实有"虞"之官，亦称虞人，也有虞侯。又有称为"衡"之官，名为衡麓，亦单称麓。较早者见于西周金文《散氏盘》云："豆人虞丂录贞……"王国维《散氏盘考释》（载《王国维遗书》第六册）云："豆，地名。……虞、录……皆官名。录，读为麓，《说文》麓之古文作菉。《春秋左氏·昭十九年传》：'山林之木，衡鹿守之。'亦麓也。丂、贞……皆人名。"按此为地方之官，而金文中从虍之字常省虍，故虞亦作吴（参见郭沫若《大系·吴龙父簋》考释、商承祚《石刻篆文编字·说"虞"》，载《古文字研究》第五辑）。商氏此《说"虞"》文中，即论析石碣"吴人斁亟"之吴人即虞人，掌山泽之官。见于《左传·昭公二十年》："齐侯田于沛，招虞人以弓，不进。"杜注："虞人，守山泽之官。"《孟子·滕文公下》则云："昔齐景公田，招虞人以旌，不至。"注："虞人，守苑囿之吏也。"《礼记·月令》"季夏之月"："是月也，树木方盛，乃命虞人入山行木，毋有斩伐。"上所录王国维引《左传·昭公十九年》微误，当作《昭公二十年》，其文云："山林之木，衡鹿守之；泽之萑蒲，舟鲛守之；薮之薪蒸，虞候守之。"这些都是先秦关于虞、衡等职的资料，《尧典》作者采用"虞"以入篇中。

林之奇《全解》云："曾氏（当是曾旼）云：'案《周礼》云：大山、泽虞中士四人，下士皆一人；中山、泽虞下士皆六人，下山、泽虞下皆四人。益之为虞，岂一山一泽之虞，盖为众虞之长也。"明人马明衡《尚书疑义》云："《周礼》有山虞、泽虞，乃是育养禽兽鱼鳖之官，其职比此较轻。上古之时，洪水之后，山林川泽皆未能得所，益之为虞，盖皆平治一番，与禹平水土相表里，其事甚重，故孟子亦与禹并言之。"这是经师们为了解决先秦资料中"虞"为一山一泽的小官而舜任命益担任之官不当如此小这一矛盾而寻的解释。其实《尧典》作者只是遇到这一管理山泽的官名就采用了，恐怕没有多作其他考虑。

"朕虞"，观《史记》所写，是把它作为官名。其后《汉书·地理志》云"为舜朕虞"，《百官公卿表》云"秜作朕虞"，《王莽传》云"更名水衡都尉曰予虞"（段氏《撰异》云："按予虞即《尧典》之朕虞。……莽之不通文理，与更名大理曰作士，少府曰共工，同一可笑"），《汉纪》云"益作朕虞"，《后汉书·刘陶传》云"益典朕虞"，《文选》注引应劭曰："益朕虞。"段氏《撰异》引应劭注刘向《上灾异封事》"舜命九官"云："《尚书》曰：禹作司徒（空之误），弃后稷，契司徒，皋陶作士师，垂共工，益朕虞，伯夷秩宗，夔典乐，龙纳言，凡九官也。"段氏以为"与《五帝纪》《百官公卿表》皆以共工、朕虞为官名，今文家说如是"。皮锡瑞《考证》据此诸资料，亦以为"两汉人用《今文尚书》皆以'朕虞'两字为官名"。其实这是不通的。《孔疏》引郑玄所说"言朕虞，重鸟兽草木"，意思是舜因重视鸟兽草木，所以说"你做我的虞官吧"。也有可能因"虞"原是地方山泽之官，故舜说："你做我王朝的管理山泽之虞官吧。"段氏《撰异》亦云：

"谓朕之虞官也。"即马融注:"虞,掌山泽之官名。"总之都只以"虞"为官名。而后姚氏伪传据马融原句以为注。《孔疏》阐明之云:"此官以虞为名,帝言'作我虞'耳,'朕'非官名也。"此古文、伪古文皆只以"虞"为官名,是正确的。林之奇《全解》云:"'作朕虞',犹云'若予工'也。""予工"非官名,自"朕虞"亦非官名,故《蔡传》承之,亦只注"虞,掌山泽之官"。元、明儒者大都遵用此说。清段氏《撰异》亦云:"又按《五帝本纪》皋陶为大理,伯夷主礼,垂主工师,益主虞,弃主稷,契主司徒,龙主宾客,则司马未尝并朕为官名也。"不意清儒除段玉裁、孙星衍不信"朕虞"说外,其余清儒大都以"朕虞"为官名,可见清儒在此问题上见解之陋。

刘逢禄《今古文集解》引述庄述祖提出的两说。一说云:"朕虞,《王莽传》作予虞。按《说文》:'俆,送也。从人,㚤声。……古文以为训字。'当为'训虞'。言训庶虞之官也。汉时不识古文,误以俆为朕,王莽又易朕为予也。"又一说云:"古文虞字作㷎,即小篆㷎字,转作㷎,形近火,《孟子》'舜使益掌虞',误为'掌火'。'益列山泽而樊之',谓表列山泽而藩篱之也。今'列'误'烈','樊'误'焚',本义遂乖。'象有齿以樊其身',宋本《北堂书钞》焚作樊可证。"此清儒之就此问题能提出自己见解者,所以可嘉。惜其颇近穿凿牵附。而其不同意"朕虞"为官名,则是正确的(论定"象有齿以樊其身"尤确)。

㊶让于朱虎熊罴——《史记》作"让于诸臣朱虎熊罴"。薛氏本"虎"、"罴"作隶古怪字,不录。内野本则四字与今本无异。唐写《释文》:"罴,彼皮反。古文作㸰。"按《说文》罴古文作㸰,从皮声,此稍异。

"朱虎熊罴",有二人说,四人说,最后一家提出三人说。

二人说者:姚氏伪孔传云:"朱虎,熊罴,二臣名。垂、益所让四人,皆在元、凯之中。"按,"四人",指殳斨、伯与、朱虎、熊罴。"元凯",指《左传·文公十八年》所载高辛氏子八元,高阳氏子恺。"八元"中有伯虎、仲熊,故云。段氏《撰异》云:"方兴采马、王说,朱虎、熊罴为二臣名。"其后如宋苏轼《书传》、陈经《详解》、清王鸣盛《后案》、朱骏声《便读》、近人曾运乾《正读》皆从二人说。

四人说者:林之奇《全解》云:"朱虎能罴,孔氏亦以为二臣。据《左传》载高辛氏之子有伯(原误仲)虎、仲熊。虎与熊既为二人,则朱与罴亦当为二人矣。朱博士(不详何人,在林氏以前有朱弁《书解》十卷,或其人)云:'殳、斨、伯与三人也,故言暨以别之,朱、虎、熊、罴四人也,故不言暨。'此说为善。"其后从林氏说者颇多,宋之《蔡传》、元之吴澄《纂言》、清之戴震《义考》、江声《音疏》、段玉裁《撰异》、孙星衍《注疏》、刘逢禄《集解》、王先谦《参正》以及近人杨筠如《核诂》、屈万里《集释》等皆承用此说。

三人说者,皮锡瑞《考证》云:"《古今人表》无朱,止有三人。则班氏似以为朱虎为一人,即柏虎、朱虎、熊罴共三人。与郑注以为二人异,亦不如段氏说以为四人也。"

根据资料情况来看,自以四人说为确。

"朱",见前"允厘百工"一节注⑦"胤子朱"的校释文中,原是《山海经》神话中的神鸟离朱。而离朱常与熊罴虎豹在一起,《海外南经》云:"狄山,帝尧葬于阳,帝喾葬于阴。爰有熊、罴、文虎、蜼(郭注:猕猴类)、豹、离朱、视肉(《神异经》所载的一种异兽,肉被割能复生)。"又云:"一曰汤山,一曰爰有熊、罴、文虎、蜼、豹、离朱、鸱久(郝懿行注:鸱当为鸥,即《说文》鸥旧)、视肉、虖交(袁珂云:未详)。"又《海外北经》:"务隅之山,帝颛顼葬于阳,九嫔葬于阴。一曰爰有熊、罴、文虎、离朱、鸱久、视肉。"《尧典》作者遇到的资料显然是朱、虎、熊、罴在一起,就采入篇中。神话资料变成了历史记载。

《左传》亦将神话资料变成历史记载。文公十八年《传》云:"昔高阳氏有才子八人……天下民谓之八恺。高辛氏有才子八人,伯奋、仲堪、叔献、季仲、伯虎、仲熊、叔豹、季狸……天下之民谓之八元。此十六族也世济其美……尧不能举。舜臣尧,举八恺使主后土……地平天成;举八元使布五教于四方……内平外成。"这些由神话而变成的历史资料,《尧典》作者未曾同样搜集到,《左传》搜列的虎、熊、豹、狸四族,《尧典》只搜列到其中虎、熊二者(《左传》下文接叙流四凶与《尧典》四凶名亦不同)。《汉书·古今人表》据《左传》将八恺八元全列入了"仁人"栏内,其八元的后四名写成"柏虎、仲熊、叔豹、季熊"。师古注季熊曰:"即《左氏传》所谓'季狸'者。"段氏《撰异》云:"季狸,《古今人表》作'季熊'。'熊'疑'罴'之误。即益所让之虎、熊、罴。"孙星衍《注疏》从段说。是知《尧典》《左传》《人表》将神话资料变成历史记载,都取自原所流传的大要相同而细节或文字有出入的神话资料,《尧典》作者所取得者为朱、虎、熊、罴四者。

赤塚忠《书经》说:"朱、虎、熊、罴是一群山泽之灵兽。"杨宽《导论》说:"益即燕,亦即玄鸟。玄鸟本东方民族所崇拜之神鸟,在神话中为鸟兽之长(玄鸟亦即凤鸟,《大戴礼》:"羽虫三百六十,凤鸟为之长")。故上帝(即尧舜)命其治理鸟兽,而燕(益)乃谦逊,竟欲让给其他鸟兽中之佼佼者朱虎熊罴之类。其原始本为一幕神话之趣剧。"现在《尧典》篇中已经历史化而为人话了,经师们不懂神话可历史化,便以这些兽名为人名之可异,而要寻出解释,王天与《书纂传》引朱熹曰:"以兽为名,意亦以能服之兽得名欤。"意谓亦如上文所引朱熹释夔、斨二人"古者多以其所能为名"一样,以能制夔、制斨,其人即名夔、名斨;以能服虎、服罴,其人即可名虎、名罴。《蔡传》即全录朱熹此语以释此四人。他们纯凭想象来寻求这种"以兽为名"之故,希望得到理性的解释,不知其离开资料真相已很远了。

其实这种以兽为名的现象,既渊源于神话,而原来神话却有先史时代氏族乃至胞族多以禽兽之名为本族之名这一事实为之素地。据摩尔根《古代社会》载一些古代氏族都以禽兽命名。如澳洲卡米拉罗依人六个氏族,分为可通婚的两组,一组三个氏族名鼷鼠氏、袋鼠氏、负鼠氏,二组三个氏族名鸸鹋氏、袋狸氏、黑蛇氏。美洲印第安人各族如此者尤多,如易洛魁人六个部落,各拥有数目不等的氏族,几个部落所属氏族名相同的有:狼氏、熊氏、龟氏、海狸氏、鹿氏、鹬氏、鳗氏;一些部落独有的是:苍鹭氏、鹰氏、球氏、苍狼氏、黄狼氏、大龟氏、小龟氏等。又摩黑冈部落分三个胞族,第一狼胞族,有狼氏、熊氏、犬氏、负鼠氏四氏族;第二龟胞族,有小龟氏、泥龟氏、大龟氏、黄鳗氏四氏族;第三火鸡胞族,有火鸡氏、鹤氏、雏鸡氏三氏族。又摩基人有九个氏族,为:鹿、沙、两、熊、野兔、郊狼、响尾蛇、烟草、芦草九氏族。全书介绍美洲印第安各部落的氏族名称还很多,基本如上述之类。该书第二章中有云:"在美洲各地的土著中,所有的氏族都以某种动物或无生物命名。……氏族成员声称他们就是本氏族命名的那种动物的子孙,大神把他们的老祖宗由动物变成了人形。……氏族成员不吃本氏族命名的那种动物。"书中没有提到图腾,但图腾(totem)一词原出于印第安语,意谓每个氏族与某动、植物有亲属关系,为本氏族保护神和象征。因此上举这些显然与图腾有关。恩格斯《家庭、私有制和国家的起源》中说:"每个氏族都起源于一个神。""这种神被假想为氏族的祖先,并用独特的别名表明这种地位。""氏族都有一个从它的假想的祖先传给他们的名称(按,就是上举各氏族所得之名)。"然后以"一位英雄作为自己的守护神……也就是部落的名称。"摩尔根在其书第五章中就氏族组成部落建立联盟,"其首任首领的名号,此后就成为各个继任者相沿袭用的名号"。这就使我们获得对上述诸有关氏族名号的认识。摩尔根在该书第二章之首说:"氏族组织……无论亚洲、非洲、美洲、澳洲,其古代社会几乎一律采取这种政治方式。……不论在何处所见到的氏族社会,其结构组织和活动原则都是一致的。"因而在该书第十五章中,举了印度的鄂腊翁部和孟达部许多克兰都以动物为名,如鳗氏、隼氏、鸦氏、苍鹭氏等,又举中国约有四百个姓,其中有马、羊、牛、鱼等。他不知这只是流传至后代尚存在着的族姓,而中国不仅古代有许多像朱、虎、熊、罴一样的族姓,即近代少数民族亦有由祖先传说形成的以动物为名的族系。如云南碧江县白族的勒墨人有虎氏族、熊氏族、蛇氏族、鼠氏族等,四川大凉山纳苏彝族有羊、獐、狼、熊、鼠等宗族,其中鼠宗族分衍成黑鼠、白鼠、花鼠、粗毛鼠等十二个小宗支(据罗琨、张永山《原始社会》所引资料)。这和古代以动物为名之族没有什么两样。神话全书《山海经》中的许许多多大大小小奇异的神,实际大都是古代各氏族把许多动物植物无生物怪异物尊奉成的祖先神,亦即成为该氏族名称的名字。这类资料实在太丰富了。上文所引《海外南经》《海外北经》所载者实皆为氏族神名,即由氏族将灵异之物尊奉为祖先神,并成为该民族之名及该氏族首领递相承用之名。《左传·哀公七年》:"禹会诸侯于涂山。"《史记·夏本纪》:"帝禹东巡狩至于会稽。……或言禹会诸侯江南。"而《国语·鲁语》云:"禹致群神于会稽之山。"可知群神即是诸侯。亦即当时部族首领。上文引《左传·文公十八年》所载诸族之名亦有可寻之于《山海经》者。这里朱、虎、熊、罴四"灵兽"作为神性的氏族之名及其首领之名载在《山海经》者,被《尧典》作者遇到后,便作为舜的臣名载入篇中了。

㊷帝曰俞往哉汝谐——《史记》作"舜曰:'往矣!汝谐。'遂以朱、虎、熊、罴为佐"。林之奇《全解》云:"禹让于稷、契、皋陶,伯夷让于夔、龙,故舜或称其前功而申戒之,或使为典乐、纳言之职(见下文),而垂、益所举数人,则无所迁擢者。……太史公谓舜以朱虎熊罴为益之佐,理或然也。然《典》之所不载,不知太史公何从而得之耳。"诚不知太史公何所据而云然。

㊸帝曰咨四岳——《史记》作"舜曰:嗟!四岳"。译"咨"作"嗟",不妥。当如上文注④"咨十有二牧"《史记》作"命十二牧"及注⑧"舜曰咨四岳"《史记》作"舜谓四岳曰"两句,译"咨"为"命"为"谓"较确。此处可译作"帝谓四岳曰",即帝对四岳说。

㊹有能典朕三礼——《史记》照录此句。"有",谁。见上文注⑨"有能奋庸"句。详"咨四岳汤汤洪水方割"一节注⑪"有能俾乂"句。

"能"，薛本作"耐"，据唐写本《释文》"能"皆作"耐"，江声《音疏》承用"耐"字。郑玄《礼记》注云："耐，古能字。"文详前文"有能俾乂"句。

　　"典"，江声《音疏》云："《周官》有'典妇功'，郑注云：'典，主也。'是谓：'典，主其事。'此'典朕三礼'，谓主三礼之事。依'主'谊以求《说文》之字，则实是'敟'字。时俗相承省作'典'尔。故云当为'敟'。'敟，主。'《说文·攴部》文。"既已省"攴"作"典"，"典"已具有主持之义，故《周礼·天官》序官"典妇功"郑注为"典，主也"。后《广雅·释诂三》亦云："典，主也。"是不用改从"敟"。

　　"三礼"，《史记集解》引马融曰："三礼，天神、地祇、人鬼之礼也。"又引郑玄曰："天事、地事、人事之礼也。"《汉书·百官公卿表》注引应劭曰："典天神、地祇、人鬼之礼也。"陈乔枞《经说考》以应劭习今文，谓"古文，今文说并相同也"。以后治《尚书》者皆宗此说。姚氏伪传云："三礼。天、地、人之礼。"林之奇《全解》云："此《周官·大宗伯》之职也。大宗伯掌建邦之天神、人鬼、地示之礼。则此所谓三礼也。典礼之职，吉、凶、军、宾、嘉之事虽无所不统，然实以郊庙祭祀为主，故但云'典朕三礼'。"《蔡传》云："三礼，祀天神，享人鬼，祭地祇之礼也。"戴震《义考》云："案周始分吉、凶、军、宾、嘉为五礼，唐虞时统名天地人之礼耳。此三礼者，五礼毕具其中。郑康成《礼论》曰：'唐虞有三礼，至周分为五礼。'是也。"江声《音疏》："天神地祇人鬼之礼皆是祭礼，于《周礼》只是一吉礼耳。马云然者，以唐虞未有吉凶宾军嘉之五礼，而礼之重者莫重于祭，此特咨其重者尔。"这些经师们侈谈唐虞三礼、周代五礼。"周五礼"犹有《周礼》大宗伯之职掌为依据，而"唐虞三礼"所依据者就在《尧典》此句。他们不知道《尧典》并非唐虞时文献，所以他们的纷纷之说，犹如"瞎子断匾"，全不合实际。大抵《尧典》作者得到这一"三礼"的词汇资料，就采用了，未必指实是哪三种礼，很可能如汪中《释三九》所说的以三为虚数约指而已。

㊺佥曰伯夷——《史记》作"皆曰伯夷可"。"伯夷"，《汉书·古今人表》作"柏夷"，列在"仁人"栏颛顼师大款与亮父之间。皮氏《考证》又引蔡邕《彭城姜伯淮碑》作"百夷"，显为字误。敦煌唐写本《释文》作"柏𡰥"。释云："伯夷，臣名也。马本作'伯异'。"吴士鉴《校语》云："今本阙此条，《注疏》本改作'伯夷'。'伯夷臣名'句用孔传。案《汉书·樊哙传》'与司马𡰥战砀东'，注：'𡰥，读与夷同。'《孝经》'仲尼居'《释文》：'𡰥，古夷字。'按，原文作"尼本作𡰥，古夷字。"是'𡰥''夷'古通。"按，甲金文中有侧立人形之字，学者除视其字形微别隶定作"人"作"妣"外，亦常隶定作"尸"，而释为"夷"。例如《殷契粹编》第1183至第1187片，有征伐夷方之文，夷字皆隶定作尸。又如《叔夷钟》之夷，《兮甲盘》之南淮夷，亦皆隶定作尸。陈梦家《殷虚卜辞综述》中虽因字形微异分人方与夷方为二，而赤塚忠《殷金文考释》以为自从"殷末夷与人的字互用不别"。固知甲金文中尸即夷。此字如加重文即作"𡰥"，或者如《说文》仁字之古文作"𡰥"，于是古文献中遂以"𡰥"作"夷"。亦可见学者隶定甲金文中之夷字作"尸"，亦自有文献依据。"伯夷"，薛氏本同《释文》作"柏𡰥"，内野本则作"伯𡰥"。（偶读到郭沫若《大系》中的《𥅆卣》考释，现补录一段于此："古金文凡夷狄字均作尸，卜辞屡见尸方，亦即夷方。……《周礼·凌人》'大丧共夷槃冰'注云：'夷之言尸也。实冰于夷槃中置之尸床下所以寒尸……依尸而为言者

也.'……又《左传·成十七年》'吾一朝而尸三卿',《韩非子·内储说六微》尸作夷,此尸夷通用之明证。别有㞕字,《孝经》'仲尼居'《释文》'尼本作㞕,古夷字'。《汉书·高帝纪》'司马㞕'。又《地理志》越巂郡'苏示'下'㞕江在西北',颜师古均以为'㞕,古夷字'。")

吴士鉴《校语》又释"马本作伯异"之故云:"《说文》:'𡰥,长踞也.'《广雅·释诂》:'跠,踞也。''㞕,踞也。'《论语》'原壤夷俟'马注:'踞也。'是从已从夷,为一声之转。故'夷'、'异'可以假用。"

伯夷的简要情况,已见前"咨四岳汤汤洪水方割"一节注②"四岳"的校释文中。最初完全是神话人物,见于本书《吕刑》云:"蚩尤惟始作乱,延及于平民……上帝监民罔有馨香德,刑发惟闻腥。……皇帝(即上帝)清问下民……乃命三后恤功于民:伯夷降典,折民惟刑;禹平水土,主名山川;稷降播种,农殖嘉谷。"又《国语·郑语》云:"姜,伯夷之后也。……伯夷能礼于神以佐尧者也。"是伯夷为姜族之宗祖神,他与夏族之宗祖神禹,周族之宗祖神稷,同被上帝派下来恤功于民。他担任的是主刑狱之政。因《吕刑》篇中载明蚩尤乱及平民,苗民染其恶德,立为五刑恣意杀戮,冤死者诉之上帝,上帝哀矜之,除惩罚苗民之恶外,特派伯夷下来降布刑典,以安下民,免除了原来蚩尤遗祸苗民所厉行五刑之暴虐。这是伯夷以天神身份对下民所施的盛德。他之为姜姓宗祖神,《山海经》中原亦有记载。《海内经》云:"伯夷父生西岳(四岳),西岳生先龙,先龙是始生氐羌。"由上举"四岳"校释文中,知"四岳"在个别文献中写作"太岳"、"西岳",此处西岳实为四岳。是姜姓得姓之祖四岳(见《周语》载四岳佐禹治水有功上帝赐姓姜)为伯夷所生。而姜为羌族之姓,许多文献中都可证这点,章炳麟《论种姓》论定云:"羌者,姜也。"是伯夷为姜姓族宗祖神,伯夷之子四岳从而也成了姜姓族宗祖神(即姜姓得姓之神),都由《山海经》得到神话传说的原始确证。伯夷、四岳、先龙,就成了姜姓族的列祖列宗。又《周语》记四岳为共工之从孙,则在此列祖列宗的前面,还有共工为姜姓族更早的宗祖。

现在舜叫四岳推荐主持礼政的官,四岳和群臣推荐了伯夷,不是推荐了自己父亲吗?要知神话来源是多元的,而且同一神话在流传中又可分化多歧的。在《山海经》神话中伯夷、四岳是父子,可是在别的流传中,可以伯夷自伯夷,四岳自四岳,《尧典》作者遇到这类资料,就按资料分别采用,并组织到自加编排的尧舜朝廷里做官。神话历史化,自不能按理性去苛求的。

顾师在《虞廷九官问题》中说:"自《雅》《颂》观之,禹、契、稷之故事皆各个独立发展者也,此篇(指《吕刑》)乃以伯夷、禹、稷组成一个团体,是为此种传说之突变,自此以后处处有其联络性矣。然组织此团体者为上帝,而在此团体中者仅得三人,则犹是初变时情状也。"并据伯夷为姜姓吕王之祖,"故举之于禹、稷之上,为三后之首"。"又案:此以伯夷主刑狱,甚可注意。舍此篇(《吕刑》)外,更无作是说者。"又在引录《孟子·滕文公上》列举舜用益、禹、后稷、契、皋陶后云:"上数条述诸人,惟伯夷不列,意者以《吕刑》言伯夷掌刑,于皋陶为复出,故去之耶?"按,这可能也是《尧典》不按伯夷原掌刑应继续任刑官这一惯例,而使之改任礼官的原因所在。

此外有一位被孔子称誉为"不念旧恶怨是用希"(《论语·公冶

长》)及孟子极赞为"圣之清者也"(《孟子·万章下》)的伯夷,被司马迁特写为列传第一篇,是周武王时不食周粟的高士,与此伯夷只是名字相同而毫不相干的另一人。可能彼周初伯夷是真实的人,而此伯夷只是神话中人被误载入史籍《尧典》《吕刑》等文中。

赤塚忠《书经》引加藤常贤之说,以伯夷、伯益为同一神,又以为伯夷即夷方之伯,故称之为"夷伯"。据殷代之史实,东方夷之部族实为殷建国初期之支持者,后期始离分。可参看陈梦家《综述》第八章"方国地理"。至周之建国,怀柔东方部族长夷伯,故有称夷伯的金文资料,即郭氏《大系》所录《罘卣》之文。该铭文有云:"王姜令作册罘安尸伯(即夷伯),尸伯宾罘布。"是确有称夷伯的直接资料,亦可见伯夷之为夷方伯,亦即为伯于夷方之意。义颇新颖,可成一说。

㊻帝曰俞咨伯汝作秩宗——《史记》作:"舜曰嗟伯夷以汝为秩宗。"唐写本《释文》作:"女秩宗:本或作'女作秩宗'。作,衍字。"吴《校语》云:"《周礼·春官·秩官》注:郑司农曰:'《尧典》曰:帝曰俞咨伯女作秩宗。'是郑本有作字。此无作字者必壁中古本也。秩作秩,为隶变。"龚《考证》云:"今本皆有作字,而《释文》以为衍,盖所见马、王本(原有郑字据吴说删)皆无作字,与'汝共工'同。近出《熹平石经》《尧典》残字亦作'女秩宗'。"是汉今文本无"作"字,东汉所传古文本(所谓壁中本实即马、王传本)亦无之。

"咨伯"史公译为"嗟伯夷","嗟"字不妥,已见上注㊸"咨四岳"。"伯"作"伯夷",显然史公所见本有夷字。其后流传本脱夷字,至班固撰《白虎通》时所见本已无夷字,遂附会为老臣不名。其文云:"先王老臣不名。亲与先王戮力,共治国功于天下,故尊而不名。《尚书》曰：'咨尔伯。'不言名也。"这里已自矛盾，伯夷始由四岳荐任礼官，并非"亲与先王戮力共治国功于天下"者。只因失去一个夷字，《白虎通》遂编为此说。马、郑于此无说，惟《周礼·春官·秩官》郑注引郑司农所引《书》亦为"咨伯"。伪传于此只释"秩宗"，未理会此说。唐写本《释文》云："咨柏，本或作'咨伯夷'。旧本皆无夷字。"是唐时旧本虽无夷字，而另有传本有之。《蔡传》及宋、元、明儒家遂皆未理会《白虎通》说。至清儒始纷纷提出议论。段氏《撰异》先引徐志祖之说云："案舜帝之命官，于伯夷独曰'俞、咨伯'而不名，疑《白虎通》所云，乃古《书》说相传如此。"然后段申以己说云："玉裁案：盖《今文尚书》说也。《五帝本纪》'嗟伯夷'，岂太史公以意补夷字欤？"孙星衍《今古文注疏》先引《白虎通》文，为之释云："不名者，贵贤者。此盖今文说。史公则作'嗟伯夷'，是古文有夷字。"皮氏《考证》云："案孙说非也。《史记》一书多同今文，其作'伯夷'乃史公以意增'夷'字，犹以'允子朱'为'嗣子丹朱'，使人易晓耳。"皮驳正孙以《史记》为古文说之误，是对的。因《史记》撰成时期汉代只行今文。但他同段氏一样以为史公增'夷'字。则是错的。因史公所据本原有夷字，上文已述明。王先谦《参正》则云："今文一作'咨伯夷'，一作'咨尔伯'。"前者据《史记·舜纪》，后者据《白虎通》。并云："作伯者，班用夏侯《尚书》，作伯夷者，史公用欧阳《尚书》，故不同。"乃为调停之论。近人杨筠如《核诂》云："咨伯，《史记》作'嗟伯夷'，则脱一'夷'字。《白虎通》引作'咨尔伯'，以为老臣不名，盖今文异说。"仍持两端。屈万里《集释》云："《史记》作伯夷，盖是。《白虎通》以'先王老臣不名'说之，恐非是。"虽所见甚是，尚以"盖""恐"作或然说。至池田末利《尚书》云:"当从《史记》'伯'下补'夷'字,下'伯拜稽首'句同。"说始明决确当。

"秩宗"之"秩",见本篇第二节"平秩东作"校释。汉代古文作"豑"。见《说文·豊部》:"豑(直质切),爵之次第也。薛氏本讹作"豑",江声本从之而订正为"豑"。"秩宗",《史记集解》引郑玄注云:"主次秩尊卑。"伪传云:"秩,序。宗,尊也。主郊庙之官。"《孔疏》云:"宗之为尊,常训也。主郊庙之官,掌序鬼神尊卑,故以秩宗为名。郊,谓祭天南郊,祭地北郊。庙,谓祭先祖。即《周礼》所谓天神人鬼地祇之礼是也。"是传、疏皆以照应上文三礼为注。苏轼《书传》简释云:"宗庙之官。"林之奇《全解》云:"秩宗,当时礼官之名也。"并引《国语·楚语》"使名姓之后"至"氏姓之出而心率旧典者为之宗"一段,而后云:"以其名姓之臣,故谓之宗。以其率旧典,故谓之秩。秩,常也。周以礼属宗伯,即此所谓'宗'也。汉以礼官为太常,即此所谓秩也。"《国语》董增龄《疏》引颜师古曰:"氏姓,谓神本所出及见所当为主者也。宗,宗人。主神之列位尊卑者也。"《蔡传》云:"秩,序也。宗,神庙也。秩宗……盖以宗庙为主也。《周礼》谓之宗伯。"经师解释大抵类此,要义当为主宗庙的礼官。

㊼夙夜惟寅直哉惟清——《史记》作"夙夜维敬,直哉维静絜"。《正义》:"静,清也。絜,明也。"是史公以敬训寅,以静絜训清。

"夙",唐写本《释文》作"夙",并释云:"本又作夙,古夙字,早也。"薛氏本作"夙"。《说文·夕部》作"夙,早敬也。"徐铉云:"今俗书作夙。"

"夜",唐写本《释文》作"夜"。并释云:"本又作夜,古夜字。"

薛氏本作"夜"。吴《校语》云:"案《说文》夜作夜,此作夜,亦隶变也。"

"惟寅",唐写本《释文》同,惟释云:"徐音夷,又以真反。"

伪传:"夙,早也。言早夜敬思其职,典礼司政教,使正直而清明。"林之奇《全解》云:"寅者,敬而不慢。直者,正而不谄。清者,洁而不污。"董鼎《辑录纂注》引朱熹云:"惟寅故直,惟直故清。"《蔡传》:"夙,早。寅,敬畏也。直者,心无私曲之谓。人能敬以直,内不使少有私曲,则其心洁清,而无物欲之污,可以交于神明矣。"江声《音疏》云:"寅当为夤,字之误。夤,敬也。"并引《说文·夕部》云:"夤,敬惕也。"邹汉勋《读书偶识》断句为"夙夜惟寅直哉,惟清"。并云:"近儒读多如此,勋谓:寅直,谓敬以直内也。"杨筠如《核诂》以为"直"假为"识",识义为审。各持一说,各有所见,终当以林氏、朱氏之说较妥。

㊽伯拜稽首让于夔龙——《史记》简叙作"伯夷让夔龙"。"拜",薛氏本用《说文》篆书,江声《音疏》从之。

"夔",段氏《撰异》:"汉时纬书夔有作归者。《水经注·江水篇》:《乐纬》曰:'昔归典协声律。'宋忠曰:'归即夔。'《太平御览》八十二引《尚书中侯》'让于益归'。注:'归读曰夔。'"唐写本《释文》作"夔",并释云:"求龟反,臣名也。"吴氏《校语》云:"案《说文》:'夔,神魖也,如龙一足,从夂。象有角、手、人面之形。'与夒为贪兽、从页、巳、止、夂其手足者,本为两字。汉《刘宽碑》'五官中郎将何夒',以夒为夔。《玉篇》云:'夔,实则隶变无定形。汉《繁阳令杨君碑》阴'至孝涅夔',又有省变也。"

"龙",唐写本《释文》作"竜",并释云:"古龙字,臣名。"吴《校语》云："案《说文》'龙'，'从肉飞之形，童省声。'此作䰠者，盖由童声并省其形。《集韵》始有'䰠'字，乃六朝后起字也。"

姚氏伪传及《蔡传》皆云："夔、龙，二臣名。"

"夔"之资料，亦首先当寻之于神话中。《山海经·大荒东经》："东海中有流波山……其上有兽，状如牛，苍身而无角，一足，出入水则必风雨……其名曰夔。黄帝得之，以其皮为鼓……声闻五百里。"这是一神兽，其特点是一足；皮为鼓，而鼓是重要乐器。这两点影响它进入史籍中的形象。但直至东汉《说文》中仍说它为神兽。《说文·夊部》云："夔，神魖也，如龙，一足，从夊，象有角、手、人面之形。"（按《说文·鬼部》："魖，耗神也。"）仍保持它"一足"的特点，但传说演化异于《山海经》者，不是如牛而是如龙，不是无角而是有角、手、人面。然而据袁珂《校注》引《黄帝内传》则仍作"夔牛"。其文云："黄帝伐蚩尤，玄女为帝制夔牛鼓八十面，一震五百里。"又引《广成子传》"夔牛"作"戵牛"，同音通用。而夔牛见《山海经·中山经》之岷山，"其兽多犀象，多夔牛"。由夔牛鼓一震五百里，明其即是以皮为鼓声闻五百里状如牛之夔。《国语·鲁语》："木石之怪曰夔蝄蜽。"韦昭解："木石，谓山也。或云'夔一足'，越人谓之'山缫'，或作'獲'，富阳有之，人面猴身，能言。或云独足。蝄蜽，山精。"《正字通》引《神异经》："西方深山有人，长丈余，袒身捕虾蟹，就人火灸食之，名山獠。其名自呼獠则作魖。"袁珂《山海经校注》第 272 页引《北山经》、《神异经·西荒经》、《荆楚岁时记》、祖冲之《述异记》、《搜神记》、《抱朴子·登涉篇》皆载山獠不同传说，字亦多异。最后引《酉阳杂俎·诺皋记》云："山萧一名山臊。"《神异经》作獚，《永嘉郡记》作山魅，一名山骆，一名蛟，一名濯肉，一名热肉，一名晖，一名飞龙，如鸠……犯者能役虎害人，烧人庐舍，俗言山魈。其名晖者，狰也，山狰也。夔之音转也。名蛟者，獟之音转或岐之讹文也。袁氏综言之云："山獟，名目之大凡见于此矣。"按民间所传山魈多怪异，然实有其物，产于非洲，身长三尺余而性猛力强，为狒狒的一种。神话化就多怪异，至与夔相混。《说文》另有夒，为贪兽、母猴，则与狒狒近，亦易与夔相混。董增龄《国语》疏引《东京赋》"残夔魖与罔像"薛综注："夔，木石之怪，如龙有角，麟甲光如日月，见则其邑大旱。"（宋刻李善注本此为善注。同篇赋中另有"后夔坐而为工"句，已将历史人物夔与神物夔区分）。《庄子·秋水篇》："夔怜蚿，蚿怜蛇，蛇怜风。"陆氏《释文》："夔，一足兽也。"成玄英《疏》："夔是一足之兽，其形如跋，足似人脚而迥踵。"王先谦《集解》引司马云："夔一足，蚿多足，蛇无足，风无形。"又《达生篇》："山有夔。"《释文》："司马云：状如鼓而一足。"成玄英《疏》："大如牛，状如鼓，一足行也。"这些都是有关夔的神话资料。其中夔一足为其特色，怪异亦不少。

史籍中，有《左传·昭公二十八年》云："昔有仍氏生女，鬒黑而甚美……乐正后夔取之。生伯封……忿类无期，谓之封豕。有穷后羿灭之，夔是以不祀。"顾师《九官问题》云："夔称为后，必是国君；然又称曰乐正，则兼任王朝之官矣。其人时代未详，观其子伯封为后羿所灭，当在夏初。"由是夔由神话中怪物成为人间乐正，在典籍中常见。《荀子·成相》："尧……举舜……夔为乐正鸟兽服。"《大戴记·五帝德》："请问帝尧……伯夷主礼，龙、夔教舞。……请问帝舜……夔作乐以歌箫舞。"《礼记·乐记》："夔始作乐，以赏诸侯。"郑玄注："夔，舜时典乐者也。"言为舜时典乐，系据《尧典》所载而来。《尧典》作者遇到当时流传的夔为乐正的资料，就采入篇中，由舜任命他典乐。至是夔确实成为历史人物了，可是却始终和神话中的"夔一足"紧紧联系着。这就需要有所解释。《韩非子·外储说左下》云："鲁哀公问于孔子曰：'吾闻古者有夔一足，其果信有一足乎？'孔子对曰：'不也，夔非一足也。夔者忿戾恶心，人多不悦喜也。虽然，其所以得免于人害者，以其信也。人皆曰独此一足矣。夔非一足也，一而足也。'哀公曰：'审而是固足矣。'一曰：哀公问于孔子曰：'吾闻夔一足，信乎？'曰：'夔，人也，何故一足。彼其无他异，而独通于声，尧曰：夔一而足矣，使为乐正。故君子曰：夔有一足，非一足也。'"《吕氏春秋·察传》："鲁哀公问于孔子曰：'乐正夔一足，信乎？'孔子曰：'昔者舜欲以乐传教于天下，乃令重黎举夔于草莽之中而进之，舜以为乐正。夔于是正六律，和五声，以通八风，而天下大服。重黎又欲益求人，舜曰：'夫乐，天地之精也，得失之节也，故唯圣人为能和乐之本也。夔能和之，以平天下，若夔者一而足矣。'故曰'夔一足'，非一足也。"以上假托孔子讲的三段话，各有不同，一个共同的作用，就是想用理性的解释，一如顾师《九官问题》中所说的："曲解'一足'为'一而足'，以泯其神话之迹。"因为经过《尧典》的编造，夔已进入历史中，不再用神话中说法了。

赤塚忠《书经》有对夔的较详的论述。其文前面引述了《韩非子·外储说左》《吕氏春秋·求人》《国语·鲁语》及韦昭注诸说，作了论析。然后新提出三点：（一）清道光年间山东寿张县出土《小臣艅牺尊铭》，记殷王巡狩至此，有关夔祖之参拜，出土地与其祭祀地，知夔为夔族祭祀之神。（二）甲骨文中殷代王朝祭祀高祖夔。

是夒为真实的殷王族之高祖。而夒与猱同音同义，夒字为猿之象形，本来是同一物同一神。（三）《左传·僖公二十六年》，楚之属国夔，地在今湖北秭归县（按，《水经·江水注》夔作归）。以为山东之夔族向南迁后之地。并参照贝塚茂树《中国古代神话》，以为夔为俳优之优的原字，夔与优相通用。夒即夔，夔族音乐发达，在王朝世袭乐官之职。传承了猿之物的舞蹈之端绪。《舜典》（即《尧典》）成立以前，夔（夒）之与音乐相结合，遂为《舜典》（《尧典》）所承受。按，赤塚此说有所见，惟其中以殷之高祖夒证此夔，尚可商。因在《说文》中此判然为两字，虽殷之高祖此字唐兰曾释"夔"，已为甲骨学界所否定，群推王国维释"夒"之说为定论。故不能以夒牵附于夔。不过文献中此二字常不免有相混，故此点并不妨继续讨论。但就今而论，二者不可相混。至于提出夔族原在山东，后南迁湖北秭归立国之说，确有见地。上文论述朱、虎、熊、罴时，知古代各族常把动植物或怪异物作为宗族神，亦即成为该族名称。则奉夔为宗祖神之族自称为夔族，自是正常的。该族自山东迁至湖北，是此"夔"之后裔一直传至春秋之世始为楚所灭。由此可知夔作为宗神所传之族，实际存在于历史中了。

"龙"，作为人名，亦先见于神话中。《山海经·海内经》："帝俊生晏龙，晏龙是为琴瑟。帝俊有子八人，是始为歌舞。"这是一位与音乐有关的贵神，因帝俊是《山海经》中最高贵最煊赫的天帝之故。上文已引《山海经》中四岳所生的先龙，为另一以龙为名的氏羌族之祖。《山海经》中另有烛龙、应龙等，则是神性的灵兽之龙。上引《鲁语》"木石之怪曰夔蝄蜽"。其上下文云："季桓子穿井得土缶，其中有羊焉，使问之仲尼。……对曰：'……丘闻之，木石之

怪曰夔蝄蜽,水之怪曰龙罔象,土之怪曰羵羊。'"是龙和夔同样能
成灵怪,且两者并立相偕。《孔疏》引贾逵《国语》注云:"罔两、罔
象,言有夔、龙之形而无实体。"顾师《九官问题》云:"洵如其说,是
山川间之精怪有夔与龙之形而无其体者。"殷虚甲骨文中有龙方,
据陈梦家《卜辞综述》第283页指出,此龙方与羌方似或合或分,两
者当相近。则与《山海经》中先龙和氏羌族有血胤渊源似有关。而
作一种族存在于殷代,一如奉夔为宗族神之族自称为夔族存在于
历史中,此奉龙为元祖神之族称为龙方族,也存在于历史中了。

　　进入历史文献中,作为个人人名之龙遂亦常和夔在一起。但
主要也当由于"为琴瑟"擅音乐的晏龙,与为乐正之夔声应气求之
故。《吕氏春秋·古乐篇》:"帝颛顼好其音,乃令飞龙作效八风之
音,命之曰《承云》,以祭上帝。"由上文所引,知夔正六律、通八风,
这里是飞龙通八风,与之有相应之处。不过这里说这位龙是颛顼
时的乐官。但总之反映龙与夔都擅音乐。又上引《大戴礼记·五
帝德》说尧时"伯夷主礼,龙、夔教舞"。注:"龙、夔,二臣名。舞,谓
乐舞。"顾师《九官问题》云:"龙之为尧臣,以前无所见,不知是否从
《吕氏春秋》之飞龙来,抑由《海内经》之晏龙来,抑或与夔连称,竟
从《鲁语》之"'夔罔两,龙罔象'来? 其实虽不可知,而自有此说,
龙与夔遂结不解之缘矣"。自后典籍中,"夔、龙"遂往往相联出现。
相承以为是虞廷中两位重要贤臣。

　　㊽帝曰俞往钦哉——《史记》简叙作"舜曰然"。"俞",然(见
上文注⑭)。"钦",敬(见第一节注⑥引《释诂》)。姚氏伪传:"然
其贤,不许让。"林之奇《全解》:"'汝往哉','往哉汝谐','往钦
哉',是皆不许其让而使之往践其职也。文虽少变,意皆不殊。必欲

从而为之说，则凿矣。"吴澄《纂言》："往钦哉者，令伯夷往践其职，而主之以敬也。凡事无不当敬，典礼者尤当敬，故特言'钦哉'。"

⑤帝曰夔命汝典乐——《史记》简叙作"以夔为典乐"。"典"，主（《周礼·天官》序官注、《广雅·释诂三》）。"典乐"，主管音乐的官。同于《左传》《荀子》《韩非子》等书中所说的乐正。

⑤教胄子——《史记》作"教稺子"（王引之、段玉裁释稺子即育子）。《说文》："育，养子使作善也。……《虞书》曰：'教育子。'毓，育，或从母。"扬雄《宗正箴》亦引作"育子"（文载《古文苑》十五，文云"各有育子，世以不错"）。陆德明所据本《周礼·大司乐》"凡有道者有德者使教焉"郑玄注："若舜命夔典乐，教育子。"陆氏《释文》承之为释云："育，音胄。本亦作胄。"以上是作"教育子"者。《汉书·礼乐志》则引述云："故帝舜命夔曰：'女典乐，教胄子。'"至唐写本此篇《释文》作"曹学"。龚道耕《考证》云："胄作胄，六朝隶变字。"陆氏并释云："（胄）直又反。王（肃）云：'胄子，国子也。'马（融）云：'胄，长也。教长天子之子弟。'（按今本《释文》作"教长天下之子弟"）"《史记集解》引郑玄亦云："国子也。"《礼记·王制》"乐正崇四术，立四教"郑玄注："乐正，乐官之长，掌国子之教。《虞书》曰：'夔，命汝典乐，教胄子。'"皆与今流传伪古文本"教胄子"同。这些都是作"教胄子"者。

王引之《经义述闻·尚书上》"教胄子"条云："育子，稺子也。育字或作毓，通作鬻，又通作鞠。《邶风·谷风篇》'昔育恐育鞫'郑笺，解'昔育'曰：'育，稚也。'（稚与稺同）《正义》以为《尔雅·释言》文。今《尔雅》'育'作'鞠'。郭璞《音义》曰：'鞠，一作毓。'（见《鸱鸮》释文）《豳风·鸱鸮篇》'鬻子之闵斯'毛传曰：'鬻，稚也。稚子，成王也。'《释文》：'鬻，由六反。'徐：'居六反。'是鬻、鞠同声同义。古谓稺子为育子，或曰鞠子。《尧典》之育子，即《豳风》之鬻子，亦即《康诰》所谓'兄亦不念鞠子哀'，《顾命》所谓'无遗鞠子羞'者也。《王制》注引《尚书》传曰：……是入学习乐在未冠之时。凡未冠者通谓之稺子。稺子即育子。故曰'命女典乐，教育子'。西汉经师如夏侯、欧阳，必有训育子为稺子者，故史公以稺代育，盖有所受之也。育、胄古音相近，作胄者假借字耳。"

段氏《撰异》云："《古文尚书》作胄子，《今文尚书》作育子。……《史记》多以训故字代经字，此稺子即经之育子。合之扬雄《宗正箴》……子云著作多用《今文尚书》，然则《今文尚书》作育子可证也。知《古文尚书》作胄子者……陆用王本为音义，王本、马本作胄，则郑本亦作胄可知。……考育、胄二字音义皆通，育从肉声，胄从由声，肉、由同部。……《尔雅·释诂》：'育，长也。'又曰：'育，养也。'……长、养义近而育、胄训同。马云'教长天下之子弟'，则与许君'养之使从善'正合，皆'教胄'连读。而其他或训为'稺子'，或训为'国子'，则言其可长可养也，皆'胄子'连读。"

以上皆就文字本身异文、话训等所作之论析。至于全句文义，则姚氏伪传云："胄，长也。谓元子以下，至卿大夫子弟，以歌诗蹈之舞之，教长国子中和、祗庸、孝友。"《孔疏》："《说文》云：'胄，胤也。'《释诂》云：'胤，继也。'继父世者惟长子耳，故以胄为长也。谓'元子以下至卿大夫子弟'者，《王制》云：'乐正崇四术，立四教。王太子、王子、群后之太子、卿大夫元士之適（嫡）子皆造焉。'是下至卿大夫也。……彼郑注云：'王子，王之庶子也。'……国子以適为主，故言胄子也。……《周礼·大司乐》云：'以乐德教国子中和

301

祗庸孝友.'……是言乐官用乐教之使成此六德也。"《史记·正义》:"孔安国云:'胄,长也。谓元子以下至卿大夫子弟。'"

林之奇《全解》云:"胄子,谓元子以下公卿大夫之子孙。……古之仕者世禄,不可无教之人。……唐虞三代之际,仕于朝者非天子之族类,则世臣巨室之家……古之所以教胄子者有其具也。然其教之必典乐之官何也? 古之教者非教以辞令文章也,惟长善救失以成就其德耳。……自兴于诗,至成于乐,此教之序也。"

王引之《述闻》云:"马注曰:'胄,长也。教长天下之子弟。'训胄为长,始与史公异义。然以……'教长'二字连读而训为教长,非以'胄子'二字连读而训为长子也。……郑王皆以'胄子'二字连读,然训为国子,则不专指长子而言。《周官·大司乐》'合国之子弟'郑注曰:'国之子弟,公卿大夫之子弟当学者,谓之国子。'《王制》曰:'王大子、王子、群后之大子、卿大夫元士之适子,国之俊选,皆造焉。'郑注曰'王子,王之庶子'是其证也。姚传曰:'胄,长。子(今本误作"也"。据山井鼎《尚书古文考》改正),谓元子以下至卿大夫子弟。以歌诗蹈之舞之,教长国之中和祗庸孝友。'案,'教长国子',谓教长此国子,犹马注言'教长天下之子弟'也。此是训'教胄'为教长,训'子'为国子,非以'胄子'二字连读而训为长子也。且兼弟言之,则非独长子明矣。孔颖达误以长为长子而释之……
又误以传内'长国子'三字连读而释之曰:'令夔以歌诗教此嫡长国子也。'自是之后,遂相承以'教胄子'为'教长子',与马、郑、王注及姚传咸相违戾,而《史记》之'教稺子',更莫有能通其义矣。"

清儒考论此问题者尚多,江声《音疏》、王鸣盛《后案》、孙星衍《注疏》、牟庭《同文尚书》、朱骏声《古注便读》、陈乔枞《经说考》、皮锡瑞《考证》、王先谦《参正》、陈澧《东塾读书记》等皆有论析,而为专文者尚有:洪榜《典乐教胄子说》(《初堂遗稿》内)、俞正燮《教育子义》(《癸巳类稿》内)、朱珔《与朱学博大诏论〈尚书〉教胄子书》(《小万卷斋文稿》内)等,各有详略深浅不同之探讨,且各有所见。如江声谓马注为"育长"不作"胄长",并谓"育,养子使作善也",引《说文》为证。"教育子,乐正之职",引《王制》为证。孙星衍谓胄子即嫡子,为古文说;稺子即育子,为今文说。牟庭则谓胄子为三家今文,育子为古文。以典乐之官主教小子学乐,年已长大不复能学,故曰"教育子。"陈乔枞谓作"育子"者,欧阳《尚书》也,作"胄子"者,大小夏侯《尚书》也,皆三家今文。王先谦谓稺子即育子为今文说,胄子为嫡长子乃古文说,二说不同,王引之氏合而一也,非也。陈澧谓教胄子以诗言志,此学问之最古者,孔子教小子学诗,即大舜之教。俞正燮谓今伪传采王肃传,王本亦作"教育"。《释文》引马云"胄长也",乃"育长也"之误。王言"教长国子","教长"释经"教育","国子"释经"子"。不当谓经有"胄子"之文。诸说纷纭,或至牴牾。各抒己见,不一定皆合《尧典》原义。不必去重视它们,大抵依段、王说即可。

㊿直而温宽而栗刚而无虐简而无傲——《史记》照录此原文。汉碑每有引经文而异者,可能传写致异,不一定经文别本。如皮氏《考证》引《衡方碑》"栗"作"慄",以为是三家今文异字。恐不尽然,"栗"本有战慄义,碑文写者通俗写作"慄"。唐写本《释文》作:"㮚,古栗字。字又作𣡸。战栗也。"薛氏本作𣡸,内野本作㮚。按《说文·卤部》:"㮚,木也。……𣡸,古文㮚。从西,从二卤。"唐写本《释文》依《说文》稍省,内野本基本依《说文》,惟省一横画,薛本

据《说文》古文，而有讹变。

"刚"，唐写本《释文》作："但，古刚字。古文作信。"薛氏本、内野本亦作"但"。吴《校语》云："《说文》刚古文作信，隶变作为信，又小变其体作但。"龚《考证》："足利本同。薛本他篇多作信，与《说文》古文刚合。"

"而无"，唐写本《释文》作："而亡。音无，古文'无'字皆尔。止失之字作亾，从人。"龚唐本《考证》云："止失，当作亡失。亡乃亾字隶变。有无之'无'《说文》作龝，经典多假用'亡'。然谓亡、亾为两字则谬。"吴《校语》："《诗》'何有何亾'，《论语》'亾而为有'，皆以亾为无也。"

"简"，唐写本《释文》作："'柬，古简字。'薛本作'柬'。"龚《考证》："《说文》'柬'为柬择字，'简'为简牒字。书传多通用。然谓柬为简之古体则非。字形亦讹。是谓柬为柬字之讹。

"傲"，《汉书·礼乐志》载此句，傲作"敖"。师古曰："简约而无敖慢也。敖读曰傲。""无傲"，唐写本《释文》作："亡慠。五报反。"薛本作"亾慠"，内野本作"亡傲"。

"直而温"，《史记集解》引马融注曰："正直而色温和。"姚氏伪传："教之正直而温和。"《孔疏》："此'直而温'与下三句，皆使夔教胄子使性行当然，故《传》发首言'教之'也。正直者失于太严，故令正直而温和。"苏轼《书传》故云："直者患不温。"林之奇《全解》亦云："直者易失于不温。"《蔡传》承之云："凡人直者，必不足于温，故欲其温。"自汉至宋经师所释基本相同。清儒亦无异说。

"宽而栗"，上引汉碑"栗"作"慄"，为战慄义。《史记集解》引马融注云："宽大而谨敬战栗也。"确解作战栗。伪传则云："宽弘而能庄栗。"《孔疏》:"宽弘者失于缓慢,故令宽弘而庄栗。谓矜庄严栗。栗者,谨敬也。"苏轼《书传》承之为释云:"栗,庄栗也。……宽者患不栗。"林之奇《全解》:"宽者易失于不庄栗。"《蔡传》则云:"栗,庄敬也。……宽者心不足于栗,故欲其栗。"按,欲其宽大而又战栗,显然有牵强之处,可能含有"战战兢兢,如临深渊,如履薄冰"(《诗·小旻》)之意,故马注加"谨敬"二字,伪传、苏传、林解遂改为"庄栗",当取《论语·为政》"临之以庄则敬"之义,仍有"谨敬"之意。至孙星衍《注疏》云:"《聘义》云:'缜密以栗。'注:'坚貌。'性行宽大者胜之以坚栗。温和为春生,坚栗为秋成。……《表记》云:'宽而有辨。'(郑)注云:'辨,别也。犹宽而栗也。'是言宽而有分别。《诗》(郑)笺云:'栗,析也。古者声栗、裂同也。'则郑以栗为分析与辨别义相近也。梗直者加以温和,宽厚者加以明辨。性以相反者相成也。"是孙氏为不满于宽而又战栗所寻之解释。俞樾《平议》亦另寻解释云:"此栗字疑非战栗之谓。栗,犹秩也。《诗·良耜篇》'积之栗栗',《说文》引作'积之秩秩'。哀二年《公羊传》'战于栗',《释文》曰:'栗,一本作秩。'是栗与秩古通用。'宽而栗',犹'宽而秩'也。言宽大而条理秩然也。"然其文末又引《表记》郑注,而后云:"然则郑君以'宽而栗'为宽而有辨别,得其旨矣。"俞意似谓条理秩然即为有辨别。则又同于孙氏之说,只是另寻了一条论据。

"刚而无虐",马、郑无注传下。孙星衍《疏》引高诱《淮南子·览冥训》注云:"虐,害也。"按《淮南子·修务训》注及《广雅·释诂三》亦训"虐"为"害"。《说文》训"虐"为"残"。《金縢》"遘厉虐疾"伪传则云:"虐,暴也。"姚氏伪传释此句云:"刚失入虐。"《孔

尧
典

305

疏》：“刚强之失，入于苛虐，故令人硌而无虐。”苏轼《书传》：“刚者患虐。”林之奇《全解》：“刚者易失于虐。”《蔡传》亦云：“刚者必至于虐，故欲其无虐。”释义基本皆同。清人无异说。惟近人杨筠如《核诂》释“无”字云：“无，犹不也。蔡邕《太尉桥公庙碑》直作不。”按，无通毋，勿也（《文选·思玄赋》旧注）。亦犹不也。

  “简而无傲”，马、郑亦无注。池田末利引《诗·简兮》毛传：“简，大也。”得其要义。而训简为大者尚有：《尔雅·释诂》《诗·执竞》“降福简简”毛传、《论语·公冶长》“狂简”何晏《集解》引孔注等，即本书《皋陶谟》“简而廉”、《盘庚下》“予其懋简相尔”、《多士》“夏迪简在王庭”三处伪《孔传》亦训简为大。惟对此句简字无训，义亦当同。“简”又有简略、疏简、宽大率略、傲慢诸义。见《文选·东京赋》“简珠玉”薛注：“简，犹略也。”《论语·雍也》“可也简”皇疏：“简，疏大无细行也。”《皋陶谟》“简而廉”《孔疏》：“简者，宽大率略之名。”《吕览·骄恣》“自骄则简士”高注：“简，傲也。”《汉书·五行志上》集注：“简，慢也。”《荀子·非十二子》“其容简连”杨注：“简连，傲慢不前之貌。”综上诸说，知“简”有大而率略傲慢之意。“傲”，上文已引《礼乐志》作敖，师古注为敖慢，即傲慢。《说文·人部》：“傲，倨也。”“倨，不逊也。知傲即不谦逊之意。”对此句文义，伪传释云：“简失入傲。”《孔疏》：“简易之失，入于傲慢。故令‘简而无傲’。刚简是其本性，教之使无虐傲，是言教之以防其失也。”苏《书传》：“简者患傲。”林之奇《全解》：“简者易失于傲。”《蔡传》亦云：“简者心至于傲，所以防其过而戒禁之也。”

  王安石《新经义》云：“此四句乃教者之事。”（陈大猷《或问》

尚书校释译论

引)林之奇《全解》则云:"能直、能宽、能刚、能简,教者则长其善;不温者、不栗者、虐者、傲者,则救其失。《大司乐》曰:'以乐教国子中和、祇庸、孝友。'与此意同。"是说此四句在以乐德教国子。林氏并云:"直、宽、刚、简,与《皋陶》言九德,《洪范》言三德,其大意则同;其先、后、多、寡之殊,本无他义。"

㊙诗言志歌永言——《史记》作"诗言意歌长言"(郑玄《檀弓》注"志,意也")。《集解》:"马融曰:歌所以长言诗之意也。"《汉书·礼乐志》引作"诗言志歌咏言"。又《艺文志》:"《书》曰:'诗言志,哥咏言。'故哀乐之心感,而哥咏之声发。诵其言谓之诗,咏其声谓之哥。"《论衡·谢短篇》:"《尚书》曰:'诗言志,歌咏言。'"按《说文·言部》:"咏,歌也。从言,永声。'詠',咏或从口。"王先谦《参正》云:"据马注知古文作永,与班(固)王(充)用今文作咏不同。史公作'歌长言',以长代永,此又《尧典》用古文说之一也。"(按,史公用今文。"永"非古文所专用)唐写本《释文》依次作:"訨,古诗字。""言㞢,古志字。""哥,古歌字。""永言,如字,长也。下同。徐音咏。"薛氏本作隶古奇字。内野本"歌"作"哥"。足利本"诗"作"訨","歌"作"哥"。按《说文·欠部》:"歌,咏也。从欠,哥声。謌,或从言。"又《丂部》:"哥,声也。从二可。古文以为謌字。"皮氏《考证》云:"谨案班氏引经典与史公不同,此亦欧阳、大小夏侯三家之异义也。班氏用夏侯说,盖以咏为歌咏之咏,不作永字解。《礼乐志》篇首云:'和亲之说难形,则发之于诗歌咏言,钟石管弦。'是以咏为实字,其义甚明。《说文》云:'歌,咏也。'又:'哥,声也,古文以为謌字。'詠或作咏。是'哥''歌''詠''咏',皆即一字。"

"诗言志"，《诗·关雎》序云："诗者，志之所之也。在心为志，发言为诗。情动于中，而形于言。言之不足故嗟叹之；嗟叹之不足故永歌之；永歌之不足不知手之舞之足之蹈之也。"此语足为"诗言志"的确解。《乐记》云："诗言其志，歌咏其声，舞动其容。"郑玄注云："三者本志。无此本于内，不能为乐也。"又《诗谱序》疏引郑玄云："诗所以言人之志意也。"伪传云："谓'诗言志'以导之。"只是述此句在此之作用。《孔疏》阐明其义："作诗者自言己志，则诗是言志之书，习之可以生长志意。故教其'诗言志'以导胄子之志，使开悟也。"林之奇《全解》云："在心为志，发言为诗，故曰'诗言志'。"《蔡传》："心之所以谓之志。心有所之，必形于言，故曰'诗言志'。"大抵皆沿《关雎》序以为释。清儒承之，无多异说。

"歌永言"，此句之解释，全系于"永"字之训义，自来分为"长也"、"咏也"二说。

训"永"为"长"者，除上引《史记》外，先秦主要典籍所用"永"字注解者皆训释为"长"，故《尔雅·释诂》《说文·永部》皆云："永，长也。"《礼记·乐记》云："故歌之为言也，长言之也。说之，故言之。言之不足，故长言之。长言之不足，故嗟叹之。嗟叹之不足，故不知手之舞之足之蹈之也。"与上引《关雎》序"嗟叹之不足故永歌之，永歌之不足不知手之舞之足之蹈之"意相近而稍异其说，且明确训"永言"为"长言"。《史记集解》引马融注云："歌所以长言诗之意也。"《诗谱序》疏引郑玄注云："《诗》所以言人之志意也。永，长也。歌又所以长言诗之意。"伪传云："歌咏其义以长其言。"《孔疏》："作诗者直言不足以申意，故长歌之，教令歌咏其诗之义，以长其言，谓声长速之。定本经作永字，明训永为长也。"陆氏《释文》云："永言，如字，长也。"

颜师古注《汉书·礼乐志》"歌咏言"云："咏，古詠字也。……咏，永也。永，长也。歌所以长言之也。"（皮锡瑞指颜说误，见下文）苏轼《书传》："言之不足，故长言之，吟咏其言而乐生焉，是谓'歌永言'。"林之奇《全解》："言之不足，故嗟叹之。嗟叹之不足，故永歌之。永，长也。永言，长言也。歌者，人声也。"《蔡传》："既形于言，则必有长短之节，故曰'歌永言'。"清儒戴震、江声、王鸣盛、陈乔枞等皆持此说。

训"永"为"咏"者，见上引《汉书》之《礼乐志》《艺文志》及《论衡·谢短篇》等。《乐记》虽训"永言"为"长言"，然其篇中仍有"诗言其志也，歌咏其声也"之语，是又明言"歌咏"。《释名·释乐器》云："人声曰歌。歌，柯也。所歌之言，是其质也。以声吟咏有上下，如草木之有柯、叶也。故兖冀言歌，声如柯也。"刘熙《释名》全据音训，以"歌"即"柯"显见牵强，但他明以"歌永"为"歌咏"这一音训则是对的。《释文》则载徐邈音注"永"字为"咏"。自宋至明学者大抵皆从"长也"之训，匆遽未见有释为"咏"者。清儒段玉裁《撰异》备举《礼乐志》《艺文志》及《论衡·谢短篇》之文，而后说："玉裁按，古人引《书》多作'咏'。"虽后面亦引《孔疏》言作永及《史记》作长以存异文，其倾向在于"咏"则很显然。俞樾《平议》云："谨按《史记·五帝本纪》作'歌长言'，是亦训永为长。则下句'声依永'为'声依长'矣，于义难通。……今按《汉书·礼乐志》曰'歌咏言，声依咏'，《艺文志》曰'声言志，歌咏言'。是《今文尚书》'永'作'咏'，当从之。'诗言志，歌咏言'，谓诗所以言其志，歌所以咏其言也。……《古文尚书》作'永'者，即咏之假字耳。《释文》

曰：'永，徐音咏。'得之矣。"皮锡瑞《考证》云："史公于上句'歌长言'作长，乃以故训代经。下句'声依永'不作长，仍为永字，上下异文。疑史公所据经文上下两永字其音义必有异，若皆作永皆训长，上句'歌长言'可通，下句'声依长'不辞甚矣。《释文》云：'永，徐音咏。'徐仙民读永为咏，盖本《今文尚书》，疑《史记》'永'字亦当读咏。若《汉志》明作咏字，师古乃以永长之义解之，非也。陈乔枞谓当从《史记》作'永'，盖未解《汉书》作'咏'之义。"当依此诸位清儒训咏之说为是，言、永（咏）二字皆动词。

(54)声依永律和声——《史记》照录原文。《汉书·礼乐志》作"声依咏，律和声"。《史记集解》引郑玄注云："声之曲折又依长言而为之（此三字据《诗谱序》疏所引增），声中律乃为和也。"《汉书》注师古曰："依，助也。五声所以助歌也。六律所以和声也。"伪传云："声谓五声：宫、商、角、徵、羽。律谓六律六吕，十二月之音气。言当依声律以和乐。"《孔疏》："《周礼·太师》云：'文之以五声：宫、商、角、徵、羽。'言五声之清浊有五品分之为五声也。又：'太师掌六律、六吕（按《周礼》原文吕作同）以合阴阳之声。阳声：黄钟、太簇、姑洗、蕤宾、夷则、无射；阴声：大吕、应钟、南吕、林钟、仲吕、夹钟。'是六律、六吕之名也。《汉书·律历志》云：'律有十二，阳六为律，阴六为吕。'是阴律名'同'亦名'吕'也。……'声依永'者，谓五声依附长言而为之。其声未和，乃用此律吕调和其五声使应于节奏也。"

至宋苏轼《书传》云："声者，乐声也。永者，人声也。乐声升降之节，视人声之所能至，则为中声。是谓'声依永'。永则无节，无节则不中律，故以律为之节，是谓'律和声'。"林之奇《全解》："歌者,人声也。……人声之发,有洪纤小大,则有宫、商、角、徵、羽之五声为。……则乐器依之而作焉,古者作乐,升歌于堂,而后乐发,是所谓'声依永'也。声有洪纤大小……故必以十二律而和之。……盖律有常数,数有常度,而声有洪纤,咸取则于此,此之谓'律和声'。"董鼎《辑录》、陈栎《纂疏》、黄镇成《通考》等皆录朱熹之说云:"古人诗只一两句,歌便衍得来长。宫、商、角、徵、羽五声,依所歌而发,却用律以和之。如黄钟为宫,则太簇为商之类,不可乱其伦序也。"朱又云:"诗之作,本言志而已。方其诗也,未有歌也。及其歌也,未有乐也。以声依永,以律和声,则乐乃为诗而作,非诗为乐而作也。诗出乎志者也,乐出乎诗者也。诗者其本而乐者其末也。"朱又云:"古人作诗,只是说他心下所存事,说出来,人便将他诗来歌。其声之清浊长短,各依他作诗之语言,却将律来调和其声。今人都先安排下腔调子,然后做言语去合腔子,岂不是倒了,却是'永依声'也。古人是以乐去就他诗,后世是以诗去就他乐,如何解兴起得人。"承朱熹之学的《蔡传》云:"歌永言既有长短,则必有高下清浊之殊,故曰'声依永'。声者,宫、商、角、徵、羽也。大抵歌声长而浊者为宫,以渐而清且短,则为商、为角、为徵、为羽,所谓'声依永'也。既有长短清浊,又必以十二律和之,乃能成文而不乱。假令黄钟为宫,则太簇为商,姑洗为角,林钟为徵,南吕为羽,盖以三分损一隔八相生而得之,余律皆然。即《礼运》所谓'五声、六律十二管还相为宫'。所谓'律和声'也。"董鼎《纂注》引新安陈氏(陈栎)云:"歌永言者,言之不足而永歌之也。声依永者,宫商角徵羽之五声依傍于永言之歌而见也。律和声者,又以十二律而和此五声也。"元吴澄《纂言》云:"歌辞之永,必凭依于五声……

故曰'声依永'。""宫商角徵羽之高下无定准,必以律管之长短定之……故曰'律和声'。"

清儒大抵疏释以上之说,无多异义。惟俞樾《平议》驳《蔡传》所言五声之说云:"蔡沈《集传》曰:'大抵歌声长而浊者为宫……所谓声依永也。'夫五声既有长短清浊之不同,即不得言依永也。岂将独存宫声而废其四声乎,蔡说非也。"王鸣盛《后案》则引《国语》《周礼》资料以明郑玄之说云:"既有宫、商、角、徵、羽五声清浊不同,犹恐其声未和,乃用律吕调和五声使应节奏。《周语》云:'律所以立均出度,古之神瞽考中声而量之制度律均钟百官执义。'《春官》太师云'掌六律六同,以合阴阳之声,皆文以五声,播之以八音'是也。"

由以上经师之说,知"声依永律和声"之"声"与"律",即"五声"、"六律"。与之相关者"八音",见下句"八音克谐"。按,"六律"已详"岁二月东巡狩"一节之注⑧"同律度量衡"。"八音"已详"二十有八载"一节之注⑤"四海遏密八音"。唯五声仅在"同律度量衡"校释中提到。上引经师之说皆据礼书以"五声"为宫、商、角、徵、羽,此确见于先秦文献中。《国语·周语》云:"琴、瑟尚宫,钟尚羽,石尚角,匏、竹利制。大不逾宫,细不过羽。夫宫,声之主也,第以及羽。……故乐器重者从细,轻者从大。是以金尚羽,石尚角,瓦、丝尚宫,匏竹尚议,革、木一声。……声以和乐,律以平声。"韦昭解:"声,五声,以成八音而调乐也。贾侍中云:律,黄钟为宫,林钟为徵,太簇为商,南吕为羽,姑洗为角,所以平五声也。"此处《国语》原文叙明五声与八音的关系,贾逵注叙明五声与六律的关系。同时的《左传》亦屡有记载。《左传·昭公二十年》云:"先王之济五味、和五声也。以平其心，成其政也。声亦如味，一气、二体、三类、四物、五声、六律、七音、八风、九歌，以相成也。"说"声"涉及到这九项，其中五声、六律、七音即此处的主要项目。"

"五声"，杜预注："宫、商、角、徵、羽。"《释文》："徵，张里反。"（《昭公二十五年》"章为五声"杜注及《释文》全同此）《孔疏》引《汉书·律历志》云："五声者，宫商角徵羽也。所以作乐者，谐八音，荡涤人心之邪志令其正性，移风易俗也。五声和，八音谐而乐成。"志又云："五声之本，生于黄钟之律，九寸为宫，或益或损，以定商、角、徵、羽。九六相生，阴阳之应也。"又引郑玄云："声始于宫，宫数八十一……三分宫去一以生徵。数五十四……三分徵益一以生商。商数七十二……三分商去一以生羽。羽数四十八……三分羽益一以生角。角数六十四……以黄钟九寸自乘为九九八十一，定之为宫数，因宫而损益以定商、角、徵、羽之差，言其相校如此数也。言相准况耳，非言实有此数可用之也。"这是说五声之间音量（清浊洪纤）之比有定数。

以上贾逵注及《律历志》皆言宫生于黄钟。然《礼运》云："五声六律十二管还相为宫也。"杜佑《通典·乐三》"五声十二律旋相为宫"云："若黄钟之均，以黄钟为宫……林钟为徵……太簇为商……南吕为羽……姑洗为角。此黄钟之调也。"若大吕之均，以大吕为宫……夷则为徵……夹钟为商……无射为羽……中吕为角。此大吕之调也。"《通典》于其他十律亦依次类推言之，然后云："此谓迭为宫商角徵羽也。"继叙"若黄钟之律自为其宫"，直至"应钟之律自为其宫"，十二律皆叙完，然后云："所谓'五声六律十二管旋相为宫'者也。"这说明十二律都可定为宫音。

"六律"，此处杜预注引载黄钟等十二律管之名，《孔疏》引《周礼·大师》等文及郑玄之注。内容皆见前"同律度量衡"校释。

"七音"，非八音去一，而是五声扩充为七。杜预注："周武王伐纣，自午及子凡七日，王因此以数合之，以声昭之，故以七同其数，以律和其声，谓之七音。"杜预录此传说，显然当时确以为如此。《释文》："七音，宫、商、角、徵、羽、变宫、变徵也。"《孔疏》："声之清浊数不过五，而得有七音者，终五以外更变为之也。贾逵注《周语》云：'周有七音七律，谓七音器也。黄钟为宫，太簇为商，姑洗为角，林钟为徵，南吕为羽，应钟为变宫，蕤宾为变徵。'是五声以外，更加变宫变徵为七音也。《周语》云：'景王将铸无射，问律于伶州鸠，对曰：……以七同其数，而以律和其声，于是乎有七律。'是言周乐有七音之意也……故以七同其数，五声之外，加以变宫变徵也。此二变者，旧乐无之，声或不会，而以律和其声，调和其声使与五音谐会，谓之七音由此也。武王始加二变，周乐有七音耳，以前未有七。"这是根据武王伐纣经过七日而比附武王增五声为七音，说七音定于周初。

本为五声，增为七不称七声而称七音，则由于"五声"原亦称"五音"，《孟子·离娄上》云："师旷之聪，不以六律，不能正五音。"赵岐注即云："五音，宫、商、角、徵、羽也。"是此五者在先秦已有"五音"之称，自后《吕氏春秋·十二纪》《礼记·月令》《淮南子》之《原道》《天文》《时则》等皆承用五音之词。但由于《吕氏》为杂家之书，故其《察传篇》仍称"夔于是正六律，和五声"，并不全改用五音一词。《左传》书中始终称"五声"，《周礼·大师》《礼记·礼运》《白虎通·礼乐》等亦皆称"五声"，循《左传》《国语》用词不变。

这里需要引据王力先生《古代汉语》第 810—816 页中关于古代乐律的一些解说,以便就现代乐理对上述资料获得正确的简明的理解。王先生文云:"古人把宫商角徵羽称为五声或五音,大致相当于现代音乐简谱上的 1(Do)2(Re)3(Mi)5(Sol)6(La)。从宫到羽,按照音的高低排列起来,形成一个五声音阶:宫(1)、商(2)、角(3)、徵(5)、羽(6)。后来再加上变宫、变徵,称为七音。变宫、变徵大致和现代简谱上的 7(Ti)和 #4(Fis)相当。这样就形成一个七声音阶:宫(1)、商(2)、角(3)、变徵(#4)、徵(5)、羽(6)、变宫(7)。作为音级,宫商角徵羽等音只有相对音高,没有绝对音高。这就是说,它们的音高是随着调子转移的。但相邻两音的距离却固定不变。只要第一级音的音高确定了,其他各级的音高也就都确定了。古人通常以宫为音阶的起点,《淮南子·原道训》说:'故音者,宫立而五音形矣。'(即在本处上文所引"夫宫,声之主也"及"声始于宫"之意。)……其实商角徵羽也都可以作为第一级音。《管子·地员》篇有一段描写五声的文字,其中所列的五声顺序是徵羽宫商角。这就是以徵为第一音的五声音阶:徵(5)、羽(6)、宫(1)、商(2)、角(3)。音阶的第一级音不同,意味着调式的不同:以宫为音阶起点的是宫调式……以徵为音阶起点的是徵调式……其余由此类推。这样,五声音阶就可以有五种主音不同的调式……七声音阶就可以有七种主音不同的调式。……上文说过,宫商角徵羽等音只有相对音高,没有绝对音高。在实际音乐中,它们的音高要用律来确定。试以宫调式为例,用黄钟所定的宫音(黄钟为宫),就比用大吕所定的宫音(大吕为宫)要低。前者叫黄钟宫,后者叫大吕宫。宫音既定,其他各

音用哪几个律,也就随之而定。例如:

黄钟宫

C	#C	D	#D	E	F	#F	G	#G	A	#A	B
黄	大	太	夹	姑	中	蕤	林	夷	南	无	应
钟	吕	簇	钟	洗	吕	宾	钟	则	吕	射	钟
宫		商		角		变	徵		羽		变
						徵					宫

(王原文未录变徵变宫,据贾逵注增)

(各律上原未列 C、D 等调,今据王氏文中所定增)

大吕宫

C	#C	D	#D	E	F	#F	G	#G	A	#A	B
黄	大	太	夹	姑	中	蕤	林	夷	南	无	应
钟	吕	簇	钟	洗	吕	宾	钟	则	吕	射	钟
宫		商		角			徵		羽		

理论上十二律都可以用来确定宫的音高,这样就可能有十二种不同音高的宫调式,商角徵羽各调式仿此(按,此即《通典·乐三》所载)。……五声音阶的五种调式……古人有所谓六十调之说。……七声音阶的七种调式……可得八十四调。……都只是理论上有这样多的可能组合,在实际音乐中不见得全都用到。例如隋唐燕乐只用二十八宫调……明清以来……常用的只有九种,即五宫四调(原注:前人把以宫为主音的调式称之为宫,以其他各宫为主音的调式统称之为调。……二十八宫调包括七宫二十

316

一调）。"

由王先生这样的解说，就可依现代的认识对五声（五音）、六律（十二律）、七音获得正确了解，对《吕览·察传》所说"夔于是正六律和五声"及《孟子》所说"不以六律不能正五音"获得正确了解，也对本篇此处的"律和声"获得正确了解。

由文献资料向上追溯，还可约略寻之于考古资料中。《中国大百科全书·考古学》载殷玮璋氏《商周乐器》中有云："对中国五声音阶、七声音阶的形成与发展，学者之间历来存在不同的看法，近年以来，学者们在实测古代乐器的基础上对此进行了探讨。有人认为，中国古代五声音阶的形成在仰韶文化时期，七声音阶的形成在公元前第二千年前后；也有人认为，七声音阶的出现不一定晚于五声音阶出现的时间，至少在晚商时期已出现完整的七声音阶；还有人认为，七声音阶至迟在春秋战国之际已经形成。"这就使人们知道中国的五声音阶即文献中所说的"五声"宫商角徵羽在先史时代仰韶文化时期已经形成。至于说七声音阶不会晚于五声音阶之说似不确，由较早文献但称宫商角徵羽来看，是原只有五声，变徵、变宫不另称专名，而就原有之徵之宫另以变用，似即可知其较后起。考古者以为七声音阶形成于公元前二千年前后，则约当夏初左右；文献中则以为在周初，与晚商时期说相近。总之五声音阶出现很早，七声音阶出现亦不太晚。《尧典》作者采用了"声"字，至《皋陶谟》始与《左传》相同称"五声"。

"五声"之"五"因音阶高低自然而成，但战国后期兴起阴阳五行说逐渐盛行，遂强将五声与五行相牵附，并与五行说的其他许多五相牵附，于是五声与五行说许多的配合纷然杂陈。首先是与五行相配。《左传·昭公二十五年》"章为五声"疏:"声之清浊差为五等,圣人因其有五,分配五行。其本未由五行来也。但既配五行,则五者为五行之声:土为宫,金为商,木为角,火为徵,水为羽。"《白虎通·礼乐》:"宫商角徵羽,土谓宫,金谓商,木谓角,火谓徵,水曰羽。《月令》曰:'盛德在木其音角。'又曰:'盛德在火其音徵,盛德在金其音商,盛德在水其音羽。'"班氏撰《律历志》复云:"协之五行则角为木……商为金……徵为火……羽为水……宫为土。"于是各种典籍中大都宣扬此说。其与五色相配者,《左传·昭公元年》"发为五色徵为五声"杜注:"白声商,青声角,黑声羽,赤声徵,黄声宫。徵,验也。"其与五方相配者,《左传·昭公二十年》孔疏引《律历志》继云:"声之清浊凡有五品,自然之理也。圣人配于五方,宫居其中,商角徵羽分配四方。"《乐记》更分配为君臣民事物。其文云:"声音之道与政通矣。宫为君,商为臣,角为民,徵为事,羽为物。……宫乱则荒,其君骄;商乱则陂,其官坏;角乱则忧,其民怨;徵乱则哀,其事勤;羽乱则危,其财匮。"《律历志》全承用此说。至于与四时相配,据《礼运》云"播五行于四时",自《吕氏春秋·十二纪》硬将五行配四时,春夏秋冬分别配了木、火、金、水好办,却硬在夏秋之间列了一个中央,配了土,叫"中央土"。于是五声跟着配四时,春夏秋冬配了角、徵、商、羽,夏秋之间的中央则配了宫,以示它主导四方的角徵商羽。这样又和五方相配了。春夏秋冬分别配了东南西北,而定夏秋之间为中。《十二纪》进而按"五行说"的精神,把世间林林总总的事物,都综为五分配于四时,如五帝、五神、五虫、五味、五臭(气味)、五脏、五色及星辰、律数、奉祀等等,都和五行、五声、五方一起分配在四时和中央。继之者《礼记·月令》《淮南子》之《时则训》及《天文训》全部承受了《十二纪》之说,《淮南子》还于“五帝”之下增加了“五佐”。这完全荒谬的说法,两千多年中支配了中国人的思想,大家深信而不疑。由于它已成了“阴阳五行说”宗教教义之故。而这些配合,也都是和“五声”的配合。我们必须认识清楚,这完全是荒谬的。

(55)八音克谐无相夺伦神人以和——《史记》“克”作“能”,“无”作“毋”。《说文》“谐”作“龤”。见《龠部》龤字下引《虞书》曰:“八音克龤。”段氏《撰异》云:“龤字今作谐,犹龢字今作和也。”唐写本《释文》作:“夺伦,如字。或作古敓字。”吴《校语》:“案《说文》‘敓’下引《书·吕刑》‘敓攘矫虔’,今本亦作‘夺’。”薛本全句作隶古字,内野本后二字作“目咊”。

《史记集解》引郑玄注云:“祖考来格,群后德让,其一隅也。”看来似不知所云,盖在释“神人以和”一句。孙星衍《注疏》指出郑据《皋陶谟》“祖考来格,虞宾在位,群后德让”句以为注。以“祖考”为神,“群后”为人。王氏《后案》则云:“郑玄云者,神不特祖考,人不特群后,故云‘一隅’也。”姚氏伪传则颇扣住原文为释云:“伦,理也。八音能谐理不错夺,则神人咸和,命夔使勉之。”《孔疏》:“伦之为理,常训也。八音能谐,相应和也。各自守分不相夺道理,是言理不错乱相夺也。如此,则神人咸和矣。……《大司乐》云:‘大合乐以致鬼神示,以和邦国,以谐万民,以安宾客,以说(悦)远人。’是神人和也。”

宋儒较多以理阐释。林之奇《全解》云:“惟其以律和声音,兹所以‘八音克谐’也。……此八音者,其声名不同,必以律和其声,然后洪纤大小各得其当。苟有一音之不和于其间,则乐之合奏必杂而不得谐和,故曰无相夺伦。……乐既调矣,奏之于郊庙,则天地神祇祖考……而神莫不和矣;用之燕飨射而臣民之心无不和矣。幽而神,明而人,无有不和。"董鼎《辑录》引朱熹云:"至'八音克谐,无相夺伦,神人以和',此是言祭祀、燕飨时事,又是一节。"《蔡传》:"人声既和,乃以其声被之八音而为乐,则无不谐协而不相侵乱,失其伦次,可以奏之朝廷,荐之郊庙,而神人以和矣。"元吴澄《纂言》云:"相夺伦者,商太下则夺宫之伦,太高则夺徵之伦(以下依此句式叙角下夺商高夺徵,徵下夺角高夺羽,羽下夺徵高夺变宫)。不相夺伦而和……用之于神则神和,用之于人则人和。"

清儒多做文字校勘厘订工作,无多异说。

屈氏《集解》:"夺,犹乱也,义见《礼记·仲尼燕居》郑注。伦,序也,义见《孟子·离娄下》赵注。夺伦,犹乱其旋律也。"按此语与吴澄说相近。

加藤常贤《集释》谓夺伦意为脱伦,即走调子。此释甚佳。

㊹夔曰于予击石拊石百兽率舞——《史记》照录此原文。薛氏本"于"字,不同于前文"黎民于变时雍"及"佥曰于"二"于"字之该本自己的隶古奇字,而同于《魏石经》的古文"于"字(见前"黎民于变时雍"校释)。皮氏《考证》引《汉纪》载刘向说"击石拊石"作"击磬拊石",皮云:"疑今文异字。"薛本自此句下作:"擎后改后百兽衞㐭。"唐写本《释文》:"石,古作后,磬(也)。"龚氏《考证》:"案《说文》石从厂,厂之籀文作厈,故从石之字左旁有从厈者,厈之省也。《集韵》《类编》并云'石,古作后'。此后字当同薛本作'后',写者脱一画耳。'磬'下脱'也'字,以磬字释石字也。"唐写本《释文》又作:"拊石,音抚,徐(邈)又音府。"今本《释文》作:"(拊)音抚。"唐

写本《释文》又作:"衞㒩,古舞字。"今本《释文》被陈鄂删去此条。吴《校语》:"注疏本改作'率舞'。案《说文》'舞',古文作'㒩'。"龚《考证》:"薛本同,足利本作'㒩',山井鼎云'当作㒩'。"今见内野本作"徽㒩"(内野本此句于此二字以上"夔曰"以下诸字皆同今本)。

"於",《史记·正义》:"於,音乌。"唐写本《释文》:"於予,并如字。读者或以於为'乌'音而绝句,非也。"段氏《撰异》:"依《释文》则当作'于',如《孟子》'女其于予治'(见《万章上》)。"是此"於"字有乌、于二读,亦即不同二释。"乌",叹词。"于",助词。《经传释词》:"於,语助也。……《尧典》曰:'黎民于变时雍。'又曰:'於予击石拊石。'"《词诠》明以此二于字为语首助词,无义。"於予"即予,亦即余。清代学者多同意读"乌"者,如段氏《撰异》:"《尚书》既作'於',则音乌语绝是也。《史记·正义》曰:'於,音乌。'"刘逢禄《集解》、王先谦《参正》皆引段氏说而从之。江声《音疏》则云:"於,古文乌。陆德明反谓音乌而绝句者非,陆氏谬也。"王氏《后案》在引《释文》文句后亦云:"《释文》非也。"其同意《释文》说者,唯孙星衍《注疏》云:"於,《释文》曰:'如字,或音乌而绝句非也。'《史记·正义》云:'於,音乌。'不可从。"然不论读乌读于,于此处文义无大影响。作叹词,置于句前读断;或作语助,置于句首无义;皆不关"击石拊石百兽率舞"之训释。其训释由此两句字义自定。

"击石拊石,百兽率舞",较早注释唯见郑玄注云:"石,磬也(《公羊传·哀公十四年》疏引)。百兽,服不氏所养者也。率舞,言音和也(《史记集解》引)。谓声音之道与政通焉(《公羊传·哀公十四年》疏引）。"《史记正义》："磬，一片黑石也。不，音福尤反。《周礼》云：'夏官有服不氏，掌服猛兽。……'郑玄云'服不服之兽'也。"唐写本《释文》云："服不氏，《周礼》有其职掌养鸟兽。"陆氏撰《释文》所据《舜典》为王肃注本。知此处王肃注与郑注有相同者。至姚氏伪传云："石，磬也。磬，音之清者。拊，亦击也。举清者和，则其余皆从矣。乐感百兽，使相率而舞，则神人和可知。"《孔疏》："乐器惟磬以石为之，故云'石，磬也'。八音之音，石磬最清，故知磬是'音之声清者'。磬必击以鸣之，故云'拊亦击之'。重其文者，击有大小，'击'是大击，'拊'是小击。音声浊者粗，清者精。精则难和。'举清者和，则其余皆从矣'……'百兽率舞'，即《大司乐》云'以作动物'，《益稷》云'鸟兽跄跄'是也。人神易感，鸟兽难感，百兽相率而舞，'则神人和可知'也。夔言此者……言帝德及鸟兽也。"

至宋王安石《新经义》云："堂上之乐，以象宗庙朝廷之治；堂下之乐，以象鸟兽万物之治。石者，堂上之乐也。夔方击石拊石，以象宗庙朝廷之治，鸟兽不待堂下之乐，固已率舞，以此见舜功化之敏，乐之形容有所不逮也。堂上之乐非止于石，特曰'击石拊石'者，盖八音惟石难谐，举石则余不足道也。《诗》曰：'鼖鼓渊渊，嘒嘒管声，既和且平，依我磬声。'以此知乐之和由石声而依之也。"（夏僎《详解》引）《蔡传》于此无说，惟承宋代多数学者之说，谓此数语为脱简，见下文。

清代学者加释者有数家，兹举江声《音疏》释郑注云："《说文·石部》云：'磬，乐石也。'故云：'石，磬也。''拊，揗。'《说文·手部》文。《说文》又云：'揗，摩也。'则拊是抚摩轻击之意也。故《周礼·大师》职云：'合奏击拊。'先郑（众）注云：'乐，或当击，或当拊。'郑注……云'百兽，服不氏所养者'者，《周礼·夏官》有服不氏，掌养猛兽而教扰之。郑彼注云：'服不，服不服之兽者，猛兽虎豹熊罴之属。'郑于此言之者，欲见难服之兽犹且率舞，则物无不和者矣。云'音声之道与政通'者，《乐记》文。音能感物，则必能使群生咸遂，故与政通。"王鸣盛《后案》、孙星衍《注疏》基本与此同，惟详略各稍异。

宋儒之以此数句为脱简于此者，首先为林之奇所说的薛氏刘氏二人。林之奇《全解》云："'夔曰于予击石拊石百兽率舞'，薛氏刘氏皆以为《益稷》脱简重出。盖方命夔典乐，而夔遽言其击石拊石致百兽率舞之效，非事辞之序也。而《益稷篇》又有此文，故二公疑其差误，以理观之，义或然也。"林氏但提薛、刘二人之姓，未详其名。今一般所知持此数句为错简说较早者为苏轼，林氏在轼后而独提薛刘最初创此说，则此二人必在轼前。考宋初开创庆历说学风多提出新说终促成宋学之形成者为刘敞，撰有《七经小传》，此语确出其著作中，戴震《义考》曾引其一段云："刘氏敞曰：《益稷》之末又有'夔曰于予击石拊石百兽率舞'。然则《舜典》之末衍一简也。何以知之耶？方舜之命二十有二人莫不让者，惟夔、龙为否，则亦已矣，又自赞其能，夔必不为也。"是知此刘氏即刘敞。至于薛氏，宋代有名薛姓学为薛季宣，然其《书古文训》中并无此语，且其人在南宋，自非此处薛氏。考宋早期学者中有薛肇朗（董鼎书中引作薛肇明），撰有《尚书解》，其人早在林之奇前，略同王安石时，至迟与苏轼时间略同或稍早，则所谓薛氏当即此人，惜其书已失传，无由见其原语，仅由林氏引述其大意。其以原书传至今者，为苏轼《东坡书传》云:"此舜命九官之际也,无缘夔于此独称其功,此《益稷》之文也,简编脱误,复见于此。"董鼎《辑录》引朱熹《语录》亦云:"夔曰于予击石拊石,是重出。"《蔡传》全录苏氏之文,以见宋学对此问题的共同见解。董鼎《纂注》还引新安陈栎(宋末元初人)云:"'夔曰于'以下,为《益稷》错简无疑。"这已为宋元大多学者共识。

但亦有对此持保留意见或慎重态度者,如林之奇在引薛、刘之说,以为"义或然也"后,即云:"然笔削圣人之经以就己意,此风亦不可长。孔子曰:'多闻阙疑,慎言其余,则寡尤。'此实治经之法也。"以圣人之经不可轻动,这是儒生尊经之见。但以阙疑态度对待典籍,则是对的。接着吕氏《东莱书说》亦云:"或者以为脱简,亦未可知。不然!夔若自言其功,盖闻舜之言,心领神受曰:於予击拊之际,百兽尚将率舞,则神人以和可知。"陈经《书详解》亦针对刘、苏以夔自言其功之说为之解云:"惟舜乐之和,故击拊之而兽舞焉,夔非自言其功,所以信舜乐感通之必然尔。兽且舞,况神人乎。"至清戴震《义考》云:"案苏氏刘氏以此条为简编衍误,得之。然《史记》于此命官亦载夔之言,则汉初已讹舛矣。"皮锡瑞《考证》据《史记》在此,则云:"是《今文尚书》'神人以和'下有此十二字也。"

至于奏乐而能使百兽率舞(伪传释为"相率而舞",可通。《经传释词》释率为用,谓"百兽用舞"犹"神人以和"句式),此是否为可能的问题。《论衡·感虚篇》云:"传书言:'匏芭鼓瑟,渊鱼出听;师旷鼓琴,六马仰秣。'……《尚书》曰:'击石拊石,百兽率舞。'此虽奇怪,然尚可信。何则?鸟兽好悲声,耳与人耳同也。禽兽见人欲食,亦欲食之,闻人之乐,何为不乐?然而鱼听、仰秣,玄鹤延颈,百兽率舞,盖且其实。"是这位汉代学者已确信百兽率舞是可能的。又汉代的《尚书大传·皋陶谟传》云:"蕤宾声,狗吠,龁鸣,及倮介之虫,皆莫不延颈以听蕤宾。……此言至乐相和,物动相生,同声相应之义也。"皮氏《考证》引《韩诗外传》一段,与此传文字略同。陈乔枞《经说考》引《大传》此段文后云:"是击石拊石,百兽率舞,兹其验也。"是都相信奏乐能使百兽率舞,这是对的。今日世界不少大马戏团的成就,各地大动物园动物作各种表演,小至印度马路边玩蛇者吹笛使蛇做各种动作,是确知百兽能听乐而率舞。何况从《周礼》等古籍中看出,中国古代王朝所御使百工技艺之人分工很细,有专司教鸟兽之舞的职掌的,如服不氏即其一。

⑤帝曰龙——《史记》作"舜曰龙"。"龙",已详上文注㊽"伯拜稽首让于夔龙"之校释中。作为人名,是常与夔在一起也擅长音乐的虞廷官员。

⑤朕聖谗说殄行震惊朕师——《史记》作"朕畏忌谗说殄伪振惊朕众"。《史记集解》:"徐广曰"一云'齐说殄行振惊众'。"《说文·土部》"坚"字云:"聖,古文坚。从土、即。《虞书》曰:'龙,朕聖谗说殄行。'聖,疾恶也。"唐写本《释文》:"聖,徐音在力反。疾也。《说文》才尸反。云古文字,疾恶。"龚《考证》:"'古文',下当脱'坚'字。'才尸反'盖出《说文》旧音,与《唐韵》'疾资'音同。"唐写本《释文》又:"谗说,如字。泣同。徐:失锐反。"吴《校语》:"今本同。惟'谗'字下有'《切韵》士咸反'五字。"唐写本《释文》又:"殄,古文作尸。"吴《校语》:"今本无'古文作尸'句,有'《切韵》徒典反'五字。案《说文》:'丬,古文殄。'此作'尸',盖隶体省变。《汗简·亥部》引《尚书》正作'丬'。"唐写本《释文》又:"行,下孟反。

注同。”今本《释文》同此。

史公以“畏忌”训聖，以“伪”训行，以“众”训师。《三国志·吴志》注引马融注曰：“殄，绝也。绝君子之行。”《史记集解》云：“案郑玄曰：所谓色取仁而行违是，惊动我之众臣，使之疑惑。”《史记·正义》云：“伪，音危肿反。言畏恶利口谗说之人，兼殄绝奸伪人党，恐其惊动我众，使龙遏绝之，出入其命唯信实也（此语释下句，于此连及之）。此‘伪’字太史公变《尚书》文也。《尚书》‘伪’字作‘行’，音下孟反。言己畏忌有利口谗说之人，殄绝无德行之官也。”姚氏伪传云：“聖，疾。殄，绝。震，动也。言我疾谗说绝君子之行，而动惊我众，欲遏绝之。”《孔疏》：“聖声近疾，故为疾也。殄，绝。震，动。皆《释诂》文。谗人以善为恶，以恶为善，故言我疾谗说绝君子之行，众人畏其谗口，故为谗也。动惊我众，欲遏止之。”

宋苏轼《书传》云：“聖，疾也。殄，绝也。绝行，犹独行，行之不可继者也。惟谗说独行为能动众。”林之奇《详解》云：“颜渊问为邦，孔子曰：……放郑声，远佞人。舜……命龙以作纳言，其命之之辞则曰‘朕聖谗说殄行震惊朕师’。此正孔子答颜渊问为邦之意。……已安已治矣而至于危乱者，未有不由小人变白为黑以是为非者。故治定功成之后，尤宜以是为戒也。”王天与《纂传》引张氏（可能是张九成）曰：“烧土为聖，所谓聖周是也。烛烬为聖，所谓折聖是也。盖聖有息灭之义，聖之使不生也。”又引朱熹曰：“谗，谮也。殄行，伤绝善人之事也。惊，骇也。言之不正而能变乱黑白以骇众听也。”董鼎《辑录》引朱氏语录云：“殄行是伤人之行，《书》曰‘亦敢殄戮用乂民’、‘殄弃乃雠’皆伤残之义。”《蔡传》承之云：“聖，疾。殄，绝也。殄行者，谓伤绝善人之事也。师，众也。谓其言之不正而能变乱黑白以骇众听也。"元吴澄《纂言》云："火熟之土曰塈,烛头之烬亦曰塈,皆有熄灭不生之义。音与疾相近,古字或通用。故《孔传》曰:疾也'。'谗说',诬谮人之言也。'殄行',伤害人之事也。'震',动也。……帝言造谮赞以伤害人者骇动众听,易于惑人,我欲熄灭之。"

清代学者大都就汉唐之说加释,今录戴、段、皮三氏之说。戴震《义考》云："按《周礼·稻人》'夏以水殄草而芟夷之'。郑注云:'殄,病也,绝也。'谗说殄行,谓是以伤病人之德行,举其为害之实也。"段氏《撰异》先释《说文》"塈,古文垩,从土、即"云:"按'即'下当有声字,古文以即为声,小篆改从次声者,古音次读如漆。此塈字……乃疾恶字之假借。古次声、即声、疾声同在第十二部,许君恐人不晓,故又笺之曰:'塈,疾恶也。'"又释《史记》所译之文及徐广说云:"按'畏忌'者,塈之训故。'齐'者,谗之驳文。齐,疾也,谓利口捷给也。'伪',玩张氏《正义》,本只作'为'。张音'危睡反'耳。'为'与'行'义通。'殄为振惊朕众'六字连读。言尽为振惊朕众之事也。以'为'代'行',则行读如字(意谓不读下孟反)。据《贾捐之传》,《今文尚书》亦作'殄行'也。"(《汉书·贾捐之传》:"《书》曰'谗说殄行,震惊朕师'。")皮氏《考证》亦释《史记》文云:"案《史记》'行'作'伪'者,古以作伪为行。《周礼·胥师》'察其诈伪饰行使匿者而诛罚之',疏谓后郑以为'行滥又司市害者使亡'。郑注:害,害于民,谓物行苦者。《群书治要》崔寔《政论》曰:'器械行沽。'《潜夫论·浮侈篇》'以牢为行'。《后汉书·王符传》作'破牢为伪',是'行'、'伪'义同之证。"

近人录杨筠如说。其《核诂》云:"按殄犹病也,败也。《鲁语》

'固国之殄病是待'，《诗·瞻卬》'邦国殄瘁'，瘁亦病也。宣二年《左传》'败国殄氏'，殄与病、败义近可证。《周礼·稻人》注：'殄，病也。绝也。''殄行'，犹言病行、败行也。"袭戴震说而有所补充。

⑤命汝作纳言夙夜出纳朕命惟允——《史记》作"命汝为纳言夙夜出入朕命惟信"。是"作"作"为"，"出纳"作"出入"（参看"乃命羲和"节"寅饯纳日"校释），以古文作纳，今文作入。"允"作"信"。唐写本《释文》"纳言"作"内言，音纳，下同"。薛氏本作"俞女𤣥内𢍰殂夜出内朕俞惟允"。内野本"纳言"、"出纳"之纳皆作"内"。

《北堂书钞·设官部》引郑玄注云："纳言，如今（汉）尚书，管主喉舌也。"姚氏伪传云："纳言，喉舌之官，听下言纳于上，受上言宣于下，必以信。"《孔疏》："《诗》美仲山甫为王之喉舌（按见《诗·烝民》），喉舌者，宣出王命，如王咽喉口舌，故纳言为喉舌之官也。此官主听下言纳于上，故以纳言为名。亦主受上言宣于下，故言出朕命。纳言不纳于下，朕命有出无入，官名纳言，云出纳朕命，互相见也。必以信者，不妄传下言，不妄宣帝命，出纳皆以信也。"

宋儒原大都据伪传、孔疏之释，进而以理闿扬之，至南宋学者始强调"内审上言"审复封驳之义。陈栎《纂疏》、董鼎《辑录》都引朱熹之说云："纳言之官，如汉侍中，今（宋）给事中，朝廷诰令，先过后省，可以封、驳矣。"董鼎书还录朱熹语云："纳言似今中书门下省。""纳言之官，如今之门下审覆。自外而进入者既审之，自内而宣出者亦审之。恐谗说殄行之震惊朕师也。"王天与《书纂传》引朱熹语一段，《蔡传》全文承用之，无一字之异，今录如下："命令、政教，必使审之，既允而后出，则谗说不得行，而矫伪无所托；敷奏复逆，必使审之，既允而后入，则邪僻无自进，而功绪有所稽。周之内史，汉之尚书，魏、晋以来所谓中书门下省者，皆此职也。"《蔡传》仅于"无所托"及"有所稽"下，各增一"矣"字。（陈师凯《蔡传旁通》云："复逆者，《周礼》云：'小臣掌三公及孤卿之复逆。'《注疏》云：'复是报白之义，逆谓上书。'"又云："《周礼·春官》：'内史掌王之八枋之法，以诏王治。''执国法及国令之贰，以考政事，以逆会计。掌叙事之法，受诏王听治。'秦改称尚书，汉亦尊此官。明帝诏曰：'尚书盖古之纳言，出纳朕命。'汉尚书称台，魏晋以来为省，《晋志》云：'给事黄门侍郎与侍中，俱管门下众事。'《旧唐志》云：'晋始置门下省，南北朝皆因之，侍中二员。隋曰纳言，武德改侍中，掌出纳帝命。'"）是以为纳言之职既审下言，复审上言。但犹沿伪传孔疏出王命、纳下言之义。

至宋元之际学者始据"出纳朕命"原语，以为所出、纳皆上言，善者出，否则纳。陈栎及董鼎书并引胡一桂云："'出纳朕命'，如《诗》'出纳王命'。谨审之，善者宣出，否则缴纳，如后世封还词头。在我者既允信，何忧谗说得入哉。"陈栎书中有自己"愚谓"五六句，董鼎书中引之更详云："新安陈氏曰：'自孔注'出纳朕命'以为听下言纳于上，受上言宣于下，《蔡传》又分命令政教敷奏复逆以配出纳，然于'朕命'二字欠通。窃意（此改陈氏"愚谓"二字，以下即原"愚谓"之文）欲其审君命之当否，当者出之，否者纳之，惟至于允当而止，如后世批敕审覆之官，庶于'出纳朕命'文义明顺也。"是这些儒生着重于防范和匡正君主出言之误，因而以为纳非纳下言。

清儒大都循汉唐之说加以推阐，并在文字校释及今古文之别上用功。惟戴震同意宋元之说。其《义考》云："《诗·大雅·烝民篇》曰：'出纳王命，王之喉舌。'郑笺云：'出王命者，王口所自言，承而施之也。纳王命者，时之所宜，复于王也。'然其官名'纳言'，且告之曰'朕堲谗说殄行震惊朕师'。是谗说之可畏，欲其审察下言不惑于谗说，然后出纳上之命。出者，出宣之也。纳者，入陈之也。盖上之命既允，则直出宣之；上之命未允，则必入陈其当否，归于允乃出之。故曰'夙夜出纳朕命惟允'。陈氏（栎）谓即后世批敕之官，得之。"

近人之作，一无新义可采。惟日本人赤塚忠《书经》以舜任命龙为纳言，由神话传说以寻其演变之迹。从禹的神话的形象，历商代有关奉祀为神的龙及与龙有关的氏族、方国资料，叙至《左传·昭公二十九年》载历史上有关龙的人事化资料，而以《舜典》所载未详为何族神话之素材。其说足以启发吾人思考。按《左传·昭公二十九年》载"龙见于绛郊"后魏献子与蔡墨关于龙的几段对话。谓董父扰畜龙以服事舜，舜赐之姓，曰豢龙，封诸鬷川。这一舜封其臣为豢龙的神话故事，当时必有流传，既写入《左传》中，又为《尧典》作者遇到其传闻异辞的材料，把龙作为人名受到舜任命为官而写入篇中了。

至此，所谓虞廷九官禹、稷、契、皋陶、垂、益、伯夷、夔、龙皆已任命完毕。陈栎《书传纂疏》、黄镇成《书通考》、董鼎《辑录纂注》、吴澄《书纂言》皆引录有"王氏曰"一段论此项任命先后之故的话。一般尝以此"王氏"为王安石，但《书经传说汇纂》则定为王炎（炎之学见《尚书学史》第28—29页）。《汇纂》为康熙、雍正时集当时主要学者纂成，考订较深，则其定为王炎谅有所据。兹录该段文字如下："百揆，百官之首，故先命禹。养民，治之先务，故次命稷。富然后教，故次命契。刑以弼教，故次命皋陶。工立成器以为天下利，人治之末，故次命垂。如此，治人者略备矣，然后及草木鸟兽，故次命益。民物如此，则隆礼乐之时也，故次命夷、夔。礼先乐后，故先夷后夔。乐作，则治功成矣，群贤虽盛，治功虽成，苟谗间得行，则贤者不安，前功遂废，故命龙于末。所以防谗间、卫群贤以成其终，犹命十二牧而终以'难任人'，夫子答为邦而终以'远佞人'也。"案，此意前人已有言之者，如《孟子·滕文公上》云："后稷教民稼穑……五谷熟而民人育。人之有道也，饱食暖衣，逸居而无教，则近于禽兽。圣人有忧之，使契为司徒，教以人伦。"《潜夫论·德化篇》云："舜先教契以敬敷五教，而后命皋陶以五刑三居。"董鼎《纂注》引"唐氏曰"（陈栎《纂疏》作"唐孔曰"。检《孔疏》无此语。黄镇成《书通考》作"唐圣任曰"宜是）："命稷而后命契，富而后教之序也。"其实不应把典籍中记载官名之先后，看成官职任命之先后。例如今日一个国家组阁发表名单，同日任命。其官名排列之先后，并非任命之先后。《史记集解》引郑玄曰：这些官"皆格于文祖时所敕命也"。即知道这些官是同时任命的，其所以列名有先后，当如"让于稷契、皋陶"下《孔疏》所云："三人如此次者（即如此先后次序），盖以官尊卑为先后也。"古今讲尊卑，今则看该官职的重要性。凡发表组阁名单，总是几个重要的部列在前面即是。

顾师《虞廷九官问题》文中，在引录了《论语·泰伯》"舜有臣五人而天下治"一语后，陆续引录了些可能是舜臣的材料。接着引录了《孟子·滕文公上》所述舜的诸臣。然后说："颉刚案：《论语》言'舜有臣五人而天下治'，五人为谁，未举其名，殊费人疑猜。孟子乃历数之曰益，曰禹，曰后稷，曰契，曰皋陶，而后其目乃定。……则舜臣五人,禹为姒姓民族之祖,契为子姓民族之祖,后稷为姬姓民族之祖,益为嬴姓民族之祖,皋陶为偃姓民族之祖。历二千余年传国之统,举夏商周秦四代之始祖而胥为之臣焉,何其奇巧乃尔?"而后续引《荀子·成相篇》,乃云:"颉刚案:此为《孟子》后之舜臣又一结集,视《孟子》溢出三人——夔、横革、直成。《论语》所谓'舜有臣五人'者,其数目遂不能维持矣。"接着又引《大戴记·五帝德篇》帝尧、帝舜的资料,然后说:"颉刚案:此举尧臣五人,曰伯夷、龙、夔、舜、彭祖;舜臣八人,曰禹、后稷、羲和、益、伯夷、夔、皋陶、契。《郑语》以伯夷属尧,此兼舜。《吕氏春秋》以夔属舜,此兼属尧。此诸臣中,前所未见者三:曰龙,曰彭祖,曰羲和。……龙之为尧臣,以前无所见。"在录列了夔、龙和垂的资料后说:"颉刚又案:舜之九官具见于此矣。传说之兴,禹为最早。其有民族祖先传说之背景六人,曰禹、契、后稷、伯夷、皋陶、益。其有神话之背景者二人,曰夔、龙。其因遗物之流传而有传说发扬之者一人,曰垂。惟传说颇有类同而九官必须分职,故伯夷本刑官也,以皋陶起而转为礼官;夔、龙、垂本皆乐官也,以垂擅制作之誉而命为共工、以《皋陶谟》有'予欲闻六律五声八音七始咏(咏之误),以出纳五言'之语,而命龙为纳言。经此布置,而后《吕刑》之三后,《论语》之五臣,其人数遂扩而为九矣。亦惟经此布置,而后数千年中之重要人物,不论其时代早晚,皆萃集于一堂,得帝舜之俞咨矣。此古代史事之一大改变,亦即后人对于古史观念之一大改变也。"这就成了顾师在《古史辨》第一册中《论今文尚书著作时代》所说《尧典》的人物是"倒乱千秋式的拉拢"了。也就如现代笑话中所说的把秦琼和"关公"编在一个剧里打仗了。

⑥帝曰咨汝二十有二人——《史记》作"舜曰嗟女二十有二人"。唐写本《释文》后五字作"二十ナ二人"。薛本作"帝曰资女式十ナ式人"。内野本"汝"作"女","有"作"ナ"。《唐石经》"二十"作"廿"。

关于二十二人，因与经师释"四岳"为四人合"十二牧"、"九官"共二十五人之数不合，致释之者歧说很多，大致有如下诸说：

（一）司马迁说。见《史记·五帝本纪·舜纪》云："天下归舜，而禹、皋陶、契、后稷、伯夷、夔、龙、垂、益、彭祖自尧时而皆举用，未有分职。于是舜乃至于文祖，谋于四岳，辟四门，明通四方耳目，命十二牧。（此处译载《尧典》任命禹、弃至夔、龙一大段）……舜曰：'嗟，女二十有二人。'"是将禹至彭祖十人加十二牧为二十二人，不数四岳。但《尧典》中并无彭祖。唯《大戴礼记·五帝德》中"帝尧"一节有云："伯夷主礼，龙、夔教舞，举舜、彭祖而任之。"在《五帝德》后一篇《帝系》中，言陆终氏产六子，"其三曰篯，是为彭祖"。而其六季连芈姓，为楚之始祖。则彭祖为楚之从祖，列为尧臣，不闻为舜臣。史公列于二十二人中，显不合《尧典》原意。曾运乾《正读》则云："史公数二十二人不及四岳者，四岳，四方诸侯之长，尧时所任，舜无所敕命也。……彭祖自尧时已举，此命官中，疑有命彭祖一节，古文脱此也。……又言彭祖姓篯名铿，在商为守藏史，在周为柱下史，然则彭祖世掌典籍……孔子曰窃比于我老彭。……老彭在唐时已在廿二人之列，禹等九人皆有分职，而彭祖未言，由《世本》推之，则老彭即唐虞史官也。"这是误将唐虞王朝和后代王朝一样看成信史，遂据一些古史传说资料推拟言之，不知《尧典》作者只是就搜遇到的资料写入篇中，初非像后代王朝那样设官分职得整整齐齐。顾师《尚书研究讲义·丙种》云："四岳与十二牧同其地位，今数牧而不数岳，于理亦可通乎?"可知太史公此说是有问题的。

（二）马融说。《五帝本纪集解》引马融曰："稷、契、皋陶皆居官久，有成功，但述而美之，无所复敕。禹及弃已下皆初命，凡六人。与上十二牧、四岳凡二十二人。"这是为了从二十五人中减去三人，所勉强寻出的解释。唐写本《释文》载王肃注亦承此说云："禹、垂、益、伯夷、夔、龙六人，四岳、十二牧，凡二十二人。"姚氏伪传从之云："禹、垂、益、伯夷、夔、龙六人，新命有职，四岳、十二牧，凡二十二人，特敕命之。"《孔疏》为之释云："传以此文总结上事，据上文'询于四岳'、'咨十有二牧'及新命六官等，适满二十二人，谓此也。其稷、契、皋陶、殳斨、伯与、朱虎、熊罴七人仍旧，故不须敕命之。岳、牧亦应是旧而敕命之者，岳、牧外内之官常所咨询，故亦敕之。"这是经师巧寻的解释，同样的情况，却按需要或说成新敕命，或非新敕命。原无定准的。故宋林之奇《全解》批评之云："此说不然。夫稷、契、皋陶是申命，四岳、十二牧岂非申命者哉而又敕戒之也? 稷、契、皋陶是申命，此说不通。"而清江声《音疏》却附和此说云："弃为后稷，契作司徒，咎繇作士，皆在尧时，是时犹仍旧职，故云'居官久'。上文郑注亦云'此三官名是尧时事'也。云'无所复敕'者，谓此'钦哉谅天功'之教，不敕及三臣。"本篇中明明舜命弃"汝后稷"，命契"汝作司徒"，命皋陶"汝作士"，上文尧只有命朱、命共工之议及命鲧命舜之事，经师们不顾这些，强说此诸人为尧所命非舜所命，都是无据妄说。齐召南《注疏考证》云："《孔传》之失在解四岳为四人，故于九官中强分禹垂六人为新命。夫稷、契、皋陶……不在二十二人之数可乎？且十二牧中，岂必尽出新命；四岳则历官最久矣，又何以得并数之。"顾师《讲义·丙种》复云："稷、契、皋陶……此三人之命实由于禹之让，与夔、龙之命由于伯夷之让者无异，将谓九官中当去其五人乎？……是其牴牾之甚，不在司马迁下。"

（三）郑玄说。《孔疏》引郑玄云："自'咨十有二牧'至'帝曰龙'，皆月正元日格于文祖所敕命也。"顾师《讲义·丙种》云："此语似甚轻淡，但言外正有深意，盖彼自咨十二牧数起，即已将四岳屏于二十有二人之外也。然十二牧与九官仅有二十一人，将何以足数？《孔疏》述其义云'郑以为二十二人，数殳斨、伯与、朱虎、熊罴，不数四岳'，是则彼既从《史记》说而去四岳，亦从马融说而以稷、契、皋陶为非初命者。去此七人，二十五人仅存十八人，乃以垂所让之'殳斨伯与'为二人，益所让之'朱虎熊罴'亦为二人，足二十二之数焉。此说已见驳于孔颖达，《疏》云：'彼四人（指殳斨等）者，直被让而已，不言居官，何故敕使敬之也？岳、牧俱是帝所咨询，何以敕牧不敕岳也？'清王鸣盛《后案》、孙星衍《注疏》皆从郑说。加藤常贤《集解》以为二十二人说中根本之错误在数四岳，四岳尧之官，非舜所命，因而云："余取郑玄'十二牧禹、垂、益、伯夷、夔、龙、殳斨、伯与、朱虎、熊罴二十二人，皆月正元时格于文祖所敕命'之说。"

（四）皇甫谧说。皇甫在其《帝王世纪》中叙虞廷官员时，数九官、十二牧，及殳斨、伯与、朱虎、熊罴，共二十五人。则径改二十二人之数，不顾《尧典》原文。而又不数四岳，此与（一）、（三）两说同。

（五）苏轼、朱熹说。苏轼《书传》云："《书》曰：'内有百揆、四岳。'尧欲使巽朕位，则非四人明矣。二十二人者，盖十二牧、四岳、九官也。而旧说以为四人，盖每访四岳必'佥曰'以答之。访者一，而答者众，不害四岳之为一人也。"朱熹《语类》（七十八）云："正淳问：'四岳是一人、是四人？'曰：'汝能庸命巽朕位'，不成让与四人？又如'咨二十有二人'，乃四岳、九官、十二牧，尤见得四岳只是一人。"王天与《纂传》全文引录此语，《蔡传》亦径承之云："二十二人，四岳、九官、十二牧也。"薛季宣《古文训》亦云："二十二人，四岳十二牧九官也。四岳为一人者，外虽分治，内实一官。"自后元明学者多有承此二十二人说者。至清戴震《义考》云："案二十有二人皆主达官言之，故不数殳斨、伯与及朱虎、熊罴。苏氏以四岳一人，合十二牧、九官，适二十二人，得之。"然王引之《述闻》竟非之云："案帝所咨者四岳也，所领诸侯安得越次而对乎！……经又云：'乃日觐四岳群牧。'……若以四岳为一人，则群牧亦可谓之一人乎！经又曰：'询于四岳，辟四门，明四目，达四聪。'凡言四者，其数皆实有四也。如谓四岳为一人，则四门亦可谓之一门，四目亦可谓之一目，四聪亦可谓之一聪乎！四岳分掌四方……皆为方伯，故《周语》谓之'四伯'。若以四岳为一人，则何以不云一伯而云四伯乎？"王氏功力湛深，所考论类皆极精确，为清儒之最。独于此处因不知《尧典》采自神话传说资料，四岳在传说中原为一神，即入史籍中如《周语下》四岳为共工从孙，为姜姓得姓之祖，自仍为一人。及载入《尧典》中，经师们就字面释为四人，王氏从之而不能自拔，遂据经文错误资料得出错误结论。不意顾师竟推崇王说，在《讲义·丙种》中云："王氏所举之理由均甚充足，四岳之人数决不能以迁就

'二十有二人'一语之故而解为一人，绝无疑义。"这是由于顾师另寻出了二十二人之解释〔见下文第（九）说〕，因而同意了王氏论定四岳为四人之说。然王氏之说因昧于四岳原义，实不足以破苏轼、朱熹之说。

（六）林之奇说。林氏行谊略早于朱熹，然其后期及见朱熹之说。其《全解》云："或者欲以四岳为一人，并九官十二牧为二十二人（按此当指苏轼说）。四岳之非一人，今论之详矣（以驳苏说）。朱氏谓'二十二人，四岳九官十二牧也'。而但有二十有二人者，其间或有兼官故耳。此说为通。"是林氏前已有人提出兼官说，林氏推重之。但其人为谁，不传其名，较详地阐释此说者为林氏，今所见亦唯林氏之说，故归之林氏。其《全解》继云："《周官》在三公六卿，有侯伯。而《顾命》乃同召太保奭、芮伯、彤伯、毕公、卫侯、毛公。以人言之则六人，而以职言之则不止于六人也。盖有以三公为六卿者，有以侯伯入居公卿之位者，故虽六人而实兼数职也。此四岳九官十二牧当有二十五人，但言二十二人者，盖或有兼居岳牧之位者，或有在州牧之中而又居九官之列者，世代辽绝，皆不得而知也。"顾师《讲义·丙种》云："彼以伪《古文尚书·周官》中之制度合之于《顾命》中之史事，而定周有兼职之官；又以周之兼职推虞廷之有兼职，而谓以二十二人居二十五官。其说亦甚巧，然有何证据乎？且以《尧典》之文观之，九官之职守甚专，事务甚重，何能兼任外州长官。……此说后为王鸣盛所采，故《尚书后案》谓四岳之官介乎内外之间，内则为王朝之卿，外则为诸侯之长。又谓舜之所以首咨四岳者，以四岳为六卿所兼故也。否则先外后内，殊非其次。然舜之命官，十二牧先于九官，非先外后内乎？……且此说尚有一最大之罅漏，即四岳既由王朝之卿（九官）兼摄，则舜所咨者但有十二牧与九官，二十一而已，尚有一为谁乎?"林之后，尚有陈经《书详解》亦承其说云："四岳、十二牧、九官共二十五人，曰二十二人者，有一人而兼二职者也。"空引其说，未作任何阐释与补充。

（七）张穆说。张为清道光时人，承林之奇说，为之填塞只有二十一人之罅漏。其《月斋文集·二十二人解》云："盖尝反复考之，而知禹稷等九人中当有兼四岳者三人，其四岳一人盖彭祖也。《大戴礼·五帝德》云：'尧举舜、彭祖而任之。'《史记·五帝本纪》云：'禹、皋陶、契、后稷、伯夷、夔、龙、垂、益、彭祖，自尧时而皆举用，未有分职。'舜命九人而不及彭祖，则彭祖惟为四岳，不兼他官可知矣。《国语》：'共之从孙四岳佐禹，祚四岳国，命为侯伯，赐姓曰姜，氏曰有吕。'则伯夷者，尧时为四岳，舜命为秩宗，仍兼岳也。郑玄以崇伯鲧为尧时八伯。禹嗣崇伯，《周书》亦称崇禹。其宅百揆而仍兼岳，如周公为太宰仍分陕也。《大传》记孔子曰：'昔者舜左禹右皋陶。'则皋陶为右相仍兼岳也。"顾师《讲义·丙种》云："依张氏说，彭祖、伯夷、禹、皋陶为四岳，稷、契、垂、夔、龙不兼者六人为内官，加以十二牧，是得二十有二人。此真可谓极精密之解释。然《国语》既云'四岳佐禹'，则禹之非四岳明矣。《国语》既以四岳为共工之从孙，皆姓姜而氏吕，而皋陶依《世本》为偃姓，则皋陶之非四岳明矣。八伯者，《王制》之制，非《尧典》之制也；以东汉末之郑玄谓鲧为尧时八伯而遂信禹为尧时四岳，其可乎?《史记》于九官下特出一彭祖，未尝言其任何职，遂以是而证彭祖为四岳，又可乎?张氏掇拾虽勤，对此亦恐无以自解也。"顾师驳诘张氏之说自皆有理，然张氏说本皆牵强附会，并无确证，其说本难成立。而行谊稍早于张氏之刘逢禄,其学术活动在嘉道时,但其前期著作为几部《公羊》学及《左传》学之作,晚期至道光间成《尚书今古文集解》,及见张穆之书,竟在自己书中全文袭用张氏此说。亦谓九官中伯夷、禹、皋陶三人兼四岳,另四岳一人为彭祖。而不知此说之全误。

（八）王引之说。王在《经义述闻》（卷三）云:"今案'二十有二人',上'二'字当作'三',传写者脱去一画耳。三十二人者,四岳为四人,十二牧为十二人,禹、稷、契、皋陶、垂、伯夷、夔、龙为九人,殳、斨、伯与为三人,朱、虎、熊、罴为四人。合计之,则三十二人也。"顾师《讲义·丙种》云:"此以校勘学中传写误脱之例施之于经文,自为可能之事,可有之说。但殳、斨等七人实未受命而亦列之于舜咨之中,终觉其牵强。……夫上'二'字既可作'三',下'二'字何尝不可作'一',使九官与十二牧即足此数;亦何尝不可作'五',使其能兼容四岳乎?"而牟庭《同文尚书》全承用三十二人之说。改动经籍原字来牵合己说,为整理典籍之大忌。且可改"二"为"三"何不径改"二十二"作"二十五",使绞尽脑汁之数字矛盾迎刃而解乎?为正确之整理典籍之方法不可以如此也。

（九）顾颉刚说。顾师《讲义·丙种》云:"此问题之解决,不当求之于《尧典》之内,而当求之于战国秦汉间人之分州观念。洵如是,则四岳确为四人,九官确为九人,不必以兼职之说通之;二十二人之语亦不误,不必变其数字。盖此问题之关键乃在向不为人所注意之'十有二牧'上。仍与汉武帝时地域扩张有深切之关系者也。自来言分州者惟以九数,无以十二数者(此处引《齐侯镈》《左传》之《襄公四年·虞人之箴》《宣公三年·王孙满言》《禹贡·总叙》《周语下·太子晋之言》《吕氏春秋·有始览》皆言九州以及九

尧
典

339

野、九山、九塞、九薮之文，其后地域扩大增幽、并二州，去徐、梁以迁就之，以九数不能改变也）。直至汉武帝穷兵黩武，开拓三边……而后向之九州观念因事实上之需要而被打破，《尧典》中亦遂应时而有'肇十有二州'、'咨十有二牧'之言，许九数扩张为十二矣。……然则今之《尧典》之文显然有受时势影响而增窜者，其迹可推也。试列之如下：（一）'觐四岳群牧'之原文当为'觐四岳九牧'。（二）'肇十有二州，封十有二山'之原文当为'肇九州，封九山'。（三）'咨十有二牧'之原文当为'咨九牧'。……知'十二牧'之为'九牧'，则合以四岳、九官，正得二十二人。"这是顾师根据其《尧典》受汉武事实影响最后写定的见解而来，本来只是探索之说；而此处用改易经文以就己说的方式，更是不妥的。因此此说只能作为假定的一说。后来陈梦家竟完全袭用此说，在其《尚书通论·尧典为秦官本尚书考》中有云："四岳十二牧并九官共二十五人，与二十有二人之数不合，汉以来说之者凡数家（引马融、朱子、林之奇、王念孙四说）。今谓十二牧于先秦本作九牧，则并四岳、九官适二十二人也。"虽袭用有自，终属推论而得，嫌无版本确据。

以上诸说，终当以苏轼、朱熹之说为至确，关键在四岳本为来自神话中的一人，经师们就"四岳"字面分为四人，是完全错误的。已详"咨四岳汤汤洪水方割"一节的注②"四岳"的校释文中，此处不作重复论证。（正如不能把李四光分为李家四个光辉人物一样。）

⑥钦哉惟时亮天功——《史记》作"敬哉惟时相天事"。皮氏《考证》引丁孚《汉仪》夏勤策文、蔡邕《桥公庙碑》皆作"时亮天工"，《陈太印碑》作"惟亮天工"。皆"功"作"工"。《皋陶谟》即有

"天工人其代之"语。

此句中"时"有时字本义及"是也"二训,歧义不大。曾运乾《正读》释为"承也"。惟未注明其出处。

"亮",依《史记》所用训诂义,训为"相"。段氏《撰异》云:"亮训相,此本《尔雅·释诂》。"《诗·大明·释文》引《韩诗》"亮彼武王"诗义亦云:"亮,相也。"江声《音疏》读"亮"为"谅",亦训"相"。而"相"尚有下列诸义:"视也",见《史记·正义》。"助也",见《吕刑》"今天相民"马融注。(朱骏声《便读》则辗转以亮为倞,谓读为景,如影之附形,合而相助也。)"弼也",见陈经《书详解》。"辅相也",见《乐记》"治乱以相"释文。"相"尚有他义多种,与此处文义无多相涉,故不录。"亮"又训为"信",段氏《撰异》云:"姚方兴于'亮采'及此皆训'信'。按《说文》:'谅,信也。''亮,明也。'是假亮为谅也。"又训为"治",见《左传·昭公二十五年》"相其室"杜注:"相,治也。"

"功",训为事。《诗·七月》"载缵武功"传:"功,事也。"段氏《撰异》:"功,盖《今文尚书》作'工',故《五帝纪》于此曰'相天事'。于《皋陶谟》'天工人其代之'亦诂以'天事'。古者'工'有事训也。"又《周礼·视瞭》注亦云:"能其事曰工。"

对于此句释义,最早汉人之释自为《史记·五帝本纪》此语。然只简译本句。《史记·正义》阐明其义云:"相,视也。舜命二十二人各敬行其职,惟在顺时视天所宜而行事也。"至姚氏伪传释云:"各敬其职,惟是乃能信立天下之功。"段氏《撰异》以为"'假亮为谅也',假借无碍于说经。然曰'信立其功','信立天下之大功',不亦拙乎。"

宋林之奇《全解》云："钦者，使四岳十二牧九官各敬其事也。……以其所亮者莫非天工也。亮有辅相之义，与'亮采惠畴'之亮同。皋陶曰……'天工人其代之'。盖所谓设官分职者，凡以代天工。而至四岳九官十二牧莫非所以代天工者，故以'亮天工'言之。《史记》作'惟是相天事'尤为明白。"陈经《详解》亦云："岳牧九官之事皆天之事也。"吕祖谦《书说》云："钦哉唯时亮天功，二十二人治职之统要也。"陈大猷《或问》则释云："皆当敬以趋时，以辅相显明天之功。"元吴澄《纂言》云："人君之位，天位也；人臣之职，天职也；天下之事，无一非天之事；故曰天功。舜……总命之曰'汝二十有二人者，其敬哉惟于是而亮天之事'。盖明于其事则善于其职矣。"

清儒大抵循常释者，如牟庭《同文》云："尚钦敬哉！惟是各官所职皆天之事，而汝其辅相之。"朱骏声《便读》云："功犹事也。帝王治世，民事即天事，故曰'天功'。"近人曾运乾《正读》云："天功，人事也。言'天'者，大之也。《皋陶谟》云：'天工，人其代之。'下言五典、五礼、五服、五刑；则天工即人事也。"屈万里《集释》则云："古人以为事皆天定，故云'天功'。"皆围绕文字为释，故相去不远。

不意江声、孙星衍却提出异释，系根据惠栋《明堂大道录》所作出。江《音疏》云："敕命二十二人皆在明堂。明堂天法，故曰天事。"其自疏云："敕命二十二人……皆假于文祖时事。文祖，即明堂。天法者，《大戴礼·盛德篇》文。……明堂之制，内有太室象紫微宫，南出明堂象太微。故云'明堂天法'。《盛德篇》云：'故明堂，天法也。礼度，德法也。所以御民之嗜欲好恶，以慎天法，以成德法也。'明堂政令必慎天法，故以'天功'为言。此说本诸惠先生

《明堂大道录》。"孙《注疏》全袭其说而简言之云:"格于文祖所敕命者,谓敕命于明堂。《盛德篇》云:'明堂,天法也。'故云'亮天功'。"明堂是至周代始相传有之,且为儒者所聚讼不清的东西。所谓"明堂天法",更是腐儒妄语,与此处文义何干? 重视这种腐儒语言,正见江、孙二氏识见之陋。

㉒三载考绩三考黜陟幽明庶绩咸熙——《史记》作"三岁一考功三考绌陟远近众功咸兴"。《尚书大传》作"三岁考绩"。与《史记》所用今文作"岁"同。是今文本"载"作"岁"。然《汉书》之《食货志》、《谷永传》、《李寻传》、《白虎通·考黜篇》、《潜夫论·考绩篇》《汉纪》卷八、《后汉书·杨赐传》皆引作"三载考绩",是今文本亦有作"载"者,当为三家异文。唐写本《释文》:"黜,敕律反,退也。"吴《校语》今本作丑律反,无'退也'二字。"陟,《尔雅·释诂》:"升也。"薛本唯"黜"、"幽"、"咸"三字与今本同,余皆隶古字。内野本唯"三"作"弎",余皆与今本同。江声本亦从作"弎"。

"庶绩咸熙",王引之《述闻·尔雅》"绩宜"条云:"'绩,业也。''功、绩,成也。'功、绩、业皆事之已成者,故绩、业、公又为'事也'(公、功古字通)。……《尧典》'庶绩咸熙',庶绩即庶事也。"又《述闻·尚书》"股肱喜哉"条:"喜也、起也、熙也皆兴也。……《尧典》'庶绩咸熙',《史记·五帝纪》作'众功皆兴'。扬雄《剧秦美新》《胶东令王君碑》并作'庶绩咸喜'。《学记》郑注曰:'兴之言,喜也,歆也。'……是喜与熙皆有兴起之义。"

此十四字有两种不同的句读:

(一)读至"黜陟"句断,读成:"三载考绩,三考黜陟,幽明庶绩咸熙。"盖依《史记》读作:"三岁一考功,三考绌陟,远近众功皆兴。"《汉书·李寻传》引"经"曰:"三载考绩,三考黜陟"。又《食货志》先引"三载考绩",续引"三考黜陟"。《白虎通·考黜篇》三引《尚书》曰:"三载考绩,三考黜陟。"《三国志·杜恕传》亦引"三考黜陟",皆与《史记》同。段氏《撰异》云:"李寻、班固皆言'三考黜陟',不连幽明字。合之《五帝本纪》……以'远近'诂'幽明'而下属,然则今文家皆于'黜陟'句绝也。"皮氏《考证》则云:"盖三家今文之异也。"因今文《大传》读至"幽明"句断,非今文皆于"黜陟"句绝。

(二)读至"黜陟幽明"句断,读成:"三载考绩,三考,黜陟幽明,庶绩咸熙。"《尚书大传》云:"《书》曰:'三岁考绩,三考,黜陟幽明。'其'训'曰:'三岁而小考者,正职而行事也。九岁而大考者,黜无职而赏有功也。"《论衡·治期篇》《潜夫论·考绩篇》《汉书·谷永传》《风俗通·山泽篇》皆引"黜陟幽明"句,与《大传》同。今所传伪孔本承用此一句读,伪传云:"三年有成,故以考功。九岁则能否幽明有别,黜退其幽者,升进其明者。考绩法明,众功皆广。"段氏《撰异》云:"姚方兴读'黜陟幽明',盖本马、王软。"意谓马融、王肃古文本承《大传》句读,伪传本再承马、王句读。

《孔疏》云:"自此以下,史述舜事,非帝语也。"陈经《书详解》亦云:"三载以下史臣述舜事,非舜语也。"皆指出"三载考绩"以下诸句非"帝曰咨汝二十有二人"之语,不能误包括在"帝曰"之内。《孔疏》继释云:"言帝命群官之后,经三载乃考其功绩,经三考则九载黜责幽明,明者升之,暗者退之。群官惧黜思升,各敬其事,故得众功皆广。"此以暗释幽,并承伪传以广释熙。

皮氏《考证》以为汉今文释"考绩"有二说:

（一）三考始黜陟。《路史》注引《大传》曰："九岁大考，绌无职，赏有功也。一之三以至九年，天数穷矣，阳德终矣。积不善至于幽，六极以类降，故绌之。积善至于明，五福以类升，故陟之。皆所自取，圣无容心也。"《春秋繁露·考功名》云："考绩之法，考其所积也。……考绩黜陟，计事除废，有益者谓之功，无益者谓之烦。……有功者赏，有罪者罚。功盛者赏显，罪多者罚重。……则百官劝职，争进其功。"又云："考试之法，大者缓，小者急，贵者舒而贱者促。诸侯月试其国。州伯时试其部，四试而一考。天子岁试天下，三试而一考；前后三考而绌陟，命之曰计。"是黜陟须九年。

尧
典

（二）一考即黜陟。《白虎通·考黜篇》云："所以三岁一考绩何？三年有成，故于是赏有功，黜不肖。《尚书》曰：'三载考绩，三考黜陟。'何以知始考辄黜之。《尚书》曰：'三年一考，少黜以地。'《书》所以言'三考黜陟'者，谓爵、土异也。"陈立《疏证》云："今文以黜陟须至九年，与此谓一考辄黜之义殊也。所引《尚书》'三年一考'二语，当是《尚书》经生说。又引《书》'三考黜陟'，谓爵土之异者，以三年一考黜陟以地，二考则黜陟以爵。"又《潜夫论·三式篇》曰："是故三公在三载之后，宜明考绩黜刺。"皮云："皆以为一考即黜陟，与《大传》《繁露》所云三考始黜陟不同。"

这些是汉儒纷纭之说。宋林氏《全解》云："三考黜退其幽，升进其明，而加赏罚焉，若《周官·太宰》岁终则令百官府各正其治，受其会，听其致事，而诏王废置，三岁则大计群吏而诛赏之。此即唐虞考绩之法也。然而其制已密，不若唐虞之宽也。"指出见于《周礼》的那些规定，"唐虞之世"是不会这样详密的，那么汉儒这许多纷纭之说，当然更不会有了。何况《大传》《繁露》《白虎通》还有很

345

多细致的岁试三试，一考，三考，黜陟爵、土，一削再削三削等详尽规定，《尧典》所载怎么能与这些发生关系呢？林之奇《全解》下文接着说："众功必待于考绩而后兴，况德不如舜，臣不如禹、皋陶、稷契，则考绩之法何可废也？而后世此法虽存，徒为文具，而无实效，殊可惜也。"揭露后世的考绩法规确实是有的，可是成了纸上空文。那么汉代经生这许多构想，更成了纸上空谈了，试看历史上哪一个朝代哪一个政权曾实行过经生们所空谈的那样严格的考绩黜陟呢！

顾师《讲义·丙种》引董仲舒《繁露·考功名》之文后云："此非即《尧典》之'三载考绩，三考，黜陟幽明'乎？何以不引《尧典》也？此无他，董仲舒之寿仅及武帝之中叶，彼固不能见《尧典》，而《尧典》之作者则可从容读董仲舒书耳。"顾师以此作为《尧典》写定于汉武时证据之一。按《尧典》被先秦文献引用者十余处，《左传·文公十八年》与《孟子·万章上》引用尤明确。是《尧典》写成于先秦时当无问题。顾师在《古史辨》第一册《论今文尚书著作时代》文中尚以《尧典》取事实于秦制，取思想于儒家，定其为秦汉时之书，及至《研究讲义》中始完全以今本《尧典》写成于汉武时，自嫌过晚。《洪范》已以六极五福申黜陟之义，而管子、商君、韩非莫不重官吏之考核赏罚，即《荀子·王霸篇》亦云："度其功劳，论其庆赏。岁终奉其成功以效于君，当则可，不当则废。"与此数句之意已相近，且明白以岁终察之。度当时类此之句已有流传，《尧典》作者搜集到或稍加整齐文句以写入篇中，才形成这几句的。

㊿分北三苗——《史记》同此。唐写本《释文》："分北，并如字。北又音佩。"今《释文》："（北）如字，又音佩。"龚《考证》："山

井鼎引足利本：‘北’作‘仌’。”薛本、内野本唯“三”作“弍”，余同今本。

惠栋《九经古义》云：“分北三苗，‘北’读为‘别’。古文‘北’字从二人，‘别’字重八八。仈（北）仌（别）字相似，因误作北。《说文》于‘八部’曰：‘仌，别也。’……又‘宀部’曰：‘仌，古文别。’……虞翻曰：‘郑玄注《尚书》‘分北三苗’：‘北，古别字。’又训‘北’，言‘北，犹别也’。若此之类，诚可怪也。’栋按北字似别，非古别字。’又北与别异，不得言‘北犹别也’。虞、郑皆失之。”惠弟子江声《音疏》中“注”云：“兆亦分也。字从重八。”自“疏”云：“《说文·八部》云：‘兆，分也。从重八。’此经‘分兆’联文，故云‘兆亦分也’。兆字与仈相似，而古今字辄变易，凡兆字文皆改作别，经传中不复有兆字。学者遂不知有兆字，故见此经之兆误认为仈字。……《三国·吴志·虞翻传》注引翻奏……郑注训‘北’。……郑君云：‘兆犹别。’……则郑君不训为北也。……翻诬郑，不可听也。”王鸣盛《后案》亦谓“虞驳非也”。

段氏《撰异》云：“古北、背同音通用。韦昭《吴语》注曰：‘北，古之背字。’许君云：‘八，别也。象分别相背之形。’又云：‘八，犹背也。’与郑注‘北犹别也’正互相发明。……许不云‘八背也’而云‘犹背也’，郑不云‘北别也’而云‘犹别也’，凡古训故之言犹者，视此矣。虞翻不知《尧典》经文自作北字，郑注是古义，辄欲改为仈字而讥郑，非也。《说文·八部》又曰：‘仈，分也，从重八。八，别也，亦声。’《孝经·说》曰：‘故上下有别。’’虞盖因北字篆作仈，疑为仌（仌之篆）字之误，不知北可训别，无烦改字。且‘仈’‘别’同义、同首而异字，许君未尝以仈为古文别字，系诸冎部别字后也。《玉篇》

尧
典

347

《汗简》皆云'仈，古文别'。误由仲翔（虞翻字）也。"可知《尧典》此"北"字即有"别"义，无烦改为"仈"字以训为"别"。

"三苗"，见"象以典刑"一节注⑩"窜三苗于三危"校释之文内，其历史事实当如该校释之所考论。此处经师们的解释多不确，然为儒生思想之反映，故依次择要录之如下：

《孔疏》引郑玄注云："流四凶者，卿为伯、子，大夫为男，降其位耳，犹为国君。故以三苗为西裔诸侯。犹为恶，乃复分北流之。谓分北西裔之三苗也。北，犹别也（后四字据吴志注）。"《孔疏》又引王肃注云："三苗之民有赦宥者，复不从化，不令相从，分北流之。"《孔疏》复释之云："王肃意彼赦宥者复继为国君，至不复从化，故分北流之。"至姚氏伪《孔传》云："众功皆广，三苗幽暗，君臣善否，分北流之，不令相从，善恶明。"《孔疏》释经文云："前流四凶时，三苗之君窜之西裔，更绍其嗣，不灭其国。舜即政之后，三苗复不从化，是暗当黜之，其君臣有善恶，舜复分北流其三苗。北，背也。善留恶去，使分背也。"又释伪传云："分北三苗，即是黜幽之事。故于考绩之下言其流之。分谓别之。云北者，言相背，必善恶不同，故知三苗幽暗宜黜，其君臣乃有善否，分背流之，不令相从。……言舜之黜陟善恶明也。……《孔传》：窜三苗为诛也，其身无复官爵，必非黜陟之限，其所分北非彼窜者。……禹继鲧为崇伯，三苗未必绝后，传意或如王（肃）言。"是汉至唐经师释"分北"为分别（分背）善恶，以承黜陟幽明文义。

宋儒之释分为二说。一说全承汉唐旧解，不过加以阐释，仍释"北"为别为背。一说"分北三苗"不与上文相连，释"北"为北方之北。

前一说如苏轼《书传》云："苗之国左洞庭右彭蠡，南方之国也。

而窜之西裔必窜其君耳，其民未也。至此治功大成，而苗民犹不服，故分北之。"林之奇《全解》则反对郑玄说而全承伪传与《孔疏》说。其言云："郑氏以谓此即窜于西裔者复不从化，故分北之。北说不然，《禹贡》曰'三危既宅、三苗丕叙'，则是所窜于三危者，当洪水既平之时已丕叙矣。盖彼之所恃以负固而不服者，三苗洞庭之险耳。"又云："众功皆兴，所未化者三苗而已。三苗之国，左洞庭，右彭蠡，盖负固不服之国也。前已窜其君于三危矣，然不灭其国，不更其嗣。至是犹未从风，舜未忍加诛也。于是而为之分别善恶，其恶之显然者则黜退之，其善者则留之。唐孔氏云：'恶去留善，使分背也。'是也。"自后宋元儒者（如陈经《详解》、董鼎《纂注》及其所引王氏或谓王安石或谓王炎，及元吴澄《纂言》等）大都承此说。王天与《书纂传》则引朱熹一段话云："此言舜命二十二人之后，立此考绩黜陟之法，以时举行，而卒言其效如此。北犹背也。其善者留，不善者窜徙之，使分背而去也。三苗见于《典》《谟》《益稷》《禹贡》《吕刑》详矣。盖其负固不服，乍臣乍叛，舜摄位而窜逐之。禹治水之时，三危已宅，而旧都犹顽不即工。及禹摄位，帝命徂征，而犹逆命。及禹班师，而后来格。于是乃得考其善恶而分北之。《吕刑》言遏绝则通本末而言，不可以先后论。"《蔡传》全抄此文，惟移"其犹背也"四句于其首而已。这些宋儒都是说舜行考绩收效，众功皆兴，唯有留在南方旧地之苗，负固不化，遂分别其善恶，善者留，恶者去，以竟黜陟幽明之功。

　　后一说如夏僎《书详解》云："分北三苗，不与上文相连，不可曲为之说。北，只音如字。三苗国在南，迁之于北，如周迁顽民之类。"这一解说非常明快，比上述许多经师"曲为之说"要近是。夏为林之奇私淑弟子。林嫡传弟子吕祖谦在其《书说》中亦云:"三苗左洞庭右彭蠡,本在南方。至于此迁之北,如迁商顽民,变薄俗之道也。前此窜三苗但窜其君耳,恶党未化,故迁之于北(原误此,据文意当为北)。史官独载'分北三苗',与《尧典》独书共、鲧之事,同见万国皆顺轨也。"此说显然要近理,只是吕氏最后三句,又在故寻解释为什么独载此一句,是又一种曲为之释。不过他在意存夸饰尧舜之德业耳。

似可理解为:"分北三苗"原是关于舜的资料流传中分散孤立的一句,《尧典》作者在搜集资料时遇到了这么一句,他忠实于资料,既不割舍,也不窜改,就按原句生吞活剥地安排在叙舜政事的末尾。然而与上文舜敕命二十二人毫无联系,显得是非常突兀的一句。所以加藤常贤在其书中说这是奇怪之言,过去都是强为解释。曾运乾《正读》则以为"分北三苗乃大事之特殊者,附言于末,欲诸臣知所警惕也"。这又是一种"曲为之说"。其实人们只要知道,在关于舜政事的传说中,有分出三苗一部分迁到北方这件事就行了(参看"窜三苗于尾"校释)。

以上这一节,叙述舜践位后的政治活动,唯任命官吏并加以诰诫及考绩。《三国志·步骘传》言:"舜命九贤则无所用心,不下庙堂而天下治。"陈栎《书传纂疏》云:"舜即位初惟咨岳、牧、命九官,即以九载黜陟继之,几五十年无事。孔子曰:'无为而治者其舜也欤。'"吴澄《书纂言》亦云:"舜初年除咨命群臣之外,惟有考绩、分北二条。夫子曰:'无为而治者其舜也欤。'朱子曰:'绍尧之后,又得人以任众职,故无所事。'"是《尧典》作者搜列所仅获得的资料写成此节,它事无多,就被儒生利用来宣扬《论语·卫灵公》所载孔子赞美舜的"无为而治"了。

舜生三十征庸,三十在位,五十载^①,陟方乃死^②。

①舜生三十征庸三十在位五十载——《史记》载舜年事连下句
"陟方乃死"内容,与《尧典》此处文字有异。其文云:"舜年二十以
孝闻,年三十尧举之,年五十摄行天子事,年五十八尧崩,年六十一
代尧践帝位。践帝位三十九年南巡狩,崩于苍梧之野,葬于江南九
疑,是为零陵。……舜子商均亦不肖,舜乃豫荐禹于天,十七年而
崩。"此叙在《五帝本纪·舜纪》"众功咸兴,分北三苗,此二十二人
咸成厥功……"之后,正与此处数句相当。但《舜纪》上文又云:"舜
年二十以孝闻,三十而帝尧问可用者……舜得举用事二十年,而尧
使摄政。摄政八年而尧崩,三年丧毕,让丹朱,天下归舜。"叙述舜
践位前之年事,基本与上引文合。《大戴记·五帝德》亦云:"舜之
少也,恶悴劳苦,二十以孝闻乎天下,三十在位,嗣帝所,五十乃死,
葬于苍梧之野。"段氏《撰异》则引《论衡·气寿篇》与《孟子·万章
篇》赵岐注,"三十在位"皆作"二十在位"。又以《史记》舜"年三十
尧举之,年五十摄行天子事"计之,亦"征庸二十在位"。故以为汉
今文"三十在位"作"二十在位"。又考定马、郑、王古文本皆作"三
十在位"。其言云:"《通鉴外纪》引王肃注云:'历试三载,其一在
征用之年,其余二载与摄位二十八年,凡三十岁。'然则王本作'三
十在位'甚显白。马、郑本当同也。"《孔疏》引"郑玄读此经云:'舜
生三十',谓生三十年也。'登庸二十',谓历试二十年在位"。《撰
异》因而以为是郑玄以今文之"二十"改读古文之"三十"。非如王
应麟以来所说郑本作"二十"。伪古文之薛氏本,唯"生"字、三个

尧
典

351

"十"字及"位"字同于今通行伪孔本,其余皆隶古奇字。内野本则唯"三"字作"弍",余同今通行本。

此十三字有多种句读:

(一)郑玄古文本读作:"舜生三十,登庸二十,在位五十载。"苏轼《书传》全承此读,惟"二"依伪古文作"三"。

(二)伪古文本读作:"舜生三十征庸,三十在位,五十载,(陟方乃死)。"朱熹云:"舜生三十征庸数语,只依古注点自好。"(董鼎《辑录》引)又云:"征,召也。舜生三十,尧召用之。"(王天与《纂传》引)

(三)林之奇《全解》说此十三字云:"此只当作一句读。"

(四)牟庭《同文尚书》读作:"舜为一句,生三十为一句,征庸三十为一句,在位五十载为一句。"

今一般已通行伪古文本读法。

帝尧、帝舜原是《山海经》神话中有朦胧的事实为素地的天神。历春秋迄战国百家争鸣之世,诸子百家为宣扬自己学说,竞相称说古史,就多方搜集往古传说中有名神话人物,按自己理想依时代的理性把他们净化成历史人物。于是尧舜便被儒墨两家按不同角度塑造成上古最伟大最完美的圣王。但《韩非子·显学》揭露说:"孔子、墨子俱道尧、舜,而取舍不同,皆自谓真尧、舜。尧、舜不复生,将谁定儒墨之诚乎?……今乃欲审尧舜之道于三千岁之前,意者其不可必乎。无参验而必之者愚也,弗能必而据之者诬也。故明据先王必定尧、舜者,非愚则诬也。"批评得很深刻。儒家就是尽量搜集往古流传资料,按自己的理解和意图编写这篇《尧典》,来编排尧舜禅让为君的史实和塑造他们的圣王形象的。那么一切叙述的可靠程度就可知了。这里是全篇的结尾,编造了舜一生的行事年岁(朱熹云:"此于篇末总序始终。"王天与《纂传》引),是由一神话人物的传说资料加以历史化编排而成,只能算是"姑妄言之",人们也就只能"姑妄听之",是不能认真的。

由于经师们的尊经崇圣,确信舜的这样的年岁是真实的。而又有《史记》《大戴记》的不同文字记载,今文、古文、伪古文经师及术数家的不同解说,就把这问题弄得非常复杂,讨论争议的文字连篇累牍,就成了"经义"研究中一个聚讼纷纭的问题(包括下句"陟方乃死"在内)。如果认为这些争论太无谓,应当一笔勾销,不予理睬,确实爽快。但这不是解决问题,而是躲避问题。为了弄清经师们在这问题上争论了些什么,交锋的要点是些什么,特从纷繁的材料中,择要约略介绍下列诸点,以认识此问题的大概。

其一是沟通《史记》与《尧典》的说法。原先《孔疏》指责《史记》之说谬误。林之奇《全解》亦云:"太史公曰:'舜生三十……五十九而尧崩。'其说特异于经,当以经之言为证。"至段氏《撰异》将《史记》之说与《古文尚书》之说作比较,指出:"《五帝本纪》曰:'舜生三十尧举之。'此'生三十而征庸'也。'年五十摄行天子事',此'征庸二十'而'在位'也(即年五十减去生年三十)。'年五十八尧崩',此所谓'二十有八载放勋乃殂落'也(即五十八减三十)。'年六十一代尧践帝位',此三年阕密之后乃践帝位也(即五十八加三年)。'践帝位三十九年南巡狩崩于苍梧之野',此'在位五十载陟方乃死'也(此三十九之数《尧典》无之。盖《史记》以之与六十一凑成一百,以与今文《尧典》之三十加二十加五十为一百相合)。由此可知《史记》据今文言舜行事历三十年、二十年、五十年为一百岁,改按舜年岁言之,亦合成一百岁,故二者相一致。惟与古文二十为三十者相差十年。

其次,就形成舜年岁的三个不同说法:

一为一百岁说。上引《今文尚书》及《史记》之说就是。汉代承今文流行之说者大都持此说。《大戴记》言舜二十以孝闻,三十在位,五十乃死,亦为一百岁。《论衡·气寿篇》亦云:"舜生三十征庸,二十在位,五十载陟方乃死,适百岁矣。"《孔疏》引"郑玄读此经云:'舜生三十',谓生三十年也。'登庸二十',谓历试二十年。'在位五十载陟方乃死',谓陟位至死为五十年。舜年一百岁也"。《史记集解》徐广曰:"皇甫谧云:舜以尧之二十九年壬午即真,百岁,癸卯崩。"段氏《撰异》另据《太平御览》卷八十一引皇甫谧《帝王世纪》曰:"舜年八十即真,八十三而荐禹,九十五而使禹摄政,摄五年有苗氏叛,南征,崩于鸣条,年百岁。"段氏以为皇甫谧亦用《今文尚书》说。此说当确。皇甫谧处于魏、晋之交,此时伪古文尚未出,而今文本尚有存者,宜其与郑玄一样采用今文说。此今文及受今文影响者所持一百岁之说。韩愈《谏迎佛骨表》所言帝舜年为一百岁即据此。

二为一百一十岁说。王天与《书纂传》引邵雍《皇极经世》云:"舜丙辰即位,至禹十七年,陟方乃死,通为寿一百一十年。"董鼎、陈栎之书及黄镇成《书通考》亦引之。黄氏并引朱熹云:"舜年百有十岁。"盖同意《皇极经世》说而言之。陈经《详解》则据经文"三十征庸,三十在位(摄位二十八年,居丧三年),五十载陟方(舜践位三十三年,荐禹于天摄位十七年)",自然合为一百一十岁。《蔡传》亦录经文年数,惟释"三十在位"云:"历试三年,居摄二十八年,通三十年。"然后录"又五十年而崩",则合计亦百十岁。黄镇成《通考》则加析论云："愚按经言'三十征庸,三十在位',《禹谟》'三十有三载求禹禅位',《孟子》曰'舜荐禹于天十有七年',正得一百一十年。"下面接着批评了伪孔传说之误,然后言"史既以舜始终年数总括于后,为有明文,又合《皇极经世》所纪,故朱子云云。"这说道士术数家所持及承道士之说的宋元儒生所持的一百一十岁说。清牟庭《同文尚书》从之。

三为一百一十二岁说。姚氏伪孔传云："三十征庸,三十在位,服丧三年,其一在三十之数,为天子五十年,凡寿百一十二岁。"段氏《撰异》据《舜典》传系姚方兴采马、王之注伪为之,因而云："舜年百一十二岁之云,非马季长(融)语,则王子雍(肃)语也。"是原为马、王古文家说,伪古文承之。《孔疏》释之云："孔以'月正元日'在'三载遏密'之下,又《孟子》云'舜服尧三年丧毕,避尧之子',故服丧三年。三年之丧二十五月而毕,其一年即在'三十在位'之数,惟有二年。是舜年六十二为天子五十年,是舜'凡寿百一十二岁'也。"宋学之健者苏轼《书传》同此说云："尧崩,舜服丧三年然后即位,盖年六十二矣。在位五十载而崩,寿百有一十二。"林之奇《全解》亦同此说云："舜居于侧微者三十年;历试二年,居摄二十八年,共为三十;尧崩,居三年之丧毕,而后即帝位,五十年而崩。《大禹谟》'朕宅帝位三十有三载',《孟子》曰:'舜荐禹于天,十有七年。'以三十有三载并有七年,是在位五十载也。是舜崩之年,盖年百有一十二岁尔。《书》载舜之年数盖如此。"黄镇成《通考》指出："孔氏又增服丧三年,其一在三十之数,为百一十二年,盖采舜殂落之后有三载四海遏密八音,及《孟子》有三年之丧毕之说。然史既以舜始终年数总括于后，为有明文。"以此讥伪传说之误。至清江声《音疏》、王氏《后案》，孙氏《今古文注疏》无一不指斥伪传说之误，但皆从郑玄之说。

其实这种种纷歧争议，如"瞎子断匾"，本为虚无缥缈的东西，各作出的种种解说都是无稽之谈，不用去区分其孰是孰非。

②陟方乃死——上引《史记》作"南巡狩，崩于苍梧之野，葬于江南九疑"，是据另一史料中的神话传说记载舜死事。薛氏本作"僙仁𢀡𣆍"。内野本全同今文通行本。《檀弓》释文："陟，知力反，升也。"

"陟方乃死"，亦一争议纷纭的问题，至少有下列七种不同的解说：

(一)巡狩说。已见上引《史记》所载，亦见《礼记·檀弓》云："舜葬于苍梧之野，盖三妃未之从也。"此说是从较早的神话中来的。《山海经·海内经》云："南方苍梧之丘，苍梧之渊，其中有九嶷山(各种典籍皆作九疑，惟此处及《说文》与《文选·琴赋》注作九嶷)，舜之所葬，在长沙零陵界中。"又《海内南经》云："苍梧之山，帝舜葬其阳。"又《大荒南经》云："赤水之东，有苍梧之野，舜与叔均之所葬也。"郭璞注："叔均，商均也(相传为舜之子，一名义均，封于商)。舜巡狩，死于苍梧而葬之。商均因留，死亦葬焉，基(墓)在今九疑之中。"《山海经》只保留了舜葬苍梧的资料，然远葬南方边荒之地，古者以为帝王只有巡狩才远出，则神话传说中自可能谓帝舜巡狩而死其处，故郭璞径注"舜巡狩死于苍梧"。

故事流传至汉代，故《史记》《檀弓》皆载之，《说文·山部》亦云："九嶷山，舜所葬，在零陵营道，从山，疑声。"《淮南子》亦载舜死苍梧，但不说是巡狩〔见下第（四）说〕。《论衡》则言儒书载舜巡狩葬于苍梧，而他另有解说〔见下第（三）说〕。可知此传说至汉犹流行，且相传下来，南齐姚氏伪孔传承之云："方，道也。舜即位五十年，升道南方巡守，死于苍梧之野而葬焉。"对此问题之解说，"方"字之释义是其关键。伪传释为"道"，《孔疏》补充之云："《论语》云：'可谓仁之方也已。'（按见《雍也篇》）孔注亦以'方'为'道'，常训也。……'升道'，谓乘道而行也。天子之行，必是巡其所守之国，故通以巡守为名，未必以仲夏之月巡守南岳也。'（按，此句意义参看"岁二月东巡守"一节注①"岁二月"之校释自明，因《尧典》载巡狩皆在每季的仲月，且春夏秋冬分别巡东南西北四岳。）《檀弓》云'舜葬苍梧之野'，是舜死苍梧之野，因而葬焉。"按，"方"之训"道"，典籍中尚多见之，如《易·系辞》"方以类聚"虞注："方，道也。"又《系辞下》"而揆其方"、《乐记》"是先王立乐之方也"、《国语》之《周语》"百不易方"、《晋语》"利方以求成人"、《郑语》"具万方"、《吴语》"王其无方"及《楚辞》《淮南子》等书中一些方字之注皆云："方，道也。"知伪传之释有据。然于此终觉牵强。

宋以来逐渐有人另寻解释。朱熹云："方，犹'云徂乎方'之方。"（按，此据扬子《法言·寡见篇》："云徂乎方，雨流乎渊。"注云："徂，往也。方，四方。"朱此语见《书纂言》等书引，为《蔡传》承用。）陈栎《纂疏》释"方"为"天一方"。陈经《详解》则云："方，退。"此三家释字不同而另成解说〔见下第（六）说〕。其为巡狩说另寻方字解释者，则有元王充耘《书管见》释"方"为"方国"。其言云："'陟方乃死'为巡守而死之说为是。以后面周公教成王'以诘戎兵、陟禹迹'推之可见。盖欲成王整点六师，巡守方国，则以陟方为巡守何疑。"明朱昇《尚书旁注》释"方"为"方岳"。在其书之经文旁简注云："巡守而升方岳。"清戴震《义考》承朱昇说，以为"于义为近。"而牟庭《同文尚书》则释"陟"为"敕"，释"方"为"四方"、为"方国"。其言云："陟当读为敕，《皋陶谟》'敕天之命'，《夏本纪》作'陟天之命'。《封禅书》'伊陟'，《集解》徐广曰：'古作伊敕'。此古书陟、敕通用之证也。勅与敕亦同也。《表记》注曰：'方，四方也。'《易·既济》干宝注曰：'方，国也。'庭按：敕方，谓整敕方国，即巡守也。伪孔传云'方，道也，升道南方巡守'，非也。"这些儒生努力寻求释义，企图把"陟方"之为巡狩解通。其实《左传·庄公二十一年》杜注云："天子省方谓之巡守。"早把这一意义说明白了。省视方岳、方国即为巡狩。不过是省方而非陟方。

此巡狩说有二问题。其一问题是《尚书大传》说帝王巡狩只至四岳，《封禅书》增为五岳。那么舜南巡当只至南岳而止，怎么到了苍梧呢？儒生们有两种弥缝之说，一种如孙星衍、皮锡瑞以为"巡狩至五岳而止"，因而对'陟方'提出另一解说，见下第（五）说。又一种如皮锡瑞《考证》引"近人"之说（此近人当为清末人，待查）。其文云："近人又以虞时南岳为九疑，故舜南巡及之。而据今文家说，虞时南岳是霍山，并非衡山。若九疑为南岳，其说尤不见他书，皆臆说不足据也。"（参看"岁二月东巡守"一节注③"岱宗"）其二问题是《白虎通·巡狩篇》所云："王者巡狩崩于道，归葬何？夫太子当为丧主，天下皆来奔丧。京师，四方之中也。即如是，舜葬苍梧，禹葬会稽何？于时尚质，故死则止葬，不重烦扰也。"《论衡·书虚篇》亦云："儒书言舜葬于苍梧，禹葬于会稽者，巡狩年老，道死边土，圣人以天下为家，不别远近，不殊内外，故遂止葬。"这都是儒生弥缝的话。不知本来是出于神话传说的故事，是用不着去弥缝其间矛盾的。

舜道死苍梧的神话故事中，还有一重要内容，即二妃相从于后的问题。《檀弓》说舜葬苍梧，"三妃未之从"。林之奇《全解》引作"二妃未之从"。其他典籍亦多作二妃（参看"咨四岳朕在位七十载"一节注㉑"观厥刑于二女"校释）。这二妃故事见于《山海经》神话中。《中山经》"洞庭之山"云："帝之二女居之，是常游于江渊，澧沅之风，交潇湘之渊。"袁珂注云："郭璞云：'天帝之二女而处江为神也。'汪绂云：'帝之二女，谓尧之二女以妻舜者娥皇、女英也。相传谓舜南巡狩，崩于苍梧，二妃奔赴哭之，陨于湘江，遂为湘水之神，屈原《九歌》所称湘君、湘夫人是也。'珂案，尧之二女即于帝之二女也。盖古神话中尧亦天帝也。"又《海内北经》"舜妻登比氏"下袁注云："珂案：《尸子》（孙星衍辑本）卷下云：'（尧）妻之以媓，媵之以娥。'此二妃皆尧女，所谓娥皇、女英（见《列女传·有虞二妃》）者是也。《礼记·檀弓上》云：'舜葬苍梧，盖三妃未之从也。'郑玄注：'舜有三妃。'则除上所说二妃而外，另一盖即此登比氏也。罗泌《路史·后纪十一》亦以三妃为娥育（娥皇）、女莹（女英）、癸比（登比），是也。"故事继续流传，《博物志》云："尧之二女，舜之二妃，曰湘夫人。舜崩，二妃啼，以涕挥竹，竹尽斑。"《群芳谱》云："斑竹即吴地称湘妃竹者，其斑如泪痕。世传二妃将沉湘水，望苍梧而泣，洒泪成斑。"神话故事越传越哀婉绚丽。《尧典》作者将神话人物净化作历史叙述，把所有这些舜葬苍梧、二妃啼竹等神话故事都刊落了。

（二）巡行说。这是对巡狩说的修正。因巡狩有严格的年月规定（见《礼记外传》：夏殷五载一巡狩，周制十二年一巡狩，皆以仲月），又有严格的地点规定（《尧典》本文载春夏秋冬分别巡狩东南西北四岳，《大传》加以规范化）。事实上一些帝王出巡，无一按这些规定办，他们只是巡行，不是巡狩。前面"岁二月东巡狩"一节注⑱"五载一巡狩"已叙明这种巡行而非巡狩的情况。而巡狩的"省方"之"方"，指方岳、方国。即四方之岳，与属于某方之岳的方国。但文献中往往有不是通名而是专名之方。如《诗·出车》"往城于方"，又《六月》"侵镐及方"，皆确切地名。《路史·国名纪》："方，方叔采。"亦是。今于甲骨文中，获知殷代之方国甚多，常称多方。大都是殷族以外不同种姓之族的称呼，主要者有土方、邛方、鬼方、亘方、羌方、龙方、尸方、黎方、人方、孟方……等，陈梦家《卜辞综述》第八章"方国地理"有考述。岛邦男《卜辞综类》第 458 页汇录殷代各种方国达四十二之多。其载王徝方之辞达十六片。屈万里《尚书集释》云："陟，登也。义见《诗·皇矣》郑笺。方，即多方之方，国也。此义甲骨文中习见。陟方，意谓巡行各国。巡行而曰陟者，犹后人出行曰登程之比。"此但说巡行，不说巡狩，已将其前此出版之《尚书今注今释》所释"陟方，彼各国巡守也"予以改正。显然屈氏经过考虑才作这样的改订，当由于他感到这些活动不符合巡狩的规定，只能称为巡行。赤塚忠《书经》自称参照屈氏之说以作考论，其文首亦引伪传、蔡传之释，接着引甲骨文《殷虚书契续编》五卷一四页之"贞、今春王徝方，帝授我佑"，又同书三卷一〇页之"今春王徝土方，受大佑"，以为徝方是徝某方。徝，示往来之行动关系，有直视之意。意味着前赴直视，示王在作督察。又引《龟甲兽骨文字》一卷二七页之"王徝伐土方"，则徝方与征伐相关连。

并谓依屈氏说,则陟方意思近陟方。这是屈氏、赤塚氏据殷代资料,以为陟方只是巡行、巡视,修正了巡狩说。

(三)治水说。这是王充完全否定苍梧巡狩说而提出的解说。其《论衡·书虚篇》在引录了儒书言"舜葬于苍梧,禹葬于会稽……故遂止葬"一段后说:"夫言舜、禹,实也;言其巡狩,虚也。舜之与禹,俱帝者也。共五千里之境,同四海之内;二帝之道,相因不殊。《尧典》之篇,舜巡狩东至岱宗,南至霍山,西至太华,北至恒山。以为四岳者,四方之中,诸侯之来,并会岳下,幽深远近,无不见者。圣人举事,求其宜适也。禹王如舜,事无所改,巡狩所至,以复如舜。舜至苍梧,禹到会稽,非其实也。实禹舜之时,鸿水未治,尧传于舜,舜受为帝,与禹分部,行治鸿水。尧崩之后,舜老亦以传于禹,舜南治水,死于苍梧;禹东治水,死于会稽。贤圣家天下,故因葬焉。"皮氏《考证》不同意此说,以为:"仲任(王充字)自为说以为治水,然舜、禹崩时,已无水患。舜、禹分部治水,其事绝不见他书。"

(四)征苗说。此亦为巡狩不当至苍梧而提出。《淮南子·修务训》:"舜……南征三苗,道死苍梧。"高诱注:"三苗之国,在彭蠡。舜时不服,故往征之。《书》曰'舜陟方乃死',时舜死苍梧,葬于九疑之山,在苍梧冯乘县东北,零陵之南,千里也。"《檀弓》"舜葬于苍梧之野"郑玄注:'舜征有苗而死,因葬焉。《书》说舜曰'陟方乃死'。苍梧于周南越之地,今(汉)为郡。"《国语·鲁语》:"舜勤民事而野死。"韦昭注:"野死,谓征有苗死于苍梧之野。"《北堂书钞》卷九十二及《太平御览》卷八十一引皇甫谧《帝王世纪》云:"舜……九十五而使禹摄政,摄五年有苗氏叛,南征,崩于鸣条。"这些都是不言巡狩但言征苗。但亦有调和二者为说者,如朱骏声《便读》云："陟方，巡守也。盖分北之后，三苗有在南越之地者，舜南巡时征之，道死苍梧，因葬于九疑山，在今（清）湖南永州府宁远县南也。"皮氏《考证》亦云："《国语》云'勤民事而野死'，今文说以为巡狩征苗是也。"

（五）考绩分北三苗说。亦由巡狩不至五岳而至苍梧特意提出。孙星衍《注疏》云："陟方者，史公说为巡守。案巡狩至五岳而止，此至苍梧者，盖此行分北三苗且行九岁之大考也。"皮氏《考证》亦云："以经考之，'三考黜陟''分北三苗'之后，即继以'陟方乃死'之文，则舜之陟方，必为考绩并分北三苗而往。"据《尚书大传》云："古者巡守……见诸侯问百年，命太师陈诗以观民俗，命市纳贾以观民好恶。……（诸侯）不敬者削以地……不孝者黜以爵……不从者君流……畔（叛）者君讨，有功者赏之。"又云："《书》曰：'三载考绩，三考黜陟幽明。'其训曰：'三岁而小考者，正职而行事也。九岁而大考者，黜无职而赏功也。（下文接叙赏有功而黜无职的具体规定）"《白虎通·巡狩篇》亦有关于巡狩厉行黜赏的规定。则知这些对诸侯的黜赏大事，要由天子巡狩时亲自处理，事关重大，所以舜才跑到苍梧去处理这些考绩大事的，加上"分北三苗"的大事，所以舜才巡狩苍梧了。这只是儒生巧为寻觅的解释。出于神话的巡狩的传说，任由儒生去添枝添叶。

（六）升遐说。这是反对巡狩苍梧有力的一说。最早提出此说者为韩愈《黄陵庙碑》，陆续为宋代治《尚书》者所引用。苏轼《书传》云："说者以为舜巡守南方，死于苍梧之野，韩愈以为非，其说曰：'地倾东南，巡非陟也。陟方者，犹曰升遐尔。《书》曰惟新陟王（按见《康王之诰》）是也。传《书》者以乃死为陟方之训，盖其章句。而后之学者误以为经文。'此说为得之。"林之奇《全解》云：
"汉儒遂有舜葬苍梧之说，至今苍梧之地有舜庙、冢存焉。……揆
之以理，有所甚不可者。夫尧老而舜摄，则不复以庶政自关，而舜
实行巡狩之事。舜既耄期倦于勤，而使禹摄矣，则巡狩之事禹实行
之。苍梧在舜之时其地在要荒之外，舜已禅位使禹摄矣，岂复巡狩
于要荒之外而死，死而葬于苍梧之野，以是禹率天下诸侯以会舜之
葬于要荒无人之境，此理之必不然者。司马温公诗曰：'虞舜在倦
勤，荐禹为天子，岂有复南巡，迢迢渡湘水。'此说为得之。'陟方'
者，犹云升遐也。'乃死'谓升遐而死，犹云'帝乃殂落'也。韩退之
谓'乃死'者以释'陟方'为言耳。……扬子曰'黄帝尧舜殂落而
死'（按，见《法言·君子篇》），与'陟方乃死'文势正同。"薛季宣
《书古文训》亦引云："韩氏以为舜老而禹摄矣，尚何南方之守？且
南方地下，不可谓之陟方。"《书纂言》较详地引韩子曰："陟方乃死，
传谓舜升道南方以死。《竹书纪年》帝王之没皆曰'陟'。陟，升也，
谓升天也。《书》曰'殷礼陟配天'（按，见《君奭》篇），言以道隆，其
德协乎天也。舜之殁云'陟'者，与《竹书》同文。'方乃死'者，所
以释'陟'为死也。地之势东南下，如言舜为南巡而死，宜言'下
方'，不得言'陟方'也。"《纂言》又引朱子曰："案此（指韩愈说）得
之。但不当以'陟'字为句绝尔。'方'，犹'云徂乎方'之方。"《蔡
传》全承用此二段以为注，惟于其末增用《法言》句云："陟方乃死，
犹言'殂落而死'也。"此后宋元迄明儒生之作，大都承用此说。如
陈经《详解》径释"陟方"为"升遐"，陈栎《书传纂疏》则云："陟方，
犹言升天一方。"等等，不一而足。成为反对汉儒巡狩苍梧说之宋
学要说。上面第(二)至(五)说虽皆反对巡狩说，但仍相信南至苍

梧,不过另寻解说。此说则根本否定"陟方"为舜至南方的任何活动,径释为舜死。至清人著作又大都从汉人说,无论古文派今文派皆然。(按,"升遐",帝王死之称。《三国志·蜀先主传》"奄忽升遐"。《通鉴·梁武帝纪》"先帝升遐",胡注"升遐即登遐",故《梁书·元帝纪》作"先帝登遐"。《列子·周穆王》"世以为登假焉",张湛注"假字当作遐"。《礼·曲礼》"告丧,曰天子登假",郑注:"登,上也。假,已也。上已者,若仙去云耳。"《释文》:"假,音遐。"可知由登假而登遐而升遐,皆言帝王之死。)

(七)卒于鸣条说。是这七个不同解说中最早的一说。出于战国时期,孟子所首倡。由于前面六说皆直接释"陟方",故汇列如上。《孟子》之文非释陟方而同样谈舜之死,《蔡传》且以之与巡狩苍梧之说作为此问题唯一并立的二说,其言云:"《史记》言舜巡狩崩于苍梧之野,《孟子》言舜卒于鸣条,未知孰是。"则此说于此问题之重要可知。《孟子·离娄下》云:"孟子曰:'舜生于诸冯(今诸城),迁于负夏(今濮阳、滋阳间),卒于鸣条(今开封陈留境),东夷之人也。'"这是对于丝毫没有神话性的作为历史人物的舜一生行谊的概括叙述,在历史文献中是有权威性的。符合于前面"咨四岳朕在位七十载"一节注⑩"虞舜"校释文中所叙:舜最初为东方鸟夷族中殷商族的最早的宗祖神,后其族有杰出首领袭用舜名,成为东方鸟夷部落中一位有名的军事首长。史载"舜居虞地,以虞为氏"(《孔疏》引)。虞在今豫东虞城一带。虞舜的活动地区遂主要在今山东省西部及虞的根据地豫省东部。鸣条正在豫省东部,因而是比较可信的。而战国时提出舜葬地的不同地名尚有多家,经过学者考订即是这一带。《墨子·节葬篇》:"舜西教乎七戎,道死,葬南己之市。"《吕氏春秋·安死篇》："舜葬于纪市,不变其肆。"其后引用者,多以《墨》之"己"即《吕》之"纪"。据毕沅、王念孙、王引之父子先后按《墨子》所引者,《北堂书钞》《初学记·礼部》引《墨子》仍作"南己"。《后汉书·赵咨传》"墨子勉以古道"注则引作"舜葬纪市",全同《吕氏》。《御览》五五五则引作"南纪",惟又引《尸子》则同于《墨子》作"南己"。又有一引《墨子》而字讹者,为《后汉书·王符传》"桐木为棺"注:"墨子曰:舜西教于七戎,道死,葬南巴之中。"其为"南己之市"的误字是显然的。

于是持不同解说者,各将此诸地作符合于本说的解释。如主张巡狩苍梧说者即多曲为之释。高诱注《吕氏》"舜葬于纪市"云:"传曰'舜葬苍梧九疑之山',此云'于纪市',九疑山下亦有纪邑。"《北堂书钞》卷九十二、《太平御览》卷八十一引《帝王世纪》云:"舜南征崩于鸣条,年百岁,殡以瓦棺,葬于苍梧九疑山之阳,是为零陵,谓之纪市。在今营道县。"《史记集解》引《皇览》曰:"舜冢在零陵营浦县。"则鸣条、纪市都到了苍梧。王念孙父子校云:"《墨子》称舜所葬地,本不与诸书同,不必牵合舜葬九疑之地。"毕沅校《吕氏》与校《墨子》两异其说。其《吕氏春秋新校注》云:"案《路史》注云:'纪即冀。故纪后为冀后。今(宋)河东皮氏东北有冀子国也。鸣条在安邑西北,其地相近。'《记》谓舜葬苍梧,《皇览》谓在零陵营浦县,尤失之。"孙诒让《墨子间诂》指出《路史》注之说"欲傅合诸说为一,实不可通"。又毕氏对《墨子》"葬南己之市"校文云:"《后汉书》注又一引作'葬南巴之中'。……按'南己'实当作'南巴'。形相近,字之讹也。高诱以为纪邑,非九疑古巴地。《史记·正义》引《括地志》云:'南渡老子水,登巴领山南回记大江。此南是

尧
典

古巴国,因以名山.'是已."王念孙校云:"巴即己之误."并引诸书或作"南纪"或作"纪市",因而云:"则己非误字也。若是巴字,则不得与纪通矣。……至谓九疑为古巴地,以牵合南巴,则显与上文'西教乎七戎,不合,此无庸辩也。"孙氏《间诂》云:"案王说是也。"孙氏又引另二说云:"近何秋涛又谓《周书·王会篇》'正西枳己'即此南己,云'纪市'与'枳己'声近,盖即一地。尤臆说不足据。刘赓《稽瑞》引《墨子》曰:'舜葬于苍梧之野,象为之耕。'与此不同。疑误以他书之文改此书。"按袁珂《山海经校注》第461页引《稽瑞》此文,以为是《墨子》佚文,并以为是舜服野象的神话传说中的重要内容,足为舜服野象传说的一个证据。则此又牵涉到神话资料,自与历史典籍中之说不易相协。而由上引这些纷纭之说,知《墨》《孟》《吕》等书所提供舜死葬之地资料,被各方率意牵合比附者正多。

究而言之,终当以归之鸣条之说较近是。上文已指明,《孟子》之说较符合于作为历史人物的舜之史迹。《国语·鲁语》"舜勤民事而野死"董增龄疏:"《孟子》言'舜卒葬于鸣条'。《汲郡古文》……沈约注:'鸣条有苍梧之山,帝崩,遂葬焉。'(王国维《纪年疏证》引此,句末多"在海州"三字)王应麟曰:'今苍梧山在海州,近莒之纪。'则《史记》《吕氏春秋》皆与《孟子》合。"是将苍梧移到鸣条了。此亦孙氏《间诂》批评"欲傅合诸说为一,实不可通"之一例。即使鸣条果有小地名苍梧山,然传说中舜巡狩之苍梧实在南方之梧州。王应麟《困学纪闻》之说,实引自薛季宣。薛氏《书古文训》云:"《书》《传》多称舜南巡守而崩于苍梧,葬九疑。惟《孟子》以为舜迁负夏、卒于鸣条;《吕氏春秋》舜葬于纪。韩氏(愈)以为

'舜老而禹摄矣，尚何南方之守？且南方地下，不可谓之陟方。'稽于《孟》《吕》之书，其说当矣。苍梧山在海州界，近莒之纪城。舜后虞国在应天（宋以宋州为应天府）虞城，鸣条亭在陈留之平丘，负夏今（宋）兖州之瑕丘（在今滋阳西），则苍梧不在南也。"薛氏附会苍梧为苍梧山，然其用意在阐明非南巡苍梧，当如韩愈所言陟方为舜死，而活动地区皆在豫东鲁西，以证死于鸣条。其下文并论说二妃非湘君、湘夫人，以证舜未尝南巡。其言云："《记》曰：'舜葬苍梧之野，二妃未之从也。'今二妃墓在蒲坂，自秦博士对始皇帝，已谓：'君山，二妃所葬。'后世亦以《九歌》湘君、湘夫人附会《山海经》'帝之二女居之'之说。郭璞注《山海经》，二女之神游九江潇湘，已知二妃为妄。按《九歌》有云中君，而云中夫人、湘夫人为之配，皆水神耳，非二妃。"这样，否定了二妃曾南从湘中，则舜自然也就未曾南巡湘以南了。

　　大抵要正确理解此"陟方"问题，不能将神话故事和历史传说相混淆，必须将二者分开。舜南巡苍梧，死葬九疑，二妃从于后，泪滴成斑竹，死为湘水神的神话故事，不应否认它，古代民间自有此故事存在。但作为历史人物的舜，一生活动地区全在黄河下游，未曾远离过此区域。何况历史上直至春秋之世，楚国大抵活动在长江以北，春秋后期至战国以后才逐渐向长江以南扩展。则自春秋以前华夏族之政治势力根本不可能越长江以南，被盛推为"三代圣王"的帝舜不可能到长江以南，更不要说被称为一百多岁的舜还能几千里南巡或南征了。秦汉以后，除鲁西豫东外，尚有河北涿鹿、陕西安康、浙江上虞、余姚等地，都和湖南一样有舜的传说遗迹，那是出于舜的故事深入人心竞相攀附的结果（参据徐旭生《中国古史的传说时代》第88页。徐说是舜这样的圣王"神气"造成的）。近年考古发现，江以南各地文化遗存与中原文化遗存有相通之处，那是先民在物质生活方面承受中原影响的文化现象，并不是中原政权就领有南方之地，可以去巡狩、去考绩他们。《尧典》作者搜集各种资料，在历史资料如竹书记载中看到帝王之死称"陟"，自然就采用了（当时的魏襄王承用了竹书资料并命自己的史官继续撰写）。而遇到神话资料要把它历史化，一些神话色彩强的就不采用（例如苍梧在当时地理知识之外，地理名著《禹贡》最南空洞地说到衡阳，根本不知有苍梧，则在《尧典》作者看来和《山海经》许多神山一样是虚无缥缈的地方，所以不采用）。而网罗天下放失旧闻的司马迁，则把神话故事净化成历史故事，除二妃故事太神化不采用外，而苍梧到汉代已是确知的地方，就把巡狩苍梧的故事作为史实写入《史记》中，因而与《尧典》所载相歧异，耗尽其后经生们的脑汁企图去圆拢它。不知神话自神话，历史自历史，不应当混淆。要知道"巡狩苍梧"是神话，应把它搁置一边；"陟方"是说帝王之死，这是历史资料，应当认可它、相信它。

　　以上这一短节，综述舜之年事及其死，以结束全篇。

今　译

　　查得古时候的那个帝尧，名叫放勋，为人庄敬严肃，明达事理，形于外者风度文雅，蓄于内者思虑精明，宽厚温和，包容大度。对于工作恭勤认真，又能推贤让能，重用人才。他的道德光辉，充塞四海之外，至于天地上下。

他闪耀着他的大德以身作则,亲和着九族;九族和睦了,就辨明彰显朝中百官;朝中百官协调好后,就进而协和团结万国诸侯。因而天下庶民都亲善和乐,天下的风俗也很淳美了。

于是任命羲氏和氏按照天上星历现象去认识日月星辰,把观测天象所得的节令知识传授给人民以定农时,以便人民按时耕作。

分别任命羲仲居东方嵎夷之地的日出之处叫旸谷的地方,主持对初出之日的宾礼之祭,然后督促春天的农作活动按程序进行。当白昼和黑夜一样长的日子,傍晚在南方天空正中看到鸟星(朱雀七宿中间的"星"宿),那就凭以确定是仲春(后称春分)节令了。在这时气候湿和,人民从屋子里走出来分散在田野里工作,鸟兽也都在繁殖。

又任命羲叔居南方的南交之地,也主持对日的敬致之礼(原错简在"南为"下,译文改正),督促夏天农作活动按程序进行。当白昼最长的日子,傍晚在南方天空正中看到大火之星(青龙七宿中的心宿二),那就凭以确定是仲夏(后称夏至)节令了。这时气候炎热,农事正忙,人民无论老幼都出来帮助壮年人农作,鸟兽也毛羽稀少以避炎热。

又分别任命和仲居西方太阳落下之地叫昧谷的地方,主持对落日的礼祭,然后督促秋天农作物收成活动按程序进行。当黑夜和白昼一样长的日子,傍晚在南方天空正中看到虚星(玄武七宿中间的虚宿),那就凭以确定是仲秋(后称秋分)节令了。这时气候秋凉,农作告成,人民不再紧张而很平静了,鸟兽也在长出新的毛羽。

又任命和叔居北方叫幽都的地方(此处缺祭日之文,当是脱简),督促冬天的农作活动也按程序进行。当白昼最短的日子,傍晚在南方天空正中看到昴星团(白虎七宿中间的昴宿),那就凭以确定是仲冬(后称冬至)节令了。这时气候寒冻,人民都住到屋子里面了,鸟兽也生出细软的毛以自保温了。

帝尧说:"告知你羲与和,一期年时间有三百六十六日,你们用设置闰月的方法调整好四季以制定每个年岁吧。"

确切地整顿百官,使庶政都办理得很好。帝尧说:"谁能做到像上面所提庶政都办得很好的,就提拔任用他。"大臣放齐说:"您的胤子丹朱开通明达,可用。"帝尧说:"呵!他口不讲忠信之言,而又常喜争闹,是不可用的。"帝尧又说:"谁可任我的政事官职?"大臣欢兜说:"噢!共工吧。他能广聚众力建立事功。"帝尧说:"唉!他巧言善辩,可是行为却很邪僻,貌似恭敬而恶行漫天咧!"

帝尧说:"哎!四岳呵,汹涌澎湃的洪水正造成广泛普遍的伤害,荡荡无涯地包围了高山,淹没了丘陵,形成了浩浩滔天之势,下面的人民处于痛苦不堪的危境中,谁能治水保护人民呢?"四岳与群臣都说:"呵!鲧呀。"帝尧说:"唉!这人秉性忿戾,常违背废弃上面的命令,毁伤自己同族。"四岳说:"可异呵!试试吧。可以的话干去,不行的话再免去就是。"帝尧说:"那就去吧!要敬重所职,小心谨慎地干呀!"可是鲧治了九年的水没有成功。

帝尧说:"唉!四岳,我在位七十年了,只有你能完成我交给你的使命,你来接替顺承我的帝位吧。"四岳说:"我的德行太浅薄了,是不足沾辱这崇高的帝位的。"帝尧说:"那就你们看看朝中贵戚大臣,或者推举处在民间低层尚无名气的贤才。"于是大家都对帝尧说:"有一个单身汉处在低层,名叫虞舜,是这样的贤才。"帝尧说:"不错,我也听说过,到底他的情况如何?"四岳说:"是一个瞎老头的儿子,父亲愚顽,继母凶狠,异母弟象却傲慢逞强。但舜以自己的孝行感动全家和睦相处,家庭生活蒸蒸日上,家人们也都不至于再有奸邪行为。"帝尧说:"那我就试试他吧!"于是尧以二女嫁给舜,以观察舜齐家治国的能力。二女下嫁到舜的家乡妫汭,做虞家的好媳妇。

帝尧对舜说:"敬于所事,好好干吧!"于是叫舜谨慎地推行五种伦常礼教,舜能把父义、母慈、兄友、弟恭和子孝的五常之教推行得很好;又纳舜于百官之上,能整饬百官使之就序;又叫展四方之门以接待各方诸侯来朝者,能使诸侯宾客肃穆地敬重他;又叫舜入山林川泽,摄行祭事于泰山之麓,烈风雷雨不迷乱,阴阳能调和。尧以为舜足以授天下。

帝尧说:"舜,我看你的谋划很周到,所说的话都可一一见诸实效,已经三年了,你登帝位吧。"

舜欲以德赞襄尧而不自厌,自然也不能推辞尧的让位。正月吉日,举行摄行天子之政的大典于称为文祖的祖庙里。而后依天象以勤人事,观察璇机玉衡即北斗七星的星象,视其斗柄(玉衡)所指方向来认识四时、节令、物候。以处理"春、夏、秋、冬、天文、地理、人道"这七项与民生有关的要政。遂以禋祭礼祭天,以精意洁敬的禋祀之礼祭六宗之神(六个尊贵的神),以望祭之礼祭名山大川,以各种祭礼遍祭了群神。于是收集诸侯觐见时按爵级所持的五种瑞玉,择吉月吉日受四岳、诸侯、地方长官的觐见。觐见礼毕后,就按奖惩规定把瑞玉颁还给诸侯带回去。

这年二月,舜向东巡狩,到泰山,用燔柴的祭礼祭天,以望祭之礼按山的大小尊卑遍祭各山川,遂受东方君长的觐见,协正他们所用日历,凡气节,月之大小,晦朔,日之甲乙,使之齐一。也确定音律和度、量、衡的定制,修定五种礼节,制定臣下入觐时所献的赞见礼物,依身份、爵位等级分别为:五种瑞玉,三种颜色不同的帛,两种活物——羊羔和雁(鹅),一种死雉(野鸡),还有所用的五器。在巡狩之礼完毕后,就返回了。

五月,向南巡狩,到南岳,一如到泰山巡狩之礼。

八月,向西巡狩,到西岳,和最初到泰山巡狩之礼一样。

十一月,向北巡狩,到北岳,一如西巡狩之礼。

归来,告祭于称为艺祖的祖庙,用一条牛的祭礼祭祀祖先。

规定五年巡狩一次。巡狩之年,诸侯按方位分别朝于方岳之下。其他四年,诸侯按四方分别各朝京师一次。朝见时,诸侯口头奏陈他的治绩,然后明察他的实际功绩,按他的功绩来赏赐以车马冠服。

垗域以祀十二州野,封土以祀十二名山,疏浚而后以祀名川,竟巡狩之功。

以在衣服冠履上用不同颜色画象之法施行象刑(象征之刑)作为主刑,以流放之法宽宥犯罪以代替五刑,以鞭笞为办理公事而犯错误者所用之刑,以榎楚为不服从教育者所用之刑,可以用金来赎刑。凡过失造成不幸灾害,可直赦之。有恃而犯,且始终怙恶不悛，则必处刑。敬慎呵！敬慎呵！要忧恤刑法，严酷会伤害人呵！

于是流放共工到幽州，流放欢兜到崇山，窜逐三苗到三危，流贬鲧到羽山而后来死在那里。判处了这四罪，普天下都心服了。

舜摄帝位二十八年之后，帝尧逝世。老百姓们如死了父母一样悲痛。三年之内，四海之民都停止了音乐娱乐活动。

正月上旬吉日，舜祭告于文祖的庙堂，然后询谋政事于四岳，广开四方之门，以招致天下贤俊；通四方之耳目，以广开闻见于四方，使远近无壅塞。告十二州的长官说："王政以食为首，农事以时为先，能安远者须能安近，惇厚德行，信任善人，远绝巧佞之人，就能使四方蛮夷之族受感动而相率归服了。"

帝舜对四岳说："谁能奋发有为以光大帝业，就使他总领百官，辅相我管理政事，顺成各类庶政。"四岳和群臣都说："用伯禹作司空很好。"帝舜说："好吧！"就对禹说："你平水土有功，于这个工作要很好地勤勉呀！"禹即下拜稽首，推让给稷、契或皋陶来担任。帝舜说："噢！还是你去担任吧。"

帝舜说："弃！庶民久陷饥荒中，你去担任主管农政的稷官，领导好播植百谷粮食的工作。"

帝舜说："契！现在人民之间无亲睦凝聚之力，父、母、兄、弟、子女之间五常之教也不讲求，你去担任司徒之官，虔敬推行父义、母慈、兄友、弟恭、子孝这五教，但不要推行得迫促严峻，要以宽柔的精神施教，人民是乐于接受的。"

帝舜说："皋陶，现在外则蛮夷侵乱中国，内则群行攻劫杀人、盗窃奸宄之事层出不穷，你去担任兼掌军事和刑狱的士官。甲兵、斧钺、刀锯、钻笮、鞭扑这五刑，都有承服其刑者。服这五种刑要就三个不同处所行之：大刑甲兵、斧钺行于原野，中刑刀锯、钻笮和小刑鞭（官刑）扑（教刑）分别行于市肆和朝堂。还有由五刑宽宥施行的五种流刑，都要安置住所。五种流刑的住所按距离分为居远、居远近之中、居近三等。断狱判刑一定要明察才能平允，才能罚当其罪而使受刑者信服。"

帝舜说："谁能主管好我的百工职事？"群臣都说："用垂呀！"帝舜说："好吧！"就对垂说："任命你担任共工之官。"垂下拜稽首，推让给殳、斨和伯与三人（或以殳斨为一人）。帝舜对垂说："噢！往就官位吧，你行。"

帝舜说："谁能顺时管理我的山泽草木鸟兽之政（亦即林牧副渔之政）？"群臣都说："用益呀！"帝舜说："好吧！"就对益说："任命你担任我的掌管山泽的虞官。"益下拜稽首，推让给朱、虎、熊、罴诸人。帝舜说："噢！往就官位吧，你行。"

帝舜说："告四岳，有谁能主持我的三礼之政？"四岳和群臣都说："伯夷可任此官。"帝舜说："好吧！"就对伯夷说："任命你担任礼政之官秩宗，不论一早一晚都要虔敬祀典，主持礼政要奉祀宗庙鬼神以及敷布政教，只有敬畏才能正直，只有正直才能清明。"伯夷下拜稽首，推让给夔、龙二人。帝舜说："噢！你好好去干吧。"

帝舜说："夔，任命你担任主管乐政之官。教导国子学中的胄子（育子、稚子）。要把他们教育得正直而温和，宽宏而又能严肃，刚直而不苛虐，宽大简略而不傲慢。运用诗教涵养他们高尚志节情操,运用歌咏以宣畅诗中所言所寄以使之感善。而歌咏则需要宫商角徵羽五声以成歌〔宫商角徵羽即今之 1(do)、2(re)、3(mi)、5(sol)、6(la),后加变徵 4(fis)、变宫 7(ti)二声〕,亦即五声依歌咏的需要而运用之。而五声的音高要用六律律管来确定,即由律成调以和声。做到金石丝竹匏土革木八种乐器之音和谐地演奏,不夺乱诸音旋律。这种和谐的旋律,用之于神则神和,用之于人则人和了。"夔说:"我按音律有轻有重地拊击石磬,发为乐歌,连百兽都受感动相率起舞了。"

帝舜说:"龙!我憎恶那些爱讲谗言的人和殄绝伤害善人之事。这些人能混淆黑白以耸动我众,我欲遏绝这些坏人。特任命你作纳言之官,替我早晚掌管出纳命令政教,必须信实不误,做到令出则万民信服,遏绝上面这些坏行。"

帝舜说:"告汝二十二人(四岳一人,十二牧十二人,此处任命九官九人),敬重你们所膺受的重任,各尽其职,完成你们所膺受的上天的事功。而后每三年进行一次考绩。经过三次考绩,将黜退其没有成绩的,晋升其有功劳的,使国家庶政都振兴起来。"

然后将又不服的三苗遗民迁一部分到北方去。

舜年三十岁时被尧征用,摄帝位三十年,即帝位又五十年,而后陟方(升遐、升天)死去。

讨 论

《尧典》问题之多,令人咋舌,顾颉刚师说,《尧典》牵涉古史的各个方面，所以问题成堆。因此就不能和其他各篇一样，把篇中问题集中到后面的"讨论"部分来谈，而只能在"校释"部分随其问题所在就地讨论。所以在此处有关问题"讨论"部分就主要只谈《尧典》的写成年代问题，及对其内容组成的理解，还谈一下全篇在流传过程中的演变情况。

首先，《尧典》的写成年代问题。

《尧典》在先秦时被引用约达十四次，其引用之书为《国语》《左传》《孟子》《荀子》《礼记》《逸周书》等。除径引文句外，大都称引"《书》曰"，《孟子·万章上》称引一次《尧典》篇名，《礼记·大学》则称引作《帝典》。先秦文献中偶见按三代分别称呼的《夏书》《商书》《周书》，但未见《虞书》之名，亦未见《尚书》之名。在《左传·文公十八年》误称一次《虞书》，顾炎武《日知录》卷一指出古时只有《夏书》无《虞书》，《墨子·明鬼下》云："尚者（"者"误作"书"，依王念孙校正）《夏书》，其次商、周之《书》。"足证成顾氏之说。可知先秦时《尧典》依其时序可能列于《夏书》，则当以为《尧典》是夏代史臣所书。

至汉代，伏生三家今文的《尚书大传》有《唐传》释《尧典》，似以《尧典》为《唐书》；又有《虞传》释《九共》，《夏传》释《禹贡》，似以《九共》为《虞书》，《禹贡》为《夏书》。另有《虞夏传》释逸《舜典》文与《皋陶谟》，则以二者为《虞夏书》。汉成帝时张霸献"百两篇"中的"书序"百篇，中有《虞夏书》二十篇。其中第一篇为《尧典》，第二篇为《舜典》。至东汉马融、郑玄古文欲以《尧典》为尧舜臣下记尧舜言行，马释"曰若稽古"为"尧顺考古道"，郑释"稽古"为"同天"，谓尧德同于天。皆指当时史臣所

尚书校释译论

376

记。而马、郑注"书序"百篇，仍以《尧典》属《虞夏书》，与《商书》《周书》并称"三科之教"（虞夏为一科）。则仍以《尧典》为虞史所记之书。

汉代唯一能独立思考之学者王充《论衡·须颂篇》云："古之帝王建鸿德者，须鸿笔之臣褒颂纪载。鸿德乃彰，万世乃闻。问说《书》者'钦明文思'以下，谁所言也？曰：'篇家也。'篇家谁也？'孔子也'。然则孔子鸿笔之人也。"直以孔子为《尧典》作者，这在汉代实属卓见。但汉代今、古文经师囿于所见，竟无一人从王充说者。以后注疏家亦无从王充说者。

至东晋伪古文出。其伪序云："先君孔子……讨论坟典，断自唐虞以下。"则以第一篇《尧典》为唐虞坟典。但将全书篇章分为《虞书》《夏书》《商书》《周书》，将原今文中的《尧典》及分《尧典》下半冒充之《舜典》皆为《虞书》，《禹贡》《甘誓》为《夏书》。《孔疏》释之云："《尧典》虽曰唐事，本以虞史所录，未言舜登庸由尧，故追尧作典，非唐史所录，故谓之《虞书》也。"仍以《尧典》作者为虞史臣。

由以上知先秦当以《尧典》为《夏书》。自汉代至唐有多说，或以《尧典》作者为唐史臣，或以为虞史臣。其列之《虞夏书》者，仍以《尧典》属之虞，其他中篇属之夏。此说不仅与篇首"曰若稽古"相矛盾，且与《墨子》的《尚质》《天志》《明鬼》《贵义》等篇盛推的"三代圣王尧舜禹汤文武"不相合，而《明鬼》篇更称"虞夏商周三代之圣王"，是明以虞包括在三代中，无独立之虞代，更没有唐代。故知先秦有名显学学者断言无唐虞二代，则言《尧典》成于唐代或虞代，其谬妄自不待辩。

至宋程颐始明确说为"史氏记前世之事"。林之奇《尚书全解》引之，谓"程氏云：'若稽古者，史官之体，发论之辞也。'"宋儒大都持此说，始不以为唐虞当时的记载，而是后史官所记。但一般不详言何代。薛季宣《书古文训》乃云："尧，唐尧也。而以《虞书》名典，记言之史，其始于有虞氏乎？《虞书》详于舜而略于尧，追记为可知也。"明言为"追记"，却仍旧说为有虞之史。蔡沈《集传》基本仍沿《孔疏》语云："《尧典》虽记唐尧之事，然本虞史所作，故曰《虞书》。其《舜典》以下，夏史所作，当曰《夏书》，《春秋传》亦多引为《夏书》，此云《虞书》，或以为孔子所定也。"则指出了应为夏史，而把东晋始定的"虞书"，妄归之孔子所定。

元邹季友《书传音释》云："按《书》自《禹贡》以后，每篇各纪一事，独典、谟所载不伦，而五篇体制相似(指《尧典》《舜典》《大禹谟》《皋陶谟》《益稷》五篇)，皆以'曰若稽古'发端，盖出于一人之手。恐难分《尧典》独为舜史所作。……唐、虞、夏虽曰异代，实相去不远，而典谟载尧舜事皆曰'稽古'，其为夏启以后史臣所作明矣。"明王樵《尚书日记》承邹氏之意云："舜史记尧事，禹史记舜事，不应皆曰'稽古'，以理考之，纪载出于虞史，而绪成于夏启以后史臣之手。'稽古'等字，夏史所加也。"是元明有名学者认定为夏史。

至清顾炎武如上文所引，说先秦只有《夏书》无《虞书》，这是对的，因为《左传》等先秦文献中确实存在着"夏书"一词。但他下文云："以夏之臣追记二帝之事，不谓之《夏书》而何？夫惟以夏之臣而追记二帝之事，则言尧可以见舜。"则因其称《夏书》

遂谓为夏臣所记，亦承元明学者之说，自后清代学者承此说者颇不乏人。其实皆不足据。

以今日的历史学常识来看，知道夏代刚刚脱离先史时代进入有史时代。观殷虚甲骨文字尚只是汉字形制已经达到定型的文字，夏代文字很难说，即使已有原始文字，也只是漫长岁月中进展很慢的朝着定型的汉字形制前进的文字，是无法写出长篇的文章的。像最初由口耳相传，到有了可记事的文字时始加以记载，至商周始写定成篇的夏代开国宝典《甘誓》，只那么简短几句，显然夏代是不可能产生《尧典》这样的长篇大作的。所以上引宋元明清一些学者的《尧典》成于夏代史臣之说，全是无根据的妄说。

清刘逢禄《尚书今古文集解》、魏源《书古微》、王先谦《尚书孔传参正》皆云："周史臣之词。"这就逐渐与时代接近了。康有为《孔子改制考》云："吾读《书》，自《虞书》外未尝有言尧舜者。"继引《召诰》《多方》《立政》之文，以为"皆夏殷并举，无及唐虞者"。又引《吕刑》三后为伯夷、禹、稷，以为"亦无称尧舜者"。因而谓"若《虞书·尧典》之盛，为孔子手作"。并引《论衡·须颂》《王制》《尧典》篇首"光被四表"四语，调谐词整，为孔子文笔，及不当有"猾夏"四证，断言"《尧典》一字皆孔子作"，则由周代作落实为孔子作了。承其说者郭沫若《古代社会研究》中说："《帝典》《皋陶谟》《禹贡》三篇是后世儒家伪托的（此据顾先生说），论理该是孔丘。"又在《释祖妣》文中以"考妣"为战国时人语，因而谓"可知《帝典》诸篇为孔门所伪托"。至《先秦天道观之进展》文中，郭氏又以为是孔子之孙子思所作。

近世其他学者如王国维《古史新证》以为"必为周初人所作"。梁启超《先秦政治思想史》以为"《虞夏书》是周人所追述的"(《古史辨》第一册第104页引)。钱玄同《答顾颉刚先生书》以为"《尧典》《皋陶谟》《禹贡》《甘誓》等篇,一定是晚周人伪造的"。举此数位代表性学者,皆以为是周代人所作,不过有周初、晚周之异。

较晚的陈梦家《尚书通论》(1957年出版)则以为《尧典》是秦官本,写了《尧典为秦官本尚书考》专章,以为其编成定本当在秦并六国之后。举了十有二州、同律度量衡及五载巡狩等理由,实沿袭顾颉刚先生之说而论定在秦代。

至顾颉刚先生始作周详细致的研究,他在1923年准备撰《尧典皋陶谟辨伪》,写出提纲,载《古史辨》第一册第203页。其提纲总分八项,每项下或分细节。现录其提纲全文如下:
(一)尧舜之说未起前之古史。(二)春秋时的尧舜与战国时的尧舜。(三)一时并作的《尧典》《舜典》(《论语·尧曰篇》及《孟子·万章篇》所引)。(四)今本《尧典》《皋陶谟》的出现:1.取事实于秦制。2.取思想于儒家。3.取文材于《立政》(三宅、九德)与《吕刑》(降三后,绝苗民)。(五)《尧典》《皋陶谟》与他书的比较:1.《尧典》上的舜臣与《论语》上的舜臣。2.《尧典》《皋陶谟》上的禹与《诗经》《周书》《论语》《楚辞》《禹贡》上的禹。3.《尧典》上的后稷与《诗经》《论语》上的后稷。4.《尧典》上的伯夷与《吕刑》上的伯夷。5.《尧典》上的鲧与《洪范》《楚辞》上的鲧。6.《尧典》《皋陶谟》上的苗与《吕刑》上的苗。7.《尧典》上的五服与《周书》上的侯甸男卫。(六)《尧典》《皋陶谟》的批评:1.“倒乱千秋式”的拉拢。2.思想进化程序的违背。(1)商周人的先王和上帝的神权思想与《尧典》等的人治思想。(2)商周人的威力思想与《尧典》等的德化思想。(3)商周人的大邦小邦并立思想与《尧典》等的中央集权思想。(七)所以考定为秦汉时书之故(此条或可并入第四条):1.“南交”即秦之象郡,交趾至秦始入版图。2.羲和四宅惟西无地名,这因秦都咸阳已在国境西偏了。3.帝号之作为帝位和称谓始于秦。4.巡狩封禅始于秦。5.秦以六纪,而此之山、州、师亦均以六纪。(八)《尧典》《皋陶谟》杂评:1.“蛮夷猾夏”系春秋时成语。2.金作赎刑由《吕刑》来。3.甲骨文只有“十三月”而无闰,闰名当始于周。4.“日中星鸟”、“日永星火”话说得太简单,不能断为纪元前 2400 年时确是如此(这须请教天文学家)。5.启与禹的关系,启与夏的关系。6.皋陶与益在春秋战国间的传说。7.契与玄王。“其中(一)(二)(三)诸项及(四)项之 2、3,(六)项之 2 在此处未及论列,其(四)项之 1,(六)项之 1 与(五)(七)(八)诸项”则在上面“校释”中基本皆作了考述,有所论列,且超出此诸项外作了更多的考论。至 1933 年,顾师在燕京大学任教,编《尚书研究讲义》,其戊种之一为“《尧典》著作时代问题”,丙种之一为“《尚书》各篇之评论”,专论《尧典》,言《孟子》两引《尧典》,是在其前已有《尧典》存在。但今日所见之《尧典》则多袭秦汉之制,如疆域四至、十二州、南交、朔方、三载考绩、封禅等等皆是,因此以为今本《尧典》写定于汉武时。

综上以观,自先秦至于近世,论《尧典》之写成年代,竟有唐、虞、夏、周、秦、汉诸说。唐、虞、夏说之谬误上文已阐明,周、秦、汉之说后起而尚未论定。其实我们只要对《尧典》的内容构成获得了解，则对此问题"思过半矣"。前面"校释"部分已尽量弄清楚材料来源与写成情况，对我们了解其内容构成提供了条件，从而可寻索其写成年代，大抵以写成于周代之说较近是，只是尚须论定其周初或晚周，而在流传过程中不能免受秦汉的影响。欲了解其究竟，有待于下述对其内容构成的理解。

其次，《尧典》内容可理解为由三部分组成，现依次考述之。

（一）远古的素材

（1）主要是神话资料，《尧典》作者将它历史化，写入篇中，很多神话人物就成了历史人物。前面"校释"部分几乎详载了每一神话历史化的过程。而"校释"文中于"朱虎熊罴"条下引恩格斯的话，每个氏族起源于一个神。神往往被假想为氏族祖先，由假想祖先传给他们氏族名称，或以一位英雄为自己的守护神，也就是部落名称。摩尔根指出部落首领名号为继任者承袭使用，那就是部落杰出首领有承用始祖神名号的。而在神话书《天问》《山海经》中载了繁多的这种氏族、部落的始祖神名，《尧典》作者采用了不少。首先是尧、舜，以及禹、契、稷、皋陶、益、伯夷，还有朱、虎、熊、罴以及苗族宗祖神欢兜……等等。有些部族有先后时间不同的宗神。如舜为商族最远的宗祖神，契则是商族神性的始祖（上帝叫玄鸟生下的始祖）。在《国语·鲁语》中商族所奉祀的前后几个宗祖神是舜、契、冥、上甲微、汤，甲骨文中则是高祖夒（夋、俊、喾即舜）、高祖亥（《天问》作该，陈梦家谓即契）、高祖上甲（微）、高祖乙（汤）。又如共工、伯夷、四岳是姜姓族的先后相次的宗祖神（详"校释"。四岳是姜姓得姓的始祖,伯夷之子,共工的从孙)。这许多宗神尊奉他的氏族不同,时代不同,地域也各不同,彼此原不相干,可是都被《尧典》作者搜集到一起,安排为尧、舜朝廷中的大臣了。

除各族宗神外,还有其他神话人物,收入本篇时,往往发生很大变化。如羲和,"校释"文中载明她原是上帝的妻子、生太阳的女神。但后来演化为太阳本身,又为太阳的驾车者,而后与上帝另一妻子、生月亮的女神常仪一道下降到人间,成为黄帝手下司日、司月的两位男性官员。《尧典》作者遇到羲和材料,却把他安排为观测日月星辰的羲氏和氏二家,分化出他们的仲、叔,共成为司日月星辰的六人了。甲骨文给了比较研究的资料。

还有资料来源不详的传说人物如放齐、兪斨、伯与及资料来源颇详的垂等,这些显然渊源于神话,都收入《尧典》中,列为尧舜朝廷有关的甚至重要的人物。

还有流传至春秋时放四凶的重要传说,这些也渊源于古代民族斗争的神话,《左传》载了其不同来源的材料,《尧典》作者则得到了传闻异辞的材料写入篇中。还包括了夷、夏族长期与苗蛮族相斗争的史影在内。

又如神鸟离朱、欢兜、神兽夔、龙则变化更大,都成了人名载入篇中。

神话中还有重要的神名,除见于神话书外,还见于甲骨文,它们提供了其来自古的实证。即四方名和四方风名,实为方位神和四方风神之名。《尧典》作者遇到这一组材料,完全不懂其原意,硬把它配入羲和四子主管四方的民事活动和物候观察中。致使历代注疏家绞尽脑汁解释,终成为一组不能明其究竟的神奇叙述。前面"校释"文中已据甲骨学者的研究,获知其原义,成了《尧典》作者获得来源甚古的神话素材却不懂其原始意义即生吞活剥地作人事资料胡乱来写的典型例子。

(2)重要的先民文化活动积累的天文知识,早期观象授时资料与原始历法资料。

其最可贵的是以鸟、火、虚、昴四仲中星定四时之中的资料。在人类制定历法以前,有一观象授时的时代。由于人们为了生产和生活的需要,要知道季节早晚,便留心天上一些按一定季节出现的星象,逐渐发现这四座星出现在南方天空正中时,分别代表仲春(春分)、仲夏(夏至)、仲秋(秋分)、仲冬(冬至)四节令。前面"校释"部分较详地叙述了这四仲中星有关资料。旧注疏家都相信是尧时天象,西方不少天文学家也好心地测算是帝尧时的天象。但他们大都根据注疏家所提供资料以为说。惟竺可桢氏《论以岁差定尚书尧典四仲中星之年代》(《科学》十一卷十一期,1925年)一文,进行科学推算,根据这些星的现在赤经度数,运用岁差数据(即地轴方向每年转动 50.2564+0.022T 之弧度),以一定的时间,一定的纬度,及此诸恒星距星本身之运动数据,进行精确运算,来求得这四中星在南方上中天时的真正年代,推算出"鸟、火、虚三星至早不能为商代以前之现象,星昴则为唐尧以前之天象"。他的结论是:"《尧典》四仲中星盖殷末周初之现象也。"但他这结论与上面两点认识不全符。(当时1930年的《东北大学周刊》第108期有吴贯因一文,以鸟、火二者所指之星尚未确定、不当放弃昴星专用鸟火虚三星、又观测时间之昏测法为经文所无这三点理由驳竺先生之说。其实尚有一点,即竺先生以尧都平阳定其纬度，不知平阳为尧都之说尚成问题，是不宜轻率以平阳为据的。）但不论怎样有可商榷之处，竺先生之文确是第一次以科学方法研究四中星的要著。又天文学家刘朝阳《从天文历法推测尧典之编成年代》（《燕京学报》七期，1930年）一文，据新城新藏以中国古代自公元前2000年（通常所说尧舜时代）至前600年（春秋中期）为据辰以观象时期，因而以为"历象日月星辰敬授民时"即观象授时，推定《尧典》当作于公元前600年以前时期内。而所有这些星象资料传至公元前600年前后，即春秋时期，《尧典》作者遇上了这些资料，就把它们作为帝尧时观象授时活动据以定春、夏、秋、冬四仲（二分二至）的标准星了。

尧典

刘朝阳氏文中历述了西方天文学者研究这四仲中星的情况，较早者墨德霍斯脱（Medhurst）于1846年所撰《尧典》注释中，以尧时春分日没南中星为鸟星，则正午必为昴星。而昴星在西历1800年间距春分点56度又1/3，春分点之移动每年50秒又1/10，以之除其距春分点度数，可追溯春分正午昴星在南中之年代为4050年前，减去1800年，为西纪前2250年，与所说帝尧时代符合，因而谓"《尧典》之纪录实有颇大之真实性"。刘氏指出墨氏系以《书经传说汇纂》之"四仲中星图"为依据，其推算结果自与所谓尧时相合，其实无确据。1865年莱格（J. Legge，李约瑟译作理雅各）之英译《书经》在香港出版，卷首有湛约翰（R. John Chalmers）之《中国古代天文学考》（向达译文载《科学》十一卷十二期，1926年），以为尧之天文知识系根据传说，当时诸星升至南中天约在下午六时，除冬至外，中国各处此时皆未日没，羲仲等四人殆有三人不能见到。故如非尧之观测，即属传自乃祖乃宗。按此与竺可桢氏谓昴星为唐尧以前之天象之说相近。又一同时期的俾奥（J.Biot）撰文以为西纪前 2357 年为尧即位之年，并求得二分二至之昏时各为下午几时，而后研究得出此年四仲中星仅冬至之昴星与《尧典》所记相合。遂断定《尧典》所记系本于冬至昏时之昴中点，以规定其他三星之点。因而谓"此可证明通常承认之《尧典》年代似颇真确"。刘氏指出俾奥以《尧典》之昴星与西纪前 2357 年之天象相合，故以《尧典》为此时代之实录，而不顾其他三星足证《尧典》之不真确。又有索绪尔（Saussure）在 1907 至 1922 之《通报》上发表《中国天文学之起源》，讨论中国古代之天文历法，以《尧典》所纪四仲中星为标示二分二至，并从星座之命名，二十八宿与岁星之知识及五行、十干、十二支等所有证据，主张中国天文学之起源在帝尧时代，即西纪前 2400 年左右。所有以上诸家大都相信尧处于公元前 2300—2400 年左右，而后据以推算四中星适合此年代。另有一位歇莱格尔（G. Schlagel 于 1875 年）著《星辰考源》一书，以为《尧典》所载天文知识，在帝尧以前已经存在。彼参照二十八宿之配置，东方七宿之中央为房，南方七宿之中央为星，西方七宿之中央为昴，北方七宿之中央为虚，遂据春分点为房，断定此为一万八千五百年前天象。陈遵妫《中国古代天文学简史》第 6 页指出此人误解了中国经典，把中国天文学上推到一万六千年前，且以为西方天文知识多源于中国，竺可桢《中国古代天文学的伟大贡献》文中亦指出歇氏误解中国经典所说过于夸张，刘朝阳氏则指出歇氏分明误用了《书经传说汇纂》所引宋儒郑伯熊之说,致有此失实的说法。

刘朝阳文谈到日本学者如那珂通世、林泰辅、新城新藏诸人,都据《尧典》之天文,拥护公元前二千多年的普通信仰。新城《支那上代之历法》(《艺文》第四卷第5—9号,1913年)文中,假定观测年代为公元前2300年,观察之时间为初昏(据《汉书·律历志》昼夜漏刻规定之初昏时刻),则求得《尧典》中的鸟、火、虚、昴各在春分、夏至、秋分、冬至之昏中赤经位置,与实际公元前2300年赤经微有误差,遂断言此观测在二分二至前十五日左右,就使推测结果基本合于公元前2300年左右,再加上600年的回旋余地(即±300)。可知新城氏在苦心维持《尧典》中星为尧时天象之说。而在日本创建新的东洋学派一贯怀有轻视中国文化偏见的白鸟库吉在其批判《尚书》的文中,以为《尧典》的天文纪事非中国古代实地之观象,实本占星术之思想,妄说此等知识是孔子以前从迦勒底、亚述、叙利亚方面传入中国的。白鸟的信徒桥本增吉撰《书经之研究》,面对确切的中国天文资料无法否认,遂就此四中星现在距春分点之度数与尧时距春分点之度数,求得其差额,据以折成年数,则极不一致,多者四千多年,少者三千多年,遂不相信《尧典》之纪事,并因其中含有阴阳说(不知《尧典》叙四中星阴阳说何在?真妄说),遂臆说此四中星为周代之作品,其目的在把时代向后拉。又有饭岛忠夫《支那古代史论·书经诗经之天文历法》(陈啸仙译,载《科学》十三卷一期,1928年),则更向下拉至战国中期。他以冬至点之测定为中国历法之基础。而四中星观测时间则在午后七时,以此四星升到子午线上为条件。因而就一般相信之公元前 2300 年与测定冬至之年代作比较，得出他的结论是公元前 400 年午后七时稍后，四中星全在南中天，故《尧典》四中星为公元前 400 年即战国中期所编定。刘朝阳氏以为饭岛之说未可信，午后七时日尚未有没，无由见星，自不能作观测。按，竺可桢氏之精确测算，四仲中星至晚在殷代，无由晚至战国时代。且《尧典》据繁多的往古素材，其写定成篇在春秋时代，此重要材料不可能在其编成后始出现。李约瑟对新城新藏及饭岛忠夫之论有评说，见下文。

在刘朝阳氏文之后始出版的日本天文学者能田烛亮《东洋天文学史论丛》（东京恒星社版，1943 年），在其第五篇《月令天文考》中，论其与《尧典》天文之比较时，测定《尧典》四仲月之中星与《月令》四仲月之中星的赤经差数据（详列成表），然《月令》四中星所采之标准在月初，而《尧典》四中星在二分二至，即各月之中。相差半月，相当 15°，应减去此数。换言之，《尧典》四中星与《月令》四中星之赤经分别为 22°、13°、5°、35°，平均相差 19°，以岁差求之，19°之相当年数约 1400 年。而《月令》天象为西元前 620 年顷所测定，是知《尧典》天象大略当西元前 2000 年顷。能田氏自言其此一测算方法，实受启发于戴震《续天文略》（《微波榭丛书》本）。按戴氏关于古代天文之说集中于此书中，而将其中四中星之说另撰《释尧典中星》一文（载《湖海文传》卷三十九），以为《尧典》与《夏小正》《月令》三者相为表里，皆观星象以授民时。因列举《夏小正》资料与《尧典》相覆按，能田则取《月令》资料以与《尧典》相覆按以成其说。

能田书中引哥俾尔（P.Gaubil）即宋君荣（清初继南怀仁、汤若望之耶稣会传教士）所著《论中国年代学》（1749 年），将《尧典》"乃命羲和"约略译述，阐明虚、星（鸟）、昴、房（火）为四中星。宋君荣名著《中国天文学论文集》（1732 年），其中《书经中所见之天文》一章，以二分二至时太阳与四中星的关系位置，推算出其时代约在西历 1700 年以前 3900 年，亦即公元前 2200 年。宋君荣之方法后来为俾奥所采用。（李约瑟书译本将俾奥译作比约，并谓"比约的研究方法远较前人系统化"。）

最近李约瑟（Joseph Needham）《中国科学技术史》第四卷《天学》（科学出版社译本，1975 年），作了系统的研究，甚多珍贵的见解。他说中国"古代天文学资料是在《书经·尧典》中发现的"（第 16 页）。"中国的天象纪事可以看出，中国人在阿拉伯人以前，是全世界最坚毅最精确的天文观测者。后面我们将谈到，有很长一段时间，几乎只有中国的纪事可供利用"（第 3 页）。"当 16 世纪末利玛窦（Matteo Ricci）到中国同中国学者讨论天文学时，中国天文学家的思想……都比利玛窦自己的托勒密—亚里士多德式的世界观更为近代化一些"（第 4 页）。"这些传教士自然完全没有想到，竟会有另一套完整的天文学体系存在。……利玛窦、汤若望（S.Bell）、南怀仁（F.Verbiest）和晚一辈的宋君荣（A.Gaubil），在中国固有科学不知不觉地衰落的时期（明代和清初）居留在中国……存在着几乎无法克服的困难……像宋君荣那样的人竟会了解得那么多。……比约（I.B.Biot）在上一世纪中叶，德莎素（de Saussure）在本世纪初，对中国天文学都曾求得比较令人满意的了解"（第 6—7 页）。"利用中国数据能不能成功,视数据出自何处而定。如果史籍的记载可靠,例如采用西汉以后的记载时,计算的结果便有价值;但是,如果采用的是半传说时代的古书,例如采用年代很难确定的《书经》的记载……计算结果便不会有什么价值"(第8页)。"马伯乐(Maspero)认为中国天文学出现得很晚……直到公元前6世纪或5世纪"。"马伯乐写文章时,未能把公元前14、13世纪殷虚卜辞透露的有关中国天文学的事实考虑在内"。但马伯乐认为中国天文学的发展完全没有受到巴比伦的影响"(第15—16页)。"对于那些只想……知道一点中国天文学……的人来说,只需介绍他们从恰特莱(Chatley)和马伯乐的论文中去找所需要的内容就够了。……还应当加上德莎素一系列论文中的第一篇和最末一篇。……作更详细的了解,从马伯乐两部出色的著作中可以找到关于中国天文学到汉末为止的发展情况的论述。艾伯华(Eberhard)的某些见解也是值得参考的"(第27—28页)。"对那些愿意在这方面深入下去的人……宋君荣是最先对中国天文学史进行研究并作出全面解释的。……宋君荣的早期著作,大部分已在苏西叶(Souciet)所编的三卷本中刊行,书名是《数学、天文学、地理学观测——采自中国古籍及耶稣会传教士……的观测》。……主要著作被编入第二卷(1732)的《中国天文学简史》,和同年发表的第三卷《中国天文学论文集》。……宋君荣逝世(1759)若干年后,另一部《中国天文学史》(1749)才在1783年……刊出。……宋君荣曾把他的《论中国年代学》寄回法国,但此书在1814年被拉普拉斯发现(出版)以前并未出版,有一份重要手稿迄今仍存巴黎天文台。……对于想彻底研究中国天文学的人,宋君荣的著作仍然是不可少的"(第28—31页)。"1819年里夫斯(Reevas)又制成一种星名对照表,伟烈亚力(Wylie)制成另一种很完全的星表。这个表现在还是有用的。里夫斯的星表成了施古德(Schlegel,刘朝阳译作歇莱格尔,李约瑟书第一卷中译作舒来格尔)的《中国天文图》的蓝本,有画得很好的星图。……不幸……出于误解和计算错误,施古德所用的年代十分荒唐,他说中国人在公元前16000年左右就已开始有了关于天文的知识"(第31—32页)。"屈纳特(Kühnert)则倾向于同意施古德所提出的荒唐的年代"。"德莎素……驳斥了屈纳特的议论"(第34页)。"法国天文学家兼化学家比约……1840年……在《学者报》上对中国天文学作了一般的介绍。……后来对印度天文学作了同样的研究,研究结果后来并入一本迄今仍与宋君荣的著作同样重要的书,即1862年出版的《印度和中国天文学研究》。比约的研究方法远较前人系统化"(第32—33页)。"到19世纪,东方学家中又出现了另外一些卓越的人物……第一个就是了不起的理雅各(Legge,刘朝阳译为莱格,李书第一卷译为赖格)本人,其次是湛约翰(Chalmers)。(湛约翰)曾为理雅各的《书经》译本写过一篇关于中国天文学的介绍。此外还有骆三畏(Russell)——北京同文馆的一位教授,以及施古德和京策尔(Ginzel)。德莎素的著作指出,这些人没有一个懂得《书经》中所提到的恒星上中天时刻。""德莎素曾当过海员和航海家,因而是较之比约更有实际经验的天文学家,并且有相当丰富的汉学知识,虽说同宋君荣相比的确还差得多。他连续发表许多论文……至今仍然是很有参考价值的。……他还驳斥了惠特尼（Whitney,误解了比约的著作）、塞迪约（Sedillot,误谓二十八宿出于印度或阿拉伯）、屈纳特的议论"（第33—34页）。"近期发表的关于中国天文学的优秀著作:……竺可桢（其著作第7种）。恰特莱（Chatley）的《古代中国的天文学》,米歇尔（Michel）的著作四种。……一般中国天文学史方面,陈遵妫、张钰哲、竺可桢都有简短而有价值的著作"（第35—37页）。

李约瑟对日本有关学者的评说云:"在日本也有大量关于中国天文学史的文献。日本已形成两个学派,领导者是新城新藏和饭岛忠夫。前者认为中国天文学基本上是独立发展而未受任何西方影响,后者则极力想证明中国天文学是由希腊（或至少是由巴比伦）派生出来的。关于他们全部论断的简单介绍,最完全的大概是能田忠亮的著作（《天文历法》,京都,1942年）,但艾伯华（Eberhard）（德文）的著作也可参考。……刘朝阳曾（在《中山大学语言历史所周刊·天文学史专号（1929）》上）摘要介绍并批判了饭岛忠夫的观点。……新城认为不存在中国天文学不能独立发展的理由,并指出两者有许多值得注意的不同之点。例如干支纪日、干支纪年,每月不分为几星期而分为几旬,周天不分为360度而分为365又1/4度。星座名称完全不同,以及构成各星座的星群差别很大等等。"（第37—38页）这些看出饭岛忠夫承白鸟库吉立意贬低中国文化的意图而牵强周纳及新城新藏实事求是忠于学术的客观研究二者之间的高下之别。

李约瑟书中直接谈到四仲中星问题说:"几乎所有研究中国天文学的人（例如18世纪宋君荣,其后比约、湛约翰和德莎素）都明白,只要按照岁差规律算出这些星对于二分二至点的相对位置,就可定出这项古代资料的年代。所有这种计算所得出的年代都是早达公元前第三千纪,具体地说即公元前24世纪(例如比约坚决认为应当是公元前2357年)。但是,困难在于原文没有指出准确的观测日期和时间,而在计算中相差一小时,便会造成十几个世纪的差异。例如桥本增吉曾把观测时间定为下午七时,而不像德莎素那样定为下午六时,结果便把年代推迟到公元前8世纪或更晚。这个问题还不能看作已经解决。"(第16—17页)"《尧典》中'朝廷任命'部分和'星辰四季'部分的文字穿插混杂,现在我们要研究的是后者。……这段文字表面上是非常明确的,它长期以来使学者们很想利用岁差来定出它的年代。例如,比约曾经成功地证明,在公元前2400年前后,上述四宿大概是在二分点和二至点(0°、90°、180°、270°)上。这一结论的确没有大错。马伯乐对各项假定(主要是关于观测上中天的时刻)曾经提出批评,而桥本增吉却把观测时间定为午后七时,从而把年代推迟到公元前8世纪或8世纪之后。他们两人对于悠久的传统大概未曾予以充分重视。根据宋君荣的记述,传统的观测上中天的时间是午后六时,如果受到天光的妨碍,即用漏壶予以核对。但过了一个世纪之后,普拉特(Peatt)指出任何一项正确确定年代的工作都是非常困难的。恰特莱的说法是最晚近的意见之一,他一方面承认比约和德莎素的意见有说服力,另一方面却又增加了一些不肯定的因素。按广义的说法,鸟可以包括七宿以上(即东宫的全部),火可以包括三宿。……虚和昴这两个在赤道上占地位较小的单个的宿,则彼此很不一致,前者所指出的年代是公元前3500年左右,后者是公元前1400年左右。

这个问题的解决还很遥远,也许殷虚卜辞对此能有所帮助。根据我们现在对中国古代历史的了解,从宽估计,《尧典》的数据未必能早于公元前 1500 年。"(第 166—169 页)按,前 1500 年即商代。这是李约瑟的结论,看样子是受了竺可桢说的影响,但根据他本书自注说明是基于其书第一卷第 181 页那一节,即"中国文字应该是在商代前期(公元前 1600 年前后)才开始从图画文字中发展起来的"这一所谓对中国古代历史的了解而立论的。这就使我们一接触他这一结论就感到很突兀,不像上文所引述的许多天文学家其中著者如宋君荣、比约、湛约翰、德莎素及新城新藏、能田忠亮等皆就四中星本身进行研究得出的结论,而是离开所研究对象的事物本身另外去找与之无直接联系的历史现象来立论,在方法论上是可商的。李约瑟在第 701 页引述德莎素一段描述性的话说:"《尧典》在我们面前揭开了这样一个场景……这里便是司天之台。闪烁不定的火光显示出正在进行的事情。从那投射在漏壶刻度上的光线,我们可以看到天文学家们正在选择四颗恒星。当时这四颗星正位于天球赤道的四个等角距的点上,但是它们注定要用它们的移动来为后世说明,这幕场景发生在四千多年以前。"这仍就四中星本身谈,得出四千多年前结论。其实李约瑟文中已指出:"这个问题还不能看作已经解决。""这个问题的解决还很遥远。"应该是到目前为止对这个问题应有的正确认识。而且李氏下列的话也说得较妥慎:"这段文字(指四中星文)的最重要的意义并不在于用它来定出准确的年代,而是在于它明确地告诉我们,中国古代已曾系统地利用四仲中星来确定四季,以及确定二分日和二至日太阳在恒星间

的位置。"（第 170 页）

　　除直接涉于四中星者外，关于载四中星的那一节母体文字即"羲和章"，李约瑟在其书第 41 页上有下列两句话："'任命羲和'的部分可能属于公元前 7、8 世纪，'历象日月星辰'的部分可能属于公元前 5、6 世纪。"同样不知他何所据。公元前 7、8 世纪即西周，公元前 5、6 世纪则为春秋末期战国前期。他没有说明自己这两句论断所据的理由，是不是就完全根据马伯乐的话呢，但他自己已据甲骨卜辞否定马伯乐的话了（见前）。他在此处既没有提出论据，我们只好对他这两句话持谨慎态度认它足以存备一说。

　　这里附带更正一句李约瑟对汉文的误译，即第 111 页李氏引《计倪子》"未始有极"一句，译为"无起点而有限度"。与原意适相反。"未始"，即未尝、未曾、从未之意，与英文的 Never 之义相当。"未始有极"，即"从未有终极"、"未曾有终极"、"不会有限度"之意。

　　观象授时活动中还有观察北斗的资料，见《尧典》云："在璇玑玉衡以齐七政。"接近于《夏小正》所载，是观象授时进一步的活动，已详前面"校释"部分中。但它虽产生于正式历法以前，却被早期历法完全吸收了。李约瑟书第 57 页说《夏小正》是"最古的历书"，"实质上是一种农历，不过其中有许多关于气候星象以及物候方面的叙述"。并在第 58 页引述"恰特莱曾对《夏小正》的天文学内容进行过仔细的研究，他认为成书年代很可能是公元前 350 年左右。……书中纪事文字的简古却表明，其年代可能早至公元前 7 世纪"。这就是说对于北斗的观察资料可能出于西周末至春秋前期，李约瑟认为《夏小正》"也许是公元前 5 世纪的书"，自然观察北斗的资料只能在此以前，才被它收入书中。书被说成是"农历"，正如加藤常贤说《尧典》"敬授民时"的"民时"是"农耕历"，意义一样。

继"羲和章"后的两句："期三百有六旬有六日，以闰月定四时成岁。"则是先民经过观象授时时代，进到初步创立历法时代的资料。竺可桢《中国古代天文学的伟大贡献》(载《科学通报》三期,1951 年)文中指出："三百有六旬有六日，就是阳历年。以闰月定四时成岁，乃阴阳历并用。"古代文化知识积累和发展是缓慢的，需要较长岁月的。那么这种代表先民积累历法发展早期两个阶段的资料，其由来也应经过较长岁月的。

(3)远古氏族社会部落联盟政治生活的遗迹保存在传说资料中，《尧典》作者搜集到了，遂写入篇中。《尧典》全篇就像是一个部落联盟会议的会议纪录。前半篇记尧主政时是这样，后半篇记舜主政时也是这样。宛像部落联盟首长和参加联盟的各部落首领在会上的民主讨论的气氛，跃然纸上。如百官的选任，大事故的处理(如洪水)，法制建设，礼教的重视，等等，都在会上讨论。而最高首领的交迭，被润饰为禅让方式出之，而仍是经过会议上的推选，最后仍由前任首长裁决。范文澜《中国通史简编》(1948 年版)有云："《尧典》等篇，大概是周朝史官掇拾传闻，组成有系统的纪录；虽然不一定有意捏造，夸大虚饰，却所难免。其中'禅让'帝位的故事，在传子制度实行已久的周代史官，不容无端发此奇想，其为远古遗留下来的史实，大致可信。据说尧在帝位，咨询四岳(炎帝族)，四岳推举虞舜作继位人。

舜受各种试验后，摄位行政。尧死，舜正式即位。舜也照样咨询众人，选出禹来摄行政事。……所谓'禅让'制度，实际就是氏族社会的会议选举制度。这种制度在后世落后民族中如乌桓、鲜卑、契丹、女真、蒙古都曾行施，有记载可以考见。'禅让'是一种选举方式，尧舜以前，这种方式应该早已存在。尧舜禅让就是许多部落的联盟，共同选举一人当大酋长。主要任务是主持祭祀及对苗黎的防御。"这些话勾画出了《尧典》所保存远古资料中所反映的氏族社会部落会议的简要情况。

范氏文中指出部落会议选出的大酋长主要任务是主持祭祀和对付苗黎。这二者材料也都保存在《尧典》中，"窜三苗于三危"、"分北三苗"即有关处理苗族的事。至于祭祀之事，更为古代氏族特重之事，摩尔根、恩格斯书中屡有记载。从卜辞中看出商代统治者的大量活动，就是祭祀与战事，西周金文差不多大都与祭祀有关。郭沫若《中国古代社会研究》凭《周易》大量材料统计当时建立政治机关后，所做的事情第一就是享祀，他的《周官质疑》就金文材料得出周官第一级之卿事寮，全是些助王处理宗教祭祀活动的大宰、大宗、大史、大祝、大士、大卜等。故《左传·成公十三年》说："国之大事，在祀与戎。"商、周犹如此，则其前更可知。《尧典》作者承商周重视祭祀的环境，所以文中有关宗教祭祀的活动自然很多。举如受命、告至，则要受终于文祖，归格于艺祖，格于文祖；敬礼天地百神，则要钦若昊天，禋于上帝，禋于六宗，遍于群神；对于日月尤有专门奉祀迎送之礼、寅宾出日、寅饯纳日，及日月出入之地旸谷、昧谷随出日纳日为礼；对于山川，则有望于山川，望秩于山川，至于岱宗柴，至各岳之礼

397

祀,以及封山川之礼。对于肆觐群后,又有辑五瑞、班瑞、修五礼、五玉、五器诸礼,此诸礼皆于奉祀群岳活动中行之,大抵许多原始宗教性奉祀活动,在注疏家笔下往往说成封建王朝一般礼仪活动了。

尧命舜陟帝位,舜受命莅位达二十八年之久,而后尧逝世,当时四海以尧为在位君主崩逝而哀悼,显然是二十八年时间两"帝"并在位(其后舜举禹情况亦同)。旧注以舜摄位释之。按恩格斯在《家庭、私有制和国家的起源》中谈到易洛魁人的联盟时说:"联盟有两个具有平等职能和平等权力的最高军事首长(类似斯巴达人的两"王",罗马的两执政官)。"说明古代氏族社会的部落联盟有两个最高政长。虽然各氏族社会的历史不会完全雷同,可以有各自不同的表现形式。由儒墨两家所盛推的我国往古的先圣禅让盛德保存在《尧典》中者,其事实素地当为古代氏族社会部落联盟中的两头政长为之背景。墨儒既推为禅让,又不理解其同时在位,注疏家只得据儒家的正统观念释为一在位一摄位了。

所有以上神话资料、文化活动积累的资料及传说中的历史资料这三项,都可肯定是远古遗存下来的素材,被《尧典》作者采入篇中,作了理性化的历史的叙述。然通过其实质看出其确为远古素材的遗影,因而成了充塞《尧典》篇中最具史料价值的极珍贵部分。

(二)儒家的思想

孔子据以宣扬其思想的主要典籍是《诗》《书》两种,因而法家和秦政权全力打击儒家的也就是这两种,可见《诗》《书》是儒家思想的根本典籍。而孔子教导其门徒的课程是诗、书、礼、乐四门。见《论语·述而》云："子所雅言,诗、书、执礼。"又《泰伯》云："学于诗,立于礼,成于乐。"所以孔子的教学课程原是诗、书、礼、乐。而礼、乐二门是在课堂外的排练实习课,则课堂上的教材只有《诗》《书》二种,《诗》还是应排练礼乐实习课所需用的乐歌,并供官方于外交典礼上诵歌之用,因此《书》才是通过历史遗典进行政治哲学教育和道德教育的主要教材。这是孔子在"文献不足"(《论语·八佾》)的情况下,"好古敏以求之"(《论语·述而》)得来的。孔子一生服膺周公纠正商代尚鬼尊神厉行刑戮之弊而提出的德教之治,因此主要搜集周公在各种重要政治军事活动中谆谆告诫的誓、命、诰词,构成《周书》的主要各篇,作为宣扬儒家道德说教的主要篇章。但为了要宣扬周公德教之治古已有之,刚巧搜集到上述有关古代神话、天文历法、氏族生活等重要远古素材,原本是分散的资料,正好编排为颂扬尧、舜、禹盛德大业诸圣道的篇章。于是就利用这些素材,妥善编排,多加润色修饰,写成这篇宣扬儒家所理想的圣王道德的宝典。篇首赞扬尧的为人那一段话,完全就是《论语·泰伯》孔子称美尧所说的:"大哉尧之为君也!巍巍乎!唯天为大,唯尧则之。荡荡乎,民无能名焉。巍巍乎其有成功也,焕乎其有文章!"《论语》中孔子还只是笼统的赞美,《尧典》中则孔子赞美之意展现为描述尧的行为品德高尚卓越的十二句美好的辞藻。进而贯串着儒家所倡的诚意、正心、修身、齐家、治国、平天下的中心纲领,这在后来总结为收入《礼记》的"大学之道",朱熹把它提出来作为儒家标准的道德规范。《尧典》实际在阐述这点,宣扬以君主为中心，借宗法网络为纽带，经由王朝一直到四境诸侯，上下相维，达到天下黎民众庶一体雍和之治。这实际是孔子梦寐以求恢复的西周宗法维系天下大一统的政治为蓝图的一种憧憬。

其下文又说了对胄子之教要"直而温，宽而栗，刚而无虐，简而无傲"。和《皋陶谟》的九德"宽而栗，柔而立，愿而恭，乱而敬，扰而毅，直而温，简而廉，刚而塞，强而义"是一精神，这都是儒家德教之义，《论语》《孟子》这方面的阐扬不少，只是不像此两处集中提出其简要规定，成为儒家中庸之义的醒目的提法。

不仅对命夔典乐作了这样的教导，即九官任命和其诰诫，大抵无不注重了儒家德教。

尧崩而百姓如丧考妣，三载遏密八音，则是把儒家所倡的三年之丧写入了篇中。

把氏族社会部落会议民主选举，按儒家思想阐释为禅让，上文已说过了。

李约瑟书第四卷第2页说："天文历法，一直是正统的儒家之学。"这是李约瑟的深刻认识。只要看各史所载天文学家大都是儒家即可知。《春秋》"春王正月"一词，注疏家反复讨论争议的，实际就是李约瑟所窥见的意义。《尧典》在叙述了尧的大德后，接着即把所获得的古代观象授时、四方星名、四方风名等材料，组织为第二大段，正是儒家思想重视天文历法的表现，主要是对"历象日月星辰，敬授民时"的重视。《论语·雍也》强调"博施于民而能济众"就是圣道，以及《论语》全书中不断出现的孔子爱民、重民的思想，所以才重视天文历法对人民的利益，因而就有很重要的"羲和章"的写成。乃至篇中因不理解四方神名、四方风名而错误写成物候、民事，也是利用天文历象重视人民的一种表现。所以这一章把几种不同来源材料组织得很完整地表述天文星象四方四时农事物候周洽民事的"羲和章"，正是儒家思想的表现。

由这里看，《书》既与《诗》是孔子重要的两本教材，由他自己谆谆教读弟子，那么这部教材要不是亲自编成于孔子之手，恐怕很难找到更合适的编成的人了。那些三代王者为了某次军政大事所作的"诰誓号令"文件，孔子当然把原篇汇集起来作为教材讲授，而三代以上零散材料汇编加写成《尧典》等篇，则这一工作恐怕只能落于孔子之手了。那么，两千年来一直被冷落不受人重视的王充之说："钦明文思"以下为"鸿笔之人"孔子所写，这很可能是非常正确的。惜绝响两千年，一直到清末康有为始复引王充之说，断言《尧典》一字皆孔子作"。郭沫若亦曾触及此点，可是不久又放弃了。虽康有为很多说法皆不确，这一说则似乎道着了历史的实际。

可引刘朝阳《从天文历法推测〈尧典〉之编成年代》一文中的一些结论以为佐证。如以"观象授时"时期的下限为公元前600年，"朔"字的出现在公元前776年之后，"期三百有六旬有六日"在春秋中期前或《管子·轻重己篇》之后，"闰"字的出现在周的后半期，"岁"字的出现在殷代之后，因而云："知《尧典》编成之时限，最大之范围为自殷代至春秋中顷，最小之范围为自西纪前776年至西纪前600年。案春秋之纪事始于鲁隐公元年，时当西纪前772年，故《尧典》或为春秋前半期或稍前之作品。"文中举孔子生于西纪前 551 年,因而云:"据此处所得之结论,则《尧典》之传说实在春秋前期前后,孔子之前即已存在。"刘氏考定上述各项天文历法资料的存在时限大抵在春秋中期以前,而另对四仲中星、璇玑玉衡、寅宾出日、寅饯纳日等项则说法纷歧,故存而不论,可见其态度谨严,则其已定各资料皆存孔子以前,基本是可信的。不过他误以为这些资料存在时期即《尧典》编成时期,如其说则《尧典》之编成有殷末、前 776 年、前 600年等好几个不同时期了。其实是这些资料至孔子前都已存在,正好供这位首创私人讲学诲人不倦而好古敏以求之的孔子乐于搜集,用以编成《尧典》这篇寄托其宣扬尧舜禹圣道思想的篇章,以之教导其门徒并向社会宣扬其政治哲学和道德说教的思想。又前面"校释"部分阐释天字原只指上帝,西周后期始兼指天空。此篇用了"昊天"专指天空,系西周晚期始有的用法,足证《尧典》的写成不能早于西周晚期,亦与孔子"天何言哉,四时行焉,万物生焉"(《论语·阳货》)的观点相合,更足证《尧典》正适合于春秋时孔子之手。

　　本人前在《春秋时承周公遗教的孔子儒学》(载《古史续辨》)文中,说到孔子与《尧典》,"就搜集一些散见的古代资料,用以作为记尧、舜、禹圣道的文献,充实入《尚书》的篇章中,这主要就是后来由他的七十子后学大约在战国之世编成完整的《尧典》《皋陶谟》《禹贡》诸篇的资料,在孔子的时候,还只是由于他的好古敏以求之的精神搜集到这些资料,作为古代历史来印证和宣扬自己承自周公的德教学说"。把《尧典》的编定归之七十子后学,这是受徐旭生先生肯定和称赞顾先生定此三篇成于春秋战国之说的影响。现在经过研究，认为孔子搜集这些资料后，即已编定成篇，以之教授门徒，七十子后学只是承其教而已。在流传中可能发生些歧异（见下节），但《尧典》原篇之编成定稿当出孔子手。观《孟子》已引《尧典》，《荀子·成相》叙尧、舜、禹及诸臣事迹，实全用《尧典》之说，都可帮助印证《尧典》必早已编成于儒家祖师孔子之手，早于孟、荀的《国语》《左传》皆引《尧典》之文，更足为证。

　　孔子编成《尧典》以宣扬尧舜盛德，并在《论语》中屡载他称颂尧舜的伟大。墨子则在其书《三辨》《所染》《禹贤》《天志》《明鬼》《贵义》等篇鲂屡称颂三代圣王尧舜。《韩非子·显学》指出："孔子、墨子俱道尧舜，而取舍不同。皆自谓真尧舜，尧舜不复生，将谁使定儒墨之诚乎？……无参验而必之者愚也，弗能必而据之者诬也。故明据先王必定尧舜者，非愚则诬也。"而魏襄王墓出土的《竹书纪年》载："舜囚尧于平阳，取之帝位。""复偃塞丹朱使不与父相见。"则《尧典》里的尧舜，并非历史上的尧舜，而是儒家理想中的尧舜。顾先生在一篇"忆往"的文中说："现在可以看得清楚，儒家编造《尧典》《皋陶谟》《禹贡》等篇的用意所在，前两篇是儒家政治理想的结晶而把它史事化的。也就是把自己的政治理想作为古代固有的历史提出，作者尽量利用了不少远古材料，借了尧、舜、禹、稷、契、皋陶、伯夷等许多古代不同时期不同民族的不同传说中的祖先或神话人物，倒乱千秋式的拉拢，集中安排到一个朝廷里，成为同气连枝的君臣、兄弟、姻戚，又从编排其在位的先后，成为前后相承的政权继承人。又把他们说成是理想的圣人，做出了很多美政，这就使人们读了

尧
典

之后，只觉得美好的尧舜盛世早已存在于远古，大家只应一心向往着儒家指出的黄金时代，朝着他们指引的这一方向走去。"而这三篇又各有侧重，以《尧典》宣扬禅让盛德以建立古史帝王系统和古代制度，以《皋陶谟》描述他们的政治道德与理想，以《禹贡》作为禹治水分州的纪录，综述大一统的地理和贡赋等。据顾先生的看法，这几篇就构成了上古史的重心。尤其《尧典》可说牵涉到古史的各个方面。司马迁遂以为这些是古代传下的真史料，《史记》的第一篇《五帝本纪》，就全文抄录《尧典》，再加上战国末编成的儒籍《帝系姓》和《五帝德》而成。第二篇《夏本纪》，就全文抄录了《禹贡》《皋陶谟》两篇，再加上《甘誓》及《世本》中的夏世系而成。可知儒家编造的这三篇，就构成了我国最早一部大史书中的全部上古史。

徐旭生《中国古史的传说时代》第 22 页说："西欧直到 19 世纪中叶以后，批评史料的风气才大为展开……自辛亥革命以后，这个潮流才逐渐扩展到中国，我国历史界受了西方的影响，对于古史才逐渐有所谓疑古学派出现（按除受西方影响外，主要还是由于自己学术发展趋势造成）。这一次参加的人数很多，工作成绩也很丰富，一大部分由顾颉刚先生及他的朋友们搜集到《古史辨》里面。他们最大的功绩就是把在古史中最高的权威、《尚书》中的《尧典》《皋陶谟》《禹贡》三篇的写定归还在春秋战国时候（初写在春秋、写定在战国）。"后面第 26 页重复说："疑古学派最大的功绩，是把《尚书》头三篇的写定归之于春秋战国的时候。"徐先生这一评定是可贵的。原先误认为尧舜禹时期真史料的这三篇，被顾先生考定为春秋战国时期儒家的作品，因而是对古史研究的功绩,徐先生这评价是公允的。但后来顾先生说现存《尧典》写定于汉代,其说之过偏将在下文谈到。但现在要论定,《尧典》之编定者是春秋时的孔子,用以寄托其儒家理想,到战国时其门徒七十子后学承传之,可能有所传异增省,然其原本当成于孔子作为其《诗》《书》两大课本,当无疑义。

（三）秦汉的影响

《尧典》中有秦汉事实窜入篇中,是无庸讳言的。由于秦焚禁天下私相传习偶语《诗》《书》,而秦博士官所掌《诗》《书》不仅不焚禁,且予保护传习。陈梦家《尚书通论》中有《尧典为秦官本尚书考》专篇,极言汉世所传《尧典》为秦博士官本,其编成定本所增易秦代材料凡三:一、袭顾先生之说以为《尧典》中原为九州、九山、九牧,而后以为依秦制改为十二州、十二山、十二牧(惟顾先生以为依汉制改)。其实《左传·哀公七年》有"十二,以为天之大数"之说。二、以为"协时月正日"及"同律度量衡",为秦始皇并六国后所力行。其实"同"另有解说,见"校释"。三、五载一巡狩。以为始皇巡狩第一次二十七年,第二次三十二年,第三次三十七年,正五年一巡狩。这是妄说。"校释"中已叙明始皇频年巡行,根本不是五年一次。因此陈氏所举三理由皆可商。惟劳榦因不同意顾先生以为承汉制之说,仍主张受秦以水德王,数以六为纪之影响,依秦制所改(见"校释")。至于顾先生以今本《尧典》成于汉武时,则是据篇中有些内容似非汉代不能有。这是由于汉代经生重新写定《尧典》时,因缺乏时代观念无意地举进去的一些东西。顾先生在《尧典皋陶谟辨伪提纲》中及《尚书研究讲义》中所举的事例,虽有好些尚待商榷,但也有一些也值得参考的。他说:"《尧典》所述之地,以汉武帝日之疆域度之,几于不差累黍。"因而举了有关地名,并举郊祀、封禅、举贤良、废肉刑、制赎刑、三载考绩等制度,都到汉代才有,等等。这些姑不详论,即使如此,也正像司马迁撰《史记》一样,是人所共知的事,可是现在所见的《史记》中,也有不少司马迁死后才有的事。如《酷吏传》载杜周治桑弘羊,是汉昭帝时事,《楚元王世家》有宣帝地节年号,《齐悼王世家》《将相名臣年表》有成帝年号,此皆崔适《史记探源》所摘,最晚至王莽时扬雄评司马相如的话,也写入《史记·司马相如传》之末。所以春秋时写成的《尧典》,到汉代掺入些秦汉的东西是不足为奇的,并不影响《尧典》原篇成于春秋孔子时,正像上述司马迁身后事掺入《史记》中,并不影响《史记》成于司马迁手一样。

最后,谈《尧典》在流传过程中的演变情况。

《尧典》自春秋时孔子编成作为《书》的第一篇授徒后,经由弟子三千、杰出者七十余人广为传播。《汉书·儒林传》载:"仲尼既殁,七十子之徒散游诸侯,大者为卿相师傅,小者友教士大夫,或隐而不见……受业(者)……为王者师。"其体现孔子政治哲学和道德教范的《尧典》自为其主要教本。法家著作《商君书》《韩非子》等全力攻击的就是《诗》《书》,嗾使秦始皇严酷焚禁。《史记·秦始皇本纪》载:"非博士官所职,天下敢有藏《诗》《书》百家语者,悉诣守尉杂烧之,有敢偶语《诗》《书》,弃市。"见出当时《诗》《书》广泛传布"天下",为法家及秦政权所畏惧。拙著《尚书学史》中,统计先秦流传《书》篇情况,仍以传至汉代立于学官的二十八篇及后得增为二十九篇之《书》篇称引最多,其中称引尤多的五篇是《康诰》《太誓》《洪范》《吕刑》及《尧典》。《尚书学史》中亦曾搜列先秦引《尧典》者《国语》《左传》《孟子》《荀子》《礼记》之《大学》《祭法》《王制》《逸周书·武穆解》共达十四次，所引内容大都与今所传《尧典》相同。可知今本《尧典》之原本确为春秋时孔子编写用以教授门徒之本。

顾师《尚书研究讲义》中，录《孟子》所引《尧典》文六则，以为其中三则与今本《尧典》不同，可目为《尧典》第一本；今所见《尧典》成于汉武时，为第二本；东晋伪古文，为第三本。这是顾师据其所搜列资料加意研求所得之见解，自属深入思考之所得，可列为《尚书》学中之一说，虽尚非定论，足以启发吾人进一步研究。按，拙《尚书学史》所录《孟子》引《尧典》五则，除"劳之来之"五句似为《尧典》逸文外，余四则皆与今本《尧典》合，则知孟子所引本即孔子《尧典》本。《孟子》书中另有数处叙舜事与《尧典》不同（见"校释"），当是刘歆所见"逸《书》"十六篇中的逸《舜典》本，甚至先秦流传的关于舜的故事其他文件，而非另一《尧典》本。因《尧典》编成时，据所遇到的材料编写，尚有其他未遇到的材料而为孟子见到者，不能说是另一《尧典》本。孔学为当时显学，其教本遂成为通行之本，秦博士所职掌之《书》自亦用儒家习读之本。由秦博士伏生传至汉代形成三家今文之本即原习读之本，惟文字稍有传异，《汉石经》载三家异文于后。虽稍有异文，不影响其同为先秦传下之同一本，即孔子所编定授徒、由儒家传习之本。

顾师又以为《论语·尧曰》篇"咨尔舜，天之历数在尔躬"之文，当是尧禅舜之中心文辞，必为另一《尧典》本，此亦深入思考有得之言。但《尧曰》篇在《论语》最末，而"天之历数"又为战国末邹衍所倡"五德终始"之语，其为战国末方士化儒生窜入《论语》之末无疑，恐与《尧典》不相关连。顾师又以为在据汉制改为十二牧、十二州、十二山之前，先秦有一九牧、九州、九山之本。又《五帝德》载舜年事与《尧典》所载歧异（见"校释"），因以为《尧典》变易《五帝德》之文，是《五帝德》所引当为另一《尧典》本。按，以《尧典》原文当为九牧、九州、九山，系据推论，并无资料或版本依据，尚难遽断为有此本。至关于舜年龄，本为源自神话传说极多转化成的历史人物，对于其年龄的传闻异辞，自不能免，各依所据资料载入，自难说其为另一《尧典》本。总之顾师新的看法，均可备《尚书》学上的一说，有助于继续研究，不必泥其是否为定论。

先秦《尧典》传至汉代，以隶书体写为《今文尚书》传习之本，无论其所初承的伏生所传二十八篇本，大小夏侯二家所传二十九篇本（二十八篇加后得《太誓》），欧阳家二十九篇三十二卷本（《盘庚》分为三篇故章句三十一篇，加书序共三十二卷），《尧典》皆为其第一篇。凡《史记》所译载，汉碑所引用，《汉石经》所刊刻，皆此本。

西汉中期孔子十一世孙孔安国任武帝今文博士，因武帝明诏求书，以家藏孔子传下的用先秦古籀文字写的《古文尚书》应诏献上。当时发现它比《今文尚书》多"逸《书》"十余篇。西汉末期刘歆校皇家中秘书，发现称为孔壁本（因当时已流传孔安国献上之书为鲁恭王坏孔子宅壁中所得之说）的《古文尚书》比今文多逸《书》十六篇（其中有《舜典》篇）。至东汉出现《古文尚书》学派传习的古文本，但没有刘歆所见孔壁本古文"逸《书》"十六篇，而只有杜林在西州所得漆书古文一卷，遂据以改写当时社会上传习之今文二十九篇使成为古文本。此时《尧典》不知是在漆书古文一卷中，还是在改写的古文诸卷中，总之成为古籀写的古文本了。这种字体被许慎收入《说文解字》的古籀文中。魏正始中，以所谓科斗文形体刻入魏《三体石经》中，此古文本徐巡为作音，卫宏、贾逵、马融、郑玄等东汉名学者及魏学者王肃为作注，为魏、西晋及北朝所通用，而三家今文不再流传了。

东晋逃亡江南始建政权，即广征经籍，而有伪《古文尚书》出现。陆德明《经典释文·叙录》云："江左中兴，元帝时豫章内史梅赜奏上孔传《古文尚书》，亡《舜典》一篇，购不能得，乃取王肃注《尧典》从'慎徽五典'以下，分为《舜典》篇以续之。……齐明帝建武中，姚方兴采马、王之注，造孔传《舜典》一篇，云于大航头购得，上之……不行用。……其《舜典》一篇仍用王肃本。"陆氏在《舜典》释文中说明徐邈所音及他撰《释文》都是用王肃本。

姚方兴本《舜典》传至今者，于"慎徽五典"前，多"曰若稽古帝舜曰重华协于帝濬哲文明温恭允塞玄德升闻乃命以位"二十八字，和《尧典》前面"曰若稽古帝尧曰放勋"至"格于上下"二十七字完全相似，是用心仿造的。孔颖达《疏》在"曰若稽古帝舜曰重华协于帝"下说："此十二字是姚方兴所上，孔氏传本无。阮孝绪《七录》亦云然。方兴本或此下更有'濬哲文明温恭允塞玄德升闻乃命以位'。此二十八字异，聊出之，于王注无施也。"刘知幾《史通·古今正史篇》在叙述伪古文取王肃本《尧典》下半充《舜典》后说:"自是欧阳、大小夏侯家等学、马融、郑玄、王肃诸注废,而古文孔传独行。……齐建武中,吴兴人姚方兴采马、王之义以造孔传《舜典》……不见用也。及江陵板荡,其文入北,中原学者得而异之,隋学士刘炫遂取此篇列诸本第。故今人所习《尚书·舜典》原出于姚氏者焉。"《孔疏》说明隋开皇初购求遗典,始得姚本,必即刘炫所进,姚本遂取代王本列于官定本中。是今所见伪《古文尚书》各篇皆梅赜所献的伪孔安国所撰"传",不详撰传者何人;独《舜典》篇的伪孔传为姚方兴所撰。至篇首增加的二十八字,递经唐宋以来学者讨论,至清臧琳《经义杂记》、王鸣盛《尚书后案》都论定"曰若稽古帝舜"以下十二字是姚方兴所上,"濬哲文明"以下十六字则是刘炫所增入。

姚方兴注《舜典》本虽在隋时取代王肃注列入伪《古文尚书》中,但直至唐初王肃注本仍流传而习之者不乏人。除上举陆德明仍据王肃注本撰《经典释文》中的《舜典音义》外,今发现日本宫内厅书陵部所藏至宋代已失传的魏徵《群书治要》,其卷二《尚书》中的《舜典》篇,篇首即无所增的二十八字(《尧典》篇首则自有二十七字),篇中注文与今本伪古文《舜典》篇的姚氏注文大异。是知此本即王肃注本。为唐初魏徵所采用(今有日本汲古书院影印本)。这是伪古文出现前魏晋时王肃所作《尚书》注残存的孑遗。

伪古文出现时,为表明它是真古董,便创制了一种叫做"隶古定"的字体,即用隶书笔划把古籀字体写定下来,因而造成了许多奇奇怪怪的字,被称隶古奇字。它在东晋初年初创的本子没有传下来，只有宋齐两代传写本传至隋唐时，陆德明称之为宋齐旧本。而当时又流传一种比宋齐旧本稍晚出而奇字更多之本，陆德明斥为穿凿之徒所为。陆氏撰《经典释文》用的是宋齐旧本，颜师古、孔颖达有关著作亦用之。这种奇字多的本子不好读，自然需要改写成通行文字。《释文·叙录》载东晋末"范宁变为今文、集注"，今文意即今字，指晋至唐已通行的楷书。《隋书·经籍志》有"《今字尚书》十四卷"，当即范宁改写本。又有"《古文尚书·舜典》一卷，晋豫章太守范宁注"。孔颖达《舜典》疏谓范宁注本与王肃注本"皆以'慎徽'以下为《舜典》之初"，即皆无姚方兴等所加的二十八字，但范宁改今字本至唐初已失传。隶古定本直通行至唐天宝前，天宝间命卫包将隶古定《尚书》改写为楷书本，因卫包不懂文字学，改错了不少字，至开成间此楷书本刻成《唐石经》传至今，五代以后版刻本亦皆据《唐石经》刊刻。卫包改错字的《古文尚书》遂流传至今。但隶古定本仍在唐至宋有流传本。唐写本有保存隶古字多者，有杂以不少唐代别体字、俗体字者，这些隶古定唐写本一部分在当时传至日本，一部分保存在敦煌石室中幸而传至现代。陆氏所斥穿凿之徒所为奇字甚多之本，至五代由郭忠恕把它和陆氏《释文》雕板印行。宋代吕大防等人传其本，晁公武刻石于蜀（今有残字传下），薛季宣取其全文于其下加注释撰成《书古文训》，今保存在《通志堂经解》中，段玉裁称之为伪中之伪本。但因卫包改错经文不少字，得此完整的隶古定本，可覆勘卫本之误字。又陆本《释文》至宋开宝间被陈鄂改得体无完肤，并被删去不少，今从敦煌唐写本《释文》获知陆氏《释文》遭此大厄，今已无法获知

《释文》原貌,对《尚书》研究是极大的损害。

现在既知伪古文本的《舜典》篇原是《尧典》篇的下半,自应恢复原状,合成完整的《尧典》篇;所增二十八字伪文,自应删去。

皋　陶　谟

　　《皋陶谟》亦为先秦已存在的《书》篇,先秦文献中经初步搜列发现它共被称引三次。为西汉伏生《今文尚书》二十八篇的第二篇,亦为增入《太誓》后《今文尚书》二十九篇的第二篇。西汉所传"《书序》百篇"中列《皋陶谟》为《虞夏书》第十五篇,另有《益稷》为第十六篇。东汉马郑注本《古文尚书》中,《皋陶谟》亦为《虞夏书》第二篇(另有《弃稷》篇次于《皋陶谟》,但未作注,列在所述二十四篇中)。东晋伪古文出,截取《皋陶谟》下半从"帝曰来禹汝亦昌言"以下冒充《书序》百篇中的《弃稷》篇并改题《益稷》篇。于是《皋陶谟》及假冒《益稷》遂依次为伪《古文尚书》中的《虞书》第四篇、第五篇。今将伪古文分出的《益稷》仍并归《皋陶谟》原篇中,恢复其在汉今文、古文中的篇次为第二篇。其情况详后面的"讨论"。《史记·夏本纪》全录《禹贡》《皋陶谟》《甘誓》三篇以成文,只是增录了些《世本》的夏世系资料而已。而《史记》对这几篇大都以汉代语言译写,即所谓以训诂字代原文,这就使我们知道汉代对这些文句的理解,有助于我们

413

探悉这些篇章文句的原有意义。而《史记》在录此篇全文前加数语云："帝舜朝,禹、伯夷(?)、皋陶相与语帝前,皋陶述其谋曰。"显然据汉代所传资料记明此篇为皋陶和禹在帝舜朝庭上的问答之语。

校　释

　　曰若稽古①皋陶②曰："允迪厥德③,谟明弼谐④。"禹曰："俞⑤! 如何?"皋陶曰："都⑥! 慎厥身修,思永⑦。惇叙九族⑧,庶明厉翼⑨,迩可远在兹⑩。"禹拜昌言⑪,曰："俞。"

　　①曰若稽古——"曰若",发语辞,亦即无义的语首助词。详《尧典》篇首校释。"曰若稽古",是史官追述古事的开头用语。"曰若稽古皋陶",就是"古时候那个皋陶"。

　　②皋陶——亦作"咎繇",唐写《释文》:"咎,音羔,繇,音遥。"古本《尚书》皋陶、咎繇二体同用,音同。皋陶原是神话中人物,为战国时群舒族所尊之宗祖神。《论语·颜渊篇》:"子夏曰:……舜有天下,选于众,举皋陶。"则春秋、战国时历史传说中,皋陶已明确为舜臣。故《尧典》中载舜任命皋陶为"士"(司法官)。详《尧典》"舜命九官"一节中注⑱"暨皋陶"校释。"曰若稽古皋陶曰",古时候那个皋陶说。

　　③允迪厥德——《史记》作"信道其德"(通行本《史记》"道"误在"其"下,依段玉裁《撰异》校正),是逐字翻译。"允",信(见《释

诂》)。为真的、确实是之意。"迪",道(见《释诂》)。为行道之意,故伪孔释为"蹈",为践履之意。"厥",其(见《尧典》"厥民析"校释)。此句是说确实能实践履行其德行(伪孔释"其"为古人,"其德"为古人之德,似可不必)。

④谟明弼谐——《史记》作"谋明辅和",亦逐字翻译。"谟",谋也。"弼",辅也。"谐",和也。皆见《尔雅·释诂》(惟释"弼"为"俌",《说文》"俌,辅也")。伪孔释此两句为:"言人君当信蹈行古人之德,谋广聪明以辅谐其政。"不如《蔡传》释为:"言为君而信蹈其德,则臣之所谋者无不明,所弼者无不谐也。"

⑤俞——《史记》作"然"。《尔雅·释言》:"俞,然也。"详《尧典》俞字校释。伪孔释"俞如何"句云:"然其言,问所以行。"即同意皋陶说的话,问他怎样去实践他的话。

⑥都——《史记》作"於"。《尔雅·释诂》:"都,於也。"《尧典》"欢兜曰都"伪孔云:"都,於,叹美之辞。"(按於作叹美之辞,当即"於虖"之於,音乌)此处伪孔云:"叹美之重也。"即今所谓惊叹词,略如今语之:"呵呀!""好哇!""都"本有美好义,见《汉书·司马相如传上》集注:"都,美也。""都,闲美之称。"故"都"为叹美之辞。

⑦慎厥身修思永——《史记》作"慎其身修,思长"。纯用训诂义为译。《释文》云:当读至"身修"断句。伪孔云:"慎修其身,思为长久之道。"实谓谨慎地修身,长远地考虑。

⑧惇叙九族——《史记》作"敦序九族"。《汉书·王莽传》引作"惇序九族"。《三国志·蜀志·先主传》引作"敦叙九族"。《释文》:"惇,都昆反。""惇"同"敦"。《尔雅·释诂》:"惇,厚也。"郑

玄注亦云:"惇,厚也。"(《后汉书·班固传》注引)"叙"同"序",郑玄注:"叙,次序也。序九族而亲之。"(《蜀志·先主传》裴注引)即按照顺序以亲九族。"九",依汪中《释三九》为泛指多数。"九族",众多氏族。详《尧典》"以亲九族"校释。在部落时代首先当指本部落诸氏族,然后依次为部落联盟诸氏族。依本文原意,把舜看作王朝君主,首先指组成本王朝的宗室、血缘诸氏族,依序扩展至与本王朝合作的以迄臣服的诸氏族,所以下文表示了由近及远之意。

⑨庶明厉翼——《史记》作"众明高翼",此亦逐字按义译其意。"庶",众也。见《尔雅·释诂》。郑注亦云"庶,众也"(《蜀志·先主传》裴注引)。"厉",今流传伪孔本由卫包妄改作"励",《唐石经》亦从之。段玉裁《撰异》云:"古者'砥砺'、'勉励'皆作'厉',无作'砺''励'者。厉本旱石,引申为勉厉。'厉,作'(指裴注引郑注"厉,作也"),不独郑本作'厉',王、孔本亦作'厉'(此纠正伪孔释为"勉励"、《孔疏》引王肃释为"以众贤明为砥砺"二处用字)。"按,《三国志·先主传》正引作"庶明厉翼",足为汉代本作"厉"之证。又孙星衍《注疏》云:"(《史记》)以'厉'为'高'者,高诱注《淮南·修务训》云:'厉,高也。'"则知史公以训诂字"高"译"厉",足证史公所见西汉《尚书》本实作"厉"。是段氏说至确,今依其说恢复为"厉"字。

《孔疏》引王肃注此句云:"以众贤明为砥砺,为羽翼。"又引郑玄注云:"厉,作也。以众贤明作辅翼之臣。"伪孔释此句云:"众庶皆明其教,而身勉励翼戴上命。"《孔疏》指出郑孔说不同。《蔡传》则释为"群哲勉辅"。以"群"释"庶";以"哲"释"明",指哲士,亦

尚书校释译论

即贤明之士;以"勉"释"厉";以"辅"释"翼"。逐字为释,亦可讲通文义。略近郑注。俞樾《群经平议》则云:"明当读为萌……是'明''萌'古通用也。《史记·三王世家》……索隐曰:'萌一作甿。'《汉书》……师古注并曰'萌与甿同'。……然则'庶萌'犹'庶民'矣。《诗·卷阿》郑笺曰:'翼,助也。''庶萌厉翼',言庶民勉厉以助上也。"徒然改字,仍未脱伪孔窠臼。故俞虽说不同意伪孔说,实仍在伪孔影响之下,不如用略近郑说之《蔡传》说较妥。

⑩迩可远在兹——《史记》作"近可远在已"。仍以训诂字译原句。皮锡瑞《考证》云:"'兹',为'已'者,《释诂》云:'兹、已,此也。'"《夏本纪集解》引郑玄总释此三句云:"次序九族而亲之,以众(贤)明作羽翼之臣,此政由近可以及远也。"

⑪昌言——《史记》作"美言"。"禹拜昌言曰俞",《史记》作"禹拜美言曰然"。《说文》:"昌,美言也。"《孟子》赵岐注引作"禹拜谠言"。《逸周书·祭公解》作"党言"。《字林》:"谠言,美言也。音党。"

段玉裁《撰异》云:"古文《尚书》作'昌',今文《尚书》作'党'。《孟子·公孙丑篇》'禹闻善言则拜'赵注云:'《尚书》曰"禹拜谠言"。'此今文《尚书》作党之证也。班固《西都赋》云:'谠言宏说。'李善注引《字林》:'谠言,美言也。音党。'孟坚盖亦用今文《尚书》耳。'谠',《逸周书》作'党'。《祭公解》:'拜手稽首党言。'卢氏召弓曰:'党谠古字通。《荀子·非相篇》'博而党正'注:谓直言也。又见张平子、刘宽二碑。'玉裁谓平子碑'党言允谐',刘宽碑前云'朝克忠谠',后云'对策嘉党',可见汉人'党''谠'通用。……古'昌''党'音同。如闉阇,子云赋作'闛阖,鼓声不过阊阊即鼟字,可证。此古文作昌,今文作党,音同义同也。《说文》曰:'昌,美言也。'与《字林》'说'字训同。然则'昌'本字,'党'假借字也。"陈乔枞《经说考》云:"作'说'作'党'者,盖大小夏侯之本也;其欧阳《尚书》但作'昌'字。……同于古文《尚书》。"

以上这一节,皋陶提出"允迪厥德"的总的纲领。自"慎厥身修"以下五句,与《尧典》第一节所倡的修身、齐家、治国、平天下的"大学之道"一致,是儒家的根本思想所在。故王安石《新经义》云:"身立则政立,故皋陶先言'修身'。能修其身然后可以齐家,故继之以'惇叙九族',家齐而后国治,故继之以'庶明励翼',国治而天下平,故继之以'迩可远在兹'。"(据程元敏辑夏僎《书详解》引)

皋陶曰:"都①!在知人,在安民②。"禹曰:"吁③!咸若时④,惟帝其难之⑤。知人则哲,能官人⑥;安民则惠,黎民怀之⑦。能哲而惠⑧,何忧乎欢兜,何迁乎有苗,何畏乎巧言令色孔壬⑨?"

①都——《史记》作"於",叹美之词。见前节注⑥。

②在知人在安民——《蔡传》:"皋陶因禹之'俞'而复推广其未尽之旨,叹美其言,谓在于知人、在于安民二者而已。"孙星衍《注疏》云:"民谓众民,人谓官人也。"杨筠如《核诂》云:"此文'人'与'民'对言。'人'谓'政人',犹《康诰》'不于我政人得罪'是也。《洪范》'凡厥庶民无有淫朋,人无有比德'。又曰'人用侧颇辟,民用僭忒'。皆人与民分别对举之例也。"

③吁——惊叹词。和今语"哎"、"哎呀"相近。《汇纂》引顾宪

成云："知人安民未易言也，禹故吁嗟以叹其难。"

④咸若时——《史记》作"皆若是"。"咸，皆也。""时，是也。"并见《尔雅·释诂》。"若"，如也，似也。见《考工记》郑注、《管子·小问》尹注。"咸若时"，都像这样。

⑤惟帝其难之——"惟"，杨筠如《核诂》云："惟，疑读为虽。古唯、虽通用，唯即惟字。"按，此袭用《蔡传》说，并用王引之《经传释词》"虽通作唯"之说，且亦引王氏所引《荀子》注为证。其实此处"惟"字用其发语词本义即妥，不必改"唯"通"虽"。王引之《释词》即明引此句之"惟"为发语词可证。其言云："惟，发语词也，《书·皋陶谟》曰：'惟帝其难之。'"其说可从，不必曲折改字以释之。

"帝"，伪孔云："言帝尧亦以知人安民为难。"《蔡传》亦云："帝，谓尧也。……二者兼举，虽帝尧亦难能之。"其后治经者大都亦以此"帝"字指尧。林之奇《全解》云："自先儒、王氏（安石）皆以'惟帝其难之'为指尧而言之。独张横渠以帝为舜，所以必从张横渠之说者，盖禹不当谓尧为帝，于《大禹谟》'帝德广运'已论之详矣。"按，依《史记》说，此为禹与皋陶相与语于帝舜前，则此帝字只当指舜，何缘牵涉及尧？张载、林之奇之言近是。但其实在原语中，此字实泛指为君主者，不必实指某人。

"其"，段玉裁《撰异》举《汉书·武帝纪》及《论衡》之《定贤篇》《是应篇》《答佞篇》所引此句皆无"其"字，作"惟帝难之"。陈乔枞《经说考》补充《后汉书·虞延传》所引此句亦无"其"字。皮锡瑞《考证》遂谓汉代今文本有作"惟帝难之"者。其实这些引用者皆配合上句四字，删去"其"字使此亦成四字句，这是做文章常用的方法,初非汉今文原文亦为无"其"字之四字句。观段玉裁《撰异》录《白虎通·封公侯篇》引此句为五字句,皮氏《考证》补充《盐铁论·论诽篇》所引亦为此五字句。足证汉代今文原为"惟帝其难之",并没有无"其"字之句。

⑥知人则哲能官人——"哲",《史记》作"智",伪孔云:"哲,智也。"实据《尔雅·释言》。《汉书·五行志》引作"悊"。师古注:"悊,智也。能知其材则能官之,所以为智也。"是哲、悊皆智义。"官人"之"官",名词作动词用,指以官位授人。

⑦安民则惠黎民怀之——《史记》"安"字前有"能"字,盖蒙上"能官人"句误衍此字。伪孔释此句云:"惠,爱也。爱则民归之。""惠",《释诂》云:"爱也。""怀",《释诂》云:"思也。"又云:"至也。"《左传·成公八年》杜注:"怀,归也。"故伪孔成此释。

⑧能哲而惠——《史记》作"能知能惠"。"知"即上句"智"字。见《法言·问道》:"智也者,知也。"《白虎通·情性》:"智者,知也。""能惠"之"能",皮氏《考证》以为与上"能哲"之能字同,汉代今文《尚书》有此,并举衡方碑、郑季宣碑作"能惠"为证。惟衡方碑智作悊,全句作"能悊能惠"。皮氏以为"悊"字与《汉志》合,"能惠"与《史记》合,是汉今文有此句。皮氏又引《淮南子·泰族训》引《书》曰"能哲且惠"。以为今文《尚书》有作"能哲且惠"句者。此句实总上"知人则哲"、"安民则惠"两句而言。

⑨何忧乎欢兜何迁乎有苗何畏乎巧言令色孔壬——《史记》于末句作"何畏乎巧言善色佞人"。按《尧典》载舜处理四罪:"流共工于幽州,放欢兜于崇山,窜三苗于三危,殛鲧于羽山。"此处举了欢兜、有苗二事,于是经师为之寻解释。《孔疏》引马融注云:"禹为

父隐,故不言鲧。"《夏本纪集解》引郑玄注云:"禹为父隐,故言不及鲧。"陈乔枞《经说考》以为四罪中鲧被隐不提,那么马郑"皆以佞人为指共工。此古文说也"。又以为:"《论衡·答佞篇》云'欢兜大佞',《恢国篇》云'三苗巧佞之人',据此则今文说以巧言令色孔壬即指欢兜、有苗言之,不以佞人为共工也。"按欢兜、有苗、鲧、共工已见《尧典》校释,据《山海经·大荒北经》,知欢兜(欢头)为苗族宗祖神。苗族当时为华夏族在中原这块大地上相互角逐的主要敌人,逐步被赶到南方,相传舜时将苗族一部分迁到北方,把它的头头欢兜放逐到当时极南的崇山。这是华夏族口耳相传的重大史事。《尧典》作者把这二者和当时与尧舜族也有争斗的姜姓族宗祖神分化出的鲧和共工的斗争资料作为"四罪"写入篇中。这里《皋陶谟》则只谈到了政治传说中特别重要的欢兜和苗民的两则,未提到鲧和共工事,不必如马融、郑玄按后代人伦观点说成是"禹为父隐"。

陈氏《经说考》继云:"《论语·学而篇》'巧言令色,鲜矣仁'包咸注云:'巧言,好其言语。令色,善其颜色。'与《史记》训合。'孔壬',犹言甚佞。"按,"孔",甚也。见《尔雅·释言》。"壬",佞也。见《尔雅·释诂》。

以上这一节,皋陶提出知人、安民的政治纲领。经师们大抵以知人、安民为《皋陶谟》一篇之体要。

皋陶曰:"都,亦行有九德,亦言其人有德①。"乃言曰:"载采采②。"禹曰:"何?"皋陶曰③:"宽而栗④,柔而立⑤,愿而恭⑥,乱而敬⑦,扰而毅⑧,直而温⑨,简而廉⑩,刚而塞⑪,彊而义⑫。彰厥有常,吉哉⑬!日宣三德,夙夜浚明有家⑭。日严祗敬六德,亮采有邦⑮。翕受敷施,九德咸事,俊乂在官⑯。百僚、师师、百工惟时⑰,抚于五长(辰),庶绩其凝⑱。无教逸欲有邦⑲。兢兢业业,一日二日万几⑳。无旷庶官,天工人其代之㉑。天叙有典,勑我五典五惇哉㉒;天秩有礼,自我五礼有庸哉㉓;同寅协恭和衷哉㉔;天命有德,五服五章哉㉕;天讨有罪,五刑五用哉㉖;政事懋哉懋哉㉗!天聪明,自我民聪明;天明畏,自我民明威㉘。达于上下,敬哉有土㉙。"

皋陶曰:"朕言惠可厎行㉚?"禹曰:"俞,乃言厎可绩㉛。"皋陶曰:"予未有知,思曰赞赞襄哉㉜。"

①都亦行有九德亦言其人有德——《史记》句首作"然,於!"下句无"人"字。《唐石经》亦无"人"字。按《史记》以"然"译"俞",以"於"译"都"。此处上多"然"字,则其所据汉代今文本《皋陶谟》此句句首当有"俞"字(段玉裁《撰异》已有此说)。这是先肯定对方的话,然后以叹词"都"引出自己的话。"亦",与"繄"同音通用,为语首助词,无义。见《左传·隐公元年》"繄我独无"《杜注》:"繄,语助。"(王引之《释词》亦释"亦"为语助,惟据《孔疏》释"繄"为"唯",不如《杜注》妥。又江声《音疏》释"亦,古掖字,扶持也"过于迂僻,不适此用)此"亦行"与"亦言"对举。"行"《释文》:"下孟反。"指品行、行为。"言"指言语,言谈。"人",段玉裁《撰异》云:

"今本'有德'之上有'人'字,非也。考《唐石经》每行十字,独此行'其有德乃言曰载采采'九字。谛视则有德二字初刻本是三字,人字居首,波撇尚可辨。然则'亦言其人有德'唐时有此本。唐元度覆定石经,乃删人字重刻。今注疏本则沿袭别本也。唐石摩去重刻者多同于今本,此独异于今本。《夏本纪》云:'亦言其有德。'则今文《尚书》亦无人字也。"

《论衡·答佞篇》:"唯圣贤之人,以九德检其行,以事效考其言。"是据汉代无"人"字句为释。苏轼《书传》:"亦行有九德者,以其自修也;亦言其人有德者,以此求人也。"则据伪古文流行本有"人"字句释之。而伪孔则两句都指人。其释云:"言人性行有九德,以考察真伪则可知;称其人有德,必言其所行某事某事以验之。"(此连下句"载采采"为释)《蔡传》则以为上句总说"德",下句说"人之有德"。其释云:"'亦言有九德'者,总言德之见于行者,其凡有九也;'亦言其人有德'者,总言其人之有德也。"总之是说德有九种,人要有德。

②乃言曰载采采——《史记》作"乃言曰始事事"。译"载"为"始",译"采"为"事"。逐字用训诂义。"载",始也。见《诗·载见》毛传,亦见《诗》之《皇矣》《载见》《閟宫》诸篇郑笺。孙星衍《注疏》云:"《释诂》云:'哉,始也。'载同哉。""采",事也。见《尔雅·释诂》,已见《尧典》"若予采"校释。孙氏疏并引王充《论衡·答佞篇》云:"唯圣贤之人以九德检其行,以事效考其言。行之不合于九德,言不验于事效,人非贤而佞矣。"皮氏《考证》亦引之云:"据仲任(王充字)说,则'乃言'当作'考言'。丂、乃形近,疑今文有作'考言'者。"可备一说。此句之意,可如伪孔所释:"必言其所行某

（右侧边注）皋陶谟

（右侧页码）

事某事以验之。"亦即《蔡传》所云:"总言其人有德,必言其行某事某事为可信验也。"

③禹曰何皋陶曰——《史记》无此六字。因上文下文皆皋陶所说,故删去此中间插话。禹插话问:"何?"伪孔云:"问九德品例。"《蔡传》则云:"'禹曰何'者,问其九德之目也。"下文皋陶之语即九德之目。

④宽而栗——汉碑有引"栗"作"慄"者,见皮氏所引《衡方碑》。《孔疏》引郑玄注云:"宽谓度量宽弘。"郑又云:"凡人之性有异,有其上者不必有下,有其下者不必有上,上下相协乃成其德。"即指此处"九德",都是两个相对的行为概念,合成一个道德概念。也可说是由每一对相异的范畴,构成一个统一的范畴。故《孔疏》在引郑说后概括言之云:"是言上下以相对。各令以相对兼而有之,乃为一德。此二者虽是本性,亦可以长短自矫。宽宏者失于缓慢,故性宽宏而能矜庄严栗,乃成一德。九者皆然也。"故译此句为:"人性有宽弘而能庄栗也。"其所承之伪孔云:"性宽弘而能庄栗。"《蔡传》所释全同。所谓"庄栗",指庄敬、严肃。即《论语·为政》"临之以庄则敬"之义。"宽而栗",是既宽弘又庄敬严肃。林之奇《全解》云:"宽则易失之放纵,故必能庄栗,然后为成德。"即此义。苏轼《书传》:"栗,惧也。宽者患不戒惧。"则栗即慄义。不如宽弘又庄敬严肃之释较妥。详《尧典》"宽而栗"校释。

⑤柔而立——《孔疏》引郑玄云:"柔谓性行和柔。"伪孔云:"和柔而能立事。"《孔疏》即译此句为"和柔而能立事也"。《蔡传》基本同伪孔云:"柔顺而植立也。"意谓性格柔和而行事又坚定自立。林氏《全解》云:"柔则易失之懦弱,故必有以立志,然后为

成德。"

⑥愿而恭——《史记》作"愿而共"。《孔疏》引郑玄云："愿谓
容貌恭正。"伪孔云："悫愿而恭恪。"《孔疏》云："愿者,懿谨良善之
名。谨愿者失于迟钝,貌或不躬,故悫愿而恭敬乃为德。"故译此句
为"悫愿而能恭恪也"。王天与《书纂传》引王安石云："愿悫或失
于朴陋,恭谓恭肃有礼。"苏轼《书传》云："愿,悫也。悫者或不
恭。"林氏《全解》云："愿则易失于朴野,则必成以恭。"《蔡传》云：
"愿而恭者,谨愿而恭恪也。"以上汉古文及东晋伪古文之经师体现
汉学之说,以及宋儒体现宋学之说,皆释"恭"为恭敬义。段玉裁
《撰异》云："《夏本纪》作'共',疑《本纪》是也。谨愿人多不能供
办……德与才不能互兼也。《史记》恭敬字不作'共'。即《尧典》
允恭、象恭可证(参看《尧典》"允恭克让"校释引段说)。今文《尚
书》作'愿而共',胜于古文《尚书》。"意谓《史记》作"共"即非恭敬
义而是供办义。今文谨愿而能供办之释,胜古文谨愿而恭敬之释。
杨氏《核诂》承段说亦云："按共与供通,言能供职有才能,与谨愿之
意正相反。其义视古文为长。"这是清学之异于汉宋两学者。因谨
厚者往往无用。此欲其谨厚而又有供职干办的才能。二说孰是孰
非,恐难遽行论定,只能两存其说。今译只能取一说,拟取谨厚而
又有干办之才为说。

⑦乱而敬——《史记》作"治而敬",用训诂字。《尔雅·释
诂》："乱,治也。"这就是所谓相反相成之训。《孔疏》引郑玄云：
"乱谓刚柔治理。"伪孔亦云："乱,治也。有治而能谨敬。"《孔疏》
云："有能治者,谓才高于人也,堪拨烦理剧者也。负才轻物,人之
常性。故有治而能谨敬,可为德也。愿言'恭'治云'敬'者,恭在

貌，敬在心。愿者迟钝，外失于仪，故言恭以表貌。治者轻物，内失于心，故谓敬以显情。恭与敬，其事亦通愿。其貌恭而心敬也。"故译此句为"治理而能谨敬也"。《蔡传》全同伪孔，文字稍异云："乱，治也。乱而敬者，有治才而敬畏也。"苏轼《书传》提出稍异之释云："横流而济曰'乱'（按，见《禹贡·梁州》"乱于河"校释）。故才过人可以济大难者曰'乱'。'乱臣十人'（按，见《书·泰誓》）是也。才过人者，患在于夸傲。"意谓救其夸傲在敬。林氏《全解》亦云："乱者有济乱之材，如武王所谓'乱臣十人'是也。易失于轻忽，故当成之以敬。"两氏之意仍谓其材过人者要谨敬。于省吾《尚书新证》提出新说云："按九德每句上下二字义皆相反，故用'而'字作转语。'乱而敬'《史记》作'治而敬'，治与敬，辞不相属，义不相反。《说文》籀文'辝'，从司。金文治作嗣或嗣，与辞通用。嗣与乱形似而讹。旧说训乱为治，非的诂也。辞、怡声同相假，《史记·周本纪》'怡悦妇人'，徐广曰：'怡，一作辝。'详《尧典》'舜让于德弗嗣'条。怡悦者易于不恭，故曰'怡而敬'，亦《礼记·表记》'乐而毋荒''安而敬'之意也。"此自是深论，从文字学指出乱训治非的诂，尤为要论。因每读到"乱，治也"，就感到别扭。此释足以正视听。但《史记》已用"治"，这是最早的引用此句者，显然仍据旧训。今如以治为悦，自见恰当。但只是依据文字学推定，无直接版本依据。整理古籍最忌改字，因此要将此"乱"字改为"怡"，终无此胆量。只能仍保持此"乱"字或"治"字，取于氏说释之为"怡"，或者可以。

　　⑧扰而毅——《夏本纪集解》引徐广曰："扰，一作柔。"段玉裁《撰异》云："扰，古音读如柔。是以《韩非·说难》'龙之为鳞，可柔

狃而骑'。《史记》'柔'作'扰'。《管子书》'扰桑',即《毛诗》之'柔桑'也。但此经'扰'与上文之'柔'义别。若作'柔',则复上矣。"是段氏不主张扰作柔。段又引《玉篇·牛部》"犪":"牛柔谨也,从也,安也,又驯也。《尚书》'犪而毅'字如此。"可知梁时顾野王所见伪古文本《尚书》"扰"字有作"犪"者,显为隶古定本故作别于常字所寻之异字。

《孔疏》引郑玄注云:"扰谓事理扰顺。"又《蜀志》裴注引郑注云:"扰,训也。致果曰毅。"然伪孔亦云:"扰,顺也。致果为毅。"不知裴注是否引误。《孔疏》云:"《周礼·大宰》云:'以扰万民。'郑玄云:'扰,犹驯也。'《司徒》云:'安扰邦国。'郑云:'扰亦安也。'扰是安驯之义,故为'顺'也。'致果为毅',宣二年《左传》文。彼文以杀敌为'果'。致果为毅,谓能致果敢杀敌之心,是为毅貌也。和顺者失于不断,故顺而能决乃为德也。"故《孔疏》译此句为"和顺而能果毅也"。林氏《全解》云:"顺扰者多失于无断,故以果毅成之。"苏轼《书传》《蔡传》并释"扰,驯也"。蔡所释全句云:"扰而毅者,驯扰而果毅也。"大抵释义相近,都是说性格和顺者又要能果敢坚毅。于省吾《新证》先举金文"扰远能艺"文献中作"柔远能迩",而后云:"是柔扰同声相假。九德以'柔而立''扰而毅'并列,则柔扰应有别。《大宰》注:'扰犹驯也。'《论语》'士不可以不弘毅',包注:'毅,强而能决断也。'盖柔和者易于因循而无所树立,驯扰者易于犹豫而无所决断,故曰'柔而立'、'扰而毅'也。"对此两句作了比较,而释义仍基本承前人说。

⑨直而温——《孔疏》引郑玄注云:"直谓身行正直。"伪孔则云:"行正直而气温和。"《孔疏》即译此句为"正直而能温和也"。

林氏《全解》云："直者多失于不能容物，故以温和成之。"《蔡传》云："'直而温'者，径直而温和也。"对此句之释无多歧义。

⑩简而廉——《孔疏》引郑玄注云："简谓器量凝简。"伪孔云："性简大而有廉隅。"《孔疏》遂译此句为"简大而有廉隅也"。并释云："简者，宽大率略之名。志远者遗近，务大者轻细，弘大者失于不谨，细行者不修廉隅，故简大而有廉隅乃为德也。"《汇纂》引朱熹云："简是好资质，较之烦苛琐细者不同。廉，有分辨。"按朱熹注《孟子·滕文公》"岂不诚廉士哉"云："廉，有分辨，不苟取也。"苏轼《书传》："简易者或无廉隅。"林氏《全解》："简者易失于略，故必济之以廉隅。"《蔡传》："简而廉者，简易而廉隅也。"所谓"廉隅"，指志行端正，《礼·儒行》"砥砺廉隅"疏："言儒者习近文章，以自磨厉，使成己廉隅也。"段玉裁《撰异》云："《中庸》'简而文，温而理'。郑注曰：'简而文，温而理，犹简而辨，直而温也。'按此用《尚书》，而'廉'作'辨'，未详也。"然据朱熹之释"廉，有分辨"，岂郑引用时用其释义欤？俞樾《平议》则云："此经'廉'字郑读为'辨'，言'虽简约而有分别'也。《论语·阳货篇》'古之矜也廉'。郑注曰：'鲁读廉为贬。'《礼记·玉藻篇》'立客辨卑'。郑注曰：'辨读贬。''廉、辨并可读为贬。'是其声相近也。故郑读此经廉字为辨。凡人惟过于简约，则无等威，易于无别，《书》曰'简而辨'，《礼》曰'简而文'，其义一也。郑说洵长于梅（指伪孔）矣。"是找出了廉为辨的资料依据。于氏《新证》云："《论语·雍也》'可也简'皇疏：'简，谓疏大无细行也。'《管子·正世》'人君不廉而变'注：'廉，察也。'简与廉为对文。简放者易于疏略，故以廉察为言。《中庸》'简而文，温而理'郑注：'犹简而辨，直而温也。'辨、察同义。《尧典》言简而无

傲。简傲与廉隅义不相反,伪传说非是。"是考释了廉、辨同义。

⑪刚而塞——《史记》作"刚而实"。段玉裁《撰异》云:"《说文》十篇'心部'曰:'寋,实也。从心,塞省声。《虞书》曰:刚而寋。'玉裁按:作寋者,壁中原文。作塞者,盖孔安国以今文读之也。《毛诗·邶风》'其心塞渊',《毛传》:'塞,瘱也。'《鄘风》'秉心塞渊',《郑笺》:'塞,充实也。'《大雅》'王犹允塞',《郑笺》:'信自实满。'《毛传》训'瘱',亦允塞意也。崔灵恩《集注》本'瘱'作'实',与许君合。《尧典》今文《尚书》'文塞晏晏',从土与从心之字音义皆同。"接着批评有人辄改《尧典》《皋陶谟》"塞"字作"寋"(指江声),自以为尊《说文》明小学,而实失《说文》小学之意。指明寋为古文,塞为今文,二字通用,无烦改字,其训义为充实。《史记》即用训诂字。

《孔疏》引郑玄注云:"刚谓事理刚断。"伪孔云:"刚断而实塞。"《孔疏》从而译此句为:"刚断而能实塞也。"(实际不知所云)并进而释之云:"塞训实也。刚而能断,失于空疏,必性刚正而内充实乃为德也。"俞樾《平议》:"刚而能断,安见必失之空疏,《正义》(即《孔疏》)所说非也。"林氏《全解》云:"刚者多失于上气而好争,故必济之以塞实。"《蔡传》一循伪孔云:"刚而塞者,刚健而笃实也。"惟苏轼《书传》又稍提异说:"刚者或色厉而内荏,故以实为贵。《易》曰'刚健笃实辉光,日新其德'(按,见《易·大畜》)。"此以"刚健笃实"释此句,似比伪孔等说为优。俞樾《平议》提出新释云:"塞当读为思。《尧典篇》'钦明文思',今文《尚书》作'塞'。《正义》引郑注曰:'虑深通敏谓之思。'此古文说也。《后汉书·郅恽传》注引郑注《尚书考灵耀》曰:'道德纯备谓之塞。'此今文说也。

是郑君各依本字为说。……说详段玉裁《撰异》。盖思、塞双声，故义得相通。《尧典》思字，马以塞字读之，然则《皋陶谟》塞字亦可以思字读之。'刚而塞'者，刚而思也。刚断之人恐或不能审思，则失之于不当断而断者多矣。故必刚而思乃为德也。"这是各家各寻字义提出自己的解释。若就《史记》训为"实"，为此处此字最早之释，则宁取此释，以此句为刚劲而又平实之义。

⑫彊而义——《后汉书·杨震传》注引作"强而谊"。"彊"，同"强"。《康熙字典》云："'彊'与'强'，平、上、去三声经史并通用。"与从土之"疆"异（有时亦可通，如"辟彊"即"辟疆"）。《孔疏》引郑玄注云："强谓性行坚强。"伪孔释云："无所屈挠，动必合义。"《孔疏》译此句为"强劲而合道义也"。并释云："强直自立，无所屈挠，或任情违理，失于事宜，动合道义，乃为德也。郑注《论语》云：'刚谓强志不屈挠，即刚强。'义同此刚强。异者，刚是性也，强是志也。……刚强相近。"林氏《全解》云："强则无所屈挠，多不中节，故成之必在合义。"《蔡传》："彊而义者，彊勇而好义也。"曾运乾《正读》云："彊者恃勇而不审宜，故以彊而义为德也。"诸说义较相近，而以最后曾氏说为简明。王引之《经义述闻·尚书上》则提出新解云："义，善也。谓性发强而又良善也。《大雅·文王篇》：'宣昭义问。'《毛传》曰：'义，善也。'《缁衣》曰：'章义瘅恶。'《皇侃疏》：'义，善也。'字通作'仪'。《尔雅》：'仪，善也。'……《正义》曰：'九德上下相对，必兼而有之，乃为一德。'……然则彊与义亦是上下相对。昭元年《左传》曰：'不义而彊，其毙必速。'正与此相反也。若云彊而合义，则九德皆当合义，非独'彊'也。"此说比以上诸说皆优，特别是由"不义而彊，其毙必速"一语，知必须"彊而

义"才不至促自己灭亡。很可能"彊而义"一词,即由有惩于"不义而彊"一语而来。

⑬彰厥有常吉哉——"彰厥",《史记》作"章其"。逐字译用训诂字。"彰"、"章"义同,高诱注《吕览》《淮南》及此处伪孔云:"彰,明也。"郑玄注三《礼》亦皆云:"章,明也。""其",为"厥"之训义,详《尧典》"厥民析"校释。《后汉书·郑均传》:"元和元年诏云:'《书》不云乎:"章厥有常吉哉。"其赐均、义谷各千斛。'注云:'章,明也。吉,善也。言为天子当明其有常德者优其廪饩,则政之善也。"孙星衍《注疏》引此文后云:"疑今文之义。"《说文》:"吉,善也。"伪孔承之以释此句云:"明九德之常,以择人而官之,则政之善。"实亦略近王肃说。《孔疏》引王肃云:"明其有常,则善也。言有德当有恒也。"接着释之云:"其意亦言彼能有常,人君能明之也。"《孔疏》又引郑玄云:"人能明其德,所行使有常,则成善人矣。"接着释之云:"其意谓彼人自明之,与孔异也。"《孔疏》自释云:"此句言用人之义。所言九德,谓彼人常能然者,若暂能为之,未成为德。故人君取士必明其九德之常,知其人常能行之,然后以此九者之法择人而官之,则为政之善也。明,谓人君明知之。"林之奇《全解》以为"虽以此九德观夫人才之成不成,又必其德之有常者而后可",并举霍光"于九德之一能守有常,武帝彰而用之"。与《后汉书·郑均传》所言相合。苏轼《书传》云:"常于是德,然后为吉。"及《蔡传》云:"彰,著也。成德著之于身,而又始终有常,其吉士哉。"是于此句之解释可分二说,一为《后汉书·郑均传》注,王肃、伪孔、林之奇等以为天子奖励德行有常之人乃为善政,一为郑玄、苏轼、蔡沈等以为人能德行有常乃为吉士。前一说即《郑均传》

所述之说，为汉人所理解的此句文义。自较为合于此句原义。

以上九德皆叙毕，《孔疏》以之与《尧典》"教胄子"诸德相比较云："此九德之文，《舜典》云'宽而栗、直而温'，与此正同。彼云'刚而无虐、简而无傲'，与此小异。彼言刚失之虐，此言刚断而能实塞。实塞亦是不为虐。彼言简失之傲，此言简大而有廉隅，廉隅亦是不为傲也。"又《孔疏》引郑玄说，则以之与《洪范》诸德相比较。所引郑玄之言，以宽、柔、扰三者相类，即《洪范》云柔克也。愿、乱、直"三者相类即《洪范》云正直也。简、刚、强三者相类，即《洪范》云刚克也。而九德之次从柔而至刚也。惟'扰而毅'在'愿''乱'之下耳。其《洪范》三德，先人事而后天地，与此不同。"《尧典》诸德与此九德，皆出儒家之手，自可比较。《洪范》则商代原件，与此相去绝远，各成体系，无由作正面比较，只能较其差异。按《逸周书·常训解》亦有云："九德：忠、信、敬、刚、柔、和、固、贞、顺。"又《宝典解》载"九德"：一、孝，二、悌，三、慈惠，四、忠恕，五、中正，六、恭逊，七、宽弘，八、温直，九、兼武。此二篇属于保存有西周资料、其文字可能写定于春秋时的篇章（见《尚书学史》第96页），后一篇显然为儒家思想，《常训》则篇中有同于《洪范》之文，故其九德重视刚、柔、和、固、顺等，然前加忠、信，显然亦受儒家思想影响。可知当时谈"九德"，颇成风气，《皋陶谟》在此气氛下，提出了较完整的九德说。

⑭日宣三德夙夜浚明有家——《史记》作"日宣三德蚤夜翊明有家"。段玉裁《撰异》云："马云：(浚)大也。则'浚'同'俊'。《史记·夏本纪》'浚'作'翊'。是古文《尚书》作'浚'，今文《尚书》作'翊'也。'翊'同'翌'。《尔雅》'翌，明也'。'翊明'，重言

之。"又皮氏《考证》云:"《尚书大传》:'翊,辅也。'则今文作'翊'是也,然《大传》以'翊'为辅,与段说不同。蔡邕《司空文烈侯杨公碑》曰:'翊明其政'与《史记》文正合,乃今文作'翊'之明证。"前于皮氏之陈乔枞《经说考》云:"《尔雅·释言》'翊,明也'。郭璞注引《书》曰'翊日乃瘳'。而《尚书》作'翼日'。是翊、翼,古相通假,故《大传》以翊训辅,知翊即翼之假借字也。"又段氏云:"伪孔传:'浚,须也。'不可解。(按林之奇《全解》已云:孔氏以浚为须,于义无所据。)马季长曰:'浚,大也。'(按,见《释文》)说者傅诸'骏,大也'之训。玉裁谓:'浚'当是'俊'之字误。古'竣'多假'俟','俟',须也。即'竣',须也。马云'俊,大也',即《说文·人部》之'俊,大也'。"按《魏石经》三体品字式残石正作"俊",可证段说之确。又皮氏《考证》云:"《史记》于'夙夜维寅'、'夙夜出入朕命'皆不作'蚤夜',则此云'蚤夜',乃今文《尚书》本文,非故训字也。"此皮氏的推定。安知《史记》于此句不用故训字乎?

伪孔云:"三德,九德之中有其三。宣,布。夙,早。浚,须也。卿大夫称'家'。言能日日布行三德,早夜思之,须明行之,可以为卿大夫。"与下句"祗敬六德亮采有邦"伪孔释为"可以为诸侯"。于是行三德而有家为卿大夫事,行六德而有国为诸侯事,遂为注疏家经师们解此两句的共识。《孔疏》云:"大夫受采邑,赐氏族,立宗庙,世不绝祀,故称'家'。位不虚受,非贤臣不可,言能日日布行三德,早夜思之,待明行之,如此念德不懈怠者,乃可以为大夫也。"释明大夫之有家。下文《孔疏》云:"天子分地建国,诸侯专为己有,故有国谓诸侯也。"释明诸侯之有国。《蔡传》全承伪孔连下句释之云:"'有家',大夫也。'有邦',诸侯也。'浚明'、'亮采',皆言家、

皋陶谟

433

邦政事明治之义,气象则有大小之不同,三德而为大夫,六德而为诸侯,以德之多寡、职之大小概言之也。夫九德有其三,必日宣而充广之,而使之益以著;九德有六,尤必日严而祗敬之,而使之益以谨也。"按《皋陶谟》为孔子教授门徒两大课本《诗》《书》中的主要政治道德教科书,《书》的第二篇,所处的时代当春秋之世。其政治现实正是诸侯拥有其国,卿大夫拥有其家,则这样的解释,应该说是符合当时政治实际的。孔子力倡礼乐征伐自天子出,通过皋陶口中,由天子掌握九德之考核,视其履行德之多少而定其保有其国、保有其家,亦符合当时孔子所建立儒家的政治信念。因此对这两句的解释,应该是近于当时人们的信念的。

林之奇《全解》对所说的"三""六"提出了质疑。他说:"皋陶之论官人,于天子曰'翕受敷施',固无可疑者。其于诸侯局之以六,大夫则限之以三,此则学者以意逆志而得之,不可泥其文于章句之间也。"指出上面的解释是学者根据自己的理解推论而得,不应拘泥于其说。确实,机械地规定其数目为诸侯用其六德,卿大夫用其三德,是说不通的。因此只能体会其意,不能拘泥其数。至江声《音疏》则推翻此说另立新说云:"翊,假借字也,当为翼。翼,敬也。……日显著其三德,早夜敬明其德于家者,谓未仕者也。日益俨然敬行六德以相事于国者,谓已仕者也。"这是用后世的"家"与"国"的概念来解释此两句。家是个人的家,国是大家所共属的政权的国。以此来解释,在今天看来较合理。但与古代诸侯之国与卿大夫之家的政治现实不相合,以之来解释此两句,是未见其妥当的。

⑮日严祗敬六德,亮采有邦——《史记》作"日严振敬六德,亮

采有国"。"祗"作振,"邦"作国。段玉裁《撰异》:"经典多严俨不分。如《无逸》'严恭'马作'俨'。《论语》'俨然民望而畏之',本又作'严'。'祗',《夏本纪》作振,《盘庚》'震动万民',《石经》作'祗动'。《粊誓》'祗复之'、《无逸》'治民祗惧',《鲁世家》作'振复'、'振惧'。然则'祗'、'振'古通用,合韵最近,又为双声也。《内则》'祗见孺子',注云:'祗或作振。'"是古籍中"祗""振"常通用。"祗"之义为敬(见《释诂》,本书校释屡见),"振"之义为整(《左传·隐公五年》注),亦引申为敬。"振敬"、"祗敬",同义复词。《夏本纪·集解》引马融云:"'亮',信。'采',事也。"

此句释义已附见上句。伪孔云:"有国诸侯,日日严敬其身,敬行六德以信治政事,则可以为诸侯。"《蔡传》之解释全同此义,已见上句引录。然而宋儒又开始出现另一说,以为不是大夫、诸侯自己行这些德获得保有其家、国,而是大夫、诸侯选用有这些德的贤才来治理其家、国。首见于王安石《新经义》云:"日宣达三德之贤,使任有家;日严祗敬六德之贤,使任有邦。"(《书传纂疏》引)苏轼《书传》亦云:"宣,达也。浚,尽其才也。明,察其心也。言九德之中得三人而宣达之,尽其才而察其心,则卿大夫之家可得而治也。得六人而严惮敬用之,信任以事,则诸侯之国可得而治也。"林之奇《全解》亦用此意,阐明天子用九德之人,诸侯用九德中六德之人,卿大夫则用九德中三德之人。至清黄式三《启幪》承诸说简释之云:"严,急也,见《说文》。祗,即敬也。亮,佐也。有邦,诸侯也。日急敬六德之人,能佐事以有邦土,言诸侯必备用此六德之吉人也。"按《皋陶谟》原文但言"三德"、"六德",并未言三德之人、六德之人。且与"彰厥有常,吉哉"所说的天子彰用有德之才相冲突。儒家之意在尊天子,而诸侯卿大夫必须恪遵德行以靖恭其职。则此后一说自不合原意,仍当以伪孔及《蔡传》之释为合。

⑯翕受敷施九德咸事俊乂在官——《史记》首句作"翕受普施"。末句则《文选·曹植责躬诗》李善注引此句乃作"儁乂在官"。又《汉书·谷永传》谷永上书引作"九德咸事俊艾在官"(此皆段氏《撰异》所引)。皮氏《考证》补充汉碑如《樊敏碑》《李孟初碑》及王褒《圣主得贤臣颂》等皆作"浚艾",以为是今文夏侯氏作"艾"。又引《盐铁论》《论衡》《后汉书》之《杨震传》《杨赐传》及纬书《中候》与此处《史记》文皆作"俊乂在官",以为史公、王充、杨氏父子皆习欧阳《尚书》,是今文欧阳氏作"乂"。皮氏又引孙星衍训"俊"为大、"艾"为老,而谷永言"未有贤布于官而不治者"。似以"俊"训贤,"艾"训治。以为与孙说不同,不必从孙"。按《孔疏》引"马郑皆曰'才德过千人为俊,百人为乂'"。其实俊乂指超过常人的才智之士,不应拘泥其人数。

伪孔释此数句云:"翕,合也。能合受三、六之德而用之,以布施政教,使九德之人皆用事,谓天子如此,则俊德治能之士并官。"王安石释云:"合九德而受之,敷九德而施之。"(《书纂传》引)苏轼《书传》云:"九德并至……能合而受之为难。能合而受之矣,则以能行其言为难。故曰'翕受敷施,九德咸用',此天子之事也。"《蔡传》云:"德之多寡虽不同,人君惟能合而受之,布而用之,如此则九德之人咸事其事,大而千人之俊,小而百人之乂,皆在官使。"这都是释为天子用九德之人。

亦有理解为天子本身应具备九德。见皮氏《考证》云:"《东观书》曰:章帝初即位,赐东平宪王苍书曰:'朕夙夜伏思,念先帝躬履九德。'《魏受禅碑》：'九德既该。'疑今文家有以九德属君德者。"
是东汉早期之章帝，当今文家盛时，汉末篡国之魏帝，则受王肃古
文学者，皆以天子要践履九德。此与诸侯要行六德，卿大夫要行三
德，是一致的。则经师们有此一说也是合理的。但《皋陶谟》原文
此处谈天子"能官人"之事，即就"九德"之贤才任之以官。并非说
天子本人行九德的问题。故此释与此处原义不合。何况皮氏下文
举了一些九德属天子大臣的资料。见《考证》云："《汉书·王尊
传》曰：'三公典五常九德。'《后汉书·杨震传》曰：'方今九德未
事。'班固《荐谢夷吾》曰：'行包九德。'蔡邕《太傅胡公碑》曰：'九
德咸修。'《陈太丘碑》曰：'兼资九德。'《汝南周巨胜碑》曰：'备九
德。'《庐江太守范式碑》曰：'九德靡爽。'皆不以九德为君德。"这
可以看出，这一说是：天子朝中的卿事大臣要备九德，以与诸侯要
备六德、卿大夫要备三德相一致，就使九德、六德、三德配成体系。
回头看看，先以"亦行有九德"为之纲领，引出九德德目，然后相继
说"日宣三德"，"祗敬六德"，以迄"九德咸事"，秩序是井然的。

⑰百僚师师百工惟时——自此起至"五服五章哉"共十六句，
《史记·夏本纪》皆省去，而总括其意为"百吏肃谨，毋教邪淫奇谋，
非其人居其官，是谓乱天事"四句。

《释文》："僚，本又作寮。"阮元《校勘记》："按依《说文》当作
'寮'，俗省作'寮'，假借作'僚'。"段玉裁《撰异》孙《注疏》陈《经
说考》皮《考证》皆录《盐铁论·刺复篇》《中论·谴交篇》引《尚书》
曰"百僚师师，百工惟时"。《刺复篇》且释云："言官得其人，人任
其事，故官治而不乱，事起而不废，士守其职，大夫理其位，公卿总
要执凡。"《谴交篇》则云："各随其才之所宜，不以大司小，不以轻任

重，故《书》曰'百僚师师，百工惟时'，此先王取士官人之法也。"孙《注疏》以为："公卿谓俊乂，大夫谓百僚，士谓百工也。史公说百僚百工俱为百吏者，《诗·传》曰：'工，官也。'"

伪孔释此二句云："'僚'、'工'，皆官也。'师师'，相师法。'百官皆是'，言政无非。"林氏《全解》云："俊乂既在官矣，于是百官皆相师法，而百工之事各得其时也。孔氏云'百官皆是，言政无非'，既以'时'为是，又以'是'为政无非，此说为迂。'百僚''百工'皆指百官也，'师师'，指其人而言之，故曰百僚。'惟时'指其事言之，故曰百工。其实一也。"陈栎《纂疏》云："惟时，如'食哉惟时'（见《尧典》）、'惟时惟几'（见本篇末），皆天时也。"《蔡传》则略承伪孔而多承林氏云："'师师'，相师法也。言百僚皆相师法，而百工皆及时以趋事也。'百僚'、'百工'，皆谓百官。言其人之相师则曰'百僚'，言其人之趋事则曰'百工'，其实一也。"凡此皆以"百僚"、"百工"为百官，是无异议的。"师师"也一致释为相师法，已为经师们共识。然实际并无足够依据。

俞樾《平议》云："《尔雅·释诂》曰：'师，众也。'《广雅·释训》曰：'师师，众也。'犹之'雍'为和，'雍雍'亦为和。'肃'为敬，'肃肃'亦为敬。古人之词类然。'百僚师师'乃众盛之貌。犹《诗》言'济济多士'也。《微子篇》'卿士师师非度'，《梓材篇》'我有师师司徒司马司空亚旅'。凡言'师师'皆言众也。马融释'卿士师师非度'曰：'卿士以下转相师效为非法度。'见《史记集解》。梅传（指伪孔）以'师师'为相师法，盖即袭马融说，然非古义矣。"俞说有其见地。可知释"师师"为相师法太牵强。知其为众盛之貌，则与"济济"义同。

于鬯《香草校书》提出又一解释。其言云:"师师在百僚、百工之间(其下文云:"此八字当读作一句。"知其读为"百僚、师师、百工惟时"而非"百僚师师,百工惟时"),亦当是官称。《益稷》(即本篇下半)篇云'州十有二师',陆德明《经典释文》引,郑云:'师,长也。'……则唐虞之官固有名'师'者。师既非一人,故曰'师师'。……盖百僚者,内官也;师师者,外官也。……《微子篇》云:'卿士师师非度。'亦谓内官外官皆非度也。《梓材篇》云:'我有师师、司徒、司马、司空、尹旅。'师师在司徒诸官之上,则其为官称,非相师法盖显。"说师师为在司徒、司马、司空之上的官称,言较有据,比以师"师"为相师法要妥。即《微子篇》就有太师、少师之官,足为其说之证。

俞、于二说皆有可取,但今译时只能取一说,拟定从于说。以"师师"为较高级的长官之称,"师师"为其复数。

⑱抚于五长(辰)庶绩其凝——前四字通行本作"抚于五辰",伪孔以"五辰"为"五行"之时。其释此句云:"凝,成也。言百官皆抚顺五行之时,众功皆成。"林氏《全解》云:"抚于五辰,言使百官各举其职以顺此五辰之时,则众功皆兴也。"接着举木火水金土附会于四时,然后说:"盖五行之时,分而言之则为十二辰,合而言之则五辰,其实一也。"《蔡传》云:"抚,顺。五辰,四时也。木火金水旺于四时,而土则寄旺于四季也。《礼运》曰'播五行于四时'是也。凝,成也。言百工趋时而众功皆成也。"凡此皆释"其凝"为"皆成"。王引之《释词》则释云:"其,犹乃也。"并举此句为例。则是"乃成"。王说较妥。因"其"字无"皆"义。至于这一五行之五辰说,是非常谬误的。原始的五行只是天上五星的运行,与金木水火

土无关。五星之名与金木水火土相结合当在春秋以后事,至结合四时则更是汉代阴阳五行说盛行后之事,所谓的舜、禹、皋陶时期,根本没有金木水火土五行说(详《甘誓》篇校释及讨论)。所以此说的荒谬是不足道的。

于鬯《校书》认为"五辰"是"五长"之误。甚精确。其言云:"鬯按,五辰殊无义。'辰',疑'长'字之误。长、辰二字隶书形近,故五长误为五辰。五长者,即《益稷》篇所云'外薄四海,咸建五长'也(见本篇下半)。……谓之五长,止是为长者五人而已。'外薄四海,咸建五长',但谓外薄四海建五长耳。……陆释云:'五长,众官之长。'其说却得。……故承上文百僚、师师、百工,而曰抚于五长,即谓百僚也、师师也、百工也,悉抚顺于五长也。若如《传》解'五辰'为五行,则上文百僚师师百工皆承俊乂在官而言,何缘忽及五行,是知'辰'之为误字矣。"有同一篇中"咸建五长"之句为证,此处原文之必作"五长",于鬯之说是完全正确的。加藤常贤《真古文尚书集释》承于氏之说,以为与下文"咸建五长,各迪有功"相合,而司徒、司马、司寇、司空、大宗伯各官之长是亦五长。池田末利《全释汉文大系·尚书》以为视下文中央政府、地方政府都建五长,于氏之说必可从。能于众说纷纭中独重于氏之说,可见两氏深有见地。

"惟时"二字,于氏以为应下属此句。其言云:"上文'惟时'二字读,似当属此句之上:惟时抚于五长。犹《舜典》云'惟时柔远能迩'。又云'惟时懋哉'。又云'惟时亮天功'。'惟时'皆属下读。'惟时'者,语辞也。非《传》所云'政无非'也。以'惟时'属此'抚于五长'读,则上文'师师'之义为官称益明矣。"按此可备一说,不必即从其读,已详《尧典》"食哉惟时"校释。

⑲无教逸欲有邦——《孔疏》"毋者禁戒之辞"。段玉裁《撰异》:"按《今文尚书》多用毋字,《古文尚书》多用无字。此正以毋释无。"又引《玉篇·人部》"佚"字下云:"《书》曰'无教佚欲有邦'。佚,豫也。"是"逸"作"佚"。《撰异》又云:"《汉书·王嘉传》嘉奏封事曰:'臣闻咎繇戒帝舜曰:"亡敖佚欲有国,兢兢业业,一日二日万机。"'此《今文尚书》也。……《夏本纪》'毋教邪淫奇谋',或《尚书》本作'敖'而依博士读为'教';或《史记》本作'敖'而后人改之,皆未可知也。师古曰:'敖读曰傲。'"按《汉书·王嘉传》颜注云:"言有国之人不可傲慢逸欲,但当戒慎危惧,以理万事之机也。敖读曰傲。"是王嘉引此句,"无"作亡,"教"作敖,"邦"作国。而《后汉书·陈蕃传》引此句作"皋陶戒舜,无教逸游"。则"欲"作游。

颜师古释此句系据"敖"(傲)字。伪孔则据"教"字释此句云:"不为逸豫贪欲之教,是有国者之常。"《孔疏》则指出不是上面"教",而是下面"效"。其言云:"毋者,禁戒之辞。人君身为逸欲,下则效之。是以禁人君使不自为耳。"《蔡传》亦采此意云:"无与毋通,禁止之辞。'教',非必教令,谓上行而下效也。言天子当以勤俭率诸侯,不可以逸欲导之也。"(《汇纂》引陈大猷释此二字云:"'逸',豫怠游宴之类,'欲',声色嗜好之类。)俞樾《平议》就文字学上阐释了"教"之义为效。以为"逸豫贪欲非美名也,必无以此为教者。……《说文·教部》'教,上所施下所效也'。《春秋玄命苞》曰:'教之为言效也。言上为而下效也。'《释名·释言语》曰:'教,效也。下所法效也。'盖教从孝声。《说文·子部》曰:'孝,效也。'

从爻声。《周易·系辞传》曰:'爻也者,效此者也。'是爻孝教三字并声近而义通。'无教逸欲'犹'无效逸欲',与'无若丹朱傲'同义。'有邦'二字属下读,'有邦兢兢业业',言有国者不可不慎也。"

⑳兢兢业业一日二日万几——"兢兢",一作"矜矜"。见《三国志·王基传》载王基戒司马景王曰:"天下至广,万几至猥,诚不可不矜矜业业坐以待旦也。"陈乔枞《经说考》云:"按兢、矜声同,此作'矜矜业业',疑亦三家之异文。""几",一作"机"。故《释文》云:"几,徐音机。"(徐当为徐邈)段玉裁《撰异》云:"《汉书·百官公卿表》:'相国丞相,助理万机。'玉裁按:汉、魏、晋、南北朝用'万机'字,皆从木旁。班固《典引》李注:'《尚书》曰:兢兢业业,一日二日万机。'"

伪孔释云:"兢兢,戒慎。业业,危惧。几,微也。言当戒惧万事之微。"《孔疏》:"《释训》云:'兢兢,戒也。业业,危也。'戒必慎,危必惧。《传》言慎、惧以足之。《易·系辞》云:'几者,动之微。'故几为微也。一日二日之间微者尚有万事,则大事必多矣。……马、王皆云:'一日二日,犹日日也。'"《蔡传》:"一日二日者,言其日之至浅,万几者,言其几事之至多也。盖一日二日之间事几之未且至万焉。是可一日而纵欲乎?"孙氏《注疏》:"言有国者……当戒其危,日日事有万端也。"诸说参互近之。

㉑无旷庶官天工人其代之——"无",一作"毋"。见《汉书·孔光传》策免光文及《论衡·艺增篇》皆引《尚书》曰"毋旷庶官"。"工"一作"功",见《尚书大传》及《汉书·律历志》皆引《书》曰"天功人其代之"。此皆段玉裁《撰异》皮氏《考证》所引。

"无旷庶官",《史记》以"非其人居其官"表述此句之意。《论衡·艺增篇》释之云："旷，空。庶，众也。毋空众官，实（置）非其人，与空无异，故言空也。"伪孔承之亦释云："旷，空也。位非其才为空官。"《蔡传》则释为："旷，废也。言不可用非才而使庶官旷废厥职也。"

　　"天工"，一说以为即"天官"，"其"，裴学海《虚字集释》以为犹"则"也。"其"与"则"为之部叠韵字，故互训。是此句之意为"天官人则代之"。汉代大抵释此句为法天建官，从而代天官人。见皮氏《考证》引《潜夫论·贵志篇》云："《书》称'天工人其代之'，王者法天而建官，自公卿至于小司，莫非天官也。"《论衡·纪妖篇》云："天官百二十，与地之王者无以异也。地之王者官属备具，法象天官，禀取制度，《春秋说》云：'立三台以为三公，北斗九星是为九卿，二十七大夫内宿部卫之列，八十一纪以为元士，凡百二十官焉。'"皮氏以为这就是"今文家法天建官之说"。又引《中论·爵禄篇》云："爵禄者，先王之所重也，非所轻也。故《书》曰'无旷庶官，天工人其代之。'"《后汉书·刘元传》载李淑上书曰："夫三公上应台宿，九卿下括河海，故天工人其代之。"又《马严传》："严上封事曰：《书》称'无旷庶官，天工人其代之'。言王者代天官人也。"皮氏以为"是汉儒皆以此为代天官人之义。这是一句比较不好懂的话，汉儒作了这样的理解，把句子说通。伪孔遂亦云："言人代天理官，不可以天官私非其才。"后半句为伪孔增以自己的理解，以为不可私以非才任天官。

　　一说以为"天工"即"天功"，或说即"天事"。见《尧典》"惟时亮天功"校释。彼处阐释较详，可助释此处。此处资料则有：《尚书大传》："《书》称'天功人其代之'，夫成天地之功者，未尝不蕃昌也。"《汉书·律历志》:"人者,继天、顺地、序气、成物,以终天地之功。"颜师古注云:"言圣人秉天地造化之功,代而行之。"苏轼《书传》云:"天有是事则人有此官,官非其人,与无官同,是废天事也,可乎?"《蔡传》云:"天工,天之工也。人君代天理物,庶字所治,无非天事。苟一职之或旷,则天工废矣,可不深戒哉。""时亮天功"《史记》作"时相天事",即可理解天功之即天事。吴澄《书纂言》云:"人君之位,天位也;人臣之职,天职也。天下之事,无一非天事,故曰天功。"有助于对此句之理解。

《汉书·王莽传》:"太后下诏曰:'盖闻天生众民,不能相治,为之立君以统理之。君年幼稚,必有寄托而居摄焉。……《书》不云乎,天工人其代之。……其令安汉公居摄践阼。'"皮氏《考证》指出:"引'天工人其代之'为居摄义,此傅会之说,非正解。"由这里也可看出,所谓"经义",往往可以随自己需要牵强傅会以成说的。

曾运乾《正读》云:"'天工人代'一语,结上文以起下文。"

㉒天叙有典勑我五典五惇哉——《释文》:"'有典',马本作'五典'。"陈氏《经说考》云:"有典'有'字作'五',非是。何以明之,此经下文云'天命有德''天讨有罪',文法与上典、礼二节一例,则此句宜作'天叙有典'矣。"王先谦《参正》亦云:"有典、有礼、有德、有罪相配为文,马本'有典'作'五典',误字。""勑",段玉裁《撰异》:"《五经文字》曰:'敕,古勑字,今相承皆作勑。'《广韵·廿四职》曰:'敕,今相承用勑。''勑',本音赉。"

伪孔释此句云:"天次叙人之常性,各有分义。当敕正我五常之教,使各合于五厚厚天下。"所释很不明晰。《蔡传》云:"'叙'者,君臣父子夫妇兄弟朋友之伦叙也。'敕',正。'惇',厚。典、礼虽天所叙事秩然,正之使叙伦而益厚,用之使品秩而有常,则在我而已。"强调五典为五伦而文义仍不清楚。王先谦《参正》云:"《释诂》:'顺,叙也。'郭注谓次序。《说文》:'敕,诫也。'《释诂》:'惇,厚也。'先谦案皋陶言天叙人以五常之性,则施之政事者惟诚用我五常之德,使五者愈归于厚。"则逐字按原句作了训释。(同伪孔释"五典"为五常。参看《尧典》"慎徽五典"校释。)

㉓天秩有礼自我五礼有庸哉——"有庸",《释文》:"有庸,马本作五庸。"按,此处并列之四句其他三句作"五典五惇"、"五服五章"、"五刑五用",则此句亦当作"五礼五庸"甚明,故马、郑古文本作"五庸"是对的。但伪孔释此句为:"庸,常。自,用也。天次序有礼,当用我公侯伯子男五等之礼以接之,便有常。"则伪孔本此句原自作"有庸",而非"五庸",没有沿用马、郑本。《唐石经》亦作"有庸",成为伪孔本通行本。我们整理《尚书》以《唐石经》为底本,自不能改动"有庸"原句,但记明古文原本为"五庸",伪孔本"有"是误字。

对此句的解释,伪孔所释已见上引。《孔疏》释伪孔云:"'庸,常。'《释诂》文。又云:'由,自也。''由'是用,故自为用也。'天次序有礼',谓使贱事贵、卑承尊,是天道使之然也。人意既然,人君当顺天意'用我公侯伯子男五等之礼以接之'。……上言天叙,此云天秩者,叙谓定其伦次,秩谓制其差等。……王肃云:'五礼,谓王、公、卿、大夫、士。'郑玄云:'五礼,天子也,诸侯也,卿大夫也,士也,庶民也。'此无文可据,各以意说耳。"此指出王肃、郑玄各以意说五礼,甚确。伪孔所说的公侯伯子男五礼,同样是以意说之。江声《音疏》竟以"礼不下庶人"指责郑说之误,而提出"五等诸侯为三,卿大夫四,士五"为五礼。俞樾《平议》又指江声之误,提出天子、公侯、伯子男、卿大夫、士庶人之五礼。这都是孔颖达所说的"各以意说耳",自周时公侯伯子男并未成为五等爵,哪来此五礼。详《尧典》"修五礼"校释。当如该处所云:"总之是泛指几种礼,不必以后来五礼去套。"(按"秩"字《说文》作"䟽",云"爵之次第也"。故薛季宣本所传宋齐以来隶古定本即作"䟽",如《孔疏》说之所本。)

㉔同寅协恭和衷哉——"寅",《尔雅·释诂》:"恭、寅,敬也。""协,和也。"《说文》:"协,众之同和也。"《尧典》"协和"《史记》作"合和",史公好用训诂字,是协,合也。"衷",《周语》"其君齐明衷正"韦注:"衷,中也。"皮氏《考证》:"蔡邕《中鼎铭》曰:'同寅协恭,以和天衷。'则今文说'和衷'为和天衷。"伪孔则释:"衷,善也。"

《孔疏》引郑玄释此句之意云:"郑玄以为并上之礼,共有此事。"伪孔则云:"以五礼正诸侯,使同敬合恭而和善。"王鸣盛《后案》云:"郑云'并上典礼共有此事'者,郑意总承上五典五礼皆当同敬合恭也。孔专承五礼,非也。郑注《无逸》'严恭寅畏'云:'恭在貌,敬在心。'则于此亦当寅在心恭在貌也。"《汇纂》引朱熹云:"同寅协恭,是君臣上下一于敬。"故《蔡传》云:"君臣当同其寅畏,协其恭敬,诚一无间……所谓和衷也。"实即上下一心诚敬和衷共济之意。

㉕天命有德五服五章哉——伪孔云:"五服,天子、诸侯、卿、大夫、士之服也。尊卑采章各异,所以命有德。"《孔疏》:"《益稷》(即本篇下半)云:'以五采彰施于五色作服,汝明。'是天子、诸侯、卿、大夫、士之服也。其尊卑采章各异,于彼《传》具之。"所释颇明。

《周礼·小宗伯》疏引郑玄云："五服,十二也,九也,七也,五也,三也。"意不明晰,盖指本篇下文古人之象:日、月、星辰、山、龙、华虫、宗彝、藻、火、粉米、黼、黻,共十二种。天子之服全用十二种,诸侯以下以迄大夫,依次分别用九种、七种、五种、三种,以彩绘于其衣服上。这些古代服饰,注疏家说法还有种种不同,不必去详究它。而且主要载于《周礼》,则所谓舜、禹、皋陶时期究竟怎样,是无法说了。

㉖天讨有罪五刑五用哉——独此两句《史记·夏本纪》照录。王先谦《参正》引《夏本纪》及薛季宣本"罪"作"辠"。《说文·辛部》:"辠,犯法也。……秦以辠似皇字,改为罪。"按《说文·网部》:"罪,捕鱼竹网。从网、非。秦以'罪'为'辠'字。"可知"罪"原义为捕鱼竹网,秦为避用"辠"字,就用了同音的"罪"字代替,见大徐音二字皆为徂贿切。"罪"遂成为犯罪之字。而先秦金文中犯罪字确作"辠",如《中山王𧍪鼎》即有"辠"字。可知《史记》或本及隶古定本袭用"罪"的原字。"用",《魏石经》三体品字式残字中此字作"庸"。而《后汉书·梁统传》亦引作"天讨有罪,五刑五庸哉"。皮氏《考证》以为"与《史记》诸书不合,或据夏侯《尚书》"。黄彰健《经今古文学问题新论》第 522 页云:"品字式《皋陶谟》'用'作'庸',是《古文尚书》作庸。"又第 581 页云:"皮氏著书时,《魏石经·皋陶谟》残石尚未出土,故皮氏据《梁统传》如此立说。"

伪孔释此句云:"言天以五刑讨有罪,用五刑宜必当。"《孔疏》云:"天又讨治有罪使之绝恶,当承天意为五等之刑,使五者轻重用法。""讨"有下列诸义:《说文》:"讨,治也。"故《孔疏》言"讨治"。又《白虎通·诛伐》:"讨,犹除也。"《左传·成公三年》疏:"讨者,责其罪状。"《孟子·告子上》注:"讨者,上伐下也。"《王制》注:"讨,诛也。"此处大抵适用这些意义。

《左传·昭公七年》:"《夏书》曰:'昏、墨、贼、杀。'皋陶之刑也。"杜注:"逸《书》。三者皆死刑。"这是春秋时尚存在而后来失传的《夏书》篇章中所保存皋陶所定之刑,举了昏、墨、贼三种死刑。此处"五刑",孙星衍《注疏》、皮氏《考证》皆举《尚书大传》"唐虞象刑"为释此五刑的今文说,而以班固所引《国语》说为古文说。按班氏《汉书·刑法志》云"《书》云'天秩有礼,天讨有罪',故圣人因天秩而制五礼,因天讨而作五刑。大刑用甲兵,其次用斧钺,中刑用刀锯,其次用钻凿,薄刑用鞭扑。大者陈诸原野,小者致之市朝。其所繇来者上矣。"此数语全录自《国语·鲁语上》,唯"钻凿"原作"钻笮"。以此五项为"五刑",见《尧典》"五刑有服"校释。但一般释者以此五项为"五用"。《尧典》"流宥五刑"校释则举主要之说以"五刑"即《吕刑》之劓(割鼻)、剕(割膝)、宫(割生殖器)、黥(刺墨)、大辟(处死)。惟个别宋儒称此五项为"贼刑"之科目。过去经师们以《吕刑》为周代之作,因而不敢以其五刑说为皋陶时之五刑。如孙氏《注疏》云:"五刑始于有苗,制自夏代、唐虞所无。"(因《吕刑》篇中谓苗民弗用灵而作五虐之刑)足为此说代表。其实《吕刑》虽列为《周书》,但其材料神话性强,来源很早,《皋陶谟》当写成于春秋时,自可吸收《吕刑》五刑之说。至"大刑用甲兵其次用斧钺"之说,确适合于释此处"五用"。

㉗政事懋哉懋哉——自此句历"天聪明自我民聪明"等句直至"皋陶曰"共八句,《史记》皆删去。

"懋",《说文》:"懋,勉也。"《尧典》"惟时懋哉"《释文》:"懋,

音茂。王云'勉也',马云'美也'。""懋"一作"茂","哉"一作
"才"。段玉裁《撰异》:"《汉书·董仲舒传》:仲舒对曰:'《书》云
茂哉茂哉,彊勉之谓也。'师古曰:'茂哉茂哉,《虞书·咎繇谟》之辞
也。'玉裁按,古懋茂音同通用,《左氏传》引《康诰》'惠不惠、茂不
茂'(按,见《左传·昭公八年》)。今《尚书》作'懋不懋'。《尔
雅·释诂》:'茂,勉也。'郭注:'《书》曰'茂哉茂哉',《释文》曰:
'茂,又作懋,亦作悉。'同注:'茂哉或作茂才。'此可证《尚书》'哉'
字本或作'才'。"按甲骨文、金文"哉"字作"才",可知此字保存了
古体。隶古定本亦多作"才",如薛氏本"哉"皆作"才",是有意袭
用了古体字。陈乔枞、孙星衍、皮锡瑞、王先谦皆谓今文作"茂才",
古文作"懋哉"。然伪古文如薛氏本则作"楙才"。

《皋陶谟》

《后汉书·章帝纪》注:"懋,美也。"上引马融亦释"美也"。又
《文选·东京赋》"四灵懋而允怀"薛注:"懋,悦也。"可知"懋"有美
好之义,则此句实云"政事美哉美哉"。

㉘天聪明自我民聪明天明畏自我民明威——"天聪明自我民
聪明"这一思想是周文王武王伐纣时提出的。为了反对殷代纯信
天命的绝对神权和纯用刑戮的严酷统治,强调"天命靡常"(《诗·
文王》),"天匪忱"("匪忱,不可信"。见《书·大诰》及《君奭》)。
因而在《周语》《郑语》及《左传》之《襄公三十一年》《昭公元年》所
载武王伐纣原《太誓》词中提出"民之所欲,天必从之"的鲜明宣言,
宣扬天意根据民意。又在《孟子·万章上》所引《泰誓》词中更明确
提出"天视自我民视,天听自我民听",指出天的视听是由民的视听
来,那么"天聪明自我民聪明(聪是耳听,明是目视),天明畏自我民
明威"这两句,不仅是"民之所欲天必从之"的具体阐释,更是"天视

自我民视,天听自我民听"的直接翻版。《诗·烝民》笺:"《书》曰'天聪明自我民聪明'。"《孔疏》:"引'《书》曰'者,《泰誓》文也。彼注云:'天之所谓聪明有德者,由民也。言天所善恶与民同,引之者证天从民意也。'"段玉裁《撰异》以为《孔疏》所言"《泰誓》文"是"《皋陶谟》"之误。其实此思想之语首先出自《太誓》,孔颖达所熟悉的"天视自我民视"等语出自当时所见的《泰誓》,故为此疏。在他当是凭记忆写此,显然不是笔误。孔所引"彼注"(陈谓郑玄《尚书》注,孙谓今文《太誓》注)数语则阐明了此句之意。

　　"天明畏",《释文》:"畏如字。徐音威,马本作威。"《考工记》郑注:"故《书》畏作威。杜子春云:当为畏。"段玉裁《撰异》云:"古畏威二字同音通用,不分平去也。"今所见金文中确为畏与威通用。《周礼·卿大夫》职文郑注引此两句,其中亦作"天明威"。《贾疏》云:"天虽明察可畏,不用己之明威,用民之明威。"说天自己有明威不用,才用民之明威。失《太誓》原义。陈乔枞《经说考》云:"郑君注《礼》在赞《书》之前,所引《尚书》自是当时所立学官之本,据此知今文亦与古文同,皆作'明威'也。"

　　伪孔对此二句之释义太不清楚,唯《孔疏》云:"皇天无心,以百姓之心为心。民之所欲,天必从之,此即《泰誓》所云'天视自我民视,天听自我民听'。"《蔡传》则云:"威,古文作畏,二字通用。(林氏之奇曰:"'天明畏'马本作'天明威'。'自我民明威'古文作'自我民明畏',畏、威不必分也。")明者显其善,畏者威其恶。天之聪明非有视听也,因民之视听以为聪明。天之明畏非有好恶也,因民之好恶以为民畏。"孙氏《注疏》云:"明、威,言赏、罚。《吕刑》云'德畏惟威,明德惟明'是也。《周语》'尊贵明贤',韦昭注云:'明,显也。'"故杨氏《核诂》云:"明、威相对成义",即引《吕刑》此语以证之。

㉙达于上下敬哉有土——江声《音疏》云:"达,通。"并自疏释云:"《说文·辵部》云:'通,达也。'同谊转训,故云'达,通'。"皮氏《考证》云:"达,今文皆作通。"惟未举例证。王氏《参正》云:"达当为通者,以《禹贡》例也,当然。"

"上下",《尧典》"格于上下"校释,引经师们皆释上、下为天、地。此处承上文"天聪明自我民聪明,天明畏自我民明威"。故《蔡传》云:"上下,上天下民也。"又云:"言天人一理,通达无间。"江声《音疏》承此释后亦云:"天之赏罚皆由民,是上下通也。"

"有土",伪孔只说"有土之君",《孔疏》云:"《丧服》郑玄注云:'天子诸侯及卿大夫有地者皆曰君,即此有土。可兼大夫以上。但本文主意实主于天子。戒天子不可不敬惧也。"《蔡传》云:"有土,有民社也。"以"土"为"社",此则保存了古谊,甲骨文、金文中往往土即社。如《前》四·一七·三"奉年于邦土"。王国维释云:"土读为社,乃土地之神。邦社,即《祭法》之国社。"即指国君之社稷。孙氏《注疏》则云:"'有土',即谓上'有邦'者。重言以为戒。"不过上文"有邦"专指诸侯,如《孔疏》所引郑玄说则兼指天子诸侯卿大夫。故伪孔释此句为:"言天所赏罚,惟善恶所在,不避贵贱,有土之君不可不敬惧。"(是伪孔释"上下"为"贵贱",不释"天与民")是说所有有土者都要戒惧,都要"敬哉"。

㉚朕言惠可厎行——《史记》录此句作"吾言厎可行乎"。以"吾"译"朕",删语词"惠"字,以原句为问语,故改用"乎"字于语末以见问句意。"惠",发声语词,《左传·襄公二十六年》"寺人惠墙

伊戾"，《孔疏》："服虔云：'惠、伊，皆发声。实为墙、戾。'""厎"，《释言》云："致也。"详《尧典》"乃言厎可绩"校释。陈氏《经说考》引蔡邕《独断》云："朕，我也。古者尊卑共之，贵贱不嫌，则可同号之义也。……皋陶与帝舜言曰：'朕言惠可厎行。'此其义也。"皮氏《考证》云："《史记》曰'吾言厎可行乎'，盖省文。"意为："我的话行吗？"较详一点理解，意为："你以为我的话能贯彻实行吗？"

㉛俞乃言厎可绩——《史记》作"女言致可绩行"。省去"俞"字。"乃"，第二人称领格，"汝"，亦可为第二人称领格。"汝"原作"女"，详《尧典》"咨汝羲暨和"校释。孙氏《注疏》云："说绩为绩行者，《春秋左氏·哀元年》'复禹之绩'。《释文》云：'本亦作迹。'绩、迹通。《楚辞》王逸注云：'迹，行也。'《文选》颜延年诗注引《春秋合诚图》宋注云：'迹，行迹，谓功绩也。'是'绩行'，犹云履而行之也。"《释诂》："绩，功也。"伪孔释此句云："然其所陈，从而美之曰：'用汝言，致可以立功。'"得此句之意。林氏《全解》云："然其言，而又谓汝之言不但见于空言而已，亦可以致行其功。盖欲勉皋陶以共行其知人安民之言也。"

㉜予未有知思曰赞赞襄哉——《史记》作"余未有知，思赞道哉"。《正义》："皋陶云：'我未有所知，思之审赞于古道耳。'谦辞也。"

"思"，王引之《释词》："思，语已词也。《诗·汉广》曰：'南有乔木，不可休思。'《毛传》曰：'思，辞也。'"又云："思，发语词也。"引《诗·泮水》"思乐泮水"等句为例。又云："思，句中语助也。"举《关雎》"寤寐思服"、《桑扈》"旨酒思柔"等句为例。杨筠如《核诂》云："思，《诗·传》乱（辞）也。亦通作惟，《诗》'我行其野，不思旧姻'，《白虎通·嫁娶篇》作'不惟旧因'。此文亦言'予未有知，惟日赞赞襄哉'也。"杨氏往往引用清儒之说,此不详出处,待查。总之王、杨皆阐明"思"字在此为语词。可从。

"曰",《孔疏》:"经云'曰'者,谓我上之所言也。"段玉裁《撰异》为之释云:"是此字音越,《唐石经》正作'曰'。今俗本作'日',读'人实反',误也。"但王安石《新经义》及苏轼《书传》皆云:"曰当作日。"而未述其理由。林氏《全解》云:"张横渠、薛氏皆以曰当作日字,下文'予思日孜孜'相类。此说比先儒为优……如《洛诰》曰:'今王即命日。'《释文》'一音作曰'。《吕刑》曰:'今尔罔不由慰,日勤。'《释文》'一音作曰'。以是知日字曰字经文多相乱。此下文又有'予思日孜孜'与此文势正相类,盖有凭据,故可从也。"《蔡传》遂亦云"曰当作日"。宋元明学者多从之。但元王充耘《书管见》云:"传者谓思曰之曰当作日,以《益稷》篇有'思日孜孜'之语故也。然作'曰者'是而作'日者'非。盖皋陶纯乎臣道,故言吾所思者亦曰助君以成功耳。若云日孜孜,则不成文理,且无意义。"清代学者亦多以为曰字。孙《注疏》:"思曰,'日'字《史记》所无。或当为'曰'。'爰''曰'转训,见《释诂》。《洪范》'土爰稼穑',《史记》作'土曰'。是'爰''曰'字通也。"孙又云:"疑以'曰'为'言'。"王氏《参正》:"曰,亦言也。"

"赞",孙氏《注疏》云:"史公以'赞'为'道'者,《周语》'内史赞之',韦昭注云:'赞,道也。'道谓导之。张守节《正义》云'赞于古道',非也。"《孔疏》引郑玄曰:"赞,明也。"又引王肃:"赞赞,犹赞奏也。"黄伦《书精义》录张九成《书详说》之言云:"赞赞,所助非一事也。"王鸣盛《后案》云:"《说文》:'赞,见也。'见有明义。《诗谱序·疏》亦云:'赞,明也。'"王先谦《参正》云:"孙云:'……

道谓导之。'先谦按，道，犹言也。谓以所言赞明帝德也。"

"襄"，《释文》："襄，息羊反。上也。马云：'因也。'"《撰异》引《尔雅》作"儴，因也。如羊反。"《孔疏》接着王肃云"赞赞犹赞奏也"后继云："显氏（疑"顾氏"之误，当指顾彪）云：'襄，上也。谓赞奏上古行事而言之也。'经云'曰'者，谓我上之所言也。传不训'襄'为上，已从'襄陵'而释之（指《尧典》"荡荡怀山襄陵"传："襄，上也"）。故二刘（指刘焯、刘炫）并以'襄'为'因'。若必为'因'，《孔传》无容不训，其意言进习上古行事，因赞成其辞而言之也。传虽不训襄字，其义当如王说。"《孔疏》又引郑玄云："赞，明也。襄之言，扬（今通行本作"畅"）。言'我未有所知，所思徒赞明帝德，扬我忠言而已'。谦也。"陈氏《经说考》云："郑注《古文尚书》与马融训异，盖参用今文家说也。"孙氏《注疏》："马注见《释义》，以襄为因者，《释诂》云：'儴，因也。'《谥法解》：'因事有功曰襄。'郑注见《书疏》，以赞为明者，明即勉。赞赞犹明明，明明即勉勉也。故云'赞明帝德'。谓赞勉之。'扬我忠言'者，'襄''扬'声相近，得为'扬'。今本'扬'作'畅'，误字。云'忠言'者，疑以'曰'为'言'也。"林氏《全解》云："'赞赞襄哉'者，孔氏以谓'赞奏上古行事而言之'，薛氏曰'日夜进进不已，知进而不知退，知上而不知下也'。盖《尔雅》襄字惟有二训，其一训除，其一训上。既不可训除，而用《尔雅》训故，遂以训上必曰赞赞上哉。故其说不得不如此。郑氏虽知《尔雅》二训不可从，又以襄字训畅，言我未有所知，所思徒赞明帝德，畅我忠言，其说尤为无据。惟王氏（安石）曰：'襄，成也。思——赞襄以成禹之功也。'按《春秋左氏传·定十五年》'葬定公，雨，不克襄事'。杜元凯曰：'襄，成也。'王氏之训盖出诸此。此说为善。"

伪孔释此全句云："言我未有所知，未能思致于善，徒亦赞奏上古行事而言之。因禹美之，承以谦辞，言之序。"林氏《全解》："皋陶曰'予未有知，思曰赞赞襄哉'。襄哉者，言禹虽勉皋陶共行安民知人之言，而皋陶犹辞让不敢当也。"未引王安石"思——赞襄以成禹之功"作为本句之解。《蔡传》则云："禹然其言，以为致之于行，信可有功。皋陶谦辞我未有所知，言不敢计功也，惟思日赞助于帝以成其治而已。"

以上这一节，是皋陶和禹对话中，皋陶所作较详的一次讲话，提出了成套的政治哲学。他提出了"九德"的条目。和《尧典》中所说德的精神是一致的，但这里多达九项，就显得完备，而且以相反的两概念构成一个德的概念，也显得完整。以为帝王当根据具备这些德的多少来分别选用人才，务使兢兢业业，人代天功。又以五典、五礼、五服、五刑对待人才，即以伦理政法规范着从政人员，务须做到和衷共济。特别强调天的聪明、明畏，来自人民的聪明、明威，指出天人相通，而民意为立，告诫有国者对此必须特别敬慎，充分体现了周武王伐纣的《太誓》誓词中所提出的天的视听源于民的视听这一反对殷代尊神重刑而具有革命性的思想，这实际形成后来儒家的中心思想，形成重视人民注重德教的"周政"思想。（《汉书·元帝纪》载元帝劝宣帝用儒家思想，宣帝说："奈何纯任德教，用周政乎？"）所以也看得出这篇《皋陶谟》是儒家就所搜集得的资料运用自己的德教思想加工编写成的。

以上三节合起来，就是原《皋陶谟》篇被伪古文作者截去下半篇为《益稷》后，所剩下的上半篇作为伪孔本《皋陶谟》篇的全文。

过去经师们就以此《皋陶谟》作为指导为君之道的宝典。而对其中要领,历代经师往往提出自己的理解,有不同的侧重,现略举数例:

宋陈经《书详解》云:"知人、安民,《皋谟》一篇纲领。'九德'以下,知人之道也;'天叙'以下,安民之道也。"

元董鼎《书传纂注》云:"愚谓皋陶发明知人之谟,尤觉详于安民之谟者,盖二者虽均为难事,而知人为尤难。必明于知人,则安民有不难者矣。然于言知人之余,则戒逸欲、崇兢业,惟恐人君不知戒惧而至于旷官废事;于安民之中,则懋政事,敬有土,惟恐人君不知懋敬而至于亵天玩民。盖以人君一心又知人安民之根柢欤!"

《传说汇纂》引明薛瑄(瑄有《读书录》)云:"《皋陶谟》典、礼、刑、赏四者,万世为治之大经不出于此。先儒谓知人、安民,《皋谟》一篇之体要,窃谓'允迪厥德',又知人、安民之本源也。盖'允迪厥德'者,实践此德于身也。至若知人,智之事;安民,仁之事。则皆此德之推耳。苟非此德实践于身,则私欲盛而天理微,知天之智何自而明、安民之仁何自而行哉?"

这些就看出后代儒家对先秦儒家搜集材料所编成的《皋陶谟》的理解。

帝曰:"来! 禹,汝亦昌言①。"禹拜曰:"都! 帝,予何言? 予思日孜孜②。"皋陶曰:"吁! 如何③?"禹曰:"洪水滔天,浩浩怀山襄陵,下民昏垫④。予乘四载,随山刊木⑤。暨益奏庶鲜食⑥。予决九川距四海⑦,濬畎浍距川⑧。暨稷播奏庶艰食⑨、鲜食,

懋迁有无化居^⑩,烝民乃粒,万邦作乂^⑪。"皋陶曰:
"俞! 师汝昌言^⑫。"

①帝曰来禹汝亦昌言——《史记》作"帝舜谓禹曰:'女亦昌
言。'"自此句以下直至篇末"往钦哉"止原为《皋陶谟》下半篇,《史
记·夏本纪》作为《皋陶谟》全文照录入篇中(不过往往改用训诂字
及略有删节)。伪古文则割裂为独立的一篇,以冒充古文《弃稷》
篇,且改为《益稷》篇题。实际主要是禹的讲话,舜和他作了较长的
对话,及皋陶略有插话,最后加上夔言乐及舜皋陶对歌而已,与益、
稷毫无关系。只因其中禹提到了一句益,也提到了一句稷,伪古文
作者遂取以为篇名以影射原古文中的《弃稷》。伪孔为之释云:"禹
称其人,引以名篇。"《孔疏》更粉饰为:"二人佐禹有功,因以二人名
篇,既美大禹,亦所以彰此二人之功也。"宋儒认识到此文与益稷二
人毫无关系,而以之为篇名,遂寻其说,如林氏《全解》云:"篇名《益
稷》者,盖以篇首有'暨益、稷'之文,故借此二字以名其简册。犹
《论语》有《颜渊》《微子》,《孟子》有《公孙丑》《万章》等名篇也。
而唐孔氏则谓'二人佐禹治水有功……'则过论也。"吕氏《东莱书
说》亦云:"益、稷名篇非有意,但以禹首举益、稷为言,故取以纪其
目,如《论语》之《学而》《子罕》,无他义理。皆由于他们不知此为
伪篇,遂曲为弥缝。经吴棫等开始疑辨,递经元明学者进一步考
索,直至清初阎若璩推翻伪古文,而后始知其为伪造篇题,不值
驳论。

此句伪孔释云:"因皋陶谋九德,故呼禹使亦陈当言。"《东莱书
说》亦云:"皋陶之谟既陈,舜见禹在侧,故来禹亦使昌言而无隐。"
林氏《全解》则云:"'帝曰来禹汝亦昌言'而下,实与《皋陶谟》'思

曰赞赞襄哉'之文相接,则伏生之书合而为一者是也。"以后宋元儒者多承此说。

②禹拜曰都帝予何言予思日孜孜——《史记》作"禹拜曰於予何言予思日孳孳"。此依例译"都"作"於",删"帝"字。而以"孜孜"作"孳孳"。孙氏《注疏》云:"'思',犹'斯'也。《诗·泮水》'思乐泮水',《礼器》疏作'斯'。又'我行其野,言归思复',《唐石经》作'斯复'。知'思'语词也(此义见王引之《释词》)。'孜孜',古文。'孳孳',今文也。《说文》云:'孜,汲汲也。'引《周书》曰'孜孜无怠'。又云:'孳,汲汲生也。'是与'孜'同。彼《泰誓》文,《史记》亦作'孜孜',与《说文》异。《说文》所载壁经也。《广雅·释训》云:'孜孜,剧也。'剧盖敕也,言劳剧,古文说也。禹言予此日汲汲不遑耳。"孜孜为勤勉不懈怠之意(俞樾《平议》此"日"字亦如上文皋陶"思曰赞赞"之"曰"。纯出推论,不足据)。

③皋陶曰吁如何——《史记》作"皋陶难禹曰:'何谓孳孳。'"这是以意译原句,使其意义完足。

④洪水滔天浩浩怀山襄陵下民昏垫——《史记》"洪"作"鸿","下民昏垫"作"下民皆服于水"。"洪"与"鸿"通,水也。故《洪范》,《吕氏春秋》之《贵公》《君守》等篇皆引作"鸿范"。"浩浩怀山襄陵",同样的句子见《尧典》"荡荡怀山襄陵,浩浩滔天"。彼处校释中释明"浩浩,盛大、大貌","怀,包也","襄,上也",谓大水把山包围,把高阜淹没。

"下民昏垫",《孔疏》引郑玄注云:"'昏',没也。'垫',陷也。禹言洪水之时人有没溺之害。"《逸周书·谥法解》云:"服,败也。"故《史记》译此句为"下民皆服于水"。

⑤予乘四载随山刊木——《史记》作"予陆行乘车,水行乘舟,泥行乘橇,山行乘檋,行山栞木"。"四载",即指陆行、水行、泥行、山行所乘用四种不同旅行工具。《史记》直接举出此四载内容,故删"予乘四载"句。按,"四载"为四种运载工具,自先秦(《尸子》《慎子》)两汉(《史记》《汉书》《说文》今古文诸家)以来无异辞。至宋代竟有人以鲧治水九载无成,经禹治水四载,合成《禹贡》所说的兖州"作十有三载"。是"四载"为禹治水年数,宋代有人喜其说新奇。苏轼《书传》举了"四载"的实质及鲧治水时间与禹治水时间相去远二理由驳斥之。其实宋世此说之谬是不值一驳的。

"栞木"即"刊木"。"随山刊木"见《禹贡》篇首此句释。一般释为在山林中刊去木皮以为行道标记。郑玄、伪孔以为是随着山岭的形势,斩木通道,以便治水。意谓山脉与水脉相通,观山脉亦可以知水脉。所以随山刊木是治水的一项准备工作。于鬯《校书》谓"随当读为堕",举《管子·白心篇》"其事也不随"王念孙《杂志》以为"随当为堕"以证,而堕山即凿山。谓禹凿龙门,辟伊阙,折底柱,破碣石,皆禹堕山之事云。可谓求之过深反失之近者。无论凿龙门、辟伊阙等本为荒唐传说,本无其事,禹并无凿山之事,即"堕山刊木"一词亦非事理之常,故于说不确。

⑥暨益奏庶鲜食——《史记》作"与益予庶稻鲜食"。"暨",与。详《尧典》"暨皋陶"校释。"益"亦作"伯益",为传说中秦之祖先,其资料较纷杂,详《尧典》"命九官"一节中"佥曰益哉"校释。古文资料中常说益和稷佐禹治水有功。即由《皋陶谟》中此处"暨益"、"暨稷"两句演绎发展而来。《史记·夏本纪》在引录《禹贡》全文之前,稍录了几句禹与益稷奉帝命治水资料,显亦摘取《皋陶

谟》此处之文,故亦简述了乘四载,并有"令益予众庶稻"、"命后稷予众庶难得之食"二句。此处《史记》即并合前句与本句成文。伪孔云:"奏,谓进于民,鸟兽新杀曰鲜。与益楱木获鸟兽,民以进食。"江声《音疏》云:"奏,进也(见《说文》)。与益进众民于鲜食。马融曰:'鲜,生也。'(见《释文》)(小字注引《周礼·庖人》郑众注:"鲜谓生肉,薧谓熟肉。")郑康成曰:'鲜食,谓鱼鳖也。'(见《诗·思文》疏惟"鲜"作"鱻")声谓'鲜食',鸟兽鱼鳖皆是。"无论诸家释稍有出入,总之都是指活着的新鲜食物。另有释"鲜"为"少",见下"鲜食懋迁有无化君"校释。

⑦予决九川距四海——《史记》作"以决九川致四海"。伪孔释云:"距,至也(见《释诂》)。决九州名川通之至海。"《史记》释同此意。段玉裁《撰异》谓"距"原作"歫",卫包改为"距","九川"、"四海"皆泛指,参看《禹贡》"九州攸同"章校释。

⑧濬畎浍距川——《史记》作"浚畎浍致之川"。"畎"、"浍",《说文》作"〣"、"〤"。"〣"字下云:"甽,古文〣,从田、从川。畎,篆文〣,从田犬声。六畎为一亩。""川"字下引此句云:"《虞书》曰:'濬〣(畎)〤(浍)距川。'"又"睿"字下引此句云:"《虞书》曰:'睿畎浍距川。'"段玉裁《撰异》云:"《说文》两引此句而一作濬,一作睿。濬者仓颉古文,睿者小篆也。一作〣一作畎,〣者仓颉古文,畎者小篆也。一作〤一作浍,〤者仓颉古文,浍者同音假借字也。"又云:"《夏本纪》濬作浚。《说文》曰:浚,抒也。"按,"濬",《尔雅·释言》:"深也。"《舍人》注:"下之深也。""浚",《易·恒》注及《释文》皆释云:"深也。"《春秋·庄公九年》"浚洙"注:"浚,深之也。"是濬、浚二字同音同义通用,义为疏浚水道使之深。

"畎浍"，《考工记·匠人》云："匠人为沟洫，耜广五寸，二耜为耦。一耦之伐，广尺深尺谓之畎。……广二尺深二尺谓之遂……广四尺深四尺谓之沟……广八尺深八尺谓之洫……广二寻深二仞谓之浍(按，寻，八尺。见《周语》注。仞，七尺。见《论语·子张》包咸注，程瑶田《通艺录》考定)。把尺码说得这么固定，但可知最小的沟称畎，最大的称浍。合举"畎浍"就包括了其中大小不同的遂、沟、洫等等。《夏本纪·集解》引郑玄注："畎浍，田间沟也。"《文选·长笛赋》注引郑玄注："浍，所以通水于川也。"笼统地作了解说，不机械地谈其尺码大小，深通此意(参看《禹贡》青州章"岱畎"校释)。

⑨暨稷播奏庶艰食——《史记》作"与稷予众庶难得之食"。译成平易语句。"稷"，为周始祖，被奉为发展农业的宗神，原名弃。详《尧典》"命九官"一节的稷、弃、后稷诸校释。《尧典》本文云："汝后稷，播时百谷。"又《国语·郑语》"周弃能播殖百谷"注云："播，布也。"此处沿用"播"字。"奏"，江声据伪孔释"进"，"庶"，释"众民"。"进众民于艰食"，不成辞。《史记》译"奏庶艰食"但云"予众庶难得之食"，实得此句本义。郑玄则释"播奏"为教。见《孔疏》引郑注云："禹复与稷教民种泽物菜蔬艰厄之食。""泽物"，孙氏《注疏》云："《周礼·司徒》'川泽其植物宜膏物'，注云：'膏当为藁字之误也。莲芡之实有藁韬。'是泽物为莲芡之属也。"郑释"艰食"为"艰厄之食"。保持艰难之义。江氏《音疏》释云："郑注《尧典》云：'始者鸿水时，众民厄于饥。'此言'艰厄之食'，谓泽物菜蔬可以济艰厄者也。"而《释文》引马融注云："根生之食，谓百谷。"以"艰"为"根"(《释文》："艰，马本作根")。显见牵强，不如

皋陶谟

461

史公郑玄之释。俞樾《平议》又提出新说,谓艰当读为饐,《说文》艰之重文囏,囏、饐二字同声通用。饐食谓熟食,正与鲜食相对成义云云。《史记》译"艰食"为"难得之食"保存此句原义甚清楚,俞氏骛奇矜异,故为此不合原义之说,不足据。

⑩鲜食懋迁有无化居——《史记》作"食少,调有余补不足,徙居"。此非逐字翻译,而是用常语译其大意。"鲜"(上声),《左传·昭公元年》杜注及《论语》几处集解、疏皆释云:"少也。"又《易·系辞》《诗》《左氏》几处《释文》皆云:"鲜,少也。"是"鲜食"即"少食",故《史记》译作"食少"。《文选·西京赋》"惨则尠于欢"注:"尠,少也,与鲜通也。"又《易·乾》注:"尟,本亦作鲜。"《易·系辞》"君子之道鲜矣"《释文》:"郑作尟。"是鲜、尠、尟三字相通,皆上声。江声《音疏》径改经文"鲜"作"尟",殊不谨严。

"懋迁有无化居",伪孔释云:"化,易也。居,谓所宜居积者。勉劝天下,徙有之无,鱼盐徙山,林木徙川泽,交易其所居积。"纯释此句为贸易活动。故江声《音疏》又径改"懋"为"贸"。以为《文选·永明九年策秀才文》李善注引《尚书》作"贸迁"。段玉裁《撰异》:"'调有余补不足',谓'懋迁有无'也。《汉书·食货志》说禹曰:'楙迁有无,万国作乂。'师古曰:'楙与茂同。'"孙氏《注疏》云:"《汉书·叙传》作'茂'。'懋'、'茂'、'楙',俱'贸'假音字。……《释言》云:'贸,买也。'《说文》云:'贸,易财也。''迁'者,《孟子·离娄篇》'迁于负夏',《史记》说迁为'就时',是此'迁'亦'就时'也。'化'即古'货'字,古布以'化'为'货'。(按,此据《日知录》云:"化者,货也。"自注:"古化货二字多通用,《史记·仲尼弟子传》'与时转货赀'《索隐》曰:《家语》'货'作'化'。")'居'者,积贮之名。《晋语》叔向曰：'假贷居贿。'韦昭注云：'居，蓄也。'《史记·吕不韦传》云：'此奇货可居。'《汉书·食货志》'废居居邑'注：如淳曰：'居贱物于邑中以待贵也。'"皮氏《考证》云："徙居即化居，化古货字，谓迁徙其居积之货也。"（杨氏《核诂》谓"居"当如高晋生读若买卖曰沽之"沽"，借为"贾"。只可备一说。）这都是逐字作释，不如《史记》笼统地以大意释全句，得其在此处本义。

⑪烝民乃粒万邦作乂——《史记》作"众民乃定，万国为治"。此亦逐字译其意。惟译"粒"为"定"，与后来注疏家异。孙氏《注疏》云："史公说'烝'为'众'者，《释诂》文。'立'为'定'者，《诗·思文》作'立'。"王引之《述闻》云："粒当读为《周颂·思文》'立我烝民'之立。立者，成也，定也。……非专指艰食言之，则非米粒之粒可知。"皮氏《考证》云："盖今文《尚书》'粒'作'立'。……故史公以'定'训之。《诗·思文》'立我烝民'，即此之'烝民乃定'也。《左传》《周语》皆引'立我烝民'，并不作'粒食'解。自古文《尚书》误作'粒'，郑以粒食训之，又破《诗》之'立'字为'粒'，以致《诗》《书》皆失其解，此由郑氏古文已误，伪孔不任咎也。"按，《诗·思文》疏引郑玄注云："粒，米也。乂，养也。众民乃复粒食，万国作相养之礼。"伪孔承之云："米食曰粒，言天下由此为治本。"今观所有隶古写本与《唐石经》皆作"粒"，是伪古文本承马、郑古文本皆作"粒"，相承已久，觉其解释可通。既由清代学者考明原作"立"，又有《史记》之译"定"证之，是原当作"立"无疑。然郑玄笺注《思文》云："立当作粒。"其实《诗》之"立我烝民"自可作"定我烝民"，此处自可作"烝民乃粒"，义各不同。就《皋陶谟》此处言"稷播奏庶艰食鲜食"，与上文言"益奏庶鲜食"，皆反复以民食为言，则

郑注"粒"为米,与此处全文文义相合。亦不必遽定今文是而古文非。

⑫俞师汝昌言——《史记》作"然,此而美也"。江声《音疏》:"《史记》录《尚书》,辄以诂训代经文,据其文即可以究经谊。……'然'即'俞','而'即'汝','美'即'昌言',谊训同也。'师'与'此'绝不类,'斯'则声近'师'而谊为'此',据《史记》'此'字推《尚书》当为'斯'。……然则'师'当为'斯'。"其言有见。然但据声音推定而无他证,自不能遽改经文,视"师"为"斯"之假借即可。

以上这一节,是舜呼禹也和皋陶一样谈谈自己的意见,禹首先谈自己全力以赴的事功就是抢治洪水以拯救人民免于饥馑,受到皋陶称赞。这是文献中集中谈禹治水功绩的一段话,是儒家所着意写成。

禹曰:"都! 帝慎在位①"。帝曰:"俞!"禹曰②:"安汝止③,惟几惟康④;其弼直(悳),惟动丕应⑤。徯志以昭受上帝⑥,天其申命用休⑦。"帝曰:"吁! 臣哉邻哉,邻哉臣哉⑧!"禹曰:"俞⑨。"

帝曰⑩:"臣作朕股肱耳目⑪。予欲左右有民,汝翼⑫;予欲宣力四方,汝为⑬;予欲观古人之象⑭:日、月、星辰、山、龙、华虫、作会,宗彝、藻、火、粉米、黼、黻、绨绣,以五采彰施于五色作服⑮,汝明⑯;予欲闻六律、五声、八音⑰、七始咏(在治忽)⑱,以出纳五言⑲,汝听⑳;予违,汝弼㉑。汝无面从,退有后言㉒。钦四邻㉓，庶顽谗说㉔，若不在时㉕，侯以明之，挞以记之㉖，书用识哉，欲并生哉㉗，工以纳言，时而飏之，格则承之、庸之，否则威之㉘。"

禹曰："俞哉㉙！帝光天之下，至于海隅苍生，万邦黎献，共惟帝臣㉚。惟帝时举，敷纳以言，明庶以功，车服以庸㉛，谁敢不让，敢不敬应㉜。帝不时，敷同日奏罔功㉝。"

①都帝慎在位——《史记》作"於！帝，慎乃在位"。以训诂义译此句。增"乃"字。"乃"，汝。见上文"乃言厎可绩"。（《广雅·释言》："乃，汝也。"）此禹诫舜慎在其位之辞。

②帝曰俞禹曰——《史记》删此五字。以"都帝慎在位"为禹对舜说的话，"安而止"以下亦为禹对舜说的话，故删去舜在此处的插话，使禹的话一贯说下来。"帝曰俞"，伪孔释为"然禹言，受其戒"。意为以禹的话说得对，愿接受其告诫。

③安汝止——《史记》作"安尔止"。《诗·雄雉》笺："尔，汝也。"《集解》引郑玄注云："安汝之所止，无妄动，动则扰民。"曾运乾《正读》云："言安汝之所止，如《大学》言'为人君止于仁，为人臣止于敬，为人子止于孝，为人父止于慈，与国人交止于信'也。"亦即《大学》篇首所云"在止于至善，知止而后有定"之义。加藤常贤《集释》则谓"安"读"按"，"止"为"趾"之本字，其义指"行为"。释此句为按抑自己行为。可为新解之一说。

④惟几惟康——《史记》删此四字。"几"，伪孔于本篇三"几"字皆释"微"，于《顾命》"几"字释"危"。曾氏《正读》于此"几"字

亦释危。与《尔雅·释诂》"几,殆也"之义近。故江声、孙星衍亦皆释"殆"。杨筠如《核诂》则释"谨",屈万里《集释》则云:"几、机古通。几,谓机兆,事态尚未显著时也。"各寻新释以图解通此句。"康",自伪孔以下大都据《释诂》释"安"(惟杨筠如释"静",意为慎也。池田末利氏以为此稍迂曲)。伪孔释此句云:"念虑几微以系其安。"《蔡传》释云:"惟几,所以审其事之发;惟康,所以省其事之安。即下文'庶事康哉'之义。"大抵意为重视其事之机微,以确保安康。江声《音疏》云:"'惟',思,'几',殆,'康',安也。言思其危殆,思所以保其安。"孙星衍《注疏》则云:"言君能思危以图其安。"

⑤其弼直惟动丕应——《史记》作"辅德,天下大应"。《尔雅·释诂》:"弼,辅也。""直"作"德",按"德"字原作"悳"。《说文·心部》:"悳,外得于人内得于己也。"是为道德之"德"字。又《彳部》:"德,升也,从彳,悳声。"是"德"字从"悳"得声。后遂代为"悳"字。江声《音疏》论此直字云:"直当为悳,坏字也。"其言是。《音疏》又云:"'丕',大。《释诂》文。……动则天下大应之。"孙星衍《注疏》云:"言其君能思危以图其安,其辅臣用有德者,虽动则天下大应之,言无妄动,动必依德。"

加藤常贤《集释》并列"安汝止,惟几惟康"与"其弼悳,惟动丕应"两者为对句。屈万里引高本汉《书经注释》亦读作:"安汝止——惟几惟康","其弼德——惟动丕应"。两说皆足增益对此两对句之理解。知"惟几惟康"上承"安汝止"以成义,"惟动丕应"上承"其弼德"以成义。

⑥徯志以昭受上帝——《史记》作"清意以昭待上帝命"。段玉裁《撰异》:"清与徯,于音韵'支'与'清'之通转也。"江声《音疏》

云："'徯'，待。《释诂》文。……若依《史记》以说此经，当云动则天下大应之，清其志意以待上帝命。"其说本甚确，惜他另用所谓"顺经文为说，故不据《史记》而妄解"徯志"为"待志"于下者，谓民安其志意以待于下也。真不知所云。其实《史记》完全是"顺经文"以译通文意。杨筠如《核诂》云："昭，古通绍。《文侯之命》'用克绍乃显祖'，《唐石经》作'昭'，即其证。字亦作邵，《毛公鼎》'用邵皇天'，与《召诰》'王来绍上帝'，此经所谓'昭受上帝'，义并同也。《释诂》：'绍，继也。'谓承继之义。"池田末利《尚书全释》云："杨氏说为胜。"

⑦天其申命用休——《史记》作"天其重命用休"。《集解》引郑玄注云："天将重命汝以美应，谓符瑞也。"符瑞为汉人妄说，不应用来释此句。惟译"其"为"将"，可取。《尔雅·释诂》"申，重也。"王氏《释词》："用，词之以也。《一切经音义》七引《苍颉篇》曰：'用，以也。'"又《释诂》："休，美也。"连用了上文"丕应"之应，称"美应"以释"休"字，亦可。

⑧臣哉邻哉邻哉臣哉——《史记》作"臣哉臣哉"。删二"邻哉"。《三国志·魏纪》载何晏奏曰"邻哉邻哉"，则又无"臣哉"字。《孔疏》引郑玄注此云："臣哉汝当为我邻哉，邻哉汝当为我臣哉！反复言此，欲其志心入禹。"于邻字之释不明。王充耘《书管见》揆其意云："禹言'帝慎乃在位'，以归重于君。舜曰'臣哉邻哉'，以倚重其臣。"江声《音疏》云："'志心入禹'者，犹言推心置腹。"伪孔则释云："邻，近也。言君臣道近，相须而成。"是释"邻"为"近"。浑言君与臣道近，与郑注之专言臣道者不同。《孔疏》进而阐明伪孔意云："帝以禹言已重，乃惊而言曰：'吁！臣哉近哉'，臣当亲近

君也；'近哉臣哉'，君当亲近臣也。"苏轼《书传》另作新释云："邻，近臣也。助我者四邻之臣，而助四邻者凡在朝之臣也。"按，《尚书大传》云："天子必有四邻，前仪、后丞，左辅，右弼。"（"前仪"别本作"前日疑"）《蔡传》承苏说稍变其意云："'邻'，左右辅弼也。'臣'，以人言；'邻'，以职言。帝深感上文'弼直'之语，故曰：'吁！臣哉邻哉，邻哉臣哉！'反复叹咏以见弼直之义如此其重，而不可忽。"孙氏《注疏》则云："臣谓禹，邻谓下四邻。……史迁说邻为臣，故下'钦四邻'为'钦四辅臣'。"曾运乾《正读》云："按禹言责重帝躬，帝言亦须良辅，所谓君臣交儆。"屈万里《集释》云："盖上句谓臣乃亲近之人，下句谓亲近之人乃臣也。"

以上诸说，对"臣"字大抵泛指为臣者，有一说专指禹，然禹为主政大臣，其义仍指大臣。对"邻"字则有三解：（一）近。细分又有道近（道义相近）、亲近二义。（二）近臣，泛指左右辅弼。（三）专指四邻（见《大传》）。对此二句则有两解，一说以为这二句都是指臣而言，即都是对臣的要求；一说上句指臣，下句指君。意谓上句要求臣亲近君，下句要求君亲近臣。由于这两句实在不好懂，所以出现了这些勉强寻出的解释。《史记》把它和下句"臣作朕股肱耳目"连读，将此两句简作"臣呀！臣呀！"略去"邻哉"不提。作为呼叫臣下两句后，要他们作股肱耳目。如此是亦简便。

就文句中的地位来看，"臣"和"邻"是并列的两个事物，应该都是名词，很难说一是名词一是动词（亲近）。就对话来看，在禹说了舜应以其行动昭受上帝命后，舜连续说四个"臣呀"（邻即是臣）是什么意思呢？显然臣与邻又应有所区别。所以以上诸不同解释很难定其是非。为了在今译中能把它译通，只好取郑玄、屈万里之说会通以译之。

⑨禹曰俞——《史记》删去此三字。此为禹称赞舜上两句话之语。《尔雅·释言》"俞,然也",已见《尧典》及上文诸校释。

⑩帝曰——《史记》删此二字。以"臣哉"两句及下文"臣作朕股肱"等句皆帝舜所说,故将禹的插话又重新提明"帝曰"等字皆删去。

⑪臣作朕股肱耳目——《释文》:"股,音古。肱,古闳反。"《论语·宪问》皇氏《疏》:"膝上曰股,膝下曰胫。"《太玄·玄数》注亦言"膝上为股"。是股为大腿。《诗·无羊》"麾之以肱"毛传:"肱,臂也。"《论语·述而》"曲肱而枕之"《集解》释亦同。是肱为手之上臂。《后汉书·臧洪传》注:"股肱,谓手足也。"《广雅·释诂一》:"股肱,臣也。"股肱二字连用,以手足来比喻君主左右重要大臣。

《孔疏》引郑玄释此句云:"动作视听皆由臣也。"以"动作"释股肱之作用,以"视听"释耳目之作用。伪孔释此句云:"言大体若身。"是说君臣相合如首之与手足一样,有如一个身体。《蔡传》释云:"君,元首也。君资臣以为助,犹元首须股肱耳目以为用也。"

⑫予欲左右有民汝翼——"汝翼",《史记》作"女辅之"。译用其训诂义。《集解》引马融注云:"我欲左右助民,汝当翼成我也。"《易·泰》"象曰:以左右民"。郑玄注:"左右,助也。"伪孔承之释此句云:"左右,助也。助我所有之民富而教之,汝翼成我。"《蔡传》云:"左右者,辅翼也。犹《孟子》所谓辅之翼之,使自得之也。"诸释义相近,皆可通。

自此句"汝翼"及下文"汝为"、"汝明"、"汝听"、"汝弼"诸句,皆要求"臣作朕股肱耳目"所当做的事。

⑬予欲宣力四方汝为——《史记》删去此八字。观皮氏《考证》引蔡邕《司空文烈侯杨公碑》曰："帝欲宣力于四方,公则翼之。"知汉代《尚书》有此句。伪孔释为："布力立治之功,汝群臣当为之。"不如《蔡传》所释较明晰云："宣力者,宣布其力也。言我欲左右有民,则资汝以为助;欲宣力四方,则资汝以有为也。"江声《音疏》则据《周礼·司勋》"治功曰力"为释云："言我欲宣播治功于四方,女其为之。"

⑭予欲观古人之象——观此句下所述各种古人之象,皆指或彩绘或缔绣于贵族服装上的各种图案,是知"古人之象"指古代贵族服饰上的各种彩绘图象。《孔疏》释为"我欲观示君臣上下以古人衣服之法象"。因古贵族以衣服之等差严别君臣上下之等级,故衣服上之图象成为法定之图象,故称为法象。

⑮日月星辰山龙华虫作会宗彝藻火粉米黼黻缔绣以五采彰施于五色作服——《史记》照录前面"日月星辰"四字,自"山龙华虫"至"五色作服"二十六字则概括为"作文绣服色"五字以当之。《魏石经》则"五采"作"五介"。

日、月、星辰、山、龙、华虫六者为"作会"。《孔疏》引郑玄注云："会,读为绘。"

宗彝、藻、火、粉米、黼、黻六者为"缔绣"。《孔疏》引郑玄注云："缔,读为黹。黹,紩也。"(按《说文》段注云："以针贯缕紩衣曰黹。"即以针穿线缝衣叫做黹。"紩",缝也。)

郑注又云："自'日月'至'黼黻'凡十二章,天子以饰祭服。凡画者为绘,刺者为绣。此绣与绘各有六。衣用绘,裳用绣,至周而变之。"《孔疏》又引《周礼》郑玄注以华虫为一物。则以为"以日、月、星辰、山、龙、华虫六章画于衣也;藻、火、粉、米、黼、黻六章画于裳也"。此去宗彝而分粉、米为二,然郑注明言"虞夏以上取虎彝蜼彝"又"粉米,白米也"。是郑注有宗彝而粉米为一物。此处下文所引,明此为顾彪之说。《孔疏》下文云:"郑意以华虫为一,粉米为一,加宗彝谓虎蜼也。……此经所云凡十二章,日也,月也,星也,山也,龙也,华虫也,六者画以作绘,施于衣也。宗彝也,藻也,火也,粉米也,黼也,黻也,此六者绁以为绣,施之于裳也。"

"星辰"即星,见《尧典》"历象日月星辰"校释。"华虫",《孔疏》引顾彪说"华取文章,雉取耿介",以"华""虫"为二。如上引郑玄说,以"华虫"为一物,同于伪孔。即伪孔所云:"华虫,雉也。""宗彝",《孔疏》引郑玄注云:"宗彝谓宗庙之郁鬯樽也,故虞夏以上盖取虎彝蜼彝而已。"又云:"至周而变之,以三辰为旂旗,谓龙为衮,宗彝为毳,或损益上下,更其等差。"意谓虞夏绘日月星三辰于衣(即据《皋陶谟》此处之文言之,以其为舜所讲,故谓之虞时)。至周代以日月星尊贵,只能绘于旂旗上(据《周礼·司常》为言)。又据《周礼·司服》衮服绘龙。毳冕绘宗彝中之虎、蜼,以为是周代损虞夏之制为之。总之宗彝照样作为一种图案绘于服饰中。"藻",伪孔云:"水草有文者。"《孔疏》云:"《诗》云:'鱼在在藻。'是藻为水草。草类多矣,独取此草者,谓此草有文故也。""火",伪孔云:"火,为火字。"《孔疏》云:"火为火字,谓刺绣为火字也。《考工记》云:'火以圜。'郑司农云:'谓圜形似火也。'郑玄云:'形如半圜然。'《记》是后人所作,何必能得其真。今之服章绣为火字者如孔所说也。""粉米",郑玄注云:"粉米,白米也。"《孔疏》以伪孔释为

"粉若粟冰,米若聚米"从而释之云:"粉之在粟,其状如冰;米若聚米者,刺绣为文类聚米形也。"总之刺绣成许多米粒之状。"黼",伪孔云:"黼若斧形。"《孔疏》:"《考工记》云:'白与黑谓之黼。'《释器》云:'斧谓之黼。'孙炎云:'黼文如斧形。'盖半白半黑似斧,刃白而身黑。""黻",伪孔云:"黻为两己相背。"《孔疏》云:"谓刺绣为己字,两己字相背也。《考工记》云:'黑与青谓之黻。'刺绣为两己字以青黑线绣也。"所有以上这些,都是绘绣在贵族衣服上的图案。不过是有严格的等级规定的。

《礼记·明堂位》云:"有虞氏服韨,夏后氏山,殷火,周龙章。"是说上述十二章图案各代曾使用。故此处舜说"予欲观古人之象",是《皋陶谟》编者心目中古人之象。郑玄注此数语云:"韨,冕服之韠也。舜始作之,以尊祭服。禹、汤至周,增以画文,后王弥饰也。山,取其仁可仰也。火,取其明也。龙,取其变化也。天子备焉,诸侯火而下,大夫山,士韎韦而已。"这是文献中也谈到十二章的资料,所作的一些解及按爵位分别采用,恐只能体会为周、汉时之义。

"以五采彰施于五色作服",这就是作严格的等级规定。本处《孔疏》引郑玄注云:"性曰采,施曰色。"《礼记·月令》《孔疏》引郑玄注云:"未用谓之采,已用谓之色。"本处《孔疏》继云:"以本性施于缯帛,故云'以五采施于五色'也。"又云:"此虽以服为主,上既云'古人之象',则法象分在器物,皆悉明之,非止衣服而已。旌旗器物皆是彩饰,被服以明尊卑,故总云'作服'以结之。"以上对本句文字的解释。

至申其等级意义者,《尚书大传》云:"天子衣服,其文华虫,作缋、宗彝、藻、火、山、龙。诸侯作缋,宗彝、藻、火、山、龙。子男宗彝藻、火、山、龙。大夫藻、火、山、龙。士山、龙。山龙青也,华虫黄也,作缋黑也,宗彝白也,藻火赤也。天子服五,诸侯服四,次国服三,大夫服二,士服一。"又《孔疏》引马融注同于"孔传"云:"上句日月星辰山龙华虫,尊者在上;下句藻火粉米黼黻,尊者在下。黼黻尊于粉米,粉米尊于藻火,故从上以尊卑差之。士服藻火,大夫加以粉米,并藻火为四章。"《孔疏》又引郑玄云:"作服者,此十二章为五服。天子备有焉,公自山龙而下,侯伯自华虫而下,子男自藻火而下,卿大夫自粉米而下。"今所见伪"孔传"云:"天子服日月而下,诸侯自龙衮而下,至黼黻。士服藻火,大夫加粉米。上得兼下,下不得僭上。以五采明施于五色,作尊卑之服。"经师们详谈了这些衣服上图案使用时的详分等级,其具体划分是否如此,不足深考。总之这些东西是有着严格的等级规定的,而且各代不会相同,每一王朝建立都要改正朔、易服色,各有所规定(见《春秋繁露·三代改制质文篇》)。《皋陶谟》中所载是先秦时儒者根据当时实际材料加以整齐厘订的。

王国维《以五介彩施于五色说》(《观堂别集》卷一)云:"魏《三字石经》'采'作'介'。……案《隋书·礼仪志》大业元年虞世基奏:'近世故实,依《尚书大传》,山龙纯青,华虫纯黄,作绘采彝纯黑,藻纯白,火纯赤,以此相间而为五采。'是《今文尚书》或本作五介,故《大传》说以青、黄、黑、白、赤相间为说,五者相介以发其色,故曰:'以五介章施于五色。'《考工记》:'画缋之事……青与赤谓之文,赤与白谓之章,白与黑谓之黼,黑与青谓之黻。五采备谓之绣,杂四时五色之位以章之谓之巧。'是缋次以相对为义,绣次以相承为义。与《大传》不同，此又一说也。郑以未用已用分释采、色。然未能得章施之说，不如石经作‘五介’得之。”是王氏肯定了此句当作“以五介彰施于五色”，并提出了他的解释，是为研究此句的一新说。

⑯汝明——《史记》作“女明之”。由于所承古代以来的服色规定很复杂，所以需要把它弄明白。

⑰予欲闻六律五声八音——详见《尧典》“同律度量衡”、“四海遏密八音”、“声依永律和声”、“八音克谐”诸校释。六律指律吕，即黄钟等十二律管之名。五声指宫商角徵羽。八音指金石丝竹匏土革木八种乐器所奏出之音。

⑱七始咏（在治忽）——《史记》作“来始滑”。按，《汉书·律历志》引作“七始咏”，《汉唐山夫人房中歌》引作“七始华”，汉《熹平石经》残字则作“七始滑”，《隋书·律历志》转引作“七始训”。《夏本纪·索隐》引作“采政忽”。以上为汉今文本对此句的六种异文。郑玄所注古文本则作“在治曶”（郑释曶为笏）。今所见伪古文本又讹作“在治忽”。此三字在今伪本中连上文作“欲闻六律、五声、八音、在治忽”。“在治忽”显然不通。按《尚书大传·虞传》释此的有关文句云：“定以六律、五声、八音、七始。”郑玄注：“七始，黄钟、林钟、大簇、南吕、姑洗、应钟、蕤宾也。”是皆指乐律，参据《汉书·律历志》，显然原文当作“予欲闻六律、五声、八音、七始咏”。自以《律历志》所引此句今文为正确。故吴澄《纂言》云：“《汉书·律历志》引《书》曰‘七始咏’今从之。七始《国语》谓之七均。……正声五，变声二，每律用七声为均，相和而均调，故曰七均，七声迭用以终始一调，故曰七始。”（按《律历志》云：“七者，天地四时人之

始也。”)其所以出现诸错误的原故,当由于古籍文字中"七"作"十",易形讹作"十",此即"在"字;又汉简中常见汉人喜用"来"字代"七"字,又易形讹为"来"字、"采"字(故段玉裁《撰异》云"七亦作来,或误作来,或误作采");而"始"字形讹为"治",再由治字义讹为"政";"咏"字形讹为"训",再音讹为"滑"、"华"、"昏"、"忽"。按《史记索隐》已云:"盖来采字相近,滑忽声相乱,始又与治相似,因误为来始滑。今依今文音采政忽三字。"《经说考》引杨慎云:"《史记》来字乃来字之误。"魏源《书古微》亦初步寻析之云:"盖经文原作'七始咏',《史记》作'来始滑',其作来作采者皆来之形讹。来又七之音讹,其始作治,忽作滑,采作在者则声之讹。"其中有些说得对,也有些说得不对,当以本处所论析者为是。而后就出现这许多奇奇怪怪的纷歧。《汉熹平石经》堂而皇之所刻东汉今文此句还只误一滑字,而前于石经的《夏本纪》所引西汉今文某本乃作"来始滑",全然不通。这是由于汉人对《尚书》文句本来多属不懂,对这一句也只是不懂,"来始滑"、"采政忽"就让它"来始滑"、"采政忽"了。

⑲以出纳五言——《史记》"纳"作"人",见《尧典》"寅饯纳日"校释,古文皆作纳或内(同金文之内),今文皆作人。《史记集解》引郑玄释此句以昏为笏,谓"臣见君所秉,书思对命者也,君亦有焉,以出内政教于五官"。伪孔释云:"以出纳仁义礼智信五德之言,施于民以成化。"则凭空拉上仁义礼智信。盖牵附《汉书·律历志》在引《书》之此数句后所云"顺以歌咏五常之言"。但《律历志》云:"五言者,五声之言。"而孙星衍《注疏》则援用《汉书·律历志》"合于五行"一语以五行释五言,逾走逾远。苏轼《书传》云:"五言

者,诗也。以讽咏之言寄之于五声,盖以声言也,故谓之五言。"林氏《全解》云:"声音之道与政通……故闻六律五声八音,则可以察治忽也。忽,不治也(此可见经师们善于依附经文牵强成释)。予欲闻六律五声八音以察治乱,又在乎出纳五言。出五言者,为之诗歌播于声音宣之于下……纳五言,谓取下之言播于诗歌者以达于上。"叶梦得《书传》云:"五言,即五声。……虽言也,播之于律之所和则为五声,虽声也,本于诗之所讽则为五言。文云于言为出,采之于下为纳。"吕氏《东莱书说》云:"五言,乐之成言者,三百篇之《诗》是也。诗有出于上者为出,有出于下者为纳。出纳作之于乐。"《蔡传》:"五言者,诗歌之协于五声者也。自上达下谓之出,自下达上谓之纳。"吴澄《纂言》云:"八音之外有人声也。人声之精者为言,五言,唇齿舌牙喉之音,为言各不同也。或曰五方之言也。乐工审于声音,故亦能辨人之声音而使之出纳五言也。"清儒除王鸣盛《后案》宣扬郑玄注外,其余诸家大率以五行合五常以释五言。近人曾运乾《正读》始如吴澄所提到而释之云:"五言者,五方之声诗也。《礼·王制》:'五方之民,言语不通,嗜欲不同,道其志,通其欲。东方曰寄,南方曰象,西方曰狄鞮,北方曰译。'(按这是指通译四方语言的方式)合之中国,则五也。"这就是所谓五方之言。

以上关于"五言"之解释,以牵合于"五常"进而附会于"五行"之说最谬,因原文根本不带此义。次则郑玄因误读传讹之本"曶"字为"笏",顺其义释为"出纳政教于五官",虽无大谬,亦不符合原义。此句原文为"予欲闻六律五声八音七始咏以出纳五言",故宋以来很多学者皆就讽咏寄于五声以释为诗。诗歌、传歌之协五声、乐之成言者等等,这些虽措辞有出入,大抵是正确的,当依此说。

此外尚有循乐律八音之外的人声以五个发音部位不同而称五言，又有寻释为五方之言者，皆在避五常、五行谬说，然仍不合此句原义。顾师《顾颉刚读书笔记》卷五第2713页云："《尧典》伯夷以秩宗让夔龙，而舜命夔典乐，命龙作纳言。明此三人所司皆礼乐之事。……此'出纳五言'，即《尧典》之'纳言'。而纳言之术在于用六律、五声、八音，其为借歌咏以讽谏明矣。《诗·大雅》中若干史诗即由此而创作而保存者。"则上引宋以来儒者释五言为诗歌之义盖知其正确。

㉑汝听——《史记》作"女听"。你们为我详审听之。陈氏《纂疏》引王安石《新经义》云："汝翼，作肱；汝为，作股；汝明，作目；汝听，作耳也。"

㉑予违汝弼——《史记》作"予即辟，女匡拂予"。"辟"，即避，与违义相近，《荀子·修身篇》有"辟违而不慤"之语，此辟违即有违失义。"予即辟"即"予违"。"拂"、"弼"同音。《说文·大部》："奔，大也。从大，弗声，读若予违汝弼。"《孟子·告子下》言"法家拂士"，孙奭音"拂士"为"辟士"。是拂辟同音通用，故"女匡拂予"即"汝弼"。此语意为我如有违失，你们就要匡正辅弼我。

㉒汝无面从退有后言——《史记》作"女无面谀，退而谤予"。此译语使原意更清楚。

㉓钦四邻——《史记》作"敬四辅臣"。"钦"，《尔雅·释诂》："敬也。""四邻"，邻字已见前"臣哉邻哉"校释。《尚书大传》云："古者天子必有四邻，前曰疑，后曰丞，左曰辅，右曰弼。"（《华严经音义》八十引《大传》作："天子必有四邻，前仪、后丞、左辅、右弼。"）《礼记·文王世子》则云："虞夏商周有师、保，有疑、丞。设

四辅。"《大戴礼·保傅》则引《明堂之位》作道、充、弼、承四者。其文云:"《明堂之位》曰:'……道者,导天子以道者也。……充者,充天子之志也。……弼者,拂天子之过者也。……承者,承天子之遗忘者也。……四圣维之……其辅翼天子,有此具也。'可知四者之名称,原未一定。惟"四辅"一词早见于西周初年的《洛诰》中所云:"王(成王)曰:公(周公)……诞保文武受民,乱为四辅。"曾运乾《正读》释云:"乱,率也。四辅者,道、充、疑、丞也。《大戴礼·保傅篇》云:'笃仁而好学,多闻而道慎,天子疑则问,应而不穷者谓之道。道者,导天子以道者也。常立于前,是同公也。'"《史记》录《皋陶谟》"四邻"之文,改用了周初已使用的且意义更易懂的名称"四辅",即他惯用的以当时人们懂得的字与词译写难懂的古文献中的字与词的方式之一。皮氏《考证》引郑玄注《大传》云:"四邻(《孔疏》引郑注作"四近"),左辅右弼前疑后承。"以为郑从《大传》今文说。又举《列子》《庄子》皆有"舜问乎丞"之文,其丞即四辅之一。伪孔则释云:"四近,前后左右之臣,敕使敬其职。则只浑言之。"故《孔疏》释为"前后左右四者近君之臣"。王樵《日记》云:"伏生以为左辅右弼、前疑后丞,皆以意言,无确据。细玩上下文意,首曰臣哉邻哉,即继之曰臣作股肱耳目,则四邻正指股肱耳目矣。此于经有据。"

陈栎《纂疏》云:"愚按'钦四邻'上下疑有阙文,朱子已尝疑之。"

㉔庶顽谗说——《史记》作"诸众谗嬖臣"。以"诸众"译"庶顽",以"谗嬖臣"译"谗说",意更明显。孙星衍《注疏》引《尔雅·释诂》:"庶,众也。"《广雅·释诂》:"顽,愚也。"《楚语》韦昭注:

"说,媚也。"（是此"说"当读作"悦"）"谗说,谓谗媚之人。"此外
《说文》云："谮,譖也。"《左传·昭公五年》："败言为谗。"《荀子·
修身》："伤良曰谗。"伪孔则简释此句为"众顽愚谗说之人"。

㉕若不在时——自此句直至"敢不敬应"共二十一句,《史记》
皆省去,而以"君德诚施皆清矣"一句以当之,惟从二十一句中间取
"禹曰俞哉"一句译为"禹曰然",紧接在"君德诚施皆清矣"句后。
皮氏《考证》云："史公以'君德诚施皆清矣'七字总括经义,至'否
则威之'止（按明明至"敢不敬应"止,皮言非）,'君德诚施'浑括
'侯明''挞记'八句而言（此说可从）,'皆清矣'三字承上'诸众谗
嬖臣'言,谓举贤则谗嬖自远,故曰'皆清',非专解'侯以明之'一
句也（此句指正孙星衍以为止于"侯以明之"句之说）。"按,"皆清
矣"自可包括光天之下万邦黎献明庶以功谁敢不敬应诸语而言,何
只止于"否则威之"。

伪孔释"在"为"察",释"时"为"是",释此句为："若所行不在
于是而为非者,当察之。"《蔡传》释："'时',是也。'在是',指忠直
为言。"指忠直,过于拘泥。既"是"与"非"对,指不为非作歹的正
当行为包括忠直在内。朱骏声《便读》连下句释为"汝若不察于是,
当以大射择士之礼明察其善恶"。

加藤常贤《集释》独取朱彬《经传考证》之说："不在,在也。"意
谓"不"同"丕","时"为"是"。解此句为"若丕在是"。杨筠如《核
诂》释"在"为"察","时"为"是"。曾运乾《正读》二字所释同,惟
释"若,语词"。屈氏《集释》则释"时"为善。池田末利《尚书全释》
搜列了多家不同解释而取朱骏声、杨筠如之说。实仍承伪孔以来
之释。惟朱彬说稍异。

㉖侯以明之挞以记之——《说文》"挞"古文作"达"，并引《书》曰"达以记之"。其释挞字云："《乡饮酒》罚不敬，挞其背。从手，达声。"伪孔释此二句云："当行射侯之礼，以明善恶之教；笞挞不是者，使记识其过。"《蔡传》亦云："侯，射侯也。……盖射所以观德，顽愚谗说之人其心不正……其中必不能多（谓其心不正则不能射中靶，这是经师逻辑），审如是则其为顽愚谗说也必矣（射不中靶则必是坏人，这也是经师逻辑）。……挞，扑也。即'扑作教刑'者，盖惩之使记而不忘也。"苏轼《书传》说比蔡为近理云："众顽谗说之人不率是教者，舜皆有以待之，夫化恶莫若进善，故择其可进者以射侯之礼举之；其不率教之甚者，则挞之。"苏远在蔡前而蔡不从其说，可见理学家观点之谬。元王天与《纂传》云："按，此化庶顽以射侯之礼者，与《王制》'待不帅教之人，元日习射，上功；习乡，上齿'之意同。盖古人乡射，其中包涵教人意思最为深远。又乡射礼'司射搢扑'，即'挞以记之'之意。侯明、挞记，文脉相联，不可析为二句解。"明王樵《日记》云："侯以明之，盖射以观德。……蔡氏谓欲明其众顽愚谗说与否，夫庶顽谗说若不在时，帝先已洞烛之矣，岂待射侯而始明其果否乎。"这是直接指出蔡说之非。清江声《音疏》云："此以下言教国子之事。……众顽谗说之人女若不察于是，谗以射侯之礼明之。"王氏《后案》朱氏《便读》亦皆遵伪孔射侯之礼之说。皮锡瑞谓射侯之礼即古贡士之礼，其《考证》云："古者诸侯岁献贡士于天子，天子试之于射宫，故有'侯以明之'等语。"足为苏轼佐证。这是解释"侯"字的传统的权威的一说，直至近人杨筠如《核诂》、曾运乾《正读》皆承此说谓"侯"就是射靶。

至孙氏《注疏》始提出一新说，谓"侯"就是君。其文云："史迁

尚书校释译论

说'侯'为君,'明'为清,云'君德诚施皆清矣'。"其自疏云:"侯者,《释诂》云:'君也。'言如不能察是谗媚之人,故设有土之君以明察之。"这是一创新的见解,但无从其说者,皮氏《考证》论及其说未加否定,但对他说史迁之本止于"侯以明之",讥其武断。此说亦未必得其本义,解释亦稍牵强。

屈万里《集释》云:"侯,维也。"只此三字(惟注明见《诗·下武》毛传),未详其释义。

既然新说亦未必得当,不如姑仍旧说。

皋陶谟

关于"挞以记之"孙星衍《注疏》引"《周礼·闾胥》'各掌其闾之政令','凡事掌其比觵挞伐之事'注:'觵挞者,失礼之罚也。觵用酒,其爵,兕角为之,挞,扑也。'……'记之'者,谓记其过"。孙诒让《尚书骈枝》云:"案挞,即《舜典》(即《尧典》)之'鞭作官刑,扑作教刑'。然与记识事无涉,下文'书用识哉'乃正是记识之事尔,此'记'疑当为'誋'。《说文·言部》云:'誋,诚也。'笞挞并是警诫过误之刑。'誋''记'形声并相近,故经通作'记'。"参看下一条校释。

㉗书用识哉欲并生哉——伪孔释云:"书识其非,欲使改悔,与共并生。"苏轼《书传》继上句"其不率教之甚者则挞之"后云:"其小者则书其罪而记之,欲其并居而知耻也。"王引之《释词》:"用,词之'以'也。……'侯以明之,挞以记之,书用识哉',用亦以也,互文耳。"裴氏《虚字集释》:"哉亦之也,皆互文耳。"《释文》读此"识"字为"职吏反",故《蔡传》云:"识,志也。录其过恶以识于册,如周制乡党之官以时书民之孝悌睦姻有学者也。圣人不忍以顽愚谗说而遽弃之,用此三者之教……使其迁善改过,欲其并生于天地之间

也。”孙星衍《注疏》云：“《春秋繁露·度制篇》说‘谁敢弗让’之义云：‘朝廷有位，乡党有序。’‘朝廷有位’，谓‘侯以明之’。‘乡党有序’，谓乡饮酒罚不敬也。‘记之’者，谓记其过。‘书’者，刑书。《吕刑》云：‘明启刑书胥占。’《周礼·司救》：‘凡民之有邪恶者，三让而罚之。罚而士加明刑。’注云：‘罚谓挞击之’也，‘加明刑’者去其冠饰而书其邪恶之状著之背也。可证此经之义。过小则记之，大则识其罪。‘欲并生’者，郑注《周礼》云：‘生，犹养也。’”曾运乾《正读》承孙氏之说，略有所补充云：“‘明之’，所以耻之也。‘挞’古文作遅，挟也。‘记之’，谓惩之义，俾不忘也，《周礼·闾胥》（照录上一校释录孙星衍所引之文注：“挞者，失礼之刑也。”）‘书’者，《周官·大司寇》云：以明刑耻之。注：书其罪恶于大方版，著其背。（此处又录“司救”文至“著其背也”。）‘识’，亦记也。‘哉’，亦之也。《释诂》‘哉’‘之’同训门，谓言之门也。‘生’者，不为死刑也。言侯以明之，挞以记之，书以识之，皆欲生之，不致之死地也。”杨筠如《核诂》曾承孙诒让之说，亦有所补充云：“孙诒让谓‘记’读为‘諆’。《说文》：‘諆，诫也。’‘书’，谓著之刑书。襄廿三年《左传》：‘裴豹，隶也，著于丹书。’是其义也。”

陈大猷《书集传或问》云：“侯、挞行于一时，书识示于悠久，使其悔耻而迁善，改过以并生于天地之间也。”陈栎《书传纂疏》云：“或曰：书用识其善恶：书其孝友睦姻，识其善也；斐豹欲除丹书，识其恶也。愚谓：射侯，以礼教也。既挞，书以愧耻之于先，纳言以乐教也，复时扬以感发之于后，有耻且格，欲与并生之心遂矣，用之宜也。”

㉘工以纳言时而飏之格则承之庸之否则威之——“工”，《广

雅》:"官也。"伪孔:"工,乐官。"《孔疏》:"《礼》通谓乐官为工,知工是乐官。如《周礼》大师、瞽、蒙之类。""纳言",见《尧典》"帝曰龙……命汝作纳言"。系针对"谗说殄行"之官。顾师《读书笔记》卷五第2713页云:"纳言殆与《国语》'天子听政,使公卿至于列士献诗,瞽献典……师箴,瞍赋,蒙诵'相类。此为借音乐以纳谏的一种方式。"参看《尧典》"命汝作纳言"校释。"时",伪孔释为是、是正。"飏",《释文》:"音扬。"《说文》:"扬,飞举也。"《易·象上传》"遏恶扬善"虞注:"扬,举也。"《尧典》"明明扬仄陋"即是。"格",伪孔释为"至",《蔡传》释为"格":"有耻且格'之格,谓改过也。""承",《蔡传》训为"荐",实释为"进",孙氏《注疏》云:"承同烝,进也。《释诂》文。""庸",《说文》:"用也。""否",《释文》:"音鄙。"仍为不、不是(见《说文》)、不然(《韵会》)之义。"威",畏。见《诗》毛传等,如《常棣》"死丧之威"传:"威,畏也。"金文中威、畏常通用。《贾子·容经》"有威而可畏谓之威"。

皋陶谟

伪孔释此数句云:"乐官掌诵诗以纳谏,当是正(意即纠正)其义而飏道之。天下人能至于道,则承用之,任以官。不从教,则以刑威之。"黄伦《尚书精义》录王安石《新经义》之说云:"'工以纳言时而扬之'者,所谓以乐教也。'格则承之庸之'者,既教而成矣,则有德者承之,而承之者使之在位也;有能者庸之,而庸之者使之在职也。'否则威之'者,教之不率而后威之以刑。先王所以成就天下之材至于如此,可谓至矣。"苏轼反王学,其《书传》继"记之欲其并居而知耻也"之后云:"此士之有罪而未可终弃者,故使乐工采其讴谣讽谏之言而飏之,以观其心。其改过者则荐之,且用之;其不悛者,则威之、夏楚之、寄之之类是也。"王氏谓此为教育人材的方法，苏氏则谓只是对待"士之有罪"者的方法。《蔡传》综承宋人之说释之云："圣人于庶顽谗说之人，既有以启发其愤悱迁善之心，而又命掌乐之官以其所纳之言时而飏之，以观其改过与否。如其改也，则进之用之；如其不改，然后刑以威之。以见圣人之教无所不极其致。"义已明。

㉙禹曰俞哉——《史记》作"禹曰然"。

㉚帝光天之下至于海隅苍生万邦黎献共惟帝臣——"光"，自伪孔据《尔雅·释言》释《尧典》"光被四表"之"光"为"充"，至清儒训"光"同"黄"、"横"、"广"、"扩"诸字，释其义皆为"充"，自是治《尚书》者释"光"字无不为"充"之义。其实当如今人口语"光天化日之下"一样，古人称为"光天之下"，对天的一种美称，无用深求他义。"隅"，《说文》："陬也。"然又释"陬，阪隅也"。《广雅·释丘》则云："隅，限也。"《楚辞·逢尤》注："隅，旁也。"总之是限曲边旁之地。"海隅"，大海限曲边旁之地。即海边之地，濒海之地。"苍生"，义同"黔首"，亦同"黎民"、"众民"、"庶民"即老百姓。参看《尧典》"黎民"校释。"黎献"，伪孔释为"众贤"，以"众"训黎，以"贤"训献。是。王引之《述闻》"万邦黎献"条引《广雅》"仪，贤也"。又引《尔雅》"仪，善也"。并云："《酒诰》曰：'女劼毖，殷献臣，传，训'献'为善，善贤义相近，故'仪''献'同训为贤，又同训为善也。"又引三处汉碑皆作"黎仪"，推论《皋陶谟》之"黎献"今文本当作"黎仪"。可备一说。但伪孔以"黎献"释为"众贤"作为一词，意为众多的贤人，则不妥。参见《大诰》"民献有十夫"之"民献"校释。指一部族中的上层人员，被称为贤者，实即其贵族头面人物。这里"黎献"指老百姓和贵族，包括通常所说贵贱、贤愚。"共"，

《说文》："同也。"《广雅·释诂四》亦云："共，同也。"《礼记·内则》"共帅时"注："共，犹皆也。"意为今口语中的"都"。"惟"王引之《释词》云："《玉篇》曰：'惟，为也。'《书·皋陶谟》曰：'万邦黎献，共惟帝臣'。某氏传曰：'万国众贤，共为帝臣。'"意谓万国贵贱上下都为君主的臣下。此数句是说，普天之下直到海边上，所有老百姓，包括各国黎民众庶和贵族头头们，都是陛下的臣下。又王氏《释词》"惟"亦释"是"，则此句亦可径作"都是陛下的臣下"。

㉛惟帝时举敷纳以言明庶以功车服以庸——"时"，即时间之时的本义。伪孔释为"是"，后来治经者多从之，无此必要。因上文说普天下无论贵贱都是帝的臣下，所以说帝要随时举用之。《蔡传》亦释"时"为"是"，而其释此句云："万邦黎民之贤孰不感应兴起，而皆有帝臣之愿，惟帝时举而用之尔。""时举而用之"得此句原义，如依伪孔释为"帝举是而用之"，显见牵强。

"敷纳以言，明庶以功，车服以庸"，《尧典》有同样三句作"敷奏以言，明试以功，车服以庸"。文义已详《尧典》校释。惟"纳"作"奏"，"庶"作"试"。此处"敷"字《左传》引作"赋"。见僖公二十七年《传》载赵衰曰："《夏书》曰：'赋纳以言，明试以功，车服以庸。'君其试之。"杜注云："《尚书·虞夏书》也。赋，犹取也。庸，功也。"段氏《撰异》按王符《潜夫论·考绩篇》所引与《左传》合。又《汉书》引作"傅"，见《文帝纪》《成帝纪》诏选贤良，言"傅纳以言，明试以功"。师古注："傅，读曰敷。敷，陈也。""明庶以功"，《左传》及《尧典》都作"明试以功"，即以功试用之，作"试"是，"庶"当为音讹。"车服以庸"，孙氏《注疏》云："'车服'者，谓车马衣服。'庸'即用也。"又云："'庸'者，《释诂》云：'劳也。'《汉书·

韦玄成传》注孟康引此文云:'庸,功也。'"是"庸"有用、劳、功诸释。依杜预注,为报其劳。此四字《春秋繁露·度制篇》引作"舆服有庸"。《盐铁论》"大夫曰"及《后汉书·左雄传》雄上疏,皆引作"舆服有庸"。《樊安碑》曰:"庸以舆服。"知汉今文本确作"舆服"。杨氏《核诂》:"车、舆同义。以、有通用字。"

此三句释义,首见《左传·僖公二十七年》杜预注云:"赋纳以言,观其志也。明试以功,考其事也。车服以庸,报其劳也。"而后见《尧典》伪孔传云:"敷,陈。奏,进也。诸侯日朝,各使陈进治理之言,明试其言以要其功,功成则赐车服以表显其能用。"《蔡传》所释基本相同。此处伪孔云:"使陈布其言,明之皆以功大小为差,以车服旌其能用之。"是其释义亦基本同于前释。孙氏《注疏》则云:"但此谓举贤,与《尧典》考绩不同。"其实是《尧典》作者与《皋陶谟》作者在历史资料中同样遇到此三句,同样采入自己篇中,初不必去勉加区分。不过由春秋前期的僖公时期已流行此句,可知它是在春秋以前已存在的文句,是周代较早已有的历史资料。

㉜谁敢不让敢不敬应——《潜夫论·考绩篇》引《书》云:"谁能不让,谁能不敬应。""敢"作"能",下句多"谁"字。皮氏《考证》谓"皆今文异字"。杨氏《核诂》:"敢,能义近,有'谁'字则较古文为长。'应',《尔雅·释乐》李巡注:'承也。'"加藤常贤《集释》据《康诰》言"应保",《洛诰》则言"承保",知"应"有承义。

《春秋繁露·度制篇》:"故贵贱有等,衣服有别,朝廷有位,乡党有序,则民有所让而不敢争,所以一之也。《书》曰'舆服有庸,谁敢不让,敢不敬应',此之谓也。"这是汉代今文学大师董仲舒对此二句的解释。按今文家要著《尚书大传》云:"古之帝王必有命民,能敬长矜孤、取舍好让者,命于其君,然后得乘驷车、骈马,衣文锦。未有命者不得衣、不得乘。乘、衣者有罚。"皮锡瑞《大传疏证》云:"《皋陶谟》言'举黎献',又有'谁敢不让,敢不敬应'之文,与此《传》云'敬长''好让'之文相合。"又引《韩诗传》《潜夫论·浮侈篇》皆有类似之文。这些都是汉儒对此处文意的理解。皮《疏证》又引汉制贾人不得衣锦、乘车,为古非命民不得衣乘遗意。又引秦、汉有赐民爵一级之事,为古命民遗意。这里把《皋陶谟》原意只是赏功酬庸并因公平而得到拥护的句子,按严格的封建等级制进行阐释。

伪孔释此二句云:"上惟贤是用,则下皆敬应上命而让善。"简明地体现了原意。《蔡传》承上文三句而释之云:"敷纳以言而观其蕴,明庶以功而考其成,旌能命德以厚其报,如此,则谁敢不让于善,敢不精白一心,敬应其上,而庶顽谗说岂足虑乎。"基本同于伪孔之说而稍加详。此二句释义当即如此。

㉝帝不时敷同日奏罔功——《史记》作"帝即不时,布同善恶则罔功"。以意译完足原句。王氏《释词》:"即,犹或也。或与若义相近。""布",《禹贡》"禹敷土"郑玄注:"敷,布也。"本篇下文"翕受敷施",《夏本纪》作"翕受普施"。则"布"同敷,同普。"普同善恶",即贤劣善恶的人同样对待不加区别。"奏",《说文》:"进也。""罔",《尔雅·释言》:"无也。"

此句与上文"惟帝时举"为并立之句。上句言帝时举用贤者,此句则言帝不时举贤者,反而普同贤劣善恶的人同样进用,自会无功。伪孔释此句云:"帝用臣不是,则远近布同而日进于无功,以贤遇并位,优劣共流故。"基本得本句原义。

以上这一节,为禹和舜的对话,主要谈为君之道与用人之道。禹欲舜慎其帝位,主要在思危图安,动必依德,以待上帝之命。舜则指出君离不开臣的辅佐,大臣应为君主的股肱耳目,因而对大臣提出了汝翼、汝为、汝明、汝听、汝弼的五项要求。君主则自己应亲贤远谗,要有一套考察和举用臣下的良好方法。然后禹赞扬了舜举贤任能的意见。

帝曰[①]:"无若丹朱傲[②],惟慢游是好[③],敖虐是作,罔昼夜额额[④],罔水行舟[⑤]。朋淫于家[⑥],用殄厥世,予创若时[⑦]。"

禹曰[⑧]:"予娶涂山,辛壬癸甲[⑨],启呱呱而泣,予弗子,惟荒度土功[⑩],弼成五服,至于五千[⑪],州十有二师[⑫]。外薄四海[⑬],咸建五长[⑭],各迪有功。苗顽弗即工,帝其念哉[⑮]。"

帝曰:"迪朕德,时乃功惟叙[⑯]。"皋陶方祗厥叙,方施象刑惟明[⑰]。"

①帝曰——通行伪古文本《尚书》无"帝曰"二字,《史记》所录汉今文本《尚书》则有此二字。倘使如伪古文本,则"无若丹朱傲"句紧接"敷同日奏罔功"句,直承上"禹曰俞哉"一段后,成为禹语。《史记》所录今文本有"帝曰",则作为舜戒禹语,至下文"予娶于涂山"句前《史记》所录本复有"禹曰"二字,作为禹答语。按文意显然《史记》所录语合理,故张守节《正义》云:"此二字及下'禹曰',

《尚书》无。太史公有四字，帝及禹相答，极为次序。当应别见《书》。"段玉裁《撰异》云："此'帝曰''禹曰'字《尚书》所无，《史记》有之，此《今文尚书》也。"并引《汉书·楚元王传》刘向上奏曰"臣闻帝舜戒伯禹'毋若丹朱敖'"之语以证之。又云："《论衡·遣告篇》云：'舜戒禹曰：毋若丹朱敖。'……又《问孔篇》：《尚书》曰：'毋若丹朱敖，惟慢游是好。'谓帝舜敕禹毋子不肖子也。……仲任所据多《今文尚书》，然则有'帝曰''禹曰'者，为《今文尚书》甚显白。"如无此"帝曰""禹曰"字，则文意错乱，今既知汉《今文尚书》原有之，特据以恢复此处"帝曰"及下文"禹曰"。

②无若丹朱傲——"无"，《史记》作"毋"。义同。"丹朱"，相传为尧子，名朱，因居于丹水，故称丹朱。实际这是由神话转变成的历史传说。朱原为神话中的神鸟转变成的人名，详《尧典》"胤子朱"校释。

"傲"，上引《汉书》载刘向奏文及《论衡》之《遣告》《问孔》等篇与《后汉书·梁冀传》载袁箸上书皆引作"敖"。知汉今文如此。段玉裁《撰异》云："此字盖本作'敖'，卫包乃改作'傲'也。'敖虐'（见下句）正承此，不当有二字。"又云："《管子·宙合篇》'若敖之在尧也'。房注引《书》'无若丹朱敖'。此天宝以前本不作'傲'之证也。"《说文·乔部》"奡，嫚也。……《虞书》曰：'若丹朱奡。'读若傲。《论语》：'奡荡舟。'"（按见《宪问篇》"羿善射奡荡舟俱不得其死"）是此字又作"奡"。段玉裁《撰异》："按许所引壁中故书也。"故《释文》云："傲字又作奡。"《撰异》又云："奡盖安国以今文读之，易为'敖'，读若傲之傲。当作敖。"又云："《论语》作'奡'，假借字也。"《尔雅·释诂》："敖，戏谑也。"《离骚》"保厥美以骄敖"

注:"侮慢曰敖。"伪孔释云:"敖,戏。"《撰异》:"《说文》:'敖,出游也。'徐仙民读'五根反'者,六朝时敖戏读此音也。"

自此句至"予创若时"皆叙丹朱不肖之事。丹朱不肖之故事为先秦所盛传,《史记·五帝本纪》遂采入篇中云:"尧知子丹朱之不肖,不足授天下,于是乃权授舜。"《尚书大传》:"尧知丹朱之不肖,必将坏其宗庙,灭其祀稷,而天下同贼之,故尧推崇舜而让之。"《史记索隐》:"父子继立,常道也。求贤而禅,权道也。权者反常而合道。"这是根据后世帝位世袭之制的眼光来看待古代氏族部落时期部落首长由民主选举产生这一历史遗影所寻出的解释,以为世袭是常道,禅贤是权宜之计。不懂得选贤举能是古代氏族部落时期的常道,反而编造并渲染了尧子丹朱、舜子商均都不肖,因而不获继承帝位的故事。这完全是不符合古代实际的编造。然古者常以此相戒,伪孔即释此句云:"丹朱,尧子,举以戒之。"

③惟慢游是好——《史记》作"维慢游是好"。江声《音疏》依《说文》作"嫚游"。释云:"嫚游,佚游无度也。"孙氏《注疏》:"慢者,《说文》云:惰也。"

④敖虐是作罔昼夜额额——《史记》删此二句。《孟子·梁惠王篇》汉赵岐注:"《书》曰:'罔水行舟。丹朱慢游是好,无水而行舟。'"所引亦无此二句。孙氏《注疏》:"'虐'与谑声相近,《释诂》云'戏谑也。''作'者,高诱注《吕氏春秋》云:'为也。''罔昼夜'谓日夜不息。"《潜夫论·断讼篇》:"昼夜鄂鄂,慢游是好。"是"额额"作"鄂鄂"。王先谦《参正》:"'罔昼夜额额'古文也,今文作'鄂鄂'。"是皆汉时异文。《释文》:"额,五客反。"《孔疏》引郑注:"居舟中,额额使人推行之。"伪孔释此二句云:"敖戏而为虐,无昼夜常

额额,肆恶无休息。"《蔡传》即释:"额额,无休息之状。"王先谦《参正》云:"頟即额字,额、鄂双声通用。《释名·释形体》:'额,鄂也。有垠,鄂也。故幽州人谓之鄂。'《汉书·霍光传》:'群臣皆惊鄂失色。'颜注:'凡言鄂者,皆谓阻碍不依顺也。'《大戴礼·曾子立事篇》:'是故君子出言以鄂鄂。'注:'鄂鄂,辨厉也。'出言不顺人为鄂鄂,行事不顺人亦为鄂鄂。昼作夜息,人道之常,今不分昼夜无有休息,是于天时人事皆阻碍不顺,故曰鄂鄂也。杨氏《核诂》云:'朱彬谓无昼夜皆额额,即《诗》所谓'式乎式号,俾昼作夜'(按,见《诗·荡》,原句作"式号式呼"),指慢游傲游而言。则额额疑为諤諤之假字。《说文》:'諤,论讼也。'《传》曰:'諤諤孔子容。'《广雅》:'諤諤,语也。'是諤諤即谓争讼呼号,非推舟之谓也。按:諤与鄂古通,《集韵》:'莼或作蘁。'《尔雅》:'太岁在酉曰作噩。'《史记》作'鄂',《汉书》及《殽坑碑》并作'蘁',即其证。《说文》:'咢,哗讼也。'《广雅》:'谔谔,语也。'朱说甚是。"孙氏《注疏》云:"'额额'者,《说文》有'舮'字云:'船行不安也,读若兀。'"曾氏《正读》袭其说。由于"额额"在文献中不习见,可云只见于此篇中,于是寻其解释者如此其纷歧,终当以王先谦据汉代今文异字所作出之解释为有据而可信,从而伪孔及《蔡传》之说亦可通。

⑤罔水行舟—《史记》作"毋水行舟"。罔、毋皆同无(见《释言》云:"罔,无也。""毋水"赵岐注《孟子》作"无水")。《孔疏》引郑玄注云:"丹朱见洪水时人乘舟,今水已治,犹居舟中,额额使人推行之。"孙氏《注疏》云:"'丹朱见洪水时人乘舟'者,《夏本纪》云:禹'水行乘舟',治洪水也。云'今水已治犹居舟中'者,'洪水退',释'无水'也。'居舟中',是舟行以为戏也。云'额额使人推

行之'者,水浅舟滞,使人人推举行之,此所谓'慢游'也。或以为陆地行舟,谬矣。"按"陆地行舟"说见伪孔云:"丹朱习于无水陆地行舟,言无度。"言陆地行舟,自无此理。故《蔡传》但云"罔水行舟,如橐荡舟之类"(按橐荡舟传说见《论语·宪问》及《左传·襄公四年》。可参看杨伯峻《论语译注》)。其实此句只是述说河中无水实即水浅不足以行船,而仍然要行船,就强迫人把船推着走,表示丹朱的不肖狂乱。编造的罪行要编造得过火,才能耸动视听。

⑥朋淫于家——《史记集解》引郑玄注云:"朋淫,淫门内。"伪孔云:"朋,群也。群淫于家,妻妾乱。"《蔡传》云:"朋淫者,朋比小人而淫乱于家也。"

"朋",一作"堋",见《说文》,为朋的假借字。段玉裁《撰异》云:"《说文》十三篇'土部'曰:'堋,丧葬下土也。从土,朋声。《春秋》传曰:朝而堋。《礼》谓之封。《周官》谓之窆。《虞书》曰:'堋淫于家。亦如是。'……引《虞书》者,壁中文。安国以今文读之,乃易'堋'为'朋'也。古书假借,借堋为朋。……'淫',过也。'朋淫',如言群居终日、言不及义、好行小慧、恒舞于害、酣歌于室、徇于货色也。'于家',对上行舟于外言之。……况《说文》引经,自有义例可寻。《春秋》传之堋,其本义也,故先引,而用封、窆申明之。《虞书》之堋,义之假借也,故列入《春秋》传之后。而言'亦如是',言其义不同而字亦如此作也。"

"朋",又作"风",见《后汉书》。孙氏《注疏》云:"《后汉书·乐成靖王传》安帝诏曰:'风淫于家。'风、放声相近也。'淫'者,王逸注《楚辞》云:'游也。'……'朋'者,《诗传》云:'比也。'"杨氏《核诂》:"'朋',本古凤字。卜辞凤并作凤。故朋、风可通。风,放也。《左传》'风马牛不相及也'《费誓》：'马牛其风。'《释名》：
'风，放也。'"曾氏《正读》："'朋'，读为风，放也。牝牡相诱谓之
风。'淫'，淫乱。郑云'朋淫，淫门内'，是也"。

⑦用殄厥世予创若时——《史记》作"用绝其世，予不能顺是"。
亦逐字译其义。"用"，《一切经音义》七引《仓颉》："以也。""殄"，
《尔雅·释诂》："绝也。""厥"，《释言》："其也。""世"，《国语·周
语》韦昭注："父子相继曰世。""予"，余之假借字。"创"，《说文》：
"伤也。"伪孔云："惩也。""若"，《尔雅·释言》："顺也。""时"，《释
诂》："是也。"孙氏《注疏》在引上述中的一些释义后，即释此句云：
"言予以顺是为伤，故不顺之。史公说'不能顺是'者，赵岐注《孟
子》云：'顺，爱也。'义亦同。"按史公将"创"字译为不能，因"创"有
创伤、受惩等义，则其时自陷于不能之境。惟"若"在此不能释
"顺"，应释"像"、"如"。裴学海《虚字集释》则谓"若犹于也。创，
惩也。时，是也"。因而释此句为"余惩于是"。意为以此为教训。
释亦可通。

此句依文意一气呵下，自为舜之语。故当为此段最后一句。
《史记》以此语为"帝曰"之末句，甚是。但只因王充《论衡·问孔
篇》云："《尚书》曰：'毋若丹朱敖，惟慢游是好。'谓帝禹敕禹毋子
不肖子也。重天命，恐禹私其子，故引丹朱以敕戒之。禹曰：'予娶
若时，辛壬癸甲，闻呱呱而泣，予弗子。'陈己行事……不敢私不肖
子也。"段玉裁《撰异》遂云："司马以'予创若时'系诸帝，仲任（王
充字）则系诸禹。"因而今本伪古文以"用殄厥世"为上一段末句，而
以"予创若时"属之下文禹"予娶涂山"之首。完全违史公时所见
《尚书》之原意。而对于《论衡》所用"予娶若时"之"若时"，刘逢禄

《集解》、邹汉勋《偶志》及皮锡瑞《考证》皆订正为"涂山"二字之误，则王充并未以此句属下文为禹语，故今仍依《史记》以此句为帝舜语之末句。

⑧禹曰——此二字流传伪古文本无之，《史记》所录汉今文本则有，今据以恢复。详上文"帝曰"校释。

⑨予娶涂山辛壬癸甲——《史记》作"予辛壬娶涂山，癸甲生启"。流传伪孔本则作"娶于涂山，辛壬癸甲"。两处皆有文字错乱。《史记索隐》云："今此云'辛壬娶涂山，癸甲生启'。盖《今文尚书》脱陋，太史公取禹言亦不稽其本意，岂有辛壬娶妻，经二日生子，不经之甚。"陈乔枞《经说考》云："小司马（指《索隐》作者司马贞）所据《史记》本盖传写有舛错耳，宜为订正之。观裴骃《集解》引伪《孔传》曰：'辛日娶妻，至于甲，四日，复往治水。'则知裴所见《史记》本实作'予娶涂山，辛壬癸甲生启'也。《正义》亦云'禹辛日娶，至甲四日往理水'。是《正义》所见《史记》本皆与裴同，小司马盖偶来授雠他善本耳。窃谓《史记》原文当读'予娶涂山，辛壬癸甲'为句，'生启予不子'为句。如使《史记》果作'辛壬娶涂山，癸甲生启'，则徐广、裴骃等必早有辨驳之语，岂待小司马时始觉其不经耶？"是订正《史记》原文作"予娶涂山，辛壬癸甲"，甚确。

《经说考》又云："案《说文·屾部》云："嵞，会稽山。一曰九江嵞也。民以辛壬癸甲之日嫁娶。从屾，余声。《虞书》曰：'予娶山嵞。'"此据古文也。《史记》作涂山，据今文也。《大戴礼·帝系篇》：'禹娶于涂山氏，涂山氏之子谓之女侨氏，产启。'字亦作'涂'，与《史记》合，皆据今文也。江声曰：'伪孔本删去"禹曰"字，则"予创若时"下即接"予娶"之文，嫌"予"字重叠，乃遂改为

"娶于涂山"。意谓后人可尽欺也。赖有《说文》犹存其真,今特据以刊正。'(按,见江声《集注音疏》)"此据汉代所传古文本订正《尚书》原文作"予娶涂山,辛壬癸甲"。甚确。《经说考》又云:"据《论衡》所引,亦作'予娶',足证古文今文皆有予字矣。"故今据以改正伪孔本之"娶于涂山",恢复为"予娶涂山"。

"涂山",《说文》载其地所在有二说,一在会稽,一在九江当涂。会稽之说,《吴越春秋》亦主之,然实源出神话传说。九江者则《汉志》九江郡当涂侯国下应劭云:"禹所娶涂山氏国也。"《左传·哀公七年》云:"禹会诸侯于涂山,执玉帛者万国。"杜注:"涂山在寿春县东北。"其地在今安徽怀远县。县境南淮水南岸有小山名涂山,与荆山隔淮河相对,是此文涂山之所在。然以此为禹娶涂山氏地,则出故事传说。王楙《野客丛书》云:"涂山有四:一、会稽;二、渝州;三、濠州;四、当涂。而苏轼、苏辙涂山诗,皆指濠州,与杜注《左氏传》在寿春东北合。则以涂山在怀远县为正。"在渝州者,即今四川巴县境。常璩《华阳国志》:"禹娶涂山,今江州涂山是也。"《水经注》:"江水北岸有涂山,常璩、庾仲雍(南朝宋人,撰《江记》)并言禹娶于此。"按《清一统志》指出:"禹娶在寿春当涂,不在此也。"禹娶涂山既为神话传说,则各地皆可攀附,不必实定在某处。

《经说考》论析今文古文两家不同之涂山说云:"许君(指许慎《说文》)盇山备存两说,盖兼采今、古文。《左传·哀七年》云:'禹会诸侯于涂山,执玉帛者万国。'《国语·晋语》云:'禹致群神于会稽之山,防风氏后至,执而戮之。'即禹会诸侯之事。故古文家以盇山为会稽也。《汉书·地理志》'九江郡当涂侯国'应劭云:'禹所娶涂山侯国也,有禹虚。'杜预《左传》注云:'涂山在寿春东北。'寿春即九江郡治,此晋今文家说也。时代久远,传闻异辞,故两存之。《水经》曰:'淮水又东过当涂县北。'《注》云:'淮水自莫邪山东北迳马头城北,魏马头郡治也。故当涂县之故城也。'《吕氏春秋》曰:'禹娶涂山氏女,不以私害公,自辛至甲四日复往治水,故江淮之俗以辛壬癸甲为嫁娶之日也。禹墟在山西南,县即其地。'然则今文家之说,夫有所受矣。《正义》(指本篇《孔疏》)引郑玄注云:'登用之年始娶于涂山氏,三宿而为帝所命治水。'此亦用今文家说。"其言可备参考。然谓杜预为晋今文家,乏依据。

"辛壬癸甲",文献中论及此者至纷歧。皮氏《考证》综述此较简明,今录其文如下:"《吕氏春秋》曰:'禹娶涂山氏女,不以私害公,自辛至甲四日复往治水,故江淮之俗以辛壬癸甲为嫁娶日也。'(按此为《水经注》所引,未著其篇名)《艺文类聚》《太平御览》引《列女传》曰:'禹娶四日而去治水,启既生,呱呱而泣,禹三过其门不入子之。'赵晔《吴越春秋》:'禹娶涂山谓之女娇(按《帝系》篇作㛄),取辛壬癸甲,禹行十月,女娇生子启。'郑注:'娶于涂山,三宿而为帝所命治水。'王逸《楚辞·天问》注:'禹以辛酉日娶,甲子日去,而有启也。'其义与孙说合。"按孙星衍《注疏》云:"盖涂山道远,娶之行二日,癸甲生启者,在家二宿也。《广雅·释诂》云:'腹,生也。'言二日而娠启,即往治水。"故皮以为王逸注与孙说合,只言此辛壬癸甲四日之内怀了孕,非如司马贞指责的娶妻经二日生子,这就合理了。伪孔即承《吕氏春秋》与王逸之说释此句云:"涂山,国名。惩丹朱之恶,辛日娶妻,至于甲日复往治水,不以私害公。"把此句说通其意。至《吕氏春秋》与《说文》所说的江淮、当涂民俗以辛壬癸甲之日嫁娶,显然是依此成俗。

⑩启呱呱而泣予弗子惟荒度土功——《史记》作“生启予不子以故能成水土功”。以意译原句。“启”,相传为禹之子,始见于《世本》《大戴礼·帝系》。“呱”,《说文》:“小儿啼声。从口,瓜声。”大徐音“古乎切”。“子”,江声《音疏》引《中庸》“子庶民也”郑注:“子,犹爱也。”江又云:“郑又注《金縢》云:‘爱子孙曰子。’谊亦同也。《孟子·滕文公上》云:‘禹八年于外,三过其门而不入。’窃意禹闻呱呱之声必当过门之时,以急于治水故不遑入省,故云急于治水,子生不顾,过门不入。上文帝引丹朱以相戒,则此言不子其子,荒度是勤,是述往事以推来,明不敢效丹朱也。”此意已见于林之奇《全解》云:“此又言己之惩创于丹朱之恶起于一日之慢游,故不敢不黾勉以成事功也。”按,“子”在此为动词,指抚育儿子之事,意为没有在家抚育儿子。“荒”,大也。见《诗》之《蟋蟀》《公刘》《天作》毛传及《左传·昭公七年》“有亡荒阅”杜注(《诗·殷武》疏引郑玄另释为“荒,奄也。奄大九州四海之土”。其实仍不离“大”之义)。“度”,就也。见《广雅·释诂》。就亦成就之义。故《史记》译“荒度”为“能成”。伪孔则释此云:“启,禹子也。禹治水,过门不入,闻启泣声,不暇子名之,以大治度水土之功故。”宋儒亦大都承此说。与《史记》义相去不远。都是说禹为了忙于完成治水大功,来不及抚育照顾刚生下来的儿子。亦有深寻其意,以为禹向舜表明自己不效丹朱的覆辙才这样做。

⑪弼成五服至于五千——《史记》作“辅成五服,至于五千里”。《尔雅·释诂》:“弼,辅也。”《说文·卪部》:“𢍜,辅信也。从卪,比声。《虞书》曰:‘𢍜成五服。’”是字又作“𢍜”。仍同辅义之“弼”。

段玉裁《撰异》云:"'叝成五服',盖壁中本如是,'弼成五服',孔安国以今文读之者也。……《夏本纪》以诂训字易之作辅。"陈氏《经说考》云:"叝、弼古通,汉以后少用叝字,遂多作弼耳。"伪孔云:"五服,侯、甸、绥、要、荒服也。服五百里,四方相距,为方五千里。治洪水辅成之。"所释"五服"即据《禹贡》篇末所附者,唯彼顺序甸在侯前。所释"辅"则为治洪水后辅成之。《蔡传》则释为:"五服,甸、侯、绥、要、荒也。言非特平治水土,又因地域之远近以辅成五服之制也。疆理宇内,乃人君之事,非人臣之所当专,故曰弼成也。"王樵《尚书日记》亦云:"弼成五服二句,《禹贡》甸服五节即其事也。主之者帝,而分画之者禹,故曰弼成。"这是按君臣之义释"弼成"。按"五服"既载于《禹贡》,也载于《国语·周语上》。惟彼此有所不同。顾刚师《史林杂识》有《畿服》一文加以论析,要义已引入《禹贡》校释中,可参看。大抵据历史遗影,古代确曾实行三服制(见《康诰》《召诰》《酒诰》有侯、甸、男三服,见秦议帝号之辞有甸、侯、夷三服,见于《王制》有甸、采、流三服。名号稍不同,其为三服则同。金文《兮甲盘》等数器亦反映为分三个区域)。至《周语》乃出现甸、侯、宾、要、荒五服之纸上文章,与历史事实已有违失,然犹保存三服制的一些原材料。至《禹贡》五服制则完全脱离历史实际,全出于空想的荒谬规划,竟机械地按飞鸟距离五百里来划分天下地域,于是每服五百里,五服为二千五百里,两面数之则为方五千里,《皋陶谟》作者即据《禹贡》资料,遂写成"弼成五服至于五千里"了。

⑫州十有二师——《史记》作"州十二师"。"十二师"之解释有三说:(一)《尚书大传》以为是地方之制。其义云:"古八家而为邻,三邻而为朋,三朋而为里,五里而为邑,十邑而为都,十都而为

师,州十有二师焉。"附《注》云:"州凡四十三万二千家,此盖虞夏之数也。"(二)郑玄以为是州牧之官佐。见《释文》引郑玄注云:"州十有二师,二千五百人为师。师,长也。"又《诗·蓼萧》疏引郑云:"九州,州立十二人为诸侯师,以佐其牧。"(三)伪孔及孔颖达以为治水所役人功数。见伪传云:"一州用三万人功,九州二十七万庸。"《孔疏》云:"《周礼·大司马》注:'二千五百人为师,每州十有二师,通计之一州用三万人功,总计九州用二十七万庸。'"庸亦功也。然据此处文意,已非指治水,亦非指官佐,当是指地方之制。

⑬外薄四海——《释文》云:"诸本作'外敷四海'。"敷、薄声近通用。伪孔云:"薄,迫也。言至海。"《尔雅·释诂》:"薄,至也。"按,四海指四方,普天之下。详《禹贡》"四海会同"、"声教讫于四海"校释。该两处校释资料足以充分说明四海与三江、五湖、九州等词汇一样是当时流行的语言中的习称,只是一种较空泛的地理概念而非指四个海。在该两处所举资料外,尚见于下列资料:孙氏《注疏》据《曲礼正义》引《尔雅》李巡注云:"四海远于四荒,晦暝无形,不可教诲,故云四海也。海者晦也。言其晦暗无知。"又引《诗》笺云:"九夷八狄七戎六蛮谓之四海(按此据《尔雅·释地》),国在九州之外,虽有大者,皆不过子。"孙《疏》释之云:"《王制》……八州三百三十六长,此要服内之长。外至四海亦建焉。《曲礼》'其在东夷北狄西戎南蛮,虽大曰子'。《左传》称骊戎男。是四海之外,小曰子,大曰男也。"这些都说明"四海"为地域观念,为少数民族所居之地。

⑭咸建五长——《诗·蓼萧》疏引郑玄注云:"九州州立十二人……以佐其牧。外则五国立长,使各守其职。"五国是什么,没有

说明。伪孔释云："诸侯五国立贤者一人为方伯,谓之五长,以相统治,以奖帝室。"是说诸侯中每五国立一个方伯为之长。这完全是经师们空想作出的解释,历史上从来没有每五个诸侯国立一个长的事实。林氏《全解》乃云："四海每方各建五人以为之长。"是说一方立五个长。其末句云："其若干诸侯而置一师,若干部落而置一长,则世代久远不可得而知矣。"实际上提出了他的质疑。吴澄《纂言》云："外迫四海之远皆建五等诸侯为之长。"则以为建五长即建五等诸侯。王氏《后案》谓"《王制》'五国为属,属有长',此建五长亦如彼文"。于鬯《笔记》云："其实谓之'五长',止是为长者五人而已,书中咸字多有为语辞者……'外薄四海,咸建五长',但谓外薄四海建五长耳。"于氏最后说五长之官是最尊者,如陆氏释文所说"五长,众官之长",因而指"百揆、四岳"。杨氏《核诂》不同意王说而取吴说云："《王制》五国以为属,属有长。按五国立一长,恐不能谓之五长。《曲礼》'其在东夷北狄西戎南蛮,虽大曰子'。子者,五爵之一。疑此五长,即指五爵。……此谓四海之外同建为诸侯耳。"曾氏《正读》另寻解释云："《左传》管仲云:'五侯九伯,汝实征之。'(按见《僖公四年》)五侯当此之'外建五长',九伯当此之'州十有二师'也。"杜预解为:"五等诸侯,九州之伯。"故曾氏实亦谓五长指五等诸侯。加藤常贤《集释》承上文"抚于五长,庶绩咸熙",则谓中央王朝之司徒、司马、司寇、宗伯、司空亦可云五长。则与于鬯指众官之长同。但此与"外建"之语不合。解释如此纷歧,说明它是不易得其确解的文句,只好以意逆志,取其勉强可说得通的杨、曾二氏之说。

⑮各迪有功苗顽弗即工帝其念哉——《史记》"迪"作"道",

"弗"作"不"。《尔雅·释诂》及《说文》皆云:"迪,道也。"又《广雅·释言》及《法言·先知》注皆云:"迪,蹈也。"见本篇上文"允迪厥德"校释。《易·屯》虞注及《诗·东门之墠》毛传等皆云:"即,就也。"《说文》:"念,常思也。"杨氏《核诂》云:"念,亦敬也。"伪孔释此数句云:"九州五长各蹈为有功,唯三苗顽凶,不得就官。善恶分别。"《蔡传》云:"谓十二师五长,内而侯牧,外而蕃夷,皆蹈行有功,惟三苗顽慢不率,不肯就工,帝当忧念之也。"曾氏《正读》补充云:"帝其念哉者,言丹朱既殄厥世,而苗顽凶恶尤甚,当思有以惩治之也。"按,由《尧典》《皋陶谟》《禹贡》《吕刑》等篇屡屡叙及三苗之事,反映华夏族在中原大地上的发展,长期遇到的劲敌是三苗。

⑯迪朕德时乃功惟叙——《史记》译作"道吾德,乃女功序之也"。"迪",道,蹈。"时",是,作为不完全内动词,与"乃"同,故《史记》译用乃字。"时乃功",是你的功。"时乃功"之"乃"为第二人称代词领格。《史记》译用女(汝)字。"叙",同序。《孔疏》引郑玄注云:"归美于二臣。"(指禹与皋陶)伪孔释云:"言天下蹈行我德,是汝治水之功有次序,敢不念乎。"则归功禹一人。《蔡传》云:"帝言四海之内蹈行我之德教者,是汝功惟叙之故。"所释亦同。大抵此句即可如此释。

⑰皋陶方祗厥叙方施象刑惟明——《史记》作"皋陶于是敬禹之德,令人皆则禹。不如言,刑从之。舜德大明"。"皋陶于是敬禹之德",译写"皋陶方祗厥叙"句。"祗",《说文》:"敬也。""厥叙",译为"禹之德"。孙《疏》:"《释诂》云:'业,叙也。'业犹德也。"故史公以"德"译"叙"。自"令民"句以下至"舜德大明"四句,译当"方施象刑惟明"一句,意义不完全相应,司马迁以意写之,使完足

501

文意。汉代今文"方祇厥叙"作"旁祇厥绪","方施象刑"作"旁施象刑",正如《尧典》"方鸠僝功",今文作"旁逑孱功"一样。段玉裁《撰异》云:"《尚书》今文为'旁',古文为'方'。"见皮氏《考证》引丁孚《汉仪》及袁宏《汉纪》皆作"旁祇厥绪"。又《白虎通·圣人篇》作"旁施象刑惟明",《新序·节士篇》作"象刑旁施维明"。段玉裁《撰异》谓今、古文释"方"与"旁"之义均为"大也"。故通用。"象刑",参看《尧典》"象以典刑"校释。

伪孔释此二句云:"方,四方。禹五服既成,故皋陶敬行其九德、考绩之次序于四方,又施其法行皆明白,史因禹功重美之。"此称许皋陶敬禹之德,而推行法制明白。并谓此数句为史臣所记,赞美禹功而记皋陶行法之善。《蔡传》则以为是舜连上文所说,其言云:"帝言四海之内蹈行我之德教者,是汝功惟叙之故。其顽而弗率者,则皋陶方敬承汝之功叙,方施象刑惟明矣。曰明者,言其刑罚当罪,可以畏服乎人也。"其说似合文理,然颇不近《史记》说。在这几种不同解说中,毋宁取最早的《史记》之说,就因他是接近古义的最早的一个说法。

以上这一节,记舜禹继续对话,舜举尧子丹朱不肖的例子以相儆戒,禹则表明自己新婚四日怀了孩子,就离开家忙着治水,孩子在家里哭着也不能尽父职,终于治水成功,区划疆域,搞好建制,但苗民尚未听命,希望舜注意。舜答语慰勉禹之功,并说皋陶因敬禹之功正在加强境内的法制工作。

夔①曰:"戛击鸣球,搏拊琴瑟以咏。祖考来格②。虞宾在位,群后德让③。下管鼗鼓④,合止柷敔⑤，笙镛以间⑥。鸟兽跄跄⑦。箫韶九成⑧，凤凰来仪⑨。"夔曰："于！予击石拊石⑩，百兽率舞⑪，庶尹允谐⑫。"

帝庸作歌曰⑬："敕天之命，惟时惟几⑭。"乃歌曰："股肱喜哉，元首起哉，百工熙哉⑮！"皋陶拜手稽首飏言曰⑯："念哉⑰！率作兴事，慎乃宪，钦哉⑱！屡省乃成，钦哉⑲！"乃赓载歌曰："元首明哉！股肱良哉！庶事康哉⑳！"又歌曰："元首丛脞哉！股肱惰哉！万事堕哉㉑！"帝曰："俞！往钦哉㉒！"

①夔——虞、舜朝廷中典乐的官员，实际亦是来自神话的人物。详《尧典》"让于夔龙"校释。《释文》："夔，求龟反。"

②戛击鸣球搏拊琴瑟以咏祖考来格——《史记》自"夔曰"至此三句共十六字，意译成简明的"夔行乐、祖考至"六字，加"于是"于上以接上文。孙《疏》指出据此知史公以此段为虞史之言，而郑玄注《大司乐》引此为"夔曰"、"夔又曰"，则以为是夔言。

《尧典》于命夔典乐一段文字之末亦只录此段文字之末"夔曰于予击石拊石百兽率舞"十二字。

"戛击"，《释文》："戛，居八反。"《释文》引马融注："戛，拣也。"《大司乐》孔疏引郑玄注亦云："戛，拣也。戛击鸣球以下数器。"江永《群经补义》云："拣，音略。"江声《音疏》云："按，《广雅》云：'镛，击也。'然则戛亦是击也。"按，元吴澄《纂言》已云："戛亦击也。戛轻击重。”即“戛”是轻击，“击”是重击。此处《孔疏》指出郑所云“数器”，指鸣球、搏拊、琴、瑟四器。江声《音疏》亦云：“鸣球以下数器，谓搏拊也、琴也、瑟也。上言‘戛击’，下备目此数者，则是总蒙戛击之文也。案《礼记·明堂位》云‘揩击大琴大瑟’，揩与戛同字。”孙氏《注疏》云：“‘戛击’，《文选·长杨赋》作‘桔隔’，注引韦昭曰：古文‘隔’为‘击’。”是亦作“桔击”、“桔隔”。

　　“鸣球”，《周礼·大司乐》疏引郑玄注云：“鸣球，即玉磬也。”按《说文》：“球，玉也。”林氏《全解》云：“扬子云《长杨赋》云：‘戛滴鸣球。刘良注云：‘球，乐器也。戛滴，拊击也。’颜师古曰：‘戛击，击考也。’以是知鸣球固可以戛击矣。”江声《音疏》云：“兹云鸣球，则是以为乐器而有声者。以玉为乐器则为磬也。”孙氏《注疏》云：“鸣球，即《明堂位》之玉磬，亦先言之者，《白虎通》、郑氏俱以为玉声清，故以合堂上之乐。《商颂·那》亦以‘鼓管之声依我磬声’也。”可参看《尧典》“击石拊石”校释。

　　“搏拊”，《释文》：“搏音博，拊音抚。”其义有二说：一说以为是乐器。始主此说者为汉儒。上文引郑玄注戛击鸣球以下数器，其中有一器即搏拊，与鸣球、琴、瑟并为四器。《尚书大传》云：“以韦为鼓，谓之搏拊。”《周礼·大师》郑玄注云：“拊形如鼓，以韦为之，著之以穅。”伪孔亦云：“搏拊，以韦为之，实之以糠。所以节乐。”段玉裁《撰异》云：“搏拊，《明堂位》谓之拊搏。《周官·太师》《礼记·乐记》谓之拊，亦谓之相。或倒呼，或单呼，其制一也。”孙氏《注疏》袭用之并加补充云：“搏拊，即《明堂位》之器，一名拊鼓。亦名相。《周礼·大师》：‘大祭祀帅鼓登歌令奏击拊……’……《乐记》：‘会守拊鼓。’注云：‘言众皆待击鼓乃作。’《乐记》又云：

'治乱以相。'注云：'相，即拊也。'"清儒李惇、段玉裁、王鸣盛、孔广森、孙星衍、皮锡瑞等皆从之。又一说以为搏拊是击乐器的动词，始主此说者为宋儒。《尧典》"击石拊石"校释已载明"击是大击，拊是小击"。《广雅·释诂三》及《左传·成公十二年》杜注皆云："搏，击也。"《荀子·正论》注："搏，手击也。"林氏《全解》云："沈内翰（按即沈括）曰：'鸣球非可戛且击，和之至，咏之不足，有时而至于戛且击；琴瑟非可以搏且拊，和之至，咏之不足，有时而至于搏且拊。所谓手之舞之足之蹈之而不自知。'（按，见《梦溪笔谈》卷五）据沈意，但以戛击为戛击鸣球，以搏拊为搏拊琴瑟。意此说为可矣。至谓'和之至咏之不足手舞足蹈而不自知，则亦不必如此。"始以戛击、搏拊皆为动词，各击有关之乐器。故《蔡传》释此句云："盖戛击鸣球，搏拊琴瑟，以合咏歌之声也。"元吴澄《纂言》亦云："戛，亦击也。……搏，犹击也。轻手取声曰拊。……鸣球、琴瑟，其声清越和平，可与人声相比，故戛击、搏拊之而咏也。"明王樵《日记》亦云："戛击鸣球，搏拊琴瑟以合咏歌之声。"此说显然合理。即是说，宋、元、明儒生比汉、唐、清儒生之说合理。清儒反对宋儒，竟仍捡汉唐儒生唾余，相信不合理之说。如他们所习举的《明堂位》原文明明是："拊搏玉磬，揩击大琴、大瑟、中琴、小瑟，四代之乐器也。"汉唐及清儒却读为："拊搏、玉磬、揩击、大琴、大瑟、中琴、小瑟，四代之乐器也。"以至于不通。证以《大戴礼·礼三本篇》云："县，一磬，而尚拊搏。"明以玉磬有待拊搏。即如《皋陶谟》此处之文，自然而然是："戛击鸣球，搏拊琴、瑟，以咏。"可是郑玄却读作："戛击鸣球、搏拊、琴、瑟，以咏。"唐、清儒生偏宗信之，乃至使人不可解。总之宋儒击乐器之说是，汉儒乐器之说非。

"琴瑟"，琴与瑟二者都是弦乐器。孙氏《注疏》云："琴瑟，即《明堂位》之大琴、大瑟、中琴、小瑟。"《传说汇纂》引郑玄云："琴，五弦。瑟，二十四弦。"《尔雅》疏云："琴，长三尺六寸六分。五弦，后加文武二弦。大瑟，长八尺一寸，广一尺八寸，二十七弦。雅瑟，长八尺一寸，广一尺八寸，二十三弦，常用者十九弦。颂瑟，长七尺二寸，广一尺八寸，二十五弦，尽用之。"

"以咏"，《周礼·大司乐》疏引郑玄注云："以咏者，谓歌诗也。"林氏《全解》云："堂上之乐唯取其声之轻清者，与人声相比，故曰'以咏'。故咏者但戛击鸣球搏拊琴瑟，以咏歌人声也。"《蔡传》全袭用此数句，惟将末句改为"以合咏歌之声也"。以上自"夔曰"至此，《史记》以"夔行乐"三字概括之。

"祖考来格"，即《史记》之"祖考至"。《尔雅·释亲》："父为考。父之考为王父。祖，王父也。""格"，今古文皆通用"假"字，由"各"字发展而来，其义为"至"、"来"。用于享祀时有神祇来飨之意。《蔡传》释为："'格'，神之格思（按《诗·抑》语）之格。"详《尧典》"格于上下"校释。《周礼·大司乐》疏引郑玄注云："神来至也。"伪孔释此数句云："此舜庙堂之乐，民悦其化，神歆其祀，礼备乐和，故以'祖考至'明之。"

③虞宾在位群后德让——《史记》删去"虞宾在位"四字，存后一句作"群后相让"。《周礼·大司乐》疏引郑玄注云："'虞宾在位'者，谓舜以为宾，即二王后丹朱也。"伪孔亦云："丹朱为王者后，故称宾。"这种"封二王后"之说，纯为汉代三统说所鼓吹，并非先秦历史实际。如《周本纪》载周武王取得天下后，"武王追思先圣王，乃褒封神农之后于焦，黄帝之后于祝，帝尧之后于蓟，帝舜之后于

陈,大禹之后于杞",并非所谓封二王之后。又"封商纣子禄父、殷之余民……使其弟管叔鲜蔡叔度相禄父治殷"。这是一种羁縻殷余民稳定当时局面的措施,亦非所谓封二王后。至《白虎通·王者不臣篇》始云:"王者所不臣者三,何也?谓二王之后、妻之父母,夷狄也。不臣二王之后者,尊先王,通天子之三统也。《诗》云'有客有客,亦白其马',谓微子朝周也。《尚书》曰'虞宾在位',谓丹朱也。"

　　所谓"天子之三统",即董仲舒所首倡的"三统说"的赤统、黑统、白统,谓历史上的朝代是按此三统轮流递嬗的。其《春秋繁露·三代改制质文篇》详述此说。他把一个王朝本代和前二代列为"三王"(即本届三统),三王之前的五代列为"五帝",五帝之前的一代列为"九皇",但王莽把它修正为五帝之前的三代列为"三皇"(详《古史辨》第五册第 442 页)。既然本王朝和前二代为"三王",所以就专称前二代为"二王"。他们被封的后代称"二王后",作为本朝的"宾"而不为臣(王莽还把二王前的二代之后称为"恪")。这完全是汉代儒生编造的"三统说"中的花样,怎么用来解释《皋陶谟》中的文句呢!而且在本篇中编造了那么多文句讲丹朱的不肖,怎么一下又成为虞廷可敬之"宾"呢,不自显矛盾吗?经师们就这样不顾本篇原有文句肆意牵附为释。

507

　　陈立《白虎通疏证》录《文选》注引《大传》说云:"舜为宾客而禹为主人。"郑玄注:"舜既使禹摄天下事,于祭祀避之,居宾客之位。"陈立以为"是今文说也,与此异"。即与《白虎通》说异。《白虎通》亦主要为今文家说,不过成于东汉;《大传》则成于西汉,其说避免了丹朱说之矛盾,但舜禹明明为君臣关系,却说成舜为禹宾,亦牵强之甚。近人曾氏《正读》含浑释为："虞宾,谓前代帝王之后,舜以为宾也。"亦避免了丹朱的矛盾,在文字上是说通了,但仍然用的是三统说二王后为宾之说。最痛快的是《史记》把这句删去,免掉了这些纷扰。

另外赤塚忠《书经》别寻解释云："虞,虞主(祭祀用之木主)。虞祭(葬礼终了的祭礼)。""宾为对来访者的敬称。"意为举行虞祭礼的来宾。按《释名·释丧制》:"既葬还祭于殡宫曰虞。谓虞乐安神使还此也。"《仪礼》有《士虞礼》专篇,专谈士的虞礼,当然与君主的虞礼有别。赤塚以"虞宾"为虞祭礼之宾,自有新意。此段"夔行乐"释者皆谓在宗庙祭礼上举行,故有祖考来格,可能此虞礼即在宗庙举行之礼,非如士虞之礼。则属虞祭礼之来宾,说亦可通。

"群后德让","后",《尔雅·释诂》:"君也。""群后",指诸侯。《大司乐》疏引郑玄注云:"'群后德让'者,谓诸侯助祭者以德让。以上皆宗庙堂上之乐所感也。"伪孔亦云:"言与诸侯助祭,年爵同,推先有德。"《史记》作"相让",即以德相让之意。

④下管鼗鼓——自此句连下"合止柷敔,笙镛以闲"共三句《史记》皆删去。"鼗",《释文》:"音桃。"字亦作"鞀",亦作"鞉"。见《白虎通·礼乐篇》:"《书》曰:'下管鞀鼓。'"又《诗·那》"置我鞉鼓"。

"下",《周礼·大司乐》疏引郑玄注曰:"云'下管鼗鼓'以下,谓舜庙堂下之乐,故言'下'。"伪孔亦云:"堂下乐也。"按上文"夔曰戛击鸣球……祖考来格"数句,伪孔即释为"此舜庙堂之乐",《蔡传》亦释为"乐之始作升歌于堂上则堂上之乐"。至"虞宾在位群后德让",则郑玄以为"以上皆宗庙堂上之乐所感"。故于此处则以为是堂下乐。江声《音疏》云：“此经言‘下’，不但谓管、鞀鼓，并下文柷敔笙庸皆在堂下，故云‘以下言舜庙堂下之乐，故云下’。”

“下管”，《周礼·大师》有“下管”。郑玄注云：“特言管者，贵人气也。郑司农（众）云：‘下管，次管者，在堂下。’”贾疏云：“凡乐歌者在上，匏竹在下。故云‘下管’。……‘特言管者贵人气也’者，以管箫皆用气，故云贵‘人气’。”林氏《全解》云：“堂上之乐以歌为主，故谓‘升歌’。堂下之乐以管为主，故谓之‘下管’。”孙氏《注疏》云：“《明堂位》‘升歌清庙’之下，即云：‘下管象，朱干玉戚，冕而舞《大武》。’《乐记》：‘圣人作为鞉、鼓、椌、楬、埙、篪，此六者德音之音也。然后钟、磬、竽、瑟以和之，干、戚、旄、狄以舞之，此所以祭先王之庙也。’《论语》：‘乐则韶舞。’（按，见《卫灵公篇》）《诗·简兮》：‘左手执籥，右手秉翟。’郑笺云：‘籥舞。’《韩诗外传》云：‘韶用干戚。’是知下管即有舞。”

“管”，孙氏《注疏》云：“管为竹乐之总名。《白虎通·礼乐篇》引《乐记》云：‘竹曰管。’（按，不见今《乐记》）高诱注《淮南·原道训》云：‘管，箫也。’《孟子·梁惠王》‘闻王管箫之音’赵氏注：‘管，笙。’《说文》云：‘籥，音律，管埙之乐也。’（按今见《说文》作“籥，书僮竹苦也”）‘龡，管音也。’（按今见《说文》作“管乐也”）是管兼笙镛埙篪也。”按《说文·竹部》云：“管，如篪，六孔，十二月之音。物开地牙，故谓之管，从竹，官声。琯，古者玉琯以玉。舜之时，西王母来献其白琯。前零陵文学姓奚于伶道舜祠下得笙、玉琯。夫以玉作音，故神人以和，凤凰来仪也。从玉，官声。”这里说明两点：一、管如篪六孔，二、字又作琯，并附丽以神话。又引《尚书》“神人以和”、“凤凰来仪”语以证此为玉琯。同于《说文》之资料尚有：郑众注《周礼·小师》云："管如篪，六孔。"按，《风俗通·声音》云："篪，管乐，十孔，长尺一寸。"江声《音疏》云："形制相似，惟孔不同，故云'管如篪'。"又《风俗通·声音》"管"云："《礼·乐记》：'管，漆竹，长一尺，六孔，十二月之音也。象物贯地而芽，故谓之管。'（按今所传《乐记》无此文。陈立《白虎通疏证》则以为当在刘向删去的《乐记》佚十二篇中的"乐器"篇，并谓是周制。）《尚书大传》：'舜之时，西王母来献其白玉琯。'昔章帝时，零陵文学奚景于泠道舜祠下得笙、白玉管。知古以玉为管，后乃易之以竹耳。夫以玉作音，故神人和，凤皇仪也。"与《说文》之主要两点皆同。另有异于《说文》者二，一为郑玄对《周礼·小师》职"小师掌教鼓、鼗、柷、敔、埙、箫、管、弦、歌"逐字作了注解，其注"管"字在引郑众注"管如篪"之文后说："玄谓管如篴而小，并两而吹之，今大子乐官有焉。"一为江声《音疏》引《广雅》云："管象箫，长尺、口寸、八孔，无底。"（王念孙《疏证》本《广雅·释乐》作："管象鱿，长尺、围寸、有六孔，无底。"）是江声所引本与《说文》异，而王念孙本则孔数与《说文》合。此外林氏《全解》云："管，犹《周礼·大司乐》曰'阴竹之管，孤竹之管，孙竹之管'是也。"《蔡传》全袭用此说。以上见管字的资料颇纷歧，当以"管为竹乐之总名"一语为确解。

"鼗鼓"，郑玄注《周礼·小师》掌教"鼗"字云："鼗，如鼓而小，持其柄播之，旁耳还自击。"孙氏《注疏》云："鼗，《说文》作'鞀'，又作'鞉'。"《王制》疏引《汉礼器制度》云：'鞀如小鼓，长柄，旁有耳，摇之使自击。'《诗·那》传云：'鞉鼓乐之，成也。'高诱注《吕氏春秋·五月纪》云：'鞉鞞，所以节乐也。'《释名》云：'鞉，导也，所以导作乐也。"皮氏《考证》云："《白虎通》引下管鞀鼓为舞时所用，鞀所以进舞。《王制》：'赐诸（公？）侯乐则以柷将之,赐伯子男乐则以鼗将之。'"

所有以上这些,大都以周制汉制释这些器物,而且往往纷歧,然亦有大体一致处。

⑤合止柷敔——《史记》删此句。"柷敔"又作"祝圄"。见皮氏《考证》引《汉孟郁修尧庙碑》。《释文》："柷,尺叔反。敔,鱼吕反。"

《周礼·小师》郑众注云："柷如漆筒,中有椎。敔,木虎也。"《周礼·大司乐》疏引郑玄注本篇云："云'合止柷敔'者,合乐用柷,柷状如漆筒,中有椎,摇之所以节乐。敔状如伏虎,背有刻,以物拵之,所以止乐。"《尔雅·释乐》："所以鼓柷谓之止,所以鼓敔谓之籈。"郭璞注云："柷如漆桶,方二尺四寸,深一尺八寸,中有椎,柄连底,挏之令左右击,止者,其椎名也。敔如伏虎,背上有二十七钼铻,刻以木,长一尺,拵之,籈者其名也。"《孔疏》引此后云："戛即拵也。《汉礼器制度》及《白虎通》,马融、郑玄、李巡,其说皆为然也。惟郭璞为详。"伪孔前释"戛击"云："戛击,柷敔,所以作、止乐。"并释"戛击"至"祖考来格"数句为"此舜庙堂之乐",释"下管"至"合止柷敔"为"堂下乐也"。因而释此句云："上下合止乐,各有柷敔,明球弦钟籈各自互见。"其所谓"球弦"即指上文鸣球、琴瑟,在堂上。所谓"钟籈"即指下文笙镛(笙为籈,镛为钟),在堂下。以上郑众、郑玄、郭璞、伪孔之说,为较早而较具权威之说。

各种礼书及其后各经师关于"柷敔"的解说非常纷杂,现从池田末利氏《尚书全释》较简引述江永、金鹗、张文虎诸家之说的意见中,获得较佳理解,特寻取清儒江永、金鹗两家原说。江氏《群经补义·尚书》云:"柷敔之用,所以节歌也。'合止柷敔',合者,协也。谓与歌相协而击柷以节之。止者,歌句之中有当暂一止,则拀敔以止之。此柷敔之用也。后则易之以拍板,柷敔之音粗厉,拍板之音清亮。大乐陈柷敔者,存古焉耳。后人不识柷敔之用,谓始作击柷,将终拀敔,惟首尾各一用,误矣。"金氏《求古录礼说补遗》有《柷敔考》专文指出:"柷敔之制,旧说误者有五。"其一指出刘熙《释名》云"柷状如伏虎",与郑众、郑玄、郭璞之说皆不合,为传闻之误。其二指出《荀子》以鞉、柷、拊、椌、楬并列,以柷、椌为二物。然据《乐记》郑注及《周颂·有瞽》毛传皆以柷椌为一物,荀说误。其三指出《白虎通》云"柷敔,乾音也",以柷敔所以止乐,有终之义,其非乾音甚明。下文接着牵附金木水火等五行为说。这里《白虎通》及金氏之说皆五行妄说,不足据。其四指出郑玄所倡而群儒皆从之的柷作乐、即合乐亦即始乐及敔止乐之说之误,此说为金鹗说之重点,与江永说相合,举了较详的资料,作了较详之论析,如云:"《书》曰'合止柷敔',谓合其句而止之,合有和之义焉,止有节之义焉。合止指兼柷敔,非柷合而敔止也。郑以为合乐于始,伪《孔传》因以'作'字易'合'字。然作与合文义迥殊,岂可训合为作乎?又'止'为暂止,非终止也。先儒皆以为终止,既与节字之义不合,而《虞书》此句亦不当叙于'笙镛以闲'之先矣。"其说可取。其五指出堂上堂下皆有柷敔说之误。以伪孔以戛击为柷敔谓上下各有之,与经典中从未以戛击为乐器之说不合〔按《孔疏》亦云"戛击是作用之名,非乐器名",其言甚是。可是"疏"须尊注(即"疏不破注"),竟曲解为由于戛击非乐器,故以柷敔当之,以使堂上有此乐器,真大谬〕。除第三点外,其余四点金说皆确。池田末利氏书中还征引更多资料作了较详论析,如引张文虎《舒艺室随笔》谓"合"为人声、乐声,"止"为节一篇、一章、一句,与江、金说有异,又引了高诱注《吕氏春秋》、大徐本《说文》、小徐本《说文》,徐灏《说文段注笺》及《风俗通》有关资料,对此问题寻绎颇深入。又引于氏说,未举其名,故不详其人。现寻于省吾氏当之。

于省吾先生《新证》在引郑玄注、《白虎通》《汉书·律历志》之说后云:"汉以后学者皆谓柷以始乐,敔以止乐,最为傅会。是由于误解合、止二字,以为敔有止义。'止'指敔言,则'合'指柷言。惟《说文》谓'柷所以止音为节',犹存古义。……《礼记·王制》'则以柷将之'注:'柷敔皆所以节乐。'《吕览·仲夏纪》'饬钟磬柷敔'注:'柷……左右击以节乐。'是可证柷并无始乐之义。《说文》:'敔,禁也。一曰乐器椌楬也。'《诗·有瞽》'鞉磬柷圉'传:'柷,木控也。圉,楬也。'圉即敔。敔字虽有禁义,并未言止乐时用敔也。盖乐有舒疾断续之音,柷敔皆所以止音节乐,而无关于终始之义也。合止之'止'即'之'字。《沇儿钟》'永保鼓之',之作ㄓ,《齐镈》'嚳叔之孙',之作ㄓ。金文之字多如此作。然则'合止柷敔'者,合之柷敔也。与下句'笙镛以间'义同,特文法有变化耳。犹言'合之以柷敔,间之以笙镛'也。"于先生以为柷敔非终始之义,与江永、金鹗之说合,而广搜了文献中之证外,尤以引金文为证,则比江、金二氏之说更进一步了。因而是深可取的。

⑥笙镛以间——《史记》删此句。

"笙",《说文·竹部》:"笙,十三簧,象凤之身也。笙,正月之音。物生故谓之笙。大者谓之巢,小者谓之和。从竹,生声。古者随作笙(按见《世本·作篇》)。"《尔雅·释乐》:"大笙谓之巢,小者

皋
陶
谟

谓之和。"郭璞注:"列管瓠(即匏)中施簧,管端大者十九簧,小者十三簧。簧者,笙管中金薄叶。笙管有簧,故或谓笙为簧也。"《白虎通·礼乐》云:"匏曰笙。"又云:"笙者,大蔟之气,象万物之生,故曰笙。"《释名·释乐器》云:"笙,生也。竹之贯匏,象万物贯地而生。以匏为之,故曰匏也。"《风俗通·声音》云:"谨按《世本》'随作笙'。长四寸,十簧(据《说文》及《尔雅注》当作十三簧)。"以上除所谓"正月之音"、"象物之生"等语为经师妄说外,所记笙之形制、簧数等等是关于古代笙的资料。林氏《全解》始简明释之云:"笙,乐器也,以匏为之,列管于匏中,又施篁于管端。笙,竽类也。三十六篁者谓之竽,十三篁者谓之笙。"至《大司乐》疏引郑玄注云:"东方之乐谓之笙。笙,生也。东方生长之方,故名乐为笙也。"则为五行妄说。郭璞《尔雅·释乐》注云:"《周礼·眡瞭》'掌凡乐事,播鼗,击颂(即庸)磬、笙磬'。故郑以笙为东方之乐,庸为西方之乐,皆乐县也。"指出郑注东方西方之乐,只是指东面西面两处之乐县(悬)。孙氏《注疏》先引《仪礼·大射》"乐人宿县于阼阶东,笙磬西面,其南笙钟……西阶之西,颂磬东面……鼗倚于颂磬西纮"郑注:"言成功曰颂。……是以西方磬钟谓之庸。古文'颂'为'庸'。"孙氏因云:"郑以经言笙庸而东西阶乐器毕举。兼有磬镈诸器县也。宫县之制,黄钟、蕤宾、无射、太簇、夷则、姑洗是也。故天子左五钟右五钟,天子将出则撞黄钟,右五钟皆应;入则撞蕤宾,左五钟皆应。"附引郑注关于六律及宫县之解释,又引《周礼·小胥》"正乐县之位"职文。而后孙氏云:"西县(悬)磬,东县(悬)磬,此乐县之大概。"皮氏《考证》亦在引《大传》"六律者何"之文后,论析之云:"郑注云:'天子宫县,黄钟蕤宾在南北,其余则在东西。'郑注

尚书校释译论

《尚书》云:'东方之乐谓之笙,西方之乐谓之庸。'则言笙庸而东西阶乐器毕举。与注《大传》义同。"则知郑所注东方西方,原指东西两阶言之,尚自合理。所误者在承用当时统治思想阴阳五行说对此两句,加上了五行误说。

"镛",《说文·金部》:"大钟谓之镛,从金,庸声。"《尔雅·释乐》:"大钟谓之镛,其中谓之剽,小者谓之栈。"《孔疏》引李巡注云:"大钟音大,镛,大也。"孙炎注云:"镛,深长之声,亦作'庸',《商颂》'庸鼓有斁'。毛云:'庸,大钟也。'"又郭璞注云:"《书》曰'笙镛以间'。亦名镈。"而《大司乐》疏引郑玄注继上引"名乐为笙也"后云:"西方之乐谓之镛,庸,功也。西方物熟有成功。亦谓之'颂'。颂亦颂其成也。"其误一如上句。伪孔则云:"镛,大钟。间,迭也。吹笙击钟。"段玉裁《撰异》引录《大司乐》所引《虞书》及郑注"镛"字皆作"庸",因而云:"今本《注疏》经俗人妄改'庸'为'镛'。致不可读。而《眡瞭》注曰:'颂,或作庸。庸,功也。'疏曰:'注云颂或作庸者,《尚书》云:笙庸以间。孔以镛为大钟,郑云庸即《大射仪》之颂,一也。'又《大射仪》'颂磬'注曰:'言成功曰颂……古文颂为容。'疏曰:'《尚书》笙庸以间……庸亦功也,亦有成功之义。'据此诸条,郑、孔《古文尚书》皆作'庸',惟训不同耳。伪孔训笙庸为二器,庸为镛字之假借。郑则训以《大射仪》之'笙颂'。颂、庸古通用。《尚书》'笙、庸'兼阼阶之'笙磬''笙钟'、西阶之'颂磬''颂钟'言之。"是肯定为庸字,仍以之释乐器。〔《蔡传》引叶氏(可能为叶梦得《书传》)曰:"钟与笙相应者曰笙钟,钟与歌相应者曰颂钟。"似此则磬当亦然。〕皮氏《考证》云:"《白虎通》《风俗通》皆作'镛',疑《今文尚书》或从俗加金旁也。"既庸镛可相假借,《白虎通》《风俗通》所反映的是汉代今古文通用镛字,不必说是从俗加金旁。

"以间",《释文》:"间,间厕之间。"是即今通常所用之"间"字。《大司乐》疏引郑玄注云:"'以间'者,堂上堂下间代而作。"伪孔释云:"间,迭也。"宋林氏《全解》云:"上言'以咏',此言'以间',相对而言,盖与咏歌迭奏也。案《仪礼》云:'歌《鹿鸣》以笙《南陔》间,歌《鱼丽》以笙《由庚》间,此所以迭奏也。"(按大略见《乡饮酒礼》)《蔡传》袭用之。清儒江氏《音疏》王氏《后案》全承用郑玄说,王并云:"非迭作也。"则反伪孔之说。孙氏《注疏》云:"间者,《释诂》云:'代也。'间代,谓如《乐记》云:'钟磬竽瑟以和之。'《乡饮酒义》:'工人升歌三终,主人献之;笙人三终,主人献之。间歌三终,合乐三终,工告乐备。'"皮氏《考证》云:"笙镛以间,则舞后所用。'间'即'间歌三终'。"似以林之奇说最通达,孙氏说似亦有据。然《仪礼》为周代礼,此纯以周代礼制释此处文义。古代礼制太繁,无法详知,亦不知孰为正解,今姑取林说,补充以孙说。

⑦鸟兽跄跄——《史记》作"鸟兽翔舞"。以大意译之。《说文》"跄"作"牄"。见其《仓部》云:"牄,鸟兽来食声也,从仓,爿声。《虞书》曰'鸟兽牄牄'。"郑玄本亦作"牄"。见其《大司乐》注引本文。《说苑》作"锵",见其《辨物篇》云:"《书》曰:'鸟兽锵锵,凤凰来仪。'"按《说文·足部》云:"跄,动也。从足,仓声。"《尔雅·释训》亦云:"跄跄,动也。"故《蔡传》承之云:"跄跄,行动之貌。"《大司乐》疏引郑玄注本篇云:"云'鸟兽牄牄'者,谓飞鸟走兽牄牄然而舞也。"伪孔云:"吹笙击钟,鸟兽化德,相率而舞跄跄然。"林氏《全解》云:"言乐者不独感神人,至于鸟兽无知,亦且相率而舞跄跄然

也。"《蔡传》袭用之。此诸释意义相近,与《史记》意亦合,当与汉代今文儒生所释此文原意相合。《释文》引马融曰:"鸟兽,筍虡也。"指悬钟磬之架,显见与今文儒生说不合,然却是一种独立的意见。

⑧箫韶九成——《史记》照录此句,文字未改易。《说文·音部》:"《韶》虞舜乐也。《书》曰:'箫韶九成,凤凰来仪。'从音,召声。"见于《白虎通·礼乐》引《礼记》曰:"黄帝乐曰《咸池》,颛顼乐曰《六茎》,帝喾乐曰《五英》,尧乐曰《大章》,舜乐曰《箫韶》,禹乐曰《大夏》,汤乐曰《大濩》,周乐曰《大武象》。"是说舜之乐就叫《箫韶》。故《公羊·哀公十四年》疏引郑玄注本篇云:"《箫韶》,舜所制乐。宋均注《乐说》云:'箫之言肃。舜时民乐其肃,敬其纪尧道,故谓之《箫韶》。'"或以为舞舜乐者秉箫,故称"《箫韶》"。见宋均注引"或说"云:"《韶》,舜乐名。舜乐舞者其秉箫乎。"亦作"《箾韶》",见《说文·竹部》:"箾,从竹,削声。虞舜乐曰《箾韶》。"按《左传·襄公二十九年》记季札观乐云:"见舞象箾南籥者。"杜注:"象箾,舞所执。南籥,以籥舞也。"又云:"见舞《韶箾》者。"杜注:"舜乐。"孔疏:"箾,即箫也。《尚书》曰:'《箫韶》九成,凤凰来仪。'此云《韶箾》,即彼《箫韶》是也。"亦作"《九韶》"或"九磬"或"《九招》",见《庄子·至乐》云:"奏《九韶》以为乐,具太牢以为膳。"又云:"《咸池》《九韶》之乐,张之洞庭之野。"《列子·周穆王》:"奏《承云》《六莹》《九韶》《晨露》以乐之。"《周礼·大司乐》:"九德之歌,九磬之舞,于宗庙之中奏之。"《吕氏春秋·古乐》云:"帝喾命咸黑作为声歌《九招》《六列》《六英》。……帝舜乃令质修《九招》《六列》《六英》。"《史记·五帝本纪》亦云"禹乃兴《九招》之乐"。《独

断》则引作《大韶》或《大招》，盖源于周代六舞之一的《大磬》。见《周礼·大司乐》云："以乐舞教国子，舞《云门》《大卷》《大咸》《大磬》《大夏》《大濩》《大武》。"《大司乐》又云："舞《云门》以祀天神，舞《咸池》以祭地示，舞《大磬》以祀四望（注："四望：五岳、四镇、四渎"），舞《大夏》以祭山川，舞《大濩》以享先妣，舞《大武》以享先祖。凡六乐者，文之以五声，播之以八音。"可知这六者实是周代六种乐舞的舞曲，不过借用了古帝之名，《韶》即借用了舜之名。其借用之名往往又不一致，如《〈白虎通〉引〈礼记〉》说黄帝乐曰《咸池》，尧乐曰《大章》。而《大司乐》举六乐之名，本浑言周乐，未附会古帝名。郑玄注则谓黄帝乐曰《云门》即《大卷》，尧乐曰《大咸》即《咸池》。又《吕氏春秋》既说喾乐有《九招》，又说舜乐有《九招》。可知附会的古帝名本不足据，完全是随意编排。这些只是周代六种乐舞之曲，用以祭祀天地山川祖妣的六种最大的乐曲。

关于"韶"乐，古代迭有盛誉。《左传·襄公二十九年》载季札请观周乐，在历观了各国风及雅、颂之后，及"见舞《韶箾》者"，曰："德至矣哉！大矣！如天之无不帱也，如地之无不载也。虽其盛德，其蔑以加于此矣。观止矣，若有他乐，吾不敢请已。"又《论语·述而》云："子在齐，闻《韶》，三月，不知肉味。曰：'不图为乐之至于斯也。'"都是尽量形容所听到的《韶》乐是所有音乐中最美好的感人最深的最高级的音乐。史载明确，季札观的是"周乐"，孔子闻的也是在齐国当时所奏的《韶》乐，也都是周代的乐，与舜原无关，不过被儒生利用本篇所载借用舜的嘉名，附会为舜乐而已。实是本篇作者将此名乐曲名写入篇中的。

除见于经史的上两则有名赞美韶乐资料外，尚复见于先秦子书及辞赋等。《庄子·至乐》云:"昔者海鸟止于鲁郊,鲁侯御而觞之于庙,奏《九韶》以为乐,具太牢以为膳。"又《达生篇》亦有同样描述。这是说把最美好的音乐奏给海鸟听,把最高级膳食供给海鸟吃。《至乐》又云:"《咸池》《九韶》之乐,张之洞庭之野,鸟闻之而飞,兽闻之而走,鱼闻之而下,人卒闻之,相与还而观之。"《楚辞·离骚》云:"奏《九歌》而舞《韶》兮,聊暇日以偷乐。"又《远游》云:"虙妃张《咸池》、奏《承云》兮,二女御《九韶》歌。"可知先秦时期各方面都盛推《九韶》为最美好的音乐、舞乐。

"九成",《公羊·哀公十四年》疏引郑玄注云:"乐备作,谓之成。"《礼记·乐记》郑玄注云:"曲一终为一成。"本篇《孔疏》云:"成,谓乐曲成也。郑云:'成',犹终也。每曲一终必变更奏,故经言'九成'传言'九奏'(按伪孔云:"备乐九奏,而致凤皇")。《周礼》谓之'九变',其实一也。"按《周礼·大司乐》云:"若乐九变,则人鬼可得而礼矣。"在其上文述"六变",郑注云:"变,犹更也。乐成则更奏也。"由这些资料,知"箫韶九成"原意是说《箫韶》乐章,共分九章,可以演奏九遍。

⑨凤凰来仪——《史记·夏本纪》照录此句,文字未改易。《五帝本纪》则作:"禹力兴《九招》之乐,致异物,凤凰来翔。"《说苑·修文篇》同此语。其《辨物篇》亦云:"鸟兽鸧鸧凤凰来仪。"这是汉代今文家瑞应之说,《论衡·指瑞篇》云:"或曰:凤凰麒麟,太平之瑞也。太平之际见来至也。"又云:"儒者说凤凰麒麟为圣王来,以为凤凰麒麟,仁圣禽也。"这些是王充所举今文派"儒者"之说,以凤凰为神鸟、祥鸟,具仁圣之德,国家"圣主"有盛德,则有祥鸟来临。但王充都有驳异。《大司乐》疏引郑玄注云:"若乐九变,则人鬼可

519

皋陶谟

得而礼,故致得来仪。乘匹谓致得,雄曰凤,雌曰皇。来仪,止巢而乘匹。"全承今文家说。伪孔又承之云:"雄曰凤,雌曰皇,灵鸟也。仪,有容仪。备乐九奏而致凤皇,则余鸟兽不待九而率舞。"《孔疏》云:"箫韶之乐作之九成,以致凤凰来而有容仪也。"又云:"《释鸟》云:'鷉凤,其雌皇。'是此鸟雄曰凤,雌曰皇。《礼运》云:'麟、凤、龟、龙,谓之四灵。其凤凰为神灵之鸟也。'《易·渐卦·上九》:'鸿渐于陆,其羽可用为仪。'是仪为有容仪也。"由盛德形容之音乐所感,致凤凰飞来而有容仪,是谓其飞舞形态之美。

　　东汉古文家之说则以为是乐器之形体像凤凰之仪。《风俗通·声音篇》云:"箫,谨按《尚书》,舜作。'箫韶九成,凤凰来仪。'其形参差,像凤之翼,十管,长一尺。"是说箫的十管参差排列,其形象凤之仪。虽其篇首云:"《易》称'先王作乐崇德,殷荐之上帝以配先祖'。《诗》云'钟鼓锽锽,磬管锵锵,降福穰穰'。《书》曰'击石拊石,百兽率舞'。鸟兽且犹感应,而况人乎! 况于鬼神乎!"应劭身处汉末阴阳五行说笼盖一世之际,自不免作此语,然实际是所谓"抽象肯定,具体否定",在谈到具体的"凤凰来仪"时,则作此合于情理之解释。观汉代今文家盛倡阴阳五行,其撰"《洪范》五行"之传者连篇累牍,作者多家;而古文家无一人撰有关《洪范》五行的东西,所以在这问题上古文家亦不推波助澜,务为平实之论。如许慎释乐声象鸟兽来食之声,王充对各种瑞应皆找理性的理由,马融释此"鸟兽"为"笋虡"即悬钟磬之架之装饰花纹,都和《风俗通》说用意一致。这些都是几位有名古文家。当以古文家之说比较平实近情理。但《史记》用今文家说,反映较早期汉代儒生对此句的理解,而又长期为世所遵用。

⑩夔曰于予击石拊石——《史记·夏本纪》全删此句。按《尧典》录存了此句，和下句"百兽率舞"联在一起。《史记·五帝本纪》全文照录。释义详《尧典》校释。大致"于"为语首助词，"击"是大击，"拊"是小击，"石"指磬。因乐器唯磬以石为之。

⑪百兽率舞——《史记》照录此四字。《尧典》此句伪孔及此处郑注皆释为"相率而舞"，可通。王氏《释词》释"率"为用，以为此句同于"神人以和"句式。《尧典》"蛮夷率服"，亦用此释。从语法进一步探寻，亦可。《公羊·哀公十四年》疏引郑玄注云："百兽，服不氏所养者。"《大司乐》疏引郑玄注云："夔语舜云：磬有大小，予击大石磬，拊小石磬，则感百兽相率而舞。"奏音乐而使百兽舞，这事是可能的，与"凤凰来仪"不同，详《尧典》"百兽率舞"校释。不过汉儒宣扬"百兽率舞"，与宣扬"凤凰来仪"同一用意。

⑫庶尹允谐——《史记》作"百官信谐"。此逐字译其意。《大司乐疏》引郑玄注云："庶，众也。尹，正也。（按："正，长也。"）允，信也。言乐之所感，使众正之官信得其谐和。"伪孔云："尹，正也。众正，官之长。（林氏《全解》："庶尹者，百官府之长也。"）信皆和谐，言神人洽，始于任贤，立政以礼，治成以乐，所以太平。"林氏《全解》阐释云："非庶尹之谐，在于百兽率舞之后，盖言百兽从风，犹且如此，况百官者乎？"都以"百官信谐"和"百兽率舞"皆是"箫韶九成"的音乐效果所致。又《史记》此数句相联："箫韶九成，凤凰来仪，百兽率舞，百官信偕。"确把凤凰、百兽、百官这三项都作为受"箫韶九成"感动的结果。所以下文才接着"帝用此作歌"，意谓有了此数种祥和，帝舜才开始作歌，而皋陶也和他唱和的。

⑬帝庸作歌曰——《史记》作"帝用此作歌曰"。"庸"，用，本

521

书已习见。句读当作"帝庸作歌,曰",段玉裁《撰异》即如此读。因"曰"字下两句非歌辞的正歌而是序曲性的两句,其正歌在此两句后。所以不能读作"作歌曰"。

⑭勑天之命惟时惟几——《史记》作"陟天之命,维时维几"。江声《音疏》云:"《史记》述此经云:'陟天之命',斯为允当。必古《尚书》原文也。云陟帝位庸天命,故曰'陟天之命'。"此为对《史记》句之索解。按,勑,同勑,见本篇上文"勑我五典五惇哉"。《孔疏》引郑玄释此句云:"戒臣。"伪孔较详释之云:"用庶尹允谐之政,故作歌以戒,安不忘危。勑,正也。奉正天命以临民,惟在乘时,惟在慎微。"盖训"勑"为正;"时",如本字;"几",微。吕氏《东莱书说》:"'勑'者,整勑之意也。'时'者,时时勑之。'几',又时之微者。"吴澄《纂言》:"凡乐必有歌辞,上章载《韶》乐感应之效验,此章载帝朝君臣之歌诗。'勑天之命',谓以天命难保,相教戒督勉也。'惟时惟几',谓无一时不勑,无一事不勑,虽须臾不敢忘,虽细微不敢忽也。此帝先言其所以作歌之意。"此训"勑"为教戒、戒勑,训"几"为微。《蔡传》承上诸说云:"'庸',用也。'歌',诗歌也。'勑',戒勑也。'几',事之微也。'惟时'者,无时而不戒勑也;'惟几'者,无事而不戒勑也。"孙氏《注疏》云:"经文作勑,同勑,'勑'者,《释诂》云:'勤劳也。'又云:'劳勤也。'《广雅·释言》云:'勑,谨也。'《乐书》'太史公曰':'余每读《虞书》,至于君臣相勑,惟是几安,而股肱不良,万事堕坏。'知史公用今文作'陟',又引古文义作'相勑',义两通也。'惟几'者,《释诂》云:'惟,思也。几,危也。'《说文》云:'几,微也,殆也。'《荀子·解蔽篇》引《道经》曰:'人心之危,道心之微,危微之几,惟明君子而后能知之。'以释舜之

治天下也,不以事诏而万物成。史公又说'惟时惟几'为'维是几安'者,'时',是,《释诂》文。以'几'为危,以'康'为安,即下'庶事康哉'之义。"杨氏《核诂》云:"'敕',劳也。然则'敕天之命',殆犹《毛公鼎》'劳堇大命'矣。'时',犹谨也、慎也。'几',亦谨也。时、几相对成义,与上文'惟康能几'略同。"诸说皆有助于此处释义。以《纂言》《蔡传》说为扼要,《核诂》说有新义。总之是说,在谨承天命后,在时机上,在大小政事上,都要特别注意戒敕。意即《蔡传》所云:"顷刻谨畏之不存,则怠荒之所自起;毫毛几微之不察,则祸患之所自生。不可不戒也。此舜将欲作歌,而先述其所以歌之意也。"

⑮股肱喜哉元首起哉百工熙哉——《史记》照录此三句,字未改易。"股肱",指左右大臣,见上文"臣作朕股肱耳目"。"元首",指君主。见《尚书大传》云:"元首,君也;股肱,臣也。""百工",即百官,指群臣。参见《尧典》"允厘百工"校释。喜、起、熙,同韵。在段氏古韵第一部(见段玉裁《六书音均表》)。"熙",兴也(美也),见《尧典》"庶绩咸熙"校释。王引之《述闻》云:"喜也、起也、熙也,皆兴也。故下文皋陶曰'率作兴事'也。《尧典》'庶绩咸熙',《史记》作'众功皆兴'。扬雄《剧秦美新》……作'庶绩咸喜'。"……是喜与熙皆有兴起之意。《东莱书说》指出:"君对臣,则先言'股肱'。"时澜补充之云:"臣歌先元首,君歌先股肱,交相责任之义也。"王充耘《书管见》亦云:"帝作歌则先股肱,欲倚重于其臣;皋陶赓歌,则先元首,以责望于其君。"伪孔释此三句云:"股肱之臣喜乐尽忠,君之治功乃起,百官之业乃广。"则训"熙"为广。《蔡传》意亦近之云:"人臣乐于趋事赴功,则人君之治为之兴起,而百官之功

皆广也。"皆就字句作出讲解,未能表述与下文政治毁堕三句完全相反的积极气氛。

⑯皋陶拜手稽首飏言曰——《史记》照录此句,惟"飏"作"扬"。"飏"同扬,举也。见上文"时而飏之"校释。伪孔云:"大言而疾曰飏,承歌以戒帝。"林氏《全解》云:"上言股肱者,专指大臣而言之也。舜既望大臣如此,则皋陶于是拜首稽首飏言以奉承所歌之意也。拜手者,自首至手,稽首者,自首至地。言尽敬于君也。飏者,大言而疾曰飏。"《蔡传》全承用此数句。关于"拜首稽首",参见《禹贡》"禹拜稽手让于稷契"校释。关于"飏言"亦有异说,见王充耘《书管见》云:"所谓飏言者,乃歌之渐,非大言而疾也。与'工以纳言,时而飏之'者同,盖有韵则为歌,无韵则为言。而两语皆以'钦哉'系其后,有咏叹歌飏之意,亦歌之类也。"大抵释"飏"为"扬",即是,不必争执是否大言而疾。孙氏《注疏》据《尔雅·释诂》云:"扬,续也。"但又引郭璞《尔雅》注云:"未详。"皮氏《考证》则云:"《释诂》云:'赓、扬,续也。'史公作'扬',当训为'续'。承上作歌而言,谓拜手稽首而续言也。"则可将此句说通。

⑰念哉——《史记》同。《史记集解》引郑玄注云:"使群臣念帝之戒。"伪孔云:"承歌以戒帝。"则一以为戒臣,一以为戒帝。林氏《全解》虽意同郑而言之较周详云:"皋陶既拜手稽首而又扬言曰'念哉'者,盖舜之所歌泛指当时大臣,而皋陶欲使当时大臣皆念夫帝所歌之意,于是宣言于众,谓凡我同列大臣皆念帝所歌之意,故曰'念哉'。"

⑱率作兴事慎乃宪钦哉——《史记》全录此,惟"作"作"为","钦"作"敬",皆同义字。"率",伪孔《蔡传》皆释为率领之率。

"兴"二家亦皆释为起。伪孔释此句云:"宪,法也(按见《释诂》)。天子率臣下为起治之事,当慎汝法度,敬其职。"《蔡传》释此句云:"率,总率也。皋陶言人君当总率群臣以起事功。又必谨其所守之法度。"至江声《音疏》释:"率,先道也。"其下文未循此释此句,曾氏《正读》依以释云:"率作兴事,言元首当为股肱先道也。"大意相去不远。即可依上述诸语之义释此句。

⑲屡省乃成钦哉——《史记》删此句。"屡",《汉书·谷永传》引作"娄"。师古云:"娄,古屡字也。""省",《释诂》云:"察也。"伪孔释云:"屡,数也。当数顾省汝成功,敬终以善,无懈怠。"粗得其意而语未透。《蔡传》较详释云:"屡,数也。兴事功而数考其成,则有课功核实之效,而无诞慢欺蔽之失。两言'钦哉'者,兴事、考成,二者皆所当深敬而不可忽者也。此皋陶将欲赓歌,而先述其所以歌之意也。"

⑳乃赓载歌曰元首明哉股肱良哉庶事康哉——《史记》首句作"乃更为歌曰",末句作"万事康哉"。段玉裁《撰异》云:"《说文十三篇·系部》曰:'賡,古续字。'许意盖谓此字会意非形声也。……考《诗·大东》'西有长庚'。毛传云:'庚,续也。'《书·正义》引作'賡'。《尔雅》:'賡,续也。'《诗·正义》引作'庚'。古庚、更通用。如《列子》云:'五年之后,心庚言是非,口庚言利害。七年之后,从心之所念庚无是非,从口之所言庚无利害。'皆以'庚'为'更'。更有转移、相续二训,相反而相成也。'賡'之训与音亦同。……《夏本纪》'乃更为歌曰',以'更'代賡,与《列子》合。"

"载",《史记》译作"为"。《孔疏》引郑玄注云:"载,始。"伪孔注云:"载,成也。"《孔疏》云:"郑玄以载为始,孔以载为成,各以意训耳。"其评论甚确。孙氏《注疏》引郑说后，复引《孟子·滕文公》"自葛载"，以注云"载，始也"作为证。然又引注云："一说当作再字。"因而云："言续帝歌再为歌也。"载字尚有多种释义，此处终以史公释作"为"为是。按《周礼·大宗伯》"大宾客则摄而载果"，郑注亦云："载，为也。"近世学者曾氏《正读》、屈氏《集释》亦皆从而释"为"。杨氏《核诂》则云："载，事也（按《尧典》"熙帝之载"亦释载为事）。引申为作为之义，故《史记》作'为'。"可知此处"载"字以释"为"为确。"乃赓载歌"即"乃更为歌"。

　　明、良、康，同韵，在《六书音均表》古韵第十部。

　　㉑又歌曰元首丛脞哉股肱惰哉万事堕哉——《史记》照录此数句，字未改易。惟汲古本《史记》误作"舜又歌曰"。段玉裁《撰异》误以为"此今文不同也"。王先谦《参正》云："下文有'帝拜曰'，此处不当为舜歌。且《夏本纪》'帝舜谓禹曰汝亦昌言'之下四'帝曰'，皆作'帝'，不应此独作舜，明系误衍。段说非。"

　　"丛脞"，《释文》："脞，仓果反，徐（仙民）音锁。"并引马融注云："丛，捒也（捒即总）。脞，小也。"《孔疏》引郑玄注云："丛脞，捒聚小小之事以乱大政。"《说文·丵部》云："丛，聚也。"聚，义同总。《说文》无脞字而有䯜字，《目部》云："䯜，目小也。"徐铉注云："案《尚书》'元首丛䯜哉'，'丛䯜'犹细碎也。今从肉，非是。"段玉裁《撰异》云："按鼎臣（徐铉字）此语最误。《尚书》脞字从肉，自来古本如是。岂得因《说文》无脞字，妄思易之。……脞之训小，犹䯜之为小目，皆坐声字也。徐仙民脞音锁，此因郑注易云'琐琐，小也'，傅合为说。"王先谦《参正》云："《广雅·释诂》：'丛凑，遽也。'治事急遽无序，则众务丛凑于前。脞、凑，双声字。"伪孔云："丛脞，细碎无大略。"《玉篇》释"丛脞"全用伪孔语。《集韵》释之云："小也。一曰'切肉为脞'。"可知脞字原义为切肉碎小。总之君主为政不务大略而身亲细碎小事是为丛脞，故郑玄释为"总聚小小之事以乱大政"，得此词原义。

"惰"，《广雅·释诂二》"嬾也"（即懒也），《说文·心部》作"憜，不敬也"。堕，《说文·自部》作"隓"。大徐注云："今俗作堕。"《方言》云："隓，坏也。"《广韵》《集韵》《玉篇》并作"陊"。《玉篇》释云："坏也。"《广韵》释为"下坂貌，又落也"。

伪孔释此数句云："丛脞细碎无大略，君如此则臣懈惰，万事堕废，其功不成，歌以申戒。"《孔疏》云："君无大略则不能任贤，功不见知则臣皆懈惰，万事堕废，其功不成，故又歌以垂戒也。'庶事''万事'为义同而文变耳。"以上为汉学的解释。宋学则如林氏《全解》云："丛脞者破碎而无大略也。君丛脞于上，则臣懈怠于下，故股肱惰则事所以堕废不成也。范内翰（按系范祖禹）尝论此言，以谓君以知人为明，臣以任职为良，君知人则贤者得行其所学，臣任职则不贤者不得苟容于朝，此庶事所以康哉。若夫君行臣职则丛脞矣，臣不任君之事则惰矣，此万事所以堕也。……禹为相，总百官，自稷而下分职以听焉。君人者如天运乎上，而四时寒暑各司其序，则不劳而万物生也。君不可不逸也，所治者大，所司者要也。臣不可不劳也。所治者寡，所职者详也。此说尽之矣。夫有虞之治所以能冠百王之上者，惟其君臣各任其职而已。孔子曰：'无为而治者，其舜也欤！夫何为哉，恭己正南面而已矣。'（按，见《论语·卫灵公篇》）又曰：'舜有臣五人而天下治。'（按，见《论语·泰伯篇》）盖君无为而执其要于上，臣有为而致其详于下，其治历万代

皋陶谟

527

而不可及,原其所以致此者,亦无出于'赓歌'之数语耳。"这把君掌大略于上臣尽职责于下这三句诗的要义解释成为孔子所倡的无为而治。正和《尧典》任命二十二人后无他事记载,也被儒生附会宣扬孔子所倡为君要无为而治的思想一样。

此歌脞、惰、堕三字同韵,在《六书音均表》古韵第十七部(因此三字所隶哿、箇二韵皆在古韵七部)。

㉒帝曰俞往钦哉——《史记》作:"帝拜曰:然!往钦哉!""俞"与语词"然"同,已详《尧典》"俞,予闻"校释。《尚书》中多用之。"钦",敬(见《释诂》)。"钦哉",《尚书》中习见。"往钦哉!"两见于《尧典》及本篇。意为:"去吧,敬于所职呵!"伪孔释此云:"拜受其歌,戒群臣自今以往,敬其职事哉。"林氏《全解》云:"'帝拜曰俞往钦哉'者,盖拜受其言而然之,自今而往,君臣皆当钦其事而践其言也。《礼》曰:'君于臣则无答拜。'盖至尊之势无所屈也。然太甲之于伊尹,成王之于周公,皆有拜手稽首之义,所以尊师重道也。皋陶之赓歌,舜拜而受之,岂亦以师傅之礼而待皋陶欤?"故《蔡传》承其意云:"帝拜者,重其礼也。重其礼然其言而曰:'汝等往治其职,不可以不敬也。'"

以上这一节,《皋陶谟》作者将两段不同来源的资料杂凑在一起。首段为典乐官夔述自己掌乐政的盛况,用了不少周代的礼乐器数名物,所宣扬的则是其乐舞感动了凤凰、鸟兽、百官。由于有了这几种祥和,舜才因之作歌,引出了后一段舜与皋陶相唱和的三首歌。林之奇《全解》强调:"夔言其所以作乐之功,其文当为一段,不与上下文势相属。"可见古人已见到这一点,不像有的经师说成这是舜治定制礼、功成作乐纪其治功的完整篇章,进而宣扬篇末三歌反映了舜的无为而治，就相去更远了。

今　译

　　古时候那位皋陶说："要真诚地引导德教，提出明智的谋议，共同团结一致地辅佐天子。"禹说："噢，说得对！但怎样实现您所说的呢？"皋陶说："呵！要谨慎地修养自身的品德，多从长远考虑，仁厚地团结各宗族，推举众多贤明的人才作辅翼之臣，使政务逐步地由近及远以推行到全境。"禹拜领这样美好的话，说："对呀！"

　　皋陶又说："呵！这全在于善于知人，全在于安定老百姓。"禹说："唉！要都能做到这样，连陛下也将感到是一件不容易的事。知人要有知人的明智，才能识拔真正的贤才任职；安民要使人民得到实惠，才能使人民怀恩感德。能够知人善任，又能够实惠于人民，还怕什么欢兜的作乱？还需要什么放逐三苗，还畏惧什么花言巧语善于作伪的坏人呢？"

　　皋陶说："呵！人本该有九种德行，有必要谈谈一个人该具有的这种德行。"于是就列举说："说人有德，就要从他的件件行事来看。"禹说："怎么样呀！"皋陶说："宽仁而又严肃，柔和而又坚定自立，谨厚而又能谦恭干办，治事有为而又敬慎，和顺而又果毅，正直而又温良，简率而又有廉隅操守，刚劲而又踏实，强直无所屈挠而又合于义行。这些品德能昭彰为人所共见而又能经常保持这样做，那就好了。如果对这九种德行每天能做到其中三种，从早到晚都能敬勉遵行，就能有你们大夫的家；如果每天能严敬地做到其中六种,用以诚信地治理政事,就能有你们诸侯的国;能综合受有这九德而普加施行,使备有九德的人都获在(王朝的)职位,贤俊之才都能任职,百官们相师法,凡百职司都及时以趋事功,并督勉地方长官(五长),使国家所有各种政绩都获成功。勿使逸乐腐化者占有国家职位,大家都要兢兢业业地戒慎恐惧地洞察每日每天万事之几微。不要让不称职者旷废了庶政要职,因王朝官位实为天的职位,所有这些天职是要由人来代行的(所以不能旷废)。天所定的君臣父子等等的伦常叙次,自有其常典。这种典有五,应敕正我们这五典成为五种惇厚之典呀!天所制的尊卑贵贱等等的高低品秩,自有其常礼。这种礼有五,应使我们这五礼成为五种有用之礼呀!同僚们应敬肃地相协恭诚和衷共济呀!上天是要嘉命有德的人的,那就以五种服色按德行大小彰显荣宠之;上天是要讨伐有罪的人的,那就以五种刑罚按罪行轻重以五种用刑方式执行之。这样,政事就美好呀!美好呀!上天的聪明来源于下民的聪明,上天的明威来源于下民的明威,通于上天与下民。虔敬呵!有土之君。"

皋陶说:"我这些话可以成功地贯彻实行吗?"禹说:"你的话完全可以成功地实行的。"皋陶说:"其实我并无所知,不过是想赞助治国之道罢了。"

帝舜对禹说:"来!禹。你也说说你的好意见。"禹拜手说:"呵!我说什么呢?我只想到每天要孜孜地为陛下工作。"皋陶于是插话说:"什么叫孜孜呵!"禹说:"滔天的洪水,浩浩荡荡包围了山岳,漫没了丘陵,老百姓都有没溺之患,我乘的是'四载'。即走旱路坐车,走水路坐船,走泥泞的路坐橇,走山路用屐底有齿的檋。循行山岳刊削树木以为表识。和益一道给老百姓稻谷和生鲜食物。我把九州的河流疏通使入海中,把沟渠修通使入河流中。又和稷一道使老百姓在难于得到食物时能得到食物,缺粮少食的地方,调有余地方的粮食来补其不足(此依《史记》所录《皋陶谟》原句,伪古文本则以为是贸迁货物),广大群众才得以吃到粮食,万国之地才得以安定了。"皋陶在旁说:"对呵! 应该学习你这种美好的话了。"

禹对舜说:"呵! 陛下在帝位上要特别谨慎小心呀!"帝舜说:"是呀!"禹说:"应该安于您所能做到的,不要有当止而不得其止者。注意事之几微,才可不致酿成大故而使得到平安。还要辅之以德。君主有所行动立即得到天下巨大回应。因此要有清新的意志以昭受上帝之命,上帝就会申命赐给您以美好的命运。"帝舜说:"大臣至亲呵! 至亲的是大臣呵! 禹说:"是呀!"帝舜说:"臣子成为我的手足耳目。我要佑助人民,你们应辅助我完成这样的大业;我要宣力于四方,你们应尽瘁而为来把它完成;我要观察古人昭分上下等级的服色彩象,那些以日、月、星辰、山、龙、华虫(雉,一种美丽的野鸟)等图案作成的彩绘,那些以绘有虎、猿等形的宗庙彝器图案及水藻、火焰形、粉米、黼(斧形)、黻(亚形)等图案作成的织物刺绣,用五种色彩的颜料按五种色别来彩绘刺绣以成不同官爵穿着的章服,你们要把它考订研制明确;我要谛听六律、五声、八音、七始咏等各种乐律,用以结合吐纳,缘音乐工作所进行的采风所得的五方之言,你们要为我好好详审听清;我有违失之处,你们要匡正辅弼我。你们不要当面唯唯诺诺地听从我,下去就在背地里讲我的坏话。我敬重

531

前后左右大臣。当省察那些进谗言邀宠幸的邪恶坏人，及所行不在于正道的人。运用大射之礼以识别善恶贤愚，用鞭扑方式使之记过认错，用文书方式识其为非作歹之迹以儆之，以此三种施教方式欲那些人并获新生。由专官以纳言之职负举善责过之责，有善则扬之，有迁过至善者则进之用之，如其不善则用刑以威之。"禹说："呵呀！光天之下远至海边的小百姓，万邦千邑的贵贱之民，都是陛下的臣民，全在于陛下以时举用之，普遍省纳其心声，鲜明公正地试之以其功，以不同等级的车辆服色酬其勋。这样，谁敢不让功服善，谁敢不恭谨以敬应上命。如果陛下不是这样，而使贤愚善恶的人同时在位，那么治国就不会成功的。"

帝舜说："不要像丹朱那样沉溺于慢游嬉戏，只知傲狠暴虐，无昼无夜肆恶无休息。河中水道浅涸也强迫行船，在家里也肆行淫乱，终使他自己的世系断绝了。我们不能像他这样。"禹说："我娶涂山氏的女儿是辛日，到了甲日就离开了家去忙着治水。以后生了我的儿子启，在家哭着，我也不曾尽过抚育儿子的责任，所以全力完成了平治水土之功。终于辅助陛下完成划天下为五服的大业，使疆域每方达到五千里，每州又制定了十二师的地方行政区划，外则疆域远至四海，五方诸侯各给建立君长，他们都能各按正途建立事功。最后只有苗民顽梗不就事功，陛下要加以注意。"帝舜说："你宣导我的德教于天下，这些全是你的功叙所获致的。现在皋陶正敬重您的功叙，对顽梗者正在明正地推行刑政以畏服之。"

乐正夔说："（乐工在堂上）敲击玉磬，搏拊琴瑟，以协合咏歌之声。乐声感动祖先神灵全来降临。这时虞宾在祭位，诸侯助祭，也都以德互相礼让。（而堂下之乐）下管及鼗鼓并奏，合之节乐的乐器柷敔，协调匏笙及镛钟相间而奏，乐声悠扬中感致鸟兽跄跄而舞，舜的大舞乐章《箫韶》演奏九遍，全乐九成奏毕，神鸟凤凰也仪态万方地翩翩前来翔舞。"夔还说："我击打大小玉磬，以协奏全部乐章，感通百兽相率而舞，百官对乐声感受更深，也都能真诚地配合和谐一致。"帝舜因此高兴地唱起歌来，序曲说："勤劳了上天的大命，只是在顺时，只是在慎微。"接着唱正曲道："大臣们欣喜呵！元首奋起呵！百官们和乐于治理呵！"皋陶拜手叩首扬声地说道："注意呀！要总率群臣兴起事功，必须慎重陛下的法令，可千万要诚敬呵！还要不断考察督率才能使事功有成，更该诚敬呵！"于是皋陶接着歌唱道："元首英明呀！大臣都贤良呀！万事就能纲举目张呀！"停了一会儿又唱道："元首治事忙于琐细丛脞呵！大臣们就会怠惰呵！万事都会堕毁呵！"帝舜听了，拜手说："对呵！去吧！大家好好地敬谨努力吧！"

讨 论

本篇所要讨论的是下列四问题：

（一）本篇著作时代的问题。顾师 1923 年 6 月 1 日致胡适《论今文尚书著作时代书》中，提出了拟写《尧典皋陶谟辨伪》及《禹贡作于战国考》二文的提纲。其前一《辨伪》提纲分八项：1.尧舜之说未起前的古史。2.春秋时的尧舜与战国时的尧舜。

3.一时并作的《尧典》《舜典》。4.今本《尧典》《皋陶谟》的出现：（1）取事实于秦制，（2）取思想于儒家（禅让）与阴阳家（五行），（3）取文材于《立政》与《吕刑》。5.《尧典》《皋陶谟》与他书的比较（共举 7 条，关于《皋陶谟》2 条）。6.《尧典》《皋陶谟》的批评（举 3 条）。7.所以考定为秦汉时书之故（举 5 条）。8.《尧典》《皋陶谟》杂评（举 7 条，关于《皋陶谟》2 条）。这两文《提纲》以致胡适书的形式发表在《古史辨》第一册，虽然后来并没有按这提纲写出此两文，但提纲中提出的意见陆续不断发表在他的各论著中，为学术界所共知。所以徐旭生先生《中国古史的传说时代》书中说："顾颉刚先生及他的朋友们……最大的功绩就是把古史中最高的权威，《尚书》中的《尧典》《皋陶谟》《禹贡》三篇的写定归还在春秋和战国的时候。"（该书第 22 页）也就是学术界大抵接受了顾先生的意见。

本书在经过对《尚书》的进一步研究后，首先是充分肯定了顾先生的意见，对扫除两千多年来以为《尧典》是唐虞时之作、《皋陶谟》是虞舜时之作、《禹贡》是夏禹时之作这种错误说法，确建立了很大的功绩。人们不再相信它们是尧、舜、禹时期原有的古史篇章了。为对古史取得正确认识奠定了基础。但也对顾先生关于这三篇的具体意见作了些修订补充。对《尧典》《禹贡》两篇著作时代的具体意见所作的修订补充，已见该两篇"校释译论"的最后"讨论"部分中。关于对《皋陶谟》著作时代的具体意见，现在亦可讨论一下。顾师在上述《尧典皋陶谟辨伪》提纲第四项中说《皋陶谟》与今本《尧典》的出现：1.取事实于秦制，2.取思想于儒家与阴阳家，3.取文材于《立政》（三宅、九德）

与《吕刑》(降三后、绝苗民)。那么《皋陶谟》之写成,晚至秦代了。又在《顾颉刚读书笔记》第三卷中,以《泰誓》中有"天视自我民视,天听自我民听"为《孟子》所引,而《皋陶谟》中有"天聪明自我民聪明,天明畏自我民明威"与之相同,遂以为"可见《孟子》时出现大批伪《书》,《泰誓》与《皋陶谟》为同时代的作品",是说《皋陶谟》同《泰誓》一样,为战国时代伪作。同卷又以《皋陶谟》"慎厥身修思永"至"迩可远在兹"四句袭用《孟子》"道在迩而求诸远"至"长其长而天下平"四句。又以《皋陶谟》"巧言令色孔壬"袭《论语》"巧言令色"句。《笔记》第二卷中,以《老子》"是以圣人方而不割"四句,意同于《皋陶谟》"九德"诸句,准之上引与《泰誓》句同则为与《泰誓》同时出现之说,是亦以《皋陶谟》与《老子》出现于同时。这就是说《皋陶谟》著作时代晚于《论语》《孟子》或亦晚于《老子》。总之是说《皋陶谟》成于战国时代。

我们在探析先秦时《尚书》各篇流传情况(见《尚书学史》第二章)后,获知《皋陶谟》的文句已被先秦文献引用,但未出篇名。而伏生任秦博士所掌《尚书》中有题为《皋陶谟》之篇。其先秦文献引用之文见于《春秋左传》两处,一为《僖公二十七年》云:"《夏书》曰:'赋纳以言,明试以功,车服以庸。'"这是明见于本篇的文句,其所以称《夏书》,因春秋战国时《书》篇分为《夏书》《商书》《周书》三部分(见《墨子·明鬼》云:"上者《夏书》,其次商、周之《书》。"《墨子》的《尚贤》《天志》《明鬼》《贵义》诸篇都称尧、舜、禹、汤为"三代圣王",把尧舜列在夏代,所以有关尧、舜、禹的篇章都称《夏书》)。故与舜对话的《皋陶谟》列在

《夏书》。僖公属春秋前期，这是明确见于春秋前期的《皋陶谟》之文。又一为更在其前即《春秋》早期的《庄公八年》文云："《夏书》曰：'皋陶迈种德，德乃降。'"此语未见于今本《皋陶谟》，可能为逸文，但显然看出它是指《皋陶谟》篇宣扬九德之文。那么有关皋陶的篇章已见于春秋早期。又《周礼·大司乐》云："以六律、六同、五声、八音、六舞、大合乐以致鬼神示。"则与本篇"予欲闻六律、五声、八音、七始咏"基本相合，唯详略稍异。又与"搏拊琴瑟以咏祖考来格"精神相合。《周礼》系在承西周末期资料的春秋早期据姬周官制写成（见拙作《周礼真伪之争及其书写成的真实依据》，载《古史续辨》）。可知其书运用了《皋陶谟》资料，故郑玄即用本篇整段资料以注释《周礼》此处。又《礼记·明堂位》云："拊搏玉磬，揩击大琴大瑟中琴小瑟。"亦与本篇"戛击鸣球（即玉磬），搏拊琴瑟"相合。文字有出入，这是引用书篇常有现象。《礼记》之为书，自春秋之世儒家因讲解礼书的需要而产生，递经战国以至西汉续有所作。其引用春秋时典籍是自然的事。总之自春秋早期已见《皋陶谟》，自后继续传诵下来。

　　至于顾师以为《泰誓》与《皋陶谟》有相同文句而为《孟子》所引，谓此两篇皆《孟子》时出现的伪书。我们已查得春秋至战国时文献中引武王伐纣的《太誓》篇中的文句共二十二次，早者为《国语》《左传》所引，晚者为《孟子》《管子》及《礼记》所引，其中《国语》《左传》皆几次引到武王在《太誓》中所说"民之所欲，天必从之"等语，又有相同意义的"天视自我民视，天听自我民听"之语。这是针对商代唯知重鬼尊神、绝对相信天命而发，提出了远为进步的天意是根据民意的思想，因而是可信的武王伐纣誓词的流传至春秋战国时的文句，这些文献就引用了它。因为这是武王、周公所倡的思想，儒家就更重视这一思想，因为写入了所整理编定的搜集原有流传的资料写成的《皋陶谟》篇中，这是很自然的事。顾师又指出《皋陶谟》袭用《论语》《孟子》文句，还有可能用《老子》文句。我们经过研析，认为正是《论语》《孟子》袭用了《皋陶谟》。《皋陶谟》在不少佶屈聱牙的文句中，有"巧言令色孔壬"一句，《论语·阳货篇》有"子曰：'巧言令色，鲜矣仁'"句。显然是孔子引用了《皋陶谟》此句，加以阐述。陈澧《东塾读书记》即云："'鲜矣仁'三字，孔子说《尚书》也。"其言至确。又《皋陶谟》有云："慎厥身修思永，惇叙九族，庶明厉翼，迩可远在兹。"而《孟子·离娄上》有云："道在迩而求诸远，事在易而求诸难，人人亲其亲、长其长，而天下平。"顾师以其内容略同，即以为《皋》袭《孟》。其实只要看此两段文字风格，一古朴，一流畅，其时代先后已很判然。这是凭直觉可感到的，《孟子》之语已和后世文言文差不多，后代习作古文者即学《孟子》此类文句，决不学古拙的《皋陶谟》这类文句。据何定生《尚书的文法及其年代》说："《尚书》之所以异于后代之文，是因为连词及助词之关系。"《尚书》有常用的连词为越、矧、肆、今及惟、乃、则等，前几个连词后世大体不用，又语气词或叹词俞、都、於等后世也大体不用，而使春秋战国以后及后世之行文流畅琅琅可诵者，主要是句中句尾有着《尚书》所无的连词、助词（主要为语气词、叹词）之类。所以要判别《皋陶谟》之文远远早于《论语》《孟子》之文，根据这些词类，即可显而易见。因此根据先秦引用《书》篇情况，及其文字风格，就可完全肯定《皋陶谟》篇之句在春秋早期就已存在了。但不一定是完全整理定稿了。因为还要由春秋时期的儒家整编加工。

（二）儒家利用搜集到的原资料加工整理编定成本篇，寄托了儒家重要的德教思想的问题。只是可能因原资料中未曾有"仁"字，所以孔子儒学中重要的仁字未在本篇出现，但篇中如"安民则惠"，释为"惠，爱也"，则即《论语·学而篇》的"泛爱众而亲仁"及《颜渊篇》的"仁者爱人"之义。又本篇九德有宽、柔、恭、直等九项。《论语·阳货篇》说"能行五者于天下为仁"。此"五者"指恭、宽、信、敏、惠。能行五德即为仁，况多至九德，自然充分体现儒家仁德思想了。可见本篇主要反映儒家重德的思想，只因资料内容的不同而使本篇有丰富的内容。

起钎撰《我国古史传说时期综考》（载《古史续辨》）的第六节"战国后期加工编成的古史传说"，其第（1）小节"儒墨两家推崇尧舜禹所形成的'二帝三王'历史系统"文内，曾说："儒家还搜集古代各种神话、传说资料，把它历史化，编成《尧典》《皋陶谟》两篇，作为宣扬尧舜禹盛德大业的宝典；又把当时一篇地理要著加工编成《禹贡》篇，作为禹治水分州的纪录文献。这样精心地把尧、舜、禹塑造成古代最理想的圣王，描述他们的时代是最理想的黄金时代，希望后王按照他们的模式去做。于是二帝（尧、舜）三王（夏禹、商汤、周文武）的历史系统就构成了。由此《尧典》《皋陶谟》《禹贡》三篇和下文要谈的《帝系》《五帝德》两篇，就成了中国古史定型的权威性文献。司马迁撰《史记》，第一篇《五帝本纪》就全部抄录《尧典》《帝系》《五帝德》三文写成，第二篇《夏本纪》就全部抄录《禹贡》《皋陶谟》二文并附《甘誓》写成，不过稍加了《世本》中的夏世系。于是我国最早的古史，就由儒家这几篇文献把它编成了。"可知《皋陶谟》在儒家编定古史体系时起过重要作用。

由于经过进一步研究，获知这三篇不是编定于战国后期，资料来源较早，大抵最后定稿于春秋时期。其中《禹贡》经过深入探析其内容，并采纳考古学者的意见，其编写时间还要早，详本书《禹贡》篇"讨论"中。大抵其九州的划分，是源于自龙山文化时期已自然形成经历三代继续存在的一种人文地理区系。这是由于《禹贡》九州的划分原据自然地理而不据政治地理，刚好有这一客观的自然形成的人文地理区系存在，那么九州的划分就会自然地符合这一人文地理区系了。它的蓝本可能出于商史文官对夏史口碑的追记，而基本定型的《禹贡》这篇纯地理著作则是周初史官对夏商史迹的追记。但把这部纯地理著作加上首尾几句改定为大禹治水分州的文献，并把春秋时始出现的关于疆域区划的空想的"五服制"附入《禹贡》篇中，则是春秋时期的事，正是儒家广搜文献编定两部主要教本《诗》《书》以授读其门生确定其儒学体系时的事，所以《禹贡》的最后附丽儒说的定本，和《尧典》《皋陶谟》的最后编定基本在同时，《尧典》篇"讨论"中论定《尧典》基本成于春秋时创立儒家学派的孔子之手，《皋陶谟》的编定大概亦相去不远。总之这三篇最后由春秋时儒家编定收入与《诗》并行的这两部主要教本的《书》中，应是无问题的。

不过"二帝三王"的古史系统，已由《尧典》《禹贡》二篇构成了。《皋陶谟》这篇则主要是补充和充实他们的德教之治，林之奇《全解》释云："虞史既述二典，又叙《皋陶谟》《益稷》篇以备二典之未备。"即在探述此意。全篇利用当时搜集到的往古流传下来的皋陶和舜、禹等的一些散见的片段资料，按照儒家所要宣扬的德教，加工组织成篇，表示武王、周公针对商代纯恃天命，尊神、尚鬼、重刑之失所提出的重德思想，古已如此。在儒家推行的文献中，除周初周公诸诰反复强调"德"外，其为儒家所编写的文件，则《皋陶谟》是谈"德"最多最具内容的一篇。其篇首第一句为"允迪厥德"。《史记》译为"信道其德"，即确实行其德，成为全篇的纲领。

　　作为本篇特色的，是提出了"九德"项目，即："宽而栗，柔而立，愿而恭，乱而敬，扰而毅，直而温，简而廉，刚而塞，强而义。"这里所说德的项目是较多的，《尧典》亦录存了相同的资料，但只有"直而温，宽而栗，刚而无虐，简而无傲"四项，且略有出入。而《逸周书》却有三处提出了"九德"，不过项目有不同。首先见于保存有西周资料而写成于春秋之世的《常训》《宝典》两篇中。按周公对成王讲的《立政》篇，有"忱恂于九德之行"一语，则西周之有"九德"之说出现，自是可信之事。此《常训》篇云："九德：忠、信、敬、刚、柔、和、固、贞、顺。"这里出现了儒家所重的"忠"，而与《皋陶谟》相同的则有敬、刚、柔、顺（扰）四项。《宝典》篇则记周武王召周公曰："朕闻曰：何修非躬，躬有四位，九德。……九德：一、孝，孝子畏哉。……二、悌，悌乃知序。三、慈惠，知长幼，乐养老。四、忠恕，是谓四仪。……五、中正，是谓权断。……六、恭逊，是谓容德。……七、宽宏，是谓宽宇，准德以义。……八、温直，是谓明德。……九、兼武，是谓明刑。"这里出现了儒家所重的孝、悌、忠、恕，同于《皋陶谟》的只有恭、宽、温直三项，另有"明刑"见于《皋陶谟》"象刑惟明"而不在九德中。继见于属战国兵家之作的《文政》中云："九德：一、忠，二、慈，三、禄，四、赏，五、民之利，六、商工受资，七、民之死，八、无夺农，九、足民之财。"这里有儒家所重的忠，而儒家的重民思想则分别谈成四项。其余四项皆与《皋陶谟》不同。由以上情况看，显见自西周流传至春秋战国，纷纷出现"九德"之说，而《皋陶谟》所记资料，比《常训》《宝典》《文政》所记者时代要早，要较原始。比《尧典》所记者要全。到战国初年门弟子再传弟子所记春秋时孔子言论行事的《论语》一书，所载德的项目，据杨伯峻先生《论语译注》书末所附的统计，全书共谈"仁"109次，"礼"74次，"道"60次，"德"、"信"各38次，"智"25次，"义"24次，"直"22次，"忠、忠恕"20次，"孝"19次，"恭"13次。除"礼"、"德"、"直"、"恭"、"义"外，都不见于《皋陶谟》中。这些是孔子经常谈的道德项目，亦即儒学德目的主要者。其全书中所载10次以下者，计有"爱"9次，"惠"、"和"各8次，"慎"、"笃"各7次，"简"6次，"温"、"刚"各5次，"宽"、"庄"、"果"（包括果敢）、"悌"（字作弟）各4次（另有兄弟之弟7次），"谨"3次，"恕"、"敬"、"诚"各2次，"廉"、"毅"各1次。则《皋陶谟》中的"德"、"礼"、"直"、"恭"、"义"已进入孔子主要德目，其余"惠"、"宽"、"毅"、"温"、"廉"、"刚"等则亦为孔子所沿用。而孔子最高的道德是"仁"，力倡"为政以德"，其完整的道德体系是"仁、义、礼、智、信、忠、孝"。及《里仁》篇所载"夫子之道，忠恕而已矣"。

这些最基本的孔子儒学的"德",《皋陶谟》都不具有,因此显然看出《皋陶谟》不能是孔子所编定,不像《尧典》那样之可能编定于孔子手。《论语》中只有一处颇似于《皋陶谟》之文,即《阳货》篇所载:"子张问仁于孔子,孔子曰:'能行五者于天下为仁矣。'请问之,曰:'恭、宽、信、敏、惠。恭则不侮,宽则得众,信则人任焉,敏则有功,惠则足以使人。'"这就看出孔子也曾受过《皋陶谟》篇影响。(《老子》五十八章有云:"圣人方而不割,廉而不刿,直而不肆,光而不耀。"也见出春秋战国间人喜为此等语。)但总的来说,自周公盛倡德教以来,西周至春秋之世出现过三、四种"九德"说,《皋陶谟》是其中一说,虽入儒家之手,相互交糅影响,但和最后定型的孔子德教有距离,因而可知是较早的一说。在作为儒家唯一两部教本中的一篇,其受儒家影响是必然的。原材料在篇中按儒家意图编排成文是其影响之一,将原材料按儒家思想润饰增订亦是影响之一,这就是今《皋陶谟》中的"九德"受儒家影响所见的中庸思想。

自西周传下至少四种"九德"说,其他三种每德都是一字,偶有两字成一词汇,意义也相一致,则《皋陶谟》的"九德"原来亦应如此。可是现在所见者皆相反意义的两字组成一德,即郑玄注所说:"人之性相异,有其上(指"宽而栗"等的上一字)者不必有其下(指下一字),有其下者不必有其上。上下相协,乃成其德。"亦即孙星衍《注疏》历举此"九德"的上一字与下一字意义皆相反,因而谓"此似相反,而实相成"。其用意就是不要走极端,不要只行此德的一个方面,而是要把它中庸化,把与它相反的德折衷起来,走中庸之道。例如此"九德"中有一"强"德,而《左传·昭公元年》云:"不义而强,其毙必速。"这显然是春秋时期通行之语。《皋陶谟》编定者见到"九德"中的这一"强"字,惩于不义而强者必毙,就把它修订成"强而义",这就不过火了,中庸了。其他八德亦同样把它中庸化,就成了今天所见的样子。《论语·雍也》说:"子曰:中庸之为德也,其至矣乎。"把"中庸"鼓吹得如此高,成了儒家中重要的一德。后来朱熹把《礼记》中作为追述孔子中庸思想的《中庸》篇及述统治者必须修、齐、治、平的大学之道的《大学》篇提出来成为独立之文,与《论语》《孟子》并称"四书",确实朱熹抓到了儒学的要义。《皋陶谟》的"九德"承受了中庸思想,下面要谈的"君德"则包括了大学之道,都是儒学施加于《皋陶谟》的。

下面就接着谈本篇总纲"德"内涵中的君德、臣德两项:

君德,亦即为君之道。周初周公诸诰强调敬德、奉德、明德、用德、秉德,都是对君主说的,要君主敬德用德等等,不像后来儒家则主要教一般人奉行道德。如《梓材》云"王其德用",《召诰》云"王其疾(速)敬德"、"王其德之用"等等皆是。《皋陶谟》保持了这一精神,重视君德,谆谆告诫君主要奉行德。在篇首"允迪厥德"句后,接着即说"慎厥身修思永,惇叙九族,庶明厉翼,迩可远在兹"。这就是"修身、齐家、治国、平天下"的"大学之道",不过说得很简要和不甚切近,不像《尧典》那样说得较确切详近,总之把它作为君德亦即为君之道的第一个要点提出来。

为君之道的又一个要点是:"在知人,在安民。"而知人善任是为了安民,目的在安民。这也完全体现了周武王提出、周公所推重而儒家所奉行的重民思想。《蔡传》云:"知人,智之事;安民，仁之事。”仁为孔子所倡最高的道德，以为能安民，就达到君德最高点。篇中的“天聪明自我民聪明，天明畏自我民明威”，直接与周武王《太誓》“天视自我民视，天听自我民听”之语完全相同，必为西周以来流传之语，以其高度重民而收入篇中，构成此篇君德中重要内容。

为君之道的再一要点是“在知人”所需要的用人之道，篇中“侯以明之”一段，即妥记君主如何用人；“抚于五长”至“兢兢业业，一日二日万几，无旷庶言”等句，则为君主总领百僚之道；下文接着的“敕我五典五惇”，“五礼有庸”，以五服五章奖有德，以五刑五用讨有罪，全为君驾驭群下之各种措施。

为君之道的更重要一点，是“慎乃在位”、“安汝止”等句至“昭受上帝，天其申命用休”，则全在君主行动上的知所戒慎，举止要有所自律。到最后舜与皋陶唱和，强调要君明臣良，君主不能亲琐务，代臣职，这样就会万事堕坏。经师们解释为“无为而治”。实际是说君主只总领在上，明于用人就行，一切政务由群臣分掌，君主不可侵越臣职，成所谓“垂拱而天下治”。起釪曾撰《礼失而求诸野的〈尚书〉所倡为君之道》（载纪念白寿彝教授八十五华诞的《历史科学与历史前途》），阐述了此义。

《皋陶谟》遂以擅言君德即为君之道见称，历代经师大率凭此阐释为君之道，或以此进讲。例如薛季宣《书古文训》云：“本诸安止知人，君明臣良，而有无为之化，人君之道，于有虞氏《书》见之矣。”日本最后一个传经世家最后一位儒者安井小太郎，为明治年间名儒，长期为日本天皇授读经典，其子曾记载他于明治七年在宫中进讲《尚书·皋陶谟》，专讲述为君之道，为世所称。就可知《皋陶谟》所言为君德即为君之道影响之深远。

臣德，即为臣之道。篇中在叙"九德"之后，即言按各人所行九德中德行的多少，来分别授其官位之高低。能行九德中之三德者，则可为大夫以有其家，能行其中六德者，则可为诸侯以有其国。能全行九德者，则可为王朝公卿大臣。并按其德行大小分级授予章服、车服。既由此可以看出，《皋陶谟》中的德，全为贵族而发，上自天子下至大夫所当分别履行，与一般平民无关。而且实际是纸上空谈，古代自出现国家机构以来，其王朝大臣、诸侯、大夫，决不会按履行九德的多少来分任，而是由其世袭的政治地位来决定，即章服车服也由官爵高低来决定，与德行大小无关。不过看到《皋陶谟》编者的主观愿望，由他的重德，希望贵族们也都能重德，鼓励他们多行德以争取高的官位爵位。虽不切实际，却看出他所鼓吹的为臣之道中，首先要重视的是德。

在"臣哉邻哉"以下一大段中，较集中的谈为臣之道。总的要求是臣下要为君主的手足耳目，并尽力完成君主的五项要求，特别是君主在解决民生疾苦，治理天下四方等大政方面，臣下应有所作为地辅助君主以建立事功；君主在内政的制礼作乐方面，也应克尽臣职；君主有所违失时，要能匡正弼助他。决不能当面顺从君主，背面却有不满意见。这些都是为臣之道的要点。最后要君明臣良，不可怠惰而坏国事。《皋陶谟》中强调的臣德大略如此。

"重德"（包括君德、臣德）作为《皋陶谟》全篇特点，大要也就如此。

（三）本篇原为零散的不相干的西周流传下来的资料由儒家杂凑成篇的问题。篇中除重点谈德的文句外，还有禹治洪水及播种粮食以完土功济民食的资料，丹朱不肖的资料，禹生儿子不顾，在外划定疆域的资料，皋陶施象刑的资料，夔作乐的资料，等等，这些都是与"德"这一主题并不相关连的资料。即使被组织在谈德中的资料，也不少原是彼此孤立的，如大学之道的资料，五典五礼五服五刑这一组资料，天的视听源于民的资料，以及舜与皋陶唱和的资料等，这些被勉强作为了鼓吹德这一主题的个别内容。如此纷然杂陈的资料凑进了一篇中，历代经师们就尽量说成它是完整的一篇，是舜、禹、皋陶等在舜的朝廷里君臣对答的一篇。并且加以许多美好的歌颂。

但过去也有学者偶能有所察觉，例如夔作乐一事与篇中其他内容之不合是显然的。因此林之奇《全解》指出说："自此而下，夔言其所以作乐之功也，其文当为一段，不与上下文势相属。盖舜之在位三十余年，其与禹、皋陶、益之徒相与答问者多矣。夫史官取其尤彰明者为此数篇以昭后世⋯⋯史官集而记之，非其一日之言也。诸儒之说，自《皋陶谟》至此篇（指《皋陶谟》分出之《益稷》）末，皆谓其文势相属，故薛氏以谓：'舜以苗民逆命，皋陶方祗厥叙而行法，故夔又进陈言鬼神犹可以乐语，鸟兽犹可以乐致，而况于人乎。'王氏则以谓：'治定制礼，功成作乐，舜之治功于是乎成矣，故夔称其作乐以美舜也。'凡此皆欲会同数篇所载，以为一日之言，岂史官独载一日之言，而尽遗其余乎，此理之必不然也。理之所不然而必为之说，故其说皆牵沿而不通，今不取。"《蔡传》全袭用此说。然此但知夔作乐一事与篇中其他内容不合,不知篇中许多内容彼此皆不合而强凑一起,如上文所举者,大率皆如夔作乐一样原是独立流传之文,由《皋陶谟》作者强行合到一起的。

所有这些资料都是西周流传的资料,因而绝大多数为以周代事实为背景的资料,当然也会有夏、商传下来的资料,更不可免的是必将有早于夏商周的资料,那就是与先民进入文明时代建立奴隶制的王权即夏商周三代以后完全不同的历史时代,即传说中的尧舜禹所处的属于父系家长制氏族的部落联盟的盛期到濒临解体前的时期,尧、舜、禹只是在军事民主制中担任了部落联盟的首长,把他们称为帝尧、帝舜等,是由于周代编写有关他们的篇章时,遇到的是他们处在神话中的资料,原是这样称呼的(《山海经》中群神都称"帝某")。就正好利用神话中的尊称,转化为人间君主的尊称了。而尧、舜、禹与皋陶、益、稷及《尧典》中所载虞廷二十二人,都处于平等的地位。所以本篇所载他们的对话,实是部落联盟成员之间以民主精神平等对话的遗影,本篇编纂者搜集到这些当时可能是部落联盟民主会议上对话情况的资料写入篇中,被经师们解释为君臣上下对答,也如《史记·夏本纪》所说的"帝舜朝,禹、伯夷、皋陶相与语帝前"(伯夷语不见于篇中,可能佚去,也可能伯益之讹),完全按后世王朝的情况来加以描述。于是经师们对于一些与后世君臣之礼不符合的情节便感到迷惑,而要加以粉饰曲解。例如皋陶对舜赓歌后,"帝拜曰"一语,就苦了经师们。林之奇《全解》只好解释说:"帝拜曰'俞往钦哉'者,盖拜受其言而然之,自今而往,君臣皆当钦其事而践其言也。《礼》曰:'君于臣则无答拜。'盖至尊之势无所屈也。……皋陶之赓歌,舜拜而受之,岂亦以师傅之礼而待皋陶欤!"《蔡传》也只好说:"帝拜者,重其礼也。"由于经师们所处时代,无法理解其为原始氏族社会部落成员之间或参加会议之时情况的遗影,只能按后代封建王朝的模式来认识,就牵强弥缝地做出如上解释。其实人们从这些遗影中,可窥见当时部落联盟政治生活一些生动的信息。只是全篇所搜获录存的资料,大都为王权时代三个王朝主要是周王朝的资料,它们大量反映的是周代德教、礼制等等的资料,只在字里行间保存了一些氏族部落生活的残存痕迹,使人们窥见其一鳞半爪,这是本篇资料中的可贵部分。

(四)《皋陶谟》篇被伪古文窜改的问题。这只需简单谈谈。秦官本《尚书》由博士伏生传至汉代,其中有先秦流传过的《皋陶谟》篇。而无汉代出现的"百篇《书序》"中紧接在《皋陶谟》后的《弃稷》篇。弃又称稷,为周族所奉的始祖(详《尧典》"稷""弃"二字校释),则该篇当为专记周祖弃稷言行之篇。但先秦文献中未见引到《弃稷》篇的文句,则其篇在先秦是否存在尚是问题。到东晋伪古文出现,要凑齐汉末古文本《尚书》的五十八篇,除伪造二十五篇外,还将汉代古文二十九篇强行分出数篇使成为三十三篇,合之以成五十八篇之数。《尧典》篇题下《孔疏》,叙述了分出的这些篇名,即从《尧典》分出的《舜典》,从《顾命》分出的《康王之诰》及《盘庚》分为三篇,而《皋陶谟》则分出下半篇"帝曰来禹汝亦昌言"以下冒充《书序》百篇中的《益稷》篇,但内容与弃稷无关,便利用篇中禹的讲话中提到益与稷,便改篇题为《益稷》以影射《弃稷》。但篇中只是舜和禹及皋陶的对话,与益稷无关,使得经生们只好对这篇题作粉饰的解释(见上文校释中)。而伪古文本的伪孔安国序,却倒打一耙说:"伏生又以《舜典》合于《尧典》,《益稷》合于《皋陶谟》,《盘庚》三篇合为一篇,《康王之诰》合于《顾命》。"装模作样说伏生把他古文本的《舜典》《益稷》《康王之诰》三篇并入了今文本的《尧典》等三篇中,却正好无异自己招供,亦即证实了伪古文本的《舜典》是从《尧典》分出的,《益稷》是从《皋陶谟》分出的,《康王之诰》是从《顾命》分出的。既然如此,现在自然应恢复今文原状。前面已将《舜典》恢复到《尧典》篇里了,下面还要将《康王之诰》恢复到《顾命》篇中,这里就自然把《益稷》恢复到《皋陶谟》篇中了(自清代以来不少反伪古文的著作都已这样做了)。

中华国学文库

尚书校释译论 二

顾颉刚　刘起釪　著

中华书局

禹　贡

　　《禹贡》是最早的一篇系统地全面地记载我国古代地理的专著。它托用"禹"的名字来名篇,塑造他治理了洪水,奠定了我国疆土,并按自然地理把这块疆土划分为九个州,然后按州记录了其山川、土壤、物产等项,从而根据当时各地农业发展的水平给各州田地分了等级,并据各地总的经济繁荣程度来定各州贡赋的高低,每州之末有一句叙述该州输送贡赋到帝都(冀州)的贡道以作结,这就是《禹贡》以"贡"名篇的用意所在。九州之后又用两章分别总叙了全境的山系和水系。最后一章谈"五服制"显然是后加的,它是与全篇的自然地理根本不相协的,略有点古史事实背景而大抵出于虚构的有关政治地理的一个空想性规划(例如全境按东西南北各依一定的里数划分政治区域,各距离五百里、三百里,丝毫不差),这就成为《禹贡》篇的一个赘疣。

551

　　这篇被誉为"雄篇大作"(日本内藤虎次郎《禹贡制作时代考》语)的文献,其写成所据资料不晚于春秋时期(例如不知道春秋时期黄河改道这件大事,仍写自大伾北行的古河道,就是它不能晚到春秋中期的铁证），亦有更早于此者，当然也有不免晚于此者。那是流传过程中掺进去的，这是古代文献中常有的现象。据当今考古学者研究，认为"九州实为黄河长江流域公元前第三千年间龙山时期即已形成，后历三代变迁仍继续存在的一种人文地理区系"（1988年《九州学刊》第2卷第2期邵望平氏《禹贡九州风土考古学丛考》）。这一认识是根据"迄今所发现的中华史前遗址二万七千多处，确立了近三十个考古学文化，以碳14断代法测出了数百个史前年代数据，由此大体上建立起中国主要的黄河长江流域史前文化发展的时空框架"。以为这一"龙山文化圈是中国古代文明的基地。而这一基地与《禹贡》九州的范围虽不是完全吻合却大体相当"（1987年《九州学刊》总第5期邵望平氏《禹贡九州的考古学研究》）。既然《禹贡》作者是根据自然地理区划九州，而实际上已存在着长期形成的这一人文地理区系，当然就客观地据以反映这一区系而写成《禹贡》了。

　　所以《禹贡》是客观地按经过长期形成的人文地理区系为依据，完全撇开了三代实际的政治地理区域来写成的。在西汉今文本中，为伏生今文二十八篇中的第三篇，亦于伏生弟子今文三家本中被列为继《虞书》后的《夏书》的第一篇，东汉古文本则列为《虞夏书》的第三篇，而二者都作为当时《尚书》二十九篇中的第三篇。《史记·夏本纪》和《汉书·地理志》都全载此文，惟《史记》中有些文句以汉代书面语言译写（所谓用训诂字），并略有增益之语以通其意；《汉书》则不译不增，但有时删削助词以求简。晋代伪《古文尚书》即今流传本与汉代的文字稍有不同，被列为《夏书》第一篇，在全书中为第六篇。其有关情况详后面

"讨论"。

校　释

禹①敷土②,随山刊木③,奠高山大川④。

①禹——各隶古定写本皆作"兪",袭用古籀文字而略有讹变。禹最早是我国古代神话传说中由上帝派下来在茫茫洪水中敷土的神(见《诗·长发》及其他周代早期文献如《诗》之《信南山》《文王有声》《韩奕》,《尚书》之《吕刑》《立政》《洪范》,春秋时文献如《诗·殷武》与稍后的《楚辞》及资料来源甚古而成书较晚的《山海经》等),春秋时已认为他是较古的一位人王(见《诗·閟宫》及《论语》),到战国时明确认为他是有夏氏的君主,称"夏后",最后演变成为历史上治水有功受舜禅位建立夏王朝的第一代夏王(见《左传》《国语》《墨子》《孟子》《荀子》《论语·尧曰篇》《尧典》及一部分《楚辞》等,详见《尧典》篇"伯禹"校释)。

《史记》据此记载,说详顾刚师《古史辨》第一册。郭沫若《中国古代社会研究》附录九《夏禹的问题》也说:"禹当得是夏民族传说中的神人。"在本篇中,禹仍保存着神话资料中"敷土"的核心内容,但把它作为人王的治理洪水区划九州的勋绩历史化了;同时禹在本篇还是一个独立行动奄有天下的人王,他治理洪水成功后,自己直接向上帝告成功,没有作为舜臣的痕迹。

②敷土——"敷",《荀子·成相》"禹傅土平天下"作"傅";《史记·夏本纪》"(禹)兴人徒以傅土"亦作"傅",《索隐》云:"《大戴礼》作'傅土',故此纪依之。"段玉裁谓今本《大戴礼·五帝德》由

后人改作敷。"傅"为今文，"敷"为古文(《撰异》)。张衡《司徒吕公诔》"傅土佐禹"及郑玄《周礼·大司乐》注"禹治水傅土"并言"禹傅土"，皮锡瑞《考证》谓此皆用今文。《汉书·地理志》(下简称《汉志》)作"敷土"，陈乔枞《经说考》谓系据夏侯本，兼存古字。按毛传本《诗·长发》"禹敷下土方"固作"敷"。本书敦煌唐写本P3615及日本古写本内野本皆作"勇"，为"敷"的古文(《篇海》)，薛季宣本作"尃"，与"勇"同字(《唐韵》《正韵》等)，皆与《唐石经》"敷"同，可知伪古文本沿古文作"敷"。

尃、傅、勇、敷，古今字之异，皆从甫得声，同义。《说文》："尃，布也。"《诗·小旻》毛传释亦同。《撰异》据《长发》"敷政优优"及本篇"筱荡既敷"之"敷"，《左传·成公二年》及《夏本纪》分别引作"布"，证古时"敷"训为"布"。故伪《孔传》释"禹敷土"为"禹分布治九州之土"。《周礼·大司乐》贾疏云："敷也，布治九州之水土。"承伪孔义。《夏本纪·索隐》云：敷，即付也，谓付功属役之事，谓令人分布理九州之土地也。稍有补充调和。但马融注云："敷，分也。"(见《史记集解》及陆氏《释文》)《蔡传》承其义云："分别土地以为九州也。"显然此字原义，在原始神话中是上帝派禹下来在茫茫洪水中敷下土方，只能释为"布"，就是说布下土地。到《禹贡》中转成历史记载，去掉神话意义，就只能依马融说，释为"分"，是说禹划分土地为九州。这是神话净化为人事的一个著例。至《索隐》释为"付功属役之事"，则是就禹治水之说所作的解释。

③随山刊木——《夏本纪》作"行山表木"，系译用训诂字；下文则引《皋陶谟》作"行山栞木"。《淮南子·修务训》及《汉书·地理志》皆作"随山栞木"。《说文·木部》引《夏书》作"栞"，并以"栞"

为篆文，《撰异》据此谓"栞"为古文，李斯始改为小篆"栞"，今文用之。《经说考》及《考证》亦谓三家今文用"栞"。敦煌本 P3615 及薛本皆作"栞"，是伪古文亦袭用今文。但颜师古注《汉书·地理志》云："栞，古刊字。"司马贞《夏本纪·索隐》云："表木谓刊木。"内野本亦作"刊木"。皆早于唐天宝卫包改字前。《撰异》谓"《唐石经》以下作刊，卫包改也"。似不确。故又为存疑之说："玩《正义》，则栞之改刊，在天宝以前。"近是。

此句有两种解释：

禹
贡

《说文》："栞，槎识也。……读若刊。"《撰异》："槎，邪斫也。邪斫木使其白多，以为道路高下表识。"故《夏本纪》以此义译此句为"行山表木"。《索隐》释为"表木谓刊木立为表记"。颜师古《汉书》注亦同。孙星衍《今古文注疏》引韦昭注《周语》云"古者刊树以表道"，用以证此释。这是一说，以为是在山林中刊去木皮，做行道的标记。

《孔疏》引郑玄注云："必随州中之山而登之，除木为道，以望观所当治者，则规其形而度其功焉。"伪《孔传》释云"随行山林，斩木通道"。《孔疏》也说："于时平地尽为流潦，鲜有陆行之路，故将欲治水，随行山林，斩木通道。"宋儒就此说进一步阐释者甚多，现录吕祖谦《东莱书说》一段："或谓随山刊道，以观水势；或谓随山即所以导水，升高可以视下……山脉与水脉相通，观山脉亦可以知水脉。"这是一说，主要释此句为随着山岭的形势，斩木通道，以便治水。

今采用后一说，因儒家此《禹贡》一文宣扬禹治水功绩，禹之所以登山，为的是治水，要看了山的脉络，才定出治水的方案。

④奠高山大川——"奠",《夏本纪》作"定",《周礼·司市》贾郑注:"奠读为定。"杜子春云:"奠当为定。"江声《音疏》承之云:"奠读当为定。"皮氏《考证》亦承之云:"是古作'奠'而汉作'定'之证。《史记》作'定',或史公以训故代之,或今文本作'定'。"伪古文各种本子(包括敦煌写本及《唐石经》)皆作"奠"。

"奠,定也。"(伪《孔传》)自今文《尚书大传》释"高山大川"为"五岳四渎之属","奠为定其差秩祀"(祭祀礼的等第),古文家马融(《夏本纪·集传》引)、郑玄(《大传》注)及伪古文《孔传》皆承此释,且丢掉"之属"(之类)二字,以为只是定五岳(岱、霍、华、恒、嵩)四渎(江、河、淮、济)的祭礼。宋儒纷起反对此说,林之奇《全解》、陈大猷《或问》论其不合尤切。《东莱书说》释云:"奠高山大川者,先定每州之高山以为每州之标准,次辨其大川之所归,亦以为标准也。"《蔡传》云:"定高山大川以别州境也。"并列举《商书》所列各州用以别其州境的山川名,谓"定其山之高者与其川之大者以为之纪纲",此说甚是。意思是说高山和大川是划分九州的纲领,文中的九州,就是根据由这些山川形势造成的自然地理区域而划成的。

按,《史记·蒙恬传》在记蒙恬将三十万众之后,又说:"乃使蒙恬通道,自九原抵甘泉,堑山堙谷千八百里,道未就。"又《水经注》"濡水"云:"陈寿《魏志》:'田畴引军出卢龙塞,堑山堙谷五百余里,径白檀,历平冈,登白狼,望柳城。'"又:"卢龙之险,峻坂萦折,故有'九峥'之名矣。燕景昭元玺二年,遣将军步浑治卢龙塞道,焚山刊石,令通方轨,刻石岭上,以记事功。"这些记载都反映通山道之何等艰难,则此处托之远古夏禹时代进行"随山刊木",当不知如何艰巨辛苦,全篇之"导山",就更难想象其艰巨程度了。

以上这一节,是全篇的总纲。

以这样精炼的三句作为全篇总纲,是当初《禹贡》编定者拿当时这篇地理专著来作为禹治水"分下土方"勋业的记录时加上的。作为完整地记述古代地理的这篇《禹贡》,当初它只有九州和导山导水共十一章。为了表明它是禹治水敷土的文献,必须加上这几句。到汉代儒生为了更切题,又加了"禹别九州,随山濬川,任土作贡"三句作为这篇的《书序》,就更概括了全篇内容和突出了这篇"任土作贡"的"经典"的重要意义,可以看出自战国至汉代儒家逐步装点这篇文献的痕迹。

冀州①。既载壶口,治梁及岐②。既修太原③,至于岳阳④。覃怀底绩⑤,至于衡漳⑥。厥土:惟白壤⑦。厥赋:惟上上,错⑧。厥田:惟中中⑨。恒卫既从⑩,大陆既作⑪。鸟夷皮服⑫。夹右碣石入于河⑬。

①冀州——"冀","冀",敦煌唐写本 P3615 及《唐石经》均作'冀',省文。《夏本纪》"冀"上有"禹行自冀州始"六字,即增语以通其意。

《吕氏春秋·有始览》:"两河之间为冀州,晋也。"(《尔雅》同此说)《周礼·职方》:"河内曰冀州。"伪《孔传》:"尧所都也。"又:"夹右碣石入于河。"《传》:"此州帝都,不说境界,以余州所至则可知。"《孔疏》:"八州皆言境界,而此独无,故解之'此州帝都,不说境界,以余州所至则可知'也。兖州云'济、河',自东河以东也;豫州云'荆、河',自南河以南也;雍州云'西河',自西河以西也:明东河之西,西河之东,南河之北,是冀州之境也。马、郑皆云:'冀州不书其界者,时帝都之使若广大然。'文既局以州名,复何以见其广大,是妄说也。"《蔡传》:"冀州,帝都之地,三面距河,兖河之西,雍河之东,豫河之北。"凡所说冀州地境是对的,但他们所说没有提明境界的理由则不确。其实是由于脱简,失去了说明山川境界的话,详下文注⑨"厥田惟中中"校释。

《通典·州郡》始按《禹贡》九州详列秦至唐代各府州郡名,《舆地广记》亦按州详载宋代各府州名,《禹贡锥指》先备列了州境内所当春秋历隋唐迄金各代州郡,又详举清代府县地名,对本州西、南、东三面距河与邻州分界情况作了叙述,而北境标明极于阴山。北境的西头止于东受降城(今托克托境);东头抵医巫闾山,以大辽水为限;东头之北又迄于柳城(今朝阳境),即相当现在的山西全省,略带河南省的北部,还有河北省西边小半部,以及内蒙古阴山以南,东及辽宁省辽河以西的大部。这是《禹贡》作者假想的王畿,即是天子直接管理的地方。

冀州之名得自古代晋南的冀国(今山西河津县境)。《晋语》记楚成王说让晋重耳回去做"冀州之土"的令君,是冀州原来就是指晋国境。自后先秦文献中不少把冀州指中土。《路史》说:"中国总谓之冀州。"显见随时代的演进而扩大其应用范围,凡华夏声教所及之地,可称为中国的也可称为冀州。《禹贡》作者搜集州名时,冀州一词仍保留其朔义,不过随着三晋的地域而作了些扩展(详起釪撰《禹贡冀州地理丛考》,以下简称《丛考》)。

②既载壶口治梁及岐——汉代今文以"冀州既载"断句(见皮锡瑞《考证》),古文马融、郑玄、王肃及伪孔本同。伪传并依马融、王肃说,释为先以冀州之"贡、赋、役载于书";郑玄则释:"载之言,事。事谓作徒役。"下以"壶口治梁及岐"为句,说治水自壶口至岐、梁,为从东而西。苏轼《书传》始读"既载壶口"为句,林之奇《全解》、夏僎《详解》《蔡传》皆从之。林以为与《诗·大田》"俶载南亩"句同,"谓始有事于南亩也"。《蔡传》遂释"载"为"始治"。说禹既治壶口,仍即治梁。按本篇中更无"壶口治梁及岐"相类似句法,其造语亦不词;而紧接有"既修太原"句例,自以苏轼等读法为是,今从之。

"既"隶古定本如敦煌本、内野本及薛季宣本皆作"旡"(下文同)。甲骨文、金文中"既"字从旡,但无以旡为既者,《说文》亦然。至《汗简》下之二作"旡"之隶古字,释为"既"。《汗简》主要收集了伪《古文尚书》隶古字体,可知隶古定本始以"旡"作"既"之古文。"既,已也。"(《易·小畜》"既雨既处"虞注)"既者,已事之辞。"(朱熹《语类》)

"载",古籍中用"载"作语词,如《诗·氓》"载笑载言",又《斯干》"载弄之璋"。金文中有与载同样作语词之"飙",见《卯簋》《沈子簋》等。另有《师虎簋》字作"截",典籍作语词之"载"当由此来。隶古定本仿用此古体而有讹变;又用为动词,与金文及古籍中常用义亦不合。其义或释"记载"(见前引马、郑、伪孔说。《释文》"载于书也"),或释"始"(《汉志》注及前引林、蔡说,亦见《诗·载见》传),或释"事"(前引郑注及韦昭《国语》注等),俞樾始据《白虎通·四时》释为"成",谓"禹治壶口既成"(《平议》)。后二释近是,以释"事"为较切。《逸周书·谥法》:"载,事也。"《诗·文王》"上天之载"传亦同。《尧典》"有能奋庸思帝之载",《史记》即作"事",此皆名词。在本文作为动词,即郑玄所说的"作徒役"。

"治",薛本作"乿",《汗简》下之一有此字,惟所从之"爪"作"✄",知此为隶古奇字而稍讹。治即治理之义。

"岐",内野本作"埊",薛本作"嶅"。《汗简》中之二嶅字,皆据《说文·邑部》"郂"(岐)之古文,而内野本稍讹。

马融云:"壶口,山名。"(《释文》引)据《汉志》在河东郡北屈县,即今山西吉县西南。伪《孔传》释壶口及梁、岐为冀州、雍州的山。此三山的所在地,旧文献中计有三说:

一、分列在冀、雍二州说。《汉书·地理志》《史记·夏本纪·正义》引郑玄注、伪《孔传》《河渠书正义》《夏本纪·正义》引《括地志》《孔疏》及颜师古《汉志》注皆以为壶口山在冀州,梁山、岐山在雍州。宋人曾旼、林之奇、吕祖谦、陈经、傅寅等皆主此说。

二、皆在冀州说。《水经·河水注》并引司马彪说(按不见《续汉志》中)、王天与《尚书纂传》引晁以道据《尔雅》说,以为梁山即吕梁山,在离石县,岐山即孤岐山,在介休县。宋人朱熹、蔡沈、王天与、董鼎、陈大猷、元人吴澄、陈栎、黄镇东等皆主此说。

三、地在雍州古属冀州说。宋黄度《尚书说》主此说。

胡渭《禹贡锥指》以第二说之地距黄河过远而支持第一说,以梁山在韩城西,即龙门的南山,治梁之余,因而及凤翔的岐山。崔述《唐虞考信录》卷三云:"《诗》咏梁山而云'维禹奠之',则此梁山即《禹贡》之梁山明甚。然则梁山当在韩地,其后韩灭于晋。……说者误以陕西之韩城县为古韩国,因谓梁山在河西,不知韩实河东国也。……唯岐无可考,然山同名者多……乌得以雍州有岐遽谓冀州不得有岐乎。盖此二山皆当跨河,在雍冀之界上,故能阻塞河流,而梁、岐又当在壶口之下。"林之奇云:"及禹既载壶口,治梁及岐,二山在孟门龙门之间,实河之所经。"(《锥指》雍州"澧水攸同"下引)足以佐证,此说可取。王引之《经义述闻·穀梁传》云:"此梁州则在冯翊夏阳县西北,临于河上(见《尔雅》郭注)……夏阳,春秋之梁国,亦非韩也。自康成笺诗始误以'奕奕梁山'为夏阳之山,又以韩城为晋所灭之韩国,而隋人遂改夏阳为韩城县,杨氏不能纠正,而承用之,疏矣。"近代学者辛树帜先生《禹贡新释》也说地名是可以跟随人们迁移的,雍州地名可迁于冀。大抵壶口在今吉县西南,梁山在今韩城东北,即今龙门山的南山;岐山在今永济县之北,荣河之南。都是黄河水道上几处险要山地。

史念海《历史时期黄河在中游的下切》文中指出,壶口、孟门原在一地,由于河水下切作用,经过长时期的滴水上溯,壶口位置就向上推移五公里(见《河山集》第二集第 175 页)。河水在这里由宽束窄,由高泻下,《水经注》对它的惊涛骇浪作了尽情描写。因其上下落差至巨,悬为瀑布,下注石槽,水势汹涌,就形成了独称崭绝的天险,遂附会为大禹所凿成(详《丛考》)。

③既修太原——《吕览》高诱注、《礼记》郑玄注皆云:"修,治也。"曾旼云:"经始而治之之谓载,因其旧而治之之谓修。"从而叶梦得、蔡沈等皆据历史传说释为禹修鲧之功(依次见傅寅《集解》所引和《蔡传》)。其实当如《锥指》引邵氏《简端录》所释的"载、治、及、修、至于,皆言施功也"为较通达。《尚书大传》:"大而高平者谓之大原。"字作"大"。《撰异》云:"'大',《唐石经》以下作'太',非

古本也。汉人书碑，庙号如太宗，官名如太尉……地名如太原、太阳之类皆作'大'。……此经如大原、大行、大华、大甲、大戊等，卫包皆依俗改为'太'。"但各隶古写本、刊本皆作太，是在卫包改字前伪孔本已如此作。而《孔疏》云："太原，原之大者。"显然唐初伪孔本字原作大，始作如此解释。

"太原"，注疏家皆以为即今山西省会太原境的古晋阳，顾炎武《日知录》卷三始就《诗·六月》考之，以为《六月》的太原在今甘肃东部的平凉境，但《禹贡》的太原仍在晋阳。胡渭《锥指》则谓《六月》与《禹贡》太原是一，但其地在甘肃固原州而非平凉。然据《诗·六月》《古本竹书纪年》夷王、穆王、宣王纪事（《后汉书·西羌传》引）、《春秋·昭公元年》及是年《左传》《公羊传》《穀梁传》，又成六年《左传》《史记·魏世家正义》引《括地志》等等资料考订，知太原在今山西南部。顾刚师指出，《禹贡》"由西河说起，自西而东，北至霍山。太原在壶口、梁山之东，霍山之西，则必指今赵城镇以南，冀城以西，永济以东，平陆以北的一片盆地"（《从古籍中探索我国的西部氏族——羌》第四节）。可知即中条山以北、太岳山和吕梁山南脉以南，横卧在晋西南境的运城盆地和临汾盆地（详《丛考》）。

④岳阳——《夏本纪》《汉志》"岳"皆作"嶽"。《说文》岳字的古文作𠚂，即岳的古体。是汉代今文作嶽，古文作岳。《释文》云："岳，字又作嶽。"是说伪孔《尚书》别本作嶽，则伪古文本二字皆有用者，故薛季宣隶古定本亦作嶽。二字既同用，本篇为省便计，一例写作岳。《文选·思玄赋》李善注云："岳，即山也。"

"阳"，诸隶古定写本如敦煌本 P3615 及内野本皆作"昜"。《说

文》："易，开也。从日、一、勿。"朱骏声《通训定声》云："按此即古
'旸'，为会易字。会者，见云不见日也。易者，云开而见日也。……
经传皆以山南水北之'阳'为之。"其意"易"为旸的初文，系阳光之
阳的本字。而从"阜"的"阳"则为专指山南水北的本字，故《穀梁
传·僖公二十八年》云："水北为阳，山南为阳。"范宁注："日之所照
曰阳。"因水的北岸和山的南坡为日光所照，故名䜣（阳），取易光照
射在高阜上之义。所以"阳"为"山南曰阳"的本字，后来才假借阳
为易，阳通行而易不用了。此处伪传遂亦云："山南曰阳。"按甲骨
文、金文中皆有"易"，即朱骏声所说的阳光之阳的本字。而金文中
另有"阳"及"阴"，确为山南水北之义，且即用于指地名，如《虢季
子白盘》"于洛之阳"，《䣄兒钟》"先会于平阴"，等等，都是。此处
指太岳山之南，自当用阳字。

郑玄注云："岳阳，太岳之南。……岳，太岳，在河东故彘县东，
名霍太山。"（《诗谱·唐谱疏》引）即今山西省霍县境，霍太山即县
东南太岳山，构成阴山山系太岳山脉，其主峰为霍山。岳阳指太岳
山南的大片地区。

《禹贡》记全国山脉而尚无"五岳"之说，只有此岳山。到汉武
时设定五岳，霍山之名移到今安徽的天柱山为南岳，而原来冀州的
霍山反失去岳的地位。但此岳山原亦由古代"四岳"移来。顾刚师
《四岳与五岳》（《史林杂识》初编）指出："岳之名起于汧之岳。"其
地在陇县，以绵延之广，被有四岳之名，又称太岳。姜姓之族居于
四岳，自称四岳之裔。后来迁居晋南，就把"岳"或"太岳"的山名带
到了晋南（详《丛考》）。

⑤覃（《释文》音"徒南反"）怀底绩——"覃"，隶古定薛本作

"覃",系据《说文·旱部》覃字篆文略省变。"怀",薛本、内野本皆用《说文·衣部》此字。按《尧典》"怀山襄陵",为夹、包之义,用"怀"字去偏旁,自是。此为地名,当用通行之"怀"字。"厎绩",《夏本纪》作"致功",系用训诂字译写。(《释言》:"厎,致也。"《释诂》:"绩,功也。")

"覃怀"郑玄注:"怀县,属河内。"(《夏本纪·集解》引)伪《孔传》:"覃怀,近河地名。"《孔疏》:"《地理志》河内郡有怀县,在河之北,盖'覃怀'二字共为一地。"曾旼云:"覃怀,平地也。当在孟津之东,太行之西,涑(当作沁)水出乎其西,淇水出乎其东。"(《蔡传》引)《尚书后案》以为其地平衍易受河患。郭豫才《覃怀考》以为"覃"与"沁"同音,即沁水。怀地为沁水所萦回,故合称"覃怀"(《禹贡半月刊》三卷六期)。辛树帜先生以为此释不合。大抵沁水为此地患,需要治理,而禹已治理致其功(详《丛考》)。

⑥衡漳——"衡",敦煌本 P3615 及薛本皆作"奥",用《说文》衡字古文。"漳",《汉书·地理志》作章,《周礼·职方》郑注亦同。皮氏《考证》以为今文作章。《禹贡班义述》则谓"章,古文;漳,今文"。盖以《夏本纪》作漳,用今文,《汉志》用古文也。似《班义述》较近是。

"衡漳"解释有两说:(一)衡与漳为二水说。《释文》引马融注、《孔疏》引王肃注、司马贞《夏本纪索隐》皆主此说,清王夫之《书经稗疏》、牟庭《同文尚书》等亦从之。(二)衡漳为一水说。《孔疏》引郑玄注及伪孔皆云:"漳水横流入河。"《孔疏》:"衡即古横字,漳水横流入河,故云横漳。"按《水经注》实称浊漳为衡水,是衡漳即浊漳,今采用郑玄此说。

《水经注》《禹贡疆理记》《锥指》《地理今释》《尚书后案》等皆有漳水流经各地的记载。大抵漳有清浊二源。清漳水出山西昔阳县西南沾岭，经和顺、左权等县至河南林县北河北涉县南之交漳口入浊漳水。浊漳水出山西长治县西南发鸠山，东经长治、襄源、黎城等县，至交漳口合清漳后，出太行东行，故称横漳（曾旼谓河北流而漳东流，则河纵而漳横）。《水经·漳水注》："漳水东径屯留县南，又屈径其城东，东北流，有绛水注之。"自是漳水亦称降水（《锥指》指出漳水经屯留、襄垣、黎城、涉县以迄曲周，即降水所经）。《汉志》广平国斥章县（今曲周、肥乡）注引应劭说漳水在此入河，即《禹贡》所记河入大陆泽前"北过降水"之处。可知降水或漳水原在今曲周县境注入大河（所谓禹河）。《锥指》指出《禹贡》之漳水、降水尽于此。其说甚是。及东周后期河徙，河的故道遂成为漳的河道，漳水延伸，流过献县境，其故河道归徒骇河，漳水折至景县与清河合，至东光入东徙后之河。及王莽始建国三年河改道至利津入海，漳水自曲周循故河道东北流至平舒（今河北大城）南境东入海（见《水经·漳水注》）。隋时，漳自新河县附近东折至沧州入永济渠运河，仍有分支在东光入运。自宋迄明迭有分支流徙，清康熙时，导漳水至大名县境合于衡河以济运河，就成为现在漳河水道（详《丛考》）。

禹
贡

⑦厥土惟白壤——《夏本纪》"厥"作其（下文同），系译用训诂字。又无"惟"字。"白壤"，薛本作"𦥑㙦"，皆隶古奇字，"𦥑"，摹《说文》"白"字古文而隶变。"壤"，摹《说文》"襄"字古文而全讹（二字下文皆如此，不复校）。

"惟"，《文选·甘泉赋》李善注："惟，是也。"杨树达《词诠》释此类惟字为不完全内动词,全句意为:"它的土是白壤。"

"壤",《说文》:"柔土也。"马融注:"壤,天性和美也"(《释文》引)郑玄云:"壤亦土也,变言耳。以万物自生焉则言土,土犹吐也;以人所耕而树艺焉则言壤,壤,和缓(《全解》《锥指》引作"绥")之貌。"(《周礼·大司徒》注)《释名·释地》:"壤,瀼也,肥瀼意也。"伪孔云:"无块曰壤。水去,土复其性,色白而壤。"《汉志》颜注云:"柔土曰壤。"以上除郑玄以土指生土、壤指熟田外,其余大意都是指无块砾的柔性壤土。《尚书全解》云:"欲辨土壤之所宜有二:曰白、曰黑之类,辨其色也;曰坟、曰壤之类,辨其性也。先辨其色性之不同,然后知其播种之所宜,如《周礼·草人》粪种骍刚用牛……冀州者,色别其土则白,性别其土则壤。"《蔡传》《书集传或问》《书纂言》《锥指》等皆承此说。孙诒让《周礼正义》"大司徒"职文疏则释郑玄义云:"和缓即柔土之意。……盖地率为坚土,即经人所耕种,则解散和缓,故谓之壤。……壤即熟田也。"近代专治土壤学者陈恩凤《中国土壤地理》一书,对《禹贡》各州土壤作了科学的分析。其第七章《禹贡所述之古代土壤》一节,将各州土壤简列成表,并为之说云:"表中白、黑、赤、青、黄等皆示土壤颜色,此种对于土色之辨别,迄今仍为土壤分类之一重要方法。壤、坟、垆、墟、涂泥等则示土壤之质地或地形。"又《禹贡所述土壤之解释》一节中释"壤"字云:"壤,又分黄壤、白壤与壤,分布于雍、冀、豫各州。……壤无块而柔。斯指疏松而不坚硬;水去而复其性,斯指土面一干,盐分复因蒸发而聚积,足证同为沙质含盐之土壤。……冀为今之河北、山西,平原每为盐渍土壤,微呈白色,或即所称白壤。"并说是属"由内黄河冲积之次生黄土"。尚有万国鼎《中国古代对于土壤种类及其分布的知识》，载 1956 年 9 月《南京农学院学报》第一期，即据陈氏说，对《周礼·草人》所记九种土壤等资料作了阐释。他以为现代土壤学中"壤土"一词即含上述古代关于土壤的释义。又邓植仪《有关中国上古时代农业生产的土壤鉴别和土壤利用法则的探讨》，载 1957 年 12 月《土壤学报》第 5 卷第 4 期。辛树帜先生《禹贡新释》皆作了称引。辛书第三编第一节《九州土壤与田赋》对《禹贡》土壤作了全面研究。又夏纬瑛《管子地员篇校释》（1981 年农业出版社出版），则对《地员》所记五种土壤进行了研究。此外《周礼·大司徒》"周知九州之地域广轮之数……辨十有二壤之物"，亦与辨析土壤有关，皆可与《禹贡》土壤作比较。

《北堂书钞》卷一四六引《纪年》："晋幽公七年，晋大旱，地生盐。"是晋地土壤盐碱自古就有之证。《汉书·沟洫志》载史起引漳水溉邺，民歌有云："终古舄卤兮生稻粱。"又《左传·襄公二十五年》疏引："《吕氏春秋》称魏文侯时，吴起为邺令，引漳水灌田，民歌之曰：'决漳水以灌邺旁，终古斥卤生稻粱。'"《吕氏春秋·乐成》："史起因往为之……水之行，民乃大得其利，相与歌之曰：'邺有圣令，时为史公，决漳水、灌邺旁、终古斥卤，生之稻粱。'"终古的舄卤当就是白壤，靠搞好灌溉来生产粮食。近人席承藩等著《山西省的盐渍土与盆地土壤》说："阶地上……坡积与洪积覆盖，黄土层以下为第三纪湖泊沉积层埋藏。这种湖泊沉积物中含盐较多，露出后形成盐地，同时也是本地区土壤底层有明显含盐特征的原因。"由上列诸说，可知白壤是一种盐渍土壤。

1978 年 8 月 11 日《光明日报》关于华北农大教师与曲周农民搞科学实验，摸索出综合治理盐碱地经验的报导，有云："我国黄淮海大平原约有盐碱低产田五千多万亩,其中河北省黑龙港地区就占一千多万亩。这些地区由于受到春旱、夏涝、土碱、水咸等自然灾害的侵袭,粮食亩产长期徘徊在一二百斤左右。"这一地区属兖州区域,但它说明了盐碱地的特点,白壤现代如此,古代更可知,当时所有称为白壤的农作物产量必然是很低的。

冀州之土但标白壤,不能理解为只有白壤而无其他,曾旼云:"冀州之土岂皆白壤,云然者,土会之法从其多者论也。"(《尚书纂疏》引)傅寅《集解》也引王氏(安石)曰:"曰白壤者,其大致然也,余州盖皆如此。"是说《禹贡》所言土壤,只是举了各州主要作为代表性的土壤。不应拘泥认为某壤就全是该种土壤。

⑧厥赋惟上上错——《夏本纪》此句无"厥"字、"惟"字,《汉志》无"惟"字,皆马、班转录时所删。

伪《孔传》:"赋,谓土地所生以供天子。"(颜师古《汉志》注用此义)《孔疏》:"赋者,税敛之名。……谓税谷以供天子。"以上强调赋是敛取土地所生产的作物即粮食作为税收,是用春秋以来田赋之说为释(事见鲁宣公十五年的"初税亩"。"田赋"一词见哀公十二年)。《东坡书传》则云:"赋,田所出谷米、兵车之类。"除敛取粮食外,还有兵车之类,是兼用古代军赋之说为释(见《春秋》成公元年的鲁"作丘甲"与昭公四年的郑"作丘赋")。《汉书·刑法志》谓"因井田而制军赋",并记方一里为井,十六井为丘,每丘所出马、牛、车、甲、士卒之数。郑玄注《周礼·小司徒》:"赋谓出车徒给徭役也。"又注《大司马》:"赋给军用者也。"《锥指》以为苏说非是,谓"周以前无所谓兵为赋者……王耕野云:'九州田赋止是米谷,非必兵车。'此言得之。然苏说并非独创,仍出于郑(指《诗》之《韩奕》

《信南山》郑注）……不可援以入《禹贡》"。按，土地私有制奠立后，始按田亩抽取实物税，当古代主要用徭役税（力役之征）的赋制时，则所谓税敛谷米兵车就不确切。但《禹贡》编定于春秋战国之世，用这样的解释，或者尚近作者原意。

"上上"，第一等。《禹贡》把九州的田和赋都分成九等，即是：上上、上中、上下，为一、二、三等；中上、中中、中下，为四、五、六等；下上、下中、下下，为七、八、九等。"错"，马融云："地有上下相错，通率第一。"（《释文》引）伪孔云："错，杂。杂出第二之赋。"《孔疏》："交错是间杂之义，故错为杂。……此州以上上为正，而杂为次等，言出上上时多，而上中时少也。多者为正，少者为错。"陈大猷《或问》引朱熹说"常出者为正，间出者为杂"并释云："岁有丰凶，不能皆如其常，故有错法以通之。"董鼎《书传》引其说而申之。是说在原则上是第一等，但间或错出第二等。

据下文冀州田为第五等，为什么赋竟是第一等？这问题很不好解释。于是注疏家就各寻各种说法。郑玄说："此州入谷不贡。"（《孔疏》引）是说冀州不像各州都有贡，而只征谷为赋（贡等于包括在赋里面），所以赋最多。伪孔不直接谈冀州，而于荆州则说："田第八，赋第三，人功修。"于雍州则说："田第一，赋第六，人功少。"《孔疏》为之总结曰："人功有强弱，收获有多少。""据人工多少总估以定差。"刘敞《七经小传》则提出："九州之境，有大小之不齐，其定田也，以田之美恶为等；……其定赋也，以赋之多寡为差，州大者其赋多，州小者其赋少，不尽系其美恶。"是说由州的大小决定赋的多少。（胡渭《锥指》指出冀兖二州与刘说合，但豫州小于雍梁而赋反多，扬州大于青徐而赋反少，则刘说不确。）叶梦得则以为：赋有出于土者，有出于田者。"赋不皆出于田，故有田上而赋寡……有田下而赋多"（傅寅《禹贡说断》引）。林之奇始以为是根据各州收入的总数来决定。其《全解》云："有九等之差者，盖九州之赋税计其所入之总数，而多寡比较，有此九等。冀州之数比九州为最多，故为上上。"按《左传·襄公二十五年》载楚司马蒍掩治赋，详记其登记、丈量土田、山林、薮泽、隰皋等一切能生产之地，"量入修赋"。则林氏之说，似合古时情况。吕祖谦《书说》谓"冀，帝都也，百物所聚，百事所出，利之渊薮，所以赋特重于他州"，系据林意而稍实其说。《蔡传》则云："赋高于田四等者，地广而人稠也。"是依刘敞说加上人口。当然，剥削的对象多，赋必然就多，但不如林说以为赋之等第由所入的总数来决定点明了要点。此外，宋元学者类似而略有不同的说法尚多，不备举。

也有对此持阙疑谨慎态度的，如苏轼《书传》云："冀州，畿内也，田中中而赋上上，理不应尔。必当时事有相补除者，岂以不贡而多赋耶？然不可以臆说也。"是他虽基本倾向于郑玄说，而仍以为不必去臆度它。林之奇虽解释了冀州赋"上上"的问题，但对于赋与田的不一致，仍以为不能强求解释。其《全解》说："赋之所入与田之等级有如此之悬绝也，其在禹之时则必有说也，自今而求之则又不可得而见也，而曾彦和（即曾旼）、袁思正（名然，著《尚书解》）之徒皆曲为之说（按曾袁说未详），以臆度之，未必得古人所以轻重之意也。"因此也以为不必去臆度它。

总之，这是一难得确解的问题。很可能是越近王都的地方受的剥削榨取越重，如《荀子·王制》所说："相地而衰政（征），理道之远近而致贡。"只要看下文五服中的甸服按道里远近征收谷物有轻重就可知道，由《周礼·载师》所说，王畿之内，各种不同田地都要征赋，而且场圃等园艺区和漆树等森林区都要征赋，田不耕的夫家也要征赋，这样赋就加重了。林之奇《全解》也有一段提到这一点说："盖王畿千里之地，天子之所以自治，并与场圃、园田、漆林之类而征之，如《周官·载师》之所载，则非尽出于田赋也。"上引《左传·襄公二十五年》的记载更是帮助了解这点。这些大概就是《禹贡》中冀州的田赋所以独重的原故。

⑨厥田惟中中——《夏本纪》作"田中中"，无"厥"、"惟"字。《汉志》作"厥田中中"，无"惟"字，皆转录入史时所删省。

新出《汉石经》残石"恤卫既从"上有"黑"字（见《考古学报》1981年第2期许景元《新出熹平石经〈尚书〉残石考略》图二拓片），则此句成"厥田惟中中黑"，与上句"厥赋惟上上错"相对成文，显然汉代欧阳氏今文如此作。然既与上文"白壤"矛盾，且黑坟土属于兖州，因而有人以为石经也有衍字（见许景元文），但汉代所以刻石经，专为了统一文字，特郑重地派蔡邕、堂谿典等人认真精校，全文后且附有校记，则其出现衍文，实为不可解之事。很可能西汉今文确作"厥田惟中中黑"，现因其义与上下文不协，不作如此认定，而推断它可能是"厥贡"中的文字错在此，见下文论错简处。

郑玄云："地当阴阳之中能吐生万物者曰土，据人功作力竟得而田之则谓之田。"（《孔疏》引）阐明原始的生地称为土，由农业劳动开辟的耕种地称为田。《禹贡》各州田分上上至下下九等，这些等级按什么区分，历来注疏家争议很多。马融说："土地有高下。"（《释文》引）郑玄说："田著高下之等者，当为水害备也。"（《孔疏》引）颜师古注《汉志》用此说。《孔疏》以为这一说是按地形高下分

571

等。王肃说："言其土地各有肥瘠。"《孔疏》以为这一说是按地质肥瘠分等。伪孔则综合释为按"田之高下肥瘠"来分等。《孔疏》加以评论说："如郑之义，高处地瘠，出物既少，不得为上；如肃之义，肥处地下，水害所伤，出物既少，不得为上。故孔云高下肥瘠共相参对，以为九等。"他作为疏，只能肯定伪孔说。林之奇《全解》则云："于九州之土，以其色以其性言之。至于其田分为九等之差者，盖自其发生万物言之。"这就是以其生产物之多少来分等。宋元儒家各种类似说法还多，不备录。至江声《音疏》说："九州在昆仑之东南，故西北高，东南下。雍州在西北，其田上上，扬州在东南，其田下下，明以高为上，低为下也。"这是依马、郑说发挥之，故纯宗郑氏的《后案》亦尊此说，孙星衍《疏》略同而加引申，林春溥《开卷偶得》卷二推崇江说云："按颜师古注《地理志》'冀州厥田中中'云'言其高下之形总于九州之中为第五也'，可证江说之有据。"于是田按地形高下分九等之说几成定论。但《禹贡》各州的田所分一至九等的次序是：雍、徐、青、豫、冀、兖、梁、荆、扬。依此理论，应是雍州最高，徐州次高；扬州最低，荆州次低。然核诸我国地形实际，徐、豫、兖最低，而梁、冀皆高于雍，荆、扬的大部分亦皆高出徐、豫、兖，可见此说不确。

其实就上列各州九等次序可以看出，它大体上是按我国祖先在这块大地上的开发先后所表现出来的生产水平来谈的。黄河流域是华夏文化的摇篮，雍、徐、青、豫、冀各州早就是炎黄族活动地区，地力开发早，农艺水平较高，农产品较丰，所以就列在前面。尤其是雍州。以岐周最早开发农业擅名，《诗》之《大雅》《周颂》对这方面的歌颂不一而足，商鞅复奖农战，使这地区农业进一步发展，郑国渠的建立，关中沃野无凶年，《货殖列传》所谓"关中自汧、雍以东至河、华，膏壤沃野千里。自虞夏之贡，以为上田，而公刘适邠，太王、王季在岐，文王作丰，武王治镐，故其民犹有先王之遗风，好稼穑，植五谷，地重。"《汉书·地理志》亦云："号称陆海，为九州膏腴。"自当列为上上。徐、青承管仲奖励生产之后，《货殖列传》所谓"齐带山海，膏壤千里，宜桑麻"。自然也列上等。而荆、扬则如《货殖列传》所描述："楚、越之地，地广人稀，饭稻羹鱼，或火耕而水耨……偷生无积聚。"又《后汉书·王景传》："迁庐江太守，先是百姓不知牛耕，致地力有余而食常不足。"直到东汉，这个地方的生产还这样落后，可以想象写成《禹贡》的背景时期，即先秦的时代，其生产不知落后到什么程度，其田地的等级自然要列在下下了。

由上述可以知道，《禹贡》九州田地的分等，大体是根据当时农业发展情况，不是率意编排的，也不是根据什么地形高下或地质肥瘠，而只是反映了《禹贡》编写者所处的周代华夏这块大地上各地区农业生产水平的高低。由此并可悟各州赋入的等第当也有所据，大体当是根据各地经济繁荣程度来定的。当然，对于九州刚好分为九等，每州刚好相差一等，也不应机械理解。要知道古人有喜欢"整齐故事"的习惯，对一些本来不那么整齐的事往往要把它编排得整整齐齐，于是九个州便要把它编排成九个等级，这实际是不可能符合客观的，我们不要为它所拘泥。

《禹贡》把当时各州的田的等级和赋的等级列了出来，这两者都成了供我们探索当时各地发展不平衡的经济情况的最好的资料，可以对它好好加以利用。

这里赋与田的叙次的先后，引起了历代经师的聚讼纷纭，因其余八州所叙的先后次序都是：（一）厥土、（二）厥田、（三）厥赋、（四）厥贡，这是合理的。独冀州赋在田前，又没有贡，于是就引出各种解释，其异议集中在两点上：（一）为什么冀州赋在田前？《孔疏》云："赋以收获为差，田以肥瘠为等，若田在赋上，则赋宜从田，田美则宜赋重，无以见人功修名，故令赋见于田也，此见赋由人功。此州既见此理，余州从而可知，皆令赋在田下，欲见赋从田出，为此故殊于余州也。"林氏《全解》则云："余州先田后赋，冀州赋独先于田者，盖王畿千里之地，天子之所以自治（中数语见上引），则非尽出于田赋也，故以其文属于'厥土'之下。而余州皆田之赋也，故先田后赋。"宋元儒谈此者尚多，不及备录。胡渭则反对孔说，同意林说，其《锥指》云："孔说非是，欲见人功之修否，不在田赋先后之间，经殊不如此。盖余州先田后赋，正例也；冀州兼有土赋，故特变例书之，以见赋皆不出于田耳。林说确不可拔。"（二）为什么冀州没有贡？马融云："贡者，侯国献其土物于天子，冀州天子自治，故不言贡。"（王天与《纂传》引）郑玄云："此州入谷不贡，下云'五百里甸服'，《传》云'为天子服治田'，是田入谷，故不献贡篚，差异于余州也。"《全解》驳之云："郑氏此说必不然，盖将谓此州治田出谷，余州独非治田出谷乎。……尝考冀州之所以不言贡篚者，盖畿内之地，天子之封内，无所事于贡也。"陈经《详解》云："赋出于田，贡出于地。他州专田赋而以地所生供贡，冀，帝都，天子自赋，田、地一也，贡在赋中，所出不止在田，故独不言贡，而赋在田先。"胡渭对帝都王畿不贡之说提出了异议。《锥指》云："周王畿千里之内亦有贡，一是'九职'所税太府谓之万民之贡，其目则具于《闾师》。……一是采地所入，《左传·昭十三年》子产曰：'卑而贡重者甸服也.'……衡漳、恒卫、大陆之区,当为侯服,时已就疆理,不知何以无贡?……义实难晓,姑识此以待来哲。"提出了存疑的说法。

其实上面这些纷纭的说法都是多余的,冀州原文并不会是赋在田前,也不会是没有贡,只是由于错简、脱简,才造成了这一段文字情况。

按《禹贡》各州的文句都有一定的顺序,首先为各州的州域,记明它的山川和有关要地;中间依次是厥土、厥田、厥赋、厥贡四项,厥土有时附其草、木,厥贡则各附各种不同物产及筐(装织物)包(装植物、食物)等,凡该州有少数民族的,则将少数民族贡物亦以厥筐厥包等形式叙在"厥贡"之内;最后为贡道。所有各州都遵此次序,不可能有一州例外。但现在则有两州乱了,一是雍州错简一处,即最后叙贡道的三句夹乱在厥贡的"琅玕"与"织皮"中间。再则是冀州乱得很多,首先在"冀州"二字前脱去了说明山川境界的话,而以下八州都是有的。(这也引起了经师们许多解释,如谓:王者无外;王者以天下为界,不当如余州之局以山川;即以余州之界为界;以及其他一些议论,等等。甚无谓,故上文未予论列。)其"厥田"又错简到了"厥赋"后面,属于州域的"恒卫既从大陆既作"八字错简到了"厥田"后面,又脱失了"厥贡"的简文,但仍保存了有关贡文中的"鸟夷皮服"一句,它和青州"厥贡"中的"莱夷作牧"、徐州"厥贡"中的"淮夷玭珠暨鱼"、扬州"厥贡"中的"鸟夷卉服"等句完全一样,可证原来的冀州文中确是有"厥贡"的。由《夏本纪》所录本文已这样,可知从先秦传至西汉的本子已经是这样的错简、脱简了。那么自汉以来许多经师为它寻出的许多解释,显然都是妄说。宋代王柏《书疑》勇于改动经文,指出这篇那篇的许多错简,但也没有发现冀州的这些错乱。清牟庭《同文尚书》始将田移在赋前，但将"恒卫"两句误移在"治梁及岐"之下，与地理不合；又不知有"厥贡"的脱简，都有待于今天把它弄清楚。

因此，"厥田惟中中黑"应移在"厥赋惟上上错"前。并由此体认到，《汉石经》所保存此句末的"黑"字，可能是所脱失"厥贡"文句中残存的遗字。

《管子·乘马数》云："公曰：'贱策乘马之数奈何？'管子对曰：'郡县上臾之让守之若干，间壤数之若干，下壤守之若干，故相壤定籍而民不移；振贫补不足，下乐上。故以上壤之满，补下壤之众，章四时，守诸开阖。'"《齐语》云："相地而衰征则民不移。"韦昭注："相，视也。衰，差也。视土地之美恶及所生出以差行政赋之轻重也。移，徙也。"作为稷下之学最好老师的荀子的《王制》篇也说："相地而衰政（征）。"由此可悟《禹贡》一篇的用意正是"相地衰征"、"相壤定籍"，即观察土地之美恶田壤之上下来定其敛取之数额。所以先说"厥壤（土地）"，接着说"厥田"，然后说"厥赋"、"厥贡"。相地相壤的目的，就是为了定它的赋、贡。

⑩恒卫既从——"恒"，《夏本纪》作"常"，《索隐》："此文改恒山恒水皆作'常'，避汉文帝讳故也。"皮氏《考证》谓"汉人'恒''常'通用，不关避讳"。其实先由避讳，到东汉乃通用，与《尧典》"邦""国"字情况同。《唐石经》缺末笔作"恒"，则系避唐穆宗李恒讳。"厥"，已见前。"从"，诸隶古定本作"刕"，系据古籀稍讹变，甲骨文、金文中皆有"刕"字，从二"人"，即"从"字，此讹为从二刀。

"恒卫既从大陆既作"八字系错简，原应在"至于衡漳"下，"厥土"上。说见前。历代儒家又对它叙在"田、赋"之下寻了许多解释,如曾旼《讲义》、林氏《全解》及《蔡传》谓先治水的在田赋之上,田赋定后才治水的在其下;傅寅《说断》谓大河既治,冀州之患已平,恒卫非其所急,故缓之于后;吕氏《东莱书说》则谓水害大的治于田赋之前,小的则治于后。此外异说尚多,皆妄推度,不足论。

《汉志》载常山郡上曲阳县恒水所出,东入滱(古亦称呕夷水)。又代郡灵丘县载滱河东至文安入大河。又常山郡灵寿县为卫水所出,东入虖池(即滹沱)。《水经注》《书古文训》《锥指》《地理今释》等皆记有诸水流程。大抵恒水出今河北曲阳县,东入发源于山西浑源恒山下的滱水,滱水遂亦称恒水,原至文安县注入古黄河,周末黄河南徙至章武入海,离开文安,滱水自行入海。今则名唐河,经唐县、定县、清苑,至安新汇于西淀(白洋淀)。卫水出今河北灵寿县,南入发源于山西繁峙的滹沱河,滹沱河遂亦称卫水,原也至文安入河,今经正定、藁城、深泽等地,过献县,合滏阳河为子牙河,至天津合北运河入渤海(详《从考》)。

"恒卫既从",有释为二水从其故道,有释为二水从黄河走,总之不外说水治好了,恒卫二水已经流泄了。

⑪大陆既作——"陆",薛本作"𨽍",据《说文》陆字籀文而有讹变。"作",《夏本纪》译用"为"字。薛本作"𡉉",系用《说文》中训起之㞢字冒为作的隶古奇字。

577

《吕氏春秋·有始览》云"晋之大陆",又云"赵之钜鹿"。孙星衍《注疏》据此云:"是则秦时说大陆、钜鹿为二处。"《汉志》钜鹿下云:"《禹贡》大陆泽在此。"《夏本纪·集解》引郑玄注:"大陆泽在钜鹿。"《续汉书·郡国志》亦云:"钜鹿,故大鹿,有大陆泽。"是大陆即钜鹿。大与钜义同,陆与鹿音同,即一地之异称。晋有大陆,赵承晋之大陆语稍变耳。《尔雅》郭璞注(引者皆言孙炎注)云：
"今钜鹿北广阿泽是也。"《通典》《元和郡县志》及注疏家《孔疏》
《蔡传》《纂传》《稗传》《锥指》《地理今释》《后案》等对其地点皆有
阐述。大抵古大陆泽即钜鹿泽，在今河北巨鹿以北、束鹿以南地
区。《河北平原黑龙港地区古河道图》表明巨鹿、南宫、冀县、束鹿、
宁晋、隆尧、任县间有一个范围广大的古湖泽遗迹，证实有此泽。
据《汉志》"钜鹿"注："应劭曰：'鹿，林之大者也。'臣瓒曰：'山足曰
鹿。'"(参看《尧典》"纳于大麓"校释)按巨鹿无大山，臣瓒说不合，
故颜注谓"应说是"。可知"大陆"当时以巨大森林区得名，泽当即
是森林区的低洼地。秦以后渐淤，分为二泊。北泊名宁晋泊，在宁
晋县南，为洨河、泜河等水所汇；南泊名大陆泽，在任县东北，为洺
河、沙河、滏阳河等水所汇。现大都淤成平地，诸水大抵汇成滏阳
河东北流，至献县合滹沱河为子牙河以入海。

"作"，指耕作。《汉志》注："言恒卫之水各从故道，大陆之泽
已可耕作也。"

⑫鸟夷皮服——此脱简"厥贡"文中残存的一句。"鸟"各隶古
定写本及薛本作岛，《唐石经》作"岛(嶋)"，各刊本沿用作"岛"。
"夷"，敦煌本 P3615 及薛本作"𡰥"，吴大澂《字说》："古夷字作𡰥，
即今文尸字也。"并举金文中𡰥乃夷之重文。《汉书·樊哙传》注
云："𡰥，读与夷同。"误认𡰥为古夷字。是隶古定本即据汉以来误
认夷之重文为夷而袭用之。"皮"，内野本作"筊"，薛本稍变，系各
据《说文》皮字古文而隶定略异。"服"，薛本据《说文》服字古文而
右旁讹变为几。

《夏本纪》载此句作"鸟夷皮服"，扬州句作"岛夷卉服"，是今

文本冀州鸟夷、扬州岛夷显然有别。《汉志》将扬州岛夷误同冀州鸟夷，伪古文则将冀州鸟夷改同扬州岛夷，显然皆误。据《孔疏》："孔读鸟为岛。……王肃云：'鸟夷，东北夷国民也。'"则王肃本古文固作鸟。伪孔本隶古字亦作鸟，但把它读为岛。胡渭、段玉裁谓开元中卫包据孔读改写为岛，核以诸隶古写本及薛本皆作岛，则其改写在卫包前的宋齐旧本。今据《禹贡》原文改回为"鸟夷"。

《夏本纪·集解》引郑玄注："鸟夷，东北之民。"知鸟夷是古代中国居于东北地区的民族，其实为我国东方（包括东北）原以鸟为图腾之族。文献中风姓（即凤姓）的太暤氏（见《左传·僖公二十年》），纪于鸟的少暤氏（见《左传·昭公十七年》），玄鸟降生的殷商族（见《诗·玄鸟》）等，原都是鸟夷。《后汉书·东夷传》载天降下鸡卵所生的夫余族及其祖先肃慎族，就更是《禹贡》冀州的鸟夷。

"皮服"，伪孔及《孔疏》释为鸟夷以鸟兽之皮为衣服，是错误的。这是指鸟夷的贡物。《诗》之《大东》《都人士》诸篇反映周代贵族服用皮毛为裘，就取自贡物。《尔雅·释地》说："东北之美者，有斥山之文皮焉。"《后汉书·东夷传》也载东北诸族大都贡各种珍禽异兽皮毛，可证"鸟夷皮服"记的就是古代东北少数民族向中央王朝贡送各种禽兽皮毛（详《丛考》）。

⑬夹右碣石入于河——汉至唐注疏对此句解释皆误，宋周希圣始提出各州之末这一句是叙贡道，《蔡传》以下皆承此说。《禹贡》以贡名篇，在记了每州地理情况并规定各地以特产入贡之后，必以贡道作结，就是其全篇用意所在。《禹贡》作为纪录禹功的典籍，自然以禹都所在的冀州为帝都之地，各地贡物皆送冀州。冀州三面是河，故九州贡物送到帝都来都必须经由大河，因此各州末叙

水道都说"入于河"或"达于河"(惟青、徐、扬说法稍异,最后仍达于河,详该章)。

"夹右碣石",《释文》:"夹,音协,带也。"此句是说鸟夷入贡,沿辽东湾西岸向南航行,然后循右拐向西转航于渤海北岸之下,最后入于河。碣石正在向右的转角上,故云"夹右碣石"。因此碣石是在航行道上右边的一座可以作为转航向黄河入海口的航行标记的特立之石。

碣石的所在地的说法非常纷歧,计有九说:(一)汉骊成县(今河北乐亭),(二)汉絫县(今河北昌黎),(三)汉遂成县(今朝鲜平壤西北),(四)北魏柳城(今辽宁朝阳凌源南),(五)汉九门县(今河北藁城),(六)汉蓟县(今北京大兴),(七)谷口御河入海处(今河北沧县以东海畔),(八)海丰马谷山黄河入海处(今山东无棣境),(九)沙门岛对岸之铁山(今山东蓬莱对岸辽宁西南角渤海海峡入口处)。近代更提出与冀州毫不相干、相去万里的广东南海碣石镇。

出现这许多纷歧,其集中争议点是:

(一)碣石沦于海说。汉人王横始谓九河沦于海(见《汉书·沟洫志》),《水经注》依王说并据张折的论定,以为碣石沦于海中。宋程大昌、蔡沈、元金履祥、清胡渭等皆主此说。

(二)碣石未沦于海说。《汉志》所载及秦汉君主登临碣石皆在陆地,至元代王充耘《读书管见》指出乐亭、昌黎一带正南别无石山在海中,沦海之说无据,明韩邦奇、清王夫之、阎若璩、王鸣盛、焦循、江昱、徐文清及同治《昌黎县志》等皆主此说。

主沦海说者,坚持碣石原在海畔,反对任何昌黎以北之说,主未沦海者,则以为在昌黎以北陆地或其他几处。核诸历史实际,渤海西、北岸并无陆地沦海之事,而只有大片海域因长期冲积洪积升成了陆地(《中国历史地图集》前后八集反映了此海岸线逐渐东移的消长之迹),故碣石沦海之说是无根据的。

大抵关于碣石所在,除第三说不在夹右地位,且不在我国境内,第五、第六两说其地无山,均应排除外,其原作为"夹右入于河"标志的碣石,是当时处在右转角处即今河北乐亭县南的靠岸边的海中之石(第一说),秦皇、汉武、魏武登临的碣石,是在陆地上可以"观沧海"的今河北昌黎县北的碣石山(第二说)。其余诸说反映随着黄河入海口的南移,碣石之地也跟着沿渤海西岸自北向南逐步移徙着,都是不足据的臆说。要知最初《禹贡》所指的碣石,只可能是乐亭县南的海边之石(可能是县南祥云、李家、桑坨岛,或其中某一岛)(详《碣石考》,载《古史续辩》)。

以上这一节,是"冀州章"。

济河惟兖州①。九河既道②,雷夏既泽③,灉沮会同④。桑土既蚕⑤,是降丘宅土⑥。厥土:黑坟⑦,厥草惟繇,厥木惟条⑧。厥田:惟中下⑨。厥赋:贞⑩;作十有三载,乃同⑪。厥贡:漆、丝⑫,厥篚织文⑬。浮于济、漯⑭,达于河⑮。

581

①济河惟兖州——"济",《汉志》作"泲"(颜注:"音姊")。下文三济字亦皆作泲。《后案》谓"《禹贡》山水见前《志》者或为古文",《蜀石经》残石及薛季宣隶古定本作泲。疑此据古文。敦煌本P3615作"渧",《古文四声韵》载《古尚书》亦如此作,是伪古文亦据

《说文》"济"的小篆为隶古。惟《夏本纪》作济，皮氏《考证》以为是今文。《说文·水部》："沛（大徐音子礼切），沇（以转切）也，东入于海。"又："沇水出河东东垣王屋山，东为沛。"又："济水，出常山房子赞皇山，东入泜。""泜水，在常山。"按《汉志》河东郡垣县下云："《禹贡》王屋山在东北，沇水所出。"又常山郡房子县下云："赞皇山，石（古）济水所出，东至瘿陶入泜。"是许慎据《汉志》以济与沛别为二水，而以沛与沇为一水。观《周礼·职方》兖州、幽州皆云"其川河、沛"。成蓉镜《禹贡班义述》并引古本《尔雅》《汉志》荥阳、临邑、寿良、封丘、临淄等县皆有沛水，则兖州此水固通行沛字。

颜师古注《汉志》云："沛，本济水之字，从水，屯声。"而《夏本纪》固作济。段氏《撰异》云："依《说文》当作沛，但此等字古文假借，当仍其旧。如《夏本纪》作济，《地理志》作沛，可证汉人通用也。"皮氏《考证》历举《吕氏春秋》《春秋说题辞》《释名》《风俗通》《广雅》等亦济与河并举，以为"皆作'济'，与史公同，盖用假借字，非赞皇山所出之济水也"。此诸说皆以此水本名沛水，依《说文》即沇水，但可假借"济"字称为济水，而非出于赞皇山之小流济水。

"惟"，《夏本纪》作"维"。

"兖州"，《夏本纪》作"沇州"，此为今文。《汉书·天文志》："角、亢、氐，沇州。"当系承用今文。《集解》引郑玄注亦作"沇州"，则为古文。敦煌写本 P3615 亦作"沇州"，则为伪古文。《尔雅·释地》："济河间曰兖州。"《释名·释州国》亦作"兖州"，皮氏《考证》以此为今文说。是汉今文又用此体。《说文》"沇"字重文云："沿，古文沇。"薛本逐作"沿州"，是伪古文隶古定本摹用古字。

钱大昕《史记考异》云："沇州本以沇水得名，《尚书》作'兖州',由隶变立水⽔为横水⽔,又误⽔为'六'耳。"按《禹贡》下文"导水章"叙述"导沇水"全过程,字固作沇。不当一篇同一名而用二字,则原文固当作沇州,钱说可信。段玉裁《撰异》提出不同意见,不可从。

"导水章"简明记载了沇水全程,《水经注》详记了济水所经各地流变情况。阎若璩《四书释地续》与《潜邱劄记》略叙至清初济水的变迁,胡渭《锥指》详考了沇水(济水)全程。大抵沇水出王屋山,东南流至温县,称济水入河,大河在广武(荥阳境)分出一条支津,古人误以为是济水横过黄河南流,故称南济。南济续向东,过阳武(今原武境)、封丘、济阳(今兰考东)、定陶,东北至乘氏(今巨野西南),南分为菏水,北为济渎。另自济阳之北分出北济,历冤朐(今定陶西)至乘氏与济渎合,过巨野泽,至寿张,汶水东注,然后北过今东阿、平阴、济南、历城、邹平、高青、博兴诸县即汉千乘郡以入海。汉成帝与王莽时,两次河决皆至济南、千乘入海,东汉河水遂大体利用济水河道。宋庆历间河决商胡(今濮阳境)而离开了济水。南渡后有大小清河之分。大清河自东阿至历城即济水故道(历城以下则为漯水故道),小清河则自历城以东皆济水故道。清咸丰时河决铜瓦厢(今兰考境),又夺大清河以入海,从此古济水(沇水、沇水)自历城以上就成了今天黄河下游河道,历城以下则另行流成小清河,不复有称为济水的河流了(详《禹贡兖州地理丛考》,以下简称《丛考》)。

583

"济河惟兖州",《夏本纪》"惟"作"维"。其今古用惟字之区别,已见《尧典》校释。"惟"同"是"。见冀州校释。《吕氏春秋·有始览》云:"河济之间为兖州,卫也。"高诱注"河出其北,济经其南"。郑玄注此句云:"言沇州之界在此两水之间。"(《夏本纪·集解》引)虽后来注疏家有不同解释,高诱、郑玄说终是正确的。即从东南的古济水到西北的古河水之间就是兖州的区域。它主要是今河北省的南半部以北至天津以南的黑龙港地区,南至山东的北部、西部,以及河南自封丘、延津、浚县、内黄以东的东北一角。

②九河既道——"既",各隶古定本作旡,已见上文(下不复校)。

"导水章"记大河"东过洛汭,至于大伾;北过降水,至于大陆;又北,播为九河,同为逆河入于海"。可知九河是古黄河下游流过大陆泽后,向北(实为东北)分布为九条入海的河。

郑玄注、伪《孔传》《孔疏》皆释"九河既道"为分成九条河道,《蔡传》释为"既顺其道"。王引之《经义述闻》始据《法言·闻道》与《左传·襄公三十一年》杜注"道,通也",释此为"九河既通",其说是。

《孟子·滕文公上》说"禹疏九河"。《墨子·兼爱中》说禹"洒为九浍",毕沅注九浍即九河。是战国已传禹疏九河。汉时《尔雅·释水》提出了九河名称是:徒骇、太史、马颊、覆釜、胡苏、简、絜、钩盘、鬲津。然《汉书·沟洫志》记汉代各时期河官都想恢复九河故道来治河,可是九河已"湮灭难明"。博士许商指出了其中三条河:徒骇河在成平(今河北交河北),胡苏河在东光(今属河北),鬲津河在鬲(今山东德州南),其余皆不知。《水经·河水注》亦指出九河故迹已不知其所。唐《通典》、宋《舆地广记》共增举了四条河的所在。程大昌《禹贡论》及《蔡传》皆指出其附会不可信。元于钦《齐乘》、明王樵《尚书日记》各据目验对九河进行了探索。清代很多学者研究了九河,搜集不少资料,但胡渭《锥指》指出汉以来所附会某河名者未必即古九河,不名某河者未必非九河,主张"无事深求","不必取足于九"。于是很多学者即据汪中《释三九》之说,以为《禹贡》"九江"、"九河"等也不该看做实数。近代学者多用此说。

1978年2月28日《光明日报》载河北省黑龙港地区地下水综合科学考察取得重大成果,此区域包括衡水、沧州、廊坊、邢台、邯郸五个地区四十六个县市,正是《禹贡》的大陆泽东北九河区域。计共查明黑龙港地区有九条大的古河道带,包括古河道三百多条段。河北省地理研究所绘成《河北平原黑龙港地区古河道图》,载此九条古河道带是:(1)大名、馆陶、清河、枣强、景县、沧州的黄、清、漳河古河道带,(2)大名、卫东地区,中间经山东至吴桥、东光、南皮、沧州和吴桥、盐山、孟村的黄河古河道带,(3)魏县、广平、巨鹿、新河、束鹿、深县的黄、漳河古河道带,(4)成安、肥乡、曲周、平乡、巨鹿的漳河古河道带,(5)冀县、衡水、武强、献县、交河、沧州的黄、漳、滹河古河道带,(6)沿子牙河一带的漳滹河古河道带,(7)安平、饶阳、河间、大城的滹沱河古河道带,(8)肃宁、河间、任丘的滹、沙、唐河古河道带,(9)任丘、文安的拒马河古河道带。其中(1)、(2)、(4)、(8)又是四条较大的古河道带。

这就得到了解决九河问题的科学资料,虽据以定名的有些河道是后起的,但河道形成总由地势决定,前河移徙,后起的河往往循旧河道,此次探测中就常发现不少地下古河道在垂直方向上重叠,这表明在古大陆泽东北直至海滨,客观地存在着九条古河道带,是古河水的入海之路。所以这些古河道带完全可以作为印证《禹贡》九河的资料(详另撰《九河考》,见《古史续辨》)。

③雷夏既泽——薛本作"畾夒无昦",其"雷""夏"二字皆据《说文》古文而略变,夏字与《魏石经》从日、疋声之夏形体亦异,与《汗简》"人部"夏字略近。其"泽"字作"昦",据《说文·大部》:"昦,大白泽也,从大从白,古文以为泽字。"知此三字皆伪隶古定本采自汉古文。

《汉志》济阴郡成阳县下云:"《禹贡》雷泽在西北。"郑玄注:"雷夏,兖州泽,今属济阴。"(《五帝本纪·集解》引)其后《续汉志》成阳亦云"有雷泽"。《水经·瓠子河注》:"瓠河又东径雷泽北,其泽薮在大成阳县故城西北一十余里。其陂东西二十余里,南北一十五里,即舜所渔也,泽之东南即成阳县。"自后《括地志》《通典·州郡》《元和郡县志》并记雷夏泽,似至唐时尚存在,《宋史·地理志》雷泽县已不言有泽。胡渭《锥指》:"今(清)山东兖州府曹州(即菏泽)东北六十里有成阳故城。……雷夏在曹之东北,濮之东南。"孙星衍《今古文注疏》:"其水故道在今(清)山东省濮州,河漫,变为平陆矣。"

《孔疏》释"雷夏既泽"云:"洪水之时,高原为水,泽不为泽。雷夏既泽,高地水尽,此复为泽也。"此释是。史念海氏指出,两周时期,黄河流域多湖泊,主要集中在下游,曹濮一带原为沮洳地,容易形成泽薮(《河山集》第二集第334—343页)(详《丛考》)。

④灉沮会同——"灉",《夏本纪》及《汉志》皆作"雍",此为今文。《周礼·职方》"卢维"郑注亦引作"雍",此为古文。敦煌本P3615作"邕",岩崎本作"澭",与今、古文均异。薛本作雍,同于今、古文。内野本作灉,竟同卫包改本。段氏《撰异》:"按雍者雝之隶变,字不从水。《夏本纪》《地理志》皆作雍,不从水,是古今文

《尚书》本皆不作灘也。后人加水旁而释以《尔雅》'河山为灘',恐非是。《释文》云:于用反。盖王肃以壅塞释之,故云尔也。"

"会",P3615本、内野本、薛本皆作"岁",与《汗简》中之二作"兊",《古文四声韵》去声十一部作"兊",二书皆注出"古《尚书》"。则知为郭忠恕、吕大防等所传出"宋齐旧本"以外之本所造隶古奇字。岩崎本所作炭则又其讹变。"会同"即合聚于同一处。

《夏本纪·集解》引郑玄注:"雍水沮水会同此泽(指雷夏泽)。"又《正义》引《括地志》:"雍、沮二水在雷泽西北平地也。"《元和郡县志》:"灘水、沮水二源俱出濮州雷泽县西北平地,去县四十里(引者多作十四里,此从《今释》)。"《元丰九城志》:"濮州有沮沟,即《禹贡》'灘沮会同,者。"《今释》:"宋时河决曹濮间,灘沮之源适当其冲,久而泥泽填淤,二水遂涸。"所言皆可据,宋以后提出许多说法,皆不确。

史念海氏云:"据唐代记载,曹濮之间往往有水流散出于地(《新唐书·许敬宗传》),这可能就是解释雍沮二水出于雷夏泽附近的根据。……可能与当地地下水浅有关。……战国时期这里能够有雍沮两水,唐代的人不能以这里散出的水流来解释《禹贡》,其中消息是可以看到的。"(《河山集》第二集第337—338页)

总之雍沮二水出曹濮一带沮洳地,即今山东省鄄城、菏泽二县之间,流入汉成阳县(今菏泽县东北六十里)的雷夏泽,到宋代此二水与雷夏泽都已干涸(详《丛考》)。

587

⑤桑土既蚕——《孔疏》:"宜桑之土既得桑养蚕矣。"林之奇《全解》云:"洪水既平矣,于是蚕桑之利始获。……然而九州之民皆赖蚕桑以为衣被,而独于兖州言之者,盖兖州之贡丝与织,尤宜

于此,故于此州言之。"王炎《禹贡辨》云:"今德、博、河间产丝最多,《汉志》称齐人织作冰纨绣绮,号为冠带衣履天下,其地宜桑。"都说明古代蚕桑业以兖州为最发达。邵望平氏《九州风土考古丛考》引录贾兰坡、竺可桢二氏据古动物群及古文献所作气候研究后说:"从贾、竺等先生的研究中可知道,西周以前的黄河流域的气候条件犹如今日之长江流域,而那时的长江流域则与今日之岭南相似。《禹贡》还记载兖州贡漆丝,豫州贡漆,北方诸州亦用竹筐做为贡品的包装物。漆竹丝蚕……盛产地却在长江流域。兖州中的'桑土既蚕'一语说明当时兖州犹如今之太湖周围以桑蚕业为主要生业的。"

郑玄说桑土是地名(见《诗·谱》正义引),不确。

辛树帜先生云:"《禹贡》上仅兖州之'桑土'及荆州之'云土'两土字,这是代表地貌的。这种'土'也似雍州的'原隰',同是地貌名称。"(详《丛考》)

⑥是降丘宅土——《夏本纪》译为"于是民得下丘居土"。以"是"为"于是"。《风俗通》"是"作"乃"。《汉志》则全句用原文,皮氏《考证》以为"盖夏侯《尚书》与古文合"。按扬雄《兖州牧箴》亦云"降丘宅土",固用今文。《风俗通·山泽篇》云:"谨按《尚书》:'民乃降丘度土。'"段氏《撰异》云:"此《今文尚书》也。'是'字作'民乃'二字,'宅'作'度'。此'文字异者七百有余'(按此《汉书·艺文志》刘向校《尚书》语)之目也。凡《古文尚书》'宅'字,《今文尚书》作'度',说见《尧典》。扬子《方言》曰:'度,居也。'《史记·夏本纪》……所据《今文尚书》亦当作'民乃降丘度土'。'度土'作'居土',亦犹'度西曰柳谷'作'居西'也。"

"降丘宅土"，伪孔云："地高曰丘，大水去，民下丘居平土。"《孔疏》引郑玄注云："此州寡于山而夹于两大流之间，遭洪水，其民尤困。水害既除，于是下丘居土。"

"丘"，《说文》："土之高也，非人之所为也。"《尔雅》以下各种字书及注疏家大都以自然生成的高出平地的土山为丘。顾颉刚师《释丘》一文统计《左传》十一国中丘的多少，以河济间最多。并指出："丘这个名字是和水患有关系的。……只有住在高丘上的人能够免于水患。……河济夹着百川入海……水患是不可免的，所以多的是丘了。"（见《禹贡》半月刊第四期）辛树帜先生说："丘应是兖州的代表地貌名称。"（《禹贡新解》第173页）史念海先生说，黄河下游的丘多是孤立的，高约十余米，水退，下丘居于平地，说明居丘不是一时偶然现象（《河山集》二）。这些是以往学者所作的解释。近多年来考古学的空前成就，因而有考古学者对这问题作出新的研究。如邵望平氏《禹贡九州风土考古丛考》论及此问题时说："笔者曾在鲁西平原及鲁中进行访古考察，注意到有许多高出平地数米的堌堆遗址，与一马平川的自然地貌甚不协调。后菏泽地区博物馆郑田夫、张启龙先生《菏泽地区堌堆遗址的时代》一文，指出鲁西平原的堌堆并非自然形成，而是先民在同水患斗争中选地势稍高处靠人力堆筑而成，即所谓丘者。大多数堌堆遗址为龙山时代、商代的遗址。有的上部有晚期堆积，属东周时代者，多为墓地。这一分析颇具见地。经过发掘的梁山青堌堆……豫东南的黑狐堆均如是。……这种现象似可说明：筑丘而居与降丘宅土的更替，主要是龙山时代至商代这一地区先民生活的特点。"这就可以对"降丘择丘"从考古知识得到更新的了解。原来兖州的这种丘大都人工筑成，与《说文》《尔雅》之说适相反，是由于先民与洪水斗争的需要所促成的。

⑦厥土黑坟——《夏本纪》"厥"作其。马融注云："坟，有膏肥也。"（《释文》引）表示是一种含有膏沃肥料的土壤。《周礼·地官·草人》"坟壤用麋"郑众注："坟壤，多蚡鼠也。"郑玄注："坟壤润解。"《礼记·檀弓》郑玄注："土之高者曰坟。"按，此当据《方言》"坟，地大也，青、幽之间凡土而高且大者谓之坟"。与此处文义不协。又《国语·晋语》"地坟"韦昭注："坟，起也。"亦见《左传·僖公四年》，原指鸩毒性烈使地高起来。伪《孔传》遂据此释"黑坟"为"色黑而坟起"，近于望文生义。

林之奇《全解》云："坟者，土膏脉起也。"江声《音疏》："郑注《周礼·草人》云：'坟壤润解。'然则坟是土之润泽者，故云有膏肥也。"孙星衍《今古文注疏》云："坟，肥，声之转。故《汉地理志》'壤坟'，应劭读坟为肥。《太平御览》引《仓颉解诂》云：'膹臛多滓也'。坟音近膹。"都解释坟为肥土，是。

茅瑞徵《禹贡汇疏》引田汝成曰："坟，土之大而高者。九州惟兖、青、徐三州称坟。"朱骏声《尚书古注便读》云："坟，蚡也。蚡鼠能穿地起土，故谓之瀚然而起者为坟。"则仍用坟起高大义，与本文原义不合。

590

于省吾先生《尚书新证》释此句与豫州"下土坟垆"云："坟即萗，垆即卢，马云：'坟，有膏肥也。'按《广韵》：'萗，美也。'《文侯之命》'卢弓一'《传》：'卢，黑也。''黑坟'、'坟垆'同义。伪传训'坟'为坟起，未允。"义亦确。

陈恩凤氏《中国土壤地理》第七章中《禹贡所述土壤之解释》节

内，对"坟"的解释云："坟，又分黑坟、白坟、赤埴坟，分布于兖、青、徐各州。古人释坟为土脉坟起，马(融)传称'坟有膏肥'，孔颖达称'土黏曰埴'。坟为高起之地而有膏肥，似指丘陵土壤而不尽肥沃；埴坟显指黏质丘陵土壤。考其所在，则兖为今山东西部，丘陵地多为粽壤，惟《禹贡》称兖州'厥草惟繇，厥木惟条'，想见当时草长林茂，土壤中黑色腐殖质必多，或于古代为灰粽壤，即所称黑坟。"又万国鼎《中国古代对于土壤种类及其分布的知识》释《周礼·草人》"坟壤"云："可能是黏壤。"此说可作为陈说的补充。总之，由陈说，可知黑坟是一种含有黑色植物腐质肥料的灰粽壤。

⑧厥草惟繇厥木惟条——《夏本纪》作"草繇木条"四字，《汉志》则作"屮繇木条"。师古曰："屮，古草字也。"隶古定诸本如P3615本、内野本、薛本虽为八字两句，而"草"亦作"屮"。《说文》："屮，艸木初生也，象丨出形，有枝茎也。古文或以为艸字，读若彻。"伪隶古定遂用为草。"繇"，薛本作蘨，段氏《撰异》云："草，《说文》作艸，《地理志》作屮……按班书多以屮为艸。《说文》一篇'草部'曰：'蘨，草盛貌，从艸、繇声。《夏书》曰"厥草惟蘨"(徐锴本艸作草，蘨作繇)。'玉裁案，陆德明、王伯厚皆不引《说文》'厥草惟蘨'为异字，今按楚金(徐锴字)本作('惟繇，(即今繇字)，繇，随从也。此引《书》以证蘨字从艸、繇，会意。……繇，古音读如'由'。"成孺《禹贡班义述》补充云："《荀子·富国》：'刾屮殖谷。'《汉外黄令高彪碑》：'狱狱生屮。'并以屮为艸，班书尤夥见，礼乐、五行《志》，晁错、苏武、董仲舒、司马相如、公孙弘、赵充国、贡禹、魏相、谷永、扬雄、货殖、王莽诸《传》及《叙传》，日本山井鼎《七经孟子考文·古文考》正作'屮'，与《汉志》合。……盖古文以屮为艸，今文以草为

591

艸也。"并指出："古今文并作'繇',大徐(指今本《说文》)作'蘨',殊乖。段注虽知正鼎丞(大徐)之误,而未悟羼窜之故。"

《撰异》又云："《夏本纪》'草繇木条'二句皆无'其'、'惟'字,而扬州有之。《地理志》则二州皆无'厥'、'惟'字,疑《今文尚书》本皆无'厥'、'惟'字。《史记》扬州有之者,后人增之。"此说当是。《禹贡》各州依次叙"厥土"、"厥田"、"厥赋"、"厥贡"四项,独兖、徐、扬三州在"厥土"之下增叙了草木,以补充该州土壤特色。今本"徐州章"即云："厥土赤埴坟,草木渐苞。"并无"厥"、"惟"二字,此处显系后人仿"厥田"、"厥赋"等文而增。观《夏本纪》兖州及《汉志》此三州都无"厥"、"惟"二字,当是汉代今文《禹贡》原貌。而《夏本纪》扬州有之,其为后人据伪古文本增入无疑。自以无"厥"、"惟"二字为确。

马融注云："繇,抽也。"(《释文》)郑玄《诗·墙有茨》笺云："抽,犹出也。"按,抽为植物萌长生条之义,如《文选》束皙《补亡诗》:"草以春抽。"《说文》:"甹,木生条也。"繇读为由,抽以由得义,通甹,故有生条之义(参看《盘庚》校释)。伪《孔传》:"繇,茂;条,长也。"《孔疏》:"繇是茂之貌,条是长之体,言草茂而木长也。九州惟此州与徐、扬二州言草木者,三州偏宜之也,宜草木则地美矣。"颜师古《汉志》注:"繇,悦茂也。条,修畅也。"徐锴《说文系传》:"《尚书》……'厥土黑坟',又云'……厥草惟繇,厥木惟条',是必肥美之地也。"薛季宣《书古文训》云:"草木畅茂,见黑坟之宜草木也。"皆释为地肥而草木繁盛。

林之奇《全解》始驳云:"九州之势,西北多山,东南多水。多山之地则于草木为宜……此三州比九州之势最居下流,其地卑湿沮洳,遭洪水之患,草木不得遂其性而生育,其已久矣。至是而或丝、或条、或夭、或乔、或渐包,故于三州遂言之,以见水土既平,草木得遂其性,非谓此三州偏宜草木也。"时澜增修《东莱书说》云:"兖州水害最重,草木不得其性。繇,始抽也。条,始长也。与'渐包'、'惟乔'之义异矣。"承林说而指出兖与徐扬之草木尚有别。自宋至清治《尚书》者多宗林氏之说。

按,兖州居济、河之间,主要为九河之地,属今河北黑龙港地区(见上"九河"考释)。据《河北平原黑龙港地区古河道图》的"说明"中指出,这一地区"是历史上旱、涝、碱、咸灾害严重的地区,是我省粮棉产量低而不稳的地区"。虽然自九河之南至济水流域还有沃地,而且古今情况可以发生差别,但其根本地貌当不会大变,九河地区又占兖州的绝大部分,所以把兖州这块土地过分的夸张为肥美之地是不完全符合实际的。宋儒着重说明它原来水害重,由于治理使得草木复盛,应是说得通的。

清王夫之《稗疏》又提出与宋儒相异之说云:"谷之产因于地之宜,地之宜验于草木之生。故《经》于辨土之后,纪其草木之别,所以物土宜而审播种也。南北异地,九州异质,风气异感,故草木异族而百谷亦异产矣。繇、条、渐包、夭、乔者,草木因地性之故别,非由治水而始然也。……林氏乃谓洪水为患,草木不得其生,至是始遂其性。岂知草木之性遂,适以害嘉谷,塞途径,深沮洳,酿岚虫,蕃禽兽,以与人争命乎。……《经》纪草木以物土而非序绩可知已。……所以惟兖、徐、扬三州纪草木者,此三州平衍之区,无高山大谷,草木鲜生,可以区别。而六州之或山或谷,或原或泽,其地不齐,一州之间各自殊别,不可定也。"这是说各州是根据土壤物产的特点来作记载,而不是叙禹治水功绩,则更近实。辛树帜先生《禹贡新解》说:"王船山氏以物土之宜释兖、徐、扬三州的草木是对的。"但对后面几句话提出批评说:"这可说只知其一,不知其二。我以为兖、徐、扬三州属平衍之区,各州之间无高山为之阻隔,三州自南至北地域相连,由物产之异足以说明南北气候之殊。《禹贡》作者特于此三州记载草木,其原因或属于此。"这一说兼及气候,讨论就比较深入些了。

⑨厥田惟中下——《夏本纪》作"田中下",《汉志》作"厥田中下"。此史文删削之异。伪孔云:"田第六。"指出兖州田是第六等。根据"冀州章"的解释,可推知当时兖州农业发展水平在各州中居于中下等。

⑩厥赋贞——《夏本纪》《汉志》皆无"厥"字。隶古写本松田本此句"赋"下有"惟"字,当是蒙上数句增衍。郑玄将"贞"字连下句读,作"贞作十有三载"。其注云:"贞,正也。治此州正作不休十三年,乃有赋与八州同,言功难也,其赋下下。"(《夏本纪·集解》引。孙星衍《注疏》则为郑断句为"厥赋贞作",失郑意。)此州赋等第原未明叙,郑玄除作出解释外,并补其等第为"下下"。江声《音疏》所引《史记集解》如此作,今流行殿版同,然自宋人至清人所引《史记》别本多作"中下",陈乔枞《经说考》云:"中下当为下下之误。"

伪《孔传》云:"贞,正也。州第九,赋正与九相当。"《孔疏》:"《周易》'彖'、'象'皆以贞为正也。诸州赋无下下,贞即'下下'为第九也。此州治水最在后毕,州为第九;成功,其赋亦为第九。列赋于九州之差,与第九州相当,故变文为'贞'见此意也。"意谓变用

"贞"字表示下下之意。

宋人多提出新解。苏轼《书传》云:"贞,正也。赋随田高下,此其正也。……此州田中下,赋亦中下,田赋皆第六,故曰贞。"林之奇《全解》驳之云:"九州之赋相校而为上下之等,雍州之赋出第六,而兖州之赋不应又出于第六也。"茅氏《汇疏》引朱氏云:"贞者,随所卜而后定之名也。"《锥指》驳云:"以贞为卜,义亦未当。"薛季宣《书古文训》云:"贞,无交错之名也。九州之赋交正庶土,用相补除。……兖州正出本等,无补除也。"叶梦得《书传》云:"九州之赋无下下,赋以薄为正,则贞谓下下也。"曾旼《尚书讲义》、蔡氏《书集传》、黄镇成《书通考》等,皆承用"薄赋为正"之说。陈大猷《或问》驳之云:"以薄为正,岂他州之赋皆非其正乎? 孟子言'轻于尧舜者为貉道,重于尧舜者为桀道'。故古人以什一为天下中正,岂但取于薄乎。皆失牵强,故缺以待知者。"后袁仁《尚书砭蔡篇》全袭用陈说以驳蔡沈。

宋末马廷鸾(端临父)《六经集传》云:"贞字不过'下下'之误耳,不烦于贞字取义。"(陈栎《书传纂疏》引)此说甚有见地,不知是其创见,抑受稍后进的金履祥的影响? 金氏《尚书表注》云:"贞,本'下下'篆文重字,但于字下从二。兖赋下下,古篆作'𠄟',或误作'正',遂讹为贞。又古通作疋,尤与'下下'易善互也。"这是根据宋代发达的金石学的成就提出的卓见,因古金文中常见重文以"二"为标识。马、金倡此说,陈栎又称引之,是宋元以来颇重此说。胡渭《锥指》始反对之云:"此说尤非。《经》果曰'厥赋下下',则下文义不可通矣。"这是出于传统的偏见。清儒仍有相信马、金之说者,如沈彤《尚书小疏》云:"此说近是。"近人曾运乾《正读》亦从之。此确是诸说中有价值的一说。

胡渭之说见于《锥指》云："韩康伯注《易》'贞胜'曰：'贞，正也，一也。'贞训正，兼有一义。'厥赋贞'，谓十二岁之中赋法始终如一也。……第十三载然后赋法同于他州（此指下一句）。……兖赋法异于他州，言'贞'则其义见，言'下下'则其义不见，故不曰'厥赋下下'而曰'厥赋贞'也。《易·文言》'贞固是以干事'，是贞亦兼有固义……'厥赋贞'当作此解。"这是根据《易》的贞字的一些训义生吞活剥地来作解释，说兖州的赋规定十二年不变。

王氏《后案》释郑玄"正作不休"云："此'贞作'自是谓使民自治其田。"孙星衍《注疏》云："读'厥赋贞作'为句，以'作'为耕作也。应劭注《汉书》云：'东作，耕也。'盖兖州被水害最深，故成赋最后。"朱骏声《便读》依孙氏句读释为："作，起而耕治也。"都以"贞作"连读，释为耕作。

牟庭《同文尚书》云："赋第九谓之贞者，元为始，贞为终。……赋之终殿为'赋贞'，其义同也。……上供薄少，则人情耻恶，故田可以言下下，而赋独变文而称贞耳。"竟以为说"赋下下"面子不好看，故改用好听的"贞"字。

俞樾《平议》云："郑训'贞'为正者，盖谓正当也。《广韵》曰：'正，正当也。'厥田中下，厥赋亦中下……故变文曰'厥赋贞'也。"此与苏轼《书传》之说同，林之奇已驳之矣。俞氏又谓郑玄"正作不休"之"正"为工字之误，系涉上文误写，只可备一说。简朝亮以"贞"为问龟之义，略近《汇疏》引米氏说，但用法不同。其《述疏》云："凡岁计之时，赋者问岁之既往而定之，异乎卜者问岁之未来而定之也。"杨筠如《核诂》亦从卜问之义出发，并亦句读为"厥赋贞作"，释云："贞即侦探之侦。《说文》：'贞，卜问也。'《广雅》：'侦，问也。'是其义相同。《晋语》'贞之无报也'，'贞'亦当为侦。《集韵》：'贞又作侦。'《周易》：'恒其德，贞。'《礼记·缁衣》贞作侦。贞、侦盖古今字，由卜问之义引申而为侦察之义也。'作'，当如'任土作贡'之作。'贞作'，即言作赋之事，谓侦察而作也。"

上引诸家巧寻了许多解释，还有不少未曾加以引录，说明这是一不易捉摸的问题，尽可由得各人驰骋自己的想法看法。其实诸说中唯有马廷鸾、金履祥以"贞"为"下下"之误一说为较近实。因为：（一）《禹贡》各州"厥赋"下都叙明该州赋的等第，这是通例，兖州不容例外。（二）九州赋为九等，文中自上上至下中都有了，独缺下下。正是兖州赋所缺的等第。（三）贞字在此不通，是一明显的误字，各家震于它是"经"文，只能顺着它去解释，都成了瞎子断匾式的妄说。（四）马、金提出"贞"为"下下"之误，有当时的金石学知识为根据。（五）近代金文常识足以印证此说正确。今采用其说。

⑪作十有三载乃同——"载"，《夏本纪》《汉志》皆作"年"，以为今文。《释文》："载，马、郑本作年。"以为古文。伪古文始作"载"。《同文尚书》谓"王肃作载，而伪孔从之"，不详其所据。薛本载字作隶古异体，同"既载壶口"之载，见该处校释。《后案》云："《尔雅》：'唐虞曰载，夏曰岁，商曰祀，周曰年。'伪古文斤斤守之不失（中列举伪《大禹谟》《胤征》《伊训》《太甲》《泰誓》等篇按各代用此诸字。）岂知古人临文正不拘，《尧典》'三载汝陟帝位'，郑作'三年'；'百姓如丧考妣三载'，《孟子》作'三年'；刘歆引《伊训》云：'惟太甲元年'；《论语》引《书》'高宗谅阴三年不言'；《多

方》前云'五年',后云'五祀':是皆通称。此载字当从马、郑作'年'。""乃",《汉志》作"迺",作为副词,当用迺字,详前《尧典》"乃命羲和"校释。

马融注云:"禹治水三年八州平,故尧以为功而禅舜。"《孔疏》引此并为之说云:"是十二年而八州平,十三年而兖州平。兖州平在舜受终之年也。"伪《孔传》云:"治水十三年,乃有赋法与他州同。"《孔疏》:"'作'者,役功作务,谓治水也。治水十三年乃有赋法,始得贡赋与他州同也。他州十二年,此州十三年,比于他州最在后也。《尧典》言鲧治水九载绩用不成……禹治水三载功成。……此言十三载者,并鲧九载数之。"这是将十三年释为治水年数,包括鲧、禹两人治水年数在内。

自宋迄清不乏承此治水说者,惟计算年数或有异。如朱熹云:"禹治水八年,此言十三载者,通始治水八年言之,则此州水平其后他州五年欤?"又云:"禹用功处多在河,所以于兖州下记'作十有三载乃同'。此言等为治河也。"(董鼎《辑录纂注》引)黄度《书说》同此义。清孙星衍《注疏》引《史记·河渠书》所载《夏书》曰"禹抑鸿水十三年,过家不入门",以校马融说,以为与上引郑玄说异。皮锡瑞《考证》亦引《河渠书》此语,以为郑说与《史记》合,而马融说与《史记》不合,以为是古文异说。皮未深考郑说非言治水,年数虽同而实与《史记》不合。皮又引《三国志·高堂隆传》谓"文命(相传禹名)随山刊木前后历年二十二载",亦合禹之十三年与鲧九年计之,同《史记》说云。皮此处袭用曾旼《尚书讲义》语(见林之奇《全解》引)。清末吴汝纶《经说》据《夏本纪》说禹"劳身焦思居外十三年"及《河渠书》之文,又孟子所说禹"八年在外三过其门"等语,以评马融说之不尽合。这些都是把传说中禹治水的年数作信史来推求，是不足信的。

另有也持治水之说而说法不同者，为元吴澄《书纂言》："同，谓一州之内或高或下，水患皆平。若有一处未平，则不可谓同也。兖水最甚，故作治十有三载乃同也。"是把"同"字不释为赋税同而释为州内治水同。

上文"厥赋贞"校释引郑玄注："治此州正作不休十三年，乃有赋与八州同。"则明谓十三年是治兖州年数。至宋林之奇《全解》云："说者多以十三载为禹治水所历之年……此文承于'厥赋贞'之下……是专为兖州之赋而言也。盖兖州之赋必待十有三载然后同于余州，非所谓此州治水必至十三年而成功，则其文势不应在于'桑土既蚕是降丘宅土'之下也。"始明确指出非治水之年。王炎《禹贡辨》云："水患未尽去，则赋难定其等，故十三载始校所收而定其赋之下下。"（陈栎《纂疏》引）此亦谓治此州之年。《蔡传》继云："兖当河下流之冲，水激而湍悍，地平而土疏，被害尤剧，今水患虽平，而卑湿沮洳未必尽去，土旷人稀，生理鲜少，必作治十有三载，然后赋法同于他州，此为田赋而言。"接着批评了伪孔的错误。元人王充耘《书管见》云："兖州……当河下流，又有九黄河冲冒，受患最深，其用功最先而成功独厚。水平之后，田地既可耕作矣，又必优之十二年，待其一纪之后，岁星一周，天道变于上，地力复于下，然后使之供输于公上。此同他州，盖因其受患之深，所以优恤之至。"

明王樵《尚书日记》云："作十有三载乃同，此句因田赋而言，则'作'为耕作之作，乃合记田赋之通例。九州通例，记水土平治后，始及田赋,并无田赋之后又言治水。兖地虽最下,亦不应治水独至十三年之久也。注疏附合十三年之数尤凿。"清牟庭《同文尚书》说:"须耕作十三年,乃与诸州同入赋也。"这一派的解释,比治水说要正确。

胡渭《锥指》云:"《禹贡》言'作'者四:冀,'大陆既作';青,'莱夷作牧';荆,'云梦土作乂';及此'作十有三载乃同'是也。彼三州皆以'作'为耕作,则此州何独以'作'为治水耶?总由汉儒错解此经以十有三载为河水初平之年,后人逐踵其谬耳。今按禹之治兖……其功已毕,民皆降丘宅土矣,岂必迟之又久而后平,乃始有赋法也哉!以初年所入之数为准,一纪之中概从其薄,贞一而不变,此是兖之赋法而与他州不同,至十有三载,地力加厚,人工益修,乃同于他州平。"胡氏进一步阐明了非治水之说而为治兖州之说,是可取的。其文末又重复了王天与岁星十二周年美恶周而一复的占星家说法,则是不科学的。王氏《后案》由于尊郑,亦反对马融、伪孔治水之说。此说直至近代多为学者所相信,如简朝亮《述疏》、杨筠如《核诂》等皆同意此治兖州而非治河水之说。

⑫厥贡漆丝——敦煌本 P3615、薛本漆皆作"𣾉",岩崎本作"𣾷"。按《古文四声韵》诸漆字之古体,显然是六朝时造作的一种隶古奇字,不过郭忠恕《汗简》未收此字,或系夏竦据另一隶古传本。段氏《撰异》云:"依《说文》'桼'为木汁,'漆'为水名。《周礼》'桼林之征'故书'桼林'为'漆林'。杜子春云:'当为桼林。'然则自古通用,姑仍旧也。"

郑玄注云:"贡者,百功之府,受而藏之。"(《孔疏》引)盖据《周礼·天官》:"大府掌九贡九赋九功之贰,以受其货贿之人。"又:"内府掌受九贡九赋九功之货贿。"以及其他如玉府、外府、《春官》天府等都有典藏财货宝器之责，因而成此注。又郑注《周礼·小司徒》"以任地事而令贡赋"云："贡谓九谷三泽之材也，赋谓出车徒给徭役也。"又《周礼·太宰》"五曰赋贡"郑玄注云："赋，口率出泉也。贡，功也，九职之功所税也。"郑一人说即不一致，不如《太宰释文》引干注云："赋，上之所求于下；贡，下之所献于上。"尚较简明而得其实质。其实当时所谓"赋"，主要是指敛取土地上的各项出产（见"冀州章"校释，又《公羊传·哀公十二年》何休注："赋者，敛取其财物也。"）而所谓"贡"，则是指各州本土所出的特产献给中央王朝。故《蔡传》云："贡者，下献其土所有于上也。"由《禹贡》所记之贡即明此义，如兖州在古时擅名的特产是漆和丝，就以此作为该州的贡物。

（13）厥篚织文——"篚"，《汉志》作"棐"。师古注："棐与篚同。篚，竹器筐属也。"《汉书·食货志》："禹平洪水，定九州，制土田，各因所生，土远近赋入贡棐。"是汉今文作棐。伪古文隶古定本中薛本袭用棐字（全篇同，下不复出校）。

"织"，薛本作"戠"，敦煌本 P3615、岩崎本作"毃"，按《汗简》"戈部"及《古文四声韵》"职部"引《古尚书》及《纂古》皆同此字而笔画略有增益。金文中《叔夷钟》有"戠"字，孙诒让《古籀遗拾》释为织，通职；郭沫若《考释》径释为职。《毛公鼎》有"戠"字，吴闿生《吉金文录》释为职之借字，意为织的本字，与孙说同。并云："折职犹言陨职偾事也，诸家皆以缄字释，未是。"孙、吴说并确，知隶古定此字原有古籀根据。

郑玄注云："贡者……其实于篚者，入于女功，故以贡篚别之。"

《孔疏》引此并释云："历检筐之所盛皆供衣服之用,入于女功如郑言矣。"说明放在筐中的衣用之物也属于贡物。伪《孔传》云:"织文,锦绮之属,盛之筐篚而贡焉。"《孔疏》:"绮是织缯之有文者,是绫锦之别名,故云'绵绮之属',皆是织而有文者也。篚是入贡之时,盛在于篚,故云'盛之筐篚而贡焉'。"所谓"织而有文者",是指有花纹图案的丝织品。朱熹云:"织文,绫罗之属。"(《汇疏》引)吴澄《书纂言》承此云:"织而成文,绫罗之属。"又释扬州章之"织贝"云:"染其丝五色织之成文者曰织贝,不染五色而织之成文者曰织文。"依此说,则织文是非彩色的有花纹的素丝织品。而徐文靖《禹贡会笺》则云:"据《礼记·深衣》'士不衣织'。郑注曰:'织,染丝织之。士衣染缯也。'是织文乃染丝织之而有文,非必为锦绮也。"则又释为染色者。此等处不必深求,总之是有图纹的丝织品,因它贵重而又易损坏,所以装在竹筐里进贡,和漆、丝的包装方式不同。黄镇成《尚书通考》"贡篚"下云:"愚按八州言贡复别篚者,篚所以盛精致之物,非织文则纤缟之属是也。若漆丝盐絺之类,其重且多,非可以篚盛之,故别言也。"指出了精致之贡物入篚,量多而重之物不入篚,似尚近理。

按,林氏《全解》袭用郑玄注云:"有贡又有篚者,所贡之物入于篚也。"因说明篚中的织文和前面的漆、丝同样是贡物。黄镇成之说即在此说基础上按贡物情况亦不同提出。可知厥篚是"厥贡"中的一部分,正和"厥草"是叙述"厥土"中的一部分一样,不能就字面把二"厥"字看成是并列的。

⑭浮于济漯——"济",原作"泲",已见上。"漯",原作"濕"。段氏《撰异》云:"《五经文字》'水部'灅、濕二字下曰:'他亦反。'

上,《说文》;下,经典相承隶省。兖州水名,经典相承以为燥湿之湿（石本湿作湿），别以漯为此字。《夏书》与《释文》合,与字义不同。顾氏蔼吉《隶辨》曰：'累即暴之省,而讹"曰"为"田"耳。'如顯亦从暴。《绥民校尉熊君碑》'顯'皆为'顕',与'濕'之为'漯'正同。《汉书·功臣表》有濕阴侯,《地理志》《霍去病传》《王莽传》皆作漯阴,则濕、漯本是一字。王氏鸣盛曰：'汉千乘郡有濕沃县,濕水所经,《地理志》作湿而《水经注》不误。'玉裁按,汉碑借濕、漯为湿字,今人以濕为湿本字,而濕水乃作漯。据《五经文字》,则《释文》已然,不烦议改。"成氏《班义述》云："漯者濕之隶变。汉隶从暴之字或变从累,如《处士严发残碑》'以顯宝玉'……是。或又省从累,如《绥民校尉熊君碑》……是。濕之变漯,正与此同。漯非古文所有。……濕即濕之省。《汉孝堂山石室画像题字》《韩敕修造孔庙礼器碑》……字正作濕。濕,古文。漯,今文。"是漯水原称濕水,见《说文·水部》及汉碑濕字。因字讹变而称漯水,已习用,不改。

战国时《孟子·滕文公上》已有禹治济、漯的话,所流传的《穆天子传》也说周穆王钓于漯水和饮马于漯水。《史记·河渠书》说禹治洪水,导河至大伾后分为二渠,曹魏时孟康注明二渠为河及漯水。《汉书·地理志》有漯水出东武阳（今山东莘县南）,出高唐（今山东禹城西）两说。《水经注》记漯水径东武阳、高唐等十余县至千乘县马常坑入海,至北魏时已辍流。自后《孔疏》《通典》、程大昌《禹贡论》《蔡传》、陈师凯《书传旁通》、黄度《尚书说》《金史·地理志》、王樵《尚书日记》、茅瑞徵《禹贡汇疏》、王夫之《稗疏》、胡渭《锥指》、蒋廷锡《今释》、王鸣盛《后案》、成孺《班义述》、杨守敬《禹贡本义》及近人史念海《河山集》等等著作,各对漯水作了详略不等的考订或论述,可以相互参校,取得对漯水的简要认识。

大抵据"导水章",古大河过洛汭后,东流至今荥阳境分出一条支津济水;再稍东北流至大伾山之西即今浚县境,河身北折。在此地向东分出最大的支津漯水,又称武水、会水,俗又名土河、源河。漯水历今濮阳、清丰、范县、莘县、聊城、博平镇、高唐、禹城、济阳、高青等县,至马常坑(在春秋齐千乘邑、汉千乘县、今高青东、滨县、利津南)入海。古时济水通漯,漯水通河,《禹贡》中列为兖州的贡道。济漯相通处据《锥指》考定在今茌平县东的四渎津,即由枝津径通。一说谓周定王五年(前605)河徙,由宿胥口(今浚县西南)东行占了漯川,至长寿津(今滑县东北)舍漯别行(见《锥指》)。一说否定了此年有宿胥口河徙之事,以为战国末期河水有一部分在阿、鄄、聊城、平原一线夺占漯水东行(见史念海《论〈禹贡〉的导河和春秋战国时期的黄河》)。总之不影响漯川主要河道线。到汉武帝元光三年(前132)河水东徙,从顿丘(今濮阳北)入占漯川,东行至东武阳南的委粟津(今范县之北)离开漯水东南流,漯水在河道之北自行向东北流,约四百余里至高唐(今禹城县西)境,又逢河水自南来,河水横绝漯水北去,折而东北流至渤海郡以入海,分出一部分河水由漯水河道向东北流入海(见《水经注》谓漯水"河盛则通津委海,水耗则微涓绝流")。北魏之世漯水已经辍流,然历唐至宋,或有或无,盖至宋始全湮。金时偶或见其片段,亦不大可据。后世河流大体可当漯水故道的,有范县以下至于济阳的徒骇河,但自济阳以下,当是大清河至滨县以上的一段(今为黄河河道,非拒马河唐河合流之大清河)。因古漯水止于今滨县以上的高青县境,其在古千乘县(今高青东)马常坑入海之迹,因已升为陆地而不可寻了（古海岸线在今垦利、沾化之西，利津正在海滨，马常坑实为在其南的一小海港）。

"浮"，伪《孔传》云："顺流曰浮。"颜师古《汉志》注云："浮，以舟渡也。"林氏《全解》引颜说云："以舟行水曰浮，言泛舟于济漯而后达于河也。"毛晃《禹贡指南》、蔡沈《蔡传》、吴澄《书纂言》等皆承颜说，而陈经《尚书详解》承伪孔说。自以泛舟于水释"浮"字义较切，因自济入漯、入河皆非顺流。

⑮达于河——"达"，《夏本纪》及《汉志》皆作"通"，下文青、徐、扬三州达字，《夏本纪》皆作"通"，惟豫州者仍作"达"；《汉志》惟扬州者作"通"，青、徐皆作"达"，而豫州作"入"。《撰异》谓《夏本纪》《汉志》之"达"都是"通"之误，并云："凡《古文尚书》皆作'达'，凡《今文尚书》皆作'通'。《顾命》'用克达殷'，《汉石经》作'通殷'，是可以得其例。《史记》多以故训之字易其本字，而'通'字则仍今文之旧，非易字也。《汉书》述《禹贡》不易字而皆作'通'，此可证《今文尚书》本如是。"

伪《孔传》云："因水入水曰达。"《孔疏》："当谓从水入水，不须舍舟而陆行也。'扬州'云：'沿于江海达于淮泗。'是言水路相通，得乘舟径达也。"毛晃《指南》则云"自此通彼曰达"，似作一般字义解释，实际采《夏本纪》《汉志》"通"字为释，指自此水通彼水。《孔疏》亦用此义而解释更较具体。

以上这一节，是"兖州章"。

海岱惟青州①。嵎夷②既略③，潍④淄⑤其道⑥。厥土：白坟⑦，海滨广斥⑧。厥田：惟上下。厥赋：中上⑨。厥⑩贡：盐⑪、绨⑫、海物⑬、惟错⑭，岱畎⑮丝、枲、铅、松、怪石⑯，莱夷作牧⑰，厥篚檿丝⑱。浮于汶⑲，达于济⑳。

①海岱惟青州——"惟"，《夏本纪》作"维"。皮锡瑞《考证》据此句谓"欧阳、夏侯之本不同"。以班氏世传夏侯《尚书》，《汉志》用夏侯本，《夏本纪》用欧阳本，皆今文。说与《匡谬正俗》今文作维、古文作惟之说异。以为维惟古通用，非是《汉书》用古文。《匡谬》说已见《尧典》校释。

"海"，《锥指》释为东海，古时东海系泛称，此州之海实指今山东半岛所临的黄海和半岛北面的渤海。"岱"，岩崎本讹作"岻"。《史记·封禅书》："岱宗，泰山也。"郑玄注《禹贡》此句云："东至海，西至岱。"（《夏本纪集解》引）伪《孔传》："东北据海，西南距岱。"《孔疏》："青州之境非至海畔而已，故言'据'也。汉末有公孙度者窃辽东，自号青州刺史。"公孙度当根据该地传统的地名，是青州包括辽东。《史记正义》云："舜分青州为营州、辽西及辽东。"亦反映青州原包括今山东半岛及辽东辽西诸地。故《东坡书传》云"西南至岱宗，东北跨海至辽东"。州境即从西南边的泰山越过东北的渤海、黄海到辽东全境。"海岱惟青州"，跨海部分和岱山之间的区域是青州。

《通典》《舆地广记》《文献通考》《锥指》等书先后载明青州地域范围所当先秦至清代郡国州县名，大抵即今山东半岛和辽东之地。其东面的鸭绿江与朝鲜分界；其南面以泰沂山脉及汶水与徐州分界；其西面南段以古济水（即今黄河和小清河）与兖州分界，北段以辽河与冀州分界；其北面则随嵎夷族包括鸟夷族（如肃慎等）

所至之境为境。

《吕氏春秋·有始览》云:"东方为青州。"可知青州之得名,是由于五色配五方的思想来的。(40年代长沙出土战国缯书中五色配五方,尚未形成阴阳五行说思想。参看起釪《释尚书甘誓的五行与三正》,载《古史续辩》。)山东半岛与辽东半岛处九州之最东,故有此名。入汉以后有转称营州者(《尔雅》有营州无青州),由于此地以营丘擅名(即齐都临淄),而青、营一声之转(古韵皆耕部,古声纽皆齿音)所致。亦由于当初以青为州名时,尚处五行思想准备阶段,在《禹贡》内未广泛采用(各州土壤亦不合五方色),所以后来称此州不怎么株守它,可以写成同音异字(详起釪撰《禹贡青州地理丛考》,以下简称《丛考》)。

②嵎夷——《夏本纪·索隐》:"按《今文尚书》及《帝命验》并作'禺銕',在辽西。'銕',古夷字也。"(此据殿本)《撰异》:"司马贞所云《今文尚书》,盖汉《一字石经》拓本存于秘府及民间者也。《尧典·释文》亦云:'《尚书考灵曜》及《史记》作禺銕。'凡纬书出于汉,故《考灵曜》《帝命验》皆《今文尚书》也。"《说文·土部》"堣"字下引《尚书》作"堣夷",此为古文。敦煌本P3615、内野本、岩崎本皆作"嵎𡰥",《蜀石经》残石及薛本作"堣𡰥",此为伪古文(𡰥字见上"鸟夷"校释)。而《夏本纪·索隐》所引今文,早期流传本《史记》皆作"禺铁",见《锥指》所引,并云:"检《史记》无作'禺銕'者,唯《说文》作'嵎銕'。銕字见金部云:'古文铁从夷。'从夷则可读为夷(江声《音疏》:"铁,弋脂反"),不当作铁,其作铁者盖后人传写之误。"段氏所见本亦作禺铁,《撰异》指出"铁当作銕"。殿本已据以校正作銕。而《五帝本纪》"嵎夷"作"郁夷"。于省吾

《尚书新证》谓"以其背山故作嵎，以其面海石泻卤之地故作麟"（并见《尧典》嵎夷校释）。

"嵎夷"是古代东方"九夷"总的称呼（九夷见《后汉书·东夷传》），沿诸族鸟图腾遗习，统称鸟夷，其中有九类居住在东方海隅转称隅夷，《禹贡》青州所叙的，是指居住在辽东的这一部分少数民族。

③既略——《蜀石经》残石及薛本作"旡礐"。林氏《全解》引曾旼说，及《禹贡汇疏》引杨慎说，又《锥指》说，皆援《左传》的《昭公七年》《定公四年》有关"封略"之文，释"略"为划定疆界。"嵎夷既略"，是说已给青州境内的嵎夷划定疆界，使之安定居住（与②并详《丛考》）。

④潍——《汉志》与隶古定、敦煌本 P3615、《蜀石经》残石及薛本皆作"惟"，岩崎本作"淮"。《释文》："潍，音惟，本亦作'惟'，又作'维'。"按《说文》潍字亦云"从水，维声"。顾炎武《日知录》云："其字或省水作'维'，或省糸作'淮'，又或从心作'惟'，总是一字也。《汉书·地理志》琅邪郡朱虚下、箕下作'维'，灵门下、横下、折泉下又作'淮'，上文引《禹贡》'惟甾其道'又作'惟'，一卷之中，异文三见。（马文炜曰：《汉书·王子侯表》城阳顷王子东淮侯类封北海，按北海郡别无淮水，盖亦潍之异文。）《通鉴·梁武帝纪》魏李叔仁击邢杲于惟水。（胡三省注："惟当作潍。"）古人之文或省或借，其旁并从鸟佳之佳则一尔。后人误读为'淮沂其乂'之淮而呼此水为槐河，失之矣。"《锥指》全录此段，《后案》引录后云："是潍、维、惟、淮一字也。"段氏《撰异》则云："其实班氏书一篇一郡内不应字体淆乱如此，皆转写失之也。"盖由转写之失出现了潍、维、惟、淮四

字,皆指潍水。

潍水所在见《汉志》琅邪郡箕县(今莒县北,沂水东北)下:"《禹贡》潍水,北至都昌(今昌邑)入海。"《说文·水部》:"潍水出琅邪箕屋山(今莒县北九十里,亦名潍山),东入海。"《水经注》、易祓《禹贡疆理记》、胡渭《锥指》、蒋廷锡《尚书地理今释》分别详记北魏、宋代及清代流程。按现在说,潍水出今山东莒县北潍山(汉代名屋山),亦名覆舟山、清风山,东至诸城,北流历高密、安丘、潍县,至昌邑东北五十里入海(详《丛考》)。

⑤"淄"——《汉志》《蜀石经》残石及薛季宣隶古定本皆作"甾"。江声《音疏》云:"甾,侧嗣反。伪孔本作'淄',《周礼》作'菑',《汉书》作'甾'。按《说文》水部无淄字,而草部菑字或省作甾,然则淄是俗字。"孙氏《注疏》:"淄,俗字。《说文》无淄字,俗加水也。"又段氏《撰异》云:"淄水之字,《地理志》作'甾',《夏本纪》《水经注》则作'淄',《广韵》曰:'古通用菑。'按《周礼·职方》'其浸菑时',字正作菑,则可知非甾字也。今依《释文》《唐石经》《广韵》作淄。"段说可从。

淄水所在,见《汉志》泰山郡莱芜县(今山东淄博市淄川镇东南,益都县西南,远在今莱芜县东北)下:"原山,甾水所出,东至博昌(今博兴县东南)入泲(济)。"《水经》则云:"淄水出泰山莱芜县原山(《注》谓又称原泉,《淮南子》作'饴山'。《齐乘》作'岳阳山'),又东北过临淄……利县(今广饶北)……入于海。"一说入济、一说入海,引起历代争论。实际是随历史时代之不同出现的变动。《水经注》《括地志》《禹贡疆理记》《齐乘》《锥指》《地理今释》皆记淄水流程,大抵淄水出今益都县西南的原泉,历临淄、博兴东、广饶北,至此境后几经变迁,《禹贡》时期迄西汉,于此境(汉之博昌,今博兴东)入济。王莽时期济水曾涸,故东汉时在此境(汉之利县,今广饶北)过巨淀泊(元明称清水泊)北出,有时水会渑水来注,然后东北循马车渎(今高家港)入渤海(据《锥指》)。而晋时济水至博昌入海,则淄可复与济会。隋唐迄北宋文献中未言巨淀泊,而或言入海(《孔疏》《东坡书传》),或言入济(《蔡传》等),金代济、漯等水及时水流为大清、小清二河,济水下游合时水为小清河,淄水遂于今寿光西境过清水泊入小清河。迄于近世未变(详《丛考》)。

⑥其道——《夏本纪》作"既道"。"道",治(《广雅·释诂》)。江声《音疏》云:"古字'其'、'既'通。"自后清代迄近世治《尚书》者多从之。其实《夏本纪》只是蒙上句"嵎夷既道"之"既"字偶误,原文固当作"其",由《汉志》作"其"可证。两句连文,"既"、"其"皆为时间副词,"既"表过去,同"已经";"其"表未来,同"将要",惟有"必将"之意。是说嵎夷的区域已经划定了,潍淄两水域也可治好了。意为人民可以安居了。

青州分辽东半岛与山东半岛两部分,"嵎夷既略"是解决辽东半岛的治理问题,"潍淄其道"是解决山东半岛的治理问题。这是治理青州的两个重点(详《丛考》)。

⑦厥土白坟——"厥",《夏本纪》作"其"。"白",隶古定本有奇字,已见冀州章"白壤"。由上节校释知"坟"是有膏肥的沃壤,"白坟"当即是色较浅的膏肥土壤。(夏纬英《管子地员篇校释》亦以浅淡色释"白",该书第 41 页说:"古人记植物的颜色,凡是说'白'的常指淡绿,说'黑'的常指深绿。"又第 48 页说:"白是土干后的色,轻剽的土,往往干白。")《史记·货殖列传》说:"齐带山

海,膏壤千里。"可为此印证。林之奇《全解》云:"此山之土有二种,平地之土则色白而性坟,至于海滨之土则弥望皆斥卤之地。"陈恩凤《中国土壤地理》第七章《禹贡所述土壤之解释》云:"青为今之山东半岛,丘陵地多为棕壤,惟于古代亦多森林,所积腐植质因沿海湿润而较丰,但为酸性,成为灰壤,或即所称'白壤'。又中国科学院地理研究所编《中国省区地理》云:"胶东半岛和鲁中南的东南部……发育着棕壤,鲁中南的西北部……为淋溶褐土;鲁西北平原受草甸植被的影响,形成为大面积的浅色草甸土。"则所谓白壤当指灰壤或浅色草甸土。

牟庭《同文尚书》提出一说云:"'白坟,当为'黄坟','广斥'当为'白斥'。此二字互易其处,'黄'又形误为'广'也。此经分别土色与土性,非常论其广狭;且青州多黄土,而海滨色白,至今可以目验,其误易知也。《夏本纪》《地理志》均上'白'下'广',与伪孔同,此自伏生、真孔失之也。"牟为山东人,根据自己对山东土壤外观所得的印象提出此意见,值得重视。但近代土壤学者测定山东土壤多灰壤,或浅色草甸土,当比牟氏但凭目验表象较确。故仍取土壤学意见。

⑧海滨广斥——《夏本纪》作"海滨广潟厥田斥卤"。《集解》:"徐广曰:'(潟)一作泽,又作斥。'郑玄曰:'斥谓地碱卤。'"《汉志》作"海濒广潟"。岩崎本、敦煌 P3615 作"海滨广庠",《蜀石经》残石及薛本则作"海濒广庤"(其海字"每"在"水"上,乃故异体。濒字则"水"夹"步"的两"止"之中,效《说文》濒的篆文而作隶定)。由上可知"滨"又作濒。"斥"又作潟、泽、庤,亦作舃。(见《河渠书》"既泽卤"《索隐》:"泽一作舃,音昔,本或作斥。"《汉志》:"齐

地负海舄卤。"《沟洫志》:"终古舄卤。")

《夏本纪》"厥田斥卤"为衍文。段氏《撰异》指出:"此四字误剩。《史记》述《禹贡》'厥'皆作'其',不应此独云'厥'。盖'斥卤'系潟字之注,'厥田'本下属。"又云:"《集解》引郑注曰'斥谓地碱卤'……读者疑正文无'斥'字,乃增之以'厥田斥卤'。"皮氏《考证》、陈乔枞《经说考》皆从段说,甚是。

"滨",江声《音疏》云:"濒俗作水傍宾,不成字。"孙星衍《注疏》及皮氏《考证》亦谓"滨"俗字。按,《说文·频部》:"濒,水厓,人所宾附,频蹙不前而止。"徐铉注:"今俗别作'水、宾'非是。"江说盖本此。然段氏《说文解字注》云:"濒、宾以叠韵为训,濒今字作滨。"而《唐石经》已作"滨",非五代以后始成之俗字,故承《唐石经》不改。"滨"之义为水涯,伪《孔传》:"滨,涯也。"又有近边之义,《齐语》韦注:"滨,近也。"《方言十》"江滨"郭注:"滨,水边。"故"海滨"为近海边之地。

"广",上引牟庭说为"黄"字之误,出于推想,无据,故不取。《锥指》:"郑康成《周礼》注云:'东西曰广,南北曰轮。'《礼记》注云:'横量曰广,纵量曰轮。'广者,东西之地形也。今登、莱二府东西长八九百里,三面滨海,皆可以煮盐,'海滨广斥,谓此也。'"

"斥",段氏《撰异》云:"斥,依《说文》当作㡿,今俗字写作斥,殊不可通。"按,《说文·卤部》:"卤,西方咸地也。……东方谓之㡿,西方谓之卤。"敦煌本尚保存㡿字,《蜀石经》残石及薛氏隶古定本则袭用㡿字。"㡿"与"㡿"均为不常见之古字,而"斥"已通行,故不改。《撰异》又云:"作㡿者,《古文尚书》也。作潟者,《今文尚书》也……㡿声、潟声古音同在第五鱼模部,盖二字同音。"又云:

"《集韵·二十二昔》'卤潟'二字下曰：'（昌石切），通作庯、斥。'斥作潟者，或加水旁耳。"是斥（庯）、潟（舄）古音同。《周礼·草人》"咸潟"郑注："潟，卤也。"邢疏："逆水之处，水写去，其地为咸卤。"是"潟"之训义与"斥"亦同。王先谦《参正》引陈奂云："斥读为开拓之拓，言海滨地广可以煮盐。"则又寻出新义。

此句《释文》引郑玄注亦同《夏本纪·集解》所引。《孔疏》："东方谓之斥，西方谓之卤。"《锥指》释云："斥、卤对言，则东方为斥，西方为卤。单举则斥亦卤也，故郑康成云。"《后案》亦释云："青州，东方，故言斥。"又《孔疏》云："海畔迥阔，地皆斥卤，故云广斥。"林之奇《全解》云："齐管仲轻重鱼盐之权以富齐，盖因此广斥之地也。"《蔡传》："海涯之地，广漠而斥卤。……斥卤，咸地可煮为盐者也。"金履祥《书经注》云："齐有鱼盐之利，今登州千里长沙，是其地。"茅瑞徵《禹贡汇疏》笺云："州境边海者三，而青土独别举海滨，以盐利早开，故特标土产为贡盐，志其始也。"《锥指》："冀、兖皆滨渤海……徐、扬皆滨大海……独于此书'海滨广斥'何也？盖他州咸土惟沿边一带，冀、兖、徐各数百里，扬据禹迹之所及，亦只千余里，而东莱之地斗入大海中，长八九百里，三面计之，咸土不下二千里，是一州而兼数州之斥。……青之广斥所以利民者甚大，又安得而不书。"可知当时青州盐业是最为发达的。《锥指》又云："《黄氏日抄》曰：'案《管子》，斥者薪刍所生之地。卤乃咸地，于斥不相干。今嘉兴府濒海人呼产芦之地为斥埊。'渭按：海滨咸土不生他物，唯芦生之可充薪刍以给煮盐之用，取之甚便，故曰'斥者薪刍所生之地'，未见斥之非卤也。嘉兴之斥埊，亦即盐场。先儒之义殆不可易。"胡氏之说当较近实，且"斥埊"仍后代用语，似不足以否定古代"斥"的意义。

今人陈恩凤《禹贡所述土壤之解释》云："'海滨广斥'，当指沿海之盐渍土。"万国鼎《中国古代对于土壤种类及其分布的知识》，也释《周礼·草人》的"咸潟"为盐渍土。中国科学院地理研究所编《中国省区地理》山东省一章内说："平原内低洼地段到渤海滨海地带，广泛分布有盐化土和盐土。"可知按现代土壤学，斥卤为盐渍土，或盐化土和盐土。

⑨厥田惟上下厥赋中上——《夏本纪》《汉志》无"厥"字"惟"字。皆史文删去，陈乔枞云："盖文省耳。"是。皮锡瑞谓此为今文，非。伪《孔传》释云："田第三，赋第四。"金履祥《书经注》云："九州，雍田第一，青、徐即次之。后世所谓秦得百二，齐得十二，亦言其地利之饶，非独形势也。"可知当时青州的农业生产和经济发展水平在九州中是较高的。

⑩厥——《汉志》删"厥"字，《夏本纪》有"厥"，与《史记》改"厥"为"其"之例不合，皮氏《考证》云："此云'厥'，疑后人所增。"

⑪盐——《齐语》："通齐国之鱼盐。"《淮南子·地形训》："有岱岳，以生五谷桑麻，鱼盐生焉。"《尔雅·释地》略同此语。皆指出了鱼盐为此州特产。林氏《全解》："盐即广斥之地所出也。"《锥指》引蔡元度云："贡物不以精粗为叙，而以多少为叙。青州盐居多，故叙于先也，他仿此。"

⑫绤——《说文》："绤，细葛也。"按《诗·葛覃》"为绤为绤"《传》："精曰绤，粗曰绤。"可知绤是一种精细的葛织物。古人夏葛而冬裘，《墨子·辞过》云："为衣服之法，冬则练帛之中，足以为轻且暖；夏则绤绤之中，足以为轻且清。"可知这绤是供夏天着用的。

又《魏风·葛屦》及《小雅·大东》并有"纤纤葛屦,可以履霜"之句,则知古人并以葛制屦。由《周南·樛木》"南有樛木,葛藟累之"句,知葛与藟皆为蔓生植物,缠绕他物。按葛为豆科多年生蔓草,茎长二三丈,古人取其块根淀粉为食,取其茎皮纤维织为绤,以制服履,与下文蚕丝、枲麻,为古人所赖以为衣履的几种原料。王楼《日记》云:"汉时齐有三服官,又称织作冰纨绮绣纯丽之物,号为冠带衣履天下(按,见《汉志》)。冰谓布帛之细,其色鲜洁如冰也。纨,素也。禹时贡绤,其亦此类也。"《锥指》云:"禹时青豫既贡绤,扬之岛夷又贡卉服,先儒以为即葛越。左思《吴都赋》云'蕉葛升越,弱于罗纨'是也。后世专以出南土者为佳。考杜氏《通典》贡蕉葛者凡十余郡,皆南土也。唯临淄贡丝葛十五疋,犹有《禹贡》之余制焉。"牟氏《同文尚书》云:"绤,葛线未织也,故贡而不筐。"然下文"厥筐㡱丝"正是未织之丝,牟氏另有说,见下文。按传统皆说绤、绤是织成品,说为未织之丝,不详何据。

⑬海物——《夏本纪·集解》引郑玄注云:"海物,海鱼也。鱼种类尤杂。"《东坡书传》云:"鱼虾之类。"林氏《全解》既浑言之为"海物,水族之可食者"。继又云:"若蠯蠃蜃之类。"胡渭指出这是据《周礼·醢人》所掌之物为释。按,《禹贡》原义当不如此。《锥指》云:"郑康成'庖人'注云:'青州之蟹胥。'《后汉·伏隆传》:'张步遣使献鳆(音雹)鱼。'斯实《经》之'海物'矣。……远方驰贡,烦扰疲费,唐元和中,孔戣奏罢明州岁贡淡菜、蚶、蛤之属,长庆中复贡;元稹观察浙东,又奏罢之。……以是知《禹贡》海物唯青有之,而不及徐、扬,其为斯民虑也盖详。"其实这只是由于当时生产发展水平是否形成特产足为贡物来决定的。

禹
贡

615

前引《齐语》《淮南子》《尔雅》皆盛称齐地之鱼盐,《汉志》亦云:"太公以齐地负海舄卤,少五谷而人民寡,乃劝以女工之业,通鱼盐之利,而人物辐凑。"女工之业就是织绤绤之类,说明青州以织物、鱼、盐诸业为盛,故贡物首重盐、绤、海物三项。

⑭惟错——有数种解释:(一)"惟",是(见冀州"白壤"校释)。"错",杂。《诗·汉广》"翘翘错薪"《传》:"错,杂也。"本文伪《孔传》:"错,杂。非一种。""海物惟错",海产是很错杂的。故郑玄说"鱼种类尤杂"。(二)错是治玉的磨砺石。林氏《全解》:"'惟错',先儒以连于'海物'之下,谓'惟错,非一种'。此说不然。夫既谓之'海物'而不指其名,则固非一种矣,又何须加'惟错'二字于其下?予窃谓此'盐绤海物惟错'与扬州'卤草羽毛惟木'文势正同,木既别是一物,则此错字亦应别是一物,盖如豫州所谓'锡贡磬错',是治玉之石也。"吴澄《书纂言》:"'惟',或在句中,犹言'与'、'及'、'暨'也;或在句端,犹如'越'如'若'也。'错',石可磨砺者也。《诗》云:'他山之石,可以为错。'"按,引《诗》见《小雅·鹤鸣》,《毛传》:"错,石也,可以琢玉。"杨筠如《核诂》据《曾伯霂簠》《邾公华钟》有"黄错"、"赤错",谓即错镥。按吴大澂始释两器中此字为"错",后来治金文者大都释为"镶"若"炉",金文中尚未见"错"字,故暂不取杨说。(三)"错"是间一的意思。《汇疏》引秦继宗《书经汇解》之说云:"错字当与'上下错'错字义同。此句与上一句相关,盖盐绤常贡也,海物不可常得,而间一贡之耳。"简朝亮《述疏》亦同此意。此说与青州盛产鱼盐情况不合。(四)"错"为交错、交互之义。牟庭《同文尚书》:"海物间二岁而一贡,与扬、徐二州相错也。"按扬、徐并未言贡海物,此释无据。以上四种解释,以第二说为合

尚书校释译论

《禹贡》文例，其释义较妥，今用之。

⑮岱畎——《释文》："畎，工犬反。"按《说文·く部》："く，水小流也。……广尺深尺谓之く。……甽，古文く，从田、从川。畎，篆文，从田、犬声。"是"畎"读犬声而不读"く"之徐铉音"姑泫切"。江声《音疏》云："く，古文畎。"惟段《撰异》亦云："く当是古文，甽当是籀文，畎则篆文。"《释文》又云："徐本作畎谷。"段《撰异》云："此不可通，不当一字为二字也，当云'徐本作甽，谷也'。"陈乔枞《经说考》解释云："盖畎上无岱字，畎下有谷字。"例以徐州"羽畎"，陈说不确，当从段说。今所见诸隶古定本皆作畎，惟薛本亦作"巜"，同徐邈音释的隶古定本。

伪《孔传》："畎，谷也。……岱山之谷。"《孔疏》："《释水》云：'水注川曰谿，注谿曰谷。'谷是两山之间流水之道，故言畎。去水，故言谷也。"江声《音疏》："畎是小沟。《管子·度地篇》云：'山之沟，一有水，一无水者，命曰谷水。'是山间之畎为谷。"段氏《撰异》云："《释名·释山篇》曰：'山下根之受溜处曰甽。甽，吮也，吮得山之肥润也。'按此条专为《禹贡》'岱畎'、'羽畎'释训。若今四川、贵州于山足下受溜处层递为水田，猪水以种稻，是其名'畎'宜矣。"进一步阐释了山间谷地可辟为梯田，即成为畎亩，因而谷可名畎的意义。简朝亮《述疏》亦云："岱之谷潴为川者，明其可田作树桑麻也，故丝枲出焉。"亦用此义。其实据《说文》畎最初的意义是小沟，两山间之沟故可称谷。"岱畎"就是泰山的沟谷。

⑯丝枲铅松怪石——"铅"，《夏本纪》《汉志》、各隶古定本、《唐石经》及除《蔡传》本外之各刊本皆作"鈆"。"松"，各隶古定本"公"皆在"木"上，内野本、《蜀石经》残石、薛本"公"上且加

"厶"。

《释文》："鈆，寅专反，字从‘㕣’。㕣音以选反。"按《说文·金部》："铅，青金也。从金，㕣声。"徐铉音"与专反"。段《撰异》云："《五经文字》‘水部，曰：‘沿，《说文》也，从㕣。㕣音鈆。沿，经典相承，隶省也。’玉裁谓隶省‘鈆’、‘沿，恐与‘公侯’字相混无别，故不从《唐石经》而作‘铅’、‘沿’。"段说是，古文字中从"厶"、从"口"多不分（如充、克，容、容，説、说皆一），此字今已通行作"铅"，故不沿用"鈆"。但今普通话音变读为"牵"，《禹贡》此字仍应读"沿"的上平声。

"丝"，蚕丝。

"枲"，《释文》："思似反。"《唐韵》："胥里切。"《尔雅·释草》："枲，麻。"邢昺《疏》："麻，一名枲。"《说文·术部》（非木部）："枲，麻也。"《周礼·太宰》"九职"："七曰嫔妇化治丝、枲。"又"九贡"："二曰嫔贡。"郑玄《注》："嫔贡，丝、枲。"而太宰属官有典丝、典枲。其"典枲"《疏》云："枲，麻也。案《丧服》传云：‘牡麻者，枲麻也。’则枲是雄麻。对苴，是麻之有蕡实者。"故《尔雅翼》云："有实为苴，无实为枲。"是说麻雌雄异株，雌株为苴，雄株为枲。崔寔《四民月令》亦指出麻有雌雄之别。郝懿行《尔雅义疏》则云："要其正称则枲；麻，通名耳。今俗呼苴麻为种麻，牡麻为华麻。牡麻华而不实，苴麻实而不华。"都说明"枲"是雄株麻。

"铅"《禹贡汇疏》："《说文》：‘铅，青金也。’锡之类，能杀虫毒。锡，银色而铅质也。古称铅为黑锡。"（按《会笺》引苏颂曰："铅一名黑锡"）这是古人对铅的认识。《锥指》："胡粉、黄丹皆化铅为之。……胡粉一名白粉，黄丹一名朱粉，可以代丹垩，故贡其材便炼冶之。以给绘画涂饰之用也。"案曹植《洛神赋》："铅华不御。"
李善注："铅华，粉也。"是铅亦用以制古代妇女敷脸的粉。有此诸
用，故铅为贡物。

　　"松"，岩崎本作"枲"。《汇疏》引胡瓒《尚书过庭雅言》云："秦
封五大夫，徂徕之松，亦与岱相望，则岱畎之产可知。"《锥指》云：
"《鲁颂·闷宫》之卒章曰：'徂徕之松……'徂徕山在今泰安州东
南四十里，实岱之支峰，特异其名耳。《水经注》云：'徂徕山多松
柏。……'昔秦始皇登泰山，避风雨于松下，因封其树为五大夫。
岱畎之多松明矣。"徐文靖《会笺》云："贡松者，《大司徒》职曰：'制
其畿疆，设其社稷之壝，而树之各以其野之所宜木……'郑注：'所
宜木，谓若松、柏、栗也。'……夏社宜松，故贡松也。"是说以社木需
要为贡。其实《周礼·地官》有山虞、林衡等职，详具有关山林材木
的规定，《冬官·考工记》言"六材"，木为其一，尤大量需要材木。
反映古代王朝需要产木地贡其材供用。

　　"怪石"，岩崎本作"恠石"，伪《孔传》云："怪，异（按，此据《说
文》）。好石似玉者。"《释文》："怪石，砆砅之属。"（按，砆砅为石似
玉者）《汉志》颜《注》："怪石，石之次玉美好者也。"林之奇《全解》
云："丝枲铅松皆是适用之物，无可疑者，至于怪石则诚有可疑。窃
意当是制礼作乐资以为器用之饰，于义有必不可阙者，非是欲此无
益之物以充游玩之好也。"此说提出后，自宋至清治《尚书》者多宗
其说，或为之补充。如金履祥《书经注》举莱之温石、青州黑山红丝
石、淄川梓桐山石门涧石，皆可为器用，当时取以为砚。并录《登州
府志》云："怪石出莱阳县五龙山，色类昆山石而文理过之。"茅氏
《汇疏》笺云："怪石入贡，岂聊供耳目清玩乎？艮岳花石，固炫奇之

滥觞耳。"胡氏《锥指》则以为青、莱、登之地非岱畎,不当远引,而据《名医别录》言白、紫石英皆生太山山谷,以此当《禹贡》怪石。按,唐时《元和郡县图志》沂州沂水县:"霑山在县西北二十八里,出紫石英,好者表里映彻,形若霑状,故名霑山,今犹入贡。"则后代以紫石英入贡,确有其事。元初《文献通考·舆地考》亦记兖州"东岳泰山在焉",贡品有云母、紫金石,则仍当属怪石之列。徐氏《会笺》则云:"《山海经》'苟床之山多怪石',郭注:'怪石似玉,《书》曰铅松怪石也。'"今莱州掖县出五色石,青州所贡殆此类欤。凡所提出的各种石,虽皆无法确指,须知古代王朝对石料自有其需要,考古工作者在山西侯马发掘晋国都城新田遗址,发现铜、陶、石、骨各器作坊遗址多处,其石圭作址遗址达五千多平方米,内有制成的石圭及工具如刀及磨砺石等,更多的是原石料,有一长二十五米、宽二十米的范围内堆积厚达三十至四十厘米的页岩石料,所制成石圭供贵族作盟书之用,有名的《侯马盟书》及近年山西陆续出土的各盟书即用此项玉石作坊所制成之似玉石圭写成。由此可悟《禹贡》所规定的贡石,可能即是供此类需要。连上文所贡的"错",为玉石作坊所需要的砺石,也可得到理解。

以上丝、枲、铅、松、怪石五项,伪《孔传》:"岱山之谷出此五物,皆贡之。"《孔疏》:"岱山之谷有此五物,美于他方所有,故贡之也。"林氏《全解》云:"凡九州之贡,从言于'厥贡'之下者,是其一州之所出……或其州之所出有至美之物,则必指言其所出之地以别之,若此州岱畎……徐州之峄阳孤桐……荆州之惟箘……是也。"自后学者多承此说,王樵《日记》简言之云:"盐绨海物,统言一州;丝枲铅松怪石,皆岱畎所出也。"此说合《禹贡》实际。

⑰莱夷作牧——《夏本纪》作"莱夷为牧"。《释文》："牧,牧养之牧,徐音目,一音茂。"段《撰异》云："按商郊牧野,徐亦一音茂,此旧音也。'駉駉牧马,(按《鲁颂·駉》句),或误'牡马',正以同音故。"

《春秋》及《左传》载鲁宣公七年、九年、襄公二年齐侯多次伐莱,至襄公六年齐灭莱。定公十年齐侯"使莱人以兵劫鲁侯",杜预《注》:"莱人,齐所灭莱夷也。"这是春秋莱夷的活动。其更早的历史,见《史记·齐世家》所载,周初齐受封营丘后,"莱夷来伐,与之争营丘"。可知莱夷必在商代已居此土,殷虚卜辞中有"来"及"来泉",其地望虽不详,反映商代确有莱人,彝铭中有"逨鱼",于省吾《尚书新证》谓即莱夷。是于西周金文中亦得其证。据《齐世家·正义》,营丘在临淄。《汉志》"东莱郡"(郡治今掖县)下云:"古莱国也。""黄县"下云:"有莱山、松林、莱君祠。""不夜"下云:"莱子立此城。"是莱夷地在汉东莱郡境各县。

自后应劭《十三州记》、《水经·淄水注》、《元和郡县志》、易祓《禹贡疆理记》、《东坡书传》、《蔡传》、《山堂考索》、《禹贡汇疏》、《禹贡锥指》、《尚书地理今释》等皆记莱夷所在地,大抵在清代莱州、登州二府,亦即今南起琅邪山、北至寿光弥河一线以东的整个山东半岛,后来并达益都西南古莱芜县境。总之莱夷是古代山东半岛的主人,至今山东省内还留下蓬莱、莱阳、莱西、莱芜、莱河、莱山等地名。

"作牧"之义有数说主要有:(一)放牧说(伪《孔传》《汉志》颜注《东坡书传》《全解》《山堂考索》《蔡传》《经传释词》《会笺》等)。(二)耕作兼放牧说(《书纂言》《尚书日记》《锥指》等)。(三)以畜为贡说(金氏《书经注》《今古文注疏》《尚书古注便读》等）。（四）献贿贡丝说（平心《卜辞金文中所见社会经济史实考释》）。据《禹贡》以"贡"名篇之用意及此语叙在"厥贡"之下，自以第三说为确。"莱夷作牧"，是说莱族向中央王朝贡献它的畜牧所得（详《丛考》）。

⑱厥筐檿丝——《夏本纪》"厥"作"其"，"檿"作"酓"。《汉志》"筐"作"棐"。敦煌本 P3615、薛本"檿"亦作"酓"。段氏《撰异》："檿者，《古文尚书》；酓者，《今文尚书》也。二字古音同读如音，犹《毛诗》'愿愿'，《韩诗》'惛惛'，古同音也。盖《今文尚书》作'酓'，而太史公仍之……其义则当为六书之假借。班《志》不作'酓'者，或班用正体，或后人改易之。"成氏《班义述》云："此正班用古文之明验。"皮氏《考证》则云："此亦三家《尚书》之异。"盖段、皮二氏皆以班固用今文，成氏以班用古文，故有此异说。《撰异》又云："《汗简》'酉部'：'酓，古文檿，出《尚书》。'此等乃依传《史记》《说文》等为赝书，非真见壁中本如是也。《集韵》曰'檿通作酓'，亦因《史记》云然。"

《说文·木部》："檿，山桑也。从木、厌声。《诗》曰：'其檿其柘。'（案《皇矣》句）"《尔雅·释木》："檿桑，山桑。"郭璞注："似桑，材中作弓及车辕。"伪《孔传》云："檿桑蚕丝，中瑟弦。"《孔疏》："郭璞曰'柘属也'。檿丝是蚕食檿桑所得，丝韧中琴瑟弦也。"颜师古注《汉志》全同此。《东坡书传》："惟东莱出此。丝以织缯，坚韧异常，莱人谓之山茧。"吴澄《书纂言》综合《孔疏》《东坡书传》为说。王樵《尚书日记》云："按莱人之檿丝，至今有之，茧生山桑，不浴不饲，土人取以为缯帛，尤坚韧难敝。"胡渭《锥指》："《登州府志》云:‘檿丝出栖霞县,文登、招远等县亦有之。其茧生山桑,不浴不饲,居民取之制为紬,久而不敝。’斯所谓出东莱坚韧异常者也。今青州、济南、兖州等处,皆有茧紬,其蚕乃人放椿树上,食叶作茧,丝不甚坚韧。尝询诸土人,野蚕食山桑叶作茧,高岩之上樵者往往得之,不过数枚,欲织为紬,须广收积多乃成一匹。所出至少,官长欲市取,亦无从得也。盖必此种而后可以当《禹贡》之檿丝。古今事变不同,以今之遍地皆有,而疑古之独出于东莱也,亦过矣。”牟庭《同文尚书》云:“以今目验东齐之地,海岱之间,柞栎满山,饲蚕收茧,衣被数百里,意古以柞栎为檿桑乎。今俗谓柞茧曰山茧,纺之曰山线,织之曰山紬,此非山桑之遗名尚存者乎。《盐铁论》‘散不足曰茧紬、缣练者,婚姻之嘉饰也’。盖今山紬,汉时人谓之茧紬,《禹贡》谓之檿丝。”即今山东所产柞蚕丝,系放养在柞树上食叶成茧,缫其丝织成柞丝绸、柞叶纺之类,厚实坚牢,显然即《禹贡》檿丝。按上文引《左传·昭公七年》有莱、柞二山,柞山之名必与柞木有关,或山以盛产柞木得名,或木以始见于柞山得名,其山与莱山相邻,则必在胶东之地,可知柞蚕丝原出莱境,自即古之檿丝,徒以语言变异,今称为柞,总之是莱人所说的山茧。

至于檿丝叙在此处,亦有不同解释。《东坡书传》云:“莱夷作牧而后有此,故《书》‘篚’在‘作牧’之后。”刘敞亦云:“贡绨丝不特言篚,檿丝言篚而叙莱夷之下,明此莱夷之贡。”(《汉志》青州“厥篚”下引。又徐、扬“厥篚”下引刘敞说同)孙徵遂承其说云:“檿丝出于莱夷,玄纤出于淮夷,织贝出于鸟夷,故青、徐、扬引厥篚于三夷之下。”(董鼎《书传纂注》引)吴澄《书纂言》亦云:“莱夷之地可作牧矣,故篚檿丝而来贡也。”这是说檿丝产于莱夷,故由莱夷入贡。

王樵《尚书日记》云"欲以此即为莱夷所贡,则又未有明文。疑
厬丝出莱而青州贡之,非贡自夷人,故如此立文也。"茅瑞徵《汇疏》
在引孙徵说后驳之云:"今按青、扬、徐序'厥篚',并与'厥贡'对,
指通州(意为全州)言。厬丝之贡虽出东莱,实附通州贡内,非莱夷
以此贡也。"胡渭《锥指》云:"苏氏云……书篚在其后,亦不言独莱
夷贡之也。……刘原父(敞字)曰,青徐扬三篚皆三夷之贡也,孙徵
取之。今按扬之贝绵果出鸟夷,则下文'厥包橘柚,岂亦鸟夷贡之
乎,其不可通也明矣。"这是说厬丝虽产于莱夷,而仍由青州入贡。

《禹贡》所载各州的贡,本只是大体根据各州物产所作的纸面
文章,虽然它是有当时各州生产的实际情况作为基本依据,但究竟
是多少有点出于纸上的安排,因此在"夷贡"还是"州贡"这个问题
上,虽然宋以来儒者讨论得很认真,我们今天实在没有必要再去深
求它,只须知道当时青州境内有这一产物。其桑木很坚,可作弓及
车辕;其丝很强韧,可作琴弦;又可织成厚实坚牢的缯、帛、绸、纺。
用以作为贡物。

牟庭《同文尚书》又提出一说云:"《禹贡》惟织成锦帛之属入
篚,他杂贡无入篚者。如兖州之织文,徐州之玄织缟,扬州之织贝,
荆州之玄纁玑组,豫州之织纩,皆入于篚。兖州之绦丝枲,豫州之
枲绨纻,皆不入篚,此其不易之例也。而《经》文明云'厥篚厬丝',
故知厬丝为织成之物,即茧绸矣。古语谓绸为丝。《诗·干旄》曰
'素丝纰之',《周颂》曰'丝衣其紑',是皆谓绸为丝者也。伪《孔
传》云:'厬桑蚕丝,中琴瑟弦',非矣。"是为唯织成品始入篚,他物
皆不入篚之说。按,前引黄镇成《禹贡通考》已指出精致之物始入

筐,重而多之物则不入筐,似比牟说说得通,固不必强把棻丝说成非丝并把绨说成丝,较为合于事理。

⑲汶——《汉志》"泰山郡"下云:"汶水出莱毋,西入济。"师古曰:"'汶'音问(《释文》已音问),'毋'与无同。"又"泰山郡莱芜"下云:"《禹贡》汶水出,西南入泲(济)。汶水,桑钦所言。"王氏《后案》据《汉志》又据郑玄以《汉志》莱芜汶水注《禹贡》之汶,因谓:"班氏于……汶水则冠以《禹贡》,系以桑钦,其分析慎重如此。郑与桑俱传《古文尚书》,故采其说。"

《汉志》"琅邪郡朱虚"下云:"东,泰山。汶水所出,东至安丘入维(潍)。"陈乔枞《经说考》云:"莱芜下据《古文尚书》说,朱虚下据《今文尚书》说。"按,依上文,莱芜下者虽为《古文尚书》之说,朱虚下者则为另一汶水,不必为今文说。《淮南子·地形训》"汶水弗其",高诱注:"弗其山在北海朱虚县东。"《水经·汶水注》:"按诱说,是乃东汶。"可知朱虚下者为东汶而非《禹贡》之汶水,陈乔枞谓此乃《淮南》、高诱皆据今文以释《禹贡》汶水,其说非。

《说文》:"汶水出琅邪朱虚泰山,东入潍。从水,文声。桑钦说汶水至泰山莱芜,西南入济。"王氏《后案》云:"许以今文、古文《尚书》二说不同,故两存之。前说据今文家言,后说据古文家言。"此亦强分今、古,不知此系分据两水资料,而非一水之两说。

《水经》汶水出泰山莱芜县原山,西南经嬴县、奉高、博县、蛇丘、冈县、平章、桃乡、寿张,至安民亭(今东平县安山)入济。郦《注》所记较详,并提出牟汶、北汶、石汶、紫汶诸名。晋郭缘生《述征记》误增东汶之名"浯汶",共为五汶,《元和志》亦提五汶。综诸说,知作为汶水上游,与四条支流合称的"五汶"为嬴汶、牟汶、北汶、石汶、紫汶。《锥指》谓五汶之外有小汶，源出宫山。按小汶过徂徕山南，西至大汶口入汶（另有源出费县入沂水之汶，与东汶及此汶合称山东之汶）。

《通典》、曾旼《尚书讲义》《蔡传》《尚书纂传》《书纂言》《纂疏》《辑录纂注》《书通考》等皆有关于汶水详略不等的记载，《禹贡汇疏》则所引材料较详备。据《明一统志》《山东通志》《东阿县志》《漕渠图说》《尚书日记》《锥指》《尚书地理今释》等书所载，知汶水出今莱芜东北，西南历泰安、宁阳等县，至东平西南安民山入济。自元宪宗七年（1257）于宁阳北筑堽城坝，遏汶水西南流为洸河，至济宁入泗；元世祖至元二十年（1283）以宁阳堽城坝、兖州金口坝分别导汶、泗俱循洸河会于济宁天井闸；至元二十六年（1289）于东平县安民山开会通河会于济宁天井闸；凡二百五十余里，导汶水北至临清会卫河、漳河，称为"引汶绝济"（当时济水实为大清河）；明万历九年（1581）在东平筑戴村坝，尽遏汶水使入南旺湖，遂全泯入济故道。自南旺湖再分流南北以济漕运，其中十之六北至临清入卫河、漳河，十之四南至济宁接沂、泗以入淮。从此汶水成为沟通南北运河中段的主要水源，发挥了极大的运输效果。清咸丰间河决铜瓦厢夺大清河入海，冲断会通河，复挟汶水与俱入海，自东平至临清会通河北段一时淤涸，漕运用绝。汶水等于复古时入济故道。即古汶水由东平境入济，今大汶河由东平湖入河，其迹大体同。

由后世汶水在运输上所发挥的重要作用，可看出它在古代运输上所发挥的重要作用，它直通济水以达河水，自能成为青州最重要的一条河道。所以《禹贡》把它列为青州贡道。

⑳达于济——《夏本纪》"达"作"通"。已见"兖州章"。《撰

异》：“达，《地理志》作通，今本《汉书》作达，误也。”此处未说“达于河”，颜师古《汉志》注云：“青州不言河，由兖而见也。”因兖州已说“浮于济漯达于河”，既“达于济”，自然就能达于河。《锥指》指出：“其东北境径浮济，不必从汶也。”总之由汶通济，可以把此州贡物送到冀州中央王朝去。

以上这一节，是“青州章”。

海、岱及淮①惟②徐州③。淮、沂④其乂⑤，蒙、羽其艺⑥。大野既猪⑦，东原底平⑧。厥土：赤埴坟⑨，草木渐包⑩。厥田：惟上中。厥赋：中中⑪。厥贡：惟土五色⑫，羽畎夏翟⑬，峄阳孤桐⑭，泗滨浮磬⑮，淮夷⑯蠙珠暨鱼⑰，厥篚玄纤缟⑱。浮于淮泗⑲，达于菏⑳。

①淮——水名。《禹贡》下文“导水章”简叙了淮水全流程，《水经注》亦提到而不详。《淮南子》《汉志》《说文》《风俗通》等大抵谓出南阳平氏县（今河南桐柏县西北）桐柏大复山，东南入海。至《水经》及郦《注》始详记淮水出胎簪山，东过桐柏山，历经豫境信阳、淮滨、皖境阜南、寿县、凤阳，苏境盱眙、淮阴等县并接受南北两侧大小各水的注入，最后东至淮浦（今江苏涟水县）入海。汉代文献如《殷本纪》引《汤诰》、《尚书大传》、《礼三正记》、《白虎通》、《尔雅》、《释名》、《风俗通》等皆说淮与江、河、济为全国四大水，称为“四渎”。《尔雅》释云：“四渎者，发源入海者也。”《释名》：“渎，独也。各独其所而入海也。”《尚书大传》又记“五岳”（全国五大

627

山)"四渎"分别享受相当于封建王朝三公和诸侯爵位的很高级的祀礼。

自唐《孔疏》迄宋、明文献中都强调了淮水常泛滥多灾害的问题。据宋、金、元、明四史的《河渠书》记载,宋熙宁十年(1177)开始,河水一部分经梁山张泽泊合泗水南流入淮。历金明昌五年,河夺泗入淮,至元代至正十一年(1351)河水全部自安山沿会通河入淮。明洪武二十四年(1391)河决原武,至寿州全入于淮。永乐十四年(1416),河决开封州县十四,经怀远(今凤阳)由涡河入淮。弘治二年(1489),河决开封州,入张秋运河。七年(1494),塞张秋,筑仪封(今兰考境)黄陵冈河口,河水尽复南流,径徐州、宿迁入运河,夺淮水下流入海。清初《锥指》记淮水至盱眙城北入洪泽湖(此地于唐代始出现小泊,至明代始扩成大泽),复自湖东北出今淮阴之清口分为二:东合黄河入海,南入运河以济漕。咸丰六年(1856)河决铜瓦厢(今兰考县境),夺大清河入海,脱离淮河。于是淮河原合黄河入海之道遂涸,惟余南入运河后之水道。解放后在淮阴以下修浚了新淮河,力使淮水恢复《水经》所叙故道;惟淮水主流仍由洪泽湖经三河引洪道通过高邮湖随运河南入长江;新开苏北灌溉总渠,除灌溉外为淮水分洪东流入海水道;又向北开凿淮沭新河,亦分淮入沂。由是淮水基本获得治理(详《徐州地理丛考》,以下简称《丛考》)。

②惟——《夏本纪》作"维"。已见《尧典》及上文"兖州、青州"校释。

③徐州——本句"海岱及淮惟徐州"规范了徐州的区域,但只提了东面的黄海,北面的泰山,南面的淮水。《尔雅·释地》"济东

为徐州",则指出了徐州西南面是济水。后来郑玄注承上文青州之注只说"徐州界,又南至淮水"(《公羊传·庄公十年》疏引)。伪孔释东、北、南三面,邢昺《尔雅》疏释其西面。林之奇《全解》指出:"其北境之接于青则以岱,南境之接于扬则以淮……一州之境必有四面之所至,今其所载但及其山川之二境,则其所不载者亦互见于邻州之间。"

徐州之得名,据《太康地记》说徐由于徐丘而来。但徐丘不详所在,而古时另已存在"徐州"一地名,先后有三处:(一)齐国的徐州,有二处,一为齐北境的徐州,亦作舒州。见《春秋·哀公十四年》(前481)及《史记·齐世家》为田常幽杀齐简公之处。《集解》《索隐》都释为"陈(田)氏邑"。陈氏自大其封邑"自安平(今临淄境)以东至琅邪",则徐州在此境内,居渤海南岸。又一为《田敬仲完世家》所记徐州,由于齐人加强其地守备即使燕、赵警惕。《正义》释为"齐之西北界上地名,在渤海郡东平舒(今河北大城县)",则居渤海西岸。此二者都不在《禹贡》徐州境内,与"徐州"得名无直接关系。(二)鲁国南境的徐州。《竹书纪年》载梁惠成王三十一年(前339)薛改名徐州。薛国在今滕县东南四十四里,地在鲁国东南,齐国西南。据《战国策·齐策》《史记·楚世家》楚成王七年(前333)伐齐徐州,则已属齐。《吕氏春秋·首时》载鲁取徐州。《鲁世家》载顷公十九年(前261)楚取鲁徐州。此徐州在《禹贡》徐州境域内,当即为九州中徐州一名之所本(三国时将徐州治所迁彭城,即今铜山,这是现在的徐州市所在)。

当初之所以有这一地名,是由居住此地的徐人而来。徐为淮夷中最强的一族,原为封给鲁国的殷民六族中之一。由最早的徐州在渤海西岸、渤海南岸,可知徐人原居住在这一带。西周初在鲁国之东,常与姬周族为敌。后战败南移至淮泗流域立国,其国都在汉时临淮郡徐县,今泗县东南、盱眙西北。周穆王时,徐为东方诸侯三十六国之长(见《后汉书·东夷传》)。至春秋时的鲁昭公三十年(前512)始为吴所灭。可知徐人长期是这一地区的主人,故能用为地名,终于成为九州之一的州名。

记徐州地境之文献一如前面数州。《锥指》历叙自先秦至清代属于此州的府县地名,大抵是今山东省泰沂山脉和大汶河以南,并以巨野、金乡一线为西境的鲁南地区,安徽省以砀山、宿县、怀远一线为西境的皖东北地区,以及江苏省淮河以北的苏北地区,为《禹贡》的徐州境域(详《丛考》)。

④沂——水名。《汉志》泰山郡盖县(今沂源县东南)下云:"沂水南至下邳(今江苏邳县东境)入泗,过郡五(钱坫校:过泰山、城阳、琅邪、东海四郡),行六百里。"《水经》及《注》备载沂水流程,谓自盖县艾山,历临沂、开阳、剡县、良城等地,至下邳入泗。宋曾旼说"徐州之水以沂名者非一"。指出尚有下列诸水:一、《说文》谓出东海费县的沂水,《水经·沂水注》指出是出于南武阳县冠石山之治水,东南流经费县,再东南至临沂入沂水,亦名小沂水。二、《水经·泗水注》出鲁城东南尼丘山的沂水,经曲阜的零门,右注泗水。三、出黄孤山之水,世亦谓之小沂水。皆非《禹贡》的沂水。

清初《锥指》指出沂水至邳州(今邳县)合泗水,又东南至清河(今淮阴)入淮水。《地理今释》则谓南流至宿迁县北汇为骆马湖,又西南入运河。《后案》则谓在骆马湖之北自郯城入运河。

大抵沂水最初经今邳县境入泗,又至淮阴入淮。后因金明昌五年(1194)黄河夺泗入淮,遂亦随之径入河淮水道。元至元二十年(1283)于今山东兖州导泗入洸至济宁以会运河,而沂水仍由江苏邳县境入运河,就离开泗水,不再会同入淮。历明至清仍脱离泗水,在其东面南行至宿迁境汇为骆马湖,再南入运河。其后移至骆马湖北入运河。解放后大力治理淮河水系,将沂水沿骆马湖之东使继续向东流,与沭水相会后;再向东开挖了新沂河以入海,就可于洪汛时宣泄部分淮水入海(详《丛考》)。

⑤其乂——《夏本纪》作"其治",系译用训诂字,《尔雅·释诂》:"乂,治也。"段玉裁《撰异》云:"'乂',《今文尚书》作'艾',于《汉石经·洪范》残字知之也。"按《隶释》载《汉石经》"乂用三德"之乂作艾。冯登府《汉石经考异》云:"《汉五行志》引此作'艾',应劭曰:'艾,治也。'师古曰:'艾读乂。'王伯厚引《古文尚书》亦作'艾',下曰'艾同'。是作艾古今文同。伪孔作乂,字虽通,实非古文,亦非今文也。"下文并举《汉书·谷永传》引《皋陶谟》《汉书·郊祀志》《裴岑纪功碑》《郙阁碑》《曹全碑》、王敞、王毕等皆以艾为乂。并引江声注:"艾当为劈,治也。"(详《尧典》"有能裨乂"校释)

"淮沂其乂",伪孔释云:"二水已治。"是《禹贡》作者举徐州有代表性的淮、沂二水来说此州境内的水已治理好了。

由于伪孔释"其乂"为已治,故江声《音疏》云:"其读为既。"段氏《撰异》云:"'潍淄其道','淮沂其乂','蒙羽其艺',江氏声皆读'其'为'既',非也。既者已然之词,其者将然之词,语意略别。……'日有食之,既',言垂尽也。《周本纪》之末曰'周既不祀',言周至是乃不祀也,凡言'既道'、'既泽',皆谓正是乃尔也。

'既'与'其'字异而语意正同，其者，尚虞其不尔也。"王先谦《参正》述江声所说此经记禹成功，故篇内"皆为已然之词"，谓"段驳江说，非"。其实"既"、"其"二字常并用，自不能全同。

关于二字用法已见青州章"潍淄其道"校释。

⑥蒙羽其艺——"艺"，《汉志》、敦煌本 P3615、薛本皆作"藝"。江氏《音疏》改作"埶"，释云："埶，宜祭反，俗书上加'艸'，下加'云'，不成字。"段氏《撰异》云："徐铉《说文新修字义》曰：'艺，后人加艸、云，义无所取。'今按《诗》'藝麻如之何'（按，见《南山》），《释文》云：'藝，树也（按，此《毛传》语）。本或作艺，技艺字耳。'是则《说文》'埶，种也'。俗加'艸'为之。六藝字本取种艺之意，而俗又加'云'为之。古皆只作'埶'也，今从《地理志》作'藝'。"是江、段皆以此字原当作埶，从《汉书》可作藝。按，《说文·丮部》固作埶。上溯金文中此字有数形，大抵作𡘹、𡍬。吴大澂《愙斋集古录》第四册《毛公鼎》释云："古埶字从木、从土，以手持木种之土也。埶与藝同。"于省吾《略论西周金文中的六𠂤和八𠂤及其屯田制》云："郭说𡍬为藝之初文是对的。……𡍬字卜辞作𢏭或𣏾，金文作𣏾，孳化为𡚇、𡍬。古文字偏旁中从中从木每无别。……《说文》埶……从坴，乃坴之形讹。……𡍬字隶变作埶，典籍作藝或艺。𡍬之本义为种植草木而加以扶植……需要有一定经验和技艺，故引申之则为凡技艺之艺和艺术之艺的通义。典籍中藝训种植者习见，例如《书·酒诰》的'其艺黍稷'……《诗·楚茨》的'我艺黍稷'。"（《考古》1964 年第 3 期）可知埶、藝、艺皆为𡍬的孳乳字，初不必谓埶正埶俗，其义原为种植（不仅引申为技艺义，且发展为蓺烧义，亦通假为迩、昵义，详《高宗肜日》昵字校释。有据后起的《广

雅》释为治者,不确)。

《夏本纪·集解》引《郑注》:"蒙、羽,二山名。"伪孔释此句为"二山已可种艺"。《孔疏》:"《诗》云'艺之荏菽'（按,见《生民》),故艺为种也。"颜师古《汉志》注:"淮、沂二水已治,蒙、羽二山皆可种艺也。"都是以种植为释。(《锥指》且云:"方耕曰作,既种曰艺。"是说当耕地时叫"作",下种叫"艺"。)宋以下治《尚书》者主要都承此说。

《锥指》则以为蒙羽二山与淮水相去各数百里,"淮之横溢,不到二山。及其既乂,二山亦未必悉治。"沂水虽在二山间,"二山仍自有畎浍之水当浚之以距川者,亦非但治沂而已也。淮不乂则沂不可得而治,沂不乂则蒙、羽不可得而治,然淮沂既乂而二山畎浍距川之处施工正不少也。"是胡氏释"艺"为治,谓系治蒙羽二山的畎浍之水。孙星衍《注疏》从其说亦云:"艺者,《广雅·释诂》云'治也',伪传云种艺,非也。"

就艺字本义言,确为种植。胡、孙欲据后出的《广雅》释为治,似有意求深,不如就其大意来说,淮沂已经治好了,蒙、羽等山境域内也可从事农业生产了。

《汇疏》笺云:"其艺与既艺亦别。既艺言已开垦,其艺则可施工种艺也。"又云:"山之可种艺者众矣,而独举徐之蒙羽与梁之岷嶓,以例余州。……则蒙羽为沃壤可知,今(明)近徐诸山,弥望荒麓矣。"

"蒙山",见《汉志》"泰山郡蒙阴县"下云:"《禹贡》蒙山在西南,有祠。"按《论语·季氏》称为东蒙,《邢疏》:"蒙山在东,故曰东蒙。"《诗·闷宫》"奄有龟、蒙",以蒙山与龟山并举。至唐出现蒙山、东蒙山二名，见《通典·州郡》："又有东蒙山在蒙山之东。"《元和志》载蒙山在费县西北八十里、新泰县东南八十八里，东蒙山在费县西北七十五里。元《齐乘》纠正分为二山之说云："蒙山在龟山东，二山连属长八十里。……后人惑于东蒙之说，遂误以龟山当蒙山，蒙山为东蒙，而隐没龟山之本名。"清《锥指》从《齐乘》之说，《地理今释》："蒙山在今（清）山东青州府蒙阴县南八里，西南接兖州费县界，延袤一百余里。"《禹贡集解》："蒙山即蒙阴山，属阴山山系泰山山脉。"大抵蒙山因在鲁国（曲阜）之东，故又称东蒙，在今山东平邑之东，蒙阴之南，费县之北，自西北向东南绵亘百余里。

"羽山"，古代有殛鲧于羽山的神话传说（见《山海经》《左传·昭公七年》《晋语》《天问》《离骚》及《墨子·尚贤中》《孟子·万章上》《尧典》《吕览·行论》《五帝本纪》等），文献中所说羽山地点有二：（一）今江苏赣榆西南说。《汉志》"东海郡祝其"下云："《禹贡》羽山在南，鲧所殛。"《续汉志》《晋书·地理志》及杜预《左传》注、郭璞《南山经》注、郦氏《水经·淮水注》所说皆同，唐宋以后注疏家及地理书大都同。祝其县所在，《班义述》引清《一统志》："在今江苏海州赣榆县南。"并引明《一统志》云："在县西五十里。"《锥指》："此山在沂州之东南，海州之西北，赣榆之西南，剡城之东北。"（二）今山东蓬莱说。《太平寰宇记》蓬莱县下谓羽山"在县东十五里，即殛鲧处"（据《锥指》）。《泊宅编》谓登州海中有岛五所，即羽山。《锥指》以为赣榆太近，"非荒服放流之宅"，惟《寰宇记》说与《孔传》谓在海中合，指出"《禹贡》之羽在徐域，《舜典》之羽在青域"。按，由神话地点变为历史地点，不易实定，大抵殛鲧之羽山似以在山东蓬莱海中较合，《禹贡》羽山叙在徐州境内，只能是赣榆西南、剡城东北(详《丛考》)。或谓羽山之得名,由于其地产雉羽,见下文"羽畎夏翟"校释。

⑦大野既猪(张鱼反)——"野",《汉志》、薛本皆作"壄",敦煌本 P3469 及岩崎本、内野本作"埜"。《说文·里部》:"壄,古文野。"埜又壄之省(已见《史记·司马相如列传》"膏液润埜草")。陈乔枞《经说考》谓《汉志》之字"为三家《今文尚书》之存有古文者。""猪",《夏本纪》作"都"。《礼记·檀弓下》:"洿其宫而猪焉。"《郑注》:"猪,都也。南方谓都为猪。"段氏《撰异》云:"古音无鱼、虞、模敛侈之别,'都'音同'猪',二字皆'者'声也。'南方谓都为猪'者,谓北人二音略有别,南音则无别也。《尧典》曰'幽都',《孔传》曰:'都,谓所聚也。'……《尧典》作'都',《禹贡》作'猪',实是一字。《古文尚书》作猪。……《夏本纪》凡猪皆作'都',盖《今文尚书》然也。……俗'猪'旁加水作'潴'……未知古人以音为用,不泥其形也。"按杨雄《徐州箴》引用此句为"大野既潴",已作"潴"。敦煌本 P3469、岩崎本从俗写作"猪"。薛本、《古文四声韵》都作隶古奇字,系据"诸"字的古文加以讹变写成。

《说文·水部》新附:"潴,水所停也,从水,猪声。"《经说考》谓都、猪声同,亦三家《尚书》之异文也。皮氏《考证》云:"野作壄,都作猪,皆古文。《班志》云'大壄既猪'者,盖夏侯《尚书》兼存古文,故班书多用古文字,与《史记》等主今文者不同。"

635

《左传·哀公十四年》:"西狩于大野。"《杜注》:"大野在高平钜野县东北大泽是也。"按《汉志》山阳郡钜壄县下云:"大壄泽在北。"《孔疏》:"钜即大也。"《水经》记济水至乘氏县分为二,其一流入大野泽。《元和郡县图志》钜野县云:"大野泽一名钜野,在县东

（当作北）五里,南北三百里,东西百余里。"《汇疏》云:"五代以后,河水南徙,汇于钜野(按,为《锥指》所记河徙的五、六次),连南旺、蜀山诸湖,方数百里。"《齐乘》曰:"钜野,今梁山泊也。"(《锥指》指出钜野故城在清钜野县今巨野县西)按,梁山泊为大野泽的北部,南旺湖为大野泽的东部,全泽最大时纵三百余里,横百余里。处今山东巨野县之北,嘉祥县之西北,梁山县之南。元末黄河南徙入淮,大野泽区域内淤积黄河泥沙,遂全部干涸成平陆。

"大野既猪",是说大野已经把过去漫溢成灾的许多水积潴成深泽了(详《丛考》)。

⑧东原底平——"原"薛本作"邍"。系据《说文·辵部》的邍,"高平之野",人所登,从辵、备、录,亦即《尔雅·释地》"广平曰原"、《春秋说题辞》"高平曰大原"(《水经·汾水注》引)之"原"的本字。吴大澂《愙斋集古录》第二册第9页《鲁邍钟》释文指出此字即《说文》高平之野之字,并云:"今经典通作原,惟《周礼·夏官·序官》邍师犹存古字。"可知薛本所用此字为原野之原的本字,而"原"字据《说文》则系泉源之源的本字。后人加水旁作为泉源字。"原"被假借为原野之原,其本字邍遂废。今仍用通行假借字不改。

"厎",岩崎本及敦煌本P3467皆作"庢",《十三经注疏》本及殿本《史记》《汉书》皆误作"底"。"厎,致也"(《释言》),伪《孔传》释此为"致功而平",《夏本纪·正义》释"水去已致平复"。知此字原作"厎"(已见冀州章"覃怀厎绩")。"平",见《尧典》"平秩东作"校释。

《夏本纪·集解》引《郑注》云:"东原,地名,今(汉末)东平郡,即东原。"按《汉志》"东平国"下云:"故梁国,景帝中六年别为济东国,武帝元鼎元年为大河郡,宣帝甘露二年为东平国。"《地理今释》:"今(清)山东兖州府东平州及济南府泰安州之西南境也。"大抵东原即今山东省肥河以南的东平、汶上、宁阳诸县境,亦即古大野泽东北,今东平湖东南,处于泰沂山脉西端余脉之南的汶水自北向南的下流平地。

"东原底平",是说徐州水、土已获治理,特别是大野泽将过去漫溢成灾的水积猪成泽后,东原这一田野已致平整可以耕作了。

⑨赤埴坟——"埴",《释文》:"埴,市力反。郑(玄)作'戠'。徐(邈)、郑、王(肃)皆读曰炽,韦昭音试。"这是古文。敦煌本 P. 3469、岩崎本及薛本皆作埴,这是伪古文。《后案》引晋时成公绥《天地赋》云:"海岱赤埴,华梁青黎。"《撰异》谓"此用郑本《尚书》加土于戠旁也"。实则加土于戠,原为伪古文隶古定用字,是晋时本已如此,不止宋齐旧本用之。

埴、戠(埴、埴)二字的不同解释如下:

埴。《释名·释地》:"土黄而细密曰埴。埴,腻(本作膩,依毕校改)也。黏肶如脂之膩也。"《夏本纪·集解》引徐广曰:"埴,黏土也。"陈乔枞《经说考》、皮锡瑞《考证》皆谓此用今文家说。伪《孔传》亦云:"土黏曰埴。"《孔疏》:"《考工记》用土为瓦,谓之'抟埴之工',是埴谓黏土。"按《考工记》"抟埴之工二"《郑注》:"埴,黏土也。"是郑玄释埴字之义亦同今文。林氏《全解》云:"此州之土,色而别之则赤,性而别之则有坟、埴之二种。曾氏(旼)曰:'《周礼》有抟埴之工,《老子》埏埴以为器。惟土之膩,故可抟可埏也。'"《蔡传》即承用曾说,惟依《释文》误本为训义云:"埴,膩也,黏泥如脂之膩也。"吴澄《纂言》则云:"埴坟,其土质黏腻者,有坟地

637

名。"是此义由今文历伪古文直至宋元诸儒皆持之。皮氏《考证》云："伪孔名传《古文尚书》，实多袭今文说。……如此文……皆与《史》《汉》文同。"陈大猷《书集传或问》则云："夏氏（僎）曰：'诸州有二种者，必析而言之，未尝并言'……然则'埴坟'者，为埴而坟也。"则以为非"坟埴之二种"，而是一种土具有此二种性能。此解较合理。

戠。《撰异》据《释文》为说云："郑作戠……而改读为炽字，其训则曰：'炽，赤也。'见李善《蜀都赋》注。郑不释戠为黏土者，意以赤炽言色，坟言性，与白壤、黄壤、白坟等一例，倘戠训黏，则与坟为二性，非经之例。"《后案》则云："此经俗儒作'埴'，训土黏，郑不从者，郑必目验徐州土不皆黏也。"陈寿祺《左海经辨》、成孺《班义述》并据《释文》引韦昭说系韦著《汉书音义》，推定《汉书》本从古文作戠，师古本误据《夏本纪》改，谓仍当用郑氏赤戠之训。俞樾《群经平议》另提一解云："郑义亦有未安，既言赤矣，何必又言炽乎？戠字仍当读如本字。赤者，赤色也。戠者，杂色也。……土色赤而又聚有诸色，谓之赤戠矣。"未验诸徐地土壤，只是从文字上寻解，不足据。

埴、戠二字亦有谓义相通者。《孔疏》："戠埴音义同……故'土黏曰埴'。"江声《音疏》云："戠，黏也。读如'脂膏败殖'之殖，殖亦黏也。"陈乔枞《经说考》云："《玉篇》'土部'：'埴，黏土也。''戠，赤土也。'此采今文、古文之训。《广韵》亦同。《集韵·类篇》则合埴、壄、戠为一字。疑戠既通埴，当亦有黏义。"并举《考工记》殖与埴通、樴与戠通一例，以为"是戠与埴训谊同也"。自以戠、埴同训黏土之义为合此处文意。

"坟",肥土。已见上兖州章"黑坟"校释。

"赤埴坟",采上述义训,就是赤色的黏性肥土。近人陈恩凤《中国土壤地理》第七章《禹贡所述土壤之解释》阐释云:"孔颖达称'土黏曰埴'。……埴坟显指黏质丘陵土壤。……徐为今之苏北及皖、鲁边区,丘陵地每为发育于第四纪洪积红色黏土层之棕壤,或即所称赤埴坟。"是赤色的黏土性肥土即近代土壤学中的棕壤。

⑩草木渐包——《说文·艸部》:"蔪,草相蔪苞也。从艸,斩声。《书》曰:'草木蔪包。'"大徐音"慈冉切",当作兹冉切。是许氏所习古文本作"蔪苞"。今见薛季宣隶古定本亦作"木蔪苞",显据《说文》古文,岩崎本"艸"讹巾,"苞"讹苍,敦煌本 P3469 及内野本"草"作艸,此皆隶古定本异体。

《释文》:"'渐,如字;本又作蔪。《字林》:'才冉反,草之相包裹也。''包',必茅反,字或作苞。非'丛生'也,马云:'相包裹也。'"是陆德明所见隶古定本有作"渐"者,有作"蔪"者。而包有作"苞"者,马融所见仍为古文本。

段氏《撰异》云:"《字林》本《说文》也。蔪包者,积致之貌。……《尔雅·释诂》曰:'苞、芜、茂,丰也。'《释言》曰:'苞,积也。'《释木》曰:'如竹箭曰苞。'……是此字盖《经》本作苞。卫包易为包。……徐楚金《说文解字系传》苞字下曰'《尚书》草木渐苞'……亦正可以证南唐时《尚书》作从艸之包。"

今观《夏本纪》及《汉志》皆保持今文作"草木渐包",可知通行伪孔本承用今文原字。

伪孔云:"'渐',进长。'包',丛生。"《孔疏》:"《易·渐卦·象》云:'渐,进也。'《释言》云:'包,积也。'孙炎曰:'物丛生曰苞,齐人名曰磺。'郭璞曰：'今人呼丛致者为磺。''渐包',谓长进丛生,言其美也。"段玉裁释为"磺致之貌",亦由《尔雅》诸释来。其实不外《孔疏》所释之意。

林之奇《全解》云："徐州之地受淮之下流,其地垫溺已甚,草木不得遂茂,为日久矣。今也洪水既平,乃至于进长丛生,故可书也。"《蔡传》："渐,进长也。如《易》所谓'本渐'。言其日进于茂而不已也。包,丛生也。如《诗》之所谓'如竹包矣',言其丛生而磺也。"都是承伪孔义发挥之,总之是说草木逐渐滋长至于繁茂丛生。

⑪厥田惟上中厥赋中中——《夏本纪》"厥田"作"其田",无"惟"字,"厥赋"无"厥"字。《汉志》无两"厥"字及"惟"字。皆史文所删。伪孔释为"田第二,赋第五"。《汇疏》笺云："徐州土美,故田第二。凡赋卑于田者,以壤地狭或人工未修也。"按,此问题已详冀州章"厥赋"校释。

⑫厥贡惟土五色——《夏本纪》无"厥"字,《汉志》无"厥"、"惟"二字。《夏本纪·集解》引郑玄注云："'土五色'者,所以为太社之封。"伪孔云："王者封五色土为社。建诸侯则各割其方色土与之,使立社,焘以黄土,苴以白茅。茅取其洁,黄取王者覆四方。"《孔疏》释云："《传》解贡土之意。……焘,覆也。四方各依其方色,皆以黄土覆之。……《韩诗外传》云:'天子社广五丈,东方青,南方赤,西方白,北方黑,上冒以黄土。将封诸侯,各取其方色土,苴以白茅,以为社,明有土,谨敬洁清也。'蔡邕《独断》云:'天子大社以五色土为坛,皇子封为王者授以太社之土,以所封之方色苴以白茅,使之归国以立社,谓之茅社。'(《续汉志》引作"受茅土")是必古书有此说,故先儒之言皆同也。"这是注疏家根据汉代之说

对"土五色"所作的解释(下文"荆州章"贡"包匦青茅",当即供此用)。

古书中更早者有《逸周书·作雒》云:"诸侯受命于周,乃建大社于国中,其壝东青土,南赤土,西白土,北骊土,中央衅以黄土。将建诸侯,凿取其方一面之土,焘以黄土,苴以白茅,以为社之封。"《作雒》原篇成书较早,传自西周初年,但这几句则显然是五色配五方之说产生以后增入篇中之文。据长沙出土战国缯书有五色与五方相配,但还没有配五行(见《文物》1963年第9期)。与《管子·幼官》等篇同,时间当在战国末"阴阳五行说"形成以前。汉人之说当承袭于此。

《史记·三王世家》载立齐王策云:"受兹青社。"立燕王策云:"受兹玄社。"立广陵王策云:"受兹赤社。"就是按照上一学说所制定的分封诸侯王的礼制所作的实践。又《封禅书》记汉武至泰山封禅云:"天子皆亲拜见,衣上黄,而尽用乐焉。江淮间一茅三脊,为神籍五色土,益杂封。"可知所贡五色土,除用于分封立社外,复用于封禅。

徐州之贡五色土,见于汉代又一著作《释名·释地》云:"徐州贡五色土,有青、黄、赤、白、黑也。"《汉书·郊祀志》平帝元始五年则记云:"徐州牧岁贡五色土各一斗。"于是《禹贡》的记述,为封建王朝所遵奉作出实际规定了。

其后《夏本纪·正义》引《太康地记》云:"城阳姑幕(今安丘南诸城北)有五色土,封诸侯赐之茅土用为社,此土即《禹贡》徐州土也。"按,《水经·潍水注》:"其水东北径姑幕县故城东,县有五色土,王者封建诸侯随方受之。"《锥指》谓:"姑幕汉属琅邪郡……古青齐接壤处也。汉琅邪郡隶徐州，元始之贡，疑即是此地所出。"迄后历代亦多沿此规定，如唐《元和志》载徐州贡赋："开元贡五色土各一斗。"宋《寰宇记》亦云徐州"岁贡五色土各一斗，出彭城县北三十五里之赭土山"。以迄今北京中山公园内，仍保存清代所建五色土社坛，都是沿上述规定来的。

⑬羽畎夏翟（徒历反）——"畎"，《周礼·染人》注、《小雅·节南山》正义皆引作"𡿨"（据《撰异》）。"翟"，《夏本纪》《汉志》作"狄"，陈乔枞《经说考》谓"此亦三家经文之异字"。成孺《班义述》谓"翟"今文，"狄"古文，《汉志》杂用古文。钱坫《斠注》谓雉名，应作"翟"，"狄"乃传写之讹。歧说如此，无足深论。《周礼·染人》"秋染夏"郑注引《禹贡》曰："羽𡿨夏狄。"是汉古文本用"狄"字。敦煌本 P3469、岩崎本及薛本亦皆作"狄"，则隶古定本伪古文又承用古文。《撰异》云："古'狄'、'翟'异部相假借。有假借翟为狄者，如《春秋》传'翟人'是也。有假借狄为翟者，如……《毛诗》'右手秉翟'，《韩诗》作'秉狄'。"既为假借字，自可互用。

"羽畎"，羽山的沟谷。《诗·节南山》疏引郑玄注云："羽山之谷。"其义已详青州章"岱畎"校释。

"夏翟"，先释"翟"，再释"夏"及"夏翟"。

《尔雅·释鸟》："鸐，山雉。"《释文》："鸐音狄。"《说文·隹部》即作："翟，山雉。"故伪《孔传》云："翟，雉名。"《说文·隹部》："雉有十四种。"并备列其名为：卢、乔、鳪、鷩、翰、卓诸翟，及秩秩海雉、翟山雉，伊洛而南曰翬，江淮而南曰摇。最后是四方雉名：南寿，东甾，北稀，西蹲。《尔雅》全列此十四种（惟易卢为鸐，与江淮而南之鸐相重复），并较详地叙述"伊洛而南素质五采皆备成章曰翚,江淮而南青质五采皆备成章曰鹞"。而四方雉名皆加"鸟"旁。至郑玄《周礼·染人》注则只取十四种中的后六种,说雉"其类有六:曰翚、曰摇、曰寿、曰甾、曰希、曰蹲",并说"夏翟是其总名"。杜预在《左传·昭公十七年》注"五雉",便减为:"雉有五种,西方曰鹕雉,东方曰鹞雉,南方曰翟雉,北方曰鶅雉,伊洛之南曰翚雉。"杜为了把翟雉也叙入,就把南方的寿雉挤掉了。其实郑玄在《染人》注中把翟作为所有雉的总名。《孔疏》也说:"夏翟共为雉名,《周礼》立'夏采'之官,取此名也。"可知翟是雉鸟的总名。

　　而古人重视雉,就采取它的羽毛,用来作为旌旄舞饰等用途。《礼记·乐记》:"干戚旄狄以舞之。"这是用雉的羽毛为舞饰。伪《孔传》云:"羽中(去声,为动词)旌旄,羽山之谷有之。"《孔疏》:"《周礼·司常》:'全羽为旞,析羽为旌。'用此羽为之,故云'羽中旌旄'也。"按,《司常》郑注:"全羽、析羽,皆五采系之于旞旌之上。"这是用雉的羽毛为旌旄。但除此外,林之奇《全解》云:"古之车服器用,以雉为饰物者多矣,不但旌旄也。"其说当是。《乐记》疏:"狄,羽也。"亦见《广雅·释器》:"狄,羽也。"颜师古《汉志》注也云:"夏狄,狄雉之羽,可为旌旄者也。"是翟(狄)又作为雉鸟的羽毛的名称。

　　"夏",《周礼·天官·染人》"秋染夏"《郑注》:"染夏者,染五色。"《贾疏》:"夏,谓五色。"又:"夏即与五色雉同名'夏',故知'染五色'也。"证以《春官·巾车》"孤乘夏篆、卿乘夏缦"《郑注》:"夏篆,五采画毂约也。夏缦,亦五采画,无篆尔。"确知"夏"为五色、五采之义(朱骏声《古注便读》谓"夏,华也,有采色也",即据此义)。而这里夏的五色具体指的是翟雉羽的五色。郑玄《染人》注续云:

"谓之夏者,其色以夏翟为饰。"林之奇《全解》云:"夏翟者,雉之具五色者也。"合于《贾疏》所云:"夏为五色之翟。"《汇疏》小注云:"雉具五色而有文章,故谓之夏。"因此郑玄《周礼·夏采》注云:"夏翟,羽色。"《贾疏》引《尔雅》翚的素质五采和鹞的青质五采之文,以为"此则夏翟之羽色也"。

《夏采》郑玄注又云:"《禹贡》徐州贡夏翟之羽……后世或无,故染鸟羽象而用之。"《贾疏》:"案《冬官·考工记》有钟氏染羽。若有自然鸟羽,何须染之乎。……故'染鸟羽而用之,谓之夏采'者,夏即五色也。"《染人》注云:"其毛羽五色皆备成章,染者取以为深浅之度,以是仿而取名焉。"《周礼·掌次》疏云:"羽山之谷贡夏翟之羽。后世无夏翟,故《周礼·钟氏》染鸟羽象凤凰以为之。"这些都说明了夏翟是羽山所出的五色雉羽。在没有这种雉羽时,用其他羽毛照样染成雉羽的五色,来供旌旄乐舞等之用,这也是夏翟。

此外尚有数种不合此处文义的不正确解释:(一)郑众云:"夏,大也。狄也大染。"(见《染人》注引)此误用训大之义。(二)胡渭云:"夏,读若槚,非春夏之夏。"(见《锥指》)指出非春夏之夏,是。但与槚无关。其下文引郭璞《尔雅》注:"伊洛而南雉素质五采皆备曰翚。"继云:"《诗》云'如翚斯飞',言其文之奂散也。翚即夏翟,审矣。"与《汇疏》引《师旷禽经》"五采备曰翚,亦曰夏翟"同一错误,都是以偏代全。《禽经》之张华注:"雉尾至夏则光鲜也。"是附会为春夏之夏,更误。《锥指》已予驳正。(三)简朝亮云:"南方离明,则夏也。《易·说卦》曰:'离为雉。'"又:"南离之象为雉,夏翟也。徐州东南而有淮,其夏翟曰翚、曰鹞、曰寿者乎,而其贡则惟名夏翟矣。"(《集注述疏》)此说既牵强附会,亦概念不清,不足论。

自郑玄、伪孔相继指出出产夏翟之地为羽山之谷,说者相承,如《周礼·掌次》贾公彦疏、《汉志》颜师古注等皆是。至宋儒乃提出羽山之名即由于出雉羽而得。如曾旼《尚书讲义》谓:"山雉具五色,出羽山之畎,则其名山以羽者,以此欤?"(《蔡传》引)黄镇成《书通考》同此问。至《汇疏》小注云:"夏翟出于羽山之畎,山以此名。"则肯定了山以出此羽得名。虽无确据,理或有此。

⑭峄阳孤桐——诸隶古定本如敦煌本 P3469、岩崎本及薛本"阳"皆作"昜",误用阳光之昜本字,其实在此表示山南水北义,当作"阳"。详冀州章"岳阳"校释。

"峄阳",一说峄山之阳,一说山名峄阳。其山所在,一说在今江苏省邳县西,一说在今山东省邹县东南。

一、江苏邳县西境说。见《汉志》东海郡下邳县:"葛峄山在西,古文以为峄阳。"《说文》《风俗通》及郑玄注皆以为是下邳葛峄山之阳。伪《孔传》亦释"峄山之阳"。至《续汉志》及刘昭注引《北征记》《水经注》《晋书·地理志》等始以葛峄山又称峄阳山。隋、唐时以峄山与峄阳山为二山。宋学则不称峄阳山,如《蔡传》只以葛峄山为峄山。显然葛峄山为峄山的全称,峄阳本指山之阳,但古人因习称又以为山名,如蒙山之称蒙阴山一样。明《邳州新志》又云:"俗称距山。"此外又简称葛峄、邳峄。

二、山东邹县东南说。《诗·閟宫》"保有凫绎"。《毛传》谓凫、绎为二山名,地在鲁东。《释文》谓绎又作峄。《孔疏》谓即"峄阳孤桐"之山。《汉志》鲁国邹县:"峄山在北……'邾文公卜迁于峄'者也。"(《左传·文公十三年》)《续汉志》刘昭注引《邹山记》

《尔雅》郭璞注、《水经·泗水注》引京相璠说等亦皆谓峄山在邹县，郭璞并释为"言络绎相连"。刘昭、京相璠皆谓有秦始皇刻石（即《集古录》载《峄山碑》）。又称邹峄。

传统注疏家多主邳峄说。《汉志》《水经注》《续汉志》注则并记下邳、邹县两峄山，《元和志》亦记此二山，惟以邹县南为《禹贡》峄山，邳县峄阳山则非。此与传统邳峄说异。此外唐宋地理书如《括地志》《通典·州郡》以下，及《书古文训》《尚书说》等，皆主邹峄说而反对邳峄说。

《锥指》以为"峄山自北而南，葛峄乃邹峄之尽处，故峄阳当在下邳"。王先谦《参证》则谓"峄山在邳州西北峄县（今枣庄市南）东，峄县以此名"。据此以观地形图，自邹县峄山起，山脉向东南迤逦而来，络绎于邹县、滕县、薛城一线之东，至旧峄县境（地当邳县西北）已是余脉，则正如冀州太岳山脉之南称岳阳一样，此地自可称为峄阳。

《风俗通义》云："梧桐生于峄山阳岩石之上，采东南孙枝为琴，声甚清雅。"伪《孔传》云："孤，特也。峄山之阳特生桐，中琴瑟。"上引各文献亦多说峄山生名桐可为琴。按自《世本·作篇》、桓谭《新论》及《后汉书·蔡邕传》等所载，皆反映我国古代擅长以桐造琴，陆玑《毛诗草木鸟兽虫鱼疏》谓以白桐造琴为宜，因而注疏家皆谓峄阳孤桐为造琴良材，用以为贡物（详《丛考》）。

⑮泗滨浮磬——"滨"，《汉志》作"濒"，薛本依此所作异体，已见青州章之"海滨广斥"校释。

"泗"，水名，是自北而南纵贯徐州境内的一条水，据《山海经》《汉志》《水经注》等记载，泗水出汉代卞县（今山东泗水县）东境陪尾山,西南经鲁县(今曲阜)、瑕丘(今兖州)至方与(今鱼台县北)会菏水,折而东南过湖陵(鱼台县东南)、沛县(今江苏境)、彭城(今徐州)、下邳(今邳县东)至泗阳故城(今泗阳县南)以南入淮水。宋时有南清河之称。自金代起,徐州以南被占为黄河河道,直至清咸丰时黄河北徙时止。元代起,自兖州筑闸导泗水一部分至任城(今济宁)入泗州河,以供漕运,于是南经鱼台至徐州之泗水皆成为泗州河。明代起,济宁南、鱼台东,泗水故道所经地带因两侧低山丘陵所下泻水流日益积潴,出现鲁阳湖、昭阳湖,清代昭阳湖东南出现微山湖,于是自鱼台以南徐州以北的古泗水遂全沦入此诸湖中。惟自徐州以南迄于洪泽湖东北的废黄河,当是古泗水下游故道。现存的泗水出山东省泗水县的泗桥镇东,西经曲阜、兖州,西南流入位于南阳湖东侧的运河,实际只是《禹贡》所载古泗水的上游(《汉志》乘氏县下及郑玄《尚书注》称菏水为泗水,实误。详《丛考》)。

　　伪《孔传》释"泗滨浮磬"云:"泗水涯,水中见石可以为磬。"(按《说文·水部》新附:"涯,水边也。")《孔疏》:"泗水旁山而过,石为泗水之涯。石在水旁,水中见石,似若水中浮然。此石可以为磬,故谓之浮石也。贡石而言磬者,此石宜为磬,犹如砥砺然也。"《蔡传》亦用《孔疏》说。这是第一种解释。

　　林之奇《全解》云:"泗滨者,泗水之旁也。浮磬者,谓石之浮于水上者,可以为磬也。唐孔氏曰(即《孔疏》语,略)。周希圣曰:'浮,过也,与"名浮于实"之浮同。虽泗滨之石,其高过于水者,可以为磬。'"这是第二种解释。

　　《全解》继云:"此二说其意盖谓石非浮物,故从而为此辞。要之,不必须浮于水上然后谓之浮。磬之为器,必聚其石之最轻者,然后其声清越以长。但以轻,故谓之浮矣。不云浮石而云浮磬者,曾氏(旼)曰:'成磬而后贡之。'"《蔡传》并录存此说。这是第三种解释。

薛季宣《书古文训》云:"浮磬,磬石。泗滨磬石今皆浮生地中不根著也。"黄镇成《尚书通考》袭用此说。这是第四种解释。

金履祥《书经注》云:"浮磬如今砚石之取子石者,盖石根不著岩崖而特生,故谓之浮。"这是第五种解释。

《锥指》批评了后三说而宽其第二说云:"三说皆不如旧解,周氏小与《孔疏》异,犹不相背。"其实第一种《孔疏》说也是从"浮"字上望文寻义,未必原意即如此。人们所以寻找这许多解释,反映这是一无法确知其原义的专用词。语言中往往有一种词汇习用既久,它的语源已亡,无法追寻其原义,因此只能说,有一种可以为磬之石,古人把它叫做"浮磬"。在无确证的情况下,不必捕风捉影寻找它原来的含意。这样,连贡石为什么不言石而言磬的争议也就解决了,因为贡的这种石头就叫浮磬,用不着再多辨析了。

关于"泗滨浮磬"之所在,今所见的最早记载,为《水经·泗水注》"又东南过吕县南"下云:"吕,宋邑也。……晋《太康地记》曰:'水出磬石,《书》所谓"泗滨浮磬"者也。'"这是晋代指实的《禹贡》"泗滨浮磬"的所在。

其后《隋书·地理志》下邳郡下邳县(今江苏邳县境)载:"有峄山、磬石山。"虽未言即《禹贡》浮磬之处,然泗水固流经下邳,其地可以称为泗滨。而《夏本纪·正义》引《括地志》云:"泗水至彭城吕梁出磬石。"则又证成了《水经注》之说。显然至隋唐时,泗水上的这几处地方是出磬石的。证以白居易《华原磬》诗序文云："天宝中,始废泗滨磬,用华原石代之。询诸磬人,则曰:'故老云,泗滨磬下,调之不能和,得华原石考之乃和。'由是不改。"可知古代用泗滨磬石为磬,相沿至唐代,直至天宝年间始不用,该诗句有云:"华原磬,华原磬,古人不听今人听;泗滨石,泗滨石,今人不击古人击。……华原石与泗滨石,清浊两声谁得知。"表达了对废泗滨石改用华原磬石的不满。

宋乐史《寰宇记》在说下邳磬石后云:"泗水中无此石,其山在泗水之南四十里。今取磬石,上供乐府。其山出石,可以为磬,大小击之,其声清亮,与孔说不同,恐禹治水之时,水至此山矣。"则宋代仍用泗滨的磬石,以为其地在下邳。然另据杜绾《云林石谱》云:"灵璧县(今安徽宿县西北)有磬山,石产土中,叩之有声,云即泗滨浮磬。"(据《汇疏》引)则宋人又以其地在灵璧。

元吴澄《书纂言》云:"下邳有石磬山,或以为古取磬之地。"则仍以其地在下邳。

明《禹贡汇疏》更引录了不少元明材料。所引张澹岩《论石品》云:"灵璧出于泗滨,本乐石所用,《书》云'泗滨浮磬'是也。硕厚清越,如被涂泽,而乏烟雨葱蒨之姿。思溪近出于太末,深在土中,坚贞温润,文质俱胜,扣之如钟,四面皆可观,其姿裁明秀,体气高妙,夐出诸石之上,视灵璧犹伧父也。"先肯定灵璧是《禹贡》的泗滨,然后提出有比灵璧磬石更好的皖南思溪所出磬石。《汇疏》又引《中都志》云:"《文献通考》'磬石山在泗州'。《玉海》注'下邳有磬石山,古取磬地'。按灵璧、东汉下邳,唐宋以来泗州也。磬石山北距泗水五六十里,禹时洪水横流,未必不经此山之下。"则以灵璧、下邳都属泗州，以其磬石山为一山，原在泗滨。又引曹学佺之言云："浮磬，今泗水中无此石，其下邳西南磬石山，在泗水南四十里。采磬石以供乐府，大小声皆清越。"说为下邳西南，则与灵璧亦接壤。又引《雍大记》云："耀州（即隋唐的华原，今陕西耀县）东五里有磬石山，出青石，唐天宝中取为磬，其后郊庙乐遂废泗滨磬。"则重述了白居易《华原磬》诗序所述事。这些是明代对磬石所在地提出的一些较纷歧的说法。

　　清代的《锥指》云："泗滨，先儒但云泗水之涯，而不言在何县。《水经注》（见上，略）、《括地志》亦云（见上，略）。今徐州东南六十里有吕梁洪，高诱《淮南子》注云：'吕梁在彭城吕县，石生水中，禹决而通之，盖即磬石之所出也。金元以来，泗殚为河，明嘉靖中恶其石破害运船，凿之使平，而浮石愈不可问矣。'"则肯定惟《水经注》与《括地志》所说的吕梁之地为泗滨浮磬所在，但已毁于明代漕运所凿。又云："陈师凯曰，《舆地要览》云：'磬石山在下邳县西南八十里。'《寰宇记》云（见前引，略）。渭案：下邳，今邳州也，西南与凤阳之灵璧县接界。县北七十里有磬石山。浮磬，于水平后贡之。禹必不以怀襄之状状其石，水至此山，殊属傅会。窃意宋初去汉未远，《太康地记》当有所本。磬石盖实出吕梁水中，历年已久，水上之石采取殆尽，余皆没水中。吕梁湍急，艰于采取。灵璧石声亦清越，乃改用之，但不知始于何时。……焦弱侯（竑）云：'今泗滨绝无磬石，惟灵璧县北山之石色苍碧，琢之可以为磬，或当日泗滨石取之已尽，若今端溪下岩之石者，亦未可知。'此说是也。又按今陕西西安府之耀州，本唐华原县。州东有磬玉山，出青石，扣之铿然有声，白居易《华原磬》诗序云（略）。泗滨磬废已久，乐史宋人，而云'今取磬石上供乐府',岂当时华原又废而复用灵璧耶？苏轼《游戏马台诗》云:'坐听郊原琢磬声。'是亦复用灵璧之一证也。"胡渭将纷歧之说作了清理,论定泗滨浮磬原在吕梁,因取之已尽才改用灵璧之石,后来唐代一度改用华原磬石,至宋代复用灵璧磬石,此说较为合于情实。故王氏《后案》从之云:"吕梁当湖陵之下流,乃泗水正流,菏沛皆因泗入淮,浮磬实产其地。"

由白居易诗,知道自先秦直至唐代,各封建王朝一直采用徐州泗滨出的称为"浮磬"的石头来作乐器悬磬之用。《汇疏》笺说:"此州制贡,大略并供礼乐之用。"是说得对的。考古发掘出来的先秦一些统治者墓内成组的编磬,其石重厚致密,因而能够"其声清越",因此决不是什么其石轻浮才用以制磬。而且由大量成组的编磬形式,就可想见当时统治者需要这类磬石甚多,所以定为本州特贡,一直维持到唐代。天宝间始改用华原磬石,但到宋代又恢复了泗滨磬石,可见泗水这一带确曾出一种供制磬用的特好的石头。

⑯淮夷——马融释云:"淮、夷,二水名。"郑玄释云:"淮水之夷民也。"(并见《释文》引郑注,又见《夏本纪集解》引作"淮水之上夷民")伪《孔传》云:"淮夷之水。"《释文》:"《孔传》云'淮夷之水',本亦有作'淮夷二水'。"陈乔枞《经说考》云:"今考经所云'淮夷,皆谓淮上之夷,马独以淮、夷为二水者,盖古文家说,与今文异。郑从今文说。王肃则从马古文说,故亦以淮夷为水名。"郑从今文说,是;马古文说不可通。据《释文》,伪孔释为"淮夷之水";而据《孔疏》云"蚌珠与鱼皆是水物,而以淮夷冠之,知淮夷是二水名",则《孔疏》所据伪孔释为"淮夷二水"。《锥指》:"及检陆氏《释文》……始知'二'字乃传写之讹,颖达不知而曲为之说,殊可笑

也。"显知伪孔不释为淮夷二水。吴澄《书纂言》则谓:"淮夷,淮北之夷。"其实淮夷本不限淮北,此因徐州境处于淮水以北,故限言淮北之夷。(《锥指》指出《书序》《费誓》《诗序》《常武》《江汉》《左传·僖公十三年》《春秋·昭公四年》之淮夷皆淮南之夷在扬州之域;本篇淮夷乃淮北之夷,在徐州之域。)

淮夷,在甲骨文中作隹夷。是我国古代属于东方鸟夷族的少数民族。早先住在今山东省的潍水一带,于商代已有一部分迁居今苏皖淮水流域(据殷王乙辛时代征人方的卜辞及《后汉书·东夷传》),但其大部分仍居山东境而成为西周初年鲁国东面的敌人,曾参加"三监"反周的战争(据《大诰》序、《费誓》及序、《逸周书·作雒》和《诗·鲁颂》等)。为周公东征所击败后,始大部分迁移到今淮水流域。但还有该族所建立的邾、莒、滕、杞等小国留在鲁境,臣服于周。迁移到苏皖淮水流域的,建立了三十多个国家,西周金文中称他们为南淮夷。在长期的民族融合过程中,他们常须妥协臣服于周王朝,但也不断和周人作频繁的斗争。淮夷中最强大的一支就是徐人,常率领淮夷各族与周作战,且往往取得胜利(据《后汉书·东夷传》《水经·泗水注》及金文《驹父盨》《敔簋》《禹鼎》《翏生盨》《鄂侯鼎》《虢仲盨》等)。至于反映他们妥协臣服于周,向王朝献纳贡物财赂的,则有《诗·大雅·江汉》及《鲁颂》之《泮水》

《闷宫》等,和金文《兮甲盘》《师袁簋》等。这些也就是《禹贡》记载他们贡物的历史根据(详《丛考》"淮水"、"徐州"二节)。

⑰蠙(《释文》蒲边反,《夏本纪索隐》步玄反)珠暨鱼——"蠙",《释文》:"字又作蚍。"(《撰异》蚍之讹)《夏本纪·索隐》:"蠙一作玭。"《汉志》师古注:"字或作玭。"薛季宣本确作玭,司马

贞、颜师古所见当即此类隶古定本。而《大戴礼·保傅》"玭珠以纳其间"卢辩注:"玭,亦作蠙。"《夏本纪·索隐》又云:"又作滨。滨,畔也。"《撰异》指出:"此恐是'蠙'之讹字。"知此二字古常通用。又扬雄《徐州箴》亦作蠙。

段氏《撰异》于此有详考。其要云:"《说文》一篇玉部曰:'玭,玭珠也。从玉,比声。宋宏云:"淮水中出玭珠。"玭,珠之有声。蠙,《夏书》玭,从虫、宾。'玉裁按,'玭珠之有声'五字有讹脱……当作'玭,蚌之有声者'六字,《释文》引韦昭曰:'玭,蚌也。'《广韵》曰:'蠙,珠母也。'然则本蚌名,因以为珠名耳。……玭是小篆,蠙是壁中古文。故许云《夏书》玭字作蠙。……盖《今文尚书》作玭,《古文尚书》作蠙。宋仲子说'淮水中出玭珠。玭,蚌之有声者'。此《今文尚书》淮夷玭珠训故也。……韦昭:'薄迷反,蚌也。'……此韦本《汉志》作玭之明证。……用此知《史记》《汉志》之'一作玭'者,皆是原本。其作蠙者,乃后人用《古文尚书》改之。……蠙入真先韵,玭入齐韵,各以其谐声为之,其得为古今字者,双声语转也。"皮氏《考证》则谓"三家《尚书》不同,《史》《汉》传本各异,或亦有作蠙者,不尽由后人改之"。成孺《班义述》则谓"《史记》之蠙,后人据《汉志》改也。《志》明作蠙,此班氏用古文之显证"。班固习三家今文,然东汉古文已行,史家采择较泛,自可涉及古文。成、皮二氏争班固或用古文、或用今文,无确证以定其是非,只能不于深论。

"暨",《夏本纪》《汉志》皆作"臮"。诸隶古写本如敦煌本P3469、岩崎本、内野本及薛氏刊本亦皆作"臮"。《夏本纪·索隐》"臮,古暨字。臮,与也"。《诗·泮水》疏引《禹贡》徐州"淮夷玭珠

禹贡

653

泊鱼"。《撰异》云："此可证唐初本暨有作'洎'者。以'皋皋陶'例之，壁中本'暨'皆作'皋'，后有改易耳。《夏本纪》《地理志》皆作'皋鱼'，则《今文尚书》与《古文尚书》同也。"按甲骨文、金文中均有"眔"字，皆为"与""及"之义。"皋"则其讹变。自清及近人论析者甚多，今录清阮元《积古斋钟鼎彝器款识》卷五《吴彝》云："眔，及也，即逮字之省。《方言》曰：'逮，及也，关之东西曰逮。'"又近人郭沫若《金文丛考·臣辰盉铭考释》云："眔字卜辞及彝铭习见，均用为接续词，其义如'及'如'与'。《说文·目部》有此字，曰：'眔，目相及也。从目从隶省，读若与隶同也。'《皋部》复有皋字，曰：'皋，众词，与也，从皋，目声。《虞书》曰皋咎繇。……'按此二者本系一字，"自"乃"目"之讹，皋乃水之讹，而亦非隶省。……象目垂涕之形。……假为'及''与'字。……新出《魏三字石经》《皋陶谟》残字……从自从水，从自虽已形变，从水尚不失古意。然此又用洎为暨之所从出矣。《书·无逸》'爰暨小人'，郑玄《诗谱》引作'爰洎小人'。"可知《夏本纪》《汉志》及诸隶古定本皆当作眔，讹作皋，别本作洎亦微讹，然皆源于甲骨文、金文。"暨"，据《说文·旦部》原释为"日颇见也"，经籍中以同音假借为"及"、"眔"，《小尔雅·广言》："暨，及也。"亦即假借为"眔"。

郑玄释此句云："淮水之上夷民，献其珠与鱼也。"（《孔疏》引）伪《孔传》云："玭珠，珠名。淮夷之水出玭珠及美鱼。"《孔疏》："玭是蚌之别名，此蚌出珠，遂以玭为珠名。玭珠与鱼，皆是水物。"苏轼《书传》云："淮夷有珠及鱼，如莱夷之有檿丝。"林氏《全解》云："当从郑氏之说。案《诗》云：'憬彼淮夷，来献其琛。'"薛季宣《书古文训》："玭珠尚淮夷以贡，'暨鱼'，并玭、鱼贡之也。《山海经》

尚
书
校
释
译
论

文鳐之鱼，背如覆釜……是生珠玉……盖蚌属也。"《蔡传》云："珠为服饰，鱼用祭祀。"金履祥《书经注》云："淮出唐州，其百余里内尚浅而多潭，有玭珠潭，今（宋末元初）其地凡十四潭，而不复生珠矣。"《锥指》非之云："唐州为豫域，地非要荒，淮上居人安得谓之夷，潭名玭珠，亦近世附会为之也。"

以上诸说虽稍殊，然基本皆释玭为蚌，玭珠为蚌珠。今考古学者就大量考古发掘所得提出新说。如邵望平氏《九州风土考古学丛考》云："玭，应是泛指与鼍（见下文）需要相同生态环境的一组淡水厚壳蚌。黄河下游史前至商代遗址里，厚壳蚌壳多有出土……在黄河下游的湖沿带公元前一千年以前存在着一个适应湿热气候以丽蚌、楔蚌、夹崤蚌为代表的软体动物组合。这些除供食用外，还用于制作工具、武器及饰物。……在商代墓葬中往往发现有许多蚌质圆形或其他形状的有孔或无孔的饰件称为蚌泡、蚌珠者。笔者参与发掘商代墓中有一种饰有蚌片的扁形木器，先用厚壳蚌截磨成眉、眼、鼻、齿等形状，然后在长方木板上拼出兽面纹样。……与石磬、鼍皮制品共出，故可能是一种用于礼仪的舞具或礼器。……由于徐州之域既有大汶口龙山文化系以兽面纹为装饰的文化传统、镶嵌工业传统，又有取之不尽的蚌材，故可推测在黄河流域以'徐州'淮夷制蚌业最发达，工艺最精良，蚌珠、蚌泡及蚌饰礼器成为'徐州'特种工艺而进贡中央王国是有可能的。"这种据考古发现实物所作精到的论断，自能使人信服。

至于"鱼"，薛氏虽称引文玭之鱼，实仍指蚌属。《蔡传》言："鱼用祭祀，今濠、泗、楚皆贡淮白鱼，亦古之遗制欤。"则是指所贡之鱼。《锥指》辨之云："鱼未详。二孔不指言何种，薛氏以为文玭，蔡氏以为淮白鱼，愚未敢信也。"又云："尝考水中之兽有名鱼者，《诗·小雅·采薇》曰'象弭鱼服'。……《传》云：'鱼服，鱼皮也。'《正义》云：'以鱼皮为矢服。'《左传》'归夫人鱼轩'。服虔曰：'鱼，兽名。'则鱼皮又可以饰车也。陆玑《疏》曰：'鱼兽似猪，东海有之。'……《初学记》引《博物志》云：'牛鱼，因似牛，形似犊子。'……《临海水土记》云：'牛鱼象獭……似即陆玑所谓鱼兽者。《周书·王会解》言禹四海异物有南海鱼革。注云：'今以饰小车缠兵室之口。……鱼之名见于《毛诗》《左传》，其皮可以饰器物，故贡之。"诸说纷纭不定。

今考古学者邵望平氏云："'鱼'应是另一种'水中兽'，即两栖爬行动物鳄鱼。""鳄鱼在商代已见诸文字，甲骨文鼍字即作鳄形。……笔者参与发掘的山东滕县一处商代墓地上，亦有随葬鳄皮制品的墓。……并非始自商代，山西襄汾陶寺的龙山文化大墓中有布鼓和石磬同出。……《禹贡》记载在兖、豫交界地带分布着雷夏泽……孟诸泽……正是鳄鱼生存的良好环境。可以认为泰安、泗水、兖州、滕县各地所发现的商代以前的鳄皮制品都是就地取材。……《禹贡》记徐州之鱼，当是皮可以为饰的鳄鱼。以鳄皮为贡品，是完全可能的。"并综述一句云："徐州所贡五品（翟、桐、磬、玭珠、鱼），可能是一组用于制作舞乐的礼器的原材料。"（《九州风土考古学丛考》）

《蔡传》云："夏翟之出于羽畎，孤桐之生于峄阳，浮磬之出于泗滨，珠、鱼之出于淮夷，各有所产之地，非它处所有，故详其地而使贡也。"此意与青州章"岱畎"句林之奇所释意同，说明这是某一地的特产，而不是一州都有的出产，但用来作为该州贡物。

⑱厥篚玄纤缟——"厥",《夏本纪》作"其"。"篚",已见"兖州章"校。"玄",薛本用《说文》古文。"纤",宫崎本、薛本皆无"糹"旁。

《夏本纪·集解》引郑玄注云:"纤,细也。祭祀之材尚细。"伪《孔传》:"玄,黑缯。缟,白缯。纤,细也。纤在中,明二物皆当细。"此种解释以形容词置二名词中间,显然不合语法。《孔疏》为之释云:"篚之所盛,例是衣服之用,此单言玄,玄必有质,玄是黑色之别名,故知玄是黑缯也。《史记》称高祖为义帝发丧,诸侯皆缟素,是缟为白缯也。"玄为黑缯的解释非常牵强。《汉志》师古注云:"玄,黑也。纤,细缯也。缟,鲜支也,即今所谓素也。言献黑细缯及纤支也。"以玄为形容词,纤、缟皆名词。《蔡传》云:"玄,赤黑色币也。""纤、缟,皆缯也。"则以三者皆名词。据《礼记·间传》"禫而纤"郑注:"黑经白纬曰纤。"可知纤确为玄色经纱白色纬纱织成的织物名称,可以认为是古代所说的缯。再据《小尔雅·广诂》:"缟,素也。"又《广服》:"缯之精者曰缟。"《汉书·食货志》"上履丝曳缟"注:"缟,皓素也,缯之精白者。"知缟确为素丝织物名称。而"玄"之义,据《诗·七月》"载玄载黄"《毛传》:"玄,黑而有赤也。"《梦溪笔谈》云:"世以玄为浅黑色……玄乃赤黑色,燕羽是也,故谓之玄鸟。熙宁中,京师贵人戚里多衣深紫色,谓之'黑紫',与皂相乱,几不可分,乃所谓玄也。"可知玄固当为表示色别的形容词。上三说中,自是颜师古说正确。"厥篚玄纤缟",是说那筐子里装的是赤黑色的细缯和白色的绸帛。

⑲浮于淮泗——"浮"的意义已见"兖州章"校释,即以舟由此河航达彼河之意。此句是说以舟航行于淮水和泗水之上。

⑳达于菏——"达",《夏本纪》作"通"。《汉志》"总叙"转载《禹贡》作"达",而山阳郡湖陵下引此句作"通"。《撰异》云:"纪、志皆作通,今本《汉书》作达,误也。山阳郡下作通仍不误。"皮氏《考证》谓今文作"通"。恐未必是,显系入史改用训诂字。

"菏",隶古写本《唐石经》及其后刊本皆作"河",《夏本纪》及《汉志》传本亦同。独薛季宣隶古刊本作"菏"。据《说文》及《水经注》所引原作"菏",经宋代、清代学者考定,此句当作"达于菏"。

按,《说文·水部》"菏"字下引《禹贡》此句作"达于菏"。《水经·济水注》"东入于泗水"下亦引《禹贡》作"达于菏"。陆德明《释文》指出:"《说文》作菏。"程大昌《禹贡论》谓"以《经》之菏水为达济之因","姑无问菏、河异字,而知其同为一水"。黄公绍《韵会举要》云:"《说文》菏字音柯,注引《禹贡》'浮于淮泗达于菏',与'导菏泽'同,则是'达于菏'非'达于河'也。"金履祥《通鉴前编》:"'达于河',《古文尚书》作'达于菏',《说文》引书只作'菏',今俗本误作'河'耳。"清儒如王夫之、胡渭、王鸣盛、段玉裁、杨守敬等等都持此说。可知《禹贡》原文确作"达于菏"。

综合《说文》《水经·济水注》、程大昌《禹贡论》、王夫之《禹贡稗疏》、胡渭《锥指》诸说,依程说为主,知菏水出于定陶西南,合济水至定陶东北汇于菏泽。复自菏泽东出,经金乡、鱼台入于泗水。徐州贡道由淮通泗,泗通菏,菏通济,济可直通河,亦可通漯然后通于河(《汉志》济阴郡乘氏县下称此水为泗水,郑玄系当全用汉志此说。实误。详《丛考》)。

菏泽至北宋已涸,菏水则至金元两代始因河水决溢后湮废。明初河决费州双河口,入鱼台,徐达因引之入泗以济运,其流径基本与菏水故道相合。今有万福河，西起定陶西南，东经金乡，至鱼台入南阳湖，亦基本合于程大昌指明的菏水故道。

以上这一节，是"徐州章"。

淮海惟扬州①。彭蠡②既猪③，阳鸟攸居④。三江⑤既入，震泽底定⑥。篠簜既敷⑦。厥草惟夭，厥木惟乔⑧，厥土惟涂泥⑨。厥田惟下下，厥赋下上上错⑩。厥贡惟金三品⑪，瑶琨、篠簜⑫，齿、革、羽、毛，惟木⑬。岛夷卉服⑭，厥篚织贝⑮，厥包橘柚锡贡⑯。沿于江海，达于淮泗⑰。

①淮海惟扬州——"淮"，水名，见上"徐州章"校释①。"海"，指东海迤及南海。"惟"，《夏本纪》作"维"。

"扬州"，江声《音疏》据《曹全碑》《佩觿》以为"扬"当作"杨"，从木。段氏《撰异》据《诗·扬之水》毛传及《佩觿》作"杨"，以为州名当依古从木。皮氏《考证》补充宋本《史记》作"杨州"，汉碑九种同，并举王念孙说宋景祐本《汉书·地理志》亦作"杨"，亦主张作"杨州"。引李巡注《尔雅》："江南其气惨劲，厥性轻扬。"《释名·释州国》："扬州，州界多水，水波扬也。"以为今文或从手作扬。段氏则以为后人据"厥性轻扬"改为"扬州"。以上说多牵强。其实杨只是扬的同音通假，且字形易混所致，故当作"扬"。顾师《尚书研究讲义》丁种《九州之说是怎样来的》文中云："春秋时，鲁之南有徐，徐之南有吴，吴之南有越。……徐与吴以淮为界，吴与越以太湖为界。如果九州之名由春秋时人定了，则徐国为徐州，徐州之南应为'吴州'才是。到哀二十二年，越灭吴，越遂奄有江淮流域。……现在《禹贡》里，徐州之南为扬州。……按扬与越为双声……可通用。……《大雅·江汉》云'对扬王休'，《周颂·清庙》云'对越在天'（由"对扬"与"对越"同用，就确知字当作"扬"，作"杨"误）。……又越亦称'於越'，《春秋经》定五年'于越入吴'……杜预说'於'是'越'的发语声。……於、越、扬皆同纽，故'越'可称'扬'。'於越'亦可称'扬越'。《战国策·秦策三》'吴起……南攻扬越'，《史记·南越列传》'秦时已并天下，略定扬越'是也。扬和越的关系这样密切，所以《禹贡》里的扬州无异说是'越州'。"由此知扬州之"扬"由"扬越"来，江、段、皮之说皆误，《史》《汉》皆作"扬"，是。

"淮海惟扬州"，伪传："北据淮，南距海。"即北起淮河东、南到海是扬州。据晋以后历唐至清（如《通典》等）的研究，再断以《禹贡》本文，扬州之境包括淮水以南的今江苏、安徽两省境，江西、浙江、福建三省全境，及粤东一角和岛夷所居海上大小岛屿如台湾、澎湖……等境。其东南临海，其北以怀远以东之淮水与徐州分界，其西北以怀远以西之淮水再循皖西边界南下至霍山西境与豫州分界，其西则沿皖省霍山以南西界，再循江西省西界南下，至粤东潮阳一线与荆州分界。

②彭蠡——《释文》："蠡"，音礼。伪《孔传》："彭蠡"，泽名。《史记集解》："郑玄曰：《地理志》：彭蠡泽，在豫章彭泽西。"王氏《后案》云："汉彭泽县，今（清）江西九江府之湖口、彭泽、南康府之都昌三县地。泽周四百五十里，浸南昌、饶州、南康、九江四府境。亦曰鄱阳湖，以中有鄱阳山名。"是则即今江西之鄱阳湖，在长江以南，与下文"导九川"所说"汉水南入于江，东汇泽为彭蠡"的方向不

合。按《史记》之《孝武本纪》及《封禅书》说汉武帝"自寻阳出枞
阳,过彭蠡"。寻阳今湖北广济东境,枞阳即今安庆市东北之枞阳,
彭蠡在其间,正居长江之北,为该地大湖泊。今广济、宿松、安庆之
间的源湖、龙感湖、大官湖、泊湖、武昌湖、漳湖等五六湖即其地。
而《水经·赣水注》说:"赣水总纳十川,同臻一渎,俱注于彭蠡,而
北入于江。"则又知今江西境内诸水总汇为赣江北注彭蠡。似此彭
蠡当时虽主要在江北,但其范围亦及于江南以承受赣水。显然彭
蠡是皖赣之交古时的一大湖泊或湖泊群。长江直贯其间。湖的绝
大部分在江北岸,直至西汉犹如此,故有《史记》所说。其逐步向南
发展,当在入东汉以后。故《汉书·地理志》记彭蠡湖已在彭泽县
之西。再发展至今日,长江以南之鄱阳湖已成为我国之第一大淡
水湖,江以北彭蠡原址只存在上述源湖等五六个较小的湖泊群了。

　　总汇江西境内诸水北注彭蠡的赣水,又称湖汉水。以刘歆有
"湖汉九水入彭蠡"之语,遂被误作为荆州"九江孔殷"之九江,将叙
在"荆州章"中,此处从略。

　　③既猪——《史记》作"既都",《汉志》仍作"既猪",扬雄《扬州
箴》作"既潴"。《论衡·书虚篇》亦作"既潴"。《史记·索隐》:
"都,《古文尚书》作猪。孔安国(指伪传)云:'水所停曰猪。'(见
"大野既猪"注)郑玄云'南方谓都为猪',则是水聚会之义。"而写
作"潴"意在使其义更显明为水所聚潴。

　　④阳鸟攸居——《史记》作"阳鸟所居"。用训诂字。《汉书·
地理志》作"阳鸟迶居",用同音通假字,皮考谓参用古字。王筠谓
"迶亦俗字,《汉书·韦贤传》作遹,乃与《说文》合"。《诗·匏有苦
叶》疏引郑玄注:"阳鸟,鸿雁之属,随阳气南北。"伪传云:"随阳之

鸟,鸿雁之属,冬月所居于此泽。"《孔疏》:"鸿雁之属,九月而南,正月而北,左思《蜀都赋》所云'木落南翔,冰泮北徂'是也。日,阳也。此鸟南北与日进退,随阳之鸟,故称阳鸟。"苏轼《书传》云:"阳鸟避寒就暖,彭蠡在彭泽西北,北方之南,南方之北,故阳鸟多留于此。"《蔡传》亦云:"今惟彭蠡州渚之间,千百为群。"是古人观测到雁群入秋栖于彭蠡湖一带,记载了这种候鸟的行踪。

宋林之奇《全解》云:"治水下言'阳鸟攸居',九州无此例。古之地名取诸鸟兽,如虎牢、犬丘之类多矣。《左传·昭二十年》:'公如死鸟。'杜注:'死鸟,卫地。'以是观之,安知'阳鸟'之非地名?郑有鸣雁在陈留雍丘县,汉北边有雁门郡,皆雁之所居为名。'阳鸟'意亦类此,盖雁之南翔所居,故取以为地名。"胡渭《锥指》非之云:"此当与'桑土既蚕'、'三苗丕叙'作一例看,不必致疑,'阳鸟'为地名,终无根据。"胡氏说是。今观《禹贡》此两句言阳鸟居彭蠡,原意甚明。

曾运乾《尚书正读》云:"阳鸟鸟字,亦当读为岛。阳岛,即扬州附海岸各岛。大者则台湾、海南是也。云阳岛者,南方阳位也。攸,所也,安也。攸居,安居也。知岛录本州者,下文土贡有岛夷卉服可证。"曾氏提出了有意义的一说,值得重视,但尚未及进一步论证。

662

⑤三江——自汉以来对"三江"解释最纷乱,成了《尚书》有名聚讼纷纭的一个问题。尤自宋以来专论《禹贡》之著作纷然杂陈,数以百计,大都论及三江。至清代《禹贡》专著远逾前代,其论三江的专著程瑶田《禹贡三江考》三卷尤有名。而学者专文讨论三江者亦不少。《清人文集篇目索引》中,列清人专论《禹贡》之论文达一

百五十六篇,关于三江者达四十余篇,为数最多。其所以成此纷扰者,由《禹贡》此处只有"三江既入"一句,而下文"导水章"有两处:"嶓冢导漾,东流为汉……东汇泽为彭蠡,东为北江入于海。""岷山导江……北会为汇,东为中江入于海。"伪传于"北江"句下注云:"自彭蠡江分为三,入震泽,遂为北江而南入海。"于"中江"句下注云:"有北、有中,南可知。"于是为论定这南江以及相关二江,经师们争执就多起来了。现依北江、中江、南江顺序,举出自汉以来的不同的三江之说如下:

(一)毗陵(今常州)之北江,芜湖至阳羡(今宜兴)之中江,吴县之吴淞江(班固、司马彪、司马贞、王安石、阮元、焦循、成孺、钱塘等)。

(二)汉江,岷江(长江),豫章江(赣江下流)(郑玄、苏轼)。

(三)岷山出者北江,芜湖至阳羡者中江,分江水合浙江入海者南江(胡渭主郑玄说,又提此另一说)。

(四)浙江,浦阳江,剡江(《吴越春秋》)。

(五)吴淞江,钱塘江,浦阳江(韦昭)。

(六)江至石城分为二,一过毗陵县北为北江,自石城出径吴国南为南江(《水经》)。

(七)岷江(扬子江),松江(吴淞江),浙江(钱塘江)(《水经·沔水注》引郭璞说,陈师凯、归有光、全祖望等)。

663

(八)崛山出北江,嵊山出中江,岷山出大江(《初学记》引郭璞说,亦杨慎以为当求之上流之三江)。

(九)毗陵北江,芜湖至吴淞中江,石城(贵池)至余姚之分水江(郦道元)。

（十）娄江,松江,东江(顾夷《吴地记》、庾杲《吴都赋》注、陆德明、张守节、薛季宣、蔡沈、茅瑞徵等)。

（十一）太湖之下原有三江,松江其一(金履祥)。

（十二）扬子江,吴淞江,青龙江(叶适)。

（十三）大江,娄江,东江(王夫之,谭沄)。

（十四）汉江,大江,自震泽经嘉兴至海宁入海之江(魏源、曾廉)。

（十五）浙、闽、粤三江(童颜舒)。

（十六）经文之北江,中江,及九江(洞庭湖)(张明允、方塈)。

（十七）浑言北江、中江、南江,不指实江名(颜师古,伪《孔传》)。

（十八）不分北、中、南,而以长江上游、中游、下游为三江(盛弘之《荆州记》、徐锴)。

（十九）略承上说而指实其地段:出岷山至南徐州,至浔阳,至楚都(徐铉、杨慎)。

（二十）三江只是一江(程大昌、胡渭、程瑶田);……等等;而全祖望复引先秦神话资料《山海经》之语,见《海内东经》:"岷三江,首大江出汶山,北江出曼山,南江出高山。高山在成都西。"这或者是受《尚书》影响,三江之说也进入神话中了。更有可能是神话中的三江,不完整地移植到《禹贡》中了。

对此三江流径之分合复有数说,一说由彭蠡分而为三以入震泽(太湖),再自震泽分而为三以入海(《孔疏》释伪《孔传》);一说由彭蠡分而为三以入海,不入震泽(郑玄);再一说江至浔阳分为九道,东会于彭泽(盛弘之);一说江至浔阳南合为一,东行至扬复分三道入海(贾公彦《周礼》疏)。

凡此纷歧争议,无一正确,由于《禹贡》作者为西北人,对西北各水(除出自神话者外)虽较次要之水皆能正确记载,对于东南山水过于隔膜,遂多捕风捉影,如说汉水与江水平行入海,即其大谬。其实当如《河渠书》《货殖传》所说"三江五湖",皆概指,非实数。自不能对原来都不准确的说法,去寻求准确的解释。大抵"三江"只是指彭蠡泽以东长江及其支流诸水。"导水章"北江、中江诸称,不用拘泥指实于此。

⑥震泽底定——《史记》作"震泽致定"。《索隐》:"震,一作振。《地理志》'会稽吴县……具区在其西,古文以为震泽'。又《左传》称'笠泽'。"伪传:"震泽,吴南大湖名。言三江已定,致定为震泽。"王先谦《参正》引叶梦得云:"《周官》九州有泽薮、有川、有浸。'薮'者人资以为利,'浸'则水之所钟也。今平望、八尺、震泽之间,水弥漫而极浅,与太湖相接而非太湖。……蒲鱼莲茨之利所资甚广,亦可堤而为田,与太湖异,所以谓之泽薮。"又引黄仪云:"今土人自包山以西谓之西太湖,水始渊深。自莫釐、武山以东谓之南湖,水极滩浅,盖即古震泽。止以上流相通,后人遂溷称太湖耳。"又引成蓉镜云:"疑禹时震泽本巨浸,太湖水小,故《禹贡》称震泽不称太湖。历商而周,震泽渐淤为薮,而水乃潴于太湖,故《职方》以五湖为浸,震泽为泽薮也。"《考正》云:"平望,今(清)震泽县西南四十五里平望镇。八尺,在县南二十里八赤镇。震泽,在县西南八十五里。"

⑦篠簜既敷——《史记》作"竹箭既布"。《释文》:"篠,西了反。簜,徒党反,或作䈝。"《说文》:"筱,箭属小竹也。"隶变作篠。又:"簜,大竹也。……可为干,筱可为矢。"伪传:"篠,竹箭。簜,大

竹。水去已布生。"茅氏《汇疏》引孙炎曰:"竹阔节者曰荡。"又《尔雅·释地》云:"东南之美者,有会稽之竹箭焉。"郭璞注:"箖也。"邢昺疏:"箖是竹之小者,可以为箭干。"《竹谱》云:"箭竹,高者不过一丈,节间三尺,坚劲中矢。江南诸山皆有之,会稽所生最精好。或曰今扬州绝少箖荡竹箭,中为矢者临川、会稽为良。见《笋谱》。"按长江流域及其以南皆盛产竹,东南尤以竹擅称,是以《尔雅》誉为东南之美。故《禹贡》特记为扬州之特产。"箖荡既敷",言此州水已平,遍地布满丛生的竹子。

⑧厥草惟夭厥木惟乔——《史记》作"其草惟夭其木惟乔"。与兖州之"厥草惟繇厥木惟条"《史记》作"草繇木条"异。《汉书·地理志》此二句并作"中夭木乔",与兖州句作"中繇木条"方式同(《汉志》草皆作中)。皮氏《考证》以为《史记》于兖州与《汉志》同,此处所作"盖后人妄增之,《史记》皆作'维',不作'惟'也。"《释文》引马融注:"夭,长也。"伪传:"少长曰夭,乔,高也。"夭即草木少艾美盛貌,乔即树木高大。《汇疏》引王炎云:"南方地暖,故草木皆少长而木多上竦。河朔地寒,虽合抱之木不能高也。"以见扬州草夭木乔之特点。

⑨厥土惟涂泥——《史记》作"其土涂泥"。《集解》:"马融曰:'渐洳也。'"伪传:"地泉湿。"《蔡传》:"涂泥,水泉湿也。下地多水,其土淖。"《释名》:"涂,杜也。泥,近也。以水沃土使相黏近也。"由上诸释,知"涂泥"指水湿泥淖地的泥土。《中国土壤地理》释为湿土。《中国土壤图》所载,自淮水以南至于浙江大片土地以及福建一些地区,都是总称水稻土的各种泥土,当即此涂泥。

⑩厥田惟下下厥赋下上上错——《史记》作"田下下赋下上上

杂"。《汉志》则省一"上"字。伪传释云:"田第九,赋第七,杂出第六。"苏轼《书传》全承此释。《蔡传》亦同云:"田第九等,赋第七等,杂出第六等也。"即赋原下上为第七等,可浮动杂用第六等。如林之奇《全解》所释:"田最下,而赋第七或第六者,人工修也。"《汇疏》引秦观曰:"今(宋)天下之田称沃衍者,莫如吴越闽蜀,其一亩所出,视他州辄数倍。彼闽蜀吴越者,古扬州、梁州之地也。按《禹贡》扬州之田第九,梁州之田第七,是二州之田在九州等为最下,乃今以沃衍称,何哉?吴越闽蜀地狭人众,培粪灌溉之功至也。"这说明因南北朝五代战乱,中原之民先后大量南徙,促使这一地生产水平提高,使原来最下等田土成为沃土。而《禹贡》所载,正反映这一后来生产发达的富饶鱼米之乡,在《禹贡》时期生产水平还低。

⑪厥贡惟金三品——《史记》《汉志》皆作"贡金三品"。《集解》:"郑玄曰:'金三色也。'"《孔疏》引云:"郑玄以为金三品者,铜三色也。"这与古代以铜为金相符合。《诗·泮水》,《孔疏》引《禹贡》扬州、荆州皆言"惟金三品"后云:"彼注云:'三品者,铜三色也。'王肃以为'三品:金、银、铜'。郑不然者,以梁州云'厥贡璆铁银镂'。《尔雅·释器》云:'黄金之美者谓之璆,白金谓之银。'贡金银者既以璆银为名,则知'金三品'者其中不得有金银也。又检《禹贡》之文厥贡璆铁银铅而独无铜,故知金即铜也。僖十八年《左传》曰:'郑伯始朝于楚,子赐之金……曰:无以铸兵。故以铸三钟。'《考工记》云:'六分其金而锡居一,谓之钟鼎之齐。'是谓铜为金也。三色者,盖青、白、赤也。"此释述古代以铜为金甚明晰,金三品即青铜、白铜、赤铜。伪传承王肃说释金三品为"金银铜也",实误。《孔疏》从而解说之,亦误。《蔡传》承之,更误。由旧注疏家皆

不知古时有青铜时代之故。

⑫瑶琨筱簜——《史记》作"瑶琨竹箭",《汉志》作"瑶瓃筱簜"。《说文》:"瓃,琨或从贯。"《释文》:"马本作瓃,韦昭音贯。""瑶琨",或以为二物,一释云:"瑶,玉之美者;琨,石之美者。"(《说文》)一释云:"瑶、琨,皆美玉。"(伪《孔传》)《左传·昭公七年》杜注引伪《孔传》则云"美石"。故又一释云:"瑶,音遥;琨,音昆;美石也。"(《释文》)有从而加释云:"美石似玉者。"(《孔疏》)《左传·昭公七年》疏云:"瑶之为物在玉石之间,与玉小别,故或以为石,或以为玉。""瑶琨",或以为一物,释云:"瑶琨,美石次玉者也。"(《孔疏》引王肃说)此处与"竹箭"一物并称,似二字为一物。邵望平氏《九州风土考古丛考》云:"扬州之域在公元前第三千年间是良渚文化分布区。良渚文化的制玉工艺在诸龙山文化群体中居巅峰地位。在苏……浙……等二十多处良渚文化墓地上出土了大批大件玉质礼器璧琮。其制作工艺及社会意义非一般玉饰可比。寺墩一墓所出璧、琮达五十七件……经鉴定……其原料主要是阳起石、透闪石两种软玉,次为一种似玉的美石岫岩玉,个别为玛瑙。……汪遵国先生认为良渚璧琮为就地取材。……良渚文化的璧琮是商代祭天礼地璧琮的直接源泉。张光直先生认为源于良渚文化的玉琮可以说是中国古代宇宙观和代式的一项缩影式的象征。一些国内外学者也对良渚玉器在中国文化发展史上的地位做了专题论述。扬州之域以瑶琨为特产,以玉器为贡品,由来已久。《禹贡》所载有充分的历史依据。"这是可信服的科学论证。

⑬齿革羽毛惟木——《史记》《汉志》皆作"齿革羽毛",无"惟木"二字。伪孔云:"齿,象牙。革,犀皮。羽,鸟羽。毛,旄牛尾。

木,楩、梓、豫章。"林之奇《全解》则云:"凡鸟兽之体可以为器饰者皆是。"《说文》:"兽皮治去其毛为革。"按"毛"字,《史记》所引录扬州者作"毛"而荆州者作"旄"。段氏《撰异》据《孔疏》言西南夷常贡旄牛尾,《书》《诗》通谓之旄,知此扬州作"毛"为浅人所改。《汉志》亦扬作毛荆作旄,而扬州注内仍作旄,则正文作毛亦浅人所改,以为故当作"旄"云。是否浅人所改不可知,如果作"毛",亦"旄"的假借字。

古人"齿、革"并举,往往指象牙犀革等贵重之物。供贵族器玩及军事器物之用。《蔡传》云:"齿革可以成车甲。"按《考工记》载:"函人为甲,犀甲七属,兕甲六属,合甲五属。犀甲寿百年,兕甲寿二百年。"可知犀、兕之革为甲之坚固耐用。《左传·宣公二年》:"犀兕尚多,弃甲则那。"《孔疏》:"甲之所用,犀革为上。"可知古代贵族军用甲胄最佳者用犀革为之。所以用此珍品为贡物。"羽、旄"并举,往往指珍禽之羽,如孔雀、翡翠、雉鸟之羽,以及《说文》所云"犛,西南夷长髦牛也"。"氂,犛牛尾也"。《孔疏》所云"此犛牛之尾可为旌旗之饰,经传通谓之旄"。二者同用为舞具。如《乐记》云:"比音而乐,及干戚羽旄谓之乐。"又:"干戚旄狄(同翟、羽也)以舞之。"又:"动以干戚,饰以羽旄。"郑玄注:"羽,翟羽也,旄,旄牛尾也,文舞所执。《周礼》舞师乐师掌教舞……有羽舞,有旄舞。"可知羽、旄供贵族庙堂文舞之用。见于本书《牧誓》者,亦供战争武舞之用。

邵望平氏《九州风土考古丛考》云:"扬州贡品中有齿、革、羽、毛。……胡渭认为:'荆扬之贡即不尽如二孔所举,亦必贵美之材,他州所无,故禹令贡之。……象犀孔翠之属皆出岭南,故有的据此以为今两广云贵交趾之地本在《禹贡》九州之内者,而其实非也。盖诸侯之贡,有共同献其土所出者,亦有市取附近之所出以为献者.'胡渭的自圆其说反映了先儒们因知识的不足所产生的困惑。今日考古学收获已为前人所不理解的'矛盾'找到了科学答案,证明距今三千年前荆扬之域就是象犀孔翠之属的生息地。"

"惟木",江声《音疏》云:"《史记》《汉书》皆全录此篇,皆无此'惟木'字。可知汉时《尚书》本无此二字。伪孔氏妄增之。本应削去,以相传既久,不敢擅削,姑存之而目为衍文可也。"段氏《撰异》则云:"惟木二字纪志皆无,此《今文尚书》也。"陈乔枞《经说考》则因《史》《汉》不载而云:"可知《今文尚书》本无此二字,或《古文尚书》有之,或伪孔氏妄增之,不足为据。"王先谦《参正》云:"木必具名,荆州杶干栝柏是其例,无浑举之理。'惟木'单读及连上读皆不成句,江说是也。惜无古文本证之。"自后治《尚书》者大多持段氏之见,不否认此二字,并从而释之。金履祥《表注》释"惟"为与。王引之《释词》:"惟,犹与也、及也。……《书·禹贡》曰'齿革羽旄惟木'……'惟'字并与'与'同义。"故近人著作多从之。屈氏《集释》云:"兹从此说。"杨氏《核诂》云:"惟,犹及也。"曾氏《正读》云:"惟,犹与也,声之转。"

⑭岛夷卉服——《史记》扬州作"岛夷"而冀州作"鸟夷",系据先秦传至汉代《尚书》本《禹贡》原文,其确。《汉志》冀州作"鸟夷",是。而扬州亦作"鸟夷",甚误。卫包妄改伪古文冀州鸟夷作岛夷,清儒遂谓扬州岛夷亦卫包改作,江声、段玉裁、皮锡瑞进而谓《史记》扬州为浅人据伪古文妄改为岛夷。不知扬州原自为岛夷。陈氏《经说考》已指出三家今文作"岛",《史记》系用三家欧阳氏

本。《史记集解》于冀州引郑注作"鸟",于扬州用孔注作"岛"。原甚分明。扬州岛夷,指东海南海大小岛屿上的少数民族。

按,根据《禹贡》本文体例,各州记载各自境内的少数民族,分限显明,从无两州共记一个少数民族之事。今由《夏本纪》提供了一个先秦传下来的原始资料,冀州为鸟夷,扬州为岛夷,就确证了《禹贡》原文为正确。可是后来妄生纷扰有如上述,一种偏差是都改为鸟夷,一种偏差是都改为岛夷,完全昧于《禹贡》本文体例,是根本不会有两州共记一少数民族之可能的。有了卫包这种妄人乱改伪古文于前,又有清儒一个劲地反对伪古文的偏执于后,把伪古文本中冀州的鸟夷和扬州的岛夷都反掉,痛快是痛快了,可是自己却走向了正确的反面。因为这就乱了《禹贡》本文的体例。顾师完全懂得这点,所以他在《读书笔记》卷五第 3989 页确认了扬州的岛夷,他说台湾高山族有一种贝壳小圆片制成的饰物,即《禹贡》扬州的"织贝",而非一些学者说是丝织的帛上仿织贝的花纹,因而明言:"此承岛夷来,彼方固不产帛也。"则其"织贝"只能真是用贝所织之物。只是后来写《大诰译证》的下编史事考证时,关于鸟夷的论说,偶用了清儒所扩大认定的伪古文扬州岛夷也是卫包所改之说,因而就把鸟夷也列在扬州,其实这只能看成是顾先生偶不经意间受了几位清儒的影响。要知他前此对扬州岛夷的确认是非常明确的(见下文注⑮"厥篚织贝"校释)。而且顾师非常重视考古成果,力求采用到自己的研究工作中。台湾古玉名家邓淑蘋氏在台湾《故宫文物》月刊第 141 期上发表"古玉"专文,展现了新石器时期发展至西周初年的三大玉器分布地区图,黄河、长江上游至中原西部为夏玉(大玉)区域,黄河下游为夷玉区域,长江下游为越玉区域。说明是古代不同族系与文化的遗物，显然黄河下游的夷玉文化是鸟夷族创造的，长江下游的越玉文化是扬越族创造的（包括沿海岛屿的岛夷与近海南方各省的越族）。那就鸟夷不可能扩展到长江下游来创造越玉文化了。如果顾师及身看到这一考古成果，我肯定他必然也会仍旧重视原所确认的冀州鸟夷、扬州岛夷这一《禹贡》的原始记载的。

"卉"，《释文》："许贵反。"《孔疏》："《（尔雅）释草》云：'卉，草。'舍人曰：'凡百草一名卉。'"是各种草的总名为卉。"卉服"，伪孔云："南海岛夷，草服葛越。"《孔疏》："卉服是草服葛越也。葛越，南方布名，用葛为之。"《吴越春秋·勾践归国外传》云："越王曰：'吴王好服之离体。吾欲采葛，使女工织细布献之。'……乃使国中男女入山采葛，以作黄绿之布。……使大夫种索葛布十万。"此春秋时越国产葛布资料，足为"葛越"之佐证。至左思《吴都赋》云："蕉葛升越，弱于罗纨。"是一种高级的用葛织成被誉为比丝织品更柔弱的织物。可见对葛纤维处理技术至精，织成的织品，与北方鸟夷的皮服各适于其所处的寒热不同的环境。古人夏葛冬裘，此适于夏季服用，作为一种地方特产而为贡物。邵望平氏《九州风土考古丛考》则云："近年在舟山群岛之定海、岱山、嵊泗诸县发现了多处史前遗址，太湖地区出土的古代动物遗骸表明，在新石器时代乃至历史年代太湖地区内有象群存在。在距舟山群岛不足一百公里的余姚河姆渡遗址也发现了象、犀、红面猴等遗骨，说明扬州之域曾有过比今日更温暖的热带、亚热带气候期。'岛夷卉服'，应是这一气候期舟山岛民风土的记录。近世台湾岛民男性仍以木叶遮蔽下体，可认为'岛夷卉服'之孑遗。"

⑮厥篚织贝——《史记》作"其篚织贝"。《汉志》作"厥棐织贝"。伪孔云:"织,细绐。贝,水物。"王氏《后案》:"经但曰织,安知其为细绐;贝果水物,不当入篚。传说非也。"因而转引《孔疏》所录郑玄注云:"贝,锦名。《诗》云:'萋兮斐兮,成是贝锦。'凡为织者,先染其丝,及织之,则文成矣。"按《诗·巷伯》毛传云:"贝锦,锦文也。"郑笺:"云'锦文',如余泉余蚳之贝文(见《尔雅·释鱼》)是也。"郑释此处贝锦是一物。按《禹贡》兖、青、荆、豫诸州"厥篚"例之,入篚者皆丝织物。则释贝锦较合,言其物由染丝织成,意谓丝织品上仿织贝的花纹,称为"织贝"。像后世织的美丽的锦缎一样。

又一说为苏轼《书传》云:"南海岛夷绩草木为服,如今吉贝、木棉之类,其纹斓斑如贝,故曰织贝。"亦引《诗》"成是贝锦"证之。《汇疏》引《文昌杂录》云:"闽岭以南多木棉,土人竞植之,采其花为布,号吉贝。……亦染成五色,织为斑布。"《蔡传》综采诸说言之云:"卉,草也,葛越、木棉之属。织贝,锦名。织为贝文,《诗》曰贝锦是也。今南夷木绵之精好者亦谓之吉贝。海岛之夷以卉服来贡,而织贝之精者则入篚焉。"这似是因其称为"吉贝",即以之释"织贝"。

《顾颉刚读书笔记》卷五第 3989 页载:"台湾高山族切贝壳至极薄,成小圆片,钻孔而以绳连贯之以为饰。疑《禹贡》扬州'厥篚织贝',即是此制。盖名贵之物,以为王衣焉。"按古《穆天子传》赐物亦有贝带,似此又可认为是"织贝"。前两种释"织贝"为"帛有贝文"或"木棉吉贝",似皆不及台湾少数民族之确以贝缀为饰物之较切合。顾师在《笔记》中言:"此承岛夷来,彼方固不产帛也。"指明岛夷不产帛,则其贡物织贝只能真是用贝所制之物,以其稀有、名贵。故可为贡物。此意已见《汉志》此句下注文引刘敞曰："予谓织贝特叙岛夷之下，明岛夷之辈（篚）也。缉贝为布如厚缯，今亦有之。"他明以为缉贝以成布，宋时尚有。则此一解释自比上两释较正确。而由卉服、织贝，可以看出古时东南海上诸岛屿如台湾、澎湖、舟山等等的岛民与中央王朝的政治的和经济的联系，其来久远。

邵氏《九州风土考古丛考》云："笔者以为'织贝'为一动宾式合同词，即指把海贝（或贝制品）串联在一起的一种贡品。具体所指，试作两种可能的解释：一、可能是商周时代最普通的通货，即宝贝科的货贝属贝壳，以绳贯之，'五贝一串，两串一朋'是为织贝。目前还不清楚何时起货贝用作通货的，但在青海乐都柳湾公元前两千多年前的马厂期墓葬中已用货贝及石仿制品随葬，具有了经济价值。不迟于商代，货贝之属已被当作通货。此物绝非王畿所产，可能自远方交换而来，更可能由近海之方国进贡而来。九州之内唯扬州有进贡之可能。货贝属，包括环纹货贝和货贝，生活于热带、亚热带海域的潮间带中潮区，现我国南海及日本均有分布。舟山群岛处于南海与日本九州、四国沿海之中介海域，似可受黑潮暖流之影响，即使今日不产货贝，公元前一千年前暖气候期中是否出产？有待考察。'织贝'另一种可能的解释是，将贝质扁珠贯之以绳，缝缀于麻织物上以作盛装者，林惠详先生《台湾番族之原始文化》一书中论及《禹贡》中的织贝时说，'织贝'二字，古注多不明了，或以为是锦衣，然贝字终不能明。今考番族自古即以贝壳制成小粒扁圆珠以为货币，并缝缀于麻质之衣服上以为盛装（所获一件缀贝珠六万数千颗），所谓织贝唯此为最近。""其法先由海岸采拾贝壳,大都为子安贝(笔者按,似为环纹货贝),碎为相当之小片,然后一一穿孔,贯以麻线为短串,张于弓上,磨于砥石,使其棱角渐钝,终而成为扁圆之珠。此种物今不复制,然在古时极盛。……为酋长及有力者之所有物。"凌纯声先生更指台湾岛民此种织贝说:"此海洋文化产物之织贝,在中国殷虚有出土,且环太平洋分布。"依然,织贝并非台湾岛民所独有。舟山群岛正值海洋文化圈内,且属林氏所指海洋文化之发祥地。即华东沿海地区。那么,三代时舟山岛民也可能以此种织贝衣为盛装,并可能以织贝进贡。至于凌氏殷虚出土过织贝一说,惜不详其所指。若诚如是言,则又得一项考古学之佐证。笔者对上述两种解释不敢自专孰是孰非。但释'织贝'为串联之货贝或贝织品,当不至十分谬误。"邵氏根据考古成就及民俗资料所得的见解,是比以前其他说法更具科学性。结合顾师《读书笔记》之说来看,自以第二说与台湾"岛夷"实际事物相合所得的结论是正确的。由此可以得到"织贝"的确解。

⑯厥包橘柚锡贡——《史记》作"其包橘柚锡贡"。《诗·木瓜》郑笺引作"厥苞橘柚"。段氏《撰异》据卫诗笺"以果实相遗者必苞苴之",以为知古本皆作"厥苞",并引《诗·召南》曰"白茅包之"、《乐书》"苞之以虎皮"等为证。《集解》引郑玄曰:"有锡则贡之,或时乏则不贡。"伪传:"小曰橘,大曰柚。其所包裹而致者,锡命乃贡,言不常。"《孔疏》:"此物必须裹送,故云'其所包裹而送之'。以须之有时,故'待锡命乃贡,言不常'也。……王肃云:'橘与柚,锡其命而后贡之,不常入。'"是郑玄、王肃、伪孔皆释为待锡命乃贡。是由于对"锡"字只知其赐命之义,故望文生义释"锡贡"为待锡命而后贡,且理解为扬州橘柚不及荆州,荆为常贡,扬则为

了避免扰民，不作常贡，王朝命令叫贡才贡，如苏轼《书传》即持此见解。然不合古统治者赋敛常情。古代动词主动被动不分，锡字对下对上通用。荆州"九江纳锡大龟"，即是纳贡大龟。此"锡贡"亦同义，只是说橘柚易坏，把它包好进贡。

⑰沿于江海达于淮泗——《史记》作"均江海通淮泗"。《集解》："郑玄曰：'均读曰沿。沿，顺水行也'。"《汉志》作"均江海通于淮泗"。颜注云："均，平也。"然于此句讲不通。《释文》："郑本作'松'。'松，当为'沿'（即沿）。马本作'均'，云均平。"按，作沿为是。伪传云："顺流而下曰沿。沿江入海，自海入淮，自淮入泗。"（按即沿，古字体中厶口往往通用，如兖亦作兖，鈆亦作铅。）《汇疏》引陈大猷（当引其《集传或问》）曰："循行水涯曰沿，水之险者莫如江海，遇风涛多，沿岸而行，所以独言'沿'不言'浮'以著其险也。"又引王炎（当引其《尚书小传》）曰："兖言浮于济漯达于河，故青言浮于汶达于济。徐言浮于淮泗达于河，故扬言沿于江海达于淮泗。皆因上文以互见也。"即青、扬两州都因上文最后皆达于河。故苏轼《书传》云："达泗则达河矣。"

此处伪传所释是合于春秋末年以前的历史实际的。亦即由此可知《禹贡》之写成不能晚于春秋中世。林之奇《全解》指出："禹时江淮未通，故扬州入贡必由江以入海，然后达于淮泗。至吴夫差掘沟通水与晋会黄池，然后江淮始通。孟子谓禹排淮泗而注之江，盖误指所通之水以为禹迹。"孟子处战国时，看到淮泗已沟通于江，便把夫差之功归之为禹之功了。不知夫差以前长江根本与淮泗不相通。

以上这一节，是"扬州章"。

荆及衡阳惟荆州①。江汉朝宗于海②，九江孔殷③，沱潜既道④，云梦土作乂⑤。厥土惟涂泥⑥，厥田惟下中，厥赋上下⑦，厥贡羽毛齿革惟金三品⑧，杶干栝柏⑨，砺砥砮丹⑩，惟箘簵楛⑪，三邦底贡厥名⑫，包匦菁茅⑬，厥篚玄纁玑组⑭。九江纳锡大龟⑮。浮于江沱潜汉，逾于洛⑯，至于南河⑰。

①荆及衡阳惟荆州——《史记》"惟"作"维"。

"荆"，山名。《汉志》"南郡临沮县"下云："《禹贡》南条荆山在东北，漳水所出。"其地即今湖北省南漳县西境。为大巴山东段的东端大山，迤逦于鄂西山地之最东，形成与鄂东丘陵地的分界。在《禹贡》中，为荆、豫两州的分界。下文雍州有与岐山并举的荆山（在今陕西渭南地区内），为北条荆山，与此非一山。但人类有将旧居地名移称新居地的习惯。此南条荆山之名有可能是华夏族向南发展后，将北条荆山之名移来称此山。此外山东诸城、河南禹县、阌乡、安徽芜湖、怀远、湖北阳新等地皆有荆山，为各地较小之山，非属《禹贡》南条、北条之荆山。

"衡阳"，衡山之南。"山南曰阳"，已见"冀州章"岳阳校释。《汉志》"长沙国湘南"下云："《禹贡》衡山在东南，荆州山。"其地即今湖南衡山县境，磅礴及于衡阳县境。《山海经·中山经》郭璞注云："今（晋）衡山在衡阳湘南县，南岳也。俗称谓之岣嵝山。"按岣嵝为衡山在衡阳县境的主峰之一，俗遂有以之称衡山者。汉武帝始定五岳时，所定南岳系今安徽境之霍山而非衡山，至汉宣帝时犹沿之，五岳祭礼即在霍山。然《史记·封禅书》中衡山已为南岳，相沿至今。

"荆州"，《公羊传·庄公十年》疏引郑玄云："荆州，界自荆山，南至衡山之南。"伪传："北据荆山，南及衡山之阳。"林氏《全解》云："曾氏（旼）曰：'临沮之荆，其阴为豫州，其阳为荆州。'此说是也。……孔氏曰北据荆山……则不可。先儒以谓'据'者皆跨而越之也。（此处举兖、青二州据字为例）……此州与豫州，荆山为界。荆山之北则豫州也，安得跨而越之哉！谓之'北距荆山'则可。"《孔疏》云："此州北界荆山之北，故言'据'也（由上文知此说误）。'南及衡山之阳'，其境过衡山也。以衡是大山，其南无复有名山大川可以为记，故言'阳'，见其南至山南也。"此言荆境南过衡山以南，是对的。《锥指》引《水经注》云："经曰衡阳，未知所极。"指出《禹贡》只是说在衡山以南，并没有说南方的止境，因生长于西北的《禹贡》作者不知衡山以南止境。

《释名》云："荆州取名于荆山。"甚确，荆州确以荆山得名。即楚国之被称为荆，亦以其居于荆山地域之故。《汉书·地理志》即言楚地诸郡尽楚分也。《续汉书·郡国志》载荆州刺史部郡七：南阳、南郡、江夏、零陵、桂阳、武陵、长沙。马端临《通考》补充："汉又为牂牁郡之东北境。"宋末元初熊禾《尚书集疏》云："荆州之境亦广，北接雍豫之境，南逾五岭，即越之南徼也。越虽上古未通，已当在要荒之服。"近人曾运乾《正读》云："州境当今湖北、湖南、贵州、广西诸地。唐虞疆域，以交趾为极南，故曰分命羲叔宅南交为明都矣。"其意是说荆州南境当达交趾。因《尧典》中确以南交为南方极远之地。

大抵荆州地域，包括荆山以南的今湖北省境和湖南全省，南及广东省境。北面以荆山与豫州分界,大略自今竹溪、房县、南漳、襄樊、随县、红安、麻城一线为与豫州的分界线。东面沿麻城以南鄂皖省界,再循江西北界、西界,南下至广东潮阳之线与扬州分界。西面当以今湖北湖南两省西界与梁州分界。《明一统志》说"四川省夔州府并施州卫……为荆梁两州域,贵州宣慰司则荆梁二州之南境,镇远、铜仁二府则荆州南裔,黎平、思南二府并荆州荒裔也。广西思州府楚黔中地,桂林府亦楚粤之交"。蒋廷锡《地理今释》谈荆州西境亦举施州卫及四川夔州府建始县、广西桂林、全州、兴安县、越城岭北境。王鸣盛《后案》谈荆西境则言四川叙州重庆夔州之江南地及广西桂林、贵州遵义等地。此诸家大都以四川夔府以东、贵州、广西东部皆属荆州西境。然胡渭《锥指》云:"荆之西界,经无可见。今据战国时巴楚分地约略言之,盖自巴东逾江而南,为建始、施州、麻阳、沅州,又东南为黔阳、靖州、通道,以讫于兴安,与贵州、广西接界。"其说以四川、贵州、广西皆在荆州域外,除广西东境可商外,其说是正确的。因楚黔中郡即今湖南西部,并非贵州。以川黔地理之接壤,二者都以列入梁州较妥。广西桂林以东,密迩广东,且直当湖南省之南,自都以列入荆州南境为妥。荆州南面则凡衡山以南之地,随华夏族发展所及之境为境。《通典》已谓岭南道连山郡属荆南,上引熊禾之说,以为南逾五岭,即越之南徼,曾运乾更证以《尧典》所载,以交趾为极南地。《禹贡》本意在划天下为九州,大致按自然地域分州境,其浑言衡阳,正是说衡山以南所有之地境。故凡春秋战国时人所能知道的南方地境,即当属之,岭南及南交之地包括海中诸岛屿自然皆为荆州南境。

②江汉朝宗于海——伪传云:"二水经此州而入海,有似于朝。

百川以海为宗。宗,尊也。"

"江",指长江。《禹贡》作者以发源于岷山(本文作汶山)的今岷江为长江上游。下文"导九川"(即导水章)说"汶山导江"即指此。《汉志》"蜀郡湔氐道"(今松潘)下云:"《禹贡》岷山在西徼外,江水所出。"至徐霞客始考定长江的真正上游为金沙江。《汉志》"越巂郡遂久县"(今丽江纳西族自治县)载有源远流长的绳水,即金沙江。其文云:"绳水出徼外,东至僰道(今宜宾)入江。"是还不知其为江之主源,至徐霞客始论定。而出自岷山的"江水"实为岷江,流至宜宾始合于金沙江为主源的长江。

"汉",指汉水。初称漾水,发源于《禹贡》所称之嶓冢山。见下文导水章云:"嶓冢导漾,东流为汉。"则嶓冢山自当在汉水源头。但《汉志》只在陇西郡氐道县(今甘肃清水县西南)下云:"《禹贡》养(漾)水所出,至武都为汉(水)。"(武都今甘肃武都东北的西和县与成县间)而不说氐道有嶓冢。又在武都郡武都县下云:"东汉水受氐道水,一名沔,过江夏谓之夏水,入江。"则称此汉水为东汉水(王念孙《读书杂志》云"东字后人所加")。而嶓冢山则在陇西郡西县(今天水市西南)下云:"《禹贡》嶓冢山,西汉(水)所出,南入广汉白水,东南至江都入江。"此即今嘉陵江。是《汉志》分汉水为二,原汉水称东汉水,嘉陵江称西汉水,以嶓冢山为西汉水之源。

然嘉陵江实与汉水无关。此东汉水原以漾水东南流至武都称汉水,一称沔水,又名沮水,则以出自东狼谷(今陕西留坝县西)至沮县(今陕西略阳东勉县西)合于漾水之沮水得名。漾沮合流称为汉水或沔水后,再东南远流至南阳郡之南(今鄂北)称沧浪之水(今均县至襄樊间),再至江夏郡(今鄂东)称夏水入江(今汉阳、汉口间)。古时自氐道至武都之漾水,似即今甘肃成县之黑峪江河道。再东过陕西略阳后,即合沮水称沮水又称汉水。但后世漾、沮二水不相接,《禹贡班义述》推寻其故,以为后因氐道之流绝,沔汉遂只以沮水为源。因而今之汉水其北源遂出陕西留坝县西境,另有南源出宁强县。二源至勉县(古沔阳、沔县)合流为沔水,亦即汉水。

"朝宗于海",江水、汉水作为荆州境内两大河流,在此会合后东入于海,把它们比同古代诸侯朝所共宗的天子一样,故称为朝宗于海。伪传简释此意。《孔疏》释云:"《周礼·大宗伯》:诸侯见天子之礼,'春见曰朝,夏见曰宗'。郑云:'朝犹朝也。欲其来之早也。宗,尊也,欲其尊王也。'朝宗是人事之名,水无性识,非有此义,以海水大而江汉小,以小就大,似诸侯归于天子。假人事而言之也。"《孔疏》水无性识,假人事而言之之说最确,从而见郑玄说之非。《疏》又引郑玄云:"江水汉水其流遄疾,又合为一,其赴海也犹诸侯之同心尊天子而朝事之。荆楚之域,国有道则后服,国无道则先强,故记其水之义以著人臣之礼。"林之奇《全解》已非之云:"此则过论也。"《锥指》则并《孔疏》首段评之云:"朝宗,孔、郑义已备,不必引《周礼》春朝夏宗为证。郑又云荆楚之域或国有道则后服,国无道则先强,故记其水之义以著人臣之礼,此臆说也。"林、胡二氏之说皆是。

③九江孔殷——《史记》作"九江甚中"。伪传云:"江于此州界分为九道,甚得地势之中。"《孔疏》:"训'孔'为'甚'、'殷'为'中',言'甚得地势之中'也。郑云:'殷犹多也。九江从山谿所出,其孔众多,言治之难也。'"苏轼《书传》:"殷,当也,得水所当行也。"《蔡传》:"孔,甚。殷,正也。九江水道甚得其正也。"然稍前

朱熹《九江辨》有云："经文言'九江孔殷'，正以见其吐吞壮盛、浩无津涯之势。"元吴澄《纂言》亦云："孔，甚。殷，盛也。言九水之合有所容归，其流甚盛也。"清初王夫之《稗疏》更云："殷之为言中也、盛也。物中则盛，故殷亦为盛也。'九江孔殷'者，言九江之流甚盛也。"自以朱熹至王夫之释为"九江之流甚盛"切合文义。后有江声《音疏》云："甚中，犹言水在地中行也。"实袭用程大昌《禹贡论》之意。焦循《禹贡郑注释》已非之。俞樾《平议》云："孔，大也。殷，犹定也。……'九江孔殷'者，九江大定也。"二家都意在另寻新释，似可不必。

"九江"，旧释甚纷歧，主要有不同三说：(一)汉庐江郡寻阳县南之诸水(今鄂东长江北岸广济一带)，(二)汉豫章郡诸县入湖汉水(今赣江)之诸水，(三)今洞庭湖，包括入该湖之诸水。此三处分别在今鄂、赣、湘三省。至清初王夫之提出汉阳以南城陵矶以西之第(四)说，在鄂湘之交。现分录其大要如下：

(一)寻阳县诸水说。《汉志》"庐江郡寻阳县"下云："《禹贡》九江在南，皆东合为大江。"《续汉志》同此。《史记索隐》："按《寻阳记》：'九江者，乌江、蠯(蜯)江、乌白江、嘉靡江、源江、畎江、廪江、提江、箘江。'又张须元《九江图》所载，有：三里、五畎、乌土、白蜱，九江之名不同。"按《释文》云："九江，《浔阳地记》云：'一曰乌白江，二曰蚌江，三曰乌江，四曰嘉靡江，五曰畎江，六曰源江，七曰廪江，八曰提江，九曰箘江。'又张须元《缘江图》云：'一曰三里江，二曰五洲江，三曰嘉靡江，四曰乌土江，五曰白蚌江，六曰乌江，七曰箘江，八曰沙堤江，九曰廪江。……始于鄂陵，终于江口，会于桑洛州。《孔疏》照引《寻阳记》之文(惟一与三易位)，而后云："虽名起近代,义或当然。"《汇疏》引罗泌曰(当据其《路史》):《十道四蕃志》云:"江自鄂陵分派为九,于此(似指宿松)合流,谓之九江口。"《锥指》:"桑洛州在九江府城东北五十里大江中,鄂陵即武昌县。……旧志云江入县境播为三江……至大洲为三江口,疑即其类。"盖以此寻释"江口"。《汉志》"九江郡"下注文引应劭曰:"江自庐江寻阳分为九。"焦循《郑注释》、杨守敬《本义》皆云应劭说与《汉志》"东合为大江"之义相合。王夫之《稗疏》云:"汉寻阳县在江北,今(清)之望江、宿松也。若今九江府之德化县,在汉为柴桑县。然则《汉志》之九江,盖皖水之源其出有九,云寻阳南者县在怀宁之南、望江之北,皖自其南而入江也。"

《蔡传》云:"今详汉九江郡之寻阳乃《禹贡》扬州之境,而唐孔氏又以为九江之名(指《寻阳记》九水)起于近代,未足为据。"接着袭朱熹《九江辨》之说云:"九江……其一水之间当有一洲……沙水相间乃为十有七道,而今寻阳之地将无所容。"朱氏原文尚云:"若曰旁计横八小江之数,则自岷山以东入于海处不知其当为几千百江矣。"蔡又袭曾旼说云:"使派别为九,则当曰'九江既道',不应曰'孔殷'。……九江非寻阳明甚。"自后吴澄《纂言》、陈栎《纂疏》、董鼎《纂注》、黄镇成《通考》、胡渭《锥指》、刘逢禄《集解》、陈乔枞《经说考》、杨守敬《本义》皆沿蔡寻阳属《禹贡》扬州之说,惟江声《音疏》调停云:"盖九江至寻阳东而合……其未合于江之时盖在寻阳之上,固是荆州地也。"这些人没有历史观念,竟把汉代慕古设立的十三部刺史中的荆州刺史部、扬州刺史部,看做是《禹贡》的荆州、扬州,所以才这样刺刺不休地争论寻阳属扬州不属荆州。《汉书·地理志》《续汉书·郡国志》完全是按汉代实际写的。所记的

683

是汉代的州郡,所袭用《禹贡》的州名,并非就是真正《禹贡》的州。至唐代政区划分最高一级是"道",其下州、郡辖区都小,所以不仿照《禹贡》的州为区划,因而《元和郡县志》州郡之小,为唐制,而追溯各郡属《禹贡》某州时,就不受现实影响,而能反映《禹贡》州境原意。故其书有云:"江州寻阳郡,《禹贡》扬荆二州之境。《扬州》云'彭蠡既猪',今州南五十二里彭蠡湖是也。《荆州》云'九江孔殷',今州西北二十五里九江是也。彭蠡以东为扬州界,九江以西为荆州界。"这是正确的。九江以西正是上文所说鄂东长江北岸广济境。鄂与皖、赣边界的划分主要是由自然地理形势所决定的。《禹贡》各州据自然地理形势。所以九江之地归入《禹贡》荆州是很自然的。

清代学者之坚决维护九江为寻阳之说者有王鸣盛、焦循、成孺三人。王氏《后案》就秦、西汉、莽、东汉几次庐江、九江郡之设置移徙,与郡辖寻阳县之长期在庐江,属江北,故南有九江。东晋咸和中移于江南,九江乃在县北。然就鄂陵、桑洛州遗址,及《水经注》所记,以为寻阳九江遗迹,唐宋犹存云。焦氏《禹贡郑注释》文中引述《史记·龟策列传》汉时庐江犹纳龟,《河渠书》载太史公言登庐山观禹疏九江,《淮南子》称禹凿江而通九路,《汉书》注引应劭语以及郑玄言出山溪等,以为"此在两汉经史大儒所说皆九江在寻阳"。又引《通典》四资料:宿松为自鄂陵分为九派所会之地,浔阳汉旧县在蕲春郡界足证《汉志》九江在浔阳南,广济县蔡山出大龟即《书》'九江纳锡大龟',浔阳郡江州《禹贡》荆扬二州境诸语。以为"唐人于九江一本《汉志》,无有异端"。因而引苏味道、元稹、皇甫冉等咏浔阳九派之诗证之。虽有刘歆湖汉之异说,以为:"千古相传,目之所遇,皆从班不从刘也。宋人乃以洞庭为九江,殊非典要,可不必辨。"成氏《禹贡班义述》详举寻阳九江十六证:一、《竹书纪年》周康王巡狩至九江庐山(按此系明人抄合之今本《竹书》)。二、《水经·淮水注》秦始皇得庐江豫章之地立九江郡。三、《河渠书》史公登庐山观禹疏九江语。四、《淮南王传》击庐江有寻阳之船。五、《龟策传》庐江岁时生龟长尺二输太卜。六、《汉志》豫章郡莽曰九江,柴桑莽曰九江亭。七、郭璞《江赋》"流九派乎寻阳"。八、孙放《庐山赋》"寻阳南有庐山,九江之镇也"。九、齐慧远《庐山记》山在寻阳南,北对九江。十、刘渊林《吴都赋》注云九江经庐山而东。十一、《水经·庐江水注》秦始皇、汉武帝、司马迁咸登庐山望九江眺彭泽。十二、《隋书·地理志》大业三年改江州为九江郡。十三、《元和郡县志》江州为《禹贡》扬荆两州境九江今(唐)州西北。十四、《通典》九江今浔阳郡西北。十五、苏味道"滔滔九派来"、元稹"寻阳流水九条分"、皇甫冉"江至浔阳九派分"诗句。十六、《太平寰宇记》浔阳郡弹压九派语及《郡国利病书》引宋范致虚记云"北奠九江"语。论定"寻阳故县在今(清)湖北黄州府黄梅县北,今江西九江府治西"。正为今鄂东长江北岸广济以东之境,其地望是正确的。

(二)豫章郡入湖汉水之诸水说。《释文》引《太康地记》曰:"九江,刘歆以为湖汉九水入彭蠡泽也。"《锥指》:"此九水者同注彭蠡以入大江,谓之九江亦可,然彭蠡扬州之泽也,而指为九江,则荆之水而移于扬矣,其可乎?"

按,《锥指》于扬州叙湖汉九水云:"《汉志》豫章郡赣县下云:'豫章水出西南,北入大江。'雩都县下云:'湖汉水东至彭泽入江,

禹
贡

685

行千八百九十里。'又鄱阳县有鄱水,余汗县有余水,艾县有修水,南城县有旴水,建城县有蜀水,宜春县有南水,南野县有彭水,又长沙国安成县有庐水,皆入湖汉水。湖汉水与豫章水源异而流同,故《志》并云入江。彭水即豫章水之上源。非有二水。是湖汉、豫章与鄱、馀、修、旴、蜀、南、庐为九水也。《水经注》则湖汉、豫章总谓之赣水。其言曰:'赣水出豫章南野县西,一名豫章水。'"清前期顾栋高《质疑》相信此说。清后期则孙星衍《注疏》、皮锡瑞《考证》亦信此说,惟孙皮两人所言九江无庐水而有彭水。皮云:"马、班皆以九江为在庐江、豫章二郡之地。刘歆治古文者,其所云湖汉九水,虽不尽在寻阳之南,而班《志》全引之,则九江当即此九水。若《寻阳记》《缘江记》所云乌江等水,此皆琐琐,未足以当《禹贡》九江。宋胡旦、毛晃又傅会《山海经》以九江为洞庭,尤非古义。其为是说者盖疑豫章九水不在荆州境耳,不知《禹贡》所云,必合治水源流,施功次序,非必一州之水不可旁及他州。⋯⋯孙星衍说'九江之水在豫章郡,非荆州水,而《水经》云沔至江夏沙羡县北南入于江,沔水与江合流,又东过彭蠡泽,是九江入此泽而合大江,故云甚中。'孙说甚明,可无疑于九水不当属荆州矣。"这在强词夺理故作辨解了。

王氏《后案》云:"案湖汉亦得名九江,莽改豫章曰九江以此。但九江注于彭蠡,前言'彭蠡既猪'尽之矣,与大江经流无涉。且《通典》以湖汉水隶扬州,非荆州也。又'导水'云'过九江'而后云'东迆北会于汇'。如湖汉九水为九江,则是九江即'汇'矣。刘歆说非是。"这是反对以湖汉水为九江的较有力的一说。徐文靖《会笺》则云:"考《汉志》湖汉、九江分列甚明,绝不相涉。且湖汉九水惟蜀水、南水、彭水东入湖汉,湖汉东入江,余则盱水西北入湖汉,鄱水、涂水西入湖汉,馀水、修水东北入湖汉,亦与‘皆东合为大江’之文不合。顾氏栋高《禹贡质疑》从之,非也。”此外持寻阳、洞庭说者。亦各有反对湖汉说的理由。总之,湖汉水纯属于扬州,是绝不能用之以释荆州九江的。

（三）洞庭湖及入湖诸水说。持此说者皆以《山海经》《水经注》为据。现先录此二书有关资料。《山海经·中山经》“洞庭之山”下云:“帝之二女居之,是常游于江渊。澧、沅之风,交潇湘之渊,是在九江之间,出入必以飘风暴雨。”《水经·禹贡山水泽地篇》云:“九江地在长沙下隽县西北。”《水经·江水注》云:“江水……又东至长沙下隽县西北,澧水、沅水、资水合东流注之,湘水从南来注之。”又有《楚地记》云:“巴陵潇湘之渊,在九江之间。”《锥指》指出《楚地记》本《山海经》之说。《蔡传》则释巴陵云:“今(宋)岳州巴陵县,即楚之巴陵,汉之下隽也,洞庭正在其西北。”按《元和志》《通典》皆载巴陵为汉下隽县,而《地理志韵编》,晋长沙郡巴陵县,南朝巴陵或为郡或为县,隋为巴陵郡,唐宋至清皆为岳州所属巴陵县,即今之岳阳县。范仲淹《岳阳楼记》所说“巴陵胜状,在洞庭一湖”即是。是《水经》之下隽,即今之岳阳,始合于《山海经》澧沅潇湘之洞庭。然史籍中说下隽故城不在此而另有两处,一为《元和志》及《续通典》谓在湖北蒲圻,一为《后汉书》载马援征五溪,军次下隽,注云“下隽故城在辰州沅陵县”。县治有迁徙,即使故城先后在彼两处,无害于下隽之在今岳阳。于是《山海经》之神话,遂为洞庭九江说之确据了。《锥指》云:“太史公不敢言《山海经》,然其中亦有可信者。如谓‘澧沅潇湘在九江之间’,赖此一语而九江遗迹犹可推寻，其有造于《禹贡》不小也。"

《蔡传》云："本朝(宋)胡氏以洞庭为九江者得之，曾氏亦谓导江曰过九江。至于东陵，东陵，今之巴陵。今巴陵之上即洞庭也。"《锥指》云："其以洞庭为九江者，自宋初胡旦始，而晁以道、曾彦和皆从之，朱子《九江辨》(按，辨寻阳说之非，已见前引其要义，此从略)……九江即洞庭既有山、水二经为根据，而又得朱子此辨，其不在浔阳亦明矣。"

按，胡旦之说当在其《尚书演圣通论》中，然宋以来治《禹贡》者未见称引其文。晁以道说之，无《尚书》专著传下，其关于九江之说，则《锥指》引一句云："晁氏曰：'洞庭，九江也。'"曾彦和名曾旼，所著《尚书讲义》常为南宋著作所称引，于《禹贡》地理常有独到见解。其反对寻阳说而主张洞庭九水之说，今所见最早引者为林之奇《全解》，在引寻阳说后即引曾氏云："不然。《禹贡》言导河曰'东过洛汭'，'北过降水'，盖洛水降水入于河，河则过之也。导漾水曰'过三澨'，导渭曰'过漆沮'，亦犹是也。盖大水受小水则谓之过，二水相受大小均焉故谓之会。江合于汇谓之会者，彭蠡所猪二水别为南江故也。江合九江谓之过者，辨其源有九则小于江故也。如江分为九道，则经于荆州当曰'九江既道'，不应曰'孔殷'，于导江当曰'播为九江'，不应曰'过九江'。"陈大猷《或问》即从此说，陈栎《纂疏》本此亦云："导江不曰'播九江'而曰'过九江'，则大江自大江，九江自九江可见。证以导江'东至于澧，过九江，至于东陵'，则九江当在澧水之下，巴陵之上，而不在寻阳。"《全解》引曾氏此说后即云："此说是也。曾氏此说既善，然谓沅水、渐水、元水(《锥指》校正"元水"为"无水"之讹)、辰水、叙水、酉水、澧水、湘水、资水,皆合洞庭中,东入于江,以为是九江。"(但《全解》反对云:"则附会牵强,无所考据,不可从也。")王天与《纂传》引曾氏原文云:"九江,洞庭也。考之前志,沅水、渐水、潕水、辰水、叙水、酉水、澧水、湘水、资水,皆合洞庭中,江则过之而已。九江岂非洞庭乎?下文云'过九江至于东陵,东迤北会于汇'。东陵即巴陵,江水过洞庭至巴陵而后东北邪行合于彭蠡,则九江不在寻阳。"《纂传》接着引"易氏曰"(即易祓《禹贡疆理记》)根据《汉志》依次叙明沅、渐、潕、辰、叙、酉、澧、资、湘各水的发源地与所入处。然后易氏云:"此九江,《汉志》皆在荆州之境,会于洞庭以入江。"

《锥指》引曾氏说(每水下附易氏说)之后说:"朱子考定九江,去'无'、'澧'二水,而易以潇、蒸。一曰潇江,二曰湘江,三曰蒸江,四曰濱江,五曰沅江,六曰渐江,七曰叙江,八曰辰江,九曰酉江。按朱子据'导江'文江先合澧,而后过九江,故不数'澧'。然澧实会南江以东注洞庭,非上流自入江也,安得而不数。'无'字误作'元',朱子以为无是水,故置之。郦道元云:'潇者,水清深也。'……潇湘犹言清湘……然则朱子所更定,亦未有以见其必然也。"

以上曾氏说为洞庭九水第一说,朱氏说为洞庭九水第二说,然《蔡传》不从师说,仍袭用曾氏说。于是宋元学者,除陈经《详解》、王天与《纂传》并引《孔疏》所说《寻阳记》及曾氏说(王增易氏说)外,他如陈栎《纂疏》、董鼎《纂注》、吴澄《纂言》无不一承《蔡传》用曾氏说,即黄镇成《书通考》亦首引《蔡传》至曾氏九水说,复引《寻阳记》《缘江图》二说,然后指出寻阳为扬州,以为"胡氏(旦)以洞庭为九江者得之。曾氏亦曰……即洞庭也"(此段复据《蔡传》)。

凡此皆宋元人说。皮氏《考证》并谓宋毛晃亦依《山海经》以九江为洞庭。毛晃说见于其《禹贡指南》。至明代，则官书如《大明一统志》云："洞庭湖，在岳州府城西南，沅渐元辰叙酉醴资湘九水皆合于此，故名九江。"则全袭曾氏说原文，连错字也照抄。学者著作如王樵《尚书日记》则又全承朱熹说之九水，因他也以为"导江云'东至于澧，过九江'，则是古者澧先入江而后九江入也。澧当在九江数外"，故全抄朱熹说。至清代继胡渭《锥指》后，尚有蒋廷锡《地理今释》复全承用曾氏九水说（惟元水改正为无水），但于文末附载朱熹改易潇蒸二水之名。并云："大抵通儒皆主洞庭之说也。"

可是事实上清代学者大都不信洞庭九江之说，只有马俊良、尤逢辰、方溶、汪献玗各节录《锥指》所成简要之本仍尊胡渭原书以洞庭为九江外，其他学者大都反对此说。上文持寻阳及湖汉水说之清代学者各提出反对此说之理由外，其他反对者尚不乏人。清早期者如王夫之《稗疏》云："朱蔡以洞庭为九江，尤有疑者。经云'过九江至于东陵'，东陵者，巴陵也。九江在巴陵之西而为江水之所经过，若洞庭则在巴陵之南，江水未尝过之也。……《楚地记》曰：'巴陵潇湘之渊，在九江之间。'初不言九江在巴陵潇湘之间。"中期如徐文靖《会笺》云："《山海经》'洞庭之山是在九江之间'，以九江为洞庭者本此。果如是，则《禹贡》荆州当先'九江孔殷'，而后'江汉朝宗'矣。"后期如魏源《书古微》云："《水经》言《禹贡》九江在长沙下隽县（即巴陵）西北，不言在下隽之南也。洞庭则正在南，非北矣。……至以九江为洞庭，无论洞庭是湖非江，且入湖之水惟沅、湘、资、澧，故洞庭在古止谓之三湘……故欲明上游九江之是，必先辟洞庭为九江之妄。"

尚有重要的一点为诸人所未道及,即巴陵并非东陵,东陵在汉金兰县,今广济西南阳新县境(详"道九川"章注),宋儒为牵附其说,强指巴陵为东陵,毫无历史根据。

　　(四)汉阳以南城陵矶以西诸水说。王夫之《书经稗疏》云:"经云:'岷山之阳,至于衡山,过九江,至于敷浅原。'经文虽简,而衡山之于九江,九江之于敷浅原,虽限以大江,其山势必有相因者。洞庭之浦,东西相去四百余里,山形阔绝,不相连接。经盖言衡山自长沙岳麓而下,顺洞庭西岸,沿石门、慈利,滨江东北行,至荆江口,逾江而为蒲圻、兴国诸山,过德化以径于庐阜,则'过九江'者,非过洞庭亦明矣。唐诗'落日九江秋',注云:'江自荆南而合于汉沔间者有九:一曰川江,即大江。二曰清江,源出施州卫之西,至长阳入于江。三曰鲁洑江。四曰潜江,出自汉水而会于江。五曰沱江,夏水也。六曰漳江,出南漳,合于江。七曰沮江,出房县。八曰直江,公安之油水也。九曰汉江。盖此九水自长阳而东渐合于江,至汉口而后江汉水合,则汉阳以南城陵矶以西,皆为九江合流之地。'江势大盛,故曰孔殷。而此上下三百里间,正在巴陵之西北,故《水经》云:'在下隽西北。'乃九江之首起于长阳,故经云:'过九江至于东陵。'而湖北诸山随江西下,放于江、汉之间,然后逾江而过武昌之南,岳州之北,于'导山'之文亦无不合契者,斯以为《禹贡》九江之定论也。皖口、柴桑、洞庭之释(指以上三说),要于经文无取。"　　以上关于"九江"的荦荦大者之四说,另有提出小的说法未获得公认者,如魏源《书古微》云:"《荆州堤防考》言古有穴十三口,今多淤废,其十三口乃外水之入江而非江水之泄于外,与九江无涉,惟九穴即古九江。盖江……正流东至于澧者,则洲渚纷歧分为九派,曰虎度穴、章卜穴、郝穴、又杨林穴、宋穴、调弦穴、小岳穴、赤利穴,皆昔时分泄江涨之地,分布江陵、石首、监利之间。今惟江陵对岸之虎渡穴及石首之调弦穴尚存,余尽占为圩田。计今江南岸公安、石首、华容、安乡四县,皆古九江洲渚故道。"杨守敬《本义》驳之云:"不知此皆后世堤防之所留,以泄江水者,何能以之说《禹贡》。"又贺淇《尚书集解》"九江孔殷","绎曰":"九读为氿,氿泉穴出。江自湖北汉阳府治东北,至黄州府黄梅县,所受皆氿泉。故曰九江。"江瀚撰《提要》云:"案《尔雅·释水》:'氿泉,穴出。穴出,仄出也。'李巡曰:'水旁出名曰氿。'以'氿泉'当九江,谬甚,殆好异之过也。"(据《续修四库提要》)这是处于"九江"纷歧争论中,以为可以人各为说所率意提出的。

还有因无法解释其纷歧,遂有释九江为二的。陈乔枞《经说考》云:"道江云'过九江至于东陵'。……以此言之,荆州之'九江孔殷',其为洞庭中澧沅潇湘等之九水殆无疑义。惟'道山'之'过九江至于敷浅原',当以寻阳之九江实之(上文言寻阳当系之扬州)。……敷浅原……在今(清)南康府星子县界,则'道山'之'过九江',指寻阳南禹所疏凿者而言,亦无疑义。"是陈氏以"导江"之九江即荆州之九江,为洞庭九水,以"导山"之九江即扬州之九江,为寻阳南禹迹。杨守敬《本义》则云:"余谓下隽之九江,是荆州之九江;寻阳之九江,是导江之九江。盖长江数千里江水枝分,何必只一见?见于荆州者即不必见于导江?"同一"导江"之九江,陈说是洞庭之九水,杨则说是寻阳之九江,其说可信吗?可知全是臆说,不足据。

由上面看到一个简简单单的"九江",被经生们弄得如此复杂纷乱。其实根据《禹贡》本身文意,即可定九江在何地。此处下文云"九江纳锡大龟",即进贡大龟。是《禹贡》的九江是产大龟的地方。上面已引《龟策列传》载"庐江郡常岁时生龟,长尺二寸者,二十枚输太卜官"。《通典·州郡十一》:"蕲州广济,蔡山出大龟,《尚书》云'九江纳锡大龟'即此。"由此知庐江寻阳之说合《禹贡》原意,是九江在今鄂东黄冈地区广济迤东一带,与"导江"说"过九江至于东陵"亦相合。因东陵正在广济以南之阳新县境。

关于"九江"也不必说确是九条水,前人已有言此意者。如林之奇《全解》云:"要之九江之名与其地,世久远不可强通,然各自别源而下流以入于江,此则可以意晓也。"程大昌《禹贡论》云:"河有九,……江特一派尔,不与河同也。经之序九河……先北播而为九,又合而为一,其文甚明,九江有是哉?曰'过九江至于东陵',曰'过九江至于敷浅原'……初无分合之文如九河然也。……故亦不至分派为九。"程又云:"一江而名九江,亦犹嶓、岷、蟠三大派合为一流而经以三江总之,即其例也。若其九江之所以名九……不容凿为之说。"傅寅《禹贡说断》云:"九江不必求其有九,如太湖一湖而得名五湖,昭余祁一泽而得名九泽,皆不可以数求也。"王夫之《稗疏》引晁公武亦云(当出晁氏《尚书诂训传》):"一江而称九江,犹太湖一湖而称五湖,昭余祁一泽而称九泽。"最后杨守敬《本义》云:"九者,极数也,言其甚多,不必限以九也。此当以汪容甫《释三九》之义诠之。"这些都是通达之言。所以程大昌明确说:"江本无九,九江即寻阳之大江。"以今所见珠江例之,其支流甚多,在顺德县境珠江最大一条支流即称九江,确以一江而称九,则程氏之言不为无见。是《禹贡》九江指黄冈地区广济一带因容纳多水而扩展了江身的大江,包括其有关诸水。

④沱潜既道——《史记》作"沱涔已道"。《汉志》作"沱灊既道"。潜、涔、灊通用,以灊为正字。《史记集解》引郑玄注:"水出江为沱,汉为涔。"系依《尔雅·释水》,当据"导水章"之"岷山导江东别为沱"得义。以此各家旧释率皆以自江分出之水为"沱",自汉分出之水为"潜",因而梁、荆两州皆有沱水、潜水。由此可知沱字、潜字原是通名,而不是专指某一条水。但确也有水称为沱水、潜水,大抵是与江、汉相关的某一水。如梁州的郫水(今四川沱江)、荆州的夷水(今湖北清江)及江陵、华容间的夏水,都称沱水。梁州绵谷之水(今四川广元县境)、汉中安阳灊谷水(今陕西洋县、城固北境)、荆州卢洑河(今湖北潜江至沔阳东荆河之水),都称潜水。《楚辞·九歌》有"涔阳",王逸注:"江碕名,附近郢。"为枝江至公安之水,亦是潜水。但这些很难指实为《禹贡》所载之水。

⑤云梦土作乂——"云",《释文》云:"徐本作'云'。"《史记》此句作"云梦土为治",《汉志》则依《禹贡》原句作"云梦土作乂"。知汉《尚书》本作"云梦土"。"为治"则是"作乂"的训诂字。伪孔释云:"云梦之泽在江南,其中有平土丘,水去可为耕作畎亩之治。"知伪古文本原亦作"云梦土",故释为云梦泽之土丘。"作乂"仍释"为治",不过说明"为耕作畎亩之治"(乂训治,见《尧典》"有能俾乂"校释),可是《唐石经》颠倒作"云土梦",以后各刻本多从之。中华书局《史记》点校本亦跟着改为"云土梦",实误,而《蜀石经》依旧作"云梦土",不从颠倒之字。今据汉代《尚书》原本及伪古文原本改回为"云梦土"。段氏《撰异》谓"作'云梦土'者,《古文尚

书》也。作'云土梦'者,《今文尚书》也",不足据。

沈括《梦溪笔谈》卷四云:"旧《尚书·禹贡》云'云梦土作乂',太宗皇帝时古本《尚书》作'云土梦作乂',诏改《禹贡》从古本。"(段玉裁谓此太宗为宋太宗,然唐石经已改,故从胡渭等说为唐太宗)由是注疏家歧异解说随之而起。唐司马贞《史记索隐》释"云土梦"云:"梦一作瞢,邹诞生又音蒙。按,'云土'、'梦'本二泽名,盖人以二泽相近或合称'云梦'耳。知者,据《左传》云'昭王寝于云中'(按,见《定公四年》,语有改易),又'楚子郑伯田于江南之梦'(见《昭公三年》),则是二泽各别也。韦昭曰:'云土今为县,属江夏南郡华容。'今按《地理志》云'江夏有云杜县'是。"又李吉甫《元和郡县志》亦云:"《左传》云'邧子之女弃子于梦中',无云字;楚子'济江入云中',无梦字,以此推之,则云、梦二泽本自别矣。而《禹贡》及《尔雅》皆曰'云梦'者,盖双举二泽而言之。"于是宋儒沈括、罗泌、易祓、郭思、郑樵、洪迈、洪兴祖等皆袭是说,元至清学者亦多附和,影响及于近人,云与梦为二泽,云在江北,梦在江南及云土为汉云杜县之说,遂嚣然杂陈。

然宋薛季宣《书古文训》已辨明云梦为一泽。其文云:"云梦,楚泽通名,跨江南北。司马相如说方八九百里,《汉志》云梦泽在华容南,西陵、偏县皆有云梦官。郭璞说云梦今巴丘湖,盖岳州巴陵之洞庭也。孔颖达以为江南之梦。宋《永初山川记》引魏武帝遗吴主书'赤壁之役,因过云梦泽中有雾,遂失道'为证。韦昭说:'云土,今云杜县,属江夏。'杜预说:'南郡枝江县、华容县皆有云梦。'郭思说:'江北为云,江南为梦。'郑樵说谓《左传》楚子'济江入于云中',今监利、玉沙、景陵等县。'田于江南之梦',今公安、石首、

禹

贡

695

建宁等县。案云梦地在今江陵以东、蕲黄以西。潴泽不一,故以云梦兼称之耳。今云梦县属德安府,复州景陵县有古云梦城,荆门军长林县、德安安陆县、岳州巴陵县南,皆有云梦。而《左传》书曰'江南之梦',则江北不得专名云矣。《字书》:'江波为沄,草泽为梦。云梦,谓水草间也。'乐史《寰宇记》:'云梦泽半在江南,半在江北。其水中平土高丘半出。'为得其实。《春秋文耀钩》谓'大别以东,至雷泽、九江、衡山皆云梦地,西奄荆岳,东包江淮',诞矣。"较详地举了云梦泽资料,并纠正了误说。

在承唐宋以来嚣然杂陈的误说之后,清胡渭《锥指》为澄清误说,便在列举古今称云梦诸资料后说:"《左传》定四年'楚子涉睢济江入于云中',此单称云者也。宣四年'邓夫人弃子文于梦中',昭三年'楚子以郑伯田江南之梦',宋玉《招魂》曰:'与王趋梦兮课后先。'此单称梦者也。单称特省文耳,云可该梦,梦亦可该云。故杜元凯注'梦中'云:'梦,泽名,江夏安陆县东南有云梦城。'则梦在江北。注'云中'云:'入云梦泽中,所谓江南之梦。'则云在江南。注'江南之梦'云:'楚之云梦,跨江南北。'则南云北梦、单称合称,无所不可,绝无'江北为云、江南为梦'之说。"辨析最有力。清季孙诒让有同样的辨析。其《周礼正义·职方氏》"荆州……其泽薮曰云瞢"下云:"云土梦,犹云云土泽耳。省文曰云梦,复省之,则曰云、曰梦,实一薮也。《史记·夏本纪索隐》以云土、梦为二泽,误。"这里孙氏虽仍沿唐宋所颠倒的"云土梦"一词未加否定,但以为只是分别省称,合则乃为云梦一泽。明确指出以云、梦为二泽之说为误说。

在误说中,"云土"二字确是麻烦的问题。其实汉云杜县自云杜县,与改本《禹贡》云土无涉。伪传所释为泽中之土丘,自不误。苏轼《书传》承云、梦为二之说后,仍不以云土附会云杜,只说"云与梦,二土名也。而云'云土梦'者,古语如此,犹曰'玄纤缟'云尔"。亦《孔疏》谓"土字在二字之间,盖史文兼上下也"之意。都是在苦心给颠倒错乱了的"云土梦"寻解释。这当然是很牵强的,故王安石另寻解释云:"云之地,土见而已;梦之地,则非特土见而已,草木生之矣。非特草木生之而已,人有加工乂之者矣。"(林氏《全解》引,《锥指》亦引,宋元《禹贡》或《尚书》著作尚有引之者)《蔡传》则云:"合而言之则为一(因其师朱熹明言云梦为一),别而言之则二泽也(实则从流行分为二之说)。'云土'者,云之地土见而已,'梦作乂'者,梦之地已可耕治也(袭王说)。盖云梦之泽,地势有高阜,故水落有先后,人工有蚤晚也。"《锥指》驳斥其云梦北卑湿南高亢之说。但自后宋元明儒者大都遵用蔡氏此说了。始作俑者唐太宗,故《锥指》云:"觉太宗此一改殊多事,不若仍旧之为得也。"

其实楚方言称湖泽为"梦"。《楚辞·招魂》"与王趋梦兮课后先"王逸注:"梦,泽中也。楚人名泽中为梦中。"《淮南子·地形训》亦云:"南方曰大梦。"又上文录薛季宣引《字书》云:"草泽为梦。"故孙诒让《正义》云:"云者此泽之专名,梦者楚人之通语。"可知"云梦"即云泽,为楚人对此泽的称呼。及与中夏语言融合,在其下重加泽字,遂成"云梦泽"。正如后来"洪泽湖"名称之形成,完全一样。皮氏《考证》云:"盖梦中即泽中,江南之梦即江南之泽耳,云梦本一地。"其说与《锥指》同样正确。是以此湖泽必须称云梦泽,系指今湖北境内江汉平原以迄湘北一带的湖沼群,即朱熹所说的"江陵之下连岳州是云梦"(宋元人著作如董鼎《纂注》、陈栎《纂疏》、黄镇成《通考》皆引之）。

　　史籍地理记载原都明确具此云梦泽之名。如《孔疏》引云："《地理志》：'南郡华容县南有云梦泽。'杜预云：'南郡枝江县西有云梦城。''江夏安陆县亦有云梦城。'或曰：'南郡华容县东南有巴丘湖，江南之梦。'云梦一泽而每处有名者，司马相如《子虚赋》云：'云梦者，方八九百里。'则此泽跨江南北，每处有名焉。"《锥指》亦引云："《汉志》'南郡华容县'云梦泽在南，荆州薮。'编县'有云门宫，'江夏西陵县'有云梦宫。"又引《水经注》云："'云杜县东北有云梦城。'（见沔水）又云：'夏水东径监利县南……西南自州陵东界径于云杜、沌阳，为云梦之薮。'韦昭曰：云梦在华容县。郭景纯言县东南巴丘湖是江南之梦。杜预曰：枝江县、安陆县有云梦。盖跨川亘隰，兼苞势广矣。（见夏水）……《元和志》云：'云梦泽在安陆县南五十里，东南接云梦县界。'……由是言之，东抵蕲州，西抵枝江，京山以南，青草以北，皆为云梦。《孔疏》云：'……此泽跨江南北，每处存名焉'，此说是也。"孙诒让《周礼正义·职方氏》云："案胡（渭）说甚核。云梦一泽，水则潴为洞庭，郭景纯云巴丘湖是也。至于全薮陆地，则直跨今湖北汉阳、黄州、安陆、德安、荆州五府境，虽旧迹湮没，孔、胡所说，殆近之矣。"

　　这样众多的地理书记载"云梦泽"之名明确如此，乃欲颠倒错乱成"云土梦"，恬不为怪，反信从之者，实骛奇好异之故。必给它正名，恢复其云梦泽原称，也才能和众多历史文献中常出现的"云梦泽"相一致。如《周礼·职方氏》："正南曰荆州……其泽薮曰云梦。"《尔雅·释地》："（十薮）：楚有云梦。"《吕氏春秋·有始览》："何谓九薮？……楚之云梦。"《战国策·楚策一》："楚王游于云梦,结驷千乘。"宋玉《高唐赋》:"楚襄王与宋玉游于云梦之台。"司马相如《子虚赋》:"臣闻楚有七泽,当见其一……名曰云梦。云梦者,方九百里。"《说文·草部》:"薮,大泽也。九州之薮……荆州云梦。"《风俗通·山泽篇》:"薮者,泽也。……楚有云梦。……今汉有九州之薮……荆州曰云梦,在华容县南。今有云梦长掌之。"更有名的是汉高祖伪游云梦诱擒韩信的故事。见《史记·淮阴侯列传》云:"南方有云梦。发使告诸侯会,'吾将游云梦',实欲袭信。"

这样多的先秦至汉代的地理记载和历史文献所叙述的都是一个云梦泽,可是自唐代起妄生纷扰,颠倒错乱其名称,司马贞、李吉甫等人把它强分为二,倡为种种异说,都是不正确的。薛氏《古文训》、胡氏《锥指》、皮氏《考证》、孙氏《正义》所订正的是正确的。

⑥厥土惟涂泥——《史记》作"其土涂泥"。《汉志》作"厥土涂泥"。此州所载土壤与扬州同,《中国土壤图》今湖北绝大部分及洞庭湖周围的湖南省境,亦全为各种水稻土,确与扬州同。惟鄂东南及湖南省东部与南部为红壤。《禹贡》各州所记为代表该州的主要土壤,此与今科学观察所得相合。

⑦厥田惟下中厥赋上下——《史记》《汉志》皆作"田下中赋上下"。伪传:"田第八,赋第三,人功修。"是说荆州的田在九州中为第八等级,赋却是第三等级,是由于荆州的人民工作勤奋生产水平较高,因而所徵之赋就远远超过它的田的等级而居于九州中的第三等了。

⑧厥贡羽毛齿革惟金三品——《史记》《汉志》皆作"贡羽旄齿革金三品"。羽、毛、齿、革、金三品,皆见"扬州章"校释。《孔疏》:"扬州先齿革,此州先羽毛者,盖以善者为先。"

⑨杶干栝柏——《史记》所引四字同，《汉志》则"榦"作"干"。按《释文》："干，本又作干。"知《汉志》同另一本。《考工记》郑注作"荆州贡櫄干栝柏"。

"杶"，《释文》："敕伦反，又作櫄。"《说文·木部》"杶"，重文作"櫄"，云"或从熏"。《周礼》之《太宰》《考工记》两郑注皆引作"櫄"。《锥指》："《左传》'孟庄子斩其橁以为公琴'（按，见《襄公十八年》）。杜注：'橁，木名，杶也，琴材。'徐锴曰：'杶木似樗，中车辕，实不堪食。杶，又作橁。'苏恭曰：'椿、樗二树形相似，但樗疏椿实为别也。'苏颂曰：'椿木实而叶香，樗木疏而气臭，樗最无用。'……李时珍曰：'椿、樗、栲一木而三种，樗栲皆不材之木，不似椿坚实可入栋梁也。'渭按：杶、櫄、橁、椿为一木，字异而音义并同。杶与樗栲虽相似，而樗栲不材，贡之何为？则杶与樗栲实异种也。杶一作櫄，盖椿叶香故从薰，杶之为椿明矣。其材大抵中琴、中车辕。"是杶是一种可制琴主要是能制车辕的坚木。

"干"，通干。伪传："干，柘也。"《释文》："柘，章夜反。"《孔疏》："干为弓干。《考工记》云：'弓人取干之道七，以柘为上。'知此干是柘也。"按《考工记》又云："荆之干……此材之美者也。"郑玄注云："杶、干、栝、柏，四木名。干，柘干。"既径以干为一种木名，又释明干是柘干。其实《疏》已释明'干，弓干"。即弓干。王夫之《稗疏》云："孔氏以干为柘当之，柘而云干者，犹《诗》言'伐檀'而云'伐轮'也。"意谓伐檀为轮而言伐轮，则伐柘为干可称伐干，就以干代柘名了。究竟古人怎样辨认"干"的，已不能详。既然《禹贡》把杶、干、栝、柏四者并列，我们也只好从郑注认为是四种木名。是可作弓干的一种坚木。依伪传，当是制弓干首选之柘。也可能由于柘是制弓干之木，就称为干木。然《孔疏》下文说："杶、栝、柏，皆木名也。……柘木惟用为弓干……故举其用也。"林氏《全解》承之，进而以为"凡木可以为弓干者皆是"。《锥指》云："似胜旧说，盖干材颇多，不可遍举，故栝之曰干。"则干不主一木了，何以为贡呢。依《禹贡》意，干应指实为一木才行，虽为干之木可以有数种，进贡当优者。依传、疏据《考工记》意，固当是柘木。

"栝"，《释文》："古活反。"伪传云："柏叶松身曰栝。"然《尔雅·释木》："枞，松叶柏身。桧，柏叶松身。"《说文·木部》亦云："桧，柏叶松身。"则栝、桧实同。《诗·竹竿》毛传亦云："桧，柏叶松身。"彼处《释文》桧亦音古活反，则与栝音义全同。惟又音古会反，《锥指》："北音读栝为古外切，故又有木旁从桧之字。"桧字此音保存至今。《竹竿》疏遂谓桧、栝"一也"。《锥指》亦云："《传》云'栝'与《尔雅》'桧'同，《说文》解桧如《尔雅》，而栝不复出，则栝、桧实一木。"《锥指》又云："《集韵》云：'桧，古作栝，通作栝，《书》杶干栝柏。'《尔雅翼》云：'桧性耐寒，其材大可为棺椁及舟。今人谓之圆柏。'"又引李时珍《本草》曰："桧叶尖硬，亦谓之栝。今人名圆柏，以别于侧柏。"然后胡氏自云："栝乃柏之类，叶扁而侧生者为柏，俗谓之侧柏；叶尖硬而向上者为栝，俗谓之圆柏。"这都是柏叶松身、资质坚劲之木。

"柏"，即侧柏，见上。

⑩砺砥砮丹——《汉志》"砺"作"厉"。段氏《撰异》云："厉，《唐石经》作砺，俗字也，必卫包所改。"然今本《史记》已作砺，或者后人据《唐石经》改。王筠《禹贡正字》云："厂者山石之厓岩，故厉、底与石皆从之。暴厉、厉鬼皆借厉。底定、底贡皆借底。反于

正义,加偏旁以别之。然砥从石尚合,砺从厂又从石则重复。后世之言尚曰'砥厉廉隅',岂有《夏书》作'砺'者。《诗·大车》'周道如砥',《孟子》尚引作'厎',故《说文》列厎为正文。"《锥指》:"此四者皆石之类。"

"砺砥",《释文》:"砺,力世反。砥,音脂。徐:之履反。"《孔疏》引郑玄注云:"砺,磨刀刃石也。精者曰砥。"伪传承之云:"砥细于砺,皆磨石也。"是二者皆磨刀石,粗的叫砺,精的叫砥。(《孔疏》:"砥以细密为名,砺以粗粝号称。")《锥指》:"《子虚赋》言'云梦之石曰瑊玏玄厉'。张揖云:'玄厉,黑石,可用磨也。'是砺砥出云梦。"又引夏氏(当是夏僎)曰:"《山海经》谓荆山首自景山至琴鼓山,凡二十有三,而石多砥砺,则荆州贡砥砺,亦宜矣。"

"砮",《释文》:"砮,音奴,韦昭:'乃固反。'"《国语·鲁语》:"肃慎氏贡楛矢、石砮。"韦昭云:"砮,镞也,以石为之。"伪传遂云:"砮,石中矢镞。"苏轼《石砮记》:"余自儋耳北归江上,得古箭镞,槊锋而剑脊,其廉可划,而其质则石,此即所谓楛矢石砮。"《锥指》云:"因此可见古荆梁石砮之状。"《汇疏》引贾逵云:"砮,矢镞之石也。"是"砮"是一种可做矢镞的石头。依韦、苏说,此种石头做的矢镞即可称"砮"。《锥指》引王明逸云:"女直即古肃慎之地,今尚产楛矢石砮。石砮出黑龙江口,名水花石,坚利入铁。"可知砮为荆州特产,亦为东北特产。

"丹",伪传:"丹,朱类。"亦即朱砂。《汇疏》引:"贾逵云:'丹者,丹砂也。'王肃云:'丹可以为采。'今(明)辰锦所出光明砂并溪洞老鸦井所出尤佳。"《锥指》引:"苏颂《图经本草》曰:'丹砂,今(宋)出辰州、宜州、阶州,辰最胜,谓之辰砂。'渭按:《周书·王会》'卜人以丹砂'。孔晁注曰：'卜人，西南之蛮，丹砂所出。'王应麟补注曰：'卜人，盖今文濮人也。'《牧誓》注：'濮在江汉之南。'《左氏传》：'巴濮，吾南土也。'（按，《昭公七年》）然则卜人实荆域，故贡丹砂也。《通典》：'辰州贡光明砂四斤。'是辰产最胜。"《元和志》载唐时辰州确贡此物。辰州今湖南沅陵，尚以产朱砂擅名，仍称辰砂。《禹贡》以此为荆州之贡物，则知古已开采此物。

⑪惟箘簬楛——《史记》"惟"作"维"。《释文》："箘，求陨反。簬，音路。楛，音户。"《说文·竹部》："簬，曰箘簬也。……《夏书》曰'唯箘簬楛'。簵，古文簬。"又《木部》："枯……《夏书》曰'唯箘辂枯'，木名也。"是在《说文》中，"簬"有簬、簵、辂三体，"楛"有楛、枯二体。（又《木部》亦有"楛"，但引《诗》"榛楛济济"，不涉及此。）《史记集解》："徐广曰：一作'箭足杆'。'杆'即楛也，音怙。'箭足'者，矢镞也。或以'箭足'训释箘簬乎。骃案，郑玄曰：'箘簬，聆风也。'"段氏《撰异》："箭足非矢镞，正谓矢稿。……杆，于声。枯，古声，同在古音第五部。盖《古文尚书》作'枯'，《今文尚书》作'杆'，《古文尚书》作'箘簬'，《今文尚书》作'箭足'，非训释之谓也。"然皮氏《考证》云："案《史记》'篠荡'作'竹箭'，则'箘'作'箭'宜矣。'足'，疑'路'之坏字。"似段说求之过专，皮说简明切要。

"箘簬"，郑注为聆风，似为一物。《撰异》以为"合之《说文》，则箘簬合二字为名，乃是一物。"伪传云："箘簬，美竹。楛，中矢干。三物皆出云梦之泽。"则明以箘、簬为二物。故《孔疏》云："竹有二名，或大或小异也。箘、簬是两种竹也。"似单称为箘为簬，合称则为箘簬。仍为一物。颜师古注《汉志》："箘簬，竹名，楛，木名也，皆可为矢。"则显然以为一物。而此物特以坚劲称。黄氏《通考》："箘簵,竹名,竹之坚者,材中矢笴。"此当据《战国策·赵策一》:"董子之治晋阳也,公宫之垣,皆以狄蒿苫楚廥之,其高至丈余。……于是发而试之,其坚则箘簵之劲不能过也。"因特坚劲,故能为矢(曾旼尝述此事,元明清各家大都引曾氏说)。至旧《辞源》云:"箘簵,竹名,细而长,无节,可为矢。"是除坚劲外,此当为其可为矢的有利条件。惟不详其出处。

《汇疏》引《竹谱》云:"箘辂二竹亦皆中矢,《吕氏春秋》云:'骆越之箘。'然则南越亦产,不但荆也。"

"楛",上引《释文》音"户",《史记集解》音"怙"。《撰异》云:"《仪礼·乡射礼》郑注引'肃慎氏贡枯矢'。……然则郑所见《国语》古本作枯矢,与《古文尚书》合(指《说文·木部》引《夏书》作枯、《考工记》郑注引《尚书》亦作枯)。……木本有名枯音'姑'者。……许、郑所据《古文尚书》皆作枯。《释文》《正义》所据皆作楛,恐是讹字。"《释文》引马融注云:"楛,木名,可以为箭。"又引陆玑《草木疏》云:"楛形似荆而赤,其叶如蓍。"《国语》董增龄疏引《括地志》:"靺鞨国,古肃慎也,其人勇力善射,弓长四尺如弩,矢用楛,长一尺八寸,青石为镞。"又引阎若璩云:"混同江江边有榆树松树。枝既枯,堕入江,为波浪所激荡,不知几何年化为石,可取以为箭镞。榆化为上,松次之。西南去六百里长白山,山巅之险及黑松林遍生楛木,可取以为矢。质坚而直,不为燥湿所移。"可知楛矢是古代有名坚劲的箭,东北的肃慎族贡此物,荆州也产此物为贡。

⑫三邦底贡厥名——《史记》作"三国致贡其名"。《集解》:"马融曰:言箘簵楛三国所致贡,其名善也。"《汉志》惟"邦"作"国",师古注:"言此州界本有三国,致贡斯物(指箘簵楛),其名称

美也。"《史》《汉》"邦"字均作"国"或以为避刘邦讳。实际非避讳，而是当时传本之异文，详《尧典》"协和万邦"校释。此处伪传则释云："近泽三国常致贡之，其名天下称善。"

此"三邦"与"九江"皆指荆州境内一些地区，"三"与"九"皆古代约指多数，义见汪中《释三九》。《禹贡》作者为西北人，对东南方地理不能像对西北那样熟悉，也只能这样约略指称。依传所言"三物皆出云梦之泽"，自可以说"近泽三国常致贡之"。

"厥名"二字，《史记》《汉志》及伪传皆为"三邦底贡"句末，《孔疏》则云"郑玄以'厥名'下属'包匦菁茅'"。似以依郑玄连下读较妥，意为有名之物。

⑬包匦菁茅——《史》《汉》皆引录此原句。《释文》："匦，音轨。菁，子丁反。"《撰异》以为"包"当作"苞"，说见"扬州章"。此处并引《说文系传》苞字下及僖四年《左传》与《穀梁传》疏皆引作"苞匦"以为证。《史记集解》："郑玄曰：'匦，缠结也。青茅，茅有毛刺者，给宗庙缩酒。重之，故包裹又缠结也。'"郑释缠结，从"九"取义，通"纠"，即捆扎。段氏《撰异》："匦得训缠结者，匦读为纠，古音同在第三部也。古音篡、轨字皆读如九。……郑君于其同音得其义也。"郑玄此释是合于古代事理的。伪孔乃云："包，橘柚也。匦，匣也。菁以为菹，茅以缩酒。"（《说文》："菹，酢菜也。"即今之盐淹菜。）《孔疏》引王肃云："包，扬州'厥包橘柚'，从省而可知也。"伪孔承王说，遂读"包"断句，说包者橘柚，匦者菁茅。又以菁、茅为二物，与郑释为一物异。颜师古注《汉志》袭用伪孔意，惟知释包为橘柚不妥，加以变通。其注云："匦，柙也。菁，菜也，可以为菹。茅，可以缩酒。苞其茅匦其菁而献之。"林氏《全解》同意郑说

而略有修正，于伪孔、颜说则全反对。其言云："郑氏……谓其包而又匦，此说诚是也。若以匦为缠结则非矣。匦，匣也。菁茅供祭祀之用，既包而又匣之，所以示敬也。""孔氏以包为一句，谓包者橘柚也。案《左氏传》齐威公责楚贡包茅不入……则茅之有包，自古然也。以是知孔氏之说为未然。""颜师古云'包其茅匦其菁以献之'。亦不必如此分别。孔氏以菁、茅为二物……据菁即蔓菁也，处处有之，岂必贡于荆州耶？郑氏以菁茅为一物……义或然也。"《锥指》亦云："《吕氏春秋》云'奥区之菁'，则菁以扬产为美，未闻荆州味善也。且菁为七菹之一，何独与缩酒之茅同其贵重。郑注此经以菁茅为一物，符合《左传》，确不可易。"王氏《后案》亦据《管子》言之江淮之间产青茅（见下文），以为"菁茅，茅名，不可分而为二也"。至于伪孔以"包"为一句，"匦菁茅"为一句，非《禹贡》篇句法，终当以郑玄句读为是。

《周礼·甸师》云："祭祀共萧茅。"郑兴注云："萧字或为茜。茜读为缩。束茅立之祭前，沃酒其上，酒渗下去，若神饮之，故谓之缩。"是古代封建王公宗庙祭礼，捆菁茅立于祭前，洒祭酒于其上，酒渗下去了，就认为神已饮了酒，这就称为缩酒。荆州贡菁茅，即供王朝祭礼缩酒之用。但缩酒有另一说，《锥指》："魏华父云：'古无灌茅之义，所谓缩酒，只是醴有糟，故缩于茅以清之。若谓渗下去如神饮，此臆说也。'渭按《周礼·司尊彝》曰：'醴齐缩酌。'注云：'以茅缩去滓也。'解缩字甚明，仍不用先郑祭前沃酒之说。"按魏了翁（华父）宋人，何以比汉代之先郑（郑兴）更多了解古义？且将酒醴滤清只是造酒过程之事，何能比古代隆重祭礼中请神歆饮之礼重要？宋人往往按后代的眼光去理解古事，不知按古代重礼尊神的意图去理解古事，致有此失。如果只是过滤酒醴的技术性的事，而不是请神歆饮的宗教性大事，何至有劳齐桓公去责问楚国不贡包茅致误缩酒的大事呢？是仍以从郑兴说为合古人原意。

《管子·轻重丁篇》："江淮之间，有一茅而三脊，毋至其本，名之曰菁茅。"今湖北安陆以东迄于麻城、红安等地皆此区域，属荆州境。《括地志》"辰州"："辰州卢溪县西南三百五十里有包茅山。《武陵记》云：'山际出包茅，有刺而三脊，因名包茅山。'"《汇疏》引："《晋地理志》：'泉溪有晋茅，云古贡之，以缩酒。'（按见该志云陵郡，"溪"作"陵"）《溪蛮丛笑》云：'麻阳苞茅山，茅生三脊，孟康曰零茅，杨雄曰璅茅，皆三脊也。《尔雅》谓之藐，《广雅》谓之茈莫。《本草》云：'生楚地，三月采，阴干。猺人以社前者为佳，名鸦衔草。'今辰常并出，麻阳县苞茅山，在县东九十里，见《辰州府志》。"《锥指》补充云："靖州亦多有之。"又云："湖南产茅处虽多，终当以泉陵之香茅为正。泉陵今（清）永州府治零陵县及所领祁阳县，皆其地也。"

由此知菁茅为荆州南境有名特产，自古作为贡品，早在西周初就规定楚国进贡。至春秋楚不贡此，致齐桓公兴师责问。见《左传·僖公四年》齐桓公伐楚使管仲质问楚成王："尔贡包茅不入，王祭不共，无以缩酒，寡人是征。"楚王答："贡之不入，寡君之罪也，敢不共给。"可知这确为荆州这一地区政权必须入贡的贡物，《禹贡》的记载是有真实性的。

⑭厥篚玄纁玑组——"厥篚"，《史记》作"其篚"，《汉志》作"厥棐"，《释文》："纁，许云反。玑，音机。"

"玄纁"，《周礼·考工记·钟氏》云："三入为纁，五入为缬，七入为缁。"郑玄注云："染纁者三入而成，又再染以黑则为绀……又复再染以黑乃成缁矣。……《尔雅》曰：'一染谓之縓，再染谓之赪（赬），三染谓之纁。'……凡玄色者在绀、缁之间，其玄色为六入者欤?"贾公彦疏："此经及《尔雅》不言四入及六入。按《士冠礼》有'朱弦'之文，郑云'朱则四入欤'。……若更以此绀入黑汁即为玄，则六入为玄。"这是说染一次的织物叫縓，染两次的叫赪，染三次的叫纁。染四次的叫朱，染五次的叫绀，染六次的叫玄，染七次的叫缁。多染一次则色深一次，缁是最深的黑色织物，其次玄是赤黑色;纁是黄赤色织物。伪孔云："此州染玄、纁色善，故贡之。"作为贡物，自当是高贵的丝织品，"玄、纁"，是赤黑色和黄赤色的丝织物。

"玑组"，《说文·玉部》："玑，珠不圆也。"《汇疏》引《吕览》曰："人不爱昆山之玉、江汉之珠，而爱己之苍璧小玑。"因而《锥指》补充云："玑……字书又云'小珠也'。"《礼记·玉藻》有三段文字谈组绶(郑玄注："绶所以贯佩玉相承受者")。一段云："天子佩白玉而玄纽绶，诸侯佩山玄玉而朱组绶，大夫佩水苍玉而纯组绶……"《锥指》云："此佩玉之组也。"又一段云："玄冠朱组缨，天子之冠也;……玄冠丹组缨，诸侯之齐冠也;玄冠綦组缨，士之齐冠也。"《锥指》云："此冠缨之组也。"又一段云："天子素带朱裏，终辟。""大夫素带，辟垂;士练带，率下辟;居士锦带;弟子缟带。并纽约用组。"《锥指》云："此带纽约之组也。"并云："组之为用有三，唯佩玉之组贯珠，余则否。"可知古人用以缀饰物的宽的绶带有三种:佩玉的组，冠缨的组，带纽约的组。只有佩玉的组上缀以珠玑，所以又称"玑组"。其认为必是"玑组"为一物以入筐而不同意伪孔、林之奇等谓玄纁、玑、组三物入篚者,先后有吴澄、胡渭、江声、孙星衍等,大率以徐州玭珠、雍州琅皆不入篚,此亦不能入,当是丹玑之组乃能入之。《锥指》云:"此州所贡,正佩玉之组。君臣佩玉尊卑有等,故或用珠或用玑焉。"(王引之《经义述闻》谓玑为暨的假借,言玄纁及组。可备一说。但不假借常用字而假借冷僻字,是否?)

⑮九江纳锡大龟——《史记》"纳"作"入"。"纳"即入,详《尧典》"寅饯纳日"校释(今文作入,古文作纳、内)。"锡"即贡,已见扬州章"橘柚赐贡"校释。上文注③"九江"校释已述明九江产大龟,供太卜之用,故以为贡。邵望平氏《九州风土考古丛考》云:"在中国文化史上,龟灵观念由来已久。属于公元前三千年间大汶口文化的多处墓地上,以及河南淅川下王岗、四川巫山大溪、江苏武进墟墩等墓地上,都发现了以龟随葬的现象。古史传说中夏已有了龟卜。但考古学所能证明的是,商代后期龟卜始兴,尤以武丁期为盛,至西周仍不衰。岐山周原发现卜甲甚多,一窖所出竟一万七千余片。……纵观历史,龟卜当以三代为盛。命荆州贡大龟或可视为西周以前之史迹。"

⑯浮于江沱潜汉逾于洛——《史记》作"浮于江沱涔于汉逾于雒"。《汉志》作"浮于江沱灊汉逾于洛"(皮氏《考证》指出此洛字与下"伊雒"作雒不符,由后人改之,当从《史记》,皮说是)。关于《史记》"涔于汉"句,陆氏《释文》云:"本或作'潜于汉',非。"是《尚书》本有如此作者,不只《史记》如此。段氏《撰异》:"按《夏本纪》'浮于江沱涔于汉',则《今文尚书》有此于字也。……《无逸》篇无泾于观、于逸、于游、于田,以'泾'领四于字,此以浮领二于字,句法正同。陆氏误绝其句,故云'非'耳。"

综观《禹贡》用字通例，"浮"，指水路以舟径通。"逾"，越过。指水路不通须越过陆地才能到达。江、沱、潜、汉四水可径以舟通。四水与洛不通，故须逾陆地始能达。"洛"，当依《史记》作雒。"雒"，水名，是河南省境内今洛水的本名，它源出今陕西洛南县，东至河南巩县入河，与陕西境内入渭之洛水非一水。"雒"、"洛"二字判然有别。至魏黄初元年，以五行说改"雒"为"洛"，陕豫不同二水遂同用一名至今。

⑰南河——古代称今山西与河南分界的河叫南河（一称豫河），山西与陕西分界的河称西河（一称雍河），当时自大伾山（今浚县境）北折至今之天津附近入海之河称东河（一称兖河），这都是古时以"帝都"所在的冀州为主体所称的（详"冀州章"注①"冀州"校释）。

以上这一节，是"荆州章"。

荆河惟豫州①。伊、洛、瀍、涧，既入于河②，荥波既猪③，导菏泽，被孟猪④。厥土惟壤，下土坟垆⑤。厥田惟中上，厥赋错上中⑥。厥贡漆、枲、缔、纻⑦，厥篚纤纩⑧。锡贡磬错⑨。浮于洛，达于河⑩。

①荆河惟豫州——《史记》"惟"作"维"（汲古本误作"惟"）。《诗·王风谱》疏引郑玄云："豫州界自荆山，而北至于河。"伪孔云："西南至荆山，北距河水。"《蔡传》稍详云："豫州之域，西南至南条荆山，北距大河。"是荆山和大河之间是豫州。《锥指》详记了自汉至清初各代相当于豫州的疆域。《地理今释》则载豫州所当清代地域很具体。大抵其州境主要是今河南省，南及荆山以北的鄂北，即

西起竹溪,中经南漳,东及随县、麻城一线以北的湖北境,亦即以此线南与荆州分界;北则以西起潼关、东及浚县的黄河与冀州分界;东北以内黄、浚县、延津、封丘、曹县一线与兖州分界;东面北段以商丘、夏邑、永城、蒙城为境与徐州分界;东面南段以怀远以西之淮水及淮水以南之豫皖边界与扬州分界;西面北段以河雒之间的豫陕边界与雍州分界;西面南段以雒水以南的豫蜀边界延至鄂西竹溪之线与梁州分界。由于豫州处在九州之中心,除青州为兖、徐所隔外,与其余七州都接界。

豫州之得名,《释名》云:"豫州地在九州之中,京师东都所在,常安豫也。"李巡注《尔雅》云:"河南其气著密,厥性安舒,故曰豫。豫,舒也。"这都是妄说。辛树帜先生《禹贡新解》引丁山先生《九州通考》说,豫州以谢地得名,《诗·崧高》载周宣王为申伯营谢。当时"谢西之九州"为有名之地,《郑语》载郑桓公曾考虑迁往,自可据以为名。惟未及见丁先生文,不详其说。顾师《读书笔记》卷四第2257页即据以言"豫州得名于西周之国——谢"。

②伊洛瀍涧既入于河——《史记》《汉志》"洛"皆作"雒"。甚确。伪孔云:"伊出陆浑山,洛出上洛山,涧出沔池山,瀍出河南北山,四水合流而入河。"王氏《后案》驳之云:"今考汉陆浑、卢氏本二县,熊耳山在卢氏县西南五十里,不与陆浑接界,安得以熊耳为陆浑县西之山而云伊出陆浑山乎?陆浑山乃在今嵩县东北四十里,伊水经其下,非出也。新安、黾池亦本二县,涧水出新安,谷水出黾池,虽下流同,得通称,而上源本异,今乃云涧水出渑池山,是以谷源为涧源也,此不惟略也,而且误矣。至于河南、谷成亦本二县,魏始省谷城入河南,晋因之,故《晋书·地理志》河南郡有河南无谷

城。传云'瀍出河南北山',是岂西汉时谷城山已为河南县地乎？若谓河南指郡言,则上文伊出陆浑山,洛出上洛山,涧出渑池山,皆县也,何独于瀍两言郡不言县乎？孔安国为武帝博士,具见图籍,所言决不如是,知为魏晋人伪撰也。"苏轼《书传》乃云："伊水出宏农卢氏县东熊耳山,东北入洛。洛水出宏农上洛县冢岭山,东北至巩县入河。瀍水出河南谷城县潜亭北,东南入洛。涧水出宏农新安县,东南入洛。三水入洛,洛入河。"《蔡传》所释多误。蒋氏《地理今释》云："伊水出今(清)河南河南府卢氏县熊耳山(《县志》谓伊水出闷顿岭之阳者,古熊耳盘基甚广,闷顿亦熊耳也)。至偃师县南入洛。洛水出今陕西西安府雒南县冢岭山,至河南府巩县东北入河。瀍水出今河南府洛阳县西北谷城山,至县东入洛。涧水出今河南府渑池东北白石山,至洛阳县西南入洛。"大抵诸水情况如下：

"洛水",当依《史》《汉》作"雒水"。已见前"荆州"校释。发源于今陕西省洛南县(原雒南县)之北冢岭山(《山海经·中山经》称"欢举之山,雒水出焉"),东南流入豫境过卢氏县,折而东北过洛宁、宜阳、洛阳,至巩县入河。王樵《日记》云："豫之洛犹雍之渭。"意谓雒水之于豫州,一如渭水之于雍州,各为该州除大河外之主要河流。

"伊水",在雒水南,发源于今河南省卢氏县熊耳山闷顿岭,向东南流,折而东北经嵩县、伊川等县,至偃师入于雒水。

"瀍水",在雒水北,为一小水,发源于今河南省孟津县西北谷城山,东南过洛阳市,入于雒水。

"涧水",在雒水西北,发源于今河南省渑池县白石山,东南流合谷水，因而又称谷水。《国语·周语下》之"谷洛斗"（此洛字原必作雒，后人改），即此水。东经新安县，穿过洛阳市，所以《周语》言"谷洛斗将毁三宫"。然后自洛阳市东南入雒水。"入于河"，伊、瀍、涧三水俱入雒水，然后随雒水同入于河。

③荥波既猪——《史记》作"荥播既都"。《索隐》："《古文尚书》作荥波，此及今文并云荥播。播是水播溢之义。荥是泽名，故《左传》云'狄及卫战于荥泽'（按见《闵公二年》）。郑玄云：'今（汉末）塞为平地，荥阳人犹谓其处为荥播。'"《释文》引马融云："荥播，泽名。"陈乔枞《经说考》云："《汉书》作'波'，即'潘'之假借。《诗》'番惟司徒'，《古今人表》作'司徒皮'。《仪礼·既夕篇》'设披'，郑注云'今文披皆为藩'，是其证。《说文》作'潘'，《史记》作'播'，《汉书》作'波'，疑皆三家《尚书》之异文。"皮氏《考证》云："《索隐》谓播是播溢之义，非也。杨雄《豫州箴》曰：'荥播泉漆。'马注《尚书》作'播'，云'荥播，泽名'。郑注《周礼·职方氏》'其浸波溠'云：'波读为播。《禹贡》曰荥播既都。'《贾疏》：'《禹贡》有播水，无波。'吕忱曰：'播水在荥阳。'皆以'播'为水名。《说文》曰：'潘，水名。在河南荥阳。'播水盖即潘水。若以为播溢之义而云荥播，则不辞甚矣。"按《管子·五辅篇》"决潘渚"注："溢也。"是水溢成泽叫潘渚。潘即播，则播溢而成之泽称之为播，亦无不可。潘、播与波同音通用，称此种泽为潘为播为波，皆可。古荥泽，居民习称为荥播或荥波、荥潘，虽其地干涸，荥阳人仍旧称不改。可知荥播或荥波、荥潘为相承已久之湖泽名。故址在今河南荥阳县境。

《蔡传》以荥、波为二水，误自郑玄引此句证《职方》之波水。顾师即疑伪古文本之"波"字，即援郑注改"播"字为之，而与"荥"为二。至颜师古从郑说始明以此为二水。林之奇《全解》详加引证之。傅寅《说断》已辟其妄，邹季友《音释》、阎若璩《疏证》、蒋廷锡《今释》皆继有所论，可确知二水之说实误。

"既猪"、"既都"，同既"潴"，水聚会停蓄之意。已见徐州章"大野既猪"、扬州章"彭蠡既猪"校释。

④导菏泽被孟猪——《释文》："菏，徐音柯。"《史记》作"道荷泽被明都"。《汉志》作"道荷泽被盟猪"。知原当作"道"。《大传》"孟猪"作"孟诸"。《史记·索隐》云："荷泽在济阴定陶县东，明都音孟猪。孟猪泽在梁国睢阳县东北。《尔雅》《左传》谓之孟诸（见《僖公二十八年》）。今文亦为然，惟《周礼》称望诸（见《职方》）。皆此地之一名。"段氏《撰异》云："明、盟、孟、望古音皆读如盲，在第十部。诸、猪、都古音皆在今之九鱼，在第五部，皆同音通用。"皮氏《考异》云："此亦三家文异。"并补充了《说文》青州孟诸，《吕氏春秋·有始览》《淮南子·地形训》皆曰宋之孟诸。皆与《大传》同作孟诸。

《汉志》"济阴郡"下云："《禹贡》菏泽在定陶东，属兖州。"据《水经注》，古济水自定陶西南合小流菏水，流至定陶东北，于济水之东汇成菏泽。菏水复自菏泽出。至北宋时菏泽已涸。而菏泽确属兖州。其所以叙在豫州者，则在取其水以入本州之孟诸泽。参看徐州章"达于菏"校释。

"孟猪泽"，原注睢阳县东北，即今河南省商丘县东北。金履祥《书经注》云："自菏泽至孟猪凡百四十里，二水旧相通。"故能取彼挹此。伪孔释菏泽、孟猪地点皆误，惟释"被"云："水流溢覆被之。"

（《释文》"被，皮寄反"。颜师古注《汉志》云："言治菏泽之水，衍溢则使被及盟猪，不常入也。"林氏《全解》云："菏泽水盛，然后覆被孟诸。"是皆体会当水盛时，使菏泽水向南流入孟猪泽。据《元和郡县志》，此泽唐时尚周围五十里。《锥指》谓元代至元间归德府即今商丘所在的豫东地区屡被黄河冲决，禹迹不可复问，即孟猪泽也就消失了。

⑤厥土惟壤下土坟垆——《史记》作"其土壤下坟垆"。《汉志》照录原句。伪孔云："高者，壤。下者，垆。垆，疏。"《释文》："垆，音卢，黑刚土也。"《史记集解》引马融云："豫州地有三等，下者坟垆也。"颜师古注《汉志》云："高地则壤，下地则坟垆，谓土之刚黑者也。"《释名·释地》云："土黑曰卢，卢然解散也。"按，据冀州"厥土惟白壤"，雍州"厥土惟黄壤"，则此处"壤"上当脱一字。现姑依冀州章"壤"字之释义，释此州一般的土是无块柔土，低下之处是坟垆土。"垆"，《说文》释为黑刚土。按垆从卢，其义为黑。"坟"，有膏肥也。（兖州章"厥土黑坟"马融注）则"坟垆"是肥的黑色土。《中国土壤地理》释为分布于河南低地的石灰性冲积底层的深灰黏土与石灰结核，今豫晋人民尚有称为垆者。亦称砂姜，则即与兖州称为黑坟的砂姜黑土相近。《中国土壤图》载今河南境内西部为黄棕壤与棕壤，东部为潮土（即原冲积土），豫西北黄河沿岸则有娄土（是长期耕种熟化的土壤），当由周代土壤熟化而成。

现录存前人一说于此。明王樵《尚书日记》云："土不言色者，其色杂也（此据《蔡传》）。垆，土黑而疏也。《周礼》：'草人掌土化之法。'凡粪种，坟壤用麋，渴泽用鹿。土化之法，谓化之使美，若氾胜之术也。粪种，郑注谓煮取汁，今人不知其法。按《博物志》：'麋聚草泽而食,其场成泥,名曰麋暖,民随之种稻,其收百倍。'此即今人粪田法也。草人土化之法,有用麋用鹿,恐亦是之类也。坟壤,润解也。渴泽,故水处也。即此经所云坟垆也。"其说不一定全切合于此,然知古人有一种用动物粪便改良土壤之法。

⑥厥田惟中上厥赋错上中——《史记》作"田中上赋杂上中"。《汉志》作"田中上赋错上中"。伪孔释云:"田第四,赋第二,又杂出第一。"然此处《禹贡》原文未明言杂出第一,不如释为杂用第二等,可上下浮动。

⑦厥贡漆枲絺纻——《史记》作"贡漆丝絺纻"。《汉志》录原句唯去"厥"字。《史记》所作与兖州"贡漆丝"同。"枲",麻。"絺",精细的葛织物。并见"青州章"校释。"纻",陆玑《草木虫鱼疏》云:"纻,亦麻也。科生数十茎,宿根在地中,至春日自生,不岁种也。荆扬之间,一岁三收。今南越纻布,皆用此麻。"《汇疏》引此并引杜预云:"吴地贵缟,郑地贵纻。"可知纻即纻麻,至晋时豫境犹以纻为贵重物,显然远传自周代,故《禹贡》以之为豫贡。

⑧厥篚纤纩——《释文》:"纩,音旷。"《史记》作"其篚纤絮"。《汉志》作"棐纤纩"。伪孔云:"纩,细绵。"《孔疏》:"纩是新绵耳,纤是细,故言细绵。"颜注《汉志》亦谓纤纩为细绵。《汇疏》引孔鲋曰:"纩,绵也。絮之细者曰纩。"又引颜师古曰:"清茧擘之,精者为绵,粗者为絮。今则谓新者为绵,故者为絮。古亦谓绵为纩,或作纮。"这些都是释纤纩为细绵,亦即细纩,是一物。

林之奇《全解》云:"诸儒皆以纤纩为细绵,然先儒盖有以黑经白纬为纤者(按指徐州之"玄纤缟")。则纤纩之为二物,亦未可知也。"胡氏《锥指》云:"纤,亦缯也。"又云:"孔传云:'纩,细绵。'是以'纤'为'细'也。按,絮之细者曰纩,不闻纩更有粗细之分,且贡绵必细,何待言纤?纤、纩为二物无疑。"衡以徐州之纤为黑经白纬之缯,在一篇内不容有纷歧二释,似纤仍当为一物,与另一物纩为同时装筐入贡之物。

不过这些也用不着过于细求,像旧经师那样为一不重要小问题争执不已。

⑨锡贡磬错——《史》《汉》皆照录此句。伪孔云:"治玉石曰错。治磬错。"《孔疏》:"《诗》云:'他山之石,可以攻玉。'又曰:'可以为错。'磬有以玉为之者,故云治玉石曰错,谓治磬错也。"苏轼《书传》简明释之云:"治磬错也。以玉为磬,故以此石治之。"按,既然错可以治石治玉,则玉磬可治,石磬亦可治,何必一定以玉为之磬始以此错治之。伪孔但言"治磬错",较妥。

"锡贡",即纳贡,进贡。已见扬州章"橘柚锡贡"校释。经师们的"待锡命乃贡"之说,是望文生义的不正确说法。"锡贡磬错"即是进贡磬错。

⑩浮于洛达于河——《史记》作"浮于雒达于河"。《汉志》作"浮于洛入于河"。今见《唐石经》但作"浮于洛河",脱"达于"二字。

以上这一节,为"豫州章"。

华阳①黑水②惟梁州③。岷嶓既艺④,沱潜既道⑤,蔡蒙旅平⑥,和夷底绩⑦。厥土青黎⑧,厥田惟下上,厥赋下中三错⑨。厥贡璆、铁、银、镂⑩、砮、磬⑪,熊、罴、狐、狸织皮⑫。西倾因桓是来⑬,浮于潜⑭,逾于沔⑮,入于渭⑯,乱于河⑰。

①华阳——华山之南。华山在今陕西华阴县南。《汇疏》引《九域图》所载疏云:"华山,四州之际,东北曰冀,东南曰豫,西南曰梁,西北曰雍。"是华山为此四州的分界点。东北隔河为冀州,东南为豫州,依《禹贡》文意,其南为梁州,北为雍州。汉宣帝时始定华山为西岳。

②黑水——此处作为梁州西或南边界之水。实际来源于神话中,见《山海经·西山经》云:"昆仑之丘,是实为帝之下都。……黑水出焉,而西流于下杅。"又《海内西经》:"海内昆仑之虚……赤水出东南隅……河水出东北隅……洋水、黑水出西北隅……南入海……弱水、青水出西南隅。"又《海内经》:"北海之内有山,名曰幽都之山,黑水出焉。"又《南山经》:"灌阳之山,又东五百里曰鸡山,黑水出焉。"又《西山经》:"劳山,多茈草,弱水出焉。"可知即在同一部神话书中,有分别出自昆仑、幽都、劳山的三条黑水,又有分别出自昆仑、劳山的两条弱水。而《天问》中说:"黑水、玄趾,三危安在?"指明神话中这种水,原是不知其所在的虚无渺茫的水。《禹贡》不仅于梁州载了黑水,下文还有:"黑水西河惟雍州。"接着云:"弱水既西。"又"导川"有:"导弱水至于合黎,余波入于流沙。导黑水至于三危,入于南海。"《禹贡》本来是谨严的科学性地理著作,所载皆现实的自然地理有关情况,独独受《山海经》《天问》影响,采用了黑水、弱水这两条神话中的水,把它杂入自然地理篇章中,必然扞格难通,于是为了落实其地点,就造成了种种纷歧和争议。也有好事者提出种种设想,及寻觅适宜的一条水为《禹贡》黑水,于是问题就多。

首先,作为梁雍两州州界的水,就得确定它的方位。汉代承秦火及战乱之后,典籍多亡,《汉书·地理志》《续汉书·郡国志》都不载黑水所在。《淮南子·地形训》但言:"水有六品,黑水其一也。"高诱注:"黑水在雍州。"自汉至北宋的经师,遂从事黑水的探求,而都以为梁州、雍州、导川的黑水,就是一条水,在梁、雍二州之西。较早言其为两州之界者,是《公羊传·庄公十年》疏引郑玄注梁州云:"梁州界自华山之南,至于黑水也。"注雍州云:"雍州界自黑水,而东至于西河也。"《全解》引王肃云:"西据黑水,东距西河。"然郑、王原注不传,传世而有影响者为伪孔。其释梁州云:"东据华山之南,西距黑水。"释雍州云:"西据黑水,东拒河。"释导川云:"黑水自北而南,经三危,过梁州,至南海。"杨守敬《尚书本义》云:"《书正义》引《水经》云:'黑水出张掖鸡山,南流至敦煌,过三危山,南流入于南海。'此则明明合雍梁之黑水三危贯而一之。伪孔……似窥见《水经》者。"意谓伪孔实袭《水经》之说。东晋以后迄唐宋学者大都遵伪孔说。《孔疏》即曲为敷释其义,《全解》引曾旼(《尚书讲义》)承伪孔之说总言之云:"梁州雍州之西境皆至黑水。"黄氏《书通考》引李氏《声教图》亦以为"在雍梁二州之西,必黑水也"。这些都以黑水为梁雍二州西边之界。胡渭《锥指》指出:"黑水,诸家遵孔传谓出雍历梁入南海,为二州之西界,故其说穿凿支离,不可得通。"

至苏轼《书传》云:"自华山之南至黑水,皆梁州。""雍州,西跨黑水,东至河。河在冀州西。"没有把黑水说为梁州西界,已与伪孔异。虽没有明确说为南界,但暗示了由华山南至黑水。其"西跨黑水"之说则影响《蔡传》修正伪孔,变为:"梁州之境,东距华山之南,西据黑水。""雍州之域，西据黑水，东距西河。"（此依王肃注）将"距""据"二字互换。自后元明《禹贡》之作大都承用蔡氏此二语。按《禹贡》语例，"距"是抵其地，不越过其地。"据"是跨越其地。前面各州往往见此用法（如兖州"东南据济、西北距河"。青州"东北据海、西南距岱"）。苏、蔡之说，是对伪孔说的第一种修正。但仍以梁雍二州之黑水与导川入南海之水为同一条水。

《孔疏》已对此说感到有问题而加以弥缝云："案郦元《水经》：'黑水出张掖鸡山，南流至敦煌，过三危山南，流入于南海。'然张掖敦煌在河北，所以黑水得越河以入南海者，河自积石以西皆多伏流，故黑水得越而南也。"《全解》驳之云："据黑水从西北历数千里以流入于南海，其流当甚大，岂有河流伏于其下，黑水得越其上之理。唐孔氏盖顺经文配合地理家而为之说，不足信也。……此说难以折衷，姑阙之以俟博学之君子。"杨守敬《本义》亦云："《书·正义》以伏流解之，但南北数千里，山水间隔，断无截越之理。"事实上并没有一条发源于西北经西南以入南海之水，经师们为了尊经而相信有这么一条水，于是就成了一无法解开的死结。

对伪孔的第二种修正，即将作为梁州西界的黑水改为南界，且为另一条黑水。首倡此说者为南宋薛季宣《书古文训》云："梁州北界华山，南距黑水。黑水，今泸水也。"是明确以梁州南界为另一水，而非"导川"的那条水。又释雍州云："黑水出甘州张掖县，南至三危，经徼外入南海。"虽照录了导川的黑水源流，但说"经徼外"，而不是伪传所说的"过梁州至南海"，自然不是梁州这条水了。到释"导川"时说："黑水自张掖至沙州敦煌县，经三危山，流出徼外。《书》谓'南流入海'，其当时之所见耶？夏之西境极于流沙，而知黑水之所归。"则薛氏进而明确怀疑这条导川所谓至三危入南海之水的可靠性,以为难道是当时亲眼看到的吗?并说夏禹时最远的西界是流沙,则《禹贡》黑水只应该归于流沙了。语真勇决,等于根本否定了有一条出于西北入于南海的黑水了。但我们也应理解,《禹贡》作者之所以肯于相信《山海经》黑水入南海之说而采入篇中者,实亦由于秦开巴蜀通西南夷后知有横断山脉诸水南流入海的这一事实的反映。由于薛氏书为隶古奇字本,读者较少,所以当时影响不大。林氏《全解》在怀疑伏流之说后,仍然说:"三危距南海凡数千里,禹之导黑水也,至三危即得黑水之故道,从此以道南海。"可见儒生依违经义之窘态。

至明代韩邦奇《禹贡详略》提出自己的见解云:"梁州自有黑水为界,与导川之黑水不相涉。"与薛说异曲同工。清代《锥指》充分肯定韩说的正确,并录薛说云:"黑水,今泸水也。"明确了梁州黑水即南方的泸水,而非北方三危的黑水。《锥指》在释"雍州章"时亦说明:"梁州之黑水别是一川,非为雍州西界者也。"阮元支持此说,在其《揅经室续集·云南黑水图考》中以为两州各有黑水,名同而地异。但儒生们仍多狃于旧说而维护为一水,如王鸣盛《后案》仍循旧说弥缝之云:"盖黑水在西徼外,故梁雍皆以是为西界。但梁在华阳,雍在华阴,故雍但以为西界,梁则兼以为西南界。"而后陈澧《东塾集·黑水说》、黄以周《黑水考》(载《诂经精舍三集》)亦皆循旧说以为同一水不能分为二。但进而辨析其非一水者渐多,至有以为是三水者,前于此者有蒋廷锡《地理今释》即以梁州黑水为金沙江,雍州黑水为大通河,导川黑水为澜沧江,是明确分为三水。其后陶澍《蜀輶日记》亦云:"《禹贡》言黑水有三,一雍,一梁,一至

721

三危入于南海，本非一处……不必强合为一也。"《本义》谓阎若璩亦持此说。江永《群经补义》同意蒋氏金沙江为梁界之说，反对余二说，而以肃州黑水为雍界。并以其水入西海，以为《禹贡》南海为西海之误，意谓肃州黑水亦即导川之黑水。俞正燮《癸巳类稿·黑水解》亦以雍州与导川之水为一，惟系在敦煌入色尔腾海之水；梁州黑水则金沙江。并说"雍州黑水必不入南海，梁州黑水必不至三危"。是以雍与导川为一，梁为一。杨守敬说则相反，其《禹贡本义》云："黑水西河惟雍州，此雍州之黑水也。华阳黑水惟梁州，此梁州之黑水也；导黑水，亦梁州之黑水也。"是以雍为一，梁与导川为一。可见自南宋以后特别是自明迄近代治《禹贡》的学者们，各就己见纷纷提出了企图解开这死结的说法。

为了较清楚认识这一问题，现在只好先尽量搜列有关黑水的资料，依次清理，以明其究竟。由于民间有喜攀附古地名的习俗，而此处明载在经典中的黑水，附会之者会多。当然亦不能说民间没有称为黑水之水，杨守敬《本义》说："古人简质，遇水之清澄者即谓之白水，遇水之深黝者即谓之黑水。"这确实是事实。但确因载在经典中的黑水，才有人会高兴去牵合附会它。这又是常态。

由于《禹贡》叙此水导自西北过三危入南海，故此处依此顺序，先寻绎西北诸黑水，继寻西南诸黑水。

（一）西北诸黑水说：依自西向东顺序，最东四水则自北向南。又资料多出自唐宋，常用唐代州名。兹为统一计，一律冠以唐代州名，以便使自西向东顺序清楚。现依次分列如下：

（1）伊州伊吾（今新疆哈密境）黑水。《夏本纪》"道黑水……入于南海"下《正义》云："《括地志》云：'黑水源出伊吾县北百二十里,又南流二十里而绝。''三危山在沙州敦煌县东南四十里。'……
其黑水源在伊州,从伊州东南三千余里至鄯州(今青海西宁市境)。
鄯州东南四百余里至河州(今兰州南临夏市境)入黄河。……其黑
水当洪水时,合从黄河而行,何得入于南海?南海去此甚远,阻隔
南山陇山之属,当是洪水浩浩处,西戎不深致功,古文故有疏略
也。"提出了西北黑水不入南海之说,是正确的。但既说流二十里
而绝,又说流三千四百里入黄河。显见是根据"有疏略"的资料为
说。《敦煌县志》云:"黑水,《括地志》出伊吾县北百二十里,东南
流绝三危山,二千余里至鄯州,又东南四百余里至河州入黄河。"
(据《癸巳存稿》引)同据《括地志》但将二十里改为二千里,而不作
三千里。《锥指》云:"杜佑云:道元注《水经》,锐意寻讨,亦不能知
黑水所经之处。唐初魏王(李)泰撰《括地志》,又云黑水出伊吾县
北。……所谓南流绝三危者,竟亦不可复寻。按伊吾县唐伊州治
也。本伊吾卢地,贞观初内附,乃置郡县。"又云:"今河州黄河之
北,唯湟水合浩亹水入河,不闻有水自沙州(敦煌境)东南流经鄯州
至此入河者,所谓黑水,将安在乎?"《锥指》在释雍州黑水时,说出
伊吾之水绕出河源之外而入于南海。比《史记正义》不入南海之说
陋劣多矣。蒋廷锡《今释》以至河州入河之水(俗名大通河)为黑
水,故以《括地志》所云出伊吾至河州入河之说为合。惟以为"今黑
水上源为流沙壅塞,已无遗迹可考。其下流为大通河……历西宁
卫东南至河州入河。西宁即唐之鄯州"云。大通河即古浩亹河,在
今青海东北边境,去新疆哈密绝远,怎能以之合于伊吾黑水?江永
《补义》以此水自西向东南流不能为西界,反对蒋氏大通河之说,
亦足。

按，新疆叶尔羌城外自有一黑水，见魏源《圣武记·乾隆戡定回疆记》云："葱岭北河经喀城外，葱岭南河经叶尔羌城外，土人称北河为赤水河，称南河为黑水河（注：回语称赤曰乌兰，称黑曰哈喇，水皆曰乌苏）。"是该地居民以自己语言所称的一条黑水。

（2）沙州敦煌（今甘肃省最西境）黑水。由于境内有三危山，黑水过其下，因而敦煌有黑水。《水经注》"江水东过江阳县南"下云："《山海经》曰：'三危在敦煌南，与岷山相接，山南带黑水。'""三危"，详《尧典》"窜三苗于三危"校释，亦南北各地攀附有三危。其主要一说在敦煌，其黑水来源有东来、西来二说。东来说谓出自甘州张掖。《水经注》："黑水出张掖鸡山，南流到敦煌，过三危山。"详下文张掖黑水。西来说谓出自伊州伊吾。《锥指》云："据《括地志》言出伊吾南流绝三危山，则当自敦煌北大碛外流入郡界，南经白龙堆东，三危山西，又南经吐谷浑界中，又南经吐蕃界中……入南海。"又云："自甘州以至伊州凡一千五百余里，邮传不绝，宦游之士，商旅之徒，与夫出使西域者，往来如织，而不闻言敦煌之西有黑水焉，此杜佑所以复有年代久远或至堙湮之说也。"

敦煌本地之水亦有被指为黑水者，即党河，又有色尔腾河。见俞正燮《癸巳类稿·黑水解》引《明都司志》云："党河，《汉书》龙勒县有氐置水，出南羌中，东北入泽，溉民田。"又云："色尔腾海子，旧志在沙州西南，四周有山围绕，水不常流。色尔腾河由巴彦布喇至鄂尔打坂止二百九十里。黑海子，旧志在沙州西北大泽，番名哈喇脑尔。党河之水自南来，以此泽为归宿。依敦煌目验之言，黑水至三危者止入黄河。其近三危之水入海者，乃色尔腾海子。是《禹贡》导水之黑水，今为色尔腾河、党河矣。"《黑水解》下文说"河源江源以北,水无入南海者",因而定此地之黑水所入者为此地黑海子或色尔腾海子。

这种即流入西北本地海子的情况,可从古文献中得到印证。见《水经·河水注》"南河又东径且末国北"下:"《释氏西域记》曰:'阿耨达山西北有大水,北流注牢兰海者也。其水北流径且末南山,又北径且末城西。'(按似即今车尔臣河)……《释氏西域记》曰:'南海,自于阗东北于北三千里至鄯善,入牢兰海者也。'(按似即今塔里木河)此两水皆入牢兰海(《汉志》作蒲昌海,即今新疆罗布泊)。据《括地志》沙州寿昌县载:"蒲昌海,一名泑泽,一名盐泽,亦名辅日海。一名牢兰海,一名临海,在沙州西南。"而大典本《水经注》称之为南海,是远在哈密以西之且末水、塔里木河皆入新疆境内的南海,亦犹党河之入黑海子。则古籍中谓黑水入南海,当同样是说入西北地境内的南海。儒生们误牵合于中国大陆以南之南海,自然说不通。又有所谓乌海,亦被称为黑水。见元黄镇成《书通考》引《声教图》云:"乌海,自三危至吐蕃,南合丽水经天竺之东以入南海,在雍梁二州之西,必黑水也。"则把三危之水,因循《禹贡》之说说成入南海。

(3)肃州(今甘肃酒泉境)黑水。《肃州卫志》云:"卫西北十五里有黑水,自沙漠中南流,经黑山下,又南合于白水。白水在卫西南二十里,源出卫北山谷中,南流与黑水合。又有红水在卫东南三十里,源出卫南山谷中,西流会于白水,入西宁卫之西海。"《锥指》引此段后云:"然则此黑水合白水与红水俱入临羌仙海,未尝过三危入南海也。"《锥指》又引焦竑《禹贡解》云:"今《舆地图》肃州有黑水,南流至积石几及三百里,不与积石河通,此为《禹贡》之黑水无疑。但其去南海辽远，而交南久弃，无从考其入海之道耳。"江永《群经补义》谓焦说得之，以为"惟考之未详，不知此水从鲜水入西海，非南流至积石"。又云："肃州之黑水，《志》云'入西海'，愚疑经文本云'导黑水，至于三危，入于西海'。后来经生相传，误以西海为南海耳。"意在消解西北黑水不当入南海之矛盾，惟以西海为青海。《锥指》述雍州除《禹贡》黑水之外有十黑水，其第十云："在今肃州卫西北，自沙漠南流，合白水红水至西宁卫入西海。"《寰宇记》云："酒泉县有鸿鹭山，《穆天子传》'天子循黑水至于璧玉之山'是也。鸿鹭山今名嘉峪山，在肃州卫西，旧志云即璧玉山也。"这是肃州原自有称为黑水之水，入于西海，正如于阗、且末之水入于南海（牢兰海）、党河入于黑海子一样，初与《禹贡》黑水无关，而焦竑硬牵合为一。

《三国志·乌丸传》裴注引《魏略》云："匈奴衰，分去其奴婢，亡匿在金城、武威、酒泉北黑水西河东西。"是肃州酒泉之北自有黑水。

《宋史·夏国传》载西夏境内分设十二军司，肃州设有黑水镇燕军司，其北即今额济纳旗境有黑水城，设有黑山威福军司，都是由于肃州黑水而得名的。清季各帝国主义文化掠夺者擅取我国文物（英斯坦因、法伯希和最著者），俄国科兹洛夫于1909年在我国内蒙古额济纳旗的黑水城遗址掘获大量西夏王朝文献，为西夏文、汉文、藏文、回鹘文的成卷成册的书籍，少数残页残片，共编成八千多个编号，十五万多文页，藏圣彼得堡。可见此黑水城为当时重要的政治文化重镇，看到此肃州黑水在历史上起过的重要作用。

（4）甘州张掖黑水。这是各种文献纷纷称引最多的一条黑水。

且说成是出张掖经三危入南海的水。最早是神话书《山海经·南山经》所载："灌湘之山……又东五百里曰鸡山，其上多金……黑水出焉，而南流注于海。"其后《孔疏》所引《水经注》云："黑水出张掖鸡山，南流至敦煌过三危山，南流入于南海。"《锥指》指出，《山海经》之鸡山，"不知在何郡，郭璞无注。而《孔疏》引《水经》，以为出张掖之鸡山，检今本无此文，盖其书有散逸耳"。又指出："郦道元始云黑水出张掖鸡山，而其所谓南流至敦煌过三危入南海者，不过顺经（指《禹贡》）为义。与他水历叙所过之郡县者，详略相去远矣，故杜佑云：'道元注《水经》，锐意寻讨，亦不知黑水所经之处。'（按，见《通典·州郡五》）"这是《禹贡》承用神话虚幻之水置之雍梁入之南海，《水经注》又承用《禹贡》，并将神话中的鸡山落实在张掖，虚幻之水变为实有之水（而不自知其"入南海"仍是虚幻的）。于是裴骃《史记集解》、颜师古注《汉书》、孔颖达《尚书正义》、杜佑《通典·州郡》、薛季宣《书古文训》及其他宋元明清学者皆从同或引录此说。而后有地方志书把它实定下来。《锥指》据《太平御览》引《张掖记》云："黑水出县界鸡山，亦名玄圃，昔有娀氏女简狄浴于玄止之水，即黑水也（此亦附会）。"《锥指》因而云："据此则鸡山当在甘州张掖县界，汉为觻得县地，今（清）陕西甘州卫西有张掖河，即古羌谷水，出羌中，北流至卫西为张掖河，合弱水，东北入居延海，俗谓之黑河。"此水即《禹贡》下文所说之弱水及其下游之合黎水，《汉志》之羌谷水，《括地志》云："合黎水，一名羌谷水，一名鲜水，一名覆表水，今（唐）名副投河，亦名张掖河。"是此张掖黑水，实际是指今地图所见的过张掖西南，西从祁连山来，向西北转东北流经沙碛入嘎顺诺尔湖泊（古居延海境）的黑河，并不从同虚幻的入南海说，所以《锥指》只好叹息："此水并不经三危入南海，安得以此为《禹贡》之黑水耶？《山海经》明言南流注于海，必非东北入居延之张掖河，其鸡山恐亦不在县界也。"而明韩邦奇《禹贡详略》谓："今（明）行都司（明陕西行都司即今张掖）高台、镇夷二所（今甘肃省高台、天城两地）境，即弱水合张掖河出塞入居延海者，俗谓之黑河，为《禹贡》之黑水。"清杨守敬《禹贡本义》亦云："雍州之黑水难以确指。然有《张掖记》黑水出县界鸡山，又有《水经》以为证，是以《汉志》之羌谷水当之，约略是矣。"是笃信经义者必欲以张掖黑河称羌谷水者为《禹贡》黑水，于其北入居延海而非南入南海的事实也不顾了。

这一从祁连山来的黑河，至今犹畅流，顾师《笔记》录林少川《游记》于游玉门油矿时云："祁连山下，怪石嵯峨，悬崖欲坠。两峰夹江，水流湍急，俗呼石油河。因山中石油涌流河中，河水尽黑，故亦称黑水河。"《游记》并谓此水亦产金沙，淘金者颇多。这是关于张掖黑水近代所见资料。

（5）河州（今兰州西南临夏市境）黑水。蒋氏《地理今释》说有人指河州大夏河为黑水，但未举明出处，不详何人所指。其文云："河至积石，北则大通河入之，南则大夏河注之。二水入河之口，南北相值。后人或遂指大夏为黑水。黄河而南之迹不知，大夏虽在黄河之南，实仍在南山之北，且其源自南而北，与山南入海之水绝不相通。"是举出大夏河被称为黑水，而又加以否定。

（6）渭州（今甘肃省渭源、陇西境）鸟鼠之西黑水。亦由于相传三危在此而黑水亦在此。纬书《河图括地象》云："三危在鸟鼠西，南与汶山相接，黑水出其南。"《孔疏》录郑玄引《地记》及《汉书·

司马相如传》注皆同此说（惟"汶"作"岷"）。《通典·州郡五》在引伪孔后，继云："郑玄云：'按三危在鸟鼠之西，而南接岷山，又在积石之西，南当黑水祠，黑水出其南肋。'此云经三危（指伪孔），彼云其出，明其乖戾。"这是唯一说黑水出于三危之一说。其他诸说皆云过三危。

(7)宕州（今甘肃省南部宕昌境）东女黑水。见傅寅《禹贡说断》引程大昌《禹贡论》谓黑水即叶榆泽以入南海，因而傅氏评之云："则雍州无黑水矣。故（程氏）又求《唐史》东女弱水为黑水之上源（详见《尧典》"窜三苗于三危"校释）。……而东女弱水前此未有黑水之称，称黑水自程公始。……又三危山无所证着，以三苗遗种在宕昌，疑其当在东女弱水旁。凡此皆余所未敢执以为实者也。"而《蔡传》则证成"宕昌即三苗种裔与三苗之叙于三危者"。按程大昌以樊绰指丽水为黑水（见下文），嫌其狭小，易为叶榆水。《锥指》评之云："大昌之谬，远过樊绰；杏溪（傅寅）之识，远过九峰（蔡沈）。"是断言傅、蔡所倡宕昌黑水之说为不确。

(8)扶州（今甘肃最南边界文县及紧邻川省南坪境）尚安县黑水。其地在四川松潘县境。《水经注》云："黑水出羌中，西南经黑水城西，又西南入白水。"《通典·州郡四》"古雍州"："扶州尚安县（在今南坪县之北紧邻甘肃舟曲县）。县有黑水。《元和志》云：'出县西北素岭山。'"地正处岷山之东。南朝宋元嘉二年，西秦乞伏炽盘遣将南击黑水羌酋丘担，破之。又唐贞元八年，山南西道节度使严震攻吐蕃于黑水城。等等。薛季宣《书古文训》云："今（宋）岷山东峰大面下亦有黑水，盖一小溪，不足以为州界。"是为此地本名黑水之水。在今南坪县西北，九寨沟之北，自西而北，东南流过南坪县以南即为白水江。

（9）秦州（今甘肃省东部秦安、天水市境）黑水有二。今自西向东录之。一为伏羌县黑水，见《锥指》云："今（清）巩昌府（府治今甘肃陇西县）伏羌县（今甘肃甘谷县），县西有落门聚（今洛门镇）。《水经注》云'渭水自落门聚至黑水峡，水出南山，北流入渭'是也。"则即洛门镇南之落水，出南面的太阳山，北流至此入渭。二为秦安黑水。见《锥指》云："在今秦安县（在甘谷县东），《水经注》云'黑水出黑城北，而南径黑城西，至悬镜峡，又西南合瓦亭川入渭'是也。"瓦亭川即今甘肃天水北自西吉、静宜、秦安南下入渭之葫芦河。从《中国历史地图集》上看到，宋以后元明清在它东面西南流入瓦亭川者，较北有一水（宋明称好水河，清称甜水河，在静宜流入），较南有二水（水洛川、略阳川，在秦安北流入）。据《锥指》所说黑水在秦安，则当指较南之水洛川、略阳川二水中之一水。

（10）原州（今甘肃平凉市地区）固原北黑水。见《锥指》云："在今平凉府固原州北。《志》云'大黑水北流合小黑水，至宁夏卫（今宁夏）入河'是也。"所谓《志》当是《明一统志》。今查《明史·地理志》"平凉府固原州"下但云："又北有黑水，北流入于大河。"又"宁夏卫"云："又东有黑水河。"《地名辞典》云："有大小二黑水，道出甘肃海源县南，东流合领减都河、硝河、海子河，至固原县半入于清水河。《水经注》：'高平川遥太娄城合一水。水有五源，总为一川，即此地也。'"是知由海源经固原流至宁夏入河，有一条较长的黑水。

（11）庆州（今甘肃东北庆阳境）安化黑水。见《锥指》云："在今（清）庆阳府安化县。《志》云'源出太白山，西南流经环县、宁州

（今宁县），会九龙川，至西安府长武县入泾'是也。"所引《志》仍为
明志。今查《明史·地理志》"庆阳府安化县"下云："又西有黑水
河，源出县北之太白山下，流至长武县合于泾河。"又"环县"下云：
"又南有黑水河。"由各县所记本县之水较可靠，显然此黑水是源出
安化县北之水，其上游正处于环县之南。而非出于环县之北颇远
的宁夏后卫境，南流经环县、安化、宁州而后至长武入泾的上游称
环河，下游称马莲河之水。《锥指》所据资料将两县者误合为一，而
将长白山移至宁夏后卫，所以致误。今《中国历史地图集》绘列明
白，此黑水河出自安化县之北，自在环县南，而后南流合于蒲水，至
长武县入泾。

（12）陇州（今陕西陇县一带）岐州（今陕西凤翔岐山一带）黑
水。见《魏书·肃宗纪》："孝昌元年，萧宝夤、崔延伯大破秦贼于黑
水，斩获数万，天生退走入陇西（北魏陇西郡治在今甘肃陇西县），
泾（今甘肃平凉、泾川等境）岐及陇东（北魏陇东郡治在今甘肃泾源
县）悉平。"又《崔延伯传》："秦州城人……莫折天生下陇东……进
屯黑水，诏延伯与行台萧宝夤讨之。宝夤与延伯结垒马嵬（在咸
阳、武功之间）……延伯选精兵数千下渡黑水……大破之。"按莫折
天生自今甘肃秦安、天水境，进据泾原、平凉，既陷陕西陇县境，屯
兵黑水。崔延伯自武功以东之马嵬进渡黑水，击败天生军，则这一
黑水在陇县、武功之间。在这一地段有三水：较西者为经陇县、千
阳至宝鸡入渭古称汧水今称千河之水，稍东经凤翔至武功合诸水
入渭古称雍水之水，较东者为自岐山北经麟游折而至武功会诸水
入渭古称杜水今称漆水河之水。就当时崔延伯军自马嵬渡黑水进
击来看，很可能此黑水即漆水河。是元魏时此水径称黑水。

（13）夏州（州治在今陕北横山县西边界之白城子，州境达内蒙古伊克昭盟）奢延黑水。见《锥指》云："在今（清）榆林卫（今陕西榆林、米脂境）西北废夏州界。《水经注》云'黑水出奢延县（县治在白城子西南，县境包括白城子在内的红柳河北岸地区）之黑涧，东流合奢延水（即今红柳河）入河。赫连勃勃筑统万城于黑水之南'是也。"统万城即在今白城子境，在其北之黑水，自西向东南流至今雷龙湾入奢延水（红柳河）。《梦溪笔谈》卷二十四云："黑山在大漠之北……予奉使，尝帐宿其下。山长数十里，土石皆紫黑，似今之磁石。有水其下，所谓黑水也。"《地名辞典》谓此水"源出鄂尔多斯前旗西南，蒙古名库葛尔黑河，一曰哈柳图河，一曰吃那河。东入边墙，至陕西横山县北，东流为无定河。"《晋书·载记》赫连勃勃于黑水之南营都城，即在此水之南。此水唐称乌水，其前后各代皆称黑水，似为其本名，非攀附《禹贡》之名。

（14）延州（今延安地区）黑水有二，今自北向南录之。一为安定县（今延安北子长县西安定镇）黑水。见《锥指》云："在今（清）延安府安定县，合白水东流至延川县入河。《志》云'旧置黑水堡，因水以名。宋元丰五年种谔遣曲珍攻黑水安定堡'是也。"此黑水源出安定西北王家湾附近，东流至清涧，折而南合白水于延川县境，东南入河，历代或称秀延水，或称吐延水。明称清涧河，今亦称清涧河。所谓白水，《历史地图集》各代皆不见绘列出，清代始绘有称永平川之水，今称永坪河。二为定阳县（今延安南甘泉县正东临镇之地）黑水。见《锥指》云："在今（清）延安府洛川县。《水经注》云'黑水出定阳县西山，东南流径其县北，又东南合定水入河'是也。"《历史地图集》"北魏图"绘出此黑水，在定阳西有北源南源二流,至定阳西北合而东南流入河。惟未见定水,是否以南源为定水?然又非在东南会合。唐以后南北二源之水同,惟各代称库利川,明又称汾川水,清沿此称。今上游称临镇川,下游称云岩河。而图上无北源,只临镇川出南泥湾。而皆不见有定水。另有一条出自定阳(临镇)西南的银川水,正在洛川县之北(明时洛川在今洛川之东),东南流至宜川县合丹阳川入河。则银川水似可牵合黑水,丹阳川似可牵合定水,是否较合《锥指》之说?《地名辞典》正以径宜川县入河之水为黑水,以库利川又名麻洞川,又名云岩河,实即《水经注》之黑水。另在此区域之西,亦即富县之西,有黑水寺之地,保存了黑水之名。

(15)唐京畿道、清西安府盩厔(今周至)黑水。见《锥指》云:"在今(清)西安府盩厔县,《水经注》云'就水出槐里县南山,历竹圃北与黑水合,北流注于渭'是也。"《明史·地理志》"西安府盩厔县"下云:"西南有黑水流入焉……并北入渭。"《癸巳类稿·黑水解》云:"自南山黑谷北流于盩厔西南入就水者,亦名黑水。"《历史地理图》自三国以来各代图大都将盩厔以南此水称为芒水,《水经·渭水注》即载至竹圃会黑水之水有芒水。至元代图标此水为黑水。明代图在盩厔县南终南山有黑水峪甚长,自峪中出而北入渭之水依传统标为芒水,然亦称黑水。清代图乃称黑河。当是此黑水。

(16)唐梁州、秦汉汉中郡(今陕西省汉中市地区)南郑、城固间黑水。《水经注》"汉水又东过南郑县南"下云:"汉水又左会文水,水即门水也。……门水右注汉水,谓之高桥溪口。汉水又东,黑水注之。水出北山,南流入汉。庾仲雍曰:'黑水去高桥三十里。'诸葛亮笺云：'朝发南郑，暮宿黑水，四五十里。'指谓是水也，道则百里也。"下接"东又过城固县南"。《史记·夏本纪·正义》引《括地志》云："黑水源出梁州城固县西北太山。"《城固县志》："县西北五里有黑水，南流入汉。"（《癸巳类稿》引）是皆郦道元切实考察所得及本地县志所载确实有的一条流入汉水之黑水。朱熹誉为在地名上著功夫的薛季宣《书古文训》云："汉中又有黑水，在梁州北界，非《禹贡》所谓梁州之水也。"

　　以上十六州中有原称黑水或被指为黑水者共达二十条。其自(8)至(16)九个州共有十一条皆本地之黑水，当时确实称黑水，但都比较小，流注入较大河流，与《禹贡》黑水无关，也未见有人附会为《禹贡》之水。一些治《禹贡》者因黑水之名，而分别提到它们。惟(1)伊州黑水、(4)甘州黑水与(2)沙州三危相结合，被广泛宣扬为《禹贡》中入南海之黑水。又(6)渭州亦因有三危同样被宣扬为《禹贡》黑水。其实伊州黑水本说入黄河，甘州黑水本说入居延海，与(3)肃州黑水入西海，都和沙州敦煌另一党河入黑海子，色尔腾河入色尔腾海子，于阗、且末河入南海（牟兰海）一样，都入本地的海子。即神话《山海经》中的"入南海"，当亦指西北渺茫中的某一海子，并非今日的南海。只是被《禹贡》误用，并被经师们搞混乱了。又沙州之党河，河州之大夏河，宕州东女之河，本无黑水之名，与甘州羌谷水一样，都分别被经师们硬指为《禹贡》黑水，皆妄说。

　　（二）西南诸黑水说，首先为经师们所重视的是《汉志》所载滇池黑水祠，自郑玄以降历代经师皆盛称之。接着北魏郦道元《水经注》详载若水、绳水、泸水，以为即黑水，经师们亦引《汉志》所载若水、绳水证其说。尤喜称诸葛亮渡泸水故事，并谓即金沙江，此说遂成为西南黑水最主要之说。此两说皆以为入蜀江而非入海,只作为梁州南界。至唐宋纷纷寻入南海之水,以为自雍越梁之徼外入南海,与梁无关。樊绰始列举入南海四水,择其一当之。自宋、元迄清学者相继为说,而后横断山脉南流入海诸水纷纷为所指,元人始以为澜沧江,清人以为怒江,亦有及于缅东金沙江者。此外自川境至滇境往往有称为黑水之水,非由牵附得名。对这些纷纭材料,现不论巨细,一律依自北向南顺序,最后南流入海之水依自东向西顺序,依次考述如下:

(1)漳腊潘州黑水。潘州即唐松州。《明史·地理志》"松潘卫"下说岷江至此亦称潘州河。洪武中以故潘州置潘州卫,后省入松潘卫。《汇疏》引《四川名胜志》云:"黑水出故漳腊潘州界,今(明)属夷地。是为岷江之始,水自汶山下过,犹河水之绕昆仑也。"《历史地图集》明清两图皆在松潘西绘列自芒儿者司(今毛儿盖)南下之水为黑水。清代于其西置大黑水司(今黑水县),其东置小黑水司。现代较早地图亦以出自毛儿盖之水为黑水,现今地图则载松潘县之西,有源自中壤口之水,东流至今黑水县,是为黑水,至县之东与自毛儿盖南下之水相合仍称黑水,东流至茂县北入岷江。这确是西南最北的一条黑水,但出现时间晚到了明代。而且说为岷江之始也是错误的。

(2)叠溪黑水。明代置叠溪守御所于松潘卫与茂州卫(今茂县)之间,《汇疏》引郑氏晓曰(当是引郑晓《禹贡图说》释"华阳黑水惟梁州"语):"黑水是叠溪黑水,自梁北境至安县入江,与'导黑水'之黑水似无干。"按,其前韩邦奇《禹贡详略》已谓"梁州自有黑水为界,与导川之黑水不相涉",并即以叠溪黑水当之。显然郑承韩说。此二位皆明代有名《禹贡》学者。《明史·地理志》"叠溪司"下云："西有汶江，南有黑水流合焉，谓之翼水。"又"成都府安县"下云："南有浮山，黑水出焉，南流入罗江。"《锥指》亦云："近《志》叠溪营城西北有黑水，即古翼水，源出黑水生番。东南经茂州，至安县入于罗江。"按，安县在今茂县东南，绵阳之西稍北。《历史地图集》唯明代图载此黑水，但其源未远及叠溪西，只出自绵竹东北，东南流至今德阳东北入罗水（罗水南流至中江县折而东注涪江）。此黑水远比潘州黑水为小，不知韩、郑二氏何以取此为梁州界？或者皆以潘州黑水明时"属夷地"，又不愿依宋人所倡泸水说，因而另寻此川境内黑水以当梁州黑水。

（3）崇庆州黑水。明清崇庆州即今四川崇州市，在成都西，都江堰之南稍东。《锥指》云："崇庆州西北有黑水入江。《元大一统志》云'源出常乐山，溪石皆黑'。"经查元、明《地理志》皆无记载，未能得更详史料。

（4）符黑水。《锥指》释云："符县之黑水也。一名南广水。"符县，今四川合江县西。南广县，今四川珙县境。《汉志》"犍为郡南广县"下云："汾关山，符黑水所出，北至僰道入江。"《通典·州郡五》引顾野王《舆地志》，亦以黑水为"至僰道入江"。僰道，今四川宜宾。宋薛氏《书古文训》主张泸水即黑水，因而反对顾野王所同意的出自汾关山的符黑水为黑水。薛氏据《水经注》历叙泸水流程至宋叙州宜宾入江后，复叙明南广即宋叙州南溪县。因而以为南广之符黑水不过是与黑水（泸水）"盖合流耳"。清俞正燮《黑水解》云："梁州黑水，依《汉志》云，符黑水出犍为南广县汾关山，北至僰道入江。即今（清）叙州筠连县之南广水，出乌蒙（今黔西北）之镇雄山（今滇东北，在乌蒙之北、川省珙县之南），经筠连、高县、庆符（皆川南紧邻珙县之西三县），至宜宾合金沙江以入大江者。"此水在《历史地图集》汉至隋代图上标明为符黑水，唐至后蜀图上标明为南广水，南宋至明代图上标明为黑水，清复标为南广水，今图未标明。

（5）若水—绳水—泸水—金沙江—丽水—黑水。《汉志》"蜀郡旄牛县"下云："鲜水出徼外，南入若水。若水亦出徼外，南至大莋入绳。"又"越巂郡遂久县"下云："绳水出徼外，东至僰道入江。过郡二。"《山海经·海内经》："南海之外，黑水青水之间，有木名曰若木，若水出焉。"《水经·江水注》"若水出蜀郡旄牛徼外东南至故关为若水也"下引此作："南海之内，黑水之间，有木名曰若木，若水出焉。"给人以若水出于黑水的印象。然后历叙若水流程入注绳水终成泸水诸情云："若水之生，非一所也，黑水之间，厥木所植，水出其下……东南流鲜水注之。……又径越巂大莋县入绳。绳水出徼外，《山海经》曰：'巴道之山，绳水出焉。'……南过越巂邛都县西，直南至会无县，淹水来注。……绳水又径越巂郡之马湖县，谓之马湖江。……又东北至犍为朱提（音殊时）县西，为泸江水。……诸葛亮表言'五月渡泸'。……《益州记》曰：泸水源出曲罗旧下三百里始曰泸水。……泸水又下合诸水而总目焉。……自朱提至僰道，有水步道，有黑水。……又东北至僰道县入于江。"宋薛氏《书古文训》云："黑水，今泸水也。《汉志》符黑水……非也。郦道元说黑水亦曰泸水、若水、马湖江，出姚州徼外吐蕃界中，东北至叙州宜宾县（即僰道）入江。"《四川名胜志》载潘州黑水"又一派入滇而出金沙江，流入马湖江与汶水合。今（明）之叙泸界，泸即黑也。诸葛亮五月渡泸以征西南所必经也"。《锥指》云:"古之若水,即《禹贡》梁州之黑水,汉时名泸水,唐以后名金沙江,而黑水之名遂隐。"又云:"泸本作卢,如卢弓、卢矢、卢桥之类皆训黑。刘熙《释名》:'土黑曰卢……郦道元云:'水黑曰卢。……尤卢水为黑水之切证也。……其字后加水作泸。章怀太子注《后汉书》云:'泸水一名若水。'"又云:"若水在建昌卫(今四川西昌境)俗名打冲河(今雅砻江)……东南流至卫西盐井营东南,与云南金沙江合。金沙江源出吐蕃界,至共龙山犛牛石下,本名犛水,后讹为丽水。(《锥指》下文云:"南诏改丽水为金沙江。")东南流经丽江府北(明清丽江府在滇北,正是丽水即金沙江大弯曲所经地境,故名丽江,即今云南省丽江地区)。……又东经叙州府(今四川宜宾市)南而北入大江。"是胡渭承郦道元、薛季宣之说,明以由若水、绳水、泸水演进而称之金沙江,原名黑水,与他水之被后人指为黑水者不同。蒋氏《地理今释》亦云:"梁州黑水,即今云南之金沙江。"亦历述全水流程,谓发源于西番,最后在叙州府(即今四川宜宾)入岷(与岷江会合,说成入岷)。中间云:"至塔城关入云南丽江府境,亦曰丽水。……入岷江不入南海,唐樊绰云'丽水入南海',非。"按樊绰所指为另一丽水,入南海不误〔见下文(12)〕。其后汪之昌《青学斋集·梁州黑水辨》承此说,谓金沙江确为泸江,固黑水之遗。又俞正燮《黑水解》亦言梁州与华阳相对之黑水为金沙江,"出青海河源西北。经玉树诸番,及川西土司,入云南纳昆明,即所谓滇池黑水祠者,北至宜宾入大江,又与符黑水合"。另有焦竑《禹贡解》引金履祥说:"泸水即黑水,经云南至交趾……东南入海。"焦氏已云"金说不足信"。《锥指》亦据焦氏说指出:"泸水源出建昌卫(今四川西昌市)西北,南合绳黑二水,东北流入蜀江,不经交趾入海,金说实谬。"

近见东南大学《东方文化》第二集(1992 年 5 月)载白庚胜《纳西考释》一文,说自秦汉以来在滇西北居住许多藏缅语系彝语支民族,都以尚黑为共同的标志,其中纳西族彝族为尚黑之著者。文中有云:"自秦汉以后,纳西族一直活动于现今滇、川、藏交汇之地。金沙江为流经此区的最大一条河流。在有关文献中,金沙江或称泸水、黑水,或称纳夷江、么些江。即泸与黑通,纳夷与么些同。……泸当为诺之异写,为纳之转音。彝语中的'诺'与纳西语中的'纳'相通,都是黑之意。黑水是泸水的译写。纳西语及其他彝语支语言都以黑为大、为深。故泸水黑水就是大江、大水。""另一条通过纳西族地区的大江为雅砻江。雅砻江又称若水或东泸水。砻即泸的转写,均是纳西等彝语支民族语言的汉写。……若即黑,与纳西族同属一个语支的彝语中,黑为若,或译写作诺。因此雅砻江、若水之意仍为大江。……'黑水'为雅砻江、泸水、若水等的意译。……在彝语支民族曾活动过的区域内,被称为黑水者,大都是大江之意。只有一小部分因五色与五方相配,带有'北水'之意。《云南各族古代史稿》称:'雅砻江(诺矣江)、金沙江(泸水)、澜沧江(兰津)、怒江几条大江都是黑水的意思,都是因古代氐羌族群曾居住过这几条河流域而得名。'这是比较可信的。只是,应该将氐羌族群进一步限定为彝语支先民。因古氐羌族群中分黑白两大集团,只有彝语支先民才是以'黑'自称并以其为大为尊。"这就用民族学资料阐明了这几条水称黑水的来由及其真实意义。但原与《禹贡》所承神话黑水无关。

此外,顾师《笔记》云:"川西昭觉县境亦有黑水,经西昌、会埋而入金沙江。"

（6）滇池县黑水祠所祀黑水。《汉志》"益州郡滇池县"下云："大泽在西。滇池泽在西北，有黑水祠。"《续汉志》"益州郡"下云："滇池出铁，有池泽。北有黑水祠。"《夏本纪集解》："郑曰：'《地理志》益州滇池有黑水祠，而不记此山水所在。'"《禹贡》"导黑水"《孔疏》："《地理志》益州郡计在蜀郡西南三千余里，故滇王国也。武帝元封二年始开郡，郡内有滇池县，县有黑水祠。止言有其祠，不知水之所在。郑云：'今中国无也。'"《蔡传》云："武帝初开滇巂时，其地古有黑水旧祠，夷人不知载籍，必不能附会。"《锥指》亦云："或以为武帝开置益州郡始立之，非也。使武帝知郡界有黑水而立此祠，则班史必知其所在而能言之矣。窃谓此祠盖彼中相承已久。"杨守敬《本义》则云："梁州之黑水，自应以《汉志》黑水祠左右求之。如河水有河水祠，江水有江水祠，济水有济水祠，皆与河、江、济相近。或以黑水为望祭（按，此程大昌说），非也。"至于所祭祀的这黑水是哪一条水，亦颇有歧说。程大昌《禹贡论》以叶榆泽为黑水之正流（见下西洱河黑水），而以滇池县滇池泽为黑水下流。而叶榆泽以为即洱海（见下文）。胡渭《锥指》继上所引文"相承已久"之后继云："黑水即金沙江，东经会无县（今四川会理县）南，南直滇池县。县故滇王国。于其北立祠祭之，宜矣。自周衰以迄汉初声教阻绝，故《尚书》家莫能言梁州黑水之所在。千载而下尚赖有此祠可以推测而得之。"杨守敬亦继上所引文后指出与黑水祠近者当为南盘江〔见下文（8）〕。这样，分别有人指滇池之西的叶榆泽、之北的金沙江、之东的南盘江为黑水了。可能还有人指他水，未及详搜。但皆出推测，并无实据。总之，滇池县在汉以前即已有黑水祠，则古代在今川滇境内必有一条称为黑水之水，今已无足够资料去推定它是哪一条水了。

（7）牂柯江为黑水。此陶澍黑水说。杨氏《本义》云："陶文毅（澍）《蜀輶日记》云：《禹贡》言黑水有三……惟文毅以牂柯江当黑水，其流似短。"按汉代牂柯江，即今北盘江。自西北向东南斜贯于贵州省西南部，经广西至广东流为西江。陶澍指此为黑水，亦未详其资料来源。

（8）南盘江为黑水。此杨守敬黑水说。上引杨氏《本义》在述河、江、济皆有祠在其附近后，继云："今求与黑水祠近者，其南盘江乎？南盘江之下流为郁水。郁者，黑也。"唯杨氏定此水为黑水，其他资料尚未及见。按南盘江发源于今昆明滇池东北的沾益县西，南经曲靖，西南流近滇池的东南一带，再南下流至开远市北，折而东北流出云南境，东为贵州广西分界之水，与北盘江合为红水江。今不称郁水。惟确为川滇诸水中最近滇池之水。

（9）西洱河为黑水。此杜佑、程大昌黑水说。《锥指》："杜氏《通典》云：'吐蕃有可拔海，去赤岭百里，方圆七十里，东南流入西洱河，合流而东，号漾濞水。又东南出会川为泸水。泸水即黑水也。'程大昌、金履祥之说皆出于此。"（金履祥说泸水入海，已见上）宋程大昌《禹贡论》因唐樊绰《蛮书》说入南海四水为西洱河、丽水、新丰川、盘江，而以丽水合弥诺江者为黑水〔详下文（13）缅东金沙江〕。程以为黑水当是西洱河。附和程说者有《蔡传》，其书转述程氏语云："樊绰以丽水为黑水者，恐其狭小不足为界。其所称系洱河者，却与《汉志》叶榆泽相贯，广处可二十里，既足以界别二州，其流又正趋南海，又汉滇池即叶榆之地（《传说汇纂》以滇池在昆明、叶榆在大理,相去六百里驳之。今并按雍州主要为陕西之境,梁州主要为四川之境,西洱河、叶榆泽在今云南省西部,且为自北向南之水,程、蔡竟说是陕、川间从西向东流分界之水,太荒谬)。……而绰及道元皆谓此泽以榆叶所积得名,则其水之黑似榆叶积渍所成。且其地乃在蜀(?)之正西,又东北距宕昌不远(宕昌在甘肃南部,距滇西不远吗?)……其证验莫此之明也。"清顾祖禹《方舆纪要》亦云:"西洱河,相传黑水伏流别派自北来,会为洱河。亦曰叶榆河,下为漾备江,亦曰墨会江。"反对程说者甚多。宋傅寅《说断》云:"程公驳郦道元等诸说,求《汉志》益州郡叶榆县叶榆泽为黑水之正……又据郦道元等叙载叶榆入海之地在交趾麋泠县,又求《唐史》东女弱水为黑水之上源……遂以叶榆一水为界梁雍两州……其殆可深据乎?……又疑更世既久,(滇)池或移之他地遥设而望祀,是盖亦臆度之说也。"后《锥指》评之云:"傅氏驳之,深得(程)辗转附会之情。大昌之谬;甚于樊绰;杏溪(傅)之识,远过九峰(蔡)。"元黄镇成《书通考》则驳"界别二州"之说云:"李京《云南志》:西洱河即叶榆水,在大理点苍山下,方围三百余里,势如人耳,故名。其源不出三危,且在中庆西境,去梁雍绝远,不可以别界二州矣。"明韩邦奇《详略》亦云:"源之黑或由榆叶所渍,若流去数千里,其色尚不变,有是理乎?且他处黑水尚多,未闻皆有树叶落其下也。宕昌国唐为宕州地……计宕州西南距大理凡三千余里,而犹谓之不远,岂生不见图籍乎?且叶榆县在益州郡西七百余里,县东有叶榆泽,其下流虽径滇池县南,而未尝有黑水之称,安得谓即其所祠黑水之源哉!"清《锥指》先驳杜佑,首言"漾濞水见《唐书》,在今(清)大理府西百里"。复承李京《云南志》之说,写明西洱河

尚书校释译论

亦曰西洱海，又录《水经注》叙叶榆河情况，然后说："叶榆初无黑水
之名也，何以知为黑水之源？其经流则自邪龙县东南流径滇池县
南，又东与盘江合，又东南至交趾麊泠县入海，此与会州相去悬绝，
并不合绳、若入蜀江，安得谓漾濞水东南出会川为泸水即滇池县北
所祠之黑水哉？杜说非是。"又驳程大昌云："程氏小变樊说，以叶
榆水为黑水之源，而又援滇池黑水祠以证。即如所言，此亦在梁
域，去雍绝远。而程氏必欲以一水贯二州，因复求东女弱水以为叶
榆黑水之上源，而三危山当在其旁，支离舛错，至此而极。"

（10）澜沧江为黑水。此元人黑水说。明李元阳据元张立道确
曾至黑水之地证成此说。按《锥指》云："元人以澜沧江为黑水，因
指云龙州（今云南西部大理西北）东江上一山为《禹贡》之三危……
以雍州之山移之于云南。"今查元儒著名者陈栎、董鼎之书皆承《蔡
传》宗程大昌说，王天与、吴澄之书皆承易祓宗樊绰说，尚待寻元人
言澜沧之著作，惟李元阳说则《锥指》引其《黑水辨》云："黑水之源
不可穷，而入南海之水则可数也。夫陇蜀无入南海之水，唯今滇之
阑沧江、潞江皆由吐蕃西北来，盖与雍州相连但不知果出张掖否？
水势汹涌并入南海，岂所谓黑水者乎？然潞江西南趋蜿蜒缅中，内
外皆夷，其于梁州之境若不相属。唯阑沧江由西北迤逦向东南，徘
徊云南郡县之界，至交趾入海。今水内皆为汉人，水外即为夷缅，
则禹之所导以分别梁州界者，唯阑沧足以当之。《元史》至元八年，
大理劝农官张立道使交趾，并黑水，跨云南，以至其国。观此则阑
沧之为黑水益明矣。"吴任臣《山海经注》亦以澜沧江为黑水。胡渭
按语云："元阳，大理人。自谓熟知其乡之山川，据张立道事以证阑
沧之当为黑水。阑沧出吐蕃中，元阳亦当沂流而上至敦煌之南新

见其与北来之黑水接续为一川乎？若犹未也，谓此江与雍州相连，吾不敢信也。吐蕃河源直云南丽江宣抚司西北一千五百余里，而今阑沧江之源近在郦江府西北五百余里，其地居河源之东。黑水自三危而南，则必入于河矣，安能越河而南与阑沧江相接以入南海乎？阑沧非雍州黑水之下流，又甚明也。"阐明阑沧非雍州黑水之下游，是正确的。可是《癸巳类稿·黑水解》仍然说："至云南之兰沧江出察木多西北，琼布三土司北鄂穆楚河亦曰澜沧江，经丽江、大理、永昌、顺宁，而合大理之墨会江，又经景东、镇沅、普洱、车里经缅甸以入南海者，亦为黑水。"其文末并云："又大理云龙州亦有三危山，为澜沧所至。"俞正燮时代远在胡渭后，其见解竟不及胡。

（11）怒江为黑水。此李绂、戴震黑水说。此说言皆较简，李绂《穆堂初稿·黑水考》以为黑水即怒江上游。戴震《尚书义考》亦云："敦煌之水不得入南海。今所谓三危山（指敦煌三危山）者，其下亦无水。以当黑水，则三危宜近怒江。今怒江实古黑水也。"《诂经精舍三集》另载沈丙莹《黑水考》，以潞（怒）江上游蕃语称哈喇乌苏，而蕃语哈喇黑也，乌苏水也。因而亦以为怒江原即黑水。白庚胜《纳西考释》则云："彝族自称'诺苏'，可与汉字的黑、深、大来对译。'苏'为'人'。……怒族自称'怒苏'，'怒'为黑，'苏'为人。……是怒族崇尚黑色，以黑为贵。在怒语中，怒江称'怒米桂'。'怒'为黑之意。'米桂'为江水，连称即黑水，与彝语支诸民族以'纳'、'诺'（黑引申义为大）称大江的习惯正好相对应。"古称"名随主人"，原来怒江的原住民称怒江其本意就是黑水。上引李元阳说，则以为潞江两侧皆夷族，不足为界划华夷的梁州边界之水，不知原住之民固以自己的语言自称其为黑水。

顾师《笔记》录王树民《陇右日记》云:"宋堪布闲谈中述其赴藏情形云:'自西宁经都兰至拉萨,共行三个月,于距拉萨十三站之处渡黑水。水流清澈而底为黑石,故呈黑色,掬视乃如常也。水道深阔,自北而南,其游甚急,有铁索桥相通,行经其上则摇摆不定云。'惜其所经路线未能详道,故地点无从确指。按《禹贡》三言黑水,久为古今谈地理者聚讼不决之问题,故闻其言颇感兴趣。检朱锦屏《海藏纪行》云:'冬月十四日早九时三十分,由俄曲卡起程,向西南行,十五里至黑河之北岸,岸畔有嘛呢墩及房屋一处,河宽十余尺,已结冰桥。……黑河,番名俄曲,蒙古名哈喇乌苏,皆"黑水"之谓也。源出前藏腾格里海之北,有巨泽曰布喀淖尔,在大流沙之东,广一百余里。其水东南流汇于厄尔济淖尔,广百余里。又东南流汇于吉达淖尔,广亦百余里,又东南流为哈喇淖尔,广百二十余里,其水色黑。自北向东南后,受公噶巴噶山之哈喇河,裕克山之裕克河。又东折入达木蒙古,绕纳克书三十九族境,沙克河合布克湖自西北来入之。又东北流入川边境,折东南流,索克河自西北来会,经索克宗之南境,名卫曲河。自此经洛隆宗之东,入怒夷界,为怒江……'按蒙古语称黑为哈喇,水为乌苏,故《清一统志》《卫藏图志》皆以潞江(即怒江)为《禹贡》之黑水。"(载《新青海》一卷四期,1919年)顾师云:"合宋朱二人之说观之,所谓黑水问题似已得一肯定答案,即今之怒江是也。"至宋朱二人抵达藏北黑河之处,1954年11月20日《人民日报》记之云:"青藏公路越过青海西南部的大草原和青海西藏交界的唐古拉山,在十一月十六日通车到西藏北部的重镇——黑河。"这些是现代有关西藏北部黑水亦即怒江上游的记载,怒江确为黑水了。

陈澧《东塾读书记》亦云："昔人黑水之说不一，惟以为今之怒江者是。"又云："汉地至今澜沧江而止，即《地理志》越嶲郡青蛉仆水也。怒江又在其西，非汉时中国地，但于滇池为祠望祀之耳。"竟然说汉代已把怒江作为《禹贡》黑水从而奉祀之，儒生之说，可笑如此。

（12）雅鲁藏布江为黑水。此朱锦屏据张机、康熙等所提之黑水说。朱锦屏在其《海藏纪行》中客观地叙述了所亲历的怒江流程、其上游为黑水之后，转而引张机、黄贞元、清康熙帝等之言，说黑水即今雅鲁藏布江。以康熙言雅鲁藏布江为贯穿康藏卫全境之唯一大水，遂以为非此莫属。然其水横贯西藏全境南部，安能附会为《禹贡》黑水。故顾师云："臆说诚足令人喷鼻，不知朱氏何以取之？"

（13）缅东金沙江为黑水。此唐代樊绰所称的黑水，亦明代王骥征麓川所过的金沙江（今缅甸伊洛瓦底江，唐时称丽水）。元王天与《尚书纂传》引易被《禹贡疆理记》云："樊绰《蛮书》载蛮水之入南海者有四：西洱河与兰仓江合，一也；丽水与弥诺江合，二也；新丰川合勃弄诸水，三也；唐蒙所见盘江，四也。其所谓丽水者，绰正指为黑水。此黑水一名禄裨江，而罗些城北有山，即三危山，其水从罗些城三危山西南行，上流出乎西羌吐蕃，下流南至苍望城（今缅甸八莫），又南至双王道勿川（似即今缅甸曼德勒），有弥诺江（今缅甸亲敦江）西南来会之（亲敦江正在曼德勒西南入伊洛瓦底江），南经骠国（今缅甸）之东而入海。罗些乃南诏、吐蕃南北相距之地，其西接吐蕃，其东接剑南东川之西境。正与郑氏所引《地记》谓三危在鸟鼠之西而南当岷山者合，又与《唐志》松州赐支河首之说相近，则樊绰罗些城丽水之说信而有征也。"《蔡传》简引樊绰语，而述四水错乱。《锥指》云："丽水，诸家以为即金沙江，出今丽江府界者。然金沙江有二：一即古绳水，东北流合若水至僰道入岷江不入南海〔即上文(5)〕。一在缅甸东，即明正统中，王骥征麓川，兵抵金沙江，诸酋震怖曰：'自古汉人无至北者也。'绰云：'丽水南经骠国东入海。'骠即缅，《元史》曰古朱波也，汉谓之掸，唐谓之骠。丽水从此入南海，其为缅甸之金沙而非丽水之金沙也明矣。……绰说近是。但不当目此为丽水耳。"胡渭以为樊绰所指的黑水是缅东金沙江，但错把丽江府金沙江的丽水一名也用来称缅东金沙江。这是胡渭不了解实际的想象之辞，完全错了。《新唐书·南蛮传》载南诏全境分六节度两都督共八个地区，其中有丽水节度一个地区，在南诏西北境，其治所丽水城即在今缅甸密支那与八莫之间而稍近密支那，流过丽水节度区域的水当时即称丽水，即今伊洛瓦底江。《中国历史地图集》的唐代图中的南诏图绘列得很明白，并列明当时此丽水一名禄卑江，即《蛮书》中所说的禄裶江。樊绰多年任唐安南经略史从事，就所亲见亲闻撰成《蛮书》，为南诏史事第一手资料，是可信的。《明史·王骥传》载骥三征麓川，过高黎贡山，屡越金沙江西。《中国历史地图集》明代图上绘明此水称大金沙江，正是今缅甸伊洛瓦底江。可知此缅东金沙江即唐时丽水，樊绰据以定为黑水，是为樊绰黑水说。

（按樊绰《蛮书》云："丽水一名禄卑江，源自逻些城三危山下，南流过丽水城西，又南至苍望，又东南过道双王、道勿川西，过弥诺道立栅，又西与弥诺江合流，过骠国，南入于海。水中有蛟龙、鳄鱼、乌锄鱼，又有水兽似牛，游泳则波涛沸涌，状如海潮。《禹贡》'导黑水至于

禹
贡

747

三危',盖此是也。或云源当是大月河,恐非也。"向达《校注》云:"丽水,即今伊洛瓦底江。伯希和《交广印度两道考》十七《丽水及骠国篇》云:'……逻些一作逻娑,即今西藏都会之拉萨。'……考《新唐书》卷二百二十二下《骠国传》骠国部落二百九十八,以名见者三十二,其中有道双、道勿之名。然为两部落也。……弥诺道立为《新唐书》中骠国九镇城之一名。此城似在弥诺江与禄郫江汇流处之北。……'按《新唐书》卷七十四《地理志》鄢州鄢城注纪自河源军至吐蕃程途,其中曾渡大月河。……黑水之说见于《禹贡》……古今来注《禹贡》者于黑水议论纷纷,要以《禹贡》为圣人之言,不敢破经,于是傅会牵强,以求解释……而不知地理之实际情况。"向氏之意,《蛮书》所载诸地,皆有骠国(今缅甸)实际地理可征,惟以之释为《禹贡》黑水,不可信耳。

(14)越南境内外之黑水,文献中载有三处。(一)越南东北之黑水。顾师《笔记》录《地名大辞典》资料云:"安南北部有黑水河,又称宋波河,流入红河入海。此水出云南石屏县南,思陀土司之北,东南流经猛丁至那发汛之东,西入越南。"顾师《笔记》云:"此又一入海之黑水也。"(二)越南西北境外之黑水。《岭外代答》卷二《海外诸蕃国》条云:"交趾(越南古称)之西北,则大理、黑水、吐蕃也。于是西有大海隔之。是海也,名曰细兰。"《笔记》云:此大海当即印度洋,是大理(云南西部)、吐蕃(西藏)之间有一黑水国。(三)越南、西藏之西之黑水。《岭外代答》卷三《西天诸国》条云:"西方诸国大率冠以'西天'之名,凡数百国。最著名者王舍城、天竺国,中印度,盖佛氏所生,故其名重也。传闻其地之东有黑水、淤河、大海。越之而东,则西域吐蕃、大理、交趾之境也。"《笔记》云:

"则黑水自在印度之东,西藏、越南之西。意者此即《禹贡》黑水入于南海之说所自来乎?"

以上根据《禹贡》黑水自西北至西南入海之说,考述了西北、西南两个广大区域内所有有关黑水的资料,以便了解黑水的究竟。其间有各地确实存在的较小的黑水而未比附于《禹贡》者,亦有原自有名的大河流而被经生们牵强附会为《禹贡》黑水者。而除西北、西南两区域外,全国各地还不免有一些称为黑水之水或黑水之地,当然不能牵附于《禹贡》,但既各地也往往好以黑水为名,见出《禹贡》黑水之名确亦有其民间渊源,因此也有需要约略知道这些也称黑水之处。不过以疆域之大,无法详知所有各地之黑水,现仅就接触所及的资料,简略搜列一些黑水于此。

先列一处西北境极西之地也称黑水之水。《三国志·乌丸传》末裴注引《魏略·西戎传》有云:"且兰、氾复直南乃有积石。积石南乃有大海……大秦西有海水,海水西有河水。河水西南,北行有大山,西有赤水。赤水西有白玉山,白玉山有西王母。西王母西有修流沙。流沙西有大夏国、坚沙国、属繇国、月氏国。四国西有黑水,所传闻西之极矣。"顾师《笔记》云:黑水与积石、流沙诸名,随地理知识之扩大而移远了。〔按《魏略》上文云:"前世又谬以为弱水在条支(今叙利亚及幼发拉底河以东)西,今弱水在大秦(即罗马帝国)西。"则弱水亦以知识扩大而西移得更远了。〕

其次胪列西北、西南以东国内各地的一些黑水。(一)《水经·浍水注》有黑水岭之黑水,在今山西翼城县北,源出乌岭山,西流入浍水之水。(二)《地名辞典》载,有源出山西寿阳县之黑水村,合寿水至县南五十里入洞涡水之黑水。(三)《地名辞典》载归绥县(今呼和浩特)有黑水,即黑河,亦名金河,在呼和浩特南二十里,蒙古名曰伊克吐尔根河,古之白渠,亦称芒干水。有二源:一出呼和浩特东北官山,南流;一出镶蓝旗东北海拉苏台,名喀喇江,西流经呼和浩特南,纳小黑河哈尔几河,又西南经托克托县东,纳黄水河,入于黄河。(四)《地名辞典》载有黑水湖之地,在张北县西北一百五十里,原为牧马场;近世多由内地农民垦殖,有张北至外蒙古之公路经此。(五)河北定县黑水。《通鉴》卷三十七有"卢奴",胡三省注云:"卢奴,县名,属中山国,故城在今定州安喜县。《水经注》曰:'县有黑水故池。水黑曰卢,不流曰奴,因以为名。'"(六)山东有二水以水黑得名者,一为淄水,《夏本纪》"淮淄既道",《正义》引《括地志》云:"淄州淄川县东北七十里原山,淄水所出。俗传云,禹理水功毕,土石黑,数里之中波若漆,故谓之淄水也。"一为墨水,《通鉴》卷十一胡注即墨县引宋白曰:"城临墨水,故曰即墨。"顾师《笔记》云:"是淄水以水黑得名,与黑水同。""墨水想亦作黑色。"此与乌岭山《水经注》称为黑水岭无异。(七)辽宁省与黑水有关之地亦有三:一为黑水镇,在今该省西北建平县境黑水镇正在辽宁省西北角,为通赤峰孔道;一为唐置黑水州都督府遗境,在今辽宁省东北开原县境;又一为辽西走廊西南境之黑水河,出大青山东北,东过宽邦,至西平入六股河,六股河上游有黑山。(八)吉林省亦有两处与黑水有关之地,一亦为黑水镇,在该省西北角洮南市东南,四洮铁路线上;一为唐黑水靺鞨遗境,在今吉林省东延吉一带。(九)黑龙江亦以水色黑得名。顾师《笔记》云:"《黑龙江外纪》云:'黑龙江,水色黑。《松漠纪闻》《龙沙记》等书谓上游江水掬之微黑;下游则精奇里江汇入后,混同江未入以前一段,水色黄黑各半,

尚书校释译论

分界如划。'如此亦一黑水也。其所以黑者,黑土被水冲入江,犹黄河以受黄土而黄也。"故沿江有黑河屯、黑河口诸地名。清代且设黑水厅于齐齐哈尔,属黑龙江将军,是遥以"黑水"为名了。

上文对所有黑水说已粗述其大要。综观西北西南诸黑水如此其纷纭错杂,除各地确有一些称为黑水的较小之水不足比附于《禹贡》黑水者外,其余大都由于经师们出于尊经信念,相信有这样一条水,硬要把事实上并不存在的自西北经西南入南海的黑水落实下来,于是或牵强附会,或逞臆推求,而论辨愈精,去事实愈远。其实过去已有人指出不可强求。如唐杜佑《通典·州郡五》云:"按郦道元注《水经》,锐意寻讨,亦不能知黑水所经之处,顾野王撰《舆地志》……其言与《禹贡》不同,未为实录,至于孔、郑通儒,莫知其所,或是年代久远,遂至埋涸,无以详焉。"宋傅寅《禹贡说断》云:"黑水亦出外戎,经雍州极境,过三危,越河南渡,经梁州西界而入南海,此经文可推者也。(这实际是指《禹贡》根据神话记了这么一条空洞的水。)说者必欲言黑水所在自出,惑矣。夫禹不言,而后世欲言之,宜其说之不同,而徒为是纷纷然也。"清胡渭《锥指》云:"三危西裔之区……自战国时此地之山川,已与昆仑、弱水同其渺茫,仅得之传闻而无从目验矣。秦火之后,载籍沦亡,汉兴治《尚书》者不能言黑水三危之所在,武帝通西域,玉门关阳关之外,使者往来数十辈,不闻涉大川而西有可以当古之黑水者,故《班志》张掖、酒泉、燉煌郡下并无其文,司马彪亦无可言。至郦道元始云黑水出张掖鸡山……唐初魏王(李)泰撰《括地志》又云黑水出伊吾县北……彼黑水者不由中国入海,又雍之西久没于戎翟,新流故道,夫孰为纪之而孰为传之邪?……自屈原已不能知,而况伏生辈乎?自《古文尚书》家已不能知，而况班固、司马彪、郦道元、魏王泰诸人乎？至若樊绰、程大昌、金履祥、李元阳等纷纷辨论，如系风捕景，了无所得，徒献笑于后人而已。……说者多以阑沧为黑水，徒以东南至交趾入海，差近梁州徼外耳。其实黑水下流之为阑沧与东南至交趾入海，既非出于古记，又非得之目验，凭虚测度，终难取信，何如阙疑之为善乎？"其后王鸣盛《后案》云："要之黑水是一古时黑水，见于记载者，《汉志》益州郡滇池县有黑水祠，《续汉志》同，但言有祠，不言水之所在，则已茫昧久矣，阙疑可也。"大家都以为应以阙疑态度对待黑水问题，这是正确的。但所有这些主张阙疑的人，自己又写了不少探求黑水的文字。此处也处此困境，既欲阐明黑水问题是出自神话中的问题，不能从现实地理中去弄清它，因此不值得深论它。又因经师们把这个问题弄成一个死结，材料纷繁复杂，又需要把它解开，需要把它清理一下，看看这黑水问题的究竟，因而就不避繁琐作了如上考述。

上面的考述全文写完后，想到要参看一下现代一些学者的《尚书》著作，在屈万里《尚书集释》见到其释"至于南海"云："南海，说者纷如。程发轫《禹贡地理补义》以为即罗布泊云：'考哈喇淖尔（黑水）之水，经英人斯坦因之考证，古时入罗布泊。至今沙渍犹在，潜流尚存。罗布泊即《汉志》的蒲昌海，一名盐海，或黔泽，又称临海，或牢兰海；楼兰国因此得名（原注：见《汉书补注》所引《水经注》及《括地志》）。牢与兰双声，急读为兰，为临。……临与南古音通转……是南海即临海，即牢兰海，古音皆可互通。'其说较长，兹从之。"竟然与我上文阐释敦煌黑水时所得对南海的解释不谋而合，甚欣快！上文所释受启发于俞正燮《癸巳类稿》的创论，引《水经注》诸说证成之。今又得程发轫氏之说为有力佐证,似可成定论矣。由是知即使在原神话中黑水之入南海,亦入西北境之南海,初非今大陆南之南海。徒因经师们确信有这么一条遥从西北远入今南海之水,于是就绞尽脑汁百端牵强附会,就造成了这么一大堆关于黑水的糊涂账,今详加考述,或者可说理出了黑水问题的一个眉目。

③梁州——华山之南迄黑水之境是梁州。此州以全境地势高、多山梁而得名。顾颉刚师在其《玉渊潭忆往》中说,梁州初不解其取义,后到重庆住在大梁子,附近又有小梁子,以地在重庆高处,夜望其电灯行列高高凌空,始悟梁为山头称呼。自西安坐飞机抵成都,途中望下面只见接连不断的山头,就知梁州之名是由峰峦攒聚而来。辛树帜先生《禹贡新解》赞扬顾先生高山为梁之说,进而以为梁州之名是周人以其发祥地之梁山引申之以名此多高山之地为梁州的。旧说有错误解释,如《汇疏》引贾逵曰:"梁米出于蜀汉,香美逾于诸梁,号曰竹根黄,梁州之名因此。"《汇疏》又引《晋书·地理志》云:"西方金刚之气强梁,故因名焉。"傅寅《说断》引杜氏《通典》:"以西方金,则其气强梁,故曰梁州。"皆妄说。州境大抵包括渭水以南的陕西省境,南及四川省全境,以及滇、黔等省古西南夷居住地区。东面北段以雒水以南至湖北竹溪的豫、鄂两省西界与豫州分界,东面南段以竹溪以南的鄂、湘两省西界与荆州分界,北面以华山向西沿秦岭山脉与雍州分界,西面、南面边界不明确。当以当时所约略知道的西南边疆少数民族所及之境为境,所以滇池一带在其境内。《禹贡》作者之意,将天下分为九州,凡知识中所知之地即为天下。作者较熟于当时华夏族所及之地,华夏族外少

数民族之地，则往往以模糊概述之语出之，如荆州谓其南境为衡山以南。南至何境，未明言，意谓衡山以南能达到之境即荆州南境，故可达今南海（《锥指》云古时称涨海）。梁州亦然，以神话中入南海之黑水为南境，不知神话中南海即在西北。及秦开巴蜀后，知横断山脉果有南注入海之水，则以为黑水果可入南方之海，故经师们能牵合解释。胡渭《锥指》必欲指明不南至滇黔境，其言云："《通典》所列云南、涪陵、南川三郡，乃梁南徼外蛮夷，不在九州之限。""黔中、宁夷、涪川、播川、夜郎、义泉、溱溪七郡，列在荆城者，虽附近蜀江之南，亦徼外蛮夷，不在九州之限。"此说是错误的。按所谓"云南"，今滇省大理、姚安之间，"涪陵"即今川南涪陵，"南川"，今川南綦江，"黔中"，今川南彭水，"宁夷"，今黔东北德江、凤冈之间，"涪川"，今黔东北思南，"播川"，当作播州，今贵州遵义，"夜郎"，今黔北正安，"义泉"，今贵州湄潭，"溱溪"，今綦江东南黔北之羊磴、水坝塘之境。这些川南、贵州之境，稍南者滇西之境，依《禹贡》文意固当属梁州。何况滇池早已见汉代资料，大理则言黑水者久已及之，故胡渭拘泥之说是不合古人地理意识的。

④岷嶓既艺——《史记》作"汶嶓既蓺"。又其下文的"导山""导川"岷皆作"汶"。《索隐》："汶，一作崏，又作汵。汶山，《封禅书》一云'渎'，在蜀郡湔氐道西徼。"《说文·山部》："崏山在蜀湔氐西徼外，从山，敃声。"又《水部》："江水出蜀湔氐徼外崏山，入海。"《汉志》此处同本文作"岷"，扬雄《益州箴》云："岩岩岷山，古曰梁州。"又云："禹导江沱，岷嶓启乾。"亦皆作岷。然《汉志》于"导山""导川"及"蜀郡湔氐道"下皆作"崏"。段氏《撰异》云："岷，俗字也。当依《说文》作崏（魏《大飨碑》有岷字）。《夏本纪》

作'汶',又曰'汶山之阳',又曰'汶山导江',玉裁按,此盖《古文尚书》作'嶓',《今文尚书》作'汶'也。《史记·封禅书》说秦并天下,所奉名山大川自华以西有渎山,释之曰:'渎山,蜀之汶山也。'凡训诂之法,以今释古,谓今之汶山,古之渎山也。是则汉人呼为汶山,字作'汶',确然可证。《货殖传》曰:'吾闻汶山之下沃野。'字作'汶',此古本也。《河渠书》'蜀之岷山',字作'岷',此改窜本也。《地理志》'蜀郡'有汶江道。《史记·西南夷传》曰:'以冉駹为汶山郡。'《汉书·孝武帝纪》:'元鼎六年,定西南夷目为武都……文山郡。'《西南夷传》亦曰'以冉駹为文山郡'。此亦汉时字正作'汶'或作'文'之证也。汉时字正作'汶'者,必以伏生《尚书》字正作'汶'。屈赋《悲回风》曰:'隐岷山以清江。'王注:'《尚书》曰岷山导江。'岷一作'崏',一作'汶'。按:'汶'字是。'文'省体,'岷''崏'皆或体也。叔师所引《今文尚书》也。"皮锡瑞《考证》补充樊毅《修华岳碑》云"决江开汶",以证汉代今文作"汶"。上引扬雄之文及《汉志》录梁州之文皆作"岷",又《孔疏》引郑玄释三危"南当岷山"。则汉代亦有作"岷"者。当如段玉裁云汉之俗字,而非汉无岷字。各隶古写本皆作"岷",可知伪古文本确作岷。惟薛氏本作"汶",则知其有意袭用《史记》字以示其古。《唐石经》作"㟭"。或谓避唐太宗讳,民改作氏。就上文引述汉代或省作崏以观,此说不确。《唐石经》只是又省"崏"作"㟭"。由于"汶"古读重唇音,与"岷"同声,所以"汶""岷"同声通用。下文"导川"说"岷山导江",指岷山为江水之源所出。而其地《汉志》载在蜀郡湔氐道,即今四川松潘县,岷水出其下。是《禹贡》作者即以此岷水为长江上游。薛季宣说"岷山亦曰蜀山"。又说"蜀西之山皆岷",则指岷山山脉，磅礴于今四川省西北部。《山海经》有时亦以现实资料为之素地，其《中山经》"中次九经"有云："岷山，江水出焉，东北流注于海。"其《海内东经》有云："岷三江。首大江出汶山。"则岷山、汶山二字皆用之，亦沿用资料有异所致。

"嶓"，《释文》："音波。"《史记》《汉书》皆同此无异文。惟《续汉书·郡国志》"汉阳郡西县"有番冢山（今通行崇文本亦作嶓）。段氏《撰异》云："嶓字不见于《说文》，盖其始但作番字，或加山旁也。《广雅》云：'嶓，冢也。'然则嶓与冢正是一物。以其形名之，故可单举上字。"下文"导水"云："嶓冢导漾，东流为汉。"即汉水上游称漾水，发源于嶓冢山。而《汉志》陇西郡西县（今甘肃天水西南近礼县）下云："《禹贡》嶓冢山，西汉水所出。"（西汉水即嘉陵江）而陇西郡氐道（今甘肃清水县西南）下云："《禹贡》养水所出，至武都为汉。"不言有嶓冢，显与《禹贡》不合。依《禹贡》之意，嶓冢自当在汉水（漾水）源头。《山海经·西山经》即说："嶓冢之山，汉水出焉，而东南流注于沔。"显然有地理实际为其神话传说之素地，则原来陇西郡氐道之山应为嶓冢。据地形图，西县嶓冢蜿蜒而东并为氐道嶓冢（《禹贡班义述》云："准之地望，氐道当在西县东。"甚确。不能误认氐道在西县西）。故《水经·漾水注》说："漾水出陇西氐道县嶓冢山，东至武都沮县为汉水。"是明以氐道有嶓冢。并云："东西两川俱出嶓冢，而同为汉水。"（指汉水与西汉水）又同书《禹贡山水泽地所在篇》云："嶓冢山在陇西氐道县之南。"郭璞注《山海经·西山经》亦云："嶓冢今在武都氐道县南。"宋林之奇《全解》则云："嶓冢一山跨于氐道与西两县之间。"氐道之有嶓冢，足为定论。承《水经注》东西二源说而稍异者，谓氐道之山为漾山，见常璩《华阳国志·汉中志》云:"汉有二源:东源出武都氐道漾山,因名漾。《禹贡》'流漾为汉'是也。西源出陇西西县嶓冢山。"常璩、郭璞皆晋人,都说氐道属武都。检《晋书·地理志》陇西、武都两郡皆无氐道,显其说有问题。司马彪《续汉书·郡国志》仍言"陇西郡氐道,养水出此","汉阳郡西,故属陇西,有嶓冢山",则氐道固属陇西。刘昭注:"汉水二源:东源氐道,西源嶓冢。"此说自不如郦道元、郭璞、林之奇谓氐道有嶓冢说正确,因郦、郭之说符合《禹贡》原意。

　　《水经·漾水注》说出氐道嶓冢之漾水"东至武都沮县为汉水",与《汉志》"武都郡武都县"下所说"东汉水受氐道水,一名沔"相合。是说汉水承上游氐道来之漾水,符合《禹贡》"导川"所说"嶓冢导漾东流为汉"之原意。"武都郡沮县"下云:"沮水出东狼谷,南至沙羡南入江。"沙羡即汉口,故沮水即汉水上源。是以《漾水注》说至沮县为汉水。武都郡在陇西郡之东南,郡治武都县在今甘肃成县西数十里,郡境则辖今甘肃之武都及文、成、徽诸县与今陕西之略阳、宁强诸县。氐道在陇西郡最东,与武都相邻,故其境之漾水能来接武都之汉水。然陇西郡属雍州而非梁州,且氐道漾水后又不至武都连汉水。据《禹贡班义述》云:"漾水辍流,不与汉相属由来久矣。"甚至说"至周代武都上受氐道之水其流浸绝"。但《禹贡》基本撰成于春秋时,后来增益战国资料。由本文知撰《禹贡》时氐道之水仍连汉水。其绝流时间当在《禹贡》后。氐道水绝流后,汉水遂只有今陕境略阳以东的出于临强之北的南源(沔水源)与出于留坝之西的北源(沮水源)。这是真正汉水之源,则嶓冢自当在此,始合《禹贡》原意,也才使嶓冢确属梁州。北魏正始中析汉水源头所在地沔阳(今陕西勉县)置嶓冢县,属华阳郡。《魏书·

地形志》"华阳郡嶓冢县"下云："有嶓冢山，汉水出焉。"这是汉水源头有嶓冢山见于记载之始。自是沔阳嶓冢县之嶓冢山，遂与陇西西县之嶓冢山并载于文献中。而后来嶓冢县名迭变，隋改西县，以适应其地有嶓冢山。唐改金牛县，宝历间省金牛入三泉县，宋升三泉为大安军，元降军为大安县，明改宁羌州，清称临羌，即今临强。《通典》按唐时地名并载此两嶓冢山，其"州郡四·古雍州"内载："天水郡上邽县（今天水市），嶓冢山，西汉水所出。""州郡五·古梁州"内载："汉中郡金牛县，有嶓冢山，禹导漾水至此为汉水，亦曰沔水。"既天水之嶓冢属雍州，故清代学者特别是清早期二大家胡渭、蒋廷锡皆力主属梁州之临羌嶓冢为《禹贡》"导漾东流为汉"之嶓冢。于是北魏所定之此山，遂终为《禹贡》篇中之嶓冢（参看荆州章"江汉朝宗于海"的"汉水"校释及导川章"漾水"校释）。

"艺"，种植、种艺，见前徐州章"蒙羽其艺"校释。伪孔释此云："岷山、嶓冢皆山名，水去已可种艺。"

⑤沱潜既道——已见荆州章"沱潜既道"校释。惟彼处《史记》改"既道"为"已道"。《史记》此处未改，仍作"既道"。

⑥蔡蒙旅平——"蔡"，山名。《史记索隐》："蔡山不知所在也。"《孔疏》亦云"蔡山不知所在"。至宋欧阳忞《舆地广记》始云"蔡山在雅州严道县"（今四川雅安县）。叶梦得《书传》释《禹贡》篇，复以严道县东五里周公山为蔡山（易祓始引，今据阎若璩、胡渭引）。王天与《纂传》引易祓《疆理记》云："（蔡山）汉唐地理不载，惟《舆地记》云雅州严道县有蔡山，今曰周公山。"《太平寰宇记》云："周公山在严道县东南，山势屹然。"薛氏《书古文训》云："蔡山在雅州严道县，诸葛亮征蛮至此，而梦周公，更名周公山。"《蔡传》

全引《舆地记》之语。《明一统志》:"蔡山在雅州东五里。"盖合欧阳忞、叶梦得二说而言。清蒋廷锡《地理今释》亦云:"蔡山,宋叶少蕴谓即周公山,在今(清)四川雅州东五里。"然阎若璩始疑之,《锥指》引阎说云:"蔡山,《班志》《郦注》并阙,唐孔颖达、司马贞并言不知所在,而宋政和中欧阳忞出曰蔡山在严道县,可信乎?及遍考隋唐《地理志》《元和志》《通典》《寰宇记》《九域志》,严道无所谓蔡山也。忞同时叶少蕴传《禹贡》,复指周公山以当之,又可信乎?……要就《禹贡》蒙山以求,最为近之。"胡渭《锥指》即依阎说,就蒙山以求,以为即是峨眉山。孙星衍《注疏》则云:"《疏》云'蔡山不知所在',盖本无此山也。"乃根本否定了蔡山。按,《禹贡》所载地名除一二出自神话较难实定其地址然终有可着落之处外,全篇所载各州之地,大都确实有所据,蔡山即其一,并非缥缈虚无之地。蜀境本多山,古时有一山称为蔡山完全有可能,特不知其为秦汉以后之何山耳。虽蔡山确址不详,总之当为四川境内一山。

"蒙",山名。《汉志》"蜀郡青衣县":"《禹贡》蒙山谿、大渡水东南至南安入渑(渑)。应劭曰:顺帝更名汉嘉也。"(《锥指》:"蒙山谿即青衣水,大渡水即沫水也。《水经注》:'青衣水出青衣县西蒙山。'")《续汉书·郡国志》"蜀郡属国汉嘉县":"故青衣,阳嘉二年改。有蒙山。"《史记·索隐》:"此非徐州之蒙,在蜀郡青衣县。青衣后改汉嘉。"傅寅《说断》:"汉嘉不知发于何时。案《晋志》属汉嘉郡,今雅州,晋汉嘉郡也。"《史记·正义》:"《括地志》云:蒙山在雅州严道县南十里。"《元和志》亦云:"蒙山在雅州严道县南十里,今每岁贡茶为蜀之最。"《通典》"州郡五·古梁州":"雅州严道县有蒙山,《禹贡》'蔡蒙旅平'谓此也。"《寰宇记》云:"始阳山在卢山县东七里,本名蒙山。唐天宝六年敕改。始阳山高八十里,东道控川,历严道县,横亘入邛州火井县界。"又云:"蒙山在名山县西七十里,北连罗绳山,南接严道县,山顶……其茶芳香……所谓蒙顶茶也。"(《锥指》注:"卢山县本汉青衣县地……隋分置卢山县,今(清)作芦山。名山县亦汉青衣县地,西魏分置蒙山县,隋改曰名山。")苏轼《书传》云:"蒙山……今曰蒙顶。"傅寅《说断》引王存云:"雅州蒙顶山,即《书》蒙山也。"《书纂传》引易袯《疆理记》云:"唐雅州严道县本汉旧县,蒙山在县南十里。今(宋)雅州名山县,本汉青衣县地,有蒙山。此与汉郡县同,而《唐志》乃在严道,即此山介二县之间也。"王先谦《参正》引《一统志》以蒙山跨雅安、名山、芦山三县及邛州境。《锥指》云:"以今(清)舆地言之,蒙山盘基跨雅、邛、芦山、名山四州县之境,历历可考。"今就地图上看到,自四川邛崃迤西,蒙山盘亘于名山、芦山、雅安诸县之间。

伪传云:"蔡、蒙,二山名。祭山曰旅。平,言治功毕。"《史记集解》引郑玄曰:"《地理志》:蔡蒙在汉嘉县。"林之奇《全解》云:"《志》青衣县但有蒙山,无蔡山,不知郑氏何所据而知蔡山亦在汉嘉(原青衣)?当姑阙之。"是仍认郑亦以蔡、蒙为二山。胡渭《锥指》云:"今按《志》有蒙山无蔡山,而郑云然,盖以蔡蒙为一山也。"则认为郑玄以蔡蒙为一山。皮氏《考证》云:"郑以蔡蒙为一山,不知是今文说否?此胡氏所倡之说。成孺《班义述》驳之云:"考郑所引《地理志》盖东汉《地志》,其书上据《班志》。而司马绍统著《续汉书》复依以为说者也。《班志》《司马志》皆但云蒙山,不云蔡蒙山,则郑注所据《地理志》亦只作蒙山可知。其作'蔡蒙'者,盖裴骃引误。"可知谓蔡蒙为一山之说实不能成立。

自伪孔释"旅"为祭山，其后释经者无不承此说。至清王引之《经义述闻》始述其父子之说云："家大人曰：《传》以旅为祭名，则'旅平'二字、'祭旅'二字皆义不相属。《禹贡》不纪祭山川之事，五岳四渎皆不言旅，何独于蔡蒙荆岐而言旅乎？且九川不言旅而九山独言旅(据《周官·大宗伯》旅上帝及四望，不独祭山也)？则《禹贡》所谓旅者，本非祭名可知。余谓'旅'者，道也。《尔雅》：'路、旅，途也。'郭璞曰：'途即道也。'《郊特牲》'台门而旅树'，郑注曰：'旅，道也。''蔡蒙旅平'者，言二山之道已平治也。"下文"荆岐既旅"、"九山祭旅"同。自以王氏此释为妥。

⑦和夷底绩——"和"，《释文》："字又作穌。"有地名、水名二说。"和夷"，少数民族名。

(一)地名说。《史记集解》引马融曰："和夷，地名也。"《水经·桓水注》引郑玄曰："和夷，和上夷所居之地也。"则以此地由夷所居得名。伪传亦云"和夷之地"。《孔疏》则云："和夷，平地之名。"《全解》引曾旼《尚书讲义》之说云："曾本郑氏说，以谓'自严道(今四川荥经北境)而西，地名和川，夷人居之，今为羁縻州者三十有七'。"《全解》云："今雅州犹有和镇，此即和夷之故地也。"《寰宇记》云："和川路在县界西，去吐蕃大渡河五日程，从大渡河西郭至吐蕃松城四日程。羌蛮混杂，连山接野，鸟路沿空，不知里数，即所谓'和夷底绩'也。本志东北有和夷坝是。"《汇疏》引《四川总志》："雅州有和夷坝。"《蔡传》："和夷，地名。严道以西有和川，有夷道，或其地也。"则以"和""夷"为并立的两地"和川"与"夷道"(《汇疏》引《汉志》："县有蛮夷曰道")。《蔡传》又云："经言底绩者三，覃怀、原隰既皆地名，则此恐为地名，或地名因水，亦不可知也。"意谓"和"地由和川水得名。蒋氏《地理今释》云:"《蔡传》以夷为严道以西之夷道,非是。荣经(严道)以西无夷道。时澜《书说》云:'严道以西,地名河川,夷人所居。'乃为得之。"(按,时澜袭用曾旼说。)

（二）水名说。《汉志》"蜀郡"（郡治今成都）下云:"《禹贡》桓水出蜀山,南行羌中。"又"越巂郡（郡治今四川西昌）苏示县"（今西昌西北约当里庄之地）下云:"旄江在西北。师古曰:'旄,古夷字。'"《水经》承蜀郡说云:"桓水出蜀郡岷山西,南行羌中。"郦注:"《尚书·禹贡》……和夷底绩。郑玄曰:……和读曰桓,《地志》曰'桓水出蜀郡蜀山西,南行羌中'者也。"是指和水即桓水,即本州下文"西倾因桓是来"之桓水。《蔡传》引晁氏曰（当是晁以道说）:"和、夷,二水名。和水,今（宋）雅州荣经县北和川水,自蛮界罗岩州东,西来径蒙山,所谓青衣水而入岷江者也。夷水,出巴郡鱼复县东,南过佷山县南,又东过夷道县北,东入于江。"以和水为和川水,尚合。王夫之《稗疏》指出:"和水下流注于青衣水,晁氏径以为青衣江者,亦误。"其夷水说全据《水经》夷水流程所载。此夷水由巴东入鄂西,与川西严道以西之水东西相距三千多里,显为谬误之说。王夫之《稗疏》亦指出此点,谓和在梁、夷在荆,不得并纪。蒋氏《地理今释》据郑玄"和上夷所居之地"说亦云:"和即和川水,在今（清）四川雅州荣经县。《寰宇记》谓荣经县北九十里有和川水,从罗岩古蛮州来也。"以上有和川水、桓水两和水说,又有苏示、鱼复两夷水说。鱼复说显误,苏示说可供参考,然如以和夷论定为民族名,则此夷水在此亦不足取。至于和水,则胡渭另有说,其《锥指》云:"和水即渽水。和、渽声相近,字从而变。《地理志》云:'青衣县,《禹贡》蒙山谿、大渡水,东南至南安(今四川乐山)入渽。'渽水出汶江县(今四川茂县)徼外,南至南安东入江,过郡三,行三千四十里。'渽'乃'涐'字之误。《说文》:'涐水出蜀汶江徼外,东南入江。从水,我声。徐铉音五何切。'故知渽当作涐。和夷者,涐水南之夷也。"《锥指》并录《水经》"江水东南过犍为武阳县青衣水沫水从西南来合而注之"一语,以为"此即二水合涐水入江处"。又引郦注有关涐水资料,以为"班固谓大渡入涐,道元谓涐入大渡,然涐水源长,当以《汉志》为正"。然后引《元和志》、李膺《益州记》、王应麟《地理通释》关于大渡河资料,论定大渡河即涐水。此水之南即经所谓和夷。又云:"和夷,郑玄'和上夷所居之地',是也。而读桓曰和,谓和水即桓水,则非矣。"和水既有《说文》"涐"字确证,其流程又与《汉志》所载合,则和水为涐水说自可信。

（三）民族名说。上两说中实际已往往以和夷作民族名,如郑玄云"河上夷"、伪传云"和夷之地"就是,至苏轼《书传》始明确云:"和夷,西南夷名。"是正面否定马融"和夷地名也"及《蔡传》"和夷,地名"之说。即如曾旼言"严道以西地名……为羁縻州者三十有七",亦相继说"夷人居之","经所谓和夷者也"。林氏《全解》在说"今雅州犹有和镇"之后即说:"此即和夷之故地也。"薛氏《古文训》则云:"和夷,今雅州徼外和川诸蛮。"傅寅《说断》亦云:"和夷者,东近蔡蒙之夷也。"《汇疏》引《四川总志》:"和夷,在黎、雅、越巂等处。"(即今四川雅安以南迄凉山彝族自治州境)王夫之《稗疏》云:"和夷者,和川之夷,犹言岛夷、莱夷。曾氏所云'严道有和川,夷人居之'是已。"《锥指》上文已指出和夷为涐水南之夷,其下文更强调"和夷固当在涐水之南,离蔡蒙自为一地"。

和夷自为民族名。释和为水名亦确,盖和夷为和水(渼水)之夷。惟径释和夷为地名则误。

"厎绩",致功。已见《尧典》"乃言厎可绩"校释及本篇冀州章"覃怀厎绩"校释。故此处伪传云:"和夷之地,致功可艺。"

⑧厥土青黎——"黎",《史记》作"骊"。《御览》卷三十七引《禹贡·梁州》"土青骊",与之相合。《释文》引马融云:"黎,小疏也。"《孔疏》:"王肃曰:'青,黑色。黎,小疏也。'"伪孔云:"色青黑而沃壤。"段氏《撰异》谓王肃注当作"青,青黑色"。《孔疏》本脱一青字。以为"土色不能纯青,必兼黑色"。并云:"《孔传》云'色青黑'者亦以释经之'青',云'而沃壤'者乃是释经之'黎'。"又以马融、王肃皆释"黎"为"小疏","盖释豫州之'垆'为'疏',故释'黎'为'小疏。'"《史记》以"骊"为"黎",《诗·骊》传及《楚辞·招魂》注皆云:"纯黑曰骊。"《礼记·檀弓》释文:"骊,纯黑色马。"《小尔雅·广诂》:"骊,黑也。"《史记·卫将军骠骑列传·索隐》:"黎,黑也。"《汉书·鲍宣传》注引孟康曰:"黎、黔,皆黑也。"故黎、骊可通用。

《中国土壤地理》以为青黎之地是无石灰性冲积土。据《中国土壤图》,则四川省绝大部分是紫色土,成都平原及沿江流域为水稻土各种紫泥田、青泥田,秦岭以南则大都为黄棕壤、棕壤。此处显然指四川青泥田、紫泥田及紫色土等土壤。

⑨厥田惟下上厥赋下中三错——《史记》《汉志》皆作"田下上赋下中三错"。《孔疏》引郑玄云:"三错者,此州之地有当出下之赋者少耳,又有当出下上、中下者,差复益少。"伪孔云:"田第七,赋第八,杂出第七、第九三等。"与郑说错出第七第六(下上、中下)者略

异。各就文意寻解释耳。《蔡传》从伪孔之说,略作了解释。

⑩厥贡璆铁银镂——《史记》《汉志》字皆同(惟句首"厥贡"作"贡")。《史记集解》引郑玄曰:"黄金之美者谓之镠。镂,刚铁。可以刻镂也。"段氏《撰异》云:"今从郑作'镠'。"段说极是,此句"铁银镂"三字皆金旁,则第一字亦当为金旁之"镠",而后四者皆金属。"镠",力幼反(见《尔雅·释文》)。"璆",居虬反,音虬(皆见本篇《释文》)。二者为读音全异的两字,而其义如伪孔云:"璆,玉名。"自不当杂入此金属句中。本篇《释文》于上两音后,继云:"又间幼反。马同。韦昭、郭璞云紫磨金。案郭注《尔雅》璆即紫磨金。"段氏《撰异》云:"美玉之字从玉作璆,紫磨金之字从金作镠,不能混一。……《释文》'马同'之下亦当有'郑作镠'三字。其下曰'韦昭云紫磨金'。案郭注《尔雅》镠即紫磨金。盖引韦昭者,以其注《地理志》即注《禹贡》也。故又引郭注《尔雅》证之,如此乃为通贯。马本作璆,孔同;郑本作镠,韦昭《汉书》同。……。又按间幼一反,与《尔雅·释文》'镠,力幼反'之音相合,恐以镠之反语误系之璆下也。今从郑作'镠'。韦昭《汉书》作'镠',疑《史记》亦本作'镠'。盖本《今文尚书》。而《古文尚书》则作'璆'。马不改字,郑则依今文读'璆'为'镠'。"按,既读璆为镠,则此处璆已同镠,故音间幼反。伪孔按旧璆字从玉释为"玉名",实误。《锥指》指出:"古不闻此州出美玉,去于阗又远。"则释玉自不合于此州。《尔雅·释器》:"黄金谓之璗,其美者谓之镠。"故《史记集解》引郑玄曰:"黄金之美者谓之镠。"郭璞注《尔雅》云:"镠即紫磨金。"《水经·江水注》"温水东北至于郁"下叙至林邑时云:"华俗谓上金为紫磨金,夷俗谓上金为扬迈金。"皆指黄金之美者。上文扬荆两州"金三品"之

"金"，是古人对铜的称呼。此处镠则指黄金。由左思《蜀都赋》盛称蜀境"金沙银砾，晖丽灼烁"，知梁州之地固产金、银。《锥指》又举《后汉书》云："益州，金银之所出。"未举篇名，不详出处，惟今览《续汉书·郡国志》益州、广汉、犍为等所属之县，博南产金，刚氏产金、银，朱提产银铜，羊山产银铅，滇池不韦产铁（另有俞元、律高、贲古产铜锡）。又巴郡之宕渠，越嶲之台登、会无亦皆产铁。证以《华阳国志》刚氏道、葭萌县皆有金银矿（皆《锥指》引，今巴蜀书社刊本未见）。又贲古县产银铅铜锡（巴蜀本有），至于前《汉志》汉中之沔阳，蜀之临邛，犍为之武阳并有铁官。此外《通典》古梁州所属眉、资、嘉、雅、龙五州并贡麸金，《元和志》成都温江、眉州通义、蜀州唐与、龙州江油、泸州泸川、资州盘石诸县并出麸金。《锥指》并云："永昌兰仓水出金如糠在水中，说者谓'金生丽水'，即其地。"丽水即金沙江。是此江固以产金沙而得名。由此知今川滇境即《禹贡》梁州境确以产金银铁而定为贡品。

　　"镠"，《释文》："娄豆反。"《说文·金部》："镠，刚铁，可以刻镠。从金，娄声。《夏书》曰：'梁州贡镠。'"《史记集解》引郑玄注亦云："镠，刚铁，可以刻镠也。"伪孔亦袭之云："镠，刚铁。"《蔡传》进而云："铁，柔铁也。镠，刚铁，可以刻镠者也。"《汇疏》引《寰宇记》云："定筰县（今四川盐源）有铁石山，山有礜石，火烧之成铁，为剑极刚利。"《锥指》云："凡铁，柔曰铁，刚曰镠。《元和志》：'陵州始建县东南有铁山出铁。'诸葛亮取以为兵器。其铁刚利，堪称贡焉。又邛州临溪县东孤石山有铁矿，大如蒜子，烧合之成流支铁，甚刚，因置铁官。又涪州涪陵县东有开池出刚铁，土人以为文刀，此即经所谓'镠'也。《梦溪笔谈》曰：'世间所谓钢铁者，用柔铁屈盘之,乃以生铁陷其间,泥封炼之,锻会相入,谓之团钢,亦谓之灌刚,此乃伪钢耳,暂假生铁以为坚。二三炼则生铁自熟,仍是柔铁。'予出使至磁州,锻坊观炼铁,方识真钢。凡铁之有钢者,如面中有筋,濯尽柔面则面筋乃见。炼钢亦然。但取精铁锻之百余火,每锻称之,一锻一轻。至累锻而斤两不减,则纯钢也。虽百炼不耗矣。此乃铁之精纯者。'"依沈括所说,则刚铁即钢,亦即"镂"为钢。

此铁镂二物特别是铁成为现代《尚书》学上一重要争论问题。因为据考古发现,铁器至春秋始有,战国始盛,就被认为《禹贡》必成于战国。持此说者多,可以《古代地理名著选读》中的顾师《禹贡注释》为代表。其言云:"中国之由铜器时代进于铁器时代,始于春秋而盛于战国,这是确定不移的事实。《禹贡》的梁州贡物有铁和镂,镂是刚金,即钢,这更不是虞夏时代所可有。"这是他主张《禹贡》为战国时书的第五点重要证据。而辛树帜先生《禹贡新解》持《禹贡》成于西周说,认定西周已有早期的铁。引石声淮氏之说云:"《禹贡》的制作时代,很多人根据文中一个铁字……又根据古籍说铁之一字始见于《孟子》'以铁耕',从而武断《禹贡》不会出于战国之前,是错误的。……钱子泉先生遗著的材料:1931 年出土的小屯铜器,经英国哈罗教授化验,其中含铁达千分之二至千分之四,日本内山淑人化验,含铁千分之六……梅原末治《支那青铜时代考》第九章说:'可以想象殷人已知道用铁了。'……《禹贡》有铁字,不能说明《禹贡》出于战国之时。那时铁还是比较稀有的金属……唯其少,所以才贡。……《禹贡》必定是战国以前即广泛使用铁以前的作品。"

辛先生遂撰《〈禹贡〉制作时代的推测》一文,寄请学术界许多

中，其中有四位支持意见，如石声淮氏云："同意你的看法，应该提
早。"罗根泽氏云："尊考定为西周地理规划书，不诬矣。……恍记
解放后报纸载各地发现古物，曾有周初铁器。"李亚农氏云："周人
承继了殷人的文化，又曾与西北西南诸氏族结为同盟，正如大作所
证明，他们是很可能具有制作《禹贡》的知识的。《尚书》各篇，即疑
古学者疑其晚出者，我都相信其制作时代是比较早的。"谭戒甫氏
云："您说《禹贡》是西周全盛时太史所录，这是一个大胆的、开辟的、
精当的提出，为这部书立下良好的基础。这是值得庆幸的。……就
材料看，似乎还要上推一步。因为西周是有所继承的。"这四位是正
面赞成辛说的。还有夏纬英、钟凤年二位函中无反对意见，不过补充
了些研讨资料。

其余诸位如夏鼐、于省吾、徐中舒、翁文灏、徐旭生等考古学地
质学大师名家，皆持铁盛行于战国，西周尚无铁之说以否定辛说，
并举黄展岳《近年出土的战国西汉的铁器》一文以为定论。夏氏并
说："关于炼铁一事，决不能以铜器中含有少量铁为证。……黄铜
矿的化学成分为铜、铁、硫。古人冶炼之术不精，其含有少量之铁
乃当然之事。……决不能以殷商铜器中含有少量之铁，即以为可
以证明已有铁器也。"于氏说："据多年来发掘所得，周初从未见过
任何铁制器物。铁之记载虽见于《左氏传》（按见《昭公二十九
年》），可是用铁制作工具或其他器物则在春秋战国之交。"徐氏说：
"《考古学报》1959 年第 3 期黄展岳一文，就是根据出土的遗物作了
一个有力的答覆。……因此弟对石声淮先生的说法还不能接受。"翁
氏说："殷周还是青铜器时代，秦及西汉才成为铁器时代，东周是从青

铜器到铁器的过渡时代。……石声淮先生举出小屯铜器含铁几分之几而结论殷已用铁……这个结论是不正确的。"徐旭生氏说:"从数十年地下发掘的结果来看,断定西周时期未见铁的痕迹,当无错误。"这几位大都是学术大师,以视上面几家,显然科学性、逻辑性要强。因而他们的见解也显见有力。含有千分之几的铁,自不能作为有铁器之证。所以王成祖氏提出自己的关于《禹贡》成于孔子的说法后并批评石声淮氏说法,以为"石先生所提到的铜器中的铁,也许还是杂质"。还有郑晓沧、施畸、童书业、邹树文、岑仲勉诸氏或从文体风格、全篇结构、周之疆域及社会发展等方面对辛先生文提出了质疑,以为《禹贡》之成书时间不能过早。

  辛先生特在《禹贡新解》中列了"答辩"的专章,对商榷意见作了答覆。首先引录 1958 年 2 月 22 日《人民日报》所载周世德《我国冶炼钢铁的历史》文中所说:"我国考古工作者已发现最早的铁器是公元前 5 世纪的……又发现了公元前 3、4 世纪的铁器,不仅数量较多,而且已经有了相当的技术水平。从世界冶铁技术发展的历史来看,这种水平决不是刚发明冶铁时就能达到的,因此可以推断,中国冶铁技术的发明,可能在西周时代。"又:"杨宽先生在他的《中国古代铁技术的发明和发展》中……也作了一些启发性说明。这两位先生的推论,是从章鸿钊氏的研究铁史(按指章氏《中国铜器铁器时代沿革考》)基础上有了发展。"接着录日本天野元之《中国犁发达史》(载《东京学报》第二十册)文中一段云:"《左传》昭公二十九年(前 513 年)'晋赵鞅……赋晋国一鼓(480 斤)铁以铸刑鼎,著范宣子所为《刑书》焉'。这是铁器之初见于文献者。可是今日杉村勇造氏说:芮公纽钟,附着有铁片,此钟之制作时代,至少可放在《左传》桓公四年(前708),是比《左传》所记,又推上二百多年了。"(《芮公纽镜考》,载《中国古史之诸问题》,1954年)还有梅原末治博士发表在《京都大学人文科学研究所纪要》第十四册(1954年)的《就中国出土的一群铜利器》,是从美国美术馆所藏河南省卫辉府出土一群遗物(利器)中发现嵌有铁刃的钺、铁援之戈。因此推论铁器的使用,周之初期至少有一部分铁的利器已经流行。"铁在中国之使用,可以追溯到公元前1000年的初期。"这就不是铜矿中含铁杂质制成之青铜器了,而且日本学者推定其年代在公元前1000年之初。这就足为辛先生《禹贡》西周说之佐证了。

天野元之文中所引杉村勇造《芮公纽钟考》及梅原末治《就中国出土的一群铜利器》二文提供了有关中国铁史的重要内容,因此辛先生在引录了天野该段文字后,即附录了该两文的"摘录"。杉村勇造文中说:"钟……作为环纽下脚的部分,其内部里面露出二个铁制角形管的切断面。将细铁管的泥土除去后,其中深1.3厘米,由此可以断定环纽插入空洞的深度……殆为了吊起振舌的铁环的痕迹。""这纽钟,其形酷似叫做'牛马铎'的青铜有舌的小铎。……往往在出土时代不明的小马铎中发现附铁舌的遗品。""芮为周初的封国……芮公钟的制作年代,系芮尚未遭受秦晋大国压迫以前,即最少是在《左传》桓公四年以前的时期中。"梅原末治文中说:"一器更大,虽属于斧的部类,但与前者比较更具有所谓钺的特征,刃部为铁制。……插入铜部分凹陷中。……不待说,这钺的可注意之点,在于刃的部分系由铁制成。和殷代后半期的利器形状,即装有玉刃的东西,同一形式。……据《馆之图录》(即美国美术馆所编"图录"),这钺包含上书有周成王时代铭的器具合成一组遗物。……这一群利器中包含有二个铁利器……古代的戈与钺。……是周初遗物。并且保存完整的钺，其主要部分嵌有铁刃……在中国考古学发达的现阶段也必然会承认（由此两器）周初期最少已一部分使用铁利器了。""尚有美西根大学列尔教授看到在北京 Jannings 收藏中，在铜制的斧头头部插入的柲是铁制的，斧的背部有铭……不后于周的中期。……这样在中国铁的使用，可上溯到公元前千年代的初期，渐渐成为公认。"这些论证确有助益于辛先生之说。

国内考古发现更有早于西周的铁刃铜钺。《文物考古工作三十年》第 38 页载："藁城台西村遗址自 1972 年开始发掘……出土了大量精美文物。其比较重要的是一件铁刃铜钺，其时代比 1931 年河南浚县出土现已流入美国的西周初年的两件要早。""以后在北京市平谷县刘家河也发现商代的铁刃铜钺。"又起釪 1980 年访问山西省博物馆，在其展品中看到云石县旌介村商代墓出土的一件铁刃铜钺，当时引起注意。但据《文物考古工作三十年》第 58 页载，经山西省地质局化验，含有铁的成分，是铜铁合金。据《中国大百科全书·考古学》"铁器"条说："在人工炼铁以前，世界上许多文化发达较早的民族，都有过偶尔利用陨铁制器的历史。……中国商代台西遗址和刘家河商墓中也发现过刃部用陨铁锻制的铜钺。但陨铁是天体陨落的流星铁，与人工炼铁的性质根本不同。"这显然是考古学中的经典解释，人们自当遵信。辛先生"答辩"文中即说："考古学者实事求是的精神，我们应当尊重。"但作为外行来说，对于其所不懂的，是不是也可提出疑问呢。例如陨铁，就时间来说，并不是经常有的，虽然在宇宙里，流星体是经常有的，但落到地球上的地面上，究竟不是常事；就空间来说，茫茫大地，千里万里，受到流星陨落的地点也是非常稀少的。所以就某一地区来说，往往是永远没有流星光临过，或者是千载难逢的事，那么用陨铁来制器的机会就少之又少，怎么世界上各地民族，只要文化稍发达，就大都能用陨铁制器呢？难道在这问题上，不能另寻觅更多的思考途径吗？不能探索更多的理解吗？当然，这离本题太远了。但至少这些铁刃铜钺、铁柲铜斧、铁援铜戈、铁舌铜铎等等器物中都用到铁器为其构成部分，而不再是青铜体中含有铁的杂质，这就尤足为商代后期及西周有铁说的力证了。

何况我们考论一部古文献的成书早晚，主要不在于该文献枝节方面的一个两个文字、一件两件名物的问题，而是要根据主体方面的大的起决定作用的关键性的东西。就《禹贡》这部古代地理著作来说，古代地理与后代地理的主要区别，就在于古大河与后代黄河的区别。如果所载是古代大河，其成书必然早，反之必晚，任何雄辩都不能改变这一实际。古大河自今浚县折而自南向北直贯今河北省，东折至天津入海。春秋时河从浚县东徙，就开始了几经变迁的后代黄河。而《禹贡》全篇所载从有关各州到"导水章"的大河全程，都是古大河，丝毫不知河徙之事，则《禹贡》之为春秋以前著作是可断言的。加上九州的区分，是龙山文化以来历经三代自然形成的人文地理区系，更成为《禹贡》的整体架构，则《禹贡》之为春秋以前地理书，是无法动摇的。至于篇中确有少量春秋战国事物资料，则是流传过程中掺进去的，这是古代典籍常有的现象，正像今见《史记》中有不少司马迁以后的事物，不影响《史记》成于司马迁手一样。但是把它们考订清楚还是必要的。即如铁镂二字，如确有问题,即可能是后增的,或者另寻解释以明其故。但如经过学者的深入研究,或考古学不断有新的发现,足证殷后期及西周确有早期铁存在,则可证《禹贡》中原有此二字,其含义必然与《禹贡》全文相契合,正反映《禹贡》成书时期确有铁存在了。

⑪砮磬——"砮",已见荆州章"砮"字校释。可为矢镞之石,因而此种矢镞亦称砮。"磬",已见徐州章与豫州章"磬"字校释。参看《尧典》"击石拊石"校释。此处指贡制镞之石与制磬之石。林氏《全解》云:"徐州之贡泗滨浮磬,此州既贡玉磬,而豫州又贡磬错,则知当时之乐器磬为最重。"《汇疏》足成之云:"砮贡于荆,又贡于梁,重武事也。徐贡浮磬,此贡玉石磬,豫州贡磬错,则乐器磬最为重,亦可知矣。"

⑫熊罴狐狸织皮——"罴",《释文》:"彼宜反。"《尔雅·释兽》:"熊,虎丑。"《左传·昭公七年》疏引李巡曰:"熊,虎之类。"(《易·离》虞注、《礼记·哀公问》郑注:"丑,类也。")又:"罴,如熊,黄白文。"郭璞注:"似熊而长颈高脚,猛憨多力,能拔树木,关西呼曰貔罴。"又:"狸、狐、貒、貉,丑。"《说文》卷十四下"内"字引"《尔疋》曰:'狐、狸、貛、貉,丑。'"邵晋涵《尔雅正义》云:"貍狐貒貉四兽之类。"知"狸"字二字书皆作"貍"。《说文》卷十上:"熊,兽似豕,山居,冬蛰。""罴,如熊,黄白文。……飍,古文。""狐,祅(妖)兽也,鬼所乘之。……死则丘首。"又卷九下:"狸,伏兽。似貙。"段氏注:"谓善伏之兽。……即俗所谓野猫。"《汇疏》引《异苑》云:"熊无穴,或居大树孔中,东土呼熊为子路。"又引陆玑《鸟兽虫鱼疏》云:"熊能攀援上高树,见人则颠倒自投地而下。冬多入穴而蛰,始春而出,脂谓熊白。罴,有黄罴,有赤罴,大于熊。其脂如熊白而粗。"王天

与《纂传》引新安王氏（当指王炎）曰："熊似豕，罴似熊而黄。狐类犬而长尾，狸则狐之小者。"

伪孔云："贡四兽之皮，织金罽。"《史记集解》云："孔安国曰：'贡四兽之皮也。织皮，今罽也。'"《汉志》颜注亦云："织皮，谓罽也。"可知"织金罽"为"织皮今罽也"之误。"罽"，《释文》："纪例反。"《尔雅·释言》："氂，罽也。"郭注："毛氂所以为罽。"郝懿行《义疏》云："罽者，繝之假借也。《说文》云：'繝，西胡毳布也。'通作罽。"所谓毳布，当如今日西藏之氆氇。《孔疏》："与织皮连文，必不贡生兽。故云'贡四兽之皮'。《释言》云：'氂，罽也。'舍人曰：'氂谓毛锃也。胡人绩羊毛作衣。'孙炎曰：'毛氂为罽。织毛而言皮者，毛附于皮，故以皮表毛耳。'"《汉志》颜注则云："言贡四兽之皮，又贡杂罽。"与《孔疏》言只贡皮者异。苏轼《书传》云："以罽者曰织，以裘者曰皮。"明分织、皮为二。林氏《全解》云："据二孔之说，则以'织皮'为一物。苏氏云（见上引），则是织、皮为二物。曾氏（旼）亦同于苏氏之说，而其说加详焉。曰：'地多山林，兽之所走，熊罴狐狸之皮，制之可以为裘，其毳毛织之可以为罽。'今当从苏氏曾氏之说。"总之，罽为兽毛粗织成的织物，故称为"织"，制裘的就称为"皮"。

《孔疏》释伪孔说，以为不贡生兽，只贡四兽之皮。显与古代事实不合。如《周书·王会解》载四方所献物，有青熊、黄罴、白虎、黑豹、狐九尾等，《诗·韩奕》载其时即使诸侯亦"有熊、有罴、有猫、有虎"，以及"赤豹黄罴"等。又《左传·文公元年》载楚成王被弒前，"王请食熊蹯而死"。显然是厩中有活熊，才能随时取食熊掌。所以古代统治者是以熊罴狐狸等生兽为贡的。但确实亦取这些兽皮为裘,如《诗·大东》云:"熊罴是裘。"又《诗·七月》云:"取彼狐狸,为公子裘。"有名的孟尝君鸡鸣狗盗之客为他盗狐白裘的故事,当时"孟尝君有一狐白裘,直千金,天下无双"(见《史记·孟尝君传》)。可见古时贵族重视这些皮裘的习尚。《淮南子·道应训》载周文王被纣囚时,散宜生得玄豹黄罴青豻白虎文皮千合以献纣。知古时确亦有直取这些兽皮者。又皮不只是供制裘,亦供射鹄之用。见《周礼·司裘》:"司裘掌为大裘,以供王祀天之服。……王大射,则共虎侯、熊侯、豹侯,设其鹄。"即供虎皮熊皮等以为射靶(侯即射靶。见《仪礼·乡射礼》注"侯,谓所射布也")。

禹
贡

"织皮",郑玄另释为"西戎之国也"。且连下文"西倾因桓是来"为释。竟以织皮为一国名,是不确的。今移于下文录其说。

⑬西倾因桓是来——"倾",《汉志》作"顷"。薛本同。"来",《汉志》作"俫"。薛本作"徕"。诸隶古写本大都与今本同。《水经·桓水注》"桓水出蜀郡岷山西,南行羌中"下引"郑玄注《尚书》言":"织皮,谓西戎之国也。西倾,雍州之山也。雍、戎二野之间,人有事于京师者,道当由此州而来,桓是陇坂名,其道盘桓旋曲而上,故名曰桓。是今其下民谓是坂曲为盘也。"郦氏注云:"斯乃玄之别致,恐乖《尚书》'因桓'之义,非'浮潜入渭'之文。余考校诸书,以具闻见,今略缉综川流沿注之绪,虽今古异容,本其流俗,粗陈所由。"即《郦注》上文所云:"余按经(指《水经》)据书(指《尚书》),岷山、西倾,俱有桓水。桓水出西倾山,更无别流,所导者惟斯水耳。浮于潜汉而达江、沔,故《晋地道记》曰:'梁州南至桓水,西抵黑水,东限扞关。……自桓水以南为夷。"《郦注》又云:"《地理志》曰'桓水出蜀郡蜀山,西南行羌中'者也。《尚书》又曰'西倾

因桓是来',马融、王肃云:'西治倾山,惟因桓水是来,言无他道也。'"是马融、王肃对《尚书》此句之注亦不正确,竟释"西倾"为"西治倾山",至于不通。伪孔云:"西倾,山名。桓水自西倾山南行,因桓水是来。"林氏《全解》引周希哲曰:"织皮言其服,西倾言其地。服织皮之服,居西倾之地者,必因桓水以通其来往。言其'织皮西倾',亦犹言'织皮昆仑析枝渠搜'也。"《全解》云:"此亦一说,姑两存之。"自《全解》详引《水经注》之说,复盛称苏轼《书传》之说,以为"比于郦道元尤为有据"。而后宋代如傅寅《说断》、蔡《集传》等,元吴澄《纂传》等,明王樵《日记》等,直至清胡渭《锥指》,蒋氏《今释》,以及江、王、孙诸家,皆对此有详略不等之论析考述。其中如王樵之说尚明晰,胡渭之说最详审。今综诸家之说,简为述之。

"西倾",山名。《汉志》"陇西郡临洮县"下云:"《禹贡》西倾山在县西。"自郑玄谓西倾为雍州山,治经者皆宗其说。然汉临洮县为今甘肃岷县。西倾在岷县西,亦即卓尼、碌曲西,远在渭源西南,属渭水一线之南,依《禹贡》所叙自可列为梁州之山。山又名强台山,西彊山,洮水出其东北,桓水出其东南。据《班义述》,知此山即青海湖东南较远的羌语所称的罗插普喇山,在今青海省东部的黄南藏族自治州南部。今地图上载之甚明。

"桓",郑玄谓非地名,然《汉志》明言有桓水,《水经注》亦有其流程记载。故伪孔亦云:"桓水自西倾山南行。"《汇疏》云:"《地理志》西倾在陇西临洮县(今甘肃岷县)西南,桓水出蜀郡蜀山西南……则初发西倾来有水也,不知南行几里得桓水?"按《汉志》于陇西郡载西倾山,接着载西汉水入广汉白水。而广汉郡甸氏道(今甘肃文县之西)下载:"白水出徼外,东至葭萌(今四川广元南剑阁东北)入汉(指西汉水即嘉陵江)。"郡另有白水县,在白水旁,则汉时甸氐道徼外有此一条白水。《锥指》云:"桓水亦名白水。《水经·漾水注》云:'白水出临洮县西南西倾山,水色白浊,东南流与黑水(出文县西素领山,即上文扶州黑水)合。又东径洛和……邓至……阴平等城南……偃城北,又东北径桥头(今文县城东南有桥跨白水上),又东与羌水合。……又东南径建阳郡……白水县故城……武兴城东……费城南(今四川昭化境)注(西)汉水。'"其水即今白龙江,出今甘肃岷县西南迭部之西,东南经舟曲、武都等地,至广元南的昭化县境入嘉陵江。

"西倾因桓以来"一句,与上文"和夷"句同叙少数民族。错简在此,应移前与"和夷"句并立。现原文暂不动,今译移正。

⑭潜——《史记》凡《禹贡》"潜"字皆改为"涔",独此处潜字漏未改(或谓后人改回)。已详荆州章"沱潜既道"校释。此处潜水当指与汉水(沔水)相通的一条水,是在运输上便利的一条汉水的支流或支津。

⑮逾于沔——按《禹贡》文例,凡两水不相通而须经陆路者用"逾"字。此处潜、沔相通,而沔、渭不通,《蔡传》谓逾于沔未可晓。而金履祥《书经注》以为,此两句当是"入于沔,逾于渭"之误。其说是。"沔",水名。据《汉志》武都郡(所载肃成县西)所载,知沔水即是以漾水为源的汉水。又据《汉志》武都郡沮县(今陕西勉县西)所载及《说文》"沔"字,知沔水亦名沮水。《禹贡班义述》以为沔水原以出自氐道的漾水为源,而发源于东狼谷的沮水至沮县来注。后来出自氐道的漾水绝流,沔水遂以沮水为源。《说文》遂说沔水

出自东狼谷,而沔水从此亦称沮水。《说文》遂亦谓沮水至沙羡(今汉口)入江。沔水与汉水实为一水的异名,并非旧释所谓上段为沔水,下段为汉水。故上游之地有沔阳(今勉县)、汉中、汉阴等,下游之地亦有沔阳、汉阳、汉口等。到末段入江夏郡(今安陆以南之鄂东)则另称为夏水。(参看上文"汶嶓既艺"的"嶓冢"校释及荆州章"汉水"校释与导川章"漾水"校释。)

⑯入于渭——依金履祥说,当作"逾于渭"。"渭",水名。出今甘肃渭源县西南鸟鼠山,东经陇西、甘谷、天水诸县,东入陕西省境,自宝鸡横贯全省,东至临潼北之风陵渡入河。

⑰乱于河——《尔雅·释水》:"正绝流为乱。"郭璞注:"直横渡也。"邢疏:"谓横绝其流而直渡名曰乱。"就是正面横渡黄河。

以上这一节,是"梁州章"。

黑水西河惟雍州①。弱水既西②,泾属渭汭③,漆沮既从④,沣水攸同⑤。荆岐既旅⑥,终南⑦惇物⑧,至于鸟鼠⑨,原隰底绩⑩,至于猪野⑪。三危既宅⑫,三苗丕叙⑬。厥土惟黄壤⑭,厥田惟上上,厥赋中下⑮。厥贡惟球琳琅玕⑯。浮于积石⑰,至于龙门西河⑱,会于渭汭⑲。织皮崑崙⑳析支㉑渠搜㉒,西戎即叙㉓。

①黑水西河惟雍州——"惟",《史记》作"维"。"雍",《尔雅·释地》有云:"河西曰雝州。"《说文·玉部》"玕"字下云:"《禹贡》雝州球琳琅玕。"又《草部》"薮"字下云:"九州之数……雝州弦

圃。"(按《张掖记》谓黑水亦称玄圃)则字皆作"雝",薛本亦作
"雝"。所有现存敦煌及日本所藏隶古定写本皆作"邕"。

"黑水",已详"梁州章"校释。此处作为雍州西边的黑水,就上
章黑水考述文中来看,似只能于伊州伊吾、沙州敦煌、肃州酒泉、甘
州张掖四黑水以寻之。以伊吾黑水为最西,敦煌黑水有三危山可
依托,张掖黑水则言之者最多,终难定其某一水为雍州西之水。今
就地图以观,敦煌三危山西南之党河勉可因三危而附会雍州黑水,
然非最西,惟《括地志》所称伊吾黑水始合"西界"之意。然本为神
话黑水,欲实定之太困难,还是如《禹贡》作者心目中原意,以为雍
州最西有那么一条水叫黑水,就这样模糊地认定较说得过去。

"西河",已见荆州章"至于南河"校释,指今山西与陕西分界之
河。以在冀州之西而称"西河",以其定雍州之界而称"雍河"。

"黑水西河惟雍州",《诗·韩奕》正义引郑玄注云:"雍州界自
黑水,而东至于西河也。"伪孔云:"西距黑水,东据河。龙门之河,
在冀州西。"(此"距""据"二字仍误用,应二字互换,见"梁州章"校
释)《孔疏》:"计雍州之境,被荒服之外,东不越河,而西逾黑水。王
肃云:'西据黑水,东距西河。'所言得其实也。"《蔡传》遂袭王肃
说。以上皆以雍州西境为黑水。《汇疏》引《雍录》云:"雍州之境,
西南则包黑水,而东距冀河也。"则以雍州西与南皆黑水。黑水存
在既颇模糊,则亦不用计较其为西或西南。此句全意据郑玄、王肃
说,在西边的黑水和东边的西河之间是雍州。此州以秦都于雍得
名。过去有几种误说皆不足据(如《汇疏》引《雍录》云:"雍,壅也。
四面有山壅塞为固也。"《孔疏》引李巡曰:"河西其气蔽壅,受性急
凶,故云'雍'。雍,壅塞也。"《释文》引《晋太康地志》曰:"雍州西

北之位,阳所不及,阴气壅遏,故以为名。"此皆妄说。故傅寅《说断》已谓"皆因字生义,实不足信")。州境包括今秦岭以北的陕西境和宁夏、甘肃、新疆全境和青海的一部分。据王天与《纂传》引成氏《舆地记》按唐代地理以东起京兆、延安、同华诸州西迄伊、西二州、安西、北庭二都护府均属雍州境。伊州今哈密,西州今吐鲁番,安西都护府今南疆及其西广大疆域,北庭都护府今北疆及其西广大疆域,最西甚至抵盐海,殆以盐海东大片沙漠之故。杜佑《通典》古雍州最西亦达伊、西二州、北庭、安西二都护府。惟其"序目"中说"雍州西境流沙之西……并非九州疆域之内"。《锥指》非之,以杜氏曾谓"中夏惟冀州最大",其实"按九州雍最大,冀、梁次之。雍东西相距约三千七百余里,南北相距约二千五百余里"。以杜氏误认积石所在,遂使雍亏地广二千里。并云:"行都司所领甘州庄浪等诸卫所,其在化外者,南至西倾、积石,西逾三危,北抵沙漠,皆古雍州域也。"是胡氏固以为雍州疆域最大。其东以黄河与冀州分界,东南以河与洛之间的豫陕边界与豫州分界,其南主要以秦岭与梁州分界,然其东段渭水以南亦梁州,西段则如《锥指》所云:"又西为凤县大散岭……徽州铁山木皮岭……成县鹫峡、羊头峡、龙门戍……岷州卫……洮州卫西倾山,皆与梁分界处也。"西倾为雍梁分界之山,是不纯为雍州山,故上文自可叙入梁州。至州境之西与北,大抵止于流沙。因《禹贡》末句说九州"东渐于海,西被于流沙",显见古人印象中黑水以西之地全是沙漠,才这样说。因而今新疆地区沙漠,古人可目为雍州西境。到知有盐海以东沙漠,也以为雍州之西。又末句的最后三字为"朔、南暨",是说北方、南方以能达到的地方为止境,自然以为其北境也以沙漠不毛之地为境。

《汉志》"张掖郡居延县"（今内蒙古额济纳旗北）下云："古文以为流沙。"而这正是雍州弱水流注之地，其地有巴丹吉林沙漠，正在雍州之北，证实了古人所认知的雍州北境亦迄于沙漠。

②弱水既西——弱水是《禹贡》中唯一西流之水，故《史记集解》引郑玄注云："众水皆东，此独西流也。"原亦《山海经》神话中之水，有出于昆仑出于劳山二弱水。然现实地理中确有弱水。《汉志》"张掖郡删丹县"下注云："桑钦以为导弱水自此，西至酒泉合黎。"《说文》"溺"字亦云："溺水自张掖删丹，西至酒泉合黎，余波入于流沙。从水，弱声。桑钦所说。"按今《水经》无此文。《史记·索隐》引《水经》云云，按其语即上引桑钦语，可能以为即《水经》之文。桑氏记实有之水，或者原取神话中水名名之，或者为《山海经》取材于此叙入神话中。总之张掖确有此水，不似黑水之虚无缥缈纷歧幻乱（正式地理书《汉志》《续汉志》皆不载黑水）。《淮南子·地形训》多承神话说，中有实际地理。其中云："弱水出自穷石，至于合黎，余波入于流沙。"高诱注："穷石，山名也。在张掖北，塞水也。"宋薛季宣《古文训》承用之而稍变云："弱水出吐谷浑界穷石山，自甘州删丹县西，至张掖县合张掖河。"又《汉志》"张掖郡觻得县"下云："羌谷水出羌中，东北至居延入海。"《锥指》释云："按羌谷水者，张掖河之上源也。其下流与弱水合，则弱水入居延海可知矣。……就《禹贡》言，出觻丹者为弱水之正源，出觻得县为弱水之别源。"《锥指》就志书详列了弱水全部流程。成蓉镜《班义述》载弱水情况亦详。其他清儒书亦有论及。综诸家考述，大抵获知弱水发源于今甘肃山丹县焉支山西麓，穷石之东，西北流至张掖，合来自祁连山西南之羌谷水后，亦称张掖河。继向西北流经今高台

县,过合黎山西南,亦称合黎水。经合黎峡口折而向北流,经酒泉东的金塔县东北,过巴丹吉林沙漠西部,即所谓"入于流沙",最后东北入于居延海。

这是西北实实在在的一条水,不复是神话中的水。

③泾属渭汭——"泾",水名。《汉志》"安定郡泾阳县"(今甘肃平凉西北)下云:"开头山(今崆峒山。师古曰:开,音牵)在西,《禹贡》泾水所出,东南至阳陵(今陕西泾阳东南)入渭。"《淮南子·地形训》云:"泾出薄洛之山。"高诱注:"薄洛之山,一名笄头山,在安定临泾县西。"《诗·谷风·正义》引郑玄注云:"泾水、渭水发源皆几二千里,然而泾小渭大,属于渭而入于河。"《锥指》谓"《水经》无泾水之目,渭水篇中于入渭处仅附见一语"。然后备举《寰宇记》原州平高县、百泉县、弹筝峡,泾州灵台县,邠州宜禄县芮水下、芹川下、真宁县大陵水下,乾州永寿县,耀州云阳县泾水下、五龙谷泉下、雍州醴泉县等,皆引《水经注》泾水之文,因而云:"是《水经》原有泾水篇,宋初尚存,后乃亡之耳。"故据《通典》《元和志》《寰宇记》《长安志》及其近世州县志所载,列出泾水全部流程。今即据《锥指》所载,以今日地名简述泾水流程如下:泾水发源于今宁夏泾源县六盘山之东麓笄头山(一名鸡头山,亦名崆峒山,《班义述》尚录有岍头、牵屯、汧屯、薄洛、泾谷、大陇、高山、都庐诸异称),东南流经甘肃平凉、泾川,历陕西长武、彬县,沿途受多水来注(包括被认为是泾水北源之水。见《班义述》引《平凉府志》北源出固原州南界,南源出崆峒。南为正源;北为别源,至隆德县南来注),又东南至泾阳县南入渭水。是《上林赋》及《关中记》所说"关中八川"中唯一在渭北之水。

"属",《释文》引马融注云："入也。"系就本句得义。按"属"有下列诸训：《说文》："属，连也。"《考工记·函人》注："属，读如灌注之注。"《文选·应诏乐游苑饯吕诗》注引顾野王云："属，犹接也。"《广雅·释诂二》："属，续也。"《汉书·沟洫志》颜注："属，连及也。"《礼记·经解》郑注："属，犹合也。"《左传·哀公二十七年》服注："属，会也。"凡此诸训义皆相近，故郑玄径释此句为"泾小渭大属于渭"。伪孔则释为"属，逮也"。《孔疏》释云："属谓相连属，故训为逮。逮，及也。言水相及。"因泾水入渭，故说它连属于渭，连及于渭。

"渭"，水名，已简述于梁州章之末。黄镇成《书通考》云："渭水，《地志》出陇西郡首阳县西南。今(元)渭州渭原县鸟鼠山西北南谷山也。东至京兆船司空县入河，今(元)华州华阴县也。"

"渭汭"，《诗·公刘·传》："汭，水涯也。"笺："汭之言，内也。"《方言一》："汭，水口也。"《说文》："汭，水相入也。"《水经注》引马融："水所出曰汭。"杜注《左传·闵公二年》曰"水之隈曲"，《昭公元年》曰"水曲流"，《昭公二十四年》曰"水曲"。伪孔："水北曰汭。"可见解释之纷歧。大抵释小水入大水处较妥。按，《释文》："(汭)本又作内。……马云：'入也。'"是以此字为动词。伪孔云："水北曰汭，言治泾水入于渭。"《孔疏》："《毛诗》传云：'汭，水涯也。'郑云：'汭之言，内也。'盖以人皆南面望水，则北为汭也。"王氏《后案》非之云："伪孔创'水北曰汭'之说，《疏》曲附云：'人南面望水则北为汭。'但人若北面望水，则又可以'南为汭'矣。"是以此字为形容词或名词之争议。《蔡传》云："泾、渭、汭，三水名。……汭水，《地志》作'芮'，扶风汧县'弦蒲薮，芮水出其西北，东入泾'。……周

禹
贡

783

《职方》雍州，'其川泾、汭'。《诗》曰'汭鞫之即'，皆谓是也。……泾水连属渭、汭二水也。"是以此字作为河流专名。阎若璩《疏证》卷六云："《说文》：'汭，水相入也。'于此处为确解。《左氏》一书，庄四年曰'汉汭'，闵二年曰'渭汭'，宣八年曰'滑汭'，昭元年曰'雒汭'，四年曰'夏汭'，五年曰'罗汭'，二十四年曰'豫章之汭'，二十七年曰'沙汭'，定四年曰'淮汭'，哀十五年曰'桐汭'。水名下系以'汭'者众矣，又何疑于《禹贡》哉！"胡渭《锥指》云："汭之言，'内'。其字或作内。河内曰冀州，州在河北也。汉中郡，亦在汉水之北。"则以汉中亦同汉内。此"渭汭"与《尧典》"汭汭"、导水章"洛汭"比较观之，自指方位，《蔡传》说不足据。就《左传》诸汭以观，大抵皆两水相入处。其处必有隈曲，遂称为汭。只是由于渭汭、雒汭适在该水之北，遂有"水北"之释。当以两水相会处形成之隈曲处为正解。此"渭汭"即今咸阳东、临潼西北泾水入渭的隈曲处（下文"会于渭汭"为潼关北渭入河隈曲处）。

④漆沮既从——"漆沮"，分流时为二水名，合流后成为一水名。关于漆沮的说法非常纷歧繁乱。在雍州境内有泾水之西的漆沮，又有泾水之东的漆沮。前者见于《诗》之《大雅·绵》与《周颂·潜》，被称为"扶风漆沮"。其水所在有两说（一出凤翔普润县，一出邠州新平县），以与《禹贡》之水无关，故此处不详及。后者为《禹贡》漆沮。据"导水章"所叙渭水顺序，此漆沮在泾水之东，被称为"冯翊漆沮"。关于泾东此水的纷歧说法，当其以为漆沮一水时，即冯翊洛水，持此说者伪孔传、颜师古《汉书》注及《水经·淮水注》"洛水入焉"下引阚骃《十三州记》。当其以为漆、沮二水时，则其所在复有下列诸说：（一）《汉志》仅在北地郡直路县（今陕西黄陵县

北百里许直罗镇）下载："沮水出东西（应为南）入洛。"而不载漆水（仅在上郡有漆垣县，在今黄陵西南。又右扶风有漆县漆水，则为泾西《诗经》之水）。又《水经》之"沮水篇"言泾东沮水，亦为出北地郡直路县，至冯翊祋祤县（今陕西耀县）北，东入洛，亦不载泾东漆水（《水经·漆水篇》载泾西漆水）。（二）《水经注》则记此二水。先叙沮水（亦作濒水）出直路县，东南经宜君称宜君水，经祋祤县合铜官水。经怀德（今富平县）南，东注郑渠。郑渠在池阳（今泾阳北）与自云阳（今淳化县）来之浊水合，再东至富平南与沮水合后，复分为二：1.东南出，即浊水，至白渠与泽泉合，称漆水，又称漆沮水。横过白渠，经万年县（今富平东南、临潼东北）折而南，称石川水，入于渭（不言入洛）。2.东出，即沮水。循郑渠东经频阳（今富平东）、莲勺（今渭南县北）、粟邑（今白水县）诸县，入于洛水。（三）《太平寰宇记》及其后地志，以漆水出铜官县（今铜川市）北，西南合铜官川水，至华原（今耀县）与沮水合为石川河。沮水则出中部县（今黄陵）子午岭，过宜君县，至今耀县合漆水，为石川河，即漆沮水。此石川河南过富平西南，东过白水县南入洛。（四）薛氏《古文训》引宋敏求《长安记》，谓孔安国说，漆水一名洛水，出同州白水县，至富平合沮水为漆沮水，亦曰石川水，至栎阳（今临潼东北）入渭。（五）《禹贡锥指》以直路之沮至栎阳合浊水后，东路者循郑渠入洛，故《汉志》云入洛。郑渠湮废，浊水绝于三原，沮水不复能抵富平。可见古代在郑渠修建前，此水惟在栎阳东南出为石川水以入渭。是为漆沮水。

综以上诸说会通以观，大抵此泾水之东的漆水，当出今陕西铜川东北境，南流至耀县，与出今黄陵县北而南经宜君、铜川来的沮水会合，乃称漆沮水，即今石川河。再南经富平东南、临潼东北以入渭水。

在秦时开郑渠后，漆沮水入郑渠。主流随郑渠东行至白水县境入洛水，另分出一支随石川河入渭。至北宋时，郑渠东段湮废，漆沮全水以石川河入渭。

⑤沣水攸同——《史记》作"沣水所同"。《集解》："沣，音丰。"《汉志》作"酆水逌同"。颜注："逌，古攸字也。攸，所也。"又"右扶风鄠县"下云："酆水出东南……北过上林苑入渭。"《锥指》云："《水经》无沣水之目，其附见渭水篇中者，曰渭水自槐里县故城南……又东，丰水从南来注之。"则字作"丰水"。《汇疏》引《雍大记》曰："沣水出长安县西南五十里终南山沣谷。其源阔十五步，下阔六十步，水深三尺。自鄠县界来，由马坊村入咸阳合渭水。"《锥指》引《长安志》文同，惟"沣"作"丰"。《锥指》下文云："昔文王作丰，武王治镐，《诗》咏其事。郑康成云：'丰在丰水之西，镐在丰水之东，相去盖二十五里也。'"

伪孔释此句云："漆沮之水已从入渭，沣水所同，同之于渭。"

⑥荆岐既旅——"荆"，此雍州荆山，称为"北条荆山"，与荆州的南条荆山非一。此山在冯翊怀德（今陕西朝邑县）西南，汉时其下尚有荆渠，属北岭六盘山系桥山山脉（唐以后地理书误以为在陕西富平西南，胡氏《锥指》已辨正）。

"岐"，山名。与冀州岐山非一。此山在今陕西岐山县东北。颜师古云："其山两岐，俗呼箭括岭。"（"两岐"系据《说文》说）《郡县志》称岐山一名天柱山。王先谦《参正》云："岐山，今岐山县东北五十里。西自凤凰山，逾天柱山，东至箭括山，六十余里皆是。"按

《汉志》"右扶风美阳"下云:"《禹贡》岐山在西北申水乡,用太王所邑。"《续汉书·郡国志》《右扶风》下:"美阳有岐山,有周城。……南有周原。"

"既旅",《史记》作"已旅"。既旅意即既道,即二山之道已平治。见前梁州章"蔡蒙旅平"校释。此处《锥指》谓治田野曰艺,治溪谷之水曰旅,治三危曰宅,其言各有所当。要皆纪水土之功,旅,不在祀典。

⑦终南——山名。在今西安市南五十里。古终南山东起今蓝田,西迄周至。自秦襄公都于今陕西陇县,岍、岐两山之南的秦岭亦称终南。于是此山西起秦陇,东达蓝田,绵亘八百里。亦称南山、中南山、周南山、地肺山、桥山、楚山、秦山。汉人以武功以南(今眉县南)的太一山(其北部称太白山,为秦岭的最高峰)为终南山,于是终南山又称太一山、太白山。实则终南山指秦岭的眉县至蓝田一段。至于全部秦岭,西起甘肃天水,东迄河南陕县,西安郊南五十里之终南山被认为是其主峰(此据《汉志》、唐《释文》《孔疏》、宋程大昌《禹贡论》、傅寅《说断》、明郑晓《禹贡图说》、清胡氏《锥指》、蒋氏《今释》、成氏《班义述》等书资料综合写成。下文惇物、鸟鼠、猪野、三危等基本同)。

⑧惇物——《史记》作"敦物"。惇物,山名。据《汉志》,即汉时武功县之垂山。山在今眉县东南,胡渭以为即太一山。其北部为太白山,南部为武功山(又称敖山),总称为惇物山(敦物山)。《金史·地理志》所载则在垂山之东,不尽合。宋程大昌据字义释为物产丰富而非山名,义虽新而证据不足。《禹贡》所叙山由终南、惇物而至于鸟鼠山,文义甚明,故不取程说(程氏书中往往有意立

异，且好以境外地名比附，已为当时及宋以后学者所讥评)。

⑨鸟鼠——山名，渭水发源处。全称鸟鼠同穴山，又名青雀山。在今甘肃渭源县西南。但甘肃、青海、新疆、西藏等处荒野地区都有鸟鼠同穴现象。鸟多为雪雀，偶有土百灵、角百灵、穗鹏或沙鹏；鼠多为黄鼠，偶有长尾黄鼠、鼠兔、高山旱獭及鼬。古代文献早有记载，除《禹贡》采用了先秦材料如《山海经·海内东经》云"渭水出鸟鼠同穴山"等等外，汉《尔雅·释鸟》即云："鸟鼠同穴，其鸟为鵌，其鼠为鼵。"《淮南子·地形训》《汉书·地理志》《续汉书·郡国志》《三辅黄图》《水经注》等皆有鸟鼠同穴资料，郑玄释此鸟、鼠云："鸟名为鵌，似鵐而黄黑色。鼠如家鼠而短尾，穿地而共处，鼠内而鸟外。"(《水经·禹贡山水泽地篇》引)伪孔作错误解释云："鸟鼠共为雄雌，同穴处此山。"郭璞《山海经·西山经》"鸟鼠同穴之山"云："今(晋)在陇西首阳县(今渭源县)西南，山有鸟鼠同穴。鸟名曰鵌，鼠名曰鼵。鼵如人家鼠而短尾，鵌似燕而黄色。穿地入数尺，鼠在内鸟在外而共处。孔氏《尚书传》曰'共为雌雄'。张氏《地理记》云'不为牝牡也'。"这是批驳了伪孔妄说。北魏《洛阳伽蓝记》附录之《宋云行记》有云："赤岭，即国之西疆也。皇魏关防正在此。赤岭者，不生草木，因以为名。其山有鸟鼠同穴，异种共类，鸟雄鼠雌，共为阴阳，即所谓鸟鼠同穴。"丁谦《考证》："赤岭见《唐地志》注，在西宁丹噶尔西南百三十里，今曰日雅拉山，又称日月山。……鸟鼠同穴，西域甚多。《宋书·吐谷浑传》云：甘谷岭北亦有此。又姚莹(清人)《康輶纪行》言自理塘、巴塘至察木多一带地方，鸟鼠皆同穴而处。"《顾颉刚读书笔记》卷五第3218页录此为之说云："按此为在青海境内之鸟鼠同穴山。在周、

秦间,此山在渭水源,至南北朝则此山在青海西岸。所以然者,西疆鸟鼠同穴现象甚为普遍,甘肃有之,青海亦有之,一也。周、秦之后,甘肃人口增加,渭源此类现象日渐减少,惟青海之西人口依然鲜少,鸟鼠得保其繁殖,二也。闻之动物学家,此种鸟为云雀,鼠为土百灵,毫无'鸟雄鼠雌共为阴阳'之事。其所以同穴者,云雀不能自营巢,假土百灵之窟以居,在生殖上毫无关系也。"1956年10月6日《人民日报》载《祁连山发现珍奇动植物》文中言这批动物中有:"西藏雪鹊和黄鼠……他们却相依为命地共同生活在一个土洞中。黄鼠要到地面活动,西藏雪鹊首先飞出去,看看有没有危险。黄鼠听到雪鹊叫声,知没有危险,才成群出去活动。……一发现危险,(雪鹊)就发出叫声,黄鼠、雪鹊就迅速躲进洞里。"又1961年5月17日《北京晚报》载"科学趣闻"说:"我国西北的一些荒漠和草原地带,鸟类和野鼠往往在同一个地洞内共居。据动物学家工作者的观察,鸟鼠之所以同穴居住,是由于那些地方没有树木,鸟类无处筑巢,只好借鼠洞'下榻'。至于鸟鼠住洞内究竟是怎样相处的,人们还不很清楚。西北地区野鼠的洞穴都相当深,一位动物学工作者在新疆马拉斯河附近挖了一个沙鼠的洞穴,挖了四百米深还未挖到底。"这是两则现代的实际观察资料,和历代文献一起共同证实了确有此二生物共栖的事实。《顾颉刚读书笔记》卷七第5768页云:"予前至渭源鸟鼠山,山上确无树木。然据土著言,今已无鸟鼠同穴之事。盖居民渐多,荒地日辟,鸟鼠不安其居,故他徙矣。又至卓尼山(按在鸟鼠山西南,较邻近青海),则闻山上土内有鸟声,不知其与鼠同居否也。"是今渭源县境已无鸟鼠同穴现象。却保持了一座山名鸟鼠山,亦即鸟鼠同穴山。在其西青海、新疆、西藏以及可能甘肃西境的荒野地区,较广泛地有鸟鼠同穴现象,却没有一座名叫鸟鼠同穴之山。

辛先生《禹贡新解》引录《生物学通报》第 8 期(1955 年)陈桢《关于鸟鼠同穴问题》一文,节录云:"见过鸟鼠同穴而不曾留下姓名的很多。甘肃省渭源县西十五里……鸟鼠山……《禹贡》成书的时候在这里见过鸟鼠同穴的人一定很多的。……最早见过鸟鼠同穴而且留下姓名的人是一个取经和尚名叫惠生,看见的时期是公元 518 年。地点是当时名叫赤岭的地方。……方观成在 1733 年,在他经过……科布多地方时也看见了鸟鼠同穴,并且首次看见鸟立鼠背的现象。文人徐松曾被清朝统治者判罪到新疆伊犁充军,那时是 1812—1818 年,在他旅行到伊犁附近的赛里木河东岸里,他看见鸟鼠同穴,并把同穴鸟鼠的形状颜色作了描述。特别使人感到兴趣的是他看见了鸟立于往返奔驰的鼠背之上,张开翅膀发出大而烦杂的叫声,鼠虽奔驰很久而鸟不堕地。……后一百余年,埃森多斯基才在蒙古又看到同样的现象。……鸦片战争后,资本主义国家的采集调查深入我国内地。……普尔日瓦斯基在 1887 年发表的著作里记载了他在西藏、青海、甘肃见过的鸟鼠同穴。在西藏、青海,他看见的同穴鸟是两种雪雀,同穴鼠是一种鼠兔。在甘肃庄浪河之北他看见的同穴鸟是一种雪雀,同穴鼠是一种黄鼠。……少尔卓在 1914 年出版的著作中记载了他在内蒙古鄂尔多斯沙漠看见鸟鼠同穴,鸟是一种沙鹏,鼠是一种黄鼠。"又引录《动物学杂志》三卷七期魏燕文、张洁《在新疆天山南坡小尤尔都司见到的鸟鼠同穴》一文,节录云:"在小尤尔都司中部的巴音布鲁克所见到的是角百灵与长尾黄鼠同穴。在东部的茶哈奴大板(大板,蒙语山脊的意思）所见到的是穗鹏和高山旱獭有时亦同穴而居。"该文接着描述了角百灵、穗鹏、长尾黄鼠、高山旱獭等的形状、大小、毛羽颜色、特征等，辛先生皆引录之，此处从略。

《新解》中辛先生自己阐述云："雍州之地鸟鼠同穴之区甚多。郝懿行《尔雅义疏》引用书中，有凉州、沙州等处，甘谷岭鸟鼠同穴，且有或在山岭，或在平地之记载。以此知《禹贡》作者，一方面在雍州记'终南惇物至于鸟鼠'，在导山记'西倾、朱圉，鸟鼠至于太华'，而在导水记'导渭自鸟鼠同穴'，是根据原始真实资料，指出导水是从鸟鼠同穴之区，不一定指的是鸟鼠同穴之山（当然鸟鼠山之得名可能也是山上有鸟鼠同穴）。所以蔡沈说：'鸟只自鸟鼠同穴导之耳。'……伪孔更创奇论，说什么'鸟鼠共为雌雄'，诚如宋儒所讥：'其说怪诞不经。'唯郦道元谓'渭水出南谷山，在鸟鼠山西北'，为得其实，惜乎太简。……可证，《禹贡》为西周尚书，所记资料富于真实性。我还怀疑《尔雅》'鵌''鼵'命名奇特，可能未经过调查而采集之名。"

另有误以鸟鼠与同穴为二山名者。见《河图括地象》云："鸟鼠，同穴山之干也。"此纬书妄说，而《水经·禹贡山水泽地篇》引郑玄注云："鸟鼠之山，有鸟焉与鼠飞行而处之，又有止而同穴之山焉，是二山也。"此郑误从纬书说。

⑩原隰底绩——林之奇《全解》云：《尔雅》曰：'广平曰原'，'下湿曰隰'。则是凡广平下湿之地皆有此原隰之名也。然此曰'原隰底绩至于猪野'，当是有所指而言之，非泛指广平下湿之地也。郑氏曰：《诗》曰"度其隰原"即此原隰是也，原隰盖在豳地。'（《孔疏》引）义或然也。"是"原隰"原义为低下的湿地，可指田野。

然此处指"至于猪野"的一个具体地方,郑玄以为指豳地之野,林之奇同意其说有可能。那就是说把豳地(今陕西旬邑、彬县间)之野治理好了(厎绩),一直治理到下句所说猪野之地。

⑪猪野——《史记》作"都野"。《汉志》作"猪壄"。《史记集解》:"郑玄曰:'《地理志》都野在武威,名曰休屠泽。'"《水经·禹贡山水泽地篇》:"都野泽在武威县东北。"皮氏《考证》云:"《广雅》亦作'都野',与《史记》合。"《汉志》"武威郡武威县"下云:"休屠泽在东北,古文以为猪壄泽。"王鸣盛《后案》云:"《地理志》曰:'谷水出姑臧南山,北至武威入海。'届此水流两分,一水北入休屠泽,俗谓之南海,一水又东径一百五十里入猪野,世谓之东海。"皮氏《考证》录陈乔枞亦从此说,论之云:"据此则休屠泽与猪野微有分别,或今文家说不以休屠泽为即猪野,故《班志》特以古文别识之。"按汉代武威县在今甘肃民勤县境,其地东接内蒙古阿拉善左旗,有鱼海子,又名白亭海,当即都野泽遗址。此处当以都野为代表,指汉武威郡一带许多湖泊。自秦汉以迄北魏,此地都称沃壤。

杨筠如《核诂》云:"猪……都,犹言泽也。野之有泽,犹原之有隰。皆以地之形势而言。原隰为肥美之地,野泽为荒芜之所,故原隰厎绩,而后至于猪野,其意可想见也。至汉儒以豳地当雍州之原隰,休屠当雍州之猪野,亦以地势想象言之。故《汉志》又云……休屠泽俗谓之西海……猪野世谓之东海,是不必以休屠为猪野,明矣。"其说可备一说。《禹贡》文例,言某地至于某地,皆指具体地点,如泛言原隰至野泽,不合《禹贡》文意。况言隰肥美而泽荒芜,似无是理。

⑫三危既宅——《史记》作"三危既度"。"度"为今文,"宅"为

古文及伪古文,其义为居。已详《尧典》"宅嵎夷"校释。

"三危",山名。此句是说三危山之地已可居。按三危山原亦从神话书《山海经》《天问》中来,虽或者实有其山为神话之依据,然回到现实地理中则缥缈无定,比附其地之处甚多,已详《尧典》"窜三苗于三危"校释。大抵其地所在有下列诸说:敦煌郡敦煌县,金城郡河关县(今青海同仁县),渭源县鸟鼠山西南与岷山(一作岐山)相接,积石山西南,岷州卫徼外,古叠州境,四川境内,云南丽江府北,大理府云龙州,西藏三境,等等。《孔疏》则只说是"西裔之山"。山名则《括地志》云俗名卑羽山,徐文靖据《西河旧事》谓俗名昇雨山,"卑羽"字误。如此纷歧,然依据较多的历史传说,总以在较远的西北少数民族地区为宜,故用敦煌之说。

⑬三苗丕叙——《史记》作"三苗大叙",用"丕"的训诂义。"三苗",民族名,见《尧典》"窜三苗于三危","分北三苗"校释。三苗族在中原地区被华夏族战败后,迁到长江流域,一部分被逐到西北,即窜于三危之事。此处说三危之地已可居,因而三苗之族就可大为安定有序了。"丕叙"之义,可参看下文"西戎即序"校释。

⑭厥土惟黄壤——《史记》"厥"作"其"。《中国土壤地理》释"黄壤"为淡栗钙土。《中国土壤图》所载,渭水流域为娄土,泾水流域多黑垆土,陕西境内其他地区大都为绵土,东部龙门附近及西部宝鸡、天水一带为褐土,青海大部分为栗钙土,其东所邻甘肃境为黑钙土,陕甘之间黄河流域大抵为灰钙土,紧黄河两岸及武威至民勤一带(即都野泽地区)与张掖西北嘉峪关、金塔东北至居延海一线弱水两岸,都是绿洲土,此外河西走廊东部多灰棕漠土,西部多棕漠土,以迄新疆境。此为今日实测所知雍州范围内土壤概况。

由古人目验所知,此地区本为黄土高原,所以古人综称此地区土壤为黄壤。

⑮厥田惟上上厥赋中下——《史记》《汉志》皆作"田上上赋中下"。伪孔云:"田第一,赋第六,人功少。"《蔡传》释明之云:"田第一等而赋第六等者,地狭而人功少也。"上文荆州"田下中、赋上下"伪孔云:"田第八,赋第三,人功修。"《蔡传》释为"地阔而人工修也"。他们以人功修、人功少来解释赋的等第与田的等第的不一致。他们不懂得人功修或少只决定田的等第的高低,例如雍州自周祖后稷以来特重农业生产,周民族成了特重农业的民族。经过世代勤劳,把雍州田亩经营成为九州中最上等的田亩。但一州赋的等第不全由田的好坏决定,而是由该州总的经济发展水平来决定的。所以荆州虽田第八,而由其各项生产较发达,故赋为九州中第三。雍州田虽最好,各项生产较差,赋就成为第六了。

⑯厥贡惟球琳琅玕——《史记》作"贡璆琳琅玕"。《汉志》作"贡球琳琅玕"。《说文·玉部》:"球,玉也(从段校。徐铉本作'玉磬也')。从玉,求声。璆,球或从翏。"是球、璆一字。又《玉部》:"琳,美玉也。""琅玕,似珠者。"《释文》:"琅,音郎。玕,音干。"《山海经》云:"昆仑山有琅玕树。"(按,唯《西山经》云:"槐江之山多藏琅玕。")又《海内西经》云:"三头人伺琅玕树。"《尔雅·释器》今本作:"璆琳,玉也。"段氏校正为:"璆,美玉也。"又《释地》:"西北之美者,有昆仑虚之璆琳琅玕焉。"(郭璞据《说文》为注云:"璆琳,美玉名。琅玕,状似珠也。")《论衡·率性篇》云:"《禹贡》曰'璆琳琅玕者,此则土地所生真玉珠也。"(段氏《撰异》释云:"真玉谓璆琳,真珠谓琅玕。")《诗·韩奕》郑笺:"《书》曰'黑水西河,其贡璆琳琅

玕’。”《释文》：“璆，其樛反，又其休反。琳，字又作玲，音林。孔安
国云‘璆玲，美玉也’。郑注《尚书》云：‘璆，美玉。玲，美石。……
琅玕，珠也。’”段氏《撰异》：“《释文》此条讹舛，当云：‘琳，音林。
字又作玲，音斟。’孔安国云‘璆琳美玉也’。郑注《尚书》云‘璆，美
玉。玲，美石’。盖孔本作琳，郑本作玲。玲与琳异字，音虽同部，
义则异物也。”段氏又就《论衡·率性篇》云：“疑《古文尚书》作
‘玲’；《今文尚书》作‘琳’，与《尔雅》合。孔本用《今文尚书》者
也。郑本作‘玲’，其作‘琳’者非也。薛氏《书古文训》作‘玲’，采
诸郑本也。”按“球琳”薛本作“璆玲”。今所见诸隶古定写本，唯九
条本作“球玲”，其余诸本皆作“球琳”。

「球」，这种美玉古代贵族用以制磬，故有径释球为“玉磬”者。
又用以制笏、玭、圭、珽诸器。其未制成器尚为璞玉的原球玉则称
天球。见本书《康诰》下半篇（伪古文分出为《益稷》）“戛击鸣球”，
伪孔释云：“球，玉磬。”故徐铉本《说文》“球”字亦误承释为“球，玉
磬也”（中华书局影印陈昌治刊本更误为“球，玉声也”）。当从段
校为“球，玉也”。这是对“球”字的原始解释。《康诰》传文之释为
“玉磬”，是对特定事物“鸣球”的具体解释。不能以专名误为通名。
《锥指》：“球亦不止为磬材。”其制其他器物见下列资料：《周礼·
玉藻》：“笏，天子以球玉。”郑玄注：“球，美玉也。”是帝王之笏用球
玉制成，下文谈诸侯用象牙，直至士用竹。《诗·瞻彼洛矣》“鞞琫
有珌”，毛传：“鞞，容刀鞞也。琫上饰、珌下饰也。……诸侯璗鞞而
璆珌。”《诗·长发》“受小球大球”郑笺：“受小玉，谓尺二寸圭也。
受大玉，谓珽，长三尺。”本书《顾命》“大玉夷玉天球河图在东序”，
伪孔云：“球，雍州所贡。”《孔疏》云：“郑玄云：‘大玉，华山之球也。

禹
贡

795

夷玉，东北之珣玗琪也。天球，雍州所贡之玉，色如天者。皆璞，未见琢治，故不以礼器名之。"《锥指》："特磬以玉为之，堂上之乐也。鸣球是已成之磬，其未成器者谓之天球，言天然之球也。郑云'色如天'，非是。雍州所贡当为磬材，未经琢治者，故传释'天球'以此实之。不然，则豫（州）贡磬错，将安所用耶？"

"琳"，《说文》已释为美玉。司马相如《上林赋》云："玫瑰碧琳。"班固《西都赋》云："琳珉青荧。"可知琳是一种和翡翠相类似的青碧色的玉。

"琅玕"，《说文》释"似珠"，伪孔释"石而似珠"，《锥指》据伪传别本作"石而似玉"。因而释云："玉言其质，珠言其形也。"接着引《山海经·西山经》云槐江之山上多琅玕金玉，又《海内南经》云开明山北有珠树，又《海外南经》云赤水之上有三珠树，以及《淮南子·地形训》言昆仑墟增城九重上有珠树、玉树，琅玕在其东，碧树瑶树在其北。因而云："珠树、碧树，即琅玕也。……琅玕之状，唯《本草》言之最详。有石阑干者，生蜀郡平泽，《名医别录》以为即琅玕。"然后引李时珍云："琅玕生于西北山中及海山厓间。其云生于海底者是珊瑚，非琅玕也。在山为琅玕，在水为珊瑚。亦有碧色者。今回回地方出一种青珠，与碧靛相似，恐是琅玕所作。"又云："珊瑚生海底，五七株成林，出水变红色者为上。汉赵佗谓之火树是也。碧色者亦良，昔人谓之青琅玕。许慎云：'珊瑚赤色，或生于海，或生于山。'据此说，则生于海者为珊瑚，生于山者为琅玕，尤可征矣。"《锥指》亦云"珊瑚之青者即琅玕也"。按，珊瑚为产于热带海中之腔肠动物群体相结合成树枝状或其他形状，琅玕为产于山中之美石，二者各为动物、矿物，彼此不同，古人以其外貌相类，误认为一物。《锥指》又云："张衡《四愁诗》曰：'何以报之青琅玕。'曹植《美人篇》曰：'腰佩翠琅玕。'琅玕色青翠，故后人取以名竹。"

《汇疏》引丘濬曰："汉时关中之蓝田，幽州之玉田皆出玉。其时西域未通也。今中国所以用之玉皆来自于阗，有白、玄、绿三种，皆出于河，亦与古异。"《汇疏》又引《本草》资料而所载书名出处多牵混，《锥指》录其资料而明其出处云："陶弘景《本草经注》云：'好玉出蓝田及南阳徐善亭部界中，日南卢容水中，外部疏勒，于阗诸处皆善。'……苏颂《图经本草》曰：'今（宋）蓝田、南阳、日南不闻有玉，惟于阗国出之。'晋鸿胪卿张匡邺使于阗，作《行程记》，载其国采玉之地云：'玉河在于阗城外，其源出昆山……至于阗界牛头山乃疏为三河，一曰白玉河……二曰绿玉河……三曰乌玉河……其源虽一，而其玉随地而变，故其色不同。'"《锥指》云："《汉地理志》京兆蓝田县山多美玉。《东方朔传》云：'南山出玉石。'《外戚传》云：'璧带往往为黄金釭，函蓝田璧。'《西都赋》云：'陆海珍藏，蓝田美玉。'李善注引范子《计然》曰：'玉英出蓝田。'《水经注》云：'丽戎之山，一名蓝田，其阴多金，其阳多玉。'是玉本雍州所产。《后魏书》云：'李预……采访蓝田，掘得若环璧杂器者大小百余枚。……又《开元传信记》云：'太真妃最善击磬，明皇令采蓝田绿玉为磬。'李贺有《老夫采玉歌》。……是唐时蓝田尚有玉。而（宋）苏颂曰'今不闻有之'。未知何缘迹绝。……然《尔雅》以璆琳系之昆仑，则中国之玉取给于西域尚矣，禹时雍州所贡亦未必尽出蓝田也。"按《尔雅·释地》言"西北之美者，有昆仑虚之璆琳琅玕"。是西北雍州域内自古以产这种玉石擅名，所以《禹贡》作者把它列为雍州贡品。

⑰积石——山名。《汉志》"金城郡河关县"（今青海同仁县境）下云："积石山在西南羌中。河水行塞外，东北入塞内。"此山即今青海省同仁、同德两县西南的阿尼玛卿山。自东晋时吐谷浑占积石山，隋唐以后改以鄯州龙支县（今青海民和县境）南之唐述山为积石山，俗称小积石山，而以原山为大积石山。小积石山时代既晚，自非《禹贡》原来之积石山。仍当以阿尼玛卿山当《禹贡》之积石。

⑱龙门西河——"龙门"，黄河河道上的一山石险峡。《汉志》"左冯翊夏阳县"（今陕西韩城南）下云："《禹贡》……龙门山在北。"《续汉书·郡国志》同。《水经·山水泽地篇》云："龙门山在河东皮氏县（今山西河津县）西。"所谓龙门山的所在，在今陕西韩城县东北、山西河津县西北今称禹门口的黄河河道上之一山石险峡，宽仅百余公尺，黄河出龙门后河道宽达二三公里。或说壶口瀑布处邻近的孟门山是龙门上口，河津龙门是龙门下口（参见冀州章"既载壶口"校释，详《冀州地理丛考》）。"龙门西河"，指自壶口、龙门以南至风陵渡今晋西南的黄河河段。

⑲会于渭汭——此"渭汭"指潼关北风陵渡渭水入黄河处。参见上文"泾属渭汭"校释。"会于渭汭"，是说雍州贡道，浮舟循黄河河道自积石直至龙门西河，会于渭水入黄河处。林之奇《全解》云："九州之末，载通于帝都之道，皆以达于河为至。……雍州既曰'浮于积石至龙门西河'矣，而又曰'会于渭汭'，学者疑焉。……诸儒之说皆不通，以某之所见，此州之达于帝都有二道。浮于积石至于龙门西河者，一道也；自渭汭以达于河者，又一道也。渭汭之道亦底于龙门西河，故以会言之。"傅寅《说断》云："会言贡道之会，非会

贡也。"《锥指》:"或问雍西北境与西南境分为二道,当作何界别?曰:西倾、鸟鼠之西,汉朔方、五原及河西五郡地皆浮河,是为北道;太华、终南、惇物以北,汉陇西、天水、安定、北地、上郡之地皆浮渭,是为南道。人欲避龙门之险,苟有水可以通渭者,无不由南道矣。"

⑳崑崙——《史记》作"昆仑",《汉志》作"昆崘"。《山海经》神话中有昆仑、昆仑山,亦称昆仑之丘、昆仑之虚。《海内西经》《海内北经》说昆仑之虚方八百里,高万仞,是上帝的下都,山中神异之物多,有几种神和神兽守护,西王母居其北,并有赤水、河水、洋水、黑水、弱水、青水分别出于其东南、东北、西北、西南四隅。这种种神话被《禹贡》作者净化为一座实际的山,放在雍州。并有西戎中的一族居住,即以崑崙为其族名。其地当在今青海境内,具体地点不明,而且它只是和析支、渠搜一样,为三座并不很大的山,所以能并处于一个省区之内。至于汉代寻河源,以当时认为河源所在的于阗南方之山为崑崙(见《汉书·张骞传》),而后于金城郡临羌县置崑崙祠,又于敦煌郡广至县置崑崙障(皆见《汉志》),以及现在的昆仑山脉,皆《禹贡》以后的事,与此崑崙无关。

㉑析支——《大戴礼记·五帝德》作"鲜支";《后汉书·西羌传》作"赐支"。《释文》引马融云:"析支在河关(今青海同仁)西。"《孔疏》:"郑玄云:'衣皮之民,居此崑崙、析支、渠搜三山之野者,皆西戎也。'王肃云:'崑崙在临羌西,析支在河关西,西戎,西域也。'"《水经注》"河水又东入塞过敦煌酒泉张掖郡南"下云:"积石山在西羌之中,烧当所居也。延熹二年西羌烧当犯塞,护羌校尉段颎讨之,追出塞,至积石山,斩首而还。司马彪曰:'西羌者,自析支以西,滨于河首左右居也。河水屈而东北流,径于析支之地,是为河

曲矣。'应劭曰:'《禹贡》析支属雍州,在河关之西,东去河关千余里,羌人所居,谓之河曲羌也。'"《后汉书·西羌传》云:"河关之西南,羌地是也,滨于赐支,至乎河首,绵地千里。赐支者,《禹贡》所谓析支者也。"《新唐书·吐蕃传》:"吐蕃本西羌属,盖百有五十种,散处河湟江岷间,有发羌、唐旄等,然未始与中国通,居析支水西。"以上诸资料,依郑玄说则以析支为山名,依《后汉书》《新唐书》说,则为水名,依应劭说则又为居此地西羌的一族名。依《禹贡》文意,昆仑、析支、渠搜皆西戎族。析支亦如昆仑一样,或为居住其地的西戎族的族名。

㉒渠搜——《逸周书·王会》作"渠叟"。《汉志》承之亦作渠叟。师古注:"叟,读曰搜。"《大戴礼记·五帝德》则作"渠廋"。《穆天子传》则作"巨蒐",薛季宣本"叟"作隶古奇字不录。其地隶古写本无异文。《穆天子传》并记穆王东还,经巨蒐走三十七天至今河套之地,按里程计,似渠搜在今祁连山之南,与析支、昆仑依次在今青海省境。《凉土异物志》云:"古渠搜国在大宛北界。"大宛,属汉西域,今帕米尔高原之北安集延之境。《隋书·西域传》载:"钹汗国都葱岭之西五百余里,古渠搜国也。"葱岭即帕米尔。所记之境在安集延稍西。《新唐书·西域传》载唐改"钹汗"为"宁远",授其王为剌史,成为属地。其地在今乌兹别克境内,当是渠搜族曾向西发展所居之领土。按渠搜在《王会篇》中记其贡鼩犬,自汉至唐常贡名马,所贡同属兽类,但不云贡织皮(汉武帝置朔方郡,下设渠搜县。只是采用古名,实际与古渠搜无关)。

㉓西戎即叙——《史记》作"西戎即序"。《汉志》篇首录《禹贡》作"西戎即叙",而《汉书》之《西域传赞》及《叙传》又皆作"西

戎即序"。

"西戎",住在西方之戎。古代泛指华夏族以外的少数民族为蛮夷,见《尧典》"蛮夷猾夏"校释。而这些蛮夷族往往分别称为戎、称为狄(字亦作翟)。汉代编的《王制》始说东夷西戎南蛮北狄,那是错误的。崔述《丰镐考信别录》云:"蛮夷乃四方之总称,而戎狄则蛮夷种类部落之号,非以四者分四方也。"即以"戎"言,《费誓》云:"徂兹淮夷徐戎并兴。"徐在东方而称戎。而《春秋·隐公二年》:"公会戎于潜。"又《庄公二十年》:"齐人伐戎。"又《庄公二十四年》:"戎侵曹。"这些都是齐、鲁、曹附近东方之戎,故《班簋》有"伐东国痏戎"之语,卜辞亦有"征戎"而"在东"之语(见《殷虚书契前编》)。《左传·桓公十三年》"罗与卢戎"。杜注:"卢戎,南蛮。"又《文公十六年》:"楚大饥,戎伐其西南。"这些都是南方之戎。又《左传·隐公九年》:"北戎侵郑。"又《桓公六年》:"北戎伐齐。"《春秋·庄公三十年》:"齐侯伐山戎。"这些都是北方之戎,且径称"北戎",与此处称"西戎"同。可知"戎"字可指东、南、西、北四方之少数民族。其他夷、狄、蛮三字情况同(可参看顾先生《笔记》有关资料及童书业据崔述《辨夷蛮戎狄》所撰文)。即以一族言,例如鬼方,既可称夷,也可称戎、狄、蛮(见王国维《鬼方昆夷猃狁考》)。是"西戎"就是住在西方的少数民族。此处崑崙、析支、渠搜三支西戎,就在雍州西部今甘、青境内,其西部达今新疆境内的少数民族。"即",就。"叙",同"序",即秩序。"即叙",已就秩序,按部就班地归于安定。

"织皮崑崙析支渠搜西戎即叙"十二字系错简。"织皮"系贡物,当在"琅玕"下,"浮于"上。"崑崙"等十字叙少数民族,当在

"三苗丕叙"下,"厥土"上。依《禹贡》各州文字章法,首为该州山川地理(包括少数民族之地,如青州是),接着为土、田、赋、贡(贡包括本州特产和少数民族特产),最后为贡道,无一例外。今篇中"冀州章"脱简错简较多,"雍州章"则有此处错简。苏轼《书传》已指出:"此三国……其文当在'厥贡惟球琳琅玕'之下……简编脱误,不可不正。"但他以此十二字都当在"琅玕"之下。《锥指》盛称苏轼之说,以为"参以梁州之文,此为错简明甚"。然后以此数句分别比附梁州相当之句,谓"推寻事理,苏说为长"。其实"织皮"与三民族不应牵合在一起(郑玄注梁州云"织皮,谓西戎之国也"即误据此句为释),因《禹贡》文意并未表示此三族贡织皮。只因错简才便"织皮"与此三族接在一起。

以上这一节,是"雍州章"。

此九节分述九州疆界,平治山川之经过,及土、田、赋、贡诸事项,最后皆以贡道作结。

导①岍及岐,至于荆山,逾于河②;壶口、雷首,至于太岳③;厎柱、析城,至于王屋④;太行、恒山,至于碣石,入于海⑤;西倾、朱圉、鸟鼠,至于太华⑥;熊耳、外方、桐柏,至于陪尾⑦。导嶓冢,至于荆山⑧;内方,至于大别⑨;岷山之阳,至(于)衡山,过九江,至于敷浅原⑩。

①导——《史记》作"道九山",以领起此处"导山章"全文,以"岍及岐至于荆山"为本章始句。《汉志》作"道",未增"九山"二

字，以"道汧及岐"为始句。《释文》云："道，音导，从首起也。"是陆氏所据伪古文本尚作"道"。卫包始改作"导"，《唐石经》及今流传刊本皆承用之。薛本摹古仍用"道"的隶古字，今所见隶古写本除九条本作"道"外，所有其余隶古写本皆承卫包改伪本作"导"（全篇"导"字《史》《汉》皆作"道"，下文不复出校）。

《索隐》："汧、壶口、砥柱、太行、西倾、熊耳、嶓冢、内方、岐（当作汶，即岷），是九山也。"按，"九山"本来是泛指很多的山，但这里司马迁适将这一章九个"至于"所叙之山综括为九山（"岷山之阳至衡山"误多"于"字，《史记》无之，则"岷山……至于敷浅原"，原合九个"至于"之数）。（又皮锡瑞《考证》云："《索隐》岐字是汶字之误。《史记》'岷'作'汶'，或作'峧'，与'岐'相似，故讹为岐。"）

"导"，道山。伪孔释云："更理说所治山川首尾所在，治山通水，故以山名之。"颜师古注《汉志》、孔颖达《疏》全承其说而阐扬之，以"治山通水"为其要释。苏轼《书传》以为即《书序》的"随山濬川"。谓"自此（指导岍）以下至敷浅原，皆随山之事也"。傅寅《说断》引王安石《新经义》云："导山者，导山之涧谷而纳之川也。"又黄伦《精义》录存王安石之说云："言导者，皆谓治山之水。山则无弥漫之患，唯有壅塞，故导之耳。"薛氏《古文训》亦云："《周礼》两山之间必有川焉，《书序》'禹别九州，随山濬川'，则是禹之行山，利道其水。'随山刊木，奠高山大川'，小小川流固可因治之也。"《说断》引叶梦得《书传》云："导山者，濬两山之川属之大川以同入于海。"林之奇《全解》云："《书》本为治水而作，其言所导之山，盖主于决怀襄之水而为言也。"傅寅《说断》云："畎浍之水，不胜其记，故禹即山以表之。"吕祖谦《书说》云："导山有二说，或以为随山通道以相视其源委脉络，或以为治山旁小水，二说当兼用。"以上大都是说导山是为了通水。无论怀襄大水或山间小川皆因导山而通泄之。

《说断》引张氏(当为张九成《尚书详说》)云："山而谓之导者，以向者洪水滔天，首尾不辨，今水患既除，使山川复其本性，随山之势，穷极其首尾，以遂其风土之宜，此言导之意也，岂特导水云乎哉。"王夫之《稗疏》云："夫导者有事之辞，水流而禹行之，云导可也。山峙而不行，奚云导哉，然则'导'者，为之道也。洪水被野，草木畅茂，下者沮洳潴停，轨迹不通，禹乃循山之麓，因其高燥，刊木治道以通行旅，刊旅之云，正导之谓矣。"按上文梁州章"蔡蒙旅平"校释已引王引之《经义述闻》释："旅，道也。……旅平者，言二山道已平治也。……'九山刊旅'者，刊，除也。言九州名山皆已刊除成道也。"与王夫之说正合(当时《稗疏》未流传，王氏父子未及见，而所说竟同)。辛树帜先生《禹贡新解》云："王夫之氏释'导山'最有识见。""《禹贡》'刊木'和'导九山'，千古无确论，明末王夫之氏才作出正当解释。"

《锥指》则云："导者，循行之谓。导山犹曰随山。……道山时尚未施功，先儒皆以此为通水，曰导山之涧谷而纳之川，殊失经旨。"

以上皆就"导"字寻释其意义。亦有释"导水章"之义者，苏轼《书传》云："毕九州之事矣，则所谓随山与浚川者，复申言之。"此与《锥指》谓"导山时尚未施工"之意相反。《汇疏》引朱熹云："每州各言境内山川，首尾不相联贯，且自东而西，非自然之形势。故于此通贯九州山川，联贯首尾；更从西而东，以著自然之形势。"

就九州之山的自然形势寻其条理系统者，见于《史记索隐》所引最早资料云："古分为三条，故《地理志》有北条之荆山。马融以汧为北条，西倾为中条，嶓冢为南条。郑玄分四列：汧为阴列，西倾次阴列；嶓冢为阳列，岐山为次阳列。"《孔疏》所引更正为："嶓冢为次阳列，岷山为正阳列。"并云："马融、王肃皆为三条。""孔亦为三条也。""孔"指伪孔，然伪传并未言三条，但分别注明此诸山各在何州。按，所谓古说，指汉代传统遵行的今文家说。班固奉今文学，故《汉志》"左冯翊怀德县"（今陕西大荔东南）下云："《禹贡》北条荆山在南。"又"南郡临沮县"（今湖北远安县北）下云："《禹贡》南条荆山在东北。"马融、王肃则以古文家承此今文说，具体定出北、中、南三条之山系。郑玄之说实际只是将南条复分为二列。

唐一行提出了两戒说。《全解》及《汇疏》皆录列了一行说，今查原文载《新唐书·天文志》，现录列如下："天下山河之象，存乎两戒。北戒自三危、积石，负终南地络之阴，东及太华，逾河并雷首、厎柱（《全解》改作析城，疑是）、王屋、太行，北抵常山之右，乃东循塞垣，至涉貊、朝鲜，是谓北纪。……南戒自岷山、嶓冢，负地络之阳，东及太华，连商山、熊耳、外方、桐柏，自上洛（《全解》改作陪尾，疑是）南逾江、汉，携武当、荆山，至于衡阳，乃东循岭徼，达东瓯、闽中，是谓南纪。"这是把中国山脉按南北二大系区分，北戒以三危、积石为首，实际以古人所理解的河源为首；南戒以岷山、嶓冢为首，实际以古人所理解的江源为首。故《汇疏》书首所附《一行山河两戒图》，于北戒开端处为河源，南戒开端处为江源。

宋苏轼提出地脉说。其《书传》以为"导山章"之"导山"，亦即

"随山"，是"随其地脉而究其终始也"。于是形成对《禹贡》所载群山所寻析之条、列。因而申其说云："地之有山，犹人之有脉也。……有远而相属者，虽江河不能绝也。自秦蒙恬始言地脉，而班固、马融、王肃治《禹贡》皆有三条之说，郑玄则以为四列，古之达者已知此矣。北条山道起岍、岐……以入于海，是河不能绝也。南条之山自嶓冢、岷山……至于敷浅原，是江不能绝也。皆禹之言，卓然见于经者，非地脉而何。"林之奇《全解》首同意其说云："苏氏谓地之有山犹人之有脉，此论是也。"而文末云："论此篇者但当观其决怀襄之水以杀滔天之势，而不应以地脉言也。苏氏之说今所不取。"反对此说及条列之说者继起，傅寅《说断》云："若夫条、列之说，地脉之说，决怀襄之说，遂风土之说，皆无足取也。"承朱熹《语类》之说的《蔡传》云："孔氏以为荆山之脉，逾河而为壶口、雷首者（按此孔颖达引申伪孔说），非是。盖禹之治水，随山刊木，其所表识诸山之名……以见其施工之次第，初非推其脉络之所自来，若今之葬法所言也（按朱氏《语类》有云："寻脉踏地如后世风水之流耶"）。若必实以山脉言之，则尤见其说之缪妄。……王、郑有三条四列之名，皆为未当。"这是故意牵合术士堪舆风水之说以反对地脉之说，蔡氏反对此说而提出了"山脉"一词，进而反对三条四列说。尔后地理学的山脉一词实由苏氏始倡地脉而来。山之成脉是客观的地壳造山运动形成的，这些儒生的反对山脉说，实属无知（虽然古人有对所指某山与某山成一脉不一定完全正确，但并不影响山脉说的科学性）。

朱、蔡反对地脉及王、郑条、列说，却提出自己的二条说。朱熹云："导山自北而南，据导字分南北二条，而江河为之纪。"（《书纂言》引)《蔡传》全承之并进而再分为二境云:"今据导字分之以为南北二条,而江河以为之纪。于二之中又分为二焉。"其下文即分:北条大河北境、北条大河南境;南条江汉北境,南条江汉南境。《稗疏》讥之云:"王、郑以三条四列分之,蔡氏辨其非,是也。而蔡氏南北二条复分为二,则亦与王、郑之说,相去无几。"

元吴澄《纂言》将蔡氏四境又各再分为二。其举例云:"北条河渭北境之山,北条之北也。岍、岐、荆三山在渭北,北条之北之一也。雷首、太岳、厎柱、析城、王屋、太行、恒山、碣石九山在河北,北条之北之二也。"

明王樵《日记》则以两条即两戒。其言云:"南条北条,即所谓南戒或北戒。江为南河,河为北河。南北两河,上应云汉,盖天文地理自然之分判也。于二之中又分为二焉。"其下文即从蔡氏二条四境之说。并云:"论横势,则先北而南;论纵势,则皆自西而东,义视王、郑始益精密。"

清崔述提出了四重说,每重复分东西二干(惟第四重只一干)。其《夏考信录》卷一云:"导山凡两章,其山分四重……由北而南。河、渭以北为第一重,岍、岐至太岳为西干,厎柱至碣石为东干。……河渭以南为第二重,西倾以下为西干,熊耳以下为东干。淮汉以南为第三重,嶓冢为西干,内方为东干。江南为第四重,惟岷山一干耳。"

以上这些都在探索《禹贡》所叙山脉的体系,由于汉儒开始提出三条、四列之说,然后历代研究者都循这框框继续探求,其中郑、朱、蔡、吴、崔诸人所分名异而实同,微有详略之别而已。终当以苏轼"随其地脉而究其终始"之说符合"导山章"原意。依这些学者所寻析《禹贡》诸山的终始，则他们的看法，显然是说《禹贡》将我国山脉依南北二条共分为四个山系，即北条北列，北条南列，南条北列，南条南列。这是综括大多数的分法，至于各列之下，当可依不同学者意见，进而再分。

明末清初王夫之《稗疏》始以为三条四列诸说皆非《禹贡》原文所有，是这些人"以我测经（即以主观探析经文），不若以经释经之为当"。即"不应别纪三条四列，而反遗九山之宜载见者"。因而根据"导山章"所载"九山"综述九条山系之名云："九山者，一、岍为首，而属岐、荆；二、壶口为首，而属雷首、太岳；三、底柱为首，而属析城、王屋、太行；四、恒山为首，而属碣石（按，此见王氏尊岳观念，恒山为汉时所定之北岳，故以之为首。而《禹贡》原文固系作'太行、恒山至于碣石'。则此宜为'太行为首，而属恒山、碣石'。因《禹贡》时恒山尚未定为北岳，只是蜿蜒千余里之太行山东北的一座山，故只能属于太行。参见下文"太行恒山"校释）；五、西倾为首，而属朱圉、鸟鼠、太华；六、熊耳为首，而属外方、桐柏、陪尾；七、嶓冢为首，而属荆山；八、内方为首，而属大别；九、岷山为首，而属衡山；过九江而于敷浅原者，九山之余也（其实可作"岷山为首，而属衡山、敷浅原"，王氏据误本"至于衡山"，故为此说）。"王氏否定三条四列之说，指出"导九山"的九个山系，这是根据"导山章"本文立论，是非常有见地的。

王氏本其"导者，为之道也"的主旨，就导九山刊旅得出大道九条。上文已引王氏言禹循山之麓，刊木治道以通行旅，"刊旅之云，正导之谓"。其下文接着说："青、兖、徐、扬或本无山，即有山而亦为孤峦，不能取道。雍、冀、豫、梁、荆则山相连属，附其麓而可届乎远,乃以崖壑崟嶔,草木荒塞,振古而为荒术。禹乃刊除平夷,始成大道。由西迄东,其道凡九也。"兹录其所言"九道"如下:一、"岍岐荆虽三山,而为渭北之道。"二、"壶口、雷首、太岳三山,为河东之道。"三、"厎柱、析城、王屋、太行四山(应去太行为三山),而为河北之道。"四、"恒山而东(应为太行恒山而东)……尽于碣石……其为幽燕之道。"五、"西倾、朱圉、鸟鼠以达太华丛山之以名著者四,而为关西渭南之道。"六、"熊耳、外方、桐柏、陪尾,起豫抵荆,而为雒南楚塞之道。"七、"嶓、荆千余里,而为汉南蜀北之道。"八、"内方、大别相去无几,而得名一山者,江汉下湿,赖此道以通荆土,故为汉南江北之道。"九、"岷山之阳……达于衡山……其间虽纡回数千里,而山势相接,有通谷巨壑以达之,其为川湖之道。"(在此川湖之道前段为"自梁入荆南之道",继此后各类过九江至敷浅原"荆州东北入扬之山道"。并云:"乃其统为岷阳可通之道则二而一也。")辛树帜先生《禹贡新解》以为此"九道"即西周所开的九条国道(因而他主张《禹贡》写成于西周)。以其第一条"渭北之道"绕丰、镐西北,第五条"关西渭南之道"绕丰镐西南;第三条"河北之道"在雒邑北面通向东北,第六条"雒南楚塞之道"在雒邑南面通向东南。以为道(治)这四条山脉和西周两京四周交通有着密切关系。因而辛先生文中云:"若将西周所开的这九条国道的作用,用当时历史事实一一证明……就可知道王夫之这一发现的伟大了。"

王夫之就导山章本文括出这九条山系,进而由山系得出的几条大道,是深有见地的。我们可以循王氏说理解导山章所叙述的古人所获知的华夏大地上的九条山系。但是自汉代以来一些学者企图将这些山归纳成几条几列的体系,各作尝试,虽然还较粗糙而

禹
贡

未成熟,总之反映了"导山章"是第一次按山势对我国山脉进行了一次初步的科学清理。

②岍及岐至于荆山逾于河——此王夫之所定第一条山系,岍为其首,属此山系者有岐山及荆山。

"岍",《史记》《汉志》皆作"汧"。《说文》作"汧",无岍字。《释文》:"岍,音牵。字又作汧,马本作'开'。"《汉志》"右扶风汧县"(今陕西陇县)下云:"吴山在西,古文以为汧山,雍州山。北有蒲谷乡弦中谷,雍州弦蒲薮,汧水(今称千水)出,西北入渭。"《续汉书·郡国志》"右扶风"下:"汧,有吴岳山。"刘昭注引郭璞曰:"别名吴山,《周礼》所谓岳山者。"是两志皆以吴山即岍山,又称岳山。所谓《周礼》,指其《职方氏》。《尔雅·释山》亦云:"河西,岳。"郭璞注:"别名吴山,亦曰开山。"《水经·山水泽地篇》亦云:"开山在扶风汧县之西。"因而《广雅·释山》云:"吴山谓之开山。"王念孙《疏证》:"开与汧同。"可知实即岍山,读同开山。由马融本作"开",知东汉末已读同开。《水经注》云:"汧水出汧县之蒲谷乡弦中谷,决为弦蒲薮。《尔雅》曰'水决之泽为汧'也。汧水东径汧县故城北……又东会一水发南山西侧,俗以此山为吴山。……《地理志》曰吴山在县西,古之汧山也。《国语》所谓'虞'矣(古字虞与吴同)。"是《水经注》与《汉志》同以吴山为岍山。《史记·封禅书》载"自华以西名山七",其中未提岍山,却误分岳山、吴岳为二山。《陇州志》则以州西四十里之吴山为岍山,州南八十里之岳山为吴岳。胡渭《锥指》云:"窃谓吴山《汉志》虽云在县西,而冈峦绵亘,延及其南,与岳山只是一山。自周尊岍山曰岳山,俗又谓之吴山,或又合称吴岳。《史记》遂析岳山与吴岳为二山,而岍山之名遂隐。其实此二山者,《周礼》总谓之岳山,《禹贡》总谓之岍山,当以《汉志》为正。"王氏《广雅疏证》亦谓吴山"在今(清)凤翔府陇州西南,俗以在州西四十里者为汧山,在州南八十里者为岳山,其实一山也"。皮氏《考证》云:"吴山、虞山、吴岳、岳山、开山,秦汧山之异名。"(《蔡传》引晁以道说,"以为今(宋)之陇山、天井、金门、秦岭山者,皆古之岍也"。《锥指》云:"不知何据?")

"岐",《汉志》"右扶风美阳县"(今陕西扶风县之东)下云:"《禹贡》岐山在西北中水乡,周太王所邑。"在美阳县西北,实即今扶风县西北、岐山县东北,处岍山之东。《锥指》云:"岐山,一名天柱山,其峰高峻,状若柱然。《国语》:'周之兴也,鸑鷟鸣于岐山。'故俗呼为凤凰堆。山之南,周原在焉。《诗》所称'周原膴膴'者也。东西横亘,肥美宽平,在今岐山县东北四十里。"

"荆山",即《汉志》左冯翊怀德县的北条荆山,怀德县下原文云:"《禹贡》北条荆山在南,下有彊梁原,洛水东南入渭。"怀德县当今陕西省大荔县东南,洛水又在其东南入渭,则此岐山应在大荔东南朝邑西境洛水入渭处之西北。《锥指》云:"朝邑实西汉之怀德,荆山当在其境。"亦论定荆山在此。

《锥指》云:"荆山有三:一在雍域怀德北条之荆,大禹铸鼎处也。一为荆豫界临沮南条之荆,卞和得玉处也。一在豫域,与《禹贡》无涉。《汉郊祀志》:公孙卿曰:'黄帝采首山铜,铸鼎于荆山下。'按《唐志》:'虢州湖城县(今豫西灵宝市北)有覆釜山,一名荆山。'《元和志》:'山在县南,即黄帝铸鼎处,晋灼以为在冯翊怀德县,非也。'"按,名为荆山者尚多,见荆州章"荆"字校释。

"逾于河",伪孔:"此谓梁山龙门西河。"(参阅冀州章"治梁及

岐"校释)"龙门西河"见"雍州章",指晋西南河段。经师们争论
"逾于河"是山逾还是人逾。《孔疏》:"逾于河,谓山逾之也。此处
山势相望,越河而东。"上引苏轼《书传》谓北条山道河不能绝,南条
之山江不能绝。傅寅《说断》引张九成《详说》亦云:"北条荆山首
自岍岐,东绝西河而北,虽河不能隔断也。"都是以为山能逾河相
接。但另有宋儒渐以为不可。如林之奇《全解》云:"夫山者静而不
动之物,安得逾于河入于海过九江乎? ……必欲以众山首尾相属,
故其说多牵强而不通。"其门人吕祖谦《书说》遂云:"人逾,非山
逾。"人,指禹。《蔡传》遂云:"逾者,禹自荆山而过于河也。"宋元
人相率谓禹随山浚川而逾河。明郑晓《禹贡图说》为宋元此说寻释
禹之所以逾河之故云:"大禹随山,首于雍州岍岐荆三山……禹于
是而逾河者,雍、冀之间,河流间断,禹自雍之东境,而入冀之西境
也。"然宋傅氏《说断》已云:"非山逾,亦非人逾,禹所记之言然耳。
盖在河之西导此等山,过河之东与北导彼等山。"元王充耘《读书管
见》亦指出此二者之非云:"旧说以为山逾河者,固非是。今传者以
为禹逾于河,似矣。而下文至于碣石入于海,岂亦禹入海耶?"崔述
《夏考信录》云:"导水诸章云:至于……云入者,皆水也,非禹也,何
独导山诸章则至为禹至之;……逾为禹逾之哉!……冀南之山显
然自雍豫东,伪传之说是也。……经之'逾于河'当属山,不当属
禹,明矣。"崔氏之说当然是符合《禹贡》原意的。其实经师们这一
争论完全是多余的,根据《禹贡》文意,原来确是说从岍山、岐山到
荆山,走过河去接上壶口、雷首、太岳等一直入于海,古人认为山势
如此,所以成为北条北列。这是古人的认识水平如此,当然是不正
确的。因为岍岐至荆山属北岭六盘山系,壶口至碣石属阴山山系,

本不同属。但古人就是这么看的。我们寻绎古籍，要按它的原意去理解，不要按后代的理性去改造它。屈万里《集释》云："荆山东接黄河，一若山越河而过者，故云逾于河。"这是符合《禹贡》原意的。

曾运乾《正读》云："山绝流曰'逾'，与贡程绝水登陆曰'逾'有别。此由陆绝流，彼由水登陆也。又导山言'逾'，亦与言'过'有别。荆山逾河，言绝流也；衡山过九江，言经其源也。"

自岍、岐至荆山，是沿渭水北岸、横亘今陕西省中部、东抵黄河西岸之山。系北岭六盘山系的陇山山脉，皆属雍州。

③壶口雷首至于太岳——此王氏第二条山系，壶口为其首，属此山系者有雷首、太岳。

"壶口"，被称为山而实系河上险峡。见冀州章"既载壶口"校释。马融释为山名。《汉志》"河东郡北屈县"（今山西吉县境）下云："《禹贡》壶口山在东南。"其山在今吉县西南黄河上。《锥指》："导山自荆逾河为壶口，故于冀言壶口，于雍言龙门。……两山夹河而峙，东为壶口，西为龙门，明矣。自后魏太平真君七年改汉河东皮氏县曰龙门县，而龙门之名遂被于东岸。……龙门县宋故曰河津县，县西北二十五里有龙门山，盖即壶口之南支，古时东岸无龙门之名也。河水倾注其中形如壶然，故名壶口（据《吉州志》）。江海大鱼至此不得上，上则为龙，故名龙门（据辛氏《三秦记》）。两山对峙，体分而势合，东必得西而始成其为口，西亦必得东而始成其为门。……冀州与导山言壶口而不言龙门……雍州与导河言龙门而不言壶口，其文互相备。"

"雷首"，山名。《汉志》"河东郡蒲反（坂）县"（今山西永济西

813

境河滨)下云："有尧山,首山祠,雷首山在南。"《括地志》云："蒲州河东县(即汉蒲反县)雷首山,一名中条山,亦名历山,亦名首阳山,亦名襄山,亦名甘枣山,亦名猪山,亦名独头山,亦名薄山,亦名吴山。此山西起雷首,东至吴坂,长数百里,随地异名(此二句为《锥指》所引本有之),随州县分之。"(据贺次君辑本)《元和志》云："雷首一名中条,在河东县南十五里,永乐县北三十里。"《通典·州郡九》"蒲州河东县"云："又有雷首山,夷齐居其阳,所谓首阳山也。"《寰宇记》云："首阳即雷首之南阜也。"《锥指》引《蒲州新志》云："首阳山在州南四十五里。又中条山在州东南十五里,山狭而长,西起雷首,迤逦而东,直接太行,南跨芮城、平陆,北跨临晋、解州、安邑、夏县、闻喜、垣曲诸境,凡数百里。"由此诸资料可知,雷首山即今山西省西南部界于黄河与涑水间的迤逦数百里的中条山的西端主峰,在今永济市西南濒临黄河。它的名称很多,除《括地志》所举十名外,尚有首山、尧山、峏山诸名。见《汉志》蒲反有首山祠,即《汉书·郊祀志》所载黄帝采首山铜之首山。又《汉志》蒲反有尧山。《水经注》载："雷首山临大河,北去蒲坂三十里,俗亦谓之尧山也。"又《寰宇记》云："尧山在河东县南二十八里,即雷首山。山有九名,亦即峏山,'汤伐桀升自峏'。注(指伪孔):'在河曲之南。'即此也。"《锥指》录此山资料最详备,末并载中条北诸峰,中条南诸峰,最南一山为凤凰山,"去州七十里,与潼关相对,为中条南麓尽处"。又言:"雷首之脉为中条,东尽于垣曲,王屋在焉。禹至此顾不东行,而北抵太岳。"

"太岳",山名。《史记》《汉志》皆作"太岳"。见上文冀州章"岳阳"校释引郑玄注云:"太岳,在河东故彘县(今山西霍州市)

尚书校释译论

东,名霍太山(今霍州东南霍山)。"按,《周礼·职方氏》云:"河内曰冀州,其山镇曰霍山。"《尔雅·释地》:"西方之美者,有霍山之多珠玉焉。"《汉志》"河东郡彘县"下云:"霍太山在东,冀州山。"《元和志》云:"霍山一名太岳,在霍邑东三十里,今(唐)州治即霍邑故城也。"《锥指》引《新志》云:"山高百余丈,长八十里,周二百余里,南接赵城、岳阳,北跨灵石。"核诸资料及地形图,太岳山迤逦于今山西翼城县浮山以北、太谷县以南汾河东岸,主峰为霍州东南的霍山。

自壶口至太岳,是接着上述荆山的叙述,大体是从汾河入河附近起,由今山西省西南端,沿汾水东岸向东北直抵山西中部的阴山山系太岳山脉,皆属冀州。

④底柱析城至于王屋——此王氏第三条山系,底柱为首,属此山系者有析城、王屋(王氏为突出恒山,将太行移属此系,不合《禹贡》原意,今更正)。

"底柱",《史记》作"砥柱"。本篇之底同砥,见《说文·厂部》:"厎,柔石也,从厂,氏声。"是明确载"厎"读音与"砥"同。下文接着说"厎或从石"作"砥"。故段氏《撰异》言"《说文》厎砥同字"。是此处"厎柱"即"砥柱"。然《释文》音厎为"之履反",则与《尧典》"乃言厎可绩"及本篇冀州章"覃怀厎绩"等句释为"致"之"厎"同字,大误。隶古写本如敦煌 P2533 及九条本径写作底(字形作底),甚是,《水经注》大典本作砥柱、刊本有作底柱者,傅寅《说断》明确作底柱。以后学者如陈经、江声、焦循等等《禹贡》著作多即作"底柱",皆是。

底柱原即三门峡河中山石。见《水经注》"河水又东过大阳县

（今山西平陆）故城南……又东过砥柱间”下云：“砥柱，山名也。……河水分流，包山而过，山见水中若柱然，故曰砥柱也。三穿既决，水流疏分。指状表目，亦谓之三门矣。”《通典·州郡七》“陕州陕（当作峡）石县”（今河南陕县境）下云：“有底柱山。”《锥指》：“今（清）按陕州东南七十里有峡石故城，北与平陆县分水。底柱山在平陆县东南五十里、陕州东四十里大河中。最北有两柱相对距岸而立，是谓三门。”《陕州志》：“三门：中，神门；南，鬼门；北，人门。”今已修三门峡水电站，置三门峡市。

“析城”，山名。《括地志》“泽州濩泽县”（今山西阳城县）下云：“析城山在泽州濩泽县西南七十里。《水经注》云：‘析城山甚高峻，上平坦，下有二泉，东浊西清。’”《锥指》引吴澄说：“天宝元年改（濩泽）县曰阳城。”《通典·州郡九》“泽州阳城县”下云：“汉曰濩泽县也。有……濩泽水、析城山。《禹贡》所谓砥柱、析城也。”吴澄《纂言》云：“析城在王屋县西北七十里，山峰四面如城，有南门焉。”按，山即在今山西阳城县西南。

“王屋”，山名。《括地志》“怀州王屋县”下云：“王屋山在怀州王屋县北十里。”《元和志》云：“在县北十五里，周一百三十里，高三十里。”《锥指》云：“今（清）济源县西有王屋故城，隋唐县也，分汉垣县地置，元省入济源。《河南通志》云：‘山在济源县西八十里，形如王者车盖，故名。其绝顶曰天坛，盖济水发源之处。’”是此山在今河南省黄河北岸济源市西北，山势迤逦绵亘晋豫边境，孤峰耸立的析城山在其北。

自砥柱至王屋，是叙今晋南豫北黄河北岸大势自西向东的诸山，当系太岳山脉东南支阜，也都属冀州。

尚书校释译论

⑤太行恒山至于碣石入于海——此王氏第四条山系。太行为首,属此山系者有恒山及碣石(王氏原以恒山为首、碣石为属,而移太行属前系,今更正)。

"太行",山名。《释文》:"行,户刚反。"(此通行读法,然《锥指》云:"《列子》作'太形',则行读如字,故陆氏兼存之。"又段氏《撰异》以为"太"当作"大",谓"《唐石经》以下作'太',误也。……《列子》作'大形山'"。然古大字读作"太"。大作大小之大,亦作太用)太行山为我国西北黄土高原与华北平原的分界。位于山西省东边与河北、河南两省的边界上,沿东北—西南走向,蜿蜒千余里,称太行山脉,属阴山山系。历史典籍中所称太行山,常指今河南沁阳、修武与山西晋城之间的太行山。见《汉志》"河内郡野王县"(今河南沁阳县)下云:"太行山在西北。"又同郡"山阳县"(今河南修武县)下云:"东大行山在西北。"《括地志》"怀州河内县"(亦沁阳县)云:"太行山在县北二十五里。"又云:"羊肠坂道在太行山上,南口怀州,北口潞州。"《元和志》云:太行山"在晋城县南四十里"。《通典·州郡九》"泽州晋城"(即今山西晋城县)下云:"汉曰高都县,隋曰丹川,有天井关在南太行山上。"又"潞州壶关县"下云:"有羊肠坂。"曹操《苦寒行》云:"北上太行山,艰哉何巍巍;羊肠坂诘屈,车轮为之摧。"曹活动在河南境,故云"北上太行山"。诗描述太行山之险峻。

"恒山",《史记》作"常山",避汉文帝刘恒讳改。此山由汉武帝定为北岳。山原在据该山定名的常山郡上曲阳县。见《汉志》该县下云:"恒山,北岳,在西北。有祠。并州山,《禹贡》恒水所出。"即今河北省曲阳县西北,处于太行山之东。其高岭名大茂山(《锥指》引《岳庙碑》。又《隋志》滋阳县有大茂山）。《锥指》并云大茂山"在阜平县东北七十里，接曲阳界，乃恒山之脊"。宋时恒山为辽所占，金世宗时以其在京城之南，遂议以晋北浑源境之玄岳山（见《水经注》云崞县南面玄岳）为北岳恒山，至清顺治七年正式定祭祀北岳于浑源，北岳恒山遂永在太行山北之山西省东北境。但尚未作为北岳的《禹贡》恒山，自当在河北省曲阳境。

"碣石"，作为渤海北岸供航海作标志之石，在今河北乐亭县南的海岸边。作为可以观沧海而招致后世一些帝王（秦皇、汉武、魏武等）登临的碣石山，在今河北昌黎县。参看上文冀州章"夹石碣石"校释（详拙撰《碣石考》，载《古史续辨》）。

"入于海"，谓山势尽于海。自大行至碣石，是叙从今山西省东南向东北逶迤并横过河北省北部的太行山，接着是直抵渤海岸边的燕山东部余脉，自都属冀州。

自岍、岐至碣石，连雍、冀两州，除底柱山在河道上外，皆为渭水以北和河水以北之山，如按条列说，是北条北列。

⑥西倾朱圉鸟鼠至于太华——此王氏第五条山系，西倾为其首，属此山系者有朱圉、鸟鼠及太华。

"西倾"，山名（《汉志》作"西顷"。见上文梁州章"西倾因桓是来"校释。在今甘肃碌曲西南的青海东境。

"朱圉"，山名。《汉志》"天水郡冀县"（今天水市西北）下云："《禹贡》朱圉山在县南梧中聚。"师古曰："圉读与圄同。"《通典·州郡四》"秦州上邽县"（今天水市）下云："有朱圉山，俗名曰白岩山。汉旧县。"《元和志》云："朱圉山在伏羌县（今天水市西北甘谷县）西南六十里。"《伏羌县志》："朱圉山在县西南三十里。"（《锥指》注:"县治移向西南,故山较《元和志》近三十里。")是旧说大都以朱圉山是汉天水郡之梧中聚的朱圉山,其地在今甘肃天水市西北甘谷县西南三十里的渭水南境。近代学者王树楠始谓实即今甘肃卓尼,为一语之音转。其说见顾颉刚师《西北考察日记》"(28)卓尼、六月五日"所录云:"《禹贡》朱圉山,本说在甘谷县。前在《石遗室诗话》中见王树楠诗,谓卓尼即《禹贡》朱圉之转音,若猪野之讹为居延;且其地有山殷然四合,形似朱圉者;否则朱圉反在鸟鼠之下,与《禹贡》导山次序不合。……寻之……至上卓尼,登山,此山自南望之,屹然一峰,诸山围之,色赤,宛若兽在圈中,称以朱圉固甚当……山为上卓尼番民之山神,每年阴历五月十五日嗪经祭神,十里以内之人皆至。"其地在西倾山之东北。就西倾、朱圉、鸟鼠自西而东北之顺序言,王氏之说甚是。

"鸟鼠",山名,见上文雍州章"至于鸟鼠"校释。在今甘肃渭源县西南,居朱圉山之东北。

"太华",即华山,见上文梁州章"华阳"校释。其山在今陕西华阴县南十里。自西倾至太华,是从青海东部西倾山,东连陇南至陕南的整个秦岭山脉,居雍州南部,亦即梁州北界。

⑦熊耳外方桐柏至于陪尾——此王氏第六条山系,熊耳为其首,属此山系者有外方、桐柏及陪尾。

"熊耳",山名。《汉志》"弘农郡(郡治今河南省灵宝市北)卢氏县"(今河南卢氏县)下云:"熊耳山在东,伊水出东北入雒。"其山绵亘二百余里,实为伊水与雒水的分水岭。下文"导水章"的雒水则发源于另一熊耳山,见导水章"导雒自熊耳"校释。

"外方",山名。《汉志》"颍川郡嵩高县"(今河南登封县)下云："古文以崇高（崈高、嵩高）为外方山也。"即今登封县内汉武帝时定为中岳的嵩山。根据《禹贡》文意，就地形来看，实际当指熊耳山和伊水东南，北起嵩山，斜向西南的伏牛山一带诸山。

"桐柏"，山名。《汉志》"南阳郡平氏县"（今河南平氏）下云："《禹贡》桐柏大复山在东南，淮水所出。"《水经》云："淮水出平氏县胎簪山东北，过桐柏山。"《注》云："《山海经》曰：'淮出余山（桐柏山别名），在朝阳东，义乡西。'《尚书》'导淮自桐柏'即此也。淮水潜流地下三十许里，东出桐柏之大复山南。"其山在豫鄂边界上，即今豫南桐柏、信阳诸县一线和鄂北枣阳、随县一线之间的一座山脉。其主要支峰大复山、胎簪山，在桐柏县境之西，淮水出于此。

"陪尾"，《史记》作"负尾"，《汉志》作"倍尾"。古轻唇音读重唇，故"负"与"陪"、"倍"声纽同。而"负"与"音"又同在古音"之哈部"，故"负"与"陪"、"倍"同音通用。《汉志》"江夏郡安陆县"（今湖北安陆市北境）下云："横尾山在东北，古文以为陪尾山。"即今湖北安陆市的横山。

自熊耳至负尾，是接着太华迤逦向东南的豫省西境境内诸山，最末迄鄂境随县、安陆间。这都在豫州境内。（元吴澄《书纂言》始以为陪尾当指山东泗水县之陪尾。其后学者多从之。就地形看，不仅相去太远，尤以中间隔着广大的华北平原，山势了不相属。而

熊耳诸山属北岭山系，山东半岛属阴山山系。吴说显误。）

自西倾至陪尾，连雍豫两州，及于荆州北界，皆渭水以南、汉水以北之山。如按条列说，是北条南列。

⑧导嶓冢至于荆山——此王氏第七条山系，嶓冢为其首，属此山系者为荆山。

“嶓冢”，山名，在陕西省宁强县境。详见上文梁州章“岷嶓既艺”校释。其山属梁州。

“荆山”，即南条荆山，见荆州章“荆”字校释。其山在今湖北南漳县南，属荆州。

自嶓冢至荆山，主要叙汉水和嘉陵江（汉时称西汉水）之间的大巴山脉，历经陕西（秦岭南）、四川（东境）、湖北（长江以北）三省。

⑨内方至于大别——此王氏第八条山系，内方为其首，属此山系者有大别山。

“内方”，山名。《汉志》“江夏郡竟陵县”（今湖北潜江市西北境）下云：“章山在东北，古文以为内方山。”（注：“宋祁曰：章山上当添丘字。”而《史记集解》引郑玄注称立章山。《续汉志》亦称立章山。然《括地志》仍称章山。）山实在今湖北钟祥市的西南境（据《锥指》，“汉竟陵故城在钟祥县界，刘宋析竟陵为长寿、宵城二县，后周省竟陵入长寿，明嘉靖更名钟祥”，故章山在钟祥）。《续志》刘昭注引《荆州记》云：“山高三十里，周回百余里。”成瓘《班义述》据《括地志》《通典》《舆地纪胜》以为“是唐宋亦称章山”。又云：“曹学佺《名胜志》谓之马仙山，《方舆纪要》谓之豫山，一名障山，《大清一统志》谓之马良山。《水道提纲》谓之三尖山。”此山为荆山山脉的东南端，地当要冲，汉水经其东。按，春秋时的楚国方城在今河南叶县、方城一带。其西北之嵩高山楚人以为在方城之外，称之为外方山。此为方城之内的又一要塞，故称为内方山（《左传·僖公四年》：“楚国方城以为城，汉水以为池。”方城为楚国最险要可守之地。故其外的险要称外方、其内之险要称内方）。

"大别",山名。《汉志》"六安国安丰县"(今河南固始县东南,邻安徽霍丘境)下云:"《禹贡》大别山在西南。"《史记集解》引郑玄曰:"大别在庐江安丰县。"《续汉书·郡国志》"庐江郡":"安丰有大别山。"(《班义述》引《水经注》云:"庐江者,建武十年省并也。")《水经·山水泽地篇》亦云:"大别山在庐江安丰县西南。"这些地理书都记载明确,大别山在安丰西南。

至杜预注解《左传·定公四年》"吴伐楚……(楚)子常济汉而阵,自小别至于大别"云:"《禹贡》汉水至大别南入江,然则此二别在江夏(江夏郡,今鄂东地区)界。"《孔疏》:"然则二别近汉之名,无缘反在安丰也。"《水经注》:"江水东径鲁山南,古翼际山也。《地说》曰:'汉与江合于衡北翼际山旁者也。'……《地理志》曰:'夏水(即汉水)过郡入江,故曰江夏也。'"《元和志》云:"鲁山一名大别山,在汉阳县东北一百步。"苏轼《书传》:"二别山皆在汉上。"傅寅《说断》:"汉上,当是汉阳界山也。"林之奇《全解》:"汉水既东流为沧浪之水矣,于是过三澨水所入之处,于是触大别山以与江合也。"《锥指》云:"大别山,杜元凯已知在江夏而不在安丰,郦氏亦主杜说,而终不能指鲁山为大别(按郦氏未明依杜说以汉入江之处的翼际为大别),至唐人始能言之。"又云:"大别山在汉阳府城东北半里汉水西岸。""小别山,一名甑山,在汉川县东南十里。"

自杜预起,陆续有一些学者,大都以汉水入江处为根据,来寻大别山之地。因而以所谓汉阳东北半里汉水西岸之山当之,则即今汉阳龟山,与武昌蛇山隔江相对之山。然龟山不大,又古名翼际山、鲁山,从不名大别,且《禹贡》并未言大别即在汉水入江之处。"导水章"但言汉水过三澨、大别,然后入江。三澨在今襄阳境,则汉水先过鄂北之襄阳,再过鄂东之大别,而后入江,正合地理形势。所以此山仍当是汉时六安国安丰县西南即今鄂皖边界之大别山。该山磅礴及于鄂东麻城、黄陂之境,正亦汉水入江区域内,其为《禹贡》之大别是无疑的。(《班义述》推重洪亮吉《卷葹阁集》有《释大别山》一篇,设十四证以申班固《汉志》之说,反对杜预注《左传》之说,对此问题有较详论证。)

此山系接着大巴山以东,绵延长江以北,从汉水西岸的内方起,东经汉水东的大洪山脉,直至鄂东大别山脉,皆属荆州(大别山之北脉入扬州)。

自嶓冢至大别,连梁、荆两州(东线)及于豫之南与扬州西境,皆为沿汉水之山。计自内方以西为汉水西南,内方以东为汉水东南,皆在长江之北。如按条列说,是南条北列。

⑩岷山之阳至(于)衡山过九江至于敷浅原——此王氏第九条山系,岷山为其首,属此山系者有衡山、敷浅原。

"岷山",《史记》作"汶山",《汉志》作"嶓山"。已见上文梁州章"岷嶓既艺"校释。大抵洮、洮以南之山,古人常称为岷山。在松潘境者则为岷水所出,《禹贡》把它作为江水之源。

"衡山",已见上文荆州章"衡阳"校释。衡山为荆州境内长江以南之大山。上面既已叙毕荆州的长江以北之山,此山自即当时已为北方所知的长江以南今湖南省内之大山衡山。按,此"衡"字上原误衍"于"字,成"至于衡山",别本《史记》亦同。中华书局点校本无此"于"字,甚是。因此处系作为叙述长江沿线之山,从岷山直叙到"至于敷浅原",中间不容有两"至于"。司马迁据九个"至于"之山称为九山,亦可证此处原无"于"字。

"九江"，已见上文荆州章"九江孔殷"校释。指鄂东长江北岸广济地区一带的大江与有关之水。

"敷浅原"，《汉志》"豫章郡历陵县"（今江西省德安县）下云："傅易山傅易川在南，古文以为傅浅原。"师古曰："傅读曰敷，易，古阳字。"段氏《撰异》云："此作傅，知作敷者浅人所改也，犹傅土改敷土也。"即使原作傅浅原，然《禹贡》篇文作敷浅原流传已久，人已习读，不用改回（薛本摹古作"傅"，今所存隶古写本凡有此句者皆作"尃"。惟伪孔、《孔疏》《史记·索隐》《蔡传》引傅阳山皆误"傅"作"博"）。《史记集解》引徐广《史记音义》云："浅一作灭。孙氏《注疏》："疑傅易当作傅易，与灭声相近。"

今江西德安县南十二里有博阳山，山不高。朱熹《九江彭蠡辨》以"博阳山在今（宋）江州德安县，为山甚小而卑，不足以有所表见。……庐阜则甚高且大……所以识夫衡山东过一支之所极者，唯是为宜"。其《语类》又云："德安县敷阳山正在庐山之西南，故谓之敷阳，非以其地即为敷浅原也。若如旧说，正以敷阳为敷浅原，则此山甚小，又非山脉尽处。"其后蔡沈《集传》、金履祥《书经注》、夏允彝《禹贡古今合注》等皆承朱说，以为敷浅原是庐山。

王充耘《读书管见》云："敷浅原恐非庐山，高平曰原，而又名敷浅，则必平旷之地不为高山可知。《禹贡》导山即所以导水，不论山之高大。"朱鹤龄《禹贡长笺》云："傅阳山，《汉志》得之古文，可据也。朱子疑卑小不足表识。绎敷浅之名，正不当求之高大。盖傅阳在古本高平之地。后人名之为山耳。导江汉之山至大别、敷浅原而即止者，以江汉至此合流赴海，不烦殚力随刊。况导水可以互见,岂必求之山脉尽处耶?"胡渭《锥指》云:"古文以历陵之傅阳山为敷浅原,当有所本。……(朱子)其意以庐阜为敷浅原,然此山高峻,似不可名之曰原。……'庐阜为衡山东过一支之所极'乃堪舆家说。愚谓敷浅原在庐山东南之麓,迫近彭蠡,禹导山至此而还,故特书之,不必择高大者以为表识,亦无论其山脉之尽与不尽也。"此数家皆尽力驳朱熹之说,以为庐山是山而非原,此原,只能是庐山南麓傅阳高平之地,其说较可取。

《禹贡》作者只了解汉水江水大致的形势,而不像对北方山川那样较能确知。所以只能粗线条描述。上两句已叙述汉水沿线之山,此处叙长江沿线之山。以岷山代表四川西境诸山,向东南蜿蜒后再折而东至湖南,亦以衡山代表湖南境内诸山,再东北沿长江循幕阜山以迄江汉会合地区的江北岸九江和江南岸敷浅原而止。可能《禹贡》作者认为其下就是江汉朝宗于海的下游平地,再没有大山了。

自岷山至敷浅原,亦连梁、荆两州(西线)及于扬州西界,皆为沿长江南岸之山,如按条列说,是南条南列。

以上这一节,是"导山章",讲述导山次第。自《书序》说"禹别九州,随山濬川",继以《孔疏》述伪传之意为"治山通水",都说明导山是为了治水。崔述《夏考信录》说:"洪水之患,山居者多,故先随山而导之,使高田之害先除,然后循水而导之,使平田之害尽去,而不先导山亦无以察地势之高卑而蓄泄之。"是即导山为导水的准备工作。但《禹贡》作者之言导山,于诸山情况了解不一。对北条南北二列之山认识清楚,记载较详晰,于南条之山较疏略,特别是对南条南列之山所占地域最辽远,而记载只岷、衡二山,过于简略

825

与疏阔。这是由于《禹贡》作者为西北人所使然。但总之首次就当时所知道的全华夏的主要山脉，按山的走势与前后各山的关系，以科学征实精神初步作了系统的清理，历代注疏家及治《禹贡》学者们先后提出的几种对山系的区分，也是值得参考的。

导①弱水，至于合黎，余波入于流沙②。

导黑水，至于三危，入于南海③。

导河积石④，至于龙门，南至于华阴⑤，东至于底柱，又东至于孟津⑥，东过洛汭，至于大伾⑦，北过降水⑧，至于大陆⑨，又北，播为九河⑩，同为逆河，入于海⑪。

嶓冢导漾，东流为汉⑫，又东为沧浪之水⑬，过三澨，至于大别⑭，南入于江⑮，东汇泽为彭蠡，东为北江，入于海⑯。

岷山导江，东别为沱⑰，又东至于澧⑱，过九江，至于东陵⑲，东迤北会于汇⑳，东为中江，入于海㉑。

导沇水，东流为济㉒，入于河㉓，溢为荥㉔，东出于陶丘北㉕，又东至于菏㉖，又东北会于汶㉗，又北，东入于海㉘。

导淮自桐柏，东会于泗、沂，东入于海㉙。

导渭自鸟鼠同穴，东会于沣，又东会于泾，又东过漆沮^㉚,入于河。

导洛自熊耳^㉛,东北会于涧、瀍,又东会于伊^㉜,又东北入于河^㉝。

①导——《史记》作"道九川",以领起此处"导水章"全文,以"弱水至于合黎"为本章首句。《汉志》作"道",未增"九川"二字,以"道弱水至于合黎"为首句。"导"之意旧释以为引导或疏导河流,即禹治理河流。如本篇首句云:"禹敷土,随山刊木,奠(定)高山大川。"《书序》云:"禹别九州,随山浚川。"皆是此意。《蔡传》始云:"水之疏导者已附于逐州之下,于此又派别而详记之,而水之经纬皆可见矣。"意谓此处是按水系纪录各水,其说近是。

"九川"之"九"本泛指,然此处显系司马迁据此章有九个"道"字所导的九条水,因而综括为"九川"。《史记·索隐》:"弱、黑、河、漾、江、沇、淮、渭、洛,为九川。"《孔疏》:"计流水多矣,此举大者言耳。"《孔疏》并云:"此下所导凡有九水,大意亦自北为始。以弱水最在西北,水又西流,故先言之。黑水虽在河南,水从雍、梁西界南入南海,与诸水不相参涉,故又次之。四渎,江河为大,河在北,故先言河也。汉入于江,故先汉后江。其济发源河北,越河而南,与淮俱为四渎,故次济次淮。其渭与洛俱入于河,故后言之。"其说不如崔述扼要。崔《夏考信录》云:"导水凡九章,其次第有五。弱水黑水在九州之上游,故先之。中原之水患河为大,故次河。自河以南,水莫大于江、汉,故次江、汉。河以南江汉以北,惟济、淮皆独入于海,故次济、淮。雍水多归于渭,豫水半归于洛,然皆附河以入于海,故以渭、洛终之。"可知这是我国最早的境内水系的初步科学记载。

皮氏《考证》云："案《今文尚书》有三条之说，道山、道水皆有之。马（融）注云'北条行河，中条行渭、洛、济、淮，南条行江、汉'是也。"

②弱水至于合黎余波入于流沙——"弱水"，《说文·水部》作"溺水"。是《禹贡》中最西的水，也是唯一向西流的水。水名原来自神话中，但在现实中确实有了这条水，发源于今甘肃山丹县，西北流至张掖合羌谷水，过合黎山西南，折而北流过沙漠，最后入居延海。见上文雍州章"弱水既西"校释。

"合黎"，《史记》"入于流沙"《集解》："马融、王肃皆云合黎、流沙是地名。"《释文》："合黎，马云地名。"伪传："合黎，水名也，流沙东。"《孔疏》："顾氏云：'《地说》：《书》合黎，山名。'但此水出合黎，因山为名。郑玄亦以为山名。"自以山名为确。"黎"，亦作"藜"。段氏《撰异》举《汉志》作"藜"，然今通行崇文本《汉书》仍作"黎"。又亦作"离"。见《水经·山水泽地篇》："合离山，在酒泉会水县东北（大典本误作西北）。"郦《注》："合黎，山也。"其地亦见《史记索隐》引《地说》云："合黎山在酒泉会水县东北。"会水县，今甘肃金塔东南，张掖高台西北。易祓《疆理记》云："合黎山在张掖二百里，俗名要涂山。"用合黎山实斜亘于今甘肃张掖高台至天城镇一线的东北方，绵亘三百余里，俗称要涂山之山。出于山丹县的弱水至张掖合羌谷水后，即行于合黎山西南，至金塔东的合黎峡口，折而东北过沙漠入于居延泽。

"流沙"，旧释以为西北一具体地名，纷歧说法遂甚多，其中主要一说以弱水所入之地为流沙，以符合于《禹贡》。如《汉志》"张掖郡居延"下云："居延泽在东北，古文以为流沙。"其实流沙是古人对西北广大沙漠地区的一总的概念，凡不熟悉的西北辽远之地即以流沙目之。

自弱水至流沙，叙弱水全程，为"导九川"的第一条水系。

③导黑水至于三危入于南海——"黑水"，见梁州章"黑水"校释。是一由神话中引来的水名，难于实定而偏又说成为梁、雍二州州界，纷歧异说遂多。"三危"，原亦神话中山名，见《尧典》篇"窜三苗于三危"校释，各地附会为三危的不少，较多倾向于三危在敦煌。"南海"，泛指中国以南之海。然从《山海经》引来的南海，原指西北一些海子称为北海、西海一样称呼为南海之海，大抵在神话故事及历史传说中，黑水、三危是都主要在西北。《山海经·海内西经》说："海内昆仑之虚，在西北，帝之下都……黑水出西北隅，以东……南入海。"显然这一南入之海是西北的好些海子之一（详见梁州章"黑水"校释）。及秦开巴蜀接触西南夷后，获知有横断山脉中南流入海之水，于是解《禹贡》者妄以为有所据，硬将《海内西经》入西北海子所称之南海，牵合为中国以南之海了。事实上并无这样一条远出西北流入南海之水，于是经师们的纷歧解释就特别繁多（皆见"梁州章"校释）。《禹贡》作者原具有科学精神，本不相信《山海经》神话中之水，由于不了解西北徼外少数民族区域的地理情况，误以为由西北入南海之水有了横断山脉之水的事实根据，就不慎采用了《山海经》中这条黑水，遂造成大错。

自"导黑水"至"南海"，叙黑水全程，为"导九川"的第二条水系。

④导河积石——"河"，即今黄河，汉以前但称"河"。"积石"，山名。见雍州章"浮于积石"校释。《汉志》"金城郡河关县"（今青

海同仁)下云:"积石山在西南羌中,河水行塞外,东北入塞内。"其山即今青海阿尼玛乡山。《禹贡》作者不相信《禹本纪》《山海经》等河出崑峇的神话(《穆天子传》《尔雅》《淮南子》《水经注》等都盲从说河出崑峇)。《禹贡》只就自己所确知的黄河上游积石山谈起,自是其谨严处。司马迁《大宛列传·赞》云:"《禹本纪》言河出昆仑。……今自张骞使大夏之后也,穷河源,恶睹《本纪》所谓崑峇者乎?故言九州之山川,《尚书》近之矣。至《禹本纪》《山海经》所有怪物,余不敢言之也。"充分肯定了《禹贡》这一谨严态度。旧释以积石非河源,遂谓《禹贡》只是从禹治河施工处说起,如伪孔云"施工发于积石"。《孔疏》更明言之云:"河源不始于此,记其施工处耳。"治《禹贡》者大都持此说,不知其非《禹贡》作者"导"字原意。《锥指》云:"导者,循行之谓。"

⑤至于龙门南至于华阴——"龙门",见雍州章"至于龙门西河"校释,为晋省西南黄河河道上的一山石险峡。彼处伪孔云:"积石山在金城西南,河所经也。沿河顺流而北,千里而东,千里而南,(至)龙门山。""华阴",太华山以北,其境即今陕西省华阴县一带,河自龙门南流至此。

⑥东至于底柱又东至于孟津——这是黄河自龙门南行至晋西南角的华阴之东的风陵渡后,折而东行,先东至底柱(即今三门峡市,见导山章"底柱"校释)。然后又东至于孟津。"孟津",《史记》《汉志》皆作"盟津"。《左传·隐公十一年》:"王……与郑人苏忿生之曰:温、原……盟……"杜预注:"盟,今孟津也。"段氏《撰异》:"盟、孟古音同在第十部,皆读如芒。故《左传》作盟、《尚书》作孟也。《尚书》旧本盖或作盟津、或作孟津。"并举《水经·河水注》引

《尚书》所谓"东至于孟津者也"为作孟津之证。又举李善注《东都赋》引《尚书》及《孔传》皆作"盟"为作盟津之证。然后论之云:"作'孟',则训为四渎之长(薛综注《东京》)、训为长大(颜注《地理》),作'盟'则薛综、王充、郦道元皆训为武王与诸侯约誓,要皆缘字傅会耳。"其论甚确。当如《孔疏》所云"在孟地置津,故名孟津。"称之既久,"孟津"二字自亦成地名。故伪孔云:"孟津,地名。"

孟津于东汉以前在黄河北岸的河内郡河阳县(今孟县西)南的河边,即周武王伐纣渡师处。见杜预注:"孟津,河内河阳县南孟津也。在洛阳城北,都道所凑,古今常以为津,武王渡之,近世以来呼为武济。"《锥指》引阎若璩云:"孟津之渐讹而南也,自东汉始。考更始二年,使朱鲔等屯洛阳,光武亦令冯异守孟津以拒之,是时孟津犹在北。安帝永初五年,羌人寇河东,至河内,百姓惊奔南渡河,使朱宠将五营士屯孟津。灵帝中平六年,何进谋诛宦官,使丁原烧孟津,火照城中。城中者,洛阳城中也,则已移其名于河之南。"是到东汉永初年间孟津之名已移于南岸(然《续汉书·郡国志》仍在河内郡河阳县引载杜预注孟津在县南)。今黄河之南、洛阳之北有孟津县,非《禹贡》孟津原地。

⑦东过洛汭至于大伾——这是大河自华阴东行相继经过底柱、孟津之后,继续东进,先过洛汭;继至大伾,然后古大河就要折而北行了,与春秋以后大河过大伾之后徙道东行完全不同。所以自华阴以东,历经底柱、孟津、洛汭、稍东北至大伾,构成古大河在中原大地上自西向东的唯一的一段较长的流程。

"洛汭",《史记》作"雒汭",《汉书·沟洫志》作"洛内"。"雒"

为河南境内洛水本名,与陕西境内入渭之洛水非一水,其改称此"雒"为"洛"的情况,见荆州章"逾于洛"校释。伪孔云:"洛汭,洛入河处。"(参看雍州章"渭汭"校释)《孔疏》:"洛入河处,河南巩县东也。"即今河南省巩义市东北。

"大伾",《史记》作"大邳"。《尔雅》则"伾"作"坯",注作"岯"。《说文》无"岯"字,"伾"字则引《诗》"以车伾伾"释为"有力也"。惟以"坯"当《禹贡》之"伾"。《释文》:"(伾)本又作'岯'。……字或作'阫'。"段氏《撰异》:"邳,疑即阫之异体也。"

对伾字的释义有不同二说,一即《尔雅·释山》所说:"再成,英。一成,坯。"李巡释云:"山再成曰英,一成曰岯。"一为《说文》云:"坯,丘再成者也。"伪孔传同样云:"山再成曰伾。"《孔疏》引《尔雅》及李巡说后云:"《传》云'再成曰伾',与《尔雅》不同,盖所见异也。"《水经·河水注》则引云:"《尔雅》曰'山一成谓之伾',许慎、吕忱等并以为'邳一成也'。"是以为许慎《说文》亦作"一成"。段氏《说文注》遂更正《说文》为:"坯,丘一成者也。"注云:"据此是俗以《孔传》改易许书。"段说当是。则提出此不同说者唯伪孔。姑不论其是非,这些总是古人对山的造成的解释。当然不是真正科学研究所得,故所说各异。这里只表示古人对大伾山有这样一些说法。今人辛树帜先生《禹贡新解》的《禹贡用字涵义》篇中提出新说云:"这一伾字,即是《小雅》'如山如阜'的阜,因为伾与阜古音是通的。果尔,这种伾就是《禹贡》作者用以写地貌的名称。"可知伾这一地貌同于冈阜之类,说成山亦不远失。

大伾山之所在地有三说:(一)郑玄河内修武、武德说(汉河内郡即今河南省黄河以北地区,修武今修武北获嘉县境,武德今武陟县东)。见《水经·河水注》"东过成皋县北"下引郑玄云:"地喉也,沇出伓际矣,在河内修武、武德之界。"《孔疏》亦引郑玄云:"大伓在修武、武德之界。"(二)三国魏人张揖成皋说(成皋今河南荥阳县汜水镇)。见《孔疏》引张揖释大伓云:"成皋县山也。"《水经·河水注》亦云:"河水又东径成皋大伓山下。"《水经·山水泽地篇》云:"大伓地在河南成皋县北。"不称山而称地。(三)臣瓒黎阳说(黎阳今河南浚县境)。见《孔疏》引云:"《汉书音义》:'有臣瓒者以为修武、武德无此山也,成皋山又不一成,今黎阳县山临河,岂不是大伓乎?'瓒言当然。"《孔疏》备引三说,最后同意此黎阳说。然学者之间对此问题的争论非常多,彼此不服对方说,聚讼不已。然据下文河过大伓即北折入大陆泽,修武、成皋二地皆太西,无法北折至大陆,自以第三说为合。大抵《禹贡》古大河初循成皋大伓地东北流,至浚县大伓山之西折而北流,是合于《禹贡》文意及今在卜辞研究中获知殷虚之东大河是北流这一地理情势的(详起钎撰《卜辞的河与〈禹贡〉大伓》,载《古史续辨》)。

⑧北过降水——《史记》《汉志》录本篇、《释文》《唐石经》、"相台五经"本《尚书》皆作"降水",《汉志》"上党郡屯留县"及"信都国信都县"下都作"绛水",《水经·漳水注》亦数称"绛水",并引郑注引《地说》作"绛"云:"作绛非也。"《蔡传》作"洚水",这是误用《孟子》书中"洚水"一词来的。《孟子·滕文公下》云:"《书》曰'洚水警余'(按此逸书)。洚水者,洪水也。"是孟子所言"洚水"即"洪水",音义全同,并非此处作为水名之降水。

伪孔云:"降水,水名,入河。"《锥指》云:"按宋张泊云:'降水即浊漳也。'(见冀州章"至于衡漳"校释)。据《水经·漳水注》及

《锥指》所载,知降水原为出自山西屯留县西发鸠谷(又名方山、盘秀岭、盘石山、鹿渎山)的一条小水,其上源原名滥水(一作蓝水),至屯留注入自长子县西南来之浊漳水。自是浊漳水亦名降水。东行至林县交漳口与源于山西昔阳自北南来的清漳水合为漳水,出太行山东行,周时以降水之名在今河北肥乡、曲周二县间注入古大河〔《通典·州郡八》"漳水横流而入河"在今(唐)广平郡肥乡界〕。故篇中言自大伾来之河水"北过降水"。

⑨至于大陆——"大陆",古湖泽名,又称钜鹿泽。《锥指》云:"大陆,地也,非泽也。以地为泽,自班固始。"其言不确。据近年地下水探测,今河北省巨鹿、南宫、冀县、束鹿、宁晋、隆尧、任县间有一古大湖泽遗迹,由西南斜向东北,长约六十七公里,钜鹿、隆尧二县间东西最宽处约二十八公里(见河北省地理研究所《河北平原黑龙港地区古河道图》)。证实古有此大湖,自即大陆泽遗址。秦以后渐缩为二泊,北泊名宁晋,南泊仍名大陆,现在大部分淤成平地(详起釪撰《禹贡冀州地理丛考》,载《文史》第二十五辑)。

《锥指》云:"河自濬县(今浚县)西南折而北,历内黄、汤阴、安阳、临漳、魏县、成安、肥乡、曲周、平乡、广宗,至钜鹿县,大陆泽在焉。此即禹河'北过降水至于大陆'之故道也。"

⑩又北播为九河——《史记》无"又"字。"播",《诗·般》疏引郑玄注云:"播,散也。"伪孔:"北分为九河以杀其溢。"颜师古注《汉志》此句云:"播,布也。"苏轼《书传》:"播,分也。"总之播为散布义。

"九河",河自大陆泽北出后,向东北分散成为九条河道。《孟子·滕文公上》:"禹疏九河、瀹济漯而注诸海。"《墨子·兼爱中》

记禹"东方漏之(大)陆……洒为九浍(九河)"。《荀子·成相》:
"禹有功,抑下鸿……北决九河。"是战国时已盛行禹疏九河之说。
然什么是九河?自汉以来已弄不清楚,因而说法很纷歧。《汉书·
沟洫志》记载汉代有关九河资料,西汉人知有九河,但不知其确切
位置,只知道在大陆泽东北地区,有人以为九河已灭难明,有人提
出其境南达今德州市,北至今交河,约二百余里宽的地界内。今文
家河堤都尉许商提出了徒骇、胡苏、鬲津三条河名。成于西汉的
《尔雅·释水》则列了九条河名云:"徒骇、太史、马颊、覆釜、胡苏、
简、絜、钩盘、鬲津,九河。"《汇疏》引余阙指出这是汉人把当时的河
附会为《禹贡》的河。东汉古文家马融、郑玄九河说同《尔雅》,但郑
玄说周时齐桓公塞八河为一。宋程大昌、郑樵皆反对齐桓公所塞
之说,元于钦《齐乘》以为九河之形成与湮废皆自然之理,非齐桓能
塞八河。王莽时王横则以为九河已沦于海,其后自唐至宋对九河
多所考索。唐《孔疏》据许商所提三河所在,将《尔雅》其余六河插
入此三河中间之地。《通典》则在许商说外,增加了钩盘、马颊、覆
釜三河所在地。张守节《史记正义》又增加了简河所在地。宋《蔡
传》承朱熹之说并总结宋人考辨之所得,引《尔雅》九河为八河(将
其中"简、絜"合为一),汇录了汉至宋给八河定的所在地名,然后大
抵据程大昌之意为之说云:"自汉以来讲求九河者甚详,汉世近古,
止得其三,唐人集累世积传之语,遂得其六(按,实止得四),(宋)欧
阳忞《舆地记》又得其一(简絜河所在)。或新河而载以旧名,或一
地而互为两说,要之皆似是而非,无所依据。……惟程氏以为九河
之地已沦于海……故其迹不存。"元于钦往来燕齐间,就其目验所
见,风填沙塞,九河之故迹不可复寻,以驳九河沦海之说。清初王

夫之《书经稗疏》较详地论析了九河有关问题，阐明九河在交河至天津之间入海，反驳了王横、程大昌、蔡沈以九河至碣石入海说。其后清人论九河甚多，著者八九家，大都反对王横九河沦于海之说。胡渭搜集资料最详备，以为"九河所在，后人率多附会"。因此主张"无事深求"，"不必取足于九"。杨守敬《本义》云："九者极数也，言其甚多，不必限以九也，此当以汪容甫《释三九》之义诠之。"顾颉刚师及辛树帜先生《新解》皆主此说。在未得到该地区有九条河道带的资料前，这是一种合理的解释。

但是现代的科学工作者，却在河北省这一地区确实发现了地下有九条古河道带。见1978年2月28日《光明日报》报导"河北省黑龙港地区地下水综合科学考察取得重大成果"。报导说："黑龙港地区包括衡水、沧州、廊坊、邢台、邯郸五个地区的四十六个县市，耕地面积占河北全省总耕地面积三分之一。"按衡水至邢台间即古大陆泽地区，而汉人所说的九河区域，完全就在此黑龙港地区之内。所以体认《禹贡》的九河，就是黑龙港地区的地下九条古河道带，应是无问题的。

1973年起河北省地质、水利、机械、农林部门和省内外有关科研单位、高等院校承担国务院关于河北平原黑龙港地区地下水资源的评价和开发利用的重点科研项目，经过三年多努力，初步查清了三万六千多平方公里的地下水情况，查明黑龙港地区有九条大的古河道带，包括古河道三百多条段。河北省地理研究所于1977年绘成《河北平原黑龙港地区古河道图》，其《说明书》说："黑龙港地区有九条古河道带，即（1）大名，馆陶，清河，枣强，景县，沧州的黄、清、漳河古河道带；（2）大名、卫东地区，中间经山东，至吴桥、东光、南皮、沧州和吴桥、盐山、孟村的黄河古河道带；(3)魏县、广平、巨鹿、新河、束鹿、深县的黄漳河古河道带；(4)成安、肥乡、曲周、平乡、巨鹿的漳河古河道带；(5)冀县、衡水、武强、献县、交河、沧州的黄、漳、滹河古河道带；(6)沿子牙河一带的漳滹河古河道带；(7)安平、饶阳、河间、大城的滹沱河古河道带；(8)肃宁、河间、任丘的滹、沙、唐河古河道带；(9)任丘、文安的拒马河古河道带等。其中黄河，黄、清、漳河，漳河和滹、沙、唐河古河道带，又是四条较大的古河道带。"

上列九条古河道带如果大致按自南至北排列，则应把(2)移到(1)前。其顺序是：(2)、(1)(这两条都在古大陆泽之东稍曲折地走东北方向)，(3)、(4)〔这两条在(2)、(1)之西，都是走南北方向至古大陆泽，(3)更出大陆泽东北行〕，(5)、(6)、(7)、(8)、(9)〔这五条都在大陆泽东北，横斜于(2)、(1)之北，虽亦走向东北，但倾斜角比(2)、(1)小，较偏向东〕。其中除(4)在图上所见止于古大陆泽外，其余八条河段虽有断断续续，但显然古时都是继续向东北流的。而(2)过吴桥后分为南北两支，南支过孟村、盐山东流，北支趋东光、南皮东北流。这样，继续流的河道仍然是九条。

该《说明书》又说："黑龙港地区古河道，主要是南南西—北北东方向延伸。大致在临西、平乡一线以南，主要有四条流路，为河道集中、砂层较厚的上游段。"是指(2)、(1)、(3)三条河道带的上游和(4)河道带流域。又说："该线以北至文安、大城、沧州、盐山一线，为河道分支众多、砂层较薄(除河道带外)的下游段。"是指除(4)以外的八条河道带。加上(2)分为南北二支河道带，处黑龙港中部广大地区，可以说这里正是《禹贡》"至于大陆"后，"又北，播

837

为九河"所记的情况。而这九条古河道带的名称所依据的河道，虽其时代有先后，但大体由地势决定河道的形成，有些古河移徙后，后起的河实际循旧河故道，有些则此河夺彼河道。此次科学考察中，常发现埋藏的古河道有不少是多期古河道在垂直方向上的重叠。因而即使定名所据为较后的古河，仍不影响该河道是原有早期的古河道。所以这里自可以把这些古河道一律作为印证《禹贡》河道的资料加以运用。

主要是可以检验一下文献中所说的九河名称究竟反映了什么河道？就文献中所载九河各河所在地看出，文献中的九河按自北向南的顺序考定是：徒骇、太史、简河、絜河、胡苏、鬲津、马颊、覆釜、钩盘。徒骇最北、钩盘最南（可知《尔雅》所载九河顺序是完全错乱的）。依此顺序把文献中九河和黑龙港地区九条古河道带加以对比，就看出：最北的徒骇河既承滹沱、又承漳河，可以归于（6）漳滹河古河道带。其次太史河，当属（5）黄漳滹河古河道带。再南简河、絜河，当属（2）a 黄河道带北支；在此以南的胡苏、鬲津等河，都因紧邻可归于（2）b 黄河古河道带南支。而更在其南的马颊、覆釜、钩盘三河，则去黄河古河道带之南已远，处于大陆泽正东，不属北出大陆泽的古九河区域之内，同时也就不属于今所发现的这九条古河道带之内。显见过去文献是勉强把它们牵附于九河的，因而是不可信的。

由上面看出，从汉代起到清代所比附的九河，只有一部分能划在（6）、（5）、（2）a、b 等条古河道带内，可能还及于（9）河道带，而不足以反映全部九条古河道带区域。因此我们要探索认识《禹贡》九河，不能用汉代《尔雅》以来说的九条河，应该用科学工作者考察出来的河北平原黑龙港地区的九条地下古河道带。因为它们表明，由于地理形势，在这一块大地上，即古大陆泽东北以至于入海地区，客观地存在着九条古河道带，说明当时河水流到大陆泽后，再向北流出，很自然地可以循这九条古河道流淌，以至于流入海（详起钎撰《九河考》，载《古史续辨》）。

⑪同为逆河入于海——《史记·河渠书》作"同为逆河入于勃海"。《河渠书·赞》："东窥洛汭、大邳、迎河。"《夏本纪》则照录"同为逆河入于海"。是《史记》既作"逆河"，又作"迎河"；既作"入于海"，又作"入于勃海"。段氏《撰异》以为"本皆作'迎'，其参差不治，皆由后人以所习改窜"。不知然否？段氏又云"班氏因之"。即班固因袭司马迁之文，故《汉书·沟洫志》亦作"同为迎河"，而《地理志》仍作"同为逆河"。段氏谓当为"迎河"，是宋祁妄改为"逆河"。亦不知然否？大抵司马迁好以训诂字改译《尚书》字，有时又增字以足语意。即使《史记》作"迎河"、作"入于勃海"，未必《尚书》原文亦如此。

"逆河"，旧注疏家有两种谬误解释。一说是九河汇合成为一条逆河，一说逆河是渤海。前者见《诗·般》疏引郑玄注："同，合也。"《史记集解》引郑玄注："下尾合，名曰逆河，言相迎受也。"《孔疏》引郑玄此注后并引王肃注云："同逆一大河，纳之于海。"伪孔："同，合为一大河，名逆河，而入于渤海。"颜师古注《汉志》综上说云："同，合也。九河又合为一，名为逆河，言相迎受也。"苏轼《书传》全用此意，惟末句云："以一逆八而入于海，即渤海也。"惟林氏《全解》引王安石云："逆河者，逆流之河。非并时分流也。"林氏承合为一逆河之说，故讥王氏为凿矣。王氏提"逆流之河"，甚是新意。惟"非并时分流",似亦主合为一河之说,则其义难明。后者见程大昌《禹贡论》云:"水非一河能容,故播为九,安有一水能受九河而名为逆河也。逆河,世之谓渤海者也。"其后力主逆河为渤海者,竟为《禹贡》大师胡渭,其《锥指》论逆河时,竟曲解苏轼之说云:"至东坡云逆河即渤海。"(苏氏原意谓合为逆河后入于海,此逆河所入之海即渤海)同样曲解了薛季宣据王横言逆河皆渐于海之说。然后在引述宋至明一些逆河之说后云:"以上诸说,总由不知渤海即逆河,而求逆河于渤海之外,遂逾求逾远耳。"

逆河之正确解释,指海水涨潮时倒灌入河,使临海口的河段受海水因而都成咸水。较早言及此意者,见唐徐坚《初学记·地部》引载"同为逆河入于海"句下所释,虽同意九河又合为一之说,其末句云:"逆,迎也。言海口有朝夕潮,以迎河水。"《锥指》引宋之人说中有陈师道云:"逆河者,为潮水所逆行千余里边海。"元王充耘《读书管见》释逆河为"以海潮逆入而得名"。明夏允彝《禹贡古今合注》云:"今九河之下,即为逆河,殆谓自此而下即海潮逆入矣。"清初王夫之《稗疏》云:"水之入海……近海必平。且潮落则顺下,潮生则逆上。……受潮之逆上,故曰逆河。……九河之尾皆逆,非合而为一可知已。"这些学者都正确解释了逆河为海水逆入于河。"同为逆河",是说都是逆河。程氏《禹贡论》引或说:"同者,九河一故。"即九条河下游都一样成为逆河。王氏《稗疏》谓"同,皆也",亦即都一样的。河北平原黑龙港地区的考查报导说:"查清了河北平原地下水按照水质可分为两大区。除黑龙港和安平县一部分外,其余全部是淡水区。"这就是说黑龙港濒海地是咸水区,与海水同质。此即《禹贡》所说逆河之作用。九条河的入海处都叫逆河,取义于海水逆入,因而逆河之水是咸水。现在科学考查获知黑龙港东北地区是咸水证实了这点。而黑龙港其余地段的淡水,说明是保持古河道淡水的地带。《黑龙港地区古河道带说明书》还指出各河道上游淡水优于下游,即逐渐到下游才有咸水。当即由于近海受海水逆入之故。所以由这一科学考查,才证实了逆河是由海水逆入的真实意义。

"入于海",即九河的逆河,在南起今河北孟村、盐山以东海岸,即宣惠河入海口之地,北至天津市以北,亦即河北省整个渤海西岸数百里地段内,分别入于渤海。文献中古黄河的干流北支在天津以北入海,它当是九河中最北的一河。

自"导河积石"至"入于海",叙河水全程,为"导九川"的第三条水系。

⑫嶓冢导漾东流为汉——嶓冢,山名,为漾(汉)水之源头,见梁州章"岷嶓既艺"校释。"漾",《史记》作"瀁",《汉志》及《郡国志》又《史记·索隐》引《水经》皆作"养",《山海经》及《淮南子》作"洋",《说文》同本篇作"漾"。此句说从嶓冢山导出瀁水,东流后称为汉水。《水经·漾水注》说:漾水原出氐道(今甘肃清水县西南)嶓冢山,东南流至武都(今甘肃成县西)东称汉水,亦称沔水。再东流至沮县(今陕西略阳东)会沮水后,又称沮水。后来此漾水绝流,汉水遂以沮水为源,在略阳以东汉中郡境内,复分南北二源。北魏始定其南源所在的今宁强县境之山为嶓冢山,直接为汉水之所出,不再称漾水(详荆州章"江汉朝宗于海"校释及梁州章"岷嶓既艺"校释)。

⑬沧浪之水——"沧",《史记》作苍。"浪",《释文》:"音郎。"

沧浪之水原是楚国境内汉水的名称。《水经·沔水注》武当县下云："县西北四十里汉水中有洲名沧浪洲,庾仲雍《汉水记》谓之千龄洲。……是近楚都,故《渔父》(指《楚辞·渔父》)歌曰:'沧浪之水清兮,可以濯我缨;沧浪之水浊兮,可以濯我足。'(按《孟子·离娄上》亦引此歌)……《禹贡》……不言'过'而言'为'者,明非他水决入也。盖汉沔水自下有沧浪通称耳。"武当即今湖北省均县。目前的丹江口市辖境。是从此地起,至三澨所在地之襄樊之间的汉水,通称沧浪之水。

⑭过三澨至于大别——"澨",《释文》:"市制反。"《说文》释为"埤增水边土",即在水边增土为堤防。某水有澨,往往即以为该处地名。故《左传》有勾澨(《文公十八年》)、漳澨(《宣公四年》)、睢澨(《成公十五年》)、远澨(《昭公二十三年》)、雍澨(《定公四年》)等五处。"三澨"当为沧浪之水以南的汉水边上三大堤防处。《汉志》"南阳郡育阳县"有南筮聚。应劭注云:"育水出弘农卢氏,南入于沔。"育即淯。故《禹贡锥指》云:"三澨当在淯水入汉处。一在襄城北,即大堤。一在樊城南,一在三洲口东,皆襄阳县地。"其他旧释皆不如此释之确。

"大别",见导山章"内方至于大别"校释,为鄂东大别山脉。

⑮南入于江——是说汉水过鄂北之襄樊后,迤逦向东南流,过鄂东的大别山西南麓后,向南入注于长江。

⑯东汇泽为彭蠡东为北江入于海——"彭蠡",见扬州章"彭蠡"校释,知西汉以前彭蠡泽在长江之北,其留下的遗迹为今湖北武穴至安徽宿松、安庆之间长江北岸诸湖沼群,东汉以后逐渐南移过江,发展成今江西鄱阳湖。《禹贡》所记汉水自甘陕向东南流,曲

折斜穿过湖北省,于鄂东南大别西南入注长江后,向东汇集成彭蠡泽,然后又从彭蠡泽东出为北江以入海。下文说长江从这一汇泽东出为中江以入海。把汉水和江水说成平行入海的两条水。这是《禹贡》作者不知悉不了解长江下游情况仅凭远道风闻的说法写成的。因而极错大错,旧释亦皆误。参看扬州章"三江"校释。

自"嶓冢"至"东为北江入于海",叙汉水全程,为"导九川"的第四条水系。

⑰岷山导江东别为沱——"岷",《史记》作"汶",《汉志》作"嶓"。"导",《史记》《汉志》皆作"道"。《禹贡》作者以为出自岷山之江即长江,故云"岷山导江"。其实只是今岷江(见梁州章"岷嶓既艺"校释)。凡从长江分出之水(实指支流或支津)皆称为沱,此"东别为沱",指今四川省境内岷江东之水,旧释指郫水,即今沱江(见荆州章"沱潜既道"校释)。另有指川东其他诸水者,这是由对岷江的不同认识而来,现不深论。

⑱澧——《史记》《汉志》皆作"醴"。段氏《撰异》云:"《尚书》经、传、疏皆作'醴'。"《唐石经》以下'醴'作'澧',盖依卫包妄改。又经开宝改《释文》之'醴'为'澧'。"《史记集解》:"孔安国及马融、王肃皆以醴为水名,郑玄曰醴,陵名也。大阜曰陵,长沙有醴陵县。"又《索隐》:"按骚人所歌'濯余佩于醴浦',明醴是水。……又虞喜《志林》以澧是湘、沅之别流,而醴字作澧也。"按,据《楚辞》"濯余佩兮醴浦",是醴为楚境水名,《禹贡》之醴当即此水。旧释如郑玄以为是今湖南醴陵县,则在长江以南数百里,且非水名。又如《说文·水部》"澧水出南阳雉衡山,东入汝"。属今河南南召县境,则在长江以北数百里,皆太远。又如所说湘沅之别流的澧水(胡渭

禹
贡

843

主此说），亦在长江以南自西南来入洞庭湖，相去亦远。据"道江"所叙，醴是在今川东诸水以下，鄂东九江以上的长江河道所经过的一处水名，当指今鄂南湖沼地带如洪湖之类某湖。

⑲过九江至于东陵——"九江"，见荆州章"九江孔殷"校释。指鄂东黄冈地区广济一带容纳了多水的长江，包括其有关诸水。王氏《后案》云："《水经》又云：'江水自下隽（今蒲圻）县北，又东北至江夏沙羡（今汉口）县北，沔水从北来注之；又东过邾县南，又东过蕲春县南，蕲水从北来注之；又东过下雉（今湖北阳新）县北，利水从东陵西南注之。'即此经'过九江至东陵'者也。"

"东陵"，伪孔但释云"东陵，地名"，未详何地。宋儒如易祓《疆理记》、蔡沈《书传》等皆以为是巴陵，即今湖南岳阳县。易氏并云："巴陵与夷陵相为东西，夷陵一名西陵，则巴陵为东陵可知。"这是他的推想，元明学者多从之。其实巴陵从来不称东陵。据《汉志》庐江郡下："金兰西北有金陵乡。"《水经·江水注》："又东过下雉县北。利水从东陵西南注之。利水出庐江郡东陵乡。江夏有西陵县，故是言东矣。《尚书》江水'过九江至于东陵'者也，实即其地。"又《山水泽地篇》："东陵地在庐江金兰县西北。"陈氏《经说考》云："考金兰汉时并未置县，则是地名非县名也。《水经》言金兰县，《水经》魏时人所作，盖魏时置为县也。"金兰在今鄂东罗田正北的大别山西麓。下雉则在今蕲春正南的长江南岸阳新县境。如《水经》言，则从东陵西南来注之水不当越长江，则下雉似宜在长江北岸，而后可寻东陵在其北不远。

⑳东迤北会于汇——《说文·辵部》："迆，衺行也。从辵，也声。《夏书》曰：'东迆北会于汇。'"《释文》："迆，以尔反。"同迤，衺

行延伸。"汇",水众多回旋停蓄潴而成泽叫汇。"东迤北会于汇",与上文汉水"东汇泽为彭蠡"意义同,此汇字即指彭蠡。

㉑东为中江入于海——"中江",已见扬州章"三江"校释。由于"导漾"的"东为北江"及此处导江的"东为东江",牵附于扬州的"三江既入",就使经学家纷纷推定南江。而后纷歧缭乱的三江说蜂起,造成了《禹贡》说中最错杂最无道理的"三江"问题。此说之误已见"三江"校释并导漾的"东为北江入于海"校释。

自"岷山"至"中江入于海",叙江水全程,为"导九川"的第五条水系。

㉒导沇水东流为济——《史记》"导沇"及"沇州"皆作"沇",然《汉志》"导沇"作"沇"而"沇州"作"兖"(《天文志》仍作"沇")。"沇"为"兖"的原字。钱大昕《史记考异》云:"沇州,本以沇水得名。《尚书》作兖州,由隶变立水(氵)为横水(氵),又误'氵'为'六'耳。"《释文》:"沇,音兖。又:以转反。"《汉志》"河东郡垣县"下云:"《禹贡》王屋山在东北,沇水所出,东南至武德入河。"垣县今山西垣曲县东南,王屋山在其东,正在今山西、河南两省交界处,沇水出其东南麓,正在河南省北边境上。武德,今河南武陟县东境。在温县之东较远。《水经》:"济水出河东垣县东王屋山为沇水,又东至温县西北为济水。"故伪孔云:"泉源为沇,流去为济。"东流后沇水既为济水,故沇水所出王屋山所在之地,后遂称济源县,《水经·济水注》已叙及济源城,今为济源市。按"济"字原作"泲",见兖州章"浮于济"校释。

㉓入于河——出于王屋山的济水南入大河,《汉志》说是武德入河,《水经·济水注》则历叙入河处的几次变迁,并云:"其后水流

径通,津渠势改,寻梁腻水不与昔同。"《锥指》说"济水入河之道凡再变"。今清理诸变异,简为述之如下:济水自济源分而为二,一为支津,自济源西南流注于溴水,一为主流,自济源东出,古时经温县东北,折而东南合奉沟水,历沙沟南入于河,河南岸为今氾水镇。王莽时此道干涸,称为"济水故渎"。济水改由温县南入河,河南岸即今巩县。后其道又陷河中,而由济水另入溴水的支津为主流在孟县南境入河。今济水又循温县东行,至氾水镇东广武镇北岸入河。

㉔溢为荥——"溢",《史记》作"泆",《汉志》作"轶",与"溢"字音义皆同(此颜师古注《汉志》语)。段氏《撰异》:"《周礼·职方氏》注:'荥,兖水也。出河东垣,入于河。泆为荥。'《疏》引《禹贡》'泆为荥'。玉裁按:今《疏》'荥'误作'荥','泆'字不误。今《禹贡》作'溢'者,卫包改也。……《说文》:'泆,水所荡洗也。''溢,器满。'二字义迥别。"按,古常以同音通假,颜师古说不为无据。

《汉志》垣县下"至武德入河"后继云:"轶出荥阳北地中。"伪孔云:"济水入河,并流十数里而南截河,又并流数里溢为荥泽,在敖仓东南。"(敖仓在广武东,皆在荥阳北)《孔疏》:"济水既入于河,与河相乱,而知截河过者,以河浊济清故可知也。"《水经注》云:"《晋地道志》曰:'济自大伾入河,与河水斗,南伏为荥泽。'"(《锥指》:"成皋有大伾山,在今开封府郑州氾水县西一里。")傅寅《说断》引许氏云:"济入河,伏流南出。"《蔡传》:"先儒皆以济水性下劲疾,故能入河穴地,流注显伏。"类似之说古典籍中尚多。事实是古大河在南岸的广武(今荥阳北境)分出一条支津向东南流,其北岸斜对着济水入河处。古人误以为是济水横过大河南流(遂有济与河斗而南出、或入河后伏流南出诸语），因而把南面这条水接着称济水。其南出大河南岸处，古时是一沼泽，称荥泽。即上文豫州的"荥波既猪"之地。

㉕东出于陶丘北——《史记》作"东出陶丘北"。无"于"字。《说文》引作"东至于陶丘"。其《阜部》云："陶，再成丘也。在济阴（《汉志》载汉宣帝更名定陶）。……《夏书》曰：'东至于陶丘。'陶丘有尧城。"段氏《撰异》："按《禹贡·导水》罕言'出'者，此经'出'字当依《说文》作'至'。"

《汉志》"济阴郡定陶县"下云："《禹贡》陶丘在西南陶丘亭。"《水经·禹贡山水泽地篇》亦云："陶丘在济阴定陶县之西南。"而《史记集解》引郑玄转引《地理志》作"济阴定陶西北"。江声《音疏》以为作西北是，《锥指》则肯定在西南。然《尔雅·释丘》"再成为陶丘"郭璞注："今（晋）济阴定陶城中有陶丘。"按济水自荥泽东流，东北经今原阳、封丘、兰考东之古济阳，直至陶丘北。《禹贡》时陶丘为其地地名，无论其在后来定陶之北或南或中，济水都是经陶丘之北向东北流去。

㉖又东至于菏——"菏"，《史记》《汉志》皆误作"荷"（《集解》、颜注皆注明"即菏泽之水"），故当依《禹贡》作"菏"（见徐州章"达于菏"校释）。大抵济水至定陶西会菏水，过定陶东北汇为菏泽，故说"又东至于菏"（见豫州章"导菏泽"校释）。然后菏水自菏泽东出流入泗水，济水则继续东北流入大野泽（见徐州章"大野既猪"校释）。以上济水至此称为南济。另自今兰考东古济阳之北分出北济，历冤胊（今定陶西）至乘氏（今钜野西），会南济俱入大野泽（据易祓《疆理记》、吴澄《纂言》。《水经注》《锥指》更详）。

㉗又东北会于汶——依上引资料,汶水在今山东东平县安山入济水,其地在菏泽东北,故云"东北会于汶"。盖济水入大野泽,复自泽北出,过寿张(即东平境)遇汶水来注(参见青州章"汶水"校释)。

㉘又北东入于海——《史记》作"又东北入于海"。《汉志》与本篇同。伪孔释云:"北折而东。"皮氏《考证》:"诸所言沇水入海皆云'东北',当从《史记》于义为长。《汉志》作'北东',疑是浅人依梅本《尚书》改之。"其实此不必计较,寻之济水实际,会汶后,基本向北过今东阿、平阴、齐河,然后东过济南,即自历城向东北经邹平、高青、博兴诸县以入海。则言北而东或统言东北,皆无不可。东汉黄河大体以济水河道入海,宋庆历间河决商胡(濮阳境)而离济水,其后济水分为大、小清河。清咸丰时黄河复夺大清河河道以入海,自后不复有济水(从此古济水自历城以上成为黄河下游河道,历城以下为小清河)。

自"导沇水"至"又北东入于海",叙济水全程,为"导九川"的第六条水系(参看兖州章"济水"校释。详起釪撰《禹贡兖州地理丛考》,载《文史》第三十辑)。

㉙导淮自桐柏东会于泗沂东入于海——"淮水",见徐州章"淮水"校释。"桐柏山",亦见"淮水"校释。及导山章"熊耳外方桐柏"校释。"泗水",见徐州章"泗水"校释。"沂水",见徐州章"沂水"校释(诸水情况详起釪撰《禹贡徐州地理丛考》,载《文史》第四十四、四十五辑)。

此"导淮"至"入于海"三句,叙淮水全程。重在记淮水出桐柏后东流所受最主要的水(因淮水为羽状水系,两侧入淮之支流多),

为"导九川"的第七条水系。

㉚渭、鸟鼠同穴、沣、泾、漆、沮——"渭水",见雍州章"渭水"校释。"鸟鼠同穴山",见雍州章"鸟鼠"校释。"沣水",见雍州章"沣水"校释。"泾水",见雍州章"泾"校释。"漆沮"二水,见雍州章"漆沮"校释。此诸水为渭水从今甘肃渭源县鸟鼠同穴山发源后,自西而东,直至进入今陕西之后,注入渭水下游之诸水。

自"导渭"至"过漆沮入于河"五句,叙渭水全程,为"导九川"的第八条水系。

㉛导洛自熊耳——"洛",《史记》作"雒",是。雒是河南境内洛水的本名,它源出今陕西洛南县,东至今河南巩义市入河。与陕西境内入渭之洛水非一水,后来混用陕西洛水之名,详荆州章"逾于洛"校释。故此处"导洛"实当作"导雒"。以通行已久,且河南洛阳早已成定名,故不改回。熊耳,山名,在汉上雒县(今陕西洛南县西南)。《汉志》"弘农郡上雒县"下云:"《禹贡》雒水出冢领山。"又:"熊耳获舆山在东北。"《水经注》引《地说》云:"熊耳之山,地门也,雒水出其间。"《淮南子·地形训》亦云:"雒出熊耳。"注云:"熊耳在上雒西北。"《山海经·中次四经》:"熊耳之山……浮濠之水出焉,而西流注于洛。""谨举之山,雒水出焉。……此二山者,洛间也。"显然谨举即获舆,则雒水实出于上雒之冢领山与熊耳获舆之间,故或云出冢领,或云出熊耳。此熊耳与导山章"熊耳"校释所释之卢氏熊耳非一山,彼为伊水所出,介于伊、雒二水之间,故非此熊耳。《锥指》云:"此山自上雒以至卢氏绵亘二百余里。雒水出上雒,伊水出卢氏,总属《禹贡》之熊耳。"今观图上地形,上雒熊耳山自西北迤逦向东南,止于淅水下游之西;卢氏熊耳则在淅水上游东

北逶迤而去，中间与上雒熊耳了不相属。《锥指》之说不足据。《汉志》分为上雒、卢氏二熊耳山是对的。

㉜东北会于涧瀍又东会于伊——此即豫州章之"伊洛瀍涧既入于河"，涧水、瀍水、伊水皆入于洛，然后如下句所说洛水入于河。涧、瀍、伊三水资料已见"豫州章"校释。洛水出熊耳山，东流经雒南县北，东入河南省境，经卢氏县南，东北经洛宁、宜阳县北，又东至洛阳市南，涧水自西来入洛，瀍水自北来经洛阳旧城东门外南行入洛。洛水从洛阳市南又东至偃师县，伊水自西南来，经嵩县、伊川，北至洛阳南，东至偃师入洛。此即"导洛自熊耳，东北会于涧、瀍，又东会于伊"之流径。

㉝又东北入于河——《史记》无"又"字。《水经·洛水注》："洛水又东过偃师南，又东北过巩县东，又东北入于河。"巩，周邑，汉为县，故城在今河南巩义市西南二十余里。洛水既会伊水，又东经巩县故城南，又东北流至洛口入河。此即"又东北入于河"之流径。今洛水入河处在汜水北，名洛口。《锥指》云："古洛水入河处在洛口西，古名什谷。即张仪说秦下三川，塞什谷之口。"什谷，即《山海经》所说的洛汭，《元和郡县志》说："巩县，洛水东经洛汭，北对琅邪渚入河，谓之洛口。"是唐时洛水入河处与今同。

自"导洛"至"又东北入于河"，叙洛水全程，为"导九川"的第九条水系。

以上导水，从弱水起至洛水止，共分九条河流，并及其主要支流、支津。第一条弱水，出山丹入于流沙，其水名沿自神话，但现实地理中确已有了此水。第二条黑水，虽各地确有好多条名为黑水之水，但《禹贡》中经三危入于南海之黑水，则纯是虚无缥缈的出于

尚书校释译论

神话传说之水。第三条大河,《禹贡》不知河源,即从积石山开始,数千里及于龙门,然后东下大伾,北折,经邺东循今河北省西部北流,过大陆泽后,在今河北黑龙港地区分九条河道在天津南北入渤海,这是春秋之世改道以前的古大河。《禹贡》作者丝毫不知道春秋以后的大河。第四条漾水,原出于氐道(今甘肃清水县西南),东流至武都(今甘肃成县西)称汉水、沔水,再东至沮县(今陕西略阳东)称沮水(而《汉志》氐道并无嶓冢,惟陇西郡西县(今天水市西南)有嶓冢,则为西汉水所出,与漾水、汉水无关。其实西县嶓冢蜿蜒及于氐道,亦即氐道之嶓冢,《汉志》失载耳)。后氐道漾水绝流,遂以沮水为汉水之源,北魏以沮水南源所在地之山为嶓冢山,以符合《禹贡》文意,其地在今陕西宁强县境。汉水遂以宁强嶓冢为源,东流过今鄂北称沧浪之水,东南流至鄂东称夏水入江。本随江东流入海,《禹贡》误谓汉水自彭蠡泽东出为北江,为与长江平行入海的二水。这是《禹贡》中情况复杂而又失误最大的一条水。第五条江水,《禹贡》误以岷江为江水发源之水,致误言导江自岷山。下游则言"东迤北会于汇,东为中江入于海",与汉水"东为北江",引起《禹贡》学中纷扰最大的"三江说"。江水并引起错误的"九江说",这都是由于《禹贡》作者不太了解长江情况造成的。第六条沇水即济水。这又是古人误认河南岸荥泽之水为北岸济水伏流至南岸之水,遂承用济水之名,其叙济水下流无大误。只是在《禹贡》之后,济水河道数变,终于无济水了。第七条淮水,出桐柏山,东流经今皖、苏两省会同泗沂等水的入海,叙次基本明白,只是《禹贡》以后淮水的变迁就大了。第八条渭水、第九条洛水,叙次明白,连较小的支流漆、沮、涧、瀍等水都叙次清楚,这是《禹贡》作者对北方之水较熟悉的反映。这九条水的秩序,确如上文引崔述所阐述的那样排列的。按照古人所说,《禹贡》是禹治水成功的纪录。古代有洪水,禹的导水只是为了治洪水。弱水及所说的黑水与洪水关系不大,河、汉、江、济、淮、渭、洛七水古时皆源远流长,与人民生计有很大的关系,尤其是河水、汉水、江水中下游的问题多。所以记载较详,可见古人已具灌溉在农业上的重要作用所关涉于国计民生无比重大的观念了。今天虽然不能相信《禹贡》是大禹治水的真实纪录,至少可以看出《禹贡》写成时期统一的灌溉水利的要求已经存在,从而形成儒家的政治、经济的理想。

以上这一节,是"导水章"。首次综览华夏大地主要河流作了简明记载。西北起弱水,最南至长江,作为九条水系加以叙述。虽因对西北徼外少数民族地区不明而误记了一条神话中的黑水,并因对南方水系较隔膜而所记江汉之水有误外,其余全部所载是最征实的,对比于《山海经》的虚幻叙述,其科学性是很显然的。

九州攸同^①,四隩既宅^②,九山刊旅^③,九川涤源^④,九泽既陂^⑤,四海会同^⑥。六府孔修^⑦,庶土交征^⑧,厎慎财赋^⑨,咸则三壤^⑩,成赋中邦^⑪。锡土姓^⑫。祗台德先^⑬,不距朕行^⑭。

①九州攸同——《史记》作"于是九州攸同"。《汉志》作"九州逌同"。《正韵》:"逌,音由。"义同攸(《洪范》"彝伦攸叙",《汉书·五行志》作"彝伦逌叙")。"攸"在此为语词,修饰"同"字。"同",相同,同样。上文叙九州毕,这里总括一句说:九州都同样地

好了。

②四隩既宅——《史记》作"四奥既居",《汉志》作"四奥既宅"。《说文·土部》:"墺,四方土可居也。"徐锴《系传》引《尚书》曰"四墺既宅"。《玉篇》"墺"字引《夏书》亦曰"四墺既宅"。段氏《撰异》云:"此《古文尚书》作'墺'之证。"未被开宝改乱之《释文》亦作"墺",则知伪古文亦承用"墺",至卫包改为"隩",《唐石经》及各刊本承用"隩"字至今,《释文》亦于开宝时改为"隩"。惟《正义》所据本仍同《史记》《汉书》作"奥"。段氏以为当改回为"墺"。谓《史》《汉》据"《今文尚书》作'奥',与《古文尚书》作'墺'不同也"。

禹
贡

《撰异》又云:"《古文尚书》'宅'字,《今文尚书》多作'度'(详《尧典》宅字校释)。《夏本纪》曰'四奥既居',此必经文作'四奥既度'也(因《史记》于"度"字多作"居")。"

《尧典》"厥民隩",郑玄注:"奥,内也。"又《大传》"坛四奥",郑玄注亦云:"奥,内也,安也。四方之内人所安居也。"而伪孔释为"隩,室也"。段氏《撰异》以为《说文》之"四方土可居也",当依《西都赋》李善注所引《说文》作"四方之土可定居者也"。而伪孔依《说文》此语释此句为"四方之宅已可居"。"宅"字正"土"字之讹。因而谓《孔疏》曲为之说云:"室隩为隩,隩是内也。人之造宅为居,至其隩内,遂以隩表宅,故《传》以'隩'为'宅'。以宅内可居,言四方旧可居之处皆可居也。"以为系据《说文》及《尧典》伪孔注成此释。总之此处"隩"字当作"墺"。取义于"奥,内也"。"四隩"即指四方土地之内,与《东京赋》薛注所云"九隩谓九州之内"义同。是说四方地境之内已可居住。

③九山刊旅——《史记》《汉志》皆作"九山栞旅"。段氏《撰

异》谓《唐石经》以下承卫包妄改"栞"作"刊"。"九山"本泛指多数的山，王天与《纂传》引上官氏统计"九州之山见于《禹贡》者四十有五"。确亦不能粗举其中某九山。但上文"导山章"已将诸山归结为九大山系，则此九山亦可照应上文"导九山"之九山。"栞"，刊削树木以为表识。"旅"，道。此句系集上文"随山刊木"和"蔡蒙旅平"、"荆岐既旅"之义写成，是说九州诸山已经刊木表识，可以通道了。

④九川涤源——《史记·河渠书》《汉书·沟洫志》相同之句作"九川既疏"。"源"，《史记》《汉志》皆作"原"，然师古注仍释作"泉源"。按《说文·川部》："原，水泉本也。从泉出山下。"则"原"实为泉源之本字。

"九川"，和"九山"用法同。《纂传》引上官氏统计"九州之川见于《禹贡》者三十有六"。亦归之九大水系。"涤源"，传统解释如伪孔云："涤除泉源无壅塞。"其后治《禹贡》者多承用之。兹取孙星衍《注疏》之释云："'涤'，同'条'。《周礼》'条狼氏'注：'杜子春云：'条当为涤。'《汉书·集注》（按，《律历志》注）云：'条，达也。''涤源'者，谓疏达其水原也。"是说九州诸水已疏达其源流了，实本于《史记·河渠书》之意。

⑤九泽既陂——"九泽"，亦泛指多数湖泽。《纂传》引索至统计"九州之泽见于《禹贡》者十有二"。但其中误分荥、波为二，而二者实一荥波（荥播），故《禹贡》泽数实为十有一。自不宜强牵合为九个泽，只是泛指。"陂"，《释文》："彼宜反。"《说文·𨸏部》："陂，阪也。""阪，坡者曰阪。一曰泽障。"泽障即河泽的堤障。"陂"，亦习称"陂池"。《礼记·月令》："毋障陂池。"《史记·司马相如列

传》:"陂池貏豸。"皆陂池连言。段玉裁《说文注》陂字下云:"陂得
训池者,陂言其外之障,池言其中所蓄之水,故曰'叔度汪汪若千顷
陂',即谓千顷池也。"是"陂"即附指"池",与"猪"字义同。此处陂
作动词用,即筑陂使湖泽的水不流溢。此句是说九州所有的湖泽
都筑好堤障,水已停蓄成泽,不复为患了。

⑥四海会同——《禹贡》除误用《山海经》神话中黑水入于南海
一句外,全文各水直接间接均为东入于海。可知《禹贡》作者根据
中国的地理实际,只提东面有海,西面则就其所知只说流沙,而不
妄说西海,不像《山海经》之纷陈东、西、南、北四海。但此处出现了
一处"四海",与《禹贡》全文科学精神不一致。这是由于此段文字
是从《国语·周语下》叙禹治水功绩的一段话来的。《国语》所载,
全为春秋之世所传史料,其中有些史料其来久远,有些为当时所共
知者。《禹贡》或直录自《国语》,或与《国语》录自同源资料。《周
语下》该段文字说禹由四岳佐助治水之功,"封崇九山,决汩九川,
陂障九泽,丰殖九薮,汩越九原,宅居九隩,合通四海"。《禹贡》正
文在以九章叙了九州,又以两章叙了九山、九川之后,到末尾这几
句引录此段文字,照用了九泽、九原、九隩、四海等句,略加改易(九
原并合九山,九薮并合九泽,九隩改为四隩),故有此与《禹贡》内容
不一致的"四海",不足为异。"四海"是当时语言中习称的词汇,与
三江、五湖、九州等词汇同时流行,故《皋陶谟》中亦有"外薄四海"
之语。见得《尚书》已承受影响用此一流行词汇。而且"四海"也正
与说"四国"、"四隩"、"四目"、"四聪"一样,不需要实定其数为四
个海。《锥指》以为当时"四海"只是一种地理概念,并非实际按水
分为四海。其言云:"古书所称四海,皆以地言,不以水言,《尔雅》

四海系《释地》不系《释水》……刘向《说苑》云'八荒之内有四海，四海之内有九州'是也。自宋人拨弃古训，直以海为海水，故《蔡传》释'四海会同'云：'四海之水无不会同而各有所归。'……《禹贡》诸水皆入东海，唯黑水入南海，其归西海、北海者又何水耶？"表述了"四海"只是一种较空的地理概念，而不是具体的四个海。参看《皋陶谟》"外薄四海"校释。

"会同"，已见兖州章"灉沮会同"。此句即《周语下》"合通四海"之意。亦即天下大同之意。因古时"四海"对"冀州中土"而言（见《楚辞·云中君》《淮南子·览冥训》等），"四夷"常对"中国"而言（见《左传·僖公二十五年》《孟子·梁惠王上》《礼记·中庸》等），都是地理概念。"四海会同"就是普天下合通统一了（旧释据《周礼》"时见曰会，殷见曰同"释此为四海官民聚会京师。不确）。

自"九州攸同"至"四海会同"六句，是《禹贡》平治九州及导山、导水的总结。言洪水以后，九州山川经过治理，九州境内所有的山、川、泽、薮、原、隰，皆无壅塞溃决的情形，并且出现了天下大同的局面，连四方边远地方的居民也可以安定了。

⑦六府孔修——《史记》作"六府甚修"。"孔"、"甚"同义，已见荆州章"九江孔殷"校释。《礼记·曲礼》："天子之六府，曰司土、司木、司水、司韦、司器、司货，典司六职。"郑注："府主藏六物之税者。"大抵礼书所记多据古代事实，此处所记虽非直接沿自《曲礼》，要之古代甚重府库收藏。故六府就是掌管贡赋税收的六个府库（伪孔及其他治经者大都以《左传·文公七年》"水火金木土谷谓之六府"为释，蹈空而不切实，不适于此处）。《禹贡》全文主要标的在贡赋，此句是说把贡赋税收之职办好（《汉书·地理志》校引陈奂

据《玉篇·彡部》修字引《书》曰"六府三事孔修",以为有"三事"二字。误。因系伪《大禹谟》而非《禹贡》之文)。

⑧庶土交征——《史记》作"众土交正",《汉志》作"庶土交正"。"庶"、"众"同义。"交",伪孔云:"俱也。""正",同征(甲骨文中即以"正"作"征"),征收。《孟子·梁惠王》言"上下交征利"的"交征"同此意。而郑玄仍用正字本义。《史记集解》引郑注云:"众土美恶及高下得正矣。"盖以九州的土壤都有一定,如冀州土白壤,兖州土黑坟,青州土白坟及广斥,徐州土赤埴坟,扬州、荆州土涂泥,豫州土惟壤及坟垆,梁州土青黎,雍州土黄壤,视土壤田地之美恶各得其正有之等第,郑注下文言"奉其财物之税",则正其土之美恶仍归于征赋税。

⑨厎慎财赋——《史记》"厎"作"致",系译用其训诂义。《史记集解》引郑注"高下得其正矣"后继云:"亦致其贡篚,慎奉其财物之税,皆法定制而入之也。"以"致"与"慎"分列并用。意谓各州之民致纳贡赋,慎奉财物。其实"致"用以修饰"慎"。此句是说征收财赋要加慎。

⑩咸则三壤——伪孔释云:"皆法壤田上中下,大较三品。"是释"咸"为皆,都。释"则"为取法,亦即准则,依以为准。"三壤",土壤肥瘠分上中下三品。要依土壤肥瘠为准则来定赋税。与《国语·齐语》的"相地而衰征"(韦注:"视土地之美恶及所生出以差征赋之轻重")及《管子·乘马数》的"相壤定籍"意义一样。

⑪成赋中邦——《史记》以"成赋"连上文为"咸则三壤成赋"句;又以"中邦"作"中国",连下文为"中国赐土姓"句。郑玄承《史记》句读以读《禹贡》此文,释其上句云:"三壤,上中各三等也。"盖

承前句所注"众土美恶及高下得其正……财物之税皆法定制而入之"之释以为释。又释其下句云:"中,即九州也。天子建其国诸侯,祚之土,赐之姓,命之氏其敬悦天子之德"(皆见《史记集解》)。今点校本《史记》用原《史记》句读,实不确。《汉志》作"成赋中国",甚是。故伪孔本承用之。按,上句已云"厎慎财赋",此句不当以"成赋"重复之。伪孔释云:"皆法壤田上下大较三品,成九州之赋。"依违郑注。颜师古注《汉志》云:"言皆随其土地自上中下三品而成其赋于中国也。中国,京师也。"皮氏《考证》:"案师古注与郑注不同,疑亦袭用汉人旧说。"苏轼《书传》云:"九州各则壤之高下,以制国用,为赋入之多少。中邦,诸夏也。贡篚有及于四夷者,而赋止于诸夏也。"按先秦文献所说"中国"(中邦)是对"四夷"而言(见上"四海会同"校释),故可指诸夏。在《禹贡》亦即指九州。四夷可献贡篚外,赋税则限在九州中征取,所以说"成赋中邦(中国)"。

自"六府孔修"至"成赋中邦"五句,纯就九州田赋言,谓九州水土既平之后,水害既除,水利已兴,农田生产恢复,经济日就兴旺,就须征收赋税。故设立六府之藏,以接收各州按土壤的高下美恶所征收的赋税。

⑫锡土姓——"锡",《史记》作"赐",义同。《国语·周语》叙述禹功绩,在"封崇九山……合同四海"之后接着说:"故天无伏阴,地无散阳,水无沉气,火无灾燀,神无间行,民无淫心,时无逆数,物害无生,帅象禹之功,度之于轨仪,莫非嘉绩,克厌帝心(韦注:"帝,天也")。皇天嘉之,祚以天下,赐姓曰姒,氏曰有夏。"即《左传·隐公八年》所说:"天子建德,因生以赐姓,祚之土而命之氏。"《禹贡》在抄录了"封崇九山"至"合同四海"那段材料之后,略去"故天无

伏阴"至"克厌帝心"一段，然后将"皇天嘉之，胙土赐姓"四句神话改为史事，并简化为"锡土姓"三字（也有可能文字残佚、存此三字），就使人看不清楚。这原是说上帝赏赐给禹以土和姓氏，无意中保存了一句神话原文（只是语句有省变）。旧释多违原义，以为禹赐臣下以土、姓，实误。

⑬祗台德先——"祗"，《尔雅·释诂》："敬也。""台"，伪孔云："我也。"《释文》："台，音怡。"一般皆释此句为以敬我的德业为先。于省吾氏《新证》云："郑康成训'祗台'为'敬悦'，王先谦引《说文》'台'训悦为证。伪传训'台'为我，并非。按《诗》'亦祗以异'传：'祗，适也。'《左·僖十三年传》'祗以成恶'，《周语》'而祗以觌武'。《晋语》'祗以解志'。是'祗以'为周人语例。'台'即以。晚周'以'每作 𠂤，《王孙钟》'用享台孝'，'用䣄台喜'。《陈侯因𪨊敦》'台登台尝'，《楚王镩鼎》'台共䣩棠'。此例金文习见。'祗台德先'者，适以德化为先也。下言'不距朕行'，语义正相衔接。"释"台"为"以"为创见，然此处祗字如释敬，仍通。

⑭不距朕行——"朕"，我。古时任何人皆可自称朕，至秦始皇时始规定天子自称的专用词。此句是说不违背我的行事。

"祗台德先，不距朕行"两句，不知《禹贡》作者录自何项资料，致在此与上下文联系很勉强。可以说不怎么相融。上文说，"成赋中邦"，"锡土姓"。已不相连属，加上此两句更不相属。《史记集解》引郑玄注云："诸侯……其敬悦天子之德既先；又不距违我天子政教所行。"伪孔则稍易其意，为王者自语，从而勉强释此两句云："王者常自以敬我德为先，则天下无距违我行者。"苏氏《书传》亦云："我以德先之，则民敬而不违矣。"《蔡传》意亦同。都以民不违王之行为解。其实古代胙土赐姓,要讲一篇诫勉性的诰辞。在诰辞中要讲几句诫敕的话。这或者是原诰诫誓词中的两句,被《禹贡》作者遇到,就收入了篇中。则当为上告诫下之语,用旧释能将意义说通。

以上这一节,是《禹贡》叙完九州地理及全境的山脉、河流之后,所作的收束语。是摭拾不同材料写成,因而成为互不关涉的四个小段。第一段"九州攸同"至"四海会同"六句,是平治九州及导山导水的总结。第二段"六府孔修"至"成赋中邦"五句,是《禹贡》以"贡"名篇所展现的全篇命意所在,各州水土平治之后的贡赋,就成为全篇的重点。第三段"锡土姓"一句,是说大禹受上帝命治理洪水成功之后,上帝嘉奖他,授土赐姓的神话活动中残存的一句。第四段"祗台德先,不距朕行"两句,则是胙土赐姓典礼中诫敕的诰辞中残存的两句。这也看出《禹贡》作者搜集到有关资料,不论怎么残缺,或彼此不相连贯,他也珍惜地不加删削改易,忠实地录列入篇中。

又由此看到《禹贡》已写出收束语了,全文已完足了,顶多加上最末"东渐于海"至"告厥成功"数句结语,此外就不需要再有任何赘疣了。

860 　　五百里甸服①:百里赋纳总②,二百里纳铚③,三百里纳秸服④,四百里粟,五百里米⑤。五百里侯服⑥:百里采,二百里男邦,三百里诸侯。五百里绥服⑦:三百里揆文教,二百里奋武卫。五百里要服⑧:三百里夷,二百里蔡。五百里荒服⑨:三百里蛮,二百里流。

①五百里甸服——《史记》作"令天子之国以外五百里甸服"。史公以甸服在天子之国都以外,故加此七字以明之。"甸服",《禹贡》"五服"的第一服。这句是说国都中心以外五百里之内的地方都称为甸服。这样,东五百里,西五百里,所以《国语·周语中》周襄王对晋文公说:"规方千里以为甸服。"伪孔遂以此为注。"服"的原义是为天子服务中有关的服事、职务、官位之类。《酒诰》篇说殷商分为内外二服,邦内官吏为内服,从王朝百僚到基层里君都是;四方诸侯为外服,有侯、甸、男三种。由于诸侯拥有土地,所以侯、甸、男等服逐渐引申发展成为指各服的地域。侯服、甸服、男服就成为不同地域划分的名称,不再只是指这三个官位了。这些都是在历史上存在过的。其后逐渐离开实际,衍成纸上文章。东周时的《周语上》云:"先王之制,邦内甸服,邦外侯服,侯卫宾服,蛮夷要服,戎翟荒服。《荀子·正论》亦有此五句,惟"邦内"、"邦外"作"封内"、"封外"。甸、侯、宾、要、荒五服名称及顺序基本与《禹贡》同。惟"宾服"《禹贡》改为"绥服"。在《周语》中尚未规定其地域大小,疆界里数。到写进《禹贡》中,便机械地规定了各方各五百里为一服,依次为各五百里的甸、侯、绥、要、荒五服,成为完全不顾地理实际的空想的非科学的东西,以此来对全天下作出飞鸟距离式的地域区划。

后来发展到《周礼·夏官·职方氏》的"九服"有云:"乃辨九服之邦国,方千里曰王畿,其外方五百里曰侯服,又其外方五百里曰甸服,又其外方五百里曰男服,又其外方五百里曰采服,又其外方五百里曰卫服,又其外方五百里曰蛮服,又其外方五百里曰夷服，又其外方五百里曰镇服，又其外方五百里曰藩服。"至《夏官·大司马》又改称"九畿"云："乃以九畿之籍，施邦国之政职。方千里曰国畿，其外方五百里曰侯畿，又其外方五百里曰甸畿，又其外方五百里曰男畿，又其外方五百里曰采畿，又其外方五百里曰卫畿，又其外方五百里曰蛮畿，又其外方五百里曰夷畿，又其外方五百里曰镇畿，又其外方五百里曰蕃畿。"而《秋官·大行人》则又改为"六服"云："邦畿方千里。其外方五里谓之侯服，岁壹见，其贡祀物。又其外方五百里谓之甸服，二岁壹见，其贡嫔物。又其外方五百里谓之男服，三岁壹见，其贡器物。又其外方五百里谓之采服，四岁壹见，其贡服物。又其外方五百里谓之卫服，五岁壹见，其贡材物。又其外方五百里谓之要服，六岁壹见，其贡货物。外州之外谓之蕃国，世壹见，各以其所宝贵为挚。"这些儒生们的纸上文章，越来越荒谬无稽且彼此抵牾了（详见顾颉刚师《史林杂识·畿服》）。

②百里赋纳总（緫）——《史记》"緫"作"總"。《汉志》"纳緫"作"内總"。"緫"、"總"字同，"纳"、"内"字同。

"百里"，伪孔云："甸服内之百里近王城者。"颜师古云："自此以下说甸服之内，以差言之也。""緫"，《说文·糸部》："緫，聚束也。"《史记·索隐》："《说文》云：总，聚束草也。"是《说文》别本有"草"字。伪孔释此云："禾稿曰总。"是禾稿成束叫总。即将稻麦从根拔起，连带谷穗和禾茎成捆向官府缴纳。《诗·生民》疏引郑玄注云："入刈禾也。"这是由于对五服所定赋税按地域远近来分轻重，一百里内最近，所以整捆地连穗连稽都交纳。《左传·昭公十二年》子产说："卑而贡重者，甸服也。"是指甸服交纳更多的贡赋而言。

③铚——《释文》:"铚,珍栗反。"《说文·金部》:"铚,获禾短镰也。"即割禾短镰,故即以为禾穗的代称。《诗·生民》疏引郑玄注云:"铚,断去稿也。"因以铚刈禾穗,就只取禾穗,因而去其稿。

④秸服——《汉志》作"戛服"。师古注:"戛,稿也。言服者,盖有役则服之耳。戛音工黠反。"《释文》:"秸,本或作稭。"《说文·禾部》:"稭,禾稿去其皮。"《释文》引马融注云:"秸,去其颖。"《诗·生民》疏引郑玄注云:"秸,又去颖也。"颖是禾穗尖端芒毛,去颖,就是把穗的颖去掉,即收拾了稭芒的穗。段氏《撰异》云:"去穗之颖而入谷实也。""服",指服事,伪孔释为"稿役"。然"秸服"终费解。陈奂《诗毛氏传疏》以"稃""服"二者相通假。其《生民》传疏云:"稃服二字连文得义,断去其稿,又去其颖,谓之秸。带稃言,谓之秸服。秸者,实也。秸服者,粟之皮也。服与稃声相近。自伪孔传误秸为稿,而颜又误解服字耳。"(按颜师古《汉书》注云:"言服者,谓之役则服之耳。"实牵强。)杨氏《核诂》引陈奂说后云:"按《吕刑》'五辞简孚',下又云'五刑不简,五罚不服'。'简服'即'简孚',正承上文而言。古'服'、'伏'通,《文选》陆士衡诗'谁谓伏事浅'李注:'服与伏同,古字通。古'孚'、'包'亦通。《说文》罟或从孚,作罦;而伏羲一作包羲。故'服'亦可作'孚'也。"以证"服"可通"稃",支持陈说。其实"服"疑为衍文,承上服字而误。秸实与总、铚、粟、米并列,其下应无服字。注疏家对此处"服"字所妄寻的辞释,皆不确。

⑤四百里粟五百里米——段氏《撰异》云:"《诗·齐谱·正义》引《禹贡》'粟'、'米'上皆有'纳'字,顺上文增之耳。"意谓虽《齐谱》疏引作"四百里纳粟,五百里纳米",纳字顺上文所增,而

《禹贡》原文无此二"纳"字。《撰异》又云："去糠者为米,未去者为粟。"又举另一说云："对精米言之,则精米为米,粝米为粟。"(此意本胡渭)粝米,就是粗糙的米。段意主后说。但古时注重"国有九年之蓄"。西汉盛时"太仓之粟陈陈相因"。惟粟宜于藏,而米不可久,则粟仍以未去糠壳者为是。

⑥五百里侯服——《史记》作"甸服外五百里侯服"。以侯服在甸服外,故加此说明之。亦以与其余诸"几百里"相区别。"侯服"是《禹贡》五服的第二服。在本服内按远近规定了三个地域:(一)采,在百里内。历史上有过采邑,文献中早者见于《康诰》,金文中亦有之。(二)男邦(《史记》作"任国",《汉志》作"男国"),在二百里内。"男"见于西周文献及金文,甲骨文中固作"任",知《史记》有据。王筠《禹贡正字》云:"《大戴礼·本命篇》云:'男者,任也。'《白虎通》引《书》云:'侯甸任卫作国伯。'今《酒诰》'侯甸男卫作邦国'。"但历史上男服原与侯、甸二服并列(见《康诰》《酒诰》《召诰》《顾命》等),此则降隶于侯服。(三)诸侯,在其余三百里内。对他们的赋税如何定,没有说。苏轼《书传》云:"此五百里始有诸侯,故曰侯服。"其实周代虢、毕、祭、郑、晋等诸侯皆在甸服,此说显有不合。总之这是违失原历史实际的侯服。

⑦五百里绥服——《史记》作"侯服外五百里绥服"。亦加字说明之。"绥服"是为《禹贡》五服的第三服。在《周语》中此为"宾服"。宾服原指对前代王族的封地。此则成为与之毫不相干的"三百里揆文教(揆,度也),二百里奋武卫"。可能以文教招徕四夷,以武卫抵御四夷,因此叫"绥"。伪孔云:"绥,安也。"《广雅·释言》:"绥,抚也。"但分别占三百里、二百里,实属硬凑。

⑧五百里要服——《史记》作"绥服外五百里要服"。是为《禹贡》五服的第四服。"要"读平声,如《释文》所音"一遥反",按今读同腰。旧释为约束之意,如伪孔云:"要束以文教。"《孔疏》:"要者约束之义。"马其昶《尚书谊诂》云:"要、徼通用,边塞曰徼,要服即边服。"其说可通。在本服内按远近分两个区域:前三百里内居住夷人,后二百里内安置判处"蔡"(一作杀)刑的人。《左传·定公四年》"蔡蔡叔"。杜注:"蔡,放也。"《释文》引《说文》作"杀"。《锥指》:"《说文》本作'杀',篆字与'蔡'相近,遂讹为蔡。"

⑨五百里荒服——《史记》作"要服外五百里荒服"。这是《禹贡》五服的第五服。"荒",荒远之意。其所分两区域,前三百里内居住蛮族,后二百里内安置判处流放刑的人。

按《禹贡》文意,要服离王都一千五百里外至二千里之地,荒服离王都二千里外至二千五百里之地,要服住夷族,荒服住蛮族,这又是硬派。《周语》里安排的夷蛮都属要服,原与此异。又要服安置判处"蔡"刑的罪犯,荒服安置判处"流"刑的罪犯。但蔡是仅次于死刑的最重刑,反比流放刑处理轻,亦不合理。〔郑玄释杀(蔡)为减杀赋税,流为夷狄流移或贡或不贡,以之合于《禹贡》贡赋之文。然揆文教奋武卫即非贡赋,不必牵合为释。〕于氏《新证》云:"马融云:'夷,易也。蔡,法也。蛮,慢也。流,无城郭常居。'郑康成云:'蔡之言杀。减杀其赋。蛮者听从其俗、羁縻其人耳。故云蛮。蛮之言缗也。'伪传训'夷'为平常,'蔡'为法,'蛮'为蛮来,'流'为流移。按马训夷为易,是也。《左·昭元年》杜注:'蔡,放也。'《正义》引《说文》:'杀,散之也。'按,'蔡',杀之借字。'散'、'放'同义。'蛮(蠻)'与'变(變)'本皆作'𢒉'。《诗·抑》'用戾蛮方'，《虢季盘》'用政蛮方'……《无逸》'乃变乱先王之正刑'，变字《魏石经》隶书作蛮……然则'夷'与'蛮'为对文。夷，易也。蛮，变也。二义相仿。'蔡'与'流'为对文。蔡、流，皆放也。"这是不以夷蛮为少数民族名以另寻其释义，意在使文能说通耳。

由每服五百里，一方五服合为二千五百里，与另一方合计则为五千里。故《皋陶谟》云："弼成五服，至于五千里。"

顾刚师《史林杂识·畿服》云："《史记·秦始皇本纪》记诸臣议帝号之辞曰：'昔者五帝地方千里，其外侯服、夷服，诸侯或朝或否，天子不能制。'地方千里者，甸服也；其外有侯服，又其外有夷服。所云夷服，即要服也。实三服制而非五服制。与《兮甲盘》诸铭同。《礼记·王制》："千里之内曰甸，千里之外曰采、曰流。'采者，封君食采之地，即侯服；流者，流放罪人之地，即夷服；亦为三服制而非五服制。（按，《康诰》《召诰》等亦皆言侯、甸、男三者，《酒诰》明其为外服。）……《王制》作于汉文帝时，盖此义历秦、汉而犹未改。然而不期《国语》之纸上文章得《禹贡》作者之有力鼓吹而古史观念竟为之一变。"又云："《禹贡》于九州制之后又列五服制。其文……粗视之似与《周语》无殊。细按之实大相径庭。盖《周语》但列五服之名而已，地不必齐，域不必方，大有赢缩之可能；此则确定其界画为每服五百里，五服为二千五百里，两面数之则方五千里，各服之中又都按里数以定职事，秩序至为严峻。试问人世间真能有此呆板之界画否耶？……王朝卿大夫之采地本在甸服之中，今乃列之侯服而云'百里采'，亦前之所未闻也。……《周语》曰：'夷蛮要服，戎狄荒服。'明夷与蛮居一服也，此乃析而二之。……戎与狄则无闻，其故何也？《周语》又曰：'著在刑辟，流在裔土，于是乎有蛮夷之国。'此以'蔡'列要服,'流'列荒服,未知此二名又将作何等区别?若云以远近分……蔡为流刑中之至重者,何以此又轻于流?凡此种种,足证《周语》尚近事实,而《禹贡》多出想象,非事实所许可矣。"

以上这一节,是"五服章"。是与《禹贡》全篇科学地叙述自然地理情况根本不相容的,出于空想的机械地按飞鸟距离五百里划分天下地域的一个虚构的纸面规划。显然在完整的《禹贡》篇写成后,大概当春秋之世流传着一种基于原来的"三服制"史影发展而成的五服制构想的资料,被好事者抄附入《禹贡》篇末,就成了全篇的一个赘疣。

东渐于海①,西被于流沙②,朔南暨③,声教讫于四海④。禹锡玄圭⑤,告厥成功⑥。

①东渐于海——"渐",伪孔云:"入也。"《经说考》引或说,实为杨倞《荀子》之《修身》《大略》诸篇注云:"浸也。"又注《议兵》篇云:"浸渍也。"《汉书》之《诸侯王表》《郊祀志》等集注亦云:"渐,浸也。"义皆相近,是说九州东边入于海,或渐于海。都是说浸入于海中了。

②西被于流沙——"被",《释文》:"皮寄反。"音同披。《楚辞·招魂》注:"被,覆也。"《汉书·礼乐志》集注亦同。流沙,古人心目中西边最荒远之地。伪孔释"被"为"及",颜师古释"被"为"加",义亦近。指九州之西领域覆盖及于流沙荒远之地。

③朔南暨——伪孔本连下二字作"朔南暨声教"为句。皮氏《考证》云:"荀悦《汉纪》引作'北尽朔裔,南暨声教'……《后汉·

杜笃传·论都赋》曰:'朔南及声,诸夏是和。'是两汉人皆以'朔南暨声教'为句。"然汉人此类排偶俪句往往错读旧文以牵合成句,不足据。《史记》以"朔南暨"为句,"声教"连下文。甚是。"暨",清人所见《汉志》本皆作"臮",然今所见通行崇文书局本《汉志》作"洎"。"臮",古文暨,臮稍变。"洎",异文。义皆同"及"。详徐州章"玭珠暨鱼"之"暨"校释。

"朔",《史记集解》引郑玄注:"北方也。"《孔疏》引郑玄注:"南北不言所至,容逾之。""暨"之为及,于此为到达之义。这句是说北方和南方以能到达之境为境。由于北方和南方还有广袤的土地尚为少数民族所居,无法说得明确,故笼统言之。

④声教讫于四海——《汉书》之《艺文志》《贾捐之传》引此句"讫"作"迄"。《释文》:"讫,斤密反。"《汉志》集注:"讫,尽也。"《贾捐之传》集注:"迄,至也。"《说文·辵部》新附"迄"字亦云:"至也。"是说声华文教广泛传布到了普天之下了。

这里四句,总起来谈了四境所至。表述了《禹贡》作者较踏实的对神州大陆四至的认识,只有东边是海,西边则是流沙,南北两地笼统地指出其边境辽远未定,都不说有海。在最后句末用了当时流行的一个词汇"四海",但实际是"天下"的同义词。汉代的《尔雅·释地》释先秦此词的意义,也只说"九夷、八狄、七戎、六蛮,谓之四海"。以为"四海"是东西南北各种少数民族居住的地域,也不叫为是海。《汇疏》引李贽云:"《禹贡》言'声教讫于四海'者,亦只是据见在经历统理之地而纪其四至耳,所云'四海',即四方也。"由这些对《禹贡》四海一词的理解,就可知《禹贡》作者并没有认为九州的四面是海。

⑤禹锡玄圭——《史记》作"于是帝锡禹玄圭"。古者动词往往主动被动不分，此处"禹锡玄圭"即禹被锡玄圭，亦即锡禹玄圭。《史记》据资料记明是上帝所赐，故完足其意为"于是帝锡禹玄圭"。甚确。于氏《新证》引金文《卿鼎》"臣卿锡金"，以为"谓锡臣卿以金，皆倒文也"，以证《史记》之确。而这是根据神话传说来的。前引《国语·周语下》资料，载明禹受上帝命，由四岳协助治水成功后，"皇天嘉之，胙以天下，赐姓曰姒，氏曰有夏"（四岳亦同时受到胙以国土、赐姓姜氏曰有吕）。神话传说中还有锡以玄圭之事，《周语》没有记载，却记在其他文献中，《禹贡》作者遇到此一资料，即采用入篇，其他文献之记载保留下来者则见于《史记·秦本纪》中云："大费与禹平水土已成，帝锡玄圭。禹受曰：'非予能成，亦大费为辅。'"又汉代纬书已多承此种资料。如《尚书璇机钤》云："禹开龙门，导积石，出玄珪，刻曰：'延喜玉受德，天锡佩。'"双行注："禹功既成，天出玄珪以锡之。古者以德佩，禹有治水功，故天佩以玄玉。"《礼纬稽命征》云："天命以黑，故夏有玄圭。"《春秋纬感精符》云："夏锡玄圭，故尚黑。"其他如《循甲开山图》及《论衡》亦皆记禹与玄圭事而稍变易。故禹治水成功上帝赐以玄圭的神话故事是颇盛行的。这一故事传说有先史时代以来进入历史时期以后先民重视圭璧的礼俗为其背景。台湾古玉专家邓淑蘋《古玉的认识和赏析》文中指出："新石器时代晚期时，圆璧与方琮或已组配为成套的礼器，配合使用。""这种礼器习俗，在史前的中国，分布颇广。""璧琮的组配礼俗，在稍晚时已蜕变成璧圭的组配。……由《尚书·金縢》篇中，描述周公'植璧秉圭'向祖先祈祷的场面可知，在西周初年，最重要的礼器为璧与圭两种。璧是最重要的祭器，竖立（植）于

坛上，用以依附自天而降的祖灵；圭是最重的瑞器，主祭者执于手中，以表彰自己的身份。"可知圭是古代贵族表示身份的瑞器，《说文》说是上圆下方的瑞玉。《尧典》中载有"五瑞"、"班瑞"即指此。《尚书大传》《白虎通·瑞贽》皆记载诸侯执以贽见天子及天子以瑁验证这些原颁给诸侯的瑞器。《周礼·典瑞》及《说文》皆载五等诸侯分别执桓圭、信圭、躬圭、穀璧、蒲璧，实即圭与璧二种（另《周礼·玉人》《白虎通·瑞贽》说是圭、璧、琮、璜、璋，是就古瑞玉发展出的异说）。基本合于新石器时代以来迄于周代所重视的礼器。要由天子颁给，折射入神话传说中，就由上帝赐给治水成功的禹了。

《史记》释为"于是帝锡禹玄圭"，其帝为上帝，由上引汉代流传的纬书资料，证明是确切无疑的。而纬书为汉代今文家之学，故陈乔枞《经说考》谓汉代"今文三家师说，或以玄圭为天赐，或以玄圭为帝赐"。而郑玄笺注《诗·玄鸟》："古帝，天也。"与《山海经》中之帝皆指上帝相合。清代学者亦多有识此义者，如江声《音疏》引江藩云："汉武梁祠堂石刻画像《祚瑞图》云：'玄圭，水泉疏通四海会同则至。'则玄圭乃治水成功之瑞应，天所以宠锡禹者。"又引《尚书璇机钤》文，而后《音疏》云："据此二文，则《史记》言'帝锡禹玄圭'，亦谓天帝。"因而《音疏》之"集注"文径云："于是上帝锡禹玄圭。"可是《史记》后注疏家所释多误。如伪孔释为"尧赐玄圭以彰显之"。孙星衍《注疏》谓"史公以为舜赐"。林之奇《全解》引伪孔说后，又引王安石云："禹锡玄圭于尧以告成功。"然后说："此两说皆未敢以为然。……此是禹以玄圭告成功于天耳。……古者交于神明，必用圭璧。"其谓古以圭璧交神明是正确的，至谓禹以玄圭告天则无据。承其说而改告天为告尧舜者,陈经《详解》谓禹"赞圭见尧以告成事"。吕祖谦《书说》云:"禹……以玄圭赞见于舜以告功之成。"这些都是随自己的理解的无根据之说。至于对"玄"字亦各有所释。伪孔云:"玄,天色。"故林之奇《全解》谓告成功于天,"必用玄圭者,盖天色玄"。苏轼《书传》则云:"玄圭为水德之瑞,是夏尚黑也。"《锥指》反对此二说云:"玉色玄,斯谓之玄圭。天功、水德,禹未尝致意于其间也。"《锥指》之说是。

⑥告厥成功——《史记》作"以告成功于天下"。"厥",其。此句实为"以告其成功于天下"。《史记·夏本纪》录《禹贡》全文,至此句而全文完毕。但紧接着再加一句赞扬成功的话云:"天下于是大平治。"是司马迁为完足语意所加。又此句注疏家或以为告成功于尧,或以为告成功于舜,或以为告成功于天,史公独以为告成功于天下,意为上帝锡禹玄圭,以嘉其功,向天下宣示禹治水成功了,自合《禹贡》本句原意,也合于来自神话的原意。

以上这一节,旧释大都以为是记禹之成功。实即用最末一句"告厥成功"之义。然此实亦不相干的两组文字。"东渐于海"四句,综述《禹贡》地理之四至,似为《禹贡》全文最后之综括语。"禹锡玄圭"两句,则为神话中残存的两句,被录存于篇末。傅寅《说断》引张氏(可能张九成)以为首三句末二句"为史官所加之辞",故《锥指》承之云:"此二句乃史辞。"亦因发觉它与《禹贡》全文但记地理情况者不同,故以为非《禹贡》作者所撰原文,而是史臣组编此篇禹治水纪录之文后所加称誉禹成功之文,而不知它是零散的神话之残句录存于此者。也可能"禹锡玄圭"是神话中残句,史官为足文意加告成功之句。

今 译

　　禹（在茫茫洪水中）敷布土地，随着山势斩木通道，确定各州高的山脉和大的河流。

　　冀州。已治理了壶口，接着治理梁山和岐山。已修整了太原，接着修整到岳阳地区。覃怀地区也完工了，就到了衡漳水一带。恒水卫水也都随河道流畅了，大陆泽周围土地都可耕作了（按这两句原错简在"田赋"下，今译文移正）。这一州的土壤是白壤，田地列在第五等（按此句原错简在"赋"下，今译文移正）。赋税第一等，不过随年的丰歉杂出第二等。东北的鸟夷族贡纳珍奇的异兽皮毛，他们遵海道入贡，在沿海岸（辽东湾西岸）向南航行的航道上，看到了右拐角处的碣石，便据以转而向西航驶，直驶入大河航道。

　　济水和大河之间是兖州。大河下游的九条河道已畅通了，雷夏洼地已汇集成湖泽了，灉水、沮水也都会同流到了雷夏泽中，能种桑的土地已经在养蚕，于是人民得以从躲避洪水迁居所筑垌堆高丘上，下到平地居住了。这一州的土壤是黑坟土，它上面披盖着茂盛的长林丰草。田地列在第六等，赋税则为第九等。这一州经过十三年的农作耕耘，才赶上其他各州。这一州的贡物是漆和丝，还有装在筐子里进贡的文彩美丽的丝织品。它的进贡道路是由船运经济水、漯水，直达大河。

　　地跨东边的海，直到西边的泰山，这一地域是青州。已经给居住在东北的嵎夷族划定疆界，使获安居。又疏通潍水、淄水，使这一地区也获得治理。这一州的土壤是白坟土,海滨则是咸卤盐场。田地列在第三等,赋税则为第四等。这一州的贡物是盐、精细的葛布、海产品以及磨玉的砺石,并有泰山山谷里出的丝、麻、铅、松、似玉之石和莱夷族所献的畜产,还有装在筐子里进贡的山桑蚕丝。它的进贡道路是由汶水船运直达济水(再由济入河)。

东边沿海,北边至泰山,南边至淮水之间的地域是徐州。淮水和沂水都已治理,蒙山、羽山地方也都可耕种。大野泽也已汇积成湖,东原地区的水潦已去,地已平复。这一州的土壤是赤埴坟土,它上面的草木繁茂丛生。田地列在第二等,赋税则为第五等。这一州的贡物是五色土,羽山谷中所出的五色雉羽,峄山之阳特产的制琴良材名桐,泗水滨的浮磬石,和淮夷族所献的珍珠贝及鱼产,还有装在筐子里进贡的赤黑色细缯和白色绸帛。它的进贡道路是由淮水船运入泗水,可通于菏水(再由菏入济以通河)。

北起淮河,东南到海之地是扬州。彭蠡之域已汇集众水成湖,作为每年随阳的雁阵南飞息冬之地。彭蠡以东诸江之水已入于海,太湖水域也就安定了。于是遍地长满丛生的竹林,到处尽见美盛的芳草,葱翠的乔木。这一州的土壤是涂泥土,田地列在第九等,赋税则为第七等,有时杂出为第六等。这一州的贡物是三种成色的铜,以及瑶琨美玉、竹材、象牙、异兽之革、珍禽之羽、旄牛之尾,楩梓豫章等珍木,和岛夷族所献的一种称为"卉服"的细葛布,还有装在筐子里进贡的绚丽的贝锦,和妥加包装进贡的橘子、柚子。它的进贡道路是沿着江路入海,再沿海通于淮水和泗水（然后再沿徐州贡道入于河）。

由荆山一线直到衡山以南的广阔地域是荆州。江水、汉水至此齐流奔腾入海，至九江地区流势甚盛。两水的支津沱、潜诸水都已疏浚通畅，云梦泽水域也已获得治理。这一州的土壤也是涂泥土，田地列在第八等，赋税则为第三等。这一州的贡物是珍禽之羽、旄牛之尾、象牙、异兽皮革、三种成色的铜、杶木、干（柘）木、栝（桧）木、柏木、精粗两种磨刀石、砮镞石、朱砂，和云梦泽边三国所献的制箭良材箘竹、簵竹、楛木，以及有名的捆扎起来专供宗庙祭祀缩酒之用的菁茅。还有装在筐子里进贡的赤黑色与黄赤色的丝织物和用以佩玉的饰有玑珠称为"玑组"的绶带，更有九江贡纳的大龟。它的进贡道路是用船运经由江水及各支津沱水、潜水等通于汉水，然后经过陆路运至洛水，再进入南河（冀州以南的大河）。

荆山和大河之间是豫州。伊水、洛水、瀍水、涧水都已疏浚入于大河。荥波（播）地域横溢之水也已汇积成湖，当水盛时，疏导菏泽之水向南泄入孟猪泽。这一州的土壤是无块柔土，低下之处是坟垆土。田地列在第四等，赋税则杂用第二等，有时可上下浮动。这一州的贡物是漆、丝、精细葛布、纻麻，还有装在筐子里进贡的细丝绵，并进贡磨磬的砥石。它的进贡道路是由洛水船运至大河。

华山之南和黑水之间是梁州。岷山和嶓冢山已可种植了，江汉两水的支津沱水、潜水等都已疏浚了，蔡山和蒙山的山道也都已平治了，沱水以南的和夷族等西南夷民的安定也已获得成功了。西倾山一带的西北羌民也沿着桓水来相交往了（此句原错简在"贡物"下，今译文移正）。这一州的土壤是青黎土，田地列在第七等,赋税则为第八等,还可作上下三种浮动。这一州的贡物是黄金、铁、银、镂钢、砮镞石、磬石,和熊、罴、狐、狸,以及诸兽之毛织的毳布和用以制裘的兽皮。它的进贡道路是先用船运经由支津潜水入于沔水,再起岸由陆路运至渭水,再经渭水横渡大河送达冀州。

黑水和西河之间是雍州。弱水已经西流了,泾水也流入渭水隈湾里,漆水和沮水合为漆沮水也相从入于渭水,沣水同样地入了渭水。渭水之北,东起荆山西迄岐山的迤逦山道已经平治;渭水之南,东自终南山,西越惇物山,更西北直抵渭源鸟鼠同穴山,这美丽的千里沃野,不论膴膴平原,还是浅浅湿地,都已平治竣功,直达猪野泽这一肥沃的湖沼地区。三危山已成人民安居乐业之所,被逐迁移至此的三苗族人民生活也大为安定了。西边的崑崙、析支、渠搜三个西戎族的人民也归于和顺了(此句原错简在本州之末,今译文移正)。这一州的土壤是黄壤,田地列在第一等,赋税则为第六等。这一州的贡物是称为球的美玉、带青碧色的琳玉,和称为琅玕的玉质美石,以及兽毛织成的毳布和用来制裘的兽皮("织皮"二字原错简在本州之末"崑崙"二字上,今移正于贡物之末)。它的进贡道路是,从积石山下的大河水上,航行千里,直达龙门山下的西河(冀州西之河),南与渭水航道会于渭水入河处。

〔循行九州各山(依《史记》增此句)〕:首沿渭水北岸,从汧山、岐山,直至大河西岸的北条荆山;越过大河,从壶口山,经雷首山,直至太岳山;南循厎(砥)柱山,东过析城山,直至王屋山;东北自太行山、恒山,直至碣石山,山势入于海中。

其次,自河、湟沿渭水南岸,从西倾山,经朱圉山、鸟鼠山,直至太华山;接着沿大河之南,循熊耳山、外方山、桐柏山,直至陪尾山。

再次沿汉水，从嶓冢山，直到南条荆山；接着从内方山，直至大别山。

又再次沿江水，从岷山之南蜿蜒以达衡山；接着再过九江，直至敷浅原。

〔循行九州各水〕：弱水，西流到合黎山下，它的下游折而北流，没入沙漠中。

黑水，通流至于三危山下，最后长流入于南海。

河水，通流至于积石山下，再千里直至龙门，更南至华山之北，东过厎柱，又东至于孟津，东过洛水入河处，再前流就到了大伾山，然后折而北流，经过降水入河处，再前流注入于大陆泽，又自泽的东北流出，分布为九条河道，各河道下游入海口河段都受海水倒灌成为逆河，最后都入于海中。

漾水，导源自嶓冢山，东流后称为汉水。又向东流称为沧浪之水，再向前南流经三澨，接着流入大别山区，再南就流入了长江，又东流汇积为彭蠡泽，自泽再东出称为北江，最后流入海中。

江水，导源自岷山，在流程中从它的东边分出支津为沱水，江水的主河道径自折而东流，直至醴水地带，然后流过九江，到达东陵；再自东陵东去，逶迤北流，会于彭蠡泽，然后自泽中再东出称为中江，最后入于海。

沇水，通流向东，称为济水，注入大河。接着越过黄河向南溢出为荥泽，再自荥泽东出到陶丘北，再东流至与菏水相会处，又向东北流，与来注的汶水相合，然后向东北长流入海。

淮水，导源自桐柏山西之胎簪山，自桐柏通流，再东流会合泗水和沂水，向东流入海中。

渭水,导源自鸟鼠同穴山,长驱向东流,与沣水相会合后,再东北流至泾水入渭处,又东流经漆沮水入渭处,然后东注于大河。

洛水,导源自熊耳获舆山,向东北流,与涧水、瀍水会合后,又向东流会合伊水,再东北流入大河。

到这时九州都已同样美好,四方境内都可安居了。九州的山大都斩木通道了,九州的水大都已疏通其源流了,九州低洼沼泽之地大都已修筑堤防潴成湖泊了,四海之内会同一致了,掌收贡赋的官府可以很好地修守其职责了,普天之下的土地都可征收赋税了,但必须谨慎有节地征取税收,都要依上中下三种土地肥瘠为准则来定税额,就在中国九州之内完成征收赋税的任务。

上帝赏赐了禹以天下的土地,并赐给了他的姓氏。

"把敬修我的德业放在最先,不要违背我的一贯行为原则。"

规定在天子国都以外五百里的地域称为甸服。其中离国都一百里内的要缴纳连着稭穗的整捆的禾,二百里内的要缴纳禾穗,三百里内的要缴纳去掉了稭芒的穗,四百里内的要缴纳谷粒,五百里内的要缴纳米粒。甸服以外五百里内的地域称为侯服。其中近百里以内为采地,二百里以内为男爵地,其余三百里地封诸侯。侯服以外五百里内的地域称为绥服。其中内三百里地区度势发扬文教,外二百里地区奋力兴办国防。绥服以外五百里地域称为要服。其中内三百里地区住夷族,外二百里地区则安置判处蔡刑的罪犯。要服以外五百里地域称荒服,其中内三百里地区住蛮族,外二百里地区则安置判处流放刑的罪犯。

877

我们的大地东边浸在大海中,西边覆盖在辽远的沙漠下,北方和南方以能到达的地境为地境,华夏的声威教化达到四海的尽头。

于是上帝赏赐给禹一个玄圭,用以向普天之下宣布他的大功告成。

讨 论

《禹贡》内容问题多,有关《禹贡》作为历史文献本身问题也多。《四库总目》于《日讲书经解义》下云:"《尚书》一经,汉以来所聚讼者,莫过《洪范》之五行;宋以来所聚讼者,莫过《禹贡》之山川;明以来所聚讼者,莫过今文、古文之真伪。"今文、古文真伪之争,亦启自宋儒;汉儒关于《洪范》之争,至宋儒有与之针锋相对的辨析;惟《禹贡》山川的争执,则确开展于宋儒。这些在起钎撰《尚书学史》中都有较详晰的叙述。这些宋儒所讨论的问题,及继宋以后迄清代现代学者进一步深入的讨论研究,大都已反映于上面"校释"中,这里要讨论的,是有关《禹贡》这篇重要历史文献本身的问题。择要谈下列三个问题。

(一)《禹贡》写成时代及作者问题

汉代出现的《书序》说:"禹别九州,随山浚川,任土作贡。"没有明确说《禹贡》这篇文字是禹作的,但《禹贡》所载别九州、治山川、依土定贡赋诸事则是禹作的。汉末郑玄注云:"禹知所当治水,又知用徒之数,则书于策以告帝。"("冀州既载"句下《孔疏》引)意谓九州之文为禹书以告帝者。然伪孔但云:"此尧时事,而在《夏书》之首,禹之王以是功。"只说《禹贡》所载为禹之功,故为《夏书》。因是《孔疏》云:"禹分别九州之界,随其所至之山刊除其木,深大其川使得注海,水害既除,地复本性,任其土地所有定其贡赋之差,史录其事以为《禹贡》之篇。"是说禹分别九州,治理水害之后,制定贡赋,由史官加以纪录而成《禹贡》篇,这遂成为注疏家相承下来的定论。

宋儒提出异说。傅寅《说断》引张氏(可能张九成)之说,以为只有首尾数句(指"禹敷土,随山刊木,奠高山大川"及"禹锡玄圭,告厥成功"数句)是史官所加之辞,其原有全文为史官所不能知而由禹自己具述治水本末上奏于帝舜之文。那就是《禹贡》全文由大禹原作于虞时,夏史加头尾编定于夏代。此即《禹贡》的作者和写成年代。

到现代,经过学者研究,大都知道《禹贡》不是虞代或夏代的作品,更非大禹所作。学者们递经研究探索,主要提出了下列几种不同意见:

1.成于西周时期说。王国维《古史新证》中提出运用纸上材料与地下新材料之二重证据法时,简明谈到纸上之史料《尚书》云:"《虞夏书》中如《尧典》《皋陶谟》《禹贡》《甘誓》,《商书》中如《汤誓》,文字稍平易简洁,或系后世重编,然至少亦必为周初人所作(下文接着谈《商书》中之《盘庚》等四篇;《周书》中之《牧誓》至《秦誓》二十篇,其中分出《康王之诰》故为二十,如并入《顾命》则为《周书》十九篇,以为"皆当时所作也")。"是王氏明确以《禹贡》必为西周初年所作。至辛树帜先生《禹贡新解》反复周详论证:"《禹贡》成书时代,应在西周文、武、周公、成、康全盛时代,下至穆王为止。它是当时太史所录。"该书分三编。第一编:"《禹贡》制作时代的推测"。分十七小节,要义在从疆域和周初分封历史、从政治与九州的关系、从导九山九水、从五服、四至、从任土作贡、从贡道、从治水、从九州得名、从九等定田定赋、从土壤分类、从文字结

879

构、从大一统思想的发生时代等等进行分析，以为皆合于西周情况；并以篇名冠以"禹"的原故是由于周初周人宗禹。第二编："《禹贡》制作时代的讨论"。录存与当代名学者十七人来往讨论《禹贡》时代的函件，反复阐明自己所持《禹贡》成于西周的观点。第三编："禹贡新解"。对九州土壤与田赋、兖徐扬三州草木与土壤、漆沮、雍沮、沱潜诸水、用字涵义、平治水土、导九山、黑水弱水与四至、九江三江九河、渭汭洛汭、锡土姓三句、五服等等，都作出新解，以为皆西周事物。另有徐旭生《读山海经札记》则云："《禹贡》之为书，除梁州贡铁稍露破绽外，如依其文字推测，则不惟春秋可有此作品，即在西周亦无不可能处。"是徐氏以为《禹贡》有可能是西周作品。上面惟王、辛二先生之论为西周说的两家力作。

2. 成于春秋时期说。康有为《孔子改制考》中的《六经皆孔子改制所作考》，以为《尚书》的《尧典》《禹贡》与《易》的《象传》《文言传》诸篇文字，"皆整丽谐雅"，"皆纯乎孔子之文"。是明以《禹贡》为春秋后期孔子所作。辛先生《新解》引西北大学教授王成祖从地理学角度研究，撰《从比较研究重新估定禹贡形成时代》，亦以为《禹贡》是春秋时代产品，且是周游列国博学多才的孔子所作。《新解》以为日本学者研究《山海经》后提出的《禹贡》成于春秋时的看法，与此说是一致的。即上引徐旭生《读山海经札记》语，亦以为《禹贡》有可能是春秋时作品。

3. 成于战国时期说。江侠庵《先秦经籍考》译载日本学者内藤虎次郎《禹贡制作时代考》一文，就九州、四至、山脉、水脉、贡赋等等进行研究，其结论是："故在大体上，是从战国至汉初关于地理学一种产物之传说，渐次发展，乃有此种之记事甚明。"然《新解》在阐明《禹贡》是西周全盛时代之作并说"它是当时太史所录"后，即云："决不是周游列国足迹'不到秦'的孔子，也不是战国时'百家争鸣'的学者们所著。"而坚持主张作于战国时最有力者为顾颉刚师，但未说明作者是何人。其说始见于他的《论今文尚书制作时代书》，中间屡见于其著作和讲义中，最后写定于《中国古代地理名著选读·禹贡（全文注释）》中。首先论述《禹贡》成于战国时代的理由是，春秋以前对于禹的神话只有治水而无分州，至战国之世七国扩展疆域，于是把这疆域看做天下，《孟子·梁惠王上》说："海内之地，方千里者九。"而后九州说出现。进而论证："五服制是在西周时代实行过的，到战国而消亡；九州制是由战国的开始酝酿的，到汉末而实现（汉武始合《禹贡》和《职方》之说结合当时实际定为十三州，曹操执政才依《禹贡》实定为九州）。……《禹贡》篇里把落后的制度和先进的理想一齐记下……在这里自己说明了著作时代。"接着提出了成于战国的五个具体证据：(1) 导山章里有内方、外方。是由于楚国都于郢（今江陵县北），把今河南叶县的方城山作为屏蔽，其北的嵩山便称为外方山，今湖北钟祥县的章山便称为内方山。西周时楚在河南西南的丹、浙二水间，不可能有内方、外方山名。(2) 吴王夫差北上争霸，在宋鲁间开一条运河沟通泗水和济水，因经过菏泽而称菏水。徐州贡道是"浮于淮泗达于菏"，可知《禹贡》的著作后于夫差开运河时代。(3) 扬、越双声，义亦同。扬州即越地。然公元前 512 年吴灭徐才使国境达到淮，前 473 年越灭吴，越境才达到淮。《禹贡》说"淮海惟扬州"。不知前 5 世纪初期以前越离淮还很远。(4) 至春秋时蜀尚和中原隔绝，直到战国时秦于前 316 年灭蜀，而后《禹贡》才得以蜀境为梁州。(5) 中国之由铜器时代进于铁器时代,始于春秋而盛于战国,而梁州贡物有铁和镂(即钢)。其结论说:"可知《禹贡》既不是虞夏时书,也不是公元前4世纪后期秦灭蜀以前的书。"而后学术界同意此说者不少,如史念海《河山集二集·论禹贡的著作年代》即持此说,陈梦家《尚书通论》亦言《禹贡》"是战国时代的著作"。即日本内藤虎次郎之说在当时学术空气下显然多少受此说影响。

4.成于秦统一后之说。见顾师《禹贡(全文注释)》简单引述云:"有人说《禹贡》中大一统的思想这般浓重,该是秦始皇统一后的作品,伏生为秦博士所以就传了下来。"而未提明"有人说"是何人所说。然上引内藤虎次郎所谓战国至汉初关于地理学的产物之说,则已指及秦统一之后了。顾师在文中即举秦统一后在东南设立闽中郡,在南方设立南海、桂林、象三郡,在北方设立九原郡,这些新辟疆土《禹贡》中全未说及,因而否定了此说。

5.其蓝本出于公元前1000年(当商代武丁时期)以前,其后迭经加工修订而成今本说。此为现代考古学者邵望平氏之说,见《九州学刊》总五期(1987年9月)邵氏《禹贡九州的考古学研究》一文,以为"九州既不是古代的行政区划,也不是战国时的托古假设,而是公元前2000年前后黄河长江流域实际存在的、源远流长、自然形成的人文地理区系"。在其另一《禹贡九州风土考古学丛考》文中(载《九州学刊》二卷二期,1988年)提出同样的认识:"九州实为黄河长江流域公元前第三千年间龙山时期即已形成,后历三代变迁仍继续存在的一种人文地理区系。"这一论断的获得,其前一文指出是根据"迄今所发现的中华史前遗址已七千多处,确立了近三十个考古学文化,以碳14断代法测出了数百个史前年代数据,由此大体上建立起中国、主要是黄河长江流域史前文化发展的时、空框架"。因而认为"龙山期是中国古代文明的奠基期,龙山文化圈是中国古代文明的基地。而这一基地与《禹贡》九州的范围虽不是完全吻合却大体相当"。接着历举《禹贡》九州相当于这种人文地理区系的某一龙山文化圈:冀州相当于陶寺类型的龙山文化即以华山为代表的中原文化与以燕山为代表的北方文化会合点形成的高度发达的龙山期文化区(亦即华山与燕山之间的中介地带)。兖州相当于河北省南部山东省西部龙山文化圈(有人提出河北龙山文化命名,尚未定论)。青州、徐州相当于泰山周围、北东至海、南达淮河及皖北一隅、西及鲁西平原东缘的山东龙山文化圈,扬州相当于龙山期文化之一的良渚文化(曾被称为浙江龙山文化),大体上和后来的吴文化东部地区一致。荆州相当于湖北、湖南及江西西部的长江中游龙山文化分布区。豫州相当于河南龙山文化分布区。梁州相当于与中原龙山文化的一些地方类型、二里头文化等有不少类似之处的早期巴蜀文化区。雍州相当于陕西龙山——齐家文化分布区。因而其结论是:"公元前 2000 年前后黄河长江流域古代文化区系的划分与《禹贡》九州的划分基本相符。……《禹贡》成书至少有两个条件,一是文字的出现,一是王权的存在。《禹贡》只可能是三代时期的作品。"并以为"《禹贡》作者的地理知识仅限于公元前 1000 年前的'中国',而不是顾颉刚先生所说的公元前 280 年的七国疆域。最后论定:不管《禹贡》最终成书于哪朝哪代,'九州'部分是有三代史实为依据的。此外,《禹贡》所载九州贡品,如扬州的瑶、琨,淮夷的玭珠及鱼,荆州的大龟之类以及诸如兖州之降丘宅土、扬州的岛夷织贝等风土人情亦可从考

禹

贡

883

古学、民族学上得到印证,证明其可能为三代的记录"(这些内容详邵氏《禹贡九州风土考古学丛考》文中,上面"校释"大都作了引录)。"最后,要提及《禹贡》成书的年代问题。《禹贡》作者以冀州为九州之首,条条贡道通冀州,冀州无贡品,其土壤列为第五等而赋为头二等。这些内容使人不能断然否定九州概念源自夏代的可能。但考古学尚完全不能证其为夏书。商王朝势力所及已达于《禹贡》所述之九州,而九州分野又大体与黄河长江流域由来已久的人文地理区系相合,故不排除《禹贡》九州蓝本出自商朝史官之手或是商朝史官对夏史口碑追记的可能;另一可能则是周初史官对夏、商史迹的追记。再从九州所记的自然条件及物产属于一个较今日温暖的气候期来看,笔者认为《禹贡》中之九州部分的蓝本当出于公元前 1000 年以前。其后必经多次加工、修订才成现今所读到的这个样子。《禹贡》中的'九州'与'五服'这两部分内容不相呼应,且大相径庭,倒像是春秋时代被补缀、拼凑而成的。但九州内容之古老、真实,却绝不是后人单凭想象可以杜撰出来的。结合考古发现重新研究九州及其贡品,可能为中国古代文明的多重性找到古籍上的证据。"这是从文献以外,就考古学成就所提出的最可珍视的意见。

以上诸说,其专从文献中探索者,以辛树帜先生的西周说和顾颉刚先生的战国说考辨周详,论证绵密,因而在学术上发生了影响。特别是顾先生之说以其学术声望及所举战国诸证中有数证具说服力,因而信从者多,遂成为晚近学术界中有力的一说。其实辛先生之说不可忽视,而顾先生之说其 3、4、5 三证是显然有力的,但其 1、2 两证尚可商榷。其 1 证以内方外方二山至战国始有,然春秋前期的僖公四年《左传》已载楚国方城、汉水之固，则方城、内方、外方在春秋前期早已有之，不待至战国。其2证以吴王夫差开凿菏水；因而《禹贡》必在其后始能载菏水。然《水经·泗水注》载郦道元亲目验证，知夫差只是把菏水"浚广"了，而非新凿。再核以事实，夫差赶到黄池来与会的军事倥偬中，短短不到半年的时间，又在古代的技术条件下，是根本不可能开凿这样长的一条不小的运河的。再从记载此菏水的古代诸文献包括《禹贡》在内，都把菏和淮、泗、济、汶等水一样作为自然河道叙述，故程大昌《禹贡论》考定菏为原有之水，出陶丘菏山，济水过此会菏，正和在其北会汶一样。因此很难说吴王夫差开凿了此河，因而也就不能说《禹贡》写成会在夫差之后。

顾师所举的3、4、5三证确为战国地理资料写入了《禹贡》中，这只好理解为古代文籍总不是成于一时一人之手，而往往经过一个较长的流传过程，由前后不同的人递增而成；有的则是主稿成于前代，在流传中于某小节目中增入了后代一些有关资料。《禹贡》即是如此。而在一个关键性问题上，知《禹贡》必早已存在于春秋周定王以前。即《禹贡》中的大河，自大伾山北折，经大陆泽，再北至今天津北入海，自南向北直贯今河北省境。据《周谱》说周定王五年河徙，始离大陆泽之南向东行，而后形成后代河道。虽焦循《禹贡郑注释》说定王五年无河徙事，杨守敬《禹贡本义》全驳了焦循之说。近人史念海推崇焦循说，谭其骧略同于杨守敬之信其有，进而以为约在公元前4世纪40年代齐、赵、魏等各在河两侧筑堤，而后大河走《汉书·地理志》河道。今观《禹贡》所记河道是在此以前的自大伾北折的古大河，根本不知有河徙之事。这是《禹贡》不晚于春秋的铁证，是无法动摇的关于《禹贡》地理的最根本的关键性记载。又一不晚于春秋之事，即《左传·哀公九年》载吴王夫差"城邗，沟通江淮"。《孟子·滕文公上》说禹"排淮泗而注之江"。这是就当时淮泗已通江的事实说的，误把夫差的功劳记在禹身上了。可知这是战国时人所共知的事实，可是《禹贡》写成时还完全不知道此事。扬州章说"沿于江海，达于淮泗"。传文释为："沿江入海，自海入淮，自淮入泗。"即当时南方要运货到北方，只能沿江入海，再循海道入淮以通北方。可知《禹贡》中的江、淮不通，是早在春秋后期夫差开邗沟以前的事实。再如"冀州"一词，在春秋资料如《左传》等书中，皆指今山西省境，北及内蒙古南部。到战国资料如《山海经》《逸周书·尝麦》《晏子春秋》《楚辞·云中君》等文献中，皆扩展冀州的含义为中土、中国、天下。而《禹贡》所用冀州一名，仍只是其朔义，其州境即春秋时所指的晋境，显然在战国用以指中土、中国、天下以前。这也是不晚于春秋之一要证。还有必早于战国的史实两则：一为《禹贡》各州之土壤，其颜色未按五色分配，于徐州却又独贡五色土，此皆在战国五行说盛行以前。又一为《战国策·魏策一》载苏秦说魏王曰："大王之地，南有鸿沟。"而《禹贡》于其地只称荥而不称鸿沟，亦知此在战国以前。由这些即可知《禹贡》本文所反映的至迟为春秋之世所已有的地理情况，流传至战国之世，确增加了一些战国的地理情况。它的全文在流传中确有些增益补充的过程，像最前三句和最后两句，如宋儒所说，是最后才加上去的。也如邵望平氏从考古角度论断，其蓝本出现在前，其后经过加工才成现在所见的样子。

　　以上就文献探索所得，《禹贡》写成情况大致如上所述。既早已存在于春秋之世，它必非凭空产生的，那么就应考虑，王国维、辛树帜先生的成于西周之说有其合理性了。

现在益以考古学者的意见，就使我们视野扩大，知道古代九州的划分，是一种客观存在，有着源远流长的自龙山文化时期已自然形成后历三代继续存在的一种人文地理区系。即是说，公元前2000年（约当夏初）前后黄河长江流域古代文化区系的划分，与《禹贡》九州的划分，基本相符。这就使人们体会到，这种文化区系，是九州划分的自然依据。不过如邵氏文中所说的，《禹贡》的成书要有文字的出现和王权的存在两条件。三代是中国古代确立了王权的时期，至于文字，则殷虚卜辞已是成熟了的文字。在其前必经过漫长的岁月缓慢逐步的演进，才能臻于成熟，则夏代之必有原始文字当无可疑，但显然很难写出《禹贡》这样的"雄篇大作"（内藤虎次郎语）。但商代已确能写出长篇文章，《商书》五篇即其遗迹，像《盘庚》共达一千二百八十三字，比《禹贡》一千一百九十四字多。不能因殷虚文体的简朴，怀疑商代是否能有长篇之作，正如不能因周原甲骨之简朴，怀疑周初是否能有长篇一样，周原甲骨自周原甲骨，而有名的周初八诰固自为长篇杰构。因各自的作用不同，卜辞只需要简短，文诰则自需长篇大作。邵氏提出审慎意见，对于夏代，只是说"不能断然否定九州概念源于夏代的可能，但考古学尚完全不能证其为夏书"。这样说非常严谨。而其所提出的两个可能却具有现实性。即："不排除《禹贡》九州蓝本出于商朝史官之手，或是商朝史对夏史口碑追记的可能；另一可能则是周初史官对夏商史迹的追记。"这是非常审慎而又中肯的卓见。其后一可能完全就是辛树帜先生从文献中多年探索所得的看法，其前一可能则比辛先生看法更提前一个朝代。这就能使探析《禹贡》时代只把眼光拘墟于后代的在文献中兜圈子的研究者猛然惊觉，要有胆量把眼光探向前代了。也更使我们对这位经过深入研究然后提出卓见的考古女学者不能不由衷的敬佩了。我们今天可以赞同其前一可能《禹贡》蓝本出于商朝史官之手，则《禹贡》定本就是后一可能，是由周初史官所追记的了。这就同于王国维、辛树帜二先生之说了。其微异者，辛先生谓由周太史据西周现实所记，邵氏谓系周史追记夏商所继续的自龙山时期以来的人文地理区系。不过周史据西周现实所记却是符合这一人文地理区系的。因此辛先生之说仍是可取的。

这种人文地理区系不管三代的政治区划如何变迁，其人文地理区系大的框架，始终保持不变，因而能源远流长地传下。《禹贡》既避开各时代的政治地理区划而寻求客观的自然地理以划分九州，而实际上已存在这一源远流长的人文地理区系，那当然就会客观地反映这一区系而写成《禹贡》了。只是这写成时代经过学者们辛勤的探索，至目前为止，才得到上述的大略认识。

但我们不要忘记顾先生提出的一些战国证据仍是可信的。则西周史官所完成的《禹贡》定本流传至战国增加了些战国史实，这又是无可否认的事。那么如宋儒所说的《禹贡》递有增益，则其最后增益亦即使《禹贡》最后定型如今所见之本时间在战国，这样说又是合于事实的。

《禹贡》既不成于一时一手，自然无法寻其作者为何人。把作者最早说成是夏史官或夏禹，当然是妄说。说为孔子所作作品亦是一种推想。但《书》与《诗》作为孔子传授门徒的课堂上的两本课本，其必经过孔子之手有所加工厘正编定，也是应当有的事。因此也不能说《禹贡》与孔子毫无关系。现在可知唯一比较接近真实的,则是辛树帜先生和邵望平氏所说的西周史官。这又可与顾先生所持"《禹贡》的作者是西北人"之说相印证。顾师《禹贡(全文注释)》中说:"《禹贡》作者的籍贯同《山经》作者一样,可能是秦国人。因为他对于陕西、甘肃、四川间地理最明白,其次是山西、河北、河南。因此,陕西的雍水、河南的洞水瀍水虽都是三四等的河流,他都记得清楚;到了东边,他就迷糊了。最显著的错误,是长江的下游。他在导水章里讲,汉水自入长江以后,又从彭蠡(今鄱阳湖)出来,'东为北江,入于海'。而长江呢,和汉水一起流到彭蠡之后,又同汉水分家,'东为中江,入于海'。汉与江平行入海,这真是一个千古奇闻!而且汉为北江,江为中江,那必然还有一条南江。这南江是现在的什么水道呢?从前学者以为经书作于'圣人',认为绝对地正确,所以想尽方法作解释,而没有一个说法站得住,就因为它脱离了实际的缘故。现在知道,《禹贡》的作者是西北人,他的地理知识自有其局限性,他那时决不可能对东南地理弄清楚,以致出了这般的岔子。其他地方,像导山章,在今河南的桐柏山和湖北的大别山本相连贯,他却分置在两列;四川的岷山和湖南的衡山毫不相干,他却合在一条线上。这也是他不明白东南地理的一个证据。"顾先生因认定《禹贡》成于战国时代,所以把这熟悉陕甘川地理的撰著《禹贡》的西北人推定"可能是秦国人"。但只说是"可能",没有论定,他全称肯定的是文中所说"《禹贡》的作者是西北人"。现在既然知道《禹贡》定稿于西周史官之手,西周的地域正是后来秦国的地域,正是中国的西北,那么西周史官正是顾先生所说的"西北人"了,他推想的"可能是秦国人"这个可能就不存在了。

（后来史念海氏《论禹贡的著作年代》据《禹贡》中有"南河""西河"之称，以为是站在魏国立场说的，因而论定《禹贡》作者是魏人。其实《禹贡》标榜为大禹治水分州制贡之作，天下贡赋都送到"帝都"所在的冀州来。其言南河西河是就禹都所在的冀州立论，而非就魏国来说。因而魏人说不确。而且随着《禹贡》成于西周说之基本成立，魏人说同秦人说一样都无法存在。）因而可以说，《禹贡》定稿的作者是更多熟悉中国西北地理的西周王朝史官。

（二）《禹贡》的价值及其在中国历史地理学中的地位

颉刚师的《禹贡（全文注释）》的绪言里对《禹贡》全文作了总的评价，这里即转录其中关于评价《禹贡》的各段如下：

《禹贡》是中国古代最富于科学性的地理记载，它是以征实为目的而用了分区的方法来说明各区的地理情况的。它的分区的标准，是因于名山大川的自然界划。这似乎和《山经》有些相像，因为它俩都是打破了原有大邦小邦的疆界而用统一的眼光把当时可以走到的地方作成一个总的分划的。只是《山经》用的是"五方"（南、西、北、东、中），《禹贡》用的是"九州"，有些不同而已。

在《禹贡》里，每州只举两三个名山大川作为分界点，不像后世地方志的列出"四至、八到"，所以不容易画出精密的地图，确定九州的疆界。……在这九州的区域中，作者记述了那里山川的治理经过，以及土壤如何，草木如何，矿产如何，中央政府所规定的田亩和赋税的等级如何，有哪些特产和手工业品，有哪些少数民族的特产，运输这些农产物、特产和手工业品进贡到中央的路线如何，都用了简洁明确的文字写出来，说是禹在平治水土后所作。《尚书》已是圣人（孔子）编定的书，《禹贡》又是圣人（禹）作的，因此历代的读者就把它奉为绝对尊严的。

禹的治水，本是古代一个极盛行的传说。在这个传说里，极富于神话的成分，例如说上帝怎样发怒降下洪水，禹怎样在茫茫的洪水之中铺起土地，禹怎样变成动物来治水，禹和各处水神如何斗争获得胜利，等等。这些传说杂见于《诗经》《山海经》《楚辞》《淮南子》等书。但《禹贡》作者则删去其神话性的成分，专就人类所可能做到的平治水土方面来讲。这位作者暗示着洪水的来源是由于山洪暴发和河道不修，平治水土应该从山和川两方面下手。因此，他在叙述九州之后便说到"导山"和"导水"，指出了把主要的山岳和主要的河流修好是治水的最重大的任务。

反过来看，九州制固然是根据地形而分划的，每州的土壤、物产等也都是科学性的记载，决不出于幻想(《山海经》的物产全出幻想)，可是古代并不曾真有这个制度。

如果还问，《禹贡》作者既是西北人，他对于西北地形就完全清楚了吗？对这问题，我们也不能无条件地肯定下来。《禹贡》的著作时代，正是《山海经》风行的时代，《禹贡》作者敢于突破了《山海经》的神秘观念，一切从现实出发，这当然是他科学精神的表现。但西北地方处处是高山峻岭，交通十分不便，少数民族又习于自给自足，其统治者不和诸夏的统治者相往来，甚至相互视为仇敌，就是有志探险的人也进不去，因此《禹贡》作者仍不免从《山海经》中取材。《山海经》的作者(这书是经过多少年的集体创作，不能看做某一个人所著)设想：西方有一座最高大的山名曰昆仑，那里是许多大川的发源地，大川的名字是河水、赤水、洋水(汉水的上游)、黑水、弱水、青水、白水。这些水除了河水之外都从北往南，流入南海。《禹贡》作者不信真是这样,然而他又不能到那里去实地视察,所以他在导水章里说"导河积石",又说"嶓冢导漾(即洋水)",不说这些大川都发源于昆仑;赤水、青水、白水更一字不提,似乎他已不信有这些水。独独对于弱水和黑水是承认了的。但他说弱水"余波入于流沙",就不见了,和《淮南子·地形篇》所说的"绝流沙南至南海"不同(《地形篇》完全承袭《山海经》,所以我们可以说它保存了《山海经》的佚文)。至于黑水,不知为了什么原因,他竟完全接受了《山海经》的说法。……试问从西北到西南,有祁连、西倾、积石、巴颜喀喇诸大山崒嵂,重重叠叠地挡着,有哪一条水可以由北向南流者,但我们只须把《山海经》来比较,就解决了这问题。《海内西经》说:"黑水(昆仑)西北隅以东,东行。又东北,南入海,羽民南。"《海内经》说:"南海之南,黑水青水之间……著水出焉。"这是《禹贡》作者的根据。这位作者虽是西北人,可是那时河西走廊和新疆、青海一带都是氐、羌、月氏诸族所居地,他走不到,所以虽有澄清神话的志愿,终究弄错了。

到了今天,经书的权威已经打破,我们才可以指出《禹贡》篇的缺点。然而它的优点,我们必当承认。在两千多年以前,交通不发达,巫风盛行,《禹贡》作者能在这样一个环境里,用征实的态度联系实际,作出全面性的地理记述,虽是假借了禹事作起迄,其实与禹无关,这是作者的科学精神的强烈表现,此其一。河出昆仑在那时已成定论,而他叙导河不说到积石以上;昆仑是世界上最高大的山,也取得那时人的公认,而他在导山章里不说到西倾以上,雍州章里虽说到昆仑,只是和析支、渠搜并列的一个西方国家……这都是他老实承认不知道,不肯轻信传说的阙疑态度,此其二。他对山、川、土壤都有系统的叙述,使读者们对于域内地理有一个整体的看法,和概括明了的印象,此其三。扫除原有的国界痕迹,用自然界的山川作分州的界线,作大一统的前驱;又规划了全国的交通网,希望加强统一的力量;又对全国的田赋和贡物作出比较合理的规定,此其四。因为有这些优点,所以这篇文字,无论从政治上看还是从学术上看,都有它的一定的地位。

我们古代的地理学书——《山海经》开了幻想的一派,后来衍化为《穆天子传》《淮南子·地形训》《神异经》《十洲记》《博物志》等书,而极于《西游记》《三宝太监下西洋》《镜花缘》等演义;因为人们的实际知识继长增高,所以这些东西只供闲暇谈笑的资料。《禹贡》篇开了征实的一派,后来班固作《汉书·地理志》、郦道元作《水经注》以及唐宋以下的许多地理专著,没有不把《禹贡》作为主要的引申和发展的对象,人们都用了严肃和尊敬的态度对待它,因此《禹贡》的地位越高,《山海经》的地位就越低落。

以上是颉刚师文中先后一些有关评价《禹贡》的段落,这里把它集中引录在一起,作为本节的正文。从中可以看到对《禹贡》科学价值的推崇,和见出《禹贡》在中国历史地理学中起开山作用的崇高的地位。

但文中主要把《禹贡》和《山海经》作比较,而且以为《禹贡》承用了《山海经》中一些资料,这就牵涉到一个问题。即《山海经》的成书时代较晚,学术界一般认为成于战国时代巫术家之手(一般谓《山经》成于战国前期、《海经》最后定稿应及秦时或秦汉之际)。那么《禹贡》之成书被推到《山海经》之后,诚如顾先生所说的战国之世了。其实《山海经》尽可成书较晚,但书中神话内容是传自远古。徐旭生先生《读山海经札记》云："《山海经》中之《山经》为我国最古地理书之一……其《海内》《海外》《大荒》各经,亦保存古代传说甚多。"吕振羽先生《史前期中国社会研究》第四章"神话传说所暗示之野蛮时代的中国社会形态"的第 B 节里说:"《山海经》……是关于中国民族的古代即原始时代的传说。""《山海经》所说明的大部分是野蛮时代的社会。"那么原始时代野蛮时代的古代传说,传至西周时代已经是很古老的,当时除有口耳相传,也可能有文字记载,《禹贡》作者自可采用它,而后《山海经》作为神话传说的专书,自然又更详备的记载了它,《禹贡》偶然采用了与《山海经》的同源资料,亦不足为异的。《禹贡》从繁多神话中尽量摆脱神话影响,而《山海经》则热衷于神话记载,《禹贡》显然是优于《山海经》的。

（三）历代不同传本的纷歧文字与不同解说
  对研究《禹贡》的影响

《禹贡》这篇文献,因《史记·夏本纪》与《汉书·地理志》都录载了它的全文,使我们得以窥见西汉中期和东汉初期之两个《禹贡》传抄本,比《尚书》中其他各篇资以比较的材料要多,有利于对《禹贡》的攻治研究,实是幸事。但《史记》所引录之本,常以训诂代本文,又常有增益之语。以训诂代本文之例,如"厎绩"作"致功","篠簜"作"竹箭","孔殷"作"甚中"等是。增益其语以通文意之例,如"岍及岐至于荆山"前增"道九山","弱水至于合黎"前增"道九川","甸服"前增"令天子之国以外","侯服"前增"甸服外","禹锡玄圭"增益为"于是帝锡禹玄圭"等是。《汉书》则既不以训诂代,亦无所增益,其态度比《史记》要谨严些。但常删削助词以求简,故于"厥贡"常去"厥"字,扬州之"厥草惟夭,厥木惟乔",竟省作"屮夭木乔",匆遽间有点不易理解了。

此两本又同样不幸曾经后人据魏晋以来之《尚书》传本窜改其文,而往往又不一致。如梁州"岷嶓既艺",《汉书》"岷"本作"崏",后人改之为"岷",但"导山"之"崏山之阳"与"导水"之"崏山导江"又忽而未改。"洛"与"雒"本为两条水,《禹贡》本有"雒"无"洛"。徒以魏文帝黄初元年一诏以五行说改雒为洛,伪孔本从之。而后《禹贡》乃作"洛"。读《汉书》者据以改之,然《汉志》之豫州仍作"伊雒瀍涧"、弘农郡上雒县下仍作"《禹贡》雒水",皆漏未改。这种或改或漏而未改之情况,造成混乱。

颉刚师在《校点尚书禹贡篇》(《说文月刊》第四卷合订本)中就《史》《汉》二本情况提了下列几点:

1.《史记》异文中,以用同声假借字者为多,如"敷"作"傅","猪"作"都","潜"作"涔","菏"作"荷","孟"作"盟","岷"作"汶","黎"作"骊","惇"作"敦","陪"作"负","伾"作"邳","溢"作"泆","沧浪"作"苍浪"等都是。可见古人用字并不严格,音同而义异,作为假借用之而无所怙(实际如后人之写错别字),《禹贡》原本中亦会有此种情况。这是较早期的用字现象。

2.《汉书》异文中,以用本文古体及正字者为多。如"野"作"壄","攸"作"逌","潜"作"灊","源"作"原","溢"作"铁","纳"作"内"(《沟洫志》则"汭"作"内"),"来"作"徕"等都是。变假借之风,用本义之字。这是第二期现象。

3.字之偏傍,一如今之标号,但《史记》《汉书》都不严格区别,往往使不易明确其本义,要靠加偏傍来确定其义,如弱水《说文》写为"溺水"以明其为水名,而后多用此例以明确字义,如"昆仑"作"崑崙",是加山旁明其为山;"汧"作"岍",改水旁为山旁,以明其为汧水之源的岍山;"雛"作"灉"、"甾"作"淄"、"章"作"漳",皆水旁,又"醴"作"澧","酆"作"沣",则改水旁,用以明其为水名,直至宋代尚用此术改"降水"为"浲水",而后《禹贡》川名几无不从水。其他如厉、氐之改为砺、砥,以明其为石制之物,亦用此例。这是增益偏傍以明其义,这是《禹贡》文字第三期现象。

4.经此数次变改,其用本义之字及以偏傍表显其意义之字,于后来读者确有益,然误改之字亦复不少,则又增添麻烦。如"栞"之误作"刊","梧"之误作"栝","沛"之误作"济","沇"之误作"兖","濕"之误作"漯","菏"之误作"河","雒"之误作"洛","播"之误作"波",都经清代学者抉出,博稽旧文以证其误、寻其是,这就使原文面目从推考中可获得认识。

5.古书屡经传写,自难免脱文错简,惟经师们多不敢致疑,只能加以曲意解释,往往增益困惑,少数有识者稍能指出,如苏轼指出"织皮昆仑"以下十二字应在"球琳琅玕"下,陈奂指出"六府"之下脱"三事"二字,皆有助于正确辨识《禹贡》原文,从而使我们知道冀州章亦有脱文错简。这是能使原文面目从推考中可获得认识的又一种情况。

我们还可看到下列情况:

《史记》所载冀州章有鸟夷,扬州章有岛夷。这见出秦博士所传下的《禹贡》是这样记载的。可是《汉书·地理志》所载扬州章之岛夷蒙冀州所载竟误作鸟夷,于是其《禹贡》篇只有鸟夷而无岛夷。至伪古文本出,则冀州之鸟夷亦误据扬州改为岛夷,于是伪孔本有岛夷而无鸟夷。至宋元递至清代推翻伪古文，则尽反伪孔之文，以为冀扬两州皆鸟夷，以所谓"岛夷"为伪古文之伪字，真是扶得东来西又倒，今由古代史学及民俗学等之研究，知黄河下游及东北古代多为鸟夷之族或以鸟为图腾之族，而扬州沿海岛屿所居少数民族即岛夷之族，是《史记》所载是完全正确的，今赖有《史记》而得将《禹贡》学中所纷争已久的这一问题廓清。其他赖有《史记》而使《禹贡》文义获得正解之处不少，已分别详于上文"校释"中。

《史》《汉》所载皆汉代今文本，今文三家原本皆不传，惟《汉石经》残字保存《禹贡》十四字而已。清代学者始从汉人文章著作及汉碑中所引加以辑录以寻汉今文残存文句，段玉裁《古文尚书撰异》兼寻古文今文，而见解精深；其专寻今文者则为陈乔枞《今文尚书经说考》《尚书欧阳夏侯遗说考》，虽专寻今文三家经师经说，而有关经文原文字亦随之搜列不遗。至皮锡瑞《今文尚书考证》比段、陈二家之书更详备，使后学者要寻找早已不传的汉代《今文尚书》，凭此就可最大限度地见到所可能见到的汉代今文资料。

东汉后期《古文尚书》大盛，取代今文学，而亦失传，《魏石经》保存其残存之字，《禹贡》只存十二字。代表古文学者为马融、郑玄、王肃三大家。然自伪古文行而此三家亦绝。其遗说保存于间接或间接中又间接之文献资料中，如马、郑、王诸本之经文皆由其注释之文中钩稽而得，而其注释之文又皆出于《水经注》《经典释文》《孔疏》《史记》之《集解》及《索隐》与《群书治要》等书所引，至清代学者始就这些材料加以搜集。如江声《尚书集注音疏》以专治古学倡，王鸣盛《尚书后案》专辑郑玄之学，段玉裁《古文尚书撰异》所辑以古文资料为主，孙星衍《古文尚书马郑注》利用宋王应麟辑本广加搜集专辑马融郑玄之注。这才使后之学者能见到一些东汉古文资料。

东晋初伪古文出现，编造了一种伪古董字体叫"隶古定"。这种隶古定本《古文尚书》最早传本为自宋齐传至唐初之本，陆德明称它为"宋齐旧本"，直至唐天宝间被认为是《古文尚书》的正统传本。比它稍后出现一种隶古奇字更多之本，陆德明斥为"穿凿之徒务欲立异"所编造，段玉裁斥为"伪中之伪本"。这两种本子的隶古奇字都难认，唐天宝间命卫包将隶古定字改写为"今字"（楷书），刻成《唐石经》传下来，以后各种刊本皆直接间接传自《唐石经》。我们读到的《尚书》，即卫包改错了很多字之本。段氏《古文尚书撰异》的主要功绩，在根据文字学原理判断和揭露卫包改错的字。而奇字很多的伪中之伪本于宋时由薛季宣刻入其《书古文训》中，由《通志堂经解》收刻而流传至今。至于宋齐旧本写本及唐人用不少俗体字之抄本，一部分保存在敦煌石室中（清光绪间被英斯坦因、法伯希和盗去其大部分），一部分保存在唐时传至日本及日本的古传抄本中。至清末这两部分都获传入，主要为卫包未改字以前之本，证实了段玉裁所判断卫包改错之字。这些都是今日获以认识东晋伪古文的有用资料。顾颉刚师与顾廷龙先生合作加以汇集编成《尚书文字合编》，于1938年由北京琉璃厂文楷斋刻字铺以木版摹刻，粗印成红本，未正式印出，近年由顾廷龙先生加工改由上海古籍出版社于1996年影印出版。我们开始整理《尚书》，撰写各篇"校释"时，重视各敦煌本和日本所传写本的文字校异，及《合编》出，一编在手，各不同写本的纷歧一览无余，所以在撰写《禹贡》校释时，除偶因连类而及需要举出外，一般隶古写本异字就不详举了。

以上是西汉、东汉、东晋几个不同历史时期的今、古、伪几种不同本子的文字情况对《禹贡》的研究深有影响者，其中西汉东汉两本纯为《禹贡》本身之本，汉末及东晋以后各种纷歧本子，则为研究《尚书》全书包括《禹贡》在内之本。这些都是文字校异研究的有用资料，亦即"校释"工作的"校的方面的重要资料"。

至于"校释"工作的"释"方面，即对《禹贡》文义、《禹贡》内容的解释，则汉代今文学派的章句注释未传下，赖有上文提到陈乔枞、皮锡瑞等人之书窥见一二。汉代古文学派的注释，幸有唐代《五经正义》（后扩为《九经正义》）汇集其要说传下。但随着时代的不同，学术思想的演变，形成学术史上的汉学和宋学两个学派。汉学注重师传，容易墨守成说；宋学注重独立思考，敢于自出新解，但在考古学、古文字学等学科未发达以前，其说亦易流于武断。就《尚书》学来说，这两派的要著有：代表汉学的为唐孔颖达《尚书正义》，宋魏了翁《尚书要义》，清江声《尚书集注音疏》，王鸣盛《尚书后案》，段玉裁《古文尚书撰异》，王引之《经义述闻》，孙星衍《尚书今古文注疏》，王先谦《尚书孔传参正》等；代表宋学的为苏轼《书传》，林之奇《尚书全解》，吕祖谦《东莱书说》，陈经《尚书详解》，黄伦《尚书精义》，蔡沈《书集传》，金履祥《书经注》《表注》，元陈栎《纂疏》，董鼎《纂注》，吴澄《书纂言》，明王樵《尚书日记》，清康熙《钦定书经传说汇纂》等，大都在书中《禹贡》为其重点阐释篇目。至专释《禹贡》的有宋毛晃《禹贡指南》，程大昌《禹贡论》《禹贡山川地理图》，傅寅《禹贡说断》，易祓《禹贡疆理记》，明韩邦奇《禹贡详略》，郑晓《禹贡图说》，茅瑞徵《禹贡汇疏》，清胡渭《禹贡锥指》，蒋廷锡《尚书地理今释》，徐文靖《禹贡会笺》，焦循《禹贡郑注释》，成蓉镜《禹贡班义述》,杨守敬《禹贡本义》等。《四库总目》所说的"宋以来所聚讼者莫过《禹贡》之山川",就在毛晃以来这些书中。毛、程、傅三家之说启其端,茅瑞徵之书则在明季以前搜集材料最富,而终推胡渭之作最精最博,徐文靖继之有所前进。《四库总目》评胡、徐云:"说《禹贡》者,宋以来棼如乱丝,至胡渭《锥指》出,而摧陷廓清,始有条理可按。文靖生渭之后,因渭所已言而更推寻所未至,故较之渭书益为精密,盖继事者易有功也。"其后杨守敬为近世最有成就的沿革地理专家,以对《水经注》的精深研究而获贯通融会上下数千年的我国历史地理,因而所言实有所据。实为历史上治《禹贡》最广的一位大家(历代治《禹贡》有著作者,宋代粗计二十家,元明两代逾四十四家,清代逾八十四家,见起釪撰《尚书学史》订补本)。

在这里,当如顾刚师《禹贡(全文注释)》中择要举了上文所述研究《禹贡》的作者后所说:"其中以胡渭用力最深,他的《禹贡锥指》可以说是一部具有总结性的书。不过现在离胡渭的时代已经二百多年了,在这一段时间里,地理学正式成为一门科学,我们应当对于《禹贡》再来一个总结,肯定它的正确的地方,否定它的不正确的地方,给它一个适当的评价。"

甘　誓

　　《甘誓》是夏王启与有扈氏在甘地作战的誓师词。在西汉
《今文尚书》伏生本及伏生弟子三家本里为第四篇,属《夏书》;
东汉古文本仍为第四篇,列于《虞夏书》;流传至今的晋伪古文
本列在第七篇,作为《夏书》第二篇。其情况详本文讨论(一)、
(四)两部分。

校　释

　　大战①于甘②,乃召六卿③。

　　王④曰:"嗟⑤! 六事⑥之人,予誓⑦告汝⑧。有
扈氏⑨威侮⑩五行⑪,怠弃⑫三正⑬,天用⑭剿⑮绝其
命⑯。今⑰予惟⑱共⑲行天之罚。左⑳不攻㉑于左,
汝不共命㉒;右㉓不攻于右,汝不共命;御㉔非其㉕马
之正㉖,汝不共命。用命㉗,赏于祖㉘;不㉙用命,戮㉚

于社^㉛。（予则孥戮汝。）^㉜"

①战——敦煌唐写本（如 P2533）、日本古写本（如内野本）及薛季宣《书古文训》本皆作"莽"，是隶古奇字。

②甘——地名，以甘水得名，自马融以来都以为是陕西鄠县南郊地。但根据当时民族活动情况考察，很难说在陕境。据春秋时甘昭公封地为甘，有甘水，当即其地，很可能即甲骨文中的"甘"（《乙编》1010、《续存下》915 等片），其地自不能西至陕境，当如杜预说在河南县西南，即今洛阳西南，详后讨论（二）。

③乃召六卿——《史记·夏本纪》全文转载本篇，在此句前有"将战，作甘誓"五字，在此句末有"申之"二字，当是司马迁为叙明文意时所加。按《墨子·明鬼下》引载本篇，此句作"乃命左右六人"，显见墨家所据本比儒家此本正确。甲骨文和西周金文中只有"卿事"，《左传》载周王室有"卿士"（隐公六年）、"左右卿士"（隐公九年）。"六卿"之名始见于春秋中期晋、郑等国，秦时《吕氏春秋·先己篇》引用此文已有此二字，则此显系春秋以后秦以前所窜改。《墨子》或系保持了原文。

④王——《夏本纪》作"启"，以与有扈氏作战者为夏王启；作史事叙述，故改用其名。

⑤嗟——叹词。

⑥六事——"事"，甲骨文、金文中和"史"、"吏"、"使"同字。典籍中《诗·雨无正》"三事大夫"，《逸周书·大匡解》作"三吏大夫"，知"三事"即"三吏"，是"六事"即"六吏"。"三事"常见于典籍和金文中，指王朝处理国家政务的高级官吏。如《令彝》记周成王命周公子明保"尹三事、四方"，《毛公鼎》记周宣王命毛公𪐀职司

公族与"参有嗣"（即三有司），和《诗·十月之交》的"三有事"同。本书《立政》亦言"作三事"。知"三事"、"三事大夫"等为西周对官员的习用名称（《左传·文公七年》"正德、利用、厚生谓之三事"，其说当较后起）。此"六事"、"六事之人"在此指上文的"左右六人"（当如《小盂鼎》所说的"三左三右"），是由"三事"、"三事大夫"衍出，同指左右大臣。

⑦誓——诸隶古写本（如内野本等）作"旿"，薛本作"斩"，唐、宋一些字书引载此字多近薛本而又有几种略见不同的写法（《汤誓》《牧誓》《费誓》《泰誓》诸篇"誓"字情况同）。王引之谓字当作"䜷"，为"折"的籀文，"旿"为"折"字之讹。"折"假借为"誓"（《经义述闻》）。"誓"是军事行动前申明纪律约戒所属人员的讲话（《周礼》"士师"之职："以五戒先后刑罚，一曰'誓'，用之于军旅"。当是根据《尚书》作出的解释）。这种"誓"，后代称为"誓师词"。

⑧汝——《夏本纪》及诸隶古定写本作"女"，是"汝"的本字。即你、你们。和殷代卜辞中"女"字单数多数通用的语法相同。

⑨有扈氏——旧注以为是夏代同姓诸侯，并以其地在今陕西户县一带。但《左传》以"扈"为夏异姓诸侯，而东夷少昊族有"九扈"，当即此"有扈"。"扈"，亦作"雇"，其地名并见于甲骨文，自亦不能西至陕西，当即春秋时"诸侯会于扈"之扈，据杜预注在荥阳卷县北，即今郑州以北黄河北岸原武一带。《诗·商颂》"韦、顾既伐"的顾，也是此扈，但在夏代时已向东北迁至今范县一带，详后讨论（二）。

⑩威侮——"威"，敦煌唐写本、日本古写本皆作"畏"，与金文"威"作"畏"同。王引之以为字当作"威"。"威侮"即《说苑·指

甘
誓

903

武》"篾侮父兄"之"篾侮"，意为轻视和侮慢（《经义述闻》）。然《夏本纪》及《汉书·王莽传》皆作"威侮"，是汉时本已如此。旧释为"威虐侮慢"。总之此词意义略近现代语言中的"打击"、"轻侮"的意思。

⑪五行——指天上五星的运行，即以之代表天象。注疏家以秦汉以来流行的"阴阳五行说"的"五行"来解释是错误的，详后讨论（三）。

⑫怠弃——怠慢厌弃。于省吾谓怠字从"台"，古与从"睪"之字同声相假。"怠"即怡，本应作辝、訑，与怿、敡通用，其义为"厌"。"怠弃"即厌弃（《尚书新证》）。

⑬三正——指奴隶制王朝的大臣、官长。注疏家以汉代"三统说"的夏正、商正、周正来解释是错误的，详后讨论（三）。

⑭用——因此（杨树达《词诠》）。

⑮剿（《释文》音"子六反"）——《夏本纪》《唐石经》及各刊本作"勦"（其义为"劳"），段玉裁据《说文》指出其误（《古文尚书撰异》）。《说文·水部》引本文作"勦"，《刀部》引作"剿"，二字意义都是"绝"。《汉书·外戚传》引作"樔"，其本义为"截"，乃作为"剿"的假借字。

⑯命——奴隶主阶级假托神意，宣称他们的王朝是受了"天命"建立的，这就叫做"命"，也称"大命"。

⑰今——《白虎通·三军篇》引作"命"，段玉裁云："命字盖误。"（《撰异》）当由"今"误为"令"，"令"又误为"命"所致（杨筠如《尚书核诂》以金文"命"字作"令"证此误）。

⑱惟——《夏本纪》作"维"。《匡谬正俗》："惟，辞也，盖语之

发端。古文皆为'惟'字；《今文尚书》变为'维'，同音通用。"

⑲共——《唐石经》及各刊本皆作"恭"。然《墨子·明鬼》及《夏本纪》皆作"共"，《汉书》王莽、翟义两传引用亦同，是战国本及汉今文作"共"。《汉书叙传》及《东都赋》作"龚"，是今文异文。高诱《吕氏春秋》注、钟会《檄蜀文》亦作"龚"，是古文作"龚"。敦煌唐写本及日本古写本(如内野本)都作"龚"，唐李贤、李善注书引《尚书》皆同，是伪古文也作"龚"。《唐石经》之"恭"显为天宝间卫包改写今字时所误改。段玉裁指出《尚书》恭敬字不作"共"，供奉字不作"恭"，卫包误认"共"、"恭"为古今字，妄改训奉之共为恭(《撰异》)。今依今文改回。在金文中，"共"用作供或拱，"龚"用作恭，皆可引申出"奉"字义，故典籍中"共"、"龚"皆可释作"奉"。"共行天罚"即"奉行天罚"。奴隶主假借天意，说天要惩罚谁，自己就对谁奉行天的这种惩罚。

⑳左——注疏家据周代制度解释为："左，车左。右，车右。"(《史记·夏本纪·集解》引郑玄说，又伪《孔传》)并释云："历言左、右及御，此三人在一车之上。"(《孔疏》)按，郑玄云："兵车之法，左人持弓，右人持矛，中人御。"(《诗·闷宫》笺)伪《孔传》亦云："左方主射；车右，勇力之士，执戈矛以退敌。"《孔疏》引《左传·宣公十二年》楚与晋战，许伯御车；乐伯在左，善射；摄叔为右，折馘执俘而还。以证明"左方主射，右主击刺，而御居中"。又《诗·闷宫》疏引成公十六年晋栾𬯀为右、持矛，又哀公二年卫太子为右、持矛，亦以证车右持矛。以上是说甲士三人的通常兵车。

《孔疏》说："若将之兵车，则御者在左，勇力之士在右，将居鼓下，在中央，主击鼓。"并引《左传·成公二年》晋伐齐，郤克为将，伤于矢而鼓音未绝；解张为御，矢贯手而血染左轮。以证"御在左而将居中"。按此亦根据郑玄说："左，左人，谓御者。右，车右也。中军，为将也。兵车之法，将居鼓下，故御者在左。"（《诗·郑风·清人》笺）《孔疏》并引《夏官·太仆》以证（按《周礼·太仆》云："王出入，则自左驭"）。但杜预《左传·成公二年》解云："自非元帅，御者皆在中，将在右。"杜的说法与《左传》经常所记御戎者在中，车右在右的情况是符合的。

近年来大量发掘了殷代、西周、春秋、战国以至秦始皇各个不同时代的战车，发现一辆战车三个战士之说基本是对的。这些战士都属于奴隶主统治阶级，所以《左传》所记的御戎和车右往往是高级将士。而每车后跟着徒兵，则多是奴隶。徒兵的数目不一，大抵或六名（如始皇陵二号坑 T3 西段坑内战车后所跟），或十名（《禹鼎》所记戎车百乘，厮驭二百，徒千），或三十二名（始皇陵 T9 方内战车后所跟），后来的文献中或说七十二人（《汉书·刑法志》），或说二十五人（孔广森《经学卮言》据《周礼》军一万二千五百人，而车五百乘，则乘二十五人。孙诒让据《曹公新书》证成其说）。毛奇龄《经问》较详地列举有关兵车所随甲士之数，以为"车徒之数，言人人殊，原无一定之经可实指"。又吴浩《十三经义疑》，以车百乘士徒三千为畿内法，又司马法一车甲士三人步卒七十二人为畿外法，二者为周之定制，又列春秋列国之变制，数皆不同云。其实本无定制。至于车上的战士，据近人总结各地出土战车情况，并以山东胶县西庵的西周战车为例，举出当时一乘战车上有三名乘员，主将的位置在左面，有钩戟等一组武器以及箭簇和铠甲。右面的"戎右"，是进行战斗的武士，只有一柄戈（这里将在左，与杜预说合。

车右执戈,和郑玄、伪孔说合)。主将和戎右的中间是御,站在正对车辕的正中位置,以便驾驭四匹马。又安阳殷虚小屯 CM20 车马坑中,一车有四马,并以三个乘员殉葬(当然这是一般甲士了。见杨泓《战车与车战》,《文物》1977 年第 5 期)。又秦始皇陵兵马坑所发现的战车,也是一车有甲士三人。如第二号兵马坑,每车的车士三人排在车后,中间为御手,两侧为甲士。但也有例外,如编号为 T9 的战车,左为将军,右不御手,略后一点的为甲士。此外还有些车只有两人,如 T14 车,左边御手,右边甲士(《秦始皇陵东侧第二号兵马坑钻探试掘简报》,《文物》1978 年第 5 期)。这是由于时代不同,或地方不同,因而出现的不同情况。但约略可知古代战车确是三个战士在车上,有左、右、御三种分工。而不论中外,古代的奴隶主进行军事活动,都是使用车战。恩格斯指出:"起初马匹大概仅用于驾车,至少在军事史上战车比武装骑手的出现早得多。"(《马克思恩格斯全集》第十四卷《骑兵》)使我们知道本文所记确是我国早期奴隶制时代的兵车情况。

⑩攻——《墨子·明鬼》作"共",《三国志·毛玠传》引此同。皮锡瑞以为亦今文异文。仍是"奉"意,是说奉行或执行职务。《夏本纪》和卫包改写的伪孔本作"攻",伪《孔传》释"攻"为"治",谓"治其职"。意义基本相同。

⑪汝不共命——《墨子》和《夏本纪》皆无此句,只有下文同样的两句(《墨子》"汝"作"若")。又本篇"不"字,唐写本、内野本皆作"弗"。"共",《唐石经》及各刊本皆作"恭",然伪《孔传》释此为"不奉我命",知原本作"共",今改回。《叔尸镈》"敬共辝命"(敬奉我命),是为"共命"的原用法。此三句"汝不共命",是说如果车左、车右和御都不好好作战,那就是你们没有贯彻奉行命令。

㉓右——车右,参看校释⑳。

㉔御——战车的御马者,参看校释⑳。

㉕其——《墨子》作"尔"。

㉖正——《墨子》及《夏本纪》皆作"政",《诗·出车》郑玄笺引用亦同,知战国本、汉代今、古文本原皆作"政"。可释为官员的职守、政事,但在此实与本书《立政》之"政"同,为"正"的假借,指职官之长。《御正卫簋》及《善斋吉金录》第一五五之爵都有官名叫"御正",正如《左传·襄公九年》有掌管马的官叫"校正",又《襄公二十三年》及《吕氏春秋·仲夏纪》都有官名"马正",可知这里"正"或"御正"当是御车官名。"御非其马之正",当是说非本职的人或不胜任的人贻误御车任务。

㉗用命——听从命令和努力贯彻执行命令。按,承上文看,"用命"即指"共命"。

㉘祖——祖庙。《墨子·明鬼》云:"虞、夏、商、周三代之圣王,其始建国营都日,必择国之正坛,置以为宗庙;必择林木之修茂者,立以为丛社。"可知"祖"和"社"是奴隶制王朝两个最重要的进行宗教活动的场所,故《周礼·小宗伯》也说:"建国之神位,右社稷,左宗庙。"《考工记·匠人》说"左祖右社"。伪《孔传》《孔疏》等说古时的天子巡狩和出征时,还运用车子载着祖庙的神主,叫做"迁庙之主"或"运主",作为行军祷告和请示之所。这一说大概是根据周武王载着文王的神主去伐纣的故事(见《周本纪》)而来的。其实古代总是在军事行动完成后,回到祖庙去献俘献馘(敌人左耳,代表首级)和赏功的。《小盂鼎》记盂两次伐鬼方胜利,回来献馘献俘

于周庙,王在周庙赏他的功。《虢季盘》记虢季伐狁犹胜利,献馘于王,王也在周庙赏他的功。还有《塱鼎》记周公亲伐东夷,归告于周庙,赏其部下。所以因用命建功赏于祖庙,确是古代奴隶制政权的一种制度。

㉙不——《唐石经》及注疏本皆作"弗",但《夏本纪》及郑众《周礼·大司寇》注、郑玄《周礼·小宗伯》注皆作"不",是汉代今、古文皆作"不",《蔡传》承用,二字同义,古又同音,而后代通用"不"字,故今从之。

㉚戮——《墨子》及《夏本纪》作"僇",同音通用。隶古定本如敦煌本、内野本、薛季宣本作"翏",颜师古在唐时所见本作"翏"(见《匡谬正俗》),为隶古奇字。"戮"的本义是杀戮(如《左传·哀公二年》"绞缢以戮"。《华严经音义》引《国语》贾注),假借为"僇"的意义是侮辱(《汉书·季布传·赞》"奴僇苟活"。《国语·晋语》韦注)。此处用本义"杀"。

㉛社——奴隶制国家建立的土地神坛。土地神,古代称作"社",它是每一块封地之神,所以凡封国必"建大社于国中"(《逸周书·作雒解》),以代表该国土地(《白虎通·社稷篇》:"封土立社,示有土也")。"社、稷(谷神)"二字也就成了国家的代称。"社"字在甲骨文中作"土",殷代对它进行很隆重的祭祀,有时还用人祭,《左传》中也有几次杀人祭社的记载,可知确如《墨子·明鬼》所说"社"和"祖"是古代两个最重要的宗教活动场所(郭沫若以为人类更早对生殖神崇拜,崇祀牝牡。进入父权时代对牡的崇祀发展为祖、社。但当古未有宗庙之时,祖、社同一物。后来才演而为二:"牡之祀于内者为祖,祀于外者为社。"见《释祖妣》)。于是军

国大事都要在社举行宗教仪式。如君主即位(《管子·小问》)、命将出征(《左传》之《闵公二年》《定公四年》《周礼·春官·大祝》)、祓禳日食、水火、旱魃等灾(《左传》之《庄公二十五年》《昭公十七年》《昭公十九年》及《墨子》《尸子》《吕氏春秋》等)以及其他祈求、祭祀等等。它建立在丛林修茂的地方,而且社祭时有很隆重的音乐(如宋社《桑林》之乐)。所以每国的社就形成为该国集会胜地,每届社祭的节日,男女杂沓游乐。《墨子·明鬼》说:"燕之有祖,当齐之社稷,宋之桑林,楚之云梦也,此男女所属而观也。"《春秋·庄公二十三年》鲁侯往齐国观社,被讥为非礼,因为社中要"尸女"(《穀梁》),庄公是去越境非礼(《公羊》)的淫佚。这种社的活动,当如恩格斯所指出的,是在某一些节日里,几个部落集合在一起,恢复短期的性自由的"沙特恩节",是一种对原始群婚的朦胧的回忆(《家庭、私有制和国家的起源》)。《周礼·地官·媒氏》的"仲春之月,令会男女,于是时也奔者不禁"当也是指这种社日活动。郭沫若认为祖、社、桑林、云梦就是诸国如《月令》所说的祀高禖之处(《释祖妣》)。祀高禖所祭的就是母系原始祖神,实际体现了恩格斯所说对原始群婚时代朦胧的回忆。因此这种社成为集合群众最活跃的地方,有点像后代庙会。为了表示把犯罪的人"与众共弃",特别是起杀一儆百的作用,用来威慑和镇压被统治阶级,古代奴隶主专政便把"犯罪者"拥到人众杂沓的社里作为执行死刑的地方,像汉代的"弃市"一样。所以不用命的也就要在社里杀戮。而古代奴隶主的一切活动都要在宗教的面貌下进行,他们说什么赏于祖、戮于社是"亲祖严社之意"(伪《孔传》),就是这种宗教性的宣扬。《墨子·明鬼》则云:"赏于祖者何也,告分之均也(颁赏平均），僇于社者何也，告听之中也（断罪允当，下文作"言听狱之事"）。"则重赏罚分明。旧疏又说有"军社"，引《左传·定公四年》"君以军行，袝社衅鼓，祝奉以从"为说。大概是行军作战中杀人无法回到国社去，故建立这制度。

㉜予则孥戮汝——《墨子·明鬼》所引《甘誓》全文无此五字，而本书《汤誓》有此句，显系儒家整理此篇时从《汤誓》中抄入。由《夏本纪》已有此语，知抄入此语时间较早；然与上两句犯复，应删去（校释见《汤誓》篇）。

今　译

在甘地大战，王召集左右几位大臣前来。

王说："有扈氏上不敬天象，下不敬大臣，上天因此要断绝他的大命。现在我奉行上天的这种惩罚。所有在战车左边的战士，如果不好好完成左边的战斗任务，就是你们不奉行命令；在战车右边的战士，如果不好好完成右边的战斗任务，也就是你们不奉行命令；驾御战车的战士，如果不胜任而贻误了御车的任务，也是你们不奉行命令。努力奉行命令的，就在祖庙里给以奖赏；不努力奉行命令的，就在社坛里杀掉！"

911

讨　论

本篇需要讨论研究的有下列几个问题：

（一）和有扈氏作战的是夏王朝哪一个王

西汉末年出现的《书序》说:"启与有扈战于甘之野,作《甘誓》。"《史记·夏本纪》说:"夏后帝启,禹之子,其母涂山氏之女也。有扈氏不服,启伐之,大战于甘。将战,作《甘誓》。"这是一般习见的说法,使我们知道《甘誓》是夏启伐有扈的誓师词。

毕沅校本《吕氏春秋·先己》也说:"夏后伯启与有扈战于甘泽。"高诱注:"《传》曰:启伐有扈。"又高诱注同书《召类》云:"《春秋传》曰:启伐有扈。"又注《淮南子·齐俗训》:"有扈氏……伐启,启亡之。"这些由战国至汉代的资料都说伐有扈的是启。(《先己》原刊本作"夏后相",孙星衍、毕沅校本皆据高诱注以为"相"为"伯"字之误;卢文弨也以为"伯"古多作"柏",误为"相"。但孙以"伯"为"伯禹",毕以为是"伯启"。据《太平御览》卷八十二引《先己》"夏后伯"于"帝启"条下,固以为是伯启,是毕说较可信。)

但《墨子·明鬼》引此篇作《禹誓》,是说本篇为夏禹伐有扈的誓师词。此外如《庄子·人间世》《吕氏春秋·召类》《说苑·正理》等也都以为和有扈作战的是禹。

究竟是启还是禹?过去注疏家对此问题争论不休。其实这是古代史事的传闻异辞。夏代既没有原始的文献史料传下来,也还没有发现记载夏代具体史事的文献资料(夏代当时应有文字)。因此对这样的问题,现在是无法简单论定的。因而也有人调和说禹启两人先后都和有扈作过战(如孙诒让、皮锡瑞皆有此说)。古代故事传说的特点是容易发生分化,其出现传闻异辞的毫不足怪的。

我们只能说,较系统地整理了我国古代史事的《史记》说是启和有扈作战。它记载这件史事所根据的史料大概只是《尚书》,也可能就是据当时流传的关于《尚书》的一些解说,这些解说大多是由战国以来流传的一些传说形成的。显然司马迁以为这一说法可信,所以就没有采用《墨子》等书的资料,而采用了这一说法。我们从禹的历史传说还较纷歧而开始建立夏王朝者实际是启这一点来看,倾向于《史记》这一说法。

（二）关于有扈氏及扈和甘的地点问题

《世本》说:"有扈,姒姓。"又说:"姒姓,夏禹之后。"《说文》也说"扈"是"夏后同姓所封"。高诱在《淮南子·齐俗训》注中说是"夏启之庶兄",在《吕氏春秋·先己》注中说是"夏同姓诸侯"。马融也说是"姒姓之国"(见《经典释文》),郑玄说"有扈与夏同姓"(孔颖达《甘誓》疏引)。《说文》以下这些东汉的说法,当是从先秦流传的材料来的,显然就是根据《世本》等书。《世本》如果确实根据古代真实材料,那么可认为"有扈氏"原是夏部落联盟中的一个同姓部落。与东方夷族部落相对来说,夏族各部落所居的领域在西面。它向东活动最远时曾达今山东西部,而较长的历史时期是在今河南境内与东夷各部落交错活动,时有进退。它在西面的居住地域则在今晋陕境。因此,如果有扈氏确是夏的同姓部落的话,就可如马融等注疏家所说的在扶风鄠县(见《释文》《孔疏》等),即今陕西省户县。

"甘",据马融说是"有扈南郊地名"(见《水经·渭水注》《夏本纪集解》等)。注疏家并引《说文·邑部》及《汉书·地理志》扶风鄠县有"扈谷"、"甘亭"为证。按《吕氏春秋·先己》称其地为"甘泽",《释文》也说:"甘,水名,今在鄠县西。"可知"甘"又被释为水名,地以水得名。依其说,甘水应当是指户县西境北流入渭的那条水。《水经·渭水注》:"渭水又东合甘水,水出南山甘谷……又北径甘亭西,在水东鄠县。"《清一统志》则有甘谷水,在鄠县西南。大概即是注疏家所说的甘水。

但是《左传·昭公元年》说:"虞有三苗,夏有观、扈,商有姺、邳,周有徐、奄。"是把夏的观、扈和虞、商、周的几个叛乱的异姓诸侯并提,显然是把扈和观都作为夏代的异姓诸侯。按,昭公十七年提到东方夷族"纪于鸟"(即以鸟为图腾)的少昊部落中,有以九种扈鸟为图腾称为"九扈"的胞族。"九扈",《说文·隹部》作"九雇",而"雇"的籀文作"鳸",因古籀中"鸟"、"隹"实是一字,故《尔雅·释鸟》"雇"即作"鳸",郭璞注以为即经传之"扈"。王国维因卜辞地名中有"甘"有"雇",遂据之以为此"扈"即殷代卜辞中的"雇"。又《春秋·庄公二十三年》盟于"扈"之"扈"亦即此"雇"(《殷虚卜辞中所见地名考》及杨筠如《核诂》)。其地即杜预注所说的荥阳卷县北,亦即今原阳、原武一带,与卜辞中殷代地域相合。《商颂》"韦顾既伐"的顾也是此雇,但因败后迁避到今范县一带。

这样说来,"有扈氏"不是夏的同姓部落,而是异姓的东夷少昊族的"九扈",其地就是殷代的"雇",也是周代的鲁庄公二十三年及文公七年、十五年、十七年"诸侯盟于扈"之扈,地点即今郑州以北黄河北岸的原武一带。

而"甘"的地点,王国维据甲骨文中有甘,以为即《春秋》甘昭公所封之邑。据《僖公二十四年》杜预注:"甘昭公,王子带也,食邑于甘。河南县西南,有甘水。"又:"西二十五里有故甘城。"《水经·甘水注》也说:"甘水东二十里许洛城南,有故甘城焉,北对河南故城。"其地在今洛阳西南。

《世本》说夏的都城有平阳、安邑、晋阳、阳城诸处(《史记·封禅书·正义》引)。《古本竹书纪年》说有阳城、斟郭、帝丘、斟灌、原、老丘、西河诸处。根据《史记·六国表》说"禹兴于西羌"及《集解》引皇甫谧云"孟子称禹生石纽,西夷之人也",又禹称"戎禹"而与"九州之戎"有渊源(《九州之戎与戎禹》,《古史辨》第七册)这些资料来看,夏后氏这一部落联盟的活动区域首先当在较西的陕西以东、山西一带,是逐渐向东发展的。这些传说中的地点,正好反映夏族向东发展的历程。可能在启以前,其活动区域基本在平阳、安邑、晋阳等今山西省境,再东向就达到河南,因而遇到郑州附近的有扈氏的阻挡。有扈部落向西抗击有夏部落,就在洛阳附近的甘水一带作战。结果夏族胜利,才开始以阳城作为政治中心(《吕氏春秋·先己》说夏族在这一战役中没有获胜,经过一年的准备努力之后,才胜有扈)。一般都认为阳城在今郑州西南登封县境(见杜预《昭公四年》注、《后汉书·郡国志》至《方舆纪要》《清一统志》等皆主此说。但张澍《世本补注》以为应在濮阳西,因他认为尧舜至夏活动当时只限于河东、北,不至河南境。其说不可从)。此后夏族的一些迁都活动,除偶有曲折外,基本表现了继续向东发展的趋向(参看附图)。

这是就古代流传下来的片断资料所得的大略认识,似较为说得通。旧注以为是今陕西户县,显然有说不通的地方。因为扈与鄠除了音同外,没有其他任何历史联系。所以《孔疏》提出:"《地理志》:扶风鄠县,古扈国。鄠、扈音同,未知何故改也。"就是说不知为什么"扈"改成了"鄠",显然对此有了怀疑。而马融说甘是有扈南郊地,《孔疏》也以为没有根据,而是出于马融想象的。孔的话说"启伐有扈,必将至其国,乃出兵与启战,故(马融)以甘为有扈之郊地名"。事实上这一说法不仅与甘水在鄠西有矛盾,而且与夏师进军路线有矛盾。所以《孔疏》接着又说:"启西行,伐之当在东郊。融则扶风人,或当知其处也。"是说这只是由于马融是扶风人,才把扈和甘说成是在扶风的鄠县。显然是在指出此说之无据。

此外,《楚辞·天问》两次提到有扈,王国维据《山海经》《竹书纪年》等考定为"有易"之误,与此扈无关(《殷卜辞中所见先公先王考》)。王说甚是。当是由于习闻本文中的"有扈"而误。

因此,我们认为较妥的看法是:"有扈"即东夷部落的"九扈",其地当在今郑州北部原阳一带,扈与夏人作战的地方"甘",当在今洛阳西南(见附图)。

(三)关于"五行"、"三正"的问题

本文作为一篇动员征讨敌人的誓词,对于敌人全部罪行的声讨,就只在"威侮五行,怠弃三正"两句话上。究竟"五行"、"三正"是什么呢?自来注疏家,对于"五行",大都援用秦、汉人所宣扬的唯心主义神学"阴阳五行说"来解释,从西汉今文家的《尚书大传·洪范五行传》,历经东汉古文家马融、郑玄的注、晋代伪孔安国传,到宋代蔡沈的《书集传》,虽用语不同,总不外"阴阳五行说"的"五行"水、火、木、金、土这五项的涵义。对于"三正",则用汉儒所宣扬的主宰王朝循环更迭论的"三统说"来解释,即由"三统说"中的黑统、白统、赤统在历法上的不同建首而成的"夏正建寅、商正建丑、周正建子"之说来解释,自汉《尚书大传》到宋《蔡传》大抵都用这一说法。

但是《甘誓》是作为夏代文件编在《尚书》中的,用这些汉代的东西去解释,怎么能符合得上呢? 特别是夏代还没有循环的"三正"历法,怎么能用后来的历法去说它呢? 所以从宋代,历元、明,到清代,以至近代,纷纷有人提出异议,用许多有力的说法指出了旧注疏的不可信,必须推翻。

其实,古代自有"五行",但非汉儒"阴阳五行说"的"五行";古代自有"三正",也非汉儒"三统说"的"三正"。

先说"五行"。古代人们由于生活和生产的需要,注意认识天文星象。恩格斯指出:"首先是天文学——游牧民族和农业民族为了定季节,就已经绝对需要它。"(《自然辩证法·科学历史摘要》)顾炎武对中国古代一般人们都熟习天文情况更有具体描述,但后世连文人学士都茫然不知(《日知录》卷三十)。这是因为秦、汉以后天文工作者制订出了二十四节气,可以靠它来安排生产和生活,不再需要直接认识星象了,以致人们对天文活动的一些名词或术语逐渐模糊,不懂它的原意,而只知道它在秦、汉以后流行的意义,"五行"一词就是它的显著例子!

《史记·历书》说:"黄帝考定星历,建立五行。"("黄帝"二字指上古)可知"五行"一词是从星象来的。《汉书·艺文志》说:"五行之序乱,五星之变作。"可知"五行"与"五星"有关系。"五星",就是现在所知九大行星中的水、金、火、木、土五星,但在战国以前从来不这样称呼它们,只叫它们做辰星、太白、荧惑、岁星、填星(镇星)。因为古代另有称为"火"或"大火"的星,是指恒星二十八宿中的心宿。所以古代关于五行星的名称与金、木、水、火、土无关,而只是就这五星在天球面上的运行现象,看到只有这五星是行动着的,因而就综称它们为"五行",这是"五行"的原始意义。

"五行"原始意义形成的时期,当在认识五星之后,是与设定二十八宿的时期相联系的。二十八宿的划定,是根据填星二十八年一周天的周期来的。而我国二十八宿之设定,综合竺可桢、新城新藏、李约瑟诸人之说,大抵在殷代后期到西周初年。那么"五行"提出的时间,也当和这相去不太远,而其见于文字者,就是本篇。篇中所载资料与殷周之际的天文发展阶段是相适应的。

到东周战国时期,各种思想争奇逞胜,还可出现其他意义的"五行"。《荀子·非十二子》指出的子思、孟子的"五行",有人把它解释为"五常",或者解释为"五伦",还有所谓孔子的五行,曾子的五行,及所谓子思后学的五行,彼此内容各不相同。同时更有"六行"、"四行"等不同提法(参看梁启超《阴阳五行说之来历》、谭戒甫《思孟五行考》等文)。由此可知"五行"一词的不同解释和它的不同用法原自不少。

这种活跃多姿的用法,也见于对物质世界的认识。或把它们称之为"六府"(《左传·文公七年》:"水、火、金、木、土、谷,谓之六府"),或称之为"五材"(《左传》之《襄公二十七年》《昭公十一年》指金、木、水、火、土五项),而且或与六气、五味、五色、五声、六疾等并举(《左传》之《昭公元年》《昭公二十五年》),或与五事、八政、五纪、三德、五福、六极等并举(《洪范》),还没有固定在一个五的数目上。不过终于逐渐多使用"五"的数目(就像《昭公元年》《昭公二十五年》那样),后来由于"五材"金、木、水、火、土五项较能概括世界上的主要物质,人们渐多习用它,天文工作者就借用"五材"之名来作为五星的代称,这样,"五材"和"五星"相结合(《汉书·律历志》记明"水合于辰星,火合于荧惑,金合于太白,木合于岁星,土合于填星"),原只是"五星"的综称的"五行",就永远是指金、木、水、火、土了。由《洪范》和《墨子·经说下》已说到五行是这五项,可知至迟到春秋、战国之世这种结合已经实现了。不过它既异于后来相克、相生的次序,又平实而无神秘意味,因此还只是结合的早期阶段,停留在天文学范畴内。一直要到汉代的"阴阳五行说",才达到唯心主义神学目的论的乌烟瘴气的地步。

但就是汉代《洪范五行传》的作者,也还完全懂得这"五行"两字的本义,该文把《洪范》中的各畴尽量和五行相配,其中"六极"计有六项,也勉强把前面五项和土、火、金、水、木配了,还剩最后一项,《洪范五行传》作者创了一个"日月乱行、星辰逆行"去配,这就看出了上面五项配的不是土、火、金、水、木这种物质,而是土、火、金、水、木五星的运行,所以最后这一项才配上"日月之行"。由这一原始意义的孑遗,使我们得到一个证实"五行"一词的原义完全是由五星的运行而来的确证。它指的原是天象,而根本没有后来所加上的神秘意义。汉代经师及历代注疏家用唯心主义神学"阴阳五行说"的"五行"来解释本篇的"五行",是完全谬误的。

其次说"三正"。甲骨文中有"臣正"和"正",是指殷王朝的大臣。《大盂鼎》有"殷正百辟",也是泛指殷的大臣。又有"文王命二三正",则是泛指周王朝的大臣。古人用三、五、六、九等泛指多数,"二三正"也就是"三正",指的是一些主要的大臣。

周代金文和典籍中还有不少关于"正"的材料,其泛指者有"先正"、"友正"、"庶正"、"大正"、"有正"、"正事之臣"……等等(见《毛公鼎》、《彔仲簋》、《诗·云汉》、本书《文侯之命》《洪范》《康诰》《洛诰》等)。其具体以正为官名者,则《左传》尤多,有卜正、工正、校正、遂正、少正、马正、陶正、贾正……及传说中的历正、农正、田正、南正、火正……等等。对于"正"的概括称呼,除"二三正"外,还有《左传》之《隐公元年》《定公四年》及《国语·齐语》的"九宗五正"、"职官五正"、"五正",《襄公二十五年》的"六正"及《作册魅卣》的"多正"和本书《多方》的"小大多正"等等。由此可知本篇的三正,和"五正"、"六正"、"多正"是一类的,都用以概括诸大臣官长。

"正"字这一解释汉人本来知道,如《尔雅·释诂》云:"正,长也。"郑玄注各种典籍的"正"字也用这一解释。谁知他们注释本篇"三正",却为"三统说"的"三正"二字所圈,死守着不能解脱。

"三统说"所讲的夏、商、周三代历法的不同,利用了《左传》中的一些说法,如《昭公十七年》:"火出,于夏为三月,于商为四月,于周为五月。"似乎可证这三代的历法刚好各相差一个月。其实古代的历法还在草创阶段,哪能这样整齐。以春秋历法来说,冯澄《春秋日食集证》指出:"隐、桓之正皆建丑,闵、僖、文、宣之正建子及建丑者相半，至成、襄、昭、定、哀之正而又建子，间亦有建戌、建亥者。"洪业《春秋经传引得序》则按日食推算得知：隐、桓、庄皆建丑，庄公末到僖公建子、建丑相半，文公以后基本都建子，但昭公时一度建亥。二说略有出入，而基本相同。可知东周时历法还在演变中，不能简单地说它就是建子。至于甲骨文中所见商代历法更较原始，还没有以十二支代表各月，根本谈不到建首是什么，夏代说更渺茫了。可知"三正"的说法完全没有历史事实作根据，是非科学的东西，完全是汉儒的臆说。《左传》的一些句子往往遭汉人窜乱，这就是一例。注疏家都生于汉代以后，只知"三统说"的三正，就作出了这样无知的解释。

"三正"之指二三大臣，还可以殷、周历史为证。《史记·周本纪》载周武王率领诸侯到盟津准备伐纣，诸侯主张立即进攻，周武王还要等一等，找出个宣传鼓动的政治理由来。两年后，纣杀了比干，囚了箕子等，周武王立即宣布纣的罪状，进行讨伐。罪状是："今殷王纣乃用其妇人之言，自绝于天，毁坏其三正。"他所宣布纣的罪行，除多了一句"妇人之言"外，竟和本篇所宣布有扈氏的罪行一模一样。他所说的"三正"，就是比干、箕子等人，就是殷王朝的几个大臣。可知本文的"三正"也就是指有扈氏的几个大臣。

《甘誓》这篇夏后氏与有扈氏作战之际的誓师词，大概在夏王朝是作为重要祖训历世口耳相传，终于形成一种史料流传到殷代，其较稳定地写成文字，大概就在殷代，所以用了在殷代后期已出现的"五行"、"三正"字样。当时强调敌人"威侮五行，怠弃三正"之罪,就是指责敌人上不敬天象,下不敬大臣,是足以引起天怒人怨的大罪,所以奉天命去讨伐他。夏后氏伐有扈,周武王伐纣,都拿这两句作为对方的全部罪状,而能取得动员的效果,这是由于它符合早期奴隶主阶级的意识形态活动的原故(摘自起钰撰《释〈尚书·甘誓〉的五行与三正》一文,载《古史续辨》)。

(四)儒墨两家的不同本子和本文写定的年代问题

《甘誓》这篇誓词,除了《尚书》中的本篇及司马迁根据本篇转写在《史记·夏本纪》中的那篇外,还有《墨子·明鬼下》引载的一篇。《史记》那篇由于录自本篇,所以基本相同,只是所根据的是汉代今文本,有些字句又由司马迁用汉时语言译写过,所以与本篇字句有出入,现都已随文在"校释"中校明了。惟《墨子》的那篇与本篇出入很大,除在"校释"中偶因需要提到的外,无法全部在"校释"中校出,现特将那篇《禹誓》全文转录如下:

大战于甘,王乃命左右六人,下听誓于中军,曰:"有扈氏威侮五行,怠弃三正,天用勦绝其命。"有(又)曰:"日中,今予与有扈氏争一日之命,且尔卿大夫庶人,予非尔田野葆土之欲也,予共行天之罚也。左不共于左,右不共于右,若不共命;御非尔马之政,若不共。是以赏于祖而僇于社!"

由于有了这篇墨家的本子,使我们看到下列几点:

(1)儒、墨两家在孟轲以前即战国初年起就已成为互相争鸣的两大学派,韩非说他们是当时的两家"显学",他们竞相称引古代文献资料来为自己的理论张目。现在看到两家都引了这篇,可知这篇是在战国以前就早已存在的古代文献。

（2）两家所用的本子,不仅文字有很大出入,而且篇题也不同。儒家以作战地点作为篇题,而在《书序》中说明作誓词的是启;墨家则以为是禹,并径以禹作为篇题。但《墨子·兼爱下》另引有《禹誓》,是禹征有苗的誓词,与此篇文句完全不同,很可能本篇题的"禹"字有误。总之说明当时本篇文字在流传中发生了很大歧异。郭沫若提出他的看法说:"这大概是一篇无主的古文,后世的墨家以禹有伐有扈的传说,故属之禹,而儒家亦以启有伐有扈的传说,故属之于启。"（《中国古代社会研究》）这看法可备一说。郭氏另据王国维所考《楚辞》有扈即有易,因而谓本篇可能是上甲微伐有易的誓词。这是他误用了王氏之说提出的推想（王氏是说《楚辞》的"扈"字是"易"字之误,不是说本篇的"有扈"即"有易"）。但不管怎样,古代历史传说在流传中总易发生分化,这是常有的现象。因此这篇誓词所反映的历史事件出现不同传说也是很自然的。

（3）对于这篇誓词的讨伐对象是有扈,儒、墨两家本子都是一致的。因此我们认为原始材料应该就是有扈,在上面第（二）问题里已提到可能就是东夷族的九扈部落。由誓词不用上伐下的口气,也反映讨伐的是别一族。这件历史故事当然是夏代的,竟能流传下来是很幸运的。在上面第（三）问题里已提到,可能到殷代才初步较稳定地写成文字,因而当时把"扈"字写成"雇"。到西周可能写成基本定型的定本,雇字继续分化成"扈"、"雇"、"鳸"三体。再在春秋战国的传抄中,又分化成儒、墨两家互有异同的本子。

（4）两家本子文字上的出入虽然很大，但内容却一致，说明两家所根据的确是同一个本子，在分别抄传中才造成这些出入。它的内容又只有两点：（甲）假借天的意旨，纯用神意而不用人意；（乙）赤裸裸地以赏罚为号令，纯用威力而不用德教，和殷代以上的奴隶主专政的思想意识完全符合。因为德教观念是到西周统治者在"天命不常"的警惕下才提出来的，可知这篇誓词一定是西周以前的东西。郭沫若提出："《甘誓》应该归入《商书》。"因为他认为"《甘誓》的五行……这种观念的起源，应该是起于殷代的五方或五示的崇拜"（《中国古代社会研究》）。我们认为把本文就其成文时代来说列为商代时期是可能的，但"五行"一词不是由于五方或五示的崇拜，而是受殷代或殷周之际天文知识的影响形成专词后因而写进本文的。这也就可如郭氏所说的"《商书》和《周书》都应该经过殷、周的太史及后世的儒者的粉饰"所留下的痕迹！

（5）两个本子的文句都比较简单，视本书《周书》各篇时代看来要早。比《商书》的《盘庚》就其结构来说，也要早。其中语法如"汝"（女）可作第二人称单数与多数，也和甲骨文例符合。但其造句修辞似乎比甲骨文晚了一些，这也就是最后在周代写定受到儒、墨粉饰的证据。

（6）墨家的本子在全文结尾没有"予则孥戮汝"五字，而儒家本子却有。这五字显然是儒家从《汤誓》里抄来的。因此儒家这个本子的最后写定，当在《汤誓》写成之后。

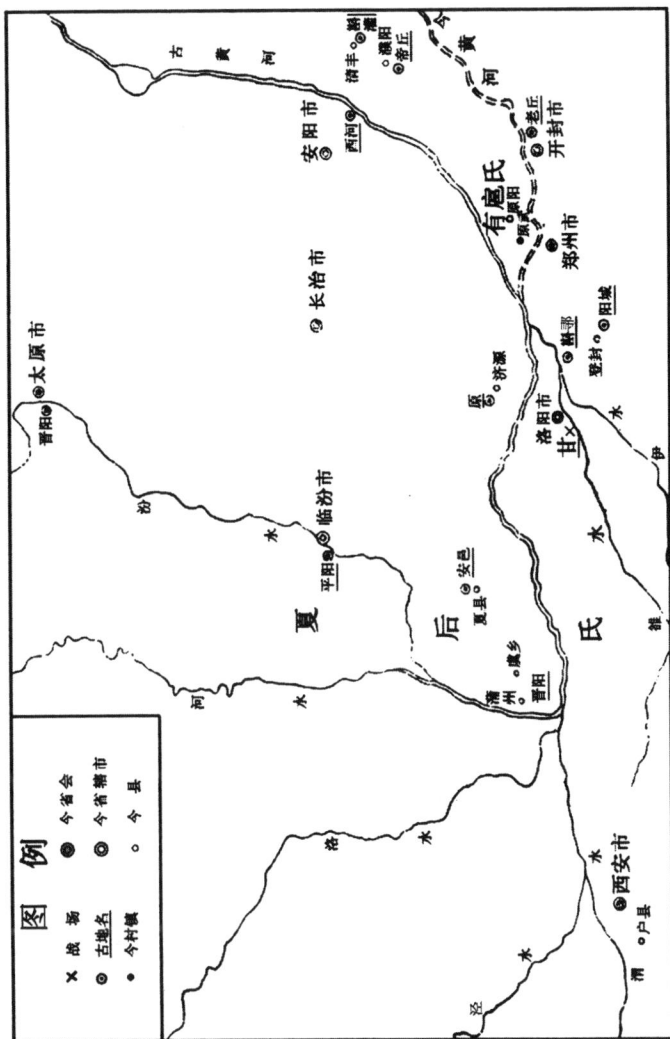

[附] 夏启伐有扈氏示意图

925

汤　誓

　　《汤誓》是汤伐夏桀时的誓师词。在西汉《今文尚书》伏生二十八篇本及三家今文二十九篇本中都是第五篇,列为《商书》第一篇;东汉古文本仍为第五篇,仍为《商书》第一篇;在今所见东晋伪古文本里列在第十篇,仍为《商书》第一篇。其情况详后面的讨论(一)、(二)。

校　释

　　王曰①:"格②尔③众庶④,悉⑤听朕⑥言,非⑦台⑧小子敢行称乱⑨,有夏⑩多罪,天命殛之⑪!

927

　　①王曰——《史记·殷本纪》引载本文作"汤曰"。这是司马迁因本文为汤的誓词,作历史叙述,故改称"汤"。按,卜辞、金文中汤作"唐"、"成唐"。王国维《殷卜辞中所见先公先王考》云:"唐与大丁、大甲连文而又居其首,疑即汤也。《说文》口部:'喝,古文唐,从

口易。'……《齐侯镈钟铭》曰：'虩虩成唐。……'卜辞之唐，必汤之本字。后转作啺，遂通作汤。"（相传汤有七名，参看拙撰《甲骨文与尚书研究》及本书《酒诰》篇"成汤咸"校释）汤是商王朝的创建者，他所处的时代约当公元前16世纪。"王曰"是史臣纪录他动员部属征伐夏代最末一个国王夏桀发出誓师词时的用语（参看《盘庚》《大诰》"王若曰"校释）。"誓"字校释见《甘誓》篇。

②格——告。按，《尧典》"格"字，汉代今文作"假"（见《后汉书》之《明帝纪》《顺帝纪》《冯异传》《陈宠传》引，详《尧典》校释）；《仪礼·士冠礼》"孝友时格"郑玄注："今文'格'为'嘏'。"又《少牢馈食礼》"以嘏于主人"郑玄注："古文'嘏'为'格'。"可知群经中此字，汉代今文作"假"或"嘏"，古文作"格"（段玉裁《古文尚书撰异》说：《今文尚书》有'假'无'格'。"是。皮锡瑞《今文尚书考证》谓"今文亦作格"，乃其引文有误）。牟庭据《家语·问礼》"嘏以慈告"注"嘏，传先祖语于孝子"，因谓"知传相告语谓之'嘏'，则古文之'格'亦告语之意"（《同文尚书》）。按，假、嘏、格、告为双声，皆见纽，古自可通用，知此"格"即"告"。此"格尔"即《尧典》的"格汝"，都和《盘庚》的"告汝"、"告尔"同。

③尔——《殷本纪》作"汝"，与殷代甲骨文"女"字同。作为第二人称，甲骨文中无尔字，始见于东周金文和典籍中（如春秋时期《洹子孟姜壶》《晋公蠹》等），可知此处在传写中用了晚起字。

④众庶——众字在甲骨文中象日下三人形，郭沫若氏释为生产奴隶。但在《商书》如本篇及《盘庚》等篇中，显非奴隶，而近于一般所说的众人、群众之意，详《盘庚》篇讨论。"庶"，和多的意义一样，但甲骨文中亦未发现庶字，只有多字，当是殷周两氏族的不同用

语,"多"是殷语,"庶"是周语(据陈梦家《殷虚卜辞综述》)。显见这也是本篇写定时受了后起的周人文字影响。又《殷本纪》在此字下多"来女"二字,孙星衍以为是训解上面"格尔"二字,传写者误抄入正文中(见《尚书今古文注疏》)。

⑤悉——尽(《尔雅·释诂》)。即今语的"都"。隶古定本作"心"上加"冏"字(如薛季宣本),不足据。

⑥朕——我的。是单数第一人称领格,和甲骨文中的语法相合。内野本作"骹",为隶古定异体。

⑦非——《殷本纪》作"匪"。是用训诂通用字。

⑧台——我(《尔雅·释诂》)。按,甲骨文中第一人称代词,单数的主格、宾格用"余",领格用"朕",多数的主格、宾格、领格都用"我",而没有"台"字。东周金文始有"台"字,绝大多数皆同"以"字,惟《郾侯簋》二"台"字同"我",又《邾王子钟》一"台"字似亦释"我"。另有"辝"、"訂"、"怂"三字则常用作"我",为单数和多数的领格(见《晋姜鼎》《叔夷镈》《王孙遗诸钟》《邾王义楚耑》等器),实即"台"字异体或繁体。其在《释诂》当即指领格。周法高据其在金文中用为领格,因谓"辝为'余之'二字之合音"(《评高本汉〈原始中国语为变化语说〉》,载《中国语文论丛》),其说可取。但本文此处用为主格,陈梦家谓以"台"当主格中的"余"或"我"字用,当在春秋战国时期(《尚书通论》)。又此处"台小子",即《金滕》等篇的"予小子",《大诰》的"予惟小子",《洛诰》的"予冲子",《君奭》的"我冲子",也即是金文中的"余小子",都是周代统治者自己的谦称。这些都是用了周代文字。

⑨敢行称乱——"敢",隶古定如内野本作"敫",薛本作"㪍",

与金文"敢"字形近,与《说文·殳部》训"进取"之"敢"(敢)亦近,略有讹变。"称",《殷本纪》作"举"。内野本、薛本皆作"禹"。段玉裁谓本当作"偁"(《撰异》)。按,《尔雅·释言》:"偁,举也。"郭璞注引《书》作"偁"。段说当据此。"乱",内野本作"率",薛本作"𢦤",按《说文》"𡚾,乱也",古文作"𡚘"。《魏石经》乱字遂亦作"𢦤"。知两本沿汉古文而各有讹变。

⑩有夏——古人常在所称名物前冠一"有"字以为语助,王引之说:"一字不成词,则加有字以配之,若虞、夏、殷、周皆国名,而曰有虞、有夏、有殷、有周是也。"(《经传释词》)《国语·周语》叙禹治水之功后,说:"皇天嘉之,胙以天下,赐姓曰姒,氏曰有夏。"知"夏"为氏名,并托于神话说是上帝授予的。

⑪天命殛之——"天",殷人语言里称为"帝",周人语言里称为"天"(详《高宗肜日》校释)。此为本文最后写定于周代,用了周人文字。"殛",诛杀,诛灭(《释言》)。这句是说上帝命令我去诛灭有夏。

以上这一节,宣扬奉天命伐夏。

"今尔①有众,汝②曰:'我后③不恤④我众,舍⑤我穑事⑥而割⑦正⑧夏⑨?'予惟⑩闻汝众言,夏氏有罪,予畏上帝,不敢不正⑪。

①尔——《殷本纪》作"女"。司马迁于第二人称统一用"女"字,惟上文"格尔众庶"一用"汝",可能传写偶异。

②汝——《殷本纪》作"女",和甲骨文同,为第二人称,往往跟在所指称的私名之后,作为同位词。如:"王曰:侯虎,败女使。"

"琡，女其入乎从又司。""汝（人名）……女一人。"（据陈梦家《殷虚卜辞综述》引）此处在指称"尔有众"之后紧接用"女"字，与殷代文法相合。

③我后——《殷本纪》译作"我君"。这里指汤。"后"为君主意义，参看《尧典》"班瑞于群后"校释。

④恤——忧（《释诂》），意为体恤，关怀疾苦。

⑤舍——同"捨"。

⑥穑事——《殷本纪》作"啬事"，"啬"为穑的假借。《说文·啬部》："田夫谓之啬夫。"又《禾部》："谷可收曰穑。""穑事"即《师寰篹》的"夙夜卹厥墙事"，即农事。于省吾先生据此谓："穑事，周人语例。"（《尚书新证》）

⑦割——当作"害"，《大诰》"天降割于我邦家"之"割"马融本作"害"可证。"害"与"曷"同属古韵曷部和古声类匣纽，故古通用，都和疑问副词"何"同义（参看《盘庚·中篇》"曷"字校释）。这里作"为什么"讲。

⑧正——同"征"，和甲骨文中"正"字作征伐用相同。

⑨夏——《殷本纪》无此"夏"字，清儒多据此说此夏字当删。他们误从伪《孔传》释"割正"为"割剥之政"，所以有此错误意见。其实"割正夏"是"为什么征夏"。

931

⑩惟——同"虽"，用作推拓连词（据《经传释词》）。

⑪予惟闻汝众言夏氏有罪予畏上帝不敢不正——此十八字连下句"今"字共十九字，《殷本纪》错简在上文"有夏多罪"之下，"天命殛之"之前。而在此十九字下，"天命殛之"之上又多出"夏多罪"三字。按古代写经籍的竹简大抵为一简二十余字（据《汉书·

汤誓

艺文志》，一简或二十五字，或二十二字），此处显然恰是一简错置在前。

以上这一节，针对部众不欲伐夏情绪，假借用天命来作动员。

"今汝其①曰：'夏罪其如台②?' 夏王率③遏④众力，率割夏邑⑤，有众率怠弗协⑥，曰：'时日曷丧? 予及汝皆亡⑦!' 夏德若兹⑧，今朕⑨必往。

①其——时间副词，即王引之《释词》所说的"其犹将也"。"今汝其曰"，现在你们将会说。

②夏罪其如台——《殷本纪》作"有罪其奈何"。"奈何"即"如何"。《商书》之《盘庚》《高宗肜日》《西伯戡黎》诸篇都有"其如台"，可知当时商族语言称"如何"为"如台"。

③率——与下两句"率"字都是无意义的语首助词，据王引之《释词》说与"聿"声近义同。

④遏——《殷本纪》作"止"。杨筠如谓"遏"通"竭"（《尚书核诂》）。"率遏众力"，是说竭尽民力。

⑤率割夏邑——《殷本纪》作"率夺夏国"。将"割"译为剥夺，将"邑"译为"国"。按，与上文一样，"割"当作"害"。但与《尧典》"滔滔洪水将割"、《大诰》"天降割于我家"都当作"害"一样，应作"祸害"解。"邑"为都邑，指国都所在，故《殷本纪》译"夏邑"为"夏国"（《牧誓》"商邑"《周本纪》亦译作"商国"，与此同）。

⑥有众率怠弗协——"有"，语词。"有众"即"众"。俞樾《群经平议》说："古怠与殆通。此文怠字当作为危殆之殆。言夏王率遏众力，率害夏邑，故其民危殆而弗协。""弗协"，《殷本纪》译作

"不和"。

⑦时日曷丧予及汝皆亡——"时",是(《诗》之《驷铁》《十月之交》等《毛传》),即"这个"。"日",指夏桀,因古代王朝常用日来比君主。"曷",《孟子·梁惠王》引作"害",知战国时此字原作"害",段玉裁谓系唐人卫包改作曷(《撰异》)。"皆",同"偕"。《殷本纪》译此句为:"是日何时丧,予与女皆亡。"即:"这个日头什么时候完蛋呵,我宁愿和你同归于尽。"

⑧兹——此。

⑨朕——甲骨文、金文中都只作单数第一人称领格,即"我的"。秦灭六国建帝位后,始规定"天子自称曰朕"(《史记·秦始皇本纪》)。此处作主格,已近秦的文法。

以上这一节,指出夏桀的罪行,申明必须伐夏的决心。

"尔尚辅予一人①,致天之罚②,予其③大赉④汝。尔无不信⑤,朕不食言⑥。尔不从誓言,予则孥戮⑦汝,罔有攸赦⑧。"

①尔尚辅予一人——《殷本纪》作"尔尚及予一人"(惟此"尔"字《殷本纪》未改为"女")。"尔",你们。由本节可知"尔"用为第二人称主格,"汝"用为第二人称宾格。"尚",同"倘"。王引之云:"倘,或然之词也,字或作尚。"(《释词》),杨树达云:"尚,假设连词,若也,与倘同。"(《词诠》)"予一人",为古籍和甲骨文、金文中经常出现的古代王朝的君主自称之词。按,"予"字在甲骨文及西周金文中皆作"余",为"余"的古文,至东周金文乃作"余","予"为东周后主要是汉时所用假借字,显系今、古文本所用,是原当作"余一人"。

在西周时又称"我一人"。如《盠盨》《毛公鼎》都同时用了"余一人"、"我一人"，《孟鼎》则用"一人"和"我一人"，本书《多士》亦"余一人"、"我一人"并用，余如《盘庚》《金縢》《康诰》《顾命》《文侯之命》都用了"余一人"，《酒诰》《吕刑》则用"我一人"。以上都是西周天子专用。到东周的《叔夷镈》铭文中，则齐侯也称"余一人"了。"尔尚辅予一人"，你们倘若辅助我。

②致天之罚——"致"，《礼记·礼器》"物之致也"郑注："致之言，至也，极也。"又《中庸》"致中和"郑注："致，行之至也。"知此句即"极天之罚"，意为彻底行天之罚。本书《甘誓》《牧誓》都说"共行天之罚"，《墨子·兼爱下》引作"用天之罚"，是当时统治者惯用假造天意的语言。

③其——在此为承接连词，用法同"则"（用裴学海《古书虚字集释》说），即今语的"就"。

④赉——《殷本纪》作"理"。按，"赉"意义为赏赐，见《说文》。钱大昕以为"理"、"赉"声相近，义亦通，并以《诗·江汉》"釐尔圭瓒"之"釐"，郑玄谓或引作"赉"为证（《廿二史考异》）。金文《敄簋》则有"釐敄圭鬲"之语，《旅鼎》则言"文考遗宝赉"。知赉与釐、釐同是大贵族主赏赐臣下之词。于省吾氏据《说文》"釐，家福也"，《克鼎》"锡釐无疆"，以为釐训福，与说文合。又举"釐"在金文中尚作釐（《师酉簋》）、盫（《屖簋》）、斄（《陈昉簋》），及敦煌本《尚书释文》釐作盫，等等，因谓釐自可作赉（《新证》）。

⑤尔无不信——《殷本纪》作"女毋不信"。

⑥食言——蔡沈《书集传》释为"言已出而反吞之"，是说自己把自己的话吃掉，意即讲话不算数，无信用，比伪《孔传》"食尽其言

伪不实"之解较确。清人或据《尔雅》释"食言"为"伪言",或据杜预注以"食"为"消",都和《左传·哀公二十五年》"食言多矣,能无肥乎"之意不合。《左传》明明借用人吃东西多就肥,来比喻人把话吃得多也会肥,讥斥其言而无信。

⑦孥戮——《殷本纪》作"帑僇",《周礼·司厉》郑众注和《汉书·王莽传》都引作"奴戮",《诗·常棣》"乐尔妻帑"疏引作"孥戮",《匡谬正俗》引秦古定本作"奴𠛬",内野本作"孥𠛬",薛季宣本作"伮𠛬"。"奴",奴隶。"孥",妻和子(《小尔雅·广言》)。"帑(音倘)者,金布所藏之府也"(《后汉书·桓帝纪》注引《说文》),可假借作奴,亦可假借作孥。"僇",侮辱(《汉书·季布传·赞》《国语·晋语》韦注)。"戮",杀戮(如《左传·哀公二年》"绞缢以戮"、《华严经音义》引《国语》贾注),可假借为僇。"𠛬"、"𠛬"是戮的隶古奇字。段玉裁据郑众注、《王莽传》《匡谬正俗》及《季布传》"奴僇苟活"语,遂断定此句引"孥"字当作"奴","戮"当作"僇"(《撰异》)。因他在解释上同意郑众把此句引用于解释司厉处理奴隶,只是使犯者本人作为奴隶。郑玄则与郑众不同,他解释为:"大罪不止其身,又孥戮其子孙。"(《孔疏》引)伪《孔传》则说:"古之用刑,父子兄弟不相及,今云孥戮汝,无有所赦,权以胁之,使勿犯。"他认为古代没有罪及妻孥的事,但仍承认此句的文意是罪及妻孥。颜师古据伪孔引"罪不相及"语,则径以为此句无罪及妻孥意,他说:"奴戮者,或以为奴,或加刑戮(僇),无有所赦耳,此非孥子之孥。"(《匡谬正俗》)清人多承其说,都以为到秦代才有连坐收孥之法,因此说郑玄错误地以秦制来解说夏商历史。他们不知道把全家族的人都作为奴隶,正是商代奴隶主政权实行种族

奴隶制所必有的办法，因此郑玄这条解释是对的。

⑧罔有攸赦——"罔"，《殷本纪》作"无"，用训诂字。"攸"，所（《释言》）。"赦"，免罪（《公羊传·昭公十九年》："赦止（人名）者，免止之罪辞也"）。"罔有攸赦"，没有所赦免的。

以上这一节，以重赏重罚来申明奴隶主专政的严厉的军令，用以驱使部众努力作战。

今　译

王说："告诫你们大众，都要听我的话。不是我敢作乱，实在因为夏王的罪太多了，上帝命令我去诛灭他。

"现在你们说：'我们的君王不体恤关怀我们大家的痛苦，丢掉我们好好的农业不让干，为什么要去征伐夏王呢？'我虽然听了你们这些话，但是夏王有罪，我怕上帝，不敢不按照上帝的命令去征伐他。

"现在你们会说：'夏王的罪到底怎样的呀？'夏王的罪吗？他搜括尽了民力，为害于夏国，使广大人民陷于危困境地因而离心离德，都咒骂夏王说：'你这个太阳什么时候完蛋呵，我宁愿和你同归于尽！'夏王的德性坏到这样，现在我必须前往征伐他。

"你们倘若肯辅助我，极力完成上帝的惩罚，我就大大地赏赐你们。你们不要不相信我的话，我决不把自己的话吃掉不算数。你们如果不服从我誓诫你们的话，我就要连你们和你们的妻室儿女杀的杀，做奴隶的做奴隶，决不赦免一个！"

讨　论

本篇需要讨论下面三个问题：

（一）本篇写成的背景

汉代出现的《书序》说："伊尹相汤伐桀，升自陑，遂与桀战于鸣条之野，作《汤誓》。"说明本篇是商汤伐夏桀时，以伊尹为辅佐，率领部队经陑地进战于鸣条之野的誓师词。《史记·殷本纪》记载这一历史事件说："当是时，夏桀为虐政淫荒，而诸侯昆吾氏为乱，汤乃兴师率诸侯，伊尹从汤，汤自把钺以伐昆吾，遂伐桀。汤曰：'（此处录本篇全文，今略）'以告令师，作《汤誓》。于是汤曰：'吾甚武，号曰武王。'桀败于有娀之虚。桀奔于鸣条。"除地名彼此互有详略外，二者所说基本相同，可知大体是可信的，因为它与商王朝的后代宋国所作歌颂他们祖先的《商颂》所说汤的勋业相符合。

《商颂》保存在今本的《诗经》里，它除了歌颂殷商的祖先是由上帝派玄鸟所诞生，历代在禹所敷的土地上光辉发展以外，特用了主要篇章来歌颂汤的武功。如《玄鸟》说："古帝命武汤，正域彼四方。"又《长发》说："武王载旆，有虔秉钺，如火烈烈，则莫我敢曷。苞有三蘗，莫遂莫达，九有九截，韦顾既伐，昆吾夏桀。"最后两句说了当时武功胜利过程，是先征服了夏王朝的几个强大诸侯国韦、顾、昆吾之后，紧接着就进攻夏桀的。这是关系于商王朝建立最重要的史实，所以反复咏歌赞叹，现在还可从春秋时的金文《叔夷镈》和钟铭得到证实。该铭文说："虩虩成汤，有严在帝所，敷受天命，剪伐夏司，散厥灵师，伊小臣惟辅，咸有九州，处禹之堵。"这是春秋中叶后宋国的后人对其祖先商汤事迹的歌颂，也歌颂了伊小臣（伊尹）的辅佐之功，和《商颂》《书序》及《史记》所记基本一致，可知都具有了史料的可靠性，因此这篇誓词在史料内容上说基本也是可靠的。

它既是商王朝建国史上最重要的一篇"宝典"，自然为商汤子孙所历世相传，作为必诵必尊的祖训珍视着。后来商亡后，周公在一篇题为《多士》的诰辞里对殷人说："惟尔知，惟殷先人有册有典，殷革夏命。"指出殷人的祖先用典册记载了当时殷革夏命的事实，那么显然这篇重要祖训一定就是记载在当时的典册中的。很可能就是灭殷时周人把它接收了，成为"周公旦朝读《书》百篇"（《墨子·贵义》语）中的一篇；也有可能宋国的内府里仍然保存了一份，或者当宋国受封建国，精神逐渐镇定缓和过来之后，重新搜集整理祖先文献，从历世口耳相传中恢复重写了这一份。由于时间已在周代，所以会运用周代通用的文句去写它，等于也是当时的一篇"今译"。到春秋战国时期，官府文献散布到士大夫手中，在传抄中显然更会有当时文字的影响。因此像一些非商人语言而是周人语言中的字和词，如"尔"、"庶"、"天"、"台"等等都在本文中出现。还有虚字，如"而"、"则"等连词，是区别春秋以后流丽可诵的文章与西周以上佶屈聱牙的文章的关键性字眼，本文里也出现了"舍我穑事而割正夏"及"予则孥戮汝"的句子，就说明《汤誓》流传本文字的最后写定时间是颇晚的，显然已到了东周。至于文中不用"余"字而用假借字"予"，就更晚了。因此它才成了比殷代后半期即武丁以后的甲骨文浅近平易得多的文献。

（二）《汤誓》的几个不同流传本

春秋战国时期的不同学派多有《汤誓》的不同传抄本，因而出现了好几种不同的本子，大略有如下几种：

1.儒家的本子。《孟子·梁惠王上》："《汤誓》曰：'时日害丧，予及汝偕亡。'"这两句见于本篇中，可知本篇就是儒家的本子。

2.墨家的本子。《墨子·尚贤中》："《汤誓》曰：'聿求元圣，与之戮力同心，以治天下。'"不见于本篇，亦不见于先秦其他诸家所引，当系墨家独有的一篇《汤誓》。东晋的伪孔本把前两句抄进了伪《汤诰》篇中。

3.各家共传的本子：

《国语·周语上》：内史过曰："在《汤誓》曰：'余一人有罪，无以万夫；万夫有罪，在余一人。'"

《墨子·兼爱下》："虽《汤说》即亦犹是也。汤曰：'惟予小子履，敢用玄牡，告于上天后，曰：'今天大旱，即当朕身履，未知得罪于上下，有善不敢蔽，有罪不敢赦，简在帝心，万方有罪，即当朕身；朕身有罪，无及万方。'"

《论语·尧曰篇》"舜亦以命禹"下有脱文，接着"曰"字下说："予小子履，敢用玄牡，敢昭告于皇皇后帝，有罪不敢赦。帝臣不蔽，简在帝心，朕躬有罪，无以万方，万方有罪，罪在朕躬。"

《吕氏春秋·顺民篇》："昔者汤克夏而正天下，天下大旱，五年不收。汤乃以身祷于桑林，曰：'余一人有罪，无及万夫；万夫有罪，在余一人。无以一人之不敏，使上帝鬼神伤民之命。'于是剪其发,磨其手,以身为牺牲,用祈福于上帝,民乃大悦,雨乃大至。"

《尸子·绰子篇》:"汤曰:'朕身有罪,无及万方;万方有罪,朕身受之。'"(见《群书治要》)

以上皆汤因旱祷雨之词。

另有《荀子·大略篇》亦载汤的祷词,与上所举皆不同,很可能出于自创,其语云:"汤旱而祷曰:'政不节与?使民疾与?何以不雨至斯极也!宫室荣与?妇谒甚与?何以不雨至斯极也!苞苴行与?谗夫兴与?何以不雨至斯极也!'"

按,何晏《论语集解》引孔安国《尧曰篇》注云:"履,汤名。此伐桀告天之文。"但据《墨子》《吕氏春秋》等文,显然是因旱祷雨的话。刘宝楠《论语正义》说:"疑伐桀告天与祷雨文略同。"这是调和之语。实际并不是一篇,但相传都是汤的话,所以一般的都把它说成是《汤誓》。像《墨子·明鬼下》把《甘誓》称做《禹誓》,而《兼爱下》把禹伐有苗誓词也移做《禹誓》一样,正是此例。魏源《书古微》把《论语·尧曰》一段和《墨子·尚贤中》一段都抄集在本篇之首,连同本篇作为伐桀告天的《汤誓》全文,是没有道理的。因为上列各家所引都和本篇不同,它们不是誓词而是祷词,是告天谢罪祈祷之词。本篇则是作战誓词,而不是告天之词。所以不同的书篇是不宜牵混在一起的。

(三)几个有关的地名

1.陑

这是一不容易考实其确址的地名。《书序》说:"汤伐桀,升自陑,遂与桀战于鸣条。"伪《孔传》云:"桀都安邑,汤升道从陑,出其不意。陑在河之南。"《孔疏》加以解释说："将明陑之所在,故先言桀都安邑。桀都在亳西,当从东而往,今乃升道从陑,升者从下向上之名,陑当是山阜之地,历险迂路出不意故也。陑在河曲之南,盖今潼关左右。河曲在安邑西南,从陑向北渡河,乃东向安邑。鸣条在安邑之西,桀西出拒汤,故战于鸣条之野。"此说汤自东向西击桀,陑只能在东,这是对的。说桀都在安邑则误。历史事实是桀都在斟𪩘。

作"疏"的一个不可违犯的原则是"疏不破注",只能顺着说。但这里说得很曲折,指出汤都在桀都东,从东向西打怎么成了从西向东打。这样提出微辞,显然是说伪《孔传》对这两个地点的注释出于推断,并无确据。宋《太平寰宇记》说:"雷首山即陑山,汤伐桀所升也。"按,雷首山在山西永济县南,更出于附会。

宋儒纷纷说什么汤武"仁义之师",不会用诈术,不应当"出其不意"。以为:"安知陑、鸣条之必在安邑西耶?"(林之奇《尚书全解》)"升自陑,必用师当行之道,夏之可攻处也。"(吕祖谦《东莱书说》)他们提出的"仁义之师"的理由是荒谬的,但说地点不应在安邑西,而是自东向西行军路上所经过的一个地方,则是比较说得通的。但确址始终无法确定。

直到清雷学淇《竹书纪年义证》仍然只得说:"陑,地名,后为宋臣陑班之采,所在未详。"又说:"汤征夏邑,自陑发师者,于陑训练士卒,帅而用之,犹武之伐纣,出于鲜原也。"既然到东周时犹为宋臣采地,那么陑当在宋国境内,宋都在今商丘,辖境主要在今豫东,陑也就应在豫东境内。雷学淇又把陑和周境内的鲜原相比,是说它也当在汤自己的辖境之内。汤都亳在今曹县之南(据王国维《说亳》),和商丘相去也不远,那么陑也就是在曹县和商丘以西的今河南省东部境内。这是到现在为止所能求得到的陑的大致地望了。

2.鸣条

《史记·夏本纪》说:"桀走鸣条。"《殷本纪》说:"桀奔于鸣条。"《秦本纪》说:"败桀于鸣条。"与《书序》所说汤"与桀战于鸣条之野"基本相同,这大体是根据周代已有流传的历史传说。如《荀子·议兵篇》:"故汤之放桀也,非其逐之鸣条之时也。"《商君书·赏刑篇》:"汤与桀战于鸣条之野。"《吕氏春秋·简选篇》:"殷汤……登自鸣条,乃入巢门,遂有夏,桀既奔走。"显见这是较早就有的传说,鸣条是汤伐桀有关的一个地方。

到汉代依然有这样的记载,如《淮南子·主术训》:"桀之力制觡伸钩……汤革车三百乘困之鸣条,擒之焦门。"又《氾论训》:"故圣人之见存亡之迹、成败之际也,非及鸣条之野。"又《修务训》:"乃整兵鸣条,困夏南巢。"等等。不过事情比先秦说得更详一些了。

过去注疏家对鸣条的解释,除汉末郑玄笼统地说是"南夷地名"(《夏本纪·集释》引)外,晋以下的人大抵都说鸣条"地在安邑之西"。如伪《孔传》《孔疏》都这样说。《殷本纪·正义》也引《括地志》云:"高泾原在蒲州安邑县北三十里南坡口,即古鸣条陌也。鸣条战地在安邑西。"《后汉书·郡国志》"河东郡安邑"刘昭自注,引皇甫谧《帝王世纪》说县西有鸣条陌、昆吾亭。这些都是先相信古代传说夏都直到夏桀时都在安邑,然后据《书序》等记载,把鸣条说成在安邑西,是没有较早的史料根据的。

到清代，金鹗在《求古录礼说》中，始根据洪颐煊《世本》所考订的禹都（见洪颐煊《筠轩之钞》卷一《禹都阳城考》）在河南阳城（今登封附近），又据《孔疏》所引另一说"或云陈留平丘县今有鸣条亭"（按此见《御览》卷八十二），论定鸣条在陈留，即今开封附近。雷学淇《竹书纪年义证》也说："鸣条在今陈留县西北，与许之昆吾接壤，夏邑在旧许之西百数十里……盖汤自陬西行以征夏邑，昆吾与桀皆出师逆之，故战于鸣条。"这些论定比晋以来的说法要正确。

我们再从《孟子》提到的鸣条来考虑，《离娄下》说："舜生于诸冯，迁于负夏，卒于鸣条，东夷之人也。"把鸣条叙在东方，所以赵岐注也就说："在东方夷服之地。"另外《墨子·尚贤中》《韩非子·难一》《尚书大传》及《五帝本纪》叙舜活动地点，除上述者外，还有雷泽、历山、河滨、寿丘、负夏、服泽等地。这些地点也都在今鲁西、豫东北一带。如雷泽在濮州，今曹县附近（《史记·正义》引《括地志》），历山在雷泽县（同上），河滨在定陶（《史记集解》引皇甫谧说），寿丘在鲁东门之北（同上），负夏为卫地，亦在今豫北濮阳境（《史记集解》引郑玄《檀弓》注），服泽即负夏（朱起凤《辞通》），那么鸣条之不能远离这一带亦甚显然，足证金鹗之说是可信的！

近人陈梦家据《水经·睢水注》："又东径亳城北，南亳也，即汤所都矣。"又《淮水注》："又径亳城北，《帝王世纪》曰：'穀熟为南亳，即汤都也。'"并据甲骨文中征人方路程，以为汤都亳在商丘附近（《殷虚卜辞综述》），与王国维说有异。王说在曹县南，即所谓北亳。两亳相去不远。地境实际都在豫东，无论汤从

汤
誓

哪一个亳出发,总之都是从豫东向豫中进攻,半途在开封一带与桀迎击之兵作战,是很合情理的。所以大体可信鸣条在今开封、陈留一带。

3.昆吾

《诗·商颂》"韦顾既伐,昆吾夏桀"。颂扬汤先后讨伐夏王朝的三个诸侯国韦、顾、昆吾以及夏桀的武功。《郑笺》云:"汤先伐韦、顾,克之,昆吾、夏桀则同时诛也。"和《殷本纪》所说"汤自把钺以伐昆吾,遂伐夏桀"之说相合。据《左传·昭公十二年》:"王(楚灵王)曰:昔我皇祖伯父昆吾,旧许是宅。"《孔疏》:"昆吾是楚之远祖兄也。昆吾尝居许地。许既南迁,故云旧许。"许即今河南许昌一带。那么汤先击灭今许昌境的昆吾,然后进击今开封、陈留一带的夏桀军,势如先断桀的右臂,然后再折其左臂,以歼其全身,也是合于作战方略的。

4.有娀之虚

按《殷本纪》于此处叙为"桀败于有娀之虚。桀奔于鸣条"。显然是司马迁照抄的两条史料原文,拼凑在一起,所以每一句都有"桀"作主语,没有顾及润色文字。这里有两个可能:一是本来就是先后两件史事的史料,一是这两条史料是同一史事的传闻异词。

就前一个可能说,有娀之虚的战事,是与韦、顾作战时的史事有关,而与后来的鸣条之战不相及,是两回事。韦在今豫北东部的滑县以东地(据《左传·襄公二十四年》杜注、《通典》、王应麟《诗地理考》,直至《清一统志》等),据传为夏代御龙氏之后,在商又称豕韦(见《左传·襄公二十四年》)。顾在今鲁西范县南及豫北濮阳东之地(据《元和郡县志》《路史·国名纪》等），即夏初有扈氏之后，当他们为启所败后，或自己向东北迁避至此，或为夏王朝迁封至此（参看《〈尚书·甘誓〉校释译论》），到殷代尚为较大的诸侯。韦、顾两国都处在汤都亳的北方，商要灭夏，必须先剪除这两个肘腋之近的大国。根据雷学淇考订，有娀即有莘，又古莘、姺通（《竹书纪年义证》）。而《元和郡县志》载莘地有二：一为"莘仲故城，在曹州济阴县东南三十里"；一为"古莘城，在汴州陈留县东北三十五里"。并云："汤伐桀，桀与韦顾二君拒汤于有莘之墟。"那么这一有娀之战，即有莘之战，大概就是商汤向北进击韦、顾时，桀叫韦、顾南下迎战于曹县附近之有莘。这一可能由于不知《郡县志》史料的根据情况，所以一时尚难论定。

后一可能，即同一史事传闻异词的可能要较大。《韩非子·十过》说："桀为有戎之会，而有缗叛之。"此在《左传·昭公四年》则为："夏桀为仍之会，有缗叛之。"《楚世家》载伍举亦说此事，全同《左传》。那么有娀（有戎）也就是有仍了。《左传·昭公十一年》又说："桀克有缗，以丧其国。"都说到桀的灭亡与有戎、有缗有关，与《殷本纪》所记有符合之处，不过它们是说在汤伐桀以前，并没有说和汤伐桀同时，可能桀由于有仍、有缗事件消耗了国力，招致了为汤所灭的后果。据《左传·哀公元年》："过浇灭夏后相，后缗方娠，逃出自窦，归于有仍。"贾逵注："缗，有仍之姓；有仍，国名，后缗之家。"（《吴世家·集解》引）那么"缗"与"仍"是一。据《左传·僖公二十三年》"齐侯伐宋，围缗"，则缗地在宋国。《汉书·地理志》山阳郡有东缗县，师古注谓即齐侯所围宋地，地在今山东金乡。而"仍"地则《昭公四年》

杜注和贾逵注一样，只说"仍，国名"。雷学淇《义证》说："古文仍、任通，故仍叔，《穀梁》作任叔。仍国即太昊风姓后，今山东济宁州是。"那么仍与缯又不在一地，则又与《楚世家集解》引贾逵曰"仍、缯，国名也"作为两国一样。可见这些地名也是颇为传闻异词，很难确切说有娀就与有仍及缯是一个地方。

较有据的还是从《韩非子》的"有戎"来寻其地。《春秋·隐公二年》"公会戎于潜"，杜预注："陈留济阳县东南有戎城。"杜预时的陈留国即汉陈留郡，治小黄，在今开封东北，济阳县又在郡治东北。这样看来，有戎或有娀和鸣条都在汉陈留郡境内，其地必邻近，战事就在这一带进行，所以或说"桀败于有娀之虚"，或说"败桀于鸣条"。司马迁很谨慎，就这样把两条不同史料一字也不改动它，都照原样抄存在他的著作中了。

《淮南子·地形训》说"有娀在不周之北"，《殷本纪正义》引《记》说"有娀当在蒲州"，这都是些悠谬不确的说法。

《商颂》说："天命玄鸟，降而生商。"又说："有娀方将，帝立子生商。"《离骚》说："见有娀之佚女。"《毛传》和王逸的注都注明是"契母"。这是以鸟为图腾的商族祖先的神话故事，说他们的始祖契是上帝派玄鸟和有娀氏之女生下来的。甲骨文中也有"娀"字，证实这确是商代祖先的美丽神话。《商颂》写成于周代宋国人之手，但故事是从商族的先人传下来的。这故事的最后完成，而且与"有娀"结合在一起，大概也有可能与有娀之虚的胜利有关，因为这是决定商王朝建立的一次关键性战役。

5.三朡、南巢

《史记·殷本纪》在叙"桀奔于鸣条"之后，紧接着说："夏师败绩，汤遂伐三朡，俘厥宝玉，义伯仲伯作《典宝》。"汉成帝时张霸献的《书序》亦袭其文句云："夏师败绩，汤遂从之，遂代三朡（《国语·郑语》及《左传·昭公二十九年》作鬷），俘厥宝玉，谊伯仲伯作《典宝》。"伪《孔传》释云："三朡，国名，桀走保之，今定陶也。桀自安邑东入山，出太行东南涉河，汤缓追之不迫，遂奔南巢。"《孔疏》又疏云："汤伐三朡，知是国名。逐桀而伐其国，知桀走保之也。'今定陶'者，相传为然。安邑在洛阳西北，定陶在洛阳东南，孔迹其所往之路，桀自安邑东入山，出太行，乃东南涉河往奔三朡，汤缓追之不迫，遂奔南巢。……桀必载宝而行，弃于三朡，取其宝玉。"按定陶在商汤领土之内，夏桀败逃，决不可能荒唐到自投敌人网罗之内。且其地在今山东，亦不在桀自今开封境的鸣条奔往南巢所经过的路上。所以释三朡为定陶显然是错误的。欲弄清楚其地，先须了解南巢所在，然后可寻得三朡所在。

南巢所在地，历史上大都认定在今安徽境内。惟用字略有歧异，如上文所引《吕氏春秋·简选》作"乃入巢门"，《淮南子·主术训》作"擒之焦门"，又其《修务训》始从通常所用作"困桀南巢"。《史记·夏本纪》"桀走鸣条遂放而死"句下《正义》引《括地志》云："庐州巢县有巢湖，即《尚书》成汤伐桀放于南巢者也。《淮南子》云：'汤败桀于历山，与妹喜同舟，浮江奔南巢之山而死。'《国语》云：'满于巢湖。'"《通典·州郡》庐州巢县下亦云："汉居巢县也，古巢伯之国，汤放桀于南巢，即此处也。"各历史资料中大都同此说。惟至《元和郡县志》始出现新说，其"江州"浔阳下云："巢湖故城，在县东四十二里。按楚有二巢，一在庐江

947

汤
誓

六县,其南巢桀所奔处,盖在此。"把南巢移到江州浔阳,处安徽省的最南端。同时提出楚境之巢地有二,除浔阳者外,另一在庐江之六,而不提及庐州巢县,显然此二者在庐州巢县之外,那么巢地有三了。另《太平寰宇记》载桐城有古巢城,即古南巢城。这样,则有四巢了。但桐城地近庐江之六,似所指为同一地。而按唐州郡,庐江、巢县皆属庐州,则此两处之巢,疑为一地的传闻分化致异。至于浔阳之南巢,无地名渊源,似近附会。然以地较近西偏,桀奔往亦颇有可能,惟较早资料皆不说此地,无法考实,只能存备一说。

桀自今豫境开封之鸣条败走,南奔今皖境之南巢,不论其间如何因匆忙奔突而致道途行程有曲折,总必须经过今豫南皖北,则三朡之地自只能在这一方向寻求,决不能索之于开封东北的殷商腹地定陶之境。现在考索它的所在,只好先从"朡"字着手。近见杨升南同志有探讨此问题之文。其文一些资料有同于我此文者,而其考述则有异于我此文者。他关于三朡地点之考述,引用清高士奇《春秋地名考略》以为即《左传》的鬷夷,则给了我以启发。按,《左传·昭公二十九年》云:"昔飂叔安有裔子,曰董父……乃扰畜龙以服事帝舜。帝赐之姓曰董,氏曰豢龙,封诸鬷川,鬷夷氏其后也。"杜预注云:"飂,古国也。叔安,其君名。"《国语·郑语》则云:"董姓鬷夷豢龙,则夏灭之矣。"韦昭《解》云:"董姓,己姓之别受氏为国者,有飂叔安之裔子曰董父……(此处所叙同《左传》,今略)封之鬷川。当夏之时,别封鬷夷,于孔甲前而灭矣。"董增龄《国语正义》云:"《汉书·地理志》南阳郡湖阳县:'故廖国也。'师古曰:'廖,音力救反,《左氏传》作飂字,其音同耳。'案今(清)河南南阳府唐县南,有湖阳故城。"指出廖国即飂国,是即飂夷之国,地在河南唐县即今唐河县之南,在今通行的地图出版社出版的中国地图上,犹可见唐河县之南有湖阳镇,即是古飂夷之所在,而腺即飂,那么也就是三腺之所在。由此可知桀自鸣条南奔,先停留于此地,企图于此立足,故伪《孔传》说"桀走保之"。但是由于汤率军继续追赶,他就只好南奔南巢了。据《史记·夏本纪》说"桀走鸣条遂放而死"及《括地志》说"奔南巢之山而死",知桀逃奔到南巢后终于死在那里。(又有人据"董"字以寻三腺之地,董为春秋晋邑,在今山西,当然非桀南奔所能经之地。)

汤
誓

〔附〕汤伐桀地理示意图

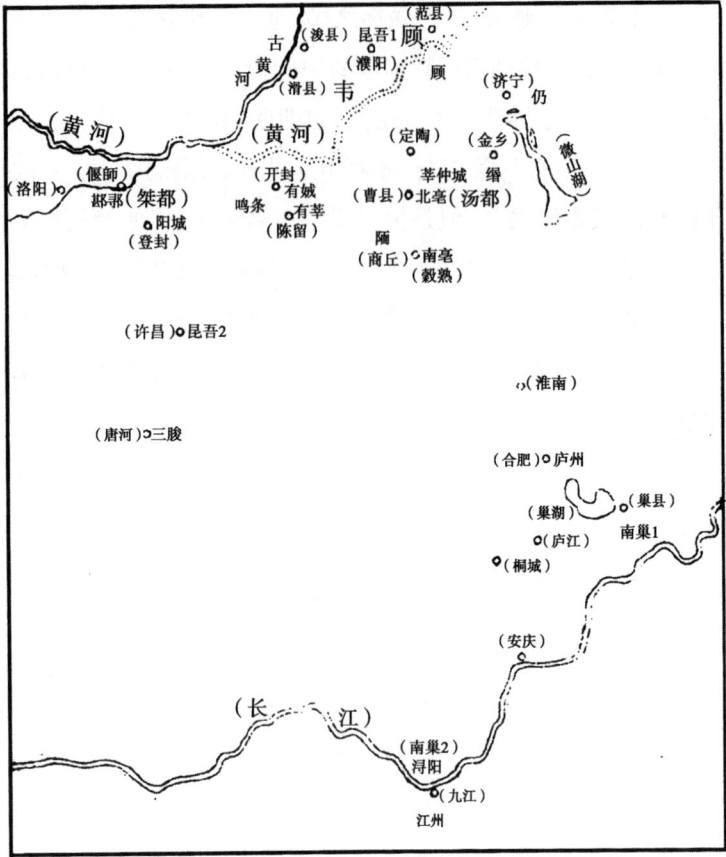

（偃师）　今地名

郼邿　古地名

盘　庚

　　《盘庚》三篇是商代奴隶制王朝第十九任国王盘庚在迁都时对臣民的三次讲话，并附大臣转述他的一次较简短的讲话。在西汉大、小夏侯氏两家的《今文尚书》中合为一篇（由《汉书·艺文志》载"《大小夏侯解故》二十九篇"与今文二十九篇数目相合而知，今文二十九篇数目则是由伏生二十八篇加后出伪《太誓》而成）。欧阳氏今文本始分为上、中、下（《汉书·艺文志》载"《欧阳章句》三十一卷"但总起来仍为一篇，又《汉石经》残石所见《盘庚》上中下分列，因而知把《盘庚》分为三，乃成三十一卷）。此三家都把它列在《商书》中。其在全书中的次序，为第六篇，东汉古文本分篇次为全书第六、七、八篇。东晋伪古文也分为三篇，列为《商书》第九、十、十一篇（全书第十八、十九、二十篇）。但原上、中、下三篇的排列次序，和盘庚讲话的先后次序不一致，与迁前迁后讲话的境地相违背。过去注疏家包括从汉代起历经各代到清代的许多人，强行给它作了许多解释，都是不正确的。俞樾开始提出他的看法说："以当时事实而言，《盘庚中》宜为上篇,《盘庚下》宜为中篇,《盘庚上》宜为下篇,曰'盘庚作,惟涉河以民迁'者,未迁时也。曰'盘庚既迁,奠厥攸居'者,始迁时也。曰'盘庚迁于殷,民不适有居'者,则又在后矣。"(《群经平议》卷四)他的说法与三篇内容相符合,所以我们采用了它,把各篇次序按讲话时间先后纠正过来。但因《盘庚》的上、中、下三篇习称已久,引用已惯,为免造成称法上新的淆乱,仍保存原上、中、下名称不变,而以原中篇为第一篇,原下篇为第二篇,原上篇为第三篇。其全部情况详后面讨论(一)、(二)。

校 释

第一篇(原中篇)

盘庚①作②,惟③涉河④以民⑤迁,乃话⑥民之弗率⑦,诞⑧告用亶⑨。其有众咸造⑩,勿亵⑪在王庭⑫。盘庚乃登进厥⑬民,曰:

①盘庚——"盘",《隶释》载《汉石经》残碑本文原下篇此字作"股",《汉书·扬雄传》《周礼·司勋》郑注所引及《释文》引别本和岩崎氏藏唐写本都作"般"。张参《五经文字》云:"石经'舟'皆作'月'。"知石经之"股"即典籍之"般",在商代甲骨文中,"盘庚"作"𦤔庚"(《前》1.15.4)、"凡庚"(《前》1.16.2)。郭沫若《通纂》云:"前片作𦤔,即后来之般字。字当作𦤔,讹变为从舟从殳。"盖其凡字作𠘧,与舟字作𠦜形近易误之故。其舟形之"𠦜",石经隶定误作"月"。是此字原自作"般",故《释文》音"步干反")。其原意为"盘"。诸隶

古定写本如敦煌唐写本及日本各古写本已写作后起的"盘"字，《唐石经》及以后刊本皆承用，各古籍中亦已通行，故不改回。

"盘庚"，商王名，汤的第十世孙，商王朝的第二十任国王（合汤太子言，否则乃为十九任），在位期间约当公元前 14 世纪后期至前 13 世纪。

②作——俞樾以为与《孟子·公孙丑》"汤至于武丁贤圣之君六七作"、《易·系辞传》"神农氏作"、"黄帝尧舜氏作"之"作"同（《平议》），甚是。但俞氏与黄式三《启蒙》均解释为君主即位，则不确。当如赵岐释为"兴"（《孟子》注），意即"兴起"。可体会为现代语所说的"登上历史舞台"。《说文·辵部》有"迮"，"起也，从辵作省声"。此字原当为迮，转为作字。

③惟——谋（《尔雅·释诂》），打算，做出决定。

④涉河——"涉"，渡。"河"，黄河。意为从"奄"（今鲁西曲阜）渡过黄河迁到殷（今豫北安阳）去。

⑤民——指商王朝统治下的人民群众。参看讨论（一）（3）。

⑥话——会合。于省吾云："《说文》'话'（譮）之籀文作'譮'，惠栋谓譮有会合之谊。按，古从'昏'之字今多写作'舌'，每与'会'为声训。如《禹贡》'栝柏'即桧柏。《释名》：'栝，会也。'又《说文》：'佸，会也。'可证。"（《新证》。又俞樾释"话"为"佸"之假借，义亦"会合"）

⑦民之弗率——"率"，循（《尔雅》），顺（《周书·大匡》注）。"民之弗率"，民之不顺从者，在这里是指那些不顺从迁都决定的人民群众。

⑧诞——语首助词。杨筠如云："《书》中训'大'之字，如

'丕',如'诞',如'洪',皆多用为语辞,无意义。"(《核诂》)

⑨亶——《释文》:"亶,丁但反,马(融)本作'单',音同。"段玉裁云:"马作'单'而读为'亶',与《雒诰》'乃单文祖德'同也。"(《撰异》)于省吾云:"单亶古通。《史记·仲尼弟子列传》'子贱为单父宰',《吕览·具备》'宓子贱治亶父'。《尚书》'单'字多读作殚,尽也。"(《新证》)

⑩其有众咸造——"其",指示形容词,与现代语"那些"相当。"有",语首助词。王引之云:"一字不成词,则加有字以配之。"(《释词》)"有众"即"众",指上句"弗率"的"民"。"咸",皆(《释诂》),都。"造",至(《周礼·大司寇》郑注)。"咸造",都到。"众"字参看讨论(一)(3)。

⑪勿褻——玄应《一切经音义》十五"媟婞"条下引"《尚书》'咸造勿媟',孔安国曰:'媟,慢也。'"段玉裁云:"忽者,字之误;褻本作媟,褻盖卫包所改也。其所引《孔传》亦与今本不同。"(《撰异》)按"勿褻"旧释为"不得褻慢",其实是古成语,意为"不安"。杨筠如云:"《说文·出部》:'槷黜,不安也。《易》曰槷黜。'又作'杌陧',《秦誓》'邦之杌陧'。《说文》'梼杌'作'梼柮'。杌、柮、黜通用。陧、槷亦通用字。一作'出埶',《召诰》'徂厥亡出埶'。'勿'、'出'古同部,故又转为'勿褻'也。"(《核诂》)

⑫王庭——此王庭可能是宫廷大门内的大廷。西周时《小盂鼎》记宫庙的南门(即最前面第一门,亦即大门)内为大廷,出征胜利后的告擒、献俘典礼在此举行。三门内为中廷,出征将领与诸侯向周王的"告"礼在此举行;其他金文记王册命群臣也在中廷举行。本文为殷制,如果基本与《盂鼎》相同的话,盘庚召集民众讲话,不

可能进至中廷,只可能是在大廷。

⑬厥——其,他的。与下文"丕从厥志"、"安定厥邦"之"厥",松田本作"其",显然是误用训诂字。详《尧典》"厥民析"校释。

这一节,是史臣记载盘庚在迁都前召集不愿迁的人给他们作动员讲话。下面所记的是讲话的全文。

盘
庚

"明①听朕言,无荒失②朕命!呜呼③!古我前后④罔不惟民之承保⑤,后胥戚鲜⑥,以不浮⑦于天时。殷⑧降大虐⑨,先王不怀⑩厥攸作⑪,视民利用迁⑫。汝曷⑬弗念我古后⑭之闻⑮?承汝俾汝⑯,惟喜康共⑰;非汝有咎⑱,比⑲于罚。予若吁怀兹新邑⑳,亦惟㉑汝故,以丕㉒从厥志。

①明——勉(《述闻》)。

②荒失——"荒",忘(《古注便读》)。"失",读为"佚","忽也"(《音疏》引《说文》)。"荒失",忘忽,轻忽,不重视。

③呜呼——《汉石经》残碑《尚书》此两字共四见,皆作"於戏",是今文。《魏石经》皆作"𧃧虖",薛季宣本与此同,是古文。敦煌本 P2643 及日本古写本内野本与岩崎所藏唐写本皆作"乌虖",是隶古定古文,然与西周金文如《毛公鼎》相合。《唐石经》及各刊本皆用后代通行体作"呜呼"。诸体音义皆同,都是惊叹词。今沿用后代通行体不改。下文两"呜呼"字同此。

④前后——即"先后",就是"先王"。甲骨文中殷人称当时的王为"王",死去的王为"后"(字作"毓")。此处保存殷人原来

955

用法。

⑤承保——旧注疏皆以上句至“承”字断,“保”字属下句。江声始提出“承保”连读,孙星衍,俞樾、孙诒让、杨筠如、于省吾皆同意此读,以为“承保”为古成语,亦见《洛诰》“承保乃文祖受命民”。“承”又与应、膺、容声近义通,《康诰》“王应保殷民”,《国语·周语》“膺保明德”,《易·临》“象”曰:“容保民无疆”,皆一语之转。于省吾谓“承读为拯”。是“承保”为拯救、保护之意。

⑥后胥戚鲜——“胥”,相。“戚”,《汉石经》作“高”。按《魏石经》所刻《左传》“戚”的古文作“[illegible]”(于省吾谓即《克鼎》《师兑簋》等的[illegible]字),《汉石经》当亦用此字,洪适收入《隶释》时遂误认为“高”。原当作“戚”。此句孙星衍、俞樾、于省吾皆读“后胥戚”,以“鲜”属下句。现从江声、朱彬、孙诒让、杨筠如等读为四字句。诸家解释各不同。今观《无逸》有“怀保小民,惠鲜鳏寡”句,彼以“怀保”与“惠鲜”对举,此以“承保”与“戚鲜”对举。“戚”义为忧。戚与忧有“惠”意,正如“怜”有“爱”意一样,所以这两对语汇意义应相同,当是殷周时用以表达保护和关怀之意的成语。

⑦浮——俞樾谓“浮”读为“佛”,以“浮屠”亦作“佛陀”为证。其字同《说文》“咈,违也”之“咈”。《法言·寡见篇》“佛乎正”,李轨亦注:“佛,违也。”(《平议》)按,亦同“拂”,《诗·皇矣》“四方以无拂”,《释文》引王肃注:“拂,违也。”知“不浮于天时”即不违背天时之意。

⑧殷——通“慇”,痛(庄述祖《尚书古今文考证》二,亦见刘逢禄《集解》引)。

⑨大虐——大灾害。旧注多以为指水患。

⑩怀——怀恋。

⑪攸作——"攸",所。"作",作为,营作。此地谈迁都,故"攸作"指所营建的都邑宫室建筑之类(旧读以"厥攸作"连下"视民利用迁"为句,今从孔广森《经学卮言》断句)。

⑫视民利用迁——"视",看在什么上面,为了什么。"用",因,因此,因而。"视民利用迁",为了人民的利益因而迁徙。

⑬曷——《盘庚》三篇共六"曷"字,古写隶古定本 P2516、P2643、岩崎、内野、云窗诸本及薛季宣刊本皆作"害"(惟诸古写本害字少一画作"宔"。又岩崎本有一处作"曷",内野本有两处作"曷")。段玉裁云:"凡'曷'字古今文《尚书》皆作'害',其作'曷'者皆后人所改。《匡谬正俗》引《多方》'害弗夹介',古文之证也。王莽《大诰》'曷'皆作'害',今文之证也。"(《撰异》)今由写隶古定本知伪古文亦作"害"。此外《汤誓》《西伯戡黎》《梓材》《召诰》诸篇各有一"曷"字,《多方》四"曷"字,《大诰》五"曷"字,诸隶古定本多作"害",薛本则皆作"害"。独《大诰》"王害不违卜"一"害"字唐人漏未改;又《汤誓》"害征夏"之"害"写作"割",亦未改。按,作"害"是。金文中即用"害"而不作"曷",如《毛公鼎》:"邦将害吉?"其本义为"何"。古人问语原用"害"字,今因"害"已专作伤害意义用,而"曷"在古籍中已通行,故不拘泥改用原字。"曷"与"害"古音同,皆属古韵曷部和古声类匣纽,故通用,意为"如何"、"何故"。

⑭古后——同"前后",即"先后",也就是上句的"先王"。

⑮闻——于省吾《新证》据《盂鼎》《徐王子桐钟》"闻"作"聑",以为与"啟"皆从"昏"声,其义为勤勉(参看本文第三篇"不

昏作劳"校释)。

⑯承汝俾汝——"承"、"俾"即上文之"承保"(孙星衍亦有此说)。"保"、"俾"在《广韵》分属重唇音的"帮"和轻唇音的"非"二声类,然古同为重唇音,二者无别,故"保"、"俾"同用。如《尧典》的"俾乂",即《康诰》《多士》的"保乂",王国维谓并同《克鼎》《宗妇敦》等器的"保辥"(《观堂集林·释辥》)。是知"承汝俾汝"即"承汝保汝",句法与原上篇"告汝训汝"同。

⑰惟喜康共——"康",安宁,安乐。"共",巩固。俞樾云:"《广雅·释诂》:'拱,固也。'共、拱古通用。《论语·为政篇》'居其所而众星共之',《释文》'共,郑作拱'是也。'惟喜康共'者,惟喜安固也。"(《平议》)

⑱咎——罪,过失。

⑲比——相同(《乐记》"比于慢矣"郑注)。

⑳予若吁怀兹新邑——"若",句中助词,无意义。"吁",呼,叫唤。"兹",此。"新邑",新的都邑,指殷邑,即今安阳。

㉑惟——在此作介词,同"以"、"因"。

㉒丕——大。

这一节,首先吹嘘殷先王顺应天时,爱护人民,因而迁徙。自己也同样是为了人民的利益而迁徙。

958

"今予将试以汝①迁,安定厥邦②。汝不忧朕心之攸困③,乃咸大不宣④,乃心钦⑤,念以忧动予一人⑥。尔惟自鞠⑦自苦!若乘舟,汝弗济⑧,臭厥载⑨。尔忱不属⑩,惟胥⑪以沉。不其或稽⑫,自怒⑬

曷瘳⑭！

①汝——《汉石经》作"尔"，是用的后起字。本文共出现十四"尔"字，都是后起字，依甲骨文都当作"女"（即汝）。此"汝"字意为你们。参看讨论（一）（2）。

②厥邦——《汉石经》作"厥国"。段玉裁云："汉人不以讳改经字（即经文不讳刘邦名），故知古文《尚书》多作邦，今文多作国。"（《撰异》）按，李富孙云："此避讳作'国'。《史记》于'邦'、'启'、'盈'、'彻'等字皆然，荀悦《汉纪》于帝讳皆云'讳某曰某'。惟后汉不避前汉讳，《说文》'秀'、'庄'、'炟'、'肇'等字并云'上讳'，于'邦'、'启'、'盈'、'彻'不言讳，盖亲尽庙毁故也。"（《汉石经考异》引）是段氏说不全合。今文写定于西汉，故避讳用"国"；古文写定于东汉，故不避讳仍用"邦"。"厥邦"即其邦，意为"他的邦"。"厥"、"其"虽为第三人称领格，然语言中假第三人称作为第一人称使用，意即"我们的邦国"。

③汝不忧朕心之攸困——《汉石经》句首多一"今"字；"汝"作"女"，保存了殷代原字。"朕"，我的，也与甲骨文用法相合。"攸"，所。"攸困"，所困苦之处。

④乃咸大不宣——"乃"，却。（王引之说是"异之之词"，即副词中表示相异情态之词。）"咸"，都，皆（《释诂》）。"宣"，明白（《国语·晋语》"武子明法"注、《左传·僖公二十年》杜注）。"不宣"，不明白，糊涂。

⑤乃心钦——"乃"，你的，第二人称领格。"钦"，俞樾谓与《诗·晨风》"忧心钦钦"同义，意为忧惧（从俞樾读此三字为句）。

⑥念以忧动予一人——"念"，思。"忧"诚意。"予一人"为奴

隶制君主自称之词（见《汤誓》校释）。俞樾谓此句与下篇"念敬我众"文法正同，全句意为"思以诚意感动予一人"（《平议》）。

⑦鞠——困穷（《释言》）。

⑧弗济——渡河叫"济"。"弗济"，不渡过去。

⑨臭厥载——"臭"，朽败（《月令·季冬》及《后汉书·梁鸿传》注）。"载"，指旅行所乘载的工具如车船之类（参看《皋陶谟》"予乘四载"校释），这里指船。"臭厥载"，就是把你们坐的船朽败了。

⑩尔忱不属——俞樾谓"忱"为"沈（沉）"之误，又举《释文》载马融释"属"为"独"，以为此句与下"惟胥以沉"句意为："不独尔自沉溺，且相与共沉溺。"（《平议》）

⑪胥——皆（《尔雅·释诂》），都。

⑫不其或稽——"其"，王引之释为"之"（《释词》）。按，系作为指示代词，意为"这个"。"或"，偶或，偶一。"稽"，《汉石经》作"迪"，诸隶古定写本作"乩"或"舍"，同"稽"。冯登府谓"稽"、"迪"因声转而异（《汉石经考异》），其义为"考察"。"不其或稽"，就是"一点也不考察这个"。这是古代文法中的否定句宾词为代词时提置动词前的句法，与《左传·僖公十五年》"秦不其然"用法同，亦与《诗·蟋蟀》"莫之敢指"句法全同。

⑬怒——《汉石经》作"怨"。

⑭曷瘳——"曷"，诸隶古定写本作"害"，同薛本之"害"，说已见前。"瘳"，疾病治好，可引申为好处，益处。

这一节，指出大家对迁徙的不理解，反对迁移必没有好处。

"汝不谋①长，以思乃灾②，汝诞劝忧③。今其有今罔后④，汝何生在上⑤！

①谋——计划，筹谋。

②乃灾——你们的灾。指当时原居地奄邑所受的灾害，据传是水患，盘庚才要迁都的。

③汝诞劝忧——《汉石经》作"女永劝忧"（《东观余论》所载如此，《隶释》缺"永"字）。段玉裁云："诞从延声，延、永双声，皆训长也。"（《撰异》）长可引申为"大"。故古籍中"诞"除作为语词外，一般释为"大"。"劝"，勉励，促进，助长。冯登府云："永字与上谋长对言，不为长之谋，乃为长久之扰。"（《汉石经考异》）

④有今罔后——有今天，没有明天。只顾今天，不顾往后的日子。

⑤汝何生在上——"上"，上帝，上天。"在上"，商周时习用语，是说在上天那里，上帝那里。《西伯戡黎》"乃罪多参在上"，《诗·文王》"文王在上"，及金文中《大丰簋》《宗周钟》《番生簋》《秦公钟》《虢叔簋》等都有"在上"一词，《叔夷钟》则作"在帝所"，《猷钟》作"在帝左右"，和《西伯戡黎》"有命在天"的"在天"一样。参看讨论（一）（2）。奴隶主宣扬人的生命是上帝给予的，在这里是说，在上帝那里哪还能有你们的活命。

这一节，指出大家面对灾难，不作长远打算，上天也不会给予生路。

"今予命汝，一无①起秽以自臭，恐人倚②乃身,迆③乃心。予迓④续乃命于天。予岂汝威⑤!
用奉畜汝众⑥。

①一无——"一",同"壹",皆,都。"无",同"毋",不要。"一
无",都不要,一点也不要。

②倚——《玉篇·足部》"踦"字云:"居绮、丘奇二切。'恐人
踦乃身,迆乃心'。'踦',曲。'迆',避也。"是六朝时伪孔本作
"踦"。《说文》:"踦,庆足也。"(《文选》陈琳《檄豫州》注引)段玉
裁谓"踦"有曲义,在此比"倚"字正确(《撰异》)。陈乔枞则谓
"倚"是"踦"的假借(《经说考》)。"踦乃身"就是弄曲了你的身
体。意即把你带坏了。

③迆——旧释为"僻"(伪《孔传》),"邪"(《晋语》韦注)。日
儒加藤常贤以为是"汙"的假字(《真古文尚书集释》),义为污秽,
说较优。

④迓——岩崎本、元亨本作"御",P2516、P2643 作"卸",为
"御"之省文。《匡谬正俗》亦引作"御"。段玉裁谓:"此唐初本作
'御'之证。《唐石经》以下作'迓'者,卫包改也。"(《撰异》)据此
自应改回作"御"。但古籍中"御"常用为"讶"或"迓"等义,如《公
羊·成公二年》"跛者迓跛者",《穀梁传》作"跛者御跛者"。《释
文》谓"本作讶"。《周官·秋官·序官》及《考工记·轮人》两处郑
众注都引作"讶"。"讶",《说文》"相迎也",或从辵作"迓"。

此处"御"字正音"讶"(《匡谬正俗》引徐仙民音。《释文》亦音
"五驾反"),作"迎迓"解,显用为"讶"、"迓"义,非用"驾御"义。
为免误解计,故仍用通行的"迓"字不改。

⑤汝威——"威",P2516,P2643、岩崎、元亨诸写本及薛氏刊本

皆作"畏",金文及古籍中常假"畏"为"威"。此为宾位倒置动词前,意即"威胁汝"。

⑥奉畜汝众——"奉",养(《左传·昭公六年》"奉之以仁"杜注)。"畜",养(《尔雅·释畜》)。"奉畜"为同义复词,也就是"养"的意思。"众",郭沫若以为畜养的众就是奴隶,但就全文来看,作"大众"解较妥。详讨论(一)(3)。

这一节,叫大家摆脱坏的影响,宣扬我商王从上帝那里把大家的生命接续下来,为的是养育大家。

"予念我先神后①之劳尔先②,予丕克羞尔,用怀尔③。然④。失于政,陈⑤于兹,高后⑥丕乃⑦崇⑧降罪疾,曰:'曷虐朕民!'汝万民乃不生生⑨,暨予一人猷⑩同心,先后丕降与汝罪疾,曰:'曷不暨朕幼孙⑪有比⑫!故有爽德⑬。'自上⑭其⑮罚汝,汝罔能迪⑯。

①先神后——即先后。先王。"神"是加的美称,指殷王朝各代先王都是神圣的。杨树达谓和《杜伯盨》"其用享孝于皇申(神)祖考"的"神祖考"同(《积微居读书记》)。

②尔先——你们的先人,即下文的"乃祖乃父"。

③予丕克羞尔用怀尔——"丕",《隶释》所载《汉石经》作"不",黄丕烈所校《隶释》抄本作"玊",为丕的异体。古"丕"、"不"同字。"羞",养(《蔡传》谓羞即畜养)。"怀",思念,记挂。刘逢禄云:"羞尔怀尔,即上承汝俾汝。"(《集解》)

④然——旧读"然"字属上句,江声以为"然字为一字句"(《音疏》)。杨筠如谓应连下为句,并释"然"同"而"(《核诂》)。按,用连词"而"为东周以后文法,其说不确。今用江声说,"然"作为一句,意为"是这样的"。

⑤陈——延(《释诂》)。有久延、陈旧等意。

⑥高后——甲骨文中"高"和"后"对用。如:高祖乙,后(后)祖乙;高祖丁,后(后)祖丁。故"高"就是"前"。"高后",就是上文的"前后",同于"先后",也就是"先王"。

⑦丕乃——"丕",《汉石经》作"㔻",异体字。"丕"在此为无意义语词,"丕乃"即"乃",意近于"于是"(《释词》)。下文的二"丕乃"及第三篇(原上篇)的"丕乃"与此同。

⑧崇——《汉石经》作"知"。知、崇一声之转。《尔雅·释诂》:"崇,重也。"

⑨乃不生生——"乃",若,如果(《释词》),是假设连词。"生生",《庄子·大宗师》"生生者不生"。《释文》引崔云:"常营其生为生生。"戴钧衡云:"凡滋生,谋生,安生,乐生,遂生,皆可谓之生生。"(《补商》)杨树达云:"孜孜于厚生。"(《读书记》)都是说尽力搞好生事为"生生"。

⑩猷——同下文"有比"之"有"(《核诂》)。

⑪幼孙——盘庚称自己为先王的幼孙。

⑫有比——戴钧衡云:"有,犹为也,比,同心也。有比者,为同心也。"(《补商》)杨筠如据《孟子》"子比而同之"及《释名》"事类相似谓之比",亦释"比"为"同"(《核诂》)。

⑬爽德——《国语·周语》"实有爽德"贾逵注:"爽,贰也。"

（《文选·东京赋》注引）又《周语》"言爽日发其信"韦注亦云
"贰"。"贰德"，就是不同心，即上面"比"字的"同心"意义的反面。
"故有爽德"句，旧注疏皆不作"先后"降罪疾的话，今从牟庭读此四
字亦为"先后"的话（见《同文尚书》）。

⑭自上——指"先王在天之灵"（江声、王鸣盛、孙星衍、戴钧衡
诸人说）。

⑮其——将。

⑯迪——行。（江声、孙星衍以不同训诂同释为"行"。戴钧衡
释此句云："言先后自上降罚于汝，汝罔能行而避之。"或疑"迪"当
为"逃"，意仍同此。）

这一节，承上节假借天意之后，托用先王的名义软硬兼施，叫
大家跟自己一道迁移。

"古我先后既劳乃祖乃父，汝共作①我畜民②。
汝有戕则③在乃心，我先后绥④乃祖乃父；乃祖乃父
乃断弃汝，不救乃死！兹予有乱政同位⑤，具乃贝
玉⑥，乃祖乃父⑦丕乃告我高后⑧曰：'作丕刑⑨于朕
孙⑩！'迪高后丕乃崇降弗祥⑪！

①共作——都作为。

②畜民——即上文所说的"奉畜汝众"的"众"。参看讨论
（一）（3）。

③戕则——"戕"，《汉石经》作"近"，吴汝纶云："疑为斤之讹
文。"（《尚书故》）"斤"音同"戕"，《释名》云："斤，戕也，所伐皆戕

毁也。""则","贼"的假借。王国维《散氏盘考释》,以铭中"贼"字从戈从则,故二字可通假。杨筠如谓该盘"予有散氏心贼"一语,义与此同(《核诂》)。是"戕则"为伤毁贼害之意。

④绥——俞樾以为"绥"与"退"古字通,古称退军为"绥",又《檀弓》"退然如不胜衣"郑注"退或为妥",即"绥"。故"绥乃祖乃父"即斥退乃祖乃父(《平议》)。按,江声亦谓"绥,古文'妥'字"(《音疏》)。而"妥"之义为"止"(《释诂》)。戴钧衡亦谓:"当读如《国语》'以劝绥谤言'之'绥',注云:'绥,止也。'"(《补商》)"止"作动词,停止的意义。郭沫若释《殷契粹编》1113片的"已呇"为罢免呇的官职,正与此"绥"字用法同。

⑤有乱政同位——有乱政之臣同在位者,即在位官员中的乱政的人。

⑥具乃贝玉——岩崎本作"乃具贝玉"。"具",供置(《说文》),具备(《淮南子·原道训》注)。"乃",与有字用法同,是用于名词"贝玉"前的无义语词。"贝玉",王国维云:"殷时玉与贝皆货币也。……玉之用与贝同也。贝玉之大者……皆不以为货币,其用为货币及服御者,皆小玉小贝。"(《说珏朋》)郭沫若谓贝产自南海,当由殷人以实物交易或俘掠而得。由于难得,原只作颈饰,后来转化为货币,当在殷、周之际(《卜辞通纂》《中国古代社会研究》)。但武丁时甲骨已有赐贝的记载,并以"朋"为计数单位,与西周金文同。而且殷人墓葬以贝为随葬品,置于死者口中、手中、足旁、胸部等处。盘庚就在武丁上一代,其把贝玉作为珍贵财货,并以之起货币作用,当近事实。

⑦乃父——古写隶古定本 P2516、P2643、秀圆、元亨、岩崎诸本

及《唐石经》都作"先父",知此"乃"字伪古文原作"先"。但上下文都作"乃祖乃父",此处不当独异。薛季宣本隶古定亦作"乃父",自以作"乃父"为是。

⑧我高后——《释文》:"本又作'乃祖乃父'。"段玉裁谓别本是。其实此句是说"乃祖乃父于是告我先王",文意甚合,段说非。

⑨丕刑——大刑,严厉的刑法。

⑩朕孙——足利、秀圆、元亨、岩崎、内野诸隶古定写本及《唐石经》都作"朕子孙"。顾亭林谓"子"字误衍,王鸣盛则谓《传》言"子孙",疑原有"子"字。段玉裁谓《传》多增字,足利古本往往据以增经,不应有"子"字。现据与上文"高后"对举,从顾、段说。

⑪迪高后丕乃崇降弗祥——"迪",王引之以为是语首助词,无义(《释词》)。"高后"以下与上文"高后丕乃崇降罪疾"句全同。"丕乃"即于是,见上文。"崇",《汉石经》作"兴"。冯登府据《东京赋》"崇业"薛注"崇犹兴也",《太玄经》"风动云兴,从其高崇","兴"与"崇"协,谓二字音义通。今文作"兴",正见其古音如此(《汉石经考异》)。"崇降"即严重的降下。"弗祥",《汉石经》作"不永"。段玉裁云"永,古音读如羊,祥亦读如羊",故以同音假为"祥"(《撰异》)。

这一节,继上文所举上天及先王要降罚之后,说连你们祖先也要求我先王降罚你们及那些贪污财富的官员。不断的用神灵祖先进行恐吓。

"呜呼!今予告汝不易①!永敬大恤②,无胥绝远③!汝分猷念以相从④,各设中于乃心⑤!乃有⑥不吉不迪⑦,颠越不共⑧,暂遇奸宄⑨,我乃劓殄⑩灭之，无遗育⑪，无俾⑫易⑬种于兹新邑⑭！

①今予告汝不易——郑玄注云："我所以告汝者不变易，言必行之。"（《孔疏》引）是说我告诉你们迁都计划已定下来，决不变易了。

②永敬大恤——"敬"，矜重，注重，重视。"恤"，忧。"大恤"，大的忧患。

③无胥绝远——"无"，通毋，勿，不要。"胥"，相，为"交相"、"相互"意义的副词。"绝远"，很远。引申为渺茫、漠然等意思。"无胥绝远"，就是不要漠然不重视。

④汝分猷念以相从——"分猷"，《汉石经》作"比犹"。冯登府谓"分"、"比"以篆文形近致讹。"猷"与"犹"为古今字，意义皆同（《汉石经考异》）。"分"读去声，意即本分，分当如此，也就是应当、应该。"猷念"，与《大诰》"猷诰"或"诰猷"语法同。"猷诰"即"诰"；"猷念"即"念"，就是心中的打算。

⑤各设中于乃心——"设"，《汉石经》作"翕"。王引之据《广雅》云："设，合也。""翕亦合也。"（按，据《尔雅》）因谓"今文、古文字异而义同"（《经义述闻》）。这句是说"要把你们的心合于中正"。

⑥乃有——"乃"在此作为假设连词，同"若"（杨树达《词诠》）。"乃有"即假若有，倘使有。

⑦不吉不迪——为古代习用语，指不善良的人。古语中"吉"、"哲"常通用作"善"，《诗·抑》"哲人"，《诗·卷阿》作"吉人"，本书《立政》则作"吉士"，都是指贤善的人。"迪"，《方言·六》云："正也。"并谓"东齐、青、徐之间相正谓之由迪"。是东土方言保存

了"迪"的古义为"正",与"善"同义。故"吉"、"迪"为同义字。

⑧颠越不共——"颠",自上向下堕(《离骚》王注)。《左传·隐公十一年》:"颍考叔取郑伯之旗蝥弧以先登,子都自下射之,颠。"即此义。"越",向上逾越(《秦誓》疏)。"颠越"似相当于现代语言中"高低不肯"的"高低"或"横竖"之意。"共",《唐石经》及流行刊本作"恭",段玉裁谓:"《尚书》恭敬字不作'共',供奉字不作'恭',《汉石经》区分清楚,此字伪《孔传》释为'奉',是原当作'共'。"(《撰异》)按《左传·哀公十一年》引此文作"共",P2516、P2643、元亨、岩崎、内野诸本及薛本隶古定皆作"龏",与"共"音义俱同,知原字确作"共",今改回。不过郑玄已指出古籍中"恭"、"共"二字已通用,陈乔枞亦据《史记》所引谓今文作"恭"(《今文尚书经说考》)。郭沫若亦指出"金文中凡恭敬字都作龏"(《青铜时代》)。诸本作"恭"或"龏"皆是"共"假借。"不共"即不奉命,不承命。故杜预注《左传》释此句为"纵横不承命"。即现代语言的"横竖不听话"。

⑨暂遇奸宄——王引之谓此四字与《尧典》"寇贼奸宄"、《微子》"草窃奸宄"、《康诰》"寇攘奸宄"都是四字平列。"暂"即《庄子·胠箧》"知诈渐毒"之"渐",义为"诈欺",《吕刑》"民兴胥渐"即用此义。"遇"即《吕氏春秋·勿躬》"幽诡愚险"之"愚",亦《淮南子·原道训》"偶嗟智鼓"之"偶",义皆为"奸邪"(《述闻》)。故"暂遇奸宄"四字是说奸诈邪恶。

⑩劓殄——王引之谓"劓"不仅为截鼻之刑,又为断割之通称,故《多方》说"劓割夏邑"。此"劓殄"即《多方》"刑殄有夏"的"刑殄"(《述闻》)。"殄",松田本作"绝",系误易训诂字。诸隶古定写本作"弥",字稍讹。薛本作"ㄗ",则是隶古奇字。按,"殄"义为

"尽"、"绝",故"劓殄"即刑灭之使尽绝。

⑪无遗育——"无",同毋,不要。"遗",遗留。"育",王引之据《周官·大司乐》释文"育音胄",谓二字同声通用。《尧典》"教胄子"之"胄",《说文·云部》引作"育"(《述闻》)。"胄"义为"胤",就是子孙后裔。"无遗育"即"无遗胄",就是不让遗留后代。

⑫俾——使(《释诂》)。

⑬易——延。王引之云:"易种于兹新邑,谓延种于新邑也。"(《述闻》十七)

⑭"乃有"至"新邑"三十一字——《左传·哀公十一年》引云:"《盘庚之诰》曰:其有颠越不共,则劓殄无遗育,无俾易种于兹邑。"《史记·伍子胥传》引云:"《盘庚之诰》曰:有颠越不恭,劓殄灭之,俾无遗育,无使易种于兹邑。"引用时文字有些出入。

这一节,严词威吓大家规规矩矩地跟随自己一道迁移,敢有奸邪不法者,必将斩尽杀绝。

"往哉,生生^①! 今予将试以汝迁,永建乃家。"

①生生——同上文"汝万民乃不生生"的"生生",即孜孜努力搞好生产和生活之意。

这一节,用简明的语言命令大家迁移到新邑去建立新的生活。

第二篇(原下篇)

盘^①庚既迁^②,奠厥攸居^③,乃正厥位^④,绥爰有众^⑤,曰:

①盘——《汉石经》作"股",即"般"。岩崎本作"般",其原中篇仍作"盘"。详中篇"校释"。

②既迁——已经迁移好了,指新迁居到殷(今安阳)以后。

③奠厥攸居——"奠",定。"厥",其。"攸",所。"奠厥攸居",定其所居。就是安排定了所有官民的邑里居处(吴澄《书纂言》:"定其上下所居,谓君有寝庙,臣有邑宅,民有廛里")。

④乃正厥位——"乃",副词,用法同"遂"、"于是"。"正",动词,端正,整顿。"其位",即各人所处地位,也就是奴隶社会的等级秩序,包括按这秩序所区分的居住地位的差别。

⑤绥爰有众——"绥",告。"爰",于(《释诂》)。"有众"即众,见前。

这一节,是史臣关于盘庚在迁移后召集臣下讲话的记载。"曰"字下面是讲话全文。

盘庚

"无戏怠^①,懋建大命^②!今予^③其^④敷心腹肾肠^⑤,历告尔百姓^⑥:于朕志^⑦,罔^⑧罪尔众;尔无共怒^⑨,协比谗言予一人^⑩。

①无戏怠——《汉石经》作"女罔台民"。段玉裁谓系今文,"罔"通"无","台"通"怠"(《撰异》)。杨筠如则谓"台民"即"怠"字之讹(《核诂》)。按,皮锡瑞据侯康说,《易杂卦传》《越语》《始皇东岳刻石》《柏梁台诗》《东京赋》等都读"怠"如"台",而《太史公自序》两用"不台",意皆"不怡"。《匡谬正俗七》引后汉《敬隐后颂》"盘庚俭而弗怠"与"汤受命而创基"为韵,正引此句,亦读"怠"如"怡"。与《杂卦传》"谦轻而豫怠"之"怠",《释文》引《虞氏》作

971

"怡"同。又《列女传·齐姜颂》亦以"怠"与"疑"为韵,也知"怠"读为"怡"(《今文尚书考证》)。于省吾谓"怠"即"怡",即"怿",其义为"悦"。"无戏怠"即"无戏悦",与《诗·板》"无敢戏豫"语例同(《新证》)。

②懋建大命——"懋",《汉石经》作"勖"。二字古以同音通用,其义为"勉"。"大命",奴隶主王朝吹嘘从上天那里得来的命。吴澄说,包括民命国命(《书纂言》)。前篇已说"迓续乃命于天",这就叫臣民勉力把这种得自上天的"命"建好保好,不要隳堕了。

③予——《汉石经》作"我"。在殷代甲骨文中,单数第一人称用"余",多数第一人称用"我"。周代金文才把"我"字也用于单数。此作为殷代文件,盘庚自称当用"余"字,"予"则为"余"的假借字。作"我"显然是汉代今文用了周代以后的用法。

④其——将,准备。

⑤敷心腹肾肠——《三国志·管宁传》、左思《魏都赋》及张载注都引"腹肾肠"三字连下句"历"字作"优贤扬历",汉《成阳令唐扶碑》引作"优贤扬历",《尧典》疏引夏侯等书前三字作"优贤阳",汉《国三老袁良碑》引前二字作"优畂"。显然是汉代今文因形近致误,以致不通。由《孔疏》所引郑玄本作"心腹肾肠",知汉代古文已是此四字不误。章炳麟据《魏石经》"历"的古文皆作"鬲",以为汉古文当作"心腹肾肠鬲",并谓鬲为横鬲膜(《拾遗定本》)。似近于牵强,今不采其说。"敷"的意义为展布,公布。"敷心腹肾肠"等于现代语说"把心肠都掏出来",意为诚心讲话。《左传·宣公十二年》"敢布腹心"之语就用此意。

⑥历告尔百姓——《魏石经》"历"古文皆作"鬲",系同音假

"鬲"为"历"。"历",经过,经历之意。"历告尔百姓"就是"一一告诉你们百姓"。"百姓",百官族姓,亦即百官。郭沫若云:"百姓在古金文中均作'百生',即同族之义。"(《中国古代社会研究》,参看《尧典》"百姓"校释)

⑦于朕志——在我的心里。或我的意向。旧以此三字连上为句,今依戴钧衡说三字读为一句。

⑧罔——无。在此同"不"。

⑨尔无共怒——"共",奉,承。此句是说"你们不要相承怨怒"。

⑩协比谗言予一人——"协比"即"洽比"。《诗·正月》"洽比其邻",《左传·僖公十五年》引作"协比其邻"。"协"、"洽"都是和合之意。"比"读去声,亲近狎昵之意。"谗",《庄子·渔父》:"好言人恶谓之谗。"《荀子·修身》:"伤良曰谗。""予一人",盘庚自称。这句是说"勾结在一起讲我的坏话"。

这一节,盘庚首先叫臣下在迁移后好好干,自己不怪罪臣下过去散布浮言反对迁移,臣下也不要再说王的坏话。(吴澄《书纂言》云:"臣民虽皆迁,盘庚犹虑其强从上命,非出本心,怨怒未忘,故明白洞达以释其疑。")

"古我先王①将多于前功②,适于山用降我凶③,德嘉绩于朕邦④。

①古我先王——指盘庚上代曾迁都的各王。

②将多于前功——"将",意欲(《广雅》)。"多",读为"侈"(吴汝纶《尚书故》说)。义为"光大"。此句是说要发扬光大前人的功业。

③适于山用降我凶——旧读为"适于山,用降我凶德"。于省吾以为当读"适于山用,降我凶","德"属下句。谓"用"即"庸",亦即"墉",其义为"城",与"功"、"凶"、"邦"为韵。"山庸"即因山为城,并依《孔疏》以为避水灾迁都,依山筑城郭(《香草校书》)。这一说法虽有点牵强,但指出了旧读的不妥。今以为"德"连下读是正确的,牟庭、孙诒让即如此读(见《同文尚书》《骈枝》)。又不论"用"释作"墉"或依旧释作"以",都可连读为"适于山用降我凶",故今定此七字为一句。但为什么要光大前人的功业,就要"适于山"以降减我凶,意义很不好懂,疑有误字,无法强行解通。(伪《孔传》释为"依山之险",《蔡传》释为"往于亳",因亳依山。《核诂》谓三旧都皆在大河之滨,多水患,因而徙都于高地。现姑且据此进行今译。其他勉强寻求的解释还多。宋人开始提出此处无法明其原义。曾运乾《正读》则谓"我凶德"三字是衍文,是由下文错简而来。所有这些都只可备一说。)

④德嘉绩于朕邦——"德"为"循"字之误。详讨论(一)(3)。当是殷代《盘庚》原文"循"字的误认误写。"嘉",《汉石经》作"绥"。冯登府谓"绥"、"嘉"声近。《曲礼》郑注"绥"读"妥"。"嘉",古音如"哥"(《汉石经考异》)。杨筠如亦谓"绥"古音"佗",《诗·小弁》传释"佗"为"加",故"绥"、"嘉"通用(《核诂》)。"嘉",义为美好。"循嘉绩于朕邦",就是遵循前人美好的业绩于我们的邦邑里。

这一节,除中间一句意义不明外,首尾文义相贯,是说前代迁都的美好业绩。

"今^①我民用^②荡析离居^③，罔有定极^④。尔谓朕^⑤：'曷震^⑥动万民以迁？'肆上帝^⑦将复我高祖^⑧之德^⑨，乱越我家^⑩，朕及^⑪笃敬共承^⑫民命，用永地于新邑^⑬。

①今——与上文"古我先王""的"古"相对举，作"当今"讲，具体指未迁以前。

②用——此处同"则"（裴学海《古书虚字集释》）。作为承接连词，略同于现代语"却"。承上文说，先王时情况好，现在却情况坏。

③荡析离居——"荡"，为水所流荡（参看《说文》"洗"字）。"析"，分开（《广雅》）。"荡析离居"，旧注都以为形容人民遭受水灾的情况，似指奄邑曾受水灾。

④极——止境。

⑤尔谓朕——《汉石经》作"今尔惠朕"，是今文。按《毛公鼎》记周宣王言"惠我一人"，与"惠朕"同，其原语欲毛公厝不敢荒宁，夙夜惠宣王，是"惠"字为忠勤服事之意。《多方》亦有"尔曷不惠王"之语，意当同此。伪古文隶古定写本 P2516、P2643、岩崎、云窗及薛本此字皆作"胃"，《唐石经》及流行刊本皆作"谓"，当由音近易字，但"尔谓朕"意义成了"你们问我"，与下面问语相合，可能伪古文作者以"惠"为假借字，有意改回问语原字。吴东发以为观上下文，作"谓"为是（《汉石经考异》引）。"朕"在殷代只作领格，此处作宾格，亦《盘庚》写定于周代的又一痕迹。详讨论（一）（2）。

⑥震——《汉石经》作"柢"。冯登府谓"柢"为"祗"的隶文

（《汉石经考异》）。按，"震"同"振"，《尧典》"震惊"，《史记》作"振惊"。"振"又通"祇"，《皋陶谟》"祇敬"、《无逸》"祇惧"，《史记》皆作"振"；《礼·内则》"祇见孺子"，郑注"祇，或作振"。故"祇"亦通"震"（参考惠栋《九经古义》）。今文作"祇"，古文作"震"，只是文字之异，意义都是震动。

⑦肆上帝——同于《诗·抑》的"肆皇天"，亦即《毛公鼎》"緐皇天亡致"的"緐皇天"。可知"肆"为"緐"的误写，还不及薛季宣本作"絲"的较近是。《尔雅》释此为"今"，《毛传》释为"故今"，伪《孔传》释为"故"，《蔡传》释为"乃"，其实按文意在此当为称"皇天"或"上帝"时所加的语词，如今称"老天爷"的"老"，无确义可寻。牟庭谓字从"彖"，彖读若"第"，《说文》作"肆"，读若常棣之"棣"。"第"、"棣"声相近，《吕刑》"群后之逮"，《墨子·尚贤》引作"群后之肆"，是"肆"、"逮"同音。《尧典》"肆类"，《说文》引作"絲类"，是"絲"、"肆"同字，亦与"逮"同音。《周礼·小子》郑注"肆读为鬄"，是郑识古音。其字并与《史记》孙吴、陈胜等传中训"但"之"第"、"弟"等同音。郭璞云："第，发语之急也。"颜师古注："今俗称'但'者，急言之则音如'弟'。"因谓《尚书》中"肆"字，有语意若"弟，且也"的，有语意若"弟，但也"的（《同文尚书》）。亦不以"肆"有"故"、"今"等义。

⑧高祖——和前篇的"高后"都是指祖先诸王中辈次较在前的，即承上节的"先王"说的。

⑨德——此字也是误写。牟庭谓当为"置"，并举《易·系辞传》"有功而不德"，蜀本作"不置"为证。其原文当即甲骨文中从彳从直之字，或隶定为"徝"，蜀本则作"置"。其字原有"正"、"直"

等义,用以指称"高祖"的业绩。

⑩乱越我家——"乱"疑"嗣"之误。其字即金文中的"嗣",亦即"司"(见《毛公鼎》等器),其意通"嗣"。"越"即金文中的"雩",同音通用。其义为"与"、"及"。"我家"即奴隶制王朝称自己王家,与"我邦"同用(如《毛公鼎》数称"我邦我家")。"乱越我家",似可读为"嗣及我家"。

⑪朕及——《毛公鼎》云:"司(嗣)余小子弗及,邦将害(曷)吉?""朕及"即余小子及。江声引《公羊传》释"及"为"汲汲",迅速努力进取之意。

⑫笃敬共承——"笃",厚,坚固(松田本即作"厚",当由误写训诂字)。"笃敬",深厚的敬。"共",《唐石经》及流行刊本作"恭",段玉裁据伪孔训"奉"及《史记·贾谊传》引作"共",以为当作"共",P2516、P2643、岩崎、云窗诸本及薛本皆作"龚",通"共",今从改正。"承",孙星衍以为与"抍"同,即拯救之"拯"(《尚书今古文注疏》)。全句是说:"我很急于敬奉上帝之命叫我恢复先祖的业绩来拯救民命。"

⑬用永地于新邑——"地",吴汝纶谓"居其地谓之地"(《尚书故》)。意即名词作动词用,就是定居其地。这句是说:"以此永远定居于这新的邦邑。"

这一节,是说当代人民在旧居遭受灾难,所以敬奉天意遵循祖宗成规迁移到新邑定居。

"肆①予冲人②,非废厥谋③,吊由灵各④;非敢违卜,用宏兹贲⑤。

①肆——见上节"肆上帝"校释。在此是发语词，无义（牟庭谓此亦当读"第"）。

②予冲人——"冲"为"童"的假借。"冲人"的文字意义有如"童子"，但不是真指童子，而是奴隶制王朝统治者自谦的称呼。亦见于《金縢》《大诰》。《召诰》《洛诰》则称"冲子"，和金文同。有时又称"小子"，见《汤誓》及周诰诸篇。"予冲人"和"余小子"、"余一人"用法全同。

③厥谋——"厥"，其，他们的。"谋"，意图。"厥谋"，指不主张迁移的人们的意见。

④吊由灵各——"吊"即"淑"，是"善"的意思（《尔雅·释诂》）。其字在金文中原作"𠂤"，汉人把它隶定为"吊"，释为"至"和"吊问"，失去本来音义。另借"叔"字为"淑"，一般就不识"淑"的原字"吊"了。到清季吴大澂才认出了它（见吴《字说》）。但在古籍中仍保存"吊"的原来音义。如《左传·哀公十六年》"旻天不吊"，《周礼·大祝》郑注引郑司农作"闵天不淑"。《庄子·齐物论》"其名为吊诡"，《德充符》《天下篇》则作"淑诡"、"俶诡"，《吕氏春秋·侈乐篇》作"俶诡"。《诗·节南山》"不吊昊天"、本书《费誓》"无敢不吊"，此两"吊"字郑玄皆释为"善"。"灵"，即神灵。"各"即"格"，与金文中的"格"多作"各"相同。曾运乾谓即《西伯

戡黎》"格人"之"格"。《召诰》有"天迪格保"，《多士》有"帝降格"，《吕刑》有"绝地天通，罔有降格"，皆即"格人"之"格"，亦即"灵格"，就是通晓鬼神情状和天命废兴者（《尚书正读》）。"吊由灵格"，是说迁殷得到好处，是由于上帝的神灵（旧读"吊由灵"三字为句，现从于省吾读为四字句）。

⑤用宏兹贲——"用",以。"宏",动词,宏大,恢弘,发扬。"兹",此。"贲",大宝龟(见《大诰》),即占卜用的龟。《尔雅·释鱼》以为是一种三只脚的奇异的龟。"用宏兹贲",是说光大发扬这卜龟的吉示。

这一节,是说自己不是不顾大家不愿迁徙的意见,而是在神意的感召下,不敢不依龟卜而迁徙。

"呜呼!邦伯①、师长②、百执事之人③,尚皆隐哉④!予其懋简相尔⑤,念敬我众⑥。朕不肩好货⑦,敢共生生⑧,鞠人谋人之保居叙钦⑨。今我既羞告⑩尔,于朕志若否⑪,罔有弗钦⑫。无总于货宝⑬,生生自庸⑭。式敷民德⑮,永肩一心⑯。"

盘庚

①邦伯——《酒诰》提到殷的"外服"有"侯、甸、男、卫、邦伯",《召诰》说"周公乃朝用书命庶殷侯、甸、男、邦伯"。可知殷王朝所辖"外服"中有侯、甸、男等邦的"邦伯"。甲骨文中有方国,或称"邦方"(《前》2.10.6,《上》2.16 等)。其长称"方白"(《甲》1978,《京津》4034)或"邦白"(《明续》621),即"方伯"或"邦伯"。这当是一些臣属于殷王朝的占有领土与人民的奴隶主政权头子。

②师长——当为武官之长。周初金文《小臣谜簋》有"白懋父以殷八师征东夷"的记载。此八师当是殷亡后被周王朝所用的殷人军队;盘庚时当亦有此类武装组织。殷甲骨文中有"王作三自,右、中、左"(《粹》5977)的记载。西周金文中"师氏"皆武职,都可证"师长"当为武官(旧释"师"为"众","师长"为众官之长,但这仅

979

据训诂而无史料根据，故不从）。

③百执事之人——《酒诰》提到殷的"内服"有"百僚庶尹……"等，就是指这些"百执事之人"，即王朝的各官吏。

④尚皆隐哉——"尚"，"谓心所希望也"（《尔雅》邢昺疏）。"隐"，《汉石经》作"乘"，是今文。孙星衍谓《周礼》"稾人"郑众注及"宰夫"郑玄注都云"乘，计也"，以为"言当计度之，亦犹云隐度"（《今古文注疏》）。是今文、古文以"乘"、"隐"同义通用。黄式三云："隐，依也。谓依卜之灵也。"（《启蒙》）按，对"隐"的训释至少有十种以上，义多曲折，今采黄氏同音通假之释。

⑤予其懋简相尔——"其"，将。"懋"，《汉石经》作"勖"，与上文"懋建大命"字同，义为"勉"。"简"，《汉石经》作"蕑"，冯登府谓是隶变。汉碑从竹字多变从草。隶古写本 P2516、P2643、岩崎、云窗诸本及薛氏刊本作"柬"，与"拣"通，和"简"同为选择之意（亦见《诗·简兮》郑笺、《礼记·王制》"简兵搜乘"郑注）。"相"，《周礼·犬人》郑注："相，谓视，择知其善恶。"牟庭谓此句意为"我将勉汝、择汝、视汝而任用之"（《同文尚书》）。其实此句当是说"我将加强观察选择你们"。

⑥念敬我众——"念"，思，想到。"敬"，敬重。这句是说"常想到重视我的群众"。（朱骏声《说文通训定声》云："念，常思也。常思者敬。"）

⑦朕不肩好货——"肩"，旧多释为"任"，以肩能胜重任解之，释此句为"我不任贪货之人"（《孔传》），显然牵强。清人始提出种种不同解释，亦不尽合。杨树达始谓"肩，疑屑之误"（《积微居读书记》）。按，屑义同洁（见《诗·谷风》毛传），又为动作切切之态

（《说文》）。"不屑"，就是不去动作，有轻蔑其事不愿意去做的意思。这句是说"我不屑于那种贪好财货的行为"。

⑧敢共生生——"共"，《唐石经》及各刊本皆作"恭"，与上文数"共"字情况同，兹照改回。"生生"，与第一篇的两处"生生"全同，意为孜孜从事于生业。孙星衍连上句释为："我不作好货之事，敢具生生之财？此明己之去奢即俭，非为己也。"（《今古文注疏》）

⑨鞠人谋人之保居叙钦——"鞠"，郑玄释"养"，伪孔释"穷"，《蔡传》以为"鞠人"、"谋人"，义皆不明，蔡说较谨慎。从郑玄对全句的解释说："言能谋养人安其居者，我则次序而敬之。"是读为"鞠人谋人之保居，叙钦"。且释"保"为安，释"叙"为"次序"，释"钦"为"敬"。牟庭、吴汝纶、杨筠如等以为当读"敢共生生鞠人"为句。下面则或以"谋人"至"叙钦"为一句；或以"谋人之保居"为句，"叙钦"为句。皮锡瑞则以"叙钦"与下句连读。章炳麟则以"鞠人"二字为句，"谋人之保居叙钦"为句，又承庄存与说读"钦"为"厥"，惟解释不同。所有这些句读和解释都不大好讲。似不如宋王十朋所说："导其耕桑，薄其税敛，使老幼不失其养，鞠人之事也。联其比闾，合其族党，相友相助，谋人保居之事也。"（《书经传说汇纂》）清戴钧衡说："能养人及谋人之安居者，叙而用之，钦而礼之而已。鞠人谋人之保居，乃所以念敬我众也。若好货自谋生生，岂复知有民乎！盘庚之意盖如此。"（《补商》）这样概括起来理解，似较合于这几句的原意。（皮锡瑞《考证》据《盐铁论·本议篇》"盘庚萃居"句张敦仁的解释，以为汉代今文"保居"作"萃居"，不足据。）

⑩羞告——"羞"，与"献"同（杨筠如说）。"羞告"，即《多士》《多方》的"献告"，《大诰》和《诗·小旻》的"诰献"（参看《大诰》校

释）。就是"告"的意思。

⑪于朕志若否——和上文"敷心腹肾肠历告尔"之后用"于朕志"同，此在"猷告尔"之后也用此三字，并连"若否"二字。"若"，顺。这句是说"对我的心意顺或否"，即同意或不同意。

⑫罔有弗钦——"罔"，无，通毋。"弗"，不。"钦"，敬。这句是说"毋有不敬遵"，或"不要不敬遵"。

⑬无总于货宝——"无"，毋。"总"，收积（《管子·侈靡》注），合聚（《史记·礼书正义》）。此句是说不要积聚货宝。

⑭生生自庸——"生生"，同上文，孜孜从事于增殖产业。"庸"，杨筠如疑此当读为"封"。《汉书·司马相如传》"庸牛"，即今文之"犕牛"，是"庸"可为"封"。《楚语》"是聚民利以自封也"，《晋语》"今君起百姓以自封也"，并有"自封"语。韦注："封，厚也。"（《核诂》）则这句是说"孜孜从事于增殖产业以自厚"。

⑮式敷民德——"式"，发声词（《诗·式微》郑笺），即无意义的语首助词。"敷"，布，散布。"德"，吴汝纶释此字为"惠"，释此句为"布惠于尔民"（《尚书故》）。

⑯永肩一心——"肩"，通"洁"（见上"不肩好货"校释）。这句是说："你们要永远洁净你们那颗和我一致的心。"

这一节，承前文反复详细说明必须迁徙的意义后，用整整一节结尾，告诫臣下当共"爱民"。实际是最高奴隶主对他所属的各奴隶主发出的有利于巩固自己统治的号召。

第三篇（原上篇）

盘庚迁于殷①，民②不适有居③。率吁众戚出

矢言曰④:"我王来⑤,既爰⑥宅⑦于兹⑧,重⑨我民,
无尽刘⑩。不能胥匡以生⑪,卜稽曰其如台⑫? 先
王有服⑬,恪谨天命⑭,兹犹不常宁⑮;不常厥邑⑯,
于今五邦⑰。今不承于古,罔知天之断命⑱,矧⑲曰
其克从先王之烈⑳! 若颠木之有由蘖㉑,天其永㉒
我命于兹新邑㉓,绍复㉔先王之大业,厎绥㉕四方。"

①殷——地名,在今河南安阳境内。自公元前13世纪盘庚迁
来以后,直到前11世纪商王朝灭亡为止的二百七十三年中,都是
商的首都。详讨论(四)。

②民——此处的"民"表示了对新居地住不惯,便引起国王费
那么大的力量去说服,可知此"民"字指的是当时社会的有头面的
人和一般人民群众。参看讨论(一)(3)。

③适有居——"适",适应,惯于。"有",语助词,与第一篇"有
众"之"有"同。"有居"就是居。杨树达谓"居"即"都",并举
《诗·公刘》"幽居允荒",《师虎簋》"王在杜居",《蔡簋》"王在雒
居",《史记》"营周居于雒邑",都以"居"作"都"为证(《读书记》)。
其说是。

④率吁众戚出矢言曰——"率",用(《释词》)。"吁",呼(《说
文》)。甲骨文和金文中常有"王呼某"执行某项任务之文,这和此
篇用法同。"戚",《唐石经》及各刊本作"慼"。段玉裁云:"卫包改
为慼,俗字也,古'干戚'、'亲戚'、'忧戚'同字。"(《撰异》)《说文》
"吁"字下引作"戚",今据改正。"众戚",即众贵戚近臣。《史记·
殷本纪》综称之为"诸侯大臣"。戴钧衡谓下文"在位"者指众臣,

此贵戚之臣则在其上,是"在位"众臣的表率(《补商》),实际是些与王室有亲族关系的异姓和同姓的各大贵族。"矢",誓(《尔雅》),"矢言"即誓言,古代在有某种重大行动前诰诫下级和申明纪律的讲话称为"誓言"(特别是军事行动前如此)。

"率吁众戚出矢言",伪《孔传》释为盘庚和那些众忧之人讲话,元吴澄、清姚鼐则以为是不愿迁的人民讲的话,牟庭则以为是不愿迁的大臣向王讲话,诸说都错。当如俞樾所说,是盘庚呼贵族出来,向群众传达他的话(《平议》)。

⑤我王来——"我王"指盘庚,"来"是说从奄迁来。

⑥爰——助词,古籍用于语首或语中,无义,和"聿"字用法同。

⑦宅——居住,定居。

⑧兹——此,此处。这里指"殷"。

⑨重——注重,看重。

⑩刘——杀(《尔雅·释诂》),引申为"死"。戴钧衡释此两句云:"迁都乃所以重我民,民无得尽死。"(《补商》)

⑪不能胥匡以生——"胥",《释诂》:"皆也"、"相也"。相即互相之意。"匡",救助。这句是说不能都相互帮助,使得生活很好。

⑫卜稽曰其如台——"卜稽",江声以为当作"卜卟(卟读与稽同)。《洪范》"稽疑",《说文》"卜部"引作"卟疑",释为"卜以问疑也"。杨筠如谓当由甲骨文中"王曰"而来。"其如台",即"其如何"、"其奈何"(参看《汤誓》"其如台"校释)。

⑬先王有服——就西周金文来看,"服"是官位、禄命(参看《大诰》"无疆大历服"校释)。可以引申为官事,故《尔雅》云:"服,事也。"或者"官常",也就是官事的制度、规矩。故俞樾谓"服为事之制"。

并释《左传·襄公三十一年》"上下有服"为上下有制(《平议》)。

⑭恪谨天命——"恪",敬(《释诂》)。"谨",王国维谓当为"堇",即"勤"之省文。"恪谨天命",王国维云:"此当作'劳勤大命'。'劳勤大命'古之成语,金文中屡见不鲜。"(《观堂学书记》)此说甚确,《毛公鼎》《单伯钟》等均有"劳勤大命"之语,是说不懈地敬行大命。殷代称至上神为"帝"而不称"天",周人称之为"天",灭殷后始"天"、"帝"二字并用。此处有"天"字,亦《盘庚》最后定本受周代文字影响的一个痕迹。参看讨论(一)(2)。

⑮兹犹不常宁——王念孙云:"犹与由通。由,用也。言先王敬谨天命,兹用不常安也。若安土重迁,则是不知天命。故下文曰'今不承于古,罔知天之断命'也。"(《述闻》)

⑯不常厥邑——甲骨文中"大邑商"、"天邑商",系指国都。商人指国都之地为邑。"不常厥邑"即"厥邑不常",是说它的国都不常固定在一个地方。

⑰于今五邦——秀圆本、元亨本"于"字前衍"至"字。这句是说"到现在迁了五个国都"。指仲丁迁嚣,河亶甲迁相,祖乙迁耿,又迁庇(或祖辛迁庇),南庚迁奄。详讨论(三)。

⑱罔知天之断命——杨树达云:"罔知者,古人成语,犹今人言'不保'、'难保'。此文意言今不承于古,则不保天之将断绝其命。"(《积微居小学金石论丛》)

⑲矧——何况。

⑳先王之烈——"烈",光(《释诂》)。此指先王之业,有褒美义,称颂商王朝前代国王的"光辉事业",故下文言"先王之大业"。

㉑若颠木之有由蘖——"颠木",倒仆的树木。《说文》作

"槙",但通用颠倒的"颠"字。"由蘖",《说文·马部》的"曳"字下引作"曳枿",并谓古文作"由枿"。又《木部》的"櫱"字下引作"皀櫱",重文又作"甇"（即"蘖"）、作"朩（无头木）"、作"栓"。《释文》引别本作榦,内野本作"由榦",薛氏本作"皀朩",《汗简》引作"栓"、"朩"等字。《说文》释"曳"云:"木生条也。"释"櫱"云:"伐木余也。"《释文》引马融云:"颠木而肆生曰枿。"段玉裁谓据《说文》知汉代今文作"曳";壁中古文作"由",为"马"的假借字,其义为"生",伪孔误释为"用"。至"枿"字原作"櫱",转写从俗作"榦",或云"榦"为"栓"之讹体(《撰异》)。王鸣盛云:"蘖重文既有,于义又通,不但不必作'櫱',亦不必作'榦'。"(《后案》)其说是,故今仍用"由蘖"二字。"由蘖"是倒断了的树木重新生长出来的枝芽。

㉒永——长久。

㉓兹新邑——这个新都,指殷,即今安阳。

㉔绍复——"绍",继。"绍复",继承恢复。

㉕厎绥——"厎",定(《舜典》"厎可绩"马注)。"绥",安(《尔雅·释诂》)。"厎绥",动词,安定。

这一节,整整一段话是盘庚叫贵戚大臣向臣民传达他的话,强调敬承天命、遵循祖宗迁都的先例,来阐明迁到新邑的重要性。

986　　盘庚敩①于民由乃在位②,以常旧服③正法度,曰:"无或敢伏小人之攸箴④。"王命众⑤悉⑥至于庭⑦。

①敩——觉察,悟到(《说文》)。

②由乃在位——杨筠如云:"吉金文中'乃'、'厥'形近易误。《尚书》中'乃'、'厥'易用之处甚多。下文'今予将试以汝迁,安定

厥邦’,又曰‘今予将试以汝迁,永建乃家’。一作‘厥’,一作‘乃’,尤其明证。”(《核诂》)即以第二人称领格“乃”与第三人称领格“厥”互用。此处“乃在位”,字面为“你们的在位官员”,其实是说“他们的(民的)在位官员”。按,旧注疏以“由乃在位”为一句,“民”以上为一句,解为:“盘庚教民,从在位起。”内野、秀圆、松田、元亨诸本“民”字下并有“曰”字,显是误衍。今从俞樾《群经平议》作为一句。但俞释此句为“盘庚觉悟于民之不适有居,由于在位者之故”,则以“乃”作“于”字解。

③常旧服——常用的旧的典制。

④无或敢伏小人之攸箴——“伏”,隐匿。“人”,内野、松田、元亨、岩崎、云窗诸本皆作“民”。“攸”,所。“箴”,规诫的话。方宗诚释此句云:“盖谓不可匿我箴民之言耳。下文‘不匿厥指’,‘惟汝含德’,‘不和吉言于百姓’,‘其惟致告’,皆反复此一语。”(《书传补商》引)

⑤众——在此处作众多官员讲。参看讨论(一)(3)。

⑥悉——尽(《尔雅·释诂》),全部,都。

⑦庭——内野、秀圆、松田诸本作“朝庭”,元亨本作“王庭”,又在王旁添“朝”字。字皆误衍。此处召集在位众官员讲话,可能是“中庭”(参看第一篇“王庭”校释)。

这一节,是史臣的记事之词。记盘庚召集那些煽动群众不安于新居的官员们进行训诫的事。

王若曰①:“格②汝③众,予告汝训汝④,猷⑤黜⑥乃⑦心;无傲从康⑧。

①王若曰——王如此说,王这样说,为殷周史臣记载王讲话时的开头用语(于省吾《王若曰释义》谓王直接命令臣属不称"王若曰"。凡史官或大臣代宣王命始称"王若曰"。此处不合此例,因谓此篇写于西周之说有一定道理)。

②格——《白虎通·号篇》引作"裕"。段玉裁谓是"格"字之误(《撰异》)。"格"的意义为"告"(参看《尧典》校释)。

③汝——《白虎通·号篇》引作"女",隶古写本如内野、岩崎、云窗诸本及薛本亦作"女",和甲骨文、金文同,是"汝"的本字。作为第二人称代词,不分单数、多数、主格、宾格都可用(惟不能用作领格)。保存了甲骨文、金文中的用法。

④予告汝训汝——旧读至"训"字为句,"汝"属下句。今依俞樾说,读此五字为句,和第一篇"承汝俾汝"文法同。"告"是告导,"训"是训诫。

⑤猷——王引之谓是语助词(《释词》)。然在此与"由"通,其义同"用"、"以"。

⑥黜——贬下(《说文》),斥去,去掉(《释诂》)。

⑦乃——第二人称领格,即"你的"、"你们的"。

⑧无傲从康——"无",通毋,不要。"傲",傲慢,拒不接受意见。"从",放纵。"康",安逸,安乐。

这一节,盘庚开口就明确教训官员们要斥去私心,听从王的话。

"古我先王亦惟图任旧人共政①,王播告之②,修不匿厥指③,王用丕④钦;罔有逸⑤言,民用⑥丕变。今汝聱聱⑦,起信险肤⑧,予弗知乃所讼⑨！

①图任旧人共政——"图",大。按,"吐蕃"即"大蕃",见《唐蕃会盟碑》,是唐时尚读"大"如"吐"。又"吐火罗"即"大夏",王国维有考。"吐"、"图"音同,今吴音尚读"大"如"图"或"杜"。共,与"供"同。"共政",有如后代所说"供职"或"服政",即在政事职位上服务。这句是说大量的任用旧有的贵族世袭官员。是奴隶制度政权的特点。

②王播告之——"播",《说文·言部》作"譒",解云:"敷也。"
并引此云:"《商书》曰,王譒告之。"意为王向他们普告。

③修不匿厥指——"修",孙诒让谓当读为"攸",同声假借(《骈枝》),并从《说文》连"不匿厥指"为一句(俞樾《平议》则以"修"与"攸"并同"迪",训为"道",且连上句读)。于省吾云:"俞、孙均以为'攸'字,是也。惟'匿'旧均训为隐匿,非是。《盂鼎》'辟厥匿','匿'应读作'慝'。《洪范》,民用僭忒,《汉书·王嘉传》作'民用潜慝'。《说文》:'忒,更也。'《尔雅·释言》:'爽,忒也。''指'本应作'旨'。'修不匿厥旨'者,用不爽变其宗旨也。"(《新证》)(松田本"厥"作"其",误写训诂字。)

④丕——大,很。下句"丕变"字同。

⑤逸——失(《说文·兔部》),过(《释言》)。

⑥用——足利本作"由"。

⑦聱——《唐石经》及各刊本皆作"聒"。然《说文·心部》有"聱"字,解云:"拒善自用之意也。从心,銛声。《商书》曰:'今汝聱聱。''聲',古文,从耳。"是汉代今文作"聱",古文作"聲"。《释文》引马融说与《说文》同。《孔疏》引郑玄注云:"读如聒耳之聒。

聒聒,难告之貌。"是汉末马融、郑玄本古文亦作"憨"。又引王肃注云:"善自用之意也。"是魏时王肃本同于《说文》,也作"憨"。伪《孔传》释此为"无知之貌",而不注"聒"的聒耳之义。《玉篇·心部》的"憨"字注"愚人无知也",是据伪孔为释。证以隶古写本的稍有讹变诸体,皆近于憨,是伪孔本亦作"憨"。段玉裁云"憨,卫包改为聒",并说是根据郑玄说"读如聒"妄改的。今据以改回为"憨"。意为听不进正确意见,愚而自用。

⑧起信险肤——"起",兴造,造言。"信",伸,申说(皆江声说)。"险",邪恶(《广雅》):"险,衺也。"《周易·系辞》京注:"险,恶也。""肤","胪"的籀文(见《说文》)。《晋语》"风听胪言于市",韦注:"胪,传也。"故"肤"为传语之意(吴汝纶《尚书故》、章炳麟《拾遗定本》说)。"起信险肤",就是编造邪恶的话加以传播。

⑨讼——争辨,争闹(据《说文》)。

这一节,盘庚指出先王任用旧人,而旧人恪遵先王的话,想不到我用了你们这些旧人,却流言惑众。

"非予自荒①兹德②,惟汝含德③,不惕予一人④。予若观火⑤,予亦炪⑥谋作乃逸⑦。

①荒——废乱(《诗·蟋蟀》笺)。

②兹德——指任用旧人的传统。此处两"德"字亦误。见讨论(一)(3)。

③惟汝含德——"惟",同"乃"(《释词》),有"是"、"为"等意。"含",孙星衍据《史记·殷本记》"舍而弗勉何以成德"语,以为当作"舍",并释此语为"汝自舍其德而弗勉也"(《今古文注疏》)。皮

锡瑞则以为"舍"是今文(《考证》)。(按,阮元《校勘记》亦谓永怀堂本"含"作"舍"。)俞樾云:"含",藏,怀。"惟汝含德",乃是汝怀藏其德(见《平议》)。今从俞说。

④不惕予一人——《白虎通·号篇》引此句作"不施予一人"。岩崎本、内野本作"弗惕予一人"。段玉裁谓古文作"惕",今文作"施"。"惕""施"同在歌支一类,并以《诗·何人斯》"我心易也"之"易",《韩诗》作"施"为证(《撰异》)。俞樾云:"施,本字,惕,假字。言汝怀藏其德,不施及予一人也。含与施正相应成义。"并谓下文"施实德于民"用了本字(《平议》)。

⑤观火——"观",读如《周礼》"司爟"之"爟"。郑注云:"燕俗名汤熟为观。"据此,"观火"同"爟火"(《史记·封禅书》作"权火",字讹),即热火。(江声、王鸣盛、段玉裁、孙星衍等主此说。独黄式三谓"观火"即举火。)

⑥炪——《唐石经》及通行本作"拙"。《说文·火部》有"炪"字云:"《商书》曰'予亦炪谋',读若巧拙之'拙'。"岩崎、内野、云窗诸隶古写本作"炪",而薛本作"炪",知"炪"为"炪"之讹。是汉代本及伪孔本原皆作"炪","拙"字为卫包所误改,今改回。江、王等校定《说文》解作"炪,火不光也";校定《玉篇》:"炪,火光郁也。"又《集韵》"六术":"炪,郁烟貌。"可知"炪"是火为烟所郁,火光没有发出来的意思。

⑦作乃逸——"作",造成,酿成。"乃",你们的。"逸",放逸,放纵。

这一节,盘庚表明不是我不重视你们,而是你们利用了我的宽厚却放纵起来。

"若网在纲①,有条而不紊②。若农服田力穑③,乃亦有秋④。汝克黜乃心⑤,施实德⑥于民,至于婚友⑦,丕乃⑧敢大言,汝有积德。乃⑨不畏戎毒⑩于远迩⑪,惰⑫农自安,不昏⑬作劳,不服田亩,越其⑭罔⑮有黍稷⑯。

①纲——网的大绳(《诗·棫朴》郑笺"张之为纲"疏)。曾运乾谓"若网在纲"这一比喻,是就"无傲"说的(《正读》),因为傲上,没有忠于上面的体统观念,所以提出大家要像网一样附在纲上,来附从于王室。

②紊——乱(《说文》"紊"字引本文之释)。

③服田力穑——"服",事,从事于。所从的"𠬝",《说文》解为"治",就是治事。"服田",即从事于田中劳作。"穑"",《汉书·成帝纪》引作"啬",《汉石经》之《无逸篇》残字亦作"啬",知今文原作"啬"。指农事。"力穑",勤力于农事生产。曾运乾谓"若农服田"这一比喻,是就"从康"说的。因为放纵图逸乐,就不肯勤劳生产。

④有秋——"秋",秀圆本误作"秌"。"秋"指秋收(《汉书·成帝纪》应劭注)。"有秋",秋天有好的收成。

⑤汝克黜乃心——篇首要官员们"猷黜乃心",这里说他们"克黜乃心",即黜去傲慢从康之心(江声《音疏》、孙星衍《注疏》说)。

⑥德——恩惠。下文"积德"同。

⑦婚友——古时惯以朋友婚媾并称。如周金文《克盨》:"唯用献于师尹、朋友、婚媾。"《頵叔多父盘》"利于辟王、卿事、师尹、兄弟、诸子、婚媾"等。"婚友"即指婚媾、朋友。汉代的《尔雅·释

亲》："妇之父母婿之父母相谓为婚姻。"是"婚媾"演变为"婚姻"，即后代所说的儿女亲家。当时的婚媾、朋友，实指按氏族传统世代结成婚姻关系的各奴隶主贵族。（夏威夷原始社会群婚制中的"普那鲁亚"，意为"亲密的伴侣"。很可能"婚友"也就是类似意义的称呼，作为远古遗迹的这一名词保留到了殷代。）

⑧丕乃——于是（见第一篇校释）。

⑨乃——若，如果。是假设连词。

⑩戎毒——"戎"，大（《尔雅·释诂》）。"毒"，害（《国语·周语》韦注）。

⑪迩——近。

⑫惰——懒（《广雅·释诂》）。

⑬昏——郑玄云："昏，读为'暋'，勉也。"（见《孔疏》）《释文》云："昏，马（融）同。本或作'暋'，音敏。《尔雅》'昏'、'暋'皆训强，故两存。"按，《尔雅·释诂》："强，勤也。"是"不昏作劳"即"不勤作劳"，与"不勉作劳"义同。

⑭越其——"越"，《释文》云："本又作'粤'。"按，"越"、"粤"皆金文"雪"字之异写，"越"由音借，"粤"由形误。"雪"在金文中作"与"、"及"等义。此处"越"字依王引之释为"于是"（《释词》）。"其"，将（《释词》）。

⑮罔——无。

⑯黍稷——徐灏云："黍为大黄米，稷为小黄米。"（《说文解字注笺》）此处泛指农作物。

这一节，以两个比喻来诰诫在位者要为民表率，勤奋努力，有实惠于民，不可苟且偷安，贻祸于民。

"汝不和①吉言②于百姓③,惟汝自生毒④,乃败祸奸宄⑤,以自灾于厥身。乃既先恶⑥于民,乃奉⑦其恫⑧,汝悔身⑨何及!相时憸民⑩,犹胥⑪顾于箴言⑫,其发有逸口⑬;矧予制乃短长之命⑭!汝曷弗告朕⑮而胥动以浮言⑯,恐沈于众⑰?若火之燎于原⑱,不可向迩⑲,其⑳犹可扑灭。则惟㉑汝众自作弗靖㉒,非予有咎㉓!

①和——读为"宣"(俞樾《平议》用王引之说)。按王引之《经义述闻》"《周官》和布"条云:"和当读为宣。和布者,宣布也。"谓太宰职的"和布",即小司寇职的"宣布"。并云:"宣、桓皆以亘为声,宣之为和,犹桓之为和也。《魏策》魏桓子,《韩非子·说林》作魏宣子。《禹贡》'和夷底绩',郑注读'和'为'桓'。如淳注《汉书·酷吏传》曰:'大板贯柱四出,名曰"桓表"。陈、宋之俗言桓声如和,今犹谓之'和表'(师古曰:即"华表"),是其例矣。"

②吉言——善言,好话。

③百姓——百官(见第二篇"历告尔百姓"校释)。

④自生毒——等于说"自作孽"(吴闿生《大义》)。

⑤乃败祸奸宄——"乃",约如"以"、"以致"之意。"败祸奸宄"四字平列,与第一篇"暂遇奸宄"语法同。"败祸"即灾祸,"奸宄"为邪恶寇贼等坏的行为。

⑥先恶——先导于恶,亦即带领倡导做坏事。(《礼·郊特牲》"天先乎地"注:"先,谓倡导之也。")

⑦奉——承受(《说文》)。

⑧恫——痛,痛苦(《尔雅·释言》)。

⑨身——《汉石经》作"命"。二字意义相通。

⑩相时憸民——"相",视(《释诂》及《释文》引马融说)。"时",是,此,这个(《释诂》)。"憸",《说文》引本句作"愻"。《汉石经》作"散"(散)。又《春秋繁露·服制篇》亦有"散民"一词。段玉裁以为今文作"散",古文作"愻",伪古文作"憸",三字同义(《撰异》)。但内野、岩崎、云窗诸写本及薛本皆作"相峕愻民",或字体略有讹变,是伪古文原亦作"愻",当是卫包改为憸。既三字同,故不改。"相时憸民"就是"看这些散民"。"散民"是按奴隶主偏见视为冗散不足称道的小民。

⑪胥——相。

⑫箴言——规诚的话(见上文)。

⑬逸口——"逸",过失。"逸口",失言,即可能引起祸患的话。

⑭制乃短长之命——"乃",内野本作"女",松田本作"汝",皆误。参看讨论(一)(2)。此句是说制你们的生死之命。

⑮告朕——此"朕"字作宾格,不合殷代用法。参看讨论(一)(2)。

⑯浮言——无根之言(《启矇》)。

⑰恐沈于众——《左传》之《隐公六年》及《庄公十四年》都引《商书》曰:"恶之易也,如火之燎于原,不可乡迩,其犹可扑灭。"以"恶之易也"四字当此处。江声、王鸣盛都以为先秦《盘庚》有此四字,经伪孔作者以《尚书》无也字而删去。孙星衍则以为"恐"与"恶"形近、"众"与"易"形近致误,可能古文原作"恶之易"三字。段玉裁云:"'恶之易也'四字隐括上文'汝不和吉言'以下七十余字,盖以其词繁而约结之,古人早有此法。"(《撰异》)牟庭则以为

盘庚

995

左氏所见未焚书，与汉经师所据本，各皆完足，古书传本自有不同（《同文尚书》）。段说较正确，因《尚书》文法中确无用"也"字的可能。参看"讨论（一）（2）"。"恐沈"，江声释为"恐猲"，即今语"恐吓"。牟庭释为"恐耽"，"耽"通"憛"。"恐憛"亦即"恐吓"。

⑱若火之燎于原——"若"，《左传》作"如"，义同。燎，放火烧。"原"，原野。

⑲向迩——"向"，《左传》引作"乡（鄉）"，与金文合。伪《孔传》各写本、刊本及《唐石经》皆作"嚮"（独岩崎本作"向"）。兹据段氏《撰异》校订用"向"。"乡"为"向"的本字，"嚮"为"向"的后起字。《楚辞·惜誓》注："向，对也。""迩，近也。""向迩"，面对着它和靠近它，意即靠近。

⑳其——将（《释词》）。

㉑惟——是（《释词》）。

㉒靖——孙星衍云："《艺文类聚》八十七引《韩诗》曰：'靖，善也。'《尧典》'静言'，《史记·五帝本纪》作'善言'，《汉书·王莽传》作'靖言'，言汝自作不善，即上文所云先恶于民也。"（《今古文注疏》）

㉓咎——过错（《诗·伐木》传）。

这一节，以严厉的语气斥责官员们不当流言惑众，从而提出了严厉的警告。

"迟任①有言曰：'人惟求旧②；器非求③旧，惟新。'古我先王④暨⑤乃祖乃父胥及逸勤⑥，予敢⑦动用非罚⑧？世选尔劳⑨，予不掩⑩尔善。兹予大享⑪于先王，尔祖其从与⑫享之。作福、作灾，予亦不敢动用非德[13]。

①迟任——人名，为殷人所称道的一位贤智的人。诸隶古写本如 P2643、松田、岩崎及薛氏刊本皆作"遅任"，内野本作"遲任"，云窗本作"遲任"，《集韵》亦作"遅任"。于省吾云："'遅'即'遅'，殷周金文作'遅'或'徥'，晚周古文作'遅'。'任'，本应作'壬'，殷人多以十干为名也。"（《新证》）按"迟"，徐仙民音时，陆德明音池，颜师古所见本音夷。

②人惟求旧——《汉石经》作"人惟旧"，无"求"字。《潜夫论·交际篇》用此句亦无"求"字。然《风俗通·穷通篇》《三国志·王朗与许靖书》引此句皆作"人惟求旧"。知汉时传本原有此歧异。伪《孔传》诸本作"人惟求旧"，独隶古写本 P2643 及岩崎本正文无"求"字，而在旁添写了此字。"惟"，在此作"宜"、"应该"解（吴闿生《大义》说）。

③求——《汉石经》作"殺"（即"救"）。《周礼·大司徒》"以求地中"郑注："故书'求'为'救'。"又《尧典》"方鸠"，《说文·辵部》作"旁遹"，《人部》作"旁救"。知汉代"救"与"求"通用。

④古我先王——"古"，杨树达谓当读为"故"，与《盂鼎》"古丧师"之"古"假为"故"同。"先王"，指曾迁都的仲丁、河亶甲、祖乙、南庚等人（《读书记》）。

⑤暨——P2643、内野、云窗诸写本及薛本皆作"臮"，即金文中的"眔"，是释为"和"、"与"等意义的"及"字的本字。"暨"的原意是"日颇见也"（《说文》），后来同音假借为"及"字用。

⑥胥及逸勤——蔡邕《司空文烈侯杨公碑》引作"胥及肆勤"。《诗·谷风》毛传："肆，劳也。"皮锡瑞谓"逸勤"为勤劳王事（《考

证》)。杨树达谓"胥及逸勤"指当时君臣一德一心从事迁徙(《读书记》)。

⑦敢——古籍中"敢"字常作"岂敢"、"敢吗"用,意即"不敢"。《左传》多有此用法,如《庄公二十二年》《昭公二年》等。《五经异义》引此句即作"不敢"(《诗·文王·正义》引),误衍"不"字。

⑧动用非罚——"动",动辄,动不动。"动用",动不动就用。意思是较轻率地随时处理。"非罚",言非罪而妄罚(戴钧衡《补商》语)。

⑨世选尔劳——"选",伪《孔传》释为计数,《蔡传》释为简选,皆不确。俞樾云:"选当读为纂。《尔雅·释诂》:'纂,继也。'《礼记·祭统》'纂乃祖服',哀十四年《左传》'纂乃祖考',《国语·周语》'纂修其绪',其义并同。'世纂尔劳'者,世继尔劳也。"(《平议》)"劳",《周礼·司勋》云:"事功曰劳。"

⑩掩——《诗·文王·正义》谓《五经异义》引作"绝",以其义易其字。《释文》云"掩又作弇",二者音义全同。

⑪大享——大祭祀。《礼记》作"大飨"。周代奴隶主政权祭其祖先,有"禘"、"祫"、"烝"、"尝"等大祭。其中禘祭是功臣都与祭(《公羊传·文公二年》何休说),与此处所说尔祖从享相合。殷代卜辞中,祭祀名目更繁多,有大祭,如"出"、"帝"等;有合祭,如"劦"、"衣"……等;还有歆飨之"乡",似即同于此"享"字。又旧臣也有祭,如伊尹、咸戊等。而且可附祭于先公、先王,如伊尹附祭于上甲微(明义士《续编》513),附祭于大乙汤(《殷契粹编》151)等。可知大祭先王时附祭先臣,是殷代的制度。

⑫与——参与,参预。

⑬非德——"德",恩惠,在王朝往往指爵赏。"非德",是不应该给的恩惠。与上文非罚对举。

这一节,以温和的语气抚慰这些官员,把他们作为旧人看待,要他们知所感奋。

"予告汝于①难,若射之有志②。汝无老侮成人③,无弱孤有幼④;各长⑤于厥居,勉出乃力,听予一人之作猷⑥。

①于——同"以",介词(杨树达《读书记》)。

②若射之有志——王应麟《艺文志考》说汉人引作"若矢之有志"。按,《仪礼·既夕》篇末言"志矢一乘"。郑玄注:"志,犹拟也,习射之矢。《书》云:'若射之有志。'"陈乔枞云:"疑郑君所引《书》是作'若矢之有志',此亦三家今文之异字也。"(《经说考》)总之有一种"志矢",是练习射矢时用的矢,它的镞头是用骨做的。见《尔雅·释器》:"骨镞,不剪羽,谓之志。"西周金文《师汤父鼎》有"矢臺",陈梦家以为可能即此习射的骨矢。

③汝无老侮成人——流行刊本皆误作"汝无侮老成人"。《汉石经》作"女毋翕侮成人",古写本 P2643、岩崎本、内野本皆作"女亡老侮成人",《唐石经》作"汝无老侮成人"。今文与古文虽有"翕"与"老"之异,其字皆在"侮"上。(足利本作"女亡老侮老成人",显系受流行本影响,重出一"老"字。阮元谓当从足利本,误。薛本和云窗本晚出,与流行本同,益误。)按,郑玄注云:"老、弱,皆轻忽之意也。"(《孔疏》引)以"老"与下句"弱"对举,显见郑本亦"老"在"侮"上。可知今文、古文、伪古文语序皆如此,故据以乙正。"老侮成人"就

是见老人而轻侮之。

④无弱孤有幼——《汉石经》"无弱"作"毋流"。冯登府以为"流"、"弱"音近通假（《汉石经考异》）。吴汝纶则以为是借"溺"为弱，字形作"休"，因形近而洪适编《隶释》时误认为"流"。"孤"，指幼而无父。"有幼"即幼，与上文"有居"语法同。"弱孤有幼"就是因小儿孤幼而轻忽之。"老侮"与"弱孤"为结构相同的动词。古人语言中常以不侮老幼鳏寡为言。金文如《毛公鼎》，典籍如《康诰》《无逸》《诗·烝民》及《左传·昭公元年》等，都有"不侮鳏寡"之文，基本表达同一意义。

⑤长——主，统率。"各长于厥居"，谓"各统其所属部伍"（时澜说），"率其民勉出力以听命"（黄度说，见《传说汇纂》及《补商》引）。

⑥猷——谋，计划，打算。

这一节，谆谆嘱咐大家不要轻忽老弱的利益，应努力一心地听王的话。

"无有远迩，用罪伐厥死①，用德彰厥善②。邦之臧，惟汝众；邦之不臧，惟予一人有佚罚③。

①用罪伐厥死——"罪"，名词含动词意义，即"处罪"，亦即"处刑"。"伐"与"罚"同声通用，意为惩处。"厥死"，他的该判死罪的罪恶。这句是说用判刑来惩处他们的罪恶。

②用德彰厥善——"德"，指君主给臣下的恩惠，即爵赏之类。"彰"，汉代著作引用或作"章"，或仍作"彰"，二字同，都是表彰、表扬之意。这句是说用爵赏来表扬他们的善。

③邦之臧惟汝众邦之不臧惟予一人有佚罚——《国语·周语》内史过引《盘庚》曰："国之臧，则维女众；国之不臧，则维余一人是

有逸罚。""邦"作"国","惟"作"维","汝"作"女","佚"作"逸",皆同义通用;并多二"则"字。"之",若,倘若(王引之《释词》)。"臧",善,好。"惟",以,由于。"佚",疏失。"佚罚",掌握刑罚有疏失。

这一节,表示信赏必罚,以善归功于众,以不善归咎于自己没有掌握好刑法,于好话中带着严厉,以此警众。

"凡①尔众,其惟致告②:自今至于后日,各共③尔④事,齐⑤乃⑥位,度乃口⑦。罚及尔身,弗可悔!"

①凡——所有。

②致告——"致",送诣(《说文》)。"致告",传送相告,传达。杨筠如云:"致,当读为厎。襄九年《左传》'无所厎告'。"并谓即《微子》之"指告"(《核诂》)。按,杜预注"厎"为"至",是《左传》"厎告"即"致告",故仍以释作传达为妥。

③共——《唐石经》及流行刊本作"恭",现据《汉石经》及段玉裁之说改回。详第一篇"颠越不共"校释。

④尔——此处是第二人称多数领格"你们的"。

⑤齐——整齐,整饬(《启蒙》),是动词。

⑥乃——你们的。

⑦度乃口——《汉石经》作"度尔口"。隶古写本 P2643 及岩崎本作"庀乃口",《尚书》中的"宅"、"度"常通用。伪《孔传》释此句为"以法度居汝口"既用法度意义,又用宅居意义,两不可通。吴澄《书纂言》释此句云"出口之言当有节度,勿复以浮言胥动",是说要谨慎你们的说话。江声以为"度当为斁,闭也"(《音疏》)。朱

盘庚

1001

彬以为"度与杜同",其意义为杜塞(《经传考证》),意思都是要解释成闭塞住口不说话。其实如吴澄用"度"字为有节度、有分寸的意义较妥。意在讲话要慎重合规矩。

这一节,提出了最后的严厉浩诫。(戴钧衡《书传补商》引孙觉云:"恭尔事则无傲上,齐乃位则无从康,度乃口则无浮言,三者盘庚所深戒也。")

今　译

第一篇(原中篇)

盘庚决定渡过黄河,把人民迁徙过去。他就召集了许多反对迁移的人民,准备尽情讲出一番话。许多人民都来到王庭,不安地等候着。盘庚唤他们到面前,说道:"你们留心听我的话,不要轻忽了我的意旨!唉!我们的先王没有一个不是只图拯救和保护人民的。先王那样关心着人民,所以很能顺着天时活动。每当老天很痛切地降下大灾来的时候,我们的先王总是为着人民的利益实行迁徙,从不留恋他们亲手缔造的原有都邑。你们为什么不去想想先王这样对民事的勤勉呢?我也为了拯救保护你们,要使得大家的生活安好;并不是以为你们有罪,要罚你们这样干呀!你们要知道,我所以唤你们到这个新邑中去,正为了你们自己的利益,这是非常符合大家的根本要求的。

"现在我准备把你们迁徙过去,希望安定自己的国家。但是你们不惟不能体会我心的苦处,却反而大大地糊涂起来,使你们的心里发生无谓的惊慌,想用你们的私心来变动我的主张,这真是你们自取困穷,自寻苦恼! 譬如乘船,你们上去了只是不解缆渡过去,岂不是坐待你们坐的船朽败吗? 若是这样,不但你们自己要沉溺,连我们也要随着沉溺了。你们一点也不审察情势,一味怨恨,试问这能有什么好处?

"你们不做长久的打算,来想想不迁对你们的灾害,那是你们在大大地制造忧困,来和自己过不去,你们只想苟且地得过了今天就算,不管后来怎样,可怜上帝哪还能容许你们有活命吗!

"现在我嘱咐你们,一点也不要接触秽恶的东西来败坏自己,怕的是人家来摧毁你们的身躯,污秽你们的心灵。我所以这般劝告你们,正是要把你们的生命从上帝那里迎接下来,使得你们可以继续活命。我哪里是用威势来压迫你们呢! 我原为的是要养育你们许多人民。

"我想起我们的先王使用你们的先人,就记挂你们,要养育得你们好好的。是这样的呵! 可是由于没处理好,延到现在还住在这有灾难的地方,先王就重重地降下责罚,说道:'你为什么要这样地虐待我的人民呢?'若是你们无数人民不肯去孜孜努力求取美好的生活,和我同心迁去,先王便要重重地责罚你们,说道:'你们为什么不和我的幼小的孙儿同心协力,却对他三心二意呢!'上帝决不会饶恕你们的,你们也决没有法子可以避免这个责罚。

"我们的先王既经使用了你们的先祖先父,那你们当然都是我畜养下的臣民。倘使你们心中有了毒害的念头,我们的先王一定会知道,他便要撤除你们的先祖先父在上天侍奉先王的职役;你们的先祖先父受了你们的牵累,就要弃绝你们,不救你们的死罪了。现在你们的在位的官员中有乱政的人，贪污财货，不顾大局，你们的先祖先父就要竭力去请求我们的先王说：'快点定下严厉的刑罚给予我们的子孙吧！'于是先王就大大地降下不祥来了。

"唉！现在我告诉你们，我的迁移计划已决定不改易了。你们对于我所忧虑的事情，应当有所认识，不可漠然不重视了。你们应当各各把自己的心放得中正，跟了我一同打算！倘使有不善良的人，横竖也不肯听奉上命，奸诈邪恶，我就要把他杀戮了，绝灭了，不使得他们恶劣的孽种遗留一个在这新邑之内。

"去吧！努力去追寻美好的生活吧！现在我要把你们迁过去了；在那边，希望一劳永逸地建立好你们的家园。"

第二篇（原下篇）

盘庚已经迁移好了，安排好了所有臣民的邑里居处，然后按各人的地位进行整顿，告诫众官员说：

"不要贪图嬉逸愉快，要勤勉努力把从上帝那里得来的大命好好建树起来。现在我要掏出我的心肠来——同你们百官讲话：在我的心意里，不责怪你们了；你们也不要再承以前的怨怒，勾结在一起讲我的坏话。

"在从前的时候，我们的先王要发扬光大前人的功业，迁到高地减免灾害，在我们的都邑里遵循着前人美好的业绩。

"到了近来，我们的人民遭受了洪水的荡析离居之苦，没有止境。你们却问我：'为什么要震动万民来迁徙呀！'你们不知道，这是上帝要恢复我们祖宗的业绩到我们这一代王朝，所以我很急于敬奉上帝的这一旨意来拯救民命,以获永远定居于这新的都邑里。

"我不是不理会人们的意见,是由于上帝的神灵使我们得到了好处。我只是不敢违背占卜,现在便发扬了这神龟的吉示了。

"喂!各邦的首脑、军事长官及王朝的各级官吏们:你们都要依从这灵验的占卜,我将加强观察和择取你们,看谁能常常想到重视我的众庶。我不屑于那种贪财的行为,那种勇于孜孜从事一己家业的行为,只对那些能养育人民和谋人民安居等方面做出成绩的,才任用他,敬重他。现在我既已明白告诉你们了,对我这种意向,不论同意不同意,你们都不得有所不遵从。你们不要积聚财富,孜孜于增殖家业来养肥自己。要使人民获得些好处,永远洁净你们那颗能够和我一致的心。"

第三篇（原上篇）

盘庚迁移到殷以后,他的臣民住不惯这个新地方。他于是唤了许多亲近的贵戚大臣出来,叫他们把誓言来晓喻一般臣民说:

"我们的王来到这里,使大家有一个安居的好地方,原为看重你们的生命,不让你们在旧邑中死尽了。但一时还没能都相互帮助生活得很好,因此问了卜,卜辞说:'怎么会这样呀!'先王的规矩,总是敬遵天命,因此他们不敢贪安宁,不老是住在一个地方,从立国到现在已迁移过五次国都了。现在若不是依照了先王的前例,那就难保上天要断绝我们商邦的大命了,怎能谈得上继续先王的光辉的功业呢!像倒仆的树木可以发出新的枝芽一样,上天要把我们迁移到这个新邑中来,原是要把我们的生命成长在这里,从此继续先王的伟大的功业,把四方都安定下来呀!"

盘庚觉察到了人民的闹着住不惯,都是由于官员们的煽动,决定用旧有典制去饬正法纪,就对他们说:"谁也不得隐匿我规诫小民的话!"于是王命令许多官员都到朝庭上来。

王这样说:"对你们大家说,我要告导你们,训诫你们:你们应当斥去自己的私心,不要傲视我的命令,单顾自己的安乐。

"从前我们的先王也是专用旧家的人,让他们好好从政。先王向他们发出政令时,他们决不敢稍有差错地去变动先王的旨意,所以先王很看重他们。他们又从不说出惑乱众听的错误言论,所以人民也很能服从政府的领导。现在你们愚昧地自以为是,编造许多邪恶的话来加以传布,我真不懂得你们所争闹的究竟是些什么!

"并不是我愿意丢弃这一任用旧人的传统,只因为你们自己舍弃了这一传统而不给我,所以使我如此。我本来有着像炽热的火一样的威焰,但还处在为烟雾迷漫的情况下,没有照射出来,哪里想到就因此酿成了你们的放纵!

"要像网一般地结在绳子上,才可顺了条理而不乱。要像农夫的尽力耕田,才可得到一个好收成。你们若能斥去自己的私心,把真实的好处给予人民,以至于亲戚朋友,那么,你们才可以说一句满意的话,说你们一向积有好处的。倘使你们不怕远近的人民为了你们而受着大害,贪一时的安乐,懒于去耕田亩,不肯勉力劳苦的事,那就当然没有指望可以收获到黍稷。

"你们不把我的好话向百姓宣布，这是你们自取祸根，以致做出许多坏的事情来自害了自身。你们既带头引导人民做坏事，自然得由你们自己来承受其痛苦，你们要懊悔也来不及！你们看，这些小民还知道听从规诫的话，唯恐说出可能引起祸患的错话，何况我是操着你们的生杀之权的，你们为什么倒不畏惧呢？你们有话何以不先来告诉我，竟敢擅用谣言来摇动人心，恐吓大众。你们要知道，你们即使像野火一般地在大地上焚烧，使人近前不得，但我终究有力量来扑灭你们的。如果弄到这个地步，那是你们许多人自己惹出的祸患，可不要怪我错待了你们！

"迟任曾经说过一句话：'用人是应该专选旧的；不像器具那样，不要旧的，单要新的。'从前我们的先王，和你们的祖父和父亲，就勤劳地同心合力来从事迁徙，我怎敢对你们用出非分的刑罚。你们若能世世继续你们的祖和父的勤劳，我也决不会掩没你们的好处。现在我大祭先王，你们的祖先也一起受祭。你们的作善而得福或作恶而得灾，都有先王和你们的祖和父来处置你们，我也不敢擅用非分的爵赏。

"我告导你们，作事是不容易的，应当像射箭一般，要先用习射的箭学会射箭技术。你们不要欺侮老年人，也不要藐视少年人；应当勤奋地用出你们的气力，听从我一人的打算。

"不论远近的人，我总一例的对待：用刑罚来惩处他们的罪恶，用爵赏来表彰他们的良善。国家若弄得好，是由于你们大家的功劳；国家若弄得不好，只是由于我行使刑法有疏失。

"你们许多人应该把我的话广为传达告诫：从今天以至于将来，各自供承你们的职务，整饬你们的阶位，谨慎你们的说话。

如果不这样,到罚上你们的身体的时候,可不要懊悔呵!"

讨 论

汉代出现的《书序》说:"盘庚五迁,将治亳殷,民咨胥怨,作《盘庚》三篇。"此说提出了下面几点:(1)说《盘庚》三篇是盘庚作的;(2)笼统地说三篇都是盘庚由于人民反对迁移而作,没有分清三篇时间的先后和讲话的对象;(3)说盘庚共有五迁;(4)说这一次是迁到亳殷,但没说迁移的原因。

现在就这几点,分别讨论下面几个问题:

(一)《盘庚》的作者、思想特点和写定时代

《书序》明说这三篇是盘庚作的。但《史记·殷本纪》说:"帝盘庚之时,殷已都河北,盘庚渡河南复居成汤之故居,乃五迁无定处。殷民咨胥皆怨不欲徙,盘庚乃诰谕诸侯大臣曰:'昔高后成汤与尔之先祖俱定天下,法则可修,舍而弗勉,何以成德?'乃遂涉河南治亳,行汤之政,然后百姓由宁,殷道复兴,诸侯来朝,以其遵成汤之德也。帝盘庚崩,弟小辛立,是为帝小辛。帝小辛立,殷复衰,百姓思盘庚。乃作《盘庚》三篇。"《殷本纪》这种说法前后不一。前面说是盘庚诰谕诸大臣,讲了这些话,并以数语约叙了三篇的内容。后面却说是小辛时百姓追思盘庚作了这三篇。显见司马迁把两个不同说法照抄在一起,没有加以别择。

郑玄说:"阳甲立,盘庚为之臣,乃谋徙居汤旧都。上篇是盘庚为臣时事,中、下篇为君时事。"(《孔疏》引)则仍说三篇作者

是盘庚,但却说上篇作于阳甲时。

郑玄的老师马融和郑玄的反对者王肃都说是盘庚为王时诰诫臣下之作,而且为了纪念他迁移的功劳,就以他的名字作为篇名。(马说见《释文》,王说见《孔疏》。但孔以为《仲丁》《河亶甲》《祖乙》等三篇逸书都以王名名篇,这只是史臣记载体例,并不是为了纪念。)

自后疏释《尚书》者大抵都以为是盘庚所作,没有异议。到清初王懋竑才说:"三篇皆既迁后追记。"(《读书记疑》)指出是事后的记载。清末俞樾又以为当从《史记》,谓"《盘庚》之作在小辛时,作《盘庚》所以讽小辛也。伤今思古,犹《小雅·楚茨》诸篇之意也"。但俞氏又说明是"取盘庚未迁与始迁时告诫其民之语附益之"(《平议》),则仍以为这些话是盘庚讲的。

我们从《左传·哀公十一年》引此作《盘庚之诰》来看,也可知春秋时代已经流传的这些文告早就被确认为盘庚对臣下讲的诰诫之语。既然是君主讲的话,总是由史臣记录下来的,担任记录的史臣当然不能说是作者,后世追加整理的更不能说是作者,作者乃应是原来讲话的人。因此只能这样说:《盘庚》原文是由史臣记录的盘庚所讲的诰诫之词,虽然到后来经过流传有了加工,殷王盘庚总是这《盘庚》诰语的原作者。

但是现存的这三篇文献实际是四篇讲话。第三篇即原上篇分为两大段包含两篇讲话,其第一大段就是盘庚叫贵戚大臣传达他的讲话,直接讲话者是贵戚大臣,但却是代述盘庚的话,所以仍应算为盘庚所讲的诰语。

其所以能肯定这些诰语原文是盘庚讲的,还由于从思想内

容来看,它确实是商代的。全文突出的主要思想有下列几点:

1.处处用上帝的旨意来威吓人民。谁不和自己同心就是违背上帝意旨,必将受到上帝的责罚。同时又处处以祖宗神灵来威吓人民,自己的先后和臣民们的祖先都在上天管着大家的赏罚。谁不好,祖先就要降下责罚来。这和甲骨文中所大量记载的商王朝统治者对上帝的崇信和对祖先神灵的崇信完全符合,也和周以来所记载的商代情况完全符合。例如《礼·表记》里说:"殷人尊神,率民以事神,先鬼而后礼,先罚而后赏。"正是这样。

2.宣称严厉的责罚是上帝和祖先降下来的之后,自己就严格执行这种责罚,不奉上命的就是奸诈邪恶,就要斩尽杀绝,不让留下一个孽种。不像周代统治者在实行残酷的奴隶主专政时,一方面却强调什么"礼",盛称什么"德",盘庚却只赤裸裸地宣扬杀戮,也完全符合商代奴隶主专政的野蛮凶恶的原来面貌。这从殷代大奴隶主墓葬中的大量杀殉和卜辞中的大量人祭,可以看到这种原貌。

3.强调用人要用旧的,不像器具那样要用新的,并几次说到自己和先王一样的任用旧家的人。这也正是商代奴隶主贵族专政的国家机器实质的反映。当时由以王族为中心联系着所谓多子族、三族、五族等等各氏族世袭的奴隶主贵族构成国家政权,保障着他们剥削权利的永久化,这就是周代所说的世卿世禄制度,是奴隶制政权的最根本的东西。从盘庚口中说了出来,完全符合商代的情况。

四、反复警告官员贵族们要忠实于王的旨意,不要只图一己安乐而贪污财货,使自己致富而妨害人民的生存及其安居生活。这是从奴隶制国家的整体利益出发,适当的防止奴隶主贵族过于贪婪,以免影响整个奴隶主阶级的利益。这正如雅典奴隶制国家的梭伦时代一样,以"梭伦制度"对于被剥削的人予以"帮助",即"损害债权人(即大奴隶主)的财产以保护债务人的财产","他清除了负债土地上的抵押柱,使那些因债务而被出卖和逃亡到海外的人都重返家园"(恩格斯《家庭、私有制和国家的起源》)。盘庚的作用也有点类似梭伦,所以在历史上他以商代的一个贤明的君主著称。《史记》说他使"殷道复兴",《吕氏春秋·慎大览》说:"周公旦进殷之遗老而问殷之亡故,又问众之悦,民之所欲。殷之遗老对曰:'欲复盘庚之政。'"这一篇《盘庚》正是使他获得这些成就的历史见证。

由这些看来,本文的主要思想确实是盘庚当时所具有的,并没有掺入周代的后起思想。而他要迁都,也不简单地用强迫命令,不惜三番五次地反复训诫说服——不过假用神意和刑罚来进行说服,这是他的时代叫他必然这样的。历代注释本篇的人对这点都称赞不已,这是使他取得历史成就的一个原因,这也是符合盘庚当时的历史实际的。

因此可以明确地说,当初《盘庚》的原文确是盘庚亲自讲的。就这一点而论,王国维说《盘庚》为"当时所作"(《古史新证》),郭沫若说"那三篇东西确实是殷代的文献"(《古代研究的自我批判》),都是说对了的。

但是,现在我们见到的《盘庚》,是否就是当初的原文呢?也可以明确地说,已经不完全是原文了。它的差异主要是在文字方面：

（1）殷代的金文和甲骨文都比较简短，金文大都是三两字，也有的在十数字以上，个别的达四十余字（如《邲其卣》）。卜辞则往往少数句子，少数字，偶有达七八句的，个别的达十几句，字数多的可达一百、二百，然是极个别的，总的来说是简短。这是由于卜辞只作占卜之用，本来就要求简单，程式一律，只需要较简的字就行了。而《盘庚》是政治文告，和占卜记录很不相同，它可以是长篇大作，所以三篇共达一千二百八十五字（《尚书·商书》其他各篇都比这短）。因此使人看到，同一时代的文字，其繁简的差距是很显著的，其章法、结构也有较原始和较进步之分。

（2）在文法上也有差异。

先说代词。殷代甲骨文中第一人称单数的主格、宾格用"余"，领格用"朕"（如《粹》1.244"余令角帚古朕事"，《下》30.5"妣隹乍余祸"），多数的主格、宾格、领格都用"我"（如《粹》869"我受年"，又1064"我入商"，又878"坐于我祖"，《库》1811"帝其莫我"）。西周金文基本相同，惟"我"字扩大到单数主格、宾格（如《曶鼎》："我既卖汝五夫……则俾我偿马"），而"朕"字仍只用作单数领格。

但是本文所用十三个"朕"字中，有两个用作主格（"朕及笃敬"、"朕不肩好货"），两个用作宾格（"汝曷弗告朕"、"尔谓朕"），这是东周以后的用法。又二十个"我"字中，有两个作单数主格（"我乃劓殄灭之"、"今我既羞告尔"），这是西周用法；有三个作单数领格（"重我民"、"我畜民"、"敬念我众"），是东周以后才有的用法(另如"我前后"、"我先王"等,可体会为单数,亦可体会为多数,故不举)。至于"余"字用了三十一个,皆单数,用法尚和甲骨文、金文相同,但没有用其本字,却用了假借的"予"字,也是东周才有的习惯。

第二人称在甲骨文中单数、多数不分,主格、宾格都用"女"(即"汝"),领格用"乃"。西周金文和此相同。但到春秋金文中出现了"尔"字,三格都可用(春秋以后又将"乃"字作为虚词"迺"的假借字,在甲骨文中亦有此用法)。本文三十九个"汝"字用法和甲骨文、金文同(不过加了"水"旁),但却出现了十四个"尔"字,显为春秋以后的用法。在四十六个"乃"字中,作为领格者二十五字,保持了殷代用法;作为宾格者一字("予弗知乃所讼"),则是东周用法,更有二十个作"迺"字用,而不见一"迺"字,但甲骨文中是有迺字的。这也可异。

接着说虚词(连词、介词、助词等)。这是区别《尚书》与春秋战国时期作品的关键性字眼。"殷盘周诰"之所以"佶屈聱牙",就在于没有那些使春秋战国文章流丽可读的后起的连词、介词、助词等等之故。然而本文却出现了一些和它所处阶段不相称的虚词。

例如连词"而"字,是甲骨文中所没有的。何定生指出:"而字是东周以后的字,盛于春秋战国,用此字者决非西周时代。"(《尚书的文法及其年代》)可是本文出现了"若网在纲,有条而不紊"、"弗告朕而胥动以浮言"这样风格非常晚的文句,显然是受了东周文字的影响。

又如连词"则"字,甲骨文中未见,金文则到西周后期《矢人盘》《召伯虎簋》《兮甲盘》及新近出土的《墙盘》等才开始使用。本文有"则惟尔众自作弗靖"句,看得出"则"字是后来流传中加上的。例如第三篇(原上篇)的"邦之臧,惟尔众;邦之不臧,惟予一人有佚罚",在《国语·周语》中,内史过所读的《盘庚》,便多了两"则"字,成为"国之臧,则维女众;国之不臧,则维余一人是有逸罚"。而且还多了一个助词"是"字。可见春秋时候的人读古书,是会把当时的语言词汇加上去读的。这样不断地积累下来,自然就会使《盘庚》的原文有了不少的改观。

还有些名词也有同样变异情形,把些商代使用的字,改成了周代使用的字。例如"天"字,商代原来是不用的,甲骨文中有"天"字只作"大"字使用。商人称至上神为"帝",为"上帝",从来不称"天"。只有周人语言中才称上帝为"天",而不称为"帝"(参看《高宗肜日》"天"字校释)。周灭商后,才把"天"字和"帝"字并用,都指"上帝"(指"天空"是后来的事)。这就是恩格斯在《费尔巴哈论》中所说的,古代各民族都有自己的神,到民族融合后,就把异民族的神也迎来,和本地神一起安置在祭坛上,所以"帝"与"天"并立了。本文中用了一个"上帝",却用了五个"天"字,其中一个为"天命",即上帝所授予的命,其余四个都是直指上帝,在商代是决不这样称呼的,这显然是周人的用法。

(3)一些字义也与近人所说殷代用法有歧异。例如"众"、"民"两字,郭沫若据甲骨文及金文释"众"为奴隶,又据金文释"民"为奴隶。按,郭氏之说有开创之功,给解释古代社会指出了途径,但其说也不是无可讨论之处。例如郭原以为甲骨文中无"民"字,今知甲骨文中实有"民"字,见于《乙》118、《乙》455、《明》1633等片,但其义尚不甚明了,不能就说它是奴隶。又甲骨文中"众"

字,如《前》5.45.5"贞众亡灾",如果是奴隶,殷王会那么关心他们有无灾祸吗?又如近人根据郭说谓《论语》中的"民"指奴隶等被统治阶级,"人"指统治阶级。但《论语》中的"逸民"就是指统治阶级中的人,而"人"字则显然兼指统治阶级与被统治阶级。所以在复杂的社会生活中发展着的语言,不是可以简单化地给它划定意义的。如果说,因为商代是奴隶社会,用来指社会下层的"众"、"民"等字以作为指奴隶较妥,那末,在《盘庚》中的"众"、"民"两字显然不符合这一用法的。

先说"众"字。第一篇(原中篇)是将迁以前对民众的讲话,其中有两"众"字,一是"其有众咸造",一是"用奉畜汝众"。就"畜"字说,似乎可以认为保存了殷代奴隶的原义。但是使人怀疑的是:奴隶制王朝做一件大事时,需要由国王亲自召集奴隶进行动员说服吗?奴隶们能被召集到王庭上来吗?而且国王还亲密无间地唤奴隶们靠拢到前面来说话吗?同时还劝说奴隶们不要接触秽恶的东西来败坏自己,恐怕别人曲毁了他们的身体,污了他们的心灵,以致连累他们的祖先在天上侍奉先王的职役吗?显然奴隶制时代的奴隶不可能是这样的。一般把"畜"释为养,似乎能帮助摆脱上述困惑。看来这一篇的"众"字,是指有资格被国王召到王庭里训话的较小的奴隶主和自由民的代表。至于第二篇(原下篇),是对百官讲话,其中有两"众"字就是指百官,只有"念敬我众"的"众"字和第一篇一样的指民众。第三篇(原上篇)共用了七个"众"字,都是用于指贵戚和在位官员。那么《盘庚》全文的"众"字,不可能是指奴隶,它只能是在"众多"的意义上使用的。

再说"民"字。第一篇(原中篇)八个"民"字,是指那些不听盘庚的话，闹着不肯迁，由盘庚亲自召集到王庭上来，反复开导加以说服，也就是被劝说不要接触秽恶以免毁了身体污了心灵以致连累到祖先在天上的职位的人，一再向他们说明从先王到盘庚自己都要保护他们，完全根据他们的利益才进行迁徙，等等。这样的"民"和"众"一样，虽然称了一句"畜民"，也不能说就是奴隶。《说文·田部》"畜"字段玉裁注云："古假为'好'字。如《说苑》尹逸对成王曰：'民善之则畜也，不善则仇也。'晏子对景公曰：'畜君何尤，畜君者，好君也。'谓畜即好的同音假借也。"是"畜民"可释为好民。也正符合统治者的需要。第二篇（原下篇）四个"民"字，盘庚怀念他们荡析离居，要"恭承民命"。第三篇（原上篇）七个"民"字，他们住不惯新居，使盘庚很关切，向他们说明重视他们，并责令官员们对这些民要有实惠，不可带引他们做坏事，等等。这样的"民"能说是奴隶吗？根据恩格斯的话"奴隶被看作物件，不算是市民社会的成员"（恩格斯《共产主义原理》），当然用不着由最高统治者对他们这样谆谆教导劝说的。所以《盘庚》中的"民"字，指的是商代社会上的一般成员，和后世所说的"人民"字义上已差不多了。

还有一个"德"字，作为商代文献，本来是不应该有的。因为商代金文和甲骨文中未见"德"字。这是由于当时奴隶主专政，只用严峻的刑法和欺骗性的宗教，根本没有德的概念，无由产生"德"字。甲骨文中只有一个"𢛳"或"𢔘"字，罗振玉从孙诒让释为"德"，但以为是得失之"得"，今所见卜辞中用此字多为挞伐之意，皆非道德之"德"。因而孙、罗以外所有甲骨文研究者释此字以为非"德"字，如王襄、闻一多二人释"省"，于省吾氏谓"德乃省之讹"。郭沫若释"徝"（按，甲骨文中有"𡿪"，为"眚"、"省"初文，不

尚书校释译论

能与此相混),故郭后来又释"直",林义光、叶玉森、容庚、胡厚宣、孙海波诸人则释"循"。"德"字是到周代才有的,是周人看到专恃天命的商代覆亡,感到"天命无常",因而提出"德"来济"天命"之穷。郭沫若说:"这种敬德的思想,在周初的几篇文章中,就像同一个母题的和奏曲一样,翻来覆去地重复着,这的确是周人所独有的思想。"(《先秦天道观之进展》)我们看汉宣帝所说"奈何纯任德教,用周政乎"的话,就知道汉人还懂得"德教"这个东西,完全是周朝的。本文用了十个"德"字,其中第二篇(原下篇)的"德嘉绩于朕邦"、"高祖之德",第三篇(原上篇)的"自荒兹德"、"含德"四"德"字,显然是衈的误认。"德嘉绩"之"德"原当隶定作"徝"、作"循","高祖之德"蜀本已作"置",当为隶定之异(见"校释");"兹德"、"含德"的"德",意同"高祖之德",都指先王传统的"正直"作风,也当作同样隶定。又有第二篇的"式敷民德"、第三篇的"施实德"、"积德"、"动用非德"、"用德彰厥善"五"德"字,都是指物质恩惠或爵赏之类,在金文中,王的恩惠称为"休",凡受到王的任命、赏赐,都要以"对扬"表示感谢"王休"。这当是早于"德"字的用法。而"德"与"恩惠"意义并不是常一致的,有时甚至相对立。例如所谓"君子爱人以德,小人则以姑息",那就是把给人以恩惠看做姑息,而按照他们的原则不给以姑息性的恩惠才叫"德"。所以此处几个专指"恩惠"的"德"字,原应当用"休"字才对。又第一篇(原中篇)的"故有爽德",即"忒德",就是"不一心",也原非"德"字。所以这十个"德"字,原来应是"循"字"休"字等义,现在用了道德之"德",是周以来的用法,显然是周代写进去的。

又如某种专用的词,像史官或大臣代宣王命,便称"王若曰",

如果由王直接对臣下讲话,则径称"王曰"而不称"王若曰"。这是甲骨文和金文中的通例。于省吾在《王若曰释议》一文中指出,《康诰》《多士》等篇基本符合此例,但写定时代较晚的《吕刑》《无逸》等篇与例不符。今第三篇是盘庚直接对贵族大臣们讲话,却出现了"王若曰"一词,与当时语例不符,当也是受后来影响写上的。

篇中还有些文字可能也是周代用法,因上述这些已优足说明问题,就不再细推求了。

由上面使我们知道,《盘庚》原文虽确是商代的,但现在所见它的文字有不少用的是周代的,可知是经过周代加工润色写定下来的。从《左传》之《隐公六年》《哀公十年》和《国语·周语》都曾引用过来看,又知本文至少在春秋时期已经广泛传布。周公说"惟殷先人有册有典"(《多士》),《盘庚》原文当是保存在商王朝档案中的册典。周灭商后,或者是周王朝把它接收过来,或者继续留在商人后代宋国的内府,总之保存到了周代,可能如王国维所说:"《商书》之著竹帛,当在宋之初叶。"(《高宗肜日说》)但从春秋战国之世学术从王宫散出时,这些官有文件流传到士大夫手中加以传抄,自然它的文字就打上时代的烙印了。这就形成了今天所见的这一有不少周代文字用法的商代文献《盘庚》。

裴锡圭氏《谈地下材料在古籍中的作用》有云:"《商书》用词行文的习惯,往往与甲骨卜辞不合,如《盘庚》喜欢用'民'字,在卜辞中却还没有发现过同样用法的'民'字,但《商书》各篇所反映的思想以至某些制度却跟卜辞相合。看来,它们(《汤誓》也许要除外)大概确有商代的底本为根据,然而已经经过了周代人比较大的修改。"这一论断是非常符合《盘庚》为主的《商书》各篇情况的。

(二)三篇的先后次序和讲话对象

《隶释》所载《汉石经》残碑和《汉石经集存》,《盘庚》原上篇、中篇和下篇之间都空了一格,可知是按三篇加以区分。按汉代《今文尚书》,系由伏生二十八篇加后出《太誓》一篇,共为二十九篇。其二十八篇中《盘庚》原列为一篇。《汉书·艺文志》载"《尚书》经二十九卷","大小夏侯章句各二十九卷",即经文二十九篇,以一篇作为一卷。其中《盘庚》仍合为一篇,作为一卷。又载"欧阳章句三十一卷"。那就是把《盘庚》分为三篇,所以欧阳氏今文成了三十一卷。因此知道《汉石经》所刻的是欧阳氏《尚书》,所以《盘庚》分成了三篇(近年发现的《汉石经·尚书校记》残石载大小夏侯异文,确证该刻系用欧阳氏《尚书》)。汉世所出的《书序》既说《盘庚》三篇,而《汉石经》刻有《书序》,可知欧阳氏今文分三篇同于《书序》之说。

自《汉石经》以后,历魏、唐各石经,以至后代各刊本,上、中、下三篇的次序就一直这样相沿了下来,成了定本。

关于三篇的讲话时期和讲话对象,东汉以后有了比《书序》较详的说法。

郑玄说:"上篇是盘庚为臣时事,中、下篇盘庚为君时事。"《孔疏》驳郑说为"谬妄",谓"必是为君时事"。(清杨椿《孟邻堂文抄·盘庚考》替郑玄翻案,毫无理由)。《孔疏》以为"上中二篇未迁时事,下篇既迁后事"。《蔡传》的说法和《孔疏》同,并引"王氏"说云:"上篇告群臣,中篇告庶民,下篇告百官族姓。"林之奇以为这是强生分别(《全解》),董鼎、陈栎等也以为不必严分,事关某一方的就对某一方讲(《书传辑录纂注》《书传纂疏》)。到明代王樵以为那是大略分法,"其实上篇首三节亦本告民,次乃提臣而专告之,虽曰告臣,亦本对民而告之,使同听之也"(《尚书日记》)。这些虽在讲话对象方面略有分歧,但以原上、中二篇是未迁前讲的,下篇是迁后讲的,而且都是盘庚讲的,则都是一致的。这是传统的看法,直到近人如杨树达也基本持这一看法(《读书记》)。

元人吴澄开始提出:"书凡四节,第一节述民怨之辞,第二节未迁时告群臣之辞,第三节在途告庶民之辞,第四节既迁至亳总告臣民之辞。"(《书纂言》)比传统说法新的地方,就是分全文为四节(即四篇),第一节(即原上篇首段)是人民讲的,而不是盘庚讲的。

清人姚鼐接着发挥了这一说法。他说:"前儒之说,误以'我王来'以下即为盘庚之词,不知此是民词。"(《惜抱轩集·盘庚迁殷说》)孔广森亦引姚说:"自'我王来'迄'厎绥四方'皆述民不愿迁之言。"(《经学卮言》)魏源也说:"上篇'率吁众戚出矢言'以下,至'厎绥四方'以上,皆叙殷人不愿迁之词,非诰语也。"(《书古微》)姚氏桐城学派的后继者吴汝纶遂将此说写入他的《尚书故》中。

这一说法的矛盾是,把一些盘庚坚持迁移的理由,都说成是人民反对迁移的理由。而且把已迁后说成未迁前。但是为什么一开头就是"盘庚迁于殷,民不适有居"和"我王来"这种已经完成了迁移的句子? 而且为什么又说"天其永我命于兹新邑"? 他们提出的辩解是:"我王"指祖乙,而不是盘庚;"新邑"是指耿,而不是殷。他们说:"首篇云'新邑'者,祖乙所迁也,民之辞也。"等等(见上《惜抱轩集》)。这是说不通的。根据卜辞中所见殷代通例,当时的王称王,死去的王称后。这时对祖乙只能称"后",不能称"我王"。其次,在迁都的争论中,当然只能把新迁往的都称新邑,原来的称旧邑。祖乙是盘庚之前的第六个国王,他那时候迁住的都,住到了这时还称新邑,是说不过去的。所以这一说是难于成立的。

牟庭也以为是人民对盘庚所讲,但说法完全不同。他以为这是迁到新都(他说是南亳穀熟)后,不愿迁的大臣呼吁众民使之悲戚号泣地对盘庚提出诉请,所释“我王来”是呼盘庚使出来(《同文尚书》)。他的说法避免了上述一些矛盾,但与当时事实不合,与文字解释也不合。

江声、王鸣盛、孙星衍都把“戚”释为“戚近”或“贵戚近臣”,因而以为这是盘庚对贵戚近臣的讲话。但盘庚为什么自己称“我王”,仍和旧注疏家一样无法说通。

俞樾提出了新的看法。他说:“《盘庚上篇》既曰‘盘庚迁于殷’,又曰‘盘庚敩于民由乃在位’。一篇两用发端之语,先儒未有得其义者。今按《说文·页部》‘吁,呼也’。……盘庚因迁殷之后,民不适有居,用是呼众戚近臣使之出而矢言于民也。……古彝器铭词每用呼字。……‘王呼史戊册命吴’,此类甚多。然则吁众戚者,呼众戚也,正古人记载之体。自‘我王来既爰宅于兹’至‘厎绥四方’凡九十四字,皆盘庚使人依己意为此言。……下乃盘庚进其臣而亲话之,与上文不相蒙,故各以‘盘庚’发端焉。”(《平议》)这一说把原上篇依发端之语划分,首段九十四字作为一篇,为盘庚呼贵戚大臣向人民传达他的讲话。下面是另一篇,盘庚对在位官员们讲话。这样处处说得通,我们以为是正确的。

俞樾又提出了对三篇前后次序的看法。他认为:“‘迁于殷’,是既迁矣。‘民不适有居’,是既迁之后民有所不便,非未迁以前不乐迁也。”“故以当时事实而言,《盘庚·中》宜为上篇,《盘庚·下》

宜为中篇，《盘庚·上》宜为下篇。曰'盘庚作，惟涉河以民迁'者，未迁时也。曰'盘庚既迁，莫厥攸居'者，始迁时也。曰'盘庚迁于殷，民不适有居'者，则又在后矣。"（《平议》）这一说法是正确的。所以我们采取了他的说法，把各篇次序按讲话时间的先后纠正过来：以原中篇为第一篇，原下篇为第二篇，原上篇为第三篇。

由于《盘庚》上、中、下三篇习称已久，治学者引用时，都称"上篇"、"中篇"之类，颇为便利。为免引起新的淆乱计，在改动各篇次序时，仍维持原来三篇形式不变，并标明其原上中下各篇旧称。其第三篇实际包括两篇，因此全文应看做四篇：第一篇，盘庚在将迁以前对人民作动员讲话；第二篇，刚迁移好后对百官族姓作诰诚讲话；第三篇，在迁移了一段时间以后，臣下闹着住不惯，盘庚叫贵戚大臣对人民传达他的抚慰性的讲话；第四篇，盘庚着重整饬纪律，特对包括煽动闹事者在内的许多官员作严肃性的讲话。这第三、第四两篇，仍照原上篇完整形式保存在一起，合为第三篇。

（三）"盘庚五迁"的问题

《书序》中谈到殷人迁移的有下列几则：

"自契至于成汤八迁，汤始居亳，从先王居，作《帝告》《厘沃》。"

"仲丁迁于嚣，作《仲丁》。"

"河亶甲居相，作《河亶甲》。"

"祖乙圮（河水所毁叫圮）于耿，作《祖乙》。"

"盘庚五迁，将治亳殷，民咨胥怨，作《盘庚》三篇。"

前四则是五篇没有传下来的"逸书"的"序"，它们和后面这一则本文的"序"共同提供了一些殷人迁徙的情况。汉代张衡的《西京赋》便据以综括为："殷人屡迁，前八后五。"

关于前八迁，王国维有《说自契至于成汤八迁》(《观堂集林》)，作了考证，考定其地依次为：蕃(汉鲁国蕃县)、砥石、商、枋(东岳下)、商丘、殷(邺)、商丘、亳。

关于后五迁，《书序》说是盘庚一人的，《史记·殷本记》也说："盘庚渡河南，复居成汤之故居，迺五迁无定处。"这样的说法早就有人提出了异议。如伪《孔传》说："自汤至盘庚，凡五迁都。"元人董鼎说得更清楚，他在《书传辑纂注》中说："以篇中有'不常厥邑，于今五邦'，序遂谓盘庚五迁。然今详于'五邦'之下，继以'今不承于古，罔知天之断命'，则是盘庚之前已自有五迁。而作序者考之不详，谬云尔也。又'五邦'云者，五国都也，经言亳、嚣、相、耿，惟四邦耳。盘庚从汤居亳，不可又谓之一邦也。序与经文既已差缪，《史记》遂谓盘庚自有五迁，误人甚矣。"这些说法都是对的，因此所谓"五迁"，实际只能是自汤至盘庚以前这段历史时间内有过五次迁移。

记载这五迁的，就是《书序》，《史记·殷本记》，以及《竹书纪年》(古本)。

《书序》是：(1)亳——汤始居。(2)嚣——仲丁迁。(3)相——河亶甲居。(4)耿——祖乙圮。(5)殷——盘庚迁。

《史记》是：(1)亳——汤始居。(2)隞——仲丁迁。(3)相——河亶甲居。(4)邢——祖乙迁。(5)河北——盘庚以前。(6)亳——盘庚复居成汤之故居。

《竹书纪年》是：(1)亳——外丙居。(2)嚣——仲丁迁。(3)相——河亶甲迁。(4)庇——祖乙居。(5)奄——南庚迁。(6)殷——盘庚迁。

综合上述诸说来看，可知一二两迁当是仲丁迁嚣(即隞。据

《括地志》为今河南荥阳境),河亶甲迁相(据《括地志》为今河南内黄境)。最后两迁当是南庚迁奄(今山东曲阜),盘庚迁殷(今河南安阳)。只有中间祖乙所迁则存在问题,计有邢、耿、庇三说,颇为纷歧。

过去对于邢、耿,有两种不同解释:(1)《史记索隐》云:"邢,音耿,近代。本亦作耿。今河东皮氏有耿乡。"(按,代在今山西省北部,耿在南部,实不近)《太平御览》八十三引《史记》正作"耿"。《集韵》"三十九耿"韵部有"邢"字,云:"地名,通耿。"《路史·国名纪》亦说"耿"即"邢"。这都是说"邢"、"耿"为一地,而其地是皮氏,在今河津县。(2)《通典》"邢州"下云:"古祖乙迁于邢,即此地。"即今河北邢台,与山西河津非一地(其后的《方舆纪要》亦持此说)。《皇极经世》遂调停二地,说祖乙圯于耿,迁于邢。《通志·三王纪》《通鉴前编》等便都附和这一说,《蔡传》也说祖乙或有两迁。

其实从甲骨文来看,商王朝活动地区主要在今河南,东及山东、苏、皖一带(近来考古发现,殷代文化遗址分布甚广,但与商王朝政权所及非一事)。而今山西境内特别是晋南地域,都是与商王朝为敌或时服时叛的诸方国。所以祖乙根本不可能迁到今山西河津的耿去。而河北邢台到周代才以周公旦六个儿子的封国之一而擅名(见《左传》之《僖公二十四年》《隐公五年》杜注),也和祖乙迁都不相涉。因此邢或耿,只能在商王朝主要活动地区之内。

《左传·宣公六年》:"围怀及邢丘。"杜注:"邢丘,今河内平皋县。"又《水经注》"沁水"记怀地在沁水之北,殷城在沁水之南。此

"殷城"即指邢丘。据《一统志》："平皋故城在今温县东二十里。"由此知殷城"邢"当在今河南温县东境沁水以南。段玉裁以为："邢，郑地，有邢亭，疑祖乙所迁当是此地。"（《撰异》）王国维谓此即《说文》所说的"地近河内怀"，也就是《左传》的"邢丘"。"邢丘即邢虚，犹言商丘、殷虚。祖乙所迁，当即此地，其地正滨大河，故祖乙圮于此也。"（《观堂集林·说耿》）因其地南临黄河，地势低平，所以它的都邑才有被水圮的可能。据陈梦家说，"邢"由其附近"太行陉"的"陉"字而来。陉、邢古音同，并以新郑西南的"陉山"亦作"邢山"为证（见《殷虚卜辞综述》）。按，二字古音皆匣纽青韵，读音相同。又如战国人宋径（见《孟子·告子下》），一作宋钘（见《庄子·天下篇》《荀子·非十二子篇》），可知古"邢"音确与"陉"音相同。

由此更可悟又因"陉"音转变而为"耿"之故。正如称植物的干为"茎"，又可转变为"梗"一样，京剧中更鼓的"更"，念为"经"，就是此种古音转化的一种遗迹。因为《广韵》的"青"、"径"、"梗"、"耿"诸韵，在古韵中同属"青"部一韵，所以以"邢"、"耿"两字都与"陉"字古音相同，二字所指的原来本是一地即今温县东境之地。

关于"庇"，其地望较难确定。或以为"庇"与"邢"是一地（见徐文靖《竹书纪年统笺》）。或以为即《古文尚书》"柴誓"之"柴"，地近今山东费县。又以为系春秋时鲁国之比蒲与毗一带，在今山东鱼台费县之间（见丁山《由三代都邑论其民族文化》）。又或以为"庇"字是泗水东界"庚宗"的"庚"字之误。等等（见陈梦家《综述》）。诸说虽纷歧，但有一共同点，除第一说以为在接近鲁西的邢台外，其余都以为在今山东境。所以可以大体认定庇在鲁西，因而下一次南庚便能就近迁到奄。

因此这里的问题是,祖乙究竟是一迁还是两迁?如果只一迁,那么三个地名当是由于传说差异造成的,实即一地,而"五邦"就是嚣、相、耿(邢、庇)、奄、殷。但上面我们已阐释清楚"五迁"是盘庚以前的事,应不包括"殷",那么不能以"庇"与"邢"、"耿"为一地而以祖乙一迁当之。或者是祖乙曾两迁,即"邢"、"耿"一地为一迁,"庇"为一迁。或者如王夫之所云,祖乙只一迁,迁"邢";祖乙之子祖辛迁"庇"为另一迁(《书经稗疏》)。王说很可能近是,今姑从其说。

这样,盘庚以前的五迁就是:(一)仲丁迁嚣(隞),(二)河亶甲迁相,(三)祖乙迁耿(邢),(四)祖辛迁庇,(五)南庚迁奄。这些地方在华北平原靠近河流的两岸,显然是为了生产和生活方便,才选定这些地方的(见附图)。

自罗泌《路史》主张所迁"五邦"是嚣、相、耿、庇、奄,其后王夫之《书经稗疏》、顾炎武《日知录》、直至清后期陈乔枞《今文尚书经说考》、汪之昌《青学斋集》、林昌彝《三礼通释》卷四六等,都主张是这五地。这基本和《竹书纪年》之说相合,可知《竹书纪年》材料是有所据的,所以此说遂比较可信。此外关于"盘庚五迁"至少还有五种以上的不同说法,从汉、晋历唐、宋到清人、近人,各种异说都有,都不正确,就不论它了。

(四)盘庚所迁的殷

《书序》说"盘庚五迁,将治亳殷"。"盘庚五迁"是错的,前面已说过了。"将治亳殷"这句话也是错的,后来的注疏家根据这句错话写的许多关于"亳"和"殷"的话,当然更错。很清楚地指出

"亳殷"错误的是晋人束皙。他说:"《尚书·序》'盘庚五迁,将治亳殷',旧说以为居亳,亳殷在河南。孔子壁中《尚书》云:'将始宅殷。'是与古文不同也。《汉书·项羽传》云:'洹水南,殷虚上。'今安阳西有殷。"(《孔疏》引)他明确指出了"将治亳殷"是"将始宅殷"之误。"将始宅殷"就是将开始住在殷。而"殷"就是现在河南省河北的安阳县西境的地方。虽然历代注疏家都说束皙"妄说",但历史证明了束皙的话完全正确。

　　《竹书纪年》(古本)载:"盘庚自奄迁于殷。殷在邺南三十里。"(《孔疏》引。《史记·项羽本纪·索隐》引略同。《太平御览》八十三和《水经·洹水注》则引作"盘庚旬自奄迁于北蒙曰殷"。盖区别于东蒙和蒙亳。)"邺",也就是现在的安阳境。自清末以来,在河南安阳的小屯村即《史记》所说的"殷虚"及附近地方,发现商王朝的占卜文书——甲骨文和其他文物及宫殿、坟墓遗址,就确证这地方即盘庚所迁的殷都所在。由其中甲骨文所包含的年代,证明《殷本纪正义》引《竹书纪年》所说"盘庚徙殷至纣之灭,二(原误七,从武昌书局本改)百七十三年更不徙都"之说基本是可信的。《殷本纪正义》接着上引文说:"纣时稍大其邑,南至朝歌,北据邯郸及沙丘,皆为离宫别馆。"是到纣时把都城从"殷虚"扩大到了朝歌(今淇县)等地,而把殷始终作为首都中心。

　　自迁殷后,史籍中就说商代又称殷代。见于《殷本纪·集解》云:"郑玄曰,治于亳之殷地,商家自此徙而改号曰殷。"《太平御览》八十三引《帝王世纪》云:"帝盘庚徙都殷,始改商曰殷。"《蔡传》云:"周氏(希圣)曰:商人称殷自盘庚始。自此以前惟称'商',自盘庚迁殷以后,于是'殷商'兼称或只称'殷'。"王国维指出:"商之国号,本于地名。"原称商即由于国都在商(今商丘)(见《说商》)。迁殷后,"商居殷最久,故亦称殷"(见《说殷》)。

但甲骨文中没有"殷"字,显见商人不曾自称为"殷"。然而有与"殷"通用的"衣"字,其义有二:一为祭名,"衣祭"即典籍中的"殷祭"(见王国维《殷礼征文》)。这与商王朝的称呼无关。一为地名,为晚殷畋猎区,地在今沁阳(见郭沫若《卜辞通纂》653 片)。这一地名却发展成为周人对商人轻侮性的称呼。郭沫若说:"根据卜辞的记载看来,殷人自始至终都称为商而不自称为殷的。在周初铜器中才称之为殷。起先是用'衣'字,后来才定为'殷'。衣是卜辞中的一个小地名,是殷王畋猎的地方。周人称商为衣、为殷,大约出于敌忾。同样的情形也表现在其后的楚国的称谓上。楚国不自称为荆,别的国家始称之为荆,应该也是出于敌忾。这犹如以前的日本帝国主义者不称我们为中国,而一定要称为'支那'的一样。因此,殷代无所谓盘庚以前称商,盘庚以后称殷的事实。"(《奴隶制时代》)

由此使我们得出这样的认识:盘庚迁到今安阳后,当时并没有称其地为"殷"。在卜辞中,商人称其首都为"大邑商",罗振玉释"大邑"为"王畿"(《殷虚书契考释》下)。那么"大邑商"确很可能如罗、王之说即是对"王畿"即今安阳地区的称呼。由于周人因敌忾之故称商人为殷人,及灭殷后很自然地称其故都为"殷虚"(毁灭无人的旧居地称为"墟")。所以今安阳之有"殷虚"的称呼,当是周代的事。在周以后所写的《书序》及受周代文字影响写定的《盘庚》,在说盘庚所迁今安阳之地时,自然就用了周代所称的地名"殷"了。

周初对当时的殷都又称"卫",仍是由"衣"、"殷"声转来的。当时殷都由安阳扩大到了朝歌,其地即"沫",周武王灭商后封纣子武庚于其地。武庚叛灭后,成王封康叔于其地,国号遂为"卫"。《吕氏春秋》作"郼"(见《慎势篇》《慎大篇》)。高诱注云:"郼读如衣,今兖州人谓殷氏皆曰衣。"又《康诰》"殪戎殷",《礼记·中庸》作"壹戎衣"。郑玄注云:"衣读如殷,声之误也,齐人言殷声衣。虞夏商周氏者多矣,今姓有衣者,殷之胄欤?'壹戎衣'者,壹用兵伐殷也。"《路史·国名纪丁》云:"郼,殷也,读衣。"王夫之《书经稗疏》也说:"殷虚之在淇县,见于经史者班班可考。虽以姚馥老羌,亦知朝歌之为殷。……殷之为字,本或作'郼',音于机反,古者因'依'声近转借为殷。其地之在河北沫水之滨,罗长源考之已确。"可知"殷"、"衣"是一,由同音而为"郼",再变为"卫"。《卫世家》"封康叔为卫君",《逸周书·作雒解》则仍作"俾康叔宇于殷",可知这几个指同一地点的不同的字是互用的。最初是由"衣"字而来,因音转化而为"殷"、"郼"、"卫"等字。最后"殷"成了大名,就广泛使用开了。

盘庚

(五)迁殷的原因

关于盘庚究竟为什么要迁殷,《盘庚》全文里并没有说明过。汉代今古文家都说是为了"去奢行俭"。即在旧都住久了,奢侈成风,为了推行俭朴风习,特迁新都。今文家的这种说法,见《后汉书·杜笃传》:"昔盘庚去奢行俭于亳。"又《郎颛传》:"昔盘庚迁殷,去奢即俭。"又《后汉纪》:"崔寔论世事曰:昔盘庚迁都,以易殷民之弊。"荀悦《申鉴》:"盘庚迁殷,革奢即约。"等等。古文家的这种说法,见《孔疏》所引郑玄说:"祖乙居耿。后侈逾礼,土地迫近，山川尝圮焉。"又说："民居耿久，奢淫成俗，故不乐徙。"魏时王肃也说："自祖乙五世至盘庚元兄阳甲，宫室奢侈，下民邑居垫隘，水泉潟卤，不可以行政化，故徙都。"皇甫谧说："耿在河北，迫近山川，自祖辛以来，民皆奢侈，故盘庚迁于殷。"唐孔颖达指出："此三者之说，皆言奢侈。郑玄既言君奢，又言民奢；王肃专谓君奢，皇甫谧专谓民奢。言君奢者，以天子宫室奢侈，侵夺下民。言民奢者，以豪民室宇过度，逼迫贫乏，皆为细民弱劣无所容居，欲迁都改制以宽之。富民悉旧，故违上意，不欲迁也。"（《孔疏》）

但是奢侈的问题，怎么要用迁都的办法去解决呢？所以有不少人反对这说法。《孔疏》就说："案检《孔传》无奢侈之语……孔意盖以地势洿下，又久居水变，水泉潟卤，不可行化，故欲迁都，不必为奢侈也。"宋以后大都持水灾之说而反对奢侈之说，清人更多提出奢侈之说不合的理由，如宋翔凤说："如以奢侈逾礼为宫室衣食之奢淫，则盘庚为政，虽尚都耿，法度可绳，何必谋徙。"（《尚书略说》）戴钧衡说："夫风俗视教化转移者也。民俗侈靡，人主但当躬行节俭，为天下先，申法定制，使无逾越，自足黜浮反本，何待于迁？若谓先君侈奢，则第裁冗费，易汰规，以养财足国已耳，又何待迁？"（《书传补商》）显然奢侈之说不可信。

较为流行的说法是水灾之说。原下篇有一句："今我民用荡析离居，罔有定极。"伪《孔传》释之云："水泉沉溺，故荡析离居，无安定之极，徙以为之极。"汉代出现的《书序》说："祖乙圮于耿。"伪《孔传》云："河水所毁曰圮。"《孔疏》："圮，毁也。故云河水所毁曰圮。"《蔡传》也说:"自祖乙都耿,圮于河水,盘庚欲迁于殷。"自后谈《盘庚》者,大抵皆用此说。到林之奇开始提出:"耿……居之久也,为水所圮而不可居。盖其地沃饶而塞障,故富室巨家总于货宝,傲上从康而不可教训;其间阎之民则苦于荡析离居,而罔有定极。盘庚于是谋居于亳,盖择其高燥之地,而将使居之。是举也是小民之所利,而富家之所不欲,而唱为浮言以摇动小民之情,小民不悟……而为浮言之所摇动。……此三篇之所由以作也。"(《尚书全解》)同《孔疏》一样指出了水灾中的阶级利害冲突。

于是有主张自然性的水患与社会性的风俗二者联系的。王鸣盛云:"其实所以迁都之故,兼为奢侈及河圮二事,故郑兼而言之。"(《尚书后案》)魏源云:"风俗贪侈,由占河徙膏腴之产而不顾小民荡析之戚。民专其害,世族享其利,并非二事。郑、孔以来,并以圮河及风俗为二,弥与经义不贯。"并举出全文中"其显言圮河者,曰'恐沉于众',曰'惟胥以沉',曰'荡析离居'。其言世族贪利者,曰'总于货宝',曰'具乃贝玉'"(《书古微》)。接触到了豪门世族利用自然灾害强加给人民身上的社会性灾害这一实质。

我们从古代一些材料中,确实看到奴隶制统治者是特别注意把自然环境和他们对人民的统治联系起来加以考察。例如《左传·成公六年》云:"晋人谋去故绛(按,即翼),诸大夫皆曰:'必居郇瑕氏之地,沃饶而近盐,国利民乐,不可失也。'韩献子……对曰:'不可。郇瑕氏土薄水浅,其恶易觏。易觏则民愁,民愁则垫隘,于是乎有沈溺重腿之疾,不如新田(杜

注：今平阳绛邑县是），土厚水深，居之不疾（杜注：高燥故），有汾浍以流其恶，且民从教（杜注：无灾患），十世之利也。夫山泽林盐，国之宝也。国饶，则民骄佚；近宝，公室乃贫，不可谓乐。'公悦，从之。"似乎由这里可以窥见古代奴隶制国家迁移国都所要考虑的问题，从而可帮助了解盘庚迁殷可能也要考虑这些问题。

总之，殷人惯于选择定都居住的地方在河滨，是为了用水的便利。但由于生产水平的低下，可能还没有沟洫排灌等水利设施，而黄河这条河又是这样地常常出问题的一条河，居住在它身边，确不是容易得到安宁的。何况即使原来选择较安全的地方，居住既久之后，贵族豪家占据膏腴好地，糟蹋环境，以邻为壑，造成下层居民经济生活条件和居住条件的非常恶劣，积日既久，偶遇水患便不可收拾。陈梦家《殷虚卜辞综述》根据不少卜辞材料，指出当时的水患有两种：一是河水来入为患，一是久雨成大水为患。这两种水患首先受害的是贫苦人民，往往会发生韩献子所说的"民愁"，影响到奴隶主的统治。所以殷代就要常举行迁移。这种旧地方因水利措施欠缺，剥削阶级损人利己，嫁祸于民，加剧阶级矛盾，造成广大人民无法安居生活，因而不能继续在原地住下去的事实，应当是促动迁移的重要原因。

近代有人说，殷人那么频繁迁徙，是游牧民族的一种特征（柳诒征《中国文化史》，郭沫若《中国古代社会研究》等）。因为在盘庚以前，殷人是迁移无定的游牧民族；到盘庚时才渐渐有定居的倾向。但是我们从《盘庚》本文中一再说的"若农服田力穑，乃亦有秋"，"惰农自安，不昏作劳，不服田亩，越其罔有黍稷"等话来看,知道殷人已非常重视农业。甲骨文中更看出殷代是以农业为主的社会,卜辞关于耕作及收获的记载,不断卜问年成和卜雨的记载,及殷人粮食丰富能用于酿酒等等,都证明农业在殷人生产和生活中是主要的,要说他们还是游牧民族,显然是不妥当的。

晚近又有人提出一种看法,认为商族还处在烧田、木耜的"游农"阶段,粗耕几年后地力耗尽,就要迁移新地。这首见于傅筑夫的《关于殷人不常厥邑的一个经济解释》(《文史杂志》四卷五、六期)。他以为商代处于渔猎游牧的自然经济转变为农业经济的过渡时期,实行像非洲麻赛、乃格利亚一样的"游耕"或"游农"。先焚烧林莽,耙平土,播上种子,每年轮换不同作物,到了第五年度,地力竭尽,只得放弃另迁他地。他说殷人所以"不常厥邑",是因为农业发展到游耕或游农阶段的必然结果,所以商代迁都不是为了政治原因,也不是为了河患,而是为了改换耕地(并据他后来据此文改写成的《殷代的游农与殷人的迁居》一文)。接着是冯汉骥的《自〈商书·盘庚〉篇看殷商社会的演变》(《文史杂志》五卷五、六期)。他同意傅氏之说,并以塔纳拉族刀耕火种比殷代农业,第一年丰收,五年至十年递减,十数年村落必须搬迁一次。他说:"《盘庚》三篇代表当时文化剧烈变动的反响,两种矛盾势力在那里冲突,那就是说,在盘庚以前是一种粗耕农业经济,故人民视迁徙为当然,一地之地力已尽,即行搬迁,毫无犹豫,因不迁则无以为生故也。至盘庚之时,农业是想有很大之进步,即由粗耕进到比较的精耕……可使殷人在一地久耕不必迁徙……故盘庚不得不谆诫强使之相从。"

但此说有几点值得考虑:1.采用这种粗耕抛荒土地而不定居的办法,是人类处在野蛮时代的现象。恩格斯在《家庭、私有制和国家的起源》中指出,德意志人处在大家庭公社时期,像一个共同的马尔克一样使用着四周的荒地。"塔西佗著作中谈到更换耕地的那个地方,实际上就应当从农学意义上去理解,公社每年耕种另一块土地,将上年的耕地休耕,或令其全然荒芜。由于人口稀少,荒地总是很多的。……只是经过数世纪之后,当家庭成员的人数大大增加……这种家庭公社才解体,以前公有的耕地和草地……在新形成的单个农户之间实行分配"。"这一发展过程,对于俄国,已是历史上完全证实了的"。"至于德意志,乃至其余的日耳曼诸国","在恺撒时代,一部分德意志人刚刚定居下来,一部分人尚在找寻定居的地方,但在塔西佗时代,他们已有整整百年之久的定居生活了;与此相适应,在生活资料的生产方面也有了无可怀疑的进步。他们居住在木屋中,穿的还是很原始的林中居民的衣服……是一种刚从野蛮时代中级阶段进到高级阶段的民族"。这说明得多么清楚。粗耕荒地,不能定居,只是野蛮中级阶段的事,定居以后,才进入野蛮高级阶段。我们从另一些有关史料中看到的实行粗耕农业因而经常迁徙的较原始民族,也多是处在野蛮阶段,还没有进到奴隶社会时期,根本还不知道有"国家"这一社会组织,怎么能用他们的粗耕迁徙,来比附解释这一早已进入文明时代,在生产和文化都颇发展的基础上建立起来的商王朝奴隶制国家的迁都活动呢?要知这完全是古代文化发展的两个不同阶段的事,不能混同的。2.商代文字发展水平已相当高,证明它早已不是刀耕火种的野蛮阶段了;它的青铜冶炼技术也是很高的,其冶炼工业是需要颇为永久性的定居条件才能进行的。傅氏指出游耕农业大概五年就要迁徙新地,冯氏也指出:"平均十年至二十年掉换一次村落,成为世界上粗耕农业民族之公例。"既是公例,就是不能破例的。商代自汤至盘庚三百余年,一共只迁移了五次,加上盘庚这次共六次,所以与粗耕农业的勤于迁徙根本不是一码事。3.这是商王朝统治中心的迁都,与农村公社移徙村落去就耕地不同。我们从殷虚发掘商王朝都邑的规模、贵族坟墓的规模以及各种作坊遗址的规模来看,它决不是简单的就耕地问题。此外,近多年来发掘的几处商代遗址也都不小,都不是傅、冯两人文章中所说刀耕火种的粗耕农业所迁的村落。因此我们认为,用粗耕农业迁徙新耕地之说来解释盘庚迁都,是值得商榷的。虽然这是一种新的努力,想用经济原因来说明殷代的迁都,确是值得欢迎的事,不过有待于提出更坚实的科学论证才行。

盘庚

还有另外的说法,例如林之奇,他虽然以为迁移是由于水患,但他还说了下面的话:"古者邑居无常,择利而后动。其宗庙、社稷、朝市之制,简而不夥,约而不费,故不以屡迁为劳。"(《全解》)这不能说是迁移的原因,只是说由于需要迁移时,因为包袱不大,说要迁就可以迁。这是他把殷代几次迁移与后代封建王朝一建都以后基本就不迁移加以比较所得出的看法。

所以决定离开旧地进行迁移的重要原因,终是水涝给旧地造成了祸患,引起了经济的、社会的问题,不得不迁。这是促使离开旧都的客观原因。至于迁往什么地方去? 主观上怎样做出这一抉择？我们从后代历史上的迁都来考察，就看出往往是政治上的原因。不过情况是多样的，像西周为犬戎所灭，迁都于洛，西晋、北宋由于皇帝被虏，迁都南方，都是失败的记录。盘庚时殷代国势尚不如此，所以不能相比。但是像周文王的迁都于丰，是为了便于向东发展，进攻商王朝。拓跋珪徙都平城，拓跋宏徙都洛阳，都是为了发展魏的国势，镇抚疆土。金自上京（辽宁开原）迁中都（北京），是为了夺取中原；金主亮迁都开封，更是为了进攻南宋。这些都是国势向上发展时的迁都。明初国势已定，唯一的威胁是自己国内的元朝统治者逃到漠北，留下祸根。所以明成祖把首都从南京迁到北京，以便集中国力对付这一自己国内遗留下来的祸患。这些迁都历史，可以从另一角度帮助我们理解盘庚的迁殷。从甲骨文中看出，商王朝都殷以后的二百多年中，经常与之作战或时战时服的许多不同氏族方国，主要在今山西境内，也达冀北、内蒙古一带，而周族也渐渐在西境兴起。就是说，商王朝所要对付的敌人大抵在殷的西面和北面。特别是山西境内各方国与之接触频繁，折冲亦最多，与商民族起自海滨，向中原发展，必须逐渐西进的方向相矛盾。由此可悟盘庚因为由于水患造成的社会、经济原因决心离开奄后，其所以选定殷而不往他处，必然是为了对付这些方国，巩固国势，和明代迁都北京很有点相似。经他这一迁，终于振兴了商奴隶制王朝，对巩固商代奴隶主国家并为发展生产提高经济水平起了很好的作用。因此盘庚以后更不迁都，殷邑就成了商王朝最理想的国都，维持了商王朝后半期的二百七十三年的天下。

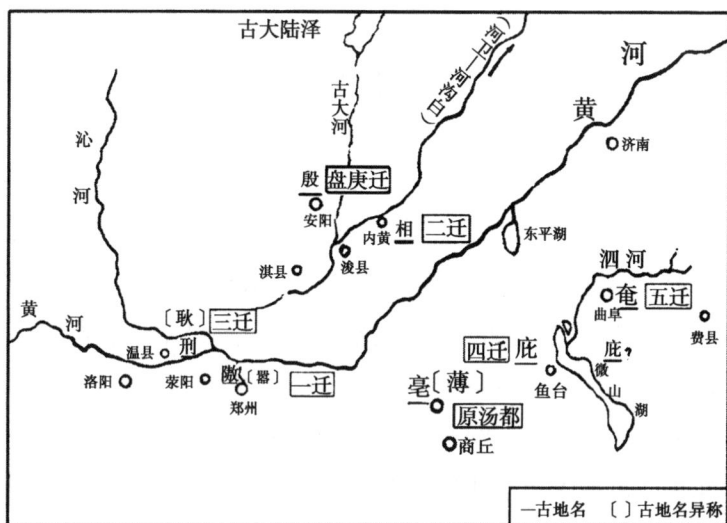

〔附〕商代盘庚以前五迁示意图

〔附录〕起釬于 1989 年 9 月在安阳"纪念甲骨文发现 90 周年国际学术会"上发表专文,为此处之补充,现录如下:

重论盘庚迁殷及迁殷原因

前在释论《盘庚》之篇中,从文献中爬梳清理出有关资料足以说通问题者,印证以近人研究成果,企图较正确地认识清楚盘庚迁殷这个问题。在自己的认识中,原无先入之见,一依客观材料的可信者来求得结论。如果有更可靠资料,可得出更正确结论,自将高兴采用来更正确地解决这一问题。

很值得庆幸的是,近年在河南偃师发现了商城遗址,经过考古学者的努力,确认它是商代早期都城,于是就促使盘庚迁殷问题的研究出现了新局面,这真是学术研究中值得庆幸的事。

偃师商城是 1983 年发现的,是继 1955 年发现郑州商城之后又一有关商史考古研究的重大成就。现在国内考古学者大都论定它即历史文献中所载的西亳（《汉书·地理志》偃师县注，《书·帝告序》郑玄注，《左传·昭公四年》杜注，《帝王世纪》，《水经·汳水注》，《续汉书·郡国志》刘昭注，《括地志》洛州偃师，《元和郡县志》等），亦即商汤击灭夏王朝后自南亳前来建立的第二都城，一如周灭商后自丰镐东来建立成周洛邑一样。这些学者中，或单持偃师西亳说（赵芝荃、徐殿魁《河南偃师商城西亳说》，彭金章、晓田《试论河南偃师商城》，皆载《全国商史学术讨论会论文集》，1984 年），或因偃师商城早于郑州商城，因而持偃师商城为西亳，郑州商城为仲丁所迁隞都之说（安金槐《试论郑州商城和偃师商城的早晚关系》，杨育彬《关于郑州商城和偃师商城的几个问题》，黄石林《再谈偃师商城及其相关问题》，皆 1987 年 9 月在安阳殷虚文化国际讨论会上提出。方酉生《论偃师商城为汤都西亳》，《江汉考古》1987 年第 1 期。又愚勤《关于偃师尸乡沟商城的年代和性质》，《考古》1986 年第 3 期。则说郑州商城是晚于西亳的另一商都）。这后一论点就与本文据文献所得之说相合。另有几位考古学者则以郑州商城早于或同时于偃师商城，而郑州者大偃师者小，因此以为偃师商城不可能是汤的西亳，而以郑州商城为西亳，偃师商城不过是放太甲的桐宫，为商的离宫（邹衡《偃师商城即太甲桐宫说》，《北京大学学报（哲社版）》1984 年第 4 期。郑杰祥《关于偃师商城的年代和性质问题》，《中原文物》1984 年第 4 期。陈旭《关于偃师商城和郑州商城的年代问题》，《郑州大学学报（哲社版）》1985 年第 4 期）。但亦有不少学者不同意此说（见前引安金槐、杨育彬、黄石林、方酉生、愚勤诸人之文）。现粗略较而观之，似以偃师商城为西亳之说较近是。

更有学者因西亳之发现，而对盘庚所迁之殷及殷虚之地提出了新说。如彭金章、晓田先生《试论河南偃师商城》一文，根据偃师商城建于二里岗下层早期（另有些考古学者说始建于二里头四期甚至三期），筑成后使用了一段历史时期即被放弃，复在二里岗上层某个时期进行了修补又重新使用，因而结合文献记载，如《史记·殷本纪》说："盘庚渡河南，复居成汤之故居……治亳，行汤之政。"《集解》引郑玄注："治于亳之殷也。"又引皇甫谧曰："今偃师是也。"又《正义》引《括地志》说："河南偃师为西亳，帝喾及汤所都，盘庚亦徙都之。"论定在二里岗上层某个时期对偃师商城进行修补重新使用的，就是盘庚。文献中说他"迁殷"、"治亳"，就是迁到偃师修补偃师商城城墙，重新使用。并以为"安阳小屯很可能是武丁才开始建都的"。又有秦文生先生《殷虚非殷都考》一文（《郑州大学学报（哲社版）》1985年第1期），更以安阳未见武丁前卜辞，武丁以前的房基也无法确定，以及殷虚没有盘庚、小辛、小乙的陵墓等三点理由，推定盘庚未迁安阳，即据上引《史记·殷本纪》及《集解》《正义》等资料，与《水经·谷水注》，特别是梁玉绳《史记志疑》所断定"盘庚迁偃师"、"偃师为西亳，为盘庚所迁者"诸语，力主盘庚未迁安阳而迁偃师，安阳非殷都而是商代晚期的陵墓区和祭祀场所。凡此均持之有故，言之成理，是有其说服力的。记得日本东洋史研究学者宫崎市定教授于1970年撰《中国古代的都市国家与它的墓地——商邑位于何处考》（《东洋史研究》第28卷第4期），翌年又作《补遗》(《东洋史研究》第29卷第2—3期合刊号),以为小屯并不是按一般理解的"殷都",也不是中国古代文献上的"殷虚",而只是附属于"殷都市立国家的墓地"。宫崎先生还认为,殷虚的确实位置,应该以河内为中心寻找,约在小屯之南的"洹水之南,淇水之北,黄河之西的方位上"。松丸道雄教授同意和补充了宫崎先生的论点,他以为由盟津六日程而至商国,此商国即殷都;从殷都更略一日程而至商社,此商社不能不考虑就是小屯。小屯的建筑遗址,与其称为王宫,还是解为宫庙更恰当(参据严绍璗《日本学者近年来对中国古史的研究》,载《古籍整理出版情况简报》增刊,总第二期,1981年)。虽在日本学者中也有不同意宫崎先生之说的,但总之是最先提出了安阳小屯非殷都而是墓地和宫庙的意见。在1987年安阳殷虚文化国际讨论会上提出的,还有田涛先生的《殷虚北蒙再探》,亦仍以为盘庚所迁的是西亳,迁安阳而始建为殷都的是武丁。此外必还有学者对此问题进行更多的研究,但因闻见有限,未及备知。

这是可喜的事,盘庚迁殷的问题有了新的突破,可以研究得更深入,可逐渐取得更近真的认识了。

但是,时间长达数百年之久的王家档案(甲骨文)保存在殷虚,说它不是王室所在地是很难说得通的。而且有着具有规模的商代宫殿、宗庙区存在,这也必然是都城所在。《左传·庄公二十八年》云:"凡邑,有宗庙先君之主曰都,无曰邑。"《说文解字》:"有先君之旧宗庙曰都。"《释名》:"都者,国君所居,人所都会也。"这些都足以论证殷虚必为王都。秦文怀疑殷虚陵墓群与都城中心区只有一洹水之隔,因而殷虚不可能是都城。其实这点方酉生先生《论偃师商城为汤都西亳》文中已解答了。该文说："从考古调查和发掘资料来看，我们知道在原始社会里人死后，大都埋在居住村落的近旁，二里头遗址的大墓发现在第一、二号宫殿的围墙之内。"因而并举安阳殷虚发现的王陵，"都在殷虚西北岗，和商王生前居的宫殿区小屯，一南一北，之间只隔一条洹水"。指出这种情况是符合于古代葬俗的，可知原是合理的。因此我们认为，安阳殷虚之为晚期殷都，应是无可怀疑的。

至于盘庚所迁之殷是安阳呢？还是偃师？只能说现在有此二说，一时还难于论定。所可知的是，偃师曾为殷都，安阳也曾为殷都。文献中既有盘庚迁殷为迁安阳的资料，也有盘庚迁殷为迁偃师的资料。我们一般在研究工作中处理史料时，总以早出的史料而又有他证者，认为较可信；晚出的史料必待更有力的他证时，始可取信。否则宁从较早的史料而不从较晚的史料。在盘庚迁殷问题上，说他所迁的是洹水上安阳的，今所见较早史料是上文引的战国魏时的《竹书纪年》和晋束晳所见的东汉所存《古文尚书》。而说他迁偃师西亳的，今所见最早的史料是《史记·殷本纪》之文（但它的地点没说得十分明确），和其《集解》引晋人皇甫谧说、《正义》引唐初《括地志》说，还有北魏《水经·汳水注》之文等等。是安阳说资料要早于偃师说资料。

我原文是根据文献中较早的资料，并证以近代学者据殷虚地下实物得出的研究成果整理而成，在没有得到更有力的地下发掘文物足以否定其说时，我想还是维持原说较妥，因此不去改写它。学者们反对安阳说最有力的一条理由是，安阳殷虚未发现盘庚时甲骨。这确是一问题。是不是盘庚甲骨不和武丁以后甲骨一起藏在小屯而藏在殷虚他处，目前尚未发现呢？如果哪一天能够发现出来，那么安阳之为盘庚所迁之殷，就无可动摇了。如果有哪一天在偃师西亳地下发现盘庚时的甲骨文，那么盘庚迁殷是迁偃师西亳之殷，也就可成为定论了，我这篇文章也就需要另写了。

其次又一件引人高兴的是，由于我这篇文章试图探索盘庚迁殷的原因，于是引出了近年学术界关于殷人屡迁原因的讨论。由于我整天伏案，闻见有限，但也至少知道已有六七家写了这方面的文章。虽然他们文章中大都没有提到拙文，但他们总都提到屡迁原因的三说，即我原文总结出的去奢行俭说，水患说和游牧、游农说。也有提四说的，即三说加上新出现的宗室斗争说。这三说都是本人从原来不为人注意的各种文献资料中钩稽归纳列出的，现在为各方所称引，并出现了新说，是学术研究的可喜现象。

本篇拙文原所讨论的，原自以限于盘庚迁殷的原因。但事实上涉及殷人经常迁徙的问题，因而被学术界作"殷都屡迁"这一命题提出进行广泛的讨论。这是研究工作深入发展的表现，可以帮助加深对商代历史的认识，是值得欢迎的。这一新研究中的主要一说，是仲丁以来的"九世之乱"说。首先提出此说的是黎虎先生的《殷都屡迁试探》（《北京师范大学学报（哲社版）》1982年第4期）。以为"比九世乱"和"恪遵天命"是屡迁的政治原因和思想原因。接着杨升南、王冠英二先生响应黎氏之说。杨氏《殷人屡迁辨析》（《甲骨文与殷商史》第二辑，1986年），以九世之乱引起戎狄入侵，屡致失败而迁都。王氏《殷都屡迁原因、过程及殷后期诸王之改革》说："殷都屡迁完全是比九世乱引起的。"（《北京师范大学学报》（哲社版）》1988年第1期）又有杨育彬先生《关于郑州商城和偃师商城的几个问题》(1987年安阳举行的殷商文化国际讨论会上提出)中附带提到由于王室内部争权夺利,致仲丁以来五代九王频频迁都。不过他补充引了贺昌群先生说迁都主要原因还是对付外部敌人。则这一点又与拙文意见一致了。另有晁福林先生《从方国联盟的发展看殷都屡迁的原因》(《北京师范大学学报(哲社版)》1985年第1期),则提出了另一新说,谓殷代社会结构的基本特点是方国联盟,"其原始民主、平等精神,要求殷都不能只固定于某一方国,而要轮流于各方国之间,这颇有些'皇帝轮流做'的绝对平等的意味"。"在原始民主、平等精神的影响下,殷的都邑也就不能在殷的辖区"。所以殷都就屡迁到各不同方国去。此外戴志强、郭胜强二先生《试论帝乙帝辛时期殷都未迁》(《全国商史学术讨论会论文集》,1984年)文中引述了殷都屡迁因素的四说,但以为帝乙帝辛时期这屡迁四因素已不存在,所以不再迁都。所有这许多文章,丰富了这一问题的研究,真是非常可喜。作为拙文作者,热诚希望通过这些鸿文的讨论研究,使我们对殷人屡迁这一历史现象,逐步得到一个正确的认识。

但在这问题上,对于原来这篇拙文,我还要稍稍说几句。拙文是全从文献资料的整理研究中撰写出来的,没有离开所掌握的资料去作推论,提出设想。每有所考论之处,皆有文献根据。例如关于古代迁都前,统治者是怎样地进行讨论筹划? 我从文献中寻觅,粗略中只找到《左传·成公六年》所载晋国拟离开故绛,考虑迁往何处时,晋公室大臣的一次讨论,我便加以引录,借以了解古代统治者迁都所注意的是什么,可启发我们体认盘庚迁殷前所要考虑的是什么。如果没有文献资料,我便不去推想。又如《国语·郑语》记在周室的郑桓公要找到一块土地作为郑立国疆土,因而和史伯商讨选择哪一块地方为好。他们反复周详考虑,比较了各地形势,估量了各种得失,最后确定了选择虢郐之地,并以鄢、蔽等八邑为发展目标。这一资料对这一问题也很有参考价值,可以了解古代统治者去到一个地区立国所要考虑的问题。但我当时觉得这一资料不是谈迁都,所以割舍未引用。其实这也是古代遗存下来统治者所要觅地立国的一项原始资料,还是可以作认识此问题的参证之用的。若离开这些资料,凭空去替古人设想他们行动的因素,是会陷于蹈空之嫌的。

至于新提出的殷人屡迁由于"九世之乱"之说,确是善于思考者所得之说,但如能提出足以佐证其事的史实资料就好。我们从周以来的历史中,看到各政权宗室之间争夺君位之乱,都不会离开原国都,而必据国都以示正统和政权中心所在。春秋战国之世,是有名的"篡弑"频繁、争夺君位的动乱史不绝书的时期,没有一次夺得君位后是迁都的。相反的,本不在京都的,夺得君位后,即进据到京都来。例如晋国的曲沃武公在夺得晋国君位后,就立即从曲沃迁到首都翼邑来,而当时曲沃远比翼要大要繁荣。再以后世为例,掌握国家全部大权的权臣要夺君位,也要赶回京城。如晋末刘裕北伐中原,威震中夏,收复了洛阳、长安。当时权力中心其实就在他所在的长安行辕中。但他为了要夺帝位,竟留下些部队守长安、洛阳(结果拱手丢掉),自己回建康篡夺帝位。他不趁恢复西晋旧疆土的光荣,就在中原做皇帝,却仍要回到当时偏安的小京城里来。又如蒙古忽必烈,率军进驻武昌,灭宋在即,但是他要回去争大位,便放弃武昌,回到上都夺得汗位。其实当时灭掉宋王朝,打下全中国，就在南方做皇帝不很好吗？可是还是必须回到自己的首都。可见在历史上争夺君位决不会招致迁都，因争夺君位之乱而迁都的例子还没见到过。因为必须守住原都城，才能保住和巩固住所夺的君位，才能表明自己已居于正统，也才能迫使人们承认他已承正统。即如本文提到的明成祖，他的根据地在北京，但他南下夺帝位后仍都南京十一年之久。虽他即位后第八年北上亲自督师进击蒙古遗部，但军事行动过后仍返南京。终因蒙古残存力量过大，造成对明政权安定的威胁，使他于即位后十二年亲自率部五十万与瓦剌部进行艰苦的战事，才最后奠都北京。可见他的自南京迁都北京，完全是从镇抚国家的军事安全考虑，为了控制自己国内被推翻王朝残存势力的需要迁都，而不是为了夺帝位而迁都。所以从前后的历史事实来看，说是由于宗室争夺"比九世乱"而招致殷都屡迁之说，是值得商榷的。另外还有些说得很新颖而没有提出史实根据的说法，就不准备多讨论了。

　　有的讨论文章中，将我所写上文列为"持水患说者"，而且是"持游牧游农说者"的对方，双方互相驳难。我要说明一下，我不是"持水患说者"（"持水患说者"是自汉晋至清的一些科学家），又不是"持游牧游农说"的对方。我只是搜集文献资料中已有的诸说（游牧、游农是二说，不是一说。文中实际搜集了不同的五或六说），逐一按各说本身实际加以评述，丝毫无偏见于其间。例如我也否定了"去奢行俭说"，但我不是"去奢行俭说"的对方。对于"水患说"，我是根据原资料内容来阐述，如果经过讨论，能论定"水患说"确实不正确，我也会随时否定"水患说"。但我在研究工作中，始终注意的是要有所据，行文叙述必有原资料依据。"水患说"

中所依据的是《盘庚》本文中的"荡析离居"及《书序》的"圮于耿"。过去治《尚书》者都训释为水患，是有文字训诂依据及黄河下游包括黄河本身及其他较次河流易有水患足为印证，因而我就认为这一说比其余诸说有所据，故认可了这一说的论点。假使今天要对这两处词汇另作新释，是完全可以的。但要像王引之那样，提出的每一新释，都有古文字学依据，有古字原义为佐证。而且王氏每立一义，往往有好几个古文献中的证据，人们只能折服，无法反对（当然王氏所释个别的也有在今天被修订的）。如果不是这样，而只是说应该怎样解释才适合，这是不够的。所以我现在仍认可"水患说"的原有训释，以为较有依据。只要新的研究能提出坚不可破的论据足以否定"水患说"，我也将立即否定"水患说"。

再明确一下，我原文论析盘庚之所以迁往殷，是从政治上国防上的原因出发，是为了对付在他的西北面、北面、西面的许多方国而迁都的。

高宗肜日

此篇是商王朝举行"高宗肜日"之祭的时候，发生"鸣雉"的事，引起商王室的惊异，由大贵族祖己对商王讲了一篇诫勉性的话，保存在《商书》里。汉代伏生今文本及其弟子三家今文本为全书的第七篇（《商书》第三篇），东汉古文本因其前面《盘庚》分为三篇，故此篇下移为第九篇。东晋伪古文本为《商书》第十五篇，全书的第二十四篇。其全篇情况详后面的"讨论"。

校　释

高宗①肜日②，越③有④雉⑤雊⑥。

①高宗——是殷王武丁宗庙的称号。武丁为汤第十一世孙，盘庚弟小乙的儿子，殷王朝第二十三任国王。在位时期约当公元前1300年左右。《周书·无逸》篇说高宗是殷代有作为的一个国王，享国较久（今文作享国百年。古文作享国五十九年，较近理）。《易·既济》也说："高宗伐鬼方，三年克之。"《晏子春秋内篇·谏

1047

上》也将武丁与汤、太甲、祖乙并称为"天下盛君"。《国语·楚语》也说武丁三年默以思道,曾访得傅说用以为相,并誉武丁为神明、圣睿。《礼记·丧服四制》也云:"高宗者,武丁。武丁者,殷之贤王也。……当此之时,殷衰而复兴。"总之,高宗武丁是殷代奴隶制王朝中叶的一个较有声望的国王。其所以称"高宗",《丧服四制》云:"善之,故载之《书》中而高之,故谓之高宗。"是说记载到《尚书》篇章中才称"高宗"。此说不知何据。《史记·殷本纪》说,由于武丁的"修政行德",到儿子祖庚在位时,给他立的宗庙称为高宗。但甲骨文没有发现称武丁为高宗者,而周以来文献称之甚确凿,参见后面"讨论"。

②肜日——"肜",《诗·周颂·丝衣》郑笺作"融"。《释文》注云:"融,余戎反,《尚书》作肜。"江声《音疏》遂据以将本篇此字改作融,并谓"伪孔本从肉旁箸彡,俗字也"。王鸣盛《后案》亦谓"肜乃汉俗字,非魏晋人造"。钱大昕《潜研堂集》则谓"《说文》舟部有肜字,……即《高宗肜日》之肜"。段玉裁《撰异》也说:"无烦议改肜为融。"并云:"张平子《思玄赋》'展泄泄以肜肜'李善注云:'《左传》其乐也融融。'融与肜古字通。……但肜字未省其部居,《玉篇》《五经文字》皆云从舟,即丑林切之肜字也。《集韵·一东》引李舟《切韵》云:'从肉。'玉裁谓皆非也。从肉既无据,从舟亦音韵绝远,盖即《说文》丹部之肜字。肜,徒冬切,叠韵又为融音,同部假借。壁中《商书》固然,而《尔雅》释之,转写小差。……《唐石经·尚书》《尔雅》字皆作肜,《五经文字》舟部之肜也。张参曰:'《石经》变舟作月,变肉作月。'"孙星衍《注疏》则云:"肜即彤字,从舟,隶省。……从舟,与从丹之肜异。考之《隶释·蜀郡属国辛通达李仲

曾造桥碑》，舟字作月，与月形近。而《玉篇》舟字注云：'今或从舟者作月。'其下并有俞肜二字，皆从舟作月之例。"王国维《殷卜辞中所见先公先王考》，其释王恒有云"古从月之字，后或变而从舟"，并举卜辞中朝夕之朝从月，而篆文作鞘为例。则知此字原作肜，后乃有作舟彡者，是钱大昕、孙星衍之说较确。今所见汉代漆器铭文，肜字习见，皆从月，亦可为证。按甲骨文中有作为祭名的彡字，作彡或彡、彡等形，后代或加月，或加舟，或加丹，是彡的繁文或异写，或孳乳出后起义，而此字原当作彡。此字的写法在唐写本中尚有此异形，笔形稍异，皆讹写。

"肜"，陆氏《释文》音融。按，《释文》于《诗·丝衣》音此字为余戎反，于《公羊传·宣公八年》音此字为羊弓反，并与《玉篇》舟部之"舟彡，余弓切"同。但《玉篇》此字另一音为丑林切，与《说文·舟部》之"舟彡，丑林切"同，皆释为船行。阮元《尔雅校勘记》云："诗书正义引孙炎注云：'肜者，相寻不绝之意。'相寻不绝与船行义合。古人诂训每取声相近者，肜寻同在十二侵，彡声以丑林切为正，余终（当作弓）反乃其转音。"然肜字音融已久，汉代张衡《思玄赋》已以肜为融，《后汉书》李贤注："肜与融同。"故《五经文字》舟部舟彡字亦音"融"。可知《释文》所音可从。

"肜日"，《尔雅·释天》："绎，又祭也。周曰绎，商曰肜，夏曰复胙。祭名。"孙炎《尔雅音义》云："肜者，亦相寻不绝之意。"（孔疏、邢疏引）郭璞《尔雅注》云："祭之明日寻绎复祭。"（邢疏引）故伪《孔传》云："祭之明日又祭。殷曰肜，周曰绎。"《蔡传》所释同。

按，《春秋·宣公八年》："辛巳，有事于太庙。""壬午，犹绎。"《公羊传》云："绎者何，祭之明日也。"又《诗·丝衣序》"绎，宾尸也"《正义》："天子诸侯谓之绎，卿大夫谓之宾尸，是绎与宾尸事不同矣。而此序云'绎宾尸'者，绎祭之礼主为宾事此尸。但天子诸侯礼大，异日为之，别为立名，谓之为绎。……卿大夫祀小，同日为之，不别立名，直指其事谓之宾尸。"《公羊》何休《解诂》云："礼，绎继昨日事，但不灌地降神尔。天子、诸侯曰绎，大夫曰宾尸，士曰宴尸，去事之杀也。必绎者，尸属昨日先祖食，不忍辄忘，故因以复祭。"杨树达《积微居甲文说·释肜日》云："按如何说，绎祭不灌地降神，意主宾尸。既是宾尸，自非正祭。故徐彦疏云：'绎在正祭之后，祭尊于绎。是其说也。古人既视肜、绎为一事，说绎如此，肜义可知。"以上是古代注疏家的解释，都说"肜"是祭的明日又祭，是正祭后的一次稍次于正祭的祭祀。

王国维《高宗肜日说》(《观堂集林》)云："肜日者，祭名。云'高宗肜日'者，高宗庙之绎祭也。以殷虚卜辞证之，如云：'丙申卜，贞王宾大丁肜日，亡尤？''甲申卜，贞王宾大甲肜日，亡尤？''丁未卜，贞王宾武丁肜日，亡尤？'凡云贞王宾某甲、某乙某祭者，不下百条。"按甲骨文中原文作"彡日"，郭沫若《卜辞通纂》第59片云："彡日，祭名，习见。罗释肜日。祭之明日又祭为肜，《书·高宗肜日》与此康祖丁肜日同例，言肜祭于高宗也。王国维说。"杨树达《释肜日》云："《殷虚书契前编》卷壹一页八版云：'壬寅卜，贞，王宾示壬彡日，亡尤？'又五页六版云：'甲申卜，贞，王宾大甲彡日，亡尤？'彡日即《书》文之肜日，已无疑问。殷人卜祭必以王名之日卜。如上举二例，示壬肜日之卜以壬寅，大甲肜日之卜以甲申，是也。卜用王名之日，则祭用王名之日可知。盖先十日卜后十日之祭也。殷人肜日祭之外，更有肜夕之祭。其卜也用名之先一日，如《前编》

卷壹五页一版云:'乙酉,卜,贞,王宾外丙彡夕,亡尤?'又六页二版云:'己卯,卜,贞,王宾大庚彡夕,无尤?'王名丙,则以丙之先一日乙日卜,王名庚,则以庚之先一日己日卜,是其例也。此亦非以卜日祭,亦先十日卜之也。如上文所说,殷人肜夕以王名先一日祭,而肜日以王名之日祭,然则前人所谓谓之明日又祭者,第一祭字盖指肜夕言之,明日又祭盖指肜日言之也。以事理言之,先夕之祭盖预祭,而当日之祭则正祭也。正祭为重而预祭为轻,则先儒谓初祭为正祭,尊于复祭者,非其实也。"又《积微居读书记》第 18 页云:"孙炎释肜为相寻之意,以甲文核之,亦为未安,肜日为寻昨日之祭,肜夕复何所寻乎? 又按甲文有彡龠祭,以王名之明日祭,彡夕、彡日、彡龠三日相次,祭名彡者竟有三项矣。"

　　以上是近人根据卜辞记载推论"肜日"即"彡日",是依王名之日祭祀该王的一种祭祀,是比前一夕的"彡夕"祭祀更为隆重的一种正祭。据陈梦家《殷虚卜辞综述》,殷人祭祀祖先主要用彡(肜)日、羽(翌)日、劦日三种祭法。把这三种祭法遍祀其先王与其法定配偶一周而毕,即为一祀,时间约相当于一年。一祀中即分为彡、羽、劦三个祀季。此三种主要祭法中,彡、羽是分别举行的,劦是又由祭、𡭴、劦三种祭法联合举行的。总的合祭叫"衣祀",亦即文献中所说的殷祭(如《公羊传·文公二年》)。由于殷代君王及其配偶,死后都用十天干之一作为庙号,而祭祀就以天干的顺序按照六十甲子的日辰致祭。所以祭某王,就得在该王庙号所属的天干的日子里。即祭太甲就在甲日,祭外丙就在丙日。如此类推。彡祭既是三种祭法中首先举行的一种,因此被认为是一种隆重的祭祀。这是肜日祭的原来意义,高宗肜日为商王高宗祭祀,当然依商代原义,后来注疏家用周代礼制来解释,是错误的。周代的彡祭,见于《春秋》所作"绎"祭,以之比为殷代"肜"祭。其意义改变为祭之明日又祭,既违失彡夕、彡日的原义,更非作为祀季的彡日大祭。因此它已是改变了意义的周代礼制。但金文中如《艅尊》写作"彡日",《麦尊》写作"𢻻祀"(《双剑誃尚书金文选》释𢻻为肜),是彡已作繁文。则仍沿商代原字形,但据卜辞中有"工册其𢻻彡"之文。知𢻻、彡有别。金文中二字亦有别。《麦尊》中可能借以"𢻻祀"表示彡日)。总之周代肜祭已非商代肜祭,释《高宗肜日》当用卜辞原义。

③越——《汉书·外戚传》引此句作"粤",皮锡瑞《考证》据此谓汉代今文本作"粤"。《魏三体石经》遗字苏望所摹刻见于《隶续》者,《大诰》作"粤兹哉",《文侯之命》作"粤小大",又《说文》引《周书》"粤三日丁亥",是汉代古文本亦作"粤"。又内野氏所藏日本古抄唐写隶古定本及《云窗丛刻》本皆作"粤",是伪古文隶古定本原亦作"粤"。至薛季宣本始作"越",《唐石经》及宋以来各刊本乃皆作"越"。段玉裁《撰异》云:"《尚书》有越无粤。……《诗·周颂》对越在天《毛传》:越,于也。越以同音假借。盖《古文尚书》别本作越,未必卫包所改也。"其言可能误。当是今文古文皆作粤,伪古文隶古定写本原亦作粤,《唐石经》及刻本始作越,当为卫包所改。按粤、越,在金文中作雩(见王国维《毛公鼎铭考释》)。于省吾云:"古籍中作粤者系雩字的形讹,作越者系雩字的通借。"(见《夏小正五事质疑》)详本书《尧典》校释。"越"同今文粤字。《尔雅·释诂》:"粤、于、爰,曰也。"刘淇《助字辨略》:"此曰字在句首,发语辞也。"知越、粤与爰、曰等相同,都是语首助词(参看《尧典》

校释）。

④有——P2516 本、内野本、岩崎本、薛本凡有字皆作ナ，系古文又字，故 P2643 本作又。又通有。P2643 本无此处此字，当系写脱。

⑤雊——《史记·殷本纪》作呴。陆氏《释文》作工豆反，音遘。邹氏《音释》作居侯反，音句，则与《集韵》《韵会》均同。《说文》："雊，雄雉鸣也。"于省吾《新证》："雊，鸣之讹。……《王孙钟》'元鸣孔皇'，……鸣字左从口，右似雊字，故讹作雊。此汉人误识古籀之一征也。《论衡·指瑞篇》引《大传》'有雉升鼎耳而鸣'，是或已知为鸣字，或以鸣代雊之训。《君奭》'我则鸣乌不闻'。鸣乌，鸣雉，语例相同。"

⑥雉——韩愈《讳辨》言汉避吕后雉讳，改称"野鸡"。《汉书·杜邺传》引此句即改"雉"为"野鸡"。《尚书大传》："雉者，野鸟也。"只是泛指雉是一种野鸟。《尔雅·释鸟》记雉有十余种，《说文》："雉，有十四种。"大徐音云："直几切。"《集韵》云："雉，赤利切，音稚，野鸡也。"按，武丁时卜辞有字，王襄《簠室殷契类纂》释为雉字。胡厚宣《甲骨文商族鸟图腾的遗迹》云："其说可信。鸟和隹为一字，从一者象矢形。《说文》雉和雊都从矢声。"并就其字形说明，雉字甲骨文为鸟带矢，与雊字甲骨文为豕带矢相同。从而论证雉在殷代被认为是神鸟云："在商朝人心目中，凤就成了神鸟。雉者，《说文》说有十四种，颜师古说文采皆异。《韩诗外传》说：羽毛悦泽，光照于日月。《左传》少皞氏以鸟鸣官，凤鸟氏之下，有属官四鸟：玄鸟氏、伯赵氏、青鸟氏、丹鸟氏。杜预注：'丹鸟，鷩雉也。'樊光注：'丹雉也。'是雉者在古实以为凤之属类。《说文》'骏

敃,鸷也',又'鸷,赤雉也'。骏敃犹言鸷鸷。《说文》:'鸷,鸷鸷,凤属神鸟也。'《国语》注引三君说,甚至以为'凤之别名',所以商朝人也以神鸟视之。"

祖己①曰②:"惟先格王③,正厥事④。"乃训于⑤王曰:

①祖己——伪《孔传》云:"贤臣也。"朱骏声《尚书古注便读》则引汉人注云:"祖己,王之宗族也。"魏源《书古微》据《家语》及《帝王世纪》云:"孝己,祖己是也。"按,甲骨文中祖庚、祖甲时的卜辞有兄己(《殷契粹编》308—310),廪辛、康丁时的卜辞则有父己(《殷虚文字甲编》2695、2141、《粹编》311—318 等),武乙至帝乙、帝辛时卜辞有祖己(《殷虚书契前编》卷一 19.1,23.3—6),王国维《殷卜辞中所见先公先王考》论定卜辞中此人即武丁之子孝己。郭沫若《卜辞通纂》同意王说,并据其书第七六片祖己与祖庚同列证明祖己确即孝己。总之,卜辞中的祖己,就是武丁之子孝己,已成定论无疑了。但本篇中的祖己,是否和卜辞祖己一样是武丁子孝己呢? 则有不同的两说:

一说以为此祖己非孝己。其主要根据就是孝己在武丁时已死。因为武丁时卜辞有屮祭小王之辞多条,证以武丁之孙廪辛康丁时的卜辞有"小王父己"之辞,知此"小王"就是武丁之子孝己,也就是武乙卜辞中的祖己。王国维在其早期所撰《殷卜辞中所见先公先王考》中,狃于祖己是贤臣之说,因云:"此祖己非《书·高宗肜日》之祖己。卜辞称'卜贞王宾祖己',与先王同,而伊尹、巫咸皆无此称,固宜别是一人。且商时云祖某者,皆先王之名,非臣子可袭用，疑《尚书》误。"按《汉书·古今人表》本以祖己、孝己为二人，《甲骨文断代例》即根据此表论定本篇的祖己和孝己为二人。陈梦家的《殷虚卜辞综述》力主此说。他历举了《秦策》《燕策》《荀子》之《性恶》《大略》《庄子·外物》《吕氏春秋·必己》和《尸子》(《北堂书钞》卷一二九、一三七、《太平御览》卷四一三、三〇七等引)等都说孝己的孝行，又历举了稍后的《帝王世纪》(《太平御览》卷八三引)《世说新语》《荀子·性恶》杨惊注及《吕氏春秋·必己》高诱注等所说高宗太子孝己被放逐的传说，因而对照卜辞得出推论：(1)小王(主名己)当武丁时亡故，是武丁之子；(2)武丁时曾预立储君，即所谓太子；(3)孝己虽未即王位而卒，因系太子，故如太丁之例，仍受周祭如先王；(4)、时王改祭其子，武丁时祭子丁、子庚、子癸，与此相类。因此他以为："王氏以且己非《高宗肜日》训于武丁的祖己，以兄己、且己为孝己，都是正确的。《汉书·古今人表》分别祖己、孝己为二，也是正确的。"

　　另一说是王国维晚期的说法。他摒弃了自己早期的说法，而以为此祖己即孝己。其《高宗肜日说》云："卜辞又有一条云：'癸酉卜，行贞：王宾父丁岁三牛罥兄己一牛、兄庚一牛、亡尤？'考殷诸帝中，凡丁之子无名己与庚者，惟武丁之子有孝己，有祖庚。则此辞乃祖甲所卜，父丁谓武丁，兄己、兄庚谓孝己、祖庚也。兄庚后称祖庚，则兄己后亦必称祖庚。殷人祀其先祖，无论兄弟嫡庶与已立未立，名礼皆同。是孝己得称祖己无疑。孝己之名，见于《荀子》《性恶》《大略》二篇，《庄子·外物篇》，《战国》秦燕二《策》，《汉书·古今人表》，皆无事实。而《人表》列之祖己之后，祖伊之前，自以为高宗时人。《世说新语·言语篇》：'陈元方曰：昔高宗放孝子孝己。'注引《帝王世纪》云:'殷高宗武丁有贤子孝己,其母蚤死,高宗感后妻之言,放之而死,天下哀之。'《家语·弟子解》亦云:'高宗以后妻之言杀孝己。'其言必有所本。又古训'杀'为'放',非必诛死之谓。则《经》之祖己,自必其人。……盖孝己放废不得立,祖庚之世,知其无罪而还之。"又云:"《商书》中以日名者皆商之帝王,更无臣子称祖之理。……故《书》之祖己实非孝己不能有此称也。"杨筠如《核诂》承其说加以解释云:"后人之称孝己,盖本名己而以其孝行称之;此称祖己,则其子孙称之也。"此说较近事理,能把本篇好些问题解释通。但它遇到的问题,就是前一说所认为的孝己死于武丁时的问题。这将在后面"讨论"中加以讨论。

②曰——"曰"字下面所领起的"惟先格王正厥事"一语,郑玄云:"谓其党。"(《孔疏》引)意思是说这句话是祖己对他的同僚说的。王肃云:"言于王。"(亦《孔疏》引)则以为这句话是祖己对王说的。按《史记》收此语释为"王勿忧,先修政事",是固将此语体会为祖己对王所说。然《孔疏》云:"此经直云'祖己曰',不知与谁语……下句始言乃训于王,此句未是告王之辞。"又云:"祖己见其事而私自言。"《蔡传》亦云:"祖己自言。"总之祖己在对王说下面那一篇话前,先有此语为史官所记录,不必去寻求是对谁说的。

③格王——《汉书》之《成帝纪》《五行志》《孔光传》《外戚传》《后汉书·律历志》引此字皆作假。皮氏《考证》谓系今文本作假。是古文作格,今文作假。按格、假同声通用,是训为"至"的佫、徦二字的假借字。王鸣盛《后案》云:"古固有以格为至者。……然则《尚书》格字即从伪孔而不从《说文》作假,亦未为甚谬也。"薛本格作戟(参看《尧典》校释)。

"格王"，解释甚多，主要有下列一些：

（1）西汉今文家以"格王"作"假王"。《史记》译叙此语作"王勿忧"。孙星衍《注疏》云："王勿忧者，疑释'假王'为宽暇王心。《诗·长发》云：'昭假迟迟。'《笺》云：'假，暇。'又以为'宽暇'。王粲《登楼赋》云：'聊暇日以消忧。'《文选》王元长（融）《曲水诗序》引《孙子兵法》曰：'优游暇誉。'是假与暇通也。"俞樾《群经平议》以为"史公增勿忧一语，乃善于说经者"。又云："非史公勿忧二字，则篇中之义不显，故知西汉经师之说为可宝。"

（2）西汉今文家大夏侯氏学之孔光《日蚀对》云："上天聪明，苟无其事，变不虚生。《书》曰：'惟先假王正厥事。'言异变之来，起事有不正也。臣闻师曰：'天右与王者，故灾异数见，以谴告之，欲其更改。'"此于"假"字似作"谴告"之义。

（3）晋以后古文家说又不同。伪《孔传》释"格王"为"至道之王"，释此语为"至道之王遭变异，正其事而异自消"。当系根据《尔雅·释诂》"格，至也"得出此解释。《孔疏》补充之为"先世至道之王"。颜师古《汉书·孔光传》注亦云："言先代至道之王，必正其事。"

（4）宋学家释"格"为"正"，系用《孟子·离娄下》赵岐注："格，正也。"苏轼《书传》首先提出云："绎祭之日，野鸡鸣于鼎耳，此谓神告王以宗庙祭祀之失也，审矣。故祖己言当格王心之非，盖武丁不专修人事而数祭以媚神，而祭之又丰于亲庙，俭于远者，敬其父、薄其祖，此失德之大，故祖己欲先正之。"林之奇《尚书全解》云："苏氏之意，盖以谓祖己将谏于王则当先格王心之非，使正其事。其于'格王'，如《孟子》所谓'惟大人能格君心之非也'。某窃谓先儒之说（按指伪孔）诚善，然以上下文势观之，则苏氏之说为长。"故《蔡传》亦云："格，正也。犹格其非心之格。"又云："祖己自言当先格王之非心，然后正其所失之事。'惟天监民'以下，格王之言；'王司敬民'以下，正事之言也。"宋元明学者多宗此说，如陈经《尚书详解》、董鼎《书传辑录纂注》、吴澄《书纂言》等皆然。陈栎《尚书集传纂疏》亦同意诸家说，但谓"似不必先言于王非心，而后正其事，分为两截功夫"。

（5）清人庄述祖释为"嘏王"。刘逢禄《集解》："庄云今文作'假'也。假读为嘏，此与逸书《嘉禾篇》'假王莅政，勤和天下'，皆嘏王之事也。"按《尔雅·释诂》"嘏，大也"。《说文》亦云："嘏，大远也。"《诗·宾之初筵》毛传及《仪礼·少牢馈食礼》郑注等也都训为"大"。庄氏即以"大"义作动词用，来解释汉代今文家对此语的传训。又朱骏声《尚书古注便读》则谓："格，阁也，止也。"意为劝止王的行事。系各就假格二字寻出的解释。

（6）近人多本孔光之意，释"格"为"告"。吴闿生《尚书大义》依其父汝纶《尚书故》说"格王者，告王也"，注为"格，告也"。杨筠如《核诂》："凡古文作格，今文皆作假。按假与嘉通。《诗·假乐》，《孟子》引作《嘉乐》可证。而嘉又作绥，如《盘庚》'德嘉绩于朕邦'，《汉石经》作'绥'可证。按'绥，告也'。此'格'亦道告之意。格、告亦双声也。"

以上各家释"宽暇"、释"谴告"、释"至"、释"正"、释"嘏"、释"阁"、释"告"，众说纷纭，各就所说寻其意义，似以宋人训"正"、近人训"告"这两个动词意义较为可通。训"正"之义，本于《孟子》；训告之义，本之汉人。即如《史记》之文，孙星衍《注疏》也说："史公以为先告王勿忧。"仍以此句为告王,惟告王的内容为"勿忧"而已。故此句似以释作"先告王改正政事"这一意义较妥。

④正厥事——《史记·殷本纪》作"先修政事"。显系司马迁体会原文语气,用汉代语言所译成之叙述语。"厥",他称代词领格,即"他的"。此处指"王的"。"事",《史记》译作"政事"。伪《孔传》《孔疏》皆无特别解释,但言"正其事而异自消"。《蔡传》亦云"正其所失之事"。孙星衍《注疏》始云:"事当读如《春秋传》有事于太庙。"(按,见《宣公八年》)《后汉书》李贤注:"有事,谓祭祀也。"黄式三《尚书启蒙》亦云:"正其祭祀之事。"曾运乾《尚书正读》遂亦谓:"事,如《左传》国之大事,在祀与戎。"(按,见《成公十三年》)曾氏《正读》释此全句云:"意言祸变之来,由于王心不正,以致祀典有乖。欲弥灾变,惟当先正王心,次正祀典,故即以此二者致训于王也。"这样的解释,是合于殷代特点的。但似仍不如《史记》"王勿忧先修政事"一语简要,因"祀"与"戎"就是当时奴隶主国家最大的"政事"。

⑤乃训于——"乃",内野本作迺,用古文本字。薛本则作"卥"。"训",P2516本、P2643本、内野本、岩崎本、薛本皆作"誉"。"于",内野本、薛本作"亏",中间一竖笔故作曲折。

"惟天①监下民②,典③厥义④,降年有永有不永⑤。非天夭⑥民,民中绝命⑦。民有不若德⑧,不听罪⑨。天既孚命⑩正厥德⑪,乃曰其如台⑫。

①天——薛本及诸隶古定写本、《玉海》等此体与甲骨文天字及金文天字毫无近似之处,显系隶古定本臆造。"天",甲骨文中原

只有帝字是至上神。没有作为至上神的天字,但有和"大"同义的天字。郭沫若《先秦天道观之进展》一文对此作了阐释,但谓可能武丁以后已用天字了。其实可能因方言不同,殷人用帝字,周人用天字。后来因民族交流融合,才"帝"、"天"二字并用的(参看后面"讨论")。

②惟天监下民——《史记》所引及 P2516 本、P2643 本、云窗本、内野本、岩崎本、神宫本皆无"民"字。皮氏《考证》谓今文本原无民字,证以此诸隶古定本,知原无民字,应删。"监",《尔雅·释诂》:"视也。"故伪《孔传》《孔疏》《蔡传》并释监作视,是察看的意思。监字在金文中作𥄂,像一人俯首用目察看盛满水的一器皿,即照看自己的面影,所以有察看的意义。《大丰簋》"文王监在上",是说文王的神灵在上界察看着。此处是说上帝察看着下界。《诗·大雅·大明》"天监在下"与此用法同。

③典——岩崎本及薛本皆作𠔿。据《说文》古文典字。《尔雅·释诂》:"常也。"故伪《孔传》《孔疏》并释典为常。然《周礼·天官·序官》郑注释典为主,故《蔡传》释此亦云:"典,主也。"有主要意。也有主持、掌管等意。

④义——P2516 本、P2643 本、云窗本、内野本、岩崎本皆作谊,是义的同音义字。薛本则讹作讼。按义字原具威仪、仪形等意。此意保存在《说文》中。但战国时诸子多用作道理之理。如《庄子·缮性》:"道无不理,义也。"《荀子·大略》:"义,理也。"又《荀子·议兵》:"义者,循理。"至汉代仍行此训,《贾子·道德说》:"义者,理也。""义者,德之理也。"然儒家则一贯把"义"鼓吹为一种合于正当的行为规范,孟轲即经常鼓吹此字。他们对此字的训诂见

《礼记·中庸》:"义者,宜也。"《淮南子·齐俗训》:"义者,循理而行宜也。"《法言·重黎》:"事得其宜谓之义。"韩愈《原道》:"行而宜之之谓义。"都是鼓吹行为要合于正当的规范,才是适宜的。《蔡传》即遵照这样的解释,但又知道战国以来训"义"为"理",只好牵合起来说:"义者,理之当然,行而宜之之谓。"其实这里义字仍当作"道理"、"理之当然"等意。

⑤降年有永有不永——"不",P2516本、P2643本、云窗本、内野本、岩崎本皆作弗。薛本则作𢎥,借用"黼黻"之古文。"年",在甲骨文中皆指谷物收成,其字体亦象禾穗饱满下垂之状,故《说文》亦训为"谷熟也"。由于谷物收获一次,在时间上为一年一度,遂引申为年月之年,见《尔雅》。此处年字,《孔疏》引郑玄注为"年命",是又引申为人的年龄之意。《孔疏》:"郑玄云:'年命者,愚之人尤惕(愒,贪也)焉',故引以谏王也。"就是说,被诬蔑为下愚的一般人特别渴望得寿命。其实蔡沈已指出,"祈年请命"的正是大奴隶主头子殷王。"永",《尔雅·释诂》及《说文》都释为"长久"。"降年有永有不永",是说上天所给予人的寿命,有长的,有不长的。

⑥夭——P2516本、云窗本、岩崎本作𠤎,是隶古奇字。《左传·昭公四年》"民不夭札"杜注:"短折为夭。"刘熙《释名·释丧制》:"少壮而死曰夭,如取物中夭折也。"王逸《离骚注》:"蚤死曰夭。"

⑦非天夭民民中绝命——诸隶古本"民"作𰀁,参看《甘誓》校释。《史记》引作"非天夭民,中绝其命"。皮氏《考证》以为今文本如此。唐写本P2516本、P2643本和岩崎本则作"非天夭民,中绝命"。也只有一民字。按《汉石经》残石《高宗肜日》篇只保存

"民中绝命民有不若德不听罪天既付"十五字,不知"中"前"民"字是否只此一字。既唐写各本只一民字与《史记》所引合,故应删去其一。"中",《仪礼》的《乡射礼》及《士虞礼》郑注,又《礼记》的《学记》及《丧服小记》郑注皆云:"中,犹间也。"故江声《尚书集注音疏》释"民中绝命"为:"此民间绝其命也。"简朝亮《尚书集注述疏》亦云:"民自间断其命尔。"此种解释甚为牵强。王鸣盛《后案》则谓"据《释文》中音竹仲反,则传意以中与中兴之中同,当为去声,不可读平声"。其实中绝即可释为生命中道断绝。王鸣盛《后案》已引《史记》所载为"中道"之"中"义。孙星衍《注疏》也云"史公作'非天夭民,中绝其命','中绝'上无民字,是言非天夭民而中道绝其命",也作"中道"解释,较确。以上数句,伪《孔传》释之云:"言天之下年与民,有义者长,无义者不长。非天欲夭民,民自不修义,以改绝命。"《蔡传》亦同其意云:"降年有永有不永者,义则永,不义则不永,非天夭折其民,民自以非义而中绝其命也。"

⑧民有不若德——"德",P2516本、P2643本、内野本、岩崎本、薛本凡此字皆作悳,皆古文。"若",《尔雅·释言》:"顺也。"故伪《孔传》:"不顺德,言无义。"《蔡传》:"不若德,不顺于德。"江声《音疏》则云:"若,善也。不若德为不善之德。"系据《尔雅·释诂》。按,若为顺,不若为不顺,其义甚古,甲骨文中"若"与"不若"常见,即为顺与不顺、祥与不祥之意。又有"帝若"、"帝弗若",即上帝允诺、上帝不允诺之意。可注意的是,甲骨文的"不若"之后,都不缀字。文献如《左传·宣公三年》"故民入山林不逢不若",亦不缀字,此处"不若"之后缀"德"字,可疑。德非殷人文字,详见后⑪德字注及"讨论"。

⑨不听罪——"罪",云窗本、内野本、岩崎本、薛本皆作辠,亦古文。"听",《国策》的西周、齐、秦各《策》高诱注:"从也,受也。"《国语·周语》韦昭注亦云:"从也。"《淮南子·氾论训》高诱注亦云:"受也。"由从、受引申为服义。故伪《孔传》《蔡传》并训为"服"。伪孔云:"不服罪,不改修。"《蔡传》云:"不听罪,不服其罪,谓不改过也。"江声《音疏》则另提二解释:(一)"不听之罪,谓恶深隐无人知,听谳所不及者。"(二)"不听罪,若《王制》所谓'四诛者不以听'是也。谓罪大恶极,当即诛之,不待听谳者。"此二解释均与此处文义不协,不如伪《孔传》及《蔡传》解作"不服罪"较可通。

⑩天既孚命——"既",P2516本、P2643本、云窗本、内野本、薛本皆作旡。按敦煌本《释文》云:"旡,古既字。"《汗简》下之二亦云:"旡,既。"是隶古定本以旡为既的古文。但甲骨文中有𣅳字,而不作既用。商氏《殷虚文字类编》云:"石鼓文既字从旡,与卜辞略同。"指出既字只是从旡。金文《散氏盘》"我𣨶散氏田器",郭氏释"𣨶"为"既"。则隶古定本当是根据这些以旡为既的。

"孚",《史记》引作附,《汉石经》作付。《汉书·孔光传》亦引作付。段氏《撰异》以为作"付"系《今文尚书》,付与附为古今字,音义皆同。吴汝纶《尚书故》:"柯劭忞云:'《集韵》附音敷,古孚字。'是附孚一字。"今依《汉石经》改为"付"。云窗本孚误摹作字,其所据元亨本原作孚。

1063

"付",汉时今文用"付"字,今文别本用"附"字(已见上)。《说文》:"付,与也。"知今文用"付与"之义。《汉书·孔光传》:"天既付命正厥德,言正德以顺天也。"王氏《后案》据此云:"民不顺德,天既付命罚之,人宜正德以顺天,文义甚明。"吴汝纶《尚书故》云:"孔光释为'正德以顺天',非也。'付命正厥德',言降灾异以治其罪也,愚者至是乃无如之何。"

古文用"孚"字,《尔雅·释诂》:"孚,信也。"《说文》亦有此解义。故伪《孔传》释此云:"天已信命正其德,谓有永有不永。"知伪古文用"孚信"之义。《孔疏》:"人有为行不顺德义,有遇不服听罪,遇而不改,乃改天罚,非天欲夭之也。天既信行赏罚之命,正其驭民之德,欲使有义者长,不义者短,王者安得不行义事求长命也。"

吴汝纶《尚书故》据柯劭忞言"附"音敷,古孚字。章炳麟《古文尚书拾遗定本》云:"孚与附、付音虽近,然此似本作受,转写误作孚。《说文》:'受,物落上下相付也。读若《诗》'摽有梅'。受、付古亦双声相转,音近义同。故今文直以付为受。太史作附,亦付字耳。据《汉·食货志》:'野有饿芟而弗知发。'……此字今《孟子》作莩。……是则正字作受,汉时作芟,误书作莩。芟误作莩,正犹受误作孚矣。"杨筠如《核诂》:"按孚声付声相近,故可通用。《淮南·俶真》注:'苻,读如面麸之麸。'《礼记·聘义》注:'孚或作莩。'皆其证也。此文似以作'付'为长。'天既付命',谓天既付命于殷也。"是柯以孚、附字同(据段玉裁说,附与付又同);章以此字原作受,误为孚,原义为付;杨以孚、付相通,作付为长。都是说应当作为"付与"之付。

曾运乾《正读》:"孚读为罚,《礼·投壶》:'毋怃毋傲,若是者浮。'注:'浮,罚也。'是孚罚声近义通之证。"系据《孔疏》"乃致天罚"所得的解释。

比较诸说,自以作"付"为有根据。虽伪《孔传》与《孔疏》释孚,语意亦可通,然孚与付既以音近相通,则孚仍以假借为付义较长。王鸣盛《后案》谓"伪孔改付为孚,训为信,乃曲说",则是完全不同意伪孔之说。

"命",是奴隶主头子所宣扬的上天所赋予之命。按卜辞中有"帝令雨"、"帝令风"等辞,是说上帝命令下雨下风,令即命令,是动词。金文中也仍以令为命。在文献中大抵用命字,作为命令解,如《皋陶谟》"天命有德"、"天其申命用休",《汤誓》"有夏多罪,天命殛之",也还是作动词用。但发展成"天命"一名词,就是后来儒家"天命论"的来源,意在鼓吹上帝所给予人们的命运,对于拥有政权的奴隶主头子来说,就是"大命"。在金文中,如《孟鼎》:"丕显文王,受天有大命。"《毛公鼎》:"配我有周,膺受大命。"在文献中,如《盘庚》:"懋建大命。"《西伯戡黎》:"大命不挚。"《大诰》:"宁(文)王大命。"《君奭》:"集大命于厥躬。"等等。而且奴隶主头子把这看作是属于他自己的命。如《盘庚》:"天其永我命于兹新邑。"《西伯戡黎》"我生不有命在天?"《大诰》:"敷前人受命。"《酒诰》:"今惟殷坠厥命。"《孟鼎》:"我闻殷坠命。"《君奭》:"殷既坠厥命。"等等。还有《梓材》《召诰》《洛诰》《多士》等之"受命"、"定命"、"佑命"等等。有时还加上美化的形容词,如《太甲》佚文:"顾諟天之明命。"《金縢》:"无堕天之宝命。"等等。这些都是奴隶主政权宣扬"王权天授"的欺骗性谎言,他们懂得要把它"作为控制下层阶级单纯的统治手段"(恩格斯《登尔巴·令论》)。也正如恩格斯所说的:"当其建立之初,便少不了欺骗和历史捏造。"(《论布鲁诺·鲍威尔与原始基督教》)再经过战国后期到汉代,发展成按五行次序承受"天命"的"五德终始说",就成为儒家宣扬反动的"天命论"的完整的体系。本篇的"天既付命"的命,基本也是上述意义,但还处在较早期阶段,还是较多的作为"天的命令"、"天的意旨"等意义。也作为受了这种命令、意旨的人的一种命运。

⑪正厥德——"德",汉代今文家孔光《日蚀对》云:"天既付命正厥德,言正德以顺天也。"(《汉书·孔光传》颜师古注云:"言既受天命,宜正其德。")是把此"德"字说成是君主的"德"。伪《孔传》云:"天已信命正其德,谓有永有不永。"则把它作为上天之"德",即给人寿命有长有短的那一权术,《孔疏》称之为上天的"驭民之德",意即上天驾驭人民的办法。《蔡传》说:"欲其(指民)恐惧修省以进德",则把它说成是一般人的"德",亦即在奴隶主政权统治下人民的做人规范。

按,古籍中大量的解释都说:"德,得也。"(如《管子·心术》与《老子》"上德不德"王弼注:"德者,得也。"《庄子·天地》:"物得以生谓之德。"《礼记·乡饮酒义》:"德也者,得于身也。"《淮南子·齐俗训》:"得其天性谓之德。"《太玄·玄摛》:"得之谓德。"《释名·释言语》:"德者,得也,得事宜也。")其后的注疏家这样的解释更多。若依这样的解释,则上文所举中,其释为上天之德的,就是指根据人们行为来给予人寿命的那个上天的"德"。其释为君主之德的,就是指在受了天命的幌子下,君主应做些所谓得有天命的欺骗性行为。其释为一般人之德的,就是说在上天的准则下,各人以自己行为争取寿命之所得。这些都是有意牵强的解释。

其实这一"德"字,和上文"民有不若德"的"德"字,是周代金文和文献中才出现的字,甲骨文中是没有的。(罗振玉《殷契考释》则以为卜辞中的徝为得失之得的德字。郭沫若《周彝铭中之传统思想考》以为乃徇字。）这是周代奴隶制统治者开始提出的一种思想，企图维持住奴隶主统治的意识形态活动中的一个范畴。这在纯用暴力和宗教欺骗进行统治的殷代奴隶主的思想中和语言中都是无由产生的。郭沫若《先秦天道观之进展》一文开始提出了"德"是周人思想这一观点。这像"天"字一样，是殷人用了周人语言。参见后"讨论"。

⑫其如台——"其"，P2516本、P2643本、内野本、岩崎本、薛本皆作亓。《玉篇》丌部载此为古文其。"如台"，《史记》引作奈何，是用训诂字（参看《汤誓》校释）。"台"，《释文》："音怡。""如台"即如何。"乃曰其如台"，《史记》作"乃曰其奈何"，保存了此句原义。伪《孔传》训"台"为我，释此句为："故乃复曰：天道其如我所言。"误。《蔡传》虽释"如台"为"如何"，然仍兼用我义，释全句为："民乃曰孽祥其如我何。"也误。俞樾《平议》："天既付命于人，人苟能正其德，虽有妖孽其奈何哉。"吴闿生《尚书大义》据《尚书故》而释之云："付命正厥德，言降灾以治其罪也。愚者至是乃无为之何，言其悔已晚也。"两家同释"奈何"而义相反。大抵当本"奈何"、"如何"、"怎样"等解释去寻其意义。

　　"呜呼①，王司敬民②，罔非天胤③，典祀无丰于尼④。

①呜呼——呜呼，云窗本讹作"焉乎"。薛本作"辥虖"，和《魏石经》所有此二字同。P2516本作乌呼。P2643本、内野本、岩崎本作乌虖，乌虖为呜呼古文。

②王司敬民——"司"，《史记》引作嗣。段氏《撰异》："此《今

文尚书》也。《九经古义》曰：'古嗣字皆省作司。'……吕大临《考古图》载《晋姜鼎》云'余惟司朕先姑'，《集古录》、刘原父皆释司为嗣，是司为古文嗣。"按金文另有嗣字，并非"嗣字皆省作司"。早期金文且以嗣为司，亦借嗣为嗣。知司、嗣、嗣尝通用，不一定依《史记》改作嗣。"司"作"嗣"，金文除《晋姜鼎》以"司"字为"嗣"外，其他金文中尚有之。如《毛公鼎》云"司余小子弗及"（吴闿生《吉金文录》云司与嗣同）、《宗周钟》云"我唯司配皇天"（《双剑誃吉金文选》亦训司为嗣）等是。另外其他各器中则"司"多作"嗣"，"嗣"亦"嗣"。故知古"司"、"嗣"、"嗣"通用。惠栋《九经古义》、江声《音疏》、王鸣盛《后案》、段玉裁《撰异》、孙星衍《注疏》都据《晋姜鼎》以为司乃嗣省文。皆同于司马迁在汉时所理解。伪《孔传》则释"司"为"主"，云："王者主民，当敬民事。"是根据《诗·郑风·羔裘》"邦之司直"毛传："司，主也。"故《蔡传》亦云："司，主。王之职，主于敬民而已。"于省吾《新证》从之。按"司"字在各古籍中大抵皆释为"主"，独司马迁译用为"嗣"，自金文出而知自周迄汉大抵司可作"嗣"用，故清人多从之。

"民"，伪《孔传》释此"民"字为"民事"。林之奇《全解》释此为"敬民，若《禹训》所谓'予临兆民懔乎若朽索之驭六马'是也"。其意所指基本和吕祖谦《书说》所云"天下之民，无非天之胤嗣"一样。《蔡传》也释为人民，但于"非天夭民"句下解释云："言民而不言君者，不敢斥也。"是说不敢直接把君拿来讲，所以只好借用人民来讲。这是他认为本文内容是说君主，而字面都用民字，显出有矛盾，因此寻出这样的解释。梁玉绳《瞥记》始云："祖己曰非天夭民，民中绝命，民谓高宗。盖对天而言，天子亦民也。《酒诰》曰：'惟民自速辜。'民谓商纣。"孙星衍《注疏》亦云:"民者,对天之称,谓先王。《坊记》注云:'先民,谓上古之君也。'言嗣位当敬先王以顺天。"皆提出此一民字不是指一般庶民,而是指君主,且举郑玄对"先民"一词的注释以为根据。

郭沫若《古代研究的自我批判》云:"人民本是生产奴隶……卜辞中无民字,亦无从民之字,但这只是没有机会用到而已,并不是殷代无民。……《盘庚》《高宗肜日》《微子》那几篇《商书》都已经有了民字,而尤其《高宗肜日》的'王司敬民,罔非天胤'那句祖己所说的话,简直是思想上的一大进步,把人民都平等地看成天的儿子了。但这无疑是经过后代儒家所润色的。"按,今知甲骨文中有民字。

在《尚书》中的"民"字,有显然不是指生产奴隶的,例如《盘庚》篇的"民"就非奴隶(详《盘庚》校释)。可知这种用法不是《论语》所反映的儒家的用法。此篇的民字,应是指庶民。林之奇、吕祖谦以至郭沫若都释用人民,是对的;但他们却又以为此文把一般人民也看同"天的儿子",那是误解,因为把原句主语弄错了。至于蔡沈、梁玉绳、孙星衍等以为此"民"字指殷代的君王,就完全错误了。其实"王嗣敬民,罔非天胤"一语,是说那些继承民事大业的君王,没有一个不是天的儿子。这是道道地地的宣扬王权神化的奴隶主阶级的反动宣传,根本不是什么思想上的大进步。

吴汝纶《尚书故》云:"敬民者,敬勉也。民为敃之省文,敃亦作愍。"这可能是由于不同意民为天胤之说,又未得正解,特另寻的解释,不足据。

③罔非天胤——"罔",P2516本、P2643本、云窗本、内野本、岩

崎本、薛本皆作它，《玉篇》宀部载它为古文阆。按，系《说文》古文网字它之隶变。

"胤"，《史记》引作继，是用训诂字。《尔雅·释诂》："胤、嗣，继也。"可知《史记》系用训诂字。云窗本作溗，传写讹。薛本作𦙍，据《说文》胤之古文略变。按《尧典》"胤子朱启明"，《史记·五帝本纪》引作"嗣子丹朱开明"。知又同《尔雅》以胤为嗣。《说文》："胤，子孙相续也。"则知胤与嗣同是子孙相继续之意。伪《孔传》《蔡传》同释此为"胤，嗣也"。惟伪孔作动词，释为"天所嗣"；《蔡传》作名词，释为"天之嗣"。孙星衍《注疏》云："天胤，犹言天之子。言阳甲以来先王有不永年者，既嗣天位，即为天胤，王当修敬也。"此解释正确。

④典祀无丰于昵——《史记》引作"常祀毋礼于弃道"。段氏《撰异》云："此《今文尚书》也。"实际当系司马迁据今文本按当时的理解翻译成句。"祀"，薛本作禩，显系承上一典字讹写。"无"，P2516本、P2643本、云窗本、内野本、薛本皆作亡。"丰"，P2516本、P2643本、云窗本、岩崎本皆作豊，和《史记》所用"礼"字通。故应改丰为豊。"昵"，P2643本作尼，岩崎本、薛本作昆，P2516本作迡，云窗本作脏，内野本作昵。贾昌朝《群经音辨》卷三云："尼，近也，乃礼切。《书》祀无丰于尼。"知贾在宋时所见本亦尼字。卢文弨云："经文本作尼。"段氏《撰异》亦云："《正义》曰：《释诂》云：即，尼也。孙炎曰：即，犹今也。按此可证经文作尼，传文作'尼，近也'。"又云："《尚书》本作尼，卫包改作昵，开宝间改《释文》之尼为昵，贾氏据未改之《释文》为此条。"故采此诸说，改为尼字。

"典"，此字有四种以上的解释与五种以上的断句读法：

（一）《史记》引作"常"。《尔雅·释诂》："典，常也。"知系用训诂字。其断句为："王嗣敬民，罔非天继，常祀毋礼于弃道。"这是一般所沿用的读法。

（二）伪《孔传》也释"典"为"常"，但断句至"典"字，读为"罔非天胤典"。释之云："民事无非天所嗣常也。"《孔疏》补充之云："民事无非天所继嗣以为常道者也。天以其事为常，王当继天行之，祀礼亦有常。"但俞樾谓伪《孔传》有脱落的字，其《群经平议》云："传文当曰：'典，常也。'传写夺'典'字耳。'无非天所嗣'，释'罔非天胤'之义；'典，常也，祭祀有常'，释'典祀'之义。"虽言之成理，究出推测。

（三）《蔡传》释"典"为"主"，读法则循《史记》以来的一般读法。其释此句云："况祖宗莫非天之嗣，主祀其可独丰于昵庙乎。"宋至清一般治《尚书》者，大抵都循用此读法。

（四）魏源《书古微》提出第三种断句法，谓《史记》之文当读为："王嗣敬，民罔非，天继常祀，无礼于弃道。"但皮锡瑞《考证》驳之云："魏诋丰祢之说，专主继嗣为义，读《史记》以'王嗣敬'为句，'民罔非'为句，谓是高宗易储之证，于古无征。"

（五）俞樾释"典"为"珍"，并提出第四种断句法。其《群经平议》首先论伪《孔传》已如上引，接着说："孔颖达据误本作《正义》，乃读传文'民事无非天所嗣常也'九字一句，而释之曰：'民事无非天所继嗣以为常道者也。'则大非传义矣。"继又云："然如传义读'罔非天胤'为句，实亦未安。疑当以'罔非天'为句……言王嗣位敬行民事，罔非天所命也。……'胤典祀'自为句，《尔雅·释诂》曰：'胤，继也''典'当为'珍'。《考工记·辀人》：'是故辀欲顾典.'司农云:'典读为殄.'是其证也。《释诂》曰:'殄,绝也'。'胤典祀'者,继绝祀也。言当继续已绝之祀,无徒丰于近庙也。"是读为:"罔非天,胤典祀,无丰于尼。"训义过于牵会,不足据。

(六)姚鼐、吴汝纶并释"典祀"为"常年",且提出第五种断句法。姚鼐《惜抱轩九经说四》读《史记》为:"罔非天继常祀,无礼于弃道。"吴汝纶《尚书故》读此文为:"罔非天胤典祀,无丰于昵。"这是文章家体会语气所得,和经学家之根据于训诂者不同。《尚书故》中以"典祀"为"常年"之理由为:"汉《四神鉴》《三神鉴》《宜官鉴》并有'用祈典祀'之文,《十二辰鉴》:'辟如韩众乐典祀,寿金石西王母。'是'典祀'为'常年'之证。"又云:"常,长同字。"并引姚鼐语云:"天乃继续其命使有常年也。"吴氏遂译"王司敬民,罔非天胤典祀"为:"王今后能敬勉,则天无不续以长年。"

以上各种,仍以(一)、(三)所用读法较为正常。

"豊",《说文》:"行礼之器也。读与礼同。"姚鼐《惜抱轩九经说四》云:"豊为礼古字通,而因转误为丰。"按"豊"、"丰"误混,由来颇久,汉蔡邕即以豊同丰。《佩觽》卷上已予讥评。金文中有丰字,后人亦往往释为豊若礼。如《大丰簋》(或作《天亡簋》)"王有之丰",孙诒让《古籀余论》释作"王有大礼"。吴闿生《吉金文录》谓"丰礼同字"。于省吾《新证》亦谓"大丰即大豊,大礼也"。(但于氏最近云:"余之此说不可从,古文丰豊有别。")郭沫若《两周金文辞大系图录考释》则云:"大丰当即大封,《周礼》'大封之礼,合众也'(《春官·宗伯》)。"始不直接释丰为豊,而以"大丰"为"大封之礼"。又《麦尊》"王乘于舟为大丰",吴氏《吉金文录》、于氏《吉金文选》并引郭释为"大丰之礼"。郭氏《孔墨的批判》云:"礼是后来的字,在金文里面我们偶尔看见用豊字的,从字的结构上来说,是在一个器皿里面盛两串玉贝以奉事于神。《盘庚》篇里所说的'具乃贝玉',就是这个意思。大概礼之起,起于祀神,故其字后来从示。"大体"豊"是"礼"的原文,可孳乳为醴(见《师遽尊》)。"丰"与"豊"非一字,于省吾先生云:"金文凡上从韭(口)者为丰,否则为豊。"然由于它象"一个器皿里面盛两串玉贝以奉事于神",所以仍然被释为"大丰之礼"。《唐石经》及其后刊本都作"丰",虽系"豊"字之误,然其误似亦有来源(例如同蔡邕一样误豊为丰)。《史记》作"礼",是用了"豊"的后起字,原文就是豊。如郭沫若所说,豊就是以玉祀神之礼。

由于以后流传本都作丰,故伪《孔传》《孔疏》《蔡传》都释为丰富之丰。以后治《尚书》者皆同。其有知原义当如《史记》作"礼"者,也释丰为礼。如俞正燮《癸巳存稿》云:"丰是盛礼。"最后若杨筠如《核诂》则云:"丰,《史记》作礼,当以形近改讹,从丰为长。"此诸说均误。

"尼",按学派不同而解释甚多,主要诸说如下:

(一)汉代"今文尚书"家的解释,据《史记》所载,以"弃道"二字当"尼"字。孙星衍《注疏》为之解释云:"史公作'常祀无礼于弃道'者,言盘庚尊祢庙而废嫡长前王之祀,高宗以子继父,亦不改其道,是为弃道。"又云:"自阳甲以来,有兄弟争立嫡之事,或不为嫡立庙,未失礼也(以上有误字)。阳甲嫡长嗣位,盘庚不为立庙,是为弃其常道。"陈乔枞《今文尚书经说考》云:"《史记》所谓'毋礼于弃道'者,即指丰于尼而杀于远之失也。《史记》此句,或据《欧阳尚书》,或以训诂申释之,无可证明,姑仍之。据《本纪》言,帝盘庚崩,帝小辛立，殷复衰。帝小辛崩，弟小乙立；帝小乙崩，子帝武丁立。是小辛、小乙皆弃道之君，殷所以衰由之。武丁为小乙子，祀事特丰于祢，故祖己因野鸟入庙，训之以无礼于弃道。"皮锡瑞《考证》驳之云："祖己训王，安得斥其先王为弃道之君哉。"吴汝纶《尚书故》云："《史》作弃道者，借昵为黡也。"这些是清人对《史记》"弃道"二字所寻的解释。汉代今文家确喜根据周代嫡庶之制、宗庙之制、灾异休咎之说等等来释《尚书》，但他们原来究竟怎样解释"尼"字？怎样用"弃道"二字来表达"尼"字？或者是否以"弃道"二字来表达这总的一桩事？等等，现在都已无法知道。今所见保存西汉今文说较多的《尚书大传》也没有关于这点的直接解释，因此我们无法对《史记》所存这一今文说得到明确的理解。

（二）"古文尚书"的解释。由于古文本作"昵"，所以各家都就"昵"字进行注解，要者如次：

马融注云："昵，考也，谓祢庙也。"（见《释文》。并音："又，乃礼反。"）

王肃注云："高宗丰于祢，故有雊雉升远祖成汤顶之异。"（《孔疏》引）

伪《孔传》云："昵，近也。"并释全句为："祭祀有常，不当特丰于近庙。"

陆氏《释文》："昵，女乙反。《尸子》云：'不避远昵。'昵，近也。"（段氏《撰异》谓：开宝前未改本，此三昵字皆当作尼。）

《孔疏》云："《释诂》云：'即，尼也。'孙炎曰：'即，犹今也。尼者，近也。'郭璞引《尸子》曰：'悦尼而来远。'是尼为近也。尼与昵音义同。"（段氏《撰异》云："按此可证经文作'尼'，传文作'尼，近也’。”）

《蔡传》承马融、王肃之说云：“昵者祢庙也。”并释此句为：“主祀其可独丰于昵庙乎。”所有上列“古文尚书”的注疏家，都是把“昵”释为父亲的庙。其具体解释可归结成两派：（1）汉代古文家如马融以“昵”为父考之“考”，就是指已死的父亲的“祢庙”。王肃同此说，蔡沈亦承其说。王鸣盛、孙星衍都指出到汉代才有“祢”字，是殷代应当不作此解。但王氏《后案》云：“盖昵祢声相近，故为此训。”其前之王夫之《尚书引义》亦云：“昵与祢通，古文借用。”杨筠如《核诂》更云：“古尼祢音近可通，《诗·泉水》‘饮饯于祢’，《韩诗》祢作坭，即其证矣。”（2）伪古文诸家，则以“昵”为“近”，就是指父亲的庙叫近庙。元吴澄承此说，并调和马说，其《书纂言》云：“昵，亲也，近也。谓祢庙也。”孙星衍《注疏》则为“近庙”寻出解释云：“昵同暱，《说文》云：‘暱，日近也。’或作昵。《玉篇》云：‘昵，亲近也。’案，四亲庙最近为父庙，故称之为昵。”俞正燮《癸巳存稿》则反对此说云：“《左传》以妻为昵，古者严父，岂得以父为昵？”姚鼐《惜抱轩九经说》则反对“祢庙”之说，云：“以暱为祢庙，甚为不辞。依太史公解，于承上降年义甚明。……庙祭以远近为疏，丰于祢则正是礼，岂可以为非。”

按，金文中训为“近”义者有“㦰”字，见于《克鼎》和《番生簋》云：“扰远能㦰。”又《晋姜鼎》云：“用康扰绥怀远㦰。”于氏《吉金文选》注云：“扰读柔，㦰读迩。”故“扰远能㦰”即本书《尧典》《顾命》和《诗·民劳》的“柔远能迩”。《吉金文选》并引孙诒让说，读㦰为暬。《国语·楚语》韦注：“暬，近也。”又引王引之说，㦰与埶通，《尧典》“格于艸祖”，今文作“假于祖祢”，知埶祢同用。是知无论以昵为"祢"或以昵为"近",原皆当作"狋",其义为"迩"。

上面古文家两派说法在"尚书学"中影响较大较久,且各有拥护者。最近的杨树达《积微居甲文说》对两派作了评论,仍同意训昵为近之说。其《尚书典祀无丰于昵甲文证》一文有云:"现在拿龟甲文来看,这两说中要以昵训近、指近庙为合理些,马注似乎不大合理。儿子对于死父的祭祀特别丰盛一点,这是人情之常,何必要祖己那样大惊小怪地训诫呢?《说文·八篇上·尸部》云:'尼,从后近之。'《尔雅·释诂》郭注引《尸子》云:'悦尼而来远。'……《论语》说'近者悦',《尸子》却说'悦尼',可以证明尼就是近了。……尼训近,所以从尼的昵字也有近的意思,这是很自然的现象了。那么,祖己说典祀无丰于近是什么意思呢?据我由甲文研究,这近字是说近的亲属。换句话说,就是直系亲属或直系的祖先。伪《孔传》说的近庙,也是指这个。拿龟甲文看,很明显看出殷人对于直系的先祖与非直系的先祖祭祀礼节上的不相同。"接着杨氏就举了五个甲文例证,证明殷人祭祀祖先,分大示、小示。大示是直系祖先,小示是非直系祖先。大示祭用牛,小示用羊。大示的先王配偶有特祭,小祀无之,等等。以此证明殷人祀典丰于直系祖先。他的结论说:"这个重本系轻旁支的事实,便是祖己所说的'丰于昵',伪《孔传》所谓'丰近庙'呵!"又说:"祖己的意思,以为同是殷代的先王,为何要这样差别呢?所以他说:殷王哪里一个不是天子,常祀为何要特别丰于近庙呢?虽然他的话不一定合理,也自是他一种看法呵!"

(三)清末解释。按自宋、元以来直至清代,有关著述虽多,大抵不出"古文尚书"马融、伪孔二派意见。到清末才渐有不同说法,兹举其要者:魏源《书古微》云:"《史记》述古文说(按,《史记》所述者今文说)曰:'呜呼! 王嗣敬,民罔非,天继常祀,无礼于弃道。'未尝以昵为祢庙,与马、郑、伪孔乖异者何? 曰:以昵为祢庙,不但非今文说,并非古文说也。西汉古文家,自《史记》外莫古于刘歆《五行传》,释此篇曰:'雉为羽虫之孽,《易》有《鼎卦》宗庙之器,奉宗庙者长子,野鸟自外入为宗庙主,是继嗣将易也。'汉成帝《报许皇后书》,亦引《高宗肜日》祖己之言,为饰掖庭椒房之征。……皆以雊雉应宫闱继嗣,从无丰于祢庙之说。"然皮锡瑞《考证》驳魏说为"于古无征"。又云:"汉时今文家已非一解……诸说或浑言之,或即一事言之,皆非专指继嗣。所以然者,上天示异,初不明言,大臣因事纳忠,亦非一端而已。"另如吴闿生《尚书大义》,则据其父汝纶《尚书故》之言云:"昵,邪慝也。言继自今能敬勉,则天无不续以长年者,慎勿礼于邪慝也。"

（四）近人解释。于省吾《尚书新证》云:"伪《传》云:'祭祀有常,不当特丰于近庙。'《史记》训'昵'为'弃道',并非。……按尼、尸、夷古通。(此处举几个汉碑及金文尼、尸、夷及其异体字资料,摹写印刷皆困难,不录。)《礼记·丧大记》:'奉尸夷于堂。'《释文》:'夷,尸也。'《公羊》宣八年传……何注:'殷曰肜,周曰绎。''祭必有尸者,节神也。''夏立尸,殷坐尸,周旅酬六尸。''王司敬民罔非天胤典祀无丰于昵'者,言王主于敬民,莫非天之胤续,典祀者无礼于尸。典祀,官名。《周礼·春官》有典祀之职,虽殷制不可考,《周礼》又系晚周人所作,损益因革,职掌有出入,而名称前后必多沿袭也。'罔非天胤',谓为尸者亦天胤也。天犹敬之,况同为天胤乎。'敬'与'无礼'、'民'与'尸'为对文,则义自一贯。旧或以独厚于祢庙解之,穿凿傅会,终无当于经旨也。"

以上分别释"尼"为"弃道"、"祢庙"、"近庙"、"继嗣"、"邪慝"、"祭尸",各为一说,无由折衷。以"弃道"之说最早,最为"近古",可能得其原意,但不知何以成此解释。"祢庙"和"近庙"之说,显然是后代儒生根据周以后甚至是汉代的宗庙祭祀制度所作的解释,由他们把"高宗肜日"之祭解释为高宗祭成汤庙,即可证明他们对殷代祭祀制度已完全不懂。至于"继嗣"、"邪慝"、"祭尸"各说,则显然是为了不满意"祢庙"、"近庙"之说,所特意另寻的解释,有足以启发人之处,然皆就字面寻绎,苦于原始根据不足。所以我们无宁仍用司马迁较早的解释,尚可把文意说通。很可能司马迁在当时看到那许多经生的纷歧说法,缴绕不清,在他认为在祭祀方面不论怎样办错了,总之是不按常道办事吧! 所以就概括式地用了"弃道"二字,亦未可知。

今　译

高宗肜日之祭举行的时候,有野鸡鸣叫着。

祖己说:"告诉王不要害怕,先把王的政事办好。"接着就诫勉王说:

"上天察看下界,是掌握着它的一定道理的。它赋予人们的寿命有长有短,可并不是上天要使人们短命的。而是由于人们有不顺从上帝之德,做错了又不肯认错服罪的原故。上天既发出它的明命,用以规范人们的品德,可是有人对此却仍不理解地说:'这是如何的呀!'

"唉！凡做君王的承继着敬理民事的大业，他们无一不是上天的儿子，对他们的经常的祭祀大事，不要偏重亲近而不按上帝规定的正常规定去办才对。"

讨　论

关于本文，有下列一些传说：

最早的，是西汉今文家《尚书大传》的说法。《大传》云："武丁祭成汤，有飞雉升鼎耳而雊。武丁问诸祖己，祖己曰：'雉者，野鸟也，不当升鼎。今升鼎者，欲为用也。远方将有来朝者乎。'故武丁内反诸己，以思先王之道。三年，编发重译来朝者六国。孔子曰：'吾于《高宗肜日》见德之有报之疾也。'"（此系《艺文类聚》鸟部及《太平御览》羽族部、皇王部等所引原文。《论衡·取虑篇》引此文则"祖己"皆作"祖乙"）。此说有数点可注意：（1）《高宗肜日》篇只说"高宗肜日"之祭的时候，发生野鸡叫的异事。《大传》却确定是武丁祭成汤的时候发生的事，而且多出了野鸡飞到鼎耳上鸣叫这一情节。（2）《大传》所记祖己讲的话，和《高宗肜日》篇所记的完全不同。（3）《高宗肜日》篇把野鸡鸣叫作为警戒性的凶兆，所以祖己以人的寿命长短及办理祭祀大事应依常道来相劝勉。《大传》里的野鸡来叫却成了吉兆，预言将有远方来朝的盛事，而且还编了一句孔子赞叹的话来增加分量。

接着是《史记·殷本纪》的说法。《本纪》云："帝武丁祭成汤，明日有飞雉升鼎耳而雊，武丁惧，祖己曰：'王勿忧，先修政事。'祖己乃训王,曰。"又云:"帝武丁崩,子帝祖庚立。祖己嘉武丁之以祥雉为德,立其庙为高宗,遂作《高宗肜日》及《训》。"所说武丁祭成汤和野鸡升鼎耳这两点和《大传》同,可知沿用了今文家之说。而于祖己所说的话则又全录了《高宗肜日》篇,而未采用《大传》语,同时以野鸡叫在当初作为凶兆而非吉兆,也和《高宗肜日》篇同。可知司马迁没有相信《大传》后半段的说法。《史记》另又提出了此篇作于祖庚时"以祥雉为德"立了高宗庙之后,可能调停了不同史料。至于加了"明日"两字,当是依据"肜日"这一祭名而来的。加了"遂作《高宗肜日》及《训》"字样,据崔适《史记探源》的研究,则是西汉以后的人据晚出的《书序》所窜入《史记》中的(《史记·封禅书》并载此事,略同《殷本纪》)。

在《史记》以后,有西汉晚期出现的《书序》的说法。《书序》云:"高宗祭成汤,有飞雉升鼎耳而雊,祖己训诸王,作《高宗肜日》《高宗之训》。"(伪《孔传》注《高宗之训》云:"亡。"按,郑玄《尚书注》亦注明此篇亡。)东汉末的马、郑、王本和晋以后的伪孔本也承用了这一说法。《书序》这一说,除了它为了凑合百篇《尚书》的篇数因而加了一个《高宗之训》篇题外,系全抄今文家之说,没有增添新的东西。

此外,《说苑·辨物篇》《汉书·郊祀志》《后汉书·刘陶传》《曹节传》《三国志·高堂隆传》等所说,与上诸说无多出入,大抵多承《书序》。

根据上面这些传说,必须加以讨论的有下列几个问题:

（一）"高宗肜日"一词的意义

本篇原文中"高宗肜日"一词，与卜辞中"某王彡日"的用法一致，前举王国维《高宗肜日说》所引一些例句如："甲申卜贞王宾大甲彡日，亡尤？""丁未卜贞王宾武丁彡日，亡尤？"又如《殷虚书契续编》卷壹十一页四版："丙申卜贞王宾外丙彡日，亡尤？庚子卜贞王宾大庚彡日，亡尤？"等等。其中"大甲彡日"、"武丁彡日"、"外丙彡日"、"大庚彡日"等，就是对大甲、武丁、外丙、大庚等的肜日之祭，亦即后嗣于王名之日祭祀该王的一种祭祀（即甲日祭大甲、丁日祭武丁，等等），而不是该王对其祖先的祭祀。王国维、杨树达等释之甚明（见前《校释》文）。其中武丁，文献中载其庙号为高宗，所以"武丁彡日"，在文献中就写成"高宗肜日"。吴其昌《殷虚书契解诂·五续》对此更有明确解说云："高宗肜日，乃祖庚或祖甲时举行肜日之祭高宗武丁云尔。……凡卜辞金文□□肜日者，此□□人必已死，而为其后嗣祭之之词，绝对无例外。此为高宗武丁崩后，嗣王祖甲、祖庚时事。故祖己乃训于王，是以兄教弟也。"这些都是近人根据殷代卜辞文例所认识的"高宗肜日"一词的意义，指出它就是对殷高宗武丁的肜日之祭。

可是西汉以来的注疏家对这四字的解释不同，出现《大传》《史记》《书序》以及伪古文等以为是武丁祭成汤的说法。到宋代蔡沈已开始怀疑这一说法，其《书序·集传》云："经言肜日，而序以为祭成汤；经言有雊雉，而序以为飞雉升鼎耳而雊。载籍有所传欤？然经言典祀无丰于昵，则为近庙，未必成汤也。"其本篇《集传》云："盖祭祢庙也。序言汤庙者非是。"则已明确言非汤庙。所说的"祭祢庙",是指武丁祭他父亲小乙的庙。到宋末金履祥始以为可能是祖庚肜祭武丁。其《尚书表注》云:"高宗,庙号也。似谓高宗之庙。祢,近庙也,似是祖庚绎于高宗之庙。"到元代邹季友才完全肯定是祖庚肜祭武丁。其《书传音释》云:"此必祖庚肜祭高宗之庙,而祖己谏之,故有丰祢之戒,辞旨浅直,亦告少主之语耳。肜祭高宗而曰高宗肜日者,谓于高宗之庙肜祭之日也。"这是他在不知有卜辞的情况下所得的理解,而与卜辞暗合。到王国维根据卜辞研究成果撰写的《高宗肜日说》一文,提出三点理由:(1)《尚书》言祭祀的文例则汉儒说当为王祭于成汤依卜辞"肜日"文例皆祭所祭之人而非主祭之人;(2)祖己为武丁之子;(3)祢庙是祖庚祭武丁庙,非武丁祭成汤庙。据以进行了较祥的论证,完全驳倒了武丁祭成汤这一汉代以来说法,而标出了殷代"高宗肜日"一词的意义。因此,可以明确"高宗肜日",就是殷王祖庚对其父殷高宗武丁的宗庙的肜日之祭。

(二)关于武丁宗庙的问题

据《殷虚卜辞综述》的扼要叙述,可以知道殷代每一王死后都有庙号。庙号大抵由两字组成。(只有文献中的河亶甲是三字,但在甲骨文中仍作戋甲二字。)上一字为所加区别字;下一字为天干字,与该王即位、死亡及致祭日的次序有关。武丁是在丁日被祭祀的一个王,"武"字是加上的美号。但武丁在其儿子祖庚、祖甲时,还只称"父丁",到他的孙子廪辛、康丁以下直到第五代孙帝乙时,都只称祖丁,到帝辛(纣)时,才称武丁。至于"高宗"这一庙号,最早见于《周易·既济》;其次本书《无逸》中,以高宗与中宗并称；到《史记·殷本纪》中，以之与太宗、中宗并称，而以太甲为太宗，大戊为中宗，武丁为高宗。（按，《无逸》称"高宗……亮阴三年不言"，《国语·楚语》则作武丁"三年默以思道"。《吕氏春秋·重言》："高宗乃言曰：以余一人正四方。"《礼记·丧服四制》："高宗者，武丁。"《说苑·君道》："高宗者，武丁也。"可证以武丁为高宗不误。）但是卜辞中尚未发现"高宗"一词，只发现"中宗祖乙"，又非大戊。（王国维《殷卜辞所见先公先王续考》论定中宗为祖乙而非大戊，因《竹书纪年》亦以祖乙为中宗。）所发现关于武丁称宗者，有"父丁宗"、"祖丁宗"。此外还有大乙宗、中丁宗、祖乙宗、祖辛宗、四祖丁宗、祖甲旧宗、康祖丁宗、武乙宗、武祖乙宗、文武丁宗、文武帝宗等。"宗"字是示字加∩。"示"是神主，即神牌位；"∩"是房屋的象形。因此"宗"就是神主所在的宗庙。称某某宗，就是某王的宗庙。父丁宗或祖丁宗，就是武丁的宗庙。后来正像祖己被称为中宗一样，武丁被称为高宗。由周初的《周易》已经称引来看，知殷代已有了这样的称号，恐不会是周人所凭空杜撰，可是在甲骨文中却还没有发现。宗既是宗庙，可知"高宗"就是武丁的宗庙，也就是他的庙号。

殷代建立了由以血缘关系为纽带的整个氏族贵族（即以子姓王族为主体的奴隶主贵族集团）所统治的种族奴隶制国家。氏族的统治者占有土地和全部奴隶，包括征服后整族作为奴隶的其他氏族成员。为了巩固他们的统治，除了对被统治者实行残酷的氏族奴隶主专政，并利用一种以巫术进行欺骗的迷信上帝的宗教来愚弄、威吓奴隶和平民外，还需要紧密维系氏族贵族内部的血缘联系。于是就需要有一套具有体系的宗法制度，并制定繁重、复杂和有系统的祀典来加强它。而且如马克思所指出的："古代国家的'真正宗教'，就是崇拜他们自己的民族。"（《第 179 号科伦日报社论》）那么，对他们的民族宗祖神灵的崇祀，也就是当时奴隶制国家必然要做的大事。殷代王室给他们的祖先建立宗庙，进行各种隆重的祭祀，就是基于上述要求。它有一套一定的制度（详见《殷虚卜辞综述》及其所据讨论宗法与庙制各文）。那些就是殷代宗庙、祭祀等制度的"常道"，也就是孔子所说的"殷礼"。

过去注疏家对这个问题说了很多话，都是根据"周礼"来说"殷礼"，又根据高宗祭成汤或祢庙这一汉以后说法来立论，所以虽说了很多，而离开真实很远。像《诗·商颂·常武》郑笺，《通典》卷五一引贺循《议礼》，王夫之《尚书引义》，刘逢禄《书序述闻》引庄述祖语，孙星衍《尚书今古文注疏》，以及魏源《书古微》等等，虽各就己见说得有条有理，然基本都是按照周代嫡庶之制、大宗小宗之制、昭穆之制等等，来议论武丁为前人立庙的是非。既不是殷代制度，也不关祖庚祭武丁宗庙的事。因此对于《高宗肜日》本篇来说，这些都一无可取。其中除王夫之针对明代史事，魏源根据清代现实，借以发表自己的意见外，其余各家大抵反映了各个不同时期儒家的传统观点，立意用维护周礼那一套来进行阐释，大都不符合商代历史的实际，不值得重视。

比较正确地说到了商代这方面制度的，有近人杨树达的《尚书典祀无丰于昵甲文证》一文，其要旨已见前引。文中列举了殷人祭祀特丰于直系祖先的五个例证：（一）《殷虚文字甲编》七一二版祭自上甲十三示用牛，小示用羊。（二）又《甲编》二二八二版自上甲至祖丁卜示用牡，《殷虚书契后编》上卷二十八页八版自上甲十三示用牛，小示用羊。（三）《戬寿堂殷虚文字》一页九版自上甲廿示用牛，二示用羊，三示用羨，四示用豕。而《后编》上卷二十页三版自上甲至于武乙衣祭（殷祭），都是直系，那些小示全屏除衣祭范围之外。（四）《甲骨叕存》五四片自上甲至大庚十位先公先王各记明用牲牢的数目，这十位都是直系。（五）直系先公先王的配偶都有特祭。由这五个例证，以为可知殷人称直系为大示，旁系为小示。而对直系大示的祭祀，比旁系小示的祭祀要丰厚得多。文中也以为《通典》所引贺循《议礼》的话所说："殷之盘庚不序阳甲之庙而上继先君，以弟不继兄故也。"所说的也是重本系轻旁支这一事实，但贺循的话只是片段的、局部的，龟甲文的材料才是全部的、整体的。因此杨氏以为祖庚为武丁立近庙，进行肜日之祭，表示儿子对死父的祭祀特别丰盛一点，是人情之常，也是殷代典礼特别丰于直系祖先的常例。不必要祖己那样的训诫。但事实上祖己郑重其事地提出了这样的训诫，而且作为重要文告保存在典册里。说明殷代统治者也曾在考虑这样的礼制的利病，以之与上帝的警告联系起来，反覆斟酌了。总之，由金履祥、邹季友等提出探索，终于得到甲骨文的印证，肜日一词得到了正确理解。

（三）关于《高宗肜日》篇辞的作者、受话对象的问题

我国古代有记言、记事的史官，这是可以确信的。例如卜辞和金文中的作册或作册尹，就是掌管文书兼史官的。卜辞本身也可说是卜人兼史官所纪录的文书。因此，古代各种历史文件，

总是史官的纪录。在这一前提下说本篇篇辞的作者，就是指所记"言"是谁讲的（正像今天新闻记者纪录某一人的谈话一样）。受话对象，当然是指对谁讲的。讲话时，或者当场有史官纪录，或者事后有史官追记，而且最后写定归入典册时，可能还要经过加工修饰的。

本篇篇辞作者，从本文中所记及所有传说，都确定是祖己，这是没有问题的。但祖己是什么人呢？前"校释"中已指出，有的说是"贤臣"，有的说是"王族"，到魏源《书古微》始根据《孔子家语》《帝王世纪》说是武丁之子孝己。而甲骨文中有兄己、父己、祖己，王国维《殷卜辞中所见先公先王考》及郭沫若《卜辞通纂》都考定他是孝己。这和本篇篇辞作者祖己应即一人。但陈梦家《殷虚卜辞综述》以为不是一人，以为卜辞中的孝己在武丁时已死。并引《汉书·古今人表》及王国维早期之说为证。但王国维晚期所作《高宗肜日说》论定本篇祖己即是孝己。他认为孝己在高宗时没有死，只是被放逐，到祖庚在位时又回来，当祖庚祭武丁时讲了这篇话。

这里应予弄清楚的有两个问题：

1. 如果祖己不是孝己，那就是注疏家所说的"贤臣"。王国维在《高宗肜日说》中已指出："《商书》中以日名者，皆商之帝王，更无臣子称祖之理。《白虎通·姓名篇》臣民亦得以生日名子者，以《尚书》道殷臣有巫戊、有祖己也。余所见商周间彝器，臣子称其祖、父为祖甲、祖乙、父丙、父丁者，不知凡几。然门内之称，不能施之于国史。故《书》之祖己，实非孝己不能有此称也。"他所举出的理由是可以成立的。而且在奴隶制王朝，一般所谓臣下，是不可能对君主较直率地讲那么一套诚勉性的话的。只有和君主至亲宗室大贵族头子，才有可能讲这么一篇话。我们从历史上看，奴隶制政权守着"亲亲"原则，只有世袭宗室贵族才在政权中有发言权，像周王朝和春秋列国政权就是这样。这本来是由于种族奴隶制的宗法决定着的。乃至后来奴隶制残余的封建政权，像晋代和南北朝时的一些王朝，以及时代颇晚的辽、金、元、清等王朝，也都只有宗室贵族才有发言权（像汉、唐、宋、明这样基本不带奴隶制残余的封建政权就没有这现象）。这种"亲亲"的做法，和新兴封建政权那样依靠重用"贤臣"的做法，是根本不相同的，两种现象无法并存的。因此，在殷代奴隶制王朝，居显要地位而能这样训诫君王的，要说是一位什么"贤臣"，而不是王室大贵族，那是根本不可能的。

2.如果祖己是孝己，但在武丁时死了，那么又发生了祭祀对象和受话对象的问题。那就是说，只能是祖己还在世时，武丁祭其先王，祖己对其父武丁讲了这篇话。不论是汉代今文学家及《史记》所说的武丁祭成汤，还是汉代古文学家及宋代理学家所说的武丁祭其父小乙（祢庙），总之都是祖己对父亲诚勉了这篇话。这里，显然有两方面的矛盾：（1）从祭祀迹象来说，它既和"高宗肜日"一词的意义相违背，也和《尚书》称祭祀的文例相违背。因为卜辞中比较明确地显示了"某王肜日"就是对某王的肜日祭，而不是某王对其先王的肜日祭。所以，如果把"高宗肜日"解释成高宗肜祭其先王，显然是不合卜辞文例的。而《尚书》文例，这在上引王国维《高宗肜日说》的论断中已经阐明了。"《高宗肜日》果为武丁祭成汤而作，则从《尚书》书法，当如《尧典》'舜格于文祖',《尹训》'伊尹祀于先王',《泰誓》'太子发上祭于毕'之例,径云'王祭于成汤'。即如《史记》说,亦当云'高宗祭成汤',不得云'高宗肜日'也。"所以,如果把高宗祭先王,写成"高宗肜日",显然是不合《尚书》文例的。(2)从受话对象来说,也有矛盾。王国维《高宗肜日说》指出:"如王斥(指)高宗,则以子训父,于辞为不顺。"因为这是不合于奴隶制时代的伦理规范的。而且像传说中那样,以一个为父王所不喜,至于放逐的儿子,竟能无忌惮地对父王讲这每一篇劝诫的话,也是不可想象的。因此,我们只好采用王氏的结论,以为这篇话是"祖己诫祖庚"的。这就推翻了汉代今、古文家及《史记》以来的说法。这是金履祥、邹季友所提出,王氏所完成的。金、邹虽认识到是祖己对祖庚讲了这篇话,但还以为祖己是"贤臣"。直到王氏才最后确定他是孝己,是王室大贵族,而不是所谓"贤臣"。

此说的前提是,必须解决孝己是否死于武丁时的问题。其症结就在所谓武丁卜辞中的祭小王的问题。按,一般所说武丁时祭小王或与小王有关的卜辞,如"小王□田夫"(库1259),"屮小王"(南南3.146、铁90.2),"令……小王……臣"(京2099),"□小王"(明2220)等条。及其他有小王字样者四五条。论者遂以为祖己死于武丁时。其实所有这些卜辞都只称"小王",并没有一条称"小王子己",怎么就能确定小王必然是祖己呢?《殷契骈枝》三编载明义士藏有"小王父己"之辞,这是人们据以断定小王即祖己的论据。其实这也不是十分有力的,安知它不是指别一人。何况文献中关于祖己的传说很不少,也有"孝己"等称呼,却一点也没有露出过他曾称"小王"的线索,因此我们认为即武丁时果然有一个小王死了,也不能肯定他就是祖己。所以我们认为王国维谓孝己不死于武丁时之说仍是可信的。

因此,我们认为《高宗肜日》这篇讲话的主讲者祖己就是孝己,他当祖庚肜祭父王武丁宗庙的时候,因鸣雉之异,对祖庚讲了这篇话。

（四）关于本篇写作时期问题

关于本篇的写作时期,应把祖己讲这篇话的时期,同史臣纪录或追记这篇话及最后写定这篇文辞的时期分别开来。

《书序》以为二者是合一的,即"高宗祭成汤"的时候,"祖己训诸王",作"高宗肜日"。但"高宗"是死后才有的庙号,这是一矛盾,所以《史记》调停二者之间,把说话放在"高宗祭成汤"时,而本篇之写成则放在武丁死后,以为祖己"嘉武丁之德"因而写作的。他们都把祖己作为本篇文辞的直接写作者。到邹季友《书传音释》就清理了这些说法,他说:"按《说命》篇首称王,此篇首称高宗,史臣不应逆书庙号。《史记》谓祖己谏于高宗时,作书于祖庚时,盖亦因篇首高宗二字,而曲为之说耳。篇中略无前王戒后王之意,且称'祖己曰'者,乃史臣之辞,非祖己自作书也。此必祖庚肜祭高宗之庙,而祖己谏之,故有丰昵之戒。辞旨浅直,亦告少主之语耳。"到王国维《高宗肜日说》,才研究得更明确些。他说:"经言祖己训于王,如王斥高宗,则以子训父,于辞为不顺。若释为祖己诫祖庚,则如伊尹训太甲,于事无嫌。盖孝己既放,废不得立,祖庚之世,知其无罪而还之。孝己上不怼其亲,下则友其弟,因雊雉之变而陈正事之谏,殷人重之,编之于书。然不云兄己、父己,而云祖己,则其纳谏虽在祖庚之世,而其著竹帛必在武乙之后。"他的说法就比《史记》的说法要合理些。可能当祖己说话时有原始纪录,到武乙以后才由史臣修饰定稿载入典册,所以称之为祖己了。王文又云:"继思《尚书》中……无臣子称祖之理。《西伯戡黎》之祖伊,亦疑即纣之诸父兄弟。果如此,则《商书》之著竹帛,当在宋之初叶矣。"他推测《商书》这些篇章写定在纣亡之后,微子受封建立宋国之初,这样的推断很近于历史的实际。

就本篇文辞内容看,它确实是殷代的,如"肜日"这一殷代才有的祭祀,"高宗肜日"这一殷代专有的用语,特别是殷代基于自己民族鸟图腾的传统影响对于鸣雉的非常重视,和对"上帝"的戒慎恐惧的态度,等等,这些都肯定是殷代的东西。因而也可推定,当祖己在祖庚之世讲这篇话时,可能有原始的纪录的。但是这篇文辞中的用语,有好些是殷代原来所没有的,而是周人才用的(如天、德等字)。这一篇文辞之写成定稿,时间当已进入了周代,执笔修饰写定的人当是已接受周人语言影响的宋国史臣。

我们知道,不论近人对殷周等族的起源地有些什么不同看法,然而大体可认为,就其民族主体来说,殷人原来作为东方鸟夷族的一支裔,是在我国东北部、东部及中部范围辽阔的领域里活动着的,而周人则作为西土夏族之裔是在我国西部以渭水流域为中心遍及晋陕甘广大地区后来扩展到晋南豫西南及汝水一带活动着的。两族并立活动着,但殷人较早一点登上历史舞台,他们的经济和文化在奴隶制基础上都发展得较先进,所建立的国家大,国力强。《商颂》说殷"邦畿千里",

即殷商王朝直辖地都有千里广袤，则所属于商王朝的疆土自然更广大了。周人则经济和文化比殷人都落后，力量小，因此有时要妥协于殷的压力下，但基本上是独立发展的。不过也要认识到，虽然在它们活跃于历史舞台的时候，它们是两个并立的民族，但实际上原来血统同源、文化同源、语言也同源。正如恩格斯所指出的："一个原来统一的部落，怎样渐渐地散布于广漠的大陆，各部落怎样分裂而转化为民族，转化为完整的部落集团，语言怎样改变……"殷周两族的分裂也一样，各自分道扬镳，因此同源的文化和语言就出现很多歧异，各有了不同的方言。但由于历史发展，两族又因接触频繁，而逐步实现民族交融，因此不同方言又往往互相影响交互采用。本篇出现的天、德诸字，就是商王朝和周人交往以及被征灭后的民族融合过程中，殷人采用周人方言的例证。

先说"天"字。"天"作为至上神，在西周典籍及金文中大量使用着。（如《周书》诸诰——指五诰及《梓材》《君奭》《多士》《多方》等共用"天"字112次，但也同时有"帝"字25次；《周易》爻辞用"天"字17次，有"帝"字1次；《诗》中神意之"天"用106次，"帝"字38次。而金文中亦"天"多于"帝"。）但甲骨文中只有"帝"字，没有作为至上神的"天"字（只有和"大"同义的"天"字）。"帝"，就是商民族的至上神，以为宇宙间一切现象和人间一切吉凶祸福都由帝主宰。帝能令雨、令风、降堇、降祸、降食、降若（顺、喏）、授佑、授年，等等。这些常见于祖己所处的武丁、祖庚之世的卜辞中。因此，如果本篇真是祖己讲话的原文，则"惟天监下"当作"惟帝监下"，"天既付命"当作"帝既降命"或

"帝既授命",等等。但现在本篇不用一"帝"字,却用了四"天"字,可知已放弃殷人自己惯用的字,改用和周人交往后所通用的字了。

恩格斯在《论布鲁诺·鲍威尔与原始基督教》中说:"古代一切宗教,都是自发的部落宗教,以及后来的民族宗教,它们发生于而且结合着各该民族的社会和政治状况。""本民族神可以容异民族神与己并立。……民族神一旦不能再保卫本民族的独立自由,他们本身也就同归于尽。"由这使我们理解到:"帝"是殷商的民族神(吴大澂《帝字说》始指出帝字是花蒂的象形,"草木之所由生,枝叶之所由发,生物之始,与天合德"。殷人即以帝来象征至上神而兼本族始祖神)。"天"是周的民族神(王国维《释天》谓天字本象人形,据《说文》"天,颠也",为至高无上之意。顾立雅《释天》谓天为大人之象形,周人以之表示其先祖大神,如在天之神)。但两民族接触频仍、文化交流之后,周人的"天"和商人的"上帝"并立了,驯至成为一神的异名,所以《汤誓》和《盘庚》篇中"天"与"帝"并用(这和希腊的 Hera 和罗马的 Juno 一样,本为二神,后二民族交融后,就以为是同一之神,与此正同)。最后因商的民族神已不能保卫本民族的独立和自由了,与"他们本身也就同归于尽"了,就只用周民族神"天"了。所以本篇和《西伯戡黎》《微子》等三篇中,就只用"天"字而不用"帝"字了。显然可见,这三篇的最后写定,肯定是在商亡后较久的时间,殷人已周化很深的情况下写成的,《汤誓》和《盘庚》的写成时间,是比这三篇要早一点的。

至于周人接受了殷文化影响后,在语言中把"帝"和"天"同样使用，所以西周诸《诰》中帝天二字往往并见。如《大诰》："不敢替上帝命，天休于宁王。"《康诰》："闻于上帝，帝休，天乃大命文王。"《多士》："惟天明畏，我闻曰上帝行逸。"西周金文亦然，像《宗周钟》中"皇上帝"与"皇天"并用，《师𩢦簋》"天"与"皇帝"并用……等等。由此中消息，亦可推想《汤誓》《盘庚》的最后写定当与此西周诸诰诸器时间基本相近，而《高宗肜日》等三篇写成固当晚于上述诸篇。

其次说"德"字。本篇所用作为道德意义的"德"字，在甲骨文中也是没有的，到周代金文和文献中才出现。实际是西周统治者意识形态方面的一个范畴。殷代没有此德字，因为殷代尚没有形成而且也不具备德的观念，他们用杀戮的权威和上帝的权威来进行统治。他们把上帝的权威看做是绝对的，一切休咎祸福是凭上帝的意旨无条件降下的，并不根据人的愿望来降祸福。他们遇事要占卜，就是在探明上帝意旨后去做任何事情，而不问其德还是不德。他们自以为他们的王权是"有命在天"，由上帝保障了他们的统治的，所以在他们的意识形态活动中，根本不存在德的观念。自从"有命在天"的殷王朝覆灭后，周人开始怀疑天的绝对权威，认为"天畏棐忱……惟命不于常"（《康诰》）；"天不可信，我道惟文王德延"（《君奭》）；"王其德之用祈天永命"（《召诰》）；"唯敬德，亡攸违"（《班簋》）。这样频繁地提出了"德"字用来"祈天永命"，就是用"敬德"来求取天命。郭沫若《先秦天道观之进展》对此点阐释得很清楚，认为这是周人提出的新思想，但是他们仍然需要利用殷人所鼓吹的天命来进行统治，因此郭氏指出："周人之继承殷人的天的思想，是政策上的继承。""以天道为愚民政策，以德政为操持这政策的机柄。"
还提出了"天眷有德"的意思，以为没有德的便不会得着天佑。
郭氏早于此的另一文《周彝铭中之传统思想考》，也指出德字始
见于周文，并根据各彝铭总结出周初所予德字的含义，以省心为
德，而标榜以明心、谦冲、荏柔、虔敬、果毅等为得之于内的德；而
把这些统治阶级的有政治目的的行为如崇祀、尊祖、敦笃、孝友、
敬慎、无逸等为得之于外的德。并鼓吹所谓有德者能得到寿、
禄、延其福泽以及和协万民，等等。而有德者的一切表现格外的
行为方式汇集了下来，就成为一些行为仪节，这就构成了后来儒
家所谓的"礼"。这就是西周奴隶主统治者在推行"神道设教"
的同时，所提出的用以作为谆谆说教的另一起补充作用的思想
统治术。后来就成了孔丘鼓吹"克己复礼"即恢复西周制度的
中心内容之一——所谓"德教"。由汉宣帝所说"奈何纯任德
教，用周政乎"一语，也可证所谓"德教"，就是周政。其中有德
则能得寿这一点，与本篇所宣扬思想略相合。可知本篇这一观
点显然是受了西周影响。这就证明了本篇最后写定确在周代。

虽然本篇中用了德字，但全文主旨仍然保持着上帝很大的
权威。上帝根据它自己的原则，要怎样付命就怎样付命，用付命
来规范人们的行为。与后来神学目的论的"天人感应说"所鼓
吹的人的行为与天帝感应相通，能引出天意谴告之说，是有不同
的。上帝还是凭它的意志，运用授予寿命长短来规范人们的行
为品德。所以本文主旨还是在诫勉殷王听从上帝意旨，把政事
办好。因此文中虽然采用了周人的德字及其某些可能的概念，
显然是两民族间语言融合后，在受其影响中采用的，而全文还是

基本保持着原有意境，保持了上帝绝对权威的原有精神。同时文中仍称祖己而没有改称孝己，而孝己之称始见于战国文献中，如《荀子》之《性恶》《大略》二篇，《庄子·外物》，《战国策》之《秦策》《燕策》，《吕氏春秋·必己》和《尸子》等，可知执笔写定者还是殷人，也就是西周时代接受了一些周人思想影响的宋国史臣。

（五）雊雉灾异的问题

在祭祀大典中，发生雊鸟鸣叫的事，这在殷代是有特殊意义高宗肜日的大事。因殷代奴隶主统治者的宗教迷信观点特别强烈，在历史上形成为"殷人尚鬼"的特点；而原始时期商族又以鸟作为本族的图腾，在这渊源久远的图腾崇拜的传统意识下，殷人认为雊是一种神鸟（参见"校释"部分），因此鸣雊的事不能不成为一件大事。

从卜辞中看出，殷代奴隶制王朝的统治者，对任何一事都要占问它有尤、无尤，有祸、无祸，可以看出他们对任何自然现象都非常小心害怕；对特殊一点的，当然更要害怕。这就是一种还较为接近早期的愚昧的宗教迷信现象。一方面，他们对自然现象无法认识，无法掌握，而生活中又时常发生一些无法预知的祸福，因此就认为在冥冥中有主宰这些祸福的至上神，而这些无法认识的现象就是神意的表现。这就是由于自然力的人格化所产生的最初的对神的迷信。正如恩格斯在《反杜林论》中所说的："在人们日常生活中支配着人们的那种外界力量，在人们头脑中之幻想的反映。在这反映中，人间的力量采取非人间的形式，在历史的初期，这样被反映的首先是自然的力量。在往后的演变中,自然的力量在各国人民中,获得各种不同的复杂的人格化。"因此,另一方面,他们又正要利用这种人格化的神的力量去欺压被统治的奴隶阶级。正如恩格斯在《论布鲁诺·鲍威尔与原始基督教》中所说的:"自发宗教如黑人的拜物教或阿利安人共同的原始宗教,当其初发生时,欺骗虽未起过作用,但在其继续形成中,牧师的欺诈已是不可避免的了。"这时的殷代奴隶制统治者,就是通过巫师的欺诈,使这样的宗教迷信成为恫吓和麻醉被统治者的鸦片。他们举行许多繁缛而复杂的祭祀典礼和迷信仪节,既用以维系统治阶级特别是王室贵族内部的联系,同时也以之吓唬和愚弄被统治阶级。但他们自己也就被这种"采取非人间的形式"的"外界力量"所支配。当他们正在虔敬地举行非常隆重的祭祀大典的时候,忽然听到他们的传统意识里与图腾崇拜有关的一向奉为神鸟的雉的鸣叫,这对于他们不能不是非常可怕的大事,以为神意在要责罚他们什么。因此国王也会战战兢兢。究竟这种奇异的野鸟为什么会起这样大的作用呢?这要弄清殷代的图腾传统。

《诗·商颂·玄鸟》说:"天命玄鸟,降而生商。"又《长发》:"有娀方将,帝立子生商。"《楚辞·天问》:"简狄在台喾何宜,玄鸟致贻女何喜?"是说上帝命令玄鸟下来和有娀之女简狄生下了商的始祖契。这一故事从殷代传到汉代,演变得越详备越完整,其实只是反映了早期商族曾经过母系氏族社会阶段并以玄鸟为图腾的这一历史遗影。于省吾先生《略论图腾与宗教起源和夏商图腾》一文,就论证了这点。举出商代青铜器有"玄鸟妇壶",

尚书校释译论

表示作器的贵妇为鸟图腾的后裔。又举乙、辛时卜辞中有"惎毓妣"之文，惎即《诗·长发》的有娀氏。显见商代从先世契母简狄，一直到乙辛时期，还与有惎氏保持着婚媾关系。这些地下史料与文献纪录交验互证，证实了早期商族母系阶段与图腾崇拜的确切存在。

胡厚宣先生《甲骨文商族鸟图腾的遗迹》一文，对此作了更详晰的阐释。并考释了玄鸟就是凤，而雉是凤属的一种，或称丹鸟。文中先就文献材料考释古代东方的太皞、少皞二族也以鸟为图腾，相传太皞姓凤，"风"即"凤"字；其佐勾芒，《山海经·海外东经》说他鸟声人面，而且又名九凤。少皞名挚，一作鸷，也是鸟，他即位时凤鸟适至，就"为鸟师而鸟名"，他所设的二十四官没有不是以鸟为名的。两皞活动地区正和商族发祥地相同，可知就是商的先世，都是居住在东方先后发展活动着的族姓。这些东方的部族，在文献里多被称为"鸟夷"，如《禹贡》说冀州"鸟夷皮服"。《汉书·地理志》《大戴礼记·五帝德》《说苑》等，都说到东方的鸟夷。可知我国古代东部北至东北，南迄淮水，所居氏族都是以鸟为图腾，所以才被称为"鸟夷"。他们一直把较稀见的鸟奉为神物，有祭鸟的风习。如《国语·鲁语》和《庄子·至乐篇》都记鲁国祭海鸟爰居之事。因此文献中已看得很清楚，殷民族和其先后居住在东部的很多民族，都是以鸟为图腾的。

《甲骨文商族鸟图腾的遗迹》一文更详备的寻绎了甲骨文中有关商族以鸟为图腾的资料，举出在高祖王亥的名字旁加以鸟图腾符号，这就是早期东部民族所惯有的图腾的痕迹。特别是卜辞中有很多东部民族所惯有的祭祀神鸟的纪录，如早期卜辞中有一条:"庚申卜,扶,令小臣取□祥鸟。"(《甲》2904)扶为贞人名,问令小臣官名叫取的报祭祥鸟好不好? 按《史记·殷本纪》记祖己称雉为"祥雉",此处则称祥鸟。更多的是武丁时关于祭鸟的卜辞,如"于帝史凤二犬"(《通》398 等)。是贞卜祭祀于天帝的使者凤,用二犬。又如"尞帝史凤一牛"(《续补》918)。是贞卜燎祭于天帝之使者凤,用一牛。此外乙、辛时还有"贞王宾帝史"的卜辞。这些都是祭祀凤鸟。又武丁时有三条卜辞云:"丁巳卜,贞帝雉。""贞帝雉三牛三豕三犬。""□□□□□□一犬。"(《前》4.17.5)第一辞说,丁巳日占卜,贞问禘祭雉鸟好不好? 第二辞贞问禘祭雉鸟用三牛三豕三犬好不好? 第三辞残缺,当是贞问禘祭雉鸟用一羊一豕一犬好不好? 这都是祭祀雉鸟,而且祀典很隆重,用牲数不少,显然是对神鸟雉的重视。武丁时不仅要祭鸟,还要祭天上的鸟星,《殷虚文字乙编》的6664、6665、5920+6297+6672+7663+6673 等片中的"蚀卯鸟星",就是有名的记载用裂牲和剖牲的祭法祭祀鸟星的卜辞。武丁时的卜辞中,更有好几条关于鸣雉的纪录。如《海外甲骨录遗》1.1 片正面云:"庚申卜,毃,贞王勿……"反面云:"之(兹)日夕,中(有)鸣雉。"是说庚申这天晚上有鸣雉。又《殷虚文字甲编》2393 片(正面)云:"癸卯□,瓜,□旬亡□。"2415(反面)云:"……庚申,亦有酘有鸣雉。"(酘,郭沫若《卜辞通纂》427 片考释谓"疑是毁字,要当含恶意,与祟咎等同。)是说癸卯以后第十八天庚申亦有祸祟,有鸣雉。这些都说明,在武丁时代,殷王朝统治者是如何以一种戒慎恐惧的心情对待着鸣雉的事,似乎雉一鸣,就有着祸祟伴随着。文中并举出古代其他文献中亦常见鸣雉的记载，足与此相印证。如《诗·小雅·小弁》"雉之朝雊"，又《邶风·匏有苦叶》"有鷕雉鸣"、"雉鸣求其牡"，《楚辞·九怀》"雉咸雊兮相求"，《大戴礼记·夏小正》"雉震雊"，《初学记》引《尚书洪范五行传》"雷微动而雉雊"，《淮南子·要略》"郊雉皆响"，《法言·先知》"雉之晨雊"，又《吕氏春秋·季冬纪》和《礼记·月令》《淮南子·时则训》都说，季冬之月，"雉雊"。所有这些都看出，古典文献中颇多提到雉雊的事，显然这一风气就是沿自殷代。甲骨文中如实地反映了这一风气。当时统治者不仅这样戒慎恐惧地对待鸣雉，而且连夜间梦见群鸟聚集也感到是大事，要告祭于先王。如《簠室殷契征文》的"帝207"片和"文40"片云"……梦集鸟"，"……告于丁，四月"就是。

所有以上种种资料和论证都说明，殷代统治者在他们的宗教迷信思想笼罩下，基于其祖先图腾崇拜的传统意识的影响，对于一向视为神异的雉鸟的鸣叫，是非常敏感，非常警觉，非常畏惧的。武丁时代的卜辞反映此点特别突出，他的儿子祖庚在对他祭祀时刚好遇上这件事，对他们来说，确实是很可怕的，不知神有什么要责罚他们。《高宗肜日》篇就是这件事的实录，反映了当时奴隶主统治者的精神面貌，是一篇符合当时历史事实的记载。

本篇所记这一鸣雉事件的原始意义也就限于此，此外更没有其他什么灾异意义了。

可是这一篇文件到了经师手里，却成了他们宣扬天人感应、灾异谴告的好材料，平白地替它加上许多前后互相矛盾的灾异说法，使我们看到这些宣扬天命论的不放过任何可利用的资料。

汉代的今文学派的“经学”在这方面达到登峰造极的地步。其中主要代表者董仲舒，他吸收很多道家、方士之说把它发展成体系繁备的宣扬天人感应的神学目的论，提出成套的阴阳五行灾异学说。再到刘向，更加缜密的傅会。于是把本来具有物质的自然属性的阴阳和五行，凭空地赋予道德属性，说成是与人类行为和自然活动以及上帝安排，都是交相感应的。不论什么事物，都可牵强附会地和五行、五方、五色、五味、五官、五事（即《洪范》的貌、言、视、听、思）……等等结合起来，从而能看到它的吉凶等等。于是汉代儒生就纷纷给《高宗肜日》的雉鸣现象提出许多灾异解释，这些解释和殷人当初对这件事的看法完全风马牛不相及。现在举要如下：

较早的是《尚书大传》，以为虽然是变异，却是吉兆。其说已见前引。《大传》又载了武丁时桑榖俱生于朝的另一异事，也是经过祖己讲了一段话，结果也是来朝者六国。显然是一个故事的传异。（魏高堂隆又把桑榖生朝，说为太戊事。）这是任意地假借异兆来进行说教。

其次是刘向《尚书洪范五行传论》，以为“雉雊鸣者，雄也。以赤色为主。于《易》，《离》为雉。雉，南方也。近赤祥也”。也以为是祥征，用意和上面一样（《汉书·五行志》引）。

向子刘歆补充或修改向说，在《洪范五行传》中提出综合的说明云：“视之不明，时则有羽虫之孽；听之不聪，时则有介虫之孽；言之不从，时则有毛虫之孽；貌之不恭，时则有鳞虫之孽；思之不睿，时则有倮虫之孽。”（《尚书》孔疏引）是用非常荒谬的毫无任何联系的牵强附会来神秘地宣扬人的行为与自然界的交相感应。

接着《洪范五行传》解释雊雉，"以为羽虫之孽。《易》有《鼎卦》,鼎,宗庙之器。主器奉宗庙者,长子也。野鸟自外来,入为宗庙器主。是继嗣将易也"(《汉书·五行志》引)。(孙星衍《疏》将此说释为缺长子之祀所致,魏源《书古微》以此说为其继嗣说的有力根据。)这是根据自周以来的嫡庶之制来看这件事的凶吉,反映汉代上层统治者争夺权位斗争的丑态。

《汉书·五行志》记汉代又一说云:"一曰:鼎三足,三公象,而以耳行。野鸟居鼎耳,小人将居公位,败宗庙之祀。野木生朝,野鸟入庙,败亡之异也。"是把它说成可怕的凶兆,反映汉代上层统治者对下层力量的害怕。

郑玄《尚书注解》云:"鼎,三公象也,又用耳行。雊升鼎耳而鸣,象视不明。天意若云:当任三公之谋以为政。"(《孔疏》引)和上一说略同,并同样以为是天给王者的警告。这是在替世族豪门力图垄断政权造舆论。

所有以上这些,就是汉代方士化的儒生用五行灾异说对《高宗肜日》一篇所傅会的说法。对于同一件事,他们可以随意说成是吉或是凶,总之是根据他们的神学目的论,随心所欲地为统治者的利益提出神意解释,或者为封建统治者粉饰,或者为封建统治者敲警钟、造舆论,总的企图是利用天人感应谬说来论证君权神授,用天命论来为当时已向反动转化的、历史地位已转变了的封建政权服务。

到晋代出现的伪《孔传》,已经不能真正懂得汉代方士化儒生的五行说了，但还要冒充汉代五行说，所以开口就错：

伪《孔传》云："耳不聪之异。"很自然地引起一些懂得点汉代儒生五行说的后来儒家的反驳。唐人解儒家经典本来是遵守"疏不破注"原则的，可是对这点，《孔疏》却说："先儒多以此为羽虫之孽，非为耳不聪也。"正式提出异议。因为他看出了《洪范五行传》，刘歆、郑玄等都以为是"视之不明"，伪《孔传》独说"耳之不聪"，使他无法圆场。到宋代的胡旦更驳之云："孔谓耳不聪，使雉在鼎足，为足不良欤？"（董鼎《书传转录纂注》引）简直指出伪《孔传》的冒牌五行灾异说的笑话了。

这种种神秘主义的阴阳五行灾异说，以公开的神学面貌出现，在汉代愈来愈闹得乌烟瘴气，发展成公开骗人的谶纬神学，也就在阶级斗争特别是农民起义的风暴扫荡打击下，逐渐失去欺骗的作用。阴阳五行说也就和谶纬说一起，逐渐失去它作为统治思想的地位。腐朽的六朝以来统治者，搞一套唯心主义的玄学来替代它。开始企图用哲学范畴来替代赤裸裸的神学迷信，但他们所实际宣扬的仍然是一些从佛教、道教所稗贩来的宗教唯心思想，仍和汉代方士化的儒家思想一脉相通。到宋代建立起后期儒家最完备的思想体系——理学，也就是道学，把维护封建君主的绝对统治权和巩固封建秩序的三纲五常等伦理规范，推崇到至高无上的"天理"的地位，并且进一步用一些哲学范畴再度宣扬阴阳五行，以五行统一于阴阳，而阴阳上面还有统摄一切的太极，太极也就是"天理"的综合，从冥冥的无极中生出。他们强调天理统制人欲，道心支配人心，实际仍是董仲舒所倡"天人相与"的翻版。不过采取了更隐蔽的形式，使宗教神秘主义的迷信东西表现得更为哲学化、理论化。在这思潮所及之下，他们就要摒弃汉儒的一些赤裸裸的方士化神学语言，代之以他们的唯心主义"理性"语言。像胡旦除批评了伪《孔传》外，还反驳了刘歆的意见，他说："刘谓鼎象三公，小人将居公位，则用传说，其小人软？"真德秀也批评了汉儒，其《书说精义》云："盖鼎者祭祀之器，耳主听，听不聪则灾孽生焉。汉儒之论灾异，大抵如此。"他是把伪《孔传》当作汉人代表来批评的。

宋儒反对了汉儒说法，就要提出他们自己的说法，来解释这一"灾异"。说法也很多，现在也略举数例如下：

苏轼《东坡书传》："高宗肜日之祭，野鸡鸣于鼎耳，此为神告以宗庙祭祀之失，审矣。……天灾不可以象类求。"

林之奇《尚书全解》："必其宗庙祭祀之事有不合于礼者，故野雉因而至也。"

吕祖谦《东莱书说》："灾异有二，天必待君之过，形见暴露，然后出灾异以警惧之。无道之君与天地隔绝……灾异之应常迟，有道之君至诚与天地合为一体……灾异之应常远。"

蔡沈《书集传》："意高宗之祀，必有祈年请命之事如汉武帝五畤祀之类。祖己言永年之道不在祷祠，在于所行义与不义而已。"

王柏《书疑》："高宗祈年永命，私一己之心也，故雉雊于庙鼎。……何以知其然也，以祖己之言推而知之。"

说来说去，他们所反对的只是汉代方士化儒生用五行象类所进行的荒谬的比附方法，反对以羽虫（鸟类）象征"视之不明"，反对以鼎象征封建政权中的最高层（三公）……等等，如此而已。因为他们看到这些太容易被人拆穿，不足以为维护封建统治起宣传作用。他们所大力宣扬的，仍然是为宣传王权神授而鼓吹的"天人感应"说。这正如马克思、恩格斯在《德意志意识形态》中所揭露的："一切唯心主义者，不论是哲学上的还是宗教上的，不论是旧的还是新的，都相信灵感、启示、救世主……"他们始终要宣扬这一套，完全是因为当时阶级矛盾极端激化，为了替宋王朝稳住阵脚，不得不仍乞灵于这些灵感、启示。

《高宗肜日》这篇文件所记载的，原是殷代奴隶制王朝统治者的一次宗教迷信纪录。在殷代，奴隶主统治者运用两种职能最突出。那就是刽子手的杀、镇压和巫师（殷代的牧师）的欺骗、吓唬。从现存本书的几篇殷代奴隶主王朝文告就可看出，他们用上帝命令和杀戮手段来强制被统治者服从，就可知道殷代是完全用此二者进行统治的。从卜辞也可看出，全部卜辞本身就是巫师迷信活动的纪录，而卜辞中所记的屠杀奴隶以为牺牲的事和以其他方式杀众的事，多至不可胜纪，加上地下发掘的大量杀殉实况，都足以证明这类血腥残酷的历史真实。由于他们为了统治的需要把宗教迷信推崇到那么高的地位，就必然在统治者的思想意识中，这种非人间形式的宗教迷信也起了支配作用，因而他们在虔诚地祭祀先王的时候，遇到这一与他们的祖先图腾崇拜传统意识有关的异事，便自然而然地感到诚惶诚恐。

这看出当时奴隶主统治者的精神面貌，他们是如何的愚昧与虚弱。祖己对吓坏了的祖庚说了这篇话，主旨是说，在祭祀时上天提出警告，就应当把祭祀按常规办好。应当听从天命，不应当对天命有不理解。因为上天监管下界自有它的道理的，就是人们的寿命长短，也看人们是不是遵循上天的道理而定。所以不应当提出对天意的不理解。这就是这篇谈话的内容，它是地地道道的为奴隶制统治者宣扬天意的。

自汉至宋以来的儒家，利用本篇雊鸣事件所作的各种不同的灾异说，与本篇原来所载意义毫不相干。他们是在利用本篇雊鸣事件，从各种角度鼓吹天人感应的谴告作用，来为封建统治者承受天命作宣传。因而，从这一意义来说，它与原件之宣扬天命为奴隶主王权作宣传，其作用还是一样的。

西伯戡黎

　　《西伯戡黎》这篇文字，记的是周文王征服了居于商王朝西北屏蔽之地的黎国之后，商代统治者感到危亡在即，其贵族大臣祖伊对商王纣提出警告的一篇对话纪录。在西汉伏生《今文尚书》及其弟子三家《今文尚书》里是第八篇（为《商书》第四篇）；《史记·殷本纪》全文录载了本篇；到东汉《古文尚书》本列为第十篇（仍为《商书》第四篇），东晋伪古文本则是第二十五篇（为《商书》第十六篇）。其全文情况详后面的"讨论"。

校　释

　　西伯①既戡②黎③，祖伊④恐，奔告于王⑤曰：

　　①西伯——周文王（见《史记·周本纪》）。"伯"，《释文》云："亦作'柏'。"惠栋《九经古义》谓郭璞《穆天子传》注云："古'伯'字多从'木'。"今观《汉书·古今人表》，"伯"大多作"柏"，可证明其说的合于事实。"伯"，音义同"霸"。古时称诸侯中强大者为

"伯"，即"霸"。周为西方强国，故称"西伯"。详后面讨论（二）。

②戡——一作"戜"（见《说文·戈部》"戜"字下引本句作"戜"，从戈，今声。慧琳《一切经音义》八十三引《尚书大传》释此字亦作"戜"）。又作"堪"（《尔雅·释诂》："堪，胜也。"郭璞注引本句作"堪"。《左传·昭公二十一年》"王心弗堪"，《汉书·五行志》作"王心弗戜"，知"堪"、"戜"同字）。或作"弇"（《文选·和伏武昌登孙权故城》"西弇收组练"李善注：《尚书·序》曰'西伯戡黎'，'弇'与'戡'音义同）。段玉裁谓据李善注知唐初《尚书》本固皆作"戡"（《古文尚书撰异》）。然由《说文》"戜"字知壁中本原作"戜"，后易为"戡"，或易为"堪"。"戜"的意义为"杀"，而《说文》释"戡"为"刺"，从戈，甚声；释"堪"为"地突"，从土、甚声。《尔雅》始释"戡"为"克"，释"堪"为"胜"，和"戜"意义亦相通。段玉裁则谓"'甚'声，'今'声古音同在第七部，非'戜'为本义，'戡'、'堪'为假借"，是说"戜"、"戡"、"堪"音义本来相同，都有战胜的意思。

③黎——汉代古文本作"𨞠"（见《说文·邑部》引）。后或又作"鄹"（见《集韵·六脂》，注云："国名"）。汉代古文本作"耆"（《尚书大传》和《史记·周本纪》作"明年败耆国"）。亦作"饥"（见《史记·殷本纪》）。又作"阢"（见《史记》《殷本纪》《周本纪》之《正义》）。或作"阺"（见《史记·宋世家》。《集解》"阺音耆"）。陈乔枞《今文尚书经说考》及皮锡瑞《今文尚书考证》都说这些是汉今文三家异文，然罗泌《路史》、孙星衍《尚书今古文注疏》则说"阢"、"阺"为"饥"的误字。其说是。按《说文》："𨞠，殷诸侯国，在上党东北。"《续汉书·郡国志》"上党郡壶关"："有黎亭，故黎国。"

1108

注云:"文王戡黎即此。"其地在今山西省长治县西南。详后讨论(一)。

④祖伊——人名。《殷本纪》说是"纣之臣"。伪《孔传》云:"祖己后,贤臣。"释为"祖己后"是错误的,因"祖"并不是姓,而是殷王对死去的祖父以上各辈皆称"祖",死去的父辈皆称"父",原是一种习用的称呼。王国维云:"《商书》中以日名者,皆商之帝王,更无臣子称祖之理。""祖伊,亦疑即纣之诸父兄弟。"(《观堂集林·高宗肜日说》)王说是。王氏并以为称之为"祖",必非当时纪录,断为宋国初叶追记时称呼的(参看《高宗肜日》篇"祖己"校记)。

⑤王——指商王朝最末一个国王"帝辛纣"(《史记·殷本纪》:"帝辛,天下谓之纣。"按,《牧誓》称为"商王受",《竹书纪年》称为"帝辛受")在位期间当公元前 11 世纪。

以上为史臣记事之辞。

"天子①!天既②讫③我殷命,格人元龟④,罔⑤敢知吉⑥。非先王不相⑦我后人,惟⑧王淫戏⑨用⑩自绝。故天弃我,不有康食⑪,不虞天性⑫,不迪率典⑬。今我民罔弗欲丧⑭,曰:'天曷不降威⑮?'大命不挚⑯,今王其如台⑰?"

1109

①天子——《殷本纪》无此二字,皮锡瑞云:"盖省文。"(《今文尚书考证》)

②既——通"其",将要。俞樾云:"是时殷犹未亡,乃云'既讫我命',义不可通。古书'既'与'其'每通用,《禹贡》'潍淄其道',

《史记·夏本纪》作'既道';《诗·常武》'徐方既来',《荀子·议兵篇》引作'徐方其来',并其证也。……本篇以'天其讫我殷命'发端,犹《微子篇》以'殷其弗或乱正四方'发端也。"(《群经平议》)

③讫——止,终止(《尔雅·释诂》)。

④格人元龟——《殷本纪》作"假人元龟"。《集解》:"'元',一作'卜'。"王符《潜夫论·卜列篇》引作"假尔元龟",陈乔枞谓"假尔"当是小夏侯本,同于《礼记·曲礼》"假尔泰龟有常"(《经说考》)。按,"格"、"假"皆与"嘏"古通用(《礼记·曾子问》注:"'假'读为'嘏'"),故其义同。《说文》:"嘏,大远也。"(参看《尧典》《高宗肜日》等篇"格"字校释)王充《论衡·卜筮篇》引"格人元龟,罔敢知吉",释为"贤者不举,大龟不兆"。是释"格人"为贤哲的人,释"元龟"为大龟。马融亦云:"元龟,大龟也。"(《殷本纪·集解》引)伪《孔传》则释为"至人"、"大龟"。《孔疏》云:"'格'训为'至','至人',谓至道之人……'大龟'有神灵。"可知"格人元龟"就是"至道贤人"和"大龟"。俞樾云:"'元',大也;'格',亦大也。《史记》'格'作'假',《尔雅·释诂》:'假,大也。'凡有大义者,皆有美善之义。"(《平议》)意谓"格人元龟"指人和龟中最好最佳的,和"贤人"、"大龟"之义亦相通。

⑤罔——《殷本纪》作"无",义同(据《释言》)。

⑥吉——古代奴隶主占卜时,认卜兆的好坏来得出它的吉凶,好的卜兆是吉,坏的卜兆是凶。

⑦相(第四声)——助(《吕刑》"今天相民"马融注、《左传·昭公四年》"晋、楚唯天所相"杜预注),意即"保佑"。

⑧惟——是,为。不完全内动词(《词诠》)。

尚书校释译论

⑨淫戏——《殷本纪》作"淫虐",《集解》:"郑玄曰:'王暴虐于民。'"知汉时今文、古文都作"淫虐"。"淫"是过度的意思,"淫虐"意同"暴虐"。但祖伊作为臣下向君主讲话,直接说"暴虐"似不可能,按商代晚期,商王室和奴隶主贵族习惯酗酒和田猎,形成非常腐化的风气,以"淫戏"二字说纣沉湎于这种风习,文理较妥。

⑩用——同"以",介词。

⑪不有康食——"康食",《殷本纪》译作"安食"。《集解》引郑玄释为:"王暴虐于民,使不得安食。"江声则谓"为天所弃,我殷不得安食,非言民不得安食"(《尚书集注音疏》)。章炳麟则以为"康"即"糠"、"糠食"就是"贫贱糟糠之食"。"不有康食",意谓连最坏的粮食也没得吃(《古文尚书拾遗定本》)。凡此对"康"字的解释不同,然全句的意义仍相近,都是说不能维持起码的艰苦生活。

⑫不虞天性——《殷本纪》作"不虞知天性",段玉裁、陈乔枞等谓此为今文。"虞",《尔雅·释言》释为"度",《集解》引郑玄释句为"逆乱阴阳,不度天性"。然牟庭《同文尚书》据《白虎通·号篇》"虞者,乐也",《文选·羽猎赋》注"虞与娱古字通"。又孙诒让《尚书骈枝》、章炳麟《古文尚书拾遗定本》也都以"虞"为"娱",皆以为"不虞天性"就是"不乐天性"。此释较妥。

⑬不迪率典——"迪",由、用,王引之《经传释词》、孙诒让《尚书骈枝》,皆以为《尚书》"迪"字多与"用"、"由"通用。是为外动词。"率",孙诒让《尚书骈枝》以为是无意义的语词(参看《汤誓》"率"字校释)。但《颜氏家训·书证》说:"'率'字自有律音。"牟庭《同文尚书》以为当从《尔雅·释诂》:"'律',法也。"章炳麟《古文

尚书拾遗定本》亦云："'率'如'縠率'、'算率'之'率'，实即'律'字。《释诂》'律'、'典'皆训'常'。""不迪率典"，牟、孙、章三氏皆释为"不用典法"，就是不由常法。其说可从。

⑭罔弗欲丧——《殷本纪》作"罔不欲丧"。"罔"，无（《释言》）。"丧"，亡（《白虎通·崩薨》）。

⑮天曷不降威——隶古定写本如 P2516 本、P2643 本、内野本、岩崎本、云窗本"曷"皆作"害"（惟中少一笔作"宫"），"威"皆作"畏"，今、古文本原用字。"害"为"曷"的本字（参看《盘庚》"曷"字校释），"畏"在金文中常假借为"威"。此句意为："天为什么不降下责罚来呢？"

⑯大命不挚——《殷本纪》作"大命胡不至"。《唐石经》亦于句旁增刻"胡"字。但《说文·女部》"勢"字下引作："《周（段玉裁校正作"商"）书》曰'大命不勢'（段玉裁校正作"勢"），读若'挚'。"是原当无"胡"字，疑司马迁为足其意而增之。《释文》："挚，音至，本又作'勢'（依段说当作"勢"）。"于省吾《尚书新证》云："'挚'乃'艺'之讹。《吕览·先识》'向挚'，《淮南子·氾论》作'向艺'。'艺'，金文作'掔'或'㧖'。《毛公鼎》'掔小大楚赋'。《番生簋》'䬼远能㧖'，即'柔远能迩'，'艺'、'迩'同音。《尧典》'归格于艺祖'，'艺'，《尚书大传》作'祢'。然则'大命不艺'者，大命不近也。《诗·云汉》'大命近止'，文例有反正耳。"此解"挚"当作"艺"，意为"近"，甚是。"大命不近"，是说商代奴隶主政权所宣扬的从上天那里承受来的大命就要离开了，相去不近了。

⑰其如台——《殷本纪》译作"其奈何"。"如台"即"如何"，故亦作"奈何"（参看《汤誓》"其如台"校释）。

以上这一节，是祖伊对纣讲的话。祖伊感到国亡在即，指出这是纣的行为招来的后果，劝谏他赶快注意改变。

王曰①："呜呼②！我生不有命在天③？"

①王曰——"王"，指商王纣，故《殷本纪》直作"纣曰"。

②呜呼——《殷本纪》省去此二字。在本书今文本、古文本、隶古定古写本中，此二字异体情况一如《盘庚》篇，今仍沿用后代通行体"呜呼"二字不改。

③我生不有命在天——《殷本纪》作"我生不有命在天乎"。因句首省去叹词"呜呼"，故句末加语气词"乎"，以完全体现原句语气。《周本纪》更简叙此句，并足其意为："纣曰：'不有天命乎？是何能为？'"这些是较早的对此句的理解，其说近是。

以上这一节，记纣自恃天命，拒绝祖伊的劝谏。

祖伊反①，曰："呜呼！乃②罪多参③在上，乃能责④命于天？殷之即丧⑤，指乃功⑥，不无戮于尔邦⑦？"

①反——同"返"，即回去以后。《说文·辵部》即引作"返"。

②乃——第二人称领格，即"你的"。这里指纣，虽在背面说，在语言中仍用第二人称。

③参——《释文》引马融云："'参'字'厽'在上。"今本《释文》"厽"作"累"，钱大昕、段玉裁皆以为是陈鄂妄改。钱氏《潜研堂集》云："《玉篇》：'厽，累堑为墙壁也。《尚书》以为参字。'然则古本《尚书》作'厽'，东晋本乃改为'参'耳。"段氏《古文尚书撰异》

云："《汗简》《古文四声韵》皆云'絫'字见石经《尚书·戡黎篇》。字作'厽'，甚协。谓尔罪多，积絫如丘山，腥闻在上也。"段又举唐铸"开元通宝"，"重二铢四参"。沈括《梦溪笔谈》谓"'参'乃'絫'传写之误"，证"参"字原当作"絫"。是此字原作"厽"，或作"絫"，都是"累"字的古文。"参"字误。"乃罪多絫在上"，就是说你的罪恶积累很多，声闻于上帝了。

④责——责成，有所责求（《说文》），即现代语言中"要求"的意思。

⑤殷之即丧——"之"，其。"即"，遂。言"殷其遂丧"（《经传释词》），是说明纣就要走上丧亡的路子的意思。

⑥指乃功——"指"，古与"耆"通用。俞樾《群经平议》举《诗·皇矣》"上帝耆之"《潜夫论·班禄篇》引作"上帝指之"为证；牟庭《同文尚书》举《释名》"'耆'，指也"及《诗·武》"耆定尔功"《释文》"'耆'，毛音指"为证。"耆"的意义见《诗·武》毛传："'耆'，致也。""功"，所有注疏家都释为"事"。故俞樾释此句与下句为："指，致也。言致极尔之事，必将为戮也。"是说你的事情尽量发展下去，必将得到亡国的结果。按，《左传·宣公十二年》士会引《周颂》曰："耆，昧也。"杜解："'耆'，致也，致讨于昧也。"《孔疏》："'耆'，音'指'，'指'、'致'声相近，故为致也。'致讨于昧'者，言养之使昧，然后讨之。"意思是说让对方发展到昏昧极点的程度，然后一举攻击他，直使之灭亡，和此处"指"字意义相近。不过《左传》是使别人如此，这里是自己如此。于省吾《尚书新证》以为"指、稽均从旨声，古音同隶脂部。指即稽，读为计。'殷之即丧，指乃功，不无戮于尔邦'者，言殷之就于丧亡，计汝之事，不无戮于尔邦也。"

给"指"字提出了另一解释,说甚通。牟庭释"耆"即"黎",并断句为"殷之即丧耆"。这只要确定耆即黎,然后此说就有可能。可参看后面讨论(一)(二)。

⑦不无戮于尔邦——"戮",通"僇",辱(参看《甘誓》"戮"字校释)。"无",曾运乾《尚书正读》说是疑问倒语,古音读如"吗",并举《仪礼·士丧礼》"无有后艰"即"有后艰无?"、"无有近悔"即"有近悔无?"为例。此句也倒用,即:"不戮于尔邦无?"也就是:"不辱及你的国家吗?"

以上这一节,记纣拒谏后祖伊的悲叹。(此节自"祖伊反曰"以下全文六句,《殷本纪》没有照抄,用"纣不可谏矣"五字略括其意代作结语。)

西
伯
戡
黎

今　译

西伯周文王昌征服了黎国,祖伊非常恐慌,跑去对纣王说:

"天子!老天爷快要终止我殷朝的天命了。懂得天命的贤人和传达天意的大龟,都不敢说有好兆头了。这并不是我们祖宗不保佑我们后代,而是王的过度的行为自绝于天,所以天才抛弃我们,使大家没有安稳饭可吃,也就不安于天性,不由于常法。现在我们的人民几乎没有不希望我们王朝完蛋的,都说:'天为什么不降下惩罚来呵!'看来天命已在离开我们了,王啊,现在您想该怎么办呵!"

纣说:"咦!我不是一生下来就有大命在天的吗?"

祖伊垂头丧气地回去,说:"唉!你的罪多得积累到天上去了,还能向老天爷要求再给你天命吗?我殷朝的败亡之局已近在眼前了,你的所作所为发展下去,还能不毁灭你的国家吗?”

讨　论

汉成帝时出现的《书序》说:“殷始咎周,周人乘黎。祖伊恐,奔告于受,作《西伯戡黎》。”(“咎”,憎恶、嫉恶。“乘”,胜。“受”,即纣。)《史记·殷本纪》作:“及西伯伐饥国灭之,纣之臣祖伊闻之而咎周,恐,奔告纣曰……”都是说周的西伯征服了叫黎或饥的小国后,殷王朝的祖伊感到极度的恐慌,对纣说出了这一篇话。

这里需要弄清楚的问题是:

(一)黎的地点何在

《说文·邑部》:“𨛬,殷诸侯国,在上党东北,从邑,𥝢声。𥝢,古文利。《商书》西伯戡𨛬。”

《后汉书·郡国志》“上党郡壶关”:“有黎亭,故黎国。”注:“文王戡黎即此也。”

伪《孔传》:“黎,近王圻之诸侯,在上党东北。”

《通典》:“潞州上党县,古黎侯国,西伯戡黎即此,汉为壶关县。”又:“壶关县,古黎国,地有羊肠坂,后魏移壶关县于此。”

王鸣盛《尚书后案》云:“以今舆地言之,黎亭在山西潞安府长治县西南,县为府治。而《孔传》及《说文》并云‘黎在上党东北’者,盖其时郡治长子。今之府治非汉之郡治也。”

根据这些材料,我们可以肯定西伯所戡的“黎”就在今山西长治市南面壶关境内。

但古籍中还有些纷歧的说法：

《左传·宣公十五年》"狄……夺黎氏地"，杜解："黎氏，黎侯国，上党壶关县有黎亭。"《汉书·地理志》"上党郡壶关"颜注："应劭曰：黎侯国也，今黎亭是。"《元丰九域志》："潞州黎侯亭，在黎侯岭上。"这都是误把壶关的黎亭作为周代的黎侯国。其实周代的黎侯国不在壶关黎亭而在潞州黎城。《周本纪正义》："《括地志》云：'故黎城，黎侯国也，在潞州黎城县东北十八里。'"《续汉书·郡国志》"上党郡潞子国"注："《上党记》：又东北八十里有黎城。"按，《吕氏春秋·慎大览》说"武王封帝尧之后于黎"（《太平御览》二百一引作犁）。所谓"帝尧之后"不一定封在此地，因《史记·周本纪》说封在"蓟"，《乐书》说封在"祝"。而黎则相传为"子"姓国，如各家所辑《世本》都说黎为"子"姓，殷后。又《左传·昭公四年》杜注："黎，东夷国。"《史记·楚世家集解》："服虔曰：黎，东夷国名也，子姓。"《姓氏急就篇》也说："黎氏，黎侯之后，子姓。"在古籍中对以殷族为主体的东方用鸟为图腾的各族都称做"东夷"。由这些资料看来，似乎周代封了殷人的另一支在黎城为黎侯；也可能就是"戡黎"时所征服的原来为殷同姓的黎国，征服后把它迁到黎城，作为臣服于周的侯国，所以它仍然为子姓国，其地在今山西潞城县东北的黎城。

1117

这个黎侯国，到春秋时被狄人所侵占，建立了潞子国，黎侯被赶到卫国逃难去了。《左传·宣公十五年》，晋人责狄人不当夺黎氏地，遂灭潞子国，复立黎侯。而《诗·旄丘序》云："狄人迫逐黎侯，黎侯寓于卫。"又《式微序》云："黎侯寓于卫，其臣劝以归也。"这都反映了当时这一史实。（但《诗序》作于东汉初，也未必可信。）《水经·河水》"过黎阳县南"注："黎侯国也。《诗·式微》'黎侯寓于卫'是也。"此黎阳县汉时属魏郡，宋属卫州，后就其境置浚州，明时为浚县，清属卫辉府。黎阳故城在浚县西南三里即在今河南浚县境内，这是周代的黎侯被逐避居卫地后留下的地名。元吴澄袭宋吴棫之说以为西伯所戡的黎就是这个黎阳，其《书纂言》说："窃疑戡黎之师当是（武王）伐纣之时，然黎国若为潞州之黎城，则山路险僻，不当周师经行之道，纣都朝歌在今卫州，而卫州有黎阳，去朝歌甚迩，或指当时近畿有小国，周师自孟津渡河，故先戡黎而遂乘胜以进纣都也。"这是他的误说，由于他不知道黎阳是春秋时才有的地名所致。王鸣盛《尚书后案》特为指明，这是尧后黎侯（实指封于黎城的黎侯）之黎，而非"戡黎"之黎。

现在特于附图上标明壶关黎亭之"黎"为"黎1"，周代所封黎侯国之"黎城"为"黎2"，黎侯被狄所逐避居卫地的"黎阳"为"黎3"。"黎1"，就是本篇西伯所戡之黎。

甲骨文中，武丁、康丁、武乙时都有征伐"勹方"或"召方"的卜辞，此勹或召可能即是"黎"。可知商代以殷（安阳）为首都之后，经过几代的努力，把这离首都才两三百里的"黎"地平定下来，并封了自己的宗族于该地，作为首都西面的屏蔽。到纣时，还在这里征集军实，检阅兵力，结果引起了东方属国的叛乱。《左传·昭公四年》，"商纣为黎之蒐，东夷叛之"，这是明证。《史记·楚世家》也说："纣为黎山之会，东夷叛之。"当纣回过头去镇压东夷方面时，周文王的势力已日益发展，便趁机征服了黎方,直接威胁到纣都,这是对殷周形势消长最有影响的一次关键性的事件。

但《尚书大传》"黎"皆作"耆",如云:"西伯戡耆。"(《路史·国名纪》引)"四友献宝,乃得免于虎口,出而伐耆。""免于虎口而克耆。"(并《左传·襄公三十一年》正义引)"文王出则克耆。"(《礼记·文王世子·正义》引)《史记·周本纪》亦云:"明年败耆国。"《正义》:"即黎国也。"《集解》:"一作阢。"《殷本纪》:"及西伯伐饥国,灭之。"《集解》:"饥,一作阢,又作耆。"又《宋世家》:"周西伯昌之修德灭阰。"《集解》:"阰,音耆。"《索隐》:"耆即黎也。"所有这些材料都说"耆"、"饥"、"阢"、"阰"都即是"黎"。我们看《殷本纪》和《周本纪》在说"伐饥"或"败耆"之后,所记祖伊和纣所讲的话就是本篇的话,因此我们敢于相信"饥"或"耆"就是"黎"的说法。

按,"耆"、"饥"、"黎"诸字同在段玉裁《六书音均表》的古韵第十五部,亦即王念孙、江有诰等所定古韵韵部,是诸字古音韵母相同。其声母则为牙音群纽与舌音来纽之异,实即为舌端和牙齿相触发声,稍移作舌端和上颚相触发声,今湖南益阳某些地区方言犹把"茶"读同"拿"的阳平声,"坐"读同"懦"的上声,其发声变异情况正与此相同。可知"耆"和"黎"二字实为同一地名的异读,可能就是商、周方言对此地名的异读("饥"则为"耆"之假)。由甲骨文中有"勹"及《商书》作"黎",而承先秦博士伏生之说的《尚书大传》作"耆"及《史记·周本纪》亦作"耆"来看,似乎很有可能是商人读"黎",周人读"耆",同是指壶关附近这一地方。

甲骨文中，《殷虚文字甲编》810 片有"旨方来"，《殷契粹编》1124 片有"伐旨方"，1125 片有"御旨于叀"，1126 片有"往伐旨"，1127 片有"旨方……于□告"。郭沫若曾指出这是殷的敌国，而不详其地望。杨树达谓："经传未见有旨方之称，余疑其为《尚书·西伯戡黎》之黎，《说文》八篇上'老部'说耆字从老省，旨声，甲骨作旨，《尚书大传》及《史记》作耆，其音一也。'黎'与'耆'为一声，'旨'与'耆'为一音，故知甲文之旨即耆，亦即黎矣。"（《积微居甲文说》下）按甲骨文中旨与勹为二地，旨既为敌国，地望又不明，很难说就是已臣服于商的勹（黎）或耆。

宋罗泌《路史·国名纪》："耆，侯爵。自伊徙耆，爰曰伊耆。一曰阢，黎也。故《大传》作'西伯戡耆'。《史记》言'文王伐阢'，又云昔'文王伐饥'。本作阢，音祁，即耆，黎也。《周书》传'五年伐耆'。而《大传》作'戡耆'，故说以为'黎'也。字书'阢'讹。"这是第一次提出了阢字是误字。孙星衍《今古文注疏》也沿说"阢"、"阢"是"饥"的误字。

"饥"，徐文靖《竹书纪年统笺》谓即"饥氏"。该书"帝辛三十四年，周师取耆及邢"条下说："《左传·僖公二十九年》（按当作《定公四年》）祝鮀曰'分康叔以殷民七族'有'饥氏'是也。《周本纪》谓'西伯败耆国'，《正义》曰：'即黎国也。'然《尚书》西伯戡黎乃武王袭封西伯后三年事也，安在文王所伐之耆即黎乎。"这是他第一个提出了"饥"和"耆"不是"黎"。

雷学淇《竹书纪年义证》云："耆，姜姓，国名。炎帝之先，自伊徙耆，故曰伊耆氏，即帝尧母家。耆即文王所伐，皆炎帝支庶

之封,使守祧宗邑者也。国之所在未详。《尚书大传》引'西伯
戡黎'作'西伯戡耆',《史记》从之,又改作'伐饥'。徐广《音
义》云:'饥,一作阢,又作耆。合黎、耆为一,非是。伐耆乃文王
事,戡黎乃武王事,《通鉴前编》尝辨之。"

　　陈梦家《殷虚卜辞综述》根据雷说提出黎与耆为二地,以为
"黎"是卜辞中的"勿"、"名"、"郍","耆"为卜辞中的"旨"。他
说:"《尚书》的'西伯戡黎'与《尚书大传》的'文王伐耆'应分别
为二事。《周本纪》说文王'明年败耆国',《尚书·西伯戡黎》正
义引伏生《书传》说文王受命五年伐耆。《殷本纪》'西伯伐饥
国'是戡黎之事,而集解引'徐广曰饥亦阢,又作耆'。作阢即郍
之讹,与耆无涉。"因此他的结论也是:"伐耆乃文王事,戡黎乃
武王事。"

　　杨筠如《尚书核诂》据文王所平定的虞、芮、犬戎、密须、邘、
崇等地皆在岐西丰、镐附近,黎不得远在上党,以为当即古之骊
戎,亦即《国语》中的"戏",金文中有《戏曰鬲》《戏中鬲》,地在
新丰附近云。

　　徐文靖、雷学淇根据明代的伪书《今本竹书纪年》立论,是
不可靠的。陈梦家承其说,亦不足据。杨筠如错误地把邘、崇等
地都列在丰、镐一带,所以提出了黎不得独远在东边之说,也是
未深考之故。至于以甲骨文中地名来论定文献中地名,或然性
很大。只有经过系统的综合的研究,基本能较确切地考定甲骨
文中各地名所在后,才能较有把握地认定它在文献中相应的地
名。又此诸人都提出了文王、武王先后戡定各地的问题,这与下
面论及的问题有关,现特放在下面第(二)问题中讨论。

（二）西伯是谁，以及他发展自己、打击商王朝的
历史过程是怎样的

《史记·周本纪》："公季卒，子昌立，是为西伯。西伯曰文王。"又《殷本纪》："纣以西伯昌、九侯、鄂侯为三公。九侯有好女，入之纣。九侯女不喜淫，纣怒，杀之而醢九侯，鄂侯争之强，辨之疾，并脯鄂侯。西伯昌闻之窃叹。崇侯虎知之，以告纣。纣囚西伯羑里。西伯之臣闳夭之徒求美女、奇物、善马以献纣，纣乃赦西伯。西伯出而献洛西之地以请除炮烙之刑。纣乃许之，赐弓矢斧钺，使得征伐，为西伯。"由这些记载上，可知西伯是周文王，他作为纣的属国诸侯，被纣囚禁过，通过献贿赂而获释放。

《周本纪》记西伯被释放后，解决了虞、芮两国的争讼，接着说："诸侯闻之曰：西伯盖受命之君。明年，伐犬戎；明年，伐密须；明年，败耆国。殷之祖伊闻之，惧，以告帝纣，纣曰：'不有天命乎，是何能为！'明年，伐邘；明年，伐崇侯虎，而作丰邑，自岐下而徙都丰；明年，西伯崩。""诗人道西伯盖受命之年称王，而断虞、芮之讼，后七年而崩，谥为文王。"这里所叙的次序是：西伯被囚释放后，元年受命称王，平虞、芮，二年以下按年伐犬戎、密须、耆、邘、崇，作丰邑，至七年死。

《尚书大传》则说："文王一年质虞、芮，二年伐于，三年伐密须，四年伐畎夷，纣乃囚之。""五年之初，散宜生等献宝而释文王。文王出则克耆，六年伐崇，则称王。"这里的次序和《史记》出入很大。两说比较如下：

尚书校释译论

	《史记》	《尚书大传》
周文王元年	获释,受命,平虞、芮	质虞、芮
二年	伐犬戎	伐于
三年	伐密须	伐密须
四年	伐耆	伐邘夷,被囚
五年	伐邘	获释,伐耆
六年	伐崇,作丰邑	伐崇,称王
七年	崩	

要判定哪一说对,只有从弄清这几个地方的地望着手,并联系周文王的活动来看,才能得到正确的结论。

章炳麟《古文尚书拾遗定本》企图解决这一问题,他根据皇甫谧之说,以崇在丰、镐之间,遂以为"密须、犬夷皆在岐周以西,伐之固应在崇侯前。黎则汉之壶关,邘则汉之野王,文王不先伐崇,则东道梗塞"。又谓"文王用兵,盖莫盛于伐邘"。因此提出他的看法,以为周文王先伐密须、犬夷,"合六州诸侯奉勤于商,商王用崇谗",而囚文王七年(据《逸周书·程典篇》及《左传·襄公三十一年》),出囚后即伐崇、作丰,并伐许、魏(据《三朝记·少间篇》),约三四年,虞、芮质成,乃称王,"殷始咎周","于是改图以从民望,始乘黎、次伐邘"。他这一说的根本错误,在误信了皇甫谧的说法,仅据《周本纪》"伐崇侯虎而作丰邑"一句,就以为崇在丰、镐之间。又误信《论语》说周"三分天下有其二以服事殷"之说,所以引出了许多错误论断,把伐各地的先后次序随意排列,比原有的两说更混乱了。

其实就各地的地望一加考察,就知道《史记》的说法是比较正确的。现逐一论列各地如下：

"虞"、"芮"。古文中"虞"往往作"吴"，是从"虍"之字多可省"虍"的通例，卜辞金文中往往以"吴"通"虞"。"吴"作为古地名，与"芮"相近，都在古雍州境内。《汉书·地理志》"右扶风汧县"下云："吴山在西，古文以为汧山，雍州山。北有蒲谷乡、弦中谷。雍州弦蒲薮，汧水出西北，入渭；芮水出西北，东入泾。《诗》'芮阮'，雍州川也。"师古曰："阮读与鞫同，《大雅·公刘》之诗曰：'止旅乃密，芮鞫之即。'《韩诗》作'芮阮'，言公刘止其军旅，欲从安静，乃就芮阮之间耳。"这是说周人从公刘时起就在这一带活动过。其吴山或汧山，《禹贡》叫作岍山，《周礼·职方氏》叫岳山，而《史记·封禅书》"岳山"与"吴岳"并列。胡渭《禹贡锥指》说："吴岳，班、郦皆谓即古之岍山。然《史记·封禅书》……又析吴岳与岳山为二……《陇州志》则以州西四十里之吴山为岍山，州南八十里之岳山为吴岳……窃谓吴山《汉志》虽云在县西，而冈峦绵亘，延及其南，与岳山只是一山。"《清一统志》也说："两《汉志》皆谓吴山即岍山，而《通典》《元和志》《寰宇记》则分吴山与岍山为二；然脉络相连，在古只一山也。"其地在今陕西省陇县西南，流经县境的千河即古汧水，可知当年的"虞"，就在今千河西南一带。而古"芮水"就是发源于今陇县东北，流经甘肃灵台县，注入泾河。因而知当年的"芮"就在今陇县北部地区。

"犬戎"或"畎夷"。此族原也在汧、陇一带，长期和周人为敌。《史记·周本纪》记古公亶父避薰育夷狄之攻掠而迁居岐下，《诗·绵》即记古公亶父迁居岐下之事，但称敌人为"戎丑"，为"混夷"。《说文·马部》"駃"字下则引作"昆夷",《口部》"呬"字下引作"犬夷"。《古本竹书纪年》则记"王季伐西落鬼戎"。《诗·采薇序》"文王之时,西有昆夷之患",《孟子·梁惠王下》也说"文王事昆夷"(杭州石经宋高宗书《孟子》作混夷),《诗·皇矣》则称"串夷载路"。成王时的《盂鼎铭》还记伐"戗方"的功勋。这些不同名词都是周人对犬戎在不同时间的称呼。直到周幽王,犬戎还攻灭了幽王,结束了西周时代。王国维指出这一族地点当西周初年也在汧、陇之间,由宗周之西而包其东北(《鬼方昆夷猃狁考》),终西周之世,它都活动在今陕西省北部洛河流域中的较大区域。

（在右侧页边有竖排小字"西伯戡黎"）

"密须"。即《诗·皇矣》所说文王时的"密"国。该诗说"密人不恭,敢距大邦,侵阮徂共"。《汉书·地理志》"安定郡阴密县"下云:"《诗》密人国。"师古注:"即《诗·大雅》所云'密人不恭,敢距大邦'者。"其地在今甘肃灵台县境西南(《读史方舆纪要》卷五八"泾州百泉"条:"其池在州北五里,诗'侵阮徂共'……今之共池是也。"泾州即今甘肃泾川县,为灵台境)。

"耆",见上文,即黎。

"邘"或"于"。《韩非子·难二》作"昔者文王侵盂"。按甲骨文中正作"盂",王国维考定即"邘"(见《观堂集林·别集》;《殷虚卜辞中所见地名考》)。《左传·定公八年》"刘子伐盂"亦此。《说文》谓在河内野王,《左传·僖公二十四年》杜注:"河内野王县西北有邘城。"《水经·沁水注》:"其水南流径邘城西,故邘国也,城南有邘台。"《周本纪·集解》:"邘城在野王县西北,音于。"又《正义》:"《括地志》云:故邘城,在怀州河内县西北二十七里,古邢国城也。"按《汉书·地理志》"河内郡埜(即野)王县"下云:"孟康曰:故邢国也,今邢亭是也。"汉野王县,即隋、唐河内县,亦即今河南省沁阳县。从卜辞中看出,这些地方商代叫做"衣",这是商王室的田猎区。

"崇"。《国语·周语》:"昔夏之兴也,融降于崇。"韦注:"崇,崇高山也。夏居阳城,崇高所近。"阳城在今河南登封境〔参看《甘誓》篇讨论(二)〕,崇高山见《汉书·武帝纪》云:"元封元年……翌日亲登崇高……其令祠官加增太室祠,禁无伐其草木,以山下户三百为之奉邑,名曰崇高。"《汉书》之《郊祀志》及《地理志》"颍川郡"皆作"崈高",师古注云:"'崈',古'崇'字耳,以崇奉崇高之山,故谓之'崈高奉邑'。"王念孙《读书杂志》云:"'崇高'即'嵩高',师古分'崇'、'嵩'为二字,非也。古无'嵩'字,以'崇'为之,故《说文》有'崇'无'嵩'。经传或作'嵩',或作'崧',皆是'崇'之异文。"可知"崇"就是后代的"嵩",亦即现在河南登封附近的嵩山一带地,现在的嵩县显然也是沿其旧称的地境之一。

上述各地的地望弄清了,周文王的用兵路线、发展过程,就一如《史记》所载历历可寻了。他先平定自己根据地"岐周"西边的虞、芮,由西向北驱逐了犬戎,回头扫清了东北面近在肘腋的密须,使根据地得到了巩固,这期间大概有一段没有急剧用兵而是积蓄力量、招徕与国,国势渐渐得到壮大和发展,并逐步向东扩张的时期。这时为了取得稳定的环境,而向商王朝妥协,因而有承认商王朝为"大邑商",表示臣服的时期。近年陕西周原考古所发现的先周甲骨文中,有祭商王成汤和文武帝乙之辞,可证这种情况，所以就有《左传·襄公四年》的"文王率殷之叛国以事纣"，《逸周书·程典》的"文王合六州之侯，奉勤于商"，《论语·泰伯》的"三分天下有其二以服事殷"及《吕氏春秋·顺民》的"文王处岐事纣，冤侮雅逊"等等的话。但事实上他这时正在准备渡河东进。等到力量一足，就挥师河东，戡定黎国，这时隔着太行山，下临朝歌，已不过二三百里的距离了。对殷来说，形势已非常紧急，所以祖伊要惊惊慌慌地讲出这一段话。

但一方面由于到纣都朝歌还阻隔着太行山，同时在殷与周疆土之间还存在着好些臣服于纣的诸侯国，有先行扫清的必要。所以文王在戡黎后的第二年，又征服了邘（于）。《孟子·滕文公下》引《太誓》："我武维扬，侵于之疆，则伐于残，杀伐用张，于汤有光。"就是颂扬这件武功，所以章炳麟说是文王用兵最盛的一次。

在征服了今山西省东南地面的黎和紧邻的今河南省河北岸地区的邘以后，接着在其明年又征灭了黄河南岸的崇，这一段，事实上应是周文王很大的一次武功。《战国策·秦策》记苏秦列举自神农、黄帝到齐桓公每一个代表人物的战功，把文王伐崇、武王伐纣与神农伐补遂、黄帝伐蚩尤、尧伐欢兜、舜伐三苗、禹伐共工、汤伐夏桀并举。可见战国时人心目中周文王的最大战功是伐崇。自这次胜利之后，就以压倒的优势眈眈虎视着殷都了。而且由于开拓了以崇国为中心的今河南省中部和西部广大地区，就使这里以南和其西及西南的庸、蜀、髳、卢、彭、濮等族都有了可能纳入周王的势力范围之内，以后便能征集他们一道进攻殷王都了（见《牧誓》）。

周的首都原在今陕西省西部的岐下，到这时领土已扩展到今山西省东部和河南省中部，并影响到其以南地区。为了统治方便计，有必要把首都向东移，于是就有《诗·文王有声》所说的"文王受命，有此武功，既伐于、崇，作邑于丰"和《周本纪》所说的"明年伐邘，明年伐崇侯虎，而作丰邑，自岐下而徙都丰"等等记载。《周本纪集解》："丰在京兆鄠县东，在长安南数十里。"又《正义》："《括地志》云，周丰宫，周文王宫也，在雍州鄠县东三十五里。"《吕氏春秋·简选》："西至酆郭。"高诱注："在长安西南。"可知丰在今陕西西安的西南，户县的东面。到周武王时，又在其东二十五里建立了镐京。一直终西周之世，丰、镐就成了周代的首都。

在这种胜利的形势下，周文王可以很快就去攻打殷都，击灭殷纣。但是他就在"作丰邑"的第二年死了，因而把灭纣的事业留给他的儿子周武王去完成。

基于上述历史事实，所以所有的注疏家都说戡黎的西伯是周文王，这是没有错的。但宋代胡宏《皇王大纪》始以为是武王，陈鹏飞继其说，薛季宣《书古文训》较详言之云："'西伯'，武王也，旧说以为文王。《说苑》胶鬲谓武王为'西伯'，武王亦尝为西伯也。《书序》'殷始咎周，周人乘黎'。盖商人咎周之不伐纣，故武王有乘黎之举。《泰誓》'观政'之语，谓乘黎也。《诗》称'密人不恭，敢拒大邦，侵阮徂共'，故文王'侵自阮疆'，继以伐崇之事，而无戡黎之说。《书》次《微子》于《戡黎》之后，《戡黎》之《序》有'咎周'之语，纣既可伐，则非文王时矣。"吴棫也根据祖伊辞气甚迫，以为是武王（《尚书表注》引）。吕祖谦《东莱书说》也说："西伯非文王，乃武王也。"金履祥《书经注》也说：

"戡黎，武王也。……文王岂遽称兵天子之畿乎？"并举了好些文王不得东征诸侯的理由（亦见《通鉴前编》）。元吴澄《书纂言》也说"'文王三分天下有其二以服事殷'，决不称兵于纣之畿内"。此外宋陈经、元王天与、董鼎、陈栎等人无不引用吕氏之说。这些人都是昧于当时地理情况及相信文王忠于殷纣不会称兵等儒家迂说，才有这样的看法。其实《诗》的《雅》《颂》各篇，歌颂周初太王、王季、文王、武王创业兴邦，夸耀天命，夸耀武功，对殷始终是敌视的、责骂的，根本没有什么"三分天下有其二以服事殷"的丝毫痕迹。因此这些儒生的说法是完全不足信的。王夫之《书经稗疏》以三点理由否定了武王之说：1."经编《戡黎》于《微子》一篇之前，而祖伊所指陈纣之失德，亦未若微、箕所云之甚，使在文王既没之后，纣在位已久，恶已贯盈，而焚炙忠良、斫剖心之事已习于毒，祖伊其能尽言不讳而免于祸乎？"2."武王克商，访箕子，式商容，而何不一及于祖伊耶？则祖伊已先殷亡而卒。"3."使武王因乘黎之势而遂东，则下上党，出王屋，径按河北，又何迂道而渡孟津？"因此可肯定武王戡黎之说是完全错误的，我们还是相信旧注有些道理，所以仍用旧注，以本篇的"西伯"为"周文王"，"戡黎"或"伐耆"是文王的事。

（三）本篇的写作背景

本篇记周文王伐黎时，商王朝的大臣祖伊感到恐慌，和商王纣的一段对话。根据当时形势和祖伊的急迫之情，以及陶醉于天命的奴隶主头子商纣看不清形势，盲目相信自己有天命在身等等来看，这些显然是符合当时历史的。因此这篇对话在当时应是实有其事的，大概曾留下原始纪录材料。

但是根据本篇的内容方面和文字方面来看，它显然又是写成于周代，不能就是本篇的原始文件。

就内容来说，它和《微子》一样，是《商书》中两篇非常特别的文件，充满了自怨自艾的情绪，丝毫没有对周人的敌忾之情。面对凶恶的敌人，一点不表示仇恨愤慨，而只责骂自己，这是出于一般常理之外的。而且作为臣下，能这样直言无忌的对君主讲话，并且是对史籍上有名的"暴虐"成性动辄拒谏杀人的商纣讲话，敢于这样当面揭露他，这也是不近情理的。所以有人说这是"周人对于殷代灭国事件的宣传，假殷臣祖伊之言以出之"（美国顾立雅《释天》，《燕京学报》十八期）。这一说法是有它的可能性的。在奴隶制王朝，"天命"是它的主心骨，说自己天命去了，无异宣布自己的灭亡，一般反动统治阶级决不肯这样做的。他们往往是越到危亡时候，越要垂死挣扎，以百倍的顽固来拒绝退出历史舞台，所以说商纣的话倒合于当时历史实际，而祖伊的话却不像当时殷人的话，因此要说这是周人的话，强加在殷人身上的，也说得过去。《说文》"埶"字引此篇称《周书》，似乎汉时已认为此篇出于周代人的手笔。

王国维提出："《商书》之著竹帛，当在宋之初叶。"（《高宗肜日说》）这倒很有可能。宋是商王朝覆灭后，被周人所封的臣服于周的商人后代，它经历了祖国的灭亡，承受了痛苦的现实，接受了周人宣传的观点，例如《左传·僖公二十二年》宋国大司马公子目鱼说"天之弃商久矣"，就是久已习熟于这种观点的明证。当宋国喘息已定，痛定思痛，重新整理它的祖先的史料，编成《书》中的《商书》和《诗》中的《商颂》时，除了歌颂它的前代光荣部分外，遇到商末的几个文件，追惟当时覆国亡家的惨象，认为确是自己做了坏事，天命已去，因此就有今天看到的《西伯戡黎》和《微子》等篇的写成。

再就文字来说，篇中的"天"字、"殷"字都非商代所习用，而是周人使用的语言。"天"字已详《高宗肜日》的"讨论"中，现不重复。这里说"殷"字。

商代的甲骨文根本没有"殷"字，而只有"衣"字。"衣"的意义有二，一为祭名，一为地名。地名的"衣"，郭沫若谓即《水经·沁水》的殷城，地点在今沁阳(《卜辞通纂》653)。

商人从来不称自己为"衣"或"殷"，而只自称为"商"。即使商亡后，封于宋的商王朝后代虽周人称之为宋("商"和"宋"是一声之转)，却往往仍然称"商"。如《左传·僖公二十二年》"天之弃商久矣"，《哀公九年》"不利于商"，又《二十四年》"孝惠娶于商"，以及《国语·吴语》"商、鲁之间"，《庄子·天运》"商太宰荡问仁于庄子"，《列子·仲尼》"商太宰"，《礼记·乐记》"肆直而慈爱，商之遗声也，商人识之"等都是。还有《书》的《商书》《诗》的《商颂》是宋人编的，也仍以"商"为名。可见称"殷"不是商人自己的事。郭沫若对此有一个合理的解释："殷人自己自始自终都称为'商'而不自称为'殷'的。在周初的铜器铭文中方称之为'殷'，起先是用'衣'字，后来才定为'殷'。衣是卜辞中一个小地名，是殷王畋猎的地方。周人称商为'衣'、为'殷'，大约是出于敌忾。同样的情形也表现在其后的楚国的称谓上，楚国不自称为'荆'，别的国家始称之为'荆'，应该也是出于敌忾。"(《奴隶制时代》)这个名词是否全出于敌忾，今天材料稀少，还不够解决。当然，出于敌忾的情形是会有的，但更多的情况是，一个民族往往被他族非恶意地称呼为别的名字，而不是本民族自定的名字，这在世界历史上差不多是常见的现象。因此在这里，"殷"不是商民族自称的名词而是周人所称的名词，也是这种常见现象之一。商民族本来不惯于使用它，然而本文中却使用了，如果这文不是周人所作，也可说明商人入周日久，已受周人很深的同化了。

由这些可以看出，由商末留下了原始材料《西伯戡黎》和《微子》，其最后写定不仅可能出于周代宋国人之手，而且连观点和语言也多习用周人的了。

微 子

微

子

  《微子》是商王朝败亡之前，一位宗室大贵族微子向王朝的太师、少师请问个人如何应付的一篇对话记录。在西汉《今文尚书》伏生本及三家本子里是第九篇（为《商书》第五篇）；东汉古文本列为第十一篇，在东晋伪古文本里列在全书第二十六篇（为《商书》第十七篇）。其情况详后面的"讨论"。

校 释

  微子①若曰②："太师、少师③，殷其弗或乱正四方④！我祖厎遂陈于上⑤；我用沈酗于酒⑥，用⑦乱败厥德⑧于下。殷罔不小大好草窃奸宄⑨；卿士师师非度⑩。凡有辜罪⑪，乃罔恒获⑫，小民方兴，相为敌仇⑬。今殷其⑭沦丧⑮，若涉大水，其无津涯⑯。殷遂丧越至于今⑰？"

1133

①微子——殷王朝的贵族,名启,纣的庶兄(见《吕氏春秋·当务篇》)。周灭殷后,原封纣子武庚为殷后。武庚叛周被杀,就封微子启于商丘,代殷后,是为宋国。《史记·宋微子世家》"启"作"开",或系避汉景帝刘启讳改。

②若曰——如此说、这样说。是奴隶制王朝史臣记录统治者讲话时的用语。

③太师少师——通行伪《孔传》本传作"父师、少师"。《史记》之《殷本纪》《宋世家》都记微子所找谈话的是"太师、少师",今据改。下文两处也照改。《周本纪》并云"纣昏乱暴虐滋甚,杀王子比干、囚箕子,太师疵少师彊抱其乐器而奔周"(此语当出《论语·微子篇》,惟作太师挚、少师阳),《汉书·礼乐志》也说纣时"乐官师瞽抱其器而奔散",太师、少师都是商王朝的乐官。郑玄注、伪《孔传》《蔡传》都说父师、三公官,是箕子;少师、孤卿官,是比干。和《论语》《史记》都不合,故不采其说。

④殷其弗或乱正四方——"其",将要(据《经传释词》)。《宋世家》此句"作殷不有治政,不治四方",以"不有"译"弗或",以"治政"译"乱正",而重复"不治"二字来足其语气。《说文》及《尔雅》都训乱为治,所有注疏家遂皆解释此处"乱"字为"治",伪《孔传》释此句云:"言殷其不有治正四方之事,将必亡。"《蔡传》解释为"无望其能治天下"。释为"治"是正确的,但"乱"字实际为"𤔔"字之误,金文中有"𤔔"字,从司,意为治理、管理(见《毛公鼎》《叔夷钟》《师虎簋》等)。由字形误为"乱",后代就这样相沿下来了(并可参看郭沫若《离骚今译》。《离骚》结尾的"乱曰"是"辞曰"之误)。

⑤我祖厎遂陈于上——"我祖"指商王朝第一代国王汤。《宋世家》无"厎"字。对于这一句,纷歧解释很多,自伪《孔传》至《蔡传》释"厎"为"致","陈"为"列",谓"汤致遂其功陈列于上世"。俞樾基本同意此说,但谓所陈的不是功,而是德(《群经平议》)。孙星衍释"遂"为"成","陈"为"道",说是"言我祖致成道于上"(《今古文注疏》)。孙诒让释"陈"为"甸",说是"成汤致成邦甸之功于前"(《尚书骈枝》)。此外很多注释者,基本在上列诸说中绕圈子。另有三种不同解释,一是清人牟庭说:字作"厎"通"等"。并云:"《匡谬正俗》曰:'俗谓何物为厎,此本言何等物,其后遂省,但言等物,今乃作厎字。'""'遂',久也。""'陈',久也。""言我祖有积德于上,何等陈久也。"(《同文尚书》)一是黄式三说:"'厎',定也。'遂',法也,与术通。'厎遂',即《大诰》之'厎法'。'陈',列也。'上',前也。言我祖厎定法术,列著于前。"(《尚书启幪》)一是章炳麟说:"蔡邕注:'遂古,远古也。'是'遂'有'远'训。'陈'当依《释诂》作'尘',久也。我祖致远久于上,言其德厚,故能如此。"(《古文尚书拾遗定本》)说法虽多,总之都是针对下文"纣乱败厥德于下",来说商汤怎样建立德业于上世。

⑥我用沈酗于酒——《宋世家》作"纣沈湎于酒"。"我"在甲骨文中为第一人称代词多数,作集合的名词用,以指邦家、国土。这里指国王纣的行为,"以商家体统言之,故总而言我"(《书经传说汇纂》),是说把它看成自己王朝的行为,故用复合代词我字,实际是指纣,所以司马迁作历史叙述径用"纣"字,而省去了"用"字,"用"在这里作"则"字解,和现代语言中的"却"字同。"沈酗"汉代今文作"沈湎",见《史记·自序》《汉书》之《五行志》《礼乐志》《谷

永传》《霍光传》《叙传》等及扬雄《十二州牧箴》引作"沈湎"或"湛湎"。扬雄《光禄勋箴》引作"淫湎"。"沈"，黄式三谓有贪酒之意，与酖通（《尚书启蒙》）。《说文》："酖，乐酒也。""湎"是饮已醉仍流连不肯停饮的意思。酗是饮酒醉到凶闹的意思，《说文》作酌。王引之谓"沈酗"即"淫酗"（《经义述闻》）。

⑦用——同"以"，在这里为"以此"、"因此"的意思。但《宋世家》"以"字上有"妇人是"三字，与"用"字连读为句。"妇人是用"为用特介的宾词提置动词前的句子，意思是说"只听信妇人的"。由《汉书·谷永传》及《列女传》等皆引此语，知汉代今文原有此句。

⑧厥德——"厥"，他的，第三人称领格。"厥德"，指汤的德，故《宋世家》遂作"汤德"。

⑨殷罔不小大好草窃奸宄——"罔不"二字，《宋世家》作"既"一字。"既"意义同"尽"，也就是"罔不"。"罔"，无。"小大"，当时成语，指从下至上许多人。本书《无逸》"至于小大"，郑玄注云："小大谓万人上及群臣。"江声亦谓："小谓庶民、大谓群臣。"基本符合当时用法。《诗·泮水》"无小无大"、《论语·尧曰》"无小大"都是此义。"好"读第四声，动词，爱好。"草窃"，江声据《吕氏春秋·辨士》释为"莠害苗为草窃"，孙星衍据《广雅》释为"钞掠"，俞樾据《庄子·庚桑楚》篇《释文》"草窃本作草蔡"，以为"草窃"即草蔡，又据《说文》草蔡有散乱之义，谓"好草蔡"即好乱（《群经平议》）。"奸"，同"奸"，邪，邪恶（《庄子·徐无鬼》释文引王注、《文选·西征赋》薛注）。杨树达以为奸、宄义近，草、窃亦当义近。故"草为钞掠（《积微居论丛》）。"宄"，盗（《广雅·释诂》）。亦同"奸"，都指邪恶寇贼等行为。《国语·晋语》："长鱼矫对曰:乱在

内为轨,在外为奸。"《一切经音义·一》引《三苍》:"乱在内曰奸,在外曰宄。"其实"奸"、"宄"同义,不一定分内外。这句话是说:殷王国上上下下的人无不喜好为非作乱,作奸犯科。

⑩卿士师师非度——"卿"和"大夫"、"士"作为三级官员,是周代制度。其中执政的卿叫"卿士",见于春秋初年(《左传·隐公三年》及杜注)。商代甲骨文中则见"卿史"一职,王国维以为即是"卿士"或"卿事"的本名(《释史》)。它比周代的卿士地位要低,此外未见"士"。"师师",自汉至宋注疏家多释为相互师效,释"度"为"法",谓"卿士亦皆相师效为非法"。清孙星衍、黄式三以及近代吴闿生、曾运乾等皆释"师"为众,谓"师师"指卿士之众。牟庭则谓"总谓之师师,犹今言各官也"(《同文尚书》)。吴汝纶、杨筠如则谓"师为众大之辞,引申为张大之意。自张大,则不守法度可知"。朱骏声则谓"师,遰也,先导也"(《尚书古注便读》)。诸说中自以释众较切,大抵是说卿士众官也相率为非法。《梓材》有"师师、司徒、司马、司空",也是较高级的众官。

⑪凡有辜罪——《宋世家》译作"皆有罪辜"。"辜",亦"罪"(《尔雅·释诂》)。

⑫乃罔恒获——《宋世家》译作"乃无维获"。简朝亮云:"盖迁以恒为絙,而训维也。《诗·天保》云'如月之恒',《释文》云'恒亦作絙',絙者,緪之省也。《说文》云'緪,大索也'。然则'维而获之,《易》所谓"系用徽纆"也'。"(《尚书集注述疏》)"获",《公羊传·昭二十三年》:"生得曰获。"俞樾云:"昭七年《左传》曰:'周文王之法曰"有亡荒阅",所以得天下也。'又曰:'昔武王数纣之罪以告诸侯曰:"纣为天下逋逃主,萃渊薮。"'皆可以说此经。盖文王之

法有罪人逃亡,则大搜其众,期于必得(即不许奴隶逃亡)。而纣则反是(即诱致别人的奴隶),故当时以为逋逃之渊薮。凡有辜罪者乃罔恒获也。'罔恒获'犹言常不得。"(《群经平议》)

⑬小民方兴相为敌仇——《宋世家》作"小民乃并兴相为敌仇"。王鸣盛《后案》据《说文》"方,并船也",又《仪礼》郑注"方犹并也"、"并併也"。意谓《史记》系以训诂径代经文方字。段玉裁《撰异》云:"'方兴',《今文尚书》当作'旁兴',《宋世家》作'并兴','并'者旁之故训也。古音并读如傍。""兴",起(《诗·大明》传)。此句承上句说犯罪辜者不法办,不加强政权的专政作用,那么被统治者就会并起与统治者相仇而争斗。

⑭其——将要(见前)。

⑮沦丧——《宋世家》作"典丧"。"沦",沉沦、沉没。"丧",丧亡。"典",段氏《撰异》引钱大昕说云:"典读如殄。典丧者,殄丧也。《考工记》'辋欲顾典'郑司农读典为殄。《燕礼》'寡君有不腆之酒'注:'古文腆为殄,是典腆与殄通。'""殄",尽,绝。"典丧"即"殄丧",意义和"沦丧"相近。

⑯若涉大水其无津涯——《宋世家》作"若涉水无津涯"。《集解》:"一作'涉水无舟航'。""涉",渡河。"其",同"而"(《古书虚字集释》卷五),为转接连词。"津",渡河处。"涯",水滨、水边。段玉裁据《一切经音义》所引无"涯"字,谓本处原无"涯"字。然《史记》已有,故不从段说。

⑰殷遂丧越至于今——牟庭云:"今当读'殷遂丧越'为一句,'至于今'为一句。《缁衣》注:'越之言蹶也。'《楚辞·惜誓》注曰:'越,坠也。'《齐语》注曰:'越,失也。'然则'丧越',谓丧灭而陨越

耳。今殷其必殄丧矣,为尚不知其期,若涉大水无津涯乎? 其遂不待异日丧灭陨越,于今已至乎? 此问殷亡之期也。"(《同文尚书》)吴闿生《尚书大义》云:"此倒句也。犹云岂意今日殷遂丧亡乎。"

以上这一节,将商王朝危急情况,忧心如焚地向太师少师二人提出。

曰①:"太师②、少师,我其发出狂③,吾家耄逊于荒④,今尔无指告予⑤? 颠隮⑥若之何其⑦?"

①曰——记微子再度对二人讲话,省去了"若"字。

②太师——伪孔本作"父师",仍照上文改。

③我其发出狂——《宋世家》"狂"作"往"。于省吾《新证》云:"《殷虚书契后编》十四页第八版'王狂田□',狂即往,是狂、往古通用。"案《宋世家集解》:"郑玄曰:发,起也。纣祸败如此,我其起作出往也。"知汉代今文古文都"狂"、"往"通用。此句是说我将出走吗? 孙诒让《骈枝》据《论语·微子》"废中权"释文引郑本"废"作"发",谓"发疑当为废,言我其废弃而出亡也"。可备一说。

④吾家耄逊于荒——《释文》:"耄字又作旄。"《宋世家》此句作"吾家保于丧"。《集解》:"一云于是家保。"是说另一本《史记》作"于是家保于丧。"旧释为保自己的家于国亡之时。俞樾《平议》云:"保耄同声。"《正义》引郑注曰:"耄,昏乱也。盖不忍斥言纣昏乱,故言吾家昏乱,与上文'我用沈酗于酒'语意正同。""逊古与驯通……驯,从也。""荒读为亡。下文'天毒降灾荒殷邦',《史记》作:'天笃下灾亡殷国。'是读荒为亡,正古文家说。""吾家耄逊于荒,言吾家乱而从于亡。"俞氏又据《宋世家》说:"微子度纣终不可

1139

谏,欲死之,及去,未能自决,乃问于太师、少师。"以为"微子之问,有一死一去两意"。"我其发出狂,此去之说也;……吾家耄逊于荒,此死之说也。""微子之意若曰:我其发出往乎? 抑吾家乱而从于亡乎?"意思是说:我还是出走呢? 还是随王朝的灭亡而一起死呢?

⑤今尔无指告予——"尔",你们,《宋世家》作"女"。"无",疑问词,同现代语"吗",倒置。参看《西伯戡黎》"不无戮于尔邦"校释。"指",《宋世家》作"故"。段玉裁据《大诰》"有旨疆土"例,以为此"指"字亦当作"旨"。按,"旨,意也"(《公羊传·隐公元年》经传解诂)。又"故,犹意也"(《淮南子·氾论训》高诱注)。二者义通,所以司马迁用"故"字。据《集解》所引王肃说,知王所据本亦作"故"。于省吾云:"指、稽均从旨声,古音同隶脂部。……稽犹计也……'今尔无指告予'者,今尔无计告予也。"(《尚书新证》)按,"今尔无计告予",即"今尔计告予无?"意思是说:"现在你们能考虑告诉我吗?"(予字据《说文》所引属下"予颠陨"为句。这里据《宋世家集解》引王肃断句连上读。)

⑥颠陨——"陨",《宋世家》和《说文》引作"跻"。《集解》引马融曰:"跻,犹坠也。"《孔疏》引王肃云:"陨,陨沟壑。"按《左传·昭公十三年》:"知挤于沟壑矣。"杜注:"挤,坠也。"是"跻"、"陨"、"挤"由同音通用,均为"坠"义。"颠"亦陨坠之意。"颠陨"为同义复合词,《孔疏》:"颠谓从上而陨,陨谓坠于沟壑,皆灭亡之意。"据《说文》解跻为登,和坠意相反。以为"颠陨"即"废兴"。他不知有些由相反意义二字组成的一个词,往往只有其中一个意义。例如口语中"随意褒贬别人"的"褒贬",实际只有"贬"义。

⑦若之何其——"若",《宋世家》作"如",义同。"其",郑玄曰:"语助也。齐鲁之间声如姬。"(见《宋世家集解》)又《礼记·檀弓》"檀弓曰何居"郑玄注云:"居,读为姬姓之姬,齐鲁之间语助也。"知"其"与"居"同,作为无义的语助词在殷周时是官方语言,到汉末只保留在齐鲁方言中了。段玉裁以《商书》各篇中《汤誓》《盘庚》《高宗肜日》《西伯戡黎》都有"其如台",谓"台"训何,短言之则曰"如台",长言之则曰"若之何其"。是《微子》篇亦有"如台"。"何其"即"台"之反语(见《撰异》)。这句是说:国家要覆亡了,其如之何呵?

以上这一节,以出走还是殉死二事就商于二人。

太师若曰:"王子①! 天毒降灾荒殷邦②,方兴沈酗于酒③。乃罔畏畏④,咈其耇长旧有位人⑤。今殷民乃攘窃神祇之牺牷牲用⑥,以容将食无灾⑦。降监殷民⑧,用乂雠敛⑨,召敌仇不怠⑩。罪合于一,多瘠罔诏⑪。商今其⑫有灾,我兴受其败⑬;商其沦丧,我罔为臣仆⑭。诏王子出,迪我旧云刻子⑮。王子弗出,我乃⑯颠隮。自靖⑰,人自献于先王⑱,我不顾行遁⑲。"

①王子——指微子,因他是殷王"帝乙"的儿子。

②天毒降灾荒殷邦——《宋世家》作"天笃下菑亡殷国"。"笃"和"毒"通,其义为"厚"(《说文》)。惠栋《九经古义》:"《史记》曰'天笃下灾亡殷国',汉《平舆令君碑》又以竺为笃。古毒、

1141

笃、竺三字皆通。""下"用以释"降"(《尔雅·释诂》),菑同灾(《礼记·大学》"菑害并至","菑必逮夫身")。"亡"和"荒"同音通用(扬雄《太玄》"荒国及家"注:"荒,亡也")。这句是说天厚降灾来覆亡殷国。

③方兴沈酗于酒——《宋世家》无此句。江声《音疏》以为此六字衍文。"方兴"同"并兴",见上文。

④乃罔畏畏——《宋世家》作"乃毋畏畏"。以"毋"释"罔"。"畏畏"即"畏威",金文中"天威"常作"天畏"(如《孟鼎》"畏天畏"),"罔畏畏"即"不畏天威"。《宋世家》文意是:天厚降灾灭殷国,殷王纣却不畏天威。

⑤咈其耇长旧有位人——《宋世家》译作"不用老长",无"旧有位人"四字。"咈",《说文·口部》释为"违也"。并引此语称为《周书》。"耇",《说文》释为面色黎黑的老人。《诗·南山有台》毛传则释"耇,老也"。"耇长"是年长的长辈,奴隶制政权中受尊敬的年老长辈当然是指权位高的大奴隶主。"旧有位人"伪《孔传》释为"致仕之贤",意即退休了的有才德的人。皮锡瑞以为疑今文原无此四字,或经师以"旧"训耇,以"有位人"训"长",误入正文。《蔡传》总释此句为:"老成旧有位者,纣皆咈逆而弃逐之。"

⑥今殷民乃攘窃神祇之牺牷牲用——"攘",取,偷取(伪《孔传》:"自来而取曰攘。"(《释文》同)《论语·子路》"其父攘羊",《孟子·滕文公下》"日攘其邻之鸡",皆偷取之意。"窃",《释文》引马融云:"往盗曰窃。""神祇",天神叫神,地神叫祇(见《说文》及《孔疏》引马融说)。"牺",古代奴隶主祭祀时所用毛色纯一的牲口。"牷",古代祭祀时所用其体完整的牲口。"牲",祭祀时放在俎

上的牛、羊、猪等动物，一称"俎实"，"用"，祭祀时盛在祭用物簠簋中的黍稷等物，一称"器实"。又叫"粢盛"。《左传·襄公七年》言"牲用备具"，知古代"牲用"常连举。按，此句《宋世家》作："今殷民乃陋漏淫神祇之祀。"《集解》："一云'今殷民侵神牺'。又一云'陋淫侵神祇'。"知《史记》译载此句传本多异。孙星衍释漏为隐（据《说苑·臣道篇》），释淫为侵（据《文选·演连珠》注），释"漏淫"为"隐匿侵没"。故《史记》有此传异。又《史记》译载至此句止，以下都没有译载。

⑦以容将食无灾——"容"，用（《释名》）。"将"，从寸（手）持肉置爿（同六）上。杨筠如云："谓置肉几上而食之。"（《核诂》）"将食"为同义连用成语。《孟子·滕文公下》"饎飧往将食之"，即用此。这句是说，偷了祭祀用的牺牲，吃了也不受到惩罚。在奴隶制时代，祭祀是奴隶主政权的第一件大事（见《左传·成公十三年》），祭品是神圣不可侵犯的。现在偷吃了也没关系，说明这一奴隶主政权的纪律濒临崩溃的状态。但汉魏以来封建政权法律都规定凡盗窃郊祀宗庙之物的，不论多少都一律处死（《孔疏》），显然是惩于纣的所为而采取的办法。

⑧降监殷民——"降"，下。"监"，临视。吴汝纶云："降监殷民，下而临民也。对上神祇故云降。"（《尚书故》）

⑨用乂雠敛——"乂"，本书各篇"乂"字，《史记》《汉书》皆作"治"。"雠"，《释文》："郑音畴；马本作稠，数也。"段氏《撰异》以为"依郑音当是，郑亦读雠为稠"。"稠"即多之意。王鸣盛《后案》以为马融郑玄所说的"稠敛"就是"重赋"，即奴隶主政权对人民苛重的搜括剥削。"用乂雠敛"就是运用奴隶主专政的各种活动对人

民进行苛重的压榨剥削。

⑩召敌仇不怠——"召",招致。"怠",倦,引申为休息、休止。"不怠",不休止。这句是说:由于苛敛,招致人民成为仇敌,而仍无休止地进行苛敛。(于省吾《新证》则以此句和上句应断句为"用乂雠敛召敌仇不怠"。据王国维之说乂为辥之讹。乂仇即辅仇。敛即金,与咸同。怠即致,厌也。据于意则"辅仇"似即树敌之意。是此二句意为:因而树敌,多招致敌人而不知厌止。)

⑪罪合于一多瘠罔诏——"合",《说文》作"亼",云"读若集"。"瘠",《说文》作"膌,瘦也"。《汉书·食货志》载晁错语:"尧禹有九年之水,汤有七年之旱,而国无捐瘠。""罔",无。"诏",告。古时上下通用,《周礼·太宰》"以八柄诏王",郑注:"诏,告也。"是臣告王亦用诏字。秦始皇统一天下,始规定皇帝的命令才称为诏。"罪合于一,多瘠罔告"是说前面所讲到的各种罪都集合到一起,使民多捐瘠而无处可诉说。

⑫其——将要(见前)。下句"其"字同此义。

⑬我兴受其败——《说文·辵部》引作"《周书》曰:我兴受其退"。段氏《撰异》云:"壁中《尚书》败字盖皆如此作。""兴",起。此句意为:我起受其覆败之害。孙星衍以为"《宋世家》云:'今诚得治国,国治身死不恨',释'我兴受其败'"。

⑭商其沦丧我罔为臣仆——《释文》:"一本无臣字。"段氏《撰异》以为当无臣字。古文仆字从臣作臦,恐是古本作"臦",析为二字。《毛诗》"景命有仆"传:"仆,附也。""罔为仆"言商亡已无所附(此亦孙星衍语)。其实"罔为仆"与"罔为臣仆"意义全同,都是说我毋为奴隶。

⑮诏王子出迪我旧云刻子——"迪",用(见《经传释词》)。"云",敦煌本作"员",与"云"同声,古籍二字常互用。马融注:"云,言也。"(《释文》引)"刻子",《论衡·本性篇》引作"孩子"。马融释"刻"为侵刻,伪孔则释为病。戴钧衡引《后汉书·申屠刚传》李贤注:"刻犹责也。"都无法将此句解通。焦循《尚书补疏》始云:"刻子即箕子。《易》'箕子之明夷'刘向、荀爽读箕为荄;《淮南子·时则训》'爨其'高注:'其读为荄备之荄。'"牟庭《同文尚书》亦云:"刻子当读为箕子。……《儒林传》赵宾说《易》之'箕子之明夷'曰:'阴阳气亡箕子。箕子者,万物方荄滋也。'《易》释文引刘向曰:'今《易》箕子作荄滋。'又引邹湛曰:'荀爽训箕为荄,训子为滋。'盖古读箕荄音同,而亥与荄音亦同。故《易》之'箕子'即是夜半亥子之交,而《书》之'刻子'乃是朝鲜箕子传《洪范》者,与明夷箕子不同也。《论语》释文鲁颜刻,或作颜亥。《一切经音义》引《字林》曰:'孩,古才切。'可证刻、孩、亥,并与箕音假借也。"孙诒让《尚书骈枝》云:"刻子,焦循说读为箕子,据《汉书·儒林传》'《易》箕子之明夷',赵宾读为'荄子',证此'刻子'甚确。"于省吾《新证》在同意焦、孙之说后云:"按《孟》'晋公之于亥唐也',《抱朴子》'晋平公非不能吏唐也'。又可为刻子即箕子之一证。"按汉代经师要维持《易》是伏牺画卦、文王作卦辞之说,文中不能有文王后之"箕子",故改为"荄滋"、"刻子"。是显不可信的,故此"刻子"当是"箕子"。于氏又释此句云:"言告王子出走,用我昔言于箕子者,今仍用此言告之也。"甚确。

⑯乃——仍。

⑰自靖——《释文》:"靖,马本作'清',谓洁也。"皮锡瑞云:

"《隶释补》云:《绥民校尉熊君碑》以'自靖'为'自清',据此则马本亦三家今文之异,与古文不同者。"案《尧典》"直哉惟清",《史记》作"直哉维静洁",亦以静洁释清。"自清"即洁身自爱自重之意。伪《孔传》释为"各自谋行其志",《蔡传》释为"各安其义之所当尽",虽对靖字的训释不同,对"自靖"二字都以为是各人考虑自己怎样做人才好,基本体会了语意。

⑱我自献于先王——《伪孔》:"人自献达于先王,以不失道。"《蔡传》:"自达其志于先王,使无愧于神明。"杨筠如《核诂》:"献,《吕览》注:致也。《论语》事君能致其身,是其义也。"大抵都是说各自献身于先王,意思是要对得起殷王朝祖先各王。

⑲我不顾行遁——"顾",《释文》:"顾音故,徐(邈)音鼓。"惠栋云:"《商诗》'韦顾既伐',《古今人表》作'韦鼓',是顾有鼓音。"(《九经古义》)柯绍忞云:"顾训反顾,不待音。徐音鼓,乃以音存义。当为鹽之假。不鹽,不息也。"(《尚书故》引)按陆德明音"故",显然仍用"反顾"义。在这里当作瞻前顾后讲。"行",即将。"遁",逃。"我不顾行遁",是说我不能过多的瞻前顾后,即将逃跑。

据《论衡·本性篇》云:"《微子》曰:'我旧云孩子,王子不出。'纣为孩子之时,微子睹其不善之性,性恶不出众庶,长大为乱不变,故云也。"段玉裁遂以为今文《尚书》在"我旧云"之上多"微子若曰"四字。孙星衍亦从其说。黄式三则以为:"别本'我旧'上有'微子曰'三字,当移于'自靖'上。"(《尚书启蒙》)皮锡瑞亦据《史记》以"我不顾行遁"为微子之言,谓"我不复能顾矣,将行遁矣"。并谓司马迁、王充皆习欧阳《尚书》,故其说同。古文《尚书》脱"微子若曰"四字(《今文尚书考证》)。

其实《论衡》所引显然为《微子》篇名，诸人误认为微子人名。陈乔枞指出得很清楚："《论衡》称《微子》曰者，自《尚书》之篇名，非以此为微子之言也。"因此这几句仍应认为是太师的话。

以上是太师就微子所问逐点答复，最后劝王子出走，自己也准备走。

今　译

微子这样问道："太师、少师！我们殷王朝将不能治理好四方了。我们的祖宗汤王展布功业于上世，可是我们现在却酗酒贪饮，荒淫于色，败乱了汤王的德于后世。而且从下到上的人无不喜于为非作歹，作奸犯科。朝廷中的卿士众官也相率搞非法活动。凡是逃亡的有罪奴隶也常不能再抓到。法纪败坏，小民们将并起相仇，争斗攻夺。现在我殷王朝要覆亡了，（要渡过目前困难）像要渡过一条大河一样，将找不到渡河的地方，殷的覆亡难道就在今天吗？"

又说道："太师、少师！我还是出走呢，还是随着王朝的覆亡而把我已乱了的家同归于尽呢，现在你能考虑告诉我吗？国家要覆亡了如何才是好呵！"

太师这样（回答）说："王子！天很严重地降下灾害来要覆亡我殷国，可是正沉酗于酒的纣王却不畏天威，不用元老长辈旧臣；现在我们殷人竟至偷窃祭天鬼神用的祭品，偷来吃了也不受到惩罚；下面对于殷民，运用政治权力进行苛重的赋税征敛，招致造成许多仇敌也还不知休止。各种罪行集合到一起，使人民被榨干了而无处可以诉说。现在我商王朝眼看就有灾难了，我们将起而承受其祸害;我商王朝将要覆亡了，我们不能做亡国后的奴隶。告诉王子还是出走吧，用我过去对箕子说过的话。王子如不走，我们还是完蛋。我们洁身自重，各人各自对得起先王，我不能多所瞻顾，就要出走了。"

讨 论

汉代出现的《书序》说:"殷既错天命,微子作诰父师少师。"俞樾《古书疑义举例》"字因两句相连而误脱"之例:"'微子作诰父师少师',文义未足,本作'微子作诰,诰父师少师',两诰字误脱其一而义不通矣。"其实这本来就是不可靠的一篇"书序",所以文字也不通顺。本篇原是史臣记录微子和太师少师问答之词,不能说是微子诰这两人,所以不必去管这篇《书序》。

这里要弄清的有下列几个问题:

(一)"太师"、"父师"的问题

《史记·殷本纪》说:"纣愈淫乱不止,微子数谏不听,乃与太师、少师谋,遂去。比干曰:'为人臣者不得不以死争。'乃强谏纣。纣怒曰:吾闻圣人心有七窍,剖比干观其心。箕子惧,乃佯狂为奴,纣又囚之。殷之太师、少师乃抱其祭乐器奔周。"

又《宋微子世家》说:"微子开者,殷帝乙之首子而纣之庶兄也。纣既立,不明,淫乱于政。微子数谏,纣不听(此处接叙《西伯戡黎》事)。于是微子度纣终不可谏,欲死之,及去,未能自决,乃问于太师、少师(此处译载《微子》篇至"攘窃神祇之牺牷牲用"止）。今诚得治国，国治身死不恨；为死终不得治，不如去。遂亡（此处接叙箕子佯狂为奴及比干强谏被剖心事）。微子曰：父子有骨肉，而臣主以义属。故父有过，子三谏不听，则随而号之。人臣三谏不听，则其义可以去矣。于是太师、少师乃劝微子去，遂行。"

《周本纪》也说："闻纣昏乱暴虐滋甚，杀王子比干，囚箕子。太师疵少师彊抱其乐器而奔周。"

桓谭《新论》也说："二年，闻纣杀比干、囚箕子，太师、少师抱乐器奔周。"

是汉代人所引据的今文本《尚书》，微子所找商量的人原是太师和少师，而太师、少师是乐官。但郑玄注却说："父师者，三公也，时箕子为之；少师者，太师之佐，孤卿也，时比干为之。"（皇侃《论语义疏》引，据《尚书后案》所见日本足利学校重刻本）后来流行的伪古文本遂沿郑玄古文本作"父师少师"而不作"太师少师"。伪《孔传》并云："父师，太师、三公，箕子也；少师，孤卿，比干也。"《蔡传》照抄《伪孔》。从此微子所找商量的人就确定为父师箕子、少师比干了。

开始怀疑《尚书》的宋人也没有对这一说法提出异议，到清代江声《音疏》始提出怀疑，而自己说疑不能决。段玉裁《撰异》始说："《汉书·礼乐志》说，'殷纣时乐官师瞽抱其器而奔散，或适诸侯，或适河海'，此谓《论语·微子篇》'大师挚适齐'云云也。故《古今人表》大师挚、亚饭干、三饭缭、四饭缺、鼓方叔、播鼗武、少师阳、击磬襄（按这些都是乐官）皆系之殷辛时。而《尚书·微子篇》'父师、少师'，《史记》作'大师、少师'。《宋世家》

于比干死之后云：'大师、少师乃劝微子去。'则少师非比干，大师非箕子，甚明。《殷本纪》亦云，微子与大师、少师谋去，而比干剖心，箕子为奴，殷之大师、少师乃持其祭乐器奔周。《周本纪》又云，纣昏乱暴虐滋甚，杀王子比干，囚箕子，太师疵、少师彊抱其乐器而奔周。是则大师、少师为殷之乐官，即大师挚、少师阳也。挚即疵，阳即彊，音皆相通，惟传闻异辞，则载所如不一，而其事则一。此《今文尚书》说也。《古文尚书》说乃云'父师箕子、少师比干'。郑君伪孔皆用此说。"

魏源《书古微》则说："微子所问者乃乐官太师疵、少师彊，且其去在比干已死、箕子已囚之后。此马、郑古文本卫宏所伪造，断断非安国古文之明证也。"并且提出了五点论证：（1）父师不可名官。自王莽始立三公三少，郑氏遂以莽制说《尚书》。（2）家人相语，例当呼名，岂有诏其从子，乃一则曰王子、再则曰王子之理。且一问不答，再问不答，直至最后始答，以乐官疏远之臣对贵戚之臣，故慎密不敢轻言。（3）其词郑重乎殷民之攘窃神祇之牺牲，亦太师职掌所及，非箕子父兄之词。（4）"我不顾行遁"，此太师少师将抱乐器出奔之词，与箕子之佯狂不遁者无涉。（5）由《古今人表》及《礼乐志》所载，盖抱祭器遁荒者，微子也，抱乐器遁荒者，太师、少师也。及武王克商，而后以其器归周。史从后书则谓之奔周。这几条理由不一定都正确，但能肯定是"太师、少师"，而不是"父师"。

牟庭试图找出太师误为父师的原因。他在《同文尚书》中说："'太师'，伪孔本作'父师'，《太尉公墓中画像》作'伏尉公'，或当'太师'写作'伏师'，而'伏'声近'父'，因误读为'父师'乎?"他又根据《汉书·儒林传》言"迁书载《尧典》《禹贡》《洪范》《微子》《金縢》多古文说",引用了《宋世家》《殷本纪》《周本纪》之文,然后说:"据此,知真孔古文本作'太师、少师',此二人皆乐官之长也(按《史记》所载《尧典》等五篇并未用古文说。所谓真孔古文本作"太师"之说不足信。其实亦是今文本作太师)。太师名疵,少师名彊。疵声近挚,彊声近阳,是即《论语》所记适齐'入海'者也;董仲舒《对策》所称'纣时守职之人皆奔走逃亡入于河海'者也;《礼乐志》所谓'纣作淫声,乐官师瞽抱其器而奔散,或适诸侯,或入于河海'者也。是皆乐师瞽人,并非公孤之官也。微子以人事观之,知殷将亡,而未知天运何如,故问太师、少师以决之,为其瞽人知天道故也。"他在这里又提出了微子所以要找太师、少师去问的理由。

由上面诸说,基本可以相信,《微子》篇中原文应是"太师、少师",而不是"父师、少师",更不是指箕子、比干其所以说成父师箕子、少师比干,很可能是伪古文作者因为《论语·微子篇》中孔子称微子、箕子、比干。是"殷有三仁焉",便硬把"圣人"所说的"三仁"都扯到本书《微子》一篇中来了。吕祖谦《东莱书说》云:"圣贤处心至此,则纣之时可见。孔子曰:'商有三仁焉。'三仁之意,即此一篇可见矣。"可以反映儒家们把这三个人凑到这一篇中来的用心。

(二)关于"微"的问题

伪《孔传》云:"微,圻(畿)内国名。子,爵。"《孔疏》云:"微国在圻内,先儒相传为然。郑玄以为微与箕俱在圻内,孔虽不言箕,亦当在圻内也。王肃云:'微,国名。子,爵。入为王卿士。'"这些都说"微"是商都畿内的一国,其国君为子爵。微子启就是封在微国的国君,故称"微子"。

究竟在畿内什么地方呢?有下列诸说:

邹季友《音释》:"微,国名,在东郡聊城。今(元代)博州聊城县有微子故城。"

王顼龄《书经传说汇纂》:"《寰宇记》云:'微子城在潞东北。'今(清代)山西潞安府潞城县东北十五里有微子镇,即故城也。"

王鸣盛《尚书后案》:"郑又以微、箕二国俱在圻内者,潞安府潞城县东北十五里有微子城,辽州榆社县东面三十里有古箕城,为微子、箕子所封地。按戡黎之黎在潞安府长治县,郑以为圻内,潞城榆社与长治相连,故亦圻内。"

孙星衍《今古文注疏》:"《水经注》:济水又北径须句城西。济水西有安民亭。亭北对安民山。济水又北径微乡东。《春秋》庄公二十八年经书'冬,筑郿'。京相璠曰:'《公羊》谓之微。东平寿张县西立北三十里有故微乡,鲁邑也。'杜预曰:'有微子冢。'此在今山东东平州境,疑采地亦在是。《郡国志》:'薄,故属山阳,汤所都。'注:'杜预曰:蒙县西北有薄城,中有汤冢,其西又有微子冢。'《元和郡县志》:'沛县微山上有微子冢,去县六十有五里。'蒙县西薄城汤冢,当在今山东曹县南。沛,今江南县,古宋地。鲁宋相邻,皆在殷千里畿内,未知孰是。"

有这么多不同说法,其实都是不可相信的。杨筠如《核诂》:"王师(国维)谓殷制兄终弟及,子弟皆为未来储君,殊无分封之必要。故子姓之国,除周所封之宋外,实无可指数。且同时如比干,亦不闻有封地,则是否为国名尚难确定。若今潞安东北有微子城,或后人附益为之耳。"不仅潞安微子城出于后人附益,上列所说各地都是出于后人附益。

甲骨文中发现殷代地名已不少,其中有些文字是还未能认识的。已识和未识地名中,能附益为"微"地的,似还没有。1977年在陕西岐山发现西周初年铜器,其中有一《墙盘》的作者自称是"微"族人,它是周的与国,地点在今眉县(唐兰则以为"微的地域未详"。见《新出墙盘铭文解释》,《文物》1978年第3期)。这是参加周武王伐纣之役的微、卢、彭、濮等八国之一,显然与本文的微无关。因此我们目前只能从王国维之说,不去推寻微子是否封国之君及他所封的"微"在什么地方。

(三)从本篇的用字与语气看它写定的时代

这篇文字中,接连用了七个"殷"字。上篇《西伯戡黎》"讨论"里已指出,"殷"不是商人自称,而是周人对商人的称呼。周灭商后,对商文献中关于商王朝的"商"字都改称"殷",但对作为都邑的"商"地仍称"商"。本篇中尚有二"商"字,一为"商今其有灾",一为"商今其沦丧"。这二字可以解释为商的首都"大邑商",说它将有灾和将沦陷。但如果作为商王朝的称呼也可通,那就可见这篇文字原来是商末已有的,到了周代这两个字遗漏未改,把这两句原文保存下来,而其他商字都被周人改成殷字了。

还有"德"字,似也不是殷代文字(参看《高宗肜日》"德"字注释)。本篇也有了,这也是周代的痕迹。

还有"咈"字,《说文·口部》引此称为《周书》,这反映当时就有人把这篇看做周代的东西。

其次关于内容语气方面也全是自怨自艾,只责怪商王朝自己,一点也不责怪大敌周人。把商的灭亡说成是罪有应得,不能不说这篇显然是商亡以后到周代才写定的。虽然写成于商的后代宋人之手,他不能不接受周人的观点,同时确也反映了当时国亡在即,奴隶主统治者心慌意乱,力图如何保全自己的心理状态。

中 华 国 学 文 库

尚书校释译论 三

顾颉刚 刘起釪 著

中 华 书 局

牧　誓

　　《牧誓》是周武王伐商纣的牧野之战的誓师词。由于篇中
有六步、七步、四伐、五伐要止齐之文，造成经师们的困惑，无法
解通。今据古代社会研究、民俗学研究，考定为临战作为宣誓式
的军事舞蹈的誓师词。先秦文献引述两次，《史记》录本篇全文
入《周本纪》中。在汉代伏生今文二十八篇中为全书第十篇，
《周书》第一篇，到三家今文二十九篇中因前面增《太誓》一篇，
遂移为全书第十一篇，《周书》第二篇。东汉古文本《太誓》分为
三篇，其前《盘庚》亦分三篇，《牧誓》遂为全书第十五篇，《周书》
第四篇。至东晋伪古文本中为全书第三十篇，《周书》仍为第四
篇。其情况详后面的"讨论"。

校　释

　　时甲子①昧爽②，王③朝至于商郊牧野④，乃誓⑤。

①时甲子——《史记·周本纪》（本篇内以下简称《周本纪》）作"二月甲子"。《集解》引徐广曰："一作'正'，此建丑之月，殷之正月，周之二月也。"皮锡瑞以为用殷正的是今文，用周正的是古文，《周本纪》依今文，当从徐广所据之本作"正月"（见《今文尚书考证》。按，梁玉绳《史记志疑》也以为改用周正在克殷以后，此时尚用殷正）。但今传周代史料都作"二月"，如《逸周书·世俘解》："越若来二月既死霸，越五日甲子，朝至，接于商，则咸刘商王纣。"（《汉书·律历志》引为《武戒》，作"粤若来三月……"）又《国语·周语》："王以二月癸亥夜陈，未毕而雨。"韦昭注："二月，周二月。四日癸亥，至牧野之日。"所谓"殷正建丑"、"周正建子"之说原不可信，因以"子丑"十二辰称十二月是汉代的事，在殷、周当时的历法尚属早期阶段，彼此自有差异，其差别究竟怎样还不大清楚，所以"一月"、"二月"或"三月"究竟哪个对，也难论定。上述这些史料则都把"甲子"作为二月五日，详下文讨论（三）。1976年陕西临潼出土西周的铜器"利簋"，为参加这次战役的一个名叫"利"的贵族所制，他在战事之后第八天辛未受到周武王的赏赐，铸了这件祭祖先用的铜器做纪念。铭文前段说："珷征商，唯甲子朝，岁贞，克闻夙有商。"（《文物》1977年第8期）这是三千多年前直接参加这一历史活动的人物留下的原始记录，证明了本文所记"甲子"日是确实可信的。

②昧爽——"昧"，与"冥"音近义同，即暗而不明。《说文》释为"阇"（暗）。"爽"，明爽。《说文》释为"明"。"昧爽"，早晨天快明的时候。《说文》释为"旦明"，即《诗·鸡鸣》"士曰昧旦"的"昧旦"。《小盂鼎》云："昧爽，三左三右多君入服酉；明，王格周庙。"

知"昧爽"在"明"前。《诗·大明》"肆伐大商,会朝清明",郑玄笺即引此"甲子昧爽"释之。又《楚辞·天问》:"会鼂(朝)争盟,何践吾期?"系据历史传说周武王为履行和纣臣胶鬲预先订好的日期,于甲子昧爽赶到牧野(见《吕氏春秋·贵因》),提出了这一问(刘逢禄《书序述闻》记庄存与谓"争盟"即"清明"之误,《释文》谓一作"会朝请盟",亦字之误)。都以"会朝清明"为甲子日的"昧爽"。

③王——指周武王,故《周本纪》即作"武王"。姬姓,名发,为建立周王朝的第一任君主。在位期间约当公元前11世纪后期。

④牧野——"牧",《说文》作"坶",释云:"朝歌南七十里地,《周书》武王与纣战于坶野。从土,母声。"郑玄亦云:"牧野,纣南郊地名,《礼记》及《诗》作'坶野',古字耳。"(《诗·大明》疏引郑《书序》注)"朝歌"在今河南淇县,已见前《盘庚》"校释",系商代后期从殷邑向南扩展建立离宫别馆之地,纣常居此。又称"妹"或"沬"。《酒诰》"明大命于妹邦",郑玄注:"妹邦,纣之都所处也。于《诗》国属鄘,故其《风》有'沬之乡'。则沬之北、沬之东,朝歌也。"(《诗·桑中》疏引)据此,似"妹"或"沬"在朝歌西南。《水经·淇水注》:"径朝歌城南,《晋书·地道记》曰:本沬邑也。"《括地志》:"纣都朝歌,在卫州东北七十三里朝歌故城是也。本妹邑,殷王武丁始都之。"(《周本纪正义》引)显然"妹"、"沬"、"牧"和"坶"是一声之转,为同一地名。它的郊野疑原也称"妹野"或"沬野",文献中存"坶野"、"牧野"二称,后来在流传中才统一称为"牧野"。《小臣謎簋》云:"伯懋父以殷八师征东夷……雪厥复归,在牧自(师)。"郭沫若氏以为此牧师"必系殷郊牧野"(《金文丛考·小臣謎簋铭文考释》)。其地当在今河南淇县以南汲县以北一带。

⑤誓——军事行动前申明纪律约戒所属人员的重要戒辞叫"誓",见《甘誓》"校释"。

这一节,是史臣叙事的文字。

王左杖①黄钺②,右秉③白旄④以麾⑤曰:"逖⑥矣! 西土之人⑦!"

①杖——读去声,动词,手拿棍棒的动作叫"杖"。"左杖",左手拿着。

②黄钺——"钺",《释文》:"本又作戉。"《说文·戉部》:"戉,斧也。"但后来文献中已习用"钺"。"黄钺",以黄金装饰的斧子,是古代象征王权作为仪节用的武器。既为仪节用具,故亦用于乐舞,称之为"戚"。《说文》"戚,戉也"。《乐记》郑注:"戚,斧也。"故"戚"、"戉"为一物。郭沫若据《虢季子白盘》"锡用戉用政蛮方"(《释岁》),金文即有戉字。在乐舞中常与干(盾)并用。故常有"舞干戚"、"执干戚而舞"等说法。详讨论(一)。崔豹《古今注》:"金斧,黄钺也;铁斧,玄钺也。三代通行之以断斩。"并谓后代大将出征,"得赐黄钺"。这种殊典是后来封建统治者根据本文制定的。

③秉——执着,拿着。《诗·简兮》说,在"公庭万舞"中,"左手执籥,右手秉翟"。

④旄——郑玄云:"旄,旄牛尾,舞者所持以指麾。"(《周礼·春官·序官》"旄人"注)按,"旄",《说文》作"氂",释为氂牛之尾。《春官·乐师》郑众注亦云:"旄舞者,氂牛之尾。"朱骏声谓:"用氂牛尾注于旗之竿首,故曰旄。"并谓是一种舞者所持的小旗(《说文通训定声·小部》)。

⑤麾——《说文》手部作"撝"，释为"旌旗所以指撝也"。即用旗指挥。按，"麾"、"撝"与"扬"同音通用，皆读阳平，今并与"挥"同读阴平。"指麾"，今已通用"指挥"。

⑥遐——《周本纪》作"远"，系用训诂字。《唐石经》及各刊本作"逖"。但《尔雅》"遐远也"，郭璞注引本文作"遐"，段玉裁并举颜之推《观我生赋》及《文选》李善注皆引作"遐"，以为至唐初此字尚作"遐"，由卫包改为"逖"（《撰异》），今据改回。"遐矣！"是说大家走了远路了，辛苦了，表示对部队的劳问。

⑦西土之人——周族在今陕西一带，因此王所率领进攻商王朝的各族，对东方的商来说，也都是西部的，所以称为"西土之人"。

这一节，是史臣对于周武王开始作这一篇誓词时的叙述。

王曰："嗟！我有邦①冢君②、御事③、司徒④、司马⑤、司空⑥、亚旅⑦、师氏⑧、千夫长、百夫长⑨，及庸、蜀、羌、髳、微、卢、彭、濮⑩人，称尔戈⑪，比尔干⑫，立尔矛⑬，予其⑭誓。"

①有邦——《唐石经》及各刊本原作"友邦"，《周本纪》作"有国"，即《皋陶谟》的"有邦"，"友"、"有"通用，是加在名词前无意义的语词。为避免理解为友好之邦，依《周本纪》用"有"字。《周本纪》之"国"字为西汉避刘邦讳改，故不从改。"有邦"就是"邦"，指参加周武王这一军事行动的各部族（《大诰》"有邦"与此同改）。

②冢君——"冢"，大（《释诂》）。"有邦冢君"即各族的首脑，也就是《盘庚》篇的"邦伯"，《大诰》篇的"邦君"。

③御事——《周本纪》无此二字,当系偶省略或脱失。《大诰》《酒诰》《梓材》都有"邦君、御事",《召诰》《洛诰》《顾命》《文侯之命》有"庶殷御事"(甲骨文中作"御史")或周室的"御事",可知此处当有。"御事"是治事行政之官(参看王国维《释史》)。

④司徒——西周较早期金文作"嗣土",又有"冢嗣土";较后期金文则作"嗣徒"。"嗣"即"司","土"演化为"徒"。"冢嗣土"即"大司徒",其职务能管理成周八师(《舀壶》)。一般司徒的职务见于金文者,为管理耕耤、山林、浦泽及畜牧等项(参据郭沫若《周官质疑》)。此官不见卜辞,可知是周代的官(参看《尧典》"司徒"校释)。

⑤司马——西周金文作"嗣马",在王左右,担任赞右王命的职务(《师奎父鼎》等)。另有"家嗣马"、"邦君嗣马"(《趞鼎》《豆闭簋》等),职务和王的"嗣马"基本同(亦参据郭说),这也不是殷官而纯为周官(参看《尧典》"司马"校释)。

⑥司空——西周金文作"嗣工",管理田地、居处、草料、工司等项,还可兼"嗣寇"(《扬簋》),也是周官。郭沫若《金文丛考·周官质疑》谓司徒、司马、司空即《诗·雨无正》的"三事大夫",为仅次于《曲礼》"天官六大"(即金文中"卿事"的"三左三右")的高级官员。杨树达《积微居金文说》卷六据《鲞司徒幽卣》与《散氏盘》,以为"古县邑皆有司徒、司马、司空,不必天子诸侯之国始有之"。吴大澂《字说》云:"《散氏盘》……嗣土、嗣马、嗣工之官名显而易识。……世所传六国时官鉢……知晚周已有司徒之称,而司工尚称旧名,无称司空者。今经典所称司空,皆汉人所改。……古文工字有作𢎧者……安知不因工字作𡉉而误读为空耶?"(亦参看《尧

典》"司空"校释）

⑦亚旅——本书《立政》司徒、司马、司空之后也有"亚旅"，《梓材》则司徒、司马、司空之后有"尹旅"。"尹"和"亚"在甲骨文中都是官名，"尹"为文官某种首长，"亚"为武官某种首长。周人或系承其名称，故《酒诰》中有"惟亚惟服"，《诗·载芟》中有"侯亚侯旅"。"旅"，《尔雅》释为"众"，与"师"同义；《说文》则以"师"、"旅"分指部队不同数目的人众。此"亚旅"为武职名称，《左传·成公二年》鲁赐晋三帅三命之服，亚旅一命之服，可知亚旅是次于三军统帅的武职。在这里，是次于司徒、司马、司空的武职。

⑧师氏——西周金文中，如《𧽏鼎》说以师氏及有司征伐，《录𫴶卣》说以成周六师屯戍，而《𬰨壶》《小克鼎》则有成周八师，是"成周师氏"当即"成周八师"的将领。近人习金文者皆认师氏为周代武官，证以《毛公鼎》及本书《顾命》"师氏，虎臣"连称，可知师氏是高级武官。

⑨千夫长百夫长——西周金文中，奴隶们被作为物品，赏赐给贵族时，常说"若干夫"。如《大盂鼎》："人鬲自御至于庶人六百又五十又九夫"，"人鬲千又五十夫。"偶也说若干"人"，如《矢令簋》"鬲百人"，可知"一夫"就是"一人"，指的是一个男奴隶。在奴隶制时代，以奴隶当兵，当是统带一千个奴隶兵的称"千夫长"，统带一百个的称"百夫长"。

⑩庸蜀羌髳微卢彭濮——是周族周围地区的几个不同部族，先后臣服于周，跟随周武王一道伐纣。各族地点大致如下〔详讨论（三）〕：

庸——今湖北房县以西竹山一带。

蜀——古蜀国主要在今陕南汉中一带。

羌——今甘肃境及甘肃的西南千里之境。

髳——今山西省南部平陆县茅津渡一带。

微——今陕西扶风、眉县附近。

卢——今湖北南漳县以东、襄樊市以西之地。

彭——今湖北房县附近南河流域。

濮——今湖北西南及湘北湘西的湖沼地区。

⑪称尔戈——"称",郭璞注《尔雅》引作"偁",段玉裁据此谓东晋时本尚如此,亦卫包所改(《撰异》)。按,"称"、"偁"相通,又通"再"。《尔雅》于"偁"、《说文》于"再"皆释为"举",故不改回。"尔",你们的。西周金文中第二人称代词领格原用"乃"字,东周始用"尔"字。"戈",古代兵器,其刀刃横置,和戟之前端有刺者不同,故《说文》称戈为"平头戟",《考工记·冶人》郑注称戈为"勾子戟",又称为"勾兵",有点近似于长柄镰刀(北方的直刃镰刀),用于横击和钩割,而不是向前刺杀。今考古所见的商"勾兵"都是戈,经过东周至秦逐渐演化而成戟(程瑶田《考古创物小记》、郭沫若《释戟》有详考)。"称尔戈",举起你的戈。

⑫比尔干——"比",密列,并列。"干",即盾,古代的防御武器(郭沫若《释卤》有详考)。郑玄说在习武舞蹈中用它(见《礼记·乐记》注)。"比尔干",把你们的盾牌并列排好。

⑬立尔矛——"矛",古代的一种在长柄前端装有利刃便于刺杀的武器。《孔疏》:"矛长,立之于地,故言立。"

⑭其——将,就要(《释词》)。

这一节,是周武王呼唤所有参加伐纣战争前舞蹈的人员听誓词。

王曰："古人有言曰①：'牝②鸡无晨③；牝鸡之晨，惟家之索④。'今商王受⑤惟妇言是用⑥，昏弃厥肆祀弗答⑦，昏弃厥遗王父母弟不迪⑧；乃惟四方之多罪逋逃⑨是崇、是长、是信、是使⑩，是以为大夫卿士⑪；俾⑫暴虐于百姓⑬，以⑭奸宄⑮于商邑⑯。今予发⑰惟共行天之罚⑱。

①曰——《周本纪》无"曰"字，似是司马迁据今文偶省。但隶古定伪古文如敦煌 P799 本及神田本也无"曰"字，或诸本有意依《周本纪》所去。

②牝（古音扶死切，宋以后音补履切）鸡——"牝"，雌。"牝鸡"，母鸡。

③晨——神田本隶古定作"昚"，即"慎"，与"晨"同声通用（于省吾有此说）。此处指鸡在早晨鸣叫。

④牝鸡之晨惟家之索——"之晨"，"之"在此作为假设连词，意同"若"、"倘若"。"惟"，《周本纪》作"维"，二字通用，在此作不完全内动词，意为"就是"。"索"，旧注有"尽也"、"散也"、"萧索也"、"通索，空也"等等解释。俞樾以为同于《周礼》方相氏之"索室驱疫"，王闿运以为"字"字之误，杨筠如以为与"隙"通，释为瑕衅，都非确解，总之是不祥、不好的意义。这两句是说："谁家的母鸡管早晨鸣叫，就是谁家要倒霉了。"曾运乾以为："此语盖女系易为男系时之格言。"（《正读》）也就是恩格斯所说的："母权制的颠

覆,是女性底具有全世界历史意义的失败。"此句是确立父系家长制以后,强调男性中心的谚语。

⑤商王受——《周本纪》作"殷王纣"。"受"、"纣"为同音异字,是商王朝末任国王"帝辛"的名字(参看《西伯戡黎》校释),段玉裁以为今文作"纣",古文作"受"(《撰异》)。按,"受"又讹为"受德",见《逸周书·克殷解》:"尹逸策曰:殷末孙受德。"《吕氏春秋·当务》:"其次曰受德。受德,乃纣也。"这大抵从本书《立政》"受德"一词传来。《立政》中"受德"与"桀德"并言,显然是说他二人德行,而不是二人之名。《周本纪》引《克殷解》作"尹逸策曰:殷之末孙季纣",是司马迁亦知"受德"非名,把"受德"作为纣名是错误的。

⑥惟妇言是用——《周本纪》"惟"作"维","妇"下有"人"字。《汉书·五行志》引此句无"是"字,隶古定写本神田本、内野本、神宫本、松田本亦无,《唐石经》则"是"字旁添。作为周代特介提宾语法,是有介词"是"字。此句所指,当即《殷本纪》所说"纣嬖于妇人,爱妲己,妲己之言是从"。

⑦昏弃厥肆祀弗答——《周本纪》作"自弃其先祖,肆祀不答"。较本句"厥"下多"先祖"二字,可能本文脱落,也可能司马迁用汉代文句作较完整的表述。王引之谓"昏"读"泯","昏弃"即《左传·昭公二十九年》之"泯弃",亦即《周语》"不共神祇而蔑弃五则"之"蔑弃","泯"、"蔑"一声之转(《述闻》)。于省吾谓"泯,金文作敯"(《新证》)。"肆",祭先王的祭名(《周礼·典瑞》"以肆先王"注)。"答",报。苏轼谓"祭所以报"。

⑧昏弃厥遗王父母弟不迪——《史记》作"昏弃其家国,遗其王

父母弟不用",似本文此句"厥"下脱"家国"字。《汉石经》则"王"作"任",段玉裁据《史记》及汉《太誓》"离逖其王父母"以为当作"王"(《撰异》)。俞樾谓汉人常误"王"作"壬",如武梁石刻"秦王"作"秦壬",并举《左传》"王臣"别本作"壬臣"、《韩非》"王登"《吕氏春秋》作"壬登"之例,而此又加"人"旁(《平议》)。"王父",《尔雅》释为父之父。刘逢禄据《晋语》"年过七十……称曰王父"以为指伯叔父(《集解》)。于省吾据金文祖父母称"祖""妣"、父称"王父""皇父"、母称"王母",也以为指父母(《新证》)。按,正如刘逢禄说指诸父诸母,"王父母弟",王樵释为"王父弟"、"母弟",而"王父弟"即从兄弟(《尚书日记》)。这句是说纣蔑弃父母们遗下给自己的兄弟不用。

⑨多罪逋逃——"罪",即罪隶(《周礼·秋官》),奴隶主把奴隶都作为有罪的人。"逋",逃亡。"逋逃"为同义复词,这里为名词,即逃亡者。

⑩是崇是长是信是使——此四"是"字都是作为把宾词提置动词前的介词,"多罪逋逃"是宾词,崇、长、信、使是动词。"崇",《汉书·谷永传》引作"宗",当是用字偶异,义仍相同。这句是说尊崇信使那许多逃亡的奴隶,意即《左传·昭公七年》所说的"纣为天下逋逃主"。按,招徕吸引外来奴隶,是古代奴隶主常用的一种壮大自己力量的手法。摩尔根《古代社会》中说古罗马城的建造者大奴隶主头子罗木卢斯就是用这方法的。该书第十二章说:"古代建城者的一个策略,就是把一大群卑贱的人吸引到自己身边来。……罗木卢斯便实行了这个古老的办法。据说他曾在帕拉丁山附近开设了一个收容所,招致邻近部落一切的人,不论其品质地位如何,

一律同他自己的部落分享这座新城的利益和命运。"又李维《罗马史》说:"从邻近的居民中,有一大批鱼龙混杂的乌合之众,不分奴隶与自由民,渴求新的环境,因而逃亡到了那里(译者按,指罗马城),这就为罗木卢斯致志于其伟大事业而发展势力的第一步。"好大喜功的纣当时采取的也是这一"为天下逋逃主"的策略。《左传·昭公七年》说文王"有亡,荒阅",是说奴隶有逃亡时即大检阅一次,当周与殷交争中原之际,必有若干周族的奴隶逃亡到殷方的事,故武王用这句话来骂纣。

⑪是以为大夫卿士——《史记》无此句。此"是"字为连词,意即"于是"。此句是说"于是用那些逃亡者为大夫卿士"。按,王朝官员分为卿、大夫、士三级,是周制。《左传》之《隐公三年》《隐公九年》王室"卿士",杜注:"卿士,王卿之执政者。"《诗》之《雅》《颂》中也屡提到"卿士"。但金文中皆作"卿事"(《番生簋》《令彝》《毛公鼎》……等),甲骨文没有卿士或卿事,只有"卿史",其职位比周代的"卿士"低(可能只是史官),所以这里用的是周代的官名。至于周武王这时王朝还没有建立,是否已分卿、大夫、士等级别,还不能详。总之这里是指殷代奴隶制王朝的高中级官员。

⑫俾——使。王引之谓"暴弃"与"奸宄"亦平列字(《述闻》)。

⑬百姓——即百官(参看《尧典》校释)。

⑭以——在此作为承接连词,同"而"(《释词》)。

⑮奸宄——"宄",《周本纪》作"轨",同音通用字。"奸宄",奸诈邪恶(参看《微子》及《盘庚》"奸宄"校释)。

⑯商邑——《周本纪》作"商国"。泛指商的都邑领域。

⑰发——周武王名。

⑱惟共行天之罚——"惟",《周本纪》作"维"。"共",《唐石经》及各刊本作"恭"。《周本纪》作"共",《汉书·叙传》、各隶古写本及高诱、李贤、李善等注书皆引作"龚","恭"字为唐天宝误改,今改回。"共"、"龚"同音通用,其义皆训为"奉"。"共行天之罚"即"奉行天罚",为奴隶主假天命进行征伐的宣传词令(《参看《甘誓》校释)。敦煌本 P799 无"天"字,误脱。

这一节,历数纣的罪恶,来鼓动斗志。

"今日之事①,不愆于②六步、七步,乃止,齐焉。夫子③勖④哉! 不愆于四伐、五伐、六伐、七伐⑤,乃止,齐焉。勖哉夫子! 尚⑥桓桓⑦如虎、如貔、如熊、如罴⑧,于商郊弗御克奔⑨,以役西土⑩。勖哉夫子!

"尔⑪所⑫弗勖,其于尔躬⑬有戮⑭!"

①今日之事——指伐纣战争前作为宣誓仪式所举行的军事舞蹈。

②不愆于——《周本纪》"愆"作"过",无"于"字。"愆"的意义为"过",故《周本纪》译用之。又"愆"的籀文为"𠎝",故《艺文类聚》五十九引此作"弗𠎝"。

③夫子——黄以周云:"夫即千夫长百夫长之夫。夫子者,千夫百夫以上尊者称也。"(《礼说》)是"千夫长"、"百夫长"等为武职的官名,"夫子"则为对他们礼貌的称呼。因为"子为男子之美称"(《仪礼·士冠礼》注),或"丈夫之通称"(《白虎通·号篇》)。

④勖——《周本纪》作"勉"，下文二"勖"字同。流行本"勖"稍变作"勖"。《尔雅》《说文》都释"勖"为勉，以音同故义相通。

⑤不愆于四伐五伐六伐七伐——"不愆于"，《周本纪》作"不过于"。"伐"，《礼记·乐记》郑注云："武舞，战象也。每奏四伐，一击一刺为一伐。"（江声、王鸣盛据郑玄此注引本文无"六伐七伐"，又此注之疏及《曲礼》疏亦无之，疑此四字为衍文，然《周本纪》《汉石经》皆有之，故不取江、王说。）

⑥尚——命令副词，表示希望之意。

⑦桓桓——《说文·犬部》引作"狟狟"，金文作"趄趄"（如《虢季子白盘》）。三字同音通用。郑玄谓"威武貌"（见《周本纪正义》），《尔雅·释训》："威也。"

⑧如虎如貔如熊如罴——《周本纪》作"如虎如罴如豺如离"。段玉裁说这是今文。"貔"，古人传说中的一种猛兽，《说文》说是豹属，《方言》说是狸或貉的别名，《尔雅》说是白狐，《草木疏》说似虎，又说似熊，亦即白罴，《礼记·曲礼》则称为"貔狸"。"罴"，也是古代相传的猛兽，《尔雅》《说文》都说它如熊。"离"，段玉裁谓与螭同，都是"离"的假借字。《说文·内部》释"离"为山神兽，又引欧阳乔说为猛兽，段并引服虔说："离如虎而吃虎。"又《广雅》谓一种无角的龙叫螭龙。显然这些都是出于古代神话传说。

⑨弗御克奔——"弗"，《周本纪》作"不"。"御"，《唐石经》及各刊本作"迓"。然《周本纪》原作"禦"，《释文》谓马融本亦作"禦"。《孔疏》谓王肃读"御"为"禦"，是王本作"御"，《匡谬正俗》引唐初本亦作"御"；敦煌 P799 本及神田本作卸，为"御"的省文。是唐以前各本作"御"或"禦"。按，甲骨文、金文中从"示"之字皆

可省"示",如禄、福、祐、祖、神等字亦作录、畐、右、且、申,可知御、禦二字无别。段玉裁谓今本作"迓",必天宝中卫包见伪孔训"御"为"迎",而《说文》训"迎"之字为"迓",遂据改(《撰异》)。今特改回为"御"。"克",能,在此与"弗"对举。"奔",《周本纪》作"犇",古奔字。《说文》:"奔,走也。从夭,贲省声。与走同意,俱从夭。"在此与"御"对举,其义既为走,则"御"当指御车。"弗御"与"克奔"似为舞蹈中的两个动作,指舍车、徒步,与上文六步、七步相合。《孟子·尽心下》谓"武王之伐殷也,革车三百乘",《书序》《周本纪》也都说"戎车三百乘",可知此役原以车队为主。现在舞蹈中的动作都以徒步进行,那么自应先有一下车的动作(伪《孔传》释"御"为"迎",释此句为"商众能奔来降者不迎击之",以后的各种注释都承此义。但此"御"字既非"迎"意,也无"击"义,"奔"更无"降"义,显然伪孔解释是错误的。至于《盘庚》"迓续乃命于天"的"迓"用"迎"的本义,其古本用"御"乃假借字,与此不同。见《盘庚》校释)。

⑩以役西土——"役"字在此的意义,旧注疏家有过多种解释,但总不大好讲通。似以《广雅·释诂》"役,使也"之义较近,有发纵役使之意。故《周礼·小宰》"一曰听政役以比居"郑众注:"役,谓发兵起徒役也。"而《国语·吴语》"寡人帅不腆吴国之役",韦昭径释为:"役,兵也。"这些解释,颇能适用于此处。"西土"与篇首"西土之人"相应。似此句为舞蹈的最后一句结语,承上句"于商郊弗御克奔"之后,说以此舞蹈来发动役使西土之人皆成为战士,投入战斗。

⑪尔——你们。"尔"字作为第二人称代词,是周代用法,其单

数多数不分,且可用于主、宾、领三格。但金文中还只出现在春秋以后器中。

⑫所——在此作为假设连词,王引之谓与"若"同。《左传·僖公二十四年》"所不与舅氏同心者",又《宣公十年》"所有玉帛之使者",及《论语·雍也》"予所否者"的"所"字,都作"倘若"解(《释词》)。神田本、内野本、神宫本、足利本、中原康隆抄本"尔所"二字皆误倒,显见在日本境内源于同一古抄本致误。

⑬躬——身体。

⑭戮——杀(参看《汤誓》校释)。

这一节,对军事舞蹈提出动作要求,并申明纪律。

今　译

甲子这天清早还没大亮的时候,武王来到商都郊外牧野这个地方,举行誓师。武王左手拿着黄金斧钺,右手举起白旄牛尾小旗,用以指挥说:"大家远来辛苦了,我西方的人们!"

武王说:"喂!我各邦的首脑,治事大臣,司徒、司马、司空等官长,部队将领,千夫长、百夫长等军官,及庸、蜀、羌、髳、微、卢、彭、濮等各个部族的人们,举起你们的戈儿,并列排好你们的盾儿,并立好你们的矛儿,我就要发出誓词了。"

武王说:"古人有一句话:'母鸡不该在早晨鸣叫。如果母鸡在早晨鸣叫,就是谁家破败的日子到了。'现在商王纣只听信所宠爱的女人的话,自己背弃他的祖先,不举行报答祖先的祭祀;自己遗弃他的家国,丢掉自家兄弟不任用;而只是尊崇信使那些四方逃亡的奴才们,用他们担任大夫卿士等要职,使他们为害于百官百族,肆行奸恶于整个商国。现在我周王要对他奉行上天的惩罚了!

"今天举行临战前的军事舞蹈,在徒手舞蹈上,不过六步、七步,停止下来,看齐!战士(夫子)们努力呀!在击刺舞蹈上,不过四伐、五伐、六伐、七伐,停止下来,看齐!战士(夫子)们努力呀!大家要威风凛凛地像虎豹熊罴一样,在商都的郊外,举行舍车、徒步的演习,以动员我西方的勇士们投入战斗,战士(夫子)们努力呀!

"如果你们有不努力的,那就要在你们的身上执行刑戮了!"

讨 论

本篇需要讨论的有四个问题,现在分别析论如下:

(一)《牧誓》是什么事件的誓词

汉代出现的《书序》说:"武王戎车三百两,虎贲三百人,与受(纣)战于牧野,作《牧誓》。"是说这是周武王在牧野与商纣作战时的誓词。《周本纪》说:"武王朝至于商郊牧野,乃誓。"又《鲁周公世家》也说:"十一年伐纣至牧野,周公佐武王,作《牧誓》。"都是说这是与纣作战时的誓词。后来的注疏家也都说是"临战誓众"(伪《孔传》《孔疏》《蔡传》等)。

但是,既然是临战前的动员誓词,为什么叫战士们只进攻六步、七步就中止,只刺六伐、七伐就停下来呢?这岂不是不叫打胜仗吗?世界上哪有按规定走六步、七步和刺六下、七下的战争呢？

于是旧的注疏家们只好挖空心思来进行解释。现录其一些主要说法如下：

郑玄："始前就敌，六步七步当止齐，正行列。及兵相接，少者四伐，多者五伐，又当止齐，正行列也"（《诗·维清》疏）。"好整以暇，用兵之术。"（《诗·大明》疏）

伪《孔传》："就敌不过六步七步乃止相齐，言当旅进一心。（《孔疏》释云："言当众进一心。"）伐谓击刺，少则四五、多则六七，以为例。"

蔡沈："战不过六步七步乃止齐，此告之以坐作进退之法，所以戒其轻进也；伐多不过六七而齐，此告之以攻杀击刺之法，所以戒其贪杀也。"（《书集传》）。

吕祖谦："圣人之师，坐作进退，纪律如此。后世之师，有追逐夜行三百里者，其纪律安在哉！故当战亦井然有序，不失纪律，三军一人，百将一指，足以见武王之恭行天罚，其不妄侵掠可知矣。"（《东莱书说》）

是汉晋儒家把步伐的规定数目解释为端正行列，一致行动。但这样规矩行动怎么作战呢，宋儒就吹嘘这是圣人仁义之师，是为了戒轻进，戒贪杀。甚至把后世作战夜行几百里说成没纪律的行为。这样，周武王比宋襄公更早几百年做了蠢猪式的军事家了。但他仍然打了胜仗，这个矛盾怎么解释呢？所以这类说法显然是不符合史实的。

相传唐代李靖解释为教阵法。他说："周之初兴，则太公实缮其法。始于岐周以建井庙；戎车三百两，虎贲三百人，以立军制;六步、七步,六伐、七伐,以教阵法;陈师牧野,太公以百夫致师,以成武功。"(崔述《考信录提要》指出阮逸伪撰之《唐太宗与李卫公问答》卷上)宋朝的王炎也说:"六步七步,足法也;六伐七伐,手法也。"(《书传辑录纂注》引)这种说法,看来合理些。但是为什么到了作战那天的早晨,还在临时教阵法呢? 对士兵的操练,不在平时进行吗?

其实古代的注疏家都不知道,六步七步、六伐七伐等等,都是舞蹈动作。这次举行的是一次军事舞蹈。周武王所说的这些,就是指挥这次军事舞蹈的一篇举行宣誓性的当时称作"誓"的讲话。

古籍中原已零散地有一些提到周武王这次牧野之战的舞蹈的资料,如:

《尚书大传》:"武王伐纣,至于商郊,停止宿夜,士卒皆欢乐歌舞以待旦。"(《礼记·祭统》正义引)"惟丙午,王逮师,前师乃鼓鼗噪,师乃慆,前歌后舞。"(《御览》四六七"人事部"引)

《礼记·祭统》:"声莫重于升歌,舞莫重于《武宿夜》,此周道也。"郑玄注"《武宿夜》,武曲名也。"孔颖达疏:"舞莫重于《武宿夜》者,《武宿夜》是武曲之名。是众舞之中,无能重于《武宿夜》之舞。皇氏(侃)云:'师说《书传》云:"武王伐纣,至于商郊,停止宿夜,士卒皆欢乐歌舞以待旦。"因名为《武宿夜》,其乐亡也。'熊氏(安生)云:'此即《大武》之乐也。'"

按,关于武土伐纣之师以甲子前夕到达牧野之事,亦见于《国语·周语》云:"王以二月癸亥夜陈,未毕而雨。"韦昭注:"二月,周二月。四日癸亥,至牧野之日,夜陈师。"

关于周师歌舞之事，亦见于下列几件汉晋时的材料：

《白虎通·礼乐》："纣为恶日久，残贼天下，武王起兵，前歌后舞。克殷之后，民人大喜。"

《乐·稽耀嘉》："武王承命兴师，诛于商，万国咸喜。军渡盟津，前歌后舞，克殷之后，民乃大安。"（《御览》八十四"皇王部"引。据《绎史》校订后两句）

《天问》王逸注："言武王三军，人人乐战，并载驱载驰，赴敌争先，前歌后舞，凫藻讙呼。""一云：前歌后舞，如鸟噪呼。"

《礼·文王世子》"下管象"郑玄注："美文王武王有德，师乐为用，前歌后舞。"

《华阳国志·巴志》："周武王伐纣，实得巴蜀之师，著乎《尚书》。巴师勇锐，歌舞以凌，殷人前徒倒戈。故世称之曰'武王伐纣，前歌后舞'也。"

这里说"世称之曰"，可见是一直到晋代还在社会上颇为广泛流传的说法，而且都是作为周武王当时情况说的。

《华阳国志》还有一段记载汉初刘邦时的话："阆中有渝水，賨民多居水左右，天性劲勇，初为汉前锋，陷阵锐气，善舞。帝善之曰：'此武王伐纣之歌也。'"

这是说帮助刘邦作战的賨人勇锐善舞，使刘邦体会到了武王伐纣时的歌舞。由这些资料看出，在各种传说中，都模糊地保持着历史的影子：牧野之战与歌舞是联系在一起的。

当然，当时的歌舞早已没有痕迹了，后来则有纪念周武王这次武功的名叫《武》或《大武》的舞蹈、舞乐和舞诗（即这一舞蹈的舞乐的歌词）存在过。关于这《武》或《大武》的记载也颇不少：

《论语·八佾》："子谓《韶》尽美矣，又尽善也。谓《武》尽美矣，未尽善也。"《集解》引孔注："《韶》，舜乐名。""《武》，武王乐也。"

《诗·周颂·武》"诗序"："《武》，奏《大武》也。"《孔疏》："《武》诗者，奏《大武》之乐歌也。"

《庄子·天下篇》："……舜有《大韶》，禹有《大夏》，汤有《大濩》，文王有《辟雍》之乐，武王周公作《武》。"

《史记·礼书》引载《荀子·礼论》："和鸾之声，步中《武》《象》，骤中《韶》《濩》，所以养耳也。"《史记·礼书·正义》："步，犹缓。缓车则和鸾之音中于《武》《象》，骤车中于《韶》《濩》也。"顾先生云："知武王之乐颇缓，故四五伐六步七步即可止齐。"《集解》："郑玄曰：《武》，武王乐也。《象》，武舞也。《韶》，舜乐也。《濩》，汤乐也。"（和、鸾之解释见《集解》《正义》）

《乐纬叶图征》："……舜曰《大招》，禹曰《大夏》，商曰《大濩》，周曰《勺》、又曰《大武》。"（《乐记正义》引。孙瑴《考正古微书》）

《周礼·大司乐》："舞《云门》《大卷》《大咸》《大磬》《大夏》《大濩》《大武》。"郑注："《大武》，武王乐也。武王伐纣以除其害，言其德能成武功。"

《礼·文王世子》："下管象，舞《大武》。"郑注："以管播其声，又为之舞……美文王武王有德。"

《礼·祭统》："升歌《清庙》下而管象，朱干玉戚以舞《大武》。"

《礼·明堂位》："升歌《清庙》下管象，朱干玉戚，冕而舞《大武》。"《孔疏》："执赤盾玉斧而舞武王伐纣之乐也。"

《礼·乐记》："夫乐者,象成者也。总干而山立,武王之事也。""且夫《武》,始而北出,再成而灭商,三成……"郑注："每奏《武》,曲一终为一成。始奏,象观兵盟津时也;再奏,象克殷也;三奏,象克殷有余力而反也。"(此段记《大武》全舞共分"六成",甚备)

又《乐记》郑注"武舞"疏:《武》乐六奏,每一奏之中,舞者以戈矛四度击刺,象伐纣时也。"

又《乐记》："是故先鼓以警戒,三步以见方,再始以著往。"郑注："三步,谓将舞必先三举足,以见其舞之渐也。"《孔疏》:"再始以著往者,谓作《大武》之乐,每曲一终而更发始为之。"

此外还有不少这类记载,不详举了。这些都是说在周代有这么一个纪念和歌颂周武王牧野之战的乐舞,是经常隆重地举行演奏的。《左传·宣公十二年》说:"武王克商,作《颂》曰'载戢干戈'。……又作《武》,其卒章曰'耆定尔功'。"似乎说周武王自己作了《颂》和《武》,和上面举《庄子》河汉无极的说法一样。其实《左传》所举的是舞诗,即舞乐的歌词,也就是现在还能见到的《诗·周颂》中的《时迈》和《武》两篇,并不就是乐舞《武》或《大武》,更不是周武王做的。因为武王伐纣时的前歌后舞是没法传下来的,只可能有后来的歌颂纪念作品,所以才如《论语》所说的为春秋时的孔子所听到,也为《周礼》的"大司乐"所职掌。《吕氏春秋·古乐》说:"武王即位,以六师伐殷……克之于牧野,归乃荐俘馘于京太室,乃命周公为作《大武》。"《诗·周颂·武》的《孔疏》则说:"《武》诗者,奏《大武》之乐歌也。谓周公摄政六年之时，象武王伐纣之事，作《大武》之乐，既成而于庙奏之。"都说这是成于周公之手，这倒是说的较可信，因为周公以"制礼作乐"闻名后代，他完全可以主持作成这一乐舞的。古代确有这么一种习尚，有了丰功伟绩后，就有对它加以歌颂的歌舞，来纪念它。历史上这种纪念性的乐舞很多。最有名的如北齐兰陵王戴假面作战，勇冠三军，武士共歌谣称颂，形成了一部《兰陵王入阵曲》。他作战时戴假面，就有舞蹈气息，所以后来就流传为舞曲，一直到现在的日本还能表演它。又如唐太宗破刘武周，武功煊赫，军中相与作《秦王破阵乐》，后来改成为唐王朝大典礼中奏演的《七德舞》。这一舞乐的影响也很大，当时的吐蕃等部也都演奏它。这影响及于边裔。还影响及于域外。这些都说明大的武功或杰出的武功，往往有歌颂它的纪念性的乐舞形成和流传。

《牧誓》的舞蹈却和这些不同，它不是事后纪念性的舞蹈，而是战争开始的一场临阵的军事舞蹈。意义是表示宣誓参加战争。这是一些古代民族早期往往有的习惯。恩格斯对此阐释得很清楚。他在《家庭、私有制和国家的起源》中说："要是发生战争的话，大半都由志愿兵来进行的。在原则上，每一部落只要没有同其他部落订立明确的和平条约，它同这些部落便都算是处在战争状态中。反对这种敌人的军事行动，多半是由一些优秀的战士来组织的；这些战士发起一个战争舞蹈，凡参加舞蹈的人，就等于宣告加入了出征队，队伍便立刻组织起来，即时出动。……这种队伍的出发和凯旋归来，总要举行公共的典礼。"（《马克思恩格斯选集》第四卷第 88 页）这就使我们懂得了，甲子牧野之战是这天早晨举行的,就是周武王领导下的这支队伍的所有成员宣告加入出征的战争舞蹈。舞蹈完毕后"即时出动",所以当天就把纣打败了。《逸周书·世俘解》说纣于甲子这天晚上自焚死,周武王取得了完全的胜利。

我们也可以从本文中得到一些证据。如篇首说周武王手里拿着黄钺白旄进行指挥,黄钺和白旄就是指挥舞蹈的用具;而战士们手中的干戈矛等,除作为武器外,也是军事舞蹈中所执的舞具。可以从下面许多资料中看到这点。

先看"钺",它就是古代乐舞中经常出现的"戚"。戚、钺二字都是由"戉"而来,同释为斧,所以二者是一物(见前"校释")。在周人乐舞中,它总是和干(盾)在一起,在武舞中使用。史料中屡见不鲜。如《礼·祭统》:"君执干戚就舞位","朱干玉戚以舞《大武》"。又《明堂位》:"朱干玉戚,冕而舞《大武》。"注:"朱干,赤盾。戚,斧也。此武象之舞所执也。"《文王世子》疏:"以其用干,故知象武。若其大武,则以干配戚。"其泛言干戚者,《文王世子》:"大乐正学舞干戚。"《吕氏春秋·贵直》:"其干戚之音。"乃至《山海经·海外西经》也说:"刑天操干戚以舞。"《后汉书·祭遵传》注:"武乐,执干戚以舞也。""干戚"二字就往往成了武舞的代词。由《祭统》看出,天子就舞位是要执着它的。

次看"旄",则是作为与干戚相配合而构成乐舞的。如《乐记》:"比音而乐之,及干戚羽毛(旄)谓之乐。"又:"干戚旄狄(同翟。疏:羽也)以舞之。"又:"动以干戚,饰以羽旄。"郑注:"干,盾也。戚,斧也。武舞所执也。羽,翟羽也。旄,旄牛尾也,文舞所执。《周礼》舞师、乐师掌教舞,有兵舞,有干舞,有羽舞,有旄舞。"《孔疏》:"此经干戚羽旄,包含文武之大舞。"按《周礼·春官》"乐师"教六种舞,有羽舞、旄舞、干舞等。郑司农注:"旄舞者,旄牛之尾。干舞者,兵舞。"又《地官》"舞师"掌教乡野以乐师六舞中的四舞,有兵舞而无旄舞。《孔疏》:"此教野人,故无旄舞。"说明旄舞是王朝高级的舞。郑玄注"旄人"云:"旄,旄牛尾,舞者所持以指挥。"是周武王明明持着旄指挥舞蹈。

　　兵士们手中的干戈等,也都是舞中离不开的。上面已经提到不少,还可补充一些资料。《文王世子》:"春夏学干戈,秋冬学羽籥。"注:"干戈,万舞,象武也。"疏:"宣八年《公羊传》:'万者何! 干舞也。' 以其用干,故知象武。"《周礼》乐师职有"干舞"。郑众注:"干舞者,兵舞。"又《周礼·春官·序官》"司干"云:"干舞者,所持谓楯也。"诸子中所散见者,如《庄子·让王》:"子路抗然执干而舞。"《吕氏春秋·仲夏》:"命乐师执干戚戈羽。"又《填人》:"子路抗然执干而舞。"《山海经·中山经》的首山、熊山都说其祠用"干儛",郭璞注云:"持楯武儛也。"这些资料都说明,习武的舞蹈中,总以干戈等武器作为舞具。

　　由上面看出,本文所载周武王手中拿着的黄钺白旄,就是指挥舞蹈的用具;战士们手中拿着的干戈等等,既是他们的武器,又是他们参加军事舞蹈的舞具。所以这次完全是一巨大的军事舞蹈的场面。

　　可能有人要怀疑,这样紧迫的军事行动前,哪里还能从容不迫地举行舞蹈? 这是用现代人的眼光看问题。不知古代的人们,舞蹈和各种典礼,是生活中不可缺少的。何况像战争和祭祀这两件最大的大事(《左传·成公十三年》"国之大事,在祀与戏"），更是非有舞蹈和典礼不可的。我们从各种关于较原始民族或较古史事的资料中，往往看到这类记载。现在录摩尔根《古代社会》的一段话如下："舞蹈是美洲土著的一种敬神的仪式，也是各种宗教的庆典中的一项节目。世界上任何地方的野蛮人，也没有像美洲土著这样专心致志地发展舞蹈。他们每一个部落都有十至三十套舞蹈。每一套舞蹈都有专门的名称、歌曲、乐器、步伐、造型和服装。某些舞蹈是所有的部落共有的，如战争舞蹈即是。"（《古代社会》第四章《易洛魁人的部落》）这不活像对周人《武舞》的描写吗？我们的祖先和易洛魁人并无二致，也正是这样热爱着舞蹈，所以就有关于牧野之战"前歌后舞"的传说。而历史上这类事情也是屡见叠出，例如西楚霸王项羽困于垓下，四面楚歌；《汉书·礼乐志》载"巴渝鼓员三十六人，应古兵法"；又前举《华阳国志》所载汉高祖时的賨民为汉前锋，勇锐善舞；都是其著例。现在还可举出时代比较晚的宋代的一件史事为例：

《续墨客挥犀》卷七："王子醇初平熙河，边陲宁静。讲武之暇，因教军士为讶鼓戏，数年间遂盛行于世。其举动、服装之状，与优人之词，皆子醇初制也。或云：子醇初与西人对阵，兵未交，子醇命军士百余人，装为'讶鼓队'，绕出军前，虏见皆愕眙。进兵奋击，大破之。"

这和兰陵王戴假面作战有点近似，亦与"蒙马以虎皮"之类用意相近（参看《史林杂识》"驱兽作战"）。时代这么晚了，还可在阵前利用舞蹈，那末早在周初时代，利用舞蹈作战更是不足为奇了。我们还可从现代少数民族的一些类似活动中，对古史的认识得到一些启发。最近云南博物馆汪宁生同志写的一篇关于这一问题的文稿,虽不赞同牧誓之战歌舞的传说,但他列举了西南三个少数民族的战俗资料,非常有助于我们理解这个问题。现将其中所引三个材料摘叙如下:

云南景颇族世袭山官之间展开掠夺性战争"拉事"之前,选出勇敢战士为先锋,由山官授以绘有恐怖人面图形的野猪皮盾牌。战事开始,任"勒卡总署"的先锋一手舞刀,一手舞盾,作冲杀之状,任"司列"的先锋双手舞一长矛,作向前刺杀之状,其动作都是狂热的舞蹈,并发出模拟老虎的吼叫声,全队即随之冲锋,以锐气压倒敌人取胜。

四川凉山彝族黑彝奴隶主各家支之间进行"打冤家"的械斗时,选出带头的"扎夸",一手舞皮盾,一手舞刀剑,在前打先锋,全队战士穿上鲜艳服装,或披戴皮甲,头插红布,或插上鸡毛,皮盾、皮甲上漆着红黄黑三色组成的可怖图案,在扎夸的盾和剑(即周人的干戚)的舞蹈指引下,奋前发出咒骂喊叫,高唱战歌,以事战斗,也以压倒威势取胜。流传了这样一首战歌:

我是著名的黑彝,

我是吃人的老虎,杀猪的屠户;

我曾剥过人皮九张,

我是人上之人,人类无比之人,

谁能比得上我!

(汪稿原录歌词,句次和文字略有出入。此录自《凉山彝族社会性质讨论集》第120页,并据汪稿订正首句和末句。)

云南佤族在以前打仗时,也是要摆开阵势,借大喊大叫高唱战歌以助威势。沧源地区至今还流传这种战歌一首:

我们每人背三把刀，

一齐走出寨门。

打仗我活你必死，

打仗我胜你必败。

你变豹子我变虎，

你会跳来我会飞。

你有火药枪，我有火药炮。

你的人多，打不赢我一条好汉。

你有大山，我也要把你戳穿。

（见《沧源县佤族民歌选》）

由这些少数民族在现代还有这些较原始的战俗，就可使人理解早在三千多年前的周人，在临战前举行动员与宣誓性的军事舞蹈，以促成战事的胜利，就是很自然的事了。

所以，这篇《牧誓》，就是周武王伐纣时，在甲子这天，在商郊牧野这地方，在即将出动进击前，举行一次宣誓式的战争舞蹈大会上"誓众"的讲话。

（二）牧野之战的年月问题

牧野之战所在的年月，是两千多年来文献上聚讼纷纭的一个很难解决的问题。《牧誓》本文关于时间的交代，只有开头的一句："时甲子昧爽，王朝至于商郊牧野，乃誓。"这里日子是明确的，是甲子日。至于是什么年、月，本文没有说，就靠其他文献来提供。但历史上各种文献在这个问题上的说法非常不一致，其纷歧争执主要在两方面：1.是用周文王"受命"年数纪年、还是用周武王在位年数纪年来计算它所在之年？2.这一年属什么干支？其绝对年代应在公元前几年？

1.用文王纪年还是用武王纪年

这个问题在过去文献上计有下列各种不同说法：

（1）用周文王"受命"年数纪年之说

周人艳称文王受命之事，既为了巩固自己政权的需要所进行的必要宣传；也由于当时的宗教信念认为是真实的，文王确是受了天命的。故《大盂鼎》云："丕显玟王，受天有大命。"《康诰》云："天乃大命文王。"他如《酒诰》《无逸》等等。都直接表明这一"受命"即王权"受天命"之证。汉人承此传说，多所阐述。《史记·周本纪》说："诗人道西伯盖受命之年称王，而断虞芮之讼。"是说周文王受了天命，称了王，有了威望，因而断了虞（今陕西陇县西南）芮（今陕西陇县西北）两国的争执纠纷。接着是："明年伐犬戎，明年伐密须，明年败耆国"，"明年伐崇侯虎"。因而断虞芮之讼一事反映了它的权威性，具有特殊的历史意义。于是周人就把断虞芮之讼这一年宣扬为文王"受命"元年，然后一直到他死后都接着这一年计算下去。这一说中，对其后一些具体史事的年月安排，又分下列诸说：

（甲）第一说

以周文王受命七年死；九年，武王到孟津观兵；十一年，一月，武王伐纣，渡孟津；二月，牧野之战，克殷。这一说的有关材料为：《竹书纪年》（古本），《尚书大传》，《史记》之《周本纪》《齐世家》《鲁世家》，《书序》等。这一说基本是汉代的今文家说。

（乙）第二说

如果《周本纪》的"十一年十二月"，是另据不同的材料，而非文字之误,那么"二月甲子"在十二年。这就可列为用文王纪年说中的另一说。但据王国维意见,这一说存在的可能性较小。

（丙）第三说

以文王受命九年死;十一年,武王观兵孟津;十三年克殷。这一说的有关材料为:《逸周书·文传解》《汉书·律历志》引刘歆据《三统历》所写的《世经》;伪孔本《泰誓》、伪《孔传》《孔疏》等。这一说基本是汉代古文家说,伪古文承其说而又有所附益。其中说文王生武王之年及文王、武王年岁,都是承大、小戴《礼记》妄说,荒唐不足据,王国维《周开国年表》已予驳正。此不过作为汉代有此一说而已。

（丁）第四说

这一说调和今、古两说,以文王七年死,十三年伐纣。持此说者为《诗·武》郑玄笺。

（戊）第五说

是另一调和之说。孙星衍《尚书今古文注疏·牧誓》云:"盖今文古文各从文王受命数年之异也。史公以虞芮质成之年为文王受命,则文王七年崩。若以赐斧钺为受命,又在虞芮质成之前矣。其云二月甲子或不异也。"皮锡瑞即指出:"以《逸周书》所云受命,指受西伯专征之命,亦调停之说。"按,所谓赐斧钺专征事在断虞芮之讼前两年,此说就是把古文家说的受命提前两年。这样一来刘歆根据《逸周书》所说的九年而崩之年,实即《大传》七年而崩之年;所说的十三年伐纣,实即十一年伐纣,于是两家说的二月甲子就是指的同一天了。

其实(丁)、(戊)两种调和之论都是多余的,根本错误在于

（丙）说中的刘歆之说。皮锡瑞《考证》指出：“《汉志》所以与《史记》不合者，用刘歆《三统术》。刘歆又本于《逸周书》文王受命之九年。刘向以为《周书》'盖孔子所论百篇之余'，见《汉书·艺文志》注，故歆用其父说。……伪孔从之，较《史记》皆差二年……实为大谬。”王国维更详析之，见其《周开国年表》，可知刘歆等人之说根本不足信。

所以在上述五说中，惟第一说较近实。

（2）用周武王在位年数纪年之说

《吕氏春秋·首时篇》：“武王……不忘王门之辱，立十二年而成甲子之事。”把甲子牧野之事放在武王立十二年亦即即位之后的十二年。王国维《周开国年表》考定武王即位六年而死，十二年自不能列为武王纪年。然先秦文献似有用武王纪年者，如《逸周书》之《柔武》《小开武》《宝典》《酆谋》等，这些篇多出战国后期甚至汉时编造，则难尽征信。

开始明确提到武王纪年的，是《新唐书·历志》所载张说、陈玄景二人的《历议》。见于该文中的“其七《日度议》”，该段文字的破绽颇多，所引的《周书》“维王元祀、二月丙辰朔”。在《逸周书》原文并不如此。是二月丙辰朔在三年而不在元年。又此文所引《竹书》之十一年为武王之年，并引《管子》及《家语》为十二年。但不见于今通行本《管子》。《家语》中，实皆为《吕氏春秋·首时篇》之语。可见其引文错乱，则其立论的根据已不坚实。此《历议》由欧阳修录入《新唐书》，故倡武王纪年说最力的就是欧阳修，然后宋儒多从其说，清人亦多附和此议。

其实，宋儒以来所强调的说法，都是带着“一取信乎六艺”

的尊经观念，以为经文都必须为后世立法，而他们是根据后世每一帝王即位必须改元的成例，来看这一段历史的。却不知周初还没有建立这种制度，俞樾已很有力地批驳了这一看法。在他的《达斋丛说》第一篇《文王受命称王改元说》中说："文王受命改元为古今一大疑，其实无足疑也。唐虞王臣，契稷并列；商周皆古建国，周之先君，非商王裂土而封之也。……夫众所归往谓之王，虞芮质成之后，六州咸附，则已有王之实矣，有其实岂得辞其名，此文王所以称王也。……非如后世之争天下者，必灭其国而后可代之兴也。说者谓武王诛纣之后始谓之有天下，则昧于古今之异。"当时周人真诚地把文王"受天命"看做是了不起的大事，也为了神化自己王权的需要，更有意强调和夸张这一"受命"，所以就把年数接着"受命元年"计算下去。这是世界各古代民族都出现过的使用大事纪年法的一种通常办法。例如古代埃及第一、第二王朝时清点全国人口土地或王家库存等，是国家的大事，就用此几年称"第一次清点之年"、"二年"、"第二次清点之年"等，又如巴比伦与亚述也以大事纪年，某年恒以某事或某人得名，如某次战争之年，某城陷落之年，某某执政之年等。国家特设僧侣或官员专司此纪年之事。有所谓《苏美年表》(*Sumerian date-lists*)所记年岁尽以大事得名。希腊、罗马早期也一样，如奥林比亚纪年之循环法，即以四年一期之奥林比亚胜会纪年，又如罗马之建城为其历史上的大事，即以此为其重要之纪年，以后年代即称"罗马建城后第几年"。其后也以某年执政官之姓名称其年。可知这是人类各民族早期纪年方式的通例。中国当然也不例外，周代在成王以前基本就是如此。文献中如《洛诰》有"惟周公诞保文武受命惟七年"。考古文物中如成王时的几件铜器其铭文亦有如:《中甗》"唯王令南宫伐反虎方之年";《厚趠斋》"唯王来格于成周年";《䚄卣》"惟明保殷成周年";《旅鼎》"唯公大保来伐反夷年";《作册魖卣》"唯公大史见服于宗周年"等等,都是用大事纪年法。可知周代初年确有用这办法纪年的习惯(一些大贵族在记家史时,即在其后也还沿用大事纪年法,如春秋时齐器《国差𦉢》"国差立事岁",《陈纯釜》"陈犹立事岁"等等之类都是)。这种办法不合于后代按帝王纪年的办法,后人不大理解,但在当初却确实是这么做的。当时不仅武王即位没有改元,而继用了文王受命之年;就是周成王即位,也照样没有改元。王国维氏根据较详备的资料,撰写了一篇《周开国年表》。肯定了《尚书大传》及《史记》之说,排出了武王、成王都没有改元的年表,计从文王"受命"元年起,直到十九年止。到十九年的次年,成王才以祀于洛邑改元为"元祀",这也是大事纪年的原精神,而这时已是文王死后的十三年,武王牧野之战后的九年,周公为掩护成王而居位的七年了。

成王以后,周代才开始按王位纪年,所以从康王时的铜器里才见到"唯王几祀"的铭辞。如《大盂鼎》始有"唯王廿又三祀",《小盂鼎》亦云"唯王廿又五祀"。其后昭王时器《段簋》、共王时器《趞曹鼎》《师虎簋》《走簋》等都记有唯王几祀。而在早于成王的周初金文里,还没有见到这类提法。这是由于还没有实行按王位纪年的办法之故。

后来郭沫若氏撰写了一篇《令彝令簋与其他诸器物之综合研究》,以《叟卣》"唯十有九年王在厈"为成王在位六年践奄之时，证实了成王尚沿用文王受命之年，又在《两周金文辞大系图录考释》的《𩿨卣考释》里也说明："十又九年，文王纪元之十九年，成王六年也，周初用文王纪元，至成王七年平定淮徐后，始以功作元祀。"两处都明确指出王国维《周开国年表》的详赅正确，其说无可易，帮助这一问题做出了正确的结论。

既然有了两周金文材料做参证，使问题能得到结论，便可相信用周文王受命纪年之说是正确的。因此现在基本可以断言：周武王伐纣之年，是周文王"受命"十一年；牧野之战的甲子日，是十一年的二月五日。

这里是二月五日甲子，在文献中基本上是可以较一致得出此结论的。最基本的文献《逸周书·世俘》："惟一月……丁未王乃步自于周，征伐商纣。越若来二月既死魄，越五日甲子，朝至接于商，则咸刘商王纣"。只一月的活动与《世俘》相符合的，还有《汉书·律历志》引的《武成》："惟一月壬辰旁死霸，若翌日癸巳，武王乃朝步自周，于征伐纣。"只是所记日子癸巳比《世俘》的丁未早了十四天。可能一记出发日子，一记到达日子，也可能记得都不那么确切。又有《尚书大传》说："惟丙午，逮王师。"则记到达的日子比丁未早了一天。接着叙其后的活动，则有《书序》的"一月戊午，师渡孟津"，王国维以为戊午是廿八日，与《武成》所记一月干支符合，《周本纪》所记也是"戊午师毕渡孟津"，因此断定《周本纪》所记也是一月。戊午后的隔一天庚申就是二月一日，所以《汉书·律历志》说："庚申，二月朔也。四日癸亥，至牧野夜阵。"这是根据《国语·周语下》"王以二月癸亥夜阵，未毕而雨"韦昭注："二月，周二月。四日癸亥，至牧野之日。"《尚书大传》也说："武王伐纣至于商郊，停止宿夜，士卒皆欢欣歌舞以待旦。"这都是甲子前夕的事。《汉书·律历志》所引《武成篇》就说："粤若来二（原误作三，据新城新藏校订为二）月，既死霸，粤五日甲子，咸刘商王纣。"《周本纪》也说"二月甲子昧爽"。依戊午来推，当然也是五日，以上这些文献都能帮助确定牧野之战的甲子，是在这年的二月五日。上文提到的王国维的意见也是这样的。

所有这些，都是记载在流传已两千多年的文献中，1976年临潼出土一件牧野之战后的第八天辛未受到赏赐的一位名叫利的贵族，在受赏后铸的一件铜器"利簋"，铭文共三十二字，首句为："珷征商，唯甲子朝。""珷"即武王。明确记载武王在甲子那天早晨征商，这是当时的历史见证，是第一手材料。由征商日子的确凿，完全证实了过去文献中有关这一事件的记载是正确可靠的。可知牧野之战的甲子日，确是文王受命十一年的二月五日。

2.牧野之战这一年的干支问题和它应在公元前几年

这一问题的纷歧说法更多，因为我国历史上有明确的纪年始于周代的共和元年（前841），时间在西周厉王的末年。《史记》于共和以前的三代只能列世表，共和元年起才详列年表。而现在的《史记》里给这一年定了干支为"庚申"，钱大昕《十驾斋养新录》据《史记》之《六国表》及《秦楚之际月表》干支皆由徐广所注，指出此当亦为徐所注，而今刊本删去徐广名。按徐为晋人，时代已后，所注不一定准确，例如《六国表》周元王元年，徐广注为乙丑，另一晋人皇甫谧却注为癸酉。可知这些历史纪年上的干支,原为后人凭己意加上的。但事实上从共和元年开始,我国的干支纪年就一直不断,排列到我写此文时(1978)已共有二千八百一十九年了。过去不少学者都热心于要去弄清共和以前三代的年数和它的干支,他们就只好从共和元年起向上推算。而牧野之战这一年,是确定殷代的最后一年和周代开国元年的关键,所以很多人不惜精力去研究它。清人林春溥的《古史考年异同表》列举了历代文献中给牧野之战所定干支达十种以上;新城新藏的《东洋天文学史研究》也列举了从汉至清研究周初年代的达十四家之多;又《历史语言研究所集刊》七本一分载董作宾的《殷商年疑》一文,把对这一年的干支的不同说法归纳成八组,并列举从事这一研究的达二十家。又闻香港周法高《论金文月相与西周王年》,列二十四家(惜未见其文)。虽然有这么多人下功夫,可是始终还不能作出一个结论。但林、新城、董三家搜集的资料,为我们了解这问题提供了极大的方便。

最早给伐纣之年加上干支的,是汉代的纬书,如《书纬》的《运期授》《易纬》的《是类谋》《乾凿度》等,它们据西汉流传的"殷历"所分章蔀之说,说周文王受命之年是"戊午蔀二十九年",受命的十一年伐纣,当是戊午蔀的第四十年,即"己巳"年。而持受命十三年说的古文注疏家,则定为"辛未"年。晋代出土的《竹书纪年》,原文当是"十一年周始伐商",晋人加上"庚寅"二字。而皇甫谧《帝王世纪》则以克殷之年为"乙酉"。到宋代更出现纷歧说法,邵雍《皇极经世》,刘恕《通鉴外纪》,郑樵《通志》及宋末金履祥《通鉴前编》等,皆以为伐纣在"戊寅"年,克殷在"己卯"年。《外纪》引《殷历》则以伐纣为"甲申"年,《通志》

引《商历》又以为是"癸亥"年。

到清代，综考各家之说加以比较的，首先就是林春溥的《古史考年异同表》。加上李锐的《召诰日名表》，姚文田的《周初年月岁星考》和《夏殷历章蔀合表》等，就使我们看到纷歧复杂的不同说法。用公元来比核，更看出它的复杂程度。把它们综合起来，可以大体分为两类：第一类是把"伐纣"和"克殷"即渡孟津和牧野之战两事列在一年的；第二类是把"伐纣"和"克殷"列在紧接的两年的。第一类列在一年的，就有下列五种不同的干支说：(1)己巳。相当于前 1132 年。(2)辛未。林春溥以为相当前 1130 年，新城新藏以为应在前 1070 年。(3)庚寅。《古本竹书纪年》为前 1051 年，林表据《大衍历》移前六十年为前 1111 年。(4)癸亥。相当于前 1078 年。(5)甲午。相当于前 1047 年。第二类把"伐纣"与"克殷"列在两年的，则有下列四种不同的干支说：(1)戊寅、己卯。相当于前 1123 年和前 1122 年。(2)甲申、乙酉。相当于前 1117 年和前 1116 年。(3)甲戌、乙亥。相当于前 1067 年和前 1066 年。(4)庚寅、辛卯。相当于前 1051 年和前 1050 年。

到了近代，更有许多人想用新的天文历法知识，并利用旧的历法材料，去推寻伐纣之年的绝对年代，更是百花吐妍。而一人依不同历法数据，往往得出几种不同结论。如章鸿钊《中国古历析疑》据《三统历》推算为前 1122 年(吴其昌《金文历朔疏证》相信《三统历》，亦前 1122 年说)，章氏据《大衍历》推算为前 1111 年，据《竹书纪年》及《孟子》语推算为前 1051 年，据太阴纪年法为前 1050 年，据《国语》"岁在鹑火"为前 1055 年。陈汉章《古今纪年编》据今本《竹书纪年》以为前 1050 年，谓以《三统术》推

牧誓

算并在此前二十年，则为 1070 年。陈梦家《西周年代考》据《左传·昭公九年》所记用不超辰法为前 1030 年，据《帝王世纪》为前 1116 年，据他自己的推算则为前 1027 年。唐兰《中国古代历史上的年代问题》据汉代所流传"殷历"为前 1075 年。还有雷海宗《殷周年代考》、丁山《周武王克殷日历》等都说是前 1027 年（瑞典高本汉亦同此说）。近闻周法高《论金文月相与西周王年》说是前 1045 年，张汝舟《西周考年》说是前 1106 年。而日本天文史学家新城新藏据周初月朔及奥尔博《日蚀表》推定为前 1066 年，并据纬书如《乾凿度》所说克殷之岁入戊午蔀四十二年，以之比附周初月朔表，则有公元前 1132、1127、1101、1096、1070、1065、1039、1034 诸年的可能，但他为了求与其他方面调和，则选定为前 1070 年。日本流行纪年书《最新世界年表》作者喜田贞吉则采新城据《三统历》推定为前 1122 年之说。

这样使人眼花缭乱的分歧说法，正说明这是一个不易取得正确结论、求得真正绝对年代的问题。上面已提到用干支纪年并不是先秦以前的事，在殷周时期的年代，是根本没有用过干支的（殷代只用干支纪日）。如果要从共和元年起上推牧野战争之年，给它加上干支，并不是历史上曾存在过的客观事物。而且凭各人的主观努力加的，首先要弄清楚从共和元年上推到牧野战争之年到底有多少年。善于编排年历的刘歆已在《三统历·序》中指出："自昭王以下无年数，故据周公伯禽以下为纪。"然而《鲁周公世家》和《十二诸侯年表》也并没有伯禽以下年数。可知从牧野之战至共和元年到底多少年，根据到现在为止所有文献材料，都还是无法推算出一个确切数目来的。

在天文历法发展到一定阶段时，我们的祖先除了观察日月运行的周期来制定年、月、日等历制外，还伴随以纪年法的发展。这是天文观测活动进到观察行星的结果。其中当古人根据已有的观察能力认识到岁星（木星）十二年一周天后，就利用岁星在周天的位置来称某年为"岁在某处"。这就是"岁星纪年法"。其法先须把周天划为十二等分，给每等分起上名字，叫做寿星、大火、析木、星纪、玄枵、娵訾、降娄、大梁、实沈、鹑首、鹑火、鹑尾。此后才可指称岁在某处。例如《国语·周语》伶州鸠说"昔武王伐殷，岁在鹑火"，就是用的这种纪年法。这十二等分的名字最先，较简单，只称十二辰，即用了子丑寅卯等十二支的名字。据郭沫若氏《释干支》以为此当在殷代早期。而岁星纪事之年的下限当在殷周之际。但周天十二部分因十二支顺序而与岁星运行方向相反，所以后来假用一个"岁阴"（又称"太阴"）和真岁星运行方向相反，以一种和岁星在相对应的位置来纪年。这相对应的位置等于看做是岁星所投的阴影。这就是"岁阴纪年法"（或"太阴纪年法"）。如《史记·货殖列传》魏文侯时"太阴在卯，穰"就是。这就说明战国初年已用岁阴纪年法（新城新藏称此法为"干支纪年古法"）。然由于岁星不是刚好十二年一周天，而是略有不足（为 11.86 年），积八十余年要差一辰。到刘歆时认识到了这点，但认识得不精确，便制定一百四十四年超一辰的"太岁纪年法"。这种纪年法用了一种避开十二支顺序而另起的"岁名"。即摄提格（寅）、单阏（卯）、执徐（辰）、大荒落（巳）、敦牂（午）、协洽（未）、涒滩（申）、作噩（酉）、淹茂（戌）、大渊献（亥）、困敦（子）、赤奋若（丑）等十二个奇怪名称（有人认为可能是来自少数民族语言）。而这十二岁名实际又与十二支相应，即摄提格相当于寅、单阏相当于卯等等。还要配上"岁阳"，即阏逢（甲）、旃蒙（乙）、柔兆（丙）、强圉（丁）、著雍（戊）、屠维（己）、上章（庚）、重光（辛）、玄黓（壬）、昭阳（癸）等十个名称（阏逢相当于甲，旃蒙相当于乙等等）。用起来非常噜苏。例如太岁在甲寅，就要说太岁在"阏逢摄提格"，在乙卯，就要说在"旃蒙单阏"，多不好懂！用起来也非常不方便。既然岁名实际等于十二支，岁阳实际等于十干，于是为了便捷计，就索性摆脱岁名、岁阳，径用干支，这就成了与岁星、太岁等都脱离了关系的"干支纪年法"。就像殷代用干支纪日一样按年排下来，于是历史书上每年都有了干支，一直到现在民间还在使用。这种"干支纪年法"，新城新藏、陈遵妫等以为始于东汉，郭沫若则谓西汉前期的《淮南子·天文训》已有"太乙在丙子"、"建于甲寅"等语，为干支纪年之嚆矢。由此可知我国古代在历法上所用过的纪年法，经历了岁星纪年法、岁阴纪年法、太岁纪年法、干支纪年法等几个阶段。

这样，干支纪年法显然是至早到西汉才有的事。武王伐纣时还只用早期的"岁星纪年法"，根本没有干支纪年。我们硬要勉强从共和元年去上推武王伐纣这一年，是完全没有可靠依据的，要寻出原来的干支更是没有可能的。清人宋翔凤《尚书略说》说："《国语》伶州鸠曰：'昔武王伐殷，岁在鹑火。'鹑火午宫，故《诗》正义推是年太岁在庚午。而《淮南·兵略篇》云：'武王伐纣，东面而迎岁。'高诱注云：'太岁在寅。'（亦见《荀子·儒效篇》）又《尸子》曰：'武王伐纣，鱼辛谏曰：岁在北方，不北征。武王不从。'则当时人人异说。《三统历》言：'自昭王以下无年数，故据周公伯禽以下为纪。鲁公伯禽推即位四十六年，至康王十六年而薨。'案，《鲁世家》无伯禽年数，则亦歆所臆度。又《三统术》引《鲁世家》，考公以下年数多不与《史记》合。后汉尚书令忠奏言歆'横断年数，损夏益周。考之表记，差谬数百'。则共和以上推武王伐殷之岁，其数已不可得，但可存《周语》'岁在鹑火'之说而已。"这一态度是比较谨严的。

郭沫若《殷周青铜器铭文研究》说："将来有大规模之地下发掘，更能获得多量之古器物时，由古器物中之历朔以恢复中国之古历，此正学者所应有事。较之目前挟刘歆《三统历》之尺度剪裁古代青铜器者，其方法当不可同日而语也。"郭氏又在《陕西新出土器铭考释》（1942 年）中指出："上列诸器铭多具年月日，大可用为考订周代历法的资料。近时学人每好以刘歆历法以制殷周长历，以金文按之多不合，或则合于此而不合于彼，适足证知历法有异耳。欲求周代历法，当就彝铭中求其确属于同一世代者，比并其所系之年月日，以寻其相互之关系，如此方得准确。"这才是寻求牧野战争之年可循的途径。因为过去的历法，早有人指出是古疏而今密，它们的数据往往是不那么确切，不是可以由今天随意拿去硬套古代那些连年数都没弄清的年代的。

我们今天寻求牧野之战的年月，态度应该特别谨严，对汉以后加上的那些捕风捉影之谈都应摒弃。要认识到所有一切在文献里兜圈子的任何尝试，都将是徒劳无益的。现在所能见到的属于周代的较早的材料，还只有春秋时期伶州鸠"武王伐纣，岁在鹑火"那一句。大概可以相信它是周代久已相传的材料，因为伶官的职掌是要保管很多祖宗时代传下来的旧史乐歌篇章和典故材料的。因此我们应该丢开一切后来的历法，以"岁在鹑火"作为仅存线索，期待由金文历朔的研究，得以恢复周代历法，以之为参考，然后才有寻索牧野战争之年的可能。不过这件事何时能取得成就还很渺茫，因此更多的希望只有求之于天文学上关于木星运行周期的研究，以期待它能帮助解决牧野战争之年的问题。虽然推算结果不论怎样接近，总还有 $\pm 12n$ 年误差的可能。但舍此以外更无他途可循。因此要解决这一问题，只有期待天文学的研究成果。

很高兴的是，最近看到天文学家张钰哲先生于 1979 年 11 月提出的《哈雷彗星的轨道演变的趋势和它的古代历史》一篇很有意义的论文（后发表在 1978 年 6 月的《天文学报》十九卷一期）。这篇论文不仅正好从木星方面来解答牧野战争之年的问题，而且更主要是就我们原来没有注意到的哈雷彗星来解答这一问题，给出了双重的科学论据。全文根据现代科学技术计算出的有关数据，求得在三千多年中哈雷彗星的运动轨道演变趋势，来考查中国历史文献中可能是哈雷彗星的记录。计从 1910 年出现的一次起，向上回溯历史上四十次哈雷彗星的出现，集中讨论了公元 5 世纪以前的十次重要的彗星记录，认为《淮南子·兵略训》所记载的武王伐纣那一次，就是公元前 1057 年到前 1056 年哈雷彗星回归过近日点的记录，同时以该年木星黄经确在鹑火之次，与伶州鸠的话相合，用以佐证其论断。这真是一个极有价值的发现，使我们得到了近代天文科学一项可贵成就来帮助这一问题的求得解决（这篇论文还有张先生的学生、和他共同研究的张培瑜先生的贡献在内）。

现摘录该论文关于这问题的几段主要论说如下：

《淮南子·兵略训》中有下列彗星的记载："武王伐纣，东面而迎岁，至汜而水，至共头而坠，彗星出而授殷人其柄。"这段记录中给出了这个彗星出现的时间（武王伐纣时）和方位（彗星及其柄的方向都在东方）。

我们计算了哈雷彗星从 1910 年回溯第四十次的回归，得出结论：（1）正好在前 1057 到前 1056 年间的子丑寅卯四个月回到地球附近，明亮可见。（2）在丑月下半月到卯月上旬，有利观测，晨见东方，很亮。彗星柄在东方，尾指西方，与记载全合。所以我们认为这条记载很可能是哈雷回归的一次观测记录，因为年代、月份、方位都很合。（脚注：近得江涛私人来信说，他计算武王伐纣时期的哈雷彗星过近日点时刻，其结果与我们有一些差异。这是否是由前面所述逐步计算误差累积的原故，有待进一步研究。）

还有一个佐证，就是《国语》中载有周景王二十三年（前522）时说的"武王伐纣，岁在鹑火"。我们认为这很可能是其时流传下来伐纣之年岁星所在的位置。十二次中的鹑火包括柳、星、张三宿，在公元前 1057 年它们的黄经为 87.9°–131.4°……哈雷彗星公元前 1057 年回归过近日点时，那时木星黄经为 127.2°，仍在鹑火……因此这或许可以作为公元前 1057 年是伐纣之年的一个旁证。

我们得出的结论是，假使武王伐纣时所出现的彗星为哈雷彗星,那么武王伐纣之年便是公元前1057—前1056年。这个看法,对于我国年代学上这个疑案的解决,可能有帮助。

这真是一项深具学术价值的研究成就,是迄今为止关于武王伐纣的牧野之战年月问题的最可喜的科学论断,使我们能放手抛弃两千年来直到现代学术界中专就文献提出的关于这一问题的纷纭之说,可以依靠这一篇鸿文来寻取有关这一问题的结论。

这一论文具有谨严的科学态度;虽然已由作者就所掌握的材料进行了深刻的分析研究,提出了自己的结论,但还提出了下列非常慎重的交代:一是注明作者所研究得到的武王伐纣时期哈雷彗星的近日点时刻方位等结论,另有人得到相异的计算结果,因而尚有待进一步研究。而这是这篇论文所得结论的立足点,这就使读者注意到应该待进一步研究完成后,这论文所得的结论才是定论。又一是在结论中慎重地说明:"假使"武王伐纣日所出现的彗星是哈雷彗星,武王伐纣之年才是公元前1057—前1056年。其意很显然,如果这彗星不是哈雷彗星而是其他星就得不到这一结论。可见作者的慎之又慎,不肯贸然一下就作定论。因此他在文章一开始的提要中就只说对几个有关年代学的问题,提供解决线索。这都是有分寸的科学家严肃负责的精神,使我们知道怎样运用这篇论文。但我们认为还须提及的是,张先生此文所依据的文献纪录是西汉时的《淮南子》,虽然它的资料来源必有所据,但毕竟《淮南子》时间距武王伐纣之年约达一千年,它所记的是递经流传的而不是原始材料,其可靠程度总要打些折扣,例如《尸子》就提出当时岁星方位与《淮南子》完全不同的说法。因此根据它所作出的研究结果，在还没有得到坚实的其他科学论据来印证以前，当然还是初步结论。

但是，这确是一篇前所未有的独具造诣的天文学研究成果，使过去文献中的一切悠谬之说黯然失色，第一次提供了解决这一问题的正确的方法，使我们感觉到公元前 1057—前 1056 年这一年代的提出，与章鸿钊据"岁在鹑火"推算出之公元前 1055 年极为密合，可相印证。比过去任何其他推算结果的可靠性都要大，我们将悬此为解决这一问题之鹄的，再经过如作者所说的进一步的研究，则获得最后定论的前景已经不是渺不可寻了。

不久《历史研究》1979 年第 10 期有赵光贤先生《从天象上推断武王伐纣之年》一文，完全支持张钰哲先生之说。但到 1987 年第 2 期《人文杂志》上有赵先生《武王克商与周初年代的探索》一文，以张说与《召诰》《武成》有不合，改定为前 1045 年。这样商榷是有益的。

最近据《中国史研究动态》1981 年第 12 期报导，1981 年 9 月 15 日至 21 日在太原召开的中国古文字研究会第四届年会上，美国倪德卫提出了一篇论文，就是根据周灭商"岁在鹑火"这一文献资料，以岁差相校，推算出牧野之战在公元前 1046—前 1045 年之间。还有他的合作者班大为从相关的材料分析，也得出了基本相同的结论。这真是非常可喜的研究成果，就上文已提到的各家说法来看，和这一说基本相合的是林春溥据《史记》的《周本纪》和《鲁世家》所推算的甲午年，即公元前 1047 年。而向后误差一个木星周期十二年的则有新城新藏据纬书《乾凿度》所推得的几个年份中最晚的一个公元前 1034 年。还有向前误差两个木星周期二十四年的,则有新城新藏和陈汉章分别提出的公元前1070年。而上引张钰哲所推算得的公元前1057—前1056年,则恰恰比倪德卫之说向前误差一个木星周期十二年。看来这些年份都在木星周期上,比历史上其他各种纷纭说法更接近正确。等于是经过筛选后得到了这几个可依以研究的年份,这就能很有把握地给予我们一种希望通过运用近代天文学研究的努力,对解决牧野之战年月问题已经给人以希望了(详起釪撰《牧野之战的年月问题》,载《顾颉刚先生诞辰九十周年纪念论文集》,收入《古史续辨》)。

其后几年间,又陆续看到一些中外学者对武王伐纣年月提出新的研究成果,都是可喜的努力。总之当以根据现代天文科学针对古代可靠资料(包括考古资料)进行谨严的研究者为近是。至于最后能明确无讹地探寻出武王伐纣的绝对年代在公元前第几年,能承受多方面的检验论证而无不合,不存在任何假设、推论、待证或虚设的条件于其间,确能得出颠扑不破的科学结论。我们希望这样的好景终有一天会到来。

(三)庸、蜀、羌、髳、微、卢、彭、濮八族的地点

这八族的地点,伪《孔传》说:"'羌',在西。'蜀',叟。'髳'、'微',在巴蜀。'卢'、'彭',在西北。'庸'、'濮',在江汉之南。"照这一说法,在周族东南的有二:庸、濮;在西南的有三:蜀、髳、微;在西面的有一:羌;在西北的有二:卢、彭。

《孔疏》则说:"此八国皆西南夷也。文王国在于西,故西南夷先属焉。"然后他把这些地点都以蜀为中心来解说,以为羌在蜀西,虚、彭在东蜀的西北,于是在周东南的只有庸、濮二族,其

余的六族都在周的西南。

其后历史上对这八族的地点有过许多纷歧说法，最远的把濮说到今云南省曲靖、会泽一带，这是根据杜预《春秋释例》所说的"建宁郡南有濮夷"及《华阳国志》的《蜀志》和《南中志》的记载而来的。建宁郡即在云南曲靖县西。《南中志》所云兴古郡在贵州，而云南及贵州西部和四川在汉代都属益州，则谓濮在蜀亦无不可。

其实这八族是周族周围地区的一些不同部族，随着周族定都岐周以后的发展，特别是周文王"受命"称王以后的国势日趋强大，它们先后和周人结成联盟关系，或纳入周人势力范围。其中江汉流域各族，显然是周文王征服黎、邘、崇之后（参看《西伯戡黎》校释），接受了周人的领导地位，所以到武王伐纣时，他们就都被发动一道参加作战。

各族的地点大致当如下：

庸——《左传·文公十六年》记庸人率群蛮叛楚，杜注："庸，今上庸县。"《括地志》云："房州竹山县，本汉上庸县，古之庸国。"（《楚世家·正义》引）《左传》又记庸以其裨、鯈、鱼人逐楚军，杜预注："裨、鯈、鱼，庸三邑（裨、鯈、鱼乃庸之三邑）。鱼，鱼复县，今巴东永安县。"《春秋大事表》："鱼邑为今四川夔州府治奉节县。"可知庸族主要在今湖北西北部，南及川东一带，其中心在今房县以西竹山至竹溪之地，处在周族的东南。在当时比较最强大，所以叙在八族之首（王夫之《书经稗疏》持此说）。在经过几百年后，到春秋中叶的后期还以它的强大成为楚的劲敌，曾威胁楚的安全，准备迁都避让它，但终为楚联合秦人与巴人所灭(见《左传·文公十六年》)。

蜀——《括地志》：“益州及巴、利等州皆古蜀国。”(《周本纪·正义》引)按，古蜀国北境在今陕南汉中一带，故《蜀王本纪》有“东猎褒谷”语。其后包括今四川省西半部。地在周族的南方(扬雄《蜀王本纪》、常璩《华阳国志》记古蜀国事)。

羌——《说文》：“西方牧羊人也。”《诗·殷武》郑笺：“氐羌，夷狄国在西方者。”《括地志》：“岷、洮、丛等州以西，羌也。”岷、洮在今甘肃，丛州在今四川西北，即可知羌族活动地区。甲骨文中羌为商王朝的主要敌人，商与羌作战时动用兵力要达万三千人之多(《库》310)，而与其他各族作战不过三千、五千。俘获羌人又常用作祭祖先的人牲，有时一次杀三百人(《续》2.163，《燕》245)，而且人牲主要只用羌人。由于羌族游牧流动性大，卜辞中往往东至今山西地区、太行山一带和羌人作战。这一族处在周族的北面。既然都是商的敌人，所以联合起来伐纣。这一族中更接近周族而且文化较进步的一支，典籍中说它姓“姜”(参看《国语·周语》《后汉书·西羌传》等)。“姜”、“羌”实际是一字，因古文字中从“儿”(人字的古文)与从“女”无别。姓“姜”的羌族和姓“姬”的周族结成了世代互通婚姻的亲密联盟。

髳——与“髦”通，《诗·角弓》“如蛮如髦”，毛传：“髦，夷髦也。”郑笺：“西夷别名。”杨筠如云：“字又作茅，成元年《左传》：‘王师败绩于茅戎。’(《公羊》作“贸戎”)按《括地志》茅津及茅城，在陕州河北县西二十里，则正当山西南部滨河之地矣。”(《核诂》)其地在今晋南平陆县的茅津渡一带，处在周族的东面，黎、邘之西，当在西伯征服黎、邘之前已纳入周族势力范围。

又《水经注》云："茅亭，茅戎邑。"按《古本竹书纪年》载商武乙、文丁之世，周季历先后伐定诸戎，其中有西落鬼戎，燕京之戎，余无之戎，始呼之戎，翳徒之戎等等。其势逐渐自陕西境向山西境发展，如燕京之戎《淮南子·地形训》高诱注谓在太原汾阳水（《水经·汾水注》），亦证其地望，则循其地更发展及其南面之茅城自属必然之势。

微——《立政》云："夷、微、卢、烝；三亳、阪，尹。"可见这是与周亲近的部族，所以周公立政建官，首先就给他们立了"烝"（君）。清光绪《彭县志》云："微通眉，今眉州。"以"微"为四川眉州是错误的，但说"微通眉"是对的，《少牢馈食礼》"眉寿万年"郑注"古文眉为微"可证。通"眉"也就通"郿"。如庄公二十八年《公羊》《穀梁》"经"之"筑微"，《左传》"经"作"筑郿"。但《公羊》《穀梁》释文都说："左氏作麋。"则微、眉、郿、麋诸字古音相通而交错使用。此微的所在地，《路史·国名纪》提出："微，子爵，本扶风邰阳，今岐之郿县，有郿乡。"王国维《散氏盘跋》也主张为扶风之郿县，谓微族一部分早已移居渭水之北，并谓《诗·崧高》"申伯信迈，王饯于郿"，是宗周时已有此地名。按，陈奂《诗毛氏传疏》："据《方舆纪要》，郿县在陕西凤翔府东南百四十里。而故郿城在县东北十五里，岐山县在府东五十里，而岐阳废县在县东北五十里，以此核之，则郿地在岐周之南，相去不过五六十里。"今陕西省眉县，正在岐山以南数十里地，不过在渭水南岸。在参加牧野之战的八个部族中，微靠岐周最近，只以它邻近汉水上游，处褒斜孔道，作为向东南联络庸卢彭濮的枢纽，遂因这个形势，就把它和其他七个较远的部族合在一起参加了这次战斗。1976年12月陕西扶风县法门公社出土西周铜器宝藏，计器百零三件，有铭文的七十四件，确知属于一个叫做"㣺"族的五十五件。这个"㣺"，就是本文的"微"。器中最重要的一件是周恭王时的"墙盘"，铭文达二百八十四字(见《文物》1978年第3期)。前半段历述周初文、武、成、康、昭、穆六王的功勋，后半段为作器者名叫"墙"的贵族历叙自己微氏家族的历史，说他的"高祖"住在微地，"烈祖"于武王伐殷后来见，武王命周公赏给他在岐周的住地。这位微族"烈祖"是周王朝史臣，显然在武王伐殷之役有某种参与，才受到这种酬劳。这些铜器出在渭水之北的扶风县境，与今眉县相邻，大概就是陈奂所说的"故郿城"所在，也可能是盘铭所说的烈祖所受"舍宇于周"之地。由这一重要发现，就证实了微与扶风的地理关系，也看出了周以岐周渭水河谷为基地，南出褒斜，以通江汉，把各族联合起来的历史活动中，微族所处地理位置的重要性。

卢——《周本纪》作"绋"。又《左传·桓公十三年》"卢戎"释文："本或作庐。"是"卢"、"绋"、"庐"通用。故《文公十六年》楚伐庸，"自庐以往"，即作"庐"。《水经·沔水注》："过中卢县东，县即春秋卢戎之国也。"王夫之《稗疏》云："卢者，《汉郡国志》'南郡'有中卢哗。《襄阳耆旧传》曰：'古卢戎也。'《春秋传》'罗与卢戎两军之'(见桓十三年)，卢地近罗。罗在宜城西山中，今南漳县地。"顾栋高《春秋大事表》云："今襄阳府南漳县东五十里有中庐镇，为庐戎国。"是卢在今湖北南漳县以东、襄樊市以西之地，地处汉水之西、荆山之东，也就在周文王所征服的崇国之南。

彭——《左传·桓公十二年》:"伐绞之役,楚师分涉于彭。"杜注:"彭水,在新城昌魏县。"王夫之《稗疏》云:"昌魏县在房县北,则彭之为国,滨于彭水,当在上津县之南也。"按,绞在今湖北郧县(见《春秋大事表》);彭水,古又称筑水(《水经·沔水注》),为今湖北境内自房县流经保康至穀城入汉水的"南河"。而上津在今郧西县,更在郧县西北,似过远。彭既滨于彭水,只能是在郧县以南邻近房县的南河流域之地。

濮——《左传·昭公九年》:"及武王克商……巴、濮、楚、邓,吾南土也。"指出了濮和巴(由《左传》之《桓公九年》《庄公八年》《哀公十八年》与楚、邓、申接壤而知在汉水流域,战国世始迁川东)、楚(鄂西、鄂中)、邓(豫南,近鄂北,《春秋大事表》说在襄阳东北二十里)都从武王时起成为周的南方领土。《国语·郑语》:楚叔堪(原作叔熊,熊楚姓,此从《楚世家》)"逃难于濮而蛮",又"楚蚡冒于是乎始启濮"。说明濮和楚邻近,而文化较楚落后,是楚人开发的。《左传·文公十六年》:"麇人率百濮聚于选,将伐楚。"又《昭公十九年》:"楚子为舟师以伐濮,费无极言于楚建曰……王收南方。"说明濮楚之间经常发生争战,而濮所处之地要水师才能进攻,而且在楚的南方。旧注疏家如韦昭注《国语》只说它是"南蛮",杜预注《左传》只说它是"南夷",都没有指明其地。但它和麇邻近,据汉颍容《春秋释例》说麇在湖北当阳,《路史·国名纪》说在房陵,清《一统志》和《方舆纪要》说在岳州府巴陵县东南三十里,王夫之、顾栋高则以为是湖北郧阳(《书经稗疏》《春秋大事表》四、又七之四),顾栋高又一说在邻近陨阳的陕西白河县(《大事表》五),而麇与百濮所聚之选,《春秋传说汇纂》说在荆州枝江县南境。这些关于麇的地点的说法不一，总之当在湘鄂之境，也可能先后迁居过上述诸地，而以去枝江不太远的当阳可能性较大。那么，和麇相近的濮也当在这一带可通舟楫的长江沿岸湖沼附近之地。《路史·国名纪》卷三："彭濮人皆峡外为楚害，楚灭之。"并谓"故县今为镇，隶石首，以多，曰百濮"。石首是鄂省最南边县，与湘省华容邻境，在枝江以南稍远之地，处于湘鄂交界的湖沼地区。由于地理接壤，当然濮人可活动于鄂西南以至峡外一带。观《左传·文公十六年》戎、庸、群蛮、麇、百濮纷纷伐楚之际，楚出师向西北伐庸，途中以军容之盛吓走了百濮，可知百濮原以其组织不严的队伍，从它的本境出师，开到了楚境西北，所以才在楚师所指向之下退走。亦可证当时百濮北接于麇，东北邻于楚，地处楚西南，与石首一带地望相合。杜预《春秋释例》说："建宁郡南有濮夷地。濮夷无君长总统，各以邑落自聚，故称百濮。"（《永乐大典》引此"建宁"下无"郡"字）按，《水经注》"湘水又北径建宁县故城下，晋太始中立"。则杜预所说的建宁，当是晋时在湘境设立的县，而不是远在云南的郡。那么，百濮又可及于湘境了。既然百濮无君长总统，各以邑落自聚，像近代凉山彝族以同样情况居于川西广大地区一样，它分散居住较广地区是可能的，正如《左传·文公十六年》所说"百濮离居，将各走其邑"，自然可以散居湘境。又按《周书·王会篇》说"正南"有"百濮"，又说卜人所献特产是丹砂，王应麟《补注》卜人即濮人。王鸣盛《后案》云："《禹贡》荆州贡丹砂，《通典》辰州贡光明砂，则今湖南辰州府，实古濮地也。"徐寿基《春秋释地韵编》也说："或曰湖南常德、辰州二府皆其地。"由上述来看,濮地当是由鄂西南而及湘北、湘西一带,活动于云梦、洞庭诸湖沼地区,伪《孔传》说"庸濮在江汉之南",《括地志》说"濮在楚西南",大致地望是对的。

以上八个部族,在今湖北境内的有庸、彭、卢,在陕南汉中的有蜀,这都属汉水流域。濮则在湖北省南部和湖南北部,所谓"江汉之南"。羌、微、髳则在渭水和河水流域。如以秦岭和汉水为界,这八个部族中,有三个在它的北面,五个在它的南面。北面的三族,大概自文王戡黎以前,就已归入周人势力范围;南面的五族,大概从文王以前开始经营,到文王征服黎、邗、崇后,便完全纳入了周的联盟系统。徐中舒《殷周之际史迹之探讨》以为,周人王业从太王迁岐开始,以后即以经营南土为其一贯之政策,据渭水河谷为基地,南出褒斜,以通江汉巴蜀,发展国势。太伯仲雍的南行,并不是逃位让国,而是为了"兼弱攻昧",远征江汉流域,开辟境地。其后才更东进至吴。因此江汉一带早有周人影响(文载《史语所集刊》二本二分)。那末文王"受命"之后,国势更强,特别自他征服黎、邗、崇后,造成了有利形势,使这些部族必须跟着周人走,所以武王伐纣,就有这八族参加。历史上奴隶主进行战事时,总是要联合其他一些部族来加强自己的力量,一部《春秋》和《左传》所记这类事实已举不胜举,直到现代的凉山彝族奴隶主还是这样。《凉山彝族社会性质讨论集》第120页有这样的记载:"如1949年阿候家和恩札家打冤家,阿候家曾联合苏干家及其亲戚马家,动员了十八支队伍,总数有两三万人。"我们看牧野之战中,周的兵力和这也差不多,据《孔疏》对伪《孔传》依《书序》戎车三百、虎贲三百计算为二万一千人，《史记》所说多一点，也只有四万五千人，更早的资料只说戎车虎贲之数，如《孟子·尽心下》："武王之伐殷也，革车三百两，虎贲三千人。"《国策·魏策一》："武王卒三千人，革车三百乘。"《韩非子·初见秦篇》，《吕氏春秋》之《简选篇》《贵因篇》，《淮南子》之《本经篇》《主术篇》《兵略篇》，《风俗通·正史篇》并同。《欣然斋史论集·西周与东周》："据殷虚发掘出来的古代兵车配备情况，是车上战士三人，预备队六人。这九个人有重武器装备，即所谓士。"（第 670 页）"我们在《书序》上就看到武王伐殷的时候，正是戎车三百辆，虎贲三千人。"（第 670 页）"《书序》作三百人，百当为千之误。本文引《左传》齐无亏帅师三百乘，甲士三千人可证（按见闵二年）。甲士应为穿甲、戴胄之士，这是重装备的武士。所谓虎贲之士，也同样地是重装备的武士。依据地下发掘资料，兵车三百辆，重装备的武士应为二千七百人。今言三千，大概是括其整数。"（第 679 页注⑥）则所计算人数更少，他不知《司马法》载一车有步卒七十二人，所以把兵力计算得少。总之由此可知周武王伐纣，局面和彝族打冤家也差不了多少，不过他的组织能力强些，动员和号召能力也要高明些，由这篇《牧誓》就可看得出。那么他联合庸、蜀、羌、髳、微、卢、彭、濮参加这一战斗，是客观的需要，也是历史的必然，因而这一史实是可信的。

（四）《牧誓》写成的年代

《牧誓》作为周武王伐纣举行宣誓仪式的军事舞蹈大会上的讲话，内容是真实的。由于当时参加这一战役的贵族所制的纪念铜器"利簋"的出土，其铭文具体记载了武王征商这件事和作战的日子是"甲子",与本文所说的完全吻合,更证实了本文原本的可靠。因此,这一文件的真实性,到现在看来,显然是无可怀疑的。

因此,本文的原件,当是周武王在讲话时,由史臣记录下来的。

但是,我们也看到,本文的文体比周初其他几篇诰文要平易多多,想来也和《盘庚》那样,由于流传中受东周人读古书喜用自己语言词汇去读的习惯影响(参看《盘庚》篇"讨论"),因而使一些词汇和语法有了西周以后的风格。关键仍和《盘庚》一样,在虚词方面使用了后起的连词、介词以及表感叹的语气词之类。例如"是以为大夫卿士"句,用了和介词"以"合用的连词"是"。"俾暴虐于百姓,以奸宄于商邑"句,用了和"而"字同样的承接连词"以"字,突出表现为春秋时期用法。又如"古人有言曰"、"今商王受惟妇言是用"等句,都是语气很流转、语法很完整的句子。并使用了特介提宾语法,为周初诸诰所没有("古人有言曰"句,本只见于春秋时的《秦誓》,正是春秋时人的句法。但周初诸诰中,独《酒诰》也有此一句,很可疑,似和本篇一样,也是受《秦誓》之类文风影响写进去的)。尤其最显著的是表感叹的语气词"矣"字,在甲骨文和金文中都没有发现过,可知我们祖先早期的语言中是不使用它的,所以周初几篇诰文如《大诰》《康诰》《酒诰》《梓材》《召诰》《洛诰》《多士》《多方》以及稍后的《吕刑》等篇,都没有它。还有文字风格也似较后的其他几篇如《金縢》《无逸》《君奭》等,也没有它。只有《立政》篇才反复使用了"矣"字,共达六个之多。这正说明《立政》文字在这方面也是受了东周人的不小影响。因为这类完满表达语气，使文句能够抑扬顿挫的虚词，是到春秋以后方发展起来的。于省吾先生提出本文有俪句、排句、叠句，证其非周初作品（见《利簋铭文考释》《文物》1977 年第 8 期）。这也是很有理由的。但因本文是在舞蹈场面中的讲话，似有促成使用排句和叠句的客观条件，而西周金文中也不无此种句子，例如 1976 年冬出土的《墙盘》（《文物》1978 年第 3 期），铭文章法整齐，基本是由一些俪句偶句构成，其中尤多使用四字偶句，不过其用字都比本篇要显得奥涩得多。因此，本篇誓词作为保存下来的周初第一篇文件，不应该比同出周初而写作年月还在它后面的其他诸篇诰词反而平易流畅得这么多。它的受东周文字影响是肯定的。

由此可知，《牧誓》这篇文件，它的原本虽是周武王在宣誓式的军事舞蹈典礼上的讲话纪录，由于流传中受了东周影响，在虚词方面改用了一些春秋时习用的词汇、语法以及较晚的句法，遂使文件琅琅可诵，成了一篇有着东周风格的文章。

洪　范

　　《洪范》是一篇"统治大法"。在先秦文献中被称引十九次，为仅次于《康诰》(三十一次)、《太誓》(二十二次)称引次数很多的一篇。而且总被称为"商书"，因其为箕子所说之故。到篇首加上周武王访问箕子之语，遂为周史臣之辞，列入"周书"，《史记》录入《宋世家》中。汉代三家今文本为《周书》第三篇，全书第十二篇。东汉古文本为《周书》第五篇，全书第十六篇。东晋伪古文本为《周书》第六篇，全书第三十二篇。其情况详后面"讨论"。

校　释

　　惟十有三祀①，王②访于箕子③。王乃④言曰："呜呼⑤！箕子。惟天阴骘下民⑥，相协厥居⑦，我不知其彝伦攸叙⑧。"

①惟十有三祀——甲骨文中常见“唯王几祀”，是商代以祀作为纪年之称。《尔雅》说“商曰祀，周曰年”，是有根据的。《左传》之《文公五年》《成公六年》《襄公三年》等引本文都称为《商书》，《说文》六引本文，其中四称《商书》，二称《尚书》（段玉裁谓“尚”亦“商”之误），故用商代纪年习惯。因周初仍沿用此纪年法，至周成王在位七年才改元，称为元祀（见《洛诰》“以功作元祀”）。“惟”，语词，无义。本文自此以下共十一“惟”字。《史记·宋微子世家》（本篇内以下简作《宋世家》）皆作“维”。《匡谬正俗》谓古文作“惟”今文作“维”，同音通用。“有”，同“又”。“惟十有三祀”，即“十又三年”。前《牧誓》“讨论（二）”已指出武王伐纣在文王受命十一年。《史记·周本纪》云：“武王克殷后二年，问箕子所以亡。”与此句相合。

②王——指周武王，故《宋世家》转载此文即作“武王”。

③箕子——《宋世家》：“箕子者，纣亲戚也。纣为淫佚，箕子谏不听，乃被发佯狂而为奴。武王既克殷，访问箕子。”《索隐》：“司马彪曰：箕子名胥余。马融、王肃以箕子为纣之诸父，服虔、杜预以为纣之庶兄。”《集解》：“马融曰：‘箕’，国名也。‘子’，爵也。”按甲骨文中有“𡗝方”，金文中有“㠱”国。郭沫若氏以为“𡗝”即箕子的国邑“箕”（《卜辞通纂》526）。“箕”的地望，据各地理书（杜预注及《郡国志》注、《水经注》《寰宇记》《路史·国名纪》等）都说在今山西省太谷县附近，然由甲骨文知商代许多敌对的方国都在今晋南一带，太谷在晋中，远隔敌境之北，似无可能。王鸣盛《后案》：“郑又以微箕二国俱在圻内者，潞安府潞城县东北十五里有微子城，辽州榆社县东南三十里有古箕城，为微子、箕子所封地。”王国维谓

"曩"即春秋之纪国。其地据杜预注及各古地理书（《郡国志》《水经注》《寰宇记》《舆地广记》《路史》《方舆纪要》等）在今山东寿光县南。（《山东通志》："纪本在东海赣榆，后迁剧，亦称纪城。"《寰宇记》："纪城，古纪侯之国，姜姓也，今废城在寿光县南。"）如果"箕"即"曩"，而其后果为"纪"，则地在商王朝势力所能及之境内，似有可能。而且箕子后来有度辽以东的传说，像后代的山东人跑关东一样，也近事实。那么箕子可能就是在商王朝供职而其封地在今山东境内的"曩"的一个贵族。

④乃——《汉书·五行志》引作"迺"，在金文中为副词"乃"的本字，"乃"为其假借字（但甲骨文中副词"乃"、"迺"二字同用）。

⑤呜呼——《宋世家》作"於乎"，《汉书·五行志》引作"乌嘑"，内野本作"乌乎"，都是惊叹词"呜呼"的古字。详《盘庚》"呜呼"校释。

⑥惟天阴骘下民——《宋世家》作"维天阴定下民"。释"骘"为"定"。伪《孔传》从而释为"天不言而默定下民"。俞樾以为疑司马迁读"骘"为"敕"，《皋陶谟》"敕天之命"，《孔传》："敕，正也。""正"与"定"古字通用（《平议》）。但马融释"阴"为"覆"，释"骘"为"升"（见《释文》）。总之，意思是宣扬"老天"荫庇下民，造福下民。近代民间还以积德做好事为"修阴骘"，可能是古代成语一直流传下来的。

⑦相协厥居——《宋世家》译作"相和其居"。意为老天荫庇下民，使他们和谐有序地安居生活。

⑧我不知其彝伦攸叙——"彝"，常（《释诂》）。"伦"，理（《学记》"教之大伦也"郑注）。攸，所以（王氏《释词》）。《汉书·五行

志》引作"迪",下文同,与"攸"同声通假。"叙",同"序",为顺序意。此句《宋世家》译作:"我不知常伦所序。"语意不足,不如王肃注云:"我不知常伦所以次序。"

这一节,设为周武王向箕子问统治大法。

箕子乃言曰:"我闻在昔,鲧①陻②洪③水,汩④陈其五行⑤,帝⑥乃震怒,不畀⑦洪范⑧九畴⑨,彝伦攸斁⑩。鲧则⑪殛死⑫,禹⑬乃嗣兴,天乃锡禹洪范九畴⑭,彝伦攸叙⑮。

①鲧——古代神话传说中的神性人物,转为历史传说中的人名,并传说为禹的父亲。参看《尧典》校释。

②陻——《汉石经》作"伊",双声假借字。《说文》引作"堙",释云:"塞也。"意即用泥土堵塞。段玉裁谓天宝卫包从俗写改作"陻"。

③洪——《汉石经》作"鸿",与"洪"同音通用。洪水即大水。

④汩——《汉石经》作"曰"(《汉石经》曰皆作白)。省脱水旁。伪《孔传》:"汩,乱也。"

⑤五行——见下文,指水、火、木、金、土。这是"五行说"的"五行",与《甘誓》篇指天象的"五行"不同。参看该篇"讨论"。

⑥帝——这是殷人对上帝的称呼,周人本称之为"天",后来也沿用"帝"字。下文"天"字为周人用法。参看《尧典》校释。

⑦畀——赐予(《释诂》)。《宋世家》此字作"从"。司马迁当以"畀"为俾之假借(《释诂》"俾,从也"),故译用其字。但此处当作"赐予"解。

⑧洪范——"洪",《尚书大传》《宋世家》作"鸿",然《汉书·五行志》仍作"洪"。二字同音通用,其义为"大"。"范",规范,法则。"洪范",大法,重大规范,重大法则。

⑨九畴——《宋世家》译作"九等"。《集解》引郑玄释作"九类"。"畴"、"等"、"类",意义相近。"洪范九畴"意为"大法九等","大法九类"。《汉书·五行志》释为"大法九章"(按,"范"为规范,"畴"为畴类。清末翻译西方哲学名词,以"范畴"二字翻译那些各个知识和思维领域中反映客观事物本质联系的基本概念。这些基本概念是对客观事物经过分析,按畴类抽象归纳而得的具有最本质规范的东西,所以叫"范畴",但是与《洪范》中的范畴二字的原来意义已完全不同)。

⑩彝伦攸斁——《宋世家》作"常伦所斁"。"攸",用,因此(《释词》)。《宋世家》误译作"所"。"斁",《说文》"攴部"引作"殬",释云"败也"。"斁"为"殬"的假借字。徐广《史记音义》云:一作"释",则是"殬"字之误。"攸斁",因此败坏。

⑪则——通"既"(杨筠如说)。

⑫殛死——"殛",殊杀,诛杀(《尔雅·释诂》《说文》)。《释文》谓别本作"极"。段玉裁以为作"极"是,"殛"为其假借。陈乔枞说今文作"极",古文始用假借字"殛",按郑玄已读"极",并谓"鲧非诛死。鲧放诸东裔,至死不得返于朝"(《礼·祭法》正义引)。其说本于刘向,以后注疏家大抵皆承此说,以为《尧典》舜放"四罪",其三都流放,不应禹的父亲反而杀死。"极死"就是"极之远方,至死不返"(孙星衍《注疏》)。其仍用"殛"字的,则释之为惩罚,"殛死"是"先殛后死"(江声《音疏》)。其实"殛"就是杀,"殛

死"就是杀死。沿于神话的历史传说,不必去考订其事实,古人为尊崇禹而寻较好的解释,殊无必要。

⑬禹——古代神话中的一个神名,转化而为夏代奴隶制王朝的开创者。也可能是夏族的一个有名首领神化的结果。参看《尧典》校释。

⑭天乃锡禹洪范九畴——"锡",赏赐。《汉书·五行志》引此句后,解释为"天乃锡禹大法九章"。

⑮彝伦攸叙——常理因此并然有秩序了(《宋世家》作"常伦所序",误)。

这一节,编造一个神话,说《洪范》这篇"大法"是上帝传授给禹的,现在由箕子传授给周武王(《汉书·五行志》编造的说法是:上帝把《洪范》赐给禹后,禹照着做了,把这经典宝藏起来,传到殷代,箕子因担任父师职,负责保管这一经典。所以他能把这一"大法"传给武王)。

"初①一,曰②五行③。次二④,曰敬用五事⑤。次三,曰农用八政⑥。次四,曰协用五纪⑦。次五,曰建用皇极⑧。次六,曰乂用三德⑨。次七,曰明用稽疑⑩。次八,曰念用庶征⑪。次九,曰向用五福⑫,威用六极⑬。

①初——开始。与下文几个"次"字连用,表示次第。"初一"是开始第一,"次二"、"次三"……就是第二、第三……

②曰——本文共使用"曰"字达八十六次,为全书中使用最多

的一篇。除篇首"王乃言曰"、"箕子乃言曰"相当后代语文中的说道外，其余大都是语词(《说文》"曰，词也")。但亦随所使用句中意义而略有所别，有可释为"叫做"，有可释为"就是"，有的则只是句首语词，视所在句而定。这里就可看做句首语词，但如理解为"叫做"，"就是"也无不可。

③五行——见下文，指水、火、木、金、土。详下"五行章"。

④次二——《宋世家》自"次二"至"次九"的"次"字皆省去。但云"二曰五事"、"三曰八政"、"四曰五纪"……等，并省去"曰"字下的两字。

⑤敬用五事——"敬"，《汉书》之《五行志》《艺文志》及《孔光传》皆引作"羞"，师古注："进也。"段玉裁以为今文《尚书》作"羞"(《撰异》)。《诗·小旻》郑笺"于王敬用五事"，是古文《尚书》作"敬"。"敬"字从苟的古文"恭"，与"羞"皆从羊，故二字可通。"用"，同以，介词。"敬用五事"即"敬以五事"。下文八"用"字同(参看《汉书·谷永传》师古注)。"五事"，见下文，指一个人的态度、言语、观看、闻听、思考等五项。

⑥农用八政——"农"，郑玄云："读为醲。"(《孔疏》引)意谓"农"为"醲"的假借。《说文》："醲，厚酒也。"故伪孔释"农"为厚。《汉官解诂》引此作"勉用八政"，王国维据《广雅·释诂》"农，勉也"，谓《左传·襄公十三年》"小人农力以事其上"，即勉力以事其上(《观堂学书记》)。"厚用"与"勉用"意义相近。西周中期金文《克盨》和《梁其鼎》云"昵臣天子"，《梁其钟》云"农臣天子"，其"昵"、"农"二字正是此义，都是笃勉之意。"农用八政"即"勉以八政"。"八政"见下文，指"食"、"货"等八项。

⑦协用五纪——"协",《汉书·五行志》作"叶",师古注:"叶,读曰叶,和也。"《玉篇》谓"叶"为"协"的古文。"五纪"见下文所举五种纪时计算之术。"协用五纪",即协调以五种纪时计算之术。

⑧建用皇极——《尚书大传·洪范五行传》作"建立王极"。《宋世家》于下文"皇极之敷言"亦作"王极"。郑玄注《大传》则云:"王极或皆为皇极。"这是古文本。皮锡瑞引汉代各种碑文与《汉石经》也都作"皇极",以为"王极"当是今文家之异文。其实作"王极"是。今文家当据原有之本。"皇"为汉人据秦汉以后用法改。《汉书》《后汉书》及汉人著作都释"皇"为"大"、"极"为"中",释"皇极"为"大中"或"大中之道"。伪孔亦用此说。"皇"字在金文及较早文籍中原训为大、美、光、煌等形容词意义。汉人用本义来释"皇极"为"大中",遂悖"王极"原义。《汉书·五行志》释云:"皇,君也。"马融、郑玄以下至蔡沈遂都用此训。这是对的,故清儒多从之。俞樾云:"下文曰'皇极之敷言',又曰'凡厥庶民极之敷言',盖以'皇极'、'庶民极'相对为文,皇之为君无疑矣。"(《平议》)这是由于此词原作"王极"之故。"皇"释为"君"是春秋以后的用法,在这里只是"王"的假借或代用字。"极"当如《诗·殷武》"四方之极"的极。《韩诗》作"四方之则"(《后汉书·樊准传》注引),是其意为准则。《蔡传》:"极犹如北极之极,至极之义,标准之名,中立而四方之所取正焉者也。"是"皇极"为"君王进行统治的准则"。"建用皇极"就是建以君王统治的准则。

⑨乂用三德——"乂",《汉书·五行志》和《汉石经》都作"艾"。应劭释"艾"为"治";颜师古以"艾"为"乂"的假借;江声以为"乂"当为"嬖",其义为治。"乂用三德",即"治以三德"。"三德"见下文,为

正直、刚克、柔克三项。即用这三种统治方法进行治理。

⑩明用稽疑——"稽",《说文·卜部》引作"卟",释云:"卟以问疑也,从口、卜,读与稽同。"隶古定本亦作"卟"。"明用稽疑",即以卜问疑难的办法来弄明白吉或不吉。

⑪念用庶征——"念",通"验",即应验。"庶",众多。"征",征兆,兆头。古人把一些不相干的事,或说成是吉利的先兆,或说成是凶险的先兆,而且以为一定能应验,这样的事就叫"征"。"庶征",各种征兆,见下文雨、旸等五种气候方面的现象。又分为"休征"(吉利的征兆)、"咎征"(凶险的征兆)二方面。"念用庶征",即"验以庶征",是说以各种征兆来应验君主的行为。

⑫向用五福——向,《汉书·谷永传》引作"飨"。段玉裁以为当作"乡"。因为经典向背、飨乐字只作"乡",向背字读去声,飨乐字读上声(《撰异》)。章炳麟据《隶续》《黄初三年大飨记》作"向",以此为古文飨字,不误(《拾遗定本》)。此处义当作"飨",动词,即给人以好处。"五福",见下文,寿、福、康宁、好德、终命等五项。"向用五福",即"飨以五福",是说以五福飨人。

⑬威用六极——"威",《宋世家》《汉书》之《五行志》《谷永传》皆作"畏"。周代金文亦皆以"畏"作"威"。二字通用。"六极",见下文"凶短折"等六项不吉利的事。"威用六极",即"畏以六极",《汉书·谷永传》师古注:"以六极畏罚之。"

这一节,提出"九畴"的条目,为整个统治大法的总纲,共六十五字。

按,《洪范》原文里,这一节六十五字就只是全文的一个总纲。到西汉末或东汉时的纬书,给这一节编造了一个神话,说是禹治洪水时上帝叫神龟背负这一节文字在洛水上把它赐给了禹。这就叫做《洛书》。《汉书·五行志》说："凡此六十五字，皆《雒(洛)书》本文。"马融也说："从'五行'以下至'六极'，《洛书》文也。"(《释文》)从此这"洛书"就和由上帝在河水上叫龙马背负八卦赐给伏羲的"河图"，成为汉人所膜拜的两件神物。以后的注疏家都守着这一神话，进行各种渲染，也进行各种"考订"，说什么龟背上有这些文句，但字数没有这么多，其中"初一曰"等七个字是禹加的，龟背原只有三十八字(顾彪、刘焯等说)；或者说"农用"等十八字也是禹所加，龟背只有二十字(刘炫说)云云。(参看《易·系辞》《尚书大传》《书纬中候》、各《洛书纬》及《汉书·五行志》与伪《孔传》《孔疏》等)。而自战国末至西汉方士术数家创制一种专供占卜吉凶用的"九宫图"，以一至九数列成三排，自右至左，一排二、九、四，二排七、五、三，三排六、一、八。其横直斜三数相加都是十五，构成使人感到神奇的"九宫数"。出土的汉初"九宫栻盘"上是圆形米字式的八个顶端和中心载此九个数字。(北周甄鸾给编一口诀："戴九履一，左三右七，二四为肩，六八为足，五为心腹。"其后阮逸伪托关朗编为"九前一后，三左七右，四前左，二前右，八后左，六后右"〔陈经《书详解》引〕，不及甄诀简明)。汉武帝时，方士恝愚他立太一为最高的上帝，说太一也要下来巡行，《易乾凿度》说所巡行的是八卦之宫，依《易·说卦传》所说八卦方位嵌入九宫中，就成"太一下行九宫图"，太一按九宫数顺序巡行各宫，于是九宫图由圆形米字式改成矩形中的九个方格式。至是，方士的太一进驻九宫图了，于是儒生的明堂也进占九宫图了。《大戴礼·明堂》易明堂十二室为九室，说是"二九四七五三六一八"，则完全是九宫数。卢辩注为"法龟文也"(按原纬书及《汉书·五行志》说六十五字在龟背,必系按原九畴顺序排列,至是改为按九宫数顺序排列,这就叫"龟文")。由这样,启发儒生感到文字排在龟背困难,九畴的九个数字则是较可能的。于是就由文字"洛书"转变为数字"洛书",就可直接合于"龟文"(八卦由卦画转为天数地数也一样)。但自东汉历魏晋隋唐直至宋儒,争以九宫为"河图"或为"洛书",一直纷纭未定。宋儒更将这些数字皆改为黑白点子,因以数字生在龟背马背太困难,出现一点黑白点是可能的,就得各数按其数目绘出点子数(黑点为阴,白圈点为阳),创此黑白点者为五代北宋之际的道士陈抟,传种放、穆休、刘牧、邵雍等人。传至朱熹学派大受尊信,加以宣扬发展,朱在其《易本义》《易学启蒙》,朱弟子蔡沈在其《书集传》前面,都有好几幅黑白点子"河图"、"洛书"。其中"洛书"本图即据九宫数绘成,宣扬上帝叫神龟背负着传授给禹的统治大法就表现在这些小黑白点里!荒谬庸俗比方士化的汉儒走得更远了(详起钎撰《关于隶古定与河图洛书问题》,载《传统文化与现代化》1997 年第 2期)。

"一①,五行:一曰水②,二曰火,三曰木,四曰金,五曰土。水曰润下③,火曰炎上④,木曰曲直⑤,金曰从革⑥,土爰稼穑⑦。润下作咸⑧,炎上作苦,曲直作酸,从革作辛⑨,稼穑作甘⑩。

①一——江声云:"《宋世家》全载此篇,并无此等数目字。……然犹可曰引经者不必尽如本文也。然石经残碑此篇有'为天下王三

德一曰正直二'之文。'三德'上无'六'字,则知《尚书》本无此等数目字也。"(《音疏》)段玉裁以为此系"今文","古文"马、郑等本则有数目字。下文二至九畴数字情况同此,不再出校。

②一曰水——"曰"与"谓"古音同在于纽,义亦相通,为"谓之"、"叫做"、"是为"等意思。"一曰水",第一叫做水。下面四句和此用法同。

③水曰润下——"曰",为(《释词》)。此处水字包括水的"性质"等意义在内,"水曰润下",其语意为:"水的特性为向下湿润。"

④火曰炎上——火的特性为燃烧向上。

⑤木曰曲直——木的特性为可曲可直。

⑥金曰从革——马融云:"金之性从人而更可销铄。"(《宋世家·集解》引)俞樾则谓"木之曲直亦是从人,何独于金言之"。以为"从,因也。金之性可因可革,是为从革"(《平议》)。王先谦则以为"金可从顺,又可变革"(《参证》)。诸释有出入,总之是说金可以变革。

⑦土爰稼穑——"爰",《释诂》:"曰也。"故在此与"曰"用法同。《宋世家》即作"曰"。但其他汉人著作大都引作"爰"。陈乔枞以为是三家本之不同。"稼穑",王肃云:"种之曰稼,敛之曰穑。"(《宋世家·集解》引)"敛"指收敛,收获。此句是说土地是可以种植庄稼和收获庄稼的。

⑧润下作咸——"作",同"则"。甲骨文、金文中"作"字皆作"乍"。《殷契粹编》1113片中之两"乍"字,又西周金文《大丰簋》两"乍"字,郭沫若皆释为"则",以音义推之,其说可通。"则"作为承接连词,与"即"、"就"意义相似。"润下作咸",即"润下则咸"。

今语为"向下湿润就咸"。下文诸"作"字与此同。

⑨辛——辣(《韵会》引《声类》)。

⑩甘——甜(《正韵》)。

这一节,是第一畴,旧时也称"五行章",解说五行。但这五行的次序是水、火、木、金、土,既和战国时"五行相胜说"的土、木、金、火、水的次序不同,也和汉代"五行相生说"的木、火、土、金、水的次序不同,还没有相生相胜的意义,显然早于这两说,所以梁启超说:"此不过将物质区分为五类,言其功用及其性质耳,何尝有丝毫哲学的或术数的意味!"(《阴阳五行说之来历》)刘节则提出这里五行兼五味而言,与《吕氏春秋·十二纪》《礼记·月令》《淮南子·时则训》之说适合(《疏证》)。按《十二纪》是战国末的作品,它把春夏秋冬牵强附会地配了五行中的木、火、金、水,又配了五味中的酸、苦、辛、咸,另在夏秋之间添入中央土,配了五味中的甘,就这样毫无道理地凑成四季和五行。但五味则只是其他许多配合中的一种。《月令》和《时则训》抄袭《十二纪》,其五味的配合和本文同,显然袭自本文。但它们还进一步把宇宙中各方面繁复的事物都安排成五来和这相配合,如什么五方、五色、五声、五虫、五嗅、五祀、五谷、五畜、五脏、五帝、五神……等等。无不和五行配起来,荒谬怪诞不可理喻!显然这三四篇东西比《洪范》向前走得更远,成了极端唯心的神秘主义的阴阳五行说的东西。本文显然要早于它们。

洪范

1223

"二,五事:一曰貌①,二曰言,三曰视,四曰听,五曰思②。貌曰恭③,言曰从④,视曰明⑤,听曰聪⑥,

思曰睿⑦。恭作肃⑧，从作乂⑨，明作哲⑩，聪作谋⑪，睿作圣⑫。

①一曰貌——"曰"字和上文"一曰水"用法同。"貌"，《释文》："本亦作皃"。段玉裁据《说文》谓"皃"为貌的或体（《撰异》）。"一曰貌"，第一是态貌（或态度）。

②思——《洪范五行传》作"思心"。《汉书·五行志》引经（即本文）作"思"，引传（即《五行传》）作"思心"。此处五事，貌言视听四事都是一字，《五行传》于"思"独为两字是不应当的。"心"当是涉"思"字下半而衍，不过后来《传》的流行本已定为两字。段玉裁举汉人著作中证据九条以证此处当作"思心"，殊不知那都是根据《五行传》衍文做的文章，与《洪范》本文无涉。

③貌曰恭——"曰"字同于上文"水曰润下"等句的用法，在这里是说态度要恭敬。

④言曰从——"从"，顺（《礼记·乐记》"率神而从天"，又同书《孔子闲居》"气志既从"郑注）。"言曰从"，言语要顺情理，顺乎道理。

⑤视曰明——看问题要清醒明察。

⑥听曰聪——《管子·宙合》："闻审谓之聪"，"听不审，不聪"。《春秋繁露·五行五事》："聪者能闻其事而审其意也。"都是说听话要能审明它的意思然后听取才是聪。这句是说听取别人的话要聪颖。

⑦思曰睿——"睿"，《五行传》及《汉纪》《说苑》都作"容"，是今文。郑玄《五行传》注云："容当为睿，通也。"是古文。《汉书·五行志》引经、传都作"睿"，段玉裁谓此为小颜（师古）所改以傅合

古文,强令"睿"、"睿"为古今字。然"睿"在谷部,"睿"在叔部,截然二字。并举七证以明今文原作"睿"(《撰异》)。按,钱大昕亦谓恭、从、明、聪、睿五句皆韵,郑玄破"睿"为"睿",晚出伪古文因之,又引《春秋繁露》及《汉书·五行志》二例及《说文》释"思"为睿,以为伏生本《洪范》是"睿"字。但段以为用"睿"字,释为通达,意义较长,原为郑玄据古文本纠正今文之误而定(《撰异》)。可能"睿"为"睿"之误(《核诂》亦有此说)。今从段说仍用"睿"字,下文"睿"字同。"思曰睿",思考问题要通达。

⑧恭作肃——态度恭敬就表现出严肃、肃敬。但董仲舒云:"王诚能内有恭敬之容,而天下莫不肃矣。"(《春秋繁露·五行五事》)则以"肃"属之下面的人。

⑨从作乂——"乂",《宋世家》作"治",用训诂字。《汉书·五行志》作"艾",师古曰:"读作乂,治也。"王国维谓"乂"和"艾"的本字,在金文中作"辥",壁中古文讹作"썣"。其本义为"治",引申为"相"、"养"二义(参看《尧典》"有能俾乂"校释)。于省吾谓:"辥"在金文中均系辅相之义,"从"谓顺从。此处"恭作肃"五句上下二字义皆相属,貌恭作肃、言从作辥、视明作哲、听聪作敏、思睿作圣,每句皆同义相贯(《新证》)。"从作乂",说话顺从而不逆拒,就能鼓励辅相之益。

⑩明作哲——"哲",《尚书大传》及《汉书·五行志》作"悊",《说文·口部》以为是"哲"字的或体。《宋世家》作"智",系用"哲"的训诂字。可知汉今文作"哲"。《孔疏》引郑玄本古文作"晢",《唐石经》及各刊本伪古文皆沿古文用"晢"字。按,《说文》:"晢,昭晰明也。"意义与明重复,自不如今文作"哲"为妥(《孔疏》

谓"晢"读为"哲"，意亦谓当作"哲"）。"明作哲"，看问题清醒明察，就成为智者。

⑪聪作谋——王引之谓"谋"与"敏"声近相通，《中庸》"人道敏政"，郑注"敏或为谋"，是其证。何晏《景福殿赋》"克明克哲，克聪克敏"，即引用此两句，知《洪范》旧说固以"谋"为"敏"（《述闻》）。"聪作谋"，听话聪颖，就能处事明敏。

⑫睿作圣——"圣"，《说文》："通也。"伪《孔传》："于事无不通谓之圣。"指知识方面的渊博，不是后来所指的道德人品超凡的"圣人"。"睿作圣"，思考问题通达，就能成为事无不通的圣者。

这一节，是第二畴，旧称"五事章"，教统治者注意有关做人的行为方面的貌、言、视、听、思五事。分三层讲，先说五事之名，次说五事应该怎么做，最后说做好五事将得到的效果。

关于做好五事所收到的效果，今文家董仲舒说是君王做好这五事之后，能使天下在这五方面相应的得到好处（《春秋繁露·五行五事》）。古文家郑玄说是："君貌恭则臣礼肃，君言从则臣职治，君视明则臣照哲，君听聪则臣进谋，君思睿则臣贤智。"（《孔疏》引）是说君王能做好这五事，就能收到臣下在这五方面的好处。这两说都把肃、乂、哲、谋、圣属之下面的人。但伏生今文学派的《洪范五行传》则把这五者和貌言视听思五事都属之君主，伪《孔传》袭用了这一说。按，肃、乂、哲、谋、圣五者就是下文"八庶征"中的五个"休征"所获得的原因。每项休征都是君王这些态度所召致，所以这五者必须属之君王（郑玄注《五行传》也从而属之君王，和自己《洪范》注相矛盾），因而《五行传》就把"休征"、"咎征"分别系于"五事"之下。《汉书·五行志》沿袭了《五行传》，使"庶征"五项紧密地和"五事"联系在一起,可知这五事原是与庶征中的五个休征相应的。

这里有一点特别值得注意,就是五事的数目虽然也是五,但它并没有和"五行"金、木、水、火、土相配。到西汉儒生才以五事为把它们配搭了起来。而又言人人殊,大别之有四种不同相配法:1.是把貌、言、视、听、思依次配为木、金、火、水、土。董仲舒、眭孟、刘歆言灾异,班固录《五行志》,郑玄注《大传》及伪《孔传》《孔疏》皆主此说。2.依次分配为水、火、木、金、土,刘向别一说及王充《论衡·订鬼篇》之说。3.依次分配为土、金、木、水、火,今文欧阳家及古医家五脏所配主此说。4.依次为木、火、土、金、水,许慎所用古《尚书》说(见《后案》)。

又肃、乂、哲、谋、圣五者亦见于《诗·小旻》:"国虽靡止,或圣或否;民虽靡膴,或哲或谋,或肃或艾。"但它并没有"休征"的说法。郑玄笺注该诗就引用了《洪范》之文,但把智、谋、肃、艾、圣等释为人民中有此种人才,何不择用之。到王应麟就说《小旻》是承《洪范》之学。刘节指出王说为信经所蔽,以为应当是《洪范》袭用了《小旻》,梁启超支持刘说(《洪范疏证》)。刘指出非《小旻》承《洪范》,是正确的,但说是《洪范》袭用《小旻》,也是没有根据的,安知非二者同源?

"三,八政①:一曰食②,二曰货③,三曰祀④,四曰司空,五曰司徒,六曰司寇⑤,七曰宾⑥,八曰师⑦。

①八政——指下面接着叙述的食货等八项,作为古代探索治理国家的八方面的重要政务。

②食——《汉书·食货志》云:"食,谓农殖嘉谷可食之物。"按,即指农业生产。

③货——《汉书·食货志》:"货,谓布帛可衣及金刀龟贝,所以分财布利通有无者也。"按,指当时社会的手工业生产和商业贸易活动。

④祀——指宗教活动。奴隶社会和封建社会的统治者,都把祭祀神灵和祖先作为重要的大事。《左传·成公十三年》:"国之大事,在祀与戎。"说明当时的统治者把宗教活动和军事活动作为最大的两件大事。这里把"祀"列为第三,而戎(即师)列到了最末,可知已不是奴隶制国家原来的次序,大概是春秋中叶以后的反映。

⑤司空、司徒、司寇——参看《牧誓》校释,西周在第一级卿士寮之下的第二级高级官员,有司徒、司马、司空等官,而司空可兼任更低的司寇之官。后来出现的《周礼》一书则把此四官与卿士寮中的冢宰、宗伯并列为王朝第一级的"六官",而把卿士寮中其他四官太史、太祝、太士等列到下面去了。这里没有司马而列了司寇,说明它不是西周原制,但又比《周礼》整整齐齐的体系要早,可知它是《周礼》成书以前西周官制在演变改易过程中所形成的一些说法。现在在这里,姑从郑玄注(见下)把司空看做管居民内务的官,司徒为管教育的官,司寇为管司法的官(另详《尧典》校释)。

⑥宾——礼宾活动,相当于后世外交活动中招待外宾的活动,引申为外交事务。

⑦师——参看《牧誓》校释。"师氏"为武官。"师"指军队,在这里指军务活动。它本来和宗教活动是奴隶制国家的头等大事,这里列到"八政"中的最后一项了。

这一节,是第三畴,旧称"八政章",指出了奴隶制王权应该做好的八项重要政务。

《孔疏》解释这一节时,引郑玄说:"此数本诸其职先后之宜也。'食',谓掌民食之官,若后稷者也。'货',掌金帛之官,若《周礼》司货贿是也。'祀',掌祭祀之官,若宗伯者也。'司空',掌居民之官。'司徒',掌教民之官。'司寇',掌诘盗贼之官。'宾',掌诸侯朝觐之官,《周礼》大行人是也。'师',掌军旅之官,若司马也。"这是汉代古文家对这一段文字的理解。把这些说成是管这八方面政务的官员。郑玄是擅长于"礼"的,所以据《周礼》来解释本文。其实本文和《周礼》都依据了周代制度的一些情况,又都不完全符合周代情况,现在也用不着考究它们的异同,很有可能本文比《周礼》写定时间稍早,所以不像《周礼》排得那么整齐。

《史记·封禅书》说,汉文帝时今文博士们采集六经中的材料写了一篇《王制》(在《礼记》中)。它反映了汉代儒生对周代制度的理解。刘节以为此处"八政"即隐括《王制》之义写成,并列举了《王制》的一些内容来比附此"八政"。既颠倒了本文和《王制》写成时期的先后,对内容的比附更多牵强傅会。因《王制》所谈的方面比此文"八政"更繁更杂,且以冢宰、司空、司徒、司马、司寇并列,它所谈到的"八政"是饮食、衣服、事为、异别、度、量、数、制,只是"司徒"职掌中的一小项,与本文显然不一致。因此也只能说本文和《王制》都是依据了一些周代材料,又都没有正确反映周代情况所分别写成的作品。如果要说它们之间有某种联系的话,只能说是《王制》作者曾见过本文,因此在其繁杂文中偶然袭用了"八政"这一词汇,不像《洪范》中是九畴之一的政务最高项目。

洪范

1229

"四,五纪^①:一曰岁^②,二曰月^③,三曰日^④,四曰星辰^⑤,五曰历数^⑥。

①五纪——"纪",指天象数据及几种不同的纪时单位。如《礼记·月令》"毋失经纪"郑注:"经纪谓天文进退度数。"《诗·文王》疏引《三统历》:"七十六年为一蔀,二十蔀为一纪。"《国语·晋语》"蓄力一纪"韦注:"十二年岁星一周为一纪。"又《越语》:"四时以为纪。"《后汉书·郅恽传》注:"纪,年也。"故现代语言中还称年龄为"年纪"。此外如《文选·思玄赋》"察二纪五纬"注:"二纪,日、月也。"同于此处五纪中的两种。又《幽通赋》"皇十纪"注引应劭曰:"'纪',世也。"则以一世为一纪。等等。可见纪的用法颇多,大体用在称某一种有周期性的时间。"五纪",《汉书·律历志》云:"箕子定大法九章,而五纪明历法。"注:"孟康曰:岁、月、日、星、辰,是谓五纪也。"其实在此星辰是一,"五纪"即指岁、月、日、星辰、历数。戴震根据吴澄《书纂言》之说,概括为:"分、至、启、闭以纪岁,朔、望、朏、晦以纪月,永、短、昏、昕以纪日,列星见伏、昏旦中、日月躔逡以纪星屡,赢缩、经纬、终始相差以纪历敷。"(《原象》)是说依节气纪岁,依月象纪月,依圭影纪日,依二十八宿纪日月之会,依五行星的运行数据纪历数。所以合称"五纪"。

②岁——上年冬至到下年冬至为一岁。到战国时已和"年"字同用(参看《尧典》"岁"字校释)。

③月——从朔至晦为一月。商代以一月为三旬;西周则一月按月象分为初吉、既生霸、既望、既死霸四部分(王国维《生霸死霸考》)。现代有人提出异说,兹仍从王氏说。

④日——一昼夜为一日。

⑤星辰——即星(参看《尧典》"辰"校释)。此处"辰"字不单独使用,不是吴澄、戴震所释的"日月之会"。王鸣盛以为就是一日的十二辰本来也不确切,因把一日分为十二辰始于汉代。不过据下文"岁月日时无易"一句来看,确似以"星辰"当一日内的各时。看来汉代定一日为十二辰,可能系承用此处用法。

⑥历数——段氏《撰异》校改"历"作"厤"。并云:"《唐石经》作从厤从止之字,又改止为日。"兹仍从通行刊本。"厤",歷、曆的本字。指日月星辰在天球面上的经历运转(参看《尧典》"钦若昊天历象"校释)。"历数",日月星辰经历运转的各种数据(此处还没具有"五德终始说"的"德运历数"的意义)。

这一节,是第四畴,旧也称"五纪章",谈历法方面的问题。因为我国古代特别重视历法在统治上的运用,所以把它作为统治大法的九畴中的一畴提了出来。

下文"八庶征"的"恒风若"之后"曰王省惟岁"到"则以风雨"一段八十六字,苏轼以为是本节"五纪"之文的错简,张九成、叶梦得、洪迈、黄震、金履祥、顾炎武等都主此说。金履祥《尚书注》一书,遂将该段移置本节后面,刘节《洪范疏证》从之。但林之奇以为《洪范》各畴之间是"互相经纬",即互相联系的;王柏虽大量移动本文,然以该段虽与"五纪"有关,但本身却是谈"庶征";胡渭则谓"五纪"属于推步政时方面,"庶征"则主占候,验五事得失,不能因有岁、月、日字混而为一。兹从此诸说不予移动。但由苏说,知该段确是根据本节提出的。

"五,皇极:皇建其有极①。

"敛时五福②,用敷锡厥庶民③;惟时厥庶民于汝极,锡汝保极④。凡厥庶民,无有淫朋⑤,人⑥无有比德⑦,惟皇作极⑧。凡厥庶民,有猷⑨有为⑩有守⑪,汝则念之⑫。不协于极⑬,不罹于咎⑭,皇则受之⑮,而康而色⑯。曰'予攸好德⑰',汝则锡之福。时人⑱斯其惟皇之极⑲。无虐茕独⑳,而畏高明㉑。人之有能有为,使羞其行㉒,而邦其昌㉓。凡厥正人㉔,既富方穀㉕;汝弗能使有好于而家㉖,时人斯其辜㉗。于其无好㉘,汝虽锡之福,其作汝用咎㉙。

"无偏无颇㉚,遵王之义㉛。无有作好32,遵王之道。无有作恶,遵王之路。无偏无党㉝,王道荡荡㉞。无党无偏,王道平平㉟。无反无侧㊱,王道正直。会㊲其有极,归㊳其有极。曰皇极之敷言㊴,是彝是训㊵,于帝其训㊶。凡厥庶民极之敷言㊷,是训是行㊸,以近天子之光。曰天子作民父母,以为天下王。

1232

①皇建其有极——"有",无义语词,"有极"即"极"。与"有邦"、"有君"用法同。此句是说君王建立他的有关统治之道的准则。

②敛时五福——"敛",聚(《释诂》)。"时",是,这(《诗·十月之交》毛传)。"五福"即下文第九畴中的寿、福等五项。此句是

说"敛聚这五项幸福"。

自"敛时五福"至"其作汝用咎"一段一百四十五字宋人多以为是错简，王柏《书疑》移至第九畴"六极"之后；金履祥《书经注》移至第九畴"五福"之后，刘节《洪范疏证》从之。今取林之奇、胡渭等说，以为各畴相互联系见义，不必移动。

③用敷锡厥庶民——《宋世家》译此句为"用傅锡其庶民"。"用"，以。"敷"、"傅"同音通用，其义为"布"。"锡"，赐予，给与。"厥"、"其"同义，并与"彼"同，在此作为指示形容词。"厥庶民"即"彼庶民"，今语为"那些庶民"。马融解释此两句云："当敛是五福之道，用布与众民。"（《宋世家集解》引）即："聚集这五种幸福，把它散布与大众。"

④惟时厥庶民于汝极锡汝保极——"惟时"，于是。"于汝极"，对于你的准则。"锡"，古时上级赏下级或下级赠上级都可用"锡"字。"锡"的本字在西周《德鼎》作"益"，可知"锡"原义由"增益"而来，因此可释为助益、给与等义，最后才专为上赐下之意。此处仍当作"助"、"与"解。"保"，保守、保护等意。这句承上句说："于是那些大众对于你的准则，会帮助你好好儿保护着它（指"准则"）。"意即拥护这些准则。我国较古的语法中原不用第三人称代词，故甲骨文、金文中缺乏此类字样（只有第三人称领格及指示代词等）。即先秦文中，遇到需用第三人称代词的地方，也往往重复一次名词（参看杨伯峻《文言文法》），这里重复用了"极"字，就是一个显著例子。

⑤凡厥庶民无有淫朋——"无"，《宋世家》作"毋"，下句"无"字同。《汉石经》此两字皆作"无"。段玉裁谓石经"本篇'毋偏毋

党'字作'毋',而此两无有字作'无',最有分别。《古文尚书》则皆作'无',《史记》则皆作'毋'"(《撰异》)。按,此处应从《宋世家》作"毋"为是,意为"勿"、"不要"。"淫朋",邪党(《蔡传》)。

⑥人——江声云:"既言'庶民',又别言'人',则'人'非谓'民',自是谓臣矣,《假乐诗》云:'宜民宜人。'《毛传》云:'宜安民,宜官人。'是亦以人为臣。"(《音疏》)杨筠如并举《皋陶谟》"在知人,在安民"证之(《核诂》)。可知"民"指下民;"人"王樵说是指"学士大夫,别于民者"(《日记》),总之是属于统治阶级的人。

⑦比德——"比",私相亲密(《礼记·缁衣》"迩臣比矣"郑注)。又旧有"朋比为奸"之语,是指不正派地结合在一起做坏事。此处"比德"也就是这意思。

⑧惟皇作极——此句承上文说,民众不要结成邪党,在位者不要朋比为奸,只应当一致遵守君主建立的准则。

⑨有猷——"猷",谋划(《尔雅·释诂》)。"有猷",有谋划,会筹划。

⑩有为——"为",作为。"有为",人有作为,有才干。

⑪有守——有操守。

⑫汝则念之——"念",《说文》:"常思也。""汝则念之",你就要记着,意谓常想到不要忘记。

⑬不协于极——"协",《大传》作"叶",协的古文(《说文》)。"不协于极",不合于皇的准则。

⑭不罹于咎——"罹",《大传》作"丽",《宋世家》作"离"。丽、离古字通。《释文》谓马融有"力驰反"、"来多反"二音。段玉裁谓本当作"离",古训"分",亦训"合"。古音在歌部(来多反);转

1234

音在支部(力驰反)。卫包改为"罹",训"陷"。按"罹"为"罗"之或体,因惟、维古通用,故罗与离亦古音同,通用。既通用,故不改回。"不罹于咎",不陷于恶(《蔡传》)。

⑮皇则受之——君王就不要拒绝他,应接受他。

⑯而康而色——前一"而"字,语词。"康",安宁,和善(《史记·乐书·正义》"康,和也")。后一"而"字同"汝"(《小尔雅·广诂》)。按《论语》《左传》《国语》《史记》中多用"而"作"汝",下文"而家"、"而国"之而同。"色",脸色。俞樾云:"此句承上文'皇则受之'而言。不但受之,而又当和汝之颜色以受之也。"(《平议》)

⑰予攸好德——《宋世家》译作"予所好德",误用"攸"训为"所"之义。王引之谓"攸,语助也"(《释词》),俞樾谓古字"攸"与"修"通,举秦始皇《会稽刻石》"德惠攸长",《史记》作"德惠修长"为证。"好"读为美好之好,举《汉书·五行志》"其极,恶顺之;其福,曰攸好德"句中的好德与恶相对为证。因释"攸好德"为修好德,即修饰其美德(《平议》)。俞说原释下文"五福"之"四曰攸好德",亦适合于此处,故取俞说于此。

⑱时人——《孔疏》:"此经或言'时人德',郑、王诸本皆无'德'字,此《传》不以德为义,定本无,'德'疑衍字也。""时",是,此。"时人",此人,这些人。

⑲斯其惟皇之极——"斯",同"则"、"乃"。"其",将(《释词》)。"时人斯其惟皇之极",这些人就将惟知遵守君王的准则了。

⑳无虐茕独——《宋世家》作"毋侮鳏寡"。《列女传·楚野辩女篇》引此同。今文作"毋",是。《困学纪闻》所引《尚书大传》"鳏"作"矜",二字音义都同。用"茕独"或"鳏寡"义亦相同。

"茕",通"惸",没有兄弟,"独",没有儿子。"鳏"（通矜），没有妻子,"寡",没有丈夫（据《孟子·梁惠王下》及《管子·入国》《礼·王制》及伪《孔传》等）。古人语言中常说不侮老幼、鳏寡、茕独。如《盘庚上》"无弱孤有幼"，《毛公鼎》"乃㪍鳏寡"，《诗·鸿雁》"哀此鳏寡"，《康诰》《无逸》"不敢侮鳏寡"，《左传·昭公元年》"不侮鳏寡"，《诗·正月》"哀此惸独"，《孟子·梁惠王下》"哀此茕独"，等等。古人把这看成是穷民中四种孤苦无告的人（见《孟子·梁惠王下》），所以在说教时,总宣扬不要欺侮他们。

㉑而畏高明——马融注:"高明,显宠者,不枉法畏之。"（《宋世家集解》引）"毋虐茕独而畏高明"一句,是说不要欺侮孤苦无告的平民而畏怕宣赫显要的贵族,与《诗·烝民》"不侮矜寡,不畏强御"完全同义。

㉒人之有能有为使羞其行——"人",依上文指在官位人员,"羞",进（《释诂》）。《潜夫论·思贤篇》作"循",段玉裁以为乃"脩"字之误,"脩"与"羞"同音。杨筠如并举李尤《灵台铭》作"脩",以为"脩"、"循"通用。这句是说:在位人员中有能力有作为的人要让他们继续发展他们的才能和德行。

㉓而邦其昌——《宋世家》作"而国其昌",今文避"邦"字讳改。《潜夫论》作"国乃其昌","其"在此同"乃"（《释词》）。《潜夫论》用"乃"义,重复了"其"字。这句是说国家就昌盛。

㉔正人——"正",长（《释诂》）。"正人"即在位官员中的长官（《经义述闻》）。

㉕既富方穀——"方",始（《广雅·释诂》），义同今语中的"才"。"穀",善（《诗·东门之枌》，又《甫田》毛传）。"既富方

穀"，先使他们富有，方能希望他们做出好事。

㉖汝弗能使有好于而家——"弗"，《宋世家》作"不"。此句说：你不能使他们对你王家有什么好处。

㉗时人斯其辜——"时"，此。"斯"，同"则"、"乃"（《释词》），为承接连词。"其"，将。"辜"，罪（《说文》）。这些人就将是有罪。

㉘于其无好——《唐石经》与流行刊本及足利本、清原氏手抄本等隶古定本"好"下有"德"字。但《宋世家》作"于其毋好"，无"德"字。隶古定内野本、神宫本、云窗本亦无"德"字。王引之云："好下本无'德'字，盖'无好'二字，即承上'弗能使有好'而言，非有二义也。自《传》曰'于其无好德之人'，始加'德'字以解之。然其时经文尚无'德'字。且'好'字尚读上声。自《唐石经》始作'于其无好德'，此不过因《传》有德字而妄加之（段玉裁据《孔疏》谓定本《传》无德字）。而《蔡传》遂读好为攸好德之好（上声），不知下文'咎'训为恶，'好'与'咎'义正相对，无好与有好亦相对。若读为好（去声），则与上下文又不相属矣，且好与咎古音正协。《皇极》一篇皆用韵之文，不应此二句独无韵也。"（《述闻》）其说是，今据删德字。

㉙其作汝用咎——"其"，同乃（《释词》）。"作"，为（《尔雅·释言》）。"作汝"，为汝服役，替你做事。"用"，以。"咎"，恶（《广雅·释诂》）。这句是说：他们以罪恶来为你服务。或：他们替你做事用的是罪恶行为。

以上自"敛时五福"至"其作汝用咎"这一小段，主要是说如何利用下文所说的"五福"作为手段，以之妥善地驾御臣民，来巩固"皇极"的问题。宋人要把它移到后面第九畴的五福六极之后去，是没有道理的。

㉚无偏无颇——"无"，《宋世家》作"毋"，《汉石经》残碑亦作"毋"，《史记》张释之、冯唐两传则引作"不"。"颇"，《唐石经》及流行刊本皆作"陂"，由唐玄宗以"颇"与下句"义"字不协韵，诏改（见《唐书·经籍志》）。案《宋世家》及《吕氏春秋·贵公》所引皆作"颇"。今所传唐写本或日本古写本如内野本、神宫本、足利本、云窗本亦作"颇"，皆传自改字前。段玉裁谓唐玄宗不知古音妄改此字。因"义"古音鱼何切，读同"俄"，与普多切之"颇"自协韵，而"陂"古音亦"普多切"（凡皮音之字，古皆在第十七歌戈部），反不与"义"之唐音"宜寄切"相协（《撰异》）。《困学纪闻》谓宣和六年诏复从旧，然各刊本依然未改回。至清江声《音疏》始用"颇"，今据改回。"颇"，原义见《说文》："头偏也。"引申为不平、倾斜等意。

㉛遵王之义——"义"，《匡谬正俗》引唐初本作"谊"，唐玄宗诏亦引作"谊"（见《佩觿》《册府元龟》《文苑英华》等）。段玉裁云："谊、义，古今字。周时作'谊'，汉时作'义'。皆今之仁义字也。"（《说文解字注》）按：洪适《隶释》云："《周礼注》'仪''义'二字，古皆音莪。"吴棫《韵补》："仪，牛何反，《周礼注》仪作义，古皆音俄。"顾炎武并举汉碑"蓼莪"皆写作"蓼义"，又《诗》中"义"与"河"韵，《穆天子传》"仪"与"阤"韵，《管子·弟子职》"仪"与"磋"韵，《太玄》"仪"与"颇"韵，韩敕《孔庙礼器碑》"仪"与"和"韵，证"仪"、"义"皆音"俄"，自可与"颇"协韵（《后案》引）。

㉜无有作好——"无有"，《吕氏春秋·贵公》引作"无或"。《宋世家》作"毋有"。段氏引《考工记·梓人》郑注、《诗·天保》郑笺、《论语》郑注（书疏引）及《广雅·释诂》皆云"或，有也"。是"无

或"即"无有"。"好",《说文》引作"妖",段谓"妖"古音钮,"好"古音朽,皆在尤幽部,故古文假"妖"为"好"(《撰异》)。徐铉始音呼到切。马融注云:"好,私好。"(《宋世家·集解》引)意即从个人利益方面考虑的私人爱好。

㉝党——郑玄注:"党,朋党。"(《宋世家·集解》引)《晋语》"比而不党"韦注:"阿私曰党。"《论语·述而》"君子不党"集解引孔注:"相助匿非曰党。"这是动词,古人把以私情结在一起互相包庇的行为叫做"党"。与近代"党"字的意义不同。

㉞荡荡——宽阔、平坦、广远。

㉟平平——《史记·张释之冯唐传赞》引作"不党不偏,王道便便"。徐广曰:"便一作辨。"《宋世家》仍作"平"。"平"、"便"、"辨"声近通用。并为"采"字之讹(据《九经古义》。参看《尧典》"平章"校释)。《吕氏春秋·贵公》注:"平平,平易也。"

㊱无反无侧——马融云:"反,反道也。侧,倾侧也。"(《宋世家·集解》引)

㊲会——会集,会合。

㊳归——归依,归宿。

㊴曰皇极之敷言——《宋世家》作"曰王极之傅言"。"曰",叫做。指上面讲的这一段,叫做"皇极之敷言"。"敷"、"傅"同音通用。王树楠云:"《诗·菀柳》笺云:'傅,至也。'谓皇极之至言,庶民极之至言也。"(《尚书商谊》)

㊵是彝是训——"彝",《宋世家》作"夷",同音通用。《周礼·春官·序官》注:"彝,法也。"即效法,以为师法之意。"训",教训(《广雅·释诂》)。是说以上述"皇极之敷言"为师法,为教训。

㊶于帝其训——《宋世家》作"于帝其顺"。《广雅》:"训,顺也。""帝",上帝。是说"于帝是顺",亦即顺着上帝。

㊷凡厥庶民极之敷言——"凡",皆(《广雅·释诂》),即"都是"的意思。这句是说上面"皇极之敷言",也都是"庶民极之敷言"。即都是关于庶民所要遵守的准则的至言。

㊸是训是行——"训",《宋世家》亦作"顺"。是说对"皇极之敷言",只应当顺遵它履行它。正和《诗·皇矣》所说的"不识不知,顺帝之则"一样。这一节虽是第五畴,但却是《洪范》全文的中心,旧也称"皇极章",它反复阐释建立君王统治之道的准则——"皇极"的重要性,反复传授建立这一准则的要领,因此是这一篇治理"大法"的精髓。

这一节的文字特点是:通体都为韵文(用韵情况见后"讨论"),而四字句与《诗》的体裁同。因此《墨子·兼爱下》引"王道荡荡,不偏不党。王道平平,不党不偏"四句,和《诗·大东》"其直若矢"四句合在一起总称为《周诗》。先秦还有四家也引了本节文字:(1)《左传·襄公三年》:"《商书》曰:无偏无党,王道荡荡。"(2)《荀子》之《修身》《天论》两篇都引《书》曰:"无有作好,遵王之道。无有作恶,遵王之路。"(3)《韩非子·有度》:"先王之法曰:臣毋或作威,毋或作利,从王之指;无或作恶,从王之路。"(4)《吕氏春秋·贵公》:"故《鸿范》曰:无偏无党,王道荡荡。无偏无颇,遵王之义。无或作好,遵王之道。无或作恶,遵王之路。"可见本节文字在战国之世是相当流行的。不过各家所引文字各有出入。而《左传》称《商书》,《墨子》称《周诗》,《韩非》称"先王之法",都不说是《周书·洪范》,可能这几句在当时原自流行,《洪范》作者采入本篇中,到战国末的《吕氏春秋》就确称《鸿范》。这是这段文字在先秦流行中可值得注意的一种情况。

这一节的"皇极"的思想，实同于《墨子》"尚同"的思想。《尚同上》云："上之所是，必皆是之；所非，必皆非之。"《尚同中》云："举天下之万民以法天子，夫天下何说而不治哉。"显然就是这里的"皇极"。《尚同中》又云："凡国之万民上同乎天子，而不敢下比。"又："是以皆比周隐匿而莫肯尚同其上。"更就是本篇的"凡厥庶民无有淫朋，人无有比德，惟皇作极"。"比德"之"比"即"下比"之"比"，其渊源尤为明显。《尚同下》云："若苟义不同者，有党。"则就是"无偏无党"之"党"。《尚同上》云："上同而不下比者，此上之所赏而下之所誉也。"《尚同下》云："富贵以道其前，明罚以率其后。"也就是"敛时五福，用敷锡厥庶民"，"攸好德汝则锡之福"。《尚同上》云："今若天，飘风苦雨溱溱而至者，此天所以罚百姓之不上同于天者也。"《尚同中》云："故当若天降寒热不节，雪霜雨露不时，五谷不熟，六畜不遂，疾苦戾疫，飘风苦雨荐臻而至者，此天之降罚也，将以罚下人之不尚同乎天者也。"这就是没有做好"皇极之敷言，是彝是训，于帝其训"之故，也就是本篇下文"庶征章"的："曰狂，恒雨若；曰僭，恒旸若；曰豫，恒燠若；曰急，恒寒若；曰蒙，恒风若。"在墨子之意，欲使人民上同于君主，进而上同于天，达到《尚同下》所说的："治天下之国若治一家，使天下之民若使一夫。"本节"皇极章"所要达到的，也就是这种境界。这种统一于君主的思想，法家完全接受了，而且更加以强调，加以发展。《韩非子·有度》云："贤者之为人臣……顺上之为，从主之法，虚心以待令而无是非也。故有口不以私言，有目不以私视，而上尽制之。……先王之法曰,臣毋或作威,毋或作利,从王之指;无或作恶,从王之路。"可知建立君主统治之道的最高准则——"皇极"的这一思想,由《洪范》的这种诗歌形式的鼓吹,墨家摩顶放踵地进行宣传,到法家加以批判继承,充类至尽,把"极"字的意义发挥到"绝对"的地步,就由"王道的准则",推衍成为"绝对的王权",就形成了战国时期非常适合于统治者需要的一种思想了。

"六,三德①:一曰正直,二曰刚克②,三曰柔克③。平康,正直④;强弗友,刚克⑤;燮友,柔克⑥。沈潜,刚克⑦;高明,柔克⑧。惟辟作福⑨,惟辟作威⑩,惟辟玉食⑪。臣无有作福、作威、玉食。臣之⑫有作福、作威、玉食⑬,其⑭害于而家,凶于而国⑮。人用侧颇僻⑯,民用僭忒⑰。

①六三德——《宋世家》及《汉石经》残碑"三德"上无"六"字。据此知今文无此顺序数字。"三德",三种施行统治的心术,也就表现为三种统治的方法。(《贾子·道术》:"施行得理谓之德。"《周礼·师氏》马注、郑注:"在心为德,施之为行。")

②刚克——"刚",刚强,强硬的方式。"克",胜(《释诂》。又《释文》引马融亦如此释)。"刚克",以强硬的方式取胜。

③柔克——"柔",柔和,怀柔,温和的方式。"柔克",以温和的方式取胜。

④平康正直——对平正康宁者,要以正直的方式对待。

⑤强弗友刚克——"强",犟的假借,强项固执的意思。"弗",

《宋世家》作"不"。"弗友",不亲近友善。对强项固执不肯亲近的人,意即倔强的人,要以强硬的方式对待。

⑥燮友柔克——"燮",《宋世家》作"内"。段玉裁云:"古'内'、'入'通用,'入'、'燮'同部。此今文《尚书》作'内'。"(《撰异》)是"内"为"燮"的假借。"燮",和(《释诂》)。对和顺可亲近的人,要以温和的方式对待。

⑦沈潜刚克——"沈潜",《左传·文公五年》引作"沈渐",《宋世家》同。《汉书·谷永传》引作"湛渐"。音义都和"沈潜"同。此"沈潜"与下句"高明"对举,"高明"指上层贵族,则"沈潜"自指沉在下层的庶民。"沈潜刚克",是说对下面民众,要以强硬方式统治。

⑧高明柔克——"高明",《宋世家集解》引马融曰:"高明,君子。亦以德怀也。""高明"即"皇极章""无虐茕独,而畏高明"的"高明",指显要贵族。故马谓之"君子"。是说对显要贵族,要以温和方式对待。

⑨惟辟作福——"惟",《宋世家》作"维",通用。"惟"用于语首,一般皆是语词,此处则有"独"、"仅"之意。"辟",君(《释诂》)。这句是说:只有君主才可以作福于人,即只有君主才专有庆赏之权(此"福"即下文第九畴"五福"之福)。

⑩惟辟作威——只有君主才可以作威于人,即只有君主才专有刑罚之威。按段玉裁、皮锡瑞据《汉书》楚元王、王商、王嘉等传,《后汉书》第五伦、杨震、张衡、荀爽、李固等传及《齐策》高诱注所引,皆"惟辟作威"在"惟辟作福"之前,以为汉代今文"威"在前(《撰异》《考证》)。但《宋世家》所载本文,固"作福"在"作威"前。

《集解》引郑玄注及《汉书·武五子传》广陵厉王赐策,也都是"福"在"威"前。则汉代本亦有与今流行本相同。(《汉书·儒林传》言司马迁书载《尧典》《禹贡》《洪范》诸篇多古文说。按,司马迁所用者是今文说,如果《洪范》篇此处确用古文说,则古文"福"在"威"前。)

⑪惟辟玉食——"玉食",马融云:"美食。"(《宋世家·集解》引)张晏云:"珍食也。"(《汉书·叙传》"候服玉食"注引)孙星衍则以为"玉"读为"畜"。"畜"、"好",声之缓急。故《孟子·梁惠王》云:"畜君者,好君也。"(《注疏》)诸说都以"玉食"为美好的饮食。是说只有君主才有权尽情地吃最精美的饮食,享受最美好的生活。

⑫臣之——《宋世家》无"之"字。当系偶脱。"之"在此为假设连词,作"若"、"倘若"解(《释词》)。

⑬玉食——《汉书·王嘉传》引此玉食上有"亡有"二字。

⑭其——《汉书》王嘉、刘向等传及《后汉书·张衡传》所引皆无"其"字。"其"字在此为承接连词,和"则"字相同。

⑮凶于而国——《汉石经》残碑"凶"上有"而"字。冯登府据《宋世家》及《公羊传·成公元年》疏引郑玄注皆无"而"字,以为郑本古文无,而今文本有之(《汉石经考异》)。"而",汝。此句是说凶害于你的国家。

⑯人用侧颇僻——"人",和上文一样,与"民"对举,可知指统治阶级人员。"用",因此。"侧",音义都和"仄"同,意为"倾斜"。"颇",也是倾斜不平之意(见上文"无偏无颇")。"僻",《汉书·王嘉传》及《汉石经》都作"辟",同音通用,为"邪辟"的意思(《五行志中·集注》引服虔说)。此句是说:在位的官员因此会倾斜不正做

邪恶的事。

⑰民用僭忒——"僭",下犯上(《穀梁传·隐公五年》)。"忒",《王嘉传》作慝。师古注:"恶也。"(当系据《诗·民劳》"无俾作慝"毛传)此"忒"为"恶"的假借字。此句是说庶民因此犯上作恶。

这一节,是第六畴,旧也称"三德章",谈的是三种统治方法。

皮锡瑞云:"案《汉书·谷永传》永说王音曰:'意岂将军忘湛渐之义,委曲从顺,所执不强。'据子云说,则今文家以三德为德性,'克'为自治其性,不为治人。《汉书·叙传》曰:'孝之翼翼,高明柔克。'孟坚亦以柔克为言君德。《后汉书·梁统传》统上疏曰:'文帝宽惠柔克。'又《郑兴传》兴上疏曰:'今陛下高明,而群臣惶促,宜留心柔克之政,垂意《洪范》之法。'以柔克属君德,克为自克之义。"又云:"马、郑乃以此专属人臣,又探下文'作威'、'作福'之意,以'沈潜'为贼臣,'高明'为君子,古文异说,殊乖经旨。"(《考证》)皮氏站在今文家尊经立场,又要鼓吹封建君主以仁义道德为心,所以提出的这种说法,是不符合文义的。

自"惟辟作福"以下至"民用僭忒"一段,王柏《书疑》把它移到"皇极章"之最后,接在"以为天下王"句下。近人曾运乾承其说。金履祥《书经注》把它移到全篇最后,接在"六曰弱"句下。元人王充耘则谓:"刚克纠之以猛,所谓'惟皇作威'是也。柔克待之以宽,所谓'惟辟作福'是也。"(《读书管见》)意谓宜在本节。是此节原是一体,不应把这小段作错简随意移动。

"七,稽疑①:择建立卜筮人②,乃命卜筮③。曰雨,曰霁④,曰圉⑤,曰雺⑥,曰克⑦,曰贞,曰悔⑧,凡七⑨。卜五,占用二⑩,衍忒⑪。立时人作卜筮⑫,三人占,则从二人之言⑬。

"汝则⑭在有大疑,谋及乃⑮心,谋及卿士,谋及庶人⑯,谋及卜筮⑰。汝则从⑱,龟从,筮从,卿士从,庶民从,是之谓大同。身其康彊⑲,子孙其逢⑳,吉㉑。汝则从,龟从,筮从,卿士逆,庶民逆,吉。卿士从,龟从,筮从,汝则逆,庶民逆,吉。庶民从,龟从,筮从,汝则逆,卿士逆,吉㉒。汝则从,龟从,筮逆,卿士逆,庶民逆,作内,吉;作外,凶㉓。龟筮共违于人,用静,吉;用作,凶㉔。

①稽疑——"稽",《说文·卜部》作"卟"。释云:"卜以问疑也。读与'稽'同。《书》云'卟疑'。"知汉代此字原作"卟",似即由甲骨文中的"占"而来。很可能即"占"的或体。诸隶古定写本则皆作"乩"。则是"卟"的后起字。"稽"以同音被假借。文籍中"卟"已不通用,而"稽"已习用,故不改回。"稽疑"也就是卜以问疑。即用占卜的方式,向神请问疑难问题的吉凶。是愚昧的迷信活动,所有古代民族无不有这种迷信活动,而统治者往往利用愚弄和欺骗人民以进行统治,而自己也往往是愚而被弄者。殷、周人在这方面尤为突出,几于无事不占卜。

②择建立卜筮人——"卜",用龟甲占卜。"筮",用蓍草占卜(《礼·曲礼》:"龟为卜,蓍为筮")。本文也称"筮"为"占"(《释

文》：马融云：“占，筮也”）。“卜”为殷人用的卜法，周人也承用。其法是先在龟甲背面钻凿窜槽（即不穿透龟甲的孔），然后用火灼它，看其正面裂纹即所谓“兆形”来定吉凶。“筮”为周人所自用的卜法，是摆弄一些不同长短的蓍草，按八卦六爻的爻位来定吉凶。担任龟卜的叫“卜人”，担任蓍筮的叫“筮人”。郑玄释这句为：“择可立者为卜人、筮人。”（《孔疏》引）

③乃命卜筮——王引之云：“如《士丧礼》‘命龟、命筮’也。‘曰雨’以下五事，即承‘乃命卜筮’言之。五者皆所以命龟之事也。”（《述闻》）就是占卜时告龟以所卜问的事。

④霁——案，《宋世家》作“济”，是汉代今文。《集解》引郑玄云：“济者，如雨止之云气在上者也。”段玉裁并据《周礼·大卜》《孔疏》引郑玄注亦释“济”字，以为郑本确作“济”。则此是汉代古文。又云窗本隶古定作是“济”字摹写微讹，则伪古文亦有作“济”者。段云：“古凡‘止’皆云济。”（见《撰异》引《齐物论》向注、《时则训》高注皆云“济，止也”）《尔雅·释天》：“济谓之霁。”《说文》：“霁，雨止也。”则“济”为雨止而云未散的本字，“霁”与之同义。因霁已通用，“济”反作他用，故不改回。

⑤圛——此字纷歧纠葛最多，现按时代列如下：

西汉作“涕”、“弟”、“悌”（至晋末讹作“洟”）。《宋世家》：“曰雨、曰济、曰涕、曰雾（霁）、曰克。”《诗·载驱》“齐子岂弟”郑玄笺：“《古文尚书》‘弟’为‘圛’。”《孔疏》作“齐子恺悌”，并谓《洪范》“曰圛”，贾逵以今文校之，定以为“圛”。然误读郑笺为《古文尚书》以悌为圛”，遂云“古文作悌，今文作圛”。段玉裁辨之，以为郑笺“谓《今文尚书》之‘涕’，《古文尚书》作‘圛’。《毛诗》‘弟’与

洪
范

1247

'涕'同声。'弟'亦可读为'圛'。《诗笺》传写既久,'涕'作为'悌'字,'悌为圛'之上妄增'以'字。但《今文尚书》作'涕',《古文尚书》作'圛',皆有佐证,不得反易之"(《撰异》)。《宋世家集解》:"徐广曰:一作湀。"《索隐》:"涕,音亦。《尚书》作圛。徐广所见本'涕'作'湀',义通而字变。"按,《宋世家》之"涕"是汉代今文,与"悌"为偏旁的歧异,或脱偏旁仅存"弟"字。徐广在晋末所见通行本应为伪古文,然所见别一本作"湀",当是该本偶存今文遗字而有讹变。如《说文》"鷞"或作"鷞"一样。

东汉作"圛"。《说文·囗部》:"圛,回行也。《商书》曰'曰圛'。圛者,升云半有半无。读若驿。"(从段校本。段谓"回行"为圛字本义,"升云"句为释《商书》圛字义。)郑玄《尚书》注,《诗·载驱》笺,《周礼·大卜》注并作"圛"。

魏代作"圛"。王肃《尚书》注:"圛,霍驿消灭如云阴。"(《孔疏》引)

以上从东汉到魏作"圛",是古文。

晋末:流行伪古文作"圛",别本作"湀"(见上)。

南朝宋作"圛"。裴骃《宋世家·集解》:"《尚书》作圛。"

唐天宝前作"圛"。孔颖达《洪范》疏、《诗·载驱》疏并作"曰圛"。司马贞《宋世家·索隐》:"《尚书》作圛。"唐写本及日本古写本多作"圛"。

以上自晋至唐天宝前之"圛",皆是伪古文。又所有自西汉至唐初皆"曰圛"在"曰雺"前。

唐天实改作"驿"。卫包奉命改隶古定《尚书》为今字,当系据《说文》"圛读若驿",又《孔疏》引郑玄云"圛即驿也"。遂改"圛"

为"驿"，而且颠倒至"曰蒙"之下。《唐石经》及今通行各刊本皆作"曰蒙曰驿"。诸隶古写本如内野本、云窗本亦皆"曰圛"在"曰蒙（雺）"下，并在"圛"字旁添注"驿"字，显系受了卫包改字影响，当为天宝以后抄本，不过仍保存了原所据隶古定本的"圛"的。

既然今文、古文、伪古文都不作"驿"，其字出于卫包妄改，故不取。而"涕"或"弟"、"悌"现已不读"亦"声，亦不宜采用。唯"圛"字使用时间最长，今特采用，并乙正在"曰雺"之上。

⑥雺——此字之纷歧如次：

西汉今文作"霚"，即"雺"，后或作"雾"（下文之"咎征"则此字又作"霿"、"瞀"），见《宋世家》"曰雾"。《说文》有"霚"字，籀文作"雺"，徐铉曰："今俗作'雾'。"故王鸣盛云："今俗刻《史记》误'雺'为'雾'。"（《后案》）段玉裁亦云："《宋世家》作'曰雾'，'雾'即'霚'之俗。'雾'与'雺'一字。《诗·小雅》'务'与'戎'韵，'霚'亦可音蒙。"（《撰异》）今文"霚"字流传至晋末作"被"，见《集解》："徐广曰：一曰'被'。"《索隐》："雺（刻本误雾），音蒙。然'蒙'与'雾'亦通。徐广所见本'蒙'作'被'，义通而字变。"钱大昕云："被，盖'敄'之讹，即'霚'之省。"（《廿二史考异》）（《集韵》侯部谓"雺"、"霿"、"蒙"三形一字。）

东汉古文作"雺"，亦作"雺"。《周礼·大卜》郑玄注："《洪范》所谓曰雨、曰济、曰圛、曰雺、曰克。"又《书孔疏》引郑玄《尚书》注："雺者，气不泽，郁郁冥冥也。"（据段玉裁校加"不"字。）段云："雺"、"雺"皆"矛"声，故亦借"雺"。

魏时王肃古文仍作"雺"。见《孔疏》引王肃《尚书》注："雺，天气下地不应暗冥也。"

晋时除遗存今文"霿"字讹为"被"外（见上），已流传伪古文，其字已读作"蒙"，但亦或作"霁"。见《释文》除"武工反"外，并存晋人徐邈"亡钩反"一音。段玉裁据此谓《释文》原本亦大书"霁"字，故兼引徐氏反语。若作"蒙"则但当"武工"一反（《撰异》）。

唐天宝前伪古文本仍作"霁"，见《孔疏》："曰霁兆，气蒙暗也。"又："霁声近蒙。"皆《正义》本作"霁"之证。

唐天宝间卫包改写今字作"蒙"，并移置"曰驿"之上。段玉裁谓伪《孔传》云"霁，蒙。阴暗也"，卫包乃以"蒙"改"霁"；与《孔传》云"圉，气落驿不连属也"，卫包乃以"驿"改"圉"，同样荒谬（见《撰异》）。自是《唐石经》及通行各刊本皆作"蒙"，并倒在"驿"上。今所传唐写隶古定本或日本古抄本亦多作"蒙"，也在"驿"上，内野本在"蒙"旁注"虫"字，云窗本即岛田本则经文径作"虫"字，显系古文"蟊"字传抄之讹。

据上述情况，自当以"霁"字为是，故据改。

⑦克——《周礼·大卜》郑玄注引作"尅"。段玉裁云："尅者剋之讹也。剋，古只作克。"

按，上列"雨、霁、圉、霁、克"五者，自来注疏家都解释为占卜时灼龟为兆所出现的五种兆形。郑玄释之云："雨者，兆之体，气如雨然也。济者，如雨止之云气在上者也。圉者，色泽而光明也。霁者，气不泽郁郁冥冥也。克者，如裸气之色相犯也。"（《宋世家·集解》引。依段氏校增"不"字。）伪《孔传》云："雨、济，龟兆形有似雨者，有雨止者。霁，蒙，阴暗。圉，气络驿不连续。克，兆相交错。五者，卜兆之常法。"

这些都是望文生义的说法。殷虚甲骨中灼龟所出现的兆纹从来不见下雨形或雨止云在上等形，只有大量卜雨、卜霁（或济）、卜跻（陟）、卜霢（霾）、卜雾、卜霏、卜霰，以及卜风、卜旸、卜啓等等的卜辞。因为当时生产和生活的需要，特别是奴隶主头子田猎游乐及宗教活动等，都需要了解天候气象，所以这类卜辞特别多。其中雨、霁或陟或雾或霰等显然就是本文材料的直接来源。陈梦家说："未雨之先云来是陟，雨止而云未去是霁或济，其实是一样。"（《综述》）郭沫若氏说："崔，冢之古文。余释为蒙，读为雾。"（《殷契萃编》211.821 片）又如霰字，陈梦家说："和《说文》的霰和霜相当。"这几个字正就是本文中的"雨"、"济"、"霁"的前身。其余"圛"、"克"两字，一定也能从卜辞中找到来源（王肃谓"圛，霍驿消灭如云阴"，似"圛"即由"崔"字来）。王引之则引《周礼·大卜》命龟"七曰雨"，郑众注："雨，谓雨否也。"又《史记·龟策传》"卜天雨不雨"、"卜天雨霁不霁"。又《左传·襄公八年》"卜攻庆氏，示子之兆，子之曰'克'"。《左传·昭公七年》：吴人伐楚，司马子鱼令龟曰"尚大克之"。因谓"曰雨"、"曰霁"、"曰克"，都是命龟词。由此可知，这五项并不是占卜时龟甲上的兆纹形，而是所要卜问之事。《周礼》说"大卜以邦事作龟之八命"，郑注："国之大事，待蓍龟而决者有八。"又"占人掌占龟，以八卦占筮之八故"，郑注："谓将卜八事。"可知卜人、筮人担任卜问这些事。不过所卜问的不会限于八项或五项。可以设想，《洪范》作者编写本文时，一定手里有一些早期卜辞的资料，就照抄到文章中。后来的注疏家已不懂，就望文生义地提出了他们那些"以意为之"（王引之语）的错误解释。其实在此七项以上的"乃命卜筮"句，已明确为命辞问此七项，特注疏家不懂而已。

⑧曰贞曰悔——"贞"的本义是占卜时对神的卜问（《说文》"贞，卜问也"）。但和"悔"并用时，则是指《周易》中各个卦的上下两部分。《周易》共六十四卦，是由乾、坤、震、艮、离、坎、兑、巽等八卦中每两卦组合而成。例如屯卦䷂是由震☳和坎☵两卦组成。卦的各爻由下向上数。因此下面的卦叫内卦（内三画），上面的卦叫外卦（外三画）。内卦就叫做"贞"，外卦就叫做"悔"。这里"屯"的内卦震就是"贞"，外卦坎就是"悔"（也称"内三画为贞，外三画为悔"，见《朱子语类》）。"悔"，汉代亦作"𬤝"，见《说文·卜部》云："𬤝，《易》卦之上体也。《商书》'曰贞曰𬤝'。"它的意义据郑玄说："内卦曰贞。贞，正也。外卦曰悔。悔之言，晦也。晦犹终也。"（《宋世家集解》引）这是汉古文给此二字勉强作的解释。后来宋学又有几种解释，都是望文生义。《左传·僖公十五年》："秦伯伐晋，卜徒父筮之吉，其卦遇蛊。蛊之贞，风也；其悔，山也。"因蛊卦为䷑，其下面的内卦是巽☴，上面的外卦是艮☶。《易·说卦》说巽为风，艮为山，所以蛊卦的"贞"是风，蛊卦的"悔"是山。

又古人占卜往往先占得某卦，再占得某卦，便说"遇某卦之某卦"。如《左传·庄公九年》"遇观之否"，《昭公七年》"遇屯之比"，《哀公九年》"遇泰之需"等，前一卦就叫"遇卦"，或"本卦"，后一卦叫"之卦"。遇卦或本卦就叫"贞"，之卦就叫"悔"。例如《晋语》晋文公卜归国，"得贞屯悔豫"，是说他得到的本卦是屯，之卦是豫。但韦昭仍照内卦、外卦解释，因屯的内卦是震，豫的外卦也是震，即贞悔都是震，为这一次占卜的特点（又《京氏易》以发为贞，静为悔。王安石则以静为贞，动为悔。不同说法颇多，不备举）。

⑨凡七——"凡"，数之总名（玄应《一切经音义》廿二引《三

苍》），总数。"凡七"，总共是七。

⑩卜五占用二——《宋世家》"占"下有"之"字。这句是说用龟甲占卜的共五项。即雨、济、圛、雺、克。用蓍草占筮的共两项，即贞、悔。也就是郑玄所说的："兆卦之名凡七，龟用五，易用二。"（《宋世家·集解》引）因用蓍草按八卦来占卜，是《周易》是占卜方法，所以，占卜法亦可称之为"易"。

⑪衍忒——《宋世家》作"衍贷"。段玉裁云："贷与忒音同假借。""衍"，推演（《易·系辞》释文引郑玄注）。又王弼注"大衍之数"为"演天地之数"。"忒"，变（《诗·瞻卬》毛传）。"衍忒"，郑玄释云："卦象多变，故言衍贷。"（《宋世家·集解》引）就是说卜与筮二者都要推演研究其兆卦的变异。

上列"凡七卜五占用二衍忒"九字（《宋世家》多之字），共有四种不同的断句读法：（一）马融、王肃、孔颖达读为："凡七：卜五，占用二，衍忒。"（马读见《释文》，王、孔读见《孔疏》。"卜五"指雨济圛雺克，"占二"指贞悔。衍忒总指卜筮二数。王先谦谓此为古文家说。）（二）郑玄读为："凡七：卜五占之用，二衍忒。"（见《宋世家·集解》）"卜五占之用"指雨济圛雺克，"二衍忒"指贞悔，即专指筮，江声谓《史记》句读与此同。王先谦谓此用今文家说。）（三）皮锡瑞据王充《论衡·辨祟》"故书列七卜"句，谓当读为："凡七卜，五占之用，二衍贷。"谓《史记》句读与此同。因史迁与王充同用欧阳尚书。（四）杨筠如、刘节承皮说，读为："凡七卜，五占用，二衍忒。"按，本文明明在"乃命卜筮"句下，列举了七项卜筮名称，故以"凡七"二字总计其数。此七项卜筮中，前五项（雨济圛雺克）是龟卜的对象，所以属卜；后二项（贞悔）为占筮所得卦的两部分，所以属占筮。这是它们本身决定的。而衍忒指推衍其变异,则龟卜和筮卜二者都是要用上的。因此只能读成马融、王肃的读法。其余几种读法都是错误的。

⑫立时人作卜筮——"时",是,此。"作",《宋世家》作"为",义同。立此种人为卜筮,即用此种能卜筮的人进行卜筮。

⑬三人占则从二人之言——"占",《公羊传·桓公二年》何休《解诂》引作"议"。皮锡瑞说是三家异文。按,可能何休偶以其意引之。古人占卜时,同时使三人进行占卜。本书《金縢》"乃卜三龟"、《仪礼·士丧礼》卜葬占者三人,是其证。《周礼》说大卜掌三兆、三易之法。兆指龟卜,易指占筮(见注②)。所以郑玄说"卜筮各三人"(《士丧礼》贾疏引)。三人占卜的结果不一样,就其多数,听取其中二人所说的占卜结果。

⑭则——在此为假设连词,同"若","倘若"(《释词》《词诠》)。

⑮乃——《宋世家》作"女",即"汝"。在此为第二人称领格,即"你的",当用"乃"字。

⑯庶人——《周礼·乡大夫》郑众注引本文,及《汉石经》残字都作"庶民"。与此处下文四"庶民"一致,作"庶民"是。但《宋世家》载本篇全文,此字固作"庶人",《潜夫论·潜叹篇》《白虎通·蓍龟篇》《后汉书·卢植传》亦皆引作"庶人",是汉代本文原有此歧异。《唐石经》及通行刊本亦皆作"庶人"。既原文如此,故不改。

⑰谋及乃心谋及卿士谋及庶人谋及卜筮——这是说,"你倘有疑难不决的事,先自己在心里好好考虑,再问问大臣、再问问庶民,然后才卜筮"。事实上,奴隶制时代再问问庶民的事是根本没有的。但《周礼》小司寇"掌外朝之政以致万民而询焉",保存了一点

早期氏族议事会开会时男男女女围在周围参加讨论的遗意,像盘庚迁都还召集人民到王庭讲话。因此这里写进了这句话还是有些过去的历史背景。就典籍记载,周代统治者,遇事总与大臣们先计议,在计议过程中也就进行卜筮,得到卜筮结果,又与大臣们讨论怎样解释及是否听从。与甲骨文中反映的殷代统治者遇事都只靠卜问的情况似略有区别。顾炎武说:"占卜之事,古代皆先人后龟。《诗·大雅·绵》:'爰始爰谋,爰契我龟。'《易·系辞》:'人谋鬼谋,百姓与能。'皆先人后龟。与此'谋及乃心……谋及卜筮'之说合。"(《日知录》)他所举的材料都是周代的,因此所说的就是周代的情况。

⑱从——《仪礼·少牢馈食礼》:"以告于主人:'占,曰从'。"郑玄注:"从者,求吉得吉之言。"可知"从"是占卜中的一个术语,凡占卜的结果合于求卜者所希望得到的吉兆时,就叫"从",引申为对所卜问的问题持赞同的意见的叫"从"。下文"逆"字意义与此相反。

⑲身其康彊——《宋世家》作"而身其康彊"。段玉裁谓此《今文尚书》。"而",同"汝"。"其",同"乃"(《释词》)。"彊",同"强"。

⑳子孙其逢——《宋世家》作"而子孙其逢"。《释文》引马融云"逢,大也"。(《礼记·儒行》"衣逢掩之衣"郑注:"大掖之衣。")王引之云:"子孙其逢,犹言其后必大。"又谓:"《玉藻》'缝齐倍要'郑注曰:'缝,或为逢,或为丰。'《淮南·天文篇》'五谷丰昌',《史记·天官书》'丰'作'逢',是古'逢'、'丰'声义皆同。"(《述闻》)

㉑吉——从汉以来皆误连上句读为"逢吉",清人始以"吉"字

单独为句(见《述闻》引李成裕说)。伪《孔传》以下文三从二逆为中吉,二从三逆为小吉,此五者皆"从"为"大同于吉",即"大吉"。

㉒自"逢吉"下之"汝则从"至"卿士逆吉"——共分三段,每段都是三从二逆,郑玄云:"此三者皆从多,故为吉。"(《宋世家·集解》引)

㉓汝则从龟从筮逆卿士逆庶民逆作内吉作外凶——这是二从三逆,《集解》引郑玄云:"此逆者多,以故举事于境内则吉,境外则凶。"伪《孔传》释"内"为"祭祀婚冠"之事,"外"为"出师征伐"之事。

㉔龟筮共违于人用静吉用作凶——"龟筮共违于人",似是说龟和筮都是"逆",和人的三方面都"从"的情况相反。这句是说占卜的结果不好,就只能静而不动才好。一动作就会招祸。伪《孔传》释为"安以守常则吉,动则凶"。

这一节,是第七畴,旧也称"稽疑章",谈卜筮方法。这是从原始迷信活动发展起来的,作为奴隶制国家的统治者(后也是封建制国家统治者)手中的一种不可或少的统治要术,他们把它运用在一切活动之中,对当时的政治生活社会生活影响极大。

虽然顾炎武根据西周一些材料指出:"占卜之事,古代皆先人后龟。"本文也先谈谋及乃心、卿士、庶人,然后才谈谋及卜筮。但事实上卜筮却是首要的。在列举的所谓一大吉、三中吉、一小吉及动则不吉的六种情况中,只要是龟和筮都是吉的,那就不论君主、卿士、庶民的动向如何,总之都是吉。只要是龟和筮都是不吉的,那就不论君主、卿士、庶民动向如何,总之也是不吉,只能静而不动,什么也不干,才能避免凶而保住吉。在龟和筮二者之中,又以龟为主。顾炎武指出了这点,他说:"古人求神之道不止一端,故卜筮并用而终以龟为主。"(《日知录》)这是对的。所以这里龟从筮逆时还是"作内吉"。只有龟和筮都逆时,才不能有任何动作。所以龟卜始终是古代重要的占卜。从《左传》看,东周统治者用筮的时候不少,但仍以为"筮短龟长"(《僖公四年》)。本文所说正是体现了这种精神。

　　"八,庶征①:曰雨,曰旸②,曰燠③,曰寒,曰风。曰时五者来备④,各以其叙⑤,庶草蕃庑⑥。一极备⑦,凶;一极无⑧,凶。

　　"曰休征⑨:曰肃,时雨若⑩;曰乂,时旸若⑪;曰哲,时燠若⑫;曰谋,时寒若⑬;曰圣,时风若⑭。

　　"曰咎征⑮:曰狂,恒雨若⑯;曰僭,恒旸若⑰;曰舒,恒燠若⑱;曰急,恒寒若⑲;曰雾,恒风若⑳。

　　"曰㉑:王省惟岁㉒,卿士惟月㉓,师尹惟日㉔。岁月日时无易㉕,百谷用成㉖,乂用明㉗,俊民用章㉘,家用平康㉙。日月岁时既易㉚,百谷用不成,乂用昏不明,俊民用微㉛,家用不宁㉜。

1257

　　"庶民惟星㉝:星有好风,星有好雨㉞。日月之行,则有冬有夏㉟;月之从星,则以风雨㊱。

　　①庶征——"庶",众,多。"庶征",多种征兆,各种征兆。都是指气候方面的一些现象。《洪范》作者诰诫当时的君主,以为这些

不同气候可以征验君主的行为,所以叫"征"。

②旸——《汉书》之《五行志》及《王莽传》作"阳"。与旸通假。段玉裁据《礼·祭义》郑注"阳读为'曰旸'之旸",以为是《古文尚书》作"旸"之证(《撰异》)。《汉纪》《论衡·寒温》亦作"旸",当用古文。然《尚书大传》又《宋世家》诸本或作阳或作旸,其作旸者当亦是受古文之影响所致。"旸"就是日出,就是出太阳(参看《尧典》"旸谷"校释)。

③燠——《宋世家》《汉书》之《五行志》《王莽传》、何休《公羊注》皆作"奥",段玉裁以为是"燠"的古字。《尚书大传》《论衡·寒温》《汉纪》皆作"燠"。知汉时今古文皆"奥"、"燠"通用。此字与"寒"相对,其意为暖、热(见《尧典》释文引马融云"暖也")。则作"燠"其义明,故沿《唐石经》及各刊本不改。

④曰时五者来备——"曰",语词。"时",是,此。《后汉书·李云传》:"得其人则五氏来备。"又《荀爽传》:"五韪咸备,各以其叙。"章怀注引《宋世家》作"五是来备",并释:"是与氏古字通","韪,是也"。段玉裁因谓《宋世家》原作"五是来备"四字,与《李云传》《荀爽传》所引同为《今文尚书》。《困学纪闻》引《史记》犹作"五是来备",知南宋本犹如此。今本作"曰时五者来备"为后人所妄改,此为《古文尚书》。今所传日本隶古写本如足利本(按,并有内野本、神宫本、云窗本等)皆作"曰时五者是来备",当是有人据《史记》《汉书》注"是"字于"者"字之旁,传抄者误增于"者"字之下(《撰异》)。

⑤各以其叙——"叙",次序。故《宋世家》即作"序"。此句是说"各以它的次序",意即各按照它应遵守的规律。

⑥庶草蕃庑——"蕃庑",《说文·林部》槑字引作"《商书》曰：'庶草繁无'"。班固《灵台诗》作"庶卉蕃芜"。《尚书考灵曜》"蕃庑"作"蕃芜"(《隋书·天文志》引)。《李云传》章怀注则作"蘇庑"。按《晋语》云："黍不为黍,不能蕃庑。"是先秦固作"蕃庑"。韦昭注："蕃,滋也。庑,丰也。""庑"原义为廊庑。《尔雅·释诂》："芜,丰也。"是"庑"假作"芜",故有"丰"义。

⑦一极备——"一",指上述五项庶征中的一项。"极备",很具备,即很多、太多、过多的意思。

⑧一极无——《宋世家》此"无"字作"亡"。但引本篇其他无字皆作"毋"。"一极无",其中一项很欠缺,太少了。

⑨休征——"休",美好,美善。《广雅》:休,喜也。周代金文中习见"对扬王休",就是答谢颂扬君主的美善、光宠。"休征"是指君主的美好行为的征验。

⑩曰肃时雨若——"曰",语词。"肃",即上文第二畴"五事"中"恭作肃"的"肃",指君主的态度表现严肃、肃敬。"时",副词,意为适时,按一定的时间,恰当其时。"若",语末助词。王引之谓："若,词也。《易·丰》'有孚发若',《节》'则嗟若':王弼并注:'若,辞也。'"(《释词》)曾运乾谓"若"为譬况之词,位于语末。如《易》离卦"出涕沱若"、"戚嗟若"(《正读》)。是其意谓近于句末所用"然"字,与"如见其肺肝然"(《大学》)、"无若宋人然"(《孟子·公孙丑》)句同,都是语末助词。这句是说:当君主表现肃敬,就能使雨恰到好处地降下来。

1259

⑪曰乂时旸若——《宋世家》"乂"作"治",用训诂字。《五行志》无"曰"字;"乂"作"艾",与上文"乂用三德"用"乂"之假借字

相同;"旸"作"阳"。《大传》亦作"阳",其情况同本节"曰旸",二字通用。这句是说君主的政治休明,就会使太阳按时普照大地。

⑫曰哲时燠若——《宋世家》作"曰知时奥若"。"知"即"智",为"哲"的训诂字。《五行志》作"悊时奥若"。"悊"为"哲"的或体(见《说文》)。《唐石经》作"晢"。作"哲"为是(参看上文"明作哲"校释)。这句是说君主处理事情明智,就能使气候准时温暖。

⑬曰谋时寒若——君主谋事敏断,就能使天气适时寒冷。

⑭曰圣时风若——君主明识通达,就能使风以时至。

⑮咎征——"咎",过失(《诗·伐木·毛传》),恶(《广雅·释诂》)。"咎征"是指君主过失行为的征验。

⑯曰狂恒雨若——"狂",行为狂妄。郑玄释为"倨慢"(《孔疏》引)。"恒",《宋世家》作"常",下四"恒"字同,"常"为"恒"的训诂字(因西汉人避汉文帝刘恒的讳而改用)。是说君主行为狂妄就会召致经常下雨。

⑰曰僭恒旸若——"僭",差(《诗·抑·毛传》)、过差(《左传·僖公九年》杜注)。是说君主行为有差错,就会召致经常干旱。

⑱曰舒恒燠若——"舒",《唐石经》及各刊本作"豫",是伪古文。《宋世家》《汉书·五行志》《汉纪·高后纪》、何休《公羊注》都作"舒",是今文。《论衡·寒温》亦作"舒"。又《孔疏》言"郑(玄)王(肃)本'豫'作'舒'。郑云'举迟也'。王肃云'舒惰也'。"是古文诸家并作"舒"。既今、古文皆作"舒",与下句"急"对举,其为舒无疑。今据改回。西汉今文别体作"荼",见《尚书大传》。郑玄注云:"荼,缓也。"又《考工记·弓人》郑众注:"荼读为舒。"《礼·玉藻》"诸侯荼"郑玄注:"荼读舒迟之舒。"可知"荼"即"舒"的异体。

伪古文隶古定本如内野、云窗等本皆作"㥁"，则又据"荼"而讹变。又《汉纪·高后纪》除引作"舒"外，别又引作"暑"，当由音讹。"曰舒恒燠若"，是说君主办事颟顸舒缓就会召致天气经常炎热。

⑲曰急恒寒若——君主处理事件不周详考虑而急躁孟浪，就会召致天气经常寒冷。按，《论衡·寒温》《魏志·毛玠传》引此皆作"急恒寒若，舒恒燠若"，皆"急恒寒若"句在前，《汉纪·高后纪》亦"急"在"舒"前。另引作"急恒寒若，暑恒燠若"。并疑汉末本句序如此。

⑳曰雺恒风若——"雺"，与前文"稽疑章""雺"字之纷歧情况同。《宋世家》作"雾"，当作"霿"。《汉书·五行志》引《尚书大传》作"霜"。《文献通考》引《大传》作"雺"。《宋书》《隋书》之《五行志》则皆引作"瞀"。按《大传》"思心之不容"作"厥咎霜"或"雺"，"王之不极"作"厥咎瞀"。雺、霿（雾）、霜、瞀音义皆同。此皆西汉今文。据前稽疑"雺"字校释，既古文作"蟊"或"雺"。今所见隶古定云窗本作"虫"，则为"蟊"字之讹。郑玄释此字为"见冒乱也"，王肃释为"瞀蒙"，伪《孔传》释为"君行蒙闇（暗）"。《唐石经》及各刊本遂作"蒙"，当系唐卫包据王、孔释所改。此句是说君主处事蒙暗不清明，就会经常引起大风刮个不停。

㉑曰——《宋世家》无此字。

㉒王省惟岁——《宋世家》作"王眚维岁"。《集解》引马融曰："言王者所眚职，如岁兼四时也。"王鸣盛谓省、眚"古字通，《公羊》庄二十二年'肆大省'，《左氏》《穀梁》并作'眚'。《康诰》'人有小罪非眚'，又'乃惟眚灾'，《潜夫论》引并作'省'"（《后案》）。江声以为"眚"当读如《鲁语》"夕省其典型"之"省"（《音疏》）。"省"，

《说文》："视也。"而"视"有"比"的意思（见《广雅·释言》。《孟子·万章》"受地视侯"注，《礼记·王制》"视公侯"注，都说"视，比也"）。"惟"，语词。"惟岁"就是"岁"。金履祥因据以解释此句云："王当视岁功之运，以总揽群纲。"（《书经注》）意思是说王统卿士，卿士统百官，比如以岁统月，以月统日一样，而总纲掌握在王手里（下面卿士、师尹两句也当有"省"字，承本句省去）。

㉓卿士——为周王朝执掌国政的最高级的官，《左传·隐公三年》"郑武公、庄公为平王卿士"，杜注："卿士，王卿之执政者。"又《隐公九年》"郑伯为王左卿士"（右卿士是虢公忌父）。是卿士有两人时，分为左、右。《诗·假乐》"百辟卿士"，《十月之交》"皇父卿士"，都是指周执政之卿。但在金文中作"卿事"，见令彝、番生簋、毛公鼎、小子师簋等。《𨚍叔多父盘》则称"使利于辟王、卿事、师尹"。与此处所举"王、卿士、师尹"的体制次序相符合。可知周代一般谈王朝官员时，是按这样次序称举的（参看《甘誓》《微子》《牧誓》"卿士"校释）。

㉔师尹——为师氏、尹氏的连称。师氏为高级武官（参看《牧誓》校释）；尹氏为高级文官，即史官之长（参看王国维《释史》）。"师"、"尹"连称即泛指周王朝的高级文武百官（《诗·节南山》："赫赫师、尹，民具尔瞻。"又："尹氏、大师，维周之氏，秉国之钧。"他如本书《顾命》"师氏、虎臣、百尹"，《鲁语》"百官之政事师尹"等）。

㉕岁月日时无易——"无"，《宋世家》作"毋"，意为勿，不要。此句是说岁、月、日的时间自然次序不要发生变易错乱，以比喻王—卿士—百官的政治次序不要乱。

㉖百谷用成——"用"，以，因此。"成"，收成。承上句岁月日

尚书校释译论

时不乱,粮食因而获得好收成,来比喻政治次序稳定的好处。

㉗乂用明——"乂",《宋世家》作"治",用训诂字。汉樊毅《修华岳庙碑》引作"艾",义仍为"治"。"乂用明",政治因之而明。

㉘俊民用章——"俊",《宋世家》作"畯"。《北堂书钞》引《书》亦皆作"畯"。《修华岳庙碑》作"穧民用章"。皮锡瑞云:"或《今文尚书》作'畯',而训为'穧民',汉人以故训字代经亦未可知。'畯民用章',盖即'烝我髦士'之义。"(《考证》)按《诗·甫田》毛传:"烝,进。髦,俊也。治田得谷,俊士以进。"是"畯民"、"穧民"、"髦士",都即是"俊民"。《说文》:"俊,材千人也。"是"俊民"为才能特别高的人。"章",表彰,显用。"俊民用章",有才能的人因而获得显用。

㉙家用平康——王家因而获得平安康宁。

㉚日月岁时既易——"既",若(裴学海《古书虚字集释》)。此句意为:"岁月日时若颠倒变易错乱。"是用历法的错乱,比喻君臣关系的错乱。

㉛微——微小卑贱,地位不通显。

㉜家用不宁——王家因此不得安宁。

㉝庶民惟星——"庶民",即甲骨文中的"众人"。陈梦家指出西周金文的"庶人"与卜辞的"众人"应是相当的(《综述》)。卜辞中众人是"奴隶",在西周,"庶民"当也是奴隶。不过前《盘庚》篇中的众民已非奴隶,而春秋以后,"庶民"用以指称非统治集团中的一般众民。这里是用众多的星比喻众多的民。按《史记·天官书》主要是根据战国以来的甘德、石申的《星经》编成,它把所列众星多指为三公、藩臣、辅臣、将相、诸侯等官位,以及后宫后妃等等。以

洪范

1263

后基本这样沿用下来，只有贵人才上应星宿。可见把星比作庶民，一定在战国的《甘石星经》以前。

㉞星有好风星有好雨——"好"，动词，爱好。两句是说天空的星有爱好风的，有爱好雨的。意思是说它们能影响造成风或雨。这是古代的传说。《史记·天官书》《汉书·天文志》都说轸星主风。《天文志》又说箕星为风。房星北为雨、南为旱。《星占》说东井好风雨（金履祥《书经注》引）。郑众注《周礼·大宗伯》说箕星为风师、毕星为雨师。马融、郑玄、伪《孔传》《蔡传》都说"箕星好风，毕星好雨"。等等。是古人对一些星象和气候之间的某种偶然现象所得到的一些不正确的理解。而且他们说是月亮经过这些星引起风雨的（见下文"月之从星则以风雨"校释）。旧注疏家把这比做庶民有各种不同爱好。

㉟日月之行则有冬有夏——荀悦《汉纪·高后纪》引本文"有冬有夏"下多"有寒有暑"四字。《开元占经》引《洪范五行传》则作"而有寒暑"。皮锡瑞以为《夏侯尚书》本多此四字。《史记》与《史通》引《欧阳氏尚书》故无此四字（《考证》）。此处"日"指太阳，"月"指月亮，与上文所说历法中的月、日不同。自伪《孔传》以下注疏家都说"日月之行，冬夏各有常度"，系用以比喻"君臣政治小大各有常法"。

㊱月之从星则以风雨——"从"，伪孔传释为"经"。王樵云："从即经历之意。"（《尚书日记》）"以"，《论衡·感虚篇》引作"有"。古人传说月亮行经好风雨的星就引起风雨。《诗·渐渐之石》："月离（历也）于毕，俾滂沱矣。"《春秋纬》："月离于箕则风扬沙。"（《孔疏》引）《汉书·天文志》："月去中道，移而东北入箕，若

东南入轸，则多风。……移而西入毕，则多雨。出房北，为雨；出房南，为旱。"按，古人也发现这不准确，《史记·仲尼弟子列传》记孔子有一次见月宿于毕而果雨，但"他日，月宿毕，竟不雨"。旧注疏家都把这说成月之行道失常，从星所好，以致风雨，用来比喻君臣政教失常顺从民欲，就要招致大乱，谆谆告诫统治者要加强其统治体制而不可听从人民的愿望。

　　这一节，是第八畴。苏轼《东坡书传》提出，自"王省惟岁"至此句"则以风雨"八十六字是"《五纪》之文，简编误脱，是以在此。其文当在'五日历数'之后"，金履祥《书经注》遂依其说移至彼处。又曾运乾《尚书正读》则谓本段"当是《皇极》之传文，在'会其有极，归其有极'之下，下接'曰皇极之敷言'"。现从王柏、胡渭之说，以为《五纪》谈历法，此处谈"庶征"，意义不同（见前"五纪章"引）。又今考皇极之文亦不全协，而且现存《洪范》这篇文章，各畴文字繁简不一，可能有些畴（如三、四、九诸畴）文字有脱佚。既然原貌已不可全考，就没有必要移动其文字。所以宋人认为错简之文，我们都不移动。不过如林之奇所说各畴之间"互相经纬"，故苏、曾之说亦不为无见，此段与《五纪》及《皇极》确也是都有联系的。旧也称为"庶征章"。它和前面第二畴的"五事"结合在一起，说君主行为的征验。即君主有什么行为就使得自然界出现什么现象，善行召致好现象（休征），恶行召致坏现象（咎征），由这些现象反过来即可征验君主的行为。这是一种唯心主义神学目的论的"天人感应说"。在本文还说得比较简略，到西汉今文三家学派特别是夏侯学派手里，就推波助澜，把君主行为说成决定种种自然现象和人事的根源，写了好几部关于"洪范五行"的传记（董仲舒、夏侯始昌、许商、李寻、刘向刘歆父子皆有撰著）。托名伏生的《洪范五行传》在《尚书大传》中占了四分之一篇幅，成为整整的一卷，把咎征各项和五事及五行配合起来，加上各种灾异；刘向刘歆父子又分别在此基础上更加上许多关于人事的傅会，撰成他们父子各异的《五行传论》，班固撰《汉书》时就以《洪范五行传》为本，全采了这许多家说法，罗列了许多史实，编成了五个分卷的《五行志》。把"五事"和"庶征"造成一体系周密的神学说教，比《洪范》本文（它并未把五事、咎征等项和五行配合）已恶性发展到了非常荒谬的地步，这是今文家唯心主义神学的编造。

古文家以同样的看法对本节也作了许多解释。在上文五事方面，郑玄原只说是君主的行为影响臣下。但是在释庶征五项时，即以之与五行相配（雨、木、旸、金、燠、火、寒、水、风、土），然后谓"五事不得，则咎气顺之"。今存其中一项云："人君举事太舒，则有常燠之咎气来顺之。"完全同今文家"天人感应"之说。伪《孔传》也就把"休征"、"咎征"全解释为君主的行为所召致。

汉代的唯物主义思想家王充对这种唯心主义神学目的论进行了有力的批判，他的《论衡》全书充满了这类战斗的篇章，其中《寒温》《谴告》《变动》诸篇专对这种谬说加以揭发和抨击。他指出："说寒温者曰：人君喜则温，怒则寒。"然而"六国之时，秦汉之际，诸侯相伐，兵革满道，国有相攻之怒……当时天下未必常寒也。太平之世，唐虞之时，政得民安，人君常喜……当时天下未必常温也"。又说："齐鲁接境，赏罚同时。设齐赏鲁罚，所致宜殊，当时可齐国温，鲁地寒乎？""由此言之，寒温天地节气，非人所为。"（《寒温》）"论灾异者更说曰：灾异之至，殆人君以政动天？……天动气以应之。……夫天能动物,物焉能动天? ……风至而树枝动,树枝不能致风。……寒温天气系于天地而统于阴阳,人事国政,安能动之。……寒暑有节,不可人变改也。"(《变动》)这是对本文谬说的非常有力的鞭挞,可知《洪范》及汉儒,利用《洪范》编造的这种唯心主义神学说教向思想界泛滥时,当时就有进步思想家对它进行抵制。

"九,五福①:一曰寿,二曰富②,三曰康宁③,四曰攸好德④,五曰考终命⑤。六极⑥:一曰凶短折⑦,二曰疾,三曰忧,四曰贫,五曰恶,六曰弱⑧。"

①福——幸福的事。

②一曰寿二曰富——《说苑·建本篇》记河间献王云:"《尚书》五福,以富为始。"孙星衍《注疏》以为据此则《今文尚书》为:"一曰富,二曰寿"。

③康宁——健康安宁,身无疾病。郑玄注:"人平安也。"(《诗·既醉·正义》引)

④攸好德——俞樾谓即修饰美德。见前文第五畴"皇极章""予攸好德"校释。

⑤考终命——"考",老(《说文》)。"考终命",是说"终于其正命"(孙星衍《注疏》)。

⑥极——《尔雅·释诂》及《诗·菀柳》"后予极焉"毛传:"极,至也。"又《吕氏春秋·论人》"不可极也"高诱注及《离骚》"相观民之计极"王逸注:"极,穷也。"故《孔疏》云:"极,谓穷极恶事。"孙星衍则阐释为"天降之罪罚"。刘节根据"极"训至,谓"皇极"之"极"

有至善之义，而太过亦称"至极"。郑玄注《洪范五行传》"六沴用咎于下"云："六沴之用咎于下者，用极。"并据《五行传》所说"六极"，谓确有太过至极之义，因谓《洪范》用"极"字有休咎二义，"皇极"为休，"六极"为咎。在此，"五福"为休，"六极"为咎（《疏证》）。

⑦凶短折——《汉书·五行志》云："伤人曰凶，禽兽曰短，草木曰折。"是说用刀伤人为凶，用刀伤动物为短，用刀伤植物为折。这是今文说。《汉书·五行志》又云："一曰凶，夭也。兄丧弟曰短，父丧子曰折。"这是今文又一说。郑玄云："凶短折皆是夭枉之名。未龀曰凶，未冠曰短，未婚曰折。"（《孔疏》引）是说七八岁死去叫凶，二十岁前死去叫短，三十岁前死去叫折。这是古文说。两家说都拘泥于一个一个字，其实当是古成语，总的意思就是"夭枉之名"。《孔疏》说是"遇凶而横夭性命也"。《蔡传》说是"凶者不得其死，短折者，横夭也"。略得本义。杨筠如云："班、郑皆望文生训，'凶短折'三字义略相近，谓不得其死耳。"意即现代语言中的"不得好死"。

⑧曰恶曰弱——《汉书·五行志》谓"恶"为"民多被刑或形貌丑恶"，郑玄也说"容毁故致恶"（《孔疏》引），伪孔直释"恶"字为"丑陋"，都是从形貌上来解释，似非本义。《宋世家·集解》引郑玄释"弱"为"愚懦不壮毅"，则从性格解释，较近是。《蔡传》释"恶"为"刚之过"，释"弱"为"柔之过"（说本郑义）。意谓"恶"为过于凶，"弱"为过于懦。黄式三遂释"恶"为"恶人"（《启蒙》），较明确。但在这里作为六种坏事之一，仍以《蔡传》释较妥。

这一节，是第九畴，旧也称为"五福六极章"，举出五种幸福的事和六种不幸的事，根据前面"总纲"中所说的"向用五福，威用六极"，搞清楚它们是些什么。但和第三畴"八政"、第四畴"五纪"一样,光提出本畴的项目,不和其他各畴一样有解说文字。所以宋儒要从其他各畴寻出"错简"移到这几畴来。我们认为没有移动的必要,但也觉得这几畴的文字可能有脱佚。

在"五福""六极"各项目中,"富""贫"两项显而易见是阶级剥削所造成,而其他各项,表面上看来是人们所受到的一些幸与不幸的遭遇。在旧注疏家都说是"天所命"的。但《洪范》作者明确地向统治者建议,要"向用五福,威用六极",又在"皇极章"中提出要"皇建其有极,敛时五福,用敷锡厥庶民",又在"三德章"中提出要"惟辟作福,惟辟作威"。这就是教统治者运用统治权来有意造成人们的这些遭遇。这就反映了在阶级社会里的"五福""六极"之类都是由阶级关系所规定着的。过去注疏家不能明确这点,但有时也隐隐约约的说到这点。特别是宋以后的注疏者,如林之奇说:"君相所以造命也……五福虽天所畀,实自造命者向而与之也。"(《尚书全解》)真德秀说:"皇极建,则举世之人皆被其泽,而五福应之……皇极不建,则举世之人皆蒙其祸,而六极随之。"(《书经传说汇纂》引)明归有光说:"福、极,天之所命,而人主制其权。"(同上)清简朝亮说:"五福者,用之以使人向善也;六极者,用之以使人畏不善也。盖天用之以锡其君,故曰'皇建其有极,敛时五福';君奉天用之以锡其民,故曰'用敷锡厥庶民'。"(《集注述疏》)近人曾运乾说:"五福、六极,天之所以命人,人君则之以为赏罚者也。"(《正读》)都或无意识地或有意识地指出了统治者对人们的五种幸福和六种不幸所起的决定作用,《洪范》作者是希图利用这个作为手段来维护奴隶主的"皇极",巩固他们的统治。

王安石则就"五福""六极"中没有提到"贵""贱"而意识明确

地指出,古代统治者叫被统治阶级永远安于被统治剥削的贱者的地位。他的《洪范传》说:"富、贵,人所欲;贫、贱,人所恶。而'福''极'不言贵、贱,何也?曰:五福者,自天子至庶人皆可慕而向;六极,亦皆可使畏而远。若贵、贱,则有常分矣。使自公侯至庶人,皆慕贵欲其至,而不欲贱之在己,则陵犯篡夺何有终穷?《诗》曰:'实命不犹。'盖王者之世,欲贱者之安其贱如此。"因此"五福""六极"中不提贵、贱。简朝亮则以为"五福"本来是对贵者说的,根本没有贱者的份,因此根本用不着再提贵、贱。他的《述疏》说:"《周官》言王之驭群臣曰:'爵以驭其贵,禄以驭其富。'言'富'则爵位之贵从可知也。古者以禄为富,无大富而不贵者,亦无既贵而不富者。或曰'五福不言贵',非也。"两说表面有纷歧,实际都把"五福六极章"的阶级用意说得清清楚楚。露骨地为统治阶级说教,要善于利用祸福进行统治,这是本章的确解。

早期的注疏家则掩盖了这种阶级本质。把"五福""六极"说成是超阶级的。如西汉今文家的《尚书大传·洪范五行传》,把"六极"和"咎征"说成是上天据"五行"的规律对君主"五事"有失的责罚。君主貌不恭,其罚是常雨,其所遭受的"极"是恶;言不从,其罚是常旸,其极是忧;视不明,其罚是常燠,其极是疾;听不聪,其罚是常寒,其极是贫;思不容,其罚是常风,其极是凶短折;王之不极,其罚是常阴,其极是弱。《汉书·五行志》照抄了这些"天人感应"的谵言,东汉古文家郑玄基本也承此说,但不见提"咎征",而径把"六极"说成是上天对君主"五事"有失的"罚"。例如他说:"凶短折,思不睿之罚;疾,视不明之罚;……"等等(《孔疏》引)。又《洪范五行传》没有提"五福",《汉书·五行志》则依刘向说,按君主的行为，"五事"逆，则得"六极"，如上面所引；"五事"顺，则得"五福"，即：貌恭，得攸好德；言从，得康宁；视明，得寿；听聪，得富；思睿，得考终命。郑玄也有这样说法，但除了听聪得富和《汉书·五行志》相同外，却以貌恭得考终命，言从得攸好德，视明得康宁，思睿得寿，与《汉书·五行志》都不相同，表现为今古文说之不同。其实这都是汉儒天人感应的妄说，都是荒诞无稽的。其共同点是宣扬上天对君主行为施赏罚。到唐孔颖达则说是对一切阶级施赏罚。其《正义》说："此'福''极'之义虽主于君，亦兼于下，故有贫富恶弱之等。"又说："五福、六极，天实得为之，而历言此者，以人生于世有此福、极，为善致福，为恶致极，劝人君使行善也。"到宋代《蔡传》云："五福、六极，在君则系于极之建不建，在民人则由于训之行不行，感应之理微矣。"所有这些完全掩盖阶级矛盾的解释，和本篇的"总纲"、"皇极"、"三德"诸章的本文就不符合，因此是完全错误的。至于《汉书·五行志》以考终命与凶短折对，寿与疾对，康宁与忧对，富与贫对，攸好德与恶对；郑玄除富与贫对相同外，以寿与凶短折对，康宁与疾对，攸好德与忧对，考终命与恶对（见《孔疏》），都和《汉书·五行志》不同。这种今古文之间的毫无意义的纷歧，可以不论。

洪范

今　译

十三年，武王访问箕子。王说道："哎呀！箕子。上帝庇荫着下界的人民，使大家相互和好地居住着。我不知道上帝安排的常理是怎样弄得那么井然有序的？"

箕子说："我听说过去的时候，鲧用土去堵塞洪水，把五行搞乱了,上帝很愤怒,就不把'大法九章'传授给他。常理遭到败坏,就把鲧诛杀了。禹继起振兴大业,上帝就把'大法九章'传授给了禹,禹按照上帝所定的常理施行得井井有序。

"这九章,第一是五行,第二是敬谨于君王自身的五事,第三要勉力办好八项政务,第四要协调以五种纪时之术,第五要建立君王至高无上的统治准则,第六要运用三种统治方式进行治理,第七要很好地运用卜筮占卦来决定处理疑难问题,第八要用各种征兆来验证君主行为的好坏,第九要运用五种幸福的事以赐福,运用六种极坏的事以布威。

"头一章(即第一畴),五行:一是水,二是火,三是木,四是金,五是土。水的特性是向下湿润,火的特性是向上燃烧,木的特性是可曲可直,金的特性是其形状可以塑出种种样子,土的特性是可以种植庄稼和收获庄稼。向下湿润致卤就使味道咸,向上燃烧致焦就使味道苦,可曲可直的木材其味酸,可变革的金属伤肤就使感到苦辛,土地里生长出来的庄稼味道就是甜美。

"第二章(即第二畴),君王自身的五事:一是态度,二是言语,三是观察,四是闻听,五是思考。态度要恭敬,言语要顺从而不逆拒,观察事物要清醒明晰,听话要聪颖地审明说话者的意思然后采用,思考问题要通达于事理。态度恭敬,就表现出了严肃;说话顺从而不逆拒,就能取得辅佐者的益处;看问题清醒明察,就成为智者;听话聪颖,就能善于谋断;思考问题通达,就能成为事无不通的圣者。

"第三章(即第三畴),八项政务:一是农业生产,二是手工生产和商业贸易,三是宗教祭祀,四是内务民政,五是教育文化,六是公安司法,七是礼宾外务,八是军事行动。

"第四章(即第四畴),五种纪时的历算之术:一是年,二是月,三是日,四是星辰,五是历数(按,意即依冬至以纪年岁,依月象以纪月,依圭影以纪日,依躔度以纪星辰,依日、月、星辰的运行数据以纪历数)。

"第五章(即第五畴),君王的统治准则:君王要建立他的至高无上的统治准则。

"集中五种幸福的事,把它施之于庶民,这样,庶民面对你的统治准则,就会帮助你巩固这准则。则是庶民都不得结成邪党,一切人员不得朋比为奸,只应当有君王所建的准则。在你的庶民中有善于谋划,有作为,有操守的,你就要注意想到他们。那些行为虽不合于您的准则,但还没有陷入罪恶的人,你就要容忍他们,而且你还应该和颜悦色地容忍他们。如果有某人说'我注意修养好的品德',你就要赏赐他以好处,这些人就会惟知遵守君王的准则。不要虐待那些孤苦无告的平民,而有所畏于显要的贵族。那些有才能和有作为的官吏,要让他们献其所长于国事,这样就可使国家昌盛。凡是从政官长,须先给他们以优厚的俸禄,才能指望他们做出善政。如果你不能使人们对于你王家有什么好处,那就是这些官员们的罪过。当这些人没有好处时,你虽然赐福与他们,他们纵使替你做事也只会干出坏事来。

"不要偏,不要斜,应当遵循君王的正义呀!不要只顾私人爱好,应当遵循君王所指的大道前进呀!不要为非作恶,要遵循君王所开辟的正路行走呀!不要有偏私,不要结朋党,君王的道路是宽广的呀!不要结朋党,不要有偏私,君王的道路是平坦的呀！不要反动，不要倾侧，君王的道路是正直的呀！大家会合在君王的准则之下来呀！大家归依到君王的准则之下来呀！这就叫做君王统治准则的至言！要以君王统治准则的至言为师法，为教训，这就顺着上帝的意旨了！这也都是庶民行动准则的至言，大众只应当顺从它，奉行它，以亲附于天子，承受天子的光华！这就是说：天子是人民的父母，顺天应人地做全天下的君王！

"第六章（即第六畴），三种统治方式：一是用正直的方式进行统治，二是用强硬的方式取得胜利，三是用温和的方式取得胜利。对平正康宁的人，要以正直方式对待；对倔强不亲附的人，要以强硬方式对待；对和顺可亲近的人，要以温和方式对待。对下面群众，要以强硬方式统治；对显要贵族，要以温和方式拉拢。只有君王才有权赏赐人们以幸福，只有君王才有权给予人们以惩罚，只有君王才有权享受锦衣玉食的美好生活。臣下无权赐人以幸福、予人以惩罚及享受锦衣玉食的美好生活。倘若臣下擅权给人以幸福、予人以惩罚、享受美好生活，就会危及你的王室，倾覆你的国家，官吏们因而会倾侧不正而走邪路，庶民也会因而犯上作乱。

"第七章（即第七畴），决疑的方法：择用善于卜筮的人，叫他们用龟甲来占卜和用蓍草来筮卦，用卜和筮看出下列诸种形状：雨、霁、圉（云升上后的半有半无形态）、雾、克（成功与否）、内卦、外卦，共七项。其中龟卜五项，蓍筮二项，都要推演研究其兆卦的变异。用这些人进行卜筮时，三个人占问，要信从其中两个人所说的卜筮的结果。

"你倘若有重大疑难不决的事，你首先要问你自己心里的考虑如何，然后再问到大臣，再问到庶民，最后才看卜筮的结果。你自己赞同，龟卜赞同，蓍筮赞同，大臣们赞同，庶民们也赞同，这就叫做'大同'；这样，你本身就会强健，你的后代子孙也会大大昌盛，这是大吉。你自己赞同了，龟卜赞同了，蓍筮也赞同了，可是大臣们的意见相反，庶民们也相反，这也算吉利。如果大臣们赞同了，龟卜赞同了，蓍筮赞同了，你自己却相反，庶民们也相反，这还算是吉利。如果庶民们赞同了，龟卜赞同了，蓍筮赞同了，你自己却相反，大臣们也相反，这仍算是吉利。如果你赞同了，龟卜也赞同了，蓍筮却相反，大臣们也相反，庶民也相反，在这种情形下，对内，仍是吉利；对外，则有凶灾。如果龟卜和蓍筮都和你自己及大臣、庶民们的赞同意见相反，那就要安静下来，不应有所举动，才可以得到吉利的结果；有所举动，则只会得到不吉利的结果。

"第八章（即第八畴），各种征象：雨、晴、暖、寒、风。要是这五项都具备了，各按其原有规律的顺序发生，就能使草木繁盛，作物丰收。假若其中某一项过多，就不利；某一项缺少，也是不利。

"好的行为的征象：君王表现肃敬，就像雨水恰到好处地降下来；君王的政治休明，就像太阳按时普照大地；君王处理问题明智，就像气候准时温暖；君王深谋善断，就像天气适时转寒；君王明识通达，就像和风定时而至。

"过失行为的征象：君王的行为狂肆，就像常下大雨；君王行为动辄有差错，就像经常干旱；君王办事拖拉迟缓，就像天气经常炎热；君王办事严峻急切，就像天气经常凛冽；君王处事蒙暗不明,就像经常风尘蔽天。

"君王、卿士、师尹相统率的关系,正像岁、月、日的相隶属关系一样。君王好比岁,卿士好比月,师尹好比日。岁、月、日的时间关系自然有序而不发生变易错乱,各种庄稼就会获得好收成,政治就会清明,贤能的人因之而获得显用,国家也会获得平安和宁静。倘使日、月、岁时间颠倒、变易、错乱了,各种庄稼就会没有收成,政治也会昏暗不明,贤能的人都不能获得任用,国家当然就因此不得安宁了。

"庶民们好比星星,星有爱好风的,有爱好雨的,它们的爱好无常。日、月运行,则按冬夏而有一定的常度,一定的规律。如果月亮行道失常而跟随了星星,当它行经爱好风雨的星时,就会引起风雨。

"第九章(即第九畴),五种幸福的事:一是长寿,二是富有,三是健康安宁,四是修饰美德做循规蹈矩的好人,五是终其天年。六种极坏的事:一是不得好死,二是疾病,三是忧患,四是贫穷,五是凶恶,六是衰弱。"

〔附记〕历代注疏家及治经者对第八畴"庶征"的注解,都按汉代天人感应的神学目的论之说为释,以为君王某种行为引起某种天象变异。文中"雨若"、"寒苦"等等之"若"皆释为"顺"。独王安石《洪范传》始释"若"为"如"、"像",以为不是帝王行为引起天象变异,只是说像某种天象一样。《洪范》之产生远在汉代天人感应说以前,固不能以汉人之说为释。故此译文之第八畴,采用王安石之释来进行翻译。

讨 论

《史记·周本纪》说:"武王已克殷后二年,问箕子殷所以亡。箕子不忍言殷恶,以存亡国宜告。武王亦丑,故问以天道。"《宋世家》也说:"武王既克殷,访问箕子。"接着全文转载了本篇。《尚书大传》说得详细些:"武王既胜殷,继公子禄父,释箕子囚。……箕子既受周之封,不得无臣礼,故于十三祀来朝。武王因其朝而问《洪范》。"这些都是把《洪范》作为周武王访问箕子的谈话记录。而篇中只以武王设问开头,下面全文都是箕子的话。显然箕子就作为这篇话的作者。而汉代出现的《书序》说:"武王胜殷,杀受,立武庚,以箕子归,作《洪范》。"似乎说《洪范》是周武王作的。但汉人著作中都引此文为箕子所作,伪《孔传》乃明确注为:"归镐京,箕子作之。"于是此文作者是箕子,成了定论。到敢于怀疑传统说法的宋代,赵汝谈始提出:"《洪范》非箕子之作。"(见《宋史》本传)反对他这一说法的很多,连诗人陆游也是,到顾炎武还把赵氏这类说法置于"不依章句,妄生穿凿"之列(《日知录》卷二),可见不少人都在维护本文为箕子所作之说。

这是一篇有关我国古代深刻思考统治"大法"的经典,因此自汉以来的儒家,一定要维护住它的崇高地位,不容许轻易怀疑它。这篇文章确实有几点值得注意:

1.较早引用本篇的,如《左传》之《文公五年》《成公六年》《襄公三年》都称为《商书》(《左传·文公五年》正义云:"箕子商人所说，故《传》谓之《商书》)。《说文》"垔"、"𩅄"、"敃"、"圛"、"魃"、"无"六字引用本篇，四称"商书"；"垔"、"圛"二字所引称为"尚书"，段玉裁说这也是"商书"之误。又《汉书·儒林传》说："迁书载《尧典》《禹贡》《洪范》《微子》《金縢》诸篇，多古文说。"把《洪范》列在《商书·微子》之前，显然也认它为《商书》。《荀子》之《修身》《天论》两篇引用则概称为《书》，《韩非子·有度》引用称为"先王之法"，《吕氏春秋·贵公》引用直称《鸿范》篇名，都没有指定是《周书》。《墨子·兼爱下》引"王道荡荡"数语和《诗·大东》几句在一起称为《周诗》，也没有说是《周书》，这是一个可异的现象，本文篇首明明说是周武王访问箕子，全篇明明是武王和箕子问答之辞，当然是周史臣所记，应该算是《周书》，为什么从战国到汉代有那么多人把它说成《商书》呢？我们似乎只好这样设想：很可能原篇没有周武王访问一节，就只有所谓箕子讲的"九畴"全文；后来在早期"五行说"出现以后，加编了一套宣扬五行的周武王访箕子的故事，成了今天所见的《洪范》，然后才把它编进了《周书》之中。

2.本篇鼓吹唯心主义神学世界观，宣扬一套源于上帝意志的神权政治论，强调按照"于帝其训"建立一个至高无上的统治准则——"皇极"，以保障"天子作民父母，以为天下王"。所有臣民都要绝对遵循这"皇极"。这是全文的核心，"九畴"的精髓（第五畴）。君主谨守这"皇极"，不可违背上帝所安排的"彝伦（常理）"（篇首），要遵循"天人感应"之道，注意君主自身的"五事"（第二畴），以引起"休征"而避免"咎征"（第八畴），君主向上请示神意的手段，是"卜、筮"（第七畴）；向下统治臣民的手段,是"刚克"、"柔克"、"作威"、"作福"(第六畴),即利用"六极"作威,利用"五福"作福(第九畴)。这种种手段,是赤裸裸的神权政治加暴力统治,丝毫没有用其他的统治术如道德说教之类作为辅助手段,寻之于我国历史上,只有商代才可能是这样的。因此本文的中心思想,只能是商代奴隶主专政时的统治思想。

郭沫若氏根据《周书》诸诰因商王朝之亡感到"天命不常"而反复强调"敬德",因而指出:"这种敬德的思想,在周初的几篇文章中,就像一个母题的和奏曲一样,翻来覆去地重复着,这的确是周人特有的思想。"又说:"还有一个主要的旁证,便是在卜辞和殷人的彝铭中没有'德'字。而在周代的彝铭中如成王时的《班簋》和康王时的《大盂鼎》,都明白地有'德'字表现着。""以天道为愚民政策,以德政为操持这政策的机柄,这的确是周人所发明出来的新思想。"(《先秦天道观之进展》。并可参考本书《高宗肜日》《盘庚》关于"德"字的解释。)这一说法基本是符合史实的。而《洪范》则根本没有这种用德政作为机柄的痕迹,它凭借着上帝赐予的"统治大法",依靠这大法进行奴隶主专政,显然它的中心思想早于周初的这种敬德的思想。

但是《洪范》中出现了"三德"、"比德"、"攸好德"三个"德"字,这显然用的是周代文字,但并没有用周代"德政"的意义。"三德"是说三种统治方式。"比德"就是"朋比为奸",都不是道德之"德"。只有"攸好德"是道德之"德",但是周人的"德政"是指统治者实行争取人心的德政,如《康诰》"文王克明德",《梓材》"肆王惟德用",《召诰》"王其急敬德",《君奭》"惟文王德廷",《大盂鼎》"禀于文王正德",等等,无一不是说君主要自己敬德、明德。《洪范》中的"攸好德"则是要臣民循规蹈矩地做专制统治下的好人。所以虽然用了周代的"德"字，却没有周代"德政"的思想。

3.除了"德"字的概念是周代的外，还有卜筮的"筮"也是周代的。殷代只用龟甲、兽骨占卜，周代才并用蓍草来筮卦。本文比较细致地谈到了卜、筮的运用，而且如顾炎武所指出，《诗·绵》"爰始爰谋，爰契我龟"，《易·系辞》"人谋、鬼谋，百姓与能"，都表示先人后龟(《日知录》卷一)，本篇由谋及乃心、卿士、庶人，然后才及卜筮，也合于周初占卜程序。但事实上最后决定一切的仍是龟卜，这就保存了殷代唯重龟卜的遗意。而且对卜、筮的态度是极端重视，对神意是极端尊信的。我们从周初几篇文件看，周文王以善卜著称，以后周室各王都重视卜筮、宣扬神意。但到春秋时期，渐渐出现某种保留，甚至不重视的倾向。如《左传·桓公十一年》楚斗章说："卜以决疑，不疑何卜。"又《昭公十八年》："子产曰：天道远，人道迩，非所及也。"又《昭公二十六年》："齐有彗星，齐侯使禳之。晏子曰：'无益也，只取诬焉。天道不谄，不贰其命，若何禳之。'"孔子也说："未能事人，焉能事鬼。"(《论语·先进》)"子不语：怪、力、乱、神。"(《述而》)这些都程度不同地表现了轻视神祇，不重卜筮，可以说是春秋时期出现的思想倾向，而《洪范》的精神则与此相反，它非常重视神意和卜筮，看来它是早于春秋时期所出现的这种思想倾向的。

4.《洪范》几乎通体用韵，正如西周金文很多都用韵一样，是一种较早期的文风。它的第二畴以"恭、从、明、聪、容"韵，是东阳合韵(古文本"容"改"睿"，转元部)。第五畴"福、极"韵、

尚书校释译论

"德、极"韵,两之字韵,"色、德、福、极"韵,皆之部。"咎、受"韵,幽部。"明、行、昌"韵,阳部。"家、辜"韵,鱼部。"好、咎"韵,幽部。"颇、义"韵,歌部。"好、道"韵,幽部。"恶、路"韵,鱼部。"党、荡"韵,阳部。"偏、平"韵,元部。"侧、直、极"韵,之部。"训、训(顺)"韵,文部。"行、光、王"韵,阳部。第六畴"德、直、克"韵,"福、食、国、忒"韵,皆之部。第七畴"克、悔、忒"韵,之部。"从、同、强、逢"韵,则东阳合韵。第八畴"岁、月"韵,祭部。"成、明、章、康"韵,"成、明、宁"韵,皆耕阳合韵。"雨、夏、雨"韵,鱼部。这都合于西周及《诗》用韵通例。刘节《洪范疏证》谓"成、明、章、康、宁"为韵,"明、恭、从、聪、容"协韵,乃战国时"东、阳、耕、真"协韵之通例,皆与《诗经》不合,以此为《洪范》作于战国时代之证。殊不知西周金文《宗周钟》《大克鼎》《召伯虎簋》,春秋金文《晋公䀋》皆东、阳合韵;又《召伯虎簋》及《㝬仲簋》《鱼鼎匕》皆耕、真合韵;《邿醢尹钲》则耕、阳合韵;《沇儿钟》亦阳部紧合耕部。《洪范》用韵自与西周以来这些都相合。刘节以为此数韵"《诗经》则分列甚严",显系只知道段玉裁《诗经韵分十七部表》的东、阳、耕、真分列在九至十二各部,遂提出这错误的说法。不知段氏已在其《古合韵》中指明:"《诗·烈文》东、阳合韵,《易·豫·象传》《讼·象传》东、耕合韵,《易·萃·象传》耕、阳合韵。"江有诰《复王念孙书》也指出《诗经》用韵,"真与耕通用为多","东每与阳通"。刘节不根之说自不足成立。所以从用韵这一点说,感困难的是我们对商代用韵情况尚没有掌握,无法考知《洪范》用韵是否与商代相合,所可肯定的是,《洪范》的用韵与西周是完全相合的。

5.于省吾氏《尚书新证》指出第六畴"强弗友刚克,燮友柔克,沈潜刚克,高明柔克"数句,与康王时器《沈子它簋》"叔吾考克渊克"句例同(但郭沫若、陈梦家句读与此稍异),虽全文中多晚周俗稚句,以为"此数语颇古质,当系杂采旧籍而成"。于氏指出的俗稚句法主要为用了副辞"乃"、连辞"则"字的例句,这确实为春秋以来的文字所盛行(参看《盘庚》"讨论")。那些俗稚的句子可以说是受东周文字影响写进篇中的(但也不能一概而论,因甲骨文中有副辞"乃"字,甲骨文和西周金文中有作为连辞"则"字用的"乍"字。见第一畴"润下作咸"校释)。而"强弗友刚克"这几句则显然是保存了篇中原有句子。又篇中的第二人称代词"汝"字用于主格和宾格,"乃"字用于领格,完全与甲骨文及西周金文同,可知本篇文法尚同于殷代和西周。可是出现了周代的第二人称主格和宾格都可用的"尔"字的同音字"而",大概作为"汝"(女)的假借。总之也是受了周代文字的影响。

6.第四畴"五纪"中的"历数",与岁、月、日、星辰并举,完全是作为历法上的术语提出,是指依据日月星辰的运行数据来纪历数,一点也没有战国时"五德终始说"里面的王权神授循环论的"历数"的意义。又第八畴"庶征"中所说的"庶民惟星",把一般庶民比做星,这也是战国初期较早时期才可能有的用法。因为《史记·天官书》的星名,主要是根据战国时(《史记》以为春秋时)甘德、石申两人的《星经》,其中所列众星多称为三公、四辅、正妃、后宫、藩臣、将、相、执法、诸侯、郎位、士大夫、御者,及后宫之属后、妃、太子等等,唯一涉及庶民的是称为"贱人之牢"的星。后世就基本这样沿用下来,只有"贵人"才上应星宿,不再有把庶民去比星象的事了。可见把星比作庶民，只能是在春秋、战国《甘石星经》以前。很可能是殷及西周时的看法。又所谓"月之从星则以风雨"，比喻君臣政教失常，顺从民欲，则必致乱，告诫统治者不可轻从民意。这种赤裸裸地敌视庶民的说法，显然是比《左传·襄公三十一年》引《太誓》"民之所欲天必从之"及《孟子·万章上》引《泰誓》"天视自我民视，天听自我民听"之说要早，也当是殷周早期奴隶主政权的思想。

7.最成问题的是第一畴"五行"。"五行"一词本来出现于设定二十八宿的殷、周之际，原是专指天象的术语，即指辰星、太白、荧惑、岁星、填星等五行星在天球面上的运行，根本与金、木、水、火、土无关（参看《甘誓》"讨论"）。金、木、水、火、土原只称为"五材"（见《国语·郑语》，《左传》之《襄公二十七年》《昭公十一年》）、"六府"（《左传·文公七年》《禹贡》）之类。后来由于借用它们分别作五行星的代称，于是"五行"才和水、金、火、木、土结合起来，然后金、木、水、火、土也就称为"五行"了。这种结合究竟在什么时候完成，一时尚难确切论定。最早看到它们结合在一起的，就是本文，此外也说到"五行"的，则只有《墨子》（《经下》及《经说下》等）。《墨子》基本是战国时的著作。梁启超指出《墨子》中"五行无常胜，说在宜"一语的意义道："'胜'训'贵'，意谓此五种物质无常贵，但适宜应需则贵，其说甚平实，不待穿凿。"（《阴阳五行说之来历》）那就是说墨子时的五行还只是朴素的唯物观念，并没有战国末至汉代的"阴阳五行说"的"五行"的含义。从本文说，也是这样。就只说了"五行"是水、火、木、金、土，又谈了水、火、木、金、土的性质和味道。这也是朴素的唯物的解释，虽然解释未必正确。而且五者的排列次序既非战国末的相胜说的水→火→金→木→土，也不是汉代的相生说的木→火→土→金→水，和《墨子》所举的水、土、火、金、木的次序也不同，可知它的排列是无意义的，早于相胜、相生说的。尤其他并没有和九畴中其他各畴相配，不像"阴阳五行说"把宇宙间万事万物都归列到这"五行"的支配之下，构成玄之又玄的唯心主义神学体系，因此梁启超说本文的"五行""不过将物质分为五类，言其功用及其性质耳，何尝有丝毫哲学的或术数的意味?"(《阴阳五行说的来历》)可见这里的"五行"是远早于战国至汉的"阴阳五行说"的"五行"的(详起釪撰《释〈尚书甘誓〉的五行与三正》)。

在本文里以五相配的东西，原只有第二畴的"五事"和第八畴的五个"休征"，由于"五事"中的"貌、言、视、听、思"的五个作用，就是五个"休征"中的"肃、乂、哲、谋、圣"。因为说它们能影响气候的变化，二者自然地联系在一起。奉行"阴阳五行说"的儒生遂利用了这个，纷纷撰写什么《洪范五行传》(夏侯始昌)、《洪范五行传记》(许商)、《洪范五行传论》(刘向)、《五行传说》(刘歆)、《汉书·五行志》(班固)，等等，然后"休征"、"咎征"、"六极"、"五福"等等都配上了，再加上自《吕氏春秋·十二纪》，以至《月令》等等的穿凿附会的各种"五"的相配，再傅会上不少历史事件，另外是董仲舒关于阴阳五行的二十几篇文章，于是就使"五行说"达到乌烟瘴气的登峰造极的地步。这是汉代儒家为推行其巩固封建统治的神学目的论因而利用此文推波助澜变本加厉所造成的。读了《洪范》本文在"五行"学说方面的初期著作,可以明白看出它没有走得那么远。

这里的"貌、言、视、听、思""五事",只是偶然恰好是五个,来源决不是从"五行"来。春秋末年的孔子说:"君子有九思:视思明,听思聪,色思温,貌思恭,言思忠,事思敬,疑思问,忿思难,见得思义。"(《论语·季氏》)他提的是视、听、色、貌、言、事、疑、忿、见得九项,而貌、言、视、听四项在其中,另多出了五项,又把"思"作为九项共通的动词。可见关于人的思考和行为方面的活动,当时原没有固定的项目,可多也可少,又可见儒家在这方面的提法和本篇是不同的。

又这里的"肃、乂、哲、谋、圣""五征",亦见于西周幽王时的《诗·小旻》。前人多谓《小旻》承自《洪范》。刘节始谓《洪范》袭自《小旻》。皆无确据。前面"校释"中已指出,就古代统治者讲求统治术来看,"肃、乂、哲、谋、圣"之类原来显然是专就君主说的,小民们根本不足以语此,所以本文之说其时要早。待这些概念流传之后,才扩散到人民头脑里去,所以《小旻》之说应似较晚。

本文的"五事"与"五征"的相配,是源于早期的殷周奴隶主对至上神与宗祖神的意志的夸大和引申,而不是因于晚出的"阴阳五行说"。从卜辞中看出,殷代奴隶主相信上帝令雨、令风、令䧹、降灾、降祸、降食、降年等等,而先公、高祖、先王、先妣等亦有宁风、宁雨、授年、奉年、奉雨及降祟等等的权柄,因而对上帝和先祖、先王等都要相应地举行各种祭祀和请求。周代基本上继承了这些,各种类似的祭祀从《周礼》中可以看到。既然先祖、先王都和上帝那样有影响风雨的能力,作为先祖、先王的继承者、作为上帝的儿子的时王，应当也可以对风雨气候起着影响，这还可从商人对王的称谓的变化上看出这一点。商代原来只称上帝为帝，对自己王朝的王在生前称王，死后称后；但到商末也称自己的王为帝，如帝乙、帝辛。那就是把地下的王看得同天上的帝一样。当然也有影响"气候"的能力了。所以气候的好坏就应是时王的行为的好坏来决定，因而就提出了那么一套君主在"貌、言、视、听、思"方面应该如何地注意，从而招致好气候和避免坏气候的"休征"和"咎征"的说法。这本来是来源于殷周的宗教观点，只是后来却正好为神学目的论的"阴阳五行说"所傅会用上了。

8.第三畴"八政"，以"食"、"货"（经济）列在最前面，接着是"祀"（宗教），然后是司空、司徒、司寇三官名（行政），最后是宾（外交）、师（军事）。这一次序也是我们应当注意的。《左传·成公十三年》云："国之大事，在祀与戎。"是说奴隶制国家最大的两件大事，就是宗教祭祀和军事活动（而古代的"戎"，包括"兵"与"刑"两方面，即军事与司法是合一的）。因而它的官职也以宗教的和军事的为最尊显。这和恩格斯所指出的相合。他在《家庭、私有制和国家的起源》一书中说，"氏族社会临近转变为奴隶社会时的军事首长，除军事的权限以外，还有祭祀的及裁判的权限"（《马克思恩格斯选集》第四卷第 103 页）。而对希腊"英雄时代"走向建立奴隶制国家时，据"亚里斯多德说：英雄时代底 Basileia（巴赛勒斯）是对自由人的统率，当时'巴赛勒斯'是军事首长、法官和最高祭司"（同上书第 103 页）。又罗马的勒克斯，"他同样也是军事首长，最高祭司和某些法庭的审判长"（同上书第 123 页）。可见最初出现阶级时的国家，它的最高职位必须掌握军事（包括司法）和祭祀两项要政。《左传·襄公二十六年》载流亡的卫献公和权臣宁喜密谋复位的条件是："政由宁氏，祭则寡人。"他宁肯丢掉政权却不肯丢掉祭权。这是到了奴隶制国家后期还是如此，那么早期的奴隶制国家对于祭祀的重视更可想见了。由卜辞看出殷代统治者的大量活动就是祭祀与战争，因而司祭祀、贞卜的"尹"、"史"、"卜"之类的文官及司征伐的武官等率为殷王朝的重要臣正。西周金文同样重祭祀和战争二事。而其官制，据郭沫若《周官质疑》，第一级之"卿士寮"即为助王处理宗教祭祀等活动的太宰、大宗、大史、大祝、大士、大卜（亦即《礼记·曲礼》的六大），他们是在王左右的"三左、三右"，这都是文官；另外还有在王左右的"左、右虎臣"、"左、右走马"、"师氏"，都是武官。此外低于"卿士寮"级之政务职官是称为"三事大夫"的司徒、司马、司空。而司空可兼任更低的司寇之官。现在看到本文的"祀"降到了第三位，"戎"（师）降到了最末，却把纯粹的经济方面的职事提到了首位，显然已不是殷代和西周奴隶制国家原来的官次序了。这反映当时政权已由重视神事进到重视人事了，这与本文的中心思想不一致。这种现象出现在春秋之世，当时的政务职官"司徒、司马、司空"等成为第一级的国卿，而原来的职司宗教的"六大"中的"史、祝、士、卜"等官则降到了下僚。这是一个历史性的变化。郭沫若氏说："世道开明，卜祝等失其魔力遂沦为下吏矣。"（《小盂鼎考释》，见《大系》）说明了这一现象。其实这是到春秋之时，生产已逐渐提高，经济基础向前发展，影响到上层建筑有所变动。这种情况反映在《周礼》一书中，把"司徒、司马、司寇、司空"和原"卿士寮"中的"冢宰、宗伯"列成整整齐齐的六官。本文没有"司马"而列"司寇"，又列在"食、货、祀"之后，不像"食、货、祀"在《周礼》中却都在六官之下，为其属员所掌，显然本文的祀官还没有下降到《周礼》中那样的地位，所载各官次序还没有达到《周礼》那样人工加以整齐的程度，显然它还是《周礼》成书以前周代官制在演变改易过程中所形成的一种设计。《周礼》一书所载官制材料，皆不出春秋之世周、鲁、卫、郑四国官制范围，没有受战国官制的影响。那么本文所载的官制材料应该不晚于春秋之世。

至于以食货列于最前，更是春秋时的一种政治风尚。例如：管仲"既任政相齐，以区区之齐在海滨，通货积财，富国强兵。与俗同好恶，故其称曰：'仓廪实而知礼节，衣食足而知荣辱。'"（《史记·管晏列传》）又如《左传》记子产事，"郑子皮授子产政……子产使都鄙有章，上下有服，田有封洫，庐井有伍。……舆人诵之曰：'取我田畴而伍之……我有田畴，子产殖之'"（《襄公三十年》）。又"子大叔问政于子产，子产曰：'政如农功，日夜思之，思其始而成其终。'"（《襄公二十五年》）"食"就是"农功"，"货"就是"通货积财"。可见这二者列在最前确是受了春秋之世影响而然。

关于《洪范》官制方面，刘节先生《疏证》一文还有不少错误，如毫无根据地说"八政"隐括《礼记·王制》而成，既颠倒了二文写成时期的先后，又根本不顾二者材料体系的完全不同。又谓"王省惟岁"一段中不应以"师尹"置"卿士"下，以为不合周制,不知金文中如《厡叔多父盘》明列"辟王、卿士、师尹"的次序。他的这些错误是显然的,所以不去论它。

《洪范》本来是一篇鼓吹神权政治,宣扬神意的文章,可是却写进了朴素的唯物观点的"五行"的材料,写进了有关春秋之世重视经济的政治风尚的材料,这是一个极大的矛盾!这矛盾其实即是时代的矛盾。《洪范》原件中作为中心思想的东西是殷、周之世传下来的,而在传写到春秋时代的过程中,却受了时代影响而写进了当时的东西,这时生产已比商代有进步,经济基础比商代有发展,他们所新提出的东西当然与旧时期的统治思想有矛盾。把它吸收以后,这些东西就得被迫为中心思想服务,于是它们也就成为这一鼓吹神权政治、宣扬神意的文件的组成部分了。

9.《墨子·兼爱下》云:"《周诗》曰:'王道荡荡,不偏不党。王道平平,不党不偏。其直若矢,其易若底,君子之所履,小人之所视。'"按,"其直若矢"四句为今所见《诗·大东》中的诗句,但该诗中不见前四句。本文第五畴"皇极章"中却有这四句,但句序稍异,"不"字作"无"。下面又没有"其直若矢"等句,而有"王道正直"句。看来可能作的一种解释是:当时周代社会中流传过这么一首诗,在传抄中,本篇抄了前四句,并用一句隐括了后几句,《诗·大东》则只抄了后四句,《墨子》乃尽抄了这八句。很可能是本文编订者觉得这几句有助于强调"王极"的要求,所以就抄附在"王极章"的后面,这也是本篇受周代影响的一个证据。不过另有一种可能的解释是:本篇此处共有十四句,围绕着"王极"主题一唱三叹,有可能原为本篇的文辞,流传中被支离引用了。据《诗序》,《大东》为春秋初年诗,它和西周末年的《小旻》的时期相去不远。就在这时期,它们和本篇之句常相交涉,说明本篇至少在西周末、东周初是和这些流行的诗篇发生着关系的。又《左传·文公五年》载卫宁嬴引"沈渐刚克高明柔克"两句,《成公六年》载晋侵蔡役中乐武子引"三人占从二人"句,《襄公三年》作者以"君子曰"引"无偏无党,王道荡荡"两句,亦足证本篇在春秋鲁文公以前已流行,以后经常为统治者所引用。到《庄子·天运篇》说:"天有六极、五常,帝王顺之则治,逆之则凶,九洛之事,治成德备,监照下土,天下载之,此谓上皇。"则概括指称本篇,已不需要举出篇名,可见本篇在战国之世的广泛流行的程度了。

由上列各点可以看出:《洪范》的中心思想——唯心主义神学世界观,和源于上帝意志的神权政治论,强调按照神意建立最高的统治准则——"皇极",以及运用刑赏的统治术,等等,这一整套自成体系的思想,原是商代的东西,所以托名商代最后一个有名政治家箕子的口中说出,因而历来被认为是《商书》。但篇中有了周人的"德"字,又用了周人的筮法,却没有采取周代德政的概念,仍用殷人重视龟卜的传统,可以知道虽然这几处受了周代影响,但其中心主要的内容仍是殷代的。而篇中用韵,同于西周至春秋时的用法;其所用"历数"的意义及用众星比作庶民,以及对庶民的敌视,还有对卜、筮的极端崇信,等等,这些也都是早于春秋时代的东西。然而却又出现了春秋时代才有的注意民事以食、货为首的"八政",出现了至早春秋时期才与金、木、水、火、土相结合的"五行",说明这两畴显然至早成于春秋时代。又由西周末年的《诗·小旻》及东周初的《诗·大东》和本篇文句交相牵涉，及《左传·文公五年》已载当时人引用本篇文句，则本篇已流行于西周、东周之际，不能晚于鲁文公时期。因而可以说：《洪范》原稿由商代传至周，经过了加工，到春秋前期已基本写定成为今日所见的本子。

《洪范》鼓吹神权政治，单纯宣扬天人感应，强调暴力的绝对王权，一点也不谈欺骗性的德教，可知它这一中心思想原与儒家思想无关。它说"五事"与儒家说"九事"也不一致。倒是它推崇万民必须拥护的"皇极"，很有点和墨家《尚同》思想相近。然而全部《墨子》书中除引了这几句和《诗·大东》在一起的句子称为《周诗》外，没有引用过一句《洪范》，显然墨家与《洪范》也没有多大的直接的关系。因此只能把它看作是：其中心部分原是商代传来的，大概到西周晚季或春秋之世，很可能是受海上方士思想影响的齐国政术之士发现了这一篇重要文献，看到它有依于神意的很好的统治经验，可供当时奴隶制统治者取法，便加以整理厘正，突出了由上帝传授给禹的神话，再由前代最末一位哲士传授给本王朝开国之主，这就更增重了作为统治"大法"的地位，适巧当时"五行"一词已和金、木、水、火、土相结合，完成了这一结合的可能就是富于想象力的齐国方术之士；而齐国当时正盛行"通货、积财、富国、强兵"的政治风尚，于是整理《洪范》的人很自然地把这些不同时代的思想都引进了本文之中，然后这么一篇《洪范》就出现了。而且成了春秋、战国之世颇为流行的一篇，所以各家引用的也就不少，它的尊主极权的思想既为墨家所采纳，又为法家所采纳。

儒家正在搜集整理历史文献，于是这么一篇宣扬天人感应，突出"皇极"的文件，当然为儒家所需要，因而收入了他们的经典《书》里面。到汉儒，一方面就"五行"大肆歪曲渲染成唯心主义神学目的论，来为力图稳定统治地位的封建政权服务。一方面把原义为君主的统治准则的"皇极"，改释为"大中之道"，以"无偏无党"、"平康正直"等释为中庸之义，以证"大中之道"。就把《洪范》纳入于儒家思想体系之中。以宣扬唯心主义神学世界观，鼓吹"天人感应"，强调至高无上的君权，运用至高无上的"大中之道"这一改造了的统治准则，施展厉行刑（对民）、赏（对臣）的统治术，要求人民按"中庸之道"和顺地服从，以此来巩固封建统治。这篇在春秋之世应奴隶主政权的需要而加以整理的《洪范》，从此就永远成为历代封建王朝所遵循的统治"大法"了。

近代学者对《洪范》写成年代提出不同看法的达六七种之多，大率以为《洪范》成书很晚，至有以为成于汉初的，最早的说法也以为不出战国之初，一般多以为在墨子后的战国季世。这些人对《洪范》不寻其本而逐其末，不先寻其故于本文，但寻之于篇外，大都在些不起决定作用的枝节问题上做文章。如以《墨子》未引《洪范》，仅引了几句而称为《周诗》，遂片面地以为《洪范》必在《墨子》后，闭眼不看他书引用情况，亦不究其称为《周诗》之故；又有不知西周至东周用韵情况，侈然言《洪范》只合战国用韵通例者。凡此皆不确当，故今不加详论。

10.还有一项原非《洪范》本身所有、可是一切全在它的名义下宣扬的"《洪范》五行传"之说，是由汉代方士化儒生以天人感应、五行灾异的神学目的论改造《洪范》所造成的。汉今文家的《尚书大传》以整整一卷载夏侯始昌的《洪范五行传》，此后夏侯氏学派的许商又撰《洪范五行传记》，中间夏侯氏学派多在政治上进行"五行传"说教和活动。到刘向撰《洪范五行传论》、刘歆撰《五行传说》，终于归结成《汉书·五行志》，先引据《洪范》本文一段及相关的《五行传》一段，跟着记载灾异，论断史事，从此谈中国历史跳不出"《洪范》五行"的圈子，成为整个社会看待宇宙，看待历史，看待人生的指导思想，以后各史相承，都必有《五行志》（只有几部偏安时的小史没有）。从《洪范》中衍出了中国历史哲学中支配人们头脑二千多年完整地宣扬天人感应的神学史观。

但在儒生宣扬这一神学说教时，还有一个用意，也可说一个目的，即对于权力无边、无拘无束的皇帝，毫无其他办法控制他，就只好假借这一神意来限制他，说君主的不良行为引起天变灾异，这就是天对他的谴告，他必须恐惧修省，才能免祸。作为一种神学反复宣传多了，有时也能起作用，例如汉儒把很多事情说成是灾异去耸动汉元帝，元帝只好说："实在是乱极了，再有什么说的。例如方士甘忠可造了一部《包元太平经》，说汉家气运固定了，但还可再受命。"甘下狱死，其弟子夏贺良善于鼓吹，加上夏侯氏学的李寻出而支持，汉哀帝听从了，宣布再受命，改号陈圣刘太平皇帝。这些都可见这一神道设教所起的作用。

洪范

金　縢

　　"縢"，《说文》云："缄也。"又云："缄，束箧也。"可知"金縢"原是用金质之物把箱箧加以捆束缄封的。本文中"金縢之匮（即柜）"，就是用金质捆箍缄封的柜子，大概犹如后代藏放珍件密件的称为"保险柜"的铁柜。《孔疏》引郑玄云："凡藏秘书，藏之于匮，非周公始造此匮独藏此书也。"可知这种藏机要文件的秘柜是早就存在的。这篇文章叙周公旦把请求先王让自身替代周武王死的祝册放在"金縢之匮"一事的始末，遂以"金縢"二字作为篇名，为《尚书·周书》中的一篇。先秦文献未见引用，《史记》录入《鲁世家》中（中有插叙）。在西汉今文家的伏生二十八篇本为全书第十二篇（列在《周书》第三），其弟子三家今文的《尚书大传》把它排在《大诰》之后，但按《史记》所引次序，则今文三家本仍应在《大诰》前，是为《周书》第四篇（其在全书次序，则大小夏侯本为第十三篇，欧阳本为第十五篇）。东汉古文本则为《周书》第六篇（全书第十七篇），晋代伪古文为《周书》第八篇（全书第三十四篇）。其情况详后面讨论（一）、（二）。

校　释

　　既克商二年①，王②有疾，弗豫③。二公④曰："我其⑤为王穆卜⑥?"周公⑦曰："未可以戚我先王⑧。"

　　公⑨乃自以为功⑩：为三坛，同墠⑪；为坛於南方，北面，周公立焉⑫，植璧秉珪⑬，乃告⑭太王、王季、文王⑮。史乃册祝曰⑯：

　　"惟尔元孙某⑰遘厉虐疾⑱，若尔三王是有丕子之责于天⑲，以旦代某之身⑳。予仁若考㉑，能多材多艺㉒，能事鬼神㉓。乃元孙不若旦㉔多材多艺，不能事鬼神。

　　"乃命于帝庭㉕，敷佑四方㉖，用㉗能定尔㉘子孙于下地，四方之民罔不祗畏㉙。呜呼㉚！无坠天之降宝命㉛，我先王亦永有依归㉜！

　　"今我即命于元龟㉝。尔之许我㉞，我其㉟以璧与珪，归俟尔命㊱。尔不许我，我乃屏㊲璧与珪。"

　　乃卜三龟㊳，一习吉㊴。启籥见书㊵，乃并是吉㊶。公曰㊷："体㊸，王其罔害㊹！予小子新命于三王㊺，惟永终是图㊻。兹攸俟㊼，能念予一人㊽。"

　　公归，乃纳册于金縢之匮中㊾，王翌日㊿乃瘳[51]。

①既克商二年——按周武王克商在周文王"受命"十一年（见《牧誓》"讨论"），这当是在其十三年。皮锡瑞云"即王访箕子之岁也"（《考证》），王国维亦持此说（《观堂学书记》）。

②王——指周武王，故《史记·鲁世家》（本篇内以下简作《鲁世家》）即作"武王"。由金文知"武王"在生时就这样称呼，所以我们在译文中也就直称"武王"。

③弗豫——今文作"不豫"（《鲁世家》《论衡》《曲礼》疏引《白虎通》及《汉书·韦玄成传》《后汉书·礼仪志》、蔡邕《和熙后谥议》等）。古文或作"不豫"（《释文》引马本），或作"不念"（《说文·心部》"念"字引，释为"喜也"）；亦作"忬"（《释文》引别本），段玉裁谓"忬"即"念"。并谓"念"盖壁中故书如是，孔安国以今文读之，乃易为"豫"（《撰异》）。《释诂》："豫，安也。"是"弗豫"即身体不安，与今人身体有病时说"不舒服"一样。

④二公——《鲁世家》作"太公、召公"。"太公"即"太公望"。是与姬周族结成婚姻联盟的姜姓族的首领吕尚（因他封于吕，为姜姓中的吕氏），辅武王伐纣有功，封其子吕伋于齐。召公即召公奭，为姬周同姓中的一个贵族，亦辅相武王，后以其子封于燕（金文作"匽"，即北燕）。太公、召公和周公一样，虽都有采邑于王畿，自己继续在周王朝供职；遣他们的长子出就所封国为诸侯。

⑤我其——"其"，将。"我其"，我们将。和今语"我们要"意思相近。

⑥穆卜——"穆"，《鲁世家》作"缪"，《集解》："徐广曰：'古书"穆"字多作"缪"。'"《史记·周本纪》仍作"穆"，《鲁世家》以音近假借。玄应《一切经音义》卷九引作"我其如睦"，并引"孔安国曰：

金
縢

'睦,敬也'"(按,今本伪《孔传》作"穆",敬也")。段玉裁引《史记·司马相如传》"旼旼睦睦",《汉书》作"旼旼穆穆",以为古"睦"、"穆"相通假(《撰异》)。王鸣盛据《逸周书·文酌解》"三穆:一,绝灵破城;二,筮奇昌为;三,龟从兆凶",以为"穆卜为古人问卜之名"(《后案》)。戴钧衡亦云:"当时凡卜皆言'穆',观下文'其勿穆卜'可知。吾友邵懿辰曰:'穆卜'犹《虞书》'昌言',盖当时语也。"(《补商》)可知"穆卜"为当时统治者占卜的专用术语,使用"穆"字,显然仍是取其"敬肃"、"肃穆"的意义,反映他们对于这种占卜的敬重程度。

⑦周公——周武王弟,名旦。《鲁世家》记载周武王即位,周公"辅翼武王,用事居多"。当时他和太公望、召公奭是武王左右三个最有权力的大贵族。灭殷后以其长子伯禽封于鲁(见《大诰》"讨论")。周武王死后,因成王年纪较轻,他就实际掌握了周王朝的政权,因而引起王朝的内部矛盾,本文即是这些矛盾的反映。经克服这些矛盾,搞好了和周成王的关系后,便东征三年,用武力统一疆土,制订各种奴隶制王朝的典章制度,奠定了周王朝的基业,成为我国历史上有名的大政治家。

⑧未可以戚我先王——"戚",一般释作"忧"(《诗·小明》"自贻伊戚"毛传)。此语与《毛公鼎》"欲我弗作先王忧"相同,是古人对祖先的常用语。但在此处只释作"忧",语意尚不足。戴钧衡云:"窃谓此言仅卜未足以动我先王也。'戚'读若《孟子》'于我心有戚戚焉'之'戚',赵岐注:'戚戚然心有动也。'仅卜未可以感动先王,故下文特为坛墠,先册告而后用卜耳。"是"忧"义引申为"心有动"义,联系上下文,知此解较妥。

⑨公——指周公,故《鲁世家》此处即作"周公"。

⑩功——《鲁世家》作"质",孙星衍据《释诂》"'功','质',成也",以为"功"与"质"同训(孙氏《注疏》)。按,伪《孔传》及宋儒皆释"功"为"事"。清代学者始谓当如"周、郑交质"之"质"(《左传·隐公三年》),就是作为抵押的人质。是说周公以自身为质于三王以代武王的生命(江声说;王鸣盛、段玉裁等亦持此说)。此义较长。洪颐煊提出一说云:"'功'通'攻'字。《周礼·太祝》'掌六祈,以同鬼、神、示'。五曰'攻',六曰'说'。郑注:'攻、说,则以辞责之。''攻'即下文册祝之辞。下'乃得周公所自以为攻、代武王之说',即得此册祝之辞。《鲁世家》作'乃身自以为质'。'质'亦'辞'也。"见《读书丛录》卷一。其说亦有见,可备参考。

⑪为三坛同墠——《鲁世家》简作"设三坛"。"坛",《说文》:"祭场也。"马融注:"土堂。"(《释文》引)《礼记·祭法》郑玄注:"封土曰坛,除地曰墠。"江声云:"除地者,谓去草莱,辟除空地为广平之场。'墠'即'场'也。即于其中聚土而筑之为坛。"(《音疏》)"三坛",是为太王、王季、文王各筑一坛(伪孔、《孔疏》及江声说)。

⑫为坛於南方北面周公立焉——《鲁世家》简作"周公北面立"。《孔疏》:"周公为坛於南方,亦当在此墠内,但其处小别,故下别言之。周公北面,则三坛南面可知。"即周公面向北,对着面向南的三坛。钱大昕《养新录》(卷一)云:"'于'、'於'两字义同而音稍异,《尚书》《毛诗》例用'于'字,唯《金縢》'为坛於南方北面'、'乃流言於国'、'公将不利於孺子',《酒诰》'人无於水监,当於民监'……仍用'於'。……今字母家以'於'属影母,'于'属喻母,古音无'影'、'喻'之别也。"

⑬植璧秉珪——"植",今文作"戴"(见《鲁世家》《汉书·王莽传》《太玄·挩》)。《易林》"无妄之麤"作"载",与"戴"通用。古文作"植"(《孔疏》引郑玄注"植,古'置'字",知郑本作"植"。又《周礼·大宗伯》郑注亦引作"植")。段玉裁云:"'戴',戈声。'植',直声。二声同在之、咍、职、德部,是以所传各异。"(《撰异》)陈乔枞云:"古者以玉礼神,皆有币(帛)以荐之。璧加于币之上,故曰'戴璧'。亦作'载璧',读如'束牲载书'之'载',今文家说当如是。"(见陈氏《经说考》)古文作"植",同"置"(《论语》"植其杖而耘"之"植",《汉石经》作"置"),其解与"载"同,即以璧置于币(帛)上。"秉",手执。"珪",今文作"圭"(见《鲁世家》)。"璧"和"圭"都是古代以玉作的礼器,供贵族们在朝聘、祭祀、丧葬等礼节中使用的。"璧"是环状的扁平圆玉块。"圭"是上为三角状、下为长条矩形的玉块。邓淑蘋《古玉的认识和赏析》云:"璧是最重要的祭器,竖立(植)于坛上,用以依附自天而降的祖灵;圭是最重要的瑞器,主祭者执于手中,以表彰自己的身份。"(载台湾《故宫文物》141期)。

⑭乃告——《鲁世家》作"告于"。

⑮太王王季文王——"太",钱大昕以为原作"大",因《唐石经》各经无"太"字,惟《尚书》有之,下面那一点似后人所添。段玉裁定为是卫包所改,刻石从之(俱见《撰异》)。"太王",周文王之祖父,他率领姬周族从豳地迁到岐山下称为周原的地方,定居下来,从事农业生产,并开始建立国家政权。他儿子季历继位,继续发展,与商王朝开始发生矛盾。到周文王时国势日强,遂称"王",并追尊古公为"太王",公季为"王季"(以上说见《史记·周本纪》)。此三

人是给周王朝的建立打下基础的三个最显赫的"先王"。

⑯史乃册祝曰——《鲁世家》作"史策祝曰"。"史"指史官中担任"作册"的史官，或称"内史"，金文中常称"作册"（如《免簋》《走簋》）或"作册内史"（如《师俞簋》）。《洛诰》有"作册逸祝册"（《左传》之《僖公十五年》《文公十五年》等及《史记·晋世家》作"史佚"）。"作册逸"，为此时一个"作册"史官的领导人，是在宗教典礼中担任读祝册的人。"册"、"策"音义皆同，都是指简书。皮锡瑞以为今文作"策"，古文作"册"（《考证》）。郑玄云："策，周公所作，谓简书也。祝者，读此简书以告三王。"（《鲁世家·集解》引）

⑰惟尔元孙某——《鲁世家》作"惟尔之孙王发"。"元"，长（《广雅》）。"元孙"，长孙。义同于《召诰》"元子"之元。"发"是周武王之名，本文为了避讳改用了"某"字。《孔疏》："郑玄云：'讳之者，由成王读之也。'当谓成王开匮得书，王自读之，至此字口改为'某'，史官录为此篇，因逐成王所读而讳之。"江声、王鸣盛等承此说，谓当先王之前，武王当称名，周公册书原应作"发"字。王国维亦持此说，见《观堂读书记》。

⑱遘厉虐疾——《鲁世家》作"勤劳阻疾"。《集解》引"徐广曰：'阻'一作'淹'"。孙星衍谓武王因勤劳以致险疾。《说文》："阻，险也。""淹"与"险"声相近，疑经文本作"淹疾"，史公易为"阻"（《孔疏》）。按："遘"，遇（《释诂》）。"厉"，利（《战国策·秦策》高诱注）。"虐"，恶（《广雅》）。此句是说武王患了很厉害的病。司马迁换成较平易的句子。

1301

⑲若尔三王是有丕子之责于天——"丕子"，《鲁世家》作"负子"。惠栋谓"负"读为"陪"，举《禹贡》"陪尾"《史记》作"负尾"为

证,故谓"负"与"丕"音相近(《九经古义》)。段玉裁则谓"'丕'、'不'、'负'三字古音皆在之哈部"(《撰异》)。此句是说:"倘若你们三王在天上要责取这位大儿子来服事你们。"历代关于此句的用字情况及其解释非常纷歧,详后面讨论(三)。

⑳以旦代某之身——"某",《鲁世家》作"王发"。这是周公请以自己代替周武王之身来死。

㉑予仁若考——《鲁世家》作"旦巧"。王念孙云:"'考'、'巧'古字通。'若','而',语之转。'予仁若考'者,予仁而巧也。"(《经义述闻》)俞樾云:"王说是矣,然未尽也。'仁'当读为'佞'。《说文·女部》:'佞,巧谄高材也。'小徐本作'从女,仁声'。……故得假'仁'为之。'予仁若考'者,予佞而巧也。'佞'与'巧'义相近,'仁'与'巧'则不类矣。《史记·周本纪》'为人佞巧'。亦以'佞巧'连文,是其证也。古人谓才为佞,故自谦曰'不佞'。佞而巧,故多材多艺,能事鬼神也。"(《平议》)俞说是。

㉒能多材多艺——旧读此为一句,今据俞樾说与"予仁若考"合为一句,并读"能"为"而"。俞云:"古'能'、'而'二字通用。《履·六三》'眇能视、跛能履',李氏《集解》本'能'皆作'而'。崔骃《大理箴》'或有忠能被害,或有孝而见残',皆'能'、'而'通用之证。'予仁若考能多材多艺'者,若,而也;能,亦而也。犹曰'予佞而巧而多材多艺'也。此'能'字与'能事鬼神'之'能'不同。故下文曰'乃元孙不若旦多材多艺不能事鬼神','多材多艺'上不更著'能'字,可知两'能'字不同也。"(《平议》)裴学海谓"而"训"且",此"能"字亦训"且"(《古书虚字集释》)。裴说可通。

㉓能事鬼神——"事",服事,为之服务。"鬼神",古人以祖先

死后即为鬼神。二者又有别。《礼记·祭法》："人死曰鬼。""有天下者祭百神。"刚刚死的称"新鬼"，以前死的称"故鬼"（见《左传·文公二年》）。

㉔乃元孙不若旦——《鲁世家》译作"乃王发不如旦"。"乃"，第二人称代词领格，这里作"你们的"解。

㉕乃命于帝庭——《鲁世家集解》引马融释为"武王受命于天帝之庭"。以后注疏家皆作如此解。释"命"为"受命"是对的，因古代动词往往主动和被动不分，"命"可用为命令人，也可用为受命。本文三"命"字皆为受命。但本句受命的主体释作武王则不合。"乃"在此仍为第二人称代辞，而且按殷、周语法仍当为领格。此句是说你们在帝庭里承受了的天命。你们，指三位先王。

㉖敷佑四方——王引之《经义述闻》、俞樾《群经平议》都训"敷"为"遍"（遍）。俞并谓训遍之"敷"与"溥"、"普"通用，文异义同（《诗·般》"敷天之下"，《诗·北山》作"溥天之下"，《孟子·万章》作"普天之下"）。而"佑"乃俗字，当作"右"，读为"有"，古"右"、"有"、"侑"通用，或假"有"为"右"（《公羊传·宣公十五年》"狄人不有"即"不右"，"不助"也）。此处假"右"为"有"，"敷佑四方"即"普有四方"。王国维、杨筠如则以为"敷佑"音义皆同"抚有"，由"敷"与"溥"通，而古"溥"与"匍"为一字，《盂鼎》言"匍有四方"，即抚有四方（《观堂读书记》《尚书核诂》），王说是。按《秦公钟》"匍有四方"（《秦公簋》则云"奄有四方"），又1976年新出土的《墙盘》有"匍有上下"，可知"匍有"为西周以来周人的习用语。到典籍中写为"抚有"，如《左传》之《襄公十三年》"抚有蛮夷"、《昭公元年》"抚有尔室"、《昭公三年》"抚有晋国"都是。"敷佑"是

"俌有"、"抚有"的同音假借。

㉗用——表示"因"、"由"意义的介词。在此是"因此"、"所以"等意义。

㉘尔——《鲁世家》作"汝"。

㉙祗畏——《鲁世家》作"敬畏"。"祗",敬（《说文》）。

㉚呜呼——《鲁世家》省去此二字。

㉛无坠天之降宝命——"宝",《鲁世家》作"葆"。《留侯世家集解》引徐广曰:"《史记》珍宝字皆作葆。"杨筠如谓金文中"宝"与"保"通,故或作"永宝用之",或作"永保用之"。"葆",当为宝之假字（《核诂》）。"宝命",即指上面所说帝庭之命（据《蔡传》）。

㉜永有依归——《鲁世家》作"永有所依归"。《集解》引郑玄注云:"有所依归,为宗庙之主也。"是汉今、古文本皆有"所"字。隶古写本、内野、神宫、足利、清原诸本亦有之,云窗本小字旁添"所"字,是伪古文本亦有"所"字。此句是说先王到下地来也有依归的地方——就是宗庙中放神主的地方。

㉝今我即命于元龟——《鲁世家》"我"下多"其"字。"即",就（伪《孔传》）,趋近、靠近的意思。"命",受命。"元龟",大龟（《鲁世家集解》引马融说。参看《高宗肜日》"吉人玄龟"校释）。伪《孔传》释此句云"就受三王之命于大龟",是。

㉞尔之许我——"之",若（《释词》）,是假设连词。"尔之许我",你们倘若应许我,答应我。

㉟其——在此作承接连词,与"则"字同（《古书虚字集释》）。即今语的"就"。

㊱归俟尔命——《鲁世家》"归"下有"以"字。"俟",等待

尚书校释译论

（《释诂》《说文》）。是说回去等待你们的命令。

㉝屏——摒弃，去掉，拿开。

㊳乃卜三龟——用三个人卜了三龟（参看《洪范》"三人占"校释）。但《鲁世家》说是"乃即三王而卜，卜人皆曰吉"，是三个卜人分向三个先王前占卜。

㊴一习吉——《鲁世家》作"皆曰吉"。杨筠如谓"'习'与'皆'形近，疑本'皆'之讹字"（《核诂》）。伪孔释"习"为"因"，《蔡传》释"习"为"重"，在此皆牵强。又《孔疏》释云："'习'则'袭'也。'袭'则重衣之名，因前而重之，故以'习'为'因'。"是说明"习"有"袭"、"重"、"因"三训而实一致。其言系据《文选》。任彦升《萧公行状》"龟谋袭吉"注引本句，并释云："'袭'与'习'通。"在此皆不适用。

㊵启籥见书——《鲁世家》作"开籥乃见书"。《周礼·卜师》注引作"开籥见书"。"开"为"启"的训诂字。王引之云："'书'者，占兆之辞。'籥'者，简属，所以载书。故必启籥然后见书也。'启'谓展视之，下文'以启金縢之书'，与此同。《少仪》曰：'执策籥尚左手。''策'，蓍也。'籥'，占兆之书所载也。故并言之。《说文》曰：'籥，书僮竹笝也，颍川人名小儿所书写为'笘'。《广雅》曰：'籥，笘籥也。'是'籥'为简属也。"（《述闻》）王国维也说："'籥'，疑亦'简'之类。"（《观堂读书记》）

㊶乃并是吉——段玉裁云："《论衡·卜筮篇》：'周武王不豫，周公卜三龟。公曰：乃逢是吉。'玉裁案：作'逢'者，盖《今文尚书》也。《鲁世家》'开籥乃见书，遇吉'。'遇'盖'逢'之训诂字。并逢声之转。"（《撰异》）按《论衡》下文明言"卜曰逢，筮曰遇"。显然

"逢"、"遇"两字是卜筮中的术语,一般分别用在龟卜和蓍筮中,但似也可混用,故《鲁世家》用了"遇"字,不是作为逢的训诂字用。俞樾云:"并当作併,竝也。……盖周公本意请以身代,三龟皆吉,则武王当愈不待言矣。武王愈,周公宜死。及启篇见书,更详审之,乃知王与周公竝吉也。不然,则下文以旦代某之言更无归宿。"(《平议》)此言可从。

从"乃卜三龟"至"乃并是吉",《鲁世家》改为史家叙事之文云:"周公已令史策告大王、王季、文王,欲代武王发。于是乃即三王而卜,卜人皆曰吉,发书视之信吉。周公喜,开籥乃见书,遇吉。"在文句上与本文有很大的出入。

㊷公曰——《鲁世家》改为史家叙事之文云:"周公入贺武王曰。"

㊸体——《鲁世家》无此字。偶省。伪《孔传》《蔡传》等旧注疏皆释"体"为兆体,系根据于《周礼·卜人》及《礼记·玉藻》的郑玄谓体为兆象的注解。但俞樾则以为:"体字以一言为句,乃发语之辞,庆幸之意也。《诗·氓篇》曰:'尔卜尔筮,体无咎言。'《释文》曰:'体,《韩诗》作履,幸也。'然则体亦犹幸也。"现用其说。

㊹王其罔害——"其",殆(《释词》)。是表示或然状态的副词,为"大概会"、"一定会"等意思。"罔",《鲁世家》作"无",是今文。《周礼·占人》《礼记·玉藻》两处郑注亦引作"无",是古文。"罔"为伪古文本所用,义同无。

㊺予小子新命于三王——《鲁世家》作"旦新受命三王"。"予小子"为周公自称,故史文改用周公名。"命"为被动,故"新命"作"新受命"。

㊻惟永终是图——"永",《鲁世家》作"长",用训诂字。"图",谋划(《释诂》)。吴澄云:"公视卜,知王疾必瘳,而己亦不代死,故言我新受命于三王,惟当永久克终是图。"(《书纂言》)

㊼兹攸俟——《鲁世家》作"兹道"二字,与上"惟永终是图"为一句,伪《孔传》袭此为释云:"周公言我小子新受三王之命。武王惟长终是谋周之道。"这是据汉人的误读为说。"兹",此(《集解》引郑玄注)。"攸"为语中助词,于宾词在前,动词在后时用之(《辞诠》)。"俟",即上文"俟尔命"之"俟"。这句是说现在我就等着这个吧(段玉裁以为汉今文当作"兹猷","猷"训"道",如"大诰猷",《翟义传》作"大诰道",故《鲁世家》"兹猷"作"兹道"。牟庭则以为"攸"字原当作"逌",亦作"逎"。汉古文误为"迪",今文误为"逎"。"迪"训道,故《鲁世家》作"兹道"。"逌"写为"攸",故伪孔作"兹攸俟"。都是从字义通假推想)。

㊽予一人——《鲁世家·集解》引马融注:"一人,天子也。"古代天子皆自称"余一人"(典籍及金文多有之),故旧注疏皆释此为指周武王。但这句明明是周公讲的,用了"余"字,说指武王是不可通的,应当是周公自称。

㊾公归乃纳册于金縢之匮中——《鲁世家》改叙为:"周公藏其策金縢匮中。"并据下文加"诫守者勿敢言"一句。

㊿翌日——《唐石经》及各刊本作"翼日"。《尔雅·释言》:"翌,明也。"郭璞注:"《书》曰:翌日乃瘳。"是晋时本固作"翌"。又《孔疏》:"翼,明。《释言》文。"显然《孔疏》原作"翌",故注为《释言》文,又玄应《一切经音义》,《汉书·五行志》颜注,《文选·吊魏武帝文》李注,皆引作"翌日乃瘳",今所见云窗本正作"翌",皆可

金縢

1307

证唐初本作“翌”。段玉裁谓“翼,卫包所改”(《撰异》),甚确。王国维谓“翌”为昱的假借(《观堂学书记》)。《说文》:“昱,明日也。”但甲骨文中作“翊”,有“翊日”、“翊夕”等称。又作“羽”,系以干支,如“羽乙未”、“羽庚戌”之类,指即将到来的乙未那天、庚戌那天。其义也是次一天。总之作“翌”为是,今改回。

(51)王翌日乃瘳——《鲁世家》改叙为“明日,武王有瘳”。“瘳”,病愈。

以上第一节,是本篇的主体,记周公为周武王病请以己代之事。复分三段:首段为史臣关于周武王病周公将祷于神的记事;中段为周公请代死的写在祝册上的告神之辞;末段记载告神得吉卜后周公藏祝册于金縢之匮之事。是古代统治者在对祖宗神灵的崇拜下所进行的一种宗教性政治活动。

武王既丧①,管叔②及其群弟乃流言③於国曰:“公将不利於④孺子⑤!”

周公乃告二公曰:“我之弗辟⑥,我无以告我先王。”周公居东⑦二年,则罪人斯得⑧。于后⑨,公乃为诗以贻⑩王,名之曰《鸱鸮》⑪。王亦未敢诮⑫公。

①武王既丧——“丧”,死亡(《诗·皇矣·毛传》)。《淮南子·要略》:“武王立三年而崩。”《史记·封禅书》:“武王克殷二年,天下未宁而崩。”又《史记》之《周本纪》及《鲁世家》皆记周武王在周公请代死的祈祷之后病愈,接着又说“后而崩”(《本纪》),“其后武王既崩”(《世家》)。故王国维《周开国年表》以周武王之死即

在此年。章鸿钊《武王克殷年考》，亦考定武王克殷后在位三年。都是指文王受命十三年。此说较可信（武王在位年数尚有：一、七年说，见《管子·小问篇》《汉书·律历志·世经》。二、六年说，见《逸周书·明堂篇》及《周本纪集解》引《帝王世纪》等等。以事实按之皆不合）。此处用"丧"字，而没有依后来周代礼制的等级规定天子死用"崩"字，可知此系早期文字（郑玄释此丧字为丧服，是错误的）。

②管叔——名鲜，周文王之子，武王大弟，周公之兄。《史记·管蔡世家》："太姒，文王正妃也。其长子曰伯邑考，次曰武王发，次曰管叔鲜，次曰周公旦，次曰蔡叔度，次曰曹叔振铎，次曰成叔武，次曰霍叔处，次曰康叔封，次曰冉季载。冉季载最少。""发立，是为武王，伯邑考既已前卒矣。武王已克殷纣……于是封叔鲜于管，封叔度于蔡，二人相纣子武庚禄父，治殷遗民。"由是史称管叔、蔡叔为"二叔"，与武庚合称"三监"（参看王引之《经义述闻·三监》，详朱大韶《实事求是斋经说·二叔辨》）。叔鲜的封地"管"，据《左传·僖公二十四年》杜注云："管国在荥阳京县东北。"其地接近郑州。故《史记·正义》引《括地志》云："郑州管城县，今州外城即管国城也，是叔鲜所封国也。"于省吾谓即金文中的"䙬"或"䕅"。《利簋》云："辛未，王在䙬䏍。"辛未为牧野战后第八天，与《逸周书·大匡》和《文政》于克殷之后言"王在管"相合，亦同意其地即在今郑州附近（《利簋铭文考释》，见《文物》1977年第8期）。

③流言——《荀子·致仕》注："流者，无根源之谓。"又《大略》注："流言，谓流传之言，不定者也。"

④於——上文首段"为坛於南方"、上句"流言於国"与此"不

利於孺子"三"於"字,《唐石经》及各刊本原皆作"於"不作"于",与全书"于"字异,钱大昕、段玉裁皆已指出。阮元《校勘记》云:"葛本(明永怀堂葛氏十三经古注本)'於'作'于',下文'於孺子'同。按语助之'於',《尚书》皆作'于'。惟(《尧典》"於变时雍"及本篇、《酒诰》共六於字)各本并作'於',薛氏《古文训》亦然。盖传写舜错,初无义例。葛本独于此两句仍作'于',又葛本之误也。"既原文相承如此,故不改。

⑤孺子——一般作为儿童的通称(《释名》)。据钱大昕考定古代天子诸侯等的嫡长子承位者专称"孺子"(《十驾斋养新录》卷二)。此处指周武王的儿子周成王,故《鲁世家》即作"成王"。王国维云:"孺子盖犹成王之字,周公称成王为孺子王。"刘盼遂以为一如汉人以"少儿"、"少子"为字(《观堂学书记》)。此说可备一解。

⑥我之弗辟——"之",在此为假设连词,意同"倘若"。"弗辟",《说文》九上引作"不辟",并释为"法也"(据段玉裁校)。这是古文。《释文》云:"辟,马、郑音避,谓避居东都。"段玉裁云:"郑明知故书作'辟'而不欲如字训'法'者,古经'譬'、'僻'、'避'字皆用'辟'。郑谓'辟'即辟,'辟'即避也。"(《撰异》)陈乔枞云:"郑君读辟为避,与史公同,皆据《今文尚书》,而其说又各不同者,盖或从欧阳说,或从大、小夏侯说。"(《经说考》)"我之弗避",我倘若不避开。《鲁世家》依今文训辟为避,释此句为"我之所以弗避而摄行政者"。伪《孔传》依古文释"辟"为法,释此句为"我不从法法三叔"。各持一说。

⑦居东——居国之东(《蔡传》)。是说周公因避嫌疑,离开国都,暂居东边某地。"东"可泛指国都之东,也可指较具体的地区。

殷代武丁卜辞已有"王勿入于东"（《乙》2093）。《诗·小雅》有小东、大东。本书《洛诰》"大相东土，至于洛师"，则"东"可指酆镐以东至于洛邑之地。《孔疏》引王肃云："东，洛邑也。"即指这一带。《鲁世家》把杀武庚、诛管叔、宁淮夷东土叙在"我之弗辟"之下，以当此句，王肃注（《孔疏》引）及伪《孔传》也释"居东"为"东征"，都是误把周公东征武庚、管、蔡事和本文牵合在一起，显是错误的。戴钧衡《书传补商》云："马氏融以为东都，其时未营洛邑，安有东都？郑氏康成以为东国，虚而无指。《墨子·耕柱篇》以为东处于商，三监方欲谋公，岂有避居于商之理。《越绝书》以为东巡狩于边，王方疑公，避位将以释疑也，而反公然代天子巡狩乎？近徐氏文靖据《鲁世家》周公奔楚（按《蒙恬传》及《论衡·感类》亦言奔楚），及《国策》王季葬楚山之尾之文，以为出依王季墓。明丰坊伪《子贡诗传》以为居鲁（按《琴操》亦言居鲁）。皆不足信。"戴此说颇有理由。牟庭《同文尚书》则谓居东为居邠。其地在丰镐之东。字又作"邠"，从邑分声，而《说文》"份"，古文作"彬"，从焚省声，是"邠"古文亦可以从邑焚省声，林下著邑，形乃似"楚"，必隶古误定古文"邠"为"楚"字。牟说意在与《诗·豳风》相应，亦或可取。

⑧则罪人斯得——"罪人"，指散布流言的人。"斯"，为承接连词，意同"乃"（据《释词》。伪孔释为"此"，《孔疏》引王肃释为"皆"，俞樾据郑玄说释为"尽"，皆不确）。《蔡传》云："方流言之起，成王未知罪人为谁，二年之后，王始知流言之为管、蔡。"俞樾则云："按'罪人斯得'之文，即承'周公居东二年'之后，是周公得之，而非成王得之也。所谓得之者，谓得流言之所自起也。"（《平议》）《诗·鸱鸮·正义》引郑玄《尚书注》云："罪人，周公之属党，与知

居摄者。周公出，皆奔。今二年，尽为成王所得。谓之罪人，史书成王意也。"这是郑玄误据《诗·鸱鸮》"既取我子，无毁我室"等句而得的错误解释，完全不符合当时情况。

⑨于后——刘淇云："于后，犹云其后。"（《助字辨略》）杨筠如同此说，并云："襄四年《左传》'愚弄其民'，《潜夫论》'其'作'于'可证。"（《核诂》）

⑩贻——赠送（《说文·贝部》新附。原只作"诒"，见《言部》）。《诗·豳风·鸱鸮》序作"遗"，义同（《豳风·正义》引郑玄本作"贻"，又引郑云："怡，悦也。"段玉裁考订郑本当作"诒"，同"给"，意为佹言，非正言。释义略为迂回，故不从）。

⑪名之曰鸱鸮——"名"，《鲁世家》作"命"。系用义训字。《释文》载徐邈音"名"为"亡政反"，读同"命"。陆德明则以为仍当读"名"。《鸱鸮》一诗见于《诗·豳风》。按，"鸱"、"鸮"，自战国以来皆指鸟类恶鸟，鸱为鸱鹰，鸮为猫头鹰。但作为周公所作《鸱鸮》一诗篇题的鸟名，则是"鸱鸮"二字合称。《毛传》："'鸱鸮'，䲨鸮也。"《正义》引陆玑《毛诗草木鸟兽虫鱼疏》云："鸱鸮似黄雀而小，其喙尖如锥，取茅莠为巢，以麻紩之，如刺袜然，悬著树枝，或一房，或二房。幽州人谓之䲨鸮，或曰巧妇，或曰女匠；关东谓之工雀，或谓之过羸；关西谓之桑飞，或谓之袜雀，或曰巧女。"是"鸱鸮"是一种小鸟。

《鸱鸮》诗全文如下："鸱鸮鸱鸮，既取我子，无毁我室，恩斯勤斯，鬻子之闵斯。""迨天之未阴雨，彻彼桑土，绸缪牖户，今汝下民，或敢侮予。""予手拮据，予所捋荼，予所蓄租，予口卒瘏，曰予未有室家。""予羽谯谯，予尾翛翛，予室翘翘，风雨所漂摇，予唯音哓哓。"

《毛传》释"无毁我室"为"宁亡二子,不可以毁我周室"。《孔疏》谓"毛以为周公既诛管、蔡,王意不悦,故作诗以遗王","言不得不诛管、蔡之意"。然而与当时居东尚未诛管、蔡的事实不合。郑玄则谓周公属党尽为成王所得,"伤其属党无罪将死……故作鸱鸮之诗以贻王"(《鸱鸮》疏),与本篇所记周公居东知道了散布流言的人是管、蔡之后的情况亦不合。看来解释得比较正确的是江声《音疏》所说:"'鸱鸮鸱鸮'以下,皆托鸱鸮以为言也。其言'绸缪牖户'以为巢,谕己之勤劳王室也。言'今汝下民或敢侮予','或'之言,有。下民有侮予者,谕管、蔡也。言'予室翘翘风雨所漂摇',谕王室将毁也。"可知《鸱鸮》是周公处在"恐惧流言"之日,忧谗畏讥,表达其愁苦之心,并由于得知散布流言之人是管、蔡,因而希冀成王醒悟而作的一篇诗。

金縢

⑫诮——《鲁世家》作"训",皮锡瑞以为训、顺古通用,"成王未敢顺公意也"(《考证》)。杨筠如则以为"训"、"诮"义相近,《史记》仍用诮字义(《核诂》)。此字《说文》作"譙","诮"为其古文。《诗·鸱鸮·正义》引郑注,释为责让、责备的意思。

以上这一节,叙述周武王死后,周公因管叔等散布流言致成王怀疑因而避居于东之事。

1313

对于这一节,《鲁世家》并没有严格依原文紧接在上面第一节之后,而是用了七八句叙明武王死、周公当国这一史事,然后接叙管叔及群弟的流言。并夹叙了东征作《大诰》,诛杀管叔、武庚等事,下面的文字很多出入,显然是司马迁根据其他史料作较多的改叙,故无法和本节文字相校。

秋①，大熟②，未获③，天大雷电以风④，禾尽偃⑤，大木斯拔⑥，邦人大恐⑦，王与大夫尽弁⑧，以启金縢之书⑨，乃得周公所自以为功代武王之说⑩。

二公及王乃问诸史与百执事⑪。对曰："信⑫。噫公命，我勿敢言⑬。"王执书以泣曰："其勿穆卜⑭！昔公勤劳王家⑮，惟予冲人⑯弗及知。今天动威以彰⑰周公之德，惟朕小子其新逆⑱；我国家礼亦宜之。"

王出郊⑲，天乃雨⑳，反风㉑，禾则尽起㉒。二公命邦人㉓，凡大木所偃，尽起而筑之㉔，岁则大熟。

①秋——居东二年之秋。

②大熟——指农作物大熟。

③未获——"获"，刈谷（《说文》）。即收割粮食。"未获"，还没有收获。

④天大雷电以风——《尚书大传》作"天乃雷雨以风"（《汉书·梅福传》注引）。《鲁世家》则作"暴风雷雨"四字。王引之、皮锡瑞等皆谓今文作"雷雨"，古文作"雷电"（《述闻》《考证》）。"以"同"与"（《诗》之《江有汜》《击鼓》《桑柔》等郑笺及《仪礼·乡射礼·大射仪》郑注，并见王氏《释词》）。

⑤偃——倒伏（《孟子·滕文公上》"草上之风必偃"赵岐注）。

⑥大木斯拔——"斯"，《鲁世家》作"尽"。段玉裁引此，并据《诗·皇矣》"皇赫斯怒"郑笺训"斯"为"尽"，以为今文家说如此。

尚书校释译论

1314

但是不论怎样大的风雨，哪里有大木全部都被拔掉的事，故不从此解，仍以"斯"为语词，在此作为句中助词，用以倒置宾词"大木"于动词"拔"之前。

⑦邦人大恐——《鲁世家》改叙为"周国大恐"。《大传》则作"国恐"，显有脱字。

⑧王与大夫尽弁——《鲁世家》作"成王与大夫朝服"。按《周礼·司服》："眡（同视）朝则皮弁服。"《礼记·玉藻》："皮弁以日视朝。"故《史记》将"弁"叙明为"朝服"。"弁"本是古代贵族用鹿皮做成的帽子（见《吕氏春秋·上农》注、《仪礼》之《觐礼》《士冠礼》等注），在贵族礼制中，"冠、服"是有一定规定的。所以什么样的"冠"就代表什么样的冠服制度。"弁"就代表朝服。释"弁"为"皮弁"是今文家说，伪孔承之。古文家郑玄则释为"爵弁"，是承天变而降服。见《孔疏》引。

⑨以启金縢之书——《鲁世家》作"以开金縢书"。《大传》"启"亦作"开"。皆用训诂字。《蔡传》云："古者国有大事卜，则公卿百执事皆在，诚一而和同，以听卜筮，故名其卜曰穆卜。成王因风雷之变……王与大夫尽弁，以发金縢之书，将卜天变，而偶得周公册祝请命之说也。"此说颇近事实。

⑩乃得周公所自以为功代武王之说——《鲁世家》"乃"上多"王"字，为司马迁叙事所增。"所"，《论衡·感类》引此误写作"死"。"说"，《史记》别本作"简"（见《鲁世家·集解》引徐广曰）。意同伪《孔传》所云"所藏请命策书本"。即祝册。王闿运谓即《周礼·大祝》"掌六祈"的"六曰说"之"说"（《尚书笺》）。就是祝册中的祝辞。

⑪诸史与百执事——《鲁世家》无"诸"字、"与"字。简朝亮谓"诸"为语词(《述疏》)。按,"诸"即"之""于"二字的合声,为代名词兼介词(据《词诠》)。"史"即上文读祝册之史。"百执事",《后汉书·蔡邕传》邕上封事引作"执士"。士、事古通用,与典籍"卿士"金文作"卿事"同。百执事指掌管卜筮册祝及典藏金縢之匮的各项执事官员。

⑫信——确实,实有其事。故《鲁世家》作"实有"(据陈乔枞说"实有"连读)。

⑬噫公命我勿敢言——《鲁世家》句首省去"噫"字,增"昔周"二字以叙明文意。《释文》云:"马本作'懿',犹亿也。"王鸣盛云:"《大雅》有《抑》篇,《楚语》作'懿',韦昭云:'懿读曰抑。'《小雅·十月之交》'抑此皇父',笺云:'抑之言,噫。'《韩诗》云:'抑,意也。'……然则噫、意、懿、抑皆同也。"(《后案》)王念孙亦云:"噫、懿、亿并与抑同。'信'为一句,'噫公命我勿敢言'为一句,言信有此事,抑公命我勿敢言之也。"(《释词》卷三)但如王读,则当作"抑公命我勿言",不应有"敢"字。故据《蔡传》读为"抑公命,我勿敢言"两句。

⑭其勿穆卜——"穆卜",卜筮用术语,见篇首"我其为王穆卜"校释。《蔡传》云:"成王启金縢之书,欲卜天变,既得公册祝之文,遂感悟,执书以泣,言不必更卜。"是说不要再卜了。《鲁世家》此句作"自今后其无缪卜乎",显因"穆"作"缪",又误读为缪误之"缪"所致。

⑮昔公勤劳王家——"昔公",《鲁世家》叙明为"昔周公"。"勤劳"为古代赞扬勋绩用语。杨筠如谓与《毛公鼎》"劳勤大命"

同(《核诂》)。

⑯予冲人——"予"为"余"的假借，"冲"为"童"的假借。王国维云："足见古韵东冬不分。"(《观堂读书记》)"予冲人"与"余小子"、"朕小子"同，都是古代君主自称之词(参看《盘庚》"冲人"校释)。但此处《尚书大传》及《鲁世家》皆作"予幼人"，当作为周成王以年轻自称如此。

⑰彰——表明，显扬。

⑱新逆——《鲁世家》无"新"字；"逆"作"迎"，二字同义。段玉裁云："凡《古文尚书》多作'逆'，凡《今文尚书》多作'迎'，如'逆河'、'迎河'，其一证也。"(《撰异》)《释文》云："新逆，马本作亲迎。"按，古"亲"、"新"通用，如"新民"，《礼记·大学》作"亲民"。是"新逆"当即"亲迎"。故《诗·东山序》郑笺云："成王既得金縢之书，亲迎周公也。"段玉裁《撰异》谓："此述经意，非录经文，不得据此谓郑本亦作亲迎。"盖段据《东山序·正义》引郑玄注《金縢》为"更自新以迎周公"，明是"新"字。

⑲王出郊——"郊"，指国都郊外。林之奇云："郊劳而亲迎之，故曰王出郊。"(《尚书全解》)即郊迎周公(汉今文及伪古文释为郊祭，汉古文家王充释为观变，皆非)。

⑳天乃雨——《论衡·感类》引此句作"天止雨"。《琴操》引作"天乃反风霁雨"。王引之《述闻》引此，并云："据此则古文之'天乃雨'，今文当作'天乃霁'。雨止为霁，故《论衡》以'雨止'代之也。盖古文言'天大雷电'而不言雨，故下文曰'天乃雨'。今文既言'天大雷雨'，则下文不得言'天乃雨'矣。"

㉑反风——"反"，同"返"。"反风"，风转向倒吹了。

㉒禾则尽起——《鲁世家》及《论衡·感类篇》所引皆无"则"字。

㉓邦人——《鲁世家》作"国人",西汉今文家避刘邦讳。

㉔尽起而筑之——"筑",别本亦作"筑"(《释文》)。马融云:"筑,拾也。"(《释文》引)《孔疏》:"郑、王皆云'筑,拾也'。"按《尔雅·释言》:"筑,拾也。"是为马、郑、王本所据。《释文》所见别本,当即此诸古文家之别本。段玉裁云:"此好事者因马、郑、王皆云'筑,拾也'合于《尔雅》,遂改从《尔雅》作'筑'。不知《释文》《正义》(即《孔疏》)未尝言马、郑、王作'筑'也。'筑'与'掇'双声,故得训拾。'筑'、'筑'皆非正字,未见'筑'是、'筑'非也。"(《撰异》)马融释此句云:"禾为木所偃者,起其木,拾其下,乃无所失亡也。"(《鲁世家集解》引)是说把大木所倒压的禾扶起来拾取其穗。这样理解是正确的。伪《孔传》及《孔疏》释为"木有偃拔,起而立之,筑有其根"。以为是筑大木之根,是不正确的。

以上这一节,记天变警告之下,周成王得读金滕之书,因而悔悟亲迎周公之事。

这一节,《鲁世家》把它叙在周公死后,与上面第二节中间相隔了许多年的许多史事。段玉裁云:"案今文之说最为荒谬。史官记事,前云'既克商二年',云'武王既丧',云'居东二年',何等分明。岂有为诗诒王之后,秋大熟之前,间隔若干年、若干大事,不书周公薨,而突书其薨后之事,人读罢不知其颠末者。"(《撰异》)确指出了其不合。

孙星衍以为这一节是《亳姑》篇的逸文。他说:"史公说为周公卒后秋未获,并言周公在丰,将没,欲葬成周。公薨,成王葬于毕,告周公作《亳姑》。则此是《亳姑》逸文,成王所作,与周公所作《金滕》别是一篇，《亳姑》篇今亡，犹可以此考见。其云告周公者，盖以天变祝告改葬之，则所云'惟朕小子其迎我国家礼亦宜之'，谓惟我小子其逆于国家应有之礼，亦宜有此天变也。必后人因其文有'以启金滕'之辞，误合于《金滕》耳。"（《孙疏》）如孙言，则《金滕》篇有首而无尾，赖《亳姑》篇载其尾，何时乃合之为一篇乎？义虽新，终不知何以致此现象。

今　译

灭商之后二年，武王得了病，很不舒服。二公说道："我们替王进行肃敬的卜筮吧！"周公道："这还是不能感动我们先王的。"

于是周公以自己的身体做抵押：在一个场上筑成了三座坛，再在南面起了一座坛，朝着北方，周公站在上边，陈设好了璧，手里捧着珪，向太王、王季、文王祝告。史官便拿着册子，开读祝文道：

"你们的长孙某人犯了很厉害的病，倘是你们三王在天上需要把他召去服事你们，那就请把我小子旦来代替他吧。我很有口才，又很机灵，又多材多艺，能够服事鬼神。你们的长孙并不是多材多艺的，他哪里能够服事鬼神呢。

1319

"你们在上帝的宫里承受了大命，使得抚有四方，所以能够安定你们在下界的子孙，四方的人民没有敢不敬畏的。唉！只要上天降下的大命不致失掉，我们先王的神灵也就永远有归宿的地方（指宗庙）了。

"现在我在大龟上面接受你们的命令。你们如果许我,我就把璧和珪献给你们,回去等候你们的命令。若是你们不许我,我就要把璧和珪拿开了。"

于是他分派了三个人卜了三龟,都一致得到了吉兆。展开简册,把卜兆的话翻出一看,乃是王和周公一并得到了吉兆。周公说:"好了! 王的病是不要紧的了。我小子新受了三王的命令,也可以永久替国家谋划。现在我就等着这个吧! 三王是一定肯关心我的。"

周公回去,把这篇祝文的册子安放在金质封固的柜子里。武王在第二天就好了。

后来武王死了,管叔和他的几个弟弟在国内放出谣言道:"周公对这个小主人要不怀好意了。"

周公就对二公说:"我现在若不避开,我怎能对得住我们的先王呢?"他避到东方住了二年,几个造谣言的人终被破获。过了几时,他做了一首诗送给成王,题目是《鸱鸮》。成王也不能怎样说他。

那一年秋天,庄稼长得很好;还没有收获,忽然起了大雷电,又是大风,把许多禾黍都吹倒了,很大的树木也被拔了起来。国内的人民惊慌得很。王和大夫都戴了皮弁礼服准备占卜,打开贮放占卜祝册的金质封固的柜子,取看里面关于占卜的书册。于是得到了周公把自己做抵押请替代武王死的祝辞。

二公和成王就这件事询问史官和各执事之官,他们回答说:"是的。但这是周公的命令,我们一直没敢说。"王手里拿着书,滴着泪说:"不要占卜了。以前周公替王室出了许多力,我这个幼年人全然不知道。现在上天发出它的威严,来表明周公的德行,我小子应当亲自去迎接,这在我们国家礼制上也是相宜的。"

成王出了郊,天下雨了,风也倒吹了,禾黍都竖起来了。二公吩咐国内人民,凡是被吹倒的大木所压着的禾黍,都扶了起来,把穗子拾起。这一年仍然获得了一个大熟的收成。

讨 论

本篇需要讨论的有下列三个问题:

(一)汉代今古文对《金縢》的纷歧说法

《金縢》是西周时期的奴隶主统治者宣扬和歌颂周公旦一次宗教性的政治行为的一篇神话式的传说,在下列几点上原说得很明白:(1)周公要为生病的周武王替死,把祷告的祝册藏在金縢柜中;(2)周武王死后,因管叔等的流言,周公避居东方,并写了一首《鸱鸮》诗赠给成王;(3)上天用风雷示警,使周成王醒悟,把周公接了回来。在本文里对这几点本来是说得很清楚的,但由于周代有关周公的传说很纷歧,加上西汉儒生喜欢妄生异说,以致弄得非常淆乱,歧义纷纭。王充《论衡·感类篇》指出:"《金縢》曰:'秋大熟未获,天大雷电以风,禾尽偃,大木斯拔,邦人大恐。'当此之时,周公死,儒者(指今文家)说之以为成王狐疑于周公(孙人和《论衡举正》谓"周公"上脱"葬"字)。欲以天子礼葬公,公人臣也;欲以人臣礼葬公,公有王功。狐疑于葬周公之间,天大雷雨,动怒示变,以彰圣功。古文家以武王崩,周公居摄,管、蔡流言,王意狐疑周公,周公奔楚,故天雷雨以悟成王。

夫一雷一雨之变,或以为葬疑,或以为信谗,二家未可审。"由这里使我们看出,汉代今文、古文两家的说法是截然不同的。今文家把风雷示警说成是在周公死后,周成王对周公的葬礼拿不准主意而出现的,即所谓"葬疑"。此说首见于《尚书大传》:"周公疾,曰:吾死必葬于成周,示天下臣于成王也。周公死,成王欲葬之于成周(此句据《儒林传》注增)。天乃雷雨以风,禾尽偃,大木斯拔,国人大恐,王与大夫开金縢之书,执书以泣曰:周公勤劳王家,予幼人弗及知,乃不葬于成周而葬之于毕,示天下不敢臣。"(《汉书·梅福传》注引)接着是《白虎通·封公侯篇》、又《丧服篇》,《后汉书·周举传》、又《张奂传》,以及何休《公羊解诂·僖公三十一年》等等都承用了今文家这一说法。

古文家之说,则把风雷示警放在管蔡流言周公避嫌居外之时,即所谓成王"信谗"后出现的。这一说法与《金縢》本文相合。但把"居东"说成是"奔楚",则是传说出现了纷歧(徐文靖《竹书统笺》谓楚即楚山,为王季葬地,亦即《季妇鼎》"王徙于楚麓"之楚,《左传·成公十三年》注:"新楚,秦地。"《括地志》说:"终南山,一名楚山。"并谓:"周公奔楚,当是因流言出居,依于王季、武王之墓地,无远涉东都之理。"俞正燮《癸巳类稿》则谓居东即奔楚。他们都是想解决这一纷歧。前面"居东"校释中还引了好些不同说法。这许多传说的纷歧是没有必要勉强去加以整齐的)。而今文家的《尚书大传》则在叙述管叔流言周公见疑之后,即说"禄父三监叛也,周公以成王之命杀禄父,遂践奄"。是把"征东"诛禄父、管、蔡当做了本文中的"居东"。这与战国以来如《墨子·耕柱篇》所说周公东处商盖(奄)之说也不合。

在当时还有一种未明确是今文还是古文的可能是从战国流传来的另一说法，即蒙恬所说的："成王有病甚殆，（周）公旦自揃其爪以沉于河，曰：'王未有识，是旦执事有罪殃，旦受其不祥。'乃书而藏之记府。……及王能治国，有贼臣言周公旦欲为乱。……王乃大怒，周公旦走而奔于楚。成王观于记府，得周公旦沉书。乃流涕曰：'孰谓周公旦欲为乱乎？'杀言之者，而反周公旦。"（《史记·蒙恬列传》）这是把周公要代死的人由周武王变成了周成王；周公所往的地方则和古文家相同，也说是奔楚。显然这是周公同一故事的另一传说，而受了点古文家的影响。

更不通的是西汉末年出现的《书序》说："武王有疾，周公作《金縢》。"把这一宣扬周公的文件说成是周公本人所作，当然与今文家所说风雷示警是周公死后的事完全相反。其实只要一读本文，其中完全是史臣所记的文字，可知这一说只表示了《书序》作者的荒谬。

在汉代，对《金縢》的传说这样的纷歧，这就苦了司马迁。他要"厥协六经异传，整齐百家杂语"，把有关周公的这些"杂语"都"整齐"到《史记·鲁周公世家》里面去，就只好拼拼凑凑的加以排列，不像《史记》中采用的《尚书》其他各篇基本都是把原文整体录入，而是把好些不同说法都插进到他所译录的《金縢》文字中来了。在《鲁周公世家》中，司马迁首先完整地译载了《金縢》的第一大节，在录到中间一节的"周公乃告二公"一句后，不是接着引录"周公居东"，而是接叙了下列许多史事：1.周公相成王，使其子伯禽就封鲁国。2.管、蔡、武庚叛，周公东伐，作《大诰》,诛杀管叔等,宁淮夷东土,这显然是采用了《尚书大传》的叙事次序。3.作《馈禾》《嘉禾》等篇。在这里插录了《金縢》为《鸱鸮》诗贻王的那三句。然后又接叙:4.营成周雒邑。5.还政成王。6.简叙《蒙恬传》中为成王揃爪沉河的那一段。7.作《多士》。8.简录《无逸》篇文。9.作《周官》。10.作《立政》。然后引录了今文家所谓"葬疑"的一大段,也就是最后才接录《金縢》的"秋天大熟未获"到篇末的一大段于"周公卒后"。这样的支离割裂,反映汉代的纷歧说法所给司马迁造成的困惑。他不知道同一故事的不同传说,是只能加以区别而不能"整齐"到一起的。如果勉强加以整齐,就变成几个故事并列在一起了。所以《鲁周公世家》中,就有周公请代武王死和请代成王死的两个故事并列了,又有"信谗"和"葬疑"的两个故事并列了。

在《史记》之后,古文家内部对一些说法继续发生纷歧,如"居东"一事,马融、郑玄既以为是避居东都(《释文》《诗·七月》笺),郑玄又笼统说避居东国(《诗·七月》疏),王肃(见《孔疏》)、伪《孔传》则承今文家说以为即是东征。又郑玄以"罪人"是周公属党,"罪人斯得"是成王"尽得周公之属党",《鸱鸮》诗是伤其属党无罪不宜诛杀而作,其时间在东征之前(《诗·鸱鸮》疏)。王肃及伪孔则同于《诗·毛传》以"罪人"指管、蔡,"罪人斯得"为东征二年之间罪人皆得,《鸱鸮》作于东征已诛管、蔡之后,"解所以宜诛之意"(伪《孔传》及《孔疏》)。这些纷歧的解释,只是反映这一故事传说时继续分化。历代经师特别是宋儒对这些纷歧连篇累牍地聚讼不清,其实完全是没有必要的。既然是同一故事有许多传说,《金縢》篇只是其中一种传说,它与揣爪沉河的传说不同,与周公诛管、蔡的传说也不同,与风雷改葬的传说也不同,我们只能把它作为不同传说之一,因此只能就本文来认识本篇,根据本文文义来进行解释,不能纠缠于经师们的曲解和争议中去。大抵本篇所说较近事实,周公因谗言避居于东,得风雷之变而受成王亲迎,然后才能掌握政权为巩固周王朝而诛武庚、管、蔡,践奄宁淮夷,制礼作乐,所以终能成就他一生的事业。如果依今文家说,周公直到死后才因风雷示警使成王释去怀疑,那么生前一直处在成王怀疑中终未出头,怎能做出他那些事业留在历史上呢?

（二）金縢故事的真实性

《尚书·金縢》记载周武王病重时,周公设坛祷告请代武王死。自明人王廉、张孚敬、清人袁枚等提出怀疑后,近人也有怀疑《金縢》的真实性。究竟《金縢》可不可信呢?

要知流传到汉代的《金縢》,虽然被弄得非常错歧纷杂,其实并不影响这篇文件的原件是真实的,它所记载的故事也是真实的。因为在古代的奴隶制统治者,是纯靠宗教迷信和暴力来维持它的统治的,它的一切活动都要通过尊神事鬼来进行。至上神、宗祖神以及各种事物的神都是他们膜拜的对象,所以吉凶祸福都要向鬼神祈祷和禳祓。而最高的奴隶主统治者,他的吉凶祸福又是高于一切的,最好的幸福要集中到他一人身上,而有了灾祸则是要他的臣下替他分担、替他代受的。所以古代的帝王遇到灾祸或疾病时,往往要向鬼神禳禳,叫他左右的亲人或大臣来代他承担。周公《金縢》的故事就是这样的事件,因为他所处的正是武王的最亲的亲人和最重要的大臣的地位,他是必须扮演这一角色的。

　　古代典籍中不乏关于这类事情的记载，现在先举一件受到孔子夸奖的楚昭王不肯把灾祸移给大臣的故事，就可看出古代的统治者把灾祸移给左右的人是经常的和正常的做法。《左传·哀公六年》说："王有疾。庚寅，昭王攻大冥，卒于城父。……是岁也，有云如众赤鸟，夹日以飞三日。楚子使问诸周大史。周大史曰：'其当王身乎，若禜之，可移于令尹、司马。'王曰：'除腹心之疾，而置诸股肱，何益？不穀不有大过，天其夭诸？有罪受罚，又焉移之！'遂弗禜。初，昭王有疾，卜曰：'河为祟。'王弗祭。大夫请祭诸郊。王曰：'三代命祀，祭不越望。江、汉、雎、漳，楚之望也。祸福之至，不是过也。不穀虽不德，河非所获罪也。'遂弗祭。孔子曰：'楚昭王知大道矣，其不失国也，宜哉。'"楚昭王因为比较开明，不肯按照周太史所掌握的传统办法，经过禜祭（杜注："禜，禳祭。"就是禳除灾害的祭），把灾害转移到令尹、司马这两个左右大臣身上，谁知他自己真免不掉死了。

　　现在再举一个时代晚得多的，把灾害移给亲弟弟来救自己性命的皇帝的故事，就更可印证周公《金縢》故事的完全可靠。这故事载在《元秘史》卷十五。顾颉刚先生《金縢篇今译》曾引录其文如下：

　　"兔儿年，斡歌歹皇帝征金国，命者别为头哨，遂败金兵。过居庸关，斡歌歹驻军龙虎台，分命诸将攻取各处城池。

　　"斡歌歹忽得疾，昏愦失音。命师巫卜之，言乃金国山川之神，为军马掳掠人民，毁坏城郭，以此为祟。许以人民财宝等物禳之，卜之不从。其病愈重，惟以亲人代之则可。

尚书校释译论

"疾少间,忽开眼索水饮,言说:'我怎生来?'其巫说:'此是金国山川之神为祟;许以诸物禳之皆不从,只要亲人代之。'

"斡歌歹说:'如今我根前有谁?'当有大王托雷说:'洪福的父亲将咱兄弟内选着,教你做了皇帝。令我在哥哥根前行,忘了的提醒,睡着时唤醒。如今若失了皇帝哥哥呵,我谁行提说着,唤醒着,多达达百姓叫谁管着;且快金人之意。如今我代哥哥,有的罪孽都是我造来!我又生得好,可以事神。师巫,你咒说着!'

"其师巫取水咒说了。托雷饮毕,略坐间,觉醉,说:'比及我醒时,将我孤儿寡妇抬举教成立者!皇帝哥知者!'说罢,出去,遂死了。其缘故是这般。"

按,右见《元秘史》卷十五。斡歌歹即元太宗窝阔台,元太祖第三子;托雷,元太祖第四子。

这件事和《金縢》故事几乎完全一样。窝阔台和周武王都是创业之主,因而是不能死的,但都可以用亲人替代,且弟弟都自愿代死,真是如出一辙。托雷说:"如今我代哥哥,有的罪孽都是我造来!"与《史记》所载"是旦执事有罪殃"完全相像!托雷又说:"我又生得好,可以事神。"更是周公所说"予仁若考能多材多艺,能事鬼神"一句话的翻版!只是遇到的是敌国的山川之神,而不是他们自己的祖宗,结果他是真的死了(显然师巫咒术的水内是有毒的)。

由此可知周公《金縢》的故事是完全符合当时历史实际的。而篇中所载周公册祝之文,不论是它的思想内容,还是一些文句语汇,也都基本与西周初年的相符合。因此这篇文件的主要部分确是西周初年的成品,应该是肯定无疑的。

但作为《商书》和《周书》诸诰的主要特点，都是当时统治者的讲话记录，在《尚书》全书中来说，也基本只有作为讲话记录的诸"诰"才是可靠的真文献。现在《金縢》篇中，除了周公祷祝的话可作为他的讲话记录因而可靠外，还有不少叙事之文，与诸诰体例不一致。这些叙事之文的风格也较平顺，如《顾命》的叙事文一样，颇接近东周，很可能是东周史官所补述。

因此我们可以说，《金縢》的故事是真实的，《金縢》文字的主要部分（大体前半部）也基本是可靠的，但其叙事部分则可能是后来东周史官所补充进去的。

（三）所谓"丕子"的问题

在《尚书·金縢》里周公请求代周武王死的祷祝词中有这么一句："若尔三王是有丕子之责于天，以旦代某之身。"其中"三王"是指在天的周先王太王、王季、文王三人。"丕子"二字，则由今文、古文的用字不同，而其解释则今文、古文及历代治经者更提出了各种各样的不同说法，极驳杂纷歧之能事，不加以分析比较，则不能得到接近正确的解释。现在特按时代先后加以清理如下：

1.汉今文作"负子"、"负兹"，释为诸侯生病的专用名词。

"负子"二字见于《史记·鲁周公世家》所译载的《金縢》文中，并见于《后汉书·隗嚣传》，是由"负"与"丕"音近讹写而成。隗嚣告州牧部监等曰："申命百姓，各安其所，庶无负子之责。"段玉裁释云："盖谓民安其所，乃无背弃子民之咎。负者，背也。《金縢》今文'是有负子之责于天'，谓武王有背弃子民之咎而将死也。隗嚣用今文家说。"

又见于《礼·曲礼下》正义引班固《白虎通》云："天子病曰不豫，不复豫政也。诸侯曰负子，子，民也，言忧民不复子之也。"（《太平御览》卷七三九亦引此，文字有出入。今本《白虎通》无此。）段玉裁云："《今文尚书》'负子之责'说当如此。惟以诸侯之称加诸天子耳。"（孔广森谓："告神谦，故从诸侯病辞。"俞樾谓："三王生前皆未为天子，故仍从诸侯之称。"）

"负兹"，见《公羊传·桓公十六年》记卫侯朔得罪于天子，"属负兹，舍不即罪"。何休《解诂》云："属，托也。天子有疾称'不豫'，诸侯称'负兹'，大夫称'犬马'，士称'负薪'。'舍'，止也。托疾，止不就罪。"《曲礼·正义》："子、兹声相近，其字相乱，未知孰是。"陈乔枞云："子兹声相近，'负兹'当即'负子'之假借。"按，实系由"子"字讹成"兹"字。

班固、何休都是持今文家说，意谓诸侯应当爱护自己的子民，但因得病不能爱护了，等于是背负了子民，以后称诸侯生病为"负子"——典型的牵强傅会、望文生义的解释，是汉代今文家"解经"的特色。

隗嚣用了这一说，似没有用生病之义，只用了背负之义。

三国时吴人射慈《礼记·音义隐》云："天子曰不豫，诸侯曰不慈。"这是用了郑玄的说法（见下）来改释生病之说，欲用古文说取代今文说。

《尔雅·释器》："蓐，谓之兹。"郭璞注："兹者，蓐席也。"至南朝宋裴骃的《周本纪·集解》引徐广云："兹，籍席之名。"王国维从而谓："《公羊》释诸侯有疾曰负兹，兹，席也。"意思是背躺席上，表示卧病。

唐徐彦《公羊传·桓公十六年疏》则谓"诸侯言负兹者,谓负事繁多,故致疾"。是训"兹"为"滋",意即繁多。又近人杨筠如则释"兹"为"慈",谓"不慈"即"不和","不和则有疾"。这些都是另寻解释来设法把今文疾病之说讲通。

今文家这样的说法是讲不通的。简朝亮指出:"今考之于经,如以负子为疾称,则经当曰'若尔之元孙是有负子之责'矣。"于省吾也说:"若如王说以负兹释疾病,不知周初文字非如后世骈文家以一二字代一故事有使用暗典之例也。且上句明言遘厉虐疾,下即言疾亦决无以负兹代训之理。"

其实徐彦的《公羊疏》已指出:"'天子'至'负薪',皆汉礼之名。"可知天子病叫"不豫",诸侯病叫"负子"是"汉礼"的规定,与周初无关。而这一汉礼的来源,其实就是由歪曲本文而来的。本文说"武王有疾不豫",是说因病而身体不舒服,汉儒把它生吞活剥地曲解为"不豫政",而且定它为天子生病的专用语。"负子"或"负兹"一词曲解得更离奇,是由认错了字而来的,完全不是原义,我们通过这里的比较分析就可以把它看清楚。今文家却把曲解本文构成的"汉礼",反过来用以解释本文,当然是荒谬的(但汉人文章中就是这样使用本句的)。

2.汉古文作"丕子",马、郑二人的解释又不同。

(1)马融释"丕"为"大",释"子"为"慈"。此释见《经典释文》云:"丕,普悲反。马同。"段玉裁云:"'马同'者,马亦同孔训丕子为大子也。"孙星衍云:"马氏盖训丕为大。言天与三王以大慈爱其子孙之责任也。"

(2)郑玄释"丕"为"不",释"子"为"慈"(爱子孙),意以

"丕子"为"不慈"。见《孔疏》:"郑玄云:'丕'读曰'不',爱子孙曰'子'。元孙遇疾,若汝不救,是将有不爱子孙之过为天所责,欲使为之请命也。"段玉裁云:"丕读曰不,丕、不、负三字古音皆在之咍部。"

清人江声为之解释云:"《皋陶谟》'启呱呱而泣,予弗子',盖不暇子爱其子,故云'爱子孙曰子'。《礼记·中庸》'子庶民',郑彼注云:'子犹爱也。'谊与此同。"于省吾亦云:"郑康成训不爱子孙为近是。《厵叔多父盘》'多父其孝子',即多父其孝慈也。"

按,惠栋、俞樾、戴钧衡等亦如于省吾氏以为诸说中惟郑说较佳。但却又以为它与上下文不相协,觉得终非确解。

3.晋伪古文沿用古文"丕子",并承马融说释"丕"为"大",但释"丕子"为"大子",即"元子"。释"责"为"债"。

伪《孔传》云:"大子之责,谓疾不可救于天,则以旦代之。"《孔疏》:"责读如《左传》'施舍己责'之责(债),'责'谓负人物也(欠人家的东西)。'大子之责于天',言负天一大子(欠了上帝一个大儿子),谓必须死。疾不求于天,必须一子死,则当以旦代之。"《史记·鲁周公世家》裴骃《集解》、司马贞《索隐》都用伪孔说。

宋蔡沈反对此说,他的《书集传》云:"谓天责取武王者,非是。"

4.宋儒提出的解释。

(1)时澜增修本《东莱博议》云:"武王为天之元子,受天之命而建基业,平定天下,固武王之责也。然三王先受命而武王终之,武王之命不延,则不能终三王之业,是亦三王之责不尽也。然则武王之责乃三王之责,故欲以身代武王之身。"

（2）晁以道云:"丕子之责,犹史传中'责其侍子'之'责'（古代诸侯遣子入侍天子称"侍子"）。盖云上帝责三王之侍子。侍子,指武王也。上帝责其未来服事左右,故周公乞代其死。"朱熹云:"有丕子之责于天,只有晁以道说得好。"《书经传说汇纂》在引上述两段话后的案语云:"此切指天而言之。盖上帝之旁有如侍子者常服事之,如云'文王陟降,在帝左右'是也。"

（3）蔡沈云:"丕子,元子也。""若尔三王是有元子之责于天,盖武王为天元子,三王当任保护之责于天,不可令其死也。如欲其死,则请以旦代王之身。'于天'之下,疑有缺文。旧说谓天责取武王者非是。详下'予仁若考能事鬼神'等语,皆主祖父人鬼而言。"自宋至清,此说成为官定之说,但也有很多人反对。如董鼎引新安陈氏（陈栎）曰:"蔡氏任保护之责于天,未然。惟不用师说（谓不用朱熹说）,所以疑'于天'之下有缺文。"戴钧衡、简朝亮等也以蔡沈要添文以释才可通,不同意其说。

（4）王柏云:"窃意责字如责望之责,是责望其事我于天,则继以愿代,中间无缺文。意若曰三王有任保护丕子之责于天,则后面能不能事鬼神之语全无意味矣。"

5.元儒吴澄的解释。

吴氏同意晁以道对责字的解释,但不以为是去做上帝的侍子,而是做三王的侍子。其《书纂言》云:"责,犹'责其侍子'之责。旦,周公名。武王为文王之丕子,若尔三王之灵在天,责其来服事左右,愿以身代之。"此说后为清人戴钧衡所承用,也为俞樾采用到他自己的说法中。

6.清儒续有一些提法,今举其较主要不同者。

(1)孔广森说:"负子之责者,言武王见责于天而有疾也。"是说天责罚武王而使有病。

(2)牟庭说:"负子之责,谓有责怒于王而降之疾也。若尔三王在天之灵实有过,责于王而降之疾,请以我身代之。"是说天责罚三王而使武王有病。

(3)刘逢禄提出新的句读:"若尔三王是有,丕子之责于天,以旦代某之身。"并释云:"谨案,'有',古文作又,通右(佑)。册言于尔三王是保右之,其负子之责在天,请以旦代,谓假年于武王,旦以身终其事也。"

(4)黄式三说:"经意谓三王必爱护武王也。如天责三王不得私爱护之,是有丕子之责也,则以旦代之而已。"

(5)戴钧衡说他遍考诸家,惟晁以道之说为合。"第云上帝责其来服侍左右,似无是理,且仍是《孔传》天责取之义。推知下文'命于帝庭无坠降宝命'语,意犹未洽。窃谓'丕子之责于天'属三王说,'于天',三王之灵在天也。若言三王在天之灵欲责丕子侍养于天,则请以旦代之。吴氏《书纂言》说亦同鄙意。下文鬼神,正谓三王在天之灵也。"

(6)俞樾说:"'是',通作'实',故《秦誓》篇'是能容之',《礼记·大学》篇作'实能容之'也。'若尔三王实有丕子之责于天以旦代某之身'三句一气连属。"接着引了《史记》"负子"及《白虎通》"诸侯病曰负子"之文,谓"负子之义本为不子,故此经作丕"。然后提出了他的解释:"凡人有病,则须子孙扶持之。

周公事死如生,故仍以人事言,谓尔三王在天若有疾病扶持之事必须子孙任其责,则请以旦代某也。下文曰'乃元孙不若旦多材多艺,不能事鬼神',可知此文所言是事鬼神之事矣。"是说三王在天上害了病,要子孙去侍候。

7.近人的解释。

(1)王国维说:"《史记》引书同'负子',《公羊》作'负兹',其实此当作'不慈'。春秋时有宋公名'丕慈',即'不慈'也。"此见吴其昌记《王观堂先生尚书讲授记》。另刘盼遂记《观堂学书记》略同,惟末数语云:"《公羊传》之'负兹',春秋时之宋公'丕慈',同一语源。公羊氏释诸侯有疾曰'负兹'。'兹',席也。"

(2)杨筠如承王说并提出他的看法:"按'负兹',本当作不兹。'丕'与'负',皆'不'之假字。'子'与'兹',皆'慈'之假字。古'子'、'慈'通用,《晏子》'非儒不可使慈民',《墨子·外篇》'慈'作'子',是其证。'兹'、'慈'亦同声通假。僖五年《左传》'公孙兹如牟',《公羊》作'慈';又僖八年'宋襄公兹父',《公羊》亦作'慈父';襄十年《左传》'生秦丕兹',《释文》'一作秦不兹',《家语》作'秦不慈',《史记》作'秦丕子';皆其证也。'慈'犹和也。不和则即有疾,非不复子民之义也。"

这两说都在维护西汉今文家"负子"为生病之说,替它另找合理的解释。

(3)曾运乾说:"今按'丕子'当读为'布兹'。布与丕,子与慈,并声之转。《史记·周本纪》:'武王立于社南,毛叔奉明水,卫康叔封布兹,召公奭赞采,师尚父牵牲。'《集解》云:'兹,籍席之名。'据此,则布兹为弟子助祭以事鬼神者之一役。本文意言三王在帝左右，如需执贱役，奉事鬼神，且尤能举其职，故请以旦代某之身也。”

（4）于省吾说：“‘是’、‘寔’古通，《秦誓》‘是能容之’，《大学》‘是’作‘寔’。‘丕’，《尚书》多训为‘斯’。‘子’读如字。‘若尔三王是有丕子之责于天’者，言尔三王寔有斯子之责任于上天也。”

汉代以来许多纷纷之说，真像所谓“扣槃扪烛”，很难说是哪一家探得了原义。可知这句是《尚书》中较难理解的句子之一，确不易得到正确的训解。就上面诸说比较来看，显然以西汉今文家说最为谬误，而以晁以道启其端，由吴澄、戴钧衡、俞樾诸人继续探索所得之说较为近是。因为根据《尚书·盘庚》篇所反映殷周统治者的思想，认为祖先死后在天上是照样供职、照样服事、照样生活的。本文反映的是同一思想，所以解释为祖先在天上需要把武王召去服事他们，是说得通的。其所以释为服事祖先而不是服事上帝，是根据下文“能事鬼神”来的，因为古人把死了的祖先称为鬼神，有故鬼、新鬼等称法，见《左传·文公二年》，又《礼记·祭法》：“人死曰鬼。”而把上帝称为帝或天。根据本句的说法，当是指祖先。

因此，“若尔三王是有丕子之责于天，以旦代某之身”这句话的意思是说：倘若你们三王在天上要责取这位大儿子来服事你们，那就用我小子旦来代替他吧。

大　诰

　　《大诰》是周武王死后，成王继位，还很年轻，由周公摄政当国，"践天子之位"，以治理这新造之邦，遭到兄弟管叔、蔡叔的疑忌嫉视，想推翻他，就勾结原来被征服的敌人殷王武庚发动叛乱，周公动员周人出兵征讨这一叛乱。经以成王的名义反复开导，终于成功地完成了动员，讨平了叛乱，巩固了周王朝。史臣把周公这一次动员讲话记录下来，就成了这篇重要诰词。由于周公讲的是岐周方言，成了典型的佶屈聱牙的一篇。先秦文献中竟没有引用过。到《史记》记载三代史事，往往录载《尚书》各篇全文，但因这篇文字难读，竟只在《周本纪》《鲁世家》引述篇名，将内容一笔带过，没有引录一句篇文。可是《汉书·翟义传》，却全文录了一篇王莽的《大诰》翻版。因翟义以东郡太守之职起兵十余万征讨王莽篡逆。莽发兵进攻翟义，自比做周公征讨管蔡，就完全模仿这篇《大诰》写了一篇他数说翟义"罪行"的文告，篇名也就叫《大诰》（我们称之为"莽诰"）。全文基本照抄周公这篇，只把一些人名和事实改用汉代的，偶然有些句子的意义用汉代语言补充清楚，全是一篇冒牌《大诰》，却成了今天了解《大诰》较早解释意义的重要参考文献。

《大诰》在汉代伏生今文本中列在《周书》第四篇，为全书的第十三篇。伏生系三家今文本中是《周书》第五篇，全书第十四篇；东汉古文本中为《周书》第七篇，全书第十八篇；东晋伪古文本中为《周书》第九篇，全书第三十五篇。其情况见后面的"讨论"。

校　释

王若曰①：猷大诰②尔③多邦越④尔⑤御事⑥：弗吊天⑦降割⑧于我家⑨，不少延⑩。洪惟⑪我幼冲人⑫嗣无疆大历服⑬，弗造哲⑭，迪民康⑮，矧⑯曰其有⑰能格知⑱天命！

①王若曰——王如此说，王这样说。据殷代甲骨文和西周金文文例，凡史官或大臣代王宣布命令，或王呼史官册命臣属，都在篇首先说"王若曰"，然后才转述王的说话。如果接着说王的另一段话时，则省去"若"字，简称"王曰"。本篇下文三处"王曰"就是这个例子。至于王直接向臣属讲话或发布命令时，一律不称"王若曰"，只称"王曰"。注疏家一般解释这篇是西周初年执政的周公旦为了动员对殷武庚用兵而向臣下所讲的话，他用了他年轻的侄子周成王诵的名义来讲，所以开端先声称"王这样说"。但在《康诰》篇考定周公当年称王，则这篇是史臣所记周公的讲话。但针对管蔡流言，则周公仍称成王所讲，当是情势使然。

②猷大诰——汉代马融、郑玄本及魏王肃本都作"大诰猷"（马本"猷"作"繇"，与金文合）。《诗·小旻》亦说"不我告犹"。但本书《多士》说"猷告尔多士"，《多方》说"猷告尔四国多方"，《诗·抑》亦说"远犹辰告"。可知可作"猷诰"（犹告）亦可作"诰猷"（告犹），还可作"羞告"（见《盘庚》），都是同样的联绵字，就是"告"的意思，还可加无义的语词"远"、"辰"等作为句中的衬字。此处"大"字即所加的语词，朱彬说有加重语气的作用。

③尔——汝，你。

④越——《魏石经》作"粤"。按此字在金文中原作"雩"，为连及之词，作"与"、"及"、"和"解。古籍中的"粤"字，是因和"雩"字的字形相近而误写的。"越"字则是因和"雩"字同音通用写的，但因一直沿用下来了，也就习为正常的了。

⑤尔——郑玄注《曲礼》及《诗·思齐》引此字作"乃"。但本句有"尔多邦"，下文屡言"尔庶邦君"，云窗本亦作"尔"，故不改。

⑥御事——按本书《牧誓》《酒诰》《梓材》皆有"邦君、御事"，《召诰》有"庶殷、御事"，及"有周御事"，《顾命》有"百尹、御事"，《洛诰》《文侯之命》亦有"御事"。大抵此句"多邦"即指各邦之君，是外官；"御事"则似指朝廷百官，是朝臣。但各邦君下的属吏亦可称为各邦君的御事。

⑦弗吊天——"弗"，不。"吊"，据吴大澂《字说》，其义为淑、善。按，淑字在金文中作"𢽾"，《字说》云："汉人借'叔'为'𢽾'，又误'𢽾'为'吊'，而𢽾字之本义废矣。"今应仍读此字为 shū，其义为淑，以与凭吊之吊作为同形的异字。"不吊天"即"不淑天"，是不善的天，降灾害的天。

⑧割——同"害"。《释文》云马融本作"害"（割，音同害。参看下文"王害不违卜"）。

⑨我家——指周王家，金文中多有此用法。

⑩少延——"少"，稍。"延"，延缓。这里是说天的降害于周不稍延缓。意指周武王死了。

⑪洪惟——和西周金文《毛公鼎铭》的"弘唯"同，是发语词。

⑫冲人——童子。已见前《盘庚》篇，亦即《召诰》《洛诰》等篇及金文中的"冲子"和下文的"小子"。古代统治者往往用"冲人"等作为自谦之词。这里指年纪尚轻的周成王。故称"幼冲人"。不能老实看作"小孩子"解。

⑬大历服——《魏石经》"历"古文作"鬲"，古"历"、"鬲"同音通用。"大历服"即"大历"与"大服"。"历"即历年，见《召诰》："夏……惟有历年"、"殷……惟有历年"、"命历年"。"大历"指王朝所享有的长久的年代。"大服"本指朝廷官位、职务、禄命。如金文中《班簋》"登于大服"，《番生簋》"勴于大服"及《诗·文王》"侯于周服"，都是此义。《酒诰》中以诸侯为"外服"，邦内官吏为"内服"，也是此义。但诸侯有封地，所以外服中某服（如侯服、甸服等）又可引申为该类封地地域的名称。综言"大历服"，意即指"政权大统"。"嗣无疆大历服"，用后代的话说，就是"继承了千秋万世广阔无边的大业"。后来春秋战国之世发展起来的与儒家有渊源的别一学派阴阳家，运用了这一词汇，才提出了进一步宣扬王朝按"五德终始"轮回受天命的"历数"之说，而有《论语·尧曰篇》的"天之历数在尔躬"的尧禅位与舜的命词。

⑭弗造哲——"造"，遭。"哲"，吉。弗造哲，是遭时不吉，遭遇

不幸,遭际不顺利之意。

⑮迪民康——"迪",引导。"康",安康。承上说遭时不顺,不能导民于安康。

⑯矧——况,何况。

⑰有——又。

⑱格知——《魏石经》作"佫知"。按,格字在古籍中常与"佫"或"假"通用,为"至"、"达"之意。"格知",就是"至知"、"极知"、"通晓"之意。参见《尧典》"格"字校释。

以上这一节,提出周武王逝世等不幸事件,及遭时不顺,不能好好地处理国家大政的苦闷,以成王自责的口吻发端,引起下文卜事。

已①!予②惟③小子若涉渊④水,予惟往求朕⑤攸⑥济⑦。敷贲⑧,敷前人⑨受命⑩,兹⑪不忘⑫大功;予不敢于闭⑬。

①已——发端叹词,就是"唉"。

②予——余,我。

③惟——语助词,无义。"予惟小子"即"余小子"。这里为周公代成王自称的话。

④渊——深。

⑤朕——我。古代所有的人,都可称自己为朕。自秦代开始,才规定"朕"字为帝王自称的专用词。

⑥攸——所以。

⑦济——渡水叫作"涉",已渡叫作"济"。

⑧敷贲——"敷",陈列,开展。"贲",龟。"敷贲",是把占卜

的龟兆展给大家看。尽量很好的开展龟卜的方式。

⑨前人——以前的王。亦称"前文人"。吴大澂《字说》据《追敦》有"用追孝于前文人"句，与《文侯之命》"追孝于前文人"句全同，阐明金文与文献中周代统治者称他前代的王为"前文人"，女性则为"文母"，"文"是称美之词。这里指的是周文王。

⑩受命——殷周统治者都宣传自己王朝是受了天命得有天下的。周人常称他们是由文王开始受天命的，如《盂鼎铭》云："丕显文王，受天有大命。"

⑪兹——此，这个，这样。在这里作为承上启下之词。

⑫忘——亡，失掉。

⑬于闭——原作"闭于"。旧注疏都把此处读为"予不敢闭于天降威用"一句，实误。现据俞樾说改以"予不敢于闭"为句。"闭"是"壅塞"之意。

以上这一节，说明困难必须克服，以及克服困难的最有效的方法——龟卜。这是古代统治者唯一能进行鼓动的方法，就是向鬼神求救，以期换取他所希望的有效的宣传效果。

天降威①，用文王②遗我大宝③龟绍天明④，即命曰⑤："有大艰于西土⑥，西土人亦不静，越兹蠢殷小腆⑦，诞⑧敢纪⑨其叙⑩；天降威，知我国有疵⑪，民不康，曰：'予复⑫！反鄙我周邦⑬。今蠢今翼⑭日⑮民献⑯有十夫⑰予翼⑱，以于⑲敉⑳文、武图㉑功。我有大事㉒！休㉓？"朕卜并吉㉔！

①威——《汉石经》作"畏"，二字古通用。金文中"天威"多作"天畏"。

②文王——原作"宁王"。"宁"为"文"的误写。据吴大澂《字说》阐明，金文中"文"作，作，汉人写此时，误认"文"作"宁"。本篇中此"文"字诸词原皆误作"宁"字，"宁人"、"宁王"、"宁考"、"宁武"、"前宁人"等都是，现将这些"宁"字一律改正为"文"，下不复注。过去一般认为是吴大澂始认出此字。今据裘锡圭先生《谈清末学者利用金文校勘〈尚书〉的一个重要发现》文中阐述王懿荣最先提出此说，见陈介祺于同治十三年间致潘祖荫书，介绍王氏根据金文指出《大诰》宁字是文字之误。吴大澂氏则于光绪十二年刊出其《字说》。而后孙诒让《尚书骈枝》亦提出此说。另有方濬益《缀遗斋彝器款识考释》一书则始自同治八年迄光绪间完成，亦明白提出此说。裘氏以为："以清末金石学和经学发展水平来看，发现《尚书》'宁王'、'宁武'、'前宁人'等文字中的'宁'是'文'的误字，并不是一件很困难的事。几位学者不约而同地看到这一点，并不奇怪。把这一发现主要归功于吴大澂或某一个人，恐怕是不恰当的。"

③宝——《魏石经》作"俀"，即"保"。古"宝"与"保"通。

④绍天明——"绍"是"卧"的假借字，意为卜问。"明"是"命"的假借字。"绍天明"即卜问天的命令或天的意旨。

⑤即命曰——"命龟"上面的话。古代统治者在用龟甲占卜时，先把自己所要占卜的事，对着龟向上帝或鬼神提出，这就叫"命龟"。这里所讲的一段，就是当时命龟之词，也叫"命辞"。也就是周公对"上帝"所询问的话。

⑥西土——指周邦。那时周都镐京,在今陕西省西安市的西面。对东土说,故自称"西土"。"西土人",指周朝派往东土的管叔、蔡叔等一班监视武庚的人。

⑦越兹蠢殷小腆——"越",同"惟",语词。"越兹",这个。"蠢",《魏石经》作"截",是蠢的古文。蠢动,不安分,不老老实实之意,在这里用以斥骂那些造反的殷人。"腆",丰厚。"蠢殷小腆",是说周武王灭殷之后,为安抚殷人计,封纣的儿子武庚(禄父)于其旧都。到武王死时,殷的国势又小小地丰厚起来了。

⑧诞——发语词,无义。说详吴世昌《诗、书中的"诞"》。

⑨纪——整理。

⑩叙——通"绪",指旧有的法统。

⑪疵——"毛病"。这里指周室内部的不团结。

⑫予复——这是作为引武庚的话,说:"现在到了我恢复我的国家的时候了。"

⑬反鄙我周邦——古"鄙"字和"图"字都写作"啚",因此有人说此处此字应读作"图"。但作"鄙"读义更长。"反鄙我周邦",是说"反而要把我周邦作为他的边鄙的地方",即灭周后把它作为属殷的边远地的意思。"鄙"字亦释为"野",后代把它引申为"鄙视"、"贱视"等意。

⑭今蠢今翼——"蠢",形容虫的蠕动之状。古籍中常以"蠢蠢"、"蠢动"来说动乱骚扰,也常作为对起义者的诬蔑之词。"翼",即"翄",形容鸟飞之状。古籍中也用"翼翼"来形容。"今蠢今翼",是说武庚他们现在像害虫的蠢动和恶鸟的飞扑一样。近代学者有据甲骨文及金文材料提出应将此四字连下"日"字,改正为"今春、

今翌日",作为标时间之词(见于省吾先生《岁时起源新考》)。这很可能是正确的。但现在联系上下文的"蠢"字用法,及《召诰》《顾命》等篇"翼日"的文例,暂时不改动原文,仍依据俞樾《群经平议》及其他一些古籍之说,作如上解释。所以不改为"今春今翌日",是根据下面几个考虑:

1.本文三个蠢字文意相蒙。

2.甲骨文中祭祀制度,一年三个祀季,翌日祭为第二祀季,而周代之春则是第一季。

3.《尚书》各篇所载"翼日"文例,皆紧跟干支。如《召诰》"若翌日乙卯"、"越翼日戊午",《顾命》"越翼日乙丑"。乃至伪《武成》也说:"越翼日癸巳。"(这几个前面有若、越)此外,全书只有另一个翼日,就是《金縢》的"王翼日乃瘳",和本文一样不合上例,这说明《金縢》文字有后来改动之嫌,同时它还是作"明日"解,不像此处要改作翌。

⑮日——近日。后来的《左传》中多此用法,如《文公七年》:"日卫不睦,故取其地。"

⑯民献——《尚书大传》作"民仪"。按古籍中"献"亦作"牺","仪"疑"牺"之误。"民献"也可倒作"献民",见本书《洛诰》和《逸周书》之《作雒》《商誓》等篇,都称"殷献民"。与"百官"、"里君"并举,可知是指殷的奴隶主贵族。旧的注疏把"献"解释为"士大夫"、"贤者",实际还是指奴隶主贵族。近人解释是,征服别族后,把俘虏中的上层分子献于宗庙,就称这些人为"献民"或"民献"(见郭沫若《大系》)。这些人成了臣服于征服者而仍统治本族奴隶的奴隶主。

1345

⑰十夫——字面的意义是十个人,但实际的意义则是一群人、一批人,不可拘泥其字。下文"十人"同。

⑱予翼——是"翼予"的倒文。"翼",辅佐。"予翼",辅佐我。这种宾词置动词前,是汉语中很早的一种语法,甲骨文和金文中,都有先置宾词的文例。

⑲于——往。

⑳敉——足利本作"抚",下文另一"敉"字亦同。按"敉"即"弥",是"完成"之意。"抚前人大功"不如"完成前人大功"义长。金文《陈侯因咨镎》云:"邵踵高祖黄帝,侎嗣桓、文。""侎"与"敉"同字,说的是齐威王上绍黄帝的统绪,下继齐桓和晋文的霸业,正与此同义。

㉑图——大。"图功"即大功。今吴音尚读"大"为"图"。"吐蕃"即"大蕃",见《唐蕃会盟碑》,是唐时尚读"大"如"吐"。又"吐火罗"即"大夏"的音变,王国维有考。

㉒大事——指军事。殷周奴隶制政权认为国家大事只有两项:一、祭祀,二、军事(见《左传·成公十三年》)。这里指将举兵东征的行动。

㉓休——美好。这里是问"好不好"。

㉔卜并吉——殷周进行占卜时,用三卜人灼三龟。这是说这次在三个龟壳上都得到了吉兆。

以上这一节,叙述在得到殷方的一些大奴隶主贵族的支持后卜问出兵的祷辞和所得到吉利的卜兆,说明是从天命和人事两方面来看,都已具备了必胜的条件。

肆①予告我有邦②君越尹氏③、庶士④、御事曰：予得吉卜，予惟以⑤尔庶邦⑥于伐⑦殷逋播臣⑧！

①肆——故今……，所以现在……。

②有邦——原作"友邦"。按本书《牧誓》"友邦"《史记·周本纪》作"有国"，"友"、"有"同是假借字。这里的"友邦"原即下文的"庶邦"，指所属大量奴隶制小邦，不是指友好的邻邦。为了免致误会为周室友好平等的国家，故改从《史记》用"有"字。

③尹氏——是周王朝的史官，职掌书写王命，因而权力较大，和太师同秉国政。但金文中"尹氏"惟见于共王以后之器，以取代成康时之乍（作）册。此文有之，尚待推寻其故。尹氏是由"作册尹"、"内史尹"发展来的。

④庶士——"庶"，众多。"庶士"，犹说"许许多多的官员"。

⑤以——用，这里是"率领"的意思。

⑥庶邦——许许多多的属邦。这些邦君都有他的军队，周公要带他们去东征。

⑦于伐——征伐。西周初期金文中记载周公此次东征的《𥃉鼎》说："唯周公于征伐东夷。"又记载周成王伐楚的《令簋》说："唯王于伐楚伯。"知当时可习称"征伐"为"于伐"。一般解释"于"为"往"、"徂"之意，引申也就有"征"义。是"于伐"、"征伐"和"于征伐"一样，都是一个动词组。

⑧逋播臣——"逋播"，双声连语，成一复合词，指逃亡。"逋播臣"，等于说"逃奴"或"叛乱之徒"。

以上这一节，表示坚决地发出兴师东征的动员令。

尔庶邦君越庶士、御事罔不反曰^①："艰大^②，民亦^③不静，亦惟在王宫，邦君室^④，越予小子^⑤考翼^⑥，不可征。王害^⑦不违卜？"

①罔不反曰——"罔"，无。"反"，同"返"，复命，回答上级。"罔不反曰"，没有不答覆说。

②艰大——困难大得很。

③亦——原脱此"亦"字，按王莽所引《大诰》原本有"亦"字，日本所传古写本内野本、足利本等也都有，今据增。

④亦惟在王宫邦君室——因为管叔、蔡叔们是周王的亲族，正在跟着武庚一起反对周王朝，这些人不便明白说出，就只说在"王宫邦君室"。其所以称"邦君室"，因管叔、蔡叔等是分封土地的诸侯。

⑤越予小子——同"惟予小子"。从上文"罔不反曰"起，都是邦君们反对出兵的话，这"予小子"该是邦君们自称之词。

⑥考翼——当作"孝友"。据于省吾说（《尚书新证》），西周金文中常以"孝"字作为"考"字，知这一"考"字原当作"孝"。"翼"则是金文"叜"字的误写，"叜"即古"友"字。父兄是孝友的对象，不可轻动刀兵。

⑦害——同"曷"，是"何"的意思。下文尚有五"害"字为唐代改为"曷"字。此处漏未改，尚保存原字。"害不"就是"何不"（参看《盘庚》"曷"校释）。

以上这一节，举出在朝的邦君、御事们对于这次出兵的顾虑（事情复杂而严重，王室内部存在矛盾，碍于孝友之义，不便征伐），引起下文的诰教。

肆予冲人永思艰，曰：乌虖①！允蠢②，鳏寡③哀哉！予造天彶遗④，大⑤投艰于朕身。越予冲人不卬⑥自卹⑦，义⑧尔邦君越尔多士、尹氏、御事绥⑨予曰："无毖⑩于卹！不可不成乃文考⑪图功！"

①乌虖——原用后代通用的"呜呼"二字，但《魏石经》凡此二字皆作"乌虖"，与西周金文同，故今复原。这是惊叹词，正同现代的"啊哟"。

②允蠢——"允"，可信，真。"蠢"，动乱。这是说武庚等真已动刀兵了。

③鳏寡——古代对下层人民的一种称谓，意思说像是一班无家室和伤残痛苦的人们。

④予造天彶遗——原作"予造天役遗"。于省吾谓"役遗"二字为"彶遗"之误。"彶"即"及"（"及"不能像"与"那样释"给予"，似可作抵达、致等义），"遗"即"谴"。今据改。这句意思是："我遭逢了上天所降下的谴责。"

⑤大——在这里是语词，无义。起加重语气的作用。

⑥卬——我。今北方自称曰"俺"即此字变体。

⑦卹——原作"恤"，《说文·比部》引此字及《魏石经》都作"卹"。按"恤"为唐代卫包所改，今与下文"无毖于恤"并改回。"卹"是"忧"的意思。

⑧义——足利本古写作"谊"。"谊"、"义"古通用，是"宜"的意思。在这里作为句中"绥"字的副词，即"应该"。

⑨绥——劝告，劝止，劝谏。

⑩无毖——"无",发语词,无义。"无毖"即"毖"。"毖","谨慎"之意,引申有"勤劳"之意。

⑪文考——指周文王昌。

以上这一节,表白自己为国为民的苦痛心情,并代邦君、御事们设辞,表示他们本应该给王打气,从反面隐隐地斥责他们畏葸顾虑的情绪。

已! 予惟小子不敢僣①上帝命。天休②于文王,与我小邦周。文王惟卜用③,克绥④受兹命。今天其相⑤民,矧⑥亦惟卜用⑦。乌虖! 天明畏⑧,弼我丕丕基⑨。

①僣——原误作"替",据王莽所引作"僣"及《魏石经》作"晉"改正。"僣"是"不信"之意。"不敢僣",就是"不敢不信"。

②休——美好。在这里是动词,即使之美好。也就是说"天降福"。又同"庥",庇护的意思。

③卜用——用占卜。是前置宾词。

④克绥——"克",能。"绥",继承。这里是说周文王就是由于用卜,所以能承受这天命。

⑤相——帮助,保佑。

⑥矧——这里作"又"解。这是说周文王因用卜而得天助,所以我现在又来用卜了。

⑦今天其相民矧亦惟卜用——这是倒用的句法。说现在又和文王一样用卜了,肯定天一定会帮助、保佑我们周民的。

⑧天明畏——王莽所据本"畏"作"威"。古"畏"、"威"通用，西周金文中作"天畏"。上文两"天降威"原亦作"畏"，都为唐人所改。此处"畏"字却漏掉未改，仍存原字。"天明畏"即"畏天命"，也是宾词前置。

⑨弼我丕丕基——"弼"，辅佐。"丕"，大。《班簋》"乌乎，不杯乩皇公"（乩义同厥）；《师递簋》"敢对扬天子不杯休"。《方彝》作"不显"。这句和上句是说："天命可畏，你们应当畏天而辅成我的伟大的基业。"

以上这一节，假借天命来进行威胁，以所谓文王用了占卜而得受天命，来证明现在又得吉卜，必然同样得到天的帮助，邦君们应当畏天遵卜以辅成周家的王业。

以上七节都是周公用了成王的名义所讲的第一大段话。下面还接着另讲了三段，在本篇里都按西周转达"王命"的成例，用"王曰"二字另起文。

王曰：尔惟旧人①，尔丕克远省②？尔知文王若③勤哉！天闷毖④我成功所⑤，予不敢不极卒⑥文王图事。肆予大化诱⑦我有邦君：天棐忱⑧辞⑨，其考⑩我民，予害其⑪不于前文人图功攸终⑫！天亦惟用勤⑬毖我民，若有⑭疾，予害敢不于前文人攸受休毕⑮！

①尔惟旧人——"尔"你们。"惟"，在此和"乃"同，"是"的意思。这句是说："你们都是文王和武王的旧臣。"

②尔丕克远省——"丕",大。"克"能。"丕克",很能够。"远省",在西周金文中有类似文句作"遹省"。如《大盂鼎》:"粤我其遹省先王受民受疆土。"《宗周钟》:"王肇遹省文武勤疆土。"又《大丰簋》则云:"文王见在上,丕显王乍省。"大抵是说遵循周文王的轨范,像他那样勤劳于疆土。疑此"远"字亦"遹"字之误。"遹",是"述"、"循"的意思;"省"亦"循"之意。"遹省"就是"遵循"。这句意思是说:"你们能够很好地遵循文王的遗轨吗?"(如果"远"字可不动,那就是说:"能远循文王遗轨吗?"文意仍一样。)

③若——如此,这样。

④闷毖——王莽据此所提诰文作"毖劳",孟康注为"慎劳"。似前面原无"闷"字,这"闷"字原是"毖"的旁注而为后人所误入的。也有可能"闷毖"是同义复词,"闷毖"就是"毖"。"毖"既有"慎"义,又有"劳"义,故王莽写为"毖劳",孟康解为"慎劳"。在这里,"毖"为"诰教"的意思。

⑤所——所在,所由,其所以然的道理。"成功所",成功的道理。这句是说:"天已把成功之道教诫了我。"

⑥极卒——"极",读为"亟",是"急速"之意。"卒",终,完成。"极卒",赶快完成。

⑦化诱——诰教,教导。是同义字构成的复合词。

⑧棐忱——"棐"是"匪"的假借,为"非"、"不"、"不可"等意。"忱"和"谌"通用,是"相信"的意思。"棐忱"即"不信",和《诗·荡》的"匪谌"相同,也和《诗·大明》的"难忱"及本书《君奭》的"难谌"一样。说见孙诒让《释棐》。

⑨辟——原误作"辞",据于省吾《尚书新证》改。"辟"与本书

《汤誓》"非台小子"之"台"相同，即"我"。

⑩考——成全，安定。这句是说："天不是信我个人，而是为了安定我们的人民，来帮助我的。"

⑪害其——"害"为唐代改作"曷"，今和下文四"曷"字一律复原作"害"。解释见前第五节"害不违卜"校释。"其"，语词，无义。王莽意译"害其"二字为"曷敢"，意即"何敢"。

⑫攸终——"攸"，"是"的意思。"攸终"即"是终"。这句是说："我哪敢不为先文王的大功得出一个结果来呢。"

⑬勤——即"劳"，指征伐之役。

⑭有——与"为"同，是"治疗疾病"的意思。

⑮攸受休毕——"攸"，所。"休"，即上节"天休于文王"的"休"。"攸受休"即"所受上天的降福"。"毕"，禳除疾病净尽的意思。

以上这一节，是周公用成王的名义讲的第二段话，责备旧臣们不该不想文王的艰苦奋斗得来的王业和所谓当前的天意，应该大家一起去完成文王所留下的尚待我们共同完成的大事。

王曰：若①昔朕其逝②，朕言艰日思③。若考④作室，既底⑤法，厥子乃弗肯堂⑥，矧肯构⑦；厥考翼其⑧曰："予有后，弗弃基⑨？"厥父菑⑩，厥子乃弗肯播，矧肯获；厥考翼其肯曰："予有后，弗弃基？"肆予害敢不越卬⑪敉文王大命！

①若——如，像。在这里也作为发语词。

②昔朕其逝——“昔”，是“前时”或“前面”。“其”，读为“之”，和本书《康诰》“朕其弟”同一用法。“逝”是“誓”的假借，亦“诰教”之意。这句是说：“像我前面所说过的话。”

③朕言艰日思——“言”，于。这句是说：“我于艰难的事情日日在考虑。”由对这件艰难问题的反复考虑，因而提出了下面的几个譬喻。

④考——父。

⑤厎法——“厎”，定。“法”，指造房屋的构图尺寸规定。“厎法”即“定法”，意思是说搞好造房屋的规划和准备。

⑥乃弗肯堂——“乃”，尚且。“肯”，《后汉书·章帝纪》引作“克”。“堂”，高出地面的四方形土台。这里作动词用，是堆土（打结实）以奠定房基。这句是说：“为堂尚且不愿干。”

⑦矧肯构——“矧”，何况。“构”，屋架。连上面说：“打房基的事尚且不愿做，何况架起房屋上面的梁和椽。”

⑧翼其——“翼”，通“緊”，无意义的语词。“其”，和“宁”的意思相近，即现代语“哪里会”。

⑨自“厥考翼”至“弗弃基”十一字，原脱落，《孔疏》引郑玄本和王肃本原都有，今据增。

⑩菑——田中除草和翻土的工作。

⑪越卬——“及身”的意思，即“趁我这一生”。

以上这一节，用造屋和耕田两个比喻，来强调不可不立即完成文王未竟之功的道理。

　　　　若兄考①，乃有②伐厥子，民养③其观④弗救？

①兄考——即"皇考"。据吴大澂《字说》及于省吾《尚书新证》,《无逸》篇的"皇"字,《汉石经》作"兄";《泰誓》的"皇"字,《公羊传》作"况"。在甲骨文、金文中"兄"多作"贶"用,知"兄"读同"贶"、"况",和"皇"声近通用。"皇",高大,作为美称,周人多用以称其已死的父亲为"皇考"。在这里虽是泛指,但也可看作是周公隐指成王的父亲周武王。

②乃有——原作"乃有友",据曾运乾《尚书正读》:"友,羡文。古文'有'盖作'㞢',读者误为重文,因而误作'乃有友',文不成义。"今据删。

③民养——"养",厮养,即奴仆。"民养",都是指仆隶。宋、明的话本和戏剧中还用"养娘"来称灶下婢。

④观——原误作"劝"。据于省吾《尚书新证》,金文"观"作"雚",《山海经·西山经》"观水",《吕氏春秋·本味》作"雚水"。可知初文为"雚",汉人误写作"劝"。"观",在这里为"观望不前"之意。

这一节又举一个比喻,以老主人的儿子被人侵害为例,指出奴仆们不应旁观不救。

以上两节,是周公用周成王的名义讲的第三段话。他用了三个譬喻来说明祖宗所开创的基业,后辈必须完成它。明显地斥责旧臣们在王室遭殃的时候,不该持袖手旁观的态度,以打破他们"艰大不可征"的借口。

王曰:呜呼!肆我告尔①庶邦君越尔御事:爽②邦由哲③,亦惟十人④迪知⑤上帝命越天棐忱⑥,尔时罔敢易定⑦；矧今天降戾⑧于周邦，惟大艰人⑨诞以⑩胥伐于厥室⑪；尔亦不知天命不易⑫。

①肆我告尔——原误作"肆哉尔"，足利本作"肆告我尔"。今据杨筠如《尚书核诂》改定。"肆"在这里作"今"解。

②爽——尚，尚且。与"矧"为对文连用，意为"尚且……，何况……"或"本来已……，更何况……"。据曾运乾《尚书正读》说。

③由哲——古代成语，为"昌明"、"时势顺利"等意。亦作"迪哲"，见《无逸》。足利本则作"用哲"。"迪"、"由"、"用"古通用。"爽邦由哲"是说："本来嘛，国家已得到顺利昌盛。"指的是周文王、武王时期的事。

④十人——以"十"字这个成数代表有那么一批人，指帮同周文王、武王发挥了作用的一些大臣，"十"不是固定的数目字。见上文。

⑤迪知——也是古代成语。并见《君奭》《立政》等篇，意即"用知"。

⑥越天棐忱——"越"，与、及。孙诒让《籀高述林》释"棐"为"匪"，释"忱"为"信"，故"天棐忱"是"不可一味地信赖天"。从"亦惟"起至此共十三字为一句，是说："这些人是真知道上帝的命令以及天是不可无条件地信赖的。"

⑦易定——原误作"易法"。因"法"字古文作"𠃋"，与"定"的古文相似，因而误写。汉时流传本为王莽所见的仍作"定"，下文"天命不易"，"不易"亦即"定"，可足相印证，今据改。"易"，变易，改变。"定"，谓"天的定命"。

⑧戾——定。据《诗·桑柔》"民之未戾"及《云汉》"以戾庶

正"传皆释"戾,定也"。《国语·晋语》"可以戾也"注亦云:"戾,定也。"此处"定"即指定命。

⑨大艰人——指"三监",即武庚、管叔、蔡叔等叛周的人。

⑩诞以——"诞",语词,无义。"以",原作"邻"。云窗本古写隶古定作"ㄙㄙ",是古"邻"字。于省吾《尚书新证》以为"ㄙㄙ"乃是"以"之形误。"诞以"是古人成语,下文"肆朕诞以尔东征"可证。今据改。"以",用的意思。

⑪胥伐于厥室——"胥",相。"胥伐"即相伐。"厥室",指叛周者的家室。这连上面的意思是说:"三监同谋,企图共伐周室,可是他们不知道这正是天要亡殷,有意要使他们自己相伐。"

⑫不易——不变。这句是说:"你们难道不知道天命是不可变易的吗?"

这一节再述周文王时得人之盛和所谓天命之有定,提醒邦君、御事们,应该认识现在的情况正是这样,应当一鼓作气地出兵东征。

予永念曰:天惟丧殷,若稽夫①,予害敢不终朕亩②! 天亦惟休于前文人,予害其极卜③? 敢弗于从率文人有旨疆土④,矧今卜并吉。肆⑤朕诞以尔东征! 天命不僭,卜陈惟若兹⑥!

①稽夫——"稽",耕稼。"稽夫",农夫。

②予害敢不终朕亩——因前面用了种田来比喻这回出师,所以这里说:"我哪敢不顺了天意来完成我田地里的工作呢。"

③予害其极卜——"极",亟,赶快。这句是说:"我为什么要赶

快去占卜呢？"

④敢弗于从率文人有旨疆土——"于"，往。"从"，"遵守"的意思。"率"，语词，无意义。"文人"，即"文王"，见前第二节注⑨。"旨"，美好。按"旨"通行本作"指"，王莽所据本作"旨"，《汉书》颜注释为"美"，《孔疏》亦作"旨"，可证原确作"旨"。今据改。这句是说自己"不敢不去守着文王传下的大好疆土"。

⑤肆——王莽《大诰》译作"故"，意即"所以"。

⑥卜陈惟若兹——"陈"，陈列，展示。"惟"，"有"的意思。"若兹"，像这样。这句是说："卜兆所表示的已经是这样地清楚了。"

这一节总结目前的几个有利因素：1.天丧殷；2.天休文王；3.守疆土；4.卜并吉。说明战事的必然胜利。

以上两节，是周公用周成王的名义讲的第四段话。他用了这样有利的形势来坚定众人的意志，从根本上批驳那些提出"王害不违卜"的希望和分裂主义妥协的邦君贵族们的畏葸情绪。

今　译

成王这样说：现在我向你们各位邦君和官员们庄严地讲一番话，那个严厉的老天爷给我们王家降下了深重的灾害，没有稍稍延缓一下。我小子继承了这千秋万世宏伟无边的大业，偏偏遭遇得很不顺利，还不能使我们的人民达到安乐的境界，便何能说什么完全懂得了天命！

唉！我小子好像站在岸边准备渡过很深的大河的一个人，我必须寻求怎样才得安全地渡过去的方法。我必须把运用大龟占卜的方式开展起来,把我们祖宗文王接受天命的往事发扬起来,这才可不至丧失先王所建的大功。我是一定不敢把先王遗留下的大好传统到我这时就停滞下来的。

自从老天爷降下厉害的威严,我就用从文王传下来的大宝龟来叩问上天的意旨。我用这龟占卜时向天祷告说:"有很大的艰难危困落到我们西方人的头上来,就连从由我们西方派出去的人员也不安静老实起来了;这不安分的坏蛋殷人刚恢复了一点点力量,就敢妄想重整他们已失去的天堂——他们已垮了的政权系统。他们趁着老天爷降给我们威严的时机,知道我国出了些毛病,人民也有些不安,就叫嚣地说:'我们光复旧业的机会到来了!'他们还妄想把我周邦作为他们的一块属地。如今他们就像虫豸一般地蠢动着,像恶鸟一般地飞扑着。最近,幸好就在归顺我们的殷人里,也有一批有力量的殷人出来辅助我们,一同上前线,那就可以使我们去完成文王和武王的大功勋了。现在我准备出兵了。请问这次出兵是吉还是不吉?"结果,我那三个龟版上所表现的卜兆上,全都表现了吉兆。

所以我现在明白告知你们各位邦君和各级官员们:我已得到了很吉利的卜兆,我要带领你们各邦的军队去讨伐殷商叛乱集团的那些亡命的奴才!

想不到你们许多邦君和各级官员里,倒有好些都那样回答我:"困难很大呀!人民也不安静,并且这些乱子就出在我们王朝的宫廷和王族诸侯的家室之间,我们本于孝友的道理,也不能打呀!王啊,您为什么不违背这卜兆呢?"

为此,我对这些困难作了深长的思考,我要对你们说:唉!

这些叛乱之徒真已蠢动起来了，老百姓遭受这灾难是多么可悲呀！这是我遭到了老天爷的责罚，艰难困苦压到了我的身上，如果我小子对这样的大事还不自知忧劳，你们各个邦君和各级官员们正该劝谏我说："您为什么不去仔细地忧虑呢！您的先人文王的大功是不该不由您去完成的呀！"

唉！我小子决不敢不信从上帝的命令。老天爷降福给文王，使我们小小的周邦兴盛了起来。文王就是由于懂得遵照占卜行事，所以才能承受了这个大命。现在老天爷又会来降福给我们周民的，只要我们依然能遵照占卜行事。啊！老天爷显示出它的意旨多么威严凛冽，大家一同来帮助我成就我们王朝的伟大基业吧！

王接着说：你们这些人，很多是我先文王的旧臣，你们能够很好地遵循文王的遗轨吗？你们知道文王为了我们的国家曾是这样地勤劳工作吗？现在老天爷已把成功的道理教给我了，我实在不敢不尽快地完成文王的大事。所以我要深切地告诫各个邦君们，老天爷并不是随便信任我个人的，它只是为了要安定我们人民的原故才有这样的表示的。我怎么敢不为先王遗下的伟大功业争取一个最后的胜利呢？现在老天爷又要勤劳我们的人民（从事东征）了，这正像要清除瘟疫一样，我哪敢不为了先王所受的上帝赐降的福，而不去干净彻底地清除这种疾病！

王又说：像前面我对你们所宣示过的，我正在天天深长思考这件困难的工作。（用譬喻来说清楚吧，）就像一位父亲想造房子，已经定好了建筑的规划和准备，他的儿子却连堆土夯好房基的劳动都不能做，他还哪里会去搭柱装橼、砌墙盖瓦呢？这时他老人家看了，难道还能说"我有这个好后代，不会抛弃我的基业"吗？又如有位父亲已经在田里翻好了土地，做儿子的连播种尚不干，更不用说收割了。这时他老人家难道还能说"我有好后代，他不会抛弃我的基业"吗？像这样，所以我才不敢不趁着我这一生去努力完成文王所承受的那个伟大的天命。

又如果有一位死去了的父亲，忽然有些坏人来袭击他的儿子，难道他家的奴隶们可以一齐袖手旁观而不去救援吗？

王又说：啊！现在我要告诉你们各个邦君和官员们：本来嘛，我们周邦的国势早已顺利地发展，那是由于当时有一批贤臣，他们都能认识上帝命令以及上天的不可无条件地依赖。那时他们都那样小心翼翼地不敢违背上帝的决定了的命令，更何况现在老天爷又把这决定的命令降给我们了，注定了那些发难的叛乱之徒到头只会相互毁坏自己的家室。难道你们还不知道上帝的命令是根本不会改变的吗！

我经过了深长的思考，认为老天爷早已决定了要灭亡殷商。我们好像农夫种地一样，哪敢不顺着天时把自己的农活自始至终地都干完了呢！从前上天降福于先王，给了那么美好的产业，我为什么不能像先王那样抓紧进行占卜？就是为了不敢不守住先王所有的大好疆土。何况现在我们占卜都已得到了吉兆呢！所以我就要带领你们向东方进军了！天命是不可不信的，试看占卜所表示的是这般地清楚呀！

讨　论

本篇全文前面，原有汉代出现的《书序》说："武王崩，三监及淮夷叛,周公相成王,将黜殷,作《大诰》。"指出了本篇写成的历史背景,这基本上是合于当时的事实的,但还要作些说明才好。

周族原在今陕甘一带高原上活动,其稍后主要在渭水流域定居,是殷王朝统治下的一个独立发展的还不盛大的部落。大约在公元前 12 世纪到前 11 世纪,由于从较原始的农业生产有了发展,就逐渐兴旺了起来。它的一个部落首领叫"太王"的,在岐山开始建立了较强的奴隶制政权,征服了一些邻近的部落。到他儿子季历时更加发展,势力从陕西扩展到山西。季历因而被殷王所杀。他的儿子昌继位,就是后来有名的文王,在位五十年,刻苦奋斗,比以前更强,成了西方的霸主——"西伯"。这一称呼充分反映了他所建立的是一个上升期的奴隶主政权。他进行统治的方法就是善于利用占卜来作宣传,好像他会和上帝直接通话(见《诗·大雅·荡》),以此取得很大的效果,使人相信他在占卜上承受了天命,该取代殷王朝的统治。他东向攻取了黎国(今山西长治),威胁着殷都,使殷人感到灭亡在即。到他的儿子武王发时,真的灭取了殷王朝。从此周人就一贯相信自己的王朝是肇基于文王受天命,而天命是经由运用占卜得来的,因此所盛传的文王最拿手的本领就是善用乌龟壳来和上帝对话(直到三千多年后的旧社会里摆摊测命占卦的还要挂"文王神课"的招牌)。

由于夏殷两代的奴隶制政权历世已近千年,日趋腐败,统治者过着长期荒淫糜烂的生活,对奴隶阶级的剥削奴役达到空前地步,阶级矛盾极端激化。这时周人以上升期的奴隶制政权用解救殷民为号召东向进攻，得到殷统治下的奴隶甚至奴隶主的欢迎，他们纷纷用"倒戈"行动来支持周人，因而在牧野一战就把殷灭了，杀了殷王纣。但是殷的基层力量盘根错节，不是一下子就可摧尽的。同时它还有很多属国，都还是些未触动的旧势力。这都需要认真而妥善地加以对付。因此武王就以殷王畿为主体，把殷人所居地域分为三区：北面地区称为"邶"，封给纣的儿子武庚；东面地区称为"东"（或作"鄘"），封给自己的亲弟管叔；西面地区称为"卫"（即原来的"殷"，其字原亦作"衣"、"郼"），封给另一个亲弟蔡叔，总称为"三监"。（按，西周金文中有"诸侯诸监"之称，知"监"和"侯"一样，是分封的奴隶主国家首脑的称谓，就是叫他们监所辖的地区。后人把"三监"说成是管叔、蔡叔、霍叔，并说用来专监视武庚，这是不合事实的。实际上当时所封诸国如燕近邶，曹近鄘，成近卫，齐鲁环于东境，都起监督殷的作用。）

大诰

周武王在灭殷后才过短短两年就死了，他的儿子诵继位，称为成王。由于年纪轻，应付不了刚刚夺得政权的复杂局面，就由武王的弟弟也就是成王的叔叔旦执政，因为他封地于岐山下的周原，称为周公。管叔是周公的哥哥，看到周公"践天子之位"独揽王朝大权，心怀嫉忌，就和蔡叔一起阴谋推翻他。下手的方法是先散布流言，说周公要谋害成王，篡夺王位。这时武庚看到周家自己闹矛盾，认为复辟殷王朝的机会到来了，就发动反周。管叔、蔡叔本不和殷人一条心，竟然为了满足个人的野心，不惜和本族的敌人联合，来分裂自己的祖国，以图扩大自己的势力。就和武庚一道，发动了原在殷统治下现在仍跟着武庚的一些部落共同参加，计有今山东境内潍水流域的淮夷、小清河流域的薄姑、山东南部的奄、徐戎以及盖楚（成王时金文有征錎、伐楚之文。或疑"錎"即文献之"盖"）等等，据《逸周书·作雒篇》计有"熊盈之族"十七国、潍水地区九邑（《孟子·滕文公下》则说因这一役而被周公征伐的达五十国）。他们浩浩荡荡地向西进军，声势很大，看来人数和力量都是远远超过周王朝的。

这一下可把周王朝的诸侯和朝臣们都吓坏了，他们一方面感到这般强大的力量简直不可抗，一方面感到这还是周王家自己的亲族带头在闹，对他们来说，谁胜了都差不多，因此更希望同这些分裂势力妥协，以便平平安安地保住自己这些大奴隶主的利益。更何况周文王的儿子很多，周武王死后以管叔最长，兄弟亲族中同情管叔的必还有人，这就形成了周王朝阵营内部的不稳。

这时周公的处境十分孤立。如何转变这一处境，如何把自己阵营里这些妥协动摇的人一齐团结动员起来，确是一个非常棘手的问题。这问题不解决，就无法克服当前最大的危机，也就不能粉碎殷王朝的复辟企图，巩固住周文王开创的基业。他终于定下了两项对付的办法，第一是模仿文王，用大家所熟知的文王最擅长的占卜来鼓舞大家，说上帝虽然降给我们许多灾祸，但现在仍然通过占卜表示了上帝要帮助我们打败殷人的叛乱。为了服从上帝意旨，我们不该不对殷人作迎头的痛击。第二则是分化瓦解殷人，联络殷族许多奴隶主们，许给他们以优厚条件，促使他们帮助抗击叛乱。当周朝的许多臣子还在踌躇着不想接受这吉利的占卜时，许多殷方的奴隶主们却拥护周公，甘愿随同出兵了。周公取得这样的成功后,就再召集臣属们作动员讲话,很坚决地命令他们一起东征。这次讲话经史官笔录下来,传到现在,就是这篇《大诰》。

周公的这次讲话,一是借用他的侄子成王的口气来讲,以取得动员的力量。所以讲话一开始就先说"王若曰",这是周代传达周王命令的例语,使大家知道这意旨来自成王。再则是把矛头集中对准殷人,只提殷人的叛乱蠢动,以便调动大家的敌忾之气。其实发动这次叛乱的,最主要的人是管叔。周公出于策略上的考虑,没有明确地提及他。所以这篇话取得了动员的效果。而全文一再反复强调占卜的吉利来坚定众志,这是奴隶主意识形态里唯一有威力的能欺骗人相信的东西,因为他们是刚从蒙昧的褊狭愚昧的表象中走来的早期的压迫者剥削者,既需要这样的鸦片来麻醉和欺骗被统治的奴隶和平民,而自己也为这类外界的力量支配着,所以就只知道乞灵于上帝来保佑他们了。

周公率军东征,辛辛苦苦地打了三年的仗,打得"破斧、缺斨"(见《诗·豳风》),比当初牧野灭殷之战困难得多,才把叛军打败。武庚北向逃亡,不知下落(或说被杀或竟说率部越洋东逃);诛杀了管叔(大多数记载如此,但《逸周书·作雒》则说管叔上吊死的),流放了蔡叔。又诛杀了东方各属国的一些首领,把他们的部族大量迁徙。把奄和薄姑赶到了长江以南,另行建国;把淮夷的大部分和徐戎的大部分赶到淮河流域,但徐人有一部分被赶到了汾水和渭水两流域;把楚赶到了丹水和汉水流域;把大量上层有力的殷人迁到洛阳,营建了一座大城安顿,并派了八师兵力驻守(一师二千五百人)。就这样在几年之内用强力进行了一次广泛的民族大迁移。

这次以东西两方民族互相残余形式出现的残酷战争，实际是一场分裂和复辟的力量同争取统一前进的力量之间的斗争。斗争的结果，统一力量取得完全胜利，代表了历史前进的方向，从而奠定了周代奴隶制王朝八百年历史的基础。从此周王朝才开始抚有东方的土地。于是封武王和周公的弟弟康叔于卫，别封康叔的儿子王孙牟子东（小东），掌管了管叔和蔡叔的原辖区，并分给了殷民七族作为种族奴隶。把邶并入另一姬姓大贵族召公奭的封地燕，使燕国掌管了武庚旧地。原封于鲁的周公的儿子伯禽不曾就国，现在叫他往奄（大东）建立鲁国，掌管了奄国的旧地，并分得了殷民六族作为种族奴隶。原封于营丘的齐太公吕尚也一样，现在由其子吕伋赴薄姑旧地建立了齐国。又封了蔡叔的儿子和于蔡，建立蔡国。又为了安定殷遗民，封了支持周公的殷大贵族微子（纣的庶兄）于宋，以示不断了殷先王的祭祀。原淮夷、徐戎等的余地，则封了些周家姬姓贵族的小国，如曹、滕、邢、郕等，和姜姓贵族的小国，如纪、州、郱、莱等。但那些遗留下来的夷族和殷"顽民"仍然时有零散的反抗，前后花了周公及所在地封国诸侯将近十年的力征经营，才最后把东方完全平定下来，才完全巩固了周王朝的统治。

黄河流域的统治巩固后，又在汉水到长江一带分封许多姬姓小国，以监视迁移到那里的徐、楚等国。在长江下游南部，原有"太王"的儿子泰伯、仲雍率领远征军经由汉水迁到今江苏南部的后代所建立的吴国。加上原在西北各地的封国，以及被迁移各族对边薮地的开发和发展，于是经过周公在成王支持下领导着周人多年的努力，才使成王时代的周王朝的国势及其力量所及东达到海边，西逾今甘肃，东北至今辽宁，更远至肃慎，南至长江以南，成为屹立在当时世界上的一个空前辽阔宏大的奴隶制国家，这是秦始皇灭六国以前的统一伟业。周之统一以分封，秦之统一以郡县（春秋战国时期则由分封转入郡县），对此后中华民族的发展壮大是影响很大的。

因此，维护周王朝新建立的统一政权，克服分裂势力，清除野心家的活动，从而粉碎旧政权的复辟，巩固周王朝的统治，在当时来说，是一件大事；对中国三千多年的历史来说，也是一件大事。这篇《大诰》就是这件大事的一个历史见证，是当初周王朝从飘摇不定的处境转到建立固如磐石的政权的一个转折点。

周革殷命，固然是民族之争，但周在生产上有其进步性，所以有"郁郁乎文哉"之治。周在农业上的成就与其勤劳生产的民族奋斗精神远远超过了"沈酗于酒"的颓唐的殷人。殷的奴隶制发生早，奴隶主的生活已经腐化。周的奴隶制发生迟，奴隶主正在生气勃勃的时候，以此易彼，所以会向着进步的方面走。东方奴隶主的社会地位固然降落，但总的看来，则生产力提高，东西文化因融合而发展为灿烂的文明，固有其历史上的价值。一部《周书》，必须用这个眼光看，才合历史的实际。

〔附记〕

这是起釪于1976年获得恢复整理《尚书》后，所开始写的第一篇。其前顾颉刚师自1959年起决定集中力量整理《尚书》本文，先从最难的做起，以为在周诰八篇里《大诰》是第一篇，又是很难读的一篇，而它在周代历史里又是极关重要的一篇，必须努力突破这一重点，因此就动手做《大诰译证》，于1962年写出初稿，由于篇幅过大，就择其要点精炼成《尚书大诰今译（摘要）》发表于《历史研究》1962年第4期上，分为校勘、解释、章句、今译、考证五部分，为学术界所重视，《历史研究》1962年第5期上有专文盛为赞誉，以为是别具一格的著作体例，对《尚书》进行总结性的科学整理。其文后至1965年写成六十万字。起釪奉命承乏，于1965年先一秉此体例写了《高宗肜日》篇，请当时点校二十四史专家座谈，建议并"章句"于"解释"。到1976年恢复整理《尚书》，再请于顾师将"校勘"、"解释"合并为"校释"，取得同意后，始按此三部分将顾师此篇原文改写，并经顾师审阅，就成为现在这篇。

康　诰

　　《康诰》是周王朝册封周文王的儿子康叔于卫国时的诰辞，就是当时称为"命书"的文件（"命书"一词见《左传·定公四年》和西周铜器《颂鼎》等铭）。实际如《作雒篇》及《尚书大传》所载周公在摄政二年平定武庚叛乱，三年平定奄之后回到宗周作《多方》，四年建侯卫，封鲁侯伯禽、燕侯旨、卫康叔及在晋的唐等等，其中封康叔的命书就是这篇《康诰》。不久又作《酒诰》《梓材》二篇，先秦时合称《康诰》三篇。此篇在先秦文献中引用次数最多，计共达三十一次。新出土《郭店楚简》（战国时物）引用二次。它在汉初伏生今文本中当为《周书》的第五篇，全书的第十四篇；在西汉欧阳、大小夏侯三家今文本中为《周书》的第六篇，全书的第十五篇；东汉古文本中仍为《周书》的第六篇，全书的第十九篇；东晋伪古文本中则为《周书》的第十一篇，全书的第三十七篇。有关本文的情况详后面的讨论（一）、（三）。

校　释

惟三月哉生魄①，周公初基②作新大邑③于东国洛④，四方民大和会⑤，侯、甸、男、邦、采、卫⑥、百工⑦、播民⑧，和见士于周⑨。周公咸勤⑩，乃洪大诰治⑪。

①哉生魄——"哉"，《汉书·王莽传》王舜奏引为"载"，为"哉"同音假借（《法言·五百篇》亦用"载"）。隶古定本如内野本、薛季宣本等皆作"才"，与甲骨文、金文"哉"作"才"相合（如甲骨文《粹》552片"用哉"、金文《班簋》"唯民无出哉"、"允哉"等"哉"字皆作"才"）。"才"为"哉"、"载"、"戈"等字的声符，其义为"草木之初"（《说文》），含有"始"义。形声字声中有义，故《释诂》云："哉，始也。"后代诗文中引"哉生魄"即作"初生魄"。

"魄"，西周金文皆作"霸"，如《曶鼎》"惟王四月既生霸"，《令簋》"惟九月既死霸"，等等。汉代仍沿用，如《说文·月部》"霸"字下引本篇云："《周书》曰：哉生霸。"（大徐音普伯切）并云："𣍹，古文霸。"既古文如此，则霸字当为今文（据陈乔枞说）。《汉书·律历志》引今文《顾命》及逸篇《武成》（非伪古文《武成》）亦皆作"霸"。可知汉今文原作"霸"。但汉代今文又以同音假借用"魄"字，如《礼记·乡饮酒义》《诗纬推度灾》《孝经援神契》《法言·五百篇》《汉书·王莽传》《白虎通·日月篇》都用"魄"字。元周伯琦《六经正讹》云："'霸'俗作必驾切，以为霸王字，而月霸乃用'魄'字，非本义。王霸字本作'伯',月魄字作'霸',其义始正。然则此经本当作'霸'也。"然汉代古文也沿用"魄"字,惟字体或稍变,见《释文》云:"魄,字又作魄,普白反。马(融)云:'魄,朏也。'谓月三日始生兆朏,名曰魄。"是古文所用魄字又同于"朏"。《汉书·律历志》引"古文《月采篇》"亦作"朏"(段玉裁谓此系汉魏人注所引,见《撰异·召诰》)。又《法言·五百篇》"载魄",宋咸云:"魄当作朏。"王鸣盛云:"其实魄即朏也。"(《后案》)今观霸、魄、朏三字读音相近,汉时必三字同音,故相通用。伪古文《唐石经》及各流行刊本皆沿作"魄",既与"霸"、"朏"通用,故不改。

《说文》云:"霸,月始生霸然也。承大月二日,承小月三日。"(《御览》四引作"魄,月始生魄然也")又云:"朏,月未盛之明,从月、出。"(《御览》四引作"朏,月未成明也")这是霸、魄、朏较早的解释,实际是指始见新月。董作宾《四分一月说辨正》引《孝经说》云:"魄,白也。"即指始见新月之月色。《仪礼·乡饮酒义》《诗纬推度灾》《孝经援神契》《白虎通·日月篇》都说每月"三日成魄",古文《月采》(王应麟谓当作"月令")则说"三日生朏",固定在三日,不如《说文》根据上月的大小分别在二日或三日较正确。刘歆以为在望,大误。故《释文》引马融云:"魄,朏也。谓月三日始生兆朏,名曰魄。"王国维《生霸死霸考》始考定西周不是把一月分为三旬,而是分为下列四分:(一)初吉,自一日至七、八日。(二)既生霸,自八、九日至十四、五日。(三)既望,自十五、六日至二十二、三日。(四)既死霸,自二十三、四日至月底。并据《说文》依月之大小以二日或三日为"哉生魄"。虽后来董作宾、吴其昌、陈梦家、黄盛璋、刘启益、张闻玉等续有异说,而新城新藏及近年王和仍支持王氏四分说,此处仍录存王说。

②初基——于省吾云:"伪传训'初基'为'初造基',郑康成训'基'为'谋',并非。按'基','其'古通,《立政》'丕丕基',《汉石经》'基'作'其'。《礼记·孔子闲居》'夙夜其命宥密',《诗》'其'作'基'。'初其',犹金文之言'启其'、'肇其',乃周人语例。《逐鼎》'逐启諆作庙叔宝尊彝','諆'即'其'。《白窬簋》'白窬肇其作西宫宝'。'周公初基作新大邑于东国洛'者,周公始其作新大邑于东国洛也。"

③新大邑——卢见曾刊《尚书大传》引本句无"大"字,故段玉裁、陈乔枞皆据以为校。然《诗·周颂谱》正义所录《大传》固有"大"字,卢本不知何所据。甲骨文中商人屡称其都为"大邑商"。《召诰》《多士》记周公在营雒邑时也屡称"作大邑",则此以作"新大邑"为是。"大邑"为商及周初对国都的称呼。

④洛——《史记》之《周本纪》《鲁世家》言营雒邑皆作"雒"。段玉裁指出,《汉书·地理志》载,《禹贡》雒水出弘农上雒县冢领山,至巩入河,属豫州(今河南境);又洛水出冯翊裹德,东南入渭,属雍州(今陕西境)。汉时雒、洛二水名区分甚明。至魏黄初元年诏改"雒"为"洛",而后此二水名始淆乱。至唐卫包遂将《尚书》中"雒"字改为"洛"(见《撰异·禹贡》)。《唐石经》及各刊本皆承用"洛"字。为正确计,本应依段说将"洛"改回为"雒"。但雒邑即今洛阳,自黄初至今达一千八百年,久已习用"洛"字,为便利计,没有必要改用原字,但指明此字原作"雒"。

⑤四方民大和会——"会",内野本、薛氏本皆作"岕",是隶古定奇字。50年代出土于河南洛阳附近的西周初年铜器《保卣》铭

文有"遘于四方迨王大祀"语,"迨"为《说文》古文"会"字。"四方和会"一语显是周初的话,反映胜利了的周王朝能使四方的人会集起来参加它所号召的活动。《尚书大传》说周公"营洛以观天下之心,于是四方诸侯率其群党各攻位于其庭。周公曰:'示之以力役且犹至,况导之以礼乐乎。'然后敢作礼乐。《书》曰:'作新大邑于东国洛,四方民大和会。'此之谓也"。虽是汉人的话,颇能表达此语原意。"四方"即指下句"侯、甸、男、采、卫"等,详下句校释。

⑥侯甸男邦采卫——甲骨文中有"侯"、"甸"、"邦伯"、"方伯"。本书《酒诰》说殷有"侯、甸、男、卫邦伯",《召诰》有"庶殷侯、甸、男邦伯",《君奭》有"侯、甸",《顾命》有"庶邦侯、甸、男、卫"。这些侯、甸、男等看来是殷代和西周所属"庶邦"(即众邦)的不同称谓,"邦伯"等则是它们的首领(亦见《盘庚》,并与《牧誓》"有邦冢君"、《大诰》"邦君"同)。他们也就是与"内服"相对而言的"外服"(见《酒诰》)。"内服"指王朝百官,"外服"指外地诸侯(参看《大诰》"无疆大历服"校释)。《大盂鼎》云:"唯殷边侯甸雩(与)殷正百辟。"此"侯、甸"是外服,所以以"边"称之(也有人释为边境,但当时郊关外即可称边);"殷正百辟"则是内服。《令彝》说:"王令周公子明保尹三事、四方。"下面接着说受"三事令"的是"卿士寮、诸尹、里君、百工";受"四方令"的是"诸侯:侯、甸、男"。可知"三事"指内服,"四方"指外服。值得注意的是,西周金文中所记当时外服诸侯只有侯、甸、男三种,与本文称"侯甸男邦"相合,并与上举文基本也相合;而《大盂鼎》称侯、甸二者,又与《君奭》相合。杨树达云:"善射者谓之'侯',善狩猎者谓之'田'(甸),善耕作者谓之'男'。换言之,侯者,战斗英雄也;田者,狩猎英雄也;男者,耕

种英雄也。部落必先有武力之防卫而后始能生存,故战斗之事在先,而侯为其首,人群进化,先狩猎而后耕种,故田为其次,而男又次之。"(《积微居金文说·矢令彝三跋》)。陈梦家《综述》则谓"由戍边的斥候引申为诸侯"。)

至于"采"、"卫",郭沫若云:"侯、甸、男、邦采、卫,即侯、甸、男等之诸侯与邦采邦卫。采、卫均职位之名,采犹言宰。"(《金文丛考·金文所无考》)陈梦家说:"卫在卜辞中为边地的一种官。"(《殷虚卜辞综述》)按,《尧典》"畴咨若予采",《释文》引马融注云:"采,官也。"似此郭、陈之说有一定依据。

但周初金文《趞尊》说:"锡趞采曰趞",就是把趞地赐给趞做采邑。又《中𪥌》说:"奥(郭释归)汝裒土,作乃采。"是说给你裒这个地方作你的采邑。是周初显然有采地。又典籍如《国语·郑语》说:"妘姓邬、郐、路、偪阳,曹姓邹、莒,皆为采卫。"显然也是说采卫是有土地的。《尔雅·释诂》云:"尸,寀也。"郭璞注:"谓寀地。"又云:"寀、寮,官也。"郭璞注:"官地为寀,同官为寮。"《路史·国名纪》卷四释之云:"义亦同采,取以奉君子。故亦用'菜',犹备食菜。《字书》又作'深',《集韵》音菜,云'臣食邑'。"郝懿行《尔雅义疏》亦云:"寀者,当为'采'。下文云:'采,事也。'能其事者食其地,亦谓之采。《礼运》'大夫有采,以处其子孙'。《韩诗外传》'古者天子为诸侯受封,谓之采地。然则尸训寀者,盖为此地之主,因食此土之毛,故《郑语》云'主芣騩而食溱洧',是其义也。"可知"采"确是指臣所食之地,而像妘姓、曹姓这几个国家在春秋时基本都处于臣服于大国的附庸地位,由此看来,本文的"采"、"卫"大概是指不能与侯、甸、男并立的附庸小国。

据《路史·国名纪》卷四引《尚书大传》云：“古者诸侯始受封，则有采地：百里诸侯以三十里，七十里诸侯以二十里，五十里诸侯以十五里(《韩诗外传》作十里)，其后子孙虽有罪黜，其采地不黜，使其子孙贤者守之，世世以祠其始受封之人。”(《御览》一九八引《百官表注记》亦谓“诸侯始受封各有莱地……子孙虽有黜地，而采地世世不黜”。唯“三十”作“四十”。)凌曙《公羊礼说》云：“采有二：始封之时则有采地，入为天子大夫更有采地。”即举上述《尚书大传》之说证前一种采地(后一种采地即普通所说的食邑，《诗谱》谓文王分岐邦周、召之地，为周公旦、召公奭之采地是)。并以《庄公三年》“纪季以酅入于齐”为例，谓“酅即纪之采也，此国灭而采不灭之证”。皮锡瑞举《春秋繁露·爵国篇》“附庸，字者方三十里，名者方二十里，人氏者方十五里”，谓与《大传》文合；并举《公羊》纪季以采地入齐请存五庙，谓“子孙有罪黜，而犹使为附庸得有五庙以祀其始受封之人”(《大传疏证》)。这些虽是有关汉人对古代采地的说法，但反映了采地与附庸之间的渊源关系。

从汉至清以及近代的各注疏家，都引春秋战国之世根据这些名称编造的“畿服”之说，其中特别是根据本文侯、甸、男、采、卫次序编造成的《周礼·职方氏》“九服”中的前面五服——侯服、甸服、男服、采服、卫服，来解释此处侯、甸、男、采、卫，都是谬误的(此问题详顾师《史林杂识初编·畿服》)。

⑦百工——百官(《释诂》)。承上句“四方民大和会”，知此百工为“四方”——外服侯、甸、男等邦及采卫之百官(王鸣盛《后案》也说是五服诸侯之百官)。

⑧播民——毛奇龄谓指“殷之遗民，犹《大诰》之‘逋播臣’”。

戴钧衡同意其说(《补商》)。于省吾云:"'播民',谓迁徙之民。'播',《散盘》作'𢿀',《师旅鼎》作'秋',其言'今毋秋',谓今毋迁播之也。凡今左从'手'之字,金文多作右从'攴'或'殳',如'扜'作'𢼸','揆'作'敚'之类是也。《大诰》'逋播臣',谓亡逃迁徙之臣。"(《新证》)解释皆是。此亦承"四方"而言,指一些侯、甸、男邦及采卫中所领有之殷余民,但主要的当是迁至洛邑的殷余民。

⑨和见士于周——于省吾云:"《礼记·郊特牲》'阴阳和而万物得'疏:'和,犹合也。''合',周初作'卿'或'逪'。《令鼎》'有嗣罘师氏、小子卿射'。'卿射'即合射。《俎子鼎》'王命俎子逪西方于省'。'逪'犹'会'也。'见士'即'见事'。'士'、'事'古通。金文凡卿士之'士'作'事'。《玽鼎》:'玽见事于彭。'《匽侯旨鼎》:'匽侯旨初见事于宗周。'是'见事'为周人语例。"(《新证》)按隶古写本如内野本'士'作'事',舆金文同。此西周语"见事于周",即"效事于周"之意(参考江声《音疏》及孙星衍《注疏》)。

⑩周公咸勤——《释文》云:"一本作'周公迺洪大诰治'。"是无"咸勤"二字,并与下文五字连读为一句。现仍从通行本。"咸",皆。"勤",劳(并据《释诂》),意为慰劳,劳勉(于省吾谓"勤"当读作"觐",见《王若曰考》。"觐"有见义)。

⑪乃洪大诰治——"乃",《释文》引别本作"迺"。段玉裁云:"盖天宝以前《尚书》本皆作'迺',天宝时始皆改为'乃'。"(《撰异》)"洪",王国维云:"洪亦大也,二字并举。"(《观堂学书记》)杨筠如云:"按《诗·民劳》'而式宏大',《释诂》'洪、宏,大也'。则'洪大'与'宏大'同。"(《核诂》)按,洪在此为语词,并无实义(《孔疏》引郑玄释"洪"为代,意谓周公代成王诰,孔颖达已讥其"不

辞",郑说实牵强）。杨筠如又云："治，通作辞。《檀弓》郑注：'辞，犹告也。'《酒诰》'乃不用我教辞'，谓教告也。《周礼·小司徒》'听其辞讼'，《小宰》'听其治讼'……'治'、'辞'一字可证。"（《核诂》）

这一节四十八字，是关于周公营洛邑的一段话，从汉至唐的注疏家都说是"将诰卫侯，先序营洛之文"（《补商》引语），以为原是《康诰》之首。至宋苏轼始以为是《洛诰》篇首的错简（《书传》）。朱熹、蔡沈从之（《诗类》《书集传》）。金履祥、俞樾则以为是《梓材》之首（《表注》《平议》），故金氏《书经注》及其《通鉴前编》径移至《梓材》篇前。陈栎谓当在《召诰》"牛一羊一豕一"之后，此"洪大诰治"即该篇之"用书命丕作"（《稗疏》《补商》引），但又不能自坚其说，在他的《书传纂疏》中仍从苏轼说。毛奇龄谓此与《梓材》"王曰封"至"戕败人宥"七十四字互有脱简。方苞则谓当在《多士》篇首（皆《补商》引）。吴汝纶则说是《大诰》末简（《写定尚书》）。郭沫若《矢彝考释》、于省吾《王若曰考》亦主《大诰》之说。其仍坚持为《康诰》篇首者，则宋有林之奇、吕祖谦、夏僎、陈经，元有董鼎，清有牟庭、孙志祖、魏源等人。大旨谓封康叔在营洛之前，而诰之则在营洛之际，因趁四方会集于周，所以敷大命于诸侯云。其中林、吕、魏诸人并以为是《康诰》《酒诰》《梓材》三篇之总序（林说见《尚书全解》，吕说见《东莱书说》，夏说、陈说各见其《书详解》，董说见《书传纂注》，孙说见《读书脞录》，魏说见《书古微》，牟说见《同文尚书》）。其所以出现这些分歧，是由于大家都没有立论根据，而只凭自己的看法来落实于某一篇，自不能免于争执。王夫之则谓："既谓之错简，不知所以错者何篇，意别有《书》为周公咸勤洪治之诰，此其简首，而今亡矣。"因此以为当"定为逸《书》简端之错文"（《书经稗疏》）。后来的姜兆锡亦以为"别有辞命"（《补商》引），崔述《丰镐考信录》以为"不知为何篇之序"，戴钧衡《书传补商》以为"此直当阙疑而不能断"，王国维《观堂学书记》以为"此一段疑不能明"。我们认为把这四十八字看做不知是何篇错简之说较妥，可以仍旧让它错简在此。

王若曰①："孟侯②，朕其弟③小子④封⑤。惟乃⑥丕显考文王⑦克明德慎罚⑧，不敢侮鳏寡⑨，庸庸祗祗威威显民⑩，用肇造我区夏⑪，越我一二邦⑫，以修我西土⑬。惟时怙冒闻于上帝⑭，帝休⑮。天乃大命文王⑯殪戎殷⑰，诞受厥命越厥邦厥民⑱，惟时叙乃寡兄勖⑲，肆⑳汝小子封在兹东土㉑。"

①王若曰——王如此说，王这样说。是史臣代宣王命时的开头用语（参看《大诰》校释）。本篇在篇首用"王若曰"，下面接着用十一个"王曰"，与《毛公鼎》《孟鼎》等用例相同，与本书其他各篇亦有相同者，这是当时记录王的诰辞的笔法通例。但在篇末出现一个"王若曰"，则与用例不合，当系其处误衍一"若"字（据于省吾《王若曰释义》说）。

②孟侯——今文家有两说：一说释"孟侯"为太子，以为是指周成王。见《尚书大传·略说》："天子太子年十八日孟侯。孟侯者，于四方诸侯来朝迎于郊者。"古文家郑玄承此说，并注云："孟，迎也。""太子十八为孟侯，而呼成王。"孔颖达反对此说，然清人江声、

王鸣盛、孙星衍拥护此说。皮锡瑞指出诸人之误,然仍以为指成王迎接诸侯。另一说释"孟侯"为诸侯之长,以为是指康叔。见《汉书·地理志》:"三监畔,周公诛之,尽以其地封弟康叔,号曰孟侯。"师古注:"孟,长也,言为诸侯之长。"伪《孔传》《孔疏》及宋学皆承此说。前一说显然谬误,此篇明明是对康叔讲话,何至称呼成王。后一说指康叔是正确的,但释为诸侯之长则不确。由周代金文看,当时统治者的称呼常多样化。例如矢王又称矢伯,楚王又称楚公、楚侯、楚伯、楚子,齐侯又称齐公,邾伯又称邾公……等等(参看王国维《古诸侯称王说》、郭沫若《金文所无考》);文献中如王季亦称公季(《史记·周本纪》)。则康叔又称孟侯完全是可以的。但史实上并不见康叔当时曾为诸侯之长;如果居诸侯之长,按成例也应当称"伯"(如"西伯")。因此把"孟侯"释为诸侯之长是非常勉强的。事实应当是:由于他是武王之弟,故称康叔;由于他受了封地,故称侯。"侯"字前面所加的字,如不是美称,就应当是某种专称。释为美称者,如王树楠云:"孟,明也。……明侯犹明辟、明君之谊。"(《尚书商谊》)释为专称者,如加藤常贤举出:康叔封地卫当时又称妹邦(即沫邑),妹音转为孟,所以称为孟侯(《真古文尚书集释》)。这一说法与上举金文所见的称法相合,是较可取的。在金文中,我们还看到康叔又称康侯,有康侯丰鼎及康侯诸器。它和《易·晋》卦辞中所举的康侯完全相同,是他封在康地时的称呼。到他转封于妹邦称为妹侯,音转称为孟侯,完全是可能的。杨树达指出:"孟侯之称,与《康侯丰鼎》称康侯合。"(《积微居读书记·尚书说》)也指出孟侯是康叔的另一称呼。由此知康叔又称康侯,又称孟侯。因此我们在今译中,就照原文径用康叔的这另一称呼"孟侯",而不用今、古文家及后代注疏家那些不可信的释义（于鬯《校书》谓孟读为明，侯惟也。明惟，发语辞。为有意提出之另解，不足据）。

③朕其弟——"其"，同"之"（《释词》）。意即"朕之弟"。然"朕"在甲骨文及金文中皆为单数第一人称领格，"朕弟"即"余之弟"，不需要加表示所有意义的连词"之"字。有"之"则不能用"朕"，故于省吾云："疑此本作'余某弟'，王引之云：'其犹之也。'按《召伯虎簋》'对扬朕宗君其休'，犹言对扬朕宗君之休也。"（《新证》）

④小子——对卑亲属的一种亲昵的称呼，这里指康叔。吴棫云："先儒多谓康叔尚幼，以此书多称小子故也。康叔武王弟，武王九十三而终（按此不确，见《牧誓》"讨论"）。康叔至此安得尚幼。今陕右之俗，凡尊之命卑，贵之命贱，虽长且老者亦以小子呼之，若相亲爱之辞，疑此所谓小子亦然。"（陈大猷《书集传或问》引）

⑤封——康叔名。康叔为周文王之子，武王及周公之弟，成王之叔（参看《金縢》"管叔"校释）。金文有《康侯鼎》云："康侯丰作宝尊。"刘心源云："丰即𡉈，即封矣。《书·康诰》'小子封'传：'封，康叔名。'"（《奇觚室吉金文述》）杨树达也说："是康叔器。'丰'，经传记康叔名'封'，'丰'即'封'也。"（《积微居读书记·尚书说》）按《易·晋》卦辞："康侯用锡马蕃庶，昼日三接。"当亦即此康叔。他有锡马蕃庶的故事，今已不可考（参看《古史辨》第三册《周易卦爻辞中的故事》）。

⑥乃——第二人称领格，你的。

⑦丕显考文王——"丕"，大。"显"，光辉（皆据《释诂》）。"考"，父（《释亲》）。"丕显考"，周人尊崇死去的父亲的美称，周初常用以称文王，金文中亦常见，如武王时器《大丰簋》云"丕显考文

王”，康王时器《大盂鼎》云“丕显玟王”，昭王时器《宗周钟》云“丕显祖考先王”。“丕显”亦可用以颂扬天子的恩德或恩命，如《静簋》《利鼎》《豆闭簋》《巨卣》《扬簋》《谏簋》等很多彝器都说“对扬天子丕显休”，亦即《左传·僖公二十八年》的“奉扬天子之丕显休命”。《班簋》《师虎簋》《师奎父鼎》《师遽簋》《长由盉》等器“丕显”皆作“不秠”。

⑧克明德慎罚——《左传·成公二年》引云：“《周书》曰‘明德慎罚’，文王所以造周也。”系引原文不误，但省“克”字。《荀子·正论》引云：“《书》曰：‘克明明德。’”《尚书大传》引云：“克明俊德。”显然皆受《尧典》“克明俊德”句的影响而误。《礼记·大学》引云：“《康诰》曰：‘克明德。’”这是该文在阐扬“明德”一段中所引，显系只引本句前半。段玉裁谓《大传》《荀子》所引作“明明”，皆《今文尚书》，《礼记》《左传》所引为《古文尚书》，其说未必是。“克”，能（《释言》）。“明”，动词，为“勉”的假借（陈奂《诗·有驳》疏），与篇末“明乃服命”训勉义同。在强调“勉德”的同时，又强调“慎罚”，这也反映在金文中，如康王时器《大盂鼎》云：“敏諫罚讼。”陈梦家指出，此即“慎罚”。《说文》“婡，谨也。”“諫”即“谨”，《大克鼎》亦见此字（《西周铜器断代》）。郭沫若释“諫”为“敕”，义亦相近。可知“慎罚”确为西周统治者所常提到的。

此句“德”与“罚”对举，下文“告汝德之说于罚之行”亦同。按《左传·僖公二十五年》云：“德以柔中国，刑以威四夷。”又《宣公十二年》云：“申反而伐之，服而舍之，德刑成矣。伐叛，刑也；柔服，德也；二者立矣。”《成公十六年》云：“德以施惠，刑以正邪。”《成公十七年》云：“乱在外为奸，在内为轨。御奸以德，御轨以刑。不施而杀,不可谓德;臣逼而不讨,不可谓刑。德刑不立,奸轨并至。"都以"德"与"刑"对举,与此处"德"、"罚"对举同。显然"德"是施以恩惠使人柔服。"刑"与"罚"就是暴力惩罚。所以这里的德是指具体地给以恩赏,与具体地给以刑罚相并提的。但和商代只用宗教和严刑峻法这两项统治术已有所区别,提出了与"刑"相对举的"德"的概念,是周代统治者对统治术的一种改进。这是周文王时候提出来的,是作为与商代争胜的一种手段。《左传·成公三年》所说的"明德慎罚文王所以造周也",正是说的这一胜利。商王朝既灭,周人德的概念更向前发展,郭沫若在《先秦天道观之进展》一文中指出,殷人完全信赖天命而终于灭亡,遂使周人感到"天命不常"因而提出"敬德"来济"天命"之穷。以为"这种敬德的思想在周初的几篇文章中就像同一个母题的和奏曲一样翻来覆去地重复着。这的确是周人所独有的思想"。确实从本文中已开始看到了这一端倪。但从周公所有诰词来看,"德"主要是对周人自己说的,意在吸取经验教训,以德来济天命之穷,改进统治方法,以敬德来保住天命。对殷人讲话时则只强调天命,现在天命周取代殷,你们要遵从天命服从周。

⑨不敢侮鳏寡——"鳏",常用以指"老而无妻"(《孟子·梁惠王》)或"丈夫无妻"(《管子·入国》)。"寡",常用以指"老而无夫"(《孟子》)或"妇人无夫"(《管子》)。但"鳏寡"连用则是古人的一个成语,常用以指下层人民,意为孤独的没有依靠的人。"不敢侮鳏寡"意为不要欺侮无依无靠的"小民"。此语古人是习用的,如《无逸》"不敢侮鳏寡",又"怀保小民,惠鲜鳏寡",《左传·昭公元年》:"不侮鳏寡",《诗·烝民》"不侮矜(鳏)寡"。《毛公鼎》"勿

雍律庶民寅,无敢……逎秕(侮)鳏寡"及《大诰》说"鳏寡哀哉"等,其"鳏寡"都是指"小民"。

⑩庸庸祇祇威威显民——庸、祇、威皆重文,据于省吾说,当读作"庸祇威,庸祇威显民"。汉末徐幹《中论·法象篇》云"文王祇畏,造彼区夏",系据本文,以"威"作"畏",与金文"威"作"畏"同。王应麟《艺文志考证》云:"汉人引'祇祇畏畏显民'。"是汉代本作"畏"。隶古写本如内野本亦作"畏",刊本如薛本稍讹作"畠",是伪古文亦作"畏"。"威"当系卫包所改。《广雅·释训》:"祇祇畏畏,敬也。"《左传·宣公十五年》:"《周书》所谓庸庸祇祇者,谓此物也夫。"杜注:"庸,用也。祇,敬也。物,事也。言文王能用可用,敬可敬。"伪《孔传》承之以释此句为:"用可用,敬可敬,刑可刑,明此道以示民。"《蔡传》亦释为:"用其所当用,敬其所当敬,威其所当威,故德著于民。"其实皆误。于省吾云:"今以金文、石鼓文及隶古定《尚书》重文成例定之,应作'庸＝祇＝畏＝'。是此文应读作:'不敢侮鳏寡,庸祇威,庸祇威显民。'……庸,用也。祇,敬也。威、畏古通。《金縢》'罔不祇畏',《史记》作'敬畏',《皋陶谟》曰'严祇敬六德',《郾侯库彝》'祇敬祢祀',《礼记·月令》'祇敬必饬',是'祇畏'、'祇敬'乃周人语例。《酒诰》'罔显于民祇',《多士》'罔顾于天显民',是'显民'亦周人语例。言'不敢侮鳏寡,用敬畏鳏寡,用敬畏显民'。上之用'敬畏'原省鳏寡者,冒上鳏寡而言也。《高宗肜日》'王司敬民',则'鳏寡显民固可言敬畏矣。'"(《尚书新证》)其说是。"显"即上文"丕显"之"显"。"显民"是有光显的人,即有声望的人。

⑪用肇造我区夏——"用",以。"肇",始(《释诂》)。"区夏"

的不同解释较多，皆由"区"字释义的纷歧而来。较早者释为"区域"，伪孔云："始为政于我区域诸夏。"《孔疏》同，《蔡传》无新释，但说"始造我区夏"。元吴澄《书纂言》始较详释之为"区宇"云："区谓分画界域，夏谓华夏，岐周犹近西戎，文王徙丰始作区宇于华夏之地也。"孙星衍承"区域"之说云："言文王始造我区域于中夏。"（《孙疏》）吴汝纶承"区宇"之说云："区夏犹言区宇，宇、夏皆以屋喻。"（《尚书故》）另有前于吴汝纶之朱骏声则云："区犹众域也；夏，中国也。"（《古注便读》）其他以"区"为"区域"而提出"区夏"的不同说法者尚有多家。此外提出其他解释者，如牟庭云："夏者，中国。中国者，国中也。大总下上总言之者，通国中臣民其言之，则谓之夏，然则我区夏者，谓丰岐间一区之国境也。"（《同文尚书》）黄式三云："肇造区夏，商季中夏乱，文王始作兴之也。"（《启蒙》）戴钧衡亦云："吴（澄）说是也。第解'区'犹曲。《文选·吴都赋》'镜水区'刘注：'水区，河中也。'是'区'有'中'义（"区"本训"虚"，空虚之象必是中。区又为藏物之处，物藏必于中也。四方上下为天区，上下四方为六区，皆就其中言之也，此皆"区"训"中"之证）。'区夏'犹'中夏'，言文王徙丰，初作邦于中夏也。"（《补商》）王闿运云："区，崎岖僻隐，谓西土。夏，中国也。始自西夷，及于内地。"（《尚书笺》）按，区训崎岖见《说文》。"区"训"虚"见《太玄·玄摛》"四行九区"注："区，虚也。"而《说文》云："虚，大丘也。丘谓之虚。"《黄帝内经》"鬼臾区"，《亢仓子》作"鬼容丘"。又《荀子·大略》杨倞注"器名区者与丘同义"，知"区"又同"丘"。《汉书·楚元王传》集注引张晏云："丘，大也。"则"区夏"可释为"大夏"。加藤常贤即举区为丘的假借，有大之意（《集释》）。然杨筠如则释"区"为"小",其《核诂》云:"《论语》:'区以别矣。'《一切经音义》引《论语》马注:'区,别也。'《广雅》:'区,小也。'盖区以别之,则有小意。然则用'肇造我区夏',犹《大诰》'与我小邦周'矣。"所有以上这许多说法都企图解释"区夏"一词,从这许多说法中可得出的认识是:(一)周人自承为"夏"("夏"即"华夏",而"华"与"夏"古同音同义,详《尧典》"蛮夷猾夏"校释)。(二)"区"作为地区解释者较多。但不言"夏区"而言"区夏",这是古代语汇的一个表现形式。《荀子·大略》"言之信者在乎区盖之间",《文选·东京赋》"目察区陬"。"区盖"、"区陬"语汇形式与此略同。综观上面诸说,"用肇造我区夏"一语,如用现代语言来表达,似是承上文说:以文王的德业,开始建造了我华夏地区。

⑫越我一二邦——"越",同金文中的"雩",为"与"、"及"等义。"一二邦",指周王朝统治下的一些分封诸侯。王樵《尚书日记》云:"区夏,指本邦言;一二邦,指邻邦言。""邻邦",指服从周王室的诸邦。

⑬以修我西土——"修",长(《尔雅·释宫》注、《广雅·释诂二》)。"西土",指周族原居地今陕西一带。

⑭惟时怙冒闻于上帝——伪《孔传》和《蔡传》将上句读至"越我一二邦以修"断句,"我西土"以下伪孔点读不明确,《蔡传》则读为"我西土惟时怙冒,闻于上帝"。清人始都读"越我一二邦"断句,"以修我西土"以下,齐召南《尚书注疏考证》始据赵岐注《孟子·尽心篇》读"冒闻于上帝"为一句,江声、王鸣盛、段玉裁从之(段并举《论衡·初禀篇》亦引此句为证),以为"冒"有上进意。戴钧衡以为即"上闻"、"升闻"之义。章炳麟亦从此说而释为"登闻于天"

（此为《酒诰》语）。王引之则读"惟时怙冒"四字一句，以为"怙，大也"，"冒，懋也"，"言其功大懋勉也"（《述闻》）。于省吾云："伪孔训'怙'为怙恃文王之道，王引之读'惟时怙冒'句，训'怙冒'为'大懋勉'，并非。按《君奭》'冒闻于上帝'与此同，则读至'冒'字句绝者非也。'时'读'是'，'怙'即'古'、即'故'。《盂鼎》'古天翼临子'，《师訇簋》'古亡承于先王'，'古'即'故'。从'心'乃晚周时之变体字，如《陈侯因资敦》'唯'作'雖'，《沇儿钟》'怒子'即叔子，《左·僖八年传》宋襄公'兹父'，《公羊》作'慈父'。王鸣盛云：'冒有上进意。''惟时怙冒闻于上帝'者，承上'越我一二邦，以修我西土'，言''惟是之故上闻于上帝'也。"（《尚书新证》）于说是。

⑮帝休——"帝"，上帝。"休"，美，赞美，动词。

⑯天乃大命文王——周初盛为宣扬"文王受命"一事（参看《西伯戡黎》及《牧誓》两篇的"讨论"）。《大传》释此篇云："天之命文王，非哼哼然有声音也。文王在位而天下大服，施政而物皆听，命则行，禁则止，动摇而不逆天之道，故曰'天乃大命文王'。文王受命一年断虞芮之讼。"又《史记·周本纪》："诗人道西伯，盖受命之年称王，而断虞芮之讼。"

⑰殪戎殷——《左传·宣公六年》载赤狄伐晋，晋欲伐之，中行桓子曰："使疾其民，以盈其贯，将可殪也。《周书》曰'殪戎殷'，此类之谓也。"所引与此合。《礼记·中庸》："武王缵大王、王季、文王之绪，壹戎衣而有天下。"郑玄注："衣读如殷，声之误也。齐人言'殷'声如'依'，虞夏商周氏者多矣，今姓有'衣'者，殷之胄与？'壹戎殷'者，壹用兵伐殷也。"（参看《盘庚》"殷"校释）似今文作"壹戎衣"。但段玉裁云："《康诰》'殪戎殷'不必与《中庸》'壹戎

衣'相牵。《佩觿》说《礼》'壹戎衣',郑云'壹当为殪',今郑注无此语。"(《撰异》)按《说文》:"殪,死也。"杜预注:"殪,尽也。"《释诂》:"戎,大也。""殪戎殷"就是灭掉这大殷。戴钧衡说"犹《诗》云'伐大商'也"。(俞正燮《癸巳类稿》据《左传》中行桓子问话,以为:"言不呕呕用兵,狄将可殪。文王不伐殷,殷亦殪也。""殪戎殷如蹜大木,言不可骤也。""今孔传云'杀兵殷',杜《集解》云'以兵伐殷尽灭之',非《书》及《左传》之意。"杨树达《尚书说》则以为:"'殪',当从《记》文作'壹'。'戎殷'犹言'伐殷'。《国语·周语下》云:'吾闻之《太誓故》曰:"朕梦协朕卜,袭于休祥,戎商必克。"'韦注云:'戎,兵也;以兵伐商,必克之也。'此文'戎殷',即彼《太誓故》文之'戎商'。《文侯之命》云:'侵戎我国家纯。'合观三事,知《书》又恒以戎为动字矣。"皆可备一说。)

⑱诞受厥命越厥邦厥民——"诞",语词。"越",与。"厥",其,它的。在此是指殷的。这句是说承受了殷家原有的天命和殷的土地与人民。

⑲惟时叙乃寡兄勖——"惟",语词。"时叙",王引之云:"承叙也。'承叙'者,承顺也。'承'、'时'一声之转。《楚策》'仰承甘露而饮之',《新序·杂事篇》'承'作'时',是'时'与'承'同义。《尔雅》曰:'顺,叙也。'是'叙'与'顺'同义,合言之则曰'时叙'。'百揆时叙',谓百官莫不承顺也。"(《述闻》)按,"叙"有顺次之意,见《淮南子·本经》高诱注,有挨次、接着的意义。"乃",你的。"寡兄",曾运乾云:"寡兄,大兄也。伯邑考卒,武王为大也。'大兄'称'寡兄'者,犹《诗·思齐》适妻称'寡妻',《顾命》大命称'寡命'也。"(《正读》)"勖",勉。此处指大兄所奋勉的。这句是说:现

在你延续你大兄武王所奋勉的任务。

⑳肆——伪《孔传》《蔡传》皆释为"故"。系据《释诂》。按，《诗·绵》《诗·思齐》传及《诗·大明》《诗·抑》笺并云："肆，故今也。"王引之《经义述闻》卷二十六"肆故今也"条云："'肆'，俗作'肆'。'肆，故、今也。'皆字各为义，不当以'故今'二字连读。宋王观国《学林》曰：'《释诂》《释言》皆用一字为训，若以"故今"二字训"肆"字，则非《尔雅》句法。'《康诰》曰'呜呼！肆女小子封'，言'今汝小子封'也。"牟庭则以为当读为"第"，释为"但"（参看《盘庚》校释），其实此字当是无义语词（董琮亦有此说，参看本篇末"肆汝小子封"校释）。

㉑东土——指康叔新受封的卫地，即今河南淇县一带。以周都丰镐来说，地在东方。
以上这一节，叙述由于文王德业，开创了周王朝天下，所以康叔才得封于东土。

王曰："呜呼①！封，汝念②哉！今民将在③！祗遹乃文考④，绍闻衣德言⑤。往敷求于殷先哲王⑥，用保乂民⑦；汝丕远惟商耇成人⑧，宅心知训⑨；别求闻由古先哲王⑩，用康保民⑪。宏于天若德⑫，裕乃身不废在王命⑬。"

①呜呼——今文作"於戏"（见《潜夫论》所引），古文及伪隶古定皆作"乌虖"，一如《盘庚》。既与后代通行体"呜呼"音义全同，今亦不改。

②念——思考，想念。

③今民将在——阮元《校勘记》：“古本民上有‘治’字。”古本指足利本。今内野本、神宫本、松田本、秀圆本及清原家藏本亦有治字，然其他隶古定如薛本则无。以无为是。于省吾云：“朱骏声谓‘将’通‘戕’。按《易·丰·释文》引郑注：‘戕，伤也。’‘在’、‘哉’古并通。言‘今民伤哉’，即文王视民如伤之意。”（《新证》）按“在”与“才”甲骨文、金文中同字，作“十”，可读作“哉”。“将在”即“戕哉”，亦即“伤哉”。

④祗遹乃文考——“祗”，敬（《释诂》）。“遹”，马融云：“述也。”（《释文》）王鸣盛云：“遹，述（《释言》）。彼孙炎注云：‘遹，古述字是也。’”（《后案》）按《大盂鼎》言“遹省先王”，《宗周钟》言“遹省文武”，“遹”有“述”、“循”之意（参看《大诰》“尔丕克远省”校释）。此句是说敬谨地继述遵循着你的父亲的轨范。

⑤绍闻衣德言——“绍”，继（《释诂》）。“衣”，内野本、神宫本作“服”，按，当由伪《孔传》释此句作“继其所闻服行其德言”，因而改“衣”为“服”。段玉裁曾指出日本古写本常因伪传改经文。江声云：“衣当读为殷。”（《音疏》）于省吾云：“衣、殷古并通。《大丰簋》《庚嬴鼎》‘衣祀’即‘殷祀’，《沈子它簋》‘克衣’即‘克殷’。言今民伤哉，敬述汝文考，续闻殷之德言。”（《新证》）

1389

⑥往敷求于殷先哲王——“敷”，《周颂·赉》“敷时绎思”郑笺：“敷，遍也。”《尧典》“敷奏以言”，《史记·五帝本纪》即作“遍告以言”。王引之谓此句：“言遍求殷先哲王之道也。《大雅·抑篇》‘罔敷求先王’，郑笺以‘敷求’为‘广索’，是其义也。”（《述闻》）《番生簋》有“专求不朁德”语。知“敷求”原作“专求”。

⑦用保乂民——"用"，以（《仓颉》）。"保"，安。（《诗·山有枢》传）。"保乂"同《尧典》的"俾乂"。王国维云："彝器中多见'辥'字。……此经典中'乂'、'艾'之本字也。《释诂》：'乂，治也。''艾，相也，养也。'《说文》：'嬖，治也。'……《康诰》之'用保乂民'，《多士》《君奭》之'保乂有殷'，《康王之诰》之'保乂王家'，《诗·小雅》之'保艾尔泼'，即《克鼎》《宗妇敦》《晋邦盦》之'保辥'也。……'辥'兼相、养二义，皆由治义引申，其本意当训为治。"（《释辥》）"用保乂民"，用以保有和治理人民。

⑧汝丕远惟商耇成人——"丕"，不（《潜研堂集》）。"惟"，语词。"商"，殷商。"耇"，老（《说文》）。江声云："商老成人，商之遗贤，若所谓殷献民也。"（《音疏》）此句是说你到那边就和殷商的老成人离得不远。

⑨宅心知训——"宅"，同"度"。《方言》："度，居也。"（参看《尧典》"宅"校释）"宅心"，放在心里。"知训"，知道听取教训的重要。

⑩别求闻由古先哲王——王引之谓"别"通"辩"，遍也。"由"，于也。"别求闻由古先哲王"者，"遍求闻于古先哲王"也，与"往敷求于殷先哲王"文义正合（《述闻》）。并举《周官》"小宰"之"别"，故书作"辩"；"士师"、"朝士"之"辩"，郑司农皆读"别"；"大行人"、"小行人"之"辩"，《大戴礼》并作"别"。而《玉藻》之"辩"，《士相见礼》作"遍"，《乡饮酒礼》之"辩"，今文作"遍"，《舜典》"遍于群神"，《五帝本纪》作"辩"。《乐记》郑注："辩，遍也。"以证"别"与"辩"通用，而"辩"即"遍"。"闻"，当为遗闻、传闻之意。

⑪用康保民——"康"，安（《释诂》），与"保"同义。承上句说，

以使民安乐。伪《孔传》释为"用其安者以安民"。《史记·卫世家》云："周公乃申诰康叔曰：'必求殷之贤人君子长者，问其先殷所以兴，所以亡，而务爱民。'"此为司马迁综括上文"往敷求于殷先哲王"至此句的大意写成。

⑫宏于天若德——《荀子·富国篇》引此句云："《康诰》曰：'宏覆乎天若，德裕乃身。'此之谓也。""宏"下多"覆"字，"于"作"乎"。又"德"字连下句"裕乃身"，似先秦本如此。按《酒诰》有"兹亦惟天若元德"句，《毛公鼎》有"告余先王若德"句，固当读至"若德"为句。郭沫若云："'若'字旧多训为'顺'，今案当训为'其'。《书·召诰》：'我亦惟兹二国命，嗣若功。'王念孙云：'若犹其也。"嗣其功"者，嗣二国之功也。'"（《两周金文辞大系图录考释》）"宏于天若德"，即发扬天之德。另可参看《酒诰》"天若无德"校释。

⑬裕乃身不废在王命——"裕"，足利本、内野本等隶古写本作"裒"，乃裕字异写。薛氏隶古刊本作"裒"，为裒字之讹。《荀子·富国篇》引此句，段玉裁云："宋版本'乃身'之下有'不废在王庭'五字，元刻、近刻皆无之。"（《撰异》）是荀子所见本"命"作"庭"。于省吾云："《尚书》'裕'字凡八见，《康诰》四，《洛诰》二，《君奭》一，《多方》一，旧训'宽裕'，王引之引《方言》训'猷裕'为'遒道'，王静安赞之，盖二千年来无一人能通其读者，经训之湮久矣。按《舀壶》'玄裒衣'，'裒'乃'裒'之变体。《敔簋》有'簋'字，乃地名。足利学隶古定本《康诰》'裕'作'裒'，英伦隶古定本《洛诰》《多方》裕亦作裒。'裕'读'欲'。金文作'俗'或'谷'。《毛公鼎》：'俗我弗作先王忧'，'俗女弗以乃辟函于囏'。'欲'从'欠'，

后起字,本作'谷'。'弘于天若德,裕乃身不废在王命','天若德'即《酒诰》之'天若元德'。或以'裕'属上句读,非是。'在',于也。言弘于天若德,欲汝身不废于王命也。"(《新证》)按金文常言"勿瀍(废)朕命"(如《大盂鼎》《师虎簋》等),此语意与之同。

以上这一节,告诫康叔敬承文王德业,要善于沿用殷代旧政,以安定所统治的殷民。

王曰:"呜呼!小子封,恫瘝乃身^①,敬^②哉!天畏棐忱^③,民情大可见^④,小人难保^⑤。往尽乃心^⑥,无康好逸^⑦,乃其乂民^⑧。我闻曰:'怨不在大,亦不在小^⑨。'惠不惠,懋不懋^⑩。已^⑪!汝惟小子^⑫,乃服惟弘^⑬,王应保殷民^⑭,亦惟助王宅天命^⑮,作新民^⑯。"

①恫瘝乃身——"恫",《孔疏》云:"恫声类于痛,故恫为痛也。""瘝",郑玄(《孔疏》引)及伪《孔传》皆释为"病"。王鸣盛云:"以瘝为病者,郑必作'鳏'也。《释诂》:'鳏,病也。'与鳏寡字同,从'鱼'不从'疒',故《说文》无'瘝'字。后人以其训'病',改从'疒'。《召诰》'智藏瘝在'同,皆非也。"(《后案》)段玉裁云:"按《后汉书·和帝纪》永元八年诏曰:'朕寤寐恫矜。'此用《康诰》文也。章怀太子注云:'《尚书》曰:'恫矜乃身。'孔安国注曰:'恫,痛也。矜,病也。'矜音古顽反。盖唐初本尚作'矜'。可证'瘝'之为俗字矣。或疑《尔雅》郭注引《书》已作'瘝',答曰:郭注瘝字恐是俗改,本作'鳏'也。"(《撰异》)按,瘝,《广韵》作"瘝"。

②敬——通"警",警觉。

③天畏棐忱——《风俗通·十反篇》云:"《书》曰'天威棐谌',言天德辅诚也。"《文选·班固幽通赋》"实棐谌而相训",李善注:"《尚书》曰'天威棐忱'。'谌'与'忱'古字通也。"蔡邕《瑯琊王傅蔡公碑》:"示以棐谌之威。"又《尔雅·释诂》"俌也"郭璞注引《书》曰:"天威棐忱。"由这些知汉今文、古文至晋、唐伪古文"畏"皆作"威",二字同音通用,但古多作"畏",金文中"天威"即作"天畏"(如《盂鼎》"畏天畏")。此处保存用"畏"字,而意义为"威"(参看《皋陶谟》及《大诰》"天明畏"校释,又《微子》"罔畏"校释)。又知汉今文"棐忱"作"棐谌",与《诗·荡》作"匪谌"同。《汉书·燕刺王传》"毋作棐德",师古注:"棐,古匪字也。"《朱子文集》亦云:"棐,本木名而借为匪字。""匪",即"非"(《易·比卦》马注)。"忱"和"谌"的意义为"信"(《诗·大雅·大明》"天难忱斯"毛传),也就是可信、可知等意。"天畏棐忱",在此处是说天威严不可料知,或不可测知(参看《大诰》"棐忱"校释)。《风俗通》及伪《孔传》《蔡传》皆释"棐"为"辅",释"忱"为"诚",都不正确。

④民情大可见——"大",语词,用于强调语气。戴钧衡云:"天德棐忱,天之意不可得而见也,征之民情而可见。"(《补商》)于省吾云:"按'性'、'情'等字皆东周以后所滋衍,'性'本作'生',《蔡姞彝》'弥厥生',即《诗》之'俾尔弥尔性'。'情'、'静'古通。《广雅·释诂》:'情,静也。'《礼记·表记》'文而静'注:'静或为情。'下文'今惟民不静',《大诰》'民不静',是'民静'、'民不静'乃古人语例。'大',语词。'天畏棐忱',《风俗通》引作'天威棐谌',言不可信于天之威,惟可见于民之安也。"(《新证》)是说人民的安静

与否是很容易见到的,意在引起对"民静"、"民不静"的注意。清牟庭也指出这点,他说:"《老子》曰:'天之所恶,孰知其故;人之所畏,不可不畏也。'文自此经脱出,惟老子深得周公意,而注疏家莫能明也。"(《同文尚书》)也说此数句是讲天意不可知,而民意不可不注意。

⑤小人难保——"小人",小民。"保",《唐石经》缺损,刊本、写本不误。其义为安(见上文),是动词,有安定、安抚等意。此句就统治者立场说小民难于安抚。

⑥往尽乃心——"往尽"二字唐石经缺损,刊本、写本不误。皮锡瑞云:"《今文尚书》作'往悉乃心'。"并引《汉旧仪》所载神爵三年《丞相初拜策》、五凤二年《御史大夫初拜策》皆曰"往悉乃心",又《史记·三王世家》封燕、齐、广陵三册皆曰"悉尔心",《汉书·董贤传》封董贤策曰"往悉尔心",《故国三老袁良碑》曰"往悉乃心",及其他汉人文章皆多作"悉心"以为证。《释诂》:"悉,尽也。"是二字同义。

⑦无康好(读去声)逸——《唐石经》及各刊本"逸"下有"豫"字,在其前各隶古写本如内野本、清原家藏本等则作"逸裒(裕)"。《史记·三王世家》载《立广陵王策》作"毋侗好佚",《汉书·武五子传》载《广陵王赐策》作"毋桐好逸"。皆四字为句,无"豫"字。俞樾云:"经文'豫'字,衍文也。《传》以'自安'释'康'字,以'逸豫'释'逸'字,非经文有'豫'字也。……《枚传》遇'逸'字每以'逸豫'释之。"并举《酒诰》"不敢自暇自逸"、《无逸》"君子所其无逸"、"生则逸"、《多方》"有夏诞厥逸"等逸字皆释作"逸豫"为证,因谓:"经文只言'逸',不言'逸豫'也。此经'豫'字即涉传文而误

衍耳。《汉书·武五子传》'毋桐好逸',盖'康'声转而为'空',与'同'声相近,故《古文尚书》作'康',《今文尚书》作'桐'也。然则'逸'下无'豫'字有明证矣。"(《平议》)其言是,今据删"豫"字。《史记·三王世家》褚少孙补云:"无长好佚乐驰骋弋猎淫康。"《汉书·武五子传》注云:"应劭曰:'无好逸游之事迩近小人也。'张晏曰:'桐音同。'师古曰:'桐音通,轻脱之貌也。'"段玉裁谓《广陵王策》所引"疑即《康诰》'无康好逸豫'之异文,盖《今文尚书》也"(《撰异》)。陈乔枞云:"侗、桐古通用字,如'倥侗'亦作'空桐',是其验已。据褚少孙释'毋侗好'为'无长好',则'侗'有'长'之训谊矣。"(《经说考》)

⑧乃其乂民——此四字《唐石经》缺损,刊本、写本不误。"乂",今文或作"艾",《史记·三王世家》载《立广陵王策》"保国艾民"即用此句,"乂"、"艾"皆为金文中"辥"字的后起字,其本义为治(王国维说)。吴澄《书纂言》:"汝往就国,当尽汝之心,毋自安而好逸豫,乃可以治民。"是"乃其乂民"意为"乃可治民"。王引之谓"'其'与'乃'同意,故又以'乃其'连文",意仍为"乃",并举本句证(《释词》五)。但就此处文气来看,似作"乃可"更妥(戴钧衡亦释"乃可")。

⑨怨不在大亦不在小——"大亦不在小"五字《唐石经》缺损。又"不"字隶古定本皆作弗。此句是说引起人们怨恨的事不在其大小,而在其性质。《国语·晋语》载知伯国(《说苑》作"智果")谏知襄子云:"《周书》有之曰:'怨不在大,亦不在小。'夫君子能勤小物,故无大患。"告诫统治者要从小事方面都注意,才能不发生大患。

⑩惠不惠懋不懋——后一"懋"字《唐石经》缺损。《左传·昭公八年》子期对陈桓子引此云:"《周书》曰'惠不惠,茂不茂',康叔

所以服弘大也。"段玉裁云："古'懋'、'茂'通用。"(《撰异》)按，《尔雅·释训》《说文·心部》："懋，勉也。"又《释诂》："茂，勉也。"故二者通用。惟"惠"字则历代有释"爱"(据《释诂》)、释"顺"(据《释言》)二说，遂形成对此两句的不同解释。

用惠爱意义者，如《左传·昭公八年》杜预注："言当施惠于不惠者，劝勉于不勉者。"宋吕祖谦承此说云："当惠所不惠，如鳏寡孤独，人所易虐，能抚摩之，是惠所不惠也。懋所不懋，纤悉微小，人所易忽，能力行之，是懋所不懋也。所以然者，正以为弭怨之道也。"(《东莱书说》)其后金履祥《尚书表注》、陈栎《书传纂疏》、牟庭《同文尚书》、朱骏声《尚书古注便读》、戴钧衡《书传补商》等皆申此义，把前一"惠"字作为动词。宋末吴澄则把它作为所行的"惠爱"，其《书纂言》云："汝之德虽已惠爱于人，犹自以为不惠；虽已懋勉于己，犹自以为不懋；歉然不自足，惟恐失民之心，如此庶可使人无怨也。"又《书传纂疏》引吴氏曰："惠鲜鳏寡，惠所不惠也；克勤小物，懋所不懋也。如是则可无怨。"

释"惠"为"顺"之说，则成为本文的正统解释。伪《孔传》云："言怨不可为，故当使不顺者顺，不勉者勉。"其后唐孔颖达、宋林之奇、陈经、朱熹、蔡沈、明王樵、清江声、王鸣盛、孙星衍、黄式三等人都持释"顺"之说，大多数如《孔传》所释，以"顺"为动词，意为顺其不顺者，勉其不勉者。也有提法不同的，如林之奇云："当顺而不顺，当勉而不勉，皆致怨之道，盖治国者，必顺于人而勉于己。"(《全解》)朱熹也提到两种说法："'顺其所不当顺，勉其所不当勉'，也通；'当顺者不顺，当勉者不勉'，此说长。"(《书传辑录纂注》引)王樵则云："怨不在事之大，亦不在事之小，惟在顺理不顺理，勉行不

勉行耳。"(《尚书日记》)

清季吴汝纶另提出一说法云:"'惠',微也。'茂',盛也。微者吾不微之,盛者吾不盛之,乃弭怨之道。"(《尚书故》)

所有这些纷歧说法都可以说得通。我们从《左传》所记春秋时期对此语的用法,以为杜预的解释较近原义,王鸣盛也说:"时殷乱定,尚多反侧,故戒以民怨无恒,宜服以宽大,与子旗语情事正合。"(《后案》)所以采用杜说。

⑪已——此字《唐石经》缺损。字与《大诰》"已"字同,叹词。段玉裁云:"以《大诰》例之,知《今文尚书》作'熙'。"(《撰异》)按,王莽《大诰》此字作"熙",师古曰:"叹词。"段玉裁以为即今之"嘻"字。

⑫汝惟小子——此四字《唐石经》缺损,各本不缺。"惟",同"虽"(王氏《释词》)。孙诒让云:"言'汝虽小子'。此篇凡云'汝惟小子','惟'疑并当为'虽'之假借字。《召诰》云:'有王虽小,元子哉。'"(《尚书骈枝》)

⑬乃服惟弘——此四字《唐石经》缺损,各本不误。"乃",你的。"服",官位、职事、职务(参看《盘庚》"先王有服'及《大诰》"大历服"校释)。此句是说:"你的职务很重大。"段玉裁谓《左传》"康叔所以服弘大也"与"文王所以造周也"两句文法正同,皆隐括之法。"造周"即经文"肇造我区夏","服弘大"即经文"乃服惟弘"(《撰异》)。王国维云:"'乃服','服'训事,言汝之职事也。以冒下文三事:弘王应保殷民,一事也;助王宅天命,二事也;助王作新民,三事也。"(《观堂学书记》)

⑭应保殷民——"殷民"二字《唐石经》缺损,各本不误。王引

之据《广雅》云：“应，受也。”并举《周颂·赉》《左传·襄公十三年》《逸周书·祭公》皆有“应受”之文，证“应”与受同义。又据《天问》“鹿何膺之”王注“膺，受也”，证“膺”与“应”同。谓“应保”即《周语》“膺保明德”的“膺保”。又因声近同于《临·象传》的“容保”，《洛诰》的“承保”，都同于《士冠礼字辞》的“受保”（《经义述闻》）。这句是说“接受和保有殷民”（参看《盘庚》“承保”校释）。“殷民”指《左传·定公四年》所说封给卫康叔的“殷民七族”，也就是留居在“卫”地（即原纣都朝歌）亦即“殷”地的所谓殷“余民”。

⑮宅天命——《蔡传》：“安定天命。”

⑯作新民——《礼记·大学》引云：“《康诰》曰：‘作新民。’”是说把殷遗民改造作育成为新的人民。

以上这一节，强调指出人民是不容易统治的，谆谆告诫康叔小心谨慎，认清自己任务的重大，要善于用怀柔手段进行统治，改造殷人为“新民”（旧注疏家说这一节讲的是“明德”）。

王曰：“呜呼①！封，敬明乃罚。人有小罪，非眚②，乃惟终③，自作不典④，式尔⑤；有厥罪小⑥，乃不可不杀⑦。乃有大罪，非终⑧，乃惟眚灾⑨，适尔⑩，既道极厥辜⑪，时乃不可杀⑫。

①呜呼——《潜夫论·述赦篇》引作“於戏”。此二字今文、古文、伪古文异体情况一如《盘庚》，今亦沿用后代通行体不改。其下句“敬明乃罚”，郭店楚简《缁衣》篇引此四字全同，知此篇文字在先秦之通行。

②非眚——《潜夫论·述赦篇》引作"匪省",是今文。《释文》:"'眚',本亦作'省'。"段玉裁云:"古'省'、'眚'通用。"(《撰异》)按《洪范》"王省惟岁",《宋世家》亦作"眚"。于省吾云:"金文'省'作,'眚'作,二字通用。《䚡攸比鼎》'王命眚','眚'即'省'。《尔雅·释诂》:'省,察也。'"(《新证》)

③乃惟终——《潜夫论》引此句,并释为"乃欲终身行之"。于省吾云:"'终',谓终此不改。"(《新证》)《尧典》作者袭用此处,以"怙终"二字完足语意,王先谦释为"言有恃而终不改过者"(《孔传参正》),意为"怙恶不悛"(恃恶不改),做坏事一直做到底。

④自作不典——伪《孔传》释作"自为不常",系据《释诂》"典、法,常也"。金履祥释"不典式"为"不法"(《书经注》)。江声则释"自作不典"为"自为不法"(《音疏》)。朱骏声、吴闿生、于省吾等皆从之。黄式三则释作"不经",俞樾谓"典"读为"腆",《仪礼》郑注"腆,善也",因释为"自作不善"(《平议》)。此处谈"明法",释为"自作不法"较合。

⑤式尔——《潜夫论·述赦篇》引作"戒尔",形近致误。"式",用(《释言》)。"尔",如此(《释词》)。江声释此句为"故用如此",释下文"适尔"为"适然尔"(《音疏》)。王鸣盛承其说云:"'式尔'者,故用如此。'适尔'者,适然如此。"(《后案》)吴闿生则谓:"式尔,常然也。""适尔,偶然也。"(《写定尚书》)大抵诸家之说谓"式尔"是故意常犯罪,"适尔"是偶然误犯罪。

⑥有厥罪小——"厥",隶古写本如内野本作"亓"(其),然薛本仍作厥的古文"牸"。《尔雅·释训》:"有,虽也。"此句意为"虽其罪小"。裴学海亦有此说。曾运乾《正读》云:"'有厥罪小',语

倒,犹云'有厥小罪'。"于省吾则释为"惟尔误以其有罪小"。

⑦乃不可不杀——王引之云:"乃,转语词也。"(《释词》)裴学海云:"与口语之'却'同。"(《虚字集释》)

自"人有小罪"至此七句,《尧典》隐括之为"怙终贼刑"一语。汉代今文说的《潜夫论·述赦篇》则释此七句为:"言恶人(原作"恐人",从段玉裁校)有罪虽小,然非以过差为之也,乃欲终身行之,故虽小不可不杀也。何则?是本顽凶,思恶而为之者也。"汉代古文说的郑玄注则云:"怙其奸邪,终身以为残贼,则用刑之。"(《五帝本纪集解》引)《孔疏》据《孔传》申释云:"人有小罪,非过误为之,乃惟终身自为不常之行,用犯汝,如此者有其罪小,乃不可不杀,以故犯而不可赦。"近人于省吾则云:"言人有小罪,不知省察,乃终不改,是自作不法,惟尔误以其有罪小,乃不可不杀也。"(《新证》)于说采用金文用法,义自较长。

⑧非终——《潜夫论》引此后,释为"非欲以终身为恶"。于省吾则释为"非终不改者"(《新证》)。

⑨乃惟眚灾——《潜夫论·述赦篇》引作"乃惟省哉",也是今文。孙星衍谓"省哉"当为"省裁"(《孙疏》)。陈乔枞谓灾,古作"裁",与"哉"通(《经说考》)。俞樾云:"《潜夫论》引作'乃惟省哉',当从之。上文云'非眚乃惟终','眚'下无'灾'字,则此文宜亦无'灾'字也。'乃惟眚哉'与《洛诰》'乃时惟不永哉'文法正相近。'哉'、'灾'声相近因而致误耳。"(《平议》)

⑩适尔——苏轼《书传》释为"适会其如此"。《蔡传》释为"偶尔如此"。清儒释为"适然如此"(见校释⑤)。于省吾云:"適,金文作啻,不从'辵'。《师酉簋》'嗣乃祖啻官',《陈逆簠》'余陈趄子

之啻孙'，'啻'即'嫡'。《刺鼎》'王啻，用牲于大室'，'啻'即'禘'。《买簋》'皇祖啻考'，'啻考'即《窦鼎》之'帝考'。是可为'啻'、'嫡'、'禘'、'帝'古通之证。此'適'字应读为《无逸》'不啻不敢含怒'之'啻'。《孟子》'岂適为尺寸之肤哉'。'岂適'，'岂啻'也。"详《经传释词》"'啻'、'但'声之转"（《新证》）。

⑪既道极厥辜——《潜夫论·述赦篇》引此"辜"作"罪"，为同义字，段玉裁谓是今文。此句伪《孔传》释为"汝尽听讼之理，以极其罪"（焦循谓此"以'尽'字解'既'字，以'听讼之理'解道字"，见《尚书补疏》）。林之奇释为"既自以为有罪云耳"（《全解》）。《蔡传》释为"既自称道，尽输其罪，不敢隐匿"，江声《音疏》释为"既开导之，极尽其辜状也"。皆有望文生义之嫌。章炳麟谓"道即自首之首，谓自首尽其罪状也"（《拾遗定本》）。杨筠如谓"道"与"终"古通，举《君奭》"其终"今文作"其道"为证，而"终"与"极"同义，为"尽"之意（《核诂》）。于省吾则云："'道'应作'迪'，《君奭》'我道惟文王德延'，马本'道'作'迪'，前人以'迪'训'蹈'，与'道'同义，遂改'迪'为'道'也。'迪'，用也。'极'，金文作'亟'。'极'、'殛'古通。《多方》'我乃其大罚殛之'。《释文》：'殛'，本又作'极'。英伦隶古定本亦作'极'，谓责罚也。下文'爽惟天其罚殛我'可证。"故释此句为："既已用责罚其辜。"（《新证》）今取于说。

⑫时乃不可杀——《潜夫论·述赦篇》引此句"乃"作"亦"，段玉裁谓亦今文。裴学海释此句为"此却不可杀"（《虚字集释》）。

自"乃有大罪"至此六句，《尧典》作者隐括为"眚灾肆赦"一语，汉代今文说的《潜夫论·述赦篇》则释此六句为："言杀（段云："误字"）人虽有大罪，非欲以终身为恶，乃过误尔，是不杀也。若此者,虽曰赦之可也。金作赎刑,赦作宥罪,皆谓良人吉士时有过误不幸蹈离者尔。"汉代古文说如郑玄注则云:"眚裁,为人作患害者也。过失虽有害,则赦之。"(《五帝本纪集解》引)《孔疏》申释伪《孔传》意云:"若人乃有大罪,非终行之,乃惟过误为之。以此故,汝当尽断狱之道,以穷极其罪,是人所犯,乃不可以杀,当以罚宥论之,以误故也。"近代于省吾阐释云:"乃有大罪,非终不改者,乃惟自知省察,罪虽大,但尔既已用责罚其辜,知其非终不改,是乃不可杀也。"今采用于说。

以上"人有小罪"和"乃有大罪"两段合成一完整的"慎罚"观点(据《孔疏》语),王充《论衡·答佞篇》已提出此点。该文说:"故曰:'刑故无小,宥过无大。'(此"佚书"语。伪《大禹谟》曾收入)圣君原心省意,故诛故贳误;故贼加增,过误减省。"王符《潜夫论》承其说,已见上文。汉代流传的《鬻子·慎诛篇》说:"昔者鲁周公使康叔往守殷,戒之曰:与杀不辜,宁失有罪。无有无罪而见诛,无有有功而不赏。戒之封,诛赏之慎焉。"显然也是引本段而稍变其意。《孔疏》申伪孔意,亦言"原心定罪,断狱之本"。宋人仍基本承此说,如林之奇云:"此盖所以原情而定罪也。"(《全解》)朱熹云:"此宥过、刑故之意。"(《尚书纂传》引)明王樵也说:"此章即《虞书》'眚灾肆赦,怙终贼刑','宥过无大,刑故无小'之意。"(《尚书日记》)于省吾则指出旧说之误,其《新证》云:"约言之,小罪不知省改,可杀也;大罪能知省改,不可杀也。旧训'眚'为'过',于义未能调适。夫大罪嘉其能改,非谓其改乃变为过也。以有心为罪,无心为过,乃后起之义。宋人理学所由傅会也,乌可以训经。"

以上这一节,主要讲如何运用刑法来进行统治,强调按认罪态度的好坏来决定处刑的轻重（《孔疏》说这一节讲的是"慎罚"，其实下面的四段话也都与"慎罚"有关）。

王曰："呜呼！封，有叙时^①，乃大明服^②，惟民其敕懋和^③。若有疾，惟民其毕弃咎^④。若保赤子，惟民其康乂^⑤。非汝封刑人杀人，无或^⑥刑人杀人；非汝封又^⑦曰劓刵^⑧人，无或劓刵人^⑨。"

①有叙时——伪孔及《蔡传》皆读"有叙"断句；"时"训"是"，属下句。江声据《左传·僖公二十三年》及《荀子·富国篇》皆引下句作"乃大明服"，以为"时"字不属下而连"有叙"为句（见《音疏》），今从之。俞樾云："'有叙时'三字文义难明，上文曰'越厥邦厥民，惟时叙'，下文曰'乃汝尽逊，曰时叙'，疑此文亦当作'有时叙'而误倒之耳。"（《平议》）按，王引之释"时叙"云："时叙者，承叙也。承叙者，承顺也。"（见前"惟时叔"校释）是此处亦"承顺"意。

②乃大明服——《左传·僖公二十三年》云："《周书》有之，'乃大明服'。已则不明，而杀人以逞，不亦难乎。"《荀子·富国篇》云："诚乎上，则下应之如影响，虽欲无明达，得乎哉？《书》曰：'乃大明服。'"杨倞注："言君大明以服下。"由先秦这些说法，可知这句连上句是说，你如能承顺于前述原则去运用刑法，就能表示你是很明正的，使人民心服于你。由上文"乃服惟弘"校释，"服"为职务、职事。故杨筠如释此为："明服，谓明其职事也。"原合文义，然自春秋以来周人解释皆如上所引，故从周人说。

③惟民其敕懋和——"惟"，裴学海谓此字同"则"（见《虚字集

释》,以为"惟"训"则",与"为"训"则"同)。《荀子·富国篇》引此句连下句"若有疾"作"惟民其力懋和而有疾"。"敕"作"力"。段玉裁云:"古音'力'、'敕'同部。"(《撰异》)《释诂》:"敕,勤也。""力"亦有用力甚勤之义,二字通用。"若"作"而",则《荀子》误,段玉裁谓"而,若双声",当以声近致误。"若有疾,惟民其毕弃咎",与"若保赤子,惟民其康乂",为并列句。《荀子》既误连"若有疾"于本句,又误读其字。杨倞注《荀子》此句云:"言君大明以服下,则民勉力为和调,而疾速以明效上之急也。"前一句的解释是对的,后一句则是跟着《荀子》而误。

④若有疾惟民其毕弃咎——"若",《荀子·富国篇》误作"而",已见上。"毕",孙诒让云:"古者攘除疾病,盖或谓之'毕'。《月令·季春》:'命国难(傩),九门磔攘以毕春气。'郑注引《王居明堂礼》曰:'季春出疫于郊,以攘春气。'是《月令》之'毕'即《逸礼》之'出疫'。……《康诰》亦云'若有疾,惟民其毕弃咎'。'毕弃咎',即攘除弃去疾病也。"(《尚书骈枝》)杨树达云:"孙说当矣,而不言'毕'之本字。'毕'当读为'袚'。《说文·示部》云:袚,除恶祭也。经言'弃咎',正谓'除恶'。"(《尚书说》)"咎",疾(《释诂》)。这是说:像有疾病一样,人们就以祭禳去驱除它。

⑤若保赤子惟民其康乂——"赤子",婴孩。《孔疏》:"子生赤色,故言赤子。""惟",裴学海亦读为"则"。内野本、神宫本脱"其"字。"康",安,保。"乂",治。"康乂",与上文"保乂"义相近。这是说:像抚养婴孩一样地关怀人民,人民就会因安乐而被治理得很好。

王鸣盛云:"此节三段皆主用刑,而言以大明服人,民自敕勉;

去恶如去疾,民自弃恶;民犯法如赤子无知,吾保救之,推心而中,其欲民自安治,虽用刑而不专于刑也。"其"赤子"句系用《孟子·滕文公上》"赤子匍匐将入井,非赤子之罪也"句义,其说可备一解。

⑥无或——"或",为不定指的代词,和"谁"、"某"用法略相近。"无或",没有谁,没有什么人。

⑦又——通"有"。戴钧衡《补商》引朱熹释"非汝封刑人杀人"四句后,说:"今由朱子之意推之,'又'读曰'有'。……非汝封有曰劓刵人,则无或敢劓刵人也。"俞樾《平议》亦谓"'又'读为'有'"(但他的解释则是错误的)。章炳麟则据《魏石经》校云:"又,石经古文'有'字如此。"并释云:"非汝封刑杀人,非汝封有言劓刵人,他人无得擅为之。"(《拾遗定本》)

⑧劓刵——伪《孔传》:"'劓',截鼻。'刵',截耳。"《孔疏》:"'劓'在五刑为截鼻,而有'刵'者,周官五刑所无,而《吕刑》亦云'劓刵',《易·噬嗑》'上九'云:'何校灭耳。'郑玄以臣从君坐之刑,孔意然否未明,要有刵而不在五刑之类。"王引之云:"古人唯军战斩馘断耳以献,其于刑法则否。《吕刑》五刑但有'墨、劓、剕、宫、大辟'。《秋官·司刑》同,而'剕'作'刖'。《掌戮》'墨、劓、宫、刖'之外,有'髡'而无断耳之刑。《左氏春秋传》言'刖'者五,言'劓'者一,《初学记·政理部》引《慎子·说刑》有'黥、劓、刖、宫',无言'刵'者。……'何校灭耳'者,耳为校所灭没,非谓断耳也。不足为'刵'字之证。'刵'当作'刖',字形相似而误也。《困》'九五''劓刖'虞翻注曰'割鼻曰劓,断足曰刖',正与《康诰》'劓刖'同义。扬雄《廷尉箴》曰:'有国者无云何谓,是刖是劓。'即本于《康诰》也。郑注《康诰》曰:'臣从君坐之刑。'则字当作'刖',盖偤二

康诰

1405

十八年《左传》'刖鍼庄子',正是臣从君坐之刑也。《吕刑》'刵劓'亦'刖劓'之讹。《说文》'馘'字注引《书》曰'刖、劓、斀、黥',是许氏所见本正作'刖'也。"(《述闻》)段玉裁驳之云:"窃谓此《说文》字误耳,不得据误改经。《尚书大传》曰:'决关梁,逾城郭,而略盗者,其刑膑。'郑注《周礼》《孝经》皆用之。则自有犯条,不得以'臣从君坐之刑'释'刖'也。'臣从君坐',此必郑氏说《周易》语,今不得其详矣,不当证以《左氏》也。《康诰》《吕刑》皆有'刖',不得云古无刖刑。"(《撰异》)陈乔枞云:"安知郑非据《今文尚书》说以注《易》乎。'刖'字《今文尚书》惟见于此篇,《吕刑》之'刵、劓、斀、剕',三家今文为'膑、宫、劓、割、胹、庶、剕',与《古文尚书》不同。"意同王氏之说。章炳麟则说:"刖于《周官》五刑无有。此书明言用殷罚,不得以周制绳之。"王说周制似有据,此为承殷制,则段、章之说可从。参以后代落后民族酷刑,不能说古代无刖刑。

⑨非汝封刑人杀人无或刑人杀人非汝封又曰劓刖人无或劓刖人——伪《孔传》《孔疏》释此四句缴绕不清,宋王安石始释之云:"非汝所刑杀,乃天讨有罪,汝无或妄刑杀人也。"并将第三句乙正为"又曰非汝封劓刑人"。苏轼则以第三句"非汝封"连读于第二句,而第三句只"又曰劓刖人"五字。其说云:"刑人杀人者,法也,非汝意也。虽非汝意,然生杀必听汝,不可使在人也。至于劓刖人,则曰非汝独生杀也,劓刖亦如之。"林之奇赞同苏氏之说(以上并见《尚书全解》)朱熹则云:"此但言非汝封刑人杀人,则无或敢有刑人杀人者,盖言用刑之权止在康叔,不可不谨之意耳。"(《朱子语类》卷七九)元吴澄承其说。但朱的门徒蔡沈却全用王安石之说。江声则承王前二句之说。俞樾则承用苏轼句读,而提出自己解释

云："言非汝封手自刑人、手自杀人也,然凡刑人杀人无非汝封,为政不可不慎也。"（《平议》）戴钧衡、章炳麟则从朱熹说（见上校释⑦）。于省吾根据金文提出："按'又曰'读'有曰'。《毛公鼎》：'䎽自今出入敷命于外,厥非先告父厝,父厝舍命,毋有敢惷敷命于外。'《蔡簋》：'厥有见有即命,厥非先告蔡,毋敢庆,有入告女,毋弗善效姜氏人,勿事敢有庆。'两段铭文与此文法相仿。"（《新证》）杨树达云："言此者,盖意在表上任之专,或者戒以预防左右之假借威福欤?"（《尚书说》）金文所反映的是西周观点,证明朱熹的说法是正确的,现采用朱说。

　　以上这一节,强调要使人民感到你用法的严明公正,同时要自己紧紧控制住用法之权。

　　王曰："外事①,汝陈时臬司②,师兹殷罚有伦③。又曰：要囚④,服念五六日⑤,至于旬时⑥,丕蔽要囚⑦。"

　　①外事——陈大猷云："上章概言用刑,此章专言卫国之刑,故以'外事'别之,犹下文言外庶子,外正也。"（《书传纂注》引）江声云："外事,听狱之事也。听狱在外朝,故曰'外事'。《周礼·朝士》掌建邦外朝之法。……是外朝为听狱之处,故郑于《地官·稿人》注云：'外朝,司寇断狱蔽讼之朝也。'此经言听狱而云外事,明是以其在外朝而谓之外事也。"（《音疏》）王引之云："《说文》'事,职也',故官之职谓之事。外事,外土之奉职者,谓康叔为司寇。"（《述闻》三）杨筠如综合诸说云："外事与外正同,下文'越厥小臣外正','正'与'事'皆谓官也。《酒诰》'有正有事',又曰'允惟王

正事之臣',皆以'正'、'事'并举。按'正',《释诂》:'长也。''事'与'吏'古同字。……《诗》'三事大夫',《逸周书·大匡解》作'三吏大夫',注:'三卿也。'以三卿之尊,亦通称为'事'。其他如言'御事',亦谓执政之臣。此'外事',王呼康叔也。《周礼》郑注:'外朝,司寇断狱蔽讼之朝也。'康叔为司寇,故王以'外事'呼之。"(《核诂》)"外事"作为对康叔的一个称呼,依他所处岗位来这样称他是有可能的,但究出于推定,而无史料确据,现暂依江声说为释。

"外事"旧的解释非常纷歧。伪《孔传》释为"外土诸侯奉王事"。《孔疏》谓"外土以狱事上于州牧之官"。至宋王安石以正德为内事,正法为外事。苏轼亦"德为内,政为外",林之奇以"司寇之事,内事也。外事者,卫侯之事也"(并见《尚书全解》)。吕祖谦《书说》、陈经《详解》等皆从林说,陈大猷说亦从此出。《蔡传》本谓"外事,未详",但又采陈氏说为"外事,有司之事也"。金履祥据此释为:"狱之未成,在有司而未达于康叔者。"(《书经注》)吴澄则谓"外事,都邑之事。……公邑、家邑、小都、大都,在方四百里外者为野。……野之狱讼各有大夫士自治其事,不属国中。故曰外事"(《书纂言》)。都是望文生义。

②汝陈时臬司——"陈",列(《周礼·掌客》郑注)。时,是(《释诂》)。臬,法。(《小尔雅·广诂》,又《孔疏》:"臬为准限之义,故为法也。"《音疏》据《说文》云:"臬者,射准的,以譬法也。")"司",伪《孔传》《蔡传》皆属下句,黄式三云:"'汝陈时臬司',句。'臬司',法吏也。"(《启幪》)王国维亦云:《孔传》读'司'字下属,案下文云'汝陈时臬事,古'司'、'事'二字通用(《诗·小雅》"择三有事",《毛公鼎》云"粤三有嗣"),则'臬司'即'臬事'。孔读失

之。"（《与友人论诗书中成语书二》，又《观堂学书记》略同）。于省吾云："王说是也。《扬簋》'眔工事'，'事'，又一器作'司'，可资佐证。"（《新证》）此句是说你要安排好这司法人员。

③师兹殷罚有伦——"师"，动词，意为效法、学习、照样做。"兹"，此。"罚"，同音假借为"法"。"伦"，理，条理。《孔疏》云："卫居殷虚，又周承殷后，刑书相因，故兼用其有理者。"王鸣盛云："《荀子》卷十六《正名篇》云：'后王之成名，刑名从商，爵名从周。'杨倞注云：'后之王者有素定成就之名，谓旧名可法效者，商之刑法未闻，《康诰》曰"殷罚有伦"，是言殷刑之允当也。'据此，则命康叔师殷罚，不但因其国俗，亦以殷刑最允故也。"（《后案》）

④又曰要（读平声）囚——"又曰"，参看上文"又"字校释。"要囚"，伪《孔传》云："谓察其要辞以断狱。"夏僎云："要囚，乃要勒拘囚之也。"（《书详解》）陈大猷云："然'要囚'《书》有四处，《康诰》二，《多方》二，若如夏说，'要勒拘囚之'，其文固顺，以之说其他三处'要囚'则不协，盖夏氏只将'要囚'二字作连绵字说去，恐无所据。"（《书集传或问》）邹季友云："要囚二字，两见此章，两见《多方》篇，孔、蔡于此章皆释为狱辞之要。孔氏《多方》篇前释为要察狱情，后释为执其朋党，蔡氏《多方》篇皆无释，然《多方》篇两章文义，皆难同此章孔、蔡之释。按《孔传》末章囚执之说甚当。盖要字读为平声，有约勒之义，谓系束拘挛之也。《周礼·掌囚》注云：'囚，拘也。拘系当刑杀者……以待蔽罪'，正此义也。"（《书传音释》）王国维云："按'要囚'即'幽囚'，古'要'、'幽'同音。《诗·豳风》'四月秀葽'，《夏小正》作'四月秀幽'。《楚辞》《湘君》《远游》之'要眇'，《韩非子·七》之'要妙'，亦即'幽眇'、'幽妙'也。

《传》以为'察要辞'者,失之。"(《观堂集林》初刊本自作眉批。见《国学月报·王静安先生专号》)又云:"考'要囚'为古之成语,《多方》'要囚殄戮多罪',又云'我惟时其战要囚之'。'要囚'与'殄戮'与'战'相偶为文,其义盖可略知。"(《观堂学书记》)以夏僎、邹季友、王国维三氏之说为近是,"要囚"即"幽囚",就是监禁犯人。

⑤服念五六日——于省吾云:"伪传训'服'为'服庸',孙星衍训'伏',按'服'亦念也。《关雎》'寤寐思服',《传》:'服,思之也。''思服'与'服念',皆古人两字一训之例也。"(《新证》)

⑥旬时——殷代历法,一月分三旬。周初用一月四分法,见本篇第一句。本文告诫康叔要善于承用殷制,分旬即殷制。可能"又曰"以下关于"要囚"的几句,即是引述"有伦"的"殷法"中的原句。又一年分四时,从《尧典》"四仲中星"材料基本反映殷末周初天象(竺可桢说),知至迟到其时已分四时,但甲骨文中是否有春、夏、秋、冬尚未论定。一般以为只有春、秋二时,到周代才确分四时,此处"时"字总之是指时季之意(但黄河下游四季分明,不容不反映到生活中)。

⑦丕蔽要囚——"丕",在此同"乃",即王引之《释词》所说的"承上文"的语词。"蔽",断,决断。见《左传·昭公十四年》记邢侯与雍子争田,叔鱼"蔽罪邢侯"。杜注:"蔽,断也。"又《国语·晋语》"蔽狱之日,叔鱼抑邢侯"韦注:"蔽,决也。"故伪《孔传》《蔡传》并释"蔽"为断。牟庭谓"古之言'蔽',即今言'批断'之'批',古今语同而字变耳"(《同文尚书》)。此字在《周礼》作"弊"。(见大宰"以弊邦治"、小宰"弊群吏之治",郑玄并注云:"弊,断也。"王鸣盛《后案》云:"《说文》无'弊'字而有'蔽'字,'弊'即'蔽'也。")《周

礼·小司寇》:"以五刑听万氏之狱讼,附于刑,用情讯之,至于旬,乃弊之。"郑玄注:"十日,乃断之。"下文接叙:《乡士》"辨其狱讼,异其死刑之罪而要之,旬而职听于朝";《遂士》"二旬而职听于朝";《县士》"三旬而职听于朝";皆"司寇听之,断其狱,弊其讼于朝";《多士》"三月而上狱讼于国,司寇听其成于朝"。仿佛周代司法审判制度和本文此段所讲的基本一致,其实《小司寇》等那些职文,显然是《周礼》作者援据《康诰》之文加以缘饰写成的(金履祥谓"外事"是未成而未达于康叔之狱,"要囚"是已成而已达于康叔之狱。可备一说)。

以上这一节,具体指出效法运用殷代法律应持的慎重精神。

王曰:"汝陈时臬事①,罚蔽殷彝②,用其义刑义杀③,勿庸以次汝封。乃汝尽逊,曰时叙,惟曰未有逊事④。已!汝惟小子,未其有若汝封之心⑤,朕心朕德,惟乃知⑥。凡民自得罪⑦,寇攘奸宄⑧,杀越人于货,暋不畏死,罔弗憝⑨。"

①汝陈时臬事——同上文"汝陈时臬司"。

②罚蔽殷彝——"彝",常(《释诂》),法(《周礼·司尊彝》注)。伪《孔传》释此句云:"其刑法断狱,用殷家常法。"江声亦释云:"汝陈是法以从事于罚,断以殷之常法。"(《音疏》)

③义刑义杀——"义",宜(《诗·荡》传、《释名》),适宜、合理。意即正当的刑杀。刘逢禄《集解》释为"议刑议杀",作动词。吴汝纶《尚书故》释为"善刑善杀",作形容词,各可备一说。

④勿庸以次汝封乃汝尽逊曰时叙惟曰未有逊事——《荀子·致仕篇》："《书》曰'义刑义杀,勿庸以即汝,惟曰未有顺事',言先教也。"所引"次"作"即","逊"作"顺"。又《宥坐篇》亦引此,与《致仕篇》全同,但"汝"作"予","惟"作"维"。两处所引都无"乃汝尽逊曰时叙"七字。江声以为"伪孔氏妄增以乱经"(《音疏》),段玉裁则云:"孙卿之所据,非必壁中本,故字异而长短亦不同,疑与《今文尚书》合也。"(《撰异》)段说可取。又《家语·始诛篇》亦引此,惟"顺"作"慎"。王肃自注云:"'庸',用也。'即',就也。刑杀皆当以义,勿用以就汝心之所安,当谨自谓'未有顺事',且陈道德以服之,以无刑杀而后为顺。"段玉裁云:"据注文,则引经'慎'字亦当同孙卿作'顺'。'顺'、'逊'义同。"又云:"孙卿王肃作'即',《尚书》作'次'者,古音'次'同'桼'在第十二部,如'次室之女'一作'漆室之女',小篆'垄'字古文作'聖',皆其证。"(《撰异》)

伪孔释"以次汝封"为"以就尔封"。金履祥云:"次,迁就之意。"(《表注》)实与《家语》"即"字同义。孙星衍则云:"次汝封,犹言'恣汝封',谓顺如其心。高诱注《吕氏春秋》云:'恣,从也。'"(《孙疏》)是"恣汝封",即任从你封,亦含迁就你的意思。"勿庸以次汝封",即不用任从你迁就你的意见。

王引之云:"'乃汝尽逊曰时叙',谓汝所行皆顺,莫不承顺也。既曰'逊',又曰'时叙'者,古人自有复语耳。《周语》曰:'时序其德,纂修其绪。''时序'与'纂修'相对成文,'时序'亦谓承顺也。"(《述闻》。参看前"惟时叙"校释)按"曰"同"越",语词。杨筠如云:"曰时叙,犹言惟时叙也。"(《核诂》)

孙诒让云:"'时叙'亦当如王说为'承顺'。'逊'当读为'训',

《舜典》'五品不逊',《史记·殷本纪》'逊'作'训'是其证。言'汝虽尽其教训,而已承顺,惟曰未有教训之事'。此'逊'与《多士》云'比事臣我宗多逊'、'奔走臣我多逊',字同为教训。"(《尚书骈枝》)孙说是。教训意即教化。

⑤未其有若汝封之心——"其",语助,无意义(《释词》)。这两句是说:"你这小子(昵称)!没有像你这样的心地的。"(意谓其心地善良)《江疏》引《左传·定公六年》"太姒之子,唯周公、康叔为相睦也",谓"周公推心致诚,欲康叔深念己训"。

⑥朕心朕德惟乃知——"朕心朕德",神宫本、清原家藏本作"朕心德"。"乃",你。字原只作领格"你的",这里移作主格用,是说:"我的心地、我的为人,只有你知道。"苏轼说:"将有以深告之,故言我与汝相知如此。"(《书传》)

《荀子》之《致仕》《宥坐》引上数句后,都接着释云:"言先教也。"杨倞注:"当先教后刑也。虽先后不失,尚谦曰,我未有顺事,故使民犯法,躬自厚而薄责于人也。"自来注疏家大都以"先教后刑"来解释上一段。

⑦凡民自得罪——《荀子·君子篇》在叙述"圣王在上"而"威行如流",为奸则"莫不服罪"之后,引《书》曰:"凡人自得罪","此之谓也"。杨倞注:"与今《康诰》义不同,或断章取义。"(杨倞,唐代人,"民"字避讳改"人")所谓《康诰》义,依林之奇释"自得罪"为"自作孽",即自陷于罪,与《荀子》"服罪"义不同。但王鸣盛《后案》则以为"荀义得之"。

⑧寇攘奸宄——与《尧典》"寇贼奸宄"全同。"寇",劫取(《费誓》郑注),强取(《尧典》郑注)。"攘",取(《孟子·滕文公下》赵

岐注），盗取（《穀梁传·成公五年》"攘善也"范注），"有因而盗曰攘"（《吕刑》郑注）。王念孙云："《说文》：'奸，私也。''宄，奸也。外为盗，内为宄。'盗自中出曰窃。文十八年《左传》云：'窃贿为盗，盗器为奸。'《鲁语》云：'窃宝者为轨，用轨之财者为奸。'成十七年《左传》及《晋语》并云：'乱在外为奸，在内为轨。'轨与宄通，奸、宄、窃、盗，训虽不同，理实相贯。"（《广雅疏证四》）然《周礼·司刑》疏引郑注："由内为奸，起外为宄。"玄应《一切经音义》引《三苍》云："在内曰奸，在外曰宄。"又云："乱在内为宄。"以上内、外解释相反，可知强分内、外之无据。王引之谓《尧典》《盘庚》《微子》《吕刑》与本篇几处"奸宄"句皆四字平列，都是邪恶行为（《述闻》）。参看此诸篇校释。

⑨杀越人于货敃不畏死罔弗憝——《孟子·万章下》引云："《康诰》曰：'杀越人于货，闵不畏死，凡民罔不譈。'是不待教而诛者也。""敃"作"闵"，同部假借（《说文·攴部》则仍作"敃"）。"弗"作"不"，同义字。"憝"作"譈"，同字异体（孙星衍云"譈非古字"）。"罔弗憝"上有"凡民"二字。《说文·心部》亦引作"《周书》曰：凡民罔不憝"。似原有此二字，伪古文本脱去。赵岐注云："'越'、'于'皆'於'也。杀于人，取于货，闵然不知畏死者。'譈'，杀也。凡民无不得杀之者也。"（清人皆谓赵注为今文说）王樵则云："于，取也，如'昼尔于茅'之'于'。"（《尚书日记》）按《诗·七月》"昼尔于茅"郑笺："汝当昼日往取茅归。"同诗"一之日于貉"毛传："于貉，谓取狐狸皮也。"皆为王说之证。

此句尚有多释，如伪《孔传》："杀人颠越人于是以取货利。"《孔疏》："越人，谓不死而伤。"吕祖谦《书说》："杀夺人财货。"陈经

《详解》：“杀取人于货。”吴澄《纂言》：“谓所杀伤人者，于其货也。”牟庭《同文尚书》：“越人者，过人也，谓过路人也。劫杀过路人，求索货泉。”吴汝纶《尚书故》：“越，蹶也。杀毙人取货也。”章炳麟《拾遗定本》：“《盘庚》传云：‘越，坠也。’《正义》引《左传》‘恐陨越于下’证之，是‘越人’为‘坠人’。‘于’与‘爰’同。‘于货’者，援取货也。杀人、越人，有操金刃、杖白梃之异，其因是取货财一也。”杨筠如《核诂》：“‘越’与‘于’同，犹‘其’也。‘于’与以同。谓以贷杀其人也。”……等等，都不可靠。“越”字在此义不明，不能强解。

“敯”，《释诂》：“强也。”《说文》：“敯，冒也。《周书》曰‘敯不畏死’。”“憝”，《说文》：“怨也。”伪《孔传》《蔡传》皆释为“恶”，依赵注则为“杀”。隶古写本如内野本则讹作“憝”。“凡民罔弗憝”，是说国人对这样凶恶的人没有不怨恶他，而要杀他。但也有可能《孟子》《说文》的“凡民”二字是涉上文“凡民自得罪”而误衍，此句原无此二字，不是“凡民罔弗憝”，而是叫康叔“罔弗憝”，即告诫康叔对这些“敯不畏死”的人不要不镇压。

陈大猷云：“此一节上下疑有缺文。”（《或问》）陈栎《书传纂疏》从其说。吕祖谦则云：“‘凡民自得罪’以下数句，说者以谓与上下文不协，盖周公举一端以为证验也。岂不见常人自犯罪作孽，非人陷之也。如盗贼奸恶，杀夺人财货，刚强勇悍，又不畏死，人皆恶之，刑法加焉，岂庸以次尔封乎，刑加于自犯之罪也。”（《全解》）戴钧衡云：“说者或谓‘凡民自得罪’以下，乃更端之辞，与下‘元恶大憝’、‘不率大戛’诸节，辞义相属，论非不善。窃谓上文历言用罚，至此叹言汝小子心之仁慈，未有能及，我之教汝用法，其心德亦惟汝知，非得已也。凡民之得罪，皆自取之。下文遂更推言自得罪之

1415

事。"(《补商》)

一些注疏家大抵以"《孟子》所谓不待教而诛者也"来解释这后一段(夏僎《详解》、吴澄《纂言》等)。意谓对那些凶恶犯罪的人要坚决惩处。

以上这一节,告诫康叔要正确按法办事,勿以己意干扰法律,尤须善于体会周公的意图,对那种凶恶犯法的人,才不可不坚决惩处。

王曰:"封！元恶大憝①,矧②惟不孝不友③,子弗祇服④厥父事,大伤厥考⑤心;于父不能字厥子⑥,乃疾⑦厥子。于弟弗念天显⑧,乃弗克恭厥兄;兄亦不念鞠子哀⑨,大不友于弟。惟吊兹不于我政人得罪⑩,天惟与我民彝大泯乱⑪。曰:乃其速由文王作罚⑫,刑兹无赦⑬。

①元恶大憝——"元",首(《诗·闷宫》传),大(《诗·六月》传)。"元恶",首恶,大恶,与"大憝"实同义。旧注疏家皆以"元恶"之"恶"为名词,"大憝"之"憝"为动词。其实"憝"在此句与"恶"一样成为名词。王静安《观堂读书记》云:"此仍接上文'寇攘奸宄'言。"《法言·修身篇》:"君子悔吝不至,何元憝之有？"李轨注云:"元憝,大恶也。"《后案》谓:"元憝,即隐括此经'元恶大憝'之文,故李轨以为大恶也。"

②矧——亦。王引之云:"言元恶大憝者,亦惟此不孝不友之人。"(《释词》)《说文》作"矤",有"况也、词也"二解。伪《孔传》

《蔡传》皆释"况"。今依王释为"亦",为今语的"也"、"又"等义。意为元恶大憝之外,又有不孝不友这种坏人。

③不孝不友——"孝"与"友"为古代的两个道德规范,汉代文籍中解释为"善父母曰孝","善兄弟曰友"(《尔雅·释训》《诗·六月》传等),与此处文义基本相合,但比周代金文中此二字意义似较狭。金文中"孝"可与"考"相通用;又常与"享"并用,为对已死祖先表示祭祀追念的用语。西周器中并习见"孝友"二字连用,含义有时比专对父母、兄弟者为广泛。周代文籍中,有时义亦较广,王引之详举文例指出:"孝为善德之通称","善于兄弟亦可谓之孝友","善于亲族亦可谓之孝友"。又"孝"与"慈"亦连用,"慈"即孝,等等(《述闻》卷三十一)。可知后来在周代金文和文籍中,"孝"、"友"二字使用是较广泛的,但周初《康诰》中"孝"、"友"二字,则确系分别用于父子之间、兄弟之间。不过还没有明确为单方面的"善父母"为孝,而是两方面并举的。可知"孝"、"友"二字的意义,在周代是有发展的。

④祇服——"祇",敬(《释诂》)。"服",执持(《论语·为政》"有事弟子服其劳"皇疏)。陈经释为"干"(《详解》),当系用《易·蛊》"干父之蛊"义。孙星衍云:"'服',同'⿰月又',《说文》云:'治也。'"(《今古文注疏》)以"弟子服其劳"句中"执其劳"的"执"字之义较妥,意即恭敬地为父母做事。

⑤考——《尔雅·释亲》:"父为考,母为妣。"郭璞注:"《礼记》曰:'生曰父、母、妻,死曰考、妣、嫔。'(按,见《曲礼下》)今世学者从之。案《尚书》曰'大伤厥考心'……《苍颉篇》曰'考妣延年'……明此非死生之异称矣。"郭沫若据周代金文皆"祖"、"妣"

对举，"考"、"母"对举，指出"父为考，母为妣"系战国时人语。周代原称父母为"考、母"（《释祖妣》）。吴锐据《三代》16.27.5爵（商器）有"天匕乙"之文，匕即妣，即祭祀母亲乙，西周带匕之铭文更多。因而以为商周固称母为妣，郭说未必是。有关之说见其《中国思想的起源》第二卷第二章。

⑥于父不能字厥子——"于"，为。戴钧衡云："于父、于弟之'于'读犹'为'。"（《补商》）俞樾云："《仪礼·士冠礼》'宜之于假'郑注曰：'于犹为也。'《聘礼》记'贿在聘于贿'注曰：'于读曰为。'盖古'于'、'为'同声，故得通用。'于父不能字厥子'，犹曰'为父不能字厥子'也。"（《平议》）"字"，金履祥云："古文作孳。"（《表注》）《诗·生民》传、《左传》之《成公四年》《成公十一年》《昭公元年》注皆云："字，爱也。"

⑦疾——憎恶。《礼记·少仪》"有亡而无疾"郑注："疾，恶也。"《管子·小问》"夫牧民不知其疾则民疾"尹知章注："疾，谓憎嫌之也。"

⑧天显——伪孔释为"天之明道"，《孔疏》谓："即《孝经》云'则天之明'，《左传》云'为父子兄弟姻媾以象天明'，是于天理常法，为天明白之道。"《蔡传》承其说，补充云："尊卑显然之序也。"吴澄《书纂言》谓"天显，长幼之分乃天之显道也"。自是注疏者基本承上列之说。（惟孙星衍据《释诂》释"显"为"代"，谓"兄有代父之道"。章炳麟据《诗·假乐》"显显令德"，《中庸》作"宪宪令德"，谓"天显"即"天宪"。《释诂》："宪，法也。"加藤常贤则谓"天显"即"大显"。皆异于上说。）杨筠如云："'天显'，古语。《多士》'罔顾于天显民祗'，《酒诰》'迪民天显小民'，皆其例也。《诗·敬之》

'敬之敬之,天惟显思'。'天显'犹天明、天命也。"(《核诂》)此说较确。惟在此处可看出,古人语言中的"天显",意为上天所明显规定的关于伦理的常道。

⑨鞠子哀——"鞠",稚(《释言》)。故伪《孔传》释"鞠子"为"稚子",历代注疏家大都承此释。惟《蔡传》释为"鞠养之劳"。元王充耘云:"兄亦不念鞠子哀,言兄亦不思其弟之可怜耳。谓弟为'鞠子'者,言其幼小尚未离鞠养,犹言小子也。观康王自言'无遗鞠子羞'可见。(蔡)传谓'兄不念父母鞠养之劳'者,非也。"(《书管见》)释为"小子",仍同"稚子"。王国维云:"近见《吕中仆尊》拓本曰:'吕中仆作毓子宝尊彝。''毓子'即幼稚也。《书》今文《尧典》'教育子',《诗·豳风》'鬻子之闵斯',《书·康诰》'兄亦不念鞠子哀',《康王之诰》'无遗鞠子羞'。'育'、'鬻'、'鞠'三字通。"(《观堂集林》初刊本眉批。见《国学月报》1927 年 10 月专号)意皆为"稚"。"哀",王引之云:"古声'哀'如'依'。""《无逸》'则知小人之依','依',隐也。谓知小人之隐也。《周语》'勤恤民隐',韦注曰:'隐,痛也。'""《康诰》曰'兄亦不念鞠子哀',言不念稚子之隐也。《传》曰'不念稚子之可哀',《蔡传》又曰'不念父母鞠养之劳',案经曰'鞠子哀',不曰'鞠子可哀',则《传》说非也。《释言》曰:'鞠,稚也。'《顾命》'无遗鞠子羞',与此'鞠子'同,则《蔡传》亦非也。"(《述闻》四)

⑩惟吊兹不于我政人得罪——"惟",有也。"有",或也(《释词》)。"吊",善,好(参看《盘庚》"吊"校释)。"兹",此,这。"吊兹",吊作动词用。善兹,就是善待这些,宽容这些。"于",为。见上校释⑥。"政",通"正",下文"惟厥正人"即作"正",意为官长。

参看《甘誓》"三正"校释及该篇讨论(三)。这句是说宽容这些行为而不由我们的官长加以处罪。

⑪天惟与我民彝大泯乱——"惟",语词。"与",给予。"民彝",民常。指人们的常理常法。《洛诰》"于棐民彝",《诗·烝民》"民之秉彝",同此。"泯",《唐石经》避李世民讳作"泯"。王引之云:"泯亦乱也。《吕刑》曰'泯泯棼棼',《传》曰'泯泯为乱',是也。此《传》训'泯'为'灭',失之。"(《述闻》)是"泯乱"为同义复词。此句是说天授予人们的常理大大地被弄乱了。

⑫曰乃其速由文王作罚——自伪《孔传》至宋儒都读此九字为一句,伪孔释云:"言当速用文王所作违教之罚刑此乱五常者,无得赦。"历唐宋至清代各家大抵都遵此释。孙星衍始断句为:"曰:乃其速由。"并释云:"'速'者,《释言》云:'征也。''征'义同'召'。'由'同'訧',《广雅·释诂》云:'辜也。'"《酒诰》曰'惟民自速辜',《多方》云'乃惟尔自速辜',语意正同。或以'乃其速由'下属'文王作罚'为句,案之《后汉书·王符传》不然也。"(《孙疏》)按,《王符传》引"《书》曰:'文王作罚,刑兹无赦。'"孙说似有据。其实王符为文断取四字成句,原非全引。观本篇下文有"汝乃其速由兹义率杀"句,是显然不能以"乃其速由"断句,今不取孙说,仍依传统解释。加藤常贤以为"由"与"从"同,并举《孟子·离娄篇》"率由先王旧章"、《诗·假乐》"率由旧章"、《文侯之命》"罔不率从",《大诰》"率从宁人"等句,以见"速由"即"率由"(《真古文尚书集释》)。其说是。可知"速由"、"率由"、"率从"为当时西周语例。

⑬刑兹无赦——《汉书·宣帝纪》载《元康二年诏》《风俗通·皇霸篇》《潜夫论·述赦篇》(《王符传》即录此)皆照引此两句。知

汉代今文句读如此。宋吕祖谦云："前言'殷罚'、'殷彝'，此言'文王作罚刑'者，'殷法'，常事用之；父子兄弟之狱则用文王之法。经纣之恶，人伦戕败……故以殷罚治殷俗，因人情之所安也；以文王罚刑诛不孝不友，拨殷乱之所在也。"（《书传纂疏》摘引《东莱书说》）1993 年荆门郭店出楚简《成之闻之》篇引《康诰》曰："不还大暊，文王复（作）罚，型（刑）丝（兹）亡愳。"是战国中期此两句原文，而前面增"不还大暊"，尚待寻析。

　　按，《左传·僖公三十三年》载臼季曰："《康诰》曰：'父不慈，子不祗，兄不友，弟不恭，不相及也。'"《后汉书·肃宗纪》及《郑志》"赵商问族师职"所引与此同。《正义》云："非《康诰》之全文也，不慈、不祗、不友、不恭，各用文王之法刑之，不是罪子又罪父，刑弟复刑兄，是'不相及'也。"牟庭则谓《康诰》原文如此。又《左传·昭公二十年》载菀（原作苑，依段校）何忌曰："在《康诰》曰：'父子兄弟，罪不相及。'"《后汉书》之《杨彪传》《谢弼传》《三国志·崔季珪传》注、《潜夫论·荣辱篇》所引与此同。《正义》亦云"此引其意而言之"，解释同上。段玉裁云："此隐括引古之体，犹'文王所以造周'，'康叔所以服宏大'文法一例。而汉诏、《郑志》皆以'不相及'之云系之《康诰》，则在汉时晓然信经义如此。"（《撰异》）

　　以上这一节，指出最大的罪恶莫过于不孝不友，父子兄弟之间有违孝友伦理者，应按照文王的刑罚来惩处。

　　"不率大戛①，矧②惟外庶子、训人③惟④厥正人⑤越小臣诸节⑥，乃别播敷，造民大誉⑦，弗念弗庸⑧，瘝厥君⑨，时乃引恶⑩，惟朕憝⑪。已⑫！汝乃

康
诰

其速由兹义率杀⑬。亦惟君惟长不能厥家人越厥小臣外正⑭，惟威惟虐⑮，大放王命⑯，乃非德用乂⑰，汝亦罔不克敬典乃由。裕民惟文王之敬忌⑱，乃裕民曰‘我惟有及’，则予一人以怿⑲。”

①不率大戛——宋林之奇《尚书全解》以此句为上一节的结尾句，清牟庭亦同此读。此外自伪《孔传》历唐、宋至清代所有注疏家大都读为本节的首句。这原是一难解的句子，伪孔释为“不循大常之教”。《孔疏》释“戛犹楷也，言为楷模之常”。（段玉裁《撰异》谓：“此得古训故之意。《禹贡》‘纳秸’，即‘稽’字也，而《地理志》作‘戛’。《皋陶谟》‘戛击鸣球’，《明堂位》作‘楷击’。”）吕祖谦释为：“康叔不以身率之，则又大难，戛者，戛戛乎其难之谓也。”（《东莱书说》）真德秀谓：“吕说似得之，与下段相应。盖‘戛’者二物相击之谓。”（《书传纂注》引）《蔡传》则释：“戛，法也。言民之不率教者，固可大置之法。”《书传纂疏》引或说：“戛，击也。不率从乃大戛击以痛惩之也。”吴澄亦谓：“戛，击也。大戛谓罚之刑之而不赦也。”（《书纂言》）陈栎总诸说云：“不率大戛，或以属上文，或以属下文，不胜异说，孔训‘戛’为‘常’固非，蔡训‘戛’为‘法’亦未见所本。此句合阙疑。”（《纂疏》）陈说较妥，此确为疑不能明之句，故王国维亦云“不解”（《学书记》）。现暂依黄式三据《孔疏》所释“不率大戛，谓不循大楷法也”（《启蒙》）来进行今译。

②矧——亦。见上节校释②。

③外庶子训人——“外”，林之奇云：“指卫而言也。”（《全解》）“庶子”，《礼记·燕义》：“古者周天子之官，有庶子官。庶子官，职

诸侯卿大夫士之庶子之倅，掌其戒令，与其教治。"又《文王世子》：
"庶子之正于公族者，教之以孝弟睦友子爱。"郑注："庶子，司马之
属。"《周礼·司马·序官》郑注："诸子，主公卿大夫士之子者，或曰
庶子。"《孔疏》引郑玄注："'训人'为师长。"戴钧衡云："'训人'，
师长之官，若师氏、保氏之属。"（《补商》）曾运乾云："'训人'，若
《天官·冢宰》'师以贤得民，儒以道得民'注'师，诸侯师氏。儒，
诸侯保氏'是也。天子诸侯皆有庶子、训人，此指侯国言，故称
'外'。"（《正读》）现姑从此诸说，以"训人"为掌教之官。

　　④惟——与。王引之举《诗·无羊》"旐维旟矣"、《禹贡》"齿
革羽旄惟木"、《酒诰》"百僚庶尹惟亚惟服"、《多方》"四国多方惟
尔殷侯尹氏"等，谓"惟字并与'与'同义"（《述闻》）。

　　⑤正人——"正"，《释诂》："长也。""正人"，某项官职之长。
参看上节校释⑩。

　　⑥越小臣诸节——"越"，与，为金文"雩"字的同音假借（参看
《尧典》"粤若"、《盘庚》"乱越"校释）。"小臣"，官名，甲骨文、金
文中均有之，在殷代和周初都是不小的官（如《叔夷镈》说伊尹任商
王朝小臣。殷末铜器有小臣邑斝、小臣艅尊、小臣𤔲卣、小臣𦤔鼎，
周初器有小臣单觯、小臣謎簋、小臣宅簋等，都是显赫的臣正。到
西周后期如《大克鼎》中的"小臣"，乃与史及乐官等同被赏赐给其
他大贵族，地位已低了）。《周礼·夏官》则把它说成是"掌王之
命"者。"诸节"，注疏家都释为小臣持有符节。早者如融注《太
誓》："诸受符节有司也。"（《释文》引）晚者如江声《音疏》云："小
臣传命于外或受节以出。"孙星衍则谓："小臣之受节治民者。"王国
维则谓："'节'，古文作𢓇；'夷'古文作𡰥，两形相似。'诸节'，疑即

1423

'诸夷'也。逸《大誓》'乃告司徒、司马、司空诸节',《牧誓》亦云司
徒、司马、司空,而末有庸蜀羌诸夷,是'诸节'正与'诸夷'相当。"
(见《核诂》)然此处文义与诸夷不相涉,王说非,今暂依旧说。

⑦乃别播敷造民大誉——伪孔释为:"当分别播布德教,以立
民大善之誉。"是从正面说应当播布德教,其后《孔疏》及林之奇《全
解》、黄式三《启蒙》、戴钧衡《补商》等皆承此说。《蔡传》释为:"乃
别布条教,违道干誉。"这是从反面指斥这种敷布之非。其后自宋
至清儒者大都承此说,如吕祖谦、真德秀、吴澄、江声、陈乔枞等皆
是,其中除真德秀仍释为"别立教条"外,其余大都释为敷布私恩。
而以上诸家皆用"别"字的本义。王引之始云:"别亦读为辩。"
"辩,遍也。""敷,亦遍也。""言引恶之民遍播布其私恩于民也。
《传》谓'汝当分别播布德教',亦失之。"(《述闻》四)现以为"别"训
"遍"是对的,与上文"别求闻由古先哲王"之别同。惟解释则《蔡传》
"别布条教"之说似较可取,总之是"大戛"以外提出的东西。

旧注疏家皆以此两句相连读,而下句"弗念弗庸"另起。孙星
衍始以"乃别播敷"句断读,以"造民大誉"句与"弗念弗庸"句相连
读,释为:"于民有大誉之人,弗肯念而用之。"(《孙疏》)孙说不足
信,但此处读为三句则是通的。"造"同"遭"(《大诰》"予造天役",
《汉书·翟方进传》作"遭"。《周本纪》"两造俱备",《集解》引徐
广曰"一作遭")。遭的意义为遇、逢,可引申为逢迎,迎合。"造民
大誉",意为迎合人民的称誉。

孙星衍又引《汉书·王尊传》"此经所谓造狱者也"注:"晋灼
曰:'欧阳《尚书》有此造狱事也。'"以为:"欧阳'造狱'别无可附,
疑今文说此条之义也。"(《孙疏》)只根据一"造"字便牵合于此,理

由不足，不可信。

⑧弗念弗庸——"弗"，不。"念"，想到，考虑。"庸"，用。

⑨瘝厥君——"瘝"，原文当作"鰥"或"矜"，与上文"恫瘝乃身"同。今仍用后代已通用字不改。"瘝"义为"病"，"瘝厥君"，为害于其君，损害他的君主。

⑩时乃引恶——"时"，是，此。"引"，引导，助长。戴钧衡释此句为"是乃引长其恶"（《补商》）。裴学海读此句为"此为长恶"（《虚字集释》）。

⑪憝——在此作动词，意为怨，痛恨（内野本讹作"憨"）。

⑫已——叹词。见上文。

⑬兹义率杀——于省吾云："伪传云：'宜于时世者，循理以刑杀。'按伪传说迂曲难通，《尚书》'辞'、'嗣'、'治'、'司'、'率'、'乱'或相通假，或相参错，《梓材》'厥乱为民'。'乱'，《论衡》作'率'。'乱'亦读作'治'，《盘庚》'乱越我家'，即治于我家。金文'治'作'嗣'，与'司'通。凡司徒、司马、司空，金文作'嗣土'、'嗣马'、'嗣工'。然则'兹义率杀'者，即'兹宜嗣杀'也。司主刑杀，与上'时乃引恶、惟朕憝'相衔接。"（《新证》）

黄式三云："自'不率大戛'至此，戒臣。"（《启蒙》）

⑭亦惟君惟长不能厥家人越厥小臣外正——这是一长句。朱熹谓《康诰》多长句，今人碎读了"（《补商》引），又说"《尚书》句读有长者"（《语类》七十九）。此即一例。两"惟"字皆语词，似亦可读为"为"（见下"惟威惟虐"校释）。"君"，封国之君。"长"，百僚之长。伪《孔传》以君长为泛指，《蔡传》则谓君长指康叔，江声《音疏》云："君长谓他国诸侯，康叔为牧伯，得征诸侯之有罪者。"此

诸说皆不及王夫之所释："古者王臣侯，侯臣卿大夫，卿大夫亦臣其私臣。为之臣者谓之'君'，犹赵简子之称主也。'长'者，官之长也。君则有家人，长则有小臣、外正。此言食邑之君于其家臣，六官之长于其属贰，不以德相能，而唯用威虐，则不可复以德义，而当施之以刑也。"（《书经稗疏》）但此以后世"六官之长"释"长"亦不妥，当奴隶制时代之"长"皆贵族世卿担任，故"君"指主上，"长"则指任职之世卿。

"能"，薛季宣本作"耐"，然其他隶古定本如内野本仍作"能"。《书传纂注》引薛氏云："能，与'柔远能迩'之能同。"王引之释"柔远能迩"略云："能"与"柔"义相近，《大雅·民劳》传："柔，安也。"《汉书·百官公卿表》"柔远能迩"注："能，善也。""安"、"善"二义相近。"古者谓'相善'为'相能'（襄廿一年《左传》曰："范鞅与栾盈为公族大夫而不相能"），《康诰》曰：'亦惟君惟长不能厥家人。'"（《述闻》三）这里"善"作他动词用，即"使之善"，是说为君长的不使他的家人、小臣们良善。

"越"，与。"厥"，其，他的。林之奇云："小臣、外正，即上文正人、小臣诸节是也；其曰外正，亦犹外庶子云也。"（《全解》）总之是各封国中的官员。

⑮惟威惟虐——"威"，隶古写本如内野本等用同音通假字"畏"。伪《孔传》释为"为威虐"。王引之云：《玉篇》曰：'惟，为也。'《皋陶谟》'共惟帝臣'，传曰'共为帝臣'。"（《释词》）戴钧衡云："惟威惟虐，为威为虐也。"（《补商》）

⑯大放王命——《尧典》"方命"，《汉书》之《傅喜传》《朱博传》皆引作"放命"。是此处"放王命"亦可作"方王命"。《史记·

五帝本纪》"方命"作"负命"。《正义》:"负音佩",钱大昕谓古音如"背","负命"即"背命"(《养新录》),此当系今文说。《尧典·释文》谓马融、郑玄、王肃亦读"方"为"放",《孔疏》引郑注:"谓放弃教命。"本篇此句伪《孔传》亦释为"大放弃王命",是承古文说。其实二义相近,此句意即大大地背弃王命。

⑰乃非德用乂——"乂",治。江声云:"惟为威虐于下,大放弃其王命,乃非德教可用以治也。言当征讨之。"(《音疏》)

黄式三谓"亦惟君长"至此,"此戒诸侯也"(《启蒙》)。

⑱汝亦罔不克敬典乃由裕民惟文王之敬忌——"裕",于省吾谓当读作"欲",见上文"裕乃身不废在王命"校释。于氏云:"'汝亦罔不克敬典乃由',句;'裕民惟王之敬忌',句。'罔',金文作'亡',通'毋'。《尔雅·释诂》:'典、法,常也。''典'、'法'同训。'由',行也。言汝亦毋不能敬法汝之所行,盖勉其治民有逮于先人,故下接以欲民惟文王之敬忌也。"(《新证》)于说是,兹从其句读。"汝亦罔不克敬典乃由",系承"乃非德用乂"句,是说既非德教可治,你康叔切勿不以你所用的法令去惩治他们。"典",释作法典、法令。"由",用也(《广雅》)。

《孔疏》:"文王所敬忌,即敬德忌刑。郑(玄)云:'祗祗威威是也。'"王鸣盛云:"郑以'敬忌'为'祗祗威威'者,《表记》引《甫刑》曰'敬忌',郑彼注云:'忌之言,戒也。言己外敬而心戒慎。今于此注云'祗祗威威是也'。祗之言敬,故以敬为祗祗,威即畏忌,为戒慎有畏意,故以为威威也。《顾命》篇末云'以敬忌天威,是凡言敬忌义皆同也。'"(《后案》)按,《说苑·君道篇》云:"大哉文王之道乎……敬慎恭己而虞芮自平,故《书》曰'惟文王之敬忌',此之谓也。"这是汉人对"敬忌"的一些解释。其实敬是敬重的事,意即他所要做的事;忌是忌避的事,意即他不要做的事。

杨筠如云:"'敬忌',亦古语。《顾命》'眇眇予末小子,其能而乱,四方以敬忌天威';《吕刑》'敬忌罔有择言在身'。又作'畏忌',《齐镈》'余弥心畏忌',《郑公轻钟》'余毕龚畏忌',义并为敬畏也。"(《核诂》)亦可参考。

⑲乃裕民曰我惟有及则予一人以怿——"怿",悦(《说文》)。《荀子·君道篇》:"明主急得其人。急得其人则身佚而国治,功大而名美。故君人者劳于索之,而休于使之。《书》曰'惟文王敬忌,一人以择',此之谓也。"段玉裁云:"此盖隐栝引之,或所据不与壁中同也。'怿'作'择',故'择'、'泽'、'释'、'怿'通用。古无'怿'字,多用上三字。'一人以择','择'即'怿'也,上文所谓'身佚而国治'也。"(《撰异》)于省吾云:"乃裕民曰,句;我惟有及,句;则予一人以怿,句。'及'、'不及',古人语例。《洛诰》:'王如弗敢及。'《毛公鼎》:'司余小子弗及。''乃裕民曰,我惟有及。'二语乃假设之词。'我',民自称也。欲民能自谓其有所及;则余一人因而喜悦也。"(《新证》)杨筠如云:"有及,承上文而言,谓有及文王之敬忌也。"(《核诂》)

黄式三云:"此戒康叔。"(《启幪》)

《唐石经》原石于此处剥蚀一大块,计缺去下列诸字:"外庶子训"四字,"臣诸节乃别播"六字,"誉弗念弗庸"五字,"乃引恶惟朕憝已"七字,"速由兹义率杀亦"七字,"长弗能厥家人越"七字,"外正惟畏惟虐大"七字,"乃非德用乂汝亦"七字,"乃由裕民惟"五字,"民曰我"三字。诸隶古写本及诸刊本不误。

王鸣盛云："自'敬明乃罚'至此详言慎罚之事。定四年《传》康叔为司寇，《史记》亦言康叔既封卫，其后复入为周司寇，意康叔本法家，故特于用刑反复申之。抑以殷俗化纣之恶而大坏，非刑无以弼教欤？要归于至慎，不专主严酷也。"（《后案》）

以上这一节，指出各级官吏、封君及世卿们如有违法行为，必须按法严惩；并告诫康叔要诱导人民追随文王的遗教以行事。

陈大猷云："此上三节疑有错简，诸家皆意其然耳。"（《书集传或问》）他所疑是有理由的。

王曰："封！爽①惟民迪吉康②，我时其惟殷先哲王德用康乂民作求③。矧今民罔迪，不适不迪，则罔政在厥邦④。"

①爽——曾运乾云："'爽'，犹尚也，声之转。与'矧'对用，位于句首。"（《正读》）"爽……矧……"，意为"尚且……何况……"。参看《大诰》校释。

②惟民迪吉康——《盘庚》有"不吉不迪"，"吉"、"迪"同为"善"的意义（参看该篇校释）。据《方言》"东齐青徐之间相正谓之由迪"，则"由迪"为动词，有使变好之意。"康"，安。亦安好之意。这句是说使人民获得安好的生活。

③我时其惟殷先哲王德用康乂民作求——戴钧衡云："案此读'我时其云云'十五字句，真氏德秀、陈氏栎皆同。"（《补商》）今从其说定为一句。"时"，内野本作"是"（《释诂》"时，是也"）。"其"，将，且（《释词》）。"惟"，思（《释诂》《说文》），即思惟，想。

"哲",智(《释言》)。"康",安。"乂",治(并《释诂》)。"作",为（《释言》）。"求",戴钧衡谓通"逑"。其义为匹(《诗·关雎》传)，相等(《孔传》)。"作求",周初成语。王国维云:"《诗·大雅》'王配于京,世德作求'。求者仇之假借字。'仇',匹也。'作求'犹《书》言作匹、作配,《诗》言作对也。《康诰》言与先王之德能安治民者为仇匹,《大雅》言与先世之有德者为仇匹,故同用此语。"(《与友人论诗书中成语书》)"殷先哲王德用康乂民",黄式三释为"殷先王康乂之德。"(《启㝉》)实指殷代先王用以安然地治理人民的统治术。这句是说:像殷代先王那样安然地治理人民的统治术,我想也同样地做到(即伪《孔传》所说"乃欲求等殷先智王")。

④矧今民罔迪不适不迪则罔政在厥邦——于省吾云:"伪传读至'迪'字句,训'迪'为'道',非是。按《尚书》'迪'字或训'用',或训'从',或训'行'。'迪'即'由',上文'乃其速由','汝罔不克敬典乃由',《盘庚》'乃有不吉不迪','由'、'迪'同用。应读作:'矧今民罔迪',句;'不适不迪',句;'则罔政在厥邦',句。《左·昭十五年传》'民知所适'注:'适,归也。'言亦今民无所由从,不归不从,则于其邦无政之可言也。"(《新证》)

《唐石经》在此节残泐下列诸字:"王曰"、"时"、"乂"、"适"。各刊本及隶古写本不误。

以上这一节,承强调用刑之后,提出学会殷代统治术的重要性。戴钧衡《补商》说:"此下数节,义不相承,大约因言用刑,而教之宜以德化民也。"

王曰:"封! 予惟不可不监①,告汝德之说于罚之行②。今惟民不静，未戻③厥心，迪④屡⑤未同⑥；爽惟天其罚殛⑦我，我其不怨，惟⑧厥罪无在大，亦无在多，矧曰其尚显闻于天⑨？"

①监——邹季友云："音鉴。"（《音释》）是解释为鉴戒，借鉴。伪《孔传》谓"监视古义"，亦即鉴于古之意。其实由甲骨文、金文知"监"为鉴之本字，鉴为后起字。

②告汝德之说于罚之行——伪《孔传》释云："告汝施德之说于法之所行，欲其勤德慎罚。"意谓以德行罚（蔡沈语），或寓德于罚（戴钧衡语），历代注疏家多承此说。王引之始云："'于'，犹越也，与也，连及之词。（《夏小正》传曰："越，于也。"《广雅》曰："越，与也。"）'行'，道也。言告汝德之说与罚之道也。《传》曰'告汝施德之说于法之所行'，失之。"（《述闻》）王说是。

③戻——定（《诗·雨无正》传）。

④迪——进，作（《释诂》）。

⑤屡——薛季宣本作"娄"。王鸣盛云："字当作娄。"（《后案》）《释言》："娄（本又作屡），亟也。"郭璞注："亟亦敷也。"即数次，多次。

⑥同——和，和协（《礼记·礼运》郑注）。

⑦殛——内野本、松田本、秀圆本"殛"上衍"于"字。段玉裁云："例以《洪范》《多方》，此'殛'亦当本作'极'。"按，《尧典》"校释"中已说明无此必要。"殛"与"罚"义同，"罚殛"为同义复词。"天之罚殛我"，等于今语说"雷打火烧"，表示该受上天罚罪。

⑧惟——虽（据《释词》）。

⑨尚显闻于天——"尚"，上。"显"，明。这是说上达于天，使天听到。

戴钧衡释此数句云:"言今民犹未安,其心未定,屡导之而犹未同。上天若以此罚殛我,我其不敢怨。何也? 凡人之罪,不在大也,亦不在多,虽隐微纤小,天犹且鉴之,况民心之不安,天之所昭昭闻者,而敢谓民之顽梗难化,我可自谢其罪乎?"(《补商》)

《唐石经》在这一节缺损下列诸字:"曰"、"德"、"未"、"惟"、"惟厥"、"在"、"曰",各刊本及隶古写本不误。

以上这一节,提出必须借鉴历史,勤德慎罚,特以自责的精神加以检讨,用以警策康叔。吕祖谦《书说》云:"此成王周公自反以感动康叔也。"

王曰:"呜呼! 封,敬哉! 无作怨^①,勿用非谋非彝蔽时忱^②,丕则敏德^③。用康乃心,顾乃德,远乃猷^④,裕乃以民宁^⑤,不汝瑕殄^⑥。"

①无作怨——勿作可怨之事(据伪《孔传》《蔡传》说)。陈经则曰"毋作致怨之事"(《详解》)。

②勿用非谋非彝蔽时忱——《史记·三王世家》载《燕王策》"毋作怨,毋俷德",以"毋俷德"三字当此句及下句。《汉书·武五子传》所载《燕王策》则作"毋作怨,毋作棐德"。陈乔枞据此句,谓《今文尚书》"勿"字亦当作"毋"字,见其《经说考》。段玉裁云:"毋作怨,毋俷德,疑用《今文尚书·康诰》'毋作怨,勿用非谋非彝蔽时忱,丕则敏德'等语也。""今考褚先生曰'无俷德者,勿使上背德'也,则肥、俷、菲、棐皆非正字,其字正作'非',《说文》'非,违也。从飞省下翄,取其相背'。""古飞字多作'蜚',《易》'飞'亦作'肥',皆同音通用。"(《撰异》)

"谋",诸隶古写本作"基",异体字。"彝",常(《释诂》)。"蔽",旧注疏皆同上文"丕蔽要囚"释作断。孙星衍据郑玄《论语》注释为"塞"(《孙疏》)。杨筠如云:"当作'敝',《诗·敝笱·释文》:'败也。'"(《核诂》)于省吾亦云:"蔽本作敝。《左·僖十年传》'敝于韩'注:'敝,败也。'"(《新证》)"时",是(《释诂》)。"忱",信(《诗·大明》传)。于省吾亦云:"'忱',即《大雅》'其命匪谌'之'谌',信也。"(《新证》)伪《孔传》释"非谋非彝"为非善谋,非常法,其后注疏家大抵承用。林之奇云:"非谋,非善谋也。非彝,非故常也。非善谋而从之,非故常而行之,则必至于败事而作怨,故戒以勿用也。"(《全解》)于省吾释此句为"勿用非谋非常以败是信用也"(《新证》)。

③丕则敏德——伪《孔传》释为"大法敏德"(法,效法),《蔡传》补充为"大法古人之敏德"。段玉裁云:"此'丕则'与《无逸》'丕则有愆'同,《孔传》训'则'为'法',非是。"(《撰异》)王引之云:"'丕则',犹言'于是'也。既断行是诚信之道,于是勉行德教也。《传》以为'大法敏德',失之。"(《释词》)按"敏"训"勉",见《中庸》"人道敏政"郑注。朱彬亦云:"敏,勉也,疾也。犹言'王其疾敬德'(按此《召诰》语)。"(《经传考证》三)王说是。

④用康乃心顾乃德远乃猷——"用",以(《释词》据《仓颉篇》)。"康",安好。"乃",你的。猷,谋(《释诂》),即谋略,打算。《蔡传》据伪《孔传》简释为:"安汝之心,省汝之德("省"为省察之意,伪孔作"顾省"),远汝之谋。"(王引之《述闻》谓当连下"裕"字,以"远乃猷裕"为句,《方言》"裕、犹,道也",因谓"远乃猷裕"即"远乃道"。于省吾已辨其误,见前文"裕乃身不废在王命"校释。)

⑤裕乃以民宁——于省吾云：“言欲汝与民宁也。”（《新证》）承前文释“裕”为“欲”，并释“以”为“与”。释“欲”，甚是。“以”字据戴钧衡云：“《传》于‘以’字失解，窃谓‘以’犹‘使’也。”并举《战国策·秦策》“向欲以事齐王”注“以犹使也”为证（《补商》），是此句意为“要你使人民安宁”。释“与”，作为给予义，与“使”义亦相近。

⑥不汝瑕殄——“瑕”，通“遐”，戴钧衡举《诗·隰桑》“遐不谓矣”，《礼·表记》引作“瑕”为证（《补商》）。《释诂》：“遐，远也。”《诗·泉水》传亦云：“瑕，远也。”“殄”，绝（《释诂》）。旧注疏家基本皆释“瑕”为“疵”，伪《孔传》释云：“不汝罪过，不绝亡汝。”《蔡传》释云：“不汝瑕疵而弃绝矣。”孙诒让亦类于此解，并引《诗》“不殄不瑕”、《左传》“不汝疵瑕”（见《僖公七年》）为证，王国维推许之（《学书记》）。但孙星衍释此句为“国祚不以汝世远而殄绝也，言当世享”（《孙疏》）与“世享”连言，自以孙星衍说为是。意谓不以你传世久远而灭绝。

《唐石经》在本节剥蚀“谋”、“乃”二字，残笔似可辨。

以上这一节，告诫康叔要兢兢业业，以维持长远的统治。

王曰：“呜呼！肆①汝小子封，惟命不于常②，汝念哉！无我殄享③。明乃服命④，高乃听⑤，用康乂民。”

①肆——伪《孔传》释为“故”，与首段“肆汝小子封在兹东土”之“肆”同。《蔡传》则云：“肆，未详。”董琮云：“肆，语辞，如‘肆徂厥德’、‘肆往奸宄’，皆语辞也。”（《书传纂疏》《汇纂》引）牟庭则

以为当读若"第"，释为"但"（参看《盘庚》校释）。此字自以作为无义语词为是。必欲寻其义，则仍以作"故"、"以故"、"所以"等意较妥。

②惟命不于常——"惟"，语词。"命"，商周统治者所鼓吹的"天命"。"于"，王引之据《史记·三王世家·齐王策》引此句，褚少孙释作"为命不可为常"，遂谓'于'犹'为'也。此'为'字读去声"（《释词》）。裴学海则谓王说非，以为："'于'犹'有'也，'于'、'有'一声之转。《墨子·非命篇上》引《书·仲虺之诰》'我闻于夏'《非命篇下》作'我闻有夏'。《康诰》'惟命不于常'，《大雅》'天命靡常'，文意同。"（《虚字集释》）裴说可通，今用其说。这是周王朝统治者看到信赖天命的商王朝终于覆灭后所得到的认识。《左传·成公十六年》云："《周书》曰'惟命不于常'，有德之谓。"又《襄公二十三年》："庆民不义，不可肆也，故《书》曰：'惟命不于常。'"《战国策·魏策》："《周书》曰'维命不于常'，此言幸之不可数也。"《礼记·大学》："《康诰》曰'惟命不于常'，道善则得之，不善则失之矣。"这些都说明周代统治者总结商王朝专恃天命不免于失败的教训，提出了以德、以义、以善来保住天命的观点。

③无我殄享——江声云："享，祭祀也。凡封诸侯，必命之祭其封内之山川社稷，所谓'命祀'，国亡则绝其祀。故言汝其念天命之无常，毋殄绝我之命祀。"（《音疏》）按《左传·僖公三十一年》："卫迁于帝丘，卜曰：'三百年。'卫成公梦康叔曰：'相（按，为夏代国王名，启之孙）夺予享。'公命祀相。宁武子不可，曰：'……不可以间成王周公之命祀。'请改祀命。"可知直至春秋时，卫人还保存着有关于其先祖康叔受封于卫时的传说，当时确系受成王、周公之"命

祀"。其后历世对于康叔有"享"，当然对于作为"大宗"的周先王更有享。此句说明成王、周公当初命祀时，就叮嘱康叔好好保持他的国祚，不可使将来断绝了对周先王的享祀。"无我殄享"即"毋殄我享"，亦即不要断绝了我"命祀"给你的关于山川社稷及我们宗祖的祭祀。

④明乃服命——"明"，动词，"勉"的假借（据陈奂《诗·有驳》疏），二字一声之转。"乃"，你的。"服"，王朝授予的官位、职事，以及履行官位职事的活动，西周金文中作为专名词出现，如成王时器《乍册魖卣》："公大史见服于宗周"、"公大史咸见服于辟王"。又同时器《班簋》："王令毛伯更虢城公服"，"登于大服"。又《井侯簋》："䜌井侯服。"及西周晚期器《毛公鼎》："汝毋敢坠在乃服。"至于典籍中则有如《诗·荡》云："曾是在位，曾是在服。"等等（参看《大诰》"大历服"校释）。"命"，在此是与"服"并列的专名词，王对所属的任用、封赏等都有"命"。金文中凡王对臣下的各种册命典礼，多记载命辞，有专门的"命书"。如共王时器《颂鼎》云："宰弘右入门，立中廷，尹氏授王命书，王呼史虢生册命颂。"典籍中也有记载，如《左传·定公四年》记册命蔡仲云："命之以蔡。其'命书'云：王曰：'胡！无若尔考之违王命也。'"这种"命书"，相当于宋以后封建王朝的"诰命"。

⑤高乃听——旧注疏家皆望文生训，如伪孔释为"高汝听，听先王道德之言"。《蔡传》释为"高其听，不可卑忽我言"。苏轼《书传》释为"高乃听，听于古也"。类此解释直沿至清代，孙星衍始释为："《广雅·释诂》云：'高，敬也。'言敬听我训，则安治民之道也。"（《孙疏》）其后治《尚书》者又皆沿孙说。于省吾云："'高'，

当即金文'禽'字,详《盘庚》'古我前后'条。禽字虽不可识,其意
为广廓之义。'高乃听',言广乃听也。孙星衍引《广雅·释诂》证
'高'为'敬',于义未允。"(《新证》)于说当为关于"高乃听"解释
中较佳的解释。

清人牟庭提出新说,以为:"听'当为'德',字形之误。《家
语·本命》曰:'效匹夫之听。'注曰:'听,宜为德。'是则'德'误为
'听',古书有其证矣。又据上经曰'殷先哲王德用康乂民',文与此
同,惟'德'、'听'异,而字形相似,其为误字甚明也。'高乃德用康
乂民'为一句,言所贵高汝者,谓汝当以德安治民也,非为汝腆享
也。"(《同文尚书》)很可能牟说是。"高乃德"不必与"用康乂民"
为一句,义仍通。周初统治者惩于"天命无常",所以提出"德"这一
道德规范来作为争取和保持天命的手段,本篇又以"明德慎罚"为
全篇主旨,作为本篇讲话的结尾,在提出"天命不于常"之后,接着
对康叔谆谆告诫,要他"高乃德",这显然是合理的。所以现特据其
说进行今译,但因无直接根据,为慎重计亦不改篇中原字。

《唐石经》在此节损"曰"、"于"、"乃"三字,诸刊本及隶古写本
不误。

以上这一节,以天命不常警告康叔,要永保国祚,就必须勉于
职务,隆以德治才行。

王若曰①:"往哉! 封! 勿替敬②,典听朕诰③,
汝乃以殷民世享④。"

①王若曰——《唐石经》"王"字蚀缺,刊本写本不缺。于省吾
云:"'王若曰'应解作'王如此说'。……金文中凡史官宣示王命

臣某或王呼史官册命臣某而称'王若曰'者,多在一篇之首或一篇的前一段。以下如复述之,则均简称'王曰',此乃蒙上文而省却'若'字。……由此类推,则《康诰》的先称'王若曰',下文称'王曰'者共十一处,与金文相符。惟独篇末有'王若曰'一段,与金文通例相违,可见此处'王若曰'之'若'当系衍文。"(《"王若曰"释义》,载《中国语文》1966年第2期)

②勿替敬——"替",废(《释诂》)。是说不要废弃你所当敬重的事,或不要放松你所当重视的事,也就是不要放弃兢兢业业的精神。

自此以下十四字,伪《孔传》句读为:"勿替敬典,听朕告,汝乃以殷民世享。"《蔡传》句读为:"勿替敬典,听朕告汝,乃以殷民世享。"各随其句读进行解释。至清江声始提出:"读'勿替敬'作一句,'典听朕告'一句。盖能'敬典'自然不替,不须以勿替发言,自当读'敬'字绝之,言勿衰替其敬也。《酒诰》末云'汝典听朕毖',正与此'典听朕诰'文同(按,《酒诰》又有"其尔典听朕教"句),皆是言终重丁宁之语。"(《音疏》)其后治《尚书》者皆承此读,今亦从之。

③典听朕诰——"典",常(《释诂》)。"诰",诸刊本皆作"告",隶古写本及《唐石经》作"诰",今从之。"诰"、"告"义同(《说文》"诰,告也"),习惯上周代官方文告称"诰"。《周礼》:"大祝作六辞,三曰诰。""士师掌五戒,二曰诰,用之于会同。"《释言》:"诰、誓,谨也。"邢疏:"以大义谕众谓之诰、集将士而戒之曰誓,《尚书》'诰'、'誓'之类是也。"这些都是根据周代有这些文件提出的说法。

④汝乃以殷民世享——康叔封于"卫",即"鄘",亦即"殷"。

尚书校释译论

参看《盘庚》篇讨论（四）。所以他所统治地区的人民原是殷民。又《左传·定公四年》："分康叔以……殷民七族：陶氏、施氏、繁氏、锜氏、樊氏、饥氏、终葵氏。"故前文有"王应保殷民"语。"享"，即享祀，见上文"无我殄享"校释。"世享"即世世代代的享祀，亦即当时世袭贵族所希冀的绵绵不断的国祚。

以上这一节，是封康叔诰辞的最后结语，叮嘱他紧记诰言，以保国祚。

蔡沈《书集传》云："'明德慎罚'，一篇之纲领；'不敢侮鳏寡'以下，文王明德慎罚也；'汝念哉'以下，欲康叔明德也；'敬明乃罚'以下，欲康叔慎罚也；'爽惟民'以下，欲其以德行罚也；'敬哉'以下，欲其不用罚而用德也；终则以'天命'、'殷民'结之。"

加藤常贤《真古文尚书集释》将《康诰》全文分为五节：第一节（"惟三月"至"洪大诰治"），错简；第二节（"王若曰孟侯"至"作新民"），明德慎罚总说；第三节（"王曰呜呼封敬明乃罚"至"罔弗憝"），教康叔慎罚；第四节（"王曰封元恶大憝"至"罔政在厥邦"），教康叔敏于德；第五节（"王曰封惟予惟不可不监"至篇末），结语。

两说足供参考。

今　译

三月初，正见到新月的时候，周公在东方的洛阳开始营建一座新的大城市，四方的臣民都来会集，侯、甸、男、采、卫诸邦邑的百官和迁徙来的殷余民也都来为周王朝效力干活。周公全都慰劳他们,发表了一篇告诫他们努力治事的训话。(这几句是别一篇的开头,错放在这里。)

王这样说:"孟侯!我的弟弟,好小子封呀!你的伟大光荣的父亲文王最能英明地施行赏赐和谨慎地实行刑罚,又不敢欺侮那些无依靠的小民,而且还敬畏他们,更敬畏那些有声望的人,所以他能开始缔造我华夏地区,包括我们的好几个小邦,还扩展了我们原来西边的领土,由此他的德业上闻于上帝,上帝十分赞美,就降大命给文王,要他灭掉这强国殷家,承受殷家原有的天命和其土地与人民。现在你接着你大哥武王所奋勉的勋业,所以你这好小子封才会到东方这块土地上。"

王说:"呵!封呀,你想想吧!现在人民在兵革之后是多么痛苦呀!你应当敬谨地遵循父亲文王的德业,还要继承殷人好的东西。这回前去,要广泛寻求殷家古先圣王的治国之道,用来安定和治理那里的人民;在那里有许多殷商的老成人就离你不远,你要把他们放在心里,知道去寻取他们的教导;再普遍地寻求古代圣王的遗闻旧政,用来使人民安乐地生活下去。你应发扬上天的大德,为的是要你不废堕我王朝给你的宠命。"

王说:"呵!好小子封呀!人民的疾苦就像缠在你的身上一样,你该严密注意呀!老天的威严虽不可测,可是人民的安静动乱却是很容易见到的,要知道小民是难于安抚的。你去了之后,要尽你的心办事,不要老是贪图安逸,爱好享乐,这才能统治好你的人民。我听说:'人民的怨恨不一定出在大事上,也不一定出在小事上。'因此你要小心,善于施惠于那些不驯顺的人使之驯顺,劝勉那些不勤勉供役的人使之勤勉供役。唉!你这小子呀,你担

尚书校释译论

当的职务非常重大呀。我周王已承受了上天的命令来保养殷民,你就要助我王家安定好这天命,把这些殷民改造成新的人民。"

王说:"呵!封呀!你对于刑罚必须执行得严明和谨慎。有人犯的是小罪,但他自己不认罪,始终要错到底,自觉地做不法的事,这是故意犯罪,那么他的罪虽小,是不可不杀的。有的虽然犯有大罪,但不是坚持错误到底,而能认罪悔过,这是偶然犯罪,既已对他用了适当的责罚,这就不该杀了。"

王说:"呵!封呀!如果你能照着这样做,就显示出你是很公正严明的,自然使人心悦诚服,人民就必将勤力事上,并能共勉以和顺了。像有疾病时,人民会以祭禳去驱除它一样的去掉所有过失了。只要像保育婴孩一样,人民自然会因得到安乐生活而服从统治了。除非你阿封要刑人或杀人,就没有谁可允许去刑人杀人的;除非你阿封说要割人的鼻子或耳朵,就没有谁可允许去做这些事的。"

王说:"外朝审问的案子,你要安排好司法人员,按照殷代的刑法来治狱,就自会合程序。有话告诉你:凡囚禁的犯人,对于他们的罪行要仔细地审理五六天,甚至于十天到一季度,直到审理得没有冤屈的时候,再去判定他们的刑罚。"

王说:"你既布置这司法人员,用殷代的常法来判决犯人的罪,那就凡是该判刑的就要判刑,该杀掉的就要杀掉,切不可凭你个人的意志断案。但你应尽力施加指教,当大家都已承顺你的指教时,你就不要夸自己。唉!你这好小子呵!没有像你这样心地好的,我的心事,我的做法,只有你理解呵!至于凡是自陷于罪的人，像强盗、奸细、邪恶之徒，他们惯于杀人劫货，凶悍得不怕死，这种败类是没有人不恨之欲其死的。"

王说："封呀！罪大恶极的人是使人最痛恶的，但还有不孝不友的人更加可恶。做儿子的不恭敬服事他的父亲，大伤他父亲的心；做父亲的不慈爱他的儿子，反而憎恶他的儿子。做弟弟的不想想那明显的天伦之道，竟不敬重他的哥哥；做哥哥的也不想想幼小的弟弟未离于教养之境的可痛，反而很不友爱他。如果宽容这些罪恶行为而不由我们的官长判处罪刑的话，那么上天给予我们人民的常理常法就将陷于严重的紊乱和破坏。所以说，你要赶快按照文王的刑法来严厉处罚这些恶不可赦的人。"

"还有不遵守王朝大法的，也就是那些侯国掌贵胄之官、掌教之官、各种政务长官及他们部下的小官们。他们往往擅自发布自己的一套，以迎合人民的夸誉，不考虑对不对，也不遵用王朝大法，肆意损害自己的君主，只知助长下面的罪恶。这种人是我最痛恨的。喂！你就应该赶快用正当的理由把他们杀掉。还有各分封的贵族君长不好好地教化他的家臣、属吏们，任他们作威作福，肆行暴虐，大胆妄为地背弃王命，这就不是用德教可以治好的了，你也不要不以你所用的法律去惩治他们。我们要人民常想到文王的爱憎——他所要做的和所反对的，要人民都能自己说愿意追随文王的遗教，那我就高兴了。"

王说："封呀！当人民的境况能够获得改善时，我们尚且只想学习到殷代圣王用以安然地治理人民的统治方法，而且希望运用得和他们一样；何况当现在人民的境况没有获得改善的时候，就更有这个需要了。如果人民感到无所从善，境况又不能使之向善，那么这个国家时里还有什么政治可言呢！"

王说："封呀！我们不可不吸取历史的经验教训，所以我特地告诉你一些运用恩德的道理和关于刑法的正确措施。现在殷民还没有安静，还没有停止他们的对立情绪，所以屡次发生不和协的事件。这显然是上帝在惩罚我们！纵使罪不在大，也不在多，我尚且承受惩罚而无怨意，更何况现在的罪已明显地上达于天呢！"

王说："唉！封呀，你要注意呵！不要做引起人民怨恨的事，不要用不正确的计划和不正常的法令来败坏你的信用，要能勉于德行，舒畅你的思想，省察你的行为，弘远你的筹划，要你能使人民安宁，你的国祚才可不因传世久远而灭绝。"

王说："呵，好小子封呀！天命不是永恒的，你应该时时想着呀！你不要自己斩绝了国家封给你的宗庙社稷的祭祀。你应该奋勉于所受封的职位和宠命，提高自己的德业，以此努力来安然地治理好你的人民！"

王说："去吧！封呀！不要废弃了兢兢业业的作风，只要常常听我的教导，你就可以拥有这些殷民维持你绵绵不绝的国祚。"

讨　论

关于《康诰》所要讨论的问题，都是长期聚讼纷纭，很难简捷地得到确切结论的问题，现在逐一讨论如次。

（一）《康诰》是周代哪一个王的诰辞及"周公称王"的问题

最早的史籍记载以为《康诰》是周公相成王封康叔于卫的诰

辞，如《左传·定公四年》："昔武王克商，成王定之，选建明德以藩屏周，故周公相王室以尹天下……分康叔以……殷民七族……命以《康诰》而封于殷虚。"又《僖公三十一年》也说卫康叔受封是由于"成王周公之命祀"。《逸周书·作雒》也说"周公立，相天子……俾康叔宇于殷"。司马迁承此说，《史记》中凡记及卫事各篇都是这样记载。

汉代出现的《书序》则说："成王既伐管叔、蔡叔，以殷余民封康叔，作《康诰》《酒诰》《梓材》。"把它说成是成王的诰辞。但汉代今古文都不同意此说，《释文》和《孔疏》所引今文家和古文家的说法都以为"成王"二字不确。以后伪《孔传》及《孔疏》等都明确为"周公以成王命诰康叔"。

到宋代，胡宏、吴棫、朱熹、蔡沈始提出《康诰》是武王诰辞之说，其理由是：文中"王若曰"之后即呼"朕其弟小子封"，显然这个王只能是周武王；同时文中只称说文王，无一语及武王，显然也非武王以后语，等等（见《皇王大纪》《朱子语类》及《蔡传》）。从此自宋迄清，很多学者都承此说，直至近代还有不少人以为这确是武王封康叔的诰辞（如简朝亮、陈梦家等）。

但是自宋至清仍然有很多人坚持周公封康叔之说，不过他们必须把"王若曰"与"朕其弟"说通，于是就提出了各种各样的说法，如林之奇说："其事虽本于周公，而成王在上为天子……周公但摄之而已，故《序》推本而言，遂以成王冠之。"（《全解》）黄度说："王若曰以下皆周公之言，必以王命诰者，事体也；必纪周公之言者，事实也。"（《补商》引）车若水说："当是武王已作诰命将封康叔，继思以旧地存武庚。既平武庚，成王始宣武王之诰封康叔。"(《史记志疑》引)等等。

到清代，惠栋、江声都说："周公代成王诰，故下称'王若曰'，然仍是周公之命，故又云'朕其弟'。"(《音疏》)朱骏声说："诰虽周公所命，而每节必称王曰者，明居摄不自王也，下文则皆周公之言。"(《古注便读》)赵佑说："古者封诸侯于庙，周公相成王封康叔于武王之庙，故即假武王之辞作诰。"邵懿辰说："封康叔时成王位于上，周公傍侍而代命之，故史臣悉记其口语，'朕其弟'、'乃寡兄'皆周公自谓。"(皆《补商》引)此外各种说法还多，所有这些巧寻的解释，都是很牵强的，都不能真正解决"王若曰"与"朕其弟"之间的问题。

只有王鸣盛根据郑玄的说法，明确指出王就是周公。他说："谓周公代成王诰，则知'王若曰'者，'王'即周公。'朕其弟'者，周公谓康叔为弟无疑也。"(《后案》)这就使历来争执的问题说得通了。

本来，周公摄政履天子位以称王之说，从战国时代起已有流传，如《荀子·儒效》云："周公屏成王而及武王，以属天下，恶天下之倍周也，履天子之籍，而天下不称贪。"《韩非子·难二》："周公旦假为天子七年。"《逸周书·明堂解》："周公摄政君天下。"《礼记·明堂位》："周公践天子之位以治天下。"等等。汉初《淮南子·氾论训》云："周公继文王之业，履天子之籍。"及《尚书大传》《韩诗外传》都有类此说法。承此诸说的司马迁《史记》诸有关篇中都说周公践阼，代成王当国。可知到汉代还流传周公践阼称王的说法，结果为王莽所利用，他把自己打扮成周公的化身，先搞"安汉公行天子事如周公"(《汉书·王莽传》)，最后篡夺了汉朝的皇位。后来的魏、晋仿照他的方式，也都篡弑成功。于是晋以来的许多人对此很反感，不再愿意承认周公称王的说法。自伪《孔传》到《孔疏》都要反复强调这种观点，特别是宋儒要严封建纲常、君臣名分，更坚持周公只相成王而无称王之事，因此王鸣盛重提郑玄之说后，很多人都不肯附和。

其实历史总是客观地存在的，周公称王，在当时并没有什么不可以。前面的“校释”中释“孟侯”一词时，已从金文中看到周代统治者称呼往往多样化，可以称公，也可以称王，在文籍中也看到“公季”又称“王季”，那么周公称“公”之外又称“王”，本来不是什么奇异的事，并不意味着一定就是国君，只是有点像清初摄政王那样。近人杨树达《渣司土迭簋跋》已指出该铭文中“王来伐商邑”之王就是周公（见《积微居金文余说》）；徐中舒也说周公摄政称王和清初摄政王如出一辙，又指出《班簋铭》中的“咸王”即周公。并说：“咸王是周公摄政的名称，唯见于金文，这是旧文献中久已遗忘的史实。”（《西周史论述》）虽然各金文研究者对此铭文中的“咸”字，还有不同的句读和解释，但徐氏这一说法非常可取，有助于理解周公当时确曾称王。而且当周王朝初创立之际，政权形式还在探索之中，刚推翻的殷王朝就曾实行过兄终弟及制，未必不可蒙受它的影响，因而周公也继武王称王。不过因引起管蔡反对的政治危机，周公吸取了教训，所以仍决心维持周的先代已试行的传子制，最后要还政成王。但在当时为维持和巩固新建立起来的政权，周公仍然有当政的必要，也有称王的必要，所以才有周公称王的史实记载传下来。这是不足为异的。

因此，我们仍应相信《左传》《国语》《逸周书》等史籍的记载，认定《康诰》是周成王时期周公在摄政称王的情况下对康叔的诰辞。详起釪撰《由周初诸诰作者论"周公称王"的问题》（载《古史续辨》）。

（二）康叔的受封及他的封地"康"和"卫"的问题

要弄清楚康叔受封的问题，必须先弄清楚他的两个封地"康"和"卫"。

"康"，注疏家有过不同解释。汉代今文家之说不传；古文家有两说，一是马融释为圻（畿）内国名，一是郑玄释为谥号。魏王肃仍以为是国名，晋伪古文亦承用马、王说。按，谥号之说是错误的，据金文，有康侯封自作之器，自称康侯，是周初无谥号之说是可信的；而康叔和管叔、蔡叔、霍叔等一样，都是以封地得名，因此只能如《孔疏》所说："管、蔡、郕、霍皆国名，则康亦国名。"

康地究竟在哪里呢？《史记·卫世家索隐》引宋忠说："畿内之康，不知所在也。"宋忠为汉末人，可知汉代已不知康在哪里。宋时《路史·国名纪》卷五始提出："康，《姓书》：'康叔故都，在颍川。'"孙星衍《尚书今古文注疏》释云："《说文》：'邟，颍川县。'《集韵》：'邟，县名，在颍川。'又有'鄘'，同音，地名，则即'康'也，今河南汝州是。"汝州为今河南临汝县。又江永《春秋地理考实》云："康叔始食采于康，后徙封卫。《括地志》云：'故康城在许州阳翟县西北三十五里。'阳翟，今许州府禹州。"

禹州即今禹县。在其西北，也就邻近临汝。可知诸说所指是一地。就这些考释来看，"康"当在今河南省禹县和临汝之间。

"卫"，由《盘庚》篇"讨论（四）"，知其字系自"郼"字而来，"郼"即殷，指商王朝京畿所在地。在商亡后，周人始改称"殷"为"卫"。当指朝歌（今淇县）一带地区。

《诗·国风》中所列各国有邶、鄘、卫三国。《汉书·地理志》以为是从汉之河内郡即殷旧都之地所分出。由它所说"鄘，管叔尹之；卫，蔡叔尹之"，以校《逸周书·作雒》所说"建管叔于东，建蔡叔、霍叔于殷"，便知鄘即东，卫即殷。郑玄《毛诗谱·邶鄘卫谱》说邶在纣城之北，把鄘和卫的地望说错了，但它指出了这三国地区"北逾衡漳，东及兖州桑土之野"则是对的。此外各典籍中纷纷解释邶、鄘、卫地点的还很多，大都纷歧错杂。经考析诸说，大抵可知：以淇县为中心的今豫北一带是卫，漳河以北的今冀省境内是邶，而自豫东北的滑县到鲁境兖州等地是鄘，亦即东。由王国维《北伯鼎跋》足以证成此说。

现在就可讨论康叔先后封于"康"和"卫"的问题。

先说封于康。《左传·定公四年》《逸周书·作雒》等都叙康叔封于殷之事，是他在封于殷前已称康叔。按，郑玄《毛诗谱》说："乃分岐邦周召之地，为周公旦召公奭之采地。"这是在周公、召公分封于鲁、燕之前。又《史记·管蔡世家》说"封叔鲜于管，封叔度于蔡"，也在管叔、蔡叔分监于鄘、卫之前。可知康叔也以同样情况，在封于卫之前先封在康地，故宋忠注《世本》云："康叔从康徙封卫。"《白虎通·姓名篇》："管、蔡、曹、霍、成、康、南，皆采也。"可知这些地名和周、召一样都是采邑。《史记·管蔡世家》说："（武王）封功臣昆弟……康叔封、冉（即南）季载皆少，未得封。"这或者是把食采邑与封国严格区分来说的。

其实历史上各王朝分封子弟并不计较年龄大小，襁褓中即可受封，其中有的可能只先封采邑，何况当时康叔并不年幼。《周本纪》在叙周公、召公、管叔、蔡叔之封后，接着说"余各以次受封"，表明子弟都受封，所以叔封在武王时受封采地于康，是完全应有的事。

历代治《康诰》的人，对这点搞不清楚，提出了许许多多不同的说法，有些是游移说不准的，有些是说不通的，有些是错误的，但纷纭杂出的说法中，有一共通点，就是大都说康地在商畿之内，而且大都说是武王时所封。我们从上面知道康大概在今河南禹县、临汝之间，可以说在商畿之内（《商颂·玄鸟》"邦畿千里"）。其地当周文王伐邘、崇之后，即已纳入周的势力范围。见《西伯戡黎》篇"讨论（二）"。武王灭纣后，既就殷都的三面派出了"三监"，又以此殷都西南之地封为康叔的采邑，是合于当时历史形势的。

其次说封于卫。《左传·定公四年》《逸周书·作雒》《史记》之《周本纪》及《鲁世家》《管蔡世家》《卫世家》都说周公相成王伐武庚、管、蔡后，以殷遗民封康叔于卫，这是正确的历史记载。但对所分遗民和土地，则各说有些出入。今分列情况如下：

关于所分遗民方面，《左传·定公四年》说分为三：殷民六族分在鲁，殷民七族分在卫，怀姓九宗分在唐。《史记》之《周本纪》《鲁世家》《管蔡世家》则都说分为二：其一分在宋，其一分在卫。《汉书·地理志》也说分为二，但一在洛邑，一在卫。《史记·卫世家》则说"以武庚余民封康叔为卫君"，那意思是说全都分给卫了，这和《书序》之说相同，其后郑玄《邶鄘卫谱》、伪

《孔传》也都承此说。其实由本书《召诰》《洛诰》《多士》等篇，已确证当时是把殷人迁至洛邑的，所以留给卫康叔的才称"余民"；又由殷民建立的宋国，也是当时客观存在。所以可确信当时殷民是被分而治之的，计分在洛邑、宋、鲁、卫等处，其非子姓殷民如怀姓则分在唐（晋）。卫所分得的就是《左传》所说的殷民七族：陶氏、施氏、繁氏、锜氏、樊氏、饥氏、终葵氏。

关于所分土地方面，《史记》之《周本纪》及《鲁世家》《管蔡世家》《卫世家》只说封康叔于卫，没有说明它的地域。《左传·定公四年》则说明了其地域包括武父以南，圃田之北境，有阎之土，相土之东都。而《汉书·地理志》则说包括邶、鄘、卫三地。《左传》是较早记载，两相校订，显然《地理志》说得过广。据《水经·济水注》及《方舆纪要》，武父在今冀南鲁西之境；据《尔雅·释地》及《水经·渠水注》，圃田在今郑州与开封之间的中牟地境。"有阎"即奄，亦即庸；"相土之东都"则在泰山之下（并据王国维《北伯鼎跋》）。所以《左传》所说这一地域，大抵与卫及鄘（东）的地域相当，不及邶境，南面圃田之境则到了今郑州、中牟、开封一带。

为什么史载康叔封于卫，而他的地域却包括了鄘（东）？《逸周书·作雒篇》在叙述"临卫征殷，殷大震溃"之后，说："俾康叔宇于殷，俾中（仲）旄父宇于东。"则"鄘"（东）这块地方原来是封给仲旄父的。仲旄父是什么人呢？为什么与康叔同时紧邻地封在这新征服的重要土地上呢？《史记·卫世家》说："康叔卒，子康伯代立。"《索隐》据《世家》说康伯名髦（原讹作"髡"，据《说文》订正）；并据宋忠说即《左传·昭公十二年》的王孙牟父,因"牟"、"髦"声相近之故。孙诒让《逸周书斠补》因认定仲旄父即此王孙牟父,亦即康叔之子康伯髦。而金文中有"白懋父",即伯懋父,郭沫若谓即康伯髦,亦即仲旄父,因懋、牟、髦、旄均同纽,"仲"则为伯字之讹(《两周金文辞大系·小臣谜簋考释》)。孙、郭二人之说是可取的。伯懋父在金文中又称"毛父",又称"文王孙",他的事迹在成王时期的很多铜器中都有反映,在当时是一位由周王命令部下"左比"、"右比"好好保护的娇重的贵族,他在宗周受命,先开府于圃田之境即属于"东"的河南郑地,然后进而建牙于沬邑(即淇县境),自己居中军,率左比、右比之师及从征的氏族徒御,伐东国奄戎,至于海湄,"三年静东国"。看来伯懋父或伯毛父是周公东征队伍中康叔这一支里的一个重要将领,建立了殊勋,所以纷纷铭于鼎彝。但文籍中则只有《逸周书·作雒》里的仲旄父保存了他的一点痕迹。他和父亲康叔一道在论功行赏时受封,父亲封于卫,他封于紧邻的鄘(东),但他所得的实际是鄘的"小东"部分,因"大东"部分即奄的地境封给周公的儿子伯禽去了。成王和周公封康叔于殷都,主要是叫他从殷人那里学习统治经验,特别是殷代刑法。学到手后便把他调到周王朝去担任掌管刑法的司寇之职,详下"讨论(三)"。于是康叔便把卫国也全交给了儿子伯髦父,因而鄘的小东部分和卫境统统合成了卫国。

至于邶,始终未封给康叔。由《北伯鼎跋》诸器,知道是作为一个受封国独立存在;由《战国策·燕策》所载资料,知它后来并入了燕国。

康叔受封地域基本有如上述。他的受封情况,除文献记载得

康诰

1451

颇详外,晚近出土的金文尤为丰富,可参看陈梦家《西周铜器断代》中所述康叔诸器。其中特别珍贵的是《濬司土逑簋》的铭文,是直接参加康叔封于卫的授封典礼的一位贵族所作,使我们得到了康叔受封卫国这个三千年前史事的直接物证。可参看杨树达《积微居金文余说·濬司土逑簋》(详起釪撰《周初邶鄘卫三国与卫康叔封地》)。

附卫康叔封地示意图于下:

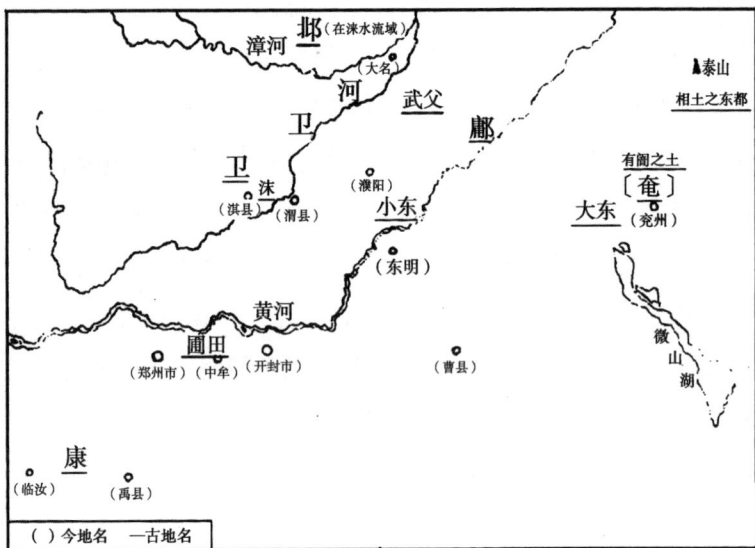

邶(在涞水流域)

漳河

大名

河

卫　武父　鄘

▲泰山
相土之东都

卫　沫
(淇县)(渭县)
濮阳
小东

有阎之土
〔奄〕
(兖州)

大东

(东明)

黄河

囲田

(郑州市)(中牟)(开封市)　　　(曹县)

微山湖

康

(临汝)　　(禹县)

( )今地名　—古地名

1452

　　(三)《康诰》《酒诰》《梓材》三篇的关
　　系及《康诰》内容的历史意义

　　典籍中最早叙及《康诰》这篇诰辞出现情况的,就是《左传·定公四年》所说的“命以《康诰》而封于殷虚”,但没有同时提到《酒诰》《梓材》。到汉代出现的《书序》始说:“成王既伐管叔蔡叔，以殷余民封康叔，作《康诰》《酒诰》《梓材》。"《史记·周本纪》也说："初，管蔡畔周，周公讨之，三年而毕定，故初作《大诰》，次作《微子之命》，次《归禾》，次《嘉禾》，次《康诰》《酒诰》《梓材》。其事在周公之篇。"这三篇就并列在一起了。《卫世家》在叙封康叔为卫君后也说："周公旦惧康叔齿少，乃申告康叔曰，必求殷之贤人君子长者，问其先殷所以兴，所以亡，而务爱民；告以纣所以亡者以淫于酒，酒之失，妇人是用，故纣之乱自此始；为梓材，示君子可法则，故谓之《康诰》《酒诰》《梓材》以命之。"这是司马迁叙述这三篇书之所以产生，是由于相同的政治需要和各自不同的具体作用，目的都是为了告诫康叔。《太史公自序》更说："牧殷余民，叔封始邑，申以商乱，《酒》《材》是告。"证明西汉时这三篇书确实是一起存在，而且都是为了针对卫国殷余民的统治而作。从此这三篇作为周公诰康叔之辞，基本传为定论，直到唐代，写定在《孔疏》中。

但是汉末郑玄的《周礼序》却说："案《尚书》《盘庚》《康诰》《说命》《泰誓》之属三篇，《序》皆云'某作若干篇'。今多者不过三千言。"（《周礼·序周礼废兴》引）在郑玄时，《盘庚》《说命》《泰誓》都是分为上、中、下三篇，郑以《康诰》与之并提，显然是说《康诰》也分成上、中、下三篇，并没有《酒诰》《梓材》二个篇题。

郑玄的这一说法，似乎可用《康诰》在先秦时流行情况来加以证实。《康诰》在先秦时颇为广泛传布，经常为当时人士论事或著书所引用。例如《左传》是引用《尚书》最多的，其中引用《周书》达十九次，而《康诰》占了十次，此外则《太誓》五次，其余除《吕刑》一次外皆为逸书,而没有引过一次《酒诰》《梓材》。其次《荀子》引《康诰》六次,《国语》《孟子》《战国策》各引一次,也未引用该两篇,最可异的是,《韩非子·说林上》引用一次云:"《康诰》曰:'毋彝酒。'彝酒者,常酒也。常酒者,天子失天下,匹夫失其身。"而"无彝酒"却是《酒诰》中的句子,为什么说成《康诰》了呢? 段玉裁断言说:"此《酒诰》而系之《康诰》者,盖周时通《酒诰》《梓材》为《康诰》也。"(《撰异》)皮锡瑞也说:"据此则三篇实同一篇,韩非在焚书之前,其说可据。"(《考证》)我们认为有两个可能,或者因为《酒诰》《梓材》都是对康叔的诰辞,所以都可以顺口叫成《康诰》,或者《康诰》在先秦和《盘庚》等篇一样确也分为三篇,也可分为上、中、下篇而没有另外两个篇题,但到西汉时的今文,确是分为《康诰》《酒诰》《梓材》三篇的。可能到东汉时的古文又有过不同本子,依然为《康诰》三篇,所以才有郑玄那样的说法。而在《书序》中则始终是三篇合序,不曾分开过。

当时扬雄曾对《书序》提过他所看到的情况。《扬子法言·问神篇》云:"《书》之不备过半矣,而习者不知,惜乎《书序》之不如《易》也。曰,彼数也,可数焉故也,如《书序》虽孔子亦末如之何矣。昔之说《书》者《序》以百,而《酒诰》之篇俄空焉,今亡夫。"后面这几句话不大好理解,晋人李轨注云:"秦焚书,汉兴求集之,《酒诰》又亡一简,中者先师犹俄而空之,今渐亡。"没有表达清楚这几句的原意。清人王先慎据《韩非子·说林》所引语及《法言》此两句云:"是汉时已无《酒诰》,而《康诰》亦有佚文,后人纂辑《酒诰》,并《康诰》佚句亦并错入,当据此订正。"

（《韩非子集解》）他误把《韩非子》所引看作《康诰》佚文而非《酒诰》语，把《法言》的话看作汉代已无《酒诰》，显然都不符合实际。皮锡瑞则以为："子云盖因《酒诰》与《康诰》同一序，疑别有序而亡之，故有'俄空'之叹。"指出扬雄感到的是《书序》中缺《酒诰·序》，这较近事实，因汉代《酒诰》并未亡佚，不仅今、古文传本都有之，而且汉人亦经常引用，如《论衡》之《谴告篇》《语增篇》《白虎通·商贾篇》《中论·谴交篇》等常称引《酒诰》之文，可知它在汉时也是为士人所习用的。据《汉书·艺文志》说："刘向以中古文校欧阳、大小夏侯三家经文，《酒诰》脱简一，《召诰》脱简二，率简二十五字者脱亦二十五字，简二十二字者脱亦二十二字。"又可知《酒诰》在汉时只脱了一简，少了二十余字而已。只是在《书序》中没有它单独的序，才有《法言》的那几句话。

三篇中只有《梓材》才有较大的问题，因为前半部还呼康叔封的名字而教导之，还可说是周公诰康叔之辞；下半部则是臣对君的讲话，显然出现矛盾了。西汉今文的《尚书大传》把《梓材》说成是周公根据乔梓寓意教伯禽之书，《说苑·建本篇》《论衡·谴告篇》则同样说是教康叔和伯禽的，这一说法显然是不可信的。至宋吴棫、朱熹以及金履祥等人则以为这不是诰康叔之语，他们提出后半部有问题，这是对的。其实后半部当如蔡沈所指出的是断烂简编拼凑而成（见《蔡传》）。而前半部还是诰康叔的原辞，其"迹上下之情，宽刑辟之用"（《蔡传》语）的中心内容还是与《康诰》的用意一致，因此当初应该还是《康诰》三篇中的。也就是说，当时有关周公告诫康叔之辞，确实包括《康诰》

《酒诰》《梓材》三篇。

此三篇在前面第一讨论题中已提到，原有历史记载都说是成于成王周公时，直至唐代孔颖达《正义》还承此传统说法。宋代胡宏、吴棫、朱熹、蔡沈等始据《康诰》之文定此三篇为武王之诰，应在《金縢》之前。经他们这一学派的宣扬，直到近代还有不少人遵信此说。但即在宋代仍有人坚持传统说法，并探求当时写这三篇的相关之故，如林之奇云："此三篇之诰康叔，盖俱是四方之民五服之君咸造于洛邑，周公慰劳而诰诫时之所作也。"又云："顽民之居于成周者，周公既尹正之，使之或化厥训矣，其所以丁宁而晓谕之者则有《多士》等篇。顽民既迁居成周而其余尚淹留于卫，则以委康叔而任其司败之职，既以是而委之矣，亦不可以无告戒之言也。"（《全解》）吕祖谦也说："迁于洛邑者使之密迩王室，式化厥训，周公以圣人躬师保之任，重以君陈和其中，毕公成其终。不迁在商曰余民者，命康叔以训诰之，至于三篇之书，以此知商民难化，周公成王爱护保养之详如此也。"又说："已迁之民作洛邑以处之，又作《多士》《多方》以告之；不迁之民使康叔以治之，又作《康诰》《酒诰》《梓材》之书以告之，合言于此，表里所以相应也。"（《东莱书说》）他们两人都以为《康诰》篇首四十八字非错简而是三篇的总叙，这一点是错的（见本篇"校释"），但他们都以此三篇为对留卫殷民而作，与《多士》等篇为对迁洛殷民而作并举，则是颇得文意的。清代魏源承两人之后，又提出他的看法说："《康诰》篇首乃三篇之总序，故言宏大诰治，非专诫康叔一人也。不但伯禽康叔在其中，即侯甸男邦采卫亦在其中。"（《书古微》）这就说得过远了。戴钧衡又提出另一看法云:"《康诰》为周公述武王往日诰辞,《酒诰》《梓材》为周公代成王作诰,而同颁之于作洛之日。"(《补商》)但他自己也不敢自信,所以又说:"姑为是说以传疑。"所有这些探索的说法虽不一定对,但主要相同之点认为这三篇都是周公诰康叔,而且都是为统治卫地殷民而作,则是可取的。

三篇中关于《酒诰》《梓材》的问题,将分别在各该篇中讨论,这里只谈谈《康诰》本文。

宋代苏轼曾说,当读到《牧誓》《太誓》等篇时,觉得周代夺取殷人的天下很容易;但读到《大诰》《康诰》以下几篇时,就感到周代最后征服殷民并巩固从殷人手里取来的天下非常不容易,是费了很大的气力的(见《东坡书传·多方篇》)。《康诰》这一篇,就反映了周公苦心焦虑地教康叔如何搞好对殷民的统治,叮咛往复、周详擘画所下的功夫,看出周公为巩固周王朝确实付出了不少的心血。

《康诰》全篇所标出的纲领是"明德慎罚"。这个"德"的观念是周人开始提出来的,完全是为了补充和完善殷人所只知奉行的"神道"和"刑罚"这两手的统治术而提出的,已见前面的"校释"和《盘庚》篇的讨论(一),这里不再重复。至于周人所仍运用的殷人原所奉行的这两手统治术,其分别运用的情况约如下述:

1.在神道方面,他们也不单纯的宣扬绝对的天命,在《太誓》里,他们已提出"天视自我民视,天听自我民听"(《孟子·万章上》引),和"民之所欲,天必从之"(《左传》之《襄公三十一年》《昭公元年》及《国语·郑语》引)等口号,来修正殷人的天道观;

康诰

1457

在本文里，则更提出"惟命不于常"，"天畏棐忱，民情大可见"，来明确指出天命不常，天威不可信，而民情是必须重视的，这是周公从总结历史经验中认识到人民所显示的力量，因此提出了比殷人远为进步的思想。

2. 在刑法方面，首先不是修正殷人的刑法，而是教导康叔要善于学习殷人刑法，然后才提出如何正确运用殷人刑法所应注意的要点，周详反复，至慎至审，全文内容就主要表现在谈刑法方面，因此过去有人误以为这篇诰辞本由于康叔为司寇之故，如朱熹就曾说："康叔为周司寇，故一篇多说相刑。"（《语类》卷七十九）王鸣盛也说："康叔为司寇，意康叔本法家，故特于用刑反覆申之。"（《后案》）雷学淇则说："《康诰》作于康叔为司寇之时。"（《竹书纪年义证》）其实他们的话刚好弄颠倒了。实际是由于周公教康叔在卫国统治期间留心学习殷代刑法，经过多年的努力和实践，康叔在周室贵族中成了最懂得刑法的人，所以后来才被成王任命为周王朝的司寇。我们只要细心看《史记·卫世家》所说："周以乃申告康叔曰：必求殷之贤人君子长者，问其先殷所以兴，所以亡，而务爱民。……成王长，用事，举康叔为周司寇。"就看得出时间先后是叙次得很清楚的，是周公先教他向殷人学习刑法，多年之后成王才任命他为司寇，这才是历史的实际。因此从这一角度看，《康诰》实际是一篇周公叮咛康叔好好学习殷代统治方法特别是刑法的文件。

为什么周公要这样反复致意于学习运用殷代刑法呢？因为殷代是我国历史上除了以神鬼之道著名以外，也特别以刑法著名的一个王朝。《礼记·表记》说："殷人尊神，率民以事神，先

尚书校释译论

鬼而后礼,先罚而后赏。"这是根据历史实际所勾画出的殷代的特点,所以《荀子·正名篇》说:"后王之成名,刑名从商。"这是古史上所一致承认的事实,以为要讲求刑法,只该从商代的刑法。相传商代刑法非常繁备,非常苛细,《韩非子·内储说上》有这样的记载:"殷法刑弃灰。"又说:"一曰,殷之法,弃灰于公道者断其手。"连倒灰土在公共道路上都要砍掉他的手,可见殷代刑法的厉害。由这一小点,就可知整个殷代奴隶制政权刑法条文的周密、繁细、惨礉的程度。这正是殷代奴隶主专政的国家机器的实质所在。周人要继殷人之后建立同样的国家机器,当然它就要注意把自己还比较欠缺的这些方面,急起直追的赶上。因此周公才谆谆教诲康叔利用他封在殷旧都的有利条件,多向殷遗老请教,把殷代刑法学到手,因而才有《康诰》这篇对中国刑法史非常有关系的历史文献的出现。

例如《康诰》中说:"绍闻衣(殷)德言,往敷求于殷先哲王,用保乂民。汝不远惟商耇成人,宅心知训。""汝陈时臬司师兹殷罚有伦。""汝陈时臬事罚蔽殷彝。""封!爽惟民迪吉康,我时其惟殷先哲王德,用康乂民作求。"等等。这些都是很清楚地指出,要向殷的先王和殷的遗老学习他们统治人民的方法,学习他们的法律,完全按照殷代的刑法来处刑断狱,办理案子。这样一点也不含糊的、一点也不遮掩的明确地学习和继承殷代的刑法来治理殷民,进而作为周王朝自己的刑法来使用,这是周代开始建立他们国家机器的一个最显著的取得成效的重要措施,反映了周代初期建国的一个特色。

周公究竟是一个杰出的政治家,在指示康叔全力学习和继承殷代刑法时,却又提出了学习和继承殷法的指导原则,即"慎罚"、"明乃罚"的原则,这就实际成了他自己的法律哲学理论。他说:"呜呼! 封! 敬明乃罚。人有小罪,非眚,乃惟终,自作不典,式尔;有厥罪小,乃不可不杀。乃有大罪,非终,乃惟眚灾,适尔,既道极厥辜,时乃不可杀。"这样能从一种政策观点来指导运用法律,比殷代的一味残礅施行刑法要高明多了。李亚农氏对这一段有一很高评价。他说:"法律在当时,作为进行阶级压迫的工具来说,得到了如此正确、如此巧妙的运用,毫无问题,发挥了它最大的威力,收到了它最大的效果。刚刚脱离生产,刚刚从野蛮阶段踏进文明的大门的周公,早在三千年前就创造了这么一套法律哲学的理论,实在是惊人的。怪不得周人要把他当作空前未有的伟大的圣人来崇拜。"(《李亚农史论集》第 693 页)他这一段话,足以帮助我们认识《康诰》在我国法律史上的重要意义。

《康诰》篇中主要教导康叔为了统治殷民,必须学习和继承"殷罚"、"殷彝",但是有一处却教康叔遵用"文王之罚"。那就是"元恶大憝,矧惟不孝不友"那一段,在最后,周公切诫康叔应该"速由文王作罚,刑兹无赦"。这一点也是值得注意的,李亚农对此又有一段话可以参考。他说:"为了使殷人彻底地接受周人的制度习俗,必须使殷人先接受周族宗法制度中的一套思想。""维持血缘关系的紧密联系,是宗法制度的最高目标,父慈、子孝、兄爱、弟敬,这是宗法社会的天经地义。经过了长期奴隶制的社会生活的殷人,对于这种宗法思想已很生疏,而现在周人却硬要他们开倒车,回头去接受这一套思想,并且威胁殷人说,不孝、不慈、不友、不恭之人,比那杀人越货、侵犯私有制的罪大恶极之人(寇攘奸宄,杀越人于货),尤为可恶。假如犯了不孝、不慈、不友、不恭之罪,即将处以'文王之罚'。我们应该注意的是:处以'文王之罚',而不是处以前面所讲的'殷彝'、'殷罚'。可见在殷代的奴隶社会中,已经无所谓不孝、不慈、不友、不恭之罪,因而也就没有处理这些罪行的'殷罚'。于是,只得执行文王之罚了。"(《李亚农史论集》第 692 页)李氏是从殷代已不是按氏族而是按地域建立的奴隶制因而没有宗法制度这一观点出发的,然而另有人认为殷代仍有宗法制度(如陈梦家《殷虚卜辞综述》),这点还在史学界讨论中,暂难定论。但殷代没有周代那样的宗法制度,则应当是可以肯定的,那么李氏提出的说法,确可以帮助解释此处之所以强调惩处不孝、不慈、不友、不恭之罪,原是周代刑罚的特点,它与殷代刑法单纯注意以严刑峻法来保护奴隶主私有制者有别,它已强调法律为宗法伦理服务了。因为周代统治者对土地、人民的分配、整个社会结构的层次,都是严格为宗法体系所规定着的。由这里就可以看清楚周人所以强调伦理规范的道理。但这时还把不慈的父和不孝的子看做一律有罪,与后世封建时代强调"天下无不是之父母",片面只对不孝者科罪的情况,还有着不同。但是这一段话开了中国几千年封建伦理的先河,后来的愈演愈烈,整个社会为封建伦理所支配,主要是从这里出来的。

康叔没有辜负周公的教导,他很有成绩地完成了统治卫国的任务,《卫世家》说:"康叔之国,既以此命(指《康诰》)能和集其民,民大悦。"所以周成王"赐卫宝祭器以章有德"。这样,使周公所期望的"应保殷民,亦惟助王宅天命,作新民"的目的完全达到了。本来,殷与周是东西两个不同民族,只是由于殷王朝的腐败混乱,被乘机崛起于西方的人数少得多、力量小得多的后进民族周人所征服,余下的所谓殷"顽民",人数还多,土地还不小,是不甘心失败,随时力图恢复的。武庚的变乱,就是这样的一次努力。经过周公三年的力征经营,才勉强再度把殷人击败,这时周人对待殷人,除了金文中反映的周成王还曾继续对东方和东南方用兵几年之外,最主要的就是如何用刑法上的严厉镇压和政治上的怀柔手腕来安定抚绥已征服的殷民,让他们在周王朝统治下服服帖帖做"新民"。这篇《康诰》和下面几篇周公的诰辞,就是当时进行这种努力的历史纪录。有了康叔等这些人把周公的筹划付之实践,取得成绩,从此以后,殷人的民族意识逐渐消泯,就再没有叛乱的事件发生,卫地的余民和宋地的顽民都成了周王朝统治下不侵不叛的"新民"了。由这里看出,周公作为奠定周王朝的基业,创立影响到中国几千年的国家机器的一个大有作为的政治家的形象,就首先展现在这篇《康诰》里,无怪乎周代把许多文治武功都归功于他,也无怪乎后世要把他推崇为孔子前的最大圣人,以至尊奉为儒家道统说的中心人物了。

所有以上这些,就是这篇《康诰》内容的主要的历史意义。

酒　诰

　　《酒诰》是康叔封于殷故地卫（妹邦、沫邑）之后，周公为了殷人以酗酒亡国，特紧接着告诫康叔勿蹈覆辙的诰词。在先秦时，《康诰》《酒诰》《梓材》合称"《康诰》三篇"，因而《酒诰》文句在先秦文献中被称引一次，即用《康诰》篇名。它在汉初伏生今文本中为《周书》的第六篇，全书的第十五篇；西汉欧阳、大小夏侯三家今文本中为《周书》的第七篇，全书的第十六篇；东汉古文本中为《周书》的第九篇，全书的第二十篇；东晋伪古文本中为《周书》的第十二篇，全书的第三十八篇。有关本文情况见后面的"讨论"，并参看《康诰》的"讨论"。

校　释

　　王若曰[①]："明大命于妹邦[②]。乃穆考[③]文王肇国在西土[④]，厥诰毖[⑤]庶邦庶士[⑥]越[⑦]少正[⑧]御事[⑨]，朝夕曰⑩：‘祀兹酒⑪。惟天降命⑫，肇我民，惟元祀⑬。天降威，我民用大乱丧德，亦罔非酒惟行⑭；越⑮小大邦用丧，亦罔非酒惟辜⑯。’

①王若曰——汉代今文本及古文本皆作“成王若曰”。见《释文》所称马本，并引马融注云：“言‘成王’者，未闻也。俗儒以为成王骨节始成，故曰‘成王’；或曰：以‘成王’为少成二圣之功，生号曰‘成王’，没因为谥；卫、贾以为戒成康叔以慎酒，成就人之道也，故曰‘成’：此三者吾无取焉。吾以为后录书者加之，未敢专从，故言‘未闻’也。”《孔疏》云：“马、郑、王本以文涉三家而有‘成’字。郑玄云：‘成王，所言成道之王。’三家云：‘年长骨节成立。’皆为妄也。”由上可知今文三家本及古文卫宏、贾逵、马融、郑玄、王肃诸家本皆作“成王若曰”，是原文确当有“成”字。但当时皆相信死后才有谥号，因成王为死后之谥，不当见称于生时，因此三家及卫、贾、郑等就都给“成”字另寻解释；马融则以为不当有“成”字，而是后人加上去的。

段玉裁云：“马融云俗儒，谓三家也。《古文尚书》马、郑、王本及《今文尚书》三家皆有成字，伪孔本独无，盖因马季长说而删之也。”段氏继举《史记·鲁世家》五次称成王，因云：“实生称成王，如汤生称武王之比，非属史臣误笔，三家之说固可信也。况《顾命》云‘翌日乙丑成王崩’尤可证乎，伪孔删去成字大非，马君云后录书者加之亦非也。”又举《左传》石碏称陈桓公方有宠，《史记·田完世家》齐人讴歌田成子，皆生称之证（《撰异》）。皮锡瑞复举《春秋元命苞》称成王，《汉书·韦玄成传》生号称王后因为谥及《尚书大传》原本作奄君谓“成王尚幼矣”，《诗·周颂》“成王不敢康”，《国语》"遂成王之德"，以证段说。此生称成王之说，近代已由金文得到确证，因而说汉代今文三家及古文诸家本都作"成王"，当是不错的。

这是由汉代流传的一种说法，《康诰》《酒诰》《梓材》三篇都是成王所作来的，《书序》即持此说，见《康诰》讨论（一）。因此汉儒在此句上加了一个"成"字。晋代伪孔本因马融之说而删去成字，宋儒以此三篇皆为武王所作，更不承认有成字。至清代有人给此加以解释。江声以为："此篇之诰，成王亲之，史氏从后加'成'字，以别异于《康诰》之周公代诰。"（《音疏》）简朝亮据《史记·卫世家》谓《酒诰》亦周公代王之诰以驳江说（《述疏》）。牟庭则以为："马、郑、王皆不见真孔古文，但据三家今文经。……其真孔古文有无成字不可知也。今以经文考之，《康诰》《酒诰》《梓材》皆周公在洛邑洪大诰辞，不应此篇独出成王之言。"（《同文尚书》）至刘逢禄则谓："此后世孔子虑后世有周公摄政称王之邪说，别嫌明疑而加也。"（《尚书今古文集解》）把成字说成是孔子所加。戴钧衡则谓封康叔于卫时，周公取武王封康叔于康的诰辞冠于首，"复述成王之意，作《酒诰》《梓材》两篇，同时颁之"。并谓《康诰》有"朕其弟"等语，"后世必知此王之为武王，故于《酒诰》前特加'成王曰'以别之"（《补商》）。那就是说周公原诰就有成字了。所有以上说法都是不正确的。由《康诰》讨论（一），知道这三篇都是周公的诰辞，因此不应有"成"字。

②明大命于妹邦——"明"，宣明，宣布。动词。于鬯谓"明亦发语辞"，并谓与《康诰》"孟侯"同（见《香草校书》卷七）。其说不确。"大命"即统治者既经常宣扬受有大命，向下面宣布王朝的命

令也就夸称大命。陈棅云："提起头说今明大命令于妹邦，'大命'
即下文是。"(《尚书集传纂疏》)"妹邦"，马融云："即牧养(野)之
地。"(《释文》引)郑玄云："妹邦者，纣都所处，其民尤化纣嗜酒。"
《诗·邶鄘卫谱·正义》引) 又云："沫邦，纣之都所处也。于《诗》
国属鄘，故其《风》有'沫之乡'。则'沫之北'，'沫之东'，朝歌也。"
(《诗·鄘风·桑中·正义》引)《水经·淇水注》："淇水又东，右合
泉源水。水有二源，一水出朝歌城西北，东南流……东屈径朝歌城
南，《晋书·地道记》曰：'本沫邑也。'"孔颖达云："此妹与沫一
也。"(《酒诰正义》)薛季宣云："妹，古沫字。沫水在卫之北。沫
邦，卫也。"(《书古文训》)段玉裁云："按马说，妹邦即牧野也。
'妹'、'牧'双声，如'茅搜'之为'靺'，'卯谷'之为'昧谷'。徐仙
民、刘昌宗'牧野'皆音'茂'。"(《撰异》)陈乔枞云："《鄘》称沫乡，
即妹邦也。沫妹声同，疑皆牧字之假借。《尚书释文》引马融云：
'妹邦即牧养之地。''牧养'二字未详何解，当是'牧野'之讹。沫
牧双声。《说文·土部》云：'坶，朝歌南七十里地，《周书》武王与
纣战于坶野。从土、母声。'皇甫谧亦云牧野在朝歌南七十里。鄘
在朝歌之南，又有沫乡，正牧野之地也。郑注《尚书》'妹邦'，引
《诗》沫乡为证，或三家文作沫国欤。"(《经说考》)蒋廷锡云："今河
南淇县北有妹乡。"(《尚书地理今释》)于省吾云："按《盂鼎》云'女
妹辰有大服'，妹指妹邦言。"(《新证》)此纣都妹邦封与康叔为卫
国首邑，在今河南淇县境(参看《牧誓》"牧野"校释)。

③穆考——时澜增修吕祖谦《东莱书说》云："文王於穆在庙，
所以言'穆考文王'。"蔡沈《书集传》："穆，敬也。《诗》曰'穆穆文
王'是也。上篇言文王明德则曰'显考'，此篇是文王诰毖则曰'穆

考'，言各当也。"陈经《书详解》亦用此训。王国维云："穆、昭、文、武皆美名。"（《观堂学书记》）又云："先儒说：'王季为昭，文王为穆，其后武王为昭，成王为穆，故云穆考。'其实非也。周初恐无昭穆之制；'穆考'恐当为美称也。"（《王观堂先生〈尚书〉讲授记》）杨筠如："《诗》《书》原称昭穆，皆美先王之辞，故穆王未死，《遹敦》已称为穆王，又《雒诰》称成王为昭子，与庙中之昭穆无涉。"（《核诂》）于省吾云："《伯克尊》：'用作朕穆考后中尊彝。'（容庚谓乃'壶'之讹）金文多称父为'文考'、'皇考'，称'穆考'者仅见。"（《新证》）"考"，父（《尔雅·释亲》），自宋以来释"穆考"为对父亲的敬称或美称，近代复以金文为证，这是正确的。历代注疏家将此处亦按世次父昭子穆来解释，以为文王篇称穆，故云"穆考文王"，是错误的。（以昭穆为释始见于伪《孔传》，自后《孔疏》《释文》皆从之，宋儒亦多从之，即朱熹亦用此说，见其《诗集传·载见》。故蔡沈在《书集传》述正确意见后，又附一句："或曰文王世次为穆，亦通。"宋金履祥《书经注》，元陈栎《尚书集传纂疏》，吴澄《书纂言》、明王樵《尚书日记》皆承此义。清江声《音疏》引郑玄《周礼·小宗伯》注"自始祖之后，父曰昭子曰穆"之说以释文王当称穆。孙星衍《注疏》引《诗·载见》传"昭考，武王也"证文王为穆考，皆不合此处文义。）

④肇国在西土——"肇"，始（《释诂》）。此句说开始建国在西部地方，指文王从岐西发展势力到定都丰邑的事，参看《西伯戡黎》"讨论"。

⑤愍——《释诂》旧释为"慎"，但《广韵》释云："告也，慎也，一曰远也。"王引之云："'厥诰愍庶邦庶士越少正御事'，'诰愍'，犹

诰告也,《多方》曰'诰告尔多方'是也。《广韵》'愍,告也'之训,殆《尚书》旧注欤?"(《述闻》)王说是。伪孔依《尔雅》释"慎",《蔡传》释为"戒谨",皆不合。王念孙谓汉碑多用今文,《衡方碑》:"镌,茂伐,祕将来。"伐,功也。祕,告也。言刻石纪功,以告来世。《车骑将军冯绲碑》曰:"刊石表续,以愍来世。"祕与愍古字通。皮锡瑞引此并补充《张迁碑》资料:"刊石立表,以愍后昆。"谓皆本《尚书》今文(《考证》)。此"诰愍"与下文"诰教小子"之"诰教"全同。

⑥庶邦庶士——《唐石经》此四字缺损,各刊本写本不误。《孔疏》训"庶"为"众",释此云:"众国,即众多国君。众士,朝臣也。"杨树达云:"此篇下文分外服内服为言,其实全篇文字莫不分别言之。此文'庶邦庶士',外服也;'少正御事',内服也。"并列举下文几处外服内服对举,"特文词变动不居,而内外次序或先或后"(《积微居读书记·尚书说》)。其言是。

⑦越——与金文中"雩"同,其义为"与"、"及"。参看《盘庚》原上篇"越其"及《大诰》"越"校释。

⑧少正——《唐石经》"正"字缺损,各刊本写本不误。"正",长(《释诂》)。《蔡传》释云:"少正,官之副贰也。"王鸣盛承此说,并云:"盖《康诰》'正人'为正官之首,则此'少正'乃正官之副。"(《后案》)以"正"为官长,"少正"为官长之副,显近原义,但不尽准确。王引之云:"为长谓之正,任职谓之事,二者相因,故经文多并言之。""少正,官名,襄二十二年《左传》'郑人使少正公孙侨对'是也。少犹小也。《多方》曰:'小大多正。'"(《述闻》)此解颇近是,参看《甘誓》"三正"校释。

⑨御事——《唐石经》御字缺损，各本不误。"御"，甲骨文中作
𦥯……等形，隶定作"邟"。罗振玉云："𦥯与午字同形，殆象马策，人
持策于道中，是御也。"(《殷虚书契增订考释》)闻宥云:𦥯不象马策，
𦥯与𦥯体析离，亦无持意。此'午'实为声,'𦥯'象人跪地而迎迓形。
'𦥯'，道也。迎迓于道是为御","其训迓者为朔谊，他训为后起谊"
(《殷虚文字孳乳研究》)。王贵民氏同意闻氏之说，指出甲骨文中
"邟"字有三种用法:(一)用于祭祀，邟祭本为迎迓神鬼，并含有侍
候神鬼之意。(二)用于征伐，邟伐仍是迎击。(三)用为"邟史"这
一词组。其"史"字在甲骨文中早期作𡊊、后期作𡊊，及其他稍繁诸
形，隶定为史、吏、事三字，彼此同用。是"史"字本即"事"字。"邟
史"，在甲骨文中常用为"呼某人邟史"、"呼某人入邟史"等句式，
此"邟史"即"御事"，亦即迎接事务或接受政务，此意为呼某人来为
王室政事服务。故"御事"引申为对王室政事服务的官职的一种概
括性的称谓。直到周代还习见这一用法。如《牧誓》《大诰》《酒
诰》《梓材》《召诰》《洛诰》《顾命》等篇屡次称御事之职，它与庶士、
多士、尹氏、百官并列，分别概指一类官职，不像司徒、司马、小子、
少正、虎臣等确切指某一具体官职。御事有时在邦君之次，有时在
尹、士之后，职位不定，多数场合下地位不甚高，无非是王室执行各
种职务的官僚群，这些都和甲骨文"邟史"的情况相同。又《酒诰》
"相惟御事"句之御事，则为治事之义，亦与甲骨文中原有用法同
(见王贵民《说邟史》，载《甲骨探史录》)。

⑩朝夕曰——《论衡·语增篇》:"案《酒诰》之篇,'朝夕曰,祀
兹酒'。"又《谴告篇》:"纣为长夜之饮，文王朝夕曰'祀兹酒'。"伪
《孔传》《蔡传》皆释为"朝夕敕戒之"。王念孙云,"朝见曰朝，夕见

酒
诰

1469

日夕",诰于此时也(《启蒙》引)。曾运乾云:"'厥诰毖庶邦庶士越少正御事朝夕',文例,犹云'厥朝夕诰毖'也。"(《正读》)

⑪祀兹酒——《蔡传》:"惟祭祀则用此酒。"王引之云:"兹,犹斯也。惟祭祀斯用酒也。"(《释词》)曾运乾云:"兹,则也,声之转。"(《正读》)俞樾云:"此'祀'字乃是'已'之假借字。《周易·损》'初九,已事遄往',《释文》曰:'已,虞作祀。'此假祀为已之证,'已兹酒'者,止此酒也。"(《平议》)杨筠如云:"按俞说未是,以下文考之,并非一律止酒,其祀之用酒,下有明文。"(《核诂》)

⑫惟天降命——陈梓云:"天降命与天降威相对。设酒初意本为祭祀乃天之降命也;酒之流生祸,亦天之降威也。"(《书传纂疏》)专以酒言降命、降威,似过于拘泥。黄式三云:"命如天命,有德之命,对'天降威'言,谓福命也。"(《启蒙》)王国维亦云:"降命,谓降福也。"(《观堂学书记》)刘盼遂又云:"'天降命'正与下文'天降威'相对为文。《多方》云'天大降显休命于成汤'是也。《传》以为'天下教令'者失之。天降命于君,谓付以天下;天降命于民,则谓全其生命。"(《与友人论诗书中成语书二》)

⑬元祀——俞樾云:"'肇我民惟元祀',言与我民更始,惟此元祀也。'元祀'者,文王之元年。上文曰'肇国在西土'。'肇国'者,始建国之谓,故知是文王元年也。曰'元祀'者,犹用殷法也。盖文王元年即有此命,故云然耳。"(《平议》)按殷代晚期甲骨文中的记时法,以日、月、祀、祀季为顺序,金文中如《伐辰彝》《艅尊》等亦以祀、祀季置于后。西周的《大盂鼎》《小盂鼎》《矢彝》《趞尊》也都以"唯王几祀"置于铭文之末,与此文同是沿用殷式。这里是从"乃穆考文王"叙起,到"肇我民惟元祀"一段,叙文王在元年讲了这

段话,故把纪年置在末尾,确是用殷法。曾运乾据后代语例误谓"此文语亦倒,犹云'惟天降命,肇我民,惟元祀,厥朝夕诰毖庶邦庶士'云云"。至旧注疏皆释"元祀"为大祭祀,言天始令民作酒是为了祭祀。更误。故王国维云:"指文王受命改元事,非指祀事。"(《王观堂先生〈尚书〉讲授记》)

　　⑭亦罔非酒惟行——伪《孔传》释为:"亦无非以酒为行。"王引之云:"《玉篇》曰:'惟,为也。'《皋陶谟》曰:'万邦黎献,共惟帝臣。'某氏《传》曰:'万国众贤,共为帝臣。'"证"惟"可释"为"。牟庭谓:"'行'当为'衅',古声之误。"(《同文尚书》)俞樾谓:"'行'当作'衍',字之误也。《淮南子·泰族篇》'不下庙堂而行四海',今本'行'误作'衍'。是其例矣。衍读如愆,昭二十一年《左传》'丰愆',《释文》曰:'愆本或作衍。'是愆与衍古字通,'亦罔非酒惟愆',正与下文'亦罔非酒惟辜'语意一律。"(《平议》)二人皆欲改字为释。殊可不必。杨筠如云:"古语'恶'亦作行苦。《周礼》郑注:'谓物行苦者。''行苦',即此之'行''辜'也。"(《核诂》)此句可径依伪《孔传》之释。

　　⑮越——及(《释词》)。

　　⑯亦罔非酒惟辜——"辜",罪(《释诂》)。伪《孔传》释为:"亦无不以酒为罪。"

　　以上这一节,对妹邦宣布文王初年在岐周时向庶邦(外服)和朝官(内服)所发出的戒酒禁令,并阐明酒的危害。

　　"文王诰教小子①:'有正、有事②,无彝酒③;越庶国④,饮惟祀,德将无醉⑤;惟曰我民迪⑥。'小子⑦！惟土物爱⑧，厥心臧⑨，聪听祖考之彝训。越小大德⑩。小子！惟一妹土⑪，嗣尔股肱⑫，纯⑬其艺⑭黍稷⑮，奔走事⑯厥考厥长；肇牵车牛远服贾⑰，用孝养厥父母⑱。厥父母庆⑲，自洗腆⑳致用酒。

①小子——注疏家有下列各种解释：民之子孙（《孔传》），血气未定之少子（《蔡传》），公侯卿大夫或庶邦诸臣之子（金履祥《书经注》，简朝亮《述疏》），年少之庶人在官者（牟庭《同文尚书》），《太玄》注谓百姓（杨筠如《核诂》）、同姓小宗（曾运乾《正读》）等等，皆不确。"小子"是当时统治者对其年轻后进的亲昵的称呼，既作泛称用，也可专称呼某一人。此处"文王诰教小子"，是指周文王泛对其晚辈进行教导。下文两"小子"，当如孙星衍说，指康叔（《孙疏》），是周公称呼康叔而对他讲话（参看《康诰》"小子"校释）。

②有正有事——《周礼·秋官·萍氏》"谨酒"《郑注》引作"有政有事"，《贾疏》："有政之大臣，有事之小臣。"段玉裁云"古政正通用。《贾疏》盖用郑本，郑注。"（《撰异》）陈乔枞据伪孔本作正，谓："《释文》不言与郑、王本文异，则《古文尚书》作'正'可知，郑玄《周礼注》所引《书》盖据三家今文……《贾疏》当亦《周礼》因注所引今文家《尚书》之说，故与《孔传》谊异。"（《经说考》）按："有"，语词，"有正"即"正"，已见前各篇校释。"正"，官长（见上篇校释），"事"，于省吾云："旧读'事'如字，非也。'事'犹'士'也。《毛公鼎》'卿事寮'即卿士寮，《𩁹叔多父盘》'卿事'即卿士。此言'有事'……犹'有士'也。"（《新证》）王引之谓："有正有事谓为长者及任职者。"（《述闻》）是此指群臣，属内服，与下句"越庶国"外

服相对。

③无彝酒——《韩非子·说林上》引作"毋彝酒",并云:"彝酒,常酒也。常酒者,天子失天下,匹夫失其身。"这是战国时对此句的解释和阐述,可从。参看《康诰》篇讨论(二)。全句是说所有群臣不要经常喝酒。

④越庶国——"越",与,及。"庶国",指所属各国统治者。这里意思指各国统治者之间朝聘会盟等外交活动时。于省吾云:"越,金文作雩,《盂鼎》'惟殷边侯甸,雩殷正百辟'。雩,与也。'越庶国饮惟祀',言与众国饮必须祭祀。伪《传》训越为于,义犹未切。"(《新证》)

⑤饮惟祀德将无醉——杨树达云:"饮惟祀,即上文之'祀兹酒'。"(《尚书说》)按,《尚书大传》云:"天子有事(郑玄注:"事,谓祭祀"),诸侯皆侍,尊卑之义。宗室有事,族人皆侍,终日,大宗已侍于宾奠,然后燕私。燕私者何也,祭已而与族人饮也。"又云:"饮而醉者,宗室之意也。德将无醉,族人之志也。"又云:"古者圣帝之治天下也,五十以下,非烝社(按指烝祭、社祭)不敢游饮。"这是西汉今文家对此句的解释。王鸣盛、孙星衍等即引释此句(见《后案》《孙疏》)。东汉王充亦云:"言圣人德盛,能以德将酒。"又云:"世闻'德将无醉'之言,见圣人有多德之效。"(《论衡·语增》)伪《孔传》则云:"于所治众国饮酒,惟当因祭祀以德自将,无令至醉。"《蔡传》所释义亦相近。大抵都以为只有祭祀才饮酒,饮酒则要以德自将,不要过度。按,"将",王樵、戴钧衡等释为"持",孙星衍据《广雅·释言》训"扶",亦释为"扶持",即谓饮酒要以德自持。牟庭释"德"为得,读作"庶或饮,惟祀得,将无醉"(《同文尚书》)。俞樾释

"祀"为已,通从,读作"越庶国饮,惟以德将无醉"(《平议》)。孙诒让释"德"为升,"将"为送(《尚书骈枝》)。改字以求释,皆不足据。

⑥惟曰我民迪——隶古写本如内野本、神宫本、足利本、清原贤本"民"上皆有"化"字,然薛季宣隶古本无之。段玉裁云:"此依《孔传》增之也(按《孔传》云"文王化我民教导子孙")。此等皆不可据,金氏辅之,臧氏在东皆云山井鼎所举宋本多善,所举古本多不可信,是也。"(《撰异》)"惟",发语词。"曰",通"越"。王引之以为"犹今人言'于是'也"(《释词》三)。"迪",孙星衍据《方言》云"正也"(《孙疏》)。此句承上言整饬内服、外服官员不嗜酒,于是就使我民正了。

⑦小子——旧注疏家皆连上读作"我民迪小子"。庄存与始以为当读至我民迪(见刘逢禄《集解》)。孙星衍则提出此"小子"指康叔,上句亦读至"我民迪"止,而将"小子"与下句连读,释云:"言非祀无敢游饮,惟欲正我民,汝封当爱惜土地所生之物。"(《孔疏》)兹从加藤常贤据王念孙说读二字单独为句,意谓周公在追述文王教导后,称呼康叔一声,再对他讲话,与《康诰》屡称"小子封"、或"小子"、或"封"同(本篇下文"小子"同)。

⑧惟土物爱——伪《孔传》释为"惟土地所生之物皆爱惜之"。《蔡传》释为"惟土物之爱,勤稼穑,服田亩"。陈栎《书传纂疏》引薛氏曰:"糜谷为酒,非土物爱也(薛季宣本无此语,其人待查)。"孙星衍云:"土物者,土所生之物。谓黍稷。《洪范》云:'土爱稼穑。'……酒以糜谷,当爱惜也。"(《孙疏》)

⑨臧——善(《释诂》)。

⑩聪听祖考之彝训越小大德——《唐石经》"聪"字缺损。各刊

本、写本不误。隶古写本九条本、神宫本无"之"字。"训",九条本、内野本皆作"言"。此皆写本偶异。"聪",《管子·宙合篇》:"闻审谓之聪。""聪听",很用心地仔细地听。"彝",常(《释诂》)。"彝训",常训,文王为康叔之父,"祖考之彝训"亦即指上文所言周文王经常的教导。"越",与。"小大德",很多注疏家都据《论语·子张》"大德不逾闲,小德出入可也"为释,以为不要以嗜酒为小德,当和大德一样重视(宋儒如吕祖谦、蔡沈,清儒如江声、孙星衍,近人如杨筠如等皆主此说)。伪孔则释为"于小大之人皆念德"。吴闿生则谓"小德,诸侯;大德,天子。言天子诸侯之子弟戒酒与庶民同"(《点定尚书》)。杨树达则谓"德当读为职,小大德,小大职也,小子盖谓属吏……言不问小职大职及其属官,皆当一律听祖考之训"(《尚书说》)。曾运乾则谓"小大德,同宗中之老成人也,云小大者,造就有深浅也。言当聪听祖考及同宗大小德之遗训也"(《正读》)。自伪孔以下诸说将"小大"释为人,殊牵强。薛季宣释云:"受父祖之教,无小无大皆以成德。"较诸说皆优。但此处"越"同"与",作为并列连词,它的前面后面都是同样名词,因此此句应理解为遵听祖考的常训和祖考的小德、大德。"考",父。参看《康诰》"丕显考"校释。

⑪惟一妹土——"惟",语词,无义。"一",亦语词,同"乃",《吕氏春秋·知士》"一至此乎"高诱注:"一犹乃也。""妹土",即妹邦、沬邑。金履祥云:"妹土,谓妹土之民也。"(《书经注》)

⑪嗣尔股肱——"嗣",伪孔释"继"(据《释诂》),《蔡传》释"续",同用其常义。皆谓继续汝股肱四肢之力。真德秀虽亦用继义,但释为"继自今"(《蔡传》《纂疏》引)。金履祥则释为"嗣尔,犹

言继此以后也"(《书经注》),与真氏说同。孙星衍始据韦昭《鲁语》注释为"此"(《孙疏》),戴钧衡从之(《补商》)。黄式三、朱骏声皆据《诗·郑风》传释为习(《启蒙》《古注便读》),章炳麟从之(《拾遗定本》)。虽各有出入,皆以嗣为动词。独庄存与读为"妹土嗣",释为"妹土之嗣君也"。则牵强。杨筠如云:"'嗣',疑当为司。《高宗肜日》'王司敬民',《史记》司作嗣,是司嗣通也。'司尔股肱',犹言'作尔股肱'也。"(《核诂》)"股",《诗·小雅·采菽》笺:"胫本曰股(按,胫指小腿)。"《太玄·玄数》"三为股肱"范望注:"膝上为股。"是"股"即大腿。"肱",《诗·小雅·无羊》传:"臂也。"《太玄·玄数》范望注:"肘后为肱。"是"肱"即手臂。"股肱",古人成语,对元首而言,以手足喻辅佐力量。《左传·昭公九年》:"君之卿佐,是谓股肱。"此处指妹土臣民承汝康叔成为股肱之力。

⑬纯——伪孔释为"纯一",《蔡传》释为"大"。时澜据吕祖谦说释为"专工"(《东莱书说》),邹季友释为"专一",以为"训大未安"(《音释》),至江声、孙星衍遂皆据贾逵《晋语》注释为"专"。宋人余息斋指出:"'惟天不畀纯'(按,见《多方》)、'侵戎我国家纯'(按,见《文侯之命》),皆作纯字绝句,而'妹土嗣尔股肱纯',则以纯字属下句,何耶?"(《书传纂注》引)邹季友谓"纯字或属上句,或属下句,皆当释为专一之义"。元吴澄则谓"纯,语辞"(《书纂言》)。今仍从一般读"纯"字属下句(吴闿生以"纯"属上句,训为国,释为"世为股肱之国"。与文义不协,不可从)。近人章炳麟据《周颂》"文王之德之纯"郑笺以《中庸》"纯亦不已"为训,释此句为"不已其艺黍稷"(《拾遗定本》)。杨筠如则以为"'纯'当读为'谆'。《诗·抑篇》'诲尔谆谆'《释文》'谆'本作'讻',《中庸》注

引作'忳忳'可证。《说文》：譡，告晓之熟也。当以'纯其艺黍稷'为句"（《核诂》）。大抵"纯"在此处是督勉群众努力种植农作物之辞，不论训纯一、或专一、或大、或谆、或不已、或语词等等，总之是叫大家努力干农活。

⑭艺——通"蓺"，种植。详见《禹贡·徐州篇》"蒙羽其艺"校释。

⑮黍稷——江声云："五谷惟言黍稷者，举其土所宜。……《职方氏》云：'河内曰冀州，其谷宜黍稷。'则沬土宜黍稷也。"（《音疏》）孙星衍云："黍者，《说文》云：'禾属而黏者也。以大暑而种，故谓之黍。'稷者，《说文》云：'斋也，五谷之长。'案汉人谓稷为粟米，今俗谓之小米。……古者贵黍稷，《丧大记》疏云：'案《公食大夫礼》，黍稷为正馔，稻粱为加。'是稻粱卑于黍稷，故举五谷以黍稷言之也。"（《孙疏》）徐灏云："黍为大黄米，稷为小黄米。"（《说文解字注笺》）按"黍稷"二字古人常用以泛指粮食作物。

⑯事——《孟子·离娄上》"事亲为大"赵岐注："事亲，养亲也。""事"径训为养，解释较具体，此处用法同，也可释为养。但一般说"事君"、"事亲"，意为服事于君，为君属臣职；服事于亲，为亲尽子职之意。故《易·蛊》"不事王侯"之"事"，《孔疏》即释为"承事"。

⑰肇牵车牛远服贾——"肇"，伪孔释"始"，意谓农功既毕，始牵车牛从事商业活动。其后迄宋元王希旦、陈栎等皆用此说，并提出农为本、商为末补充其说（见《书传纂疏》等）。《蔡传》释"敏"，意谓敏于贸易。其后明王樵、清王鸣盛、段玉裁、陈乔枞等并据《尔雅·释言》郭璞注引本句以证释"敏"之正确；近人章炳麟、简朝亮、曾运乾等亦用此说。江声始据《尔雅·释诂》释为"谋"，孙星衍据《广雅·释诂》释为"亟"，牟庭则以为当作"凡"，读若别，以《尧典》

"肇十有二州",《尚书大传》作"巛十有二州",今文家以形误作"兆十有二州",古文家再以声误作"肇十有二州"为解。谓《说文》古别字作巛即此字(《同文尚书》)。吴汝纶、闿生父子则释肇为"长"(《点定尚书》)。加藤常贤则据《说文》大徐注引李舟《切韵》释为"击"。诸说中释"敏"者以郭璞《尔雅》注为根据,但释"始"之说亦有《尔雅·释诂》足据,似伪孔说仍可采。"服",事,从事(据《释诂》)。"贾",《说文·贝部》:"贾,市也。一曰:坐,卖售也。"《白虎通·商贾篇》:"行曰商,止曰贾。《易》曰:'先王以至日闭关,商旅不行,后不省方。'《论语》曰:'贾之哉(贾原作沽,依段玉裁据《汉石经》改),贾之哉,我待价者也。'即如是。《尚书》曰'肇牵车牛远服贾用'何?言远行可知也;下(原作"方",依段玉裁说改)言'钦厥父母',欲留供养之也。"按《说文·冂部》:"市,买卖所之也。"释贾为市,意兼买卖,颇近原义。汉人强分"行曰商,止(坐)曰贾",便很难解通。此处"贾"字即营商贸易之义,不必区分行或止。当如段玉裁《说文解字注》"贾"字下所云:"凡买凡卖皆曰'市'。'贾'者,凡买卖之称也。"(王鸣盛《后案》据《白虎通》言:"是言商、贾本不同,今以牵车远行之商,乃不称商而谓之贾者,欲见留养父母之义故也。"段玉裁《撰异》亦云:"此谓如《书》言牵车牛远服贾用,似非'止曰贾'矣。然《书》下文言'钦厥父母',欲留供养之,则非远游不返,仍是'止曰贾'也。"这都是循《白虎通》文义强为圆其说。牟庭《同文尚书》则云:"《白虎通》说《书》意非是,其说商贾事义亦非是:'行曰商,止曰贾',论行止也,非论远近也。近在乡邑,荷担行卖,虽无远役,亦曰商。远托异域,列肆坐鬻,虽不近家,亦曰贾。经曰'牵车牛远服贾',正曰买卖远方,止而不归者,不言欲留供养也。"牟说显与经文"用孝养厥父母"义不合。总之诸说皆为行商止贾之说所误。不知本篇"贾"字原义就是经商,根本无坐卖之义。)

⑱用孝养厥父母——据上引《白虎通》,段玉裁指出:"班(固)盖'用'字上属为句,'孝养'二字作'钦'字。《今文尚书》然也。"(《撰异》)陈乔枞云:"《诗·大雅》曰'贾用不售'(按《谷风》句),亦以'贾用'二字连文,是证也。"(《经说考》)邹汉勋云:"《古文尚书》亦当于'用'字绝句,'远服贾用'者,谓远行而贾其器用。"(《读书偶识》)汉人读书往往读错,"用"字在此同"以",上属为句不可通,必连于本句始通。"孝养",王引之云:"《释名》引《孝经说》曰:'孝,畜也。畜,养也。'《广雅》曰:'宫(享),养也。'是享、孝并与养同义。"(《述闻》卷二十六)是"孝养"为同义复词,指物质生活上好好供养父母。

⑲厥父母庆——《诗·皇矣》传:"庆,善。"故伪《孔传》释此句为:"其父母善子之行。"《蔡传》径释为"父母喜庆",宋以后解经者大抵皆用喜庆之义或欢乐(王樵说)之义,较确。

⑳洗腆——"洗",马融释为"尽"(《释文》)。伪《孔传》则释"洗腆"为"洁厚"。王鸣盛云:"洗腆二字音并马注,此一条注疏家所采《释文》俱漏去,从足本第六卷补。"又云:"洗为洁者,洒涤有洁义也。马训'尽'未详,疑有误。'腆'为厚者,《方言》文。"(《后案》)自来解经者大抵皆用"洁厚"之义。江声始以洗为洒,据《说文·水部》洒,"涤也"。又据郑玄《仪礼·士昏礼》注:"腆,善也。"(《音疏》)孙星衍据韦昭《周语》注"洗,濯也";据《说文·肉部》,"腆,设膳腆腆,多也"(《孙疏》)。戴钧衡则谓:"腆,美也(《释诂》)。洗腆者,洁美之谓。'致',诚也(《老子》"其致之"注)。"

（《补商》）解释虽多，总不离清洁、美好、丰富等义。王国维始云："洗腆古连绵字，真义不知。"（《观堂学书记》）其说较谨慎，现仍用洁美丰厚之义进行今译。

以上这一节，引述文王对于朝官（内服）和庶邦外官（外服）的酒戒，告诫康叔应恪遵遗训，督勉妹土人民勤于农、商以孝养父母，于父母喜庆始得用酒。

"庶士、有正①越②庶伯、君子③！其尔④典⑤听朕教，尔大克⑥羞耇惟君⑦，尔乃饮食醉饱。丕惟曰⑧：尔克永观省⑨，作稽中德⑩。尔尚克羞馈祀⑪，尔乃自介用逸⑫。兹乃允⑬惟王正、事之臣⑭，兹亦惟天若元德⑮，永不⑯忘⑰在王家！"

①庶士有正——"庶士"，众士，指朝臣；"有正"，即"正"，指官长。二者都属"内服"（参看第一节校释⑥）。

②越——与（见前）。

③庶伯君子——"伯"，长（《说文》）。"庶伯"，众氏族之长。"君子"，指当时统治阶级。（《礼记·乡饮酒义》"乡人士君子"郑玄注："君子，谓卿、大夫、士也。"又《玉藻》"古之君子必佩玉"郑注："君子，士以上。"《荀子·大略》"君子听律习容而后士"杨倞注："君子，在位者之通称。"）二者都指"外服"。

④其尔——"其"，将（《释诂》）。"尔"，第二人称多数，你们。"其尔"倒语，即"尔其"，意为"你们将要"。也就是"你们要"。

⑤典——常（《释诂》）。加藤常贤《集释》以为"典"实为"腆"

假借,当释为"善"之意,义亦可通。

⑥尔大克——"尔",但有加重语气之用。"大",语词,无义(朱彬《经传考证·释大》)。"克",能(《释言》)。

⑦羞耉惟君——"羞",进(《释诂》),进献(《说文·丑部》)。郑玄注《周礼·庖人》云:"备品物曰荐,致滋味乃为羞。"可知羞为进献食物。金履祥云:"惟,犹'与'也。犹'羽毛惟木'之'惟'。谓羞耉与羞于君所也。"(《书经注》)按王引之《释词》亦释"惟"为"与"。黄式三云:"言尔能大进酒于耉老及君上,则耉老与君上尔乃饮食之醉饱之也。"(《启幪》)俞樾云:"因'耉君'连文则不辞,故加'惟'字以成句,犹《禹贡》曰'齿革羽毛惟木'也。下文曰'又惟殷之迪诸臣惟工'与此正同。'臣惟工'者,臣与工也。'耉惟君'者,耉与君也。"(《平议》)(《蔡传》:"'惟君',未详。"陈大猷《或问》:"'惟君'上下,疑有阙文。"王国维《观堂学书记》:"'尔大克羞耉惟君',未解。"皆阙疑之意。兹从金、黄、俞诸人说解之。)按《左传·隐公三年》:"可荐于鬼神,可羞于王公。"(羞耉二字自宋儒以下皆释为"养老",如宋吕祖谦、蔡沈、陈经、元人吴澄、王充耘、明人王樵、清人江声、王鸣盛、孙星衍、陈乔枞等等无不以古之养老之礼释此二字。今皆不取。)此句即是"羞于王公",下文"羞馈祀"句则是"荐于鬼神"。

⑧丕惟曰——"丕",语词(《释词》据《玉篇》)。"惟",亦语词(《释词》)。"丕惟曰"是古人讲话中间稍顿后再讲话时表达语气之句,往往用于有转折意义的语气,有"不过"、"但是"等含义在内。

⑨克永观省——"克",能。"永",长久。"观",顾。"省",察,反省。金履祥云:"永观省,常自顾省察也。"(《书经注》)

⑩作稽中德——俞樾云："稽字从禾，《说文·禾部》：'禾，木之曲头，止不能上也。'故'稽'亦有止义。《说文·稽部》：'稽，留止也。'凡从稽之字如穑、如稽，俱有止义。'作稽中德'者，言尔克永观省。则所作所止无不中德也。'中'读如'从容中道'之中。《枚传》为'考中正之道'，失之。"（《平议》）所释是。戴钧衡云："言养老固可饮食醉饱，又戒之曰：尔宜长自观省，使合中正之德，毋或过度也。"（《补商》）所体会语意近是。

⑪尔尚克羞馈祀——"尚"，义同古语的"犹"，今语的"还"或"仍"。上句已说了"大克"，故此句说"尚克"，意即"还克"（还能）、"仍克"（仍能）。"馈祀"，是一种熟食之祭，孙星衍《今古文注疏》据《文选·祭颜光禄文》注引《苍颉》："馈，祭名也。"又引高诱注《国策》："吴谓食为馈，祭鬼亦为馈。"郑玄注《周礼·边人》："馈食，荐熟也。"《周礼·大宗伯》"以馈食飨先王"，《仪礼》有"特牲馈食礼"。兹以熟食祭鬼神称"馈食"，其祭名即称"馈祀"。（王天与《书纂传》引马氏曰："进饮食曰馈，进饮食以祀其先，故曰馈祀。"）伪《孔传》释此处为"进馈祀于祖考"，《蔡传》笼统说进馈祀于神明。皆可通。郑玄释为"助祭于君"，则非（《孔疏》引并已驳之）。

⑫自介用逸——历代不同解释甚多。伪《孔传》："自大用逸。"《蔡传》："自副而用宴乐。"林之奇《全解》："自助而用逸。"陈经《书详解》："介然自守于正，饮福得安适之时。"陈栎《书传纂疏》："刚介以自守也，当如'介于石'，'不以三公易其介'之介。以介然自守之节操，用于欢然自乐之宴乐。"王天与《书纂传》引陈氏曰："介，因也。《左传》介大因皆训因，祭祀时始可因用逸。"吴澄《书纂言》："自介景福，用以逸乐。"金履祥《书经注》："祭祀事毕，则可以受釐

介福,燕乐饮酒。"孙星衍《注疏》黄式三《启幪》皆云:"介,右也。"林义光《诗经通解·甫田》:"自介即自息,介亦愒之假借也。"以与下文"自息乃逸"合。加藤常贤《集释》则据《广雅·释诂》"介,独也"释为"自独",等等。诸说皆不确。杨筠如《核诂》谓"介与匄通",并举《诗》之《七月》《楚茨》"以介",《克鼎》作"用介",《师奎父鼎》《大司工簠》《不嬰敦》作"用匄",为"介"、"匄"相通之证。因云:"《广雅》:'匄,求也。''尔乃自介用逸'者,尔乃自求用逸也。""逸",《吴语》注:"乐也。"于省吾《新证》亦云:"介,应读为匄。匄,乞也。《诗·七月》'以介眉寿',《楚茨》'以介景福',《不嬰敦》'用匄多福',《召叔山父簠》'用匄眉寿','介'、'匄'同声相假。旧训介为助,非也。"杨、于说是。(江声据郑玄释"馈祀"为助祭,故释"逸"为"旅酬",谓"自介与于助祭之人以次相酬"。其说亦不足据。)

⑬允——信(《释诂》)。按所有注疏家皆用此释。杨树达始云:"'允'读为'骏',长也。'畯'字金文皆作'毗',毗从允声也。允、畯同音。"(《积微居读书记》)可备一说。

⑭正事之臣——即上节"有正、有事"。王引之云:"正,长也。事,职也。王臣或为长官,或任群职,故曰'正事之臣'。"(《述闻》三)

⑮天若元德——"若",同"诺",意为"允诺"。旧注疏家皆释为"顺",不确。殷代卜辞中常有"帝若"、"帝弗若"之语,系殷王向上帝请示某事,上帝允诺或不允诺之辞(参看陈梦家《殷虚卜辞综述》第56页)。天所允诺,引申有如后代的天保佑之意。而殷人语言之"帝",即周人语言之"天",都是指上帝,故"天若"即"帝若"。"元",自伪《孔传》以下直至清代皆释"大",至江声《音疏》始据

《易·文言》说："元者，善之长也。"孙星衍亦同此训，近代杨筠如《核诂》、曾运乾《正读》皆从之，今亦释为"善"。

陈栎云："德之一字为《酒诰》一篇之纲领，譬之数千丈之一寸胶也。前之'德将无醉'，后之'经德'、'德显'、'德馨'，与此之'稽中德'、'若元德'，实前后互相照应。"（《书传纂疏》）

⑯不——诸隶古写本皆作"弗"，薛季宣本作"弜"。段玉裁云："'弗'与'不'古义略同而浅深有别。如'虽有佳肴，弗食，不知其旨也；虽有至道，弗学，不知其善也'。可证'弗'、'不'之不同矣。《春秋经·僖二十六年》'公追齐师至巂弗及'，何邵公曰：'弗者，不之深者也。'二字古音亦径庭远甚，'弗'在第十五脂微部，'不'在第一之哈部而转入于第三尤出部，绝不相假借也。……弜字本即《说文》左戾两字之合，黻用其形（黻谓两弓相背），则与弗同音可矣，何以'不'亦作弜也。'不'亦作弜，则《尚书》有'弗'而无'不'矣。……古经传写既久，'不'、'弗'互讹，不可究正，姑皆仍旧，发其例于此。"（《撰异》）

⑰忘——注疏家皆如字释为遗忘之义，王引之始云："'忘'与亡同。"并谓《大诰》"兹不忘大功"，"言不失前人之大功也"。此处"兹亦惟天若元德，永不忘在王家"，"言天顺其元德而佑之，则能保其禄位，永不失在王家也"（《述闻》）。王说是。

以上这一节，告诫内服、外服官员，只有在对王公进献和对鬼神祭祀时才可以饮酒，但必须以德行自加控制，才可保住王家官员的地位。

《蔡传》谓上一节"教妹土之民"，这一节"教妹土之臣"。后人多承此说，如金履祥《书经注》谓上节为"教妹土之民之大命"，此节为"教妹土之臣之大命"。戴钧衡《补商》谓此诸节为"皆使康叔明于妹邦之大命"。其实《酒诰》是周公当康叔封于妹邦后告诫他的话,前两节专对康叔说,此节并泛对在场的王室内外官员说,观文句自明。前人有发现其与"妹土之臣"说不合,遂曲为解释,如吴澄云:"如此乃真可为王家有正有事之臣……非止为一国之贤臣而已。"(《书纂言》)戴钧衡云:"诰卫臣称王家者,凡卫之臣子莫非王家之臣下也。"(《补商》)这都是拘泥于蔡说所致。

王曰:"封! 我①西土棐徂②,邦君、御事、小子③,尚克用文王教,不腆于酒④,故我⑤至于今,克受殷之命⑥。"

①我——第一人称的多数、领格,意为"我们的"。与西周金文通例同,即第一人物单数领格用"朕";多数领格用"我"。且用于称邦家国土时(参看陈梦家《殷虚卜辞综述》第三章)。

②西土棐徂——"西土",指周人原居地岐周一带(参看《牧誓》校释)。"棐",通"匪",非(《汉书·燕刺王传》颜师古注)。"徂",通"且",此(《诗·载芟·毛传》)。隶古写本足利本"徂"作"往",系据伪孔义训致讹。旧注疏家自伪孔、蔡沈以下历宋人至清人江声、王鸣盛、孙星衍、黄式三等,皆释"棐"为辅,释"徂"为往(唯孙释"徂"为存,黄释"徂"为助),皆误。

朱熹据《汉书》颜注以释《大诰》"棐忱"为"不可信"(《语类》七十八),吴澄亦据之以释此句为"西土非往日之邦君矣"(《书纂言》)。金履祥《书经注》则释云:"棐、匪通;徂,往也,远也。""谓我西土非已往远事也。"俞樾《平议》沿其说云:"我肇国西土至今未远,非古昔也。"戴钧衡《补商》则稍异云:"棐徂者,非复往日也。"近人曾运乾《正读》虽读"徂"为"岨",释为险僻,仍谓"我西土并非绝远"。诸释略有出入,然不外时间上或空间上的"西土非远"之意。

孙诒让则云:"'棐'亦当读为'匪','徂'当读为'且',并同声假借字。《诗·周颂·载芟》云:'匪且有且,匪今斯今。'《毛传》云:'且,此也。'此'棐徂'即'非且',其义亦为'非此'。言我西周非自此始,君臣皆尚能用文王教命,不敢厚用酒。犹云'自昔已然',故下即继之曰'故我至于今克受殷之命'。曰'棐徂',又曰'至于今',犹《诗》'匪且'、'匪今',两语正相联贯。"(《骈枝》)王国维亦云:"孙仲容云'棐徂'犹言'非自今日始',是也。……'匪且'与'棐徂'通。'且'亦有往义。《费誓》'徂兹淮夷',铜器有《录卣》云:'叡淮夷敢伐内国。''徂兹'二字连用,有'前此','稍前'之意。"(《观堂学书记》)杨筠如《核诂》袭孙、王说,简释"棐徂"之意为"在昔"。

吴闿生则承其父汝纶说,提出另一解云:"'棐',彼也。'徂',往也。彼往日之邦君等。"(《尚书大义》)于省吾进而指出:"孙读'我西土棐徂'句,言我周西土非自此始,是于经旨固无当也。此'棐'字不应读'非'。按,'匪'、'彼'古同声,《诗》'彼交匪敖',《左传》引作'匪交匪敖',详《经传释词》。'徂'即叝,语词。'尚',读常。……言我西土,彼邦君、御事、小子常能用文王教也。"(《新证》)此说自具新义。古无轻唇音,故棐与辅、彼同声通训。释"棐"为彼,自有古音依据。及王引之所引例证。但此处与"至于今"对举,则孙诒让"自昔"之说似较可取,故从之。

③邦君御事小子——邦君,属外服;御事、小子已见上,这里是对下属的亲昵的称呼。

④不腆于酒——旧注疏家多据《左传》释"腆"为厚,孙星衍《注疏》始据《广雅》释"美",黄式三《启蒙》据《说文》释"多",义皆相近。戴钧衡《补商》据《周礼·稻人》郑注云:"腆读曰殄,病也。"王国维云:"腆,疑为湎之讹。"(《观堂学书记》)按,《说文·水部》:"湎,沉于酒也。《周书》曰:'罔敢湎于酒。'"所引句见本篇下文,与此句法同,故王疑之。然下文仍有"惟荒腆于酒"句。王改字之说未必是。惟采其意释此句为"不沉湎于酒"。

⑤我——见前注,此处即指周王朝。

⑥克受殷之命——古王朝宣扬他们的政权是受天命建立的。这里说能承受了殷王朝所受的天命。

以上这一节,回顾说当初岐周的内外官员遵守文王教导,不沉湎于酒,所以到今天就能取得殷王朝的天命。

旧注疏家多说以前三节是诫妹邦臣民之词,这一节以下才是专诫康叔之词。细味原文,并不尽然。故不采此说。

王曰:"封!我闻惟曰①:在昔殷先哲王,迪畏②天显小民③,经德秉哲④。自成汤咸至于帝乙⑤,成王畏相⑥。惟御事厥棐有恭⑦,不敢自暇自逸,矧曰其敢崇饮。越在外服:侯、甸、男、卫邦伯;越在内服:百僚⑧、庶尹、惟亚、惟服、宗工,越百姓、里(居)〔君〕⑨:罔敢湎于酒。不惟不敢,亦不暇。惟助成王德显，越尹人、祗辟⑩。

①我闻惟曰——"惟"，有（《文选·东京赋》薛综注）。王引之释此句为"我闻有此语"（《释词》三）。

②迪畏——伪《孔传》释"蹈道畏"。《蔡传》释"畏之而见于行"。皆误。吴澄《书纂言》释"实畏"，陈经《书详解》释"迪，启知"。孙星衍《注疏》释"所畏"（谓"迪"同攸，即所）。吴闿生《尚书大义》释"诚畏"，加藤常贤《集释》释为《金縢》之"祗畏"，等等，各寻一义以为释，都可说得通，而无确据。吕祖谦《书说》则释"迪"为道，谓"商王之兴，盖以是道而畏天畏民"。江声《音疏》承之，但谓应连上句读，意为"昔殷先哲王之道"。朱骏声、曾运乾等皆全承此说，仍无确据。戴钧衡《补商》指出："迪，助词。"孙诒让《骈枝》则云："迪，用也。……言殷哲王用畏慎天之显德及小民。"按，"迪"为语词之"用"，见王引之《经传释词》，兹从之。

③天显小民——伪孔读全句作"迪畏天，显小民"，并释为"蹈道畏天，明著小民"。显然不妥，当如其他注疏家读作"迪畏天显、小民"。以"迪畏"为动词短语，"天显"、"小民"为其二宾语。"天显"除宋林之奇《全解》释"天有显道"、《蔡传》释"天之明命"外，自后儒者多释为"天明"，晚清孙诒让亦云："天显犹《大诰》云'天明'，言殷哲王用畏慎天之显德及小民。《多士》云'罔顾于天显民祗'。'小民'即'民祗'。《无逸》云'天命自度，治民祗惧'，即此畏小民之意。"（《骈枝》）王国维则指出："'天显'二字，成语。《多士》……'天显'与'民祗'连言，与此处亦相类。"（《观堂学书记》）加藤常贤则读"天显"为"大显"，指与小民相对之地位高者（《集释》）。总之"天显"为古成语，《康诰》《多士》皆有之。其确义虽难

定,由其与下面"小民"对举,可知它具有一种在上的尊贵者的概念(参看《康诰》"天显"校释)。

④经德秉哲——自伪孔以下至清人多释"经"为常,"秉"为持,"哲"为智。《蔡传》至明王樵《日记》谓"经德"为处己之道,"秉哲"为用人之道。陈经《书详解》则谓"经德,常其德而不失也。秉哲,持其明而不昏也"。清江声《音疏》始谓"哲"当作悊,其义见《说文·心部》:"敬也。"孙星衍《今古文注疏》从之,另据《孟子·尽心》"经德不回"注云:"经,行也。"自是大都承此说。于省吾举"经德"之证:《齐陈曼簠》:'肇勤经德。'《孟子》:'经德不回。'"(《新证》)知"经德"为周人常语,作为动词"勤"之宾语。"经"不宜再释为动词"行",似以释"常"较妥。"哲"在此亦作名词,为动词释"敬"亦不妥,以释"智"或"明"为是。

⑤自成汤咸至于帝乙——"咸",旧注疏根本不理会它,如《孔传》《孔疏》都直说"从汤至帝乙"。自宋以下至清代大多数解经者,都对咸字视若无睹。至清中叶江声《尚书集注音疏》始释咸为遍(遍),谓"自成汤遍至于帝乙"。牟庭《同文尚书》则释云:"《鲁语》注曰:'咸,编也。'谓自成汤以降咸编数之以至于帝乙。"黄式三《尚书启幪》始简释为:"咸、覃通,延也。"章炳麟《尚书拾遗定本》遂据以阐释云:"咸以声借为覃,覃以咸省声,本受声于咸也。《释言》:'覃,延也。'《大雅》言'内奰于中国,覃及鬼方'。此言自成汤覃至于帝乙,辞相似。"吴汝纶《尚书故》亦云:"咸与撢同(此处举咸、覃皆训"引"的资料),撢省为覃。《尔雅》:'覃,延也。……咸至者,延至也。犹'覃及'也。"现代治《尚书》者遂多袭用此诸说。这些都是作为语词解释。

朱骏声《尚书古注便读》云:"咸,疑当作戊,太戊也。"开始考虑它可能是人名。然而太戊在商王系中并不太突出。此处语气是指有殷各代,是从第一代汤起,至最后的帝乙和帝辛。由于帝辛是亡国之君,所以单提了帝乙。那么前面的当然是开国之君为较妥。到胡厚宣氏《甲骨文商族鸟图腾的遗迹》一文中,始据《殷虚文字乙编》6664、5920、1877等号所著录的三版龟腹甲卜辞"咸伐亦雨"之文,及同上《乙编》2293等九片卜辞中"咸宾于帝"、"大甲宾于帝"、"下乙宾于帝"之文;又《前编》1.4.3与《通纂》237等片中的"出于咸、出于大丁、出于大甲、出于且乙"之文,又《乙编》"奉于上甲、咸、大丁、大甲、下乙"之文,以及另三片类此之文,以为"其所记列王世次,咸在上甲之后,大丁之前,又卜辞凡单祭咸的,多在乙日,则咸必为大乙汤无疑。《尚书·酒诰》说'自成汤咸至于帝乙',《竹书纪年》说'汤有七名',《金楼子》说'汤有七号',疑'咸'者或为汤有别名之一"。这就使我们思路打开了,这个"咸"字显然有很大可能即是汤的名字,是他的七名之一。岛邦男《殷虚卜辞综类》所录汤的名字,大乙之后,列"咸"字卜辞达八十条以上,似确凿可据。另外卜辞中有"成"字亦汤名,《殷虚卜辞综述》第411页录了有"成"字甲骨三十多片,如《乙编》5303:"奉于上甲、成、大丁、大甲、下乙。"成在上甲、大丁之间,当然是汤。但成字与咸字之异,只在从丁(口)与从口(ㅂ)的微有不同。殷代文字资料流传到周代后,除了上面所引咸字外,是否由于口ㅂ易混淆,把成字也可能误写为咸了呢? 总之,由胡氏文中使我们知道,《酒诰》中此咸字以释为汤名较妥,应当更循此进一步研究论证它(汤的"七名",甲骨文中已有唐、大乙、咸、成诸字;金文《叔尸镈》有成唐;文献中有成汤、汤、唐、武汤、武王、天乙、履诸字。汤之即唐,上文关于《汤誓》一节中已引王国维说作了论证。此外《殷虚卜辞综述》第409页亦有所叙及,皆可参考)。

⑥成王畏相——《周语》:"叔向曰:'《诗》曰"成王不敢康"……'"韦《解》曰"谓修己自勉以成其王功"。于省吾《新证》:"《说文》:'相,省视也。''相'、'省'二字,义同古通。《广雅》:'畏,敬也。'畏相,言畏敬省察,谓克己之功。"

⑦棐有恭——孙诒让《骈枝》:"'棐',亦当读为'匪'。'恭',当为'共给'之'共'。《诗·小雅·巧言》云'匪其止共,维王之邛',郑《笺》释为'不共其职事'。此'棐有恭'与'匪共'意异而义正同,言御事之臣即在休假之时,非有当共之职事,亦不敢自暇逸也。"《周礼·羊人》注:"共,犹给也。"

⑧百僚——案:僚,即寮。《毛公鼎》:"及兹卿事寮、太史寮于父即尹。"《番生簋》:"王令籍司公族卿士、太史寮。"以卿士与太史人数较多,故称之为寮,亦见此二职地位之高,故于此首举之。

⑨百姓里居——朱骏声《便读》:"百僚、庶尹,即上文'有正'也。惟亚、惟服,即上文'有事'也。宗工,宗人之官也。"案:《史颂簋》有"里君百生(姓)"之语,近年《令彝》发现,其铭文曰"舍三事令:罙卿事寮,罙诸尹,罙里君,罙百工",与本章适可证明,乃知"里居"为"里君"之误(见王国维《尚书讲授记》及杨筠如《核诂》)。

⑩惟助成王德显越尹人祗辟——于省吾《新证》:"越,金文作雩。《广雅》'越,与也'。尹人,犹《多方》之言'尹民'。《说文》:'尹,治也。'言助成王者三事,明德与治民、敬法也。"

以上这一节,称赞殷代早期的好君主都不敢暇逸嗜饮,他们的朝内官员（内服）和地方官员（外服）也都不敢沉湎于酒，惟一心协助殷王搞好政事。

  "我闻亦惟曰：在今后嗣王酗身厥命^①，罔显于民〔祗〕^②，保越怨不易^③。诞惟厥纵淫泆于非彝，用燕丧威仪，民罔不盡^④伤心。惟荒腆于酒，不惟自息乃逸。厥心疾很，不克畏死。〔辜〕在商邑越殷国灭无罹^⑤。弗惟德馨香、祀登闻于天^⑥，诞惟民怨，庶群自酒，腥闻在上，故天降丧于殷，罔爱于殷，惟逸^⑦。天非虐，惟民自速辜！"

  ①酗身厥命——于省吾《新证》："《伪传》以'厥命'属下读，训'酗身'为酗乐其身。……按'酗'字《尚书》只一见。《汗简》引《古尚书》作'𢆶'。𢆶乃'侸'之讹。侸，清人释'侃'。《叔氏钟》作𢆶。敦煌唐写本《〈舜典〉释文》'刚而无虐'，'刚'作'侸'，云'古刚字，古文作侸'。是'刚'、'侃'声同字通。《说文》古文'刚'作'𠛧'，讹作'𢆶'，后人改'侸'作'酗'，以与醉酒之义相傅会，而经义湮矣。《广雅·释诂》：'刚，强也。''身'、'申'，古通。曹叔孙申字子我，王引之读'申'为'身'。然则'酗身'即'刚申'。刚申厥命者，强申其命令也，意谓好以威权凌铄人民，故下接以'罔显于民祗'。《多士》'予惟是命有申'，是'申命'乃周人语例。"

  ②罔显于民祗——于省吾《新证》："祗，本作'甾'，详《康诰》'不敢侮鳏寡'条。'甾'、'灾'同声通用。此应读作'哉'。《康诰》'乃惟眚哉'，王符作'乃惟省哉'。'哉'、'载'、'甾'、'灾'，古

亦通。《诗·大田》'俶载南亩',郑《笺》'载,读菑'。《管子·内业》'不逢天菑',《鲁语》'天灾流行'。按'天显'及'显民'乃古人成言(上文"迪畏天显小民",《康诰》"庸祗威显民","于弟弗念天显",《多士》"诞罔显于天",可互证)。保,安也。越,金文作雩。《盂鼎》'在雩御事',即'在于御事'。罔显于民祗保越怨不易者,言罔显于民哉,安于怨而不易也。"

③保越怨不易——孙诒让《骈枝》:"越怨不易,言与民怨之不可易也(《左·僖二十二年传》:"臧文仲曰:'国虽小,不可易也。'"引《诗·周颂》曰:"敬之敬之! 天维显思,命不易哉!"此义与彼同)。《君奭》云'不知天命不易',义亦与此同。"

④盡——《释文》:"许力反。"《说文》:"盡,伤痛也。"

⑤辜在商邑越殷国灭无罹——俞樾《平议》:"《尔雅·释诂》曰:'在,察也'。越,与'与'同。'在商邑越殷国'……商邑以纣所都言,殷国盖指通王畿千里之内。纣察见商邑与殷国将灭亡而无忧。"孙诒让《骈枝》:"'灭无罹',承上邑、国二者言之。罹,《伪传》训为忧惧,言邑与国有罪,不自知忧惧也。"于省吾《新证》:"事,周初作故。《盠盨》'有辜有故',周璞读'故'为'辜',证以《诗·十月之交》'无皋无辜',谓文例与此同,是也。《盂鼎》'古天异临子','古'即'故'。……是'古'、'故'、'辜'互通之证。……'罹'与'离'、'丽'古通。《礼记·王制》'邮罚丽于事',注:'丽,附也。'……上言'厥心疾很,不克畏死',下遂接以'故在商之国都与其全国灭亡而无所附丽',犹今人言'死无立足之地'也。"

⑥弗惟德馨香祀登闻于天——俞樾《平议》:"'祀'乃'已'之假借字。'已'、'以',古通用。……弗惟德馨香以登闻于天

也。……《文选·东京赋》'卜惟洛食',薛综注曰:'惟,有也。'是'惟'可训'有'。'弗惟德馨香',犹言弗有德馨香也。'诞惟民怨',犹言诞有民怨也。盖无德以闻于天,则所有者民之怨咨而已。"

⑦罔爱于殷惟逸——蔡沈《集传》:"故天降丧于殷,无有眷爱之意者,亦惟受纵逸故也。"

以上这一节,谴责殷代后期的君主唯知肆虐享乐,荒腆于酒,招致上天降丧于殷,终于自取灭亡。

王曰:"封! 予不惟若兹多诰。古人有言曰:'人无於水监,当於民监①。'今惟殷坠厥命,我其可不大监抚于时②!

①人无於水监当於民监——段玉裁《撰异》:"《唐石经》及版本皆作'於'。"郭沫若《晋邦蠥韵读》:"此文两用'於'字不类古语,当是周末儒者所增窜。"又云:"鉴之为用殆如今人之冰柜……然古人亦以鉴正容,在未以铜为鉴之前,乃鉴之以水。"

②我其可不大监抚于时——孙星衍《疏》:"抚者,郑注《曲礼》云'犹据也'。时者,《释诂》云'是也'。……告以今惟殷陨丧其大命,我其可不据此以大为监戒乎!"

以上这一节,告诫康叔封,要吸取历史的教训,把殷人的酗酒亡国引为鉴戒。

"予惟曰:汝劼毖殷献臣①、侯、甸、男、卫;矧太史友、内史友②越献臣百宗工③；矧惟尔事，服休、服采④；矧惟若畴：圻父薄违，农父若保，宏父定辟⑤；矧汝刚制于酒。

"厥或诰曰'群饮'，汝勿佚，尽执拘⑥以归于周，予其杀⑦。又惟殷之迪诸臣惟工乃湎于酒，勿庸杀之，姑惟教之。有斯明享⑧，乃不用我教，辞⑨惟我一人弗恤、弗蠲乃事，时同于杀⑩。"

王曰："封！汝典听朕毖。勿辩乃司民湎于酒⑪！"

①汝劼毖殷献臣——王国维《与友人论诗书中成语书二》（《观堂集林》二）："《酒诰》云'汝劼毖殷献臣'，'劼毖'义不可通。案上文'厥诰毖庶邦庶士'，'劼毖'殆'诰毖'之讹。又云'汝典听朕毖'，亦与上'其尔典听朕教'文例正同，则'毖'与'诰'、'教'同义。"

②太史友内史友——案：友，犹言寮。《令彝》云："甹左右于乃寮目乃友事。"目，郭沫若释"与"，谓乃寮与乃友也。太史在《毛公鼎》《番生簋》中称"寮"，此篇称"友"，知"寮"与"友"可互称。太史、内史，人数甚多，故称曰"友"。

③献臣百宗工——案：此章既有"殷献臣"，又有"献臣百宗工"，疑此"宗工"与前上文的"惟亚、惟服、宗工"的"宗工"不同。该上文的"宗工"承"惟服"来，为天子近臣，当为掌王之宗族者。这里当是殷献臣之宗工，以世家大族之多，故称为"百宗工"。按《左传·定公四年》云："分鲁公以……殷民六族：条氏、徐氏、萧氏、索氏、长勺氏、尾勺氏，使帅其宗氏，辑其分族，将其类丑，以法则周公，用即命于周，是使之职事于鲁，以昭周公之明德。"是此等殷之

大族，人数甚众，支派甚繁，必须有"帅其宗氏，辑其分族，将其类丑"的领袖人物，然后可使其"即命于周，职事于鲁"，为新政权所控制。另上文所谓"庶伯"，疑即指此。康叔封卫，《左传》说把"殷民七族：陶氏、施氏、繁氏、锜氏、樊氏、饥氏、终葵氏"分给他，所以卫国也该有殷献臣的百宗工。献即鬲，谓俘获者。《逸周书·作雒篇》"俘殷献民，迁于九毕"，可证。

④服休服采——《孔疏》引郑玄《注》："服休，燕息之近臣。服采，朝祭之近臣。"孙星衍《疏》："《说文》：'休，息止也。'《鲁语》云'天子大采朝日，少采夕月'，《注》云'虞说曰"大采，衮职也。少采，黼衣也"'，盖掌朝祭之服。"

⑤矧惟若畴圻父薄违农父若保宏父定辟——于省吾《新证》："《伪传》以'圻父'为司马，'农父'为司徒，'宏父'为司空；王荆公读为'矧惟若畴；圻父薄违，农父若保，宏父定辟'，是也。按以官言则曰'三卿'、'三公'、'三正'；以年岁言则曰'三寿'。《诗·閟宫》：'三寿作朋。'《宗周钟》'参寿唯琍'，《晋姜鼎》'三寿是利'，言利于三公也。《瘨叔多父盘》'使利于辟王卿事'，语有倒正耳。《者減钟》'若召公寿，若参寿'，参寿即三公，言寿如召公之高，位如三公之尊也，特句法有长短耳。'若畴'之'畴'，《释文》本作'寿'。若寿者，'若'犹'乃'也，'寿'即'三寿'之简称。矧惟若寿者，亦惟汝之三寿也。'圻父'之圻应作'旛'或'旝'。金文'用祈眉寿'之'祈'作'旛'或'旝'，盖假军旝以为'祈'也。罗振玉谓旝从单，盖战时祷于军旝之下也。《诗》：'龙旝十乘'、'旝旐央央'、'龙旝阳阳'、'淑旝绥章'。古者军旅必以旝为标识，故旅字金文作'𣂔'，象建旝于车而二人在旝之下，车之上，盖军旅以旝为耳目也。是司

马之称'圻父'以旗代称，与邦圻之圻无涉。《诗》'祈父，予王之爪牙'，毛《传》亦训'祈父'为司马，职掌封圻之兵甲。此或误自《左传》叔孙豹赋《圻父》，而不知'圻'之本义应作'廳'、作'旂'也。嗣土而曰'农父'，《洪范》'土爱稼穑'之义也。嗣工而曰'宏父'，'工'、'宏'，古同音也。……薄，本应作《虢季盘》'博伐'之'博'，《不嬰簋》作'戟'。'薄违'，犹言讨伐叛逆。……《诗·小雅》'天保定尔'，《左·襄二十一年传》'明征定保'。'保定'即'定保'，犹'保明'之作'明保'也。此曰'若保'，又曰'定辟'，间文为句矣。"顾师云："宏父为司工，何以言定辟？按《扬簋》曰：'王若曰："扬，作司工，官司汇田甸，眔司居，眔司刍，眔司寇，眔司工司。"'知司工一职，凡田土、住宅、饲料、防盗、工程诸端，皆为其事，盖合公安、建设、农业、畜牧为一官者，故可以定辟也。"

⑥拘——于省吾《新证》："拘，疑即《虢季盘》《兮甲盘》之𤲃字，左从口，似拘而讹也。近人释为《诗》'执讯'之'讯'，义则是而形未尽符。孙诒让说为'绚'，亦以其形似也。按其字应当写作'㗊'，当为'讯'之正字。"

⑦予其杀——朱骏声《便读》："言有告群饮者，尔毋纵之，皆执缚以归于周，其当杀者杀之也。愚按：此指周之众臣中有此者，康叔不得专杀，故执以归周也。观下文言'殷之诸臣'，言'勿辩乃司民湎于酒'，可见。"

⑧明享——孙诒让《骈枝》："享，当读为'向'。'向'、'享'，声近字通。凡此经云'向'者并有赏劝之意。《洪范》云'向用五福，威用六极'，《孔传》释'向'为'劝向'，盖'向'为嘉惠赏劝，'威'为咎罚畏惩，二义正相对。威福箸明则曰'明向'、'明威'。《皋陶

谟》云'天明畏自我民明威',《大诰》云'天明畏','明畏'即'明威',与此'明向'文亦相对。《雒诰》云'伻向即有僚',谓使劝就官也。《多士》云'则惟帝降格,向于时夏',谓嘉劝于是夏国也。此'享'与彼'向'义并同。《多方》云'惟夏之恭多士大不克明保享于民',亦谓夏之多士不能昭明保劝于民。彼'明保享'犹此云'明享','享'亦'向'之假借字也。……此蒙上殷诸臣众工湎于酒者勿杀而姑惟教之,较之上罚群饮之不教而杀者独为宽恕,故云'有斯明享',明此乃姑劝勉之,不欲速加以罪。"

⑨辞——于省吾《新证》:"'教辞'连读不词。上既言'姑惟教之',下言'乃不用我教'足矣;缀以'辞'字,岂经语乎!……'辞'、'辝'、'司'金文通用,应读如《毛公鼎》'司余小子弗及'之司,语词。"

⑩弗蠲乃事时同于杀——于省吾《新证》:"《尔雅·释言》:'蠲,明也。''事',读'士',详'有正有事'条。'时',读'是'。言……惟我一人弗忧汝士,弗明汝士,是同于杀。盖教而不从,在我为弗忧弗明,在汝为同于见杀也。"朱骏声《便读》:"言殷臣之湎酒者,则皆纣之所导,染恶既深,未能骤革,虽归于周,弗杀姑教,盖宽恕此而明欲其迁善也。若不率教而不悛……则同于'群饮'之周臣,杀无赦者也。"

⑪勿辩乃司民湎于酒——伪《孔传》:"辩,使也,勿使汝主民之吏湎于酒。"王引之《述闻》:"'辩'之言'俾'也。……《书序》'王俾荣伯作《贿肃慎之命》',马融本'俾'作'辩'。'辩'、'俾'声近而义同,'俾'亦'使'也。"

以上这一节,提出坚决的禁酒措施,规定凡殷遗臣、诸侯及周自己各级官员包括大臣,都要坚决戒酒。定出政策:凡周的官员一起饮酒必杀,殷的旧臣百官饮酒可以不杀,进行教育就行了,教而不改的才杀,严诫康叔封所派出的治民官绝对不许酗酒。可见其主要精神在惩于殷的酗酒亡国,全力防止周族的腐败。

今 译

王这样说:"拿我的命令去宣布给沬邑的人民呵!德业完美的父亲文王开始君临西方的时候,就告诫许多属国和许多官吏以及一切副长官和办事的人员,他早早晚晚不断地讲道:'禁止喝酒呀!上天降的命令,从我的元年起,我们人民该过新生活了!'

"他又说:'上天降下威严,我们的人民因大乱而失掉了他们的德行,这无非是喝酒造成的过愆;再有大大小小的国家的丧亡,也无非是喝酒造成的罪恶。'

"文王告诫一班年轻人,无论是各部门的首长或是办事的干部,都不许把喝酒当作正常的生活。当和许多国君聚会时,虽然为了礼节不得不喝,可是也要大家用德行来自己控制,不落到沉醉的地步。

"他说:'我们的人民应当训导他们的子孙,让他们知道土地上生出来的东西是可爱的,不该浪费掉,这样就可以改善他们的心,使他们聪敏地听从祖父们的训言。不管是小德或大德,年轻人都该一例地注意。'

"所以,沬邑地方的人民呵!你们应当练习手足的勤劳,专力在种植黍稷上,奔走着为你们的父亲和兄长们服务。或者辛勤地牵了车子和牛远远出去经商,用赚来的东西孝养你们的父母。那时你们的父母必然欢庆得很，做儿子的就好趁着这机会，自己洗净了杯盘，备上丰盛的筵席，阖家喝一回酒了。

"众多的官吏和首长以及各氏族的领袖和高级的人们，你们应当常听我的教训！你们必须先能进献于你们的父老和兄长，你们自己方可以大吃大喝。只要你们能作长期的观察和检讨，你们的行止就不会不合于道德的。你们如果再能在祭祀里供上许多祭品，你们就可以求福于神明，好好地享受一番。惟有这样才配做担当周家政事的臣子，也惟有这样才配做天所承认的大德，而周家也永远忘不掉你们了！"

王又说："封呀！因为我们西方的那些国君和管事的年轻人一向都能接受文王的教令，不贪着喝酒，所以我们到现在就能够继承了殷家的天命。"

王说："封呀！我听说：从前的殷家先圣王为了惧怕上天和小民的伟大的力量，所以经久保持他们的德行，执守他们的恭敬。从成汤咸一直到帝乙，没有不达成王功又严肃地省察的。那时管事的臣子就是在休假的时候没有该供的职事，也不敢趁着空闲去寻乐，何况说敢放纵地喝酒。那时的官吏，在地方的有侯、甸、男、卫各个国君，在朝廷的有称为僚的许多大官，称为尹的许多首长、次级的亚官、任事的服官、管理王族的宗工，以及无数氏族和街里的领袖，一概没有敢沉湎于酒的。不但不敢，也没有这空工夫。他们只是帮助殷王去成就王德，以及治理人民和谨守法度。

"我又听说：到了后来，他们的末代嗣王就尽喜欢用威权去压迫人民，他没有什么行为可以使人民欣喜的，他得到的只是不该轻易地激起的人民的怨恨。他又纵肆种种不合法度的淫乱，在宴会里丧尽了威仪，使得人民没有不为他痛伤于心的。然而他还是狂妄地贪着酒，无休无歇地享乐。他的心是怎样地急躁和凶狠，不知道怕死。那时在商的国都里和殷的全国里都充满了灭亡的预兆，可是他还不觉得快要没有立足之地的危险。他没有明德的馨香味儿上达于天，单只有人民的怨恨和集体的酗酒这些腥秽的气氛涌腾到高空，所以天就断然地把丧亡的苦果降给他们，不再留一点爱护，这就是他享乐的终局！唉，天哪会有心虐待他们呢，只是人们自己招来的罪过呀！"

王说："封呀！我不想这样地向你多说话了。古人说得好：'要看自己的脸，不必到盛水的鉴里去照，只该向人民的心里去照。'现在殷家已经为了这种原因失掉了天命，我们哪可不看他们的榜样，作一回深刻的鉴戒！

"我说：你应当去告教殷的遗臣和侯、甸、男、卫诸国君；以及太史们、内史们、管理遗臣氏族的宗官；以及你的随从官员，像侍候燕息的近臣和陪伴朝祭的从臣；以及你们三位尊官，那就是讨伐叛逆的圻父、安保君民的农父、执行法律的宏父；以及你自身，都该在酒上作坚决的克服呀！

"如果有人来报告你，说'正有一群周朝派来的人一块儿在喝酒'，你就该一个都不遗漏地抓住了送到周里来，我可以给他们定成死罪。再说，如有殷家所登用的旧臣和百官，为了一时改不过旧习惯，还在喝酒，那就不必杀他们，姑且去教育他们。他们受了这般显明的恩惠，倘使还不肯听从我的教训，那就逼得我不去顾惜他们，开导他们，这班人正同于聚众狂饮的周臣，也该一例领受死罪。"

王说:"封呀!你应当常常听我的教训。你的第一件任务就是切不要让治民的官吏沉湎在酒里呀!"

讨　论

（一）商代末叶,饮酒的风气极盛,故传世青铜器中属于酒器的特多。周人继起,虽有意遏抑酒风,但礼节不可废,酒器继续制造。其大的为尊、壶、罍、彝,有如现今的酒瓮;小的为爵、觚、角、斝、觥、卮,有如现今的酒杯;其有提梁的叫卣,有如现今的酒壶。据王国维《宋代金文著录表》所记,全部铜器六四三件,酒器二四四件,占百分之三八弱;又据他的《清代金文著录表》所记,全部四二〇五件,酒器一五五二件,占百分之三七弱。而其后考古发现的大量酒器尚不在内,即此可知在彼时人的生活中,喝酒是何等一件大事。

（二）《商书·微子篇》说:"我用沈酗于酒,用乱败厥德于下。"又说:"天毒降灾荒殷邦,方兴沈酗于酒,乃罔畏畏,咈其耇长、旧有位人。"《大盂鼎》说:"我闻殷坠命,惟殷边侯甸越殷正百辟率肆于酒,故丧师。"这可见商末君臣酗嬉之状。沫邑为商代末叶建都之地,此风尤甚。

（三）《史记·殷本纪·正义》引《竹书纪年》云:"自盘庚徙殷至纣之灭,七(误,当作"二")百七十三年,更不徙都。"自安阳甲骨出土,人多信之。然卜辞的时代止于文丁,那么帝乙和纣两代固有徙都的可能。《汉书·地理志》河内郡朝歌下云:"纣所都，周武王弟康叔所封，更名卫。"拿此篇来证，可知妹邦确是商末的政治中心，《汉书》的话是不错的。妹邦因沫水而得名，其正字应为沫。牧野的"牧"也即是"沫"的音转。朝歌今为河南省淇县，将来如在那里发掘，可能得到商末周初的重要史料。

（四）周人崛兴西土，文化不如殷人高，但刻苦的精神则远比殷人强，所以文王初年就决心禁酒，正同我们现代史上的禁烟一样。其禁酒的文献，除此篇外，如《大盂鼎》说："丕显文王受天有大命，在武王嗣文作邦，辟厥慝……在雩（于）御事，鼪（祖）酒无敢醵。"又《毛公鼎》说："善效乃友正，毋敢湎（酗）于酒。"《大盂鼎》作于西周初期，《毛公鼎》作于西周后期，相去近三百年，而目标不变，足知其为周人固定的一贯的政策。再看《仪礼》，一献之礼，宾主百拜，这哪里是寻快乐，简直受桎梏了。

（五）在此篇中可见周公的政治方案。第一，他要继承文王的教训，又要摹仿商的先哲王，因为当时是不贪饮酒的。第二，要切实以商王纣为鉴戒，不要再为了酒弄到亡国。第三，要宽猛相济，先教后诛。要劝人努力生产，并知道稼穑的艰难，不该浪费食料作刺激品，更要从孝父、敬兄、事神之中饮酒，即把饮酒和伦理相配合。第四，禁酒要从官吏作起，官吏中又要分别殷、周人，对殷人尚可宽，对周人必须严。

（六）《牧誓》斥纣恶，不过听用妇言、废弃祭祀、不用亲族而用逋逃等数事。到了这篇，又添了压迫人民、纵肆淫乱、丧失威仪等罪状。后世所说的以酒为池、悬肉为林、为长夜之饮、使男女倮相逐其间等故事，即是从这段话里发挥出来的。

（七）此篇因禁止官吏喝酒，所以列举了外内的官名。周初的官制颇可赖此看见一些。大的内官中最尊贵的是所谓"畴"（寿），即后世所谓三公。其次是"尹"和"正"，即各部门的主管长官及史官们。其次是"亚"，即"少正"，今所谓副长官。其次的王的随从，所谓"服"，分开来说有"休"和"采"。又次则为管理氏族的"宗工"，疑即"百姓"和"庶伯"，有如今族长；以及"里君"，有如今市长或区长。又其次则为"百工"，即"庶士"，是一切公务人员的通称。至"僚"与"友"皆以不止一人而称，可通用。数十年前，有《令彝》在洛阳出土，这是极重要的一篇金文。上云："明公朝至于成周出令，舍三事令：眔（及）卿事寮，眔诸尹，眔里君，眔百工；眔诸侯：侯、甸、男，舍四方令。"这以"四方令"包侯、甸、男，即《酒诰》的"外服"；以"三事令"包卿士、诸尹、里君、百工，即《酒诰》的"内服"。殷代已有侯、甸、男、卫的制度，足证封建制为殷代所立而周人承用它的。

（八）本篇有对康叔说的话，有对沫邑人说的话，说话的对象不一致，似乎是两篇文字合起来的。所以宋吴棫的《书裨传》说："自'王若曰"明大命于妹邦"'以下，武王告受故都之书也。自'王曰"封！我西土棐徂邦君"'以下，武王告康叔之书也。……《酒诰》为妹邦而作，故首言'明大命于妹邦'，其自为一书无疑。"（《蔡传》引）这说法似乎也对，但为什么"明大命于妹邦"之下就接以"乃穆考文王"呢？"乃穆考"只可对康叔说而不可对妹邦说是无疑的。所以蔡沈说："意《酒诰》专为妹邦而作，而妹邦在康叔封圻之内，则明大命之责，康叔实任之，故篇首专以妹邦为称，至中篇始名康叔以致诰；其曰'尚克用文王教'者亦申言首章'文王诰毖'之意。其事则主于妹邦，其书则付之康叔，虽若二篇而实为一书，虽若二事而实相首尾。反复参究，盖自为《书》之一体。"在没有发见最古的本子之前，也只得这样讲。

（九）本篇较《大诰》《康诰》为易解，且喜用"越"字，多至十二次，又不用"爽"字。我们可以猜想，这篇和《大诰》《康诰》不出于一个史官所记。

（十）《汉书·艺文志》云："刘向以《中古文》校欧阳、大小夏侯三家经文，《酒诰》脱简一。"可见本篇之有脱简。"人无於水监，当於民监"句，作"於"不作"于"，与《尚书》全文异，郭沫若疑为周末儒者所增窜，那么本篇又容或有窜乱。篇首"王若曰"，《释文》曰："马本作'成王若曰'。"《正义》曰："马、郑、王本因文涉三家而有'成'字。"然则汉代今古文的各个本子都作"成王若曰"。马本虽有"成"字，而其注曰："言'成王'者未闻也……吾以为后录书者加之。"若如其说，则又出后人改窜。这就是古书的不能完全信任之处。

梓　材

　　由《康诰》篇的"讨论（三）"，知《康诰》《酒诰》《梓材》三篇为周公诰康叔的诰辞，不过出现些纷歧的提法。特别是《梓材》篇问题较大，因前半部还呼康叔封的名字而教导之，还可说是周公诰康叔之辞；下半部则是臣对君的讲话，就显然前后不一致。《尚书大传》据乔梓寓意指为周公教伯禽之语。《说苑》《论衡》则说是同时教康叔和伯禽。这是一显然不足信之说。宋吴棫、朱熹以及金履祥以为非诰康叔，尤指出后半部有问题，《蔡传》指出是断烂简编所拼凑，因而自宋儒而后对此篇进行了新的研究，然自先秦以迄汉代总之把此篇和《酒诰》篇作为《康诰》三篇之后二篇。在今文、古文各本中，《梓材》的篇次总之紧挨在《酒诰》之后，直至今所见伪古文本中，《梓材》仍为紧接《酒诰》后的《周书》第十三篇，全书第三十九篇。有关此篇的情况，详后面的"讨论"。

校　释

　　王曰："封[①]，以厥庶民暨厥臣达大家，以厥臣达王,惟邦君②。

"汝若恒越曰③:'我有师师④:司徒、司马、司空、尹、旅!'曰:'予罔厉杀人⑤! 亦厥君先敬劳,肆徂厥敬劳。肆往奸宄、杀人、历人宥,肆亦见厥君事戕人宥⑥。'

①王曰封——俞樾《平议》:"《梓材》一篇并无诰康叔之文,直以篇首一'封'字,故不得不属之康叔耳。……《康诰》之首有'惟三月载生魄'至'乃洪大诰治'四十八字……窃疑当在《梓材》之首。'王曰封'者,涉《康诰》《酒诰》之文而衍'封'字也。'王曰"以厥庶民暨厥臣达大家,以厥臣达王,惟邦君"',正合'侯甸男邦采卫百工播民和见士于周'之文,盖因五服之臣民咸在,进而诰之,故以此发端也。篇中文义虽不尽可解,然曰'庶邦享作,兄弟方来',又曰'庶邦丕享',又曰'和怿先后迷民',皆与篇首四十八字相应。"谓《康诰》篇首四十八字为此篇篇首,不确,已详《康诰》"讨论"。谓"封"为衍字,尤无据。

②惟邦君——《蔡传》:"大家,巨室也。……孔氏曰:'卿大夫及都家也。''以厥庶民暨厥臣达大家',则下之情无不通矣。'以厥臣达王',则上之情无不通矣。王言'臣'而不言'民'者,率土之滨莫非王臣也。邦君上有天子,下有大家。能通上下之情而使之无间者,惟邦君也。"

③汝若恒越曰——《孙疏》:"若者,《释言》云:'顺也。'恒者,《释诂》云:'常也。''越'同'粤',《释诂》云:'于也。'"

④师师——《孙疏》:"师师者,上'师',《释诂》云:'众也。'下

尚书校释译论

'师'，郑注《周礼》云：'犹长也。'……言汝当顺常于以告其众长。"
由《皋陶谟》校释，知师师为较高级官称的复数。其下文司徒、司马、司空见《尧典》《牧誓》校释。工、尹、旅依次见《尧典》《皋陶谟》《牧誓》校释。

⑤予罔厉杀人——"罔，无也"（《尔雅·释言》）。字亦同"毋"，《皋陶谟》"罔水行舟"，《史记·夏本纪》作"毋水行舟"。"厉，恶也"（《诗·正月》传）。《逸周书·谥法篇》云："杀戮无辜曰厉。"此句谓我不凶恶暴虐地杀人。

梓

材

⑥亦厥君先敬劳肆徂厥敬劳肆往奸宄杀人历人宥肆亦见厥君事戕人宥——孙诒让《骈枝》："案此段大意，谓君敬劳则诸臣亦敬劳，君宥有罪则诸臣亦宥有罪，以戒康叔之谨身率下也。'徂'亦当读为'且'，此也。'往'当训为'彼'，与'徂'对文，皆主臣言。谓其君能敬慎勤劳民事，则此诸臣亦法之而敬慎勤劳民事（此疑亦据治狱而言，《康诰》云："敬明乃罚"）；即彼诸臣以奸宄杀人历人之罪而枉法宥之，亦因见君任戕败人之罪或宽宥不治，故效之而曲宥有罪也。'徂，此；往，彼'，文取相变。'历人'谓搏执平民而历其手（《说文·木部》云："枥，撕枅指也。""历"即"枥"之省）。《庄子·天地篇》云：'罪人交臂历指。'《吕氏春秋·顺民篇》云'劇其手'，'劇'亦'历'之借字也（当从"历"，传写误从"磨"）。'事'当训为任（《周礼·大司马》郑注云"任，犹事也"，二字互训）。上二句说敬劳，先云'厥君'，后云'肆徂'；下二句说宥罪人，先云'肆往'，后云'厥君'：皆谓上行下效，语意并略同，惟文有颠倒耳。"

以上两段残存简文，第一段当无大问题是周公诫康叔的诰词的开头用语，指出康叔前往就卫国国君之位的重任，有上承天子下联系好国内巨室的重要使命。第二段则嘱康叔以身作则,谨身率下,特别在用刑方面要注意。

　　"王启监厥乱为民①,曰:'无胥戕!无胥虐!至于敬寡②,至于属妇③,合由以容④。'王其效邦君越御事,厥命曷以⑤?引养、引恬⑥。自古王若兹监,罔攸辟。

　　"惟曰:若稽田⑦,既勤敷菑⑧,惟其陈修⑨,为厥疆畎⑩。若作室家,既勤垣墉,惟其涂塈茨⑪。若作梓材⑫,既勤朴斫⑬,惟其涂丹雘⑭。

　　"今王惟曰:先王既勤用明德怀⑮,为夹庶邦享作⑯。兄弟方来⑰,亦既用明德,后式典集⑱,庶邦丕享⑲。

　　"皇天既付中国民越厥疆土于先王,肆王惟德用和怿先后迷民⑳,用怿先王受命。

　　"已,若兹监㉑!惟曰:欲至于万年,惟王子子孙孙永保民。"

①王启监厥乱为民——于省吾《新证》:"'乱'乃'治'之讹。金文'治'皆作'嗣'或'辝',旧训'乱'为'治,'非是。《诗·节南山》'何用不监'传:'监,视也。'《周语》'使监谤者'注:'监,察也。''王启监厥嗣为民'应作一句读。'为',语助,详《经传释词》。言王启监察其所治人民。《宗周钟》'王肇遹省文武勤疆土','启'

与'肇','监'与'省',均同训。凡言'启'言'肇'皆古人语例,金文习见。"

②至于敬寡——段玉裁《撰异》:"盖《古文尚书》作'敬';《今文尚书》作'矜',而'矜'亦作'鳏'。《吕刑》古文'哀敬折狱',《尚书大传》作'哀矜',《汉书·于定国传》作'哀鳏',正其此例。"

③至于属妇——《小尔雅》:"妾妇之贱者谓之属妇。属,逮也。逮妇之名,言其微也。"

④合由以容——孙诒让《骈枝》:"案此与《微子》'用以容'同,即承上'敬寡'、'属妇',言合众穷厄之人,用相容受。"

⑤王其效邦君越御事厥命曷以——王先谦《参正》:"《广雅·释言》:'效,考也。'言王者之考察邦君及于治事之臣,其命令用何者为先乎?"

⑥引养引恬——《释诂》云:"引,长也。"《说文》云:"恬,安也。"

⑦若稽田——王先谦《参正》:"(《周礼》)《宫正》郑注:'稽,犹计也。'稽田者,计度其地而规画之。"

⑧既勤敷菑——见《大诰》"厥父菑"校释。

⑨惟其陈修——《孙疏》:"陈者,《诗·信南山》'维禹甸之',《周礼·稍人》注引作'敶',云'甸治',是'陈'亦'治'也。"

⑩为厥疆畎——《孙疏》:"疆者,《说文》云'界'也。畎,《说文》作〈,以此为篆文,云:'六畎为一亩。〈,水小流也。'"《周礼·考工记》:"匠人为沟洫,耜广五寸,二耜为耦。一耦之伐,广尺深尺,谓之畎。田首倍之,广二尺深二尺,谓之遂。九夫为井,井间广四尺深四尺,谓之沟。方十里为成,成间广八尺深八尺,谓之洫。方百里为同,同间广二寻深二仞,谓之浍。"

⑪惟其涂塈茨——《释文》引马融注:"塈,垩色。"《说文》:"垩,白涂也。"又:"茨,以茅苇盖屋也。""涂"字释见注⑭。

⑫若作梓材——《释文》引马融注:"治木器曰梓。"《国语·楚语》韦解:"杞、梓,良材也。"

⑬既勤朴斫——于省吾《新证》:"案'朴斫'与'垣墉'为对文,二字义皆相仿。'朴'当作'扑'或'攴'。《宗周钟》'攴伐氒都',《兮伯盘》'则即刑扑伐',攴伐连用,攴亦伐也。……是'既勤朴斫'言'既勤伐斫'也。"

⑭惟其涂丹雘——俞樾《平议》:"经文'涂'字,据《正义》是'敦'字。……按《汉书·张衡传》'惟盘逸之无敦',注曰:'敦,古度字。'是敦、度通。《说文·丹部》'雘'下引《周书》'惟其斁丹雘',盖壁中古文假'斁'为'度',孔安国因汉时'敦'、'度'通用,故以'敦'字易之耳。《尔雅·释诂》曰:'度,谋也。'言既勤垣墉则惟谋塈茨之事,既勤朴斫则惟谋丹雘之事。……'塈茨'为二事,塈者以土涂之,茨者以草盖之也。'丹雘'亦为二事,丹者朱色,雘者青色也。"

⑮先王既勤用明德怀——孙诒让《骈枝》:"当读'怀'属上句。《雒诰》云:'其永观朕子怀德。'此'德怀'连文,犹彼云'怀德',言先王勤用明德怀来邦国也。"

⑯为夹庶邦享作——孙诒让《骈枝》:"夹,庄葆琛读为《诗》'使不挟四方'之挟。挟,达也。……此言周达庶国皆来享献而任役也。作,谓兴作任劳役之事。'享'与'作'二事平列。下文云'庶邦丕享',即来享也。《雒诰》云'庶殷丕作',谓来共役,即来作也。"

⑰兄弟方来——王国维《与友人论诗书中成语书二》："'兄弟方'与《易》之'不宁方'、《诗》之'不庭方'皆三字为句,方犹国也。"

⑱后式典集——于省吾《新证》："按'后'乃'司'之反文。《尧典》'汝后稷'即'女司稷'。《尔雅·释言》:'式,用也。'《释诂》:'典,常也。'《诗·小旻》'是用不集'传:'集,就也。'司,语词。(《毛公鼎》"司余小子弗及","司"亦语词。)'是用不集'与'司式典集',意有倒正,而文例一也。此篇自'今王惟曰'至末三称'先王',称今王则曰'王',不应忽用'后'字也。"

⑲庶邦丕享——于省吾《新证》:"《尚书》'丕'每训为'斯'。"(《召诰》"庶殷丕作"。)

⑳先后迷民——朱骏声《便读》:"'先'之'迷民',谓化纣之恶,酗酒酣身者也。'后'之'迷民',谓助武庚为乱者也。"

㉑若兹监——《孙疏》:"监者,《说文》曰:'临下也。'言如此临民,惟子孙长保斯民矣。"

以上保存在篇中的这五段简文,宋儒以为是断烂简编,但细味各段内容,其用意实前后连贯。都在劝诫为王者应注重的大纲大略,首要的是养民安民,还要惠及孤苦无告的小民。要克承先王以德服人因而获得民心的宏伟王业,使皇天交付先王的广土众民的盛绩万年无疆。所以看得出这是一篇诰辞中保存得较完整的重要篇文。

今 译

王说:"封呀!把众多的人民和低级的官吏的心意传达到各

个大家族,把一切臣民的心意传达到王朝,这是国君的责任。

"你该常常唤着:'我的许多长官司土、司马、司工,以及各部门的主管人员和许多士大夫呀!'对他们说道:'我不敢暴厉杀人!我知道,只要国君能先谨慎而勤劳于民事,诸臣就都效法了他而谨慎勤劳了。如果诸臣对于间谍、恶霸、杀人犯、私刑犯有枉法纵放的,那就因为国君先已任用了伤坏他人的犯罪者,宽宥了他们,所以臣下也效法咧。'

"做王的察视他所治的人民,该说:'不要互相伤残呀!不要互相压迫呀!直到鳏寡,直到贱妾,都要把他们联络起来,让他们有个安顿处。'做王的督导诸国君和管事的人,他发出的命令该以哪一项居先呢?那无非是关于长期的养育人民和安定人民的问题。这是从古以来的国王都这般地察视他的国家的,他们的最高目标原是期望没有地方可以用着他的刑法呀!

"治国的道理该是一步逼进一步的。好像着手种田,先已在除草松土上尽了劳力,就该计划如何去修治田岸和水沟。又像建筑房屋,先已辛苦打好了墙头,就该想怎样涂上白垩和盖上茅草。又像制造木器,先已费劲锯削好了白胚,就该设计如何去刷上各种彩色。

"我王呀!您应当知道:先王已经勤劳地发挥他的伟大的德行来收服人心,实现了无数邦国贡献祭品,他们的人民又都来劳力工作。许多兄弟之国的君主来了,他们为这伟大的德行所感召,所以无论做什么事情都能成功,而无数邦国也就自动地归附了。

"皇天已把中国人民和这一大片土地付与我们的先王,所以

1514

我王呀,您也惟有用了德行来和悦那些前前后后受了迷惑的殷民,用来安慰那受天大命的先王的神灵。

"唉,我王就这样地察视人民吧!我希望我们的国祚延长到万年,我王的子子孙孙永远保安着人民呀!"

讨 论

(一)此篇为断简残编所凑成的一篇文字,除汉人强解成一人的话外,宋朝的吴棫就说中多误简,自"王启监"以下即另为一篇(见《蔡传》)。蔡沈把吴棫的话修正一下,说自"今王惟曰"以下才另是一篇。清王鸣盛《尚书后案》亦承蔡说,谓"今王惟曰"以下乃周公因诰康叔而并诫成王之词。现在把这篇翻译了看来,觉得吴棫的话最对,因为"王启监"之监即是"若兹监"的监,说不定"王启监"到篇末倒是半篇比较完整的文字,而前面的"以厥庶民"和"汝若恒越曰"两节则真是残简。

(二)按《蔡传》所以不从吴棫说,为的是他胸中横梗着康叔做的官也是监,"三监叛诛,康叔封殷"的事实,以为康叔继管、蔡而作监,所以他把"王启监"说为"王开置监国",而把"无胥戕"以下说为"命监之辞"。其实,监不必为名词而尽可作动词,如《高宗肜日》的"惟天监下民典厥义",《微子》的"降监殷民用乂雠敛",《吕刑》的"上帝监民罔有馨香德",都是以上临下之词。本篇三"监"字,均王监下之词,其意有如《洛诰》的"监我士师工"也。

(三)本篇意义与《大诰》《康诰》颇有相似处。"若稽田"一节即是《大诰》的"若考作室"一节的正面文字,都是要求全始全终,不可半途而废的意义。"予罔厉杀人"即《康诰》的"敬明乃罚"。"肆往奸宄杀人历人宥"数语即《康诰》的"亦惟君惟长不能厥家人,越厥小臣外正惟威惟虐,大放王命",亦即《论语》所谓"上帅以正,孰敢不正"也。"无胥戕,无胥虐,至于鳏寡"即《康诰》的"不敢侮鳏寡"。"合由以容"和"引养引恬"亦即《康诰》的"保乂民"和"康保民"。"皇天既付中国民越厥疆土于先王"更既是《康诰》的"天乃大命文王殪戎殷,诞受厥命越厥邦厥民"。思想和文字这般相同,所以这篇虽是些零断的简编,而编次于《康诰》《酒诰》之后是合适的。

(四)看"以厥庶民暨厥臣达大家"的话,可见当时大家族的力量之大,庶民和众臣都须透过了大家族,方能和国君与王发生关系。中国家族制度根深柢固,宗法思想弥漫一切,三千年来大体未变。《孟子》中有一段话可以作证,《离娄》上云:"为政不难,不得罪于巨室。巨室之所慕,一国慕之;一国之所慕,天下慕之:故沛然德教溢乎四海。"赵岐《注》:"巨室,大家也,谓贤卿大夫之家。"这实际要使国君向巨室妥协,殷、周为氏族社会的末期,此亦一证。

(五)此篇说"至于敬寡,至于属妇",这是真正注意到平民阶级和奴隶阶级的明证。说"无胥戕,无胥虐",明明这些是被压迫的阶级。这篇里主张王应对这被压迫阶级要"容",要"养",要"恬",可见作诰者确能顾到全部民众。所谓"罔攸辟",即是"刑期于无刑"的意思。《孟子·梁惠王下》"老而无妻曰鳏,老而无夫曰寡,老而无子曰独,幼而无父曰孤:此四者天下之穷民而无告者。文王发政施仁，必先斯四者"，当即由此来。

（六）这篇著作者相传为周公，开头作"王曰'封'"，即与《康诰》篇同，且《蔡传》称此篇"迳上下之情，宽刑辟之用"的中心内容，亦可说与《康诰》的用意一致。俞樾疑这"封"字是衍文，不足据。因此其上半尚可视为诰康叔三篇诰辞之一。至于"王启监"以下可能是周公对成王说的。

梓
材

召　诰

　　周公平定武庚后，迁殷遗多士（贵族）、庶殷（平民）于洛邑，加上洛邑原在殷时所居住的殷民，所以殷人就较多，需要加强镇抚与管理，所以就决定实现武王遗愿（见《度邑》），营建洛邑成为东都，以巩固统治。周公自己于三年自奄返宗周后，发布了对殷遗四国多方的诰辞《多方》，叫他们安分臣服于周。又和周成王及召公商量利用殷民作为营建洛邑的劳动力。于是就有五年由成王叫召公先到洛邑察看和筹划命庶殷营建洛邑之事，接着周公到洛邑视察督促工程进行，讲了这篇《召诰》。由于诰辞中有"太保（召公）……入锡周公曰"之语，故汉代起《尚书》本中即题此篇为《召诰》，即以此篇为召公所作，直传至现代无异辞。但于省吾《新证》据金文重文通例当作"入锡周公。周公曰"，则此为周公所作诰辞。顾颉刚师以为于氏说为此篇开一新面目，兹从之，不过最后一小段仍定为召公所说。《史记·鲁世家》因《洛诰》篇末有"惟周公诞保文武受命惟七年"句，遂将召公先周公相宅事，与周公往营成周，皆列于成王七年。其列周公《洛

1519

诰》事于七年是对的,列召公开始用庶殷攻位洛邑之事于七年就错了。其事远在《洛诰》前,只能依《大传》说在五年。此篇在今文、古文、伪古文中的次第,已见《多士》题解。这些本子的顺序是错误的。但为遵守整理古籍常例,今姑仍其旧篇次不动,篇中问题详后面的"讨论"。

校　释

　　惟二月既望,越六日乙未,王朝步自周,则至于丰①。

　　惟太保先周公相宅②。越若来三月③,惟丙午朏④,越三日戊申,太保朝至于洛,卜宅;厥既得卜,则经营⑤。越三日庚戌,太保乃以庶殷攻位于洛汭⑥。越五日甲寅,位成。

　　①王朝步自周,则至于丰——马融《尚书传》:"周,镐京也。丰,文王庙所在。……将即土中易都大事,故告文王、武王庙。"郑玄《尚书注》:"步,行也。……于此从镐京行至于丰,就告文王庙。告文王则武王可知。"(均《史记·鲁世家·集解》引。郑注末句《礼记·曲礼正义》引)

　　②惟太保先周公相宅——《史记·鲁周公世家》:"使太保召公先之雒相土。"郑玄《尚书注》:"相,视也。"(《史记·鲁世家·集解》引)皮锡瑞《考证》:"宅,疑作'度'。《史记》《汉石经》及汉人引三家《尚书》、三家《诗》,'宅'皆为'度'。今文如此。《逸周书》

有《度邑篇》，言营洛之事。《大传》云'营成周'，其义当为'度'。此云'宅'，疑后人改之。"按度，计量也，谋也。

③越若来三月——王引之《述闻》："'越若来三月'，五字当作一句读。越若，语辞。来，至也。言越若至三月也。书言'惟某月'，'惟'字皆在月上，此独在月下属'丙午胐'字读之，以'越若来三月'，已自为句故也。"按"越若"即《汉书·律历志》引《武成》"粤若来二月"之"粤若"，亦即《尧典》"曰若稽古"之"曰若"。

④惟丙午胐——《说文·月部》："胐，月未盛之明也。"按，谓月之二日或三日也。参看《康诰》"哉生魄"校释。

⑤厥既得卜则经营——王逸《楚辞·离世》注："南北为经，东西为营。"朱骏声《便读》："经营，叠韵连语，犹量度也。"

⑥太保乃以庶殷攻位于洛汭——朱骏声《便读》："攻，犹治理也。位，城郭、宫庙、朝市之位。"按《逸周书·作雒》："乃位五宫：太庙、宗宫、考宫、路寝、明堂。"此当为建都时主要之建筑。唐兰有一说云："凡朝廷里不论君臣都有固定的位。王到一个地方需要举行典礼，就得建立临时的位。所以周成王要到新建的洛邑去，召公就以庶殷攻位于洛汭，攻是制作的意思。到第五天位建成了，王才去看洛邑。"（1958年《五省出土重要文物图录序》）然有《作雒》篇最原始资料明确了"位"的含义，知唐氏说不足据。

以上这一节，史臣记述周成王至丰，遣太保召公先至洛邑察看和筹划利用庶殷营建东都先定城郭宫庙之位诸事项。

若翼日乙卯，周公朝至于洛，则达观于新邑营①。越三日丁巳，用牲于郊，牛二。越翼日戊午，乃社于新邑，牛一，羊一，豕一。越七日甲子，周公乃朝用书，命庶殷侯、甸、男邦伯②。厥既命殷庶，庶殷丕作③。

①则达观于新邑营——段玉裁《撰异》："达观，若今俗语云'通看一遍'。达，通也。"

②命庶殷侯、甸、男邦伯——孙星衍《疏》："朝用书者，《春秋左氏·昭三十二年传》云：'士弥牟营成周，计丈数，揣高卑，度厚薄，仞沟洫，物土方，议远迩，量事期，计徒庸，虑材用，书糇粮，以令役于诸侯。'盖周公以此等书于册，以命于侯甸男之邦伯也。"

③庶殷丕作——于省吾《新证》："《尚书》'丕'每训为'斯'，'作'当读《论语》'舍瑟而作'之'作'，谓兴起也。言周公既命之，庶殷斯兴起也。"

以上这一节，史臣记周公继召公之后到洛邑，举行郊社祭典以祀天地，发表命书，命令庶殷大兴营洛劳役。

太保乃以庶邦冢君①出取币②，乃复入锡周公。〔周公〕曰③：

"拜手稽首，旅④王若公，诰告庶殷越自乃御事：呜呼，皇天上帝改厥元子，兹⑤大国殷之命，惟王受命，无疆惟休，亦无疆惟恤。呜呼，曷其奈何弗敬！

"天既遐终⑥大邦殷之命，兹殷多先哲王在天。越厥后王后民，兹服厥命厥终，智藏，瘝在⑦！夫知⑧

保抱携持厥妇子以哀籲天：'徂，厥亡出执⑨！'呜呼，天亦哀于四方民，其眷命用懋⑩！王其疾敬德！

①太保乃以庶邦冢君——孙星衍《疏》："以，同与。《乡饮酒礼》云'主人与宾三揖'，《乡射礼》作'主人以宾三揖'，是也。""太保乃以庶邦冢君"，太保乃与庶邦冢君也。

②出取币——《说文》："币，帛也。"《周礼·太宰》："以九式均节财用。六曰币帛之式。"注："币帛，所以赠答宾客者。"又《太宰》："以九贡致邦国之用，四曰币贡。"注："币贡，玉、马、布、帛也。"此处《孔疏》："其币，盖玄纁束帛也。"总之此币是作赠礼用的玄纁束帛等珍物。

③乃复入锡周公〔周公〕曰——"入锡"，《尚书》通作"纳锡"。《禹贡》"九江纳锡大龟"，《史记》录此句即作"入锡大龟"。古时上赐下，下贡赠上皆可用"锡"字。"入锡周公"即入赠周公。旧注疏不解此义，遂牵强说召公以王命赐周公，是不合原意的。"入锡周公曰"，兹采于省吾氏之说，读为："入锡周公，周公曰。"于省吾《新证》云："昔人以《召诰》为召公之词，今审其语义，察其文理，亦周公诰庶殷，戒成王之词，史官缀叙其事以成篇也。特条列所见于左：

"一，'乃复入锡周公曰'，按'周公'二字应有重文，后人误说。应作'乃复入锡周＝公＝曰'，应读作'乃复入锡周公，周公曰'。（凡金文定例，重文决不复书。上下二句相毗连处有重复字，必以＝代之。《井仁安钟》："用追孝侃前＝文＝人＝其严在上。"《毛公鼎》："厇非先告父＝厝＝舍命。"……此例不可胜举。）《左·昭二十七年传》：'夫鄢将师矫子之命以灭三族，三族，国之良也，《左传会笺》依日本古钞卷子本录之如是。今我国各本不重'三族'字则不词矣。……《逸周书·殷祝解》：'汤以此让三千诸侯，莫敢即位。'《艺文类聚》《太平御览》并引作'汤以此三让三千诸侯，诸侯莫敢即位'。凡此可为古书每有重文为后人传钞误说之证。敦煌隶古定本《盘庚》：'我先后绥乃＝祖＝乃＝父＝乃韶弃女。'可证《尚书》重文写法与金文合。

"一，自'周公曰'以下至末均系周公诰戒庶殷御事及成王之词。旧说谓以下皆召公之言，朱子乃强为之言曰：'此盖因周公以告于王耳。'夫召公代王锡周公，而反因周公以告王，自有文字以来无此例也。……

"一，凡金文及经传上言君王有所锡，下之'拜首稽首'皆指被锡者言。是篇两言'拜手稽首'，旧皆以为召公，岂有锡之者言拜稽而被锡者反无拜稽之礼乎！'旅王若公'，言周公受锡嘉王及召公也。《邢侯彝》：'王命燮众内史曰："舍邢侯服，锡臣三品：州人、秉人、郭人。""拜韶首，鲁天子！"'是'拜韶首，鲁天子'指邢侯已受锡而言，非谓燮及内史也。（鲁、旅均训嘉者，《书序·嘉禾篇》"旅天子之命"，"旅"，《周本纪》作"鲁"，《鲁世家》作"嘉"，可证。）若谓召公代王致锡而曰'嘉王及公'，必无是理矣。

"一，如谓'旅王若公'之公为周公，下之'旦曰其作大邑'何以又称周公之名耶？《周书·金縢》《洛诰》《君奭》《立政》及此篇'旦'字凡七见，皆周公以自谓。凡成王称周公多曰'公'，无直称其名者。安有召公代王致锡而反称周公之名者乎！……

"一，末言'惟恭奉币用供王能祈天永命'……《说文》：'奉，承也。'《厚子壶》'承受屯德'，是承受同训。此必周公受锡，故言'敬受币用奉王能祈天永命'也。"

④旅——旅训嘉，见上条。

⑤兹——王引之《释词》八：“兹者，承上启下之词。昭元年《左传》曰：‘勿使有所壅闭湫底以露其体，兹心不爽而昏乱百度。’二十六年《传》曰：‘单旗、刘秋帅群不吊之人以行乱于王室，晋为不道，是摄是赞，思肆其罔极，兹不毂震荡播越，窜在荆蛮。’此两‘兹’字皆承上起下之词，犹今人言‘致令如此’也。”按王氏虽未引《书》，而此篇“兹大国殷之命，惟王受命”及“兹殷多先哲王在天”两“兹”字均可以此释之。

⑥遐终——朱骏声《便读》：“遐终，犹永终，长久也。”按观下文“殷多先哲王在天”，即知此“遐终”是天的美意，非终讫之谓。

⑦兹服厥命厥终智藏瘝在——于省吾《新证》：“应读‘兹服厥命厥终，智藏瘝在’。……‘厥命’之‘厥’：厥，‘其’也，‘厥终’之‘厥’：……厥犹‘之’也，详《经传释词》。凡《书》‘瘝’字，段玉裁谓本作‘鰥’。《尔雅·释诂》：‘鰥，病也。’‘在’应读‘哉’。才、在、哉，古通。(《班彝》“唯民亡徂才”、“允才显”，二“才”字均读作“哉”。《牧簋》“王才周”，《矢令簋》“才炎”，“才”即“在”。此例金文习见，不胜条列。……)”按：服，受也，谓后王后民受其命之终也，说见下文“有夏服天命惟历年”校释。

⑧知——俞樾《平议》：“孙氏星衍曰‘“知”或语辞’，此说是也。《说文·矢部》‘知，词也’，次‘詍’（呭）、‘矣’两义之间，然则古人固用‘知’为语助。《召诰篇》所用‘知’字皆是也。”

⑨徂厥亡出执——于省吾《新证》：“《尚书》‘罔’字，隶古定作‘宅’，即‘亡’字。……‘亡’应读‘无’。……‘徂’，《伪传》训‘往’，是也。徂厥亡出执者，言有所往，其无出而见执也。”

⑩其眷命用懋——《伪孔传》："民哀呼天，天亦哀之，其顾视天下有德者，命用勉敬者为民主。"

以上这一节，记召公和庶邦冢君以币礼入赠周公，周公拜谢，赞美周王盛业和召公美意，引出他对庶殷和营洛的用事之臣讲的一段感于天命改易、应鉴戒殷商成败兴亡吸取教训的话，特别是转而对周成王申其敬慎重德之诫，以"王其疾敬德"作结。这段话是召公向周公献礼后，周公拜谢召公时讲的。但开言即说明是诰告庶殷和御事人员的话。其辞锋却转而作为诫勉成王的话。下文全是。下文有"旦曰"之语，尤确知此篇讲话为周公旦所讲。

"相古先民有夏，天迪从子保①；面稽天若②，今时既坠厥命。今相有殷，天迪格保③；面稽天若，今时既坠厥命。今冲子嗣则无遗寿耇，曰：'其稽我古人之德，矧曰其有能稽谋自天④。'

"呜呼，有王虽小，元子哉！其丕能诚于小民⑤！今休王不敢后⑥。用顾畏于民碞⑦。

"王来绍上帝⑧，自服于土中⑨。旦曰：'其作大邑，其自时配皇天。毖祀于上下，其自时中乂⑩。'王厥有成命治民⑪，今休。

"王先服殷御事⑫，比介于我有周御事⑬，节性惟日其迈⑭。王敬作所⑮，不可不敬德！

①天迪从子保——王引之《释词》："'迪'，用也。'子'，当读

为'慈',古字'子'与'慈'通(……《文王世子》"庶子之正于公族者,教之以孝弟睦友子爱",谓"教之以孝弟睦友慈爱也"。《缁衣》"……故长民者章志贞教尊仁以子爱百姓",谓慈爱百姓也)。天迪从子保者,言天用顺从而慈保之也。《周语》曰:'慈保庶民,亲也。'"

②面稽天若——俞樾《平议》:"若,顺也,顺即道也。《论衡·本性篇》引陆贾曰:'人能察己所以受命则顺,顺之为道。'《国语·楚语》以'违而道'、'从而逆'相对。是古人谓顺为道。'天若'即天顺,天顺即天道也。"于省吾《新证》:"按'面'即'偭',应训'背'。(《礼记·少仪》"尊壶者面其鼻","面",《说文》引作"偭"。

《离骚》"偭规矩而改错",王注:"偭,背也。"《史记·项羽本纪》为"背"。是"面"、"偭"古通之证。)……《易·系辞》注:'稽,考也。'……《尔雅·释诂》:'稽,问也。'"参看《酒诰》"天若元德"校释。

③天迪格保——于省吾《新证》:"'格'、'假'古通。假,嘉也。……言天用嘉保。"

④矧曰其有能稽谋自天——于省吾《新证》:"'稽谋',犹言'询谋'。……询谋之'谋'不训谋画,谓咨访。矧,犹'亦'也。'有能'之'有'读'又'。言……今冲子嗣位则无遗耇老,曰其考我古人之德,亦曰其又能询自天。意谓不但能考古人之德,又能询谋天之德也。天德犹言天道。盖上句言'德',下句加'又'则省却'德'字。"

1527

⑤其丕能诚于小民——《说文·言部》:"诚,和也。"谓很能和于小民。

⑥今休王不敢后——于省吾《新证》:"按'今休王不敢后'者,以王之不敢后为休美也。……《效父彝》'休王锡效父贝三',言效

父以王之锡贝为休美也。"

⑦用顾畏于民碞——俞樾《平议》:"《说文·石部》:'碞,礹碞也,从石、品。《周书》曰"畏于民碞",读与"岩"同。'又《品部》:'喦,多言也,从品相连。《春秋传》曰"次于喦北",读与"聂"同。'是《说文》引此经作'碞',不作'喦'。而王厚斋《困学纪闻》《艺文志考》二书皆云'《说文》"顾畏于民喦",多言也,尼辄切',与《说文》不合。……疑王氏所见《说文》与今不同,其'碞'篆下引《春秋传》'次于喦北'而云'读与聂同',其'喦'篆下引《周书》'畏于民喦'而云'读与岩同',此盖许君之真本也。喦字与嵒字相似。《说文·山部》:'嵒,山岩也,从山、品,读若吟。'《尚书》'喦'字传写误作'嵒',则与礹碞之'碞'其义相近,因又误为'碞'。枚《传》不得其解,妄生僭差之训,而古字古义俱失矣。……后人日习枚《传》,遂据以改易《说文》,而《尚书》与《春秋传》遂皆失其本字。夫'碞'为礹碞,则《春秋》之'碞北'盖以地在山岩之北而得名也;今移置'喦'篆下则又失其义矣。'喦'为多言,则《尚书》之'畏于民喦'即《诗》所谓'畏人之多言'也;今移置'碞'篆下则又失其义矣。当从王厚斋所引订正。"此说甚精核,然即谓畏民言如礹碞,亦无不可。

⑧王来绍上帝——孙诒让《骈枝》:"按'绍'当训为'助'。《孟子·梁惠王篇》引《书》云:'天降下民,作之君,作之师,惟曰其助上帝。''绍上帝'即'助上帝'也。《文侯之命》云'用会绍乃辟',王助上帝与诸侯助王义同。"

⑨自服于土中——《孝经援神契》:"八方之广,周洛为中,谓之洛邑。"(《水经·河水注》引)按"服"有"从"义,谓王于土地之中央听从上帝之指示也。

⑩其自时配皇天、其自时中乂——两"自时"皆"自是"义,谓自是可配皇天,自是可致治于中土也。

⑪王厥有成命治民——成,定也,见《国语》之《周语》《晋语》《吴语》注。成命,谓上帝之定命。王受上帝之定命以治民,故为可嘉。

⑫王先服殷御事——《荀子·王制》"服贤良",杨注:"服,谓为之任使。"王先服殷御事者,王先任使殷御事之臣也。

⑬比介于我有周御事——伪《孔传》:"言当先服治殷家御事之臣,使比近于我有国治事之臣。"段玉裁《撰异》:"《伪传》凡'介'皆训'大',不应此独训'近',疑本'迩'而误'介'。"于省吾《新证》:"《伪传》训'比介'为比近,是也。……《论语·里仁》'义之与比',皇《疏》:'比,亲也。''介',足利本作'迩',即'迩'……近也。"按"邇"作"迩",简作"尒",形似"介",故误为"介"。

⑭节性惟日其迈——于省吾《新证》:"'节'……疑为'人'之讹。'性'、'姓',金文并作'生'。《辰盉》'遣百生豚',《沇儿钟》'和遣百生','百生'即'百姓'。《蔡姞彝》:'弥氒生',刘心源谓即《诗》之'俾尔弥尔性'。然则'节性惟日其迈'者,人生惟日其迈也。《西伯戡黎》:'我生不有命在天',是'人生'、'我生'之语例由来尚矣。"

⑮王敬作所——于省吾《新证》:"按'所'乃'匹'之讹。《弓镈》'所'作'𠩄',《录白簋》作'𠂤',二字形最易浑,故汉人切'匹'为'所',遗误至今。……'王敬作所'者,王敬作匹也。……'匹'、'配'故同训,'匹天'即'配天'。"

以上这一节,是周公进一步惩于夏商原虽受帝命,乃以违背天道而坠命，今周王年轻，甚需要明于天道的老成人辅导，尤强调不可忽视民意，提出了"用顾畏于民碞"的名言。同时阐明顺应人民需要营建洛邑大都于天下之中，对巩固周王朝是无比重要的。最后提出要训练、融合殷人，而自己周王亦须加强道德修养，又以"不可不敬德"作结。

"我不可不监于有夏，亦不可不监于有殷。我不敢知曰①有夏服天命惟有历年②，我不敢知曰不其延，惟不敬厥德乃早坠厥命。我不敢知曰有殷受天命惟有历年，我不敢知曰不其延，惟不敬厥德乃早坠厥命。今王嗣受厥命，我亦惟兹二国命，嗣若功。

"王乃初服③！呜呼，若生子，罔不在厥初生④，自贻哲命！今天其命哲？命吉凶？命历年⑤？知今我初服⑥。宅新邑，肆惟王其疾敬德！王其德之⑦，用祈天永命！

"其惟王勿以小民淫用非彝；亦敢殄戮；用乂民若有功⑧。其惟王位在德元，小民乃惟刑用于天下⑨，越王显。上下勤恤，其曰：'我受天命，丕若有夏历年，式勿替有殷历年⑩！欲王以小民受天永命！'"

①我不敢知曰——俞樾《平议》："'知'，乃语辞。……'我不敢知曰'者，我不敢曰也。"

②有夏服天命惟有历年——孙星衍《疏》：“历者，《释诂》云‘艾，历也’，《诗传》云‘艾，久也’，是‘历’亦为‘久’也。”顾颉刚师按：“服”，受也。此云“有夏服天命”，而下云“有殷受天命”，又云“嗣受厥命”，则服天命为受天命可知。伪《孔传》：“夏言‘服’殷言‘受’，明受而服行之，互相兼也。”已见此义，特未达一间耳。

③王乃初服——顾师按：“初服”之服，即上文“有夏服天命”之服，受也。

④在厥初生——孙星衍《疏》：“生者，郑注《周礼》云：‘犹养也。’《说文》云：‘育，养子使作善也。’《论衡·率性篇》云：‘……“生子”，谓十五子。初生意于善，终以善；初生意于恶，终以恶。……’案十五为太子入学之年，故王氏以释《经》‘若生子’，谓若养子教之。”

⑤命哲命吉凶命历年——于省吾《新证》：“旧读‘命’如字，非是。命谓赐予。《周礼·小宗伯》‘赐卿大夫士爵则傧’注：‘赐，犹命也。’《说文》：‘赐，予也。’《考簋》‘王命考赤市縊✿’，《献彝》‘攈伯命伻臣献金车’，命均谓赐也。‘今天其命哲，命吉凶，命历年’者，今天其予以明哲，予以吉凶，予以历年也。”

⑥知今我初服——孙星衍《疏》：“‘知’，或语词。《说文》云：‘知，词也。’案《说文》‘𥏬’亦词也。俗‘矧’字与‘知’字形相近，或当为‘矧今我初服’。”

⑦王其德之——于省吾《新证》：“按‘王其德之’四字句，‘德’乃‘省’之讹。《广韵》有‘惿’字，训省悟，当即‘省’字，盖晚周繁画字多从心也。金文‘省’作‘ᚱ’。《陈侯因资敦》‘合扬厥德’，‘德’作‘ᚴ’。隶古定《尚书》‘德’字作‘惪’，亦与‘惿’字易相浑也。上

句言'惟王其疾敬德',下言'王其德之',则不词矣。言王其省察之,斯固敬德之事也。"

⑧亦敢殄戮用乂民若有功——江声《疏》:"《聘礼》:'辞曰:"非礼也,敢!"……对曰:"非礼也,敢?"'郑《注》:二者皆并曰'敢',言'不敢',是'敢'有'不敢'意也。此'敢'读同彼义。亦者,承上之词:上言'勿',下言'亦',则'亦'是蒙上'勿'字而言。亦勿敢殄戮以治民,戒毋虐也。"王引之《述闻》:"不以小民非彝而殄戮之者,先教化而后刑罚也。用此治民乃能有功,故曰'用乂民若有功','若'犹'乃'也(《小尔雅》:"若,乃也。"……)。"王先谦《参正》:"《释诂》:'彝,法常也。言勿以小民可用而过用非法,戒毋扰。'《礼·王制》:'用民之力岁不过三日。'"三家说有异同,今参用之。

⑨王位在德元小民乃惟刑用于天下——王引之《述闻》:"家大人曰:……《尔雅》:'刑,常也。'言王在德元则小民常用王德于天下也。"于省吾《新证》:"'位'、'立',古通。金文'位'不从'人'。《颂鼎》《克鼎》'即立'即位也。……'德元'即'元德',亦称'首德'。《师訇簋》:'首德不克夐。'上文之'元子',郑康成称为'首子'。《尧典》:'惇德允元。'《酒诰》:'兹亦惟天若元德。'《历鼎》:'历肇对元德。''刑用',即'用刑'之倒文。'其惟王位在德元,小民乃惟刑用于天下'者,其惟王立于德之首,小民乃惟用法于天下也。"

⑩式勿替有殷历年——朱骏声《便读》:"式,用也。替,废也。言君臣相与勤劳忧恤,共期受命如夏历年之久,勿如殷历年之久而忽废之,欲王以小民受天长命也。……'丕若'与'勿替'异辞者,周受殷命,不可云'丕若有殷历年'也"。

以上这一节，周公再度强调夏、商二国本由服天命而享有历年，但都因不敬德而坠命。应吸取这"二国命"的深刻教训，使周王必须"疾敬德"，"用祈天永命"；必须"乂民有功"，"以小民受天永命"。此二者成为周公反复向周王陈说的基本思想。"乂民"《康诰》作"保乂民"、"康保民"，《梓材》作"永保民"。见周公在反复强调保民。

拜手稽首曰："予小臣敢以王之雠民[①]、百君子越友民[②]保受王威命明德！ 王末有成命，王亦显。我非敢勤[③]，惟恭奉币，用供王能祈天永命！"

[①]雠民——朱骏声《便读》："雠，俦也，犹相当、相对也……谓殷顽民也。"

[②]百君子越友民——郑玄《注》："'百君子'，王之诸臣与群吏。"朱骏声《便读》："'百君子'，兼殷御事、周御事而言也。'友民'，同志之民，谓周民也。"王先谦《参正》："《续汉·律历志》'翼百君子越有民同心敬授'，盖今文作'有民'，如《牧誓》'友邦'，《史记》作'有国'，不作朋友解。有者，词也。"今以"有民"或"友民"系与"雠民"对举，故从朱说。

[③]我非敢勤——王先谦《参正》："《释诂》：'勤，劳也。劳于生为勤，劳于口亦为勤。《诗·采薇·序》：'《杕杜》，以勤归也。'《疏》云：'勤者，陈其劳苦，陈人之劳苦为勤，陈己之劳忧亦为勤也。'召公所以诰王者，频繁反复，所谓劳于口者，是勤之义也。"其实此处勤字，当如《诗·采薇·序》"杕杜以勤归也"疏"勤者，陈其勤苦"之训。意谓我非敢自陈其勤苦。

1533

以上这一节，是召公承周公长篇讲话之后所作的简短答语，史臣亦以此为《召诰》篇作结。照应上文取币入锡周公，故此处召公说明奉币于周公，以回应周公所说用供周王祈天永命之用。按，周公反复强调吸取夏商亡国的历史教训，一再宣扬要戒慎，要敬德，要重视小民，所敷陈不外这些内容。而召公答语，都不涉及这些，只汇报他驱使周王室直接管理的随武庚叛乱的殷遗民（雠民）和庶邦冢君（百君子）及其所辖的殷遗民（友民）来营建成周洛邑的事。从内容到语气都与上面周公讲话有别，显然是另一段话，而"奉币"一语尤只能为召公所说。因此这简短答语为召公所讲，是可断言的。从《皋陶谟》看，大臣对话，确采此种形式。

今　译

二月十六日后的第六天，是乙未日，周王为了要在洛邑营建东都，早晨从镐京出发，到丰邑去祭告文王。

太保召公前于周公动身，他先去察看和计划。到了三月，月亮初出的一天是丙午日，隔了三天是戊申日，太保早上到了洛邑，占卜营建的所在；他得了吉兆，就丈量起来。又隔了三天到庚戌日，太保便用许多殷民在洛水隈曲处划定了墙垣和宫室的基址。又隔了五天，到甲寅日，这工作完成了。

明天乙卯日，周公早上到了洛邑，把这新城的界线通看了一遍。隔了三天，到丁巳日，他用两头牛祭祀了上天。过一天是戊午日，又用牛、羊、豕各一头祭祀了土地神。隔了七天，甲子日的早晨，周公把工程计划用书面交付与殷家的侯、甸、男诸国君主，令他们所管的殷民照着做。他的命令一下来,就全体动工了。

太保于是偕同许多国家的君主即去取了币物,进来赠给周公。周公说:

"我受到厚礼,敬鞠躬叩头来赞美我王的盛业和召公的美意,因而告给许多殷民和自己的管事官员们:唉,皇天上帝改换了他的大儿子,所以把原来给予大国殷的统治权给我们周王接受了,这固然是我们的无穷的欢庆,可也是我们的无穷的忧虑。唉,我们怎能不加敬慎警惕呢!

"上天以前长远延续大国殷的统治,曾把许多殷家先圣王的神灵都升到天上。可是到了他们末代的王和末代的人民的手里,竟面临这统治的崩溃,所有贤智的人都隐藏起来了,造成多么大的痛苦!那时丈夫们怀抱了孩子,挽扶了妻子,用哀号来恳求上天,说:'我们只有逃走了,但不要出去之后被捉回来呀!'唉,上天为了怜惜这四方的穷民,所以他的眷命美意要寻觅一位敬谨勤勉的人把这统治权交给他!面对眷命,我王应该赶快注重德行才行。

"我们看:古代夏族的祖先们所建立的夏国,他们是怎样的受到天的抚顺和慈护;可是到后来他们不去遵行天道,结果就失掉了他们的统治。再看殷国,他们本来也是受到天的赞赏和保佑的;结果一例地违背了天道,所以他们的统治到今天又失掉了。现在我们的王年轻嗣位,切不要遗弃老年人,应当说:'他们老年人不但能认识我们古人的德行,而且还能寻求天道呢。'

"唉,我王的年龄虽幼小,可是他的地位是天的大儿子呀!他该和人民搞得非常的和谐。我王不敢把这事撇在后面,这是该赞美的。须知道,要畏惧人民的意见是能起非常坚强的作用的!

"我王为了绍承上帝的旨意,到这领土的中心地来接受上帝的命令。我小臣旦曾经说过:'该造一个大城,好从这里配合着皇天。再妥慎地祭祀上下的神灵,好从这里安抚着中土。'我王得着上天的决定的命令来治理人民,这又是我们该赞美的。

"现在我王先任用了殷家的官吏,使他们对我周家的官吏常常亲近,就可互相劝勉,一生在天天进步之中。我王领导了他们,好好地配合着上帝,哪可以不警惕着德行呢!

"我们不可不把夏国看作榜样,也不可不把殷国看作榜样。我不敢说夏王受天命的年数长久,我也不敢说他们不长久,可以确定的是他们不能注意德行所以早失掉了天命。我不敢说殷王受天命的年数长久,我也不敢说他们不长久,可以确定的是他们不能注意德行所以早失掉了天命。现在我王继承这天命,我们也该记得这夏、殷两国的受命和被革命的历史,才好继续他们的治国的功勋。

"我王现在是初受这天命呀!唉,像生养孩子一般,他的善或不善没有不从他幼年决定的;只要他自己肯努力向善,上天必然赐给他一个圣智的性格。现在上天对于我王,已把圣智赐给了吗?已把吉或凶赐给了吗?已把年数的长久或短暂给了吗?这是在我王初受这天命的时候必该去好好争取的。这个新都现在规划定了,须得我王赶快注意着德行才是呀!只要我王能时时省察,就好去祈求上天,得着永久的天命,把这统治权长期延展下去!

"我王不要为了小民可用,就非法地尽量使用他们;就是他们犯了些过失,也不要用过度的刑法去处罚他们;只有这样治理人民才能发生功效。进一步说:我王的地位立于全国人民瞻仰的顶点,要使小民们都能拿了王的德行作模范,推广到整个天下,这对于王必然是增加了伟大的。所以,我们君臣上下应该互相勤劳和忧虑,说道:'我们受了天命,期望像夏国年数的长久,不要像殷国年数虽长而突然废掉了!我们要求我王用了广大的小民的力量来接受上天的长命!'"

召公鞠躬叩头道:"我小臣用了曾经敌对我们的殷民,和殷周的许多官吏,以及拥护我们的殷民,来共同承受和履行我王的威严的命令和光明的德意!我王末后发下的(营建东都)的成命,使我们感受到了王的威德显荣的形象。我不敢自陈有什么勤苦,惟有敬献上这点币礼,以供我王用以祈求上天赐给我们永远的天命。"

召
诰

讨　论

(一)本篇向说为召公之诰,自汉以来无异说。于省吾氏作《尚书新证》,乃以金文铭辞重文的成例,及凡受锡者皆当拜手稽首以嘉善锡之之人,断为"锡周公"下脱两重文,原文应作"太保乃以庶邦冢君出取币,乃复入锡周公,周公曰"。得此一解,此篇乃开一新面目;而下文的"旅王若公"、"且曰其作大邑"等语亦俱怡然理顺,不烦曲解。比较材料之有益于研究工作如此。此篇之作,乃洛邑工事既兴,殷周两方面的人物并在,故召公奉赠币物于周公，而周公就借这机会，向殷、周的高级人员说一番话。题名《召诰》者，当因召公锡周公之故；由于"周公"二字重文久脱，周末人已都承认这是召公的话了。

（二）此篇为建筑新都而作。这新都所以建于洛邑，《逸周书·度邑篇》述武王之言曰："自雒内延（及）于伊内，居易（平）无固，其有夏之居。我南望过于三涂，北望过于岳鄙，顾瞻过于有河，宛瞻延于伊、雒，无远天（太）室。"这因为伊、洛一带是夏的旧都，又因那边的山有三涂、岳、太室，水有河、伊、洛，占有形胜的缘故。《史记·周本纪》云："成王在丰，使召公复营洛邑，如武王之意。周公复卜申视，卒营筑，居九鼎焉，曰：'此天下之中，四方入贡道理均。'"这是因为洛邑恰当于彼时全国的中央，和四方往来便利的缘故。到这时自周公东征之后，深知要巩固周家的政权，非扩张统治的力量到东方不可，所以封伯禽于鲁，太公于齐，康叔于卫，召公于燕，以镇压殷民，正如清人入关，在重要地点——设置驻防军一样。至于伊、洛之地尽在王畿之中，既近殷的旧都，又为入宗周的门户，更该加强政治工作，方可把顽梗的殷民潜移默化，消失其反抗的心理。洛邑的建为陪都，当时自有其必要，就更见遵行武王遗嘱的必要性了。

（三）顾师原以为《召诰》和《洛诰》为一时所作，《洛诰》末有"惟周公诞保文、武受命惟七年"之文，《召诰》记七年二、三月间事本无问题。所以《史记·鲁世家》说："成王七年二月乙未，王朝步自周至丰，使太保召公先之雒相土。其三月，周公往营成周雒邑，卜居焉，曰'吉'，遂国之。"惟向称为伏生所作（实为伏生弟子三家今文经师所作）的《尚书大传》却说："五年营成周，六年制礼作乐，七年致政成王。"定为五年事，比《洛诰》早了两年。郑玄相信《大传》，又懂得历法，因《洛诰》有"十二月戊辰"一语，推出五年的二月不当有乙未，三月不当有丙午朏，所以他注道："是时周公居摄五年。'二月'、'三月'当为一月、二月"（《诗·文王》疏引）直断《召诰》的纪月有误。这是信《传》而改《经》的一例。后人为此纷纷，如王鸣盛《后案》则从郑以驳《史》，孙星衍《疏》又从《史》以驳伏。其实《大传》把周公的事实分配在七年之中，只是扼要说说，远不如《尚书》的可据。按，顾师此说没有注意到《召诰》本文所载，是周成王命召公至洛邑开始察看规划营建洛邑，及周公继召公至洛邑协助擘划，督促动工，事在草创，一切尚未就绪。《洛诰》本文则为洛邑初步建成（主要为宫庙，可能略及城郭），周公请成王到洛邑举行元祀。这期间工程进度需要年月，《召诰》与《洛诰》自然非一年事。《洛诰》本文载明七年，则《召诰》如《大传》说为五年，是合理的。史公误据《洛诰》七年亦定《召诰》为七年，是失误的。《大传》所载显有历史根据，所以郑玄才采其说。但汉代古历说法很纷歧，郑玄所据往往为纷歧说法之一，不足为定论。关于共和以前西周年历，近代推算亦很纷歧。日本三省堂《世界年表》推定周成王元年为公元前 1115 年，则五年为前 1111 年。近年天文学者张培瑜先生《中国先秦史历表》精确推算，排定前 1111 年冬至后四月（即二月）为戊子朔，则其月正有乙未。似足证明《大传》之说是有原始资料为依据的。从而可证《召诰》所记为周成王五年（亦即周公执政五年）二月、三月的事。下文（十二）实证确为五年。

召诰

1539

（四）本篇说："越三日庚戌，太保乃以庶殷攻位于洛汭。越五日甲寅，位成。"洛邑甚大，据《逸周书·作雒篇》，城方千七百二十丈，郛方七十里，哪有这样快就位成的道理。江声说："作邑大事，岂能五日而成。且下言'庶殷丕作'，则此言'成'，但规画就绪耳。"此言可信。

（五）在这篇里，周公很注意历史。"相古先民"一段，他说明了夏、殷的如何受命，又如何坠命。"我不可不监"一段，又说明了夏、殷的历年和坠命的关系。这种历史哲学，后来的历史循环论（如三统、五德）颇似导源于此。"三代"一名的由来，或即由于此。《孟子》说："周公思兼三王以施四事。"看此篇文辞，亦颇可能。

（六）在这篇里，可见周公处处注重小民。一则曰"夫知保抱携持厥妇子以哀籲天，徂厥亡出执。呜呼，天亦哀于四方民，其眷命用懋"，见得纣的亡国是由于把不住小民。再则曰"有王虽小，元子哉，其丕能诚于小民……用顾畏于民嵓"，要成王能顺从民意，怀柔相处。三则曰"其惟王勿以小民淫用非彝；亦敢殄戮；用乂民若有功"，要成王不要多役使小民，且不用刑法作惟一的治理方法。四则曰"其惟王位在德元，小民乃惟刑用于天下，越王显"，要成王以身作则，用德行来做小民模范，小民的德行提高时自然更显得王的伟大。五则曰"欲王以小民受天永命"，这就是他看出了周家的统治权是建筑在小民的基础上，要巩固其统治权就非把小民弄得伏帖不可。这是所谓"王道"的中心思想，而周公所以成为古代的大政治家也就在这里。孟子的思想系受周公的影响，但孟子思想却又是战国时代的反映，周公在战国之先七八百年,何以能有此思想,颇为可异。盖由其深刻体会当时的生活实际所得。

（七）从"夫知保抱携持厥妇子以哀籲天,徂厥亡出执"上,可见人民在殷末逃亡之盛（再则逃亡的是不是奴隶呢？这种现象是不是表示奴隶制到这时候已不容易维持呢？这也是可以研究的一个问题）。按《左传·昭公七年》,楚芋尹无宇述周文王之法曰:"有亡,荒阅。"杜《注》:"荒,大也。阅,搜也。有亡人当大搜其众。"那么在周文王的政治下,也很有逃亡的人,所以才定出这种加强户口管制的法律来。无宇又述周武王的事道:"昔武王数纣之罪以告诸侯曰:'纣为天下逋逃主,萃渊薮。'故夫人致死焉。"杜《注》:"萃,集也。天下逋逃悉以纣为渊薮,集而归之。人欲致死讨纣。"照这样说,当时各国都有人民逃亡,而为纣所容留的独多,因此各国的统治者用死力来把纣打倒。拿《尚书》与《左传》合看,可见商末人民大量逃亡是一件确定的事实。但《尚书》说纣的人民逃亡,而《大传》则说别国的人民逃亡到纣处,其事恰恰相反。这是一个需要研究的问题。

（八）周公诰教成王,要他居安思危,要他以夏、殷为鉴戒而永远敬德,语重心长,可见当时这个新国家的统治者的不腐化。篇末召公说"予小臣敢以王之仇民,百君子越友民保受王威命明德"。蔡沈谓仇民为殷之顽民与三监叛者;百君子为殷之御事庶士;友民为周之友顺民。朱骏声说略同。按文中以"仇民"与"友民"并举,足见殷、周两族的敌对;但周公要使仇民也能保受周王的威命和明德,目的在使殷民与周民融合,其政治理想可谓深远。古代的政治能如此开明,确实不易。

（九）"若生子，罔不在厥初生自贻哲命"一语，是我国人性论的最早文献。《蔡传》云"初生习为善则善矣"，可见周公的意思，善是要自己习出来的。这是性无善无不善论，和孟、荀说都异而与告子、世硕却同。告子之言曰："性犹湍水也，决诸东方则东流，决诸西方则西流。"（《孟子·告子上》）世硕之言曰："举人之善性养而致之则善长，恶性养而致之则恶长。"（《论衡·本性篇》）这都是"自贻哲命"的说法。

（十）《康诰》篇首云："惟三月哉生魄，周公初基（其）作新大邑于东国洛。"即本篇的"惟太保先周公相宅，越若来三月惟丙午朏，越三日戊申，太保朝至于洛，卜宅……"的事。惟那篇是将太保的事归诸周公，见得这事是周公主动的。又云"四方民大和会，侯甸男邦采卫百工播民和，见士于周"，亦即本篇的"周公乃朝用书，命庶殷侯甸男邦伯，厥既命殷庶，庶殷丕作"。又云"周公咸勤，乃洪大诰治"，也即本篇的"周公曰：'拜手稽首，旅王若公，诰告庶殷，越自乃御事'"。两文相较，足见《召诰》是记洛邑筑城原由及周公到彼处分配工作时说的一番话，而《康诰》篇首也是记的这一件事；然而叙事有繁简同异之别，足见这是两位史官所记，那位史官记的全文已失，只剩了开头几句话，而被人误编在《康诰》的头上了。

（十一）本篇前段易解，后段难译，这是记事与记言的不同处。记事简单直率，故自甲骨文以来无大变化；记言则不但意思复杂，辞气曲折，且有方言在内，有说话的人的方言，有笔记的人的方言。我们研究古代的雅言尚不易，何况古代的方言。即如本篇的"知"字是语词，这是别处所没有见过的，要从它的本义讲就窒碍不通了。

（十二）1963 年陕西宝鸡贾村塬出土西周早期铜器《何尊》，其铭文的前半释文云："惟王初相宅于成周，复禀武王礼福自天，在四月丙戌，王诰宗小子于京室曰：'昔在尔考公氏克逨文王，肆文王受兹大命，惟武王既克大邑商，则廷告于天曰：余其宅兹中国，自之乂民。'"铭文之末载明："唯王五祀。"这是一篇无比重要的当召公、周公衔王命营洛之年——唯王五祀这一年，由当时另一位贵族何（何）所作有关营洛之事的纪实铜器铭文。《召诰》篇中记载这一年二月，成王至丰决定宅洛邑，遣召公赴洛邑相宅。三月，召公至洛察看筹划，命庶殷供役，在洛水北先定宫庙城郭之位，其后周公至洛，举行祀礼，即驱使所有众殷民及殷一些地方首领率所属从事建筑劳务，然后讲了这篇诰辞。而《何尊》则载这年四月，由成王在京室诰教这位宗小子何，时间与《召诰》紧密相接，内容与《召诰》紧密相关。开头即说成王相宅于成周，此"相"字在铭文中字体较繁，张政烺先生《何尊铭文解释补遗》（《文物》1976 年第 1 期）据其字从"眚"，与"省"音近相通，有相视之义，读为"相宅"，其说甚确，正与本篇成王遣召公"相宅"相合。继说明"复秉武王礼福自天"，即表明宅洛邑完全秉承武王遗嘱。而后着重说明文王受天命，武王克商，即廷告于天："余其宅兹中国，自之乂民。"（我要居此国土之中央，由此地以治民）因此才有召公、周公相宅、营洛之事。这些全与《召诰》文义相合，与《洛诰》文义亦合。特别可贵的是，铭文末载明"唯王五祀"，按当时纪事文例，《召诰》应有而失载，后它两年的《洛诰》载明"诞保文武受命，惟七年"，弥补了《召诰》失载。这就以

召诰

1543

当时的实物史料确证《召诰》内容经几千年流传，仍保持其精确，亦证实了《召诰》写成于成王五年，从而可知由文献论定《召诰》（还有《多士》）成于五年之说是可信的。

（十三）阮元《性命古训》云："性命之训起于后世者，且勿说之。先说其古者，古性命之训虽多，而大指相同，试先举《尚书·召诰》《孟子·尽心》。《召诰》曰：'节性惟日其迈，王敬作所，不可不敬德。'又曰：'若生子，罔不在厥初生，自贻哲命。今天其命哲，命吉凶，命历年。'又曰：'王其德之用祈天命。'（当作"祈天永命"）……《孟子》曰：'口之于味也，目之于色也，耳之于声也，鼻之于臭也，四肢之于安逸也，性也。有命焉，君子不谓性也。仁之于父子也，义之于君臣也，礼之于宾主也，知之于贤者也，圣人之于天道也，命也。有性焉，君子不谓命也。'赵岐注曰〔此处引赵岐谓味、色等五项为人性之所欲，靠命禄得之，凡人（一般人）任情从欲以求，君子以仁义为先，不以性欲求之，"故君子不谓之性也"。父子、君臣等五项关系，皆命禄遭遇。凡人归之命禄，君子则修仁行义，不但坐而听命。"故君子不谓命也"〕。按《孟子》此章性与命相与而为文，性命之训最为明显。赵氏注亦甚质实周密，毫无虚障，若与《召诰》相并而说之，则更明显。"是阮氏将西周初年的《召诰》与战国时期《孟子》二书中之说，都看成即是宋儒所倡的性命之训的学说，似有意牵合。《孟子》书中确以"性"与"命"对举，但赵岐已阐明"性"只是人的一种本能的要求，而"命"则是利禄遭遇，实际是通常所说的命运，与后世的宋儒理学家如程颐所谓"心即性也，在天为命，在人为性，论其所主为心，其实只是一个道"（《二程遗书》卷十八）

这样的"性命之学"有什么牵涉？即以阮元所举的《召诰》三处例句言，"节性惟日其迈"三句，上文"校释"已释明其义为：人生惟日其迈，王应敬作匹以配天，所以应努力敬德。"若生子罔不在厥初生"诸句，亦释明为：若养子无不在初施教养时注意端其善恶，自求明哲。"王其德之，用祈天永命"句，亦已释明为：王其省察之，用以祈求上天给予周王朝以永远的天命。这些含义，怎么能比附于宋儒的性命之训呢。这也是有意为后代的东西牵附古代经典之说，以表示其渊源有自，冲淡它所承佛、道之影响。

召诰

1545

洛　诰

　　《洛诰》是周成王在位周公摄位执政之七年营建洛邑（见
《召诰》。当时亦称"作雒"。《逸周书》有《作雒篇》较详记其
事）的主要工程（如宗庙、宫室等）完成后，请周成王到洛邑举行
祀典，主持国政，成王则祀后还宗周，留周公居洛以镇抚东土这
一历史过程中有关往返告答之辞，由作册逸记录成文的一篇诰
词。在先秦文献中被引用七次。在西汉伏生今文本中为第十八
篇，伏生弟子三家今文本中为第十九篇，东汉马郑古文本中为第
二十三篇，皆列于《周书》。东晋伪古文本中为全书第四十一
篇，列为《周书》第十五篇。其情况详后面"讨论"。

校　释

　　周公拜手稽首曰①："朕复子明辟②：王如弗敢
及，天基命定命③。予乃胤保大相东土，其基作民

明辟④。

"予惟乙卯朝至于洛师⑤，我卜河朔黎水⑥。我乃卜涧水东，瀍水西，惟洛食。我又卜瀍水东，亦惟洛食⑦。伻来以图及献卜⑧。"

王拜手稽首曰⑨："公不敢不敬天之休，来相宅，其作周匹休⑩。公既定宅，伻来，来视予卜休恒吉，我二人共贞⑪。公其以予万亿年敬天之休！拜手稽首诲言⑫。"

①周公拜手稽首曰——"拜手稽首"，详《尧典》"禹拜稽首"校释及《皋陶谟》"皋陶拜手稽首"校释。大抵以首至手为拜手，以首至地为稽首。《蔡传》云："此下周公授使者告卜之辞也。'拜手稽首'者，史记周公遣使之礼也。"

②朕复子明辟——伪孔云："周公……言'我复还明君之政于子'。子，成王。年二十成人，故必归政。"《蔡传》云："'复'，如'逆复'之复。成王命周公往营成周，周以得卜，复命于王也。……先儒谓……反政成王，故曰复子明辟。……何复之有哉？"戴钧衡《补商》云："'复子明辟'，孔氏谓周公复政成王，《传》（指《蔡传》）辟其非，遂成千古聚讼。考《传》义本王氏安石。王氏之言曰：'先儒谓成王幼，周公代王为辟，至是乃反政于成王。……以《书》考之，位冢宰正百工而已，未尝代王为辟，则何君臣易位复辟之有哉？……复如"复逆"之复，成王命周公往营成周，周公得卜，复命于成王。谓成王为"子"者，亲之也；谓成王为"明辟"者，尊之也。'（按，见林之奇《全解》引）程子、叶氏梦得、吕氏祖谦皆取王氏之言。

程子曰：‘复子明辟，犹言"告嗣天子王矣"。’（见《立政》。当据程氏《书说》）叶氏曰：‘复如《孟子》"有复于王"之复，孔氏以复子明辟为周公摄政而归政之词。考周公践天子位以治天下，初无经见，独《明堂位》云尔。《明堂位》非出吾夫子也。武王崩，周公以冢宰摄政，此礼之常。摄者摄其事，非摄其位也。’（当据叶氏《书传》）吕氏曰：‘前乎此者，封康叔，伐三监，莫不系之于成王，则昔固为辟自若也。使如世儒之说，则天下事岂有大于此者，何为下文无一语及之，而专论营洛献卜之故邪。’（据《东莱书说》）今据王氏、叶氏、吕氏所辨，理正文精，足以洗圣人之诬，定君臣之分，释万世之猜，可谓善于说经，有功名教者也。第摄政复政，不得谓无其事，亦正不必为周公辨也。……惟以‘复子明辟’为即复政之证，则不可。何也？经言‘复子明辟’，明辟为明君，别无他解，谓‘还子明君’，非摄位僭王，何还明君之有？谓‘还明君之政于子’，则必增‘王政’二字成义，且以下文‘伻献图卜’及‘王伻来，来视予’推之，此为成王在镐周公在洛复命之词，断断无疑，往复致书，不应开口便言归政，蒙意此实是复命于王之语。"以上是汉学、宋学及清学对"复子明辟"的解释。

王国维《洛诰解》云："复，白也。《周礼》：‘大仆掌诸侯之复逆，小臣掌三公及诸侯之复逆，御仆掌群吏之逆及庶民之复。’先郑司农曰：‘复，谓奏事也。辟，君也。复子明辟，犹《立政》言告孺子王。时成王继周公相宅至雒，故周公白之。’"（按此末三句误，当如戴钧衡谓"成王在镐，周公在洛复命"。《书序》谓"周公往营成周，使来告卜"及《蔡传》谓"周公往营成周，周公得卜，复命于王"皆就文意得相同之说，足证此义）于省吾《新证》："伪《传》云：‘言我复还明君之政于子……’王安石云：‘复如复逆之复。’程子云：‘犹言告嗣天子王矣。’俞樾云：‘平时周公称王命，专行无须复命，至是成王已长，周公将归政，退从臣礼，故须复命也。’王静安谓宋人释复为白可从。按以上诸说，均非经旨。金文通例，‘朕’字皆训‘我之’，‘复子’字乃名词，‘朕复子’谓‘我之复子’。‘复子’犹言又子。《论语》‘如有复我者’皇疏：‘复，又也。’《诗·小宛》‘王命不复’传：‘复，又也。’《檀弓》：‘兄弟之子，犹子也。’《仪礼·丧服》传：‘昆弟之子若子。’复子、犹子、若子，其义一也。‘明辟’者，明君也。‘朕复子明辟’者，如言‘我之犹子明君’也。‘朕复子’亦简称‘朕子’，下文‘其永观朕子怀德’可证。……旧训‘复’为复命，是不谙‘朕’字故训。又训‘朕复子明辟’为‘我复还明君之政于子’……是谓望文生训。”以服子为犹子，是现代学者提出的新说。

是“朕复子明辟”，汉学释为复辟，宋学释为复命，近人释为我的侄子（古语犹子即今语侄子）。三说纷陈，终推复命说较为通行。

③王如弗敢及天基命定命——皮氏《考证》录《文选》载沈约《宋书·谢灵运传论》注引此句“弗”作“不”。孙诒让《骈枝》云：“‘如弗敢及’，句。言如不敢求及先王，但冀保我王命耳。亦谦抑敬戒之意。凡《书》云‘及’者，皆谓及先王或古人。如《康诰》云：‘乃由裕民（王引之云：“猷裕，道也”），惟文王之敬忌乃裕民，曰：“我惟有及，则予一人以怿。”’‘有及’，谓道民以能及文王也。《君奭》云：‘罔勖不及。’言无人勖勉我，则不能及古之贤臣也。《吕刑》云：‘在今尔安百姓，何择非人，何敬非刑，何度非及。’《墨子·尚贤下篇》引彼文释之云：‘能择人而敬为刑，尧舜禹汤文武之道可及也。’是‘何度非及’亦谓何所谋度非求及古之圣王乎。盖周时以

求逮及前人为及，习为常语，故《墨子》尚能通其义也。天基命定命，谓初始基之，终则定之（按《蔡传》云："基命，所以成始也；定命，所以成终也。"显为孙氏此语所据），皆天所以命先王。我则继续而保之（按此为经文下句"予乃胤保"意）。'及'与'胤'皆对先王而言。文意甚明，伪《传》全误。"于省吾《新证》云："伪《传》云：'如，往也。言王往日幼少，不敢及知天始命周家安定天下之命。故己摄。'按伪《传》十字连读，非是。应该作'王如弗敢及'句，'天基命定命'句。上句称'明辟'，故接以谦词'王如弗敢及'。《毛公鼎》'司余小子弗及'可证。《康诰》：'我惟有及。'《诗·皇皇者华》：'每怀靡及。'是'弗敢及'、'弗及'、'有及'、'靡及'，皆古人语例。此篇言'基'，犹金文言'启'、言'肇'（或读基为其，亦通）。基命之'命'犹言锡予，详《召诰》'今天其命哲'条。盖靖难、营洛，初作名辟，故曰'天始予以定命'。此句为一篇纲领。"自以于说为妥，兹从之。惟"如"应释为"如果"之意。

④予乃胤保大相东土其基作民明辟——《蔡传》云："予乃继太保而往，大祖洛邑，其庶几为王始作明辟之地也。"是训"胤"为继，以"保"为太保君奭，以"洛邑"为东土（此点与伪孔同），以"其基"为作民明辟之基地。戴钧衡《补商》云："'保'，辅也。保之恒见经典者，训安、训定、训养。以愚考之，当有'辅'训。《文王世子》：'保也者，慎其身以辅翼之而归诸道者也。'是保有辅义。保又训副训附，副、附义皆近辅。下文'公明保予冲子'，'承保乃文祖受命民'，'诞保文武受命'，保亦辅也。旧俱训安，失之。"王国维《洛诰解》云："基，始也。……周受天命久矣，至是复言'基命'者，文王受命仅有西土；武于伐纣，天下未宁而崩；至周公克殷、践奄，东土大

定,作新邑于雒,以治东诸侯,因之一统自成王始。故曰'予乃胤保大相东土,其基作民明辟'。胤,继也。公自言,公之大相东土,继成王及天基命定命之志也。"于省吾《新证》云:"'其基',犹言'其肇',《叔簋》'叔其肇作簋'可证。"盖"肇"亦始也(见《释诂》)。

⑤予惟乙卯朝至于洛师——《蔡传》:"乙卯,即《召诰》之乙卯也。洛师,犹言京师也。"吴澄《纂言》:"师,众也。言可以居众也。"

⑥我卜河朔黎水——《释文》:"朔,北也。"《孔疏》:"所卜三处(连下文二卜言)皆一时事也。黎水之下不言吉凶者,我乃是改卜之辞,明其不吉乃改,故知卜河北黎水之上不吉。武王定鼎于郏鄏,已有迁都之意,而先卜黎水上者,从帝王所都不常厥邑,夏殷皆在河北,所以博求吉地,故令先卜河北,不吉,乃卜河南也。……顾氏(本误颜氏,林之奇、孙星衍皆引作顾,是)云:'先卜河北黎水者,近于纣都,为其怀土重迁,故先卜近以悦之。'用郑康成之说,义或然也。"孔颖达所据前人之说,其中重要一家为顾彪。此顾氏当即顾彪。苏轼《书传》:"黎水,今(宋)黎阳也。营洛以处殷民,民重迁,以河朔为近便,卜不吉,然后卜洛也。"蒋廷锡《地理今释》:"《续文献通考》云:'卫河、淇水合流,至黎阳故城为黎水,亦曰潜水。黎阳故城在今(清)直隶大名府濬县东北。"即今河南省浚县境,地处黄河之北。按,西周时大河在浚县之东大伾山麓折而北流,直至春秋时始南徙为后代之黄河。其时自淇水至黎水正在大河之北。今淇县东北为纣都朝歌之地,故苏轼云民重迁,殷人自怀念其故都附近。林之奇《全解》云:"周公之营东都,盖以求天地之中,欲诸侯之朝觐贡赋道里为均。而乃先卜河朔黎水者,顾氏曰:'黎水近于纣都,为其怀土重迁,故先卜近以悦之。'此说固是,意者

黎水去洛不远，亦不失为地中也。"

⑦我乃卜涧水东瀍水西惟洛食我又卜瀍水东亦惟洛食——"涧、瀍"二水见《禹贡·豫州》。涧水源出今河南省渑池县白石山，东南流合穀水，亦称谷水，东经新安县，东南流穿过今洛阳市西南部入洛水。瀍水为一小水，源出今河南省孟津县西北谷城山，南流穿过今洛阳市内东南部入洛水。《诗·王风谱》正义引郑玄注云："瀍水东既成，名曰成周，今(汉)洛阳县是也。召公所卜处名曰王城，今(汉)河南县是也。"伪孔遂亦于"涧水东瀍水西"下注云："今河南城也。"于"瀍水东"下注云："今洛阳也，将定下都，迁殷顽民。"《传说汇纂》引史渐曰："涧瀍之东西，即洛之中也；瀍水之东，即洛之偏也。同名为洛，而王城、顽民之居不同。……洛邑居天下之中，伊、洛、涧、瀍实周流于其间。天子南向，则涧水在洛之右，瀍水在洛之左。周公于涧瀍之中，龟兆告吉，遂营王城以建王宫、定郊社、宗庙，是为郏鄏之地，今(宋)之河南是也。又循之左，越瀍水之东，龟复告吉，遂营下都以居殷民，今(宋)之洛阳是也。二城相距盖十有八里。"

"洛食"，《诗·王风》正义引郑玄注云："我以乙卯日至于洛邑之众，观召公所卜之处，皆可长久居民，使服田相食。"此郑玄自"予惟乙卯朝至于洛师"一气贯下释此数句，自以"服田相食"释此"洛食"。加藤常贤《集释》以郑玄此释归结为饮食之食，自文字上得其解释。另有释为吉凶判断之词（按，指伪孔所释："卜必先墨画龟，然后灼之，兆顺，食墨。"以后经师皆从之），以为未免望文生义。加藤以为当寻"食"字为何字之假借，提出可能为"禧"字（亦作"釐"）之假。《汉书·文帝纪》"祠官祝釐"。如淳注："福也。"加藤此释新颖近理。《说文》释"禧,礼吉也"。直释"禧"有吉义,更可为加藤说佐证。然而"洛食"二字在此确系作卜兆吉凶解,而二字字面极不好懂,似以寻其假借义为正确方法。但如能确证"食"字为古代龟卜活动中的一个术语,如伪孔所言,则用食字本字亦可解通。伪孔之后,《孔疏》较详阐述之云:"凡卜之者,必先以墨画龟,要坼依此墨,然后灼之,求其兆顺食此墨画之处,故云'惟洛食'。"这是二孔据流传至东晋及唐时的古代龟卜资料写成。今能见到的古代龟卜资料,有如《周礼·春官》之太卜、卜师、龟人、华氏、占人等职文,《仪礼·士丧礼》"卜日,卜人奠龟"一段叙述龟卜过程之文,《史记·龟策列传》《白虎通·蓍龟》等,以及先秦诸子中(如《荀》《韩》等)亦偶有言及者,大抵钻龟、凿龟、灼龟、卜人占坼等大都谈及,其中卜师"凡卜事,视高,扬火以作龟,致其墨"。则确知龟卜中有所谓"墨"。现代由于有了殷虚甲骨,人们看到了古代龟卜实物,对龟卜过程的实际情况有所了解,陈梦家《殷虚卜辞综述》第一章第三节"甲骨的整治与书刻"作了详晰的叙述,从取材、锯削、刮磨,到钻凿、灼兆、刻辞、书辞、涂辞、刻兆,作了周详的观察和展现其原貌,使人们对古代的龟卜有了踏实的了解。其中谈到凿龟,在甲骨的反面,用凿凿成菱形,是从两旁斜切下去,其深处成一直线,为离正面最薄处,即正面显兆干之处,兆干即直行的兆,亦即墨。由是知龟卜中确有术语称"墨",则伪孔、《孔疏》所说之"墨",确有所据,不过误以为以墨画龟耳。而资料中尚未见到"食"为其术语,但"墨"与"食"同为二孔所引古代龟卜中的术语,"墨"既可信,安知"食"非古龟卜中确有的术语亦可信吗?特资料中失传,赖有《洛诰》保持下来此一术语孑遗,吴澄《书纂言》云:"以兆食墨而明,为

尚书校释译论

吉;不食,则其兆暧昧,非吉也。"那么这一占卜得定其吉凶的兆辞为"食",即是其卜得吉,则"洛食"就是"卜建都于洛,吉"了。(屈万里《集释》引简朝亮《述疏》释"食,用也"。又引金祥恒说甲文中吉字与食字形近,当原为吉字误为食字。都是在力求将此字说通。屈氏结语只得说:"此字虽难定,然为吉兆可知。")

⑧伻来以图及献卜——伪孔释云:"遣使以所卜地图及献所卜吉兆来告成王。"《蔡传》:"伻,使也。图,洛之地图也。献卜,献其卜之兆辞也。"朱骏声《便读》:"伻当作抨,犹使也。使人来于王所,以新邑之地图及献所卜之兆也。必以图者,口述不憭,指图乃憭也。"所释义基本相近。(惟戴钧衡《补商》云:"'伻来以图及献卜',犹云'使来以图及卜献',倒文也。"此从语法上提出异解。王国维《洛诰解》云:"图,谋也。俾成王来雒,谋定都之事。"此从字义上提出异解,皆可备一说。)

⑨王拜手稽首曰——伪孔云:"成王尊敬周公,答其拜手稽首而受其言。"《孔疏》:"拜手稽首,施于极敬,哀十七年《左传》云:'非天子,寡人无所稽首。'诸侯小事大尚不稽首,况于臣乎。成王尊敬周公,故答其拜手稽首而受之言。"《蔡传》:"此王授使者复公之辞也。'王拜手稽首'者,成王尊异周公而重其礼也。"朱骏声《便读》:"拜手稽首,施于极敬,为天,非为公也。王以公言'天基命定命',故两云'敬天之休',皆云拜手稽首也。公以叔父之尊,为居摄之任,似不妨特有加礼。然君两稽首于臣,不可以训,故以王麟趾之说辞之。"这些经生都以封建伦常之礼观点,认为成王对周公行拜手稽首之礼,以君拜臣,非常可异,故寻出理由弥缝之。然安知周初礼尚纯朴,不像后代那样等级严格,作为侄儿的成王,不可向

叔父行拜手稽首的礼吗？

⑩公不敢不敬天之休来相宅其作周匹休——伪孔云："言公不敢不敬天之美来相宅，其作周从配天之美。"《蔡传》："此王授使者复公之辞也。"戴钧衡《补商》："此时成王在镐，周公在洛，王得公所献图、卜而复公之语也。'来相宅'者，顺公所在而言，犹上文'伻来'，顺使者所至而言也。'作周匹休'，孔谓'配天之休'，《传》（指《蔡传》）谓'配周命于无穷'。"吕氏祖谦《书说》曰："'营洛实配宗周。'其作我周匹休之地。匹者，对宗周之辞。案此读'匹'，与《诗》'作丰伊匹'之'匹'同，其义亦通。"吕说可从。

以上皆经师旧说。至杨筠如《核诂》始云："匹，《诗》传：配也。'作周匹'，谓作周辅也。《召诰》：'其自时配皇天。'盖公之作配于周，亦犹王之作配于天也。"这是运用现代学术观点据正确的文字释义作出的解释。

近年裘锡圭先生《〈洛诰〉"其作周匹休……"新解》更就金文成就肯定杨说云："杨氏把'匹'字解释得很好。西周时代的单伯钟说单伯的祖考'逑匹先王'（《三代吉金文存》1116），墙盘也说墙的祖先'"逑匹厥群'（《文物》1978 年第 3 期），都用'匹'字表示辅佐君王的意思。张政烺先生《奭字说》曾指出古代'国之重臣与王为匹耦'，'君臣遭际自有匹合之义'（《史语所集刊》十三本），这是很正确的。"

裘先生继说："但是杨氏对'匹'字后面的'休'字的意义却没有做出交代。按照杨氏对'匹'字的解释来看，这个'休'字完全是多余的。我们认为这个'休'字应该属下为句。"（下文移录于下句校释）

⑪公既定宅伻来来视予卜休恒吉我二人共贞——《释文》："贞，正也。马（融）云：当也。"《蔡传》："'视'，示也。示我以卜之休美而常吉者也。'二人'，成王、周公也。'贞'，犹当也。"戴钧衡《补商》："言公既定宅，发使来示予以卜既休且常吉，则我二人共当此美。"王国维《洛诰解》亦云："'视'，示也。'贞'当为'鼎'，当也。谓卜之休吉，王与周公共当之也。"读贞为鼎，其义为当，得王氏论定之，则知古人有此训。按《说文》"鼎"字小徐本云："古文以贞为鼎，籀文以鼎为贞。"大徐本仍有"籀文以鼎为贞"句。而《说文》"贞"字云："一曰鼎省声。"固知贞、鼎字通。今所见甲骨文中常借"鼎"为贞，或在"鼎"上加"卜"以为贞。而金文"贞"、"鼎"无别，《古籀汇编》引《无鼎》"鼎"字作贞，《旧辅甗》"贞"字作鼎，确知二字同用，此在金文中习见。故知王国维之说当据甲金文。而郭沫若《殷契粹编》第1424片云："癸未卜，争，𢍔贞，旬无尤，告。"贞即卜问，郭老释云："此争与𢍔二人共卜，《书·洛诰》'我二人共贞'，则是成王、周公同卜。"这是根据甲骨文实例，所得"我二人共贞"的确诂，不过这里应有一先决条件，即成王与周公此时必须在一起才能共贞，而在本篇中此时成王在镐，周公在洛，是无法共贞的，况且此处所载是周公已贞卜完毕，以占卜结果告成王，二人已无由共贞。王国维当然知道贞字在甲金文中的用法和意义，其所以仍同意旧释释之为"共当"，必系根据此处实际作出此释的。

上面"作周匹休"校释引录裘锡圭先生《〈洛诰〉"其作周匹休……"新解》上半，现续录其下半云："这个休字应该属下为句，看作动词。'休'字古训'美'。成王敬重周公，对于周公选择邑址并遣使告卜之事表示赞美，所以在'公既定宅'句之上加上一个'休'

字，这种句法在西周金文里是常见的。唐兰先生在《西周铜器断代中的康宫问题》一文中，曾对这种句子作过全面的考察，他说：'（效父簋）说："休王锡效父吕三，用作厥宝尊彝。"金文里另外有翼父鼎三件，说："休王锡翼父贝，用作厥宝尊彝。"……休是动词，《召诰》曰："今休王不敢后，用顾畏于民碞"可证。古人多有此例。如云"鲁天子之命"，鲁亦动词也。扬天子或王之鲁休而称"休王"或"鲁天子"，其义一也。'（《考古学报》1962 年第 1 期）他还指出，召卣'休王自谷使赏毕土方五十里'、𪊨簋'𪊨拜稽首休朕匋君公伯锡厥臣弟𪊨井五□'、尹姞鼎'休天君弗望（忘）穆公圣粦明□'等语里的'休'也都是动词。《洛诰》'休公既定宅'句的'休'字，用法跟上引诸语全同。这种句法一般用于下级赞美上级的场合。周公是成王的叔父，又是周王朝当时实际上的最高统治者。成王使用这样的句法来表示对周公的特殊尊敬，是合于情理的。"（载裴氏《古代文史研究新探》，1992 年）裴先生对"匹"、"休"二字根据金文研究的成就并唐兰先生所作出的论析非常精确，自应采入本书中。但仍沿用整理古籍常规，不改动原文句，"休"字仍在上句末，惟依其意移至本句之首为释。

又此处句读作："伻来，来视予卜休恒吉。"本顺畅妥切，不意郑玄读作"伻来来"，《孔疏》引郑玄注云："伻来来者，使二人也。"此本不通，而其后不少经师皆承用之，并为之说。朱骏声《便读》引古注云："伻来来者，使二人也。先献王城之吉卜，又献下都之吉卜也。"此皆误说，不足据。

⑫公其以予万亿年敬天之休拜手稽首诲言——伪孔云："公其当用我万亿年敬天之美。十千为万，十万为亿，言久远。成王尽礼

致敬于周公,求教诲之言。"《蔡传》云:"十万曰亿,言周公宅洛,规模宏远,以我万亿年敬天休命,故又拜手稽首谢周公告卜之诲言。"并引韦昭注《楚语》曰:"十万曰亿,古数也。秦始以万万为亿。"戴钧衡《补商》云:"以,与也。""公其与我万亿年敬天之休矣。'拜手稽首诲言'者,尽敬以谢诲言也。诲言盖即上文'作民明辟'也。"于省吾《新证》云:"伪《传》训'诲言'为求教诲之言。孙星衍谓:'诲者,《说文》云:"晓教也。"'马通伯训为'拜求公诲'。按旧皆读诲为教诲之诲,又须增'求'字为训,非是。吴大澂谓古谋字从言从每,是也。《王孙钟》'诲猷不饲'可证。'谋言',犹云咨言、问言。《说文》:'谋事曰咨。'襄四年《传》:'访问于善为咨。'《晋语》:'文王谋于蔡原而访于辛尹。'韦注:'诹、访,皆谋也。'《诗·臣工》笺:'咨,谋也。'《尔雅·释诂》:'咨,谋也。'《小雅·皇皇者华》:'周爰咨诹。'然则咨、诹、访,皆谋也。是'诲言'即咨言,故训之湮久矣。"于先生周详论证"诲言"即"谋言",其义为咨言,是说成王拜手稽首于周公之谋言、咨言,而非诲言。

以上这一节,是周公在洛邑"作雒"完成后,以新邑地图及当时吉卜遣使送往镐京告于成王,及成王答语,为周公与成王在本篇中第一次往返告答之辞。全节分三段,第一段周公对成王陈述"作雒"之由,第二段周公陈述"作雒"经过,第三段成王对周公表示新邑告成获得共承美好天命,特致以深挚的感谢。

周公曰:"王肇称殷礼[①],祀于新邑,咸秩无文[②]。予齐百工,伻从王于周[③],予惟曰'庶有事[④]'。今王即命曰:'记功宗[⑤],以功作元祀[⑥]。'惟命曰:'汝受

命笃弼⑦，丕视功载⑧，乃汝其悉自教工⑨。'

"孺子其朋，孺子其朋，其往⑩！无若火始焰焰，厥攸灼，叙弗其绝厥若⑪。彝及抚事如⑫。予惟以在周工往新邑，伻向即有僚⑬，明作有功，惇大成裕，汝永有辞⑭。"

公曰："已，汝惟冲子，惟终⑮。汝其敬识百辟享，亦识其有不享。享多仪，仪不及物，惟曰不享，惟不役志于享。凡民惟曰不享，惟事其爽侮⑯。

"乃惟孺子颁，朕不暇听⑰。朕教汝于棐民彝⑱；汝乃是不蘉⑲，乃时惟不永哉⑳。笃叙乃正父，罔不若予；不敢废乃命㉑。汝往敬哉！兹予其明农哉！彼裕我民，无远用戾㉒。"

王若曰："公，明保予冲子㉓。公称丕显德，以予小子扬文武烈，奉答天命，和恒四方民居师㉔。惇宗将礼，称秩元祀，咸秩无文㉕。惟公德明光于上下，勤施于四方，旁作穆穆，迓（当作御）衡不迷㉖，文武勤教，予冲子夙夜毖祀㉗。"

王曰："公功棐迪笃，罔不若时㉘。（王曰："公，予小子其退，即辟于周，命公后㉙。"）四方迪乱，未定于宗礼，亦未克敉公功㉚。迪将其后，监我士师工，诞保文武受民㉛，乱为四辅㉜。"

王曰："公定，予往已公功肃将祗欢㉝，公无困哉我（当作"我哉"）㉞，惟无敳其康（当作"庚"）事。公勿替刑，四方其世享㉟。"

①王肇称殷礼——《白虎通·礼乐篇》引作"肇修通殷礼"，多"修"字。王国维《洛诰解》云："'肇'，始。'称'，举也。'殷礼'，祀天改元之礼。……成王至雒，始举此礼，非有故事，故曰肇称。"《白虎通》释殷礼云："王者始起，何用正民？以为且用先代之礼乐，天下太平乃更制作焉。"《孔疏》引郑玄注云："王者未制礼乐，且用先王之礼乐。伐纣以来皆用殷之礼乐，未始成王用之也。"伪孔亦云："言王当始举殷家祭祀。"皆释"殷礼"为殷代之礼。林之奇《全解》在引伪孔语后继云："王氏（安石）曰：'"殷"者，与"五年再殷祭"之"殷"同，非夏殷之殷也。'当从王氏之说。"故《蔡传》亦云："殷，盛也，与'五年再殷祭'之'殷'同。"章炳麟《拾遗》云："《白虎通》及郑《注》皆谓用殷代之礼。今案'殷礼'者，殷祭也。《春秋公羊传》称：'五年而再殷祭。'（按，文二年）《左氏传》载郑公孙黑肱遗命：'祭以特羊，殷以少牢。'（按，襄二十二年）此下云：'王在新邑，烝祭岁，文王骍牛一，武王骍牛一。'据《春秋》经：'大事于太庙，跻僖公。'（按，文二年）《公羊》以为大袷。《鲁语》只谓之烝，然则大袷在烝明矣。篇中言'秷祀'，言'秷殷'，其义一也。"自以释"殷礼"为殷祭正确。由上引资料及本篇对文王、武王的祭祀，知"殷祭"确是周代的礼制。

②祀于新邑咸秩无文——《白虎通·礼乐篇》引"祀于新邑"作"祀新邑"，无"于"字。伪孔云："以礼典祀于新邑，皆次秩不在礼文者而祀之。"《汉书·翟方进传》颜注引孟康曰："诸废祀无文籍皆

祭之。"吕祖谦《书说》云："虽祀典不载而义当祀者,亦序而祭之。"《蔡传》承之云："秩,序也。无文,祀典不载也。"皆就"无文"二字望文生训,义实不通。陈乔枞《经说考》云："何休《公羊传》注、郑康成《礼记·王制》注皆言春秋变周之文,从殷之质。是殷尚质,周尚文也。此经言'咸秩无文','咸秩',谓编次其尊卑,'无文',谓礼仪从简质。则其仍用殷礼明矣。"这是以"无文"为去周之文,从殷之质,尤牵强成义。王引之《述闻》云："文当读为紊。紊,乱也。《盘庚》曰:'若网在纲,有条而不紊。'《释文》:'紊,徐音文。'是紊与文古同音,故借文为紊。'咸秩无文'者,谓自上帝以至群神,循其尊卑大小之次而祀之,无有淆乱也。《汉书·翟方进传》:'正天地之位,昭郊宗之礼,定五时庙祧,咸秩无文。'亦当读'无紊',谓天地、郊宗、五时、庙祧,各有等差,皆次序之,无有紊乱也。《风俗通·山泽篇》曰:'五岳视三公,四渎视诸侯,其余或伯或子男,大小为差。《尚书》咸秩无文,王者报功,以次序之,无有文也。'亦当作'无有紊也'。谓所视者由公而侯、而伯、而子男,大小之差不紊也。"此说最确。

③予齐百工伻从王于周——伪孔及《蔡传》皆释为"我整齐百官使从成王于周",伪孔下句言"行其礼典";《蔡传》下句言"谓将适洛时也"。清儒相继提出新解:戴钧衡《补商》云："齐,读如'齐小大者存乎卦'(按见《易·系辞》)之齐,辨别也。古者天子将有大祀,必先习射于泽宫,以选助祭之臣。此时王往成周举行祀典,百官不能皆从,故周公必辨别其能骏奔走者使从王往。"孙诒让《骈枝》云："《尔雅·释诂》云:'齐,将也。'言我将百官使从王于周。"章炳麟《拾遗》云："'予齐百工,平从王于周',是迎王。"王国维《洛

诰解》云:"周,谓宗周,即镐京也。周公本意欲使百官从王归宗周,以行此礼,故曰'予惟曰庶有事'。"按,此礼确系在成周举行,即为洛邑建成,以功作元祀,自在称为成周的洛邑。王氏指出周公欲归宗周行此礼,是他揣拟周公的用意。实际当如戴钧衡所言周公还镐,其意在欲王往成周行礼(《蔡传》亦言"适洛")。

④予惟曰庶有事——伪孔及《蔡传》从字面误释"庶"为"庶几"。伪孔云:"我惟曰庶几有政事。"("有政事"亦误。陈栎《纂疏》云:"国之大事,在祀与戎,古人于祭祀皆曰'有事'。")《蔡传》云:"予惟谓之曰:'庶几其有所事乎'。公但微示其意,以待成王自教诏之也。"戴钧衡《补商》云:"庶,众也。国之大事在祀与戎(此《左传·成公十三年》语),古人于祭祀皆曰'有事'。……予惟告之曰:'尔众皆有事于新邑者。'若夫祀典之设,勉励百工之言,则教王亲自命之,如下文所云也,《传》云'庶几其有事',谓'公但微示其意'。夫王往新邑举行祀典,何不可为百工言?而必谓微示其意,不亦曲乎!"纠正了两传之误。江声《音疏》则云:"'有事',祭也。《春秋》传曰:'天子有事于文、武。'(《左传·僖公九年》)又曰:'有事于武官。'(《左传·昭公十五年》)"王先谦《参正》云:"言我整齐百官使从王……我惟勉之曰:'庶几得与于祭事。'宗庙之中以有事为荣也。"如此释为庶几则其语意义尚可通。惟此处以戴氏所释意较平实,江氏补充资料亦有用。

⑤今王即命曰记功宗——《释文》云:"曰,音越。一音入实反。"入实则为"日"字,当以"曰"为是。孔、蔡二《传》皆以《礼记·祭法》"法施于民则祀之"一段之义释此句。于省吾《新证》云:"《金縢》'今我即命于元龟','即命'者,就而请命也。'记'乃

'祀'之讹。……'功宗',亦作'公宗'。《史记·孝武纪》'申功',《封禅书》'功'作'公'……可证。……《诗·思齐》'惠于宗公'传:'宗公,宗神也。'是'公宗'亦作'宗公'。……《小子生尊》:'王命生辨事厥公宗。''辨'读为'遍',王命生遍行从事于其公宗也。'今王即命曰:祀公宗,以功作元祀者',言今王就而请命曰:祀于公宗,以有功者告庙,因以为元祀也。"

⑥以功作元祀——伪孔释云:"有大功则列大祀。"《蔡传》云:"盖功臣皆祭于大烝,而勋劳之最尊显者则为之冠,故谓之元祀。"他们以"元祀"为大祀,功大者列大祀,称为元祀。此外不少经师也都作此解释。总之以为报功臣之功,列之于祀。如陈栎《纂疏》云:"作'元祀'者,所以报功臣于既往;'丕视功载'(此处下文第二句)者,所以砺功臣于方来。"即此义。江声《音疏》亦云:"祭,有功臣配食之典,故以功作元祀。……《商书》盘庚告其臣曰:'兹予大享于先王,尔祖其从与享之。'是功臣配食之明证也。……盖没者则祀而命之,其存者亦豫命以殁后之典也。"这些解释都没有谈到其主要方面。提出正确解释者是王国维《洛诰解》云:"'记功宗'以下,周公述成王之言也。'功',谓成洛邑之功。殷人谓年为祀,'元祀'者,因祀天而改元,因谓是年曰'元祀'矣。时雒邑既成,天下大定,周公欲王行祀天建元之礼于宗周。王则归功于雒邑之成,故即命曰'记功宗,以功作元祀',意欲于雒邑行之也。"

由于世界各古代民族都出现过实行大事纪年的方法,如古代埃及、巴比伦、亚述、希腊、罗马等都曾使用大事纪年,这可说成了人类各民族早期纪年方式的通例,我国先民也在这通例之内。历史上记载得明显的就是周文王以"受命"纪年。是当时几十里、百里的小国林立，彼此不相臣属，且经常相争，周族小国就在豳地相争不胜，迁避岐下，传至文王时仍有密须与崇等小国与之相争。其后文王势力渐强，跃居于诸小国之上，能裁决虞、芮两国的争执，两国都只能服从，成了西土共尊之主，因而"诸侯"敬服，称文王为"受天命之君"。于是周人就把断虞芮之讼这一年宣扬为文王"受命"元年。当时周人真诚地把文王"受天命"看做了不起的大事，也为了神化自己王权的需要，更有意强调和夸张这一"受命"，所以就把年数接着"受命元年"计算下去。这种办法不合于后代按帝王纪年的办法，后人不大理解，但在当时却确实是这么做的。古代的学者，也有懂得这点的，如皮锡瑞《考证》云："云'伯禽侯鲁'者，乃举是年大事以纪岁之法，故云'伯禽俾侯于鲁之岁'。"金文中尚有之，如《中鼎》："王令南宫伐反虎方之年。"《翻卣》："惟明保殷成周年。"《旅鼎》："唯公大保来伐反夷年。"等是。沿文王受命纪年，当时不仅武王即位没有改元，而继用了文王受命之年，就是成王即位也照样没有改元。王国维《周开国年表》肯定了《尚书大传》及《史记》所载，排出了武王、成王都没有改元的年表，计从文王受命元年起，直到十九年止。到十九年的次年，成王才以祀于洛邑改元为"元祀"。郭沫若《大系图录考释》的《哭卣考释》，释其"唯十有九年王在斥"句云："十又九年，文王纪年之十九年，成王六年也。周初用文王纪年，至成王七年平定淮徐后，始（在洛邑）以功作元祀。"这种"以功作元祀"也还是大事纪年的精神。而这时已是文王死后的十三年，武王牧野之战后的九年，周公为掩护成王而践位摄政的七年了。所以本篇最末一句记了"在十有二月，惟周公诞保文武受命，惟七年"，正是记明这一年数。按王位纪年，在周代是成王以后的事，所以从康王时的铜器里才见到"唯王几祀"的铭辞。康王以后器如《大盂鼎》"唯王廿又三祀"，《小盂鼎》"唯王廿又五祀"，书于铭末。昭王时器《段簋》"唯王十又四祀"，共王时器《趞曹鼎》"唯七年十月既望"，《师虎簋》"佳元年六月既望"，《走簋》"唯王十有二年"等，皆在铭首。而在早于成王的周初金文里，还没有见到过这类提法，这当是由于周初还没有实行按王位纪年的办法之故，而这正也是周初在奉行文王受命纪年这一纪年法的佐证。所以因洛邑建成，国家大定，以功祀于洛邑，才改为元祀了。根据《盘庚》所载，功臣是要从祀的。则这样的"以功作元祀"的祀天建元大典，则"祀于公宗，以有功者告庙"，使之从祀，是应有之事（详起釪撰《牧野之战的年月问题》文中"用周文王'受命'年数纪年"一节，载《古史续辨》）。

⑦惟命曰汝受命笃弼——伪孔释云："惟天命我周邦，汝受天命厚矣，当辅大天命。"盖释笃为厚，以下句"丕"字接此"弼"字下，遂释为"辅大天命"，以此句为对成王言。《蔡传》继上文"功之尊显者以功作元祀矣"云："汝功臣受此褒赏之命，当益厚辅王室。"以为对功臣言，上文已辨明此非属专祀功臣，则此句似非对功臣讲。孙诒让《骈枝》云："又惟命我曰：'汝受先王命督辅我。'笃、督同声假借字。"则为周公记成王对他说此语。似适合当时周公与成王情况。

⑧丕视功载——伪孔释为"视群臣有功者记载之"。《蔡传》释为："丕，大也。视，示也。功载者，记功之载籍也。"皆望文生训。于省吾《新证》始云："功，事也。《尧典》'惟时亮天功'，《史记》作'惟时相天事'。载、哉古通。《诗·文王》'陈锡哉周'，《国语》作'陈锡载周'。《吕氏春秋·知分篇》'夫善哉'，陈昌齐云：'据《淮

南》,善哉当作善载。''丕',犹斯也。'丕视功载',言斯视事哉。
上句为'汝受命笃弼',故以视事为言。"于说是。

⑨乃汝其悉自教工——《大传》云:"《书》曰:'乃女其悉自学
功。'悉,尽也。学,效也。《传》曰:当其效功也。于卜洛邑,营成
周,改正朔,立宗庙,序祭祀,易牺牲,制礼乐,一统天下,合和四海,
而致诸侯,皆莫不依绅端冕以奉祭祀者(注,绅,大带也),其下莫
不自悉以奉其上者,莫不自悉以奉其祭祀者,此之谓也。尽其天下诸
侯之志,而效天下诸侯之功也。"此汉代三家今文以"悉"为尽,以
"教"为学、为效。此末二句则为汉三家今文对本句的解释。王国
维《洛诰解》云:"'教工',《大传》作'学功'。学,效也。欲令周公
效雒邑之功,以示天下也。"于省吾《新证》:"言自教工,《大传》作
学功,亦谓自效其职事也。"于氏释上句为"斯视事哉",故释此句为
"亦自效其职事"。

⑩孺子其朋孺子其朋其往——《后汉书·爰延传》李贤注引此
句"其往"上有"慎"字。郑玄注云:"孺子,幼少之称,谓成王也。"
(据朱彬《经传考证》引)伪孔释云:"少子慎其朋党,少子慎其朋
党,戒其自今已往。"《蔡传》释云:"孺子,稚子也。朋,比也。上文
百工之视效如此,则论功行赏,孺子其可少徇比党之私乎?"戴钧衡
《补商》云:"孺子,旧皆以为幼少之称。朱氏彬曰:'古人亲爱之词
多以幼小称之。《檀弓》舅犯曰:"孺子其辞焉。"秦穆公吊公子重耳
曰:"孺子其图之。"《左传》栾盈将叛曰:"今也得栾孺子何如。"'
(见朱氏《经传考证》)皆亲爱之词,非专斥其幼小也。'孺子其
朋',宜依孔氏作慎其朋党说。《后汉书》爰延上封事曰:'周公戒成
王曰其朋其朋,言慎所与也。'是汉以来相承古说。《传》(指《蔡

传》)承上作论功行赏不可私,文外增义,非是。"依朱彬释"孺子"义甚确。言《蔡传》不合,是。言伪孔合,亦不确。孙诒让《骈枝》已驳之云:"释朋为朋党,则是《周礼》邦佣(《秋官·士师职》),人臣大罪,非所以戒君。"其实当如章炳麟《拾遗》所云:"《后汉书》爰延封事,谓左右当慎所与,义与前后不相属。按前言予齐百工,平从王于周,是迎王。此言王当与百工同往新邑,是与迎者同行。《吴语》'奋其朋势'。韦解:'朋,群也。'群淫曰'朋淫',群往曰'朋往'。正当言'孺子其朋往'。以告戒丁宁,故分为三逗,正如口吃语矣。"

⑪无若火始焰焰厥攸灼叙弗其绝厥若——"焰焰",《唐石经》及各隶古定写本与薛季宣隶古刊本皆作"焰焰"。惟杜预所引晋初所传《古文尚书》作"炎炎"。作"炎炎"是。段玉裁《撰异》云:"炎炎,读以赡反。《左氏传》'人之所忌,其气炎以取之'(按见《庄公十四年》)。杜注引《书》'无若火始炎炎'。《释文》'炎,音艳'。正与《雒诰·释文》音艳同。炎音艳者,读为婫也。以《广韵》推之,陆法言《切韵》焗音以赡切,焰音以冉切。焰不音艳也。卫包因《释文》音艳,妄谓炎焰为古今字而改之。"按《左传·庄公十四年》"校勘记":"石经初刻焰作'炎',是也。改作'焰',大误。《释文》亦作'炎'。案《汉书》《五行志》《艺文志》引《传》文并作'其气炎以取之'。"《撰异》:"惠氏定宇曰:'当是《雒诰》亦作炎炎,故杜氏引以为证。'是也。"是《洛诰》此二字固当作"炎炎"。然汉时本亦作"庸庸"。《汉书·梅福传》福上书曰:"《书》曰'毋若火始庸庸',势陵于君,权隆于主,然后防之,亦亡及矣。"颜师古注:"庸庸,微小貌也。言火始微小,不早扑灭之,则至炽盛矣。"段《撰异》:"盖《今文

尚书》也。炎与庸双声。"

《释文》："'叙'绝句。马读叙字属下。"孙诒让《骈枝》指出伪孔以"厥攸灼叙"句与"宗以功"句，"弼丕视功载"句，"并失其读"，自当如马融读"叙"字属下句。又王国维《洛诰解》云："《立政》云'我其克灼知厥若'，《康王之诰》云'用奉恤厥若'，知'厥若'属上句读。"于省吾《新证》亦主此说。是此处当读为"无若火始炎炎，厥攸灼，叙弗其绝厥若"三句。王国维《与友人论诗书中成语书二》云："《洛诰》云'叙弗其绝厥若'，《立政》云'我其克灼知厥若'，《康王之诰》云'用奉恤厥若'。'厥若'亦当是成语，此等成语，无不有相沿之意义在，今日固无以知之，学者姑从盖阙可矣。"是我们对这一成语"厥若"只好阙疑了。

伪孔释云："言朋党败俗，所宜禁绝，无令若火始然，焱焱尚微，其所及灼然有秩序，不其绝，事从微至著，防之宜以初。""其所及灼然有秩序"，望文所释，至谓"灼然有秩序"甚浅陋。其主旨在"事从微至著，防之宜以初。"《蔡传》释为："言论功行赏徇私之害，其初甚微，其终至于不可遏绝。"意与伪孔相近，惟一言朋党，一言论功行赏徇私耳，无由明本句谛义。章炳麟《拾遗》云："自'予齐百工'起至'叙弗其绝'止，大致谓予摄录百工，使从王于镐京，因语百工以王当大祭记功改元。又为王预拟命百工语。次言百工到镐就王，王当率与同往新邑。君臣旅进，毋令前后递行，如火始炎顺序烧灼然，盖以助祭祀功不可失次故。"王国维《洛诰解》云："此周公承成王之意，使在宗周之百官，皆往新邑助王行祀礼也。"总之是说周公使百官从王于宗周，当由王率同一道前往新邑成周共同参加祭祀盛典。

⑫彝及抚事如——于省吾《新证》云:"伪《传》以'厥若彝及抚事如予'句,割裂支离,几于终古不可解矣。按'厥若'属上句读。'彝及抚事如',句。'予惟以在周工往新邑',句。'如'即'女'。周初'如'作女:《师𣄼尊》'王女七侯',即王如上侯。'如',往也。《㝬尊》'㝬从王女南','女南'即如南也。此'抚事如','如'应读汝。……《诗·烝民》传:'彝,常也。'《楚辞·怀沙》注:'抚,循也。'《荀子·性恶》注:'循,顺从也。'言常及顺事汝。"

⑬予惟以在周工往新邑伻向即有僚——段玉裁《撰异》"向"作"乡",释云:"乡,徐许亮反。作向者,卫包改也。"伪孔云:"惟用在周之百官,往行教化于新邑,当使臣子各向就有官。"《蔡传》则云:"惟用见在周官,勿参以私人往新人往新邑,使百工知上意向,各就有僚。"戴钧衡《补商》:"'惟',犹乃也。'以',使也。'嚮'本作向。'僚',官也。'有僚',犹有虞有夏之有,助词也。'伻向即有僚',依孔读五字句。《蔡传》作'伻向'二字句,训'使百工知上意向',非也。"王国维《洛诰解》:"'有',读为'友'。《酒诰》曰:'矧太史友、内史友。'《毛公鼎》曰:'及诸卿事寮,太史寮。'"于省吾《新证》:"'予惟以在周工往新邑',与上'予齐百工伻从王于周'句例同。……予惟以在宗周之百执事往洛邑也。'工'者百工之简称,犹《盘庚》之言'百执事',《立政》之言'百司'也。"

1570

⑭明作有功惇大成裕汝永有辞——伪孔云:"明为有功,厚大成宽裕之德,则汝长有叹誉之辞于后世。"《蔡传》云:"明白奋扬而赴功,惇厚博大以裕俗,则王之休闻亦永辞于后世矣。"二家所释义相近。朱骏声《便读》云:"'明',犹勉也。'裕',犹饶足也。'辞',词也,犹闻誉也。……惟以在周之旧臣从往新邑,使殷臣有所趋

向，就其僚友相与黾勉赴功，厚大以成饶裕，则汝亦终有誉于永世矣。"则提到了殷臣。王先谦《参正》云："言今王往新邑，惟使诸臣向就有官，思尽其职，显为有功，勿怠其事，惇厚广大以成宽裕之治，则汝永有闻誉之辞于后世矣。"此说较稳妥，亦与孔、蔡义近。

⑮公曰已汝惟冲子惟终——"已"，皮锡瑞《考证》云："今文'已'作'熙'。"未说明资料出处。王先谦《参正》云："已，以《大诰》例之，今文亦当为'熙'。"按《大诰》"已，予惟小子"句之"已"，王莽仿造《大诰》作"熙"。段玉裁《撰异》云："师古曰：'叹辞。'此《今文尚书》也。〔已、熙〕皆即今之'嘻'字。""冲子"，《召诰》与本篇同有此称，和金文同。亦作"小子"，见《汤誓》和周诰诸篇。《盘庚》篇则称"冲子"，《金縢》《大诰》亦作"冲人"。"冲"为"童"的假借。其释义见《盘庚》下篇校释，为古代王者自谦之词。

戴钧衡《补商》释此句云："此一节更端之语，公欲退老，将告王以御诸侯、辅民彝、法先德，先呼而责难之词也。"所谓"御诸侯"当指下文"敬识百辟"一小段，"辅民彝"当指下文"教汝于棐民彝"一小段，"法先德"当指下文"扬文武烈"一小段。皆在本节文字之内，故称此句为此一节更端之语。

伪孔释云："已乎！汝惟童子嗣父祖之位，惟当终其美业。"《蔡传》意亦相近云："周之王业文武始之，成王当终之也。"俞樾《平议》云："《君奭篇》'其终出于不祥'《释文》曰：'终，马本作崇。'盖终与崇声近义通。《诗·蝃蝀篇》'崇朝其雨'，毛传曰：'崇，终也。'是其证也。此文'惟终'当作'维崇'。'汝惟冲子，惟崇'与《召诰》'有王虽小，元子哉'文义正同。《礼记·祭统篇》'崇事宗庙社稷'郑注曰：'崇，犹尊也。'言汝虽冲幼，然汝位甚崇，故宜'敬

洛诰

1571

识百辟享’也。如枚《传》（指伪孔），则与下意不贯矣。"

⑯汝其敬识百辟享亦识其有不享享多仪仪不及物惟曰不享惟不役志于享凡民惟曰不享惟事其爽侮——《孟子·告子下》："《书》曰：'享多仪，仪不及物，曰不享。惟不役志于享'，为其不成享也。"《汉书·郊祀志》："谷永说上曰：'享多仪，仪不及物，惟曰不享。'"段玉裁《撰异》引此二段，以示汉代"曰不享"句上一无"惟"字，一有"惟"字。皮锡瑞《考证》增引《盐铁论·散不足篇》云："《书》曰：'享多仪，仪不及物，曰不享。'"以为"《孟子》与《盐铁论》引经皆无'惟'字，疑本无之。谷永引有'惟'字，或并下文'凡民惟曰不享'引之耳"，遂断言"今文'曰不享'上无'惟'字"。按皮氏此说，据江声《音疏》以《孟子》所云疑今本《尚书》"惟"是衍文之说。然陈乔枞《经说考》非之云："此恐不然，考《汉书·郊祀志》谷永引经亦作'惟曰不享'，与今本《尚书》同，则'惟'非衍文也。"

《孟子·告子下》赵岐注云："《尚书·雒诰篇》曰'享多仪'，言享见之礼多仪法也。'物'，事也。仪不及事，谓有阙也。故曰'不成享'。"《汉书·郊祀志》颜师古注云："言祭享之道，唯以絜诚，若多其容仪而不及礼物，则不为神所享也。"陈氏《经说考》云："古人谓献于上者曰享，谓献于神者亦曰享，皆取其絜诚以献之意也。"

伪孔就字面为释，略云："奉上谓之享。……奉上之道多威仪……人君惟不役志于奉上，则凡人化之不奉上……政事其差错侮慢。"《蔡传》释云："此御诸侯之道也。'百辟'，诸侯也。'享'，朝享也。'仪'，礼。'物'，币也。诸侯享上有诚有伪，惟君克敬者能识之。识其诚于享者，亦识其不诚于享者。享不在币而在于礼，币有余而礼不足，亦所谓不享也。诸侯惟不用志于享，则国人化之亦皆谓上不必享矣。举国无享上之诚,则政事安得不至于差爽僭侮、隳王度而为叛乱哉。"至朱骏声《便读》始据古注作出较明晰解释云:"'识',记也。'百辟',诸侯也。'享',献也,朝贡之礼也。'仪',义也,礼意也。'物',币也。'役',犹营也。'爽',差忒也。'侮',慢易也。言御诸侯之道,当察其诚与不诚,轻财而重礼也,币美则没礼。若礼意简略不诚,犹之不享。为其不营心于所享恭敬奉上也,下民效此皆不以真意相属,则凡事皆僭忒慢易无所不至矣。"

⑰乃惟孺子颁朕不暇听——《说文·攴部》:"攽,分也。从攴,分声。《周书》曰:'乃惟孺子攽。'亦读与彬同。"大徐音"布还切",则读与"颁"同。是此处读"乃惟孺子颁"一句,伪孔读为"乃惟孺子,颁朕不暇",误。

洛

诰

《孔疏》引郑玄注云:"成王之才,周公倍之犹未而言分者,诱掖之言也。"郑释此字为"分",知其本此字亦作"攽"。《说文》所据本段玉裁《撰异》以为壁中故书,实即据杜林、马、郑一派所说的壁中本。故同释为"分"。伪孔既误断句,字又易为"颁"字,故误释云:"我为政常若不暇,汝惟小子当分取我之不暇而行之。"(惟"颁"字仍与"攽"同义,为分。)《蔡传》始训颁为颁布义,其释云:"颁朕不暇,未详。或曰成王当颁布我汲汲不暇者。"江声《音疏》仍就原字义释云:"言政事繁多,孺子分其任,我有所不暇。"王树枏《商谊》释攽为分辨之意。孙诒让《骈枝》云:"案'颁',郑、孔皆训为分,是也。而释义则并未确。此当读如《周礼·大宰》'匪颁'之'颁'(《说文·攴部》引"颁"作"攽",分也。音义亦略同)。言王以恩惠颁赐群臣,使记其功也。'朕不暇听'句,言我不暇听王记功之命,即不敢受命之意。"以孙氏释为明晰近理。

⑱朕教汝于棐民彝——孙诒让《骈枝》云："'棐民彝'，谓民之匪彝。《召诰》云：'其惟王勿以小民淫用非彝。'棐、匪、非，并同。犹《吕刑》云'率乂于民棐彝'。言我教戒汝以小民不法之事。此句为下'汝乃是不蘉'二句发端。孔以'乃惟孺子，颁朕不暇'为句，'听朕教汝于棐民彝'为句，咸不成文义。郑谓'诱掖之言分'，亦未得其旨。"

⑲汝乃是不蘉——《孔疏》："蘉之为勉，相传训也。郑王皆以为勉。"《释文》："马云：勉也。"伪孔："汝乃是不勉。"钱大昕《养新录》："孔、马、郑皆训'蘉'为勉，而《说文》无此字，经典亦止一见，更无他证。予考《释诂》：'孟，勉也。'郭注云：'未闻。'古读'孟'如'芒'。《战国策》有'芒卯'，《淮南子》作'孟卯'，是孟、芒同音。《庄子》'孟浪之言'，徐仙民音武党、武葬二切，即芒之上、去音也。《释文》：'蘉，莫刚反。'盖马郑旧音，而同训勉，则'蘉'即'孟'审矣。蘉从侵无义，疑即'寢'字，'孟'、'梦'音相近，皆黾勉之转声，隶变讹为'蘉'耳。"孙诒让《骈枝》："蘉字讹俗，字书所无。庄葆琛谓即癕字之讹（《说文·癕部》："癕，病卧也。从癕省、夐省声。"）《释文》引徐邈音莫刚反，又武刚反，与癕字音七荏反不合。癕亦不得有勉训。钱竹汀……其说是也。……此当本为'寢'字，后讹为癕，又讹为蘉，郑训勉（《释文》云：马王同），即是癕、孟音转。汉时本不作蘉也。傥汉时经本已作蘉，则是不体之字。马郑必先正其字，云'蘉当为癕'，而后训为勉。今不见有此文，足明其非。大抵此字讹于魏晋以后，故徐邈作音亦不能辨其是非也。"

⑳乃时惟不永哉——伪孔释云："汝乃是不勉为政，汝是惟不可长哉。"《蔡传》："汝于是而不勉焉，则民彝泯乱，而非所以长久之

道矣。"朱骏声《便读》:"汝若不于是黾勉以图,乃不能长治久安也。"所释义皆相近。

㉑笃叙乃正父罔不若予不敢废乃命——伪孔云:"厚次序汝正父之道而行之,无不顺我所为,则天下不敢弃汝命。"未释明"正父"。《孔疏》:"正父谓武王。言其德正,故称正父。"《蔡传》亦云:"正父,武王也。犹今称'先正'云。……言笃叙武王之道无不如我,则人不敢废汝之命矣。"皆以"正父"为武王,无据。当如孙星衍《注疏》所释:"笃者,《释诂》云:'厚也。'叙者,《释诂》云:'顺,叙也。'叙亦为顺。正者,政人。父者,《说文》云:'家长率教者。'是父为长也。《诗》传云:'天子谓同姓诸侯,诸侯谓同姓大夫,皆曰"父"。'伪孔(当云《孔疏》)以正父为武王,不通古义。此戒成王以厚顺乃正长无不如我正长之官,则诸臣亦不敢废弃汝教令。"王国维《洛诰解》亦云:"正、父,皆官之长也。《酒诰》云'庶士有正',又曰'有正有事',又曰'矧惟若畴圻父、薄违农父、若保宏父,定辟'。"以《尚书》早期篇章之资料阐明正、父为官之长,足为孙氏说佐证。

㉒兹予其明农哉彼裕我民无远用戾——"明农",旧皆释为周公要退休。如伪孔云:"我其退老,明教农人以义哉。"《蔡传》:"我其退休田野,惟明农事,盖公有归老之志矣。"都是就"明农"二字寻义,说成"明教农人"、"惟明农事",就是周公要退休。《孔疏》则引《尚书大传》"大夫七十致仕退老归乡里"的一段规定,说:"周公致仕当为上老,故曰明农。"戴钧衡《补商》遂誉为:"明农,《孔疏》引《大传》以证退老之义,甚确。"孙星衍《注疏》亦谓《大传》此文,是"大学小学造士之法,周公致仕则为上老称父师,故欲明农"。皮锡

瑞虽亦同意退休之意，但不同意《大传》之说。其《考证》云："《大传》所称父师、少师，乃大夫士之事，非周公所当归也。……公即致政，岂得归乡里坐门塾（此《大传》语）为大夫士之事哉。"王夫之尽摒此说，提出正解，其《稗疏》云："明农者，经理疆洫之事。'彼'者，对'此'之称。时方戒遣百工以迎王，则谓迎王为此事，明农为彼事也。'无'，犹弗也。言弗能远至于丰也。公又明其不能亲往迎王之故，因百工以建于王曰：'予以雒邑初定，民事未修，欲乘丕作之余力明饬其沟洫井疆。'盖明农者所以裕我王之民，是以不能远至于周京而任汝扈从焉。"除谓周公不能至丰迎王这点不确外，其关于"明农"的解释是合于原意的。

㉓公明保予冲子——伪孔释云："言公当明安我童子，不可去之。"《蔡传》云："明，显明之也。保，保佑之也。言周公明保成王。"孙星衍《注疏》云："明者，王氏念孙云：'《释训》云："亹亹，勉也。"郑注《礼器》云："亹亹，犹勉勉也。"《诗·江汉》云："明明天子，令闻不已。"犹云"亹亹文王，令闻不已"也。'保者，《诗》传云：'安也。'"戴钧衡《补商》："'明'，勉。'保'，辅。"释此句云："公勉辅我冲子。"这些经师们的解释基本相近。按，成王时金文中有周公之子明保。如《令方彝》："王令周公子明保尹三事、四方，受卿事寮。"《作册𩰫卣》："唯明保殷成周年。"以及《明公簋》言受命伐东国等。是周公在世时他的这个儿子已膺重任，担任政府机构（卿事寮）的首长，主持东都成周的殷祭大典等等。那么金文中所反映的周公之子明保，必在当时现实生活中亦常被提及，则在成王口中可能是连举三人："公、明保、予冲子。"只是在现存本篇文中与上下文不协，就只能由经师们作出以上解释，以"明保"为动词（保为动词、

明为副词)而不作为人名。但安知原文中没有有关文句,使"明保"在此能作为人名呢? 现只能作为问题提出,尚有待确论。于省吾《新证》则云:"《多方》'大不克明保享于民',《诗·访落》'以保明其身'。保明即明保。《矢彝》(按即《令彝》)及《矢尊》均有'王命周公子明保'之语,是明保乃周人语例。"释之为周人成语,则暂可作为解通此词的一说。

㉔公称丕显德以予小子扬文武烈奉答天命和恒四方民居师——《大传》作"其《书》曰:'扬文武之德烈,奉对天命,和恒万邦四方民。'"王先谦《参正》:"答作对者,答对双声字。《诗·雨无正》'听言则答',《汉书·贾山传》作'听言则对',可证答对通用。《诗》笺:'对,配也。'《易·象传》:'恒,久也。'言上以奉配天命,下以和恒万邦四方之民,安居其众。"按伪孔释"居师"为"居处其众"。《尔雅·释诂》:"师,众也。"朱熹则释:"居师,营洛邑定民居也。"朱骏声《便读》:"此以下王答公诲言及留之词也。……称,举也。……烈,光也。答当作苔,合也,应也。……言公黾勉保安我冲子,举其显德,代予续扬文武之光业,应奉天命,和怿以久有四方之民,故营此洛邑以为京师也。"

㉕惇宗将礼称秩元祀咸秩无文——伪孔释为"厚尊大礼,举秩大祀"。戴钧衡《补商》:"'宗'读曰崇(《牧誓》"是崇是长",《汉书·谷永传》作"是宗是长"),'无文',无紊也(见上校释②)。……王言今将惇崇大礼,举秩元祀,咸以秩序,无有紊乱。"朱骏声《便读》:"惇,厚也,'宗',崇也。'将',奘也,大也。'称',再也,举也。'秩',犹叙也,次第也。言公所诲肇称殷礼祀于新邑,敬当厚崇大典,举叙首祀。……此答公'记功宗以功作元祀'之言也。"

㉖惟公德明光于上下勤施于四方旁作穆穆迓衡不迷——江声《音疏》云："'旁'，溥也（见《说文·宀部》）。'穆穆'，美也（见《尔雅·释诂》）。称上曰'衡'（见《文选·六代论》注引郑玄《尚书注》）。衡所以取平也。法度之器以谕政柄云。言公之德光于天地，施于四方，溥为穆穆之美化，操御平天下之衡，不有迷错。"江氏并改"迓"为"御"，释云："'御'字音读有同'讶'者，伪孔氏解此为迎，唐开元时遂于《正义》本改'御'为俗'讶'字。《释文》云：'马、郑、王皆音鱼据反。'则马、郑、王本皆作'御'矣。案汉献帝禅位诏引作'御衡不迷'，则作'御'为是。'御衡不迷'四字作一句读。"戴钧衡《补商》云："'迓'本作'御'。经传'御'、'讶'多通用。'迓'又'讶'之俗体。经盖本读'御衡'，孔传读'讶'，遂改耳。江取汉诏读'御衡不迷'句，是也。"江氏稍后段氏《撰异》云："《释文》：'御，五驾反。马郑王皆音鱼据反。'玉裁按：此字本作'御'，伪孔《传》训'迎'，则读为'讶'，故陆云'五驾反'也。马郑王皆训'八枋驭群臣'之'驭'读如字，故陆云'鱼据反'也。卫包依孔训改字作'迓'，而《释文》故作'御'。"章炳麟《拾遗》云："御衡不迷，'御'字依段据《释文》订正。'御'从午声。午者，啎也。古字以御为讶。讶，逆也，逆亦言啎也。'衡'与横同。《大戴记·卫将军父子篇》：'有道顺君，无道横命。'《管晏列传》作'衡命'。'御衡不迷'，言遭横啎而心不断，如《诗·狼跋》所咏是也。……旧说御衡不迷，以驭车喻执政，正言譬喻，错杂而出，与说烈风雷雨为事众多者何异？"（"以驭车喻执政"之说，见朱骏声《便读》引古注，未详出处。）

按，"御"之从"午"，今由甲骨文证知甚确。甲骨文中御字作𝟴等形，隶定作"邻"。罗振玉《殷虚书契增订考释》云："𝟴与午字同形，殆象马策，人持策于道中，是御也。"闻宥《殷虚文字孳乳研究》（《东方杂志》25卷3号）云："ᠷ不象马策形，ᠷ与ᠷ体离析，亦无持意。此'午'实为声，'ᠷ'象人跪而迎迓形。'ᠷ'，道也。迎迓于道是为御。《诗》：'百两御之。'笺曰：'御，迎也。'迎则客止，客止则有饮御之事，故又训进、训传。……卜辞之御字，为祭之专名，孳乳为御。""其训'迓'者为朔谊，他训为后起谊。"王贵民《说邟史》（载《甲骨探史录》）指出甲骨文中邟字有三种用法：祭祀、征伐、构成"邟史"词组，皆由迎迓引申得义。今考《盘庚》《牧誓》《洛诰》《顾命》诸篇，唐以前本皆有"御"字，伪孔即释为"迎也"。天宝以后传本皆改作"迓"字，依段玉裁说，为卫包据伪孔训义所误改。卫包只知伪孔义，这可能是事实。但伪孔之训似有所据，如《穀梁传·成公元年》有"使眇者御眇者，使跛者御跛者"之文，《公羊传·成公二年》则作"使跛者迓跛者，使眇者迓眇者"。是知古籍中御字有迎迓义，常与迓字同用。"迎"亦即"逆"。则章炳麟释"御"从午声，谓"午"者逆也，实只得其朔义。章氏不习甲骨，而有此见，亦可贵。

㉗文武勤教予冲子夙夜毖祀——戴钧衡《补商》云："以文武之道勤教我，故我冲子得为社稷宗庙主，夙夜慎所祀也。向非公德如是，予亦安能毖祀乎。"朱骏声《便读》云："'文武'，有文治武功，如《诗》云'文武吉甫，万邦是宪'也。'毖'，慎也。言公德光于天地，布于四方，溥为穆穆之美化，如御车之不迷于路，有文有武以勤教于予，予冲子安受其成，惟早晚慎其祭祀而已。犹曰'政须由公，祭则小子'也。"按，此语由苏轼《书传》首倡，脱胎于《左传·襄公二十六年》卫献公与权臣宁喜相约"政由宁氏，祀则寡人"，是无可奈

何之语,套用于此作为周成王对周公之语是非常不恰当的。去此语则《便读》之意尚通。《补商》之语较简亦可通。

㉘公功棐迪笃罔不若时——孙诒让《骈枝》云:"孔《传》云:'公之功辅道我已厚矣,天下无不顺而是公之功。'案此当读'公功棐迪'句,'棐'亦当为匪之假借(详《大诰》)。'迪'当训为'图',言周公之功我未及图之(《左·僖二十八传》云"劳之不图,报于何有")。信无不如是也(《左·文元年传》云"予嘉乃德,曰笃不忘"。此义与彼略同)。迪从由声,古字与猷通(《尔雅·释诂》云"迪,道也";《释宫》云"猷,道也")。《尔雅·释言》云:'猷,图也。'此犹《康诰》云:'矧今民罔迪不适,不迪则罔政在厥邦。''棐迪',犹言'不迪'、'罔迪'也。'笃',义与'信'同(《尔雅·释诂》:'笃,固也,厚也。'信即固厚引申之义)。'笃罔不若时',与《君奭》'笃棐时二人'义亦可互证。"此孙氏之释主旨在说,成王以为周公之功我尚未及图之,其功真当如是。"如是"指如以上所称者。

按戴钧衡《补商》于此处先录朱熹之说云:"朱子曰:'公之功辅导我已厚矣,无不若是以上所称也。'"是笃字仍应连上句读。而后《补商》申述之云:"案《传》(指《蔡传》)言:'公之功辅我启我者厚矣。常当如是,未可以去。'义甚明晰。今取朱子之说,作王咏叹公之功德,以了上二节之意,下文乃王将往洛,命公同往,坚留不许退老之词。"

㉙王曰公予小子其退即辟于周命公后——朱骏声《便读》:"或曰:'此节当在"王入太室裸"之下,错简于此。'存参。"顾刚师案曰:"上文周公言'汝往敬哉',下文成王言'公定,予往'。是成王此时尚在镐京,何能言'予小子其退,即辟于周'乎!朱氏所引或说

极是,惜未知其为何人之语耳。"按,戴钧衡《补商》已有类此之说,其言云:"《传》(《蔡传》)以'周'为镐京,以'命公后'为留公治洛。考是说始于史丞相浩,朱子尝称之。……信如是言,则是时王与公均已在洛。上文无一至洛之语及居洛之事,不应此忽记王将归镐之言。况后文'王在新邑烝祭岁',是王初至洛行祭,确证不得此时王已至洛旋归镐又来洛也。"此说是正确的。

关于此数句文义的解释,《尔雅·释诂》:"辟,君也。"《孔疏》引王肃云:"成王前春亦俱至洛邑,是顾无事,既会而还宗周,周公往营成周,还来致政成王也。"这是说明此数句的历史背景。伪孔释此数句文义为成王所说,其意为:"我小子退坐之后,便就君于周,命立公后,公当留佐我。"这是根据郑玄关于"留公后"的注解来的。郑玄注云:"告神以周公其宜立为后者,谓将封伯禽也。"《孔疏》承之,其释经文云:"王呼周公曰:'我小子其退此坐,就为君于周。谓顺公之言,行天子之政于洛邑也。至洛邑当命公后,立公之世子为国君,公当留辅我也。'"其释伪孔文云:"退者,退朝也。周公于时令成王坐王位而以政归之,成王顺周公言受其政也。言我小子退坐之后,便就君位于周。周,洛邑。……古者臣有大功,必封为国君。今周公将欲退老,故命立公后,使公子伯禽为国君,公当留佐我。"至宋史浩《尚书讲义》始云:"成王既归,命周公在后,看'公定予往已'一言,便见得是周公旦在后之意。"朱熹称许此语,《蔡传》遂全承其意云:"此下成王留周公治洛也。成王言我退,即居于周(宗周,即镐京),命公留后治洛(成周)。……谓之后者,先成王之辞,犹后世留守留后之义。先儒谓封伯禽以为鲁后者,非是。"清戴钧衡《补商》云:"'退',去也(据《礼·檀弓》"君退"注、

《仪礼·乡饮酒礼》"主人退"注),犹言往也。'予小子其退即辟于周'九字句。'命公后'……盖读若'命彼后车'之后,言予小子其去就君位于洛邑(言洛邑,误),命公随我同往也。"对此数语,自以宋人之说正确,清人从此说者亦确。虽字训略异,不害其文义之确。

㉚四方迪乱未定于宗礼亦未克敉公功——《汉书·叙传》注:"迪,至也。"《尔雅·释诂》:"迪,进也。""乱,治也。"王国维《洛诰解》云:"'宗礼',谓'记功宗,作元祀'之礼。时虽行宗礼,四方尚有未服者,故命公留新邑以镇之也。'敉'之言弥,终也。《大诰》曰:'敉宁武图功。'又曰:'肆予曷敢不越卬敉宁王大命。'《立政》曰:'亦越武王率惟敉功。'敉皆谓终。四方迪乱,是公功未终。明公未可去也。"

㉛迪将其后监我士师工诞保文武受民——《蔡传》云:"将,大也。"释"迪,将其后"为"启大其后"。伪孔释"诞保文武受民"为大安文武所受之民。是训"诞"为大,训"保"为安。王国维《洛诰解》:"士、师、工,皆官也。受民谓所受于天之民。《立政》曰:'相我受民。'又曰:'以乂我受民。'《盂鼎》曰:'粤我其劢相先王受民受疆土。'"于省吾《新证》:"伪《传》云:'监笃我政事众官委任之言。'王先谦云:'监临我治事之众官。'按,'士'谓卿士,'师'谓师尹,亦曰师师,亦曰师长。'工'谓百工,亦曰百执事。简称士、师、工。《皋陶谟》'百僚师师百工',《盘庚》'邦伯师长百执事',《洪范》'卿士惟月,师尹惟日',《㝨叔多父盘》'使利于辟王卿事师尹倗友',可互证。"此无异为王国维之说举了详证。

㉜乱为四辅——伪孔释云:"治之,为我四维之辅。"《孔疏》云:"维者,为之纲纪,犹如用绳维持之。《文王世子》云:'设四辅。'谓

设众官为四方辅助。周公一人事无不统,故一人为四辅。《管子》云:'四维不张,国乃灭亡。'《传》取《管子》之意,故言'四维之辅'也。"《蔡传》:"治为宗周之四辅也。汉三辅盖本诸此。"是汉、宋两学皆避不释四辅为《文王世子》之师、保、疑、丞四辅,也不释为《汉书·谷永传》言成王之"四辅"师古注为辅、弼、疑、丞四者,而辅、弼、疑、丞实为《尚书大传》之"四邻'。陈师凯《旁通》云:"汉三辅,京兆、冯翊、扶风三郡也。案《王制》(当作《文王世子》)曰:'设四辅及三公。'四辅:左辅、右弼、前疑、后丞也。蔡不据此者,以成周未尝设四辅官,时公旦任太师,在三公列,不闻为四辅,故止引汉三辅为比。周家非有三郡,将以王城镐京为邻辅。"章炳麟《拾遗》:"《尚书》'乱'字不皆训治。《诗》卒章称'乱',乱犹言终也。此成王留周公之辞,周公先已兼四辅(此据经师说,显不足据),故欲其终为四辅也。"章氏释"乱"之义可能适合于此,其释"四辅"未言明所指,显据一般之师保疑丞四辅,其实此处以释为四方之辅、四维之辅为妥。

㉝王曰公定予往已公功肃将祗欢——于省吾《新证》:"伪《传》云:'公留以安定我,我从公言,往至洛邑,已矣,公功已进大,天下咸敬乐公功。'按伪《传》说鹘突已极。'已'即祀。《易·损》'初九':'已事遄往。'《释文》:'已,虞作祀。'甲骨文'祀'间作'已'。'已公功'者,祀公功也,祭祀以公功告庙也。祭祀以公功告庙而曰'祀公功'者,亦犹《武成》佚文'祀馘于周庙',谓祭祀献馘于周庙也。'欢',本应作'蘿',即'灌'。《尔雅·释训·释文》:'灌,本作欢(懽)。'《高彪碑》'灌'作'蘿'。是蘿、灌、欢通用之证。《诗·文王》传:'裸,灌鬯也。'《说文》:'灌,祭也。'《礼器》

'灌用郁鬯'注：'灌，献也。'《论语·八佾》'禘自既灌而往者'皇疏：'灌者，献也。'《尔雅·释诂》：'定，止也。''祗，敬也。'《说文》：'肃，持事振敬也。'《诗》笺：'将，奉也。'上言'予小子其退即辟于周，命公后'，又言'未定于宗礼'，又言'监我士师工'，盖王意使周公留守于洛，而己则往祭于镐也。故王曰：'公其留止，予往祀以公功告庙，谨恪将事，敬恭灌礼。'盖'肃将祗灌'必指祭祀为言，则上下之义自一贯矣。"

㉞公无困哉我——伪孔云："公必留，无去以困我哉。"则其本似原作"困我哉"。段玉裁《撰异》："《汉书·元后传》：'上报凤曰："《书》不云乎，'公毋困我'。"'《杜钦传》：'钦说王凤曰：《书》称'公毋困我'。"'刘昭《祭祀志》注：'《东观书》曰："章帝赐东平宪王苍书曰：'宜勿隐，思有所承，公无困我。'"'按此皆用《今文尚书》也。《周书·祭公解》：'王曰："公无困我哉。"'兼有'我哉'二字。疑《古文尚书》无'我'字，语意不完。古'我'、'戈'二字相似易讹，如《说文》'浅'字误为'浅'，是其证也。"俞樾《平议》："按经文'哉'、'我'二字传写误倒。……《周书·祭公篇》亦曰'公无困我哉'。又与此同，可证也。《汉书》《元后传》《杜钦传》引作'公无困我，其无哉字者，以语辞故省之耳。……后人但疑'哉'字为'我'字之误，而不知'哉我'二字之误倒，则其所见犹未尽得矣。"

㉟惟无致其康事公勿替刑四方其世享——朱骏声《便读》云："'致'，懈也。'康'，赓也，安也。'替'，废也。'刑'，邢也，法也。'享'，犹受也。言公其留止于洛……今欲去我，是困我也。我惟无怠其安国之事，公亦勿废公之法而使我无所则效，则四方亦倚赖之，其世世受公之德矣。"章炳麟《拾遗》云："'康'读为'庚'。《绛

书》：‘庚者，言阴气更万物。’《律历志》：‘敛更于庚。’《说文》：‘庸从用、庚。’庚，更事也。此庚事即更事也。前已自承‘即辟’，故言‘更事’、‘无教’。更事，即更习吏事。不言‘莅政’言‘更事’者，谦也。次言‘公勿替刑’，仍欲公为仪刑，则自处于学习之地。"自以章说较确。

以上这一节，是全篇的主要一大节，主要是谈"以功作元祀"的问题，这是周公与成王在本篇中第二次往返告答之辞。全节分七段，前四段皆周公对成王所讲，后三段为成王答语。第一段是周公欲于洛邑既成之后举行大祀，特还镐拟以百官从王至成周以备行祀礼。此时周公转述成王之言要周公即以功在洛举行，且定功赏。第二段是周公请成王带领百官到新邑洛举行大祀。第三段是周公告成王如何审察诸侯来享之诚心与否，第四段是周公劝成王敬事，并言已将明农。第五段是成王称颂周公之德及以文武之德勤教，使自己能慎举大祀，全出公之德。第六段是成王要周公定宗礼，监领百官，保文武受民。第七段是成王欲以周公功告庙，自己莅政后欲效法周公仪型。整节文字是围绕周公还镐请成王至洛因作洛完功举行元祀这一主题的往返告答之语，见出周公对成王的关怀与成王对周公的感谢之谊。文中周公表示要专力忙于新领土上的农事建设主要如农田水利等（按周族自定居岐周以来即专重农事，成为具有氏族特色的优良传统），示意一应大政由成王肩负起来；成王则表示少不了周公的辅助，坚请他"监我士师工，诞保文武受民"，继续为国家四方之辅。

周公拜手稽首曰："王命予来，承保乃文祖受

命民,越乃光烈考武王弘朕(一说当作俟)①。恭孺子来相宅,其大惇典殷献民②,乱为四方新辟,作周恭先③。曰其自时中乂,万邦咸休,惟王有成绩④。予旦以多子越御事笃前人成烈,荅其师,作周孚先⑤。考朕昭子刑,乃单文祖德⑥。

"伻来毖殷⑦,乃命宁予,以秬鬯二卣,曰:'明禋,拜手稽首休享⑧。'予不敢宿,则禋于文王武王⑨;'惠笃叙,无有遘自疾,万年猒于乃德,殷乃引考⑩。'王伻殷,乃承叙,万年其永观朕子怀德⑪。"

①王命予来承保乃文祖受命民越乃光烈考武王弘朕——《蔡传》:"此下,周公许成王留等事(即监我士师工、保文武民,为大政之辅等)也。'来'者,来洛邑也。'承保乃文祖受命民及光烈考武王'者,答'诞保文武受民'之言也。""越",与也。见《大诰》"越"校释。孙星衍《注疏》云:"庄氏宝琛曰:'朕,当作"训",《说文》(《人部》)"俟",古文以为"训"字。盖《尚书》本作"俟",后改为"朕"。案《大传》有云:"以扬武王之大训。"'庄氏说是也。"刘逢禄《集解》引庄氏说并云:"下'考朕'、'观朕'同。"

②恭孺子来相宅其大惇典殷献民——段玉裁《撰异》云:"孔以'奉'训'共',其字本不作'恭',卫包乃改之也。"此言欲奉武王来洛邑相宅。于省吾《新证》:"伪《传》云:'其大厚行典常于殷贤人。'《蔡传》训'典'为典章,吴挚甫训'惇典'为镇抚,马通伯训'典'为礼。按伪《传》训'惇'为'厚'自是通诂,金文作'臺',即敦

字。惟'典'字从无确训。《孟子》'不足以守宗庙之典籍'注:'典籍,谓先祖常籍,法度之文也。'《左传》'数典忘祖'(见《昭公十五年》),《弓镈》'簴其先旧'。简册以竹为之,故典亦作簴。'典其先旧'者,谓册录其先旧也。盖'典'为简册,易为动词,犹言册录。《克盨》:'王命尹氏友史趞典善夫克田人。'言册录其田人也。尹氏、友史,均掌册籍之官,有所锡则必册录之也。'其大惇典殷献民'者,'大'训语词,言其厚录殷之贤人也。……'册录',犹今人言'录用',用之必先录之也。"

③乱为四方新辟作周恭先——章炳麟《拾遗》:"《鲁语》韦《解》:'凡作篇章,篇义既成,撮其大要为乱辞。'……'乱为四方新辟',言撮举大要为四方新法也。"又云:"《秋官·大司寇》注:'典,法也。'《释诂》:'辟,法也。''恭'、'共'字《石经》古文皆作'龏',此正当为'共'。《诗·商颂》'受小共大共',《书序》'九共',毛、马皆云:'共,法也。'先惇法于殷献民,次乃摄要为四方新法……周之法自此始遍行于邦国,故曰'作周共先'。"

④曰其自时中乂万邦咸休惟王有成绩——伪孔云:"曰其当用是土中(指洛邑)为治,万国皆被美德,如此惟王乃有成功。"《蔡传》释义亦相近云:"自是宅中(亦指洛邑,宅,居也)图治,万邦咸底休美,则王其有成绩矣。"

⑤予旦以多子越御事笃前人成烈答其师作周孚先——章炳麟《拾遗》:"营雒本武王意,故曰'笃前人成烈'。凡'答'字古皆借为'合'。合其众者,《康诰》所谓'周公初基作新大邑于东国雒,四方民大和会',《召诰》所谓'厥既命殷庶,庶殷丕作'是也。'周孚'者,周郛也。《逸周书·作雒解》:'周公将致政,乃作大邑(此指王

1587

城)、成周于土中。城方千七百二十丈(《考工记》"匠人营国方九里七百"作"六百"乃合),郭方七十里。南系于雒水,北因于郏山,以为天下之大凑。'据此,'城'专指王城,'郭'则包络王城、成周悉在其中。此地中建国之始,故曰'作周郭先',然则周郭与周法并举者,不敩周法则纪纲不一,不营周郭则天保不定,故两大之。"

⑥考朕昭子刑乃单文祖德——于省吾《新证》:"伪《传》训为'我所成明子法,乃尽文祖之德'(按,是训"单"为尽)。《蔡传》训'昭子犹所谓明辟'。非是(唯训"单"为殚,亦谓殚尽)。按'考朕'乃'朕考'之倒文。(古人书每有倒文,如《逸周书·时训篇》"下臣骄慢",《太平御览》引作"臣下骄慢"。《王会篇》"蛮杨之翟",王念孙谓"蛮杨"应作"杨蛮"。……此例不可胜列。)凡金文通例,'朕'训'我之'。'朕考',周公自言,谓文王也。'文祖',谓成王之文祖,亦文王也。'昭',示也。言我之考昭示子以仪型,汝须克尽文祖之德也。"

⑦伻来毖殷——"毖",慎也,见上一节"毖祀"校释。章炳麟《拾遗》:"殷礼者,殷祭也。……篇中言'毖祀',言'毖殷',其义一也。"已见上一节"王肇称殷礼"校释。

⑧乃命宁予以秬鬯二卣曰明禋拜手稽首休享——朱骏声《便读》:"宁,安也。秬,黑黍也,一稃二米。鬯者,酿秬为酒也。卣即酉字,中尊也,承鬯之尊也。禋,絜祀也;精意以享曰禋。拜手稽首者,为文王、武王,非为公也。休,喜也,美也。享,祭献也。言王不欲自来而使人来殷慰劳,乃命我安处于洛,以秬鬯二卣代王禋祀文武,告成洛邑,而自拜手稽首,遥奉此美享也。盖王欲不来而使公摄己之祭,公述其事如此也。"王国维《洛诰解》:"宁,安也。《诗》

曰'归宁父母',《孟爵》曰'惟王初□于成周,王命孟宁邓伯',是上下相存问通称宁也。王以秬鬯宁周公,周公,尊也。公嘉王赐,故禋于文王武王。精意以享曰禋。'明禋'以下八字,亦周公述成王之言。"

⑨予不敢宿则禋于文王武王——朱骏声《便读》:"'宿',经宿也。公以王不来洛,命己摄察,不敢宿君命,即禋于文、武;而所谓'咸秩无文'者,则仍欲俟王之来,再举其礼也。"

⑩惠笃叙无有遘自疾万年猒于乃德殷乃引考——朱骏声《便读》:"此祭之祝词也。'惠',顺也。'笃',笃厚。'叙',次第也。'遘',遇也。'疾',病也。'猒',饱也。'引',长。'考',成也。祝成王顺厚叙文武之道,身其康强,子子孙孙皆食其德,则殷之天下长成为周之天下,而文武在天之灵亦慰也。""猒"同"厌"。于省吾《新证》:"伪《传》云:'殷乃长成为周。'孙星衍云:'则殷其延长有成也。'并非。按'引'乃'弘'之讹。金文'弘'作引,与'引'相似,汉人误认。'考'读'孝'。……《毛公旅鼎》'亦弘唯孝',是'弘孝'为周人成语。"朱氏之说大都据古注,虽未标明出处,然大都引据较可通之说,如"此祭之祝词"一语即据《蔡传》,"殷长成为周"即据伪孔。于氏据金文获知"弘孝"为周成语,然未释此数语原意,似仍须用朱说。

⑪王伻殷乃承叙万年其永观朕子怀德——朱骏声《便读》:"此复诏王来洛之词也。言禋于文武之命虽已代摄,然举祀发政之始必王亲自来,使殷民见之,乃奉行有次第,将自是至于万年,其长观法我孺子而怀其德矣。"此译"朕子"为"我孺子",与王国维《洛诰解》释为"朕子,谓成王",语意全同。

以上这一节,载周公奉命到洛,营洛图治,成王使人存问周公。这是周公与成王在本篇中的第三次往返告答的活动。全节分两段,第一段周公自述与成王承前人成烈及弘训,在洛录用殷人,摄举治殷之法要点为治四方新法,并营洛成为新大邑,以镇抚东方,成此两大勋业以克尽文王之德。第二段成王使人以秬鬯慰劳周公,周公以秬鬯祼祀文王武王,祝祷成王厚叙文武之道,其身康强,子孙万年承其德,长有天下,而后复促请成王来洛举祀发政。

戊辰,王在新邑,烝祭岁,文王骍牛一,武王骍牛一①。王命作册逸祝册②,惟告周公其后③。王宾,杀禋、咸格④。王入太室祼⑤。

〔王曰:"公,予小子其退,即辟于周,命公后。"〕⑥

王命周公后,作册逸诰⑦。在十有二月⑧。惟周公诞保文武受命,惟七年⑨。

①戊辰王在新邑烝祭岁文王骍牛一武王骍牛一——"戊辰",伪孔云:"成王既受周公诰,遂就居洛邑,以十二月戊辰晦到。"《孔疏》:"成王既受诰,王即东行赴洛邑,其年十二月晦戊辰时,王在新邑。……此岁入戊午蔀五十六年,三月云丙午朏,以算术计之,三月甲辰朔大……十二月己亥朔大,计十二月三十日戊辰晦。"王国维《洛诰解》云:"戊辰,是岁十二月之晦也。"亦肯定此说之正确。经师中有不同之说者(如郑玄),皆误。朱骏声《便读》:"此以下成王从公之请而至洛也。……冬祭曰烝,'烝祭岁'者,烝为岁举之祭,王在东都行之,不再于西都祭也。'骍',当作䄡,堪也,犹赤

也。……言王至于洛，行周正冬季烝祭之礼，又别杀骍牛二，特祭文武于文王之庙。周尚赤，故用骍。"

裴锡圭先生《古代文史研究新探》第 52 页有云："岁也是卜辞常见的祭名，如'丙辰卜，岁于祖己牛'。《洛诰》岁字也应与卜辞同义，旧注解此字亦误（参看郭沫若《两周金文辞大系》毛公鼎考释）。"按郭老先引到吴闿生《吉金文录》第一器"用岁用政"句，并释云："岁，祭岁也。政即征字，所谓'国之大事，在祭与戎'也。《洛诰》有'烝祭岁'之文……《周书·作雒解》'武王既归，成岁'……足见祭岁为古之大政也。"郭沫若《毛公鼎考释》云："'用岁用政'政读为征无可疑，岁字旧多异说。近时吴闿生解为祭岁，最为得之。今按岁祭之名卜辞多见，《墨子·明鬼篇》引古语云：'吉日丁卯，用伐祀社方，岁于祖若考，以延年寿。'……岁字正用为动词。"是知此处的"烝"为冬祭（见《尔雅·释天·祭名》），"岁"为岁祭，都是祭名。

②王命作册逸祝册——"册"，《汉书·律历志》引《洛诰》本句作"策"。下文"册"字亦作"策"。王国维《洛诰解》："'作册'，官名。'逸'，人名。《顾命》：'命作册度。'《毕命·序》：'康王命作册毕分居里成周郊。'彝器多称'作册某'，或云'作册内史某'，或但云'内史某'。其长云'作册尹'，亦'内史尹'，亦单称'尹氏'，皆掌册命臣工之事。此云'作册逸'，犹他书云'史佚'、'尹佚'矣。'祝册'，犹《金縢》言'册祝'。"按，"作册"之为官名，甲骨文中数见（《缀合》268、《京津》703 等），原字作"乍册"。周代沿用，屡见于西周金文中。孙诒让《古籀拾遗》（下第 7 页）、《周礼正义》卷五十二"内史"下指出作册即内史官。王国维《释史》（《观堂集林》六）

则谓史官周初谓之作册,其长谓之尹氏(参看其《书作册诗尹氏说》,载《观堂别集》)。陈梦家《殷虚卜辞综述》第 518 页则对殷代作册作了叙述,并谓发展至西周由作册而作册内史、而作册尹,到西周晚期为尹氏。

"祝、册"是并立的两个词,是宗教活动中告神的两个方式。《殷契粹编》第一片有"惠册用"与"惠高祖夔祝于册"之文,郭老释云:"惠册用和惠祝用为对贞,祝与册之别,盖祝以辞告,册以策告也。《书·洛诰》'作册逸祝、册'乃兼用二者,旧解失之。"

③惟告周公其后——王国维《洛诰解》:"'告'者,告于文王武王也。"朱骏声《便读》:"使史逸读祝册以告周公留洛也。"

④王宾杀禋咸格——王国维《洛诰解》:"王宾,谓文王、武王。死而宾之,因谓之宾。殷人卜文屡云'卜贞王宾某某','王宾'下皆殷先王名,知此王宾即谓文、武矣。"按,旧释"王宾",如伪孔云:"王宾异周公。"《蔡传》云:"王宾犹虞宾,祀宋之属,助祭诸侯也。"罗振玉《殷虚书契考释》始云:"卜辞称所祭者曰王宾,祭者是王,则所祭者是宾矣。《周书·洛诰》'王宾杀禋咸格',犹用殷语。前人谓王宾'宾异周公'者失之。"王国维《与林浩卿博士论洛诰书》亦云:"其所云王宾,当与卜辞义同,若释为周公,则下文'咸格'之咸字无所施之,若以为助祭诸侯,则与本事无涉。故前释为文王武王。"郭沫若《卜辞通纂》39 片辨释之云:"此说自王国维以来,凡主卜辞者均奉为定论,案实大有未谛。盖'王宓'二字如连为名词,则卜辞中凡言王宓云云之例,均缺主要动词,不合文范。而它辞有言'王其宓某某'者(本书 161 片,又《后》F.7.1)于王与宓之间挟一其字,则宓字分明动词,是则'王宾'者,亦犹卜田之例之言'王田'、'王

莶’、‘王步’而已。……宒为傧若摈之古字……是故王宾者,王傧也。《礼运》‘礼者所以傧鬼神’,即卜辞所用宒字之义。《洛诰》之‘王宾’乃假宾为宒若傧也。‘王宾’者傧文、武,旧说‘宾异周公’固失,罗说为名词则直为文武,王国维《洛诰解》即采此说,亦未为得。”由郭氏之释始得此处“王宾”之谛解为“傧文、武”。其实罗、王之意,“所祭者是王宾”,“王宾下皆殷先王名”,皆言王宾之对象是先王,特语有未达,径言文武,遂自失其原意。得郭释而后义始明确。

“杀禋咸格”,王国维《洛诰解》云:“‘杀’,杀牲;‘禋’,禋祀也。《周礼·大宗伯》:‘以禋祀祀昊天上帝,以实柴祀日月星辰,以槱燎祀司中、司命、风师、雨师。’三者互言,皆实牲于柴而燎之,使烟彻于上。禋之言,烟也。殷人祀人鬼亦用此礼(见《殷虚书契考释》)。逸《武成》云:‘燎于周庙。’知周初亦然矣。‘咸格’者,言文王武王皆禋祀而来格也。”按,“格”义同歆享,就是都享受祭祀之意。

⑤王入太室裸——朱骏声《便读》:“‘太室’,清庙中央之室也。‘裸’者,用秬鬯之酒,又别筑郁金香草煮之,以郁合鬯,谓之郁鬯,祀时专用以裸。裸有二:主人灌地降神,是未祭时也;君以圭瓒酌鬯授尸,尸祭之,乃啐之奠之,是一献之礼也。……王入太室裸,当为裸尸之一献也。”王国维《洛诰解》:“先燔燎而后裸者,亦周初礼。《大宗伯》‘以肆献裸享先王’,肆献在裸前,知既灌迎牲为后起之礼矣。”(按,《观堂集林》卷一有王氏《与林浩卿博士论洛诰书》(浩卿为日本学者林泰辅字)及《再与林博士论洛诰书》,对“裸”字作了极精辟的辨析与考论,欲了解古礼祭中裸字的谛义及其与“灌”字的关系,必须参读该二文。文中又对“王宾”作了较详

1593

阐释,并述明上文校释中所引录"王宾即谓文武"的依据,亦当参读。)

⑥王曰公予小子其退即辟于周命公后——此为错简在上一节"公功棐迪笃罔不若时"句后之文,朱骏声引或曰原当在此处,除已见于上节外,特重录原句于此。但插入此似又使此处原文相连属之句隔断。

⑦王命周公后作册逸诰——王国维《洛诰解》:"'王命周公后'者,因烝祭告神,复于庙中以留守新邑之事册命周公,已面命而复册命者,重其事也。'诰',谓告天下。成王既命周公,因命史佚书王与周公问答之语,并命周公时之典礼以诰天下,故此篇名《洛诰》。《尚书》记作书人名者惟此一篇。"

⑧在十有二月——见上文"戊辰"校释,为此戊辰所在之月。凡举行烝祭岁、作册、逸祝册告周公后、杀禋、王入太室祼,并命作册以周公后诰天下,皆在此时,故于此载明其时间"在十有二月"。

⑨惟周公诞保文武受命惟七年——王国维《洛诰解》:"'惟周公诞保文武受命,惟七年'者,上纪事,下纪年,犹《盉尊》云:'惟王来正人方,惟王廿有五祀'矣。'诞保文武受命',即上成王所谓'诞保文武受民',周公所谓'承保乃文祖受命民',皆指留守新邑之事。周公留雒自是年始,故书以结之。书法先日次年者,乃殷周间记事之体,殷人卜文及《庚申父丁角》《戊辰彝》皆然。周初之器或先月后日,然年皆在文末。知此为殷周间文辞通例矣。是岁既作元祀,犹称七年者,因元祀二字前已两见,不烦复举,故变文云'惟七年',明今之元祀即前之七年也。自后人不知'诞保文武受命'指留雒邑监东土之事,又不知此经纪事纪年各为一句,遂生周公摄政七年之

说,盖自先秦以来然也。"其实"诞保文武受命"实亦对周公主要功绩之"纪事",而后继以"纪年"。

以上这一节,是全篇最后一节,载成王到洛行祀礼,实现了命周公后。全节分三小段。第一段记岁末成王到新邑行烝祭,以命周公后告文、武。第二段记王即返宗周,命周公留洛。第三段作为全篇之末,按殷周间纪事之体,先纪主要之事,然后纪作诰之年月与作者。这是《尚书》唯一载明作者的一篇。

今 译

周公拜手叩头〔遣使往告成王〕说:"我复命给您这位贤明的君主,我王如果自谦不能赶上先王,其实上天已开始赐给您安定天下的大命。今我继续辅翼您克殷践奄,大定东土,我王就已开始作为万民的贤明之君主了。

"我是乙卯那天东来到达洛师的。〔为选择建新邑之地,〕我先占卜了大河以北的黎水地方,〔未得吉兆。〕我就占卜涧水之东瀍水之西中间那片土地,惟这洛水之地得到吉兆;我又占卜瀍水以东之地,这里洛水之地也得到吉兆。特遣使来〔到镐京〕把新邑地图及占卜吉兆献上。"

成王拜手叩头说:"我公不敢不敬奉上天的美命,特来到洛地完成了察看观测建立伟大新邑的规划盛业,您实在成了我周邦的首要辅弼元勋,我特褒美您业已建定新的都邑。现在我公既已建定新的居邑,遣使来到,来使我看到卜兆的美好而且是常吉的卜兆,那么您和我二人共同承当此美好。我公与我永远万亿年地敬奉天的美命,谨拜手叩头以谢我公的谋划。"

周公〔回到宗周镐〕说:"我王开始举行祀天改元的殷祭大典,这种祀礼在新邑举行,应按祀典对上帝、群神等都循其尊卑大小奉祀之,不要有紊乱。我将百官使从王于周(意将迎王往洛行祀)。我对他们说:'惟汝众人皆将有大事(指祀事)。'现在我王即可就而请命于神说:'祭祀于功宗,以有功者告庙。因以举行开国大典式的元祀。'可以对我命令说:'你受先王命督辅我,这就履行你此项职事吧,可自效你洛邑之功以示天下。'

"我的好小子呵!我的好小子呵!还是和群臣一道去吧!还是和群臣一道去吧!还是去吧(去行祀典)!不要像点火那样,开始微小的火星星,后来逐渐灼大,要么就君臣一道去,不要由少到多地前后递行,来个不断。使群臣们常及顺事于你,我惟以在宗周百官往新邑洛,使前往就卿士、太史友寮,勉赴事功,惇厚广大以成宽裕之治,那么你也就永有令誉美辞传于后世了。"

周公说:"嘻!您虽是我的好小子,但您位甚崇高,〔您要懂得御诸侯之道,〕您要敬识诸侯之诚于享献者,也要识别诸侯之不诚于享献者。享献之事多仪节,其仪意不及所陈币物,那只能说是不享。为其不营心于享敬奉上,下民皆效之而不享敬于上,那么凡事都会僭忒慢易无所不至了。

"我的好小子!您颁发德音,我歉然无暇听受。我惟教告你以小民非正常之事无重视者,你如不勉之,那就不能长治久安。应该厚待你的众官之长,无不如我待众官之长,那么众官也不敢废弃你的教令了。你去吧!好好敬治你政事。现在我准备去大力从事于搞好农田疆界沟洫之事,以那一要政来丰裕我民生计,

1596

那就不会长远地有乖戾了。"

王这样说（这是史臣记录王讲话的用语）："我公呵！你应勉力辅佐我小子。称举我公大的显德，与我小子弘扬文王武王之光烈，上以奉答天命，下以恒久和怿四方之民，故营此洛邑以为居处众民的京师。要厚崇大典，举行元祀，都按祀典顺序致祀而无紊乱。我公之德光于天地，施于四方，普为穆穆之美的教化，如御车之不迷于路，以文武之道勤教于我，我小子安受其成，惟早晚敬慎其祭祀大事以报之。"

成王说："我公之功辅导我甚笃厚，无不如此处上面所称述各点。（原文有"王入太室裸"下数语错简在此，今译文移正至彼处。）现在四方进于治，但尚未定于功宗元祀之礼，是公之功亦尚未终毕，是公所必将留后于洛，监督我卿士、师尹、百工，大为安定保有文王武王所受之民，治为宗周四方之辅。"

成王说："我公定下来，我往祭祀以公功告庙，谨恪从事，敬恭以行灌礼。我公必留而不要离去以困我呀！我将不懈以临政事，我公亦勿废公之仪型，使我长得效法，则四方亦利赖之，世世受公之德了。"

周公拜手叩头说："我王命令我来洛邑，承担保有文祖（文王）所受之民，与你的光辉的父亲武王的弘训。奉我好小子来察看定居之地，从厚录用殷之贤人。以治殷之法撮举其大要为四方新法，作为周法之先导。将从此以作为四土之中的洛邑为治，万国都被其美盛，如此我王自有成功。我旦以众卿大夫与御事官员笃行文王武王成烈，以答天下众心，先筑成王城，以为南系于洛水北因于郏山的周郛之先导。我的文考文王昭示您以仪型,您必须克尽您文祖文王之德。

"您派使者来敬慎殷祭,遂命他以黑黍鬯酒两个中尊,来看望我,指示说:'以精意以享的禋祀,拜手叩头好好祭献。'我不敢经宿拖延君命,即禋祀于文王武王,并献祝词说:'祝成王顺厚叙文武之道,身不遇疾而康强,子子孙孙万年皆食其德,则殷的天下就长成为周的天下了。'现在仍盼望我王来,乃能使殷人承奉有序,将自此至于万年永远观仰我的好小子之德而怀感之。"

十二月戊辰,成王已在新邑洛,举行是岁冬季的烝祭之礼。祭文王用一头骍牛(红色的牛),祭武王也用一头骍牛。成王命作册逸于祭祀时读祝册之文。向文王武王之神敬告以周公留守其后。杀牲禋祀文王武王,文王武王都来享受禋祀。成王进入清庙中央之室太室,以郁鬯行灌地之祭,然后为裸尸之祭,完成"入太室裸"之祭。

成王对周公说:"我公呵!我小子即退居于镐,就君位于宗周,特命公留后守洛邑。"

成王命周公留后,由作册逸作诰,时在十二月,周公承担诞保文王武王受命重任,时惟七年。

讨 论

本篇中可讨论的问题很多,有些问题已在"校释"中涉及。现汇列于此处谈谈,不一定区别问题的先后,总之有关本篇可议论者论及之。

(一)《洛诰》篇为《尚书》中最难读的文字,历代经师绞尽脑汁也很难把它真正读通,故现代深于古文字学的学者孙诒让、章炳麟、王国维、于省吾等都对它作过深入的钻研,始使人们懂得它一些原有文义,但仍然不能说也就把问题都解决了。其所以难读的原因有四:(1)所包的时间较久,从周公营洛到成王至洛命周公后,中间约经过十个月。(2)说话的地点不一致,周公在洛而成王在镐,三次往来告答似均派人传语。(3)文体不单纯,记言中有事实,记事中有议论。(4)此篇的中心问题如何:是作雒? 是祭祀? 是记功? 是周公请退? 是成王命周公后? 所谓"命周公后"者又如何:是成王命伯禽为周公后以代为镇抚东土? 还是王命周公留洛? 还是王命周公制礼作乐? 这些问题不能解决,《洛诰》篇就不能读懂,因此上文在"校释"中已于涉及到这些问题时作了寻绎。

（二）关于本篇分节问题。善于体会文意的清代学者戴钧衡《书传补商》提出了他的看法:"'朕复子明辟'至'拜手稽首诲言',周公在洛成王在镐往返告答之词也。'王肇称殷礼'以下,周公还镐告王也,'公明保予冲子'以下,王答周公也。'王命予来'以下,周公从王至洛而公告王之词也(此句有误,实际只是周公至洛,成王仍在镐)。'戊辰'以下,史记王在洛所行事也。"现在即据此意见分《洛诰》全文为四节:"朕复子明辟"以下为第一节,"王肇称殷礼"以下为第二节,"王命予来"以下为第三节,"戊辰"以下为第四节。顾师深入稽考文意后,亦同分为此四节。其第一节为周公向成王述职成王优答之,君臣互相推重;自来治经者都认定为周公在洛成王在镐时之语。但近来出现两种不同意见,一为王国维以为"时成王继周公相宅至于雒",即成王与周公都在洛。一为顾刚师据文中"来"字"往"字,论定此时成王与周公都在镐,是觌面的谈话。但根据文意,周公陈述作雒经过后,遣使以图及卜告王,《书序》谓"周公往营成周,使来告卜",伪孔谓"遣使以所卜地图及献所卜吉兆来告成王",《蔡传》谓"洛邑既定,周公遣使告卜,史氏录之",似皆探得原义。自以仍据历来的认识,理解为周公在洛遣使至镐告成王为较妥。第二节是周公还镐请成王到洛邑举行元祀,成王则欲周公代表举行,并在大祀中记功宗,定宗礼,连带称颂周公的功德。在这一节里周公与成王都在镐是没有问题的。第三节周公先至洛,营洛图治,以在镐的成王送与的秬鬯裸于文武二王,且为致祝。戴钧衡以为成王也至洛,是错误的。第四节为成王到洛行烝祭,并命周公后,而后王返宗周镐邑。这一节里成王与周公都在洛,到全过程完毕后王始返镐,留周公居洛镇抚东土。

(三)周起西土,开拓东土,其势甚锐而民心未能尽服,故经营东土为当前最大问题。武王死后,管、蔡、奄等与武庚、淮夷并起叛变,所得东土完全失去,其势岌岌。周公东征三年,削平叛乱,归于一统,其功实在武王之上。他力主实现武王遗愿,在洛邑建立新都,即为掌握东方诸国起见。洛邑既成,他又主张举行一回大祭祀,推测其目的有三:(1)东征将士论功行赏,已死的从祀于先王,未死的计功于宗庙。(2)集合诸侯,齐一其心志,且观其享祀之诚心与否以定黜陟。(3)殷的贵族分子已迁至新都,让他们在这次大典礼中获得参与受到精神上的震慑与鼓励,消弭其反抗企图。所以这次的祭祀是开国大典,所以称为"元祀"。许多新制度于以产生。篇中所说的"宗礼",战国秦汉间盛传的周公制礼作乐的故事，都由此来。

（四）"王命周公后"，是这篇文字所以写作的原因，也是在这回大祭祀后所必有的手续。汉人不了解，生出许多葛藤。郑玄注云："告神以周公其宜立为后者，谓将封伯禽也。"其后伪孔、《孔疏》及其他经师就说所以为周公立后，是要伯禽代父镇抚东方，使周公能留佐成王。其实原文文义显然，直谓请周公留后，且皆谓将实行此事。"其"者，将然之词。成王说"予小子其退"。自谓将退也。又祝于文、武而"告周公其后"，谓周公将后也，如何牵得上伯禽？所以我们解释此语，应从宋学而不从汉学。其"后"之为义，篇中已说明白，就是"迪将其后，监我士师工，诞保文武受民，乱为四辅"。"周公其后"之"其后"，即"迪将其后"之"其后"，可见周公之"后"，是要监一切的官吏，至少是东土的全部官吏；又要保文武受民，至少是东土的全部人民。《诗·鲁颂》曰："王曰叔父，建尔元子，俾侯于鲁，大启尔宇，为周室辅。"可知"四辅"即是周王畿四境之辅。《蔡传》说："治为宗周之四辅也，汉三辅盖本诸此。"其说甚是。是"周公后"的又一项任务，即是保卫宗周。

（五）本篇开首的"朕复子明辟"，战国秦汉间人谓系周公反政成王的证据。他们都以为武王死后，成王幼小，周公践阼当国，及成王壮，周公作洛邑既成，遂归政于王。"复"，返也。王莽图篡汉，再利用了一些逸《书》，加以编造，如《嘉禾篇》云："周公奉鬯立于阼阶（按阼，东阶也，主人所行），延登，赞曰：'假王莅政，勤和天下。'"为之作说明云："此周公摄政，赞者所称。成王加元服，周公则致政，《书》曰：'朕复子明辟。'"（见《汉书·王莽传》)都在证明此句为复政成王，即通常所说的"复辟"。到宋王安石始解"复"为复命，吴棫承之，蔡沈又承之。王、吴二书今不可见，幸宋、元、明《尚书》著作如林之奇《尚书全解》等引录王氏此说颇完整，《蔡传》概述其意云："复，如逆复之复。成王命周公往营成周，周公得卜，复命于王也。"两说相较，宋又优于汉。因为在本篇及《尚书》他篇里，都寻不出归政成王之说的证据。成王始终是国王，周公始终担负着西周政治重任。其他诰语中也称周公为王，只是当时对当政大贵族的习称，不影响周公只是担任摄政的地位（参《康诰》"讨论"）。

（六）既说归政，则归政之后自必退老。故《尚书大传》就释"兹予其明农哉"云："大夫士七十致仕，退老归其乡里，大夫为士师，士为少师。……"即宋人亦如此说。如《蔡传》云："我其退休田野，惟明农事，盖公有归老之志矣。"其实这"农"字是否农田，尚不可知。《洪范》"农用八政"，"农"即解为"厚"。假使真是农田，经界沟洫之事本是国家一大政，且军事结束之后，亟当着手生产，何尝便是退老。观周公自述："予乃胤保大相东土，其基作民明辟。"又说："予旦以多子越御事笃前人成烈，荅其师，作周孚先。"多么认清其自己的使命而出以积极的行动，又如何说得上退老。

（七）此篇为《尚书》中唯一记载作者的一篇，又是记载年月日最完全的一篇。作册逸即史佚，又称尹佚，是史官之长，告文武"周公其后"时他祝册，"命周公后"时又是他作诰，可见礼节的隆重。至记录时间，则日在前，月次之，年在后，中间夹叙了一些事，令人看不清楚。战国秦汉间人就困于不明白古代记事方式，读"惟周公诞保文武受命，惟七年"之文，即以为周公摄政七年的证据。近年金文学发达，见《脒尊》铭"惟王来正人方，惟王廿又五祀"，始知古代有将大事写于年岁上的习惯。见甲骨卜辞和《庚辰父丁角》及《戊辰彝》等器，始知殷周间记事之体，是先日、次月、次年。然后确定了本篇所记的烝祭和诰周公是当成王在位七年十二月戊辰日的事情。

（八）洛邑的主要居民，是从殷都迁去的商王室贵族，观《多士》篇可知。还有强迫从事营洛劳动的殷庶民及灭纣前原住在洛地的殷人。因而殷人多，所以当时也称洛邑为殷。本篇说"王伻殷"，即王使至洛邑。周公祝于文武时说："万年厌于乃德，殷乃引考。"即洛邑之民引考。为了镇抚殷人永远安心臣服于周，永为不侵不叛之民，所以营洛由周公坐镇，成了当时周王朝国家大政的重点。

（九）"王曰：'公，予小子其退，即辟于周，命公后'"一语，必是成王到洛后将返镐京时所说。然插在第二节中，则其时成王与周公俱在镐京，无从说起。且前之"其往"，后之"予往"，称到洛为往者，与这里的"其退"又抵牾。朱骏声《尚书古注便读》云："或曰：'此节当在"王入太室裸"之下，错简于此。'"依所说改定，遂怡然理顺。惟这"或人"不知是谁，可惜有此可贵的创说，而世不知其人之名。

（十）1963 年陕西宝鸡出土的何尊，其铭文与《召诰》《洛诰》及《逸周书》之《度邑》《作雒》均密切相关，可作比较研究。其主要情况已论之于《召诰》篇末，其与本篇足资比较者亦颇有之，今略谈其要者两点：一为铭文引武王之言"余其宅兹中国，自

洛
诰

之义民"，与本篇内容密合无间，本篇即为周公辛苦完成武王这一遗愿的现实纪录。一为铭文末载"唯五祀"，与本篇末载"唯七年"相对应。金文中于铭末载纪年颇习见，文献中则唯本篇见之，其"唯五祀"与《召诰》同一年，而《召诰》失载，幸有本篇存此例载明本篇是七年，以见古代文告当史臣记载较全时，自有此一于篇末纪年的方式存在。

　　上面这些问题讨论既明，当有助于对《洛诰》篇的了解。研治《尚书》各篇，常苦于其写作时代不明，作者不明，唯周初诸诰大都为周公亲口的诰辞，时间亦明确，就免去了上述苦恼。特别是《洛诰》一篇，其文字作者及年月日都在本篇记载明确，更成为《尚书》中极可信任的珍贵的一篇。问题就在对其内容的理解。如能将其内容中的问题理清，自然就可对本篇得到正确认识了。

多　士

　　周公称王执政的头三年(亦即周成王同时在位的三年),平
定武庚、管、蔡等的叛乱,即《大传》云"二年克殷三年践奄"之
事。三年,归宗周,诰"四国多方殷侯尹民"于宗周,作《多方》。
四年,封康叔于卫,作《康诰》《酒诰》《梓材》。接着以三监败后
迁至洛邑的庶殷遗民筑成周都邑,形成一组诰辞,即五年所作的
《召诰》《多士》,至七年作雒工程的宗庙部分完成,周公请成王
来洛邑举行元祀所作的《洛诰》及《逸周书》的《作雒》,还有《康
诰》之首的逸篇。这是《大诰》之后的《周书》主要几篇的先后写
成情况。可是汉代三家今文本把《多士》列为《周书》第二十,而
《召诰》为十八,《洛诰》为十九,《多方》为二十三。先后顺序错
乱。自宋儒迄清儒多指出《多方》言"王来自奄",《多士》言"昔
朕来自奄",《多方》在《多士》前甚明(已见《多方》篇校释),是
合于历史先后顺序的。今当明确知道今文三家排列错误,而马
郑古文本沿今文三家之排列,同样错误。不过马郑因将《盘庚》
《太誓》分为三篇,故顺序号向后顺延四号,成为《周书》中的《召

诰》为二十二,《洛诰》为二十三,《多士》为二十四,《多方》为二十七。到伪古文《周书》中,《召诰》为四十,《洛诰》为四十一,《多士》为四十二,《多方》为四十六。这全是错误的,要知《大诰》之后诸篇诰文,依其产生先后,其顺序当是:《多方》《康诰》《酒诰》《梓材》《召诰》《多士》《洛诰》以及《逸周书》的《作雒》等。今整理古籍,不轻易改动古籍原貌,只得仍依自今文以来直至伪古文本的错误顺序排列。其篇中问题,见后面的"讨论"。

校 释

惟三月,周公初于新邑洛用告商王士[①]。

王若曰:"尔殷遗多士! 弗吊旻天大降丧于殷[②];我有周佑命[③],将天明威致王罚敕,殷命终于帝[④]。肆尔多士,非我小国敢弋(翼)殷命[⑤],惟天不畀,允罔,固乱弼我[⑥];我其敢求位! 惟帝不畀,惟我下民秉为,惟天明畏[⑦]。

"我闻曰:上帝引逸[⑧],有夏不适逸则[⑨],惟帝降格向于时[⑩]。夏弗克庸帝,大淫泆有辞[⑪]。惟时天罔念闻,厥惟废元命[⑫],降至罚。乃命尔先祖成汤革夏,俊民甸四方[⑬]。自成汤至于帝乙,罔不明德恤祀[⑭],亦惟天丕建,保乂有殷;殷王亦罔敢失帝,罔不配天,其泽[⑮]。在今后嗣王诞罔显于天,矧

1606

曰其有听念于先王勤家⑯;诞淫厥泆⑰,罔顾于天显民祇⑱。惟时上帝不保,降若兹大丧。惟天不畀,不明厥德。凡四方小大邦丧,罔非有辞于罚。"

①用告商王士——俞樾《平议》:"此当以'王士'二字连文。王士之称,犹《周易》言'王臣',《春秋》书'王人'。《传》称'王官',其义一也。《周书·世俘篇》:'癸丑,荐殷俘王士百人。'此王士二字连文之证。"

②弗吊旻天大降丧于殷——"弗吊",即不淑,不善。见《大诰》"弗吊天"校释。江声《音疏》:"以言'降丧',故有取杀谊而俪'旻天'也。案《诗·大小旻》凡三言'旻天疾威',是俪旻天者恒有取威罚之谊。于《雨无正》则云'降丧饥馑',《召旻》则云'天笃降丧',二诗俪'旻天',亦皆言'降丧'。"

③我有周佑命——王先谦《参正》:"《释诂》:'右,勴也。'右,佑同。勴即助也。言天有命而我有周助天行之。"

④致王罚敕殷命终于帝——于省吾《新证》:"敕,金文作諌、谏或敇。今作敕。王筠谓'《集韵》"諌,饰也",饰,饬之讹,饬同敕',是也。《说文》:'敕,诚也。'宣十二年《传》'军政不戒而备'注:'戒,敕令。'《史记·乐书》'余每读《虞书》,至于尹臣相敕',谓相戒也。《弓镈》'谏罚朕庶民左右毋讳',《盂鼎》'敏谏罚讼'(金文"谏"同"谏"。以臣谏君之"谏"作"谰"),'谏罚'即'罚谏',周人语例,犹'明保'之作'保明'也。《易·噬嗑》'先王以明罚敕法',则又互文为句矣。……《邢侯彝》'克奔走上下,帝无终命于有周'……与此篇'殷命终于帝',《召诰》'天既遐终大邦殷之命',语例同,特意有反正,文有倒正耳。"

⑤敢弋殷命——段玉裁《撰异》："《释文》曰：'弋,马本作"翼",义同。'《正义》曰：'郑玄、王肃本"弋"作"翼",王亦云："翼,取也。"郑云："翼,犹驱也。"'玉裁按:弋、翼古音同在第一部,训'取'者读'翼'为'弋'也。孔本作'弋'者,因马、王之说而改经字也。"于省吾《新证》："翼,'睿'之讹,详《大诰》。睿即'友',通'有',《史颂簋》之'友里君'即'有里君'可证。'敢有殷命',与《君奭》之'受有殷命'句例同。"

⑥允罔固乱弼我——于省吾《新证》："凡《尚书》'罔'字,隶古定作'亡',即'亡'字。'固'通'故',详《经传释词》。'乱'乃'嗣'之讹,金文'嗣'通'嗣',续也。《谏簋》'今余唯或嗣命女','嗣命女'即'续命女',可证。言惟天不与(下言"惟帝不畀",句法同),信乎丧亡(《班簋》"彝爰天命故亡',文例略同),故继续辅弼于我也。"

⑦惟帝不畀惟我下民秉为惟天明畏——江声《音疏》："帝亦天也。秉,执也。畏读曰威。惟天之不与殷,于何验之?验之于民而已。惟我下民所秉执,所作为,即天之明威也。"

⑧上帝引逸——俞樾《平议》："《素问·五常政大论》：'是谓收引。'王注曰：'引,敛也。'又《异法方宜论》：'天地之所收引也。'注曰：'引,谓牵引使收敛也。'然则'上帝引逸'者,言上帝不纵人逸乐,有逸乐者则收引之,勿使大过也。……人知'引'有引申之义,不知'引'亦有收引之义,盖古训反覆相通类如此。"

⑨有夏不适逸则——俞樾《平议》："有夏不适逸者,适之言节也。《吕氏春秋·重己篇》：'故圣人必先适欲。'高注曰：'适,犹节也。'《管子·禁藏篇》'故圣人之制事也,能节宫室、适车舆,以实

藏',是'适'与'节'同义,言夏桀不自节其逸乐也。"江声《音疏》:
"'佚则',引佚之则也。"王先谦《参正》:"古帝则天无为,故能引
逸;有夏桀不悟引逸则天之道,劳扰众民,不安其生。"

⑩惟帝降格向于时——江声《音疏》:"假(格),升也。乡
(向),读为肸蠁之蠁。帝升降蠁于是,言下灾异以谴告桀也。……
晋大夫羊舌肸,字叔蠁,今《左传》《国语》皆作叔向,而经典'向'字
又通作'乡',则乡、向、蠁三字皆通也。司马相如《上林赋》云:'肸
蠁布写。'《说文·十部》云:'肸蠁,布也。'左思《蜀都赋》云:'天帝
运期而会昌,众福肸蠁而兴作。'刘渊林云:'言天帝于此会庆建福
也。'然则肸蠁是天神来至,降布威福之意:德则天帝降之以福,不
德则示之以威。故读'乡'为'肸蠁',言下灾异以谴告桀也。"戴钧
衡《补商》则释:"'降',下。'格'来。降观之谓。《传》训降灾,亦
降格中应有之义,但不得直以降灾为训。"

⑪大淫泆有辞——江声《音疏》:"泆,《释文》云:'马本作
"屑"。'《说文·尸部》:'屑,动作切切也。'切切者,烦琐之意也。
《说文·辛部》云:'辞,辞讼也,从屬、辛。'屬犹理辜也。郑注《周
礼·乡士》云:'要之为其辜法之要辞,如今劾矣。'然则'辞'为辜
状之词也。《左传·襄二十三年》:'臧孙纥出奔邾,其人曰:"其盟
我乎?"臧孙曰:"无辞。"谓已罪无可指摘之状以为盟也。'则此'有
辞'是谓有辜状可指说也。"

⑫厥惟废元命——江声《音疏》:"元,始也。惟是天无所念闻,
废其始时之命,下致灭亡之罚。"

⑬俊民甸四方——蔡沈《集传》:"甸,治也。伊尹称汤旁求俊
彦,孟子称汤立贤无方,盖明扬俊民,分布远迩……成汤立政之大

经也。"

⑭罔不明德恤祀——孙星衍《疏》："明,勉也。"《述闻》三"惟刑之恤哉"说与此同。严元照《娱亲雅言》："恤,当训慎。《尔雅》:'毖、神、溢,慎也。'(《释诂》)'溢'与'恤'通。《诗》'假以溢我'(《周颂·维天之命》),《左传》引作'何以恤我'(《襄二十七年》),是其证也。《召诰》曰'毖祀于上下',《传》以为'慎祀','恤祀'犹'毖祀'也。又《召诰》'上下勤恤'亦勤慎之意。"

⑮罔不配天其泽——顾师案:《尧典》"舜让于德,弗嗣"。弗嗣,《史记·五帝本纪》作"不怡"。《集解》引徐广云:"《今文尚书》作'不怡',怡,怿也。"司马贞《索隐》云:"《史记》一作'不泽'。"是"嗣"、"怡"、"怿"与"泽"并通。嗣,续也。《诗·頍弁》"庶几说怿",《释文》:"怿,本作绎。"《板》"辞之怿矣",《说苑》作"辞之绎矣"。是"怿"与"绎"又通。《说文》:"绎,抽丝也。"《文选·剧秦美新》"神歇灵绎"注:"绎,犹绪也。"绪,亦续也。是"殷王亦罔敢失帝,罔不配天,其泽"者,谓殷列王兢兢惕厉,故能得上帝之心,绳继其绪业也。

⑯有听念于先王勤家——于省吾《新证》:"金文'圣'、'听'为一字。《邾公华钟》'叡为之听','听'作'耵',即'圣'省。《无逸》'此厥不听',《汉石经》'听'作'圣'。《吴语》'王曰圣'注:'圣,通也。'《师望鼎》:'王用弗諲(忘)圣人之后。'盖西周时言圣人非如晚周以后语意之重也。《荀子·儒效》'明之为圣人'注:'通明于事则为圣人。''矧曰其有听念先王勤家'者,矧曰其有明念于先王勤家乎?'予一人惟听用德'者,予一人惟明用德也。"

⑰诞淫厥泆——于省吾《新证》:"'诞淫厥泆'之泆,《史记·

鲁世家》作'佚',《魏石经》作'逸'。然则'诞淫厥佚'者,大淫纵于安逸也。'厥',语助,详《经传释词》。"

⑱罔顾于天显民祗——于省吾《新证》:"祗,本作'甾',详《康诰》'不敢侮鳏寡'条。'甾'、'灾'同声通用。此应读作'哉'。……'天显'及'显民'乃古人成言(《酒诰》"迪畏天显小民",《康诰》"庸祗威显民","于弟弗念天显",《多士》"诞罔显于天",可互证)……'罔顾于天显民祗',即罔顾于天显民哉。"

以上这一节,周公纯用天命威胁殷商士众,头一段说天降丧于殷,我周只是助天执行天的明命。第二段说以前夏王淫泆有罪,天废其元命,命商汤革了夏命。现在商王又淫泆有罪,天又降大丧于殷,与夏的丧亡事同一律。殷商多士只应恪遵天命,认识凡有罪者是必须受罚的。周公在给周人的诰辞中,却几次提到"唯命不于常"(《康诰》)、"天不可信"(《君奭》)、"王其德之用,祈天永命"(《召诰》),即天命不可靠,要以德来保住天命。今对殷人又专以天命威慑之。

王若曰

王若曰:"尔殷多士!今惟我周王丕灵承帝事①,有命曰'割殷'②,告敕于帝。惟我事不贰适;惟尔王家我适③。予其曰:惟尔洪无度,我不尔动,自乃邑④。予亦念天即于殷大戾,肆不正⑤。"

王曰:"猷告(告猷)尔多士⑥!予惟时其迁居西尔⑦,非我一人奉德不康宁,时惟天命,无违!朕不敢有后⑧,无我怨!

多士

1611

"惟尔知:惟殷先人有册有典,殷革夏命。今尔又曰:'夏迪简在王庭,有服在百僚⑨。'予一人惟听用德,肆予敢求尔于天邑商⑩,予惟率肆矜尔⑪。非予罪,时惟天命!"

王曰:"多士! 昔朕来自奄,予大降尔四国民命⑫。我乃明致天罚,移尔遐逖,比事臣我宗,多逊⑬。"

①丕灵承帝事——蔡沈《集传》:"灵,善也。大善承天之所为也。"

②有命曰割殷——于省吾《新证》:"金文'割'、'害'二字同用。……《魏三体石经》'割'字古文作'劲',即'创'字。《皋陶谟》'苍生'苍字,《魏三体石经》古文作'丵',《说文》古文苍作'仝',《者㵳钟》仓作'𠣪',古货币仓作'仝'。然则'割殷'本应作'创殷'。《汉书·冯奉世传》'羌虏破散创艾'注:'谓惩惧也。'《閟宫》:'荆、舒是惩。'惩、创,古同训。有命曰割殷者,有命谓惩创于殷也。"

③惟尔王家我适——江声《音疏》:"'适'读当皆为'敌'。《礼记·杂记》云:'大夫赴于同国适者,曰"某不禄";赴于他国适者,曰"吾子之外私寡大夫某不禄"。'郑注云:'适,读为匹敌之"敌",谓爵同者也。'又《论语·里仁篇》'无适也',《释文》云:'适,郑本作"敌"。'是古者'适'、'敌'同字通用,故辄以'适'为'敌'。……此经两'适'字,俗解作'之适'之谊,于语意殊觉不词。若作'敌'解,则'不贰适'谓无贰无敌,'尔王家我适'正指武庚之叛。参观上下文,此解为允协。"

④尔洪无度我不尔动自乃邑——江声《音疏》:"洪,大也。我其曰:惟尔武庚大无法度,我本不女动也。难发自女邑,自取灭亡尔。"

⑤肆不正——孙诒让《骈枝》:"案此承上文'我不尔动'而言(动,即谓征伐。《多方》:'大动以威')。正,征之假字。谓我亦念灭已降殷大戾,故不复征伐汝。'肆不正',犹《汤誓》云'不敢不正',《大诰》云'不可征'也。"

⑥猷告尔多士——王引之《释词》:"《尔雅》曰:'繇,于也。'繇、由、猷,古字通。……大诰猷尔多邦者,大诰于尔多邦也。……《多士》曰'王曰:猷告尔多士',《多方》曰'王曰:乌呼,猷告尔有多方士'……盖俱是'告猷'而晚出《古文》改为'猷告'矣。"

⑦其迁居西尔——江声《音疏》:"《说文》云:'西,鸟在巢上也,象形。'日在西而鸟栖,故因以为东西之西。俗作栖,从木、妻。然则西本为止息之谊,假借以为东西字尔。必知此经'西'字不作东西谊者,殷民本在纣城朝歌之地,今迁之于成周,是从东北迁于西南,非正向西,以'西'为西方,不若以为西息于谊尤允协也。"然即作东西谊亦无不可通。

⑧朕不敢有后——于省吾《新证》:"王静安谓《三体石经》作'朕不敢后',是也。按《召诰》'今休王不敢后'可证。"

⑨夏迪简在王庭有服在百僚——王先谦《参正》:"《释诂》:'迪,进也。服,事也。寮,官也。'僚同寮。《诗笺》:'简,择也。'言殷革夏命时,夏之人有进择在王庭而大用者,有服事在百官而小用者;举前事以形周之不用殷士。"于省吾《新证》:"迪,应依王引之训用。'简在王庭'与《论语·尧曰》引《汤誓》'简在帝心'同一语例。《周礼》遂大夫'简稼器'注:'简,阅也。'《吕氏春秋·期贤篇》高

注：‘于，犹在也。’是‘于’、‘在’同训。言用简阅于王庭也。”

⑩天邑商——于省吾《新证》：“王静安谓‘大邑商’误为‘天邑商’，龟板中多有‘大邑’字。按……甲骨文‘大邑商’与‘天邑商’互见（《殷虚书契前编》卷三·二七有“大邑商”，《龟甲兽骨文字》卷一·二七有“天邑商”）。‘天’、‘大’古通。《大丰簋》‘王祀于天室’，‘天室’即‘大室’。‘大邑商’与《孟子·滕文公篇》引《佚书》之‘大邑周’，《礼记》引《尹告》佚文之‘西邑夏’，语例同。”

⑪予惟率肆矜尔——段玉裁《撰异》：“《论衡·雷虚篇》：‘人君罪恶初闻之时，怒以非之；及其诛之，哀以怜之。故《论语》曰："如得其情，则哀怜而勿喜。"纣至恶也，武王将诛，哀而怜之，故《尚书》曰："予惟率夷怜尔。"’玉裁案：此《今文尚书》也。‘夷’、‘肆’古音同在第十五部，‘怜’、‘矜’古音同在第十二部。矜从令声，读如邻；自误从今声而古音亡矣。”俞樾《平议》：“《今文尚书》‘肆’作‘夷’，‘矜’作‘怜’。……《周官》行夫职注曰‘夷，发声’，然则‘夷’乃语辞。予惟率夷怜尔者，予惟率怜尔也。率者，用也。《诗·思文篇》‘帝命率育’，毛《传》曰：‘率，用也。’是其义也。今文古文其字虽异，其义则同。‘肆’亦语辞。予惟率肆矜尔者，予惟率矜尔也。”

⑫四国民命——于省吾《新证》：“《诗·民劳》‘惠此中国’《传》：‘中国，京师也。’马其昶谓‘中国’犹‘国中’。《周礼》司士‘掌国中之治’注：‘国中，城中也。’《孟子·离娄》‘遍国中无与立谈者’，国中亦谓城中也。西周言‘四国’即王国，亦曰‘周邦’，亦曰‘有周’，非谓东国、南国、西国、北国之四国也。盖京师既称‘国中’，则王畿之内，京师之四外自应称‘四国’，《庄子》所称‘阖四境

之内’者是也。”

⑬比事臣我宗多逊——孙诒让《骈枝》：“案《召诰》云‘先王服殷御事，比介于我有周御事’，此‘比事’即为‘比介御事’，大意谓我所以移汝于远者，使亚副我御事之职，以臣我宗官而多教训之。‘比事’言处贱位。‘臣我宗’犹《多方》云‘奔走臣我监’，彼‘监’谓有地治之吏，此‘宗’则谓王官，犹《酒诰》云‘宗工’，《传》释为尊官。‘监’与‘宗’名异而实同，言小臣不得专达于王，犹《梓材》云‘以厥庶民暨厥臣达大家’也。‘逊’、‘训’字通（详《康诰》）。‘多逊’谓多训，犹《酒诰》《君奭》《多方》云‘多诰’，与后文‘奔走臣我多逊’正相对。此为初克奄后事，彼为作雒邑后事，宽严绝异。两文互勘，其义甚明。”按，此释“逊”为“训”固通。然不如伪孔释“逊”为“顺”，更切合此处文义。

以上这一节，以严厉的口吻告诫殷遗多士，说我周奉天命灭了殷，又奉天命进行责罚，迁移他们到洛邑和四境，还奉天命不用他们任官职，因为周家以德行为用人标准，这些随同三监叛乱的人是不合这标准的。因而责令他们在周的官员统治下好好臣服。

王曰：“告尔殷多士！今予惟不尔杀，予惟时命有申①。今朕作大邑于兹洛，予惟四方罔攸宾②；亦惟尔多士攸服，奔走臣我，多逊③。

“尔乃尚有尔土，尔乃尚事宁干止④。尔克敬，天惟畀矜尔。尔不克敬，尔不啻不有尔土，予亦致天之罚于尔躬！今尔惟时宅尔邑，继尔居⑤，尔厥有干有年于兹洛⑥。尔小子乃兴，从尔迁。"

　王曰："又曰时予，乃或言尔攸居⑦。"

　①予惟时命有申——江声《音疏》："申，重也(《释文》)。今我惟不忍女杀，恐女陷于罪戾，惟是故有重申之命。前归自郼，大降民命，故为此重命也。"

　②予惟四方罔攸宾——江声《音疏》："马融曰：'宾，却也。'(见《释文》)声谓如马谊，则'宾'读为'摈'也。今我作大邑于此土中洛汭之地以待四方，我于四方无所摈却，岂独摈外尔多士乎……《战国策》苏秦说赵王曰'六国从亲以摈秦，秦必不敢出兵于函谷关以害山东矣'，则'摈'谓拒却之也。《史记·苏秦传》则云'六国从亲以宾秦'，则古字'宾'与'摈'通也。"

　③奔走臣我多逊——孙诒让《骈枝》："案此与上文相对。上文移徙疏远之，故言'比事'。此就雒邑而用之，谓我作雒邑，亦惟汝多士为任使，俾为我共奔走之任。上云'比事'虽亦即'奔走'，而云'臣我宗'，乃为官之僚属。此直云'臣我'，不云'宗'，前升于王庭矣。《多方》亦云'今尔奔走臣我监'，此云'奔走臣我'，文例正与彼同。但彼云'臣我监'，则又与上文'臣我宗'为一事；此不云'监'及'宗'，明得自达于王，即《梓材》所谓'以厥臣达王惟邦君'。'多逊'，亦言多教训之。"按，"多逊"，仍释为"多顺"，更简捷合文义。

　④尔乃尚有尔土尔乃尚宁干止——于省吾《新证》："二'尚'字应读作'常'。'止'即'之'，金文'之'多作'㞢'。'干'即'干'，与'翰'通用。《尔雅·释诂》：'翰，干也。'又：'干桢，仪干也。'《释文》：'干，本作翰。'又《释鸟》'翰'作'鹬'，金文作'鶾'，从隹从鸟

一也。《晋邦盩》：'晋邦唯翰。'《诗·桑扈》'之屏之翰'、《板》'大宗维翰'、《崧高》'维周之翰'传：'翰，干也。'《后汉书·张衡传》：'申伯樊仲实干周邦。'尤可为'干'、'翰'古通之证。'尔乃尚有尔土，尔乃尚宁干止'者，尔乃常有尔土，尔乃常安宁有以屏翰之也。"

⑤今尔惟时宅尔邑继尔居——江声《音疏》："今女惟是宅居于女邑，继尔所居之业。……继尔所居之业者，谓所执以谋生之常业，若班固《西都赋》所云'家承百年之业，士食旧德之名氏，农服先民之畎亩，商循族世之所鬻，工用高曾之规矩'也。'宅尔邑'既谓安其居处，则'继尔居'不得复为居处，故以为所居之业。《易·文言·象》云：'修词立其诚，所以居业也。'是业可言'居'也。《蟋蟀》诗云：'职思其居。'亦谓所为之事为'居'也。"俞樾《平议》："'继'当作'绥'。《说苑·指武篇》'损其有余而继其不足'，《淮南子·道应篇》'继'作'绥'，是其例也。绥尔居者，安尔居也。"

⑥有干有年于兹洛——于省吾《新证》："尔厥有干有年于兹洛者，'有翰'谓保卫，'有年'谓永久，言尔其有所屏翰有所历年于此洛邑也。"

⑦又曰时予乃或言尔攸居——孙诒让《骈枝》："案'王曰'之下忽更云'又曰'，文殊难通。……窃疑'又'当读为'有'，'有曰'谓有是言曰，犹云'有言曰'，与《君奭》'言曰在时二人'义亦近。'时予'亦当与《君奭》云'君已曰时我'同义。'时'当训为'承'（详王氏《述闻》）。'言'谓言问，《广雅·释诂》云：'言，问也。'大意言我本不欲诰汝，因汝众民有言曰能顺承我，故我乃或言问尔所安居之事。（《多方》云"有夏诞厥逸，不肯慼言于民"，"慼言"亦谓忧勤慰问之，与此"言"义同。）'攸居'，与《禹贡》'阳鸟攸居'义

同。……此篇词意颇伤峻厉,末乃慰藉之,故更缀此数语。凡此经云'又曰'者甚多,参合审校,'又'皆当读为'有'。……如……'今尔又曰:夏迪简在王庭,有服在百僚',谓今尔殷多士有曰夏人简在殷之王庭,有职事列于百僚也,此与'又曰时予'并据殷多士有言语气略同。'又曰时予'上不与'今尔'者,文省耳。《康诰》云:'非汝封又曰劓刵人,无或劓刵人。'言非汝封有命曰劓刵人,则无他人敢劓刵人也。又云:'王曰:外事,汝陈时臬司师,兹殷罚有伦。又曰要囚,服念五六日,至于旬时,丕蔽要囚。'言有告曰当要囚者,则服念之五六日,至旬时乃蔽之。《君奭》云:'又曰天不可信,我道惟宁王德延(王引之从马融本作"迪惟"是也,当据校正),天不庸释于文王受命。'言有人曰天命无常,不可信,则我亦惟文王德之延长为可信也。又云:'又曰无能往来,兹迪彝教,文王蔑德。'言有曰无能而但往来奔走者,此以常教,告文王以小德也。《多方》云:'又曰时惟尔初,不克敬于和,则无我怨。'言如有曰是仍如尔之初,不能敬和,则我必罚之,无怨我也。以上诸文并与'有曰'文义相协,足以互证。"

以上这一节,周公重新对殷遗多士进行告诫,在峻厉之余,改用较缓和的语气。以为现在修建洛邑大城,既用以接待四方的来宾者,也是为了安顿你们这些已臣服忠顺的殷遗多士奔走服劳于此,希望大家安居乐业,传世久远(中间仍用了警告:如果不规矩,就要致天之罚)。

今　译

三月里,周公第一次在新都洛邑里召集了商王方面的贵族阶级,说了一番话。

周王这样说:"殷商遗留下来的人员们听着!那个可怕的肃杀的上天给你们大大地降下了丧亡;我们周国帮助执行了天的命令,把天的显赫的威严在周王的刑罚和儆戒里表达出来,殷的天命就在上帝那边告了终讫。所以你们该得知道,这不是我们小国敢于占有殷家的天命,只是上天不愿意再给你们,决心要你们丧亡,因此他就连续地扶助我们;我们哪里敢妄求这个天位呢!上帝不愿意再给你们,这只须看天下的人民所信守奉行的,就可见出天的显赫的威严来。

"我听说:上帝是不让人们放纵地享受的,然而夏王桀却不领会这节制享受的法则,〔恣意寻乐,〕那时上帝就在他的地区里布下了灾异的谴告。夏桀还不能接受上帝的意思,反而更加狂荡起来,处处表现了他的罪状。到了这时候,天就不再考虑,毅然废掉了开头的命令,降下灭亡的责罚。于是他就命令你们的先祖成汤,革掉夏的统治;〔成汤知道这是桀个人的罪行,与人民无干,〕便把夏的贤人安置到四方,叫他们治理民事。从成汤直到帝乙,没有不是勉励德行和谨慎祭祀的,天也就建立了商的天下,平安保佑了他们;商王也没有敢失去天心,没有不能配合上帝的,所以他们会一代代传下去。可是到了最后的一位嗣王纣,他完全不明天道,还哪里说得到明白想念先王为国勤劳的故事;所以他就大大地狂荡起来,绝对不顾那上天在人民身上的显明的表现。这时上帝就不再去保护他,降下了这样绝大的丧亡。〔从这里可以知道,〕天所不帮助的,就是行为不良的人。所有四方大大小小的国家的丧亡,没有一个不是依照了他们的罪状而受罚的。"

王说:"你们殷家的人员呀！现在,因为我们周家的先王能好好地顺承上帝,所以上帝降下命令说:'你们去惩罚殷家。'我们执行这惩罚,并把惩罚结果祭告了上帝。我们的作为并不敌视你们,可是你们的王家却和我们敌对起来了。我再清楚地讲:是你们的武庚太没有法度,我们并没有采取行动,可是却先从你们的国都里发动了叛变。我因看到上天已经严厉降罚了殷家,所以也就不再从严征诛你们这些人了。"

王说:"我告诫你们！我把你们迁移到这里来栖息,这不是我个人的心意不要你们安定,这是上天的命令,违背不得的！我也不能把上天的命令向后拖,你们不要怨我！

"如你们所周知:殷家的先人传下来的典册,上面记载着殷革夏命的故事。现在你们中间有人根据了这些历史,说道:'〔在夏亡之后,〕有许多夏人是被召而选择于商王的朝廷的,商朝的百官之中少不了他们的职位;〔但为什么现在不这样呢?〕'〔你们须知道,〕我用人是把德行做标准的,〔如果你们中间有贤人,〕我一定要在商都里寻找出来;〔如其没有合这标准的,〕那我只有哀怜你们而已。这不是我的罪过,实在是上天的命令！"

王说:"多少贵族们！前些时我征伐了奄国回来,我就下了一道命令给你们住在我们四境的人民。我为了明显地表达出天的责罚,所以把你们移到遥远的地方,让你们接近我们的管事官吏,做我们尊官的部下,好好忠顺着。"

接着,王又说:"告给你们殷家的人员！现在我不杀你们,但我还把以前的命令重申一下。我们在洛水旁边造起这座大城,为的是四方的人们到来时没有一个是被拒绝的；我们不但不会拒绝你们，而且正要你们做事，替我们奔走服劳，做我们的臣子，多多承顺我们。

"你们在这里，是永远可以占有你们所分得的土地，永远可以安宁地守护着它。你们对我们恭敬，天就给你们哀怜。如其不然，那么你们不但不能保有你们的土地，我也要把上天的责罚加到你们的身上。现在你们已经定居于你们自己的都邑，安然从事于你们自己的职业，你们可以好好地在洛水旁边享受那安稳的守护和绵长的岁月。你们的子子孙孙无穷的发展，就从你们今天的迁居种了根了。"

末了，王说："〔我本来没准备对你们说话，〕只为你们中间有人表示，说是可以顺承我，所以我就乘便来问问你们在这里居住的情形。"

讨　论

（一）这篇文字是周公东征，灭了武庚，迁殷顽民于洛邑后的第二次训话（理由见下条）。也就是《召诰》所载"太保乃以庶殷攻位于洛汭"及"周公乃朝用书命庶殷"等所作的命书用以告诫殷人，篇中处处用天命来压制殷人：灭殷是天命，迁殷亦天命，不任殷人官职亦天命，而武庚反周是违抗天命，迁洛的殷人如其不安于新邑也是违抗天命。这就见得周公怎样利用天来作统治殷遗民的政治手段。一方面，他还谆谆地劝诱他们，应该怎样在新邑里安居乐业，怎样接受周王和周方官吏的教训，使将来仍有兴盛的希望。这是周公恩威并用的策略。

（二）这篇文字与《多方》为姊妹篇。《多方》说"惟五月丁亥，王来自奄"，这一篇说"惟三月，周公初于新邑洛用告商王士"，又说"昔朕来自奄"，都说由奄来，而一为五月而方来，一为三月而昔来，可见这两篇决非一年内的事。《多方》说"我惟大降尔四国民命"，这篇说"昔朕来自奄，予大降尔四国民命"，又说"予惟时命有申"，可见《多方》是初命，这篇是申命，申者重也，明是第二度的训话。《多方》又说"尔乃自时洛邑，尚永力畋尔田"，可见迁殷民于洛邑的事是紧接着东征的，东征胜利，即将反周的殷人悉数迁到洛邑，因为迁去的人多了，所以就在那里造起一座大城，作为周的东都，来对殷人作进一步的统治。这篇讲话是开始经营东都时说的。

（三）这篇名为"《多士》"，开首又说"用告商王士"，又说"尔殷遗多士"，可见这篇讲话主要针对迁洛的殷商的王族说的。这辈人是从前的统治阶级，所以在抗周失败之后还希望做官，他们说，在他们的历史里，夏朝亡了之后，商朝还是把夏人"简在王庭，有服在百僚"的。这是一件真实的事情，有记载可依据，周公也奈何他们不得，所以他也说"尔先祖成汤革夏，俊民甸四方"。但那时恰在讨平叛乱后不久，周公实在对他们放心不下，所以他就提出一个"德"字来应付他们，说：我用人的标准是德，只要是有德的人，我自会寻觅了登用；至于一班无德的呢，那我除了哀怜之外就另无办法。这样一搪塞，那些商王士只好忍气吞声了。好在他们的生活所需，周朝已经分配给他们田地，是不成问题的。待将来"多逊"之后，当然还可以作奔走之臣。这是"作新民"的道理。《诗·大雅·文王》云:"商之孙子,其丽不亿,上帝既命,侯于周服。……殷士肤敏,祼将于京,厥作祼将,常服黼冔。"可见殷士在受训之后即已大量地分配了工作,但似乎偏重在祭祀方面,依然脱离了现实的政治。当时商的王族播迁,各有其氏族的集团,其中当有不少的庶民与奴隶,《召诰》说周公"既命殷庶,庶殷丕作",所谓"庶殷"当即氏族集团所辖的此辈人。

（四）本篇首言"周公初于新邑洛用告商王士",明本篇悉为周公之言;而即继之以"王若曰",自此到底都称"王曰",这是周公致辞的确据,所以"王若曰"、"王曰"之王就是周公。《大诰》等篇的"王曰"亦即是周公之言,由此可得间接的证明。《书序》说:"成周既成,迁殷顽民,周公以王命诰,作《多士》。"说的是以王命诰。只是上半句有倒果为因的小误,实在是先迁了殷的顽民,然后造成成周的都城的。

（五）本篇的"惟殷先人有册有典,殷革夏命",这可见商的史官写在竹简上的史书必然不少,如其保存,恐怕比了纪载占卜的甲骨的数量还要多。可惜当时不善于处理,武庚既灭,或即销毁,所以东周时人引用的已极少,到孔子时而有"殷礼……文献无征"之叹了。甲骨可再现,竹简便不能,读此慨叹。

（六）本篇篇首云:"惟三月,周公初于新邑洛用告商王士。"这"三月"可能即是《召诰》的"三月",那时周公至洛曾用书"命庶殷"。那是周公通过殷的一些邦伯(有领地的贵族)驱使庶殷这些平民连带奴隶的劳动力来营建洛邑,该篇有"诰告庶殷"语,且几次说到重视小民,至欲"以小民受天永命"。此篇则专对"商王士"、"殷遗多士"即殷商王族说的,专以"天命"威胁并以严峻语气说明今在洛水旁营建新邑,使汝殷人奔走服劳而后获安居乐业,应恪遵天命臣服于我有周。

(七)《多士》应在《多方》后是无疑的事,今《多方》反后于《多士》三篇,足见《尚书》篇次实有重定的需要。惟因比较材料不多,有些篇多待研讨,而且对待古籍首先应注意保存其原貌,因此仍依其旧次不变。

无 逸

周公在以《召诰》《洛诰》两篇吸取夏商教训谆谆告诫成王之后,又以《无逸》一篇,沿前两文同样精神,进一步专教诲成王不要逸乐而应知稼穑之艰难及小民之疾苦,所作语挚情殷的一篇告诫之辞。在先秦文献中被引用四次。在西汉伏生今文本中为第二十篇,伏生门下三家今文本中为第二十一篇,东汉马郑古文本中为第二十五篇,皆列于《周书》,东晋伪古文本为全书第四十三篇,列为《周书》第十七篇。其情况详后面"讨论"。

校 释

周公曰:"呜呼!君子[①]所[②]其无逸[③]!先知稼穑之艰难乃逸,则知小人之依[④]。相小人,厥父母勤劳稼穑,厥子乃不知稼穑之艰难,乃逸,乃谚[⑤],既诞[⑥],否则[⑦]侮厥父母曰:'昔之人无闻知!'"

①君子——朱骏声《便读》："'君子'，犹《洛诰》之'子明辟'，谓成王也。今已即辟，故先言'君'，后言'子'也。"颉刚师说：篇末言"嗣王其监于兹"，知此"君子"即指"嗣王"。

②所——于省吾《新证》："金文'启'或不从'口'，与'所'形似而讹。《逐鼎》'逐戌諆作庙叔宝障彝'，'戌諆'即'启其'。《白戎簋》'白戎肇其作西宫宝'，'启'、'肇'二字同用，'肇其'即'启其'，金文习见，乃周人语例。君子所其无逸者，君子启其无逸也。"

③无逸——段玉裁《撰异》："'无'，《今文尚书》作'毋'。'逸'，《今文尚书》作'劮'，亦作'佚'。《汉石经》残碑本篇'毋劮于游田'、'毋兄曰'可证。《史记·周本纪》作《无佚》，《鲁世家》作《毋逸》，其字参错不一，以《世家》作'毋'为不误。王伯厚《困学纪闻》云：'《无逸》，《尚书大传》作《毋佚》。毋者，禁止之辞，其义犹切。'"

④小人之依——王引之《述闻》："依，隐也。（古音"微"与"殷"通，故"依"、"隐"同声。《说文》："衣，依也。"《白虎通义》："衣者，隐也。"）谓知小人之隐也。《周语》'勤恤民隐'韦注曰：'隐，痛也。'小人之隐，即上文'稼穑之艰难'，下文所谓'小人之劳'也。云'隐'者，犹今人言苦衷也。……下文曰'旧为小人，爰知小人之依'，以其为小人之隐衷，故身为小人，备尝艰苦，乃得知之。"

⑤乃谚——段玉裁《撰异》："今本作'谚'，非也。伪《孔传》曰'叛谚不恭'，《正义》曰：'《论语》"由也谚"，谚则叛谚。'玉裁按：《论语》'由也喭'，字本从'口'。……王弼《论语》注云'喭，刚猛也'，'刚猛'与'不恭'义略同。"

⑥既诞——俞樾《平议》："诞字，《汉石经》作'延'……当从

之。《尔雅·释诂》'延,长也','长'与'久'同义。此承'乃逸,乃谚'而言,其始逸豫游戏、叛谚不恭而已,及既长久,则且轻侮其父母也。……《汉书·古今人表》'赦王延',《史记索隐》作'诞'。"

⑦否则——王引之《释词》:"《汉石经》'否'作'不'。不则,犹于是也。言既已妄诞,于是轻侮其父母也。"

以上这一节,周公开门见山以为君者必须无逸(不求逸乐)告诫成王,要做到这点就必须先懂得稼穑艰难,民生疾苦,这两句就作为全篇中心思想、全篇总纲提出。强调小民耕稼太劳苦,必须注意。

吴闿生《大义》云:"成王亲政之始,周公恐其忘祖宗之艰难,而流于骄纵,故预戒之如此。"

周公曰:"呜呼!我闻曰:昔在殷王〔太宗①,不义惟王②,旧为小人;作其即位。爰知小人之依,能保惠于庶民,不敢侮鳏寡:肆太宗之享国三十有三年。其在〕中宗,严恭寅畏③,天命自度④,治民祗惧,不敢荒宁⑤:肆中宗之享国七十有五年。其在高宗,时⑥旧劳于外,爰暨小人;作其即位,乃或亮阴⑦,三年不言,其惟不言,言乃雍⑧;不敢荒宁,嘉靖殷邦⑨,至于小大,无时或怨:肆高宗之享国五十有九年⑩。(其在祖甲,不义惟王,旧为小人;作其即位。爰知小人之依,能保惠于庶民,不敢侮鳏寡：肆祖甲之享国三十有三年。)⑪自时厥后立王，生则逸。生则逸⑫不知稼穑之艰难，不闻小人之劳，惟耽乐之从。自时厥后亦罔或克寿，或十年，或七、八年，或五、六年，或四、三年。"

①昔在殷王太宗——段玉裁《撰异》："《汉石经》'高宗之飨国百年，自时厥后'，《隶释》所载残碑紧接，不隔一字。洪氏云：'此碑独阙祖甲，计其字当在中宗之上，以传序为次也。'（云"计其字"者，谓以每行若干字计之，洪于残石得辜较每行字数也。）是《今文尚书》与《古文尚书》大异。考《殷本纪》，太甲称太宗，太戊称中宗，武丁庙为高宗。《汉书》王舜、刘歆曰：'于殷大甲曰大宗，大戊曰中宗，武丁曰高宗；周公为毋逸之戒，举殷三宗以劝戒成王。'倘非《尚书》有'太宗'二字，司马、王、刘不能臆造。……据此，则《今文尚书》'祖甲'二字作'太宗'二字，其文之次当云'昔在殷王太宗——其在中宗——其在高宗'，不则今文家末由倒易其次第也。今本《史记》同《古文尚书》者，盖或浅人用《古文尚书》改之。《殷本纪》曰'帝甲淫乱，殷复衰'，与《国语》'帝甲乱之，七世而殒'相合。太史公既依《无逸篇》云'太甲称太宗'，则其所谓'淫乱，殷复衰'者必非《古文尚书》之祖甲可知也。王肃注《古文尚书》，而云'祖甲，汤孙大甲也。先中宗，后祖甲，先盛德，后有过'，此用今文家说注古文；而不知从今文之次，则太宗为汤孙太甲，从古文之次，则祖甲为祖庚之弟帝甲，各不相谋也。……此条今文实胜古文。古文祖甲在高宗之后，则必以帝甲当之。帝甲非贤主，虽郑君之注亦不得不失之诬矣。"为恢复今文原貌，特将伪孔本移至"肆高宗"句后的

1628

"其在祖甲"至"三十有三年"四十四字移正于此,并将"祖甲"改正为"太宗"。

②不义惟王——皮锡瑞《考证》:"义,古仪字,拟也。不义维王,谓不拟居王位。孟子曰:'汤崩,太丁未立,外丙二年,仲壬四年。'殷法:兄终弟及,立子不立孙,使外丙、仲壬或有一人永年,则太甲无次立之势,故太甲不自拟维王。殷时王子多在民间,太甲未立之时或亦在外,故云'久为小人于外,知小人之依'也。"

③严恭寅畏——于省吾《新证》:"恭,本应作龏。《秦公钟》'严龏夤天命',较此少一'畏'字。"

④天命自度——《汉石经》:"中宗严恭寅畏天命自亮。"段玉裁《撰异》:"'度'与'亮'音不相涉,'亮'与'量'音同,'自量'犹'自度'也。"皮锡瑞《考证》:"《释诂》:'亮,右也。'天命自亮,言天命佑助也。此今文义。"此汉今文作"亮",伪古文作"度",自应从汉今文。

⑤不敢荒宁——于省吾《新证》:"彝器有《𤎩伯簋》,'𤎩'即'荒'。敦煌隶古定《尚书·禹贡》'荒服'之'荒'作'𤎩'。但'荒宁',金文皆作'妄宁'。《毛公鼎》:'女毋敢妄宁。'《晋姜鼎》:'不假妄宁。'是'荒'、'妄'同声相假也。"

⑥其在高宗时——段玉裁《撰异》:"'其在高宗'句绝。'时',《中论》作'寔'。《释诂》'时'、'寔'同训'是'。"

⑦乃或亮阴——"亮阴",一作"谅阴"。《论语·宪问篇》:"子张曰:'《书》云:"高宗谅阴,三年不言。"何谓也?'子曰:'何必高宗,古之人皆然。君薨,百官总己以听于冢宰三年。'"一作"谅闇"。《吕氏春秋·重言篇》:"人主之言不可不慎。高宗,天子也,即位,

谅闇三年不言。卿大夫恐惧患之。高宗乃言曰：‘以余一人正四方，余惟恐言之不类也，兹故不言。’"一作"凉阴"。《汉书·五行志》："高宗承敝而起，尽凉阴之哀。"一作"亮闇"。《史记·鲁世家》："乃有亮闇，三年不言。"一作"梁闇"。《尚书大传·周传》："《书》曰：‘高宗梁闇，三年不言。’何谓梁闇也？"段玉裁《撰异》："‘谅’、‘凉’、‘亮’、‘梁’，古四字同音，不分平仄也。‘闇’、‘阴’，古二字同音，在侵韵，不分侵覃也。"

郭沫若《驳说儒》："‘谅阴’或‘亮阴’这两个古怪字眼，怎么便可以解为守制呢？一个人要‘三年不言’，不问在寻常的健康状态下是否可能，即使说用坚强的意志力可以控制得来，然而如在‘古之人’或古之为人君者在父母死时都有‘三年不言’的‘亮阴’期，那么《无逸篇》里所举的殷王有中宗、高宗、祖甲，应该是这三位殷王所同样经历过的通制，何以独把这件事情系在了高宗项下呢？子张不解所谓，发出疑问，正是那位‘堂堂乎张也’的识见过人的地方。可惜孔夫子的答案只是一种独断式，对于问题实在并没有解决到。而所谓‘古之人皆然’的话尤其是大有问题的。真真是‘古之人皆然’吗？这儿却要感谢时间的经过大有深惠于我们，我们三千年下的后人却得见了孔子所未见的由地底发出的殷代文献：一、‘癸未，王卜贞：酒肜日自上甲至于多后，衣。亡它自尤。在四月，惟王二祀。’（《殷虚书契前编》三卷，二十七叶，七片）二、‘□□，王卜贞：今由巫九告，其酒肜日自上甲至于多后，衣。亡它在尤。在十月又二。王稽，曰大吉。惟王二祀。’（同三卷，二十八叶，一片）三、‘癸巳，王卜贞：旬亡尤。王稽，曰吉。在六月，甲午，肜芍甲。惟王三祀。’（同《续编》卷二，五叶，十片）四、‘癸酉，王卜贞：旬亡

尚书校释译论

尤。王稽，曰吉。在十月又一，甲戌，妹工典，其𡧱，惟王三祀。'（同一卷，五叶，一片）这些由安阳小屯所出土的殷虚卜辞，由字体及辞例看来，是帝乙时代的记录。这里面还有少数的字不认识，但大体是明白的。请看这儿有什么三年之丧的痕迹呢？第一、第二两例的'衣'是'五年而再殷祭'之'殷'，古人读'殷'声如'衣'，这是已成定论的，是一种合祭。两例都同在'王二祀'即王即位后的第二年，一在四月，一在十二月，仅隔七八月便行了两次殷祭，已经和礼家所说的殷祭年限大有不同；而在王即位后的第二年，为王者已经自行贞卜，自行稽疑，自行主祭，古者祭祀侑神必有酒肉乐舞，王不用说是亲预其事了，这何尝是'三年不言'、'三年不为礼'、'三年不为乐'，何尝是'百官总己以听于冢宰'，做个三年的木偶呢？第三、第四两例也是同样。那是在王即位后的第三年，一在六月，一在十一月，而王也在自行贞卜，自行稽疑，自行主祭。……根据上举铁证，我们可以断言：殷代，就连王室都是没有行三年之丧的。……问题到应该回头去跟着二千年前的子张再来问一遍：'《书》云："高宗谅阴，三年不言。"何谓也？' 健康的人要'三年不言'那实在是办不到的事体。但在某种病态上是有这个现象的，这种病态，在近代的医学上称之为'不言症'（Aphasie），为例并不稀罕。据我看来，殷高宗实在是害了这种毛病的。所谓'谅阴'或'谅闇'大约便是这种病症的古名。'阴'同'闇'是假借为'瘖'，口不能言谓之瘖，'闇'与'瘖'同从'音'声，'阴'与'瘖'同在侵部。《文选·思玄赋》'经重瘖乎寂寞兮'，旧注'瘖，古阴字'，可见两字后人都还通用。这几个字的古音……当然是可以通用的。'亮'和'谅'虽然不好强解，大约也就是明确、真正的意思吧，那是说高宗的哑并不是假装的。……我要再来申说一下那'不言症'的病理。那种病症说是有两种型，一种是'运动性不言症'（Motorische Aphasie），一种是'感觉性不言症'（Sensorische Aphasie）。前者的脑中语识没有失掉，只是末梢的器官不能发言，有时甚至于连写也不能写；不过你同他讲话，他是明白的。后者的连脑中语识都失掉了，听亲人说话俨如听外国话。……其病源呢，据说是大脑皮质上的左侧的言语中枢受了障碍。有时是有实质上的变化，如像肿伤、外伤等；有时却也没有。没有的自然是容易好的。殷高宗的不言症，大约是没有实质变化的一种，因为他是没有受手术而自然痊愈了的，由这儿我们可以推想得到的。"

⑧言乃雍——段玉裁《撰异》："《史记·鲁世家》，'雍'作'谨'。《檀弓》：'子张问曰："《书》云：'高宗三年不言，言乃谨。'"'……《坊记》：'子曰："高宗云：'三年其惟不言，言乃谨。'"'……玉裁案：《史记》作'谨'，《今文尚书》也，《记》与《今文尚书》合。"于省吾《新证》："'谨'当读'观'，《庄子·天运》'名誉之观'《释文》"观，司马本作谨"，《周书·太子晋篇》'远人来欢'，下文作'远人来观'，可证。《嘉量铭》'以观四国'《释文》'观，示也'。其惟不言言乃谨者，其惟不言，言乃有所观示，谓其动静语嘿之不苟也。"

⑨嘉靖殷邦——段玉裁《撰异》："《鲁世家》'嘉'作'密'。玉裁按：《太平御览》九十一《东观汉记序》曰：'……密静天下，容于小大，高宗之极至也。……'樂栝《无逸篇》文也，与《史记》'密靖殷国'正合。是可证《今文尚书》作'密'，《古文尚书》作'嘉'，司马子长、刘珍等皆用《今文尚书》原文，非以'密'训'嘉'也。……密之训，安也。《诗·公刘》'止旅乃密'《毛传》：'密，安也。'《说文》

'宓'训安。以'密'为'宓',假借之法也。"

⑩肆高宗之享国五十有九年——段玉裁《撰异》:"'五十有九年',《汉石经》作'百年'。《汉书·五行志》说'高宗攘木鸟之妖,致百年之寿'。《楚元王传》,刘向说'高宗有百年之福'。《杜周传》,杜钦说'高宗享百年之寿'。《论衡·气寿篇》:'高宗享国百年,周穆王享国百年,并未享国之时皆出百三十、四十岁矣。'又《无形篇》:'高宗有桑榖之异,悔过反政,享福百年。'又《异虚篇》:'高宗改政修行,享百年之福。'此皆用《今文尚书》也。按《鲁世家》作'五十五年',既不同《今文》,复与《古文》不合。"按,说"享百年之寿"是合情理的,说"享国百年"则必误。文中明言他"旧劳在外",则即位必已不小,《史记》说他享国五十五年,此处说五十九年,文字小异,基本相近,总之享国五十余年是可相信的。

⑪其在祖甲不义惟王旧为小人作其即位爰知小人之依能保惠于庶民不敢侮鳏寡肆祖甲之享国三十有三年——此伪孔本在"肆高宗之享国五十九年"后,接"其在祖甲不义惟王"至"肆祖甲之享国三十有三年"其四十四字。其实本篇原文见于汉今文者,系按先后几个名王顺序谈的,先太宗(太甲,殷第五任国王),次中宗(旧释以为太戊,殷第十任国王,甲骨文中为祖乙,十四任国王,详后"讨论"),次高宗(武丁,殷第二十三任国王)。而伪孔本则承汉末古文本改按年数多少排,先七十五年,次五十九年,次三十三年(王肃注找的理由是:"先中宗,后祖甲,先盛德,后有过"),而在武丁后称为甲的国王只有祖甲,就以"祖甲"替换了"太宗太甲"。祖甲并非有名贤王,其拼凑之迹显然,故不用古文及伪古文之说,恢复汉今文顺序,将此段文字移"中宗"前,并将"祖甲"改回为"太宗"。

⑫生则逸——皮锡瑞《考证》："《中论·夭寿篇》曰：'自时厥后立王，生则逸，不知稼穑之艰难，不知小人之劳苦，唯耽乐是从……'据此则《今文尚书》不重'生则逸'三字。"按，古人引书往往简省，何况重复句，不能因古人未引重复句，即谓原文无此重复句。

以上这一节，以殷代贤明君主为例，都亲历民间，懂得和重视小民疾苦，即位后都注意保惠庶民，因而严恭寅畏，不敢荒宁，克尽为君之德，终能获得享国长久。反之，生则逸，不知稼穑艰难，不恤小民，惟知耽乐，终致夭其年寿。用这种方式警醒告诫成王不可贪图逸乐。

周公曰："呜呼！厥亦惟我周，太王、王季克自抑畏。文王卑服①，即康功田功②；徽柔懿恭，怀保小民，惠鲜于鳏寡③；自朝至于日中昃，不遑暇食④，用咸和万民⑤。文王不敢盘于游田，以庶邦惟正之供⑥。文王受命惟中身，厥享国五十年。"

周公曰："呜呼！继自今嗣王则其无淫于观，于逸，于游，于田，以万民惟正之供⑦。无皇曰⑧：'今日耽乐。'乃非民攸训，非天攸若⑨，时人丕则有愆⑩。无若殷王受⑪之迷乱，酗于酒德哉！"

①文王卑服——陆德明《释文》："卑，如字。马本作'俾'，使也。"孙诒让《骈枝》："案'卑'当从马本作'俾'，其训为'使'则是

而未尽也。此当训为'从'。《尔雅·释诂》云:'俾、使,从也。'是'俾'、'使'皆有'从'义。'服'当训为奉行,犹《康诰》云'明乃服命',《召诰》云'越厥后王复民,兹服厥命'。此承上'大王王季克自抑畏'之文,谓文王从先王之德而奉行之,即就康功田功也。"按《周本纪》载复修始祖后稷,嗣祖公刘重农之业的古公亶父,率族迁居岐下,再兴农业,周族始大。子季历继续发展,季历子即文王,受命而兴,追尊古公为太王,季历为王季。是太王为文王之祖,王季为文王之父。

②即康功田功——章炳麟《拾遗》:"功,古文作工。康,《释宫》云:'五达谓之康。'字亦作'庚',《诗》有'由庚',《春秋传》有'夷庚',以为道路大名。康功者,谓平易道路之事。田功者,谓服田力穑之事。前者职在司空,后者职在农官,文王皆亲莅之。"顾刚师以为:《诗·大雅·绵》曰:"柞棫拔矣,行道兑矣,混夷駾矣,维其喙矣。"《周颂·天作》曰:"天作高山,大王荒之。彼作矣,文王康之。彼徂矣岐,有夷之行。"均足为章说佐证。彼时国力之增高,开拓道路为一要政,"文王康之"之"康"显然即"康功"之"康"。

③惠鲜鳏寡——皮锡瑞《考证》:"《汉书·景十三王传》曰:'惠于鳏寡。'《谷永传》引《经》曰:'怀保小人,惠于鳏寡。'……《后汉书·明帝纪》中元二年诏引'惠于鳏寡',皆不作'惠鲜'。"

④不遑暇食——段玉裁《撰异》:"皇,今本作遑,俗字,疑卫包所改也。下文'则皇自敬德'郑注'皇谓暇,谓宽暇自敬',可以证此之不从'辵'矣。'皇'、'暇'叠文同义。《尔雅·释言》:'偟,暇也。'凡《诗》《书》'遑'字皆后人所改,如'不遑启处'、'不遑假寐'之类。'不皇假寐'与'不皇暇食'句法正同,古'假'、'暇'通用,如

'假日'即'暇日',非赵盾假寐之云也。"

⑤用咸和万民——俞樾《平议》:"咸,亦和也。《诗·常棣篇》曰'周公吊二叔之不咸',《正义》曰:'咸,和也。'盖'咸'即'諴'字之省。《说文·言部》:'諴,和也。'用咸和万民者,用諴和万民也。"

⑥以庶邦惟正之供——王引之《述闻》:"'以庶邦惟正之供'(《唐石经》以下俱作'供',兹依《后汉书·郅恽传》注所引改正),'以',犹'与'也(见《释词》)。'正',当读为'政'。'共',奉也(见《〈甘誓〉传》……)。言耽乐是从则怠于政事,文王不敢盘于游田,惟与庶邦奉行政事。"

⑦以万民惟正之供——段玉裁《撰异》:"《隶释》载《汉石经·尚书》残碑'酒毋劮于游田维□□共',与《古文》大异。考《汉书·谷永传》对灾异,引《经》曰:'继自今嗣王,其毋淫于酒,毋逸于游田,惟正之共。'正与《石经》合。《石经》'维'下'共'上所阙必'正之'二字。汉时民间所习,章奏所用皆《今文尚书》。'其毋淫于酒,毋逸于游田,维正之共',此《今文尚书》也。'则其毋淫于观,于逸,于游,于田,以万民惟正之供',此《古文尚书》也。"王引之《述闻》:"'以万民惟正之共',亦谓与万民奉行政事也。……《后汉书·郅恽传》注引《尚书·无逸》曰'以万人唯政之共'("政"字与东晋《古文》不同,盖出马、郑本;"人"字则唐人避讳也),是其明证。"

⑧无皇曰——段玉裁《撰异》:"《汉石经》残碑'共毋兄曰今日',《今文尚书》作'毋兄',《古文尚书》作'无皇'也。下文'则皇自敬德',《石经》残碑作'则兄曰敬德',郑注:'皇,暇也,言宽暇自敬。'王肃本'皇'作'况',注曰'况滋益用敬德',王盖据《今文》以改《古文》也。此'皇'字,郑亦当训暇,王亦当作'况',训滋益。

《诗·小雅·常棣》'况也永叹','况'或作'兄','兄'是古字，'况'是今字。《大雅·桑柔》'仓兄填兮'，《召旻》'职兄斯引'，二毛《传》皆云：'兄，滋也。'韦昭《国语注》云：'况，益也。'毋兄曰者，毋益曰云云也。"

⑨非天攸若——俞樾《平议》："若，顺也。训，亦顺也。《广雅·释诂》曰：'训，顺也。''非民攸训'，言非民所顺也，'非天攸若'，言非天所顺也，文异而义实不异。"

⑩时人丕则有愆——王引之《释词》："'时人丕则有愆'，言是人于是有过也。"

⑪殷王受——即殷王纣。《竹书纪年》作"帝辛受"，《牧誓》称"商王受"，《史记》作"殷王纣"。纣以酗酒亡国闻名于历史上。参看《西伯戡黎》《牧誓》二校释。

以上这一节，再以自己周王室先王太王、王季的美德，引起周文王的奋勉勤劳，怀保小民，与殷三宗一样终获享国长久，因而告诫自今嗣王应敬承先王之德，不可逸乐，尤以"不敢盘游"为重点，告诫当以殷纣之迷乱酗酒终致亡国引为教训。

周公曰："呜呼！我闻曰：古之人犹胥训告，胥保惠，胥教诲①，民无或胥诪张为幻②。此厥不听③，人乃训之④，乃变乱先王之正刑，至于小大，民否则厥心违怨，否则厥口诅祝⑤。"

周公曰："呜呼！自殷王〔太宗及〕中宗及高宗（及祖甲）⑥及我周文王，兹四人迪哲⑦。厥或告之曰：'小人怨汝詈汝。'则皇自敬德⑧。厥愆，曰：'朕之愆！'允若时，不啻不敢含怒。此厥不听⑨，人乃或诪张为幻，曰：'小人怨汝詈汝。'则信之，则若时，不永念厥辟⑩，不宽绰厥心，乱罚无罪，杀无辜，怨有同，是丛于厥身！"

　　周公曰："呜呼！嗣王其监于兹⑪！"

　　①犹胥训告胥保惠胥教诲——王引之《述闻》："家大人曰：'犹，与由通（庄十四年《左传》"犹有妖乎"，《正义》曰："古者'犹'、'由'二字义得通用"）。由，用也。……言古之人用相道告、相安顺、相教诲也。'"是此处释"犹"为用，并训"胥"为相。见《尔雅·释诂》："胥，相也。"

　　②或胥诪张为幻——段玉裁《撰异》："《说文解字》第三篇言部'诪'字下、第四篇予部'幻'字下皆引'无或诪张为幻'，无'胥'字。《尔雅·释训》：'侜张，诳也。'郭《注》：'《书》曰："无或侜张为幻"'，亦无'胥'字，而作'侜'为异。玉裁按：此句无'胥'字为是。上文三'胥'字皆君臣相与之词，此'胥'字不伦。下文'人乃或诪张为幻'，亦无'胥'字。盖因《伪孔传》有'相'字而增之也。诪，《释文》曰：'马本作辀。'考扬雄《三老箴》作'侏张'，《诗·陈风·传笺》作'侜张'，《后汉书·皇后纪》作'辀张'，皆同音通用。"

　　③此厥不听——段玉裁《撰异》："'《汉石经》……'听'作'圣'……此《今文尚书》也。'听'、'圣'字古音同部；而《古文尚书》作'听'当是袭卫、贾、马、郑之本。……又按秦《泰山碑》'皇帝躬听'，《史记》作'躬圣'，见《广川书跋》。"皮锡瑞《考证》："《今

文》作'不圣',其义当为不容。《洪范五行传》曰:'思心之不容,是谓不圣。'然则'不圣'即'不容'之义。《东观汉记序》曰:'密静天下,容于小大。'乃檃括经文'密靖殷国至于小大无怨'二句文义,盖能容则小大无怨,不能容则至于小大民丕则厥心违怨,丕则厥口诅祝也。……以经文前后合而观之,能容之效与不能容之弊乃正相反。"

④人乃训之——俞樾《平议》:"'此厥不听,人乃训之,乃变乱先王之政刑',言人乃顺从其意以变乱旧法也。"

⑤否则厥心违怨否则厥口诅祝——段玉裁《撰异》:"两'否则'字恐'丕则'之误。上文'丕则有愆';《康诰篇》'丕则敏德'。此处文理蒙上直下,恐不似今人俗语云'否则'也。"王引之《释词》:"经传所用,或作'丕',或作'否',其实一也。……'民否则厥心违怨,否则厥口诅祝',言民于是厥心违怨,于是厥口诅祝也。"王引之《述闻》:"家大人曰:'违,亦怨也。……《广雅》曰"怨、怓、很,恨也","怓"与"违"同。班固《幽通赋》"违世业之可怀",曹大家注曰:"违,恨也。"《邶风·谷风篇》"中心有违",《韩诗》曰"违,很也","很"亦"恨"也。"厥心违怨","违"与"怨"同义,犹"厥口诅祝","诅"与"祝"同义耳。'"

⑥自殷王太宗及中宗及高宗——段玉裁《撰异》:"'自殷王中宗及高宗及祖甲',《今文尚书》必云'自殷王太宗及中宗及高宗',此无可疑者。"余见本篇第二节校释①。

⑦兹四人迪哲——王引之《释词》:"迪,词之用也。……'兹四人迪哲',言惟兹四人用哲也。"

⑧则皇自敬德——见本篇第三节"不遑暇食"校释。

⑨此厥不听——皮锡瑞《考证》:"《石经》于上文作'不圣',此亦当同。不圣者,不容也。下云'不宽绰厥心,乱罚无罪,杀无辜',正不容之义。"

⑩不永念厥辟——顾刚师云:辟,法也,型也。即指迪哲之四王言,谓其所垂之典型也。

⑪嗣王其监于兹——于省吾《新证》:"《梓材》'自古王若兹监','已,若兹监'。《君奭》'肆其监于兹'。《吕刑》'监于兹祥刑'。《周颂·敬之》'日监在兹'。《史颭彝》'其于之朝夕监'。'之'读'兹'。'兹监','监兹',周人成语。古人之惕厉自省盖如此。"

以上这一节,如吴闿生《尚书大义》所云:"正意已尽于前,此下则劝其从谏也。"全节分三小段,第一小段旨在为君应与民相保相教,力泯隔阂,以消除民心违怨。第二小段极言从谏的重要,殷周明君善纳人言,敬德以获民心,拒谏乱罚,必招罪愆。第三小段为全文总的结语,劝嗣王应以上举各点深切引为教训。吴闿生《大义》云:"周公此书虽为成王而作,而其辞曰'嗣王其监于兹',则永为后世法戒也。"

今　译

周公说:"呵!做君主的自始就不该贪安逸呀!如果他先去知道了耕种和收获的艰难之后再去享受安逸的生活,那就可以明白小民们的疾苦。我们试看小民,爹娘在田地上用尽了劳力,〔挣得一份产业,〕可是他们的儿子〔惯于不劳而获〕,不理会务农的辛苦，于是就偷安了，就任性了，为日既久，又侮辱他的爹娘道：'老一辈的人懂得些什么！'"（即此可知小民们的痛苦就是一家人也不容易理会呢。）

周公说："呵！我听说：从前殷王太宗，他本没有准备做王，原在小民群里经历了好久；等到他登了王位，识得小民们的苦衷，就能安养众多老百姓，连鳏夫寡妇都不被轻慢：所以他享有国祚三十三年。到了中宗，他庄重严肃，以自助取得天助，治理民事十分小心，不敢有一些懈怠：所以他的国祚有七十五年。到了高宗，他先前也是在外面受辛吃苦的，常和小民们一起生活；后来做了王，忽然犯了瘖哑病，三年不能说话，他不说话也罢，一说话时可就成了四方的法则了；他不敢懈怠，安靖殷国，大大小小的人物都为他所感动，没有一个有怨言的：所以他的国祚也有五十九年。从此以后立的王，生下来就习惯安逸，不知道种田的艰难，不听得小民的劳苦，只是贪欢寻乐。所以从此以后他们的王也没有一个高寿的，在位的时间或十年，或七八年，或五六年，或三四年而已。"

周公说："呵！这也只有我们周家，太王和王季都能自己谦抑畏惧。文王秉承这两位先王的德行而奉行着，亲身管理平治道路和开展农业的两种工事；他的性格又仁爱敬恭，永在想念怎样安保小民，怎样把恩惠达给鳏寡；从早晨到日中更到日斜，常常得不到空闲工夫吃饭，所以他能和睦万民。文王不敢在游玩和打猎里寻乐，只忙于和许多所属众邦的国君共同推行政事。因此，他即位的时候虽已到了中年，但还能在位五十年之久。"

周公说："呵！从今以后，继位的王可不要在酒里沉湎，不要在游玩和打猎里开怀,该尽力和万民共同推行政事呀! 不要姑且自宽,说:'只在今天玩一下。'须知这不是人民所允许,也不是上天所允许的,〔如果这样,〕这个人就有了过失了。〔再叮咛一句话,〕千万不要像殷王纣那样迷惘荒乱和狂饮无度呀!"

周公说:"呵! 我听说:古时的君主和臣民常用互相告诫,互相安顺,互相教诲,所以人们也就没有造谣生事的。如果此心不能容物,〔不接受别人的劝导,〕于是人们只顾顺自己的私意,变乱先王的正法,延及大大小小的一切,结果只有激起了人民心里的怨恨和嘴里的咒骂。"

周公说:"呵! 自从殷王太宗到中宗到高宗到我们周家的文王,这四个人是最圣明的。如果有人告诉他们说:'有些小民在怨你骂你呀!'他们就更加自己警惕着德行。某些事情发现了过错,连忙自己承认,说:'这是我的过错!'他们是实在真心这样干,岂但是对怨骂不敢含怒而已。倘使此心不能容物,人们就会来造谣生事,说道:'小民在怨你骂你咧!'你一听就信以为真。如果这样,不能好好地想念着先王的典型,开展着心胸,一定弄得对于无罪的人,轻则乱罚,重则乱杀,那么沸腾的怨气必有所归,自然丛集于你一个人的身上了!"

最后,周公说:"呵! 继位的王,该把此处所提到的各点深切地引为鉴戒!"

讨 论

(一)这篇文字是记周公对成王说的一番话,主要的意思是要他不耽于君王的享受致忘了小民的痛苦。《史记·鲁周公世家》载:"周公归,恐成王壮,治有所淫佚,乃作《多士》,作《毋逸》,《毋逸》称为人父母为业至长久,子孙骄奢忘之,以亡其家,为人子可不慎乎!"意在借此告诫成王。全篇凡分七段,皆以"周公曰:呜呼"发端。第一段说小民耕稼太劳,痛苦最深,不但王者不易知,即小康之家的子弟们也不易知,故必须深切注意。第二段说殷三宗在未即位时如何接近小民,已即位后如何惠爱小民,所以他们的国祚长久;此外的王因为不能这样,就寿命短促了。(以君主的贤不贤定他寿命的长不长是古代人的一种信仰,《中庸》说"故大德必得其位……必得其寿……故大德者必受命",就是这个意思。)第三段说周文王的安保小民及其享国之久,与殷三宗同。第四段戒嗣王不可逸乐和自恕,犹当以殷纣为鉴戒。第五段说君与民应当相保相教,才可打通隔阂,不为浮言所惑,不为小民所怨。第六段说殷周四哲王都能因人言而修德,暗主则因人言而加罪于人,结果就大不相同。第七段总结,有"语有尽而意无尽"之意。周公吁嗟叹息,要把阶级社会里最高级的王和最低级的小民打成一片,没有一些扞格,真是中国政治哲学的最高意义深刻的卓论,无疑地该使后世的帝王当作教科书读。其全文七段可归结为四节,一段为第一节,二段为第二节,三四两段为第三节,五至七段为第四节,每节各有重点,各节相承,反映周公当新王朝建立,面对前朝后期享乐腐化恶习逐渐侵蚀到新朝上层的危险性,特及时敲响警钟,语重心长地对成王提出谆谆告诫的殷切心情。可作为周王朝建立后,在思想建设上重要的一篇文献。

（二）然而这篇文字内容却有好些可疑之点：第一，当西周初年，分割土地，封建诸侯及贵族，那时的农民非奴隶即农奴，无法自由挣得产业。这篇说："相小人，厥父母勤劳稼穑，厥子乃不知稼穑之艰难，乃逸，乃谚。"这一定是土地到了可以自由买卖的时候，由于自耕农的勤劳，得以蓄积增置田产，所以下一代就可不劳而获，离开农村，发生了贱视劳动和注意享受的意识，以致"侮厥父母曰：昔之人无闻知"，十分地表现出纨袴少年的口吻。这恐怕必须到了春秋战国才会有这种现象；若在西周，则农民附着于土地，如何会说出这般轻松的话来！第二，周公在《酒诰》里说"自成汤咸至于帝乙，成王畏相……不敢自暇自逸"，《多士》里又说"自成汤至于帝乙，罔不明德恤祀"，《多方》里又说"成汤……以至于帝乙，罔不明德慎罚"，把商代列王说得好到这样，分明不贤的只有一个纣。何以这篇同样是周公的话，而殷的贤王只缩成了太宗、中宗、高宗三位，其余的连同帝乙在内，竟都成了"生则逸，不知稼穑之艰难，不闻小人之劳，惟耽乐之从"的人呢？这可见本篇文字与周公原语不一致。当然，殷自祖甲以后确有一些盘游逸乐之君，这里只是说与周公原语的不一致。（《孟子·公孙丑篇》尚说"由汤至于武丁，贤圣之君六七作"，可见商的贤王决不止此三宗。）第三，商的年代虽不尽可知，但据《史记正义》引《汲冢纪年》云："自徙殷至纣之灭，七百七十三年，更不徙都。""七百"，朱右曾辑本《纪年》改作"二百"，近来研究甲骨文诸家表示接受。自盘庚至纣为十二传，去高宗五十七年，平均每代为十九年强；即使如汉今文家经本为高宗享国百年，平均每代仍有十六年弱。何至像本篇里说的"或五、六年，或

四、三年"呢？所以从这点看,也见作者写得与商代历史不尽合。第四,"朕"这代名词,是用于第一人称的领位,就是"我的"。可是本篇里不说"朕愆",也不说"予之愆",而说"朕之愆",这是古人无此用法的。第五,"无罪"与"无辜"义同,而本篇中说"罚无罪,杀无辜"。又"若"训"顺","训"也假借为"顺",本篇中说"非民攸训,非天攸若"。这都是后人作文章时避免复字的方法,绝不是古人说话的态度。除了上述五点之外,本篇文辞平易近人,在周公的十二篇诰辞里,它和《金縢》最相近,最易解,无疑地同是原有文献在文字上受后来很大的影响。原来此篇时代却不太迟。《国语·楚语》记左史倚相引《周书》曰"文王至于日中昃不皇暇食,惠于小民,唯政之恭",即摘录本篇语,可见本篇时代当在《国语》之前。《国语》所记全为春秋时史事,其中所引古文献,自然是春秋以前从西周传下来的。《论语·宪问》亦引《无逸》文句,是为春秋时引用此古文献。大抵此篇原出周公,自西周流传至春秋,不断受各时期文字影响,自然就有如上述的各种情况。当时文献有一普遍现象,同一篇各家所传习者除基本相同点外,于文字方面往往各有歧异。例如《甘誓》,儒墨两家本区别不小,又如同样是《仲虺之诰》一段,《荀子》和《吕氏春秋》所据本各不同,即同一《墨子》其不同三家所读《仲虺之诰》之文字亦各异。因此虽原出周公所讲之篇,由于传习中迭经转述,终于形成这样一篇有上述诸疑点而被顾师曾初步误疑为伪篇的文献了。

（三）殷代三宗,看《史记·殷本纪》及《汉书》所引刘歆说,太宗为大甲,中宗为大戊;高宗为武丁,绝无疑问。但自甲骨文出土后,忽然发现中宗是祖乙的庙号。《戬寿堂所藏殷虚文字》(第三叶)云:"中宗祖乙牛吉。"王国维《考释》曰:"此辞称祖乙为中宗;全与古来《尚书》家之说违异,惟《太平御览》(八十三)引《竹书纪年》曰:'祖乙滕即位,是为中宗,居庇。'今由此断片,知《纪年》是而古今《尚书》家说皆非也。《史记·殷本纪》以大甲为大宗,大戊为中宗,武丁为高宗。此本《尚书》今文家说。今征之卜辞,则大甲祖乙往往并祭而大戊不与焉。卜辞曰'□亥卜贞三示御大乙、大甲、祖乙、五牢'(罗氏拓本);又曰'癸丑卜,□贞:奉年于大甲,十牢;祖乙,十牢(《后》上二七叶);又曰'丁亥卜,□贞:昔乙酉箙□御□大丁、大甲、祖乙,百豬,百羊,卯三百牛□'(同上二八叶)。大乙、大甲之后,独举祖乙而不及大戊,亦中宗是祖乙非大戊之一证。《晏子春秋·内篇·谏上》云:'夫汤、大甲、武丁、祖乙,天下之盛王也。'亦以祖乙与大甲、武丁并称。"得甲骨文与《纪年》《晏子春秋》互证,可成定谳。故郭沫若在《殷契粹编》247片"□又且乙中宗三羁"之考释中赞同王国维之说,以为"此片之中宗与祖乙自是一人"。陈梦家《殷虚卜辞综述》补充了称"中宗祖乙"的卜辞十二条,都是廪辛、康丁时的,以证王国维之说。并指出:"中宗本是宗庙之宗,犹卜辞的大宗、小宗。武丁卜辞已有中宗(《京津》1170、《明》105)。"于省吾先生同意了王国维之说,但又提出了补充意见。他因初次见到了一片"中宗祖丁"的卜辞摹本,撰《释中宗祖丁和中宗祖乙》(《甲骨文字释林》)说:"王氏引卜辞和典籍以中宗为祖乙而非大戊,这是对的。"但他以为卜辞中伯仲之仲作"中",中间之中作"🖊"。今卜辞称祖丁、祖乙为"中宗"之字作中,实系仲字。

"仲宗"乃是先王以丁或乙为庙号而用以区别的称谓,而非中兴之中。这是进而又据甲骨文字的原来意义,帮助弄清了《尚书》文字中这个词的训义。

（四）这里还可附带说到《无逸》在叙三个名王之后,即说自此殷代的王惟知享乐,这在甲骨文也能得到证实。见于郭老的《卜辞通纂》和《殷契粹编》中皆有田游专类,著录甲骨甚多。郭氏于《粹编》755 片云:"殷王之好田猎,诚足以惊人,《书·无逸》谓殷自祖甲以后'立王生则逸。生则逸,不知稼穑之艰难,不闻小人之劳,惟耽乐之从',足见并非溢恶之词。"这都帮助我们对《尚书》加深理解,知道它很多内容是有所根据的。田游、享乐、酗酒就成了殷代后期的特点。

（五）宋代《汉石经》出土,本篇残字独多,其时适值金石学大兴之际,洪适《隶释》、黄伯思《东观余论》并加考论,知文字和行次并与流行本大异:"高宗之飨国百年"下直接"自时厥后",更插不下祖甲,可见不是祖甲。既不是祖甲,则依西汉今文当为太甲,祖甲一段文字应移前。关于这点,段玉裁已说得极明白。其他如"既诞"作"既延","惠鲜"作"惠于","无皇"作"无兄"（况）,"无淫于观,于逸,于游,于田"作"毋淫于酒,毋劮于游田",并比伪孔本为佳胜。即此可知古本的可贵,也可知《古文尚书》即从《今文尚书》脱出而加以变易,可是甚多变坏了的。伪孔本承刘、杜、卫、贾、马、郑的《古文尚书》来,刘歆在西汉末,《古文》由其手立,杜、卫、贾在东汉初,其时《古文》出现不久,马、郑在东汉末,其时《古文》已成定本,所以改易《今文》的事实,刘歆、杜林、卫宏、贾逵可能的都该负责任。

（六）祖甲一称帝甲。《国语·周语下》云："玄王勤商，十有四世而兴；帝甲乱之，七世而陨。"《史记·殷本纪》云："帝祖庚崩，弟祖甲立，是为帝甲。帝甲淫乱，殷复衰。"可见祖甲决不是一个贤王。班固说司马迁从孔安国问故，所以迁书为古文说，其实，如果司马迁真读过《古文尚书》，则《无逸篇》说祖甲那么好，他就决不会在《殷本纪》里写上这一笔。至于古文家为什么要为祖甲捧场，则是他们把年龄为次序的结果。在他们的脑筋里，总觉得时代愈早的君主应该道德愈好，年寿愈长。中宗七十五年，该列于首；高宗五十九年（这五十九年当是把"百年"改的，但百年确不合情理，不知五十九年有根据否），该列于次。太宗只有三十三年，分该移于末；然而太宗的时代在前，决不该放在最后，无可奈何，只得不管《国语》《史记》之文，把祖甲来顶替太甲了。

（七）高宗"亮阴"，解释为居丧，因为出在孔子口里，记在《论语》书里，所以历代无人敢疑。到了清末，廖平、康有为十分大胆，也不过说孔子要人实行三年之丧，托高宗以改制，故子张有此间难而已，于亮阴两字的解释仍不能改变。其实《楚语》说他"三年默以思道"，《吕氏春秋》说他"恐言之不类"，不关居丧已很明白。可是究竟是什么意思呢？还是摸索不出来。郭沫若氏习医，而又深通古籍；他说"阴"亦作"闇"，假借为"瘖"，高宗犯的是不言症；至于三年之丧，商代无此制度，甲骨文中有最确切的证据。这样一讲，旧说就根本倒坠了。整理古籍须有各种科学的知识，观此益明。

君奭

《君奭》是周成王时,周公旦为了搞好和同时当政辅国的召公奭的团结,特意阐述大臣对治国的重要性,而大臣之间的和衷共济尤为重要,因而总结历史教训,对召公奭所作的一篇讲话,由于周公开口称呼"君奭",故以《君奭》名篇,先秦文献中引用它一次,新近在郭店出土的战国时楚简引用它两次。在西汉伏生今文本中为第二十一篇,伏生门下三家今文本中为第二十二篇,东汉马郑古文本中为第二十六篇,皆列在《周书》。东晋伪古文本中为全书第四十四篇,《周书》第十八篇。其情况详后面的"讨论"。

校 释

周公若曰①:"君奭②,弗吊,天降丧于殷③。殷既坠厥命,我有周既受,我不敢知曰厥基永孚于休④。若天棐忱，我亦不敢知曰其终出于不祥⑤。

"呜呼！君已曰时我⑥，我亦不敢宁于上帝命⑦。弗永远念天威越我民⑧，罔尤违惟人在（哉）⑨！我后嗣子孙大弗克恭上下，遏佚前人光在家，不知天命不易⑩，天难谌，乃其坠命⑪，弗克经历嗣前人恭明德⑫。

"在今予小子旦，非克有正，迪惟前人光，施于我冲子⑬。"

又曰："天不可信，我道惟宁王德延，天不庸释于文王受命⑭。"

①周公若曰——由金文材料获知，凡大臣代宣王命，或史臣记载王命，都称"王若曰"，意为王如此说，王这样说。见《盘庚上》"王若曰"校释。此处为周公直接对君奭讲话，显非其他大臣代宣，而是史臣记载周公对召公的这篇讲话。

②君奭——《释文》："奭，始亦反。"周公名旦，召公名奭，姓姬氏（《史记《燕世家》语）。周公称呼召公名字，加"君"字作为客气称呼，如伪孔所云："尊之，曰君。"

③弗吊天降丧于殷——"吊"，善。由淑的古文被误隶定作吊，仍保存其原义"善"，弗吊，即不善。见《大诰》"弗吊天"校释。此处弗淑是说殷人做了很多坏事，所以天把丧亡降给了殷人。即《召诰》"惟不敬厥德，乃早坠厥命"之意。吊字详《盘庚下》"吊由灵各"校释。

④殷既坠厥命我有周既受我不敢知曰厥基永孚于休——"坠，

《魏石经》古文作述,于省吾《新证》引《孟鼎》正作"我闻殷述命",即坠命,意为殷坠失其天命。王先谦《参正》云:"《释诂》:'基,始也。''孚,信也。'言天心难测,我不敢知曰其始长信于休庆。"又云:"先谦案,'我不敢知曰'与《召诰》同,以为公自言不敢知,文义亦顺。据下文'天难谌'、'天不可信'二语,与此两'不敢知'相应。"

⑤若天棐忱我亦不敢知曰其终出于不祥——"天棐忱",孙诒让《骈枝》云:"此经'棐'字并当为'匪'之假借,孔读如字,训为'辅',并误。'天棐忱',犹《诗·大雅·荡》云'天生烝民,其命匪谌'(《说文·心部》引《诗》作忱),惟天命无常,不可信也。"(并举《大诰》"天棐忱辞"、"越天棐忱"、《康诰》"天畏棐忱"及本篇"若天棐忱"义并同)。"其终出于不祥",《汉石经》残字此句"其"字以上缺,存"道出于不详於戏君"八字,"於戏"即下句之"呜呼",此句则"终"作"道","祥"作"详"。《释文》云:"终,马本作祟,充也。'王氏《参正》云:《诗》传:'祟,终也。'祟,充,《释诂》文。充满周备,兼有终义。"是祟即终。'"祥之为详,冯登府《石经补考》云:"详,古祥字。"并作了较详考订。吴闿生《大义》显承孙氏说云:"案,《尚书》'棐忱'皆当读为'匪谌',言天命之难信也。汉儒皆以'辅诚'释之,殊不可通。此四字下属(指"若天棐忱"不当如伪孔本连上句"永孚于休"为读)。言我周受命,不敢以为必休。即使天不可信,亦不敢以为必不祥也,在人而已。"此处文义是,上句已说,由于天心难测,我不敢就以为一开始了就永远可信其休矣。这句是说:固然天不可信,但我也不敢就以为其结果必然是不好的。主要在于人的努力。

⑥呜呼君已曰时我——伪孔释为:"叹而言曰:君也,当是我之

留。"训"时"为是，即说君奭以我之留而不去为是。《蔡传》则云：
"周公叹息言，召公已尝曰，是在我而已。"戴钧衡《补商》云："'君
已曰时我'，公述君奭责重于己之言也。"朱骏声《便读》云："叹息
言君曾曰：辅成周业，是我之责。"皆就字面为之释，并皆训"时"为
是，章炳麟则另为之释，其《拾遗》云："召公不悦，必有所言，'君
已'者，君止也。止其言也。'曰'者，更端之辞。'时'，古用为待
字（此处举《易·归妹》"迟归有时"其象曰"有待而行也"为证）。
'待我'者，待我政成，然后去位也。"其实不如浑言您已同意我的做
法，或奖许我的做法。吴闿生《大义》则另出新解，以"时"用本义，
读为"君，已曰时我"句。释云："君字句绝，呼而告之。言今时命既
已归我（有周）。"而后接下文言不敢安于天命。意在解通此句，
可参。

⑦我亦不敢宁于上帝命——伪孔云："我亦不敢安于上天之
命。"《蔡传》云："我亦不敢苟安天命。"所释义相近。王先谦《参
正》云："'我亦不敢宁于上帝命'者，不敢以天命为可安恃也。"加
"安恃"之义，较妥。

⑧弗永远念天威越我民——孙诒让《骈枝》云："案此当读'弗
永远念天威越我民'为句，'越'，与也（详前《大诰》）。言不敢不永
远念天之威及此下民。犹后文云'予惟用悯于天越民'也。伪孔训
'越'为'勤化'，大谬。"与孙氏同时或稍早之戴钧衡《补商》及后于
二人之吴闿生《大义》皆同孙说，戴氏并云："与篇末'闵天越民'相
应，下文'克恭上下'即承天与民言之。"宋朱熹则更连下文"罔尤
违"为句。《汇纂》引其说云："朱子曰：诸诰多是长句，如《君奭》
'弗永远念天威越我民罔尤违'只是一句，'越'只是及。'罔尤违'

是总说上天与民之意。"其说有可取之处。但仍依近儒另读如下文"罔尤违惟人"较妥。

⑨罔尤违惟人在——孙诒让《骈枝》:"'罔尤违惟人',言天尤怨于人。'惟'、'于'义同。"吴闿生《大义》:'罔尤违惟人',求无罪戾,惟在人而已。'尤',罪也。'违',戾也。"皆以"罔尤违惟人"五字为句释之。戴钧衡《补商》:"罔尤违',句。'惟人在',句。《汉书·王莽传》引'我嗣事子孙'云云,不联引'惟人在',则汉人于'在'字读句绝可知(此据江声说)。毛氏奇龄、江氏声、孙氏星衍皆读'惟人在'句。言天民之无尤怨违背,惟恃有老成人在也。"王先谦《参正》云:"惟人在者,言民无尤违,惟以朝廷有人在耳。"按,伪孔读作:"越我民罔尤违,惟人在我后嗣子孙。"《蔡传》读作:"越我民罔尤违,惟人。"以"在"连下句。二读确有不合原文文义处,故为近代学者所反对。而近代学者又有上所举的一个五字句、两个三字句之异。初步斟酌,按文义五字句可从,但应加"在"字成六字句,或者说将两三字句并成六字句。下文第四节"汝明勖偶王在"及"明我俊民在"二"在"字,于省吾《新证》都训读为"哉"。援其例,此句"在"字亦当读为"哉",成为一警策句。

⑩我后嗣子孙大弗克恭上下遏佚前人光在家不知天命不易——《汉书·王莽传》群臣奏引《书》曰:"我嗣事子孙大不克共上下,遏失前人光,在家不知命不易。"是"后嗣"作"嗣事","弗"作"不","恭"作"共","佚"作"失","天命"作"命"。段玉裁《撰异》云:"《传》以'奉'训'共',卫包改作'恭',非也。"孙星衍《注疏》云:"《汉书·王莽传》群臣奏曰:'臣闻周成王幼少,周道未成,成王不能共事天地,修文武之烈,周公权而居摄,周道成,王室安。不居

摄，则恐队失天命。《书》曰（见上引"我嗣事子孙"一段）。'注：'师古曰：言我恐后嗣子孙大不能恭承天地，绝失先王光大之道，不知受命之难，天所应辅唯在有诚，所以亡失其命也（此后面两句系释下文"天难谌，乃其坠命"）。'按，《汉书》释'后嗣子孙'为'成王'，'大弗克恭上下'为'共事天地'。《白虎通》以《太誓》'上天下地'（见汉《太誓》篇）为'上下'，是也。释'遏佚前人光'为'修文武之烈'，'前人'谓文、武，'烈'者，《诗》传云'光也'。'佚'同'失'，释'在家'为'不居摄'，言退老也。……《诗·大明》传'天意难信矣，不可改易者天子也'，是'天命不易'为不可改易。师古注'不易'为'难'，非也。"这是东汉对这些词语的解释，其句读则为："我后嗣子孙大弗克恭上下，遏佚前人光，在家不知天命不易。"作三句。唐人基本承之。但东晋伪孔本句读为："惟人在我后嗣子孙，大弗克恭上下，遏佚前人光，在家不知。"作四句，其"天命不易"接下句。宋《蔡传》则句读为："惟人"为二字独立句，承上句文意。"在我后嗣子孙"以下句读则同伪孔作四句，"天命不易"亦接下句。吴闿生《大义》承其父吴汝纶《尚书故》之学并承孙诒让之说，定句读为："在我后嗣子孙，大弗克恭上下，遏佚前人光在家，不知天命不易。"亦作四句。以上至少已有四种不同句读，比较来看，以吴闿生句读较合文义。吴氏并简释云："上下，天地也。此（指此两句）假设之词，绝失文武光烈于家。家字属上，依颜师古读。"但《汉书》中颜师古此处句读不明确，可依吴氏理解。此数句文义解释，可依孙星衍所引汉代释义，但"后嗣子孙"不应只指周成王一人。

　　⑪天难谌乃其坠命——《汉书·王莽传》引作"天应棐谌，乃亡队命"。孙星衍《注疏》："以'天应棐谌'为'天难谌'者，《释诂》

云：'谌，信也。'《诗·大明》云：'天难忱斯，不易维王。'传云：'忱，信也。'……经言'在家不知天命有不易'之道，委之以天难信，乃其队失天命也。"

⑫弗克经历嗣前人恭明德——段玉裁《撰异》谓此"恭"亦当作"共"，卫包误改。孙诒让《骈枝》云：'《孔传》云：'不能经久历远，不可不慎。'又云：'继先王之大业，恭奉其明德。'按此十字作一句读，'经历'当为经营行事（"历"训行，详前《大诰》。与后文"多历年所"义异）。伪孔以'弗克经历'四字句，又诂为'经久历远'，并非。"

⑬在今予小子旦非克有正迪惟前人光施于我冲子——吴闿生《大义》："迪，正也。施，移也。""此乃转入自任语，言……我非有所匡正也，只以前人光烈移于冲子（指成王）而已。"

⑭又曰天不可信我道惟宁王德延天不庸释于文王受命——"宁王"为"文王"之误写，由金文中"文"字误隶定为宁所致，清季学者王懿荣、孙诒让等四五人都考定此"宁"字为"文"字之误，吴大澂《字说》考论甚明，《孔疏》："言宁王者，即文王也。"孔颖达全凭文义得此确解，其见甚卓（参看《大诰》"宁王遗我大宝龟"校释）。

戴钧衡《补商》："'我道'，《传》（指《蔡传》）训'在我之道'，自可通。其实'道'本作'迪'。《释文》云：'马本作"我迪"。''迪'，语助也。'庸'，易也。'庸释'者，轻易舍弃之意。《多方》'庸释有夏'、'庸释有殷'，同承上言。天命之坠，必由于弗克嗣前人德，则今予小子所以相君者，亦惟以前人之光美施之，惟于武王之德延之（此作"武王"误，因其不知"宁"为"文"之故）。则天亦不轻舍于文王所受之命矣。"于省吾《新证》："伪《传》训'释'为'释废'，孙星衍引《说文》以'舍释'为训，王静安亦训为舍去之意。并非。按'天不庸释'之'释'，《魏石经》古文作'泽'。《曲礼》'共饭不泽手'注：'泽或为择。'《吕刑》'罔有择言在身'，王引之读'择'为'致'。是释、泽、择、致古通之证。《诗》传：'致，厌也。庸，用也。''天不庸释于文王受命'者，天不用厌于文王受命也。'非天庸释有夏'者，非天用厌有夏也。'非天庸释有殷'者，非天用厌有殷也。……若'用厌'均易为'舍去'，则不词甚矣。"于说可从。

以上这一节，周公对召公讲，殷既坠命，有周受命，然一如《大诰》《康诰》等篇指出的"天棐忱"，本篇重申此义，明确说天不可信，因此沿《召诰》篇所提出的"王其德之用祈天永命"，以为只有辅翼成王继承文、武光烈，延文王之德，以保文王所受之命。意在召公能和自己一道黾勉于此。文中与诸诰一起提出了人事影响天命的新观点，以敬德来修正殷人所迷信的天命观，重视了近于人定胜天的精神。吴闿生《大义》说此为第一章"曲陈己辅导孺子之苦衷"，这是看到周公苦心经营的一面，没有充分重视周公积极进取的不听任天的摆布，而应以人的努力来控制和保住天命的一面。

公曰："君奭，我闻在昔成汤①既受命，时则有若伊尹②，格于皇天③。在太甲④，时则有若保衡⑤。在太戊⑥，时则有若伊陟、臣扈，格于上帝⑦；巫咸乂王家⑧。在祖乙⑨，时则有若巫贤⑩。在武丁⑪，时则有若甘盘⑫。率惟兹有陈，保乂有殷⑬，故殷礼陟配天，多历年所⑭。天惟纯佑命，则商实百姓、王人，罔不秉德明恤^⑮。小臣、屏侯、甸，矧咸奔走^⑯。惟兹惟德称，用乂厥辟^⑰。故一人有事于四方，若卜筮，罔不是孚^⑱。"

公曰："君奭，天寿平格，保乂有殷^⑲，有殷嗣，天灭威^⑳。今汝永念，则有固命，厥乱明我新造邦^㉑。"

①成汤——商王朝第一任国王。详《汤誓》"汤"校释及《酒诰》"成汤咸"校释。

②时则有若伊尹——《蔡传》："'时则有若'者，言当其时有如此人也。"《史记·殷本纪》："伊尹名阿衡。阿衡欲干汤而无由，乃为有莘氏媵臣，负鼎俎以滋味说汤，致于王道。或曰：伊尹，处士。汤使人聘迎之，五反然后肯往，从汤言素王及九主之事，汤举任以国政。""太甲，成汤嫡长孙也……既立三年，不明，暴虐，不遵汤法，乱德，于是伊尹放之桐宫。三年，伊尹摄行政当国，以朝诸侯。帝太甲居桐宫三年。悔过，自责反善，于是伊尹乃迎帝太甲，而授之政。"《殷本纪·索隐》："《孙子兵书》：'伊尹名挚。'孔安国亦曰伊挚。然解者以阿衡为官名……亦曰保衡。皆伊尹之官号，非名也。皇甫谧云：'伊尹，力牧之后，生于空桑。'又《吕氏春秋》云：'有侁氏女采桑，得婴儿于空桑，母居伊水，名曰伊尹。'"此皆关于伊尹之传说。《孔疏》云："伊尹名挚，诸子传记多有其文，功至大。"又云："据《太甲》之篇及诸子传记，太甲大臣惟有伊尹，知即保衡也。《说命》云：'昔先正保衡……佑我烈祖。'《商颂·那》祀成汤称为烈祖……明保衡即是伊尹也。《诗》曰：'实维阿衡，实左右商王。'郑

玄云：'阿，倚。衡，平也。……太甲改曰保衡。'……孔以《太甲》云
'嗣王不惠于阿衡'，则太甲亦曰阿衡，与郑异也。"孙星衍《注疏》
云："《书疏》云'伊尹名挚'，出《孙子·用间篇》，云：'汤以为阿
衡。'《诗·长发》云'实维阿衡，实左右商王'，《传》云：'阿衡，伊尹
也。'"战国时所见材料还有如《孟子·万章上》云："伊尹相汤以王
于天下。汤崩，大丁未立，外丙二年，仲丁四年。太甲颠覆汤之典
型，伊尹放之于桐。三年，太甲悔过，自怨自艾，于桐处仁迁义，三
年以听伊尹之训已也。复归于亳。"《古本竹书纪年》："仲壬崩，伊
尹于太甲于桐，乃自立也。伊尹即位，放太甲七年，太甲潜出自桐，
杀伊尹，乃立其子伊陟、伊奋，命复其父之田宅而中分之。"以上是
文献中关于伊尹的主要资料。

陈梦家《殷虚卜辞综述》第十章《先公旧臣》云："罗振玉曾举
出'其名臣之见于卜辞者三：曰伊尹，亦曰伊；曰咸戊，亦曰咸；曰祖
己'，而以'咸戊殆即巫咸'（《考释上》13）。王国维《古史新证》第
四章商诸臣一节所列是伊尹和咸戊二人（因祖己非旧臣，是殷宗
室，曾被称小王）。但又说'又卜辞中屡见寅尹……疑亦谓伊尹
也'。郭沫若读'寅尹'为黄尹（《卜通》236、262）。""旧臣中之最重
要者是伊尹，在文献纪录上在卜辞上，他都是最显赫的。据《君
奭》，伊尹为汤时臣。而《纪年》记其放太甲而太甲杀之，《尚书序》
谓沃丁葬之，当是可靠的。除此以外，战国典籍记伊尹的尚有以下
四项：（1）伊尹为有莘氏之媵臣，《孟子·万章上》'伊尹耕有莘之
野'。《墨子·尚贤下》'昔伊尹为有莘氏女师仆'。《吕氏春秋·
本味篇》'有侁氏……以伊尹媵女'。《天问》'成汤东巡……乞彼
小臣……夫何恶之媵，有莘之妇？'侁、莘一字。《左传·昭元年》

'商有姺邳'。《周本纪索隐》引《世本》'莘国姒姓'。(2)伊尹为
成汤之小臣,除《天问》外,《墨子·尚贤下》'汤有小臣',《吕氏春
秋·尊师篇》'汤师小臣',即《叔尸镈》'伊小臣唯传'。(3)伊尹名
挚,见《天问》《墨子·尚贤下》《孙子·用间篇》。(4)伊尹可单称
伊,《尚书序》伊尹作《伊训》,即伊尹之训。《叔尸镈》亦称伊尹为
伊。就卜辞来说,上述种种皆有某些成分的根据。卜辞称伊尹为
伊尹、伊、伊奭。伊是其私名,尹是其官名。……致祭伊尹的卜辞,
最早见于武丁晚期的子组卜辞。……《殷本纪》说'伊尹名阿衡',
《商颂·长发·毛传》云:'阿衡,伊尹也。'混伊尹与阿衡、保衡为一
人,是不对的。我们从前曾举三事以证其误:(1)《君奭》曰:'成汤
既受命,时则有若伊尹;……在太甲,时则有若保衡。'是不但伊尹、
保衡是两个人,而且一立于汤时,一立于太甲时。(2)《长发》曰:
'昔在中叶……实维阿衡。'叙事于汤之后,是所谓中叶当指汤受命
以后的商代中叶。阿衡即保衡。阿、保是其官名而衡是其私名。
(3)卜辞之黄尹、黄奭,即《诗》《书》之阿衡、保衡。因为阿、保即
奭,而'黄'、'衡'古通用。……(卜辞中的)伊奭、黄奭很可能是伊
尹、黄尹。……伊尹、黄尹并见于一版……所以他们可能不指一
人。"这些是陈梦家根据卜辞研究所得,知伊尹非阿衡亦非保衡,伊
尹为汤的大臣,至太甲时被杀,太甲的大臣是保衡。足以纠正上引
文献所说之误(按,唐兰亦有保衡即黄尹非伊尹说,其说不详)。同
时陈梦家列举了伊尹、保衡(即黄尹)、伊陟、巫咸、迟任、甘盘等人
的卜辞,以见这几位旧臣,在甲骨文中均有可考。还有郭沫若《粹
编》第194片云:"'又于十立伊又九',义颇难解,疑是'又于伊十立
又九'之倒文。立当读为位,盖谓为坛位也。"于省吾《释又于十立

君
奭

1659

伊又九》(《甲骨文字释林》)同意郭老之说,并为举甲骨文中倒文例句多句以证成郭说。以为《君奭》篇所记的是周公略举的商功臣。而商代功臣不限于所举之数。甲骨文把先世功臣排列为以伊尹为首的十九位加入祀典,可看出商代从祀的功臣人数。由郭、于二先生之说,知商代从祀功臣达十九位,知本篇周公所举只是以伊尹为首的重要的几位。

③格于皇天——皮氏《考证》引《史记》《汉书·王莽传》及汉碑作"假于皇天"。然《论衡·感类篇》《三国志》潘勖文并作"格于皇天"皮氏云:"是两汉今文家亦'假'、'格'并用。"详《尧典》"格于上下"校释。孙星衍《注疏》:"'格'者,《释诂》云:升也。谓汤得伊尹辅佐成功,升配于天也。下文云:'陟配天',陟亦升也。"

于省吾《新证》:"《尚书》格字非一训。《尧典》'格于上下'格,至也。'归格于艺祖','舜格于文祖',《洛诰》'咸格',格谓格享。《汤誓》'格尔众庶',《盘庚》'格汝众',格,来也。《高宗肜日》'惟先格王正厥事',格亦正也。《西伯戡黎》'格人元龟',格,《史记》作假。《礼记·月令》疏:'假,大也。'格与之为对文。格人,大人也。按,格、假、叚、嘏古并通。……阮元云:'叚,古假字,通嘉。'……'格于皇天'者,嘉于皇天也。'格于上帝'者,嘉于上帝也。"于氏对《尚书》格字各种不同释义的论析甚精辟。但于此处谓_{尚书校释译论}"伊尹嘉于皇天",义仍不好懂,不如仍沿孙星衍之释较好解。

④太甲——汤长子太丁之子,故《殷本纪》称他为"成汤嫡长孙"。为殷王朝第五任国王。他与伊尹的关系,据《孟子》和《殷本纪》说,因他暴虐,伊尹流放他于桐宫三年,他悔过自责,伊尹复迎他回来任国王。据《竹书纪年》说,他被伊尹放于桐后,潜逃归来杀

死伊尹而复王位。后一说出于史书记载,前一说出于诸子驰论。司马迁时,《纪年》尚藏汲冢未出土,不知有其说,遂采用诸子之说。故陈梦家《综述》就甲骨文研究成果,以史书近事实,论定《纪年》之说可靠。

⑤保衡——旧说即阿衡,亦即伊尹(见上文"伊尹"校释)。陈梦家《综述》就甲骨文研究所得详述伊尹资料,认为保衡非伊尹,又以"衡"、"黄"古字通,以为保衡即甲骨文中的黄尹。他在《综述》中说:"伊尹、黄尹在种种方面是如此的平行,所以颇疑黄尹可能是伊尹之子。"

⑥太戊——《殷本纪》称他为"太甲之孙",故伪孔亦如此注。王国维《卜辞中所见先公先王续考》有考论证成之(其言云:"大甲之后有大庚,则大戊自当为大庚子")。陈梦家《综述》据《殷本纪》并结合卜辞所见编定的殷《世系表》自天乙汤至帝辛纣凡三十一王。太戊为殷王朝第十任国王。《殷本纪》说"帝大戊……称中宗",但甲骨文中称中宗的是祖乙,始知《本纪》误。详《无逸》篇有关"三宗"的校释。

⑦伊陟臣扈格于上帝——《史记》作"假于上帝"。《古本竹书纪年》:"太甲杀伊尹而立其子伊陟、伊奋。命复其父之田宅而中分之。"是伊陟与伊奋为伊尹之二子。《殷本纪》云:"帝太戊立,伊陟为相。亳有祥桑穀共生于朝,一暮大拱,帝太戊惧,问伊陟。伊陟曰:'臣闻妖不胜德,帝之政其有阙欤!帝其修德。'太戊从之,而祥桑枯死而去。……帝太戊赞伊陟于庙,言弗臣。伊陟让,作《原命》。殷复兴,诸侯归之。"故周公数殷贤臣,于太戊时首举伊陟。陈梦家《综述》第364页录有关于伊陟的卜辞三片,一称尹陟,一称

陟，一称戊陟。以为"戊"可能是官名，则与"尹"之为官名一样。又云："伊陟为伊尹子，卜辞的戊陟可能是他，也当是巫。"

"臣扈"，按《书序》中有一则云："汤既胜夏，欲迁其社，不可。作《夏社》《疑至》《臣扈》。"《孔疏》引马融注云："圣人不可自专，复用二臣自明也。"是说疑至、臣扈为二臣名。而列此二臣之书篇于此序下，毫不相关连。显然是勉附在此。拙著《尚书学史》第四章第一节之(四)"张霸伪'百两篇'本"中述及"书序"云："这些序文原语大抵见于《史记》中，司马迁撰《史记》，成于汉武帝世，他采集了先秦传下的有关《尚书》篇章写成情况的一些资料，只是作为史事叙述，本不是各篇'序'。到了一百多年以后的成帝时，张霸抄录了《史记》中这些关于《尚书》各篇写成情况的话，加上从《左传》采撷的话，假冒为孔子所作的《书序》。……孔颖达《尧典序·正义》云：'检此百篇，凡有六十三序，序其九十六篇……'是'百篇书序'实共六十三序。上引孔颖达的话说明，不是一篇一序，其中有四篇无序，而只简单说某人作某篇。其余九十六篇则以六十三个序尽之。因有十一篇共序，又有八个'三篇共序'及四个'两篇共序'，所以百篇就写了六十三个序。从这中间可以看出勉强要凑成一百篇的苦心。张霸从《左传》和《史记》中搜集来这些可以作为《书序》的语句，怎么也达不到一百篇序，就把一篇序兼括几篇，好容易才凑成这整整齐齐的一百篇。"所以凡一序包括几篇的，后面几篇总是凑上去的，与该序意总无关。只是为了要凑成百篇，不得不尔。像"十一篇共序"，即《九共》《汨作》《稿饫》共序。本来是一篇《九共》却利用这一九字说成九篇，一下就占了九篇了，与余两篇就变成了十一篇，就像耍戏法一样凑篇数，《汨作》《稿饫》就是勉强和《九共》凑在一起的。这里的《疑至》《臣扈》也是与《夏社》毫无关系凑到一起。前二者是人名,后者是社坛名,怎能并列呢？其他几篇共序者往往有这种情况。如《伊训》《原命》《徂后》凑在一起即是。张霸从文献中尽量搜集能列为篇名者,如这篇《君奭》里提到的一些人名也都编进了百篇中为篇名,如伊尹、太甲、伊陟、臣扈、巫咸等都是,其他篇中的重要人物也一样。所以这序里的疑至、臣扈,肯定就是伊陟、臣扈,"疑至"为"伊陟"的音讹,甚至不是音讹,而是有意改用此二字,因另一则《书序》作"大戊赞于伊陟,作《伊陟》《原命》"。这也是采用《史记》文句写成,他不能一个伊陟写成两篇,就在此序中改用了这一字音全同而让人们不懂的"疑至"了。《孔疏》不懂这点,在引《夏社·序》后即云："则汤初有臣扈,已为大臣矣,不得至今仍在与伊尹之子同时立功,盖二人同名或两字一误也。"不过他接着又引春秋范武子光辅五君为解,以为臣扈事汤而又事太戊。其实依上阐明《书序》情况,臣扈只是太戊时大臣而非汤时臣。本篇所叙出自周公之口,应无可疑。不过陈梦家《综述》载卜辞中大戊时旧臣只有伊陟、巫咸二人。此亦无碍,可能在所祀伊尹等十九人中。

⑧巫咸乂王家——《殷本纪》云："伊陟赞言于巫咸,巫咸治王家有成,作《咸艾》、作《太戊》。"《书序》袭之云："伊陟赞于巫咸,作《咸乂》四篇。"《释文》引马融注云："巫,男巫也,名咸,殷之巫也。乂,治也。"《孔疏》引郑玄注云："巫咸,巫官。"伪孔云："巫咸治王家,言不及二臣。"按,《释诂》："乂,治也。"本书中已常用。王引之谓今文作"巫戊"。其《述闻》云："案巫咸,今文盖作巫戊。《白虎通》曰：'殷以生日名子何……以《尚书》道殷臣,有巫咸,有祖己也。

1663

据此则巫咸当作巫戊。巫戊、祖己皆以生日名也。《白虎通》用《今文尚书》，故与古文不同。后人但知古文之作咸，而不知今文之作戊，故改戊为咸耳。不然，则咸非卜日之名，何《白虎通》引以为生日名子之证乎。"章炳麟《拾遗定本》以《魏三体石经》戊字形体如"咸"字少其中"一"画，以为《白虎通》当用此形体，传写者误成咸，以反对王引之戊为今文之说。然如章说，仍以为此字作戊，则王说为巫戊自不误。陈梦家《综述》第365页录武丁时卜辞有三戊："爻戊"、"尽戊"、"咸戊"。因而云："咸戊一名，罗、王均以为是《君奭》的巫咸（谓"戊"、"巫"古音相近，卜辞之𢀕可能是巫字，而卜辞戊作𢀕，与之形近易误）。《白虎通·姓名篇》作'巫戊'。《经义述闻·三》因谓今文作巫戊，古文作巫咸。王国维则说：'今卜辞无巫咸，有咸戊，疑今文当作咸戊。《书序》作《咸乂》四篇亦当作《咸戊》四篇，犹《序》言作《臣扈》作《伊陟》也。'（《古史新证》）我们以为卜辞的咸戊可能是巫咸。……咸戊、爻戊、尽戊等之咸、爻、尽亦为私名，而戊为官名。"（上已引其言，谓戊可能与巫相混。）

⑨祖乙——为殷王朝第十四任国王，甲骨文中称为中宗，详《无逸》篇有关"三宗"的校释。其世系并见下"巫贤"校释。

⑩巫贤——《殷本纪》云："河亶甲时，殷复衰。河亶甲崩，子帝祖乙立。帝祖乙立，殷复兴，巫贤任职。"王国维《殷卜辞中所见殷先公先王续考》云："据《殷本纪》则祖乙乃河亶甲子，而非中丁子。今此片中有中丁而无河亶甲，则祖乙自当为中丁子，《史记》盖误也。"（按中丁为大戊子，河亶甲兄。）伪孔云："祖乙，殷家亦祖其功。时贤臣有如此巫贤。贤，咸子，巫氏。"《孔疏》："贤是咸子，相传亦然。"陈梦家《综述》但说"戊尽、戊爻当是巫贤之类。古音'贤'、

'烬'相近。"其实巫贤或者亦在十九人之列。

⑪武丁——殷王朝第二十三任国王。文献中称为高宗,详《高宗肜日》篇校释。

⑫甘盘——只见于本篇所载,为周公所提到的殷代七位贤臣最后一位。周公最熟悉殷代史事,他提到甘盘,足见其人在殷代大臣中是重要的一位,可是《殷本纪》载武丁史事却没提到甘盘,只记载了傅说,而且较详地记了高宗因梦求得傅说的故事。惟《燕召公世家》录《君奭》此段文字作"甘般"。《汉书·古今人表》武丁时有傅说、甘盘,师古注傅说为武丁相,甘盘为武丁师。而伪孔云:"高宗即位,甘盘佐之,后有傅说。"《孔疏》:"《孔命篇》:高宗云:'台小子旧学于甘盘。既乃逊于荒野。'高宗未立之前,已有甘盘;免丧不言,乃求傅说。明其即位之初有甘盘佐之;甘盘卒后,有傅说。计傅说当有大功,此唯数六人(按,显系不数保衡为一人,故称六人),不言傅说者,周公意所不言,未知其故。"陈梦家《综述》第336页云:"武丁卜辞的自般(此处举载自盘的卜辞十余片),乃武丁当时之人,董作宾以为即甘盘(见董氏《甲骨文断代研究例》),是很可能的。"

⑬率惟兹有陈保乂有殷——吴闿生《大义》:"率,大率也。有陈,谓有位列者。"乂,治。意谓大率这些有位列的几位贤臣保治了殷王朝。

⑭故殷礼陟配天多历年所——伪孔承上句释云:"故殷礼能升配天,享国久长,多历年所。"《蔡传》亦承上句释云:"故殷先王终以德配天,而享国长久也。"戴钧衡《补商》云:"'礼陟配天',《传》谓'殷先王终以德配天',于'礼陟'二字之义未明。此外,有以'陟'

为登遐，'礼陟'为得正而毙，谓有殷之君以礼终而配天者，林氏之奇也。有谓天子祀，以祖配天，殷自汤以诸侯升而用天子之礼者，吕氏祖谦也。有谓即含上文五王配祀于天，而其臣配食于庙者，苏氏轼也。以今推之，苏承上文为近。"王樵《尚书日记》云："案'陟配天'，苏氏谓五王配祀于天，而其臣亦配食于庙，此盖殷礼也。至周，惟郊祀后稷以配天，宗祀文王于明堂以配上帝，余不配天也。'陟配天'，言其臣主之同其荣，'多历年所'，传世十九，历年六百也。"（按《左传·宣公三年》云："商载祀六百。"《孟子·尽心下》亦云："自汤至于文王五百有余岁。"《晋语四》："商之享国三十一王。"谯周《古史考》亦云："殷凡三十一世六百余年。"然《古本竹书纪年》云："汤灭夏以至于受，二十九王。用岁四百九十六年。"《易纬稽览图》亦云"殷年四百九十六。"陈梦家《综述》第 221 页云："因迁殷后八世十二王共占二百七十三年之久，迁殷以前至汤九世十九王，所占年数似乎不应少于前者。若采六百年之说，则汤至盘庚有三百二十七年，较为合理。"）"多历年所"之"所"，据王引之《释词》为"语助也"。杨树达《词诠》亦释助词。无义。"多历年所"即多历年岁，多历年月。

⑮天惟纯佑命则商实百姓王人罔不秉德明恤——"纯"，皮锡瑞《考证》引汉樊毅《修西岳庙碑》云："天惟醇佑。"以为今文"纯"作"醇"。有此可能。然文人行文用字，可率意用之，未必今文此句必为文人所用之另一字。戴钧衡《补商》云："此推言商六臣之功也。'纯佑'，李氏光地曰：'犹良佐也。''命'，天命之也。'天惟纯佑命'，犹云'天惟命纯佑'，倒文也。《传》（指《蔡传》）言'天佑命有商，纯一不杂'，非也。'则商实百姓王人'作一句读，《传》'则商

实'句,训'国有人而实',强词衍说。'实',有也(《诗·小星》"寔命不同"·《释文》引《韩诗》作"实",注云:"有也")。'百姓王人',江氏声曰:'百姓,异姓之臣;王人,王之族人,同姓之臣也。'……言天惟命此良佐,故商所有异姓同姓之臣,莫不秉持其德,明恤政事。""纯佑",近人如杨筠如、曾运乾之书皆释为金文之"屯右",并引《释诂》:"纯,大也。""佑,与祐通,谓福祐也。"于省吾《新证》云:"孙星衍、王先谦皆读'惟纯佑命则'句。……应读作:'惟纯佑命'句,'则商实百姓王人'逗,'罔不秉德明恤'句。'纯佑命'犹《弓镈》言'纯厚乃命'。江声谓'王人'为同姓之臣,《舀鼎》'在王人迺卖作□'。是'王人'周之成语。言惟纯厚佑助其命,则商之百官王人,罔不秉德明恤也。"如沿上文列举诸贤臣一气读下,则清人释"纯佑"为良佐,亦自有其见地。如依金文"屯右"(纯佑)为释,成为一称誉句,则接下面"百姓王人",不及"良佐"之较切。

⑯小臣屏侯甸矧咸奔走——戴钧衡《补商》:"'屏',读曰并。《周礼·春官·序官》疏引《国语》'屏摄之位',服注:'屏犹并也。'《山海经》'有兽左右有首,名曰屏蓬',注:'屏蓬,即并封也。'按《魏石经》此字古文即作'并'。'矧',词也(见《康诰》)。"并释云:"下而小臣,并远而侯甸,亦皆奔走臣服。"按,小臣非指下面的小官吏,而是亲近君主的一种重臣的官职,如伊尹即为汤的小臣。《天问》《墨子·尚贤》皆载之,《吕氏春秋·尊师》说"汤师小臣"。金文《叔尸镈》连伊尹名合称"伊小臣唯傅"。甲骨文、金文中屡见"小臣"要职,甲骨文如《前》四·302,金文如《守簋》《克鼎》《小臣鼎》《静簋》等皆有"小臣"为重要臣正。所以此处应改释为"内而小臣并外而侯甸"。侯、甸为侯服、甸服、诸侯,见《酒诰》"越在外服

侯甸男卫邦伯"校释。在此指领有侯服甸服的大臣，即泛指各地方的大臣。

⑰惟兹惟德称用乂厥辟——戴钧衡《补商》云："'兹'，此也。指上六臣言。'称'，举也。《左氏·宣十六年》'禹称善人，不善人远'，注：'称，举也。''乂'，古通艾，相也。"（《释诂》文）并承上数句释云："所以然者，惟此六臣惟德是举，用相其君。"

⑱故一人有事于四方若卜筮罔不是孚——段玉裁《撰异》："《文选》王褒《四子讲德论》曰：'《书》云："迪一人，使四方若卜筮。"'此盖《今文尚书》之文，与《古文尚书》异也。'事'、'使'二字篆体相似，而李善注引'《尚书》曰"迪一人有事四方卜筮无不是孚"。孔安国曰："迪，道也，孚，信也。"'今孔本……传文无'迪道也孚信也'六字，似今本与李善所据本不同。""一人"，古代君主自称"余一人"，或"我一人"，偶有称"一人"（见《盂鼎》）。此处"一人"即指君主（详《汤誓》"予一人"校释）。故伪孔释云："一人，天子也。君臣务德，故有事于四方而天下化服，如卜筮无不是而信之。"按《尔雅·释诂》："孚，信也。"故此句作如此释。于省吾《新证》录《魏石经》此句古文作"古一人事于四方"。"故"作"古"，"事"上无"有"字。又王褒《四子讲德论》引此句作"迪一人使四方"。"故"作"迪"，"事"作"使"，且其下无"于"字，这很重要，但如据此读为"故一人使于四方"，即一臣使于四方，怎么就能"若卜筮罔不是孚"呢？似仍不如伪孔之释较切。

⑲天寿平格保乂有殷——戴钧衡《补商》云："'平格'二字不可解，孔氏谓'天寿平至之君'，以'平格'属君言，与下文'保乂'不合。《传》（《蔡传》）取吕氏（祖谦）训'坦然无私之谓平，通彻三极

之谓格'。义虽精而傅会。林氏之奇曰：'平格，指上六臣也。言其平治天下以至于天，上惟言伊尹、伊陟、臣扈格天，此言"平格"，盖举此三人，后三人亦在其中矣。……告君奭言，此六臣者皆以太平格天，天特使之寿考（此处小注引资料考定伊尹、臣扈、甘盘皆寿考，余三人亦老成人，故曰"天寿"），以保乂有殷，天之于殷厚矣。"孙诒让《骈枝》云："'天寿平格，保乂有殷'，《孔传》云：'言天寿有平至之君，故安治有殷。'郑云：'格谓至于天也。专言臣事。'（此《孔疏》檃括郑义，非原文）案此当从郑专就臣说，即承上伊尹以下而言。'天寿平格'，言天锡诸贤臣以寿考平顺而自至，犹后文云'天休兹至'。'平'，与《康王之诰》'丕平富'义亦同。伪《传》据君言，大误。"林、孙二家之释大旨相近。即孙星衍《注疏》云："'寿'者，《广雅·释诂》云'久也'。'平'，与抨通，《释诂》云：'使也。''格'，《释诂》云：'格，升也。'……言天久使假天之臣安治有殷。"虽字训有异，大旨仍同上述二家，皆谓天使诸臣治殷。于省吾《新证》首引伪孔及郑注后，继引"李光地谓'平格'犹《商书》言'格人'，吴挚甫读'天寿平格保'句"，以为"并非"。然后考论云："按'天'、'大'二字古通（此处引"天"、"大"相通资料六则），然则'天寿'即'大寿'。'大寿'犹言'上寿'（此处引"大"、"上"通用资料二则及'上'即'天'资料三则）。……'天寿平格保乂有殷'者，言'上寿大福保辅有殷'也。"这是对这两句作出文字训义。最后归结为："天寿平格，保乂有殷，指上文伊尹而下六臣言。"则其大旨又与上述两家相合了。杨筠如《核诂》读"寿"为畴昔之"畴"，读"平"为"丕"，读"格"为"嘉"。以为"丕格"与《多士》的"丕建保乂"用法一律，谓天畴昔保乂了有殷。曾运乾《正读》读"寿"为"迪"，谓"天寿平格保乂有殷"即《召诰》之"天迪格保"。此皆用力寻绎文字训义,似有点有意过于求之。

⑳有殷嗣天灭威——伪孔云:"有殷嗣子纣,不能平至,天灭亡加之以威。"《蔡传》:"至于殷纣亦嗣天位,乃骤罹灭亡之威。"二家释字义稍异而大旨相同。戴钧衡《补商》首先批评《蔡传》"增文衍说",继则自释之云:"窃谓'嗣',新君也(《左氏·昭七年传》'今又不礼于卫之嗣'注:'嗣,新君也')。依孔读'有殷嗣'句。'威',恶也(《论衡·谴告》:"威、虐,皆恶也")。'天灭威',天灭其恶也。……天之于殷厚矣,及其嗣君纣无道,天乃递灭其恶。何天命之不固哉!"于氏《新证》亦谓"'有殷嗣天灭威',指纣言"。不过其释此句义为"有殷继天轻蔑天威"。似仍以戴氏释较切。

㉑今汝永念则有固命厥乱明我新造邦——"固命",伪孔释为"坚固王命",《蔡传》释为"不坠之天命"。皆合此处文意。戴钧衡《补商》先释:"'永念',长思也。'乱',读曰率,词之用也(见《梓材》)。'明',成也(《释诂》文)。"即承上文纣无道,"天乃递灭其恶,何天命之不固"语意后。接着说:"今汝能长思天意,则庶几有固命,其用以成我新造之邦矣。"所释尚简明。于省吾《新证》:"按'固''故'古通,《多士》'固乱弼我',即'故嗣弼我'也。《孟子·万章》'仁人固如是乎',固或作故。'故命',谓先王所受之命,与'新造邦'为对文。'乱'乃'嗣'之讹,语词。或作率之讹。'新造邦'谓平武庚之叛所新造之邦也。《颂鼎》'监嗣新廒'。'廒'、'造'古今字。是'新造'周人语例。"此易"固命"为"故命",又由金文获知"新造"为周人成语,所释有新意,但与此处周公勉召公共同努力巩固天命之意不切合。

以上这一节，周公列举殷代几位贤明君主都有有名的贤臣辅佐，才使政治休明，使殷得以配天永祚，极言贤臣对国家的重要，以勖勉召公和自己一道努力巩固天命以建设好新造的周王朝。

公曰："君奭，在昔上帝割申劝宁王之德，其集大命于厥躬①？惟文王尚克修和我有夏②，亦惟有若虢叔③，有若闳夭④，有若散宜生⑤，有若泰颠⑥，有若南宫括⑦。又曰无能往来兹迪彝教，文王蔑德降于国人⑧。亦惟纯佑秉德，迪知天威⑨，乃惟时昭文王迪见，冒闻于上帝⑩，惟时受有殷命哉⑪！

"武王，惟兹四人，尚迪有禄⑫。后暨武王诞将天威，咸刘厥敌⑬，惟兹四人昭武王惟冒，丕单称德⑭。

"今在予小子旦，若游大川，予往暨汝奭其济⑮，小子同未在位，诞无我责，收罔勖不及⑯，耇造德不降，我则鸣鸟不闻，矧曰其有能格⑰。"

公曰："呜呼！君⑱，肆其监于兹，我受命无疆惟休，亦大惟艰⑲，告君乃猷裕我，不以后人迷⑳。"

①在昔上帝割申劝宁王之德其集大命于厥躬——近年荆门市郭店出土楚简引有此句，为战国时《尚书》原句。句式与此全同，惟文字有异，详下文。此处先考述文献中情况：《礼记·缁衣篇》："《君奭》曰：'昔在上帝周田观文王之德，其集大命于厥躬。'"郑玄

注:"古文'周田观文王之德'为'割申劝宁王之德'。今博士读为'厥乱劝宁王之德'。三者皆异,古文似近之。'割'之言,'盖'也。言文王有诚信之德,天盖申劝之,集大命于其身。"段玉裁《撰异》在引录上述资料后,先做了两小注,一为:"今本'在昔',宋本'昔在',《疏》云:'往昔之时在上天',则宜从'昔在'。"今由郭店楚简所引此句证其确为"昔在"。又一为:"传是楼所藏宋本《礼记》,岳珂所谓旧监本也。作'厥乱劝宁王德',无之字。"今由郭店楚简所引此句证其确无"之"字。接着段氏考论云:"玉裁按,此谓《记》所引'周田观文王'《古文尚书》作'割申劝宁王'。其句法与《汉书》注'古文隔为击'、'古文台为嗣'正同。'今博士读'者,谓夏侯、欧阳《尚书》也。'读'犹'习'也,谓博士所习也。此于'读'字逗,与他句音'读为'者不同。不云'《今文尚书》',而云'今博士读'者,汉时谓伏生本为《尚书》,谓孔壁本为《古文尚书》,无《今文尚书》名目也。……古字'割'、'害'通用,如《尧典》'方割',割,害也。《大诰》'降割',马本作'害'。'害'与'周'篆体略相似,此古文作'害',《记·缁衣》作'周'之理也。(于省吾《新证》补充证据,《格伯簋》"周"作󰀀,《师害簋》"害作󰀀,形似易浑。)若作刉(按此指宋次道家《古文尚书》及《汗简》,亦即薛季宣本作刟,乃刉之讹),则与'周'绝远,此宋次道家古文本之不可信也。"是此句西汉今文本作"周田观文王之德"。东汉今文本(郑所谓博士本)作"厥乱劝宁王之德",东汉郑注古文本作"割申劝宁王之德"。今得《郭店楚墓竹简》知此三者皆误。此楚墓为战国中期墓葬,其出土楚简的《缁衣》篇中有引此句作:"昔才上帝裁绅观文王悳,其集大命于氒身。"这是未经汉代干扰的先秦《书》篇原句,至为珍贵,乃知汉今文古文皆误,伪孔

沿古文之误传误至今，今当从战国时原句（其"在昔"为昔在，"在"作才，"割"作戕，"申"作绅，"劝"作观，"宁"作文，无之字，"德"作悳，"厥"作氒，"躬"作身）。

"割"即"害"，见《尧典》"汤汤洪水方割"校释。实际可说"割"是"害"的繁体字。"戕"又与"割"同字，只从戈与从刀之异，取义同。"害"，同"曷"，见《大诰》"王害不违卜"校释。《诗·长发》传："曷，害也。"《汉书·翟义传》集注："害，读曰曷。"《说文》："曷，何也。"《诗》传多注："曷，何也。"《尔雅·释言》："曷，盍也。"是"害"同"曷"，是"何"、"盍"之义，意即"为何"。"申"，重也，见《尔雅·释诂》。于省吾《新证》："'申'一作'田'，实乃'由'之讹。"今由楚简作绅，当为申的繁写，仍当用申义。"劝"，旧释勉也，见《说文·力部》。《左传·僖公二十八年》注："奖，助也。"疏："劝奖者，佐助之意。"然由楚简，知固当作"观"字。观即观看、观赏义。"宁王"即文王，已见上文第一节"我道惟宁王德延"校释。今由楚简知原文确实作"文"字。"其"，以也，见裴学海《古书虚字集释》。"大命"，即天命。此处全句意为：以前上帝为什么一再观赏、赏识文王的大德纵集天命到他的身上呢？

②惟文王尚克修和我有夏——周公在本篇及《立政》篇都说自己周族为"我有夏"，在《康诰》篇则自称为"我区夏"。明确以自己周族为夏族。而且后来经过春秋战国数百年间的民族长期融合形成的华夏族，仍以"夏"为其总的族名。历史的真实是，周族的族系渊源确系沿自夏族，而且更可上溯源自姬姓的黄帝族。并且更早出自氐族。正如东北境的民族，更早的是肃慎族，其后裔中形成靺鞨族，其后又从其中崛起女真族，进入中原建立金王朝（如西边民

族进入中原建立夏王朝一样），及其失败，部众散处东北故土，正如夏王朝失败，其部众散处西北故土，其中一支在岐周立下脚跟而后又兴起一样，散处东北故土之族其中一支兴起成为满族，但仍自称"后金"，与周人自称"有夏"，完全一样。详拙撰《姬姜与氏羌的渊源关系》一文（载《古史续辨》）。这是说文王能把有夏诸部落部族团结起来。

③虢叔——伪孔云："'虢'，国。'叔'，氏。"《释文》："虢，寡伯反。"孙星衍《注疏》："虢叔者，《春秋左氏·僖五年传》云：'虢仲、虢叔，王季之穆也，为文王卿士，勋在王室。'故《蔡传》云：'虢叔，文王弟。'《国语·晋语》：'文王在傅弗勤，处师弗烦，敬友二虢。其即位也，咨于二虢，度于闳夭，谋于南宫。'考《地理志》，'右扶风'有虢县，此西虢也，是虢叔所封。'河南荥阳县'注：'应劭曰：故虢国，今虢亭是。'此东虢也，是虢仲所封。此经虢叔为西虢，其后为晋献公所灭者也。"（按，西虢后迁上阳，称南虢，在今河南陕县东南，在当时晋与虞之南，始能为晋献公"假道于虞以伐虢"以灭之。如远在扶风之西虢，晋献公无由灭之。且《左传·僖公五年》载明"晋师围上阳"以灭虢，明确知晋所灭之虢，在南不在西。）于省吾《新证》："按虢、散皆以国邑为姓氏，虢叔旅钟、虢季盘皆西虢器，惟时代较晚，当即此虢叔之后裔也。"

④闳夭——《孔疏》据伪孔之说释之云："凡言人之名字，皆上氏下名。故'闳、散、泰、南宫，皆氏；夭、宜生、颠、括，皆名'也。"《墨子·尚贤上》："文王举闳夭、泰颠于罝罔之中，授之政。"又《尚贤下》："武王有闳夭、泰颠、南宫括、散宜生。"《尚书大传》："文王以闳夭、太公望、南宫括、散宜生为四友。"《史记·周本纪》："闻西伯

善养老,盍往归之。太颠、闳夭、散宜生、鬻子、辛甲大夫之徒,皆往归之。……帝纣乃囚西伯于羑里,闳夭之徒患之,乃求有莘氏之美女,骊戎之文马,有熊九驷,他奇怪物,因殷嬖臣费仲而献之纣。……乃赦西伯。"《说苑·君道篇》云:"文王以武王周公为子,以泰颠、闳夭为臣。"是《墨子》及《说苑》举文王之臣,皆以闳夭与泰颠为最特出。至武王时,《周本纪》载闳夭有下列事迹:当所录《克殷解》记武王已斩纣后,及商纣宫,"周公旦把大钺,毕公把小钺,以夹武王,散宜生、太颠、闳夭皆执剑以卫武王"。"已而命召公释箕子之囚……命闳夭封比干之墓"。是闳夭等数人为文王重臣,至武王时仍为重臣。

⑤散宜生——已见上"闳夭"校释。于氏《新证》:"《散氏盘》《楸季簠》之'散',当亦散宜生之后裔也。'宜'本应作圚,自秦汉以后衍变为宜。《殷文存·上》四一、《盆卣》'圚生商盆'。圚生即宜生,未审即散宜生其人否?"

⑥泰颠——《周本纪》皆作"太颠",今流传伪孔本作"泰颠",段玉裁《撰异》云:"州亦本是'大'字,卫包改'泰'。"上面"闳夭"校释,知泰颠与闳夭在文献中常被并举为文王重臣,亦与散宜生、南宫括并举。于氏《新证》:"泰颠,《史记》及《论语》作大颠。或以文王四友,此言闳夭、散宜生、南宫括而不及太公。谓大颠即太公。可备一说。"按,太颠即太公之说,始见于吴仁杰《两汉刊误补遗》云:"表(指《汉书·古今人表》)于四友后又列师尚父,此误也。大颠与师尚父岂一人乎?《书大传》曰:'散宜生、南宫括、闳夭学于太公望,遂见西伯昌于羑里,故孔子曰文王得四臣,丘亦得四友。'"皮锡瑞《考证》云:"吴氏引《大传》以太公与太颠为一人,盖非无据。"

皮氏自行考述云："《史记》作大颠，《古今人表》亦作大颠，《大传》曰：'散宜生、南宫括、闳夭三子相与学讼于太公，遂与三子见文王于羑里，献宝以免文王。'又曰：'文王以闳夭、太公圣、南宫括、散宜生为四友。'又曰：'周文王胥附、奔凑、先后、御侮谓之四邻，以免于羑里之害。'锡瑞谨按，此经言四人有大颠无太公，《大传》言四邻、四友，则有太公望无大颠，疑今文家说以为大颠即是太公望。太公之功在闳、散、南宫之上，不应周公举文王四友独不及太公，伏生所言，当得其实。"由于太公望在周王朝的建立上功勋最大，而周公举文王五臣、武王四臣都没提到他，于是经师们如郑玄等提出怀疑意见不少，兹不备录。这些意见终不能说通周公不提太公望的问题，因此就有人提出太颠即太公以弥缝之。其实这个问题要从当时的历史实际才能得到了解，这里不详谈，将在后面的"讨论"中阐述之。

⑦南宫括——已见上"闳夭"校释。又《周本纪》载武王"命南宫括散鹿台之财，发钜桥之粟，以振贫弱萌隶。命南宫括、史佚展九鼎宝玉"。上文引《晋语》云："文王……其即位也，咨于二虢，度于闳夭，谋于南宫。"于氏《新证》："《保侃母簋》：'保侃母锡贝于南宫。'《中鼎》：'王命南宫伐反虎方之年。'《中尊》亦有'南宫'二字。三器年代皆在周初，不识即南宫括其人否？"

⑧又曰无能往来兹迪彝教文王蔑德降于国人——"又曰"，孙诒让《骈枝》云："凡经文'又曰'者，并当读为'有曰'，详前《多士》篇。"意为"有言曰"。此数句之义，伪孔释云："有五贤臣，犹曰其少，无所能往来，而五人以此道法教文王以精微之德，下政令于国人。言虽圣人亦须良佐。"《蔡传》云："蔑，无也。夏氏(僎)曰：'周

公前既言文王之兴,本此五臣。故又反其意而言曰,若此五臣者,不能为文王往来奔走于此导迪其常教,则文王亦无德降及于国人矣。周公反复以明其意,故以'又曰'更端发之。"王先谦《参正》云:"无,一作亡。见《汉书·朱云传》云上疏引作'亡能往来'。……'亡能往来兹迪者彝'为一句。贯下周公承上文复言此五人者,若事上无能往来陈言及治民道以典常之教,则文王亡德降于国人矣。甚言有君无臣之不可也。《论语》:'亡之命也夫!'《汉书·楚元王传》作'蔑之命也夫'。《易·剥》虞注:'蔑,亡也。'是亡、蔑通行之证。"朱骏声《便读》:"'往来',犹奔走先后也。'迪',导也。'蔑',无也。'降',下也。言设使无五臣能为之奔走先后以导引常法,则文王虽修德于身,亦无以遍及于国人。"以上诸家基本都说倘使无上述五臣辅佐及导以常教,则文王之德亦无以下及于民。极言明主之必须有良臣。亦即林之奇《全解》所云"德虽本于文王,而其博施于民,则以五臣之力也。"

至孙诒让始提出非指五臣,其《骈枝》云:"案孔以'无能往来'以下并指虢叔等五人言之,非也。五人乃贤臣,为文王之师友,不止其往来而已。此乃于五人之外别有无能可见,惟任往来奔走之臣,才德不及前五人者,故以'又曰'别异之。"又"蔑",郑玄注:"小也。"故伪孔释为"精微"。王先谦则以为蔑与亡通用。于省吾始改释"蔑"为"威"。其《新证》云:"按《甘誓》'威侮五行',王引之谓'威'当作'威',蔑之假借,是也。《诅楚文》威作威,《王孙钟》威作威,二字形极相似。似此言'文王蔑德降于国人',即'文王威德降于国人'也。是威讹为威,又假为蔑。"此晚近学者提出的新解,有助于对此句的思考。

⑨亦惟纯佑秉德迪知天威——王先谦《参正》:"言兹五臣秉执明德,进知皇天威命所属,共辅文王。"戴钧衡《补商》:"惟有此良佐秉持其德,用知天威。"以良佐指五臣,义亦相合。

⑩乃惟时昭文王迪见冒闻于上帝——皮锡瑞《考证》:"崔瑗《侍中箴》曰:'昔在周文,创德西邻,勖闻上帝,赖兹四臣。'……'冒'作'勖',与马本同。下属为句。与《论衡》引《康诰》'冒闻于上帝'义合。疑古冒、勖本是一字,子玉(崔瑗字)用今文作'勖',其义仍同于"冒闻于上帝"之冒。乃上进之义,不当如马训'勉'也。段玉裁说'勖',今音许玉切,古音'勋',与冒皆音懋。"于省吾《新证》:"王引之谓'昭'读如《释诂》'诏亮左右'之诏。'见'犹显也。按王释甚是。惟以'冒'字属上句读,非是。'冒闻于上帝'乃成语。详《康诰》。凡'昭',金文作邵或召,《毛公鼎》'仰邵皇天',《师害簋》'以召其辟'。邵、召均辅助之义。'乃惟时昭文王迪见','乃惟时'三字连读,'乃惟是辅助文王用显'也。"

⑪惟时受有殷命哉——吴闿生《大义》云:"惟时,以是也。"戴钧衡《补商》承上句释之云:"乃于是昭明文王,用使彰显冒闻于天,于是受有殷之王命哉。"

⑫武王惟兹四人尚迪有禄——吴闿生《大义》读"武王"句断,释为"至武王时"。系据《孔疏》所引郑玄注云:"至武王时,虢叔等有死者,余四人也。"伪孔及《蔡传》并云:"虢叔先死,故曰四人。"指闳夭、散宜生、泰颠、南宫括四人。伪孔并云:"武王立,惟此四人,庶几辅相武王,蹈有天禄。"《蔡传》全承此释。林之奇《全解》云:"死者称'不禄'。四人犹及武王之世,故曰'尚迪有禄'。"林说显比伪孔说为确。屈万里《集释》引《左传》等证之云:"按隐公三

1678

年《公羊传》'天子曰崩……士曰不禄'。成十三、昭七、哀十五各年《左传》并有'无禄'语，皆谓死也。死谓不禄、无禄，故'有禄'指生者言。'迪'，语辞。"按《尔雅·释诂》亦云："无禄，死也。"王鸣盛《后案》云："《周本纪》：'武王克商，散宜生、太颠、闳夭皆执剑卫武王。'又：'命南宫括散财、发粟。命闳夭封比干墓。'又《逸周书》卷四《克殷解》言武王克商泰颠等事与《史记》略同，乃《史记》之所本。惟南宫括作南宫忽，殆即一人。又《墨子·尚贤下》云：'武王有闳夭、泰颠、南宫括、散宜生。'然则四人皆在，独少一虢叔。马融说武王乱臣十人，有太颠、闳夭、散宜生、南宫括，亦无虢叔。郑注与马同。故《传》云'虢叔先死'。《孔丛子》卷上《记义篇》云：'虢叔、闳夭、太颠、散宜生、南宫括五臣同寮比德，以赞文武。及虢叔死，四人者为之服。'《孔丛子》与《孔传》同系一手伪书，而此说则近是也。"这是为伪孔"虢叔先死故曰四人"提供了资料。

⑬后暨武王诞将天威咸刘厥敌——扬雄《方言》云："秦晋宋卫之间谓'杀'曰'刘'。晋之北鄙亦曰'刘'。"陈乔枞《经说考》："按《说文·金部》曰：'镏，杀也。'徐锴曰：'《说文》无刘字，偏傍有之，此字又史传所不见，疑此即刘字也。从卯、刀，字屈曲传写误作田尔。'段玉裁说'按楚金说是也'。"伪孔释云："言此四人后与武王皆杀其敌，谓诛纣。"《蔡传》承之为释云："其后暨武王尽杀其敌。"王引之《述闻》云："咸者，灭绝之名，《说文》曰：'俄，绝也，读若咸。'声同而义亦相近。故《君奭》曰：'诞将天威，咸刘厥敌。'咸、刘皆灭也。犹言'遏刘'、'虔刘'也。（《周颂·武篇》曰'胜殷遏刘'。成十三年《左传》'虔刘我边疆'，杜注曰：'虔刘皆杀也。'）《逸周书·世俘篇》及《汉书·律历志》引《武成篇》并云'咸刘商王

君奭

1679

纣’，与此同。解者训咸为皆，失其义也。”戴钧衡《补商》承之为释云：“‘咸刘’，《传》训‘皆杀’。王引之曰（见上，此处略）。……此四人者后及武王，大奉天威，绝灭商纣。”

⑭惟兹四人昭武王惟冒丕单称德——《说文·目部》：“瞀，低目视也。从目，冒声，《周书》曰：‘武王惟瞀。’”陈乔枞《经说考》云：“此瞀字之训，疑据《今文尚书》也。伪孔本作冒，是据王肃本，前所述亦即马郑古文本。《释文》于冒字不言马郑文异……则瞀字出《今文尚书》可知矣。”新近出土郭店楚简《成之闻之》篇引：“《君奭》曰：‘唯冟不瞀再惪。’”知此句沿先秦本不误。惟先秦本“冒”作“冟”，“丕”作“不”，“单”作“瞀”，“称”作“再”，“德”作“惪”。丕、称、德的二体皆古今字，惟“冒”原作冟，不详。而“单”显与“瞀”同其上体，在《说文》二字义各不同，待寻其解。伪孔云：“惟此四人明武王之德，使布冒天下，大尽举行其德。”按字训释，虽有牵强处，大意得之。戴钧衡《补商》云：“惟此四人能昭武王覆冒天下，故天下尽称其德也。天下之所以尽称武王之德者，由四人之故也。武王之得天下，赖贤臣者又如此。”

⑮今在予小子旦若游大川予往暨汝奭其济——戴氏《补商》谓“‘今在’与上文两‘在昔’紧相呼应”。按，“今在”正与上文“昔在上帝割申观文王德”之“昔在”相呼应，昔在文王时有五臣辅佐文王，今在成王时惟我小子一人是不足以济大川，必须与你君奭二人共济。孙诒让《骈枝》云：“案此段文意（指此数句至下文‘矧曰其有能格’一段）颇奥衍难通，谛审之，大意似周公自言惟与公二人共济，此外无人相助，叹不及文武时左右勖勉之多。”

⑯小子同未在位诞无我责收罔勖不及——“小子”，同上“予小

子旦",皆周公自称。伪孔、《蔡传》皆误以此小子指成王。戴钧衡《补商》云:"薛氏季宣、吴氏澄、姚氏鼐以'小子'为周公自称,精确不磨。篇中三言小子皆周公自指,不应此独指言成王。"孙诒让《骈枝》亦云:"伪孔乃以小子为指成王,《蔡传》亦同,则上下文义全不相应矣。""同未",戴钧衡《补商》:"'未'乃'末'之讹,读同'武王末受命'之末。郑注:'末,犹老也。'《汉书·外戚传》'念虽末有皇子'注:'末,晚暮也。'盖'末'、'暮'一声之转,末即暮也。……言小子以暮年在位。"吴闿生《大义》:"同末者,調昧也。"盖承用其父汝纶《尚书故》:"'同',即《顾命》'在后之調'。'末',昧也。'小子調昧'者,周公自谦之词。"两家皆善寻新义,惜皆须改字。似不如孙诒让《骈枝》所释云:"'小子同末在位诞无我责'者,'小子'与上'小子旦'同,即周公自称。《盘庚中篇》云:'兹予有乱政同位,具乃贝玉。'彼盖谓同在位有爵之人皆好货,此云'同未在位',似是广言之,同位之外兼及未在位者。或指新进无爵之人,皆未有能责我者,明不闻善言也。'诞',语辞,孔诂为'大',非是。'收'当为'攸'。声形并相近而误。《多方》云:'子惟四方罔攸宾。'《立政》云:'文王罔攸兼于庶言、庶狱、庶慎。'此'攸罔勖'犹言'罔攸宾'。罔攸兼文有变易耳。上言无人责我,下又云'罔攸勖不及'者,言所无人勉勖我,则我不能及前贤若伊尹以下至南宫括诸人也(互详《洛诰》)。此周公自述求益之诚,而人莫之应。"章炳麟《拾遗》云:"同即侗,《论语》'侗而不愿'。孔云:'未成器。'《淮南·天文训》:'未者,昧也。'此谦言予小子侗昧,在位诸卿大夫乃无有谏我纠我者,无有勉我以所不及者。"

⑰耇造德不降我则鸣鸟不闻矧曰其有能格——《说文·老

部》：“耇，老人面冻，黎若垢。古厚切。”《尔雅·释诂》：“耇，老寿也。”《三国志·管宁传》注引郑玄注：“‘耇’，老也。‘造’，成也。《诗》云：‘小子有造。’（按，见《思齐》）老成德之人不降志与我并在位，则鸣鸟之声不得闻，况乃曰有能德格于天者乎？言必无也。”是释“知”为况，释“格”为格享。戴钧衡《补商》：“‘耇造德’，老成德也，谓召公。‘降’，和同也。‘我’字属‘不降’读。‘有’读曰‘又’（见《大诰》）。……汝老成德若不和同于我，则不能致太平而来凤凰之鸣矣（按此语误，见下文），况曰其又能感格于天乎？”此释“格”为格感。孙诒让《骈枝》：“周公自述求益之诚而人莫之应，故下文言耇造德不降我，则鸣鸟不闻。鸣鸟，喻说言也。老成人既不下就我，则说言不可闻，而况其能格于天帝乎？”吴闿生《大义》云：“‘耇造’，老成人也。‘降’者，和也。我则鸣鸟不闻，甚言其无人也。况其能有所致乎，言予当今日之任，至为艰钜，惟望汝奭同心共济，若耇老之德不能和同，尚安能有所至乎。”此释“格”为致、至。以上郑、戴、孙、吴四说大旨基本相近，惟一些具体释义稍异。其中主要差别一点是对“鸣鸟”之释。

其实原文就是“鸣鸟”二字，未涉及其他事物，孙氏以“鸣鸟”比喻说言，吴氏则以“鸣鸟不闻”比喻甚言其无人。皆在就原文探索其寓意，不采经师们凭空编造的凤凰之说，是正确的。凤凰之说始见于《释文》引马融注云：“鸣鸟，谓凤凰也。”又《管宁传》引郑玄注云：“鸣鸟，谓凤也。”伪孔、《蔡传》承之。蔡并谓“是时周方隆盛，鸣凤在郊，《卷阿》‘鸣于高冈’者，乃咏其实。”陈师凯《蔡传旁通》为之牵合召公解释云：“《卷阿》，召公所作，曰‘凤凰鸣矣，于彼高冈’。”其实周公对召公讲话提到“鸣鸟不闻”，意谓“不闻友声”。

按《诗·伐木》："鸟鸣嘤嘤。……嘤其鸣矣,求其友声。"鸣鸟不闻的意义显然在此。所以把"不闻友声"客气点说不闻高论、不闻谠言。也就是甚言其无人提出高论、谠言,与凤凰无涉。(此释既毕,观章炳麟《拾遗》云:"鸣鸟不闻言无闻之甚也。马郑及《传》皆以鸣鸟为鸣凤,失之远矣。"则章说亦确。)

⑱君——称呼君奭,亦可省称一"君"字,皆敬称。

⑲肆其监于兹我受命无疆惟休亦大惟艰——戴钧衡《补商》:"'肆',今也。《传》训'大',非。周公叹言商周之兴,皆赖贤臣。君今其监于兹,不可去也。我先王受命固有无穷休美,亦艰难甚矣!"朱骏声《便读》:"'肆',今也。'监',镜也。'疆',犹竟也。竟,犹穷也。'休',喜也。叹息言君今其监于我所言乎,我周受命虽有无穷之喜,而守成亦大维艰。"

⑳告君乃猷裕我不以后人迷——戴钧衡《补商》:"窃谓'告君乃猷裕我'句。'裕'犹'垂裕后昆'之裕。'我'即上文'我受命'之我,谓我周也("乃猷裕我"与《康诰》"乃迪裕民"句同)。'以',犹使也(见《康诰》"裕乃以民宁")。'后人',指成王,即后王也。古多以'人'为'王'。《诗·江汉》'文人',文王。《大诰》'宁人',宁王也。林氏之奇曰:'下言"前人"为武王,则此"后人"为成王,必矣。'今告君:汝宜谋所以裕我国家者,不可使后王迷误也。"

以上这一节,周公再举自己周王朝开国之君文王贤臣五人,接着武王又有此贤臣四人,用能辅佐成大功,代殷受天命。以见文、武全赖贤佐,以成大业。今惟自己与召公二人膺此重任,深望召公推诚相助,共同辅佐成王,使毋有所迷误。

君奭

1683

公曰:"前人敷乃心①,乃悉命汝,作汝民极②。曰:汝明勖偶王在(哉)！宣乘兹大命③。惟文王德,丕承无疆之恤④。"

公曰:"君！告汝,朕允(兄)保奭⑤,其汝克敬以予监于殷丧大否。肆念我天威⑥。予不允(兄)惟若兹诰⑦。予惟曰:'襄我二人,汝有合哉⑧！'言曰:'在时二人,天休滋至。'惟时二人弗戡⑨。其汝克敬德,明我俊民在(哉)！让后人于丕时⑩。呜呼！笃棐时二人,我式克至于今日休⑪。我咸成文王功于不怠,丕冒海隅出日,罔不率俾⑫。"

公曰:"君！予不惠若兹多诰,予惟用闵于天越民⑬。"

公曰:"呜呼！君！惟乃知民德,亦罔不能厥初,惟其终⑭。

"祗若兹,往敬用治⑮。"

①前人敷乃心——伪孔:"前人,文、武。"苏轼《书传》:"周公与召公同受武王顾命辅成王,故周公曰'前人'。"是"前人"指武王。江声《音疏》亦云:"前人,谓武王也。"吴闿生《大义》则据下句"乃悉命汝"释云:"'汝',对'前人'为文,兼己与召公而言。前人,谓武王也。"是"前人"指武王当不误。此与周初称先王为"前人"、"前文人"之通例合。《说文·寸部》:"敷,布也。""乃",第二人称

领格，"乃心"本指武王"你的心"，但在文中实际用成了第三人称领格"他的心"，仍指武王的心。"前人敷乃心"，是说"武王敷布了他的心意"，亦即他的心迹。故戴钧衡《补商》遂释"乃，犹其也"。于省吾《新证》："《盘庚》'今予其敷心'。《弓镈》'余既専乃心'。是'敷心'古人成语。"按《弓镈》第一人称之语，亦称"敷乃心"，这是语言中的一种风格。

②乃悉命汝作汝民极——这是周公对君奭追述武王当年对他们二人的讲话，"汝"即指周公、召公。上引吴闿生语即述明此意。金履祥《书经注》云："此述武王顾托之命。""作汝民极，谓大臣之职为民标准，故当时凡言为大臣者，皆曰'以为民极'。"王充耘《读书管见》云："天子以身建极于上（按，据《洪范》"皇极"义），而谓三公为民极者何？盖论道经邦，三公之责，是亦所以为民极也。"于省吾《新证》云："'极'，本作'亟'。《毛公鼎》：'命汝亟一方。'《晋姜鼎》：'作疐为亟。'"

③汝明勖偶王在亶乘兹大命——于氏《新证》："旧读至王字句、或亶字句，并非。按'在'、'才'、'哉'古通，'明勖'即《尔雅》之'孟勉'。'亶'，通单，读殚，详《盘庚》'乃话民之弗率'条（按，见本书《盘庚中》"亶"校释）。孙星衍谓'偶'与'耦'通，《广雅·释诂》：'耦，侑也。'庄述祖谓'乘'、'承'通。言'汝孟勉侑王哉，尽承此大命'也。"

④惟文王德丕承无疆之恤——伪孔释云："惟文王圣德，为之子孙，无忝厥祖，大承无穷之忧。"吴闿生《大义》云："此述武王顾命付托之重，'无疆之恤'以上，皆武王顾命之言。"

⑤公曰君告汝朕允保奭——于氏《新证》云："伪《传》读'告汝

朕允'句,训'允'为诚信。训'予不允'(见下文)之'允'为信。非是。按二'允'字并'兄'之讹。《无逸》'允若时',《魏三体石经》作'兄若时',可证。其古文兄作兖,与允相似。《白虎通·不臣篇》:'召公,文王子也。'《论衡·气寿篇》以召公为周公之兄。《穀梁·庄三十年传》:'燕,周之分子也。'分子,别于世子。然则《史》《汉》但谓召公与周同姓,未可据也。'公曰',句。'君',句。'告汝',句。'朕允保奭',句。'朕允保奭'即'朕兄保奭',言'我之兄保奭'也。……若云'告汝以我之诚信',下文又言'我不信惟若此诰',则上下文相反矣。"此读为"我兄保奭",确为有识。

⑥其汝克敬以予监于殷丧大否肆念我天威——戴钧衡《补商》:"'其汝克敬以予监于殷丧不否',十二字句。'以',与也。见《盘庚》'以民迁'(按,见王引之《述闻》释此句云:"以,犹与也")。'否',读否卦之否,厄也。'肆',长也。《诗·崧高》'其风肆好',毛传:'肆,长也。''我'者,犹上文'我受命'之'我'。陈氏栎曰:'大臣与国同体,天命天威皆以我负荷之,不敢以不切己视之也。周公呼君言……今之时其惟汝克敬与予监于殷之丧亡大厄,而长念我国家之天威也。"

⑦予不允惟若兹诰——于省吾《新证》:"二'允'字并'兄'之讹。……'不兄'之'兄'读'皇'。《无逸》'无皇曰',《漢石经》'皇'作'兄'。'皇',暇也。言'予不暇惟若此诰'也。不暇诰,犹言无暇多诰。下言'予不惠若兹多诰'。《洛诰》云:'朕不暇听',古人言语质直盖如是也。……或曲为之解曰:'不允,允也。'然则下文'予不惠若兹多诰',与此语例同,如训为'予惠若兹多诰',岂远于辞乎!"是此句径当释为"予不暇惟若此诰"。

⑧予惟曰襄我二人汝有合哉——孙诒让《骈枝》："案此章云'二人'者四，伪孔并以为文、武。今审玩文义，似当从《蔡传》为周公自言与召公二人相戒勉之意。云'襄我二人'者，谓我惟望有助我二人者，乃惟汝与我有合，明无它人也。"

⑨言曰在时二人天休滋至惟时二人弗戡——孙氏《骈枝》："'言曰'，指他人之言。'在时二人天休兹至'，谓外人皆曰：'在此二人共辅王室，致此治安，天之休嘉其益至乎。'（盖训"滋"为益）周公又谦言：'惟是二人弗能独堪任此天休。''戡'、'堪'字通。"于氏《新证》："孙星衍云：'戡与堪通，《释诂》云：胜也。'金文尚未发现戡、堪等字，王襄友谓'堪'、'龛'同音。按《皇王眉寿编钟》：'龛事朕辟皇王。'犹言克事朕辟皇王。疑'堪'、'戡'本应作'龛'。"

⑩其汝克敬德明我俊民在让后人于丕时——孙氏《骈枝》于周公谦言二人弗能独堪之语后继云："故下文又劝召公克敬德以明俊民也。'在让'之'让'，当为'襄'之借字，明我（疑"明我"是"在让"之笔误，盖沿上句致误）后人即是襄后人也。'丕时'犹言丕承，《诗·周颂·清庙》云：'丕显丕承。'《孟子·滕文公篇》引《书》云：'丕承哉！武王烈。'言助后人于丕承祖德也。'时'训'承'，详王氏《述闻》。"按王引之《经义述闻》"百揆时叙"条云："时叙者，承叙也。……时、承一声之转。《楚策》'仰承甘露而饮之'，《新序·杂事篇》'承'作'时'，是时与承同义。"于氏《新证》："《召诰》'不可不敬德'，《班𣪩》'唯敬德亡遒违'，是'敬德'周人成语。旧读'明我俊民'句，非是。'在'即'才'，读'哉'。'明我俊民在（哉）'，句。'让后人于丕时'，句。'让'本应作'襄'，《尧典》之'舜让于德弗嗣'，与此'让'字均应读如上文'襄我二人'之'襄'。此外《周

书》无让字("让",本应作"攘",攘、襄古通,详《尧典》"舜让于德弗嗣"条)。《左·定十五年传》'不克襄事'注:'襄,成也。''后人',读如'佑启我后人'之'后人'。'丕',犹斯也。'时',读如字,不读'是'。言'汝其能敬德,勉我俊民哉,襄成后人于斯时也'。'后人'谓成王,对文、武而言。"于先生以"在"为"哉"及所定句读极精审,当从之。惟"丕时"宜从孙氏说,以周人动辄宣扬祖德、言助成王丕承祖德正合当时文意。周公当时不能不说"丕承祖德"。如言"于斯时"终觉与文意不协。

⑪笃棐时二人我式克至于今日休——孙氏《骈枝》:"下又云'信非止是二人(笃、信义同,详前《洛诰》),棐、匪字通,详前《大诰》),亦蒙上'天休弗戬'而言。明受天休者非止二人,故又云'我用能至于今日休'也。'笃棐时二人'与《洛诰》'笃罔不若时'意异而文义略同。'棐时'犹'不若时'也。伪孔释为'厚辅文武'则风马牛不相及矣。且文武受命开国,宁有弗戬天休之理,其失明矣。又案《墨子·非命中篇》云:'于召公之《执令》亦然曰(旧误"且",毕沅校改):'敬哉无天命,惟予二人而无造言,不自降天之哉得之(疑当作"不自天降在我得之")。'彼云'惟予二人',与此经'在时二人'义亦同。《墨子》多引逸《书》,疑召公先有作书,而周公作此以答之,惜古书亡佚不可考也。"于氏《新证》云:"伪《传》云:'言我厚辅是文武之道而行之,我用能至于今日其政美。'按'二人'《君奭》凡四见,伪《传》以为文、武,非也。朱子谓'周公自谓己与召公',是也。'笃',犹诚也。'棐',即非。'时',是也。'式',用也。言:'诚非是二人,我用能至于今日休乎?'意谓诚非我二人,今日无休美之可言。周初文字,语尾多不用虚字,而揣其语气骏迈,固如

是也。"孙、于二氏虽个别字训稍异,而全句释义基本相同,可参照采用之。

⑫我咸成文王功于不怠丕冒海隅出日罔不率俾——王引之《述闻》:"'海隅出日,罔不率俾',郑注曰:'率,循也。俾,使也。四海之隅,日出所照,无不循度而可使也。'(见《魏志·武帝纪》注)引之谨案,经以'率俾'连文,郑训率为循,俾为使而于循下加度字,使上加可字,殆失之迂矣。案《尔雅》:'俾,从也。''罔不率俾',犹《文侯之命》言'罔不率从'也。'海隅出日,罔不率俾'犹《鲁颂》'至于海邦,莫不率从'也。此言'海隅出日,罔不率俾',《大戴礼·少间篇》'出入日月,莫不率俾',《五帝德篇》曰'日月所照,莫不从顺',义并同也。"而后戴钧衡《补商》:"'咸',同也(《诗·閟宫》"克咸厥功"郑笺)。'成',终也(《国语·周语》:"成",德之终也)。'俾',从也(《尔雅》文)。言我国家幸至于今日休美矣,我更欲与汝固终文王之功于不怠,庶以大覆冒乎海隅出日之地而罔不率从也。'丕冒海隅出日'作一句读。姚氏鼐曰:'作《君奭》时,四方大定,独商奄居东,尚有未从化者,《多方》所以作也。丕冒海隅出日,义在于此,非第言周居西土,海隅出日相去较远而已。'"朱骏声《便读》云:"'咸',仝也,皆也。'冒',覆也。'率',述也,循也。'俾',犹从也。叹息言厚辅王室,向在我二人,我周用能至于今日之美。我与汝皆当成就文王之功于不懈,庶大覆被天下,至于东海日出之区,人民无不循我有周之法度,莫不顺从也。《尔雅》:'东至日所出为大平。'文武并都西北,以东南为远,故云然。"吴闿生《大义》云:"'咸',大也。'俾',从也。终上文之意,言我二人同心辅弼,是以有今日之休。尚当大成文王之功业于

不怠,使海隅出日罔不率从,而后为尽责。"承王氏后,三氏对此数句之释义基本同,仍为个别字训稍异,而着眼点亦稍不同。可依朱说为主,参照去取两家以释之。

⑬予不惠若兹多诰予惟用闵于天越民——伪孔释云:"我不顺若此多诰而已","惟用勉于天道加于民"。释义不明。《蔡传》云:"言我不顺于理,而若兹谆复之多诰耶?我惟用忧天命之不终及斯民之无赖也。"更缴绕不清。吴闿生《大义》:"'惠',惟也。惟,愿也。予不欲为此多言也,予惟用忧天命及斯民耳。"所释较简明。裘锡圭氏《古代文字研究新探》第 68 页云:"甲骨文里有一个常用的虚词'叀',作用跟'惟'(甲骨文一般作"隹")相似,古文字学者大都认为这个字应读为'惠',当可信(参看李孝定《甲骨文字集释》第 1431—1432 页,陈梦家《殷虚卜辞综述》第 102 页。下文引用此字时径书作"惠")。殷虚甲骨文里的有些占辞(卜问后判断卜兆所示之意之辞)以'不惟'与'惠'或'惟'与'不惠'对言。……《君奭》也是以'不惠'与'惟'对言的。……在甲骨文的虚词'惠'在被释出之前,杨筠如《尚书核诂》已经根据《酒诰》有'予不惟若兹多诰'之语,并以'不惟'与'予惟'对言的现象,指出《君奭》的'惠'与'惟'同义,可谓卓识。但他认为'惠'当作'惟','古惠、惟声近相假'(第 253 页),还是不够妥当的。……'惠'与'惟'应该是一对音、义皆近的虚词,二者的区别究竟在哪里,还有待研究。"是裘先生指出此处"不惠"与"惟"为对言的一对虚词,与甲骨文中用法同。虽二字的区别尚待进一步了解,总之在使其上下二句依这对虚词在句法结构中的作用以成义,可暂依吴闿生说以寻其义。

⑭惟乃知民德亦罔不能厥初惟其终——伪孔释云:"惟汝所

知,民德亦无不能其初,鲜能有终。惟其终,则惟君子。戒召公以慎终。"此释合于文意。孙星衍《注疏》云:"呼召公言,汝亦知民之行,无不能其初,惟其终之难乎。言我当终成其业,不容去图也。"朱骏声《便读》:"'乃',犹汝也。'民德',犹言凡人之德也。叹息言唯君固知凡民之德往往无不能勉其始,而鲜克有终。然惟终之为贵也。"

⑮祗若兹往敬用治——江声《音疏》:"祗,词也。我所告,祗如此而已,君其往敬以为治哉!"

以上这一节,收束全篇。在承殷之六七贤臣及周初之四五贤臣辅佐君主克成建国治国之大业后,现在唯自己与召公二人肩此重任,特作总的勖勉。周公于此讲了四段话,第一段极言武王付托之重及自己与召公肩负之重。第二段反复强调"我二人"夙任大业,负荷艰巨,于此段紧凑语言中连续提出"我二人"(或时二人)一词达四次,以见处境之殷切以相警策,务期完成文王之功于不怠。第三段以"惟用忧天命及斯民"以与篇首"永念天威与我民"相照应。第四段以善始慎终相告诫,希望黾勉于治国大业。一片谆谆告诫之诚,使周公作为周初的亦即我国历史上有名的大政治家,其风貌于此篇见之。

今　译

周公这样说:"君奭呵! 由于〔殷人〕干尽了坏事,所以老天把丧亡之祸降给了殷人。现在殷人已堕失了他们的天命,由我有周承受了,但我不敢说我有周已开始的基业就能这样可靠地永远美好下去；也由于即使天是不可信赖的，我也不敢说我们有周的国运最后必然是不美好的。（在于人的努力而已。）

"唉！您已说同意我的看法对，我也不敢以为可以安然信赖于天命，也不敢不长远敬念上天之威严与我下民。不尤怨于人呀！倘使我们后嗣子孙不能奉承天地上下，不能继承发扬文王、武王之光辉事业，不知天命之不易，那就天也难于信赖，就会堕失自己的天命！因而不能继续经营文王、武王的大业，也无从恭奉他们的明德了。

"现在我小子旦，不能有所匡正于上，惟有以文王、武王之光烈移于我们的好小子（成王）身上了。"

周公又说道："天是不可无条件信赖的，只有我们继承和发展文王之德所孕育的光辉大业，才会使上天不厌弃文王受的大命。"

周公说："君奭呵！我听说昔日商王成汤受了天命后，当时有着像伊尹这样的贤臣辅佐他，就使他升配于天。在殷王太甲时，则有贤臣保衡（黄尹）。在殷王太戊时，则有贤臣伊陟、臣扈。也使升配于上帝；还有贤臣巫咸，治理王家有功。在殷王祖乙时，则有贤臣巫贤。在殷王武丁时，则有贤臣甘盘。大率由这些在王朝有着位列的几位贤臣保治了殷王朝。所以按殷礼，上述诸王升退配祀于天，而其臣配食于庙，经历了很多年岁。上天惟为殷王朝命了这几位贤良臣佐，于是商王朝所有异姓之臣和同姓之臣莫不秉承其德业、明恤其政事了。内而王朝亲近重臣，外而各地侯服甸服首领大臣，亦皆奔走效命以供职了。所以如此者，由于上述诸贤臣惟举用有德行的人才，因而群策群力以辅相其君主之故。所以当天子有政事要施行于天下四方时,天下四方臣民就像信奉卜筮的灵验一样,没有不信奉天子的教令的。"

周公说:"君奭呵!上天赐给上述诸臣以寿考平顺至于天年,以之辅治有殷王朝。而有殷王朝嗣君纣,天灭其恶(看来没有不坠之天命)。现在您可深长思考思考这些问题,以探寻天之固命(不坠之天命),其可以用来助成我新造之邦。"

周公说:"君奭呵!过去为什么上帝殷勤奖劝文王之德,把大命集于他身上呢?因为惟我文王能把有夏诸部落诸部族团结起来,兴隆昌盛,当时有着治国人才有名贤臣如虢叔、如闳夭、如散宜生、如泰颠、如南宫括等人。可以说倘使无此五位贤臣辅佐文王及导以常教,那么文王之德也无以普及于人民中。也惟有此五位贤臣良佐秉执明德,进知皇天威命所属,就由这几位辅佐文王使盛德用以显著,终致冒闻于上帝,就以此承受了殷的天命了!

"到武王时,这五位贤臣中唯四人尚在(虢叔已死),他们四位后来跟随武王敬奉天威,诛杀敌人商纣。他们四人能昭明武王之德传布于天下,使天下尽称武王之德。

"现在我小子旦像游大江河,在我往前时需要和您阿奭共同济渡。今我小子的同在位的官员和未在位的官员,没有一个能提匡正我的意见的,使我无由听到善言,也就无人勖勉我之所不及。老成有德之人不能降尊屈驾,我就听不到有益友声,听不到足以提高我的他们的谠言高论,更何况还能说格知天命吗?"

周公说:"哎呀!阁下呵!现在应当有所鉴于上述这些情况,虽然我们有周受命有着无穷的休美,但却是经历极大的艰难得来的。因此告诉您，您应筹谋所以垂裕我们邦家的各种措施，不可使后王（成王）迷误呀！"

周公说："我们的前人武王展布了他的心膲，悉心地说：'命令你们（指周公召公等）作为大臣就要能作为"民极"（人民的楷模）。'并且说："你们亹勉地佐佑君主呀，尽承此大命呵！惟我文王的圣德，要大加继承和发扬，要懂得这将是无穷忧勤的事！"

周公说："君奭呵！告诉你呀！我的兄长太保奭呵！现在惟您能诚敬于事地和我一道吸取鉴戒于殷人之丧亡大厄，长念我有周之天威。我不暇就如此只讲这些话，我唯望有能襄助我二人的人。但只有您和我同心合德。有人说：'有此二人共辅王室，天的休美会日益降临。'不过我二人不能独堪承受此天之休美。望您能敬德以明勉我优秀的人民，襄助成王以大承祖德。哎！如果真的没有我们这二人，我周家能有今日这样的美好吗？我和您都应该成就文王之功于不懈，以文王勋业广为覆盖于天下，至于海边出日之地，所有人民对我有周德教法度莫不遵循顺从。"

周公说："君奭呵！我不愿如此说这样多的话，我只是为了忧念关怀天命和我们的人民。"

周公说："哎呀！君奭呵！惟您知道一般凡民的德性，大都不是不能开始做一件事，但却很少能善始善终地完成这件事，要知道惟其能善终才是可贵的。

"我能讲的就只是这些，希望您去虔敬地做好治理国家的大事。"

讨　论

本篇须讨论者，为下列诸问题：

（一）关于"召公不悦"的问题

《史记·燕召公世家》据先秦所传史料载称："成王既幼，周公摄政，当国践阼。召公疑之，作《君奭》。君奭不说（悦）周公，周公乃称汤时有伊尹假于皇天，在大戊时则有若伊陟、臣扈假于上帝，巫咸治王家，在祖乙时则有若巫贤，在武丁时则有若甘盘，卒维兹有陈保乂有殷。于是召公乃说。"这当是先秦曾有过的传说，被史公录入《史记》中。《列子·杨朱篇》云："武王既终，成王幼弱，周公摄天子之政，邵公不悦，四国流言。居东三年，诛兄放弟，仅免其身。"足以佐证战国确有此说。

西汉成帝时出现的《书序》，系采录《左传》《史记》等记载《尚书》篇章撰成情况之言，撰以为各篇之序。即所谓"小序"。其《君奭》篇之序云："召公为保，周公为师，相成王为左右，召公不说（悦），周公作《君奭》。"其后经师们皆循此《书序》说，《史记集解》引马融注云："召公以周公既摄政致太平，功配文武，不宜复列臣位，故不说。以为周公苟贪宠也。"《孔疏》引郑玄注云："周公既摄王政，不宜复列于臣职，故不说。"《孔疏》则云："成王即政之初，召公为保，周公为师，辅相成王为左右大臣，召公以周公尝摄王之政，今复在臣位，其意不说，周公陈己意以告召公，史叙其事，作《君奭》之篇也。……此篇是致政之后留辅成王之意，其文甚明，马迁妄为说尔。"

君奭

1695

是西汉承战国之说，以召公不悦的是周公摄政之事；东汉马郑承《书序》之说又加发展，以召公不悦的是周公还政后又贪恋臣位之事。且时间一在摄政时，一在还政后。

至宋儒始怀疑"召公不悦周公"之说。苏轼《书传》云："旧说或谓召公疑周公，陋哉！斯言也。方周公摄政，管蔡流言，周公晏然不自疑，当时大臣亦莫之疑者，何独召公也？今已复子明辟，召公复何疑乎？"又戴氏《补商》引"苏氏辙谓'召公不悦其归政'"。《传说汇纂》引程颐说云："师保之任，古人难之。故召公不悦者，不敢安于'保'也。周公作书以勉之，以为在昔人君所以致治者，皆赖其臣，而使召公谋所以裕己也。"意谓召公不是不悦周公，而是不悦自己担任"保"之职。"师"、"保"是当时最高级的官职。人之常情，只有给了他小官才不高兴，怎么会当了大官而不高兴呢！此说显不好理解。后见章如愚《山堂考索续集》卷五释之云："召公相文、武、成王三世矣，至成王能自为政，召公之年已老矣，而复尊以师保之任……爵位日隆，任责日重，非召公所乐也。况召公已封于燕，身留相周，不得优游，而公不悦之旨，盖为此尔。"林之奇《全解》在引了一些有关召公不悦资料后说："是皆以召公不知周公之心，程伊川、二苏兄弟、王氏（安石）破之详矣。……王氏谓：'成王非有过人之聪明，而出于文武之后，人习至治之时，为难继，故召公于其亲政之始，有不悦也。'"按黄伦《尚书精义》录王安石原句云："召公不悦何也？曰：成王可以为善，可以为恶者也。周公既复辟，成王既即位，盖公惧王之不能终，是以不悦焉。"《汇纂》又引朱熹说云："召公不悦，这意思晓不得。"《朱子语类》亦载朱说云："问'召公不悦'之意。曰:'召公不悦,只是《小序》恁地说,里面却无此意。这只是召公要去后,周公留他,说道朝廷不可无老臣。'等等。"吕祖谦《书说》云:"召公不疑周公,前辈辨之详矣。于其盛满而欲去,周公反复留之。后世权位相轧,排之使去则有之,挽之使留盖亦鲜矣。周公固不可以后世论也。"蔡沈《集传》云:"案此篇之作,《史记》谓召公疑周公当国践阼,唐孔氏(颖达)谓召公以周公尝摄王政,今复在臣位,葛氏(不详其人)谓召公未免常人之情,以爵位先后介意,故周公作是篇以喻之。陋哉斯言!要皆为《序》之所误。"这些都是宋人不同意"召公不悦周公"之说所提出对"召公不说"的新解释。

就《君奭》原文说,如果真如西汉所说召公不悦周公摄政,或如东汉所说召公不悦周公还政后又贪恋臣位,则在文中应解释自己不擅权、或自己非为贪官位,自己怎样愿意和召公团结友好,希望召公谅解,不要疑忌。可是通篇体会不出这种气味,正如朱熹所说"里面却无此意"。而只是列举了殷周两代好几位贤臣对建筑好两个王朝的重要作用,而现在只有了召公和自己两人,感到肩负之重,弘济艰难之巨,希望有人来协助,而主要是我两人戮力同心,以完成文王武王之功于不怠,最后以善始慎终相告诫,其同僚和衷共济之情溢于全篇讲话中,因此与先秦、西汉、东汉之召公不悦说不能相合。至宋人不满意原有"召公不悦"之说显见有点道理,但又提出召公不悦新的诸说,更全出于以理推想,更为无据。

语云:"知人论世。"要妥善解决"召公不悦"问题,只有先弄清楚下一个"历史上的召公和周公关系问题",才能对此问题得到较正确理解。

（二）历史上的召公和周公关系问题

《逸周书·作雒篇》载三监叛周时，局势阽危震撼，"周公、召公内弭父兄，外抚诸侯"，同心协力，卒平叛乱。当三监汹汹倡乱时，管叔蔡叔以周公摄政当国将不利于孺子成王相号召，煽动周人起来反对周公，当时刚建立起来的"新造邦"周王朝自行分裂，形成地方守土者勾结敌人反对中央的局面，而一般周室贵族看到两边都是文王的儿子，都是周的大贵族，因此意存观望。究竟谁胜谁败，还是未知数，所以当时局势很严峻（这些情况详前面《大诰》篇）。当时大贵族中只有召公起而坚决支持周公摄政当国，进讨叛乱，内而团结好周家各贵族势力（内弭父兄），外而联络好与周联盟的各部族（外抚诸侯），然后协助周公力征经营，讨平叛乱，重行稳定了周王朝。这一非常鲜明的历史事实，就足以彻底否定所谓召公不悦周公摄政当国的无稽之谈。

三监叛乱平定后的一件对巩固周王朝有极大作用的大事，就是"作雒"，亦即营建洛邑，又是召公和周公全力合作所完成的，详前面《多士》《召诰》及《洛诰》诸篇。看得出召公是亲密无间地协同周公完成这一国家大政的。

及作雒完成，举行元祀后，成王亲政。这就是《书序》所说的"召公为保，周公为师，相成王为左右"了。亦即《史记·燕召公世家》所说："其在成王时，召公为三公，自陕以西，召公主之；自陕以东，周公主之。"《集解》："何休曰：'陕者，盖今（东汉）弘农陕县是也。'"按即今三门峡市，为今河南省陕县。当时成王叫周公留守洛邑，镇抚东土广大领域，即"自陕以东周公主之"。

而西土广大领域，由召公镇抚，所以说"自陕以西召公主之"。当时周公召公二人入则为王朝师、保，出则分别镇抚全国广大领土，成了当时周王朝安全所系的佐命元勋式的两位大臣。《君奭》篇中所四次提到的"我两人"，就是针对当时两人在周王朝特殊重要地位说的，看不出当时会使召公产生不悦周公还政后又贪恋臣位的情绪的。

所以从历史上的周召二人关系看，不会发生战国和西汉、东汉所传说的那种召公不悦周公、二人发生嫌隙情况的。当然，长期在一起，不会没有不同意见的时候，也当如吴闿生《尚书大义》所说："二公同时辅相成王，偶有意见未合，周公恐召公不喻其意，故作此书以释之。"就足以解决二人之间意见偶有未合。退一步说，纵使有如廉颇不满蔺相如处，也能如蔺相如之主动和解，使二人保持团结。因二人都是公忠体国，并非政客之间彼此钩心斗角之贻误国家者可比。所以要说召公和周公之间产生嫌隙，发生召公不悦周公之事，是不大可能的。

还有，召公之所以能与周公并立，自有其特殊身份，《燕召公世家》所说："召公奭与周同姓，姓姬氏。"则显见得身份不够，恐系据不完整资料写成。《集解》引谯周曰："周之支族，食邑于召，谓之召公。"同样不太可靠。我们看辽、金、元、清这种保存较原始宗族体系建立的王朝，其真正掌权者总是皇室最亲之近亲，其疏远宗室是很难掌权的，周初武王时，地位和权势最高的三个大贵族即三大显赫大臣是太公、周公、召公三人；成王时太公已死，剩下的两大臣是周、召。太公是周王室主体姬姓族姻亲氏族姜姓族的首领，其地位之高自然是超过一般大臣的，而在自己姬姓族中杰出的二臣，则是周公、召公。周公为文王子、武王弟，史载明确。召公则《史记》但言"周同姓"，太泛。显与其身份不相称。其实先秦时《世本》已载："召氏，周文王子召公奭，支庶。食邑于召，为周卿士，以国为氏。"（《诗·江汉》疏引）《燕世家》载明："周武王之灭纣，封召公于北燕。"与封太公于齐、封周公于鲁，鼎足而三，分据东方要地，以镇抚殷，以屏藩周。可见召公与太公、周公之同等显赫重要。《穀梁传·庄公十三年》："燕，周之分子也。"范宁注："分子，谓周之别子孙也。"于省吾《新证》释之云："分子，别于世子。"世子即嫡子，与《世本》谓召公为文王庶子合。以上为先秦资料。《诗·甘棠·释文》引皇甫谧云："邵公为文王之庶子。"显然即据先秦之《世本》为说。至汉代刘向以为召公为文王子，见朱骏声《便读》引。又《白虎通·王者不臣篇》亦云："子得为父臣者，不遗善之义也。《诗》云：'文武受命，召公维翰。'（《大雅·江汉》句）召公，文王子也。"陈立《疏证》云："此自用《穀梁》说。惠氏栋《古义》云：'分子，犹别子。《礼大传》云：'别子为祖。'注云：'别子为公子。'然则继体者为世子，别于世子者为别子。则召公其文王长庶欤？"其实汉代王充《论衡·气寿篇》已说："邵公，周公之兄也，至康王之时尚为太傅。"既为文王庶子，又为周公之兄，自然为文王的最年长庶子。本篇《孔疏》引《左传·僖公二十四年》富辰列举文王之子自"管蔡郕霍"至"毕原酆郇"共十六国而无奭名，因而论云："则召公必非文王之子。"接着又引皇甫谧云："原公名丰，是其一也，是为文王之子一十六国。"是皇甫谧持《世本》召公为文王庶子之说，驳正孔颖达召公非文王子之说，仍肯定召公在文王之子一十六国中。大抵自先秦至汉关于召公为文王子资料颇不少，根据礼制，召公为文王庶长子亦自可能。故于省吾氏《新证》肯定了召公为文王子之说，年龄上为周公之兄，这一论断是正确的。因此，召公作为文王的庶长子，与文王嫡子中才具杰出者周公并峙为两位英杰，自文王时已受到重视，历武王、成王时成为治国重镇，自是情理中事。郑玄《毛诗谱·周南召南谱》云："文王受命，作邑于丰。乃分岐邦周、召之地为周公旦、召公奭之采地。"是文王时已特封此两子食采于畿内要邑。《鲁世家·集解》并释云："谯周曰：'以太王所居周地为其采邑，故谓周公。'"《燕世家·索隐》也说："召者，畿内采邑，奭始食邑于召，故曰召公。"是周、召二人同封了采邑，也成了他们二人称呼的由来，自此这两人历文王、武王、成王之世都成了同心同德戮力为周王朝服务的两位大员了（后来召公还辅佐过康王）。

上列事实既明，则召公是否不悦周公这一问题也就迎刃解决了。这本来是篇中所无之义，是先秦两汉谈《君奭》篇者所强加上去的。

（三）关于本篇之写作时期问题

上述诸点既明，这问题也可随着解决了，不过儒生们要给它制造纷扰。两汉今文派承《战国》之说召公不悦周公摄政，则周公这篇讲话自在摄政时。东汉古文派承《书序》说加工说成召公不满周公还政又贪臣位，则周公这篇讲话自在与召公并为师保时，自是自汉以来承今文说者莫不谓周公践阼摄政时，承古文说者莫不说在周公还政后。直至清代陈乔枞《经说考》犹以很大篇幅辩护在践阼摄政时而非复辟之后。孙星衍《注疏》则以

《史记》践阼时说与《后汉书》章怀注还政后说为今古两家异说，而主张非践阼时之作，是此二人仍一主今文一主古文之说。皮锡瑞《考证》谓："西汉人自据今文以为摄政之初，马郑自据古文以为反政之后。……听其各自为说可矣，何必牵引西汉今文家说以强合于马郑，使今古文纠葛莫辨哉！"这知道不去计较今古文二说孰是孰非了。而不知今古文二家说召公不悦周公摄政或不悦还政后贪臣位之说都是不对的，都是篇中所无之义为说经者所强加上去的。根据历史事实，此篇只是成王亲政后，周公召公为师保辅相成王时，周公懔于责任之重，勖勉君奭共肩大任，吸取商周两朝贤臣有关国运之鉴戒，两人同心同德，戮力以完成文王武王之大功于不怠，辅相冲子成王善始慎终以保天命。全篇精神就是这样，与那些今文家古文家所强加之说是毫不相干的。

（四）关于所谓周公、召公求退的问题

这更是篇中所无之义，而是宋代经师们特别在本篇中所强加上去的。前在《洛诰》中周公并未表示退休之意，伪孔已因"明农"一语谓周公意欲退休。而宋儒以《蔡传》为代表之说，多次言周公欲退休，成王留之。至本篇中，在"君已曰时我"句下，伪孔释为"君已当是我之留"。即周公已打消辞意留了下来，君奭表示赞许，但苏轼《书传》云："功成身退，天之道也。故伊尹既复政，则告归。周公不归，此召公所以不悦也。"进而说不仅周公要退休，召公也要退休，所以才不满意周公不退休，而后说周公留召公不要退休。其言云："召公岂独欲周公之归哉，盖亦欲因复辟之初而退老于厥邑，特以周公未归，故不敢也。何以知之，此书非独周公自言其当留，亦多留召公语，以此知召公欲去也。"自是宋元治《尚书》者言召公欲退休求去者连篇累牍，说《君奭》一篇主要是周公留召公不去之言。如林之奇《全解》云："故周公之留召公也，惟欲谨终如始而已。"吕祖谦《书说》云："召公……盛满而欲去，周公反复留之。"又云："成功不可居，洛邑成而周公告归，召公盖亦同此心也。已而成王留周公，周公幡然改矣，召公犹守欲退之心也，周公遂力留之，及其既喻非留于一时，终相成王，且相康王，身任托孤寄命之责。"《汇纂》引朱熹云："召公……看来是见成王已临政，便已小定了许多事，周公自可了得，所以求去。"朱熹《语类》亦说："这只是召公要去后，周公留他。"钱时《融堂书解》云："周公分明以天命之绝续，生民之休戚悬于召公之去留。周公圣人也。辅相之事岂不能身任其责，而所以倚赖同列者如此。"为宋学代表之蔡沈《书集传》不复推论而径直言之云："召公告老而去，周公留之，史氏录其告语为篇，亦诰体也。"竟把《君奭》全篇定位为周公留召公继续任职不要告老之文。其下文又云："详本篇旨意，乃召公自以盛满难居，欲避权位，退老厥邑。周公反复告谕以留之尔。熟复而详味之，其义固可见也。"其后元儒董鼎《辑录纂注》仍承宋人说云："言殷先王与我文武得人之助，然文王时五人，至武王时四人，今又惟我二人而已。君若求去，岂我一人之所能戡哉。忧之深是以留之切，留之切足以言之详，召公同功一体之人，均有忠君爱国之心者也，安得不油然而感，幡然而留哉。"所有这些都是无中生有、凭空捏造的说法。除了周公要退休之说是误释"明农"一语而来的外，关于召公要退休之说，则纯是经师们凭空幻想，既无历史事实根据，《君奭》全文中也找不到半点痕迹，因而是强加给《君奭》的完全不可信的说法。

《君奭》不是周公劝召公留下不要退休的文件。

（五）《君奭》是否为周公答君奭的话而作的问题

本篇第一段数语之后，吴闿生《大义》即云：“开首即用《召诰》原文之意。”盖旧以为《召诰》为召公所讲，此处即在答召公之语。接着“君已曰时我”一段之后，朱骏声《便读》云：“‘时我’至‘惟人在’皆召公平日之言也，叹息言君曾曰：‘辅成周业是我之责，故我不敢苟安于上帝今日右周之命，而不念将来之或致天威也。于我民之无怨咎而背叛者，惟恃贤臣在朝耳。’”以为上面这一段是召公对周公讲的，下面就是周公的答语。是治经者往往指出召公原讲了某些话，《君奭》中不少是周公答复他的话而后讲的。这是一些人对本篇体会所得。究竟本篇是不是周公为答复召公讲的一些话写的呢？

《墨子·非命中》有云：“于召公之《执令》亦然。曰（原误作“且”，依毕沅校改）：‘敬（《诸子集成》本误作“政”，依孙氏《骈枝》校改）哉无天命，惟予二人，而无造言。不自天降，自我得之（原误作“不自降天之哉得之”，依孙诒让《间诂》校改）。’”孙诒让《间诂》：“召公盖即召公奭，亦《周书》佚篇之文。‘令’与‘命’字通。……《周礼·大司徒》有‘造言之刑’，郑注云：‘造言，讹言惑众。’”孙诒让《骈枝》在引录了上述诰语后，论之云：“彼云‘惟予二人’，与此经‘在时二人’义亦同。《墨子》多引逸《书》，疑召公先有作书，而周公作此以答之，惜古《书》亡佚不可考也。”按，《墨子》在先秦引用《书》篇次数仅次于《左传》，《左传》共引用达八十六次，包括《书》篇十三篇，《墨子》则达四十七次二十

尚书校释译论

二篇。而引用逸《书》则《左传》只八次八篇，《墨子》独达十八次十八篇（见拙著《尚书学史》第一章）。是《墨子》在先秦确引用逸《书》最多，其所引逸《书》十八篇篇名皆在今《尚书》篇章以外，其中有召公之《执令》最值珍贵，所残存逸句竟有"惟予二人"，与《君奭》四句"襄我二人"、"在时二人"、"惟时二人"、"棐时二人"如此密合，其在文字上必与《君奭》相关，可以断言。则孙诒让疑召公先有书致周公，而后周公作答书，即此《君奭》篇，是完全在事理之中的。那么治经者从《君奭》中体会出当有周公答召公之语，得《墨子》所载召公之《执令》篇而证实其可信了。

因而可以看出，召公和周公作为辅相成王左右的两大臣，同样公忠体国，同样忧国忧民。只要看在《执令》中他对周公说："敬哉无天命，惟予二人，而无造言。不自天降，自我得之。"都是积极进取的话，哪来的什么召公不悦这个不悦那个而一心求去的事。而周公在《君奭》篇中以同声相应同气相求的精神答复召公时，可以说完全同意和积极回应了召公的话，所以全篇中也充满了召公这几句话的同一精神，只是更深刻更诚挚地运用历史教训和客观现实谆谆勖勉召公共同肩此重任，以继承和发扬文王武王的大业，辅助成王永保周之天命。这就是本篇的精神所在。

（六）关于泰颠是否太公的问题

"泰颠"原作"太颠"。由于文王武王时勋业最大的要员是太公望，而《君奭》中谈周初的大臣五人或四人中却没有太公，经师们感到不可解，就把太颠比附为太公，见上文"泰颠"校释。按，始就《君奭》篇中周公未说到太公提出意见者，如《孔疏》所

君奭

1705

引郑玄注云:"不及吕望者,太师教文王以大德,周公谦不可以自比。"意谓周公因自谦所以不提太公。皮锡瑞《考证》云:"今文说以太公、太颠为一人。盖言文王有四臣以受命,必无不及太公之理,郑君用古文说,不从今文,乃谓周公谦不自比,殊属强词。周公举伊尹诸人,何独不谦乎?"古文家寻找未说到太公的理由,确属强词得可笑,然今文家比附太公于太颠,尤属强词附会,皆由于不了解历史的实际所使然。历史的实际情况是:西周王朝是由姬姜两族合力建立起来的,姬姓族周室的王族,是建立周王朝的主体;姜姓族则是姬姓族的婚姻氏族,在政治上和军事上全力协助姬姓族推翻商王朝,建立了周王朝。然后又在政权的巩固上全力协助姬族。从文献中看出,这互为婚姻的两个部族还是从母系氏族社会时期就形成了,当时形成了"共生"的两族,其中任何一族都离开不了对方,因离开对方自己这一族便没法传宗接代,所以两族就亲密无间,形成了生存的共同体,因而自母系氏族时期起就互通婚姻一直传下来,以后递经周王朝的先公先王一直到周王朝历代君王与部族成员都娶姜族之女,姜族亦必娶姬族之女,直至周代之亡,姬姜两族始终是互为婚姻之族,正像后世如辽金元等都有和王室主要通婚之族,如辽王室耶律氏总与审密氏(取汉姓为萧)通婚一样,这样的通婚之族始终在其王朝中处于特殊地位。当时姜族之于姬族就是这样。当伐灭商纣建立周王朝时,这紧密联姻团结的两族,文王为姬姓族的首领,太公望为姜姓族的首领,各率其族紧密合作于共同事业。只是姬姓族成为建立周王朝的主体,姜姓族成为建立周王朝的主要支柱,这是由于这两族长期的世世代代的休戚相关、利害与共所形成的关系,所以姜姓族首领对于姬姓族首领来说有特殊重要的关系,特殊崇高的地位,非任何其他异姓大臣所能比拟的。周公所说的是周文王武王所资以辅佐的异姓大臣,都是低于太公望地位的(姜姓族首领也自有其辅佐大臣,像晚至春秋时的管仲是其著者)。所以周公不提与文王在族系关系上并立而在政治上协助的太公望。因为太公望比那些大臣的地位高多了。只要看《左传·僖公四年》所载管仲追述周初封太公望于齐的"命书"所说"五侯九伯,汝实征之,以夹辅周室",又赐太公望履,"东至于海,西至于河,南至于穆陵,北至于无棣",正见其地位、威望与监管地区之广都远在其他大臣及各地诸侯之上,正像后来周公召公的地位高于其他大臣的地位一样,是不能用后世民间传说的姜太公的故事来看待太公望的。因此必然的结论是:泰颠不是太公望。

君奭

尚书校释译论 四

顾颉刚　刘起釪　著

中华书局

多　方

　　《多方》篇是成王在位之三年，亦即周公践位摄政之三年（按，武王未改元，及其死后一直继续沿用文王受命纪年。是年实为文王受命后之十六年。说成王三年、周公摄政三年，是说的事实，并非当时实用的纪年），亦即二年平定武庚、管、蔡叛乱，三年平定奄的叛乱之后，周公在这年回到宗周，对有计划迁来的参加叛乱的各族人员，以及原已迁来的殷贵族与殷士等所作的一篇诰辞。其内容主要针对这次叛乱而发，叫他们认清天命，老老实实服从周的统治。诰辞成于三年，其时间自然在四年所作《康诰》《酒诰》《梓材》、五年所作《多士》《召诰》、七年所作《洛诰》之前。在《尚书》中，其篇次自应在此诸篇之前。而自西汉今文本，已误将此篇排在后于此诸篇的《君奭》篇之后。整理古籍不宜轻易更动原书原貌，故暂仍其原来篇次不动，不过说明其成篇时间先后情况如上。其在西汉伏生今文本中为第二十二篇，伏生系的三家今文本中为第二十三篇，东汉古文本中为第二十七篇，皆列在《周书》。至伪古文本为全书的第四十五篇，《周书》的第二十篇。其情况详后面"讨论"。

校　释

惟五月丁亥，王来自奄^①，至于宗周^②。

周公曰。

王若曰^③："猷告尔四国多方惟尔殷侯尹民^④，我惟大降尔命，尔罔不知^⑤。

"洪惟图天之命，弗永寅念于祀^⑥。惟帝降格于夏^⑦。有夏诞厥逸，不肯戚言于民^⑧，乃大淫昏，不克终日劝于帝之迪。乃尔攸闻^⑨。厥图帝之命，不克开于民之丽^⑩，乃大降罚，崇乱有夏因甲于内乱^⑪。不克灵承于旅^⑫，罔丕惟进之恭，洪舒于民^⑬。亦惟有夏之民，叨懫日钦，劓割夏邑^⑭。天惟时求民主，乃大降显休命于成汤，刑殄有夏^⑮。

"惟天不畀，纯^⑯，乃惟以尔多方之义民，不克永于多享^⑰。惟夏之恭多士，大不克明保享于民^⑱。乃胥惟虐于民，至于百为，大不克开^⑲。乃惟成汤克以尔多方简代夏作民主^⑳。慎厥丽乃劝，厥民刑用劝^㉑。以至于帝乙，罔不明德慎罚，亦克用劝^㉒。要囚，殄戮多罪，亦克用劝。开释无辜，亦克用劝㉓。今至于尔辟,弗克以尔多方享天之命㉔。"

"呜呼!"王若曰:"诰告尔多方,非天庸释有夏,非天庸释有殷㉕,乃惟尔辟以尔多方大淫,图天之命,屑有辞㉖。乃惟有夏,图厥政,不集于享㉗;天降时丧,有邦间之㉘。乃惟尔商后王,逸厥逸,图厥政,不蠲烝,天惟降时丧㉙。

"惟圣罔念作狂,惟狂克念作圣㉚,天惟五年须暇〔汤〕之子孙,诞作民主,罔可念听㉛。天惟求尔多方,大动以威,开厥顾天㉜,惟尔多方罔堪顾之㉝。惟我周王灵承于旅,克堪用德,惟典神天㉞。天惟式教我用休,简畀殷命,尹尔多方㉟。"

①惟五月丁亥王来自奄——《逸周书·作雒解》云:"周公立,相天子,三叔及殷、东、徐、奄及熊、盈以略(当作畔,即叛),周公、召公内弭父兄,外抚诸侯。元年夏六月葬武王于毕;二年,又作师旅临卫政(征)殷,殷大震溃。"《尚书大传》:"周公摄政一年救乱,二年克殷,三年践奄,四年建侯卫,五年营成周,六年制礼作乐,七年致政成王。"《作雒》叙至二年克殷止,《大传》叙二年克殷与之相同,接着叙三年至七年之事甚完整,经过考订各种史料,除制礼作乐不限在六年(制礼作乐即制定建立周王朝的各种制度,自然经过较长时期完成,可能在六年订定一些主要制度)外,其余各年史事皆与所可征的史料相合,可知所记是正确的,说"三年践奄"合于史实。奄之地,《诗·豳谱》疏引郑玄注此句云:"奄国在淮夷之旁,周

公居摄之时亦叛。"王国维《尚书讲授记》云:"奄,即《史记》所云'鲁淹中'之淹,亦即《左传》所云'及武王克商,蒲姑商奄,吾东土也'之奄。"即今曲阜。《孔疏》则引郑玄注《成王征·序》云:"此伐淮夷与践奄是摄政三年伐管蔡日事,其编篇于此,未闻。"即郑玄亦以此为三年事,而将此篇编排在《君奭》篇之后,《孔疏》表示不理解。郑以为是三年,是正确的。王鸣盛《后案》云:"此篇为灭奄归诰庶邦,则是周公居摄三年所作,当在《大诰》之后,《康诰》之前。而编于《君奭》之后……殊不可解。"他不知道这完全只是编排错了。综上诸说,皆说是三年,是"五月丁亥"即是周公摄政三年的五月丁亥,周公践奄成功后自奄返宗周。故"王来自奄"的王即周公(前考定"周公称王"见《康诰》篇)。顾颉刚师论定此时克殷践奄静东国的王只有周公,成王未亲政,根本未东行。所以这位自奄归来的王只能是周公。

　　②宗周——镐京。《诗·正月》"赫赫宗周",《毛传》云:"宗周,镐京也。"或有言指洛邑者,洛邑一般称成周。

　　③周公曰王若曰——此篇诰辞纯为周公所讲,史臣所记。"周公曰",是史臣记周公讲话这件事的纪事之辞。"曰"即讲话。"王若曰",大臣代宣王命或史臣记载王命用语(见《盘庚》校释)。此处是史臣记周公之语。"王若曰"即"王这样说",已习见于前面诸诰(详后面"讨论")。

　　④猷告尔四国多方惟尔殷侯尹民——"猷告",王引之《释词》云:"繇、由、猷古字通。由亦于也。……马融本《大诰》:'王若曰:大诰繇尔多邦。'郑、王本'繇'作'猷'。……'猷',于也。'大诰猷尔多邦'者,大诰于尔多邦也。经文本自明白,只缘训'猷'为道(按

王莽仿《大诰》据《尔雅》作"大诰道"），于义未安，致令后人妄改。其始改也，升猷字于诰字之上。伪《孔传》曰'顺大道以告天下众国'是也。其再改也，又升猷字于大字之上，《正义》曰：'此本猷在大上'是也。……《多士》曰：'王曰猷告尔多士。'《多方》曰：'王曰乌呼猷告汝有方多士。'《传》并曰：'以道告之。'盖俱是'诰猷'，而晚出古文（即伪古文）改为'猷告'矣。……《多方》曰：'王若曰猷告尔四国多方。'《传》曰：'顺大道告四方。'与'大诰猷尔多邦'《传》同，则此句经文亦有'大'字。盖初作'大告猷尔四国多方'，后改为'大猷告尔四国多方'，故解之曰'顺大道告四方'。其后则又脱'大'字矣。……后之说《书》者或以'猷'为发语词，或以为叹词，皆不知文由误倒，故多方推测而卒无一当也。"依王氏考定，此句本与《大诰》相应之句用法同，原当作"大告猷尔四国多方"。后伪古文流传本改为"大猷告尔四国多方"。最后脱失大字，遂成现在所见之"猷告尔四国多方"了。

"惟"，此惟字之义，据王引之《释词》云："惟，犹与也，及也。……《书·禹贡》曰：'齿革羽旄惟木。'《酒诰》曰：'百僚庶尹惟亚惟服宗工越百姓里居。'《多方》曰：'告尔四国多方惟尔殷侯尹民。'《鲁语》曰：'与百官之政事师尹惟旅牧相宣序民事。''惟'字并与'与'同义。"

以上就文字训义释明此句之意为告于汝四国多方与汝殷侯尹民。

"四国多方"，于省吾《新证》以较长篇幅作了仔细精博的论析，以"四国"、"四方"二者概念迥然有别。要旨谓京师之四外称四国，四国之四外称四方。以四方屏蕃四国，非以四国屏蕃四方。然后以十二则短论备举《诗》《书》及金文有关"四国"、"四方"资料以证其说。现摘录其要义如下：

"旧说'四国'有二解：一《诗·破斧》'四国是皇'传：'四国，管、蔡、商、奄也。'一《诗·皇矣》'维彼四国'传：'四国，四方也。'（西周邦、国、方、土多浑而为一，如《诗·嵩高》之称南国、南邦、南土，一也。《常武》之称徐方、徐国、徐土，一也。）按《诗》《书》及金文所称'四国'、'四方'迥然有别。特条述所见如左。"

然后以十二则析论引录有关资料。其主要者："一、《诗·民劳》'惠此中国，以绥四方'传：'中国，京师也。'马其昶谓'中国'犹'国中'。《周礼·司士》'掌国中之士治'注：'国中，城中也。'《孟子·离娄》：'遍国中无与立谈者。'国中亦谓城中也。西周言'四国'即王国。亦曰'周邦'，亦曰'有周'。非谓东国南国西国北国之四国也。盖京师既称国中，则王畿之内，京师之四外自应称四国，《庄子》所谓阃四境之内者是也。以四国之四外言曰四方，以庶邦言曰多方，曰万方，曰万邦。"

然后备举四国、四方资料，有以商邑与殷国对文者（《酒诰》），有以京师与四国对文者（《诗·民劳》），有以商邑、大邑径与四方对文者（《诗·殷武》《书·多士》），有以中国与四方、鬼方对文者（《诗》之《民劳》《荡》），有以周邦、有周与四方对文者（《克鼎》《师訇簋》《彔伯威簋》），有先言四国而以多方、四方对文者（《多方》《诗·嵩高》），有先言四方而以四国、王国对文者（《诗》之《抑》《皇矣》），有以四方与徐方连称者（《诗·常武》），等等。从而对所举例句有所论析，其中有云："《毛传》谓'中国'为京师。疑中国亦指王国言，即四国也。又《民劳》'惠此京师，以绥四国'，其不曰'惠此中国以绥四国'者,尤可为中国即四国之一证。""决不以周邦、或有周与四国为对文者,周邦、有周即四国也。""如'猷告尔四国、多方',言告尔四国与多方也。'我惟大降尔四国民命,尔曷不忱裕之于尔多方'。言我惟大降命于尔四国民,尔曷不信欲之于尔多方也。意谓降民四国,刑于四方也。……四国不作四方者,四方即多方也。《诗·嵩高》:'四国于蕃,四方于宣。'言屏蕃于四国,宣告于四方也。决不作'四国于宣,四方于蕃'者,言以四方屏蕃四国,非以四国屏蕃四方也。"

接着阐释一些《诗》《书》中有关语句,如:"一、《诗·破斧》'周公东征,四国是皇'。……'皇',匡也。按四国即王国,即不指管、蔡、商、奄言,亦不指四方言,盖所征者为商、奄,所匡者为王国。欲匡王国,必须东征。亦《江汉》'四方即平,王国庶定'之义。""一、《诗·大明》'以受方国'。'方'谓四方,'国'谓四国。""一、《微子》:'殷其弗或乱正四方。'言殷之丧亡,天下皆叛,故不作'殷其弗或乱正四国也'。""一、封建之制,维万邦所以保四国。故金文于四方不言保,独于四国言保。《宗周钟》:'𤔲保四国。'《克鼎》:'保辥周邦。'《师訇簋》:'临保我有周。'《晋邦盦》:'保辥王国。'是四国、周邦、有周、王国,一也。《盂鼎》:'匍有四方。'《克鼎》:'𤔲尹四方。'《番生簋》:'用镇四方。'《彔伯戜簋》:'右辟四方。'《晋邦盦》:'广嗣四方。'未有对于四方言保者。二者界画判然。然则谓四国即四方者,不攻自破矣。""一、《诗·雨无正》:'降丧饥馑,斩伐四国。'又云:'周宗既灭,靡所止戾。'周宗即宗周,是四国亦不指四方言。《成鼎》(按,当作《禹鼎》):'用天降灾丧于四国。'意亦相仿。""一或谓四国即东国南国西国北国,非是。《成鼎》(实《禹

1715

鼎》）：‘广□南国东国，至于历寒。’历寒地名虽不可知，然其所伐者决不在畿内。《诗序》：‘南国，指江汉言。’《班彝》：‘王命毛公以邦冢君徒驭戗人伐东国痹戎。’是痹戎隶于东国矣。《诗·韩奕》：‘王锡韩侯，其追其貉，奄有北国，因以其伯。’是追貉隶于北国矣。惟《诗》《书》金文未有称西国者，《尚书》每称西土。然则今之所可知者，戎与蛮貉既称东国、南国、北国，适可证其与‘四国’无涉，而与‘四方’无别矣。”

　　由此可知于先生以周详论证阐明四国自四国，四方自四方，亦即多方自多方。以明本文之“四国、多方”为二。“四国”指京畿范围内京师四外之地，“多方”则又指“四国”之外诸地。自殷虚卜辞中看出，在殷王畿之外存在许多不同部族皆称“方”。有名的有土方、邛方、鬼方、羌方、黎方、人方、盂方等，详见陈梦家《殷虚卜辞综述》的“方国地理”专章。这许多方就统称“多方”。西周初年沿用了这一称呼。本文的“四国多方”，指四国境内的各族首领及四方境内的称为方的各族首领。

　　“殷侯尹民”，伪孔及《蔡传》皆释为殷诸侯之正长者。江声《音疏》改释“殷”为众，谓“众侯”即诸侯。又改释“尹，治也”。自后治经者多从之。其实伪孔、《蔡传》之说较江声及其后之说为优。由《酒诰》知殷的外服有侯甸男卫等邦伯，内服则有百僚庶尹等百

官，此处显然是指迁居宗周四国和四方之境的较早臣服于周的殷王朝原有的侯、尹以及殷民等。（王国维《尚书讲授记》云：“‘尹民’，或是‘尹氏’之误。《尚书》及金文中，多见‘尹氏’，未有称‘尹民’者。”）

　　⑤我惟大降尔命尔罔不知——伪孔释“大降尔命”云：“我大下

汝命,谓诛纣也。"苏轼《书传》云:"大降尔命,谓诛三监黜殷时也。"这是释"降命"为降下惩罚,降下诛杀。《蔡传》云:"言殷民罪应诛戮,我大降宥尔命,尔宜无不知也。"以"降命"为降下宽宥,留下了你们的命。显然是据此处文意,味其语气,所作出的解释,较伪孔、苏轼之释较切合文义。孙星衍《注疏》云:"'命'者,《诗·笺》云:'犹教令也。'……我惟大下汝教令,汝应无不知之矣。"戴钧衡《补商》亦云:"降命,下教令也。此言周公述王意诰四国多方之民与尔众侯治民者,我今大下尔等教令,尔应无不知也。"吴闿生《大义》亦从之释为:"降命,下令也。"孙、戴等说虽简明,然按当时形势,周人对殷人软硬兼施,此处文义为示德于殷人,自以释为降给殷人以好处为妥,则《蔡传》之释有可取。于省吾《新证》释"命"为赐予(见《召诰》),此处亦可用此义,谓降下赐予你们的好处,你们没有不知道的。

⑥洪惟图天之命弗永寅念于祀——伪孔释云:"大惟为王谋天之命,不长敬念于祭祀,谓夏桀。"《蔡传》亦云:"图,谋也。言商奄大惟私意图谋天命,自底灭亡,不深长敬念以保其祭祀。"于省吾《新证》云:"伪《传》训图为谋,于义未安。即云图谋天之命,何以下言弗永寅念于祀乎?……此篇言图均系责殷之词,与《大诰》称文武图事图功不同。按此篇'图'字皆'啚'之讹字。(此处举几则金文皆"图"作"啚"。)徐灏云:'今官文书都鄙字作啚,正是古昔相传之正字。而俗吏误读为图,以为图之省体也。'按徐说是也。……《左·昭十六年传》'夫犹鄙我'注:'鄙,贱也。'《乐记》'是以君子贱之也'疏:'贱,谓弃而不用也。'鄙贱,犹言鄙弃。'洪惟图天之命',言鄙弃天命也。"按伪孔意,此在指斥夏桀。而《蔡

传》则谓指斥武庚及奄君。此辈奴隶制王朝君主大都迷信天命,是否取鄙弃天命,似尚未必。吴闿生《大义》释云:"图,败致也。"《汉书·薛宣传》集注:"致,坏也。"则释为夏商末代统治者败坏天命,又不敬念于祀礼,较说得通。

⑦惟帝降格于夏——"格",告,见《尧典》"格汝舜"校释。此处意为谴告。伪孔释云:"惟天下至戒于夏以谴告之。谓灾异。"《蔡传》亦云:"言帝降灾异以谴告桀。""帝"即"天",殷人言帝,周人言天,其义一。天以灾害谴告君主之说,至汉代《洪范五行》流传后始盛倡之,周初不如此说,然帝降若不降不若,降食降蘖、降祸降莫等,殷虚甲骨文中早有此类记载,故古代认为上帝可降谴告。

⑧有夏诞厥逸不肯戚言于民——伪孔云:"有夏桀不畏天戒,而大其逸豫,不肯忧言于民,无忧民之言。"《蔡传》云:"桀不知戒惧,乃大肆逸豫。忧民之言尚不肯出诸口,况望其有忧民之实乎?"所释义同。并皆释"诞"为大(据《尔雅·释诂》),释"戚"为忧(据《广雅·释诂》)。吴闿生《大义》则训:"诞,延也。延犹肆也。"意谓有夏肆其逸乐。又训:"言,语词。"谓其无义,释此句为"不肯忧戚其民"。所释较简明。

⑨乃大淫昏不克终日劝于帝之迪乃尔攸闻——《释文》:"迪,徒历反。马(融)本作攸。云:'所也。'"戴钧衡《补商》云:"'终日'者,终一日之谓。'劝',勉也(本《蔡传》)。'迪',道也(本伪《孔传》)。……不肯忧念于民,乃复大肆淫昏,求其终一日之内劝勉于天之道而皆不能,此尔等所共闻也。"于省吾《新证》:"'劝',旧读如字,非是。劝皆观之讹。《君奭》'割申劝'之劝,《礼记》作观(按,郭店战国楚简所引亦作观),金文观作蘿。劝观形近声亦

通。'迪',即由。'不克终日劝于帝之迪',言不克终日观于上帝之所由也。"释亦通。

⑩厥图帝之命不克开于民之丽——"图",依吴闿生释："败戕也。"意为败坏。"不克开于民之丽",伪孔释为："不能开于民所施政教,丽,施也。"综释此二句为："言昏昧。"苏轼《书传》："丽,著也。奠民之居,王政之本。民不土著,虽尧舜不能使无乱。桀之所以徼福于天者,皆非其道,未尝开衣食之源以定民居也。"《蔡传》略承其意稍变之云："丽,犹日月丽乎天之丽,谓民之所依以生者也。依于土,依于衣食之类。"孙星衍《注疏》云："丽者,丽于狱也。《周礼·小司寇职》'以八辟丽邦法附刑罚'注'杜子春读丽为罹',疏云：'罹则入罗网。'当在刑书,《吕刑》云'越兹丽刑',又云'苗民匪察于狱之丽'是也。……桀图度帝命,不知天之爱民,不能开释于民之丽于罪网者。"朱骏声《便读》据古注(未及查明其所据何家古注)释云："丽,罗也。犹言罔民也。""言夏桀窥窃天命,不能开于民之网。"(似袭用孙说而有讹失)章炳麟《拾遗》："《说文》:'丽,旅行也'引申之自两以上皆曰丽,亦皆曰旅(今侣字)。此丽训旅者,《释诂》云:'旅,众也。'本篇两言'丽',两言'灵承于旅',其义相应。'不克开于民之丽'者,言被闭拒于多数之民也。……《传》丽为施,虽本自汉儒,已失经旨。孙《疏》以丽为丽刑,则成歇后语矣。"于省吾《新证》："不克开于民之丽者,不能明于民之所附丽也。"吴闿生《大义》云："丽,思也。不能通人之思。"曾运乾《正读》："开,开释也。丽读为离。离于罪网也。"是经师们各就己见以寻此丽字的解释,竟有:施、著、日月丽于天之丽、罹、罗、旅、附丽、思、离……等等不同训义,真可谓形形色色,莫衷一是。较而论之,大致当以孙星

衍之说显为有据,杨筠如《核诂》进而论证之云:"丽,《吕刑》郑注:'施也。'按本书言'丽',或为法典,或为刑律,皆不作'施'义。《吕刑》'越兹丽刑并制',又曰'苗民匪察于狱之律',与本篇下文'慎厥丽乃劝',丽,皆谓刑律也。其义与刑大同小别。《顾命》'奠丽陈教',与此文'不克开于民之丽',丽,皆谓法则也。《汉书·东方朔传》:'孝文皇帝之时,以道德为丽,以仁义为准。'丽与准对文,亦取法则之意。以声类求之,疑即后世之律令。丽之得转为律,犹骊之得转为黎也。古律、黎同部,《广雅·释草》:'菫,藜也。'是其证。此文'民之丽',犹言民之则。《诗·烝民》:'天生烝民,有物有则。'是其义也。"其言是。故今取孙、杨二氏说。

⑪乃大降罚崇乱有夏因甲于内乱——"崇",《尔雅·释诂》:"重也。"戴钧衡《补商》:"崇,犹增也。'因甲于内乱',孔氏读'甲'为夹,谓:'桀外不忧民,内不勤德,因甲于二乱之内。'义迂文冗。《传》训'甲'为始,谓其'所因则始于内乱'。解'因'字亦曲。考《疏》引郑、王皆以'甲'为'狎'。王云:'狎习灾异于内外为祸乱。'郑云:'习为鸟兽之行于内为淫乱。'案郑、王读'狎'是也。'甲'、'狎'古通用。《诗·芄兰》'能不我甲'《毛传》:'甲,狎也。'《释文》云:'甲,《韩诗》作狎。''因',重也,义若'又'。'内乱',犹内祸,指妹喜也。"杨筠如《核诂》:"'甲',《释言》:'狎也。'《释诂》:'狎,习也。'郑注'习为鸟兽之行于内为淫乱'。正读'甲'为'狎'也。郑意内乱指桀嬖妹喜之事。《晋语》:'昔夏桀伐有施,有施氏以妹喜女焉。妹喜有宠。'《吕览》:'桀听于末喜。'是其事也。"

⑫不克灵承于旅——孙星衍《注疏》:"'灵'者,《诗》笺云:'善也。''承'者,《诗》传云:'正也。''旅'者,《释诂》云:'众也。'言桀

因习于好内以乱政，不能以善正治此众民。杨筠如《核诂》云：“‘灵承’，古语。《多士》‘惟我周王丕灵承帝事’，下文‘惟我周王灵承于旅’，皆此例也。”吴闿生《大义》云：“‘不克灵承于旅’，旅，祭名。谓祗承祭祀。”于省吾《新证》：“金文灵作霝，承作𠬝，《不嬰簋》‘永屯霝终’。霝终，善终也。《厚子壶》：‘承受屯德。’承受连文，承亦受也。伪《传》释旅为民众，非是。‘旅’，谓嘉休也。详《召诰》‘旅王若公’条。《多士》‘灵承帝事’，言善受上帝之事，是‘灵承’语例为自下奉上之词，‘不克灵承于旅’者，不克善受于嘉休也。”自以于氏说为确。

⑬罔不惟进之恭洪舒于民——孙星衍《注疏》：“‘罔不’者，《释言》云：‘罔，无也。’‘丕’与‘不’通。‘进’者，《史记·吕不韦传》云‘进用不饶’。《索隐》引小颜云：‘财也。’《汉书·高帝纪》云：‘萧何主进。’注：‘师古曰：进字本作賮。’‘恭’与‘共’通，《释诂》云：‘具也。’‘舒’者，《困学纪闻》曰：‘古文作荼。’此宋次道家古文。《考工记》注云：‘荼，古文舒。’……言桀贪，无不以财进奉其职，大为荼毒于民。”戴钧衡《补商》：“‘丕’、‘不’古通用，详王氏《经传释词》。‘恭’、‘共’古一字，见《盘庚》‘各恭尔事’。‘舒’即‘荼’也。《左传》‘魏舒’，《史记·魏世家索隐》引《世本》作‘荼’。《荀子·大略》：‘诸侯御荼。’注：‘荼，古舒字。’又《考工记》‘弓人斫目必荼’，《礼记·玉藻》‘诸侯荼’，注皆读为‘舒’。薛氏季宣《书古文》作‘洪荼于民’，解以‘大为民荼毒’，此其确证。”

⑭亦惟有夏之民叨懫日钦劓割夏邑——《说文·至部》：“𡔙，忿戾也。从至。至而复逊。逊，遁也。《周书》曰：‘有夏氏之民叨𡔙。’𡔙，读若挚。”是“有夏”作“有夏氏”。“叨懫”作“叨𡔙”。《蔡

传》引郑玄曰:"'叨',与饕同,贪也。'愻',与憸同,忿也。"按,《说文·食部》:"饕,贪也,从食,号声。叨,饕或从口,刀声。"孙星衍《注疏》云:"'钦',与'厌'通,《释诂》云:'兴也。''割',与'害'通,'夏邑'者,夏之京邑。前疏言'桀贪,无不以财进奉共职,大为荼毒于民'。亦惟夏民贪戾日兴,谓上有好者下必甚也。残害夏邑如《汤誓》所云'率割夏邑',《吕氏春秋·慎大篇》云:'桀为无道,暴戾顽贪,天下颤然而患之。'是也。"戴钧衡《补商》:"《传》(《蔡传》)谓'桀钦崇尊用叨憸之民戕害其国',今以文义推之,非是。盖如《微子》'小民方兴相为敌仇'之义。'叨',亦作饕,贪也。'憸',《说文》作䜌,忿戾也。'劋割'者,残害之谓。……上有好者下必甚,是以有夏之民亦惟以贪饕忿戾相钦尚而残害于夏邑。"今从杨氏《核诂》句读为三句:亦惟有夏之民,叨憸日钦,劋割夏邑。

⑮天惟时求民主乃大降显休命于成汤刑殄有夏——"显",《释诂》:"光也。""休",《释诂》:"类也。""刑",《说文》:"罚辠(即罪)也。""殄",《释诂》:"绝也。"《蔡传》释云:"天惟是为民求主耳。桀既不能为民之主,天乃大降显休命于成汤,使为民主,而伐夏殄灭之也。"

⑯惟天不畀纯——朱彬《经传考证·尚书下》云:"彬谓'惟天不畀',句。《多士》两言'惟天不畀',又'惟帝不畀'。'纯',大也,亦辞也,当属下读。经下文'大不克明保享于民'、'大不克开'可见。"《多士》篇释此两句为'惟天不与'、'惟帝不与'。孙星衍《注疏》:"畀者,《诗》传云:'与也。'"(按,见《诗·简兮》传)杨筠如《核诂》引朱彬说后释"纯"字云:"纯,读为讨。《玉篇》:'讨,乱也。'"

⑰乃惟以尔多方之义民不克永于多享——江声《音疏》："义民，犹民仪（原作"义"，实"仪"字），谓贤者。《大诰》云'民仪有十夫'（按，《大诰》原作"民献"，江依《大传》此句作"民仪"，见该篇校释），'民仪'，言民之表仪，谓贤者。此言义民，谓仪型于民者。……是言天之不与桀，以桀不任用贤故。故解'不克永于多享'，谓黜退义民，使不能久长多享禄位也。"章炳麟《拾遗》亦云："'义民'即'献民'，如'黎献'或作'黎仪'，'民献'或作'民仪'，是其例。"

俞樾《平议》云："《传》曰：'天所以不与桀，以其乃惟用汝多方之义民为臣，而不能长久多享国故。'樾谨按，枚《传》于'义'字不知其作何解。《立政篇》'兹乃三宅无义民'，王氏念孙曰：'义与俄同，衺也（按即"邪也"）。言居贤人于官而任之，则三宅无倾邪之民也。'详见《经义述闻》。此说为先儒所未发。然'义民'字已见此篇。王说顾不之及。孙氏星衍于《立政篇》用王氏说，于此篇则用江氏声之说，谓'义民'犹'民仪'。前后异训，殆失之矣。此篇'义'字亦当读为'俄'，言天所以不与桀，以其惟用汝多方倾邪之民为臣，故不能长久多享国也。'义'为'俄'之假字，王氏引《吕刑》'鸱义奸宄'及《大戴礼·千乘篇》'诱居室家有君子曰义'，《管子·明法解篇》'虽有大义主无从知之'为证。今以其说推之，文十八年《左传》'掩义隐贼'、'义'亦'俄'也。义、贼皆不善之事，故掩盖之隐蔽之也。字亦作'议'，《管子·法禁篇》：'法制不议则民不相私。''议'亦'俄'也。言法制不倾邪，则民不相私也。字又作'仪'，《荀子·成相篇》'君法仪禁不为仪'，亦'俄'也。此与上文'君法明论有常'相对成文，言君法明盛则其论有常。君法倾邪则常禁之使不为也。皆可为证。"

王先谦《参正》:"先谦案,孙从江说,然读'义'为'仪','民仪'见今文说,非古文所有。读'义'为'俄',是也。但俞云用为臣,则不当仍谓之义民矣。下'多士'谓夏臣,此'义民'乃夏民,上文言'明鸷',即是夏民之俄者。又'日思劓割夏邑',故'不克永于多享'也。"

于省吾《新证》:"马融云:'鸱,轻也。'郑康成云:'盗贼状如鸱枭,钞掠良善,劫夺人物。'伪《传》训'鸱义'为鸱枭之义。王念孙释《立政》'义民'、《吕刑》'鸱义'之'义'与'俄'同声,训邪。引《戴礼》盗、义、姣、贼、闲、讲、谀、贷,谓'义即鸱义奸宄之义'。引《管子·明法解篇》曰:'奸邪之人用国事,则奸人为之视听者多矣。虽有大义,主无从知之,故《明法》曰:佼众誉多,外内朋党,虽有大奸,其蔽主者多矣。是大义即大奸也。'俞樾释《多方》'义民'曰:'义民字已见此篇,王说顾不及之,言天所以不与桀,以其惟用汝多方倾邪之民为臣,故不能长久多享国也。'按如王氏之说,所引《管子》上既明言奸邪,下不应假大义以训大邪。且奸邪如与大义同意,又不应以虽字作转语。至《明法》上言朋党,未明言奸邪,故下接以'虽有大奸其蔽主者多矣',是大奸与大义不同。如俞氏之说,训'以'为'用',既不符于文理,且'义民'下须增为臣二字,与伪传同属增字释经,难免望文之讥。盖谊、义、仪、宜、且、俎、祖、阻古并通。《一切经音义九》引《字诂》,古文'谊'今作义,《多方》《立政》'义民'之'义',英伦隶古定本并作'谊',《吕刑》'鸱义'之'义',东瀛隶古定本并作谊,《仪礼·大射仪》'且左还',古之'且'作'阻'。《诗·文王》'宜鉴于殷',《大学》作'仪鉴于殷',《诗·假乐》'宜君宜王',《释文》作'且君且王'。金文祖考之祖多作且,惟《大丰簋》'大祖'作'大圉',圉即俎字。《尧典》'黎民阻饥','阻',徐广作祖,郑康成读阻为俎。《尔雅·释诂》'阻,难也'。然则'阻民'犹言'难民'。以大小言则曰小民,以上下言则曰下民,以迁徙言则曰播民,以遭难言则曰阻民。《多方》系成王所以诰庶邦,不应直接称庶邦之民为邪民,曰'惟天不畀纯(《史记年表》"非德不纯"《索隐》:纯,善也)乃惟以尔多方之义民不克永于多享'者,言惟天不与以善,乃惟与尔多之难民不克永于多享也。"(惟释"鸥义"为轻邪)兹取于先生之说。

⑱惟夏之恭多士大不克明保享于民——章炳麟《拾遗》:"'恭',《石经》古文例作'龚',此经正当作龚,当时以例误读为'恭'耳。《说文》:'龚,给也。'亦通作共、作供。《释诂》:'供、峙、共,具也。''龚多士'者,龚犹汉言'给事',唐言'供奉'。"吴闿生《大义》:"'共多士',犹言具臣。""'大不克明保享于民',不能勉安养于民。'明',勉也。'保',安也。'享',养也。"

江声《音疏》:"惟夏龚职之多士,大不能明安享于民之道。"王先谦《参正》:"'恭'与'共'同。言夏之共职多士,大不能明于治道保享于民。"

⑲乃胥惟虐于民至于百为大不克开——伪孔云:"桀之众士,乃相与惟暴虐于民,至于百端所为,言虐非一。大不能开民以善,言与桀合志。"《蔡传》言桀之多士"乃相与播虐于民,民无所措其手足,凡百所为,无一能达上文所谓不克开于民之丽者,政暴民穷,所以速其亡也",皆训"胥"为相与。所释文义皆在斥桀所用官吏之虐民至于无所不至。江声《音疏》云:"'胥',皆也(《释诂》文)。惟夏

龚职之多士,大不能……于民之道,乃皆惟虐于民,其所为虐政至于百计,大不能开于民之丽。言桀任用小人。"是皆以"大不克开",即上文"不克开于民之丽"。杨筠如《核诂》:"'惟'与'为'同。《皋陶谟》'共惟帝臣',犹言共为帝臣也。《无逸》'不义惟王',犹言不义为王也。'为',《晋语》韦注:'行也。'《左传》杜注:'治也。''开',《晋语》韦注:'通也。'"

⑳乃惟成汤克以尔多方简代夏作民主——伪孔释云:"乃惟成汤能用汝众方之贤,大代夏政,为天下之民主。"《蔡传》云:"简,择也。民择汤而归之。"俞樾《平议》:"《传》曰'大代夏政为天下民主'。樾谨按,'简'固训'大',然大代夏作民主,殊为无义。《皋陶谟》'笙镛以间',枚《传》曰:'间,迭也。'简与间古字通用。'简代夏作民主',谓迭代夏作民主也。"戴钧衡《补商》:"'克以尔多方简','以',使。见《康诰》'裕乃以民宁'。'简',即'居敬行简'之'简',清静安逸之义。……成汤其德能使尔多方清静安逸,故使之代夏作民主也。"朱骏声《便读》:"简,柬也,择也。"曾运乾《正读》亦云:"简,择也。"吴闿生《大义》:"简,更也。"杨筠如《核诂》:"'简',《释诂》'大也',亦辞也。"可能还有一些未及搜阅,总之都在寻"简"字的训义,以解通此句,可能这些解释,都能说通此句,兹从杨氏"亦辞也"之说,谓"简"为语辞,无义。此句是说汤能用众力,取代夏作了人民之主。

㉑慎厥丽乃劝厥民刑用劝——"丽",见前"民之丽"校释。乃法则之意。"劝",劝勉。朱骏声《便读》云:"言汤不虐于民,慎恤用刑,则民知感而勉于善。刑戮有罪,则民亦知惧而勉于善,所谓'怙终贼刑,眚灾肆赦,民乃大明服'也。"戴钧衡《补商》:"民得所

养固克用劝,刑当其罪亦足劝民。桀之失天命也。不克开民之丽,降罚崇乱。汤之慎丽明刑,乃所以享天命也。汤德多端,此特就其反乎桀者言之。"二家所释基本相近,粗明此处文意。

㉒以至于帝乙罔不明德慎罚亦克用劝——帝乙,为汤第六世孙祖乙,商王朝的第十四任国王。在卜辞中被称为中宗祖乙(名下乙)。参见《无逸》"殷王太宗"及"祖甲"二校释,又《君奭》"祖乙"校释。按,商王朝第三十任国王为帝乙,系商纣之父。《史记·殷本纪》云:"帝乙立,殷复衰。"显然不能非此"明德慎法亦克用劝"之明君。杨筠如、曾运乾之书均释此帝乙即纣父帝乙,从字面完全可以这么说,惟朱骏声根据古注释此帝乙为祖乙,似较合于情理与史实。其所据"古注"未及查明为何家,伪孔、《蔡传》但直云"帝乙",未详其所指。兹从朱氏所引古注之说。

㉓要囚殄戮多罪亦克用劝开释无辜亦克用劝——"要囚",见《康诰》"乂曰要囚"、"丕蔽要囚"校释。"要囚"即"幽囚"(王国维说),就是监禁犯人。《蔡传》:"罚有辟焉,有宥焉。故再言辟而当罪,亦能用以劝勉;宥而赦过,亦能用以劝勉。言辟与宥皆足以使人勉于善也。"戴钧衡《补商》:"'明德慎罚',汤后诸贤王所以得民而享天命之本。'要囚'云云,特就慎罚中抽出言之。吕氏祖谦曰:'赦而民劝犹可也。刑而民亦劝,则有默行于刑赦之间者矣。每语结之以"劝"者,天下非可驱以智力,束以法制,惟劝化其民,使常有欣欣不自已之意,乃维持长久之道也。'(在其《书说》中)王氏樵曰:'要囚之中,有情罪已当,当刑戮者;有原情可恕,当开释者。戮之不当,则良民惧而戮不足以为劝,非慎罚也。释之不当,则奸人幸而释不足以为劝,非慎罚也。商王之刑戮、开释,皆克用劝焉,慎

罚如此，则其明德以为之本者，又可知矣。'（见其《日记》）"按，"明德慎罚"乃周公惩于殷代酷用刑罚吸取历史教训所提出的新的政治原则，用以救偏补弊，纠正殷人之尚鬼重刑这一特点而提出来的。并不是殷代就已有这一原则，周公把自己总结历史所得出的理论性原则，在谈到殷代贤王时也说成如此，稍有点美化商代实际。

㉔今至于尔辟弗克以尔多方享天之命——"辟"，君（见《释诂》）。伪孔云："今至于汝君，谓纣。不能用尔众方享天之命。故诛灭之。"《蔡传》云："吕氏（祖谦）曰：'尔辟，谓纣也。商先哲王，世传家法，积累维持如此，今一旦至于汝君，乃以尔全盛之多方，不克坐享天命而亡之。'"

《传说汇纂》引王安石曰："此言殷之兴甚详，言其亡甚略。盖对殷遗民不思痛言其失也。"又王樵《尚书日记》云："'今至于尔辟'，对上三节看，先王以仁而兴，纣以不仁而亡。"

㉕非天庸释有夏非天庸释有殷——于省吾《新证》："释、泽、择、致古通（见《君奭》篇引）。《诗·传》：'敦'，厌也，'庸'，用也。……'非天庸释有夏'者，非天用厌有夏也。'非天庸释有殷'者，非天用厌有殷也。故下接以转语曰：'乃惟尔辟以尔多方大泽图天之命'云云，语意正相衔接，若'用厌'均易为'舍去'，则不辞甚矣。"杨氏《核诂》："'庸释'，古语，《君奭》'天不庸释于文王受命'是也。"

㉖乃惟尔辟以尔多方大淫图天之命屑有辞——伪孔云："非天用弃有殷，乃惟汝君纣用汝众方大为过恶者，共谋天之命，恶事尽有辞说，布在天下，故见诛灭。"《蔡传》云："纣以多方之富，大肆淫

洙,图度天命,琐屑有辞,与《多士》言桀'大淫洙有辞'义同。殷之亡,非自取乎。"两说除所训个别字有异外,释义基本相同。孙星衍《注疏》云:"'淫'者,高诱注《吕氏春秋》云:'过也。''屑有辞',《多士》作'洙有辞'。马氏云:'屑,过也。'《玉篇》云:'屑,碎也。'杨倞注《荀子》云:'屑,杂碎众多之貌。''辞'者,《说文》云:'讼也。'言王今告汝多方,非天之舍夏殷也,乃惟汝君以汝多方大过图度天命,谓'我生不有命在天',有罪状众多,以致灭亡。"加了文字训义,释文意仍基本用两《传》,兹从之。惟"图"字当从吴闿生训为"败致",即败坏,"图天之命"即败坏天命。杨筠如《核诂》云:"按《多士》'大淫洙有辞',马本'洙'作'屑'。是此本亦当以'大淫屑有辞'连文,'图天之命'四字疑因上文而衍也。"杨说有见。

㉗乃惟有夏图厥政不集于享——"图",亦当训败坏。"不集于享",伪孔释"不成于享",义不明。《蔡传》释云:"'集',萃也。'享',享有之享。桀图其政,不集于享,而集于亡。"戴钧衡《补商》云:"《传》谓'不集于享而集于亡',义曲而未安。窃谓'集',和也。《史记·康叔世家》'为武庚未集'《索隐》:'集,和也。'《汉书·燕荆吴传》赞'天下未集',注同。'享',祀也。'不集于祀',谓凶德为神明之所弃也。"是此处文义谓有夏败坏其政事,为神明所弃而不和于享祀。

㉘天降时丧有邦间之——"时",是(《尚书》中习见)。"间",《尔雅·释诂》:"代也。"《孔疏》:"汤是夏之诸侯,故云有邦。"《蔡传》:"天降是丧乱,而俾有殷代之。"戴钧衡《补商》:"故天降是丧亡,而命有邦之诸侯代之。"

㉙乃惟尔商后王逸厥逸图厥政不蠲烝天惟降时丧——《释文》

引马融曰:"巤,明也。烝,升也。"孙星衍《注疏》云:"'巤'者,《诗》传云:'絜也。''烝'者,《广雅·释诂》云:'美也。'……又惟汝后王纣过其佚豫,谋其政不絜不美,天惟下是丧亡之咎。"吴闿生《大义》:"'乃惟'者,汝思也。'图厥政',败致其政。'巤',洁也。'烝',祭也。'惟',又也。……汝思汝商后王逸其逸,败其政,不洁其祭,天又降此丧亡于殷。"似以吴释较简明。

㉚惟圣罔念作狂惟狂克念作圣——王引之《释词》谓"惟"、"唯"与"虽"古字通。则此"惟"即"虽"。伪孔云:"惟圣人无念于善,则为狂人;惟狂人能念于善,则为圣人。言桀纣非实狂愚,以不念善,故灭亡。"董鼎《纂注》引王安石曰:"思曰睿,睿作圣。操其心以思,所谓'念'也。罔念,虽圣可以作狂,故克念则狂亦可作圣。"《蔡传》:"言圣用罔念则为狂矣,愚而能念则为圣矣。……或曰:狂而克念,果可为圣乎?曰:圣固未易为也,狂而克念则作圣之功,知所向方,太甲其庶几矣。圣而罔念果至于狂乎?曰:圣天所谓罔念也。"《汇纂》引朱熹云:"上智下愚不移,如狂作圣则有之,既是圣人,决不到作狂,此只是其言不可不学。"按西周时"圣"字只是作聪明睿智解,与"狂昧"为相对的概念,并没有发展到战国时代及其后的"圣"字为至高无上的智慧及道德人品非凡,为天地完人的"圣人"的概念(参见《洪范》"睿作圣"校释)。

㉛天惟五年须暇汤之子孙诞作民主罔可念听——"暇",郑玄古文本作"夏"。见《诗·皇矣》疏引《多方》"天惟五年须夏之子孙",又引郑玄注《多方》云"夏之言假",则以此字通为"假"。孙星衍《注疏》云:"假与夏通。《大传》云:'夏者假也。'《释名》云:'宽假万物使生长也。'又与暇通。《方言》云:'秦晋之间凡物之壮大而

雄伟者谓之夏,周郑之间谓之暇。'""暇"下或多"汤"字。见《诗·武》疏引本文作:"天惟五年须暇汤之子孙。"有"汤"字是。

伪孔云:"天以汤故,五年须暇汤之子孙,冀其改悔。而纣大为民主,肆行无道,事无可念,言无可听。武王服丧三年,还师二年。"按《史记·周本纪》载文王"受命之年称王……后七年而崩"。《尚书大传》亦载"七年而崩"。是说文王七年崩而武王服丧,至九年武王已服丧三年,至孟津观兵。自孟津还师二年然后伐纣,即在十一年。则此"五年"是说文王受命之七年至十一年。

苏轼《书传》:"'须',待也(据《释诂》)。'暇',间也(见《国语》《楚语》《晋语》注)。武王服丧三年,还师二年,天佑殷之子孙,以此五年,暇以待之。"林之奇《全解》:"武王未克纣之前五年,以纣之罪恶为可伐,而欲冀其改过,故须暇之也。"二家承伪孔说,惟苏同伪孔以为无须暇之,林以为武王须暇之。

关于此"五年",郑玄有异说,遂造成了纷歧。其资料见《诗·大雅·皇矣》"上帝耆之"疏引郑玄《尚书》注云:"夏之言暇,天觊纣能改,故待暇其终至五年,欲使复传子孙。五年者,文王八年至十三年也。"疏继云:"《多方》及此笺以为天须暇之。《我应》(按,《中侯》篇名)云:'作灵台缓优暇纣。'以为文王须暇之者,文王知天未丧殷,故不伐纣。据人事而为说,亦是文王须暇之也。"又《周颂·武篇》"耆定尔功"笺云:"武王年老乃定汝之此功。言不汲汲于诛纣。须暇五年"疏引郑《尚书》注云:"天待暇其终至五年,欲使传子孙。五年者,文王受命八年至十三年,是须暇五年之事也。"疏继云:"如《尚书》之言,是天须暇纣,此笺之意以为武王须暇纣者,武王知天未丧,故亦顺不伐。据人事而言,亦是武王须暇之也。"《周颂·

思文》疏引郑玄《太誓》注引《礼说》云："天意若曰须暇纣五年,乃可诛之。"

郑玄这些资料,各治经家多有引之者。孙星衍《注疏》引其中二则后云:"此云'五年',当从文王七年数至十一年武王伐纣也(原误作"武王十一年",今乙正)。郑注用《大传》义(指八年说)。……自八年数至十三年,是匝五年。郑用十三年伐纣之说,与《史记》十一年异也。"皮锡瑞《考证》备引诸说后云:"《史记》以为文王受命七年,其后五年武王伐纣,为十一年。刘歆以为文王受命九年,其后五年武王伐纣,为十三年。今古文说不同,而先后五年之数则一。郑既用今文受命七年之说,又用古文十三年伐纣之说,则首尾凡七年,与须暇五年之说不合矣。纬书多同今文,《礼说》与《我应》所云五年,当同《史记》今文之义。郑玄兼用今古两说,与《史记》不同。"是郑说不足取。

"罔可念听",屈万里《集释》云:"言不考虑亦不听从天意也。"

㉜天惟求尔多方大动以威开厥顾天——伪孔云:"天惟求汝众方之贤者,大动纣以威,开其能顾天为以代者。""顾天"二字未释,义仍不明。《孔疏》:"'顾',谓回视。有圣德者,天回视之。《诗》所谓'乃眷西顾,此惟与宅'(见《皇矣》),与彼'顾'同。言天顾文王而与之居,即此意也。"《蔡传》即云:"纣既罔可念听,天于是求民主于尔多方,大警动以祯祥谴告之威,以开发其受眷顾之命者。"依此二家之说,则为"天顾"而非"顾天"。戴钧衡《补商》云:"'顾天',旧训'受天眷顾之命'。嫌曲。窃谓:'顾',仰视之意。'顾天',谓仰承天意者。……纣乃怙恶不悛,无可动天念听者,天于是求之于尔多方,大动以灾异之威,示将灭殷,以开启尔多方之仰承天意者。"可基本用《蔡传》之释,以戴氏之说修订之。(曾运乾《正

读》释"顾天"为"顾念天威",亦通。)

㉝惟尔多方罔堪顾之——《蔡传》承上释云:"而尔多方之众皆不足以堪眷顾之命也。"戴钧衡《补商》亦承上文云:"乃尔多方竟无能仰承之人。"即无能仰承天意之人。可用戴氏之释。

㉞惟我周王灵承于旅克堪用德惟典神天——"灵承于旅",见上注"不克灵承于旅"校释,依于省吾氏说,意为"不克善受于嘉休"。则"灵承于旅"为善受嘉休,亦即善受天所赐之嘉休。"惟典神天",伪孔释为"可以主神天之祀"。按《广雅·释诂三》:"典,主也。"朱骏声《便读》:"典,敃也,主也。""言我周王……以德足以主神天之祀。"

㉟天惟式教我用休简畀殷命尹尔多方——戴钧衡《补商》:"'式',用也。'教',犹告也。'用',以也。'休'者,赤鸟白鱼梦卜之类(见汉代编造的武王誓词《太誓》)。言天乃用告我以休征之事,旧解均未得经义。'简',大也。见上'乃以尔多方简'孔《传》。周公言……无乃用告我以休祥之事,大畀以殷命,而正尔多方也。……尔多方欲不臣服于我周,独不念天命哉!"

以上这一节,是本篇的一大节,除篇首史臣纪事外,所记周公讲的这一大节里又分四小节,亦即四段。第一段先叙夏之淫昏,天命成汤殄灭有夏。第二段承上文进而叙殷事,自成汤至于帝乙能明德慎罚,至纣暴虐,弗克享天命。第三段并言夏殷以收束上两段,说并不是天要厌弃夏、殷,而是由于夏、殷后王的大淫荒,败坏天命,天才降给丧亡的。第四段言为善为恶不是绝对的,如纣的淫暴,上天仍等待他五年,希望他改恶从善,而纣怙恶不悛,只好转而求之你们多方中有无人能仰承天意,而终不保;惟我周王善承上帝的休美,上天便以殷所承之天命给了有周,以治理你们多方。天命如此,你们必须臣服。

戴钧衡《补商》云:"周之伐殷犹殷之伐夏,周公首举夏亡之所以然者,以喻殷民,使知天命。""天非有恶于夏也,桀不得不刑殄也。天非有私于汤也,乃舍汤无可畀也。今天之丧殷畀周,亦若是也。""尔多方欲不臣服于我周,独不念天命哉。周公之所以诰多方者,详矣切矣。"

"今我曷敢多诰,我惟大降尔四国民命①。尔曷不忱裕之于尔多方②?尔曷不夹介乂我周王,享天之命③?今尔尚宅尔宅,畋尔田,尔曷不惠王熙天之命④?

"尔乃迪屡不靖,尔心未爱⑤;尔乃不大宅天命⑥;尔乃屑播天命⑦;尔乃自作不典,图忱于正⑧。

"我惟时其教告之,我惟时其战要囚之⑨。至于再,至于三。乃有不用我降尔命⑩,我乃其大罚殛之⑪。非我有周秉德不康宁,乃惟尔自速辜⑫。"

1734

①今我曷敢多诰我惟大降尔四国民命——"四国",见篇首"猷告尔四国多方"校释。意为京师之四外称四国(其地在王畿范围内)。这里"四国民"专指四国之殷民。"降命",见篇首"我惟大降尔命"校释。意为降给以好处,降下赐予之事物。《蔡传》释此二句为:"言今我何敢如此多诰,我惟大降宥尔四国民命。举其宥过之

恩,而责其迁善之实也。"朱骏声《便读》亦云:"言我何敢烦琐多为诰命乎,亦惟尊重尔四国民命欲保全之耳。"实际表示为政不在多言,因此自己并不在多诰戒,而只是给予你们四国之殷民以实际利益。

②尔曷不忱裕之于尔多方——"曷",今文原本作"害"。见下句校释。按,正如《大诰》篇"王害不违卜"之作"害"(不,亦当作弗)。

孙星衍《注疏》:"'忱',《诗·传》云:'信也。''裕'者,《方言》云:'道也。'……汝何不以诚道之于众国?"戴钧衡《补商》:"'忱',诚也。'裕',道也,开道之义。《方言》:'裕,道也。'又《广雅》亦训道。《广雅》与'牖'同训。牖者,开道之义,则'裕'训道德,亦可训开道,犹'迪'训开道又训道义也。……尔四国之民何不诚信开道于尔多方乎?"吴闿生《大义》云:"'忱裕'犹'由裕'。'由裕',道告也。'忧'与'由'通。《后汉书》'忧豫不忍',即犹豫也。"杨筠如《核诂》承其师王国维《尚书讲授记》之说云:"'忱裕',即'猷裕'也。《康诰》'远乃猷裕',又曰'乃由裕民'。《方言》:'猷裕,道也。'道谓之猷裕,道民亦谓之猷裕。'猷裕'之变为'忱裕',与'犹豫'之变为'忧豫'相同。《后汉·窦武传》注:'忧豫,不定也。'《来歙传》注:'忧豫,不定之意也。'是忧豫即犹豫之明证。则忱裕当即猷裕,亦为劝道之意。下文'尔不克劝忱我命',劝忱,亦谓劝道也。"以上诸家所寻文字释义稍有不同,而大都释为道、道告、开道、劝道,此句之意为汝何不开道、劝道于多方呢?

1735

③尔曷不夹介乂我周王享天之命——段氏《撰异》:"《匡谬正俗》曰:'《多方篇》尔害弗夹介乂我周王享天之命。'玉裁按:今本'害'作'曷',此卫包改也。此篇'曷'字凡四见,皆当由旧作'害'。

今皆更正。王莽依《大诰》多作'害',是《今文尚书》亦皆作'害'也。又,'不夹介',《匡谬正俗》作'弗'。颜师古曰孔安国云:'夹,近也。徐仙民音夹为协。按,夹既训近音狭,不得读为协也。'玉裁按:颜说失之拘泥。"

伪孔云:"'夹',近也。汝何不近大见治于我周王以享天之命,而为不安乎?"《蔡传》云:"'夹',夹辅之夹,'介',宾介之介。汝何不夹辅介助我周王享天之命乎?"孙星衍《注疏》:"'夹'者,《广雅·释诂》云:'近也。''介'者,《释诂》云:'善也。''乂'与'艾'通,《释诂》云:'相也。'……汝何不近善相我周王,共享天命?"戴钧衡《补商》:"'夹'者,左右之义。《仪礼·既夕》'圉人夹牵之'注:'在左右曰夹。''介',亦夹也。《史记·十二诸侯年表》'楚介江淮'注:'介,夹也。''乂',读曰艾,相也,见《君奭》(用相厥辟句)。……何不左右相我周王享天之命乎?"朱骏声《便读》:"'夹',犹俌也。'介',犹助也。'乂',劈也,犹安也。……尔何不辅助安我周王同享天之命乎?"杨氏《核诂》:"'夹',《一切经音义》引《苍颉》云:'辅也。''介',《释诂》:'右也。'谓佑助也。'乂'与艾同,《释诂》:'相也。'"这些都在尽量找文字训义来企图解通此句,然中间有"夹辅左右"、"相我周王"等释是显然错的。"四国之民"是居四国之地的曾随武庚叛乱的诸族遗民,决无左右辅相周王之理。总之凡释"相我周王"者皆误,以"夹"近、"介"善、"乂"治等训较近是。

④今尔尚宅尔宅畋尔田尔曷不惠王熙天之命——"宅尔宅"前一"宅"为动词,《尔雅·释言》:"居也。""畋尔田",《诗·甫田》"无田甫田"疏引《多方》云:"宅尔宅,田尔田。"是"畋"作"田"。

《说文》则引作"畎",见《攴部》畎字云:"畎,平田也。从攴、田。《周书》曰:'畎尔田。'""惠",《释诂》:"顺也。""熙",伪孔、《蔡传》皆训为"广"。朱骏声《便读》训为"光"。光原与广通,见《尧典》"光被四表"校释。以后经师承用"广"义者多,兹从之。(戴钧衡《补商》训为"喜悦",并举了其文字根据。又吴闿生《大义》训为"明"。虽皆说得通,然未必优于"广"字。)

⑤尔乃迪屡不靖尔心未爱——伪孔释云:"汝所蹈行,数为不安,汝心未爱我周故。"是训"迪"为蹈,"屡"为数,"靖"为安。《蔡传》释云:"尔乃屡蹈不静,自取亡灭,尔心其未知所以自爱耶?"除训"迪"为蹈外,余基本按原字义为释。孙星衍《注疏》云:"'迪'者,《释诂》云:'作也。''屡',俗字,当为'娄',《释言》云:'亟也。'《诗》笺云:'数也。'亟即数也。《康诰》云:'今惟民不静,未戾厥心。''爱'者,《说文》云:'悉,惠也。'(大徐音"鸟代切"则即爱也)《释言》云:'惠,顺也。'……'迪屡',犹言屡迪。汝数作不静,汝心无爱顺之意。"是对这些字作了较详训解。对此两句的释义,离伪孔不远。戴钧衡《补商》则释此二句云:"'迪屡未靖尔心未爱',即《康诰》'今惟命不静,未戾厥心,迪屡未同'之谓。"其释义见《康诰》校释。此处可用伪孔、孙氏之释。

⑥尔乃不大宅天命——"宅",同"度"。见《尧典》"宅西曰昧谷",《周礼·缝人》注引作"度西曰柳谷"。又"五流有宅",《史记·五帝本纪》作"五流有度"。《禹贡》"三危既宅",《夏本纪》作"三危既度"。《顾命》"恤宅宗",《后汉书·班彪传下》作"恤度宗"。等等。故《汉书·韦玄成传》注引臣瓒云:"古文宅、度同。"故戴钧衡释此句为"尔乃不大图度天命",朱骏声释为"尔乃不大度

量天命"。杨筠如释为"不大度天命也。《无逸》'天命自度',是其义也"。语虽各稍异,大意当如此。(伪孔、《蔡传》皆训"宅"为安,孔释此句为"汝乃不大居安天命",蔡释为"尔乃大不安天命",语稍简明。不如训"度"较妥。)

⑦尔乃屑播天命——伪孔释为"汝乃尽播弃天命"。《蔡传》释为"尔乃轻弃天命",孙星衍《注疏》云:"屑者,《方言》云:'狯也。'……乃以狡狯播散天命。"杨氏《核诂》:"'屑'与泆通,犹言失也。'播',《楚辞》王注:'弃也。'《吴语》'今王播弃元老',是其义也。"曾运乾《正读》:"'屑',碎也。'屑播',播弃也。"伪孔、杨氏、曾氏释为"播弃天命"与蔡氏之"轻弃天命"得其文义。

⑧尔乃自作不典图忱于正——伪孔云:"汝未爱我周,播弃天命,是汝乃自为不常,谋信于正道。"是训"典"为常,"图"为谋,"忱"为信。《蔡传》云:"尔乃自为不法,欲图见信于正者,以为当然耶?"是训"典"为法,"图"如字,"忱"为信。陈大猷《书集传或问》云:"'自作不典',乱纲常之事,苟欲人信以为正。盖四国从殷(指武庚)以求兴复,自以为正义也。"由诸家说基本得其解。

⑨我惟时其教告之我惟时其战要囚之——吴闿生《大义》:"'惟时',于是也。"于省吾《新证》:"王静安于《康诰》'又曰要囚',引《诗·四月》'秀葽',《韩诗》作'秀幽',以证'要囚'之为'幽囚'。其说是也。惟伪《传》训'战'为讨,义不可解。按《尚书》'单'多读'殚','战'亦应读如《洛诰》'乃单文祖德'之'单',训'尽'。王念孙谓《国语》'战以锌于丁宁','战'读为'惮'。盖单、殚、战、惮古并通。'我惟时其战要囚之'者,我惟是其尽幽囚之也。与上句'我惟时其教告之',语皆平列。"

⑩至于再至于三乃有不用我降尔命——段氏《撰异》云:"《汉书·文三王传》:'廷尉赏、大鸿胪由移书梁王傅相中尉曰:《书》曰至于再三,有不用我降尔命。'师古曰:'此《周书·多方篇》之辞也。言我教汝至于再三,汝不能用,则我下罚黜尔命也。'玉裁按,此少'至于'字,'乃'字,盖《今文尚书》本然。"皮氏《考证》:"锡瑞按:《论衡·谴告篇》曰:'管蔡篡畔,周公告教之至于再三。'与《汉书》合。"吴氏《大义》云:"有,又也。"

⑪我乃其大罚殛之——段氏《撰异》云:"各本作'殛之',《释文》:'殛,纪力反。本又作极。'玉裁按,作'极'者是也。足利古本亦作极(按,除足利本外,敦煌 S2074、日本九条本、影天正本亦皆作"极"。其他三四种隶古定写本及薛季宣本则皆作"殛")。……今本遭浅人尽将'极'字改为'殛'字。……《唐石经》作'殛',诛也,不可从。……昭七年《左氏传》'昔尧殛鲧于羽山',《释文》云:'殛,本又作极。'《小雅·菀柳》'后予极焉'。《毛传》:'极,至也。'《郑笺》:'极,诛也。王信谗不察功考绩,后反诛放我,是言王刑罚不中,不可朝事也。'《正义》曰:'极,至。《释诂》文。''极,诛。《释言》文。'此又《释言》作'极'不作'殛'之明证也。"孙星衍《注疏》云:"是'殛'字古多作'极'。"参看《尧典》"殛鲧于羽山"校释。

⑫非我有周秉德不康宁乃惟尔自速辜——伪孔云:"非我有周执德不安宁自诛尔,乃惟汝自召罪以取诛。"《蔡传》云:"非我有周持德不安静,乃惟尔自为凶逆以速其罪耳。"两家之释义相近,可从。惟伪孔释"速辜"为"召罪",训"速"为"召","辜"为"罪"。蔡则"速"字用其原义,"辜"亦训"罪"。蔡释自明快。然古籍中常见"速"训召,如《易·需》"不速之客"释文是。"辜"训罪,见《说文·

辛部》。王国维《尚书讲授记》云:"'秉德',亦古之成语。"

以上这一节,是接着上一大节中周公所讲的四段话后,是同一大节的后半为周公又讲的三段话。戴钧衡《书传补商》说:"此于《多方》之中专告四国叛民,责其已往而警其将来也。自篇首至'尹尔多方'(即第一大节),皆统告诸侯众士,兹则将责四国之民。"此节的三段中,第一段以三个"尔曷不"责备曾从武庚叛乱之民在现今安居乐业情况下何以不紧密靠拢我有周?第二段以四个"尔乃"严加诃责这些曾附武庚之民有这些不可容忍的行为,而后以第三段严厉警告如不改正将是自取罪戾必受到诛殛。

王曰:"呜呼!猷告尔有方多士暨殷多士[①]:今尔奔走臣我监五祀[②]。越惟有胥伯小大多正[③],尔罔不克臬[④]。自作不和,尔惟和哉。尔室不睦,尔惟和哉[⑤]。尔邑克明,尔惟克勤乃事[⑥]。尔尚不忌于凶德,亦则以穆穆在乃位[⑦]。克阅于乃邑谋介尔,乃自时洛邑,尚永力畋尔田。天惟畀矜尔,我有周惟其大介赉尔[⑧],迪简在王庭,尚尔事,有服在大僚[⑨]。"

王曰:"呜呼!多士,尔不克劝忱我命,尔亦则惟不克享,凡民惟曰不享[⑩]。尔乃惟逸惟颇,大远王命[⑪],则惟尔多方探天之威[⑫],我则致天之罚,离逖尔土[⑬]。"

王曰："我不惟多诰,我惟祇告尔命⑭。"

又曰："时惟尔初,不克敬于和,则无我怨⑮。"

①猷告尔有方多士暨殷多士——"猷告",已见第一节"猷告尔四国多方"一句校释。"暨",及。见《尧典》"咨汝羲暨和"校释。此句中之"有方多士"及"殷多士",即是篇首"猷告尔四国多方惟尔殷侯尹民"句中之"四国多方"与"殷侯尹民"二者中的多士。这两句是前后相照应的。"有方"和"殷"两方面的人员,同是《多方》篇中周公所诰诫的对象。其中"有方多士"大抵是随武庚叛乱的《作雒》篇中所说的"殷、东、徐、奄及熊盈"诸族中的人员(当时"士"大都是武士)。叛乱平定后,周公将各族人员大加分割迁徙(拙撰《周初八诰中所见周人控制殷人的各种措施》有考述,载《古史续辨》),迁至周京四境者有殷人,也有诸族之人(即所谓"多方",亦此处所说的"有方"),加上早已迁居在此的殷人。所以就有了"有方多士"及"殷多士"。《孔疏》则谓:"'有方多士',谓于时所有四方诸侯也。'与殷多士',谓迁于成周顽民之众士也。"其"四方"如用于省吾释义,则可通。谓"成周顽民之众士"当时成周殷民所谓顽民者自多,本篇首言王"至于宗周"则虽在宗周发布诰辞,未尝不可对成周殷"顽民"而发。

②今尔奔走臣我监五祀——"奔走"即臣下服从上命,效力奔走。此处指臣服之后听命奔走劳作。"臣我监五祀",自来经师们争论太多。兹录戴钧衡《补商》一段略见其情。该文云:"'臣我监五祀',实不可考。孔谓'成周时立有监迁民之官,五年无过则迁本土'。此为谬论。《蔡传》谓'商民已迁洛五年'。以执吴才老迁殷在洛前之论,不可从。夏氏僎曰(当据其《尚书详解》):'尔多士自

周公东征之后，奔走臣服于我所立之监，今已五年矣。盖周公摄政，首年东征，东征三年而归。周公摄政凡七年，自三年东方之乱既定，今是成王即政之明年，是五年也。'案夏说近是。钱时、薛季宣俱同此意。然亦虚揣臆说。此'五祀'与前'须暇五年'，当时必实有其数，今不可考矣。"今确已无谛说，故孙诒让《骈枝》亦云："案五年之说，旧无确解。"今按《汉书·地理志》："周既灭殷，分其畿内为三国，邶、鄘、卫国是也。邶以封纣子武庚，鄘，管叔尹之，卫，蔡叔尹之，以监殷民，谓之三监。"是灭殷后，所遗殷民必须臣于周所设置的这几个监。灭殷后二年武王死，周公摄政为国，武庚管蔡叛。费三年时间平定叛乱后，周公回到周京对殷遗发布这篇《多方》诰辞，则自灭殷设立三监监殷民至此时正好五年，所说"奔走臣我监五祀"，就是指"监殷民"之日起至以这篇诰辞对殷民讲话的五年，其他种种计算年月的说法，都是不合的。至于称"五祀"，则《蔡传》云："不曰年而曰祀者，因商俗而言也。"其言是，系据《尔雅·释天》"夏曰岁，商曰祀，周曰年"而说的。

③越惟有胥伯小大多正——《大传》作"越维有胥赋小大多政"。"惟"作"维"，"伯"作"赋"，"正"作"政"。戴钧衡《补商》云："'越惟'，发语辞，与'爽惟'、'诞惟'、'迪惟'、'洪惟'同。"伪孔释此句云："于惟有相长事小大众正官之人。"真不知所云。《孔疏》释其字义云："'胥'，相也。'伯'，长也。颜氏以'相长事'即小大众正官之人也。"仍不解所谓。其意总谓小大众官。《蔡传》云："《周官》多以'胥'以'伯'以'正'为名。胥伯小大众多之正，盖殷多士授职于洛，共长治迁民者也。"但《多士》篇不是殷人埋怨周王朝不能像"夏迪简在庭"不任用殷人以职务吗？至江声《集注音疏》之注

云:"'胥'谓繇役,繇役亦赋也。故曰胥赋克任臬准也。告道尔庶邦多士与殷多士,今尔曾奔走臣服于我监五年矣,于维有繇赋小大多政颁令于尔,尔无不任繇赋之准额也。《大传》曰:'古者十税一,多于十税一谓之大桀小桀,少于十税一谓之大貉小貉,王者十一而税,而颂声作矣。'故曰'越维有胥赋小大多政'。"其自疏云:"云'胥谓繇役'者,《周礼·天官》'叙官'云:'胥十有二人,徒百有二十人。'郑注云:'此民给繇役者。'郑又注《地官》'叙官'云:'胥及肆长,市中给繇役者。'是给繇役者有'胥'名也。又《小司徒》云:'以起军旅,以给田役,以此追胥,以合贡赋。'又云:'凡起徒役,毋过家一人,以其余为羡,唯田与追胥竭作。'是胥实为繇役之名也。云'繇役亦赋也'者,《周礼·大司马》云:'凡令赋以地与民制之。上地食者三之二,其民可用者家三人。中地食者半,其民可用者二家五人。下地食者三之一,其民可用者家二人。是繇役亦赋也。……此言'胥赋'犹彼言'繇赋'也。"始指出此为课殷人以小大之繇赋。即繇役赋税。繇役亦即力役。其后段玉裁、孙星衍、皮锡瑞、王先谦等皆承江说。

王国维《尚书讲授记》云:"胥伯,《尚书大传》作'胥赋',《毛公鼎》云:'艺小大楚赋。''楚',古同'胥'。又'多正'之'正',当作'征'解。又'臬',恐即为'艺'。射矢之的一作臬。而《诗》毛传亦作艺,可证。"

于省吾亦进而以金文证之,其《新证》云:"《大传》作'越维有胥赋小大多政',与《毛公鼎》'锹小大楚赋'文例相类。孙诒让疑'楚'与'胥'通,胥读糈。王静安谓胥、楚、伯、赋古同声通用。'多正'之'正'读征调之征。按'伯'本应作'貟'或'貟'。从白从帛一也。见《石鼓文》。《师寰簋》:‘厡淮夷繇我貟晦臣。’《𤔲伯簋》:‘献貟。’貟即貟,盖古字之已湮者。以六书之谊求之,当作从贝、白声。《兮甲盘》:‘毋敢不出其貟其积。’是‘貟’自当为财赋之义。《大传》作‘赋’,义固无殊也。后又衍作‘伯’,以其字之从白,音固未转也。孙星衍谓《周礼·天官》‘叙官’云:‘胥十有二人,徒百有二十人。’注云:‘此民给繇役者。’是繇役者有胥名。然则‘越惟有胥伯小大多正’者,越惟有小大胥役貟赋各种征调也。”

④尔罔不克臬——《释文》:“臬,马本作剿。”孙星衍《疏》:“剿亦臬之借字。”伪孔释“尔罔不克臬”为“汝无不能用法”。是释“臬”为用法。江声《音疏》:“克,任。臬,准也。……于维有繇赋小大多政颁令于尔,尔无不任繇赋之准额也。”孙星衍《疏》则承伪孔臬训法释之云:“臬者,《广雅·释诂》云:‘法也。’言汝无不能用法,谓奉政长供繇赋也。”二者训字义不同,释文意基本同,都谓能供繇役赋税。曾运乾提出另一训义而释文意仍相同。其《正读》云:“臬,准的也,通作艺。《春秋传》云‘贡之无艺’是也(按见《昭公十三年》)。此言尔多士自还洛以后,臣我侯国五祀矣,所有赋税正供,尔等无不惟力是视,是尔多士于我周无有二心也。言此以慰之。”

至于有释为小大众官守法者,如伪孔所云“有相长事小大众正官之人汝无不能用法”,故池田末利《全释汉文·尚书》指出此说以“胥伯小大、多正”为“罔不克臬”的主格。及后来经师们承伪孔释为众官奉法者,皆由于不识原字义而作出误释,不足据。

⑤自作不和尔惟和哉尔室不睦尔惟和哉——伪孔释云:“小大多正自为不和,汝有方多士当和之哉。汝亲近室家不睦,汝亦当和

之哉。"此数句似只能作此解释。但以"不和"之主格为小大多正，则不合文义。孙星衍《注疏》云："'睦'者，《说文》云：'敬和也。'言汝自作不和，今惟和哉。汝室有不和者，亦惟和之。"把"自作不和"的主格指为汝（有方多士），则是对的。杨筠如《核诂》云："'自作不和'，与'尔室不睦'，相对成文。先和其身以及其家，而后至于其邑也。"（"其邑"，见下句。）

⑥尔邑克明尔惟克勤乃事——伪孔释云："汝邑中能明，是汝惟能勤汝职事。"《蔡传》云："和其身，睦其家，而后能协于其邑。……尔邑克明，始为不负其职，而可谓克勤乃事矣。"

⑦尔尚不忌于凶德亦则以穆穆在乃位——《说文·言部》："誋，忌也。从言，其声。《周书》曰：'上不誋于凶德。'"是"尔尚"作"上"，"忌"作"誋"。伪孔释云："汝庶几不自忌入于凶德，亦则用敬敬常在汝位。"此种解释又不知所云。惟知"尚"训"庶几"。《蔡传》释云："'忌'，畏也。'穆穆'，和敬貌。顽民诚可畏矣，然如上文所言尔多士庶几不至畏忌顽民凶德，亦则以穆穆和敬，端处尔

位，以潜消其悍逆悖戾之气。"把"忌"释为畏，"凶德"释为顽民之凶德，则可把此二句解通。戴钧衡《补商》亦承之云："尔邑中大纲小纪粲然明备，尔乃可谓克勤乃事也，尔庶几不畏于顽民，亦则以和敬在位。"江声《音疏》承用《说文》所引此句释云："尔能勤乃事，则上之人不忌嫉于尔之凶德矣。'誋'，忌也。'凶德'，指谓从前之叛也。"并"疏"云："殷多士纵能从顺，然曾从武庚而叛，则为其长上者自不能无猜忌。兹言'上不誋于凶德'，自是谓信其从顺，不忌嫉其从前之叛也。"孙星衍《注疏》基本承江氏说而释之云："'尚'与'上'通。……汝能勤劝乃事，则汝长上不忌嫉汝昔时之恶行

矣。……今本‘上’作‘尔尚’。按《玉篇》《广韵》《集韵》引《说文》皆止作‘上’。……‘穆穆’者,《释诂》云:‘敬也。’……言上既不汝忌,汝亦则以敬在位能服于乃邑。”杨筠如、曾运乾皆不释“忌”为“畏”,亦不释为“忌嫉”,而释为“谋”。杨氏《核诂》云:“‘忌’,《说文》作諅。《玉篇》:‘諆,谋也。’諅与諆同。《释诂》:‘諅,谋也。’亦諅之假字。谓不谋于凶德耳。”曾运乾《正读》云:“‘忌’,读为惎,谋也。《秦誓》‘未就予忌’,即未就予谋也。《左传》‘惎间王室’,即谋间王室也。和顺为善德,怨恶为凶德,‘穆穆’,敬也。……尔尚不谋于凶德,汝以和敬之德居于民上。”诸说各有取义,很难说其中某一说最优。何况还有其他说法未及引录(如朱骏声、吴闿生之说)。

于省吾《新证》云:“伪《传》训‘不忌’为‘不自忌’。非。《说文》:‘諅,忌也。《周书》曰“上不諅于凶德”。’《说文》:‘惎,毒也。《周书》曰“未就惎惎”。’是两忌字《说文》一作諅、一作惎,俱从其声。从言从心之字古每通,犹‘谌’之作‘忱’,‘说’之作‘悦’,可证。金文‘期’作‘諆’,亦作諅。《沇儿钟》‘眉寿无諆’,《褱鼎》‘其眉寿无諆’,《王孙钟》‘眉寿无諆’,《王孙寿甗》‘万年无諆’。古‘其’、‘己’音近,《诗·扬之水》‘彼其之子’《释文》:‘其作己。’《齐策》‘田忌’,《竹书纪年》作‘田期’。《淮南子·缪称》‘而不可以照讵’,《文子·精诚》‘不可以照期’。可为諆、諆、忌、期古通之证。晋叔仲会字子期,《说文》:‘期,会也。’‘尚’,《说文》作‘上’。《召诰》‘毖祀于上下’,《洛诰》‘光于上下’。‘上’,均指天言。《盘庚》‘用降我凶德’。其云‘降’者,言降自天也。‘尔尚不忌于凶德’者,尔上不期会于凶德也。”似其意谓不期望遇到这种凶德。

唯期望你和敬地在你的位子上。

⑧克阅于乃邑谋介尔乃自时洛邑尚永力畋尔田天惟畀矜尔我有周惟其大介赉尔——江声《音疏》释为："简阅于尔邑以谋善道，尔乃用是洛邑，庶几各安其农业，永长用力于畋尔田矣。如是则天惟予尔怜尔，我周惟其大助于尔。"朱骏声《便读》："阅，犹更历也。积日曰阅。介，价也，善也。能积久相安于尔邑，斯为图谋之善也。……尔乃自是迁于洛邑，尚长勤治汝田，为安居恭顺之民，天惟予尔怜尔，我周惟其大助尔予。"皆传统而较通顺的解释。孙诒让《骈枝》云："'克阅于乃邑谋介尔（句），乃自时洛邑，尚永力畋尔田，天惟畀矜尔，我有周惟其大介赉尔。'《孔传》云：'汝能使我阅具于汝邑，而以汝所谋为大，则汝乃用是洛邑，庶几长力畋汝田矣。……天惟与汝怜汝，我有周惟其大大赐汝。'案，是时尚未营洛邑，此因迁殷民于洛邑而言之。孔训'介'并为'大'，于义未协。窃谓'介'当从《蔡传》训为'助'。'谋介尔'，谓谋所以助尔。此以'谋介尔'句，犹下云'畀矜尔'、'介赉尔'也。《诗·周颂·酌》云：'是用大介，我龙受之。'《郑笺》云：'介，助也。''大介赉'，亦即谓大欤助赐予之也。与《诗》义正同。孔、蔡并读'谋介'句，甚不辞。孔又释'大介赉'为大大赐汝，则文义尤重复矣。"中间"尔乃自时洛邑尚永力畋尔田"二句，顾师以为是《多士》篇错简。宜乎孔氏有说。

1747

⑨迪简在王庭尚尔事有服在大僚——伪孔释此之文仍不好懂。《蔡传》则承上句为释云："我有周亦将大介助赉锡于尔，启迪简拔，置之王朝矣。其庶几勉尔之事，有服在大僚，不难至也。"孙星衍《注疏》："'迪'，敬也。'柬'，择也。'服'，事也。'僚'，官

也。'简'与'柬'通，'僚'即'寮'俗字。言……我周惟其大善锡予汝，进择汝在王之庭，加汝所事，有事在大官也。"王先谦《参正》语之较明晰："'迪简在王庭'云云者，'迪'，进；'简'，择；'服'，事；'僚'，官也。言汝在位能事，将进择在我周王之庭，嘉尚汝之勤事，且有事在大官矣。承上'阅邑、谋介'言。"孙、王二家之释切合文意。谓'僚'即'寮'俗字尤妥。但他们时代除金石之学外，对金文知识还很欠缺，因而不知道"寮"是西周官制中最高的政府机构。《毛公鼎》始载卿事寮、太史寮，《令彝》则载"王命周公子明保尹三事四方，受卿事寮"。可见受任卿事寮，即掌三事四方。其为政府第一级机构甚明。同时的太史寮也是同样的高级机构。本文的"大寮"，不一定即是指卿事寮、太史寮，但以"寮"代表王朝重要的官制系统，"有服在大寮"，显然指有职事在政府机构中。

⑩尔不克劝忱我命尔亦则惟不克享凡民惟曰不享——伪孔云："王叹而言曰：'众士！汝不能劝信我命，汝亦则惟不能享天祚矣，凡民亦惟曰不享于汝祚矣。"似颇能释此数句文义。戴钧衡《补商》："上文劝之以爵，此则戒之以威也。'享'，享位也。'凡民惟曰不享'，见非一人之私也。……告多士：尔不能勉信我之教命，尔亦则不能享有禄位，凡民亦皆将曰汝不宜享禄位也。"朱骏声《便读》："'忱'，讬也，信也。……叹息言尔多士若不能勉位我命，尔亦则不能受此福尔，凡民亦惟不能受此福尔。"所释虽小有异而基本同，似即可参酌上述数家以为释。杨筠如《核诂》始据江声《音疏》"劝忱我命，即所谓忱裕之于尔多方也"之字训以为释云："'劝忱'，与上文'忱裕'义同。谓劝导也。'享'，《释诂》：'献也。'《国语》注：'食也。'此谓享食其土地室家所有，言汝不克享，凡民亦将

不克享也。"此为指出了"克享"的具体内容。曾运乾则指出为当时常语，其《正读》云："'劝'，勉也。'忱'，信也。'享'，劝向也，如'向于时夏'之向。'凡民惟曰不享'，盖当时常语，亦见《洛诰》。此言凡民皆曰不克享也。"总之可参照数家之说以为释。

⑪尔乃惟逸惟颇大远王命——伪孔释云："若尔乃为逸豫颇僻，大弃王命。"《蔡传》承之云："尔乃放逸颇僻，大远我命。"两家所释皆近文意，惟用语略有不同。孙星衍《注疏》："'逸'者，《汉书》注'臣瓒'云：'放也。''颇'者，《广雅·释诂》云：'邪也。'言汝乃放荡，大不近王命。"举出字训以释此句，基本与上两家同。

⑫则惟尔多方探天之威——伪孔释为："惟汝众方取天之威。"《蔡传》全承之云："惟尔多士自取天威。"什么叫"取天之威"？殊不可解。戴钧衡《补商》足其意为"则是尔多士自取天之威怒"。吴闿生《大义》则云："探，罙冒也。《诗》'罙入其阻'郑笺：'罙，冒也。'《易》虞翻注：'冒，触也。'盖袭用其父汝纶《尚书故》引王树楠所云："《广雅》：'触冒，探也。'探天威，谓触冒天威。"释"探天之威"为触冒天威，始得其义。于省吾《新证》畅其说云："伪《传》释'探'为'取'，盖本《尔雅·释诂》为训。按'取天之威'不词甚矣。《说文》：'撢，远取之也。从手，窞声。'俗作探。'探天之威'探乃罙之讹，从手为后人所增。《商颂·英武》'罙入其阻'毛传：'罙，深。'郑笺：'罙，冒也。'（陈奂谓郑于字同毛而义用三家）《释文》引《说文》作'冒也'。今《说文》从网、米，云'周行也'。按小徐本作'周'，乃'冒'之讹。《易·系辞上》传：'冒天下之道。'虞注：'冒，触也。''则惟尔多方罙天之威'者，'则惟尔多方触天之威也'。"

⑬我则致天之罚离逖尔土——《孔疏》引郑玄注云："分离夺汝

土也。"是训"逖"为"夺"。伪孔释云:"我则致行天罚,离远汝土,将远徙之。"《蔡传》则云:"我亦致天之罚,播流荡析,俾尔离远尔土矣,尔虽欲宅尔宅,畋尔田,尚可得哉!"两家语不同而意同,皆训"逖"为"远"。孙星衍《注疏》:"'遏',远也。'逖'同'遏'。……惟汝多方取天威罚,我则致天讨,离远汝土,谓放流之。"孙并释郑注云:"言'分离夺汝土'者,《论语》云'夺伯氏骈邑三百'(按见《宪问篇》),既放而离逖之,则故土非其所有也。"戴钧衡《补商》:"尔多士自取天之威怒,我则致天之罚而分离夺取尔土矣。不劝忱则禄位莫保,犹不致离逖尔土也。大远王命则不惟不克享矣。"吴闿生《大义》:"'离逖尔土'对上'宅尔宅、畋尔田'为文。不听我言,则离逖放流汝,不能复宅居于洛矣。"

⑭我不惟多诰我惟祇告尔命——此语与上文第二节起句"今我曷敢多诰,我惟大降尔四国民命"同一精神,上文之意谓我不在多言,只在给汝等以嘉命。此处则是说我不在多言,惟在严肃告命你们。

⑮又曰时惟尔初不克敬于和则无我怨——《蔡传》:"与之更始,故曰'时惟尔初'也。尔民至此苟又不能敬于和,犹复乖乱,则自底诛戮,毋我怨尤矣。"吕祖谦《书说》:"是又尔更端为善之一初也。盖殷民与纣同恶,武王克纣是维新之一初也。不能而从三监之叛,则既失此初矣,迁洛又一初也。复不能而屡迪不静,则又失此初矣,今归自灭奄,而又为《多方》之诰,丁宁反复,谕以时惟尔初。初之过,一皆洗涤,今之善当相与维新,岂非又一初乎。若又失此初,不能敬以纳民于和,则永无可望矣!但曰'则无我怨',而自取诛戮之意,隐然于不言之表。"

以上这一节,是周公继上面所作较长的讲话后,另行所作的三段较简的讲话。上文第一大节是周公同时对"四国多方"和"殷侯尹民"(即本节的"有方多士"和"殷多士")所讲,第二节则专对"四国多方"(即"有方多士")所讲。这一节即第三节,又恢复和第一节一样,同时对"有方多士"和"殷多士"所讲。这一节又分三段,第一段表示对殷及有方多士怀柔笼络,第二段则提出严厉警告,如有异心即予严惩,第三段包括周公的两句话,第一句表明自己不讲空言,惟实际给以嘉命。第二句希望他们不负周人对他们的更端为善,否则自取罪戾,不要怨我们。作了最严厉的告诫。

今　译

在五月丁亥这一天,王从奄归来,到了宗周。

〔摄政称王回到宗周的〕周公讲话。

王这样说:"告诉你们四国、多方的首领们和殷的诸侯诸尹等人们,我大大降给你们以嘉命,你们没有不知道的。

"惟夏王败坏天命,又不敬念于重要的祀礼,上帝就降谴告给有夏。而夏桀不知戒惧,还大肆逸乐,不肯忧念其民,更大肆淫昏,不能终日劝勉于上帝之道,这是你们所共闻共见的。他既败坏天命,又不能解救人民于灾难的罗网之中,反大降罪戾,给有夏增添祸乱,狎习于禽兽般的淫恶,不能妥善接受上帝的美好正道。因他的贪,他的臣下无不以财贿进奉供职,大肆荼毒人民。因而有夏之民亦惟以贪饕忿戾相好尚,相率割剥残害着夏都。上天于是为民寻求一个较好的君主,就大降光显嘉命于成汤,使殄灭有夏。

"老天所以不给与桀,只是由于桀任用非人,你们多方中人员不能长久多享其国。夏王朝供职之臣,不能明于治道保养人民,却大都肆虐为害人民,百端作恶,无所不至,自然无人能解救人民于灾难。只有成汤能善于取得你们多方众士的支持以取代夏王作了人民的君主。他谨慎于用刑,民知感而勉于从善;他一用刑于有罪的人,也使民知惧而勉于从善;从他直传至中宗祖乙,莫不明德慎罚,也能使人民勉于从善;处以幽囚者,杀戮其多罪者,也使人民知勉于从善;而无罪者释放,更能使人民勉于从善。汤之明德慎罚,使民之从善也如此,而今天你们的纣王,竟不能与你们多方首领们共享天命而至于灭亡。"

"哎呀!"王这样说:"告诉你们多方的人们,并不是上天厌弃有夏,也并不是上天厌弃有殷,实在是由于你们君主以你们多方首领大为淫恶,败坏天命,做了恶事还粉饰多说。而夏王败坏其政事,为神明所弃而不获和于享祀。所以天降了这丧亡给他,而使有邦有土之商王取代了他。可是你商代后王,荒淫于逸乐,败坏了政事,不洁奉其祭祀,因而天只得又降了这丧亡给他。

"聪明的人不动头脑念念于善会成为狂昧,狂昧的人肯动头脑念念于善也会聪明起来。上天就凭这点要看看这个汤的子孙纣,等待了他五年,希望他改恶从善,只要改善了,仍可以作人民的君主。可是他根本不动头脑考虑这大问题,也不听从天意。上天唯有寻之于你们多方,大动以灾异之威,示意即将灭殷,以开启能仰承天意的人。但你们多方没有能仰承天意之人,惟有我周王善承天的美意,又能用德,足以主神天之祀。上天就以吉祥征兆告我有周,转而以殷所承天命给了我们,我们就依天命治理多方诸侯。

"现在我何敢过多烦琐地对你们讲诰诫的话,我只是对你们四国之民开布恩德给予美好命运。你们四国之民为什么不把这些好处告道给多方诸侯?你们为什么不靠拢亲善于我周王以共享天之大命?现在你们都安居在自己的住宅里,耕种着自己的田园,你们为什么不依顺我周王以光显天之大命?

"你们竟屡屡作不安靖的活动,你们的心里无爱顺之意;你们竟不和我们一道安度天命;你们竟轻予播弃天命;你们竟自为不法,犯乱纲常,还要使人把你们的不法犯善信以为正。

"我于此只好严肃正告你们,我于必要时惟有尽数幽囚不逞之徒。我严肃正告至于再至于三,如果仍有不遵用我降给你们的安排,那我就将大行诛杀,并不是我有周秉德不康宁,实在是由于你们自为凶逆以取罪罚。"

王说:"哎呀!告诫你们多方的首领和殷大小官员:现在你们臣服于我管理你们的监官已经五年了,对于规定你们应出的小大徭役、赋税各种征调,你们无不能按准额应征和交纳。你们之间有自己造成不和的,你们应和好起来;你们家庭有不亲睦的,你们也应使之和好起来。如果你们的居邑能够治理得很好,那就是你们能勤于职事所致。不期望你们遇到坏的凶德,唯期望你们和敬地在你们的位子上。只要能积久相安于你们的居邑,当设法相助你们,你们在洛邑这地方住下来,长期用力于田亩,天也会给予你们和怜惜你们,我有周更会大助于你们和赏赉你们。你们中的能干者,将简拔到我王庭来。其勉力于职事的,且可提升到政事大寮任职。"

王说:"哎!众多官员们,如果你们不能勉力信从我的命令,你们就不能享有你们土地室家的财富,你们下面的小民也跟着不能享有。如果你们唯知逸乐放荡,大大的远违王命,那就是你们敢于触冒上天之威,我就只得执行上天对你们的惩罚,赶走你们远离田园,夺回你们的土地。"

王说:"我不是在费很多口舌来告诫你们,我只是严肃地告知你们所当承受的上天降给你们的命运。"

王又说:"当今又是你们重新获得新生的好开端,如果你们不能敬遵我命大家和衷共处,那我只有执行上天的惩罚,不要怨我!"

讨　论

此篇的问题亦较多,现只谈其中四个较重要的问题。

(一)本篇中的"王"是谁

《书序》说:"成王归自奄,在宗周,诰庶邦,作《多方》。"从汉代起以迄历代经师,遂皆相承以此篇之王为周成王。然篇文本身记明是"周公曰"。所以经师们只得纷纷说明是周公以王命诰,周公代宣成王之命,等等。清代以来治经者曾提出不少意见(参看《康诰》篇),现代学者提出商榷颇不乏人。现谨录出足为此篇之王定论的顾颉刚师在《周公东征史事考证》中的论断如下:

按列代周王,西周东周者皆未到过鲁国,固然《尧典》说巡狩,《史记·封禅书》引《管子》说:"封泰山禅梁父者七十二家……皆受命然后得封禅。"好像受命者要到泰山封禅,可是实际上找不到有此历史事实和遗物。只因当时登泰山而小天下,所以把许多不相干的事扯到鲁国。除古本《纪年》商王南庚、阳甲居奄之外,绝没有一个王到过鲁的。《多方》"惟五月丁亥王来自奄",按《多士》"唯三月,周公初于新邑洛用告商王士……王曰:'多士,昔朕来自奄。'"这王分明是周公。《多方》是周公践奄之后赶回宗周向殷诸侯和官僚讲的一番话。《多士》是周公践奄之后,筑城东周,迁殷民于洛邑时讲的。《多方》在前,《多士》在后,时间有一段距离。所以《多方》的王依然是周公。成王不曾征鲁,此《王在鲁尊》的年月虽不易确定,但此王必是周公则是无疑的。

　　《多方》之王即周公,有此段精确论析成为定论,不需要费笔墨征引其他资料或论说了。惟这里牵涉到成王是否东征的问题。汉代出现的约略依《史记·周本纪》资料编撰成的《书序》说:"成王既伐管叔、蔡叔,以殷余民封康叔,作《康诰》。""成王东伐淮夷遂践奄作《成王征》。""成王既践奄,将迁其君于薄姑,周公告召公,作《将薄姑》。""成王既黜殷命,灭淮夷,还归在丰,作《周官》。""成王既伐东夷,息慎来贡……作《贿息慎之命》。"加上前面所录《多方》之序,都说成王曾东征这几国。汉末郑玄注《多方》云:"奄国在淮夷之旁,周公居摄之时亦叛,王与周公征之。"又注《成王征·序》云:"凡此伐诸叛国,皆周公谋之,成王临事乃往,事毕则归。"这些都是说周公居摄时成王和周公一道东征诸叛国。伪孔注《多方》云:"周公归政之明年,淮夷奄又叛；……王亲征奄，灭其国，五月还至镐京。"《蔡传》注《多方》也说："成王即政之明年，商、奄又叛，成王征灭之。"这则是说成王亲政后，诸国又叛，成王第二次征之。以后治经者，大都承此说。但历史的真实情况是，周公率部东征（没有成王）彻底粉碎"二叔及殷、东、徐、奄、熊、盈"的叛乱后，把这些叛族作了大规模迁徙，把殷族分割为七部分向各地迁徙，把原属殷的各国如奄、薄姑迁长江以南今之江苏境，与薄姑为邻的丰国迁今江苏北部，淮夷（原居潍水流域）徐戎迁淮水流域（徐戎中的一支作为殷民六族之一，封给鲁统治，故留在鲁境），另一部分分迁汾水、渭水流域，楚则迁丹水流域，盈（嬴）姓族迁渭水西戎之地。而在同时，姬姓、姜姓之族则从渭水、汉水、伊水、汝水等流域之地分别东迁进据原"殷、东、徐、奄、熊、盈"诸族之地建立燕、齐、鲁、卫及诸姬姓小国姜姓小国，作为"选建明德以藩屏周"（详顾刚师《周公东征史事考证》及起釪撰《周初八诰中所见周人控制殷人的各种措施》）。这样，周公就以东征之役一劳永逸地镇抚东土，完成了措国家于磐石之安的盛业。被击败的诸族再也没有反抗的力量（当然更根本没有在原地"又叛"的可能。只被分割留在原地的淮夷徐戎一小部曾与新建立的鲁国争土地，发生小规模相争，旋即被击败）。因而根本没有成王第二次东征的虚拟的事实出现。自作洛成功，成王亲政，周公、召公分陕而治以后，成王安处宗周，过太平日子，《纪年》载其时"天下安宁，刑措四十余年不用"。所以顾刚师说："列代周王，西周东周者皆未到过鲁国。""成王不曾征鲁（按鲁即奄地）。"完全是正确的。文献中一切有关周成王两次东征的说法都是不正确的。

现代学者陈梦家《西周铜器断代》列成王时器十类三十七器，其中克商三器，伐东夷五器，伐东国二器，铭中"王"字陈往往据《书序》释为成王（然亦有陈氏释为周公者）。其实皆非成王东伐诸叛国之器，如"克商"三器"《小臣单觯》《濬司土簋》《宜侯簋》之王皆周公，其中《濬司土簋》之"王"已由杨树达及陈梦家自己论定为周公，其他二器亦然（"宜"为周公迁奄至江南之地）。其"伐东夷"、"伐东国"诸器则皆为周公或其子明保或康叔子伯旄父伐诸叛国之器，其"王"无一非周公（如其中《班簋》徐中舒先生即论定其王为周公，此外《王在鲁尊》顾刚师也论定其王为周公）。因为历史事实上成王无伐诸叛国之事，因此据《书序》牵强以其王为成王，是不足据的。

（二）本篇中的"王曰"与"周公曰"同时出现的问题

本篇除篇首史臣纪事有一句"王来自奄"外，全篇中以两个"王若曰"、三个"王曰"、一个又曰（王又曰）领起全文。但在第一个"王若曰"前加了一个"周公曰"，其加上之迹很显然。按"周初八诰"都是周公亲口讲的诰辞，其中《大诰》《康诰》《酒诰》《梓材》四诰中的"王若曰"、"王曰"的"王"就是周公，前在《康诰》篇中已讨论清楚。其次《召诰》《洛诰》两诰都是周公和召公二人奉成王命活动，所以在篇中有召公、周公和王。其王就是成王，周公、召公则分别记明他两人的话（八诰以外的《君奭》篇为周公对召公的讲话，《无逸》《立政》两篇为周公对成王的讲话）。所以以《召》《洛》两诰和《君奭》《无逸》《立政》都记明"周公曰"。而八诰中的《多方》《多士》两诰都和前面《大诰》等四诰一样记为"王若曰"、"王曰"，是史臣当周公讲话时当场的"记言"之辞。写毕汇集起来后，史臣还要在前面加记事之辞。《多士》篇在前面加的记事之辞是:"惟三月,周公初于新邑洛用告商王士。"下面就是记言之辞"王若曰"所领起的全文。很清楚,其"王若曰"就是周公告商王士之语。而《多方》篇记言之前,即由史臣加上记事之辞为"惟五月丁亥,王来自奄至于宗周"。接着又加"周公曰"三字,看样子受了《召》《洛》二诰影响所加,这就与"王若曰"在字面上重复,不像《多士》那样记事记言很分明,其记事句就引起下面的记言,而这里则犯重复了,在记了三句记事之辞后,又加周公曰一句说事之辞。经师们就只好理解为"王若曰"是周公讲话的第一句,而不是史臣记言所记明的第一句,所以伪孔就释为"周公以王命顺大道告四方",以后经师们都承用此解释。就字面看,也只好这样才能释得通。但实际上此史臣所记言的"王若曰"即篇首记事的"周公曰"。如用现代标点,可加破折号标点为:"周公曰——王若曰",就可知道"王若曰"即是"周公曰"了。今在"今译"中于篇首所作的安排,即在记明开头记事的"周公曰"与全文记言的"王若曰"的区别(一篇中"王若曰"与"王曰"并存的关系,已详《康诰》篇"王若曰"校释,并参看《大诰》校释)。

(三)"至于宗周"的问题

本篇开头即说明"王来自奄,至于宗周"。伪孔释云:"王亲征奄,灭其国,五月,还至镐京。"是宗周为镐京。又本书伪《周官》篇"归于宗周",伪孔释为"还归于丰"。是宗周为丰。按《诗·文王有声》云:"文王受命,有此武功,既伐于崇,作邑于丰,文王烝哉。"又云:"考卜维王,宅是镐京,维龟正之,武王成之,武王烝哉。"(《水经注》卷十九引作"宅是鄗京")故《史记·周本纪》记之云:"明年伐邘，明年伐崇侯虎，而作丰邑，自岐下而徙都丰。"其《集解》云：
"徐广曰：'丰在京兆鄠县东，有灵台。镐在上林昆明北，有镐池。
去丰二十五里。皆在长安南数十里。'"又其《正义》云："《括地志》
云：'周丰宫，周文王宫也。在雍州鄠县东二十五里，镐在雍州西南
三十二里。"又《吕氏春秋·简选》"西至丰郭"，高诱注："丰郭在长
安西南。"又本书《洪范·序》"以箕子归"，伪孔云："归镐京。"《孔
疏》云："上篇云'至于丰'者，文王之庙在丰，至丰先告庙耳。时王
都在镐，知'归'者归镐京也。"《释文》："镐，胡老反，本又作鄗，武
王所都也。"又本书伪《毕命》篇"王朝步自宗周，至于丰。"伪孔云：
"宗周，镐京。丰，文王所都。"由以上资料知丰为文王所都，镐为武
王所都，两地相距二十五里，皆在今西安西南数十里。一直终西周
之世，丰、镐长为周代的首都。据本篇及伪《周官》《毕命》等篇的伪
《孔传》，既称丰为宗周，亦称为镐为宗周，由《毕命》篇，知东晋初撰
伪孔本时已径称其地为宗周。是丰镐为宗周，在历史上已成定
论了。

　　可是《礼记·祭统》引孔悝鼎铭云："即宫于宗周。"郑玄注云：
"周既去镐京，犹名王城为宗周也。"按《汉书·地理志》"河南郡"
之"河南县"云："故郏鄏地。周武王迁九鼎，周公致太平营以为都，
是为王城。至平王居之。"《中国历史地图集》绘王城即在今洛阳，
而营洛邑所成之成周则在今洛阳与偃师之间。是郑玄以在今洛阳
之王城为宗周了。至《蔡传》径引吕祖谦《书说》以洛为宗周。吕氏
云："王者定都，天下之所宗也。东迁之后，定都于洛，则洛亦谓之
宗周。卫孔悝之鼎云：'随难于汉阳，即宫于宗周。'是时镐已封秦，
宗周盖指洛也。"《蔡传》继云："然则宗周初无定名，随王者所都而

名耳。"这一说法岂其然乎？殊不放心。只能说宋人有此一说，其说的用意，显然是为了想解决在宗周发布这一诰辞，而所诰的对象是迁洛邑的殷民这一矛盾，才说成洛邑就是宗周的。这就与下一问题即本篇诰辞对象的问题密切相关了。

（四）本篇诰辞所诰的对象问题

本篇诰辞中已自己说清楚所诰的对象，第一节开头即说"告尔四国多方"和"殷侯尹民"。中间数次说"告尔多方"。第二节开头即说"降尔四国民命"。但他与"多方"有关。第三节开头即说"告尔有方多士"及"殷多士"。所以所要诰诫的是什么人，是讲清楚了的。大体分为两方面：一是"四国、多方"又称"有方"的叫"多士"的人，一是"殷侯尹民"又称"殷多士"的人。这两方面的人究竟具体是些什么人以及居住在什么地方，是住在宗周丰镐地区的呢，还是居住在洛邑的，这些都被经师弄得缴绕不清。

客观的历史事实是，周人在武王克商后，除殷王畿之民分设三监，就地监视外，还曾安顿大批投降臣服于周的被称为"民献"的殷贵族即殷侯尹民和殷多士于宗周。这是在武庚叛乱以前就安顿了的，所以《大诰》中记武庚叛乱时，这些民献曾帮助周人讨平武庚叛乱。到武庚叛乱平定后，上文已叙明把这些叛族作了大规模迁徙，原臣服于殷与殷一起叛乱的诸族分别迁南方西方各地外，对殷本族则分而治之，分割成七部分迁至各地，大致情况是：《逸周书·作雒》说："俘殷献民迁于九毕。"孔晁注："九毕，成周之地。"就是把所俘殷王族的人迁移到洛邑。《左传·定公四年》载分给鲁公伯禽以殷民六族封于少昊之虚（奄），分给卫康叔以殷民七族封于殷虚，分给唐叔怀姓九宗封于夏虚。《史记·宋微子世家》载以殷余民授微子封于宋。《史记·秦本纪》：“宁公二年，公徙居平阳，伐荡社。”《索隐》：“西戎之君，号曰亳王，盖成汤之胤。其邑曰荡社。”《正义》：“《括地志》云：‘雍州三原县有汤陵、又有汤台。’”是陕西境内除宗周镐京，还有平阳附近及三原皆有迁来之殷民。这是大致可稽的殷本族被分割成这七股，而其中以洛邑最为大宗，《洛诰》篇“讨论（八）”已述明：“洛邑的主要居民，是从殷都迁去的商王室贵族，观《多士》篇可知。还有强迫从事营洛劳动的殷庶民，及灭纣前原住在洛地的殷民。因而殷人多，所以当时也称洛邑为殷。”今见《洛诰》篇中即有两处称洛邑为殷，那么篇中几处提到殷，是否其中即有指洛邑的呢？

　　由于人们头脑中殷人被迁至洛邑的概念很深，所以在论及《多方》篇中殷人时，总容易认为是洛邑殷人。伪孔不明确言洛邑。其释“宗周”仍为镐京。惟于“臣我监”释为：“监，谓成周之监，此指谓所迁顽民殷众士。”释“尔乃自时洛邑”云：“汝乃用是洛邑，庶几长力畋尔田矣。”其以迁殷顽民在成周，意很显然。《孔疏》亦云：“下云‘自时洛邑’，此所戒成周之人，故知监谓成周之监，此指谓所迁顽民，殷家众士也。”《蔡传》在释“臣我监五祀”时亦云：“‘监’，监洛邑之迁民者也。……言商士迁洛，奔走臣服我监，于今五年矣。……今言五祀，则商民之迁，固作洛之前矣。”金履祥《书经注》亦云：“‘王曰’以下，告迁洛之官士也。‘有方多士’者，三国之遗臣。‘殷多士’者，武庚之遗臣。”这些都明显以《多方》中的殷人为迁洛阳的殷人。所以宋儒要把“宗周”改指洛邑。

　　拙撰《周初八诰中所见周人控制殷人的各种措施》（载《古史续辨》）文中，确认《多方》中所指“四国多方”、“殷侯尹民”等是居于宗周镐京四境者，因为篇首的"至于宗周"说得很明确，没法游移。而殷人所迁之地确又以洛邑为最集中之地，因此我在上文"校释"中只好说，虽在宗周发布诰辞，但可包括对洛邑殷人讲话。实际尚有待于把它弄准确。

大抵《多方》所诰诫的对象基本分两方面，一为武庚叛乱前已臣服于周的殷贵族及其所辖一般庶殷。主要居于宗周地区，也有原住洛地的殷人。一为随武庚叛乱的殷人和原臣属于殷人的各方国之人，即《作雒》篇所说的"殷、东（郳）、徐、奄及熊、盈（嬴）"诸族。《作雒》进而说："凡所征熊、盈族十有七国，俘维九国，俘殷献民。"这些人就是这次诰辞所对的重点。这两方面的前一方面，就是本篇所称的"殷侯尹民"及所说的"殷多士"中的原臣服于周者，其后一方面就是本篇所称的"四国、多方"、"多方"、"有方多士"及"殷多士"中的这次叛乱者。全篇主要精神都是针对这方面的人来的，而这方面的人除迁往南方西方各地者外，显然主要就是指迁至洛邑的顽民、仇民。这部分人的人数最多，就是周公所要严厉诰诫的人，以及将驱遣从事营建洛邑的劳动力役的人。他们既主要居住在洛邑，是不是把他们各族（即多方）的首领人物叫到宗周镐京一道来听诰诫呢，还是如宋儒所说的周公到洛邑来讲这篇诰辞，还待进一步论定，现在似乎只好同意宋儒所说的，来把问题讲通。然而把他们的首领人物叫到宗周镐京来听诰诫不是没可能的。

以上是为了读通《多方》所必须讨论的几个问题，此外尚有些可讨论的，以非关键所在，就不多骛及了。惟有《多方》写成于哪一年的问题，已在前面"题解"中论定是周公摄政三年（即成王在位三年），是确切无疑的，所以不需要再在这里讨论。但起釪在《周初八诰中所见周人控制殷人的各种措施》（载《古史续辨》）一文中，误以为《多方》和《康诰》等三篇同作于四年，当时只是据一个推想的理由："因为很显然，在'三年践奄'之后，必须第二年才来得及自奄归周。"不曾考虑虽然说周公三年践奄，而践奄是与灭武庚同一役进行，二年灭武庚，也可以同时击败奄，可以拖到三年初结束践奄之役，所以史载"三年践奄"，完全可以在年初完成，自然可以在五月归周。更主要的证据是，周公说殷人"臣我监五年"，从灭殷设三监起，两年武王死，然后周公摄政东征三年，归来讲这篇诰辞，正是五年。所以《多方》必然是周公三年自奄归周所讲，特在这里更正我在前一文中的误说。

此外，宋儒对此诸篇有一些议论，足以帮助理解此数篇文意，现录数则如下：

苏轼《东坡书传》云："《大诰》《康诰》《酒诰》《梓材》《召诰》《洛诰》《多士》《多方》八篇，虽所诰不一，然大略以殷人心不服周而作也。予读《泰誓》《武成》，常怪周取殷之易，及读此八篇，又怪周安殷之难也。《多方》所诰不止殷人，乃及四方之士，是纷纷不心服者，非独殷人也。"

薛季宣《书古文训》云："商人化于纣之威虐已深，周公宽而教之，优而柔之，不奢以威而勤于教，怀柔其德性，盖久而后服之也。民迁善而遂诚服，遂致刑措之美。"

吕祖谦《东莱书说》云："后世以刑赏为霸政，非王者之事。观周公之待多方，先之以介赉之赏，后之以离逖之刑，申敕明著，炳如丹青，岂亦霸者之事乎？"

立　政

　　《立政》之"政"与"正"同。在先秦文献及金文中"正"为官长之义，"立正"就是建立官长，"政"为"正"的假借字。《立政》篇实即《立正》篇，就是周公对成王讲建立官长、组织政权机构、如何用人行政诸大端。篇中总结夏、商任用官员的得失，自己政权任用官员的经验，提出今后要怎样设置和任用高级官员，并提出了周初官职建制系统，实际是一张由内及外较繁的大大小小的官名单子。在周公告诫成王关于设官分职所有应注意的事项中，特别强调君主不要干预、干扰刑狱司法。要由司法负责人员全权办理。是周初为筹划建立国家机器的一篇重要文献。在西汉伏生今文本为第二十三篇，伏生门下三家今文本为第二十四篇。东汉马郑古文本为第二十八篇，皆属《周书》。东晋伪古文本为全书第四十七篇，《周书》第二十一篇。有关本篇情况见后面的"讨论"。

校　释

周公若曰①："拜手稽首②，告嗣天子王③矣！

用咸戒于王④曰⑤王左右常伯、常任、准人、缀衣、虎贲⑥。"

周公曰："呜呼！休兹知恤鲜哉⑦！

①周公若曰——为史臣记录君主之言用语。意为周公这样说。见《大诰》《康诰》"王若曰"校释。《蔡传》云："此篇周公所作，而记之者周史也，故称'若曰'。"孙诒让《骈枝》亦云："'用咸戒于王'以下，乃史官所记。"

②拜手稽首——自首至手为拜手，自首至地为稽首，见《尧典》《皋陶谟》校释。《孔疏》云："周公既拜手稽首，而后发言还自言拜手稽首，言己重其事，欲令受其言，故尽礼致敬以告王也，《召诰》云拜手稽首旅王若公，亦是召公自言己拜手稽首，与此同也。"

③嗣天子王——指成王已即天子之任，而商周君主都称王，成王继文王武王为王，是他已嗣为天子了，故称嗣天子王。

④用咸戒于王——伪孔云："周公周王所立政之事皆戒于王。"《蔡传》亦作"用皆进戒曰"，训"咸"为"皆"。按《尔雅·释诂》："咸，皆也。"

⑤曰——吴闿生《大义》云："此曰字乃越字之误。'越'，及也。'曰王左右'，及王左右也。'咸戒于王曰王左右'，戒王并及王之左右。"按曰为越之同音假借，非其误。"越"，与也，及也。见《大诰》"尔多邦越尔御事"校释。而"咸戒于王"旧皆释为群臣皆戒王，不确，实际是说皆告诫于王及王左右诸臣。

⑥王左右常伯常任准人缀衣虎贲——伯一作敀。《说文·攴部》："敀，迮也。《周书》曰：'常敀常任。'"依《汉石经》"准"作"辟"。《释文》："贲，音奔。"顾刚师《周公制礼的传说和〈周官〉一

书的出现》(《文史》第六辑)文中释此句话说:"这些官是经常跟随在周王的左右的。其中'缀衣'即后世的'尚衣',掌管王的衣服,'虎贲'护卫王的安全,都只是近侍小官。还有上面三位,看下文说:'宅乃事,宅乃牧,宅乃准,兹惟后矣。'可以知道他们都是高级的官吏:'准'的意义是公平,'准人'当是司法的长官;'任'是执掌政务的长官,故云'事';'伯'是管理民事的长官,故云'牧'。古籍简奥,它的意义固难确定,但这三个官必然是最高的行政长官。可能是王朝的司徒、司马、司空,也即是金文里的'三有事'。下文又说:'立民长伯,立政:任人、准夫、牧,作三事……'……勉强来说,'任人'即常任,'准夫'即准人,'牧'即常伯。'作三事'即《诗经·雨无正》中的'三事大夫',都是机要大臣。"

兹节录皮锡瑞《考证》关于此五职以汉代文献相校的一些资料:

"常伯、常任",应劭《汉官仪》:"侍中,周成王常伯任侍中,殿下称制。"以常伯为汉侍中。又据胡广《侍中箴》:"亦惟先正,克慎左右,常伯、常任,实为政首。"则并常任亦为侍中之职。

"准人",今文作"辟人"。《汉石经》"常伯常任辟(下缺)"。孙星衍说:"'辟'亦法也。'辟人'谓法官也。"锡瑞谨案:"王出入必有执法之官。"

"缀衣",今文作"赘衣"。扬雄《雍州牧箴》、班固《西都赋》、崔瑗《北军中候箴》皆作"赘衣"。李善《文选》注引《公羊传》曰:"赘,犹缀也。"

"虎贲",今文"贲"作"奔"。《续汉书·百官志》引蔡质《汉仪》曰:"主虎贲千五百人。""又虎贲旧作虎奔,言如虎之奔也。王莽以古有勇士孟贲，故名焉。"《汉官仪》曰："言其猛怒如虎之奔赴也。平帝元始元年更名虎贲郎。……"锡瑞谨案："此则古当作虎奔，今经典皆作贲者，乃东汉以后人所改。"（有西周初年的《立政》在，明古时自作虎贲）。

皮氏所辑相校资料以常伯等三职与缀衣、虎贲同为低级职，实误。当如顾刚师据本篇自身材料证其为高级机要大臣，始确。

旧的治经家已有明于此者。如苏轼《书传》云："王左右有牧民之长曰常伯，有任事之公卿曰常任，有守法之有司曰准人。此三事之外，则有掌服器者曰缀衣，执射御者曰虎贲，此亵御也。"又如林之奇《全解》云："下文所谓'宅乃事'，即此常任也。'宅乃牧'，即此常伯也。'宅乃准'，即此准人也。此以为伯而下文以为牧，则以伯为牧民之长，宜矣。伯既牧民之长而曰左右者，盖以牧伯而兼公卿也。夫常伯、常任、准人所以与天子图谋万几者，固不可以不得人。然其朝见也有时，至于缀衣、虎贲，朝夕与王处，苟非其人，则王德以之而蠹，虽外得其人，何补焉。"

《蔡传》亦云："王左右之臣，有牧民之长曰常伯，有任事之公卿曰常任，有守法之有司曰准人。三事之外，掌服器者曰缀衣，执射御者曰虎贲。"辨其职掌已不误。并引葛氏曰："缀衣，《周礼》司服之类，虎贲，《周礼》之虎贲氏也。"《传说汇纂》并引陈师凯《蔡传旁通》云："《天官》有司裘、有内司服，有缝人。《春官》亦有司服。《夏官》虎贲氏掌先后王而趋。舍则守王闲，在国则守王宫，有大故则守王门。又有旅贲氏，执戈盾夹王车而趋。"

⑦休兹知恤鲜哉——苏轼《书传》在解释常伯至虎贲诸职后，紧接即云："周公则戒之曰：非独三事者当择人，此亵御者，亦当择

人也。能知忧此者，美哉鲜矣。"林之奇《全解》云："知人则哲，皋陶以为惟帝其难之。常伯以下，周公以为知恤鲜哉。乃知人主之职事，其所谓难者，莫难于此也。"故伪孔释为："知忧得其人者少。"《孔疏》简之为"知忧得人者少"。按《尔雅·释诂》："休，美也。恤，忧也。鲜，寡也。"故孙诒让《骈枝》云："休兹知恤以下，始是周公戒成王语，谓当休嘉之时，而能知忧恤，其人甚少。犹《召诰》云'惟王受命无疆惟休'，亦无疆惟恤，即此意也，此乃泛说。"是知这句字面上的意义是说：知道这美好的事物，又能知道它有可忧恤之处，能有这种认识的人很少。用意是说，现在形势很好，我们国家的政权建设正在顺利进行，但在设官分职、用人行政方面，能忧虑"知人则哲"这重大问题的却很少呵！故吴闿生《大义》云："知恤鲜哉，犹云知德者鲜矣，叹知道者之少也。"实是《孔疏》之意："知忧得人者少。"苏轼《书传》亦即此意。戴钧衡《补商》云："'恤'，忧也。如'尧以不得舜为己忧，舜以不得禹、皋陶为己忧'之类。"更是此意。

以上是本篇的篇首，是周公在要对成王讲他的设官分职、用人行政的意见时，特先提醒王，同时也呼唤其左右大臣及亲近人员，也要和王一道听清他的意见，都要知道重视他的意见，要在平时有居安思危的意识。

吕祖谦《书说》云："常伯、常任、准人，议政而在王左右者也；缀衣、虎贲，供役而在左右者也。尊卑虽有间，然职重者有安危之倚，职亲者有习染之移，其系天下之本一也。"意思是说这两种人对王的影响都大，所以周公要同样告诫他们。

"古之人迪惟有夏^①，乃有室大竞，籲俊尊上帝^②，迪知忱恂于九德之行^③。乃敢告教厥后曰：拜手稽首后矣^④。曰：宅乃事，宅乃牧，宅乃准，兹惟后矣^⑤。谋面用丕训德，则乃宅人，兹乃三宅无义民^⑥。

"桀德惟乃弗作往任，是惟暴德罔后^⑦。

"亦越成汤，陟丕厘上帝之耿命^⑧。乃用三有宅，克即宅^⑨。曰三有俊，克即俊^⑩。严惟丕式，克用三宅三俊^⑪。其在商邑，用协于厥邑；其在四方，用丕式见德^⑫。

"呜呼！其在受德暋^⑬，惟羞刑暴德之人，同于厥邦。乃惟庶习逸德之人，同于厥政^⑭。

"帝钦罚之，乃伻我有夏，式商受命^⑮，奄甸万姓^⑯。

①古之人迪惟有夏——伪孔释为："古之人道惟有夏禹之时。"《蔡传》亦云："古之人有行此道者惟有夏之君。"皆用《释诂》"迪，道也"之训，就字面作此释。《孔疏》稍申述之云："古之人能用此求贤之道者，惟有夏禹之时。"并再度释之云："经言'古之人迪'，传言'古之人道'，当说古之求贤人之道也。王肃云：'古之人，道惟有夏之大禹为天子也。'其意谓古之人道说有此事（指夏禹为天子之事），孔意（指伪孔）似不然也。"其实当如吴闿生《大义》云："迪惟，语词也。"是"迪惟"二字在句中为语词，无义。原句是说"古之

有夏"。

②乃有室大竞籲俊尊上帝——伪孔释云:"夏禹之时,乃有卿大夫室家大强,犹乃招呼贤俊与共尊事上天。"系用周代所谓诸侯有国,卿大夫有室家之义。林之奇《全解》云:"王室之所以大强,乃在于求贤俊以尊事上帝。"《蔡传》云:"有夏之君,当王室大强之时,而求贤以为事天之实也。"释"室"为王室(此与伪孔异),释"籲俊"为求贤(此与伪孔意近)。似较说得通。

③迪知忱恂于九德之行——伪孔云:"禹之臣蹈知诚信于九德之行。"《蔡传》云:"迪知者,蹈知而非苟知也。忱恂者,诚信而非轻信也。言夏之臣蹈知诚信于九德之行。"伪孔、《蔡传》又皆释此"九德"为《皋陶谟》之"九德"。《皋陶谟》之成书,不会早于《立政》,前面《皋陶谟》篇之"讨论"中,考明至迟春秋早期已有该篇,是显然无法早过周初之《立政》,该"讨论"中论列当时颇为流行"九德"之说,至少有四种以上不同项目的九德,也有泛言"九德"未提及德的项目者,由此可知由西周至春秋所流传的"九德"之说,必然是受本篇影响才形成的。不过"九"字也可依汪中之释泛言多数。

④乃敢告教厥后曰拜手稽首后矣——伪孔云:"知九德之臣,乃敢告教其君以立政。'君矣'亦犹'王矣'。"此释"后矣"为"君矣",以为"拜手稽首君矣"同于上文"告嗣天子王矣"。《蔡传》则释云:"言夏之臣蹈知诚信于九德之行,乃敢告教其君曰,'拜手稽首后矣'云者,致敬以尊其为君之名也。"并引吴氏(可能为吴棫)曰:"古者凡以善言语人,皆谓之教,不必自上教下,而后谓之教也。"

⑤宅乃事宅乃牧宅乃准兹惟后矣——"宅",《汉石经》作"度"。按,古文作宅,今文作度。《方言》:"度,居也。"详《尧典》

"宅嵎夷"之宅字校释。伪孔云:"宅,居也。居汝事,六卿掌事者。牧,牧民,九州之伯,居内外之官,及平法者。"释"事"为六卿政事之官,"牧"为州牧(此不确),"准"为平法。苏轼《书传》云:"'事',则向所谓常任也。'牧',则向所谓常伯也。'准',则向所谓准人也。一篇之中所论宅、俊者参差不齐,然大要不出是三者,其余则皆小臣百执事也。"《蔡传》全录用此说,自合文义。大抵以上文"常伯常任准人"校释文中所引颉刚师之说最准确:"事"是执掌政务的长官,即"常任","牧"是管民事的长官,即"常伯","准"是公平执法,其长官即"准人"。

"兹惟后矣",此紧接三宅字句之后,《蔡传》释云:"兹者,此也。言如此而后可以为君也。"那就是要把这三大官职处理好才算是为君,则释"宅"为居,显然于此不适用,因居了这三官,怎么体现出为君的本领来呢。是此宅字,当如《释名·释宫室》所释"宅,择也,择吉处而营之也"之义,说选择好你的事官,选择好你的牧官,选择好你的准官,你这才成为好君主。

⑥谋面用丕训德则乃宅人兹乃三宅无义民——《蔡传》云:"谋面者,谋人之面貌也。言非迪知忧恂于九德之行,而徒谋之面貌,用以为大顺于德,乃宅而任之,如此,则三宅之人,岂复有贤者乎。"这把这几句说通了。其"义"仍用仁义之意,故释为贤者。苏轼《书传》仍用仁义之论,但释"无义民"为"无义之民",而不是"没有义民"。伪孔所释最无道理,除亦释义为仁义之义外,竟将"三宅无义民"牵扯《尧典》"五流有宅、五宅三居"为释。忘记了本篇反复谈"三宅"就是指"宅乃事、宅乃牧、宅乃准"这三宅。

"谋",于省吾《新证》云:"按'谋',金文作'诲'或'每'或

'某'。从每从某，其声一也。英伦隶古定本'谋'作葚。'面'即
酾。'谋面'，即《尔雅·释诂》之'矗没'，《诗·小雅·十月之交》
的'黾勉'，《汉书·刘向传》之'密勿'，皆同声假借字也，《汉石经》
'谋面'上有乱字，凡《尚书》'乱'字多为'率'之讹，与'丕'并为语
词。'谋面用丕训德'者，黾勉用以顺德也。《诗·下武》'应侯顺
德'，是'顺德'周人语例。"

    "义"，王引之《述闻》云："《说文》曰：'俄，行顷也。'顷与倾同。
《说文》又曰：'义，从我。我，顷顿也。'我、义、俄古并同声。《小
雅·宾之初筵》篇'侧弁之俄'，郑笺曰：'俄，倾貌。'《广雅》曰：
'俄，邪也。'古者俄义同声，故俄或通作义。《立政》曰：'谋面用丕
训德（或谓丕为不，非也。辨见《召诰》"面稽无若"下），则乃宅人，
兹乃三宅无义民。'义与俄同，邪也。言夏先王谋勉用大顺之德，然
后居贤人于官而任之，则三宅皆无倾邪之民也。"（下文接着辨析
《吕刑》"鸱义奸宄"之"义"字亦倾邪之意。又辨《传》训"义"为仁
义之义的三不可通的理由，皆持之有故）此说粗一听来，似有点惊
俗，但根据古文字的要义所作出的深刻的辨析，似只能相信其说为
解释此文较可取之一说。所以吴闿生《大义》即用王氏说稍加整理
为释云："'谋面'，黾勉也。'丕'，奉也。'训德'，俊德也，训俊同
字。'乃'，能也。言黾勉以奉俊德，则能度（宅）人，兹夏之三度
（宅）所以无邪人也。"

    江声《音疏》据《汉石经》"谋"字上有"乱"字，又训"丕"为
"不"，训"义"为"仪型"。谓"若惑乱其谋，向用不顺之德，居其人
于位，如此，则三宅之官无以仪型于民矣"。提出了他一家之言，成
为释此处文义的一说，皮锡瑞以为"江说是也"。但江训"丕"为不，

立

政

1773

已为王引之所非，皮氏《考证》又订正江氏关于"乱"与"义"的解释云："以'乱'为惑乱，'义'为仪型，则犹未当。'乱'，语词，与'率'通。《梓材》'厥乱为民'，《论衡》作'厥率化民'，是其证。'乱谋面用不训德'，谓率谋向用不训德也。'不训德'，谓不贤之人。'义民'，犹民仪，谓贤者。义读为仪，仪训为贤，非仪型于民之谓。经意盖谓向用不贤之人，此乃三度无贤者矣。"此亦为释此文有可取之一说。终当用王引之说较妥。

⑦桀德惟乃弗作往任是惟暴德罔后——"桀"，夏末代国王。《史记·夏本纪》载："汤遂率兵以伐夏桀，桀走鸣条，遂放而死。"伪孔云："桀之为德，惟乃不为其先王之法，往所委任，是惟暴德之人，故绝世无后。"《蔡传》云："夏桀恶德，弗作往昔先王任用三宅，而所任者乃惟暴德之人，故桀以丧亡无后。"两家所释之义相近，皆就原文句读为释。孙诒让《骈枝》读为："桀德惟乃弗"句，"作往任"句，"是惟列暴德罔后"句。并引庄述祖云："弗、拂通，戾也。"而后为之说云："案此当从庄读'桀德惟乃弗'句。'弗'与《微子》'咈其耇长，旧有位人'之咈声义并通，言桀之德咈戾，与下文'其在受德暋'文例略同。孔读'弗作'句，误。此当读'作往任'句，往与彼义同，言桀作使彼任事之人则唯暴德者也。罔后，谓不顾其后，《盘庚》中篇云'今其有今罔后'。此盖与彼正同，孔谓'绝世无后'，亦失之。"孙说可以参考。其"咈戾"，意即"悖戾"。

吕祖谦《书说》云："非人才果异于往日也，桀之恶德，弗作往日先王之任用而已。往惟俊德是任，效见于有室大竞；桀惟暴德是任，效见于绝世无后。信乎存亡在所任也。"

⑧亦越成汤陟丕厘上帝之耿命——苏轼《书传》："耿，光也。

成汤既以升闻，大治上帝之命。"《蔡传》："亦越者，继前之辞也。耿，光也。汤自七十里升为天子，典礼命讨，昭著于天下，所谓陟丕厘上帝之光命也。"孙星衍《注疏》云："'越'，同粤，《释诂》云：'于也。''丕'，语词。'陟'，同敕，《皋陶谟》'敕天之命'，《史记》作陟。'厘'者，《诗》笺云：'理也。''耿'者，《说文》引杜林说：'光也。'……言亦于成汤能敕理天之光命。"朱骏声《便读》："'越'，度也，犹及也。'陟'，登也。'厘'，理也，犹顺也。'耿'，光也。言及汤登天子位，亦大顺天之光命。"各就所见为释，其训字义之相同者："陟"，升、登。"厘"，理、治。"耿"，光。而于"越"字之释有三种纷歧：继前之辞，于也，及也。此处似以"继前之辞"较妥。

⑨乃用三有宅克即宅——《蔡传》："'三宅'，谓居常伯、常任、准人之位者。'三俊'，谓有常伯、常任、准人之才者。'克即'者，言汤所用三宅，实能就是位而不旷其职。"孙诒让《骈枝》："王引之云：'三宅，即上文之宅乃事，宅乃牧，宅乃准。'按三宅当如王说，伪孔说大误。"（按伪孔谓"汤乃用三有居恶人之法……"仍误用《尧典》"五宅三居"之说为释。）

⑩曰三有俊克即俊——《蔡传》："三俊，谓有常伯、常任、准人之才者。言汤……所称三俊，实能就是德而不浮其名也。三俊，说者谓它日次补三宅者。详宅以位言，俊以德言，意其储养待用，或如说者所云也。"吴闿生《大义》："以事、牧、准宅人曰三宅，以三者进人曰三俊。即，就也。言汤所用三宅能成乎其宅，于所称三俊能成乎其俊也。"孙诒让《骈枝》："三有俊，当即三宅之属官。盖三宅各有正长，有属吏。三宅之属吏皆用贤俊，故谓之三有俊。即上文之俊有德，亦即《多士》所谓'俊民甸有四方'也。又上文云'三宅

无义民'（义谓俄），不邪之谓俊民，此俊民即隶于三宅，其为事、牧、准之属官而非泛指三德之俊，亦明矣。"

⑪严惟丕式克用三宅三俊——吕祖谦《书说》："'严惟丕式'，严思贤者，惟大则效之，然后能用宅俊。所谓学于伊尹而后臣之，其一证也。"《蔡传》："'惟'，思。'式'，法也。汤于三宅三俊，严思而丕法之，故能尽其宅俊之用。"王樵《日记》云："此一段文义颇艰奥，《蔡传》甚明畅，但'严维丕式'一句尚未了然。'严维丕式'，言思虑精专一于贤者，即凡事委心听顺，惟贤者是师而不自用，便是丕式处。"孙诒让《骈枝》云："'严惟丕式克用三宅三俊'，十字句。'丕'，语词。'式'与职通，犹主也。下文'用丕式见德'，义同。孔释'丕式'为'大法'，误。"吴闿生《大义》："'严'、'业'同，创也。'严惟丕式'，创为大法也。"

⑫其在商邑用协于厥邑其在四方用丕式见德——伪孔云："汤在商邑，用三宅三俊之道和其邑；其在四方，用是大法见其圣德。言远近化。"王樵《日记》云："两'丕式'字，上言君丕式乎贤；下言民丕式乎君。……四方之人皆大法乎君，而以德自见，所谓'遍为尔德'也。"朱骏声《便读》："'严'，俨也，敬也。'惟'，思也。'式'，法也。'商邑'，邦畿也。其在邦畿之内，用以协和于其邑；其在四方，亦以此大法显汤之圣德也。"

⑬其在受德暋——"受"，即纣，为商末代国王，为周武王所诛杀（见《周本纪》）。段玉裁《撰异》于《牧誓》篇云："'受'作'纣'者，《今文尚书》也，《周本纪》亦作'纣'。玉裁按：凡《今文尚书》作纣，凡《古文尚书》作受。《史记》《汉书》无作受者。"此处"受德"与上文"桀德"同，是说此两人的德性，可是文献中有误认"受德"为其

名者,即沿此处二字而误,参见《牧誓》篇"今商王受"校释。于省吾《新证》:"其在受德四字句。"

"瞽",《释文》:"眉谨反。"于省吾《新证》:"伪《传》训'瞽'为自强,孙星衍又引《释诂》瞽训强为证。揆诸文义,究为不合。……'瞽'应读'聝',聝、闻古今字。此'闻',犹'冒闻于上帝'之闻,与下'帝钦罚'之义相接。"

⑭惟羞刑暴德之人同于厥邦乃惟庶习逸德之人同于厥政——伪孔释为:"惟进用刑与暴德之人同于其国,并为威虐;乃惟众习为

过德之人同于其政,言不任贤。"《蔡传》云:"'羞刑',进任刑戮者也。'庶习',备诸众丑者也。言纣德强暴(此瞽字之释),又所与共国者,惟羞刑暴德之诸侯;所与共政者,惟庶习逸德之臣下。"王引之《述闻》云:"《传》曰:'惟进用刑与暴德之人。'《正义》曰:'惟进用刑罚与暴德之人。'引之谨案,刑罚与暴德文义不伦,《传》说非也。今案《尔雅》:'刑,法也。'盖谓之刑法之亦谓之刑。《周颂·烈文》篇'不显惟德,百辟其刑之',笺曰:'卿大夫法其所为也。'此'刑暴德',亦谓效法暴德也。效法暴德之人,所当居之远方,弗与其国,今乃进用之,使同治其国,故曰'惟羞行暴德之人,同于厥邦'也。此云'刑暴德',下文云'习逸德',正相对。"于省吾《新证》:"《尔雅·释诂》:'羞,进也。刑,法也。'说其在受德,闻惟进法暴德之同于其邦,乃惟众习逸德之同于其政,故帝钦罚之也。"

1777

孙诒让《骈枝》云:"案'羞'当为菁之误。《说文·苟部》:'苟,自急敕也。'古文作'菁'。《洪范》'敬用五事',《汉书·五行志》'敬'作'羞'。孙渊如(星衍)谓'羞盖菁字',此与彼同。'菁',亟也,谓急于刑罚。下云'乃惟庶习逸德之人同于厥政','庶习',犹

《皋陶谟》云'庶明'、'庶顽'。著刑暴德,与彼文例正同。王引之以'刑暴德'与'习逸德'相对为释,亦未得其义。"考述深刻,自是可取,但改字释经,必须慎重。故此说只能备一说。

⑮帝钦罚之乃伻我有夏式商受命——伪孔云:"天以纣恶,故敬罚之,乃使我周家王有华夏,得用商所受天命。"是训"钦"为敬,"伻"为使,"式"为用。《蔡传》全用其训,亦释云:"上帝敬致其罚,乃使我周有此诸夏,用商所受之命而奄甸万姓。"说使我周有此华夏,误。实为周人自称有夏,已见《君奭》篇"文王尚克修和我有夏"校释。前人亦有知此意者,见本篇吴闿生《大义》云:"称'我有夏',与《君奭》篇同,犹《康诰》'我区夏'也。"吴氏又训"式"为"代"。又训为"法"。其说云:"式,代也。《说文》式、代皆从弋声。一说,法商之受夏命。"又吴氏承孙星衍"钦与廞通,《释诂》云:'兴也'"之说,训"钦"为"兴",不如通常训"敬"为便。

⑯奄甸万姓——伪孔承上句释为:"得用商所受天命,同治万姓。"《孔疏》:"商本受天命,周亦受天命。故言'用商所受天命,同治万姓'。《释言》云:'弇,同也。'同为天子治万姓,与商同也。"江氏《音疏》:"奄,大。甸,治也。……用商所受之命,以大治万姓。"孙星衍《注疏》:"奄者,《说文》云:'大有余也。'甸者,《诗·传》云:'治也。'……言……大治万民。"于省吾《新证》:"奄,古籀作寵。《秦公钟》:'寵有下国。'即《诗·閟宫》之'奄有下国'。《石鼓文》'勿寵勿伐',勿寵即勿掩。《诗·韩奕》'奄有北国'《传》:'奄,抚也。'又'维禹甸之'《传》:'甸,治也。''姓',金文作'生'。《沇儿钟》:'鯀逾百生。'百生即百姓。《秦公钟》:'万生是敕。'万生即万姓。是'百生'、'万生'皆周人语例。万姓谓万民。'奄甸万姓'

尚书校释译论

者，抚治万民也。"

以上这一节，指陈夏商旧事，皆在其兴起迄强盛阶段，厘敬上帝，恂行九德，于"三宅"（国家的司法、行政、民政等三个最高机要大臣之择定）皆重用贤俊，及末代昏暴之君桀、纣，皆拂逆旧有正道，唯用暴德乱法之徒，卒致亡国。吕祖谦《书说》指出："论夏商之兴亡，不出于任用得失之间，立政之体统端在是矣。"文中于夏提出"三宅"，于商益以"三俊"。《蔡传》言："汤所用'三宅'，实能就是位而不旷其职；所称'三俊'，实能就是德而不浮其名也。"前者核其人是否克尽职守，后者核其人才德是否克副其职。则于考绩与求贤二者俱重。及桀、纣而全部废乱。这是深刻的历史教训，特举以谆谆诚勉成王加以重视。

"亦越文王、武王，克知三有宅心，灼见三有俊心①，以敬事上帝，立民长伯②。立政③：任人、准夫、牧，作三事④；虎贲、缀衣、趣马、小尹、左右携仆、百司、庶府⑤；大都、小伯、艺人、表臣百司、太史、尹伯、庶常吉士⑥；司徒、司马、司空、亚、旅⑦；夷、微、卢烝，三亳、阪尹⑧。

"文王惟克厥宅心，乃克立兹常事、司牧人，以克俊有德⑨。文王罔攸兼于庶言、庶狱、庶慎，惟有司之牧夫，是训用违⑩。庶狱庶慎，文王罔敢知于兹⑪。

"亦越武王，率惟敉功，不敢替厥义德⑫，率惟谋从容德，以并受此丕丕基⑬。

①克知三有宅心灼见三有俊心——"宅"，《汉石经》作"度"。"灼"，《说文》作"焯"。"俊"，《汉石经》作"会"。宅作度已见上文"宅乃事"校释。灼作焯则见《说文·火部》云："焯，明也。从火，卓声。《周书》曰：'焯见三有俊心。'"段玉裁《撰异》云："作'焯见'，则为同部假借字。"俊作会则见《隶释》载《汉石经》残碑此句连下句之首作"……（缺）有会心以敬事……（缺）"。《撰异》云："俊作会，此《今文尚书》也。"陈乔枞《经说考》云："据《说文》引作'俊'，则《石经》非也。"

《蔡传》："三宅三俊，文武克知灼见皆曰心者，即所谓'迪知'、'忱恂'而非谋面也。三宅已授之位，故曰克知；三俊未任以事，故曰灼见。"吕祖谦《书说》："三宅，共政者也，知其心者犹未尽，则不能无间，惟文、武真能知其心也。三俊，待用者也，未与事遇，则底蕴不外见，惟文、武灼然见其心也。"《汇纂》引孙继有云："大抵人臣立朝，以心术为本。心术不正，纵行事可观，言论可采，亦非吉士。克知灼见者，知其心之果正而无它，即克知厥若之意。"

②以敬事上帝立民长伯——伪孔云："文、武知三宅三俊，故能以敬事上天，立民正长。"《孔疏》："文、武知此三宅三俊之心，用之皆得其人，故能敬事上天称天心也，立民正长合民心也。"《蔡传》在释"克知"、"灼见"后继云："以是敬事上帝，则天职修而上有所承；以是立民长伯，则体统立而下有所寄。……夏之'尊帝'，商之'丕厘'，周之'敬事'，其义一也。'长'，如《王制》所谓'五国以为属，属有长'；'伯'，如《王制》所谓'二百一十国以为州，州有伯'是

也。"吴闿生《大义》云:"言文、武克知灼见禹、汤审官之心,而'立民长伯立正'也(连下句"立政"言)。'正'与'长'对文。《管子》'知时者可立以为长,无私者可置以为正',是其例。下文乃备列长伯、列正之目。"

③立政——即立正,即设立官长,已见篇首解题。在此二字的揭示下,周公较详地开列了周初文王武王时大抵已具有的官员。所列上下大小官员较繁,显得纷然杂陈,眉目不清。所以顾刚师在《周官一书的出现》文中说:"这一张官名单子写得糊涂,很难分析。"但终由于顾刚师的深入分析,仔细研究,把它们理出了一个眉目,以为大体可分为五组。下面就依原文所列官名先后,按顾刚师所分的五组,依次述之如下文。在每组顾刚师之说后,根据情况补充一些文献资料。

④任人准夫牧作三事——顾刚师说:"'任人'即常任,'准夫'即准人,'牧'即常伯。'作三事'即《诗经·雨无正》中的'三事大夫'。都是机要大臣,这是第一组。"

这三个官名的意义,已见篇首"常伯常任准人"校释。

⑤虎贲缀衣趣马小尹左右携仆百司庶府——顾刚师说:"'虎贲'、'缀衣'见前;'趣马'是管马的,'小尹'是小臣之长,'左、右携仆'是持王用的器物或御车的仆夫,'百司'是在内廷分管王的事务的,'庶府'是分管王的库藏的:这些都是王的侍从,所谓宫中之官,为第二组。"

伪孔:"趣马,掌马之官,左右携持器物之仆,乃百官有司主券契藏吏。"《蔡传》:"此侍御之官也。趣马,掌马之官,小尹,小官之长,携仆,持仆役之人,百司,若司裘、司服,庶府,若内府、大府之属也。"《汇纂》引王炎云:"凡治事曰百司,凡掌财曰庶府。"又引陈师凯云:"《周官》有玉府、内府、外府、泉府、天府。"又引顾锡畴云:"天子自大臣召对外,此侍御之官亲近周旋,自虎贲而下凡七等官,皆就得人说。虎贲修武备以壮掖庭之威,缀衣布物采以昭黼扆之焕,趣马闲舆卫以备法驾,小尹正群领以供法从,左右携仆如云左右携持器物之仆,以司称者各办所职服用之需于此取,以府称者各典所守储蓄之备于此藏。以上诸官俱是内官之长。"

于省吾《新证》:"孙诒让云:《周官·夏官》:'趣马,下士皂一人,徒一人。'郑注:'趣,养马者也。'《诗·正月》:'蹶维趣马。'金文'走马'习见。《大鼎》:'王召走马雁。'《师兑簋》:'正师龢父嗣左右走马,五邑走马。'是'趣'本应作'走'。"

⑥大都小伯艺人表臣百司太史尹伯庶常吉士——颉刚师说:"'大都'是管理诸侯和王子、王弟们的采邑的,'小伯'是管卿、大夫的采邑的,'艺人'是居官的技术人员,如卜、祝、乐师、工师之流,'表臣百司'是在外廷分管政务的,'太史'是记事和作册命的,'尹伯'是百官之长,'庶常吉士'是许多担任常务的士,这些都是办理政务的,所谓府中之官,为第三组。"

伪孔:"大都邑之小长,以道艺为表干之人,及百官有司之职。""太史,下大夫,掌邦六典之贰,尹伯长官大夫,及众掌常事之善士"。《蔡传》引吕祖谦说:"(此处云"此都邑之官"及大都小伯互文言大都小都之伯,误)'艺人',卜祝巫匠执技以事上者,'表臣百司',上文百司盖内百司,此百司盖外百司,若外府之属,所谓表臣也。'太史'者,史官也(《孔疏》太史为史官之长)。'尹伯'者有司之长,如庖人尹庖,内外瓮尹瓮。膳夫为数尹之伯之类。"(释"庶常

吉士"为总结文武之众皆吉士,亦误)

俞樾《平议》:"《传》曰'况大都邑之小长,以道艺为表干之臣'。樾谨按,'艺'当读为'埶',艺祖之艺同。说详《尧典》。'艺人'者,埶御之人也。此艺人犹上之左右携仆,下云'表臣百司',犹上之百司庶府,但有内外臣之别耳。公卿、都邑亦自有埶御之人。……因其字作艺,枚氏遂以'道艺'释之,殆非古义。"

于省吾《新证》:"伪《传》谓'以道艺为表干之臣',纰缪已极。《蔡传》训艺人为'卜祝巫匠执技以事上者,表,外也'。似是而非。俞樾云:'艺当读为埶,艺人,埶御之人,犹上之左右'携仆'。按俞说是也。艺,金文作埶或埶。《番生簋》'迺㲋远能埶',即柔远能迩也。迩埶古同声。'表'乃'封'之讹。……封臣即封人。《左·隐元年传》'为颍谷封人'注:'封人,其封疆者。'《荀子·尧问》'缯丘之封人'注:'封人,掌疆界者。''大都小伯,艺人封臣',均相对为文。"

⑦司徒司马司空亚旅——顾刚师说:"'司徒'、'司马'、'司空'在这里别于任人、准夫、牧而言,恐是指诸侯的三卿,'亚'是位次于卿的大夫,'旅'是位次于亚的众大夫。这些人大概都是侯国之官,为第四组。"

按,司徒、司马、司空之官,已在《尧典》篇任命九官的司空、司徒二校释文中作了详细考述。大抵此三官纯为周代始有之官,西周初期资料中为侯国职官,西周中期中央王朝开始有此官,但为居卿事寮之下的第二级大夫之职,至春秋而上升为六卿之列。成为国家第一级六个大臣。不过也由鲁国六卿之制而来,后来周、卫、郑三政权也采用。到汉代主要是东汉,成为国家最高级的三个大官,称为大司马、大司徒、大司空了。(亚、旅常列三个司之后,参见《牧誓》校释。)仍可参看《尧典》校释。

伪孔:"此有三卿及次卿、众大夫,则是文武未伐纣时,举文武之初以为法则。"林之奇《全解》云:"司徒、司马、司空,诸侯之三卿也。亚,其贰也;旅,其众士也。"吕祖谦《书说》云:"先儒以三卿为文武未伐纣前官制。……文王虽不有天下,武王克商,官制实达于四海,其为侯国之官无疑也。"其言皆合。《蔡传》亦云:"此诸侯之官也,司徒主邦教,司马主邦政,司空主邦土。"言诸侯之官不误,言三官之所主掌,则系据伪《古文尚书·周官》篇为说,实误,当看上文《尧典》校释。此外陈师凯《旁通》云:"《康诰》言圻父、农父、宏父三卿亦与此同,可见此为诸侯之官。"

⑧夷微卢烝三亳阪尹——顾刚师说:"'夷'、'微'、'卢'是当时的一些落后部族(按,曾支持周武王参加伐纣,见《牧誓》),'烝'是他们的君长而服属于周的;'三亳'是殷代先前的都城所在(按,有北亳、南亳、西亳),'阪'是险要的地方,为了防止叛乱,在那里都设'尹'防守。这些都是封疆之官,为第五组。"

《孔疏》引郑玄注云:"'三亳'者,汤旧都之民服文王者,分为三邑。其长居险,故言'阪尹'。盖东成皋、南辕辕、西降谷也。"

伪孔:"蛮夷微卢之众帅,及亳人之归文王者三所,为之立监及阪地之尹长。"《蔡传》:"此王官之监于诸侯四夷者也。'微'、'卢'见经,'亳'见史,'三亳':蒙为北亳,穀熟为南亳,偃师为西亳。(蒋廷锡《地理今释》:'今〔清〕河南归德府商丘县北四十里有大蒙城,《水经注》云:汳水东经大蒙城北,疑即蒙亳也,所谓景亳,为北亳矣。)'烝',或以为众,或以为夷名。'阪',未详。古者险危之地,封疆之守,或不以封,而以王官治之,参错于五服之间,是之谓'尹'。"

于省吾《新证》:"按《说文》无阪字,《广韵》阪、坂同。《小臣单觯》'王后贻克商'……周初如《沈子它簋》从又之字多作ㄓ,是貤即坂。……坂,地名,'王后贻克商'者,王克商后坂之倒文也。言王后克坂先克商也……俞樾云:'昭二十三年《左传》单子从阪道,刘子从尹道,疑此经阪尹即所谓阪道尹道者,乃地名也。以一夷字总领下文,微也,卢也,烝也,三亳也,阪也,尹也,其地皆有蛮夷错处,故以夷字冠之。'按姚姬传训'烝'为君,伪《传》训'尹'为长,是烝与尹为对文,言夷微卢之君,与三亳阪之长,于义亦通。"

颉刚师在考述五组官职既毕,总言之云:"照此说来,第一组是王的枢密,第二组是王的近臣,第三组执行政务,第四组处理侯国事务,第五组处理边疆事务。这些解释是二千年来经师们的研究成果,如果不错,可见那时建官,虽没有系统的编制,而由内及外,次序秩然。也可以推测周初的政府组织是相当严密的。"

颉刚师接着说:"又这一篇的最后一段说:'周公若曰:"太史、司寇苏公,式敬尔由狱以长我王国,兹式有慎,以列用中罚。"'文中又出现一个管理刑狱的'司寇'之官,不知道是不是尹伯中的一个,也不知道他对上级的准人或准夫又该如何分别职权? 又周公说到谨慎刑法,连带称到'太史',似乎太史也兼监察的职务,象秦汉时的御史一般。可惜当时详细的官名和职务,以及其中上下级的关系,现在我们已经无法清楚地知道了。周公告诫成王是这样说的。如果《立政篇》确是西周传下来的,那么这里所记的当然可以实定为周初官制。但这种政府组织并不出于周公手创,因为文中说到了由于'文王武王立民长伯',而有这种的官员的。"

这确实是周初官制,而且是文王武王实际实行,周公承用之,又用以转告成王实行这一官制,同时强调了妥善用贤这一点。但事实上官制并不一定完全按照主观规划实现,在实践中,往往会因客观需要客观形势有所演进有所创新,而形成了与原意不尽相同的官制。

现在看到成王中期以后铜器,如《令彝》云:"王令周公子明保尹三事、四方,受卿事寮。丁亥,令矢告于周公宫,公命出同卿事寮。……癸亥,明公朝至于成周出令,舍三事令;眔卿事寮,眔诸尹,眔里君,眔百工,眔诸侯:侯、甸、男,舍四方令。"罗振玉《殷虚书契考释》云:"卿事即卿士。"郭沫若《周官质疑》云:"金文于卿事称寮,可知其属不止一人;屡与大史对举,当与太史为同级之官。"按,此见厉王时器《番生簋》云:"王命辥嗣公族、卿事、大史寮。"又宣王时器《毛公鼎》云:"及兹卿事寮、大史寮于父即尹,命汝辥嗣公族雩(与)参有嗣、小子、师氏、虎臣嗣朕褻事。"这样,卿事寮、太史寮成为西周自成王以后逐渐完备的两大最高政府机构,其长官并立为王朝的两头政长,不复是文王、武王及周公时的常伯(牧)、常任(任人)、准人(准夫)这三头政长了。

文王末武王时期的三头政长是太公望、周公、召公。及成王时期只有周公、召公,自然形成两头政长了。相应而成的政府机构也就成为卿事寮太史寮二寮了。其领导人为卿士,文献中所见逐渐发展成左、右卿士。《左传·隐公三年》:"郑武公庄公为平王卿士。"杜注:"卿士,王卿之执政者。"又《隐公八年》:"虢公忌父始作卿士于周。"又《隐公九年》:"郑伯为王左卿士。"则虢公忌父为右卿士。至《襄公十年》犹记："单靖公为卿士，以相王室。"可知周室执政官员已长期定于卿士，常以左卿士、右卿士共同执政，有时以一卿士执政。整个春秋时期，周王室执政者共二十八任，有二十任皆由两卿士执政（其中一任且有三卿士），而有八任由一卿士执政。文献中前几任记明左卿士、右卿士，其后但记卿士或卿，亦有少数二三任但记其名讳（氏名的谥号）。与鲁郑卫之皆为六卿同（鲁十五任执政除一任为季氏家臣外，余皆六卿，其中任司徒六人，司空三人，司马二人，与本篇周公所说相合，余三任但记为卿）。故春秋时期周鲁郑卫诸国官制汇集而成为《周礼》一书，而六卿之制定（以上见起钎撰《两周战国职官考》及《周礼真伪之争及其书撰成之真实依据》）。是周代官制，由周初之三宅，演进为西周中期的两寮，再进为西周后期及春秋初之左右卿士，最后定于周鲁郑卫之六卿，及战国而此官制式微，由吸收齐晋两国官制而形成的秦制代兴，周官就由秦官所取代，及汉代乃全承秦官，形成三公九卿之制，其后两千多年的官制虽有演变而基本成为大框框相承的官制系统了（至北周才复用六卿制度，而终又演变）。

　　周文王、武王、周公使用的周初官制，其他文献中很少提到，无法了解，赖有《立政》篇较详地而且体系较完备地列举了其全部官名，因而这是一最珍贵的史料。

　　⑨文王惟克厥宅心乃克立兹常事司牧人以克俊有德——皮氏《考证》："今文'惟'作'维'，'厥'上无'克'字，'宅'作'度'，'俊'作'会'。《汉石经》'（上缺）维厥度心（下缺）'锡瑞谨按，据此则篇中宅字皆当作度。石经于上文'三有俊心'作'有会心'，此文'俊'字亦当作'会'，会者，会合之义。"

《汇纂》引朱熹曰："'文王惟克厥宅心',人皆以宅心为处心,非也。即前面所说'三有宅心'耳。若处心则云'克宅厥心'。"《蔡传》:"文王惟能其三宅之心。能者,能之也。知之至、信之笃之谓。故能立此常任、常伯,用能俊有德也。不言准人者,因上章言文王用人而申克知三有宅心之说,故略之也。"王樵《日记》云:"三克字最有力,言文王之知人、惟克知其心,乃克立其官,以克称其任之人也。"

⑩文王罔攸兼于庶言庶狱庶慎惟有司之牧夫是训用违——伪孔云:"文王无所兼知于毁誉众言及众刑狱、众当所慎之事,惟慎择有司牧夫而已。劳于求才,逸于任贤。"《蔡传》:"'庶言',号令也。'庶狱',狱讼也。'庶慎',国之禁戒储备也。'有司',有职主者。'牧夫',牧人也。文王不敢下侵庶职,惟于有司牧夫训敕用命及违命而已。"王樵《日记》云:"庶狱,狱讼也。庶慎,所当慎者非一,如财用慎其出入,不虞慎其戒备之类,皆是也。有司主者也,牧夫,曰牧人也。用,用命者,违,不用命也。兼诏与其事也,言文王于庶言庶狱庶慎一无所兼,但于有司牧夫之用违,训之而已。"江声《音疏》:"'罔攸兼',无所兼采也,'庶言',众人毁誉之言也。'庶狱',众刑狱。'庶慎',诸所当慎之事。庶狱庶慎,惟于所司之牧训教其用命无违命而已。"孙诒让《骈枝》云:"案'庶言',谓凡论议教诲之官若师氏、保氏之属。'庶狱',即刑官,谓司寇、士师之属。'庶慎',谓凡掌典法之官。《周书·商誓篇》(此为《逸周书》之篇)有庶义、庶刑,此'庶狱'即彼'庶刑','庶慎'即彼'庶义'。若《周礼》司会、大史诸职,掌百官中成之等,《周礼·大宗伯》天神司中,《左·襄十一年传》及《说文》并作'司慎',义亦可互证此三庶,并

实指其官。'罔攸兼'，似谓使各职其职，不侵其官。伪《传》谓泛庶众言，众刑狱、众所当慎之事，以上下文例推之，并不合，不足据也。"

于省吾《新证》云："旧读'慎'如字，遂支蔓不可解结。按'慎'应读'讯'，《荀子·赋篇》'行远疾速而不可托讯者与'注：'本或作托训。'《洪范》'于帝其训'、'是训是行'，《史记》'训'并作顺。《易·系辞》'慎斯术也'《释文》：'慎本作顺。'《荀子·成相》'请布基、慎圣人'注：'慎读为顺。'是讯、训、慎、顺古通之证。《周礼·大司寇》云：'凡诸侯之狱讼，以邦典定之；凡卿大夫之狱讼，以邦法断之；凡庶民之狱讼，以邦成弊之。'《小司寇》云：'以五刑听万民之狱讼，附于刑，用情讯之。'又云：'一曰讯群臣，二曰讯群吏，三曰讯万民。'然则'庶狱庶慎'者，'庶狱庶讯'也。……《齽簋》：'讯讼罚取徽五寽。'是'讯'与'罚'文固相属也。"此释警辟，问题是仍要改字以释，不能不深长思之。然由下文屡用"庶狱庶律"之文意以观，终不能不从于先生之说。好在孙诒让已释"庶慎"为"掌典法之官"，可与于说合并以为释。

⑪庶狱庶慎文王罔敢知于兹——伪孔云："众狱众慎之事，文王一无敢自知于此，委任贤能而已。"《蔡传》："上言'罔攸兼'，则犹知之，特不兼其事耳。至此'罔敢知'，则若未尝知有其事，盖信任之益专也。上言'庶言'，此不言及者，号令出于君，有不容不知者故也。吕氏（祖谦）曰：'不曰"罔知于兹"，而曰"罔敢知于兹"者，徒言"罔知"，则是庄老之无为也。惟言"罔敢知"，然后见文王敬畏思不出位之意。'"《汇纂》引王氏安石曰："君道以择人为职，上必无为而用天下，下必有为而为天下用，此君臣之分也。"

⑫亦越武王率惟敉功不敢替厥义德——《释文》:"敉,亡婢反。"今读盲婢反,盖轻唇音,今读重唇音。伪孔云:"亦于武王循惟文王抚安天下之功,不敢废其义德,奉遵父道。"是训"越"为"于","率"为"循","敉"为"抚安天下","替"为"废","厥"为"其"。《蔡传》:"'率',循也。'敉功',安天下之功。'义德',义德之人。(下句)'容德',容德之人。盖义德者,有拨乱反正之才,容德者,有休休乐善之量,皆成德之人也。周公承上文言,武王率循文王之功,而不敢替其所用义德之人,率循文王之谋,而不敢违其容德之士。意如虢叔、闳夭、散宜生、泰颠、南宫括之徒,所以辅成王业者,文用之于前,武任之于后,故周公于《君奭》言五臣克昭文王受有殷命,武王惟兹四人,尚迪有禄。正犹此叙文武用人。"王樵《日记》:"言文王之克厥宅心,以见文王知人之要,罔攸兼、罔敢知于狱慎之事,以见文王任人之要。至于武王无复他语,惟言其能用文王之人而已。此又武王知人任人之要也。"吴闿生《大义》云:"'敉',谋也。'功',事也。'义德',法教也。"不直接释为用人。

⑬率惟谋从容德以并受此丕丕基——《汉石经》作"(上缺)受兹丕丕其於戏(下缺)"。段玉裁《撰异》云:"按此《今文尚书》也。'此'作'兹','基'作'其','乌呼'作'於戏'。《大诰》亦有'丕丕基',而《汉书·翟方进传》王莽作'大大矣'。以'矣'训'基'者,盖《今文尚书·大诰》亦作'丕丕其',与《立政》同。'其'者,语词,读如姬,故莽以语词训之。《今文尚书》说也。《周颂》'夙夜其命','其',始也。盖《古文尚书》本作'其',与今文同,后训为'始',乃加土耳。"皮氏《考证》云:"段说非也。莽作《大诰》云:'始而大大矣。'明是以始训基。石经此文作其,即基字省文,并非语词。江声

尚书校释译论

云:今文'基'为'其'。'其',基之省,是也。"此等处,无用深求,知
"其"为"基"之省文自可。

伪孔云:"武王循惟谋从文王宽容之德,故君臣并受此大大之
基业,传之子孙。"《蔡传》之释已见上引,其中关于本句者,谓:"容
德有休休乐善之量。……言……武王率循文王之谋,而不敢违其
容德之士。……此叙文武用人,而言并受此丕丕基也。"显然此"并
受"是文、武并受。伪孔说君臣并受已牵强,吴闿生《大义》训
"并",普也。"丕丕",大也。释此句为"以普受此大业",主语不明
确。《大义》释此句为:"武王亦率文王之道而行之,不敢替文王之
德,慎用贤良以有天下。"于省吾《新证》:"伪《传》云:'武王循惟谋
从文王宽容之德。'王先谦引《释言》训'谋'为心,引《礼》郑注训
'从'为顺,言'武王之心顺于宽容之德'。均有未当。按'率',语
词,'谋'即前'谋面'之谋,训'勉'。'容'即颂。颂、容古今字,《荀
子·天论》'从天而颂之'注:'颂者,美盛德也。'《诗·周颂谱》疏:
'颂者,美盛德之形容。'经、传、注、疏训'颂'为'颂德'不一而足。
言'武王率惟黾勉顺从以颂美文王之德'也。"自当以于先生此释
最确。

以上这一节,承夏商历史教训后,自己周家开国君主文王首先
"克知三有宅心,灼见三有俊心"。就是说从心理素质上重视立官
任贤。接着详举文王所设置的上下内外大小官职名单,使后代知
道周初官制详情,这一原始资料实在太珍贵了。而后强调文王只
严加综核各有司的用职与违职,而不侵越各官员职掌,特别不干预
刑狱。武王接着遵行文王之道。这就见出了这两位古代有名君主
关于用人行政的卓越过人之处,宜乎造就了周家八百年天下。其

中不干预刑狱这点，西方民主国家经历多少世代的国会斗争、民主拼搏，才挣得一个司法独立，而周代开国之君在三千多年前就已提出这一在后代备遭践踏的卓越原则，也实在太珍贵了。

"呜呼！孺子王矣①。继自今我其立政：立事、准人、牧夫②。我其克灼知厥若③，丕乃俾乱，相我受民④，和我庶狱庶慎，时则勿有间之⑤，自一话一言，我则末惟成德之彦，以乂我受民⑥。

"呜呼！予旦已受人之徽言，咸告孺子王矣⑦，继自今文子文孙，其勿误于庶狱庶慎，惟正是乂之⑧。

"自古商人，亦越我周文王立政：立事、牧夫、准人，则克宅之⑨；克由绎之，兹乃俾乂⑩。国则罔有立政用憸人⑪，不训于德，是罔显在厥世⑫。继自今立政，其勿以憸人，其惟吉士。用劢相我国家⑬。

"今文子文孙孺子王矣，其勿误于庶狱，惟有司之牧夫⑭。

"其克诘尔戎兵，以陟禹之迹⑮。方行天下，至于海表，罔有不服，以觐文王之耿光，以扬武王之大烈⑯。

"呜呼！继自今后王立政，其惟克用常人⑰。"

周公若曰:"太史、司寇苏公⑱,式敬尔由狱,以长我王国⑲,兹式有慎,以列用中罚⑳。"

①孺子王矣——指成王。伪孔云:"叹稚子今以为王矣。"以成王为稚子,误。朱彬《经传考证》以为:"古人亲爱之词多以幼小称之",并举了些文献中称"孺子"的例句,谓"皆亲爱之词,非专斥其幼小也。"(见《洛诰》"孺子其朋"校释)与"小子"用法同,都是对卑亲属的一种亲昵称呼(见《康诰》"小子封"校释)。这是周公对侄儿成王的一种亲昵称呼。

②继自今我其立政立事准人牧夫——"继自今",《孔疏》:"自此以下四言'继自今'者,凡人靡不有初,鲜克有终,戒成王使继续从今以往常用贤也。"他实际释"继自今"为"从今以往",却扯上些大道理为释。实际当如杨氏《核诂》云:"'继自今',此篇凡四见,盖系当时成语,意谓自今以后也。"

"我",第一人称多数。并指周公和成王。在这里主要是指周王朝(《左传》中此用法最多)。在《尚书》文法中,我既为第一人称单数,也为多数,又可为主语、宾语、兼语、修饰语。但在甲骨文中,我只为多数主、宾、领格,单数为余,领格为朕(据何定生《尚书文法及其年代》、管燮初《西周金文语法研究》)。

"其",王引之《释词》:"将也。"即杨树达《词诠》时间副词"将也",即今语的"就要"。

"立政",即建立官长——立正。此处立政内容为建立"立事"(事,常任)、"准人"(准,准夫)、"牧夫"(牧,常伯)三职。曾运乾《正读》云:"立政冒下三事:立事、准人、牧夫。蒙上'立'字为义,言建立事、准、牧三官也。"

这句是周公对成王说:从现在起,我们王朝要建立立事、准人、牧夫三大官系了。

③我其克灼知厥若——经师皆训"若"为顺,于此不通。孙星衍《注疏》云:"若者,《释诂》云:'善也。'"释此句为"我其能明知其善"。吴闿生《大义》:"若,道也。"杨氏《核诂》云:"'厥若',犹言厥善、厥道也。《洛诰》'厥若彝及抚事',《康王之诰》'用奉恤厥若',其义并同。"曾运乾《正读》云:"'厥若',指示代词,即上'三有宅心,三有俊心'也。《洛诰》:'无若火始焰焰,厥攸灼叙,弗其绝厥若。''厥若'即指上文焰焰之火也。《顾命》'用奉恤厥若',厥若即指王室也。上文已言文王武王'克知三有宅心,灼见三有俊心',故此处惟云'我其克灼知厥若'也。"前在《洛诰》校释中,承王国维说,"厥若"是周人成语,以为对"厥若"之释,目前只好阙疑。曾氏此释则可以解通此句,似可取。

④丕乃俾乱相我受民——伪孔释为"大乃使治之,能治我所受天民"。盖训"丕",大。"俾",使。"乱",治。"相",能治。"受民",受天民。《蔡传》所释不清。孙星衍《注疏》云:"'丕',语词,'乱'者,《释诂》云:'治也。'……我其能明知其善,乃使之治政,以助我受民。"戴钧衡《补商》释为"'丕乃俾乱'者,乃使治事也"。以"丕"为语词,仍释"俾"为使,"乱"为治。吴闿生《大义》则云:"'丕',斯也。'俾',从也。'乱',治也。必如此斯乃从治。'相',治也。治我所受天民,犹后文'乂我受民'。"诸家释可参酌用之,"受民",当如《洛诰》"诞保文武受民",不用如伪孔、《蔡传》所说"受天民"。

⑤和我庶狱庶慎时则勿有间之——《蔡传》云:"和调均齐狱慎

之事,而又戒其勿以小人间之,使得终始其治,此任人之要也。"

《汇纂》引陈雅言云:"'克灼知厥若'者,此明于知人;'时则勿有间之'者,此诚于用人。"又引张居正云:"灼知厥若,则能明察于未治之先,而匪人不得以幸进;勿有间之,则能笃信于既任之后,而君子不至于孤危。此两言者,任贤之要道也。"又引王樵云:"立事即常任,牧夫即常伯,此处乃是备举三宅官名。'相受民',牧之责也;'和庶狱',准之责也;'和庶慎',事之责也。"

"时则勿有间之","勿",一作"物"。《论衡·明雩篇》云:"周公为成王陈《立政》之言曰:'时则物有间之,自一话一言,我则末维成德之彦,以乂我受民。'周公立政,可谓得矣。知非常之物,不赈不至。故敕成王自一话一言,政事无非,毋敢变易。然则非常之变,无妄之气,间而至也。"王鸣盛《后案》云:"据此,则'勿'当作'物',谓灾物也。《易》'无妄',郑读'妄'为'望',言无所望。刘逵《吴都赋》注引《易·无妄》曰:'灾气有九,阳厄五、阴厄四,合为九。一元之中,四千六百一十七岁,各以数至。'王充据此以说此经为灾物间至,不宜改政,此必晚周学者相传古训,当从之。"按,王鸣盛此说妄甚。阴阳五行灾异妄说,为汉代方士所鼓吹而为方士化儒生所附和之说,何能于他所说的晚周对很早的西周文献作此虚妄的"古训",其不待辨甚明。

段玉裁《撰异》在录王充《论衡》此一段后云:"按此《今文尚书》也。详仲任(王充字)意,于'末'字句绝。'末',无也,谓无非也。'不赈不至',当作'不赈不去',谓去非常之灾异也。《论衡》作'物',此《今文尚书》也,训为'灾物',此《今文尚书》说也。作'勿'者,《古文尚书》也。"段说至确,阴阳五行灾异之说,完全是汉代今文学派承方士之说所进一步加工鼓吹发展起来的,汉代几部五行灾异学说的重要"经典"著作,都是《今文尚书》学的大小夏侯学派几位经师依托《洪范》篇所撰写成的,所以鼓吹灾异为《今文尚书》学派的特长。段玉裁论定将此处"勿"字改为"灾物"的是《今文尚书》说,作"勿"的是《古文尚书》说,是非常正确的(因古文学派反对经学中的"怪、力、乱、神",集中力量反对今文学的五行灾异说。详拙著《尚书学史》中"汉代今文经学的特点"与"东汉今文经学与古文经学的较量"两节)。

⑥自一话一言我则末惟成德之彦以乂我受民——《蔡传》:"'末',终。'惟',思也。自一话一言之间,我则终思成德之美士,以治我所受之民(此三句承伪孔,惟伪孔但称"成德之美",此加"士"字),而不敢斯须忘也。"陈栎《纂疏》云:"话言,枢机之发也。委任三宅,欲勿以小人间之。苟或一话言间,微不终于专主君子,则小人乘间入之矣。此公戒王以委任三宅专一周密之法也。"王樵《日记》云:"'自一话一言',承'勿有间之'而言。'一话',一事之始终;'一言',一句而已。此不止是言其时之至浅,亦谓议论之间,微有向背,一出话,一出言,微不终于专主君子,则小人乘间入之矣。"戴钧衡《补商》:"自一话一言之间,我必终思成德之彦,以治我所受之民。夫一言一话终思成德,则小人之间无自生矣。"朱骏声《便读》:"'末',犹终也。'惟',思也。'彦',美士也。'乂',劈也,治也。'成德之彦',疑隐指召公也。"杨氏《核诂》补充其字训来源云:"'末',《逸周书》孔注:'终也。''彦',《释训》:'美士为彦。'是也。'乂',《释诂》:'治也。'"

⑦予旦已受人之徽言咸告孺子王矣——《汉石经》残字作

“……（缺）且以前人之微言（缺）……”段玉裁《撰异》：“按，‘已受’作‘以前’，‘徽’作‘微’，此《今文尚书》也。《东观余论》同。”孙星衍《注疏》：“‘徽’者，《诗》传云：‘美也。’‘受人之徽言’，《熹平石经》作‘前人之微言’者，《汉书·艺文志》云：‘孔子没而微言绝。’《文选》注引《论语·崇爵谶》曰：‘子夏等六十四人共撰《仲尼微言》。’微与媺声义相近。‘媺言’，亦美言也。”杨氏《核诂》：“按‘已’、‘以’古通。‘前’、‘受’古文并从舟，盖以形近致讹，而今文之义较长。古‘徽’、‘微’二字，形声义三者并近。《诗·传》：‘徽，美也。’《汉志》：‘昔仲尼没而微言绝。’颜注谓精微要妙之言，是亦美言也。”

立
政

曾运乾《正读》：“‘旦’，周公名。《礼》：‘君前臣名。’故称‘予旦’。”

伪孔释云：“所受贤圣说禹汤之美言，皆以告孺子王矣。”《蔡传》：“前所言禹、汤、文、武任人之事，无非至美之言。我闻之于人者，已皆告孺子王矣。”

⑧继自今文子文孙其勿误于庶狱庶慎惟正是乂之——“文子文孙”，伪孔释为：“文王之子孙。”《蔡传》释为：“‘文子文孙’者，成王，武王之文子，文王之文孙也。”如其言，则应释为“武王之武子，文王之文孙”才对。如伪孔说为“文王之子孙”，则其子是武王，其孙是成王，浑言成王是文王之子又是文王之孙，也是不对的。所以两家之释都说不通。黄式三《启蒙》始释“文，善也”，知释“文”为美称，甚是。他释善子善孙“犹言贤子贤孙”，亦是。其实周人以“文”为美称以颂扬其先辈，自亦可称其后辈。郭沫若《金文丛考·传统思想考》在列举几件彝器都称其祖先为“前文人”后云：“彝铭

1797

中多文祖文考之称，亦屡见文母文姑，则'前文人'乃统祖妣考母之通称，不必限于祖考。"自然亦可称其子孙如本篇所载者。然则文祖、文考、文母、文姑、文子、文孙，为周人语例。用以美称其前后亲属。杨氏《核诂》云："'文'者，美称。'文子文孙'，犹彝器中之称'文祖文考'也。"得之。

伪孔释此句全句云："从今以往，惟以正是之道治众狱众慎，其勿误。"释"惟正是乂之"为"以正是之道治之"，未得"正"字确解。《蔡传》云："'误'，失也。有所兼、有所知（指上文"文王罔攸兼于庶言庶狱庶慎"及"庶狱庶慎文王罔敢知"而违反之），不付之有司，而以己误之也。'正'，犹《康诰》所谓正人与宫正、酒正之'正'，指当职者为言。不以己意误庶狱庶慎，惟当职之人是治之。下文言'其勿误庶狱，惟有司之牧夫'。即此意。"蔡说甚是。惟吴氏《大义》释"误"字云："误当作虞。虞，忧也，度也。"可备一说。

⑨自古商人亦越我周文王立政立事牧夫准人则克宅之——"越"，与，及。见篇首"咸戒于王曰"的"曰"字校释。吴氏《大义》云："古，谓夏也。张濂亭云：'周人谓虞夏为古。'"伪孔释此云："言用古商汤，亦于我周文王立政立事用贤人之法，能居之。"《蔡传》云："自古及商人及我周文王，于立政所以用三宅之道，则克宅之者，能得贤者以居其职也。"亦以蔡说较佳。

⑩克由绎之兹乃俾乂——王应麟《汉艺文志考证》云："汉儒所引异字，有'则克度之，克犹绎之'。未检得所出。"段玉裁《撰异》引此后云："宅作度，由作犹，此《今文尚书》也。"伪孔释云："能用陈之，此乃使天下治。"训"克"，能。"由"，用。"绎"，陈。"兹"，此。"俾"，使。"乂"，天下治。等于逐字译此句。《蔡传》云："'克

由绎之'者,能绅绎用之,而尽其才也。既能宅其才以安其职,又能
绎其才以尽其用,兹其所以能俾乂也欤。"王樵《日记》评析之云:
"案'由'字只如字读,《传》谓'绅绎用之',是以意解,非即以由字
为绅字也。'绅',音抽。《汉书·谷永传》云:'燕见绅绎。'师古
曰:'绅绎者,引其端绪也。'"

吕祖谦《书说》云:"由绎,由其外而绎其中也。由其言而绎其
心,由其才而绎其德。……绎之盖不一端而足也。克宅之,则人与
位相称;克由绎之,则表与里相符。其审如是,然后俾之为治。"《汇
纂》引陈雅言云:"三宅之官,百官有司之长也。择之不审,则以正
为邪,以不肖为贤,固不得以得贤才之用。……故克宅之者,以心
相照,此知人之明也。克由绎者,以心相与,此待人之诚也。……
立政一篇之旨,皆是言人君之用人,当择之于始,善用之于终。"

于省吾《新证》云:"伪《传》云:'能用陈之。'或读'由绎'为
'绅绎'。义并难通。按由法京隶古定本作'繇',王伯厚谓汉人引
作'犹',繇、犹、由古通。'由',用也。绎乃择之讹。《鲁颂·泮
水·释文》:'绎,本作斁。'《大雅·思齐》'古之人无斁'《释文》:
'斁,郑作择。'上言'文王立政、立事、牧夫、准人,则克宅之'。故下
接以'克用择之'。盖君之得其所,择之得其当也。"

⑪国则罔有立政用憸人——《释文》:"憸,本又作愻。"皮氏

《考证》以为"愻"与《盘庚》"相时憸民"之"憸"(《石经》作"散")
音近。《说文》:"愻,疾利口也。"《释文》又云:"马(融)云:憸,利佞
人也。"(江声云:"憸,《正义》本作'俭'。"然今通行《正义》本不
作俭。)

伪孔:"商周贤圣之国,则无有立政用憸利之人者。"《蔡传》:

"自古为国，无有立政用憸利小人者。小人而谓之憸者，形容其沾沾便捷之状也。"

⑫不训于德是罔显在厥世——《汉石经》残石作："（缺）训德是罔显哉厥世……（缺）"段玉裁《撰异》云："无'于'字，'在'作'哉'，此《今文尚书》也。《东观余论》亦引是'罔显哉厥世'。"王鸣盛《后案》以为"作'哉'则当句绝，下'厥世'不成文，义未详"。皮氏《考证》引侯康说，"以下石经缺，或与古文不同，无嫌哉字句绝"。皮以为经典中哉多通载，"破哉为载'，仍可于'厥世'句绝矣"。

伪孔云："憸人不训于德，是使其君无显名在其世。"《蔡传》："憸利小人，不顺于德，是无能克显以在厥世。"吴氏《大义》云："不顺于德，则无显光于厥世矣。"

⑬继自今立政其勿以憸人其惟吉士用劢相我国家——"憸"，一作"譣"。"劢"，一作"勖"。"国"，一作"邦"。《说文·言部》："譣，问也。从言，佥声。《周书》曰：'勿以譣人。'"盖譣假作憸。《三国志·孙权传》魏文帝策命权曰："以勖相我国家。"劢、勖皆训勉，故通用。《说文·力部》："劢，勉力也。《周书》曰：'用劢相我邦家。'"

伪孔释云："立政之臣，惟以吉士，用勉治我国家。"《蔡传》："王当继今以往，立政勿用憸利小人，其惟用有常吉士，使勉力辅相我国家也。"吕祖谦《书说》云："人主惟以别白君子小人为职，国之兴亡常必由之。此篇反复于君子小人之际，有旨哉。"吴闿生《大义》云："勿用憸人为一篇之骨，前后一意贯注，盖必所用得人，而后人君可不参己意而庶政必理也。"

⑭其勿误于庶狱惟有司之牧夫——即上文"其勿误于庶狱庶

慎惟正是乂之"之意。与上文诫于文子文孙一样，此处重呼"文子文孙"而一再叮咛殷切告诫之。

《孔疏》："言庶狱，欲其重刑，言有司牧夫，欲其慎官人。"《蔡传》云："始言'和我庶狱庶慎，时则勿有间之'；继言'其勿误于庶狱庶慎，惟正是乂之'；至是独曰'其勿误于庶狱，惟有司之牧夫'。盖刑者，天下之重事，挈其重而独举之，使成王尤知刑狱之可畏。必专有司牧夫之任，而不可以己误之也。"吴氏《大义》："重言以申明之，此诰后嗣之继体为王者，非仅为今王言也。独举庶狱以赅庶慎，盖刑狱固尤重欤！"

立
政

⑮其克诘尔戎兵以陟禹之迹——朱骏声《便读》据古注云："'诘'，劫也，谨慎也。'陟'，登也，犹履蹈也。'迹'，步处也。"《释文》："诘，起一反。马（融）云：实也。"伪孔云："其当能治汝戎服兵器，威怀并设，以升禹治水之旧迹。"《蔡传》："'诘'，治也。治尔戎服兵器也。'陟'，升也。'禹迹'，禹服旧迹也。……吕氏（祖谦）曰：'兵，刑之大也。故既言庶狱，而继以治兵之戒焉。……或曰周公之训，稽其所弊，得无启后世好大喜功之患乎？曰：周公诘兵之训，继勿误庶狱之后，犴狱之间，尚恐一刑之误，况六师万众之命，其敢不审而误举乎？推勿误庶狱之心，而奉克诘戎兵之戒，必非得已不已而轻用民命者也。'"

于省吾《新证》："伪《传》训'诘'为'治'，马融训'实'，江声引《大司寇》郑注训'诘'为谨，并非。按法京隶古定本'诘'作'诰'，是'诘'乃'诰'之讹。《易·姤》：'后以施命诰四方。'《释文》：'郑作诘。'又按《禹贡》为晚周人所拟作信矣，或谓禹无治水与区画九州之事，未免由疑古而蔑古矣。《吕刑》'禹平水土主名山川'，

《诗·文王有声》'维禹之绩'，《閟宫》'缵禹之绪'，《玄鸟》'奄有九有'，《长发》'禹敷下土方，帝命式于九围，九有九截'，《殷武》'设都于禹之绩'，《左·襄四年传》'芒芒禹迹'，《昭元年传》'远绩禹功'，《哀·元年传》'复禹之绩'，《弓镈》'咸有九州处禹之堵'，《秦公簋》'鼏宅禹賣'。然则经传之迹、绩本字皆应作賣，即蹟字，与迹、速、绩并通，而传、笺多训为功绩，非也。賣谓其踪蹟所至之区域也。以上所举，如此篇及《诗》《玄鸟》《长发》《殷武》，其著作时期皆在西周中叶以上，至《弓镈》《秦公簋》未经秦火之劫，有符《诗》《书》之文，尤可除后学之疑障也。"

按，"陟"字尚有"得"义。见《周礼·太卜》"三曰咸陟"郑注："陟之言，得也。读如'王德翟人'之德。"

⑯方行天下至于海表罔有不服以觐文王之耿光以扬武王之大烈——"方"，一作"横"，一作"旁"。"觐"，一作"勤"。"耿"，一作"鲜"。"烈"，一作"训"。"方"，段玉裁《撰异》："《齐语》：'以方行天下。'韦注：'方当作横。明道二年本如是，近本作方，犹横也。'玉裁按：'横'，读古旷切，充也。"皮氏《考证》："《汉书·地理志》曰：'……匄（旁）行天下。'师古曰：'旁行，谓四出而行之。'是《今文尚书》作旁之明证。"按，此可参看《尧典》"方鸠僝功"校释。"觐"，"耿"，《尚书大传·洛诰篇》云："以勤文王之鲜光。"段玉裁《撰异》："石经《尚书》残碑'王之鲜光以扬武王（下阙）'，按'耿'作鲜，此《今文尚书》也。《东观余论》引'文王之鲜光'。《尚书大传·周传·雒诰篇》曰'（见上，此略）'。训'觐'作勤，'耿'作鲜，此《今文尚书》之一证也。"但惠栋《九经古义》云："杜林说：'耿，光也。从光，圣省声。'《说文》曰：'凡字皆左形右声。'杜说非也。栋

案蔡邕石经作'鲜光',故许氏不从其说。《外传》曰:'其光耿于民矣。'杜伯山传漆书古文,必得其实,作'鲜光'者非也。"然古文自作耿光,今文自作鲜光,惠栋不宜据古文非今文。"烈",《大传·周传·洛诰篇》云:"以扬武王之大训。""烈"作"训"。

"方",伪孔云:"方,四方。"朱骏声《便读》引古注云:"方,匄也,溥也。"韦昭注以为"方"作横,则"方行"即"横行"。师古注以为"四出而行之"。陈经《详解》释"方"为"严整",则为"严整行天下"。董鼎《纂注》、陈栎《纂疏》皆引新安胡氏曰:"一说'方,方方如此';一说'严正方整以行于天下'。""觐",《周礼·大宗伯》注:"觐之言,勤也。"陈经《详解》:"觐,见也。""耿",王逸《楚辞章句》:"耿,明也,光也。"陈大猷《或问》:"耿亦光也。'耿光',光之著也。""扬",《便读》引古注:"续也。"陈经《详解》:"扬,发。""烈",陈经《详解》:"大烈,功。"

伪孔释此数句云:"四方,海表,蛮夷戎狄,无有不服化者。"《蔡传》云:"'方',四方也。'海表',四裔也。言德威所及,无不服也。'觐',见也。'耿光',德也。'大烈',业也。于文王称德,于武王称业,各于其盛者称之。"吴澄《纂言》云:"'诘',治也。'诘戎兵',谓农隙讲武事,田猎选车徒之类。'陟',犹行也。'禹迹',禹治水所行之旧迹也。'方行',偏(遍)行也。'觐',显见也。'耿光',德之辉也。'扬',振发也。'大烈',业之盛也。文王以方伯专征伐,武王一戎衣有天下,其光烈如此。成王伐奄而归(按伐奄系周公非成王),兵威远被,周公欲其继今毋忘武备,以显扬文武之德业,故言及此。或疑此一节与前后文意不接,恐有脱简。"

自"克诘尔戎兵"至"扬武王之大烈",确与前后文意不接,自宋代起不少学者对这篇专讲设官分职慎狱谨刑的文中，忽出现这几句重视整军经武的专文，有所不解，而提出各自的看法。其说颇多，清戴钧衡《补商》引录了其中主要的几家，而后提出己见，颇能说明问题。现录戴氏原文如下："此推言文武之业不易承，必如是而后可云'觐、扬'也。向来解者失之，所以然者，由此节文义既与上下不伦，又若启王以好大喜功之意，故诸家曲为之说。林氏之奇曰：'诘戎兵，犹除戎器、戒不虞之道也。晋武帝之去武备，唐萧俛之销兵，则昧夫诘戎兵之道；而汉武帝、唐太宗穷兵万里之外，疲弊中国，以求四夷之来臣。则又失夫诘戎兵之本意矣。'钱氏时曰：'诘者，责实之名，古者井田兵、农不分，比、闾、族、党即伍、两、军、师之制，禹迹所历大抵皆然。诘之使治，以遍登乎禹迹之内，则四方旁行至于海表，无有不服，言狱而及兵戎，推类言之，以警成王晏安玩弛之渐也。'吕氏祖谦曰：'公非教王用兵，恐其晏安而使之自强，如《易·谦卦》言"利用侵伐"，亦是于谦抑之中有自强之意也。是役也，盖奋张其气而不使堕偷，操握其众而不使扞格，摧压其奸而不使觊觎，保治之良图也。古人治兵乃所以弭兵，后世销兵乃所以召兵也。'王氏充耘曰：'陟禹迹者何？巡守也。天子之出，必有兵卫，六军以随之，方行天下，遍历四岳也。整点军卫，巡行天下，足以镇压奸宄，坐消祸变。所至之处，足以见文王之耿光，足以不坠武王之大烈。传者不察其为巡守，而云周公无故教成王点兵，不知《周官》所谓"抚万邦、巡侯甸、四征弗庭"，即可以实此语也。'案林氏、钱氏、吕氏三家之说，义善而未安。王氏巡守之言似矣，巡守亦常典，周公何必张大其辞，且其解'觐耿光'、'扬大烈'，亦拘。间尝遍求古训而知说经者之误也。'诘'，止也。《易·姤·象》曰：

'后以施命诰四方.'《释文》云:'郑本作诘,止也.'王肃同(《周礼·太宰》"五曰刑典以诘邦国"注:"诘,犹禁也."亦止义).'诘尔刑兵'者,兵设不用之谓.'陟',训'升',有上继意.'迹',功业也(《文选·吊魏帝文》"远迹颠于促路"注:"迹,功业也").《禹贡》所谓'声教迄于四海'者,禹之迹也.'方',古通'旁'(见《洛诰》"旁作穆穆").《说文》曰:'溥也.''行',历也(《国语·晋语》"行年五十矣"注:"行,历也").溥历天下,至于海表,罔有不服.犹云'普天之下莫不率从',乃戎兵之所以克止也.周公既以文武任贤恤刑之道谆谆为成王诰矣,复言文武之业岂易承哉,其必能止尔戎兵以继禹之功业,溥历天下至于海表,罔有不服,乃可以显文王之耿光,扬武王之大烈也,孺子王可不勉哉.解者既不知'诘'有'止'训,又以'陟迹''方行'为'四征不庭'之谓,失之远矣."这是为了避免认为周公在教成王好大喜功所特意另寻的解释.其实按文意可略如吴澄所作解释,当无大误.

⑰继自今后王立政其惟克用常人——伪孔云:"其惟能用贤才为常人,不可以天官有所私."体味其意,似谓王朝之官不可专私用贵胄之人,还要能用普通人中之贤人.普通人就是常人,以别于贵族中人.苏轼《书传》:"人之才德,长于此者,天下之所共推而不可易也,是之谓常人.如廷尉用张释之、于定国,吏部尚书用山涛,度支用刘晏,此非常人乎."林之奇《全解》:"言自今以往其立政也必用有常之人焉.盖惟君子而后有常,若夫小人则乍贤乍佞.……此篇或曰俊德,或曰彦,或曰吉士,或曰常人,虽则不同,皆君子之美称也."吕祖谦《书说》:"常人,有德之人.与吉士异名而同实者也."《蔡传》承之释此句云:"并周家后王而戒之也.常人,常德之

人也。皋陶曰'彰厥有常吉哉',常人与吉士同实而异名也。"陈大猷《或问》云:"理之常行而不可易者为常道,行此常道而不易者为常人。"金履祥《书经注》云:"周公丁宁之意,并后王而戒之,使成王行之,后王传之,以为家法也。常人憸人,二者相反,凡憸利便捷者,憸人也;凡持重守正者,常人也。"

俞樾《平议》:"《传》曰'其惟能用贤才为常人'。樾谨案:《传》增'贤才'字以释经,非经旨也。上云'继自今立政其勿以憸人,其惟吉士'。此云'继自今后王立政其惟克用常人'。常人即吉士也。《皋陶谟》'彰厥有常吉哉',是其义也。《仪礼·士虞礼》记'荐此常事',郑注曰:'古文常为祥。'然则'常'、'祥'声近义通,故上文言'吉士',此言'常人'也。《传》义失之。"

⑱太史司寇苏公——伪孔云:"顺其事并告太史。忿生为武王司寇,封苏国,能用法。"《孔疏》云:"周公顺其言曰'太史'(这是和伪孔误训"若"为顺,误释"周公若曰"句),以其太史掌废置官人,故呼而告之。……成十一年《左传》云:'昔周克商,使诸侯抚封,苏忿生以温为司寇。'是'忿生为武王司寇封苏国'也。苏是国名,所都之地其邑名温。故《传》言'以温'也。特举苏公治狱官以告太史。"按《左传·隐公十一年》"与郑人苏忿生之田"杜注:"苏忿生,周武王司寇苏公也。"苏轼《书传》:"苏忿生以温为司寇,此言其能敬用狱。……呼太史而告之者,欲书之于史以为后世法也。"《蔡传》:"此周公因言慎罚,而以苏公敬狱之事告之太史,使其并书以为后世司狱之式也。"又皮氏《考证》云:"《后汉书》云:'律谢皋苏。'注以苏为忿生,是苏公长于刑法。"可见古人把苏忿生和在历史上以刑、法擅名的皋陶,并称为两位长于法律的大师了。

吴闿生《大义》则云："更召司寇苏公而语之。太史，盖苏公之兼官。既戒王勿虞庶狱矣，犹恐言之未切也，因于王前召司寇而面属之，俾慎其官守，以明定其权限而专其责成。戒苏公即所以示儆于王也。他日挞伯禽以戒成王，正是此意。"（按周公挞伯禽故事见《尚书大传·梓材篇》）其说苏忿生兼太史，承其父说，但不知据何史料，然他这一说法确有可取。

⑲式敬尔由狱以长我王国——伪孔云："敬汝所用之狱，以长施行于我王国。言主狱当求苏公之比。"《蔡传》："周公告太史以苏忿生为司寇，用能敬其所由之狱，培植基本以长我王国。"陈栎《纂疏》云："立政之纲领在三宅，三宅中所重尤在准人之刑狱，故既告王以勿误庶狱，末复命太史书苏公敬狱事以示法焉。"王樵《日记》云："苏公之用刑惟敬，而常得其中，所以培植太和之脉，以长我王国。"戴钧衡《补商》云："'尔'，其也，不作'汝'解。周公呼太史而告之曰：昔者司寇苏公敬其用狱，故能培长我王国。"此皆释为告太史以苏司寇事，似可考虑吴闿生说为"召太史司寇苏公告之"。

⑳兹式有慎以列用中罚——伪孔云："此法有所慎行，必以其列用中罚，不轻不重，周公所行，太史掌六典，有废置官人之制，故告之。"苏轼《书传》云："列者，前后相比，犹今之言例也。以旧事为比，而用其轻重之中者也。"《蔡传》："令于此取法而有谨焉，则能以轻重条列用其中罚，而无过差之患矣。"陈大猷《或问》云："苏公能以法式而敬其所用之狱，重民命以延国命，治狱者当以为法式而有谨焉。以旧事为比而用其轻重之中者也。立政以用人为本，而兵刑乃政之大者，故以此终焉。"王樵《日记》云："'式敬'之'式'，用也。'兹式'之'式'，法也。汉有决事比，《周礼·小司寇》'登中于

天府'注曰：'取其计狱蔽颂之得其中者上于天府，使藏之以为法。比后罪犯有合于是者，则援用以为质也。即列用中罚之意。观此则引律条以定罪，由来久矣。'"

于省吾《新证》云："列，读例。《礼记·服问》：'上附下附，列也。'《释文》：'列，本亦作例。'《庄子·达生》：'非知巧果敢之列。'《释文》：'列，本或作例。''兹式有慎以列用中罚'者，兹用有所讯讼，按成例用其适中之罚也。"自以于先生此释为最准确。

以上这一节，是谆谆告诫成王首先重视立政之要，在择用国家政权的三大长官，并以为已将夏、商及文王在立政三宅的最要重点（美言）都已告知成王，最关键要点全在勿用憸人而用吉士，尤在勿干预刑狱，而应以刑狱有司专其责，同时提醒勿弛武备，应整军经武以发扬文王武王的光辉大业。总结一句说用人要用常吉之士。最后召太史司寇面嘱以慎其官守、专其责成，恪守慎用刑罚的原则以示儆于成王，力求达到规范君主遵守勿干预刑狱的重要戒律。

戴钧衡《补商》云："此节辞意与前文多复，推玩经意，以上盖周公述人言以告王，以下乃周公覆述前言以申丁宁之意也。"其实前面系作历史叙述，此节是周公根据历史经验，以告诫成王，自然在语句上要运用一些前面陈述之语，是不足异的。

今　译

周公这样说："我拜手叩头敬告继天子位的王呵，我要同时对王和王左右的常伯、常任、准人三大臣和缀衣、虎贲等官员都告戒一番。"

周公说:"唉!在顺境中知道担心忧患的人很少呀(意在提醒他们对下文所要说到的问题,应知道担心不把它做坏——即文中所说的"知恤")!

"古时候的有夏王朝,他的王室大为强盛,是由得力于求贤治国,尊事上帝。他的大臣们身体力行于所诚信的多种德行,就敢敬告他们的君主说,我们谨拜手叩头来敬告陛下,选择任命好您的执掌政事的大臣常任(事),选择任命好您的管理民事的大臣常伯(牧),选择任命好您的公平执法的大臣准人(准)。做好这"三宅"(三择),就成为好君主。黾勉地重用俊德之人,就能做好选择任命大臣的事,这样,就能使三宅(三大臣的择用)之任用不会有邪人。

"到夏桀德性悖戾,他所任用的都是暴德之人,而毫不顾其后果。

"接着又有成汤,能敕理上天的光辉之命,关于择用三大臣的事(三宅),能择用得很好;而所择用三大臣,务在选取俊德之士,也确能选得俊德之士。谨严地大为取法于贤俊,就能择用好三大臣且能选用得三者都是俊德之士。这样,在邦邑之内,就能以汤的用人之道协和于其邑;在四方,四方之人都大为取法于汤,就彰显了汤的圣德。

"哎呀,到商纣恶德冒闻于外,惟用酷刑暴德之徒,同恶于其邦;惟用众习恶德之徒,同恶于其政。

"上帝就针对纣恶敬致其惩罚,就使我有夏之裔周家代商受了天命,抚治万民。

"接着是文王、武王,能深知禹、汤择用三大臣的用心,灼见禹、汤选用三大臣应取俊德之士的用心,从心理素质上认识选用三大臣的重要性,由是敬奉上帝,承上帝的德音为人民建立正长侯伯。

"建立正长如下:

"任人、准夫、牧,是为三事(执掌政务、公平执法、管理民事的三大正长(这是第一组,是机要大臣,为王的枢密)。

"虎贲、缀衣、趣马、小尹、左右携仆、百司、庶府(这是第二组,是所谓宫中之官,为王的近臣)。

"大都、小伯、艺人、表臣百司、太史、尹伯、庶常吉士(这是第三组,是所谓府中之官,为王执行政务)。

"司徒、司马、司空、亚、旅(这是第四组,是诸侯的三卿及次于卿的大夫,处理侯国事务)。

"夷、微、卢烝,三亳、阪尹(这是第五组,是封疆之臣,处理边疆事务)。

"文王惟其能通三宅之心,所以能设立常事(常任)、司牧人(常伯)等三宅之职。用能所宅之官(择用之官)能为才俊有德之士。文王从不兼揽侵越议论教诲之官、刑狱之官、掌典法情讯之官的职权,全都由这些有司理民之官全权负责掌管之,文王只严明训饬督察这些官员们的是否用命或是否违命而已。刑狱之事、典法情讯之事,文王连敢都不敢去知道它,一任有司者去处理。

"接着是武王,惟循文王抚安天下之功勋,不敢堕其大义与明德,惟黾勉遵从以颂美文王之明德承其大业。

"呵呀!我至亲的好小子已亲政为王了,那么从现在我们就要相沿建置如下正长：司政事的立事（事、常事、常任、任人），司刑狱的准人（准、准夫），司民政的牧夫（牧、常伯）。我们要能深知建立这三大官系的道理，使他们好好进行治理，以相助抚安我有周所受之万民。协和调理我们的刑狱之官和掌典法情讯之官，千万勿让小人杂入其间。自一话一言之微，我们都要归结于重用成德之美士俊才，使治理我有周所受之万民。

"呵呀！我本人旦已将听到的有关禹、汤、先王任用贤人的逸闻美谈，都已告知我亲昵的好小子王了，从今起我们周家嗣位的贤子贤孙，千万不要失误于干预刑狱之政与掌典法情讯之事，这些刑狱之政等等，只应该由其正长官员去治理。

"自昔时夏商名王及我有周文王建立正长，就是建立司政事的立事，司民政的牧夫，司刑狱的准人，都能妥为择任其官长，并能施展其所长，这就能使之成其治功。一个国家没有在建立政长官职时任用憸利小人的。憸利小人不循守德行，自然不能光显于世。所以自今以后，设立正长官员，千万不可用憸利小人，只应该选用吉士贤才，以勖勉地相助治理我们的国家。

"现在我们这位周家的贤子贤孙好小子王，不要失误去干预刑狱的事，要完全由有司官员去负责办理。

"要整治好武备，力量得以升于禹迹所及之域，旁行天下，直到海边，都没有不臣服于我们的，以显见文王的盛德殊辉，以弘扬武王的丰功伟业。

"唉！从今以后的嗣位之王，建立正长官员时，必须用具有正常德行的吉士贤才。"

周公（召苏忿生来）这样说："太史司寇苏公，敬重你所经办的刑狱经验，以裨益我王国。依你这样的法式进行讯讼时，即按成例用其适中的刑罚。"

讨　论

本篇内容具见于篇文中，向来无大的争论问题。只有些对字义的训解曾有过歧异，但不影响对全篇文义基本一致的看法，因此有关本篇内容，没有出现过需要讨论的较大的问题。

只有对本篇篇文之写成，承宋代一些学者偶有疑及今文个别篇章之后，至清代一些文人如袁枚之流放言致疑今文，于此风气之下，现代一些学者遂有疑今文者，如钱玄同氏即说今文各篇多可疑。颉刚师在他的《论今文尚书制作时代书》(《古史辨》第一册)一文中，即提出《立政》当是东周作品之说。他将今文二十八篇分为三组，第一组为《盘庚》《大诰》至《秦誓》等十四篇，以为"这一组在思想上在文字上都可信为真"。第二组为《夏书》《甘誓》一篇、《商书》五篇中除《盘庚》以外的四篇，及《周书》的《牧誓》《金縢》《无逸》《君奭》《立政》《顾命》六篇，以为"这或者是后世的伪作，或者是史官的追记，或者是真古文经过翻译，均说不定。不过决是东周间的作品"。第三组为《尧典》《皋陶谟》《禹贡》，以为"是战国至秦汉间的伪作"。他这一说在当时(1932年)条件下(即全部知识界完全尊信儒书、迷信一切古代说法这样的条件下)提出，自有其积极意义，而且阐明《甘誓》非夏禹书，《汤誓》等四篇非商代原文，《尧典》非尧的作品，《皋陶谟》非皋陶作品，《禹贡》非禹作品，这些都是颠扑不破的真知灼见。对于其他各篇，当时在文中就声明："但我列出这个表，一时还不能公布，因为……我还没有确实的把握。"而在后来的学术实践中，往往改订了自己的看法，如对《金縢》，他就说其内容是真实的，他对《立政》，正如本篇校释中提到的，他就说："如果《立政》篇确是西周传下来的"，不再说"决是东周间的作品"了。正如对《周礼》，他本来相信今文学派之说，以为是刘歆伪造的，并且长期坚持这一看法。但经过不断的研究后，到他后来撰写一篇长文，详细论证成于周代燕齐稷下之学以后法家学派之手了。可见他为了冲破死气沉沉的当时沉霾于保守的学术气氛，勇锐地提出尚没有百分之百把握的新说时，对打破学术的停滞、推动学术的进步，是非常有益的。再益以后来沉潜踏实的研究，就使他的学术研究不断出现卓越的成果，对《立政》研究的深入，就足以证明这一点。

其实《立政》篇的主体内容及它全篇文字的主体风格只能是周初的，它所被怀疑时代晚出的主要原因，只是由于它文字中有几句较流畅，如"以觐文王之耿光，以扬武王之大烈"这样近于春秋战国时文风的抑扬有致的排句。不知古代文献，在流传中受后代文字影响改成一些类似后代的文句，这是常有的事。我们要看的是它的主体，是它本质性的东西，不看它枝叶上的一些偶生现象。

《立政》篇的主体内容，就是它所举官制的独特性，它的"三宅"，是在文献中独一见到的古代官制，既早于成王中期以来的"两寮"之制，尤早于西周后期的"左右二卿"之制，更早于春秋的"六卿"之制，而这篇的主要中心就是谈建立官制。以这样一篇专题为西周初年官制的篇章，怎么能说成是西周以后之文呢。而这篇中的中心内容是慎刑慎罚，正与周公在《康诰》等篇中所强调的明德慎罚思想完全一致，可知此篇是周公思想在专谈建立官制特别是刑狱司法官制而要它获得最完善执行所作的充分的表达，因此它只能是周公所讲、史臣当时所记的篇章，怎么也扯不到西周以后的时间里去。

本篇的文字格局，与《召诰》《洛诰》《多士》《无逸》《君奭》《多方》等篇在基本记事完全相类，看不出有根本性的区别，其中佶屈聱牙的语句也所在多有，如"休兹知恤鲜哉"、"乃有室大竞籲俊"、"严惟丕式"、"罔攸兼于庶言庶狱庶慎"、"其克灼知厥若丕乃俾乱"、"式敬尔由狱"……等等。这些构成本篇中的主要文句，与东周文句有很大差距，例如《左传》中很少这类用语，大都平易好懂，《孟子》《荀子》中更不用说了，如果不是两千年来经师们的不断导绎，我们初一拿到这些句子，是没法读懂它的。充满这些远离东周的文句的篇章，是没法把它列入东周的。

纵然篇中偶有一两句与其他文句不相协的句子，那也是在流传中写异的句子。这在古典文献中此种情况太多了。例如武王《太誓》中有几句，《墨子·天志中》引作："纣越厥夷居，不肯事上帝，弃厥先神祇不祀，乃曰'吾有命'，无廖僇务天下，天亦纵弃纣不葆。"而其《非命上》引作："纣夷处，不肯事上帝鬼神，祸厥先神祇不祀，乃曰'吾民有命'。无僇排漏，天亦纵弃之而弗葆。"又《非命中》引作："纣夷之居，而不肯事上帝，弃阙其先神而不祀也，曰'我民有命'，无僇其务，天不亦弃纵而不葆。"可知同是《太誓》篇的文句，被《墨子》三家弟子引读的各有不同，安知今所见《立政》之文不也是传习中不同文句本保存下来的一种，那种近于东周的句子在别一本中可能不这样而仍保存西周风格呢？即使有此一二句东周风格的句子，也明明是后流传、传习中写讹的，并不影响其原文之为西周初年之作。

所以《立政》篇原是周公亲口所讲，史臣当时所记的原有《书》篇。纵使有一些文字受了后来影响，并不影响其原篇的真实性。

关于《立政》篇内容含义，不少宋以来经师们提出过自己的看法，有助于读者对篇文内容的理解，现引录一些主要之说如下：

林之奇《全解》引王安石云："《立政》之意，始于'知恤'，而终于'用中罚'者，盖知人而官，使之上下小大各任其职；不迪者，纠之以法，政之所以立也。"

吕祖谦《书说》云："常伯、常任、准人，即下所谓三宅之事，以文意考之，知其任大体重。然于三代之书无所见，意者公卿辅相之别名，如相谓之阿衡、保衡，卿谓之圻父、农父欤！缀衣、虎贲，特于侍御仆从中错举二者以见其余耳。先言'休兹'而次以'知恤'者，必知建官制置之美意，然后深以为恤也。常伯、常任、准人，岂高位重禄而已乎，弥纶康济，其职盖甚休也。缀衣、虎贲，岂奔走承顺已乎，薰陶移养，其职盖甚休也。"又云："《无逸》《立政》二篇，相为经纬者也。以《无逸》之心明《立政》之体，君道备矣。且《立政》而后，周公不复有书纳忠于王，此其绝笔也。为治体统固臻其极……学者当于言外体之。"

董鼎《纂注》云："王政莫大于用人，用人莫先于三宅。三宅得人，则百官皆得人，而王政立矣。一篇之中，'宅事、牧、准'，其纲领也。'休兹知恤'，其血脉也。自'迪惟有夏'至'暴德罔后'，言夏先后知恤乎此。'乃室大竞'，休何如哉！桀不知恤也。故'罔有后'而'成汤陟'焉。自'亦越成汤'至'奄甸万姓'，言商先王知恤乎此，故'用协'用'见德'，休何如哉！纣不知恤也。故'帝罚之'，而我有周'式商受命'焉。自'亦越文王、武王'至'并受厥丕丕基'。言文武亦犹夏商先王之知恤也，是以并受丕基。式克至今日，休也。自'孺子王矣'以下至终篇，拳拳以去憸人、用常吉、诘戎兵、谨刑狱为王告，盖欲王以先王之知恤为法，以夏商后王之不知恤为鉴，忠爱之至，至今可挹也。"

王樵《日记》云："此言戒成王以任用贤材之道，而其旨意则又上戒成王专择百官有司之长。盖古制，长官自择其属，长官既贤，则所举无不贤者矣。唐陆贽曰：'委任长官，谨简僚属，所简既少，所求益精。得贤有鉴识之名，失实当暗谬之责。'"又云："周公于三宅之外，又以近臣为言，盖公卿大臣，其内外有限，其进退有时，惟左右近习，人主燕私启处之际，无不与之同焉，能蔽其耳目，移其心志，逢迎以中其欲，小廉曲谨以市其信，人主一堕其术中，则亦何所不至哉！……周公告成王以立政用人之道，尤拳拳于缀衣、虎贲、趣马、携仆之官，表其关于君德之重。……宫府一体，后世知此意者，诸葛武侯而已。"

戴钧衡《补商》："'古之人迪惟有夏'，自此以下，周公历举知恤者以告成王也。此节先言夏后氏之兴亡，以知恤不知恤之故。'亦越成汤陟'，此节言商家之兴亡，由于知恤不知恤也。'亦越文王武王'，此言文武之知恤，以有天下也。"呜呼孺子王矣"，此下诚成王宜知恤也。'予旦已受人之徽言咸告孺子王矣'，此节文意与前文多复，以上盖周公述人言以告王，以下乃周公覆述前言以申丁宁之意也。'其克诘尔戎兵'，此推言文武之业不易承，必如是而后可云'觐'，扬也。'继自今后王立政'，此因戒成王并及于后王也。'太史司寇苏公'，上文以用人告王，而特举庶狱以申戒；故此戒后王用人，亦特举庶狱以申戒也。"

吴闿生《大义》云："此篇以勿误（虞）庶狱为主。以今语诠之，所以保全司法独立之精神，特申明权限。而惧王及左右之乱之也，故戒王而兼及群臣，乃至缀衣虎贲之属，特加意焉。以此等近侍諐御，其荧惑王之见闻而挠乱刑狱为弥易也，故繁复其辞，以庶习恮人为戒，而要之以克用常人。又恐言之而王或不察也，复召司寇苏公于前而显命之，使自慎其官守。诏苏公，即所以警王也。"又云："勿虞庶狱即所谓'前人之徽言'而此篇之所以作也。盖讼狱之事各有专司，人君以己意参之，或惑于左右便习之言而挠间之，则天下无公是非，而亡国之祸基于此矣。此周公所以丁宁示戒，而今外国之法，所以贵三权鼎立而保持司法独立之威严者欤！……勿用恮人为一篇之骨，前后一意贯注，盖必所用得人，而后人君可不参己意，而庶政毕理也。"

立
政

顾 命

　　《顾命》是周成王病危将死时，召集召公、毕公等诸大臣，嘱咐辅立太子钊嗣位所作的遗嘱。第二天成王死后，召、毕二大臣等率诸侯迎太子钊见于先王庙，即位为康王。史臣录其文，即为《顾命》篇。篇中详细记载康王见于先王庙先受顾命之戒而后举行即王位这一隆重典礼中的所有各种陈设，君、臣、诸侯行礼所在的位置，兵卫的森严，与典礼过程中的一应仪节，记录特详，使后人看到西周早期这大典礼的具体细节，比东周以后礼书中所载仪节显然要真切。虽然传下的礼书如《仪礼》等所记有比这更烦琐更细致，那当是礼制越向后发展越繁缛的反映，而其精神显然承自《顾命》篇。此篇全文在西汉伏生今文本为第二十四篇，伏生门下三家今文本为第二十五篇，东汉马郑古文本割《顾命》下半自"王若曰"起为《康王之诰》，于是所余之《顾命》上半为第二十九篇，《康王之诰》为第三十篇。皆属《周书》。东晋伪古文本承之，惟向上割自"王出在应门之内"起为《康王之诰》，于是所余之《顾命》上半为全书的第五十篇，《周书》的第二十四篇;《康王之诰》为全书的第五十一篇,《周书》的第二十五篇。今特将所割出之《康王之诰》归并入《顾命》原文中,以恢复汉代所传先秦《顾命》原貌。其有关情况见后面的"讨论"。

校 释

惟四月哉生魄①,王不怿②。甲子③,王乃洮頮水④,相被冕服,凭玉几⑤。乃同召太保奭、芮伯、彤伯、毕公、卫侯、毛公⑥、师氏、虎臣、百尹、御事⑦。

王曰:"呜呼! 疾大渐,惟几⑧,病日臻,既弥留⑨,恐不获誓言嗣⑩,兹予审训命汝⑪,昔君文王、武王,宣重光,奠丽陈教⑫,则肄肄不违,用克达殷,集大命⑬。在后之侗⑭,敬迓天威,嗣守文武大训,无敢昏逾⑮。今天降疾,殆弗兴弗悟,尔尚明时朕言⑯,用敬保元子钊,弘济于艰难⑰,柔远能迩,安劝小大庶邦⑱,思夫人自乱于威仪,尔无以钊冒贡于非几⑲。"

兹既受命,还,出缀衣于庭⑳。越翼日乙丑,王崩㉑。

①惟四月哉生魄——"四月",《孔疏》云:"成王崩年,经典不载,《汉书·律历志》云:'成王即位三十年四月庚戌朔,十五日甲子哉生魄。'即引此《顾命》之文。以为成王即位三十年而崩,此是刘

歆说也。孔以甲子为十六日，则不得与歆同矣。郑玄云：‘此成王二十八年。’《传》惟言成王崩年，未知成王即位几年崩也。”按，《史记·三代世表》云：“孔子因史文，次《春秋》，纪元年，正时、日、月，盖其详哉。至于序《尚书》，则略无年月，或颇有，然多阙，不可录。故疑则传疑，盖其慎也。余读谍记，黄帝以来皆有年数，稽其历谱谍，终始五德之传，古文咸不同，乖异，夫子之弗论次，其年月岂虚哉？”说明《尚书》文中，本略无年月，偶有之，亦残缺。如此处四月，原缺略不知在哪一年。王鸣盛《后案》云：“郑所据，盖亦牒记之类，今不可考矣。四月，建卯月也。哉生魄是三日，歆云十五日，固谬，《传》云十六日，尤非。”

　　“哉生魄”，详《康诰》“哉生魄”校释。“哉”亦作“载”、“才”，而才为哉、载、𢦏等字声符，形声字声中有义，而才有始义（见《说文》“才，草木之初也”），故《释诂》云“哉，始也”。文献中“哉生魄”遂多引作“初生魄”。“魄”，与“霸”、“朏”通用。金文常作“霸”，《说文》亦引作“哉生霸”。《汉书·律历志》数有“生霸”、“死霸”之文。刘歆误释：“死霸，朔也。生霸，望也。”故伪孔及《蔡传》皆释此句为：“始生魄，月十六日。”亦随之误。《释文》则云：“魄，字又作霸。马（融）云：‘霸，朏也。’谓三日始生兆朏，名曰魄。”《礼·乡饮酒义》《白虎通·日月篇》及一些纬书都说每月“三日成魄”。《王观堂先生尚书讲授记》云：“先儒以‘哉生魄’为月之三日，然疑‘哉生魄’乃为三日以后之通名，故不系干支。因既为通称，故不能系干支也。下云‘甲子’，为哉生魄之第一日。”按观堂有《生霸死霸考》，以为西周一月四分，为初吉、既生霸、既望、既死霸四者。并依《说文》按月之大小以二日或三日为“哉生魄”之始。其后金文研究深入，有好几家提出异议，然仍有支持王氏说者。《康诰》校释既录王氏说，故此处仍之。于省吾《新证》云："按金文'既生霸'习见，无作'魄'者。惟《师兖父鼎》'既生霸'，下从'帛'不从'月'。古从'帛'从'白'同。《石鼓文》'帛鱼鲦鲦'，帛鱼即白鱼。'有鳟有鯾'，鯾即鲌字。霸之从帛，虽系变体，亦可知其与魄字之所由通假也。"

②王不怿——或作"王有疾不豫"。见《汉书·律历志》载刘歆《三统历》引《顾命》曰："惟四月哉生霸，王有疾不豫。"段玉裁《撰异》云："此盖《今文尚书》也。"《释文》："怿，音亦。马（融）本作'不释'，云'不悦，疾不解'也。"伪孔及《蔡传》皆释云："王有疾，故不悦怿。"显然是望文生义。段玉裁《撰异》云："按释、怿同字。如《毛诗》'悦怿女美'，《郑笺》读为'悦释'。《孔传》'不悦怿'，犹今人云'不爽快'、'不自在'也。其疾浅。马云'疾不解'，则深矣。"林之奇《全解》云："不怿者，疾也。有疾故不悦怿，后世谓之不豫，亦此意也。天子之疾曰不怿，不豫也。崩曰登遐，曰宴驾，皆臣子不忍斥言之也。"吴澄《纂言》录此数句，惟加释"不怿，疾甚也"一句。

③甲子——《孔疏》："下云'病日臻，既弥留'，则成王遇病已多日矣，于'哉生魄'下始言王不怿者，甲子是发命之日，为洮頮张本耳。"夏僎《书详解》云："《汉志》言哉生魄即甲子日，恐不然，《武成》言'一月壬辰旁死魄，越翼日癸巳'。今此'哉生魄'上无日辰，故甲子不可考其为何日也。"吕祖谦《书说》云："甲子去崩才一日耳。"王鸣盛《后案》云："甲子之上无越几日字，则不可考其何日矣。"《观堂尚书讲授记》谓"甲子为哉生魄之第一日"，未说明理

由。据夏僎、王鸣盛之说，无由考其为何日，定其为哉生魄之第一日，应提出其理由，否则似只能以为是哉生魄后之某日，恐不能遽定其为第一日。

④王乃洮頮水——《释文》："（洮）音逃。（頮）音悔。"郑玄注："洮頮为濯。"见段玉裁《撰异》录《三国志·吴志》注引《虞翻别传》："翻奏郑玄解《尚书》违失事四，成王疾，困凭几，洮頮为濯，以为浣衣成事。"段氏接着讲："洮读为濯者，《周礼·守祧》注：'古文祧为濯。'《尔雅》郭本'洮'，众家本皆作濯，是其例也。兆声翟声同在第二部。"又云："《说文》小篆作'沫'，古文作頮，从水、廾、頁，会意。两手匊水洒面也。今《说文》作'须'，乃是误字（按《说文·水部》云："沫，洒面也。从水未声。须，古文沫，从页"）。《尚书音义》《文选·报任少卿书》注所引皆不误。"皮氏《考证》云："据此则古文作'頮'，今文作'沫'。"按《释文》引马融云："洮，洮发也。頮，頮面也。""洮发"，即上引《撰异》所录郑玄"守祧"注义，亦即濯发。"頮面"即《说文》所释两手掬水洒面。《孔疏》则云："《礼》：'洗手谓之盥，洗面谓之靧。'頮是洗面，知洮为盥手。"吴闿生《大义》承其父说释云："洮读为绍。绍发为一事，頮面为一事。发大命，临群臣，必斋戒沐浴，今疾病危殆，但绍发頮面，扶相者被以衮冕，凭玉几以发命。"洮字经师们或释为洮发，或释为盥手，这是古代礼制中的具体细节，知有此异说，在古人要斤斤辨明，今天但知其为古礼细节之异说即可，不用去究其是非。

⑤相被冕服凭玉几——伪孔云："王将发大命，临群臣，必斋戒沐浴。今疾病，故但洮盥頮面，扶相者被以冠冕，加朝服，凭玉几以出命。"《蔡传》全承用此释。《孔疏》云："扶相王者以冕服加王，郑

玄云：'相者，正王服位之臣，谓太仆。'或当然也。'被以冠冕'，以冕服被王首也。'加朝服'，以服加王身也。郑以为'玄冕'。知不然者，以顾命群臣，大发大命，以文武之业，传社稷之重，不应惟服玄冕而已。《觐礼》'王服衮冕，而有玉几'。此既凭玉几，明服衮冕也。《周礼·司几筵》云：'凡大朝觐，王位设黼扆，扆前南向设左右玉几。'是王见群臣当凭玉几以出命。"

⑥乃同召太保奭芮伯彤伯毕公卫侯毛公——《诗·淇澳·序》疏引郑玄注云："公兼官，以六卿为正次。"又《诗·桑柔》疏引郑注："芮伯入为宗伯，毕公入为司马。"伪孔云："同召六卿，下至御治事。太保、毕、毛称公，则三公矣。此先后六卿次第，冢宰第一，召公领之；司徒第二，芮伯为之；宗伯第三，彤伯为之；司马第四，毕公领之；司寇第五，卫侯为之；司空第六，毛公领之。"此以芮伯为司徒，与郑玄以芮伯为宗伯异。本是经师各逞己说。《蔡传》全承伪孔之释。《孔疏》："下及'御事'蒙此同召之文，故云'同召六卿下及御事'也。以王病甚，故同时俱招之。太保是三公官名，毕、毛又亦称公，知此三人是三公也。三人是三公，而与侯伯相次，知六者是六卿。卫侯为司寇而位第五，知此先后是六卿次第也。以三公尊，故特言公。其余三卿举其本爵。见其以国君入为卿也。……高官兼摄下司者，汉世以来谓之为领。"

按，郑玄、伪孔以下诸经师释此被召之六大臣为六卿，皆误。由《立政》篇及该篇校释，知文王、武王、周公及成王前期官制为三宅之制，成王中期起演变为二寮制，形成西周后期的左右卿士之制，即使已有三左三右，而左、右卿士实率此三左三右，仍为二卿士握政之实。不过当时侯国如鲁、郑、卫确已行六卿之制，渐影响中央王朝，至春秋之世始确有六卿之制，而后冢宰、司徒、宗伯、司马、司寇、司空之制乃完成，而构成《周礼》一书。成王之世根本尚无此制。观《史记·周本纪》云："成王将崩……乃命召公毕公率诸侯以相太子而立之。成王既崩，二公率诸侯以太子钊见于先王庙……是为康王。"可知当时召公、毕公实为周王朝掌握政权领袖群伦的二大臣，即在本文即可见召公领着芮伯、彤伯，毕公领着卫侯、毛公，下文说："太保率西方诸侯，入应门左；毕公率东方诸侯，入应门右。"都见出当时周王朝只有太保召公和毕公二人是领袖人物，并没有如经师们所说的同为六卿之事。他们只是根据卫侯为司寇而排在第五，刚好六卿之制司寇为第五，便据此推定这六人是按六卿顺序排定的。这完全是勉强牵附毫无道理的。惟郭沫若《周官质疑》（载《金文丛考》）云："余谓此六人乃六大之天官（指《礼记·曲礼》"天子建天官，先六大，曰大宰、大宗、大史、大祝、大士、大卜"）。知者，以下言王近侍之臣有太史太宗与大保同出也。此六人者，孰为孰官，仅毕公可考（其下文言毕公事，续录在下面毕公资料中）。"此说或者近是，但《顾命》文中所载，要完全如"六大"之制，恐尚有发展演进过程，实际只能依《顾命》所载官制为《顾命》官制。

《孔疏》引王肃注云："彤，姒姓之国。其余五国姬姓。毕、毛，文王庶子。卫侯，康叔所封，武王母弟。"伪孔云："召、芮、彤、毕、卫、毛，皆国名，人为天子公卿。"现寻此诸人情况如下：

"太保奭"，即召公奭，详《君奭》篇"讨论"。此时周公已死，召公以其原与周公并立的亲贵勋望地位，加上高龄、功业、德望，遂成为周王室大臣中群龙之首。其子旨就封于其封国燕国，其本人食邑召，在宗周畿内。《水经·渭水注》："雍水东径召亭南，故召公之采邑也。"地在今陕西省岐山县西南。

"芮伯"，《诗·桑柔·序》笺："芮伯，畿内诸侯，王卿士也。"《孔疏》："《书序》云：'巢伯来朝，芮伯作《旅巢命》'，武王时也。《顾命》同召六卿，芮伯在焉，成王时也。桓九年，王使虢仲芮伯伐曲沃，桓王时也。此（指芮伯为《桑柔》诗）又厉王之时。世在王朝，常为卿士，故知是'畿内诸侯常为卿士'也。"故《汉书·古今人表》第三等有芮伯，与师伯同列。师古曰："周司徒也。"即指此芮伯。又第六等亦有芮伯，师古曰："当武王时，作《旅巢命》。"是不同世次而袭此爵位之各芮伯，在史籍中迭有记载。杜预云："冯翊临晋县芮乡。"蒋廷锡《地理今释》录此并释之云："今陕西西安府朝邑县，有南芮乡、北芮乡，古芮伯国也。"王夫之《书经稗疏》则云："《诗》言'虞芮质厥成'，盖商之旧国，早服于周，因之而不替其封者，至春秋时国尚存，芮伯万为母所逐，而秦并之。今平乡府芮城县其地也。"按，朝邑在风陵渡西北的陕西省濒河西岸地，芮城在风陵渡之东的山西省濒河北岸地，可能是芮国前后徙居地。至"虞芮质厥成"之芮，则在今陕西西境陇县北部地区，且不闻称为姬姓国，当与陕西东南境的朝邑或芮城之姬姓芮非一。博学多卓论的王夫之氏可能在此问题上有误会之处。

"彤伯"，上文引王肃云："彤，姒姓之国。"《汉书·古今人表》第三等有芮伯、师伯、毛公。师古曰："师伯，周宗伯也。《尚书》作彤伯。"则以此"彤伯"亦作师伯。其注为"周宗伯"，即据伪孔言之，不确。王夫之《稗疏》云："彤国，地未详。王肃以为姒姓之国，他不经见，未知所本。疑此或胙字之误，传写小失，盖周公之子而封于卫辉之胙亭者也。"按《史记·夏本纪》篇末"太史公曰"："禹为姒姓，其后分封，用国为姓，故有夏后氏、有扈氏、有男氏、斟寻氏、彤城氏、襃氏、费氏、杞氏、缯氏、辛氏、冥氏、斟戈氏。"《索隐》："周有彤伯，盖彤城氏之后。"则王肃所言彤伯姒姓之说，当出于此。然《世本》姬姓自有彤氏，见《广韵·二冬》引《世本》云："彤氏，彤伯，周同姓为氏，成王宗伯。"（此句显据本篇而误）《姓纂》所引与此同。孙星衍《注疏》则云："彤伯，《路史·国名纪》亦云：'彤，伯爵，成王子，《唐韵》作肜，云成王支庶。《书疏》引王肃云'姒姓之国'。肃盖据《夏本纪》禹后有彤城氏言之，未必是此彤伯也。"则彤伯为成王子。衡诸早期承氏族血缘亲系网络所建立政权通例，其当国大臣必为王之近亲，武王时几位奕亲大臣留辅成王至此时尚存者，惟召公、毕公、卫康叔、毛公四人，加上芮伯亦姬姓宗亲，再加上成王之子彤伯，则非常合于历史的实际。故此彤伯，以成王之子彤伯为最合。其称伯而不称叔季，可能又是成王的庶长子而为康王的庶长兄，正如召公与武王关系一样。《通鉴·周纪》胡三省注"彤"地云："其地当在汉京兆郑县界。郑县，今（元初）陕西西安府华州，州西南有彤城。"蒋廷锡《地理今释》承其说。按，即今陕西华县境。至周公之子所封卫辉府胙亭。卫辉府即今河南省汲县，胙亭当在其境。不过此又要改"彤"为"胙"。改字释古籍，一般要采谨慎态度。

　　"毕公"，上引王肃注云："毕、毛，文王庶子。"按《史记·周本纪》载武王诛斩纣后，明日除道修社及商纣宫，"周公旦把大钺，毕公把小钺以夹武王。……毛叔郑奉明水，卫康叔封布兹，召公奭赞采，师尚父牵牲，尹佚策祝"。告天以革殷受天明命。封三监以镇抚殷余民后，"已而命召公释箕子之囚，命毕公释百姓之囚，表商容之间"。可知毕公在武王克纣的大勋业中,与师尚父、周公、召公、毛叔、卫康叔是几位重要的建功立业的人物。师尚父早已死,周公与召公是成王之世共同当政的两位重臣,现在周公已死,所尚存的召公、毕公、毛叔、卫康叔都辅政到成王殁时,而召公责任加重,毕公的重要性也突出来了。陈师凯《旁通》云:"毕公名高,继周公为东方之伯。则亦必继周公为太师。"王鸣盛《后案》云:"《魏世家》云:'魏之先,毕公高之后也。毕公高与周同姓,武王之伐纣而高封于毕。'不言文王子。但僖二十四年富辰言文之昭十六国:管、蔡、郕、霍、鲁、卫、毛、聃、郜、雍、曹、滕、毕、原、酆、郇。是毕、毛皆文王子。《管蔡世家》数武王同母兄弟十人中无毕、毛,故王肃据此以毕毛皆文王庶子。"郭沫若《周官质疑》云:"《史记·周本纪》言:'康王命作策毕公分居里成周郊,作《毕命》。'作策,作册,乃史职之通称,是知毕公乃成康时之史官。又《顾命》言:'太保承介圭,上宗奉同瑁,由阼阶隮,太史秉书,由宾阶隮,御王册命。'下复言:'太保率西方诸侯入应门左,毕公率东方诸侯入应门右。'是知毕公即太史矣。"按《魏世家》"高封于毕"《集解》云:"杜预曰,毕在长安县西北。"《正义》云:"《括地志》云:'毕原在雍州万年县西南二十八里。'"蒋延锡《地理今释》云:"毕,杜注云:'在长安县西北。'长安,今(清)属陕西西安府。"阎若璩《四书释地》"毕郢"条:"《括地志》:周文王墓在雍州万年县西南二十八里毕原上。在唐名毕原,在殷则名毕郢。……宋太祖诏祭文王于咸阳县西北毕陌中大冢,亦非。此秦悼武王陵。"《鲁周公世家》:"周公既卒,成王亦让,葬周公于毕。"《正义》:"《括地志》:'周公墓在雍州咸阳北十三里毕原上。'"可知毕称为毕原地有二,一在今西安市西南,一在今咸阳之西北,皆近郊。依《魏世家·集解》,毕公高封地在唐长安县西北。似与万年西南之毕原接壤。

"卫侯",即卫康叔,详《康诰》篇。卫地即今河南淇县为都邑的河南省黄河以北地区。王鸣盛《后案》云:"合诸说观之,六国惟卫在畿外,余皆畿内也。"

"毛公",上引王肃注云:"毕、毛,文王庶子。"《史记·周本纪》云:"武王既入,立于社南,大卒之左右毕从。毛叔郑奉明水,卫康叔封布兹。"是当时称毛叔者名郑,从武王伐纣有功,在告天大典礼中与师尚父、周公、召公、毕公、康叔一道担任重要执事。其后显然在周公召公领导下共同辅佐成王。江声《音疏》:"郑注《周礼·太宰》职云:'都鄙,公卿大夫之采邑,王子弟所食邑,周、召、毛、聃、毕、原之属在畿内者。'是毕、毛亦皆畿内诸侯也。"王鸣盛《后案》云:"杜预解文王之子,又有所谓毛叔聃者,与(毛叔)郑非一人,然则此经所谓毛公,或郑、或聃,未可知也。"按,杜预之解,很有可能据郑注"周召毛聃毕原之属"一语而误出毛叔聃,则此经所称毛公仍当为毛叔郑其人。因《史记》所记毛叔郑名字甚明确,以佐武王之功勋,其人必至成王之世仍居要职,当初因系武王之弟,按伯仲叔季而称叔,至成王时为长辈便称为公。《汉书·古今人表》第三等有"毛叔郑"。注曰"文王子",实即此毛公。而第三等稍后数人又有"毛公",师古曰"周司空也",实即据此《顾命》文推定,而不知前曰毛叔,后曰毛公,实即一人。师古在此数人后注明"见《周书·顾命》",可知不指其后代的毛公。至其地望,蒋廷锡《地理今释》:"《路史》云:'毛伯国,上邽藉水旁有毛泉。'上邽,今(清)陕西巩昌府秦州地。案毛泉见《水经注》,亦未言即毛伯之国。《路史》不知何据？今毛地未知确在何所，姑存其说。"巩昌府秦州为今甘肃天水市，虽亦属渭水沿岸，但远居上游，毛系宗周畿内地，不当远至西境天水之地。作为毛公郑的后人毛公𢈪的重要铜器"毛公鼎"，于清道光年间出土于陕西岐山，这就是毛公郑封地毛必在岐山境内之铁证。此鼎郭沫若氏定为宣王时器，由毛公𢈪之为宣王特握重权之大臣，可知毛公郑在成康之世的重要地位，亦可知世袭之毛公屡代都为周王室之重臣。由《春秋》书中看出世袭的周公屡代皆为世卿握政权，如见于记载的周公黑肩、周公忌父、周公阅、周公楚等，虽周公黑肩企图政变而被杀，但仍不废周公一系的世袭，且不少仍握政权。就可知毛公一系当亦如此，见于记载者，周定王时有毛伯卫，敬王时有毛伯，皆为卿士握政权，而握重权如毛公𢈪者竟不见记载，可知历世毛公握政者仍当不少，特不见于史耳。《毛公鼎铭》载王命𢈪治邦家内外小大政，特𢈪有敷王命于外之权，王命须由父𢈪同意方得颁布，郭老释为王命须得毛公副署才得施行，即王命未得毛公同意臣下可不奉行，可见毛公权力之大。然《周本纪》《竹书纪年》皆不见载，则史所不载的此处召、毕、芮、彤、卫、毛六大世卿之后代为重臣，有重要事迹者当尚不少，惟有可能寻之于金文了（如卫康叔之子康伯髦及周公子明保等皆只见于金文即是）。

⑦师氏虎臣百尹御事——《汉书·古今人表》第三等有"师氏、龙臣"。前者师古曰："周大夫也。"后者师古曰："周武贲也。《尚书》作武臣。"段玉裁《撰异》："唐人讳虎为武，'师伯，龙臣'，此《今文尚书》也。而班氏以师氏、龙臣为人名，孔《传》则以师氏虎臣为官，其说亦异。师古用孔《传》以'虎'注'龙'，误矣。"按，伪孔云："'师氏'，大夫官。'虎臣'，虎贲氏。'百尹'，百官之长。及诸御

治事者。"《蔡传》释此四官名全承伪孔,接着说:"平时则召六卿使率其属,此则将发顾命,自六卿至御事,因以王命召也。"《孔疏》前于《蔡传》云:"下及御事蒙此同召之文,故云同召六卿下及御事也。以王病甚,故同时俱召之。……《周礼》:'师氏,中大夫,掌以美诏王,居虎门之左,司朝得失之事,帅其属守王之门。'重其所掌,故与虎臣并于百尹之上特言之。'尹'训正也,故'百尹'为百官之长。'诸御治事',谓诸掌事者。盖大夫、士皆被召也。王肃云:'治事,盖群士也。'"

《周礼》反映的是承西周后期的春秋时期周鲁郑卫官制,不能即以之释成王末年的官制,当寻之于历史事实如下:

"师氏",见周武王《牧誓》指挥冢君、御事、司徒等及师氏等武职伐纣。成王时器《𪥌鼎》载以师氏及有司伐东夷。宣王时器《毛公鼎》载王命毛公主管公族、三有事、小子、师氏、虎臣等职,显然师氏是从事征伐的主兵之官。

"虎臣",伪孔释为虎贲氏,已见《立政》篇,平时为王警卫,然亦用于征伐。《毛公鼎》"师氏、虎臣"并举与本篇同,尤见其武臣性质。《无惠鼎》亦言王侧之虎臣,则与《立政》篇虎贲性质同。

"百尹",释为百官之正长不误。

"御事",详《酒诰》篇"御事"校释。据王贵民氏《说邻史》文中说,是为王室政事服务的官职的一种概括性称谓,不像司徒、司马、少正、虎臣等确切为一具体的官职。有时它排在邦君之次,位置较高,如《牧誓》《大诰》《梓材》是。《牧誓》之御事且排在司徒、司马、司空之前,职位显然高。有时排在尹氏、庶士之后,如《大诰》中另有几句及其他各篇以及本篇是,则地位不甚高,大抵其职位不定,是按其概括指哪一类官职而使之然。林之奇《全解》云:"御事,谓凡治事之臣。"本篇的御事是地位不太高的为王室执行各种职务的官僚群。

⑧疾大渐惟几——伪孔释云:"自叹其疾大进笃,惟危殆。"《蔡传》所释同。盖训"渐"为进笃(蔡只训进),训"几"为危殆(《释文》"几音机")。江声《音疏》:"'渐',进也。'大进',言深入也。'几',殆也。"王鸣盛《后案》:《列子》卷六《力命篇》云:'季梁得疾,七日大渐。'殷敬顺《释文》云:'渐,剧也。'"孙星衍《注疏》云:"案剧即勮字。《释诂》云:'几,危也。'"杨氏《核诂》:"'渐',《周易·序卦》:'进也。''几',《释诂》:'危也。''病',《说文》:'疾加也。''臻',《释诂》:'至也。'"

《蔡传》:"此下,成王之顾命也。"

⑨病日臻既弥留——伪孔云:"病日至,言困甚。已久留,言无瘳。"《蔡传》:"病日至,既弥甚而流连。"吴澄《纂言》:"疾甚曰'病','日臻',日加剧也。'弥',甚。'留',久也。"黄式三《启幪》:"'弥'、'靡'通,'既靡留',言不淹留也。"戴钧衡《补商》:"'疾大渐惟几',就见在而言。'病日臻既弥留',虑将至而言也。'既弥留',《传》训'弥甚而淹留',义迂。窃谓'弥'、'靡'古通用,'靡留'者,不能久留于人世也。"杨筠如《核诂》:"'弥',《释诂》:'久也。'《说文》作'𦫵'。按,'弥留'疑与'弥离'为一语之转,《释诂》注:'弥离犹蒙茏耳。'《释乐》:'大琴谓之离。'孙炎曰:'声留离也。'古留离,双声连语。《释鸟》注:'留离,或作鹠离,通作流离。'《诗·旄丘》:'流离之子。'《释文》:'流离,鸟名。'《文选·上林赋》注引张揖曰:'流离,放散也。'盖声放散而不明,谓之流离,精仲蒙茏而不明,谓之弥离,或谓之弥留,其义可互通也。"诸说可相互

通其义。

⑩恐不获誓言嗣——《周礼·典命》郑注:"'誓',犹命也。"戴钧衡《补商》亦云:"'誓言',犹诰语也。"曾运乾《正读》:"誓,以言约束也。"伪孔:"恐不得结信出言,嗣续我志。"《蔡传》:"恐遂死不得誓言,以嗣续我志。"林之奇《全解》云:"惧夫死之将至,不得以誓言敷告群臣以继嗣之事。"夏僎《详解》云:"恐其既死,则不得出誓以言嗣续之事。"钱时《书解》云:"嗣,嗣子也。"王充耘《书管见》:"言恐一旦而死,不得出誓言以属托嗣子承继之事。"江声《音疏》:"'获',得。'誓',谨。言病日至已当命终,而淹留之际,恐不得谨言后嗣之事。"自夏僎以下大都释"嗣"为嗣子、后嗣。俞樾《平议》云:"谨按《传》(指伪孔)义迂回,非经旨也。'誓'与'矢'古通用,《尔雅·释诂》:'矢,陈也。''嗣'当作'嗣',乃籀文'辞'字。言病日臻,既弥留,恐不获陈言辞,兹故审训命汝(此连及下句)也。古辞、嗣声近义通,《大诰》篇'辞其考我民',辞当读为嗣,此云'恐不获誓言嗣',嗣当读为辞,学者多以本字读之,失其旨矣。"于省吾《新证》在引伪孔、江声、俞樾之说后云:"按以上诸说,并迂回难通。'嗣',金文亦作'台',《伯晨鼎》'台乃祖考侯于韬'可证。'台'、'台'、'已'声同古通,晚周'以'作'台',《易·损·释文》:'巳本作以。'《伯康簋》:'用夙夜无台。'言用夙夜无已也。犹《诗·文王》之'令闻不已'。一说读'无台'为'无致','无厌'与'无已'意亦相仿。此应读作'恐不获誓言已'。'已',语终辞也。"俞、于二氏深求文字通转之义,自比一般徒讲诂训者深刻,俞已能寻之籀文,而于则进而列举金文,尤为有力。但似可不必"道在迩而求诸远",如林之奇、夏僎、钱时等即就本字寻其本训,所作解释切合本

篇文义,似可取。当然,如于先生之释"恐不获作誓言了","誓言"可包括顾命托孤内容,但究未明言,不如夏、钱说之简切。

⑪兹予审训命汝——伪孔:"以此故我详审教命汝。"杨氏《核诂》为之释云:"《说文》:'详,审议也。'则审亦为详矣。""汝"为第二人称复数,即你们。戴钧衡《补商》:"审,慎也(举《吕览·音律》"审民所终"又《孟冬》"此小物不审也"注皆云"审,慎也"为证)。'慎训命汝'者,犹言'敬训命汝'也。"于氏《新证》:"按伪《传》说牵强傅会。'审',《说文》作宷,应读播。《师旅鼎》播作秾。金文从'宀'或'攴'与否通用。如'康'作㝩,'亲'作窺。'古'作故,'工'作攻,古鉨'𢽤于'即𡎱于之类是也。《说文》'釆'读若辨。播、辨同声。《说文》古文'番'作𥸨,《尚书》'播'字隶古定本作𤲬或𤲬。《君奭》'乃悉命汝',悉,本应作釆。从心乃后人所加。应读作'乃播命汝'。《尧典》'播时百谷',《传》:'播,布也。'《诗·抑》'四方其训之',《传》:'训,教也。''兹予审训命汝'者,兹予播布训教以命汝也。犹《洪范》之'敷言',《盘庚》之'播告'也。"这几家主要是对"审"字的训义有不同解释,而对全句文义基本仍相近。

⑫昔君文王武王宣重光奠丽陈教——伪孔以下文"则肆"二字连"奠丽陈教"为六字句,误。释为:"言昔先君文、武,布其重光累圣之德,定天命,施陈教则勤劳。""定天命"以下之释亦误。

《蔡传》:"武犹文,谓之重光。犹舜如尧,谓之重华也。"吕祖谦《书说》:"尧舜君臣,故谓之重华;文武父子,故谓之重光。"总之是说武王承文王重行闪耀其同样的光辉,亦即"布其重光累圣之德"之意。其文字训义见杨氏《核诂》云:"'宣',《诗·淇澳·释文》引《韩诗》云:'显也。''重',《释诂》'崇,重也。'则重亦犹崇也。"曾运乾《正读》："'宣'，显也。'重光'，重明也。"《释文》引马融注云："重光，日月星也。太极上元十一月朔旦冬至，日月如叠璧，五星如联珠，故曰重光。"言文王武王重光，未涉及天象，此如呓语，谬甚。历代不少经师直至清儒江、王、孙诸人皆言之，冬烘已极。

"奠丽陈教"，已见《多方》"不克开于民之丽"校释。杨氏《核诂·多方篇》该文释云："本书言'丽'，或为法则，或为刑律，皆不作'施'义。《吕刑》……之'丽'，与本篇下文'慎厥丽乃劝'，丽，皆谓刑律也。……《顾命》'奠丽陈教'，与此文'不克开于民之丽'，丽，皆谓法则也。《汉书·东方朔传》：'孝文皇帝之时，以道德为丽，以仁义为准。''丽'与'准'对文，亦取法则之意。"《核诂》于本篇此句则云："'奠'，犹定也。'丽'与'教'对文，犹言法则，《多方》'大不克开于民之丽'是也。'陈'，《国语》注：'布也。'"兹取此释，其他一切解释皆可不用。

⑬则肄肄不违用克达殷集大命——《释文》："肄，以至反。"亦见"达"作"通"，"集"作"就"。《汉石经》："（上缺）通殷就大命在（下缺）"段玉裁《撰异》云："此《今文尚书》也。古文'达'字今文皆作通，《禹贡》'达于河'、'达于济'、'达于淮泗'，《史记》皆作通，是也。'集'、'就'古通用。《韩诗》'是用不就'，《毛诗》作'不集'是也。皆双声字。古音'达'读如'挞'。"伪孔云："文武定命陈教，虽劳而不违道，故能通殷为周，成其大命。"盖训"肄"为劳，训"挞"为通。然《说文》云："肄，习也。"朱熹《语类》云："'肄'，或训劳，或训习。愚意谓从习为长，未敢自决。曰：前篇有以'丽'训刑者，'肄'当训习。"故《蔡传》释为："定民所依，陈列教条（此释"奠丽陈教"句），则民习服（亦以"则肄"连上）。习而不违，天下化之，

用能达于殷邦，而集大命于周也。"吴澄《纂言》："'肄'，习。重言者，习之不已也。'达'，由此而通于彼也。'集'，犹鸟之来于木也。定民所依，陈列教条，民皆服习而不违民心从，故天命至也。"陈栎《纂疏》："愚按'奠丽'至'不违'，诸说并不通，宜缺。"

兹从杨氏《核诂》云："'肄'，《诗》传：'劳也。'则'肄肄'，亦犹劳也。'违'，与回通，谓邪也。'达'，疑当读为挞（按段玉裁已指出古音达读如挞）。《诗》'挞彼殷武'，《释文》引《韩诗》：'挞，达也。'《子衿》'挑兮达兮'，《太平御览》引作'挞'，是其证矣。《汉石经》作'通'，达之训诂字。'集'，《汉石经》作'就'。《诗》传：'集，就也。'"

⑭在后之侗——《释文》："侗，徐音同，又勑动反。马本作'詷'，云'共也'。"大徐本《说文·言部》："詷，共也。一曰谴也。从言，同声。《周书》曰：'在夏后之詷。'"焦循《补疏》云："经文乃成王自称之辞，不得杂出夏后。窃谓'夏'即'后'字之讹，'后'则羡文耳。"段玉裁《撰异》云："《说文·言部》曰：'詷，共也。'引《周书》'在后之詷'（按此据小徐本），玉裁按：'侗'作'詷'，与马本合。'後'作'后'者，古字通用。徐鼎臣、李仁甫本皆作'在夏后之詷'，误衍'夏'字，不可通。徐楚金本无夏字。《玉海·艺文志考》引'在夏后之詷'，此用徐鼎臣误本也。黄公绍《韵会》引'在后之詷'，用小徐本，无'夏'字。"

与段说相异者，江声《音疏》云："《说文·言部》云'在夏后之詷'，正此经文。'夏'，中夏也。'后'，谓诸侯。……言承文武之业，在中夏为诸侯之共主。"王鸣盛《后案》云："《说文》……作詷，与马合，而又以后为夏后，此孔氏古文真本也。……中国为夏……

'夏后之詷'盖谓中国君长之所共尊奉者,谓天子也。"孙星衍《注疏》云:"《说文》云……'在夏后之詷',则此经文脱'夏'字,'後'当作'后'也。'夏'者,《说文》云'中国之人也'。'后'者,《说文》云:'继体君也。'言在中夏皆后君之共职也(此语实不通)……徐锴本及《韵会举要》引'在后之詷',误也。……'同之言詷',是詷即同,与《说文》训'共'义通也。今本作侗,假借字。"刘逢禄《集解》:"庄(述祖)云:'詷',《说文》:'共也。一曰諏也。'《玉篇》:'諏,愚也,痴也。'《说文》借憃作諏。諏训诞,非詷义也。《释文》:'侗,马本作詷。云共也。'按《论语》孔安国注:'侗,未成器之人也。'《释文》音通,《说文》:'大也。'音同,意异。是《说文》不以侗为本字也。'後',当从《说文》作'后',言继体之君也。'詷'训諏,諏训愚,谦词也。《后案》:《祭统》'设同几'注:'同之言詷。'是詷即同也。孙云:'今本作侗,假借字。'"

　　成王在上文刚说到承文王武王重光盛业,因而才自谦说在我这一个未成器的后嗣者。怎么能忽然扯到"夏后"上面去呢!显然江、王、孙、庄、刘说皆误,应以焦、段说为是。

　　伪孔释此句云:"在文武后之侗稚,成王自斥。"苏轼《书传》:"侗,愚也。扬雄曰:'倥侗颛蒙。'"林之奇《全解》:"在后之侗,成王自谓也。扬子曰:'倥侗颛蒙。'注曰:'倥侗,无知,盖成王谦词。'"《蔡传》:"侗,愚也,成王自称。"吴澄《纂言》:"侗,幼而未有知也。成王以幼冲即位,故称侗。"戴钧衡《补商》:"'侗',即童,犹小子也。故孔《传》训童稚,古童、侗字通。《广韵》:'未成器之人曰侗。童、侗、同、詷,古一字。'《列子·黄帝》:'状不必童而智童。'又云:'状与我童者近而爱之。'此以'童'为'同'也。《礼记·

祭统》……以'同'为'詷'也。……《说文》引作'詷'，《释文》载马本作'詷'。是'侗'、'詷'又一字也。《传》（指《蔡传》）训为'愚'，由不知'侗'即'童'也。"杨氏《核诂》："段玉裁谓徐鼎臣、李仁甫本衍'夏'字，徐楚金本无'夏'字，是也。古'后'、'後'通用，'侗'、'詷'亦通用字。《论语集解》孔注：'侗，未成器之人也。'古'侗'、'童'通，童蒙为幼稚之义，齐为蒙昧不明之意也。'在后之侗'，成王自谦之词。"伪孔、戴、杨之说得之。

⑮敬迓天威嗣守文武大训无敢昏逾——"迓"，段玉裁《撰异》更正为"御"字（江声《音疏》、陈乔枞《经说考》亦改为御字），并云："今本'御'作'迓'，天宝以前必作'御'。……自卫包改之。……此字作御则兼包他义。'御天威'者，谓用天威治民也。如《雒诰》之'御衡'，不可改'迓'，况即训'迎'，亦当作'御'乎。……今更正。"按，此已见《盘庚中》"迓续乃命于天"校释，详《洛诰》"旁作穆穆迓衡不迷"校释。并可参看《牧誓》"弗御克奔"校释。"迓"字隶古定本作"御"，《释文》云马郑王本音"鱼据反"，则亦作"御"，然《周礼·秋官·序官》及《考工记·轮人》两处郑众注都引作"讶"，是汉代本已作"讶"。古籍中"御"与"讶"、"迓"亦常通用。如《公羊传·成公二年》"迓跛者"，《穀梁传》作"御跛者"即是。整理古籍，非绝对必要，不轻率改字。我们整理《尚书》，以《唐石经》为底本，一般即沿用底本不改。此项"迓"字，唯《牧誓》纯用驾御义，而无迎迓义，它既有版本依据，所以就改用了"御"字，其余《盘庚》《洛诰》及本篇之"迓"，皆含迎迓义，就依《唐石经》之旧，不改动了。

伪孔释此数句云："成王……敬迎天之威命，言奉顺继守文武大教,无敢昏乱逾越。"林之奇《全解》:"成王继文武之后,则能致敬以迎天之威。夫所以敬迓天威者,不在乎他,惟嗣守文武之大训,而不敢昏乱逾越,则天福之矣。"《蔡传》:"成王自称。言其敬迎上天威命,而不敢少忽;嗣守文武大训,而无敢昏逾。天威,天命也。大训,述天命者也。于天言天威,于文武言大训,非有二也。"王充耘《书管见》云:"天威,即上所集之大命,文武奠丽陈教,布为大训,正是述天理以启佑后人者。嗣守无逾,正是敬迓天威处也。"又云:"《传》(《蔡传》)谓于天言威,于文武言大训,非有二也。殊不可晓。不成文武法度即天威乎?"

于省吾《新证》:"伪《传》训'逾'为逾越,非是。俞、踰、逾、渝、输古通。《史记·蒙括传》'而愈不立',《索隐》:'愈一作俞。'俞即踰也。《禹贡》'逾于洛','逾'《史记》作'踰'。《诗·羔裘》'舍命不渝'传:'渝,变也。'《左·隐六年》'郑人来渝平'。《公》《穀》渝作输。《綸愽》'勿或俞改',俞即渝,言勿有变改也。《诅楚文》'变输盟制',输即渝,言变改盟制也。"是释此"逾"为"渝",为变改之义。

⑯今天降疾殆弗兴弗悟尔尚明时朕言——伪孔云:"今天下疾我身,甚危殆,不起不悟,言必死。汝当庶几明是我言,勿忽略。"林之奇《全解》释之更明晰云:"今天降疾病于我身,已至于危殆,不能兴起,不能觉悟,故我以此言告汝,汝当明于此言而无忽。"《蔡传》较简言之云:"今天降疾我身,殆将必死,弗兴弗悟,尔庶几明是我言。"吴澄《纂言》云:"'明是朕言'者,不昧我所命而遵用之也。"

杨氏《核诂》训字义云:"'殆',犹将也。《檀弓》:'夫子殆将病也。'殆将重言,其义相同。故或止言殆,《易·系辞下》传:'其殆庶

几乎?'《吕览·高义篇》:'殆未能也。'殆亦将也。'兴',《释言》:
'起也。''悟',《说文》:'觉也。''明',犹勉也。'时',当读为承,
时、承一声之转。《楚策》'仰承甘露而饮之',《新序》'承'作
'时',即其证也。"

⑰用敬保元子钊弘济于艰难——伪孔云:"用奉我言,敬安太
子钊。钊,康王名。大度于艰难,勤德政。"林之奇《全解》承上文
"汝当明于此言而勿忽"后云:"自今以往,当为我元子之辅翼,敬保
之,以大济于艰难之中。……钊,康王名。康王,成王之长子,故曰
元子。"《蔡传》承之云:"尔庶几明是我言,用敬保元子钊,大济于艰
难。曰'元子'者,正其统也。"末句"正其统"显系加上经师语言。

⑱柔远能迩安劝小大庶邦——详《尧典》"柔远能迩"校释,自
汉至明、清代、现代各有较详训释。后面《文侯之命》篇亦有此句。
此为周代习用成语。其字可溯及商代。大抵谓安抚绥柔远者,和
协相善近者。这样就能安劝小大庶邦都和我周邦相友善,循德化。

伪孔释云:"言当和远,又能和近,安小大众国,劝使为善。"《孔
疏》云:"言当为善政,远近俱安之;又当安劝小大众国。安之,使国
得安存;劝之,使相劝为善。"林之奇《全解》:"惟休兵息民以安辑天
下,柔远而略于外,能迩而详于内,则庶邦无小无大举安而胥劝,无
有乖争悖逆之节矣。"

于省吾《新证》:"安、宴古通,《诗·小明》'无恒安息',即
《易·随》之'宴息'。《左·哀六年传》'安孺子',《史记》'安'作
'晏'。《尧典》'安安',《考灵曜》作'宴宴',是安、宴古通之证。
'劝'乃'观'之讹。凡《尚书》劝多应作观。《礼记·缁衣》'周田
观',《尚书》观作劝,《管子·七法》'立少而观多'注:'观当为劝。'

是观、劝古通之证。……上言柔远能迩,故接以宴饮观示于小大众邦。……此篇言宴观庶邦与自治威仪(指下句),相成为文。伪传训为安小大众国。劝使为善,望文虚造,迂回难通。"

⑲思夫人自乱于威仪尔无以钊冒贡于非几——"思",王引之《释词》:"语词也。"又云:"发语词也。""夫人,犹人人也。"(韦昭《国语》注)亦犹"此人"之意(《释词》)。《释文》:"'夫人',如字。'冒',亡报反。一音墨。马、郑、王作勖。'贡',如字。马、郑、王作赣,音敕用反。马云:'赣,陷也。'"江声《音疏》:"《说文·血部》:'衉,从血,臽声。'或作衊,赣声。则赣臽同声,故云'赣,陷也'。"王鸣盛《后案》:"'冒贡',马、郑、王作'勖赣'者,《说文》卷十三下《力部》云:'勖,勉也,从力,冒声。'勖勉之义于此无取。但古字多以音同假借,勖既从冒得声,故即信为冒也。《传》云'冒进',冒固有进义,但贡字无解,于义不足,马以赣为陷者,赣从戆省声,赣读若坎,坎义为陷,故训'赣,陷也'。凡人为恶,或进而冒触,或退而坠陷,故兼言勖赣也。"段玉裁《撰异》:"《释文》云'贡如字',此谓孔义也。又云'马郑王作赣,音敕用反',此谓郑王本字作赣而读为戆也。《说文·心部》曰:'戆,愚也。……《释文》又云'马云陷也',此谓马本字亦作赣而其说又与郑王不同也。……马读为坎,训为陷,本《说卦传》。《公羊·庄二十四年传》注:'赣谏,赣读如坎。'即《白虎通》之'陷谏',赣、陷也。此与《顾命》马注相发明。"

伪孔云:"群臣皆宜思夫人。夫人自治正于威仪,有威可畏,有仪可象,然后足以率人。汝无以钊冒进于非危之事。"是训"乱"为治,训"贡"为进,训"几"为危。《孔疏》:"汝群臣等思夫人,夫人众国各自治正于威仪……戒使慎威仪也。汝无以钊冒进于非事危事，欲令戒其不为非也。"林之奇《全解》："'夫人'，亦指康王也。'贡'，进也。'冒贡'者，不顾而进也。'非几'者，林子和曰'几者，动之微，吉之先见；非几，则危乱之兆也'是也。君有君之威仪，其臣畏而爱之，则而象之，故能有其国家。令闻长世，故欲群臣之所思者，惟欲康王自治于威仪以为民则，不可以之而冒进于危乱之兆也。"《蔡传》："'乱'，治也。'威'者，有威可畏。'仪'者，有仪可象。举一身之则而言也。盖人……有动作威仪之则，成王思夫人之所以为人者，自治于威仪耳。自治云者，正其身而不假于外求也。'贡'，进也。成王又言群臣其无以元子而冒进于不善之几也。盖几者动之微而善恶之所由分也。'非几'，则发于不善而陷于恶矣。威仪，举其著于外者而勉之也；非几，举其发于中者而戒之也。"

江声《音疏》："'夫人'，泛言人也。'乱'，治也。'以'，左右之也。'勖'，以冒为声，读当为冒。'冒'，触也。马融曰：'赣，陷也。'声谓：'非几'，不善也。思夫人皆欲自治于威仪，汝毋以钊触陷于不善。"孙星衍《注疏》："'夫'者，郑注《曲礼》云：'丈夫。''乱'者，《释诂》云：'治也。''威'者，《广雅·释诂》云：'则也。''冒'者，《春秋左氏·文十八年传》云：'冒于货贿。'注：'冒亦贪也。''贡'者，《广雅·释言》云：'献也。''几'与'机'通，《淮南·主术训》云：'治乱之机。'高诱注云：'机，理也。'言……思丈夫人当自如于仪则，汝众国无以钊为贪，而进奉以非法之财贿。伪《传》以'冒贡于非几'为冒进于非危之事……今不从之者，《史记》云：'申告以文王武王之所以为王业之不易，务在节俭毋多欲，以笃信临之。'此篇'惟冒贡非几'为多欲之义。《释文》：'冒，一音墨。'是古说亦有以为贪墨之义者，知史公即解此文。盖孔安国古文说也。"皮锡瑞《考证》："孙说是也。而以为孔安国古文说，则未必然。《史记》引经皆今文说，孙以为《史记》皆从古文，殊失考。"

王引之《释词》："夫，犹凡也，众也。《孝经》疏引刘瓛曰：'夫，犹凡也。'高诱《淮南·本经篇》注曰：'夫人，众人也。'《书·召诰》曰：'夫知保抱携持厥妇子。'《正义》曰：'夫，犹人人，言天下尽然也。'《顾命》曰：'思夫人自乱于威仪。'《正义》曰：'夫人众国各自治正于威仪。'……《周语》曰：'夫人奉利而归诸上。'韦注曰：'夫人，犹人人也。'《楚语》曰：'夫人作享，家为巫史。'皆是也。"是王氏明以《顾命》此句之"夫人"释为凡人、众人、人人。然王氏《释词》又释"夫人"为"此人"，其文云："夫，犹此也。《礼记·檀弓》曰：'夫夫也，为习于礼者。'郑注曰：'夫夫，犹言此丈夫也。'……僖三十年《左传》曰：'微夫人之力不及此。'成十六年曰：'夫二人者，鲁国社稷之臣也。'襄二十六年曰：'君淹恤在外十二年矣，而无忧色亦无宽言，犹夫人也。'（言犹然如此之人也）《鲁语》曰：'鳖于何有而使夫人怒也。'……《论语·先进篇》曰：'夫人不言，言必有中。'……皆此也。"是此句"夫人"释为"此人"似更妥。故林之奇谓"夫人"指康王，似说得通。即不确指，浑称此人亦较通。

于省吾《新证》："'乱'乃'嗣'之讹。'嗣'、'治'古今字。《左·襄十一年传》'观兵'注：'观，示也。''思'，语词。'夫人'，王引之谓即凡人。详《经传释词》。……凡人必须自治于威仪，《酒诰》：'尔乃饮食醉饱，丕惟曰，尔克永观省，用燕丧威仪。'《沇儿钟》：'用盘饮酒，和逾百生，怭于威仪。'《诗·小雅·宾之初筵》：'其未醉止，威仪反反；曰既醉止，威仪幡幡。'《大雅·抑》：'敬慎威仪，维民之则。其在于今，兴迷乱于政，颠覆厥德，荒湛于酒。'又云：'谨尔侯度，用戒不虞。'是古人饮宴无不以慎动静、谨威仪为言也。盖盛世君臣，其上下相与之际，周旋动静之节，钦翼夤寅如是之矜而慎也，故虽威仪之末节，适可瞻兴衰之所由。此篇言宴观庶邦与自治威仪，相成为文。"此处列举了先秦《诗》《书》文献及金文中不少有关"威仪"的资料，足以帮助人们理解成王弥留之际顾命之辞中犹强调威仪的意义。

⑳兹既受命还出缀衣于庭——"既"，一作"即"。见《汉石经》残字："（上缺）非几兹即（下缺）"段玉裁《撰异》："既作即，此《今文尚书》也。""受命"即"授命"，古动词往往主动、被动不分，此谓成王既授顾命之辞后，还归寝宫，出缀衣于庭。

"缀衣"，伪孔云："缀衣，幄帐。群臣既退，彻出幄帐于庭。"《孔疏》："缀衣者，连缀衣物出之于庭，则是从内而出。下云'狄设黼扆缀衣'，则缀衣是黼扆之类。黼扆是王坐立之处，知缀衣是施帐于王坐之上，故以为幄帐也。《周礼·幕人》：'掌帷幕幄帟绶之事。'郑玄云：'在旁曰帷，在上曰幕，帷幕皆以布为之。四合象宫室曰幄，王所居之帐也。帟，王在幕居幄中坐上承尘也。幄帟皆以缯为之。'然则幄帐是黼扆之上所张之物。此言'出缀衣于庭'，则亦并出黼扆。……王发顾命，在此黼扆幄帐之坐，命讫，乃复反于寝处。以王病重不复能临此坐，故彻出幄帐于庭，将欲为死备也。"此解"缀衣"甚明白。

《周礼·幕人》疏引郑玄注"缀衣"云："连缀小敛大敛之衣于庭中。"杨筠如《核诂》云："下文复言设缀衣，则缀衣非敛衣，郑说非也。"又《立政》篇有"缀衣"，则为王掌管衣服用品之内官名，与此非一事。

㉑越翼日乙丑王崩——《汉书·律历志》引作："《顾命》曰：'翌日乙丑，成王崩。'""翼"作"翌"，"王"作"成王"。又《白虎通·崩薨篇》亦云："《书》曰'成王崩'。"此亦撰于班固。又《周礼·司几筵》郑众注云："《书·顾命》曰：'翌日乙丑，成王崩。'"又《释文》云："王崩，马本作'成王崩'。云'安民立政曰成'。"是先郑及马融本亦皆作"成王"。

"翌"，段玉裁《撰异》云："今本作翼，卫包之误也。《集韵·一屋》：'翌，音余六切，明也。《书》翌日乙丑，刘昌宗读。'玉裁按，此本《周礼·司几筵》音义，据刘此读，可证翌为昱之假借，不容妄改为'翼'也。今更正。"可知翌日之为明日，系昱之假借，当读昱（余六反）。但翌字以本音 yì 通读已久，卫包误改为同音之翼，故依段说为不通。今因据《唐石经》不改字，则看作为翌之同音假借，姑仍之。

"乙丑"，甲子之翌日，故为乙丑。

"王崩"，作"成王崩"。段玉裁《撰异》云："按班所引《今文尚书》、郑马《古文尚书》同有'成'字，伪孔删之，非也。说详《酒诰》。"按《酒诰》篇《撰异》历举《鲁世家》中周公多次生称成王，以为'如汤生称武王之比，非属史家误笔，三家之说固可信也'（其上文言马郑王本及三家今文皆有成字）。伪孔删去成字大非，马君云'后录书者加之'亦非也。"该《撰异》又云："马于《顾命》注曰：'安民立政曰成。'盖谓'成'为死谥非生称，与《酒诰》注相表里，而不知初崩未有谥。《春秋》之例曰'公薨'，至葬而后曰'葬我君某公'。"指明初崩未有谥号，故成王是生称，已有见地。他所处时代，还不知金文关于生称非死谥的资料。今天已由西周金文获知，西周各王大都是生称(如《逋敦》记穆王事而即生称穆王,此例尚多),谥法是后来的事(是否西周末已有之待考论),由段所举公薨不书谥、葬乃书谥的成例,是谥法当是东周春秋之世始盛行的事。因此本篇生称成王是很自然的。现在仍由于版本根据用《唐石经》原字,故不增字,但说明原文为"成王"。

"崩",奴隶时代封建时代等级森严,连死的名称都按等级区分。汉时编成的《白虎通·崩薨篇》载自天子以至庶人死的不同名称如下:"天子曰崩","诸侯曰薨","大夫曰卒","士曰不禄","庶人曰死"。西周是否按此区别尚不清楚,总之周初的《顾命》篇确实称天子之死为崩了。

以上这一节,是史臣记载周成王病垂危时,召集几位大臣及群臣所讲的一篇嘱咐辅佐儿子康王的顾命之辞,并谆谆告诫辅佐康王应重视的要点,讲毕第二天就死了。这是一段现在所能见到的古代君主临终顾命的重要资料。

太保命仲桓、南宫毛[①],俾爰齐侯吕伋,以二干戈虎贲百人,逆子钊于南门之外[②],延入翼室,恤宅宗[③]。丁卯,命作册度[④]。越七日癸酉,伯相命士须材[⑤]。

狄设黼扆缀衣[⑥],牖间南向,敷重篾席、黼纯,华玉仍几[⑦]。西序东向,敷重底席、缀纯,文贝仍几[⑧]。东序西向,敷重丰席、画纯,雕玉仍几[⑨]。西夹南向,敷重筍席、玄纷纯,漆仍几[⑩]。

越玉五重、陈宝、赤刀、大训、弘璧、琬琰，在西序[11]。大玉、夷玉、天球、河图，在东序[12]。胤之舞衣、大贝、鼖鼓，在西房[13]。兑之戈、和之弓、垂之竹矢，在东房[14]。大辂在宾阶面[15]，缀辂在阼阶面[16]，先辂在左塾之前，次辂在右塾之前[17]。

二人雀弁，执惠，立于毕门之内[18]；四人綦弁，执戈上刃，夹两阶戺[19]；一人冕，执刘，立于东堂；一人冕，执钺，立于西堂[20]；一人冕，执戣，立于东垂；一人冕，执瞿，立于西垂[21]；一人冕，执锐，立于侧阶[22]。

①太保命仲桓南宫毛——太保即受顾命的第一位大臣太保奭（召公奭），他总领大权执行周成王遗命处理辅佐康王即位的一应事务，首先是办成王丧礼，先命朝臣仲桓、南宫毛二人去办的第一项任务。"仲"亦作"中"，"毛"亦作"髦"。见《汉书·古今人表》第三等有中桓、南宫髦。髦当是《君奭》中所说文王、武王时大臣南宫括的后人。《左传·昭公二十三年》有南宫极，翌年有南宫嚚，又当是括髦的后人。《孔疏》云："桓毛二人必是武臣宿卫。"故夏僎《书详解》亦云："桓、毛，必宿卫之臣。"

②俾爰齐侯吕伋以二干戈虎贲百人逆子钊于南门之外——伪孔云："臣子皆侍左右，将正太子之尊，故出于路寝门外，使桓毛二臣各执干戈，于齐侯伋索虎贲百人，更新逆门外，所以殊之。伋为天子虎贲氏。"《汇纂》引范祖禹亦云："成王崩，太子必在侧，当是

时,本在内,特出而迎之,所以显之于众也。"孙星衍《注疏》:"'俾'者,《释诂》云:'使也。''爰'者,《释文》云:'引也。''吕伋'者,《齐世家》云:'太公卒,子丁公吕伋立。'《说文》云:'齐太公子伋谥曰玎公。'《春秋左氏·昭十二年传》:'楚灵王曰:'昔我先王熊绎与吕级……并事康王。'《释文》云:'级,本亦作伋。''虎贲氏',《周礼·夏官》有虎贲氏,下大夫二人,虎士八百人。……又夏官有旅贲氏,中士二人。其职云:'丧纪则执戈盾。'则此言二干戈,盖桓与毛所执,即旅贲氏之官也。虎贲百人,盖吕伋从八百人中选用百人也。《周礼》虎贲氏之职,大丧守王门。虎贲氏秩仅下大夫,而齐侯伋为之者,盖以列侯兼领此职,备非常也。'逆'者,《说文》云:'迎也。关东曰逆,关西曰迎。''南门'者,庙门也。《史记》所云'二公率诸侯以太子钊见于先王庙'是也。伪传云南门路寝门……江氏声驳之……以南门为外朝之皋门,似不如史公庙门之说为长也(《玉藻》疏引《左氏》旧说及贾逵、卢植、蔡邕、服虔等皆以祖庙与明堂为一)。"

俞樾《平议》云:"《尔雅·释诂》:'俾,使也。'又曰:'俾,从也。'此经俾字当训为从,'俾爰齐侯吕伋'者,从于齐侯吕伋也。盖桓、毛及吕伋三人皆受命逆子钊。先书桓毛二臣者,王人也,不以外先内也。从于齐侯者,齐侯尊也,不以卑临尊也。枚传遇俾字皆训为使,遂谓使于齐侯吕伋索虎贲,因臆为之说曰'伋为天子虎贲氏'夫虎贲氏下大夫,岂齐侯所宜为欤!"伪孔说伋为虎贲氏之说,一见就知其非,而孙星衍曲为之弥缝。俞氏此驳甚明快。赤塚忠《书经》则谓师尚父为武王之军事统帅,吕伋世袭其军权,为军事长官。可为新的一说。刘逢禄《集解》云:"吕伋,康王之元舅。"至俞氏改训"俾"为"从"，杨氏《核诂》亦从之，全录其两句以为释。

"南门"，则解说纷歧。伪孔以为路寝门，《孔疏》、刘逢禄《集解》、吴汝纶、阎生父子之书及屈氏《集解》从之。王安石《新经义》以为"王宫南向，南门，王宫之外也"。当时从之者多，南宋张纲《讲义》尚从之。吕祖谦《书说》以为端门，《蔡传》及元明时义派经师从之。江声《音疏》以为外朝之皋门，杨筠如《核诂》、曾运乾《正读》从之。孙星衍据《史记》以为先王之庙门，皮锡瑞《考证》、朱骏声《便读》从之。曾氏《正读》且论之较详云："南门，皋门也。天子五门，皋门最南，故曰南门。……晚出《孔传》谓南门为路寝门。如仅为路寝门，则二人往迎，不必盛陈仪卫也。或又谓南门即庙门，《史记》所云二公率诸侯以太子钊见于先王庙者。不知庙门本文称毕门，下文立于毕门之内，诸侯出庙门俟，即其证。此时成王方崩，不导嗣王先人殡宫，反先导之入庙，非礼之节次也。"由下文对"五门"的认识，即略可辨诸说之是非。

按，本篇内"门"凡六见，此处言"南门外"，下文言"毕门之内"，"出庙门俟"，最后一节"王出应门内"，"诸侯'入应门左'、'应门右'"。王鸣盛《后案》于此处已知略加会通云："《传》以南门为路寝门者，即下文所谓毕门，亦如所谓庙门也。"戴钧衡《补商》云："南门，言其方向；毕门，言门毕于此；庙门，指殡所而言。""三名一实，皆路门也。"指出三者皆"路门"。王鸣盛《后案》："路门外，则在应门内。"对这些"门"应有一了解，才便于读懂篇文及理解经师们的意见。《周礼·春官·阍人》云："掌守王宫之中门之禁。"郑注："中门，于外、内为中，若今宫阙门。郑司农（众）云：'王有五门，外曰皋门，二曰雉门，三曰库门，四曰应门，五曰路门。路门一曰毕

顾命

1849

门。'玄谓：雉门，三门也。《春秋》传曰：'雉门灾，及两观。'"贾疏：
"言'路门'者，路，大也。人君所居皆曰路，以大为名。言'毕门'
者，从外而入路门为终毕。'玄谓雉门为三门'者，破先郑雉门为二
门。……天子五门，库门在雉门外明矣。"孙诒让《正义》云："天子
五门，此经（指《周礼》）唯《师氏》《司士》《匠人》有'路门''应门'，
其皋门、库门，见《诗·绵》及《礼记·明堂位》，雉门，见《春秋大
经·定二年》及《礼记·明堂位》。其五门名义，《玉海·宫室》引
《三礼义宗》云："天子宫门有五，曰皋门、曰库门、曰雉门、曰应门、
曰路门。皋门者，王宫之外门。皋之为言，高也。谓其制高显
也。……路门，路寝之门也。'按崔（灵恩）以五门、雉门在库门内，
则依后郑（玄）说。与先郑（众）异。……今考天子五门之次，后郑
此说，确不可易。《明堂位》说鲁制，以库门当天子皋门，雉门当天
子应门（因诸侯只三门），皋门于五门最在外，古无异说，则库门必
在雉门外可知。……此中门，实不专属雉门。当兼库、雉、应三门
言之，盖五门以路门为内门，皋门为外门，余三门处内外之间，故通
谓之中门。……天子五门，唯应门为正门，故特两观。"按，此据《大
雅·绵》毛传："王之郭门曰皋门，王之正门曰应门。"又《尔雅·释
宫》："正门，谓之应门。"郭璞注以应门为"朝门"。由孙氏考述，知
郑玄五门说可成定论。而由五门，又产生了天子三朝。《秋官·朝
士》郑玄注："周天子诸侯皆有三朝：外朝一、内朝二，内朝之在路门
内者，或谓之燕朝。"又云："外朝在库门之外，皋门之内。"贾疏："天
子外朝一者，即朝士所掌者是也。内朝二者，司士所掌正朝，太仆
所掌路寝朝也。"《召诰》"厥既得卜则经营"。《孔疏》："郑云外朝，
在库门之外皋门之内，是询众庶之朝。内朝二者，其一在路门外，

王每日所视，谓之治朝；其一在路门内，路寝之朝，王每日视讫退适路寝，谓之燕朝。"而《朝士》注引郑众又有不同之说："外朝在路门外，内朝在路门内。"孙诒让《正义》云："先郑所谓外朝，即治朝也。内朝，即太仆之燕朝也。后郑说亦同别有外朝在皋门之内，库门之外，与治朝、燕朝而三。……中门之禁，实兼库雉应三门言之，明外朝在中门外矣。"是本篇始见南、毕、庙、应诸门，《诗》《春秋》、二《礼》见皋、库、雉、路、应诸门，可能周王朝确逐渐形成五门，也可能系由经师们"整齐故事"厘定五门（由有纷歧觇其整理之迹）。总之天子五门由外至内为：皋、库、雉、应（正门）、路（毕）。皋、库之间称外朝，应门以内称内朝，复分为二；应、路之间称治朝（正朝），路门以内称燕朝（路寝朝）。明于此，则对一些经师的说法就好理解其是否相合（参见本篇末"所传古代天子五门三朝示意图"）。

③延入翼室恤宅宗——伪孔释"翼室"为明室云："明室，路寝。延之使居忧，为天下宗主。"段氏《撰异》云："'翌'（按《后汉书·袁绍传》注引作翌），今本作'翼'，《传》训翌为明，《疏》引《释言》：'翌，明也。'则其字必本作'翌'。明室内即明堂也，明堂即路寝也。卫包妄改为'翼'。今更正。《后汉书·班固传》：'《典引》曰：正位度宗。'章怀太子注云：'《尚书》曰："延入翼室，恤度宗。"度，居也。宗，尊也。'玉裁按，此本蔡邕《典引》注，盖蔡氏引《尚书》'延入翌室，恤度宗'而申之曰'度居也宗尊也'云云。今本《文选》脱去引《尚书》语，章怀自袭蔡注耳。凡《古文尚书》宅字，《今文尚书》皆作度。"

苏轼《书传》云："翼室，路寝旁左右翼室也。成王丧在路寝，故子钊庐于翼室。"吕祖谦《书说》云："延入翼室，为居忧之宗，示天下

1851

不可一日无统也。"《蔡传》亦云:"延,引也。翼室,路寝旁左右翼室也。……逆太子钊于路寝门外,引入路寝翼室,为忧居宗主也。"吴澄《纂言》云:"延入翼室,为忧居之宗主。或曰:'恤宅宗'盖丧次之名。宗者,宫庙室屋之通称,初丧未成服,未居梁闇,故于路寝之翼室为忧居之室也。"王樵《日记》云:"延入路寝翼室,为忧居宗主。翼室,即东夹室也,初丧未为梁闇,故以东夹室为恤宅之地。"江声《音疏》云:"翼室,路寝傍室。……入路寝之傍室,忧居为丧主。"孙星衍《注疏》:"翼室,即左路寝也。"戴钧衡《补商》在袭王樵东夹室数句后云:"'恤宅宗'者,忧居之主。犹后世所称祭主也。"吴氏《大义》则云:"'翼室',倚庐也(按"倚庐"见《仪礼·既夕礼》为遭丧者之所居)。'恤'者,状其忧戚之容恤恤然也。'宅宗',居尊也。居尊即位为丧主也。"对于翼室之解释如此其繁复。最后加藤常贤谓翼室为"鬼室"。

上列前一说谓翼室当作翌室,义为明室,即明堂。后一说由路寝旁左右翼室,而夹室、而倚庐、而鬼室,各自异。明堂之说,自汉儒历各代直至清儒弄得很复杂,言人人殊,无一家之说可信(惟阮元非常简陋之说差近理),故不采明堂说,惟当于明室、旁室、左右室(夹室)诸说寻之。现即录杨、曾二家之论以各见其一。杨筠如《核诂》云:"(上略)'翌室'者,明室也。段玉裁谓'明室即明堂,明堂即路寝也'。按路寝无大室,与明堂各别,段氏合之,非也。明室,即指路寝。古者君薨必于路寝,故知明室当在路寝。其称为明室者,以其为居丧之室,死者所在。犹送死之器,谓之明器;赠死之衣,谓之明衣;祭祀之水,谓之明水;祭祀之蜀,谓之明蜀也。'恤',《释诂》'忧也'。……'恤度宗',谓'度居也'。……'宗',尊也,为先祖主也。……则此谓忧居，为丧主耳。"曾运乾《正读》云："延，道也。翼室，江声云：'路寝旁室也。'翼是左右两旁之名，然则翼室有两，此盖东翼室也。知者，以既殡之后，居倚庐，在中门外东方，此时未殡，暂居翼室，当亦东可知矣（按此即王樵所谓东夹室）。'恤'，忧也。'宅'，居也。'宗'，犹主也。延子钊入路寝之室，忧居为丧主也。"由此两说所释，知"翼室"是路寝中的一室，"恤宅宗"是忧居为丧主。

④丁卯命作册度——"丁卯"，为成王死后第三天。"作册"，史官的一种。文献中常见，如《洛诰》中的"作册逸"（逸，人名）。金文中作"乍册"，习见，如《乍册嬛卣》。陈梦家《尚书通论》第146页举金文中有乍册丰、乍册宅、乍册休……等，与《尚书》中作册逸、作册度、作册毕公等并举。吴闿生《大义》、于省吾《新证》并以作册度即金文中乍册宅。然文献及金文中作册某必有动作或受赏赐。如《洛诰》言"作册逸诰"，"诰"为作册逸之动作。《令簋》言"乍册矢令奠宜于王姜"。《乍册嬛卣》言"王姜令乍册嬛安夷伯"。"奠宜"、"安"即乍册矢令和乍册嬛的动作。今本篇的"命作册度"，如"度"为人名，则他无动作，不好理解。即文法结构亦不全，亦无此理。故伪孔、《蔡传》皆释为："命史为册书法度，传顾命于康王。"《孔疏》："将崩，虽口有遗命，未作册书，故以此日作之，既作策书，因作受策法度，下云'曰皇后凭玉几'，宣成王言，是策书也。将受命时，升阶即位，及传命以后，康王答命、受同、祭飨，皆是法度。"陈大猷《或问》简明言之云："成王虽有遗命，未有册书，将传之康王，故作册书，纪先王之言授之。因并作受册法度，下文升阶即位及受同祭飨等，其法度也。"戴钧衡《补商》云："此释《传》所言'册书法

度'甚明。窃谓法度不独升阶即位诸仪,凡下文士之所须、狄之所设、食器、兵车之陈、莫不先订于此度也。"似皆所释合理,故精研金文的王国维氏之说,大意亦同于上述诸经师之说。吴其昌所记《王观堂先生尚书讲授记》(《国学论丛》一卷三号)云:"作册(句)度(句)。'作册',官名。'度',事先预度。'命作册度',犹言命作册预备一切也。后人以'册度'连文,非也。"杨筠如《核诂》云:"'作册',官名,即内史也。《雒诰》命作册逸祝册,即其例也。'度',《诗》传:'法度也。'《礼记·月令》注:'谓制大小也。'此盖谓度其礼之繁简也。"兹即取诸释之要义。于先生《新证》之说在整理本书中大都承用,惟此处只好割爱。

⑤越七日癸酉伯相命士须材——"癸酉",伪孔云:"于丁卯七日癸酉。"《孔疏》:"'于丁卯七日癸酉',则王乙丑崩,于今已九日矣。于九日始传顾命,不知其所由也。郑玄云:'癸酉盖大敛之明日也。'郑:'大夫以上殡敛皆以死之来日数,天子七日而殡。'于死日为八日,故以癸酉为殡之明日。孔不为传,不必如郑说。"而吴氏《大义》云:"癸酉,殡日也。汉礼,殡日即位柩前,用此文也。"则于郑说外又自提出一说,恐只能与郑说一样看待,都是凭后世情况推论古礼。

"伯相",伪孔释之云:"邦伯为相,则召公。"《蔡传》:"伯相,召公也。召公以西西伯为相。"《孔疏》:"成王既崩,事皆听于冢宰,自非召公无由发命,知伯相即召公也。王肃云:召公为二伯、相王室,故曰伯相。上言太保命仲桓,此改言伯相者,于此所命士多,非是国相不得大命诸侯,故改言伯相,以见政皆在焉。"朱骏声《便读》则云:"伯相,二伯相王室者,盖召公、毕公也。"以毕公继周公而为东方之伯，与西方之伯的召公分陕而治的身份，当然与召公一样都可称伯相，但他的名望与实权都低于召公，此时召公负主要责任，一切命令由他发出，则如上述经师以召公为此伯相亦无不可。

"命士须材"，伪孔释之云："召公命士致材木，须待以供丧用。《孔疏》："自此以下至'立于侧阶'，惟命士取材木以供丧用。其余皆是将欲传命布设之事。"《蔡传》承用"命士取材木以供丧用"之句，惟在前加"须，取也"三字。薛季宣《古文训》云："士，山虞匠人之属。"王樵《日记》云："召公命士致材木，须待以供丧用，谓椁与明器。《记》云：'虞人致百祀之木，可为棺椁者斩之。'"戴钧衡《补商》云："'须材'，《传》谓取材木以供丧用，说者谓椁与明器之类。钱氏时、金氏履祥以为即下文陈设器物。以今参之，丧用之说非不通，但此经殡敛之事俱略，自'作册度'以下皆专为传顾命而设，则此所以命士者，恐非椁与明器之类。或当如钱氏金氏说也。盖'命作册'者，总纪应行之事；'命士须材'者，总备应用之物。凡此皆召公之特命，非典礼之常。若椁与明器，似不待伯相之命矣。"

⑥狄设黼扆缀衣——"黼扆"，《汉石经》残字作"黼衣"。冯登府《汉石经考异》云："案扆通依，《明堂位》'天子负斧依'。《释文》：'本作扆。'依，亦作衣，《学记》'不学博依'注：'或为衣。'衣即依省也。"伪孔："'狄'，下士。'扆'，屏风，画为斧文，置户牖间。复设幄帐，象平生所为。"

《孔疏》释"狄"云："《礼记·祭统》云：'狄者，乐吏之贱者也。'是贱官有名为狄者，故以狄为下士。《丧大记》'复魄之礼'云：'狄人设阶。'是丧事使狄，与此同也。"王夫之《稗疏》云："设张之事，自幕人所掌。狄之为官，不见于《周礼》，唯《丧大记》言之。则《周礼》所谓夏采者是已。《祭统》所云‘翟’，乃籥师之别名，不与此同。狄不典黼扆缀衣，而特司其陈设。故《丧大记》云‘狄人设阶’。此云‘设’者，兼下文而言。黼扆缀衣、四席、四几、有司备之，而皆授狄人使之排设也。夏采所掌，乃始死而复之事，此兼命之者，以方在殡，礼杂吉凶，且狄司复事为神所依，亦使求神而授命也。旧注未悉。”

《孔疏》释“黼扆”云：“《释宫》云：‘牖户之间谓之扆。’李巡曰：‘谓牖之东户之西为扆。’郭璞曰：‘窗东户西也。《礼》云：斧扆者，以其所在处名之。’郭璞又云：‘《礼》有斧扆，形如屏风，画为斧文，置于扆地，因名为扆。’是先儒相传黼扆者屏风，画为斧文，在于户牖之间。《考工记》云：‘画缋之事，白与黑谓之黼。’是用白黑画屏风，置之于扆地，故名此物为黼扆。”陈师凯《旁通》云：“牖户之间，是以地言。又云负扆者，是以器言也。据《尔雅》则扆自是户牖间地名，以屏置其地因亦名屏为扆，以所画之色言，则曰黼扆，以所画之形言则曰斧扆，以天子所倚立而言则曰负扆，以天子之位而言则曰当扆而立。”

《孔疏》释“缀衣”云：“上文言‘出缀衣于庭’，此复设黼扆帷幄帐者，象王平生时所为也。经于四坐之上言设黼扆缀衣，则四坐皆设之。”是此缀衣仍指幄帐，如上文“出缀衣于庭”校释。

《孔疏》释自“狄设”以布几筵事皆伯相所命云：“此经所云‘狄设’，亦是伯相命狄使设之。……设四坐及陈宝玉兵器与辂车，各有所司，皆是相命，不言所命之人，从上省文也。”

王国维《周书顾命考》谓“‘狄设黼扆缀衣’以下（至“玄纷纯漆仍几”止），纪布几筵事”。戴钧衡《补商》则谓“此陈先王坐平之仪节也"。

⑦牖间南向敷重篾席黼纯华玉仍几——"向",原作"乡","敷",亦作"布","篾",亦作"莫"。见《周礼·司几筵》"凶事仍几"注:"《书·顾命》曰'翌日乙丑,成王崩。癸酉,牖间南乡,西序东乡,东序西乡(今流行本后二"乡"作"牗")',皆仍几。"段玉裁《撰异》云:"乡,古经传乡背字多如此,如《礼记》《明堂位》《乡饮酒义》《燕义》等篇可证,不作向,亦不作牗。……牗字俗制,上下皆谐声也。卫包以牗字改经。"又见《说文·省部》云:"莫,火不明也。从首从火,首亦声。《周书》曰'布重莫席',织蒻席也。读与蔑同。"段玉裁《撰异》:"许据壁中古文也。敷、布古通用。莫、蔑古通用。《尚书》莫席,其训织蒻,则其字当作蔑,而作莫者,假借也。许君造《说文》曰'火不明也',此其正义。引《书》而又释之曰'织蒻席也',此其假借之义。……卫包因孔《传》训为桃枝竹,遂改蔑为从竹之篾,形声会意绝不可支。……郑云:'蔑,析竹之次青者,则合下文笋席为言……析取其最外之青皮为席谓之笋席,析其次青者为席,谓之蔑席。郑意蔑同《礼》注之簟字也。"

顾
命

伪孔释此数句云:"篾,桃枝竹。白黑杂缯缘之。华玉以饰凭几,仍,因也,因生时几不改作。此见群臣觐诸侯之坐。"此释"篾席"为桃枝竹席。释"黼纯"为白黑缯缘之。释"华玉仍几"为华玉以饰凭几,仍生时几不改作。而未释"牖间南向"。

1857

《孔疏》释"牖间南向"云:"牖谓窗(字作窻)也。间者,窗东户西户牖之间也。《周礼·司几筵》云:'凡大朝觐、大飨射,凡封国命诸侯,王位设黼扆。扆前南乡,设莞筵纷纯,加缫席画纯,加次席黼纯,左右玉几。'彼所设者,即此坐也。又云'户牖之间谓之扆。'彼言宸，此言牖间，即一坐也。彼言次席黼纯，此言篾席黼纯，亦一物也。《周礼》：'天子之席三重，诸侯之席再重。'则此四坐（即牖间见群臣诸侯之坐、西序旦夕听事之坐、东序飨群臣之坐、西夹亲属私宴之坐）所言敷重席者，其席皆敷三重。举其上席而言重，知其下更有席也。此牖间之坐即是《周礼》宸前之坐。篾席之二重，其次是缫席画纯，其下是莞筵纷纯也。此一坐有《周礼》可据，知其下二席必然，下文三坐《礼》无其事，以宸前一坐敷三重之席，知下三坐必非一重之席敷三坐，但不知其下二重是何席耳。《周礼》：'天子左右几，诸侯唯右几。'此言'仍几'，则四坐皆左右几也。郑玄云：'左右有几，优至尊也。'"

《孔疏》又释"篾席"云："此篾席与《周礼》次席一也。郑注彼云：'次席，桃枝席。有次列成文。'郑玄不见孔《传》，亦言是桃枝席。则此席用桃枝之竹，必相传有旧说也。郑注此下则云'篾析竹之次青'者，王肃云：'篾席，织蒻苹席，并不知其所据也。'"

《孔疏》又释"黼纯"云："《考工记》云：'白与黑谓之黼。'《释器》云：'缘谓之纯。'知'黼纯'是白黑杂缯缘之，盖以白缯黑缯错杂彩以缘之，郑玄注《周礼》云：'斧谓之黼，其绣黑白彩也。以绛帛为质。'其意为白黑之线缝制为黼，又以缘席。其事或当然也。"

《孔疏》又释"华玉仍几"云："华是彩之别名，故以为彩色用华玉以饰凭几也。郑玄云：'华玉，五色玉也。''仍'，因也。《释诂》文。《周礼》云：'凡吉事变几，凶事仍几。'《礼》之于几有变有仍，故特言'仍几'，以见因生时几不改作也。"

《孔疏》又释伪孔"此见群臣觐诸侯之坐"云："'此见群臣觐诸侯之坐'，《周礼》之文知之。又《觐礼》：'天子待诸侯，设黼宸于户牖之间,左右几,天子衮冕负斧扆。'彼在朝,此在寝为异。其牖间之坐则同。"

《蔡传》全承伪孔,惟文字稍详,而误倒"桃枝竹"为"桃竹枝",陈师凯《旁通》纠正之,并录《尔雅》云:"桃枝四寸有节。"《疏》云:"竹相去四寸有节者,名桃枝。"(按见《释草》)

王鸣盛《后案》:"古者人君宫室之制,前为堂,后为室。堂两旁为东西夹室,即翼室。中有墙以隔之,谓之东西序。后室之两旁则为东西房。室中以东向为尊,户在其东,牖在其西。堂以南向为尊,王位在户外之西,牖外之东,所谓'户牖之间',南向之坐也。"

孙诒让《骈枝》:"此经四几,并云仍几。《周礼·司几筵》:'凡吉事变几,凶事仍几。'注:郑司农云:'变几,变革其质,谓有饰也。仍,因也,因其质无饰也。'玄谓'吉事谓王祭事,每事易几。……凶事,谓凡奠几,朝夕相因'。丧礼简略,二郑同依《尔雅》训仍为因,而义不同。伪孔义又与二郑小异。……后郑与孔说皆不可通。惟先郑谓因质无饰,说尚近理。但此经四几与《礼记·明堂位》玉盏皆有饰,则不得云无饰。谛译先郑之意,似谓几以木为之,惟就玉为饰雕刻之,而其木质则不复雕刻。……两经互证,其义或可通乎?"

吴闿生《大义》云:"此在庙中,旧以为在殡宫者(按此郑玄注《祭统》说)误。周人殡于西阶,何为设位户牖间乎?"意为如此处言牖间者便非殡宫。王国维《周书顾命考》已云:"郑说非也,此册命之地,决非殡所。"又《周书顾命后考》云:"册命之地,自《礼经》通例言之,自当为庙而非寝。毕门,应门,盖庙与寝皆有之。……古者赐爵禄于大庙,岂有传天子之位,付天下之重而不于庙行之者,下文云：'诸侯出庙门俟。'是册命之地之非殡所明矣。"杨筠如《核诂》亦云："下文'出庙门俟'，则此当在庙。……此位正在黼扆之南，《周官·司几筵》'凡封国命诸侯，王位设黼依，依前南乡，设莞筵，左右玉几'，并与此合。惟此则为命天子之礼。"参看后面"讨论（二）"。

⑧西序东向敷重厎席缀纯文贝仍几——"厎"一作"莀"，见《玉篇》云："莀，之履切。《书》云'敷重莀席'。孔安国曰：'莀，蒻苹也。'本作厎。"段玉裁《撰异》："按，俗加草作莀也。《正义》云：'《礼》注谓蒲席为蒻苹。'不言何篇《礼》注。今考《间传》郑注曰：'苄，今之蒲苹也。《释名》：蒲苹以蒲作之，其体平也。'苹，本当作平，俗加草耳。今本《释名》苹误草，不可读。《集韵·五旨》'莀'字下尤讹舛。《说文》曰：'蒻，蒲子，可以为平席也，世谓蒲平。'今本《说文》无'世谓蒲平'四字，《太平御览》所引有之。马、王云：'厎席，青蒲席也。'说同郑君。云：'厎，致也。蔑，织致席也。'蒙上文蔑席而言。致、缴，古今字。据郑说，可知经文'厎'不当从草矣。又按，《说文》'蒲子'，犹云'子蒲'，谓蒲之稺脆。或改为'蒲本'，非也。"《释文》："厎，青蒲也。"

伪孔释此数句云："东西厢谓之'序'。'厎'，蒻苹。'缀'，杂彩。有文之贝饰几。此旦夕听事之坐。"

《孔疏》释"序"与"墙"云："'东西厢谓之序'，《释宫》文。孙炎曰：'堂东西墙，所以别序内外也。'"然今所见《释宫》原文为："东西墙，谓之序。"故清王鸣盛《后案》云："'序'者，墙之别名。古者宫室之内，以墙为隔。墙之外即夹室，堂与夹室共此墙。此东向西向之坐乃在堂上。以其附近东西序，故以序言之，与夹室无涉。

《传》谓'东西厢'，非也。"然宋末元初金履祥《书经注》已云："《尔雅》：'东西墙谓之序。'盖古者宫室之内，以墉墙为隔，犹今以壁隔也。东西墙犹言东西壁，壁之外即夹室，故又曰东西厢。谓之序，自堂言之则东西壁为序。自夹室言之，则墙乃夹室之墙也。夹之前谓之厢，故夹室亦通可谓之厢矣。"

《孔疏》释"厎席缀纯"云："《礼》注谓蒲席为蒻苹。孔以厎席为蒻苹。当谓蒲为蒲蒻之席也。史游《急就篇》云：'蒲蒻蔺席。'蒲蒻谓此也。王肃云：'厎席，青蒲席也。'郑玄云：'厎，致。蔑织致席也。'郑谓此厎席亦竹席也。凡此重席，非有明文可据，各自以意说耳。'缀'者，连缀诸色席必以彩为缘，故以缀为杂彩也。"

《孔疏》释"文贝仍几"云："贝者，水虫。取其甲以饰器物。《释鱼》于'贝'之下云：'余蚳，黄白文。余泉，白黄文。'李巡曰：'贝甲以黄为质白为文彩，名为余蚳。贝甲以白为质黄为文彩，名为余泉。'有文之贝饰几'谓用此余蚳余泉之贝饰几也。"

《孔疏》释伪孔"此旦夕听事之坐"一语云："'此旦夕听事之坐'，郑王亦以为然。牖间是见群臣觐诸侯之坐，见于《周礼》。其'东序西向养国老飨群臣之坐'者，案《燕礼》云'坐于阼阶上西向，则养国老及飨'，与《燕礼》同。其西序之坐，在燕飨坐前，以其旦夕听事，重于燕饮，故西序为旦夕听事之坐。夹室之坐，在燕飨坐后，又夹室是隐映之处，又亲属轻于燕飨，故夹室为亲属私宴之坐。案朝士职掌治朝之位，王南面。此西序东向者，以此诸坐并陈，避牖间南面觐诸侯之坐故也。王肃说四坐，皆与孔同。"

⑨东序西向敷重丰席画纯雕玉仍几——伪孔释云："丰，莞。彩色为画。雕，刻镂。此养国老飨群臣之坐。"《释文》："莞，

音官。”

　　《孔疏》释“丰席”云：“《释草》云：‘莞，苻蓠。’郭璞曰：‘今（晋）之西方人呼蒲为莞，用之为席也。又云蔄鼠莞。’樊光曰：‘《诗》云下莞上簟。’郭璞曰：‘似莞而织细，今蜀中所出莞席是也。’王肃亦云：‘丰席，莞。’郑玄云：‘丰席，刮冻竹席’。”

　　《孔疏》释“画纯”云：“《考工记》云：‘画缋之事，杂五色。’是彩色为画，盖以五彩色画帛以为缘。郑玄云：‘似云气，画之为缘。’”

　　《孔疏》释“雕玉仍几”云：“《释器》云：‘玉谓之雕，金谓之镂，木谓之刻。’是雕为刻镂之类，故以刻镂解雕。盖杂以金玉刻镂为饰也。”

　　《蔡传》简释之云：“此养国老飨群臣之坐也。丰席，笋席也。画，彩色。雕，刻镂也。”误以丰席为笋席，则与下“西夹南向”笋席重复。故陈师凯《旁通》更正之云：“笋席，当为莞席，传写错也。”《汇纂》引马森云：“丰席，《传》解筍席，与下西夹席同，恐或误也。孔《传》训丰为莞，《本草》曰：‘蒲，一名苻离，楚谓之莞。’郑笺云：‘莞，小蒲也。’而《司几筵》有莞筵、蒲筵，则是蒲有小大之异。为席有精有粗，故特为两种席也。《尔雅》疏‘鼠莞织细似龙须，可以为席’。《诗》云‘下莞上蕈’，则丰当为莞，始得之。”杨筠如《核诂》：“按郑以刮冻不刮冻为丰笋二竹之别，殊于丰义无当。‘莞’，《说文》：‘草也，可以作席。’《小雅》郑笺：‘莞，小蒲之席也。’殷敬顺谓‘莞，音官，似蒲而圆’。《广雅》又谓之葱蒲。盖茎圆而中空，故谓之葱蒲。莞之言，管也，正取中空之义。中空而圆，故作席必丰厚也。”王充耘《书管见》云：“篾席笋席，皆指其物名。底席丰席独不言其物，盖底席以其底而在下，犹今（元）以末职为底僚相似，言其最下而著底也。丰者言其高而在上，未知何物为之，《传》谓底席为蒲席，蒲草贱，或者因此谓之底席。至谓丰席为筍席，则不应又自有筍席，此为可疑。要之今人言《书》多错。互见亦未可知。"又《蔡传》彤作雕。《核诂》云："雕与彤同。《释器》'彤谓之琢'是也。"

⑩西夹南向敷重筍席玄纷纯漆仍几——《释文》："筍，息允反。马云：'箈箬也。'徐云：'竹子竹为席。'伪孔释云：'西厢夹室之前。''筍'，蒻竹。'玄纷'，黑绶。此亲属私宴之坐，故席几质饰。"《蔡传》全同，惟将"此亲属私宴之坐"移置最前，释"筍席，竹席也"，于后加"漆，漆几也"一句。中间"玄纷"稍详云："纷，杂也。以玄黑之色杂为之缘。"

《孔疏》释"西夹"（伪孔作"西厢夹室"）云："下《传》云'西房西夹坐东'，'东房东厢夹室'，然则房与夹室实同而异名。天子之室有左右房，房即室也。以其夹中央之大室，故谓之夹室。此坐在西厢夹室之前，故系夹室言之。"

《孔疏》释"筍席"云："《释草》云：'筍，竹萌。'孙炎曰：'竹初萌生谓之筍。'是筍为蒻竹取筍之皮以为席也。"杨筠如《核诂》："筍，马谓菩箬也。郑谓析竹青皮也，引《礼器》曰若竹箭之有筠。按今《礼器》筍作筠，古筍筠同字，故《说文》古文钧从旬，作銞。《汉书·高帝纪》韦昭注（？）：'竹皮，竹筍也。今南夷取竹幼时，绩以为帐。'则竹皮，当谓幼竹之皮，盖幼竹谓之筍，故幼竹之皮，亦通谓之筍。《说文》：'箬，竹箬也。'又曰：'楚谓竹皮曰箬，则箬亦兼竹皮之通称。'马郑之说，可互通也。此当以幼竹之青皮作之，故曰'筍席'。"

《孔疏》释"玄纷纯"云："纷，则组之小别。郑玄《周礼》注云：

'纷如绶,有文而狭者也。然则纷、绶一物,小大异名。故《传》以'玄纷'为'黑绶'。郑于此注云:'以玄组为之缘。'"

《孔疏》释伪孔"以亲属私宴之坐故席几质饰"云:"《周礼·大宗伯》云:'以饮食之礼亲宗族兄弟。'郑玄云:'亲者使之相亲。人君有食宗族饮酒之礼,所以亲之也。'《文王世子》云:'族食,世降一等。'是天子有与亲属私宴之事,以骨肉情亲,不事华丽,故席几质饰也。"即席与几都用朴素之饰。

王鸣盛《后案》云:"'西夹南向'者,上翼室在堂两头,如鸟之翼,此即西翼室也。不设东夹坐者,康王方恤宅于其中故也。《传》以西夹之位在西厢夹室之前,考西夹之前即下文西堂,有冕执钺者立于此,又杂列一席于此何为耶?"此亦反对伪孔东西厢之说,可与上"西序东向"《孔疏》所释条下引金履祥说合观之。

《顾命》篇中至此将《周本纪》中所说"二公率诸侯以太子钊见于先王庙"大典礼中事先布几筵事的设四坐之事叙毕。"四坐",伪孔以为:牖间南向,是见群臣觐诸侯之坐;西序东向,是旦夕听事之坐;东序西向,是飨群臣之坐;西夹南向,是亲属私宴之坐。《蔡传》全承其说。这显然是成王生前处理国政分别进行活动的几个座位。显然是据《礼》书中所记。王国维则以为是这次典礼中所设的座位。其《周书顾命后考》云:"此太保摄成王以行册命之礼,传天下之重,故亦设几筵以依神。其所依之神,乃兼周之先王,非为成王也。《昏礼》与《聘礼》之几筵一,而此独四者,曰牖间、东序、西序三席,盖为太王、王季、成王。而西夹南向之席则为武王。然则何以不为成王设也,曰:成王方在殡,去升祔尚远,未可以入庙,且太保方摄成王以命康王,更无缘设成王席也。"曾运乾《正读》反对上两说,他举了伪孔之说后云:"成王既崩,多设此座,急欲何为?"又举王国维之说后云:"本传顾命,新陟王既无专席,武王又挤入西夹,均臆说不可从。"他在《正读》中提出自己的说法是:"牖间……此席为新陟王设也。""西序……此席在西阶上,盖为嗣王设。""东序……此席在阼阶上,盖为太保设。""西夹……此席在黼扆之西,盖为太史迓王策命之席也。"

伪孔之说,各代经师多从之,并为在此典礼中列此四席寻其故。《蔡传》云:"牖户之间谓之扆,天子负扆朝诸侯,则牖间南向之席,坐之正也。其三席,各随事以时设也。将传先王顾命,知神之在此乎,在彼乎,故兼设平生之坐也。"《汇纂》引明儒顾锡畴之说云:"席所以坐,纯所以缘,几所以凭。天子朝觐、听治、养老、私燕,各有定处。平居各因事而设,今并设之,以听神之随有所凭也。"

自"狄设黼扆"至此处"漆仍几"止,王国维以为是"纪布几筵事"。戴钧衡以为是"陈先王生平之仪节也"。王氏以为这是在这大典礼中所布的几筵诸项,这无疑是正确的,合于古代礼意的。而所布置的东西,据戴氏说,全是先王生平所服用的,这似又很合情实,古人为纪念刚死的先王,把他生平所爱好的宝玩仪饰都摆上,正见出这是对先王的深切的怀念。所以戴氏说也很可取。而由戴氏此说,亦可悟把先王生前理政时的四个坐席按原位摆上,也是合情理的。所以伪孔、蔡氏之说还是有所合的。但不论伪孔说、王氏说、曾氏说哪家正确,总之都是《顾命》原文中所没有说的,而其尽力想去找它这样布置的作用或缘由,大都是凭自己的理解去推定,所以也不必去论其是非,因为实在也无确证足以论定谁的是非。

⑪越玉五重陈宝赤刀大训弘璧琬琰在西序——《释文》:"琬,

纤晚反。琰，以冉反。"此处是说越玉、陈宝、赤刀、大训、弘璧、琬琰六种玉器陈列在西序，即西墙下。但历来经师有不少误说，主要是对本处的"越玉五重陈宝"六字及下句"河图"二字提出妄解，即对未误之诸宝器亦有作出不准确解释者。现依原文顺序述之。

"越玉五重陈宝"，伪孔及《蔡传》皆云："于东西序坐北，列玉五重，又陈先王所宝之器物。"（《蔡传》惟"又"作"及"，无"之"字）是训"越"为于（《孔疏》："于者，于其处所"），"陈"为陈列。且皆以下文之弘璧、琬琰、大玉、夷玉、天球为玉之五重。自宋迄元明儒者皆承其说，清代、现代学者承其说亦不乏其人，如王鸣盛、江声、孙星衍等是。戴钧衡《补商》、吴闿生《大义》则皆云："越，惟也。"近人曾运乾《正读》申其说云："'越'，于也，及也。'越玉五重陈宝'，语倒，犹言'陈宝于玉五重也'。"皆不符合原义。

唯一提到正确之说者，为《释文》所引马融云："越玉，越地所献玉也。"而江声、戴钧衡等皆妄辨其非，由现代古玉研究而知其正确。台湾古玉研究学者邓淑苹《古玉的认识和赏析》（载1994年12月台湾《故宫文物月刊》第141期）文中，在历述了先史时代祖国大地上已形成的古玉三大分系的概况后说："新石器时代晚期，也是中国文化成形的重要时期。""由传说史料可归纳出华夏、东夷、苗蛮三代氏族集团。由古代民族学的角度研究，羌、夷、越等人种，分别散居在华西、华东的北部、华东的南部到华中，他们用以礼拜神祖，表彰身份的玉器，各有不同的风貌。在西周初年文献上，仍有古玉三大分系的记载。《尚书·顾命》篇中记载了周成王病逝后，臣属们在丧礼中，陈设了成王生前的宝物——大玉、夷玉、越玉，应即是古代三种不同族系与文化的遗物，在当时已为成王珍藏的骨董了。"又说:"《尚书·顾命》篇中有'越玉'一词,应是指南方越人所雕琢的玉器。"又说:"或是因为周人属华夏集团的一支,所以称自己文化传统的玉器为大玉。"这就使们理解了"越玉"在历史上的真实意义。是我国古代东南地区西达华中一带所居苗、越民族文化发展中所出现的美玉的总称。同时也理解了越玉与下文大玉、夷玉这三者的科学意义。这里"越玉五重"是指有越玉五双,见陈大猷《或问》云:"玉,一双曰重。"因而不是说和下文的各种玉合成五重(王国维《陈宝说》提出与伪孔不同的"五重说",也是不正确的)。

"陈宝",上文已提到伪孔及蔡氏妄说"陈先王所宝器物"。其前之郑玄也说:"陈宝者,方有大事,以华国也。"(《孔疏》引)亦谓陈列宝物。《说文·宀部》:"宋,藏也。从宀,采声。《周书》曰:'陈宋赤刀。'"段玉裁《撰异》:"《史记》一书,宝字皆作葆,亦其理也。许君盖据壁中之真本,后人易以同音之宝字。"这是研析其文字异体。《广雅·释器》:"陈宝,刀也。"王国维云:"是张稚让已不从郑注。"见王国维《陈宝说》(《观堂集林》第一册)。该文并云:"《史记·秦本纪》:'文公十九年获陈宝。'而《封禅书》言:'文公获若石,云于陈仓北坂城祠之。其神或岁不至,或岁数来……野鸡夜雊,以一牢祠,命曰陈宝。'是秦所得陈宝,其质在玉石间。盖汉益州金马碧鸡之比,秦人殆以为《周书·顾命》之陈宝,故以名之,是陈宝亦玉名也。"当取王说。

"赤刀",伪孔云:"宝刀,赤刀,削。"《蔡传》亦云:"先王所宝器物,赤刀,赤削也。"《孔疏》:"上言陈宝,非宝则不得陈之。故知赤刀为宝刀也。谓之赤刀者,其刀必有赤处。刀,一名削。故名'赤刀,削也'。……赤刃为赤削,白刃为白削,是削为刀之别名明矣。

《周礼·考工记》云：'筑氏为削，合六而成规。'郑注云：'曲刃，刀也。'又云：'赤刀者，武王诛纣时刀，赤为饰，周正色。'不知其言何所出也。"郑注真是妄说。王国维《陈宝说》继"陈宝亦玉名也"后说："赤刀亦然。内府藏古玉赤刀，屡见于高宗纯皇帝御制《诗集》，又浭阳端氏旧藏一玉刀，长三尺许，上涂以朱，赤色烂然。《书》之赤刀，殆亦此类。"说赤刀为玉刀，完全正确，不仅有清内府藏及端氏藏古玉赤刀实物。邓淑蘋《古玉的认识和赏析》亦云："夏王朝以晋南豫西为主要基地，河南偃师二里头出土了体大质精的一批玉器，除了斧、钺等兵器外，还以……大刀和牙璋，最具特色。……陕北神木石峁曾征集一大批玉器……下限亦在夏代内……统治者所用的玉礼器，主要也是牙璋和大刀。……总之夏代时，……统治者用以祭祀神祇祖先的玉礼器，主要有牙璋、大刀，配上圭、钺、璧、琮、戈、柄形器等。"可知豫陕等地出土的夏代古玉礼器中，大刀是其中主要的。则清内府及显要大员藏有"长三尺许上涂以朱"的赤色玉刀，就知其来有自了。晚至清代皇室内府犹藏有此种赤色玉刀，则更靠近夏代的周初王室也藏有这种赤刀，就更好理解了。

"大训"，伪孔云："大训，《虞书》典谟。"《孔疏》："'大训，《虞书》典谟'，王肃亦以为然。郑云：'大训，谓礼法。先王德教。'（《周礼·天府》疏引郑注前句同，后句为："先王礼教，《虞书》典谟是也。"）皆是以意言耳。"《蔡传》复以意言之云："大训，三皇五帝之书，训谓亦在焉。文武之训亦曰大训。"王国维《陈宝说》云："大训，盖镌刻古之谟训于玉。"王说近理，可从。因《周礼·天府》云："凡国之玉镇大宝器藏焉，若有大祭大丧，则出而陈之。"故此处西序东序所陈的宝器全是玉器。已知上文的越玉、陈宝、赤刀皆玉，下文的弘璧、琬琰及东序的大玉、夷玉、天球、河图，无一非玉（或稍次于玉之石，似玉之石），则此处之"大训"亦瘫能是玉，不能是缣帛或竹简书写之谟训。故王氏说是刻有古之谟训之玉，甚是。

"弘璧"，伪孔释为"大璧"。《蔡传》同样释为"弘璧，大璧也"。《孔疏》但释其字义："弘，训大也。"璧亦重要玉器。上引邓淑蘋古玉专文中说："在新石器时代晚期时，圆璧与方琮或已组配为成套的礼器，配合使用。""圆璧方琮组配的礼器习俗，在史前的中国，分布颇广。璧琮的组配礼俗，在稍晚时，已蜕变为璧圭的组配。……由《尚书·金縢》篇中，描述周公'植璧秉圭'，向祖先祈祷的场面可知，在西周初年，最重要的礼器为璧与圭两种。璧是最重要的祭器，竖立（植）于坛上，用以依附自天而降的祖灵；圭是最重的瑞器，主祭者执于手中，以表彰自己的身份。"由此知道璧是玉中最重要的祭器，它首先和琮组配成重要的礼器，至西周初，它又和圭组合成重要的礼器。下面紧接陈列的琬琰正是圭。那么弘璧与琬琰并列，在西周初年更有其重要意义。

"琬琰"，伪孔云："大璧、琬琰之圭为二重。"《蔡传》也云："琬琰，圭名。"《孔疏》："大璧、琬琰之圭为二重，则琬琰共为一重。《周礼·典瑞》云：'琬圭以治德，琰圭以易行。'则琬、琰别玉而共为重者，盖以其玉形质同，故不别为重也。《考工记》：'琬圭、琰圭皆九寸。'郑玄云'大璧、大琰皆度尺二寸'者，孔既不分为二重，亦不知何所据也。"按《说文·玉部》："琬，圭有琬者，从玉，宛声。""琰，璧上起美色也，从玉，炎声。"段玉裁《说文解字注》以为：琬字下"当作圭首宛宛也。……先郑云：'琬，圭无锋芒。'……后郑云：'琬犹圜也。'……玉裁谓圜剡之，故曰'圭首宛宛'者，与'丘上有丘为宛丘'

同义"。琰字下"璧当为圭也。……《周礼》(郑)注:'凡圭剡上寸半,琰圭剡半以上,又半为瑑饰……或当作'圭剡上起美饰'"。是皆释明琬、琰为圭。则与弘璧并列,正是西周初礼意。

⑫大玉夷玉天球河图在东序——此处是说大玉、夷玉、天球、河图四种玉器陈列在东序即东墙下。

"大玉",伪孔无释,但说大玉、夷玉、天球"三玉为三重",实妄说。《蔡传》亦无释。《孔疏》引"郑玄云:'大玉,华山之球也。'"按《尧典》"击石拊石",伪孔释云:"石,磬也。"其佳者以玉为之,是为玉磬,玉磬亦称"球"。见《说文·玉部》:"球,玉磬也。"华山之球,则即华山所产可制磬之玉,称为大玉。指出大玉产地在华山,基本是正确的,与下文说夷玉即东北之珣玗琪产地为医无闾山,同样正确。邓淑蘋氏古玉专文云:"与华东相对峙的华西地区,散居着以黄帝为共主的各部族。""由民族学的角度研究,认为青康藏高原的原住民——羌族,经迁徙进入河西走廊、内蒙、陇西、河套、四川等地。散居各地的羌族,按不同的生态环境,发展出不同程度的文化。在晋豫陕境内的羌人,以务农为生,文化发展高,曾先后建立了历史上的夏王朝和周王朝。""夏王朝以晋南豫西为主要基地……出土了体大质精的一批玉器。"而华山正是晋陕豫的中心地,也是晋南豫西的交接地带,那么把由羌族发展出的夏族(按这一点可参看起鈝撰《姬姜与氐羌的渊源关系》及《由夏族原居地纵论夏文化始于晋南》二文,载《古史续辨》)所居的地域产生的玉称为华山之玉,正像说东北夷玉出于医无闾山一样,是适合的。同时按夷玉、越玉的命名原则,则这一民族的玉可称为羌玉或夏玉,而称为"大玉"者,如邓淑蘋氏之说:"因为周人属华夏集团的一支,所以称自己文化传统的玉器为大玉。"这一解释真可说是谛论。

"夷玉",对这种玉多数经师无正确解释,只说"夷,常也"(见伪孔说及《蔡传》及其追随者)。《释文》则云:"夷玉,马(融)云:'东夷之美玉。'《说文》:'夷玉,即珣玗琪。'"《孔疏》引郑玄注云:"夷玉,东北之珣玗琪也。"《孔疏》继云:"《释地》云:'东方之美者,有医无闾之珣玗琪焉。'东方实有此玉,郑以夷玉为彼玉,未知经意为然否?"马融、《说文》已论定夷玉即彼珣玗琪,则《孔疏》之存疑已无必要。《孔疏》又引王肃云:"夷玉,东夷之美玉。"邓淑蘋氏古玉专文云:"古史学者多认为,东夷的大本营在今山东省境。但由玉器资料显示,夷的老窝或在辽河流域。《尔雅》《说文》中提到医无闾山出产的珣、玗、琪,就是《尚书·顾命》篇中所称的'夷玉'。汉代文献中的医无闾山,今日仍沿用,正在辽河西岸。山的西麓即为有名的考古遗址阜新县,曾出土兴隆洼文化和红山文化的玉器。……夷人的大本营在辽河流域,可能是中国最早开始雕玉的氏族。他们向西的一支,发展了兴隆洼文化、红山文化等,向东发展了小珠山文化等,向南的一支,在山东半岛发展了大汶口文化、山东龙山文化等。……在上古时,夷人所琢之玉,一定是别具特色,所以'夷玉'一词才在文献中常见到。由今日考古资料看,红山文化玉器呈现较明确的风格特色。"由此可以对夷玉有更完整的认识了。

"天球",《说文·玉部》云:"球,玉磬也。从玉,求声。"《释文》云:"球,音求。马(融)云:'玉磬。'"《孔疏》引王肃云:"天球,玉磬也。"又引郑玄云:"天球,雍州所贡之玉,色如天者。皆璞(连上大玉、夷玉言,故云"皆"),未见琢治,故不以礼器名之(按如弘璧、琬琰、玉磬等，即礼器名）。"伪孔亦云："球，雍州所贡。"《孔疏》："《禹贡》雍州所贡：球琳琅玕。知球是雍州所贡也。"按《禹贡》"雍州"原文："厥贡惟球琳琅玕。"彼处伪孔释云："球、琳，皆玉名。琅玕，石而似珠。"《蔡传》："球，鸣球也。"按《皋陶谟》云："夔曰戛击鸣球。"伪孔释云："球，玉磬。"《蔡传》即据此以释球为鸣球。《诗·商颂·长发》："受小球大球。"《传》："球，玉。"《笺》："汤既为天所命，则受小玉，谓尺二寸圭也。受大玉，谓珽也。"由上列诸资料，知"球"是玉，是未制成各种礼器的璞玉。玉、磬、鸣球、圭、珽等则是礼器，不再是原来的璞玉状态的球。由郑玄所说，此处大玉、夷玉、天球，都是璞玉，知天球之"天"当即是天然之意。《庄子》中凡人力所施者称"人"，天然事物称"天"，如云："牛马四足，谓之天；络马首、穿牛鼻，谓之人。"此"天球"之天，即牛马四足谓之天之意。

"河图"，不论汉学、宋学的经师们，自汉迄清撰写解说之文，无不袭用西汉末年方士谶纬家所编造的河图妄说以释此，现一律不予引录。历代学者中不乏正确理解此河图宝器者，才作出正确解说。按，河图与天球并列，是同类宝器。伪孔释"球，雍州所贡"。雍州正在大玉文化领域内，可知天球河图都属大玉宝器。胡渭《易图明辨·论古河图之器》云："按《顾命》东西序所陈，类皆玩好，唯大训、河图为载道之器（按此语误），《周礼·天府》总谓之大宝器。……但河图不知载在何物，历数千年至周而尚存。……据曹魏时，张掖出石图，有八卦之状，高堂隆以比东序之世宝，则河图当为石类。俞玉吾琰云：'天球，玉也。河图而与天球并列，盖玉之有文者。'……然河图藏诸天府，不知何时遂亡，初意秦昭襄王取周九鼎宝器时，河图并入于秦。及项羽烧秦宫室，与府库同为灰烬，此其所以不传也。今年客京师，与四明万君季野斯同论及此事，万君曰：'幽王被犬戎之难，周室东迁，诸大宝器必亡于此时。河图，无论后人，恐夫子亦不及见。'余闻而韪之。顷检《周本纪》云：'犬戎杀幽王骊山下，虏褒姒，尽取周赂而去。'赂即珍宝货财也。可见河图实亡于此时。故自平、桓以下，凡《顾命》所陈诸宝器，无一复见于传记。而王子朝之乱，其所挟以出者，周之宝圭与典籍而已，天府之藏无有也（宝圭典瑞所掌，典籍太史掌之，并非大宝器）。河图亡已久，虽老聃、苌宏之徒，亦未经目睹，故夫子适周无从访问。"惠栋《易汉学八·辨河图洛书》云："余姚黄宗羲以河图为九丘之类图……栋案，《水经注》载《春秋命历序》曰：'河图，帝王之阶图，载江河山川州界之分野。'黎洲据此以为九丘之类也（详《象数考》）。东序河图，后安得见之，虽后人皆信其说，吾不敢附和也。"胡渭之文正确地指出河图为东西序所陈的大宝器之一，曹魏时高堂隆即据张掖出土石图论定东序之河图亦石类。俞琰则据河图与玉器天球并列知河图亦是美玉之有文者。这些都认定河图即是玉石之宝物，是完全正确的。惠栋之文指出黄宗羲认定河图为九丘之类图，前于黄并有《水经注》所载山川州界之河图。惠氏即根据这些河图之为物质性宝器，然后表明自己不附和汉以来经师承方士所倡之河图妄说。这些都是正确的。

　　颉刚师在三十年代时撰《三皇考》，其中在引录了《顾命》篇东、西序所陈器物后说："这是他们的宝物，或是他们的古董。其中以玉为最多，球璧琬琰都是玉。'河图'不知是什么东西，也许是黄河的图，也许是在河中找出来的一块玉石，上面有些图画的纹理的。"然后历叙自宋历元明至清反对方士术数的"河图洛书"说的有名学者之论述,迄于清黄宗羲《易学象数论》一书,专辨汉以来术数妄说后,提出自己对"河图洛书"的看法,顾师录了黄氏的一段原文后,释之云:"他以为'河图洛书'就是现今地图方志一类的东西,因为河洛居天下的中心,因而各地方进呈他们的图书于中央政府,就叫作'河图洛书'。孔子的时候,各国多不奉周为共主,以致图籍不来,而各国的土地人民也就莫由知其消长了。所以他(孔子)叹道:'河不出图,吾已矣夫!''河不出图'者,非'河'不出图也,各国不上图也。"这又是探索关于"河图"的一种重要认识。大抵当以高堂隆、俞琰等以为河图是玉石类宝器之说为近实,才可以与西序东序所列文物相一致,反映了它原始的真实意义。

⑬胤之舞衣大贝鼖鼓在西房——此处是说舞衣、大贝、鼖鼓三种宝器陈列在西房。

"胤之舞衣",伪孔云:"胤国所为舞者之衣,皆中法。"《蔡传》全承之云:"胤,国名。胤国所制舞衣。"《孔疏》释之云:"以夏有胤侯,知胤是国名也。胤是前代之国,舞衣至今犹在,明其所为中法,故常宝之,亦不知舞者之衣是何衣也。"只是因为《尚书》中有一《胤征》篇,说是夏代有这么一个胤国,就毫无根据地把这"胤之舞衣"解释成胤国之舞衣,显然是牵强附会。孔颖达给伪孔作疏,原则是"疏不破注",不能违背,只能顺着讲,这里末一句也看出他的"微辞"。其实根据下文兑之戈、和之弓、垂之竹矢来看,兑、和、垂三者都是古代传说中有名的作这三种器物的能人,则胤也应擅制舞衣或者是古代善舞之人才是。后从《周礼·天府》疏中见引郑玄注云:"胤也、兑也、和也、垂,皆古人造此物者之名。"(今见阮刻《十三经注疏》本脱"兑也"二字,据孙星衍集《古文尚书马郑注》补)则郑玄已注明"胤"为作器者之名，伪孔岂未见郑注而提出误说。

"大贝"，就是指体积较大的贝藏于周内府者。于省吾《新证》引《丰鼎》云："王赏作册丰贝，大子锡东大贝。"以见当时贵族习以大贝为宝物相赠送。而《周礼·天府》疏引郑玄注云："大贝者，《书传》（即《尚书大传》）曰'散宜生之江淮之浦取大贝如车渠'是也。"竟牵附到散宜生所取之贝。而伪孔亦牵附云："大贝，如车渠。"《蔡传》全承之。《孔疏》补充说明其故事云："大贝，必大于余贝。伏生《书传》（即《大传》）云：'散宜生之江淮，取大贝如大车之渠。'是言大小如车渠也。《考工记》谓：'车罔为渠。'大小如车罔，其贝形曲如车罔，故比之也。"按《周本纪》在叙述闳夭、散宜生等投归西伯周文王后，接着说："帝纣乃囚西伯于羑里，闳夭之徒患之，乃求有莘氏美女，骊戎之文马，有熊九驷，他奇怪物，因殷嬖臣费仲而献之纣……乃赦西伯。"《尚书大传》将《周本纪》所记加以渲染云："散宜生遂之犬戎氏取美马，驳身朱鬣鸡目；之西海之滨取白狐青翰；之于陵氏取怪兽，尾培其身，名曰驺虞；之有参氏取姜女；之江淮之浦取大贝如车渠：陈于纣之廷。"是把《史记》所说的"他奇怪物"，实定了是这些东西。于是郑玄及伪孔见此处"大贝"，即据《大传》释为散宜生从江淮取来的如车渠的大贝，显然还以为一直保存在周的内府。《孔疏》指明资料来源，正好看到郑玄和伪孔的牵强附会。

"鼖鼓"，《释文》云："鼖，扶云反。"《周礼·天府》疏引郑玄注云："鼖鼓，大鼓也。此鼖非谓《考工记》鼖鼓长八尺者，若是周物，何须独宝守，明前代之物与周鼖鼓同名耳。"伪孔遂云："鼖鼓，长八尺，商周传宝之。"《蔡传》就用"鼖鼓长八尺"五字。《孔疏》："《考工记》云：‘鼓长八尺，谓之鼛鼓。’《释乐》云：‘大鼓谓之鼖。’此鼓必有所异，周兴至此未久，当是先代之器，故云‘商周传宝之’。”

⑭兑之戈和之弓垂之竹矢在东房——此处是说古代有名制造武器的能工巧匠兑、和、垂三人所作而传至周初已成宝器的戈、弓、竹矢三物陈列在东房。伪孔云：“兑、和，古之巧人。垂，舜共工。所为皆中法，故亦传宝之。”《蔡传》袭用之，惟“巧人”作“巧工”，“舜”作“舜时”，而未录后二句。《孔疏》云：“戈、弓、竹矢，巧人所作。垂是巧人，知兑、和亦古之巧人也。‘垂，舜共工。’《舜典》文。若不中法，即不足可宝。知所为皆中法，故亦传宝之。垂是舜之共工，竹矢盖舜时之物，其兑、和之所作，则不知宝来几何世也，故皆言传宝之耳。”

“兑”，仅见于周初此文中，以造戈著称，其他古文献中皆不见其名。只是此处与有名的“巧垂”并称，才被伪孔称为“古之巧人”。上引郑玄注，但言兑与胤、和、垂“皆古人造此物者之名”，未作称誉，是其慎重处。

“和”之作弓亦仅见于此文。然《世本》云“挥作弓”，《山海经·海内经》云：“般是始为弓矢。”《墨子·非儒下》云：“古者羿作弓。”《荀子·解蔽篇》云：“倕作弓，浮游作矢。”《吕氏春秋·勿躬篇》云：“夷羿作弓。”则古时所传擅长作弓者又有挥、般、羿（即夷羿）、倕（即垂）等人。而历史文献中“和”之有名者则为“和氏之璧”的和氏，见《韩非子·和氏篇》，略谓楚人和氏得玉璞楚山中，献于楚厉王，以其诳而刖其左足。后献之武王，刖去右足。及文王立，抱璞哭于楚山中，文王使玉人理其璞而得其宝，命曰“和氏之璧”，但时间晚至春秋初年了。又有名医和，与扁鹊齐名，见范成大

《问天医赋》："访和、扁以制度。"按扁鹊被说成是黄帝时人，战国时名医秦越人亦被称为扁鹊，由传说次序，和在扁鹊前。总之这都是历史传说中人物，难以寻这称为和的人之实际情况。

"垂"，一作倕。见《尧典》"佥曰垂哉"校释。在战国秦汉间人谈古代工艺技术能人时，称誉垂者最多，其声望地位远在公输班之上，汉以后公输鲁班的声望才高起来，垂的声望逐渐小了。而垂之作竹矢，亦仅仅一见于此文。其他文献中不论怎样称为"巧倕"（见《海内经》）、"工倕"（《庄子·胠箧》），皆未见其作竹矢。然《世本》云"夷牟作矢"，《荀子》云"浮游作矢"……等。而《世本》中所载垂之制作，则有：作钟、作规矩准绳、作铫（宋衷注：刘也）、作耒耜、作耨，《荀子·解蔽》垂作弓，《礼记·明堂位》垂作和钟，《吕氏春秋·古乐篇》有倕作鼙鼓、钟、磬、吹苓管、埙、篪、鞀、椎钟，等等。是垂制作东西最多，举如武器、农具、乐器，以及工艺工具等方面都各有作品多种，所以被称为巧垂，长时期名声在公输班之上。

所有上面举到的各文献，其时间都比《顾命》为晚，而以那几位古人的名字所作的器物，又实实在在在陈列在康王即位的先王庙堂上，所以我们要承认《顾命》所记的胤之舞衣、兑之戈、和之弓、垂之竹矢，为最早的确实的文献记载（因《顾命》是周初真文献），比较来说，是第一手的。其他文献所载的可靠性，都要次于《顾命》所载。

至于这些宝器陈列所在的西房、东房，伪孔云："西房，西夹坐东。东房，东厢夹室。"王鸣盛《后案》云："东房西房，《孔传》以为即是东西夹室，非也。前堂、后室，古人定制。《说文》云：'房，室在旁也。'《释名》云：'房，旁也。在室两旁也。'然则夹室在前堂之两头。房在后室之两旁，是房在夹室后矣。考堂有两楹，其中即《檀弓》所谓'两楹间'。堂东西墙为序,序外为夹室,自两楹旁至东西序,各广三分楹之一。后室之广如前堂之楹间,是后室较隘于前堂,东西房虽当东西夹室后,而较广于东西夹。西房当西夹后以东,东房当东夹后以西也。房虽与室连比,其间有墉以间之,各不相通,故各于南隅设户以通于堂。其后室之中,东西北三面皆墉,惟南一面东为户、西为牖。故西房之户出于西序内室牖之西,东房之户出于东序内室户之东也。其所陈宝物在西房者,陈于西房东墉下;在东房者,陈于东房西墉下,各当房户之直北,前堂皆得见之,又正与东西之所陈南北相直也。"

⑮大辂在宾阶面——"辂",原作"路",薛季宣隶古定伪孔本亦作"路"。今之伪孔《唐石经》以下各本皆作"辂"。段玉裁《撰异》云:"必卫包所改也。古经传无作'辂'者,《周礼·巾车》《礼记》《明堂位》《礼器》《郊特牲》皆作'路',《仪礼·注》云:'君所乘车曰路。'(此取"路,大也"之义)《释名》云:'路,亦车也。谓之路者,言行于道路也。'"江声《音疏》:"《周礼》车路字皆不作辂,盖辂者车轫前横木(按,据《说文·车部》),别一字也,当从路。"今从《唐石经》,不改回为路。正如汝原当作女,后人加水为汝,又改路为辂,皆为便于确认字义,不至与男女之女,道路之路相混。故虽失古,却适用于今,但当知其原文如此即行。

"大辂",《周礼·典路》疏引郑玄注云:"大路,玉路。"伪孔云:"大辂,玉。"《蔡传》完足其语意云:"大辂,玉辂也。"《孔疏》云:"《周礼·巾车》:'掌王之五辂:玉辂、金辂、象辂、革辂、木辂。'(按此六"辂"字,《周礼》原文皆作"路",今本《孔疏》改之)是为五辂也。此经所陈四辂,必是《周礼》五辂之四。大辂,辂之最大,故知

'大辂,玉辂也'。"

"宾阶",《蔡传》云:"宾阶,西阶也。"江声《音疏》:"《曲礼》云:'主人就东阶,客就西阶。'又《檀弓》云:'周人殡于西阶之上。'则犹宾之也。是西为宾位,故西阶谓之宾阶也。"

"面",伪孔云:"面,前。皆南向。"《蔡传》云:"面,南向也。"《孔疏》云:"'面,前'者,据人在堂上,面向南方,知面前皆南向。谓辕向南也。"

⑯缀辂在阼阶面——依上校释,此"辂"亦当作"路",而"缀"亦作"赘",故"缀辂"亦作"赘路"。《周礼·典路》注录郑众引此句作:"赘路在阼阶面。"

"缀辂",《周礼·典路》疏引郑玄注云:"赘,次。次在玉路后,谓玉路之贰也。"伪孔云:"缀辂,金。"《蔡传》云:"缀辂,金辂也。"《孔疏》云:"缀辂,系缀于下,必是玉辂之次,故为金辂也。"

"阼阶",《汇纂》引《尔雅》云:"阼阶,主阶也。"(按《尔雅·释宫》未见此文,不详其在何篇)惟《说文》云:"阼,主阶也。"段氏注:"阶之在东者。"本篇下文"太保……由阼阶隮"疏云:"阼阶者,东阶也。谓之阼者,郑玄《士冠礼》注云:'阼,犹酢也。东阶所以答酢宾客。'是其义也。"故《蔡传》亦承此云:"阼阶,东阶也。"

"面",《孔疏》:"谓辕向南也。地道尊右,故玉辂在西,金辂在东。"林之奇《全解》云:"面,犹向也。宾阶、阼阶之面则南向,自内而向外。"

⑰先辂在左塾之前次辂在右塾之前——《周礼·典路》疏引郑玄注云:"先路,象路。门侧之堂谓之塾。谓在路门内之西,北面,与玉路相对也。〔次路,〕象路之贰,与玉路之贰相对,在门内之东,

北面。"伪孔云："先辂，象。次辂，木。金、玉、象皆以饰车，木则无饰。皆在路寝门内，左右塾前，北面。"

《孔疏》首释"先辂次辂"云："此经四辂，两两相配。上言大辂、缀辂，此言先辂、次辂。二者各自以前后为文。五辂，金，即次象，故言'先辂，象'。其木辂在象辂之下，故云'次辂，木'也。又解四辂之名，金玉象皆以饰车，三者以饰为之名，木则无饰，故指木为名耳。……顾氏（可能为顾彪）云：'先辂在左塾之前，在寝门内之西，北面，对玉辂。次辂在右塾之前，在寝门内之东，对金辂也。'"

《孔疏》又释"左塾、右塾"云："成王殡在路寝，下云'二人执惠立于毕门之内'，毕门是路寝之门，知此陈设车辂皆在路寝门内也。《释宫》云：'门侧之堂谓之塾。'孙炎曰：'夹门堂也。'塾前陈车，必以辕向堂放，知左右塾前皆北面也。左塾者，谓门内之西；右塾者，门内之东，故以此面言之为左右。"

《孔疏》又释王之五路此用其四、其一革路未用之故云："木辂之上犹有革辂，不以次辂为革辂者，《礼》五辂而此四辂，于五之内必将少一，盖以革辂是兵戎之用，于此不必陈之，故不云革辂，而以木辂为次。马融、王肃皆云'不陈戎辂者，兵事非常，故不陈之'。孔意或当然也。"此以五者取四，不得不去其一。其一为兵车，以马王之意不用兵车于丧礼释之，似亦近理。但王安石独以木辂为先辂，以象辂革辂皆为次辂，《蔡传》全承其说。林之奇《全解》引王安石说云："先辂为木辂，次辂为革辂、象辂。谓其行也，贵者宜自近，贱者宜远之。王乘玉辂，缀之以金。最远者木，故木辂谓之先辂。"《蔡传》毕袭其说云："先辂，木辂也。次辂，象辂、革辂也。王之五辂，玉辂以祀不以封，为最贵；金辂以封同姓，为次之；象辂以封异姓,为又次之;革辂以封四卫,为又次之;木辂以封蕃国,为最贱(按,蔡氏所称各车的用途,皆据《周礼·巾车》,所谓"最贵"、"最贱"则蔡所发挥)。其行也,贵者宜自近,贱者宜远也。王乘玉辂、缀之者金辂也,故金辂谓之缀辂。最远者木辂也,故木辂为之先辂。以木辂为先辂,则革辂象辂为次辂矣。"两阶两塾之间,明明陈四辂,每处一辂,如王蔡之言,则右塾之前的次辂,要并陈革象两辂。《顾命》原文明明大辂、缀辂、先辂各为一辂,合为四辂,王蔡之说显然是不符合《顾命》原意的。何况林之奇已批评了以木辂为先辂之不当云:"木辂最为五辂之下,而以为先,故其说不免于凿也。"

其实《顾命》所记为西周早期资料,所说四部车子的原名就叫大辂、缀辂、先辂、次辂,何必用东周后起《礼》书的五辂之名去比附呢?从西周金文资料结合文献来看,当时的制度、文物、礼数,在不断发展、变迁、演进之中,其官制演变之大更为显著,则其他事物之必多演变亦可知,所以西周之四辂自四辂,东周之五辂自五辂,虽其间必然有演变沿革之迹,但在没有获得实物验证加以深入研究之前,不必以东周之五辂去比附西周之四辂。

《孔疏》又引述郑玄关于此诸辂时不同之说云:"郑玄以缀、次是从后之言,二者皆为副贰之车。先辂是金辂也,缀辂是玉辂之贰,次辂是金辂之贰。不陈象辂、木辂、革辂者,主于朝祀而已。未知孔、郑谁得经意。"是郑玄以大辂、先辂二者为主辂,缀辂、次辂为副贰。因而只取五辂中的玉辂金辂二者来配主辂,即以大辂为玉辂,先辂为金辂,缀辂是玉辂之副,次辂是金辂之副,就用缀、次二辂的原名,根本不用象、木、革三辂之名来配。郑的意思清清楚楚,是与伪孔说完全不同的,可是后来释经者引郑说,妄要替他改字,说前面的金字错了，后面的象字错了，应该对换，这是以伪孔说来改郑说，不明白《孔疏》早就指出郑孔之异。惟戴钧衡《补商》云："观郑云'主于朝祀'。《周礼·巾车》云'玉辂以祀，象辂以朝'，则不言金辂、革辂、木辂也。"是郑只取用了玉辂、象辂，未用金、革、木三辂。总之郑从五辂中只取其二，未用其三，与伪孔说是大为不同的。所以《孔疏》只好说不知这两家谁合经意。其实这两家连王安石、蔡沈之说都不会合《顾命》原文之意，正好也证实了上文所说的，不要以东周之五辂，去比附西周之四辂。

《孔疏》于此述自"狄设黼扆"以下至设车辂之意义云："凡所陈列，自'狄设黼扆'已下至此，皆象成王生时华国之事，所以重顾命也。郑玄亦云：'陈宝者，方有大事以华国也。'《周礼·典路》云：'若有大祭祀，则出路。大丧、大宾客亦如之。'（原文"则出路"下有"赞驾说"三字）是大丧出辂为常礼也。"王国维《周书顾命考》谓，自"越玉五重以下（至此句止）纪陈宗器"。戴钧衡《补商》则谓自"越玉五重"至"垂之竹矢在东房"为"此陈先王生平之宝玩也"，自"大辂在宾阶面"至此句"次辂在右塾之前"为"此陈先王生平之车乘也"。

⑱二人雀弁执惠立于毕门之内——《释文》："弁，皮彦反。"《诗·甫田》传："弁，冠也。"《孔疏》："弁者，冠之大号。""雀弁"亦作"爵弁"。见《白虎通·绋冕》云："爵弁者何谓也，其色如爵头，周人宗庙士之冠也。"《仪礼·士冠礼》注云："爵弁者，冕之次，其色赤而微黑，如爵头然，或谓之缌，盖赤多黑少。"按《说文·鬯部》："爵，礼器也。"这是爵的本义，它是一礼器，没有什么头呈什么色，古文献中，"爵"常假借为"雀"。《荀子·礼论》："小者是燕爵。"

注:"燕爵与鷽雀同。"又《孟子·离娄》:"为丛驱爵者,鹯也。"《晋书·段灼传》用此句作"为薮驱雀者"。可知古时"爵"常假用为"雀"。爵头色即雀头色。"爵弁"即"雀弁"。皮氏《考证》引《独断》云:"冕冠,周曰爵弁。殷曰冔,夏曰收,皆以三十升漆布为壳。广八寸,长尺二寸,加爵冕其上。"又引《释名·释衣服》云:"弁,如两手相合抃时也。以爵韦为之,谓之爵弁。"而后皮氏论之云:"《释名》所云,与《独断》云'漆布为壳'异者,盖爵弁有布、韦二种,凡兵事韦弁服,此执兵者,宜韦也。"

《御览》引《三礼图》云:"爵弁,士助君祭之服。"(郑玄、晋阮谌各有《三礼图》,此不详何家之图。据下文《孔疏》所引为阮谌之图)《孔疏》引郑玄"雀弁"注云:"赤黑曰雀,言如雀头色也。雀弁,制如冕,黑色,但无藻耳。"伪孔云:"士卫殡,与在庙同,故雀韦弁。"《蔡传》:"弁,士服。雀弁,赤色弁也。"《孔疏》释伪孔云:"士入庙助祭,乃服雀弁。于此服雀弁者,士卫王殡与在庙同,故爵韦弁也(此处引郑玄说)。然则雀弁所用当与冕同。阮谌《三礼图》云:'雀弁以三十升布为之。'此传言雀韦弁者,盖以《周礼·司服》云:'凡兵事韦弁服。'此人执兵,宜以韦为之。异于祭服,故言'雀韦弁'。"

《孔疏》释服雀弁者为士只能立于堂下云:"《礼》:'大夫服冕,士服弁也。'此所执者凡有七兵,立于应门之内及夹西阶立堂下者(七兵应作六兵,二惠四戈)。服雀弁綦弁者皆士也。以其去殡远,故使士为之。其在堂上服冕者,皆大夫也,以其去殡近,皆使大夫为之。"

"惠",《孔疏》引郑玄注云:"惠状盖斜刃,宜芟刈。"伪孔云:"惠,三隅矛。"《蔡传》全承伪孔说。《孔疏》以此经所陈七种之兵一句,引起对此节七种武器的总的论述,将于此七种武器考释皆毕后再引录。此先录俞樾《群经平议》论"惠"之说云:"樾谨按,惠为兵器,必假借字,而未有得其本字者。《说文·叀部》'惠'篆下有重文蕙,曰:'古文惠。'疑此即'执惠'之本字。其字从端者,象三隅之形。从惠者,其声也。壁中古文本作蕙,孔安国以今文读之作惠,许氏遂误以蕙为惠古文。而此经惠字无得其本字者矣。"于省吾《新证》继云:"伪《传》训惠为三隅矛,郑康成云:'惠状盖斜刃,宜芟刈。'俞樾谓《说文》古文惠作蕙,蕙象三隅之形。按俞说近是。《广韵》:'鏸,锐也。一曰'矛三隅谓之鏸'。惠作鏸,犹戈之作戋,戈之作钺也。金文惠作 ,余藏一侯戟(见《双剑誃吉金图录》下二六)。在胡之上面多出一锋,加以援、胡二锋,则为三锋矣。疑即惠也。余又藏一 戟(见《双剑誃吉金图录》下二七),援中有粔,亦象三锋,考其形制,当在西周,与晚周郘戟有别。然则惠或即雄戟欤!惟均无銎。伪《传》以矛名之,非是。郑氏斜刃之解,未能验诸实物,臆说也。"于说理论可从,但要知道于氏所据二戟的确切年代,然后其说乃能成定论。

《文博》1992 年第 1 期载考古学者沈融《尚书顾命所列兵器名考》是首次见到关于《顾命》诸兵器的一篇专论。以为这七种兵器除经学家郑玄等人之注外,尚缺少考古的全面考证,因而利用考古科学研究的深入开展,撰成了该文。文中关于"惠"的考述,以为不能像戈的研究有"郘侯舞戈"那样的实物证据,只能是推测性的。依郑玄斜刃宜芟刈说,惠似属勾兵类;依伪孔三隅矛说,又好像属刺兵类。由此惠可能介于勾兵与刺兵之间,或者集二者于一身的兵器。其次惠和戈上刃有一定相似之处,刺戟是将钩戟钩的上方加长起锋,形成了刺，钩戟虽有上刃，但不起锋，不能用以前刺，而仍为勾兵，所以称戈。刺戟兼勾刺两功，不能再称戈，要另行命名。就出现了"惠"，在《何尊》和《毛公鼎》惠字上面都象三股叉形，西周早期刺戟都是十字形，装柲后也起三股。是与《何尊》等铭文惠字形最接近。由出土状况知刺戟、钩戟都属高级贵族仪仗，既确定"执戈上刃"是指钩戟，则惠是指刺戟。以上节录该文论"惠"大要，以与于先生说相合，故尚为有据（见下文"戈上刃"校释所复印沈文"附图一"）。

　　"毕门"，《周礼》之《天官·阍人》与《秋官·朝士》郑众注皆云："路门，一曰毕门。"伪孔云："路寝门，一名毕门。"《蔡传》全承之。《孔疏》："天子五门：皋、库、雉、应、路也。下云'王出在应门之内'，出毕门始至应门之内，知毕门是路寝之门，一名毕门也。"金榜《礼笺》"明堂位条"云："康王受册命在祖庙，毕门者，祖庙门也。先儒以下经'王出在应门之内'，因释毕门为路门，盖失考。……入门者，至祖庙门而终毕，故曰毕门。"曾运乾《正读》云："今按金说是也。此云'立在毕门之内'，下经云'诸侯出庙门俟'，则毕门即庙门也。《周礼·阍人》：'大祭祀丧纪之事，跸宫门庙门。'《典祀》：'掌外纪之兆守及祭，帅其属而跸之。'跸，止行人也。此毕为跸之借字，宫门庙门皆跸，庙门独称跸门者，庙事尤宜肃也。《春官·小宗伯》：'掌建国之神位，右社稷，左宗庙。'郑注：'谓在库门内雉门外之左右。'宋刘敞，清戴震、金鹗、孙诒让并云：'天子庙在应门内路门外，夹治朝。'今按戴金诸家说并是也。康王即位于庙，上云'诸侯出庙门俟'，下云'王出在应门之内'，是庙在应门内也。"以上释毕门，一以为路门，一以为庙门，此关古代寝、庙制度，在未作详细研究前，只能两存其说。

⑲四人綦弁执戈上刃夹两阶阰——"綦",一作"騏"。见《释文》云:"綦,音其。马本作騏,云青黑色。"段玉裁《撰异》云:"《诗·曹风·正义》:《顾命》曰'四人騏弁执戈',注云:'青黑曰騏。'(按此为《曹风·鸤鸠》"其弁伊騏"疏引,其下紧接"不破騏字为玉綦"句)玉裁按,此盖郑本。郑注与《尚书·释文》所引马本马注合。……又《鲁颂·正义》曰:《顾命》曰:'四人騏弁。'注云:'青黑曰騏。'引《诗》云'我马维騏'(按,此为《鲁颂·駉》"有驿有騏"疏引),是则郑本之作'騏'无疑矣(按《撰异》此处并曾录《顾命》疏引郑注及《郑风》疏引《顾命》经注皆作"綦")。騏、綦古通用。"孙星衍《注疏》:"綦当作綼。《说文》:'綼,帛苍艾色。'新修增綦字,即綼别体也。"

"綦弁",《孔疏》:"郑玄云:'青黑曰綦。'王肃云:'綦,赤黑色。'孔以为:'綦,文鹿子皮弁。'各以意言,无正文也。"皮氏《考异》:"案爵为赤黑,则騏当为青黑,马郑本是,王说非也。"按伪孔云:"綦,文鹿子皮。弁,亦士。"《蔡传》全袭之云:"綦弁,以文鹿子皮为之。"《孔疏》释伪孔云:"大夫则服冕,此服弁,知亦士也。"江声《音疏》云:"《说文·马部》云:'騏,马青骊文如簙綦也。'骊是黑色,故郑云:……騏弁之文采如马之騏文也。……《诗·鸤鸠》……笺乃云:'騏,当作璂,以玉为之。……郑注《周礼·弁师》云:'韦弁,皮弁,侯伯璂饰七……再命之大夫璂饰二。'又云:'士变冕为爵弁,其韦弁皮弁之会无结饰。'然则郑氏之意以大夫以上之弁皆有璂饰,士弁则无有……此四人是士,其弁不得有璂饰,故以騏为青黑色也。知此四人是士者,盖士无位于堂……此四人立于堂下,又弁而不冕,与上文二人雀弁立于堂下者,皆士也。"戴钧衡《补商》云:"騏为马之青黑色者,古'騏'、'綦'二字通用,此当以'騏'为正字。孔训'鹿子皮',不知所本。《传》(指《蔡传》)于'雀弁'训'赤色'(按郑训赤黑色),不取'韦弁'之说,于'綦弁'又取'鹿子皮'之训,恐两失之。"现录《钦定书经传说汇纂》所列雀弁、綦弁图如下:

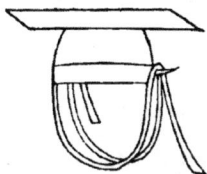

雀弁　　　　　　　　綦弁

"戈上刃",《孔疏》引郑玄云:"戈,即今(汉末)之勾子戟。"(阮元《校勘记》云:"按诸本作'子',形近之误,他《正义》中'子'字讹作'子'者,十之八九。")伪孔无释。《孔疏》云:"此经所陈七种之兵,惟戈经传多言之,《考工记》有其形制。……《周礼》戈长六尺六寸。"《蔡传》云:"上刃,刃外向也。"江声《音疏》云:"云'戈即今之勾子戟'者,盖汉时名戈为钩子戟,郑举当时之名以况,便于晓人也。故郑注《周礼·叙官·司戈盾》亦云'今时勾子戟'。按《考工记·冶氏》职云:'戈广二寸,内倍之,胡三之,援四之。'郑仲师注云:'援,直刃也。胡其子。'然则勾子戟者,以其胡名之也。康成注冶氏云:'戈,今子戟也。或谓之鸡鸣,或谓之拥颈。'然则汉人曰戈有此数名。"王鸣盛《后案》全用江氏上半之文,于其后增强了一些材料,孙星衍只简录了江氏前面几句,殊简略。刘逢禄《今古文集解》云:"《说文》:'戈,平头戟也。从弋、一横之象形。''戟,有枝兵也。'详《戈戟图考》。上刃,刃向前也。"

程瑶田《考工创物小记》云:"《冶氏》:'为戈广二寸,内倍之,胡三之,援四之。……倨勾外博,重三锊。戟广寸有半寸,内三之,胡四之，援五之。倨勾中矩与刺，重三锊。'戈、戟并有内、有胡、有援，二者之体大略同矣。其不同者，戟独有刺耳。是故《说文》曰'戈，平头戟'也。然则戟为戈之不平头者矣。又曰（指《说文》又曰）：'戟，有枝兵也。'然则戈为戟之无枝兵者矣。《说文》言'枝'，《考工记》言'刺'，枝、刺一物也。是故戈之制有援。援，其刃之正者，衡（即横）出以啄人，其本即内也。内，衡贯于秘之凿而出之，如'量凿正枘'之枘，读如'出内朕命'之内（即纳，见《尧典》篇），故谓之'内'。'援'接'内'处折而下垂者，谓之'胡'。胡之言，喉，如喉承颔折而直下也。援衡胡上（即横于胡上），故曰平头也。"是戈包括内、胡、援三部分。'援'是横列在上，用以勾杀敌人的作为戈的主刃部分；'内'是援的另一端伸出部分，用以插入秘（即柄）孔中者，读同出纳之纳，以之纳入柄的凿孔中以固定援者；'胡'则是援与内相接处靠近柄向下垂的部分。按，如同牛颈下有垂皮叫胡（见《说文》胡字），狼也有胡（见《诗·狼跋》）一样。程氏文中绘有戈形二十余幅，现摹绘其第一幅如下（指明部位名称之词今加）：

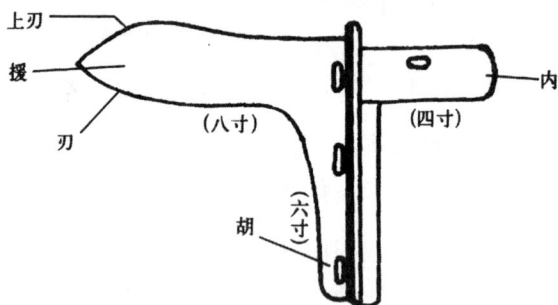

程氏文中说"援，其刃之正者，横出以啄人"，则即援的下面一侧是戈之刃，所以才横出以啄杀人。今本篇说"戈上刃"，依《蔡传》说（蔡未说明其出处），是"刃外向"，那就是援的上面一侧也磨削成

刃,刃才外向,这就是本篇的"戈上刃"。

于省吾《新证》云:"旧说'上刃,刃向前也'。语意含浑。按,戈之内纳于木柄,周制,柄长六尺六寸。《考工记·庐人》分兵为勾兵、刺兵两种,戈为勾兵,以之横击。盖用时每横其柄,则援与胡之刃在前;执时纵其柄,则援与胡之刃在上,故云上刃也。"此可备一说。然以戈为常戈,执戈时刃自然在上,则言执戈即足。程氏文所绘戈图,有"晋左康戈",其援上下两侧皆有刃,与通常戈不同。又有"长内两畔有刃戈"数枚,系"内"从柄孔外出后加长,上下两侧皆成刃。可知"戈上刃"解成援的上侧加工成刃外向,可能是合于情实的。

沈融《顾命所列兵器名考》云:"戈是先秦主兵,其形制已为我们所熟悉,问题就在'上刃'二字。""上刃两字就只能理解为戈的一种特定的形制(因反对"刃向前也"而持此说)。西周戈尽管数量众多,形制繁杂,却并无一例具备'上刃'这个特殊的条件。能够兼'戈'及'上刃'两者而有之的,只能是西周的戟。"这实际还是承认"刃向前",因所举的两例,事实上都是刃向前,见附图:

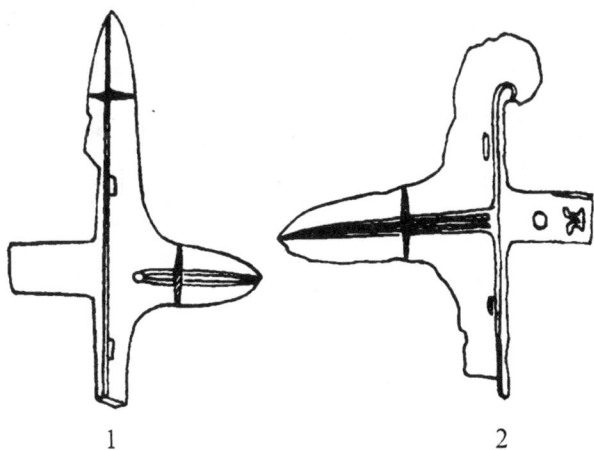

1   2

此为沈氏文中的"附图一"。据该文大意，此两件为西周铜戟，但当时不称戟（戟之名不早于春秋）而仍称戈（器上往往自铭为戈）。"图1"为戈矛合体式，考古者习称刺戟，出于浚县辛村、洛阳庞家沟、灵台白草坡等处。"图2"为刀戈合体式，习称钩戟，出土于浚县辛村、宝鸡斗鸡台、昌平白浮、房山琉璃河等处。还有极少数的鋬戟、异形戟、西周早期都采整体浑铸工艺，与体、刺分铸联装的东周戟不同。西周戟出土之少，与同时戈的出土之多不能相比，而且只集中出在几座大墓中。该文说："西周铜戟无论出土数量、使用对象、质地形制、组合规律等方面，都不同于一般兵器，应属于高级贵族的仪仗。"还举了自铭为戈的例子，即琉璃河M52——钩戟铭"大□□戈"，又M19——钩戟铭"郾侯舞戈"，而后论之云："此戈与众不同之处，就是援基有垂直相交的'上刃'，性质多属非实用的仪仗类。因此无论从流行年代、形制职能、铭文内容来看，都与《尚书·顾命》所谓'执戈上刃'相符。'执戈上刃'的称谓对象，就是西周早期的'钩戟'。"该文综二者云："关于惠与戈，我们的结论是：'惠'，具体称谓对象是西周早期戈矛合体式兵器，习称刺戟。'戈'，这是专指西周早期的刀戈合体式兵器，习称钩戟。"

这就看到，考古学者刚好用西周这两种武器"刺戟"和"钩戟"来解释为本篇的"惠"和"戈"。由上文知道金文中有象武器惠的形体的"惠"字，可证与其形体相近的刺戟用来解释为本篇的"惠"，尚为有据。而由沈文看出，他实际先已确定"戈上刃"是什么，然后据以判别谁是"戈上刃"，谁不是"戈上刃"。即符合他所认为的"戈上刃"者即是，不符合者即非。所以该文中说："西周戈尽管数量众多，形制繁杂，却并无一例具备'上刃'这个特殊的条件。能够兼

'戈'及'上刃'两者而有之的,只能是西周的戟。"那就很明显,那种横的平头的戈,没有突出的刃向前,所以不能是"戈上刃"。只有如"图1"、"图2"所展示的,既有横的平头的戈,又有突出较长的向前的刃,才是"兼'戈'及'上刃'两者而有之",那么这与横着的"戈"合体存在的突出较长的向前的刃就是"上刃"了。其下文说:"图2"钩戟虽有上刃但不起锋,不能用以前刺,仍然还是勾兵,不像刺戟则兼勾刺两种性能。这就使不研究兵器、不熟悉兵器的不易理解,一般只认为"图1"、"图2"两兵器都在横的戈之上加向前刺的竖的锋刃,就具有前刺和横勾的两种性能,不再是原来的戈了。至于有的自铭为戈,那是人类有一种以旧名词称新事物的风习,例如佛教初传入,人们把它看同道教,称佛为"浮屠老子"。西红柿传入,人们把它看成是茄子,称番茄(即西红柿亦然,它根本不是柿)。步枪传入中国,人们把它看成是旧的铳,也称之为铳(洋火铳)。西周后来出现了戈矛合体的、或刀戈合体的武器,因为它还没有自己的名字(到东周才有),就按习惯仍称为戈,但它实际已不是戈了。所以把"图2"这种武器称为"戈上刃",是值得商榷的。"图1"的武器只能称为刺戟,"图2"的武器只能称为钩戟,除了"图1"的武器当时确有专门名词"惠"外,其他的比附,就要特别慎重。再则人们称举事物,总是称举其主流的、本体的方面,绝不至却以少见的、罕有的代表该事物。西周通用的大量的是戈,《牧誓》也只称戈、干、矛三者,到东周被称为戟的武器,在与以西周大量的戈相比,少得不能相比。所以据一般常理,称戈时不称其大量的常见的戈,却去称引其不常见的稀罕的东西,是不会有的事。所以这里称"戈上刃",应该首先是指通常的戈,而后至刃上有一种新意。通常的戈,只在"援"的下边有刃,此种戈则在"援"的上边也有刃,这就是"刃外向"、"刃向前"。而且事物有演进发展历程,此时还没有达到"图1"、"图2"的地步,还只是在横的平头的戈上有小的革新而已。所以把"惠"释为"图1"的刺戟,因有金文的象形在,似尚有据。把"戈上刃"释为"图2"的钩戟,还是值得商榷的。何况由下文戣瞿之研究,知西周武成康之世的戈全是三角援戈,其后有胡有穿的平头戈为其下一代,钩戟为其更远的后代。以钩戟释为"戈上刃"就更值得商榷了。

"两阶",即宾阶、阼阶。伪孔、《蔡传》皆无释,大概以为当然是此两阶。《孔疏》始提及郑玄有三阶之说。疏文云:"《礼记·明堂位》:'三公在中阶之前,《考工记》:'夏后氏世室九阶。'郑玄云:'南面三,三面各二。'郑玄又云:'宗庙及路寝制如明堂。'则路寝南面亦当有三阶矣。此惟四人夹两阶,不守中阶者,路寝制如明堂,惟郑玄之说耳。'路寝三阶',不书,亦未有明文。纵有中阶,中阶无人升降,不须以兵卫之。"按《明堂位》为晚周以迄汉世之文,"明堂"之说本不可信。夏时世室九阶之说尤无稽,则郑玄此说皆不足信,《孔疏》已提出质疑,甚是。故此处两阶仍然是指宾阶、阼阶。

"阰",《释文》:"阰,音俟。徐音士。"釪按,实即音祀,阰、祀,同从巳得声。伪孔释云:"堂廉曰阰,士所立处。"《蔡传》即承用"堂廉曰阰"四字。《孔疏》:"堂廉曰阰,相传为然。廉者,棱也。所立在堂下,近于堂棱。"显然孔颖达对"堂廉曰阰"的解释不能同意,只好说"相传是这样解释的",接着他就提出以为应释为"棱"才对。因为"堂廉曰阰",那就在堂上,为"士所立处",显然与服雀弁綦弁之士只能立于堂下相矛盾,所以他提出新解曰:"棱也。"目的是想以此来解决这一矛盾。其说大意将在下文再阐述。

孔颖达只是依违于"堂廉曰屺"来寻解释。其实"屺"还可解作不是堂廉。现将"堂廉曰屺"到不是"堂廉曰屺"诸种说法依次清理一下。

"堂廉",指堂上的廉之地。按"廉"与"隅"在儒家的道德说教中为一对范畴,见《礼·儒行》:"近文章,砥厉廉、隅。"疏:"言儒者习近文章,以自磨厉使成己廉隅也。""成己廉隅"不太好懂,《辞海》释为:"谓行端志坚也。"这是就其大意以言。要知抽象名词往往从具体名词来,或假具体名词以见义。"廉"、"隅"之为具体名词,见于宫室中。《尔雅·释宫》:"西南隅,谓之奥;西北隅,谓之屋漏;东北隅,谓之宧;东南隅,谓之窔。"而"廉"则《释宫》漏未提,见于其他礼书中。《仪礼·乡饮酒礼》:"设席于堂廉,东上。"郑玄注:"侧边曰廉。"贾公彦疏:"此言近堂廉,亦在阶东。"可知隅是堂的四角,廉是堂的四边。"砥厉廉隅"、"成己廉隅",就是要把自己方方面面都砥厉磨练得合于德行,达到行端志坚的境地。这一对抽象名词廉和隅,就是从堂的具体名词廉和隅来的。而这对堂来说,还只是具体位置的名词,不像堂的具体事物如墙、牖、宸、阶、陛及奥、宧、窔等的名词更具体。但总之廉是堂的侧边之地,在它的上面可以设席。《汉书·贾谊传》谊上书言:"人君之尊譬如堂,群臣如陛,众庶如地。故陛九级上,廉远地,则堂高;陛无级,廉近地,则堂卑。"师古注亦云:"廉,侧隅也。"所以以此廉是实指堂上的侧边之地,由它距地面的远近而定堂的高低。它在此几乎成了堂上之地的代表。

伪孔释:"堂廉曰屺,士所立处。"首先与"士所立处"不合,上文已述明戴弁之士只能立于堂下；同时与本篇原文"夹两阶阽"亦不合，两阶皆在堂下，阽也跟着只能在堂下。所以伪孔所倡及《蔡传》所承之释是错误的。

《孔疏》知其不然而另寻之释，意在保持廉在堂上不误而夹阽所立之士在堂下亦不误，他释廉为棱。按《玉篇》："廉，棱也。棱与稜同，是《孔疏》在字学上自有所据。《广韵》："凡物有廉角者曰觚棱。"王观国《学林》云："屋角瓦脊成方角棱瓣之形，故谓之觚棱。"因而宫阙上转角处的瓦脊，称为觚棱。即是说，廉角之处，成脊之处，即可称为棱。廉棱，即指廉的边界线，是说堂上地面的侧边尽处折而向堂基垂下去的转折处的棱角线，为廉棱，亦即堂棱。今由数学上称立体的面与面之交曰棱，更可悟堂廉边线之称为棱。由于明清数学家翻译西方数学将两个面相交之 edge 译为棱，是因他们深知棱的古义。孔颖达虽不知数学中之棱，但他深知这一棱的古义，所以他将堂廉之边称为棱。因这是堂之地面这一平面和折而向台基垂下的这一平面相交之线成为棱，自可称为廉棱或堂棱。士立于堂下，就立于堂棱之下。这就将"堂廉"和"立于堂下"二者都照顾到了，不成为矛盾了。王鸣盛《后案》先引《孔疏》"廉者，棱也。所立在堂下，近于堂棱"后，其下文说："堂高九尺，人长八尺。"即八尺高的人，站在九尺高的堂棱之下，也就帮助解通《孔疏》之说了。

其次，另寻又一解释者为江声《音疏》。其注云："声谓：阽，切也。谓堂廉直下厓也。盖夹阶者二人，一在西阶之西，一在阼阶之东，当前下厓下，相向而立。夹阽者二人，一立于东南堂隅之东，一立于西南堂隅之西，当前廉厓下之两端，盖皆南向也。合言四人者,以其兵服同故也。"其自疏云:"《广雅·释室》云:'阰,櫩切也。'张衡《西京赋》云:'刊层平堂,设切厓隒。'薛综注云:'刊,削也。'吕向注云:'层,累堂高也。厓隒,边也。'谓削累其阶,令平高设切,以为厓隒。是则'切'谓'堂廉直下厓'矣。……两阶附着堂廉下厓,而不尽堂廉之广;阰即厓也,其东西各出于两阶之外畔,则亦出于夹阶者之两傍。则夹阰非即夹两阶者矣。故知夹两阶阰各二人也。"下面再阐释了"盖皆南向"之故"合言四人"之故。其说谓"阰"为"堂廉直下厓",循其解释,则"堂廉直下厓"就是上文所说的由堂之地面经过棱线折而向台基垂下的整个平面。就是由堂廉(亦即堂棱)垂向地基的整个平面,阰就是这一平面。这与《顾命》原句文义完全不合。原句明言"夹两阶阰",并未言"夹两阶"、"夹阰"。又"阰"原与"两阶"在一起,并非单独存在的另一事物。江说如此其不确,竟为王鸣盛《后案》所完全袭用,王氏先抄一段《孔疏》之文作陪衬,然后全文抄袭江说,作为自己主张分为"夹两阶"、"夹阰"两事,以为"阶阰虽相连,阶非即阰,不得以夹阶即是夹阰"。这是毫无理由的臆说。

再次另寻又一解释者,为戴钧衡《补商》在引录《广雅》"砌也"、伪孔"堂廉"及《乡饮酒礼》《贾谊传》诸资料后,即云:"盖筑土为堂,堂四边筑土较堂稍低,而仍远于地。在前曰'廉',又曰'砌',即'阰'也。'夹两阶阰'者,盖两阶左右阰上各一人也。"然今所见宫殿园林建筑,并未见有一堂在其四边筑有稍低称为廉或砌者,即古代建筑图或画亦未见之,此说恐出推想,似企图解决戴弁之士立在廉上但并非立在堂上这一矛盾,但恐怕在事实上不易找到实例。

再有就是程瑶田所提阰为阶的两旁之石而非堂廉之说。其

《释宫小记·夹两阶戺图说》云:“戺,谓阶之两旁自堂至庭地斜安一石,掩阶齿而辅之,如今楼梯必有两髀以安步级,俗谓之楼梯腿也。以是经文义言之,两阶四戺,故四人执戈夹之,盖二人夹于东阶之二戺,二人夹于西阶之二戺,故谓之‘夹两阶戺’也。《传》谓‘堂廉曰戺’,廉在堂上而谓之夹两阶乎?《疏》以为夹两阶立堂下,两厢各二人,是夹两阶也,于戺字之义未见分晓。江君艮庭……分阶戺而二之(此处录江声说要义)……别阶言戺,于堂廉之说似有可通,然以是经‘夹两阶戺’文义涵泳之,终嫌辞费。且侍臣执兵,防不虞也。故以经文次第观之,自外而内。始毕门内,防之于入门时也;次夹两阶戺,防之于升堂时也。次东西堂,防之于受顾命时也;次东西垂,防其从两旁上也;次侧阶,防其从北阶而上也。今东西堂既有人,两垂又有人,夹两阶又有人,乃复立两人于廉厓之两端,将何所防乎?《说文》:‘戺,古文𦣞,𦣞,广𦣝也。’然则阶戺之字,假借广𦣝之字也。其所以假借之者,言阶之有两戺以辅阶齿,犹人之有两𦣝以辅牙车,义最亲切。”兹复印其原图如下:

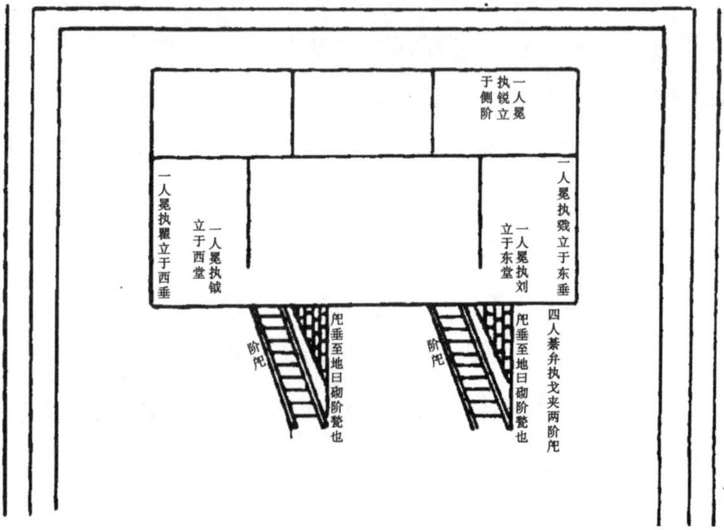

程氏之说在诸说中最平实有据,不意杨筠如《核诂》云:"伪《孔传》谓'堂廉曰𡰪',是正在堂外与阶相接之地。程瑶田谓'阶之两旁……俗谓之楼梯腿也'。按程说非是。程以𡰪为阶旁之石,则人不能斜立于石上。若谓夹于其旁,则又相去过远,固不如伪《孔传》之安也。"杨称伪孔说既误,评程说亦误。伪孔明言:"堂廉曰𡰪,士所立处。"是说士立于堂上侧边之地,并非堂外与阶相接之地。已与士只能立于阶下之规定不符。且即如杨说之地,则正是行礼者由台阶上到堂上之处,此处何能站执戈之士。且"夹两阶𡰪",明言站在阶之两旁,怎么会妄说站在斜石上。一阶之长,顶多数尺或者逾丈,站其两旁,如何能说相去过远。故杨说实误。

还有俞樾提出自己之说,以为堂、阶都有廉,𡰪为阶廉而非堂廉,最后赞许程氏之说。其《平议》云:"凡侧边皆谓之廉。堂有堂之廉,阶有阶之廉。此云'夹两阶',则𡰪者阶廉也,非堂廉也。《仪礼·聘礼》:'鼎九,设于西阶前,陪鼎当内廉。'此阶亦有廉之证。盖东阶以西边为内廉,西阶以东边为内廉,'当内廉'者,当西阶东边之廉也。此《传》疑本作'阶廉曰𡰪',学者知有堂廉不知有阶廉,遂误改为'堂廉',而𡰪义遂失矣。程氏瑶田《释宫小记》有《夹两阶𡰪图说》,最为明确,当从之。"俞说最明快可取,从而程氏说亦可取。

最后有曾运乾《正读》提出之说云:"𡰪,《孔传》:'堂廉曰𡰪。'今按堂下皆弁,若𡰪为堂廉,则当冕矣。𡰪与阶皆属于堂涂。堂涂北端,属于中堂之廉,可循级而升降于堂庭者谓之阶;堂涂南端,属于门堂之基,可循级而升降于门庭者谓之𡰪。"因不同意伪孔"堂廉曰𡰪"之说,遂倡此说,完全不顾原文阶𡰪紧连在一起,只自顾自说,毫无任何依据地说阶在北端上堂之处,阰在南端入门之处,与江声同样把阶与阰分开而分居于东西两端,与此分为南北两端者同样谬误。

以上诸说,伪孔、江声、王鸣盛、戴钧衡、杨筠如、曾运乾诸人之说皆误,《孔疏》之说较最为近理,而他始终没有否定"堂廉曰阰"之说,使其说与此误说共存。最正确则为程瑶田、俞樾之说,兹即从之。

⑳一人冕执刘立于东堂一人冕执钺立于西堂——"冕",《礼记·明堂位》"冕而舞《大武》"注:"冕,冠也。"《说文》:"冕,大夫以上冠也。"又云:"弁,冕也。"伪孔云:"冕,皆大夫也。"有语病。意谓服冕(即戴冕)的都是大夫。故《蔡传》正其意云:"冕,大夫服。"《孔疏》云:"《礼》曰:'大夫服冕,士服弁也。'……其在堂上服冕者,皆大夫也。……《周礼·司服》云:'大夫之服,自玄冕而下。'知服冕者皆大夫也。"(按《司服》原文云:"卿大夫之服,自玄冕而下,如孤之服。")江声《音疏》云:"《周礼·弁服》:'王之五冕,皆玄冕朱裹,延纽五采藻,十有二就,皆五采玉十有二,玉笄朱紘。郑彼注云:'延冕之服在上,是以名焉。纽小,鼻在武上,笄所贯也。'又云:'诸公之藻旒,九就(公,原误侯,兹依郑注侯当作公改正)。'又云:'诸侯及孤卿大夫之冕,各以其等为之。'郑注云:'侯伯藻,七就。子男藻,五就。孤藻,四就。三命之卿藻,三就。再命之大夫藻,再就。'是冕皆有藻也。雀弁之制,延纽、笄、紘,皆与冕同,惟无藻为异耳。然则冕而无藻,即与雀弁不异。而郑注《弁师》又云:'一命之大夫,冕而无埏(旒)。士变冕为爵弁。'则似无藻之冕,仍与爵弁不同者,贾公彦《士冠礼》疏云:'冕者,俛也。低前一寸二

分,故得冕称。爵弁则前后平,故不得冕名。'此说盖是也。然则爵弁与无塺之冕但有低昂之分,似不害为同制也。"

"刘",《孔疏》引郑玄注云:"刘,盖今(东汉后期)镵斧。"伪孔云:"刘,钺属。"《蔡传》全承伪孔,亦云刘为钺属。斧即钺,见下文。故此二说不矛盾。

"钺",《孔疏》引郑玄注云:"钺,大斧。""钺",甲骨文、金文中皆作"戉",字书亦作戉,见《说文·戈部》:"戉,斧也。从戈,乚声。"《司马法》曰:"夏执玄戉,殷执白戚,周左杖黄钺,右秉白髦。"徐铉注云:"今俗别作钺,非是。"又《唐韵》《集韵》等皆云:"戉,音越,威斧也。"《康熙字典》云:"俗加金作钺,则专取乎饰。其去古益远。"按《说文·金部》有:"钺,车銮声也。从金,戉声。《诗》曰:'銮声钺钺。'"徐铉注云:"今俗作'鐬',以'钺'作斧戉之戉,非是。"故徐音钺为"呼会切",即鐬声。段玉裁《撰异》云:"考《释文》小字云:'音越,《说文》云大斧也。'按《说文》'戉,大斧也','钺,车銮声也',二字绝殊。倘经文作钺,则元朗(即《释文》作者陆德明字)当云'《说文》作戉大斧也',以其无'作戉'二字,则知大字本是戉字,自卫包妄谓戉古字,钺今字,改经文之戉作钺,开宝间陈鄂又改《释文》大字戉作钺,而小字则仍其旧。文理舛逆横决,不可通矣。"由此知"斧、钺"原当作"斧、戉",斧与戉(钺)二者原为一物,只有大小之异。大钺以壮威势,故称威斧。

王鸣盛《后案》云:"郑云'刘,镵斧'、'钺,大斧'者,刘钺相对,当相似。《说文》卷十二下《戉部》云:'斧也,从戈,乚声,今俗钺者,俗字,不可用。'然则戉是大斧,刘必是戉之类。故推以为镵斧也。"

沈融《尚书顾命所列兵器名考》第二节"二、刘与钺",就出土商周铜器"钺"的形制,考述了此处的"刘"与"钺"。该文"附图二"的1—4为商器,5—6为周器。现复印其4商器、5—6周器如下:

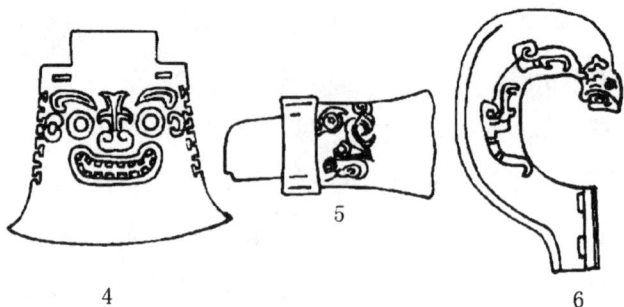

4　　　　　　　　　　5　　　　　　　　　　6

沈氏文中说:"这里出现的兵器名是'刘'和'钺'。钺也是我们比较熟悉的一种兵器。大型铜钺尤属象征军事统率权和刑戮权的信物。只见于少数随葬品丰富的大墓中,数量很少,地位非常特殊,一般不用于实战。考古发现及传世的铜钺以商器居多。商器皆作扁斧形,弧刃有刃角,平肩,长方内,肩下有对称的长方形穿,也有不设穿、以上下栏安秘的。部分小钺为銎内式。钺身中部或设一较大的圆孔,或铸有精美的纹饰(图1—4)。西周早期的钺,也有沿用这种形制的(图5),但多属小钺,缺少妇好墓、苏埠屯那样的巨制,体现了对商人用钺制度的扬弃。形制较大,最能代表时代风格和周民族传统的是一种耳形銎钺(图6)。美国弗里尔美术馆收藏的西周成套兵器十二件中,就有一件耳形銎钺。甘肃灵台白草坡西周早期潶伯墓也出土了一件,高33.1、刃宽7厘米,重685克,上铸猛虎扑食形纹,虎头含銎并有横穿孔,尾下有短胡二穿。虎背为利刃。虽然没有铭文,但铜质与伴出的其他兵器截然不同,色白而亮,合金成分较大。此钺仪卫色彩明显,不同于一般兵器,又出在诸侯级贵族溁伯墓中，足见是一种地位、职能均与商钺相当的礼器，象征统治权的信物。据此我们认为《尚书·顾命》所列兵器名钺，具体称谓对象应该是西周早期的耳形鋬钺。"

沈氏文继续说："'刘'，郑玄注'即今镶斧也'。其真实性是靠不住的（按，斧即钺属，郑说即据此）。值得注意的是商晚期、西周早期部分随葬品丰富的大墓中，钺也有两两相对伴随出土的现象。试举例如下（此处以三小段列举殷虚妇好墓、益都苏埠屯一号墓、长安张家坡井叔墓都有相同的两件钺出土）。上述三个地点出土的铜钺，都有成双成对的现象。如作为墓主生前的仪仗，照例是对称陈列的。西周宗庙实行左昭右穆的供奉制度。先王之主由于陈列位置的不同，称呼也不同。以此类推，则宗庙东堂、西堂对称陈列的斧钺，也不得使用同一名称，于是产生了'刘'、'钺'两个不同的概念。这是由陈列方位不同所致的。并不意味着形制上的区别。同时代的'刘'、'钺'应统一于一种基本形制。殷虚妇好墓、苏埠屯一号墓、张家坡井叔墓成对出土的铜钺，正是商、周时期'一刘一钺'对称陈列制度的实物证据。《尚书·顾命》所列兵器名'刘'、'钺'，都是指西周早期的耳形鋬钺。刘即钺，钺即刘。它们之间的区别在于陈列方位的不同，不存在基本形制上的区别。西周早期的耳形鋬钺与商代的扁斧形钺制判然有别，一刘一钺，对称陈列，则是两个时代共同的制度。"这是唯一的一项考古学者对"一刘一钺"的考释，令人感到高兴。其对形制相同而出现名词的区别，也寻找了理由，不必深加商榷，总之一对相同的武器具有不同的称谓已自客观地存在着了。

"东堂"、"西堂"，《孔疏》引郑玄注云"序内半以前曰堂。"伪孔云："立于东西厢之前堂。"《孔疏》为伪孔释之云："郑玄云'序内半以前曰堂'，谓序内檐下自室壁至于堂廉中半以前，总名为堂。此立于东堂、西堂者，当在东西厢近阶而立，以备升阶之人也。"《东莱书说》及《蔡传》全承伪孔云："东西堂，路寝东西厢之前堂也。"王鸣盛《后案》云："云'序内半以前曰堂'者，序是东西墙，序外是夹室，则序内皆为堂。然序内当东夹西、西夹东者，中堂也。是为半以后。其半以前，则自楹间以及堂廉皆是。若东夹之前为东堂，西夹之前为西堂，是亦序内之半以前，即东西箱也。《觐礼》记'几俟于东箱'，注云：'东箱，东夹之前。'《特牲》'西堂'注云：'西夹室之前。'《释宫》'东西厢'郭注云：'夹室前堂，谓夹室之前堂为厢也。'厢字在《说文·厂部》新附，古无此字，不可用。依《仪礼》当作'箱'。昭四年《左传》'實馈于个'，杜预云：'个，东西箱。'是也。"王氏此段末句云："伪孔云：'东西厢之前堂。'即以厢为夹，非也。"依王氏所引资料，则以夹室之前为堂，亦为箱（厢）。东夹之前为东箱，亦即东堂；西夹之前为西箱，亦即西堂。是东西箱与东西堂是等同的，都在夹室之前。伪孔以为东西堂在东西厢之前，故王氏非之。古代宫室之制资料复杂，如王氏此段文中即引了大量的明堂五室十二堂繁琐资料，特删去未录。故一时亦不去辨析这些纷歧说法的是非。

㉑一人冕执戣立于东垂一人冕执瞿立于西垂——《释文》："戣，音逵。'瞿'，其俱反。"《说文·戈部》："戣，周礼（王鸣盛、孙星衍引用校改"礼"为"制"）：'侍臣执戣立于东垂。'兵也。"又《金部》新附："鑺，兵器也，从金，瞿声。"王鸣盛《后案》："此后人因《顾命》妄造此字耳。"亦不知其说然否。《康熙字典·目部》："瞿，又

与戳通。《书·顾命》'一人冕执瞿'。"又《戈部》："戳，《广韵》：戟属也。古谓四出矛为戳。又通作瞿。"王氏《后案》云："王俅《啸堂集古录》卷上《商瞿父鼎铭》云：'𦥑'，瞿字作双目，而中从丨。盖古文瞿字，疑此兵器之形。似此，古文瞿字其上锋刃似双目，其下柄似丨，故遂以名之欤？然《说文》卷四上'瞿'字为部首，但云：'鹰隼视也，从隹、从䀠。'不收重文𦥑字，疑不能明也。"

《孔疏》引郑玄注云："瞂、瞿，盖今三锋矛。"江声《音疏》："郑注云者，盖亦举当时兵器以相况，无正据，故亦云'盖'也。东垂西垂之人所执兵亦宜同类，故瞂瞿虽异名，郑君俱以三锋矛解之。盖三锋矛有二，故有瞂、瞿二名。案兵器有首如'自'字形者，《诗》所谓'厹矛'，《毛传》以为'三隅矛'是也。亦有如中字形者，今世所谓钢叉是也。此二器皆三锋，但不知执者为瞂，执者为瞿，不能指实矣。"罗振玉《殷虚书契考释》云："《顾命》郑注：'瞂瞿盖今三锋矛，今屮字上象三锋，下象着地之柄，与郑谊合。屮为瞂之本字，后人加戈耳。"于省吾《新证》云："郑康成谓'瞂瞿盖今三锋矛'，非是。按瞂即鏺。《郾王詈戈》及'□侯腋'残戈均有鏺字。瞂之作鏺，亦犹戳之即鐲也。"

伪孔云："瞂、瞿，皆戟属。"《蔡传》全承用伪孔此五字。现代《辞源》从而云："瞂，古兵器名，戟属。""瞿，兵器，戟属。刃体无转折，有孔可穿于柄上。"未说明其资料来源。

如上文，瞂、戳皆从戈，郑则说是矛，伪孔、蔡氏则又说是戟。其纷歧如此，实在由于后人悬解古器物，各凭己意以解之。诚如《孔疏》所说"古今兵器名异体殊"，未能直接见到古兵器，所以才无法得到确解。

沈融《顾命所列兵器名考》第三节"三、戣与瞿"，根据戣与戳皆从戈，知其同属戈类兵器，因而就考古发现大量商周的戈的实物，以寻释本篇的戣与瞿，力求取得信而有征的认识。该文首先将大量的商周不同时期及不同地区出土的各式铜戈作了比较，取得如下几点认识：首先，商代盛行的戈是曲内戈（见图1、2），曲内戈在商戈中占很大比例。商亡后此种戈遂消失。西周武、成、康时代广为流行的是三角援戈（见图5、6），到昭穆时代三角援戈基本消失。现复印沈文附图三的1、2商代曲内戈及5、6西周三角援戈如下：

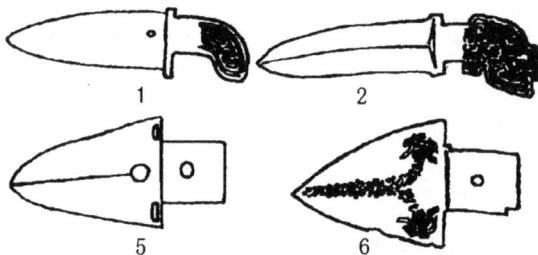

该文进而认为曲内戈主要流行于中原地区，三角援戈多见于陕甘地区。其实这是由于两族主要活动地区所决定的。而后论及商周两代的明器戈。商代明器戈绝大多数滥觞于曲内戈（见图7），西周早期墓地的明器戈悉作三角援式（见图8）：

于是该文进而论列本篇的戣与瞿。以为戣与瞿属仪仗兵器范畴，比诸实用器更多地体现自己文化传统。侯家庄一座殷王墓出土七十二件铜戈，七十件属于实用兵器的銎内戈，还有两件形制规格完全相同的歧冠曲内戈，成双成对伴随出土，正如上文所叙妇好墓、苏埠屯墓、井叔墓成双成对出土刘与钺一样，以为此殷王墓出土的这两件歧冠曲内戈,可以认为是商代的"戣"与"瞿"。继曲内戈而起的周文化传统的三角援戈,其援部宽大,许多标本还铸有精美的纹饰,形态威严壮丽,也很符合仪卫兵器的条件,宝鸡竹园沟西周早期诸侯级贵族強伯墓地出土三角援戈占实用戈的百分之四十、明器戈的全部。可见三角援戈是西周早期最有条件充当仪仗的传统形制。《顾命》所述正与宝鸡竹园沟出土三角援戈之墓葬同时,因此三角援戈可看作西周早期的戣和瞿。《金石索》著录的"单癸鏊",是一件以銮安秘的三角援戈。癸通戣,鏊通瞿。名称与《顾命》所列一致,说明西周早期的戣、瞿是由三角援戈充当的。

关于本篇"戣"、"瞿"的解释至此已毕。但沈文继续对西周中期以降戈的发展演变有所介绍,以为三角援戈至西周中叶以后已被淘汰。作为仪仗戈戣、瞿的三角援戈也被其他形制取代。《小校经阁金文拓本》著录的"举癸"戈作短胡一穿式(见下图):

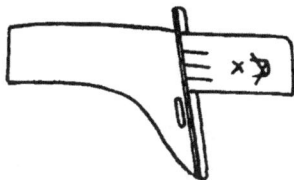

这是最具典型的西周戈,宝鸡茹家庄墓地所出以短胡一穿戈为主,不复有三角援戈。可知三角援戈之后的戣瞿是由有胡有穿戈来充当。迄于春秋、战国之世,由不同方位的仪卫兵器,转化为配备于不同兵种的实用兵器。燕下都出土的战国中晚期燕戈,有自铭戣、锯、鏠、鏷者,鏷通戣,锯可能作瞿的同音假借。具这些自铭之铜戈皆作长胡三穿式,内上多有刃,胡刃上有一枚或多枚子刺,已是先秦铜戈中最进步的形制(见下图):

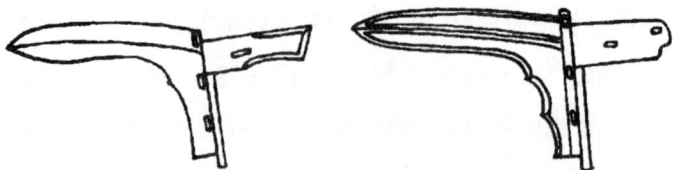

沈文以为：从标志不同方位的"戣"、"瞿"，到标志不同兵种的"鏔（戣）"、"锯（瞿）"，正是春秋战国杀伐频繁、礼乐崩坏的反映，燕国是七雄中唯一的姬姓国，较多地保留一些周文化传统，将部分青铜戈命名为鏔（戣）、锯（瞿），正是周文化残余的反映。

沈氏此文本节的最后结语说："不少近代金石学家，已经在他们的著录中把三角援戈称作'戣'或'瞿'了。其实，先秦仪卫兵器戣瞿也同实用兵器一样，是经常处在变化发展之中的。商代戣瞿由曲内戈来充当，三角援戈为戣瞿之说，只适用于西周早期，可能还包括陕甘地区先周时代的晚期阶段。以后就被更进步的有胡有穿戈取代了。至迟在战国中晚期，'戣'与'瞿'已演变为最进步的长胡多穿戈，其仪卫职能也被取消殆尽，从而蜕变成纯粹的作战兵器。"

这就使读者对"戣"、"瞿"获得一历史的了解。但于此又引出另一困惑，此处说西周中期以后才有有胡有穿戈出现，那是典型的平头戈。而前文解释"惠"与"戈上刃"，却是在平头之上向前突出矛体刀体的戈矛合体式、刀戈合体式戈，就不合这一发展先后了。对于西周，武成康时代的三角援戈是第一代，昭穆时代的有胡有穿戈是第二代，至于在平头戈基础上发展出的合体式的戈则至少是第三代或更多的代，而戟的名字到春秋才出现。那么以刺戟、钩戟来比附惠、戈，不是与这里所述戈的发展史大相矛盾吗？由这里所说戈的演变资料看，要解决"惠"与"戈上刃"的问题，似应寻之于三角援戈了。这是一个问题，存此以备讨论。

"东垂"、"西垂"，未见郑注。伪孔云："立于东西下之阶上。"盖训垂为下，指其下之阶上。《孔疏》云："《释诂》云：'疆、界、边、卫、圉，垂也。'则垂是远外之名。此经所言冕则在堂上，弁则在堂下，此二人服冕，知在堂上也。堂上而言东垂、西垂，知在堂上之远地，当于序外东厢西厢必有阶上堂，知此立于东西堂之阶上也。"《孔疏》逐字循其义层层寻绎以明其意。《东莱书说》简释之云："东垂西垂，路寝东西阶之上也。"《蔡传》亦释云："东西垂，路寝东西序之阶上也。"江声《音疏》提出新解云："垂，边也，谓东西序外之堂廉也。"其自疏云："《说文·土部》云：'垂，远边也。'故云'垂，边也'。'谓东西序外之堂廉也'者，堂基必累土为之，筑令平高，四面皆设石切以为厓陈，其东西序不尽东西廉之广，序外皆有余地以容人往来（此处引《仪礼·乡射礼》宾与大夫之弓倚西序，矢在弓下与主人弓矢在西序等语及郑注云"上堂西廉"等资料）。是东西序外之廉上皆有余地也。此文东垂西垂之义为边，故以为东西序外之堂廉也。"王鸣盛《后案》亦同江说，唯用语稍异，在引《说文》'垂，远边也'之说后即云："盖东西夹旁之廉也。……盖东夹西边之墙为东序，而东夹东边亦必有序，序外即东垂。西夹东边之墙为西序，而西夹西边亦必有序，序外即西垂（此处亦引《仪礼·乡射礼》资料以实其说）。是东西序外之廉上皆有余地，即垂也。"杨氏《核诂》遂浑言之云："垂，《释诂》'边也'。此谓堂外之边，东西之尽处也。"

㉒一人冕执锐立于侧阶——"锐"，《说文》作"銳"。见其《金部》云："銳，侍臣所执兵也。从金，允声。《周书》曰'一人冕执

銛’，读若允。”苏轼《书传》遂承之云："锐，当作銛。"接着引《说文》此数句全文以为证（惟"读若允"改作"读若锐"）。《蔡传》全袭用之，仍作"读若允"。而后元明以下经师皆承蔡说。清儒江声、王鸣盛、孙星衍等与其他清人直至近人吴汝纶、阎生父子、曾运乾、屈万里等皆沿其说。

惟《孔疏》引郑玄云："锐，矛属。"伪孔亦云："锐，矛属也。"《孔疏》："锐，矛属。"皆用"锐"字不变。

林之奇《全解》在引《说文》于戈、钺、戣有释，惠、刘、瞿无文，至于锐则以为銛，然后云："则知汉之时作銛。扬雄《长杨赋》有曰：'究鋋瘢耆、金镞淫夷者数十万人。'颜师古以究为箭括，张祕谓：'究当作锐。字与鋋字相次。又案《今文尚书》"一人冕执锐"孔安国《传》曰："锐，矛属也。"疑孔安国之时，旧是銛字，后传作锐字。《说文》："锐，芒也。"亦与矛不类矣。此究字合作锐。'此言有理，意或然也。"按张祕应作张佖，所引文在其校《汉书》之篇中。王氏《后案》云："考宋本《汉书》附此段于《雄传》之末，所谓'臣佖'者，宋祁谓是张佖，江南人归宋者。"

段玉裁《撰异》在引《说文》銛字全文及张佖之说（惟"佖"作"臣佖"，又未引其末句六字）后云："治《尚书》者自蔡氏仲默以来，皆谓锐字当依《说文》作銛矣，而未得其详。以玉裁考之，《玉篇》无銛字。有锐字，与鈒、鋋、铊、釟、锬以类相从。注云：'徒会切，矛也。又弋税切。'（案"又弋税切"四字必孙强辈所增，而"徒会切矛也"五字乃顾氏野王原文。）是野王所据《尚书》作'一人冕执锐'也。考《广韵》'十七准'无銛字。'十四泰'：'锐，杜外切，矛也。又弋税切。'《集韵》'十四太'：'锐，杜外切，矛属。'毛氏《礼部韵略》、黄氏《韵会》'九泰'：'锐，徒外切，矛属。'皆与《玉篇》合。然则作锐，读如兑，自六朝已然。野王、法言皆无鈗字，则《说文》古本鈗字有无未可定也。陆氏《释文》：'锐，以税反。'不言《说文》作'鈗，读若允'。亦疑德明时《说文》未必有鈗字。张必校《汉书》，始引《说文》'鈗，侍臣所执兵'云云，同徐楚金本：而其字厕于'鋋，小矛也'之下，'铊，短矛也。鋋，矛也。锬，长矛也'之上。似读《说文》者援《周书》别本补此字，而又比傅郑孔'矛属'之训厕之诸矛间。'侍臣所执兵'语甚糊涂。《广雅·释器》说矛有锬、钪、孮（即铊），而无鈗。似魏时《说文》亦无鈗字，又在《玉篇》之前矣。《集韵》'十三祭'：'鈗，俞芮切，侍臣所执兵，或作鐇。''十四太'：'锐，徒外切，矛属。或作鈗。'此合鈗锐二字为一字，不免牵合。陆德明时《尚书》自作锐，非德明改鈗为锐也。而或疑卫包改之，尤误矣。当依《尚书》作'锐'，徒外切。"

《撰异》此下尚有两小段补充阐明《说文》原作"锐"不作"鈗"。其一略谓："窃以为'鈗'字本是'锐'字，'读若允'本作'读若兑'。故《玉篇》《广韵》《集韵》'锐'皆徒会切，实本《说文》。而《玉篇》《广韵》皆无'鈗'字。毛居正《六经正读》曰：'锐，矛属。许氏《说文》音兑。《广韵》：'徒外切。今音以税反，是锐利之锐，非兵器也。当从《说文》《广韵》音。'毛氏语甚分明，必见《说文》善本作'锐，侍臣所执兵也。从金，兑声。《周书》曰："一人冕执锐。"读若兑'也。"其二略谓"岳氏珂《刊正九经三传沿革例》曰：'《顾命》"一人冕执脱"，"脱"实"锐"字也。……诸本皆作"锐"，独越中《注疏》于正文作"脱"，注疏中又皆作"锐"。今只从众作"锐"。'玉裁按，越中本作'脱'，讹字也。玩岳氏语，其所据《说文》亦作'锐'，无'鈗'

字。宋时《说文》尚有善本存焉。"

段氏所作校勘辨析,精到周详,可确信《说文》所引《顾命》原文本作"锐",今从之。

沈融《顾命所列兵器名考》第四节"四、锐"略云:"锐,可资参考的实物资料更是难得,只能结合前人注释和考古资料,作一番探讨。""考古发现的西周铜矛叶部短窄,质地厚重,纹饰简单,绝大部分为素面器。处处与实用兵器相符,而不具备实用兵器应有的特征(?)。……考古发现的西周铜矛却相当可观,数量仅次于戈。因此,把'锐'简单地释为矛是不够恰当的。"该文"附图七"是扶风庄白出土的一件异形兵器,复印如下:

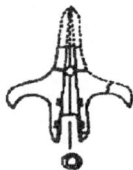

该文加以说明云:"原报导定名为戟。这件兵器上刃直伸为刺,刺根部发达,中空为銎,两侧援部下弯为钩,两胡直下,两阑高突紧夹木柲,阑侧各设两穿,缠缚痕迹明显。残长15.9厘米,重200克。这件兵器正面宽大,质地轻薄,形制奇特而不切实用。既然以銎安柲,左右两阑的穿就显得无用,似乎成了赘余的,只有非实用的仪卫兵器才可能这样作。西周戟在当时还没有被命名为戟,这件异形兵器的原名不能最后确定。鉴于该兵器具备了仪卫兵器的种种特征,并且十分罕见,我们认为《尚书·顾命》所列兵器名'锐',有可能是指这种单刺两援的异形兵器。"这是考古学者从众多兵器遗存中,就其特征接近于"锐"所推定的一种有可能充当本篇的"锐"的异形兵器,比以前专从文献中毫无踪影地希求觅得解答者,已迈出了质的飞跃的一大步，因此对这种推定，应予欢迎和尊重。当然也欢迎进一步的研究。

“侧阶”，对其解释竟形成了长期相争的两派，即郑玄首倡的“东下阶”说与伪孔首倡的“北下阶”说。惟吕祖谦《书说》以为“侧阶未知其方，亦侧阶之上也”。因东与北两派争执不定，就说不知在哪方，总之可笼统地说在“侧阶”上。现仍简要地认识一下两派之说：

（一）郑玄首倡、王肃亦主张之“东下阶”说。《孔疏》云：“郑、王皆以侧阶为东下阶也。然立于东垂者已在东下阶上，何由此人复共并立？”元吴澄《纂言》云：“侧阶，盖东厢之侧阶上，以恤宅宗在东夹翼室，故此陈兵卫也。”指出了在东侧阶上的原因。明王樵《日记》云：“侧阶，邹氏曰，东下阶也。《杂记》称‘夫人升自侧阶’，注云：‘旁阶也。’嗣君自翼室适殡所，往还必由之地，故特备仪卫焉。”“阶有五：东曰阼阶，西曰宾阶，此二阶在南，綦弁所夹而立者，此也。冕执戣冕执瞿东西而立者，堂之尽处而近阶者也。又有北阶在堂之北，非仪卫所陈。又有侧阶在堂之两旁，东曰东下阶，西曰西下阶，冕执锐者所立，说见于前。经文明曰侧阶，则非东阶，亦非北阶，郑王以为东下阶者，得之。孔氏以为北阶既误，《正义》谓立东垂者已在东下阶上，何由此人复与共立，又误。蔡氏以为北陛之阶，则承袭二孔误而又误者也。”清王鸣盛《后案》以将近千字长篇申郑说驳孔说，孙星衍《注疏》、朱骏声《便读》皆宗此说，各有阐述发挥。朱并云：“康王翼室在东，故东阶独多设一人。王出受顾命，必由东阶降至庭中，再由西阶跻而至殡前也。”近人则杨筠如《核诂》亦云：“按郑谓为东下阶，则当在东房之后，在正室之旁，故曰侧阶。王行礼毕，由堂退入室，由室经东房而下，此为王降时设卫也。"则又解释为王行礼后退出时所行之阶,非如上引诸家自翼室至殡所行礼之前所经了。

（二）伪孔所倡《孔疏》从而阐明之"北下阶"说。伪孔云:"侧阶,北下立阶上。"《孔疏》继上引"郑、王皆以……复共并立"文后续云:"故《传》以为'北下阶上',谓堂北阶。北阶则唯堂北一阶而已,侧,犹特也。"林之奇《全解》:"侧阶,谓堂北阶之上。"并引《孔疏》文句证之。《蔡传》从而云:"侧阶,北陛之阶上也。"陈经《详解》云:"堂北唯一阶,谓之侧阶,犹言特阶也。堂、垂立者四人,二人立东西堂,二人立东西垂,则堂之南宿卫备矣,故此一人立堂北侧阶。"元明儒者之作多承《蔡传》之说,如董鼎《纂注》、陈栎《纂疏》、黄镇成《书通考》等皆是。清江声《音疏》云:"声谓侧阶,北下阶也,在北堂之下。侧之言特,北堂唯一阶,故曰侧阶。"然后在其自疏中以较长篇幅较详阐述有关北阶的问题。刘逢禄《今古文集解》云:"郑以为东下阶,据明堂有九阶之制,《传》谓北下,即《礼·杂记》'夫人至入自闱门,升自侧阶'之制。自小寝适路寝,必由侧阶,当以《传》为正也。王自翼室易服,由西户入东房,降侧阶下堂,由宾阶跻也。"说明了经由北侧阶的理由。而后戴钧衡《补商》云:"在两旁曰垂,在后曰侧阶。《孔传》以侧阶为'北下阶上'是也。侧,犹特也(据《士冠礼》注)。堂北唯一阶,故曰特。当时四人既立东西阶之圮上,二人又立于东西夹前之东堂西堂,二人又立于东西夹外之垂上,则堂之东西南宿卫备矣,故此一人执锐立于堂北之特阶。郑康成、王肃以侧阶为东下阶。夫东垂东堂既各有人立矣,何独于东下阶复增一人哉。近日祖郑者必广征曲说,以是郑而难孔,今虽不能臆断,而孔于情事为优,《传》(指《蔡传》)从孔说,是也。"

其后简朝亮《述疏》、吴汝纶《尚书故》、吴闿生《大义》及近人曾运乾《正读》、屈万里《集释》皆支持此说。日人赤塚忠《书经》(《中国古典文学大系》Ⅰ)亦主要持北侧之阶说,池田末利《尚书》(《全释汉文大系》Ⅱ)首先简要述及郑玄说,而后转详阐释北下阶说,显倾向于北阶说。

由陈经、刘逢禄、戴钧衡之说,以侧阶为北阶较近情实,故今取北阶说。

近见邹衡《试论夏文化》(载邹氏《夏商周考古论文集》)一文,谈到60年代在河南偃师二里头夏文化遗址中发现了一处大型宫殿建筑群基址,文中介绍了该建筑群由堂、庑、门、庭等单体建筑组成,并较详介绍了殿堂建筑情况,依次谈廊庑建筑、门庭建筑等等。在其下文有一处谈到说:"最近又在殿堂后面的廊庑北墙距东北拐角不远处找出了一座角门,而戴氏(震)《宗庙图》所绘'闱门'恰好也在东北角,这大概不是偶然的巧合吧。"这是一很重要的考古发现,其所发现的角门在廊庑北墙靠近东北拐角处,而戴氏所绘闱门则在东墙靠近东北拐角处。似其门应绘在北墙靠近拐角处更妥,才更接近实际,而后来的考古发现才自然与之相合。按《礼记·杂记》载诸侯夫人奔父母丧,归本国,"入自闱门,升自侧阶"。是知侧阶即对着东北拐角处的闱门,与之相近,诸侯夫人归来后经过闱门即走上侧阶,是侧阶确在堂之北靠近东北处。过去有识的治经者只是凭文献资料的考辨得到这一认识,现在由考古发现殿堂东北确有角门,即为诸侯夫人升侧阶所经之闱门,则侧阶之在殿堂后面的东北角,信而有征,足以破在东西两侧之说。由考古发现而证成了侧阶确址,确值得珍视的。

王国维《周书顾命考》谓："'二人雀弁'以下（至此"立于侧阶"句止），纪设兵卫。"戴钧衡《补商》则谓："此言先王生平之兵卫也。"

《孔疏》云："此经所陈七种之兵，惟戈经传多言之，《考工记》有其形制，其余皆无文。《传》惟言惠，三隅矛，锐，亦矛也；瞿瞿皆戟属。不知何所据也。'刘，钺属'者，以刘与钺相对，故言'属'以似之，而别又不知何以为异。古今兵器名异体殊，此等形制皆不可得而知也。郑玄云：'惠状盖斜刃，宜芟刈。戈，即今之钩子戟。刘，盖今镵斧。钺，大斧。瞿、瞿，盖今三锋矛。锐，矛属。'凡此七兵，或施矜，或著柄。《周礼》：'戈长六尺六寸。'其余未闻长短之数。王肃惟云'皆兵器之名也'。"林之奇《全解》称誉孔氏此段话为"其言最为有体"。可知自汉魏及唐宋早已不知道古代兵器的情况，经师们勉强对其中某些寻出解释，终皆疑而难定。

1992年第1期《文博》载沈融《尚书顾命所列兵器名考》，为考古学界参与《顾命》兵器研究的第一篇专论，对《尚书》古器物研究的推进有极大的裨益，不再是文献中绕圈子，而得到古代兵器的实物验证，这是《尚书》研究的可喜的飞跃。因此值得重视这篇专论。该文篇首说："惠、戈、刘、钺、瞿、瞿、锐，是当时几种仪卫兵器的名称。这七个名词的具体称谓对象，目前除东汉经学家郑玄等人的注之外，尚缺少考古学方面的全面考证，给先秦仪卫制度和中国兵器史的研究造成了一定障碍。随着考古资料的日益丰富和科学研究的深入开展，解决这一学术问题的条件已趋成熟，（因而）……对这七个兵器名称作一番……考释。"这是《尚书》研究难得的盛事，正像天文学者参与《尧典》四仲中星研究一样。该文对这七件兵器的研究成果,已引录入上面七兵器的校释文中,除对"戈上刃"一释按事物发展先后提出商榷外,其余六器之释皆以为有实物之证,应是有据的。由该文注释中,知引用了杨泓《中国古兵器论丛》之文,杨氏为研究中国古兵器名家,本书在撰写过程中因计日程功,只利用多年来所积累旧资料,遗憾无暇览读杨氏原著,幸沈氏此篇专论这七种古兵器之文已采用了杨氏之作,或者使本文采用方式亦无大失误。

以上这一节,为本篇中记顾命大典的主要的一大节。其第一段为召公奉成王遗命后所作迎康王至庙受命、即位的各种准备工作。第二段记布置礼堂的细节,如王国维所说自"狄设黼扆"以下为纪布几筵事。第三段如王国维所说自"越玉五重"以下纪陈宝器,包括当时王室所藏许多重要大宝器,尤有反映华夏、夷、越三个大的民族文化区域所产各具特色的玉器,以及反映王室特权的四部车辂。第四段如王国维所说自"二人雀弁"以下为设兵卫,则有多件久已失传长期为后人所弄不清楚的古代象征王权的重要兵器。自第二至第四共三段为总的顾命大典繁缛的陈设部署,作为下一节纪册命事所准备的行礼现场。

王①麻冕黼裳②,由宾阶隮③。卿士、邦君,麻冕蚁裳,入即位④。太保、太史、太宗,皆麻冕彤裳⑤。太保承介圭,上宗奉同瑁⑥,由阼阶隮⑦。太史秉书,由宾阶隮⑧,御王册命⑨。

曰:"皇后凭玉几,道扬末命⑩:命汝嗣训,临君周邦⑪，率循大卞，燮和天下，用答扬文武之光训⑫。"王再拜，兴，答曰⑬："眇眇予末小子，其能而乱四方，以敬忌天威⑭。"

乃受同（瑁）⑮，王三宿、三祭、三咤⑯。上宗曰："飨⑰。"太保受同，降，盥，以异同秉璋以酢，授宗人同，拜⑱。王答拜⑲。太保受同，祭，哜，宅，授宗人同，拜⑳。王答拜㉑。太保降，收㉒。诸侯出庙门俟㉓。

①王——王国维《周书顾命考》云："王，谓康王。上言子钊，此变言王者，上纪成王崩日事，系于成王，故曰'子'。此距成王崩已八日，称'王'无嫌也。"按，《白虎通·爵篇》云："父殁，称'子某'者何？屈于尸枢也（陈立《疏》引《公羊传·庄公三十二年》"君薨称子某"注："名者尸枢尚存，犹以君前臣名也"）。……天子大敛之后称王者，明民臣不可一日无君也。"《白虎通》撰者班固属今文学派，是知此为汉代今文学对此称"王"的解释。宋学吕祖谦《书说》则云："仪物既备，然后延嗣王受顾命而践位，自此始称王。"

②麻冕黼裳——"麻冕"，《白虎通·绂冕》云："麻冕者何？周宗庙之冠也。《礼》：'周冕而祭。'……《论语》曰：'麻冕，礼也。'《尚书》曰：'王麻冕'。"陈立《疏》云："《礼记·王制》云：'周人冕而祭。'《周礼·司服》：'王祀昊天上帝，则服大裘而冕，祀五帝亦如之；享先王，则衮冕；享先公飨射，则鷩冕；祀四望山川，则毳冕；祭社稷五祀，则希冕；祭群小祀，则玄冕。'"按五代聂崇义《三礼图集注》云："天子吉服有九：冕服六，弁服三。"则衮、鷩、毳、希、玄五冕加此麻冕即为吉

服之六冕用于祭祀者了。现复印《钦定书经传说汇纂》卷首所列冕及麻冕图如下：

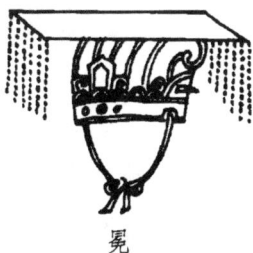

冕

麻冕

《白虎通·绋冕》对麻冕外形前低后高作了牵强附会的解释云："十一月之时，阳气偔仰，黄泉之下万物被施，如冕前偔而后仰，故谓之冕也。"按"偔"即"俯"，见《集韵》："偔，同俯、頫。"不音免，可见其牵强。

《御览·服章部》引郑玄注云："麻冕，三十升布冠也。"江声《音疏》先承郑说为注云："麻冕，三十升麻之布以为冕也。"又疏云："孔安国注《论语·子罕篇》（按，所谓孔安国《论语》之说是有问题的，或以为是王肃伪撰，此不详论）云：'麻冕，缁布冠也。古者绩麻三十升布以为之。'（按此何晏《论语集解》引所谓孔说）故云：'麻冕三十升麻之布以为冕也。'布言升者，所以辨其精粗也。郑注《仪礼·丧服传》云：'布八十缕为升，则三十升凡二千四百缕，布之至细者矣。凡冠、衣之布，冠之升数辄倍于衣。朝服十五升，故冕三十升也。'"王鸣盛《后案》全录此段文字，而以所谓孔氏《论语》注"之语直至"布言升者所以辨其精粗也"句止，然由江氏文知所引"《论语》注"只至"古者绩麻三十升布以为之"为止，实见《十三经注疏》本《论语》之何晏《集解》。惟下言"郑注《仪礼·丧服传》"则说清楚其出处。但匆遽在《丧服传》篇中未查到此注，惟于"《传》

曰缌者十五升抽其半”下《贾疏》中有云：“云‘缌者十五升，抽其半’者，以八十缕为升。十五升，千二百缕。”则与郑注“三十升凡二千四百缕”相合。可知当时确有“八十缕为升”，以升的多寡辨布的精粗的做法。

《论语·子罕篇》：“子曰：‘麻冕，礼也；今也纯，俭，吾从众。’”杨伯峻《论语译注》译云：“孔子说：‘礼帽用麻料来织，这是合于传统的礼的；今天大家都用丝料，这样省俭些，我同意大家的做法。’”显然是根据朱熹注所云：“麻冕，缁布冠也。纯，丝也。缁布冠以三十升布为之，升八十缕，则其经二千四百缕矣。细密难成，不如用丝之省约。”而朱注则据何晏《集解》在引“孔曰”如上引文句后续云：“纯，丝也。丝易成，故从俭。”可知西周时用费工精细的麻织成的麻冕，到春秋时为求省俭，已改用丝织成了。（杨伯峻君不同意麻冕为缁布冠之说，其言云：“古人一到二十岁便举行加帽子的仪式，叫‘冠礼’，第一次加的便是缁布冠。”故以为麻冕为缁布冠之说“未必可信”。确实，一般青年冠礼用的布冠，以之作为帝王在大典礼中服用的麻冕，似不太可能的。）

伪孔释此句云：“王及群臣皆吉服。”《孔疏》云：“《礼》：‘绩麻三十升以为冕。’故称麻冕。《传》嫌麻非吉服，故言‘王及群臣皆吉服’也。‘王麻冕’者，盖衮冕也。《周礼·司服》：‘享先王则衮冕。’此礼授王册命，进酒，祭，王且衮。是王之上服于此正王之尊，明其服必衮冕也。”按资料中麻冕自麻冕，衮冕自衮冕，何以《孔疏》乃合之为一，而后经师们多承之。未及深考。

“黼裳”，《孔疏》引郑玄注云：“黼裳者，冕服有文者也。”《孔疏》自云：“郑玄《周礼》注云：‘衮之衣五章，裳四章。’则衮衣之裳，非独有黼言黼裳者，以裳之章色黼黻有文，故特取为文。《诗·采菽》之篇言王赐诸侯云'玄裳及黼'，以黼有文，故特言之。郑玄于此注云：'黼裳者，冕服有文者也。'是言贵文，故称之。"王国维《顾命考》云："郑云：'黼裳，冕服有文者也。蚁，谓色玄也。'案《考工记》：'白与黑，谓之黼。'王黼裳，卿士邦君蚁裳者，居丧释服，不纯吉也。"

③由宾阶陟——"宾阶"，为古代殿堂前的西阶，古礼规定宾客由西阶升降，故称宾阶，见上文"大辂在宾阶面"校释。"陟"，《释文》："子西反。"《玉篇》："陟，登也，升也。"《广韵》："陟，本作跻。"按，陟、降皆从阜（阝），则陟从阜（阝）不能谓非本义。

伪孔云："用西阶升，不敢当主。"《孔疏》："《礼》：'君升阼阶。'此用西阶升者，以未受顾命，不敢当主也。"《蔡传》云："陟，升也。康王吉服，自西阶升堂，以受先王之命，故由宾阶也。王国维《顾命考》亦云："王由宾阶陟者，未受册，不敢当主位也。"

《孔疏》："此将传顾命，布设位次，即上所作法度也。凡诸行礼，皆贱者先至，此必卿、下士、邦君即位既宅，然后王始升阶。但以君臣之序，先言王服，因服之下，即言升阶，从省文。"

④卿士邦君麻冕蚁裳入即位——《御览·服章部》引郑玄注云："蚁，谓色玄也。"伪孔云："公卿大夫及诸侯皆同服，亦庙中之礼。蚁，裳名，色玄。"《孔疏》："卿士，卿之有事者。公，则卿兼之。此行大礼，大夫亦与焉。略举卿士为文，公与大夫必在。故《传》言：'公卿大夫及诸侯皆同服。'言同服吉服，此亦庙中之礼也。言其如助祭，各服其冕服也。《礼》无蚁裳，今云蚁者，裳之名也。蚁者，蝼蚁虫也。此虫色黑，知蚁裳色玄，以色玄如蚁，故以蚁名之。

《礼》:'祭服皆玄衣纁裳。'此独云玄裳者,卿士邦君于此无事,不可全与祭同,改其裳示变于常也。……'入即位'者,郑玄云:'卿西面,诸侯北面。'郑玄惟据经卿士、邦君言之,其公亦北面、孤东面也。"《汇纂》引董琮(宋人,有《尚书集义》)云:"孔氏以'卿士'为公卿大夫,案隐三年《左传》'郑武公为平王卿士'。《洪范》曰:'卿士惟月。'则卿士指朝之执政者而言。"

《蔡传》:"蚁,玄色。公卿大夫及诸侯皆同服,亦庙中之礼。不言升阶者,从王宾阶也。入即位者,各就其位也。"《汇纂》引王樵曰:"位者,平日之班次也。"(然匆检王樵《日记》,未找到此语)

于省吾《新证》:"郑康成云:'蚁谓色玄也。'按,以蚁色之玄以名裳,于义无取。'蚁',本应作'义',与且、俎通,详《多方》'乃惟以尔多方之义民'条。俎即且,《礼运》:'然后饭腥而苴熟。'郑注:'苴或为俎。'且之正字,甲骨文作𥄂,《守宫尊》作𥄂。《仪礼·丧服传》:'苴绖杖。'《释文》:'苴,有子之麻。'《庄子·让王》:'苴布之衣而自饭牛。'《释文》引李注:'苴,有子麻也。'然则蚁裳即苴裳。"此新解甚佳,足祛旧惑。然如雀弁即以雀头色名弁,似此以蚁色名裳亦无碍。又如"苴布之衣而自饭牛"句,说明苴布之衣为至粗陋者,供穷者服用,是否可充庙堂之衣呢?凡此似皆可进一步研析者。

⑤太保太史太宗皆麻冕彤裳——伪孔云:"执事各异裳,彤,纁也。太宗,上宗。即宗伯也。"《孔疏》:"此三官者皆执事,俱彤裳,而言各异裳者,各自异于卿士邦君也。彤,赤也。《礼》:'祭服,纁裳。'纁是赤色之浅者,故以彤为纁,言是常祭服也。太宗与下文上宗一人,即宗伯之卿也。"《蔡传》:"太保受遗,太史奉册,太宗相礼,

故皆祭服也。"孙诒让《骈枝》云:"案此经王与诸臣同麻冕,而裳各异。郑以麻冕黼裳为冕服有文,《孔疏》申其义,谓指衮冕服。黼即十二章之一,但黼在十二章中差次在下,不宜以此名裳。金鹗据画缋,黑与白谓之黼,谓此裳黑白相间,举《玉藻》黼裘为证(《求古录礼说》)。其说甚确。窃谓此经为康王即位柩前之礼,于丧中而行即位之吉礼,不可以无变于常。故服齐服玄冕,而易玄裳为黼裳(《礼记·郊特牲》云:"玄冕斋戒。"《大戴礼记·哀公问五义篇》:"端衣玄冕而乘路者,志不在于食荤。"此并说天子诸侯齐服玄冕玄裳也)。卿士邦君无事陪位,则服正齐服玄冕玄裳。蚁裳,即玄裳也(亦见郑注云:"蚁,谓色玄也")。惟太保太史太宗以方行册命之盛典,不得不吉服,则玄冕而彤裳,此其义也。"孙氏深究古礼,此说自优于泛泛之论。王国维《顾命考》亦云:"案《考工记》'白与黑谓之黼',王黼裳,卿士邦君蚁裳者,居丧释服,不纯吉。太保太史太宗彤裳纯吉者,太保摄成王,为册命之主,太宗相之,太史命之,皆以神道自处,故纯吉也。"

⑥太保承介圭上宗奉同瑁——"承",奉也(《说文·手部》及《诗·鹿鸣》笺、《左传·成公十六年》注)。"介",《说文》:"介,籀文大。"《易·晋》"受兹介福"虞注:"介,大也。"

"介圭",伪孔云:"大圭,尺二寸,天子守之。故奉以奠康王所位。"《孔疏》:"《考工记·玉人》云:'镇圭,尺有二寸,天子守之。'镇圭,圭之大者。介训大也。故知是彼镇圭。天子之所守,故奉之以奠康王所位,以明正位为天子也。《礼》又有大圭长三尺,知介圭非彼三尺圭者,《典瑞》云:'王搢大圭、执镇圭以朝日。'《玉人》云:'大圭长三尺,天子服之。'彼搢于绅带,是天子之笏,不是天子之所守。故知非彼三尺之大龟也。"《蔡传》基本同伪孔之说。大抵介圭是天子之所守的长一尺二寸的大圭。"介",或作"玠",见《尔雅·释器》:"珪大,尺二寸,谓之玠。"《说文·玉部》:"玠,大圭也。从玉,介声。《周书》曰:'称奉玠圭'。"《诗·崧高》:"锡尔介圭。"郭璞注《尔雅》引作"玠"。王国维《顾命考》云:"介圭与瑁,皆天子之瑞信。奉先王之命(指太保),授天下之重,故以天子之瑞信将之。"

"上宗",即上文"太宗"。变文言之,意甚简明,无他歧义。且"上宗奉同瑁"与"太保承介圭"句例相同,皆由其官奉其物。然《孔疏》引郑玄注云:"上宗犹太宗。变其文者,宗伯之长,大宗伯一人,小宗伯二人,凡三人,使其上二人也。"上宗一人,竟说成二人。其用意是同瑁二物,上宗一人无法拿,遂增小宗伯一人,共二人各拿一物。这不合原文原意(详见下文)。而且西周文献及其时金文中尚未出现宗伯一词,宗伯为春秋时始见,为六卿之一,故春秋后期齐国《垣子孟姜壶》乃出现宗伯之词云:"载告宗伯,听命于天子。"因此西周时上宗只是太宗,不应以后来的宗伯来比附。

"同瑁",纷歧说法多。主要分歧有大的两说:一说同瑁只一物,一说同瑁为二物。

(一)同瑁只一物说。复分为二说:

甲、有瑁无同说。《三国志·吴志·虞翻传》裴注引翻别传载其奏郑玄解《尚书》违失事,以为:"郑玄所注《尚书》,以《顾命》康王执瑁,古月似同,从误作'同',既不觉定,复训为杯,谓之酒杯。……《玉人》职曰:'天子执瑁以朝诸侯。'谓之酒杯。……于此数事,误莫大焉,宜命学官定此三事。"按《说文》有部首"冃",音莫报切,读冒。而"冃"字即此部从冃从目之字。加玉旁即为天子所执之"瑁"。虞翻意谓冃即古瑁字,即以为郑玄误读此"冃"而为"同",于是此礼器误成同字。其实此礼器初不称"同"而称"瑁"云。钱晓征《三国志考异》阐明虞氏之说云:"今本《尚书》同瑁连文,同瑁各是一物,仲翔(虞翻字)以古冃字似同,郑氏从误作同,又训为酒杯,以此讥郑之失,则古本只有瑁字,古文作冃而郑作同也。今本《尚书》出于梅赜,或亦习闻仲翔说,兼取二文以和合郑虞之义乎?"江声《音疏》驳虞氏云:"案经'同瑁'联文,若以同为冃,谓为古瑁字,则此言'奉冃瑁',下言'受冃瑁',重言'冃瑁',成何语乎?且古瑁字作'珇',见《说文·玉部》,冃则别是一字,《说文》别有《冃部》,以冃为古瑁字,非也。据下文王受同以祭,太保以异同醋,则同为酒器,而何若以为古瑁字。瑁安可盛酒乎?翻之说大谬不然矣。"王鸣盛《后案》亦析论之云:"翻之意,因《说文》卷一《玉部》古文瑁字作珇,遂以为经文本当作'上宗奉珇',无同字。只缘今文作瑁,传写分为两字,遂误作'冃珇',后人以冃似同,复误作'同瑁'。郑不能觉定其误,从而训为杯。……则翻驳郑之意也。翻见经典无以'同'为酒器者,独此一见,故不肯信。……下文'乃受同瑁'亦当作'乃受瑁',犹可通也。而下文用以祭、用以酢、用以哜者,是何物乎?岂皆当作瑁乎?岂瑁亦可酌酒乎?……翻真妄人矣。"段玉裁《撰异》在引录虞翻奏郑玄违失事全文后云:"虞意同字是冃字之讹,冃瑁者谓冃天下之瑁也。诋訾郑君欲命学官改同作冃,冃瑁为一物。郑君训同为杯,则上宗奉同,王受同三宿三祭三诧,太保受同,及以下同字皆如贯珠。倘如仲翔改作上宗奉铜瑁乃受冃瑁,则三宿三祭三诧者果何物乎?且以下同字可皆更为冃乎?如其说,则瑁字已足,冃为赘也。太保受同降以异冃秉璋以酢,果何解乎？天子之瑁乃有异者为贰乎？其怪谬甚矣。"

乙、有同无瑁说。此复分两说：一为酒器，一为副玺。

"酒器说"。以"同"为酒器，已见郑玄注为酒杯，《说文》大徐本云："同，爵名也。《周书》曰'太保受同，唭'。故从口。"伪孔亦释"爵名"。按《左传·庄公二十一年》注："爵，饮酒器。"《蔡传》明确释为"同，爵名，祭以酌酒者"。江声、王鸣盛亦皆以"同盖圭瓒，可盛鬯酒者"。其为酒器说，已为大多数治经者所认同。王国维云："同者，郑云酒杯，江氏声以为圭瓒。奉圭瓒者，将祼王也（祼本为灌祭，以爵献饮宾客亦曰祼）。"

以为只有同而无瑁者，见王国维《顾命考》以为介圭与瑁皆天子之瑞信，而整个册命过程中，由太保承"介圭"，太史秉"册书"，太宗授"同"，王受"同"，最后太保受"同"，转授宗人"同"。皆只有"同"，不容有"瑁"。其文在王"乃受同瑁"下释之云："案此'瑁'字，疑涉上文而衍。受同者王，授之者太宗也。……太宗奉同，太保拜送，王拜受。……此述先王之命，付天下之重，故行以祼享之礼。郑不知此为太保献王，乃云王既对神，一手受同，一手受瑁。"王氏之意只以此酒器"同"由太保献王以行此次册命礼，根本不涉及"瑁"。王氏又撰《书顾命同瑁说》专论之。该文上半论今文"同"字作"铜"诸资料，并据《尚书大传》《白虎通》所载，以天子之瑁，尽冒公侯伯之命圭，如秦汉之合符，为今文家说。然后云："马融从古文作'同'，而释之曰：'同者大同天下。'意盖从今文家说，以同为瑁也。《虞翻别传》又云：'古冃似同，从误作同。'则古文家中更有以同字为冃之误者，康成本乃兼存同、瑁二字，而训同为酒杯。原郑之所以易旧注者，以经言'乃受同'、'王三宿三祭三咤'、'大保受同降盥'、'大保受冃祭哜宅',明'同'是酒器,不得释为瑁。而瑁字又今古文家旧说,不敢遽易,故并存之。余谓同瑁一物,即古圭瓒。盖圭瓒之制,可合可分,天子之瓒,与诸侯之命圭相为牝牡,诸侯朝天子,天子受其命圭,冒之以瓒,因以行祼将之礼。以其冒圭之首,故谓之瑁。以其尽冒公侯伯三等之圭,故谓之同。……昧经文'以异同秉璋以酢'一语,古'秉'、'柄'一字,太保自酢,以璋为同柄,其献王时,自必以介圭为同柄矣。"是王氏始终认为"同、瑁"为一物,但于撰《顾命考》时以为是酒器,至撰《同瑁说》,反以为同其名而瑁其实同于虞翻矣,其说之不可通与虞翻同。况举《顾命》诸句,明明在酌酒以酢。则当用其前一酒器说始确。

　　"副玺说"。此说且改"同"为"铜"。虞翻奏郑玄解《尚书》违失事三事之后,复云:"又马融训注亦以为'同者大同天下'。今经益'金'就作'铜'字,诂训言'天子副玺'。虽皆不得,犹愈于玄。"王氏《后案》云:"翻之意……马融虽不能觉'同'为误,而犹不解为酒杯,故训为'大同'……翻所见别本竟有'同'旁益金,训为玺者,故翻以为二说虽皆不得,犹愈于玄。则翻驳郑之意也。"段玉裁《撰异》云:"季长(马融字)云'同者大同天下',亦以同瑁为一物。郑觉其非乃更之。而汉时《今文尚书》益金作铜,诂训副玺。夫铜为副玺,与经文宿、祭、诧、酢者何涉?"陈乔枞《经说考》引录《白虎通·爵篇》继体之君即位一大段,其中引《尚书》"乃受铜瑁",又引"吉冕受铜",又引"释冕藏铜",以为"所录三家今文实有'同'字益金作'铜'者"。《经说考》又云:"今文家以同字作铜,遂以铜训为天子之副玺。盖据秦制天子玉玺,其副玺当用金,故为此说。"皮锡瑞《考证》不同意陈乔枞文中提出的今文说、古文说,而提出己说云：“《白虎通》以瑁为天下大同，与马注大同天下之说正合。疑马注云‘大同天下’者，即《白虎通》之以瑁为大同天下。马以同瑁为一物，即虞氏之所本。特虞以为经文当作‘上宗奉冃瑁’，言冃圭者瑁，以冃训瑁，与马小异，而以为一物则同。”这亦以为是一物，而竟在周初的顾命大典中出现了副玺，是不合历史进程的。陈氏《经说考》已指出：“以玺为传重之器，秦汉以前无此说，未可据以解此经之铜瑁，不如许郑之说于义为长。”虽皮锡瑞反对此说，然其证据是《尚书大传》说“汤伐舜……取天子之玺置于天子之坐”一语。《大传》多汉代方士化儒生之妄语，根本不可信。仍当如陈氏说，不能以秦汉之玺称西周之礼器。

（二）同与瑁为二物说。此说郑氏与“上宗”说相结合。

《孔疏》引郑玄注云：“上宗，犹太宗，变其文者，宗伯之长，大宗伯一人，与小宗伯二人，凡三人，使其上二人也。一人奉同，一人奉瑁。”《疏》云：“《传》（指伪孔）无明解，当同于郑也。”按伪孔但云：“同，爵名。瑁，所以冒诸侯圭，以齐瑞信，方四寸，邪刻之。”解释了同、瑁二物，不言上宗奉此二物情况，似其意以为“上宗奉同瑁”与“太保承介圭”一样，用不着再去谈它。因而《蔡传》亦只释：“同，爵名，祭以酌酒者。瑁，方四寸，邪刻之，以冒诸侯之珪璧，以齐瑞信也。”不过总述了一句：“太保、宗伯以先王之命，奉符宝以传嗣君。”其后林之奇《全解》引郑说而有异辞，惟陈栎《纂疏》曾申郑玄之说，至江声《音疏》始大扬郑说，在引录上述郑玄“上宗犹太宗”之语后，为之解说云：“礼官之属，大宗伯，卿一人；小宗伯，中大夫二人。是宗伯为春官之长也。此则使小宗伯之上一人与大宗伯同事，是使其三人之上二人也，小宗伯二人爵位同，而得差其上下者，盖同等之中自有长次也。必知上宗是二人者，奉是两手共承之，以两手奉一物，则同、瑁二物必二人奉之矣。且下文王'三诧，上宗曰飨'，太保'授宗人同'，明是赞王者大宗伯，赞太保者小宗伯也。则此时升阶有小宗伯与焉矣。故郑又云'一人奉同、一人奉瑁'以申明上宗之有二人也。"王鸣盛《后案》专宗郑者，自然更宣扬郑说。孙星衍既盛赞江王之称誉郑说，又引同为铜之说，并为之解云："铜即金也。"并引《白虎通·考黜篇》言圭瓒柜鬯，玉饰其本、金饰其中，因而谓"铜即因玉瓒之饰金为名也"。因江黄皆释同为圭瓒，所以他说"江王说是"。郑玄说与同为铜说，本是互不相干而且是互相排斥的两说，孙竟把它牵在一起了。

此一说中的同、瑁二物总得有所疏释。《孔疏》云："《礼》于奠爵，无名'同'者。但下文祭酢皆用同奉酒，知同是酒爵之名也。"是说周代各种礼书中所载典礼中用的酒器，都没有过名叫"同"的东西，只有西周这篇《顾命》文中有同，而且由文中所叙在祭、酢活动中用同奉酒，因而才知道同是酒器之名。后来戴钧衡《补商》云："同，《蔡传》从孔训爵名，盖以本经下文推而知之，于他书无可证者。……玩经文，上宗似即太宗，不得有小宗伯一人在内，而'同'、'瑁'曰奉，则又似不可一人奉者，此等处阙疑可也。"戴氏把这一问题付之存疑。

《孔疏》又云："《玉人》云：'天子执冒四寸，以朝诸侯。'郑玄注云：'名玉曰冒者，谓德能覆盖天下也。四寸者方，以尊接卑，以小为贵。《礼》，天子所以执瑁，诸侯即位，天子赐之以命圭。圭头邪锐，其瑁当下邪刻之，其刻阔狭长短如圭头。诸侯来朝，执圭以授天子，天子以冒之刻处冒彼圭头，若大小相当，则是本所赐。其或不同，则圭是伪作，知诸侯信与不信。故天子执瑁所以冒诸侯之圭，以齐瑞信，犹今（唐）之合符然。经传惟言圭之长短，不言阔狭。瑁方四寸，容彼圭头，则圭头阔无四寸也。天子以一瑁冒天下之圭，则公侯伯之圭阔狭等也。此瑁惟冒圭耳，不得冒璧。璧亦称瑞，不知所以齐信，未得而闻之也。"按《尚书大传》亦言此而更详云："天子执瑁以朝诸侯，见则覆之。……无故者得复其圭以归其国，其余有过者留其圭。能正行者复还其圭。三年不复，少绌以爵；六年不复，少绌以地；九年不复而地削。"又《说文·玉部》："瑁，诸侯执圭朝天子，天子执玉以冒之，似犁冠。"这些关于瑁的资料颇详，然而通观《顾命》的册命全过程，只需要用同，根本不需要瑁，瑁于此篇中成了赘疣。

至清末吴大澂为解决困惑，乃摒除一切旧说，改释"同"为"举"。其《字说·举字说》云："薛氏《钟鼎彝器款识》法帖《己举彝》文作'弓舁'。谓李公麟得爵于寿阳紫金山腹，有二字曰'己举'。王玠获古爵于洛，亦有二字曰'丁举'。字体正同，舁为古器习见，字或作舁，亦作舁。自宋以来考古家皆释作'举'。《书·顾命》'上宗奉同瑁'、'太保受同'、'授宗人同'之'同'，当即舁字之讹。……大澂案，彝器中舁字，觚、爵、觯所见尤多。盖商周以酒器为'举'，杜蒉洗而扬觯以饮平公，谓之'杜举'。古文作'舁'，因误为'同'。余在关中得父乙爵，柱有'舁吒'二字，释为'举吒'。吒即咤之省。既可证'三咤'为奠爵，又可证舁之为酒器，而非'同'字。数千百年经师疑窦为之一释。"吴氏自矜此为一创获，确实，他能从金文中寻找资料来企图解决此一争论千年的疑难题，亦自不易。但自宋以来的金石学家习见于此舁字，不能从文字演变发展的渊源来寻其释,却只从《檀弓篇》中载的一典故,说杜蒉洗而扬觯献晋平公饮,平公说:"如我死,则必无废斯爵也。"《檀弓》载果然这只爵被保存下来,称为"杜举"。于是金石学家们把许多爵根据其铭中一字分别称为"己举"、"丁举"等,都和"杜举"一样,成为酒器爵的名字。吴大澂根据这些得出一个结论:"盖商周以酒器为举。"而以为举的原字为未,《顾命》的"同"即未之误,于是他这一新说就提出来了。

其实,如果不根据文字本身发展脉络关系寻释其字,却只据文献中有某事物就加以比附,那么任何酒器都可比附"杜举"了。阮元觉得径释未为举有所不足,想另完整其释,见有人释为"鬲",即引以为说。其《积古斋钟鼎彝器款识》有云:"未字旧释为举,钱献之以为鬲字。案,举,饮酒也。训见《仪礼·特牲馈食礼》注。故古人爵、觯、卣等器,每以举字铭之。古文举形象鬲,薛氏《款识》'戊己举'释云:'按《集韵》攀音举,支鬲也。朱乃举省耳。'案《说文》:'攀,所以枝鬲者。从爨省、鬲省。'徐音渠容切。《六书故》引《说文》作'支鬲'。支,训为持,义与举同。攀举二字,形亦相近。考《齐侯镈钟铭》'格'字正似鬲。《尔雅·释训》:'格格,举也。'知丁度此音,必有师说,古举字从攀,但形有繁省耳。"这就补充了释攀为举的空疏之弊。吴大澂生存时代远晚于阮元,在文字学上很多卓异见解远远超过阮元。不意其在此字的见解上竟不及阮元。他仍相信未即举,虽《古籀汇编》仍列其说,但《金文编》把它列在附录,以对未即举之说表示存疑。至晚近金文研究,始确知未为商代最重要的族氏之一,入周后且越过洞庭湖以南活动(见1976年第2期《文物》江鸿《盘龙城与商朝的南土》)。周法高氏在《金文诂林》里说,这是商代一强族的族徽,那么说枓即举,是杜举之类的酒器,完全是推想之说了。

这反映此一不见于其他文献独见于《顾命》的酒器"同",足以引起人们怀疑,而要另寻解释。所以有虞翻承旧有之说释其字为"瑁"于前,又有吴大澂承旧有之说释其字为"举"于后,其间还有钱献之、阮元等先后释其字为"鬲",都是要避其为"同"字之释。显然可以推定,《顾命》此处原只是外周为"冂"之一字,而非"同瑁"二字,在流传中有人以为此物与介圭都是天子所守之信物,只应该是瑁,遂以此字为冃,谓为古瑁字,遂在此字下侧小注"瑁"字,在传抄中误为正文抄入,成为"冃瑁"二字了。许多纷扰遂由此而来。钱晓征以为伪孔本始并列此二字,然汉代已误成二字,不只是郑玄释为二物,分别由大宗伯小宗伯所奉,即马融释为一物,亦以同瑁合为一物。因此在《顾命》中同、瑁二字并列,由来已久。然瑁与本篇全过程的内容始终不相合,因而可确知瑁字是后来增入的。原文只是外周为冂之一字,至于冂内是＝? 是𠙵? 是乂? 则处在争论中。由上文知道作瑁、作举都误,则剩下只有"同"字了。何况整理本书的版本依据是以《唐石经》为底本,《唐石经》作"同",自只能承用它。因此现在只作出这样的认定:本篇的"同瑁"原文只作"同",由它在本文中的作用来看,"同"是酒器。

最新的一说,是郭沫若氏提出的:"同"是壶。见其《金文辞大系图录考释》中齐器《洹子孟姜壶》考释文中云:"'羞铜'者,即《书·顾命》'上宗奉同瑁'之同。《白虎通·爵篇》引作铜。郑玄解同为酒杯,《书传》袭之以同为爵名。《吴志·虞翻传》注引翻别传(引其文至"言天子副玺"止,今略)。今此器为壶而释之以

'铜'，用知古者壶有铜名，省之则为同。酒器之钟，盛算之中，均是一音之转变。《顾命》之同，实当是壶。盖即盛算之中，有简册盛于其内。郑玄训为酒杯，虽失尚不甚远。若马融、虞翻及副玺之或说，均是臆必之见。"又使人们对这一同字的视野扩大了。不过其为壶，仍可作酒器用。

⑦由阼阶陟——《孔疏》："阼阶，东阶也。谓之阼者，郑玄《士冠礼》注云：'阼犹酢也。东阶所以答酢宾客，是其义也。'"这是对阼阶意义的解释，已见上文"缀辂在阼阶面"校释。而太保上宗其所以由阼阶升，则伪孔云："用阼阶升，由便不嫌。"真不知所云。《孔疏》欲为之释，先寻由阼阶升的理由而后释伪孔语，其文云："《礼》：凶事设洗于西阶西南，吉事设洗于东阶东南，此太保上宗皆行吉事，盥洗在东，故用阼阶升。由便，以卑不嫌为主人也。"所找的理由也非常牵强。《蔡传》云："太保宗伯以先王之命奉符宝以传嗣君，有主道焉，故升自阼阶。"开始接触到了正确理由，而其义未畅。

王国维《顾命考》始言之甚明云："大保由阼阶者，摄主，故由主阶。何以知大保摄主也？曰：大保受顾命于成王而传之于康王，有王道焉。成王不亲命康王而命大保者何也？曰：康王之为元子久矣，顾命也者，命之为王也。成王未崩，则天下不得有二王。既崩，则不得亲命，故大保摄王以命之。册命之有摄主，犹祭之有尸矣。"（按，所谓"尸"，见下文"王答拜"校释末所附解释）

《顾命考》又解释大宗随在大保后之故云："大宗从大保者何也？曰：'傧也。'《周礼·大宗伯》职：'王命诸侯则傧。'古彝器记王册命诸臣事，必有右之者。器所谓'右'，即《大宗伯》所谓'傧'也。周册命之制，王与受册者外，率右者一人，命者一人。故册嗣王亦用是礼也。"

⑧太史秉书由宾阶陜——江声《音疏》:"'秉',执也。'书',所写'顾命'之册也。"伪孔云:"太史持册书'顾命'进康王,故同阶。"《孔疏》:"训'御'为进。太史持策书顾命,欲以进王,故与王同升西阶。……篇以'顾命'为名,指上文为言。'顾命策书',秉王之意为言。亦是顾命之事,故《传》言'策书顾命'。"《蔡传》云:"太史以册命御王,持书由宾阶以升。"所释太史由宾阶升,义皆不畅。

王国维《顾命考》始明晰释之云:"书,册书。古者命必有辞。辞书于册,谓之命书。《觐礼》:'诸公奉箧服,加命书于其上。'《颂鼎》《曻盘》皆云'尹氏受王命书'。《宂敦》:'王受(假为授)作册尹书,俾册命宂。'是命书本王或摄王者所持。此'太史秉书'者,太保承介圭,介圭重器,不能复持命书,以授太史,故太史秉之。'由宾阶陜'者,太史居太保右也。《觐礼》:'天子赐侯氏以车服,大史是右,少仪、赞币自左,诏辞自右。《祭统》:'史由君右,执册命之。'是太史位在太保之右。时太保在阼阶上西面,太史后升,不可越太保而趋其右,故由宾阶也。"

⑨御王册命——《孔疏》引郑玄注云:"御,犹向也。王此时正立宾阶上少东,太史东面于殡西南,而读策书以命王嗣位之事。"王国维《顾命考》云:"今案郑说非也。此册命之地决非殡所,盖成王之殡,若尚用殷礼,当在两楹之间;若用周礼,当在西序。今据上文,则牖间南向,西序东向,皆布几筵,而赤刀、大训、宏璧、琬琰亦在西序。若成王之殡在,则几筵宗器何所容之?故知册命之地非殡所也。郑不知大保摄王,嫌非殡所则无所受命,故为此说。其言王与大史之位亦不确。以礼言之,则大保当在阼阶上,西面,大宗

尚书校释译论

居左,大史居右。王在宾阶上,东面,大史迎而命之。御之言,迓也、迎也。故彝器纪王命诸臣事,皆王即位,受命者立中庭北乡。《祭统》亦云'所命北面'。此册命王,用宾主礼者,大保虽摄先王,身本是臣,故于堂上以宾主之礼行之。摄王者礼不全于君,受册若礼不全于臣、全于子,此实礼之至精者矣。"(御字伪孔训为"进",苏轼《书传》谓"凡王所临、所服用皆曰御",皆与此处所用义不合,当如王说训为迓近)

⑩曰皇后凭玉几道扬末命——"凭",原作"冯"。一作"凭"。《说文·几部》:"凭,依几也。从几、从任。《周书》'凭玉几',读若冯。"段玉裁《撰异》:"'冯',卫包改作'凭',开宝中,又并《释文》改之。"伪孔释此句以下为"册命之辞"。并训"皇"为大、训"后"为君、训"末"为终以释云:"大君,成王。言凭玉几所道,称扬终命,所以感动康王。"《孔疏》则阐明"凭玉几"为病危的意义云:"言凭玉几所道,以示不凭玉几则不能言,所以感动康王,令其哀而听之不敢忽也。"林之奇《全解》云:"曰'秉书',则言其持之以升;曰'御王册命',则言其奉之以敬;'皇后'以下,则太史进册而陈此言也。先儒则以此为册书之辞,非也。……史以成王之言著之于册矣,此则将奉册而进之之辞也。言此册者,乃成王当大渐之际亲凭玉几道扬临终之命以命汝也。"故《蔡传》全承之云:"成王顾命之言书之册矣,此太史口陈者也。"陈大猷《或问》亦云:"窃意册命中必述成王命召、毕之因,载顾命之语,史略其前之已见者,而独载此口陈语也。"然王国维《顾命考》谓此句以下自"命汝嗣训"以迄"答扬文武之光训",以为是"此太史所读册书之辞",与伪孔以为是"册命之辞"相合。因为这几句是严嘱嗣王践履君位所必遵的大纲大目,显

然不是临时口语之辞。伪孔及王氏之说为是。

孙星衍《注疏》独提出异说云："'皇'者,《释诂》云:'君也。''后'者,《说文》云:'继体君也。'谓康王也。'末'者,《方言》云:'绪也。''冯'者,《一切经音义》十七引《三苍》云:'依也。'《说文》作'凭',云:'依几也。'《周书》'憑玉几',读若冯(凭)。……此太史传述成王之命,命康王凭玉几以听道扬绪余之命,即《白虎通·爵篇》云'即继体之位'也。"这是清代经师具有一些文字知识,而没有历史观点,为了矜博,肆意使用,究竟"皇"字到什么时代才训为君,他一点不懂,对"后"字的训义也一点不懂其历史情况,所以才写出这一篇误说。要知道在较早典籍《诗》《书》等及金文中,"皇"字原只是大、美好等义的形容词,用以形容上天和先辈,如皇天、皇祖、皇考、皇妣、皇母等。而另一帝字原来只指上帝与尊贵的神(如《山海经》中许多帝某,就是实际也是各不同部族的上帝),及战国之世,人间君王开始称帝了。于是就用原来形容上天和上帝的皇字作为天帝的称呼了。但长时间皇只指上帝,不指人间的君王,至战国末《吕氏春秋》及《庄子·天运》中始出现人间的"三皇五帝"一词,当时三皇尚未指实为哪三人,及秦始皇时始有神性的天皇地皇泰皇出现,始皇也始定人间的"皇帝"一词(参看顾师《三皇考》),于是汉代字书才有"皇,君也"之训。西周时代,皇还只是美、大意义的形容词,把西周文献中的皇字释为君,其妄是显然的。至于"后"字,从殷虚甲骨文中看出,商代在世的王称王,死去的王称后(字作毓)。西周承商代用法,自不会称在世的王为后。因此此处"皇后"只能是指已死的成王,不能指在世的康王。

⑪命汝嗣训临君周邦——"临君"一作"君临"。见《文选·责

躬诗》李善注引此句作"君临周邦"。皮氏《考证》并引贾公彦《序周礼废兴》录郑玄《周礼序》有"纲纪周国,君临天下"句,皮谓"是郑本作'君临'也"。"君临"为后代习用,然"临君"义亦无大别异,不必斤斤论之。

伪孔释云:"命汝继嗣其道。言任重,因以托戒。用是道临君周国。"《孔疏》:"以训为道,命汝继嗣其道,继父道为天下之主,言所任者重,因以托戒也。"林氏《全解》云:"临终之命,以命汝嗣其教训,以临莅天下,为周邦之君。"始不以"训"为"道",而用其教训本义。《蔡传》则云:"命汝嗣守文武大训。曰'汝'者,父前子名之义。"陈大猷《或问》云:"《顾命》中成王自言'嗣守文武大训'。故此言'命汝嗣训'。'答扬文武光训',即所谓'嗣训'也。"以陈大猷之释最得文意。

⑫率循大卞燮和天下用答扬文武之光训——"率循大卞",阮元《校勘记》云:"古本作'帅修大辨'。""卞",撰《九经字样》时经文尚作"弁",故注云:"今经典相承或作'卞'。"是"弁"有作"卞"者。王鸣盛《后案》云:"《汉·哀纪赞》:'卞射武戏。'应劭曰:'卞射,皮卞而射也。'则'弁'转为'卞'久矣。此经'大卞'即'大弁'。"段玉裁《撰异》:"弁,各本作卞。按卞即弁隶体之变。见于孔宙、孔龢、韩敕三碑。《释文》云:'卞,皮彦反。徐:扶变反。'与上文'雀弁'音正同。据此似作《释文》时雀弁、大卞已分为二,不始于开成石经也。"

伪孔释"率循大卞"云:"率群臣循大法。"《孔疏》云:"卞之为法,无正训也。告以为法之道,令率群臣循之,明所循者法也。故以大卞为大法,王肃亦同也。"清儒江声、王鸣盛为卞字寻训法的理由,亦未谛,故不录。

"燮和天下",《释诂》云:"燮,龢也。"即和也。"燮和",同义复词。伪孔释此句云:"言用和道和天下。"

"答扬文武之光训","答",亦作"对"。下句"王再拜答"之"答",《白虎通·爵篇》引作"对"。是此处"答扬"亦当作"对扬"。此在金文中习见,皆表示答谢颂扬之意。如《克鼎》《无惠鼎》《颂鼎》《师望鼎》等皆作"敢对扬天子丕显鲁休",《善鼎》《康鼎》则作"对扬天子丕显休",《毛公鼎》作"对扬天子皇休",《大夫始鼎》作"对扬天子休"。又《刺鼎》《井鼎》《耤田鼎》《吕鼎》《不寿鼎》《伯晨鼎》等皆作"对扬王休",中间亦可省字,如《盂鼎》作"用对王休",《南宫中鼎》作"对扬于王"。此鼎又作"对王休命"。可知"对扬天子休"、"对扬王休"为周人习用语(《尔雅·释诂》:"休,美也")。此处"答扬文武之光训",与之完全一致。

伪孔释此句云:"用对扬圣祖文武之大教。"并释此数句意云:"叙成王意。"用"对扬"二字,系据周人习用语,完全正确表述了原意。

自"命汝嗣训"至此句止,如王国维所说为"太史所读册书之辞"。吕祖谦《书说》云:"临君周邦,位之大也;率循大卞,法之大也;燮和天下,和之大也。居大位,必由大法,致大和,然后可以对扬文武之明训也。"《蔡传》全承用此数语。

⑬王再拜兴答曰——"拜",见《说文·手部》:"搩,首至地也。从手、𡕢。徐锴曰:'𡕢……拜从之。博怪切。'𢪙,扬雄曰:'拜从两手下。'"是首从两手下至地为拜,首不离两手以拜。"再拜",首从手至地拜两次。"兴",拜毕,起身,叫做兴。古典礼中,司仪者叫

"兴"，拜者即站起来。"答"，《白虎通》引作"对"。见其《爵篇》云："缘臣民之心，不可一日无君也，故先君不可得见，则后君继体矣。故《尚书》曰：'王再拜，兴，对……乃受铜瑁。'明为继体君也。"段玉裁《撰异》："《白虎通》引作'对'，此《今文尚书》也。凡《古文尚书》'答'字，今文皆作'对'。如《洛诰》'奉答天命'，《尚书大传》作'奉对'。"可知古文作答，今文作对，是具有普遍性的。金文中遂一律作"对扬"，已见上文。

⑭眇眇予末小子其能而乱四方以敬忌天威——伪孔云："言微微我浅末小子，其能如父祖治四方以敬忌天威德乎？谦词托不能。"训"眇"为微，"末"增浅字以加深其浅末之意，训"而"为如，训"乱"为治。"敬忌"无训，吴氏《大义》云："忌，畏也。"《蔡传》："'眇'，小。'而'，如。'乱'，治也。王拜受顾命，起答太史曰：眇眇然予微末小子，其（陈大猷曰："其"，未定之辞）能如父祖治四方以敬忌天威乎？谦辞退托于不能也。《顾命》有'敬迓天威'、'嗣守文武大训'之语，故太史所告、康王所答，皆于是致意焉。"戴钧衡《补商》："'其'，读曰岂（见《酒诰》"我其可不大监抚于时"）。'而'，句中语助也。言渺渺予末小子岂能治四方以敬忌天威乎？《传》训而为如，谓'如父祖之治四方'，增文反曲矣。"总之，"眇"训微、小，"末"，增饰为浅末，"乱"训治（实为矞字之训），"忌"训畏，这些都是常训，自可从。"其"或训未定之辞，或训岂。"而"或训如，或训句中语助，可斟酌用之。"小子"，与"冲子"等均为君主自己谦称，如《洛诰》中成王即屡自称小子、冲子者是。

王国维《顾命考》指出："此王答命书之辞。"

⑮乃受同（瑁）——伪孔、《蔡传》皆云："王受瑁为主，受同以

祭。"误，当如王国维《顾命考》云："案此'瑁'字疑涉上文而衍。"其实应可肯定此"瑁"字确为衍文。《顾命考》续云："受'同'者王，授之者大宗也。大保之介圭与大史之册书，当于此时同授王，不书者略也。独书'受同（瑁）'者，起下文也。授同者何？献王也。大宗奉同，大保拜送，王拜受。不书者，亦略也。何以知大保献王也？曰：下云'大保受同，降，盥以异同，秉璋以酢'。又云'大保受同，祭、哜、宅'。古礼，有献始有酢。不献王，则何酢之有矣。何以知大宗授同也？曰：《周礼·大宗伯》职：'大宾客则摄而载果。'郑注：'载，为也。果读为裸。代王裸宾客以鬯。'君无酌臣之礼，言为者，摄酌献耳。拜送则王也。时大保摄王以命康王，故知授同者大宗也。册命嗣王，何以献也？曰：古者爵禄之爵，用爵觯字。知古之授爵禄者，必以爵将之。有命亦以爵将之。《祭统》：'古者明君，爵有德而禄有功，必赐爵禄于太庙，示不敢专也。故祭之日，一献，君降立于阼阶之南，南乡；所命北面，史由君右，执策命之。'一献，郑以为一酳户。窃谓当献所命之人，以诸侯册命诸臣之用一献，知册嗣王之亦有献矣。彼先献后命，此先命后献者，彼因祭而命，此特行册命礼故也。……此述先王之命，付天下之重，故行以裸享之礼。郑不知此为大保献王，乃云王既对神，一手受同，一手受瑁，伪《孔传》亦云受同以祭，于是自此以下至篇终，全失其解。若释为大保献王，王受献，则怡然理顺，无字不可解矣。"

⑯王三宿三祭三咤——《释文》："咤，陟嫁反。"古本原作"𫗦"，马本误作"诧"，传本又误作"咤"。段玉裁《撰异》以"咤"原作"宅"，故其言云："宅，今本作'咤'，《释文》曰：'咤，陟嫁反，亦作宅。又音妒。又猪夜反。'《说文》作'𫗦，丁故反'，马本作'诧'，与

《说文》音义同。玉裁按，《说文》七篇《宀部》曰：'窀，奠爵酒也，从宀，托声，《周书》曰：王三宿、三祭、三窀。'许所据盖壁中古文原本，马本作'诧'者，字之误也。孔本作咤者，又诧之字误也。其作宅者，别本也。既释奠爵，则有居义，故其字无妨作宅。盖说《书》家有读诧为宅者，郑训为'却行'，亦于古音同部求之。《玉篇·宀部》曰：'窀，丁故、丁嫁二切，《周书》曰："王三宿、三祭、三窀。"孔安国曰："王三进爵，三祭酒，三奠爵。"本或作咤。'玉裁按，然则孔本亦作窀，而咤乃吒之讹也。"

《孔疏》引郑玄注云："徐行前曰肃，却行曰咤。王徐行前三、祭又三，却复本位。"是"宿"作"肃"。《孔疏》："《释诂》云：'肃，进也。'宿即肃也。"王氏《后案》："郑从宿为肃，云徐行前曰肃者，《少牢馈食礼》：'前宿一日宿戒尸。'《特牲馈食礼》：'乃宿尸。'《祭统》：'宫宰宿夫人。'郑于彼三经并注云：'宿，读为肃。'是宿与肃通。《释诂》：'肃，进也。'是行而前也。《士冠礼》'乃宿宾'注，亦云'宿，进也'。"王国维《周书顾命后考》据《通典》所载魏尚书所奏《王侯在丧袭爵议》中所引郑玄注此处文一段，与《孔疏》所引郑注异。该处所引郑玄曰："即位必醴之者，以神之。以神之者，以醴唪成之也。以醴唪成之者，醴浊，饮至齿不入口曰唪。既居重丧，但行其礼，而不取其味。"王国维《顾命后考》则云："郑君说中有唪字，似经文'三咤'作'三唪'，而今经文无之。《说文解字·宀部》：'窀，奠祭爵也，从宀，托声。《周书》曰："王三宿、三祭、三窀。"'又《口部》：'唪，尝也。从口，齐声。《周书》："大保受同祭唪。"'两引《周书》，知许君所见壁中古文除咤作窀外，与今本无异也。《释文》'咤，马本作诧'，《正义》引郑注'却行曰咤，诧即窀之讹，咤又由诧而讹,是马郑注皆与壁中本同,无哜字。王肃云:'王从三宿三祭,上宗曰飨,而不哜醴,是王肃本此节亦无哜字,此皆《古文尚书》也。然《今文尚书》正作'三宿三祭三哜'……《通典》引《白虎通》则云'《尚书》曰王再拜兴,祭哜。'……郑注《古文尚书》不破咤字,故曰'却行曰咤'。此条自述《今文尚书》亦不从古文破哜字,故曰'以醴哜成之'也。……古献有三种:以鬯曰祼,以醴曰醴,以酒则曰醮、曰献。……天子诸侯之祼,即大夫士之醴也。……诸侯以下用醴者,天子以祼代之。故曰:郑君云即位而醴之者,意是而名非也。虽然,由郑君此说以释经,则经无滞义矣。"

伪孔云:"礼成于三,故酌者实三爵于王,王三进爵,三祭酒,三奠爵,告已受群臣所传顾命。"《孔疏》:"礼成于三,酌者实三爵于王,当是实三爵而续送。三祭各用一同,非一同而三反也。《释诂》云:'肃,进也。'宿即肃也。故以宿爵而续送。祭各用一同为一进。三宿谓三进爵,从立处而三进至神所也。三祭酒,三酹酒于神坐也。每一酹酒,则一奠爵,三奠爵于地也。为此祭者告神,言己已受群臣所传顾命,白神使知也。经典无此咤字,咤为奠爵,传、记无文,正以既祭,必当奠爵,既言三祭,知三咤为三奠爵也。王肃亦以咤为咤奠爵。"《蔡传》简言之云:"宿,进爵也。祭,祭酒也。咤,奠爵也。礼成于三,故三宿三祭三咤。"

陈栎《纂疏》云:"咤有两说,孔氏以为奠爵,苏氏(《东坡书传》)以为至齿不饮,与哜同义(按,尚有郑玄"却行曰咤"一说)。初以咤从口,意苏说为是。及考字书,方知㓃与吒同陟驾反,祭奠酒爵也。咤本㓃字,传写讹耳。孔注《音释》云:'《说文》作㓃。'观此则咤训奠爵,不可易也。若与哜同义,则君咤臣哜,于义何分?

且与引饮福亦废（即吕氏《东莱书说》太保饮福不甘味、王饮福亦废）之说不合矣。"（但林之奇《全解》则支持苏说。以为"先儒以宿为进爵，以咤为奠爵，盖谓进于神坐之前，则以酒酹地而祭，酹讫而奠爵焉。苏氏则以宿为奠爵，以祭为祭先，以咤为至齿而不饮，即哜也。……苏氏似为胜"。）

由郑玄说、《孔疏》及林之奇说，知道宿即肃，即徐行向前。"三宿"，是从立处徐行至神所以进爵，这样三次。"三祭"，是以爵中的酒酹于地而祭，这样也三次。"三咤"，是酹酒于地完毕后，即将爵奠置于地，这样也三次（但如郑说则是退行三次）。"奠爵"，据《士冠礼》有云："冠者奠爵于荐东，立于筵西。"又《乡饮酒礼》云："主人坐奠爵于阶前，辞。"其下文又有数句云"坐奠爵于篚"。是奠爵为将爵放置好。陈经《详解》则云："三咤，奠爵于地。……此王受册而奠也。"

王夫之《稗疏》云："宿、祭、咤、酢，按此传注纷纭不决，殊难分晓，以咤为哜者，苏氏之失也；谓祭为酹酒神座者，郑氏之未谛也；谓酢为报祭，王答拜为代尸拜者，蔡氏之谬也。既以咤为哜，则下云咤哜，于文不通，以祭为酹酒，酹者缀祭也，亦相因继进之义，言三祭则缀可知，而但言祭则不可以酢为释也。以酢为报祭，报祭之名不知何昉？新安陈氏乃云报祭者亚献也，则其妄益甚。酢者，宾答主人之称尔。以答拜为代尸拜，则不知唯祭有尸。……以实求之，所云三宿三祭三咤者，约举成文，实三献也。前云即位，其所即之位，传注不言所在，以子受命于父之义求之，则当与冠礼相通，盖阼阶也。由宾阶上者，嗣子之不忍死其亲也；即位则于阼阶者，正其为主，所谓践阼也。宿，肃也，谓揖进也。言三宿者，自阼阶肃进于几筵之前，凡三献则三进而三降也。三祭者，谓三实酒于同，而拜送于神也。三奠者，谓三置酒于牖间几筵之右也。统言之而不详记其仪。"

王国维《顾命考》云："案宿，进也。咤，奠酒爵也。王受同者，重先王之命，祭之奠之，而不啐酒不卒爵者，居丧故也。《士虞礼》'尸酢主人，主人坐祭卒爵'者，此初殡，彼既葬也。宿、祭、咤皆以三者，《周礼·大行人》职：'上公，王礼再祼而酢；诸侯诸伯，王礼壹祼而酢；诸子诸男，王礼壹祼不酢。此所献为嗣王，尊于上公，当三祼而酢。此云三宿三祭三咤，不云三祼或三献者，互文也。"这是根据古时礼制仪节所作的解释，结合上一段综述郑注、孔疏、林解之语，当可对这段礼节得到理解。

⑰上宗曰飨——"上宗"，由上文"太保承介圭上宗奉同瑁"句的"上宗"校释，知此处上宗即太宗。伪孔释此句云："祭必受福，赞王曰：'受福酒。'"《孔疏》："礼于祭末，必饮神之酒，受神之福。其大祭必有受嘏福之礼。《特牲》《少牢》：'主人受嘏福。'（按，今见《少牢馈食礼》唯有"主人受祭之福"之语）是受神之福也。其告祭小祀，则不得备仪，直饮酒而已。此非大祭，故于上三奠爵讫，上宗以同酌酒进王，赞王曰'飨福酒'也。王取同咤之，乃以同授太保也。"此释明晰可从。"咤"，尝至齿，见上文"王三宿三祭三咤"校释引郑注及下文"太保受同祭咤宅授宗人同拜"校释。

林之奇《全解》云："曰飨，盖所谓嘏也。《诗笺》曰：'予福曰嘏。'《特牲》《少牢》之礼：'尸嘏主人。'故此则上宗嘏王，欲王之享之也。如此，则王之礼毕矣。"吕祖谦《书说》云："'曰飨'者，传神命而以神之飨告也。"《蔡传》全承用吕氏此句。这是宋学对上引汉学解释所作的补充。

王国维《顾命考》云："飨者，上宗侑王之辞。既酳献之，又从而侑之，所谓摄而载裸也。"

⑱太保受同降盥以异同秉璋以酢授宗人同拜——这是太保召公在典礼进行到此时所连续进行的六个动作：受同，降，盥，以异同秉璋以酢，授宗人同，拜。现依次述之如下：

"受同"，上引《孔疏》校释"上宗曰飨"之末云："上宗以同酌酒进王，赞王曰'飨福酒'也，王取同呫之，乃以同授太保也。"是王取上宗所进之同呫之后，即以同授太保。故此处记"太保受同"。伪孔云："受王所飨同。"是。《孔疏》："上宗赞王以飨福酒，即云'太保受同'，明是受王所飨同也。"

"降"，伪孔言"受王所飨同"后，即接着说"下堂反于篚"，是说下堂把同回放到篚里。《孔疏》："祭祀饮酒之礼，爵未用皆实于篚，既饮皆反于篚，知此下堂反于篚也。"

"盥"，《广韵》古满切，《集韵》古缓切。《说文·皿部》："盥，澡手也。"《增韵》："以盘水沃洗曰盥。"《礼·内则》"咸盥漱"《释文》："盥，洗手也。"伪孔释此云："太保以盥手洗异同。"盖与下句"异同"相连为释，不知盥是此礼的仪节中的一动作，以异同酢是另一动作，释成以盥手洗同，误。《蔡传》释为："太保受王所咤之同，而下堂盥洗。"较近是。不过还未明确"下堂（降）"和"盥洗"是两个程式化的动作。而且盥也不是真正洗，只是走到盘前，手在盘水上做洗的象征性动作（而且往往盘里面没有真正放水）。

"以异同秉璋以酢"，"异同"意为另外一同，即非王呫后授与太保之同。伪孔释此句云："太保以盥水洗异同，实酒秉璋以酢祭。"

并释"璋"、"酢"二字云:"半圭曰璋,臣所奉。""王已祭,太保又祭,报祭曰酢。"按"璋",郑玄笺注《诗·棫朴》云:"璋,璋瓒也。祭祀之礼,王祼以圭瓒,诸臣助之亚祼以璋瓒。"《孔疏》:"祭祀以变为敬,不可即用王同,故太保以盥手更洗异同,实酒于同中,乃秉璋以酢祭,于王祭后更复报祭,犹如正祭大礼之亚献也。《周礼·典瑞》云:'四圭有邸以祀天,两圭有邸以祀地,圭璧以祀日月,璋邸射以祀山川,从上而下递减其半,知'半圭曰璋'。《祭统》云:'君执圭瓒,大宗执璋瓒。'谓亚献用璋瓒。此非正祭,亦是亚献之类。故亦执璋若助祭。……秉璋以酢,是报祭之事。王已祭,太保又报祭也。'酢'训'报'也。故报祭曰'酢'。饮酒之礼称'献酢'者,亦是报之义也。"释此句颇详尽,可取。《蔡传》承此简言之并稍作补充云:"更用它同秉璋以酢,酢,报祭也。《祭礼》:'君执圭瓒祼尸,太宗执璋瓒亚祼。'报祭亦亚祼之类,故亦秉璋也。"江声《音疏》、王鸣盛《后案》、孙星衍《注疏》皆云:"言酢者,既献而自酢也。"王国维《顾命考》云:"案,此太保既献王,乃自酢也。古敌者之礼,皆主人献宾,宾酢主人,惟献尊者,乃酌以自酢。《燕礼》:'主人献公毕,更爵洗升,酌膳酒以降,酢于阼阶下,北面,坐奠爵,再拜稽首,公答再拜,主人奠爵于篚。'(《大射仪》同)此大保自酢,节目略同。所异者唯酢于堂上,又不奠爵,不卒爵耳。大保自酢用臣礼者,册命时,摄主以行先王之命,故以鬼神之尊自处。既命之后,嗣王已即王位,故退而以臣自处也。'以异同秉璋以酢',此异同谓璋瓒(江声说),以异同自酢者,不敢袭尊者之爵也。"

"授宗人同",宗人即太宗、上宗,有谓小宗伯或更在其下之属员,皆误。如伪孔误云:"宗人,小宗伯佐太宗者,太宗供王,宗人供太保。"《孔疏》从之误,《蔡传》亦从之误,且谓为"小宗伯之属"(当然,"小宗伯之属"包括小宗伯,"之属"即这一类人之意,所以也包括其次人员)。王夫之《稗疏》云:"注以太宗为大宗伯,宗人为小宗伯。今按:上文言'上宗奉同瑁,由阼阶隮'。未有小宗随之。而始终与王成礼,唯太保与宗人,则此宗人即太宗、上宗可知。其宗伯则陪位之卿士也(此句仍误信西周早期有宗伯之说)。太保以宗臣为顾命之首,故代先君以授命(授,原误作受);宗人以宗子掌王之家政,故赞王以受命(此处依《蔡注》误以宗人为彤伯,并据王肃说辨彤伯姒姓,非贵戚之卿不能任此典礼之官,今略)。《仪礼》云:'继别为宗。'《诗》称'大宗维翰',则此宗人者,盖国之大宗,而非宗伯也。周公薨则君陈为大宗,而毕公之继君陈,在康王之十二年,则此时君陈固存。成王不豫之时召之而来也。"言"宗人"即太宗、上宗,甚确,扫除一切经师之妄。至其所以授同与宗人,伪孔云:"太保拜白已传顾命,故授宗人同。"《孔疏》:"将欲拜,故先授宗人同。……王既祭,则奠同于地,太保不敢奠于地,故以同授宗人,然后拜也。"历代经师多承此说(清代如江、王、孙皆然)。

"拜",伪孔云:"太保拜,白已传顾命(白为表白、告白、表述之义)。故授宗人同,拜。"《孔疏》:"太保所以拜者,白成王:言己已传顾命讫也。……拜者,白为拜神,不拜康王。但白神言:已传顾命之事,先告王已受顾命。……太保……以同授宗人然后拜也。"陈栎《纂疏》承之云:"太保秉璋以酢、授同而拜,告成王:己已传顾命也。"又云:"王祭告成王,言己已受顾命也。"

《蔡传》独云:"以同授宗人而拜尸。"其说误,于下句"王答拜"校释中驳正之。

⑲王答拜——伪孔云:"王答拜,尊所受命。"《孔疏》:"王答拜者,尊所受之命。亦告神使知,故答拜也。"林之奇《全解》云:"君于臣无答拜,此答之者,以其传先王之命也。"陈栎《纂疏》云:"康王方在庙中枢前受顾命,冢宰以元老大臣受托孤重寄,先王临之在上,康王为丧主,其答拜,礼亦宜之。冢宰传顾命以相授,见大臣如见先王也。答其拜,敬大臣即所以敬先王也。"王夫之《稗疏》云:"拜者,拜送酢酒也。王答拜者,答酢拜也。"戴钧衡《补商》云:"'授宗人同,拜',太保拜王也。'王答拜',拜太保。《传》(《蔡传》)以为拜尸,代尸拜,盖因君于臣不答拜,曲为解说。其实不然。《燕义》君于臣尚有答拜之礼,何况传顾命于先王枢前乎?"《补商》又云:"太保将祭而先拜,王答拜之也。"皆阐明王所以答拜之故。

《蔡传》所谓:"以同授宗人而拜尸,王答拜者,代尸而拜也。"王夫之《稗疏》驳之云:"王答拜为代尸拜者,蔡氏之谬也。……不知唯祭有尸,今此但为受命于几筵,非祭也,而何以有尸?既葬反虞而后立尸,为殡已藏于土而神无凭也。今成王之殡在宫而立之尸,则亦致之死而不仁矣。且几筵四设,其亦将有四尸乎?……太保代神以酢王,则其无尸可知矣。"戴钧衡《补商》亦纠正蔡说,已见上引。其意谓蔡氏因君无拜臣之礼,故曲为此说以解之。按,所谓"尸",是古代的一种祭俗,即找一个死者的下属或晚辈,立以为尸,用来代表死者神灵,以代死者受祭。《仪礼·士虞礼》郑注:"尸,主也。孝子之祭,不见亲之形象,心无所系,立尸而主意焉。"《公羊传·宣公八年》何休注:"祭必有尸者,节神也。礼:天子以卿为尸,诸侯以大夫为尸,大夫以下以孙为尸。"依王夫之说,是下葬以后才立尸。后世改用神主牌位,进而用画像,现代用照片了。

⑳太保受同祭哜宅授宗人同拜——这里又是祭礼仪节中太保的六个动作:受同,祭,哜,宅,授宗人同,拜。

"受同",《孔疏》:"谓太保既拜之后,于宗人边受前所授之同。"《蔡传》:"太保复受同以祭。"

"祭",《孔疏》:"受前所授之同,而进以祭神。"

"哜",《说文·口部》云:"哜,尝也。从口,齐声。《周书》曰:'大保受同祭哜。'"《孔疏》:"既祭神之后,遂更受福酒哜以至齿。礼之通例,啐入口是哜;至于齿,示饮而实不饮也。"伪孔释至此云:"太保既拜而祭,既祭受福,哜至齿,则王亦至齿。王言'飨',太保言'哜',互相备。"《孔疏》:"太保报王之祭礼,与王祭礼同,而史录其事二文不等,故《传》辨其意,于太保言哜至齿,则王飨福酒亦哜至齿也。于王言'上宗曰飨',则太保亦应有'宗人曰飨',二文不同,互见以相备。"《蔡传》则简释云:"以酒至齿曰哜。太保复受同以祭,饮福至齿。"王国维《顾命考》云:"王祭而奠之,太保祭而哜之者,王兼居君父之丧,太保但居君丧,哀有间也。"

"宅",《释文》:"宅,如字。马同。徐:殆故反。"段玉裁《撰异》云:"按徐音则宅用度,古宅度二字通用,皆训'居也'。宅古音如铎,亦音徒故切。《集韵·十一暮》曰:'度或作厇、宅。'《二十陌》曰:'宅或作度。'是也。"皮锡瑞《考证》云:"据段说,足为上文'三宅'之宅字与此宅字今文皆当作度之证。"按《尚书》文字中今文度、古文作宅已成通例,各篇多见之,不徒是此处宅、度字。既然宅、度同字,古、今二本分用之。本书用《唐石经》依伪古文沿用古文本,则自当作宅字。

伪孔连下一动作释云:"太保居其所,授宗人同。"《孔疏》:

"宅，训居也。太保居其所，于受福酒之处，足不移。"《蔡传》亦云："宅，居也，太保退居其所。"然清人俞樾《平议》云："按上文三宿、三祭、三咤，《正义》引郑注曰：'徐行前曰肃，却行曰咤。王徐行前三，祭又三，却复本位。'《释文》曰：'咤亦作宅。'然则咤宅同字。此文'宅受宗人同'，依郑义，则为却行授宗人同耳。《说文·宀部》：'𡨄，奠爵也，从宀、托声。《周书》曰：王三宿三祭三𡨄。'是壁中古文字本作𡨄。奠爵之说，亦古文家旧义。王肃训咤为奠爵，枚《传》从之，自非无据。郑君本为古文之学，而不用旧说，别为却行之义者，正以下有'宅授宗人同'之文，若既奠矣，又何授焉。若以咤为却行，则'宅授宗人同'义亦可通，足征郑注之精也。枚《传》非不知咤、宅同字，但于'三咤'既从奠爵之说，则此文'宅'字不得不更为之说，《正义》以'足不移'申明之，失之迂曲矣。"是二孔、蔡迄段氏皆以宅为居，郑迄俞樾以宅为却行。而戴钧衡《补商》又提出一说云："宅，《传》训'居'，谓太保退居其所，增文强说。窃意此为'咤'之脱误，盖奠爵也。"古礼烦琐仪节的每一项的具体内容，现在已不能详。此"宅"字究竟是居，是却行，还是奠爵？现在无从判定其是非，只知道典礼中有这一"宅"的动作，已有这三种不同的解释而已。

"授宗人同"，《孔疏》："为将拜，故授宗人同。"《蔡传》亦云："以同授宗人。"

"拜"，伪孔云："拜白成王以事毕。"《孔疏》："祭祀既毕而更拜者，白成王以事毕也。"上一拜，是报告成王已向康王传顾命事；此一拜，是报告成王已将传顾命的典礼之事办完了。故陈栎《纂疏》亦云："先之拜，告传顾命；继之拜，告礼成。"其实在这一长的烦琐的典礼仪节中,逐项进行,已做完以上诸动作后,进至这一动作,在司仪掌握之下,即按仪注做这一动作而已,是否有那么一些意义,恐未必,顶多只能说"理或然也"。

㉑王答拜——在这一顾命大典礼中,前面太史读命书毕,王曾再拜(拜一拜起来再拜第二拜);在典礼之末,王又两次答拜。其中这一拜是全部礼成后王最后的一次答拜。伪孔云:"太保……拜白成王以事毕,王答拜,敬所白。"《孔疏》:"太保……既拜白成王以传顾命事毕,则王受顾命亦毕,王答拜,敬所白也。"陈栎《纂疏》云:"'王答拜',蔡氏(沈)则曰'代尸拜',王氏(安石)则曰'因太保拜而对拜',夏氏(僎)则曰'王亦拜成王柩'。纷纷揣度,要之王答召公(按,即太保)拜何疑焉。君在庙门外则全于君,在庙门内则全于子。况康王方在庙中柩前受顾命,未出庙门临朝堂而受群臣朝也。冢宰以元老大臣,受托孤重寄,先王临之在上;先之拜,告传顾命,继之拜,告礼成;康王为丧主立柩前,其答拜礼亦宜之;冢宰传顾命以相授,见大臣如见先王也;答之拜,敬大臣即所以敬先王也。何必如诸说之纷纭回护哉。"

戴钧衡《补商》云:"此节著语无多,而仪节烦重。尝细推之,上言'秉璋以酢',犹在堂下,'授宗人同',始升堂。'拜王答拜',太保将而先拜,王答拜之也。'太保受同祭哜宅',受宗人所酢之酒,而以祭,以哜,以奠于地也。'授宗人同',祭毕而授之使收也。'拜,王答拜',告礼成而复拜,王又答拜也。"这亦是戴氏对这一典礼过程的认识。

㉒太保降收——伪孔云:"太保下堂,则王下可知。有司于此尽收彻。"释"降"为下堂,因行礼在堂上,则礼毕下降,自为下堂。

释"收"为有司收彻,当亦合理。惟加推理"王下可知",亦为事理之所必然。不过原文简略,未提及耳。王国维《顾命考》明晰释之云:"案此云大保降,知大保自酢在堂上也。不言王与太宗太史降者,略也。《士昏礼》:'舅姑共飨妇以一献之礼,奠酬。舅姑先降自西阶,妇降自阼阶。'今册命礼成,大保摄主事已毕,当先自西阶降,而王降自阼阶也。"

《蔡传》补充说明:"太保下堂,有司收撤器用。"吕祖谦《书说》:"'太保降收'者,盖百官总己以听召公。公退,则有司收彻矣,视其进退以为节也。"王天与《尚书纂传》云:"张氏(可能为张九成)曰:'有司收撤同爵、器用也,若乃缀衣及陈宝,未葬以前不敢收也。'"江声《音疏》则以不定语气云:"收者,盖太史收册书,宗人收同欤?"当以王天与所录张氏说较妥。

于省吾《新证》云:"伪《传》云(见上,此略),江声云:'盖太史收册书,宗人收同与。'是旧说读作'太保降'句,'收'句。不言收者何人,亦不言所收者何物?《尚书》文虽简质,向无此等句法。按'收'应作'般'(按,此下引用了甲骨文、金文有关"般"字不少资料,为避免印刷困难,特从略)。《尔雅·释言》云:'般,还也。'《释文》云:'还,音旋。'般、盘古今字,《易·屯》:'盘桓礼居贞。'马注:'盘桓,旋也。''太保降收'者,大保降旋也。"可备一说。古代仪节中,往往有一字一顿,即一字一句、一字一动作者,不能以通常文告中的句法例之。

㉓诸侯出庙门俟——伪孔总释之云:"诸侯,则卿士以下亦可知。殡之所处故曰庙,皆待王后命。"

"诸侯",江声《音疏》注云:"诸侯,卿士邦君也。"并自疏云:

"云'诸侯卿士邦君也'者，欲见此诸侯非下文所云'西方诸侯'、'东方诸侯'也。盖彼西方东方之诸侯，是侯甸男卫四服之诸侯，须二伯率之乃入，始时并未先入，何得云出庙门，故知此诸侯非下文所言诸侯，乃是上文所云卿士邦君入即位者，邦君谓畿内诸侯，兼有畿外之齐侯焉，卿士中有卫侯，是外土诸侯。余皆食采畿内，皆畿内诸侯矣。《礼记·王制》云：'天子之县内诸侯，禄也。'是食采畿内者亦诸侯也。"王鸣盛《后案》、孙星衍《注疏》皆全承江氏说，惟文字较简。

"庙门"，《孔疏》："谓路寝门也。出门待王后命，即作后篇（按，指本篇后半篇，即伪孔本析为《康王之诰》者）。后篇云：'二公（通行本误作二伯，依阮元校本改）率诸侯入应门。'则诸侯之出应门之外，非出庙门而已。以其在庙行事，事毕出于庙门，不言出庙门即止也。"按王鸣盛《后案》驳正之云："出至路门外，则在应门内矣。此时太保毕公虽亦同众人出至路门外，而且并出至应门外，以将率诸侯入故，余人则皆序立以俟也。《疏》乃谓众人尽出至应门外，非也。"陈经《书详解》云："庙门，毕门也，在应门内。"并列出天子五门自外朝至内朝由远至近为："皋门（外朝朝士所掌），雉门，库门，应门（内朝司士所掌），路门（燕朝路寝太仆所掌）。路门又曰毕门，以成王在殡，故又曰庙门。"按，此误据郑众说，错以雉门在库门外。戴钧衡《补商》云："'庙门'，《传》以为路寝门，'成王之殡在焉，故曰庙'。邹氏季友曰：'《尔雅》："室有东西厢曰庙。"《聘礼义》云："三让而后入庙门。"所谓庙门但指路寝之门而言，《周礼·司仪》载诸侯相见交币之礼，亦有及庙之文。今人尚有庙堂、庙廊之语，则知不必神居而后称庙也。'王氏鸣盛曰：'《礼·檀弓》云：殷朝而殡于祖,周朝而遂葬。周之不殡于庙,《礼》有明文。且此上文陈兵卫于毕门内,毕门即路门,则殡在路寝明矣。'(《左传》所云"不殡于庙则弗致"者,郑康成谓"春秋变周之文从殷之质"。"晋文公殡于曲沃",曲沃,晋祖庙所在,郑康成谓"衰世不遵周法"。)此篇自召群臣,发顾命,及崩而殡于堂上,与夫一切陈设,并传顾命时行礼拜奠,皆在路门内。直至诸侯出路门,方结过路门内事。经文'门'凡三见,曰'逆子钊南门外',曰'立于毕门之内',曰'出庙门俟'。一指其地位方向而言,一指门毕于此而言,一指殡所而言,三名一实,皆路门也。下文'王出'亦出路门。天子三朝五门,皋门内之外朝,应门内之治朝,皆平地,无堂阶。自路门以外,堂且无之,又何陈设之有,故知此皆路门内也。"应参看上文第二节"逆子钊于南门之外"校释。

"俟",吕祖谦《书说》云:"俟者,俟见康王于门外。"此说较妥。是说出庙门等候见到康王之来,不是像伪孔、《孔疏》所说的等候康王之后命。故《蔡传》亦云:"俟者,俟见新君也。"江声《音疏》云:"俟,待也,待王出视朝也。"此释不如吕氏蔡氏之释俟见康王为切文意,然比二孔释为等候康王后命要稍确。因其自"疏"指出伪孔强分上下两篇,而此言"诸侯出庙门俟",下文"王出在应门之内",上下一贯,何可强分。维护了文句原意。王氏《后案》云:"《传》又以'俟'为待王后命。考路门外之治朝,卿士邦君皆有班位,故于此俟。俟者,俟王朝也。伪孔欲于此下分篇,若言俟朝则文势一贯,不可分矣,故创待后命之说,其实非也。"虽袭用了江氏"俟朝"及"文势一贯"之说,然阐明伪孔为分下篇特创"待后命"之说,始知"待后命"说之提出伪孔有其用意,今可不用伪孔说。

以上这一节，为在庙向康王传授顾命所举行册命礼的详细过程。第一段正叙传顾命之事，纪王与卿士邦君的位列，太保摄成王为册命之主，太宗相之，太史命之。第二段为太史所读命书之辞及王答命书之辞。第三段为在庙传授顾命告祭之礼，尤见详尽琐细的行礼仪节过程，迄于典礼告成，自此康王即已即位。

王出，在应门之内①。太保率西方诸侯入应门左，毕公率东方诸侯入应门右②，皆布乘黄朱③。宾称奉圭兼币④，曰："一二臣卫，敢执壤奠⑤。"皆再拜稽首⑥。王义嗣德，答拜⑦。

太保暨芮伯咸进相揖⑧，皆再拜稽首，曰⑨："敢敬告天子，皇天改大邦殷之命⑩，惟周文武诞受羑若，克恤西土⑪，惟新陟王，毕协赏罚，戡定厥功⑫，用敷遗后人休。今王敬之哉⑬！张皇六师⑭，无坏我高祖寡命⑮。"

王若曰⑯："庶邦侯甸男卫⑰，惟予一人钊报诰⑱，昔君文、武，丕平富，不务咎⑲，厎至齐信，用昭明于天下⑳。则亦有熊罴之士，不二心之臣，保乂王家㉑，用端命于上帝，皇天用训厥道，付畀四方㉒，乃命建侯树屏，在我后之人㉓。今予一二伯父，尚胥暨顾绥尔先公之臣服于先王㉔。虽尔身在外，乃心罔不在王室㉕，用奉恤厥若㉖，无遗鞠子羞㉗。"

群公既皆听命，相揖趋出^㉘。王释冕，反丧服^㉙。

①王出在应门之内——伪孔云："出毕门，立应门内之中庭，南面。"《孔疏》："出在门内，不言王坐；诸侯既拜，王即答拜，复不言兴，知立庭中南面也。"按，如上文"南门之外"校释，知应门为王朝正门，亦称朝门，其门内即为治朝，亦称正朝，故王出而立于应门之内以见诸侯。

戴钧衡《补商》云："王出在应门之内，治朝也。……王之出，出毕门也。在应门之内，则治朝矣。《传》（《蔡传》）引郑氏（众）以雉门居库门外，既误；外朝在路门外（亦郑众误说），应门之内盖内朝所在，尤误。"应门内为内朝说不误，不过为内朝中之治朝。

《孔疏》："此叙诸侯见新王之事。"吴氏《大义》亦云："以下为诸侯朝见新君之礼。"

②太保率西方诸侯入应门左毕公率东方诸侯入应门右——伪孔云："二公为二伯，各率其所掌诸侯，随其方为位，皆北面。"《孔疏》："二公率诸侯，知其为二伯，各率其所掌诸侯，《曲礼》所谓职方者，此其义也。王肃云'毕公代周公为东伯'，故率东方诸侯，然则毕公是太师也。当太师之名，在太保之上，此先言太保者，于是太保领冢宰，相王室任重，故先言西方。若使东伯任重，亦当先言东方。北面，以东为右、西为左。入左入右，随其方为位。嫌东西相向，故云皆北面。将拜王，明北面也。"按《史记·燕世家》云："其在成王时，召公为三公，自陕以西，召公主之；自陕以东，周公主之。"《集解》："何休曰'陕者，盖今（东汉）弘农陕县（今河南省陕县）'是也。"至成王后期周公死，毕公嗣周公之职，王肃说可能有据，亦可

能即根据《顾命》所载他率东方诸侯而推定。总之此时周王朝维持大局的二大员是召公和毕公。已见第一节"毕公"校释。于省吾《新证》在引录此"太保"二句后云："按《班彝》'王命吴伯曰：以乃师左比毛父，王命吕伯曰：以乃师右比毛父'与此段文法略同。"意谓《顾命》中此种句法，在金文中有据，不能以后世排比文句目之。

③皆布乘黄朱——对此句至少有三种不同解释：(一)"乘"，马也，黄朱其色。(二)读为"布乘"、"布黄朱"。"乘"为马，"黄朱"为"篚厥玄黄"。(三)"布乘"读为"黼黻"。现分别录述之。

(一)《诗·干旄》疏引郑玄《驳异议》云："《尚书·顾命》'诸侯入应门，皆布乘黄朱'。言献四，黄马朱鬣也。"伪孔云："诸侯皆陈四黄马朱鬣，以为庭实。"《孔疏》："诸侯朝见天子，必献国之所有，以表忠敬之心。故诸侯皆陈四黄马朱鬣，以为庭实。言实之于王庭也。四马曰乘。言乘黄，正是马色黄矣。'黄'下言'朱'，朱非马色。定十年《左传》云：'宋公子地有白马四，公嬖向魋，魋欲之。公取而朱其尾、鬣以与之。'是古人贵朱鬣，知朱者，朱其尾、鬣也。"《蔡传》亦云："'布'，陈也。'乘'，四马也。诸侯皆陈四黄马而朱其鬣，以为庭实。"

成、康之世为周代最鼎盛时期，命令行于诸侯。前王逝世，天下诸侯皆来奔丧吊祭；新王即位，天下诸侯皆来庆贺朝见。可想见前来诸侯之多，每一诸侯献四匹马实于王庭，王庭怎能容纳得了呢，所以自然有人提出如下第二说。

(二)《孔疏》："于时诸侯必众，众国皆陈四马，则非王庭所容。诸侯各有所献，必当少陈之也。案《周礼·小行人》云：'合六币：圭以马，璋以皮，璧以帛，琮以锦，琥以绣，璜以黼。此六物者，以和诸侯之好。'郑玄云:'六币,所以享也。五等诸侯享天子用璧,享后用琮。用圭璋者,二王之后也。'如郑彼言,则诸侯之享天子,惟二王之后用马,此云'皆陈马'者,下云'奉圭兼币',币即马是也。圭是致马之物,郑云此币'圭以马',盖举王者之后以言耳。诸侯当'璧以帛',亦有庭实。然则此陈马者,是二王之后享王物也。独取此物以总表诸侯之意,故云'诸侯皆陈马'也。"钱时《书解》云:"《小行人》'合六币:圭以马……璜以黼'(见上文郑玄引,此略)。说者谓五等诸侯享天子用璧,二王之后用圭璋,如此则用圭而以马者,二王之后也。'黄朱',盖杂言诸侯之他币如'筐厥玄黄'(见《孟子·滕文公下》,伪古文《武成》袭用,实为《胤征》逸句)之类。"戴钧衡《补商》云:"布乘黄朱,《蔡传》既从孔谓'诸侯皆陈四黄马朱鬣',以为庭实'。又谓'或曰黄朱若筐厥玄黄之类'。郑康成又谓'此杞宋二公享王之币,下文所云'奉圭兼币'即此。以蒙推之,当时侯甸邦卫诸君咸在,若云各陈四马,不惟马非群侯所得陈,亦恐治朝无地可容。若止言二公之币,不惟挂漏群侯,于经文'皆'字总承西方东方诸侯而言者先不可通。钱氏时曰:'……黄朱盖杂言诸侯之他币,如筐厥玄黄之类。'案《传》引或说,盖即此也。'布乘'者,二王之后;'布黄朱'者,群侯之币,所谓'壤奠'(见下文)者也。"

(三)《白虎通·绋冕篇》:"绋者何谓也?绋者蔽也。行以蔽前者尔。……天子朱绋,诸侯赤绋。……《书》曰:'黼黻衣,黄朱绋。'亦谓诸侯也。……黄朱,亦赤矣。"段玉裁《撰异》云:"此(指"黼黻衣,黄朱绋")《今文尚书》也。《古文尚书》'布乘黄朱'之异文也。《汉书·韦孟讽谏诗》'黼衣朱黻',此正用《今文尚书》。

'黼衣',谓画黼于衣也。'黻',同市。亦作韨,蔽膝也。假借作绋、
芾、茀、黻。'朱黻'与《诗·斯干》《易·困卦》训同。"孙星衍《注
疏》:"布与黻声相近,乘与芾形相近,解'黄朱'以'绋'者,《诗》传
云:'朱市,黄朱市也。'于《斯干》又曰:'芾者,天子纯朱,诸侯黄
朱。'"皮氏《考证》云:"布、黼声近,乘市形近。因布转韨,即转韨
成黻。祭衣称韨,故黼黻之衣是朱绋也。天子诸侯同用朱韨,但天
子纯朱,诸侯黄朱,不同。黄朱次于朱,则称赤。故《斯干》《采芑》
并云'赤市'。"杨氏《核诂》云:"'布乘',《白虎通》作'黼黻'。按
布、黼同声相假,'乘'字当本作黻。'黻'者韨之假字。古黻、韨通,
古文作市。《说文》:'市,韠也。上古衣蔽前而已,市以象之。天子
朱市,诸侯赤市,大夫葱衡。从巾,象连带之形。韨,篆文市。'俗作
绂。《文选·杨荆州诔》注:'黻与绂,古今字。'是假黻为韨之证。
字或作绋,或作市。《诗·采芑》'朱市斯皇'毛传:'朱市,黄朱市
也。'《斯干·郑笺》:'市者,天子纯朱,诸侯黄朱。'《采菽》'赤芾在
股'《郑笺》:'冕服谓之芾。''芾',太古蔽膝之象也。《候人》'三
百赤市'《毛传》:'市,韠也。'《释文》:'祭服谓之市。'《白虎通·
绋冕篇》:'绋者,行以蔽前者尔。有事因以别尊卑,彰有德也。天
子朱绋,诸侯赤韨(按今本《白虎通》作绋)。'《汉书·舆服志》注:
'韨,如市,蔽膝。'皆其明证。此诸侯朝王,故必佩芾,黄朱言其色,
布言其质。古韨亦从韦。从韦之字,不必皆为皮韦也。疑韨之从
韦,本取围绕膝前之意。《说文》:'韩,井垣也。从韦,取其帀也。'
是其证。郑以此为献四黄马朱鬣,又以韨为皮制,示不忘本。皆不
可从。"曾氏《正读》云:"黼黻衣,黄朱绋,是诸侯朝服也。"

　　以上三说,自以第一说所有诸侯皆献四马陈于王庭为不合理,

第二说则为第一说之不合理作调停之计,惟第三说为汉代今文已有之说,当时文献已有引用,宜可从。

④宾称奉圭兼币——"宾",伪孔云:"宾,诸侯也。"《孔疏》:"天子于诸侯有不纯臣之义,故以诸侯为宾。""称奉圭",《说文》"玠,大圭也"下引作《周书》曰'称奉介圭'"。"圭兼币",已见上引《小行人》云:"合六币:圭以马,璋以皮,璧以帛,琮以锦,琥以绣,璜以黼。"是此与圭、璋等结合的马、皮、帛等六项皆称"币"。故《仪礼·士相见礼》"执币者"疏,即以此六项为"币"。《说文》:"币,帛也。从巾,敝声。"《战国策·齐策》"请具车马皮币"注:"币,束帛也。"《国语·郑语》"乃布币焉"注:"币,玉帛也。"《汉书·文帝纪》"其广增诸礼坛场圭币"注:"币,祭神之帛。"《吕氏春秋·制乐》"币帛以礼豪士"注:"币,圭璧。"由这些注解可约略知古代币字的意义与用途。

《孔疏》引郑玄注云:"此币,'圭以马',盖举王者之后以言耳。诸侯当'璧以帛',亦有庭实。"伪孔连下"曰"字释云:"(诸侯)举奉圭兼币之辞。"《孔疏》:"'称',训举也。举奉圭兼币之辞,以圭币奉王而为之作辞。……然举奉圭兼币,乃是享礼。凡享礼,每一国事毕,乃更余国复入,其朝则侯氏总入。故郑玄注《曲礼》云:'春受贽于朝,受享于庙。'是朝与享别。今既诸侯总入,而得有庭实、享礼者,以新朝嗣王,因行享礼,故郑注云:'朝兼享礼也。与常礼不同。'"曾运乾《正读》释之云:"按,郑注《曲礼》云:'受贽于朝,受享于庙。'是常礼皆先朝而后享,此同时并行,又同在朝,故云'与常礼不同'也。"《蔡传》:"宾,诸侯也。称,举也。诸侯举所奉圭兼币。"

按,以诸侯为宾,甚至谓有不纯臣之义,故称为宾,义实不妥,与古代尊主极权精神及其礼制不合。故有学者另寻解释，戴钧衡录孔广森说有可取，兹转引之。戴钧衡《补商》云：“'宾'，读曰'摈'。孔氏广森曰：'《觐礼》曰："啬夫承命告于天子。"注："啬夫为末摈，承命于侯氏，下介传而上，上摈以告天子。"又曰："侯氏入门，右坐奠圭，再拜稽首，摈者谒。"注："谒，犹告也。"然则王见诸侯，皆摈者传辞。古字多省。《玉藻》："必与公士为宾。"即通作"摈"。而《多士》篇"予惟四方罔攸宾"，徐仙民依马义音"摈却"之"摈"。此于本经有可证者。'案孔说是也。《蔡传》以诸侯为宾，则'宾称'二字似赘文矣。郑以二王之后为宾，义尤挂漏。”

⑤曰一二臣卫敢执壤奠——伪孔云：“举奉圭兼币之辞，言'一二'，见非一也。为蕃卫，故曰'臣卫'。来朝而遇国丧，遂因见新王，敢执壤地所出而奠赞也。”《孔疏》：“以圭币奉王而为之作辞，辞出一人之口，而言一二者，见诸侯同为此意，意非一人也。郑玄云：'释辞者一人，其余奠币……是也。'言'卫'者，诸侯之在四方，皆为天子蕃卫，故曰'臣卫'。此时成王始崩，即得有诸侯在京师者来朝，而遭国丧，遂因见新王也。诸侯享天子，其物甚众，非徒圭马而已，皆是土地所有，故云'敢执壤地所出而奠赞'也。”《蔡传》全用伪孔语而简之。戴钧衡《补商》：“二公率西方东方诸侯皆陈列乘马及玄黄杂币于庭，摈者乃言诸侯奉圭兼币，兼述其辞曰：'一二臣卫敢各执其壤地所出以为赞。'王鸣盛曰：'执壤地所出者，正《觐礼》所云"惟国所有"、《朝事仪》所云"奉地所出"也。'”杨氏《核诂》云：“'壤'，《秦策》注：'地也。''奠'，《礼记》郑注：'献也。'此新王即位，诸侯来见，故云以壤地献于天子，待天子之后命。旧说为土壤所出，非也。”可备一说，然必有一先决条件，即古代以土地封诸

侯国,是否旧天子死,新天子嗣位,即须重新封诸侯国一次。如无此规定,或无此史实,则此说不能成立。

⑥皆再拜稽首——伪孔云:"诸侯拜送币而首至地,尽礼也。"上引郑玄云:"其余奠币拜者稽首而已。"《孔疏》:"《周礼·太祝》:'辨九拜,一曰稽首,施之于极尊,故引'尽礼也'。"皮氏《考证》引《白虎通·姓名篇》云:"人所以相拜者何,所以表情见意、屈节卑体尊事之者也。拜之言服也。所以必再拜何? 法阴阳也(此妄说)。《尚书》曰:'再拜稽首'也。"

⑦王义嗣德答拜——伪孔云:"康王以义继先人明德,答其拜,受其币。"《孔疏》:"'义嗣德'三字,史言王答拜之意也。康王先是太子,以义继先王明德,今为天子无所嫌,故答其拜,受其币,自许与诸侯为王也。"《蔡传》:"'义嗣德'云者,史氏之辞也。康王宜嗣前人之德,故答拜也。吴氏(蔡沈以前知名的吴姓《尚书》学者惟吴棫、吴孜二人,吴孜书久失传,此吴氏可能是吴棫)曰:'穆公使人吊公子重耳,重耳稽颡而不拜。穆公曰:"仁夫公子,稽颡而不拜,则未为后也。"盖为后者拜。不拜,故未为后也。'盖为后者拜,不拜,故未为后。吊者、含者、襚者升堂致命(按此并见《士丧礼》),主孤拜稽颡,成为后者也。康王之见诸侯,若以为不当拜而不拜,则疑未为后也。且纯乎吉也。答拜既正其为后,且知其以丧见也。"

吴氏所引故事见《礼记·檀弓下》,由这一故事才使读者懂得了"王义嗣德答拜"的意义。《檀弓下》有关此事之原文如下:"晋献公之丧,秦穆公使人吊公子重耳,且曰:'寡人闻之,亡国恒于斯,得国恒于斯,虽吾子俨然在忧服之中,丧亦不可久也,时亦不可失也,孺子其图之。'以告舅犯。舅犯曰:'孺子其辞焉。……'公子重

耳对客曰：'君惠吊亡臣重耳，身丧父死，不得与于哭泣之哀，以为
君忧，父死之谓何，或敢有他志？以辱君义。'稽颡而不拜，哭而起，
起而不私。子显以致命于穆公。穆公曰：'仁夫公子重耳，夫稽颡
而不拜，则未为后也，故不成拜。哭而起，则爱父也。起而不私，则
远利也。'"按，当晋骊姬之乱时，晋公子重耳避居蒲，夷吾避居屈。
及献公死，内有数子争立，数权臣为乱。秦穆公遣人至蒲试探重
耳，欲助立之为晋君，重耳之谋臣舅犯考虑当时形势，劝重耳拒绝，
遂有上一段对话，秦遂立夷吾为晋惠公。数年后惠公失政，秦始复
助立重耳为晋文公。由上一段对话，知古代有一共同遵守的礼俗，
即国君的儿子必须确定获得嗣位的继承权（即所谓"为后"），才能
对来吊的宾客下拜，否则只能稽颡（即额）而不能拜。拜，则表示已
获得嗣位（即"为后"）之权。此语载于本篇中，知西周早期已有此
礼俗。才知道"王义嗣答拜"的含意，是由于周康王确切嗣位了，他
才有资格答拜，也应该答拜，以表示自己已经嗣位为王了。以前的
注疏家及所有经师，所谈的都是这个意思，但都没说清楚，致读者
对这一句都处于若明若暗状态中，没有十分弄明白它，由这一故事
才获知其确义。

⑧太保暨芮伯咸进相揖——旧注疏家对此解释都误，如伪孔、
《孔疏》《蔡传》皆释芮伯为司徒，上文已辨其误，林氏《全解》及吕
氏《书说》皆以为前者二伯率诸侯入，分班列；今率群臣戒王而合
班，则六卿前列，冢宰与司徒最尊，云云。皆无据之言。本文篇首
召以太保、毕公为首的六大臣，实分两组：太保、芮伯、彤伯为一组，
毕公、卫侯、毛公为一组。篇首于此叙次井然，仍各以太保、毕公为
其首。及太保、毕公分别率诸侯入应门左、右，必芮伯、彤伯紧跟太

保之后，协助其率西方诸侯，卫侯、毛公紧跟毕公之后，协助其率东方诸侯，皆立于应门内左右两侧。此时康王出至应门内（前引《孔疏》说明群臣位列好后，王始出）与群下相拜表示已为嗣王后，太保作为冢宰，代表所有臣下向王敬告，自然由跟在他后面的作为副手的芮伯一同上前（即"咸进"，《释诂》："咸，皆也"），才有再拜稽首向王敬告的一段话。

《孔疏》："相揖者，揖之使俱进也。太保揖群臣，群臣又报揖太保，故言相揖。动足然后相揖，故'相揖'之文在'咸进'之下。""揖"，《说文》："攘也。从手，咠声。一曰手著胸曰揖。"《楚辞·大招》"揖辞让只"注："上手为揖。"即今语之拱手作揖。杨氏《核诂》："相揖，谓太保与芮伯相见而揖。《康王之诰》：'群公既皆听命，相揖趋出'。是退朝时亦有此仪也。"

夏僎《详解》提出另一说云："臣在交揖之礼，当为摈相之相。篇末言相揖趋出，则既进之后，相者揖之，乃拜；既听命之后，相者揖之，乃出。"可备一说。

⑨皆再拜稽首曰——伪孔及《孔疏》以其常语，皆无释。《蔡传》："冢宰及司徒与群臣皆进，相揖定位，又皆再拜稽首，陈戒于王。"谓"相揖"是群臣互拜，"再拜稽首"是群臣皆拜王，"曰"是陈戒于王。吴澄《纂言》："'曰'者，太保言也。太保为外诸侯之伯，内群臣之长，故率诸侯、群臣进戒于王也。"

夏僎《详解》云："此叙诸侯百官进戒之辞。"

⑩皇天改大邦殷之命——伪孔云："大天改大国殷之王命，谓诛纣也。"训"皇"为"大"，甚是。"改大邦殷之命"，是说把殷王朝的王命改授给我有周了，不即是专指诛纣。只是包括诛纣在内取

得了殷之命归我有周。《蔡传》则附益以深意云:"曰'大邦殷'者,明有天下不足恃也。"意在提醒康王要有"居安思危"的警惕性。恐原文不一定有此义,只是说殷的天命改归于周了。

⑪惟周文武诞受羑若克恤西土——《释文》:"羑,羊久反。马(融)曰:羑,道也。"伪孔承而释之云:"言文武大受天道而顺之,能忧我西土之民,本其所起。"《孔疏》:"羑,声近猷,故训之为道。王肃云:'羑,道也。'文武所忧,非忧西土而已,特言'能忧西土之民',本其初起于西土故也。"

上引《孔疏》所寻"羑"训为道之故,显见其十分勉强,故苏轼根据历史事实另寻解释,其《书传》云:"文王出羑里之囚,天命自是始顺,周公记之,谓之'羑若'。犹管仲鲍叔愿齐桓公不忘在莒时也。康王生而富贵,故于其初即位告以文武造邦之艰难,以忧患受命也。"吕祖谦《书说》全承苏氏之说而更有所发挥。

《蔡传》以为上两说皆不妥,故云:"'羑若',未详。"这态度是谨严的。可是其下文仍然说:"苏氏曰:'羑,羑里也。文王出羑里之囚,天命自是始顺。'或曰:'羑若,即下文之厥若也。羑、厥或字有讹谬。'西土,文武所兴之地。言文武所以大受命者,以其能恤西土之众也。"吴澄《纂言》云:"羑若,未详。或曰:'若,顺也。羑里之囚,逆境也,而文王以顺处之,因此遂受天命。'或曰:'文王自出羑里之囚而天命始顺。'或曰:'羑,善也。天所善,天所若。谓眷佑之也。'或曰:'羑若即下文厥若,或字有讹。'澄案:四说俱未安。"

王夫之《稗疏》云:"苏氏谓'文王出羑里天命自是始顺。'出羑里而天命顺,乃云'羑若',大不成语。且此兼言文武,而囚于羑里但文王之事,苏氏之说其穿凿固不相入矣。按《说文》:'羑,进善也。'故周之圜土,殷人谓之羑里,言以惩警恶人诱之以进于善也。其字与'牖民孔易'之牖通,故羑里亦或作牖里,此云'诞受羑若'者,谓大受上天之命,羑进斯民于顺道也。'羑若'言教,'克恤'言养,教及天下故曰诞,受养在圻甸,故曰西土。文义自尔著明,何事牵附于羑里哉。若蔡氏谓即下文之厥若,羑厥篆文相去甚远,不易成讹也。"

戴钧衡《补商》云:"'诞受羑若',《蔡传》引二说皆迁。金氏履祥曰:'羑,《说文》即诱字。''羑若',谓天之阴诱助顺也。案金说似捷,细推之,'诱顺'二字终不连,窃谓'羑'与'牖'、'诱'皆一字。《史记·殷本纪》:'纣囚西伯羑里。'《正义》曰:'羑,一作牖。'《淮南·氾论》'悔不诛文王于羑里'注:'羑,古牖字。'牖、诱,经传通用。教也,导也,引也,进也。羑之训道,盖导引之义。《孔传》谓'大受天道而顺之,以为道德',误矣。马注亦训道,未详其解。《说文》:'羑,进善也。'今取其义,不取其诂。'若',善也。'诞受羑若'者,大受诱善之谓。太保欲王受善,故开口以文武受善为言。"顾师《笔记》第五卷第 2869 页亦引光绪时湘潭罗汝怀《诞受羑若解》文中谓"羑即牖与诱,为进人于善之义"。

于省吾《新证》为蔡沈、吴澄所引或说"羑若"即"厥若"提出新证云:"按'羑'乃'厥'之讹。《说文》羑作𦍩,古文厥亦作𣧲。徐灏谓𣧲、厥医家通也。下文'用奉恤厥若',《洛诰》:'叙弗其绝厥若。'《立政》:'我其克灼知厥若。'是'厥若'是周人语例。"

董鼎《纂注》引新安胡氏云:"羑若,不如阙疑。"陈栎《纂疏》云:"愚谓'羑若'难强解,合缺。"似只好这样对待。但总之是文王武王因"羑若",才能忧勤振兴西土。

⑫惟新陟王毕协赏罚戡定厥功——伪孔误释为"周家新升王位",训"陟"为升,并以之指周王,全不懂古时称帝王之死为陟,见于《竹书纪年》书王死皆曰陟。《纪年》出土于西晋初年,东晋初年之伪孔不应不知(参看《尧典》"陟方乃死"校释)。苏轼《书传》始正确言之云:"陟,升遐也。成王未有谥(此语不确,当时生称),故称新陟王。"《蔡传》全承用苏氏说,惟文句略异一二字。

"毕协赏罚",《说苑·政理篇》云:"夫诛赏者,所以别贤不肖而列有功与无功也。故诛赏不可以谬,诛赏谬则美恶乱矣。夫有功而不赏则善不劝,有过而不诛则恶不惧。善不劝,恶不惧,而能以行化乎天下者,未尝闻也。《书》曰:'毕协赏罚。'此之谓也。"段玉裁《撰异》云:"按子政(刘向字,《说苑》作者)所引,《今文尚书》也,与《古文尚书》同。若《史记·周本纪》云'毕力赏罚以定其功',《尚书大传》云'《书》曰毕力赏罚以定厥功',《白虎通·谏净篇》云'《尚书》曰必力赏罚以定厥功',此则汉民间所得《太誓》之文,与此文相似而不可溷为一,王伯厚(应麟)称为汉儒所引异字,误也。"

伪孔释为"尽和天下赏罚,能定其功"。《蔡传》言成王"能尽合其赏之所当赏,罚之所当罚,而克定其功"。王充耘《书管见》云:"文武能受命以有天下耳。定天下致太平以遗后人者,成王也。其所戡定者无他,惟'毕协赏罚'而已。盖刑赏乃人君之大权,使赏必当功而不僭,刑必当罪而不滥,则天下不劳而定矣。"戴氏《补商》简言"成王赏罚必当"。

"戡定厥功","戡",《尔雅·释诂》:"克也。""厥",《尔雅·释言》:"其也。""戡定厥功",克定其功,能定其功。

⑬用敷遗后人休今王敬之哉——《说文·攴部》:"敷,敆也。从攴,尃声。《周书》曰:'用敷遗后人。'""人"下无"休"字。又:"敆,敷也。从攴,也声。读与施同。"段玉裁《撰异》云:"按经传'敆'皆作'施','敷'皆作'敷'。汉碑多从寸作'敷'。《五经文字》曰:'敷,《说文》也。敷,经典相承隶省也。'此非隶省,乃隶变耳。变'寸'为'万',笔势相同,非从'方'也。今俗从方则误矣。"

伪孔释云:"用布远后人之美,言施及子孙无穷。敬天道,务崇先人之美。"《蔡传》云:"成王……克定其功,用施及后人之休美,今王嗣位,其敬勉之哉!"董鼎《纂注》引张九成云:"今王继新陟王,惟敬而已,敬则历年,不敬则早坠。此召公平生所学,昔以告成王,今又以告康王。"戴钧衡《补商》:"言文武大受诱善,克安西土,加以成王赏罚毕当,然后裁定功业,施遗后人,则王业之不易可知矣!所以深起今王之敬也。"

⑭张皇六师——伪孔云:"言当张大六师之众。"《孔疏》:"皇训大也。国之大事在于强兵,故令张大六师之众。"《蔡传》云:"皇,大也。张皇六师,大戒戎备,无废坏我文武艰难寡得之基命也。……守成之世,多溺宴安,而无立志,苟不诘尔戎兵,奋扬武烈,则废弛怠惰,而陵迟之渐见矣。"金履祥《书经注》云:"六师,谓天子六军,犹云'万乘尔',张皇六师,即云振天子之职也。然武备亦承平易弛之事,诸公既言受命裁定之功,故于此又特言之。'张',不弛其备,'皇',不轻其事也。"吴澄《纂言》云:"张,犹张弓之张,言无弛也。皇,大也。六师,六军也。天子六军。"王樵《日记》云:"六军,天子之常制,张皇,则不弛其备而有以待其用也。昔周公告成王以'克诘戎兵,陟禹之迹'(按,见《立政篇》),而成王能

用其言，巡侯甸，四征弗庭，至于六服群辟，罔不承德，此正毕协赏罚之大者，故召公今致告而复及此焉。张皇六师，亦本毕协赏罚之意而言。蔡仲默谓守成之主多溺宴安而无立志（按此蔡氏据吕祖谦语），甚至忘祖父之雠，以兵为讳，其意似为宋事而发。然当知召公本意有毕协赏罚之明以为之本，而后张皇六师之事可得而举。不然，亦安济哉。"

于省吾《新证》："旧说以二千五百人为师，是六师为万五千人也。《穀梁·襄十一年传》：'天子六军。'六军，犹六师也。盖周制天子之基本队伍只有六师。其称六师不冠以地望，以其为周之所固有，所以卫王畿，虽有征伐而不远戍者也。如《诗·瞻彼洛矣》：'以作六师。'《棫朴》：'六师及之。'《常武》：'整我六师。'《鼓𫑡𥂕》：'王命东宫追以六𠂤之年。'其称殷八师者，《小臣謎𥂕》：'伯懋父以殷八𠂤征东夷。'其称成周八师者，《克鼎》：'王命善夫克舍命于成周遹正八𠂤之年。'《𠴲壶》：'更乃祖考作冢嗣土于成周八𠂤。'其以六师、八师合称者，《成（禹）鼎》：'王□命遒六𠂤、殷八𠂤。'又云：'扬六𠂤、殷八𠂤。'𠂤即师，其曰'扬六𠂤'，'扬'读'我武维扬'之扬，非地名。亦即'张皇六师'之意。上言'遒六𠂤'，遒亦非地名也。或曰殷𠂤重整于周，故曰殷八师，以别于六师。移驻于成周，故又曰'成周八师'，非有二也。"可知"张皇六师"亦即扬我六师之意。六师即为周王直辖兵力。

⑮无坏我高祖寡命——伪孔云："无坏我高德之祖寡有之教命。"《孔疏》："高德之祖，谓文王也。王肃云：'美文王少有及之，故曰寡有也。'"吕祖谦《书说》："告之以奋振自强，大戒戎备，无弛惰而隳坏祖宗艰难寡德之基命也。"陈经《详解》："寡命，少得之

命。"《蔡传》承之云:"无废坏我文武艰难寡得之基命也。"显然都是望文寻训所得之解释。现按"无坏"、"高祖"、"寡命"三者分别寻绎之。

"无坏",吕祖谦释为"无弛惰隳坏",蔡沈释为"无废坏",他家所释义相近。于省吾《新证》始云:"无,语词。坏,本应作褱,即怀。无怀,怀也。犹《诗》'无念尔祖'之无。《毛传》云:'无念,念也。'晚周坏、怀通用,余所藏魏冉戟,有'坏德'二字,乃地名,即怀德,可证。《楚辞·悲回风》注:'怀,念也。''无怀我高祖寡命'者,念我高祖寡有之命也。"

"高祖",《国语·鲁语》:"展禽曰:'周人……祖文王而宗武王。'"可能伪孔觉得太保奭是文王之子,康王亦文王之曾孙,不能称文王为"高祖",所以改释为"高德之祖"。循周人祖文王而宗武王的礼制或者就康王来称,仍可称"祖",加"高德"以美之。江声《音疏》为之释云:"此'高祖'非言谓高曾之'高',直言功德高尔。据上文称文武,故知此'高祖'谓文王也。"

陈栎《纂疏》、董鼎《纂注》都引或说云:"一说'高祖犹《说命》之'高后',此谓文王也。"《说命》为伪古文,文字来源不可靠,不如引称《盘庚》篇中几次说到的"高后",与该篇中的"前后"、"先后"、"先神后"、"先王"意义一致,都是指商代死去的先王。而"高后"总是指前面的后,与殷虚甲骨文中用法一致。例如卜辞中有"高祖乙"、"后祖乙",前者指殷代第二十任国王祖乙,后者指第二十八任国王小乙。祖乙在小乙前,故称高祖乙,是"高后"即前后。周初沿用商代称呼风习,称前面的祖为"高祖",自然与后代所称的高、曾无关。王鸣盛《后案》云:"《左传·昭十七年》:'郯子来朝,曰:"我高祖少皞挚之立也。'"则以始祖为高祖。《昭十五年》：'王谓藉谈曰：'昔而（汝）高祖孙伯黶司晋之典籍。'"则谓其九世祖为高祖，是得通称。"

于省吾《新证》引伪孔之释后云："孙星衍引《鲁语》'周人祖文王而宗武王'，证高祖为文王，非是。按'皆再拜稽首曰'以下，乃太保所言，既总称惟周文武，下不应单言文王。借令言之，太保乃文王庶子，又不应称文王为我高祖也。金文之例，祖与考决不相浑，《鲁语》'祖文王而宗武王'，指后世子孙祭文武而言，非谓文王之子亦称文王为祖也。《弓镈》：'及其高祖，虩虩成唐。'是固以远祖之成汤为高祖矣。……是高祖当指后稷或太王、王季言。"然西周诸诰，大都盛称文武，偶有连及后稷、太王、王季者，其专称之者不多见也。

顾
命

"寡命"，上引汉至宋注疏经师大抵释为少有、寡有、寡得之命。元吴澄《纂言》："寡命，言周之受命世所寡有。今王当不忘戒备，无或弛怠，而堕坏我文武不易得之天命也。"则既言寡有，又言不易得之天命。

段玉裁《撰异》云："寡命，与《大雅》'寡妻'、《康诰》'寡兄'同训。"按《大雅·思齐》"寡妻"，《四书选笺》："嫡妻唯一，故曰寡。"《毛诗传笺通释》："寡有大义。嫡，长也。长亦大也。"《康诰》"乃寡兄勖"，伪孔释为："汝寡有之兄武王。"杨筠如《核诂》："寡兄，谓武王也。'寡'，读为嘏，大也。"曾运乾《正读》："寡兄，大兄也。伯邑考卒，武王为大兄。大兄称寡兄者，犹《诗·思齐》嫡妻称寡妻，《顾命》大命称寡命也。"是此"寡命"，即大命。

1969

刘逢禄《集解》云："谨案'寡'当为'宣'，《易》'巽为寡发'，虞翻本作'宣'。《列女传》以《邶·柏舟》为卫宣夫人作,《御览》'宣'作'寡'。形相近而误也。陈氏奂曰:'寡,特也。'(故戴钧衡云:"寡命,犹特命也。")朱武曹(彬)据《缁衣》郑注:'寡当为顾,声之误也。'此取篇末字名篇,马郑本言如此。"此提出了文字有异的两说:(一)以为"寡当为宣",此可备一说。(二)以为"寡当为顾",亦只可备一说。然其说谓马郑即持此说,且以为本篇篇名,即由此篇末误为"寡命"之"顾命"二字而来。惟未详述其义。始其议者为朱彬《经传考证》。畅其说者为于鬯《香草校书》。

朱彬《考证》云:"彬谓此篇以《顾命》名篇,《正义》谓'将死回顾而为此语'。非其实也。马郑本自'高祖寡命'以上为《顾命》,'王若曰'以下为《康王之诰》。《礼记·缁衣》:'君子寡言而信,以成其行。'郑注:'寡当为顾,声之误也。'此'寡'字亦当读为顾,即取篇末二字名篇,以题上事。"于鬯《校书》云:"《顾命》之名篇实本于篇中'寡命'二字。朱彬《考证》引《小戴·缁衣记》郑注云:'寡当为顾,声之误也。'以证'寡命'之'寡'亦当读为'顾'。其说得矣。盖顾谐雇声,雇谐户声,《诗·小宛篇》云:'交交桑扈,率场啄粟,哀我填寡。'扈亦谐户声,而得与寡叶。是寡扈叠韵,故寡顾亦叠韵也。朱骏声《说文通训》谓:'寡从古文贫,从夏省声。'盖是矣。'无坏我高祖寡命',即无坏我高祖顾命也。然则'顾命'之义信不当如《传》言临终之命,而朱考尚未伸明。案《多方篇》云:'开厥顾天,惟尔多方,罔堪顾之。'即此'顾命'之顾。所谓命者,天命也。盖文王能顾天命,故曰'高祖顾命'。……书篇之名题《顾命》者,良由《顾命》一篇,前半为成王临终之诰,后半为康王即位之诰。谓之成王之诰,则遗康王之诰;谓之康王之诰,则遗成王之诰。故特取篇中二字以标题,如《梓材》《立政》之比。书家亦自有此例也。自篇中'顾命'借'寡命'为之解者,谓为'寡有之教命',文义既不可通,而题篇莫得其解矣。"其言虽甚辩,然要改字为释,且释亦未必真得原义,此非研析古籍之妥善方法,故不取其说。

"寡命",终当取段玉裁氏等所倡之说,其义为"大命"。

⑯王若曰——王如此说。此史臣所记之词。

⑰庶邦侯甸男卫——"庶邦",众邦。"侯、甸、男、卫",已见《康诰》《酒诰》《召诰》《君奭》诸篇,详各篇校释。由《酒诰》知其为区别于朝廷称"内服"的官员而为"外服"的各地诸侯,由《禹贡》且知其封地远近之别。此处但举外服诸侯,未举内服群臣,伪孔解释为"以外见内"。《蔡传》用此同样一句。《孔疏》云:"上言太保芮伯进言,不言诸侯,以内见外;此王告庶邦,不言朝臣,以外见内。欲令互相备也。"

⑱惟予一人钊报诰——"余一人"为古天子自称之词。已见《汤誓》《盘庚》校释。"予"为"余"之假借。此称"予一人钊",《孔疏》:"礼,天子自称予一人,不言名。此王自称名者,新即王位,谦也。"《蔡传》释云:"康王在丧,故称名。《春秋》嗣王在丧,亦称名也。"

"报诰",伪孔云:"报其戒。"林之奇《全解》云:"诸侯戒我,故我以诰报之。"戴钧衡《补商》云:"'报',犹'复'也。因群公之诰而报之,故曰'报诰'。"吴闿生《大义》云:"报,答也。"

⑲昔君文武丕平富不务咎——《孔疏》引王肃注云:"文武道大,天下以平,万民以富。"伪孔云:"言先君文武道大,政化平美,不务咎恶。"《孔疏》:"孔以富为美,故云政化平美,不务咎恶于人。言

哀矜下民，不用刑罚之。"苏轼《书传》："所谓'丕平富'者，岂非陈锡布利也欤？所谓'不务咎'者，岂非不专利以消怨咎也欤？"陈经《详解》云："丕则大而无外，平则均而无偏，富者惠养之谓，咎，刑罚也。"《蔡传》："'丕平富'者，溥博均平，薄敛富民，言文武德之广也。'不务咎'者，不务咎恶，轻省刑罚，言文武罚之谨也。"

俞樾《平议》云："《尔雅·释诂》云：'平，成也。'《礼记·郊特牲》：'富也者，福也。''丕平富不务咎'者，大成其福善之事，不务为咎恶之事也。'福'与'咎'正相对，《洪范篇》'汝虽锡之福，其作汝用咎'是也。《周易·谦·彖传》：'鬼神害盈而福谦。'《释文》曰：'福，京作富。'是'福'与'富'古通用。枚《传》不知'富'为'福'之假字，故不得其解耳。"戴钧衡《补商》云："'丕平富'三字最为难解，《传》谓（此处录《蔡传》文），似不免增文曲说。此外说者各异。亦未有恰当无可议者。今聊以鄙意释之，'丕平富'者，大均其乐利也，'不务咎'者，务，求也。（《吕氏春秋·孝行》谓"务其人也"，注："务，犹求也"。）谓不求人之罪过也。"孙诒让《骈枝》在引此处伪孔之释后云："案孔望文为释，殆非经义。审校此文，'丕'当为语词，'平富'犹言安富（俞氏《平议》读富为福，与咎相对，亦通）。'咎'，盖指困厄穷民而言，'务'者，侮之借字。《尔雅·释诂》：'务，侮也。'（《小雅·常棣》"外御其务"，《左传·僖公二十四年》引作"侮"。）不侮穷民，犹《康诰》《无逸》云'不敢侮矜寡'也。"于省吾《新证》在引录伪孔、俞樾、戴钧衡、孙诒让诸家之说后云："马通伯训'不务咎'与孙说同。数家者，以俞氏义多较长。然亦不切确，盖《尚书》无训'平'为'成'者，且每句均增'之事'二字，难免望文之讥。按丕即不，《尚书》每训为'斯'。'平'应读'遍'。当即

《牧簋》‘司匐厥皋召故’之‘匐’。二字声同。《吕刑》：‘惟讫于富。’富亦读匐。《说文》：‘匐，伏地也。’《诗·生民》‘覃实匍匐’，《释文》：‘匐，本亦作服。’‘务’，金文作‘秎’。《洪范》‘曰蒙’，《文选》作‘霁’，《史记》作‘雾’。是‘务’、‘蒙’同声假字。《洪范五行传》‘厥咎雾’，郑注训‘霁’为‘蒙冒’。《晋语》：‘间蒙甲胄。’注：‘蒙，被也。’《说文》：‘咎，灾也。’言昔君文武斯徧（遍）服从，不被于灾害。《吕刑》：‘降咎于苗。’此言不务咎，文例反，正可互证。下言‘厎至齐信，用昭明于天下’，盖天下人民皆服从也。”近代现代学者研究深入，各有可取，大抵可依俞、于二氏之说寻其义。

顾
命

⑳厎至齐信用昭明于天下——《释文》：“马（融）读‘厎至齐’绝句。”未详其释义。《孔疏》引王肃云：“立大中之道也。”伪孔云：“致行至中信之道，用显明于天下，言圣德洽。”是训“厎”为致，训“齐”为中，训“昭”为显。《孔疏》：“孔以‘齐’为‘中’，致行中正诚信之道。”《蔡传》：“‘厎至’者，推行而厎其至也。‘齐信’者，兼尽而极其诚也。文武务德不务罚之心，推行而厎其至，兼尽而极其诚，内外充实，故光辉发越，用昭明于天下。”戴钧衡《补商》：“‘厎至齐信’者，推极吾之忠信也。《孔传》：‘致行中信之道。’‘齐’训‘中’，古中、忠一字。”合观这些训解，基本可得文意。

㉑则亦有熊罴之士不二心之臣保乂王家——汉代文士或引“不二心”作“不贰心”，见蔡邕《司空文烈侯杨公碑》云：“总其熊罴之士，不贰心之臣，保乂帝家。”又《夏勤策文》引用作“保乂皇家”。按“熊罴”已见《牧誓》：“尚桓桓如虎如貔如熊如罴。”状其勇武之貌。伪孔云：“言文武既圣，则亦有勇猛如熊罴之士、忠一不二心之臣，共安治王家。”《蔡传》释为：“又有熊罴武勇之士，不二心忠实之

1973

臣，戮力同心，保乂王家。"

㉒用端命于上帝皇天用训厥道付畀四方——《释文》："畀，必利反。"《释诂》："畀，予也。"伪孔云："君圣臣良，用受端直之命于上天，大天用顺其道，付与四方之国，王天下。"《蔡传》："文武用受正命于天，上天用顺文武之道而付之以天下之大也。康王言此者，求助群臣诸侯之意。"戴钧衡《补商》："'端命'，犹基命也（杨筠如《核诂》亦云"端命犹《洛诰》言基命矣"）。'基'，《尔雅·释诂》：'始也。'《礼运》'五行之端'，注：'始也。'《蔡传》训'正命'，犹未捷。"俞樾《平议》录伪孔文后云："谨按经文本无受字，且上帝之命又何必言直端乎，《传》义非也。'端'者，始也。《说文·耑部》：'耑，物初生之题也，上象生形，下象其根也。'经典并假端为之。《家语·礼运篇》'五行之端'，王肃注曰：'端，始也。'《孟子·公孙丑篇》'仁之端也'，赵岐注曰：'端者，首也。'首即始也。'用端命于上帝'者，用始命于上帝也。言始命于上帝而为天下立也。"戴说俞说可从。

㉓乃命建侯树屏在我后之人——伪孔云："言文武乃施政令，立诸侯，树以为蕃屏，传王业在我后之人，谓子孙。"《孔疏》："文武以得臣力之故，乃施政令封立贤臣以为诸侯者，树之以为蕃屏，令屏卫在我后之人。先王所立诸侯，即今诸侯之祖，故举先世之事以告今之诸侯。"《蔡传》云："康王言文武所以命建侯邦植立蕃屏者，意盖在我后之人也。"按《左传·定公四年》云："昔武王克商，成王定之，选达明德，以藩屏周。"即此所言昔文武建侯树屏之事。据《荀子·儒效》言周公"立七十一国，姬姓独居五十三人"，即用此以藩屏周，即所谓"建侯树屏"。

戴钧衡《补商》云："'在'，顾在也。王氏念孙曰：《吴语》：'昔吾伯父不失春秋，必率诸侯以顾在予一人。'即此'在'字义。襄二十六年《左传》卫献公使让太叔文子曰：'吾子独不在寡人。'义亦同。"杨氏《核诂》亦引王念孙及此《左传》语，而后云："是'在'有'顾'意。"曾氏《正读》在引同样数语后，并云："下文'尚胥暨顾'，亦谓相顾在也。"

㉔今予一二伯父尚胥暨顾绥尔先公之臣服于先王——伪孔云："天子称同姓诸侯曰伯父。言今我一二伯父庶几相与顾念文武之道，安汝先公之臣服于先王而法循之。"《孔疏》："《觐礼》言天子呼诸侯之礼云：'同姓大国则曰伯父，其异姓则曰伯舅；同姓小邦则曰叔父，其异姓则曰叔舅。'计此时诸侯多矣，独云伯父，举同姓大国言之也。诸侯先公以臣道服于先王，其事有法。故今安汝先公之用臣服于先王以臣之道，而法循之。"《蔡传》："文武所以命建侯邦植立蕃屏者，意盖在我后之人也。今我一二伯父庶几相与顾绥尔祖考所以臣服于我先王之道。"

戴钧衡《补商》云："'尚胥暨顾绥尔先公之臣服于先王'，十四字作一句读。'胥'，相。'暨'，与也。'顾'，犹念也。《礼记·大学》'顾諟天之明命'，郑注：'顾，念也。'《诗·那》：'顾予蒸尝。'郑笺：'顾，犹念也。''绥'，读曰'绥'，继也。王氏引之曰：'绥与绥古通用。'《尔雅》曰：'绥，继也。'《说苑·指武篇》：'损其有余而继其不足。'《淮南·道应篇》'继'作'绥'。皆其证也。言当相与思念继尔先公之臣服于我先王也。《蔡传》训'绥'为安，非是。"

㉕虽尔身在外乃心罔不在王室——汉人引此句"罔"作"无"。见《汉书·谷永传》："永对曰：'忠臣之于上，志在过厚，是故远不违

居,死不忘国。《经》曰:虽尔身在外,乃心无不在王室。'"伪孔云:"言虽汝身在外为诸侯,汝心常当真笃无不在王室。熊罴之士励朝臣,此督诸侯。"《孔疏》本此意稍引申发挥之。《蔡传》但直述一句:"虽身守国在外,乃心当常在王室。"但连上下句直贯至"毋遗我稚子之耻"。

㉖用奉恤厥若——"厥若",王国维《与友人论诗书中成语书·二》云:"《洛诰》云:'叙弗其绝厥若。'《立政》云:'我其克灼知厥若。'《康王之诰》云:'用奉恤厥若。''厥若'亦当时成语。此等成语,无不有相沿之意义在,今日固无以知之。"杨筠如《核诂》亦云:"'厥若',古语。《洛诰》'厥若彝及抚事',《立政》'我其克灼知厥若',皆其例也。"皆无由释其意义。至曾运乾《正读》于《洛诰》"厥攸灼叙弗其绝厥若"下云:"'灼叙',犹言烬余也。……'厥若',指示代词,指'烬余也'也。二字当时通语。《立政》'我其克灼知厥若','厥若'即指上文'三有宅心、三有俊心'也。《顾命》'用奉恤厥若','厥若',即指上文'王室'也。以今语通之,则为'那个'。'那个'之倒文则为'厥若'。'若'、'那'古同声,'个'、'厥'古同音也。"然后在《立政》篇及本篇作了同样解释。其在本篇之释云:"厥若,指示词,犹言那个,即指上文'王室'也。"今曾氏根据三处"厥若"实例,循其在文中所起作用,寻绎其意义为指示代词,以之释三处文句怡然理顺,可谓卓然有识,今即从曾氏说。

"用奉恤厥若","用",王引之《释词》云:"用,词之以也。《一切经音义·七》引《苍颉篇》曰:'用,以也。'""奉",《说文》:"奉,承也。"《匡谬正俗》:"奉,谓恭而持之。""恤",《说文》及《尔雅·释诂》皆云:"恤,忧也。"此句意谓以承忧王室。

自来经师因不解"厥若"之义,致所释皆误。汉学如伪孔云:"当各用心奉忧其所行顺道,无自荒怠。"宋学如《蔡传》云:"用奉上之忧勤,其顺承之。"清学如江声《音疏》云:"'恤',收。'若',善也。用奉收其善,以藩辅我。"皆不知所云,与此处文义无关。

㉗无遗鞠子羞——"鞠子",据王引之《述闻》"教育子"条云:"谨案:'育子',稚子也。'育'字或作'毓',通作'鬻',又通作'鞠'。《邶风·谷风篇》'昔育恐育鞫'郑笺解'昔育'曰:'育,稚也(稚与稺同)。'《正义》以为《尔雅·释言》文。今《尔雅》'育'作'鞠'。郭璞《音义》曰:'鞠,一作毓。'《豳风·鸱鸮篇》'鬻子之闵斯'毛传曰:'鬻,稚也。稚子,成王也。'《释文》:'鬻,由六反。徐居六反。'是'育'、'鞠'同声同义。古谓鬻子为育子,或曰鞠子。《尧典》之育子,即《豳风》之鬻子,亦即《康诰》所谓'兄亦不念鞠子哀',《顾命》所谓'无遗鞠子羞'者也。"

《蔡传》释此句为:诸侯"虽身守国在外,乃心当常在王室,用奉上之忧勤(应谓"以承忧王室"),毋遗我稚子之耻也。"

㉘群公既皆听命相揖趋出——伪孔云:"已听诰命,趋出罢退,诸侯归国,朝臣就次。"《孔疏》:"群公,总谓朝臣与诸侯也。郑玄云:'群公,主为诸侯与王之三公,诸臣亦在焉。'"《蔡传》则释"相揖"云:"始相揖者,揖而进也。此相揖者,揖而退也。"

㉙王释冕反丧服——伪孔云:"脱去黼冕,反服丧服,居倚庐。"按上文第三节第一句:"王麻冕黼裳由宾阶隮。"伪孔释彼处云:"王及群臣皆吉服,用西阶升。"盖参加册命典礼,故用吉服。册命既毕,新王已即位,举行群臣诸侯朝见新君并听诰命之礼,亦仍用吉服。及这些礼已毕,王回翼室守丧,故须反(即恢复)服丧服。上文

"延入翼室恤宅宗"，已释明其处为倚庐，倚庐为服丧所居之室（见《仪礼·既夕礼》）。故反服丧服，即居倚庐（不过本篇中只称"翼室恤宅宗"，倚庐是后来礼书中所见的名称），以守丧礼。

以上这一节，为《顾命》篇的最后一节，亦即伪孔本割裂为《康王之诰》的一节（马郑本则只割"王若曰"以下康王讲的那一段话为《康王之诰》）。然而此处紧接上一节康王受册命即位后，群臣诸侯即出庙门至治朝朝见新君，新君发布了即位后的第一篇诰辞，自然原与上文合为一篇。其第一段史臣说两公率诸侯献圭币再拜朝见，康王以新即位君主身份答拜。第二段太保代表群臣诸侯进陈戒词。第三段康王作诰词。最后数句为结尾，史臣记朝见礼毕后，群臣诸侯退出，康王则恢复丧服守丧。

今　译

四月开始见到月亮的那天，成王病体更觉不适，甲子那天，王沐发洗手，由侍候的臣下给他披上王冕和衮服，凭着玉几，同时召来太保召公奭及芮伯、彤伯，又毕公及卫侯、毛公，还有诸臣师氏、虎臣、百官之正长及王室内供奉职务的官员们。

王说："唉！疾病加重了，已到危殆境地了，恐怕匆遽间来不及留下关于嗣位之事的誓命，所以现在我谨训命你们，以前我们的君主文王武王两世并耀光辉，定下法令，敷陈德教，人民不断肄习且不敢稍违教命，因此终于能打垮殷邦，集大命于我有周。在我这一个不成器的后嗣者，敬谨迎受天威，继守文王武王的伟大德教，不敢昏乱变改。现在天降下疾病给我，已将无起色，也将不复能神智清楚，你们要明白领会我现在的话，以敬保我长子钊渡过这艰难时刻，安抚怀柔远者，和协亲善近者，以此安劝小大众邦，使此人（指康王）自己树立威仪，你们也不要不善地以冒贡货贿陷子钊于非理之地。

王既授毕顾命之词后，还归寝宫，到第二天乙丑日，王就崩逝了。

太保命令仲桓、南宫毛两人，跟从齐侯吕伋，以二干戈及虎贲之士百人，迎接子钊于南门之外，迎入路寝的东翼室（东夹室），忧居为丧主。丁卯那天，命令作册预备好册书及订定典礼进行的一切程序事项。过了七日，到癸酉那天，西伯兼冢宰的召公命令群士准备安排好典礼中所需用的一应器物设备。

由称为狄的乐官下士布置礼堂，陈设黼扆屏风和幄帐，在两个牖窗之间朝南的方向，铺设三层的用黑白纹的缋缘饰其边的篾席，席旁有用五色玉装饰的王生前曾用的凭几。在西墙朝东的地方，铺设三层的以杂彩缘边的青蒲席，席旁有用文彩装饰的曾用的凭几。在东墙朝西的地方，铺设三层的用五彩画帛为缘边的丰席，席旁有用雕玉装饰的曾用的凭几。西夹室朝南的地方，铺设三层的用黑绶缘边的笋席，席旁有只加漆的曾用凭几。

陈设了越地所产的越玉五双，以及名为陈宝之玉、赤刀之玉、大训之玉、弘璧之玉、还有琬琰之圭玉，共六种玉器安放在西墙前；夏族地域所产的大玉、东夷族地域所产的夷玉，以及名为天球、河图的玉，共四种玉器安放在东墙前。古代能工巧匠胤所制的舞衣，及一种特大的贝和长八尺的簋鼓陈设在西房，古代能工巧匠兑所制的戈，和所作的弓，垂所作的竹矢陈设在东房。天子的大辂车在宾阶前面，缀辂车在阼阶前面，先辂车在左塾的前面，次辂车在右塾的前面。

武士两人戴着雀弁，执着称为"惠"的三锋的刺戟这种武器，站在毕门之内；武士四人戴着綦弁，执着刃向上的"戈"这种武器，分别夹立在阼阶和宾阶这两阶边石的两侧。大夫一人戴着冕，执着称为"刘"的斧钺形武器，站在东堂；大夫一人戴着冕，执着"钺"这种武器，站在西堂；大夫一人戴着冕，执着称为"戣"的戈形武器，站在东垂；大夫一人戴着冕，执着称为"瞿"的戈形武器，站在西垂；大夫一人戴着冕，执着称为"锐"的异形武器，站在北面的侧阶。

康王戴了宗庙祭祀用的吉服麻冕，穿了黑白两色为纹的可居丧服用不纯吉的黼裳，由西面的宾阶升上堂。卿士、邦君则戴着麻冕，穿着黑色的庙中之服蚁裳，入庙各就其位。太保、太宗、太史三位主持典礼的大臣，则都戴着吉服麻冕、彤裳。太保捧着天子信物介圭，太宗捧着名为"同"的酒爵，由东边的阼阶升上堂；太史秉着写有成王顾命的册命之词的命书，由西边的宾阶升上堂，迎着康王读命书中的册命之词。

册命说："新登遐升天的伟大的王当日凭着玉几发布临终之命，命你钊承受遗训，即位君临周邦，恭循先王大法，协和天下，用以报答弘扬文王武王圣明的大训。"康王再拜，起来，敬回答说："以我微眇的浅末小子，岂能像父、祖那样治理四方，可以不敬畏天的威德吗？"

于是康王接受了太宗所献的酒爵同，徐行进至神所进爵，这样三次；接着以爵中的酒酹于地以祭，这样三次；祭完后即奠爵于地,这样也三次。上宗(即太宗)即以酒爵同酌酒进献给王说:"请飨福酒。"王飨酒后,以酒爵同授太保。太保受同后,下堂,奠爵于篚,洗手,取另一酒爵同取璋瓒为勺,酌酒以为酬酢报祭之礼。然后以酒爵同授与太宗,自己下拜,告已完成传顾命之事。康王即答拜,以示尊所受之命。太保又从太宗手接受酒爵同,既祭之后,亦受福酒,哜尝至齿而止,即在其地以酒爵给太宗,复下拜,康王又答拜。然后太保下堂,诸执事官收酒器同、册书等器物,典礼全毕,诸侯出庙门等候拜见新君康王。

康王出来,在应门之内。太保召公率西方诸侯入应门内左边,毕公率东方诸侯入应门内右边。这些诸侯都穿着黼黻衣、黄朱蔽膝绂。由承命传话的官员称为摈相之摈代为禀告,诸侯都按享礼敬奉圭、币,并进奏说:"我们一二藩卫之臣,各自就所封壤地内之土产,作为敬奠贽见之礼。"诸侯皆再拜稽首。康王以新嗣位者身份,按礼俗向诸侯答拜。

太保带着芮伯都进前相揖,领着所有群臣诸侯都对王再拜稽首。太保对王说:"谨敢敬告天子,皇天爷更改了大邦殷的天命,由我有周文王武王承受了日进于善境的美命,能安恤治理好西土。而新登遐升天的好王(成王)全力协行严明的赏罚,能定下他伟大的勋业,所以能留给子孙后代以无穷无尽的美好。现在我王要特别敬勉呀!应该整军经武,扬我王家六师的军威,不要隳坏我高祖所建大命。"

王这样说:"众邦侯甸男卫各级诸侯们,'予一人'小子钊特向你们答以诰词。昔年我们的国君文王武王行其大道,天下以平,万民以富。关怀小民,不许行咎恶之事。达到圣德昭明齐信于天下。还有勇武如熊罴的战士,忠贞不二心的贤臣,共保王家,因之能始获天命于上帝,皇天以此顺我文武之命,付与天下四方。于是在普天之下建立诸侯,树立我有周之藩屏,要巩固它,全在我后嗣之人。现在期望我们一二伯父大国,还当相与思念继承你们先公臣服于我先王之道。虽然你们身在外地为诸侯,你们的心应该无不在于我王室,以关怀勤恤我王室,不要使我这稚子负羞于先王。"

群臣诸侯都听康王诰命毕,相揖而退,趋出应门之外。王回翼室守丧,脱去冕服,恢复穿丧服。

讨 论

此篇问题多,有很多有关篇文内容的问题已在"校释"中谈过了,这里主要谈有关《顾命》本篇的下面三个问题:

(一)《顾命》的实际及是否有《康王之诰》的问题

《史记·周本纪》云:"成王将崩,惧太子钊之不任,乃命召公、毕公率诸侯以相太子而立之。成王既崩,二公率诸侯以太子钊见于先王庙,申告以文王武王之所以为王业之不易,务在节俭毋多欲,以笃信临之,作《顾命》。钊遂立,是为康王。康王即位,遍告诸侯,宣告以文武之业以申之,作《康诰》。故成康之际,天下安宁,刑错四十余年不用。"这里说得很清楚,成王将死前,顾命召公、毕公等大臣辅立太子钊。及成王死,召、毕遵命迎太子钊入庙立之为康王。康王以新嗣王身份受群臣诸侯朝见进陈戒词,及对群臣戒词作了答诰。《顾命》篇所载的就是这全过程，是不能分割的。

《说文》云："顾，还视也。"《释文》引"马（融）曰：'成王将崩，顾念康王，命召公、毕公率诸侯辅相之。'"《周本纪集解》引"郑玄曰：'临终出命，故谓之顾。顾，将去之意也。'"（《蔡传》则据《诗·匪风》笺作："郑玄云：'回首曰顾。临死回顾而发命也。'"与此略异。）伪孔则云："临终之命曰顾命。"《蔡传》乃云："顾，还视也。成王将崩，命群臣立康王，史叙其事为篇，谓之顾命。"这些都在说明题意。"顾命"二字遂成为以后几千年封建王朝君主将死遗命辅立嗣子为君的专用词，受顾命的大臣就必须遵命辅立太子为君主，完成顾命过程也和本篇所记一样（只是由于政治形势不同，有的顾命大臣被杀，有的顾命大臣篡位自立，那是另一回事）。

至于《周本纪》所说的《康诰》，在先秦未见引用，西汉也未见传习之本，只保留其篇题在《本纪》中，其本文显然在先秦早已不存于天壤之间。西汉《尚书》今文中另有《康诰》，那是封康叔于卫的诰词，与周康王无关。因此古文献中根本未见《康王之诰》踪迹。

西汉出现的《书序》说："成王将崩，命召公、毕公率诸侯相康王，作《顾命》。"又云："康王既尸天子，遂诰诸侯，作《康王之诰》。"马融本此序作："成王崩，康王既尸天子，遂诰诸侯，作《康王之诰》。"此种先秦未见至西汉始出现的"书序"，始见于成帝时张霸伪撰的《百两篇》中。张要凑成一百篇《尚书》，而且是整整齐齐的《虞夏书》二十篇，《商书》《周书》各四十篇，便从《左传》《史记》等文献中寻找述及有关《尚书》篇名的语句，来凑百篇篇题。刚好在《周本纪》中见到成王死康王继,有《顾命》《康诰》二题,便拿来作为二篇,但《康诰》已别为康叔封于卫的诰词了,便杜撰了《康王之诰》一词来影戤《康诰》,于是就出现这一"康王既尸天子"的不通的序,也出现《康王之诰》这一篇题。《释文》明确指出他们所割为"康王之诰"的篇文,"欧阳、大小夏侯同为《顾命》"。而马、郑明明袭用西汉今文二十九篇篇题(二十九篇是伏生二十八篇加三家今文所增入的后出《太誓》),在今文中本无此题,马郑本也不当有此题。但他们作为古文学派,要袭用《书序》百篇篇题,因《书序》是作为"应古文征"的《百两篇》提出的,所以他们须承认这百篇《书序》,并且为之作了注。而他们更要遵用刘向所说的古文五十八篇之数,因那是刘向亲眼看见中秘所藏孔安国所献壁中本的篇数,他们要表示自己是古文真传,出自壁中本,必须有此篇数。但他们手中实际只有二十九篇,就只好把二十九篇中的《盘庚》《太誓》各作为三篇,加上《顾命》中分出《康王之诰》,凑成三十四篇,再合以真古文"逸十六篇"析成的二十四篇,就成五十八篇了。因此《康王之诰》是他们必须析出成一篇的。是他们苦心孤诣才这么做的。

《孔疏》云:"伏生以此篇合于《顾命》,共为一篇,后人知其不可,分而为二(按此颠倒事实,伏生本原来之《顾命》即包括后来被分出之《康王之诰》,非伏生将二者合为一。后来马郑将其分为二,系由于上面已阐明的他们自己的需要,勉强从《顾命》中分出后半以充数,并非知其合为一篇之不可)。马、郑、王本此篇自'高祖寡命'以上,仍为《顾命》之篇,'王若曰'以下,始为《康王之诰》。诸侯告王,王报诰诸侯,而使告、报异篇,失其义也。"这是替伪孔的百步笑马郑的五十步。马郑只是要找几句康王的讲话抵充"康诰"，就径从"（康）王若曰"起割下他讲的那几句，即割了《顾命》的一个小尾巴，而没有顾及到割断了文义，算是其失五十步。伪孔注意了文义，要把"诸侯告王、王报诰诸侯"连在一起，即向上割了《顾命》一个大尾巴，然而又把"诸侯出庙门俟"与"王出在应门之内"更密切联系的文义割断了，其失何啻百步呢？孟子所讥的以五十步笑百步已不可；这怎么能反以百步笑五十步呢？

当伪孔本已成经典流传后，朱熹仍在其《语类》中指出："伏生以《康王之诰》合于《顾命》（此误从《孔疏》颠倒之说），今除却序文，读着则文势自相接连。"是他看出了伪孔本的《顾命》《康王之诰》本为一篇。王柏《书疑》更明确云："二书合当只为一篇，一正其始，一正其终。"以后递经宋元明迄清初学者考辨，《顾命》与假《康王之诰》原为一篇已成定论，与伪孔本中的假《舜典》原与《尧典》为一篇、假《益稷》原与《皋陶谟》为一篇完全一样。于是元明有识学者，遂欲恢复今文二十八篇原貌，元初的赵孟頫费四十年纂《书今古文集注》，把今文抽出与古文分别编成书，惜其书未传下，而承其学的吴澄撰《书纂言》，专载今文二十八篇，将《舜典》《益稷》《康王之诰》皆归入原篇中，一如二十八篇之旧，故《顾命》恢复其全篇，不复有《康王之诰》独立于后。这是完全正确的。继之者明代梅鷟《读书谱》、归有光《尚书叙录》、罗敦仁《尚书是正》、郝敬《尚书辨解》等等，无一不遵吴澄之作，定二十八篇，假《康王之诰》皆合于《顾命》，清初诸辨大师阎若璩及宗其说的学者，亦莫不以"康王之诰"合于《顾命》。

不意至清代乾嘉后，一些较有名学者因为尊崇汉学，膜拜马、郑，竟沿马、郑之旧将《康王之诰》单列为篇，自江声、王鸣盛、段玉裁、皮锡瑞、王先谦、朱骏声等于其书中无不如此（但段玉裁明言"于伏壁二十八篇之外，增《太誓》为二十九"。所言伏生今文篇数仍确，他只是依马、郑三十四篇去掉伪《太誓》三篇成三十一篇，不似江、王、王、朱之皆有《太誓》）。惟有孙星衍《今古文注疏》则将《康王之诰》并入《顾命》，这是孙优于诸家之处。诸家书皆默默依马、郑本为之，还不强词夺理，独独作为今文学派的皮锡瑞氏，竟于其《考证》书中以长篇大论阐述"伏生《今文尚书》当从'王若曰'分篇，与马、郑本同，与伪孔本异"的怪论，不仅背其所宗的今文传统，而且闭目不视宋元明以迄清初学者所考辨阐明了的《康王之诰》原属于《顾命》的谛论。皮氏为清末今文学派中的佼佼者，他的几部著作大都精审有见，且大都持论平正，不像其他几位驰名一时的今文学家好逞奇论、谲论，没想到在这问题上却越于常轨。其文太长，略举其中几处要点如："史公本受伏生《尚书》……所载多今文说，其所载书序……以作《康诰》别为一篇，则史公所受伏生《尚书》亦必不以《康王之诰》合于《顾命》矣。"说《史记》承今文，甚确；惟所作推论真妄。因《史记》说有《顾命》《康诰》二篇，遂断定伏生本分《顾命》《康王之诰》二篇，在逻辑上牵强已极。又云："盖伏生传《书》二十九篇，有《康王之诰》而无《太誓》，史公云伏生独得二十九篇，亦当不数《太誓》。其后欧阳、夏侯三家并入《太誓》，遂与二十九篇之数不符，乃以《康王之诰》合于《顾命》。"作为今文学家，真是"数典忘祖"。汉代当时人明确说伏生今文二十八篇象二十八宿，后三家今文得《太誓》增入之，当时人就以北斗为比附（见孔臧

《与孔安国书》及王充《论衡·正说篇》等）。伏生二十八篇，三家加《太誓》为二十九篇，这是当时所明确昭示的事实，虽后来初乱于马、郑，继乱于伪孔，终无从改变这原有的事实，也由宋元明迄清初学者考订得清清楚楚，不应皮锡瑞反持此谬说。皮氏文中还以很长篇幅谈伏生今文为二十九篇，皆对资料认识错误或牵强附会，不足深论。

又有人要解决《史记》有二篇篇题而事实上只有《顾命》一篇的矛盾，提出了弥缝之说，刘逢禄《书序述闻》引庄述祖说云："谨案今文《顾命》《康王之诰》为一篇，盖异序同篇也。"曾运乾《正读》云："伏生今文书本合《顾命》为一篇，欧阳大小夏侯并同，马郑漆书古文本析'王若曰庶邦侯甸男卫'以下为《康王之诰》，晚出《孔传》本析'王出在应门之内'以下为《康王之诰》，见《正义》及《释文》。今按《顾命》及《康王之诰》，同篇异序，如《尧典》《舜典》是。……篇中历记自成王顾命登假、召公告庙传命，康王继体莅朝，典祀隆盛，绵历旬日，故史特侈陈其本末云。"这都是出自意存调停的良好愿望，事实上不可能一篇诰词两个"序"。真正的情况应当是上文所说到的，《周本纪》所载"作《康诰》"，其篇文并未流传下来，成了又一篇"逸《书》"。马、郑本为了凑齐《古文尚书》五十八篇篇数，硬拉来这篇《康诰》篇题，而这一篇已为康叔封于卫的诰词用去了，就杜撰了《康王之诰》这一假篇题影戤《周本纪》所载这一篇题，以致"谬种流传"就这样传下来了。

（二）关于《顾命》行礼场所亦即册命之地是否在殡所以及是否在路寝或在宗庙的问题

此问题见于"御王册命"及"出庙门俟"两处经说的纷歧说法，

大抵郑玄以为行礼处在殡前，王国维则力辨非殡所，是在庙而非寝。此纯为古代礼制问题，我们今日无暇详研古礼，简直无由置喙于其间，但对纷歧说法感到无所适从，为便于了解计，特将纷歧资料清理一下。

"御王册命"句下，《孔疏》引郑玄注云："御，犹向也。王此时正立宾阶上，少东。太史东面，于殡西南而读策书，以命王嗣位之事。"江声《音疏》为之释云："御者，古讶字也。讶之言，迎。迎则必向，故云'御犹向也'。王固自宾阶升矣，必知'此时立宾阶上少东'者，以太史随而升阶，将由其西读册，自然王少东避之也。案《礼记·曾子问篇》：'君薨而世子生 …… 三日 ……（负子以见于殡）…… 少师奉子以衰，祝先，子从。…… 子升自西阶，殡前北面，祝立于殡东南隅，祝声三，曰："其之子某，从执事敢见。"'此云'太史东面于殡西南隅'者，《礼记·少仪》云：'诏词自右。'《曾子问》所云是'北面'。而告于殡当在世子之右，故立于殡东南隅。此则以成王之命诏嗣王，当立于殡之右，故'东面于殡西南隅'也。"是郑玄始说太史读策书在殡西南，江声证成之。而江氏同时的王鸣盛《后案》及其后的孙星衍《注疏》皆同江氏之说，惟文词稍简。其末句王氏但云："《礼记·少仪》云'诏词自右'，此以成王命诏王，当立殡之右故也。"孙氏则照江氏之说，以《曾子问》言在殡东南隅，此则当立于右，故东面于殡西南隅。其他清儒依此说者尚不少。这是册命在殡所的主要资料。

王国维在其《周书顾命考》《周书顾命后考》及《观堂学书记》诸文中都反对在殡前之说。其第一篇《顾命考》之说已录入上面校释文中，《学书记》之文同于《后考》，现录《后考》有关段落如下：

"是郑以行礼之处为殡所也。余前以为不然，以牖间西序皆布几筵，若成王之殡在，则几筵宗器无所容之故也。难者将曰：'《曾子问》奠币于殡东几上，是殡前有几筵矣。'曰：'否！'《顾命》之几筵，乃嘉礼、宾礼中泛设之几筵，《士昏礼》（此处举《士昏礼》及《聘礼》设几筵资料）……是古于嘉礼、宾礼皆设几筵，以明有所受命。此大保摄成王以行册命之礼，传天下之重，故亦设几筵以依神。其所依之神，乃兼周之先王，非为成王也。《昏礼》与《聘礼》之几筵一，而此独四者，曰牖间、东序、西序三席，盖为太王、王季、文王，而西夹南向之席则为武王（此点已在此四席之校释文中引录到，并录有不同之说）。然则何以不为成王设也，曰：成王方在殡，去升祔尚远，未可以入庙。且太保方摄成王以命康王，更无缘设成王席也。然则册命之地，自《礼经》通例言之，自当为庙而非寝。毕门、应门，盖庙与寝皆有之。藉云寝也，则必成王之殡不在于此也。古者赐爵禄于太庙，岂有传天子之位，傅天下之重，而不于庙行之者。下经云：'诸侯出庙门俟。'是册命之地之非殡明矣。"

王氏《后考》又云："然则郑说无征乎？曰：'否！'《曾子问》：'诸侯薧而世子生……三日，众主人卿大夫士如初位（西阶南），北面。太宰、太宗、太祝皆裨冕，少师奉子以衰，祝先，子从，宰宗人从，入门，哭者止。子升自西阶，殡前北面。祝立于东南隅，祝声三，曰："某之子某从执事敢见。"'郑注《顾命》依《曾子问》为说，以此篇之太保、上宗当彼篇之太宰太宗，以此篇之太史当彼篇之太祝。不知此二礼绝不相同，彼以子见于父，此以死者之命传于生者。彼非殡所无以见父，此则有摄先王者，固不必于殡所行之也。"吴闿生《尚书大义》亦云："此在庙中，旧以为殡宫者，误。"这些就是反对册命在殡所的重要资料。按《论语·乡党》:"殡,停丧也。"《说文》:"殡,死在棺将迁葬柩。"即"殡"是停在灵堂的灵柩。

上引王国维以为:"册命之地,自《礼经》通例言之,自当为庙而非寝。"但自郑玄、伪孔、《蔡传》、元明经师以迄清儒,大都以为在路寝而非宗庙,不过路寝因有成王之殡而称庙。则以路寝临时称庙,又在殡所,与王国维说显然相对立。

此处应先略明路寝与宗庙,才便于阐述有关问题。

先说"路寝"。《周礼·天官·宫人》:"掌王之六寝之修。"郑玄注:"六寝者,路寝一,小寝五。《玉藻》曰:'朝辨色始入,君日出而视朝,退适路寝听政,使人视大夫。大夫退,然后适小寝释服。'是路寝以治事,小寝以时燕息焉。《春秋》书鲁庄公薨于路寝,僖公薨于小寝,是则人君非一寝明矣。"《贾疏》:"路,大也。人君所居皆曰路。……天子六寝,则诸侯当三寝。亦路寝一,燕寝一,侧室一。《内则》所云者是也。"《公羊传·庄公三十二年》:"路寝者何,正寝也。"何休注:"天子诸侯皆有三寝:一曰高寝,二曰路寝,三曰小寝。"胡培翚《燕寝考》云:"天子六寝,路寝一,小寝五,路寝则正寝,小寝则燕寝也。正寝之一,天子至士所不殊,惟燕寝有隆杀耳。"黄以周《礼书通故》云:"天子诸侯之寝,见于经传者,止有路寝、小寝。所谓燕寝、高寝者,皆小寝也。……诸侯三宫,亦正寝一、小寝二可知也。侧室不得谓之寝,《贾疏》非。"由上引资料,足以明路寝之大概。是君主所居宫称路寝,还有几个小寝称燕寝。关于路寝的资料还很多,并见于各礼书及先秦文献,其综言之可参考者有金鹗《庙寝宫室制度考》、孙诒让《周礼正义》之"宫人"疏文及黄以周书等。

次说"宗庙"。夏启伐有扈氏的《甘誓》说："用命赏于祖，不用命戮于社。"可知祖庙和社坛在远古很早的时候就设立了，《甘誓》校释中已阐明了这一制度的大略情况。大抵如《周礼·小宗伯》云："建国之神位，右社稷，左宗庙。"又《匠人》云："匠人营国……左祖右社。"就是说在国的左边设立宗庙，右边设立社稷坛。而这在寝宫的前面，见《周礼·隶仆》"掌五寝之扫除粪洒之事"注："前曰庙，后曰寝。"《月令》亦有此语，《吕氏春秋·季春》"荐鲔于寝庙"注亦云："前曰庙，后曰寝。"这作为几千年相承的传统传下来，今所见北京的故宫（即古时路寝），在它的前面天安门（大概相当于应门，其内的端门大概相当于毕门，也就是路寝门），其左边就是清代的太庙，右边就是社稷坛。这个格局好像从夏代相沿到清代。

上文"于南门之外"校释中引录了天子"五门"及"三朝"资料。五门是从外至内顺序为皋门、库门、雉门、应门、路门（毕门）。雉门居中，亦称中门。三朝是皋门内库门外为外朝；应门内为内朝，又分为二：应门，路门之间为治朝，路门之内为燕朝。路寝就在路门内。按"前曰庙，后曰寝"的布局，这前面的庙在五门的什么地方呢？《周礼·阍人》"眡宫门庙门"郑注云："庙在中门之外。"那就是库门与雉门之间。又《周礼·朝士》郑玄注云："《郊特牲》讥'绎于库门内'，言远当于庙门。庙在库门之内见于此矣。"显见得比今所见清太庙与清宫寝的距离稍远一些。至金鹗《求古录礼说·庙在中门内》文中指出："汉儒皆言庙在中门之外，近戴东原始辨其非，以为在中门内。引《礼记》《左氏》《穀梁》诸书以证其说（见《考工记补注》）。订正千古之谬……鹗请列六证以申明之。"下面金氏即详举了文献中各项资料作为六证，以证庙在中门内，即雉门之内应门之外。今以天安门当应门，那么太庙出在整个故宫（路寝）的大门（应门）外，不过不是直出应门的前面，而是稍改变到应门的侧面，那么庙与寝的位置对应关系，似委宛维持了古意。使人们确看到了"前曰庙，后曰寝"的格局。关于宗庙的资料还更多，特别是所谓七庙、五庙、四庙以至三庙的争执至为纷烦，被经师们搞得眼花缭乱，那可能是周代以迄汉代延及整个封建时代确实存在过的问题，但都在《顾命》时间之后，就不管它了。金鹗说周成王之时先王已有四庙，与弄清本篇文义，没什么关系，也不必去深究它了。

　　资料中还看到了有人把庙和寝与所谓明堂相混淆。《礼记·明堂位》："太庙，天子明堂。"原意是鲁之太庙，犹天子明堂。作这样相比本来已不妥，可是此语却使人们认为太庙即明堂。《诗·灵台》孔疏："卢植《礼记注》云：'明堂即太庙也。天子太庙，上可以望气，故谓之灵台；中可以序昭穆，故谓之太庙；圜之以水，似璧，故谓之辟廱。古法皆同一处，近世乃异分为三耳。'"王聘珍《大戴解诂》并引蔡邕《月令》论分别举其称为清庙、太庙、明堂、太学、辟廱之故后云："异名而同耳，其实一也。"又引颖子容《春秋释例》称太庙共有八名：清庙、太庙、明堂、辟廱、灵台、太学、太室、总谓之宫。又引贾逵、服虔注《左传》亦云"灵台在太庙明堂之中"。这是把宗庙和明堂相混淆，还举了明堂好多异名。

　　《周礼·天官·宗人》"掌王六寝之脩"贾疏云："路寝制如明堂以听政。"此全承郑玄说。郑注《考工记·匠人》"周人明堂"下云："或举宗庙，或举王寝，或举明堂，互言之以明其同制。"又注《礼记·玉藻》"玄端而朝日于东门之外"云："天子庙及路寝，皆为明堂制。"又于《毛诗·笺》亦有同样说明。其说颇有深远影响于治经者,自汉以后至清经师多承此说,撰写了不少论明堂以及庙寝的论著。这是把路寝与明堂相混淆,同时涉及了庙。

现代大学者王国维先生竟亦有《明堂庙寝通考》专文,其论析方法之精密,搜罗材料之周到,所作论断逻辑性之强,都远远超过历代经师。他从上古穴居野处而开始"易之以宫室",室又为宫室之始,缘于家族之制,必使一家人居室至近,乃为四栋之屋,使其堂为向东西南北,于是外则四堂,内则四室,明堂、辟雍、宗庙、大小寝之制皆不外由此而扩大之。然后以很长的篇幅谈了明堂之制,接着谈"明堂之制既为古代宫室之通例,故宗庙之宫室亦如之"。因而复以数页篇幅谈宗庙之制。然后谈路寝之制,举郑玄《毛诗》笺、《考工记》及《玉藻》注,谓路寝与宗庙皆与明堂同制,可是接着说:"而于《顾命》所记路寝之制不得其解,遂谓成王崩时在西周,文王迁丰镐作灵台、辟雍而已。其余犹诸侯制度焉,盖视《顾命》所纪路寝之制与明堂异也。以余观之,路寝无太室,自与明堂、宗庙异。至于四屋相对,则为一切宫室之通制,《顾命》所纪,乃康王即位受册之礼,于路寝正屋行之,自无从纪东西北三屋。即就正屋言之,但纪西夹而不纪东夹,然则谓无东夹可乎?……余意宁从明堂、宗庙、燕寝之制,以推定路寝之制亦有东西南北四屋,似较妥也。"下面即接着较详地谈了燕寝之制。并绘了明堂、宗庙、大寝、小寝四图,皆整整齐齐的四室(四屋)相对,四室之背为四堂,惟明堂、宗庙四室中间的"太室",路寝、小寝改名"中庭"而已。

本书"校释"文中屡提到,旧文籍中关于明堂之作几乎无一篇可信,因此一律不采用。而静安先生又浪费笔墨新添了这一篇,不仅明堂之说有如空中楼阁,即其所沿郑玄路寝宗庙皆与明堂同制之说，早就有学者驳正过了。例如金鹗《礼说·明堂考》以较详篇幅阐明了郑玄谓太庙路寝制如明堂一说之非，并举江永说以为"太庙与路寝必不与明堂同制"。孙诒让《周礼正义》"宫人"职文下，引李如圭详举《顾命》的陈位，如户牖间、东西序、东西房、两阶前、门内左右塾、堂廉、东西厢、东西堂、侧阶为北阶等等，以为："郑谓天子路寝如明堂制者，恐未必然。"孙氏亦云："案《顾命》，路寝东西房、侧阶之制，不可通于明堂，李氏所驳甚当。"那么所有庙寝与明堂有关的纷纭之说，自可一扫无余了。

总之，路寝（即宫庭）是天子自己居住及处理政务的地方，宗庙是天子的祖宗神灵住的地方。路寝在"五门"的路门（毕门）内，宗庙在"五门"的应门外。这一制度现在明确可知，是自周至清相沿不变的。

另外，庙不只是宗庙。它根本的解释是，如《春秋·隐公五年》"考仲子之宫"疏云："庙者，鬼神所居。"又《左传·僖公五年》"不殡于庙"服虔注："庙谓殡宫，鬼神所在谓之庙。"而《礼记·丧服小记》"无事不辟庙门"注："庙，殡宫。"则直以置殡之所称为殡宫，亦即称为庙。《礼记·杂记上》"至于庙门……入所殡"注亦云："庙，所殡宫。"可知殡所在为殡宫，即可称为庙。

上列诸点既明，就可知道经师们的解释是否正确，经师们与王国维氏所见之对立是否可辨其是非。现录有关的经师们之说如下：

"出庙门俟"，伪孔云："殡之所处，故曰庙。"盖以此义释庙门。上文"南门之外"已释为"路寝门外"，又"毕门之内"释为"路寝门一名毕门"。显然以此路寝门为庙门，故《孔疏》为之释云:"庙门,谓路寝门也。"苏轼《书传》亦简明而较完整地释此意为:"此路寝门也,而谓之庙,以正殡在焉。"《蔡传》遂亦全承此意云:"庙门,路寝之门也,成王之殡在焉,故曰庙。"黄度《尚书说》亦云:"殡宫称庙,鬼神之依也。"是汉学、宋学经说皆以行顾命礼在路寝,礼成出庙门即出路寝门,其所以称"庙"则由于成王殡宫在之故。

　　清学大都沿此意而阐释加详。如江声《音疏》之注云:"诸侯实出毕门,言庙门者,以殡所在神之,故谓之庙。"其疏云:"据上文'卿士邦君麻冕蚁裳入即位'。是即位于殡宫之庭,在毕门之内也。此时事讫而出,是出毕门。经言出庙门,是以殡宫为庙。盖尊先王之灵若神明也。故云:'以殡在神之,故谓之庙。'或问曰:'僖八年《左传》"凡夫人不殡于庙则弗致",似正礼当殡于庙。又僖三十二年《传》:"晋文公卒,殡于曲沃。"曲沃,晋宗庙所在,是亦殡于庙者。若殡出庙,则出自殡宫即出自庙门。乃不以庙门为宗庙之门。而云实出毕门,何也?'答之曰:《礼记·檀弓》云:'殷朝而殡于祖,周朝而遂葬。'则周之不殡于庙,《礼》有明文矣。上经上文明言'毕门之内',毕门即路门也,则殡在路寝明矣。所云庙门,安得谓宗庙之门乎?《礼记·杂记》云:'至于庙门,不毁墙遂入,适所殡。'郑注云:'庙,所殡宫。'是亦谓殡宫为庙,与此经云庙门同谊。若《左传》所云'不殡于庙则弗致'者,郑君以为春秋变周之文从殷之质,故不同也。其晋文公殡于曲沃,则是衰世大国不遵周制者,不可据以为正。……然则此言庙门自是毕门,安得据春秋时事以相难乎?"

　　与江氏同时而成书时间更久更晚的王鸣盛《后案》,亦全承伪孔意,而所用资料及论断,亦全同江氏,文句且亦略同江氏。其主要语句云:"庙门,《传》《疏》以为'殡处故曰庙即路门'者,即上文一名毕门者也。"亦引僖八年、僖三十二年资料及郑玄之说后,云:"此上文陈兵卫于毕门内,毕门即路门,则殡在路寝明矣,安得在宗庙乎。"

晚于江、王的戴钧衡《补商》云:"庙门,《蔡传》以为'路寝门,成王之殡在焉,故曰庙'。邹氏季友(《蔡传音释》)曰:'《尔雅》室有东西厢曰庙。《礼·聘义》云:三让而后入庙门。所谓庙门但指路寝之门而言。《周礼·司仪》载诸侯相见交币之礼,亦有及庙之文。今(元)人尚有庙堂、庙廊之语,则知不必神居而后称庙也。'(此邹氏以为只要是有东西厢的大一点的殿堂即可称庙,不必是宗庙也不必是神居之处才称庙,则他所指的更宽了。)王氏鸣盛曰:'《礼·檀弓》云:殷朝而殡于祖,周朝而遂葬。周之不殡于庙,《礼》有明文,此上文陈兵卫于毕门内,毕门即路门,则殡在路寝明矣。'此篇自召群臣,发顾命,及崩而殡于堂上,与夫一切陈设,并传顾命时行礼拜奠,皆在路门内,直至诸侯出庙门,方结过路门内事。经文'门'凡三见,曰'逆子钊南门外',曰'立于毕门之内',曰'出庙门俟'。一指其地位方向而言,一指门毕于此而言,一指殡所而言,三名一实,皆路门也。下文'王出'亦出路门。天子三朝五门,皋门内之外朝,应门内之治朝,皆平地无堂阶,自路门以外,堂且无之,又何陈设之有? 故知此皆路门内也。"

此诸家皆肯定成王殡在路寝堂上,行册命礼即在路寝堂上成王殡前,故路门此时称庙门,出庙门即出路门。王国维、吴闿生则坚决反对行礼在殡前之说,并反对在路寝之殡前,而以为是在宗庙,因而以为出庙门即出宗庙之门。其文在上面已全文引录了,故此处不重复。但在王吴以前,清儒亦有持在庙而非在寝之说者,其要者有姚鼐、孙星衍两家。

姚鼐《书说》其要义据戴钧衡引述云:"顾命之册实受之庙,非受之于殡宫。受之庙则不可凶服,不可不祭。受之殡宫,则不可吉服,不可以祭,而知毕门之不可为庙中,则遂以《穀梁》之'祭门'解之。又知诸儒行权之说有未安,遂因'恐不获誓言嗣'及'逆子钊南门外'之文,创为是时成王朝诸侯卒于东都之说,太子不在侧,故特迎之,特传顾命于庙。"

孙星衍《注疏》于"逆子钊于南门之外"下云:"南门者,庙门。《史记》所云'二公率诸侯以太子钊见于先王庙'是也。伪《传》云:'南门,路寝门。'又云:'臣子皆侍左右,将正太子之尊,故出于路门外,更就迎门外,所以殊之。'江氏声驳之……以南门为外朝之皋门,似不如史公庙门之说为长也。"又于"御王册命"下全录郑玄之说,而后袭用江声之说,其末句云:"成王命诏嗣王,当立于殡之右,故东面于殡西南隅也。"又于"出庙门俟"下云:"庙门者,《周本纪》云:'二公率诸侯以太子钊见于先王之庙。'上文'逆子钊于南门之外',则此庙门即南门也。"是孙氏亦主张册命之礼在宗庙而非路寝,此说与后来王国维之说同;但他同时又以为宗庙中设了成王之殡,故授册书在殡西南,此点与王国维异。

以上诸说之纷歧如此。由上文初步弄明白了路寝(宫庭)与宗庙的大致情况,是前庙后寝,路寝在五门的最后一门路门(毕门)之内,而宗庙在五门的第三雉门第四应门之间,即应门之外。本篇文句本身即说明了行礼之地在毕门之内的堂上,群下诸侯朝见新王又都进到应门内的治朝之地,这些都无法到应门外的宗庙去。所以行礼之地只能在路寝堂上。根据礼俗,殡宫所在即称庙,路寝内有殡宫,故路门临时称庙门。这是特定时期的庙门。司马迁见到此"庙门"一词,没有注意到它特定的性质,即理解为一般的庙为宗庙的意义,就在《史记》中写成"先王之庙"。这是情有可原的。至于在本篇中论庙门,就应按"殡所处故曰庙"来认识,知道这次顾命行礼之地在路寝殡宫前,由于有殡,故路寝临时称庙;并非在宗庙之庙。

为便于读者得到形象的理解,特搜列了历史上的几幅《顾命图》,并参考斟酌根据文意绘成古代天子五门、三朝示意图,附于篇后。

(三)《顾命》之礼是否"失礼"的问题

《顾命》所载典礼自成完整的一套,秩序井然而仪节详整,使后世看到了周初一次典礼的全貌,比后来许多较它更详备的礼仪细记都要真切、确实。自汉以来传习直至唐代都无异议。宋代前期仍照样传习,至与王安石同时的孙觉(字莘老)始提出《顾命》典礼有失礼之处。其说当在其《尚书解》中,惜其书未传下,承其说而加以推阐的,则是苏轼《书传》的一长篇议论云:"成王崩,未葬,君臣皆冕服,礼欤?曰:非礼也。谓之'变礼'可乎?曰:不可。礼变于不得已。嫂非溺终不援也。三年之丧既成服,释之而即吉,无时而可者,曰:先王之命不可以不传,既传不可以丧服受也。曰:何为其不可也?曰:以丧冠者,虽三年之丧可也。既冠于次,入哭踊者三,乃出。孔子曰:'将冠子而未及期日,而有大功齐衰之服(按《曾子问》原文作"而有齐衰大功小功之丧"),则因丧服而冠。'冠,吉礼也。犹可以丧服行之,受顾命,见诸侯,独不可以丧服乎?太保使太史奉册授王于次,诸侯入哭于路寝而见王于次,王丧服受教戒谏,哭踊答拜。圣人复起,不易斯言也。始死方升,孝子释服离次,出居路门之外,受干戈虎贲之逆,此何礼也?汉宣帝以庶人入立,故遣宗正太仆奉迎,以显异之。康王,元子也,天下莫不知,何用此纷纷也?《春秋》传曰:'郑子皮如晋葬晋平公,将以币行。子产曰:丧安用币? 子皮固请以行。既葬,诸侯之大夫欲因见新君。叔向辞之曰:"大夫之事毕矣,而又命孤。孤斩焉在衰绖之中,其以嘉服见则丧礼未毕,其以丧服见则重受吊也,大夫将若之何?"皆无辞以见。'今康王既以嘉服见诸侯,又受乘黄玉帛之币,曾谓盛德之王不若衰世之侯,召、毕公不如子产、叔向乎?使周公在,必不为此。然则孔子何取于此一书也? 曰:至矣!其父子君臣之间教戒深切著明者,犹足以为后世法,孔子何为不取哉!然其失礼,则不可以不论。"这是以后世儒家所鼓吹而历史上并未真正实行的三年之丧的一些礼意规定,来要求西周原自实行的礼制,当然是彼此抵牾的。《蔡传》全文引用了苏轼之说。

孙觉、苏轼之说出,一些深中于礼教思想以治《尚书》者多从其说,也形成了一种不小的气候。但同样一些也重视礼教但对周公召公成王康王怀有敬意的学者,提出与孙、苏不同的看法。后于苏轼的如叶梦得《书传》(此书国内失传,日本大东急纪念文库藏有一部有缺卷之本。此处据董鼎《纂注》所录)云:"天子即位之礼,后世无传焉,春秋犹有可考,君薨,世子即位于丧次,殡而未葬,葬而未逾年者,不敢死其君,故不敢践其正位……必至明年而后朝庙正君位改元，《春秋》始书'公即位'焉。然则成王始殡而康王即内朝以见诸侯，礼欤？诸侯逾年而朝庙即位，以吉服乎？以凶服乎？不可知也。然古者吉凶不同事（此处举严分吉凶的三例），古人谨于吉凶之服如此其严也。康王之事必有不得已而然者。盖成王初即位犹有三监、淮夷、殷民之变，微周公，天下未可知，况不及成王周公者乎！故召公权一时之宜，而遽正君臣之分，若曰三年之丧，天下之通丧也；继世以正大统，亦天下之大义也。通丧上下之所同，而大义天子诸侯之所独。故不以通丧废大义。而吉凶不可相乱，则以冕服朝诸侯，以为常礼则不可，以为非礼则亦不可，传及后世，卒不能夺康王之为，然后知二书之录于经，非孔子不能权之于道以尽万世之变也。"提出了"不以通丧（上下通行的三年之丧）废大义"之说，为了"大义"可以权变。

南宋林之奇《全解》云："观《顾命》之书，或者疑之以为召公不当出康王于外而逆之，康王不当吉服以朝诸侯。为此言者，盖不思耳。……盖《顾命》之书，万世之明训也。成王之寝疾，则凭几负扆，亲见群臣，自太保以下至百尹御事，告以元子钊之宜承大统；其崩也，太保则显逆之于寝门之外，册受末命，复率诸侯而朝之，盖所以显示万姓，杜绝奸萌，史官详而载之，以为后世法，使有国家授受之际，皆得以是为法，奸人孰得而窥之。秦始皇之于扶苏，岂有异志，惟不能显示于天下，李斯又不能显而立之，故赵高、胡亥得以乱之。论者不此之虑，而谓其不当释丧服以服衮冕，此不知变之论也。……太甲之居丧也，伊尹祭于成汤之庙，奉之以祗见厥祖而朝群后。是亦与天下共之，何独召公、康王哉！……何独于此而疑之。"又云："苏氏以其冕服为失礼，且以晋侯为证。夫晋侯之不肯见诸侯之大夫，盖在既葬之后。既葬之后则其释冕也久矣，故不可以吉服也。此方在殡而冕未释，夫何不可哉！"

林氏门人吕祖谦《书说》亦云："舜除尧丧，格庙而咨岳牧；成王除武王丧，朝庙而访群臣，皆百代之正礼。然成汤方殁，伊尹遽偕侯甸群后以训太甲，礼固有时而变也。说者不疑太甲受伊尹之训于居忧之时，乃疑康王受召、毕、诸侯之戒于宅恤之日，过矣！"

永嘉学派的陈傅良《书钞》云："释冕反丧服，东坡尝疑之，某尝以问之乡先生（当时永嘉名学者继周行己后有薛季宣、叶适等四五人，不知指何人），乡先生曰：惜乎东坡疑之而不加察也。召公毕公皆盛德，又老于更事者，岂不知礼。盖其身先见周公以叔父之亲，拥辅太子，而流言之变，起于兄弟，非周公之忠诚，则社稷岌岌乎殆哉矣！故于康王之立，特为非常之礼，迎之南门，卫之干戈，奉之册书，被之冕服，而又率诸侯北面而朝之，以与天下共立新君，使之晓然知所定而无疑，其意远矣。盖自秦汉而下授受成于宫闱暧昧，而拥立出于一人之予夺，祸天下国家不少，然后知二公老练坐镇安危之机，送往事居，中外无间，未易以泥常论也。"

这些大都以情况特殊用权变非循常礼以反诘苏氏。朱熹始发出为此后经师奉为权威的议论。不过他另讲了一小段似应苏氏之说云："康王释斩衰而服衮冕，于礼为非。孔子取之，又不知如何。设使制礼作乐，当此之职，只得除之。"而他主要的一段为答潘子善之问。在其《语类》中潘问："康王释丧服而被衮冕，受虎贲之逆于南门之外，且受黄朱圭币之献，诸家皆以为礼之变，独苏氏以为失礼，使周公在必不为此。未知当此际，合如何区处？"朱熹答曰："天子诸侯之礼，与士庶人不同，故孟子有'吾未之学'之语，盖谓此类耳。如《伊训》'元祀有二月朔',亦是新丧,伊尹已奉嗣王只见厥祖,固不可用凶服矣。汉唐新主即位,皆行册礼,君臣亦皆吉服,追述先帝之命,以告嗣君。《韩文外集·顺宗实录》中有此事可考。盖易世传授,国之大事,当严其礼。而王侯以国为家,虽先君之丧,犹以为己私服也。五代以来此礼不讲,则终始之际,殊草草矣。"其实这与叶适之意相近,叶以为天子诸侯和老百姓都要遵用的三年之丧是"通丧",而天子诸侯所独有的继世正大统之事是"大义",不能以通丧废大义,正如朱熹所说的不能以士庶人的礼去衡量天子诸侯的礼一样。天子诸侯有易世传授的国家大礼,而先君之丧只是和士庶人一样的私家的丧服之礼,因此不能以私礼影响国家大礼。

而后元明《尚书》著作,大都要引录朱熹此段议论。元董鼎《纂注》引述诸家之说,即录朱熹之说冠于前,于其最末录陈栎之说,其文比栎《纂疏》原文更完整,可能录自栎书别本。现依董氏所录者照录栎文如下:"苏氏之论,主于守经;叶、吕、陈氏之论,出于达权。守经,合理之正而不可破,达权亦当察事之宜而不可胶。召公在当时必有迫于不得已、惩创于往事而不敢轻者,观其布置举措,重大周密,征召会集,翕合安徐,若临大敌,当大难。……观其言曰庶邦侯甸男卫,曰率西方诸侯入左、率东方诸侯入右,则征召于既崩之余、翕集于一旬之内可见。又观张皇六师一语,则当时事势亦可想矣。纪载始末,节节备具。两篇之中,辞繁不杀。前后五十六篇,纪载无似此之详者。复斋援伊尹事……不知伊尹奉太甲庙见成汤,其凶服乎?抑吉服乎?证之朱子之说,当制礼职一条,固主苏氏;答潘子善一条,未尝必主苏氏。但未知二说孰先孰后耳,莫若两存之。"

明王樵《尚书日记》在引录了苏轼说和朱熹答潘子善说两段文字后，又引录了朱熹另一段文字如下："麻冕乃是祭服，顾命用之者，以其在庙而凶服不可入故也。旧说以庙门为殡宫之门，不知是否？若朝服，则古者人君亮阴三年，自无变服视朝之礼，第不知百官总己以听冢宰，冢宰百官各以何服涖事尔，想不至便用玄冠黑带也。后世既无亮阴、总己之事，人主不免视朝听政，则岂可不酌其轻重而为之权制乎？又况古者天子皮弁素积以日视朝，衣冠皆白，不以为嫌，则今在丧而白布衣冠以临朝，恐未为不可。但入太庙，则须吉服而小变尔。"王樵在引朱熹此文毕后即云："愚按，朱子折衷之论，乃苏氏所谓'圣人复起不易其言'者也。"则以为把苏轼之说完全折服了。

清江声《音疏》云："声谓'麻冕以接诸侯，明己继体为君也；释冕反丧服，明未称王以就事也'者……用《白虎通·爵篇》说也。……是则何尝违礼，乃后人辄纷纷訾议，何哉！"又王鸣盛《后案》亦引《白虎通·爵篇》如江氏所引两句（江氏稍易文字），又引《南史·沈文阿传》陈文帝即位，文阿议："千人无君，不败则乱。当隆周际，公旦叔父，吕、召爪牙，成王在丧，祸几覆国，是以既葬便有公冠之仪，始殡受麻冕之策，斯盖亦天下以有主，虑社稷之艰难。"在引此两段后，王氏《后案》即云："观《白虎通》及文阿议，似已预知后世陋儒有疑经者而辨之。"

清后期的戴钧衡《补商》云："此篇吉服传命，释冕反丧，自宋儒孙莘老始议其非，东坡苏氏从而推说之，遂为千古一大疑案。《蔡传》取苏说载于篇，所以明大义维礼教也。而此外为之辨者……

《传》悉不取，然而学者不可不参观之也。……案诸家发明召公行权之义至矣尽矣。然当日情事终不可知：谓为非礼耶，以召公大贤而行之，孔子大圣而录之，断不敢讥其失礼。谓为合礼耶，君父新崩，臣子擗踊哭泣时也，吉服传命，且祭且缮且侪且朝诸侯，于情安乎？蒙谓必求其义，则止以朱子答潘子善之言为正。……案朱子之意，不以为召公之行权，而以为国家之典礼，其论正大。予尝观《白虎通》之论此篇，及《南史》沈文阿之议，足以羽翼朱子此言。近儒阎若璩曰：'苏氏之论，虽程朱何以加诸。而案之于礼，亦未尽然也。丧三年不祭矣，若既殡后，天地社稷之祭，犹越绋而行事，盖不敢以卑废尊。《汉志》引古文《伊训》，以为"太甲当丧，越绋行事"，是其证也。郊之日，丧者不哭，不敢凶服，盖不独王被大裘龙衮，戴冕璪，抑且合畿内臣庶，虽有私丧之服尽释之。而即吉以听命乎。上其严于事天如此。推之于地与社若稷，一岁之间盖不啻叠举矣，服亦屡屡释矣。先王岂为其薄哉！储君初即天子位，身为天子社稷之主，上承祖宗世系之重，盖国之大事莫逾于此，纵遭亲丧，犹向所谓卑者尔，其可不如事天地社稷而一暂释其服耶！'阎氏此论亦足为朱子之辅。然则吉服传顾命，或周家有此典礼亦未可知，而惜乎典籍无征，不足以破万世之疑。……若顾氏炎武以《顾命》如有脱简，谓'狄黼扆'以上记成王顾命登遐之事，以下记明年正月康王即位告庙朝诸侯之事。又以毕门不可言于庙中，遂以'狄设黼扆'以下为陈之于朝，'王麻冕黼裳'以下为行之于庙。牵就委曲，不及朱子之说远甚。吾乡姚氏鼐又以为顾命之册实受之庙，非受之于殡宫。受之庙则不可凶服，不可不祭；受之殡宫则不可吉服，不可以祭。……强词傅会，不惟不及朱子之论，亦异不如诸儒之言行权者矣。"

这些人这样纷纭聚讼，纠缠不休，就只是凭从西周发展至春秋之世已逐渐仪节周密苛细、礼意要求严格，更递经汉魏愈益繁缛、成为几千年间按封建等级桎梏人们行为的封建礼仪制度的种种要求，来看待《顾命》这篇西周初年的礼制。这些儒者忘记儒家所艳称的"先君周公制周礼"、"周公制礼作乐"这一说法，所有周初礼制，正是由周公开始创制，由召公、毕公等所继承逐渐加以附益，而后制成的周初之礼。相对来说，它还是后来定型的封建礼制的早期阶段。与汉以后愈久愈繁愈见苛细所作出的许多规定是毫不相干的。如果有与后代的礼相同之处，那只是后代的礼承用了西周之礼；如果有与后代的礼不相同之处，只是后代之礼走样了，不符合原来周初之礼了，而说不上周初失礼。所以要知道，《顾命》篇中所载的各种礼，就是当时所实行的礼，是当时的正礼，是由当时制定由当时的人所履行的礼。当时的礼，就是《顾命》所载这样的礼。但由篇文中看出，典礼前后过程中，"御王册命"的礼，与"丧服"的礼是有不同，穿戴也有不同，那只是适应不同的场合而有不同的穿戴，看不出已有等同于后代之礼的概念。吉礼、凶礼、嘉礼、宾礼等等概念的形成及严格加以区分，只是后来的事。所以后来所说的这样的不同的礼，却容纳在《顾命》一篇中，可知《顾命》当初是不作这些区分的。总之，《顾命》所载的礼，就是成康之世所实行的正常的礼，当时他们所践履的礼，就是这样的礼，根本不存在什么失礼的问题。鼓吹封建礼教最强烈的宋代，才提出所谓什么失礼的问题，是不值一顾的。

顾命

2005

吕　刑

吕是还在母系氏族时代起就和姬姓族结成婚姻氏族的姜姓族中后来分出的一支,当姬姜两族合作推翻商王朝建立周王朝后,姜姓族被分封在今山东境内的有齐国和较小的纪、州、郱、莱、逄等诸国,分封在今安徽境内的有向国,分封在今河南境内的有申、吕、许诸国,和封在这些地区的姬姓诸国一道"以藩屏周"。当时很多封国在自己的境内多称王,文献及金文中这种例子不少,因而吕国在西周时代也称王,本篇开端即说"唯吕命王享国百年",金文中更有好几件吕王之器。所以吕在它自己的历史上是称王的,大概直到它和申在春秋时(于庄公时,成公前)先后被灭于楚为止(据《春秋大事表》。许则到战国初灭于楚。《周语》说"申吕虽衰,齐许犹在"即春秋成公以后时期语)。但虽然在国内自称王,仍然是周王朝的诸侯,正如徐、楚皆称王仍是诸侯一样。这一篇的内容,主要根据姜姓族神话传说写成,但反映了姜姓与姬姓合作及同拥禹为先代宗神的一些历史剪影,特别强调了古时先代与蚩尤斗争及其后屡代与称为蚩尤后裔的迁到南方的苗族斗争的敌忾之情，被他们说成苗民酷刑虐民，因而提出了宽以待民的"祥刑"的原则；又称说九黎乱德、民神杂糅、家家都盛搞巫史的混乱状况，因而命重黎"绝地天通"恢复"民神不相侵渎"的"旧常"秩序，这些也就涉及了南方楚民族的神话。篇中提出了有名的"五刑"，成了中国古代最完整的自成体系的刑法纲领，又提出了实行"赎刑"。于是《康诰》篇提出了"明德慎罚"的周王朝关于刑法的总的政治原则，《吕刑》篇则提出了刑法的具体内容与实施原则，还有《尧典》"象以典刑"、《皋陶谟》"象刑惟明"皆简述原则，而《立政》篇则提出王权勿干预司法的重要设想。至于周代关于刑法的完整体系，终在此篇。篇文在先秦时被称引过十六次，为称引次数的第四位。《礼记》《孝经》引作《甫刑》，《墨子》则引作《吕刑》，《史记》和《尚书大传》仍引作《甫刑》，《史记·周本纪》（本篇以下简作《周本纪》）的穆王纪事中引录了"王曰来有国有土"至"五刑之属三千"共四十七句。这是《吕刑》篇谈"五刑"的主体部分。伏生及三家今文本壁中本及马郑古文本与伪古文本则皆作《吕刑》。伏生本为第二十六篇，伏生系的三家今文本为第二十七篇，马郑古文本为第三十二篇，皆属《周书》。伪古文本为全书第五十五篇，《周书》第二十九篇。有关本篇情况见后面的"讨论"。

尚书校释译论

校　释

惟吕①命王享国百年②，耄③，荒度作《刑》以诘四方④。

王曰⑤:"若古有训⑥:蚩尤⑦惟始作乱,延及于平民⑧,罔不寇贼、鸱义、奸宄、夺攘、矫虔⑨。苗民弗用灵⑩,制以刑,惟作五虐之刑曰法⑪。杀戮无辜,爰始淫为劓、刵、椓、黥⑫,越兹丽刑,并制罔差有辞⑬。民兴胥渐,泯泯棼棼⑭,罔中于信,以覆诅盟⑮。虐威庶戮方告无辜于上⑯。上帝监民,罔有馨香德,刑发闻惟腥⑰。

"皇帝哀矜庶戮之不辜⑱,报虐以威,遏绝苗民,无世在下⑲。乃命重黎绝地天通,罔有降格⑳。群后之逮在下,明明棐常,鳏寡无盖㉑。

"皇帝清问下民,鳏寡有辞于苗㉒,德威惟畏,德明惟明㉓。乃命三后恤功于民㉔:伯夷降典,折民惟刑㉕;禹平水土,主名山川㉖;稷降播种,农殖嘉谷㉗。三后成功,惟殷于民㉘。爰制百姓于刑之中,以教祇德㉙。

"穆穆在上,明明在下,灼于四方,罔不惟德之勤㉚。故乃明于刑之中,率乂于民棐彝㉛,典狱,非讫于威,惟讫于富㉜。敬忌,罔有择言在身㉝。惟克天德,自作元命,配享在下㉞。"

①吕——先秦文献中或承用作"吕",或另引作"甫"。作"吕"者,见《墨子·尚贤中》引先王之书《吕刑》"皇帝清问下民"等十七

句，又《尚贤下》引先王之书《吕刑》"王曰于来"等八句，又《尚同中》引先王之书《吕刑》"苗民否用练"四句。作"甫"者，见《礼记·表记》引《甫刑》"敬忌而罔有择言在躬"一句，又引《甫刑》"德威惟威"二句，又《缁衣》引《甫刑》"苗民弗用命"三句，又引《甫刑》"一人有庆兆民赖之"两句，又引《甫刑》"播戒之不迪"一句。又见《孝经·天子章》引《甫刑》"一人有庆兆民赖之"两句（《孝经》之成书，当与《缁衣》等篇成书时间相近，故引之）。至汉代文籍中则较多引作"甫"，亦有作"吕"者。其作"甫"者，见《史记·周本纪》云："甫侯言于王，作修刑辟。"《集解》："郑玄曰：'《书》说周穆王以甫侯为相。'"又《匈奴传》："周道衰，荒服不至，穆王于是遂作《甫刑》之辟。"《尚书大传》云："《甫刑》可以观诚。"又其《周传》内有《甫刑》篇。《汉书艺文志考证》云："《大传》以《吕刑》为《甫刑》。"《盐铁论·诏圣篇》云："御史曰：'故奸萌而《甫刑》作。'"《汉书·刑法志》云："周道既衰，穆王眊荒，命甫侯度时作刑，以诘四方。"《论衡·非韩篇》云："周穆王之世可谓衰矣，任刑治政，乱而无功，甫侯谏之。"其作"吕"者，见《说文·吕部》云："吕，脊骨也，象形。昔太岳为禹心吕之臣，故封吕侯。……膂，篆文吕。"（太岳即四岳，太为四之讹。）《汉书·匈奴传》云："穆王作《吕刑》之辟。"马郑注百篇《书序》云："吕命穆王训夏赎刑，作《吕刑》。"马郑本《古文尚书》本篇篇题遂亦作《吕刑》。马郑本二十九篇题皆袭自三家今文。则知三家今文本亦作《吕刑》。而《大传》有《甫刑》篇题，则知今文已有异本。今文传自先秦，正自承传先秦有《吕刑》《甫刑》二题之异文。

此"吕"与"甫"之异，经师们推寻其故，伪孔云："吕侯以穆王命作书，训畅夏禹赎刑。……后为甫侯，故或称《甫刑》。"《孔疏》

云:"知后为甫侯者,以《诗·大雅·崧高》之篇宣王之诗云:'生甫及申。'《扬之水》为平王之诗云:'不与我戍甫。'(此句在"戍申"、"戍许"二句之间)明子孙改封为甫侯。……穆王时未有甫名而称为《甫刑》者,后人以子孙之国号名之也。犹若叔虞初封于唐,子孙封晋,而《史记》称《晋世家》然。宣王以后,改吕为甫。"林之奇《全解》云:"盖甫与吕,正犹荆之与楚,商之与殷。故曰《吕刑》又曰《甫刑》也。"吴澄《纂言》云:"或曰'吕'、'甫'声协,犹'受'、'纣'二字不同,其初盖一名也。"江声《音疏》云:"吕,甫侯氏也。"陈乔枞《经说考》云:"甫侯亦称吕侯者,甫其国也,吕其氏也。"皮锡瑞《考证》袭用陈说。

其实"吕"与"甫"之并用,当依林之奇及吴澄所引或说来理解,不必如诸经师之过于深求,《诗·崧高》毛传云:"尧之时姜氏为四伯;……于周时则有申有甫有齐有许也。"郑笺云:"四岳……子孙历虞夏商世有国土,周之甫也申也齐也许也皆其苗胄,是甫者四岳所封之国也。"他们所谈的历史事实大抵凭他们推想,但根据《崧高》"生甫及申"所提的"申甫齐许",与《国语》数次所提的"申吕齐许"显然是一,所以可以断定"甫"即"吕"。至于何以"甫"即"吕",当如林、吴二氏说,即可解通,不必另行深求了。

欲正确了解"吕",当参看《尧典》篇中"伯夷"、"四岳"、"共工"诸校释。现即据该项校释概述其大要,不复引据原出处资料。大抵与姬姓联姻的姜,在历史上两族同步发展。而姜姓族最远最高的宗神为伯夷,伯夷之后又有宗神共工,共工从孙四岳佐禹治水有功,《国语·周语》说上帝嘉奖禹"赐姓曰姒,氏曰有夏",嘉奖四岳,"赐姓曰姜,氏曰有吕",把四岳说成是姜受姓之祖。而四岳本

吕刑

2011

身这支被赐为吕氏。由于古代同一姓内按不同支系分为不同的氏，可知吕氏只是姜姓的一支。这些都是反映姜姓族祖先族源情况的神话资料。进入历史中，在周初协助姬姓族击灭商王朝建立周王朝的姜姓族首领太公望，称为吕尚，便知是四岳族的直系后裔。吕尚本人被封于齐，由其儿子吕伋就封（已见《顾命》）。另在今河南境分封了吕族另一支，与姜姓另外两支申氏、许氏同封今河南境。终西周之世，他们的国势均见称于时，与姬姓诸封国成为"以藩屏周"（《左传·定公四年》语）的重要力量。故《国语·郑语》载史伯语，谈到西周末年幽王时形势，先后几次说到"申缯西戎方强"。"申吕方强"。可知吕与申直至西周末都是重要的政治力量，被目之为强国。幽王被西戎所杀后，申国卒助平王复国，东迁洛邑，开始了东周。可是入东周后，楚国日益强大，处在楚国肘腋之下的申与吕，由于形势的发展，转而处于国小力弱、无法抗衡的境地。《左传·庄公六年》载"楚文王伐申。"《春秋大事表五·列国爵姓及存灭》录此记载后即云："后遂入楚为申邑。"《大事表》于吕国则云："不知何年并于楚为邑。成七年《传》：'子重请取于申、吕以为赏田。'即此。"按《左传·成公七年》云："楚围宋之役，师还，子重请取于申、吕，以为赏田。王许之。申公巫臣曰：'不可，此申吕所以邑也，以是为赋，以御北方。若取之，是无申吕也，晋郑必至于汉。'王乃止。子重以是怨巫臣。"是至鲁成公七年时，吕和申一样也早已成为楚邑。庄公为春秋初期，成公为春秋中期，是申、吕于春秋中期以前为楚所灭。《周语下》记周灵王时太子晋之言，在叙上帝赐禹和四岳的姓和氏后，备经历史变迁，兴衰动乱，语及当时情况云："有夏虽衰，杞、鄫犹在；申、吕虽衰，齐、许犹在。"周灵

尚书校释译论

王当鲁襄公时，襄公为成公子，此时申、吕灭于楚已久，而齐、许尚存，故此为说。可知吕作为诸侯国，始于西周初年，迄于春秋中期以前。

至于吕国地望，它和申、许俱封于今河南省境，《春秋大事表》简记三国所在云："申，国于谢，今（清）河南南阳府（今南阳市）北二十里申城是。""许，今（清）河南许州府治（今许昌市）东三十里故许昌城是（下记其后五迁，今略）。""吕，今（清）河南南阳府城西三十里有吕城。"申与吕如此靠近，一在南阳市北郊，一在南阳市西郊。王鸣盛《后案》从历史上探寻云："其甫国之所在，王符《潜夫论·志氏姓篇》云：'炎帝苗胄四岳、伯夷为尧典礼，析民惟刑，以封申、吕；裔生尚为文王师，克殷而封之齐；或封许、向，或封于纪，或封于申。申（原脱，据汪继培校增）城，在南阳宛北序山之下，故《诗》云：'亹亹申伯，于邑于序。'……宛西三十里有吕城（王氏引文脱城字，据《潜夫论》原书汪校增）。'又《史记·齐太公世家》注：徐广曰：'吕在南阳宛县西。'司马贞曰：'《地理志》，申在南阳宛县申伯之国，吕亦在宛县之西也。'又《水经》郦注'洧水'一条云：'宛西吕城，四岳佐禹治水，虞夏之际，受封于吕。'诸说皆合。其以封吕为虞夏事者，实则封在穆王以后，因得姓是虞夏追称之，遂以致误。其言国地所在固不误也。此唐以前相传古义也。所以《括地志》云：'故申城在邓州南阳县北三十里，故吕城在邓州南阳县西四十里。'然则两国相距四十八里有奇，其密迩明析至此。杜佑《通典》谓申在今邓州信阳军（今豫东南信阳市）之境，恐未是。申既不确，吕遂无考，当以汉魏诸说为正也。"按杜佑之说，似在解决申与吕过于靠近的问题，但古代小国林立，由部落或部落联盟发展而

吕刑

来，故古籍中动辄说"万国"，商周之世，地方诸国仍小，西周封国，大都只是几十里。《孟子·公孙丑上》说："汤以七十里，文王以百里。"这些后来建立王朝的国家，原来的领域只有几十里，最大的也不过百里。则申、吕当初受封疆土各为几十里，完全在事理之中，则两国相距四十八里，也不足为怪。因此可以依文献所载，申封在今南阳市之北，吕封在今南阳市之西，各拥有其几十里百里之封地。至于是否如春秋时所见各国大都发展国力，扩张领土，则史无明载。但史籍数次说到"申吕方强"，而吕又称王，则其领土也应该有所扩张。当时南方邻近诸国如楚如徐，皆自称王，则为了与之角胜，与之抗衡，吕亦自称王，是完全在情理之中的。而要与之角胜称王，则像徐楚一样扩张土地以自固，亦自在情理之中的（徐国情况参看《禹贡》"徐州章"及《费誓》）。

②惟吕命王享国百年——"吕命"，不同解释至少三种：

（一）以"吕命"为"命吕"。《周本纪·集解》引郑玄注云："《书说》云：'周穆王以吕侯为相。'"《孔疏》："郑玄云：'吕侯受王命入为三公。'引《书说》云：'周穆王以吕侯为相。'《书说》谓《书纬刑德放》之篇有此言也。以言相，知为三公。即如郑言，当以三公领司寇。不然，何以得专王刑也。"伪孔释《书序》"穆王训夏赎刑"句遂云："吕侯以穆王命作《书》，训畅夏禹赎刑之法，更从轻以布告天下。"《孔疏》释之云："名篇谓之《吕刑》，其经皆言'王曰'，知'吕侯以穆王命作《书》'也。"苏轼《书传》亦云："穆王命吕侯作此《书》。"林之奇、吕祖谦承之，《蔡传》于此篇之题解亦作："吕侯为天子司寇，穆王命训刑以诘四方。"（但于"吕命"则另提出第二说，见下文。）这些都是把"吕命"倒转释为"命吕"，并以"惟乃命"三字句,"王享国百年"五字句。

（二）以"吕命"同于"说命",见《蔡传》云:"'惟吕命',与'惟说命'语意同,先此以见训刑为吕侯之言也。"按《说命》为汉代始出现的《书序》百篇中的一个篇名,先秦文献中且引用其逸句达八次（称《兑命》）。以其文不传,至伪古文中伪造了此篇。《礼记·缁衣》引《兑命》"惟日起羞"四句,郑玄注:"'兑'当为'说',谓殷高宗臣傅说也。作书以命高宗,《尚书》篇名也。"又本篇《书序》:"吕命穆王训夏赎刑,作《吕刑》。"段玉裁《撰异》云:"按,'吕命穆王训夏赎刑',八字一句,谓吕侯命穆王也。郑注《缁衣》云:'傅说作书以命高宗。'《周本纪》曰:'甫侯言于王,作修刑辟,命曰《吕刑》。'"是汉时《史记》、郑玄注皆明以"吕命"为吕侯命周王之辞。顾师《读书笔记》第八卷第 6309 页云:"'说命'正与'吕命'同,皆谓臣进言于王也。《说命》为傅说所作以命高宗,《吕刑》为吕侯所作以命穆王,惜吕侯之名不可知耳。"这些都是以"吕命"与"说命"同,都是臣下命王之词,则当读"惟吕命王"为句。

（三）以"吕命王"当作"吕令王"、"吕灵王",为吕王之称号。此说倡自傅斯年氏,而未及见其原文,据屈万里《集释》之本篇"题解"云:"傅孟真（斯年）先生,则疑非王朝及中原诸侯作品,以'吕命王'一语,既不能解作'王命吕',又不能解作'吕命穆王',而所诰之人,则为'伯父、伯兄、仲叔、季弟、幼子、童孙',与《周诰》'越在外服,侯、甸、男、卫邦伯;越在内服,百僚庶尹'者异。且所述之事,为三苗重黎等;复与周诰之述祖德及以殷人夏后为监戒者不同。因谓本篇为外国书,盖以别于中原之国也。说见所著《中国文学史讲义》,及《大东小东说》（并见《傅孟真先生集》）。"杨向奎先生《论吕刑》文中录傅氏《大东小东说》之句云:"'吕命王',固不可解作'王命吕'。如以'命'为吕王之号,如周昭王之类,则文字顺矣。且吕之称王,彝器有征,《吕刑》一篇'王曰'辞中无一语涉及周室之典;而神话故事皆在南方,与《国语》所记颇合,是知《吕刑》之王,固吕王,'王曰'之语固南方之遗训也。"(载《管子学刊》)顾师《读书笔记》第八卷第 6308 页云:"《吕刑》'唯吕命'三字不易解。傅斯年曾说'命'为'令',又说'令'为'灵'。谓'吕有灵王,享国百年'。"未说明出处,当亦在上述两家所引傅氏文中。此说是傅氏创说,不能说无道理。顾师《笔记》引傅氏说后未置可否,即转而引"吕命"同于"说命"说,同意"《吕命》为吕侯所作以命穆王",而不采用傅氏说。其实傅氏说"吕命王"即吕令王、吕灵王虽不一定准确,但指出此为吕王之称号而非吕侯命于周穆王或受命于周穆王,则是深有可取的。

此篇内容原与周穆王毫无关系,故先秦文献中所引《吕刑》(或《甫刑》)共达十六次,无一次涉及周穆王。及进至汉代,始盛称《吕刑》为周穆王之文,这是毫无根据的。所以前面一、二两说是不能成立的,唯一正确的是第三说。即《吕刑》为吕命王所作,详后面"讨论"第一题。

"惟吕命王"接"享国百年"共八字为句。"惟",语词。"吕命王",不必释同周昭王一样的称号成吕令王、吕灵王,因"命"可不必改字,可作为"明"或"名"的同音假借,"惟吕命王",即我吕国的英明之王,或盛名之王,乃至"膺命之王"、"受命之王"。但金文中"命"与"令"同字,《诂林》引林义光云:"诸彝器'令'、'命'通用,盖本同字。"又引高田忠周云:"'令'、'命'古原一字,初有'令',后有'命'。"其文并引朱骏声云:"在事为令,在言为命。散文则通,对文则别。"故《免盘》《𢨗卣》《大保簋》《井侯簋》……等等之"命"原文即作"令"。《诂林》云:"令,孳乳为命。"则以"惟吕命王"原作"惟吕令王"亦无不可,惟不宜如傅斯年释为"吕灵王"。按《尔雅·释诂》云:"令,善也。"故《诗·湛露》云:"莫不令德。"《文王》云:"令闻不已。"《卷阿》云:"令闻令望。"此处如作"令王",即可释为美善之王。总之此"命"(令)为赞誉吕王的形容词。

此句是说惟我吕国英明美善之王享国已百年了。"享国百年"有二解释:一为在位年数。此处如言在位百年,当然不可能;一为其在位年加在位前之年综合之岁数。则见其高龄,自是可能。故《孔疏》云:"《无逸》篇言殷之三王及文王享国若干年者,皆谓在位年(按,该篇言殷三王享国之年各为七十五年、五十九年、三十三年;文王享国五十年,皆为实在位之年数)。此言'享国百年',乃从生年而数,意在美王年老能用贤,而言其长寿,故举从生之年,以耄荒接之,美其老之意也。文不害意,不与彼同。"是说《无逸》言"享国几年"是实在年数,此言"享国百年"是美其高寿之意,非在位实在年数,二者不同,不可以文害意误说成是百年。这是正确的。因此这句是说:我吕国贤明美善的国王享有国家已接近百年的高寿了。

③耄——《释文》:"耄,本亦作薹。"段玉裁《撰异》云:"按薹乃《说文》薹字(按,见《老部》云:"九十曰薹")之讹也。郑注《大司寇职》曰:'《书》曰王旄荒度作详刑以诘四方。'按《周礼·释文》作'旄',宋本岳珂本同。……《群经音辨》曰:'秏,老也。音老,《书》王秏荒。'正据此《周礼》说也。"是"耄"有"薹"、"旄"、"秏"诸异

文。字又作"眊"，见《说文·目部》："眊，目少精也。……《虞书》耄字从此。"段玉裁《撰异》订正其末句为："《周书》耄字如此。"并云："《吕刑》'耄荒'，或许所据本作'眊'欤？《汉书·刑法志》正作'眊荒'。又引《周礼》'一曰幼弱，二曰老眊'。又《武帝纪》'哀夫老眊'，《平帝纪》'眊悼之人'，《彭宣传》'年齿老眊'。然则'眊'之可以为'耄'明矣。"臧琳《经义杂记》据《武帝纪》《平帝纪》师古注谓"眊古耄字"、"八十曰眊"。又引《五行志下》"厥咎眊"，服虔曰："眊，音老耄。"因而云："据此知古老耄字多作眊。《群经音辨》引郑读'王秅荒'。盖本作眊，贾所见本已作秅。"钱大昕《养新录》云："古书无以秅当耄字者，当是旄字转写之讹。"又据《周礼·大司寇》注、《乐记》注皆引《书》"王耄荒"，《释文》皆作"旄荒"（依《释文》单行本），因而云："是郑本作旄不作秅矣。……贾昌朝偶据误本，认旄为秅，非也。"

自汉至宋皆以"耄荒"为句。伪孔连"王享国百年"与"耄荒"相承释之云："时穆王以享国百年，耄乱荒忽，穆王即位过四十矣，言百年大期，虽老而能用贤以扬名。"《孔疏》从而推阐之，自是迄于明清不少儒生皆遵奉此说。

至宋苏轼《书传》以"耄荒度作刑"五字相承为释云："'耄荒度作刑'者，以耄年而大度作刑，犹禹曰'予荒度土工'（按见《皋陶谟》篇）。'度'，约也。犹汉高祖约法三章也。"朱熹《语类》云："东坡解《吕刑》'王享国百年耄'作一句，'荒度作刑'一句，甚有理。"（录自《汇纂》）朱熹弟子蔡沈竟依违于师说，其《蔡传》云："耄，老而昏乱之称。荒，忽也。《孟子》曰：'从兽无厌谓之荒。'穆王享国百年，车辙马迹遍于天下，故史氏以'耄荒'二字发之，亦以见赎刑为穆王耄荒所训耳。苏氏曰：'荒，大也。大度作刑，犹禹曰予荒度土功。'荒当属下句，亦通。然耄亦贬之之辞也。"戴钧衡《补商》云："'耄''荒'，宜依苏氏分属上下句读。朱子亦尝取之。《蔡传》引苏说于后而从孔读。'耄荒'者，彼以穆王为权术敛财，故谓史氏特先著此二字。实则不然，'耄'，年老之称，无贬义。"（说详《微子》"吾家耄"校释）。戴说是，兹从之。

"耄"，《礼记·曲礼》云："八十、九十曰耄。"此处谓吕王已九十多，故称耄。如戴氏说，但言其老，并无他义，更无贬义。

④荒度作刑以诘四方——《汉书·刑法志》："周道既衰，穆王眊荒，命甫侯度时作刑，以诘四方。"是《汉书》引此句句首作"度时作刑"。《周礼·大宰》职："以佐王治邦国……五曰刑典，以诘邦国，以刑百官。"郑注云："诘犹禁也。《书》曰：'度作详刑，以诘四方。'"疏云："《刑典》云'诘者，以其刑者有所诘禁天下，故云诘'。"疏又云："'诘犹禁也'者，第诘即禁止之义也。引《尚书》曰'度作详刑以诘四方'，此《尚书·吕刑》文，是吕侯训夏赎刑以详审诘禁四方。"《周礼·大司寇》职："以佐王刑邦国，诘四方。"郑注云："诘，谨也。《书》曰：'王耗荒度作详刑以诘四方。'"疏云："周穆王年老耄乱，荒忽，犹能用贤量度详审之刑，以诘谨四方。"又《大司寇》下属"布宪"职文云："以诘四方邦国。"注云："诘，谨也，使四方谨行之。"是郑玄本之此句"刑"上有"详"字，作"详刑"。贾疏所引亦作"详刑"。本篇下文有"告尔祥刑"及"监于兹祥刑"二句皆言祥刑。祥，善也，意为善刑。则"详刑"当即"祥刑"。是本句以作"荒度作祥刑以诘四方"为是。惟郑于"诘"有"禁也"、"谨也"二训。

"荒度作祥刑"，依苏轼说："荒"，大也，"度"，约也。所引据"禹荒度土工"语，见《皋陶谟》篇禹所言，伪孔释为"大治度水土之功"。仍训"荒"为大，而训"度"为治度。按"荒"训大为经典常训，如《诗》之《蟋蟀》《公刘》《天作》传，《左传·昭公七年》"有亡荒阅"注等皆训大。惟"度"则注解颇歧。《说文》："度，法制也。"《左传·昭公七年》"度不可改"注："度，法也。"《释文》引本句马融注云："度，法度也。"又引本篇下文"何度非及"马融注："度，造谋也。"又引王肃注云："度，谋也。"《尔雅·释诂》亦云："度，谋也。"《诗·皇矣》笺："度，亦谋也。"《后汉书·刘恺传》注引郑玄注云："度，详审察之也。"《战国语·晋语》"君不度而贺"注："度，揆也。"《战国策·齐策》"臣窃度之"注："度，计也。"《后汉书·李通传》注："度，计量也。"此外其他释义还多，上所录为可考虑用于此处解释者。又上引《汉书·刑法志》"度时作刑"及《大司寇》疏"量度详审之刑"，似更切近于释此。

"以诘四方"，上引郑玄注，于"诘"字有"禁也"、"谨也"二训，王先谦《参正》云："谨，亦禁意也。"则上引"布宪"职文注"使四方谨行之"，亦为有所禁而四方谨以行之之义，正可用以此释"以诘四方"句。按《立政》有"诘尔戎兵"句，其诘有"治也"、"责也"诸义。陈栎《纂疏》云："诘，如'诘奸慝'之诘。"（按此为《左传·昭公十四年》语）杜注："诘，责问也。"近人吴闿生《大义》则释为："诘，弹正纠察也。"则与禁、治诸义亦相近。总之可释作大为审度时势制定详审之祥刑，有所禁于四方，使谨以行之。

伪孔释此句云："度时世所宜，训作赎刑，以治天下四方之民。"苏轼释此句已见上引。陈栎《纂疏》云："王……当百年耄荒之时，而能裁度作刑，以诘四方。"吴澄《纂言》云："'荒'，大。'度'，揆。犹禹言荒度土功。'诘'，治也。大加揆度，作为刑书，以诘治四方也。"此数家于此句之释，皆无大误。

至清江声《音疏》云："王既老而审度时宜，作详慎之刑，使四方谨行之。"此原无误。而接着说："今文曰：'鲜度作刑'，'以诘四方'。"并疏释云："据伏生《书大传》引《书》如此。"则大误。其后王鸣盛《后案》、孙星衍《注疏》皆承此说。孙氏并云："《大传》'度'作'鲜度'。《释诂》云：'鲜，善也。'《汉书·刑法志》云：'度时作刑。'《诗》传云：'时，善也。'则今文'鲜度'、'度时'俱言度善也。或以'度时'为'相度时宜'，非也。"皮锡瑞《考证》云："《大传》无'鲜度作刑'之文。《困学纪闻》云：'《费誓》，《说文》作"柴誓"，《史记》作"肸"，《大传》作"鲜"（句）。"度作刑以诘四方"。《周礼》注云："度作详刑以诘四方。"'王伯厚谓《大传》作鲜者，乃《鲜誓》之'鲜'，惠氏辑本《大传》误连'鲜度'为文，孙氏沿其误，非是。《汉志》云'度时'，正相度时宜之谓，孙氏傅会鲜、时，云皆训善。失之。……《后汉纪》崔寔《论世事》曰：'昔盘庚迁都，以易殷民之弊；周穆改刑，以正天下之失。'是'度时作刑'之证也。"王先谦《参正》在引王应麟《困学纪闻》之语后云："惠栋误连'鲜度'为句，江声、孙星衍俱从之，非也。"尚有王鸣盛从之，亦非也。

孙星衍《注疏》又云："诘，一作诰。"并疏释云："诘作诰，《今文尚书》也。"皮氏《考证》再驳之云："孙又云：'诘作诰，《今文尚书》也。'盖即以《困学纪闻》引《书》作'诰'，与《周礼》郑注不同，故断为今文。然《尚书》不见有作'诰'之本，《纪闻》恐传写之误，未可为据。且《纪闻》本不连'《大传》作鲜'为句，尤不得谓之今文也。"

按宋时林之奇《全解》已云:"吕侯见命于穆王,作此书以诰诸侯。"
又云:"吕侯之称王命以告诸侯者,盖欲其哀矜于刑狱而已。"提出
了"诰"、"告"二字。吕祖谦《书说》承其意云:"穆王……及其改过
于血气既衰期颐笃老之际,训告四方。"乃释"以诘四方"为"训告四
方"。王应麟可能承林、吕之说影响,径用诰字。不顾《尚书》各本
于此句"诘"字从来不作"诰",而孙氏妄从之,皮氏驳之甚是。

曾运乾《正读》云:"以上史官记事之词,下乃正文。"加藤常贤
《集释》列以上为"第一节,序"。列下文自"王曰若古有训"至"自
作元命配享在下"为"第二节,古训"。

⑤王曰——此史臣记吕王说。不尽符合周王室诰词成例,第
一段诰词应记"王若曰",意为王这样说;第二段以下乃省称"王
曰"。此开头径称"王曰",是否为吕国史臣书例,不详。

⑥若古有训——"若",《庄子·德充符》"与仲尼相若"《释
文》:"若,如也。"亦即像也。《核诂》谓"若"为发语词,亦通。然此
处释作"像古时候",似更妥。"训",《诗·烝民》"古训是式"传:
"训,道也。"即《尔雅·释诂》:"训,道也。"《诗·关雎传》疏:"训
者,道也。道物之貌以告人也。"就是将事物真相告诉人家。此句
是说像古时候有一种把事物真相讲给人家听的古训。故加藤常贤
以"古训"二字为本节标题。

⑦蚩尤——蚩尤是中国古代东方部族的一个英雄,一个有名
的宗神,关于他的神话很多,其中围绕与黄帝涿鹿之战尤多附丽。
因古代喜将本族杰出的首领加以神化,因此才有很多神话。在文
献中,则本篇是记载蚩尤事迹最早的一篇,只是由敌对部族所记,
所以是怀有敌意的贬损之辞。现按下列三项来认识蚩尤:

尚书校释译论

（一）蚩尤为九黎族君长，三苗族先王。由本篇说：“蚩尤惟始作乱……苗民……惟作五虐之刑。”显然蚩尤与苗民先后同属的关系是明白的。而三苗为九黎之后，见于《国语·楚语》云：“昔少暤之衰也，九黎乱德。……其后三苗复九黎之德。”韦昭解：“三苗，九黎之后也。高辛氏衰，三苗为乱，行其凶德如九黎之为也。”本篇“苗民弗用灵”下《孔疏》云：“郑玄以为苗民即九黎之后。”都是说三苗确为九黎之后。而“九黎之乱”使少暤衰亡，九黎之君蚩尤自然就据有少暤之地，《逸周书·尝麦篇》遂说上帝“命蚩尤宇于少昊”。这些古史传说长久传下来，见于载籍，《战国策·秦策》“黄帝伐涿鹿而禽蚩尤”注云：“蚩尤，九黎氏之君，好兵也。”《吕氏春秋·荡兵篇》“人曰蚩尤始作兵”高诱注：“蚩尤，少昊之末九黎之君名也。”本篇《释文》引马融释蚩尤亦云：“少昊之末九黎君名。”伪《孔传》也说：“九黎之君号曰蚩尤。”大抵文献中承旧说肯定蚩尤是九黎族的君长。三苗为九黎后代，自然蚩尤为三苗族的先王，才有本篇蚩尤与苗民前后相承的记载。

使人困惑的是，后世只知道苗族在南方，而与黄帝在涿鹿作战的蚩尤则在北方，为什么他们成了一家呢？其实这正说明九黎——三苗之族原在北方，殷亡以后才被迫迁到南方的。关于苗族自北向南迁将叙在下文“苗民”校释中，此处专叙有关蚩尤的资料。故不多及苗民。

（二）神话中的蚩尤。因神话中所包含史实素地既为史籍取材的来源，而神话又对后世影响大，故须先理清蚩尤的神话资料。蚩尤神话由来已久，而其主要者收录在神话全书《山海经》中。其《大荒北经》云：“有人衣青衣，名曰黄帝女魃。蚩尤作兵伐黄帝，黄帝乃令应龙攻之冀州之野。应龙畜水，蚩尤请风伯雨师，纵大风雨。黄帝乃下天女曰魃，雨止。遂杀蚩尤。魃不得复上，所居不雨，叔均言之帝，后置之赤水之北。"《大荒东经》云："有山名曰凶犁土丘，应龙处南极，杀蚩尤与夸父，不得复上。"郝懿行《笺疏》云："《史记·五帝纪索隐》引皇甫谧云：'黄帝使应龙杀蚩尤于凶黎之谷。'即此。黎犁古字通。"袁珂《校注》云："唐王瓘《轩辕本纪》（见《云笈七签》卷一百）云：'（黄帝）杀蚩尤于黎山之丘。'说本此。"又《大荒北经》亦云："应龙已杀蚩尤，又杀夸父，乃去南方处之，故南方多雨。"又《大荒南经》云："有宋山者……有木生山上，名曰枫木。枫木，蚩尤所弃其桎梏，是为枫木。"郭璞注云："蚩尤为黄帝所得，械而杀之。已摘弃其械，化而为枫也。"

关于所说黄帝杀蚩尤之地，袁珂考定共有不同的四说。其《大荒东经》"凶犁土丘"条《校注》云："蚩尤被杀之地，或又传在南方（此处举《大荒南经》"有宋山者"条为例），或又传在东方（此处举《归藏启筮》"蚩尤自羊水"条"杀之于青丘"为例，以为"青丘者，东方地名也"），或又传在中冀，《周书·尝麦篇》云：'蚩尤乃逐帝（赤帝），争于涿鹿之阿（原误河），赤帝大慑，乃说于黄帝，执蚩尤杀之于中冀，用名之曰绝辔之野。'……然《路史·后纪四》云：'（黄帝）传战执尤于中冀而殊之，爰谓之解。解者，宋之解州，今山西之解县。'沈括《梦溪笔谈》卷三云：'解州盐泽，卤色正赤，俚俗谓之蚩尤血。'则解州虽不必如《路史》所附会之中冀，后世固亦有蚩尤被杀于其地之神话也。蚩尤被杀之地，于不同之诸说中，要以冀州之野即涿鹿之阿为近正。"

以上为蚩尤故事荦荦大者之见于《山海经》者。袁珂《校注》作了不少补充。其《大荒北经》注云："关于黄帝与蚩尤战争之神话，古来传说多端。较早者有《初学记》卷九引《归藏启筮》云：'蚩尤出自羊水，八肱八趾疏首，登九淖以伐空叠，黄帝杀之于青丘。'其后《太平御览》卷七八引《龙鱼河图》（按《五帝本纪正义》已引此）云：'黄帝摄政前，有蚩尤兄弟八十一人，并兽身人语，铜头铁额，食沙石子，造立兵杖、刀、戟、大弩，威振天下。诛杀无道，不仁不慈，万民欲令黄帝行天子事，黄帝仁义，不能禁止蚩尤，遂不敌。乃仰天而叹。天遣玄女下授黄帝兵信神符，制伏蚩尤，以制八方。蚩尤殁后，天下复扰乱不宁，黄帝遂画蚩尤形象，以威天下，天下咸谓蚩尤不死，八方万邦皆为殄服。'（五代马缟《中华古今注》录引此文，后半有删节。）……《御览》十五引《黄帝玄女战法》云：'黄帝与蚩尤九战九不胜，黄帝归于太山，三日三夜，雾冥。有一妇人，人首鸟形，黄帝稽首再拜伏不敢起，妇人曰："吾玄女也，子欲何问？"黄帝曰："小子欲万战万胜。"遂得战法焉。'……《御览》十五引《志林》（晋虞喜撰）云：'黄帝与蚩尤战于涿鹿之野，蚩尤作大雾弥三日，军人皆惑。黄帝乃命风后法斗机以别四方，遂擒蚩尤。'《通典·乐典》云：'蚩尤氏帅魑魅以与黄帝战于涿鹿，帝命吹角作龙吟以御之。'……《述异记》杂叙蚩尤轶事云：'蚩尤能作云雾。涿鹿今在冀州，有蚩尤神，俗云人身牛蹄，四目六手。'今冀州人掘地得髑髅如铜铁者，蚩尤之骨也。今有蚩尤齿，长二寸，坚不可碎。秦汉间说，蚩尤氏耳鬓如剑戟，头有角，与轩辕斗，以角觝人，人不能向。今冀州有乐名《蚩尤戏》。其民两两三三，头戴牛角而相觝。汉造《角觝》，盖其遗制也。太原村落间，祭蚩尤神，不用牛头。今冀州有蚩尤川，即涿鹿之野。汉武时，太原有蚩尤神昼见，龟足蛇首，□疫，其俗遂为立祠。'"

以上所录，显然增添了些汉魏以后道教的神怪庸俗传说，但仍然保存了不少先秦所传下的东方部族热爱和颂扬蚩尤的资料，通过神话方式渲染得更生动。因而北方民间一直保持着对蚩尤的尊敬、敬畏、敬佩之情，上面资料中所见这类记载不少，有些地方甚至故意奚落黄帝，表示蚩尤为比黄帝更英武更杰出的带有神性的英雄人物。

可是敌对之族总要对蚩尤加上许多贬抑、诋毁的话，上引神话中这种诋毁的话已迭见，他们还要继续贬抑，即使在承认他特出地位时仍加诋斥。袁珂《大荒南经》"枫木"条校注有云："《路史·后纪四·蚩尤传》于记蚩尤被杀后，复说云：'后代圣人著其像于尊彝，以为贪戒。'其说当有所本。罗苹注云：'蚩尤，天符之神，状类不常。三代彝器，多著蚩尤之像，为贪虐者之戒。其状如率为兽形，傅以肉翅。'（吴任臣《山海经广注》（大荒北经）引《博古图》略同此说）揆其所说，殆饕餮也。《左传·文公十八年》云：'缙云氏有不才子，贪于饮食，冒于货贿，侵欲崇侈，不可盈厌；聚敛积实，不知纪极；不分孤寡，不恤穷匮；天下之民，以比三凶，谓之饕餮。'……说蚩尤即是此缙云氏之不才子饕餮，乃大有可能也。……《北次二经》云：'钩吾之山有兽焉，其状羊身而人面，其目在腋下，虎齿人爪，其言如婴儿，名曰狍鸮，是食人。'郭璞注云：'为物贪惏，食人未尽，还害其身，象在夏鼎，《左传》所谓饕餮也。'《图赞》大体与注相同，惟于'食人未尽'下作'还自龈割'。则尤形象生动而达意。郭注狍鸮即饕餮，当有古说凭依，非臆说也。……《大戴礼·用兵篇》云：'蚩尤，庶人之贪者也。'与狍鸮、饕餮之贪惏义固相应。故古以蚩尤比于狍鸮、饕餮之兽而著于鼎彝，非无因也。……果蚩尤即饕餮之说可以成立，则前代统治者于蚩尤之嫉恶诋毁，亦已甚矣。”

（三）史籍中的蚩尤。

（1）先秦史籍：《吕刑》是记蚩尤史事最早的一篇，因为是成于作为华夏集团主体的西方姬姜二族中的姜姓族之手，与东方的蚩尤九黎族为敌对之族，因而简单的记了蚩尤和苗民几句，却充满敌忾之情，全是贬抑和诋毁的话，说他们作乱，寇贼奸宄，制作五虐之刑，杀戮无辜，等等。与《吕刑》基本同时保存了西周资料的有《逸周书·尝麦篇》〔此篇情况见拙撰《尚书学史》第三章第四节之（二）“逸周书篇目情况”。《尝麦》所记礼制与《顾命》相近，亦知其为西周资料〕。该篇云：“王若曰：宗掩大正，昔天之初，诞作二后，乃设建典；命赤帝分正二卿，命蚩尤宇少昊，以正四方。可□□上天未成之忧，蚩尤乃逐（赤）帝，争于涿鹿之阿（原误河），九隅无遗。赤帝大慑，乃说于黄帝，执蚩尤杀之于中冀……名之曰绝辔之野。乃命少昊清司马鸟帅以正五帝之官，故名曰质。天用大成，至于今不乱。”这虽是史籍，所记仍是从神话开始，说是“昔天之初”由上帝任命赤帝、蚩尤二人“以正四方”，结果蚩尤要独霸而赶走赤帝，赤帝请黄帝杀了蚩尤。仍用原先被蚩尤所伐灭的少昊族中一个叫清的人来抚有少昊原地，维持了秩序不乱。但这里开头说“命蚩尤宇少昊”，还不是故事的开始，其开始还在蚩尤灭了少昊而据有其地的时候。这就由春秋时的另一部史籍《国语》追记了其事。

《国语·楚语》说：“昔少皞之衰也，九黎乱德。”韦昭解：“九黎，黎氏九人也。”董增龄疏：“《汉·郊祀志》注孟康曰：‘少皞时诸侯作乱者也。’”是九黎之族作乱，才使少皞亡，九黎之君蚩尤据有了少皞之地。所以才有《尝麦篇》所说的上帝"命蚩尤宇于少昊"。当时蚩尤率领九黎作乱，不只是占了少皞之地，还破坏了原有的宗教秩序，《楚语》记明："民神杂糅，不可方物，夫人作享，家为巫史。……祸灾荐臻，莫尽其气。"后来"颛顼受之(韦昭注："少皞氏没，颛顼氏作。受，承也")，乃命南正重司天以属神，命火正黎司地以属民，使复旧常，无相侵渎，是谓绝地天通。"就是说经过颛顼的整顿，恢复了原来的宗教秩序。但是接着"其后三苗复九黎之德"，这就是《吕刑》篇所着重责备的"三苗复九黎之德"后的那许多"五虐之刑，杀戮无辜"的"罪行"。

　　先秦还有文献也记载蚩尤的事，其中有基本同于上述敌视蚩尤的观点或者未提出不同观点者，如《战国策·秦策》云："昔者神农伐补遂，黄帝伐涿鹿而禽蚩尤，尧伐欢兜，舜伐三苗。"又《魏策二》云："黄帝战于涿鹿之野，而西戎之兵不至。"这都是姬姜族传统的看法。除补遂族属不详外，欢兜则据《大荒北经》说是苗民的祖先，所以这是说黄帝伐了蚩尤，尧、舜继续伐其后代。《秦策》注云："蚩尤九黎氏之君，好兵也。"蚩尤好兵成了先秦有名传说，见于《世本·作篇》云："蚩尤以金作兵器。"(《初学记》《御览》皆引)又云："蚩尤作五兵，戈、矛、戟、酋矛、夷矛。"(《路史》引)《管子·地数篇》云："葛卢之山发而出水，金从之，蚩尤受而制之以为剑、铠、矛、戟。……雍狐之山发而出水，金从之，蚩尤受而制之以为雍狐之戟、芮戈。"《吕氏春秋·荡兵篇》云："人曰蚩尤作兵，蚩尤非作兵也，利其械也。未有蚩尤之时，民固剥林木以战矣。"高诱注："非始造之也，故曰'非作兵'也。"张澍辑《世本》按语云："《路史》引《世本》云：'蚩尤作五兵：戈、矛、戟、酋矛、夷矛，黄帝诛之涿鹿之野。'

《太平御览》引《世本》云："蚩尤作兵。"又按《太白阴经》："伏羲以木为兵，神农以石为兵，蚩尤以金为兵。"是兵起于太昊，蚩尤始以金为之。《管子·地数篇》："蚩尤受葛卢山之金而作剑铠矛戟。"《春秋玄命包》："蚩尤虎卷威文立兵。"宋均注："卷，手也。手文威字也。"尚有《大戴记·用兵篇》云："公曰：'蚩尤作兵欤？'子曰：'否。蚩尤，庶人之贪者也。及利无义，不顾厥亲，以丧厥身。蚩尤惛欲而无厌者也，何器之能作？蜂虿挟螫而生见害，而校以卫厥身者也。人生有喜怒，故兵之作，与民皆生，圣人利用而弭之，乱人兴之丧厥身。'"王聘珍《解诂》云："蜂虿挟螫，譬蚩尤也。"这是对蚩尤加了更多的诋毁，对其作兵器事加以贬抑。

先秦更有一些文献不是站在敌对立场诽谤蚩尤，而是同情、颂扬蚩尤。如《管子·五行篇》云："黄帝泽参，治之至也。昔者黄帝得蚩尤而明于天道，得大常而察于地利，得奢龙而辩于东方，得祝融而辩于南方，得大封而辩于西方，得后土而辩于北方。黄帝得六相而天地治，神明至。蚩尤明乎天道，故使为当时。"戴望《校正》云："谓知天时之所当也。"按，此似为黄帝六相之第一相蚩尤的职掌，按天时以当全局之政，其余各相当一方面之政。可见蚩尤成了黄帝最重要的一位首相了。这和上文所录的各种资料是完全不同的，他如《越绝书》《计倪内经》等都持蚩尤为黄帝重要臣正之说。这是推重蚩尤至高的一说。还有，虽然也说黄帝与蚩尤战于涿鹿之野，却谴责了黄帝。见《庄子·盗跖篇》云："然而黄帝不能致德，与蚩尤战于涿鹿之野，流血百里。"下文重复谴责之云："世之所高，莫若黄帝，黄帝尚不能全德，而战涿鹿之野，流血百里。"陆德明《庄子音义·盗跖篇》："蚩尤，神农时诸侯，始造兵者也。神农之后第八帝曰榆罔世,蚩尤氏强,与榆罔争王,逐榆罔。榆罔与黄帝合谋杀蚩尤。《汉书音义》云:'蚩,古之天子。'"这把《尝麦篇》所说的上帝改成了炎帝第八世榆罔,把与赤帝争王改成了与榆罔争王。这是故事流传变异常有的现象,只是把本来敌视蚩尤的传说,在叙述中转变成不那么敌视了。

《史记·高祖本纪集解》录应劭引《左传》曰:"黄帝战于阪泉以定天下。蚩尤好五兵。"此在《左传》何年尚待查,于《僖公二十五年》有云:"遇黄帝战于阪泉之兆。"同一史事而非同一文件,要皆先秦与蚩尤有关史料。

《逸周书·史记解篇》有云:"武不止者亡。昔阪泉氏用兵无已,诛戮不休,并兼无亲,文无所立,志士寒心,徙居至于独鹿,诸侯畔之,阪泉以亡。"独鹿即涿鹿。梁玉绳《史记志疑》以为此阪泉氏即蚩尤,甚确,是说有人指责蚩尤好兵而逞武以至于亡。另有一则好兵逞武而亡的资料,见《北堂书钞》卷一一三引《六韬》云:"昔烦厚氏用兵无已,诛战不休,至于涿鹿之野。诸侯叛之,烦厚氏以亡也。"顾师《读书笔记》第三卷第 1529 页云:"这烦厚氏不知何代帝王,似仅此一见。观于其亡于涿鹿之战,则烦厚殆即蚩尤之异写乎?"此显有可能,则蚩尤既另称阪泉氏,又另称烦厚氏,皆以好兵逞武而亡为其特色。以上是先秦有关蚩尤的资料(偶附一两处后世注解先秦资料之文),大多是源于黄河上游姬姜等族敌视黄河下游九黎族的资料,也有一部分是黄河下游民间对蚩尤怀有好感敬重崇拜的资料。

(2)进入汉代以后的史籍:大都是作历史的叙述,只有少数宣扬了神话传说。首先是《史记·五帝本纪》云:"轩辕之时,神农氏世衰，诸侯相侵伐，暴虐百姓，而神农氏弗能征，于是轩辕乃习用干戈，以征不享。诸侯咸来宾从，而蚩尤最为暴，莫能伐。”《集解》："应劭曰：‘蚩尤，古天子。’瓒曰：《孔子三朝记》曰：‘蚩尤，庶人之贪者。’"《索隐》："按此纪云‘诸侯相侵伐，蚩尤最为暴’，则蚩尤非为天子也。又《管子》曰：‘蚩尤受卢山之金而作五兵，明非庶人，盖诸侯号也。’"《本纪》又云："蚩尤作乱，不用帝命，于是黄帝乃征师诸侯，与蚩尤战于涿鹿之野，遂禽杀蚩尤。而诸侯咸尊轩辕为天子，代神农氏，是为黄帝。"神话中那许多神异的事淘汰了，但"战于涿鹿之野"、"禽杀蚩尤"这根本史实却保存了。又《殷本纪》所载《汤诰》有云："昔蚩尤与其大夫作乱百姓，帝乃弗予有状。"《索隐》云："帝，天也。谓蚩尤作乱，上天乃不佑之，是为‘弗与有状’。言其罪大而有形状，黄帝灭之。"

　　黄帝灭蚩尤之地涿鹿所在，《史记·五帝本纪·集解》云："服虔曰：‘涿鹿，山名。在涿郡。’张晏曰：‘涿鹿在上谷。’"《索隐》云："或作浊鹿，古今字异耳。按《地理志》，上谷有涿鹿县，然则服虔云在涿郡者误也。"按，上谷涿鹿在今河北省涿鹿县境东南。《集解》又云："《皇览》曰：‘蚩尤冢在东平郡寿张县阚乡城中，高七丈，民常十月祀之，有赤气出如匹绛帛，民名为蚩尤旗。肩髀冢在山阳郡钜野县重聚，大小与阚冢等。传言黄帝与蚩尤战于涿鹿之野，黄帝杀之，身体异处，故别葬之。’"又《史记·封禅书》云："齐……八神：……三曰兵主，祠蚩尤。蚩尤在东平陆监乡，齐之西境也。"《索隐》："监，音阚，《皇览》云：‘蚩尤冢在东平郡寿张县阚乡城中也。’"而《云笈七签》引《轩辕本纪》云："所杀蚩尤，身首异处，帝闵之，令葬其首冢于寿张，其肩臂冢在山阳，其髀冢在钜鹿。"顾师《读书笔记》第十卷第 7856 页云："按山阳、钜鹿、寿张皆在东方,其事虽不可信,而其为东方之传说则可信。"徐旭生《中国古史的传说时代》第 51 页在引《汉书·地理志》东郡寿良县"蚩尤祠在西北沛(原误涑,依王先谦校改)上"及《皇览》之文后说:"寿良为今山东东平县,寿张仍即寿良。……蚩尤这个人是一位失败的英雄,他所属的东夷集团没有给我们留下写成的历史,我们所能依据的不过是华夏集团中所留下的传说,所以他就很不公平地受到后人的唾骂,不能参加此后所整理出来的圣帝明王的系统。可是因此,他的祠堂和坟墓不见得有人去附会,所以反倒是比较可靠的。在他失败的两三千年以后,他的传说,在那里还是那样地烜赫,他同当地的人民就不能没有很深的关系。"

另一西汉文献《盐铁论·结和篇》云:"轩辕战涿鹿,杀两暤、蚩尤而为帝,汤、武伐夏、商,诛桀、纣而为王。黄帝以战成功,汤武以伐成孝。……李牧追匈奴以广北州,汤武之举,蚩尤之兵也。"徐旭生由唐兰告知此一史料后,即在其《传说时代》书中第 53 页释之云:"两暤,指太暤与少暤两氏族。涿鹿之战,二氏族与蚩尤在同一战线上作战,足证其属于同一集团。"《盐铁论》此处之文,似客观地叙述黄帝与两暤、蚩尤的涿鹿之战,但终不掩对蚩尤军容的赞扬。把勇敢善战的赵国名将李牧的军队赞美它同蚩尤一样的英武。

东汉名著王充《论衡·非韩篇》云:"夫穆王之治,初乱终治,非智昏于前才妙于后也;前任蚩尤之刑,后用甫侯之言也。"又《寒温篇》云:"案前世用刑者,蚩尤亡秦甚矣。蚩尤之民,湎湎纷纷;亡秦之路,赤衣比肩。当时天下未必常寒也。"(盖针对阴阳五行说的"君怒则寒"而发)又《变动篇》云:"《甫刑》曰:'庶僇旁告无辜于天帝。'此言蚩尤之民被冤，旁告无罪于上天也。"此皆径以《吕刑》所载苗民之刑为蚩尤之刑。又《谴告篇》云："周穆王任刑。《甫刑篇》曰：'报虐用威'，威虐皆恶也，用恶报恶，乱蔑甚焉。"这就是上所引周穆王"前任蚩尤之刑"。这些都是华夏族对蚩尤怀有偏见之辞。

东汉末郑玄之说，由《孔疏》引之云："郑云：'蚩尤霸天下，黄帝所伐者。'"道出了蚩尤曾霸天下的历史事实。

又《周礼·肆师》职云："凡四时之大甸猎，祭表貉，则为位。"郑玄注云："貉，师祭也。貉读为十百之百。于所立表之处，为师祭造军法者，祷气势之增倍也。其神盖蚩蚘，或曰黄帝。"《贾疏》："貉祭祭蚩尤，是以《公羊》说曰'师出曰祃……祃五兵矛戟剑楯弓鼓及祠蚩尤之造兵者'。……郑云或曰黄帝也。……故汉高亦祭黄帝蚩尤于沛庭也。"是蚩尤与黄帝并祀为师祭之神。

西晋初皇甫谧《帝王世纪》谈古史语多不经，往往杜撰无据，甚至道教庸俗神话，但亦有据冷僻之书或在他身后又已失传之书，自然不可轻易相信，可作为某个方面参考资料。《类聚》卷十一及《御览》卷七十九引《世纪》云："黄帝……又征诸侯，使力牧、神皇直讨蚩尤氏，擒之于涿鹿之野。使应龙杀之于凶黎之丘。"《群书治要》卷十一引其文云："神农氏衰，蚩尤氏叛，不用帝命。黄帝于是修德抚民……讨蚩尤氏，禽之于涿鹿之野。"这些叙于神农之世。其叙于黄帝之世者，有《书钞》卷百三引其文云："昔蚩尤无道，黄帝讨之于涿鹿之野。西王母遣道人以符授之，黄帝乃立请祈之坛，亲自受符，视之，乃昔者梦中所见也，即于是日擒蚩尤。"又《五帝本纪·索隐》引谧云："黄帝使应龙杀蚩尤于凶黎之谷。或曰：黄帝斩蚩尤于中冀,因名其地曰绝辔之野。"《书钞》卷十三引云:"黄帝伐九黎。"《事类赋》注卷十一引云:"黄帝杀蚩尤,以其皮为鼓,声闻百里。"《续汉志·郡国志五》注引云:"(涿鹿),黄帝所都,有蚩尤城、阪泉地、黄帝祠。《世本》云:'在鼓城南。'"

又西晋崔豹《古今注》云:"指南车起黄帝。与蚩尤战于涿鹿之野,蚩尤作大雾,兵士皆迷,于是作指南车以示四方,遂擒蚩尤。"又云:"华盖,黄帝所作也。与蚩尤战于涿鹿之野,常有五色云气,金枝玉叶,止于帝上,有花蒂之象,故因而作华盖也。"崔述《补上古考信录》辨其妄。《四库总目》谓崔豹书久亡,后人取马缟所袭用《苏氏演义》资料伪托而成。

东晋伪《孔传》云:"蚩尤造始作乱,恶化相易,延及于平善之人。九黎之君号曰蚩尤。"唐《孔疏》云:"'九黎之君号曰蚩尤',当有旧说云然,不知出何书也?《史记·五帝本纪》云(此处录"神农氏世衰"至"咸尊轩辕为天子"一段),如《本纪》之言,蚩尤是炎帝之末诸侯君也。……《楚语》曰(此处录"少昊氏之衰也"至"使复旧常"数句),则九黎在少昊之末。……孔以蚩尤为九黎,下传又云蚩尤为黄帝所灭。言黄帝所灭则与《史记》同矣。孔非不见《楚语》而如此说,盖以蚩尤是九黎之君,黄帝虽灭蚩尤,犹有种类尚存,故下至少昊之末更复作乱。"

宋刘恕《通鉴外纪》云:"神农氏世衰,诸侯相侵伐,暴虐百姓而弗能征……蚩尤最为暴,莫能伐。……蚩尤作乱,不用命,轩辕征师与蚩尤战于涿鹿之野,蚩尤为大雾,军士昏迷,轩辕作指南车以示四方,遂禽蚩尤,戮于中冀,名其地曰绝辔之野。""原注"引录了有关蚩尤资料十余则,皆见上文。其中在引《龙鱼河图》"蚩尤兄弟八十一人"全文后，继云："或曰蚩尤兄弟七十二人，食铁石，轩辕诛之。"《外纪》所录基本如《史记》之文，惟后半部录用了《志林》《述异记》中蚩尤作大雾的神话，惟将原来说黄帝对付的方法"法斗机以别四方"，改用了《古今注》的"作指南车以示四方"。

宋代另一部集汉代纬书以来古史说大成的罗泌撰的《路史》，妄说甚多，然而书中亦有接近古史事实的记载。比《帝王世纪》往往价值要高。《路史·后纪四·蚩尤传》所记有关蚩尤史事，全文录载了陆德明《庄子音义·盗跖篇》之说，亦以炎帝的第八世榆罔"分正二卿，命蚩尤宇于小颢（即少昊）以临四方"。结果"蚩尤产乱"，受到黄帝诛杀。接着说："后代圣人著其像于尊彝。"（见前神话资料）以其子罗苹名义写的注文说："蚩尤天符之神，状类不常。"此书有很大一错误，即在罗苹注文中依《阴经遁甲》说云："蚩尤，姜姓，炎帝之裔也。"把相反的敌人说成是一家。他们根本不了解古代民族情况，炎、黄二帝之族即姜姓、姬姓之族与东土夷、黎等族是长期敌对之族。他们只根据史料中有说蚩尤是炎帝之臣，或说神农之臣，就误会蚩尤为姜姓，为炎裔，是完全错误的。

由以上纷繁的资料，看得出蚩尤在中国古史上的地位。我国古代黄河上游以姬、姜两族为主体的早期华夏集团，和黄河下游以鸟夷族为主体及与之同盟之族如九黎族等所形成的东夷集团，长期对立冲突，相互激荡交融，在历史上各自产生了杰出的领袖，西方如黄帝、炎帝、大禹、伯夷、后稷等，东方如太皋、少皋、蚩尤、颛顼、尧、舜等，各自有其烜赫的事迹留在历史上。其中蚩尤在军事上尤为杰出，至有"黄帝与蚩尤九战九不胜"之说。及至春秋战国之世，黄河上游下游各族以及整个华夏大地上或南或北各族经过长期激荡交糅终于融合成新的统一的伟大的华夏族之后，黄帝被共同尊奉为全族的始祖，各族的宗神和祖先都被编排成黄帝一系的分支，构成一完整的血缘体系。但独独蚩尤因为是全族始祖黄帝长期劲敌，而且他的后裔苗族窜逐到南方，当时尚未加入到华夏大家庭，以致蚩尤独未被编入黄帝血缘系统的分支里面，不能像其他各族宗神一样被承认为古帝系统中的一帝；而且由于古代典籍流传至后代的，都是形成于姬、姜族为主体的周代，因而出于民族敌忾，大都对蚩尤肆行诋毁诽谤，使后世看到的全是对蚩尤怀有偏见的恶意中伤，因而一般就把蚩尤看成是反面人物。无论神话传说中或史籍记载中大多数是这样。但蚩尤实际在华北东方各族中威望甚高，民间一直对蚩尤怀有好感。保持尊敬、爱戴、敬畏之情，据前面资料所载，当他刚战败被杀后，其族众起而相抗，如《龙鱼河图》所说的，蚩尤殁，天下扰乱，黄帝只好画蚩尤形象，以威天下，天下以为蚩尤不死，才安定下来。其后历世相传，各地相继出现蚩尤神，甚至蚩尤骨，蚩尤齿，解州有蚩尤血，民间有蚩尤戏，地理有蚩尤川，太原村落间祭蚩尤神，汉时太原有蚩尤神昼见，为立蚩尤祠，寿张县有蚩尤祠及蚩尤墓，且民称其墓上有赤气为蚩尤旗，山阳、钜鹿亦有蚩尤墓。顾师《读书笔记》第四卷第 2202 页记齐都营丘（今山东临淄）亦有蚩尤祠，等等。可见蚩尤威望始终显赫于广大区域。《史记·高祖本纪》载秦始皇死后，陈胜首倡起义，各地纷纷杀地方官响应反秦，沛邑也杀沛令，立刘邦为沛公，沛公就职即先举行祭祀黄帝、蚩尤的大典于沛庭。作为华夏族，当然祀始祖黄帝，竟以蚩尤与之并祀，《集解》引应劭解释为"蚩尤好五兵，故祠祭之求福祥也"。显然并不只是如此，在众多古帝中，独独祭祀黄帝、蚩尤二先帝,显然刘邦等承北方民间信仰,尊奉蚩尤,才以之与黄帝并祀的。《史记·封禅书》除记载刘邦"为沛公,则祠蚩尤"外,并载:"后四年,天下已定……令祝官立蚩尤之祠于长安。"可知他是特尊奉蚩尤的。再看《史记·郦生列传》云:"夫汉王发蜀汉,定三秦,涉西河之外,援上党之兵,下井陉,诛成安君,破北魏,举三十二城,此蚩尤之兵也,非人之力也,天之福也。"颂扬汉兵盛况,竟以"此蚩尤之兵也"称誉之,与战国名将李牧率兵扬威漠北,被赞扬为"蚩尤之兵也",后先辉映。可见当时人心目中,"蚩尤之兵"的神武,蚩尤本人声望的崇高,到了人人景慕的地步。这是自传说时代迄于汉代几千年间蚩尤的神话宣扬和历史事实的传说所得的结果,他成了历史上与黄帝并峙的巨人。

《古史辨》第七册上第 206 页杨宽文举《国语》谓蓐收乃"天之刑神",因而谓"蚩尤之为刑神可无疑也"。以本篇之蚩尤、苗民"作五虐之刑"为说,并举《大荒南经》"蚩尤所弃其桎梏之谓枫木"为证。其举证虽牵强,然以蚩尤倡"五虐之刑"被奉为刑神则有可能(古者兵刑无别,蚩尤以好兵为其特色,自亦可以好刑为其特色)。此外蚩尤尚有为战神、为兵神之说,《封禅书》载齐八神,其三兵主为蚩尤,是蚩尤被奉为兵神。顾师《读书笔记》第五卷第 2782 页在引录《周礼·肆师》郑注之后云:"此可见蚩尤与黄帝同为战神,不易分别。"是由先秦迄汉,蚩尤确已被奉为战神,亦由其传说中这种特色影响而成,所以蚩尤之为战神,在历史上是形成了的。

这里有必要附带辨明一次讹传的黄帝与赤帝的阪泉之战(见《大戴记·五帝德》),再讹而为黄帝与炎帝的阪泉之战(见《史记·五帝本纪》)。其实本无其事,只是黄帝与蚩尤涿鹿之战在传说中的分化与蜕变,详拙著《古史续辨·古史词条黄帝》文中。该文指出,以五色与五方帝相配,以炎为南方赤,是战国后期至西汉阴阳五行说盛行以后的事,可见这一传说的后起。该文引梁玉绳《史记志疑》所指出的:"阪泉之战即涿鹿之战,是轩辕勤王之师(即协助炎帝之师),而非有两事。故《逸周书·史记解》称蚩尤曰阪泉氏,斯为确证。"按《水经·㶟水注》云:"涿水出涿鹿山……又东北与阪泉合。……《魏土地记》曰:'下洛城南六十里有涿鹿城,城东一里有阪泉,泉上有黄帝祠。'"是阪泉与涿鹿实为一地,而蚩尤又有阪泉氏之称,都可证阪泉之战即涿鹿之战。何况黄帝与炎帝两族相为婚姻,是姻亲部落(详《古史续辨》第170—171页),两族是互相依存,共同发展的,因为没有了对方,自己之族就没法传宗接代。因此两族的任一方脱离不了另一方,这是人类历史发展过程中曾长期实行过的客观事实,结为姻亲的两族是始终合作存在下去不会自己争斗的(参看《古史续辨》第123页、第169页)。最显明的如周王朝的姬姜两族,辽王朝的王族耶律氏与后族审密氏(采汉姓为萧)就是如此。姓姬、姜的黄、炎两族也是这样,所以根本不能发生黄帝与炎帝的战争。崔述《补上古考信录》已据《左传·僖公二十五年》"遇黄帝战于阪泉之兆"语及《五帝本纪》黄炎"战于阪泉之野"语,指出"亦无同胞兄弟而用师以相攻伐之理"(因《晋语四》说"昔少典取于有蟜氏,生黄帝炎帝",故二人为同胞兄弟),以否定黄炎阪泉之战。摩尔根《古代社会》指出,父系氏族时期,兄弟氏族还有血族复仇的义务,当然更不至自相攻伐。所以黄炎阪泉之战是根本不可能的,只有黄帝与蚩尤的涿鹿之战,讹传成这一阪泉之战。

最后从《古史辨》第七册上第 203 页所录与梁启超合作办报的蒋观云所撰《中国人种考》文中所说，使人领悟到"与蚩尤作战"所以讹成"与炎帝作战"的可能原因。该文大要说："今考黄帝之战炎帝，战蚩尤，最可异者，其战场只出一地。……皇甫谧曰：'阪泉在上谷。'张晏曰：'涿鹿在上谷。'《地理志》：'上谷有涿鹿县。'……夫黄帝之战炎帝，战蚩尤，于史盖有两事，然则以何因由，而炎帝之与蚩尤，乃出于同一之地域？……曰：炎帝之末世，为蚩尤所灭，而蚩尤实袭用炎帝之号。……《逸周书·史记解》曰：'蚩尤逐帝榆罔而自立，号炎帝，亦曰阪泉氏。'……蚩尤之兵屡胜，遂灭炎帝，于阪泉即天子位，称真而号炎帝焉，亦曰阪泉氏。……黄帝进攻……初战于阪泉……进而战涿鹿，战中冀，三战卒擒尤。……据此则蚩尤攻炎帝榆罔，黄帝乃进攻蚩尤，其间自无黄帝更与炎帝榆罔相战争者。……蚩尤既称炎帝，故史或称其号，则曰炎帝；或称其名，则曰蚩尤。……试以此观之，庶可以得其所会通者。"这样，黄帝与蚩尤战，也就是与冒称的炎帝战。所寻的这一解释，似是很足以令人相信之说。

总之，只有作为敌人的两位巨人黄帝与蚩尤之间的涿鹿之战，亦称阪泉之战。没有作为姻亲的两位巨人黄帝与炎帝之间的阪泉之战。

⑧蚩尤惟始作乱延及于平民——段玉裁《撰异》云："《后汉书·和帝纪》曰：'贪苛惨毒，延及平民。'李注引《书》'延于平人'。无'及'字，'民'作'人'。"显系李贤避讳，改"民"作"人"。无"及"字，并不是《尚书》原文无之，而是文人引成句，迁就四字句，故不引"及"字。伪孔云："言蚩尤造始作乱，恶化相易，延及于平善之人。"

《孔疏》："昔炎帝之末，有九黎之国君号蚩尤者，惟造始作乱，恶化递相染易，延及平善之民，平民化之，亦变为恶。"又云："蚩尤造始作乱，其事往前未有，蚩尤今始造之。必是乱民之事，不知造何事也？下说三苗之主，习蚩尤之恶，作五虐之刑，此章主说虐刑之事，蚩尤所作，必亦造虐刑也。以峻法治民，民不堪命，故恶化转相染易，延于平善之民亦化为恶也。"《蔡传》云："言鸿荒之世，浑厚敦厐，蚩尤始开暴乱之端，驱扇熏炙，延及平民，无不为寇为贼。"

⑨罔不寇贼鸱义奸宄夺攘矫虔——段玉裁《撰异》："王符《潜夫论·述教篇》：'古者唯始受命之君，承大乱之极，被前王之恶，其民乃并为敌仇，罔不寇贼消义，奸宄夺攘，以革命受祚，为之父母，故得一赦。'疑所引用今文《甫刑》，而'鸱'作'消'。"陈乔枞《经说考》引郑玄"鸱义"注（见下文）后云："疑'消义'乃'枭义'之讹，以声同致误也。"孙星衍《注疏》云："或今文'鸱义'为'消义'，《广雅·释诂》云：'消，灭也。'则'消义奸宄'或为'灭义善而干轨法也'。"

"寇贼"，见《尧典》"寇贼奸宄"校释。彼伪孔云："群行攻劫曰寇，杀人曰贼。"详该处校释。此处《孔疏》引上项伪孔后云："言攻杀人以求财也。"

"鸱义"，《释文》引马融注云："鸱，轻也。"《孔疏》引郑玄注云："盗贼状如鸱枭，钞掠良善，劫夺人、物。"伪孔注云："平民化之，无不相寇贼为鸱枭之义。"《孔疏》："鸱枭，贪残之鸟，《诗》云：'为枭为鸱。'枭是鸱类。郑玄云（见上引），《传》言'鸱枭之义'，如郑说也。"《蔡传》："鸱义，以鸱张跋扈为义。"王引之《述闻》"义民、鸱义"条云："《吕刑》曰'鸱义奸宄夺攘矫虔'，义字亦是倾邪之意。

马融注曰：'鸱，轻也。'鸱者，冒没轻僄；义者，倾邪反侧也。《大戴礼·千乘篇》说，司寇治民烦乱之事曰：'作于财贿、六畜、五谷曰盗，诱居室家有君子曰义，子女专曰娭，饬五兵及木石曰贼，以中情出，小曰间，大曰谍，利辞以乱属曰谗，以财投长曰贷。'盗、义、娭、贼、间、谍、谗、贷，皆是寇贼奸宄之事。'义'即鸱义奸宄之'义'也。《管子·明法解篇》曰：'奸邪之人用国事……则奸人为之视听者多矣。虽有大义，主无从知之。故《明法》曰："佼众誉多，内外朋党，虽有大奸，其蔽主多矣。"'是'大义'即'大奸'也。《传》于义字皆训为仁义之义，其不可通者有三。……'鸱义奸宄'解为鸱枭之义，夫鸱鸮恶鸟，何义之可言，其不可通者三也。郑注训'义'为良善，而曰'盗贼状如鸱枭，钞掠良善'，亦不得其解而为之辞，经但言'义'，不言'钞掠'也。"（参看《立政》"无义民"校释）孙星衍《注疏》云："《说文》云：'俄，行顷也。'《诗》笺云：'俄，顷貌。'《广雅·释诂》云：'俄，邪也。'古者'俄'、'义'同声。或训'义'为仁义字，非也。马注见《释文》云'鸱，轻'者，《广雅·释诂》云：'蚩，轻也。'鸱与蚩声相近。郑注见《书疏》云'状如鸱枭'者，《御览》引马融《周礼》注云：'鸱鸮，恶声之鸟也。'王逸注《楚辞》云：'鸱枭，恶鸟。'《广雅·释鸟》云：'鸱鸺，怪鸟也。'"是自汉历晋唐至宋经师皆以"鸱"为恶鸟，"义"为仁义之义。清深于训诂之王念孙、引之父子及孙星衍等仍释"鸱"为恶鸟，而训"义"为倾邪，与"俄"字同。其说有可取。戴钧衡《补商》云："鸱义，《蔡传》云'以鸱张跋扈为义'，迂曲，而于上下字义不伦。吾友方宗诚曰：'鸱枭，贼鸟也。古人谓害义者为"鸱张"，又曰"枭张"，盖贼义之谓。'方说近理，今从之。"仍训"义"为仁义之义，其说亦自通。

"奸宄",《史记》《后汉书》多引作"奸轨",与"奸宄"音义全同。详《尧典》"寇贼奸宄"、《盘庚》"败祸奸宄"、《康诰》"寇攘奸宄"诸校释。不必分犯罪在外曰奸在内曰宄,或在内曰奸在外曰宄,总之是作奸犯科。孙星衍《注疏》在引《潜夫论·述教篇》之文(见本句校释之首段氏所引)后,接着说明:"或今文鸱义为消义……则消义奸宄或为'灭义善而干轨法也'。"并云:"宄,《周礼·司刑》疏引作轨,或郑本如此。就训'鸱义'为'钞掠良善',则郑于'奸轨'亦为'干犯轨法'也。"戴钧衡引方宗诚遂亦释为"干犯轨法"。所解亦通。

"敚攘","敚"一作"敓"。见《说文·攴部》云:"敓,彊(强)取也。《周书》曰:'敓攘矫虔。'从攴,兑声。"大徐音:"徒活切。"隶古写本、岩崎本、内野本及薛季宣刊本皆作"敚敓"。惟足利本、影天正本及上图八行本皆作"敚攘"。"攘",《周礼·司刑》疏引郑玄注云:"有因而盗曰攘。"《匡谬正俗》引《论语》注:"攘,盗也。"《礼记·礼器》"匹士太牢而祭谓之攘"注:"攘,盗窃也。"段玉裁《撰异》云:"《尚书大传·周传》曰:'降畔寇贼劫略敚攘矫虔者其刑死。'《汉书·武帝纪》孟康注引《尚书》'敚攘矫虔'(按见元狩六年)。玉裁按,《大传》及孟康,《今文尚书》也;许氏《说文》,《古文尚书》也。然则古文、今文本皆作'敓'。'敓'、'敚'古通用。《广韵》十三未收字下曰'古《周书》曰敓攘矫虔'。云'古《周书》'者,谓天宝以前之《周书》也。此盖景德、祥符间重修《广韵》之语。"又云:"又按,凡失去物谓之敚,凡强取谓之敓。经传中假敚为敓,而敚字本义惟见于《说文》。今俗谓有遗失曰敚去,此古语也。郑君注《礼》曰'编简烂脱',《释文》音'敚'。此假脱为敚也。凡今人曰

脱去者，皆当音夺去。陆贽论裴延龄奸蠹：'《书》曰或遭寇贼敚
敤。'此可证唐初《尚书》不作夺也。"按，唐初《尚书》"夺攘"确作
"敚敤"，见上引诸隶古定本，为卫包未改写以前之本。又段氏引
《大传》及《汉书·武帝纪》孟康注皆作"敚"，陈乔枞、皮锡瑞所引
同，然今通行本《汉书》作"寇"而不作"敚"，皮氏自辑及陈寿祺辑
《大传》作"夺"而不作"敚"，诸氏所引作"敚"者，所据本已不详。

　　"矫虔"，"矫"，汉今文作"挢"，见《汉书·武帝纪》元狩六年诏
曰："将百姓所安殊路，而挢虔吏因乘势以侵蒸庶耶！"《周礼·司
刑》疏引郑玄注本篇云："挢虔，谓挠扰。《春秋传》'虔刘我边垂'
（按见成公十三年），谓劫夺人、物以相挠扰也。"段玉裁《撰异》云：
"矫虔，《周礼·司刑》郑注作'挢虔'，《贾疏》引《吕刑》'寇贼奸轨
夺攘挢虔'。玉裁按，《汉书》武帝元狩六年诏曰：'挢虔吏因乘势以
侵蒸庶。'孟康注曰：'虔，固也。挢称上命以货贿用为固，《尚书》
曰："敚攘挢虔。"'韦昭曰：'凡称诈为挢，强取为虔。'唐初释玄应
《众经音义》卷十三曰：'挢，擅也，假诈也，亦举手也。'《尚书》'挢
诬上帝'（按见《仲虺之诰》。今本作"矫诬上天"），孔安国曰'托天
以行罪'（今本"罪"作"虐"）。《国语》'其形矫诬'，贾逵曰：'非先
王之法曰挢，加诛无罪曰诬。'字从手，今皆作矫也。……玉裁谓，
俗作'挢诏'字皆从矢作矫，而不知《说文》明云：'挢，举手也。一
曰擅也。'擅训则专指伪称上命者言之，故孟康、韦昭、玄应说皆与
《说文》合。……观玄应所引伪《仲虺之诰》字作'挢诬'，而今本作
'矫'，《吕刑》同是可知也。"是说《吕刑》"矫虔"，原本作"挢虔"。
以上所举诸训中，自以韦昭"称诈为挢，强取为虔"较切本处字义。
江声《音疏》释之云："《周礼·士师》职云：'五曰挢邦令。'郑注云：

吕
刑

2043

'称诈以有为者',故云'称诈为拚'。云'强取为虔'者,《说文·虍部》云:'虔,虎行貌也。'则虔是强梁之状。《释诂》云:'虔,固也。'固持而取,是强取也。"

⑩苗民弗用灵——"弗"一作"匪","灵"一作"命"。"弗用灵"一作"否用灵"。《礼记·缁衣》云:"《甫刑》曰:'苗民匪用命,制以刑,惟作五虐之刑曰法。'"段玉裁《撰异》云:"《墨子·尚同中篇》:'昔者圣王作为五刑以治天下,逮至有苗之制五刑以乱天下。则此岂刑不善哉,用刑则不善也。是以先王之书《吕刑》之道曰:"苗民否用练,折则刑,唯作五杀之刑曰法。"则此言善用刑者以治民,不善用刑者以为五杀。'玉裁按,《墨子》云《吕刑》,则《古文尚书》也;《缁衣》云《甫刑》,则《今文尚书》也。'灵'作'练'者,双声也。依《墨子》上下文观之,'练'亦训善。与孔正同。《缁衣》作'命'者,古'灵'、'令'通用,皆训善。'令'之为'命',字之歧误也。'折'、'制'古通用。用'虐'为'杀',则未闻。"钱大昕《养新录》亦云:"'命'当是'令'之讹,'令'与'灵'古文多通用。'令'、'灵'皆有善义。郑康成注《礼》解为政令(见下),似远。"皮锡瑞《考证》云:"《缁衣》所云'苗民匪用命',即《史记》云'蚩尤不用帝命'也。古者谓天为帝,赵岐注《孟子》引'帝清问下民',以'帝'为'天'。史公云'不用帝命',盖谓不用天命。今文作'匪用命',其意亦当如此,不必傅合古文灵字以'命'为'令'之误如段氏说也。郑以命为政令,亦古文说,与今文不同。"

《礼记·缁衣》郑玄注云:"《甫刑》,《尚书》篇名。'匪',非也。'命',谓政令也。高辛氏之末,诸侯有三苗者作乱,其治民不用政令,专制役之以严刑,乃作五虐蚩尤之刑,以是为法。于是民皆为恶起倍畔也。三苗由此见灭无后世,由不任德。"("于是民皆为恶"以下三句,注解《缁衣》在引《甫刑》三句后所说的"是以民有恶德,而遂绝其世也"两句。)《礼记·缁衣》孔颖达疏引郑玄注《吕刑》云:"苗民,谓九黎之君也。九黎之君于少昊氏衰而弃善道,上效蚩尤重刑。必变'九黎'言'苗民'者,有苗,九黎之后,颛顼代少昊诛九黎,分流其子孙,为居于西裔者三苗。至高辛之衰,又复九黎之君恶,尧兴,又诛之。尧末又在朝,舜时又窜之。后王深恶此族三生凶恶,故著其氏而谓之'民'。民者冥也,言未见仁道。"("舜时又窜之"至"而谓之民"三句,本篇《孔疏》所录郑玄注文字稍异云:"舜臣尧,又窜之。后禹摄位,又在洞庭逆命,禹又诛之。穆王深恶此族三生凶德,故著其恶而谓之民。")

　　此郑玄扼要叙述了九黎—三苗的历史。所说"九黎之君于少昊氏衰而弃善道",是据《楚语》载"少昊之衰九黎乱德"。所说"颛顼代少昊诛九黎",是据《楚语》载九黎乱德之后,民神杂糅,家为巫史,祸灾荐臻,颛顼受之,加以镇压,"使复旧常,无相侵渎"。所说"分流其子孙,为居西裔者三苗",是据当时早已有的古史传说分出九黎族一部分称为三苗到西北三危之地,见于《尧典》所载"分北三苗"及《禹贡》所载"三危既宅,三苗丕叙"。所说"至高辛之衰又复九黎之君恶",是据《楚语》所载虽经颛顼整顿,"其后三苗复九黎之德"。因按刘歆《三统历》所载《世经》安排的古史系统,"颛顼高阳氏"之后是"帝喾高辛氏",所以把颛顼之后的三苗恢复九黎所进行的斗争,推定在高辛之世。所说"尧兴,又诛之",仍然据"分北三苗"的传说,亦见于《吕氏春秋·召类》所载"尧战于丹水之浦以服南蛮"。所说"尧时又在朝,舜时又窜之",仍是据《尧典》之末载舜要分北三苗,则苗仍在尧王朝所属之地,才要分窜一部分到西北,一部分则如《吕氏春秋·召类》所载"舜却苗民,更易其俗"。所说"后王深恶此族三生凶恶","后王"即指本篇之王,泛称"后王"是正确的,本篇《孔疏》引郑玄注据误说改为"穆王",是错误的。所说"又在洞庭逆命,禹又诛之",当是据《墨子·非攻下》载"禹亲把天之瑞令以征有苗",说在洞庭,当是据《魏策》吴起所说三苗左彭蠡、右洞庭来的。至所谓"三生凶恶",当是指少昊时、高辛时、尧舜禹时黎苗族的长期斗争。

可知黎、苗族历世和黄帝、和少昊、和颛顼、和高辛、和尧、和舜、和禹都不断斗争着。就是说,他和黄河下游的东夷各部族以及黄河上游的戎、夏等族都是敌人。他们的斗争地点,由于不断失败,逐步由北向南迁。最初是在涿鹿之野,冀州之地,即在今河北省北部。这是他们在英雄首领蚩尤领导之下威力最强盛的时代,曾使黄帝九战九不胜,他们的斗争使少昊衰亡,因而据有少昊之境,则在今山东省境内(曲阜为少昊之墟)。他们在涿鹿之战失败后,不得不退出今河北省北部而向南移,也就是据守进占少昊之地。据徐旭生《中国古史的传说时代》第52页据一些称为黎的地名考定,除山西之黎为"西伯戡黎"的黎国外,以为:"从郓城到浚县虽跨越两省,可是相去并不很远,这些全是九黎氏的故地,蚩尤的领土。……要之,九黎为山东、河北、河南三省接界处的一个氏族,蚩尤为其酋长,所以他败死以后就葬在它那属地的东境(按,其一墓在钜鹿,属河北省东南境,两墓在山阳、寿张,属山东省西境),虽说这一部分的古史经过颇为茫昧,而线索还不难找出。"显然黎苗族在这里居留时间较长,和少昊、颛顼、高辛的斗争当在这一地区进行。到《吕氏春秋·召类》所载，则所居之地已南达丹水流域，属今鄂北。可是原来根据地冀鲁豫地区，《尧典》所载舜与三苗的斗争仍在其地。所以《战国策·魏策二》说："黄帝战于涿鹿之野，而西戎之兵不至；禹攻三苗，而东夷之民不起。"是说至禹时攻三苗，其地仍接近东夷。但是随着长期斗争的继续失败，只能逐步南迁。《战国策·魏策》载吴起曰："昔者，三苗之居，左彭蠡（今鄱阳湖）之波，右有洞庭之水，文山在其南，而衡山（雉衡山，在今豫境）在其北。恃此险也，为政不善，而禹放逐之。"那就是《墨子·非攻篇》所说的和禹的斗争就在这一地区进行。显然又因失败而被逐。有苗在夏商周三代时的斗争，历史记载不详。惟有一情况，即原来亦在黄河下游的楚族，于西周初年作为东夷集团之一，会同盈（嬴）、郦、徐、奄等族参加殷王武庚倡导的反周战争（见《逸周书·作雒篇》），被周公东征战败后，被迫南迁丹水流域（详《古史续辨》第61页）。就是说楚族南迁是步苗族南迁的后尘，不过他南迁一步，就把苗族挤向更南一步。当他南迁到丹水时，原迁丹水的苗族，只好更向南。从西周初年直到东周春秋时代，楚族自丹水流域向南发展成大国，他所到之处，苗族必须南撤。从《春秋大事表》看出，终春秋之世，楚国实力似主要仍在长江北岸。那么苗族"左有彭蠡之波，右有洞庭之水"的长江南岸之地，似至春秋之世尚能保持。但楚势日益扩张，自春秋末年以迄战国之世，楚深入长江南岸，苗族只好再向南移，大概今湖南省境主要是湘中湘西之地为其新领土。随着秦统一全国，建黔中郡于湘西，及汉王朝建立，与其后历代汉人之继续向南扩展，苗族就继续向南，不过也早已与华夏大家庭有所交融。迄于今日，苗族主要居于贵州省境，东则保存了湘西山区之地尚有其遗族,其西及南的云南、广西,其北的四川,皆散布有苗族居住,广东、湖北山地亦居有少数(详国家民族事务委员会编《中国少数民族》)。这就是苗族自黄帝之世至于今日的五千余年间的大致情况。至于《山海经·大荒北经》载西北海外有苗民,为欢头所生,而在《尧典》里,欢兜是与三苗同被舜放逐的,所说分北三苗于三危,是苗族中分出一部分到西北的三危,这一部分苗民后来可能融合到氐羌中去了,所以《后汉书·西羌传》有"西羌之本,出自三苗"之说,不过不是"出自"而是融入(参看《古史续辨》第62页)。

⑪制以刑惟作五虐之刑曰法——上一"校释"中录《墨子·尚同中》引作:"折则刑,唯作五杀之刑曰法。"皮氏《考证》:"《论语》鲁读'折'为'制'。《鲁论》是今文,此今文作'制'古文作'折'之证。故《缁衣》引《甫刑》作制,《墨子》引《吕刑》作折也。"屈万里《集释》云:"《易·丰卦·象传》:'君子以折狱致刑。'《释文》:'折,断也。'意谓裁断。"

皮氏《考证》引了两则汉人说云:"扬雄《廷尉箴》曰:'昔在蚩尤,爰作淫刑,延于苗民,夏氏不宁。'子云盖用今文家说,以为作淫刑之苗民即是蚩尤。'夏氏不宁',盖谓夏后氏以苗民作淫刑为之不宁,乃作赎刑易之。《书序》云'训夏赎刑',谓穆王顺夏后赎刑之义以制罚也。《论衡》以苗民之刑为蚩尤之刑,'民兴胥渐'为蚩尤之民。亦与子云义同。盖今文说以蚩尤、苗民为一,非如郑义以为苗民效蚩尤。"

伪孔释云:"三苗之君习蚩尤之恶,不用善化民,而制以重刑,惟五虐之刑,自谓得法。"《孔疏》:"上说蚩尤之恶即以苗民继之,知经意言三苗之君习蚩尤之恶。灵,善也。不以善化民而制以重刑,学蚩尤制之用五刑而虐为之。故为五虐之刑，不必皋陶五刑之外别有五也。'曰法'者，述苗民之语，自谓所作得法，欲民行而畏之。"《蔡传》亦云："苗民承蚩尤之暴，不用善而制以刑，惟作五虐之刑，名之曰法，以杀戮无罪。"吴澄《纂言》云："'五虐之刑'，比旧五刑更加酷虐也。'曰法'，非法而为之法也。"按杨氏《核诂》云："曰，疑与越同。《广雅》：'越，与也。'"是释此为"作五虐之刑与法"。亦通。然似不如径以今语释"曰"为"叫做"，更简便通其意。因为此处"曰"字意为"称曰"。"称曰"就是叫做。陈栎《纂疏》云："《舜典》称'象以典刑，流宥五刑'。下文方及诛四凶，三苗居一焉。盖五刑其来久矣。岂有苗民始作五刑，舜乃效尤用之之理。"王樵《日记》亦云："言三苗之君，袭蚩尤之恶……曰五虐者，用五刑而虐为之，不必常刑之外，别有五也。……非苗民始造此刑，苗民始过用之，以加于无罪，所谓五虐之刑也。"此诸家以为苗民全承蚩尤之恶，五刑亦蚩尤原有，苗民加以酷虐成五虐之刑。

苏轼《书传》云："自蚩尤以前，未有以兵强天下者。……蚩尤既倡民为奸，苗民又不用善。……自苗民以前，亦未有作五虐之刑者，故举此二人以为乱始。"吕祖谦《书说》云："开辟之元，有善而无恶，有德而无刑。反善而有恶，惩恶而有刑。用刑之端，初不始于圣人也。……盖苗民先创作五虐之刑，自号为法，杀戮无辜，始过为劓刖椓黥之制，故圣人不得已用其所自为者还以治之，于是刑辟兴焉。"此两家以为蚩尤、苗民各有其恶，苗民始创五刑。

戴钧衡《补商》云："'苗民弗用灵'云云，当紧承'蚩尤作乱'云云读下，盖因言刑而溯始作五刑之苗民，因言苗民作五刑而溯始导民恶之蚩尤，苗民于蚩尤为后裔……自注家分'蚩尤'、'苗民'各自为节,以蚩尤为作乱之始,苗民为淫刑之始,两两对言,而蚩尤一节殊为赘设。……'五虐之刑',言五等残害肢体之刑(《墨子》引作"五杀之刑"),非暴虐也。苗民之虐在弗用灵、杀无辜,并制罔差,不得以制五刑为害。后儒或疑苗民虐刑,帝王不宜遵用;或谓古自有五刑,苗民更加惨虐,夫经文明曰'作五虐之刑',曰'始为劓刵椓黥',则五刑非始于苗民而何? 秦改封建为郡县,遂为三代后天下之定制,不得因苗民而疑五刑不可遵用也(意谓暴虐的秦创立的郡县为后世所遵行,暴虐的苗创立的五刑后世也可遵行)。且五刑不始于苗民,穆王又何为引之乎(意谓《吕刑》载之。即误说穆王所引)。"此一家既反对苗民不承蚩尤恶之说,亦反对原有五刑由苗民加虐为五虐之刑之说,以为苗民承蚩尤之恶,而又始创立五刑。

以上为对苗民有关五刑问题的三种不同见解,都不是泛泛之谈,而是进行了较深入观察所提出的见解。大略言之,根据文意,似当以戴氏之说较近实。持第一说者,以为《舜典》(即《尧典》下半)中有"流宥五刑"、"五刑有服"、《皋陶谟》中有"五刑五用哉"等句,而舜任命皋陶作"士"官,就是主管五刑工作,以为尧、舜、皋陶为古圣王和先贤,远在周穆王的《吕刑》前,所以认为苗民的五刑承用皋陶的五刑。他们不知道《尧典》《皋陶谟》编成于东周之世,时间远在西周的《吕刑》后面,所以"五刑"实际由《吕刑》最先提出。在西周还有《康诰》《立政》两篇也谈刑法,而且《康诰》着重承用商代刑法,这些都在《吕刑》以前。但它们只是提出重要原则,没有提到"五刑"。所以谈五刑实际始见于《吕刑》,所谓"五刑"确实可说是由《吕刑》篇中所宣扬的苗民创始的。

⑫杀戮无辜爰始淫为劓刵椓黥——"戮",已见《甘誓》"孥戮"

校释,此处用其"杀"字义。"辜",《尔雅·释诂》:"辜(罪)也。""爰",于是也(王氏《释词》引张衡《思玄赋》注)。杨氏《词诠》则以为是语首助词。"淫",《左传·昭公元年》"淫生六疾"杜注:"淫,过也。"《周语》"听淫日离其名"韦注:"淫,滥也。"《尔雅·释诂》:"淫,大也。"

"劓、刵、椓、黥",在汉代文献中,有下列几种异文:

《说文·攴部》:"敤,去阴之刑也。从攴,蜀声。《周书》曰:'刖、劓、敤、黥。'"

吕

刑

《白虎通·五刑》:"五刑者,五常之鞭策也。刑所以五何……大辟……宫……膑……劓……墨……劓、墨何,其下刑者也。……割、宫,在其中刑者也(今本无此八字,王引之据卢文弨校本有之。又应有"上刑者也",今本缺)。"同篇又云:"腓者脱其膑也。"陈立《疏证》:"刵,刖也,《说文》作跀。……《周本纪》《汉·刑法志》与《书》传同作膑。……郑《驳异义》云:'皋陶改膑为刵,《吕刑》有刵,周改刵为刖。'"按本篇下文所列五刑为墨、劓、刵、宫、大辟。

《尚书大传》:"……其刑髌……宫……劓……墨……死。"

《尧典》篇题下《孔疏》:"《古文尚书》篇与夏侯等同,而经字多异。夏侯等书……'劓、刵、劅、剢'云'膑、宫、劓、割、头庶剢'。"

王引之《述闻》引《尚书刑德放》宫字叙在割字前,订正夏侯本"宫劓割"当作"宫割劓"。又《白虎通》"割宫"亦当校正为"宫割"。并引下列资料:"《列女传·贞顺篇》曰:'士庶人外淫者宫割。'郑注《文王世子》曰:'宫割膑墨劓刖,皆以刀锯刺割人体也。'又曰:'宫割,淫刑也。'又注《孝经》曰:'科条三千,谓劓墨宫割膑大辟,男女不与礼交者宫割。'皆本《甫刑》也。……'膑'字当在

2051

'宫割'之上,'劓'字当在'宫割'之下。《大传》不言'割'者,言宫可以统割。"

段玉裁《撰异》据伪孔、《孔疏》皆言"截人耳鼻"及郑玄注"刵,断耳,劓,截鼻",皆先耳后鼻,论定"《古文尚书》作'刵劓'甚明。今本作'劓刵'恐是卫包所改"。又云"《正义》卷二(即《尧典》题下)引郑本'劓刵劅剠',亦先劓后刵,盖非始于卫包。'并论定《说文》引《周书》'刖、劓、斀、黥','刖'当是'刵'之字误。"又云:"今本'劅'作'椓',此唐天宝三载卫包所改也。孔训劅为椓阴,卫妄谓劅古字、椓今字,以椓改劅。而宋开宝五年又改《释文》大书劅字为椓矣。……《集韵》云:'斀,或作椓,古作劅。'此合《说文解字》及《尚书》新定《释文》、未改《释文》为此语。"又云:"'刵劓劅剠'四字,《古文尚书》也,'膑宫劓割头庶剠'七字,《今文尚书》也。"

于氏《新证》:"劓字此篇凡三见,隶古定本并作劓,《盘庚》'我乃劓殄灭之',《多方》'劓割夏邑'。二劓字敦煌隶古定本亦作劓,《说文》:'劓,刑鼻也。从刀,臬声,《易》曰:'天且臬。'按《叔弓镈》《辛鼎》均有劓字,甲骨文作劓。自,鼻之初文。从臬、从鼻、从自,一也。狭义为刑鼻,引申为铲伐之义。"

对此诸字之解释,《孔疏》引郑玄注云:"'刵',断耳。'劓',截鼻。'椓',谓椓破阴。'黥',谓羁黥人面。苗民大为此四刑者,言其特深刻异于皋陶之为。"伪孔云:"三苗之主,顽凶若民,敢行虐刑以杀戮无罪,于是始大为截人耳鼻,椓阴,黥面,以加无辜,故曰五虐。"《孔疏》:"《释诂》云:'淫,大也。'于是大为截人耳鼻、椓阴、黥面,苗民为此刑也。椓阴即宫刑也,黥面即墨刑也。《康诰》周公诫康叔云:'无或劓刵人。'即周世有劓刵之刑,非苗民别造此刑也。

以加无辜，故曰'五虐'。郑玄云（见上引），郑意盖谓截耳截鼻多截之，椓阴苦于去势，黥面甚于墨额，孔意或亦然也。"

王鸣盛《后案》云："郑云'刵断耳劓截鼻'者，《说文》卷四下《刀部》'刵'字注云：'断耳也，从刀从耳，仍吏切。''劓'字注云：'刑鼻也，从刀臬声，《易》曰"天且劓"。鱼盐切。'又重文'劓'字注云'劓或从鼻'，是也。……云'椓谓椓破阴'者，《大雅·召旻》'昏椓靡共'笺云'椓，椓破阴也'是也。'黥谓羁黥人面'者，《说文》卷十上《黑部》'黥'字注云：'墨刑在面也。从黑京声，渠京切。'又重文'剠'字注云'黥或从刀'是也。"《后案》又云："'膑宫劓割头庶剠'者，'膑'即刖，'割头'即大辟，'庶剠'即墨。……'庶剠'者，庶，煮也。《秋官》'庶氏'以药物熏攻毒虫，故以名官。彼叙官注：'庶读如药煮之煮。''司刑'注：'墨，黥也，先刻其面，以墨窒之。'言刻额为疮，以墨塞疮孔令变色，则墨须煮，故云'庶剠'也。"王引之《述闻》云："王氏不知'割'字本在'宫'字下，而误以'割头'二字连读；其说'庶'字之义，尤为穿凿。今考《御览·刑法部》'黥'下引《尚书刑德放》曰：'涿鹿者，笮人额也。黥者，马羁笮人面也。'又引郑注曰：'涿鹿、黥，皆先以刀笮伤人，墨布其中，故后世谓之刀墨之民也。'然则墨刑在面谓之黥，在额谓之涿鹿。'涿'，古读若独。'涿鹿'，叠韵字也。'头庶剠'，即涿鹿黥。头、涿古同声，庶即鹿之讹耳。"皮氏《考证》云："王（引之）说甚确，夏侯等书之'膑宫割劓头庶剠'，即《说文》之'刖劓斀黥'也。'膑'即刖，'宫割'即斀，'头庶剠'即黥劓。今、古文同。合上文'杀戮无辜'凡五刑。"

⑬越兹丽刑并制罔差有辞——《诗·正月》疏引郑玄注云："'越'，于也。'兹'，此也。'丽'，施也。于此施刑，并制其无罪

者。"伪孔云："苗民于此施刑,并制无罪,无差有直辞者。言淫滥。"基本承郑注。苏轼《书传》云:"苟丽于法者,必刑之,并制无罪,不复以冤诉为差别,有辞无辞皆刑之也。"林之奇《全解》云:"于此有丽附于罪者,并以刑制之,不复差择其辞之有曲直者,此其所以为虐也,此其所以为淫也。"则基本承苏说。《蔡传》全承此说无新意。唯上训丽为施,此训为附。

江声《音疏》云:"《周礼·小司寇》云:'以八辟丽邦法。'又《乡士》云:'各丽其法以议狱讼。'郑注皆云:'丽,附也。'此言丽刑亦犹丽法,郑言'丽,施',不训附。盖附罪人于刑即是施刑于罪人,均为丽也,故丽可训附亦可训施也。"孙星衍《注疏》释此处云:"于此附于刑,并制作五虐之法,无有差减,亦无罪状谳,其可轻可缓,刻深之至。"刘逢禄《集解》云:"丽刑,《周官》所谓丽于法也。《汉律》:'一人有数罪,以重者论之。'自古及今皆然,'并制罔差'者,如李斯之具五刑,不分差等,故曰'五虐'。'辞',罪状也。"戴钧衡《补商》云:"丽刑,犯罪者也。制裁割也。'有辞',有理可言者,《孔传》所谓有直辞也。于此丽刑之民,一并裁割,虽无罪者不加差别。"似以苏轼、孙星衍、刘逢禄之释较合。

⑭民兴胥渐泯泯棼棼——"民兴胥渐",《尚书大传》作"苗民用刑,而民兴犯渐"。"泯泯棼棼",《论衡》及《汉书叙传》作"湣湣纷纷"。《逸周书·祭公解》作"泯泯芬芬"。又"泯"亦作"湣"。段玉裁《撰异》云:"《论衡·寒温篇》曰:'前世用刑者,蚩尤、亡秦甚矣。蚩尤之民,湣湣纷纷;亡秦之路,赤衣比肩。'玉裁按,此《今文尚书》也。《汉书叙传》'湣湣纷纷',亦用今文《甫刑》语。《古文尚书》作'泯泯棼棼'。徐仙民音'民'。按《韩诗·载芟》'民民其

麎’，《常武》‘民民翼翼’，云‘民民’，众貌。徐音有自来矣。‘棼棼’者，乱貌也。《春秋传》：‘治丝而棼之。’（按见隐公四年）《逸周书·祭公解》曰：‘汝无泯泯芬芬。’按‘芬’与此‘棼’同也。”又王氏《后案》云：“《逸周书》……孔晁注云：‘泯芬，乱也。’‘泯’在《说文·新附》古作‘湣’。《周礼·小宗伯》注‘杜子春读湣为泯’是也。”

伪孔释云：“三苗之民溺于乱政，起相渐化，泯泯为乱，棼棼同恶。”是训“兴”为起，训“渐”为化。《孔疏》：“三苗之民，谓三苗国内之民也。溺，谓惯溺。苗君久行虐刑，民惯见乱政，习以为常，起相渐化。泯泯，相似之意，棼棼，扰攘之状。‘泯泯为乱’，习为乱也。‘棼棼同恶’，共为恶也。”《蔡传》云：“泯泯，昏也。棼棼，乱也。民相渐染，为昏为乱。”是训“渐”为染。江声《音疏》则谓“渐，读如灒”。谓：“古者辄借渐为灒浜之灒。如《卫风·氓》诗云：‘渐车帷裳。’《荀子·大略篇》云：‘兰芝藁木，渐于蜜醴。’《汉书·董仲舒传》仲舒《对策》云：‘渐民以仁。’是皆借渐字为灒字，此经之‘渐’，谊当为灒染。是本借为灒，故当读为灒也。”有意迂回寻找古字，而其训义仍为“染”。以上释义可供参考。孙星衍《注疏》云：“‘胥’者，《释诂》云：‘相也。’‘渐’，犹诈也。《荀子·不苟篇》云：‘小人知则攫盗而渐。’《正论篇》云：‘上幽险则下渐诈矣。’王氏引之云：‘杨氏（倞）注渐为进，又为浸，皆非也。《盘庚》中云：“暂遇奸宄。”暂读曰渐。渐，诈欺也。’《庄子·胠箧篇》云：‘知诈渐毒。’此云‘民兴胥渐’，言小民方兴，相为诈渐。故下文‘罔中于信，以覆诅盟’也。《大传》说见《唐传》：云‘犯渐’者，亦言兴诈以犯上也。”自以王说孙说为确。章炳麟《拾遗定本》云：“《荀子·不苟篇》：

'小人知则攫盗而渐。'《正论篇》:'上幽险则下渐诈矣。'《庄子·胠箧篇》:'知诈渐毒。'王引之、孙星衍皆取以说是经'渐'字,甚确。然则'胥'亦不当训'相'。《说文》:'谞,知也。'《天官·序官》:'胥,十有二人。'《春官·序官》:'大胥小胥。'《秋官·序官》:'象胥。'注皆以胥为才知。'民兴胥渐',谓民兴知诈尔。"对胥字提出了另一训解,帮助解通"民兴胥渐"之句。

⑮罔中于信以覆诅盟——伪孔释云:"皆无中于信义,以反背诅盟之约。"《孔疏》:"'中',犹当也。皆无中于信义,言为行无与信义合者,《诗》云:'君子屡盟,乱是用长。'乱世之民,多相盟诅,既无信义,必皆违之,以此无中于信,反背诅盟之约也。"《蔡传》云:"无复诚信相与,反覆诅盟而已。"江声《音疏》引《左传·隐公三年》文释之云:"三苗之民……染于恶化,昏冥悖乱,无中于信,以故反覆其诅盟。《春秋》传曰:'信不由中,质无益也。'"孙星衍《注疏》云:"'覆'者,《诗》传云:'反也。'郑注《王制》云:'败也。'……言蚩尤时,民多昏乱,以败诅祝盟誓。"俞樾《平议》云:"'于'犹越也,越犹与也。《康诰篇》'告女德之说于罚之行',《多方篇》'不克敬于和',并用'于'字为连及之词。说本王氏《经传释词》、孔氏广森《经学卮言》。然则'罔中于信'者,无中与信也。'中'与'忠'通。《周官·大司乐》职:'中和祗庸孝友',郑注曰:'中犹忠也。'……言三苗之民皆无忠信也。"此可备一说,然无以释其与"以覆诅盟"之关系。此处当合伪孔、江声、孙星衍之说以释之。按《左传·隐公三年》载:"郑武公庄公为平王卿士,王贰于虢,郑伯怨王,王曰'无之'。故周郑交质,王子狐为质于郑,郑公子忽为质于周。"这是古代的一种政治运用方式,两个政权为了表示彼此互相合作

互相信任,交互把自己最亲的亲属(主要是儿子)送到对方为质。这叫"交质"。还有一种方式就是歃血为盟,订立盟誓。交质和盟誓是先秦、周代盛行的政治联盟所用的两种重要方式。隐公三年时周平王死了,继位的周桓王任命虢公当政,郑庄公火了,派兵强取了周王室温地的麦和成周的禾。这年《左传》就载了"君子曰:'信不由中,质无益也'"那段话,就是说:内心不诚信,互相派出质子也没用。同样,内心不诚信,订立盟誓也没用。本篇的"罔中于信,以覆诅盟"是完全符合周代政治风习的实际的。"覆"训为败,是说信不由中,虽订了盟誓(诅盟)也要败坏的。

⑯虐威庶戮方告无辜于上——"戮方"一作"僇旁"。"上"一作"天帝"。见《论衡·变动篇》云:"《甫刑》曰:'庶僇旁告无辜于天帝。'此言蚩尤之民被冤,旁告无罪于上天也。"段玉裁《撰异》云:"此《今文尚书》也。凡《古文尚书》方字,《今文尚书》多作旁。"(参看《尧典》"方鸠僝功"校释)伪孔释云:"三苗虐政作威,众被戮者方方各告无罪于天。"《蔡传》全承之,惟去"三苗"二字与一"方"字。其实《论衡》已简明释此句文义。

⑰上帝监民罔有馨香德刑发闻惟腥——伪孔释云:"天视苗民无有馨香之行,其所以为德刑,发闻惟乃腥臭。"此按原句逐字为释,惟读至"馨香"句断。《蔡传》云:"天视苗民无有馨香德,而刑戮发闻,莫非腥秽。"亦逐字为释,惟读至"馨香德"句断,释义较伪孔为优。林之奇《全解》云:"以德行刑,则刑一人而千万人莫不畏。可以至于无刑。故其治为馨香。苟惟作虐刑,则必至囹圄成市,民不胜其虐,怨嗟之声,呼吁于天,此腥秽之所以发闻也。"这不是逐字为释,而是阐述其义(林时间在蔡前)。

吕刑

2057

杨树达《积微居读书记》关于《吕刑》此处云："《国语》云：'国之将兴，其德足以昭其馨香，国之将亡，其政腥臊，馨香不登。'是古人恒以'腥臊'与'馨香'为对文。此文'馨香德刑'，'刑'当训'法'。意言无有馨香德法发闻于天，所发闻者，止腥臊耳。'惟腥'下，本亦当有'发闻'二字，承上省去。《酒诰》云：'腥闻在上。'文义亦同。《酒诰》又云：'弗惟德馨香祀登闻于天，诞惟民怨。'此言不有德馨香祀登闻于天，所登闻者，惟民怨耳。句法与此同。又按'发闻'义不顺，以《酒诰》校之，'发闻'疑是'登闻'之误，以形近故也。"提出古人以"腥臊"与"馨香"对举，有助此处理解。又读至"德刑"句断，又以"发闻"为"登闻"之误。皆为有见。

顾师《读书笔记》第二卷第 569 页译述上句与此数句云："被杀的人控告到上帝处去，上帝看着苗民，没有德行的馨香，只有刑戮的腥臭。"基本依《蔡传》成句，得文句原意。

⑱皇帝哀矜庶戮之不辜——"皇帝"，段玉裁《撰异》云："《困学纪闻》曰：'"皇帝"始见于《吕刑》，赵岐注《孟子》引《甫刑》"帝清问下民"，无"皇"字。'玉裁按，伯厚未晓《今文尚书》名《甫刑》者无'皇'字，《古文尚书》名《吕刑》者则有'皇'也。此'皇帝哀矜'当亦同。阎百诗氏曰卢六以引《孔传》'君帝，帝尧也'以证非'皇'字。玉裁按，卢氏说误。'君帝'，即经文之'皇帝'，以'君'释'皇'也。缕言之，则当曰：'皇，君也。君帝，帝尧也。'《孔传》之体，于训故多省言之（按今本伪孔作"皇帝，帝尧也"）。又卢氏之前《经典释文》曰：'皇帝，皇宜作君字。'意欲改经从传，亦属误会。《正义》引《释诂》'皇，君也'，得传意矣。"按"皇帝"作为人君称呼，始于秦始皇帝。战国后期已有"五帝"之词指古代人君，然出于追拟，古

尚书校释译论

"帝"字只指上帝。"皇"为形容词，大也，美也。如《诗·大雅·皇矣》云"皇矣上帝"即是。西周金文《师𩰤簋》有"肆皇帝亡斁"句，郭沫若《考释》云："'肆皇帝亡斁'与《毛公鼎》'肆皇天亡斁'语例全同，知古言皇帝即皇天。"此外尚有《宗周钟》言"惟皇上帝"，《大丰簋》言"事熹上帝"等。《吕刑》篇成于西周，其时"帝"只是上帝，"皇"为美好伟大之意。故本篇之"皇帝"，指伟大美善的上帝。郑玄谓为颛顼，伪孔谓为帝尧，皆误甚！林之奇始倡《蔡传》承之谓为帝舜，更误！

"皇帝哀矜庶戮之不辜"，上帝哀怜被戮群众之无罪。

⑲报虐以威遏绝苗民无世在下——"以威"一作"用威"。见《论衡·谴告篇》引《甫刑篇》曰："报虐用威。"《谴告篇》论之云："威、虐，皆恶也。用恶报恶，乱莫甚焉。"段玉裁《撰异》云："此《今文尚书》说也。谓蚩尤报虐用威，而皇帝哀矜之也。'庶僇之不辜，报虐用威'，蒙上文'虐威庶僇旁告无辜于天帝'言之。"

伪孔释之云："皇帝……哀矜众被戮者之不辜，乃报为虐者以威诛，遏绝苗民使无世位在下国也。"颜师古注《汉书叙传》述《酷吏传》曰"报虐以威殃亦凶终"云："《尚书·吕刑》曰：'皇帝哀矜庶戮之不辜报虐以威。'言哀闵不辜之人横被杀戮，乃报答为虐者以威而诛绝也。"以后经师基本承此意，如薛季宣《古文训》云："哀庶戮之滥，奉行天威以报有苗之虐，放之于远，不得传国于后。"林之奇《全解》云："哀闵夫众庶被戮者之非其罪，盖奉上天之意以从斯民之欲，故报为虐者以威刑，遏绝苗民而殄灭其世嗣，故苗民无世在于下国也。"吕祖谦《书说》云："皇帝哀矜庶戮，胜复之理然也。'报虐以威'者，咸其自召，而我无心焉，所谓天讨也。"这些宋儒要把皇帝说成舜，但他们体会文意是上天施威，只好说"奉行天威"、"奉上天之意"，其释为报为虐者以威刑则是一致的。总承宋学之说的《蔡传》遂云："报苗之虐以我之威。绝，灭也。谓窜与分北之类，遏绝之使无继世在下国。"

但上引段玉裁《撰异》已云"蚩尤报虐用威"。皮氏《考证》益持此说云："段说是矣，而未尽也。'以'与'用'同义，故今文亦作'用'。仲任（王充字）从报虐用威为用恶报恶，则今文家说以此文承上文'庶僇不辜'言之，用恶报恶即淫刑之事，非谓帝报淫刑之虐以诛绝之威也。孟坚《叙传》意亦当然，'报虐以威'指酷吏之虐威，'殃亦凶终'乃言其后受殃之事，师古所注盖非班氏之旨，用恶报恶乃苗民之事。"但本篇原文："皇帝哀矜庶戮之不辜，报虐以威。"主语为"皇帝"，明明是"皇帝报虐以威"。所以不论汉今文家为说如何雄辩，终非苗民"用恶报恶"加其淫刑之虐，而是说上帝报苗民之虐以威。所以此处文义仍应从自伪孔至《蔡传》诸家之释。

⑳乃命重黎绝地天通罔有降格——最早释此句之"重黎绝地天通"者为《国语·楚语》云："昭王问于观射父曰：'《周书》所谓重黎实使天地不通者，何也？若无然，民将能登天乎？'对曰：'非此之谓。古者民神不杂（韦注："谓司民、司神之官各异"）……各司其序，不相乱也。民是以能有忠信，神是以能有明德。民神异业，敬而不渎，故神降之嘉生，民以物享，祸灾不至，求用不匮。及少皞之衰也，九黎乱德，民神杂糅，不可方物，夫人作享，家为巫史，无有要质。民匮于祀而不知其福，烝享无度，民神同位。民渎齐盟，无有严威，神狎民则，不蠲其为。嘉生不降，无物以享，祸灾荐臻，莫尽其气。颛顼受之，乃命南正重司天以属神，命火正黎司地以属民，

使复旧常，无相侵渎，是谓'绝地天通'。其后三苗复九黎之德，尧复育重黎之后，不忘旧者，使复典之。以至于夏、商，故重黎氏世叙天地，而别其分主者也。"其下句接叙"在周为程伯休氏"（按见《诗·常武》)，宣王时失官为司马氏（为《太史公自序》所本)。而后复云："宠神其祖，以取威于民，曰重实上天，黎实下地。"韦昭注云："言重能举上天，黎能抑下地，今相远，故不复通也。"顾师《读书笔记》第八卷第 6323 页在引《吕刑》"乃命绝地天通"之文与伪孔之释后云："则绝地天通者，上帝也。"又引《楚语》及韦昭在"司天以属神"、"司地以属民"句下注解后云："则绝地天通者，人王也。所以绝之者使宗伯与司徒各掌其事而不相乱也。此为以人事解释神话之好例。楚昭王问观射父曰……此为理性发达、对于固有之神话已不能接受，故解释故事者必以人事解释神话，乃能符合当时之理性要求。此可见《吕刑》之作必在极端信神之世，而《楚语》之作已在不甚信神之时。"

在《吕刑》，重黎明明为一人，《楚语》说成重、黎二人。其实一如羲和，原是神话中人物，羲和在神话中为一人，在传说中却分化为二人、四人，甚至六人（见《尧典》"羲和"校释)。重黎原为一人，分化为二人，是神话故事传说中正常现象，不应去辨其孰是孰非，现分别就其一人说或二人说寻绎其资料如下：

（一）重黎为一人说。在历史文献中，本篇《吕刑》为其最早资料，记重黎奉"皇帝"之命专司"绝地天通"之事，但未说明他担任何种职务。而本篇直接录用神话资料，其"皇帝"即"上帝"，不过本篇表面看来是作历史叙述只是直接用了神话语句，此处记上帝命重黎"绝地天通"，下文记上帝"乃命三后恤功于民"，都是据神话原资料。上帝写成"皇帝",就被注疏家牵附为帝尧帝舜,而不懂他原即上帝。

其后《国语·郑语》云:"荆子熊严生子四人,伯霜、仲雪、叔熊、季纲……季纲是立……且重黎之后也。夫黎为高辛氏火正(董增龄疏引《楚语》颛顼生曾孙重黎后云:'此是重黎非单名证也。此文言黎者承上重黎而省文也')。以淳燿惇大,天明地德,光昭四海,故命之曰祝融,其功大矣。……其后八姓:……己姓……董姓……彭姓……秃姓……妘姓……曹姓……斟姓……芈姓……"说明重黎以其特殊功勋光照四海,命曰祝融,而芈姓之楚为其后代。同时说明他任高辛氏火正。

重黎世系资料还见于《大戴礼·帝系》云:"黄帝……产青阳及昌意。……昌意……产颛顼……颛顼……产老童,老童……产重黎及吴回。吴回氏产陆终。陆终……产六子……其六曰季连,是为芈姓。"同样说明重黎为楚国之先(不过说楚是其弟吴回后代),为颛顼之孙。

世系资料还见于《史记·楚世家》云:"楚之先祖出自帝颛顼高阳,高阳者,黄帝之孙、昌意之子也。高阳生称,称生卷章,卷章生重黎。重黎为帝喾高辛居火正,其有功。能光融天下,帝喾命曰祝融。共工氏作乱,帝喾使重黎诛之,而不尽。帝乃以庚寅日诛重黎,而以其弟吴回为重黎,后复居火正,为祝融。吴回生陆终,陆终生子六人……六曰季连,芈姓,楚其后也。"《集解》:"徐广曰:《世本》云:'老童生重黎及吴回。'谯周曰:'老童即卷章。'"二者显然是字体传抄之误。《索隐》:"据《左氏》,少昊氏之子曰重,颛顼之子曰黎。今以重黎为一人,乃是颛顼之子孙者。刘氏云:'少昊氏之后曰重，颛顼氏之后曰重黎，对彼重则单称黎，若自言当家则称重黎，故楚及司马氏皆重黎之后。非关少昊之重。'愚谓此解为当。"这显然在寻合理的解释，上面已指出，神话的纷歧传说，不必深求。又这世系在卷章上多了一代"称"，重黎就成了颛顼的曾孙。而被诛后，其弟吴回也称重黎，且仍为祝融，复居高辛火正，而楚国仍为其后代。

有一则简叙重黎资料，见《潜夫论·五帝德》云："颛顼身号高阳……承少暤衰，九黎乱德，乃命重黎讨训不服（原脱"不"字，据汪继培校补）。"

皮锡瑞《考证》尚引三种资料亦称重黎，依次为"张衡《应闲》曰：'重黎又相颛顼而中理之，日月即次，则重黎之为也。'《中论·历数篇》亦云'颛顼命重黎'。皆与郑注义同（郑注见下文）。惟《春秋纬文耀钩》曰：'高辛受命，重黎说天文。'以重黎为高辛时人，其说不同。"（张衡、《春秋纬》之说，皮氏显系据孙星衍书。）

这些显然都是承用了神话故事的原材料，以重黎为一人，其中主要之说以为颛顼之裔（或曰孙、或曰曾孙），称为祝融，为楚之先祖，任高辛氏火正（火正为专司观测和祭祀"大火"星亦即二十八宿中心宿的官员）。除《吕刑》外都没说到他"绝地天通"的事。

（二）重与黎为二人说。主要见于神话书《山海经·大荒西经》云："大荒之中，有山名日月山，天枢也。吴姮天门，日月所入。有神，人面无臂，两足反属于头山，名曰嘘。颛顼生老童，老童生重及黎。帝令重献上天，令黎邛下地，下地是生噎，处于西极，以行日月星辰之行次。"郭璞注云："《世本》云：'老童娶于根水氏谓之骄福，产重及黎。'"（按此与徐广引"生重黎及吴回"异。秦嘉谟谓系破文见义,非正解。)郝懿行《笺疏》引《大戴礼·帝系篇》《史记·楚世家》及徐广引《世本》后云:"是皆以重黎为一人也。此经又以重、黎为二人,郭引《世本》又与徐广异,并所未详。"其实这是神话传说中发生的歧异,不用深究。郭璞注又云:"古者人神杂扰无别,颛顼乃命南正重司天以属神,命火正黎司地以属民,重上天,黎下地。献、邛,义未详也。"袁珂《校注》云:"郭璞此语,本于《国语·楚语》。……而郭璞注解却云'献、邛义未详'。韦昭注《国语》云:'言重能举上天,黎能抑下地。'……则'献、邛'之义殆即'举、抑'乎?重举黎抑,而天地远暌,正神话中'绝地天通'之形象描写也。"

历史文献中最早记重与黎为二人并奉命"绝地天通"者,为《国语·楚语》,其文已见本句校释开头所引,袁珂注解语即对《楚语》而发。其内容大抵已阐明如前。

与《国语》相近的史籍《左传·昭公二十九年》所载云:"社稷五祀,木正曰句芒,火正曰祝融,金正曰蓐收,水正曰玄冥,土正曰后土。……少皞氏有四叔,曰重、曰该、曰脩、曰熙。……使重为句芒,该为蓐收,修及熙为玄冥。世不失职,遂济穷桑,此其三祀也。颛顼氏有子曰犁(即黎),为祝融。共工氏有子曰句龙,为后土。此其二祀也。"这里以"重"为少皞之子,为木正句芒,"黎"为颛顼之子,为火正祝融。此不止以重、黎为二人,而且重为少皞之子,黎为颛顼之子。这只是神话故事传说的复杂化。二人之官也分别是木正(非南正)和火正,并且与"绝地天通"之事不相及。

至《史记·太史公自序》全录《国语·楚语》之文,而语句大加简易云:"昔在颛顼,命南正重以司天,北正黎以司地。唐虞之际,绍重、黎之后,使复典之,至于夏商,故重黎氏世序天地。其在周,程伯休甫其后也。当周宣王时，失其守而为司马氏，司马氏世典周史。"这里录述重黎为司马氏之祖先，惟将黎所居的火正之官误为北正，盖以相对于"南正"而称之为"北正"，不知原无北正而只有火正（火正为司观测和主祭祀"大火"之官员，南正为司观测"日南至"和主其祭祀的官员），都是"世序天地"司其观象要政的重要官员。

另有扬雄《法言》专立《重黎篇》，则只以重黎起其篇以为篇名。其篇首云："或问'南正重以司天，北正黎以司地，今何僚也？'曰：'近羲近和。''孰重孰黎？'曰：'羲近重，和近黎。'"因王莽设立了羲和之官，所以扬雄称为'今僚'，即问古代的重黎所任官相当于现在（王莽时）的什么官？莽初任刘歆为羲和，系慕《尧典》之义为典天象历法的官（篡位后统一改官制，以大司农为羲和，就乱来了）。故以之比附重黎。这影响后来伪孔即以重、黎为羲和。而这里亦误火正为北正。

还有王符《潜夫论·志氏姓》合《楚语》《郑语》《帝系》及《诗·常武》《太史公自序》等为说云："少皞氏之世衰，而九黎乱德，颛顼受之，乃命南正重司天以属神，命火正黎司地以属民，使复旧常无相侵渎，是谓绝地天通。夫黎，颛顼氏裔子吴回也，为高辛氏火正，淳燿天明地德，光四海也，故名祝融。后三苗复九黎之德，尧继重黎之后，不忘旧者，羲伯复治之。故重黎氏世序天地，别其分主。以历三代而封于程。其在宣世，为宣王大司马。《诗》美王，谓尹氏命程伯休父。其后失守适晋为司马，迁自谓其后。"这是先秦至汉古籍中对重黎的最后一综合性叙述。

总之，重黎亦曰祝融，原为芈姓楚民族之宗神，在神话中确曾起了"绝地天通"的作用。进入历史传说中,他仍是楚族的祖先,而由颛顼任命他为惩处九黎乱德而有效地完成了"绝地天通"的任务(在神话及历史传说中他是颛顼的孙或曾孙,在历史记载中却由颛顼任命为官吏。由神话转变成的历史,必然有这些纷歧而前后无法照应的地方,不足深辨。而且《楚语》等文献还是在直接录用神话资料以为历史记载)。在这样的资料背景下,可以进而寻得"乃命重黎绝地天通罔有降格"这样句子的理解。

《孔疏》引郑玄注以为:"'皇帝哀矜庶戮之不辜'至'罔有降格',皆说颛顼之事。'乃命重黎'即是命重黎之身,非羲和也。'皇帝清问'以下乃说尧事,颛顼与尧再诛苗民,故上言'遏绝下民',下云'有辞于苗',异代别时,非一事也。"郑氏似专为驳扬雄之言而发,伪孔则正据扬说以为是羲和。其言云:"重即羲,黎即和,尧命羲和世掌天地四时之官,使人神不扰,各得其序,是谓绝地天通。言天神无有降地,地祇不至于天,明不相干。"《孔疏》引伪孔云:"地民不有上至于天者。"并云:"'地民'或作'地祇',学者多闻神祇,又民字似祇,因妄解使谬耳。"疏文又云:"司天属神,司地属民,定上下之分,使民神不杂,则祭享有度,灾厉不生,罔有降格,言神不干民也。"又云:"颛顼诛九黎,谓之'遏绝苗民',于郑义为不惬(因《孔疏》谓郑以九黎非三苗);《楚语》言颛顼命重黎,解为帝尧命羲和,于孔说又未允。不知二者谁得经意也。""疏不破注"是撰疏者的守则,此处公开指责伪传之非,实在因伪孔以重黎为羲和,大误。郑玄以九黎非三苗,亦完全不合《吕刑》文意。此处郑玄谓是重黎本身而非羲和,则是对的。

苏轼《书传》云:"人无所诉,则诉于鬼神。德衰政乱,则鬼神制世,民相与反复诅盟而已。"又云:"民渎于诅盟祭祀,家为巫史,尧(此误)乃命重黎授时劝农而禁淫祀,人神不复相乱,故曰绝地天通。"又曰:"虢之亡也,有神降于莘(按,见《左传·庄公三十二年》),盖此类也。"林之奇《全解》云:"《传》曰:'国之将兴,听于民;将亡,听于神。'(按,亦见《左传·庄公三十二年》)三苗之虐,刑严法峻,民无所措手足,惟为盟诅诉于鬼神而已。……惟诅盟之屡,则渎于鬼神,故神人杂扰,天地相通,盖有鬼神自上而降格者,以其家为巫史,享祀无度故也。……舜既遏绝苗民之世,则命南正重司天以属神,北正黎司地以属民,使天地不得而相通,亦无有降格,则神人不相杂乱,盖所以变苗民之恶俗也。"吕祖谦《书说》云:"治世神怪之所以不兴者,只为善恶分明,自然不求之神。乱世善恶不明,自然专言神怪、言鬼、言命。"顾亭林《日知录》"闽中于信以覆诅盟"条云:"国乱无政,小民有情而不得申,有冤而不见理,于是不得不诉之于神,而诅盟之事起矣。……于是赏罚之柄乃移之冥漠之中,而蚩蚩之氓其畏王铁,常不如其畏鬼责矣。……今日所传地狱之说,感应之书,皆苗民诅盟之余习也。'明明棐常,鳏寡无盖',则王政行于上,而人自不复有求于神,故曰'有道之世,其鬼不神'。所谓'绝地天通'者,如此而已矣。"

清儒论析此者大都承《楚语》等之说,而其关于"无有降格"之释亦多不同宋儒。如江声《音疏》云:"绝地民与天神相通之道,无有升降也。"孙星衍《注疏》云:"《释诂》云:'降,下也。格,升也。'一言颛顼命重司天黎司地使神民不同位,上下分绝,以礼烝享而通之,祭则受福,无有升降杂糅于群后之遏绝在下者。"

近人杨氏《核诂》云:"《多士》'则惟帝降格'。《多方》'惟帝降格于夏'。降格皆谓神来享佑之意。此文'罔有降格',即不享佑苗民之意,非'无相侵渎'之说也。"又曾氏《正读》云:"'格',格人,能知鬼神情况者。'降格',言天降格人也。《多士》'则惟帝降格向于时夏',亦此意。彼言'惟帝降格',此言'罔有降格'者,彼欲明天人相感之理,故言'惟帝降格'。此欲惩苗民家为巫史之风,故言'罔有降格'也。"此二家释"降格"似较宋人为优。

顾师《读书笔记》第二卷第 583 页云:"《吕刑》中'乃命重黎绝地天通,罔有降格'一语颇不易解,且与制刑亦何关?我意,当时家为巫史,大家都托了神意制刑,胡乱杀戮……正如太平天国时,杨秀清假托天父意旨,要打就打,要杀就杀,连朝见天王时,也会假托了天父,把天王拖下打了。这种办法,实在不是社会安宁之计。所以要绝地天通,使得平民不能做'鸱义奸宄,夺攘矫虔'之事。而刑法一秉于王者。……平民各各称天,就维持不下了。天子要禁止平民各各称天,仍只好称天来说。所以有"上帝监民"。……下云:'尔尚敬逆天命以奉我一人。'可见天命须由一人出。"这是顾师就"天子"的意图所作的描述,他在原稿上写眉批说:"《日知录》卷二'罔中于信以覆诅盟'一条与我所说略同。"可知他与顾亭林氏国乱无政、小民不得不诉之于神之说同。

自上所引有关重黎诸资料如《楚语》等,以及郑玄、伪孔诸释,皆以黎苗乱德,家为巫史,民神杂糅,招致祸灾荐臻,经颛顼命重黎绝地天通后,才复旧常,使得民以物享,祸灾不至。这可说是传统的解释,主要归罪于九黎三苗之民的"乱德"。至宋儒始以为德衰政乱,民无所诉,只好诉于鬼神。必王政行于上,是非善恶分明,民自不复求于神,这就"绝地天通"了。这比传统解释意境迥高,不是归罪于民而是归罪于政，民只是其中受灾祸无可告诉者。至近人关于"降格"的解释较宋儒为优，而袁珂《山海经校注》，则就"绝地天通"之说比宋儒作了更进一层的辨析，使人们对这一问题得到了更清新的认识。

袁珂《大荒西经》"帝令重献上天令黎邛下地"校注在引《楚语》之文后云："'古者民神不杂'，历史家之饰词也；'民神杂糅，不可方物'，原始时代，人类群居之真实写照也。故昭王乃有'民能登天'之问。龚自珍《壬癸之际胎观第一》（见《龚自珍全集》）云：'人之初，天下通，人上通，旦上天，夕上天，天与人，旦有语，夕有语。'斯可以解答昭王之问矣。至于'使复旧常，无相侵渎'云云，则无非'绝地天通'后统治者建立之'新秩序'，非可以语于'旧'与'常'也。此经（指《大荒西经》）'帝（颛顼）令重献上天，令黎邛下地'，即《国语》之所谓'绝地天通'也。而郭璞注却云'献、邛义未详'。韦昭注《国语》'重寔上天黎寔下地'一语云：'言重能举上天，黎能抑下地。'似即本此经'献、邛'义为说，则'献、邛'之义殆即'举、抑'乎？重举黎抑，正神话中'绝地天通'之形象描写也。"这就使人领悟到，作为以姬姜两族为主体后来并与东夷集团经过长期激荡交融形成部落联盟以后的早期华夏集团，怀着对蚩尤的九黎三苗族的民族偏见，当黎苗民间受尽劫难在无可告诉情况下，只好诉之于鬼神而堕入巫风盛行状态中，回归到人类群体早期的民神杂糅生活，这就为已建立政权机器的早期华夏集团所不能容忍，就用严厉的压服，不许黎苗平民把所承受的疾苦诉诸神灵上帝。与上帝相通是统治者的特权，平民只许规规矩矩地遵守统治者的人间法令，这就达到了"绝地天通"的目的。这应当是这一段经文的实际

吕刑

2069

意义所在。不过这段经文直接录用神话原句，实行绝地天通者为上帝，所反映的历史原影，实为华夏统治者在搞绝地天通。

在这里似看到一个历史的影子，即居住华夏大地中原地区早期华夏族政权利用民族矛盾，"以夷制夷"。从上文看到苗族逐步向南迁移，总是有楚族在其后面驱赶着它。这里是还未南迁尚居在黄河下游的蚩尤余众黎苗族向征服者进行斗争（乱德、民神杂糅、不可方物等），征服者就用楚族的祖先重黎来镇压他们。同样与早期华夏族相敌对，同样被赶到南方的苗楚两族，彼此之间却同有着矛盾，这里不作深论，仅提出有这一历史痕迹存在。

㉑群后之逮在下明明棐常鳏寡无盖——此十四字《墨子·尚贤中》引用时，排在下文"有辞有苗"之下，"德威惟威"之上。"逮"作"肆"，"棐"作"不"，"无"亦作"不"。江声《音疏》及加藤常贤《集释》此数句都按《墨子》本排列。江声并以郑注谓"皇帝哀矜"至"罔有降格"说颛顼事，"皇帝清问"以下说尧事，则郑本"降格"下即接"皇帝清问"，以为与《墨子》所引合，自是古文如此。

伪孔释云："群后诸侯之逮在下国，皆以明明大道，辅行常法，故使鳏寡得所，无有掩盖。"苏轼《书传》云："自诸侯以及其臣下，皆修明人事而辅常道，故鳏寡无蔽塞之者。"《蔡传》亦云："群后及在下之群臣皆精白一心，辅助常道，民众善而得福，恶而得祸，虽鳏寡之微亦无有盖蔽而不得自申者也。"此汉学、宋学两家所释皆望文生义，棐字释辅更不确，孙诒让于《尚书》棐字皆训匪、非，甚是。

孙诒让《墨子间诂》释此处《墨子》所引数句云："'肆'，正字作'肄'，与逮声类同，古通用。此'肆'即'逮'之假字。"（按《尔雅·释言》："逮，及也。"）又引毕沅云："孔书'不'作'棐'，《传》云

'辅'。据此当作'匪'。孙星衍云：'不常，言非常明察。'案：'明明'，谓明显有明德之人。'不常'，犹言立贤无方也。《书》作'棐'者，'匪'之假字。'匪'、'不'义同。"《间诂》在引毕沅注此段文字后即云："毕说得之。伪《孔传》云：'皆以明明大道辅行常法。'非经义。孙（星衍）说亦非。"

杨氏《核诂》云："'盖'，洪颐煊谓：'犹"害"也。《释言》："盖，裂也。"《释文》舍人本作害。"盖"、"害"古同声通用字。'按洪说是也。"

是此数句当依孙、毕、洪三氏之说为较合。

㉒皇帝清问下民鳏寡有辞于苗——"皇帝"，一作"帝"，无"皇"字，见赵岐《孟子》注。"清问"一作"亲问"，见钟繇疏，可能是音同写讹。"鳏寡有辞于苗"一作"有辞有苗"，无"鳏寡"二字，"于"作"有"，见《墨子·尚贤中》所引。段玉裁《撰异》云："赵岐注《孟子》云：'《甫刑》曰："帝清问下民。"谓帝为天云。天不能问民。'玉裁按，此《今文尚书·甫刑》也，无皇字。其有皇字者《古文尚书·吕刑》也。今本《孟子注疏》俗增皇字。王伯厚《困学纪闻》引赵注及曲阜孔氏所刻《孟子》善本皆无。《墨子·尚贤中》篇云：'先王之书《吕刑》道之曰皇帝清问下民。'此可证古文《吕刑》有皇字。《三国志·钟繇传》繇上《肉刑疏》引《书》'皇帝亲问下民鳏寡有辞于苗'。"亦有皇字，而清则写了同音字。

《释文》引马融注云："清问，清讯。"《孔疏》引郑玄云："皇帝清问以下乃说尧事。（上文）颛顼与（此）尧再诛苗民，故上言'遏绝苗民'，下云'有辞于苗'。"孙星衍《注疏》引钟繇说云："《魏志·钟繇传》繇上疏引此经说之云：'此言尧当除蚩尤有苗之刑，先审问于

下民之有辞者也，若今（魏晋）蔽狱之时，讯问三槐九棘群吏万民。'
清者，郑注《玉藻》云：'明察于事也。'《荀子》杨倞注云：'明审
也。'"皮锡瑞《考证》云：'郑说与王仲任（充）赵台卿（岐）皆不同，
引经'帝'上有'皇'字与《墨子》引《吕刑》合，是古文非今文。盖今
文无'皇'字，其说以帝为天；古文有'皇'字，其说以皇帝为尧。赵
注所引乃今文说也。孙（星衍）以郑为今文，赵为今文异说，失之。
钟在郑后，所用即郑义，尤不足取证。"

伪孔释云："帝尧详问民患，皆有辞怨于苗民。"除谓帝尧为误
说外，所释文义尚合。吕祖谦《书说》云："清问者，明目达聪，无纤
毫壅蔽之谓也。苗民既遏绝矣，鳏寡犹有辞于苗者，盖苗在舜世合
散靡常，前章所谓遏绝者，讨其元恶大憝也。此章所谓有辞于苗
者，言其遗孽余种也。"《蔡传》简言之云："'清问'，虚心而问也。
'有辞'，声苗之过也。"

于省吾《新证》云："武亿读'皇帝清问（句），下民鳏寡有辞于
苗民（句）'。马融曰：'清问，清讯也。'按清问本应作静闻，谓默闻
也。《国语》'吾其静也'注：'静，默也。'《庄子·庚桑楚》'因失吾
问'，《释文》：'问，元嘉本作闻。'《论语》'闻一以知十'，《释文》：
'闻，本作问。'王念孙谓《诗·葛藟》'亦莫我闻'，闻犹问也。'皇
帝清问下民鳏寡有辞于苗'者，皇帝默闻，下民鳏寡有厌于苗也。
辞读致，训厌。详《尧典》'舜让于德弗嗣'条。"于先生说有新意。

其实"清问"就是清问，不必另寻清讯、讯问、审问、详问、明问、
虚心问、静闻、默闻等等释义。例如"清查"就是查，那么"清问"就
是问，并无其他歧义，不用深求。

㉓德威惟畏德明惟明——"惟畏"一作"惟威"，见《墨子·尚

贤中》云："先王之书《吕刑》道之曰：'皇帝清问下民……鳏寡不盖，德威惟威'……"又《礼记·表记》云："《甫刑》曰：'德威惟威，德明惟明。'非虞帝其孰能如此乎？"按《皋陶谟》"天明畏自我民明威"，马本"天明畏"作"天明威"。古时"威"、"畏"通用，今所见周代金文中此二字即常通用，如《大盂鼎》云："𩔶奔走，畏天畏。"《毛公鼎》云："夙夕敬念王畏。"《班簋》云："亡不咸𢿩天畏。""天畏"、"王畏"之"畏"皆"威"字。

《礼记·表记》郑玄注云："德所威，则人皆畏之，言服罪也。德所明，则人皆尊宠之，言得人也。"此处伪孔云："言尧监苗民之见怨，则又增修其德，行威则民畏服，明贤则德明，人所以无能名焉。"苏轼《书传》云："非德之威，所谓虐也；非德之明，所谓察也。"林之奇《全解》云："威而非德，威亵而民玩，非所以为畏。明而非德，失之过察，则民将益出其巧诈以欺上，非所以为明。惟舜之威与明皆本于德，故恶如三苗无不谙悉其罪；一去三苗而天下莫不服也。"《蔡传》秉苏轼之说为释云："苗以虐为威，以察为明，帝反其道，以德威而天下无不畏，以德明而天下无不明也。"戴钧衡《补商》云："皇帝复自清问下民，安抚慰劳，鳏寡犹追数苗民之罪，见平民之怨苗者深而感皇帝者大也。由是德威所及，而向之无忌惮者莫不畏矣；德明所照，而向之处幽枉者莫不明矣。此二句乃总承上下文之词，'遏绝苗民'，所谓'德威'也；'清问下民'，所谓德明也。"

㉔乃命三后恤功于民——《墨子·尚贤中》引作"乃名三后恤功于民"。"命"作"名"，"于"作"于"。字皆同，非异文。《间诂》云："'名'、'命'通。《说文·口部》云：'名，自命也。'""命"为命令。"三后"，即下文伯夷、禹、稷三人。"后"，一般释"君也"，《墨

子·尚贤中》则称之为"三圣人"。其文云："则此言三圣人者，谨其言，慎其行，精其思虑，索天下之隐事遗利以上事天，则天乡其德；下施之万民，万民被其利，终身无已。"《说文》："恤，忧也，收也。"《尔雅·释诂》亦云"恤，忧也。"孙炎注云："恤救之忧也。"

伪孔释为"所谓尧命三君忧功于民"。《孔疏》云："尧既诛苗民，乃命三君伯夷、禹、稷忧施功于民。"《蔡传》："恤功，致忧民之功也。"一增为"忧施功"，一稍易为"致忧民之功"，显然都以"忧功于民"为不妥。吴闿生《大义》径改为"及命三后施功德于民"。去"忧"字，但仍循"施功"思路。其实前于吴之俞樾《平议》已另为释云："按'忧功于民'义不可通，《正义》因增'施'字以成其义，非经旨也。《说文·心部》：'恤，忧也，收也。'是'恤'有二义，此经恤字当训为'收'。'恤功于民'，犹云'收功于民'。《周易·井》：'上六，井收勿幕。'王注曰：'井功大成在此爻矣。故曰井收。'是收有成义，训恤为收，正与下文'三后成功'相应。"俞说是。

按，本篇所用神话多，特别是此第一节"若古有训"之"古训"，全由神话构成。其中有许多神话资料的原文句，即被照抄入本篇中作为史事叙述。不知其原来即是神话，一些经师却按史事去套。例如"帝"、"皇帝"原都指上帝，经师们却说成是颛顼、尧、舜等等，就永远弄不懂其原义。而神话来源往往是多元的，例如蚩尤神话，既有本族黎苗人民爱戴尊敬的神话，也有敌对部族的诬蔑丑化的神话，又如重黎，既有楚族奉为宗神的神话，又有中原早期华夏族关于重黎的神话。而本篇成于姜姓族之手，故对蚩尤全是诬蔑之辞，对重黎则在运用它镇压黎苗族。而本句"乃命三后恤功于民"这一神话，则是本篇所引载诸神话中最主要的一则，《吕刑》篇既依据它以成篇,而它又贯彻全篇、主宰了全篇内容。它是本篇的灵魂。而本篇之所以能肯定为吕王之作,亦是由这则神话所确定的。在有些文籍中,虽引载的仍是神话,却力求把它历史化,即把神话的神加以人化,如神话中原是上帝"乃命重黎绝地天通",《楚语》中则改成颛顼"乃命南正重司天……火正黎司地……是谓绝地天通"。而在本篇不予改动,仍为"皇帝……乃命重黎绝地天通"。可知本篇更多保持神话原句,也就是更多保持了神话原貌。在引述"古训"的全文中,称引的全是神,蚩尤、重黎是神化了的各自部族的宗神,皇帝、群后更全是神。而作为本篇主要的神提出的"三后",则正是姜、姬两族的宗神伯夷和稷,及两族共同尊敬的夏族宗神实际是天神的禹(见《天问》)。周人自称为夏的后代,史有明征(见《古史续辨》第 151、169 等页),姜姓族则其得姓宗神四岳以佐禹治水有功,"皇天嘉之,胙四岳国,赐姓曰姜,氏曰有吕,谓其能为禹股肱心膂以养物丰民人也"(见《周语下》)。所以姜姓族一直以成为禹的股肱心膂而荣耀,直至春秋中后期的齐灵公时齐国臣下的《叔夷钟》仍称居华夏大地为"咸有九州,处禹之堵"。因此姜和姬两族是一直共同尊奉大禹的。所以《吕刑》作者以为除了上帝降福人民外,由上帝派下来降福人民的就只是伯夷、禹、稷三位巨神。而因《吕刑》成于吕王之手,当然就把自己的祖先伯夷列在夏周的祖先禹和稷的前面了(在先秦其他典籍中,伯夷的地位是从来没有排得这么高的)。由这点也就得到了《吕刑》成于吕王之手的铁证(关于吕王情况已见前①、②两校释,关于《吕刑》成于吕王之手的铁证并详后面的"讨论")。

㉕伯夷降典折民惟刑——"伯夷",详《尧典》"伯夷"校释,为

吕
刑

2075

姜姓族最原始的始祖神。参看本篇有关涉及伯夷诸校释（周初不食周粟的伯夷与此非一人，亦已见《尧典》校释）。

"折"，一作"晢"。"惟"，一作"维"。见《墨子·尚贤中》引《吕刑》云："伯夷降典，晢民维刑。""折"又作"悊"，见《汉书·刑法志》云："《书》云：'伯夷降典，悊民惟刑。'言制礼以止刑，犹堤之防溢水也。"师古曰："悊，知也。言伯夷下礼法以导民，民习知礼，然后用刑也。"又亦作"制"，见段玉裁《撰异》引《四八目》（按，见陶潜集中）曰："伯夷降典，制民惟刑。""典"一作"典礼"，"惟"一作"以"，见《尚书大传》云："《书》曰：'伯夷降典礼，折民以刑。'谓有礼然后有刑也。"

段玉裁《撰异》云："《释文》云：'马、郑、王皆音悊。马云：智也。'此谓马、郑、王本字作折，而读为悊，又单举马说以著其义也。"《撰异》在引《汉志》后云：'悊当作折，班意以制止训折，正同《大传》说。浅人用马郑本改折作悊，小颜又取马郑说注之，殊失班意。"又在引陶潜句后云："陶引《书》作'制'，此正如《论语》鲁读'折'为'制'也。"《撰异》又云："玉裁按，古文今文盖皆作'折'，惟《墨子》作'晢'为异。"

伪孔显系据《大传》为之释云："伯夷下典礼教民而断以法。"释"降典"为"下典礼"，"折民"为"教民"。《孔疏》云："伯夷与稷言降，禹不言降，降可知。'降，下也，从上而下于民也。'《舜典》伯夷主礼典，'教民而断以法'，即《论语》所谓'齐之以礼'也。……此三事（指三后之事）之次，当禹功在先，先治水土乃得种谷，民得谷食乃能行礼。《管子》云：'衣食足知荣辱，仓廪实知礼节。'是言足食足衣，然后行礼也。此经先言伯夷者，以民为国之本，礼是民之所急,将言制刑,先言用礼,刑礼相须,重礼,故先言之也。"指出按客观事物需要,应先言禹之功,次言稷之功,最后言吕王之功。现在特找出"礼是民之所急"这一理由来作为先言伯夷之故,不知这只是吕王将自己的祖宗放在夏周祖宗的前面,根本与礼不礼无关。顾师《读书笔记》第八卷第 6204 页云:"《吕刑》末章曰:'哲人惟刑。'吴澄以'哲人明理审法'解之(《书纂言》)。按上文曰:'伯夷降典,折民惟刑。''哲'即'折'也,'人'即'民'也。恐不得以明哲之人解之。'折',制也,犹今言管理也。则所谓'哲人惟刑'(折民惟刑)者,犹今言管理人民只有以刑法制裁之耳。"按,此符合王引之《述闻》"哲人惟刑"条所云:"折之言制也。'折人惟刑',言制民人者惟刑也。"故此为此句正确解释。

自伪孔承《大传》释"典"为"典礼",《孔疏》谓即"礼典"(其实应为"刑典"),其后经师皆以礼、刑并举以释此文。如苏轼《书传》云:"失礼则入刑,礼、刑一物也。折,折衷也。"林之奇《全解》云:"伯夷以典而教民,皆自上而下,故曰降。折,折衷也。贾谊曰:'礼者禁于将然之前,而刑者禁于已然之后。'法之所用易见,而礼之所为难知,则礼与刑一物也。民能由于礼,则何刑之有哉!惟失礼则入刑矣。故伯夷之降典者,盖以刑而折衷于民也。"《蔡传》承吕祖谦之说亦云:"典,礼也。伯夷降天地人之三礼以折民之邪妄。……吴氏曰:'二典不载有两刑官,盖传闻之谬也。愚意皋陶未为刑官之时,岂伯夷实兼之欤。下文又言伯夷"播刑之迪",不应如此谬误。'"(按蔡沈以前的吴姓《尚书》学者而有名者,有吴棫、吴孜二人,吴孜书未传,此大概是吴棫。棫书亡于明清间。)这是使经师感困惑的问题。顾师《读书笔记》第二卷第 583 页云:"看《吕刑》，掌刑罚的应该是伯夷，何以《尧典》上以皋陶掌刑罚，而伯夷反作秩宗，主祭祀呢？这当是春秋时皋陶掌刑罚的传说扩大了，做《尧典》的人不能不屈于传说之下了。《吕刑》不言皋陶，可知当时皋陶的传说尚未成立。"这就给经师们的困惑作了解答。还有可能是《大传》及伪孔释"典"为"礼"原有所承，大概承自先秦成说，《尧典》作者即据伯夷降典礼之说，安排他做了礼官。由神话中来的人物，进入历史中，自可据其某一线索，从新作出安排的。

继苏轼"礼刑一物"之说后，宋元明学者相承为说并有所发挥者代不乏人，如吕祖谦《书说》云："'伯夷降典，折民惟刑'，正其心也。……伯夷于此降天地人之祀典，以折民之邪妄，使知天地之性，鬼神之德，森然各有明法，向之蛊惑摧败，销落荡乎其不留矣，是所谓折民惟刑也。……伯夷之降典，若缓而不切，然抑不知人心不正，将相胥而入于夷狄禽兽，虽有土安得而居，虽有食安得而食诸。……首述伯夷之典，先其本也。"王充耘《书管见》云："凡礼教与刑相表里，故司徒敷教，亦必有刑以弼之。伯夷降典以辨上下之分，有不从者，则以刑折之，使其陵僭者不得以自遂，则其势不得不折而入于礼也。"《传说汇纂》引王纲振云："伯夷典礼，宜言礼不言刑，而乃曰'折民惟刑'，可见伯夷之刑即是'齐之以礼'。皋陶明刑，宜言刑不言德，而乃曰'以教祗德'，又见皋陶之刑，是即'道之以德'。德、礼、刑原是一物，自后以刑为刑，德、礼与刑罚遂判。"这些人都是根据《尧典》定伯夷为礼官来强调伯夷重礼，而本篇载伯夷"折民惟刑"，无法解脱，就只好这样来把德、礼和刑拉在一起。不顾本篇明确说苗民作五虐之刑，伯夷特制祥刑以否定五虐之刑，所以伯夷所从事的只是"刑"，哪来的什么"礼"。

戴钧衡《补商》更谓伯夷非刑官，惟重礼为轨法。其文云："恤，慎也。功，事也。《蔡传》训'忧民之功'，义曲。'折民惟刑'，旧解皆以为刑罚之刑，夫下文始言'士制百姓于刑之中'，此三后乃教民、安民、养民之事，不宜插入刑言。且伯夷何尝兼刑官乎？说者盛谓教民以礼，折绝斯民入刑之路，其意巧而实迂。窃谓'刑'，法也，即典也。《诗》曰'尚有典刑'。'折'读曰'制'，陶潜诗曰：'伯夷降典，制民惟刑。'是'折'、'制'古通用也。制民者礼，所谓固肌肤束筋骸之谓。'惟'犹'以'也。言伯夷降布典礼制民以轨法也。"此亦据《尧典》中伯夷不是刑官而只是重礼教，故训"刑"为轨法，为典。一篇之中刑字众多，无一非刑罚之刑，独在其中释此一刑字非刑，是不伦不类；更循曲学下士之见崇奉后起之《尧典》编造之说，而昧于原神话中上帝专派伯夷下来"折民惟刑"原义，所以其说是错误的，不足取。

总之此句当自顾师《笔记》之释始确。

㉖禹平水土主名山川——"禹平水土"亦引作"主平水土"。"主名山川"亦引作"命山川"。见《潜夫论·五德志》云："戎禹……为尧司空，主平水土，命山川。"此当为引用时稍易原文。"禹平水土"事已见《皋陶谟》有关校释。伪孔释此二句为："禹治洪水，山川无名者主名之。"戴钧衡《补商》云："'主名山川'者，分疆域，表镇望，《禹贡》所谓'奠高山大川'，《尔雅》所谓'释地'以下至'九河'，皆禹所名也。"（《核诂》《正读》皆谓《尔雅·释水》有"释地以下至九河皆禹所名也"之句，今查《释水》并无此语）。杨氏《核诂》云："按襄十一年《左传》：'司慎司刑，名山名川，祥神祥祀，先王先公，七姓十二国之祖，明神殛之。'则'名山川'三字当连

吕刑

2079

读,非命名之谓也。"杨氏说甚确,则"主名山川"意为名山名川之主。故顾师《读书笔记》第六卷第4121页云:"'主名山川'即'为山川神主'。《夏本纪》云:'于是天下皆宗禹之明度数声乐,为山川神主。'此即对于《吕刑》'主名山川'之解说也。'主'为'神主',则其指禹为名山大川之神可知。若云'为山川神之主',则《吕刑》之语无动词矣。《史记会注》引南化本作'以为山川神主'。"此释甚确。

㉗稷降播种农殖嘉谷——《墨子·尚贤中》引作"稷隆播种农殖嘉谷"。孙诒让《间诂》云:"'隆',依毕本《吕刑》改为'降'。王云:'古者降与隆通,不烦改字。《非攻篇》"天命融隆火于夏之城",亦以"隆"为降。《丧服小记》注"以不贰降",《释文》:"降,一本作隆。"……《说文》:"隆,从生,降声。"《书大传》"隆谷",郑注:"隆,读如厖降之降。"是隆、降古同声。故隆字亦通作降。……'王说是也。""王"当指王引之,未及查其书。

伪孔释云:"后稷下教民播种,农亩生善谷。"以"善谷"释"嘉谷"。王引之《述闻》"农殖嘉谷"条云:"农,勉也。言勉殖嘉谷也。伯夷降典……禹平水土……稷隆播种……皆言三后之恤功于民,非言其效也。《大戴礼·五帝德篇》曰:'使禹敷土,主名山川;使后稷播种,务勤嘉谷。'文皆本于《吕刑》。'务勤'即'勉殖'之谓也。《广雅》曰:'农,勉也。'襄十三年《左传》曰:'君子上能而让其下,小人农力以事其上。'《管子·大匡篇》曰:'耕者用力不农,有愚无赦。'此皆古人谓'勉'为'农'之证。"可知"农殖嘉谷"即"勉殖嘉谷。"关于"后稷",已详《尧典》有关校释。关于后稷降种播殖嘉谷事,已见《皋陶谟》有关校释。

㉘三后成功惟殷于民——"殷"，原作"假"，见《墨子·尚贤中》引本篇此二句作："三后成功，惟假于民。"孙诒让《间诂》云："毕云：'假，一本作殷。孔《书》亦作殷。'王鸣盛云：'疑隶变相似而误。'诒让按：伪《孔传》云：'各成其功，惟以殷盛于民，言礼教备，衣食足。'此作'假'，盖与'徦'通。《仪礼·士冠礼》释文云：'徦，本或作假。'《尔雅·释诂》云：'徦，大也。'《礼记·郊特牲》云：'徦，长也。'《说文·古部》云：'徦，大远也。''惟徦于民'，言其功施于民者大且远。下文所谓'万民被其利'也（此《尚贤中》下文有此句）。王应麟《汉书·艺文志考证》引《墨子》亦作'假'，则宋本固如是。今本或作'殷'，乃据孔《书》改，非其旧也。"由《墨子》所引，知先秦本《吕刑》此字原作"徦"、"假"，伪孔本殆以"徦"训义为大，而"殷"义亦为大（见《礼记·丧大记》"主人具殷奠之礼"注："殷，犹大也"）。而殷字较常见，徦字较稀用，故易"徦"为"殷"（也有可能伪孔所据本在流传中已有人易用常见之"殷"字）。

"殷"，除上引训为"大"及"大远"外，亦多训"盛"，如《易·象上传》"殷荐之上帝"郑注，《易·豫》释文引马注，《左传·成公十六年》杜注，《公羊传·文公二年》何注，《逸周书·武穆》孔晁注，《晋语》"方事之殷"韦昭注等，皆云："殷，盛也。"故伪孔释此处为"殷成于民"（伪孔此注全文已见上孙《间诂》引）。《蔡传》亦云："伯夷降典以正民心，禹平水土以定民居，稷降播种以厚民生，三后成功，在致民之殷盛富庶也。"此就通常释义，将此两句解通。

俞樾《平议》云："按《尧典》'以殷仲春'，枚《传》曰：'殷，正也。'此经殷字亦当训'正'。'殷于民'者，正于民也。王伯厚《汉艺文志考》引《墨子·尚贤中篇》作'惟假于民'，'假'与'格'通。

《君奭篇》'格于皇天'、'格于上帝',《史记·燕召公世家》皆作'假'。'惟假于民'即'惟格于民'。'格'亦'正'也。《方言》曰:'格,正也。'"此可备一说。

㉙爰制百姓于刑之中以教祗德——"爰",伪孔本改作"士"。"中",一作"衷",见《后汉书·梁统传》所引。伪孔改"爰"作"士",并释之云:"言伯夷道民典礼,断之以法。皋陶作士,制百官于刑之中,助成道化,以教民为敬德。"王鸣盛《后案》引伪孔此释后云:"《后汉·梁统传》,统对状,引此经云:'爰制百姓于刑之衷。'衷之为言,不轻不重之谓。'衷'与'中'通。但'爰'此作'士',释为皋陶。《后汉书·杨震传》,震孙赐拜尚书令,数日,出为廷尉。赐自以代非法家,言曰:'三后成功,惟殷于民。皋陶不与焉。'盖吝之也(陈师凯《旁通》云:"吝,耻也"),遂固辞。然则此经无皋陶,下文命诸侯监、伯夷播刑,亦专举伯夷,不及皋陶。伪孔以此篇言刑事而皋陶不见,疑其不备,遂妄改以就其说,非也。"此说甚是。古人无历史观念,不知《吕刑》为西周作品,当时唯此专篇言伯夷作刑之事,根本还没有发生皋陶为"士"(专职刑官)之说,则《吕刑》中怎么能有皋陶呢?文献中最早说皋陶掌刑决狱者,为春秋时鲁僖公之世的《鲁颂》。其《泮水篇》云:"淑问如皋陶,在泮献囚。"顾师《读书笔记》第十卷第7740页云:"《离骚》云:'汤禹俨而求合兮,挚、咎繇而能调。'汤、禹、挚(少昊)为国王,或由宗神而转为人王,皋陶(咎繇)当亦如此。《左传》记臧文仲闻六与蓼灭,曰:'皋陶、庭坚不祀,忽诸!'(《文公五年》)是皋陶为六或蓼之祖先(宗神),是东夷中的一个头头,非《论语》《孟子》《史记》所说的尧舜之臣也。《鲁颂》云云,鲁立国于东夷之地,故有皋陶善问狱的传说。"

是由于春秋时的《鲁颂》记录了东夷有关皋陶善于刑狱的传说，才有成于春秋之世的《尧典》根据传说编排皋陶为舜所任命的"士"官。这样晚的传说，怎么也无法牵扯到西周的《吕刑》中去，然而伪孔尊信《尧典》已久，遂将后起的皋陶之说塞入《吕刑》，至于改"爰"字为"士"字以当皋陶。只要明白了历史实际，就必不会相信这伪说了。王鸣盛只是善于深入校定《吕刑》文字，从《梁统传》《杨震传》证成《吕刑》原为"爰"字而非"士"字，论定伪孔妄改以就皋陶之说，可称有见。成书早于王氏数年王氏并自称"就正于有道江声"所撰《音疏》将经文"士"径改回"爰"，并云："爰字伪孔本作'士'……则大谬。伪孔氏妄改，则没其文也。"证据确切，故照改回为"爰"。后于王氏的孙星衍《注疏》同意王鸣盛之说，但只注明"士"一作"爰"，未改"士"为爰。只云："士，但举刑官，亦不必举皋陶也。"不如江、王之果决。然清学主力段玉裁《撰异》竟云："作'爰'作'衷'者，《今文尚书》也，作'士'作'中'者，《古文尚书》也，未必伪孔擅改，孔传未必不本马、郑注。皋陶不在三后之数，赐之所以耻也。"似有意调停，谓马郑王本作"士"作"中"，亦不知是否有据，殆所谓智者千虑，或有一失欤。

对于此二句释义，汉学宋学诸儒多同伪孔说，不过各有发挥。江声《音疏》始改正经文为："爰制百姓于刑之衷，以教祗德。"并为"注"云："爰，于也。衷之言中。《书》亦或为中。于是制百官于刑法之中，以教之敬德。"自为"疏"云："爰，于。《释诂》文。《国语·周语》云：'其君齐明衷正。'又《楚语》云：'而又能齐肃衷正。'韦昭注皆云'衷，中也。'故云'衷之言中。'《后汉书·梁统传》说此经谊云：'衷之为言，不轻不重之谓。'则是轻重适中之谊，亦以衷为中也。"按《汇纂》引叶梦得《书传》云："古者谓狱已定而不失其实曰中，故《小司寇》'以三刺断庶民狱讼之中'说者云：'中，谓罪正所定。'而《司刺》亦以三法求民情，断民中，狱讼成士师受之，曰受中，小司寇登之于天子，曰登中，此书亦累累言中。"此释司法活动中有此二术语，然所据材料见《周礼》，时间亦不出春秋之世，似与《吕刑》无关。然后来司法实践中形成此二术语，很可能即据《吕刑》此"中"字来定其名的。

俞樾《平议》云："'三后成功，惟殷于民，爰制百姓于刑之中。'此三句一气相属，'制百姓于刑之中'，即所以正于民也。《后汉书·梁统传》引此经曰'爰制百姓于刑之衷'，枚本改'爰制'为'士制'，而以皋陶作士释之，则与三后无涉。'惟殷于民'句遂若结上之辞，而不知其为上下承接之语，于是'殷'字之解失矣。近来说《尚书》者，如江氏声力辟枚氏，凡有异同之处，必舍枚本而从他本，固未免太泥。然此经'士制'之当为'爰制'，以文势求之，实无可疑。上文曰'伯夷降典，折民惟刑'，下文曰'今尔何监非时，伯夷播刑之迪'，可知此经不及皋陶也，枚本之误显然矣。段氏玉裁谓其未必不本于马郑王，殆非也。"

"以教祗德"，伪孔之释已见本句校释开头所引云："助成道化，以教民为敬德。"按《尔雅·释诂》："祗，敬也。"《孔疏》云："此经大意言禹稷教民，使衣食充足，伯夷导民，使知礼节（此二语自误，已见上校释），有不从者，乃以刑威之。故先言三君之功，乃说用刑之事。言禹稷教民稼穑，衣食既已充足，伯夷导民典礼，又能折之以法……令百官用刑皆得中正，使不僭、不滥、不轻、不重，助成道化，以教民为敬德。言从伯夷之法敬德行礼也。"《蔡传》亦云："（句首误称皋陶）制百姓于刑辟之中，所以检其心，而教以祗德也。"以后经师之说大都与以上诸家相近。

惟《汇纂》引王安石《新经义》云："刑非教也，而言'以教祗德'，盖圣人莫非教也。刑之所加，非苟害之，亦曰驱而纳之于善而已。故《周官》十有二教，亦曰'刑教中则民不虣'。"

㉚穆穆在上明明在下灼于四方罔不惟德之勤——伪孔释云："尧，躬行敬敬在上，三后之徒秉明德明君道于下，灼然彰著四方，故天下之士无不惟德之勤。"将其所强加之"尧"字及"三后之徒"诸字去掉，则可见其对此四句之理解。训"穆穆"为"敬敬"，"明明"为"明德明君"，"灼"为"灼然彰著"。《孔疏》解之云："《释训》云：'穆穆，敬也。'明明重明，则穆穆重敬。当敬天敬民在于上位也。明明在王，则是臣事，知是三后之徒秉明德明君道于下也。彰著于四方，四方皆法效之，故天下之士无不惟德之勤。"林氏《全解》云："穆穆，敬也，和也，天子之容也。明明，即上所谓明明是也（惟舜以穆穆之德而在上，三后皋陶以明明之德而在下，君臣合德）。"此括弧中三句皆不合，故现在特以括弧括出，盖不必牵扯上舜和三后。其言皋陶则尤误。吕祖谦《书说》不涉及此诸人，径释文句云："'穆穆'者，和敬之容也。'明明'者，精白之容也。'灼于四方'者，穆穆明明之合，辉光发越而四达也。'罔不惟德之勤'者，观感动荡而不能自已也。"《蔡传》全承袭吕说，略易一二字并改动一句以入其书中。在诸家释义中，吕氏所倡以《蔡传》承之之说为确。

㉛故乃明于刑之中率乂于民棐彝——伪孔释云："天下皆勤立德，故乃能明于用刑之中正，循道以治于民，辅成常教。"训"中"为"正"，"率"为"循"，"乂"为"治"，"棐"为"辅"，"彝"为"常教"（王

氏《后案》:"率,循,乂,治,并《释诂》文。棐,辅,《说文·木部》文。彝,常,亦《释诂》文)。按,释"棐"为"辅",误。当如孙诒让所释为"匪"、"非"。《孔疏》:"此美尧能使天下皆勤立德,故乃能明于用刑之中正。言天下皆能用刑尽得中正,循治民之道以治于民。辅成常教,伯夷所典之礼,是常行之教也。"吕氏《书说》云:"'故乃明于刑之中率乂于民棐彝'者,民既知德矣,故士师所明之刑,无过无不及,率皆治民辅迪其秉彝而保其德,所谓刑罚之精华也。自伯夷之典及皋陶之刑(按指"伯夷降典"至"士制百姓于刑之中"数句,亦误言皋陶),制度文为之具也。自'穆穆在上……罔不惟德之勤……率乂民于棐彝',精神心术之运也。苟其无本,则前数条(指"伯夷降典"、"禹平水土"、"稷降播种")不过卜祝、工役、农圃胥史之事耳。"陈经《书详解》全承吕氏之说而摘述其大意,兹录其前半段所摘大意云:"尧君臣同德光于四方,民皆观感惟德之勤,则刑之明非以毒民,乃所以棐其彝性也。"《蔡传》亦袭用吕说上半至"所谓刑法之精华也"止,文字亦略有改易则显受陈经影响。陈经之说虽亦误称"尧"外,其摘述之大意颇能达此处文义。

陈栎《纂疏》云:"伯夷降典,所以折绝民入刑之路也。刑之轻重,各得其中。当轻而重则善者惧,当重而轻则恶者玩,难使砥德矣。……本之以威明之德,继期民以祗德勤德。刑之本必主于德,而刑之用必合于中。'德'与'中'为《吕刑》一篇之纲领。继此曰'惟克天德',曰'以成三德',曰'有德惟刑',无非以德为本也。曰'观于五刑之中',曰'中听狱之两辞',曰'罔非在中',曰'咸庶中正',曰'非德于民之中',曰'咸中有庆',无非以中为用也。刑必合于中,而后刑即所以为德。以此意读《吕刑》,其庶几乎!"这是元代经师所体会出的本篇要点,以"德"与"中"为全篇纲领。德为刑之本,中谓用刑正确,不轻不重,不枉不纵,真正做到这点,就可称得上明刑慎罚了。因此不能说这不是元人从此篇所获的读书心得。

又元儒王充耘《读书管见》有数语亦为他的所见。其文云:"'明于刑之中'者,以治民而辅其常性,'彝'即'彝伦',如纠之以不孝不弟之刑,以驱而入于孝弟,是即所以棐彝也。此是先德教而后刑戮之意;又以见德化虽已兴行,而刑亦不可废,盖非此无以弼教也。"

㉜典狱非讫于威惟讫于富——伪孔释云:"言尧时主狱,有威有德有恕。非绝于威,惟绝于富,世治,货贿不行。"《孔疏》:"尧时主狱之官,有威严,有德行,有恕心。有犯罪必罪之,是有威也。无罪则赦之,是有德也。有威有德有恕心行之,不受货贿,是恕心也。'讫'是尽也,故《传》以讫为绝。"苏轼《书传》云:"讫,尽也。威,贵有势者。乘富贵之势以为奸,不可以不尽法。非尽于威,则尽于富。其余贫贱者则容有所不尽也。"苏说似优于伪孔与《孔疏》说。吕祖谦《书说》则云:"典狱不得行其公者,非为威胁,即为利诱,不过两端已。'讫'者,不行之谓也。威不能屈,富不能淫,岂无道乎。"似道出了刑狱之要害。陈经《详解》亦云:"狱之不公,威胁利诱两端已,尧时典狱惟能两绝之。"又夏僎《详解》云:"有罪当诛,威不可废。非欲断绝之也,惟欲断绝贿赂以求富耳。"《蔡传》综宋儒之说言之云:"'讫',尽也。'威',权势也。'富',贿赂也。当时典狱之官,非惟得尽法于权势之家,亦惟得尽法于贿赂之人。言不为威屈、不为利诱也。"这些是宋儒对经义所作的探述。

王引之《述闻》"惟讫于富"条在引述伪孔之说后云:"引之谨案,'讫',竟也,终也。'富'当读曰'福'。(《谦·象传》:"鬼神害盈而福谦。"京房"福"作富。《郊特牲》曰:"富也者,福也。"《大雅·瞻卬篇》:"何神不富。"《毛传》曰:"富,福也。"《大戴礼·武王践阼篇》:"劳则富。"卢辩注曰:"躬劳终福。")'威'、'福'相对为文(《洪范》亦曰作福作威),言非终于立威,惟终于作福也。'讫于福'者,下文曰:'惟敬五刑,以成三德。一人有庆,兆民赖之。'是其义。《传》以货赂释富字,乃不得其解而为之辞。"则所释比上所引述诸家所释为精确。戴钧衡《补商》云:"王氏引之曰:'威、福相对为文,言非终于立威,惟终于作福也。'案王说是也。辟者所以止辟,刑者期于无刑,后人称囹圄为'福堂',即此义也。《蔡传》以权势释'威',货贿释'富',不惟帝世未必有权势货贿之事(显然戴氏心目中本篇之'皇帝'为往古传说时期而非王权时代之帝),以纳贿释'富',亦于古无征。下文'庶威夺货'、'惟内惟货',言'货'不言富也。"

宋东阳陈大猷《或问》云:"或问:'典狱非讫于威,诸家多以为戒当时典狱,何也?'曰:此一意乃举古训以示训,至后章'嗟司政典狱'而下,方是戒当时之臣,文意甚明。故从孔氏作尧时典狱之臣。兼'克天德'而'作元命'(见下文),亦非当时之臣所能及。及穆王(此据误说)所以望其臣,语自有别,考之余章可见。"按此处文气原承"乃命三后"句来,自皆属"若古有训"之内,是《吕刑》作者据传说资料泛陈古者之事,非指当时事,文意确甚明。至谓尧时典狱之臣,则妄。

㉝敬忌罔有择言在身——"罔"一作"而罔","身"一作"躬"。

见《礼记·表记》引载:"《甫刑》曰:'敬忌而罔有择言在躬。'"郑玄注云:"敬之言戒也。外敬而心戒慎,则无有可择之言在于身也。"本篇伪孔之释云:"尧时典狱皆能敬其职,忌其过,故无有可择之言在其身。"汉学之释如此。

苏轼《书传》云:"修其敬畏,至于口无择言,此盛德之士也,何以责之于典狱?曰:狱,贱事也,而圣人尽心焉,其德入人之深,动天地,感鬼神,无大于狱者。故盛德之士,皆屑为之。皋陶远矣,莫得其详。如汉张释之、于定国、唐徐有功,民皆目以为不冤,其不信之信,几于圣与仁者,岂非口无择言、身无择行之人哉。"吕祖谦《书说》云:"典狱……欲威不能屈,富不能淫,惟在敬忌无择言在身而已。"《蔡传》简言之云:"敬忌之至,无有择言在身。"陈栎《纂疏》云:"'敬忌',如《康诰》文王之敬忌也。'罔有择言',口无择言也。言行相表里,'罔有择言在身',并身无择行矣。"《汇纂》引洪翼圣云:"敬者,慎刑之至,而察之必尽其心也。忌者,畏刑之至,而施之惟恐不当也。"宋学之释如此。

王引之《述闻》"择言"条云:"择,读为致,《洪范》'彝伦攸致',郑注训'致'为'败'(见《史记·宋微子世家集解》)。《说文》:'斁,败也。'引《商书》曰'彝伦攸斁'。斁、致、择古音并同。'敬忌罔有择言在身',言必敬必戒,罔或有败言出于身也。《表记》引作'敬忌而罔或有择言在躬','而',女也。言女罔或有败言出于身也。《孝经》:'口无择言,身无择行。'言口无败言,身无败行也。说《尚书》《礼记》《孝经》者多以为无可择,殆以迂回失之。《太玄·玄掜》曰:'言正则无择,行正则无爽,水顺则无败。无败故久也,无爽故可观也,无择故可听也。'《法言·吾子篇》:'君子言也无择,听也无淫。择则乱，淫则辟，述正道而稍邪哆者有矣，未有述邪哆而稍正也。然则邪哆之言谓之择言。故《孝经》曰："非法不言，非道不行，口无择言，身无择行也。"蔡邕《司空杨公碑》曰：'用罔有择言失行在于其躬。''择言'与'失行'并言，盖训'择'为'败'也，此又一证矣。"皮锡瑞《考证》云："案王说是也。子云（《法言》作者扬雄）、伯喈（蔡邕）皆今文家说，伯喈引作'躬'与《表记》合。郑注以'择言'为'可择之言'，失之。"清学之释比汉、宋两学逼进一层，抉得确解，可取。

㉞惟克天德自作元命配享在下——伪孔释云："凡明于刑之中，无择言在身，必是惟能天德，自为大命，配享天意在于天下。"训"克"为"能"，训"元"为"大"。所释此三句令人不明其意。《孔疏》解之云："天德平均，惟能为天之德。志性平均，自为长久大命，配当天意，在于天下。言尧德化之深，于时典狱之官皆能贤也。"又疏释之云："惟克天德，言能效天为德，当谓天德平均，狱官效天为平均。……若能断狱平均者，必当长久大命。大命由己而来，是自为大命。'享'训'当'也。是此人能配当天命，在于天之下。"又引郑玄注云："大命，谓延期长久也。"此汉学之释，有点缴绕不清。然《孔疏》意谓能效天为德，则大命由己来，乃能配当天命，其意脉络尚明。

苏轼《书传》继其上文称誉张释之、于定国、徐有功等人后云："几于圣与仁者，岂非口无择言身无择行之人哉！若斯人者，将与天合德，子孙其必有兴者，非自作元命、配享在下而何？汉杨赐辞廷尉之命曰：'三后成功，惟殷于民，皋陶不与焉，盖吝之也。'《书》盖以为'惟克天德，自作元命'者，何吝之有？此俗儒妄论也。"夏僎

《详解》云："行之于身，皆可言之于口，不必择而后言，是能与天合德，如此则典狱之官身虽在下，而仰合天德，如所谓'配天其泽'（见《多士》）；仰当天意，如所谓'克享天心'（见伪《咸有一德》）。谓之'配享在下'，岂不信哉。"陈经《详解》云："天德无私，威福之事绝于外，敬忌之诚存乎中，此无私之天德也。死生寿夭之命，乃天以制斯人者，今典狱者德与天一，则制生人之大命，不在天而在我矣。天能制人之大命，典狱者亦能制人之大命，岂非在下而与天配合乎？'自作元命'，犹言'自贻哲命'（见《召诰》）。"《蔡传》云："大公至正，纯乎天德，无毫发不可举以示人者，天德在我，则大命自我作，而配享在下矣。在下者对天之辞，盖推典狱用刑之极功，而至于与天为一者如此。"蔡氏可谓集宋学之要义。元明经师承宋学此说者，如陈栎《纂疏》云："典狱之事，天实临之。天德克于我，则天之元命自作于我，配天泽，享人心，皆我也。念念知有天在上，且知天实在我一心中，斯为得之。"明代科举用书作者陈雅言《书义卓跃》亦云："天此心而人此心，天此理而人此理，栽培倾覆有以见天道之至公，赏善罚恶有以见人心之至公。或刑或宥，一出于公，则元命之作不在天而在我也。"大抵循宋学诸人之说，主要是夏僎、陈经之说，可寻得此三句文义。

元儒王充耘《书管见》提出一说云："诸家皆自典狱之人言之，然谓之元命，是国命。与'惟废元命'（见《多士》）同。谓之'配享在下'，是又言人君享国，与天相配，与'克配上帝'（见伪《太甲》）、'配天其泽'之意同。盖谓所用典狱之人能敬忌之至，用刑悉无冤滥，则是人君德与天合，而自作元命，可以长治久安，而配享在下矣。此即'司寇苏公式敬尔由狱以长我王国'（见《立政》）之意耳。"清《传说汇纂》按语云:"案:'惟克天德,自作元命,配享在下'三句,《孔疏》云:典狱之官能效天为德,则长久大命由己而来,是自为大命,可以配当天意,在于天之下也。《蔡传》融会其意,而推典狱用刑之极功,至于与天为一,义固精矣。王氏充耘则元命为国命,配享为人君之克配上帝,此归重人君,说亦甚正大。盖典狱之得人,实由帝德之合天耳。"此三句文字皆通常用字,而其文义却不好解,《孔疏》及宋儒之说,以为皆为典狱而发。王充耘提出为国命、人君而发,就经常言"天德"、言"元命",确皆对国对君而言。而此处数句承上文"典狱非讫于威"而来,似又可为对典狱而言。

清儒就其字义寻释,不重视其为谁而讲。江声《音疏》云:"'克',肩任也。'元',大也。郑康成曰:'大命谓延期长久也。'声谓肩任天德,建极敛福,则延期长久,永配天命,而享天禄于下矣。"孙星衍《注疏》云:"'克'者,《说文》云:'肩也。''天德',谓五常之德。'元'者,《易·文言》云:'善之长也。''命'者,《白虎通·寿命篇》云:'人之寿也。天命已使生者也。''配',谓配天。'享',谓享其禄。言惟能肩任天德,自作善命,则配天命而享天禄于下矣。"朱彬《经传考证·尚书下》云:"'元命',犹言大命。《易·文言传》:'元者,善之长也。''配享在下','作配在下',犹言'天立厥配,受命既固'(见《诗·皇矣》)也。"戴钧衡《补商》云:"'惟克天德','惟',犹'乃'也。'克',肩任也。此节承上言制刑既得其中,方其时也,在上之皇帝穆穆而和敬,在下之群后明明而精白,光辉昭著于四方,而犹莫不惟德之勤,故乃明于大中至正之刑,用以治民而辅其常性。其典狱也,不终于立威,惟终于作福,敬之畏之,刑无可议,罔有败言在其身,如此乃可肩任天德,自造大命,而配享天禄于下矣。夫苗既虐刑则无世在下，皇帝慎刑乃可配享在下。刑之关系于人国家者大矣哉。穆王将作赎刑而追叙并办刑之始，乃唐虞之慎刑者如此。"此在释字义后串讲了自"穆穆"以下至此文意。其言穆王、唐虞则误，实为吕王。

近人王国维曾专释《尚书》中配命。其《与友人论诗书中成语书·二》(《观堂集林》卷二)云："'永言配命，自求多福。'《传》云：'永，长言我也。我长配天命而行。案《毛公鼎》：'皇天弘厌厥德，配我有周，膺受大命。'又云：'丕巩先王配命。''配命'，谓天所畀之命，亦一成语。'永言配命'，犹云永我畀命。""案《诗·大雅》：'王配于京，世德作求。'求者，仇之假借字。'仇'，匹也。'作求'，犹《书》言作匹、作配。"近人亦多就字释义，杨筠如《核诂》云："'克'，宣八年《左传》注：'成也。''天'，当作大。'元命'，犹大命也。《多士》：'厥惟废元命。'是其义。'配享'，谓配天而享大命。《诗·文王》'永言配命'，《多士》'享天之命'，义并相同。"屈万里《集释》亦云："'克'，《说文》：'肩也。'意谓负荷。'作'，成就也。'元命'，大命也；指国运言。'配享'，言配合天命而享国。'下'，谓人间。"曾运乾《正读》先解字义云："'择'，读为殬，败也。'克'，肩也。'自作元命'，犹言'自求多福'也。'配享，言配天而享其禄矣。"然后以同于戴钧衡之说，惟文句稍异，串讲了自"穆穆"以下至此句的文义。

清人近人从训释字义以求解通文义，比汉宋儒者常较准确。但往往就字释字，就句释句，此处似仍应参考宋儒之说，以寻文句可能的较深层次的含义。

以上这一节，是吕王为了要阐述自己祥刑的系统意见，特先引述历史上的酷刑恶例，以显示自己五刑理论的正确。这历史恶例，是基于长期的民族敌忾之情，深恶痛绝地提明蚩尤、苗民之酷烈，以引为历史教训。加藤常贤将此节"王曰"以下全文作为本篇第二节，冠以"古训"的标题（惟开头三句史臣记事提出作为本篇第一节另标题为"序"）。此"古训"的内容，全部采用神话资料构成。在作为"古训"的第一段，鲜明地指斥蚩尤作乱，延及苗民统治者作五虐之刑，滥杀无辜，腥闻于天。第二段记上帝闻腥臊后，哀矜无辜，以威力遏绝苗民，以"绝地天通"禁止苗民告诉于天。第三段记上帝派遣三后——伯夷、禹、稷三宗神来下界施行盛大功德降福于民。而治世不可无刑，故为民制定不轻不重的适中的五刑。第四段如戴钧衡所云："前既历叙制刑之由，此则咏叹其君臣之德与不得已用刑之心。"

王曰："嗟①！四方司政典狱②，非尔惟作天牧③？今尔何监？非时伯夷播刑之迪，其今尔何惩④？惟时苗民匪察于狱之丽⑤，罔择吉人，观于五刑之中，惟时庶威夺货⑥，断制五刑以乱无辜⑦，上帝不蠲，降咎于苗，苗民无辞于罚，乃绝厥世⑧。"

王曰："呜呼！念之哉！伯父、伯兄、仲叔、季弟、幼子、童孙⑨，皆听朕言，庶有格命⑩。今尔罔不由慰日勤，尔罔或戒不勤⑪，天齐于民，俾我一日⑫，非终惟终，在人⑬。尔尚敬逆天命，以奉我一人⑭。虽畏勿畏，虽休勿休，惟敬五刑，以成三德⑮。一人有庆，兆民赖之，其宁惟永⑯。"

①嗟——杨树达《词诠》云："叹词。"为语气叹词，如今语"唉"。

②四方司政典狱——伪孔云："主政典狱，谓诸侯也。"周时四方之政，由诸侯主之，故伪孔径释四方司政典狱为诸侯。但此处文意是指实际主政典狱之官员。吕祖谦《书说》云："狱重事也，不察者或视以为刀笔吏之事。故（穆）王明告司政典狱，使知其职分之大焉。"但经师据周代现实，有司之事往往即以诸侯本身当之。故《蔡传》云："司政典狱，汉孔氏曰：'诸侯也。'为诸侯主刑狱而言。"但终当以原文文句为主要依据。

③非尔惟作天牧——"尔"，第二人称多数，你们。在此指四方司政典狱者。伪孔云："非尔惟为天牧民乎？言任重是汝。"吕祖谦《书说》云："五刑五用，是谓天讨。虽君不得而与，司是柄者非君之臣乃天之牧也。故曰'非尔惟作天牧'。盖呼而警之，使知其任之重如此。要必前有所法，后有所戒，庶几不为天位之辱。"杨筠如《覈诂》云："'天牧'，襄十四年《左传》：'天生民而立之君，使司牧之。'是其义也。"曾运乾《正读》云："呼司政典狱告之曰：汝非为天牧民者乎？《左传》：'天生民而立之君，使司牧之。'"惟吴闿生《大义》连下句"今尔何监"为释云："'惟'，宜也。非尔宜作天牧，今尔何由临下乎？"他不知"何监"之下接"非"字，另成一种句式，不宜割断，参见下"何择非人"句。

④今尔何监非时伯夷播刑之迪其今尔何惩——"迪"，一作"不迪"，见《礼记·缁衣》云："子曰，政之不行也，教之不成也，爵禄不足劝也，刑罚不足耻也，故上不可以亵刑而轻爵，《甫刑》曰：'播刑之不迪。'"郑注云："播，犹施也。不，衍字耳。迪，道也，言施行之

道。"皮锡瑞《考证》云："案《缁衣》引《甫刑》'播刑之不迪',为政不行、教不成之证,则《今文尚书》当有不字,非衍文也。《今文尚书》当以'非时伯夷'断句,'播刑之不迪'连下句'其今尔何惩'为义,今尔当何所监视,非是伯夷乎? 若播刑之不迪,其今尔将何以惩恶也。郑据古文无'不'字,故以为衍文。"

伪孔释云："言当视是伯夷布刑之道而法之。"盖训"监"为"法",训"迪"为"道"。而将"今尔何惩"连下句"惟时苗民匪察"为释云:"其今汝何惩戒乎? 所惩戒惟是苗民。"《蔡传》亦云:"为天牧民,则今尔何所监惩? 所当鉴者非伯夷乎! 所当惩者非有苗乎!"吴闿生《大义》则释云:"'迪',用也。'惩',征也。非此伯夷所播之刑是用,则尔何所取证乎?"

⑤惟时苗民匪察于狱之丽——伪孔云:"苗民非察于狱之施行,以取灭亡。"训"丽"为施行。上一节"越兹丽刑并制"之"丽",一训"施",一训"附"。此处各家亦分别持此二训。《孔疏》:"上言'非时',此言'惟时',文异者,'非时'言岂非是事也。'惟时'者言惟当是事也。虽文异而意同。惟是苗民非察于狱之施行以取灭亡也。言其正谓察于狱之施行不当于罪以取灭亡。"苏轼《书传》:"丽字狱辄刑之,不复察也。"《蔡传》:"丽,附也。苗民不察于狱辞之所丽。"《汇纂》引明人顾锡畴云:"凡人犯一罪,必有一种情词附于其间。"曾运乾《正读》:"'匪',犹不也。'丽',系也。'匪察于狱之丽',犹《多方》言'不克开于民之丽'也。"杨筠如《核诂》:"'丽',犹律也。上文'丽刑并制'是其义也。"屈万里《集释》:"丽,法。'匪察于狱之丽',意谓不依据法律断狱。"

⑥罔择吉人观于五刑之中惟时庶威夺货——伪孔云:"言苗民

无肯选择善人使观视五刑之中正，惟是众为威虐者任之，以夺取人货，所以为乱。"《蔡传》："苗民不察于狱辞之所丽，又不择吉人俾观于五刑之中，惟是贵者以威乱政，富者以货夺法（按此二语据苏轼《书传》），断制五刑，乱虐无罪。"所释"观"字总觉不妥，伪孔提到"观视"似可即以观为视，"视"则如后世言"视事"，即就职之意，处理该项业务之意。陈栎《纂疏》："'庶威夺货'，蔡氏分说，与上文'讫威'、'讫货'相照应，优于诸家。"杨筠如《核诂》："'庶威'，与上文'庶戮'同意。'庶戮'，谓庶被刑戮者。'庶威'，谓众作威虐者。"屈万里《集释》："'夺货'，强取财货之官。"曾运乾《正读》："'吉人'，善士也。'庶威'，盛为威势，犹上文言虐威庶戮也。'夺货'，广征货贿，犹上文言丽刑并制也。"

⑦断制五刑以乱无辜——伪孔云："苗人任夺货奸人，断制五刑以乱加无罪。"《孔疏》："以乱加无罪者，正谓以罪加无罪，是乱也。"吴闿生《大义》："乱，虐也。"杨筠如《核诂》："'断'，《淮南·说林》'是而行之，故谓之断'。"曾运乾《正读》："'乱'，乱罚，犹《君奭》言'乱罚无辜'也。"屈万里《集释》："'断制'，犹言审判。'乱'，扰乱。"可就诸训义，择而会通以为释。惟"断"有割截、斩绝诸义（见《汉书》杜茂淮南王长二传注）。"制"犹折也（下文"制以刑"，《墨子·尚同》引作"折则刑"）。是"断制五刑"者割绝斩截摧折五刑之义，亦即以强力破坏五刑。

⑧上帝不蠲降咎于苗苗民无辞于罚乃绝厥世——《释文》："蠲，古缘反。"《广雅·释诂三》："蠲，除也。"《小尔雅·广诂》："蠲，洁也。"《周礼·宫人》"除其不蠲"郑注："蠲，犹洁也。"《汉书·郊祀志·集注》："蠲，絜也。"

伪孔承上句苗民"断制五刑以乱无辜"后释云："天不絜其（指苗民）所为，故下咎罪。谓诛之。言（苗民）罪重无以辞于天罚，故（尧）绝其世，申言之为至戒。"《孔疏》云："'蠲'，训絜也。天不絜其所为者。郑玄云：'天以苗民所行腥臊不絜，故下祸诛之。'"按絜即洁之借字，各本中或即作洁。与《说文》"絜，麻一端也"之本义无涉。此处训洁牵强，不如戴钧衡《补商》所释云："蠲，贷也。……于是上帝不贷，降咎于苗。"贷即宽贷、贷免之意。与《广雅·释诂》"蠲，除也"义合，扬雄《剧秦美新》"应时而蠲"，即蠲除、蠲免之义。杨筠如《核诂》："'无辞'与有辞相反。'有辞'，自讨罪者言之，谓受讨者有罪辞也。'无辞'自受罚者言之，谓无辞可辨也。"屈万里《集释》："无辞，犹今语无话可说，即无辞以自解也。"曾运乾《正读》："'无辞于罚'，言无辞以自解于天也。'乃绝厥世'者，犹上文言'遏绝苗民，无世在下'也。"

⑨伯父伯兄仲叔季弟幼子童孙——伪孔释云："皆王同姓，有父兄弟子孙列者，伯仲叔季，顺少长也。举同姓，包异姓。言不殊也。"《孔疏》亦云："此总告诸侯，不独告同姓，知举同姓包异姓也。"《蔡传》则云："此告同姓诸侯也。"就原文列举父、兄、弟、子、孙而言，似皆指同姓。据前《顾命》"今予一二伯父"句下引《孔疏》云："《觐礼》言天子呼诸侯之礼，同姓大国则曰伯父，其异姓则曰伯舅；同姓小邦则曰叔父，其异姓则曰叔舅。计此时诸侯多矣，独云伯父，与同姓大国言之也。"彼为《礼书》所载周天子称诸侯之礼。姜姓之吕与姬周基本用同礼。但作为诸侯国而称王之吕，是否与周王之称谓相同呢？此时吕国处于"申吕方强"地位，面对南方楚、苗，以屏藩周，足以号召一方，联合姜、姬诸侯同心戮力，则对姜、姬

诸侯发布文诰，亦是应有之事。但此处在字面上谈的确是同姓的父兄伯仲叔季等号。戴钧衡《补商》指出："上告异姓，此告同姓也。"按，上告"四方司政典狱"为告异姓，则此确为告同姓。

⑩皆听朕言庶有格命——《孔疏》引郑玄注云："'格'，登也。'登命'，谓寿考者。"（江声《音疏》引此句"格"作"假"）伪孔释云："听从我言，庶几有至命。"《孔疏》："'格'，训至也。言庶几有至命。'至命'，当谓至善之命，不知是何命也。郑玄云：'格登……寿考者。'《传》云：'至命'，亦谓寿考。"《蔡传》同伪孔及《孔疏》。苏轼《书传》："诸侯群臣自其父行至于兄弟子孙，皆听朕言，庶以格天命。""格"与"假"字参看《尧典》"格于上下"校释。薛季宣《古文训》云："诸侯上自尊属，下逮子孙，悉告以言，庶几可以格于上帝。"孙星衍《注疏》云："王呼亲戚长幼使听我言者，深戒之。穆王（当作吕王）寿考，孙行甚多，故下文亦呼嗣孙，此云幼子童孙也。'格'者，《方言》云：'正也。''正命'谓不夭折。郑注见《书疏》，云'格，登'者，《释诂》：'格、登，升也。''格''登'转相注。"戴钧衡《补商》云："窃谓'格'读曰'嘏'，固也，长也。犹《君奭》言'固命'，《召诰》言'永命'也。"吴闿生《大义》云："'格''假'同字，'格命'，嘉命也。"杨筠如《核诂》："'庶'，谓庶几也。格与假同，《诗》传：'大也。'字当作'嘏'。《逸周书·皇门解》'用能承天嘏命'是也。"曾运乾《正读》袭戴钧衡说云："'格命'，固命也。《君奭》：'今汝永念则有固命。'格、固声相通。"屈万里《集释》："'格命'，神降临而命之，意谓有福祥之事。""格命"之解释，如此纷然杂陈，计有登命寿考、至善之命、格天命、格上帝、正命、升命、嘏命（大命、嘉命、固命、永命）、福祥之事等等解说。其他经师之解释未及详录者必尚多，

大抵据已见诸释，都是指吉祥美善之义，可知"格命"确指福祥之事。

⑪今尔罔不由慰曰勤尔罔或戒不勤——"曰勤"，《释文》："曰，人实反。一音'曰'。"《唐石经》即作"曰"。可知伪孔本原作"曰勤"，有别本作"曰"者，非伪孔通行本。然江声《音疏》此二字经文即改作"曰勤"，并注云："俗儒读'曰'为'曰'，由隶变而误也。"王氏《后案》亦先擅自改《传》文"曰当勤之"为"曰当勤之"，然后"案"曰："《传》意如此，义甚艰晦……然则《传》本作'曰'，不作'曰'。《释文》固惟《传》是从者，乃误会《传》意以为作'曰'，而又不敢定，故先言'人实反'，后云'一音曰'。非也。"戴钧衡曾指出，江声、王鸣盛凡遇与伪孔本有异义之处，必取异义而反伪孔义，无一例外，虽伪孔义有正确之处亦必抹杀之。此处亦其表现之一，后世治经者于此处皆从江、王说。即段玉裁《撰异》亦云："'曰勤'，《释文》作'曰月'字。云：'人实反，一音曰(当作越)。'《正义》作'子曰'字。云'言曰我当勤之。'王凤喈云：'《孔传》今汝无不用安自居曰当勤之。'按'曰当勤'之下文所谓'徒念戒而不勤'也。孔本本作'曰'字。今定作'曰'。《唐石经》作'曰'，非。"如此大师，亦作此论，可异。则其后清儒及现代学者都主张作"曰"，不足怪了。(惟皮锡瑞《考证》主张作"曰"，是其卓越处。见下。)此处所要讨论的，不是用"曰"字义或"曰"字义孰优，而是要讨论清楚伪孔本此字原作"曰"还是作"曰"，而不论其用"曰"字"曰"字哪个较好。即使它用了不好的字也只能随它，何况其用字自有其意义在。本书校释以《唐石经》为底本，苟无确切的版本证据，决不轻易改底本之字，何况陆德明自南朝时起即据宋齐所传东晋伪孔本为《释

文》，确守该书体例，凡明确无讹之字为之音释，偶附见其异文。此字既注明"日"字音"人实反"，复注明有别本作"曰"，这显然偶有某一传抄本（当时书皆传抄本）传抄中将"日"字形讹为"曰"，这是无疑的，因此可肯定伪孔本此字作"日"，"曰"是传抄形误之字。

伪孔释云："今汝无不用安自居，日当勤之，汝无有徒念戒而不勤。"《孔疏》："'由'，用也。'慰'，安也。人之行事多有始无终，从而不改。王既殷勤教诲，恐其知而不行，或当时欲勤行而中道倦怠，故以此言戒之。今汝等诸侯无不用安道以自居，言曰我当勤之。'安道'者，谓勤其职是安之道。若不勤其职，是危之道也。""言曰我非勤之"句为段玉裁引为作"曰"之证，此只是孔颖达解释语，非伪孔原语，且孔颖达上句已释为"或当日欲勤行而中道倦怠"，明释"日勤"二字。释"由慰"为"用安自居"，全不可解。实际此释不确，似此则"由慰"二字不可理解，合当阙疑。"日勤"二字则伪孔《孔疏》用之甚确。故皮氏《考证》从而论证之云："'日勤'字，《释文》作日，言尔无不用安日勤，谓日日当勤，如《大学》'日日新'之意，日不可玩，天不可亵，'天齐乎人，假我一日'（见下文），即日勤之义。"

宋儒仍承"日勤"二字，于"由慰"另有新解，如苏轼《书传》云："狱非尽心力不得其实，故无狱不以勤为主。'由'，用也。尔当用狱吏慰安之而日愈勤者，不当用戒敕之而终不勤者。"林氏《全解》云："《释文》'一音人实反'，只当作'日'字读。言今尔当无不由朕之言相慰勉，而日愈勤，不可相戒以不勤也。盖典狱之职，人命所系，死者不可复生，刑者不可复续，君子所当尽心，故戒之以勤也。"《蔡传》主要承吕氏《书说》之意，而后抒以己见云："参错讯鞫极天下之劳者,莫若狱。苟有毫发怠心,则民有不得其死者矣。'罔不由慰日勤'者,尔所用以自慰者,无不以日勤,故职举而刑当也。'尔罔或戒不勤'者,刑法之用,一成而不可变者也。苟顷刻之不勤,则刑罚失中,虽深戒之,而已施者亦无及矣。戒固善心也,而用岂可或戒也哉。"

伪孔之释使人不易理解。清儒大都误以"日"为"曰",所释遂皆误,近人多随之而误。欲了解此两句原义,自惟循宋儒诸家说,参互以寻其义。

⑫天齐于民俾我一日——"于民",一作"乎人"。"俾",一作"假"。见《后汉书·杨赐传》引《尚书》曰:"天齐乎人,假我一日。""俾",又作"矜"。见《释文》:"'天齐于民'绝句。马云:'齐',中也。'俾',必尔反,马本作矜。'矜',哀也。"

《杨赐传》载赐上封事云:"臣闻和气致祥,乖气致灾,休征则五福应,咎征则六极至。夫善不妄来,灾不空发。王者心有所惟,意有所想,虽未形颜色,而五星以之推移,阴阳为其变度,以此而观天之与人,岂不符哉。《尚书》曰:'天齐乎人,假我一日。'是其明征也。"李贤注:"'我',君也。天意欲整齐乎人,必假乎君也。"段玉裁《撰异》:"此《今文尚书》也。赐通《尚书·桓君章句》,即欧阳《尚书》也。……《古文尚书》'假'作'俾',《释文》云:'俾',马本作'矜'。……伪《孔传》'俾我'句绝。杨赐'假我一日'为句。乖异不同如此。"江声《音疏》:"假,读为'天假之年'之假。"江氏故意用古字"叚"。并云:"'假'之言至,声如格。'叚'之言機,声如贾。音谊皆不同。自汉以来相承以'假'为'叚',经典皆然矣。……即《左传》(僖二十八年)'天叚之年',今本亦作'假'。……此言'天齐乎人，假我一日'，是即'假年'之谊，故读从《左传》谊也。"皮锡瑞《考证》："杨赐意以天符人，感应甚速。'天齐乎人'，即天与人符之谓。'假我一日'，即'未形颜色五星推移阴阳变易'之义。上文'日勤'字《释文》作'日'……'天齐乎人，假我一日'，即'日勤'之义。"

杨筠如《核诂》在文字释义上作了较多钩稽云："'齐'，《释言》：'中也。'《论语》'齐之以礼'，又曰'齐之以刑'，皆其义也。'于'，《后汉书·杨赐传》作'乎'，古于、乎通用。'俾'作'假'，盖今文本作'假我一日'也。马本'俾'作'矜'，谓哀也。按'俾'疑读为'畀'。《多士》'天惟畀矜尔'。'畀'、'矜'并举，其义相近，故得相通。'畀'、'俾'古通用字，《洪范》'不畀洪范九畴'，《史记》'畀'作'从'。《释诂》：'俾，从也。'则假'俾'为'畀'。《书序》：'王俾荣伯作《贿肃慎之命》。'《史记》'俾'作'赐'。《释诂》：'畀，赐也。'则假'畀'为'俾'。是其证也。'畀我一日'与'假我一日'之意相同，故古文作'畀'，今文作'假'也。"屈万里《集释》增益了一些新释云："'齐'，利也。义见《汉书·王莽传下·集注》引应劭说。'俾'，《说文》：'益也。'犹言加给。《后汉书·杨赐传》引此文'俾'作'假'，义亦相近。'一日'，意谓少许之时日。"曾运乾《正读》惟简释"齐"、"俾"二字，俱同于杨筠如说。

⑬非终惟终在人——伪孔上句读至"俾我"断句，然后连此为释云："天整齐于下民，使我为之。一日所行，非为天所终，惟为天所终，在人所行。"所释当然不可从，但可见出伪孔对此数句的理解。苏轼《书传》："刑狱非所恃以为治也，天以是整齐乱民而已，盖使我为一日之用，非究竟要道也。可恃以终者，惟得人乎！"《蔡传》

袭用苏说之前半,而以《康诰》大罪小罪非终惟终之说移以释此。其言云:"且刑狱非恃以为治也,天以是整齐乱民使我为一日之用而已。'非终',即《康诰》大罪非终之谓。言遇之当宥者;'惟终',即《康诰》小罪惟终之谓,言遇之当辟者。'非终'、'惟终'皆非我得轻重,惟在夫人所犯耳。"蔡释较扣近此处文义。曾运乾《正读》承之云:"'非终',如《康诰》言:'乃有大罪,非终,乃惟眚灾,适尔。''惟终',如《康诰》言:'人有小罪,非眚,乃惟终,自作不典,式尔。'文言民有过恶,天欲整齐之,俾我一日司其柄,我不可以私意参与其间。'眚灾肆赦'、'怙终贼刑',亦在人之本身而已。"由《康诰》,知"非终"、"惟终"、"眚灾"、"恃终"等为西周政治家谈刑罚的专用术语,以之释此处当是切合的。

⑭尔尚敬逆天命以奉我一人——伪孔云:"汝当庶几敬逆天命,以奉我一人之戒。"《蔡传》:"尔当敬逆天命,以承我一人。"屈万里《集释》:"'尚',庶几。'逆',《尔雅·释言》:'迎也。''奉',助也。义见《淮南子·说林篇》注。""我一人",同"余一人",为古代人君专用自称之词,已见《汤誓》《盘庚》《金縢》等篇"余一人"及《酒诰》"我一人"校释。曾运乾《正读》云:"天之生物,因材而笃,栽者培之,倾者覆之。天命如此,尔等庶几敬迓天命,以奉我一人乎。"

⑮虽畏勿畏虽休勿休惟敬五刑以成三德——伪孔释云:"行事虽见畏,勿自谓可敬畏;虽见美,勿自谓有德美。先戒以劳谦之德,次教以惟敬五刑,所以成刚、柔、正直之三德也。"因承上文"我一人"言,以"畏"、"休"属我一人,虽有之亦不以自豪,以示谦慎。所释"三德",系引用《洪范》:"六,三德:一曰正直,二曰刚克,三曰

柔克。"

陈经《详解》云:"天以刑齐民,天不能自为之,故以俾我。……用刑之际,人虽畏服我,犹以为未足畏,人虽称美我,犹以为未足美,则此心常无已,方能承人君爱民无穷之心,合上天爱民无穷之心矣。"又云:"'成三德'者,时乎用中典,则正直之德成;时乎用重典,则刚德成;时乎用轻典,则柔德成。"案此亦见《汇纂》引王炎云:"刑当轻而轻,以成柔德,而柔不至于纵弛;当重而重,以成刚德,而刚不至于苛暴;介轻重之间,以成正直,而正直不至于偏倚。"至《蔡传》云:"畏、威古通用。'威',辟之也。'休',宥之也。我虽以为辟,尔惟勿辟;我虽以为宥,尔惟勿宥。惟敬乎五刑之用,以成刚、柔、正直之德。"此处以休为宥,《汇纂》引王樵之说释之云:"古以刑为咎,则以开释为休。"按王氏《日记》云:"凡非终而当宥,惟终而当辟,皆非我得轻重,惟在夫人所犯,是为天讨之公,乃天命所在也。尔尚敬迎天命,以奉我一人。苟非天命,虽我欲畏尔惟勿畏,畏、威古通用,谓辟也。虽我欲休尔惟勿休,古以刑为咎,则以开释为休,谓宥之也。惟敬乎五刑之用,以成刚、柔、正直之德。敬者,言畏与休皆不敢怠也。"这几位反复阐释,说得很周详了。

其实既已指出"畏"、"威"古通用,则"虽畏勿畏"可径释为"虽威勿威","虽休勿休"可比照以得其义,惟在弄明"休"之训义即可。戴钧衡《补商》云:"'虽畏勿畏,虽休勿休',《传》(《蔡传》)以'辟'训'畏',以'宥'训'休',皆不免于强。此外说者亦多,惟吾友文汉光曰:'虽畏勿畏,不为威屈,不为势夺也。虽休勿休,休读休戚之休,喜也。如得其情,则哀矜而勿喜也。'此义亲切,今取之。"如此则释义自然通顺。曾运乾《正读》即得此意云:"'虽畏勿畏',

不畏高明也。‘休’,喜也。‘虽休勿休’,得其情,哀矜勿喜也。”(杨筠如《核诂》注明:《国语》韦昭注:“休,喜也。”屈万里《集释》注明:《经义述闻》:“休,喜也。休与畏正相反。言事虽可畏汝勿畏,事虽可喜汝勿喜。”)

⑯一人有庆兆民赖之其宁惟永——“一人”,即“我一人”、“余一人”,人君之自称。“兆”,《御览》卷七五〇引《风俗通》逸文:“十万谓之亿,十亿谓之兆。”“兆民”,即亿万之民,指普天下之民。此三句明白好懂。伪孔云:“天子有善,则兆民赖之,其乃安宁长久之道。”得其文义。《蔡传》云:“君庆于上,民赖于下,而安宁之福其永久而不替矣。”举汉宋两学代表作之说,足以尽其义,其他经师类似、雷同、小有立异之说,皆不用引录。惟于省吾《新证》释“赖”字云:“《说文》:‘赖,赢也。从贝,利声。’按《汉书·高帝纪》注:晋灼引许慎云:‘赖,利也。’《周语》‘先王岂有赖焉’注:‘赖,利也。’《肆彝》[illegible]作[illegible],‘赖’、‘[illegible]’一字,特移贝于右而省刀耳。”是兆民赖以得利。

以上这一节,是史臣所记吕王的两段讲话。系在上节引述酷刑惨痛教训,及上帝派吕王自家宗神伯夷作为三位天神的第一位,忧恤民间受酷刑之苦而降施功德于民之后,特对两个系统的人员申述两方面要义以为诰诫,其第一段即为诰诫四方司政典狱这一系统的人员,尔等代天牧民,应遵循伯夷所降刑典,不要像苗民那样滥制五刑虐害无辜,遭到上帝惩罚而绝灭了他们的世系。第二段是对各级同姓有国有土诸臣这一系统的人员所讲,诰诫应整饬刑狱之政,要知天人相与,感应甚速,汝等都应该听我的话,敬迎天命以承奉我一人,惟敬谨地施行五刑之法,以达成三德,意在从道德本源上强调制刑之本在立德。这就能有效宣扬天子有庆于上，兆民赖以获得幸福于下，国家的安宁就可永远地保持了。这就谆谆诰诫知所法戒，并寻求国家长治久安之道。即用上一节的"古训"和这一节所阐述的要义，作为下节为本篇主体以阐述"五刑"这一古代最完整的自成体系的刑法纲领及其实行赎刑的张本。加滕常贤以本节第一段为本篇第三节，以本节第二段为本篇第四节，各以其首句为标题。

　　王曰："吁①！来，有邦有土②，告尔祥刑③。在今尔安百姓，何择非人，何敬非刑，何度非及④。

　　"两造具备，师听五辞⑤；五辞简孚，正于五刑⑥；五刑于简，正于五罚⑦；五罚不服，正于五过⑧。五过之疵：惟官、惟反、惟内、惟货、惟来⑨。其罪惟钧，其审克之⑩。

　　"五刑之疑有赦，五罚之疑有赦，其审克之⑪，简孚有众，惟貌有稽⑫，无简不听，具严天威⑬。

　　"墨辟疑赦，其罚百锾⑭，阅实其罪⑮。劓辟疑赦，其罚惟倍⑯，阅实其罪。剕辟疑赦，其罚倍差⑰，阅实其罪。宫辟疑赦，其罚六百锾⑱，阅实其罪。大辟疑赦，其罚千锾⑲，阅实其罪。

　　"墨罚之属千，劓罚之属千，剕罚之属五百，宫罚之属三百，大辟之罚其属二百，五刑之属三千⑳。

"上下比罪,无僭乱辞㉑,勿用不行,惟察惟法,其审克之㉒。上刑适轻下服,下刑适重上服。轻重诸罚有权㉓。刑罚世轻世重㉔,惟齐非齐,有伦有要㉕。

　　"罚惩非死,人极于病㉖,非佞折狱,惟良折狱㉗。罔非在中,察辞于差㉘,非从惟从㉙,哀敬折狱。明启刑书胥占,咸庶中正㉚。其刑其罚,其审克之㉛,狱成而孚,输而孚㉜,其刑上备,有并两刑㉝。"

①吁——《墨子·尚贤下》引作"於"。马融本作"于"。见《释文》:"马本作'于'。'于,於也'。"当即叹词"於戏"字。段玉裁《撰异》云:"'於',音乌,叹词。'于'训'於'有两义,而音分焉。词助,则衣鱼切。叹词,则哀都切。今音如此分别,古音不尔也。"顾师《笔记》第八卷第6293页云:"按,'於,来',今本《尚书》作'吁,来',可以证其为叹词。《皋陶谟》夔曰:'於,予击石拊石,百兽率舞。'《尧典》佥曰:'於,鲧哉。'以之相校,疑《吕刑》本作'於',为《典》《谟》作者所袭用,而后以较通行之'吁'字改之耳。"

②有邦有土——"邦",亦作"国",《墨子·尚贤下》引作"有国有土"。又见《史记·周本纪》自此处开始引载《吕刑》,此句作:"王曰吁来有国有土。"《史记》引《尚书》好易用同义字,即所谓训诂字,故不表示所引此本《尚书》原作"国"。然段玉裁《撰异》云:"凡《今文尚书》多作'国',凡《古文尚书》多作'邦'也。""土",亦或云作"士"。见王鸣盛《后案》所引《史记》作"士"(今通行本《史

记》作土）。其文云："'土'，《史记》作'士'，《周礼》：'其附于刑者归于士。'注云：'士谓主断刑之官。成谓归于圜土。'郑以古土字有作士者，故复以圜土释之。《诗·周颂》云：'保育厥士。'义作土。《世本·作篇》云：'相士作乘马。'即相土也。《吕览·任地》云：'后稷曰：子能使吾土靖而咄浴士乎？'高诱曰：'士当为土。'《周牧敦》亦以'士'为'土'是也。"皮锡瑞《考证》云："案汉隶土士不别，《韩敕礼器碑》'四方士仁'作'土仁'可证。《墨子》引《书》亦作'有国有土'。"是不仅《墨子》、通行本《史记》皆作"有国有土"，观伪孔释云："吁，叹也。有国土诸侯，告汝以善用刑之道。"知伪孔本本篇原自作土。吴澄《纂言》云："邦言其国，土言其境内之地。"分别释此二字。《汇纂》引陈雅言则云："有邦之诸侯，有土之卿大夫也。"曾运乾《正读》亦云："有邦者，畿外诸侯，有土者，畿内有采地之臣。"然《孔疏》则仍浑言之为"有邦国有土地诸侯国君"。《蔡传》则云："有民、社者，皆在所告也。"

③告尔祥刑——《墨子·尚贤下》引作"告女讼刑"。《周本纪》照引作"告尔祥刑"。汉唐时文献引此句大都作"告尔详刑"。即"祥"作"详"。段玉裁《撰异》历举《汉书·叙传》师古注："不详，谓不尽用刑之理，《周书·吕刑》曰：'告尔详刑。'"又《后汉书·刘恺传》章怀注："《尚书》曰：'有邦有土，告尔详刑。'郑玄注云：'详，审察之也。'"又王仲宣《从军诗》："司典告详刑。"李善注引《尚书》："王曰：'有邦有土，告尔详刑。'"又《后汉书·孝明帝纪》永平三年诏及十三年诏都径有"详刑"句。又篇首"度作刑以诘四方"句，《周礼》之《大宰》注及《大司寇》注皆引为"度作详刑，以诘四方"。两处《正义》皆云："详，审。"段玉裁在引上述诸资料后，其

《撰异》云："玉裁按，合数条观之，知古文、今文、郑本、孔本皆作从言之'详'，颜籀、李善之注可证也。古详、祥多通用，盖伪孔本亦作详，而读为'祥'，后径改作'祥'。如鸟读为岛后径改作岛，非也。今更正。"我们校勘《尚书》之底本用《唐石经》固作"祥"，故不从段氏说改。既"详"、"祥"通用，即使《尚书》古本作"详"，其义亦借为"祥"。因吕王专针对苗民"五虐之刑"而作"详刑"，如用详细之"详"无所取义，必假作"祥刑"以见其针对性。故古文本其字作"详刑"，而其义为"祥刑"。

皮锡瑞《考证》据《史记·周本纪》所引谓"今文'尔'下有'女'字，'祥'作'详'。《史记》曰：'告尔女祥刑在今。'史公用今文，多'尔'字。当以'告尔'为句，'女详刑在今'为句。《潜夫论》引'尔安百姓'，不连'在今'二字可证也。'祥刑'，祥字后人改之，《尚书》今古文皆作'详'。……《史记》亦当作'详'不作祥也。"此皮氏论断。然知《史记》有版本固作"祥"。

伪古文作"祥刑"。伪孔接着"有国土诸侯"句后即云："告汝以善用刑之道。"释"祥刑"为善用刑。苏轼《书传》即训为"祥，善也"（据《尔雅·释诂》）。《蔡传》则释云："夫刑，凶器也，而谓之祥者，刑期无刑，民协于中，其祥莫大焉。"陈栎《纂疏》云："刑而曰祥，以好生之德寓焉。择人敬刑而谨所及（此指下文三句），则民安矣。民安，则刑可言祥矣。"吴澄《纂言》云："祥刑者，慈良恻怛，详审轻重，主之以不忍，行之以不得已，所以谓之祥也。"伪孔本既易为祥字，经师们寻出些解释，针对"五虐之刑"而言，强调其祥善，实合字义。俞樾《平议》则释"祥刑"为常刑，并引《左传·庄公十四年》"周有常刑"为证。

④在今尔安百姓何择非人何敬非刑何度非及——《墨子·尚贤下》引"尔"作女，姓下有"女"字，"非人"作"言人"，"非刑"、"非及"之"非"作"不"。《周本纪》引载此数句作："在今尔安百姓，何择非其人，何敬非其刑，何居非其宜欤？"《集解》："王肃曰：'训以安百姓之道当何所选择乎？非当选择贤人乎？'"伪孔释云："在今尔安百姓兆民之道，当何所择，非惟吉人乎？当何所敬，非惟五刑乎？当何所度，非惟及此轻重所宜乎？"林之奇《全解》云："曾博士曰：上既言'苗民匪察于狱之丽'，则非能敬刑也。'罔择吉人观于五刑之中，则非能择人也。''断制五刑以乱无辜'则非能度刑也。既告之以所惩者如彼，则其所当为者宜若是也。"《蔡传》则释其句式云："曰'何'曰'非'，问答以发其意，以明三者之决不可不尽心也。"《汇纂》引陈雅言亦云："刑非所以残民而以安民。……安民之道，能择人而后能敬刑，能敬刑然后能度及。三言'何'者，设为问辞以致其疑。三言'非'者，设为答辞以致其决。当时有邦之诸侯、有土之卿大夫，果能于此三者而致其择、致其敬、致其度，则民无所不安而刑斯为祥矣。"吕祖谦《书说》于此三语有较详之释云："三者之审，民之所以安也。何所当择，岂非典狱之人乎？何所当敬，岂非用刑之际乎？何所当度，岂非狱辞之所逮及者乎？不择典狱之人，则有邦有土者虽有哀敬之心亦无所施矣。既择其人然后居敬行简以临之，先后固有序也。狱辞之连逮，古今之通病（此处袭用苏轼说，见下）。……苟于追逮之时审度其必当逮者然后逮之，刑之所以简也。"吴澄《纂言》则释之较简明云："今日尔诸侯欲安百姓，何者当择，非人乎？何者当敬，非刑乎？何者当揆度，非及乎？人，谓用刑之人。及，谓刑之所加，犹'罚及尔身'之及。"朱骏声《便

读》则又有其所释云："今尔欲抚安百姓,当何所选择,非司刑之人乎?当何所敬慎,非用刑之地乎?当何所审度,非议刑之时乎?"吴闿生《大义》云:"何择非人,言当择人;何敬非刑,言当矜刑;何度非及,言当度其宜。"

按,此处"何择非人"三句句式,在《逸周书》周代各篇中所习见,可知这大概是西周已通行的常用语例。这里三句中,前二句各家所释基本相近,比较好理解,惟第三句解释纷歧,且多晦涩,需要另作寻析如下:

"何度非及?"《释文》:"度,特洛反。"是为忖度、揣度、揆度、审度之意。《孔疏》云:"'何度非及'其言不明。以论刑事而言度所及,知所度者度及世之用刑轻重所宜。王肃云:'度,谋也。''非',当与主狱者谋虑刑事度世轻重所宜也。"

《周本纪》译此句为"何居非其宜",显然其所据本"度"作"宅",故译为"居"。正如《尧典》"宅嵎夷",《五帝本纪》译作"居郁夷"一样。段玉裁《撰异》云:"《古文尚书》作宅,《今文尚书》作度。"此原指训为"居"之宅、度字而言,忖度、审度之"度"应不在此例。但既宅、度通用已成《尚书》字例,则此忖度之"度"字亦有人写作"宅",而用之者遂用居字义了。朱骏声《便读》疏释《周本纪》此句云:"'度',犹谋也。心能制义曰度。'及',读为叠。古理官决罪,三日得其宜乃行之也。故《史记》引作'何居非其宜'。盖史公所见本'度'作'宅',故以'居'字代之。"

早于《史记》之《墨子》引作"何度不及"。见其《尚贤下篇》云:"于先王之书《吕刑》之书然。王曰:於!来,有国有土,告女讼刑。在今而安百姓,女何择言人?何敬不刑?何度不及?能择人而敬为刑，尧舜禹汤文武之道可及也。是何也？则以尚贤及之。"段玉裁《撰异》释之云："按'讼刑'，公刑也。古讼、公通用。'言人'，当是'吉人'之讹。谓'何择非吉人乎'，蒙上苗民'罔择吉人'言之。《墨子》说'何度非及'似近是，王、孔之注乃皮傅。《史记》'何居非其宜'为说，此恐《今文尚书》之驳异，非以'宜'训'及'也。"孙氏《间诂》云："段玉裁云：'讼刑，公刑也。古讼公通用。'毕（沅）云：'孔书"女"作"尔"，"讼"作"详"。'王鸣盛云：'《墨子》作"讼"，从"详"而传写误。'案王说是也。……'女何择言人。'毕云：孔书无'女'字，作'何择非人'。王引之云：'篆书否字……言字……二形相似，隶书否字……言字……亦相似，故否误为言。"否"与"不"古字通，故下二句云"何敬不刑、何度不及"也。'……案王说是也。……《释文》引马融云：'度，造谋也。'案以此下文推之，则《墨子》训'不及'为不及尧舜禹汤文武之道。犹言何虑其不能逮也。与孔说异。"按，江声《音疏》即从此释。然此所谓"尧舜禹汤文武"为墨子特所习用的战国语言，《吕刑》全篇从不称举此数人，所推崇的古圣王为伯夷、禹、稷三人。

2113

宋人对"及"字提出了新解。苏轼《书说》云："罪非己造，为人所累曰'及'。秦汉之间谓之'逮'。此最为政者所当慎，故特立此法谓之'及'。因有大狱，狱吏以多杀为功，以不遗支党为忠，胥吏皂隶以多逮广系为利，故古者大狱有万人者，国之安危，运祚长短，或寄于此。故曰：'何度非及？'度其非同恶者则勿逮可也。"《蔡传》遂承之云："'及'，逮也。汉世诏狱所逮有至数万人者，审度其所逮者，而后可逮之也。"王樵《日记》云："在今尔安百姓，有所当择者焉，有所当敬者焉，有所当度者焉。何择，非人乎？何敬，非刑乎？何度，非及乎？择字敬字度字皆句断。辞所连引曰'及'，度者度之以己之心，勿惟人言之所指者即逮之也。度之以彼之情，勿惟己心之所疑者即逮之也。"

俞樾《平议》以为"及"为"及"之讹，"及"即服。并谓："《尧典》曰：'五刑有服，五服三就。'此篇曰：'上刑适轻下服，下刑适重上服。'《周官·小司寇》曰：'以施上服下服之刑。'刑以服言，盖古语也。'何敬非刑，何度非服。'言汝何所敬，非五刑乎？何所度，非五服乎？《史记》作'宜'者，《尔雅·释诂》：'服宜，事也。'服与宜同训，故经文作服，《史记》作宜。自'服'误作'及'，而《史记》作宜之故遂不可晓。"可备一说。以"及"为"及"，惜未举出确据。

按，此三句之前二句可依诸家之释，"何度非及"句则以墨子之释最早，江声、段玉裁、孙诒让皆肯定之，似可从。《周本纪》之释可能由于文字传异所致，诸经师之释"及"字义不明，宋人提出之解有可参考，可考虑为有裨益于释义之一说。

⑤两造具备师听五辞——"造"，一作"遭"，见《周本纪》照引录此两句下《集解》云："徐广曰：造一作遭。"段玉裁《撰异》云："按作'遭'者，《今文尚书》也。以《大诰》'造天役'，王莽作'遭'证之。《史记》本作'遭'，浅人用《古文尚书》改为'造'，而徐中散不憭。《汉书·王尊传》曰：'美阳女子告假子不孝，曰：'儿常以我为妻。'尊曰：'律无妻母之法，圣人所不忍书，此经所谓造狱者也。'晋灼曰：'欧阳《尚书》有此造狱事也。'按，造狱事未知见何篇，姑记于此。"陈乔枞《经说考》云："晋灼注曰'欧阳《尚书》有此造狱事也。'据此是欧阳《尚书》作'造'字。太史公时《书》惟有欧阳立学官，然则《史记》当从欧阳本同作'造'，其作'遭'者，盖大小夏侯之本

也。"皮锡瑞《考证》以为:"《史记》既从欧阳作'造',何以有一作'遭'之本,陈说恐未可据。"

伪孔释云:"'两',谓囚、证。'造',至也。两至具备,则众狱官共听其入五刑之辞。"《孔疏》云:"两,谓两人,谓囚与证也。凡竞狱必有两人为敌,各言有辞理,或时两皆须证,则囚之与证非徒两人而已。……两人竞理,或并皆为囚各自须证,故以'两'为囚与证也。两至具备,谓囚、证具足,各得其辞,乃据辞定罪,与众狱官共听其辞,观其犯状斟酌入罪。……故云'听其入五刑之辞'也。"既云"两谓两人",又谓"囚与证",显见抵牾。

苏轼《书传》云:"讼者两至,则士听其辞。"以"两"为诉讼双方,"造"为"至","师"为刑官"士"。按"士"为刑官,详《尧典》"士"校释。吕氏《书说》云:"'两造具备',两争者皆造于庭,非偏听也。'师听五辞',群有司同听其辞,非偏见也。狱辞所及,既欲审度,而两造复欲其具备,盖所不当逮者不可扰一人,所当逮者不可阙一人也。……狱辞虽众,丽于刑者不过五,故谓之'五辞'。……古者因情以求法,故有不可入之刑。后世移情而合法,故无不可加之罪。"陈经《详解》云:"两争造庭,已在目前,群有司公众察断两造之辞,辞有五等,核实详审之当者也。"《蔡传》综宋儒之说云:"'两造'者,两争者皆至也。《周官》'以两造听民讼'。'具备'者,词、证皆在也(《汇纂》引王樵曰:"词如文卷,证是证佐")。'师',众也。'五辞',丽于五刑之辞也。"

伪孔、《孔疏》释"两"为"囚"与"证"二者,宋学诸家则释为诉讼两方,显然宋学之释合文义。"造"则皆训"至",指到庭,亦称"造庭"。"两造",是诉讼双方都出庭。《周礼·大司寇》职文云:

"以两造禁民讼。入束矢于朝,然后听之。"郑玄注云:"造,至也。使讼者两至。既两至,使入束矢乃治之也。不至、不入束矢,则是自服不直者也。必入矢者,取其直也。《诗》曰:'其直如矢。'(见《小雅·大东》)"显然《周礼》用了《吕刑》此语。由伪孔训"造"为至,与郑玄注《周礼》同,显然伪孔袭用郑玄《吕刑》注原作此训,故郑玄移注《周礼》亦作此训。总之"两造"是诉讼双方都到庭,但习用既久,"两造"渐被作为诉讼双方的代称,"两造具备"就是诉讼双方都齐备了。

"师听五辞",上引伪孔已释为"众狱官共听其入五刑之辞"。苏谓"士听其辞",吕谓"群有司同听其辞"。《蔡传》则训"师,众也"。戴钧衡《补商》云:"'师',士师也。《传》以'师'为'众',古者疑狱乃与众共听,弊狱讼于朝,乃群士司刑咸在,非一切狱讼皆需众听也。此处解'师'为'众'(按,系据《释诂》),则下文'简孚有众'为复。"是此"师"字释为"众狱官"、"群有司"较妥。"五辞",伪孔释为"入五刑之辞",《蔡传》释为"丽于五刑之辞"(上文已释"丽,附也"。实同于"罹")。吕祖谦《书说》释为:"狱辞虽众,丽于刑者不过五,故谓之五辞。"此处谈五刑,刑讼中之辞自多,王樵《日记》云:"辞,即今之所谓供也。"朱骏声《便读》亦云:"辞,讼也。犹今言口供也。"众多的供辞,取其与五刑之某刑有关者定为某刑之辞,不出于五刑,故称"五辞"。

"两造",另有释为"狱之两曹"者。上引《周本纪·集解》徐广曰:"造,一作遭。"段玉裁以为是《今文尚书》作"两遭"。皮锡瑞《考证》云:"今文作'遭',盖假借为'曹',《说文》云:'𧮰,狱之两曹也,在廷东。从棘,治事者。'小徐(锴)曰:'以言词治狱者,故从

"曰"。'然则'两遭'盖即狱之'两曹'。汉人谓官名为曹，当本于《今文尚书》。"（屈万里《集释》据《尚书故》引钱大昕亦云"两遭，犹言两曹"。亦引《说文》证其说。经匆匆翻阅钱氏《养新录》未得，待再查。）按皮氏所引《说文》见卷五上《曰部》，段玉裁《说文解字注·曰部》"朁，狱两曹也"下云："两曹，今俗所谓原告被告也。曹，犹类也。《史记》曰'遣吏分曹逐捕'，《古文尚书》'两造具备'。《史记》'两造'一作'两遭'。两遭、两造即两曹，古字多假借也。"段氏以诉讼双方释狱之两曹。诉讼双方指人，狱之两曹指机构，竟牵混为释。由此可悟"两造"主要指诉讼双方，虽有指狱讼机构者，仍以诉讼双方释之，则狱讼机构说可置之勿论矣。

⑥五辞简孚正于五刑——"孚"，《周本纪》照引此两句，而"孚"引作"信"。伪孔云："五辞简核，信有罪验，则正之于五刑。"《孔疏》："既得囚、证，将入五刑之辞更复简练核实，知其信有罪状，与刑书正同，则依刑书断之，应墨者墨之，应杀者杀之。"《蔡传》："'简'，核其实也。'孚'，无可疑也。'正'，质也。五辞简核而可信，乃质于五刑也。"基本可依此汉宋两学之说为释。惟"正"以释为定较妥，《管子·法言篇》云："正也者，所以正定万物之命也。"是"正"有"定"义。

⑦五刑不简正于五罚——《周本纪》照引录本句。《集解》引伪孔为释。伪孔释云："不简核，谓不应五刑，当正五罚，出金赎罪。"《孔疏》："'不简核'者，谓覆审囚证之辞不如简核之状。既囚与证辞不相符合，则是犯状不定，谓不应五刑，不与《五刑书》同。狱官疑不能决，则当正之于五罚，令其出金赎罪。依准'五刑疑则从罚'，故为五罚，即下文是也。今律，'疑罪各依所犯以赎论，虚实之

证等,是非之理均,或事涉疑似,旁无证见,或虽有证见,事涉疑似如此者皆为疑罪’。"苏轼《书传》:"罚,赎也。"《蔡传》:"'不简'者,辞与形参差不应,刑之疑者也。'罚',赎也。疑于刑则质于罚也。"仍可依此诸家为释,因其文义如此。新安王氏(炎)提出"从恕而用罚,非谓疑其无罪而姑罚之"之说。见下文"五刑之疑有赦"校释,惟彼仍同意此句汉宋经师之说。

⑧五罚不服正于五过——《周本纪》亦照引录本句,《集解》亦引伪孔为释。伪孔释云:"'不服',不应罚也。正于五过,从赦免。"《孔疏》:"'不服,不应罚'者,欲令赎罪,而其人不服,狱官重加简核,无复疑似之状,本情非罪,不可强遣出金,如是者则正之于五过,虽事涉疑似,有罪乃为过失,过则可原,故从赦免。下文惟有五刑、五罚,而无五过,亦称五者,缘五罚为过,故谓之五过。五者之过,皆可原也。"苏轼《书传》:"过失,则当宥也。"《蔡传》:"'不服'者,辞与罚又不应也,罚之疑者也。过,误也。疑于罚,则质于过,而宥免之也。"王樵《日记》云:"《正义》曰:'刑疑从罚,罚疑从过,过则免之矣。'禹曰'宥过',《易》曰'赦过'。知过即免之也。"

王樵《日记》又云:"按'五辞简孚'六句,只是相推下去,欲其原情定罪而已。'辞',即今(明代)之所谓'供'也。'简孚'者,不能隐讳,所招是实也。'正于五刑',议其罪也。'五刑不简',则情罪不合矣。谓求之五刑之中而无合其罪之条,则'正于五罚'。五罚又不服,则'正于五过'。上言'不简',下言'不服',盖互言之。'正于五罚',即'流宥五刑'(见《尧典》)。'正于五过',即'眚灾肆赦'(同上见《尧典》)。但穆王(误,当作吕王)新定赎法,罚以赎言,非复古者降等之用矣。"

⑨五过之疵惟官惟反惟内惟货惟来——《周本纪》引录此数句稍易作"五过之疵，官狱，内狱"。"来"，一作"求"。见《释文》云："'来'，马本作'求'，云有求请赇也。"皮锡瑞《考证》云："'惟官'十字，《史记》作'官狱内狱'。盖以'官'、'内'二字括经文五事。如段氏说（见下）则'官'与'反'为一类，故史公括以'官狱'。有内，即有货、有求，谓或借女谒之势，或因女谒而行苞苴、行请托也。三者亦为一类，故史公括以'内狱'。皮氏又就《释文》谓马本作"求"言之云："今古文盖同作'求'。汉人隶字'求'或作'来'，与来字相似，故托作'来'。来、求字异，不得同训也。"

对"官、反、内、货、来"五项的解释，则颇纷歧，伪孔云："五过之所病，或尝同官位，或诈反因辞，或内亲用事，或行货枉法，或旧相往来，皆病所在。"《孔疏》云："《释诂》云：'疵，病也。'此五过之所病，皆谓狱吏故出入人罪，应刑不刑、应罚不罚，致之五过而赦免之，故指言五过之疵。于五刑五罚不赦其罪，未有此病，故不言五刑之疵，五罚之疵。应刑而罚，亦是其病，于赦免言病，则赦刑以罚亦是病，可知损害王道，于政为病，故谓之病。'惟官'，谓尝同官位，与吏旧同僚也。或诈反囚辞，拒讳实情，不承服也。或内亲用事，囚有亲戚在官，吏或望其意而曲笔也。或行货于吏，吏受财枉法也。或囚与吏旧相往来。此五事皆是病之所在。此五事皆是枉法，但枉法多是为货，故于货言枉。余皆枉可知。"苏轼《书传》云："刑之而不服则赎，赎之而不服则宥，无不可者。但恐其有疵弊耳。'官'者，更为请求也。'反'者，报也。报德怨也。'内'，女谒也。'货'，鬻狱也。'来'，亲友往来者为言也。"林之奇《全解》云："疵，病也。惟官惟反惟内惟货惟来，皆刑罚之所病，而特言五过者，举上文而言耳，以此文在'五过'之下故也。……'惟官'，王氏（安石）曰：'贵势也。''惟反'，苏氏曰：'报旧也。''惟内'，先儒曰：'内亲用事。'苏氏曰：'女谒。'皆通。'惟货'，行货以鬻狱也。'惟来'，旧相往来也。"吕氏《书说》云："刑降而为罚，罚降而为过，每降愈轻矣。刑固欲轻，以私而故纵，则非天讨，此所以严责典狱者五过之疵，而待以惟钧（见下句）之刑也。故纵而宥以五过，其疵病大率有五：'官'者，权势也。'反'者，报德也。'内'者，女谒也。'货'者，贿赂也。'来'者，干请也。"《蔡传》全袭用吕氏此五项，惟"权势"易为"威势"。段玉裁《撰异》云："官者畏其高明也，反者不畏而矫枉过正也。此二者疵之最甚者也。内者女谒行也，货者苞苴行也，来者诸虽非女谒苞苴，而请托于其间也。'来''求'字异训同。"顾师《笔记》第八卷第 6294 页云："段玉裁解之曰……此解甚善。予意：'惟官'为挟势以凌下，'惟反'为任情以抗上。"其中"内"、"货"意义较明确，故诸家说多接近。"官"、"反"、"来"三字则可作不同理解，所以纷歧之说较多。经过多家提解，最后归于吕、蔡之说，似较说得通。故戴钧衡《补商》云："疵，犹弊也。'官、反、内、货、来'，解者不一，以《传》（《蔡传》）为当。"然当参以段氏、顾师之说。

⑩其罪惟钧其审克之——《周本纪》引录本句作："阅实其罪，惟钧其过。"未引录"其审克之"句。《集解》："马融曰：以此五过出入人罪，与犯法者等。"伪孔释云："以病所在，出入人罪，使在五过，罪与犯法者同。其当清察，能使之不行。""其罪惟均"，释为"罪与犯法者同。"即典狱者用五过之疵中的不正当手段帮助犯法者逃脱刑罚，则他的罪与该犯法者所犯的罪同。即以该犯法者原应受的

刑罚转用以处罚他。故《孔疏》云："以五病所在出入人罪,不罚不刑,使得在于五过妄赦免之,此狱吏之罪与犯法者同。诸侯国君清证审察能使之不行及为善也。此以病所在惟出人罪耳,而《传》并言入者,有罪而妄出与无罪而妄入,狱吏之罪等,故以出入言之。今律故出入者与同罪,即此是也。"亦《蔡传》所云："惟此五者之病以出入人罪,则以人之所犯坐之也。'审克'者,察之详而尽其能也。"

"其审克之",段玉裁《撰异》云："《汉书·刑法志》:元帝初立,乃下诏曰:'《书》不云乎,惟刑之恤哉! 其审核之。'兼采《尧典》《吕刑》二篇也。'克'、'核'古音同在第一部,盖《古文尚书》作克,《今文尚书》作核也。'克'当为'核'之假借。伪孔训'能',非。"戴钧衡《补商》云："今案段说是也。古字'克'通'刻','刻'与'劾'一字,'核'与'覈'一字,皆可训'实',故二字可通。'审克'者,审察核实之谓也。"依段说,则伪孔"能使之不行"、《蔡传》"察之详而尽其能"二者皆误,但当为"其审核之"。

⑪五刑之疑有赦五罚之疑有赦其审克之——《周本纪》照录此三句。《集解》引录伪孔之释。《孔疏》引郑玄注云："不言'五过之疑有赦'者,过不赦也。《礼记》曰:'凡执禁以齐众者,不赦过。'"伪孔释云："刑疑,赦从罚;罚疑,赦从免。其当清察,能得其理。"《孔疏》:"刑疑有赦,赦从罚也。罚疑有赦,赦从免也。上云'五罚不服,正于五过。'即是免之也。'不言五过之疑有赦'者,知过则赦之,不得疑也。其'当清察能得其理',不使应刑妄得罚,应罚妄得免也。《舜典》云:'眚灾肆赦。'《大禹谟》云:'宥过无大。'《易·解卦·象》云:'君子以赦过宥罪。'《论语》云:'赦小过。'是过失之罪

皆当赦放，故知过即是赦之。郑玄云（见上引），如郑此言，'五罚不服正于五过'者，皆言罪之也。五刑之疑赦刑取赎，五罚疑者反使服刑，是刑疑而输赎，罚疑而受刑，不疑而更轻，可疑而益重，事之颠倒一至此乎？谓之祥刑，岂当若是。"反对郑玄有过不赦之说，以为过当赦。吕祖谦《书说》云："五刑之疑有赦，即所谓正于五罚。五罚之疑有赦，即所谓正于五过。观下文五辟疑赦而为罚，则五罚疑赦而为过，从可知也。皆欲其审克者，当赦而不赦，不当赦而赦，所害皆不轻也。"《蔡传》承吕说而简言之云："刑疑有赦，正于五罚也；罚疑有赦，正于五过也。"

至王炎提出"从恕而用罚，非谓疑其无罪而姑罚之也"之说，为陆九渊学派的东阳陈大猷《书集传或问》所称引。其书先设"或问"曰："孔氏谓五刑之疑则赦而从罚，诸儒所共遵，而老泉之论尤近人情，今乃取王说，何也？"按老泉苏洵之说见林之奇《全解》所引云："老苏曰：'夫罪固有疑，今有人或诬以杀人而不能自明者，有诚杀人而官不能折其实者，是皆不可以诚杀人之法坐，由是而有减罪之律，当死而流，使彼为不能自明者耶，去死而不得流刑，已酷矣。使彼诚为杀人者耶，流而不死，刑已宽矣。是失实也。有失实之弊，则无辜者多怨，而侥幸者亦以免。今欲使不失实，其莫若重赎。彼罪疑者虽或非其辜，而法亦不至残溃其肢体。若其有罪，则法虽不刑，而彼固已困于赎金矣。'"《或问》在设问后，即答曰："五简正于五罚，'不简'，谓罪不当于五刑。若今世有罪而情理可悯，则与之从轻者是也。故从恕而用罚，非谓疑其无罪而姑罚之也。若夫疑狱则疑而不可知者也，若为盗而无赃证，杀人而无明验，是为疑狱。疑则不可知其人为有罪矣。不可知其为有罪，虽轻罚犹不加，况加以重罚乎？故今世疑狱虽杀人之罪而不敢递加以刑，盖不知其为果杀人故也。其以为重罪之疑而加以重罚，受罚者果何辜哉！先王之制必不尔也。故曰：五刑之疑有赦，赦则释之而已，若更有罚，何足以为赦？新安王氏辨之详矣。且老泉谓或有诬以杀人而不能自明者，有诚杀人而官不能折其实者，所以必贵于赎。……果知其为不能自明者耶，则是已知其非罪矣，非所谓疑也，罚乌可加乎？果知其为杀人而不能折其实耶，是杀人无可疑，特吾未能折其实耳。……是真可疑者也，又乌可复加以罚哉！兼诸儒多谓'五刑之疑有赦'，即所谓'正于五罚'。'五罚之疑有赦'，即所谓'正于五过'。经文不应若是重复。盖'五刑'、'五罚'、'五过'皆所以治之，故以'正'言。是皆明知其罪之所止者也。至于'五刑之疑'则是不知其为有罪者也，则直赦之而已。……或曰'五刑不简，正于五罚'，若五刑之疑者，既已竟赦之矣，则又安得有所谓五罚之疑者哉。曰：刑不见简而正之五罚，盖明知其罪不当于刑而罚之也。其有罪不当于刑而宜罚者，而其所以致此罚罪之由或疑而无证，则为五罚之疑亦赦之也。"此其说在阐明"五刑不简正于五罚"四句与此"五刑之疑有赦"两句原是两码事，彼此之间不相重复。彼自"五刑不简，正于五罚；五罚不服，正于五过"。此则"五刑之疑"直赦之，不搞什么"五罚"；"五罚之疑"亦直赦之，不搞什么"五过"。这是陈大猷承王炎之说进而阐述了自己见解，使人们理解到了"五刑不简正于五罚"四句与"五刑之疑有赦"两句之间的颇见深微的区别。

⑫简孚有众惟貌有稽——《周本纪》引录此两句作"简信有众，惟讯有稽"。《集解》引伪孔之释(惟伪孔末句"重刑之至"引作"重之至也")。"貌"又作"緢"，见《说文》"糸部"所引。段玉裁《撰

异》云："《说文》十三篇《糸部》云：'緢，旄丝也。从糸，苗声。《周书》曰："惟緢有稽。"'玉裁按，緢之本训为旄丝，旄牛尾丝也。《尚书》本作'緢'，孔安国以今文字读之，审为'貌'之假借，乃更为'貌'字。……《说文》多存壁中之旧文，而《尚书》则多从安国以下诸儒所读。《孔传》虽伪，亦多旧说。《释文》《正义》不言马郑'惟貌'有异解也。……《周本纪》'惟讯有稽'，此《今文尚书》也。《集解》所引孔安国'惟察其貌'之云，如风马牛不相及。或谓说古文家何不读为'讯'而读为'貌'也？曰：'讯'与'緢'音绝不类，今文与古文或彼此绝异。"陈乔枞《经说考》云："《说文》编字，皆以谊类相从。其'緢'字次'细'下，'细'字次'纤'下。而'纤'训细，'细'训微，则'緢'训旄丝，亦微细之谊也（按此段据江声《音疏》说）。……緢训为细，谓当细讯其情，故《史记》以诂训代之，云'惟讯有稽'也。'简孚'作'简讯'，亦以诂训字代之。"

伪孔释为："简核诚信，言合众心，惟察其貌，有所考合，重刑之至。"由于误"緢"为"貌"，故段玉裁讥其释如风马牛不相及。《孔疏》亦从而可知其不相及。宋学诸家亦皆从"貌"为释，则其不相及益远。

江声《音疏》释"简孚有众"为诚信于有众。而将"貌"字改回为"緢"字。以"貌"为卫包所改。"緢"字则据《说文》编字以义相从，知緢亦微细义。"稽"字则据《周礼》之《宫正》职、《质人》职郑注，并云"稽，考也"，又《小宰》职郑仲师注云："稽，计也，合也。"合此诸义以为稽字义。王鸣盛《后案》亦举此诸字训义而后云："罪状诚实，众论金同，且察其精至微细之处，皆有所考合，然后刑之。"孙星衍《注疏》则云："'简孚有众'者，即《王制》所云'疑狱泛与众共'

也。……《周礼·小司寇》:'以三刺断庶民狱讼之中,一曰讯群臣,二曰讯群吏,三曰讯万民。'盖欲其诚信有众,必用三讯之法与官民共治之也。'稽'者,郑注《周礼》云:'考合也。'史公'貌'作'讯'者,《诗传》云:'讯,问也。'……'緒'次细字纤字后,则为细微必加考察之义。"有此诸家之释,可参互以寻其义了。

⑬无简不听具严天威——《周本纪》引本句作"无简不疑,共严天威"。《集解》引伪孔之释。段玉裁《撰异》:"《周本纪》'听'作'疑',此《今文尚书》之异。'具'作'共',则故训也。'具'训'俱','俱'训'共'。"

伪孔释云:"无简核诚信,不听理其狱,皆当严敬天威;无轻用刑。"《孔疏》:"'无简核诚信'者,谓简核之于罪,无诚信效验可简核,即是无罪之人,当赦之。"苏轼《书传》:"初无核实之状,则此狱不当听也。所以如此者,畏天威也。"《汇纂》引张九成说(当系据黄伦《尚书精义》所录张氏《尚书详说》之文)云:"具,俱也。谓上所言皆敬天威也。"林之奇《全解》亦云:"苟无简孚之辞,则不当听其狱矣。其听狱所以如是之审者,以其天威可畏,不可不严敬之也。"吕祖谦《书说》则云:"'无简不听具严天威'者,不经众人之简核,则狱虽威而上有所不听。所以为是求详而致严者,盖刑乃天之威。非君之私权也,天明畏自我民明威,众之所感乎,即天威之所在也。"宋儒大抵皆承苏氏之说,或有所发挥,至《蔡传》总承诸说而简言之云:"听狱以简核为本,苟无情实,在所不听。上帝临汝,不敢有毫发之不尽也。"皮锡瑞《考证》云:"'无简不疑',谓既细讯之而无可信之情,则不在疑赦之列也。"

有如上汉、宋两学诸说,则文义自明,后儒大抵无多新意。清儒及近人有补充文字训义者。江声《音疏》云:"严之为言,庄也,肃也,故云'严,敬也'。"孙星衍《注疏》云:"'无简不听',与《王制》文同。郑注云:'简,诚也。有其意而无其诚者,不论以为罪。'(按此资料王鸣盛《后案》已先引)'具严天威',言俱当严敬天威也。"杨筠如《核诂》:"'听',《广雅》:'从也。''具',《广雅》:'共也。'《史记》作'共',共之言,奉也。'严',《诗传》:'敬也。'"屈万里《集释》:"'无简',谓无可核验。'听',今语受理之意。'具',《史记》作共。《尔雅·释诂》:'共,具也。''严',敬也,义见《诗·殷武·毛传》,此谓敬谨。'天威',天定之惩罚也。"

⑭墨辟疑赦其罚百锾——"墨",一作"黥"。"锾",一作"率"。"率",亦作"选",又一作"馔"。见《周本纪》引录本句云:"黥辟疑赦,其罚百率。"《集解》:"徐广曰:'率即锾也,音刷。'孔安国曰:'六两曰锾。锾,黄铁也。'"《索隐》:"'锾,黄铁。'锊亦六两,故马融曰:'锊,量名,与《吕刑》锾同。'旧本率亦作选。"又见《尚书大传》云:"禹之君民也,罚弗及强而天下治,一馔六两。"陈寿祺辑本"案曰":"馔,他本作鐉,非。"段玉裁《撰异》:"按《今文尚书》作'率',或作'选',或作'馔',《古文尚书》作'馔'。《史记·周本纪》'百率'、'五百率'、'千率',此依《今文尚书》也。徐广曰'率音刷'。《索隐》曰'旧本"率"亦作"选"',考《汉书·萧望之传》曰:'《甫刑》之罚,小过赦,薄罪罚,有金选之品。'《尚书大传》曰:'一馔六两。''率'与'选'、'馔'皆双声。今刻《尚书大传》作'鐉'者,误也。"

伪孔释之云:"刻其颡而涅之曰墨刑。疑则赦,从罚六两曰锾。锾,黄铁也。"《孔疏》:"五刑之名,见于经传,唐虞以来皆有之矣,未知上古越在何时也？汉文帝始除肉刑，其刻额、截鼻、刖足、割势皆法，传于先代，孔君亲见之。《说文》云：'颡，额也（徐铉注："今俗作额"）。'"其下文较详谈了墨、劓、黄铁诸项问题，其后历代经师亦大都有说。现即按诸项分别汇录其资料以明其大要如下：

"墨"，《周礼·秋官》司刑职郑玄注云："墨，黥也。先刻其面，以墨窒之。"伪孔释为"刻其颡而涅之"。"颡"，《说文》释为额。古礼有稽颡，即将额扣至地。"涅"，音捏，染也（原义为矾，以之染物遂有染义）。《淮南子·俶真》："今以涅染紫则黑。"是其义。《论语·阳货》"涅而不缁"注亦云："涅，可以染皂。"（皂为黑色）《孔疏》："墨一名黥，郑玄《周礼》注云：'墨，黥也，先刻其面以墨窒之。'言刻额为疮，以墨塞疮孔令变色也。"《东坡书传》《蔡传》全承用伪孔之释，以后经师多承之。

"辟"，陈经云："载于法谓之'刑'，加于人谓之'辟'。犯墨辟而情罪之可疑者，则赦之使赎其罚，则罚之纳赎也。然必检阅核实其罪，使与罚相当，不可苟也。下仿此。"（按董鼎《纂注》、陈栎《纂疏》皆引录"陈氏曰"如上文，列于夏僎前，而不载其名，《汇纂》始载明陈经，然此文不见于陈《详解》中。）吕祖谦《书说》袭用了"载于法谓之刑"两句。本篇中载于法之刑为墨、劓、剕、宫、大辟"五刑"，加之于人的则为此处之"五辟"：墨辟、劓辟、剕辟、宫辟、大辟。大辟为死刑之辟，以其为"辟"之最大者，"大辟"遂亦为死刑之代称。故刑、辟实一，一为法律中各种定刑之名，一为该刑执行时之名。实际"辟"亦为"刑"之通名。

"疑"、"赦"已详上文"五刑之疑有赦"校释。林之奇《全解》云："'五刑之疑有赦'，此即上文'五刑不简正于五罚'，赦而从罚也。'五罚之疑有赦'，此即上文'五罚不服正于五过'，赦而免之也（按此说已为王炎所非难）。五罚之疑，谓之赦可也。五刑之疑，尚不免于罚，而谓之赦者，盖虽以金自赎，而幸其不至于残溃其肌体，是亦赦也。下文'墨辟疑赦'之类皆然也。薛博士说：'丽于辟而疑于无罪，则赦。赦谓释其罪不问，非谓赦之而从罚也。犯辟而不正当于辟，则非无罪，特不简于正而已。于是从罚。'（此薛氏说前半与王炎同，后半异）此盖以五刑五罚之下皆有'赦'字，故为此说，下文曰：'墨辟疑赦，其罚百锾。'于'疑赦'之下'罚'字之上言'其'字者，指其上之辞，则百锾之罚，正以疑而赦之也。如是则上下之意方连属。……古之云赦者，以疑似之罪不可以刑辟加，故为之差降赎罚以宽宥之，所以矜恤善良非贷免恶人也。"苏轼《书传》云："五刑疑则入罚，不降，相因古之制也。所谓疑者，其罪既阅实矣，而于用法疑耳。"按，应参看王炎、陈大猷之说。

"罚"，亦已详上文。夏僎《详解》云："罪实而加以法，谓之刑；罪疑而赎以金，谓之罚。互见其义，以明刑罚之条。"则此罚纯为赎金而设。《蔡传》云："今案皋陶所谓'罪疑惟轻'者，降一等而罪之耳。今五刑疑赦而直罚之以金，是大辟、宫、剕、劓、墨皆不复降等用矣。苏氏谓：'五刑疑，各入罚不降，当因古制。'非也。舜之赎刑，官府学校鞭扑之刑耳。夫刑莫轻于鞭扑，入于鞭扑之刑，而又情法犹有可议者，则是无法以治之，故使之赎，特不欲递释之也。而穆王（当作吕王）之所谓赎，虽大辟亦赎也，舜岂有是制哉！"陈大猷《或问》云："蔡氏之说，出于晦庵（朱熹号），学者所当知之。"按朱熹之说，见其《语类》，《汇纂》曾录存其数则，其主要之句为："想见那穆王胡做，到那晚年无钱使后，撰出那般法来。"然其他宋儒如苏轼、林之奇、吕祖谦等及陆九渊学派诸人大都称誉穆王（当作吕王）及《吕刑》之佳处，以为王至晚年哀矜于刑狱，醇厚之至。明代王樵、清初王夫之都有系统的为《吕刑》"罚赎"之制作辩护的专论。到清代后期亦有不少学者以为《吕刑》所定罚赎之制在救当时之弊，不是为了敛民财。这些大都给《吕刑》的罚锾赎刑作了较平允的评论。更何况吕王是有惩于苗民的"五虐之刑""杀戮无辜"而发，意在令出财物以代犯者死刑及各种肉刑，免于"残溃其肌体"，还有其仁厚的主观意图。所以吕王之所以制定这一套赎刑，原是从正面意义积极意义出发而制订的。详见后面"讨论"（二）《吕刑》的赎刑及对其评价问题。

"锾"，《孔疏》云："'六两曰锾'，盖古语存于当时，未必有明文也。《考工记》云：'戈，矛重三锊。'马融云：'锊，量名，当与《吕刑》锾同。俗儒云锊六两为一川，不知所出耳。'郑玄云：'锾，称轻重之名，今代（汉）东莱称，或以大半两为钧，十钧为锾，锾重六两大半尔，锾、锊似同也。或有存行之者，十钧为锾，二锾四钧而当一斤。'然则锾重六两三分两之二。《周礼》谓锾为锊，如郑玄之言，一锾之重六两多于孔子所说，惟校十六铢尔。"《释文》云："锾，徐：'户关反。'六两也。郑（玄）及《尔雅》同。《说文》云：'六锊也。锊，十一铢（按今本《说文》无"一"字）二十五分铢之十三也（今本《说文》作"十铢二十五分之十三也"）。马（融）同。又云：贾逵说俗儒以锊重六两，《周官》：'剑重九锊。'俗儒近是。"（按，铢积而为两，《汉书·律历志》："一龠容千二百黍，重十二铢。两之为两，二十四铢为两。"）

段玉裁《撰异》先录《说文》正其误字，然后依次阐释《释文》。

其先录《说文》云:"《说文》十四篇《金部》曰:'锊,十一(各本无"一",今补)铢二十五分铢(各本无"铢",今补)之十三也。从金,寽声。《周礼》曰:'重三锊。'北方(俗本此下有'以'字,小徐及《六书故》无)二十两为三(各本无"三",依东原先生补)锊。'又曰:'鋝,亦(各本无"亦",今补)锊也。《周书》曰:'罚百鋝。'"

接着为"玉裁按",其自"今文作率、选、僎,古文作锊"至"今刻《尚书大传》作鏻者误也"一段,已录在本句"墨辟疑赦其罚百锊"开头校勘文字处。段氏接在"作鏻者误也"后面之文云:"《周礼·职金》正义云:'夏侯、欧阳说"墨辟疑赦,其罚百率",古以六两为率,古《尚书》说"百锊",锊者率也。一率十一铢廿五分铢之十三也。百锊为三斤。郑玄以为古之率多作锊。'玉裁按,此盖出《五经异义》。《今文尚书》作率,《古文尚书》作锊。《今文尚书》说率重六两,《古文尚书》说锊重十一铢二十五分铢之十三。其字其说皆异也。古文家说锊即率者,比合伏生《尚书》言之耳。马季长云:'贾逵说俗儒以锊重六两。''俗儒'者,谓欧阳、夏侯,即《大传》之'一僎六两'也。郑、孔、王及《小尔雅》以六两训锊,此用《今文尚书》说说《古文尚书》也。马季长、许叔重则用古《尚书》说,谓锊即《考工记》之鋝字。马氏《考工记》曰:'鋝,量名,当与《吕刑》锊同。'(见《尚书正义》《史记·周本纪索隐》)此许谓'锊即鋝'之所本也。"

以上为段氏所引汉代关于锊、率、鋝的资料。

而后为段氏逐项阐释《释文》之说云:"《释文》引《说文》:'锊,六鋝也。'……盖'六'乃'亦'字之误。谓《尚书》之'锊',亦即《考工记》之鋝也。""又《说文》:'北方二十两为锊。''北方'上当有

'一曰'二字,此别一义也。""郑君《尚书》注云:'锾,六两也。'此见《释文》。而集郑注者皆不采,其故以《释文》下文有云'贾逵说俗儒以铧重六两。'俗儒谓欧阳夏侯也。谓郑必不用俗儒说,而不知马郑王注《书》之用欧阳夏侯者多矣。郑注《尚书大传》云'死罪出铁三百七十五斤',即六两之说。""《释文》云《尔雅》说'锾六两'者,谓《小尔雅》也。《小尔雅》云:'二十四铢曰两,两有半曰捷,倍捷曰举,倍举曰锊。锊谓锾。'按,以《考工记》之锊,《古文尚书》之锾,联合为一,此出于马季长,于此可证《小尔雅》之伪。""《释文》引马云:'贾逵说俗儒以铧重六两(此铧当为锾之误,贾逵说《古文尚书》语也)。'《周官》'剑重九锊俗儒近是。'按马云锾即锊,故引《周官》以明欧阳、夏侯'六两说'是也。郑司农注《冶氏》云:'锊,读如刷。'(如字俗本作为字)应劭注《萧望之传》:'选,音刷。'按锊、刷、选、馔四字双声,则锾请'书还切'而为一字。但季长始为是说,前此未尝尔。""小颜注《萧望之传》云:'选,字本作锊。锊,即锾也。其重十一铢二十五分铢之十三。一曰重六两。'按张敞自用今文家六两说,不当兼用今文家十一铢有零说为之注。且'选字本作锊,锊即锾也',此乃依马融说牵合,非《汉书》本作锊也。马注盖兼用古今二说,故《释文》兼引之。"此阐释《释文》之说,仍主要在辨析汉代"锾"、"锊"之资料。

段氏最后引戴震说云:"戴先生说:'锊,当为六两,锾当为十一铢二十五分铢之十三。《吕刑》字当作锊。'说详《考工记图》。"按戴震《考工记图》"重三锊"下云:"许叔重《说文解字》云:'锊,锾也。'(按此系录《说文》锊字、锾字全文后为此言。《说文》原作"锾,锊也"。)今东莱称或以太半两为钧,十钧为锾(误作环者非),

锾重六两太半两。'锾'、'锊'似同矣。则三锊为一斤四两。……锾、锊篆体易讹，说者合为一，恐未然也。锾读如丸，十一铢二十五分铢之十三，垸其假借字也。锊读如刷，六两六半两，率、选、馔其假借字也。二十五锾而成十二两，三锊而成二十两。《吕刑》之锾当为锊，故《史记》作率，《汉书》作选，伏生《大传》作馔。《弓人》'胶三锊'，当为锾，一弓之胶三十四铢二十五分铢之十四。贾逵说俗儒以锊重六两，此俗儒相传讹失，不能核实，脱去'太半两'言之。《说文》云'北方以二十两为锊，正合三锊'，盖脱去'三'字。"此仍释汉代资料。《孔疏》《释文》小颜（师古）《汉书》注皆为唐时学者对汉代有关"锾"、"锊"资料所作研究与了解。

宋林之奇《全解》云："'锾'，汉孔氏（指伪孔）曰：'六两。'《周官·考工记》曰：'戈、戟重三锊。剑，上制重九锊，中制重七锊，下制重五锊。'郑康成：'《说文》云："锊，锾也。"今东莱称或以太半两为钧，十钧为锾。锊重六两太半两，锾、锊似同矣。'惟郑氏之说以锾为六两太半两，故三锊则一斤四两。九锊则三斤十二两，七锊则二斤十四两三分两之二，五锊则二斤一两三分两之一，皆以六两太半两而计之也。太半两者，三分两之二也。郑康成以锊为锾，虽因《说文》之言，然《说文》之所谓锊者'十铢二十五分之十三'，又曰'北方以二十两为锊'。郑氏六两太半两之数，所异于孔氏者太半两耳。如《说文》之言，一则比之为太轻，一则比之为太重也。老苏（洵）谓一锾之重当今三百七十斤有奇，盖亦因孔氏六两而计之也。"苏洵之言未及觅读，苏轼《书传》中对其父说无反映，但言"六两曰锾"。《蔡传》亦但提此四字，此外未涉及"锾"、"锊"其他资料一字。元明儒者大都照录此伪孔"六两曰锾"四字，无谈及锾、锊有关数据者。

清江声《音疏》云:"今文'锾'为'率',说云'六两为率'。古文作锾,说云:'锾者,率也。一率十一铢二十五分铢之十三。百锾为三斤。'声谓:'率',假借字也。字本作'鍰',鍰者,六两三分两之二。百鍰为四十一斤十两三分两之二,太重,似非也。'锾'则十一铢二十五分铢之十三,百锾三斤,近之。"并自疏云:"今文、古文说皆出《五经异义》,见《周礼·职金》疏。二说多寡之数悬殊,窃以古文说为是。但古文说合'锾'、'率'为一,犹未然也。……古文说'百锾为三斤'者,锾者,十一铢二十五分铢之十三,先以百乘十一铢为千一百铢,又以百乘二十五分铢之十三为千三百分,还以二十五分约之,则千分为四十铢,三百分为十二铢,共五十二铢。以二十四铢为两约之,取九百六十铢为四十两,余百九十二铢又得八两,凡四十八两。十六两为斤,则四十八两为三斤矣。是'百锾为三斤'也。……今文说云'六两为率'。《说文·金部》云:'锾,鍰也。鍰,十一铢二十五分铢之十三也。'古文说云'锾者,率也。一率十一铢二十五分铢之十三。'是皆假借'率'为'鍰'也。盖鍰是差等金轻重之数名。故从金,寽声。此正字也。'率'与'鍰'同音,或通用为'鍰'字,是假借也。云'鍰者,六两三分两之二'者,《周礼·考工记》:'冶氏为戈,重三鍰。'郑注云:'三鍰为一斤四两。'计一斤为十六两,加四两,总二十两。取十八两三分之,每分得六两,余二两,又三分之,又每分得三分两之二,是一鍰为六两三分两之二也。云'百鍰为四十一斤十两三分两之二'者,一鍰为六两三分两之二,以百乘六两为六百两,其三分两之二,二实为十六铢,以百乘之则千六百铢。以二十四铢为两约之,取千四百四十铢为六十两,余百六十铢又取百四十铢为六两,犹余十六铢,则百锊凡六百六十六两三分两之二也。以十六两为斤计之,则六百四十两为四十斤,余二十六两三分两之二,又为一斤十两三分两之二,总四十一斤十两三分两之二,为百锊之实也。云'太重似非也'者,不从今文家百率之说也。但古文说:'锾者,率也。'《说文》亦云:'锾,锊也。'今'率'、'锊'之义皆不用,而云'锾则十一铢二十五分铢之十三,百锾三斤为近之'。必知'锾'轻于'率'、'锊'者,《考工记》云:'杀矢,刃长寸,围寸;铤十之;重三垸。戈,广二寸,内倍之,胡三之,援四之,重三锊。'以此二者之长短、大小差之,则'垸'轻于'锊'远甚可知矣。'锾'、'垸'声相近,'垸'即'锾'之假借字也。此经今文作'率',古文作'锾',字既不同,而所说轻重之数亦悬殊。兹从古文'锾'字,因即从古文所说之数尔。且以三锾计之,则三十四铢二十五分铢之十四。杀矢之铤围细于刃围,刃长寸之围寸,铤十之。计其分量,大约三十四五铢之间尔。则'三垸'非即'三锾',故言垸即锾之假借字。锾则十一铢二十五分铢之十三也。然则古文家说以'率'当'锾'虽未是,其说锾之数则是;准其数则百锾为三斤,故云近之。近之,犹言是也。"顾师《笔记》第八卷第 6469 页起录引江氏此文,并录戴震《考工记图》之文,两相比览,谓:"两家所说相同,均以'锾'与'锊'为两字,锾轻而锊重。惟因篆体易讹,故《吕刑》之'锊'误作'锾',而《弓人》之'锾'误作'锊'。有此纠缠,故《说文》遂释为同义字,而数量轻重,各书脱误相仍,至于纷纭难理之程度。"因就江氏所举,将"锊"与"锾"二者数量以算式明之如下:

$$1\text{锊} = 6\frac{2}{3}\text{两}$$

百锊 = 41 斤 10 $\frac{2}{3}$ 两

1 锾 = 11 $\frac{13}{25}$ 铢

百锾 = 1300 铢 = 48 两 = 3 斤

25 锾 = 12 两

100 锊 = 666 $\frac{2}{3}$ 两 = 41 斤 10 $\frac{2}{3}$ 两

1 斤 + 4 两 = 20 两

1 锊 = 6 $\frac{2}{3}$ 两

3 锊 = 20 两

1 锾 = $\frac{9}{96}$ 锊

1 锊 = $\frac{20}{3} \times \frac{25}{12} = \frac{125}{9} = 13 \frac{8}{9}$ 锾

是一锊等于十四锾弱。

王鸣盛《后案》云:"此经郑注已亡,以郑《考工记》注及《舜典》疏引郑驳《异义》考之,郑与马意同也。何则,马既不从古文家,而于俗儒六两说亦但云近是,引《周礼》'剑重九锊'为证。《考工记·桃氏》为剑,'上制重九锊,中制七锊,下制五锊'。彼注以九锊为三斤十二两,七锊为二斤十四两三分两之二,五锊为二斤一两三分两之一。十六两为一斤,则郑意以一锊为六两太半两。马融据此而以俗儒言一锊六两为近是,是与郑合也。《考工记》又有《冶氏》'戈戟重三锊',彼注云:'许叔重《说文解字》云:"锊,锾也。"今东莱称或以太半两为钧,十钧为锾。锾重六两太半两。'锾、锊似同

2135

矣。则三锊为一斤四两。……又《弓人》'胶三锊',彼注云:'锊,锾也。'彼疏云:'《尚书》"其罚百锾"等言锾。此与《冶氏》言锊,锊与锾皆一物,皆是六两太半两也。'据此诸文,知郑意以锾即是锊。其数当为六两太半两,必与马合也。……《说文》编字以类相从,锊与锾文虽异而义则同,故连比编之。锊见《周礼》,故于锊下引《周礼》为证。锾见《周书》,故于锾下引《周书》为证。虽分两经,其义则一,故云:'锾,锊也。'郑既从之以解《考工记》,马注《尚书》又与之同,则其说不可易也。再以许慎之意推之……十一铢二十五分铢之十三,此本《尚书》古文家说锾字之义,非锊字之训,今乃入之锊字下,聊存古义,其下即继以二十两为三锊,然后次以锾字而注其下云:'锊也。'则慎意以锾即是锊,俱为六两太半两明矣。俗儒虽脱去太半两,但言六两,犹为近之,较古文家言一锾十一铢二十五分铢之十三,百锾仅为铜三斤,可赎黥面之罪。推之大辟千锾,亦只用铜三十斤可赎死罪,有是理乎?"皮氏《考证》云:"案王说是也。此古文说不及今文说之一证。今文但言六两,举成数耳。"其意在阐明许慎、马融、郑玄几位古文大家皆以锾即是锊,俱为六两太半两。则 1 锾 = 6 $\frac{2}{3}$ 两 = 1 锊矣。然则伪孔亦用"六两曰锾"之说,而不用十一铢有零之说,其殆亦知六两之说较合理欤!

其实唯《考工记》为铸造兵器所用铜的重量数字,为实际所需要的重量数字,是可靠的。汉代今文古文经师为《吕刑》五刑所定罚金的重量数字,是间接知识,是他们凭所理解写出的,所以彼此悬殊很大,是不足信的。读者对《吕刑》只当心知其意,知道对赎刑规定了不同数量的罚金,当时罚金的量名为"锾",五刑按其轻重定不同数量的锾。究竟一锾多少,古代传下来的资料只能作为参考。

顾师《笔记》第八卷第 6399 页云:"楚国发行之金质货币,有'陈爰'、'郢爰'等,此即《吕刑》之爰也。"这是考古发现所得的古代楚国货币,陈、郢为其地名,吕国邻近楚,同处中原的南方,大概货币也以"爰"称。以其为金质,故又写成"锾"。可知《吕刑》中罚多少"锾","锾"为货币单位,非重量单位。罚多少锾就是罚多少个锾。至于古代形成真正的货币,当在春秋迄战国之世,在西周大概还只有准货币,然商代已有贝为原始的准货币,则西周之有准货币,自在现实的可能中。故《吕刑》能将已出现的"锾"这种准货币写入篇中(字或作"镮",亦是一样的)。

　　《孔疏》释此句,于最后云:"《舜典》云'金作赎刑'。《传》以金为'黄金',此言'黄铁'者,古者金银铜铁总号为金,今别之以为四名。此传言黄铁,《舜典》传言黄金,皆是今之铜也。古人赎罪恶皆用铜,而传或称黄金、或言黄铁,谓铜为金为铁尔。"按《周礼·职金》职文云:"入其金锡于为兵器之所,入其玉石丹青于守藏之所,入其要。掌受士之金罚货罚,入于司兵。"是掌刑之士师官取得之金罚货罚,皆归于秋官的职金,转交司兵器之所铸兵器。即《管子·小匡》所说各种赎刑按轻重纳入甲戟、金钩之后,"美金以铸戈、剑、矛、戟,试诸狗马;恶金以铸斤、斧、锄、夷、锯、椓,试诸木土。"

　　⑮阅实其罪——《周本纪》照录此四字(下四句同),伪孔云:"阅实其罪,使与罚名相当。"《孔疏》云:"'阅实其罪',检阅核实其所犯之罪,使与罚名相当。然后收取其赎。此既罪疑而取赎,疑罪不定,恐受赎参差,故五罚之下,皆言阅实其罪,虑其不相当故也。"夏僎《详解》云:"每条必言'阅实其罪',恐听者或不详其意,止阅

实其一而忽其他，故不嫌其费辞也。"

⑯劓辟疑赦其罚惟倍——"劓"，原作"劓"。《说文·刀部》："劓，刑鼻也。从刀，臬声。《易》曰：'天且劓。'（徐铉音）鱼器切。劓，臬或从鼻。"《周本纪》引录本句作："劓辟疑赦，其罚倍洒。"《集解》："徐广曰：'一作蓰。五倍曰蓰。'孔安国曰：'倍百为二百锾也。'"《索隐》："洒，音屣。蓰，音所解反。"段玉裁《撰异》云："'倍洒'，此《今文尚书》之异也。洒当读如釃洒之釃（按《集韵》《韵会》皆音所绮切。又《韵会》音'蓰'亦为所绮切。是釃、蓰同音），即倍差也。徐广曰：'洒亦作蓰，五倍曰蓰。'玉裁按，'五倍曰蓰'，此本《孟子》赵注。其实《书》之'倍差'，《孟子》之'倍蓰'，《史记》之'倍洒'，三字同在支歌，古音相近。谓倍之而又不止于倍也。'差'是正字，赵注直以下文云十、百、千、万。故少于十而曰五倍，臆说也。《史记》劓、膑二项盖本皆作'倍洒'，与古文异。后人于膑改从古文作'差'，而劓则仍其旧。"

伪孔释云："截鼻曰劓刑，倍百为二百锾。"此释简明可从。

⑰剕辟疑赦其罚倍差——"剕"，《释文》："扶谓反。"字一作"膑"，见《周本纪》引录本句作："膑辟疑赦，其罚倍差。""剕"字《说文》作"跰"。见《足部》云："跰，跀也。从足，非声，读若匪。"又："跀，断足也。从足，月声。鱼厥切。""剕"，《广韵》："剕，刖足也。"《汉书·百官公卿表》"咎繇作士"师古注："剕，去髌骨也。"《说文》："刖，绝也。从刀，月声。鱼厥切。"段玉裁《撰异》："凡《古文尚书》'剕'字，《今文尚书》作'膑'。《史记·周本纪》'膑辟疑赦'，'膑罚之属五百'，《尚书大传·虞夏传》'唐虞象刑，墨者、劓者、膑者、犯大辟者'，《周传》'《甫刑》，其刑膑，其刑宫，其刑劓，其

刑墨，其刑死'，《汉书·刑法志》'髌罚之属五百'，《白虎通》'膑辟
之属五百'，《公羊疏》引《元命苞》'膑辟之属五百'，《周礼·司刑
注》及《尚书大传》注皆云周改'膑'作'刖'。而《驳异义》云：皋陶
改'膑'为'剕'。《吕刑》有剕，周改'剕'为'刖'（亦见《公羊疏》）。
郑云'皋陶改膑为剕、《吕刑》有剕'者，此据《古文尚书》言之。云
'周改剕为刖'者，此据《周礼·司刑》言之。'膑'者，《白虎通》云：
'脱其膑也。''剕'，《说文》作'跰'。云：'𨀷也。''刖'，《说文》作
'𨇦'，许、郑皆云'断足也'。然则'膑'与'剕'异制（按一为脱其
膑，一为断足），剕与刖制同而异字耳（皆为断足）。郑云'皋陶改膑
为剕'，谓改其制；云'周改剕为刖'，谓改其名。但皋陶既改膑为
剕，夏刑用之，不识《今文尚书》何以作膑字，盖'宾'声'非'声相
通，如㧕蜰同字（按此见《禹贡》），伏生教于齐鲁之间，误作膑字，失
其实也。"只因不同文籍中用了不同的字，《大传》作者及郑玄遂谓
皋陶改成什么字，夏代用什么字，周又改用什么字，皆妄说。这些
文籍都是西周至春秋战国以至汉代的文献，与皋陶何干？与夏何
干？这些汉代经师冬烘之说是不可据的。通儒段玉裁偶为所蔽。

《周本纪·集解》引马融曰："倍二百为四百锾也。差者，又加
四百之三分一，凡五百三十三三分一也。"伪孔释此句云："刖足曰
'剕'，'倍差'，谓倍之又半，为五百锾。"《孔疏》："《释诂》云：'剕，
刖也。'李巡云：'断足曰刖。'《说文》云：'刖，绝也。'是剕者断绝之
名，故刖足曰剕。赎劓倍墨，剕应倍劓，而云'倍差'，倍之又有差，
则不啻一倍也。下句赎官六百锾，知倍之又半之为五百锾也。截
鼻重于黥额，相校犹少。刖足重于截鼻，所校则多，刖足之罪，近于
宫刑，故使赎刑不啻倍劓，而多少近于赎宫也。"《周本纪正义》云：

2139

"倍中之差，二百去三分一，合三百三十三锾二两也。宫刑其罚五百，膑刑既轻，其数岂加，故知孔、马之说非也。"按，由于《周本纪》下一句误宫辟之罚为五百，故张守节《正义》误为此说，其实下句《集解》别本《史记》作"六百"，与《吕刑》原为"六百锾"相符合。知《正义》说不能成立。马融、伪孔两家各以意对"倍差"作出理解。就荆前之劓为四百、后之宫为六百来看，则伪孔所说之五百比马说为较近是，马说无据。然林之奇《全解》引王安石说为"四百"，则劓、荆、宫依次为二百、四百、六百，似更合理。《全解》原文云："马氏曰差者……又与孔氏不同，然不如孔氏之数简径。孔氏之说，又不如王氏。王氏曰：'倍差者，谓以百锾、二百、四百相倍而为差也。'则是以荆为四百锾。或曰'惟倍'，或曰'倍差'，驳文也。"王说为较合理，似近原意。于鬯《香草校书》又提出一说云："倍差者，盖二百五十锾也。上文……劓辟疑赦，其罚惟倍，倍者，倍墨辟百锾之数为二百锾也。此云……倍差，倍者亦倍墨辟……为二百锾也。非于劓辟之吝而又倍之也。……不当同为二百锾，必有出二百锾外者，则谓二百五十锾，其几矣。大抵五罚之数以倍计，劓辟之于墨辟既明著倍矣，下文云宫辟疑赦，其罚六百锾，《周本纪》六作五，当据以订正。五百锾者，正倍荆辟二百五十锾之数也。大辟疑赦，其罚千锾，又倍宫辟五百锾之数也。"其说殊牵强。

⑱宫辟疑赦其罚六百锾——《周本纪》引本句作："宫辟疑赦，其罚五百率。"将《吕刑》原文"六百"误为"五百"，裴骃《集解》已指出："徐广曰：'一作六。'"是当时《史记》别本亦作"六"，与《吕刑》原文合。张守节不应不读原文反据误本"五百"为说（见上）。段玉裁《撰异》不应说"此《今文尚书》之别本也"。"锾"，《周本纪》上

文"黥辟疑赦"已作"其罚百率",故此处作"五百率"（别本正确作"六百率"），下文"大辟"作"其罚千率",同作"率"。

《尚书大传·周传》云："男女不以义交者,其刑宫。"伪孔则云："宫,淫刑也。男子割其势,妇人幽闭,次死之刑。序五刑先轻转至重者,事之宜。"《孔疏》："伏生《书传》云：'男女不以义交者其刑宫。'是宫刑为淫刑也。男子之阴名为'势',割去其势,与椓去其阴,事亦同也。妇人幽闭,闭于宫,使不得出也。本制宫淫,主为淫者,后人被此罪者未必尽皆为淫。昭五年《左传》：'楚子以羊舌肸为司宫。'非坐刑也。汉除肉刑,除墨劓剕耳,宫刑犹在。近代反逆缘坐,男子十五以下不应死者,皆宫之。大隋开皇之初始除男子宫刑,妇人犹闭宫。宫是次死之刑,宫于四刑为最重也。人犯轻刑者多,犯重刑者少,又以锾数以倍相加,序五刑先轻后重,取事之宜。"苏轼《书传》简释为："宫,淫刑也,男子腐,妇人闭。"《蔡传》全用伪孔二句。大抵汉宋两学之说释之已明。

⑲大辟疑赦其罚千锾——《周本纪》引录本句作"大辟疑赦,其罚千率"。"大辟"为死刑,已见上文"墨辟惟赦"句下"辟"字之释。伪孔释此句云："死刑也。五刑疑,各入罚,不降相因,古之制也。"《孔疏》："《释诂》云：'辟,罪也。'死是罪之大者,故谓死刑为大辟。经历陈罚之锾数,五刑之疑各自入罚,不降相因,不合死疑入宫,宫疑入剕者,是古之制也。所以然者,以其所犯,疑不能决,故使赎之；次刑非其所犯,故不得降相因。"苏轼《书传》承之而又稍异其说云："五刑疑则入罚,不降相因；古之制也。所谓疑者,其罪既阅实矣,而于用法疑耳。"孔氏谓以其所犯之刑疑不能决；苏氏则谓刑已阅实,惟于用法疑不能决,似非经文原意。

"其罚千率"，陈乔枞《经说考》作"其罚千馔"，并引《尚书大传》云："夏后氏不杀不刑，死罪罚千馔。"《大传》又云："禹之君民也，罚弗及强，而天下治，一馔六两。"郑玄注云："馔，所出金、铁。死罪出三百七十五劢（斤），用财少尔。"陈氏"案"云："郑注云三百七十五斤，通合千馔六千两之数，此用今文家说也。如以锾重六两太半两计之，当为四百十六斤四两太半两。"这比王鸣盛据古文家说计算为三十斤铜即可赎死罪之说为多，似合理些。然上文已指出，除《考工记》所载造兵器用铜重量数字为可信外，所有汉今文古文经师为"五刑"所定罚金重量数字，全出他们由主观理解所写出，是不足信的。只要知道"锾"是罚金的量名就行了。

⑳墨罚之属千劓罚之属千剕罚之属五百宫罚之属三百大辟之罚其属二百五刑之属三千——《周本纪》对此六句完全照原句引录，惟"剕罚之属五百"引作"膑罚之属五百"，"剕"作"膑"，与上文同。《周本纪》引录《吕刑》至此六句止，《汉书·刑法志》所引此数句全同《周本纪》。

伪孔释之云："别言罚属（按此指前面"墨罚之属千"五句），合言刑属（指"五刑之属三千"一句），明刑、罚同属，互见其义以相备。"《孔疏》："此经历言二百、三百、五百者，各是刑之条也。每于其条有犯者，实则刑之，疑则罚之，刑属罚属其数同。别言罚属，五者各言其数，合言刑属，但总云三千，明刑罚同其属数，互见其义以相备也。经云'大辟之罚其属三百'，文异于上四罚者，'大辟'二字不可言'大辟罚之属'，故分为二句以其二字足使成文。"苏轼《书传》云："墨、劓、宫、辟，皆真刑也。罚者，罚应赎者也。'属'，类也。凡五刑五罚之罪，皆分门而类别之也。《周礼》'五刑之属二千五百’，而此三千，《孝经》据而用之。”林之奇《全解》云：“属者，条目也（按《孔疏》已作此释），言墨之罚虽百锾，而其条目则千也。其下皆然。《周官·司刑》之五刑共二千五百，均之皆有五百。此则三千，轻者多而重者少，皆有降杀。惟‘剕’居五刑之中，则与《周官》同，此盖因一时之宜而为之也。……分而言则曰罚之属，总而言则曰刑之属，先儒谓‘互见其义以相备’，是也。”《蔡传》用苏氏之说云：“属，类也。三千，总计之也。《周礼·司刑》所掌五刑之属二千五百，刑虽增旧，然轻罪比旧为多，而重罪比旧为减也。”按此据林氏“轻者多而重者少”之言为说，二人皆误以《周礼》为西周初周公旧籍，《吕刑》则西周中期穆王时始有，故曰比旧增多、比旧减少，不知刚好把二书先后颠倒，《吕刑》为西周时文，《周礼》则春秋时之作也（见拙作《周礼真伪之争及其书写成的真实依据》，载《古史续辨》）。

　　顾师《笔记》第八卷第 6297 页有“‘五刑之属三千’为夸大词”一则，首录“《后汉书》于夫余云：‘其俗用刑严急，被诛者皆没入其家人为奴隶。盗一，责十二。男女淫，皆杀之。’于高句丽云：‘无牢狱，有罪，诸加评议便杀之，没入妻子为奴婢。’于涉云：‘箕子教以礼义，又置八条之教，其人终不相盗，无门户之闭，妇人贞信。’”然后来受汉政权影响，法禁增多，但也只有六十余条，安得有三千之繁细者。而《孝经·五刑章》云：“子曰：‘五刑之属三千，而罪莫大于不孝。’”以为“则更以儒家之伦理思想与刑法相结合。……至于《吕刑》中何以要如此夸大，此亦当研究之问题”。至第八卷第6383 页则有“法律之繁简”一则云：“《汉书·地理志》云：‘殷道衰，箕子去之朝鲜，教其民以礼义、田蚕、织作。乐浪朝鲜民犯禁八条：

相杀,以当时偿杀;相伤,以谷偿;相盗者,男没入为其家奴,女子为婢,欲自赎者入五十万。'按此只三条或四条耳,尚有四条或五条不知作何语。刘邦入关,与诸父老约'法三章耳,杀人者死,伤人及盗抵罪'。此即上所云云也。《地理志》又云:'是以其民终不相盗,无门户之闭,妇人贞信不淫辟。……郡初取吏于辽东,吏见民无闭藏,及贾人往者,夜则为盗,俗稍益薄。今于犯禁浸多,至六十余条。'是朝鲜法律本只八条,自汉武取其地,以辽东人为其长吏,吏与汉商恣意掠夺,其俗渐浇薄,法律条文浸多,然亦只六十余条耳。而《吕刑》一篇言:'墨罚之属千,劓罚之属千,剕罚之属五百,宫罚之属三百,五刑之属三千。'何其繁也?将周代果有此细如牛毛之法律耶?抑将为后世假托依附者耶?《吕刑》所言,出于夸大无疑。"

但也应该看到古代统治者用刑的苛细。《荀子·正名》说:"后王之成名,刑名从商。""重刑"和"尚鬼"二者,是商代在历史上突出的特点。周公封康叔于卫(即原殷都)的诰词《康诰》,特谆谆嘱咐他利用封在殷的有利条件,用心向殷先哲王和遗老学习刑法,康叔终于成了周初统治者中最通刑法的专家,被调回周王朝担任司寇(司法部长)。可知西周的刑法主要是师承殷代的,而殷代刑法相传非常繁备、非常苛细。《韩非子·内储说上》说:"殷之法,刑弃灰于街者。"又说:"殷之法,弃灰于公道者,断其手。"这比《吕刑》

黥面、截鼻、断足等酷刑外又多了断手之刑,而和近世所见到的西藏农奴主政权还在实行的挖眼、割耳、割鼻、断手、钳足等酷刑毫无二致,可见西周承用殷法会相当繁细,也应是意中事,只是周公强调"明德慎罚"。吕王显然和康叔一样为西周时重视刑法的专家,他和周公的"明德慎罚"思想一致,特别强调反对苗民的五虐之刑,而提倡"祥刑"。极力主张这些酷刑由罚金来代替,因此他主持的刑法主要精神在避免苛虐,但他们所承的刑法来自殷代的繁细之刑,纵使不会达到"五刑之属三千"这样的繁多,但其科条之细也可想见的。汉高祖约法三章:"杀人者死,伤人及盗抵罪,余悉除去秦法。"正是针对原已存在的苛细的秦法来的。今天看到出土的《睡虎地秦墓竹简》的法律文书,确实看到秦法的繁细。而自变法以后逐步完备起来的秦法,正是西周法律发源地卫国的一个贵族卫鞅到秦国帮助建立起来的,那么西周卫国、吕国所传的刑法会相当繁细,是不可避免的了。不过似可肯定的是,不会真的达到"三千"之多。言"三千",极言其多耳。

㉑上下比罪无僭乱辞——伪孔云:"上下比方其罪,无听僭乱之辞。"完全没有释明文意。《孔疏》云:"罪条虽有多数,犯者未必当条,当取故事并之,上下比方其罪之轻重,上比重罪,下比轻罪,观其所犯当与谁同。狱官不可尽贤,其间或有阿曲,宜预防之。'僭',不信也。狱官与囚者或作不信之辞,以惑乱在上,人君无得听此僭乱之辞,以自疑惑。"始释明上比下比之义。苏轼《书传》云:"'比',例也。以上下罪参验而立例也。'僭',差也,'乱辞',辞与情违者也。"林之奇《全解》云:"'上下比罪'者,言听狱之法,必当上下比方其罪之轻重而参验之也。'无僭乱辞'者,陈少南曰:'无以狱辞之乱而至有僭差'是也。夫讼于心者孰不以为彼曲而我直,其辞苟乱,则用刑有僭差者矣。"夏僎《详解》云:"'上下比罪',谓于法无此条,则上比重罪,下比轻罪,上下相比,观其所犯当与谁同,然后定其轻重之法,如今(宋)律无明文,则许用例也。然当上

吕刑

2145

下比罪之时，吏多因缘为奸，差错妄乱，实由以生，故又戒以不可用私意而僭差妄乱其辞。'僭'，谓辞在此乃差而之彼。'乱'，谓辞本直乃乱而为曲也。"夏氏之释最详晰可从。《蔡传》云："比，附也。罪无正律，则以上下刑而比附其罪也。"则简释夏氏之意。伪孔、苏、林皆指一般听狱言，《孔疏》则指所犯之罪未必当法律某条，夏、蔡则进而谓于法无此条，则上下比之，是以谓夏氏说可从。

清儒江声《音疏》云："僭，差也。则三千条上比下比，期当其罪，毋差乱其辞使轻重失实。"自疏云："僭，差。《毛诗·抑篇》传有是训也。'毋差乱其辞使轻重失实'者，《汉书·路温舒传》温舒上书有云：'因人不胜痛则饰词以视之，吏治者利其然，则指道以明之；上奏畏却，则锻炼而周纳之，是差乱罪人之辞以文致其罪也。'又《刑法志》云：'奸吏因缘为市，所欲活则傅生议，所欲陷则予死比。'是又差乱其决狱之辞，以出入人罪，皆轻重失实者也。"王鸣盛《后案》云："《王制》：'凡听五刑，必案小大之比以成之。'注云：'小大犹轻重，已行故事曰比。'《释文》：'比，必利反。'《疏》云：'比，例也。'《大司寇》：'凡狱讼以邦成比之。'注云：'邦成，谓若今时决事比也。'疏云：'邦成是旧法成事品式，若今律，其断事皆依旧事断之，其无条取比类以决之。'《士师职》注亦言：'决事比。'愚谓《王制》注谓小大即轻重，而此经下文云：'上刑适轻下服，下刑适重上服。'则此经上下之比，即彼小大轻重之比，亦即汉决事比也。"孙星衍《注疏》则综江、王二氏之说以为释。

㉒勿用不行惟察惟法其审克之——伪孔释云："勿用折狱，不可行。惟当清察罪人之辞，附以法理，其当详审能之。""清察罪人之辞"一句似得文意，其余诸句文意皆不清。《孔疏》："勿即用此僭

乱之词以之断狱,此僭乱之言不可行用也。"则以为勿用上句僭乱之辞。林之奇《全解》引王安石《新经义》释"勿用不行"云:"谓责人以恕,所不可行者勿用也。《庄子》曰:'重其任而罚不胜,远其途而诛不至,此皆不可行,而先王之所不用也。'"林氏称许之云:"是也。"苏轼《书传》释"勿用不行"云:"立法必用众人所能者,然后法行;若责人以所不能,则是以不可行者为法也。"苏氏撰《书传》本旨在反王氏。然此释实同于王氏之意,不过用语有异耳。苏氏释"惟察惟法其审克之"云:"'察',我心也。'法',国法也。内合我心,外合国法,乃为得之。"林氏《全解》在引王说并称许之后接着说:"汉魏尚为云中守,坐法免。冯唐曰:'士卒尽家人子,起田中从军,安知尺籍伍符。上功幕府,一言不应,文吏以法绳之。'长安贾人与浑邪王市者,坐当死五百余人。汲黯曰:'愚民安所知,市贾长安中,而文吏以为阑出财物如边关乎?'若此之类,皆是所不可行而用之也。所不可行者而用之,则民无所措手足矣!'惟察'者,察其情也。'惟法'者,正其法也。察其情正其法,则法与吏交相为用而不偏废,盖用刑如用药……惟察者,审其病之所由起也;惟法者,案方书而视之也。汝诸侯其审于此,而后能其事也。"有此诸宋人之说,似可探得文意。

《蔡传》独云:"'无僭乱辞,勿用不行',未详。"显然是在遵循朱熹所说:"《书》……不可晓者,不要强说。纵说得出,恐未必是当时本意。"对这两句不易懂,是"不可晓者",所以说其义"未详"。但他接着又不遵守这教导,提出或说云:"或曰:'乱辞',辞之不可听者。'不行',旧有是法而今不行者。戒其无差误于僭乱之辞,勿用今所不行之法,惟详明法意而审克之也。"与以上诸说一样,都是各人体会之所得,故可作为一说备存之。其"勿用今所不行之法"之说,则后儒多承用之,不过改称"已革之法"或"蠲除之法"。

江声《音疏》云:"'不行',谓已革之法。若仍复用之,则刑罚不信,民无所措手足,故敕使勿用。"自疏云:"既更定五刑之科条,则旧时之科条有因有革。革者,是所不行者也。……《论语·子路篇》孔子有言:'刑罚不中,则民无所措手足。'"孙星衍《注疏》云:"'不行'者,谓蠲除之法。《晋书·刑法志》引《春秋保乾图》曰:'王者三百年一蠲法,已蠲法,又行之,则刑罚不信,民无所措手足。''惟察惟法',谓惟以明察,惟用今时之法也。"

皮锡瑞《考证》云:"《大传》曰:'听狱之术,大略有三:治必宽,宽之术归于察,察之术归于义。是故听而不宽是乱也,宽而不察是慢也。古之听讼者言不越情,情不越义,是故听民之术,怒必畏,畏思义。小罪勿兼。'锡瑞谨案:《大传》盖释此经义与法相近。'察之术归于义',即经云'惟察惟法'也。"王先谦《参正》引《大传》此文后则云:"'宽之术归于察',不可故纵,故经云'惟察'。'察之术归于义',勿用非刑,故又云'惟法'。法得其宜,是义也。"杨筠如《核诂》云:"'察',谓明察,不僭于乱辞也。'法',谓守法,不用已除之法也。"

由上宋以来诸儒之说,对"勿用不行"一语,完全凭个人体会以成说。王安石、苏轼、林之奇等揭其义较深,以为用法当为责人之可行者,否则如魏尚以一言不应而坐法,长安贾人市买论死,本为不可行而文吏致之,刑狱之政,此弊恒有之,王氏等揭其蠹法,实为刑狱所当重视之大事。至蔡沈忽提出勿用已不行之旧法,可以设想,当《吕刑》作者谈行法时,必就已定法律言,安有汉高祖约法三章废秦苛法后，汉廷狱吏尚有用秦法者乎？或者不遵《吕刑》所定祥刑，而用苗民五虐之刑者乎？此不可能之事，或曰完全违法之事，所谓自明之理，尚须《吕刑》作者于阐述法意时谆谆及此乎？是以虽蔡、江、孙等言之有故，皆不足信。与其径直释"勿用不行"为"勿用不行之法"，不如释为"勿用不当行之理"，犹能涵盖较宽。王、苏、林等之说或尚有优于王、苏、林等之说皆可说通矣。即用不行之法亦在不当行之理中。

㉓上刑适轻下服下刑适重上服轻重诸罚有权——"适"，或有引作"挟"者。见《后汉书·刘般传》载刘恺曰："《尚书》曰：'上刑挟轻，下刑挟重。'"章怀注："今《尚书·吕刑篇》曰：'上刑适轻下服，下刑适重上服。'谓二罪俱发，原其本情，须有亏减，故言'适轻'、'适重'。此言'挟轻'、'挟重'，意亦不殊，与今《尚书》不同耳。"段玉裁《撰异》云："按恺所用，《今文尚书》也。以'筴'字隶多为'笑'例之，'适'之为'挟'，恐亦类此。"

伪孔释云："重刑有可以亏减，则之轻，服下罪。一人有二罪，则之重而轻并数，轻重诸刑罚，各有权宜。""一人有二罪"句以下所释不合文意。《蔡传》云："事在上刑，而情适轻，则服下刑。舜之'宥过无大'，《康诰》所谓'大罪非终'者是也。事在下刑，而情适重，则服上刑。舜之'刑故无小'，《康诰》所谓'小罪非眚'者是也。若诸罚之轻重，亦皆有权焉。权者，进退推移以求其轻重之宜也。"此释深合文意。

按，伪孔说既误，《孔疏》从而为之疏释，亦不得要领，文繁不录。至苏轼《书传》云："世或谓大罪法重而情轻，则服下刑。此犹可也，不失为仁。若小罪法轻情重而服上刑，则不可。古之用刑者,有出于法内,无入于法外。'与其杀不辜,宁失不经。'(见《左传·襄公二十六年》引《夏书》)故知此说之非也。请设为甲乙以解此二言。甲初欲为强盗,既至其所,则不强而窃,当以窃法坐之,此之谓'上刑适轻下服'。乙初欲窃尔,既至其所则强,当以强法坐之,此之谓'下刑适重上服'。刑贵称罪,报其所犯之功,不报其所犯之意也。"苏氏又释"轻重之罚有权"云:"一人同时而犯二罪,一罪应刖,一罪应劓,劓刖不并论,当以一重刖之而已。然是人所犯劓罪应刑,刖罪应赎,则刑之欤,抑赎之欤?盖当其劓罪而赎其余。何谓余?曰:劓之罚二百锾,既刑之矣,则又赎三百锾以足刖刑五百锾之数。以此为率,如权石之推移以求轻重之详,故曰'轻重诸罚有权'。""轻重诸罚有权",明明是说上刑适轻下刑适重而实行下服上服的轻重之刑罚时,其进退推移以权衡断之,并非说一人同时犯二罪。苏氏此释,与伪孔之释,其失惟钧。林之奇《全解》云:"上刑适轻下服,下刑适轻上服,苏氏破世俗之说,而设为窃盗二人以发其意,说固善矣。而不如陈少南(鹏飞)之为明白,曰:'世之言罪重者莫如杀人,罪轻者莫如诟骂。杀人固重矣,然今所杀者,误杀也(此三字据张九成说改),非适轻乎。故且服下刑也。诟骂固轻矣,然今所以诟骂者,父兄也。父兄而诟骂之,非适重乎?故宜服上刑也。事不止于杀人及诟骂人者,姑设二事以准之。所谓轻重诸罚有权也。所谓下服者非即最下刑也,比之正刑为减耳。'此言尽之。……凡此诸刑罚,皆当权其轻重也。《孟子》曰:'权,然后知轻重。'君子之心若权衡然,不可以铢两欺之,故轻重无不得其平也。"《汇纂》引张九成之说云:"杀人者死,此上刑也,然有误杀者,此适轻也,则服下刑也。斗殴不死,此下刑也,然有谋杀而适不死者,此适重也,则服上刑矣。用刑岂可不问情之轻重哉。至于用罚,亦当权其轻重。情轻则罚亦轻,情重则罚亦重。以情为权而论疑罪之轻重,则罚亦当矣。刑权轻重以为上下,罚权轻重以为多少。"以上诸宋儒之说,取其与《蔡传》合者,作为补充资料。其不合者,作为异说存之。

其训解字义者:江声《音疏》云:"'服',治也(《说文·又部》文。此江氏之自疏。下同)。下服,减等也;上服,加等也(下服是就轻,上服是加重,故云)。本在上刑之科而情适轻,则减一等治之;本在下刑之科而情适重,则加一等治之。宜轻宜重有权焉,不可执一也。'权'者所以审轻重而酌其平(《孟子·梁惠王篇》云:'权,然后知轻重。'《周礼·考工记》轮人职云:'权之以视其轻重之侔也。'权本是称锤之名,其称上谓之衡。权与衡恒相为用,权可以进退而平其衡,故云酌其平也)。《春秋》所谓'反经而有善者也'(《公羊·桓十一年传》云:"权者,反于经然后有善者也")。"孙星衍《注疏》云:"适者,《诗》传云:'过也。'过谓罪过。'服'与'及'通,《说文》云:'治也。''权'者,《公羊·桓十一年传》云:'反于经而后有善者也。'言当服上刑者其过轻,当以下刑治之;下刑过重,以上刑治之。下服减等也,上服加等也。轻重诸罚权宜也。"朱骏声《便读》云:"'适',之也。'服',及也,治也。'权',县(悬)也,县以称物轻重者也。"杨筠如《核诂》云:"'适',《吕览·适威篇》注:'宜也。'谓律虽一定,而情有重轻,亦可原情而有权宜也。'服',昭八年《左传》注:'行也。'《孟子》'善战者服上刑',是其义也。'权',《荀子·臣道篇》注:'变也。'《孟子》'执中无权',是其义也。"可择其便于解释文义者用之。

㉔刑罚世轻世重——《荀子·正论篇》云："刑称罪则治，不称罪则乱。故治则刑重，乱则刑轻，犯治之罪固重，犯乱之罪固轻也。《书》曰：'刑罚世轻世重。'此之谓也。"杨倞注云："治世家给人足，犯法者少，有犯则众恶之，罪固当重也。乱世人迫于饥寒，犯法者多，不可尽用重典，罪固当轻也。《书·甫刑》言世有治乱，故法有轻重也。"《汉书·刑法志》照引《荀子》此文。颜注引李奇曰："世所以治者，乃刑重也；世所以乱者，乃刑轻也。"《后汉书·应劭传》载，有河间人尹次、颍川人史玉皆坐杀人当死，尹兄及史母求代罪自缢，尚书陈忠援"罪疑从轻"之义议活二人，应劭驳之，其议有云："杀人者死，伤人者刑，百王之定制，有法之成科。夫时化则刑重，时乱则刑轻（章怀注云："犯化之罪固重，犯乱之非为轻"）。《书》曰：'刑罚时轻时重。'此之谓也。"引"世轻世重"作"时轻时重"。然陈乔枞录应劭所引仍作"世轻世重"。皮锡瑞《考证》云："案应说亦本《荀子》，应引《书》作'时'，盖亦本是'世'字。'时化'之'化'，本是'治'字。唐人作注时，避唐讳改'治'为'化'、'世'为'时'耳。非关今文之异。"此确有可能，但章怀太子作注时，却将《后汉书》史文中"治"字、"世"字避讳改之。不知然否。

《周礼·秋官》："大司寇之职，掌建邦之三典，以佐王刑邦国，诘四方。一曰刑新国用轻典，二曰刑平国用中典，三曰刑乱国用重典。"郑玄注云："新国者，新辟地立君之国，用轻法者，为其民未习于教。平国，承平守成之国也，用中典者，常行之法。乱国，篡弑叛逆之国，用重典者，以其化恶，伐灭之。"《蔡传》录大司寇职之三典以印证"刑罚世轻世重"，谓为"随世而为轻重者也"。又《秋官·司刑》载五刑墨、劓、宫、刖、杀各五百。郑玄注先释明墨、劓诸刑执行的方式（如墨为"先刻其面以墨窒之"之类），接着录《尚书大传》所载某些罪行受某刑，然后云："此二千五百罪（司刑所掌五刑共二千五百，与《吕刑》五刑之属三千异）之目略也，其刑书则亡。夏刑大辟二百，膑辟三百，宫辟五百，劓、墨各千（盖以《吕刑》五刑为夏刑，因《书序》言"训夏赎刑"），周则变焉。所谓'刑罚世轻世重'者也。"

以上是先秦至汉末论及"刑罚世轻世重"之资料。

伪孔云："言刑罚随世轻重也。刑新国用轻典，刑乱国用重典，刑平国用中典。""言刑罚随世轻重"，成为此语最简明的确诂。《孔疏》云："'刑罚随世轻重'，言观世而制刑也。刑新国用轻典，刑乱国用重典，刑平国用中典，《周礼·大司寇》文也。"又云："当视世所宜，权而行之。"《孔疏》下文备录了郑玄注。《汉书·刑法志》引《书》云："刑罚世重世轻。"后，师古注云："《周书·甫刑》之辞也，言刑罚轻重各随其时。"

此东晋至唐之释。

林之奇《全解》引王安石云："上言'刑罚轻重有权'者，权一人而为轻重也。此言'世轻世重'者，权一世而为轻重也。"而后经师多袭用此语。如吕祖谦《书说》、陈经《详解》以迄《蔡传》全承用之，不过稍易其文句。苏轼《书传》云："穆王（当作吕王）复古而不是古，变今而不非今，厚之至也。曰各随世轻重而已。"承用了伪孔的确诂。林氏《全解》亦引郑玄《太司寇》注刑新国、平国、乱国之文以证"刑罚世轻世重"，谓"一轻一重，各因其世之宜而已"。接着在引王安石之说后云："世轻世重，言刑罚可也。至于上服下服，则特言刑；而于下文之，则言诸罚。亦犹五刑分数则曰罚，总数则曰刑，

2153

互见其义也。"《蔡传》遂承亦以《周礼》刑新国、乱国、平国之文及王安石一人之轻重、一世之轻重之说为"刑罚世轻世重"之释。陈大猷《或问》云:"'刑罚有权',权人情而为轻重也;'世轻世重',权世变而为轻重也。"王樵《日记》云:"道有升降,俗有污隆,此世变之不同也。世轻世重,惟其变之所适而权焉,斯尽权之道者也。"

自先秦历汉晋唐宋以迄明,各家释"刑罚世轻世重"义已详备,而以"刑罚随世轻重"得其要义。清及近人所释无新义,故不录。

㉕惟齐非齐有伦有要——"惟",一作"维"。见《荀子·王制篇》引云:"势位齐而欲恶同,物不能澹,则必争。争则必乱,乱则穷矣。先王恶其乱也,故制礼义以分之。使有贫富贵贱之等,足以相兼临者,是养天下之本也。《书》曰'维齐非齐',此之谓也。"杨倞注《书·吕刑》言维齐一者乃在不齐,以谕有差等然后可以为治也。"

伪孔释云:"凡刑所以齐非齐,各有伦理,有要义。"《孔疏》:"行罚者,所以齐非齐者。有伦理,有要善,戒令审量之。"

董鼎《纂注》引王氏安石云:"情之轻重、世之治乱不同,则刑罚之用当异,而欲为一法以齐之,则其齐也不齐。以不齐齐之,则齐矣。'维齐非齐',以不齐齐之之谓也。先后有序谓之伦;众体所会谓之要。"苏轼《书传》云:"民有犯罪于改法之前,而论法于今日者,可复齐于一乎?旧法轻则从旧,今法轻则从今,任其不齐,所以为齐也。'伦'者,其例也。'要'者,其辞也。辞例相参,必有以处之矣。"林氏《全解》云:"因世之宜而轻重不同,固不齐矣。是乃所以齐之也。如《周官》五刑二千五百,穆(当作吕)王五刑三千,或少而重,或多而轻,其不齐如此,而其禁奸止慝,以期于无刑,则一也。若乃胶柱调瑟者,则不能因世而为轻重,徒执一法以齐之,适所以

为不齐也。……‘有伦有要’，苏氏谓‘伦其例也，要其辞也’。则读
与《康诰》‘要囚’之‘要’同，惟有伦则当惟法，惟有要则当惟察。”
吕祖谦《书说》云：“刑乱国者欲齐乎新国之轻，则非齐也。刑新国
者欲齐乎平国之中，则非齐也。惟通其伦类，识其要会，然后知不
齐之齐也。”陈经《详解》云：“斟酌升降，不拘于一。若不齐而乃所
以为齐。此中也、权也、时也。非有伦要者能之乎?”元王充耘《书
管见》云：“言刑罚或轻或重，以不齐齐之。然其间自有伦理，自有
机要，未尝杂然而无统，任意而为之进退也。所谓权也，而实不离
乎经焉。”吴澄《纂言》云：“‘惟齐非齐’者，权也；‘有伦有要’者，经
也。”明王樵《日记》云：“谓之权，则有若不齐而无常，而不知是乃所
以致齐而有常也。人情世变之不同，而君子之所以权乎其间者，理
而已矣。理之所在，虽不为一法以齐之，而要为合乎人情，宜乎世
变，其不齐乃所以为齐也。惟齐之以非齐，则中乎先后轻重；序而
不错施，岂不有伦乎。归于至当，岂不有要乎。兹权也，乃所以为
经也欤!”想不到这些宋代以来学者竟大都知道用自发的辩证法观
点来看待“惟齐非齐”问题。

《蔡传》云：“‘惟齐非齐’者，法之权也。‘有伦有要’者，法之
经也。言刑罚虽惟权变是适，而齐之以不齐焉。至其伦要所在，则
有截然而不可紊者矣。此两句总结上意。”

江声《音疏》云：“上刑适轻，下刑适重，非齐也。轻重有权，随
此制宜，齐非齐也。齐其非齐，有伦理，有要会。”孙星衍《注疏》：
“‘伦’者，郑注《学记》云：‘理也。’‘要’者，郑司农注《周礼》云：
‘簿书也。’又注《小宰》‘要会’云：谓计最之簿书，月计曰‘要’，岁
计曰‘会’。……‘惟’作‘维’者，今文凡惟皆从糸，与思维有别。

后人乱之，以贫富贵贱为非齐者，断章取义，非说此经也。"戴钧衡《补商》云："夫上下比罪，则罚以比而不齐；轻重有权，则罚以权而不齐；世轻世重，则罚以世而不齐。然而不齐者罚也，所以酌乎情之当而处乎理之安者，则莫不齐。用罚者惟齐其不齐，使之有伦理而不乱，有枢要而不烦已。"朱骏声《便读》云："'齐'，犹一也。'伦'，犹理也。'要'，犹中也。言惟在齐其参差不一者而使之平，则凡刑罚无不理，而顺中而正矣。"杨筠如《核诂》："'要'，《周礼》郑司农注：'簿书也。'《广雅》：'约也。'《吕览·具备篇》注：'要，约最簿书。'谓总最之簿书也。"曾运乾《正读》："'伦'，条理也。'要'，纲要也。二句总该上文四句。"此诸清人中，江、戴仍近宋人以理阐述文意，余诸人则循文字训义以寻文义，体现清学特色。

㉖罚惩非死人极于病——"人"一作"佞"。见王应麟《玉海》所引。按《玉海·艺文志考》"说汉世诸儒所引《尚书》异字"云："罚惩非死，佞及于病。"段玉裁《撰异》云："佞与人古同部同音，如《国语》：'佞之见佞，果丧其田。''佞'、'田'为韵。《大戴礼·公冠篇》：'祝雍辞曰："使王近于民，远于佞。"''民'、'佞'为韵。《左氏春秋》'佞夫'，《公羊》作'年夫'。此盖汉人所引《今文尚书》也。今未检得出何书。"皮锡瑞《考证》云："锡瑞谨案，今文说盖以'佞极于病'，即'非佞折狱'之佞。"

伪孔释云："刑罚所以惩过，非杀人，欲使恶人极于病苦，莫敢犯者。"《孔疏》："言圣人之制刑罚，所以惩创罪过，非要使人死也，欲使恶人极于病者，莫敢犯之而已。"二孔皆谓"恶人"，似即指佞人。

苏轼《书传》云："时有议新法（指王安石新法）之轻，多罚而少刑,恐不足以惩奸者。故王(安石)言:'罚之所惩虽非杀之也,而民出重赎,已极于病。'言如是亦足矣。"可能苏氏之意,以述王氏之言,傅合于此经之文,示其不在惩奸,而在实现其变法以富国强兵之主观愿望,实际在多罚以为当时支绌的财政敛财,即朱熹指责穆王敛财之意。林之奇《全解》云:"'罚惩非死人极于病',此即老苏曰:'刑者必痛之使人畏焉,罚者不能痛之必困之而后惩焉。'盖言罚之所惩,虽不至于死,而其困于重赎已极于病,亦可使之迁善远罪也。"吕祖谦《书说》云:"赎罪之所惩,虽非死伤,然殚其资财,人固已极于病矣,此穆王(当作吕王)哀矜之无穷也。此心不厚者,必谓免汝之死,始取汝之财,为惠已多,方为德色,宁有犹忧其病民者耶!"《蔡传》:"罚以惩过,虽非致人于死,然民重出赎,亦甚病矣。"江声《音疏》云:"刑罚以惩人,即非死刑,人已疾于病苦,是故折狱不可不慎也。"孙星衍《注疏》云:"'惩'者,郑注《表记》云:'谓创艾。''极',与剧声相近,《文选·北征赋》注引《说文》:'剧,一曰甚也。'(按今见《说文》新附:剧,尤甚也)言'罚'者,谓五刑之四(?)及罚镵也。罚所以惩创之,非欲其死,而人已苦于病矣。言当深慎,断者不可以复续也。"杨筠如《核诂》云:"'惩',《后汉书·窦融传》注:'创也。''极',《孟子·离娄》注:'恶而困之也。'"曾运乾《正读》:"'罚',五刑之罚也。'惩',创艾也。'极'者,孙星衍云:'极与剧声相近,《说文》一曰甚也。'按,犹言困也。言五刑罚镵,其惩创犯者虽非至死,而人已困于病矣。此二语释赎刑之旨。"屈万里《集释》:"'非死',言非置之死地。'极',困厄也。《孟子·离娄下》'又极之于其所往'赵注:'极者,恶而困之也。''病',谓痛苦。"

㉗非佞折狱惟良折狱——伪孔云:"非口才可以断狱,惟平良

可以断狱。"《孔疏》："非口才辩佞之人可以断狱,惟良善之人乃可以断狱。"疏文释此二句意已明。

林之奇《全解》云:"良者,王氏(安石)谓'有仁心',是也。"苏轼《书传》云:"佞,口给也。良,精也。辩者服其口不服其心也。"所云"良,精也"不知其何义。林氏《全解》自云:"'非佞折狱',口给也。佞者御人以口给,则人不得以尽其情也。如周亚夫诣廷尉,责问曰:'君侯欲反,何?'亚夫曰:'臣所谓买器,乃葬器也。何谓反乎?'吏曰:'君纵不欲反地上,即反地下矣。'如此者是御人以口给也。……故惟良可以折狱。良者,王氏所谓有仁心是也。"《蔡传》亦云:"佞,口才也。非口才辩给之人可以折狱,惟温良长者视民如伤者能折狱。"自汉宋两学皆释"佞"为口才、为口给,自是元明以迄清代近代学人皆作此释,且引《论语》孔安国注"佞,口才也"为证。佞之原义为有才,有才而无行之人,以其才利口便佞,成为奸佞无良之徒。而口才、口给确成为其特点。但在此处与"良"对举,良为善良、贤良,则佞不止指其口才,而是善良贤良的反面,即奸佞不良者,如《孔疏》所说的"口才辩佞之人"及其下句说的佞人。即是说不能由奸佞的人断狱,应由善良的人断狱。查阅清人迄近人之作,唯屈万里《集释》云:"佞,谓佞人。"甚是。

㉘罔非在中察辞于差——段玉裁《撰异》、陈乔枞《经说考》、皮锡瑞《考证》皆引徐幹《中论·赏罚篇》云:"赏罚不可以疏,亦不可数。数则所及者多,疏则所漏者多。赏罚不可以重,亦不可以轻。赏轻则民不劝,罚轻则民亡惧。赏重则民徼幸,罚重则民无聊。故先王明庶以得之,思中以平之,而不失其节。故《书》曰:'罔非在中,察辞于差。'"是此二语在东汉三国时被学者作为赏罚平允的引

证语。然古人引证往往断章取义，或在数义中取其某一义，则此处似以"罔非在中"一句作为赏罚平允所引证。

伪孔释云："无不在中正，察囚辞，其难在于差错。"《孔疏》云："言断狱无非在其中正，佞人即不能然也。察囚之辞，其难在于言辞差错。"疏文此处明言是佞人不能断狱，比只释佞为口才者正确。

苏轼《书传》于"罔非在中"无释，释"察辞于差"云："事之真者，不谋而同，从其差者而诘之，多得其情。"林之奇《全解》即同意苏氏说。吕祖谦《书说》云："温良长者视民如伤，心诚求之，不中不远，故其所折之狱无不在中也。……辞之实者，屡讯屡鞫，前后如一，欺罔文饰者，虽巧于对狱，其辞要必有差，因其差而察之。"（董鼎《纂注》、陈栎《纂疏》皆引吕氏之说作："理直者屡问无差，理不直者十次说作十样。"）陈经《详解》云："温良长者视民如伤，折狱罔非在中，中则轻重不差。辞有情伪，前后异同处真情可见。"《蔡传》综宋儒之说云："惟温良长者视民如伤者能折狱而无不在中也。此言听狱者当择其人也。'察辞于差'者，辞非情实，终必有差，听狱之要，必于其差而察之。"宋学之释，于此二句文义基本得之。清儒如江声云："囚证之辞或有参差，听狱者于其参差察之以求其情。"孙星衍云："杜预注《左传》云：'差池不齐一。'……折狱者又当察囚辞之有参差不齐者，以求其情。"皆全承宋儒之释。

㉙非从惟从——伪孔云："察囚辞，其难在于差错，非从其伪辞，惟从其本情。"《孔疏》重复伪孔之说，释"非从惟从"为治狱者之事。

陈栎《纂疏》引王安石说云："王氏曰：'以辩穷之，彼非心服而从，惟屈而从耳。'"苏轼《书传》上文已云："佞，口给……服其口不服其心。"此处云："图圄之中，何求而不得，固有畏吏甚者，宁死而不辩，故囚之言惟吏是从者，皆非其实，不可用也。"陈大猷《或问》云："从，犹服也。因其差而察之，则真情毕见，虽巧辩不服从者，亦服从矣。"这几家都是释"非从惟从"为狱囚之事。

林之奇《全解》云："'非从惟从'者，棰楚之下，何求而不得，人不胜痛则诬服者多矣。故因惟吏之从而自诬者，皆非所当从，当有以辨明之也。"吕祖谦《书说》云："欺罔文饰者虽巧于对狱，其辞要必有差，因其差而察之，不从其伪辞，乃所以从其真情也。"（陈栎《纂疏》所引，此二句作"不从民口之伪辞，乃所以从民心之真情也"。）《蔡传》云："'非从惟从'者，察辞不可偏主，犹曰不然而然，所以审轻重而取中也。"王樵《日记》云："'非从惟从'又是一意，言察辞不可偏主。盖上之人一有偏主之心，则情不可得矣。"这几家和伪孔一致，又都是释"非从唯从"为治狱者之事。

董鼎《纂注》引新安胡氏（董鼎前胡氏名家有胡士行、胡方平、胡一桂等，唯胡方平为婺源人，故称新安胡氏）曰："'非从惟从'，诸说皆不甚通，不如阙之。"陈栎《纂疏》引陈氏大猷曰："愚谓'非从惟从'，诸说皆意之，合缺。"此两家对所有已出现的各种解说皆不满意，故主张阙疑。实在由于"非从"、"惟从"为句子结构中不完整的短语，本身没有构成句式，它缺了谓语，自无法明其意义。朱熹所说不要勉强去解的句子，大概即指这类句子。

戴钧衡《补商》在引了伪孔、《蔡传》及苏氏、吕氏、陈大猷氏诸说后云："诸解非于本句义曲，则于下文不通，吴氏澄曰：'察狱辞之参差不齐，有不从顺者，有从顺者，当以哀敬之心折之，狱辞既定，当得何罪，则明白开读律法之书，与众有司共相推度，如卜筮之旅占咸欲，庶几乎中正，其刑必如是，其罚亦必如是，所宣审克也。'案吴氏一气读下，甚捷。今取而加释之。'非从惟从'，与上文'非终惟终'一例，言顺曰从（《左传·昭公十一年》"不昭不从"注："言顺曰从"），谓顺于理也。"则仍在给它寻不同于上述诸解的解释。

江声《音疏》云："囚证之辞或有参差，听狱者于其参差察之以求其情。既得其情，非从其辞，惟从其情。《大传》曰：'君子之于人也，有其语也，无不听者，皇于听狱乎？必尽其辞矣，听狱者或从其情，或止其辞。'"其自疏云："云'既得其情，非从其辞，惟从其情'者，据《大传》言'听狱者或从其情或从其辞'，则此经两'从'字有'从辞'、'从情'两谊。而断狱则必以情，故以'非从'帖辞、'惟从'帖情言，且即引《大传》以说也。言'皇于听狱乎'者，郑注云：'皇，犹"况"也。'案《大传》此文又见于《孔丛子》，且以为孔子说此经之言。其'或从其辞'之下尚有'辞不可从，必断以情'二语。今不引用之者，盖《孔丛子》与伪孔书出于一人之手，乃是后人伪造而托名于孔鲋者，不可信用。"这是江声提到汉代今文学派关于《尚书》的专著中有着"从辞"、"从情"两义，且以为是说此经之文，因即取以帖释"非从"、"惟从"二词，似较宋儒之纯凭推理为说者为有据。所以虽此"非从惟从"句因难得确解而当阙疑，但为此篇今译时，又不能置此句于不顾，只好择其非全出蹈空推论而较为有文献根据者取以为译，故此句今译取江声说为之。

㉚哀敬折狱明启刑书胥占咸庶中正——"哀敬折狱"，一作"哀矜哲狱"，见《尚书大传》引；又一作"哀鳏哲狱"，见《汉书·于定国传》；又一作"哀矜折狱"，见《文选》李善注。"折狱"或亦作"制狱"，见《盐铁论·诏圣篇》。按《尚书大传·周传》："子曰：'听讼

者虽得其情，必哀矜之，死者不可复生，断者不可复续也。《书》曰：'哀矜哲狱。'"《汉书·于定国传》："赞曰：于定国父子，哀鳏哲狱。"段玉裁《撰异》云："玉裁按，矜、鳏古同音互借，借矜为鳏，亦借鳏为矜。班书字作鳏而训哀矜，颜注非也。应劭曰：'哲，智也。'《文选·庾元规让中书令表》李注引《尚书》'哀矜折狱'，明启刑书。'《孔丛子》虽伪书而作'哀矜折狱'，疑伪孔本固作'矜'，《传》释'矜'为'敬'，而卫包因依传改经耳。"皮锡瑞《考证》云："《汉书》于'明悊'字作悊，而此引'哲狱'字作哲，其义当与明悊之悊不同，盖班氏意以明悊字当从心，哲断字当从口，应劭注'哲，知也'失之。又案《盐铁论·诏圣篇》曰：'《甫刑》制狱。'疑今文有作'制狱'者，与古文作'折狱'不同。如《墨子》引《吕刑》作'折以刑'，《缁衣》引《甫刑》作'制以刑'之例。"章炳麟《拾遗定本》云："《大传》作'哀矜折狱'，敬与矜声义皆不同，由古文敬作苟，声与亟同。《方言》：'亟，怜，抚，掩，爱也。'则亟亦有怜义。《小雅》'爰及矜人，哀此鳏寡'传：'矜，怜也；是亟矜字异而义同也。《梓材》：'至于敬寡，至于妇妇'，敬亦本当作苟，读亟。'亟寡'，犹矜寡也。"考订了"敬"字误，"哀敬"当作"哀苟"，即"哀矜"。然段氏考定了原作"哀矜"，卫包误改为"哀敬"，是否原改作哀苟，就很难说了。

伪孔云："当怜下人之犯法，敬断狱之害人，明开刑书，相与占之，使刑当其罪，皆庶几必得中正之道。"基本是望文生义以为释。《孔疏》云："《论语》云：阳肤为士师，曾子戒之云：'如得其情，则哀矜而勿喜。'（见《子张篇》）是断狱者于断之时，当怜下民之犯法也。死者不可复生，断者不可复续，当须敬慎断狱之害人勿得轻耳。即决之五刑之属三千，皆著在刑书，使断狱者依案用之，宜令断狱诸官明开刑书，相与占之，使刑书当其罪，令人之所犯不必当条，须探测刑书之意，比附以断其罪，若卜筮之占然，故称占也。皆庶几必得中正之道，令狱官同心，思使中也。此言'明启刑书'，而《左传》云'昔先王议事''不为刑辟'者，彼铸刑书以宽示百姓，故云临事制宜，不预明刑辟，人有犯罪，原其情之善恶断其轻重，乃于刑书比附而罪之，故彼此各据其一义，不相违也。"疏文周详阐述，对了解文义有助。

苏轼《书传》："律令当令狱囚及僚吏明见，相与占考之，庶几共得其中正也。"林之奇《全解》："其所以哀敬者，惟以刑书而明启之，相与占考其所以然，众狱官以为然，狱囚亦以为然……如此则庶几得其中正而无冤滥矣。如秦之任赵高，汉之任张汤、赵禹、减宣、义纵，唐之任来俊臣、侯思止，刑书未尝明启，亦未尝胥占，惟意之所杀，则舞文巧诋，如此则何中正之有？"《蔡传》云："'哀敬折狱'者，恻怛敬畏以求其情也。'明启刑书胥占'者，言详明法律，而与众占度也。'咸庶中正'者，皆庶几其无过忒也。"

由汉宋两学之说，此数句文义基本已明。

现补充清儒文字训诂资料，选录孙星衍《注疏》云："'敬'与'矜'声相近，今文作'矜'。'哲'即'折'，假音字。'啓'与'啟'通，《说文》云：'省视也。''胥'者，《释诂》云：'相也。''占'者，《史记·平准书索隐》引郭璞云：'自隐度也。'即《释言》'隐，占'注，今脱'自'字。言当明视刑书，相与占度比附之，皆庶几合于中正。"尚有近人杨筠如《核诂》云："庶，《释言》：'尚也。'"曾运乾《正读》云："咸，皆也。庶，幸也。言以哀矜之心折狱，又明启刑书相隐度，情罪吻合，庶几咸协于中正也。"屈氏《集释》云："'哀矜'，怜悯也。

'启'，《广雅·释诂三》：'开也。''庶'，庶几。"

　　章炳麟《拾遗定本》考述"明启刑书胥占"云："《周官》五刑之属二千五百，未著"刑书"篇数。《逸周书·尝麦解》：'唯四年孟夏，王命大正正"刑书"。太史策《刑书》九篇以升，授大正。'然则周初《刑书》九篇。《春秋》传：季孙行父称：先君周公作《誓命》曰：'在《九刑》不忘。'《九刑》即《刑书》九篇。此穆王（当作吕王）增刑至三千。据叔向称：'夏有乱政而作《禹刑》，商有乱政而作《汤刑》，周有乱政而作《九刑》。三辟之兴，皆叔世也。'叔向必非指成王、周公，宜即谓穆王（吕王）矣。然则刑虽增旧，其书仍九篇也。九篇得容此数者，凡律文一条，所列事状仍有差等，或乃多至四五，刑亦随之。此《唐律》以下所同。是知刑虽三千，律条不过千许耳。晋秦始定律，律令合二千九百二十六条，十二万六千三百言。若千条之律，文字当只三分之一矣。篇之大者，今《礼经》乡射、大射各几七千言，意刑书不能过此。九篇则六万言，或犹未及此数，九篇分目今不可知，据《秋官·大司寇》，分野刑、军刑、乡刑、官刑、国刑，但有五目。或律条烦多者分上下二篇，更增具律，故得九篇矣。若《地官》州长、党正属民读法，野刑、乡刑、国刑是其所亟，军刑、官刑盖无事焉，虑非尽读九篇也。"这足以帮助对"刑书"的了解，以懂"明启刑书"的意义。

　　㉛其刑其罚其审克之——伪孔释云："其所刑，其所罚，其当详审能之，无失中正。"伪孔凡遇"克"字皆训为"能"，不顾其在文句中是否切合，此处即强训为能，不顾其不妥。《孔疏》只是重复了伪孔语。

　　此二句文义甚明，现即录《蔡传》语以明其文义如下："'咸庶中正’者,皆庶几其无过忒也。于是刑之罚之,又当审克之也。”并指自“察辞于差”至此句云:“此言听狱者当尽其心也。”王樵《日记》云:“其当入于刑者,与其当降而罚者,其审克之。言罪拟既定,刑罚将加之人,非察之尽其能不可也。”上引孙星衍《注疏》在有关上数句文字训义后,至此句云:“‘克’,当为‘覈’,假借字。言其刑其罚,其详覈之。”“覈”即“核”,谓当详核之,要当以王樵之释最简明。

㉜狱成而孚输而孚——伪孔云:“断狱成辞而信,当输汝信于王,谓上其鞫劾文辞。”《孔疏》:“‘孚’,信也。‘输’,写也。下而为汝也。断狱成辞而得信实,当输写汝之信实以言于王,勿藏隐其情不告王也。曲必隐情,直则无隐,令其不隐情者,欲使之无阿曲也。汉世问罪谓之鞫,断狱谓之劾,谓上其鞫劾文辞也。”释伪孔意较明晰。

苏轼《书传》云:“‘输’,不成也。囚无罪如倾泻出之也。‘孚’,审虑也。成与不成皆当与众审虑也。”所释不明,特别是训‘孚’为审虑,一般无此解,遂使所释不明所指。林之奇《全解》云:“‘狱成而孚’者,言狱辞之成而得其情实,信为有罪,而其输之于上,亦当得其情实,信为有罪,然后断之。”吕祖谦《书说》云:“论刑既终,申之以奏狱之戒。狱辞之成,既得其孚信;输之于上,不可变易情实,必如其本辞然后谓之孚也。”《蔡传》云:“狱成于下而民信之,狱输于上而君信之。”是林氏、吕氏提出与伪孔相同之说,蔡氏以简要二语叙明之。至王樵《日记》云:“狱成于下而民孚焉。‘狱成’是结案时,‘孚’者,两争者皆心服而众人皆以为是也。狱输于上而君孚焉。‘输’是奏案时,‘孚’者,情法允合,君上无所违

2165

异也。"

王引之《述闻》"输而孚"条在引录伪孔与《孔疏》之文后云："引之谨案，'成'与'输'相对为文。'输'之言，渝也，谓变更也。《尔雅》：'渝，变也。'《广雅》：'输，更也。'狱辞或有不实，又察其曲直而变更之，后世所谓平反也。狱辞定而人信之，其有变更而人亦信之，所谓民自以为不冤也，故曰：'狱成而孚，输而孚。'隐六年《左传》：'郑人来渝平，更成也。'《公羊》《穀梁》'渝'作'输'。秦《诅楚文》曰：'变输盟刺。'谓变渝也。是'输'与'渝'通。《豫》'上六'曰：'成有渝。'是成与渝相反，先言成而孚，后言渝而孚，取相反之义也。《传》谓输汝信于王，则与上句文义不伦，殆失之矣。"就文字训义提出与汉宋两学完全不同的解释。于省吾《新证》同意王说云："王引之曰，'成'与'输'对文。《广雅》：'输，更也。'狱辞有不实者，又察其曲直而变更之，后世所谓平反也。按输即渝，详《顾命》'无敢昏逾'条。《诅楚文》'变输盟制'，与此文作'输'合。"则皆以"输"为变革，狱辞或有不实，则察其曲直变更使之为实。不复如汉宋两学之输狱辞于王。

至刘逢禄《集解》则又稍变易为："谨案，狱成而信，必使罪人输其情而信也。"亦不言输于王，而是使罪人输其情实而可信。又戴钧衡《补商》云："'狱成而孚'，谓刑当其罪也。'输而孚'，谓罚当其罪也。即紧承上'其刑其罚'言之。'输'者，输金入府之谓。《传》以为'输狱于上'不惟与下文'其刑上备'雷同，且狱既输之于上而皆孚，则必有一定之刑矣，又何'有并两刑'之事乎？宜其使上下文义重复不相贯注也。反复诵之，知其非是。"明确批判"输狱于上"之误，而以"输"为输罚金入府，则与"刑"为对举，其释与上引刘说更完整，而与汉宋两学判然为不同之说。

大抵"孚，信也"是正确的。"成与输相对为文"也是正确的。故苏轼释为"输，不成也"，明确其与"成"相对，显然为有见之说，只是他下面所释使人不易理解。而戴钧衡释"输"为"罚"，以与狱成之"刑"对举，亦不为无见。所以承王引之之说启发后，则循苏轼、戴钧衡、于省吾等之说以寻取此处文义，已成为可能。

㉝其刑上备有并两刑——章炳麟《拾遗定本》云："《石经·古文尚书》'卑服'作'卑葡'。《春秋》'叔服'作'叔葡'。则此'上备'即'上服'。盖古文上服、下服皆作'葡'，特此未改耳。"

《尚书大传》云："子张曰：尧舜之王，一人不刑而天下治，何？则教诚而爱深也。今一夫而被此五刑，子龙子曰：'未可谓能为《书》。'孔子曰：'不然也，五刑有此教。'"郑玄于"被此五刑"下注云："一人俱罪，甫侯之说刑也。'被此五刑'，喻犯数罪也。"郑又于"五刑有此教"下注云："教然耳。犯数罪犹以上一罪刑之。"陈寿祺辑《大传》本"案曰"："《荀子·议兵篇》：'古者帝尧之治天下也，盖杀一人刑二人而天下治。'此《传》云'一人不刑而天下治'，即《虞夏传》所谓'唐虞象刑而民不犯'之意也。"皮锡瑞《考证》云："谨案郑注之意，盖以五刑虽并列为教，而犯罪则科其重罪之一，而轻罪不更科。如墨劓并犯则惟劓而不墨，膑宫并犯则惟宫而不膑，大辟与墨劓膑宫并犯则惟大辟而不墨劓膑宫，此之谓'并两刑'。若一夫被五刑，此秦汉时具五刑之事，如《刑法志》所云：'当三族，皆先黥、劓、斩左右趾，笞杀之，枭其首，菹其骨肉于市，其诽谤詈诅者又先断舌，'故谓之'具五刑'，非古'并两刑'之法也。"

伪孔云："其断刑文书上王府，皆当备具。有并两刑，亦具上之。"《孔疏》云："'其断刑文书上王府皆当备具',若今曹司写案申尚书省也。'有并两刑,谓人犯两事,刑有上下,虽罪从重断,有两刑者亦并具上之,使上知其事。王或时以下刑为重,改下为上,故并亦上之。"

苏轼《书传》云："其上刑已有余罪矣,则并两刑从一重论。"这是遵用郑注之说。以后宋儒大都承此意,惟用语各有详略,如林之奇《全解》云："其刑之输于上,皆当具备,不可隐漏,其有一人之身轻重二罪俱发,亦当并以两刑而上之也,盖恐其有司得以欺卖出入以为奸,故以此戒之也。"吕祖谦《书说》云："一人而有数罪,一罪而有数法,奏其刑于上,必皆备载。而上之人断狱,则并两刑而从其一重者以断之焉。陈其数者有司也,制其义者人主也。"至《蔡传》综承宋学言之云："其刑上备,有并两刑者,言上其断狱之书,当备情节。一人而犯两事,罪虽从重,亦并两刑而上之也。此言谳狱者,当备其辞也。"

汉宋两学之说相同,此二句文义随之而明。

章炳麟《拾遗定本》云："《唐律》:'诸二罪以上俱发,以重者论。'此言'并两刑',即并轻刑于重刑中,论以上服。与《唐律》同。'并'者,如物入薪火然,非两罪絫加,亦非两刑俱用也。《晋律》:'絫作,不过十一岁。絫笞,不过千二百。'此于笞、作可尔。周时肉刑,肉刑墨劓刖宫不可兼用。兼用者惟秦之具五刑耳。《大传》引子张曰:'今一夫而被此五刑。'此伏生亲见秦制,托其言于子张尔。子张时商君法未行,安得有此。"以晋唐成例说明《吕刑》篇所言"有并两刑"即并轻刑于重刑中是确曾实行的。唯秦赵高苛法、汉酷吏严刑始有"一夫而被五刑"的惨剧,以证吕王之制《吕刑》是力避苗民五虐之刑惟以仁厚以制祥刑的。

再录两段论及此处用意之文于此。陈经《详解》云："输之于上,备载罪法之轻重,事情之本末,不可阙略。两刑谓一人有两罪,一罪有二法,并具上之以听命于上,不敢专也。言'阅实'至于五,言'审克'至于四,重其事,故详其戒也。"王樵《日记》云："此章节次,察辞者,问理时也;启刑书者,拟罪时也;狱成是一时,输是一时,问鞫以察为主,恐任察而失哀敬之心,故勉以哀矜折狱;拟议以明为主,恐恃明而忘中正之则,故勉以咸庶中正;归结以孚为主,求其孚而辞有不备,亦非尽法之道,故以备辞终焉。"也就是曾运乾《正读》所说这些都是谈"折狱之方法"。

以上这一节,是《吕刑》篇的主体,是我国古代最完整的刑法总纲,作了实行赎刑的仔细规定。包括了原有五种肉刑的具体内容及怎样从宽赎免的实施原则,成了吕王所要实行"祥刑"的完整体系。现将此节全文分为七段。

第一段吕王呼告所属要实行祥刑,提出三项注意原则。董鼎《纂注》陈栎《纂疏》都引录了陈大猷氏对所分各段指出了其内容大要。对此第一段陈氏复分为两段。陈氏说:"此章首云'告尔祥刑'至'安百姓',言制刑之本意也。'何择'至'非及',言用刑之纲领也。"

第二段扼要述祥刑之大略。吴闿生《大义》指出:其"五辞简核、信有罪验,则正之于五刑;不应五刑者,则正之于五罚,使出金赎罪;又不应五罚者,则正之于五过,从而赦免之。是其情罪当者固无可议,罪当而有可原者始议赎罪之罚,情罪皆有可原则径免之。"

第三段"五刑之疑有赦"二句与上一段"五刑不简正于五罚"四

句既有联系又相区别,彼此不相重复。彼自"正于五罚"、"正于五过",此则"五刑之疑"直赦之,不搞"五罚";已成"五罚之疑"亦直赦之,不搞"五过"。这是陈大猷承王炎之说提出的见解。吴闿生《大义》则云:"刑、罚之疑有赦,亦付审核,核验或多,以讯为稽,无简不听,则亦甚之至矣,虽意主宽厚,固未尝枉法以贷刑也。"

陈大猷氏分段,仍将二、三两段合为一段。他说:"'两造'至'天威',言听狱之节奏也。"

第四段规定五刑各刑的罚金数目,由犯罪受刑之轻重定罚金由少至多,最轻的墨辟罚金百锾,最重的死刑大辟罚金千锾,金是黄铜。

第五段制定五刑各刑该受罚的条目,即载在刑书中五刑各刑哪些情况该出罚金的项目或条款。由罪刑的轻重制定各刑该受罚的条目由多至少。最轻和较轻的墨劓二罚之条目达一千,最重的死刑大辟之罚的条目二百。五刑之属合计条目达三千。

陈大猷氏分段,将四、五两段合为一段。他说:"自'墨辟'至'三千',言赎法及刑书之定目也。"

第六段谈"上下比罪"问题、刑罚的权宜变动使用问题。即有对个人情况有异的权变,也有对时世不同的权变。陈大猷氏分段,只论及本段下半,未提到上半。他说:"自'上刑'至'有要',言用刑之权变也。"但他在另一处文中说:"'刑罚有权',权人情而为轻重也。'世轻世重',权世变而为轻重也。"

第七段是谈察词问理、断狱拟罪、狱成定谳以迄最后之结狱奏案,即完成治理刑狱最后阶段的一应办理过程,所以作为本节的最后一段,以见其重要性。陈大猷氏分段,又将本段分为两段。他说:"自'罚惩'至'克之',言折狱而用法也。自'狱成'至'两刑',言结狱而奏案也。反复丁宁备矣。"加藤常贤以本节为本篇第五节,亦以首句为标题,惟以括弧注"罚金"二字为副题。

王曰:"呜呼!敬之哉!官伯族姓①,朕言多惧,朕敬于刑,有德惟刑②。今天相民,作配在下③,明清于单辞④。民之乱,罔不中听狱之两辞,无或私家于狱之两辞⑤。狱货非宝,惟府辜功,报以庶尤⑥。永畏惟罚,非天不中,惟人在命⑦。天罚不极,庶民罔有令政在于天下⑧。"

王曰:"呜呼!嗣孙⑨。今往何监非德于民之中。尚明听之哉⑩!哲人惟刑,无疆之辞⑪,属于五极,咸中有庆⑫。受王嘉师,监于兹祥刑⑬。"

①敬之哉官伯族姓——伪孔云:"敬之哉,告使敬刑,'官长',诸侯。'族',同族。'姓',异姓也。"《孔疏》云:"此篇主多戒诸侯百官之长,故知官长即诸侯也。襄十二年《左传》'哭诸侯之例'云'异姓临于外'、'同族于祢庙',是相对则'族'为同姓,'姓'为异姓也。"

苏轼《书传》云:"呼其大官大族而戒之。"则浑然释"官伯族姓"为大官大族,亦自简要。林之奇《全解》云:"'官伯族姓',苏氏曰:'呼其大官大族而戒之。'先儒即以'官伯'为诸侯,'族',同族。'姓',异姓。其说凿矣。王氏(安石)以'姓'为诸侯,'族'为群臣,亦无以异于先儒。盖既戒其君以敬刑,今又戒其臣也。"苏氏、林氏之意,只要粗略地理解其为大官大族即行,无待细求,然古代文献中往往一词自有其专义。如《孔疏》所引《左传》,"族"、"姓"对举,确自有其专义。故《蔡传》仍承之以释此文云:"此总告之也。'官',典狱之官也。'伯',诸侯也。'族',同族,'姓',异姓。"将"官伯"析为二,显因此为谈刑狱之事,故特提明为典狱之官,略异伪孔,总之经师皆可凭自己理解提出解释。

至清人江声《音疏》云:"'官伯',谓司政典狱也。'族姓',伯父伯兄仲叔季弟幼子童孙也。遍呼而戒之。"并疏释云:"自此以下皆丁宁申戒之词,则此所呼者,即上文所告语之人也。……此文'官伯'、'族姓'对称,'族姓'谓同族,则'官伯'为异姓矣。故云'官伯谓司政典狱'也。'族姓',伯父伯兄仲叔季弟幼子童孙也。"江氏之说与《吕刑》上文称谓相符合,显为有见。故孙星衍《注疏》全袭用江氏之说,近人杨筠如、曾运乾之书亦皆承用之,是江氏之说可行。

②朕言多惧朕敬于刑有德惟刑——伪孔云:"我言多可戒惧,以儆之。我敬于刑,当使有德者惟典刑。"《孔疏》云:"告之以'我言多可戒惧'者,以儆戒之也。下言民无善政则天罚人主,是儆戒诸侯也。'当使有德者惟典刑',言将选有德之人使为刑官,刑官不用无德之人也。"

林之奇《全解》云:"刑者,人命所系,死者不可复生,断者不可复续,此朕之言所以多惧。……言之多惧,以其难也。朕之所敬,惟在于刑,则以有德者惟哀敬于刑,我安得而不谨哉!"王天与《纂传》云:"此章以敬刑畏罚申言。按前三章上言刑,第四章全言刑罚,此章又以敬刑畏罚申言之,'敬之哉'一语提其纲,'朕敬于刑'以下,敬刑也,诸家说已得之。'永畏惟罚'以下,畏罚也,诸说皆本孔氏。"《蔡传》云:"朕之于刑,言且多惧,况用之乎?'朕敬于刑'者,畏之至也。'有德惟刑',厚之至也。"陈栎《纂疏》:"'有德惟刑',谓有德于民者惟此刑耳。"

江声《音疏》:"言刑罚可畏,我言之且多畏惧,我甚敬于刑也。有德于民,其惟刑乎。盖德犹惠也,慎刑则民受其惠,故云然。"孙星衍《注疏》:"我言祥刑多畏惧之辞者,我甚敬于刑不敢妄用也,有德者当思此祥刑。"杨筠如《核诂》:"'有德惟刑'言慎刑则即有德也。"曾运乾《正读》:"'有德惟刑'者,言有德于民惟此刑耳。慎刑则人被其德,滥刑则人蒙其祸,故不可不兢兢也。"以上诸说可参用之。

③今天相民作配在下——"相",《释文》:"(相),如字,马(融):息亮反。助也。"是马融释"相民"为助民。

伪孔释云:"今天治民,人君为配天在下,当承天意。"《孔疏》:"《传》以'相'为'治'。'今天治民'者,天有意治民,而天不自治,使人治之。人君为配天在下,当承天意治民,治之当使称天心也。"

林之奇《全解》云:"今天相助此民,而生育长养之。临民者必当有不忍之心,然后能为天之配于下。盖天爱民,是配之也。"《蔡传》:"今天以刑相治斯民,汝实任责,作配在下,可也。"不用宋人之说而仍承伪孔说,更增"以刑治民"之语。王充耘《书管见》云:"'今天相民',犹云'天佑下民'相似。'作配在下',言汝官伯族姓、百邦有土皆配天在下以相民者也。《传》云'天以刑相治斯民'者,非。"

江声《音疏》:"'相',助也。今天相助斯民,作之君以配在下,则承天以治民。"孙星衍《注疏》:"'相'者,《释诂》云:'相,助也。'言今天助民立之君,使能配在下地,则承天以治民。"杨筠如《核诂》:"'相',马谓助也。'作配',谓周受命以配上帝,《召诰》'其自时配皇天'是也。"曾运乾《正读》:"'相',佐也,助也。'配',与天地为配也。犹言天生民而立之君使司牧之也。"屈万里《集释》:"'作配',意谓配合天意。下,谓人间。"自以宋人清人之说为可从。

④明清于单辞——陈乔枞《经说考》引《后汉书·明帝纪》:"永平三年诏曰:'详刑慎罚,明察单辞。'"则"清"即"察"。皮锡瑞《考证》亦引此诏,并引"注云:'单辞,犹偏听也。'"皮氏又引《后汉书·朱浮传》"有人单辞告浮事者"注云:"单辞,谓无证据也。《书》曰:'明清于单辞。'"

伪孔释云:"人君为配天在下,当承天意,听讼当清审单辞。单辞特难听,故言之。"《孔疏》云:"人君……欲称天心听狱,当清审单辞。单辞谓一人独言,未有与对之人,讼者多直己以曲彼,构辞以诬人。单辞特难听,故言之也。孔子美子路云:'片言可以折狱者,其由也欤!'片言即单辞也。子路行直闻于天下,不肯自道己长,妄称彼短,得其单辞即可以断狱者惟子路尔。凡人少能然,故难听也。"陈乔枞《经说考》云:"盖若听单辞,断不偏信,片言可以折狱,由其明清于单辞故也。单辞且能明清,况合两辞兼听,安有不中者哉!"

林之奇《全解》云:"所以配天者,惟'明清于单辞'而已。'单辞'有二说,皆通。先儒曰:'单辞特难听,故言之。'唐孔氏因引子路'片言可以折狱'……凡人少能然,故难听也。薛博士则曰:'单,尽也。与"单厥心"之单同(按见《周颂·昊天有成命》)。明清而使民得尽其辞也。'皆可用以为说。明清者,听之审也。"吕祖谦《书说》云:"'明清于单辞'以下,告之以敬天之实也。狱辞有单有两,无证佐者谓之单辞,听之为尤难。曰'明'而复曰'清',盖笃敬之至,澄之又澄,表里洞彻,然后能不待证佐而坐照其情也。"《蔡传》云:"'明清'以下,敬刑之事也。狱辞有单有两,单辞者,无证之辞也。听之为尤难,明者无一毫之蔽,清者无一点之污,曰明曰清,诚敬笃至,表里洞彻,无少私曲,然后能察其情也。"几乎全用吕说为之。宋学之说萃于此了。

　江声《音疏》:"承天以治民,听狱可不中乎?'单辞',一偏之言也,明清则不偏听,犹《论语》所谓'片言可以折狱'也。"并疏释云:"'片言可以折狱',由其'明清于单辞'故也。"戴钧衡《补商》云:"'明清于单辞'以下,《传》(《蔡传》)谓文有未详。遍考诸家,大同小异,均未有通顺明澈者,今聊以鄙见释之。'明清于单辞,民之乱罔不中'作一截,'听狱之两辞,无或私家于狱之两辞'作一截,'狱货非宝'以下作一截。'单辞'者,一偏之辞,孔氏颖达曰:'谓一人独言,未有与对之人。'孔子美子路云:'片言可以折狱者,其由也与?''片言',即单辞也。"其实他对于"单辞"的解释,与向来诸家之说,仍无大区别。朱骏声《便读》云:"'单辞',一人之言。《论语》所谓'片言'也。……明清于一人之辞,即知其情伪。"亦同向来之说。杨筠如《核诂》:"按'单辞'对'两辞'言,谓一面之辞也。"仍为旧说,不过稍简言之。

　所有经师都从《孔疏》说,以"片言"即"单辞"。此大误。此二者为两个不同的概念,"单辞"与"两辞"相对、并相并立,为狱讼中

吕
刑

2175

的一对专用术语,一对范畴,完全指罪犯的供词。"片言"则不是术语,也不指罪犯的供辞,而是孔子称许子路的话,说子路眼光敏锐,观察案情得其要领,又能用简单明确的话提出处理案情的意见,夸奖他一句话(片言)就把案子断下来了。是全就处理案情的人来说的,与罪犯的供词无干。

⑤民之乱罔不中听狱之两辞无或私家于狱之两辞——此段文字有三种不同句读,及一种避不作出句读。按先后列之:

(一)第一种句读:"民之乱,罔不中听狱之两辞,无或私家于狱之两辞。"主张此种句读者,有汉学之伪孔,《孔疏》,宋学之苏轼、林之奇、吕祖谦、陈经、陈大猷等之作及承宋学之元王天与、吴澄等之作以及承蔡沈之学的元董鼎、陈栎,明王樵等在其书中仍承引此句读,迄于清如江声、王鸣盛、孙星衍等名家及其他清儒皆承此句读,近人曾运乾、屈万里亦承之。可知这是这段文字最主要的一种亦即传统的一种句读,凡一般治此经者都承用这一句读。

(二)另一种是避不作出句读。这是《蔡传》的做法。它对这几句只说:"文有未详者,姑缺之。"这仍是遵用朱熹"《书》不可晓者不要强说"之教导,如上一节之"勿用不行"句一样。《蔡传》为宋学代表作,其影响大。元、明学者特别是"时义"一派经师都会遵奉其说的。

(三)第二种句读:"民之乱罔不中;听狱之两辞,无或私家于狱之两辞。"这是清儒戴钧衡提出。其《补商》中以为:"向来诸家均读'民之乱罔不中听狱之两辞'为句,解不可通。"因此主张"'明清于单辞,民之乱罔不中'作一截";与下两句另作一截并立。其书成于咸丰、同治政局动乱之际,流传不广,因此在学术界影响小。

（四）第三种句读："民之乱，罔不中。听狱之两辞，无或私。家于狱之两辞（连下句为释）。"这是承王国维之学的杨筠如《核诂》所提出。杨氏之学承传王学，因此在现代学术界有其影响。

现按不同句读寻其解释。

第一种句读的解释：首先是伪孔云："民之所以治，由典狱之无不以中正听狱之两辞，两辞弃虚从实，刑狱清则民治。典狱无敢有受货听诈，成私家于狱之两辞。"《孔疏》云："狱之两辞，谓两人竞理，一虚一实。实者枉屈，虚者得理，此民之所以不得治也。民之所以得治者，由典狱之官其无不以有中正之心听狱之两辞，弃虚从实，实者得礼，虚者受刑，虚者不敢讼，则刑狱清而民治矣。孔子称'必也使无讼乎'，谓此也。典狱知其虚，受其货，而听其诈。诈者虚而得理，狱官致富成私家，此民之所以乱也，故戒诸侯无使狱官成私家于狱之两辞。"伪孔及《孔疏》皆训"乱"为"治"，独此处"民之所以乱也"句，用了"乱"之动乱义。

苏轼《书传》云："欲济民于险难者，当竭其中以听两辞也。"林之奇《全解》云："民之所以治者，以其听狱之两辞而无不中，则曲直得其当，无辜者不至于枉滥，而有罪者不至于侥幸而免也。……不可以狱之两辞而为私家以狱为家。"吕祖谦《书说》云："单辞固难听，然不常值，凡日之所听者，无非两辞也，故复戒之。民之所以治，罔不由中听讼之两辞，而有偏及，是将无所措手足矣，其可用私意而家于狱之两辞乎？'家'云者，出没变化于两辞之中以为囊橐窟穴者也。"陈经《详解》云："民之乱争竞纷纭，罔不执中道听于狱之两辞，不偏徇于一，'无或私家'，私于其家黩货鬻狱于狱之两辞。"《汇纂》引叶梦得曰："私家，私其家也。"又引徐侨曰："无以狱之两辞为私家之利,谓狱以贿成也。"又引元陈师凯曰:"'民之乱罔不中辞狱之两辞'者,谓治民之道,惟在于听其两辞而得刑之中也。'无或私家于狱之两辞'者,不可以私意鬻狱而图利其家于两争之人也。"董鼎、陈栎书皆引宋陈大猷云:"明清以听单辞,以中而听两辞。鬻狱而降罚,非无道,不中。以狱乃人命生死之所在故也。苟用刑不中而天罚不极至,则典狱无所惩戒,自此庶民无复蒙善政而在于天下矣。任刑之大本在'敬'与'中'。用心以敬为主,用法以中为主。前已论之,此复提敬与中训之,后章复申以中焉。"元吴澄《纂言》云:"民之所以治,由典狱者之无偏私。'中听',听之不偏也。'家'者,人之所私。'私家',谓私之如家然。"王充耘《书管见》云:"两辞则各执一说,非单辞之比,主于中以听之,未可有所偏主。私家者,偏有所主之谓也。盖以私意而主于原告,则被告虽有理亦不肯听矣;主于被告,则原告虽得实亦不肯信矣。如此则安得为中?"明王樵《日记》云:"两辞虽人所易决,而一有偏徇之心则偏矣。惟有德者其心中而不偏,则能分两辞之争,此民所以治也。然两辞之易偏者,或不能讫于富而然也,故戒之以'无或私家于狱之两辞'。"

江声《音疏》:"'乱',治也(《释诂》文)。'两辞',两造之辞也。明清于单辞,则听两辞无不中矣。民之所以治,以无不中听狱之两辞也。'私家于狱之两辞',谓取货于狱,以成私家之富,所谓鬻狱也。"孙星衍《注疏》:"'乱'者,《释诂》云:'治也。'……承天以治民,听狱可不中乎?能明察一偏之辞,片言折狱,其听于狱之两造之讼,更无不中矣。……'私'者,《说文》云:'自营为厶。''家',读如《檀弓》'君子不家于丧'之家。……言'无或自营而成家于狱也'。"

曾运乾《正读》:"'两辞',两造之讼辞也。自营为'私'。'家',孙星衍云:'读如《檀弓》君子不家于丧之家。'言不以为利也。'罔不中听狱之两辞,无或私家于狱之两辞'者,言听讼当求其平,不可因偏听而有所袒,不可因贿赂而有所私也。"屈万里《集释》:"'中听',以中正之态度听之。'两辞',两造之辞。'无',勿。按:'家',当为圂之讹。'家',《大克鼎》作𡧛,'圂',《毛公鼎》作𡨦,二字形近易混。圂,与溷通;说见桂氏《说文义证》。《说文》:'溷,乱也。'"显然因"家"字于此很不好解,特有意另寻解释,为有益的探索。

第二种句读的解释,见戴钧衡《补商》云:"'民之乱罔不中'者,'中',平也。《国语·晋语》:'夫以回鬻国之中。'注:'中,平也。''私家',犹'私居'。王氏充耘谓'偏有所主'是也。《孔传》谓'无敢有受货听诈,成私家于狱之两辞',后儒遂云'君子不家于丧之家',其义曲矣。"

第三种句读的解释,见杨筠如《核诂》云:"'乱',即上文之'乱辞'。当以'民之乱,罔不中'为句,谓民之乱辞,罔不得其中,即'无僭乱辞'之意也。'家',疑当为处。襄四年《左传》:'各有攸家。'《释文》:'本或作攸处。'是其证。此谓'处于狱之两辞'耳。"显然亦因"家"字不好解,特另寻的解释,且举出了文献上的证据。

文中显然可知,"辞"、"单辞"、"两辞"乃至"乱辞",为《吕刑》中关于狱讼之辞的重要专用术语。

后两种句读,因不满意于前一种句读所提出。前一种句读之不尽惬意,自是事实。因句中显然有误字,致句义不明,是无可如何之事。后二种句读是否果能解决问题，似亦未必。前一种句读，在"民之乱"后，并立"罔不中……两辞"、"无或私……两辞"两句，亦自醒目，足以扼要以成文义，可为此篇今译时参考取资之用。

⑥狱货非宝惟府辜功报以庶尤——"功"，段玉裁校定当作"公"。见其《撰异》云："'辜功'之'功'，孔训为'事'。则其字盖当作'公'。《诗》《天保》《灵台》传，《采蘩》《七月》笺皆云：'公，事也。'《七月》'入执宫公'，定本误作'宫功'。此'功'字盖亦'公'之遭改者。"段氏校字常要求较严，往往求之过深。此处是否亦要求过严。"功"字既有版本如此作，而"功"自亦可训"事"。即在《七月》"载缵武功"毛传云："功，事也。"则此处"功"原或为"公"，有此可能，然谓"功"必当为"公"，似尚可商。"尤"，汉古文作"訧"。见《说文·言部》："訧，罪也。从言，尤声。《周书》曰：'报以庶訧。'"段玉裁《撰异》云："王伯厚《艺文志考》说汉世诸儒所引《尚书》异字：'报以庶訧。'今未检得出何书。"陈氏《经说考》以为"当即据《说文》所引《周书》……据《今文尚书》也。"陈为今文家，故为此说，《说文》所引皆古文，不得误为今文。

今所见最早对此作出解释者，为汉代伏生系今文家之《尚书大传》（据皮锡瑞《疏证》本）云："狱货非可宝也，然后宝之者，未能行其法者也。贪人之宝，受人之财，未有不受命以矫其上者也。亲下以矫其上者，未有能成其功者也。"孙星衍《注疏》引录此段全文后疏云："《大传》云：'未有不受命以矫其上者。'今文读'府'为'诬'。声相近也。字亦或作'诬'，《周语》云：'其刑矫诬。'注云：'以诈用法曰矫，加谋无罪曰诬。'受人之财，则亲下以矫诬其上也。以'辜功'为'未有能其功者'，《汉书·律历志》注孟康曰：'辜，必也。'

《一切经音义》引《汉书音义》云：'辜，固也。'谓规固贩鬻以求其利也。则事功谓取必规固以求功也。"皮锡瑞《疏证》云："案《传》文不必字字与经比附，孙说近凿。"按《大传》往往离题万里驰骋议论，故皮言之如此。皮又在《今文尚书考证》中云："案孙说迂回，恐非《大传》之旨，姑存以俟考。《潜夫论·班禄篇》曰：'三府制法，未闻赦彼有罪狱货为宝者也。'"则此又引录了汉人议论此句之文。按陈乔枞《经说考》引《潜夫论》此文，其上尚引三句："作典以为民极，上下共之，无有私曲。"

伪孔释云："受狱货，非家宝也。惟聚罪之事，其报则以众人见罪。"《孔疏》云："'府'，聚也。'功'，事也。受狱货非是家之宝也。惟畏聚近罪之事，尔罪多必有恶报，其报则以众人见罪也。众人见罪者多，天必报以祸罚，故下句戒以畏天罚也。"

苏轼《书传》："'府'，聚也。'辜功'，犹言罪状也。古者论罪有功意，功，其迹状也。言狱货非所以为宝也，但与汝典狱者聚罪状耳。报汝以众罪，而所当长畏者天罚也。"林之奇《全解》："夫以狱得货者，非所以为宝也，惟聚其罪耳。'府'，聚也。言必将败露而获罪也。'功'者，言罪积于身而自以为功耳，则必将报汝以众罪而诛殛之也。'报'者，亦如'报虐以威'，有是恶则必有是报，皆是出乎尔者反乎尔者也。"《蔡传》："'狱货'，鬻狱而得货也。'府'，聚也。'辜功'，犹云罪状也。'报以庶尤'者，降之百殃也。"《蔡传》承上述各家要说以成其解，用语简要，可即据以释此数句。

2181

再补充一些清人近人文字训义。江声《音疏》："'府'，聚，'功'，事，'尤'（訧），罪也（《说文·言部》文）。……"孙星衍《注疏》："'府'者，《春秋左氏·昭十二年传》云：'吾不为怨府。'注云：

'怨祸之聚。'《释诂》云：'辜，罪也。''功'者，《诗·传》云：'事也。''庶'，众也。'尤'与'訧'同，《说文》云：'罪也。'引《周书》此文。言以狱聚货不足宝也，惟聚罪事，天将报以众罪也。"戴钧衡《补商》："'府'，取也。《广雅·释诂》文；旧训'聚'，未捷。'功'，事也。'辜功'，《传》云'犹罪状'，是也。"朱骏声《便读》："'宝'，保也，犹守也。'府'，犹聚也。'功'，讧也，溃也；或曰恐也，惧也。'庶'，犹众也。'尤'，訧也，辜也。……以狱得货，货非可守，但聚其罪，而可畏可惧，天将报之以众罪也。"屈万里《集释》："'尤'，与邮通，怨也。义见《荀子·议兵篇》杨注。"

于氏《新证》在引伪孔之释后云："按'府'本应作'付'，读'孚'（《说文》休或从广，《㐭伯簋》庙字不从广，《今鼎》仆作㒒，又辟雍，徐锴作廦廱，《墨子》"号令官符"之符，苏时学谓当作府。按茅刻本符正作府。《高宗肜日》"天既孚命正厥德"，孚，《汉石经》作付）。'辜'即故，详《酒诰》'辜在商邑'条（《史记·屈贾传》"亦夫子之辜也"。辜，《汉书》作"故"）。'功'训事，是'辜功'者，故事也，犹今人言旧例成案。'尤'，《说文》作'訧，罪也'。言狱货非宝，惟孚于故事，则报以庶罪也。"

惟杨筠如《核诂》作出与上述所有诸说完全不同的解释。其文云："'狱货'，谓因狱致财贿也。'府'，《国策》注：'聚也。''辜'，谓罪也，功与罪相对成义。'尤'与訧同，《说文》：'罪也。'此谓处于狱之两辞，不受两面之财贿，惟聚集其功与罪，而报断以庶刑也。"此见解值得重视，可从长考虑之。

章炳麟《拾遗定本》又有异解，其文云："'狱货'，即赎锾。'府'，即《周官·宰夫》所谓'府掌治藏'者也。'辜'，于《说文》当作'嫥'，《广雅·释训》：'嫥椎，都凡也。'今俗作'估'。'辜功'，即今所谓估工。言赎锾非以为宝，惟由治藏之官以此估计工程，令数相准，以报当诸疑罪耳。以货估工者，如《唐律》，徒一年赎铜二十斤至徒三年赎铜六十斤之类。观穆王（当作吕王）言此，则知家贫不能自赎者，又得计直估工，以居作代之，即《周官》'役诸司空'之类。不然，富者生全，贫者创死，赎刑之弊，其可救耶？"亦自言之有据。可知此种文字较晦涩之处，可由各家治经而肯深思有得者，各自提出其所见。

⑦永畏惟罚非天不中惟人在命——伪孔释云："当长畏惧惟为天所罚，非天道不中，惟人在教命使不中。不中，则天罚之。"《孔疏》："众人见罪者多，天必报以祸罚，汝诸侯等当长畏惧为天所罚。天之罚人，非天道不得其中，惟人在其教命自使不中。教命不中，则天罚之。诸侯一国之君，施教命于民者也。故戒以施教命中否也。"

苏轼《书传》："我报汝以众罪，而所当长畏者天罚也。非天不中，惟汝罪在人命也。"林之奇《全解》："狱货者必报以庶尤，则所长可畏者惟是天罚也。天之罚之也，非天之不中，惟人取之尔。人取之者，在其教命之不中也。教命不中，则非所谓'制百姓于刑之中以教祗德'。"《蔡传》于"永畏惟法"可能以其平易而无释，于下两句释云："非天不以中道待人，惟人自取其殃祸之命尔。"

江声《音疏》："所长畏者惟天罚也。夫天之罚人，非天道不中也，惟人自取之，在其教命不中尔。"自疏云："据下承之以'非天不中'，则罚谓天罚之矣。……经言'惟人在命'，若解云'惟人之存乎命'，语意似明顺，但如此解则以命为命数，命数非人所为，非所以为戒也，故从'教命不中'为言。教命，谓君上之政令也。"曾运乾

《正读》："'永畏惟法',言大罚可畏也。'非天不中,惟人在命'者,'中',均也。'在',终也。见《释诂》。言墨吏宝货府辜,国家报以大罚,罪在不赦,此非天之不均,惟人自终厥命。犹祖己言非天不相我后人,惟用淫戏用自绝也。"屈万里《集释》："'畏',敬畏。'罚',刑罚之事。'中',中正。'在',察也。义见《诗·文王》郑笺。'惟人在命',言人(官吏)当察天命行事。"以上诸家各有所见,各有可取,当斟酌损益以用之。

⑧天罚不极庶民罔有令政在于天下——伪孔释云："天道罚不中,令众民无有善政在于天下,由人主不中,将亦罚之。"《孔疏》："天道下罚,罚不中者,令使众民无有善政在于天下,由人主不中。为人主不中,故无善政,天将亦罚人主。人主谓诸侯,此言戒诸侯也。"

苏轼《书传》云："天既罚汝不中之罪,则民皆咎我,我无复有善政在天下矣。"林之奇《全解》云："天之罚不中,则庶民必无有善政在于天下矣。盖以其无有善政,故以不中而罚之也。无有善政者,君也。而以为庶民者,政虽出于君,而布于庶民,三苗之民泯泯棼棼,此所谓'庶民无有令政在于天下'也。"此释明"庶民罔有令政在于天下"的解义。本来有没有善政只能说是君主,今乃言之庶民,故宛转释明其义。《蔡传》于此句无释,当亦由其不好讲之故。元陈师凯《旁通》云："'天罚不极,庶民罔有令政在于天下'者,谓狱货之人,天若不极罚之,则庶民不得蒙令善之政于天下也。"此释较通顺。

江声《音疏》："'极',中。'令',善也。王者承天建中,庶民于焉取中。不中,则天罚之,庶民无有善政取法于下矣。"所释之

"中"，已近神秘。下文接着取《洪范》及《五行传》比附为释，益不足据。孙星衍《注疏》："'天罚'者，犹《皋陶谟》云'天讨'。王者代天行罚，故云天罚。'极'者，《诗·传》云：'中也。''令'者，《释诂》云：'善也。'《洪范》云：'王建其有极。'谓王者承天建中。又云：'庶民于汝极。'马氏注云：'众民于汝取中正以归心也。'王罚不中，则众民无有善政于天下矣。"所引《洪范》本文较平实，惟所释颇近江氏，然不比附《五行传》，皆异于江氏处。

曾运乾《正读》："'天罚'，犹言天威，天讨也。'极'，至也。言此贪墨之吏，国法不加其身，则为民牧者，罔有令政在于天下庶民矣。'庶民'在句首，倒装语。"屈万里《集释》："'极'，至也。义见《诗·载驰》毛传。"训"极"为"至"，比训"中"义为长。指出"庶民"为倒装语，解明了对此语的困惑。按古人一切假用天的名义，给犯刑者以惩罚假称"天罚"，那就是必受之罚，无可逃避之罚。

⑨王曰呜呼嗣孙——伪孔释云："'嗣孙'，诸侯嗣世子孙，非一世。"《孔疏》："戒之既终，王又言而叹曰：'汝诸侯嗣世子孙等……'"

苏轼《书传》云："王耄矣，诸侯多其孙矣。"林之奇《全解》："'嗣孙'者，王享国百年，故诸侯或其孙也。上言伯父伯兄仲叔季弟幼子童孙，此特言嗣孙，举其略也。继世而立，故曰嗣。"《蔡传》："此诏来世也。嗣孙，嗣世子孙也。"明吕枏《尚书说疑》有云："嗣孙以下，则告后世也。"

江声《音疏》："言'嗣孙'者，未闻也。盖诏诸侯永戒其后嗣欤！"自疏云："上文所告语者，皆见在居官有牧民之责者，嗣孙则在后世，非见（现）有牧民之责，亦必非上文所呼之童孙而亦呼及之，其诸不可晓，汉经师之说又不可得闻，故云'言嗣孙者未闻也'。云

'盖诏诸侯永戒其后嗣欤'者,上文所告语皆畿内畿外诸侯,畿外诸侯世其国,畿内诸侯世其官,皆子孙传世。此言嗣孙,自是诏诸侯使戒其嗣世子孙也。此以不得其解而推求其谊,不敢自信其必然,故言'盖'言'欤'以疑之也。"语有云:"事在迩而求诸远,事本易而求诸难。""嗣孙"之义,言"嗣世子孙"已甚明,江氏故为高深,曲折以示其奥,大可不必。不过因江氏其他诸处解义往往有可取,而故作高深,故用古奥文字为其一病(如此处"欤"字要写作"与"),此处录存之以见一斑。孙星衍《注疏》:"言嗣孙者,诏诸侯永戒其后嗣。"曾运乾《正读》:"'嗣孙',诰后世也。"自以吕柟、曾运乾语简而确实。

⑩今往何监非德于民之中尚明听之哉——旧句读皆作:"今往何监,非德于民之中,尚明听之哉!"故伪孔云:"自今已往,当何监视,非当立德于民为之中正乎?庶几明听我言而行之哉!"伪孔于"尚"皆训庶几,过于拘泥,《汉书·叙传上》注:"尚,愿也。"亦即今语希望之意。苏轼《书传》:"自今当安所监,非以此德为民中乎?"《蔡传》:"言今往何所监视,非用刑成德而能全民所受之中者乎?"是汉学宋学句读同,释义《蔡传》微有异,"所受之中"有神秘意味。其句读则直至清代末期以前学者皆从同此读。

然一读至此句,既觉"何监非德"与上文"何择非人"等三句句式完全一致,与《逸周书》中所习见的"何修非躬?何慎非言?何择非德?"(《小开》)"何向非利?""何慎非遂?""何葆非监?"(《文儆》)……等等句式根本无别,从而知此为西周所习用的语例,则知此应读作"何监非德"是无疑的。《说文》:"监,临下也。"是说你们怎样临下呢?不是应该用德吗?方以为纠正了旧读。及至看到俞樾《平议》，才知他已先我而发。其文在引伪孔之释后云："樾谨按，此当于'德'字绝句，言自今以往当何所监视，岂非德乎？'何监非德'与上文'何择非人'、'何敬非刑'、'何度非服（及）'文法一样，枚（指梅赜）读'监'字为句，非也。'中'者，狱讼之成也。《周官·乡士职》：'士师受中。'郑注曰：'受中，谓受狱讼之成也。'是古谓狱讼之成为'中'。故曰：'于民之中尚明听之哉！'枚《传》连上'非德'为句，因失其义。"当从俞释。惟训"监"为监视，于此不妥。又读戴钧衡《补商》，亦云："'何监非德'句，与'何择非人'一例。"

王樵《日记》云："按，'民之中'，《蔡传》以为'民所受之中'，恐非经意。曰德、曰中，乃一篇之纲领，前曰'中听'，下曰'咸中'，不应独'民之中'为'受中'之中也。'德'即'有德惟刑'之德，'中'即所谓'刑之中'也。刑皆得中，而有德于民，所以为祥刑也。'德'作用刑成德，似牵强。"此处释中为中正、公正、不偏不倚之中，意义平实，并无神秘之意。

⑪哲人惟刑无疆之辞——伪孔释云："言智人惟用刑，乃有无穷之善辞，名闻于后世。"训"哲"为智。而以善辞释为名闻后世，显误。伪孔很多解释都是望文生义，此处也是明显的望文生义。其不望文生义之处，就是妄加一句"名闻于后世"。

苏轼《书传》："古之哲人，无不以刑作德。"义亦同伪孔。林之奇《全解》："自古之称哲人者，惟在于用刑耳，如皋陶以智称于后世是。盖惟哲则能明清于单辞也。"《蔡传》："明哲之人用刑，而有无穷之誉。"义仍全同伪孔。《汇纂》引徐侨（当据其《尚书括旨》，徐为吕祖谦门人）曰："情辞虽难穷，惟智哲则有见。以哲人而用刑，虽情辞之来纷然无有疆界，而以理烛之，以辞系法，各协其极，自然有庆矣。"(末四句系释下面"属于五极,咸中有庆"两句)又引胡士行(当据其《尚书详解》)曰:"哲则天理明,其于听刑之际,虽伪辞纷纷无穷,而各附之极,刑无不中,而庆岂外至乎。"《汇纂》引此二说后"案"云:"《蔡传》云云,此从注疏旧解也。徐侨、胡士行则谓情伪之辞纷来无疆,惟哲人以理烛之,而各协其极。说亦贯穿。"按,"辞"为狱讼之辞专用术语,伪孔、蔡氏皆释无疆之誉,谬甚。徐侨、胡士行之释甚确。

江声《音疏》:"疆,竟(境)也。……哲人惟于刑周详反复,有无竟之辞。"孙星衍《注疏》:"《吴志·步骘传》:骘曰:'明德慎罚,哲人惟刑,《书》《传》所美。自今蔽狱,都下则宜顾雍,武昌则陆逊、潘濬,平心专意,务在得情。'言当择哲人任之以刑也。"朱骏声《便读》:"'惟',思也,犹图度也。'疆',竟也,犹穷也。'辞',词也,犹闻誉也。言明智之人立此新法,敬慎用刑,将有无穷之闻于后世。""无穷之闻"承上妄说。

以上自汉学、宋学、清学,无不释为哲人用刑。惟王引之《述闻》"哲人惟刑"条在引录伪孔之释后云:"引之谨案,如《传》说,则'刑'上当增'用'字,文义乃明,殆非也。'哲'当读为'折'。折之言,制也。'折人惟刑',言制民人者惟刑也。上文'制以刑',《墨子·尚同篇》引作'折则刑'。上文'伯夷降典,折民惟刑',《传》曰:'伯夷下典礼,教民而断以法。'《墨子·尚贤篇》引作'哲民惟刑'。'折',正字也。'哲',借字也。上文'哀敬折狱',《困学纪闻》卷二引《尚书大传》引作'哀矜哲狱'。哲亦折之借字。'哲人惟刑',犹云'折民惟刑'耳。"王说极确,应摒弃以上一切旧说,从用王说。知其义为"制民人者惟刑也"。

⑫属于五极咸中有庆——《释文》:"属,音烛。"伪孔释云:"以其折狱属五常之中正,皆中有善,所以然也。"训"五"为五常,"极"为中正,"咸"为皆,"庆"为善。而对此两句之释义,令人不明。《孔疏》:"'属',谓属著也。'极',中也。'庆',善也。'五常',谓仁、义、礼、智、信。人所常行之道也。言得有善辞名闻于后世者,以其断狱能属著于五常之中正,皆得其理,而法之有善,所以得然也。知五是五常者,以人所常行,惟有五事,知五常也。"伪孔牵强附会五极为五常,《孔疏》特为圆其说而无法圆其说。

苏轼《书传》:"无穷之闻,必由五刑咸得其中,则有庆。'五极',五常也。"苏氏于行文中已以五刑之中为五极。后又牵合于伪孔之说五常,殊无谓。林之奇《全解》:"五极,五刑之得其中也。先儒以为五常,误矣。言有无穷之美誉者,由五刑之得中。刑得中则有余庆矣。……'属',连也。言美辞由于用刑,故以属言之。"陈经《详解》云:"'五极',五刑,各协于极。"《蔡传》:"五极,五刑也。明哲之人用刑而有无穷之誉,盖由五刑咸得其中,所以有庆也。"

元陈栎《纂疏》云:"极者,标准之名。折狱能系属于五刑之标准,所以皆合乎中理而有福庆也。或训'极'为'中',固非;径指'五极'为'五刑',亦非。"纠正宋儒之说甚确。

清人近人或从五常之说,或从五刑之说,或从《洪范》五极之说,皆无可取之新义,故不录。

此"中"字,经师们说法多,详后面"讨论"(三)。

⑬受王嘉师监于兹祥刑——伪孔释云:"有邦有土受王之善众而治之者,视于此善刑。欲其勤而法之,为无疆之辞。"训"嘉"为善,"师"为众。皆据《释诂》。又训"祥"为善,亦《释诂》文。《孔

疏》简述伪孔义云："汝有邦有土之君，受王之善众而治之，当视于此善刑。从上以来举善刑以告之，欲其勤而法之，使有无穷之美誉。"

伪孔"善众"的训解，竟为历代经师及治此文的学者奉为定论，无一越出它的范围，相率守其说不变。如宋代苏轼《书传》云："'嘉'，善也。王所以能轻刑者，以民善故也。"林之奇《全解》云："'嘉师'，善众也，犹言良民也。……刑所以禁奸，民既善矣，惟此祥刑可也。"吕祖谦《书说》云："言汝诸侯汝司政典狱，受我嘉美之众，蔼然郁然，无损缺，当共护养，其可不监于此祥刑而忍轻戕虐之乎？"夏僎《详解》云："民受天地之中以生，未尝不善。其陷于罪恶，非其本然也。故民曰'嘉师'。刑虽主于刑人，然刑奸究，所以扶善良。虽曰不祥，乃所以为祥也，故刑曰祥刑。"陈经《详解》云："民嘉矣，而吾之刑其可不祥也耶？"《蔡传》云："'嘉'，善。'师'，众也。诸侯受天子良民善众，当监视于此祥刑，申言以结之也。"元代吴澄《纂言》云："凡受王之良民而治之者，不可虐之以不祥之刑。"陈栎《纂疏》云："'嘉师'，良民也。'祥刑'，良法也。此申明前'告尔祥刑'之意，而欲其监观于所告之祥刑也。"明代王樵《日记》云："有德于民之中，则刑非凶器，而乃祥刑矣。尔受王之嘉师，其尚监视于此可焉。"清代江声《音疏》云："受王之善众而治之，当监于此哲人之祥刑也。"王鸣盛《后案》全录二孔文，惟注明其字训据《释诂》。孙氏《注疏》云："言受王之善众而治之，当视此哲人之祥刑也。"王先谦《参正》云："'嘉师'，若今俗字'好百姓'矣。"戴钧衡《补商》云："今尔等受王嘉善之民，当监于哲人而详审其刑也。"朱骏声《便读》云："庶几受王之良民而治之。"吴闿生《大义》云："受天子良民而治之。"近人曾运乾《正读》云:"'嘉',善。'师',众也。言受王庶民而治之,当监兹祥刑也。"屈万里《集释》在举二字义训见《释诂》后云:"嘉师,善良之民众也。'监',正视,犹言注意,'祥刑',善刑也。"唯一变其句读的杨筠如《核诂》仍云:"'嘉'《释诂》:'美也。''师'属下读。《释诂》:'师,众也。'"则仍沿用伪孔"嘉"美善、"师"众之义。按,"监,视也",见《诗·节南山》传。故可云"正视"。又《方言》十二:"监,察也。"有体察、察照义。

这是一非常可异之事。《尚书》是一非常解释纷歧、众说庞杂之书,几千年来,《尚书》每一句文义、每一个字训,极尽纷争聚讼之能事。由本书全部"校释"中,人们即可看到这一现象。举如今文、古文、伪古文、汉学、宋学、清学以迄现代研究,几乎对每一句每一字很难达到共识。《五经异义》《经典释文》《通志堂经解》《学海堂经解》《南菁书院经解》等等,所集经解的纷繁,使人感到烦乱。独独此"嘉师"二字,自东晋之初由伪孔释为"善众"之后,自是所有不同时代不同学派的任何经师、学者,一律遵奉不稍违,半点异议也没有,这种"道一风同",大概是全部《尚书》解说中唯一独特的一例(因为无暇细检每一句,所以只能说"大概")。虽然此外也有不少伪孔说法为宋学主要著作所承用,但其他著作之异说必仍不少,像这一"嘉师"之释能使千载不同学者浑然从同概莫能外,恐难再找到同样例子了。

其实,此"嘉师"之句,正是朱熹《语类》所说《尚书》的"不可晓者,不要强说。纵说得出,恐未必是当时本意"的不可晓之句。解"嘉师"为"善众"(良民),怎么说也是非常牵强的,只是从训诂书中找了"嘉"可训为"善"(还可有其他训义不采用),"师"可训为

"众"（也还有其他训义不采用），便生吞活剥地释为"善众"（后儒从而今译为"良民"、"好百姓"），其牵强是很显然的，根本无法证其与"当时本意"有任何牵涉。再就文义的"当时本意"来考虑，吕王在系统地阐述自己的祥刑体系后，为了这一祥刑体系能获得完善实施，特向他的下面发布两段简要的严肃告诫之辞。一段对"官伯族姓"而发，因他们皆掌着刑狱大权，所以力诫他们要公正行法，倘有贪赃枉法者，必有极严的天罚对待他们（所谓天罚意为逃不掉的惩罚）。一段对政权的后继者嗣孙们而发，大意谓施行刑法必须以德为主导，因治理人民惟有用刑法，面对着刑法活动中无穷无尽的狱讼之"辞"（"辞"是刑讼中的专用术语，包括单辞、两辞），要使刑狱文书（"中"）都处理得完善有益成为可喜庆的事，那就必须遵循王的意图，严格按照这祥刑的规定办理。这是这第二段告诫的大意。那么这"受王嘉师"的"嘉师"，应当只是指王的意图、或意向、或要求、或筹划、或所订的纲领之类的意义，怎么也扯不到"好百姓"身上去。即使要就原文字探寻，那么这里的"嘉师"，也很可能是"嘉谋"、"嘉猷"、"嘉政"或"嘉什么"之类的词汇的误写。很大可能"师"字是误字。如果要勉强仍存其"师"字寻绎，那么"师"字的训义，除"众"及军旅之名、官长之义等等之外，还有"教人以道者之称"（《周礼·师氏》注），"师者所从取法则者也"（《淮南子·主术训》注），"师者亦使人法效之者也"（《荀子·王制》注），"师者人之模范也"（《法言·学行》），"师，道之教训"（《汉书·贾谊传》），"师，教示以善道者"（《礼记·内则》注）……诸训，则取以训解"嘉师"为"美好的教道"、"嘉善的可师法之道"等等，不远比"善众"要正确要完善吗？所以此处伪孔释为"善众"，是不合原义的、不足据的。

以上这一节,是《吕刑》全篇最后一节。在吕王仔细地阐述了他所制订的祥刑的完整体系之后,为了完善地贯彻实施这一详刑体系而不被贻误或败坏,特谆谆地发布了严肃的诰诫之辞。这项诰诫之辞分两段。

第一段是对"官伯族姓"即大官大族讲的。上面"校释"文中已指出,由于他们掌着刑狱大权,所以切诫他们要公正行法,倘若贪赃枉法,必有极严的天罚即逃不掉的惩罚对待他们。

对于这段,过去经师们已有寻其大意。现录元王天与《尚书纂传》关于本段的说法如下:"此章又以敬刑畏罚申言之。'敬之哉'一语提其纲,'朕敬于刑'以下敬刑也。……'永畏惟罚'以下畏罚也。……前章屡言刑罚,不应此处两语独是警惧臣下。盖穆王(应作吕王)非特敬刑,亦自畏罚。……罚虽仅伤民之财,而参以前'罚惩非人极于病'之云,则罚亦关系于民命,民命所系罚其可不永畏?……即一章观之,'朕敬于刑'一节对'永畏惟法'一节,皆申敬哉之意。敬刑一节言天、言民、言中,而以辜功庶尤,终不敬刑之非。畏罚一节亦言天、言民、言中、言极,而以罔有政令,戒不畏罚之失。条理粲然。"他不知道这正是"独是警惧臣下"之言,"朕敬于刑"是向臣下表示特别重视刑,"永畏惟罚"则是特加警惧臣下,谁敢贪赃枉法,必然要受到逃不掉的天罚。全段的意义明确如此。

第二段是对政权的继承者嗣孙们讲的。"校释"中也已提到,此段大意是说施行刑法必须以德为主道。因治理人民惟有用刑法,而刑法活动中有无穷无尽的狱讼之辞,只有以德才能公正处理讼辞,使刑狱文书(中)做到可称庆的祥善公正。那就必须遵循王的意图,严格按照这祥刑的规定办理。

王天与《纂传》对此段只简单说了一句:"按,末章以祥刑终之。"

明人吕柟《尚书说要》则对《吕刑》全篇各段亦标出了他所见的各段大意,今附录于此以见经师们的意见:"《吕刑》之序,'若古有训'至'惟腥',言苗民承蚩尤之乱而淫刑也。'皇帝哀矜'以下,言舜之德威也(误以皇帝为舜)。'乃命重黎'以下,言舜(仍误)之德明也。盖皆因'鳏寡有辞于苗'也。'乃命三后'以下,言群臣辅舜之德威德明也(全句误),由是而始命皋陶(误)制刑耳。'穆穆'以下,申制刑之故也。'典狱'以下,言用刑之善也。'四方司政'以下,则明当时诸侯以苗为戒、以伯夷为勉也。'伯父伯兄'以下,言勉伯夷者在乎勤敬也;曰'叔父兄弟子孙'者,即'四方典狱'也,举其亲者而言之,欲其言之入也。'有邦有土'者,亦即四方典狱也,举其责者而言之,欲其言之行也;至择人、敬刑、度及,则举其要也。'两造具备'至'有并两刑',即其所谓事焉耳;然'两造'以下皆言从轻之意,恐其出罪也,则言'五过之疵';'五刑之疑有赦'以下,复言从重之意,恐其入罪也,则定刑罚之条;然此皆所谓经也。至'上刑适轻'以下,则又言刑罚之权耳;故'罚惩'以下,申择人也;'察辞'以下,申敬刑也;'狱成'以下,申度及也。其官伯族姓以下,则又言其本也,'本'者,明清而无私家耳。'嗣孙'以下,则告后世也;然曰'哲人',曰'属于五极',则亦择人、敬刑、度及之意也。"综览了全篇,自然不外经师之陋说。加藤常贤以本节第一段为本篇第六节,以"官伯族姓に教ふ"为标题;以本节第二段为本篇第七节,以"嗣孙に教ふ"为标题。

尚书校释译论

今 译

我吕国贤明美善的国王享有国家已达百年高寿了。年纪已老，却用宽容大度的精神制定刑书，用昭法禁于四方使敬谨遵行。

王说："像古时候有一种宣讲史事的'古训'，曾讲到那个蚩尤开始肆行作乱，把恶习延及到平民百姓中，遂使成群抢劫，谋财害命，像鸱枭一样邪恶，作奸犯科，明火强夺，暗地盗窃，称诈暴取，无恶不作。苗民之君不行善道，只知制订重刑，创作了五虐之刑叫做'法'，以滥行杀戮无辜，殃及没罪的人。于是开始制订截鼻、割耳、椓破阴部、黥刻面部等酷刑，对不幸被缧误陷入刑网的人，不问其是非，不差别其有无罪状，一律加以刑戮。从而使平民百姓起而运用诈欺手段对付，泯泯为乱，棼棼同恶，内心都不管什么信义，经常违背所作的赌咒发誓。由于三苗的虐政淫威，庶民被冤受害，只好呼天抢地把无辜冤气控告到上帝那里，上帝看到所有被害苗民，没有德行的馨香，只有刑戮的腥臭。

"上帝哀怜被刑戮的庶民是无罪的，就对那些肆行虐刑的人报之以威严的惩处，断绝那些肆虐之苗人的世系，不让他们有后代留在下界。过去由于苗民受尽苦难，无处申诉，只好诉请上帝相救。家家以巫术直通上天。为了纠正这种巫风盛行现象，就命重黎分别民、神事务，严格禁止民神杂糅，厉行"绝地天通"（断绝地下庶民直接与上天相通），不再有民与神上下交往之事。于是诸侯及其臣下们便都尊奉明德，不复像往日那样失去常理，就连鳏寡无告小民也没有受到伤害。

"上帝清问下民情况，见鳏寡无告小民仍在埋怨苗民虐刑之害，上帝于是以德行威，使万民尤其是行虐之徒无不畏服其威；又以德施明，使万民尤其是久处幽枉之民无不蒙受其明。上帝为了降福于民，就命令三位臣神下来施行降福于民之功；伯夷降下刑典，治理人民惟以祥善之刑；禹平治水土，为山川之主；后稷下教民播种，勉力种植嘉谷。三位巨神大功告成，其功施于民者既大且远。于是治理人民惟用适中的刑法，从而教导人民敬行道德。

"当那个时候，穆穆地敬行美德的君主在上，明明地努力建立事功的群臣在下，其治德的光辉就灼然照射到四方，四方臣民就莫不勤于德行了。既能使四方勤于立德，所以普天之下就能用刑尽得中正，循治民之道以治民，就非同寻常彝伦秩序了。掌治刑狱的官员，不应以向民立威为终极目标，而应该以为民造福为终极目标。必敬必戒，没有败言坏语出于己身，如此才能肩任天德（是说决定一人死生寿夭之命的是天德，典刑狱的人肩任着这一天德）；能任天德，就自造大命，也才配享天禄于下。"

王说："唉！四方主管政务执掌刑狱的各级官员们，你们不是身负重任为天牧民吗？那么现今你们应何所取法呢？不是应师法伯夷所播善刑之道吗？现今你们应何所鉴戒呢？那就惟是苗民的不察于刑狱的施行之道，又不择善人视事于五刑之中，只是权贵以威势乱政，贪吏以货贿夺法，割截攘折五刑条律以乱害无辜良善之民。上帝不宽免苗民统治者之罪，降给他们以惩罚。苗民统治者对于惩罚没有话可说，只得承受，于是他们的世系就被断绝了。"

王说:"哎呀! 永远记念着不要忘记呵! 我的伯、叔、兄、弟、子辈、孙辈们:都听我的话,会有吉祥美善的好命的。现在你们无不由于我的慰勉,而日益勤奋于治刑狱的纷繁任务,你们也没有不深戒自己不勤于所职的。民有过恶,天要整齐之,使我一日司此整齐之权。人有犯大罪而非故意实出于偶然因素的,属于'非终'之列("非终"、"惟终"为两个西周时法律术语,见于《康诰》,"终"之意是说最后必须判罪);人有犯小罪而出于蓄意犯罪且不坦白认罪,则属于'惟终'之列。这全在其人本身所犯情况来决定。你们要敬迎天命,以助我这个王推行五刑之政。大家在处理五刑之政时,要不为威屈,不为势夺。虽遇权势而不畏;治狱讯得其真情本可欣喜,但应哀矜而勿喜。惟应敬于五刑之用,以成三德:刑当轻为柔德,刑当重为刚德,刑不轻不重为正直之德(刚、柔、正直为"三德",见《洪范》)。君主一人有可庆的善政,那么亿万人民都赖以得福,天下的安宁就可保持长远了。"

王说:"喂! 有国有土的各级领主们:我把我制订的祥刑制度的各个方面告诉你们。现在你们要抚安百姓亿万之民,当选择什么呢? 不是应选择人才吗? 当敬用什么呢? 不是应敬用刑法吗? 当追及什么治道呢? 不是应追及古圣先王伯夷、禹、稷的治道吗?

"诉讼双方都到庭,诸狱官共听狱讼中有关口供,以其涉及五刑故称'五辞'。五辞经简核其情属实,信无可疑,就按五刑定罪,如应墨者处以墨,应劓者处以劓是。如果定为五刑罪的囚犯经覆审不合已简核的结果,就是所犯情状不确切,不适合五刑的规定，就应降等定从五罚，令罪犯出罚金赎罪。如果定了五罚而罪犯仍然不服，应重加简核，倘使确不是五刑之罪而只是五刑方面的过失，这叫做'五过'。如果发现所定的罚与过失不相应，就应将五罚改定按五过处理，按过失赦免他的罪。但在处理五过的过程中往往发生五种弊病，叫做'五过之疵'：一是'官'，利用权位挟势以凌下，不公正审判；二是'反'，不顾案情，有意任情以抗上，破坏正常的审判；三是'内'，治狱官吏听信内亲妻室说情，以改变审判（即后世俗语所说的裙带风、枕头状）；四是'货'，即贪赃枉法；五是'来'，私情来干请、请托，以乱审判。凡运用'五过之疵'的手段帮助犯法者逃脱罪刑的人，其罪与犯法者等同。即犯法者是什么罪，即判处其人以什么罪。对此项犯罪应详加审核以判处之。

"如果发现所定五刑情有可疑，即就应该赦免之；同样，如果发现所定五罚情有可疑，也应该赦免之。这都必须详加审核以定之。罪状简查审核已确实可信，且有众多的人同予证实，还对精至细微之处都经稽考而皆合，就应科以刑罚。如果案情属无从简核，便不当受理该案。其听狱必如此的审慎，是由于天威可畏，必须严敬。

"犯墨刑的如情罪有可疑而不能定，就赦免判刑，改判罚金一百锾，还一定要简阅核实他所犯罪情，使与所罚相当，而后收取他的赎金。犯劓刑的如情罪有可疑，也赦免判刑，改判罚金加倍（即二百锾），也一定要简阅核实其罪与罚相当。犯剕刑的情罪有可疑，也赦免判刑，改判罚金一倍又半（五百锾，一说四百锾），也一定要简阅核实其罪与罚相当。犯宫刑的如情罪有可疑,也赦免判刑,改判罚金六百锾,也一定要简阅核实其罪与罚相当。犯死罪者如情罪有可疑,也赦免判刑,改判罚金一千锾,也一定要简阅核实其罪与罚相当。

"墨刑之罚的条款有一千条,劓刑之罚的条款也是一千条,刖刑之罚的条款五百条,宫刑之罚的条款三百条,死刑之罚的条款二百条,全部五刑的条款共三千条。

"如果所犯之罪于法无其专条时,就可上比其重罪,下比其轻罪,上下相比以定其罪。但不得差错妄乱其供词借以为奸乱法。治狱不当用不当行之理以罗致成狱,只当察其情罪而正用其法,一定要详加审核使不错乱。如果犯的是上刑,其情节适于轻,就可服下刑。如果犯的是下刑,但其情节可恶适于重罪,就可服上刑。量其轻重以行罚,在权衡其情况进退推移来决定(这是就个人方面的判刑轻重来说的)。刑罚还随时世不同而或用轻用重(这是就时代方面用刑的轻重来说的)。这样刑罚或轻或重,是一种不齐,以之齐对刑罚的客观需要,正所以为齐其不齐。然其间自有伦次,自有纲要,不是杂然而无统地可任意加以进退的。

"实行罚金惩处之制,使犯者获得不死,而其被罚后困于重赎,所受痛苦亦达到极点,足使之迁善远罪。奸佞之人不能使之断狱,只有善良的人才可担任断狱。善良的人断狱所定刑罚乃能无不合于中道,做到轻重不差。犯者的供辞常有参差不实,断狱者要善于就其参差处察其情伪,以求得案情的真情实况。所以对待犯者参差之辞的原则是:'非从口供,惟从实情。'务在以哀怜矜惜之心情来处理刑狱之事,包括明察其口供在内。治狱者要明白无误地开读刑书，与众共同参透拈准，诸狱官取得共同认识，这样，断狱才可望得其中正而无冤滥过误，因而其所判或者五刑、或者五罚，都必须详加审核以定之，狱成就能使人信服。其狱辞如有不实，又察其曲直加以变更，也使人信服，承受者也会自以为不冤。狱既判定之后，其断狱文书必须上报，有关文件必须备具不可有缺。如一人有数罪，一罪有数法，奏上其刑时也必须备载。然后按'并两刑'原则，并轻刑于重刑之中，惟处以重刑，而不再处以轻刑。"

王说："哎呀！要特别敬慎呵！各级主管政务执掌刑狱的官员们和我的伯叔兄弟子辈孙辈们：我说的话是多可戒惧的。我特别敬慎于刑狱之事。要能有德于人民就只靠善于施行刑法。现在天要治民，命令为人君的配天在下代天治民，应当承天意以治民，那就在听讼时当清审明察罪犯无证据的单面之辞（单辞）。由于民之所以治，没有不是由治狱官吏的公正而中立不偏地听取诉讼双方面之辞（两辞）。因而不容许有偶或因治狱官吏以私家之利来淆乱狱讼的两辞。由贿赂而得赃，所得的不是宝，而是聚集罪证。所得到的报应将是千祸百殃。要永远畏惧这种天罚，天道不会有不中正的，只是人自己在给自己造成祸殃的命运而已。如果对赃吏的天罚不极致、不彻底，那么普天下的庶民百姓都承受不到善良政治了。"

王说："哎呀！后嗣子孙们，从今往后，你们怎样临下治民呢？不是应该用德化于万民之中吗？希望明白地听清楚呀！管理人民只有用刑法来制裁，这就要处理无尽的数不清的狱讼之辞。只要根据正理以明察的眼光烛照之，使之协调于五刑的标准,就都可断从中正,从而处理准确而可庆了。那就必须按照我的意图,注意遵循这祥刑的规定办理。"

讨 论

本篇可讨论问题较多,大都已随"校释"论及,此处至少应讨论下列三个问题:

(一)《吕刑》为吕王之作与周穆王无关的问题

汉代出现的本篇《书序》竟说:"吕命穆王训夏赎刑,作《吕刑》。"不仅语句已有问题,而本篇内容与周穆王根本无涉,且篇中所言赎刑亦与夏不相干,是此序文之谬误是很显然的。

按,本篇由于与周穆王无关,故先秦文献引用《吕刑》共达十六次之多,无一次涉及周穆王。而《周语》引"昔在有虞、有崇伯鲧",《左传》引《虞书》"数舜之功",《孟子》引"舜使益烈山泽、稷树五谷",又引"禹疏九河",《荀子》引"禹有功抑下洪",《周语》引"盘庚曰",其他类此必引明该文献所涉人名者尚多。而《墨子》引《禹誓》,《孟子》《墨子》引《汤誓》,《左传》引《康诰》,明其为禹、汤之誓,卫康叔之诰,正如《墨子》引《吕刑》,亦明其为吕王之刑(这些详《尚书学史》第二章)。可知《吕刑》出于吕王,原与周穆王丝毫无关。及至汉代,几乎无不说《吕刑》为周穆王之文,自是历代经师直至现代学者,竟无一不承穆王之说,这是《尚书》经说中的一异事。综览《尚书》全书各篇,其作者或篇主,在篇文中都是记载明确的,《虞夏书》四篇分别记尧舜事、皋陶事、夏王伐有扈氏事、禹治水分州事,《商书》五篇分别载汤、盘庚、高宗、西伯、微子事，《周书》十九篇中前两篇武王伐纣，箕子陈《范》，自《金縢》至《立政》十二篇皆周公篇章，《顾命》则成王死康王继，《文侯之命》为晋文侯受命，《费誓》为鲁侯伐淮夷徐戎，此周十七篇与虞夏四篇、商五篇其作者或篇主无一不在篇文中记载分明，并无歧义（虽有些经过考辨不一定真确，如《禹贡》实非禹之文，但篇文中有"禹锡玄龟告厥成功"之文，则经师们按禹作释，自不违文意）。《周书》中最后一篇《秦誓》，篇文中并未说明作者或篇主，但先秦文献引用其文明称《秦誓》（见该篇校释）。又与《左传》所载该文史事相合，则自可相信《史记》及《书序》所说该篇为秦穆公事。独此《吕刑》篇，篇文明载篇主是吕王，与周室任何王无涉，先秦文献引此篇次数不少，亦无一次涉及周王，至汉代乃凭空扯上周穆王，是完全不应该的事。

考汉人之意，大概以为"五刑"为立国之大法制，篇中又屡称"王曰"，必然只有周王才能说这些，以为一个小国吕侯是无权说这些的。正如《孔疏》所云："名篇谓之《吕刑》，其经皆言'王曰'，知吕侯以穆王命作书也。"篇文说"享国百年耄荒"，他们就要找一个年纪老的周王。《孟子·公孙丑上》说："以文王之德，百年而后崩。"刘歆《世经》说："《礼记·文王世子》曰：'文王九十七而终，武王九十三而终。'"这些是汉代儒生熟习的资料，可是因为本篇篇文中说"耄荒"，是贬义词，他们不敢攀文王武王来抵充，就只好从西周另找一位年老的王。恰好《史记·周本纪》根据流传的资料记载说："穆王即位，春秋已五十矣。""立五十五年崩。"正好可牵附为"享国百年"，也正好展现他"耄"。

而穆王又以盘游无度著称，一部《穆天子传》反映他的风流遗韵，"八骏日行三万里"去会西王母，正好展现他"荒"，这就实定此篇为周穆王之文了。始作俑者西汉今文家。司马迁采今文家之说，在《周本纪》穆王纪事中记载"甫侯言于王作修刑辟"，即接着录存《吕刑》自"王曰吁来有国有土告汝祥刑"以下直至"五刑之属三千，命曰《甫刑》"，凡五十句。于是"俗语不实，流为丹青"，《吕刑》为周穆王之书在汉人口中已成定论了。

其实《吕刑》之王为吕王，古人无法知道，今人就应该知道了。首先，近代学者已就金文研究获知，周代各诸侯称号往往多样化，往往自己也称王。如夨伯称伯（夨伯彝）又称王（夨王尊、夨人盘、同卣）；录伯也又称伯又称王（录伯㲀簋），燕（匽）侯称侯（郾侯㪤戟）又称王（郾王㪤戟、郾王戎矛），楚君称王（楚王韻钟、楚王舍章钟等）又称公（楚公公逆□镈）又称侯（禽簋有葬侯，此字尚有歧义）又称伯（夨公毁）又称子（楚子暖簋），此与《春秋》称之为子相合，但《左传》已称其为王。他如《春秋》中称为公侯伯子男之国，金文中往往同时出现几种爵称，例如徐君就有称为"徐王"的好几种彝器。与徐王、楚王比邻而处的吕国，实逼处此，可能也就不能不称王，以便与之抗衡，这点恐怕也是吕国势需称王的主要原因。吕王之器金文中数见，如《三代吉金文存》五·三十《吕王鬲》云："吕王作尊鬲。"又十二·十二《吕王壶》云："吕王孅作大姬尊壶其永宝用享。"又吕字或作"郘"，金文中加邑与不加邑之原字为同一字，《三代》一·五四有《郘钟》，《金文诂林》释云："郘，国名，经典作吕。"是吕或作郘，在当时确切称王，有吕王自己之器传下为铁证。

由于金文的启发，好些名学者进而阐述文献中亦有诸侯称王资料。王国维《古诸侯称王说》云："古诸侯于境内称王，与称君称公无异。"并举《诗》《周语》《楚辞》称契玄王，其六世孙称王亥，汤伐桀誓词称王，《史记》称汤自立为武王。加上金文资料，因而说："盖古时天泽之分未严，诸侯在其国，自有称王之俗，即徐楚吴越之称王者，亦沿周初旧习，不得尽以僭窃目之。"郭沫若氏《金文所无考》"五等爵禄"一节亦指出"诸侯每称王"，因而赞誉王国维之说为"其说无可易矣"。丁山师《由三代都邑论其民族文化》中，举《诗·六月》"王于出征，以匡王国"、"王于出征，以佐天子"等句，以为"王国、天子自是周天子，所谓'王于出征'之王，明系诸侯称王者"。即出征猃狁的吉甫。颉刚师《大诰译证·周公东征史事考证》稿中，亦补充不少文献资料，以为如王桓、王亥、徐、楚、吴、越、蜀王、滇王、义渠王等皆是。《周语》："自后稷之始基靖民，十五王而文始平之，十八王而康克安之。"韦昭注即以后稷至文王周室十五个君主为十五王，加武、成、康为十八王。《齐世家》顷公十年尊王晋景公。《庄子·齐物论》："骊之姬……及其至于王前，与王同筐床，食刍豢。"称晋献公为王。《秦风·无衣》："王于兴师。"秦哀公自称为王。《史记·燕世家》："太子立，是为易王。"是燕称王自易王始。又《左传》郑有王子伯廖、王子伯骈，杜注皆为郑大夫。谓郑自以为强，其公子竟称王子。这些资料反映周时诸侯有国者常自称王。这样，吕国自然也就称王。何况逼处徐、楚，为了抗衡争胜，他更会称王。

本篇开头第一句史臣所记之辞即说："惟吕命王享国百

年。"这"吕命王"过去经师们的两种误说（见"校释"）不去提它，傅斯年说当作"吕令王"，即吕灵王，和周昭王一样，是这个吕王的称谓。傅氏说这是吕王，是对的，但不必如他改"命"为"令"，成为吕灵王（这些皆见"校释"）。"命"即可原字不动，作为"明"或"名"的同音假借，即此王为吕国的英明之王，或盛名之王。乃至更不假借，径为"膺命之王"、"受命之王"。总之是吕国的一个好王。史臣所记之辞下面接着说："耄，荒度作刑以诘四方。"这就由史臣第一手记载记明这篇《吕刑》是吕王所作。"耄"，是说他老了，由于他针锋相对于苗民的五虐之制，特以宽大精神（大度）制订了刑书，叫四方敬谨施行。他这篇诰诫臣下遵行这一刑书的讲话，就因是这位吕王作的，就称为《吕刑》，正像《禹誓》《汤誓》《伊训》《召诰》《秦誓》等等都按其作者定名一样。因此《吕刑》之为吕王所作，是无可动摇的事实。《吕刑》之为吕王所作，还有着不少主要的次要的理由。其主要的，是本篇内容中的两个铁证。

一是上帝派三位天神下来施功德于民。三位天神是夏后氏的始祖宗神禹，姬姓族的始祖宗神稷，和姜姓族的始祖宗神伯夷。这反映了都自承为夏族之后的姬姜两姓姻亲族所认为，能代表上帝下来拯救人民的尊贵的天神，只有自己两族的宗神和共同尊仰的夏族尊神。所以这美好的神话，只能出自姬姜两族所编。

而所有先秦文献资料中，凡谈到姬姜两族时，总是姬在前，姜在后，如《国语·晋语四》云："昔少典取于有蛴氏，生黄帝、炎帝。黄帝以姬水成，炎帝以姜水成。成而异德，故黄帝为姬，炎帝为姜。"又如谈到姜与夏禹时,也总是禹在前,姜在后,如《国语·周语下》云:"伯禹……皇天嘉之,胙以天下,赐姓曰姒,氏曰有夏。……胙四岳国,命为侯伯,赐姓曰姜,氏曰有吕。"姜总不能跃居在姬与禹之前。由《晋语》知炎帝为姜姓族宗神,由《周语》知四岳亦为姜姓族宗神,而《周语》并载四岳为共工从孙,则共工亦姜姓族宗神,自为姜姓不同先后的宗神,而《郑语》总言之云:"姜,伯夷之后也。"显然浑指伯夷为姜姓很早的宗神。《山海经·海内经》云:"伯夷父生西岳(四岳之误),西(四)岳生先龙,先龙是始生氐羌(羌即姜)。"证实了伯夷为姜姓很早的始祖宗神。但伯夷在先秦典籍中声名不显赫,地位不很高,不像同在西方的黄帝、炎帝、禹、稷等,东方的太皞、少皞、颛顼、喾、舜等,都是声名显赫地位很高的神。在《山海经》群神诸帝世系中,虽然也有伯夷小小的一系,但与帝俊、帝舜、太皞、少皞、黄帝、炎帝等巨大世系是无法相比的。《山海经》神话中炎帝一系下有共工,但尚未与姜姓发生联系,而伯夷、四岳、羌一系为独立于炎帝系以外的小系。这是神话歧异的正常现象,不能据此以否定文献中炎帝、共工与姜姓的关系。所以在先秦文献中,伯夷始终是无法赶上禹、稷的。

可是,在《吕刑》中,伯夷不仅和禹、稷一道共同成为上帝派下来无比尊贵的三位天神,而且伯夷跃居在前,在三位天神中成为"领袖群伦"的更尊贵的第一位天神。成为先秦文献中伯夷地位特别尊贵的唯一的一次。此无他,只是因为这篇《吕刑》是吕国作品,是吕王之作,所以才把自己的祖宗放在夏族祖宗和姬姓族祖宗的前面。若是周穆王作品,决不会把姜姓祖先放在姬姓祖宗前面的。这是《吕刑》必成于吕王之手的一个铁证。

又一是称道自己祖宗功德的问题，只要看周初周公诸诰，如《大诰》说"我幼冲人嗣无疆大历服"、"前人受命兹不忘大功"、"予不敢不极卒文王大事"、"敢不越即敉文王大命"，《康诰》说"丕显考文王克明德慎罚"，《酒诰》说"乃穆考文王肇国在西土"、"文王诰教小子有正有事"，《梓材》说"先王既勤用明德"，《洛诰》说"以予小子扬文武烈奉答天命"、"诞保文武受民"、"予未承保文祖受命民，越乃光烈考武王弘朕恭"，《无逸》说"惟我周太王、王季，克自抑畏，文王……用咸和万民"，《君奭》说"我道惟文王德延"、"惟是昭文王迪见冒闻于上帝……武王诞将天威咸则厥敌"，《立政》说"亦越文王武王克知三有宅心"、"文王惟克厥宅心"、"亦越武王率惟敉功"、"以觐文王之耿光，以扬武王之大烈"，然后又如《顾命》说"用答扬文武之光训"、"惟周文武诞受羑若克恤西土，惟新陟王（成王）毕协赏罚，戡定厥功"，《文侯之命》说"丕显文武克慎明德"、"惟时上帝集厥命于文王"、"汝肇型文武用会绍乃辟"，等等。周人诸诰，差不多每篇诰词都要颂扬文王武王的光烈，时间稍后的要加上成王的光烈。这成了周人《书》篇必有的内容。

可是《吕刑》呢，一句不提到周文王、武王，如果真是周穆王的作品，会这样吗？古人已有认识到这点的，如董鼎《书传辑录纂注》云："《周书》未有舍文、武、成、康而不言者，穆王命君牙、伯冏然矣，独于训刑之作，无一语及之，岂耄荒而遂忘其祖欤？窃意其重于赎刑，则非其家法所有，故远取'金作赎刑'（按《舜典》语）以为据。孔子未定书以前，《舜典》犹曰'夏书'。序者谓

'训夏赎刑'，盖本诸此，则知《书序》决非孔子作，赎刑亦非禹刑明矣。……五刑尽赎，非鬻狱乎？……犹拳拳于哀矜畏惧，虽越先王之良法，而美意尚存欤？"董鼎认识到了《吕刑》不提文、武、成、康这一问题，但使他困惑的是，他承受传统经说，只能相信《吕刑》是穆王作品，以为穆王而不提自己的祖宗，难道真是由于"耄荒"而老糊涂了吗？但他又知道这不是真正理由，只好另找理由，以为穆王搞"赎刑"，违背了祖宗之法，所以不敢提祖宗。其实他只要知道这不是穆王作品，不提文、武、成、康是很自然的事了。所以《吕刑》这一《书》篇，只能是吕王之作，才不理会周人祖宗文、武、成、康，成为《周书》十九篇中特异的一篇（像《秦誓》也不提文武成康一样），这是《吕刑》必成于吕王之手的又一铁证。

其次，《吕刑》篇中除谈五刑部分为现实情况外，其谈历史教训引为鉴戒的"古训"部分全由神话资料构成。其中除上帝派三位天神下来拯救人民为本族神话外，其他好几种神话全是南方苗族、楚族（虽然原皆居北方但先后迁居南方）等等祖先所传神话，吕国立国紧邻这几族，长期打交道的就是这几族，要集中全部精力所对付的就是这几族，因而深受影响，谈的尽是他们的神话。顾颉刚师就因这一情况，曾怀疑《吕刑》可能成于楚，其《读书笔记》第九卷第 6753 页云："《吕刑》一篇所载故事，其属于西方系统者为伯夷、禹、稷三后，属于南方系统者为绝地天通之重黎。得无吕以其地之接于楚，遂接受楚文化，以其神话与姬、姜、姒之神话联串为一乎？抑此篇所谓王乃是楚王，所谓吕乃是楚邑，以吕之灭于楚，使楚人接受其神话乎？若如后说，则此篇乃楚之刑书也。"其谓《吕刑》可能成于吕灭于楚后之楚,是一种偶然的设想,但指出了其接受楚文化这一事实。相比起来,若是周人《书》篇中有时也谈到神话,情况就不同,像《尧典》篇所载神话很多(而都把它历史化),但大都是中原各族长期流传的各种神话,而不止限于南方苗、楚神话。所以由这点也可知《吕刑》与周人《书》篇的区别,它不会成于周人手,只会成于吕王手。

由此更可看到一点,周诸《诰》所谴责的对象和引为鉴戒的,总是殷商和商纣;而《吕刑》所谴责和鉴戒的,则是苗族和蚩尤,这在本书各篇中和本篇中看得很清楚,这也看出《吕刑》与周诰诸篇的区别所在,而且区别得泾渭分明,由此也可看出《吕刑》不会成于周人手只会成于吕王手之必然性。

因此,《吕刑》只能是吕王之作。

也可能有人觉得,吕虽称王,它实际仍是一个诸侯国,能制订这种全局性的令天下通行的刑书吗? 觉得它是全局性的天下通行的刑书的这一看法,只是对它观感所得的一种概念,它本身并没有这种以天下共主的身份发布全局性的全天下通行的内涵,它所针对的并以全力纠正的只是苗民的五虐之刑。苗民的五虐之刑本来就不是全局性的天下通行的刑法,只是在苗族自己政权所及的范围内实行,它反映的是古代奴隶主的残酷成性(正像近代见到的西藏农奴主政权的残酷一样)。姜姓和姬姓合作建立起来的周王朝,惩于纯恃天命尚鬼重刑的殷王朝的覆灭,特别强调"明德慎罚"以救其弊,这是周王朝建立后,姬姜两族上层统治者的共识,周公经常强调的是明德慎罚,吕王经常强调的也是明德慎罚,只是所处的地理环境不同,刚刚就封立国的姜姓族中的吕国,可能处在众多的苗民环伺的境地,甚至他们治理下还有很多苗民,所以吕王不得不全力对付苗民。正像刚就封立国的鲁国处在淮夷徐戎的包围之中一样,所以全力与之斗争,只是后来才把淮徐赶向南迁。吕国所面对的苗民大概也一样,只是现在从史料中见到的是吕国紧邻楚国以立国,不知当时紧邻的先是苗民,经过历史的推移,可能是由于楚国势力的日益壮大,先把苗民向南赶了,然后吕才成为楚的紧邻国(而且到春秋中期前终为楚所灭)。但在当初吕国紧邻的必是苗民,所以在《吕刑》中才把苗民作为主要攻击对象。既然他所针对的是苗族政权所及范围内的刑法,那么他所制订的也就是自己政权所及范围内的刑法。

但是,他的刑书虽然是为自己政权所及范围内制订的,他的诰辞也是对自己臣下如四方司政典狱之官和同姓贵族发出的,可是他这些文件所体现的"明德慎罚"的思想,祥刑的理论,刑与罚施行的原则与规定等,却仍是具有普遍意义的。正像《秦誓》完全对秦国内臣僚讲的,丝毫不对秦国以外任何人。但他所诰戒的做人的原则、态度,即是:"其心休休焉,其如有容;人之有技,若己有之;人之彦圣,其心好之,不啻自其口出,是能容之。"绝对不许:"人之有技,冒疾以恶之;人之彦圣而违之。"这也是具有普遍意义的。决不应当有一个非秦国人竟这样说:"那是对秦国人的规定,我不是秦国人,我就可以'人之有技冒疾以恶之,人之彦圣而违之'。"那就真是太岂有此理了,怎么可以不认识它的普遍意义呢?

所以，历史地出现的、体现了"明德慎罚"思想、祥刑理论、备载刑与罚的施行原则与规定的，由吕王所作的《吕刑》篇，它的普遍意义尤其是法学历史上的普遍意义，应当加以认识、加以重视的。

（二）关于《吕刑》的"赎刑"及对其评价问题

"赎刑"为《吕刑》的主要内容，亦是《吕刑》的中心观念。后儒对它的争论多，推崇者说它是远承《舜典》(即《尧典》的下半部)的"金作赎刑"而后制定的，符合"尧舜圣道"。反对者说它"开利路、伤治化"，违背"唐虞之治"。关键是两方面的持论者都以为《舜典》是尧舜时期之作，而《吕刑》是西周的作品，所以《吕刑》的"赎刑"远在舜的"金作赎刑"之后，也远在舜所任命的皋陶所主持的刑法之后。这是刚好颠倒了历史的先后，不知《吕刑》是西周前期吕王所作的专为清除虐刑之害的一篇"祥刑"，是我国最古最早的一篇具有完整体系及实施原则与规定的刑制专文，迄今为止还没有发现比它更早的具有同样规模的刑制专文。而《尧典》(包括伪古文析出的《舜典》)则是春秋之世儒家(很可能还是儒家祖师孔子)搜集很多流传至春秋时或春秋时追怀古事所探索加工的神话故事、历史传说及史实遗影种种资料，加以历史化所剪裁写成的一篇托名尧舜的上古史总说。其中关于刑法的，主要是"象以典型，流宥五刑，鞭作官刑，扑作教刑，金作赎刑……"等八九句。其象刑、宥刑，具体的鞭刑、扑刑，以及"金作赎刑"，显然是四个不同来源的刑法资料编排在一起，而"金作赎刑"一句显然就是承用流传的《吕刑》中的"赎刑"资料。而其"五刑"一词及其下文舜命皋陶作士(刑狱官)的第一句"五刑有服"，显然就是承用《吕刑》篇的"五刑"。所以《吕刑》在先，《尧典》在后，其承用之迹是很显然的。

至于吕王之所以作成此篇，是西周"申吕方强"（见上文"校释"）之际，作为就封于今山东、河南、安徽境内的姜姓诸封国之一，和封在这些地方的姬姓诸国共同一起"以藩屏周"，各自励精图治，力争壮大和发展自己的国家，以达到巩固周王朝的目的。而它所处的地理环境，逼处于顽强的苗族楚族之前，它所要全力对付的就是这两族（正像鲁国要对付淮夷徐戎一样）。而苗族推行一种残酷暴虐的纯属肉刑的"五刑"，即所谓"五虐之刑"，他要使自己的国家得到人民拥护以安定地发展下去，就不能实行这种残酷的"五虐之刑"。就提出了他专针对苗民"五虐之制"而制定的一套"祥刑"之制，即尽量避免执行残酷的"五虐"肉刑，而改用"赎刑"。正像汉文帝看到肉刑的惨酷，于心不忍，就坚决废除肉刑一样，他处的时代不同，就用赎刑代替肉刑。

当时吕王和周公同样接受历史教训，同样怀着"明德慎罚"思想，来对待刑法的历史遗产。历史上殷商以"尊神尚鬼重刑"为其立国特点，它的刑法是有名的惨重苛细的，但它已形成了体系，有效地维系了殷商王朝数百年天下，因此被人们确认"刑名从商"（《荀子·正名》语）。周王朝建立，还欠缺这重要的统治手段，所以周公在《康诰》首先表示要学习殷代刑法，把它全部学过来，然后以"明德慎罚"作为运用刑法的指导原则。即是说先把殷代刑法全盘继承下来，然后以"德"与"慎"来修正它，即把以酷用刑的殷代刑法，改造为以德用刑的周代刑法。但在《康诰》篇中只谈了指导原则、理论，没有谈刑法的具体内容。吕王所承受的是苗民的五虐之刑，他不是先全盘接受加以修正，而是全盘否定加以彻底改造。在改造五虐之刑时，要逐项改成祥善之刑，这就很自然地在《吕刑》篇中把"五刑"的具体内容都载明了。所以就成了我国最古最早的完备载出刑法体系的篇章。

这是很幸运地保存下来的姜姓族诸侯中的唯一的一篇重要文献。根据当时史官制度"君举必书"（《左传·庄公二十二年》语），可以想见当时周王朝和各诸侯国统治者的"诰誓号令"之篇一定是很多的，纬书《尚书璇玑钤》说："孔子求《书》，得黄帝玄孙帝魁之《书》，迄秦穆公，凡三千二百四十篇。"说黄帝玄孙之《书》，那是妄说，不必计较。说《书》篇具体数目为三千二百四十篇，不用真相信，但说《书》篇数目多，至少有三千篇以上，则是可信的。但由伏生传到汉代的竟只有二十八篇，其中《周书》仅仅十九篇，可见《书》篇损失之大，绝大多数没有传下来，周代诸侯的只有这篇《吕刑》和鲁国的《费誓》、秦国的《秦誓》，才共三篇，真是残缺的太厉害了，可以想见，鲁国的诰誓文告一定还多，秦国的诰誓文告一定还多，同样，吕国的诰誓文告也一定还多。特别是姜姓国的首要国家齐国励精治国，其诰誓号令一定更多。由《管子》书中看到所述及齐国史事不少，一定采录自齐国历代的诰誓号令。可是齐国文献一篇也没传下来，那么独吕国的《吕刑》获得传下来，真是莫大幸事了。必然也因其内容重要，被人重视，传习者多，所以才获得传下。不要怀疑吕王以一国诸侯，怎么能讲这种重要的有关全局性的法制理论。吕王这篇文告确实是对下属治事官员及同姓贵族讲的，但正如上文所述，因他所讲的具有普遍意义，所以终于成为全局性的周初有关刑法的重要文献，正像《康诰》是周公专对康叔讲的，结果成为全局性有关执行法律原则的文告一样。

吕王针对苗民"五虐之刑"而提出的"祥刑"办法，是用"赎刑"代肉刑，是不是纯从脑子里想出来的呢？还是另有其他外在因素？似乎当时的客观现实也有些蛛丝马迹可寻。初步可寻之于先秦文献，可以看到古代政权，当需要某种财物时，除经常赋税征敛外，还可叫罪犯多出该项财物以赎其罪，这可于《管子》之《中匡》《小匡》两篇中见之。其《中匡》载管仲答齐桓公云："'甲兵未足也，请薄刑罚以厚甲兵。'于是死罪不杀，刑罪不罚，使以甲兵赎；死罪以犀甲一戟；刑罚以胁盾一戟；过罚以金；军无所计而讼者，成以束矢。"《小匡》则云："管子对曰：'……齐国寡甲兵，吾欲轻重罪而移之于甲兵。'公曰：'为之奈何？'管子对曰：'制重罪入以兵甲犀胁二戟；轻罪入兰盾鞈革二戟；小罪入以金钧；分宥薄罪，入以半钧；无坐抑而讼狱者，正三禁之而不直，则一束矢以罚之。'"《国语·齐语》所载与《小匡》小有出入云："桓公问曰……'齐国寡甲兵为之若何？'管子对曰：'轻过而移诸甲兵。……制重罪赎以犀甲一戟，轻罪赎以鞿盾一戟，小罪谪以金分，宥间罪，索讼者三禁，而不可上下，坐成以束矢。'"至《淮南子·氾论训》则扼要记此事云："齐桓公将欲征伐，甲兵不足，令有重罪者出犀甲一戟；有轻罪者赎以金分；讼而不胜者出一束箭。百姓皆悦。乃矫箭为矢，铸金而为刃，以伐不义而征无道，遂霸天下。"顾颉刚师《读书笔记》第九卷第 6812 页论之云："要之其目的在于多铸兵器以强其军，次则精其农器以事耕耘，非欲充实国库若《吕刑》之所言也。然则《吕刑》之赎刑，殆本于

尚书校释译论

《小匡》而歧出者欤?"顾师之意,《吕刑》要罪犯所出者为"锾",是准货币(见"校释"),所以说是欲充实国库,不像《管子》所说国家需要什么物资叫罪犯出什么物资。但究竟这一做法,可能成了《吕刑》制订"赎刑"的依据。顾师以为《吕刑》成书晚而《管子》资料可能时间早,才有此说。不过《吕刑》成于西周"申吕方强"时,是无法改变的事实。《管子》资料至早亦在春秋时。因此不能说《吕刑》本于《小匡》。《管子》书继承有西周资料则是有可能的。

但顾师第一次指出《吕刑》制订赎刑有事实依据,则是非常正确的。可以这样来看,历史上一个政权除经常以赋税征敛于民外,有时需要某种物资亦向民征取,可以另设名目,另觅途径。向罪犯征取是其途径之一,管子治齐需要甲兵就这样做,下文将要谈到的西汉张敞也这样做,当时因讨羌乏兵食,张敞就建议由罪犯出粮食以赎罪。所以,由张敞知西汉如此,由管子知东周如此,则上推西周之世当亦会如此。观《费誓》,知西周初年的鲁国因国事急迫需要军用物资时,既从各方面努力储备作战器物,复以"鲁人三郊三遂,峙乃桢干……峙乃刍茭",略可见西周征敛情况。这是由法家著作提供线索所推知西周情况。

还可从儒家典籍看,《周礼·秋官·职金》云:"掌受士之金罚、货罚,入于司兵。"郑玄注:"罚,罚赎也。《书》曰'金作赎刑'。"贾公彦疏:"'掌受士之金罚'者,谓断狱讼者有疑,即使出赎。既言'金罚'又曰'货罚'者,出罚之家时或无金,即出货以当金值,故两言之。"又《秋官·司圜》云:"其罚人也不亏财。"贾氏疏云:"对五刑疑出金为罚亏财者也。"又《大司寇》云:"以两造禁民讼，入束矢于朝，然后听之。以两剂禁民狱，入金钧，三日乃致于朝，然后听之。"郑注："使讼者两至。既两至，使入束矢乃治之也。……'剂'，今券书也。使狱者各赍券书，既两券书，使入钧金，又三日乃治之。三十斤曰钧。"则此束矢、金钧，与《小匡》所说同。按，《周礼》成于春秋之世，系据承自西周而有所演进完备的周鲁郑卫四国官制写成（见拙著《周礼真伪之争及其书写成的真实依据》，载《古史续辨》）。而据张亚初、刘羽合著《西周金文官制研究》（1986）指出：西周金文官制与《周礼》官制有"二者的一致性"，《周礼》"在其主要内容上是参照了西周官制的"。

由东周时法家、儒家两部典籍，都可推知佐证西周时同样有着和东周、西汉一样实行过的令罪犯以实物赎罪的办法，至少存在着各种征敛情况，则在此背景下，吕王周详地制定赎刑之制，也像《小匡》那样按轻重不等，来罚交多少不同的赎金，自有其事实依据了，显然不只是为了要清除苗民五虐之刑的祸害而凭空想出这一办法的了。而自《吕刑》制定之后，则自西周时期起，吕国或许还有其他姜姓国，当都已确切实行这"赎刑"了。

由是从西周而东周而西汉，都先后各自实行过"赎刑"，由于文献不足之故，直到西汉始听到对赎刑的反对意见。首先见于《汉书·萧望之传》云："（宣帝时）西羌反，汉遣后将军征之。京兆尹张敞上书言：'国兵在外，军以夏发，陇西以北，安定以西，吏民并给转输……县官谷度不足以振之，愿令诸有罪非盗受财杀人及犯法不得赦者，皆得以差入谷此八郡赎罪。……'事下有司，望之与少府李彊议，以为：'……今欲令民量粟以赎罪，如此则富者得生，贫者独死，是贫富异刑而法不壹也。……' 于是天子复下其议……敞曰：'少府、左冯翊所言，常人之所守耳。昔先帝征四夷，兵行三十余年，百姓犹不加赋而军用给。今羌虏一隅小夷，跳梁于山谷间，汉但令罪人出财，减罪以诛之，其名贤于烦扰良民横兴赋敛也。……今因此令赎，其便明甚，何化之所乱？《甫刑》之罚，小过赦，薄罪赎，有金选之品，所从来久矣，何贼之所生？……' 望之、彊复对曰：'……闻天汉四年（前97）常使死罪人入五十万钱，减死罪一等，豪强吏民请夺假贷，至为盗贼以赎罪。其后奸邪横暴，群盗并起，至攻城邑，杀郡守。……愚以为此使死罪赎之败也。故曰不便。'"终因萧望之等的反对，张敞建议未施行。但由萧望之口中得知武帝天汉四年曾行赎罪之法。

接着是《汉书·贡禹传》云："元帝初即位，征禹为谏大夫。……为御史大夫，列于三公。自禹在位，数言得失，书数十上。……又言孝文皇帝时……无赎罪之法……武帝始临天下，尊贤用士，辟地广土数千里……用度不足，乃行壹切之变，使犯法者赎罪，入谷者补吏……故无义而有财者显于世……故黥劓而髡钳者犹复攘臂为政于世，行虽犬彘家富势足目指气使是为贤耳。……所以然者，皆以犯法得赎罪，求士不得其贤……之所致也。今欲兴至治，致太平，宜除赎罪之法。"

萧望之、贡禹都是说汉武帝始行赎罪之法，今按《汉书·武帝纪》："元朔六年（前123），右将军苏建亡军独身脱还，赎为庶人。""元狩三年（前120），遣卫尉张骞、郎中令李广皆出右北平，广杀匈奴三千余人，尽亡其军四千人，独身脱还，及公孙敖、张骞皆后期当斩,赎为庶人。""元狩四年(前119),前将军广、后将军食其皆后期,广自杀,食其赎死。"这都是武帝按成法行赎罪,非始行赎罪,显然赎罪之法早已存在。但至下文云:"天汉四年,秋九月,令死罪入赎钱五十万,减死一等。""太始二年(前95),九月,募死罪人赎钱五十万,减死一等。"这就是萧望之所说的天汉四年使赎罪之事。然汉武固早已实行将军后期当斩赎为庶人的办法,这犹可谓善政。像李广、张骞、苏建、公孙敖这些有功的名将领,只是偶因客观情况,行军后期,于法当斩,不是太可惜、太严酷了吗?赎为庶人,保全了性命,像李广、张骞后来又起而立功,所以这样做确可说善政。至此时的措施所以异于前者,似就是所有死罪者都可赎罪,而且规定了高额的赎金,其后果引出萧望之、贡禹等所说的许多祸患,这就成为乱政了。

以上还只是对"赎刑"之事提出反对意见,至于对《吕刑》的"赎刑"提出反对意见的,则始于宋儒。董鼎《书传辑录纂注》引朱熹《语类》云:"贺孙问:'赎刑所以宽鞭扑之刑,则《吕刑》之赎刑如何?'曰:'《吕刑》盖非先王之法也。'故程子有一策问云:'商之《盘庚》、周之《吕刑》,圣人载之于书,其取之乎?抑将垂戒后世乎?'广:'蔡仲默论五刑不赎之意?'先生曰:'是穆王(应作吕王)方有赎法,尝见萧望之言古不赎刑,某甚疑之,后来方省得赎刑不是古,因取《望之传》看毕,曰:"说得也无引证。"'"董鼎书与陈栎《集传纂疏》又同引朱熹另一段语录云:"义刚问:'郑敷文所谓《甫刑》之意是否?'先生曰:'便是他们都不去考那赎刑,如古之金作赎刑,只是刑之轻者,如流宥五刑之属皆是流窜,但有鞭作官刑,扑作教刑,便是法之轻者,故赎。想见那穆王胡做。到那晚年无钱使后，撰出那般法来，圣人也是志法之变处。'"王柏《书疑》云："昔武王之命康叔也，虽主于明德慎罚，又自有'不可不杀'之语，及'刑兹无赦'之言。……未闻五刑之俱赎也。赎刑者，赎鞭扑之刑，大辟之刑如可赎，凡有千锾之货者无所往而不可杀人，天下乌得而不乱哉。……《吕刑》者，律书也，法吏之辞也。徒能精察于典狱之奸，而不识圣人制刑之本意。……能精察于典狱之奸，尚可以为后世听讼用刑之戒，非以其赎刑之可取也。朱子谓穆王巡游无度，财匮民劳，至其末年无以为计，乃为此一切权宜之术以敛民财，斯言足以得穆王之本意者欤！"最后宋学之说，发而如《蔡传》所云："案此篇专训赎刑，盖本《舜典》'金作赎刑'之语。今详此书，实则不然。盖《舜典》所谓赎者，官府、学校之刑尔，若五刑，则固未尝赎也。五刑之宽，惟处以流；鞭扑之宽，方许其赎。今穆王（吕王）赎法，虽大辟亦与其赎免矣。汉张敞以讨羌兵食不继，建为入谷赎罪之法，初亦未尝及夫杀人及盗之罪。而萧望之等犹以为如此则富者得生，贫者独死，恐开利路，而伤治化。曾谓唐虞之世而有是赎法哉！穆王巡游无度财匮民劳，至其末年无以为计，乃为此一切权宜之术，以敛民财。夫子录之，盖亦示戒。然其一篇之书，哀矜恻怛，犹可以想见三代忠厚之遗意。"（此末三句，系据上引朱熹答义刚问最末三句所云"但是它其中论不可轻于用刑之类，也有许多好说话，不可不知"文意）。由于朱熹之学为宋学主流；自宋后他被历代奉同圣人，所以他的话在《尚书》学中影响不小。

　　然而即使在宋儒中，仍有不少人不轻议《吕刑》之非。如苏轼《书传》云："穆王（实指吕王）复古而不是古，变今而不非今，厚之至也。”“时有议新法之轻，多罚（即赎刑）而少刑，恐不足以惩奸者，故王言罚之所惩虽非杀之也，而民出重赎已极于病。言如是亦足矣。”林之奇《全解》云：“穆王（当云吕王）能命甫侯度作刑以治四方，盖言其血气虽衰精力虽疲而留心于治道如此也。……《吕刑》之言，是皆以惟刑为恤者也。……欲其哀矜于刑狱而已。……穆王（吕王）之刑既比于《周官》为轻，今乃以其王之赎刑为其德之衰，窃恐其说必将流而入于梁统也。”（按《后汉书·梁统传》载统对曰：“虽尧舜之盛犹诛四凶，经曰：‘天讨有罪，五刑五庸哉。’又曰：‘爰制百姓于刑之衷。’……自高祖之兴，至于孝宣……因循旧章，不轻改革，海内称理，断狱益少，至初元建平所减刑罚百有余条，而盗贼浸多，岁以万数。”因而力主用重刑治国。）吕祖谦《书说》云：“穆王（吕王）作书于既耄，阅世故而察物情者亦熟矣，故古今犴狱言之略尽，用刑者所宜尽心焉。”这都是称誉《吕刑》全篇，不言其有何不妥。东阳陈大猷《书集传或问》在引录《蔡传》后云：“蔡氏之说出于晦庵，学者所当知。要之，穆王（吕王）之赎虽非全合古制，而所赎及于不简者，非明知其罪而使之赎，如张敞之法也。”

明王樵《尚书日记》大都宗奉《蔡传》，于此处则云：“马端临曰：‘《吕刑》一书，蔡氏谓《舜典》赎刑施于官府、学校尔，五刑未尝赎也。穆王赎及大辟，盖巡游无度，财匮民劳，为此一切敛财之计，夫子录之，盖以示戒。’愚以为未然。熟读此书，哀矜恻怛之意，千载之下，犹使人感动，且拳拳乎富、货之戒，则其不为敛财设也审矣。鬻狱，末世暴君污吏之所为，而谓穆王（吕王）为之，夫子取之乎？且其所谓赎者，意自有在，学者惟不详考之尔。其曰‘墨辟疑赦，其罚百锾’，盖谓犯墨罚之中，疑其可赦者，不

尚书校释译论

遽赦之，而姑取其百锾以示罚尔。继之曰'阅实其罪'，盖言罪之无疑则刑，可疑则赎，皆当阅其实也。其所谓'疑'者何也？盖唐虞之时，刑清罚简，是以赎金之法止及鞭、扑，至于周而文繁俗弊矣，五刑之属至于三千，若一按之法而刑之，则举足触阱矣。是以穆王（吕王）哀之，而五刑之疑，各以赎论。姑以大辟言之，夫所犯至死，而听其赎金以免，诚不可也。然大辟之属二百，岂无疑赦而在可议之列者，如汉世将帅出师失期之类，于法皆死，而赎为庶人，亦其遗意也。或曰：'罪疑则降等施刑，可矣。何必赎乎？'曰：古之议疑罪者，降等，一法也；罚赎，亦一法也。《虞书》'罪疑惟轻'，此《书》'上下比罪'、'上刑适轻下服'，降等法也；《虞书》'金作赎刑'，此《书》'五刑之赎'，罚赎法也。固并行而不悖也。"又云："愚尝谓周穆王、汉文帝皆黄老之学也，谓其好小仁而不知先王之大道则可，谓其为巡游敛财之计，则未然也。"又云："齐景公时踊贵屦贱，穆王之训未尝行也。"意谓至春秋后期刖足者多，肉刑尚盛行，叹息《吕刑》未获实施。又云："穆王述唐虞之德，哀矜之意，与汉文帝所谓'训道不纯而愚民陷焉'，又谓'今人有过，教未施行而刑已加焉，或欲改行为善而道无由，朕甚悯之'，皆恻然足以为世训，君子所以有取也。"

清初王夫之《尚书引义·吕刑篇》力为《吕刑》"赎刑"辩护，其言云："'刑罚'之称，连类并举，言刑必言罚，有闻自古，未之或易也。而论者乃曰'罚非古也'，奚得哉！《舜典》曰：'鞭作官刑，扑作教刑，金作赎刑。'鞭、扑分有所属，而赎统言之，义例明矣。乃抑为之训曰：'赎以施于官、教之刑，而五刑不与。'不勤道艺而罚以金，塾师不能行于里社，而况国子乎！其言曰：'五刑而得赎，则是富者生而贫者死，贫者刑而富者免，将使富人公于杀人而不忌。'夫不揣其本以极其末，则其说伸矣。乃以此为患，则以施于官教之刑也。将富者可亢玩公事而弗勤弦诵矣乎？矧《吕刑》固曰'五刑疑赦，阅实其罪'，则法施于疑赦，而杀人及盗不与于赎，明矣。……借曰穆王以财匮而训赎刑，非经国之大猷，乃即有纵有罪，骄富人之弊，而以视国计已蹙，横加赋敛，吏缘为奸，朘削农民者，不犹相径庭耶？萧望之刻薄之说，徒以偏辞拒张敞，游于圣人之门者不当为之左祖也。罚者，非穆王之昉也（昉，始也。见《列子·黄帝》"众昉同疑"注）。自唐虞以来未之或易也，夫岂帝王之不审而为此哉。"（所谓"唐虞以来"即据《尧典》"金作赎刑"为说。）是王夫之明白无误地支持《吕刑》"赎刑"之说，以为赎刑古已有之，本只施于疑赦，当处刑者仍当处刑。即使由于疑赦而征敛了犯罪的富有者的财货，使富有者沾活命的光，造成"纵有罪、骄富人之弊"，总比向全民横征暴敛、刻削农民，要强多少倍。正直的人，不应当偏祖违背圣人之门的萧望之刻薄片面的腐儒之说。

　　清代治经诸家治《尚书》最有成绩，治其全书的三大名家江声、王鸣盛、孙星衍之书，按章按节逐字逐句详作校勘考释。治其文字校诂成绩尤卓绝的段玉裁，王念孙、引之父子之术，取径更高，就文字及句读循训诂作了谨核的考订和优异的论断。但都对《吕刑》的"赎刑"避不作出评论，或者非其属意所在，不予置评。直至清代后期的魏源《书古微》，始谓"是篇著谊一（即显著意义）微谊二"。"何谓著谊，曰：圣人欲废肉刑，先汉文而发其端也。"全文驰骋议论过多，亦有不确者。惟其中云："春秋之世,踊贵屦贱,不读《甫刑》之书,孰知为三苗之制？或夫子录之于书,则知圣人用世,肉刑必当变。"（所谓"踊贵屦贱",因社会上受刖刑割足者太多,大家要买假足,不买鞋子,所以假足价贵,鞋子价贱）指出了《吕刑》的重要意义,在圣人要废除肉刑,所以才制订赎刑,这是非常正确的。接着是戴钧衡《书传补商》在录《蔡传》之说后云:"此本朱子之意,乍读之若精当不易,及反复经文,辞意一出于至诚恻怛哀矜不忍之心意,穆王甫侯（当并作吕王）当日实以刑辟烦多,渐流残忍,故特斟酌重轻,详定赎刑,以救当时之弊,非必以财匮民劳为此敛财术也。……谓《吕刑》非先王之法则可,谓为穆王（吕王）不应作赎刑则不可。古今时势不能皆同,王者政刑不能无异,故在三代以前不必有赎刑,三代以后不可有赎刑,惟三代之季不可无赎刑。何也？上世教化修明,人心浑朴,犯法者稀,第设五刑以处梗烦不帅教之夫,而千万人中犯者一二也,何必设立赎之一法以开罪人幸生之路哉。……夏商之时不可考矣……商季以来人心日趋于诈伪,重货财而轻犯法,王者于此壹是以五刑处之,则断割杀伤者多有不忍;不以五刑处之,则法废而犯者日多,圣人不得已而立赎之之法,罪实者不得幸逃,罪虚者得以全释,界于虚实之间者,则一处之以此。……后儒因赎刑之法不可行于后世,遂议及《吕刑》之非,而一二取《吕刑》者又谓此先王仁至义尽之法,皆未通观古今之形势,而各主一偏之见,非笃论也。"又有季汝梅《读书偶识序》谈到《吕刑》"赎刑"云:"按,穆（吕）之罚即虞廷赎刑。世见穆之周行无度,乃谓穆作五罚乃敛民财之弊政。不知'刑罚'二字自古并举,有刑即有罚,安得谓为弊政。古所谓'金'大抵指铜铁言。……百锾至千，所值几何，安得谓之敛财。窃尝寻绎经义，其曰'疑赦罚锾'，是罪在可疑而后罚以赦之，非有罪之可以罚易也。又曰'阅实其罪'，是既罚而廉得其实，仍须科以应得之罪，非罚焉而即为无罪也。又曰'五罚不服正于五过'，是处以罚而力或不逮，可援过失之例而竟免之，非疑赦者之必令罚锾也。穆之侈事游幸固其失德，而《吕刑》之作正其悔心之萌，未可并訾为弊政也。"这些都原情依理，论定《吕刑》制订赎刑是正确的，而且它是应刑则刑，可赎则赎，合理可行的，并非弊政。更多的是谈到此篇辞意出于至诚恻怛哀矜不忍之心意，全在救当时之弊，因而可敬。确也道出了吕王当日针对苗民五虐之刑之残杀无辜毒害百姓肢体之惨酷，因而提出"祥刑"办法、实行"赎刑"的恻怛初衷。可知《吕刑》当日制定赎刑，出于积极意义，是无可非议的。上面所引，以王樵、王夫之二人之说最确当可从。至于后世如汉代赎刑之害，王樵已指出"鬻狱，末世暴君污吏之所为"，戴钧衡亦以为"后儒因赎刑之法不可行于后世遂议及《吕刑》之非，非笃论也"。这些议论也都是正确的。

所以应历史地全面地看《吕刑》的"赎刑"问题，不可执一偏之见去轻议它。

（三）经师们所谓"中"或"德与中"为《吕刑》

全篇纲领的问题

宋吕祖谦《东莱书说》于本篇第四节"何监非德于民之中"下云："中者，《吕刑》之纲领也。苗民，罔是中者也。皋陶，明是中者也。穆王之告司政典狱，勉是中者也。至于末章之所训迪，自中之外，亦无他说焉。今尔何所当监，岂非德于民之中乎？用刑者有意干誉，或上或下，欲以德名，而实不足以为德，所以德者必于民之中而后可也。其施无心，其行无事，本非作德而德莫加焉，此所谓德于民之中，典狱者之大法也。"

元陈栎《尚书集传纂疏》于本篇第一节"罔不惟德之勤，故乃明于刑之中"下云："刑之本必主于德，而刑之用必合于中。德与中为《吕刑》一篇之纲领。继此曰'惟克天德'，曰'以成三德'，曰'有德惟刑'，无非以德为本也。曰'观于五刑之中'，曰'中听狱之两辞'，曰'罔非在中'，曰'咸庶中正'，曰'非德于民之中'，曰'咸中有庆'，无非以中为用也。刑必合于中，而后刑即所以为德，以此意读《吕刑》，其庶几乎？"

前于陈栎的宋陈经《尚书详解》云："降于民为中，得于己为德，中、德一也。用刑者无德，则犯刑者失其中矣。然则典狱之当监者非以德而体民之中乎。"如此以中、德并举，不知陈栎以中、德为纲领是否受其影响。

董鼎《纂注》、陈栎《纂疏》皆引滕氏曰："《书》之大意，一中字而已。'允执厥中'（伪古文《大禹谟》语），《书》所以始；'咸中有庆'（本篇第四节语），《书》所以终。以此一字读此一书，迎刃而解矣。"此滕氏何人，《钦定书经传说汇纂》"引用姓氏"引录历代《尚书》学者近三百人无此人，后在《汇纂·纲领三·诸家书解得失》中，见有滕璘、滕琪兄弟二人，同为朱熹弟子，其子辈滕铅撰有《尚书大意》。则此滕氏当即滕铅，为南宋人，其说在吕祖谦后，陈栎前，当稍后于陈经，因陈经与朱熹门人蔡沈同时，而滕铅为朱熹门人之子。

以上诸人把"中"字开始说得有点玄，因为已不是平平实实的中字。而与吕祖谦基本同时或行谊稍晚的夏僎所撰的《尚书详解》，于本篇第四节"属于五极，咸中有庆，受王嘉师，监于兹祥刑"亦即全篇最后四句，作出解释说："'属于五极'，附著于五刑之极处也。极者乃总要纲领之地，末二句总结一篇之意。民受天地之中以生，未尝不善，其陷于罪恶，非其本然也。……"而《蔡传》亦有"非用刑成德，而能全民所受之中者乎"之语。据《汇纂》引朱熹云："刘文公云：'人受天地之中以生'等语，亦是显有所师承。不然，亦必曾见上世圣人之遗书。"则此"中"字显然具有神秘性了。按，刘文公未见此语，惟《左传·成公十三年》刘康公云："吾闻之，民受天地之中以生，所谓命也。"当是以上诸经师立言之所本。然元代王充耘《读书管见》云："'中'只是刑之中，篇中'中'字不一，皆是主刑言，谓为民所受之中，恐未然。"陈栎《纂疏》云："折狱能系属于五刑之准则，所以皆合乎中理而有福庆也，五极或训极为中，恐非。决不能曰极又曰咸中也。"明王樵《尚书日记》云："按'民之中'，《蔡传》以为'民所受之中'，恐非经意。曰德曰中，乃一篇之纲领，前曰'中听'，下曰'咸中'，不应独'民之中'为'受中'之中也。德即'有德惟刑'之德，中即所谓'刑之中'也。刑皆得中，而有德于民，所以为祥刑也。"

经师们提出"中"或"德与中"为全篇纲领之说，其"中"字"德"字原可作平实的解释。但在相继阐释中逐渐有远离平实的倾向，而在纷纷阐说的诸家中，至于出现"民受天地之中以生"的神秘性说教，不再是"中"字的平实意义了，所以有好几位治《尚书》的学者王充耘、陈栎、王樵等出而批驳"受天地之中"

这一妄说,是非常正确的。其实"中"字"德"字在《尚书》中其意义原是很平实的,可以列举以见其原义。

在本篇中共有十个"中"字,录列如下:

罔中于信

爰制百姓于刑之中

故乃明于刑之中(以上在第一节)

罔择吉人观于五刑之中(在第二节)

罔非在中

咸庶中正(以上在第三节)

罔不中听狱之两辞

非天不中

今往何监非德于民之中

咸中有庆(以上在第四节)

除第一句的"中"字与"刑"无关外,其余九句的"中"字都与"刑"有关。

又本篇中共有九个"德"字,亦录列如下:

罔有馨香德

德威惟畏

德明惟明

爰制百姓于刑之中以教祗德

罔不惟德之勤

惟克天德(以上在第一节)

惟敬五刑以成三德(在第二节)

有德惟刑

吕

刑

2227

按"德"字在《尚书》中，大抵为道德、德行、恩惠诸义，今查上列九个德字不外此诸义，所以本篇中"德"字没有什么大问题。有问题的是"中"字，现就"校释"中与"刑"有关的九个"中"字释义按句寻绎之。

第二句"爰制百姓于刑之中"的"中"字，义为不轻不重谓之中。或云用刑得其中正，不僭不滥不轻不重。叶梦得则据《周礼》中刑狱活动的术语有"受中"、"登中"，谓罪正所定文书中的"中"。第三句"故乃明于刑之中"的"中"，义为明于用刑之中正，无过无不及，刑之轻重各得其中，不枉不纵。第四句"罔择吉人观于五刑之中"的"中"，义为五刑之中正。第五句"罔非在中"的"中"，义为赏罚平允，断狱中正，轻重不差，折狱无不在中。第六句"咸庶中正"的"中"，其本句已说明其义为中正，《蔡传》释为"皆庶几无过忒"。第七句"罔不中听狱之两辞"的"中"，义为不偏仄，应执中道听狱之两辞。"中听"，听之不偏也。听讼当求其平，不可因偏听而有所袒。第八句"非天不中"，意为非天道不中，非天不以中道待人。或云："中，均也。非天之不均。"第九句"今往何监非德于民之中"，伪孔释为："当何监视，非当立德于民为之中正乎？"仍训"中"为中正。苏轼《书传》释："自今当安所监，非以此德为民之中乎？""民之中"义不明，惟以德为之，义尚不恶。《蔡传》则云："今往何所监视，非用刑成德而能全民所受之中者乎？"其语即方术之士神秘化的"人受天地之中以生"之语，简云"民所受之中"。王樵《尚书日记》即驳其"非经意"。俞樾《群经平议》据郑玄注《周礼》"士师受中"云:"受中,谓受狱讼之成也。"以为"是古谓狱讼之成为'中'"。是郑玄已知"中"为狱讼中的一个专用术语。第十句"咸中有庆",其上句为"属于五极"。伪孔云:"折狱属五常之中正,皆中有善。"《孔疏》:"极,中也。"则又增添一"中"字了。苏轼《书传》:"由五刑咸得其中,则有庆。"又如上文所述,至夏僎就此句提出了"民受天地之中以生"之句,加剧了"中"字意义的纷歧与争论。

就以上九个"中"字以观,大都意义平实,就中字的通常意义立论,主要谓其中正、正道,意为在断狱中不偏不倚,不轻不重,不枉不纵,不僭不滥,赏罚平允,无有过忒,无过无不及,等等。个别的释中为平也、均也,亦即持平为不偏,均衡为不轻不重,总之仍是中正之义,那么,如果吕祖谦以此诸义之"中"为刑狱活动中应重视的要点,应遵循的全篇纲领,可以说是没有什么大问题的。无如他在谈他的"纲领说"时,宣扬什么苗民罔是中者也,皋陶明是中者也,穆王勉是中者也,德者必于民之中而后可也,等等,就使人感到他这"中"字有点玄。到发展至"允执厥中,《书》所以始;咸中有庆,《书》所以终",就更使人感到"玄之又玄,众妙之门"了。"允执厥中"是宋代理学所最尊奉的"三圣传授心法"的核心要义,"人心惟危,道心惟微,唯精唯一,允执厥中"这一高不可攀的"三圣心法",是理学家从《道经》里抄来的,神秘高妙得可以了。宋代理学家思想是从五代及两宋道士们那里汲取过来,再加上些佛家心性理论,附丽于儒家伦理观点上,所酝酿发酵形成的。而朱熹、蔡沈这一派则是受道士影响最深的一派,所以在阐释本篇"中"字时,自然又搬来道士方术之说来缘饰,秉"人受天地之中以生"的方术神秘之语来释"民之中"了。一些正直的《尚书》学者已加以驳斥,使人们知道这一"中为《吕刑》全篇纲领"之说终于流为神秘化,是不对的。

在避开其神秘性后,现代学者仍有承用其纲领说的,如吴闿生《尚书大义》云:"此文拈一'中'字以为全篇之骨,首云'爰制百姓于刑之中',又曰'故乃明于刑之中',又曰……又曰……又曰'咸中有庆'。得此中字之义守而勿违,则刑罚之道尽矣。"曾运乾《尚书正读》云:"中字为全篇主旨。首云'爰制百姓于刑之中',又云……又云……云'咸中有庆',凡八用'中'字,得此中道守而弗失,庶几其祥刑矣。"他们可能觉得称"纲领"不适宜,所以他们都不用"纲领"二字,改称"全篇之骨"、"全篇主旨",其用意实际一样。其实确不必以"中"为全篇纲领,经师们认识到了中正、公平在治狱中的重要性,而称之为纲领,那么比中字更重要的主宰全篇的称什么呢? 他们没看到真正的纲领,而特别强调中字、德字,其用意无可非,但只要充分阐明中字德字在治狱工作中的重要性于篇中予以强调就行了。篇中真正的纲领,则是吕王针对五虐之刑特提出祥刑,以赎刑代肉刑,仔细制订何者当刑,何者当赎,规定了实施赎刑的原则、步骤、细则等等,这才是全篇的纲领,舍此是不适宜称纲领的。如果一定要找什么纲领,只有"祥刑"二字才是全篇的纲领。

所以对篇中的这些"中"字,就按其处在句中的应有的平实意义解释就行了,不要去故弄玄虚,其中大多数当然就是中正、中道、公正;不偏向,不轻不重……等义,但是"刑之中"、"五刑之中"这几句,则确又可有专门意义。早在汉末,郑玄注《周礼·乡士》"士师受中"云："受中，谓受狱讼之成也。"然未见郑以此义注《尚书》本篇。至宋叶梦得《书传》释本篇"爰制百姓于刑之中"云："古者谓狱已定而不失其实曰中。故《小司寇》'以三刺断庶民狱讼之中'。说者云：'中，谓罪正所定。'而《司刺》亦'以三法求民情，断民中'。狱讼成，士师受之曰'受中'，小司寇登之于天子曰'登中'。此书亦累累言之。"而后清代戴钧衡《补商》全承叶氏之说云："于民之中，中即《周礼》'士师受中'之中。中，罪正所定也。"并全录叶氏"小司寇以三刺断庶民……"以下诸句，于是现代诸家亦承之。杨筠如《核诂》承郑玄说云："中，谓狱讼之成也。"曾运乾《正读》亦简承之云："'于民之中'，即士师所受之中也。"屈万里《集释》承用此诸资料而称之为"案情"云："'中'，谓案情。《周礼·秋官·小司寇》：'岁终，则令群士计狱弊讼，登中于天府。'又《乡士》：'狱讼成，士师受中。'中，皆谓案情也。"在上面校释中，曾就叶梦得之说提出看法，以为"此释司法活动中有此术语（指"受中"、"登中"），然所据材料见《周礼》，最早亦不出春秋之世（按《周礼》中承有西周资料），似与《吕刑》无关，然后来司法活动中形成此术语，很可能即据《吕刑》此'中'字来定其名的"。

　　现在查看了王国维《释史》一文，要稍修订上述看法，即不是与《吕刑》无关。不止是承用了《吕刑》"中"字，而是西周原已以"中"字指簿书，则《吕刑》中如"刑之中"的"中"字，原即西周簿书之字。而《吕刑》为最早的一部法律文献，后来的法律活动中，从语言中承用了簿书的"中"字，当它形成法律术语时，必然要参照《吕刑》中的用法。从而又反映了《吕刑》中"刑之中"、

"五刑之中"等的中字，必然是专用术语，而不是中字的通常平实意义。

王国维《释史》(《观堂集林》卷六)的要点有云："《说文解字》：'史，记事者也，从又，持中。中，正也。'其字古今篆文并作，从屮。……中正，无形之物德，非可手持。然则史所从之中，果何物乎？吴氏大澂曰：'史象手持简形。'然屮与简形殊不类。江氏永《周礼疑义举要》云：'凡官府簿书谓之中，故诸官言治中、受中。《小司寇》断庶民狱讼之中，皆谓簿书，犹今之案卷也。'此中字之本义。故掌文书者谓之史，其字从又从中。又者，右手。以手持簿书也。……江氏以中为簿书，较吴氏以中为简者得之。顾簿书何以云中，亦不能得其说。案《周礼·大史》职：'凡射事饰中舍筭。《大射仪》：'司射命释获者设中，大史……实八筭于中。'……是中者，盛筭之器也。……筭与简策本是一物，又皆为史所执，则盛筭之中，盖亦用以盛简。……当时簿书亦谓之中，《周礼·天府》：'凡官府乡州及都鄙之治中，受而藏之，《小司寇》：'以三刺断民狱讼之中。'又：'登中于天府。'《乡士》《遂士》《方士》：'狱讼成，士师受中。'《楚语》：'左执鬼中。'盖均谓此物也。"其下文又就西周金文及殷代资料论证了都从中的史、吏、事三字的有关问题。而此处主要是从该文认识中字的原义，《吕刑》中的"中"字，除多数为"无形之物德"中正、公正之义，其"刑之中"、"五刑之中"等，显然就是狱讼案件中的簿书、案卷，不要跟着一些冬烘的经师把"中"字搞得很神秘。

文侯之命

本篇中的晋文侯与周王为何人，向来有二说。一说为《史记》及《新序》所说的周襄王（前651—前619）命晋文公为侯伯，因而发布此命书。一说为《书序》、郑玄、伪孔本与《蔡传》等皆说为周平王（前770—前720）命晋文侯为侯伯的命书。二说各有支持者。由篇名称"文侯"不称"文公"，又称其名字为"义和"不称"重耳"（晋文公名），是此篇当以周平王赐晋文侯之命合于史实。只是因为晋文公在历史上较有名，才致误认的。《史记·晋世家》遂录存了本篇第一段开头六句及第二段最后两句，作为晋文公所受的《文侯之命》之文。西汉伏生今文本中此为第二十七篇，伏生系的三家今文本中为第二十八篇，东汉马郑古文本中为第三十三篇，皆列在《周书》。东晋伪古文本中为全书的第五十六篇，《周书》的第三十篇。其情况详后面"讨论"。

2233

校　释

王若曰："父义和^①，丕显文武，克慎明德^②，昭升于上，敷闻在下③。惟时上帝，集厥命于文王④。亦惟先正，克左右昭事厥辟⑤，越小大谋猷罔不率从。肆先祖怀在位⑥。

"呜呼！闵予小子嗣，造天丕愆⑦，殄资泽于下民⑧，侵戎我国家纯⑨，即我御事，罔或耆寿俊在厥服，予则罔克⑩。曰惟祖惟父⑪，其伊恤朕躬。呜呼！有绩予一人永绥在位⑫。

"父义和，汝克昭乃显祖，汝肇刑文武⑬，用会绍乃辟，追孝于前文人⑭。汝多修，扞我于艰，若汝予嘉⑮。"

王曰："父义和，其归视尔师，宁尔邦⑯。用赉尔秬鬯一卣，彤弓一，彤矢百，卢弓一，卢矢百，马四匹⑰，父往哉！柔远能迩，惠康小民，无荒宁⑱，简恤尔都，用成尔显德⑲。"

①父义和——《释文》："义，本亦作谊。"按隶古本之九条本、内野本、足利本、影天正本、上图藏八行本及薛季宣本皆作"谊"。段氏《撰异》云："《尚书》别本义皆作谊。如《洪范》'遵王之谊'、《吕刑》'鸱谊'、《太甲》'不谊习与性成'皆是也。郑司农注《周礼》云：古者书'仪'但为'义'，今时所谓义为谊，好古者用此说改《尚书》义字耳。"《孔疏》引郑玄注云："义，读为仪。仪、仇皆训匹也。故名仇，字仪。"伪孔释云："文侯同姓，故称曰'父'，'义和'，字也。称父者非一人，故以字别之。"《孔疏》："《觐礼》说天子呼诸侯之义，

尚书校释译论

同姓大国则曰伯父,其异姓则曰伯舅。同姓小国则曰叔父,其异姓则曰叔舅。晋文侯,唐叔之后,与王同姓,故称曰父。桓二年《左传》以文侯名仇。今呼曰义和,知是字也。"《蔡传》:"同姓,故称父。文侯,名仇,义和其字。不名者,尊之也。"朱骏声《便读》云:"天子于同姓诸侯称伯父。'义和',文侯字也。晋穆侯以条之役生太子,故名曰仇。'仇',雠也。古人名、字相应,或相反以为应。故字义和。'义',谊也。'和',龢也。犹言'宜和'也。义和,亦,叠韵连语。郑康成读义为仪,从《尔雅》训匹。不知'仪'、'仇'训匹者。借'仪'为'俪',借'仇'为'雠'耳,恐非也。呼字不名者,尊宠之也。"

②丕显文武克慎明德——《晋世家》录此文"克慎"作"能慎"。《蔡传》:"丕显者,言其德之所成;克谨者,言其德之所修。"按,丕显文王武王,《尚书》及西周金文中习见,在盛赞文王武王之大德光显。"明德慎罚",亦已迭见《康诰》《多方》等篇中。"明德"亦迭见《梓材》《召诰》《多士》《君奭》等篇中,始为周公所强调,以后为周代统治者所共信,成为他们口中的常语,所以此处又用了它。

③昭升于上敷闻在下——《晋世家》所录此两句作"昭登于上,布闻在下"。"升"作"登","敷"作"布",皆训诂义。段玉裁《撰异》云:"此《今文尚书》也。如'升鼎耳而雠',《史记》《汉书》皆作'登鼎耳'。凡古文作'升',凡今文作'登'也。……班固《典引》:'昭登之绩,匪尧不兴;铺闻遗策在下之训,匪汉不宏。'玉裁按:《今文尚书》作登、铺,《古文尚书》作升、敷。铺闻,即敷闻也。《书》以文武为上,平王为下。班以尧为上;汉为下,此《今文尚书》说也。"是'敷'又作铺。皮锡瑞《考证》云:"史公敷作布,盖用今文如《禹

贡》'竹箭既布'之例。"《晋世家集解》引马融注云："'昭'，明也。'上'，谓天。'下'，谓人。"然则此是《古文尚书》说。此处自以古文马氏说较妥。

④惟时上帝集厥命于文王——《晋世家》所录此两句作"维时上帝，集厥命于文武"。"惟"作"维"，"文王"作"文武"。谓上帝以天命授与文王，亦在前面许多篇章中习见。此处伪孔合释此四句云："更述文王所以王也。言文王圣德明升于天，而布闻在下民，惟以是故上天集成其王命，德流子孙。"《晋世家》录本篇第一段文字至此句止。

⑤亦惟先正克左右昭事厥辟——陈乔枞《经说考》录《三国志》注引《文侯之命》"亦惟先正"（按为《魏志·武帝纪》引）。郑玄注云："先正，先臣。谓卿大夫也。"又录《汉书·谷永传》云："永待诏公车，对曰：'经曰："亦惟先正为左右。"未有左右正而百官枉者也。'"亦以先正为左右大臣。伪孔云："言君（指上文之文王武王）既圣明，亦惟先正官贤臣，能左右明事其君，所以然。"亦释"先正"为贤臣，释"昭事厥辟"为"明事其君"。

⑥越小大谋猷罔不率从肆先祖怀在位——《蔡传》连上句释云："亦惟尔祖、父能左右昭事其君，于小大谋猷无敢背违，故先王得安在位。"《汇纂》本并引薛肇明云："怀，安也。如'邦之荣怀'之'怀'，谓先王得安在位。"王先谦《参正》据孙星衍《疏》文稍加订补明晰言之云："'越'，魏《三体石经》篆作'粤'，于也。'猷'与'犹'同，《礼·缁衣》引《君雅》曰：'尔有嘉谋嘉犹。'郑注：'犹，道也。'《释诂》：'率，循也。肆，故也。'《诗》笺：'怀，安也。'言先臣于善谋善道，无不循而从之，庶政惟和，故先祖安于其位。"

⑦闵予小子嗣造天丕愆——《三体石经》“闵”作“愍”,“嗣”作“伺”。《诗·汝坟序》“能闵其君子”《释文》:“闵,伤念也。”《诗》“闵予小子”笺:“闵,悼伤之言也。”伪孔云:“叹而自痛伤也。言我小子而遭天大罪过,父死国败,祖业隤陨。”是训“造”为遭。“丕”为大,“愆”为罪过。《孔疏》:“我小子继嗣先王之位,遭天大罪过于我周家。……王肃云:‘遭天之大愆,谓幽王为犬戎所杀。’”段玉裁《撰异》云:“造字王孔皆训遭,此必《今文尚书》作遭,故用以注古文也。于《大诰》《吕刑》知之。”显然为父死国破播迁东土思痛之语。

⑧殄资泽于下民——伪孔云:“言周邦丧乱,绝其资用惠泽于下民。”《孔疏》引王肃云:“殄绝其先祖之泽于下民。”孙星衍《注疏》:“‘殄’者,《释诂》云:‘绝也。’‘资’者,《诗》传云:‘财也。’‘泽’者,赵岐注《孟子》云:‘禄也。’……言伤悼予小子嗣位,遭天大过咎,绝财禄于下民。”以王肃说较妥,不过先祖之泽亦可包括财禄。

⑨侵戎我国家纯——《孔疏》引王肃云:“侵犯兵寇,伤我国家甚大,谓犬戎也。”是训“戎”为“兵”,“纯”为“大”。王先谦《参正》:“《释诂》:‘纯,大也。’《风俗通》:‘戎,凶也。’……外夷侵凌凶祸我国家甚大。”朱骏声《便读》云:“‘纯’,屯也,难也。犬戎侵犯我国家,受其屯难。”则训释稍异。关于“国家”,伪孔有释云:“侵兵伤我国及卿大夫之家。”盖根据周制,君主有国,卿大夫有家而说的。

⑩即我御事罔或耆寿俊在厥服予则罔克——《汉书·成帝纪》引此“或”作“克”,“俊”作“咎”,“服”作“躬”。段玉裁《撰异》则

谓:"'即',各本误作'既'。今订正。考开成石经作'即',王氏凤喈云:'《传》及《疏》亦皆言即。日本山井鼎《七经考文》据彼土古本亦为即。'"按,今见隶古写本九条本、内野本、影天正本、上图八行本及薛季宣刻本亦皆作"即",即流传刊本亦作"即"。段所云作"既"之本已不易见。《撰异》又云:"《汉书·成帝纪》鸿嘉元年诏曰:'《书》不云乎:"即我御事,罔克耇寿,咎在厥躬。"'文颖曰:'此《尚书·文侯之命》篇中辞也。言我周家用事者无能有耇老贤者,使国之危亡罪咎在其用事者也。'玉裁按,此《今文尚书》也。'或'作'克','俊在厥服'作'咎在厥躬',为异。按文颖注云'耇老贤者',疑《汉书》'耇寿'下'咎在'上本有'俊'字。"陈乔枞《经说考》云:"段说是也。隶古定本脱去'咎'字,《汉书·谷永传》引脱去'俊'字。伪《孔传》云'无有耇宿寿考俊德在其服位',解与文颖合,是古文、今文并同。据文颖注补'俊'字为允。"按《唐石经》及通行本固已有俊字。

　　伪孔释此数句云:"所以遇祸,即我治事之臣,无有耇宿寿考俊德在其服位,我则材劣无能之致。"上引陈乔枞语,以为伪孔所解与文颖合。按《汉书·成帝纪》引本篇此数句后,注引文颖说如上引,接着师古曰:"'咎在厥躬',平王自谓,故帝引之以自责耳,文氏乃云咎在用事,斯失之矣。"是文颖以祸乱之责,平王诿之于臣下,而颜师古则以平王自责。皮锡瑞《考证》引侯康说云:"按'咎在厥躬'以下,未知今文云何,如同古文,则下'予则罔克'方自责之辞,又不云'朕躬'而云'厥躬',文氏之说似合。文氏生于汉末,此必三家旧训,故采取之以训史,小颜非之,过矣。"按伪孔释文意,以为平王谓所以遇祸,是由于无耇宿老成之臣在位,而自己材劣无能,才致遭祸,主旨在自责。细味经文原四句,觉伪孔之释合原意,只是叹息无老成之臣,而并没有"使国之危亡罪咎在其用事者"之意。所以说其主旨在自责,颜师古说是对的。因此即可采伪孔及颜氏之说以释此数句。惟孙诒让订正伪孔一处字义。其《骈枝》云:"案孔释'俊'为'德',则是耆寿与俊平列,于文例殊不合。此'俊'当读为'骏',《尔雅·释诂》云:'骏,长也。'言我御事无有耆寿能长在其位者也。'无骏在厥服',即由于无耆寿,上下文义正相应。"

⑪曰惟祖惟父——伪孔云:"王曰:同姓诸侯,在我惟祖惟父列者。"《蔡传》:"言诸侯在我祖父之列者。"江声《音疏》:"惟我祖行父行之诸侯。"孙星衍《注疏》:"或即谓祖祢在天之灵也。"

⑫其伊恤朕躬呜呼有绩予一人永绥在位——《晋世家》录本篇第二段之末句即此两句,惟按其成例往往已用训诂字改字,并作精简,遂作:"恤朕身,继予一人永其在位。"是"躬"作"身","绩"作"继","绥"作"其"。除"绥"以意易"其"字外,余皆同义通用。《晋世家》遂以头段六句及二段此两句作为撮举本篇大意,代表本篇列入《世家》中。伪孔承上句之后释云:"其惟当忧念我身。呜呼!能有成功,则我一人长安在王位。言恃诸侯。"是训"绩"为成功。孙星衍《注疏》训释云:"'伊'者,《释诂》云:'维也。''恤'者,《说文》云:'忧也。收也。''绩'者,《释诂》云:'继也。功也。''永'者,《诗》传云:'久也。''绥'者,《释诂》云:'安也。'……谓我祖祢有灵,当收恤我身也。……有继令予一人久安在位者,文公(侯)之功也。"其所录字训有可取,其对文义的解释似当不及伪孔之浑成。《蔡传》及朱骏声《便读》之释,其意亦同伪孔。

于省吾《新证》云:"伪《传》云:'能有成功,则我一人长安在王位。'是读'有绩'二字句,不词。《史记》作'继予一人永其在位'。是读'绩'为'继'。然'继予一人'于文义不调适。按'绩'、'责'古通,金文作'賾'。《秦公簋》'鼏宅禹賾',《诗·文王有声》作'维禹之绩',可证。賾当读作《秦誓》'惟受责俾如流'之'责'。言有责予一人永安在位。观上文'闵予小子嗣造天丕愆',盖创钜痛深,已有谦怀纳谏之意矣。"

⑬汝克昭乃显祖汝肇刑文武——伪孔云:"言汝能明汝显祖唐叔之道,奖之。言汝今始法文武之道矣。"《孔疏》:"晋之上世有功名者惟有唐叔耳,故知明汝显祖唐叔之道,所以劝奖之,令其继唐叔之业也。"按,唐叔为晋始封之君(见《左传·定公四年》),如周之始于文王、武王,不徒以其有功名。《蔡传》:"'显祖'、'文人',皆谓唐叔。即上文'先正昭事厥辟'者也。后罔或耆寿俊在厥服,则刑文武之道绝矣。今刑文武自文侯始,故曰'肇刑文武'。"合观伪孔、《蔡传》之释,得此两句文义。

按,"显"《尔雅·释诂》:"光也。"又:"明见也。"古人常尊称死去的祖、父、母为显祖、显考、显妣。徐乾学《读礼通考》"神主"按语云:"古人于祖、考及妣之上,皆加一'皇'字。逮元大德朝,始诏改'皇'为'显',以士庶不得称皇也。不知'皇'之取义,美也,大也,初非取君之义。"今乃知元改用"显"字亦有所本,即据本篇此"显祖"二字,不过指其远祖中之有明德者,不必指父之父。又据伪孔,知其训"肇"为"始",系据《尔雅·释诂》。训"刑"为"法",即效法。亦见《释诂》。不过"刑"实为型字。详《尧典》"观厥刑于二女"校释。

⑭用会绍乃辟追孝于前文人——伪孔云:"用是道(承上句指

文武之道)合会,继汝君以善,使追孝于前文德之人。'汝君',平王自谓也。继先祖之志为孝。"此释"绍"为"继","乃辟"为"汝君"。惟释"文人"为"文德之人",误。称祖先为"先文人"、"前文人",为周人习称之语例。而以能"继先祖之志"者为"孝",此释最善,比徒能孝顺、奉养、善承色笑之"孝",意义更为深远闳肆。至《蔡传》继其上句释云:"'会'者,合之而使不离。'绍'者,继之而使不绝。'前文人'犹云前宁人。"王樵《日记》云:"'会绍'云者盖平王失爱于父,流离颠沛,依托母家。父死于冠,国命中绝,文侯起定其难,而离者合,绝者继也。是所以追孝于唐叔,言能继其志也。"

吴大澂《字说》中之《文字说》云:"《书·文侯之命》'追孝于前文人',《诗·江汉》'告于文人',《毛传》云:'文人,文德之人也。'潍县陈寿卿编修介祺所藏《兮仲钟》云:'其用追孝于皇考已伯,用侃喜前文人。'《积古斋钟鼎彝器款识·追敦》云:'用追孝于前文人。'知'前文人'三字为周时习见语。"其下文接着考论《大诰》将"前文人"误为"前宁人",已见《大诰》"用文王遗我大宝龟"校释。此处吴氏重要发现,除"前宁人"为"前文人"之误外,又阐明"前文人"为周时习见语,即周人称他们前代的王为前文人(女性则为文母)。而更指出《追敦》与《文侯之命》都有"用追孝于前文人"一语,用字完全一样,则更知"追孝于前文人"为当时周人表示继承和发扬祖先的遗志时所习用的语句。由于有金文为佐证,知《文侯之命》保存了当时习用原句,未在流传中受到后来文字影响。于省吾《新证》补充了些重要金文及文献资料云:"《俦儿钟》'以追孝侁祖'。《兮仲钟》'其用追孝于皇考已伯'。'追孝'二字金文习见,乃古人语例。《诗·文王有声》:'遹追来孝。'《礼记·祭统》:'祭者所以追养继孝也。'"

⑮汝多修扞我于艰若汝予嘉——《说文·攴部》:"敆,止也。从攴,旱声。《周书》曰:'敆我于艰。'"段玉裁《撰异》:"敆、扞古今字。《众经音义》引《说文》:'捍,止也。'又引《说文》:'扞,止也。'盖谓捍、扞皆即敆之别体字。《说文·手部》:'扞,忮也。'《庄子》释文:'扞,抵也。'"陈乔枞《经说考》云:"抵义与止近,疑今本《说文》'忮'字乃'抵'之误。"又录《三国志·魏志》引献帝诏曰:'捍朕于艰难,获保宗庙。'是扞字亦作敆、捍。皆捍卫义。

伪孔释此数句云:"战功曰多。言汝之功多甚修矣,乃扞我于艰难,谓救周、诛犬戎,汝功我所善。"《孔疏》:"'战功曰多'者,《周礼·司勋》文。又云:'王功曰勋,国功曰功,民功曰庸,事功曰劳,治功曰力,战功曰多。'彼有此六功也。言功多殊于他人,故云'汝之功多甚修矣'。言其功修整,美其功之善也。文侯之功在于诛犬戎,立平王。言乃扞蔽我于艰难,知'谓救周诛犬戎'也。'若'训'如'也,如汝之功我所嘉也。王肃云:'如汝之功,我所善也。'"《蔡传》亦云:"汝多所修完扞卫我于艰难,若汝之功,我所嘉美也。"王樵《日记》云:"修完于犬戎残破之后,捍卫于犬戎侵侮之时,文侯盖有力焉,若汝之功,予所嘉美也。"

于省吾《新证》:"伪《传》云:'战功曰多,言汝之功多甚、修矣。'孙诒让读'汝多'句,谓'修'通'攸',连下读'攸扞我于艰'句,并非。按'修'应读作'休'。修、休同声,《尔雅·释诂》:'休,美也。言汝多休美,扞卫我于艰难也。'《不娶簋》:'女休,弗以我车函于囏,女多禽。'文法略同。"

⑯其归视尔师宁尔邦——《仪礼·觐礼》:"伯父无事,归宁乃

邦。"郑玄注："'宁',安也。'乃',犹汝也。"此处即同此义。伪孔云："遣令还晋国,视汝众,安汝国内上下。"是训"师"为众,据《释诂》。《汇纂》引张九成曰(九成有《尚书详说》,清初尚存,后失传,其说大抵收在黄伦《尚书精义》中):"文侯,平王腹心之臣也,当如周公留相朝廷,而侯其子如伯禽。与之图复国仇可也。乃使之归视尔师宁尔邦,其志可知,可谓不知轻重者矣。"董鼎《辑录纂注》云："方当戡乱之际而使之归,方当图治之时而遣之往,赍以秬鬯,锡以弓马,果何谓哉!"

⑰用赍尔秬鬯一卣彤弓一彤矢百卢弓一卢矢百马四匹——"赍",《说文》:"赐也。"《释诂》同。于省吾《新证》:"'赍'即'釐'。详《汤誓》'予其大赍汝'条。""秬鬯",已见《洛诰》"予以秬鬯二卣"校释。此处伪孔释云："黑黍曰秬,酿以鬯草。卣,中罇也。当以锡命告其始祖,故赐鬯。"《蔡传》释云："诸侯受锡命当告其始祖,故赐鬯。"《说文》:"鬯,以秬酿郁草,芬芳攸服以降神也。"《周礼·鬯人》叙官郑玄注云："鬯酿秬为酒,芬香条畅于上下也。秬如黑黍,一稃二米。"按《礼纬含文嘉》载九赐(锡)之文,其宋均注最末一项云："慈孝父母,锡以秬鬯,以归祭祀。"是祭其始祖之祀需用秬鬯,故锡之。"彤弓"以下四句伪孔释云："彤,赤。卢,黑也。诸侯有大功,赐弓矢,然后专征伐。""马四匹"者,伪孔释云："马供武用,四匹曰乘,侯伯之赐无常,以功大小为度。"按《晋世家》载天子命晋侯为伯,赐大辂。陈乔枞《经说考》云:"辂驾四马。则'马四匹'者,即大辂之服也。"按《晋世家集解》引贾逵注云："大辂,金辂。彤弓赤,旅弓黑也。秬,黑黍。鬯,香酒也,所以降神。卣,器名。诸侯赐圭瓒,然后为鬯。"关于弓、矢、马之释,《蔡传》全承用伪孔

说,可知伪孔说为经师对此问题的正解。

"卢",一作"玈",一作"旅",一作"旋",又有隶古变体"烾"等。本篇"卢"字较通行,皮锡瑞引《汉书·王莽传》、何休《公羊解诂》皆同作"卢"。《法言·五百篇》则云"彤弓玈矢",字作"玈"。《左传·僖公二十八年》"旅弓矢千"作"旅"。《晋世家》"旋弓矢千"作"旋"。隶古写本内野本、足利本、影天正本、上图藏八行本等皆作"烾弓一烾矢百",惟九条本烾作"烾"。隶古刻本薛季宣本则作"炋"。皮锡瑞书引司马光曰:"玈,落胡切,与'旋'同,皆谓黑色也。"

"卢弓一卢矢百",一作"旅弓矢千"或"旋弓矢千"。见《左传·僖公二十八年》:"王赐晋文公彤弓一、彤矢百,旅弓矢千。"又《晋世家》:"赐大辂、彤弓矢百、旅弓矢千。"(按"彤弓一、彤矢百"此亦省作"彤弓矢百"惟"百"字未改易)

于省吾《新证》:"足利学古本卢作旋,传同。《伯晨鼎》:'锡女鼍冂一卣,又彤弓彤矢,旅弓旅矢。'《说文》:'齐谓黑为玈。'钱大昕谓玈即卢弓之卢。《法言·五百篇》:'彤弓卢矢。'《荀子·大略篇》:'大夫黑弓。'《公羊·定四年传》注:'诸侯彤弓,士卢弓。'《左·僖二十八年、文四年传》:'旋弓矢千。'张文虎谓古本谓黑为卢,玈乃后起字,按,'旋',旅之或体。'旅',卢之假字。"

陈乔枞《经说考》辑存了有关本问题较详材料,现录如次:

《晋世家》曰:"天子命晋侯为伯,赐大辂、彤弓矢百、旅弓矢千、秬鬯一卣,珪瓒、虎贲三千人。晋侯三辞,然后稽首受之。"《左传·僖公二十八年》云:"王赐晋文公彤弓一、彤矢百,旅弓矢千。"与《晋世家》此文合(实际是《晋世家》录用《左传》之文)。则作"旅弓一旅矢百"者非也。《礼记·曲礼·正义》引《含文嘉》曰："九赐，一曰车马，二曰衣服，三曰乐则，四曰絑户，五曰纳陛，六曰虎贲，七曰斧钺，八曰弓矢，九曰秬鬯。"宋均注云："进退有节，行步有度，赐以车马，以代其劳；言成文章，行成法则，赐以衣服，以表其德；动作有礼，赐以纳陛，以安其体；长于教诲，内怀至仁，赐以乐则，以化其民；居处修理，房内不泄，赐以絑户，以明其别；勇猛动疾，执谊坚强，赐以虎贲，以备非常；抗扬威武，志在宿卫，赐以斧钺，使得专杀，内怀仁德，执义不倾，赐以弓矢，使得专征；慈孝父母，赐以秬鬯，以归祭祀。"此赐大辂，是"一曰车马"也。虎贲三百人，是"六曰虎贲"也。彤弓矢旅弓矢，是"八曰弓矢"也。秬鬯一卣、珪瓒，是"九曰秬鬯"也。盖九赐之中有其四焉。《诗·小雅·彤弓》序云："天子锡有功诸侯也。"《左传·文公四年》甯俞言敌王所忾而献其功，于是赐之彤弓一彤矢百旅弓矢千，以觉报宴。文公此时献楚俘于王，是敌忾献功之事，《毛传》《左传》所云，与此篇谊正合也。

皮锡瑞《考证》云："按陈说是也。……《大传》曰：'诸侯赐弓矢者得专征，赐圭瓒者得为鬯以祭。'又《略说》曰：'诸侯有德者，一命以车服弓矢，再命以虎贲三百人，三命以秬鬯。诸侯三命者，皆受天子之乐以祀其宗庙。'与《礼纬》文合。"

再录一点秬鬯资料，以增对其了解。本篇"赉尔秬鬯"传文《孔疏》云："《释草》云：'秬，黑黍。'李巡曰：'黑黍一名秬。'《周礼》：'郁人，掌和郁鬯以实彝而陈之。'郑云：'郁，郁金香草也。筑郁金煮之以和鬯酒。'郑众云：'郁，为草，若兰。'又有：'鬯人，掌供秬鬯。'郑玄云：'鬯，酿秬为酒，芬香调畅于上下也。'如彼郑说，酿黑黍之米为酒，筑郁金之草煮以和之。此传言'酿以鬯草'，似用鬯草合酿。不同者，终是以鬯和黍米之酒，或先或后言之耳。《诗》美宣王赐召穆公云：'釐尔圭瓒，秬鬯一卣，告于文人。'知赐秬鬯者，必以圭瓒副焉。此不言圭瓒，明并赐之可知也。'卣，中尊也'，《释器》文。孙炎云：'樽，彝为上，罍为下，卣居中。'郭璞曰：'在罍彝之间，即牺象壶，著大山等六尊是也。《周礼·司尊彝》云：'春祠夏禴，裸用鸡彝、鸟彝；秋尝冬烝，裸用斝彝、黄彝。'则祭时实鬯酒于彝。此用卣者，未祭则盛于卣，及祭则实于彝。……此初赐未祭，故盛以卣也。《诗》称'告于文人'。……郑玄云：'王赐召虎以鬯酒一尊，使以祭其宗庙，告其先祖诸有德美见记者。'然则得秬鬯之赐，当遍告宗庙。此《传》惟言告始祖者，举祖之尊者言之耳。"又本篇《书序》，《孔疏》云："祭之初，酌郁鬯之酒以灌尸，圭瓒者，酌郁鬯之杓。杓下有槃，瓒即槃之名也，是以圭为杓之柄，故谓之圭瓒。《周礼·典瑞》：裸，圭有瓒，以肆先王，以裸宾客。……郑玄云：'圭瓒之状，以圭为柄，黄金为勺，青金为外，朱中央。'是说圭瓒之形状也。〔《诗》云：'瑟彼玉瓒。'〕毛传又云：'九命然后锡以秬鬯圭瓒。'则晋文侯于时九命为东西大伯，故得受此赐也。"按，此二者多据《周礼》之《郁人》《鬯人》及《典瑞》之注与疏资料，欲更多了解，可参看该项资料。

王樵《日记》云："按，酿秬为酒曰'秬鬯'。将裸，和之以郁曰'郁鬯'。《周礼》《郁人》《鬯人》郑氏曰：'郁，郁金香草，宜以和鬯。鬯，酿秬为酒，芬芳条畅于上下也。'又曰：'秬鬯，不和郁者。'然则鬯乃酒名，酿时无郁。"这些材料均可作为供了解秬鬯、郁鬯等等的参考。

⑱父往哉柔远能迩惠康小民无荒宁——伪孔释云："父往归国

哉！怀柔远人，必以文德；能柔远者，必能柔近。然后国安。安小人之道必以顺，无荒废人事而自安。"这几句也就只是伪孔所释之意，不用求他解。其中"柔远能迩"、"惠康小民"为周初以来政治文告中所习用语，见出周人对此二义的重视。"柔远能迩"已见《尧典》此语校释。并见于《顾命》篇。又见于金文中。并为力求做到"近者悦远者来"之意。"惠康小民"之意迭见周公诸诰中，如《康诰》"用保乂民"、"用康保民"、《无逸》"怀保小民，惠鲜鳏寡"，用语都同。他如《大诰》"迪民康"、"今天其相民"，《康诰》"若保赤子，惟民其康乂"，《梓材》"子子孙孙永保民"，《洛诰》"诞保文武受民"、"永保乃文武受民"，《无逸》"能保惠于庶民"、"用咸和万民"等等，都表示重民保民之意。此诰承用了祖先遗教，仍用了惠保小民思想。

"无荒宁"，朱骏声《便读》释为："无忘忽，无安逸。"

⑲简恤尔都用成尔显德——《孔疏》引郑玄注云："都，国都也。鄙，边邑也。言都不言鄙，由近以及远也。"《三国志·魏志·武帝纪》云："简恤尔众，时亮庶功，用修尔显德。"明用此二句文义。伪孔释云："当简核汝所任，忧治尔都鄙之人，人和政治，则汝显用有德之功成矣。不言鄙，由近以及远。"训"简"为简核，"恤"为忧治，"都"兼言都、鄙，"显德"为显用有德，自不如《魏志》之"修尔显德"。苏轼《书传》则释"简恤"为"简阅其士，惠恤其民"。较确。《蔡传》即全用苏氏之说。王樵《日记》云："士还是卒伍之士，因赐文侯弓矢得专征伐，故因及于简士。或云士指贤士，非也。"朱骏声《便读》释为："简阅尔众，安靖尔民于尔国都，以成尔光明之德也。"可采苏轼说为主，参以《魏志》、王樵、朱骏声之意以释此两句。

以上全文未分节，以由周王一气讲下，中间虽稍停顿，仍由周王接着一气贯下，自不用分节。

今 译

王这样说："义和伯父呵！伟大而光辉的先祖文王武王，能兢兢敬慎于盛业，昭明于大德，因而圣德显赫地升闻于上天，并布闻于下民。于是上帝就将天命授给了文王。也由于你们的祖上先代贤臣能左右辅弼君主，于大小谋划无不一致遵行，致使政治昌明，就使我先祖安居在位。

"哎呀！可怜的我小子继嗣大位，正遭天大的罪孽，时难年荒，断绝了先祖所遗造福于下民的恩泽，蒙受了外寇侵害我国家深重的灾难。而在我所用事臣僚中，没有耆宿老臣在位，我又无克服灾难的能力。我要说，只有靠我祖辈父辈的诸侯们忧念我身。哎！只要有了功绩，就能使我寡人永能安居在位。

"义和伯父呵！您能发扬光大您光荣的先祖唐叔的功勋，又能效法文王武王的先烈，合此两德以成您帮助您的君主绍承大统之功。以此继您先祖之志，完成您追补孝行于您的先祖了。您的战功大，捍卫我于艰难困苦之中，像您这样的功勋我是非常嘉奖的。"

王说："义和伯父呵！回去整饬您的部众，安定您的邦国上下吧！现在赏赠给您祀礼用的秬鬯香酒一卣（等于今天说一坛）；红色的弓一张，红色的箭一百；黑色的弓一张，黑色的箭一百；马四匹。伯父，您去吧！把远近都安靖好，造福惠保小百姓，不要荒忽图逸乐。检阅您的士众,惠爱您的人民,成就您明显的德业。"

讨 论

本篇待讨论的只一个问题:是周平王命晋文侯呢,还是周襄王命晋文公?

本篇《书序》云:"平王锡晋文侯秬鬯圭瓒,作《文侯之命》。"按,显然是据《左传》《国语》《史记·周本纪》等所载而成此说。

《左传·隐公六年》:"周桓公言于王曰:'我周之东迁,晋、郑焉依。'"按隐公元年当周平王四十九年。至隐公三年而平王死,故犬戎杀幽王,平王之立得晋、郑、秦之力,并助之东迁事,远在《春秋》及《左传》之前,二书不得记载其事,仅在隐公六年记载了平王之东迁依靠了晋、郑这么一句话,必在此前的鲁史或周的纪年载有此事,可知晋和郑为平王东迁立了功的。

《国语·郑语》在叙幽王宠褒姒废申后,终致"九年而王室始骚,十一年而弊"后,叙如下一句:"晋文侯于是乎定天子。"亦为先秦文献中晋文侯定立平王的确证。

《史记·周本纪》:"是为褒姒。当幽王三年,王之后宫见而爱之,生子伯服,竟废申后及太子,以褒姒为后,伯服为太子。申侯怒,与缯、西夷、犬戎攻幽王。遂杀幽王骊山下,虏褒姒尽取周赂而去。于是诸侯乃即申侯而共立故幽王太子宜臼,是为平王。"《史记·晋世家》:"穆侯四年,取齐女姜氏为夫人。七年伐条,生太子仇。……穆侯卒,弟殇叔自立。……四年,穆侯太子仇袭殇叔而立,是为文侯。文侯十年,周幽王无道,犬戎杀幽王,周东徙,而秦襄公始列为诸侯。"《史记·秦本纪》:"周幽王用褒姒,废太子,立褒姒子为适(嫡),数欺诸侯。诸侯叛之,西戎犬戎与申侯伐周,杀幽王郦山下。而秦襄公将兵救周,战甚力,有功。周避犬戎难,东徙雒邑,襄公以兵送周平王。平王封襄公为诸侯,赐之岐以西之地。"此为《史记》所录先秦的一组资料,除《秦本纪》资料较详外,周、晋资料皆不全。如《周本纪》只说"诸侯共立平王",述其事甚明白,而不提明是哪几个诸侯。《晋世家》提到了这事,而不提晋、郑之功。提到了秦始列为诸侯,也明明是关于他将兵救周送之东迁的事,竟也一点不提到。此外《郑世家》记幽王、平王之事,竟一句也未提到郑助平王东迁之事。可知史公搜集到的这些资料是很残缺不全的,但彼此印证,则晋、郑、秦在平王东迁事上出了力,是很显然的。

还有一重要资料可印证,即《左传·僖公二十八年》载晋文公向周襄王献城濮之战的楚俘,由郑伯相襄王享醴,王命尹氏,王子虎,内史叔兴父策命晋侯为侯伯,赐大辂、弓矢、秬鬯、虎贲等,《左传》正文云:"用平礼也。"杜预注云:"以周平王享晋文侯仇之礼享晋侯。"这是先秦正史史料中所明晰记载周王室最高层牢记周平王命晋文侯的典礼,故此时周襄王命晋文公即循故事,按照周平王命晋文侯的成规办理。那么周平王命晋文侯的历史事实是很清楚了。

这些是汉以前的关于此问题的较平实的早期资料,进入汉以后经师们就按此历史事实,如实地解说《文侯之命》是周平王策命晋文侯的命书。

本篇首句如《孔疏》引郑玄注"义和"云："读'义'为'仪'。'仪'、'仇'皆训匹也，故名仇字仪。"阐明本篇开头周王称呼之"义和"为晋文侯仇之字。又郑玄《诗谱·王城谱》云："晋文侯，郑武公迎宜臼于申而立之，是为平王，以乱故，徙居东都上（王？）城。"其《疏》在引《郑语》及《左传·隐公六年》之文后，继云："依《地理志》：'幽王败，恒公死，其子武公与平王东迁。'（此处又录《周本纪》立平王事。)《地理志》云：'幽王淫褒姒，灭宗周，子平王东居洛邑。'郑所据之文也。"本篇《书序》之《孔疏》引王肃云："幽王既灭，平王东迁，晋文侯、郑武公夹辅王室，晋为大国，功重，故平王命为侯伯。"又本篇"殄资泽于下民"数句之《孔疏》引王肃云："遭天之大愆，谓幽王为犬戎所杀。殄绝其先祖之泽于下民，侵犯兵寇，伤我国家甚大，谓犬戎也。"这是东汉班固、郑玄及魏王肃皆只以为是周平王命晋文侯事。

伪孔释《文侯之命》篇名云："所以名篇，幽王为犬戎所杀，平王立而东迁洛邑，晋文侯迎送安定之，故锡命焉。"《孔疏》云："幽王嬖褒姒，废申后，逐太子宜臼。宜臼奔申，申侯与犬戎既杀幽王，晋文侯与郑武公迎宜臼立之，是为平王，迁于东都。平王乃以文侯为方伯，赐其秬鬯之酒，以圭瓒副焉，为作策书命之，史录其策书，作《文侯之命》。"唐时尚有司马贞《晋世家索隐》首云："《尚书·文侯之命》是平王命晋文侯仇之语。"接着以较详论证辩《晋世家》之非。是司马贞坚持平王命晋文侯而反对襄王命晋文公之说。又章怀太子李贤注《后汉书·丁鸿传》云："平王东迁洛邑，晋文侯仇有功，平王赐以车马弓矢而策命之，因以名篇。"是汉唐治此经者，皆以为是平王命文侯之辞。

宋苏轼《书传》云："平王，幽王之子宜臼也。文侯仇，义和其字也。"又云："予读《文侯篇》，知东周之不复兴也。宗周倾覆，祸败极矣。平王宜若卫文公、越勾践然。今其书乃施施焉与平康之世无异，《春秋传》曰：'厉王之祸，诸侯释位以间王政，宣王有志而后效官。读《文侯》之篇，知平王之无志也。"《蔡传》云："幽王为犬戎所杀，晋文侯与郑武公迎太子宜臼立之，是为平王，迁于东都。平王以文侯为方伯，赐以秬鬯、弓矢，作策书命之，史录为篇。"其他宋儒之书尚多持此说者。

是《尚书》学的汉学宋学两派，都承先秦史实，一致以《文侯之命》为周平王策命晋文侯之书，初无异义。

可是《史记·晋世家》所载不同。在晋文公以城濮之战击败楚后，载："献楚俘于周，驷介百乘，徒兵千。天子使王子虎命晋侯为伯，赐大辂、彤弓矢百、旅弓矢千、秬鬯一卣、圭瓒、虎贲三百人。晋侯三辞，然后稽首受之。周作《晋文侯命》（此处即录本篇第一段六句与第二段两句，以当全文）。"这里看出全录《左传·僖公二十八年》之文而有出入。《左传》记明这是沿用平王命文侯之旧礼。《晋世家》上文既未载晋文侯救平王被策命事，此处亦不言沿用平王事，反而移花接木，将《文侯之命》张冠李戴为晋文公事。此处司马贞《索隐》力辩之云："《尚书·文侯之命》是平王命晋文侯仇之语，今此乃是襄王命文公重耳之事，代数悬隔，勋策全乖，太史公虽复弥缝《左氏》，而系（世）家颇亦时有疏谬。裴氏《集解》亦引孔、马之注，而都不言时代乖角，何习迷而同辞也？然计平王至襄王为七代，仇至重耳为十一代而十三侯。又平王元年至鲁僖二十八年——当襄王十年，为一百三十余岁矣,学者颇合讨论之。刘伯庄以为盖天子命晋同此一辞,尤为非也。"所论析犀利,足以否定《晋世家》之说,至于刘伯庄以为周王先后命晋文侯和晋文公都是用这同一篇《文侯之命》,当然是不对的,但说周王命晋文侯和命晋文公都有策命之书,是合于周代礼制的,只是策晋文公之文失传了。又史公在《晋世家》有了这一误说,到他在《史记》篇末写的《自序》里又说:"嘉文公锡珪鬯,作《晋世家》。"是跟着错的。《世家》所载又赐给文公的器物,也与本篇所载赐给文侯的器物有明显不同,也足以证把文公说成文侯是错误的。

《新序·善谋篇》云:"晋文公时,周襄王有弟太叔之难,出亡居郑。晋侯以师逆王入于王城,取太叔于温杀之。晋侯朝王,王享醴,命之侑。其后三年,文公再会诸侯以朝天子,天子锡之弓矢、秬鬯,以为方伯,《晋文公之命》是也。"这里有两点异说,一、不是由于城濮之功,而是杀王弟太叔,迎襄王回王城之功;二、策命之书不叫《文侯之命》而叫《晋文公之命》。所记倒很有可能,原来记的是另一件事和另一篇命书,当然与《文侯之命》不相干,不要扯来纠缠在一起。

本篇《书序》之《释文》云:"'平王',马无平字。"是马融不以为此篇是平王命文侯之辞。又"父义和"《释文》云:"'义和',马云:能以义和诸侯。"则马融又不以义和为文侯仇之字,意即否认此为文侯。是其说主张此篇非平王命晋文侯,显然同意《晋世家》说,以为是襄王命晋文公。《晋世家》误,马融说自然也误。

由上文知道,以《文侯之命》为周平王命晋文侯,是根据原始的历史记载所作出的正确说法,是可信的,以为是周襄王命晋文公,则是后起的不符合史实的说法,是错误的。何况篇名为"文侯",却以"文公"来附会,显见其牵强。而篇中直呼文侯仇之字而非晋文公之名或字,更是此篇为命文侯而非文公之铁证。所以自汉以来汉学宋学诸经师以迄清代大多数学者,都以为是平王命文侯,是完全正确的。可是到了清代后期,竟有好些学者盛倡周襄王命晋文公之说,乃至斥持平王说者为"不知古义"(见皮锡瑞斥司马贞语)。是完全颠倒了是非。陈乔枞《经说考》录《晋世家》等之说为其正文,不过并录了《书序》等之说为其附录。是明以襄王说为主,至孙星衍《注疏》则纯主襄王说,只录《晋世家》《新序》、马融等之说。篇文中"义和"之释虽引郑玄说,而辨明释"义"为"仪",别本所无。亦即否认文侯仇之字之说。皮锡瑞《考证》进而坚持襄王命文公之说,力斥平王说之非,晚近吴汝纶《尚书故》、吴闿生《大义》尤坚持襄王之说,亦斥郑玄说之非。其实这些人不顾历史真实,只觉晋文公在历史上有大名,非无名的晋文侯所能及,就这样主张晋文公了。

屈万里《尚书集释》有三段文字论此问题甚谛,今录其原文如下:

"王引之《春秋名字解诂·下》(《经义述闻》卷二十三)谓:'古天子于诸侯无称字者。'因言:'或以义为字,或以义和为字,并当阙疑。'近人温廷敬《文侯之命释疑》(见国立中山大学《文史学研究所月刊》二卷二期)云:'王命诸侯,绝无称字者。然或亦以仇名不美,改称其字;如王于诸侯大夫称字;又鲁哀公于孔子谏词亦称尼父之例。'按,文侯以条之役生,因名曰仇,乃取敌仇之义。当时师服已议此名之不当(见桓公二年《左传》)。以仇既非嘉名，且文侯于平王有大功，故称其字，以尊宠之，似甚合理。固不必泥于'古天子于诸侯无称字者'之说也。"

"杨氏《尚书核诂》云：'《诗谱》："郑武公与晋文侯定平王于东都。"（此处接着引《左·隐六年》《国语》《左·僖二十八年》"用平礼也"之文。）'按，驳《史记》而申《书序》之义者，始于《史记索隐》，宋叶大庆《考古质疑》卷一亦有辨证。清代以来，论之者颇多；而以杨氏此说，言简而意明。杨树达《读尚书文侯之命》（见《积微居小学述林》卷六）云：'《史记·晋世家》记晋侯燮以下……凡十五世，皆称曰侯。至曲沃武公灭晋侯缗，尽以其宝器赂周釐王，釐王命曲沃武公为晋君，列为诸侯，更号曰晋武公。自是以后，君皆称公。'并举晋侯与晋公之谥相同者凡八君。以为谥虽相同，以公、侯异称，不虞其混淆。是知文侯必非文公矣。"

"又按：本篇言：'闵予小子嗣，造天丕愆。'明是王新即位而遭大难之辞。此与平王合，与襄王不合。且本篇所叙王锡晋侯秬鬯彤弓等物，亦与僖公二十八年《左传》所载襄王赐晋文公者不同。益可知本篇为平王命晋文侯之书，而非襄王命晋文公之书。齐召南《尚书注疏考证》谓本篇作于平王元年。今按，昭公二十六年《左传》'携王干命，诸侯替之而建王嗣'句下，《正义》引《汲冢书纪年》云：'平王奔西申，而立伯盘以为太子。与幽王俱死于戏。先是申侯、鲁侯及许文公，立平王于申；以本太子，故称天王。幽王既死，而虢公翰又立王子余臣于携。周二王并立。二十一年，携王为晋文公所杀。以非本适（嫡），故称携王。'伯盘，即伯服，《日知录》卷二有说。'晋文公'之'公'，当作'侯'。

二十一年，为晋文侯二十一年，即周平王十一年。然则本篇盖作于携王被杀，平王既定于东都之时，其时当为平王十一年也。其他与本篇著成时代有关问题，详拙著《尚书文侯之命著成的时代》一文（见《书佣论学集》）。"

这些见解都与本篇上面的讨论意见相一致，特录以作为本处重要的补充材料。

本篇唯一的讨论题既已论定，现再录一段宋儒对此全书最后《文侯之命》等三篇的论说之文，以见过去儒者对《尚书》后面有此三篇之认识，亦不无有助于对此三篇之体会。即林之奇《全解》云："《书》于《吕刑》之下有《文侯之命》《费誓》《秦誓》三篇。窃意周太史所藏典、谟、训、诰、誓、命之文，才至《吕刑》而止。自时厥后，历幽、厉之乱，简编不接，其间如宣王中兴，会诸侯，复境土，任贤使能，南征北伐，锡命韩侯、申伯，用张仲、仲山甫。其时大诰命必多矣。乃无一篇见于《书》，意宣王之《书》必失亡于东迁之乱。孔子既取周太史所藏，断自《尧典》，至于《吕刑》，而于列国复得命、誓三篇，遂取而附益于其后。案襄三十年《左传》，郑子产曰：'《郑书》有之曰："安定国家，必大焉先。"'《大学》举《楚书》曰：'楚国无以为宝，惟善以为宝。'是知春秋之世，列国皆有书，夫子周流遍观，而于晋得《文侯之命》，于鲁得《费誓》，于秦得《秦誓》，故以附于帝王《书》之末欤！"此说以为自周宣王以后以及春秋之世，必然还有很多《书》篇，可是大都亡失了，孔子到处搜集文献，才得晋、鲁、秦这三篇。这一孔子搜集文献的说法是对的，等于纠正了旧的孔子删书的妄说。同时实定把搜集这些《书》篇的人归之孔子，显然也可能是对的，孔子忙于对弟子施教的两本主要课本是《诗》《书》,当然由他搜集课本教材,也是很自然的事。但一定要说他是在编"帝王《书》",把搜集到的这三篇列国之《书》只好附于其末,就太拘泥了。其实《文侯之命》和《康诰》一样,都是"帝王"对列国之君的讲话,并没有什么区别,倒是《吕刑》则完全是一篇列国之文,即吕国之文,同于鲁、秦两国之文。所以勉强分帝王书和列国书,没有必要,只是孔子搜集到什么政治诰命的篇章,就把它汇编为《书》这一讲授门徒的重要课本而已。但由林之奇文看出,他们体会《吕刑》以上诸篇,反映为三代盛世之文,到《文侯之命》之篇,反映的是政治式微了,因之不免慨叹。董鼎之文此意尤显,见其《辑录纂注》云:"此篇书体与《微子之命》《蔡仲之命》(按二篇皆伪书)同,其事则彼为封建,此为锡赍耳。平王……不知务此(指宣王中兴),东迁于洛,惟晋焉依,自幸于苟偷,而不复念及君父;自安于卑陋,而不思兴复王室,此所以《诗》自《黍离》列为《国风》(谓其不能列入雅颂),而春秋始于平王,则以王政自是不纲矣。"他们把《书》中的《文侯之命》,看成《诗》中的《黍离》一样,是王政式微的反映,从此"王纲解纽",再也看不到西周"盛世"了。把《文侯之命》看成是春秋之世的开始,也不无一点道理,确实是历史走至周平王讲《文侯之命》的时候,已辞别"礼乐征伐自天子出"的时代,开始转入"诸侯异政、百家异说"(《荀子·解蔽》语)的时代了。

费　誓

　　《费誓》,是鲁侯与徐戎淮夷相争,临战前誓众的一次誓词。《史记·鲁周公世家》作《肸誓》,并摘要录存了《肸誓》篇文十五句于《世家》中。《尚书大传》则载伏生本此篇称《鲜誓》。《鲁世家》的裴骃《集解》遂云:"徐广曰:(肸)一作'鲜',一作'狝'。骃案:《尚书》作'柴'。"司马贞《索隐》:"《尚书》作《柴誓》。……'柴',地名。即鲁卿季氏费邑。"所谓"《尚书》作《柴誓》",即西汉三家今文本及东汉马郑古文本皆作《柴誓》。伪孔本传至唐代始改作《费誓》。段玉裁云:"卫包用贞(指司马贞)'柴即鲁卿季氏费邑'之云,改为'费'字。"在西汉伏生今文本为第二十五篇,伏生系三家今文本为第二十六篇,东汉马郑古文本为第三十一篇,其篇次皆在《吕刑》前,同属《周书》。东晋伪古文本改在《文侯之命》后,为全书的第五十七篇,《周书》的第三十一篇。费地及本篇作者诸情况详后面"讨论"。按《说文》柴,比声(从段玉裁说)。

校　释

公曰①：

"嗟！人无哗，听命②！徂兹淮夷徐戎并兴③，善敹乃甲胄④，敿乃干⑤，无敢不吊⑥。备乃弓矢⑦，锻乃戈矛，砺乃锋刃，无敢不善⑧。

"今惟淫舍牿牛马⑨，杜乃擭，敜乃阱⑩，无敢伤牿。牿之伤，汝则有常刑⑪。马牛其风，臣妾逋逃，勿敢越逐⑫。祗复之，我商赉汝⑬。乃越逐不复，汝则有常刑⑭。无敢寇攘，踰垣墙、窃马牛、诱臣妾，汝则有常刑⑮。

"甲戌，我惟征徐戎⑯。峙乃糗粮，无敢不逮，汝则有大刑⑰。鲁人三郊三遂，峙乃桢干⑱。甲戌，我惟筑。无敢不供，汝则有无余刑，非杀⑲。鲁人三郊三遂，峙乃刍茭，无敢不多，汝则有大刑⑳。"

①公曰——此"公"，依《史记》当为鲁侯伯禽。据近人研究，谓为另一鲁侯。详后面"讨论"。

②嗟人无哗听命——"哗"，《汉书·艺文志》集注："喧也。"《国语·晋语》"士卒在陈而哗"注："嚣也。"伪孔释云："叹而敕之，使无喧哗，欲其静听誓命。"

③徂兹淮夷徐戎并兴——伪孔释云："今往征此淮浦之夷，徐

州之戎，并起为寇，此戎夷帝王所羁縻统叙，故错居九州之内。秦始皇逐出之。"苏轼《书传》云："徐州之戎及淮浦之夷叛已久矣，及伯禽就国，则并起攻鲁。故曰'徂兹淮夷徐戎并兴'。'徂兹'者，犹云'往者'云尔。"是"徂兹"，伪孔释为"往征此"，苏氏释为"往者"。皆训"徂"为"往"。伪孔谓戎夷错居九州之内"秦始皇逐出之"之语，为对历史的无知妄说。实际是周代在各地建立了许多姬姓姜姓诸侯及一些先代后裔的封国之外，广阔土地上没有建立诸侯之处，本来就由原住民居住，成为当时的少数民族，被称为戎、夷，经过春秋战国数百年民族交糅融合，形成统一的华夏族。所以到秦汉大一统皇朝建立后，这许多少数民族都融合入华夏族整体中去了，华夏族的主体后来称为汉族了。只有居住在汉族文化所不及地区的少数民族沿各自的历史道路发展，像南北朝时的五胡，相率到中原建立政权，到隋唐统一后又融合到汉族中了，其在边裔的各族继续沿自己的历史道路，在华夏这一大家庭中向前发展着。

于省吾《新证》："伪《传》训'徂'为'往征'，非是。按'徂'即'虘'，亦作叡，语词。《小臣謎簋》：'叡东夷大反，伯懋父以殷八师征东夷。'上句与此文例略同。下句言'征'，可证'徂'之不训'往征'也。"杨筠如《核诂》："'徂'，通作'且'。《周颂·载芟》'匪且有且'，《毛传》：'且，此也。'是'徂'、'兹'二字同义。《酒诰》'我西土棐徂邦君御事小子'，'匪徂'，谓在昔也。字通作'叡'。《录卣》：'叡淮夷敢伐内国。''叡'，亦兹也。"吴闿生《大义》："古彝器文每用叡字发端，'叡东夷大反'、'叡淮夷敢伐内国'是也。此徂即叡字。"是于氏训为语词之义较妥，不必训为"且"。

"淮夷"，是古代居于今山东省境（主要是其东境）、自商代起陆续南迁、至西周大部分迁至今淮水流域的古代少数民族。据《大诰》篇的《书序》说："武王崩，三监及淮夷叛。"《逸周书·作雒》则云："三监及殷、东、徐、奄、熊、盈以畔（叛）。"可知同三监及殷、东（郳）一道联合反周的徐、奄、熊（楚之先）、盈（即嬴，秦之先）诸族，还有也参加叛乱的薄姑、丰等族，统称为淮夷。他们原都住在今山东境及其附近。《史记·鲁世家》说："伯禽即位之后，有管蔡等反也。淮夷、徐戎亦与反，于是伯禽率师伐之于肸……遂平徐戎，定鲁。"（言伯禽即位后管蔡等反，不合史实，详后。）本篇《书序》遂亦云："鲁侯伯禽宅曲阜，徐夷并兴，东郊不开。"《国语·齐语》也说："东南多有淫乱者，莱、莒、徐夷。"《左传·昭公元年》杜注云："徐即淮夷。"所以诸资料或以淮夷、徐戎并提（本句遂亦称"徂兹淮夷徐戎并兴"），或单称徐戎以为淮夷代表，或单称淮夷以包括徐戎，或即称徐夷。以徐戎为主的淮夷住在鲁东潍水一带，所以他们反叛就使鲁东郊不开。《诗·鲁颂·泮水》迭言"淮夷攸服"，"既克淮夷"，"淮夷卒获"，"憬彼淮夷，来献其琛"；又《閟宫》"遂荒大东，至于海邦，淮夷来同"，等等。这些有关鲁国史事的诗歌都说鲁国征服了东境的淮夷，才使鲁国得到安定。

拙著《禹贡青州地理丛考》（载《文史》第三十七辑）考定今山东中部北流入渤海的潍水亦称淮水，这是原来的淮水，居住在这流域及其附近的人被称为淮夷。由于他们跟随武庚一起反周，被周公击败后，一部分南迁至今淮水流域（详顾颉刚师《周公东征史事考证》），一部分留在原地，又迭为鲁国所破，只得又步其祖先的足迹，陆续迁移到淮泗流域定居。所以西周后期金文多称他们为"南淮夷"，以别于留居北方原地的淮夷。从《春秋》一书中所见，东周时淮夷小国留在鲁国附近的只有邾、莒、滕、杞几国了。故《诗·閟宫》疏说，春秋中期僖公之世，东方淮夷小国见于盟会者，唯此四国而已，其余小国及与淮夷同盟者，已不被列入于这种"列国"的政治生活中了。

陈梦家《殷虚卜辞综述》第八章所整理的殷王乙辛时代征人方路程中，有两片记"步于淮"、"在淮"。因此他说："始于出发自大邑商，中经商、亳，而及于淮水。……自十祀九月至十二月渡淮以后，卜辞记曰'征人方'。自十一祀正月回至淮北之攸以后，卜辞记曰'王来征人方'。"并引郭沫若《卜辞通纂》第569片之说云："旧多释'尸'为'人'，余谓当是'尸'字，假为'夷'。它辞言'在齐䢼，唯王来征尸方'，则夷方即东夷也。征夷方所至之地有在淮河流域者，则殷伐夷方乃合山东之岛夷（按，当作鸟夷）与淮夷而言。"则山东之夷一部分迁至今淮水流域者，已见于商代原始记载。显然他们一部分南迁今淮水流域后，一部分仍在山东，故入周后能与周人在山东新建之国为敌。及至斗争失败，然后始大部分跟着都迁至今淮水流域的。而南方的这条淮水的水名，实际是从商代起原居住北方的淮夷南迁后，把他们新居地的这一条最大的河，用原住地的那条生息所依的淮水水名带来称呼它了。然后就有南淮夷之称，然后逐渐将新居地之水专称淮水，而将原居地之水专称潍水以相区别了。以至于现在只知淮水是指今安徽境的那条水，而不知道它原是山东之水。赖有《费誓》篇及《鲁颂》诸诗，才知淮水和淮夷原是在今山东境内的。

"徐戎"，由上文知道他们是淮夷中主要的一支，常以它代表淮夷，有时直称它为"徐夷"。是我国古代东方较早的一少数民族。

《左传·定公四年》载:"分鲁公以……殷民六族:条氏、徐氏……使帅其宗氏,辑其分族……因商奄之民,命以《伯禽》,而封于少皞之虚。"杜预注:"少皞虚,曲阜也。"可知徐人当初由属于殷的一少数民族,改为以曲阜为都的鲁国所属的一少数民族。按《世本》载徐与奄、江、黄、终犁等皆嬴姓。《春秋·隐公二年》疏引《谱》载嬴姓为少皞之后。拙撰《冀州地理丛考》(载《文史》第二十五辑)已考定少皞之族为东方鸟夷族的一种,其后裔有徐及郯、莒、费、谭、奄、薄姑、有鬲、江、黄、葛、穀、终犁、秦、梁、赵等国。嬴姓中一部分又转化为偃姓(参用段玉裁《说文解字注》及刘师培《偃姓即嬴姓说》),有英、六、蓼、舒、桐等国。据《左传·文公五年》偃姓国为皋陶后代,故《氏族略》即云:"偃姓,皋陶之后。"《列女传》曹大家注:"皋陶之子伯益。"(实据《世本》)而"益"即燕(《古史辨》第七册上第 381 页杨宽有此说),可知仍为鸟夷族。这些部族大抵原居山东境,逐渐及于今淮水流域。《后汉书·东夷传》说商代"武乙衰败,东夷浸盛,遂分迁淮、岱",很显然合于史实。故殷虚卜辞中有"隹夷",陈梦家《隹夷考》谓其字即鸟夷。显然其族即淮夷。上文"淮夷"一节引陈梦家《殷虚卜辞综述》及郭沫若《卜辞通纂》之文正说明了这个问题。但作为民族大迁移,南下定居后来的淮水流域,当在周公东征以后一较长时间里(详顾颉刚师研究《大诰》所撰《周公东征史事考证》)。这些部族既已都居淮水流域,所以统统列在淮夷之内。《路史·国名纪》注引《世本》遂统称淮夷为嬴姓。《左传·昭公元年》杜注在说徐、奄二国皆嬴姓后,接着说"徐即淮夷",即反映这一历史事实。而金文里就统称他们为南淮夷,以别于原来北居山东境之淮夷。

淮夷与姬周族长期处于对立状态中,虽然有时不得不在周人武力下妥协,因而有前文所引《鲁颂》所说"淮夷攸服"、"淮夷攸同"的话,又《大雅·江汉》有"淮夷来求"及《常武》有"徐方来庭"的话。金文周宣王时器《兮甲盘》也说:"淮夷旧我帛晦人。"《师裒簋》也说:"淮夷繇我帛晦臣。"是他们已不得不向周王朝贡纳帛布财赂。而到春秋时确也进一步接近、归向周族了。如《左传·僖公十五年》:"楚人伐徐,徐即诸夏故也。三月,盟于牡丘……且救徐也。孟穆伯帅师及诸侯之师救徐。"但他们在漫长的历史中和周族斗争的时候更多,那主要是西周时。已见上引《诗》《书》和有关史籍中有鲁东淮夷徐戎和周族斗争的记载,更多的是南淮夷、徐戎和周族斗争的记载。如宣王时《诗·常武》云"戒我师旅,率彼淮浦,省此徐土"、"徐方绎骚,震惊徐方……徐方震惊"、"铺敦淮渍……载彼淮浦"、"不测不克,濯征徐国"等是。而西周金文中也有记载,如夷王时器《敔簋》《禹鼎》等皆记南淮夷伐周,《翏生盨》《鄂侯鼎》及厉王时器《虢仲盨》等皆记周伐南淮夷。《后汉书·东夷传》也说:"厉王无道,淮夷入寇。"可知西周之世淮夷与周族的斗争是主要的,而且往往是周王朝"无道"引起的。

徐人是淮夷中最强的一族,他代表了淮夷来同周人作斗争,且曾取得不少胜利。《后汉书·东夷传》云:"周公征之,遂定东夷。……后徐夷僭号,乃率九夷以伐宗周,西至河上。穆王畏其方炽,乃分东方诸侯,命徐偃王主之(《驹父盨》说"淮小大邦",可知淮夷确有小的大的很多国)。偃王处潢池东,地方五百里,行仁义,陆地而朝者三十有六国。"《水经·泗水注》"南过徐县北"下亦云:"偃王治国,仁义著闻,欲舟行上国,乃通沟陈蔡之间,得朱弓矢,以得天瑞，遂因名为号，自称徐偃王。江淮诸侯，服从者三十六国。"李贤注《东夷传》："《水经注》曰：潢水一名汪水（按大典本作"狂水"）与泡水合，至沛入泗。山阳以东，海陵以北，其地当之也。"按《水经·泗水注》"南过沛县东"下云：'黄沟又东径山阳郡……东北径邓县故城南，《地理志》曰山阳县也。'"汉山阳郡即今山东金乡县所在地（在微山湖西南），海陵县即今江苏泰县。则其所有区域，正是《禹贡》徐州之地。

徐人直到春秋后期还立国于这一地域。《国语·吴语》记吴王夫差与晋争盟于黄池时，越兵进袭吴国，夫差和群臣谋议，担心如果不胜，会使"齐、宋、徐夷曰'吴既败矣'"。是徐在这时还是与吴、齐、宋等几个大国并立的力量。《史记·吴世家》载吴季札北使鲁过徐，徐君喜爱他的佩剑，返回时徐君已死，季札把剑挂在徐君冢墓树上，成了一有名的故事。《正义》："《括地志》云：'徐君庙在泗州徐城县西南一里，即延陵季子挂剑之徐君也。'"又《周本纪》"东伐淮夷践奄"下《正义》："《括地志》云：泗水徐城县北三十里古徐国，即淮夷地。"又《秦本纪》"徐偃王为乱"下《集解》："《地理志》曰：临淮有徐县，云故徐国。"又《正义》："大徐城在泗州徐城县北三十里，古徐国也。"这些资料都说徐国的国都就是汉临淮郡徐县，亦唐泗州徐城县，或称大徐城，即今江苏盱眙县西北，安徽泗县东南之地。《太康地记》说徐州之得名由于徐丘，其地当即是徐县一带，亦即徐国辖境北起微山湖之西南，南抵长江北岸的今江苏省长江以北的全境，还包括今安徽省东北地区。《水经·泗水注》"南过徐县北"下并云："偃王爱民不斗，遂为楚败，北走彭城武原县（今邳县西）东山下，百姓随者万数，因名其地为徐山。"是传说受周穆王时的徐偃王之德的春秋时的徐人，因楚人之侵逼，曾退出徐县，但仍在彭城附近的邳县境站住。可见南迁后的徐人自西周直至东周都立国于此。在春秋前半期还在扩展其势力，如《春秋·僖公五年》："徐人取舒。"又《文公七年》："徐伐莒。"其后虽分别遭楚、齐之攻伐（见《左传》之《昭公四年》《昭公十六年》），至《春秋·昭公三十年》始载："吴灭徐，徐子章羽奔楚。"这才结束了徐人立国的历史。

④善敹乃甲胄——《鲁世家》录作"陈尔甲胄"。王先谦《参正》云："《夏小正》云：'陈筋革者，省兵甲也。'省亦择也。是陈省择义。""敹"，《释文》云："了雕反。"《孔疏》引郑玄注云："敹谓穿彻之。"并释之云："谓甲绳省断绝，当使敹理穿治之。"江声《音疏》："郑云穿彻，即谓缝缀之也。"王先谦《参正》："甲胄皆以革为之，穿彻谓缝缀也。"《蔡传》："敹，缝完也。缝完其甲胄，勿使断毁。"按《说文·攴部》："敹，择也。从攴，𥝆声。《周书》曰：'敹乃甲胄。'"则与缝缀义有异。由下文"敿乃干"、"锻乃戈矛，砺乃锋刃"，皆为加工于武器之语，则此当亦然。苏轼《书传》云："敹、敿、锻、砺，皆修治也。"即是此义。于省吾《新证》："伪《传》敹训简。《史记》敹作陈，代诂也。郑康成曰：'敹谓穿彻之。'……《说文》：'敹，择也，从攴，𥝆声。'段玉裁云：'《说文·网部》罙，从冂，米声。或从卢作𣂟。然则敹字古音不读了雕切，当读如弥纶之弥。'按足利学本敹作敹。《疏》同。《弓镈》'敶羃吉金'。《陈𨥏𣪘》'敹羃吉金'。敹作𣂟，敹择连文。《说文》训'择'允矣，余皆臆说也。"按《说文》训择，自其本义，或即指当时所见彝器文之义，因铸彝器自然要选择吉金，但此处对数种兵器，自皆用修治义，且段玉裁接着上引文即云："郑注谓穿彻之，音义略相协。"故此处仍以

依郑、蔡说释为穿彻、缝缀之义较妥。

"乃",第二人称领格,你的、你们的。

"甲胄",《礼记·曲礼》"献甲者执胄"注:"甲,铠也。"又《周礼·夏官·叙官》"司甲"注:"甲,今之铠也。"《贾疏》:"古用皮,谓之甲;今用金,谓之铠。"按甲即古代作战时所穿的护身衣,最早以皮制成,称甲。后来以金属片制成,称铠。"胄",《说文·冃部》:"胄,兜鍪也。……覃,《司马法》胄从革。"《孔疏》:"兜鍪,首铠也。经典皆言甲胄,秦世以来,始有铠、兜鍪之文。古之作甲,用皮,秦汉以来用铁。铠、鍪二字皆从金,盖用铁为之,而因以作名也。"是古代先用皮制后用铁片制的护身衣称甲,护头者称胄。秦汉以后甲称铠;胄称兜鍪,亦称首铠,亦称盔。

⑤敿乃干——《鲁世家》未录此句。《释文》:"敿,居表反。"《孔疏》引郑玄注云:"敿,犹系也。"又引王肃云:"敿楯,当有纷系持之。"《孔疏》又云:"干是楯也。敿乃干必施于楯,但楯无施工之处,惟系纷于楯,故以为'施汝楯纷'(此伪孔语)。纷如绶而小,系于楯以持之,且以为饰。"楯即盾。"楯乃干",是说把手拿盾的地方的带子系好。

⑥无敢不吊——《鲁世家》在"敿乃干"句后,跳了八句,下接"无敢伤牿"句。但八句中录了"无敢不善"句,旧时校经者,以为是将此句之"吊"改为"善"。其实很可能是跳去此句未录,而是引录下面"砺乃锋刃无敢不善"的后面这句。"吊"之义本为善,已详《大诰》"弗吊天"校释,司马迁选用彼句,正与他遇较不通行字改用通行字以便于阅读的精神一致。

⑦备乃弓矢——《孔疏》:"'备',训具也。每弓百矢。弓十,

矢千。使其数备,足以弓调矢利。案《毛传》云:'五十矢为束',或临战用五十矢为束。"

⑧锻乃戈矛砺乃锋刃无敢不善——《孔疏》:"凡金为兵器,皆须锻砺。有刃之兵,非独戈矛而已,云锻炼戈矛,磨砺锋刃,令其文互相通称。诸侯兵器皆使无敢不功善,令皆利快也。"《蔡传》:"'锻',淬。'砺',磨也。甲胄所以卫身,弓矢戈矛所以克敌。"

⑨今惟淫舍牿牛马——《孔疏》引"郑玄以牿为桎梏之梏,施梏于牛马之脚,使不得走失"。苏轼《书传》云:"'牿',所以械牛马者。今当用之于战,故大释其牿。淫,大也(按,据《释诂》)。"然《说文·牛部》云:"牿,牛马牢也。从牛,告声。《周书》曰:'今惟牿牛马。'"无"淫舍"二字。伪孔遂释此句云:"今军人惟大放舍牢之牛马,言军所在必放牧也。"《孔疏》:"掌牛马之处谓之牢闲。……此言大舍牿牛马,则是出之牢闲,牧于野泽,令其逐草而牧之,故谓此牢闲之牛马为牿牛马。而知'牿'即牢闲之谓也。故言大放舍牿牢之牛马,言军人所在,必须放牧,此告军旁之民也。"何以临作战时要放牧牛马,且此为本篇第二段文字,严申作战纪律,专对军人而发,何此句独对民?显然此处当以郑、苏之释为妥。

⑩杜乃擭敜乃阱——《大传》云:"擭,捕兽机槛。"《周礼·雍氏》:"秋令塞阱杜擭。"郑注云:"'阱',穿地为堑,所以御禽兽,其或超逾则陷焉,世谓之陷阱。'擭',柞鄂也。坚地阱浅,则设柞鄂于其中。《书·柴誓》曰:'敳乃擭,敜乃阱。'"(以上据皮锡瑞《考证》引)《释文》:"杜,又作敳。""擭,华化反。""敜,乃协反。""阱,在性反。"《说文·攴部》:"敳,闭也。敜,塞也。"《说文·井部》:"阱,陷也。……穽,阱或从穴。"

⑪无敢伤牿牿之伤汝则有常刑——《孔疏》云:"既言牛马在牿,遂以牿为牛马之名。下云'无敢伤牿',谓伤牛马。牿之伤,谓牛马伤也。"伪孔连上句释云:"攘,捕兽机槛,当杜塞之;穽,穿地陷兽,当以土窒敛之;无敢令伤所放牿牢之牛马。牛马之伤,汝则有残人畜之常刑。"《孔疏》补充唐代的常刑云:"今律文,施机枪作坑穽者杖一百,伤人之畜产者,偿所减价。"

⑫马牛其风臣妾逋逃勿敢越逐——段玉裁《撰异》云:"按经文言'无敢'者六,惟'越逐'作'勿敢'。唐石经及注疏本皆然。今坊间《集传》作'无敢越逐',皆误也。"《鲁世家》照录此三句。《集解》:"郑玄曰:'风',走逸。'臣妾',厮役之属也。"(按《汇纂》引金履祥《书经注》云:"臣妾,军中奴婢薪炊者,戎车甲士三,徒七十二,外有余子二十五人,即臣妾也。")伪孔释云:"马牛有风佚,臣妾逋亡,勿敢弃越垒伍而求逐之。役人贱者,男曰臣,女曰妾。"《孔疏》:"僖四年《左传》云:'唯是风马牛不相及也。'贾逵云:'风,放也。牝牡相诱谓之风。'然则马牛风佚因牝牡相逐而遂致放佚远去也。逋亦逃也。军士在军当各守部署,止则有垒壁,行则有队伍,勿敢弃越垒伍而远求逐之。……僖十七年《左传》云:'晋惠公之妻梁嬴孕过期,卜招父与其子卜之。其子曰,将生一男一女。招曰,然男为人臣,女为人妾。'是'役人贱者男曰臣女曰妾'也。古人或以妇女从军,故云臣妾逋逃也。"王先谦《参正》云:"'臣'者,《公羊·宣十二年传》:'厮役扈养死者数百人。'何注:'刈草为防者曰厮,汲水浆者曰役,养马者曰扈,炊烹者曰养。故郑以'厮役之属'言之。虽贱役皆必有统属。《左·昭七年传》:'隶臣舆,舆臣仆,仆臣台。'此臣义同也。'妾'者,《墨子·备城门篇》:'守法,五十步,

丈夫十人，丁女二十人，老小十人。计之，五十步四十人。'是军中有女子。《书疏》云：'古者或以妇女从军'也。"

苏轼《书传》云："军乱生于动，故军以各居其所不动为法。若听其越逐，则军或乱。亦恐奸人规乱我军，故窃牛马诱臣妾以发之。禁其主使不得捕逐，则军自定。"吕祖谦《书说》云："师既出，则部伍不可不严，马牛其风臣妾逋逃，宜镇之以静。故戒其本部按堵不动，无敢越逐。若纵之越逐，则奔者未及，逐者先乱，军律不可复整矣。惟严之以越逐之刑，此出师镇定变乱之法也。"

⑬祗复之我商赉汝——《鲁世家》作"敬复之"，未录"商赉"句（连下两句皆未录）。"敬"，《集解》："徐广曰：'一作振。'"段玉裁《撰异》云："按作'振'者盖《今文尚书》也。《盘庚》篇'震动万民以迁'，石经作'祗动'。《皋陶谟》'日严祗敬六德'，《夏本纪》作'振敬'。《无逸》篇'治民祗惧'，《鲁世家》作'震惧'，《内则》记'只见孺子'，郑注云：'祗或作振。'下《曲礼》'临诸侯畛于鬼神'，注云：'畛或作祗。'祗、振，语之转。"于省吾《新证》云："伪《传》训商为商度，非是。金文赏每作商，《般甗》：'王商作册般贝。'《盆卣》：'俎生商盆。'《末距㠱》：'国差商末。'此例至夥。赉即𨤲，详《汤誓》'予其大赉汝'条。是'商赉'应读'赏妖'，谓赏赐也。"杨筠如《覈诂》亦云："'祗'，《释诂》：'敬也。''复'，谓返之原所也。'商'，当为'赏'之省。金文赏字皆作'賣'，《俎子鼎》：'王賣伐𨙕贝二朋。'《小盂鼎》：'王命賣孟。'皆其例也。亦省作'商'，《般甗》：'王商作册般贝。'是其证。则'商赉'即赏赉矣。"

伪孔释之云："众人其有得佚马牛逃臣妾，皆敬还复之。我则商度汝功赐与汝。"其末句由于不懂"商"即"赏"，故所释误。《蔡传》亦云："失主虽不得逐，而人得风马牛逃臣妾者，又当敬还之，我商度多寡以赏汝。"末句同样错。

苏轼《书传》云："得此风逃者，当敬复其主，我当商度有以赐汝。"（此句同样错）吕祖谦《书说》云："又或其他部见牛马臣妾奔逸而至者，无敢保藏，敬而归之，随其多寡商度行赏（亦误）。人诱于祗复之赏，而惮于不复之刑，则流散者将不召而自弃，此出师招集散亡之法也。本部不敢离局，他部不敢匿奸，部伍条达，绳引棋布，何变乱之足忧哉！"

⑭乃越逐不复汝则有常刑——伪孔云："越逐为失伍，不还为攘盗，汝则有此常刑。"

⑮无敢寇攘逾垣墙窃马牛诱臣妾汝则有常刑——《鲁世家》录存"无敢寇攘，逾垣墙"两句。《集解》："郑玄曰：'寇，劫取也。因其失亡曰攘。'"于省吾《新证》："按，'无敢寇攘'，句。'逾垣墙窃牛马诱臣妾汝则有常刑'，应作一句读，则义自了然。"伪孔云："军人无敢暴劫人，逾人垣墙，物有自来者，无敢取之。军人盗窃马牛、诱偷奴婢，汝则有犯军令之常刑。"

⑯甲戌我惟征徐戎——伪孔云："誓后，甲戌之日，我惟征之。"下文有"甲戌我惟筑"之句，《孔疏》有释，见下文。苏轼《书传》则云："徐戎淮夷近在鲁东郊，不伐之于郊，而载糇粮远征其国既以甲戌筑，又以甲戌行，何也？古来未有知其说者，以予考之。伯禽初至鲁，鲁人未附。韩信所谓非素拊循，士大夫驱市人而战者。若伐之东郊，鲁人自战其地，易以败散，筑城而守之，徐人必争，使土功不得成。故以是日筑，亦以是日行，徐夷方空国寇鲁，鲁侯乃以大兵往攻其巢穴，师兴之日，东郊之围自解，所谓攻其必救，筑者亦得

成功也。《费誓》言征言筑，而终不言战，盖妙于用兵。"《鲁世家》
遂据下文连文称"我甲戌筑而征徐戎"。

⑰峙乃糗粮无敢不逮汝则有大刑——《说文》引作"峙乃糇
粻"，见《食部》："糇，干食也。从食，侯声。《周书》曰'峙乃糇
粻'。"段玉裁《撰异》云："玉裁按，'峙'，从止，寺声，转写者易止为
山耳。《尔雅·释诂》：'峙，具也。'亦同其义。即《说文》之偫字也
（按《说文》"偫，待也"）。孔云'储，峙'，即'储，偫也'。《说文·
食部》（此处引"糇"字全文），所引与今本《古文尚书》不同，而音义
皆略同。《说文·米部》无粮字，而诗《大雅》'以峙其粮'，《王制》
'五十异粻'，《尔雅·释言》郑笺注皆曰'粻，粮也'。《大雅》又云
'乃裹糇粮'。"考订了"峙"作峙，"糗"作糇，"粮"作粻的文字情况
（按《汉石经》残字"峙乃刍茭"正作"峙"）。《说文》所引用为东汉
古文本，则今所见者为伪古文本用字。"不逮"，《蔡传》云："若今
之'乏军兴'。""大刑"，《鲁世家集解》："马曰：'大刑'，死刑。"

伪孔释云："皆当储峙汝糗糒之粮，使足食，无敢不相逮及，汝
则有乏军兴之死刑。"《孔疏》："峙，具也。预储米粟谓之储峙。郑
众云：'糗，熬大豆及米也。'《说文》云：'糗，熬米麦也。'郑玄云：
'糗，捣熬谷也。谓熬米麦使熟又捣之以为粉也，糒，干饭也。''糗
糒'，是行军之粮。皆当储峙汝糗糒之粮，使在军足食。'无敢不相
逮及'，谓储粮少，不及众人，汝则有乏军兴之死刑。兴军征伐而有
乏少，谓之'乏军兴'。今《律》：'乏军兴者，斩。'"

⑱鲁人三郊三遂峙乃桢干——《鲁世家》作："鲁人三郊三隧，
峙尔刍茭、糗粮、桢干。"盖集上文之糗粮下文之刍茭于此总叙之以
精简字句，其"遂"作"隧"。王先谦《参正》："'遂'、'隧'字通。

《匠人》：'广二尺深三尺谓之隧。'《释文》：'隧，本作遂。'是其证。"《汉石经》残石则"遂"作"邋"。《鲁世家集解》："王肃曰：邑外曰郊，郊外曰隧。"此释只以地称，较妥。《孔疏》释为天子六军大国三军出于乡、遂，而乡在郊，故称郊、遂。以代表三军，自后治经者多从之。吴闿生《大义》云："郊外曰遂，'郊遂'谓居民，旧说为三军，非是。"其说甚确。因三郊三遂之鲁人只担任提供桢干刍茭，并非叫他们作战，因此不能释为三军。文献中说郊、遂者，《尔雅·释地》："邑外谓之郊。"《说文》："距国百里为郊。"《王制》"不变移之郊"郑注："郊，乡界之外者也。"又"不变移之遂"郑注："远郊之外曰遂。"朱骏声《便读》引古注（？）："国外四面曰郊，乡在郊内；郊外四面曰牧，遂在牧内。"《王制》疏引《大传》云："古者百里之国三十里之遂、二十里之郊；七十里之国二十里之遂、九里之郊；五十里之国九里之遂、三里之郊。"皮锡瑞、王先谦皆谓此即《大传》解释《费誓》篇"三郊三遂"之《传》文，显然过于拘泥里数了。皮氏承此说云："鲁国百里，则郊当在二十里之外，遂又在其外也。"也是拘泥了。《周礼·地官·叙官·乡老》疏引《司马法》云："王城百里为远郊。"又引郑司农云："百里内为六乡，外为六遂。"又《遂人》疏引郑司农云："'遂'，谓王国百里外。"至《孔疏》言天子六军大国三军之文可以不录，其后半段云："郑众云：'六遂之地在王国百里之外。'然则王国百里为郊，乡在郊内，遂在郊外。《释地》云：'邑外谓之郊。'孙炎曰：'邑，国都也。'设百里之国，去国十里为郊，则诸侯之制，亦当乡在郊内，遂在郊外。此言三郊三遂者，三郊谓三乡也。盖使三乡之民分在四郊之内，三遂之民分在四郊之外，乡近于郊，故以郊言之。乡遂之民分在国之四面，当有四郊四遂。惟言三郊三遂者,明东郊令留守,不令峙桢干也。"《孔疏》此意在阐述伪孔"言三郊三遂,明东郊距守不峙"之说,实承王肃说,见《鲁世家集解》引王肃曰:"邑外曰郊,郊外曰遂。不言四者,东郊留守,故言三也。"

"桢干",《鲁世家集解》引马融曰:"桢、干皆筑具,桢在前,干在两傍。"伪孔:"题曰桢,旁曰干。"(按《檀弓》"题凑也"《释文》:"题,头也。")《孔疏》:"'峙其桢干',以拟筑之用。'题曰桢',谓当墙两端者也。'旁曰干',谓在墙两边者也。《释诂》云:'桢,干也。'舍人曰:'桢,正也,筑墙所立两木也。干所以当墙两边障土者。'"王先谦《参正》:"凡筑墙及城者,以绳束板置于两旁,更竖木于其端首,乃取土实其中而筑之,桢是其端首之木,故云在前,干则其两旁之板也。"

至于说"鲁人三郊三遂",伪孔释云:"总诸国之兵,而但称鲁人峙具桢干,道近也。"《孔疏》亦从而释之云:"指言鲁人,明更有他国之人。总诸国之兵而但谓鲁人峙具桢干,为道近故也。"以"道近"为理由解释只说鲁人,非常勉强。事实是,如《左传·定公四年》所说:"分鲁公以……殷民六族:条氏、徐氏、萧氏、索氏、长勺氏、尾勺氏,使帅其宗氏,辑其分族,将其类丑……因商奄之民,命以《伯禽》,而封于少皞之虚。"杜注:"少皞虚,曲阜也。"伯禽原封于今河南鲁山,就封曲阜时率其原有部伍、宗族、依附之众前来,要驾驭分给他的殷民六族及原在曲阜的商奄之民(曲阜即奄),就全用严刑峻法高压方式以进行统治(由本篇就看得出纯用此方式),而六族中的徐氏联合其他原有淮夷之众公然反抗,伯禽运用周族新兴勇锐的兵力(可能周公还要留下些东征劲旅给他)作为自己的主力,

费

誓

2275

还强迫殷民六族中其他各族的作战力量跟随自己作战,余下的在鲁国境内(三郊三遂)的居民——即所谓鲁人,就必须担任峙备桢干刍茭等军兴需用作战物资及其紧迫的劳役等工作,这些无可逃避的战时紧急任务自然地由这些鲁国人民担负起来,而不是由于"道近"的问题。

⑲甲戌我惟筑无敢不供汝则有无余刑非杀——伪孔云:"甲戌日当筑攻敌垒距堙之属,峙具桢干,无敢不供。不供,汝则有'无余之刑',刑者非一也,然亦非杀汝。"《孔疏》:"上云'甲戌我惟攻徐戎',此云'甲戌我惟筑',期以至日至筑,当筑攻敌之垒距堙之属。《兵法》:'攻城筑土为山以窥望城则谓之距堙。'襄六年《左传》云:'晏弱城东阳而遂围莱,甲寅堙之,环城,傅于堞。'杜预云:'堞,女墙也。堙,土山也。周城为土山及女墙。'宣十五年《公羊传》:'楚子围宋,使司马子反乘堙而窥宋城。宋华元亦乘堙而出见之。'何休云:'堙,距堙。上城具也。'是攻敌城垒必有距堙。知筑者筑距堙之属也。"

《孔疏》又云:"上云'无敢不逮',此云'无敢不供',下云'无敢不多'。文异者,糗粮难备,不得偏少,故云'无敢不逮'。桢干易得,惟恐阙事,故云'无敢不供'。刍茭贱物,惟多为善,故云'无敢不多'。量事而为文也。不供,汝则有'无余之刑'者,言刑者非一,谓合家尽刑之。王肃云:'汝则有无余刑,父母妻子同产皆坐之,无遗免之者。故谓无余之刑,然入于罪隶,亦不杀之。'郑玄云:'无余刑非杀者,谓尽奴其妻子,不遗其种类,在军使给厮役,反则入于罪隶春稿,不杀之。'《周礼·司厉》云:'其奴,男子入于罪隶,女子入于春稿。郑玄:'奴从坐而没入县官者,男女同名。'郑众云:'输于罪隶畜人、稿人之官也。然不供桢干虽是大罪，未应缘坐尽及家人，盖亦权以胁之使勿犯耳。"

孙诒让《骈枝》在引录了伪孔、郑玄、王肃之说后云："案此篇鲁公誓师，曰'汝则有常刑'者三，曰'汝则有大刑'者二，唯桢干不供独曰'有无余刑'，他书或无见文。以前后文义推之，'常刑'谓劓刖以下诸刑，'大刑'谓死刑（《孔传》及《史记集解》引马融说并如是），此特曰'无余刑'，则必重于常刑，又特曰'非杀'则必轻于大刑，皆可知矣。但郑谓尽奴其妻子，盖据《甘誓》《汤誓》'孥戮'之刑，然《周礼·司厉》郑司农注，释'孥为奴'。则唯本身役作，不尽奴其妻子，其说较长。假令如郑康成说，桢干不供而戮及妻孥，于法既嫌太重，孔云刑者非一，亦望文生训，恐皆未得其义。窃谓此'余'当为'舍'之借字。《说文》'馀'从余声，'舍'亦从余省声。古'馀'字亦或省作'余'，见《周礼·委人》，故余、舍二字得相通借。魏《三体石经·尚书》余字作'舍'，即借'舍'为'余'也。《周礼·司圜》：'收教罢民，任之以事而收教之，能改者，上罪三年而舍，中罪二年而舍，下罪一年而舍。'注云：'舍，释之也。'是古者圜土系罪人，以三年为极限。过三年不舍则永不舍矣。此'无余刑'者，或流放，或役作，终身不释，故曰'无余'。而究贷其死，故又云'非杀'也。《楚辞·天问》说舜殛鲧云：'永遏在羽山，夫何三年不施。'王逸注云：'言尧长放鲧于羽山，绝在不毛之地，三年不舍其罪也。'此云'无余'与《楚辞》云'不施'，义盖略同。"孙氏之释较伪孔、郑、王之释又别具一解。

⑳三郊三遂峙乃刍茭无敢不多汝则有大刑——孙星衍《注疏》据《鲁世家》简录本篇之末句作"无敢不及，有大刑"，遂谓"无敢不

及"是此处"无敢不多"之异文。其实史公简录此篇字句有省并改易，"无敢不及"不必是"无敢不多"之异写。孙所作出之解释亦可不用。《孔疏》引郑玄云："茭，干刍也。"按，"刍"，草也。见《庄子·列御寇》"食以刍菽"《释文》。《左传·昭公十二年》"淫刍荛者"疏："刍者，饲牛马之草也。"《说文》："刍，刈草也。"伪孔释此数句云："郊遂多积刍茭，供军牛马。不多，汝则亦有'乏军兴'之大刑。"

于省吾《新证》："以'无敢伤牿，牿之伤，汝则有常刑'及'乃越逐不复，汝则有常刑'例之，则下之'不逮'、'不供'、'不多'，均应有重文。读作：'无敢不逮，不逮汝则在大刑。''无敢不供，不供汝则有无余刑。''无敢不多，不多汝则有大刑。'盖汉人误脱重文也。《兮伯盘》：'毋敢不即铺即㢑，敢不用命，则即刑㡿伐。'文例与此同。古人书往往脱去重文，详《召诰》'大保乃以庶邦冢君出取币'条。（此处录文献及金文重文例句多条）……凡此皆可以佐证予说。是篇常刑凡三见，旧解皆读如字，非是。金文凡'常'皆作'尚'，尚亦通'上'。如《诗·陟岵》'尚慎旃哉'，尚，《汉石经》作上。《多方》'尔尚不忘于凶德'，尚，《说文》作上。可证。是常刑即《吕刑》'上刑适轻下服'、《孟子·离娄》'故善战者服上刑'之'上刑'也。上刑、大刑、无余刑，皆刑之重者也。如旧说读'常'如字，窃马牛诱臣妾者有常刑，峙刍茭不多者有大刑，马融谓大刑为死刑，岂理之所宜然乎。"于氏之说较深刻，可正旧说。

以上全文未分节，然自层次分明。吕祖谦《书说》云："伯禽抚封于鲁，夷戎妄意其未更事，且乘其新造之隙。而伯禽应之者甚整暇有序，先治戎备，次之以除道路，又次之以严部伍，又次之以立期会。先后之序,皆不可紊。"以经师的理解来分析本篇的层次。但没有说出其全文的主要精神在严刑峻法,纯以高压手段治军治民,可以看出当时的统治,是纯以暴力维持的。也可能这是军事行动,更突出了这点。

其实上面录列全文分三大段,第一段宣布即将对兴起叛乱的徐戎淮夷作战,严令全军作好战斗准备,第二段严申战斗纪律,第三段严令鲁地居民作好各种军需供应,否则严惩。

今 译

鲁公说:

"唉!大家不要喧闹了,听我的命令!淮夷、徐戎起来作乱了,赶快缝缀修治好你们的铠甲和头盔,坚实地系好你们的盾牌,不要敢于不做好这些准备。还准备好你们的弓和箭,锻炼好你们的戈和矛,磨快你们锋利的刀,不得敢于不把这些做好。

"现在要把牛马从桎梏中释放出来以备作战,要把捕兽机槛关掉,把陷阱闭塞,使不得伤害牛马。如果伤害了牛马,那么你就必然被判刑。如果牛马乱跑走失了,部队中的厮役男女奴隶们跑掉了,不要去追。如果得到这些牛马和厮役奴隶的,要负责地把它送还,我会给以赏赐。如果你们违纪去追逐而又没有找回来,那么你们就必然被判刑。不许抢劫掠夺财物,爬越墙垣去盗牛马,诱逃厮役奴隶,如果这样,你们就必然被判刑。

"甲戌这天,我要征伐徐戎,大家储备好干粮,谁敢达不到储备军兴需要的干粮要求,就按'乏军兴罪'判处死刑。鲁国各地

2279

的居民,要准备足筑墙、筑垒用的器材工具,甲戌这天我们要构筑进攻敌垒用的称为'距堙'的重要工事。不得敢于不准备好这些重要的军用物资。胆敢不准备好,就得受'无余之刑',不过不杀掉你罢了。鲁国各地居民还得储备好饲牛马的草料——新鲜的和干的刍和茭。不得敢于储备得不充足。谁敢储备得不够多,是严重的'乏军兴罪',那就得处死刑。"

讨 论

本篇至少得讨论两个问题:

(一)作誓地点

今通行伪孔本称"费",然而这是唐代卫包凭自己的理解错误地改用的,原始资料最初似作"胏",但它同时又出现好几种不同的用字。前面篇首的"题解"已简略提到,现清理一下其有关资料。

《史记·鲁周公世家》云:"周公卒,子伯禽固已前受封,是为鲁公。……伯禽即位之后,有管蔡等反也(按,此语误,伯禽即位于平定管蔡之后),淮夷、徐戎亦并兴反。于是伯禽率师伐之于胏,作《胏誓》:'陈尔甲胄,无敢不善,无敢伤牿。马牛其风,臣妾逋逃,勿敢越逐;敬复之。无敢寇攘,踰墙垣。鲁人三郊三隧,峙尔刍茭、糗粮、桢干,无敢不逮。我甲戌筑而征徐戎,无敢不及,有大刑。'作此《胏誓》,遂平徐戎,定鲁。"

《尚书大传》于《周传》之内,列篇题《鲜誓》。陈寿祺《辑校》云:"案曰,《史记·鲁世家》作《胏誓》,《索隐》云:'《大传》

作《鲜誓》。'《困学纪闻》卷二云:'《费誓》,《说文》作粊,《史记》作胏,《大传》作鲜。'"

《说文·米部》:"粊,恶米也。从米,比声。《周书》有《粊誓》。"

《周礼·雍氏》郑玄注:"《书·粊誓》曰:'敿乃干,敛乃阱。'时秋也,伯禽以出师征徐戎。"阮元《校勘记》:"'《书·粊誓》曰',大字本、岳本、嘉靖本、闽本同;监本毛本'粊'误'柴',《疏》同。按《释文》'粊誓,音祕'。"

《礼记·曾子问》"吾闻诸老聃曰:'昔者鲁公伯禽,有为为之也。'"郑玄注:"伯禽,周公子,封于鲁。有徐戎作难,丧卒,哭而征之,急王事也。征之作《粊誓》。"《释文》:"粊,音祕。"段玉裁《撰异》:"今本《礼记》误改作'费',《释文》可证。"

《鲁世家》"作《胏誓》"裴骃《集解》:"徐广曰:'一作鲜,一作狝。'駰案,《尚书》作'粊'。孔安国曰:'鲁东郊之地名也。'"("粊",殿本误作"柴"。)裴为南朝宋人,是南朝时伪孔本尚作"粊"。

又司马贞《索隐》:"《尚书》作《粊誓》。今《尚书大传》作《鲜誓》,《鲜誓》即《胏誓》。古今字异,义亦变也。'鲜',狝也。言于胏地誓众,因行狝田之礼,以取鲜兽而祭,故字或作鲜,或作狝。'粊',地名,即鲁卿季氏之费邑。"("粊",殿本误作"柴"。)司马贞为唐初人,是唐初伪孔本尚作"粊"。又开始提出"粊"即"费"之说,没有提任何证据、任何根据,显然是凭他自己的认识所推想的。又提出"狝田之礼"、"取鲜兽而祭"的牵强附会之说。此篇誓词系取地名为篇名,既作《鲜誓》或《狝誓》,则"鲜"、"狝"皆必须为地名,提出他解皆妄。

段玉裁《撰异》：“《说文》七篇《米部》曰：‘粺，恶米也，从米，比声。《周书》有《粊誓》。’玉裁按，各本作‘粊’，北声。《玉篇》《广韵》引《说文》作粊，皆误也。北声在之咍职德部，比声在脂微皆灰部，粺在至韵，形误作粊，古无从米从北之字。《经典释文》《五经文字》皆不误，今订正。《春秋》定公十年《左氏传》曰：‘若其不具用秕裸也。’陆德明曰：‘又作粃，必履反。’玉裁谓‘粃’即‘粺’之或体也。‘《周书》有《粊誓》’者，即卫包本之《费誓》也。”

《撰异》又云：“《周官经·雍氏》《礼记·曾子问》郑注皆作《粊誓》，《尚书大传》作《鲜誓》，《史记》作《肸誓》。《集解》曰：‘徐广云肸一作鲜，一作狝。骃案《尚书》作粊。’《索隐》曰：‘《尚书》作《粊誓》。今《尚书大传》作《鲜誓》，鲜即肸，字之异也。’玉裁按，‘鲜’音一读如‘斯’、‘狝’，古音如‘徙’，故与‘肸’音近。盖许郑从《古文尚书》作‘粊’，《史记》用《今文尚书》也。据裴骃、司马贞，则唐初《尚书》本作‘粊’，卫包用贞‘粊即鲁卿季氏费邑’之云，改为‘费’字。宋初陈鄂乃又改《释文》之‘粊’为‘费’。”

《撰异》引王氏凤喈（即王鸣盛）曰：“粊为鲁东郊地，则应在今曲阜，而已无考。唐人改为‘费’，考春秋之初费自为国，隐元年《左传》云：‘费伯率师城郎。’后并于鲁，为季氏邑。僖元年《左传》‘公赐季友汶阳之田及费’是也。汉为县，属东海。故城在今兖州府费县西北二十里，去曲阜且三百里，人疑作战之地即在此，皆非也。”

《撰异》又云：“按肸、鲜、狝三字双声。《尚书大传》作‘鲜’，

《史记》作'肸'，今文也。《史记》多从今文。许君《说文》，郑君《周礼》《礼记》注作'粊'，此古文也（按西汉三家今文亦作粊，非只古文）。……孔本经文及传文皆作'粊'，与许、郑本同明甚。……陆氏《尚书音义》当有粊字音训，又经开宝中删改矣。粊果在东郊，则非季氏之费邑，王氏凤喈辨甚确。《孔传》与《正义》皆无此说，卫包盖依小司马陋说改之。……《广韵·五至》：'粊，鲁东郊地名。'此用《孔传》，盖陆法言原文也。可证《孔传》不作'费'。"

按段玉裁《说文解字注》卷七上校定："粊，从米，比声。《周书》有《粊誓》。"《广韵》："粊，兵媚切，音祕。"又有"徐曰：祕音闭。"《集韵》："秘，兵媚切，音毖，通作祕。"《唐韵》《集韵》皆云："毖，兵媚切。"是粊字比声，音毖、音祕、音秘、音闭，皆为兵媚切。司马贞以粊为地名即鲁之费邑。费与粊同音。此纯以同音牵合，毫无根据。卫包据以改《粊誓》为《费誓》，妄甚。

郭沫若氏《两周金文辞大系》有《明公簋》铭释文云："唯王令明公遣三族伐东国，在𤰒，鲁侯有𡇗功，用作旅彝。"郭氏释之云："本文在字下一文，上半右旁作弟，当是犬字。《召伯虎簋》有狱字作𤟭，所从犬字形左右均与此同。左旁当是尒字，古玺文尒字或作朩，与此形近。此当略有剟省处。狱，即《说文》塈字重文之𩇢字。字形稍讹。许以为'从豕、示'，乃沿讹文以为说。古玺尒字亦作𩇢，与古文示字全同。下半所从是邑字。𤰒，即肸、粊等之本字也。徐广以为'一作狝'者为近实。肸、粊、鲜均假借字。"此释发千古之覆，为学术上一大快事，使我们知道此地称"𤰒"（即狝），此篇誓词原当称《狝誓》，其他皆假借字。吴闿生

所编选《吉金文录》亦收有此器，改称"鲁侯彝"，并将"鬵"字径
隶定为"狄邑"二字（盖以"鬵"为此二字合文）。并释云："明公
与鲁侯非一人也。此鲁侯亦非伯禽，当是伯禽后人。'狄邑'即
《粊誓》之'粊'。郭证此字极当。"又在其《尚书大义》中引此篇
名诸异说后云："以《鲁侯彝》证之，作'狄'者是。"

由上所列资料，藉知此地名纷歧诸情况。而最后由现代金
文研究，获知其地原称狄邑。由《史记》据先秦资料所引用，文献
中最先称其地为肸，当是狄的同音假借字。同样由秦博士伏生传
至汉代的鲜字，亦由于同音假借。而西汉三家今文用音转的粊
字，东汉古文各篇全承用了今文二十九篇篇名，故亦用粊字。东
晋伪古文再承用之，直传至唐代，故用此地名为誓词篇名为《粊
誓》，在《尚书》学史上使用时间为最长。至唐天宝时改用费字，最
虚妄无据。清儒已指出费为另一地，距鲁都曲阜三百余里，怎能
为鲁郊？而且正处在鲁的敌人徐戎后方腹地，怎能到敌人后方去
作誓？其虚妄是显然的。可是由于刻成《唐石经》，为以后一切版
刻本之祖，遂贻误至今。现在应明确，作为地名，原称狄邑，先秦
至汉用了同音假借字肸、鲜及音转字粊（有误文粊、柴等），而从来
不称费。而以地名作为篇名，应正名为《肸誓》，事实上长期使用
过假借字《肸誓》《鲜誓》及音转字《粊誓》，决不能误用《费誓》。

整理古籍，最大的戒律是不要轻率改变古籍原貌。我们既
确定依《唐石经》整理《尚书》，就不得轻率改变其用字，只得仍
保存《费誓》旧篇名，不过指出其误就是。

（二）作誓词者为谁

从《史记》及《书序》起，迭经历代经师，直传至现代，都明确

说是周公儿子鲁侯而当时称为鲁公的伯禽。这应该是无疑问的。上引《史记·鲁世家》所载的是："伯禽率师伐之于肸，作《肸誓》。"《书序》也说："鲁侯伯禽宅曲阜，徐夷并兴，东郊不开，作《粊誓》（卫包改粊为费）。"明确如此，不易有歧义。可是近人余永梁撰《〈粊誓〉的时代考》（见《古史辨》第二册，原载1937年11月《中山大学语言历史学研究所周刊》1卷1期）。提出两点理由：(1)商代及周初称别国为"方"，到春秋时期才盛称戎、狄、蛮、夷。(2)《粊誓》的文章与周宣王时《兮甲盘》相似。因而断定《粊誓》成于春秋中期的鲁僖公。其所提理由第一点不合历史事实，第二点牵强比附。简析之如下：

殷虚卜辞中有"隹夷"，陈梦家《隹夷考》释其文字为"鸟夷"，因甲文中"隹"即"鸟"，而其族属当属淮夷。在其《殷虚卜辞综述》中释"人"字为直立人形，而"夷"字则略近人形而为横卧之形，是由卜辞知殷代已明有夷字。上文引郭沫若《卜辞通纂》第569片亦明言"它辞言'在齐𬱃，唯王来征夷方'。则夷方即东夷也。……则殷代夷方乃合山东之鸟夷与淮夷而言。"则更明确据卜辞言殷代已有淮夷。《后汉书·东夷传》说殷代"武乙衰败，东夷浸盛"。则文献中亦早已说殷代有东夷。周代则其尚处于殷世的文王祖父太王时有混夷，见《诗·大雅·绵》云："混夷驰矣。"王国维《鬼方昆夷猃狁考》释之云："此诗自一章至七章皆言太王迁都筑室之事，八章云……'混夷驰矣'，亦当言太王定都之后，混夷畏其强而惊走也。"又文王之父王季，则《古本竹书纪年》载："武乙三十五年，周王季伐西落鬼戎。俘二十翟（狄）王。"（《通鉴外纪》则引作"周俘狄王"）接着在殷王太丁二年至十一年间，连续载"周人伐余无之戎"、"周人伐始呼之戎"、"周人伐翳徒之戎"等等。进入周代，《纪年》第一笔即书"周武王率西夷诸侯伐殷"。而后西周文献中各种戎夷等等史不绝书。今余氏文中竟说戎狄蛮夷之称流行于春秋，不是完全昧于史实吗？

其次关于与《兮甲盘》文字类似之说。《兮甲盘》全文如下（用《吉金文录》本，唯"帛晦"二字不从吴作"员亩"）："唯五年三月既死霸庚寅，王初格伐厰狁，于彔廘。兮甲从王，折首执讯，休亡敄。王锡兮甲马四匹，驹车，王命甲政嗣成周、四方賨，至于南淮夷。南淮夷旧我帛晦人，毋敢不出其帛。其賨其进，入其贮，毋敢不即铼，即市。敢不用命，则即井（刑）戮伐。其唯我诸侯百生厥贮毋不即市，毋敢或入綊宄贮。则亦刑。兮伯吉父作盘，其寿万年无疆，子子孙永宝用。"读者可以把它和《粊誓》篇全文对读。其谋篇、布局、措词、用字、语汇、文气是否相同呢？只是同用了语言中常语"无敢"二字，和当时统治者动辄要用刑的习用语，就能说二文一致吗？即使如余氏说二文一致，为什么不说《兮甲盘》和《粊誓》一样是西周初年的作品，却一定要反过来说《粊誓》和《兮甲盘》一样是周宣王时的作品呢？明明是两篇文体文风都不相同的各不相干的文字，硬要扯到一起，就只好牵强比附，就形成俗谚所说的"齐得头来脚不齐"了。

余氏文中还毛举些文籍中的细故以实其说。关键在其说完全不符合淮夷徐戎的历史实际。周公在击败武庚三监及随同他们反周的广义的淮夷诸族（即《作雒》所说的徐奄熊盈还有薄姑等，显然即下文引《孔疏》所说"淮夷同盟"）以后，实行民族大迁移,将奄和薄姑迁长江南岸（即今江苏南部），丰迁至今江苏省的长江以北之地，熊迁丹水流域，盈迁渭水流域，以徐为首的淮夷则大量迁今淮水流域，但淮夷族属较多，仍留在山东原地的不少，他们自然心不服周，当伯禽新封于奄（曲阜）来建立鲁国时，趁其立国未稳，所有留下的淮夷，以划归给伯禽的殷民六族中的徐氏一族为首，群起反鲁。上文释"鲁人三郊三遂"时阐明伯禽如何运用他的力量全军戒备、全民动员、全力以赴地战胜了徐戎淮夷，如《鲁世家》所说的"遂平徐戎，定鲁"。这时这里的淮夷，又大批逃往淮水流域，留在鲁境的淮夷就更少了。传到春秋时，据《诗·闷宫》"泰山岩岩"章《孔疏》云："当僖公之世，东方淮夷小国见于盟会，唯邾、莒、滕、杞而已。其余小国及淮夷同盟不见于经，盖主会者不列之耳。"是鲁僖公时，鲁国附近的淮夷诸小国，追随于华夏列国之末列，成为"不侵不叛之臣"，有谁能起而反鲁，又怎么需要鲁僖公费伯禽那样的气力，用全军戒备、全民动员、全力以赴地发布这篇誓词去和强敌作战呢？懂得这点历史，就不至于发奇想说是鲁僖公在东郊誓众去和东面的强敌淮夷作战了。（余氏文中说："费即今山东费县，费县亦在曲阜的东南，可证《柴誓》是僖公伐徐，在费县誓师时作的。"是明确说和鲁国东面的敌人作战。不知王鸣盛早辨明费离曲阜三百里，远非鲁郊，且处于徐戎后方腹地，何能跑到敌人后方去誓师。）

　　其实春秋之世淮夷徐戎的主体全在南方淮水流域。上面关于淮夷徐戎的"校释"文中，已简述了他们的全历史过程。春秋时代，淮夷的代表者徐族，由于自西周时期起已在淮水流域建立了徐国，以抚有全部淮夷之众。其国都在汉时的徐县、唐时的徐城县，即今江苏盱眙县西北、安徽泗县东南之地。其辖境北起微山湖之西南、南抵长江北岸的江苏省江以北全境，还包括安徽省东北地区。此地区内淮夷小国皆臣服于它，见于记载者三十多国。在西周前期，由于南迁甫定，要争取立国，所以多和宿敌姬周族作斗争。到国势已定，周穆王羁縻它，叫它主这一区域的诸侯，它和周族的矛盾缓和下来，这时要学华夏族所倡的仁义，使在文化上和精神上向华夏族靠拢。而促成它这样做的，主要由于所处的地理环境，以这样一大片膏腴之地，却做了正在国势向上发展、日益强大、不断向外扩张领土的楚国的近邻，自然不断遭到楚的蚕食，受到楚的威胁，它就只好向华夏族靠拢，以求奥援。《春秋·僖公十五年》云："楚人伐徐，三月，公会齐侯、宋公、陈侯、卫侯、郑伯、许男、曹伯盟于牡丘，遂次于匡。公孙敖帅师及诸侯之大夫救徐。"这年的《左传》云："春，楚人伐徐，徐即诸夏故也。三月，盟于牡丘，寻葵丘之盟，且救徐也。孟穆伯帅师及诸侯之师救徐。诸侯次于匡以待之。"显然鲁僖公之世，徐早已靠拢诸夏，遭到楚人进攻，鲁僖公就和诸侯救徐了，哪来的什么鲁僖公伐徐呢？而这年《左传》下文说："楚败徐于娄林，徐恃救也。"《左传·僖公十六年》说："夏，齐伐厉，不克，救徐而还。"同书《僖公十七年》说："春，齐人为徐伐英氏，以报娄林之役也。"可见鲁僖公之世，鲁和齐是不断救徐的。根本找不到鲁和徐作战的任何影子。《春秋》僖公十三年有鲁僖公会诸侯于咸之文，《左传》云："夏，会于咸，淮夷病杞故，且谋王室也。"这次会议讨论两问题，一为淮夷族的内部矛盾，它与同族杞国闹磨擦，一为戎侵犯周王室。这年《左传》说："秋，为戎难故，诸侯戍周。"《左传·僖公十四年》说:"春,诸侯城缘陵而迁杞焉。"这样,诸侯把这两个问题都处理好了,再没有留下什么下文了。可是余氏之文却移花接木地引了僖公十三年《春秋》的《经》和《传》关于"会于咸"之文,接着说:"可知淮夷来侵,僖公伐徐,以匡王室,并保鲁境。"已经是匪夷所思,竟把国势岌岌可危仰仗诸侯相救的徐国,说成要侵犯周王室,靠"僖公伐徐以匡王室",完全不顾历史事实,无中生有,至于此极。还撇开诸侯处理这两件事的后果不说,却凭空搬来与此毫不相干的《诗·鲁颂·闷宫》"保有凫绎"两句作为此事的后果,其文说:"僖公伐徐,以匡王室,并保鲁境,故《颂》谓'保有凫绎,遂荒徐土(原文作"徐宅")'了。"这种在学术上不老实的做法,是不足取的。

　　所以把《柴誓》说成是鲁僖公伐徐的誓词,完全是虚幻的想法。余永梁氏之说既误,还有杨筠如《核诂》雷同于余氏的说法,更不待辩了。

　　此誓词的作者既确知是鲁侯伯禽,则誓词作成的时间问题也迎刃而解了。不是春秋中叶偏前期鲁僖公时,而是周初伯禽就封于鲁以后的不太长的时间里。上文引《鲁世家》说伯禽即位之后,管蔡等反,淮夷徐戎跟着反,伯禽伐之,因而作《肸誓》。把时间说成在管蔡反以前,那是错误的。事实上,周武王灭纣后,把殷王朝所拥有的东方土地,分为邶、鄘、卫三国,封纣子武庚于邶,自己弟弟管叔于鄘,蔡叔于卫,称为三监。邶在今漳河以北以涞源、易县一带为中心的河北省境,鄘(亦称东)在今河南省东北浚县濮阳以东迄山东省境,卫在今以淇县为中心的豫北较广大地区。就是说,当时力量能达到的黄河下游之地,划分了这三大区域分封了之后,再没有地方可分封他人了。所以周武王所来得及分封的就是这三国,纵使他还想封其他建大功者,但他灭纣后两年就死了,来不及实现其他的分封。及武王死后三监叛乱,周公东征三年平定了叛乱。《尚书大传》说:"周公摄政,一年救乱,二年克殷(武庚),三年践奄,四年建侯卫。"就在四年把邶封给了召公的儿子,把鄘的西部称为小东者封给在东征中立功的康叔的儿子康伯髦,把鄘的东部称为大东者封给自己的儿子伯禽,把薄姑封给了太公望,把卫封给了康叔,还把三监叛乱时在西境河汾之东响应叛乱的唐灭掉,把其地封给唐叔虞。另封在今山东境内及附近之姬姓、姜姓小国十余国。所以伯禽之封于鲁,是在平定三监、淮夷等族叛乱之后的周公摄政之第四年。徐戎淮夷等之起而反叛他,使他作出此篇誓词进而平定了徐戎淮夷,最快会在他就封于鲁的当年,稍迟会在第二年,即周公摄政之四年或五年。

　　《诗·闷宫》"建尔元子"《孔疏》云:"是成王即政之元年正月朔封伯禽也。"按,周公摄政七年营洛成功,请成王到洛邑举行元祀,还政成王,翌年即被称为成王即政之元年,实际是周公掩护成王在位之第八年,那么《孔疏》是说伯禽即鲁侯之位在成王八年。这是根据写成于七年十二月的《洛诰篇》的郑玄注,说周公要退休,成王留住他,说把你的儿子封到鲁国去,请你留在王朝辅佐我的说法,因而作出此说的。不知周公根本无退休之事,郑玄说是完全错误的,因而《孔疏》此说也是不符合史实的。

秦　誓

　　《秦誓》是秦穆公潜师远袭郑国，半途被晋襄公败之于殽地，俘其三个统军将帅，秦穆公悔悟，对群臣讲了一篇显然是自己思想斗争的话，被史臣录下，即成为这篇《秦誓》。在先秦文献中被引到三次。《礼记·大学》引录了本篇第三段全段。司马迁撰《秦本纪》只简录了五六句。篇文在西汉伏生今文本为第二十八篇，伏生系三家今文本为第二十九篇，东汉马郑古文本为第三十四篇，皆属《周书》。东晋伪古文本为全书第五十八篇，《周书》第三十二篇。有关本篇情况见后面"讨论"。

校　释

　　公曰：

　　"嗟！我士，听无哗①。予誓告汝群言之首②。古人有言曰③：'民讫自若是多盘④，责人斯无难，惟受责俾如流,是惟艰哉⑤!'我心之忧,日月逾迈,若弗云来⑥。

"惟古之谋人,则曰未就予忌⑦;惟今之谋人,姑将以为亲⑧。虽则云然,尚猷询兹黄发,则罔所愆⑨。番番良士,旅力既愆,我尚有之⑩。仡仡勇夫,射御不违,我尚不欲⑪。惟截截善谝言⑫,俾君子易辞⑬,我皇多有之⑭。

"昧昧我思之⑮,如有一介臣⑯,断断猗,无他技⑰,其心休休焉,其如有容⑱。人之有技,若己有之,人之彦圣,其心好之,不啻如自其口出,是能容之⑲,以保我子孙黎民,亦职有利哉⑳!人之有技,冒疾以恶之。人之彦圣而违之,俾不达,是不能容㉑,以不能保我子孙黎民,亦曰殆哉㉒!

"邦之杌陧,曰由一人,邦之荣怀,亦尚一人之庆㉓。"

尚书校释译论

①嗟我士听无哗——《史记·秦本纪》仅录此誓词如下几句:"嗟!士卒,听无哗,余誓告汝,古之人谋,黄发番番。"此"士"作"士卒",下句"予"作"余"。下面只选录了下文"古之谋人"句作"古之人谋"。又选录了不同两句的"黄发"、"番番"两词。此处"嗟",先发出的惊叹词。伪孔云:"誓其群臣,通称'士'也。"则不只是指士卒。然后接着叫大家静下来听誓辞。

②予誓告汝群言之首——伪孔释云："众言之本要。"《孔疏》："我誓告汝众言之首，告汝以言中之最要者。"《蔡传》则云："首之为言，第一义也。将举古人之言，故先发此。"

③古人有言曰——伪孔云："称古人言，悔前不顺忠臣。"《孔疏》云："称古人言者，悔前不用古人之言，不顺忠臣之谋故也。"意指穆公没有听其臣蹇叔谏他不要伐郑之言，致遭此败，因而悔之。这是经师们体会秦穆公心情而作此释。但光凭"古人有言曰"这一句话，是否此意，尚属未必。因所引古人之言四句，并无此意。

④民讫自若是多盘——伪孔训"若"为顺，训"盘"为乐，释此句云："言民之行己，尽用顺道，是多乐。"由于以"若"为顺，致使其释很牵强。苏轼《书传》云："'民讫自若是'，民尽顺我而不我违，乐则乐矣，不几于游盘无度以亡其国乎？"《蔡传》遂云："讫，尽。盘，安也。凡人尽自若是多安于徇己。"意亦未畅。朱熹始浑言其意云："'民讫自若是多盘'，想只是说人情多要安逸之意。"（《汇纂》引）《汇纂》又引应镛曰："民，犹言天下之人也。凡人之情，孰不知善之可为，过之当改。然悠悠度日，多汩没于盘游安乐之中，岁月侵寻，忽不知其已老矣。'盘'之为乐，以它篇观之，皆未有以为善者。若曰'盘游无度'，'不敢盘于游田'。'若是'，犹如此也。人终自如此多为盘乐也。"应氏训"讫"为"终"，训"若是"为如此，所释此句最妥。因这是一句字面上比较费解的句子，能作此释自可。

⑤责人斯无难惟受责俾如流是惟艰哉——伪孔释云："人之有非，以义责之，此无难也。若己有非，惟受人责即改之如水流下，是惟难也。"《蔡传》亦云："责人无难，惟受责于人俾如流水，略无扞格，是惟难哉。"原句文义明白，故两释皆合原文义。《蔡传》继云：

"穆公悔前日安于自徇,而不听蹇叔之言,深有味乎古人之语,故举为誓言之首也。"则进一步寻穆公讲此语的用意。

⑥我心之忧日月逾迈若弗云来——伪孔云:"言我心之忧,欲改过自新,如日月并行过,如不复云来。"《孔疏》:"'逾',盖。'迈',行也。'员',即云也。言日月盖为疾行,并皆过去。云似不复云来,畏其去而不复来。"段玉裁《撰异》云:"据《正义》(即《孔疏》),知经文本作'员来'。《传》以'云'释'员',作'云来'。故《正义》曰'员即云也'。卫包依之,改'员'为'云'。"林之奇《全解》释此数句云:"思有以转祸为福,易危为安,则我心之忧,惟恐日月逾迈,难得易失,若不复反,虽欲悔之,而无所改也。"江声《音疏》则云:"'迈',往。'员',旋也。我心之所忧者,前日之事既往,今追悔而无及,若日月之迈往弗旋来也。"

⑦惟古之谋人则曰未就予忌——《说文·心部》:"惎,毒也。从心,其声。《周书》曰:'来就惎惎。'"是"未就予忌"作"来就惎惎"。《心部》另有"忌"字云:"忌,憎恶也。从心,亡声。"未言与《周书》有关系。段玉裁《撰异》引《说文》后云:"玉裁按,小徐本同。'来'字当是未字之误。'惎惎'之上当脱予字,而下'惎'字之下当有脱文。……考惎字在《左传》有训毒者,如'惎间王室'、'惎浇能戒之'是也。有训教者,如'惎之脱扃'、《西京赋》'天启其心,人惎之谋'是也。教之训,则惎与谋同。毒之训,则惎与忌略同。《说文》盖当作'《周书》曰"未就予惎",惎,教也'而脱误欤?"

伪孔释云:"惟为我执古义之谋人,谓忠贤蹇叔等也。则曰未成我所欲,反忌之。"王引之《述闻》云:"《传》以'则曰未就余'五字连读,而以'忌'字别为一句,文义未安。今按《说文》引此忌作惎。

《广雅》：'惎，意志也。'《广韵》：'譬，志也。'（见去声七志）譬与惎同。'未就予惎'者，未就我之志也。谓穆公志在袭郑，而蹇叔不肯曲从，当时憎其未就可以己意，故云'则曰未就予惎'。今之谋人曲从其意，是就予惎者也，当时误亲信之，故云'姑将以为亲'。'未就予惎'，则疏远之可知，云'姑将以为亲'，则喜其就予惎可知。'忌'者，字之假借耳。"孙诒让《骈枝》云："按孔说迂曲不可通。此文大意谓古之善谋之人，予不及见之，则曰未即就于予身。'忌'乃语助辞。《诗》'太叔于田，叔善射忌'。《毛传》云：'忌，辞也。'此文义与彼同。《说文·心部》引忌作惎，亦忌之假字。孔望文生训。释为'反忌之'，大误。"章炳麟《拾遗》则云："《述闻》引《广雅》：'惎，意志也。'云'未就予惎者，未就我之志也。谓穆公志在袭郑，而蹇叔不肯曲从也'。案'古之谋人'，自谓前代人物，下言'黄发'，方指蹇叔，不得混合为一。'惎'，当读为基，《释诂》：'基，谋也。'言古人已往，不能就我而谋，故亲今之谋人尔。《春秋》定公《传》：'管蔡启商，惎间王室。'惎亦当读基，训谋。王氏于彼说之不误。"三家各有创获，王氏谓未就我之志，孙氏谓古善谋之人已往不及见之，未即就予身，章氏谓古人已往，不能就我而谋。孙章二说较接近，宜可从，而王氏所寻惎字字义，有益于解通此处文义。

⑧惟今之谋人姑将以为亲——伪孔云："惟指今事为我所谋之人，我且将以为亲而用之。悔前违古从今，以取破败。"《孔疏》云："此穆公自说己之前过。……其古之谋人，当谓忠贤之臣，若蹇叔之等；今之谋人，劝穆公使伐郑者。"是"古之谋人"，实即"古之谋臣"。"今之谋人"，实即"今之谋臣"。其义可参看上文王引之氏之说。

⑨虽则云然尚猷询兹黄发则罔所愆——上文已校知"若弗云来"之"云"原作"员"。据《汉书·韦贤传》韦孟《讽谏诗》曰:"追思黄发,秦缪(穆)以霸。"师古注:"《秦誓》曰:'虽则员然,尚犹询兹黄发,则罔所愆。'谓虽有员然之失,庶几以道谋于黄发之贤,则行无所过矣。'黄发',老寿之人也。谓发落更生黄者也。'员'与'云'同。"师古注后又有所谓宋"三刘校"之刘奉世曰:"老人发白,久而变黄色,非谓更生而黄也。"按《秦本纪正义》云:"言发白而更黄,故云'黄发'。"又《李寻传》师古注引《秦誓》:"虽则员然,尚犹询兹黄发,则罔所譬。"段玉裁云:"愆作譬,唐初本从籀文也。"这些资料用本句之"云"皆作"员"。又"猷"作"犹"。惟"尚犹"之义则据伪孔释为"庶几以道"。又释"黄发"为"老寿之人"。不过对所以称黄发有二种解释。朱骏声据古注所撰《便读》亦释为:"黄发,老人发白复黄也。"则用后一说。又"则罔所愆",师古照引此四字,但下文接着释为"则行无所过矣"。是训"愆"为过。而师古又另引"愆"作"譬"。皮氏《考证》引《新序·杂事篇》曰:"秦穆公败其师,曰:'黄发之言,则无所愆。'"以为《今文尚书》"则罔所愆"句原作"则无所愆"。恐未必。《新序》也可用训诂字易原文,正如班固释此句为"行无所过"一样;同样,《新序》作"黄发之言",不能说《今文尚书》此句非"询之黄发"而原是"黄发之言"一样。

伪孔释云:"言前虽则有云然之过,今我庶几以道谋此黄发贤老,则行事无所过矣。"文义不通顺,尤以训"尚"为庶几,训"猷"为道,不合此处文义。不如《蔡传》释云:"前日之过,虽已云然,然尚谋询兹黄发之人,则庶罔有所愆。"训"猷"为谋,"尚"用其副词义,与今语"还"同(见《词诠》第238页)。则所释就通顺合原义了。

⑩番番良士旅力既愆我尚有之——《秦本纪·正义》："（番）音婆，字当作皤。皤，白头貌。番番以申思，谓蹇叔、百里奚也。"江声《音疏》云："'番番'，当读为'皤皤'，老人头白貌也。'旅'，读为'吕'，脽骨也。字或作'膂'，故省而为旅。脽强则力壮，故曰膂力。皤皤然之善士，膂力既过矣，言衰老也。"王引之《述闻》云："《传》曰：'我今庶几欲有此人而用之。'家大人曰，'有之'，谓亲之也。古者谓相亲曰'有'。昭二十年《左传》'是不有寡君也'，杜注：'有，相亲有也。'《王风·葛藟篇》曰：'谓他人母，亦莫我有。'言他人不我亲也。《小雅·四月篇》曰：'尽瘁以仕，宁莫我有。'言我尽瘁事国，而王曾不我亲也。下文曰：'惟戫戫善谝言，俾君子易辞，我皇多有之？'亦自悔其亲佞人也。上文曰'惟今之谋人姑将以为亲'是也。《传》皆以为有无之'有'，失之。"于省吾《新证》："'尚'，应读'常'。'有'，王静安读'友'。是也。《孟子》云：'此五人者，亦有献子之家，则不与之友矣。'又云：'费惠公曰：吾于颜般则友之矣。'《命簋》：'其永以多友毁饲。'《万尊》：'用作念于多友。'是'多友'乃周人成语。'我尚有之'者，我常有之也。（下文）'我皇多有之'者，我暇多友之乎？旧读'尚'如字，训'有'为有无之有，非是。"王、于两家一训亲，一训友，其义完全相合，两家之释足为定论矣。但"尚"读常，不能用如字，似尚有可斟酌。此句是说番番良士，虽然衰老了，我还是亲之友之。若说虽已衰老了，我常亲之友之，便不如说还是亲之友之较妥。

⑪仡仡勇夫射御不违我尚不欲——《说文·人部》："仡，勇壮也。从人，乞声。《周书》曰：'仡仡勇夫。'"《释文》："仡，许讫反，又鱼乞反。马（融）曰：'讫讫，无所省录之貌。'"则仡又作讫。江

声《音疏》云:"'仡仡',勇壮貌。'违',失也。射御不失法度,言多技也。我庶几(此沿伪孔,实不妥)不欲用之,恶其轻脱寡谋以取败也。"实际这几句是说在秦穆公当时心境下,虽然衰老了的可是进过忠言献过良策的贤臣如蹇叔者,他还是要亲近他听信他,而对虽然善射能御的勇壮之士,他这时还是不想亲近他重用他。经师们大都说这是指败于殽的那几位将领,其实在《左传》中不断记载秦穆公对那几位将领如孟明等是始终重用不断支持的。

⑫惟截截善谝言——"截截",《说文》作𪗇𪗇。文献中或引作诶诶、戋戋。"谝",亦或作偏、诤、靖、静。段玉裁、皮锡瑞考述较详,现依次录二氏之说于此。

段玉裁《撰异》之说原文如下(中间稍加删节):

《说文》三篇"言部"曰:"谝,便巧言也。从言,扁声。《周书》曰:'𪗇𪗇善谝言。'《论语》曰:'友谝佞。'"(大徐音部田切)《释文》:"谝,马本作偏,云:'少也,辞约指明,大辨佞之人。'"(按,《释文》上文云:"马曰:𪗇𪗇,辞语,𪗇削省要也。")

《说文》十二篇:"戋,贼也。从二戈。《周书》曰:戋戋巧言。"玉裁按,《歺部》:"残,贼也。"是戋、残同也。《周易》"束帛戋戋",子夏《传》作"残残"。引《周书》者,《秦誓》今文也。《秦誓》"𪗇𪗇善谝言",《说文·言部》引之。马季长本及枚氏本同,此《古文尚书》也。《今文尚书》作"戋戋靖言"。《春秋》文公十二年《公羊传》曰:"惟诶诶善诤言,俾君子易怠,而况乎我多有之,惟一介断断焉无他技,其心休休,能有容。"何休注:"诶诶,浅薄之貌。'诤',犹撰也。"刘向《九叹》曰:"谗人诶诶,孰可诉兮。"王逸注:"诶诶,谗言貌。引《尚书》诶诶诤言。"《汉书·李寻传》曰:"昔秦穆公悦诶诶之言，任仡仡之勇。"《说文》无"诶"字，盖治经者加言旁于戋耳。……"《周书》曰戋戋"，句绝。下当云："戋戋，巧言也。"……后人转写脱去复出之"戋戋"字，非巧言为诤言之驳文也。贾逵《外传》注曰："诶诶，巧言也。"许用传中说释《书》也。"戋戋"，何氏浅薄之训近是。《广雅·释训》曰："诶诶，善也。"马季长曰："诶诶，辞语。戳削省要也。"伪《孔传》释戳戳为察察，似皆缘词生训。（以下略）

皮氏《考证》之说原文如下：

今文作"惟诶诶善诤言"。《公羊·文十二年传》曰："惟诶诶者善诤言。"何休《解诂》曰："'诶诶'，浅薄之貌。'诤'，犹撰也。"刘向《九叹》曰："谗人诶诶，孰可诉兮。"王逸注："诶诶，谗言貌。引《尚书》诶诶诤言。"《盐铁论·国病篇》曰："诶诶者贼也。"《论诽篇》曰："风疾小人，诶诶而从，以成人之过也。"注："诶诶，善言也。"《汉书·李寻传》曰："昔秦穆公悦诶诶之言。"《后汉书》樊准《劝崇儒学疏》曰："习诶诶之辞。"《国语》范蠡曰："又安知是诶诶者乎？"韦注："诶诶，巧辩之言。"贾逵注："诶诶，巧言也。"《广雅·释训》曰："诶，善也。"

一作"惟诶诶善靖言"。《潜夫论·救边篇》曰："诶诶善靖，俾君子怠。"

一作"惟诶诶善静言"。王逸注《楚辞·九辩》曰："静言，诶诶而无信。"

一作"戋戋"。《说文》："戋，贼也。《周书》曰：'戋戋，巧言。'"

段玉裁说（此处摘录段氏第二段自"卤部残贼也"至"似皆缘词生训"）。锡瑞谨案：《尧典》共工"靖言"一作"静言"，是靖与静通。

《史记》以故训改为善言，是靖善同义。《论语》"异乎三子者之撰"，郑君训撰为善，何注"竫犹撰也"，与郑义同。然则靖言即善言，善言即巧言，非善恶之善。《广雅》："诶诶，善也。"贾注："诶诶，巧言也。"正"善言即巧言"之证。巧言者必浅薄，何注正与贾逵、许慎、韦昭、张揖意同。巧言者多谗谮，故诶诶为谗。谗言者多贼害，故诶诶又为贼。《说文》云："戋，贼也。"而引《周书》"戋戋巧言"，亦与本义相近，非属假借。段氏云"不尽同本义，盖假借在其中"，似失之。段氏又以何氏"浅薄"之训近是，《广雅》"善也"为缘词生训，亦未达善言即巧言之义，而误解为善恶之善也。

以上段说录其绝大部分，皮说录其全文，于"截截"与"谝"之异文歧义搜罗考述殆遍，使读者知其大要。于此句之释义，似仍可归于伪孔所释："惟察察便巧，善为辩佞之言。"

⑬俾君子易辞——"辞"，亦作"怠"。段玉裁《撰异》："《公羊·文十二年传》：'俾君子易怠。'注（即《解诂》）：'易怠，犹轻惰。'玉裁按：'易怠，叠字也。''易'读如《素问》'解㑊'之㑊。《疏》云'易为怠惰'，非是。《史记·三王世家·齐王策》曰：'义之不图，俾君子怠。'亦用今文。"段又云："作辞者，古文；作怠者，今文也。"

王鸣盛《后案》云："《公羊》又引'俾君子易怠，而况乎我多有之'。辞作怠者，《说文》云：'辞，籀文作辝，从台。'因传写遂误为辞。《史记·三王世家·齐王策》云：'俾君子怠。'与《公羊》合。彼何休注云：'俾，使也。易怠，犹轻惰也。'《传》（指伪孔）云：'使君子回心易辞。'非也。"

皮锡瑞《考证》补充一则云："案《潜夫论·救边篇》曰'俾君子

怠’,用今文义。”

按，君子、小人，后世以道德分；先秦以上以身份地位分。此时之君子指在官位者。

由诸家考述，知此字原当作“怠”，作“辞”者误。其义为轻惰。然古文仍用辞，惟今文用怠。

⑭我皇多有之——“皇”，亦作“兄”，即“况”。此句《公羊·文十二年传》作：“况乎我多有之。”段玉裁《撰异》云：“石经《今文尚书》‘无皇曰今日耽乐’作‘毋兄曰’，‘则皇自敬德’作‘则兄曰’。‘兄’即今‘况’字，与‘我皇多有之’作‘况乎我多有之’合。然则作‘皇’者古文，作‘兄’者今文也。徐彦《疏》引戴宏序云：‘子夏传公羊高，高传子平，平传子地，地传子敢，敢传子寿。至汉景帝时，寿乃共弟子齐人胡母子都著于竹帛。然则此传成于伏生书已出之后，戴宏之言可信，非公羊高成之也。”《撰异》又云：“《尚书大传》：‘皇于听狱乎？’此假皇为矧况字也。《公羊传》：‘而况乎我多有之。’此假况为皇暇字也。‘皇’与‘况’互相假借也。‘而况乎我多有之’，犹言‘而何暇我多有之’也。《孔传》‘皇’训大，非。”王鸣盛《后案》云：“皇作况者，《无逸》云：‘无皇曰。’又云：‘则皇自敬德’，《汉石经》皆作‘兄’。《诗·桑柔》‘仓兄填兮’，义作况，是也。”

《蔡传》云：“皇，遑通。”释此句为：“我遑暇多有之哉。”段氏以为《公羊》况字假为皇暇字，合此义。《诗·谷风》“遑恤我后”、《四牡》“不遑启处”及《诗》其他“不遑”句，郑玄笺释皆云：“遑，暇也。”又《谷风》此句《礼记·表记》引作“皇恤我后”。《诗·殷武》“不敢怠遑”，《左传·襄公三十六年》引作“不敢怠皇”，知古籍中遑、皇本互用。《尔雅·释言》李注更作：“遑，闲暇也。”朱骏声《便读》据古注为释云:"皇,廱也,犹暇也。"不及详其所据。上引于省吾《新证》释"有"为"友",故释此句为:"我暇多友之乎?"

⑮昧昧我思之——《蔡传》:"昧昧而思者,深潜而静思也。"朱骏声《便读》据古注云:"昧昧,犹默默也。"不及寻其据哪家古注。江声《音疏》云:"昧昧,深思之意。伪孔氏以此文属上为说,云我前多有之,以我昧昧思之不明故也。详玩经文语意,实不然也。《公羊传》'而况乎我多有之'之下即云:'惟一介断断焉无他技。''惟'之言,思。'惟一介',谓思一介臣也。且《秦本纪》云:'以申思不用蹇叔、百里奚之谋,故作此誓。'则'昧昧以思'云者,是穆公自道思此一介臣,非谓前日之昧昧于思也。则此文当为下文缘起,故不从伪孔谊而以昧昧为深思之意也。盖穆公追思而无及,则中心郁结若昏昧不明然,故言昧昧也。"按,《蔡传》已移此句于下文之首,不待江声始知之。不过江氏寻绎了应移于下文之首的理由,尚可取。

⑯如有一介臣——《礼记·大学》引此作:"若有一个臣。""如"作"若","介"作"个"。按《大学》引"《秦誓》曰",自此句起直至"不能保我子孙黎民亦曰殆哉"共十九句。字句小有出入,而基本不差。此处"如"、"若"同义,自可通用。其"介"作"个",则寻其故者有多家。《释文》:"介音界。马本作界,云:'一介,耿介,一心端悫者。'字又作'个',音工佐反。"此作"界",可疑。段玉裁所见《释文》作"介,马本作介"。因而其《撰异》云:"此不可通。当是'马本作砎'。《周易·豫·六二》'介于石',《释文》:'介,古文作砎。'古文,谓费氏《古文易》也。砎即《说文》之硈字。石坚也。《尔雅》:'硈,固也。'马云:'一砎,耿介,一心端悫者。'一心端悫,

正谓坚磐。"《公羊·文公十二年》则引作"惟一介"。何休《解诂》云："一介,犹一概。"《蔡传》云："介,独也。《大学》作个。"意谓个即独个,义自相通。王樵《日记》补充其义云："一介者,独立无朋也。"吴澄《纂言》则云："介,犹个也。"王引之《述闻·通说》谓介、个一字。一箇犹言一介。王鸣盛《后案》则云："《说文》无'个'字……今俗以个、箇皆为物之以枚数者。……《大学》引此经竟作个……《释文》云:'个,古贺反。'……俗学之盛,唐初已然。《公羊·文十二年》引仍作'介',《后汉书·杜诗传》'一介之才'李贤注引《书》亦作'介',则作'个'非也。"皮锡瑞《考证》则云："大、小《戴记》传自夏侯始昌,与大夏侯同师,则《大学》所引确是今文。据《释文》则'一个'当读作'介',个即介之别体,不当读箇。《公羊传》作'一介',是今文本作'介'。"杨筠如《核诂》释《释文》"字又作个",即据皮氏之说,释为"个即介之别本"。吴闿生《大义》承其父说,亦云："介,独也。介与一同义。一介臣即一臣,《大学》引作'个',个即介之别体。"以上这些是文献上对"介"、"个"的讨论的主要情况。

《殷契粹编》第十二片有"于帝五丰臣"之文。郭老释云:"'帝五丰臣'或省作'帝五丰'。其文云:'癸酉贞帝五丰,其三牢'(《后》上廿六·一五)。以其字形及日辰观之,与此乃一时所卜。丰字……余意当即小篆耓字,读介。《秦誓》'若有一介臣'。《公羊传》文十二年引作'惟一介',犹此'五耓臣'亦省作'五耓'也。介今作个,故'帝五耓臣'又省作'帝五臣'(见下片)。帝自上帝,五臣不知何所指。《史记·封禅书》关于天界之小神有'九臣、十四臣',旧亦不详其说。"这一甲骨文中的资料真值得注意。于省吾先

生对甲骨文中这介字(釆字)有所阐释。其《甲骨文字释林》的《释
釆》一文中说:"按甲骨文中玉字作王、丰,其三横划皆平,与釆字截
然不同。玉字之作丰者,郭沫若同志谓'当即小篆釆字',也不可
据。实则甲骨文丰字的三邪划,大多数作弯曲形,《说文》讹变作
釆,并谓:'釆,草蔡也,象草生之散乱也,读若介。'《说文》的读音是
对的,而训为草蔡,纯是臆说。戴侗《六书故》:'釆即契也。……'
按戴说甚是。……甲骨文的釆字,就其构形来说,中划直,三邪划
作弯环之势,象以木刻齿形。就其音读来说,《说文》谓'釆读若
介'。《孟子·万章》的'为不若是恝'。恝字《说文》作忿,可以互
证。后世典籍均借介为釆,介与害、割、匄古通用。"因为郭沫若氏
所据之字三横划皆平,故于先生以为非釆字。但于先生已明确典
籍均以介为丰,即"介"字与甲骨文"釆"字有着渊源关系。那么就
从文献以外,得到介字的考古来源了。郭老所提出的"五介臣"与
"一介臣"的类比,也足使人深思。

⑰断断猗无他技——《大学》引此句作"断断兮无他技"。《公
羊传·文公十二年》引此句作"断断焉无他技"。《说文》引此句作
"韶韶猗无他技"。

"断断",伪孔云:"断断猗然专一之臣。"《礼记·大学》引《秦
誓》之文下郑玄注云:"断断,诚一之貌也,他技,异端之技也。"《蔡
传》承之云:"断断,诚一之貌。"其后治经者皆承此说。段玉裁《撰
异》云:"《说文》十四篇《斤部》曰:'斸,截也。从斤、从蠿。蠿,古
文绝。'又曰:'韶,古文断。从𠧢。𠧢,古文叀字。'《周书》曰:'韶
韶猗无他技。'"

"猗"、"兮"、"焉"皆语词。见《诗·伐檀》:"河水清且涟猗。"

疏:"猗,辞也。"又《大学》疏:"兮是语辞。"《礼记·三年问》疏:"焉是语辞。"既皆是语词,自可通用。段玉裁《撰异》云:"《礼记正义》(指其中《大学》疏)曰:'《古文尚书》"兮"为"猗"。言"有一介之臣,其心断断猗猗然专一,与此本异"'玉裁按,此据《孔传》也。《孔传》:'断断猗猗然专一。'俗本脱一猗字,便不可读。而作《尚书正义》者不达其意,云猗者足句之辞,引《大学》及'河水清且涟猗'。于理则然,而非孔说也。孔说猗猗美盛貌,与猗狔、旖旎义同。故《释文》曰:'猗于绮反,又于宜反。'不云胡鸡反。是陆氏以前未误也。"按"孔说"成于东晋,《大学》成于仲尼弟子、后学,《公羊传》自战国至迟写定于西汉前期。二书皆引作语词,时间早在"孔说"前,自不能以此来难二书所引语词不合伪孔之说。

"断断猗无他技",伪孔云:"断断猗然专一之臣虽无他技艺。"陈大猷《集传或问》云:"惟无技,能容人之技。其无技而休休有容,所谓不可小知而可大受也。"

⑱其心休休焉其如有容——《大学》引作"其心休休焉,其如有容焉"。多后一焉字。《公羊传·文公十二年》引作"其心休休,能有容"。《大学·释文》引郑玄注:"休休,宽容貌。"伪孔云:"其心休休焉乐善,其如是则能有所容。"《大学》孔疏云:"'无他技其心休休焉其如有容焉'者,言此专一之臣,无他奇异之技,惟其心休休然宽容,形貌似有包容,如此之人,我当任用也。"《蔡传》:"休休,易直好善之意。容,有所受也。"陈大猷云:"其如有容,莫测其限量而难乎形容也。"吴闿生《大义》:"'休休',宽容也。'如',能也。"意谓休休宽容,就能有容。(按休的常训为美善、美好。见《释诂》:"休,美也。")

⑲人之有技若己有之人之彦圣其心好之不啻如自其口出是能容之——《大学》照引此数句，惟"如"作"若"，"是"作"寔"。段玉裁《撰异》："古'是'、'寔'通用，同部同音也。"《大学》引《秦誓》文下郑玄注云："有技，才艺之技也。若己有之不啻若自其口出，皆乐人有善之盛也。美士为'彦'。……'彦'或作'盘'。"段玉裁《撰异》："盘与般同，大也。庾元盛说《三仓》……彦，盘音，《集韵》二十六桓：彦，蒲官切，大也，常也。"伪孔云："'人之有技若己有之'，乐善之至也。'人之美圣，其心好之，不啻自其口出'，心好之至也。是人必能容之。"《蔡传》："彦，美士也。圣，通明也。技，才。圣，德也。心之所好，甚于口之所言也。"陈大猷云："心之好不啻如口之称。口之称美有限，心之好慕无穷。此其好有德之真切，又甚于视有才者之若己有矣。是真实能容，非勉强也。"杨氏《核诂》补充二训义：《尔雅·释训》："美士为彦。"《无逸》郑注："不啻，犹不但也。"

⑳以保我子孙黎民亦职有利哉——《大学》引作"以能保我子孙黎民，尚亦有利哉"。"以保"作"以能保"，"亦职"作"尚亦"。王引之《述闻》云："《大学》引《秦誓》曰'尚亦有利哉'，'尚亦'当为'亦尚'。今《秦誓》作'亦职'，职、尚皆主也。与'亦尚一人'之'尚'正同义。"《论衡·刺孟篇》引云："《尚书》曰：'黎民尚亦有利哉。'"引此句"亦职"亦作"尚亦"。段玉裁《撰异》云："按，此《今文尚书》也。'子孙'上属，'黎民'下属。断句依此为长，《正义》非也。"皮氏《考证》云："王（引之）说是也。《大学》与《论衡》引经皆当作'亦尚'，作'尚亦'者传写之误。"按，不应当两家传写作同样之误，或者当时有传本确有此"尚亦"误文。《大学》引文下郑玄注

云:"黎,黑也。尚,庶几也。释'尚'为庶几,不妥。"伪孔云:"用此好技圣之人,安我子孙众人,亦主有利。"《蔡传》:"职,主也。"章炳麟《拾遗定本》:"《传》训'职'为'主',非也。《释诂》:'职,常也。'此职正训常。《记·大学》引此作'尚亦有利哉'。王氏《述闻》谓'尚亦'当为'亦尚',是也。尚即常字耳。而王亦训为主,则误矣。此下'亦尚一人之庆',《传》训'尚'为庶几,自可通,盖前言'如有一介臣',本是想望之辞,故后亦以庶几结之,不烦改训为'主'。"

㉑人之有技冒疾以恶之人之彦圣而违之俾不达是不能容——《大学》照引此五句,惟"冒疾"作"媢嫉","达"作"通","是"作"寔"。郑玄注云:"'媢',妒也。'违',犹戾也。'俾',使也。拂戾贤人所为,使功不通于君也。"段玉裁《撰异》云:"'冒',《大学》作媢,是也。古文从省、假借(意谓省女旁,假借冒为媢)。'达',《大学》作通。凡《古文尚书》达字,《今文尚书》作通。如《禹贡》《顾命》等篇皆可证,《大学》同于《今文尚书》也。"

王引之《述闻》云:"'人之有技,冒疾以恶之。'家大人曰:'恶字若读为好恶之恶,则与冒疾意相复。恶当读为誣。《说文》:'誣,相毁也。'《玉篇》乌古切。《广韵》作'誣,乌路切'。云:'相毁也。'《说文》作誣,《汉书·衡山王传》注曰:'恶,谓谗毁之也。'是誣、恶古字通。以,犹而也(古者以与而同义,说见《释词》)。言嫉妒人之有技而谗毁之。下文云'人之彦圣而违之,俾不达',与此义同也。《传》《疏》及《大学》疏皆以恶为憎恶,失之。襄二十六年《左传》'太子痤美而很,合左师畏而恶之',昭二十七年《传》'郤宛直而和,鄢将师与费无极比而恶之',皆谓谗毁之也。《吕氏春秋》《韩子》《战国策》《史记》《汉书》皆谓相毁为恶。"

伪孔释之云："见人之有技艺，蔽冒疾害以恶之，人之美圣，而违背壅塞之，使不得上通。"（因不知"冒"之为媢，遂以覆冒之义释之，自误。）《蔡传》云："'冒'，《大学》作媢，忌也。'违'，背违之也。'达'，穷达之达。"屈万里《集释》以今语释云："'违'，郑注《大学》云：'犹戾也。'此谓掣肘也。'达'，谓达成目的，意谓成功。"

苏轼《东坡书传》云："至哉穆公之论此二人也。前一人似房玄龄，后一人似李林甫，后之人主鉴此足矣。"吕祖谦《书说》云："小人之于君子，不惟疾之、恶之、违之而已，必左右沮遏，千虑百图，非使君子不能自达，其心不厌。"陈栎《书传纂疏》云："此章《大学》傅引之，其形容能容不能容者之情状利害，可谓至言。"

㉒以不能保我子孙黎民亦曰殆哉——《大学》引录至此为止，照引此两句，文字无异。郑玄注云："殆，危也。"其《疏》云："若此蔽贤之人，是不能容纳，家国将亡，不能保我子孙，非唯如此，众人亦曰殆危哉。"杨氏《核诂》："'以'，犹用也。古以、用通。'殆'，《释诂》：危也。'曰'与'爰'通，犹言'于是'也。"

㉓邦之杌陧曰由一人邦之荣怀亦尚一人之庆——《释文》："（杌）五骨反。（陧）五结反。"孙星衍《注疏》："'杌'，俗字。《说文》作'阢'，引见'陧'下云：'陧，危也。'……班固说：'不安也。'《周书》曰：'邦之阢陧。'读若'虹蜺之蜺'。又云：'阢'，石山戴土也。'荣'者，韦昭注《晋语》云：'乐也。''怀'者，《释诂》云：'安也。''庆'者，《诗传》云：'善也。''尚'者，高诱注《淮南》及《广雅·释诂》皆云：'主也。'言邦之不安，爰自一人为之，邦之乐安，亦主一人之善。俱自责也。"王引之《述闻》云："'邦之杌陧曰由一人，邦之荣怀，亦尚一人之庆。引之谨案，高诱注《淮南·览冥篇》曰：

‘尚，主也。’‘尚’与‘由’相对，言主一人之庆也。《传》以尚为庶几，文义未协。……《秦誓》作‘亦职’，职、尚皆主也，与‘亦尚一人’之‘尚’正同义。”其实即用“尚”为“还是”之义，于此亦讲得通。

伪孔云：“杌陧不安，言危也。一人所任用，国之倾危，曰由所任不用贤。国之光荣，为民所归，亦庶几其所任用贤之善也。穆公陈戒，背贤则危，用贤则荣，自誓改前过之意。”《蔡传》云：“杌陧，不安也。怀，安也。言国之危殆，系于所任一人之非；国之荣安，系于所任一人之是。申缴上二章意。”吕祖谦《书说》云：“安危皆由我一人所任，公所以责己也。”《汇纂》案：“《蔡传》言邦之安危，系于所任一人之是非。一人，指大臣。说与注、疏相合。是中缴上二章之意。若薛季宣、黄度、吕祖谦诸家之说，则以一人为穆公自称之辞，似亦无背于理。盖穆公不徒望之大臣，尤宜责之一己也。”

本篇分三段及一结语。第一段誓告群臣众士，以责人不难责己难之意引出下文。第二段对当用忠言而误用顺己之言有悔意，表示今后要亲前者而疏后者。第三段深切言忠良之士与奸邪之人的不同品德，前者对别人有才能视同己有，热爱支持，休戚与共；后者对别人有才能娼嫉忌妒，无所不用其极地加以破坏、伤害。用前者造福子孙黎民，用后者贻害子孙黎民。结语剀切指明：用奸邪则国危，用忠良则国安。

今　译

公说：

“喂！我的群臣众士们，静下来听我的话。我发出誓言以告你们,讲讲其中最具首要意义的话。古人有这样一句话:'人情多要安逸,责备别人并不难,但如果自己受到别人责备要像顺着水流那样接受,就很难了。'我心里之所忧的是,往事像日月的逝去一样,不再回来了,懊悔也来不及了。

"像古之谋臣那样,不顺着我的意志为谋划,而今之谋臣承顺我意,我一时就亲信了。虽然说是这样,现在感到还是应当去询问老成人的意见,才可不会有错失。因此对那曾讲忠言的满头白发的老人,虽然已体衰力弱,我还是要亲信他;对那些勇壮武夫,虽然是射御的好手,我此时还不想用他。而那些谗贼之徒,长于讲谮毁之语,使在位正士陷于轻怠之境,我哪有暇去理会他们。

"我经过深沉默默的思考,体察到不同的臣下。有这样一个臣子,纯正专一,可是他没有其他什么技能,而其心休休有大度,乐善而容物,看到别人有技能,就像自己有一样高兴。别人的人品高尚被称为彦圣佳士,他打从内心喜爱,不只是从其口中赞誉出来而已,这就真的休休有容了。用这样的臣子当政,就能保护我子孙、黎民的安全,也能造福于他们呀!又有另一种人,看到别人有才能,就打从心里忌妒,想方设法去毁坏他;人家品德好被称为彦圣,就想方设法扼杀壅塞他,使他无法通达。是一个完全不能容受他人的人。用这样的人,就不能保住我的子孙、黎民,对子孙、万众只有危害呵!

"国家的危殆不安,就由于用这么一个坏人!国家的繁荣安定,也还是一个贤臣的美善所致。"

讨 论

本篇没有较大的问题需要讨论，只有秦穆公讲这篇话的时间颇有点纷歧，现将其有关资料清理一下，从而也就可认清楚其作誓对象的问题。

《左传·僖公三十年》："九月申午，晋侯秦伯围郑。……使烛之武见秦君……秦伯说（悦），与郑人盟，使杞子、逢孙、杨孙戍之。"又《僖公三十二年》："杞子自郑使告于秦曰：'郑人使我掌其北门之管，若潜师以来，国可得也。'穆公访诸蹇叔，蹇叔曰：'劳师以袭远，非所闻也。师劳力竭，远主备之，无乃不可乎！师之所为，郑必知之，勤而无所，必有悖心；且行乎千里，其谁不知？'公辞焉，召孟明、西乞、白乙，使出师于东门之外。蹇叔哭之曰：'孟子，吾见师之出，而不见其入也。'公使谓之曰：'尔何知，中寿，尔墓之木拱矣。'蹇叔之子与师，哭而送之曰：'晋人御师必于殽，殽有二陵焉，其南陵，夏后皋之墓也。其北陵，文王之所辟风雨也。必死是间，余收尔骨焉。'秦师遂东。"杜预注："殽，在弘农渑池县西。"亦即今河南省渑池县西，时属晋。（而郑在今河南省新郑市，在郑州之南。而秦穆公时之秦在雍，今陕西凤翔。）《释文》："殽，本又作崤。户交反。刘昌宗音豪。"《左传·僖公三十三年》又云："秦师……至滑（今河南偃师县南），郑商人弦高将市于周，遇之，以乘韦先，牛十二，犒师，曰：'寡君闻吾子将步师出于敝邑，敢犒从者……'杞子奔齐，逢孙、杨孙奔宋。孟明曰：'郑有备矣，吾其还也。'灭滑而还。……晋原轸曰：'秦违蹇叔而以贪勤民，天奉我也……必伐秦师。'……遂发命，遽兴姜戎，子（指晋文公子襄公，时文公死未葬）墨衰绖，梁弘御戎，莱驹为右，夏四月辛巳，败秦师于殽，获百里孟明视、西乞术、白乙丙以归。遂墨以葬文公。……文嬴（襄公母，秦穆公女）请三帅曰：……'使归就戮于秦。'……公许之。……秦伯素服郊次，向师而哭曰：'孤违蹇叔，以辱二三子，孤之罪也；不替孟明，孤之过也。大夫何罪，且吾不以一眚掩大德。"又《文公元年》："秦大夫及左右皆言于秦伯曰：'是败也，孟明之罪也，必杀之。'秦伯曰：'是孤之罪也……孤实贪以祸夫子，夫子何罪。'复使为政。"《文公二年》："春，秦孟明视帅师伐晋，以报殽之役。二月，晋侯御之……甲子，及秦师战于彭衙，秦师败绩。"秦伯犹用孟明，孟明增修国政，重施于民，赵成子言于诸大夫曰：'秦师又至，将必避之。惧而增战，不可当也……其可敌乎。"又《文公二年》："秦伯伐晋，济河焚舟，取王官及郊（杜注："王官，为晋地。""郊"，《史记》作"鄗"，晋邑）。晋人不出。遂自茅津济。（杜注："茅津在河东大阳县西。"）封殽尸而还。遂霸西戎，用孟明也。"以上是今所能见到的文献中最早记载这次历史事件的原始资料，但没有说到作《秦誓》的事。

先秦文献中尚看到《荀子·大略篇》云："《春秋》贤穆公，以为能变也。"话太简单，其所谓《春秋》显然是指《公羊春秋》，见《公羊传·文公十二年》云："何贤乎缪（穆）公？以为能变也。其为能变奈何？惟谍谍善谆言，俾君子易怠，而况乎我多有之，惟一介断断焉无他技，其心休休焉，能有容，是难也。"上文"我皇多有之"校释录段氏引戴宏序云《公羊传》由子夏传公羊高，递传五世至汉景帝时著于竹帛。今由《荀子》已引其书,则其著竹帛已在战国时,不过递传五世承其学,至汉景帝时立于学官而已。是先秦时这篇《秦誓》已流传,《礼·大学》及《公羊》都加引录,只是《春秋》和《左传》主要为鲁史,只记其事,不为秦国记其文,故未提到《秦誓》篇。

《史记·秦本纪》:"缪(穆)公三十二年冬,晋文公卒。郑人有卖郑于秦曰:'我主其城门,郑可袭也。'缪公问蹇叔、百里傒,对曰:'……不可。'缪公曰:'子不知也,吾已决矣。'遂发兵。使百里傒子孟明视、蹇叔子西乞术及白乙丙将兵。行日,百里傒、蹇叔哭之。……三十三年春,秦兵遂东。……至滑,郑贩卖贾人弦高持十二牛……劳军士。秦三将军相谓曰:'将袭郑,郑今已觉之,往无及已。'灭滑。滑,晋之边邑也。……襄公怒曰:'秦侮我孤因丧,破我滑,遂墨衰绖、发兵,遮秦兵于殽,击之,大破秦军,无一人得脱者,虏秦三将以归。文公夫人,秦女也(《集解》:缪公女也),为秦三囚将请……晋君许之,归秦三将。三将至,缪公素服郊迎,向三人哭曰:'孤以不用百里傒蹇叔言,以辱三子,三子何罪乎。其悉心雪耻毋怠。'遂复三人官秩如故。……三十四年……缪公于是复使孟明视等将兵伐晋,战于彭衙,秦不利。……三十六年,缪公复益厚孟子等,使将兵伐晋,渡河焚船,大败晋人,取王官及鄗,以报殽之役。晋人皆城守不敢出。缪公乃自茅津渡河,封殽中尸,为发丧,哭之三日,乃誓于军曰:'嗟!士卒,听无哗,余誓告汝,古之人谋,黄发番番。'则无所过,以申思不用蹇叔百里傒之谋,故作此誓令,后世以记余过。"所记的史事与《左传》完全一致,但加了作《秦誓》这件事。而作誓时间是殽之战三年以后,秦报复晋取得胜利,封殽尸发丧时,穆公誓于军中作此誓词。

稍后于《史记》,在西汉出现的《书序》云:"秦穆公伐郑,晋襄公帅师败诸殽,还归,作秦誓。"是说秦穆公败于殽后,当时归来即作《秦誓》。《礼记·大学》引《秦誓》文之下,郑玄注云:"《秦誓》,《尚书》篇名也,秦穆公伐郑,为晋所败于殽。还,誓其群臣而作此篇也。"《蔡传》则云:"《左传》杞子自郑使告于秦曰:'……若潜师以来,国可得也。'穆公访诸蹇叔,蹇叔曰:'不可。'公辞焉,使孟明、西乞、白乙伐郑。晋襄公帅师败秦师于殽,囚其三帅。穆公悔过,誓告群臣,史录为篇。"说晋败秦于殽后,还没有放还三帅,秦穆公于当时即作《秦誓》,与《史记》所说三年后不同。郑、蔡还说是"誓告群臣",与《史记》所说"誓于军中"不同。

伪孔释《书序》"秦穆公伐郑"句云:"遣三帅帅师往伐之。"然后释《书序》下文云:"殽,晋要塞也。以其不假道伐而败之,囚其三帅。晋舍三帅还归秦,穆公悔过,作誓。"《孔疏》:"秦穆公使孟明视、西乞术、白乙丙三帅帅师伐郑,未至郑而还,晋襄公帅师败之于殽山,囚其帅,后晋舍三帅,得还归于秦。秦穆公自悔己过,誓戒群臣,史录其誓词,作《秦誓》。"此二者则说是放还三帅后,时间还是殽之战的当时。《孔疏》同样说是"誓戒群臣"。

综观以上资料,论其作誓时间,则《左传》记事颇详,而未记作誓事,自无由寻其时间。(惟晋放还三帅,穆公"素服郊次,向师而哭",讲了几句自责的话。但终未记其为作誓。)《史记》记其时间，以为是殽之役三年后，秦报复胜利，取晋二邑，穆公并亲至殽封尸发丧，作出誓词。而后所有文献资料大都说是殽之役的当时（惟《白虎通》说同《史记》），如《书序》、郑玄注、《蔡传》、伪孔、《孔疏》皆持此说，惟前三者皆说殽之役秦败后穆公即作此誓，伪孔、《孔疏》则以为是晋放还三帅后，穆公"素服郊次"而作此誓，倒有点依傍《史记》说成是作誓。这些纷歧，无法定其是非，且这样一些纷歧并不影响本篇的文义，也不影响其作者是穆公，因为各种史籍都记载得清清楚楚，确是秦穆公所作。所以这样的纷歧完全可以不管它，这里不过把资料理清，知道有这些小纷歧存在而已。

　　论其作誓对象，虽大范围不错，都是秦国人，但其具体所指，仍可稍加认定。《秦本纪》说："三将至，缪公素服郊迎，向三人哭曰。"这是承用《左传》记三帅归抵秦，"秦伯素服郊次，向师而哭曰"。这明明是同一资料，原为"向师而哭"，这就主要是士兵，当然包括其军官、将领；改为"向三人哭"，完全只是对将领了。这在原文中还不是作誓，但被伪孔、《孔疏》引用，实际是作誓。而《秦本纪》中正式记作《秦誓》时说："封殽中尸，为发丧，哭之三日，乃誓于军曰。"明确说此誓词是"乃誓于军"，是对军队所作的誓词。到郑玄注《秦誓》时说："还，誓其群臣而作此篇也。"《孔疏》亦说："秦穆公自悔己过，誓戒群臣，史录其誓词，作《秦誓》。"《蔡传》也说："穆公悔过，誓其群臣，史录为篇。"这里就分为主要不同两说，一说为"乃誓于军"，一说为"誓其群臣"。究竟哪一说对，只要看本篇内容就可知。本篇篇文不像《费誓》那样，一看就知道是对军队发出的誓词（只有末一段是对提供军事后勤的鲁民讲的）。而本篇主旨在谈君主的用人，谈为臣者的操守，乃至谈为人处世之道，谈语言中的首要之义，充满自悔自艾的情调，这哪里有半点对作战士兵对三军将领讲话的精神呢，即使是战败后作出自责，但总得对士兵讲再接再厉奋发图强等鼓气的话才对。而文中精神完全与这背道而驰，只要看"番番良士旅力既愆我尚有之，仡仡勇夫射御不违我尚不欲"这几句话如果去对部队讲，不马上使武夫齿寒，甚至于涣散，那才怪。所以这篇誓词显然不是对军队对士兵讲的，只能是对群臣讲的。

主要引用参据书目

略　例

　　一、本书目分两部分:1.综合引据书目,2.专项引据书目。

　　二、综合引据书目按下列几个历史段落著录:1.先秦;2.两汉;3.晋至唐;4.宋元明;5.清;6.现代;7.日本现代。

　　三、专项引据书目分:1.《禹贡》类;2.《洪范》类;3.文字、校勘类;4.现代考古刊物类。

　　四、各部分、各段落、各项类按上列顺序排列,各类之间空一行以区别之。

　　五、引用之书径引用其文句,参据之书据其说以进行校释,往往亦引用其文句,二者不严格区分。

　　六、引用刊物与引用著作同,惟先看各期目录,择其有关者引用之。

　　七、经常引用之书常有简称,不经常引用者用全称。

八、引用一般单篇论文于引用时记明,不列入本书目。又撰写本书引用之书繁多,其非本书全书经常引用致未能列入本书目者亦尚不少,见书首"凡例"说明。

先　秦

《周易正义》　王弼、韩康伯注,孔颖达正义,世界书局"十三经注疏"本。

《毛诗正义》　毛亨传,郑玄笺,孔颖达正义,世界书局"十三经注疏"本。

《周礼注疏》　郑玄注,贾公彦疏,世界书局"十三经注疏"本。

《仪礼注疏》　郑玄注,贾公彦疏,世界书局"十三经注疏"本。

《礼记正义》　郑玄注,孔颖达正义,世界书局"十三经注疏"本。

《大戴礼记解诂》　王聘珍解诂,中华书局"十三经清人注疏"本。

《春秋左传正义》　杜预集解,孔颖达正义,世界书局"十三经注疏"本。

《春秋公羊传注疏》　何休解诂,徐彦疏,世界书局"十三经注疏"本。

《论语注疏》　何晏等解,邢昺疏,世界书局"十三经注疏"本。

《孟子注疏》　赵岐注,题孙奭疏,世界书局"十三经注疏"本。

《荀子集解》　杨倞注,王先谦集解,世界书局"诸子集成"本。

《庄子集解》　王先谦集解,世界书局"诸子集成"本。

《墨子间诂》　孙诒让撰,世界书局"诸子集成"本。

《管子》　戴望校正,世界书局"诸子集成"本。

《韩非子集解》　王先慎集解,世界书局"诸子集成"本。

《吕氏春秋》　高诱注,世界书局"诸子集成"本。

《古本竹书纪年辑校》　王国维辑校,上海古籍书店"王国维遗书"本。

《世本》　王谟、孙冯翼等八家辑,商务印书馆"世本八种"本。

《逸周书》　孔晁注,"四部丛刊"影印明刻本。

《国语正义》　韦昭注,董增龄正义,巴蜀书社本。

《战国策》　刘向集录,高诱注,姚宏续注,上海古籍出版社本。

《天问》　王逸注,上海人民出版社《天问天对注》本。

《山海经校注》　袁珂校注,上海古籍出版社本。

《战国纵横家书——马王堆汉墓帛书》,文物出版社本。

《睡虎地秦墓竹简》　文物出版社本。

《郭店楚墓竹简》　文物出版社本。

两　汉

《史记》　上海同文书局印武英殿本。

《汉书》　上海同文书局印武英殿本。

《后汉书》　上海同文书局印武英殿本。

《三国志》　上海同文书局印武英殿本。

《淮南子》　高诱注,世界书局"诸子集成"本。

《盐铁论》　桓宽撰,世界书局"诸子集成"本。

《新序》　刘向撰,"四部丛刊"本。

《说苑》 刘向撰，"四部丛刊"本。

《法言》 扬雄撰，世界书局"诸子集成"本。

《论衡》 王充撰，世界书局"诸子集成"本。

《潜夫论》 王符撰，世界书局"诸子集成"本。

《白虎通义》 班固撰，陈立疏证，商务印书馆"国学基本丛书"本。

《尚书大传》 伏生系今文三家撰，"古经解汇函"陈寿祺辑校本，"师伏堂丛书"皮锡瑞疏证本，皆附郑玄注。

《韩诗外传》 韩婴撰，"四部丛刊"本。

《春秋繁露》 董仲舒撰，凌曙注，中华书局大字本。

《〈尚书〉马郑注》 王应麟初辑，孙星衍补辑，"岱南阁丛书"本。

《郑玄〈尚书大传〉注》 袁钧辑"郑氏佚书"本。

《〈禹贡〉郑注略例》 何秋涛撰，"清经解续编"本。

晋至唐

《晋书》 上海同文书局印武英殿本。

《宋书》 上海同文书局印武英殿本。

《旧唐书》 上海同文书局印武英殿本。

《新唐书》 上海同文书局印武英殿本。

《帝王世纪》 皇甫谧撰，徐宗元辑，中华书局本。

《尚书王肃注》 马国翰"玉函山房辑佚书"本。日本影印《群书治要》中《尚书·舜典》篇为王肃注。

《尚书·孔氏传》 伪题孔安国撰，"四部备要"本。简称伪孔、伪《孔传》，称其书为伪孔本。

《尚书正义》　孔颖达撰，世界书局"十三经注疏"本。简称《孔疏》，与他书并引时简称孔颖达《疏》，或孔颖达《正义》。

《群书治要·卷二尚书(节录)》　魏徵撰，日本汲古书院刊"古典研究会丛书·汉籍之部9"写本影印本。

宋元明

《宋史》　上海同文书局印武英殿本。

《明史》　上海同文书局印武英殿本。

《新经尚书义》　王安石撰，久佚，从元明人著作中搜列。九十年代后期得台湾大学程元敏君赠所辑《三经新义辑考汇评(一)——尚书》，得以校定。

《东坡书传》　苏轼撰，"学津讨原本"。简称苏氏《书传》。

《书古文训》　薛季宣撰，"通志堂经解"本。简称《古文训》。

《尚书全解》　林之奇撰，"通志堂经解"本。简称林氏《全解》。

《东莱书说》　吕祖谦撰，时澜补，"通志堂经解"本。简称吕氏《书说》。

《尚书详解》　夏僎撰，"丛书集成"本。简称夏氏《详解》。

《尚书详解》　陈经撰，"丛书集成"本。简称陈氏《详解》。

《尚书详解》　胡士行撰，"通志堂经解"本。

《尚书说》　黄度撰，"通志堂经解"本。

《书集传》　蔡沈撰，邹吉友音释，清户部刊于江南书局本。简称《蔡传》。

《融堂书解》　杨时撰，"丛书集成"本。

《尚书集传或问》 东阳陈大猷撰，"通志堂经解"本。简称陈氏《或问》。

《书经注》 金履祥撰，"十万卷楼丛书"本。

《尚书表注》 金履祥撰，"通志堂经解"本。简称《表注》。

《朱子语类》 朱熹门人后学黎靖德等编，广州书局本。

《习学记言》 叶适撰，中华书局本。

《书疑》 王柏撰，"通志堂经解"本。

《困学纪闻》 王应麟撰，商务印书馆本。

《梦溪笔谈》 沈括撰，胡道静校注，中华书局本。

《书纂言》 吴澄撰，"通志堂经解"本。简称《纂言》。

《书传辑录纂注》 董鼎撰，"通志堂经解"本。简称《纂注》。

《尚书集传纂疏》 陈栎撰，"通志堂经解"本。简称《纂疏》。

《尚书通考》 黄镇成撰，"通志堂经解"本。简称《书通考》。

《书传旁通》 陈师凯撰，"通志堂经解"本。简称《旁通》。

《尚书句解》 朱祖义撰，"通志堂经解"本。

《读书管见》 王充耘撰，"通志堂经解"本。简称《书管见》。

《尚书纂传》 王天与撰，"通志堂经解"本。简称《纂传》。

《尚书日记》 王樵撰，明刊本。简称王氏《日记》。

《尚书谱》《尚书考异》 梅鷟撰，其说存阎若璩《疏证》中，《考异》有"丛书集成"本。

《尚书辨解》 郝敬撰，其说存阎若璩《疏证》中。

清

《日知录》 顾炎武撰，"清经解"本。

《经义考》 朱彝尊撰，"四部备要"本。

《经义杂记》 臧琳撰，"清经解"本。

《经史问答》 全祖望撰，"清经解"本。

《九经古义》 惠栋撰，"清经解"本。

《群经补义》 江永撰，"清经解"本。

《经学卮言》 孔广森撰，"清经解"本。

《经传小记》 翟灏撰，"清经解续编"本。

《四书考异》 翟灏撰，"清经解"本。

《礼笺》 金榜撰，"清经解"本。

《述学》 汪中撰，"清经解"本。

《群经义证》 武亿撰，"清经解续编"本。

《读书脞录》 孙志祖撰，"清经解"本。

《崔东璧遗书》 崔述撰，顾先生编订，上海古籍出版社本。

《求古录礼说》 金鹗撰，"清经解续编"本。

《读书杂志》 王念孙撰，"清经解"本。

《实事求是斋经说》 朱大韶撰，"清经解续编"本。

《左海经辨》 陈寿祺撰，"清经解"本。

《经传考正》 朱彬撰，"清经解"本。

《经义述闻》 王引之撰，"清经解"本。

《癸巳类稿》 俞正燮撰，"清经解续编"本。

《周官注疏小笺》 曾钊撰，"清经解续编"本。

《过庭录》 宋翔凤撰，"清经解续编"本。

《开有益斋经说》 朱绪曾撰，"清经解续编"本。

《东塾读书记》 陈澧撰，"清经解续编"本。

《读书偶志》 邹汉勋撰，"清经解续编"本。

《经说略》 黄以周撰，"清经解续编"本。

《周礼正义》 孙诒让撰，商务印书馆"万有文库"本。

《书经稗疏》 王夫之撰，"船山遗书"本。

《尚书引义》 王夫之撰，中华书局本。

《尚书古文疏证》 阎若璩撰，"清经解续编"本。

《钦定书经传说汇纂》 康熙命王顼龄编，同治间浙江书局摹刊殿本。

《尚书小疏》 沈彤撰，"清经解"本。

《古文尚书考》 惠栋撰，"清经解"本。

《尚书义考》 戴震撰，"聚学轩丛书"本。

《尚书集注音疏》 江声撰，"清经解"本。简称《音疏》。

《尚书后案》 王鸣盛撰，"清经解"本。简称《后案》。

《古文尚书撰异》 段玉裁撰，"清经解"本。简称《撰异》。

《尚书今古文考证》 庄述祖撰，"珍艺宦丛书"本。

《尚书今古文注疏》 孙星衍撰，"清经解"本。简称《孙疏》、孙氏《注疏》。

《尚书补疏》 焦循撰，"清经解"本。

《尚书今古文集解》 刘逢禄撰，"清经解续编"本。

《书序述闻》 刘逢禄撰，"清经解续编"本。

《书传补商》 戴钧衡撰，咸丰间初刻本。简称《补商》。

《书古微》 魏源撰，"清经解续编"本。

《尚书古注便读》 朱骏声撰，四川大学铅印线装本。简称《便读》。

《尚书略说》　宋翔凤撰，"清经解续编"本。

《尚书启幪》　黄式三撰，光绪间家刻本。简称《启幪》。

《尚书旧疏考证》　刘毓崧撰，"清经解续编"本。

《今文尚书经说考》　陈乔枞撰，"清经解续编"本。简称《经说考》。

《尚书欧阳夏侯遗说考》　陈乔枞撰，"清经解续编"本。

《尚书故》　吴汝纶撰，光绪间桐城吴氏家塾本。

《写定尚书》　吴汝纶撰，光绪间桐城吴氏家塾本。

《群经平议》　（尚书四卷）俞樾撰，"清经解续编"本。简称《平议》。

《达斋书说》　俞樾撰，"曲园杂纂"自刻本。

《今文尚书考证》　皮锡瑞撰，"师伏堂丛书"本。简称皮氏《考证》。

《尚书孔传参正》　王先谦撰，长沙虚受益堂刊本，简称王氏《参正》。

《尚书骈枝》　孙诒让撰，燕京大学排印本。

《书经大统凡例》　廖平撰，"新订六译馆丛书"本。

《尚书弘道编》　廖平撰，"新订六益馆丛书"本。

《尚书集注述疏》　简朝亮撰，光绪间门人广州刊本。

《尚书谊诂》　马其昶撰，《抱润轩文集》本。

《尚书商谊》　王树楠撰，"陶庐丛刻"本。

《尚书举要》　陈衍撰，"石遗室丛书"本。

《尚书谊略》　姚永朴撰，"集虚草堂丛书甲集"本。

《定本尚书大义》　吴闿生撰，辛巳清苑郭氏"雍睦堂丛书"

本。简称吴氏《大义》。

现　代

《观堂集林》　卷一《尚书》专卷、卷二上半王国维撰，上海古籍书店"王国维遗书"本。

《观堂学书记》　王国维讲，刘盼遂记，清华《国学论丛》二卷一号。

《静安先生尚书讲授记》　王国维讲，吴其昌记，清华《国学论丛》一卷三号。

《古史新证》　王国维撰，油印本。

《双剑誃尚书新证》　于省吾撰，北平大业印刷局代印精写线装本。简称《新证》，或于氏《新证》。

《书简诂》　于省吾撰，手写稿，藏中国科学院图书馆。

《甲骨文字释林》　（涉《尚书》二十余篇）于省吾撰，中华书局本。

《古文尚书拾遗定本》　章炳麟撰，弟子们编"章太炎先生遗著"本。简称《拾遗定本》。

《新出三体石经考》　章炳麟撰，钱玄同手写，"章氏丛书续编"本。

《太史公古文尚书说》　章炳麟撰，"章氏丛书续编"本。

《华国月刊》　载论尚书文章炳麟撰，《华国月刊》第二卷1—10期。

《中国古代社会研究》　第三篇《诗书时代的社会》郭沫若撰，1950年群益出版社本。

《两周金文辞大系图录考释》（涉《尚书》部分）郭沫若撰，1958年科学出版社本。

《殷契粹编》（涉《尚书》部分）郭沫若撰，1965年科学出版社本。

《卜辞通纂》（涉《尚书》部分）郭沫若撰，1983年科学出版社本。

《金文丛考》郭沫若撰，科学出版社《郭沫若全集》本。

《金文余释之余》郭沫若撰，科学出版社《郭沫若全集》本。

《积微居读书记》杨树达撰，1962年中华书局本。

《积微居小学、甲文、金文数种》杨树达撰，五十年代中国科学院出版。

探研《尚书》诸著丁山撰，载《中山大学语历所周刊》《责善半月刊》《史董》等刊。

《尚书新证》唐兰撰，戴《中国哲学史研究》1985年第12期。

《尚书通论》陈梦家撰，商务印书馆本。

《殷虚卜辞综述》陈梦家撰，科学出版社本。

《西周铜器断代》陈梦家撰，载1955—1956年《考古学报》第9册至第11册。

《尚书核诂》杨筠如撰，陕西人民出版社本。简称《核诂》。

《尚书正读》曾运乾撰，中华书局本。简称《正读》。

《尚书集释》屈万里撰，台湾联经出版公司本。

《古代文史研究新探》（涉《尚书》部分）裘锡圭撰，江苏古籍出版社本。

日本现代

《尚书集解》 日本元田彝撰,1913 年弘道馆出版。

《尚书标识》 东条一堂撰,1962 年汤岛圣堂内书籍文物流通会出版。

《真古文尚书集释》 加藤常贤撰,1964 年明治书院出版。简称加藤氏《集释》。

《中国古典文学大系 1:书经》 赤塚忠撰,1978 年平凡社出版。简称赤塚氏书。

《全释汉文大系 11:尚书》 池田末利撰,1980 年集英社出版。简称池田氏书。

《禹贡》类

诸史《地理志》引据上海同文书局"二十四史"本。

《通典》《通志》《通考》 (主要寻其中地名)光绪间上海图书集成局影印武英殿聚珍本。

《水经注》 郦道元撰,杨守敬熊会贞注疏,科学出版社本,又参据"永乐大典本"影印本。

《括地志》 李泰撰,贺次君辑,中华书局"中国古代地理总志丛刊"本

《元和郡县图志》 李吉甫撰,中华书局"中国古代地理总志丛刊"本。

《太平寰宇记》 乐史撰,江宁书局本。

《元丰九域志》 王存等撰,江宁书局本。

《舆地广记》 欧阳忞撰,江宁书局本。

《禹贡指南》 毛晃撰,武英殿聚珍版本。

《禹贡论》《禹贡山川地理图》 程大昌撰,"通志堂经解"本。

《禹贡说断》 (或误《禹贡集解》)傅寅撰,"通志堂经解"本。

《禹贡图说》 郑晓撰,中国社会科学院历史研究所图书馆藏抄本。

《禹贡汇疏》 茅瑞徵撰,崇祯壬申茅氏自刊本。简称《汇疏》。

《禹贡古今合注》 夏允彝撰,必有斋活字版本。

《禹贡锥指》 胡渭撰,"清经解"本。简称《锥指》。

《四书释地》 及三续阎若璩撰,"清经解"本。

《潜丘劄记》 阎若璩撰,"清经解"本。

《尚书地理今释》 蒋廷锡撰,"清经解"本。简称《今释》。

《禹贡三江考》 程瑶田撰,"清经解"本。

《禹贡会笺》 徐文靖撰,"徐氏六种"本。简称《会笺》。

《禹贡郑注释》 焦循撰,"清经解续编"本。

《禹贡郑注略例》 何秋涛撰,"清经解续编"本。

《禹贡正字》 王筠撰,"王菉友九种"本。简称《正字》。

《禹贡说》 倪文蔚撰,"清经解续编"本。

《禹贡班义述》 成蓉镜撰,"清经解续编"本。简称《班义述》。

《禹贡易知编》 李慎儒撰,光绪间丹徒李氏刊本。

《禹贡本义》 杨守敬撰,光绪间自刻于鄂城菊湾本。

《禹贡新解》 辛树帜撰,农业出版社本。

《禹贡集解》 尹世积撰,商务印书馆本。

《洪范》类

《洪范图论》 苏洵撰，"四部丛刊"印《嘉祐集》本。

《洪范传》 王安石撰，"四部丛刊"印《临川先生文集》本。

《洪范论》 曾巩撰，"四部丛刊"印《元丰类稿》本。

《定正洪范》 胡一中撰，"通志堂经解"本。

《易图明辨》 胡渭撰，"清经解续编"本。

《河图洛书原舛篇》 毛奇龄撰，"西河合集"本。

《洪范补说》 崔述撰，"崔东璧遗书·丰镐考信别录"本。

《易图条辨》 张惠言撰，"清经解续编"本。

《非五行传》 龚自珍撰，上海人民出版社《龚自珍全集》本。

文字、校勘类

《说文解字》 许慎撰，1956年中华书局附检字本。

《说文解字注》 段玉裁撰，"清经解"本。

《尔雅》 郭璞注，邢昺疏，世界书局"十三经注疏"本，常用开明书店"十三经白文"本，往往径引书内《释诂》《释言》等。

《尔雅正义》 邵晋涵撰，"清经解"本。

《尔雅义疏》 郝懿行撰，"清经解"本。

《广雅疏证》 王念孙撰，"清经解"本。

《隶释》 洪适撰，"四部丛刊三编"本。

《隶续》 洪适撰，"洪氏晦木斋丛书"本。

《字说》 吴大澂撰，光绪间思贤讲舍重雕本。

《籀高述林》 孙诒让撰，上海千顷堂书局石印本。

《经传释词》 王引之撰，"清经解"本。

《古书疑义举例》 俞樾撰，"清经解续编"本。

《助字辨略》 刘淇撰，"海源阁丛书"本。

《经词衍释》 吴昌莹撰，中华书局本。

《词诠》 杨树达撰，中华书局本。

《古书虚字集释》 裴学海撰，中华书局本。

《古代汉语》 王力著，中华书局本。

《比较文法》 黎锦熙撰，科学出版社本。

《文言虚字》 吕叔湘撰，上海教育出版社本。

《文言文法》 杨伯峻撰，中华书局本。

《尚书的文法及其年代》 何定生撰，中山大学《语言历史所周刊》第五集49—51合刊本。

《两周金文语法研究》 管燮初撰，商务印书馆本。

《殷虚甲骨刻词的语法研究》 管燮初撰，见于《殷虚卜辞综述》第三章"文法"篇中。

《经典释文》 陆德明撰，"四部丛刊"影印"通志堂"本。简称《释文》。

《唐写本经典释文校语》 吴士鉴撰，涵芬楼印本。

《唐写残本尚书释文考证》 龚道耕撰，华西协合大学活字排印本。与前书二者简称《唐写释文》。

《五经文字》 张参撰，"古经解汇函"本。

《九经字样》 唐元度撰，"古经解汇函"本。

《九经误字》 顾炎武撰，"清经解"本。

《七经孟子考文》 日本山井鼎撰，物观补遗，阮元刻巾箱本。

《尚书古文考》 山井鼎、物观书中提出，"函海"本。

《注疏考证》 （内《尚书》一卷）齐召南撰，"清经解"本。

《经读考异》 武亿撰，"清经解"本。

《尚书校勘记》 阮元撰，"清经解"本。

《香草校书》 于鬯撰，中华书局本。

现代考古刊物类

《中国大百科全书·考古学》 中国大百科全书出版社本。

《文物》 文物编辑委员会编。

《考古》 中国社会科学院考古研究所编。

《考古学报》 中国社会科学院考古研究所编。

《文物与考古》 陕西省考古研究所编。

《文博》 陕西省文博事业管理局等编。